A. Bastian

Beiträge zur Ethnologie und darauf begründete Studien

Die Kultur und ihr Entwicklungsgang auf ethnologischer Grundlage

A. Bastian

Beiträge zur Ethnologie und darauf begründete Studien

Die Kultur und ihr Entwicklungsgang auf ethnologischer Grundlage

ISBN/EAN: 9783742869166

Hergestellt in Europa, USA, Kanada, Australien, Japan

Cover: Foto ©Suzi / pixelio.de

Manufactured and distributed by brebook publishing software
(www.brebook.com)

A. Bastian

Beiträge zur Ethnologie und darauf begründete Studien

BEITRÄGE

ZUR

ETHNOLOGIE

UND

DARAUF BEGRÜNDETE STUDIEN

von

A. BASTIAN.

Berlin.

Verlag von Wiegandt und Hempel.

1871.

Die Cultur und ihr Entwicklungsgang auf ethnologischer Grundlage.

In dem, was für uns der geschichtliche Ueberblick der Erde bildet, unterscheiden sich zwei Epochen der Culturentwicklung, die des classischen Alterthum's, die wieder auf ältere Grundlagen assyrisch-aegyptischer Vorstudien ruht, und die der mit dem Germanenthum inaugirirten Neuzeit, beide getrennt durch eine, zum Theil mit der islamitischen Bewegung ausgefüllte Kluft. Der Fortgang der orientalischen Studien hat uns dann ferner mit indischen Bildungselementen bekannt gemacht, sowie mit der Geschichtsstellung China's in Ostasien, und ausserdem gewährte uns die Entdeckung des westlichen Erdtheil's noch einen kurzen Blick auf die gerade mit derselben und durch dieselben untergehenden Culturen, die bis dahin auf begünstigten Stellen desselben geblüht hatten. Es bleibt von weiteren Bestimmungen abhängig, ob und wie weit die auf den polynesischen Inseln angetroffenen Gemeinwesen zu den Culturstaaten zu rechnen seien, da sie durch ihre Gesittung und complicirte Ausbildung der gesellschaftlichen Gliederung jedenfalls hoch über den australischen Wilden standen, obwohl ihnen der treibende Factor historischer Gestaltung fehlte, wenigstens damals als sie mit den Europäern zuerst in Berührung kamen. Die einfache Umgebung, unter welcher der Mensch auf den Oasen der oceanischen Wasserwüste oder in den Wäldern America's (als Indio do Matto) angetroffen wurde, gaben besonders die Veranlassung zu jenen Vorstellungen über den Naturzustand, aus dessen primitiven Verhältnissen der Bildungskeim zu höheren Schöpfungen emporgestiegen sei (Vorstellungen, die in consequenter Weiterverknüpfung mit anderswo entnommenen Hypothesen in die Darwin'sche Descendenztheorie verliefen), während sonst die entgegengesetzte Anschauung

A

überwog, die in der Mehrzahl der Mythologien ein goldenes Zeitalter an die Spitze setzt, von dem aus ein gradueller Abfall Statt gefunden hätte. Da es sich indess nirgends im organischen Werden um einen absoluten Anfang handeln kann, ein erster Ansatzpunkt also weder oben noch unten vermuthet werden darf, so ist die Untersuchung vielmehr auf das Walten der organischen Gesetze hinzurichten, durch welche die Wachsthumsprocesse geschichtlicher Culturgestaltung regiert werden. Der Unterschied zwischen sogenannten Natur- und Culturvölker ist ohnedem nur ein relativer, da die Möglichkeit menschlicher Existenz immer schon wenigstens ein Minimum der Cultur voraussetzt, und die dafür nöthigen Kunstgriffe ihrerseits wieder sprachlichen Austausch im Gesellschafts-Verkehr. Aus der geographischen Gestaltung des Globus folgt dann ferner, dass weder die erdrückende Feindlichkeit der Polar*)-Regionen (die allerdings vielerlei Fertigkeiten anregen, aber sie alle zur Bekämpfung der Noth des Leben's verwenden), noch die üppige Verweichlichung der Tropen (die alle Bedürfnisse bereits gefertigt darbieten), sondern nur die gemässigten Zonen (oder durch Niveauerhöhung gemässigtes Klima) die freie Culturentwicklung begünstigen kann, und dass diese nur da wurzeln wird, wo eine Vielfachheit fremder Reize als Erweckungsmittel zusammentreffen, zunächst also längs des Laufes verschieden geartete Gegenden (von Quelle bis Mündung) durchströmender Flüsse, besonders dann in den durch gezackte Buchten nach Aussen hin geöffneten Küstenländern, oder unter besonderen Verhältnissen in solchen Gebirgsmassen, bei denen die äquatoriale Lage eine Bewohnbarkeit durch die drei Temperaturgürtel hindurch (unter naher Zusammenrückung der Gegensätze) ermöglicht.

Von den verschiedenen Culturkreisen auf der Erde (den ägyptischen, assyrischen, chinesischen, japanischen, indischen, polynesischen, toltekischen, griechischen, römischen) ist uns unser eigener allein, der romanisch-germanische, von einem festen (freilich immer nur relativem) Anfang an in allen seinen Entwicklungsphasen durchsichtig, ohne indess bereits ein in sich geschlossenes Bild zu liefern, da der Process (obwohl er bereits im Westen neue Schösslinge hervorgetrieben hat) noch nicht abgelaufen ist und seine letzte Tendenz sich somit den Blicken bis dahin entzieht. Die hellenisch-römische Cultur dagegen können wir als einen schon vollendeten Cyklus hinnehmen, und fällt dieselbe von ihrem Acme an bis zu den letzten Momenten ihres Absterben's

---

*) The fragments of drift-wood thrown but rarely ou the shore (of the Tschuktschi) are considered with the greatest attention, as to the best use, to which they may be devoted. A small knife, with a bent blade and a handle of the tip of a deer's horn is employed to thin down sticks to the required size for whip-handles or walking steaves and to provide wood to mix with the tobacco, no chips being hacked off, that would be useless waste (s. Hooper).

ganz in die Helle geschichtlicher Beleuchtung, während gerade bei ihr der
Anfang jenseits der deutlichen Schweite liegt. Insofern können diese beiden
Culturpflanzen zu gegenseitiger Ergänzung dienen, um sich daraus (unter
Verwendung der nöthigen Cautelen) ein Gesammtbild von dem Gange der
Cultur im Allgemeinen aus dem Normaltypus ihres Organismus zu entwerfen.
Es ergiebt sich schon hieraus, dass die Ansicht von einer einmaligen Ent-
stehung der Cultur, die Theorie von einem einst auf thierischem Zustande
verharrenden Menschen, der dann allmählig die verschiedenen Stufen bis zur
höchsten Geistesblüthe emporgestiegen sei, obwohl eine für systematische
Projection in mancher Hinsicht ganz brauchbare, deshalb doch nicht in
die zur Erklärung der Thatsachen verwandten Argumentationen aufgearbeitet
werden darf.

Entwickelung ist uns in unseren Denkverbindungen nur in der Form
einer rückläufigen Kreislinie bekannt, und die Hypothese eines höheren
Entwicklungsprocesse's, in welchem das Menschengeschlecht als solches seiner
Vollendung entgegenstrebe, kann bei dem Nichtswissen vom Ziel (und also
zielloser Betrachtung), nie die Fasslichkeit einer Vorstellung gewinnen, zumal
subjective Neigungsrichtungen Zwecke simuliren würden, denen jede objective Gültigkeit fehlt. Beifall erlangte diese Auffassungsweise leicht erklärlich durch die Stellung unserer eigenen Cultur, die im Vergleich zu früheren
Unterlagen einen höheren Fortschritt darzustellen schien, und noch jetzt im
Stadium des Aufsteigen's sich befindet, um die gesammte Oberfläche des
Globus in ihren Bereich zu ziehen. Zugleich glaubte man damit einem tief-
gefühlten Bedürfniss abzuhelfen, in Aufklärung des Schöpfungsplane's, obwohl es immer rathsamer sein dürfte den Einblick in denselben, statt ihn
frühreif hineinzutragen, erst von der Zunahme unserer Kenntnisse abzuwarten
und bis dahin in den harmonischen Zusammenklang der Gesetze die Beruhigung zu finden.

Den Alten war die Erweiterung ihrer Cultur zur allgemeinen menschlichen fremd, und auch beim chinesischen Culturvolk findet sich eher ein
Zurückstossen gegen die vom Mittelreich Ausgeschlossenen, als Einladung
zum Eintritt. Auf die von uns erlassene wird andererseits häufig ablehnend
geantwortet und sowohl der an seinem individuellen Fetisch festgeklammerte
Neger, wie der allliebende Buddhist (und in Mexico die Glaubensgenossen
Montezuma's), meinen von der Gottheit für eine andere Religion*) (als Ausdruck der Cultur dort ihre Weltauffassung begreifend) bestimmt, als die-

---

*) Il y a très souvent beaucoup d'inconvéniens à transporter une religion d'un pays
dans un autre (Montesquieu). A Calicuth c'est une maxime d'état que toute religion
est bonne.

A *

jenige, welche ihnen durch die als Pioniere der Civilisation ausgesandten Missionaire angeboten werde.

Die hellenische*) Cultur durch phönizische, ägyptische, phrygische, thracische Zusammenströmungen über den Boden Griechenland's, auf einheimischen Stämmen entzündet, begann, nachdem sie weithin mit blendendem Lichte geleuchtet, zu erlöschen, nachdem die Reize der nächsten Umgebung absorbirt waren und sich jetzt, weil keine neue einfallen konnten, ein Gleichgewichts-Zustand der Ruhe herstellte, dem bald beginnender Verfall folgen musste, als Macedonien einen breiten Strom der edelsten Säfte nach Asien ableitete (ohne dennoch seine ungeheuren Weiten genügend befruchten zu können), und sich dann in der italienischen Halbinsel ein mächtiger Rival für die Hegemonie in dem durch das Becken des Mittelmeer's umzogenen Culturkreis erhob. Ihren in eigenthümlicher Besonderheit hervortretenden Character hat unsere heutige Cultur seit den grossen Seefahrten am Ende des Mittelalter's erhalten, diese selbst jedoch waren erst eine Folge der mit den Kreuzzügen (oder früher mit den Araberstämmen im Osten und Westen Europa's) begonnenen, und mit den osmanischen Vordringen zur Krisis gesteigerten Conjuncturen des politischen Himmel's, nicht etwa ein nothwendiges Ergebniss der Culturentwicklung als solcher, da eine hohe Blüthe derselben ersteben und fortbestehen kann, ohne jenen unermüdlich zu immer neuen Entdeckungen führenden Wissensdrang, der allerdings jetzt, als in unserer Weltanschauung incarnirt, in Fleisch und Blut übergegangen, nicht eher ruhen wird, als bis der gesammte Umfang des Erdenhause's in allen seinen Winkeln erforscht sein wird. Dieser für uns zur andern Natur gewordene Trieb ist durchaus nicht ein unumgänglich mit jeder Civilisation verknüpfter, er fehlte**) sowohl den Chinesen, wie den Griechen, und beiden

---

*) Der Golf von Salamis ist im Halbkreis von drei fruchtbaren Ebenen umgeben, die alle, nach dem Binnenlande durch Gebirge geschlossen, gegen das Meer offen liegen und in gleicher Weise geeignet sind, auswärtige Ansiedler in das Land hinein zu ziehen und der Schauplatz einer Culturentwicklung zu werden, wie sie nur durch Verschmelzung einheimischer und überseeischer Volksstämme zu Stande kommt. Das sind die Ebenen von Megara, Eleusis und Athen (E. Curtius).

**) Die einzige Philosophie von Werth war (nach Socrates) die moralische Pflichten und religiöse Hoffnungen lehrende, und Lactantius hielt Meinungen über Grösse oder Gestalt von Sonne und Mond für ebenso eitel und leer, als ob man über eine Stadt in einem fernen Lande schwatze, dessen Name nie gehört sei. Our knowledge does not urge us to search out the roots of it, erklärte der Zulu-Kaffer an Callaway. „Twelve years ago I went to feed my flocks. The weather was hazy, I sat down upon a rock and asked myself sorrowful questions, erzählt der Kaffer Sekesa (bei Arbrousset). Who touched the stars with his hands? On what pillars do they rest? who makes the waters flow? etc. etc." One said, that Mulungu was thunder, some thought it meant heaven, the visible sky, some again the being, who caused diseases, whilst others held fast to a feeble notion of a Supreme being, some believing, that every man becomes a Mulungu after death (s. Krapf) unter den Wanika.

aus erklärlichen Gründen. Die Seefahrten der Chinesen waren allerdings zu verschiedenen Epochen ihrer Geschichte (unter den Tang, Yuen und auch noch zur Zeit der Ming) verhältnissmässig weite, sie besuchten nicht nur die indischen Häfen, mit denen ihre Culturentwicklung überhaupt in Wechselwirkung stand, sondern auch Madagascar, Ormuz und (möglicherweise) America, aber solche Reisen wurden immer nur bei steigender Industriethätigkeit in Friedenszeiten von unternehmenden Kaufleuten ausgeführt, ohne irgend durchgreifende Rückwirkung auf die Masse des Volkes, die völlig kalt und indifferent dagegen verblieb (wie noch bis 1866 die deutschen Binnenländer für die transmarinen Interessen der Hanseestädte). Hatte der Kaufmann in irgend einem fernen (vielleicht durch Verschlagen oder andern Zufall aufgefundenen) Hafen einen günstigen Absatzmarkt gefunden, so fuhr er wahrscheinlich fort, auch später seine Capitaine dorthin zu schicken, und setzten Sohn oder Enkel das Geschäft*) fort, so mochte auch bei diesen die gleiche Betriebsweise im Gange bleiben, ohne dass sie sich aber irgend wie veranlasst gesehen haben konnten, etwelche kostspielige Explorationsfahrten zu unternehmen. Der einmal bekannt gewordene Hafen blieb das Ziel der Coursrichtung, vielleicht wurde dann und wann ein Stück der nächsten Küste versucht, aber wenn nicht rasch und direct lohnend, schwerlich wieder besucht, und die ganze Kenntniss**) derartiger Handelsverbindungen mochte wieder einschlafen, wenn das chinesische Kaufmanns-

---

*) Der Ursprung der Macht und Grösse der Beni Kaissar auf der Insel Kisch (neben Bahrein) oder Kais (Kosch) war eine Katze, welche die arme Mutter den drei Söhnen Kaissar's (eines Schiffherrn von Siraf) als ihr einziges Habe auf eine Fahrt nach Indien mitgegeben und die (weil bei der Landung die Mäuse auffressend) mit Juwelen und Gold aufgewogen wurde. Die Söhne der Wittwe wurden mächtige Schiffherrn, ihre Unternehmungen bis an die indische Küste [Orissa] ausdehnend, und bauten auf Kais den Pallast Aféride, mit dem Titel Sultan Ibnol Melik Dschemschid (durch den Chalifen Nassirolidinillah) belehnt (s. Hammer), bis der Fürst von Hormus die Insel Kais eroberte (zu Djengis' Zeit). In London erhielt sich die Tradition von Whittington's Katze. Les habitants de l'île Ibernia (ou se trouve des reptiles venimeux, mais point de souris) ont le visage rouge une haute taille, des corps robustes et beaucoup de bravoure (nach Abou-Suleiman David). Saki, souverain de l'Abouimiya (Bohème) relève du Caïssar (s. d'Ohsson).

**) Schon die Eingeborenen pflegten genauere Kenntnissnahme zu verhindern durch ihre Geheimnisskrämerei, um das Handelsmonopol für sich zu bewahren, weshalb Afrika trotz des viele Jahrhunderte blühenden Sklavenhandel's an seinen Küsten, dennoch keinen Fussbreit aufgeschlossen wurde. Die Aquamboer erlaubten den Akimern nicht nach der Seeküste zu kommen, sondern reis'ten, mit ihren Waaren, nach Akim hinauf. Sie machten von den Europäern eine so schlechte Abbildung, um sie furchtbar zu machen. Sie sagten, „wir wären Seethiere, und die einzigen so auf der See gehen könnten. Wir kauften unsere schönen Waaren von den Meergöttern, so dieselben verfertigten" (Römer). The Tschuktschi communicate with the Russians at Kolyma and on the Anadyr, and indirectly with the Esquimaux of America by the people of the Diomedes Islands, in the straits (Hooper). Unter den Eskimo auf Barter Island fand Hooper Gegenstände, die von den durch die Hudson-Bay-Company versorgten Indianern eingetauscht sein mussten.

haus, das der jedesmalige Träger derselben gewesen war, liquidirte. Für China im Grossen und Ganzen blieben solche Ereignisse völlig bedeutungslos *). Von den selbstgefällig in confucianischer Weisheit absorbirten Mandarinen **) würde nicht zu verlangen gewesen sein, dass sie vom einfachen Capitain oder Supercargo Belehrungen hätten entgegen nehmen sollen, zumal solch' entfernte Fan-kwei-Stämme für sie nicht das mindeste Interesse in irgend welcher Hinsicht hätten besitzen können, und wegen der mit der Entfernung verknüpften Umständlichkeit des Ceremoniell eine Aufnahme derselben in die Liste der dem Himmelssohne Tribut bringenden Völker nicht einmal wünschenswerth gewesen sein würde. Die continentale Masse China's ist nur durch einen verhältnissmässig schmalen Küstenrand umsäumt, und etwaige Aufmerksamkeit oder Neugierde, die durch Matrosenmährchen (wie die Sinbad's in Bassora) hätten erweckt ***) werden mögen, würde immer nur auf die nächste Seeprovinz beschränkt, dort hervorgerufen und wieder verklungen sein, ohne dass das weite Binnenland davon ein Nachzittern verspürt hätte.

---

*) It is not uncommon to find a Malayan (of Cape Gardefuer) among the slaves (on the Gold coast) 1745 (Ad. Smith). The Musulman negroes, settled in Dahomey, (as traders in ivory), are called Malés, as natives of Accra (s. Valdez). The Mambari traders (from the confines of Benguela) visit yearly the Ovaquangari, pushing their excursions as far eastward as Libebe (Anderson).

**) Auch bei Betheiligung des Staate's mochte sich dieselbe in enger Sphäre halten, wie bei der jährlich von Tidore nach Neu-Guinea zur Tributerhebung gesandten Flotto, die dennoch nicht weiter zur Entdeckung Polynesien's beitrug. „Der Laird von Mackleod schickte jährlich einen Stewart oder Vogt nach St. Kilda, dem gegenüber der Meier das alte Herkommen vertritt" (Martin).

***) Entdeckungen wurden gemacht, erneuert, vergessen, und obwohl die Canarien schon im XIV. Jahrhdt. vielfach besucht wurden, sollte Madeira erst im XV. Jahrhdt. aufgefunden sein. L'an 1410 se departit graute plante des Mariniers de Normandie et les merchants perdirent lors ricesses qui estoient mangiées par les gueres qui lors estoient et en onze ans deus naus a tot seulement alerent à la costière d'or et un por le grand Siest et petit apriés les guerres estant moult estormes sur eaues come sur tierre les besoignes des merchandises furent destourbées et destroites (Margry). Nach Braun war das Fort von Mina früher von den Franzosen, als von den Portugiesen erbaut. Nach Dapper fand sich im Fort von Mina noch eine Inschrift, auf die frühere Besetzung durch Franzosen deutend. Im XVI. Jahrhdt. handelten die Franzosen an der Malaguetta-Küste (nach Ramusio) auf portugiesischen Wegen, die schon im XIII. Jahrhdt. durch Genueser bis zum Rio d'Ouro geöffnet sein sollen. Nach Grotius fanden die Spanier Trümmer chinesischer Schiffe in der Magellan-Strasse. The early settlers in Oregon found the remains of a Chinese junk imbedded in the mud of the Columbia river (s. Cronise). In dem Armeria-Real in Madrid findet sich aus Fischhaut eine indianische Rüstung (der peruanischen Inca) mit einer Larve Montezuma's (Volkmann). Die Rüstungen der Munnkoss oder Mongolen waren aus der Fischhaut des Schayö (Sandfische's) gearbeitet (Klaproth) 1135 p. d. Dans le comté de Santa Barbara il existe une tribu qui offro les caractéres anthropologiques des Japonais à un tel degré, qu'on en fut trés frappé à San Francisco, lors du passage de la premierè ambassade venant du Japon (1861). Quelques sujets furent amenés aux étrangers et l'étonnement fut extrème pour tous, lorsque, s'adressant la parole, chacun dans son idiome, ils se comprirent avec assez de facilité (Tarayre). Se hallan (en el mar

Ganz andere Verhältnisse lagen vor, als nach dem durch seine Küsten-
entwickelungen jedes andere Areal der Erde übertreffenden Europa die
Kunde von der Entdeckung neuer Welten gelangte. Nicht nur war gerade
damals aus Durchdringung incongruenter Substrate (aus Nachwirkung hellenisch-
römischer Classicität, aus Usurpirung orientalischer Religion im Widerstreit
mit vorchristlichem Germanenthum und Streiflingen maurischer Philosophie)
in Europa ein Geist des Zweifeln's und Fragen's, und somit emsiger Forschung erwacht, sondern es mussten zugleich alle die Theilcentren dieses
Welttheil's (Portugal, Spanien, England, Holland, Italien, Frankreich u. s. w.)
rasch von ihren buchtenreichen Küsten aus ihrer ganzen Länge und Breite
nach von der Gewichtigkeit der unvermuthet neuen Thatsachen durchdrungen
und zum gemeinsamen Wettstreit*) in Fortsetzung der mit Eifer aufgenommenen, mit wilder Begierde verfolgten Entdeckungen geführt werden,
zumal die damalige Unsicherheit der politischen Zustände die im Westen
geöffneten Länder bald als ruhigere Heimath bevölkern liess. Auch bei
den Griechen waren viele (oder die meisten) ihrer Colonien durch geschichtliche Triebfedern veranlasst, und als die weiteste ihrer Entdeckungsfahrten
zeigt sich die der vertriebenen Phocäer, die schon vor der Katastrophe,
die ihre Vaterstadt betraf, sich nach neuen Niederlassungen umgesehen
hatten. Im Uebrigen hätten die Griechen sich nie bewogen finden können,
das Becken des Mittelmoor's**) zu verlassen. Kühne Abentheurer explorirten
freilich schon früh den vorher durch seine Schrecken unzugänglichen Pontus,
aber im Westen waren die Säulen des Hercules als Grenzpfeiler gesteckt,
und schon die Sage von den elysäischen Gefilden auf der Insulae fortunatae

---

Oceano) muchas islas, algunas habitadas, y despobladas otras, no habra marino que se
atreva à navegar (Al-Edris). Los habitantes del ultimo Occidente invadieron à los pueblos
de Andalus (s. Conde). The historical value of a native tradition disappears after two
generations, under a load of grotesque imaginings. Already the destruction of the Tonquin
is ascribed to Quawteaht and supernatural beings are described as having been concerned
in it (among the Ahts) 1868 (Sproat).

*) Es war besonders das gleichzeitige Zusammentreffen der spanischen Minenaus-
beute in Amerika mit den Umschiffungsfahrten der Portugiesen, woraus plötzlich ein so
paralleloser Effect hervorbrach, sobald die Holländer als Vermittler Indien für seine Erzeugnisse mit dem edlen Metall versorgten, das es schon in der Römer-Zeit (s. Plinius) zu
absorbiren angefangen hatte. Aus der Sucht mit Kostbarkeiten zu glänzen, zwingen dann
die Fürsten die zum apathischen Vegetiren geneigten Tropenländler zu producirender
Arbeit. Im dichtbevölkerten Java hat die neue Regelung des dortigen System's (s. Money)
besonders bemerkenswerthe Resultate ergeben.

**) Le commerce ancien se faisant d'un port de la Mediterranée à l'autre était presque
tout dans le midi. Or les peuples du même climat ayant chez eux à peu près les mêmes
choses, n'ont pas tout de besoin de commercer entr'eux, que ceux d'un climat différent
(Montesquieu). Jetzt macht sich der Handel zwischen südlichen und nördlichen Völkern.
Les premiers ont toutes sortes de commodités pour la vie et peu de besoins, les secondes
ont beaucoup de besoin, et peu de commodités pour la vie.

verfloss in jenem die Aussicht hemmenden Nebel, der noch zur Araber Zeit den atlantischen Ocean deckte. Eine erste Exploration desselben hätte immer nur von den unmittelbaren Anwohnern ausgehen können, denn dass die Griechen, nachdem sie die für ihre Begriffe unermessliche Strecke bis nach Gades zurückgelegt, jetzt von dort auf's Neue in das Unbekannte hätten hinausfahren sollen, wäre schon durch die Bauart*) ihrer für das Mittelmeer, aber nicht für die Stürme des Ocean's berechneten Schiffe verboten gewesen. Wieweit die punischen Colonien an mauritanischer Küste ihre Fahrten nach Süden und Westen für weitere Entdeckungen verwerthet haben mögen, wird durch die Zerstörung der carthagischen Archive wohl für immer im Dunkel bleiben, und wenn in der alten Culturzeit Hispanien's, worauf die Schriften der Turdetaner hinweisen sollten, Reisen über das Westmeer unternommen waren, so mussten sie doch gestört und bald ganz aufgehoben werden, als mit den Wirren der carthagisch-römischen Kriege, und folgender Besetzung, das Nationalgefühl selbstständigen Handel's überall gebrochen wurde. Den nur auf Annexion und geldbringende Eroberungen bedachten Römern konnte es nicht in den Sinn kommen, den ihnen gleichgültigen Handel durch Ausrüstung besonderer Entdeckungs-Expeditionen zu fördern, und die genügende Menge der Seefahrten, wie sie zur Herstellung einer regelmässigen constanten Brücke über die weite Meeresfläche erforderlich ist, konnte nur dann in's Leben gerufen werden, wenn Europa in seiner ganzen Ausdehnung (wie bei Beginn der Neuzeit) Beziehungen mit Amerika anknüpfte**), während Localverbindungen von Lusitanien oder Irland aus zeitweis bestanden und wieder ihr Ende genommen haben mögen, wie die normännischen Island's mit Grönland.

Die Einleitung der grossen Entdeckungsfahrten ist somit aus bestimmt nachweisbaren Causalitäten hervorgewachsen, und ist in das Wesen der Culturentwicklung als solche, keineswegs involvirt, wiewohl sie jene humanistischen Blüthen entfaltete, die jetzt wieder (in nicht ungewöhnlicher Reaction) aus einem Affenstammbaum hervorgesprosst sein sollen. Gefördert und verbreitet wurde diese Anschauung durch die Kopenhagner Dreitheilung der archäologischen Funde, die unsere Museen mit werthvoll-

---

*) Schon die kleinen und engen Häfen, von denen noch die Reste im östlichen Mittelmeer sichtbar sind, ihr flaches, durch Klippen beschränktes Fahrwasser, bedingte eine Form der Schiffe, die schlecht für die grossen Meerfahrten geeignet gewesen sein würden, wie man sie später aus den westlichen Ländern unternahm.

**) wenn sich die engen Verhältnisse des Mediterraneum auf der erweiterten Scala des Atlantic wiederholten, und der Isthmus von Panama an die Stelle des alten trat, um die Gefahren des Cap Horn zu vermeiden, wie damals die des Cap Malea. Corinth avait un port pour recevoir les marchandises d'Asie, elle avait un autre pour recevoir celles d'Italie.

sten Ergebnissen bereicherte, aber in ihren von jeder historischen Basis ab-
gelös'ten Erörterungen nur einen schematischen Grundriss darboten, der
selbst keine Realität besitzen konnte, obgleich in mancher Hinsicht zum
Hineinzeichnen des erwiesenen Thatbestandes geeignet.

Von einer ununterbrochenen Fortentwickelung der Cultur, von ihrem
regelmässigen Aufsteigen vom Niedern zum Hohen, findet sich im factisch
Gegebenen nirgends eine Spur, denn wir finden hier, wie überall in der
bunten Welt der Wirklichkeit, die Mannigfaltigkeit wunderbarer Phänomene
in vielfach durchschlungenen Räthselknoten. Die römische Civilisation mag
höher gestanden haben, als die oscische, als indess Hispanien zur römischen
Provinz erklärt wurde, lag ein Verlust-Conto vor, und ebenso war Griechenland
unter der Römerherrschaft bereits von seinem Höhepunkt gesunken, wie dieser
selbst schon durch einen dunkeln Zwischenraum von jenen glanzvollen Tagen
getrennt ist, in denen der Ruhm der Minyaer und des goldenen Orchomenos
emporstrahlte. Die Nachkommen der alten Menes-Söhne sind tiefer herabgestiegen, als ihre Pyramiden, die der Assyrier verkriechen sich wieder in
den Schlammboden, aus dem zuerst vormenschliche Ungethüme ihre Köpfe
emporgestreckt, an den durch grossartige Epen gefeierten Höfen der Ganges-
und Jumna-Länder wütheten kleinliche Rajah-Tyrannen oder bigotte Sultane
und mancher persische Padishah hat in schwermüthigen Liedern die von
Spinngewebe durchflochtenen Trümmerhallen gestürzter Dynastien besungen,
die ihm das Schicksal der eigenen vorbedeuteten. Ob in solchen Fällen
regelmässig geführte Annalen einer Chronik, ob Gedichte oder sonstige
Traditionen sich erhalten, hängt nicht nur von dem Bestehen oder der Art
der Schrift ab, sondern von unberechenbaren Zufälligkeiten, da gegen
Brände, wie sie Alexander in Persepolis, Omar in Kairo, die Dominicaner in
Mexico, St. Patrick in Irland entzündete, keine Versicherungsgesellschaften
Garantien leisten können. Mündliche Ueberlieferung wirft schon nach
wenigen Jahrhunderten Alles auf das Wildeste durcheinander, und lag also
Begünstigung der Architectur (wie bei Chinesen, Japanern, Indiern u. s. w.)
gerade nicht im Geiste der, hier die eine, dort die andere Seite der Kunst-
schöpfung betonenden Cultur, oder wurde mit weniger dauerhaften Material,
als in Aegypten und Peru (oder in weniger austrocknenden, und deshalb erhaltenen, Klimabedingungen) gebaut, so musste in kurzem der verbindende
Faden abgerissen sein, und die von der Ordensherrschaft herbeigezogenen
Ansiedler hatten weder Kenntniss, noch Interesse für die dichte Bevölkerung*)

---

*) Strabo fand Epirus eine Wüste in Folge der durch Aemilius zerstörten Städte,
und Livius erstaunte bei dem öden Lande der Volsker über die einstige Bevölkerungszahl,
wie sie ihre zahlreichen Heere bekundeten. Schon zu Plutarch's Zeit liess die schwache

der Galindier, oder (am Spirdingsee) der Sudovitae (generosi sicut nobilitate morum alios praecedebant, ita divitiis et potentia excedebant), die einstigen Bewohner des Boden's, auf dem es jetzt dichte Wälder zu lichten gab. Das Reich der Tolteken war unter einer Decke lautloser Wälder verschwunden, als die Chichimeken eintraten und anfangs nur zu weiterer Zerstörung der noch übrigen Monumente beitrugen. Die primitiven Lebensverhältnisse der Insulaner Polynesien's*) würden die in Folge ihrer Sprache vermutheten Beziehungen zu malayischen Seefahrten (oder den culturhistorischen Zusammenhang mit Amerika) aus früherer Zeit keineswegs ausschliessen, denn wie rasch und durchgreifend auf abgelegenen Punkten bei länger dauernder Isolirung eine scheinbare Ursprünglichkeit simulirt wird, zeigt der von Martin's ausgemalte Naturzustand St. Kilda's, obwohl schon zu Plinius Zeit die Hebriden (Hebudae) eine Station (Thylen petentibus), also wiederholt besucht waren. Aehnlich liebte man im vorigen Jahrhundert die Nachkommen der 1671 auf der Insel Nantucket angesiedelten Colonisten als im Zustand unwissender Unschuld lebend zu beschreiben. In den Grenzprovinzen Mexico's wurden manche der durch die Tolteken angefachten Cultur-Regungen durch die Einfälle wilder Chichimeken erstickt, aus asiatischen Steppen überschwemmten Barbaren die Gärten griechischer Factoreien, wie die schattigen Alleen der europäischen in Sabee (1725) vor den Dahomeern fielen, in deren Königspallast oder Simbony sich nur wenige Reminiscenzen der (nach dem Untergang des Benin-Reich's) in Ardrah (und Ketu) erhaltenen Bildung bewahrt.

So deutlich sich der Stand der Wildheit und der Cultur gegenübersteht, so schwierig würde es doch sein, eine feste Grenzlinie zu ziehen, und obwohl der Eskimo durch das (ohne Gegenwehr die Existenz unmöglich machende) Klima zur Entwicklung mancher Geschicklichkeiten gezwungen worden ist und sich im Vergleich mit dem nackt, die Waffen allein in der Hand, umherschweifenden Indio do matto durch seine Kunstfertigkeit eine

---

Zahl der waffenfähigen Männer (in Hellas) die früheren Kriege kaum begreifen. Noch zeugen die Steinmonumente auf den Vorgebirgen der Veneti von den mächtigen Städten, die dort standen, aber Caesar reduced that state to insignificance and the country to desolation, that has not yet passed away (Leslie). Die Dürre der capverdischen Inseln wird dem Ausrotten der Wälder zugeschrieben, und so die eines grossen Theil's des jetzigen Kleinasien's, während Van Lennep östlich von Tocat am Fusse der Bäume Sümpfe angesammelt fand. Galindo (1632) spricht von einem Lorbeerbaum auf Ferro, der so viel Feuchtigkeit anzog, dass das Wasser in Cisternen gesammelt wurde.

**) Die Unthätigkeit auf den abgeschlossenen Inseln Polynesien's hatte in der Beleibtheit ein Zeichen des Adel's geschaffen, und auf der Insel Mar-ike (Marken oder Markea) finden sich oft ausgezeichnete Specimina fetter Leute (Chamock), die in Holland der Merkwürdigkeit wegen gezeigt werden. On the coast of Kerry (1845) the people were so ignorant and untaught, that they did no know, how to fish (Foster).

wohnliche Umgebung ausgebaut hat, so würde er doch mit diesem zusammen in die Klasse der culturlosen Völker gerechnet werden, da die Ursachen der Verschiedenheit auf deutliche Bedingungen des Milieu zurückzuführen sind, und der Geist sich noch nicht zu freier Willensthat*) aufgeschwungen hat. Wie die körperlichen verlangen auch die geistigen Bedürfnisse, die schon auf der untersten Scala der Menschheit nicht fehlen können, ihre Befriedigung und finden sie in den dämonischen Schöpfungen des religiösen Drange's (im Uebergange zu mythologischer Dichtung), aber die Cultur keimte erst dann, wenn nach der Befriedigung dieser beiderseitigen Bedürfnisse (und also nach Ermöglichung der Lebensexistenz überhaupt), der Geist für die feineren Reize des Kalonkagathon empfänglich wird, und nun auch dem Körper, neben der von der Noth des Leben's geforderten Erhaltung, an sich überflüssige, aber bald verführerische Luxusartikel bieten kann. Zunächst sind es die Ideale der Kunst, die in sympathischer Weckung von Harmonien den Geist zum productiven Schaffen anregen, und erst, weil durch sie auf neue Wege geleitet, betritt dieser dann die Forschungsbahnen des Wissen's, die sonst überall durch Dissonanzen zurückgeschreckt haben würden, hätte nicht das bereits an den Rythmus von Melodien gewohnte Ohr auch hier im Voraus schon aus dem Grundton Accorde herausgehört, die im Auf- und Absteigen durch gesetzliche Intervallen wieder in einem harmonischen Einklang zusammenfliessen müssen, wenn die Symphonie polyphonischer Sphärenwelt in ihren Schlusssatz die Wahrheit offenbart. Bei Zersetzung architectonischer Motive mag man die Analogien an Naturzeichnungen hervorheben und so das Gebäude theoretisch als Naturnachahmung entstehen lassen, eine solche Deduction aber zur Erklärung des Thatsächlich Realen verwenden zu wollen, würde denselben Widersinn involviren, wie alle aus Relationen auf das Absolute gerichtete Speculationen, ehe noch die Theile des Ganzen ausgezählt sind.

Wenn der Eskimo oder der Sibirier eine runde Schneehütte erbaut, so ist die runde Form derselben schon durch die Art des Material's und durch den Zweck, für das es verwandt wird, als nächstliegend gegeben. Tritt dann derselbe in gemässigte Klimate, so wird er auch dort seine zur Gewohnheit gewordene Bauweise fortsetzen, aber in weniger strengen, und deshalb nicht mehr zum unablässigen Gegenstreben zwingenden Natur in den hie und da gewährten Mussestunden Zeit für beschäftigungslose Be-

---

*) Cultur ist der höchste Ausdruck für die heidnische Humanität, welche es übersieht, dass die menschliche Freiheit es selber bedarf, von der göttlichen Gnade cultivirt zu werden, es bedarf, von einer höhern libertas liberans frei gemacht zu werden (s. Martensen). Solch neue Krafterzeugung tritt aus der Spannung organischer Entwicklung hervor.

trachtung des Rundbaues *) finden, durch das wiederholt fragend vor der Seele stehende Augenbild Gedanken angeregt fühlen, und bald sich des in der Nervenauffassung begründeten Wohlgefallen's am gleichmässig Rundem (im Gegensatz zum eckig Verzerrten) mehr und mehr bewusst werden. Zu dem sorgfältigern Aufbau, (durch freie Zeit ermöglicht) kommt leicht eine Verzierung hinzu und werden dann allmählig die ersten Sandkörner zusammengetragen zu jenen architectonischen Kunstwerken, die seit den nordischen Erobern Indien's in der Dagopen-Form wieder erscheinen, oder als Kuppeln sich im östlichen Europa mit christlichen Kirchen und mit Moscheen verbunden haben. Welcherlei Regel des Schönen zur massgebenden wird, hängt von der durch die Umgebung habituell gewordenen Auffassung ab, denn die früher in den Principien unserer Geschichtsvölker beliebte Verallgemeinung wird, wie durch die ethnologischen Beispiele überhaupt, besonders durch das Studium der in Amerika getrennt entwickelten und dort zu ganz anderen Folgerungen gelangten Culturländer wiederlegt.

Als Vorbedingung der Cultur ist ein sesshaftes Leben zu präsumiren. Der schweifende Nomadenstand wird nicht nur durch den steten Anspruch auf körperliche Bewegung, geistige Contemplation ausschliessen, sondern er entbehrt auch, weil unstät den Aufenthalt verändernd, jedes Anlasse's zu bleibendem Schaffen, so dass selbst die Himmelsbetrachtung chaldäischer Hirten immer erst nach Abfassung des nabathäischen Ackerbau's die mathematischen Lehrsätze, die von ihnen aus der Sternbewegung instinctiv abgeleitet wären, zur practischen Verwerthung hätten bringen können. Der Ackerbau in den Ruhe-Intervallen der Arbeit regt von selbst zu geistiger Thätigkeit an, da Motive für körperliche fehlen, und wird das Leben bald mit einer Menge kleiner Erfindungen verschönt haben. Indess wird die einfache Gleichförmigkeit, mit der das Leben des Ackerbauer's umrahmt ist, einen eng beschränkten Cyclus von Vorstellungen, wie er für unumgänglichste Anforderungen genügt, zu einem stereotypen machen und dauernde Stabilität herstellen, so lange keine neuen Reize einfallen. Solche werden dagegen häufig geboten sein, in der dichtgedrängten Bevölkerung der Städte, besonders den durch Handelsverbindungen mit andern verknüpften, und aus diesen städtischen Centren werden die dort eruirten Entdeckungen dann wieder nicht nur den Landleuten zu Gute kommen, sondern auch den an oder in den Grenzen des Staate's nomadisirenden Stämmen. In diesen werden

---

*) The Yaranga (huts of the Tschuktschi) are constructed of a rounded form, to prevent snowdrift from collecting at the gables and to oppose few points to the fierce winds (s. Hooper). The ground plan of the Picts houses (cathairs and clochans) is circular. The elevation is a kind of dome (Leslie).

dann durch Mittheilung früher unbekannter Schätze*) ebenso bis dahin unbekannte Begierden erregt, die wenn verweichlichende Schwelgerei**) die Schutzwehren verfallen lässt, zu Einfällen in die der Civilisation bereits gewonnenen Gefilde anregen und gewöhnlich zu der Inthronisirung einer Reiter-Dynastie zu führen pflegen. Mit diesem Aufmischen neuer Elemente und dem Durchdringen ihrer verschiedenen Affinitäten zeigt sich dann der Uebergang zu einer Culturepoche, die anfangs einen Rückgang aufweisen mag, bald, nach erfolgter Consolidirung und Wiedergewinnung der Einheit in raschen Fortschritten***) weiteres Terrain gewinnen muss, da in der organischen Wechselwirkung des Innen und Aussen die Geschichte selbst die aufzunehmenden Ideen in Fruchtreife zeitigt†).

So schwankend in manchen Fällen die Bestimmung über das Vorhandensein der Cultur bleibt, so wird sie doch immer vorauszusetzen sein, sobald sich ein Volk im Besitz der Schrift befindet, also seine Gedankenschöpfung zu fixiren und auf seine Nachkommen zu vererben vermag. Häufig genug (besonders wenn durch Religionsapostel gebracht und in heiligen Characteren verhüllt) bleibt die Schrift ohne weiteren Einfluss auf die grosse Masse der

---

*) Valens und Gratian verboten den Barbaren Wein oder Oel zuzuführen, und die aus Italien gebrachten Früchte sollten den früheren Einfall der Gallier angeregt haben, wie die europäischen Handelsartikel an afrikanischer Küste die dortigen Revolutionen. Domitien fit arracher les vignes dans la Gaule, de crainte que cette liqueur n'y attirât les barbares.

**) The great outbursts of luxury (whenever they have appeared) have proved the precursors of intellectual or political change (as after the Crusades). What in one sense is a luxury, soon becomes in another sense a necessary (s. Lecky). Die civilisirte Welt empfängt ihre Mode aus Frankreich, Frankreich aus Paris, Paris aus dem Viertel der Chaussée d'Antin, geht man aber dahin, um die Mode an ihrer Quelle zu belauschen, so sieht man gar Nichts, höchstens einige lockere Damen, einige blasirte Nichtsthuer, einige Schneider und Putzmacherinnen, welche den Gerichtshof bilden, der über das Aeussere der civilisirten Menschheit entscheidet (R. Schultze). Die meisten neuen Moden werden in Paris von den Freudenmädchen des ehemaligen Palais Royale und von ausschweifend liederlichen jungen Leuten in Gang gebracht (und bis Moskau verbreitet) 1803 (s. Wichelhausen). Die Mode (die characteristische Ausprägung des menschlichen Geschmacke's in der Aeusserlichkeit seines Erscheinen's, seiner Kleidung u. s. w.) ist an und für sich genommen oder in Bezug auf den Menschen überhaupt als das ihr zu Grunde liegende substantielle Wesen immer in verschiedenem Grade wahr oder falsch, passend oder unpassend, jedenfalls aber immer die richtige Aussage über das geistige und sonstige Besondere des sie tragenden Subject's (s. Herrmann) und also nach Länder, Völker, Zeiten, Geschlechter und selbst die Personen variirend.

***) Changed conditions induce an almost indefinite amount of fluctuating variability, by which the whole organisation is rendered in some degree plastic (Darwin).

†) Das Beste von dem, was wir zu finden glauben und das Unsrige nennen, schwebt in der Atmosphäre, eine reife Frucht am Baum der Zeit, die wir nur brechen, nicht erzeugen (s Ihring). Jede Idee, selbst wo sie als eine übernatürliche Offenbarung angenommen wird, findet ihre meistentheils langsame Vorbereitung, ehe sie im Leben zur Herrschaft gelangte (von Holtzendorff)

Bevölkerung, aber man wird dann doch stets die dem Fürsten näher stehenden Klassen so vertraut mit geistigen Conceptionen finden, dass ihnen unmöglich jede Cultur (bei Foulah, Mongolen u. s. w.) abgesprochen werden kann, und also auch nicht dem jedesmaligen Volk als solchen, da man das Gesammt-Urtheil über ein solches durchschnittlich (auch in Europa) nicht nach der Quantität der Bevölkerungszahl, sondern nach der Qualität der gebildeten Klasse zu fällen pflegt. Man brauchte in den civilisirtesten Ländern unseres eigenen Erdtheil's nicht weit zu gehen, um eine geistige Barbarei anzutreffen, die nicht nur mit der der Neger und Indianer auf gleichem Niveau steht, sondern häufig genug eine Stupidität bekundet, zu der man bei den (weniger sorgsam*) jedes geistig oder körperlich verkrüppelte Individuum aufziehenden) Naturvölkern durchaus keine Paralelle finden dürfte.

Bietet nun allerdings die Schrift (etwa mit Einschluss der durch die Knotenschnüre gebildeten Vorstufe) ein passendes Criterium, um wenigstens einer Erhebung über die Stagnation völliger Uncultur gewiss zu sein, so sind doch auch wieder bei den schriftlosen Völkern mehrfache Gradationen nicht zu verkennen. Der Wald-Indianer Süd-Amerika's, wenn in den Besitz der ihm nöthigen Waffen gelangt (und dieser Besitz, als Vorbedingung seiner Existenz kann nicht weiter als erworbener betrachtet werden), wird in den Variationen seines einfachen Schmucke's bald eine Grenze erreichen und dort dann verharren, wenn nicht etwa durch Ausdehnung eines civilisirenden Incastuates in den Bereich anderer Einflüsse gezogen. An der afrikanischen Westküste scheint zu den Zeiten des halbmythischen Benin-Reiche's eine verhältnissmässige Verfeinerung der Sitten bestanden zu haben, und die Erzeugnisse der Goldarbeiter im Fantiblande zeigen noch einen Geschmack, der nur nach mehrfachen Proben geläutert werden konnte. Die geschichtlichen Bewegungen haben indess in Afrika (seiner geographischen Configuration gemäss) nie die geordnete Periodicität zu zeigen vermocht, die in Asien (unter Creirung seines historischen Character's) hervortritt, und deshalb vorwiegend nur zerstörend gewirkt, obwohl z. B. bei den Ashantie der Bildungszustand der Eingeborenen nicht ohne Rückwirkung auf die neuen Herren geblieben ist. Im Allgemeinen zeigt sich deshalb in Afrika überall Verfall nach kurzer Erhebung, und etwaiges Gipfeln der Cultur, wodurch sie die Grenzen ihres Erdtheil's hätte überströmen können, bleibt an sich ausgeschlossen. Auf den begünstigt gelegenen der polynesischen Inseln war die

---

*) Das Zwölftafelgesetz erlaubte das Aussetzen monströser Geburten, wie vielfach sonst, und noch die Reformatoren discutirten über die Kielkröpfe. Die Kathaei erhielten (nach Strabo) ihre Schönheit, indem sie alle nicht wohlgebildeten Kinder tödteten und dasselbe geschah (nach Diodor) im Reiche des Sophites (in methodical selection). Nach Wrangel tödten die Tschuktschen schwächliche und ungestaltete Kinder.

geistige Thätigkeit activ genug zu Werke gegangen und hatte die beschränkte
Umgebung auf's niedlichste ausgebaut, auch immer auf's Neue weitere
Bildungsknoten angesetzt, wenn bei Nachbarschaft (wie zwischen Tonga und
Fiji) Wechselwirkung eintrat. In der Mehrzahl war solche wegen der weiten
Entfernung ausgeschlossen, und so musste im Allgemeinen die Cultur nach
Herstellung eines gesetzlichen Gleichgewichte's stationär bleiben. Dass sie
sich aus solchem Ruhezustand durch irgend welchen Nisus formativus*)
weiter entwickelt hätte, ist nach naturwissenschaftlicher Methode hier (wie
bei der vermeintlichen Descendenz in der Zoologie) unzulässig, da ohne
Ursache keine Wirkung gedacht werden kann, und also irgend ein neuer
Reiz hervortreten muss, um in einem mit seiner Umgebung abgeglichenen
Völkerleben neue Effecte hervorzurufen. Dieses Axiom ist überhaupt bei
culturhistorischen Betrachtungen durchaus festzuhalten. So hoch wir z. B.
die Schätzung der assyrischen Cultur auch anzuschlagen geneigt sein sollten,
so wird doch anzunehmen sein, dass sie bereits lange vor ihrem Verfall
ihr Acme erreicht und ihren nationalen Bildungstrieb erschöpft hatte. Nachdem die Küsten des Mittelmeer's und des Pontus auf der einen Seite, die
Hochgebirge und die Steppen auf der andern Seite erreicht worden, waren
natürliche Grenzen gewonnen, und ein so constituirtes Reich hätte nun für

---

*) Die drei culturgeschichtlichen Grundformen des menschlichen Zusammenleben's
(die rechtlich - bürgerliche. intellectuell - aesthetische und religiöse - sittliche Gemeinschaft)
unterscheiden den Menschheitsorganismus in prägnanter Weise von jedem collectiven, aus
vielen Individuen zusammengesetzten und sich aufbauenden Thierorganismus (s. Oettinger).
The baboons had taken possession of the gardens (at Shamuxia's village on the Zambesi),
on which they were pulling up the melons, their antics quite human (Chapman). Le singe
est dressé à se tenir immobile derrière son maître, la main armée d'un instrument avec
lequel il chasse les mouches. Comme il possède l'instinct de découvrir le poison, son
maître lui jette de chaque plat (X siècle p. d.) im Kaukasus. Darwin believes that „man
is descended from a hairy quadruped, furnished with a tail and pointed ears, probably
arboreal in its habits and an inhabitant of the Old World." Wenn der Kriegsruf und die
ersten Schüsse ertönen, brauchen die Pferde, das Vieh, Schaafe und Ziegen nicht erst
davon getrieben zu werden (bei einem russischen Einfall in Abasien). Alle Thiere stürzen,
als wüssten sie, um was es sich handelt, in vollem Laufe dem nächsten Walde zu, man
braucht ihnen nur das Thor zu öffnen, selbst das Hausgeflügel, Hühner, Gänse, Enten,
rettet sich in das nächste Gehölz (s. Lapinski). Les Yadjoudjes et Madjoudjes ressemblent
à des singes, ils ont le visage et la langue noire, leurs yeux sont rouges comme le sang,
leurs dents longues comme des défenses, ils ont le corps velu et livide, la poitrine, le nez,
les oreilles de l'éléphant. Lorsqu'ils sont couchés, une de leurs oreilles leur sert de matelas
et l'autre de couverture (Firdusi). Ils se nourissent de dragons, que la mer, lorsqu'elle
est agitée au printemps, vomit sur le rivage, mais ils deviennent maigre par le froid, et
alors leur voix est aussi faible que celle de la colombe, tandis qu'au printemps ils rugissent
comme des lions (d'Ohsson). The first Indian, who ever lived, was of short stature, with
very strong hairy arms and legs, (called Quawtcaht and killing himself). The vermins
covering him were put into a box by the beneficent spirit Tootah (thunder) and Quawtcaht
revived (as forefather of the Ahts).

viele Jahrhunderte unverändert*), wie das chinesische, fortbestehen können,
ohne sich um die übrige Welt zu kümmern, da der geographische Entdeckungs-
eifer unserer Gegenwart eben dieser nur eigenthümlich, und aus Verhältnissen hervorgesprosst ist, die bei ihr allein, früher und sonst dagegen
nirgends, zur Geltung kamen. Ein Reich, dessen Hauptstadt tief im Binnen-
lande**) liegt, wird schwerlich als Seemacht auftreten, und da Assyrien
nie seine Gesammtstärke auf das Meer geworfen hatte, der phönizische
Handel***) also ein Thun unbeachteter (und vielleicht verachteter) Kaufleute
geblieben sein würde, so konnte keine weitere Ausdehnung nach Westen
hin Statt finden. Ein Feldzug nach Indien würde nur dann unternommen
worden sein, wenn die eigentliche Incarnation eines Weltenstürmer's (wie sie
unser Planet etwa jedes halbe Jahrtausend hervorzubringen pflegt) damals
gerade auf dem assyrischen Thron geboren wäre, denn obwohl die assyrischen
Annalen an kriegerischen Königen reich genug sind, so bleibt doch immer
ein grosser Unterschied zwischen den aus nächstliegenden Ursachen zu
weiterer Sicherstellung der Grenzen unternommenen Kriegen, und einem aus
reiner Eroberungslust, oder im Eifer berufener Sendung, entworfenen Plane,
der hätte hoffen dürfen, mit besserem Erfolg als Semiramis, die in den Pässen
des Himalaya und jenseits derselben gebotenen Schwierigkeiten zu besiegen.
An den die Steppen berührenden Grenzen des Reich's mussten die Reibungen
beständig fortdauern, und wenn sie in der Blüthezeit der Kraft kaum merk-
lich sein konnten, mussten sie umgekehrt, als innere Auflösung die Wider-
standsfähigkeit geschwächt hatte, auch von dort den Untergang herbeiführen.
Das alt-ägyptische Reich, durch die Sahara auf der einen, die auch jenseits
des rothen Meere's in arabischer Küste fortgesetzte Wüste auf der andern
Seite umgeben, durch lange unzugängliche Sumpfländer vom Mediterraneum
abschlossen, und nach Süden in allzu weite Strecken afrikanischer Barbarei
verlaufend, als dass eine genügende Electrisirung durch geistige Hülfsmittel
hätte gehofft werden können, musste ebenfalls in seiner Cultur schon früh

*) Je nach der Stärke des Reich's wechselten die Grenzen zwischen Eran und Turan, (und also die Ausdehnung Aryana's), erstreckt sich Multan aus dem Mesopotamien zwischen Sutledj und Indus bis zur Bikaner-Wüste oder verlor es Bahawalpur.

**) Ebenso hatten die aus dem Innern vordringenden Perser eine Abneigung gegen den Handel, die selbst zum Barricadiren der Flüsse führte, und sie konnten sie eher in ihren kurzen Küstenstrecken zur Geltung bringen, als die Mandschu im weiten China, wo das Project die Seedistricte wüst zu legen, fehl schlagen musste.

***) Der Handel wird in voller Mächtigkeit erst durch den Austausch möglichst ver-schiedenartiger Producte geweckt, wie gegenwärtig zwischen den nördlichen Ländern Europa's und den tropischen Indien's. So bildeten bei uns die Kaufmannsschiffe die Pioniere der Entdeckungen in Vorbereitung und Verbreitung der Civilisation, aber alle die hier mit-wirkenden Bedingungen fehlten im Alterthum entweder ganz oder doch zum grossen Theil.

ein stationäres Gleichgewicht hergestellt haben und in demselben (beim Mangel weiterer Incitativ's) stabil verharren. Von den americanischen Culturstaaten waren Mexico nach Norden, Peru nach Osten hin deutliche Grenzen gesteckt, auf dem zugänglichem Gebiet dagegen hatte die Sphäre ihrer Ausdehnung verschiedentlich gewechselt*) und war zur Zeit der Conquista an manchen Puncten wieder auf engeren Umfang zurückgegangen.

Was demnach zur Annahme der einmal systematischen Culturentwicklung geführt, nämlich ihr neuerdings stetiger Progressus kann nur durch psychologische Täuschung zu einem allgemein gültigen Grundsatz gemacht werden, da jede sonstige Bestätigung dafür fehlt, und sich gegentheils ein ununterbrochener Wechsel im Auf- und Untergang der Culturstaaten zeigt. Man mag sich von dem Menschen als solchem einen theoretisch zutreffenden Abriss entwerfen, darf aber dann nicht dieses im Hirndunst schwankende

---

*) Das culturfähige Land änderte je nach dem Mündungslauf der Flüsse in's caspische Meer oder den Aralsee. The gradual westing of all the Penjab rivers (flowing from north to south) is only the result of the earth's continued revolution from west to east (Cunningham). All streams that flow from the poles towards the equator work gradually to the westward, while those that flow from the equator towards the poles work gradually to the eastward. Bei den Aenderungen im Delta des Indus wurde der nach Barbarike Emporium oder Bhambura (Bambo-Raja's) führende Wasserarm verlassen und seit dem VIII. Jahrhdt. p. d. Debal zum Haupthafen. Das hohe Steilufer bei den nördlich fliessenden Strömen Sibirien's erhebt sich auf ihrer Ostseite, wogegen die in Russland gegen Süd laufenden Flüsse fast nur auf der Westseite Steilufer besitzen (s. Cotta). Nach Babinet müssen in Folge der Erdrotation alle Ströme in der nördlichen Hemisphäre die Tendenz haben nach Rechts auszuweichen, also ihre rechten Ufer stärker anzugreifen und mit der Zeit in Steilufer zu verwandeln. In den Ebenen (des Adighe-Lande's) streift der eisige Nord- und Nordostwind aus den Steppen Russland's, wogegen in den vor den Nordwinden geschützten Gebirgen und ihren Thälern fast niemals Frost herrscht (Lapinski). Ein Granitblock auf dem höchsten Sattel des (blauen) Berge's (Sinucha) enthielt eine beckenförmige Vertiefung voll Wasser und Algen mit umherschwimmenden Krebsscheeren (Cotta). Durch die Waldbrände werden (in Westsibirien) die Kiefern mehr und mehr verdrängt, da sie nicht wie die Birken neue Wurzelausschläge bilden (Cotta). Die Kieforwaldungen des Altai unterscheiden sich von den europäischen durch ein dichtes Unterholz (Teplouchow). Die fast horizontale Diluvialdecke (in einer neuen geologischen Periode von Wasser abgelagert) zeigt, dass Europa (mit dem Ural abschliessend), von Hochasien (dessen nordwestliche Küsten am Altai, in den Gebirgen Turkestan's und im Kaukasus aufragten) getrennt war durch einen Arm des Ocean's, der (am Eismeer liegend) durch den Pontus mit dem Mittelmeer zusammenhing (Cotta), in der Diluvialperiode (und vielleicht in der Pliocänzeit). Im Altai fehlen (die Anzeichen der Eiszeit) erratische Blöcke, Felsrundungen und Eisschliffe (nach Helmersen), und ebenso im Ural, wogegen Ssäwerzoff in den Gebirgen Turkestan's Spuren früher ausgedehnter Gletscher fand. In Denmark and in Holland the spike-leaved firs have given place to the broad-leaved beech, while in Northern Germany the process has been reversed and evergreens have supplanted the oaks and birches of deciduous foliage (Marsh). Da die Bäume auf dem lang bewohnten Boden der Mounds in Ohio sich nicht von denen der unberührten Wälder unterscheiden, folgert Harrison: that the lapse of time since the era of the mound builders was so great as to have embraced several successive generations of trees and occasioned, by their rotation, a return to the original vegetation.

B

Schemen zwischen die saftigen Vollblutgestalten der realen Welt hinein-
schieben wollen.

Unser Begriff der Civilisation schliesst die wissenschaftliche Forschung
ein, die ihrer und der menschlichen Natur nach eine unbegrenzte sein muss,
und wenn sie später die breite Basis allgemeiner Erdenkenntniss gewonnen
hat, dann erst das eigentlich Endlose des Kosmos, das bisher nur gelegentlich berührt ist, in systematische Bearbeitung nehmen wird. In diesem
Sinne würden wir für die heutige Cultur keine deckenden Parallelen finden
können, ausser hie und da analoge Andeutungen in hellenischer Philosophie
oder in den religiösen Abnungen des Osten's. Entschliessen wir uns aber,
diese auf der Erde erst einmal hervorgerufene Anomalie, (da sie, soweit
unsere Kenntniss reicht, durch keine andern Vergleichungspuncte erläutert
werden kann, und in ihrem bis dahin vollströmenden Entwicklungsfluss nicht
nur keine Hindeutung auf den Abschluss, sondern auch noch keine deutlich
gesetzliche Stadien periodischer Phasen markirt), vorläufig ausserhalb der
Betrachtung zu lassen, so werden wir demjenigen Gesellschaftszustande
Cultur vindiciren, in welchem die körperlichen Interessen nicht länger von
den veränderlichen Bedingungen der Umgebung allein abhängen, sondern
durch bleibend feststehende *) Prinzipien geregelt sind, durch welche die
psychische Schöpfung politischer Maximen dem Zoon politikon eine für seine
somatischen nicht nur, sondern auch für seine geistigen Bedürfnisse mehr
oder weniger passend angeordnete Wohnung aufgerichtet hat. Als die
vollendetste derselben mag die des chinesischen Staatshaushalt's angesehen
werden, für ihre einfachsten Constructionen mögen als Modell die Verhältnisse dienen, unter denen die Samoer in Polynesien, die Pueblos in Amerika,
die Fantih in Afrika leben, denn auf noch tieferen Etagen kann man kaum
von Häusern, sondern nur noch von Hütten reden, die nicht mehr genügen
gegen alle Unbilden des feindlichen Draussen zu schützen, und schliesslich

---

*) Die specifische Eigenthümlichkeit menschlich-familienhafter Anlage prägt sich darin
empirisch aus, dass die ihr eingeborenen und eingeschaffenen Normen, dass die latenten
Keime der gesellschaftlichen Organisation sich in bewusstem Fortschritt zu einer Art
positiver Selbstgesetzgebung entfalten. Die inneren Gestaltungspotenzen prägen sich aus
zu äusseren Normen, die zunächst als gewohnheitsmässige Sitte traditionell die Gemein-
schaftsgruppen beherrschen, um allmälig, soweit es möglich oder nothwendig erscheint,
statutarisch oder auch vertragsmässig, als Gesetz mit gebietendem Character fixirt und als
ein Complex positiver Regeln und Vorschriften zusammengefasst und mehr und mehr entwickelt zu werden. Dieser Prozess ist im weitesten Sinne als der Cultur-Fortschritt zu
bezeichnen (s. Oettinger). In Folge des Gesetze's der Organisation entwickelt und be-
theiligt sich die Menschheit innerhalb der Familien, Stämme und Rassen in unverkenn-
barer typischer Verschiedenheit, während doch durch alle Typen ein einheitlicher Gattungs-
character sich hindurchzieht, der uns die Gewähr bietet nicht nur für die Gemeinsamkeit
der Interessen, sondern auch für die zu Grunde liegende, durch alle Perioden der Geschichte
sich hindurchziehende Identität der moralischen Collectivperson (s. Oettinger).

bleibt Nichts, als das halboffene Zelt des Jäger's, oder der eben nur noch der Windrichtung entgegen gebogene Busch des Buschmann. Welchem höheren oder tieferen Grad der Cultur nun jenes staatliche Gebäude angehören mag, immer wird es in einer solideren Construction eine gewisse Permanenz an den Tag legen, die durch zeitgemässe Reparaturen für Lange hinaus unverändert bewahrt werden mag, und deren Form auch wahrscheinlich so sehr sich dem Nationalsinn als Eigenthum einprägen wird, dass wenn in späteren Generationen ja ein Umbau erforderlich sein sollte, derselbe meistens ganz die frühere Gestaltung, unter etwa gelegentlichen Reformen, wiederholen würde. Allerdings pflegen immer eine Menge abortiver Versuche vorherzugehen, bis der geeignete Styl des Bauplane's gefunden ist. Hat sich indess ein Volk bereits im Gleichgewicht zu seiner geographischen und historischen Umgebung gesetzt, haben sich ihm also bereits alle diejenigen Bedürfnisse fühlbar gemacht, die sich überhaupt geltend machen können, so wird für dieselben (den Dictaten des gesunden Menschenverstandes gemäss) auch allseitige Vorsorge getroffen sein, und aus dem der menschlichen ebensowohl, wie jeder anderen Natur einwohnenden Beharrungsvermögen kann kein weiterer Anlass zu neuen Wohnungsveränderungen vorliegen. Das Volk verbleibt also in dem ihm bequemen*) Hause**) seiner Cultur und da die in jeder nachgeborenen Generation neukeimenden Geistesfragen in gleicher Weise, wie früher, beantwortet werden, so kreis't das psychische Leben in einem festgeschlossenen Cyclus***),

---

*) Auch an ein unbequemes gewöhnt man sich, wie die Boksa an ihre Malaria-Wälder. Il est une population au Mexique, du nom de Coyuca, où il n'est pas un habitant, né dans le pays, ou y résidant depuis un certain temps, qui ne soit atteint du pinto (Chassin). Tous les animaux (de l'île Norvuga) sont blancs, par l'effet du froid excessif (Abou-Saleiman-daoud). Les hommes y ont (même dans leurs enfance) les chevaux, les cils et les sourcils blancs (d'Ohsson), als (albische) Alanen.

**) Ein plötzliches Zerbrechen desselben pflegt schädlich zu wirken, wie der so vielfach verderbliche Eingriff der Cultur in die Verhältnisse der Naturvölker zeigt, die häufig nicht nur psychisch, sondern auch physisch entarten. Die Chunchos hüsteln beim Anblick von Europäer und fliehen diese Fremden, die ihnen Husten und Schwindsucht bringen werden. „So stark und gesund die Einwohner von St. Kilda sind, so werden sie doch bei der Ankunft von Fremdlingen und von fremden Waaren allemal von einem Husten ergriffen, der 10—14 Tage dauerte" (nach Martin). Indem die Missionaire der leichten Communication wegen der neu gegründeten Dörfer (in den Andes) an die Flüsse verlegten, starben die Indianer von der ungesunden Luft oder dem Wohnwechsel (nach Veigl). Einige noch im Innern getroffene Dörfer der Pinches wollten (obwohl sie die Kinder taufen liessen) nicht zu besserer Belehrung nach den Flussdörfern folgen, zeigten sich aber bei dem zweiten Besuch doch bereits durch Krankheit vermindert, in Folge der zu ihnen gekommenen Europäer.

***) Die letzte Konsequenz der antiken Culturentwicklung war Sinnengenuss um jeden Preis (Perrot). Die Kunstanschauungen der Völker und Zeiten sind die besondere Färbung, welche sich das menschliche Leben in der Geschichte in allen seinen Abschnitten giebt. (C. Herrmann). Pascal ergriff die Idee des Progressismus.

B*

der noch Jahrtausende (wie in China) ohne hinzutretende Abweichung derselben Curve folgt, obwohl er jetzt durch den Contact mit Europa in eine
Spirale abzulenken beginnt. Von der ganzen Menge der Culturhäuser, die
auf solche Weise (bald neben- bald nach einander, bald mit bald ohne
Kenntniss*) von einander) auf der Erde aufgebaut sein mögen, fällt nur
eine geringe Zahl in den Bereich unserer Geschichtskenntniss, die fast nur
auf den Westen Asien's und einige Theile Europa's beschränkt ist. In den
geographisch angeschlossenen Theilen Afrika's sind auch die ältesten Zeugen
in Steinbauten erhalten geblieben, obwohl das Aufrichten**) solcher nicht
etwa als nothwendige Zuthat der Cultur betrachtet werden dürfte, da im
Gegentheil religiöse Richtungen (wie die buddhistischer Secte) umgekehrt
empfehlen könnte, aus bröklichtem Material zu bauen, und die Holzpalläste
des scandinavischen Norden's häufig genug schon bei Lebzeiten ihres Erbauer's (oder vielmehr mit dem Ablaufen desselben) verbrannten (und die auf
die Lehre des Philosophen Hekim zurückgeführten Tempel der Sclaven
mochten trotz glänzendster Ausstattung gleiches Schicksal theilen). Die
ruhmesreiche Zeit der mit prunkender Pracht in Hastinapura, in Indraprashtha
und Ayodhya residirenden Helden-Dynastien lebt nur in Gesängen fort, ohne
jede Aufgrabung eines Ziegel's oder Cylinder's, auf dem sie sich (wie ihre
Zeitgenossen in Mesopotamien) für ihre Realität berufen könnten, und die
ältesten***) Monumente Indien's (der Pfeiler Asoka's) würde ungefähr gleich-

---

*) Erst nachdem ein Psammetichos die Fremden absichtlich herbeigezogen hatte,
konnten jene Erörterungen sich erheben, in denen die Egypter, die sich bis dahin als
ältestes Volk (trotz der Einwürfe der Scythen) betrachtet hatten, den Phrygiern nachgaben).

**) In andern Fällen wieder erschöpft sich die ganze Cultur-Richtung, wie bei den
in ihrer primitiven (jedoch holzarmen) Umgebung sehr linkisch aussehenden Steincolossen
auf Waihu oder denen von Tiahuacanu, wozu die Aymara oder Colla (ebenfalls kein Lied
zu singen wissen), und schon zu Garcilasso's Zeit sich mit der vielfach geläufigen Fabel
einer nächtigen Entstehung (auch bei der Kathedrale Puebla's) begnügten.

***) The oldest temple in Kashmir, on the top of the Takht-i-Sulimân is identified by
the Brahmans with the temple of Iyeshta Rudra, built by Jaloka (son of Asoka) in Srina-
gari (Cunningham). The floor of the temple of Vijayesa is 14 feet below the present level
of the surrounding country (so dass die Tiefe der Terramara nicht allzu tief sein kann).
The cast-away pottery of ancient towns in Magna Graecia composes strata of such extent
and thickness, that they have been dignified with the appellation of the ceramic formation
(Marsh). The heaps of ashes and other household refuse collected on the borders and
within the limits of Cairo were so large, that the removal of them by Ibrahim Pascha
has been looked upon as one of the greatest works of the age. The soil near cities, the
street sweepings of which are spread upon the ground as manure, is perceptibly raised
by them and by other efforts of human industry and in spite of all efforts to remove the
waste, the level of the ground on which large towns stand is constantly elevated. The
present streets of Rome are twenty feet above those of the ancient city. The Appian way
between Rome and Albano was found buried 4—5 feet deep and the fields along the road
were elevated nearly quite as much (Marsh). Der Fussboden mancher italienischer Kirchen
ist in 6—7 Jahrhunderten 3—4 Fuss gesunken, obwohl mehrere Fuss erhaben gebaut.

zeitig sein mit denen China's, wo alle Spuren über die Han hinaus mit der Mauer des grossen Zerstörer's abgeschlossen werden (wenn nicht etwa die im Confuciustempel bewunderten Bronze-Vasen die miraculöse Begünstigung des Bambubuche's getheilt haben). Dass die Chronologien Vorderasien's alle ziemlich gleichmässig in der Zahl der Jahrtausende, bis auf welche sie zurückgehen, übereinstimmen, ist bei den geschichtlichen Beziehungen, die von selbst zu synchronistischer*) Ausgleichung führen mussten, nicht nur erklärlich, sondern selbst nothwendig. Da mündliche Ueberlieferung**) schon nach wenigen Jahrhunderten alle statistische Ordnung verliert, wird sicherer Anhalt nur durch die Schrift geboten; dass indess auch ganze Literaturen spurlos weggefegt werden mögen, zeigt das Beispiel der Turdetaner (von denen wir ohne Strabo's beiläufige Notiz Nichts wissen würden), das der Lydier und vieler anderer Völker aus kleinasiatischer und grossasiatischer Vorzeit. Durch die himmlischen und halbhimmlischen Dynastien, die in Egypten, wie in Japan, den irdischen vorangehen, lässt sich dann der Anfang beliebig zurückrücken, und auch bei den Chinesen bleibt es optional, ob man sich mit den drei Kaisern oder den fünf begnügen, oder lieber noch die Ki herbeiziehen will. Mit dem von der Tradition an die Spitze gestellten Stammvater wird stets nur ein bestimmter Wendepunct***) in den geschichtlichen Annalen eines Landes (wie mit den Propheten in den

---

At Aix in Provence, in quarrying limestone (1780 p. d.) under eleven strata of sand and clay, at the depth of forty-five feet the workmen found a bed of shells and stones, and underneath a stratum of sand, stumps of columns half wrought, coins, handles of hammers and a board (s. Bournon). The pieces of wood were changed into agates. A shaped beam was found at Tobolsk on sinking a well (1714) at sixty four fathoms depth (n. Strahlenberg). A fossil elephant was dug up at Gloucester with fragments of a Roman sacrificial altar, bones of oxen, sheep and hogs (s. Hakewill).

*) Die Egypter, die sich für das älteste Volk gehalten (trotz der scythischen Einwendungen) gestanden (seit Psammetich) den Phrygiern den Vorrang, als die Kinder bek meckerten.

**) Masudi (der beim ägyptischen Sultan das Geschichtswerk des Bischof Gourman oder Gorman sah) leitet die Franken von Rhodes (späterer Sitz fränkischer Ritter) her und lässt sie bis zur musulmanischen Zeit über die Insel Acrittish oder Creta (Ausgangspunct celtischer Sagen) herrschen. Rhodos, dessen Schifffahrtsgesetze von den Römern adoptirt waren, wurden durch Constantin zur Metropolis der Provincia insularum gemacht. The Cretan soldiers had a high reputation as light troops and archers, serving as mercenaries both in Greek and Barbarian armies.

***) In vormondlicher Zeit erschien bei den Muyscas von Bogata ein Greis (qui venait des plaines situées à l'est de la Cordillère de Chingasa), Bochica (Nemquetheba) oder Zahé genannt, mit seiner Frau Chia (Yubecayguaye oder Huythaca), die wegen der verursachten Ueberschwemmung von der Erde vertrieben, sich in den Mond verwandelte. Nachdem Bochica die Felsen im Thal von Canaos und Tequendama gebrochen und den Wassern einen Abfluss gegeben hatte (in der Cascade von Tequendama) aus dem See von Tunja, zog er sich (als Idacanzas) in das heilige Thal von Iraca (bei Tunja) zurück, das Reich des Zaque gründend.

culturhistorischen) bezeichnet, indem ein neu hinzutretendes Volk seine Sagen mit sich bringt. Entstehen ist hier, wie überall, nicht's anderes, als ein relatives Neuwerden aus früher vorhandenen, ob die Anfänge Rom's auf italischen Vorlagen sich abzeichnen, ob Cecrop's aus Acte's mütterlicher Erde emporsteigend, dort eine Stadt erbaut, wo Actäus am Ufer gewohnt hat.

Die Gallier treten bereits als ein, den (sie Barbaren scheltenden) Römern an damaliger Civilisation kaum nachstehendes Volk in die Geschichte ein. Dass auf dem ihnen heimischen Boden Steinwerkzeuge im Gebrauch waren, ist durch die aufgegrabenen Funde gezeigt. Ob diese von ihnen selbst, neben Metallwaffen, benutzt wurden, ob von vorangegangenen*) Stämmen, die selbst nach einer früher untergegangenen Cultur eingetreten sein könnten, ist eine secundäre Frage, da die Verhältnisse der Grabstätten, unter denen die polirten Steingeräthe gefunden werden und aus denen über sie zu urtheilen ist, den Zustand rohester Wildheit jedenfalls ausschliessen. Die paläolithischen Zeugen sprechen gleichfalls für unwiderlegliche Thatsachen, bleiben aber in Erklärung derselben noch allzu sehr von geologischen Entscheidungen abhängig, als dass die ihnen jetzt zugeschriebenen Aussprüche bereits documentarisch zur Geschichtsconstruction verwandt werden könnten.

Dass wir in Ländern, wo Metalle fehlen oder nur durch schwierige Operationen gewonnen werden können, Stein oder Holz verwandt sehen, wird Niemand überraschen, und dass trotz der Reduction auf diese einfachsten Hülfsmittel dennoch ein behäbiger Zustand hergestellt werden kann, ist ebenso bekannt. Ob und wann eine Kenntniss der Metalle eintritt, bleibt von den Handelsbeziehungen abhängig, und sollten solche durch politische Verhältnisse unterbrochen werden, so mag das fernerer Zufuhr von Metallwerkzeugen beraubte Volk wieder zu den steinernen zurückzukehren sich genöthigt sehen. Das mit Herstellung der Metalle (und vielleicht früher mit Bronze aus Legirung, als Bereitung des Stahl's aus Eisen) vertraute Volk wird sich nur dann zur Verführung derselben veranlasst sehen, wenn ein Motiv zum Handel gegeben ist, und es wird nur selten geschehen, dass dadurch der Südländer nach den unwirthbaren und armen Ländern des Norden's geführt wird, zumal wenn vorher schneeige Pässe zu übersteigen sind.

Es steht deshalb nichts der Vermuthung im Wege, dass häufig genug

---

*) The island of Olosenga (Quiros or Gente formosa Island) was formerly inhabited by a large race of people, whose skeletons are now found (exceeding six feet). No one knows by what means they became extinct (Whitmee) 1871. They are almost a race of giants (on Nanomea or St. Augustine Island). The island of Pitcairn was inhabited ut some former period, as stone adzes, idols and other things, used by savages have been found (s. Lowry) 1839.

in Zeiten, wenn die Halbinseln des Mittelmeer's sich bereits mancher Luxus-
gegenstände erfreuten, den im Norden schweifenden Horden Metallstücke
noch selten erreichbare Kostbarkeiten gewesen, soll jedoch deshalb mit
Hülfe geologischer Hypothesen an einen ersten Anfang angeknüpft werden,
so annullirt sich das logische Denken. Da Italien sowohl wie Griechenland
Metalle zu importiren haben, mussten auch hier in Zeiträumen des Mangel's
Steinwerkzeuge aushelfen, wogegen solche in den eisenreichen Provinzen
Schweden's wohl ebenso bald aufgegeben wurden, wie in denen Afrika's.
Unsere deutliche Geschichtskenntniss vom Mittelmeer hebt an zu einer Zeit,
wo die Phönizier (in ihrem später localen Namen asiatische Handelsbeziehungen repräsentirend) bereits seit Jahrhunderten die Wogen durchfurchten,
und so fällt auch das historische Licht überall schon auf den Gebrauch
der Metalle, da diese nützlichste Waare am meisten im Handelsverkehr
nachgefragt und also geliefert sein wird. Diese Geschichtsepoche für eine
erste zu setzen, verbietet der auf unser relatives Denken aus jedem absolut ·
Ersten zurückspringende Widersinn, und ob wir den auf italischem, auf
griechischem, auf hispanischem Boden als ältesten unterscheidbaren Stamm
zum eingeborenen creiren, ob wir ihn einwandern lassen, (sei es mit Steinwerkzeugen, sei es mit metallenen, deren nachheriger Verlust bei Unmöglichkeit der Erneurung zu primitiveren Aushülfen führte), immer haben wir an
bereits Gegebenes anzuknüpfen, um daraus das Weitere zu entwickeln. Die
stolzen Azteken begnügten sich mit einer Geschichte von etwa 500 Jahren
oder (mit Zuziehung toltekischer Schriften) etwas länger, die Inca mit weniger
(trotz der in öder Einsamkeit zwar stummen, aber desto eindrucksvolleren
Zeugen auf Tiahuacanu's Theilungsplatz), die Ashantie und Dahomeer sind
gleichfalls mit einem Minimum zufrieden, ohne ihre Vorgänger in der dunkeln
Nacht der Vergessenheit aufzustören, in der sie seit dem Reiche Benin's ver-
sunken sind. Sorgsamer werden die Genealogien von den Priestern geführt, und
der neuen Religion*) wird dann immer bereitwillig das (im Islam sehr einförmige und vom christlichen nicht viel verschiedene) Geschenk eines Stammbaum's beigelegt, oft ebenso lang und volltönend wie jene Ahnenreihe, mit der
sich jetzt jeder Bettler brüsten darf, wenn ihm die Ur-, Weich- und Sackwürmer
mit Raubbeutlern und Kletterbeutler annehmbar sind. Ohne semitische Aushülfen würde die Hauschronik der Mogulenkaiser sehr mager ausgefallen
sein, und die der Rajputen hat sich mit ihren Entlehnungen aus dem brahmanischen Plunderkasten der Puranas sehr enthaltsam gezeigt, da sie schon

---

*) Die Staatsreligionen erhalten ihre bestimmte Form unter der politischen Ent-
wicklung, und wie Kanishka die 18 Secten als Buddhisten, einigte Constantin die sich
einander nicht begreifenden Lehrer in den weiten Theilen seines Reich's.

rasch auf den Eroberer Canouj (Nayn Pal) oder (in Mewar) auf Kenecksen
(145 p. d.) überspringt und etwa mit dem IV. Jahrhdt. p. d. anhebt (wenn
nicht, unter den Chohan, Manika Rae in Ajmer, 685 p. d. durch die Feuer-
schöpfung der Agricula ganz unvermittelt dasteht). Manche dieser Rajputen-
Dynastien haben aber im ritterlichen Kampfe ihren Untergang gefunden, oft
einen so gründlichen, dass ihre Besitzungen sich wieder in der Wildniss*)

---

*) The Pal Thuppa is an exemple of a once fertile and well peopled and doubtless,
healthy tract of country having become covered with jungle and most malarious, owing
to the destruction of the population (during anarchical times). The whole Ambeh division
of the Thalneir Talook is nearly in the same condition. The only inhabitants are a few
Bheels who subsist chiefly by wood cutting and pay a plough-tax to Government for the
few lands they cultivate, a division of the Chopra Talook called the Dowla Turph, is in the
same condition. Large tracts of Sooltanpoor, and the Nawapoor, Mahalkurries division,
as well as other parts of the Pimpulneir Talook are in the same state (s. Wingate) 1852.
Leslie came on many extremely rude places of worship, that had been lately raised,
according to the ancient form of the Cyclopean fanes (in the Dekhan) near temples or
pagodas. There are no high mounds of ruins, covered with broken statues and sculptured
pillars, such as mark the sites of other ancient cities, but only a low irregular mass of
rubbish heaps, from which all the bricks have been excavated for the houses of the neigh-
bouring city of Faizabad (in Ayudhya oder Saketanagara). Le Dimas et le Bascatis qui
(selon Ptolèmée) arrosaient la steppe des Kirghiz n'existent plus, on ne trouve plus le
Kenderlik, marqué dans le Grand-Tracé, le Kizil-daria (d'Abulghazi), le Jany-daria (né
dernièrement) a déjà cessé de couler, les lacs Aksakal-Barby ont beaucoup diminué, les
hauteurs de Sari-Boulak et de Kouk-Tirnak, qui etaient baignées par la mer d'Aral, en
sont aujourd'hui à huits heures de marche, beaucoup de petits lacs et de puits se sont
entièrement desséchés. Enfin l'on voit dans des endroits entièrement dépourvus d'eau de
vastes ruines qui annoncent l'existence antérieure d'une population nombreuse (s. Levchine)
1832. Le nombre et l'aspect des ruines, qui subsistent encore sur le Syr démontrent que
les bords de ce fleuve ont été fort peuplés, et qu'autour de sa partie haute sourtout ont
vécu jadis des hommes qui l'emportaient de beaucoup en activité et en lumières sur le
peuple qui occupe aujourd'hui les mêmes lieux (Anciennement les bords du Syret le rivage
de la mer d'Aral étaient si peuplés, qu'un chat pouvait arriver de Turkestan à Khiva en
sautant d'un toit à l'autre). Après la dispersions des Kara-Kalpaks les lieux (de Djany-
kent) furent occupés par les Kirghiz-Kaisaks, qui racontent que les habitants primitifs en
avaient été chassés par les serpents (Levchine). Aehnliches erzählten (nach Strahlenberg)
die Arinzen, im Anschluss an die Neuren-Sage (bei Herodot). Les canaux creusés (avant
que la contrée fut occupée par les Kirghiz) pour l'irrigation sur le bord de Syr sont
remarquables tant par leur étendue, que par leur profondeur (Levchine). Gegenden, welche
jetzt der Malaria wegen nicht bewohnt sind, waren im Alterthum bevölkert (in Italien).
Nach Plinius lagen unter der Herrschaft der Volsker 33 Städte in der Pontinischen Ebene.
Rom erstreckte sich (nach seinen Ruinen) durch Gegenden, die jetzt von der Malaria
leiden (1851). Nach Livius wollten die römischen Soldaten Capua's nicht nach der Fieber-
gegend Rom's (b. Horaz) zurückkehren. Taga-Mutacha (Stadt des Frieden's und Glücke's)
bei Griqua-Stad war (zu Fritsch's Zeit) durch Auftrocknen verödet. All the plantain patches
were levelled, and about 4000 plantain trees destroyed, one half in full bearing and the
other half designed for the year (1846) by the typhoon in Pitcairn (1845 April 16). The
fever has made its appearance (March 15, 1845). Während die goldene Horde durch
innere Kriege verwüstet wurde, fuhren Räuber von Nowgorod in einer Bootflotte die Wolga
hinab, Tataren, Armenier, Chiwaer, Bocharen erschlagend (1368). The South Carolina
tribes have left but few traces or monuments of their existence except the heaps of oyster
shells, observable along the alluvial margins of the rivers (Schoolcraft). Die friedlichen

verloren, und wenn dann ein späterer Forscher im Jungle mit wilden Bhil
horden zusammengetroffen wäre, würde er sie nicht weit vom Niveau der
Steinmenschen entfernt gefunden haben. Und wäre etwa die Familientafel
eines Montmoreny durch wunderbare Fügung präservirt gewesen, so würde
auch sie wenig Aufschluss über die frühern gewähren. Selbst von den welt-
erschütternden Zügen des grossen Alexander*), von seinen Schlachten und
Bauten in Indien, ist nichts bekannt, Nichts von den Feldzügen der bactrischen Griechen, Nichts oder vages Geschwätz von den noch näher gerückten der Indoskythen. Welche Auffassung könnte also der fremde Reisende
gewinnen? Er müsste entweder die angetroffenen Wilden in directer Linie
vom Pithecanthropus primigenius herleiten, oder er würde eine Unterbrechung
durch zeitweise Cultur zwischeneinschieben, aber jenseits derselben dann
um so hastiger zur Affenverwandtschaft**) eilen und für diesen Theil Indien's
etwa im I.—II. Jahrhdt. p. d. dort ankommen. Dass wir jetzt im Stande
sind uns durch unsern über den gesammten Globus gewonnenen Ueberblick

---

Zeiten des Beninischen Reich's wurden (nachdem eine Dürre die Palmbäume zerstört)
durch den Streit um eine Frau (Mutter des in Akkra geborenen Aquamboe) beendet (in
Assiante), worauf die Portugiesen Branntwein und Pulver nach der Küste brachten. On
rapporte, que de 1421 à 1427 la Russie fut tellement affligée de maladies épidémiques que
la constitution de ses habitants en fut altérée au point, que depuis cette époque peu
d'hommes atteignent l'age de cent ans, tandis qu'auparavant un grand nombre dépassaient
ce terme (s. Foissac).

*) Nach Unterdrückung des Aufstande's regierte Asoka (unter seinem Vater Bindu-
sara, König von Magadha) in Taxila (Taksha-sila oder Felsschnitt) oder Taksha-sira (der
abgehauene Kopf), eine Stadt, die seit Alexander's Bündniss Beziehungen mit den Griechen
(in Kenntniss ihrer Schrift und Baukunst) bewahrt haben wird, da sie noch Strabo und
Plinius wohl bekannt ist (auch Theil der indischen Besitzungen des Eukratides gebildet
hatte). In 126 a. d. it was wrested from the Greeks by the Indo-Scythian Sus or Abars,
till conquered by the later Indo-Skythians of the Kushân-tribe under Kanishka. Unter
der Herrschaft des Parthier Bardanes (45 p. d.) wurde Taxila von Apollonius Th. besucht
und Damis (b. Philostratus) beschreibt die dem alten Ninus (Babylon) ähnliche Stadt, als
nach Art der griechischen Städte befestigt. Fa-Hian (400 p. d.) calls it Chu-sha-shi-lo
(the severed head) or (in Sancrit) Chutyasira (the fallen head), da Buddha dort sein
Haupt als Allmosen gab, für das Leben eines andern Menschen (nach Sung-yan) oder
tausend Köpfe in ebenso viel Existenzen, für deren Andenken eine von Hiuenthsang besuchte Pagoda errichtet war in Chach-Hazara oder (nach Cunningham) Sirsha-sahasra (the
thousand heads) an der Hügelreihe Margala (the beheaded). Die Vielfachheit des (auch
auf dem Capitol begrabenen) Kopfe's hat die Legende von Chomsin-Bodhisatva hervorgerufen, dessen Figur sich in der Kartikeya's (Alexander's) und Ravana's wiederholt, wie
das abgeschlagene Haupt in Rahu, und Rasalu (Raja of Syalkot) plays at Chopar with
Sirkap for a human head, and having won it, acceptes his daughter Kokila instead of the
stake (im Streit zwischen Amba und Kapi).

**) In tibetischer Chronologie würde (ohne die Einführung buddhistischer Zahlen)
kein allzu zu langer Zwischenraum den Affen im menschlichen Uebergangszustand von den
geschichtlichen Königen trennen, und nachdem die Mexicaner die Verwandlung der Menschen
in Affen erzählt haben (worauf also erst eine Periode der Rückwandlung gefolgt sein
müsste) kamen sie schon bald auf den Einzug der Tolteken (VII. Jahrhdt p. d.).

alle solche Verhältnisse chronologisch zurecht zu rücken, steht auf einem
ganz andern Blatte und darf nicht eingemischt werden, denn diese durch
ganz exceptionelle Umstände gewährte Universalität stand weder griechischen und römischen, noch arabischen, persischen oder chinesischen Geschichtsschreibern zu Gebote, und diese hätten in solchen und ähnlichen
Fällen stets in labyrinthischen Irrgängen umhertummeln müssen, und dass
es geschehen, wird durch die Art ihrer Mittheilungen genugsam bekundet.
Dies sind allerdings die einzigen Zeugnisse, die uns zu Gebote stehen und
als solche festgehalten werden müssen, aber obwohl Veränderungen an ihnen
höchste Vorsicht erfordern würden, können wir doch aus unserer seitdem
erlangten Kenntniss nützliche Winke entnehmen, in welcher Weise sie am
Richtigsten benutzt werden. In dem hier gegebenen Beispiel ein fraglich
dunkles Terrain durch Beleuchtung von verschiedenen Seiten her einiger-
maassen aufzuklären, wäre allerdings bei unserer jetzigen Sachkenntniss
nicht allzu schwierig. Dagegen versagen uns fast alle Hülfsmittel, wenn es
sich um den Norden Europa's im VIII.—IX. Jahrhdt. a. d. handeln würde,
da dann, als jenseits des historischen Horizonte's, alle Nebenländer in gleich
finsterer Nacht begraben liegen, (und also von keinem derselben ein Lichtchen
zu entnehmen ist), die gleichzeitig in Asien und Afrika strahlenden Culturstaaten aber allzu fern abstehen, um ihren Schein so weit zu werfen. Ist
indess die Unkenntniss und die Ursache*) derselben nur einmal scharf und
deutlich verstanden, so werden auch immer früher oder später Wege gefunden werden, der Erkenntniss Terrain zu erobern. Berauscht man dagegen das Hirn mit phantastischen Träumereien, so wird das Dunkel dunkler,
weil sich das eigene Auge umschleiert.

Die Fluthsage**), durch welche man früher besonders zu zeitlicher Eintheilung veranlasst wurde (und die auch auf die geologischen Systeme nicht
ganz ohne Einfluss blieb), zeigt in der semitischen Tradition allein (die sich
allerdings durch jüdische, christliche, arabische Medien weithin verbreitet
hat) die Tendenz, einen Abschnitt zu markiren, in Indien nur bedingt, (und

*) Der Inhalt des einzutheilenden Begriffe's ist selbst der einzig wahre Eintheilungs-
grund, und dieser ist das Product der vollendeten Induction, an welche der Deductions-
process anzuknüpfen hat (George). In allen Wissenschaften, die noch auf dem Standpunct einer wenig fortgeschrittenen Induction stehen, ist eine wahre Eintheilung erst in
Zukunft zu erwarten, und sie muss mangelhaft bleiben, wenn sich das Streben nach ihr
schon früher geltend macht.
**) Bei der Wasserfluth wurde nur Nipon oder Japan und China oder Mangi (mit
angrenzendem Lechi) verschont (nach den Japanern). „Darumb dann auch die Innwohner
dieser Gegenden von den Europaeern an Gestalt und Farbe sehr unterschieden sind, weil
diese so grosse Köpffe nicht haben, auch solche breiten Nasen nicht, noch solche einge-
sunkenen Augen, noch grosse Augenbraunen und dick untersetzte Leiber wie die Japaner"
(s. Arnold).

auch in Griechenland partiell), während sie in China (und den von dort oder vom Buddhismus beeinflussten Strecken des weiten Ostasien's), sowie bei allen Stämmen der übrigen Erdtheile, wenn sie daselbst auftritt, rein localer Beschreibung folgt. Auch Sagen von Bergen, von Thieren, von dem viel weiter, als das Wasser, beginnendem Mond finden sich in allen Theilen der Erde, und die übereinstimmenden Einzelnheiten der Ausführung lassen sich leicht psychologisch begründen.

Wird das Gesammtbild eines Volkes, aller in ihm mitwirkenden Verhältnissen nach, entworfen, so lässt sich ein Urtheil über seine Cultur ohne Schwierigkeit fällen, ein feinerer Massstab für dieselbe würde jedoch gewöhnlich verschieden ausfallen, je nach den für seine Herstellung gewählten Elementen. Grosse Industrie in Geschicklichkeit und Fertigkeiten mag, wie bei den Chinesen, mit stumpfsinnige Abneigung gegen aesthetische Regungen verbunden sein, und die höchste Kunstblüthe des Mittelalter's fällt in die finsterste Nacht des geistigen Todes, als die Bulle Innocenz VIII. (1484 p. d.) die (seit der Einsetzung der Inquisition durch Innocenz III. wieder neu gekräftigte) Herrschaft des Wahnglauben's mit absoluter Macht bekleidete, als oftmals innerhalb eines einzigen Jahres jener grausigen Saecula mehr Menschen in Europa dem Feuertode geopfert*) sein mögen, als jemals bei den Blutfesten Dahomey's während des ganzen Bestande's dieses Reich's (denn von den verschwindenden Zahlen der durch die Hexenriecher bei Kaffiren oder andere Feticero's, Medecinmännern und Schamanen wäre es, den unsern Vorfahren geläufigen Summen gegenüber, ohnedem nicht der Mühe werth zu reden). Die Vorstellung, feindliche (und zwar zunächst krankmachende und todtbringende) Einflüsse auf dämonische Ursächlichkeit zurückzuführen, ist eine psychologisch leicht erklärbare, und tritt deshalb auch überall in vergleichender Psychologie, d. h. im Seelenleben der Menschheit hervor, und also am deutlichsten in den die normalen Gesetze des organischen Wachsthum's am durchsichtigsten spiegelnden Erscheinungen der Naturvölker. Die Massenhaftigkeit der von der Ethnologie aus allen fünf Welttheilen mit stereotyper Wiederkehr gelieferten Beispiele muss es bei einem systematischen Ueberblick, sogleich ausser Zweifel setzen, dass es sich hier, nicht um zufällige Ausnahmen, sondern um eine durchgehende Regel, und so um einen nothwendigen Grundgedanken (oder vielmehr um

*) In einer Stadt (Würzburg) 800, in einer Provinz (Como in Italien) 1000 Hinrichtungen in einem aus den 300 Jahren (500 innerhalb 3 Monate in Genf, 400 an einem Tage in Toulouse u. s. w.) mögen Maxima sein und so nicht in jeder andern Stadt Spanien's, Frankreich's, England's u. s. w. an der Bevölkerungsmenge entsprechende Parallele finden, doch auch dann würde die Durchschnittsnorm immer erschreckend genug ausfallen.

eine nothwendige Durchgangsphase in der Entwicklung des Menschen-
gedanken's) handelt. Der realistische Sinn des classischen Alterthum's
wendete den Blick von den gespensterhaften Schemen des Schattenreiche's
hinweg, und gab ihm dann in den vollsaftigen Gestalten der körperlichen
Erscheinungswelt genügende und zugleich so anziehende Beschäftigung, dass
den Hellenen nur wenig Gedanken übrig blieben, sich um seine Abgeschiedenen (mit denen Neger und Indianer in unmittelbaren Verkehr zu
leben pflegen) weiter zu kümmern und ihre Hülfe häufig für Erklärung ver-
bleibender Räthsel herbeizuziehen. Dass die Zauberei*) an sich in Griechenland und Rom ebenso gefürchtet war, wie in andern wilden oder civilisirten
Ländern, zeigte sich bei jeder gegebenen Veranlassung genugsam, aber
solche Veranlassungen wurden eben verhältnissmässig nur selten gegeben,
weil die Griechen ihr künstlerisches, die Römer ihr politisches Leben genugsam beschäftigte. So lange es der Wissenschaft noch nicht gelungen ist,
die Gesetze der Natur in deutlicher Schweite klar zu durchschauen, verbleiben die von dem Licht des Wissen's noch nicht erhellten Parthien dem
schwankenden Meinen des Glauben's, der auf ihnen den (je nach seiner Stellung
zur Orthodoxie**) erlaubten oder verbotenen) Hokuspokus zauberischer
Operationen treiben wird, bald mit Benutzung mechanischer Taschenspieler-
kunststücke, bald im Somnambulismus sensitiver Nervenconstitutionen.

Das Hervortreten einer neuen Religion in den letzten Tagen des untergehenden Römer-Reich's musste plötzlich die Welt des Dämonischen in
ungeheuerlichster Weise vermehren, da für ihre monotheistische Auffassung
die polytheistische Vielheit auf die schwarze Hälfte eines teuflischen Ahriman
fiel, und da die Griechen aus aesthetischem Drang jeden Naturgegenstand
und jeden Schöpfungsprocess in einer göttlichen Manifestation verschönert
hatten, musste folgerichtig das Christenthum, das jeden Heidengott in einen
Teufel verkehrte, in der ganzen Natur***) um sich nur grinsenhafte Fratzen
sehen. Anfangs blieb dies allerdings gleichgültig, so lange das Christen-

*) Die Decemviren setzten Todesstrafe auf Zauberei und die Hexe Lemia wurde zu
Demosthenes' Zeit in Athen hingerichtet. Während Constantin magische Ceremonien, die
Heilmittel gegen Krankheiten oder Schutz gegen Sturm und Hagel entdecken sollten,
duldete (in Cod. Th.), verbot Constantius jede Art von Magie.

**) Italicus beklagte sich über die schwarze Magie, womit sein heidnischer Gegner in
Gaza gesiegt hatte, und als das von St. Hilarion geweihte Wasser seine Pferde zuerst
an's Ziel geführt, schrieen die Heiden gegen die Magier.

***) Bei jedem Mundvoll Speise konnte man eine Teufelei verschlucken, wie Gregor M.
am Beispiel einer Nonne bewies, und bei den (trotzdem haeretischen) Messaliern war
deshalb ein stetes Ausspucken Religionsvorschrift, um solche Gäste los zu werden. Tertullian
zeigt den Soldaten die Gefahren im Tragen des Lorbeer, an dessen Blätter noch etwas
von Bacchus oder Apollo zurückgeblieben sein konnte.

XXIX

thum bei den jüngst bekehrten Barbarenvölkern noch in unbedingter Autorität*) stand, und ihnen durch die aus dem Heidenthum in allerlei fetzenhaftem Flickwerk mit herüber gebrachten Cultur um so mehr imponiren musste. Wenn auch die Welt voll Teufel war, so genügte doch ein richtig nach Vorschriften der Rechtgläubigen geschlagenes Kreuzeszeichen sie alle zum Teufel zu jagen, und blieb noch ein Zweifel, so thaten die Knöchelchen der Heiligen-Reliquien Wunder, die durch die Translationen genügend verbreitet und Jedem zugänglich waren. Jede kleine Schwäche wurde ihnen gerne verziehen, und selbst wenn die Heiden die Stadt niederbrannten, und der zu ihrer Vertheidigung herbeigeholte Heilige nur durch eiligste Flucht sein Gerippe zu retten vermochte, handelte es sich doch um einen ehrlichen, felsenfesten Glauben, der ohne Wankelmuth unerschütterlich feststand.

Auf Einzelnheiten ging man bei diesen teuflischen Agentien, die überall vorlagen, nicht weiter ein. Dass Krankheitsfälle durch Hexerei veranlasst sein mochten, war den Germanen schon aus ihren vorchristlichen Anschauungen geläufig genug, und konnten auch bei besonderen Gelegenheiten (wie durch Fredegunde) Executionen veranlasst werden, im Allgemeinen aber liess jene wild bewegte Zeit der Kriege und Eroberungen, der Um- und Neugestaltung der europäischen Staatenländer, der Begründung veränderter Besitzverhältnisse, Rechtsansprüche, Ständegliederungen, nicht viel Zeit zum theoretischen Grübeln.

Noch lebendiger und vielseitiger wurde der Geist durch die Kreuzzüge angeregt, als sich ihm die Ausläufer des Oriente's mit Einblicken in so viele fremdartig überraschenden Verhältnisse öffnete, und als Rückschlag schmückten sich die Länder Europa's mit den Dichtungen der Troubadour's und Minnesänger, in jener poesienreichen Epoche der Hohenstaufen**)-Zeit. Gleichzeitig wurde jedoch allerlei verschiedenartiger Gährungsstoff in das gesellschaftliche Leben geworfen, und nicht nur aus Palästina, sondern zugleich aus den spanischen Universitäten drangen manche ketzerischen Lehren herüber, die indem sie andere Religionen neben der eigenen zeigten, zu Vergleichungen führen konnten und hier und da Keime pflanzten, aus denen dann Zweifel aufschossen und den bisherigen Einklang zu stören begannen.

---

*) Deshalb konnten auch die Spässe über das Heilige (im Mittelalter) ungescheut erlaubt werden, wie von den Jesuiten in ihren Chiquito-Missionen (s. Bach) und noch heute in den südamericanischen Processionen, die einem Protestanten eher Verspottung scheinen würden. Aehnlich in aristophanischer Komödie.

**) L'Allemagne cessant de prendre part aux croisades sous Fréderic II., dans le même temps la chevalerie perdant le prestige, qu'elle avait eu autrefois, les Hohenstauffen descendant du trône (1250), toutes les causes qui avaient servi à l'extension de la poésie (des Minnesaenger, qui se montrent avec le premier Empereur de la maison de Souabe) disparaissent (Brièle).

Die aus nabathäischen und anderen Werken durch die Araber nach Europa übergeführte Chemie gab zugleich Anstoss zu einer Reihe bisher vernachlässigter Forschungen, und indem die Cabalisten wieder den in den Naturprocessen waltenden (und noch nicht zerlegbaren) Kräfte ätherische Wesenheiten substituirten, veranlasste sie die Kirche diese mit derselben Excommunication zu treffen, wie einst die Götter heidnischer Mythologie.

Ohnedem fing die Geistlichkeit damals an, sich häufiger der ihr zu Gebote stehenden Waffen zu bedienen, da neu auftauchende Ketzersecten oftmals ihr Einschreiten verlangten, und ein Satan ergebener Haeretiker natürlich auch zu allen anderen Schandthaten fähig war. So verbrannte man bald neben den Ungläubigen*) auch die Hexen und je mehr man verbrannte, desto verhexter wurde die Welt.

Ende des XIII. Jahrhdt. schloss die Periode der Kreuzzüge, als (1291 p. d.) Ptolemais fiel, und nicht nur versiegte dieser seit 1095 p. d. eifrig befahrene Abzugscanal, sondern Europa wurde auch zugleich durch Batu's bis Russland vorgedrungene, Mongolen im Osten eingeengt. In den mit wachsender Bevölkerung dichter gedrängten Städten hätte nun der Zeitgeist des Mittelalter's zu einem chinesischen Zopfsystem verknöchern müssen, wenn es nicht eben der germanische gewesen, dem Arbeit ein Lebensbedürfniss war. Woher aber die nöthige Beschäftigung entnehmen? Eine dumpfe Stick-Atmosphäre**) lagerte über Europa, das politische***) Leben war ein kleinliches, das künstlerische beschränkt, das wissenschaftliche fehlte ganz, und die Einförmigkeit des kastenartigen Zunftwesen's führte eine apathische Versumpfung herbei, die bei dem Mangel jeder Auffrischung durch neu einfallenden Reiz in völligen Tod überzugehen drohte. Erst am Ende des XV. Jahrhdt. trat die grosse Katastrophe der Entdeckungen ein, die das durch sie gerettete Europa auf seine weltgeschichtliche Bahn leitete, aber fast wäre schon mit dem Ende des XIV. Jahrhdt. Alles zu Ende†) ge-

---

*) Ein Ketzer (hiess Löffler von Bremgarten) wert funden und bewiset in dem bösen ketzerschen glouben, den die haltent die man nempt des fryen geistes. Und wart durch den official von losen und andern gelerte lüte ze Berne in der crützgassen offentlich verurteilet, daz man in solte brennen als einen ketzer (1375 p. d.).

**) The first condemnation of the Copernican system (1543) was (1616) provoked by the book of the Carmelitan Foscarini (Lecky). The constant exaltation of blind faith, the countless miracles, the childish legends, all produced a condition of besotted ignorance, of grovelling and trembling credulity, that can scarcely be paralleled except among the most degraded barbarians.

***) Als Weltherrscher galten (zu Ibn Batuta's Zeit) der Chan (der goldenen Horde) in Kiptchak (Usbeg oder der eigene Herr), der Tekfur von Constantinopel, der Sultan Aegypten's, der König der beiden Irak, der Chakan von Turkistan, der Maharadscha von Indien, der Faghfur von China (1333 p. d.).

†) Eine interessante Parallele bietet die Geschichte des Toltekenreich's, die den Untergang desselben mit verheerenden Krankheiten (in Folge einer Dürre) einleitet, durch das

gangen, denn die Vorzeichen der Auflösung waren damals deutlich genug. Während dieser völligen Stagnation im XIII.—XIV. Jahrhdt. erfüllte sich die Weltauffassung*) in jenem mittelalterlichen Hexensystem, das zwar durch die gelehrten Bemühungen dreier Jahrhunderte eine systematisch-wissenschaftliche Ausbildung erhalten hat, das aber in logischer Consequenz um keinen Zoll die Argumentationen sogenannter Wilden überragt, und in einer Menge von Gesichtspunkten weit hinter diesen zurücksteht, wenn auch die Kenntniss der Schrift das Aufstapeln eines in den Literaturen der Erde ohne Gleichen dastehenden Blödsinn's in dicken Folianten erlaubte. In mancher Hinsicht war dieses Durchgangsstadium (das immerhin unermüdliche Forschungssucht bekundet und die Unkenntniss controllirbarer Gesetze durch Phantasien verdecken musste) ein unumgängliches, bis die exacte Naturwissenschaft ihren Boden unter den Füssen fand, aber Katholiken und Protestanten haben redlich gewetteifert, dass keine Minute dieser Prüfungszeit erspart wurde. Wie immer arbeitete sich der Volksglaube mit der Religion in ein Ganze's zusammen, und die Einwürfe der Freigeister konnten nicht beachtet werden, puisque l'Église, qui est conduite par le Saint-Esprit, et qui par conséquent ne peut errer, reconnait qu'il so fait par l'opération du démon**) (s. Thiers). Auf den Boden der neuen Welt trug der Eifer Stoughton's ebenso sehr zur Verbreitung der Epidemie bei, wie in Schottland der der Inquisitoren von Aberdeen (1603), aber es mischten sich in jenem Falle zugleich die Einflüsse der indianischen Umgebung bei, die auch jetzt in der heute beliebteren Mode des Spiritualismus***) nachwirken, gleichfalls

---

Umgehen der (auch in Europa wohlbekannten) Pestfrau allegorisirt. Als darauf die Elite des Adel's im Tanz mit dem in ihren Festesreigen zwischengetretenem Phantom todt niedergesunken ist, brechen die Barbarenhorden der Chichimeken ein, um dann, nach Abfluss der Völkerwanderung, eine neue Era zu inauguriren. Der schwarze Tod soll über ein Viertel (an einzelnen Orten die Hälfte) der Bevölkerung Europa's hingerafft haben. Dann folgte die Tanzwuth, die die Gemälde des Todtentanze's hervorrief (s. Peignot), und schon stand Timur am Eingangsthor Europa's, um die Rolle Xolotl's in Mexico zu spielen, wenn sich nicht bereits in den Osmanen ein anderes dieser Reitervölker zwischen geschoben gehabt hätte, und so, obgleich für den Augenblick besiegt, zur schützenden Vorhut wurden. Bald trat es freilich wieder selbst als Dränger auf und zeitigte den Abschluss des XV. Jahrhdt.

*) The ablest men were not unfrequently the most credulous, because their ability was chiefly employed in discovering analogies between every startling narrative and the principles of their faith, and their success was a measure of their ingenuity.

**) The wizard (possessed of Baylya, and entering in his victim like pieces of quartz to consume him) can transport himself through the air, being invisible to every one but his fellow Baylya gadak, who can draw out by Walbyn (enchantment) the Baylya in the form of pieces of quartz (s. Mackenzie). The natives (in Australia) do not comprehend that mortality is natural to man.

***) The spirit's presence is announced by the rapping of the chopstick on the basket,

auf dem Boden des Christenthum's. The giving up witchcraft is in effect giving up the bible (Wesley). Wenn Glanvil aus der Royal Society heraus, sich noch als Vertheidiger des Hexenthum's aufwarf, so übersah er den weiten Weg, der bis zur inductiven Behandlung der Psychologie zurückzulegen bleibt.

In Verbreitung und Entwicklung einer Cultur sind neben den grossen Katastrophen (die häufig allein ihre Berücksichtigung erhalten haben), den vulcanischen Eruptionen erobernder Feldzüge oder revolutionirender Invasionen, die stetig und ununterbrochen fortwirkenden Ursachen im Auge zu behalten, wie sie jedes Land nach seiner geographischen Umgebung in einen Causalnexus mit denjenigen Nachbaren stellen muss, denen es durch wechselwirkenden Austausch von Mittheilungen verbunden bleibt. So filtrirten früh griechische, und vorher schon assyrische Ideen durch den Norden Europa's, ägyptische durch die inerte Masse Africa's, empfing Indien aus dem bactrischen Königreich der Macedonier neben, und schon vor den Armeen, geistige Güter, und andere Anregungen an seinen Küsten von China und dem Archipelago sowohl, wie von den gegenüberliegenden Küsten des östlichen Aethiopien. Von den Kunsterzeugnissen, worin solche Einflüsse mehr oder weniger deutlich hervortreten müssen, ist es dann besonders der architectonische Styl der Generationen überdauernden Bauwerke, der sich dem Studium bietet und auch in Mexico wichtige Fingerzeige giebt. Die Annahme von einer Uebertragung der Cultur, für deren Ermöglichung oft die unmöglichsten Völkerzüge möglich gemacht werden sollen, kann immer nur in sehr beschränktem Maasse zugelassen werden, denn die zum Ferment wirkenden Ideen sind ausgestreute Saamenkörner, die auf dem neuen Boden selbst unter veränderter Form aufwachsen, und häufig dienen sie nur als Propfreis, um dem einheimischen Stamm einige leichte, aber dennoch wahrscheinlich instructive, Nüancirungen aufzudrücken. In der langen Nacht, die die Vorgeschichte der meisten Länder deckt, können sicherer, als flüchtige Namen oder von physikalischen Umgebungsverhältnissen abhängige Typen, die aus dem Gesammtcharacter der Volksbildung gezogenen Schlüsse zur Richtschnur dienen.

Qualitativ ist das Wissen*) in der Durchschnittsmasse eines Volkes selten viel von dem eines andern verschieden, die quantitative Masse überwiegt nur an der schmalen Spitze, worin die kleine Minorität der soge-

---

he is then interrogated (by the chinese spiritualists) as to the age of those present, which he tells correctly by a rap for every year (Cooper).

*) Reading and writing is no more knowledge, than a Knife and fork is a good Dinner (Cooke Taylor).

nannten Gebildeten*) ausläuft und indem es gewöhnlich nur der erweiterte Gesichtskreis**) ist, der Anspruch auf die Culturbezeichnung gewährt, so würden überall innerhalb desselben Gesellschaftscirkel's***) Unterschiede zu statuiren sein. Wer einen entlaufenen Sträfling im Innern†) Australien's neben einem dortigen Schwarzen wohnend antrifft, wird den letztern in allen für die Umgebung benöthigten Eigenschaften (von der Moral††) ganz ab-

---

*) In Europa öffnen sich allmählig auch die celtischen und slawischen Länder dem allgemeinen Volksunterricht, der durch die buddhistische Geistlichkeit so wohl gepflegt wurde, dass man in der englischen Provinz Birma's auf ihre Hilfe zurückkam. Barth hat oft in der kalten Jahreszeit die afrikanischen Schulknaben, kaum mit Lumpen bedeckt, schon um 4 Uhr Morgen's um ein elendes Feuer hockend, ihre Lectionen lernen sehen, (ein in jeder buddhistischen Pagode gebotenes Bild). In Sego sah Mage die Taliben oder Schüler mit (Buddha's) Almosentopf Gaben sammeln für ihre mohamedanischen Lehrer, und die bewaffneten oder unbewaffneten Marabuten in ihren Rivalitäten mit den Soninkie in Senegambien wiederholen sich in Indien den Kshatrya gegenüberstehenden Brahmanen. „Von den Indianern am Athapasca-See sind die Cree von raschem Begriff, aber leicht vergessend, wogegen die Chippewayer langsamer auffassen, aber länger behalten" (nach Pharoux). In den Missionsschulen haben die Kinder (der Dinka) sehr entsprochen Sprachen und Gesang lernen sie mit grosser Leichtigkeit, nur beim Rechnen scheinen sie uber die zehn Finger nicht hinauszukommen (Mitterrutzner).

**) Die 2207 jungen Philologen (in der auf 97793 berechneten Jugend in der 600,000 starken Bevölkerung) machen zusammen das Seminarium aller künftigen Gelehrten einer gewissen Zeitperiode in Würtemberg aus, denen von Jahr zu Jahr wieder ein frischer Transport nachrückt (1790 p. d.). Als ganze Summe der einheimischen Gelehrten von Profession (Theologen, Juristen, Mediciner, Philosophen) ergiebt sich 2000 (neben Sonstgebildete). Aus 46 Jahren constituirt sich das Gelehrte Würtemberg (b. Haug). Es erhellt, dass von den 600,000 Menschen in Würtemberg ungefähr 6000 Männer an Aufrechthaltung des Ganzen arbeiten, die Schnellkraft von oben den Gliedern mittheilen und so im ganzen Körper Bewegung und Ordnung unterhalten. Unter diesen 6000 sind 2000 Gelehrte und unter diesen 285 einheimische Schriftsteller (1790), also je der 333te Würtemberger ein Gelehrter und je der 8te Gelehrte ein Autor (Haug). Paradise lost has been read perhaps, by one five hundredth part of the British nation and in that five-hundredth part how few can form a proper judgement upon it? But the meanest individual uses some artificial texture to cover his limbs, the dullest helps to raise the shed which protects his body. If anything, then, can be held as a universal characteristic, comprising at once the mind of the first and the last, of the highest and the lowest, without compact or premeditation, it is industry (Chenevix). Government forms a more leading feature in national character and intellect than mathematics poetry or painting (Chenevix). In the same manner industry is one of the surest national characteristics.

***) The civilised man not only knows more than the savage, he possesses an intellectual strenght, a power of sustained and patient thought, of concentrating his mind steadily upon the unseen, of disengaging his conceptions from the images of the senses, which the other is unable even to imagine (Lecky).

†) The higher classes (the Morgados and nobility of the western islands or Azores) are likewise in a melancholy state of intellectual and moral abasement and are ignorant almost of the existence, much more condition of other nations (Boyd) 1835.

††) To express a virtuous (or good) man, the Tongans would say: tangata lillé, a good man, or tangata loto lillé, a man with a good mind, but the word lillé, good (not virtuous) is equally applicable to an axe, canoe, or anything else, again they have no word to express humanity, mercy etc., but afa, which rather means friendship, and is a

C

gesehen), den andern weit übertreffend finden und auch nicht viel an positiven Kenntnissen hinter einen Irländer der niederen Klasse zurückstehen sehen, obwohl ein solcher, wenn in der Stadt begangener Verbrechen wegen verurtheilt, immer noch eine reichere Erfahrung besitzen würde, als etwa ein direct durch das Auswandererschiff aus abgelegenem Dorf dorthin versetzter Bauer, und da die europäischen Culturgegenstände, deren Gebrauch oder Reminiscenz sich bei dem Einen bewahrt haben mögen, auch dem andern nicht schwer anzulernen wären, so wird sich im Ganzen die Verschiedenheit darauf zurückführen, dass der Eingeborene nur die Verhältnisse seiner eigenen Heimath*) kennt, der Einwanderer die zweier, seine früheren und späteren, damit also allerdings auch die Gelegenheit zur Vergleichung und Weiterfolgerung besitzt.

Als Culturvolk ergiebt sich dasjenige, das in seiner Geistesauffassung einen höheren Gehalt einschliesst, als sich direct aus der Umgebung erklären würde. Auch das roheste Volk hat einen gewissen Kreis geistiger Schätze gewonnen, die über den einfachen Eindrücken der Umgebung, den

---

word of cordial salutation (Mariner). So oft immer die Bedürfnisse für feinere Nüancirungen moralischer Gefühle entstehen, wird der Sprecher schon bekannte Worte metaphorisch dafür verwenden, und da sie, wenn in der That bereits im Volksgeist vorgebildet, im Sinne des Hörer's einen verständlichen Wiederhall finden müssen, werden sie sich damit als neues Wort (oft in unveränderter Form mit neuer Bedeutung) der Sprache (wenn nicht bei gleichzeitig geschichtlicher Bewegung, wodurch das Weitersuchen angeregt war, aus einer andern entlehnbar) einfügen, aber ihre Wurzel, wie fast sämmtliche Abstracte, in concreten Anschauungen finden. The words good and bad had reference to taste or bodily comfort and did not convey any ideas of right or wrong (according to Eyre) in Australia. Among the Comanches no individual action is considered a crime, but every man acts for himself according to his own judgment, unless some superior power (for instance, that of a popular chief) should exercise authority over him (s. Neighbors). The germ of the Pai-Marine religion (hashing up the Roman Catholic, Protestant and Jewish creeds) sprang up from Te Ua (a comparatwely well meaning and harmless old Idiot on the west-coast). As soon as all the Kingites shall have been converted (after a praying match on the sacred river Puniu) the Maori race (of the Te Hau or Hau faith) shall do unto the Pakeha (English) as the Jews did to the Gentiles, whose cities they went in to possess (Meade).

*) By national character, in its strict sense, must be understood nothing more than the basis of national dispositions, that portion of it, which immediately arising out of natural circumstances, reacts in its turn upon every addition that improvement or decay can make or destroy (Chenevix). The introduction and success of silk-manufacture, so early as the beginning of the XVI century, while many of the necessary arts were reglected, evince an irresistible and premature tendency in the (french) nation to luxurious industry (Chenevix). Germany can show her useful labours (tulit alter honores) of which civilisation has taken such advantage. Die Römer erstaunten beim Betreten Spanien's über den blühenden Zustand dieses Landes, der unter Vandalen und Gothen verbleichend, durch die Mauren hergestellt wurde, um dann auf's Neue zu sinken. Nachdem schon Dante († 1328 p. d.), (wie Petrarka und Bocazzio) die Nachahmung der Antike angeregt (s. Cohn), lässt sich die Humanistenperiode, die mit Eroberung Konstantinopel's zur vollen Durchbildung kam, an Emanuel Chrysoloras (Ende des XIV. Jahrhdts.) anknüpfen. Humanity according to our ideas cannot be predicated of any Greek (Grote).

Sinnesempfindungen als solchen, stehen, denn die von Aussen einfallenden
Reize tragen immer eine bestimmte Triebkraft in sich, die aus den gepflanzten Keimen bis zu ihren Blüthenstand emporwächs't. Diese Entwicklungs-
fähigkeit ist aber nicht eine unbegrenzt fortschreitende, sondern in gesetz-
lichem Typus gefasst, wie jede Erscheinung der organischen Natur. Hat
also der im Denken aufsaugende Geist, die in der Umgebung ernährungs-
fähig liegenden Reize erschöpft, so muss ein Stillstand eintreten, oder vielmehr eine Erhaltung des Niveau's auf dem sich die fruchtbare Zeugung in
steter Verjüngung wiederholt. Treten nun in Folge geschichtlicher Conjuncturen noch weitere Reize, aus fremdem Boden einer andern geographischen
Provinz gewonnen, hinzu, so wird eine erhöhte Production geistiger
Schöpfungen angeregt, die sich dann unter begünstigenden Umständen bis
zur Culturentfaltung steigert.

Um die quantitative Masse der Wissenden in der Gesellschaft zu vermehren, handelt es sich um möglichst mannigfaltige Heraufbildung der
Individualitäten, deren jede an sich die gesammelten Denkgüter*) zu ver-
werthen befähigt sein wird, nachdem sie zum klaren Bewusstsein des eigenen
Selbst**) gelangt ist. Sternbeobachtungen***), nach denen die Carolinenser
ihre Seefahrten richteten, mussten verwirren, sobald die Entfernung vom
heimathlichen Gestade zunahm, erst der Magnet, der den ruhenden Punct gewährte im Wechsel, vermochte als sicherer Weiser den auf ihm vertrauenden
Entdecker zur Welteroberung zu leiten. Ohne seine Hülfe war Neugefundenes
dem Wissensschatz verloren, da die Rückkehr†), und mit ihr das Heimbringen

---

*) It is not so much the individual, who invents, as the age, and country, that
welcome and apply what is new, which must be appreciated by its value (Chenevix).

**) The experiences of utility organised and consolidated through all past generations
of the human race, have been producing corresponding modifications which by continued
transmission and accumulation, have become certain faculties of moral intuition, certain
emotions responding to right and wrong conduct, which have no apparent basis in the
individual experiences of utility (Herbert Spencer). Taking human nature with all its
defects the influence af an enlightened self-interest first of all upon the actions and afterwards upon the character of mankind, is shown to be sufficient to construct the whole
edifice of civilisation (Lecky). Utility is perhaps the highest motive to which reason
can attain.

***) Nach dem Umgehen und gleichmässigen Stand der Sterne bestimmen die Esquimaux
den Tagesanbruch, wie Peters hörte (Kane).

†) Bei den durch Verschlagen veranlassten Seefahrten der Polynesier war Möglichkeit der Rückkehr abgeschlossen. Had the transactions of every great society since the
creation of the world been preserved to this day, a body of laws of which few sciences
could boast would now be extant concerning human nature. But the history of more than
half the globe, during more than half the time of its existence either never was recorded,
or has been lost, and few memorials remain, which can truly be called characteristic
(Chenevix) 1832. The direct and immediate influence of nature was manifested in formung
the characters of men in regions.

der gewonnenen Früchte, erschwert, wenn nicht unmöglich blieb. Ehe die Normannen auf dem von Gunbiörn 970 p. d. entdeckten und von Erik 986 p. d. besiedelten Grönland*) abgeschnitten**) wurden und dann zu Grunde***) gingen, bis zur Erneuerung der Colonie†), werden sie sich auf ihren südlichen Fahrten nach Vinland††), in ihrem Abentheuermuthe keine bestimmte Grenze gesetzt und vielleicht (obwohl ausserhalb der Kunde und auch des Bereiche's ihrer Landsleute) mancherlei fremdartig anregende Reize

---

*) Das in der päpstlichen Bulle Gregor IV. (zu Ansgar's Zeit) erwähnte Grönland (832) lag im norwegischen Finnland, östlich vom See Mös. Die Städte Gardar und Hrattalid wurden auf Grönland erbaut.

**) Im Eisfjorde bei Jakobshavn fand Rink (1851) eine Gesellschaft von Seehunden, die sich dort fortpflanzten und in einer langen Reihe von Jahren vom Meere abgeschnitten sind [Baikal]. Die Tushen meinen durch Gotte's Zorn abgeschnitten zu sein, in ihrem Gebirgslande, dessen Pass kaum zwei Monate im Jahre einen Ausgang gewährt, damit die Hirten der auf den Triften an georgischer Grenze geweideten Heerden ihre Ablösung erhalten.

***) Der Grönländer Kassabik nahm Blutrache an Ungartok (der zu Olaf in Jagalliko geflohen) von Akpaitsivik, wegen des Mordes seines Bruder's, der für den getödteten Nordmann erschlagen. Eine grönländische Sage enthält Spuren, dass nicht alle Skandinaver in Scharmützeln mit den Eskimo's aufgerieben wurden, sondern dass sich Einzelne mi-diesen vermischt haben, wie auch andererseits eine alte Nachricht vorhanden ist, dass ein Theil der christlichen Grönländer im Jahre 1342, als die Kolonie sowohl in geistlicher als weltlicher Hinsicht von dem Mutterlande verlassen wurde, von der christlichen Religion abgefallen seien, sich mit den Eskimo's gemischt und deren Wesen und Lebensart angenommen haben (s. Etzel). Um Thormod vor seinen Verfolgern zu schützen setzte ihn Grima auf den Stuhl, dessen Rücklehne das Bild Thor's mit dem Hammer eingeschnitzt zeigte, und murmelte Gesänge in Eriksfjord (1024). Die Bewohner Südgrönland's nennen die alten Normannen „die Bärtigen". Die Eskimo überfielen den Westbau. Nach dem Brief des Papst Nikolaus V. (1448) hatten die aus der heidnischen Gefangenschaft (nach dem Ueberfall des Ostbau) zurückgekehrten Grönländer sich wieder angebaut und baten um Hülfe. Die den Ostbau überfallenden Feinde wurden von einer englischen Flotte herangeführt. Den Hanseaten in Bergen wird der Mord der letzten Grönlandsfahrer (1484 p. d.) zugeschrieben.

†) Die Grönländische Colonie wurde (1636) unter Tries (in Dänemark) begründet. Auf den drei Reisen Danell's (1652—54) unter dem Privilegium Möller's, wurde die Ost-küste (1652) angesegelt (mit Inseln), dann die Davis-Strasse. Eine Coloniengründung wurde durch Axelsen (1670—71) beabsichtigt. Der Kablejaufang gewann bald eine Wichtigkeit und dann der Wallfischfang der Engländer, Franzosen, Holländer (Wreck eines holländischen Schiffes). Die Entdeckungen, denen Hudson, Baffin, Davis ihre Namen zurückgelassen, hatten auch zur Grönländischen Küste geführt.

††) Nachdem Bjärn die waldige Küste (von Neuschottland, Neufoundland und Labrador) entdeckt, gelangte Leif (Erik's Sohn) über Helluland (Steinplattenland) und Markland (Waldland) nach Winland (mit Skrälinger und Eskimo). Auf den Ruinen des Schrift-felsen's (in Massachuset am Taunton) findet sich (neben Menschenfiguren) der Name Thorfin (der Isländer Thorfin Karlsefne, der Thorstein's Wittwe heirathete). Nachdem das letzte Schiff (1383) aus Grönland (mit Todesnachricht des Bischof) gekommen, wurde (1406) in Drontheim ein neuer Bischof ernannt, der 1408 wegen Eismassen umkehren musste. Egede fand (1721) Trümmer von Häuser und Wohnstellen auf der Westküste (neben den Eskimo's). The townships in the vicinity of Dighton-rock abound in wild vines (Marsh).

in die vielgestaltige Cultur Mexico's*) geworfen haben, die auch auf der gegenüberliegenden Küste des Pacific verschiedentlich Ankömmlinge von jenseit des Meere's empfangen haben mag, wie in Africa ausser dem zur

---

*) Die zweite Adelsklasse, die (von dem Könige nach ihrem Verdienst mit Gütern belehnt) neben den erblichen Reichsfürsten stand, hiess (in Mexico) Teut-ley (s. Gomara) und nach Matuanlin (b. Stanislas Julien) hiess der König (von Fousang) Iki, die Edlen der ersten Klasse Toui-lou, die der zweiten (die kleinen) Toui-lou, die der dritten Na-to-cha. Die Kleider werden nach den Jahren gewechselt, je nach den cyclischen Zeichen. Der Todte wird im Bilde nach dem Tode begrüsst. Es giebt viel Trauben. Die Stämme im zehnjährigen Cyclus werden bei Mongolen und Mandschu mit Wörtern belegt, die Farben bedeuten (Neumann). Nach Liyan gelangte man von Leao-tung (zwischen Peking und Corea) zur See (12000 Li) nach Japan, und dann (7000 Li) nach Wenchin mit bemalten Leuten oder Mao-gin (behaarte Leute). Im Königreich Wenchin (nach Matuanlin) haben die Menschen auf dem Körper (chin) Linien (ouen), wie Thiere. Mongolische und chinesische Inschriften wurden in den Ruinen des buddhistischen Kloster's bei dem Dorfe der Ghiliak am Tour gefunden (nach Sabir) aus der Zeit der Yuen. Die Tungusen heissen Tongbu (östliche Rothe oder Wilde) bei den Chinesen. Nach den Chinesen züchteten die Kolchan oder Chorhan (Koljuschen) Hirsche (Rennthiere). Das Weiberland (östlich von Fusang) war (nach den Chinesen) von weissen Menschen mit behaartem Körper bewohnt. En la Torre (Porcellanthurm) de nueve altos (en Tezcuco) estaban continuamente unas centinelas encargadas de tañar quatro veces al dia en una lamina de finos metales à cuyo sonido se arrodillaba el Emperador (Netzahualcoyotl) y hacia fervorosa oracion al dios Criador (Tloque Nahuaque), elevando los ojos al Cielo, y rogandole le diesse auxilios para bien governar à sus subditos, à quienes prescribió 80 leyes fundamentales, que fuesen la basa de toda justicia (Boturini). Die neben den Fasten von Quetzalcoatl vorgeschriebenen Büssungen waren mit Blutigritzen durch Agave-Stacheln verbunden. „Zu den Kasteiungen der Cistercienzer gehörte der viermalige Aderlass im Jahre" (s. Winter). Als die Götter bei den Büssungen des (von dem Feinde Yaotl beobachteten) Einsiedler Yappan auf dem Prüfstein (Tehuehuetl) an höhere Transformationen dachten, stieg die Liebesgöttin Tlazolteotl zur Erde hinab, und bewog ihn, durch Fragen nach dem Wege zu ihr (um Bewunderung der Standhaftigkeit zu zeigen) herabzukommen, worauf er ihren Verführungen erlag und von Yaotl getödtet wurde (während Mara's Töchter den auf dem Diamantenthron Erwachten vergebens versuchten). Los de Ochuc y de otros Pueblos de los llanos (en Soconusco) veneraban mucho al que llaman Yalahau, que quiere decir Negro principal ó Señor de Negros (Nuñez de la Vega). Se acostumbraba entre los sacerdotes el tiznarse las caras, porque imitaban con esto à su dios del Infierno Mictlanteuctli ó Tectlamacazqui, negro y feo, y de el fueron generalmente llamados Tlamacazque (Boturini). Die eindringenden Chichimecas wurden durch die Reste der Tultecas im Anbau des Mais und anderer Nutzpflanzen unterrichtet (nach Torquemada). D'Ayllon sah (nach Gomara) Stämme am Cap Hatteras Heerden von Hirsche (ciervos) halten und aus ihrer Milch Käse machen. Die Chinesen sprechen von Hirschheerden im Lande der Fusang-Pflanze eine Malvacee (nach Bretschneider) und mit Kousang (Brouss. pap.) verwechselt. Der grössere Theil der japanischchinesischen Strömung verfolgt die americanische Küste bis Californieu (Gareis und Becker). In diesem Wirbel wurde an der Küste von Californien von der americanischen Brigg Forster (1815) ein japanisches Schiff gefunden, das aus Oasaka abgesegelt war. Solche Fälle haben sich seit Gründung San Francisco's öfter wiederholt oder vielmehr sie sind seitdem öfter zur Kenntnissnahme gekommen, da sie früher ebenso oft Statt gefunden haben mögen. Bei Cortez' Expedition nach Californien wurden dort, wie Gomara sagt, die Reste eines Schiffe's aus Cathay gefunden. Die Eingeborenen legten allen vom Meer ausgeworfenen und ihnen zugetriebenen Gegenständen eine besondere Heiligkeit bei und haben noch kürzlich einige Thonkrüge, die aus einem gestrandeten Manilla-Schiff herrührten, zu Gottheiten erhoben. Ein von Lanzerote nach Teneriff fahrendes Schiff trieb (nach Glas) bis in die Nähe von Venezuela an der südamericanischen Küste (1764) und ein von Teneriff nach Gomera fahrendes nach

Aufnahme und Ausgabe in Aethiopien*) gebildeten Centrum mancherlei Anregungen von Indien auf östlicher Küste einfielen, abgesehen von den auf

Trinidad (1731). An der Küste Peru's fuhren nur durch Schläuche flott gehaltene Flösse,
aber an der Küste von Honduras traf Columbus ein durch Ruder und Segel bewegtes
Schiff. Auf altägyptischen Monumenten sind Segelschiffe ohne Rudervorrichtung dargestellt, Martin Vincente fand (zur Zeit des Columbus) ein geschnitztes Holz in der Nähe
des Cap Vincente angetrieben, und nach den Azoren wurden beim Westwind fremdartige
Fichtenarten angeschwemmt, sowie auch Canoe's. Grönländer wurden 1682 nach den
Orcaden getrieben und auf solche Indier hat man die dem römischen Statthalter geschickten
beziehen wollen. Co ou Con (vase ou chaudron dans la langue nahuatl), auch eine Art
Yoni. In Liribaniba (Hauptstadt der Puruhuas), südlich von Quito wurden den durch einen
Topf repräsentirten Gotte Menschen geopfert (als Canopus). Con wich vor Pachacamac
zurück. Der Bourie-Dienst war in Kaarta durch Kaufleute eingeführt. Nachdem die un-
bewohnten (woeste) Inseln oder Mou-nin-sima (Bonin) mehrfach von Nagasaki aus besucht
worden waren (1675), schickten die Japaner (1785) eine Verbrecher-Colonie dorthin (nach
dem Sankokf-tsu-ran). Oestlich von Fousang liegt nach der japanischen Encyclopädie
Wakansantaidzonye das Amazonenland Nyormigok. Bei der für den Unsterblichkeitstrank
ausgeschickten See-Expedition von Thzin-chi-Houangti blieben (209 a. d.) 300 Paar Jünglinge und Jungfrauen auf Japan. Die chinesischen Schiffe besuchten über Ta-Han (Kam-
tschatka) Fousang (das nordwestliche America). Kämpfe mit einem Frauenreiche spielen
auch in der mexicanischen Geschichte. Les vêtements des Toltekas étaient de larges
tuniques semblables à celle que portent les Japonais. Ils étaient chaussés avec des sandales
et portaient des espèces de chapeaux de paille ou de feuilles de palmier sagt Fernando
d'Alva (b. Ternaux-Compans). Unter den an das Mongolische erinnernden Köpfen der
mexicanischen Sammlung (Uhde's) unterscheidet Ritter japanische Physiognomien. The
one true essence is like a bright mirror, which is the basis of all phenomena, the basis
itself is permanent and true, the phenomena are evanesent and unreal nach der Avatamsaka
Sutra (b. Beal). Tezcatlipoca ist der (mexicanische) Gott des glänzenden Spiegel's (in
japanischen Tempeln). In den spanischen Processionen sah man die Apostel mit langen
Perücken von Hanf, dicken Büchern in den Händen und kleinen Spiegeln hinten an den
Köpfen, um anzudeuten, dass sie in die Zukunft sähen (Peyron). In some of the mounds
(in North-Amerika) have been found plates of copper rivetted together, copper beads,
various implements of stone and a very curious kind of porcelain (Ranking). Le toit
(tepetate) rappelle par sa forme haute, infléchie vers le bas et relevée à ses extrémités,
ceux des habitations chinoise ou japonaises (b. Quemada). Une fouille pratiquée dans une
des chambres du labyrinthe a mis à découvert, à une faible profondeur sous le sol, une
masse lenticulaire de fer météorique, enveloppée dans des étoffes semblables à celles qui
ensevelissent les cadavres anciens dans les tombeaux (bei den Casas Grandes in Chihuahua).
La dépouille (dans les tombeaux) est accroupie. There a great wind, belonging to the
world Urupaka (according to the Bodhisutwa-Pitaka Sutra), as the influence of the intelligent
principle (s. Beal). Auf den Antillen wurde im Sturmwind Huracan das Göttliche verehrt. The whole oft the Lotus-systems of worlds (each embracing the other, still the mind
is lost in the attempt to multiply the series infinitely) In-chau includes within one universally diffused essence, called the Heart (s. Beal). An das Herz des Himmel's sind die
centralamerikanischen Gebete gerichtet. The heart (the universal self) as a skilful work-
man makes all the different conditions of existence (skandhas). The innumerable worlds
come from the heart (atman) alone (s. Beal). A japanese junk have been seen in distress
off the island and was brought in the harbour (of Bahu). South-seamen, when cruising
in the North-Pacific have occusionally fallen in with Japanese junks. Cook mentions having
seen a japanese junk on shore on the N. W. coast of America (Bennett) 1840.

*) Als der aus Phoenicien nach Aethiopien (und Indien) gereis'te Philosoph Meropius,
der auf den christlichen Missionair Pantänus (II. Jahrhdt. p. d.) folgte, von den Eingeborenen ermordet war, blieben von seinen Gefährten Frumentius und Aedesius am Hofe

westlicher mit America vermutheten Beziehungen. Einzelne Ankömmlinge, die ohne fortgesetzte Verbindung mit ihrem Heimathsland auf den neuen Boden hingewiesen oder durch Unterbrechung jener isolirt sind, verfallen bald soweit dem Einfluss ihrer Umgebung, um den eigenen Landsleuten unkenntlich *) zu werden.

Die Sinne des Schmecken's und Riechen's dienen gleich dem Gefühl (das durch Frostschauer die Hautporen verengt, in der Transpiration erweitert), als Regulatoren der Körperfunctionen, und somit als Wächter der Gesundheit, indem Uebelkeit den Magen zum Herauswerfen der schädlichen Substanz veranlasst, oder Niesen gegen deren Aufnahme in die Lungen reagirt. Fasst dagegen das Gehör die ihm adäquaten Eindrücke der Aussenwelt auf, so erfüllt sich in ihrer Empfindung kein körperlicher Zweck, und es bleibt gleichsam eine überschüssige Thätigkeit, ohne in bestimmter Tendenz entwickelt, frei schwebend im Gehirn. Innerhalb derselben manifestiren sich jedoch durch die acustischen Schwingungen rythmische Gesetze, wie sie ebenso den organischen Ernährungsprocessen des Kreisumlaufe's zu Grunde liegen, und weil sie sich daraus unbewusst im Allgemeingefühl reflectiren, auch zur harmonischen Wiedergabe im sympathischen Mittönen drängen. Diese träumerisch dunkle Hinneigung zum melodischen Summen, worin sich die unklar erweckten Regungen Luft zu machen suchen, erhalten die Deutlichkeit des fest bestimmten Worte's, wenn das optisch klar und scharf umschriebene Gesichtsbild **) sich auf dem Hintergrund

---

des König's zurück, dessen Wittwe sie zu Erziehern ihres Sohne's machte, bis Frumentius (der mit Hülfe der Christen unter römischen Kaufleuten eine Kirche eingerichtet hatte) nach Alexandrien reis'te (326 p. d.) und von Athanasius als Bischof zurückgesandt wurde, worauf Constantius (356 p. d.) durch den Arianer Georgius die Könige von Auxuma oder Auxumis (Aezanas und Sazanas) auffordern liess, ihn zur besseren Belehrung zurückzuschicken. Von den unter den Homeriten und Aethiopiern (zur Zeit des Justinian) entstandenen Secten hielt eine den Melchisedek für Christus. Die äthiopische Uebersetzung der Bibel fällt (nach Schröckh) in die Zeit des Chrysostomos. Der Missionseifer regte zuerst zu Entdeckungsreisen an, wie sie im Alterthum nur vereinzelt vorkommen, in der Expedition Necho's und der unter Sataspes oder bei dem Cyziker Eudoxus.

*) Buckley, der 32 Jahre bei den Eingeborenen verweilt hatte (bei Bateman's Ankunft in Port Philipp), wurde erst später als Engländer erkannt. Die Holländer trafen (1689) unter den Mapontes einen (auf der Rückreise aus Indien) schiffbrüchigen Portugiesen, der dort seit 40 Jahren verheirathet lebte. He spoke the African language, having forgotten every thing, his God included (s. Sutherland). Die schiffbrüchigen Holländer (1653) trafen in Corea, den 1627 durch Schiffbruch dahingelangten Landsmann Jan Janszoon Weltevree. Zu verwundern war es, dass dieser alte Mann seine Muttersprache fast ganz vergessen hatte, sintemal wir ihn anfangs übel verstehen kunten (Gorkum). About ten years after (being left the only man upon the island, the women and children looking up to him with great respect), Adam by a dream (the angel Gabriel coming down from heaven and warning him of his danger for his past wickedness) became a most religious man (Brodie) on Pitcairn island.

**) Vischer definirt das Schöne, als „das sinnliche Scheinen der Idee." Der Gegen-

chaotisch gährender Gefühlsempfindungen abprägt, von ihrem Resonanzboden melodisch geschlossen aufsteigend. Dem Gesichtsbild an sich entspricht ein äusserer Gegenstand, ein in Mehrzahl der Fälle auch durch das Betasten zu verificirender *) und deshalb zum Theil in seiner Reizwirkung annullirbarer, die Gehörempfindungen können dagegen erst durch geistige Combination secundär auf ihre Quelle zurückgeführt werden, und werden deshalb zunächst fragend wirkend, um zur Antwort das Lauttönen zu erhalten.

Das Gesichtsbild tritt als Product mathematischer Gesetzlichkeit in die Geistesauffassung ein, es wird deshalb auch je nach der in ihm vorwalten- den Dimension einen verschiedenen Eindruck hinterlassen, der sich dann mit der gerade vorwaltenden Gefühlsstimmung zu der jedesmaligen Form des Wortlaute's componirt, und fortan darin permanent verharren mag, wenn durch das Ohr des menschlichen Complemente's zum Gesellschaftswesen aufgenommen und fixirt. Gleich dem (vorwaltend melancholischem) Geträller der in Folge von Gehörempfindungen (und in mehr weniger engem Ein- klang mit denselben) hervorgerufenen Gefühlswallungen, würde das den Gesichtseindruck deckende Wort im Individuum ein vorläufig subjectives und der momentanen Aenderung unterworfenes sein, wogegen es im Geiste des Hörer's, dem es als ein aus optischen und acustischen Wechselwirkungen **) gezeugtes Ganze zukommt, seine Stabilität gewinnt, und obwohl noch auf die sinnliche Erscheinung (die ihm den Ursprung gegeben), zurückführbar, doch durch die zunehmende Verundeutlichung der constituirenden Einzeln- heiten die Generalisation erleichternd, so dass an die Stelle des ursprüng- lich in Eiche, Buche, Linde u. s. w. personificirten Baume's der allgemeine Begriff eines Baume's tritt. Obwohl also das optische Bild des Baume's in

---

stand oder Träger der einfachen Idee selbst, die wirkliche Sache ist etwas von Natur Gegebenes, derjenige des Ideales aber, das Kunstwerk, etwas durch uns unter Anschluss an jenes Erschaffene, daher trägt dieses letztere die Gestalt einer Aussage über das Eigentliche, Anundfürsichseiende, Allgemeine und Substantielle der wirklichen Dinge selbst an sich (Herrmann) Das Schöne an der einzelnen Sache ist immer nur ein gelegentliches und wesentlich nur ein Ueberschuss oder etwas Geschenkte's über sie hinaus, das Kunst- werk dagegen ist systematisch und mit Nothwendigkeit schön.

*) Mit Wid (Sehkraft in Swiato Wid) ist etymologisch Wed, Wedeti (Seher, Wissen) verwandt (Hanusch) in Verknüpfung von οἶδα und videre das im Wissen Gewisse.

**) When the spirit was commanded to enter the body of Adam, the soul having looked into it once, observed: „this is a bad and dark place and unworthy of me, it is impossible I can inhabit it. Then the just and most holy God illuminated the body of Adam with „lamps of light" and commanded the spirit to re-enter. It went a second time, beheld the light and saw the whole dwelling, and said: „There is no pleasing sound here for me to listen to." It was owing to this circum stance that the Almighty created music. The holy spirit on hearing the sound of this music became so delighted, that it entered Adam's body (Jaffur Shurreef) im Quanoon-el-Islam (s. Herklots).

jedem Gehirn*) denselben (oder nur auf dem beschränkten Unterschieds-
kreis der in den Rassen variirenden Schädelformen modificirten) Eindruck
hervorrufen muss, so wird der in der Sprachthätigkeit folgende Abdruck
doch nach dem gleichzeitig prävalirenden Modus der Lautstimmung gefärbt
sein, und bei den ferneren Zufälligkeiten des Permanentswerden's sich einer
gleichmässigen Berechnung entziehen, weshalb das im Jagen nach einer
Ursprache**) Verfolgte in trügerische Luftgebilde verrinnt. Die ferneren
Conceptionen des Geiste's, wenn derselbe nicht mehr in der Sprache, sondern durch dieselbe (mit derselben, als seinem Werkzeug) denkt, werden
gleichfalls in ihren Combinationen momentan wechselnden Einflüssen
psychischer Physiognomie unterliegen, da sie jedoch (vor Erfindung der
Schrift) in einem flüssigen Zustande zu verbleiben, für alle Rectificationen
Empfänglichkeit zu bewahren pflegen, so muss sich bei genügendem Wechsel
derselben in der Mehrzahl der Fälle (wie es die Wahrscheinlichkeitsrechnung
lehrt) ein normal richtiger Durchschnitt ergeben, und zeigt sich in der
That eine gleichmässige (aber nur in der Weite der Localverhältnisse be-
einträchtigte) Uebereinstimmung in den Elementar-Ideen aller Völker auf
der Erde. Der Name, den der gesehene Baum erhält, hängt von einer
solchen Menge von Einzelnumständen ab, dass das Warum der besonderen
Sprachschöpfung nur ausnahmsweise aufgespürt werden kann und in solcher
Hinsicht von der Etymologie keine Hülfe zu erwarten ist. Hat sich dagegen nun das Denken seiner Reflexion des geistig projicirten Baumbilde's
bemächtigt, so wird es in seinen weiteren Operationen mit demselben auf

---

*) Die Gesetze der Beharrlichkeit der Masse, die Trägheit und die Gleichheit von
Wirkung und Gegenwirkung sind philosophische Grundsätze, von denen man sich a priori
nur durch die Speculation eine vollständige Uebersicht verschaffen kann. Es sind Wahrheiten, die immer in dem Geiste des Menschen leben und von denen man kaum sagen
kann, dass sie zu einer bestimmten Zeit entdeckt worden sind, sowie neue Thatsachen
oder neue Gesetze entdeckt werden (Apelt). Jede Mischung bestimmter chemischer Bestandtheile hat eine eigenthümlich constante Kerngestalt ihrer Krystalle und ein festes
Gesetz des Durchgangs der Blätter.

**) Der freie Wille, wenn nicht in seinen Relationen festgehalten, wirft die Willkühr
des Zufalls in die dadurch aufgelös'te Herrschaft des Gesetze's, und bei dem unrichtigen
Ausgangspunct der somit eingeleiteten Betrachtungen, müssen sich die theoretischen
Folgerungen mehr und mehr von der Sachlage entfernen. Aehnlichkeit der Sprache sucht
man aus Mittheilung derselben zu erklären, wobei zunächst festzuhalten ist, dass Gleichartigkeit der Umgebung im psychischen Reich ebenso sehr gleichartige Producte zeugen
muss, wie im physischen Habitus. Ist die Sprache Schöpfung willkührlichen Zufall's, so
sollte die Wahrscheinlichkeitsrechnung unter Aufzählung der Chancen es verneinen, dass
gleichartige Sprachen anders als durch früheren Zusammenhang der Völker zu erklären
seien, wogegen ein Hinblick auf die aus gleichen Ursächlichkeiten folgenden Wirkungs-
gleichungen Uebereinstimmung der Denkgesetze und ihrer Schöpfungen nicht nur erklärt,
sondern fordert, und deshalb dann bei der Denkthätigkeit in der ganzen Weite des
Horizonte's, sowie bei dem grammatisch-logischen Ausdruck in der Sprache aufsuchen wird.

einen verhältnissmässig engen Kreis von Möglichkeiten beschränkt sein. Der Baum zeigt in den Phasen seiner Erscheinung, schon im jährlichen Cyclus, Veränderungen, die nicht als solche, sondern in ihren Umgestaltungen als Folgen einer nach menschlicher Analogie agirenden, aber weil unsichtbar, dämonisch begriffenen (und so bald an das in den Abgeschiedenen Uebrigbleibende geknüpften) Wirkungsweise aufgefasst werden. Die gewonnene Vorstellung eines Spiritus bietet sich dann für weitere Verwerthung, indem nicht nur Bergspitzen, Steine, Vorgebirge u. s. w. mit Schutzgeistern bedacht werden, sondern die Erde selbst, und im Wasser die Bewegung zu weitern Abschweifungen führt, oder im Feuer die Combination mit dem chemischen Process. Das zur Completirung der im Baum vor sich gehenden Veränderungen zu seinem Bilde Hinzugedachte, nimmt bald die Form einer wohlthätigen Gottheit, bald die eines heimtückisch lauernden Teufel's an, und führt als belebendes Princip zu den weiteren Folgerungen, dass zum Sprossen der Saat ein blutiges Opfer gefordert werde, damit (wie bei Städtegründung das Gespenst des Ermordeten vor dem Thore Schildwache hielt), durch Dämonisirung des vergrabenen Wesen's ein Geist in den Halmen walte, durch welche spätere Sagen die Roggenthiere huschen lassen. In mythologischen Auffassungen producirt der Geist eine (unter Umständen auch incongruente) Nebeneinanderstellung zusammen vorhandener Denkbilder, während der Künstler in harmonischen Proportionen schafft, doch ohne Verwendung der wissenschaftlich zersetzenden und sichtenden Analyse.

Dass der Fluss nicht von einer Brücke belastet werden dürfe, dass das Feuer durch Erneuerung seiner Nahrung periodisch zu reinigen sei, dass in der heranschleichenden Schlange ein rückkehrender Verwandter nahe u. s. w. sind allgemein durchgehende Vorstellungen, die im Offenkundigen ihrer psychologischen Herleitung nicht ausführlicher Erörterungen bedürfen, aber bei dem Stereotypen ihrer nothwendigen Entstehungsweise klarverständlich vor den Augen zu halten sind, um in complicirteren Gedankengebäuden ihre (oft verwischten) Rudera als die Keime zu erkennen, aus denen jene aufgewachsen oder doch zum Theil ernährt sind. Die zwischen den Eltern und Kind (aus der natürlichen der Mutter) hergestellte Sympathie, die zu den weit verbreiteten Gebräuchen der Couvade geführt hat, wirkt noch in traducianistischen Theorien nach, und der zur Eidesbündung gegessene Fetisch verbleibt in mystischen Mahlen, durch allegorisirende Erklärungen vertieft, oder in exotischen Bastardbildungen hybrid phantastisch weiter wuchernd. Die allgemein wiederkehrende Vorstellung, dass das Leben ohne gewaltsame Unterbrechung den Tod nicht kennen würde, zeigt einen Gedankengang, den die umständliche Erweiterung religiöser Lehren mehr und mehr verdeckt, der aber oftmals in den Geheimdiensten der Mysterien nachspielen und ihre Ceremonien erklären mag.

Bei der (als durch den Körper vermittelt, indirecten) Abhängigkeit des Geistes von der physicalischen Umgebung wirken die in demselben aufgenommenen und bereits assimilirten Reize[*]) weiter nach, indem sie in den Knotenpuncten des organischen Wachsthum's als Effecte abgeklungen, sich auf's Neue als Motive manifestiren und ihrerseits selbst in der gesellschaftlichen Atmosphäre als neue Reize auftreten. Das zu geschichtlicher Freiheit emporgestiegene Culturvolk bleibt demnach in seinen Phaenomenen von statistischer[**]) Gesetzmässigkeit beherrscht, aber in dem Verursachungssystem tritt der directe Einfluss des Milieu, der beim Naturvolk vorwiegend oder allein die Physiognomien des Volkscharacter's bedingt, mehr und mehr in den Hintergrund, da sie durch die miteingreifenden Thaten des Genius und den blendenden Glanz derselben in den Schatten gestellt werden, indem diese, obwohl bei ihrer Vereinzelung in Quantität unendlich zurückstehend, doch ebenso unendlich ihrer Qualität nach durch mächtigst potenzirte Concentration der Kraft überwiegen. Bei der ursächlichen Wechselwirkung zwischen Mensch und Natur, den Makrokosmos seines mikrokosmischen

---

[*]) Während in den physischen Einflüssen die positiv und negativ bedingenden Ursachen menschlicher Thätigkeit liegen, wie sie theils als sollicitirende Reize in den Empfindungen und Trieben durch die functionirenden leiblichen Organe sich geltend machen, theils als hemmende, zu überwindende Schranke den Kampf und die menschliche Reaction herausfordern, wirken die geistig-sittlichen Einflüsse unmittelbar in der Form von Beweggründen und Motiven, denen wiederum Gegen-Motive (Quietive) entgegentreten können, so dass aus der, den Denk- und Willensgesetzen entsprechenden Combination einer Abwägung der positiv und negativ wirkenden geistigen Ursachen die Handlungen als Resultate jener Componenten zu Tage treten (Oettinger).

[**]) Die durchschnittliche Gleichheit der Knaben- und Mädchen-Geburten würde sich aus dem Compensationsgesetz der Natur von selbst ergeben, sobald der Mensch für die Monogamie angelegt wäre, und die Entscheidung darüber hätte sich aus statistischer Vergleichung in der Zoologie zu entnehmen, bei den von einem (oder wenigen) Bullen geführten Heerdenthieren sowohl, wie polygamischen Hühnern und monogamischen Störchen u. s. w. Sollte sich ergeben, dass der Mensch in die monogamische Klasse (wenn nicht in einigen Tropenländern polygamische Varietäten vorkommen möchten) zu rechnen wäre, weil die bei seinen Geburten beobachtete Differenz nur durch geringe Schwankungen von denen der entschieden monogamischen Thiere ihrer Zahl nach abweichen, so würden auf einer weiten Beobachtungsbasis sicherer Thatsachen die Ursächlichkeiten jener Schwankungen zu constatiren sein, ob sie nun im Altersverhältniss der Ehen, in der Ernährung, in der Intensität eines psychischen Eindruck's, in socialen Bräuchen oder anderen Verhältnissen liegen sollte. — Prevost findet die Ursache der Knabenmehrgeburten in dem vorherrschendem Wunsch nach männlicher Nachkommenschaft (indem man nach eingetretener Knabengeburt aufhört, weiter zu zeugen). Der intensive Wunsch mag sich in Zeugung und Schwangerschaft geltend machen (s. Oettinger). Bei der schwierigeren Geburt der meisten stärker entwickelten männlichen Kinder ist die Zahl der Todtgeborenen bei Knaben stärker, als bei Mädchen (bei den Erstgeburten überwiegen die Knaben).

Selbst, konnten alle Ideen*) nur aus den Objecten der Umgebung**) erwachsen, und ihre Ernährung aus denselben wird sich bei genügender Detail-
kenntniss ebenso deutlich in den Statthabenden Proportionen nachweisen
lassen, wie bei der Pflanze aus den zu ihrer Erhaltung dienenden Substanzen
des Bodendünger's oder der Atmosphäre. Bei der Pflanze liegt allerdings
zugleich der (bald mehr, bald weniger leicht auszuschälende) Keim vor,
aber nur als Grundprincip der Entwicklung, das als solches auch beim
mikroskopischen oder (wie in der Generatio aequivoca) ganz unsichtbaren
Keime vorausgesetzt werden kann, und für sich bei den Rechnungen der
Pflanzen-Oekonomie nicht weiter (oder nur durch das Minimum seiner eigenen
Stoffe) in Betracht kommt. So liegt in der empfänglich über den Körper-
processe schwebenden (und durch Nerven-Actionen derselben ausgeschiedenen)
Nervensphäre des Hirn's der organische***) Drang des Fortbilden's, der, wenn
unter der Vorstellung eines Keim's, leicht falsch aufgefasst wird, und für
sich ohnedem in die Berechnung der Gedanken aus ihren äusseren Anregungs-
momenten nicht weiter eingeht, der sich aber im Gange der Entwicklung
selbstständige Kreuzungsknoten schürzt und dann aus diesen wieder selbst
als normirendes Motiv zu fortzeugender Ursache werden mag.

Bei einem jeden durch die Sinne erfassbaren Naturgegenstande würde
es sich zunächst um folgende Fragen handeln:

---

*) Gott denkt sich selbst und sein Denken ist sonach Denken des Denken's (nach
Aristoteles).

**) Indem der dem Erzeuger nur subjectiv im Werden bewusste Gedanke in objective
Existenz tritt, kann er auf's Neue durch den Reiz der Sinnesorgane (zunächst des Auge's)
zur Erkenntniss kommen, wenn hinlänglich mächtig, um die kosmischen Strömungen des
Sonnenlichtes zu unterbrechen, und so die Materie genannten Secretionsstoffe ausscheiden,
die ihn in einer bestimmten Form als die eine oder andere Instinctvorstellung symbolisirenden
Thiere erscheinen lassen, wenn zu unabhängiger Selbstständigkeit eigener Fortpflanzung
gelangt, oder sonst in der noch an die unmittelbare Ernährung aus der materiellen Masse
gebundenen Pflanze. Auch der thierische Organismus verjüngt sich eine Zeitlang durch
vicariirende Ersetzung der Elementarbestandtheile, bis er im Erschöpfen der lebendigen
Erhaltungskraft den Körper der Erde zurückgiebt. Die anorganische Natur der Steine
besteht eben aus solchen abgestorbenen Ausscheidungsstoffen (gleich denen im Entstehungs-
moment erstarrten Kristallen), wobei (ähnlich wie den Nerven noch nach dem Tode eine
Reizungsfähigkeit bleibt) die Thätigkeit der Kräfte unter geeigneten Verhältnissen neu
geweckt werden kann, in verschiedenen Graden der Lebhaftigkeit abnehmend von den
Alkalien und Säuren an den Enden der Spannungsreihen bis zu den fast indifferenten
Kieseln, oder bis zur schliesslichen Auflösung in den vier Luftarten, denen dann wieder
die in Verzehrung neugestaltende Schöpfung der Verbrennung eignet. In sensitiven
Kranken mag oft aus der umgebenden Gedankenwelt der im dunkeln Raum an der Stelle
des (wenn auch verhüllten Fenster's) gegenüberliegende, in der schwachen Durchspiegelung
eines Transparentgemäldes (gleichsam eingerahmt) dastehen, das dann nach länger geöffneten und deshalb weniger empfindlichen Augen allmählig verschwindend in das allgemeine Dunkel zurücktritt.

***) Die Empfindung giebt die thatsächliche Welt, aber das Denken muss sie sich
selbstständig aneignen (nach Kant).

1) Wie vielerlei Namen können dem Gegenstande beigelegt werden, einmal nach der verschiedenen Auffassungsmöglichkeit seiner einzelnen Erscheinungsweisen und dann nach der Lautbildungsfähigkeit überhaupt, die an sich in bestimmten Grenzen begriffen und noch mehr beschränkt wird durch die unbewusst geforderte Harmonie zwischen den aufgenommenen Eindruck und der sprachlichen Reaction gegen denselben, wofür zugleich die thatsächlich bekannten Vocabularien möglichst vieler (wo möglich aller) Völker anfangs zur Belehrung, dann als Controlle dienen.

2) Wievielerlei Associationen können sich mit den durch den Namen hervorgerufenen Vorstellungen auf dem Denkgebiete verbinden, und wievielerlei Gedanken lassen sich also mit dem vorliegenden Gegenstande (der Eigenthümlichkeiten seiner Phänomenologie nach) verknüpfen, oder in wievielerlei Gedanken lässt sich derselbe verarbeiten? Untersuchungen, die sich zunächst auf dem Felde der mythologischen Anschauungen bewegen müssen, da dort die comparative Methode der Beobachtung (und experimenteller Induction) eine besonders reiche Ausbeute erwarten darf.

3) Wievielerlei Combinationen vermögen die durch die Objecte gezeugten Gedanken untereinander und miteinander einzugehen, und wie müssen die dadurch in's Leben tretenden Neubildungen ihrerseits wieder auf die weitere Gedankenentwicklung zurückwirken.

Hat die Untersuchung diesen Punkt erreicht, so werden die physikalischen Causalitäten, die den ersten Anstoss zur Bewegung gaben, in der Rechnung nicht weiter hervortreten, und die dann ferner zu analysirenden Wachsthumsprocesse des Denken's mögen, weil der körperliche Factor sich auf Null vermindert, als freie betrachtet werden, obwohl sie dennoch immer unter der Gesetzmässigkeit des Organischen nothwendig einbegriffen sind.

Jeder Gedanke des Menschen ist durch die äussere Umgebung*) erweckt, sei es durch die Naturgegenstände, die seinen Sinnen zugänglich

---

*) Jede wissenschaftl'che Forschung muss sich auf Thatsachen basiren, und wenn dieselben in hinlänglicher Menge neben einander liegen, so beginnt allmählig in einzelnen aus dem Dunkel aufhellenden Linien der Grundplan der Natur sich emporzuheben, bis schliesslich der ganze Riss enthüllt ist, der nur eine subjective Verzerrung abgeben würde, wenn durch frühreife Combinationen willkührlich zwischengezeichnet. Die Fortschritte auf dem labyrinthischen Gebiete der Psychologie sind langsamer, als auf dem der verschwesterten Wissenschaften, aber um so nöthiger ist es wenigstens die Anzahl derjenigen, über die wir allmählig mit grösserer Sicherheit reden können, als festbestimmte Prinzipien niederzulegen, aber die es ebensowenig erlaubt sein dürfte, immer wieder ab ovo zu discutiren, wie in der Chemie schwerlich Gehör finden würde, wer jetzt noch seine Zeit verschleudern wollte, die Berechtigung einer Phlogiston-Lehre zu erörtern. Es ist deshalb vor Allem wünschenswerth eine möglichst vollständige statistische Uebersicht psychologischer Thatsachen zu haben, da wir erst darin eine feste Basis finden werden, um mit unsern Forschungen in systematischer Regelmässigkeit vorwärts zu gehen.

sind, sei es durch die gesellschaftlichen Verhältnisse, unter denen er sich bewegt. Die körperlichen Functionen compensiren*) sich durch einander in steter Herstellung des Gleichgewicht's, im einzelnen Individuum sowohl, wie im weiteren Kreislauf durch den Umsatz der Stoffe, die das Thier der Pflanze und diese den Mineralien entnimmt. Die geistige**) Function dagegen geht als incommensurabel aus den terrestrischen Schranken des Planetensystem's in den Kosmos hinaus, da Alles für den Menschen Seiende auch den Angriffen der Forschung offen liegt, und also im Wissen psychisch assimilirt werden mag.

Wird der Baum gesehen (ohne dass er vielleicht dem Gehenden Anlass zur Ausweichung dieses Hindernisses giebt und sich so auf körperlicher Muskulatur compensirt) und dann weiter gedacht***), frei vorgestellt und (mit Klärung durch Wechselgespräch) im bezeichnendem Wort neu geschaffen, so vollzieht sich eine wirkende, aber noch nicht hindurchgewirkte That, die

---

*) Aller Trieb der Ergänzung ist ein wahrhaftes Mysterium (nach Schopenhauer), denn es ist ein in das Zeitleben hervorbrechendes Ewige (s. Fichte).

**) Die Selbstschuld des Verbrecher's wird verschiedene Auffassung bieten, je nachdem man weiter auf die letzte Wurzel der Motive zurückgeht, die schliesslich stets auf allgemeine nothwendige Verhältnisse auslaufen, und jede That als Folge unabweisbarer Nothwendigkeit darstellen wird, obwohl auch dann der Wille des Menschen immer seine volle Freiheit bewahrt, in seinem relativ specifischen Verhältniss zu dem willenlosen Geschehen der Natur. In Bezug auf die Strafbarkeit selbst kann aber dadurch weiter kein Unterschied constituirt werden, indem dem Staat in allen Fällen die Pflicht aufliegt, die durch das Verbrechen hervorgerufene Unordnung wieder in's Gleis zu setzen und durch Herstellung des Gleichgewicht's in der Strafauferlegung dem Gemeinwesen die entsprechende Compensation zu gewähren. Indem dann die Strafe als das Heilmittel der Störung zu betrachten ist, muss sie beide Gesichtspunkte festhalten, auf der einen Seite die Gesellschaft genügend entschädigen, auf der andern Seite die Entschädigung so einzurichten, dass das kranke Glied (als integrirender Theil dieser Gesellschaft) möglichst wenig geschädigt und soviel thunlich bald wieder in den Zustand der Gesundheit übergeführt werden. Die Strafe muss also ganz der psychologischen Eigenthümlichkeit des jedesmaligen Individuum angepasst sein, und wenn eine besondere Art derselben den Zweck zu erreichen gewiss sein würde, dürfte auch die scheinbar grösste Härte keine Contrainduction abgeben, im Hinblick auf die Bedeutung der socialen Interessen, die gleichzeitig in Frage stehen. Eben diese werden zunächst immer ihrerseits das möglichst gelinde Verfahren anrathen, obwohl freilich eine richtige Proportion zwischen der Grösse der Strafe und den der Gesellschaft durch das Verbrechen zugefügten Verlust eingehalten werden muss. Um indess diesem Verlust nicht einen neuen durch gänzliche Ausstossung des bereits irre gehenden Staatsgenossen zuzufügen, hat die Strafe in solcher Weise auf diesen zu wirken, wie sie nach dem besonderen Character desselben am ehesten die Herstellung eines normalen Zustande's in demselben erwarten lassen darf.

***) Die Ueberzeugung, dass der Empfindung etwas Gegenständliches entspreche, gehört (nach Reid) zu den Grundthatsachen des common sense, in die nicht überschreitbare Constitution menschlicher Natur fallend, wie die ursprüngliche Einrichtung des Erkenntnissvermögen's (bei Kant). The fundamental laws of human belief (D. Stewart) zeigen sich nicht nur in allen Urtheilen und Schlüssen wirksam, sondern bestimmen unwillkürlich das Handeln (s. Fichte).

in diesem statu nascenti progressiv zeugend weiter wirkt und das erste Glied in eine wachsende Reihe von Ursachwirkungen schlingt, deren Ende erst durch Ausgleichung in den Harmonien ihrer eigenen Gesetze gefunden werden kann. Alles im Fluss des Geschehens befindliche muss, wie auf seine Umgebung, auf das von seinen Wechseln Mitbetroffene einen mehr weniger modificirenden Einfluss ausüben, doch wird derselbe immer in der körperlichen Welt des Raume's von materiell sichtbaren Veränderungen begleitet sein, während sich die abstrahirt*) geistige Schöpfung in der Zeit allein erfüllt. Der abstracte Gedanke des Baume's wird allerdings gleichfalls über die Verwendung einer bestimmten Stickstoffsmenge in den körperlichen Ernährungsprocessen disponiren, bleibt aber für den Gesammterfolg derselben bedeutungslos, weil bei seinem Mangel eine andere, für den Gesundheitszustand ebenso, oder vielleicht mehr befriedigende Vertheilung eingetreten sein würde. Beim Mangel des Denken's, im Ruhezustand des Träumen's oder Schlafen's erfrischt sich das sympathische Nervensystem rascher, den Stoffumsatz beschleunigend, eine nicht auf Muskelbewegung tendirende (und so die für solche Zwecke verfertigte Maschinerie benutzende) Gedankenbildung ist in Bezug auf den Körper (sobald die bescheidenen Anforderungen der Sinneserregung auf ihre Compensation befriedigt sind) als reiner Verlust zu betrachten. Die Compensation muss deshalb auf einem anderen Gebiete liegen, und da die freie Gedankenbildung auf der animalischen Wesensreihe erst mit Vervollkommnung des optischen Sehorgane's hervortritt, muss die Untersuchung auf Anknüpfung an die kosmischen Agentien des Lichte's gerichtet sein. Die Lichtreflexe erfolgen in mathematischer Regelmässigkeit und erst die streng gesetzliche Anordnung in den Bildern der Retina ermöglicht die klare Gedankenvorstellung, die sich aus dem Dunkel der übrigen Sinnesempfindungen nie mit gleicher Schärfe hätte abscheiden können. In jedem Gedanken redet deshalb, wenn

---

*) In dem dumpf hinbrütenden Geisteszustand des Wilden liegen die einzelnen Gesichtsbilder räumlich neben einander, und es werden nur stumpf die äussern Aehnlichkeiten assimilirt, ohne durch scharfe Zersetzung in zeitlichen Abstractionen zusammenfassende Allgemeinheiten zu gewinnen. Wird durch besondere Motive ein reges Denken erweckt, so verliert sich bald aus mangelnder Uebung der leitende Faden, und das rasch in ordnungslosem Taumel umherwandernde Räsonement fasst überall zufällige Analogien bündelweise zusammen, in jenen bunten Incongruitäten, wie sie in den mythologischen Bildern hervortreten. The native mind, to an educated man, seems generally to be asleep (among the Ahts). On his attention being fully aroused, he often shows much quickness in reply and ingenuity in argument. But a short conversation wearies him, particularly if questions are asked, that require efforts of thought or memory on his part. The mind of the savage then appears to rock to and fro, out of mere weakness, and he tells lies and talks nonsense (Sproat). Die Moxos verstehen es so wenig, aus den gemachten Erfahrungen die Zukunft zu berechnen, dass sie regelmässig dem Antriebe ihrer augenblicklichen Stimmung folgen (nach Carrasco).

auch ohne seine Form, das mathematische Gesetz, und in ihm begreift sich
der gravitirende Zusammenhang des All, soweit solchen der Geist bis jetzt
zu durchdringen vermag. Secundär wirkt nebenher die Gedankenbildung
auf die terrestrische Natur zurück, indem dieselbe durch die aus jener aufsteigenden Civilisation local verändert werden mag, indess wird die geistige
Thätigkeit dadurch um so weniger erschöpft, da der Schwerpunkt mit Erweiterung der Ideen desto entschiedener in's Kosmische fällt.

Nach dem (auf die Gesetze der Reaction*) in Frage und Antwort
begründet) dem Nervensystem des Menschen einwohnendem Streben nach
Aufklärung der Naturgeheimnisse, sehen wir ihn nacheinander die umgebenden Objecte, so lange ihnen noch ein dunkler Rest des Unverstandenen an-
haftet, in seinen religiösen Horizont hineinziehen, und den Productionen des
organischen oder anorganischen Reiches mit ängstlich-andachtvollen Ge-
fühlen der Verehrung nahen. So findet sich in allen Theilen der Erde ein
gleichartiger Cultus der Steine, Bäume, Thiere, Flüsse, Berge, des
Feuer's u. s. w., und die Forschung bleibt bei einem erreichbaren Ziele der
Erklärung stehen, wenn sie den psychologischen Grund religiöser Verehrung
wie er sich aus subjectivem Drange mit den Aussendingen verknüpft, nachgewiesen hat. Um weiteres Material für Hervorlocken von Kräften (die ein
Eindringen in das organische Wachsthum der Denkthätigkeit ermöglichen
könnten) zu gewinnen, gilt es nun, specifische Unterschiede aufzufinden, die

---

*) Alles Werden ist an das Uebergehen des Identischen in das Entgegengesetzte
und umgekehrt gebunden (George). Was auf einander wirken soll, muss ebenso sehr
entgegengesetzt, als identisch sein (George). Nur der conträre Gegensatz ist der wahre
Gegensatz, welcher der wirklichen Eintheilung entspricht, und nur die Zweitheilung, die
auf ihm beruht, genügt vollständig den Anforderungen der Erkenntniss, die an eine richtige
Deduction zu machen sind (George). Nach Hegel liegt das Wesen der Dialectik darin,
dass die höhere Vernunft das für dasselbe und nicht entgegengesetzt erklärt, was der
untergeordnete Verstand für entgegengesetzt hält. Beim Abstractionsverfahren hält sich
die Logik für berechtigt, von den verschiedenartigen Merkmalen abzusehen (zu abstrahiren),
und die übrigen (gemeinsamen) zu einer neuen Vorstellung (als der allgemeinen) zusammen-
zufassen (s. George). Im Inductionsverfahren fällt dagegen die Willkühr fort, indem die
Berechtigung zur Abstraction an die Regel gebunden ist, dass die verschiedenen Merkmale
Modificationen von einander sind, die sich wirklich auf eine und dieselbe Reihe bringen
lassen und dadurch ihre Gleichartigkeit beweisen. Nachdem man dasselbe Praedikat einer
Reihe von einzelnen Subjecten beigelegt hat, fasst man diese zu einer allgemeinen Vorstellung zusammen und sagt von dieser das Praedicat aus (im Inductionsverfahren). Die
Deduction geht von der Praedikatvorstellung aus, die in ihr begründete Modificationen der
Subjecte abzuleiten. There exists, not alone in the human conscience of the Creator, but
in external material nature, imperishable record, possibly legible even to created intelligence,
of every act done, every word uttered, nay of every wish and purpose and thought con-
ceived by mortal man, from the birth of our first parent to the final extinction of our
race, so that the physical traces of our most secret sins shall last until time shall be
merged in that eternity of which not science, but religion alone, assumes to take cogni-
zance (Marsh).

sich aus dem localen Ueberwiegen einzelner der im Grossen und Ganzen allgemeinen Culturgegenstände, oder aus localer Abschwächung bis zum gänzlichen Verschwinden, ergeben werden, und weiter führen müssen auf die characteristischen Causalitäten in den Agentien der geographischen (oder anthropologischen) Provinzen, die in ihren Einwirkungen auf den zugehörigen Mikrokosmos solche Differenzen in seiner psychischen Reaction gezeugt haben können. Es würden also z. B. diejenigen Gegenden und Völker, bei denen sich ein primitiver Cultus (oder bei schon erhabener entwickelten Religionsideen*) die Spuren eines solchen), auf Flüsse, Bäume, Gestirne u. s. w. gerichtet, erhalten hat, einer betrachtenden Nebeneinanderstellung zu unterziehen sein, damit die Prävalenz der jedesmal bevorzugten Objecte, in dem entsprechenden Milieu, aus diesem eine Aufklärung erhalte. Einige naheliegende Vergleichungspuncte bieten sich ohne Schwierigkeit. In heissen Ländern wird die Erquickung durch kühlendes und labendes Wasser am höchsten geschätzt, und sich deshalb in Indien die Verehrung den Flüssen zuwenden, im dürren Afrika wenigstens den Quellen und dem allein die Bewohnbarkeit des Landes ermöglichenden Regen. Das zauberische Mysterium, das sich als religiöse Scheu im Menschen reflectirt, schwebt über dem Wasser auch im Norden, aber dort wird sich auf dem von der unbestimmten Religionsfärbung überzogenen Hintergrunde die Localtinte nicht im Ausdruck der Dankbarkeit gegen eine gütige Gottheit (wie im Süden),

---

*) Wenn man auf die Depression vieler dem Buddhismus bekennenden Völker hinweist, wird vergessen, dass nicht die Religion den Volkscharacter, sondern diese jenen bildet, und dass obwohl eine Religion rascher angenommen werden mag, wenn das Gepräge. unter dem sie dargeboten wird, bereits dem Volkscharacter congruent sei, im Laufe der Zeit dieser selbst immer sein eigenes hervorrufen wird. Araber und Perser bekennen den Islam, aber während jene den semitischen Character der Religion bewahrten, haben diese in ihren schiitischen Secten eine iranische daraus gemacht, und obwohl es bei den friedlichen Hinterindiern buddhistische Könige gab, die ihren Soldaten empfahlen über die Köpfe der Feinde fortzuschiessen, haben dagegen die kriegerischen Völker des Norden's den Buddhismus mit Waffenklang durch Indien getragen. Dass auch beim Verbot der Ahinsa hohe Ideale zur Tapferkeit begeistern möge, lehrt die Episode zwischen Krischna und Arjuna im Mahabharata etc. Mongolische und andere Wanderstämme sind nach Annahme des Buddhismus nicht mehr vorgeschritten, als vor demselben, aber ebensowenig sind Japaner oder Chinesen durch denselben in ihrer geschäftlichen Betriebsamkeit gestört worden. North Africa is wonderfully homogeneous in the matter of religion. The people indeed have but one religion. Even the extraneous Judaism is the same in its Deism depression of the female, circumcision and many of the religious custom, festivals and traditions. And this has a surprising effect in assimilating the opposite character and sharpest peculiarities of various races of otherwise distinct and independent origin (s. Richardson). The Pagoda of uncemented brickwork (northwest of Negapatam) bears the name of the Chinese Pagoda (the Chinese frequenting the Tanjore ports at Polo's times). Die Schiffe von Manzi (Süd-China) besuchten Malabar (nach Polo). Congo in Afrika, wohin die meisten Culturpflanzen aus anderen Welttheilen eingeführt wurden, diente zur Vermittlung für Uebersiedelung mancher Pflanzen nach anderen Welttheilen (R. Brown).

D

sondern als gehässiger Zug abheben und das heimtückisch kalte Wasser mit
bösen, oder doch schadenliebenden Nixen bevölkern, statt mit lieblichen
Nymphen.

Die Baumverehrung tritt besonders hervor, wenn mit zunehmender Ansiedlung sich die Zahl der Baumrepräsentanten zu vermindern beginnt, der
Schatten bei den noch gebliebenen also desto willkommener ist, und zugleich
die Früchtegaben ihrem vollen Werthe nach geschätzt werden. Im Urwald,
wo die Bäume so gewöhnlich sind, wie die alltäglichen Steine, wird immer
(wie auch bei diesen letztern) eine besondere (meist subjective) Ursache
vorliegen müssen, damit einzelne Formerscheinungen sich unter dem Schleier
sinnender Heiligung zu mythologischen Umrissen erweitern, und in baum-
losen Ebenen, die an sich diese Art Cultus negiren würde, sind die einzeln
in Verkrüppelung vorhandenen Exemplare meist zu nutzlos, um die Aufmerksamkeit auf sich zu concentriren, obwohl sie indessen ihrer Isolirtheit
wegen gewisse Ehrenbezeugungen erworben mögen, wie sie ihnen in Pata-
gonien sowohl, als in Sibirien gezollt werden. Bei all' solchen Verhältnissen kommt es indess zunächst auf scharfe Detailzeichnung und Kenntniss
an, und können Allgemeinheiten um so weniger ein Resultat ergeben, da
das Gleichartige in ihnen nur in Bezug auf das schon vorher festzustellende
Gesetz der psychologischen *) Schöpfung seine Bedeutung besitzt, die
Wirkungsweise der in dem Milieu liegenden, und aus demselben als Agentien
psychologischen Reize's hervortretenden Causalitäten aber nur in den speciellen
Differenzen der Effecte und aus dem Warum derselben nachgewiesen werden kann.

Die Vorstellung, dass der Lebensfaden **) nur gewaltsam abzuschneiden,

---

*) Wenn man in den Gesetzen und Formen des Denken's keine klare Einsicht ge-
winnen könnte, ohne ein Zurückgehen auf den Ursprung und die Entwicklung des Denken's
aus dem Seelenwesen, so müsste die Psychologie der Logik vorangehen, es lassen sich
aber die Denkgesetze und Formen aus den Denkacten, wie sie fertig im Bewusstsein vorkommen, abstrahiren (s. Hagemann) [nicht jedoch inductiv begründen]. According to Lewes
sensation is the property inherent in ganglionic tissue. Wahre Kultur besteht bei einem
jedem Volke in dem Maasse, in welchem seine sämmtlichen socialen Einrichtungen und
Verhältnisse (sowohl einzeln, wie in ihrer Totalität) die Entwicklung und Ausbildung aller
vorhandenen Geistes- und Körperkräfte zur dauernden Begründung und vernunftgemässen
Benutzung des intellectuellen und materiellen Wohlergehen's der Gesammtheit (ebenfalls
im Einzelnen und Ganzen) befördern und herbeiführen (Kolb).

**) The Bechuanas and all the Kaffer-tribes have no idea of any man dying except
from hunger violence or witchcraft (Philip). Jeder Tod in Australien wird Zauberei eines
fremden Stamme's zugeschrieben (nach Lang). None on any account dieth, but that some
other has bewitched them to death (Battel) an der Guinea-Küste. The Indians never
believe that death is owing to natural causes, but that it is the effect of sorcery and witchcraft (Stevenson) in Süd-Amerika. The Magonche-Kafirs deem themselves immortal, unless
the thread of life is violently severed (1688). Buddha verlangt, die Täuschung der Santi
(der ununterbrochenen Fortdauer des Leben's) abzuwerfen.

und der Tod also Folge von Zauberei*) sei, zeigt sich, obwohl unsern jetzigen Anschauungen scheinbar fremd, doch für den Gedankengang**) der Wildvölker als eine natürliche, ja selbst nothwendige, deshalb auch allgemein wiederkehrende, ebenso die Vorstellung von den durch fremde Körper veranlassten, und also durch Saugen zu entfernenden Krankheitsstoff. Wenn Xolotl***) seine Krieger durch Steine, der Scythenfürst durch Pfeilspitzen zählen lässt, der Thränenstein des Moeris in Cuzco, Rama's Schuhe in den Stiefeln Carl' XII. wiederkehren, in Batanga (nach Hutchinson) das hawaiische Spiel des Brandung-Schwimmen's (surf-swimming†)) getrieben wird, der

---

*) Die erste djughrt (altsaure Milch, um die Milch zu brechen) wurde (nach den *Nogaiern*) der Hagar von einem Engel in einem Topfe gebracht (Schlatter), um sie künstlich weiter zu pflanzen, wie die Bischofsweihe, die in Schweden fast verloren gegangen wäre, wie es beim Ferment möglich. Griechische Geistliche (XIII. Jahrhdt.) belehrten das Volk, die Consecration gehe bei ungesäuertem Brode gar nicht vor sich und so sei das Messopfer der lateinischen Priester ein dämonischer Dienst (s. Giese), als keine materia valida et licita sacramenti. Der nicht ganz controllirbare Process der Käsung gab im Mittelalter die natürliche Grundlage zur Hexen-Beargwöhnung.

**) Obwohl der Naturmensch sein Leben nach dem Eindruck des gegenwärtigen Augenblick's, also immerwährend fortdauernd zu denken pflegt, und den Tod fremdem Eingriffe zuschreibt, kann er sich doch aus der allgemein durchgehenden Gewohnheit des Sterben's des Nachgedanken's nicht erwehren, dass eine Anlage dazu bereits in seine Natur gelegt sein möchte, und muss er sie dann auf den Ersten Menschen zurückführen, der durch irgend einen Fehler der Nachlässigkeit seinen begünstigten Zustand der Unsterblichkeit verlor, und nun die Epigonen nach sich zieht, weshalb sich auch mit ihm die Mysterien der Rothhäute verknüpfen (oder die des Erlik-kan in Asien), zugleich sich jedoch durch die von dem Herrn des Athmen's oder des Leben's gegebenen Talismane in der Wiedergeburt Immunität gewinnen lässt (wie in Eleusis). Indem eine fremde Schädlichkeit den an sich unverändert fortdauernden Körper auflös't, muss jene selbst fest und unverweslich sein, und bleibt deshalb auch auf dem Scheiterhaufen in Siam und in Californien als das Beweisstück der verbrannten Hexen zurück, während es sich ebenso bei den durch ihre Heiligkeit Unsterblichen findet, als der unvergängliche Herzknochen Schakyamuni's, (dem Knochen Lus der Rabbiinen entsprechend). Wenn Zoroaster im Gespräche mit Vohumano die Eingeweide aus dem Leib genommen, um gereinigt wieder hineingelegt zu werden, und ebenso dem an dem Grabe schlafenden Australier oder dem Angekok der Eskimo, so liegt in allen den Fällen leicht erklärlich die für die Wiedergeburt erforderliche Idee der Reinigung zu Grunde. Indem sich aber hier ein nothwendiger Zusammenhang von Ursache und Wirkung im Gedankenleben kund giebt, so haben wir denselben dann auch später in jenen künstlichen Geistesschöpfungen vorauszusetzen, wo die Fülle reicher Entwicklung den einfachen Durchblick behindert. — Die unveränderlich vorhergehende Thatsache wird die Ursache, die unveränderlich folgende die Wirkung genannt, und die Allgemeinheit des Causalgesetze's besteht darin, dass eine jede folgende auf irgend eine Weise mit einer vorhergehenden Thatsache verknüpft ist (Mill). Die Geschichte schien anfangs nur als Hülfsmittel bei dem Studium der alten Literatur, der theologischen und Rechtswissenschaften Werth zu haben, es bedurfte eines äusseren Antriebe's (im Streit zwischen den Humanisten und Scholastikern), damit man zu der Quelle zurückging und sich in der Critik vertiefte (Drumann).

***) Sein Heer zu zählen, liess Xolotl Jeden einen Stein auf einen Haufen werfen (Boturini), und der Macedonier das Grab durch erdgefüllte Helme aufschütten.

†) From the more serious and industrial occupation of fishing the Bapooka and Banaka (at Batanga) would turn to racing on the tops of the surging billows which broke

D*

König Tezcuco's *) (s. Boturini), wie Bodopaya in Ava die Tristia Ovid's
singen hörte, die Neger **) Budomel's (nach Cadomosto) die Schiffe mit der
Sehkraft chinesischer Jonken begabten, so kann diese Gleichartigkeit ***) der
Wirkungen bei gleichartigen Ursachen die Kenntniss der psychologischen
Denkgesetze allerdings aufhellen, wie die von Kirgisen †) (s. Levchine),
und so von Mikronesiern in missmüthiger Verstimmung sich beigebrachten
Verwundungen die des Gefühlslebens, für die Causation dagegen, der Wechselwirkung makrokosmischer Umgebung mit dem Mikrokosmos erhalten wir
erst dann Ansatzpunkte, die neue Perspectiven zu eröffnen versprechen,
wenn Differenzpuncte in Rechnung gezogen und in ihrer natürlichen Compensation integrirt werden können.

In den primitiven Vorstellungen von der Feuerverehrung findet sich
(selbst nach quantitativen Anschwellen mit Aufwachsen der Cultur) qualitativ
wenige oder keine Variation. Es ist stets das wohlthätig segnende Element,
das möglichst lange bewahrt werden muss, vielleicht zeitweis zu reinigen ist,
und erst bei Vermehrung von kostbaren Hab und Gut, das in den Ansiedlungen durch ungezügelt ausbrechende Feuerswuth gefährdet werden
kann, erwacht die Furcht vor dem gefährlichen Feuergott, und um so mehr,

---

on the sea shore (Hutchinson). Weights are attached (by the Banaka women) to
enlargen the hole in their ears (Wilson). The sport of surf-swimming is practised in
several of the islands of Polynesia, but in none is it carried out to such a perfection as
in the Sandwich group (s. Wood).

*) Resolvieron los Cantores cantarselo al Monarco (de Tetzcuco) die Elegie des
bestraften Günstling, der so wieder in Gnaden aufgenommen wurde.

**) The negroes (of Budomel) thought the eyes painted on the prow of the vessel
were real eyes, by which it saw it's way through the water (according to Cadamosto). Die
Askin-Dynastie in Sonrhay wird auf einen Ausruf zurückgeführt, wie die der Sakya und
der Fussschmerz der Chunkurat findet sich bei Kunkur Musa's Begleitern in Tuat.

***) Die Nasenknöpfe africanischer Ostküste finden sich (mit Einfügung von Palmen-
bülsen für jeden erschlagenen Feind) bei den Itucali in der Pampa del Sacramento
(s. Skinner), die dortige Kopfabplattung fast ebenso allgemein, wie die Obr-, Lippen- und
Nasendurchbohrungen. Die Maori liessen die Mare-ori selbst das Holz für ihr Abbraten
herbeitragen (s. Travers), wie die Cannibalen in der Fabel. Die Köpfe der Babylonier
waren aus Mangel an geschickten Hebammen länglich rund (nach Hillel), während in
Palästina der Kopf der in der Wiege gehaltenen Kinder abgerundet wurde (s. Sachs). Die
Tuppin-Iubas können bey keiner gesetzten Zal weiter zelen, denn biss auff fünff. Wenn
sie weiter zelen wöllen weisen sie bey Fingern und Zehen der Füsse. Wann sie wöllen
von grosser Zal reden, weisen sie auff vier oder fünff personen, so viel Finger und Zehen
die haben (Staden). Die Indianer in der Pampa del Sacramento (Coniros u. s. w.) um-
wickeln den Knaben (zur Stärkung) die Glieder mit Hanfstricken und (um dem vollen
Monde zu gleichen) beiden Geschlechtern die Stirn mit Baumwolle, worauf ein Brettchen
gelegt wird, sowie ein anderes auf den Hinterkopf, um den Kopf vorn und hinten abzu-
glätten (s. Skinner) Die Chiquitos umbanden die Glieder der Neugeborenen, wie die Cariben.

†) Wenn ärgerlich und aufgeregt, versetzen sich die Kirgisen Wunden mit ihrem
Messer (nach Levchine), und so Whitmee aus der Südsee.

da die schmerzlichen Strafmittel, mit denen er versehen ist, auch von den irdischen Herrschern benutzt werden mögen (gewöhnlich aber ausserdem in der Zukunft drohen, wenn nicht etwa, wie im nebligen Schottland, eine kalte Hölle schreckbarer wirkt). Bei dem Gestirndienst kann schon primär eine Verschiedenheit hervortreten, je nachdem (wie bei den Aht) der Mond oder die Sonne bevorzugt, und je nachdem diese letztere wieder gesegnet oder (wie bei den Ataramanten) geflucht wird, für welcherlei Differenzen die Ursächlichkeiten meist in den geographischen Verhältnissen offen zu Tage liegen. Zwillinge werden bald mit einer Art Heiligkeit betrachtet, bald tödtet man beide (bei den Ainos), bald (wovon sich in griechischen Mythen ein Nachhall erhielt) den Einen (bei den Khasias), wie die Ashengo (nach Duchaillu) den Eltern den auf Bali (s. Moor) geübten*) Gebräuchen ähnliche auferlegen. Das Studium der Differenzen wird auch in solchen Beispielen ausgiebig sein, wo die Mehr- oder Minderzahl derselben bis unter Null herabsinkt, der Series von Parallelen also eine andere von negativen Fallen gegenüber steht. Bei einer genügend langen Reihe von Völkern, um eine Gesetzlichkeit in der Erscheinung vermuthen zu lassen, findet sich die Anknüpfung des Menschen an Thiere, im Totem der Indianer, im Kobong**) der Australier, bei den Khond u. s. w., meistens mit der in den Keeli der Kol sowohl, wie bei den Jakuten vorgeschriebenen Enthaltung des im Traum oder (in Yucatan) im Fussabdruck erkannten Schutzgotte's durch die im Hinblick auf ihn übernommenen Gelübde oder (in Guinea) Mokisso. Die selbstwillige Enthaltsamkeit von einem aus dem vegetabilischen oder animalischen Reiche auserwählten Gegenstande hat fast den Werth einer elementaren Grundidee, da sie sich mit wenigen Ausnahmen durchgängig wiederfindet und deshalb auch ihre Spuren noch in den Religionen so vieler Culturvölker nachweisen lässt, die thierische Herstammung des Menschen dagegen ist in einem Reichthum von Modificationen auf partiellen Localitäten umschrieben, während sich auf andern die Herstammung von der Erde herauf,

---

*) Werden auf Bali Zwillinge geboren, so müssen die Eltern nach der Seeküste ziehen und dort bis zur Reinigung verbleiben (Moor). Die Ainos tödten einen der Zwillinge (nach Bickmore). Bei den Khasias wird einer der Zwillinge getödtet (nach Steel), da solche Geburt den Menschen den Thieren annähert. In Amerika wurde ein Zwilling getödtet (nach Lafitau).

**) Each family (in Australia) adopts some animal or vegetabile as their sign or kobong (Grey). The khonds take their designations from various animals, as the bear tribe, eel tribe, deer-tribe etc. The Keelis of the Kols are called after the animals (eel, hawk, heron etc.), they do not eat (s. Lubbock). Die Jacuten essen nicht das Thier (Schwan, Gans, Raben u. s. w.) des Stamme's (nach Strahlenberg). The Gewgaws and gimcracks that ornament the Shaman's robe (among the Sayanian Turks) are called Aina, being in many cases, made of the skin of some Aina animal (s. Latham), wie der indianische Medicinsack.

vom Himmel herab, aus Pflanzen hervor, durch Lehmbildung (bei den Khumis *) mit dem sibirischen Hunde verbunden) u. s. w. findet. Eine vollständig statistische Aufstellung dieser Mythologischen Vorstellungsformen in reihenweiser Anordnung mit Berücksichtigung der vielerlei Nüancirungen und Gegenüberstellung der klimatischen Umgebungsverhältnisse, die bei jedem der betreffenden Stämme als wirksam in Betracht kommen, würde bei genügender Ansammlung des Material's hie und da constante Proportionsverhältnisse hervortreten lassen müssen, aus denen sich eine Gesetzlichkeit **) der Ursachwirkung entwickeln liesse. Dass eine unstät schweifende Horde

---

*) Nach den Kumis (in Chittagong) liess Gott die aus Lehm geformten Menschenbilder durch den Hund gegen die Schlange bewachen (Lewin), bei den Khol gegen das Pferd.

**) Die Wahrheit der menschlichen Erkenntniss besteht weder in der Erkenntniss des Nothwendigen (bei Plato), noch in der Erkenntniss des Wirklichen (b. Aristoteles) für sich allein, sondern in der Unterordnung des Wirklichen unter das Nothwendige, der Thatsachen unter das Gesetz (Apelt). Ohne Gesetz haben die Thatsachen keine Verbindung und keinen Zusammenhang, ohne Thatsachen hat das Gesetz keine Realität. Erst in der Verbindung beider besteht die Erkenntniss (s. Whewell). Nach Sir J. Herschel sind die Wahrheiten der Geometrie aus der Erfahrung abgeleitet. Nothwendige Wahrheiten sind Sätze, deren Negation unbegreiflich ist, oder die wir uns nicht als falsch vorstellen können (Mill). Die ἐπαγωγή des Socrates ist allerdings der Fortgang vom Einzelnen und Besondern zum Allgemeinen, aber sie ist nicht das, was unter Induction verstanden wird, sondern vielmehr die Kunst der Abstraction, sie führt nicht zu Lehrsätzen, sondern nur zu Begriffen, diese (ethischen) Begriffe aus der Anschauung der Dinge und Lebensverhältnisse entwickelnd (Apelt). Nur von der ἰδέα (dem Gegenstand der philosophischen oder noetischen Erkenntniss) giebt es eine Wissenschaft (nach Plato), wogegen der Mensch von dem Sichtbaren nur eine wandelbare Meinung besitze, denn er sei selbst wandelbar und (wie Heraklit sagt) im ewigen Fluss begriffen. Das Sichtbare ist nicht das Sein an sich (ὄντως ὄν), sondern nur die Erscheinung (φαινόμενον) des Denkbaren (nach Plato). Während die platonisch-phythagoreische Philosophie (die den Hellenen mehr zusagte) ihren Sitz in Alexandrien aufschlug, wurde die den Arabern annehmbare Philosophie des Aristoteles durch sie nach Westeuropa gebracht, bis die heliocentrische Lehre des Copernicus ein neues Feld der Untersuchung eröffnete, und (nach Galilei) Keppler seine Gesetze regressiv (inductorisch) erschloss. Aristoteles stellt über das Wesen und die Form der ἐπιστήμη Untersuchungen an und wird dadurch der Erfinder der Logik. Wissenschaft (ἐπιστήμη) ist Erkenntniss aus Gründen, ihre logische Form die ἀπόδειξις oder Beweisführung (Ableitung der Sätze aus ihren Grundwahrheiten), die ἀρχαί τοῦ ἐπιστητοῦ (die Anfänge des Gewussten oder die Prinzipien) gehören dem νοῦς, dem Vermögen der Prinzipien (s. Apelt). Die Scholastiker, die die Lehre systematisch aus ihren Prinzipien entwickelten, behielten aus der Philosophie des Aristoteles (mit den Wurzeln der ἐμπειρία und des νοῦς oder Erfahrung und reinen Vernunft) den νοῦς als das Vermögen der Prinzipien bei und liessen die ἐμπειρία fallen, wogegen Baco von Verulam den νοῦς verwirft und die ἐμπειρία vermittelst der ἐπαγωγή zur Quelle der Prinzipien macht. Nach Baco ist die anticipatio naturae der Weg der Hypothesen, die interpretatio naturae der Weg der Induction. Newton's mathematische Prinzipien der Naturphilosophie enthalten gleichsam das Gesetzbuch der Natur. The passions and desires are the infinite, moral virtue consists in introducing limit (πέρας) into them, in bringing them under a law (λόγῳ ὁρίζειν), in making them exhibit balance, proportion, harmony (μεσότητα), which is the realization of the law. On the other hand reason (ὀρθὸς λόγος) is another name for the law itself (Grant). Die Thätigkeit durch Abstraction feste Bestimmungen zu bilden, ist die verständige, die Thätigkeit des Be-

den dunkeln Ursprung der eigenen Existenz mit den aus dunkler Ferne in den Sehkreis eintretenden und wieder in die Dunkelheit der Entfernung verschwindenden Thiere seines Jagdpfade's verknüpft, ist schon durch das psychologische Associationsgesetz nahe gelegt und die hergestellte Anknüpfung wird sich bald zum religiösen Vereinigungsbande erweitern. Ein innerhalb seiner Ansiedlungen von Hausthieren, die auf ihn angewiesen und von ihm abhängig sind, umgebener Stamm wird dagegen nur, wenn seine Existenz ganz oder doch vorwiegend, von den Heerden abhängig ist, darauf gerichtete Cultus-Ceremonien zeigen, die durch magische Umstrickung den idealen Repräsentanten des Rinder-, Pferde-, Schafgeschlechts zu reichlicher Gewährung seiner Gaben veranlassen soll. Dass sich hiervon auch in den Culturverhältnissen späterer Sesshaftigkeit ausgedehnte Anklänge bewahrten, wurde besonders durch die gleichzeitige Verwendung des Stiere's zum Ackerbau veranlasst, während die Betreibung desselben an sich eher den Blick auf die Sonne (in den Hochlanden) und auf Regen richtete oder auf den durch Ueberschwemmungen befruchtenden Fluss. Die zahlreichen Mythen, die im Glorienschein der Sonne anschiessen, sind durchsichtig genug. Die Sonne belebt alles mit ihren Strahlen, und Naturobjecte, in denen es solche festzubannen gelingt, wirken, gleich den Sonnensteinen, wieder als bequem verwendbare Refractoren, und mögen dazu hergestellt werden, wie die Toli der Lama. Die glänzende Sonne erscheint als Stammherr der Fürsten in Peru, in Rajputana und in der ganzen Weite des Suryawansa, die Sonne des Himmel's steigt nieder zum irdischen Feuer im Tempel der Natchez, die Sonne rollt dahin im prächtig geschirrten Wagen als Herr der Schöpfung das Geschaffene überschauend. Die Bahn, die die Sonne im Luftkreis durchzog, hat nun schon früh dem Scharfsinn allerlei Nahrungsstoff geboten. Das Kind greift nach dem Monde, und dem Kindesalter*) der Völker war die Idee nicht fremd, dass die Gestirnkörper vielleicht greifbar sein möchten,

---

griff, ruhelos in sein Gegentheil umzuschlagen, die dialectische im engeren Sinne oder negativ vernünftige, die Thätigkeit des Begriff's endlich, in seinem Gegentheile mit sich selbst zusammenzugehen, die speculative oder positiv-vernünftige, sie zusammen bilden die drei Seiten der Momente des Logischen (Hartmann). Κυριώτατον τοῦ εἰδέναι τὸ διότι θεωρεῖν (Aristoteles). Μανθάνομεν ἢ ἐπαγωγῇ ἢ ἀποδείξει, ἔστι δ᾽, μὲν ἀπόδειξις ἐκ τῶν καθόλου, ἢ δ᾽ ἐπαγωγὴ ἐκ τῶν κατὰ μέρος (Arist.). Der Wille ist in jedem speciellen Falle ein zum Bewusstsein gelangtes Zwischenglied jener ununterbrochenen Kette von Bewegungen, deren Anfang und deren Ende in unendliche Fernen reichen oder (besser), die ohne Anfang und ohne Ende sind (Fischer). Die Menschen erscheinen in ihren Handlungsweisen, wie sie sind, Jeder thut, was er nicht lassen kann, und trägt die unausbleiblichen Folgen (Forster). The boundless and infinite voice is known as Great Reason (of Lau-tsze).

*) Die Ethnologie nimmt als ihren Ausgangspunct den Menschen in seiner gegebenen Form als das durch jetzt bestehende Verhältnisse bedingte Naturproduct, sie erforscht die makrokosmischen Agenten, die wenn sie die reizfähigen Substrate des Mikrokosmos treffen,

wenigstens auf hohen Bergen, wo man noch später die Engel im Himmel singen hörte, oder durch Hülfe aufgethürmter Steintreppenbauten (auch genügten schon Kirchenthürme). Dass die Versuche fehlgeschlagen sind, berichten

---

psychische Fortbildungsprocesse anregen, Gedanken-Elemente primitiver Cultur, die im geselligen Sprachaustausch neue Kraft gewinnend, zu den Civilisationsknospen nationaler Einigungen aufschwellen, oder bei begünstigten Völkern sich zu Blüthen und Blumen entfalten. Die Ethnologie führt die Völker bis zu dem entscheidendem Wendepuncte ihres nationalen Leben's wo sie als selbstständig handelnde Actoren auf der Weltbühne auftreten, und nun fortan dem Tribunal der Geschichte von ihrem Thun und Lassen Rechenschaft abzulegen haben. Zu sagen, dass die Wissenschaft sich selbst Zweck sei, scheint eine Trivialität, die man sich fast fürchtet, nochmals zu wiederholen. Indessen, so geläufig diese Redensart den Meisten vorkommen mag, so ist sie doch kaum eine richtige, oder wird sie wenigstens allzu oft unrichtig verstanden, denn jedes Wissen hat seine practische Tendenz, schon in der Vermehrung des geistigen Capitale's, das sich von Generation auf Generation vererbt. Ein jeder neue Gedanke ist eine verwirklichte That, eine Erwerbung, die sich den vorangegangenen Denkschöpfungen zufügt. Zu unterscheiden wäre etwa zwischen solchen Wissenschaften, bei denen der directe Nutzen augenblicklich zu Tage tritt und solchen die ihre Anwendung nur auf Umwegen erreichen können, die erst nach langen und scheinbar weitab liegenden Vorbereitungen ihres Resultate's sicher sein können. Der Handwerker arbeitet von Hand zu Mund, er nimmt das Tuch und schneidet das Kleid daraus, er kauft das Leder und verkauft den Stiefel, so erfindet die Chemie im Sommer einen neuen Farbestoff und im Winter strahlt er im Putze der Ballsäle, der Medicin gelingt eine neue Operation, und die Klumpfüsse richten sich ein oder die Schielenden sehen gerade. Solch' unmittelbarer Erfolge können sich die meisten der philosophischen Wissenschaften nicht rühmen. Sie arbeiten in der Abgeschlossenheit der Studirstuben, sie blättern in staubigen Folianten, sie betrachten die Denkmäler längst verschwundener Völker. Im unverständigen Marktgeschwätz werden solche Bestrebungen leicht bekrittelt. Was nützen uns die Folianten, die man besser auf den Papiermühlen einstampft, wozu der theure Transport von Steinen, die nur im Wege stehen? Brauchen wir denn Gelehrte? Was man noch am Ende des letztvergangenen Jahrhundert's auf solche Frage in Paris antwortete, der bewunderten Spitze westlicher Civilisation, davon giebt Lavoisier's Process allzu beschämende Kunde. Aber hat man nicht auch in England den Erfinder der Spinnmaschine verfolgt, fanden nicht bis vor Kurzem selbst Arbeiter-Revolten Statt, wenn Aufstellung neuer Maschinen den Verdienst bedroht? Während manche Wissenschaften, was sie heute begonnen, schon morgen vollendet haben mögen, bedürfen andere eines längeren Zeitraume's, eines Ineinandergreifen's weit getrennter Forschungszweige, ehe sie aufzeigen könnten, was sie genützt hätten. Sie arbeiten nicht mit den einfachen Materialien des Handwerker's, sondern haben die ihrigen erst von den verschiedensten Seiten herbeizutragen, um im Zusammenwirken derselben eine nach dem Ziele führende Strasse zu bauen, sie können erst in's Feld rücken, nachdem ihre Rüstungen vollendet sind, und bedürfen Zeit für dieselben, gleich dem Fabrikbesitzer. Vielleicht hat sich dieser zu einer Tuchlieferung an die Armee verpflichtet, und seht! jetzt geht er hin, mit einem Kohlenhändler einen Vertrag abzuschliessen. Kann er aus Kohlen Zeuge spinnen? oder aus Eisen und Stahl, da er dort mit einem Maschinenbauer redet? Und dennoch, ebenso nothwendig, wie es hier ist, sich erst um den Kohlenvorrath zu kümmern oder um den Stand der Maschinen, ehe das Weben im grossen Massstab beginnen kann, ebenso nothwendig bedarf unser gesellschaftliches Leben der gerne als Wortklaubereien verschrieenen Bemühungen philologischer Kritik, der minutiösen Forschungen der Mikroskopie in der Welt des unsichtbar Kleinsten, der astronomischen Hinausblicke in Welträume, die unsere Erde nie durchwandern wird. Was bedarf es für uns der Kenntniss jenes Stern's, dessen Entfernung kaum durch Millionen oder Billionen zu berechnen ist? Und doch würde vielleicht gerade seine genauere Bestimmung in gegenseitiger Controle mit sonstigen Beobachtungen einen

die Chroniken Anahuac's und Sennaar's gleichstimmig, doch pflegen die Priester, die Trostbringer der Hoffnungslosen, in solchen Fällen allerlei Rath zu wissen, und mit besonderer Vorliebe verwandten sie die Sympathie, die unerschöpfliche Grundlage jeder Magik. Den Königen wurde die Sonne auf ihre Schilder und Paniere herabgezaubert, ein Sonnenbild stand auf dem Altar, dem Originale an Heiligkeit gleich, und zugänglicher, als jenes. Beim Aufbruch für ein weites und beschwerliches Tageswerk lag dem Reisenden der Wunsch nahe, die Sonne in ihrem Laufe zu verzögern, wie es auch bei Schlachttagen effectuirt ist. Ein fortbewegter Körper kann gehemmt werden, also auch die umlaufende Sonne, und die Schwierigkeit sie zu erreichen, umgeht sich einfach durch die Magik der Sympathie. Der eine Sonnenverzögerung Bedürftige stellt deshalb auf den Fiji-Inseln Strohschlingen auf, die ihren Zweck um so besser erfüllen, weil ein controllirendes Zeitmaass fehlt und der Glaube also völlig freies Spiel hat. Die Schiefe der Eccliptik gab Anlass zu mannigfachen Speculationen, und wie in der Sage von Phaëthon

---

Fehler nautischer Berechnung vermeiden und Hunderte vor dem Tode bewahrt haben; hätten nicht für die Wissenschaft begeisterte Forscher emsig die niedrigsten Organismen des Infusorienreiche's, die Grenzen zwischen Pflanzen und Thieren durchforscht, so wäre uns nie die Zellentheorie klar geworden und wir ermangelten aller derjenigen Vortheile, die die Reform der Medicin und damit die leidende Menschheit aus ihr gezogen haben. Die richtige oder falsche Interpretation eines einzigen Worte's eines alten Texte's mag für die geschichtliche Entwicklung socialer Institutionen und ihr Verständniss von höchster Bedeutung sein und so das materielle Wohlsein ganzer Gesellschaftsklassen beeinflussen. Alle diese Studien sind die in der Erde verborgenen Wurzeln, die das geräuschvolle Leben der Tagespolitik nicht sieht und nicht zu sehen braucht, aus der es aber beständig seinen Saftzufluss herbeizieht und sich frisch und gesund erhält. Da sich nun im Voraus nicht bestimmen lässt, welcher einzelne Studienzweig gerade von einem positiven Erfolg gekrönt sein wird, da bald die Untersuchung eines Schmetterlingsflügel's, bald die Durchblätterung eines in den Bibliotheken aufgegrabenen Manuscripte's, Resultate geben mag, die man weder erwartet hat, noch erwarten konnte, und deren Tragweite ebenso wenig im ersten Augenblicke schon ganz klar ist, da in der Wissenschaft eben Alles in einander greift, sich trotz vermeintlicher Beziehungslosigkeit ergänzt, bestätigt und gegenseitig vervollkommt, so bleibt es allerdings ganz angemessen, den Grundsatz festzuhalten, dass zunächst die Wissenschaft ihrer selbst willen betrieben und gefördert werden muss, auch wenn es nicht möglich wäre, ihre Nutzanwendung in jedem einzelnen Falle klar und deutlich vor Augen zu legen. Dies sind Gemeinplätze, die als allgemein verstanden gelten, die aber dennoch häufig genug selbst von Fachmännern verletzt werden, wenn man sie bemüht sieht, die practische Tendenz des einen oder andern Wissenszweiges dem Publikum klar zu machen, um daraus die Berechtigung desselben, als Lehrgegenstand eingeführt zu werden, nachzuweisen. Es darf nie vergessen werden, dass das Wenige, was sich als unmittelbar practisch und nützlich hervorheben lässt, für die Mehrzahl der Wissenschaften nur unbedeutendste Nebensache bleibt, da sie schliesslich weit höhere Erfolge erreichen werden, und dass die Volksbildung soweit fortgeschritten (oder sonst: soweit fortgeführt werden) muss, bis ein Jeder es versteht, warum die Wissenschaft schon ihrer selbst willen Förderung verdient Bei der Ethnologie (der unentbehrlichen Grundlage für vergleichende Philologie und Philosophie) liegt im Besonderen ihre practische Bedeutung in social- und diplomatisch-politischer, nationaler und internationaler, commercieller, industrieller Beziehung zu klar zu Tage, um eines weiteren Worte's zu bedürfen.

das Schicksal der Aethiopier ausgemalt wird, wenn sich die optische Erd-
nähe der Sonne am Horizont von Norden nach Süden übertrüge, so feiern
die Maori in Maui den Helden, der es wagte, die in der Schlinge fest-
gehaltene Sonne durch blutige Verwundungen zu einem langsameren Gang
zu zwingen, und der Schlingenfänger der Odjibway wurde durch das Verbrennen seines Pelzes veranlasst, der Sonne ihr Müthchen zu kühlen (die
auch bei den Karen Blut*) lassen muss). Dass im primären Gedankengang das
Rollen der Sonne auf Fangen und Festhalten führt, ist logische Consequenz.
Wirkliche Ausführung wird nicht bei allen, sondern nur bei einer beschränkten
Zahl von Völkern (soweit die Berichte vorliegen) mitgetheilt, indem bei den
Complexen secundärer, tertiärer, quaternärer Gedankencombinationen**) überhaupt die Wahrscheinlichkeit genau deckender Identität mehr und mehr
abnimmt. Es wären also auch hier zunächst alle Daten mit den anthropologischen Verhältnissen, zu denen sie gehören, neben einander zu stellen
und dann die hier und da noch erkennbaren Analogien anzureihen. Die
gleichmässige Bewegung der Sonne verursacht die Idee eines Leiten am
Gängelbande, wie es in Bösum ausgeführt wurde, aber dem skeptischen
Inca für seine Ahnherrn nicht standesgemäss erschien. Die Veränderlichkeit
der Sonne innerhalb einer unveränderten Umgebung lässt jene als später
hinzugekommen aufgefasst werden, und so tritt sie bei den meisten Kosmo-
genien auch erst nachher (oft aus verschlossenen Kasten***)) in die bereits
fertige Schöpfung hinein, da ihre Bewegungsfähigkeit dieses möglich machte.

Mit dem Monde verknüpft sich fast durchgehends (wenn auch mitunter
verwischt) die von ihm offenkundig gepredigte Lehre von Fortleben und
einer Lebenserneuerung, die noch im Buddhismus (trotz späterer Namens-
änderung) die Vermittlung mit dem Stifter angebahnt hat.

Eine der weit verbreitetsten Gleichartigkeiten ist die Belegung der
Steinwaffen mit dem Namen der Donnerkeile (in Deutschland, Schweden,
Frankreich, Birma, Guinea u. s. w.) und vielfach eine weitere Beziehung

---

*) Visvakarma schwächt die Sonne durch Abhobeln. Nach Tabari streifte Gabriel
den Mond mit seinen Flügeln, das Licht desselben zu mindern.

**) Da es in den Naturwissenschaften leicht ist, die Einzelnfälle der Beobachtung
und Erfahrung zu allgemeinen Gesetzen von unbedingter Gültigkeit und ausserordentlich
umfassenden Umfang zu vereinigen, vermögen sie weit eher allgemeine umfassende Begriffe
und Sätze aufzufinden und scharf auszusprechen, als wo sich das Urtheil auf die Analyse
von Seelenthätigkeiten zu gründen hat (s. Helmholtz). Die Sprache ist ein Naturerzeugniss
des menschlichen Geiste's, ihre Erzeugung geschieht mit Nothwendigkeiten, ohne besonnene
Absicht und klares Bewusstsein, aus inneren Instinct des Geiste's (Heyse). The object
of the Surangama-Sutra is to prove (s. Beal), that there is something which is not susceptible
of change and that „That" is the universal self (tsong or Alaya).

***) wie bei den Koloschen, in Ifeh aus der Erde.

zur Heilung von Viehkrankheiten. Nachdem die Steinwaffen durch Einführung von Metall ausser Gebrauch gekommen sind, wurde in Süd-Amerika schon nach wenigen Generationen ihre eigentliche Bedeutung vergessen, und da man sie, der früheren Häufigkeit wegen, überall antreffen musste, war eine neue Erklärung zu finden. Von den Aschentöpfen wurde in Böhmen gerathen, dass sie aus der Erde hervorsprossend geboren sein möchten. Die Steinwerkzeuge unterscheiden sich, als bearbeitet, von den übrigen Steinen, die offenbar zur Erde gehörten, mussten also ihren Ursprung anderswoher entnehmen, und da nicht auf der Erde entstanden, vom Himmel gekommen sein. Sie trugen zugleich die deutliche Form eines Wurfinstrument's, und wurden deshalb am einfachsten den im Gewitter schiessenden und polternden Luftprocessen angenähert. Als himmlische Waffen, mit denen vielleicht Daityas und Devas gekämpft hatten, wohnte ihnen an sich talismanische Kraft bei, und diese musste sich am wirksamsten auf den ihnen seit ihrer Zeugung vertrautem Gebiete des Blitzstrahl's erproben, denselben also ablenken, was zum Schutze der Behausung dienen mochte, vor Allem aber zum Schutze der im Hirtenleben wichtigeren Heerden, die den eigentlichen Reichthum repräsentirten und mit jedem auf sie treffenden Blitzstrahl einen Total-Verlust erlitten, denn das vom Donnergott erschlagene Vieh war als sein Eigenthum gekennzeichnet, und durfte nur von seinen Dienern (bei Kaukasiern und Uriangketen, in Yoruba u. s. w.) berührt werden. Die Gewohnheit die Heerdenstücke mit einem Donnerkeil zu feien, mochte später die Verwendung desselben in allen Krankheitsfällen geläufig machen, besonders wenn bei dem mit zunehmenden Ackerbau*) verminderten und häufiger im Stall gehaltenen Viehstand, die (bei Vereinigung grosser Massen auf offenem Felde imminentere) Blitzgefahr sich minderte, und da der bereits bestehende (und zwar als besonders heilkräftig gerühmte) Gebrauch doch einmal nutzbar gemacht werden musste, trat allmählig seine Universalität bei Viehkrankheiten überhaupt in den Vordergrund. Ist eine genaue Aufstellung aller mit den Steinwaffen verknüpfter Vorstellungen nach ihrer anthropo-

---

*) Caboga civilisa les Enchéléens, en introduisant parmi eux la culture de céréales et de l'olivier, et les premier notions des lettres et des arts (bei Gründung Rhagusa's oder Labuda's) 691 p. d. Das (spanische) Volk verlernte den Bergbau, die Schiffskunde ging fast völlig verloren. Als (Anfang des XVIII. Jahrhdt.) die Bourbouen den Thron bestiegen, fanden sie das Volk zu den gewöhnlichsten Handwerksarbeiten unfähig (Zollmann). Flüsse sterben wie Menschen und Städte und der Boden der Erde hat nach Aristoteles wie der Leib der Pflanzen und der Thiere seine Jugend und sein Alter. Wenn dies Naturgesetz schon bei den Hellenen in der Blüthe ihrer Geschichte fühlbar wurde, wie wurde es erst da jene Eunomie, jene Gesetzlichkeit und Ordnung, die sich in der umgebenden Natur aufrecht zu erhalten suchten, in der allgemeinen Auflösung der hellenischen Welt mit zu Grunde ging (E. Curtius). Corporum et animorum naufragia saeculi (die Zeit des Chrysologus).

logischen Topographie angefertigt, so müssen sich aus den Proportions-
verhältnissen *) Formeln entwickeln lassen, die auf den Ausdruck eines
Gesetze's zu führen versprechen.

Ein jedes Naturproduct wird in seinen constituirenden Theilen eine
Absicht an den Tag legen, wird seine Kräfte und Organe für einen bestimmten Zweck zu besitzen scheinen, wenn wir von unsrem subjectiven

---

*) Soll eine Wissenschaft systematisch angeordnet werden, so bedarf es zunächst
eines statistischen Ueberblicks, denn nur unter richtiger Verwendung der Statistik wird ein
System von den Wechselfällen subjectiver Willkühr befreit. Einer Statistik der Gedanken würde
aber zunächst eine Statistik der denkenden Menschen vorhergehen müssen, d. h. derjenigen
Klassen der Gesellschaft die nach dem bis jetzt noch unheilbaren Gebrechen menschlicher
Staatsverbände, allein Zeit und Gelegenheit zum selbstständig schöpferischen Denken haben,
da die grosse Masse der nur passiv den Belehrungen folgenden natürlich einzig eine einfache Ziffer repräsentiren, ob sie Millonen oder Myriaden zählen mag. Das Missverhältniss
zwischen den Spitzen der Gesellschaft und ihrer Basis nimmt mit der Civilisation in raschem
Verhältnisse zu, während bei den Naturvölkern eine gleichmässige Bildung (was auch nun
ihr relativer Werth sein mag) sich in demselben Niveau ausbreitet, über das nur einzelne
Priester- oder Zauberer-Kasten sich erheben. Vergleichen wir nun die Denkresultate der
höchst fortgeschrittenen Culturen über diejenigen Fragen, die auf Lösung des eigenen
Lebensräthsel's gehen, so werden wir finden, dass sie sich nur sehr wenig, wenn überhaupt,
von denen des Wilden unterscheiden. Der unwiderlegliche Beweis ist uns, wie es nicht
passender sein konnte, durch den kürzlich und noch jetzt grassirenden Spiritualismus geliefert worden, wo ganz und gar dieselbe identische Idee über das Jenseits auftauchte,
wie sie die frühesten Denkproducte der robesten Barbaren characterisiren, nur dass ihnen
die oft von diesen zugefügte poetische Färbung fehlte. Da nun diese Anschauungen nicht
nur in der grossen Masse des Volk's zur Geltung kommen konnten, sondern selbst in
solchen Kreisen, die als die massgebenden unserer Culturperiode zu betrachten sind, in
der wissenschaftlichen Welt bei den Lehrern der Bildung und in der feingebildeten, bei
den Fürsten auf den Thronen, da sie selbst bei dem damalig allgemein anerkannten Repräsentanten
europäischer Wissenschaft nur zweifelnde Antwort fanden, so muss eben die
Thatsache zugegeben werden, dass unser Gedankengang kaum durch schwache Barrieren
von dem des Wilden geschieden scheint, da ein einziger Schritt darin zurückführen kann.
Und dieses grelle Phänomen, das man nach seinem glücklicherweise raschen Vorübergehn
möglichst hat vertuschen und wo thunlich wegläugnen wollen, constituirt im Grunde auch gar
nicht die abnorme Verirrung, als welche es gewöhnlich gerne dargestellt ist. Wer sich die
Mühe nehmen will, in gebildeten Kreisen eine eingehende Unterhaltung über jene Mysterien
des Anfangs und des Endes anzuknüpfen (und es giebt ja Parasiten genug, denen der
Theetisch und ein Löffel Suppe dazu die geeignete Zeit zu bieten scheint), wird erstaunen
und schaudern, unter welch' verschrobenen Formen sich die moderne Phantasie ihre
höchsten Interessen auszumalen pflegt. Egregie Aristoteles ait, nunquam nos verecundiores
esse debere, quam cum de diis agitur (Seneca). Die Vorstellungen des Naturmenschen
sind gewöhnlich weit geläuterter und edler, schon deshalb weil er viel häufiger mit seinen
Gedanken darauf weilt, während der Europäer nur dann und wann einen freien Augenblick unter seinen vielen Beschäftigungen erhaschen kann, und am siebenten Tage, wenn er
überhaupt das Bedürfniss dazu fühlt, sich in der Eile alles Benöthigte zurechtlegen muss,
was er nach dem Tode bedürfen sollte. Dass das eigentliche Volk noch immer in der alten
Gespensterwelt lebt, beweisen die bis heutigen Tages fortgehenden Hexengeschichten, die
in Klöster ausgegebenen Talismane u. s. w. zur Genüge.

Standpunct darüber reflectiren. Die negative Polarität der Säure dient ihrer Vereinigung mit positiven Basen, der Magen ist des Verdauen's wegen da, das Haar zum Schutz, die Füsse zum Gehen. Diese Auffassungsweise stellt jedoch nur die Form da unter welcher der bestehende Zusammenhang*) dem Geiste verständlich wird, und es kennzeichnet unklare Begriffsverwirrung, wenn man auch bei objectiver Betrachtung noch von einem Zwecke redet, von einer Absicht, sei es der Natur, sei es der Gottheit, denn das Organ und seine Function haben sich als nothwendig einander ergänzende Theile in einem einheitlichen Ganzen zu vereinigen, das als Ausgangspunkt genommen werden muss, um wieder den Relativwerth dieser Theile zu erklären. *Begnügen* wir uns bei der Pflanze nicht mit den sinnlichen Reactionen, unter welchen sie sich dem Auge, den Riechnerven, dem Schmecken, dem Gefühle mittheilt, fassen wir sie ihrer ganzen Existenz nach vom Keimen des Saamen's bis zum Vermodern der Frucht in ein Gesammtbild zusammen, so gestaltet sie sich zu einem in seinen verschiedenen Zellcomplexen mit Erde, Luft, Licht, Feuchtigkeit u. s. w. in Wechselwirkung stehenden Organismus, wobei weder ein Für noch ein Wegen in Frage kommt, sondern eben nur das Mit**) gesetzlicher Gegenseitigkeit oder (wenn man will) sowohl das Für, als auch das Wegen, weil dieses Mit. Bei diesem inneren Zusammenhang wird es allerdings möglich sein, in genauere Berechnungen einzugehen, Formeln zu entwickeln, die nach beiden Seiten hin neue Kenntnisse zu Tage fördern mögen, mag man nun den Mikrokosmos, oder (wie es für die Operationen bequemer bleibt) die in der Umgebung wirkenden Einflüsse des

---

*) Die Welt tritt in den Menschen als Vorstellung ein, nachdem aber aus den daraus folgenden Auffassungen ein Wortapparat geschaffen war, um die Welt in ihrem objectiven Verhalten zu definiren, und nachdem einmal in der Sprache den Definitionen ihre conventionell fixirten Werthe beigelegt sind, zeugt es von kindischem Aberwitz die Realität dieser Werthe bestreiten zu wollen und in muthwillig tändelnder Spielerei die Argumentation der Probe wegen einmal auf den Kopf zu stellen. Das Reale ergiebt sich aus den gegenseitig controlirten Relationen mit der Tendenz zum Ausverlauf der Entwicklung in das Reale an sich, aber aprioristische Speculationen über dieses vergeuden Zeit und Denkkraft in hohlem Phrasenwerk. Aus Tugend handeln ist nach Leitung der Vernunft handeln (nach Spinoza).

**) Unterscheidung und Verbindung in dem Bereiche des Denken's führt lebendig vorgestellt auf die Bewegung [das Bewusstsein des organischen Wachsthumsprocesse's im Denken], aber die Bewegung im Raume des Gedanken's bleibt immer nur ein Gegenbild der Bewegung im äusseren Raum (Trendelenburg). Whatever material figure there is in Jambudwipa, the Great Ocean conceals a shadowy type of it (according to the Mahâbhasya), as sea-shadows (s. Beal). Nach den Slaven erhielt die Seele der Guten (nach dem Tode) 100 Sinne, wovon jeder die Quelle von 100 Vergnügungen ist (Hanusch). Nous ne sommes ni marabouts (musulmans) ni nasserani (chrétiens), dit le chef des Sarracolés de Diakalinn (en Kasson), mais de bons vivants aimant le plaisir et ne nous occupant pas de ces choses inventées tout exprès pour ennuyer le pauvre monde (Raffenel). Nous autres Kourbaris, nous partageons notre temps entre l'amour du dolo et l'amour de nos femmes.

Makrokosmos zum Ausgangspunct nehmen, es werden sich Ursachwirkungen in Reiz und Gegenreiz nachweisen lassen, aber so fruchtbar diese Forschungen in Vervielfältigung und schärferer Fassung der Relationen sich auch erweisen mögen, so rücken wir doch dadurch der Frage nach dem absoluten Anfang, nach dem Entstehen, um nichts näher, denn dieses fällt jenseits des Kreises, in dem sich die Lichtlinien der Gedankenstrahlen schneiden, über den Horizont hinaus. Das organische Product kann bis zu einem gewissen Grade in seinen einzelnen Phasen das Warum derselben aus denen der Umgebung erläutern, es kann jedoch seine eigene Entstehung weder als isolirte, noch aus dem durch seine individuellen Fäden in sich concentrirten Makrokosmos erklären, denn Mikrokosmos und Makrokosmos wurzeln in einem gemeinsamen Anfang, den der Schleier undeutlicher Sehweite verbirgt. Auch das Studium der Thiere kann uns darin nicht weiter fördern, bei ihnen ist es gleichfalls eine aus der Causation fliessende Folge, dass mit den bewegungsfähigen Muskeln die active Bewegung, mit dem Bedürfniss des Schutze's, der Instinct der Mimicry, des Nestweben's, des Biberbaue's u. s. w. vorhanden ist. Beim Menschen verhält es sich nicht ander's, die geistigen Anlagen desselben bedingen Schöpfungen der geistigen Sphäre, und er steht deshalb nicht nur innerhalb der physischen, sondern auch einer psychischen Umgebung des mit dem Mikrokosmos gleichgewichtigem Makrokosmos. Eine innige Verkettung von Ursache und Wirkung gilt auch hier, und die Gleichartigkeit der Vorstellungen in vergleichender Psychologie beweist den gesetzlichen Zusammenhang. Wenn Neuschöpfungen auftreten, wenn aus den gesehenen Baumspecies der Begriff des Baume's sich bildet, so regieren entsprechende Gesetze, wie bei der Erzeugung des Milchsafte's in den Pflanzen aus Aufnahme von Salzstoffen und Wasser, nur dass im letztern Falle bei der Analyse ein detaillirterer Nachweis geliefert werden kann, während der Denkprocess der sinnlichen Fassbarkeit entzogen ist und schon (im Gehirn) auf einem Substrat basirte, dessen functionelle Anordnung schwer zu localisiren bleibt, zumal seine Thätigkeit nicht gleich den übrigen Naturbewegungen cirkelförmig in sich selbst zurückläuft, sondern in einer Tangentenlinie fortgeht, deren Verlängerung, als dem Auge entzogen, unendlich gilt. Obwohl nun auch das Unendliche in den Maschen verfeinerter Rechnungsoperationen gefasst werden möchte, so würde doch auch das keinen weiteren Anhalt geben, das Räthsel der Entstehung als solches zu lösen. In unserem eigenen Dasein vermögen wir indess Differenzen der Ursachwirkung zu markiren, da neben der in unbegrenzter Spirale aufsteigenden Denkthätigkeit, zwei Cyclen einherlaufen, der der Bewegungsfähigkeit flexibler Muskeln, wie auch bei den Thieren (deren Denkthätigkeit die menschliche gradweise, aber auf verschiedenen Reihen, annähert) vorhanden, und derjenige der, ausser mit diesen, auch mit den Pflanzen gleichartigen Nutrition. Wie das Drüsengewebe den chemischen Einflüssen der Umgebung die mikrokosmische Ergänzung bildet, so den physicalischen die Muskelfaser, deren Action, wie die aller zeitweis latent verharrenden Kräfte in Unthätigkeit fallen, aber doch jeden Augenblick wieder erregt werden kann, erregbar ist. Verschieden jedoch von der chemischen Action findet bei der physikalischen keine direct materielle Berührung Statt, sondern in dem animalischen Organismus ist gewissermassen ein Reversoir zur Aufspeicherung makrokosmischer Kräfte angelegt, eben in dem (histiologisch unvollkommenen und doch so potentem) Nervensystem. Aus diesem heraus geschieht der Einschlag auf die bewegliche Muskelfaser, in Folge nothwendiger Wechselwirkung, aber meistens freilich so verwickelten Kreuzreihen derselben, dass von unserer unvollkommenen Erkenntniss nicht jede Compensation eingehängt werden kann, und ein freigeltender Rest bleibt. So wenig sich sagen lässt, dass die Zellgefässe der Pflanze für oder wegen der chemischen Stoffe geschaffen seien, die sie absorbiren, so wenig das Nervensystem für oder wegen der in denselben agirenden Kräfte, aber im ersten Falle ergiebt sich ein Causalnexus der die Entstehung bedingenden Relationen, und ebenso im zweiten. Im Nervensystem zeigt sich eben ein *der* Art gestalteter Apparat, dass er für die in der Umgebung freien Kräfte empfänglich ist, und durch dieselben geladen wird, um dann unter entsprechendem Anlass auf die Muskelbahnen überströmen zu lassen. Dieser Anlass wird, ausser durch äussere Gelegenheit, durch innern Reiz geboten, nachdem sich in den höheren Thierklassen mit dem animalischen Nervensystem die Sinnesorgane combinirt haben, und während in den niedern Classen die Erregbarkeit die gesammte Muskelsubstanz fast gleichmässig durchdringt, zieht sie sich allmählig mehr und mehr in das Centralorgan des Gehirn's zurück, wo auch die Sinnesnerven münden, zu engerer Durchflechtung mit denselben (in dem Centralsitz der die Reizfähigkeit der Faser weckenden Erregungsursächlichkeit). In den Sinnesorganen finden sich diejenigen Vorrichtungen, (besonders in der Schnecke des Ohre's und vor Allem in der in geometrischen Figuren berechenden Linse des Auge's), durch welche die sonst nur in dunkel unbestimmten Gefühl das Nervensystem durchwaltenden Kräfte, unter feste Formen in den Menschen einfallen, Schöpfungsworte sprechen, die im Geiste wiederhallen, um in der Reflection gespiegelt, selbstschöpferisch auf die Körperglieder zurückzuwirken und durch sie Ideen zu verkörpern. Im Gegensatz zu den Pflanzenthieren, wo nur die Gemeinempfindung reizbarer Muskelfaser vorauszusetzen ist, wird die erste Folge sinnlicher Wahrnehmung

darin bestehen, dass sich um ihren Kern bestimmte Denksphären innerhalb
des Gehirn's consolidiren, und nun periodisch sowohl, sowie dann mit voller
Kraft, einwirken müssen, in ihrem jedesmaligen Auftreten eine (weil zwischen
motivlosen Intervallen hervortretende) freie Willensthat realisirend. Die
Verkettung der Motive bleibt immer bestehen, doch verliert sich die Controlle
der Fäden in dem Knotenpunct, wo sie sich labyrinthisch durchschlingen,
und das im selbstständigen Centrum Zeugende besitzt relative Freiheit.
Dennoch wird sich bei den Thieren*) für die meisten Bewegungen noch die
Motivation im Allgemeinen nachweisen lassen, weil Alles dabei in Betracht
kommende, noch direct oder doch nach einigen Zwischengliedern, der sinnlichen Auffassung und Betrachtung zugänglich ist. Beim Menschen dagegen
sind die, die ausserweltlichen Objecte assimilirenden, (und damit die für
ihre Reception bestimmten) Organisationen, sowie die Anlage derselben
überhaupt, in solcher Weise vervollkommt, dass die in den Geist eintretenden Empfindungen nicht nur als gährendes Ferment anregen, sondern unter
eigenhaften Typen keimen, und nun aus den (diesem neu sprossenden
Organismus entspringenden) Schossen, auf den sie tragenden Organismus
reagiren, um so in unabhängiger Selbstständigkeit Willenserscheinungen an
den Tag treten zu lassen, die freie genannt werden, da die Untersuchung
keine Bahnen mehr findet, um bis zu ihrem Ursprung vorzudringen. In
den Aeusserungen der freien**) Willensthätigkeit liegt das Wesen des

---

*) Wie unter den Thieren nur der Hund zu träumen scheint, beweis't Aufmerksam-
keit auf Träume eine regere Geistesthätigkeit unter den Naturvölkern, während der roh
apathische Neger traumlos schläft oder nach dem Erwachen nicht darauf achtet. Bei geistes-
regeren Stämmen dagegen, bei den Rothhaut-Indianern, Tscherkessen u. s. w. spielen
Träume eine wichtige Rolle, und reguliren vielfach ihre Lebensangelegenheiten. So begann die Cultur mit philosophischen Betrachtungen, mit Achtsamkeit auf die vor dem
Geiste aufsteigenden Gedanken, ehe die reale Beschäftigung mit den Naturgegenständen
in ihre Rechte eintrat. Die träumerischen Stämme sind somit gerade die aufgeweckteren.

**) Wenn wir höher in die Scala der Culturvölker aufsteigen, so genügt es nicht
mehr, die Ideen als fertig gegeben aufzunehmen, sondern wir müssen in den Entwicklungs-
process einzudringen suchen, wodurch sich dieselben in schöpferischer Selbsterzeugung weiter-
bilden, und in die Bereiche der Kunst und Wissenschaft übergehend, sich der Behandlung
der Ethnologie entziehen. Nach Schleiermacher hat die Anthropologie den Gegensatz
zwischen Physik und Ethik zu vermitteln, als „beiden angehörig". Die Vorstellungen
treten mit Nothwendigkeit in das Gehirn ein (nach Voltaire). Bei genauer Kenntniss eines
Menschen lassen sich dessen Handlungen so sicher vorausberechnen, wie eine Mondfinster-
niss (Kant) [und so die Volksanschauungen]. Die Thätigkeit des Menschen ist nur ein
Product der unendlichen Eindrücke des Aussen mit dem Wechselprocess, der zwischen
ihnen und der daraus hervorgegangenen Reaction entsteht (s. Combe). Auch die Geschichte
ist Natur (Gregorovius). Weltbeschreibung und Weltgeschichte stehen auf derselben Stufe
der Empirie, aber eine denkende Behandlung beider, eine sinnvolle Anordnung von Natur-
erscheinungen und von historischen Begebenheiten durchdringen tief mit dem Glauben an
eine alte innere Nothwendigkeit, die alles Treiben geistiger und materieller Kräfte in sich
ewig erneuernden, und periodisch erweiterten oder verengten Kreisen beherrscht (Humboldt).

Menschen, und um dasselbe aus den Vorgängen des Werden's zu verstehen, bedarf es zunächst einer Erforschung der primitiven Anfänge*) in den der Menscheneigenthümlichkeit specifischen Gedanken, ein Zurückgehen auf jene ersten Saamenblättchen, mit denen der von dem thierischen verschiedene Menschenorganismus in der Sprache seine Erscheinung macht. In der Sprache selbst liegen die ersten Gedankenschöpfungen vor mit der in jedem Worte verkörperten Idee, doch überschreitet bald die Fluth der Ideen die Maassfähigkeit der Sprachbildung, so dass nicht länger in der Sprache, sondern nur durch dieselbe, mit der Sprache als Mittel, gedacht wird. Bei der Gleichartigkeit der Menschennatur müssen die äusseren Eindrücke auch überall identisch (unter localen Nüancirungen) reagiren, und so liegen, da dieselben Denkgesetze walten, in jeder Sprache naturnothwendig die allgemeinen grammatischen Beziehungsverhältnisse, (obgleich auf verschiedenen Wegen zum Ausdrucke gelangend), und ebenso würde die Bezeichnung eines unter gleichen Umständen verstandenen Gegenstandes auch in jedem Wortschatze die gleiche sein müssen, wiewohl sie es bei der Vielfachheit der im objectiven Verhalten oder in subjectiver Stimmung möglichen Verschiedenheiten in Wirklichkeit nur selten sein, oder doch erst auf weitläufigen Umwegen als gemeinsam nachweisbar sein, wird. Der Grundkern der Sprache muss überall derselbe bleiben und zeigt sich auch so, was dagegen die grossen

---

Nach Unger ist der gegenwärtige Zustand der Vertheilung der Vegetation, wenn auch nicht ganz, doch wenigstens zum Theil, ein Resultat vorausgegangener Zustände. Nur bei der Annahme einer allmähligen Entstehung des Embryo aus einer einfachen Anlage (seit C. F. Wolff, als Vorkämpfer der Theorie der Epigenese) kann sich das Streben nach einer genaueren Verfolgung des ersten Werden's desselben kund geben, während die (von Haller und Bonnet vertheidigte) Theorie der Evolution oder der Entwicklung durch einfache Entfaltung schon gebildeter Theile jeder weiteren embryologischen Untersuchung von Haus aus den Weg versperrt (Kölliker). Seit Schwann wurden (Pander's) Keimblätter auf die Zellen des Ei oder (nach Reichert) umgestaltete Furchungskugeln zurückgeführt.

*) Zu sagen, dass die geistige Eigenthümlichkeit des Menschen von der Art seiner Nahrung bedingt sei, dass der Mensch ist was er isst, würde nicht besser sein, als wenn man die Feinheit einer Münze davon abhängig machen wollte, ob die Prägemaschine mit Holz oder mit Kohlen geheizt sei. Die eine oder andere Einwirkung mag das Feuermaterial haben, wenn die Sicherheitsvalven nicht völlig in Ordnung sind, und durch Kohlen eine zeitweis stärkere Erhitzung, bei Holz mitunter verhältnissmässig rascheres Sinken der Temperatur einträte, aber alle solche Einflüsse werden nur ein verschwindendes Moment darstellen, während die Maschine im Grossen und Ganzen immer gleichmässig weiterarbeitet, so lange die Accumulation der Störungen nicht zum Stillstand oder völliger Irregularität führt. Im organischen Körper, der durch das Fortwachsen beständig in statu nascenti gehalten wird, kann allerdings ein scheinbar verschwindendes Moment durch Association mit adäquaten zu folgewichtigen Veränderungen führen, aber dann ergeben sich diese als das Resultat gesetzlicher Combinationen, worin die primären Elemente als integrirende Theile aufgegangen und als solche nicht mehr nachgewiesen werden können, da innerhalb eines jeden Entwicklungsknoten Ausgleichungen Statt finden, die den directen Zusammenhang des Früheren und Späteren abschneiden.

E

Sprachgruppen von einander trennt, sind secundäre Verschiedenheiten der Ausdrucksweise, die verhältnissmässig um so nebensächlicher sind, weil sie zum Theil erst eintreten, wenn die Sprache bereits ihren Character als unmittelbaren Gedankenausdruck verloren hat und nur noch als Werkzeug benutzt wird.

Findet sich aber der Geist in die Unmöglichkeit versetzt die aus unerschöpflicher Quelle sprudelnden Ideen alle in feste Wortformen zu schlagen, so beginnt er mit metaphorischer Verwendung der Worte dieselben in weitere Sätze zu combiniren, um die in ihm gährenden Vorstellungen mehr oder weniger geklärt nach Aussen zu werfen. Wie das Gerüst der grammatischen Construction muss auch das der religiösen Auffassung ursprünglich in jedem Stamme unter Localvariationen dasselbe sein, obwohl es gar bald mit so vielerlei Flickwerk mythologischer Lappen behangen sein wird, dass man es darunter kaum erkennt. Bei der Gleichartigkeit der Eindrücke, unter denen im Grossen und Ganzen die Natur überall den Geist in derselben Weise imprägnirt, wird derselbe auch immer auf die ihm gestellten Fragen eine in der Hauptsache identische Antwort geben, und in der vergleichenden Psychologie sind eben die Beispiele zusammenzutragen, um aus ihnen die durchgehenden Regeln, sowie den Grund statthabender Abweichungen zu entwickeln. Schon jetzt lässt sich mit Sicherheit beweisen, dass der Geist auf gleichartige Eindrücke gleichartig reagiren muss, und dieses in den einfachen Formen durchsichtige Gesetz muss, nachdem als Wachsthumgesetz erkannt, auch in allen weiteren Phasen der Gedankenschöpfungen zu Grunde liegen, und wenn in den höheren Graden die die Reaction hervorrufenden Reize nicht mehr in jedem Falle primär von der Aussenwelt entspringen, sondern vielfach in selbstständig wuchernden Ideen ihren Ursprung haben und auf die übrigen treffen, so liegt hier allerdings im Menschen Freiheit der Selbstbestimmung vor, aber auch darin treibt dann das in der vergleichenden Psychologie seiner durchgehenden Manifestationen nach zu eruirende Gesetz des Gedankenwachsthum's. Nach Feststellung der Gleichheit, ist ihr Verständniss aus der Berechnung erkannter Differenzen zu gewinnen.

Der positive Werth des Menschen ist ein moralischer*), er beruht auf dem hergestellten Einklang mit der Umgebung, der bei richtigem Verständ

*) Das Gute jedes Wesen's ist dasjenige Lebewesentliche, welches dieses Wesen nach seiner Eigenwesenheit darleben kann und soll, es ist seine ganze eigenwesentliche eigenlebliche Bestimmung (Krause). Sittenlehre ist speculatives Wissen um die Gesammtwirkung der Vernunft auf die Natur (nach Schleiermacher). Auch wenn das Sittliche im Bewusstsein sich befestigt hat, wird (nach Jouffroy) erst dann die Stufe eigentlicher Moralität

niss, in dem mit sich selbst wahr zu bleiben Strebendem zum Guten führen
muss. In allen Gesellschaftsgruppen finden sich geistig Gesunde und
moralisch Verkrüppelte, und im Allgemeinen wird die Zahl der letzteren
eine geringere sein bei den Naturvölkern, denen es in ihrer engen Umgebung leichter ist eine Harmonie herzustellen. In gegenseitiger Abschätzung
wird andererseits wieder die Moralität dieser Naturvölker auch bei den
besten Repräsentanten derselben weit leichter wiegen, als bei dem moralisch
gekräftigten Culturmensch, da der letztere bei seiner weiteren Umschau eine
viel grössere Zahl von Motive zu gegenseitiger Stütze in sich verarbeitet
hat. Bei ihm ist also der moralische Organismus eine Schöpfung höherer
Ordnung, er liesse sich mit einer Schmuckpflanze vergleichen, gegenüber
dem Naturmenschen als Cryptogamen, während die bei normalen Zustand
gleichfalls in sich vollendete Constitution dieser weniger krankhaften Abweichungen unterliegen wird, als die complicirtere Structur jener Cultur-
Erzeugnisse. Das moralische Bewusstsein basirt nothwendig auf der Richtigkeit des Denken's und je schärfer dasselbe in das Wesen der Dinge, ihren
Verhältnisswerthen nach, eindringt, desto mehr werden verkehrte Handels-
weisen beseitigt werden. Der Kaffir, der den von dem Hexenfinder aus-
gespürten Schuldigen tödtet, handelt nicht unmoralisch, sondern aus unver-
ständiger Dummheit, weil er glaubt, dass ein Böswilliger durch magische
Mittel Anderen zu schaden vermöge. So lange er dieses indess glaubt, ist
das Tödten solch' gefährlichen Character's ebenso seine Pflicht, wie unter
Verhältnissen das eines todeswürdigen Verbrecher's in geordneten Staats-
regierungen. Schlachtet der Neger Sklaven auf dem Grabe seiner Ahnen,.
so meint er eine religiöse Vorschrift zu erfüllen, und erst ein längeres
Räsonnement würde ihn überzeugen können, dass bei der gänzlichen Unge-
wissheit über den Zustand der abgeschiedenen Seele die zufällige und durch
Nichts beweisbare Vermuthung, dass vergossenes Blut für sie nützlich sein
könnte, nicht die Zerstörung eines Menschenleben's (selbst wenn der Herr
souveräne Gewalt über seine Sklaven beanspruchen dürfte) rechtfertigen
könnte, und dass ebenso das Opfer eines Thiere's weggeworfenes Geld sein
würde. Im Allgemeinen wird der Reformator solchen Missbräuchen zu
steuern suchen durch das Verbot des Nichttödten's, das indess, als durch
einen mystischen Hintergrund gedeckt, nur so lange vorhalten kann, als der

---

erreicht, wenn die Idee des Guten an sich selbst bleibend den Willen ergreift und man
darin das schlechthin Verpflichtende für den Willen anerkennt (s. Fichte). Die Athener
vor Socrates waren sittliche, nicht moralische Menschen (Hegel). τέλειον τέλος (b. Aristotel.).
According to Aristotle the chief good for man is to be found in life itself (Grant). Κύρια
δ'είσίν αί κατ' άρετήν ένέργειαι τής εύδαιμονίας (Arist.). By Aristotle happiness is defined
as ένέργεια ψυχής and pleasure as ὅ τελειοῖ τήν ένέργειαν (s. Grant).

E*

Geist davor zurückschreckt den Schleier des Geheimnisse's zu lüften. Der Indianer, der den Gefangenen zu Tode martert, der zum tückischen Ueberfall seines Feindes*) Trug und Hinterlist verwendet, kann dennoch innerhalb seines Stammeskreise's die Vollheit moralischer Gesundheit bewahren, da er nur gegen die Mitglieder desselben Pflichten fühlt, und gegen die Aussenstehenden eben die Pflicht, sich jedes Mittel als eines gerechten zu ihrer Vernichtung zu bedienen. Die Civilisation dagegen, die vermehrte Obliegenheiten auferlegt, die auch im Fremden und selbst im Feind den Bruder erkennen lehrt, erfordert weit gewaltigere Anstrengungen zur Bekämpfung der aus der körperlichen Natur aufbrausenden Triebe, und wird (bei der mit grösserer Strenge der Gebote wachsenden Schwierigkeit der Erfüllung) eine zahlreichere Menge ihrer Schüler vom geraden Wege abweichen, die vorgeschriebenen Gesetze der Moral verletzen sehen. Jene Phrasen über die Unschuld des Naturzustande's sind ebenso hohl, wie die über die erbliche Depravität des Heidenthum's. Die Moralität der Wilden ist oft, soweit sie geht, eine vollendet reine, aber sie steht auf schwachen Füssen, weil ohne allgemeine Prinzipien nur in einem engen Kreise geltend, und deshalb sobald das Gleichgewicht in diesem gestört ist, hülf- und stätzenlos zusammenbrechend. Obwohl sonach das Naturvolk innerhalb seiner eigenen Sphäre eine moralisch vollkommenere Abrundung zeigen mag, als ein damit verglichenes Culturvolk, steht das letztere doch auf einer Stufe höherer Ordnung, weil es schon einen Theil der wechselnden Uebergangsphasen durchdrungen hat, die jenem noch alle bevorstehen, so bald es in den Fluss geschichtlicher Entwicklung hineingezogen werden wird, und es hängt nicht von individuellen Meinungen oder Wünschen ab, ob ihm dieses durch den Gang der Dinge bestimmte Schicksal erspart werde oder nicht.

---

*) „Der arabische Räuber betrachtet sein Gewerbe als ein ehrenvolles und der Name Haramy (Räuber) ist einer der schmeichelhaftesten Titel, welchen man einem jungen Helden beilegen kann." Der Chiquiteno stiehlt nicht nur mit den Händen sondern auch mit den Füssen, und er stiehlt Dinge ohne allen Werth, nur um zu stehlen, indem ihm dies unentbehrlich geworden ist, er unterrichtet darin seine Kinder, und bringt eines derselben das erstgestohlene Stück nach Haus, so rufen die Eltern freudig aus ane apanaocos, es hat Verstand (s. Bach). Portentosa Graecorum mendacia (Plin.). Die philosophische Sittenlehre findet durch Nachdenken die Gesetze der sittlichen Natur und steigt synthetisch auf zum Urbilde des sittlichen Leben's, die christliche schaut dieses verwirklicht in der Offenbarung, und hebt daraus analytisch die sittlichen Gesetze heraus (De Wette). Neque tamen intelligendo aut ratiocinando consectari et assequi homo deum potest, sed hic ipse ei adest, seque ipsi quasi impertit, si quidem homo purgando se et assimilando hoc naviter egit, παρουσίᾳ (praesentia) nach Plot. (Dübner). ἐναργέστατός γε μὴν ὁ ἐν σπουδαίς ψυχῆς, καὶ ἤδη προϊὼν κάλλει, κομήσας γὰρ τὴν ψυχὴν καὶ φῶς παρασχὼν ἀπὸ φωτὸς μίζονος πρώτως κάλλους ὄντος συλλογίζεσθαι ποιεῖ, αὐτὸς ἐν ψυχῇ ὢν, οἷος ἐστιν ὁ πρὸ αὑτοῦ, ὁ οὐκ ἔτι ἐγγιγνόμενος, οὐδ᾽ ἐν ἄλλῳ, ἀλλ᾽ ἐν αὑτῷ (Plotin).

Die Intelligenz erhellt sich mit der zunehmenden Länge der Denkreihen, die eine schärfere Bestimmtheit und Genauigkeit in die Gedankenoperationen einführt. Wenn der Polynesier, um seinem Feinde zu schaden, Etwas demselben Angehöriges vergräbt, so bildet er eine Gedankenassociation zwischen dem Verwesen oder Vergehen dieser Substanz und dem des Körper's, dem sie früher angehörte, ohne sich nun weiter nach dem Warum und Woher zu fragen, wie dies eine Vergehen auf das andere einwirken könne. Auf solchem Rohdenken, (auf Vernachlässigung des principium rationis*) sufficientis) beruhen alle sympathischen Mittel, ebenso die aus Gestaltähnlichkeiten geschöpften Vermuthungen pflanzlicher Heilkräfte, das zauberische Anthun durch Schuss, durch Bild, durch Bestricken u. s. w. In der mit dem Tode abscheidenden Seele**) ein nachbleibendes Etwas zu vermuthen, liegt nahe genug, und in Oregon oder auf Madagascar wird dieses Etwas (das Tad oder Ça) nun weiter verwandt, um dem Kranken, dem seine Seele in Unordnung gerathen ist, zur Reparatur derselben ein, anderes Stück auf dem Kopf hineinzutreiben. Der Gedankengang ist ein seinen rohen Massen-Elementen nach, richtig an einander geschlossener, sobald man indess analysirend in diese Gliedstücke einbohrt, zerfallen sie sogleich in eine Menge incongruenter Bestandtheile, die dann keine Logik weiter vereinigen könnte. Das Denken der Naturvölker wird sich (im Durchschnitt normal gesunder Repräsentirung) stets als ein consequent folgerechtes beweisen, da bei ihrer groben oder oberflächlichen Anschauung der Sachen Allgemeinheitsähnlichkeiten in der That vorhanden sind, die jedoch bei tieferem***) Eindringen

---

*) Das (logische) Denkgesetz des zureichenden Grunde's bestimmt den Denkgeist in jedem Falle so und nicht anders zu denken und zwar auf einen zureichenden Erkenntnissgrund (ratio) hin, während das metaphysische Gesetz der Causalität behauptet, dass jedes Ding einen Realgrund (principium essendi) habe, entweder in sich oder in einen andern (s. Hagemann).

**) The Aristotelian ψυχή does not exactly correspond with the word soul. It implies both more and less. More as having, on one side, a direct physical connexion, less as not in itself emplying any religious associations (Grant). La psychologie est à la physiologie, ce que celle-ci est à la physique (Bert). Obwohl sich in Schwere, Cohäsion u. s. w. die Thätigkeitswirkung der Materie zeigt, wird von Kraft erst bei freier Abänderungsmöglichkeit (wie bei der Electricität und dem nur local abhängigen Magnetismus) gesprochen werden können. Kraft drückt (nach Grove) das active Princip der Materie aus, das die verschiedenen Veränderungen darin bewirkt.

***) Die Richtigkeit des Denken's beruht darauf, dass man die Formeln dialectischen Raisonnement's aus congruenten Sätzen bildet, d. h. aus solchen, die überhaupt befähigt sind in Gleichungen gesetzt und darin aufgelös't werden zu können. Wie jede körperliche Bewegung (besonders die complicirteren der Gymnastik) sich gegenseitig ergänzende Muskel-Combinationen verlangen, die nach der Anlernung instinctive werden, so setzen auch die psychischen Thätigkeiten entsprechende Uebung voraus, um sich (in einem mit dem Centrum des Schwerpunct abgeglichenen Balancement) der Gesetzlichkeit in den gewonnenen Resultaten gewiss sein zu dürfen. Aesthetische Befriedigung ruht nur im

vor den Differenzen der Besonderheiten verschwinden, so dass die frühere
Möglichkeit der Association dann nicht weiter vorhanden ist. Der Unterschied zwischen Natur- und Culturvölker ist darum doch nur ein gradueller,
da die letztern (abgesehen von ihren untern Klassen, die auf dem Niveau
jener verbleiben) beständig hinzulernen und mit Schärfung*) ihrer psychischen
Optik die Schlussfolgerungen ihrer Vorfahren immer bald wenig begreiflich
finden. Die Bildung erhält deshalb ihre erste Anregung im Zweifel, ein
ahrimanisches Machwerk, das zunächst zerstörend wirkt, aber dann in Siwa
den erneuernden Schöpfer zu höheren Gestaltungen weiter zeugt. Die Zersetzung eines im Volke stabilen Gedankenbilde's wird indess stets nur in
Folge neu einfallender Reize erfolgen, durch Communication mit einem
andern Volke, dem diese Fixirung, weil nicht zufällig (nicht in den Con-
stellationen ihrer Existenz) geboten, fremd geblieben war, so dass jetzt die
Collision zweier bei ihrem Sprachaustausch im Gedankengang differirender
Gesellschaftskreise zu weiteren Fragen und zur Umgestaltung bisheriger An-
sichten führt. Ist damit dann überhaupt nach einigen Versuchen die dialectisch
räsonnirende Fähigkeit des Geistes entdeckt, so wird sie auch ohne directes
Motiv verwandt werden und selbstständig fortarbeiten können.

Wie sich der Mensch sein eigenes Selbst als Persönlichkeit zu projiciren
pflegt, wird er auch stets die abgeschiedene Seele eines durch den Tod
Seelenlosen in fasslicher Denkgestalt vor den Augen sehen, und sie entschwindet ihm erst durch mythologische Lehren, die sie in einen Himmel
oder eine Unterwelt entrücken, aus dem Sehkreis. Lehrt die Physiologie
in der Seele Functionen körperlicher Processe erkennen, so ist auch damit
für das Wesen des Dinge's wenig gewonnen, doch bleibt es dann verboten,
einer an Sinnesauffassungen bestimmter Gegenständlichkeit gebundenen Form
Thätigkeitsäusserungen zuzuschreiben, die sich nur im Hervortreten ihrer
Wirkungen manifestiren. Die Localisirung der körperlich gedachten Seele
in einen Himmel wird nothwendig, wenn sich das Denken zeitlich auszu-
strecken beginnt, und jetzt bei zunehmender Zahl der Seelen über dieselbe

harmonischen Zusammenklang des Schönen, während das Kind oder der Wilde in Kritzeleien
verzerrter Bilder Genüge findet, und ähnlich entstellt sind die auf unbestimmten und aus
Gerathewohl errathenen Schlüsse ihrer Logik, im Gegensatz zu denen eines geklärten
Verstandes, der sie in seiner scharf zersetzenden Analyse vielfach mit einander abgewogen
und in wiederholter Controlle festgestellt hat.

*) Von den Indianern (Paraguay's) ist es gewiss, dass sie von sich selbst nicht's er-
finden, noch einer Sache tieff nachsinnen, noch was Merkliches in ihrem Gedächtnis behalten können. Hingegen ist kein Volk unter der Sonne so geschickt und tüchtig alles
dasjenige, was es mit Augen sichet, mit den Händen nachzumachen, als diese Leute, das,
was ihnen an Menschen-Verstand gebricht, solches ihnen die Natur durch einen unver-
gleichlichen Affenwitz reichlich ersetzt hat (nach Sepp) 1692.

in irgend einem Reservoir disponirt werden muss. Zunächst entgeht dem Naturmensch, wie die Möglichkeit des (schon mit Vier*) in die Vielheit übergehenden) Zählen's die Zeitvorstellung (über ihre Beschränkung auf die Lebensdauer hinaus), wogegen er mit grosser Geübtheit im Nebeneinander räumlicher Anschauungen zu denken vermag. Die Zahl ist eine Abstraction, die (ausser beim Zählen von Fingern, Stäbchen u. s. w.) nicht sinnlich vorgestellt werden, und deshalb vom Naturmenschen auch schwer gedacht werden kann.

De gustibus non est deputandum gilt in voller Wortbedeutung vom Geschmackssinn, der nicht nur in den verschiedenen Ländern**) seiner Beurtheilung***) nach wechselt, sondern auch im Einzelnen je nach individueller Stimmung und während des Leben's die Wahl der Lieblingsgerichte mehrfach variirt. Gewöhnung thut Vieles, und der anfangs über die Verwendung des Teufelsdreckes als Würze Entsetzte, findet doch mitunter im leichten Anflug ein chinesisches Behagen, das dem gastronomischen am Schnepfendreck sich würdig zur Seite stellt. Ob der Europäer†) dahin gelangen kann, die Ansicht der Kukauer zu theilen und den Geruch††) der Wanzen aromatisch zu finden, lässt sich aus Barth's kurzer Mittheilung nicht entscheiden, dass aber der

---

*) In Australien wird bis drei oder nur bis zwei gezählt. Im Wiraturei-Dialect setzt sich drei aus 2 + 1 (pila-nunpai) zusammen. Vor dem Jahr 360 p. d. hatte es sich für die dogmatische Forschung nicht sowohl um eine gottheitliche Trias, als nur um eine Dyas gehandelt, jedoch auch nach den auf den heiligen Geist gerichtete spätere Untersuchungen des Athanasius und der kappadocischen Lehrer und nach dem, gegen die Macedonianer (Pneumatomacher) entscheidenden Concil zu Constantinopel (381 p. d.) blieb er gegen Vater und Sohn dogmatisch im Rückstande (Peip.). Der Name des Einen enthält nur etwas Negatives, die Aufhebung des Vielen, wenn aber das Eine eine Affirmation enthält, so würde sowohl der Name als das Bezeichnete dunkler werden, als wenn man gar keinen Namen desselben nennt (nach Plotin). Dieses namenlose im Princip muss das selbstgenugsamste sein (Vogt), als πρῶτος θεός.

**) Universaliter natura hominum, secundum clima et regionem habitans, manifesta est qualis coloris et formae sit (Priscian).

***) Etiam mirandum in modum Graeci istis rebus, quas contemnimus, delectantur (Cicero).

†) Wir wundern uns dass halbfaules Fleisch (nach Römer) bei den Fantih für Delicatesse gilt, und die Fantih vielleicht, dass ganz fauler Käse bei uns. Ueber die faulen Fische im Ngapie der Birmanen entsetzt sich jeder Europäer bei seiner Ankunft, aber beim Weggang lässt Mancher Ordre zurück, dass ihm dieser Leckerbissen nachgeschickt werde.

††) Wie die Tataren das Auge, die Kalmükken das Ohr haben die Nogayer beide Sinne so geschärft, um sich auf der Steppe mit fast instinctiver Sicherheit bewegen zu können, wogegen Geruch, Geschmack und Gefühl sehr abgestumpft sind (Schlatter).

Gestank verbrannter Federn hysterisch Verstimmten zusagt, ist grönländischem
Angekok ebenso bekannt, wie den Schamanen in Sibirien. Dass das Ohr
nicht weniger capriciös ist, zeigt sich in den Complimenten des Hunde-
geheul's, das sich Ostasiaten und westliche Fromde über ihre musikalischen
Genüsse gegenseitig zu machen pflegen, und selbst der Gefühlssinn schwankt
in seinen ästhetischen Indicien, da Schläge und Blutritzungen manchen
Stämmen (besonders in Amerika) eine wohllüstige*) Erhöhung ihrer Vergnügungen gewährt. Es bleibt somit fraglich, wo die festen und unver-
änderlichen Gesetze des Schönen zu suchen seien, da das Urtheil darüber
seinen Massstab nach ethnologischem Typus zuschneidet, und jedes Volk
die eigene Architectur und Malerkunst für die vollendetste hält, trotz
kritischer Mäkeleien seiner Nachbarvölker. Das an den reinen und edlen
Formen hellenischer Tempelbauten erzogene Auge ist nicht abgeneigt in
den gothischen Domen überladen verzerrtes Machwerk zu sehen, und es
hängt von der Geistesstimmung ab (des Individuum's oder der Zeit), ob
man in ihren von Orgelschall durchklungenen Hallen zum Himmel auf-
strebenden Gedanken folgt oder tiefer Versenkung in die Mysterien religiöser
Andacht. Sich selbst wird jedes Volk die eigenen Ideale schaffen, die ihm
das Wahre darstellen in eigener Brust, das Gute im geselligen Verkehr,
das Schöne in Verklärung der Natur, und ein durch höhere Bildung geläuterter Geschmack wird dann in Vergleichung der auf verschiedenen
Territorien ethnologischer Provinzen geschaffenen Meisterwerke befähigt
sein, allgemein durchgehende Regeln abzuleiten.

Das ästhetische Empfinden zeigt seine Gradationen, gleich den Phasen
geistiger Entwickelung. Das Kind, der Wilde mag häufig Freude und Lust-
gefühl darlegen, an einem ihnen Schönen, das den feiner Gebildeten als
hässlich zurückstossen wird. Das ästhetische Erkennen ist in solch' verschiedenen Fällen jedesmal ein relativ**) wahres (wie das moralische in den

---

*) „An sich oder der Idee nach ist der unbekleidete menschliche Körper das Schönste,
was es in der Natur giebt, und daher vorzugsweise ein Gegenstand der räumlichen Kunst-
darstellung" (Herrmann), in Folge der mehr weniger unbewusst unterlaufenden Sinnesauf-
regung bei den an Bekleidung gewöhnten Völkern, denn die nackt gehenden finden häufig
einen verkehrt angezogenen Frack oder als Rock verwerthete Hosen weit schöner, als dies
„Schönste, was es in der Natur giebt." Dass das Wesen der schönen Künste in Einprägung
sinnlicher Kraft bestehe, zeigt sich in jedem Werke der Kunst (Sulzer). „Die reizende
Kraft der schönen Künste kann leicht zum Verderben des Menschen gemissbraucht werden."
The prurient minds der Europäer (n. Mitford) sind den Japanern ein Gegenstand der
Verachtung.

**) Das ästhetische Erkennen der Kinder ist ein falsches, wenn sie an einem Gemälde
der bunten Farben wegen Interesse nehmen, während die Bedeutung der Zeichnung selbst
ihnen entgeht, und ebenso der Wilden, deren Wohlgefallen an einer Musik sich auf das
Grelle und Laute ihrer Töne beschränkt, auf der andern Seite ist aber auch das ästhetische

differirenden Urtheilen über Gut und Böse) und obwohl wir gegenseitige
Abschätzungen aufstellen mögen, ist uns doch nur das Streben nach dem
absolut Wahren, nicht dies selbst gegeben. Wie in jeder Entwicklung liegt
in der psychischen der Keim zur Vervollkommnung, und der Mensch wird
deshalb Stufen ersteigen, von denen aus ihm die bereits zurückgelegten,
weil tiefer und niedrigstehende, als unvollkommen, erscheinen müssen, und
so, wenn ein Vergleichungsgrad angelegt wird, als schlechtere im ethischen,
als hässlicher im ästhetischen Sinne. Die Aburtheilung über Gut und Schön
hat indessen bis jetzt stets an dem Fehler der einseitigen Betrachtung gelitten, indem die Culturgeschichte nur eine Entwickelungsreihe des Menschengeschlechte's im Auge behielt, und die aus ihren Ergebnissen abgeleiteten
Gesetze zu allgemein gültigen machen wollte. Je beschränkter dieser Standpunkt war, desto weniger Berechtigung lag vor, eine intuitive Unfehlbarkeit
zu beanspruchen, und in den verschiedenen Culturländern zeigt deshalb der
moralische und ästhetische Codex Mexico's noch weit barokkere Ver-
zerrungen, als der chinesische oder japanische, obwohl diese letzteren wieder
in bedeutenden Abständen zurückbleiben hinter dem (aus Westasien weiter-
gebildeten) Standpunct europäischer Kunst, die als auf dem geographisch
(und somit ethnologisch) begünstigtem Terrain geboren, in vielfach höherer
Vollendung hervortritt. Eine sichere Controlle für die hier abstrahirten
Lehren und Regeln wird jedoch immer erst dann gewonnen werden, wenn
alle die verschiedenen Culturregungen in der ganzen Weite des Globus
durchforscht und gesichtet sind, und obwohl schon jetzt mit Sicherheit ausgesprochen werden kann, dass sich das Gesammtresultat in der Aesthetik
am nächsten der hellenischen Norm, in der Ethik der germanischen anschliessen wird, darf doch für die daraus fliessende Gesetzgebung keine
absolute Gewissheit und Allgemeingültigkeit beansprucht werden, so lange
nicht die comparative Methode in strenger Systematik durchgeführt ist, da
mancherlei Einzelnheiten daraus nicht unbedeutende Umgestaltungen be-
nöthigen mögen.

Den Eindruck des Schönen*) macht dasjenige, das eine mit sich im
angenehmen Wohlgefallen congruente Gemüthsstimmung hervorruft, oder

---

Erkennen der Chinesen ein falsches, wenn sie ein Gesicht deswegen schön finden, weil es
sich möglichst der mathematischen Grundform des Dreiecke's annähert (Herrmann). Die
Aufgabe der wissenschaftlichen Aesthetik besteht darin, die allgemeinen Gesetze des guten
Geschmack's oder die natürlichen Kennzeichen, durch welche das richtige ästhetische Erkennen von dem falschen unterschieden wird, ausfindig zu machen.

*) Schöne Gegenstände oder Erkenntnisse sind diejenigen, bei denen das Prädicat,
die fremde von uns erkannte Ursache der Wahrnehmung nicht, wie sonst, eine einzelne
und an und für sich gleichgültige Beschaffenheit, sondern etwas seinem Inhalte nach

(bei Ausdehnung des Schönheitsbegriffe's im weiteren Sinne auch auf das Erhabene, Lächerliche u. s. w.) überhaupt eine congruente Gemüthsstimmung, als mehr weniger ephemerer Einklang zwischen Aussen und Innen. Die Kunstproducte der Völker, die über die eigentlichen Zwecke des Nützlichen *) hinausgehen, verkörpern die im Geiste unstät treibenden Ideen angeregter Thätigkeit, und mögen hier mehr unter den Formen des Schönen, dort

---

Höheres und Allgemeines, und insofern eine wirkliche in sich selbst werthvolle Empfindung ist (Herrmann). „Das Wesen der Sachen, in wiefern es sich in der Form ausdrückt, ist der Gegenstand alles ästhetischen Erkennen's". Aller Instinct der Thiere ist ein analytisch-ästhetisches Erkennen (oder doch Verstehen). Der Unterschied der analytischen und synthetischen Urtheile hat auf dem ästhetischen sowohl, wie auf dem logischen Gebiet nicht in der Natur des Urtheil's selbst, sondern nur in der verschiedenen Materie der einzelnen Prädicate der Anschauungen und der Begriffe seinen Grund (Herrmann). Wie die Urtheile, so sind auch die Schlussfolgerungen theils analytischen, theils synthetischen Inhalt's. Nach Herrmann beruht die Richtigkeit alles ästhetischen Erkennen's theils darauf, dass Form und Wesen, theils darauf, dass unser eigenes Empfinden mit diesem letzteren selbst einstimmig ist. „So wie die ganze Folgerichtigkeit des logischen Erkennen's auf der Definition des an der Spitze stehenden Subjectsbegriffe's, so beruht alle Nothwendigkeit des ästhetischen Erkennen's auf dem richtigen Verständniss der zuerst erscheinenden Form." Nur alles dasjenige Empfinden ist ein ästhetisches, dessen Inhalt als ein durch sich selbst in der dasselbe veranlassenden Ursache gegebener oder als die freie und natürliche Abspiegelung derselben in unserm Innern erscheint (Herrmann). Die Tendenz der Kunst ist keine andere als die Production des Schönen um seiner selbst willen aus einem selbstbewussten Geiste heraus, und jede Thätigkeit also, die diese Tendenz verfolgt, muss als eine künstlerische Thätigkeit betrachtet werden (Zeising). Wenn ein in ungleiche Theile getheiltes Ganze als formell-schön erscheinen soll, muss sich der kleinere Theil zum grösseren Theil ebenso verhalten, wie sich der grössere Theil zum Ganzen verhält (Zeising). Nach Rabbi Akiba galt das hohe Lied als das höchste Heiligthum, während die übrigen Bücher der Bibel nur heilig wären. Der Syllogismus (das Prinzip der Beurtheilung des logischen Erkennen's) gründet sich auf das Gesetz der Einstimmigkeit der einzelnen Momente des Denken's, des Subjecte's und Prädicat's, insofern dieselben durch einen bestimmten Mittelbegriff verknüpft werden, unter einander (Herrmann). Die systematische Anwendung des logischen Erkenntnissvermögen's ist die Wissenschaft, die des ästhetischen (ein von Anschauung ausgehendes Mittleres zwischen physischen Eindrücken der Sinne und dem rein Geistigen) die Kunst (s. Herrmann). Nur dasjenige Empfindungsmässige ist ein Aesthetisches, welches sich in directer Einstimmigkeit seines Inhalt's an die es hervorrufende Sache oder dieser gleichartige Wahrnehmung anschliesst. The invention of the new (British) order of Architecture (by Emlyn) has never been employed but at Beaumont Lodge and the artist's own house at Windsor (s. Hakewill). En vain on tenta d'ajouter un nouveau ordre (David).

*) Der Künstler ist der in technischen Verfertigungen Geschickte, und wenn die Musse erlaubt, neben dem Nützlichen und Nothwendigen, noch das Angenehme und Unterhaltende zu berücksichtigen, so werden die schönen Künste gepflegt, die auch in Plastik oder Malerei die Gedanken talentvoller Genie abdrücken mögen, wie in den Worten der Dichtung. Diese Wiedergabe und Auffassung einer harmonischen Gedankenschöpfung, die vom Menschen zum Menschen redet, constituirt das Wirksame des Schönen, nicht eine ästhetische Theorie, die noch nie etwas anderes, als leeres Phrasengeklingel geliefert hat. „Der, welcher den Künsten zuerst den Namen der schönen Künste gegeben, scheint eingesehen zu haben, dass ihr Wesen in der Einverleibung des Angenehmen in das Nützliche oder in Verschönerung der Dinge bestehe, die durch gemeine Kunst erfunden worden" (Sulzer).

denen des Furchtbaren oder Hässlichen auftreten. Der rastlose Schaffens-drang macht sich bald durch Worte Luft, im Brausen der Kriegsgesänge oder im Geträller schwermüthiger Elegien, bald durch unvollkommenes Händewerk, aus Stein hauend, auf Holz zeichnend oder in Schriftfiguren kritzelnd, deren Motive, bei einer aus andern Anlass hervorgerufenen Architectur substantiellerer Ausführung, in die Ornamentik derselben übergehen.

Die ästhetische*) Empfindungsanschauung sucht gewissermassen vor-ahnend aus einem sinnlich einfallenden Gegenstand die ganze Tragweite des entwicklungsfähig in ihm liegenden Inhalte's in abgeschlossenem Bilde zu begreifen. Wer sich bei eintretendem Anlass unbedingt den Affecten der Freude oder der Wehmuth hingiebt, der geniesst jene in vollerem Maasse, als er sich später, bei zersetzender Analyse des Warum, selbst Rechenschaft ablegen kann, und derselbe auch mildert durch tröstend vorüberfluthende Gefühlswellen den harten und bitteren Schmerz, den der trockene Verstand nur zu bald in seiner ganzen Schärfe unerbittlich fühlbar machen wird. Das landschaftliche Gemälde einer Aussicht saugt der darüber hinschweifende Blick mit allen seinen Reizen in sich, ohne sich schon die Mühe der Zergliederung zu nehmen, die später ein wissenschaftliches Skelett von Niveau-Differenzen, Flussläufen, Communalwegen u. s. w. zurücklassen wird, und der mit grausen-dem Abscheu auf die durch thierische Wuth entstellte Fratze eines Canni-balen gerichtete Blick erhält doch in der unbestimmten Allgemeinheit seiner Auffassung ein gewisses Behagen, das bei detaillirterer Realisirung der sie componirenden Einzelnheiten einem widerwilligen Ekel Platz machen wird. Das ästhetische Erkennen ist eine nothwendig controllirende Ergänzung des logischen, indem das letztere auf seinen vorsichtig einherschreitenden Unter-suchungen stets nur einer Wegerichtung zur Zeit zu folgen vermag, und sich deshalb, um die verschiedenen Einzelnforschungen in ihren natürlichen Compasslagen nebeneinander niederzusetzen, periodisch immer wieder das schon in ästhetischer Vorschau aufgefasste Gesammtbild in das Gedächtniss zurückrufen muss. In dem idealistisch freigegliederten Begriffsdenken wieder-holt sich die completirende Doppelwirkung ästhetischer Synthese und logi-scher Analyse, indem jene durch ahnungsschwangere Sehnsucht (die im

---

*) Das Characteristische der ästhetischen Erkenntnissweise besteht in dem Anschluss an die Wahrnehmungen der Sinne, während die logische ihrer Natur nach hiervon unab-hängig ist (Herrmann). Jedes freie oder unabhängig geistige Interesse von logischer Wahrheit ist der erste Schritt zur Wissenschaft, jedes eben solche in dem des ästhetischen Empfinden's der nämliche zur Kunst. Science states only what can be demonstrated and draws a clear line between the known and the unknown (H. Tuttle). The law of deve-lopment is the law of man, the law of the human race, and of human societies (s. Guyot). Die Scholastiker suchten in der Vernunft die Wahrheiten der Offenbarung wieder zu finden, von der höheren Einheit beider ausgehend (Hjort).

Religiösen mythologische Phantasiegestalten zu gebären pflegt) eine dem Zeitgeist entsprechende Weltanschauung construirt, deren festere Begründung im Einzelnen die Aufgabe der Wissenschaft bleibt, um das dunkel Gefühlte in ein klares Verständniss überzuführen. So lange jenes Sehnen innerhalb der terrestrischen oder gäocentrischen Grenzen bleibt, und seine geistigen Conceptionen noch an fassliche Formen anzuknüpfen vermag, ruft es die Werke der schönen Künste hervor, deren Schöpfungsmöglichkeit, seit der Erden-Excentricität im unendlichen Kosmos, mehr und mehr verloren geht, und nur in der von der Wissenschaft angestrebten Harmonie wird wiedergefunden werden können.

Der menschliche Körper gleicht darin allen Organismen, dass sich, wie in einer oekonomischen Haushaltung, jedes Ding an seinem Platze zeigt, zu dem entsprechendem Zwecke hergerichtet und dafür angelegt. Eine Ausnahme scheint das Nervensystem zu machen, indem bei der massigen und zum Theil complicirt verwickelten Anlage desselben, besonders im Gehirn, keine überall genau entsprechende Gebrauchsverwendung aufzufinden ist. Da nun aber eine derartige Ausnahme bei der deutlichen Gesetzmässigkeit in prästabilirter Harmonie nicht zulässig sein würde, folgt vielmehr, dass hier das Suchen nach der Bestimmung auf den Wegen materieller Function, wie sie bei den sonstigen Geweben geläufig sind, nicht geschehen darf. Ohnedem handelt es sich in der Nervenphysik um Aufnahme und Assimilation von Kräften, nicht um Zersetzung chemischer Substanzen und deren Absorption. Im Uebrigen wird es nicht gestattet sein, bei einem Organismus, weil mit Nervensystem begabt, deshalb aus der allgemeinen Betrachtungsweise der Organismen hinauszutreten, so dass die Auffassung desselben, als einer in Folge makrokosmischer Einflüsse reactionsfähigen Individualität beizubehalten ist. Auch in die vegetativen Processe verlaufen die Fäden des Nervensystem's, aber nur als Leiter und Träger der Kräfte, die also in ihren eigenen Actionen rein auftreten. Was im Denken vor sich geht sind Kraftbewegungen, geordnet durch die Reduction auf einen individuellen Organismus und Anschluss an die Phaenomene desselben. Die Kräfte sind in ihrem makrokosmischen Walten durch mathematische Zahlfiguren regulirt, unter denen sie sich auch bei ihrer mikrokosmischen Concentration manifestiren müssen und dann in der Form der kategorischen Denkgesetze auftreten, die deshalb weder einer (vorher hypothesirten) Seele als Eigenthum zuge schrieben, noch als eine graduelle Entwicklung angenommen werden dürfen,

da sie als solche (neben allem sonst die Existenz*) Bedingendem) bereits
praeexistiren (theils schon in actu theils noch in potentia), und nur in einer
potenzirten Theilentwicklung zum Sonder-Eigenthum derselben werde. Es
gehört zu der Natur der animalischen (und überhaupt der organischen)
Wesen ihre sämmtlichen Eigenschaften der Anlage nach in der Fortpflanzung
zu vererben, und so wird das Kind auch mit der Praedisposition zum Denk-
schaffen geboren, obwohl dieses ohne Eintritt optischer und acustischer
Symbole durch die Sinnesthore ebenso wenig zur Vollreife gelangen würde,
wie der übrige Körper ohne Aufnahme substantieller Nahrung. Während
dagegen das körperliche Wachsthum in einen unnachgiebigen Ring geschmiedet
ist, der durch Pflege oder Uebung nur wenig geweitet und nach Erreichung
der Acme in der Vollheit der Mannesstärke zur Greisesschwäche herab-
neigt, bewegt sich das Geistige**), obwohl gleichfalls in seiner irdischen Verknüpfung an den Cyclus des Entstehen's und Vergehen's gebunden, in einer
freieren Sphäre, und kann sich, je nach seiner Vorschule in der Erziehung,
bei gleicher oder ähnlicher Vorlage dennoch zu gänzlich verschiedenen
Zeugungsproducten gestalten. Was in diesen individuell concentrirten Kraft-
äusserungen als für solch' besondere Zusammenfassung specifisch zu Tage
tritt, also beim Menschen im Selbst zum Bewusstsein kommt, kann keiner
andern Wesenheit zugehören, als der das All in seinen Krafterscheinungen
durchwaltenden Grundursache, und muss nicht nur als unzerstörbar gefasst
werden, wie die Kräfte überhaupt, sondern auch als in seiner selbstständigen
Partialbildung der Persönlichkeit zeugungsfähig und als solche fortdauernd.
Die Fortpflanzungsfähigkeit kommt an sich allen Organismen zu und ist für
sie eine conditio sine qua non. Ihre Arten sind verschieden, indem im
pflanzlichen Leben Zellwucherungen eine vorwiegendere Rolle spielen als
bei dem nur als Ganzes in Vereinigung der Geschlechter producirenden
Animalia. In allen solchen Fällen vergeht oder besteht das körperliche
Substrat, je nach der Auffassung, indem es in seiner temporären Verbindung
zerfällt, in seiner Totalität als Eigenheit unverändert bleibt. Kein Organ
geht zu Grunde, ehe es nicht seine Bestimmung erfüllt hat. Die in Säften
schwellende Blüthe kann (von Verletzungen abgesehen, die ihren Zusammenhang vernichten) nicht sterben, so lange sie nicht den Kreislauf von Blume,
Frucht und Saamen durchlaufen hat, um als Theil des Ganzen dem Loos

---

*) Die platonischen Ideen gelten bei Aristoteles als Zahlen.

**) In der Hervorrufung des Willen's aus Processen des Körper's und seiner Rück-
wirkung auf den Körper liegt gewissermassen jenes Perpetuum mobile (bis zum Verbrauch
der Substanz), dass man in der Erzeugung der Activität in einem Electromagneten durch
umlaufenden Strom einer voltaischen Säule, der dennoch wie ohne diese Anregungswirkung
gleiche Aequivalente Gas für die Aequivalente chemischer Zersetzung liefert, gesucht hat.

der ihr zugehörigen Pflanze zu folgen (mit ihr zu sterben oder von dem weitertreibenden Stamm verwelkend abzufallen). Auch das materielle Substrat des Geistigen wird das Schicksal des dasselbe tragenden Körper's theilen, und mit ihm verwesen, also mit ihm, je nach der Auffassung, zu Grunde gehen, oder im Kreislauf des Stoffe's fortleben. Was mit dem Geistigen (dem Producte jenes Substrate's) geschehen wird, ist durch keine sonst bekannten Analogien aufhellbar. Ueber sein Geschick liesse sich somit eine Mannigfaltigkeit von Hypothesen bilden, die alle unter Umständen zulässig, obwohl keine beweisbar, sein könnten, und als von vorneherein unmöglich ausgeschlossen, bliebe nur die der Vernichtung, die wenn auch vielleicht in weiterem Umfange für das planetarische Bestehen nicht ganz abweisbar, niemals durch unser in relativen Differenzen scheidendem Denken in einem Falle begriffen werden könnte, wo an sich schon unzerstörbare Kräfte in Frage kommen, die ihrem grösseren Theile nach direct aus kosmischer Quelle strömen. Ebenso wenig darf etwa ein rückgängiger Zerfall der im Denkprocess individuell zusammengeschlossenen Kräfte in ihre Elementarstoffe supponirt werden. Keines der Organe im Organismus verschwindet, ehe es nicht die ihm vorgeschriebene Bahn durchlaufen und etwa durch graduelle Metamorphosen sich in höhere Steigerung transformirt hat. Das Geistige überschreitet aber allzu weit die Grenzen der Erde und selbst des solaren Planetensystem's, um in diesem seine Completirung erhalten zu können. Es findet sich in einem steten Zeugungsprocess, bei dem die Gesammtheit seiner Eigenschaften gleichartig und zusammen fortgepflanzt werden müssen, also mit Einschluss des vor Allen hier characteristischen Selbstbewusstsein. Die körperliche Fortpflanzung (bei fast durchgehender Geschlechtstheilung nur im Gehülfen ausführbar) läuft im Animalischen nebenher, wogegen der eigentliche Zweck der Bildung deutlich auf das geistige Schaffen angelegt ist. Insofern wiederholt sich hier ein Bild des pflanzlichen Leben's, das sich für unsern Ueberblick vollkommener als das thierische in seiner tellurischen Umgebung erfüllt. Das Ziel der Pflanze (obwohl sich ihre Fortpflanzung einfacher durch Schösslinge vermitteln könnte) geht auf die Saamen-Erzeugung, und jeder der Jahr für Jahr (in Abhängigkeit von den Monden) unablässig von erster Reife bis zum Absterben producirten Keime repräsentirt die Gesammtpflanze und muss sie (bei normalen Gesundheitszustand) realisiren können. Bei der Pflanze zerfällt nun allerdings ein grosser Theil der gebildeten Keime oder wird vielmehr in die auf der Erde ununterbrochen fortgehende Circulation der Stoffe umgesetzt. Producirt in analoger Weise der Mensch im Denken Geisteskeime, so wird auch hier jeder derselben den Gesammtmenschen (nicht in seiner körperlichen Hälfte, wie die animalische Zeugung, sondern) mit Einschluss des Selbstbewusstsein's repräsentiren, und zwar nicht, wie bei der Pflanze, im räumlichen Nebeneinander der Vielheit, sondern beim Hinaustritt in kosmische Unendlichkeit in zeitlich potenzirter Concentration ewiger Einheit. Diese Saamenkörner werden also in den täglichen Pulswellen des geistigen Leben's unaufhaltsam ausgestreut, oder vielmehr in einander geschachtelt, und je harmonischer sich die Geistesstimmung während des Lebenslaufe's zu ordnen pflegte, desto vollendeter wird sie sich mit dem Abschluss desselben verklären. Aus den unstät vor dem geistigen Blick umherzuckenden oder in Träumen schweifenden Gedanken schliessen sich diejenige Reihen zusammen, die die Gestaltung der Gesammtstimmung beeinflussend, dieselbe periodisch aus den continuirlichen Flusse emporheben, als individueller Ausdruck des Selbst.

Die am Körper vorgehenden Prócesse*) (die nutritiven sowohl, wie die animalischen der Bewegung), tragen ihre Compensation in sich selbst, mit Ausnahme der durch die höhern Sinne in den Empfindungen eintretenden Auffassungen, die dann eben, solcher vorgebildeten Compensation entbehrend, zur selbstständigen Schaffung derselben eine Frage stellen und so den Grund legen zu dem Causalitätsgesetz des Denken's. Mit dem Baum, der auf der Retina steht, hat der Makrokosmos jenen Reiz in den Mikrokosmos geworfen, den dieser abzugleichen hat, und mit der logischen Assimilation vollzieht sich ein eigenthätiger Schöpfungsact, der die Gesammtstimmung mit dem in's Bewusstsein tretenden Eindruck des Selbstes färbt. Ist eine deutlichere Kenntniss dieser anfangs instinctiv geübten Kraft erworben, so vermag er die in der Wechselfolge von Ursache und Wirkung ablaufenden Vorgänge seines Innern durch Abstraction auf die Aussenwelt zu übertragen und auch dort der Verknüpfung von Ursachwirkungen nachzuspüren. Es hängt indess ganz und gar von der Accumulation der Erfahrungen ab, ob die in jedem einzelnen Falle gezogenen Folgerungen für apodictisch richtig gelten dürfen oder noch immer mehr weniger zweifelhaft bleiben, und mit dem Versuche, die Causalität aus ihren Relationsverhältnissen herauszureissen, sie in ein Jenseits zu versetzen, wo jede Analogien fehlen, bis auf einen ersten Anfang und den Grund des Sein's zurückzuschieben, kommt das Denken im Sinnlosen zum Stillstand. Das Nacheinander lässt ein Wegeneinander

---

*) Bei der Bewegung als Ortsveränderung erfüllt sich die von der Kraft geäusserte Wirkung zeitlich innerhalb des Raum's, wogegen bei der Bewegung in Vibrationen stehender Schwingungen eine specifische Wirkung, als Ton, Licht u. s. w. hervortritt. Die erstere durch Umgestaltung der durch die Schwere erhaltenen Anordnung in den relativen Verhältnissen derselben hat makrokosmische, die letztere, durch Congruenz mit den Sinnesempfindungen, mikrokosmische Bedeutung.

LXXX

vermuthen, ob es aber als ein solches aufzufassen sei, lässt sich in den
Einzelnfällen immer nur durch kritisch geschärfte Sichtung aller zusammen-
tretenden Nebenumstände entscheiden, und die Verwendung genauer Mess-
methoden oder durchdringender Reagentien giebt dann eben dem Denken
des Gebildeten den höheren Werth der Richtigkeit und die Berechtigung, bei
fortdauernd (in der aus Ueberlegung gewonnenen Denkgründen entsprechend
angeordneten Fragestellung) beobachteter Constanz der Gliederfolgen die Anerkennung eines darnach niedergelegten Gesetze's beanspruchen zu dürfen.
„Hume's Lehre, der Begriff der Kausalität*) entstehe nur aus der Gewohnheit, zwei Zustände constant auf einander folgen zu sehen, findet eine
factische Widerlegung an der ältesten aller Successionen, nämlich der von
Tag und Nacht, welche noch Niemand für Ursache und Wirkung von einander
gehalten hat" meint Schopenhauer, der mit den seinen philosophischen
Collegen so freigebig ausgetheilten Ohrfeigen sich selbst nicht hätte ver-
schonen sollen. Ein Rohdenken, das noch mit Tag und Nacht als Entitäten
operirt, wird sie allerdings von einander herleiten, und Beispiele von Herleitung des Tage's aus der Nacht (des Urgrundes der Dinge in so vielen
Mythologien) sind für den in der Ethnologie Bewanderten billig wie Brom-
beeren. Feiner zersetzende Argumentation sieht allerdings Tag und Nacht
(jetzt, wie früher und immer) auf einander folgen, hat aber beide längst
auf die ihre Erscheinungen im Planetensystem zu Grunde liegende Ursächlichkeiten (seien es geocentrische oder heliocentrische, durch den Berg Meru
oder durch Horizontthore gestützte) zurückgeführt, und kann seitdem nicht
länger daran denken, mit den Begriffen von Tag und Nacht als solchen zu
hanthieren und sie auf einander wirken zu lassen. Die Begründung der
Causalität ist jedesmal, wo es sich um ihren Beweis handelt, empirisch zusammen zu tragen, ergiebt sich aber dann, trotz der ohne Prämeditation
aus den im Zufall der Gelegenheiten aufgerafften Beiträgen, dennoch eine
methodisch geregelte Wiederkehr der Phaenomene, so proclamirt dadurch
die Natur selbst ihre eigenen Gesetze. Da sich nun jedes Denkbare im
Denken auch verknüpfen lässt (weil immer unter einem höhern Generalisations-
begriff subsumirbar, bis die Congruenz, zuletzt wenigstens im Sein, gefunden
ist), so hängt bei wissenschaftlichen Untersuchungen, damit dieselbe ver-

*) Das Gesetz der Causalität (auf alle Dinge in der Welt Anwendung findend, jedoch
nicht auf die Welt selbst) ist der Welt immanent, nicht transcendent (nur im Bezug auf
Veränderungen geltend). Beim kosmologischen Beweis wird durch Annahme einer ersten
Ursache, mithin eines ersten Anfang's in einer schlechterding's anfanglosen Zeit, dieser
Anfang durch die Frage: warum nicht früher? immer höher hinaufgerückt (Schopenhauer).
Die Verkettung von Ursache und Wirkung bildet für Buddha den nothwendigen Zusammen-
hang der Darlegung. Das Wissen ergiebt sich erst aus dem Erfassen des Warum bei
Jedem, τὸ διά τι περὶ ἕκαστον (Aristot.).

werthbare Resultate gewähren, Alles von der Fragestellung ab, deren Un-
richtigkeit häufig genug von Vorne herein das ganze Bemühen des Forscher's
zu einem nutzlosen gemacht hat. Die Lehre von der richtigen Fragestellung,
die dann jedem Wissenszweig die ihm eigenthümliche Methode liefert, kann
selbst wieder erst (in steter Wiederholung empirischer Versuche und Er-
fahrungsprüfungen) aus den, als gesetzlich, bewiesenen Gruppen abgeleitet
werden. Die gesammte Forschung wird nach dem Causalitätsgesetz geübt,
oder vielmehr beruht sie nur in der Nachweisung desselben und überhaupt
liegt der Ausgangspunct des Wissen's als solchen in der Causalität, der
ursprünglichen Manifestation im Zusammentreffen des Objectiven und Subjectiven, wenn die von Aussen einfallenden Sinnesanregungen im selbstbewussten Verständniss assimilirt sind. Wie Licht und Auge, Schall und Ohr
für einander prästabilirt sind, und erst aus dieser Zusammengehörigkeit ein
Verständniss ermöglicht wird, so muss das Forschen nach den Principien
der Causalität auf die gesetzlich nothwendigen Complemente innerhalb der
Natur hineinführen und sich mit ihrem Aufschluss in die Harmonie organischer
Einheit verklären.

Der Glaube unterscheidet sich von dem Wissen durch den geringeren
Grad der Wahrscheinlichkeit. Man weiss Thatsachen (das Fallen des Stein's,
das Zersetzen des Wasser's), man glaubt die Erklärungen (in Folge der
Schwerkraft, durch den electrischen Strom). Dass die Sonne morgen auf-
geht, ist gewusst, dass ein Bekannter morgen ankommt, wird geglaubt,
auf Treue seiner Versicherung. Das nicht selbstständig Erforschte, sondern
aus fremder Mittheilung Angenommene gehört stets dem Glauben an, weil
wegen Fehlbarkeit jeder menschlichen Natur nicht über allen Zweifel gewiss.
Erklärungen über die Weltschöpfung können nach dem jetzigen Standpunkt
des Wissen's nur in Gemässheit mit den Andeutungen dieses geglaubt werden,
nicht unter den Symbolen mythologischer Bilder, und die Moralgebote müssen
auf psychologischer Grundlage erörtert werden. Gewiss hängt ein schweres
Geheimniss über dem Menschenleben, aber keine dogmatische Dictaten werden
diese das Herz bedrückende Last beseitigen, sondern nur das unermüdet
eifrige Suchen, nach jenem harmonischen Ausgleich, der im klaren Verständniss zu gewinnen ist.

Indem man von den Ganglienzellen der grauen Rindenschicht und den
Hirn-Hemisphären, als Nervencentren*) der Vorstellungsthätigkeit ausgehend,

*) Der Nerv, (wenigstens der motorische) vermag nicht auf die chemische Zersetzung
im Körper zu influiren (Voit). Es ist die Einrichtung getroffen, dass bei der Eiweiss-
zerstörung immer ein bestimmter Theil des Spannvorrathe's zu electrischen Strömen wird,

F

auch den in Wirkung (nicht Ursache) gefassten Willen als Glied in einer
ununterbrochenen Bewegungskette zwischen schiebt, so soll derselbe des
Epithet der Freiheit dadurch verlustig gehen, als in den Cyclus der allgemeinen
Naturnothwendigkeit eingeschlossen. Obwohl aber innerhalb der Gesetzlichkeit dieser (beim Ausschluss des denklos Absoluten) Alles Seiende hinein-
fällt, so heben sich deshalb die relativen Unterscheidungen nicht auf und
liefe es nur auf eine kindische Zerstörungswuth hinaus, sich der durch die
Sprache bereits gebotenen Hülfsmittel aus launenhaften Eigensinn zu berauben.
Was noch nicht in den Kreis der Naturnothwendigkeit zurückgeführt, also
noch nicht erklärt ist, ist das Wilde und Ungezügelte, wogegen der Begriff
der Freiheit mit dem gesetzlicher Nothwendigkeit sehr wohl bestehen mag,
ja gerade erst innerhalb einer solchen seine Bedeutung gewinnt. Vergleicht
man den zügellosen Barbar mit einem Bürger des englischen Gemeinwesen's,
so bedarf es keines langen Beweise's, dass die grössere Freiheit dem letztern
zu vindiciren ist, da ihn nur aus freien Willen übernommene Rücksichten
binden, wogegen jener (abgesehen von der durch seinen Nebenmenschen
erlittenen oder von diesen drohenden Knechtung) sogar in mehr weniger
dauernden Abhängigkeit von den Naturverhältnissen zu stehen pflegt. Jeder
Fanti wird als Sklave seiner Familie, jeder Thai als Sklave seines König's
geboren, dennoch aber freuen sich beide (und mit vollem Recht) ihrer Bezeichnung der Freien oder Franken im Gegensatz zu den Schuld- oder
Kaufsklaven. So ist es allerdings leicht nachweisbar und jedem Physiologen
ohnedem verständlich, dass alle Motive in ihren letzten Gründen auf Körper-
vorgänge zurückzuführen sind und sich daraus inductorisch entwickeln lassen
werden, wer indess nur die letzteren mit den Processen der Willensvorgänge
identificiren wollte, würde ebenso unvernünftig handeln, wie der Mikrosko-
piker, der eine Specialuntersuchung der Leber- oder Nierenzellen für über-
flüssig erklären wollte, da es sich überall nur um eine schon auf niederen
Stufen bekannte und dort zugänglichere Zellthätigkeit handele. Es handelt
sich jedoch vielmehr gerade um die specifischen Unterschiede, und diese
werden sich bei Leber oder Niere aus der hier vorwaltenden Zellform als
solchen keineswegs genügend constatiren lassen, wenn nicht zugleich die
Einfügungsart dieser Organe zwischen den andern im Organismus und ihre
Reponsibilität zu denselben im Auge gehalten wird. Mit welchem Gedanken-
kunststück man sich den Begriff einer absoluten Freiheit hat klar machen
wollen, bleibt den μετα τα φυσικα Schweifenden überlassen. Für den Natur-

---

die durch den Willen eine andere Richtung annehmen und zur Bewegung der Materie
dienen Nach Ranke ist auch der auf die Nerven von den Centralorganen ausgeübte
Reiz ein chemischer.

forscher bedarf es keines Beweise's, dass auch die leiseste Regung innerhalb der Schlusskette der Ursachwirkungen fällt, aber denselben braucht
es deshalb noch nicht genehm zu sein die Bezeichnung des freien Willen's
aufzugeben, da sie für eine bestimmte Characterisirung in den Nerven-Actionen,
gegenüber den von den animalischen Reflexcentern und den Ganglien des
Sympathicus ausgehenden, sehr geeignet ist. Dass bei Anlage des Saamens
in der Knospe, bei Ausscheidung des Nectar in den Drüsen, die Erfolge
des Zellleben's hervortreten, braucht nach den jetzigen Anschauungen der
Naturwissonschaft nicht noch im besonderen bemerkt zu werden, und bei einer
Erörterung kann nur Fixirung der vorhandenen Unterschiede eine Bedeutung
haben. Bei Betrachtung des Menschen kommt es eben darauf an, den
Punct zu markiren, wo das Selbst sich einer gewissen Unabhängigkeit von
dem Körpereinflusse bewusst zu werden beginnt, da dann hier das Streben
zu beginnen hat, die Befreiung zu einer möglichst vollendeten zu machen.
Einen anderen practischen Zweck können philosophisch diese (für den
Psychologen unnöthige) Untersuchungen nicht haben, und theoretische Erörterungen würden nur in thörichte Wortzänkereien verlaufen. Zu beweisen,
dass der Mensch den Affecten unterworfen sei und von denselben übermannt
werden könne, scheint nach Alle dem, was indische, chinesische, griechische,
arabische, mexicanische und andere Moralphilosophen darüber gepredigt haben,
ziemlich nutzlose Papierverschwendung; eher dürften die gegen die Leidenschaften in Vorschlag gebrachten Mittel in Berathung zu ziehen sein, und in
ihrer therapeutischen Verwendung zeigt sich dann eben der freie Wille. Der
Mensch hat keine Macht über die Krankheiten, die geistigen so wenig, wie
die körperlichen, aber er sucht sie zu heilen, und darin liegt sein Stolz und
sein Verdienst. Warum bei gebotener Gelegenheit der Zorn im Gemüthe
aufbraus't, fühlt sich bei einiger Ueberlegung deutlich heraus, und diese
Ueberlegung giebt dann die Wege an die Hand den Folgen leidenschaft-
licher Aufregung entgegenzuwirken und diesen Zorn trotz seiner auf körperliche Zustände gestützten Macht dennoch durch Geisteskraft zu unterdrücken.
Wer dies durch seinen festen Willen bis zu dem einen oder andern Grade
bewirken kann, der hat sich bis soweit von seiner Körper-Natur frei gemacht,
und es wäre nichtige Wortklauberei hier gegen den Ausdruck „freier Wille"
streiten zu wollen. Wir hätten dann einfach das Wort „frei" aus allen
Dictionären zu streichen, und beraubten damit unnöthigerweise die Sprache
eines in verschiedenster Beziehung so bezeichnend verwendbaren Worte's. Im
Gesammtorganismus, innerhalb welches die zur Beruhigung der Leidenschaften
dienende Gedankenreihe gleichfalls auf Hirnprocesse zurückgeführt werden
kann, spielt dieselbe die Rolle eines Regulator's, aber nicht etwa eines im

Mechanismus selbst bereits angelegten Selbstregulator's, sondern vielmehr eines durch verständigen Einblick in Bewegung zu setzenden, die je nach dem richtigen Urtheil zu verwenden bleibt. Obgleich deshalb in dem allgemeinen Cyclus des Somatisch-Psychischen eingeschlossen, würde den denkend reflectirenden Geistesthätigkeiten*) eine auf neuem Entwicklungsknoten basirende (und dadurch von dem unmittelbaren Zusammenhang mit den frühesten Wurzeln abgeschlossene) Selbstständigkeit vindicirt werden müssen. Ausserdem aber wohnt ihnen ein unabhängig eigener, und vom terrestrischen losgelös'ter, Kern bei, der bei der im Lichte lebenden Sinnesempfindung des Gesichtsorgan's aus der Quelle kosmischer Agentien geschöpft ist.

Das Religiöse im Menschen ist der subjective Reflex jenes Naturgeheimnisse's, das jede Existenz umhüllt, und in dem Bewusstsein des Selbst in wunderbaren Ahnungen aufsteigt. Mit dem an Erforschung seiner Umgebung arbeitendem Denken wird das Relief des Wunderbaren aus allen den im Wissen festgestellten Relationsverhältnissen abgestreift werden, aber trotz dieser scheinbaren (obwohl im Unendlichen ihren Quantitätswerth verlierenden) Minderung des Unbekannten, steigert sich die religiöse Ahnung des Absoluten in mächtiger Gewaltigkeit ihrer Wirkung, weil die in ihrer rührigen Thätigkeit geschärften und feiner zugespitzten Geistesregungen für auftreffende Eindrücke um so empfänglicher werden. Der Wilde, dem die gesammte Natur im Dunkel des Unbekannten liegt, wird durch dies Mysterium in allzu unbedingte Banden der Knechtschaft gehalten, um in seiner stumpfsinnigen Bedrücktheit den Hoffnungsschimmer zu erkennen, der schon in dieser schaurigen Finsterniss glimmt, und nachdem der Reiz zur Culturentwicklung eingepflanzt, als Morgenstern dem ihm entgegenstrebenden Sehnen voranleuchtet. Die Wendepunkte der Culturepoche, in den sich der in kräftiger Jugendfrische aufschwellende Völksgeist in allen seinen aus den Antworten weiter spinnenden Fragen ungestüm ringsum an die Naturumgebungen wendet, zeigen desshalb auch die religiösen Conceptionen in ihrer vollsten Blüthe, sie sehen die eine neue Lehre verkündenden Propheten erstehen und besänftigen die in ihrem Gedankenbilde vom Dasein hervorschrillenden Dissonanzen in dem Grundton einer Alles umfassenden und Alles ausgleichenden Gottheit. Steigern sich aber mit dem Fortgange neuer Entdeckungen die

---

*) Die Bewahrung des Herzen's erfordert eine actuelle Aufmerksamkeit (attention actuelle), und die innere Einsammlung (recueillement intérieur) ist die Grundlage des ganzen geistigen Aufbaue's der Seelen (s. Bernard), als die Samadhi der Buddhisten oder Ekatta in der mit Witteka und Witzara (Aufmerksamkeit) beginnenden Meditationsstufung, zu Ubeka leitend, die so der durch Abtödtung erlangten Geistesnacht (in mystischer Theologie) entsprechen würde, aus welch' passiver Ruhe die Seele zu ihrem übernatürlichen Zustand weiter geführt werden soll, (aber bei den Mönchen des Athos sich nur in der Nasenspitze concentrirt, bei andern Dickbäuchen auf den Nabel). ,

LXXXV

Misstöne einzelner Parthien zu allzu kreischendem Zweifelsschrei, so mag
dann der Zusammenhang des Ganzen zerbrochen werden, und der in Hälften
auseinanderfallende Gott verfällt dem Spott und der Verachtung, da er nicht
länger die gesuchte Harmonie zu gewähren vermag, sondern vielmehr seinerseits selbst zum grellsten der Misstöne wird. Dann, ehe das Symbol neu
einigenden Abgleiche's gefunden ist, tritt das Culturvolk in die Durchgangs-
perioden atheistischer Indifferenz, die für Griechen und Römer ihrer Zeit
abgelaufen, für das moderne Europa mit dem XVI. Jahrhdt. einsetzte, mit
dem XVIII. seine volle Stärke erlangte und mit dem XIX. verklungen sein
mag. Die in dem Denken als Abdruck des Göttlichen aufgefasste Beihülfe
wird einmal die kosmologische Structur der Welt, ihrer Entstehung und
ihrem Ende nach, sowie in statthabender Regierung, zum Schlussring in
einander winden, dann aber feste Prinzipien gewähren, die den in umher-
drängenden Neigungen schwankenden Trieben zur Leitung und Richtschnur
dienen können, um sich mit Uebung des Guten*) im Zustande moralischer
Gesundheit zu erhalten. Das Urtheil über Gut und Böse, Recht und Unrecht
scheidet in den verschiedenen Lehrsystemen mit ungleichartigem Maasstab,
doch wird nur derjenige das beruhigende Bewusstsein, die sittlichen Vorschriften des Guthandeln's erfüllt zu haben, finden, der innerhalb seines
eigenen Kreises, diesem und sich selbst, wahr verblieben. Wie indess der
Körper, obwohl er sich an verschiedene Nahrung gewöhnen und mit derselben gedeihen mag, gewisse Stoffe doch überall und immer als verderb-
liches Gift zu scheuen hat, so wird auch die Ethik trotz nachgiebiger
Schmiegsamkeit an nationelle Eigenthümlichkeiten, gewisse Verbote durchgängig aufrecht erhalten, als der geistigen Gesundheit eines jeden Volksstamme's schädlich. Die Sittengesetze bilden sich aus den Bedürfnissen der
Gesellschaft heraus, sie werden dann, während des theologischen Zeitalter's,
unter die Hut der Gottheit gestellt, sie würden aber, wenn die Herrschaft

*) Diejenige Macht, welche allein Dauerndes und Befriedigendes wirkt in jedem
menschlichem Verhältnisse ist die Liebe, die wirksam ergänzende Gemeinschaft (s. J. H.
Fichte). Nur insofern eine Handlung aus dem Mitleiden (der freien Theilnahme an dem
Wohl oder Wehe des Andern) entsprungen ist, hat sie moralischen Werth (n. Schopenhauer).
Dass Einer Frieden hält mit dem, der ihm gleich ist, das ist noch ein Geringes, aber dass
man Frieden hält mit denen, die uns ungleich, die unsere Widersacher sind, das ist viel
herrlicher, denn da ist offenbar nur die Liebe Gotte's, die Ursache des Frieden's (nach
Meister Eckhart). Indem die Mystik statt der hohen Kunst einer entwickelten Wissenschaft,
die der Mensch besitzen und doch ohne Furcht für sein inneres Leben lassen kann, nach
einer Durchdringung des ganzen persönlichen Leben's durch das Göttliche strebt, nehmen
die milderen Richtungen der Mystik die Farbe eines schlechten, biblischen und practischen
Christenthum's an, das überall aus der Erkenntniss lebendige Frucht für die Heiligung
der eigenen Seele und für das Heil der andern zu gewinnen sucht, und von dem entwickelten System auf die Schlichtheit des ursprünglichen Ausdruck's zurückgeht (Lasson).

dieser gebrochen werden sollte, ebenso unabhängig fortbestehen, wie die physikalischen Gesetze der ihres Schöpfer's beraubten Aussenwelt. Abgesehen von den kurzsichtigen Calculationen des Verbrecher's, der sich dem Staate gegenüber als der Schwächere fühlen musste, weis't der in ihm zur Ausführung gelangte Hang zur Missethat bereits auf einen abnormen Krankheitszustand in seiner durch sociale Unordnungen verstörten Persönlichkeit hin. Dass in materiell befriedigenden Verhältnissen der Diebstahl unbekannt und überhaupt nicht denkbar ist, beweisen ethnologische Beispiele hinlänglich, und bei anregend in genügender Mannigfaltigkeit gebotenen Beschäftigung des Geistes und des Körper's wird die kurze Sinnenfreude des (verbotenen) Ehebruch's nicht die Angst vor späterer Entdeckung und der drohenden Strafe aufwiegen. Wenn mit abschleifender Civilisation die Auffassungsfäden der Gesellschaft zarter und feinfühlender sich organisiren, wird das Gebot der Nächstenliebe, das im weitesten Sinne alle übrigen einschliesst, zum geltenden werden, da ein die flüchtige Vergänglichkeit der Dinge durchdringendes und auf dem ruhend gefestigten Polarstern des Jenseits gerichtetes Auge sich nicht temporär materielle Vortheile um das Risico erkaufen wird, für alle Zukunft durch das Leiden der Nebenmenschen im sympathischen Mitleiden gequält zu werden. Ist also die Erziehung im vollen Sinn eine civilisatorische, bringt sie die empfängliche Zartheit des Mitgefühl's, wie sie für die Civilisation characteristisch ist, schon im Kinde zur Geltung, so wird im Lichte der Wahrheit der gerade Weg der Tugend eingehalten werden, nicht aus Gehorsam gegen die Glaubensboten, nicht aus Pflichtgefühl religiösen oder philosophischen Doctrinen gegenüber, sondern aus dem wohlverstandenen Interesse, die geistige Gesundheit zu bewahren, einem kategorischen Imperativ (des Selbsterhaltungsgefühl's) folgend. So lange die Nächstenliebe in politischer Abgeschlossenheit sich erfüllt, braucht sie in der Duldung des Sklavenstando's keinen Anstoss zu nehmen, sie wird aber die Abschaffung desselben verlangen, wenn im kosmopolitischen Umschau über den Globus die Menschenfamilie den sonstigen Differenzirungen gegenüber als Einheit gefasst wird. Der im Einklange mit sich Guthandelnde bringt die unter die Form allgemeiner Gesetze gestellten Normen zum Bewusstsein innerer Gesetzlichkeit. Bei solch' gesetzlicher Normirung des gesammten Denkprocesse's werden auch die Einzelschöpfungen desselben in künstlerischen Gestalten zur Erscheinung drängen und die Ideale des Schönen in Wort oder Bild verkörpern. Die optische Besondergestaltung des Schönen (in Statuen und Gemälden) hängt von der herrschenden Geschmacksrichtung ab, (obwohl gewisse Maasse durchgängiger wiederkehren, andere ausgeschlossen bleiben werden), und kann darin bald die geistige Contemplation, bald ein sinnliches Wohlgefühl zu Tage treten. In beiden Fällen, sowie in den architectonischen Schöpfungen (den Versteinerungen musikalischer Melodien) wird (auf einer, extreme Uebertreibungen zur Schwärmerei oder zur Sinnenlust vermeidenden, Mittelstrasse) das Gefühl für harmonischen Einklang geweckt und gefördert, und so in der Erziehung die Richtung auf das Gute vorbereitet, die in ihrer freiwilligen Festhaltung zur Wahrheit mit sich selbst führt und so die Weltauffassung im Bewusstsein verklärt. Die Räthsel des Sein's verschlingen sich im Knoten des Selbst, und nur dort sind sie organisch zu lösen.

Der sinnenfällige Körper des Menschen steht in jenem unmittelbaren Wechseltausch mit den Agentien der Natur, dessen Bestehen erst die Erkenntniss der letztern ermöglicht, und bei dem Mangel eines ausserweltlichen Standpuncte's der Ueberschau, bleibt es in der Wahl des innerhalb der Kreuzungen urtheilenden, ob für Verfolgung der im Räthselknoten verschlungenen Fäden der Ausgangspunct vom Objectiven aus oder vom Subjectiven genommen werde. Nachdem jedoch der Geist in Erforschung der Einzeldinge fortschreitet, bemerkt sich bald, dass der Mikrokosmos keinen vollkommenen Reflex des Makrokosmos bildet, dass die Sphäre des letztern eine weitere ist, Productionen einschliessend, die keine directe Beziehung zur menschlichen Existenz besitzen, und von Kräften durchwaltet, denen in den sensualistisch angeborenen Thätigkeiten des Nervensystem ein adäquates Receptaculum mangelt, und solches erst durch Neugewinnung abstrahirter Fähigkeiten geschaffen werden kann. Dem Denken ist somit die Aufgabe gestellt, in die Phaenomene der Welt des Sein's, durch ihren Aufschluss im Werden, hineinzuwachsen, und in allmählig unabhängiger Loslösung vom vergänglich Hinfälligen des Irdischen eine höhere Wesenheit zu entwickeln, das ihrem Selbst congruente Leben in Regionen findend, die nach der Relativität ihrer characteristisch gegensätzlichen Verschiedenheit sich als dauernd und wahr beweisen.

Juli 1871.

Die Versuche, die strenge Methode der Induction, wie sie in den Naturwissenschaften herrscht, auch auf das geistige Gebiet zu übertragen, können kaum darauf hoffen, schon jetzt ihre Anerkennung zu gewinnen. Nicht nur jede Nützlichkeitstheorie, sondern selbst der gewöhnliche Menschenverstand der gefährlichste Gegner, und unter allen Umständen ein sehr bedenklicher, (wenn auch, wie Kant bemerkt, die Wünschelruthe des sogenannten gesunden Menschenverstande's nicht Jedermann schlägt, sondern sich nach persönlichen Eigenschaften richtet) scheinen sie zu verurtheilen. Seitdem die Gelehrtenrepublik emsiger angebaut wurde, haben sich überall wohnliche Gehöfte und Baulichkeiten erhoben, wo man unter dem Schutzdach approbirter Hypothesen in systematisch geordneten Verfassungen lebt. Neue Klärungswege, die eingeschlagen werden, erweitern häufig die Besitzungen, bald ist hie und da die Ackerkrume erschöpft, die Hypothese bricht zusammen, und unter Construction einer neuen (verbreiterten oder veränderten) baut man sich an einer anderen Stelle an. Ein solches Gemeinwesen scheint ein geordnetes und befriedigendes zu sein, warum es verstören? warum den Einflüsterungen eines aus dem Schlamm des Materialismus hervorringelnden Verführer's nachgeben, der uns vom Baum der Erkenntniss zu nähren verspricht? Wollten wir indess besser sein, als unsere Väter? ist nicht der brave Adam gefallen? und leider steht zu fürchten, dass die menschliche Natur dieselbe geblieben ist, wie früher, dass sie auch diesmal der lockenden Stimme zuletzt erliegen wird. Der bösen Welt sind ihre Verkehrtheiten so lange vorgepredigt, dass sie schliesslich daran zu glauben anfängt, und man müsste sich also dann darin ergeben. Die Idealisten schwärmen für das unschuldsvolle Vegetiren der Naturvölker, doch rasch blickt der Geschichtsforscher darüber hinweg, den die Geschicke des Menschengeschlechte's fesseln, der den Knotenpunct seiner gesetzlichen Entwicklung zu durchschauen strebt. Nicht in einsamen Thälern, wo auf zerstreuten Höfen der Anbauer sich auf den Kreis seiner Familie beschränkt, nicht in den Vorstecken düsterer Wälder oder der unstät durchschweiften Ausdehnung der Steppen, wurzelt der Stamm der Geschichte, sondern nur in der Concentration volkreicher Städte, wo die Wissenschaften emporblühen, wo die Kunst ihre Prachtgebäude aufführt. Dort allein ist Bewegung, dort der Fortschritt, in dem sich der der Menschennatur eingepflanzte Keim des Unendlichen, das ewig spriessende und nie gestillte Sehnen, zu erfüllen vermag. Was hat bis jetzt auf dem Felde der Wissenschaft für Lösung der ersten und letzten Fragen der wechselnde Anbau der Oberfläche des Boden's genützt? Lagern doch vor uns noch dieselben Geheimnisse, ebenso dicht, ebenso undurchdringlich, wie in den fernsten Tagen unserer Ahnen, bis zu denen unsere Blicke zurückzureichen vermögen. Es wird Zeit allmählig tiefer einzudringen in den Mutterschooss der Erde, dort die reichen Schätze zu heben, die in goldenen Adern verborgen liegen, auch sie zu Tage zu fördern, mit ihnen ein dauerndes Monument zu errichten, das den Völkern des Globus ein Einigungspunct sei, das kein Blitzstrahl neidischer

Luftdämone erschüttern soll. Erst nachdem wir den Boden unter unsern
Füssen kennen gelernt haben, sicher wissen, auf welchen Stützen wir ruhen,
erst dann mögen wir uns dem hehreren Lichtreich des Himmel's zuwenden,
dessen Genüsse zwar jeder sentimentale Tagedieb für verweichlichende
Schwelgereien zu erhaschen hofft, dessen Belehrungen aber nur von dem
harten Arbeiter, der nach gethanenem Tagewerk ausruht, als dauerndes
Eigenthum erworben werden können. Die Förderer inductiver Forschung
werden bald zu der Ueberzeugung gelangen, dass es einer grossen Zahl von
Vorarbeiten*) bedürfen wird, wenn auch im Umfang der psychologischen
Disciplinen (im weitesten Sinne, d. h. im Reiche des Geistigen) in ähnlicher
Weise Dauerndes und Vollendetes geschaffen werden soll, wie in den
übrigen exacten Lehren. Dafür steht ihnen nun der gesammte Apparat der
Naturwissenschaften zu Gebote, und sie bedürfen unumgänglich desselben,
um durch Chemie, Physik, Anatomie, Physiologie, als nothwendige Vorstufen,
zur Psychologie aufzusteigen. Während solche einleitende Vorbereitungen
im Gange sind, kann es auf dem Arbeitsplatze nicht gerade ordentlich und
anziehend aussehen. Es muss dort Mancherlei durcheinander geworfen
werden, Materialien sind von allen Seiten herbeizuführen, die Bausteine aus-
zuwählen, aufzustellen, zu verändern, und erst nach einem Ueberblick der
Gesammtmasse der Facta, darf man es wagen, einen gültigen Riss zu entwerfen, wenn derselbe das durch die Thatsache gelieferte (nicht das in sie
hineingetragene) Gesetz aussprechen soll. Wer nach dem bisherigen Verfahren gewohnt ist, sich ein bequemes Hypothesengebäude in wenigen
Monaten oder doch Jahren aufzurichten, wird ein solches (für ihn wüste)
Verfahren nicht recht begreiflich finden und verwundert den Kopf dazu
schütteln. Auch Mancher, dem es ernstlich und redlich um die Wahrheit
zu thun ist, der für sie jede Beschwerde zu übernehmen sich bereit fühlt,
mag seine Billigung versagen. Warum Zeit und Mühe verschwenden an
einen Bau, den ihr nie fertig sehen werdet? Denn kurz ist das Leben und
lang die Kunst! Statt in einem reinlichen und netten Hüttchen, wie wir
andern, haus't ihr unter rohem Steingerümpel, dem Wind und Wetter ausgesetzt, beschmutzt und verlacht. Indess hat unsere in so mancher Hinsicht
ihren Schwerpunct verrückende Zeit unter den Anthropologen und Ethnologen
allerlei sonderbare Käuze gezeugt, die (nach des Dichter's Wort) zu dem

---

*) It is much to be desired, that our Indian savants would abstain for the present
entirely from making deductions, which only our grandsons will be in a position to make,
and devote themselves solely to collecting facts (Beames). Für die Citationen, die zur
Erleichterung eines objectiven Urtheil's aufgeführt sind, haben deren Autoritäten verantwortlich zu bleiben, was ich in Bezug auf einige Besprechungen meiner letzten Publicationen
bemerken zu dürfen bitte, ohne sonst Einwendungen gegen dieselben erheben zu wollen.

Bau der Ewigkeiten zwar Sandkorn nur auf Sandkorn reihen, die aber dennoch darauf hoffen, mit Geduld und Ausdauer ein stattliches Haus zu Stande zu bringen, und da, wenn sich dieses verpfuscht zeigen sollte, seine Anlage als Irrenhaus benutzt werden könnte, jene Querköpfe einzusperren, wird es nichts verschlagen, sie vorläufig gewähren zu lassen.

Der selbstständige Ausbau einer psychologischen Anthropologie wird um so nothwendiger, weil die kurzsichtige Betrachtung, die in der Anthropologie nur einen nebensächlichen Anhang der Zoologie zu sehen wähnt, alle die im Laufe geschichtlicher Entwicklung gewonnenen Güter des Geistigen zu zerrütten droht. Es lag im Stufengange der Naturwissenschaften, an der Hand der Zoologie bis zum Menschen zu gelangen, in diesem jedoch wird dann ein höheres Reich betreten, in derselben Weise, wie die Chemie den Weg zum exacten Studium des organischen Leben's vorbereitete, aber zugleich ein gänzliches Missverstehen derselben herbeigeführt haben müsste, wenn sie einseitig die chemischen Processe der Salzbildungen allein in ihm hätte berücksichtigen wollen, ohne der pflanzlichen Existenz ein specifisch unabhängiges Zellleben zuzugestehen. Dass sich die Inductions-Methode gegen die rein speculativ gewonnenen Ergebnisse der Philosophie anfangs ablehnend verhielt, hatte seine gute Begründung, da indess bereits die ethnologischen Thatsachen eine sichere Grundlage für den Ausbau psychologischer Studien zu liefern beginnen, muss derselbe jetzt ohne Verzug, und desto ernstlicher, in's Werk gesetzt werden.

Das geehrte Publikum und die Herren Kritiker mögen es deshalb nicht übel deuten, wenn hier auf's Neue ein Schubkarren ethnologischen Gestein's vor ihnen ausgekehrt wird, und soll die Glättung und Verwerthung desselben mit Hülfe der bereits zahlreicher zutretenden Mitarbeiter bald möglichst*) in die Hand genommen werden.

---

*) „Man muss die Uebertreibungen, sowohl in dem einen, wie in dem andern Falle vermeiden, wenngleich wir uns irren können, indem wir uns vorzeitig allgemeine Schlüsse aufzustellen erlauben, so können wir uns ebenso gut irren, wenn wir uns darauf beschränken, nur mühsame Beobachtungen anzusammeln, welche oftmals, ob sie gleich zuweilen zu kostbaren Resultaten führen, dennoch, wenn man sie ohne vereinigendes Band anhäufen lässt, grossen Zeitverlust verursachen und die Phänomene auf welche sie sich beziehen, in einer grösseren Dunkelheit zurücklassen würden, als die, in welcher sie vor dem Anfang der Beobachtungen gehüllt waren" (Grove). Erst aus dem Dunkel der vorangegangenen Nacht kann sich die Sonne eines neuen Morgen's erheben.

Orchamus*), Vater der Leucothea (bei Ovid), der Name des einzigen
König's, der sich aus der chaldäischen Dynastie Mesoptamiens (2017—1589
a. d.) in hellenischen Mythen erhalten hat, ist dem Ourcham (Urcham oder
Sonnenlicht) der Keilinschriften identificirt und errichtete unter seinen vielen
Bauten einen Tempel der Mylitta Taauth in Nipur, sowie eine Pyramide
dem Mondgotte oder Sin. Obwohl ein Nachkomme des Belus wird er ein
König der Achaemenier genannt, und bestätigt so die Ansprüche der persischen Könige, die sich mit Ueberspringung der (seitlich indess gleichfalls
verwandten) Dynastie Medien's an die Könige des alten Reiches in Assyrien**)
oder babylonischen Mesopotamien anschliessen. Achaemenes oder Hakha-
manish, von Darius (in Behistun) als an die Spitze des persischen Königsgeschlechte's gesetzt, galt den Griechen als Sohn des Aegeus oder Perseus.

---

*) Leucothoe (Tochter des babylonischen Königs Orchamus und der Eurynome) wurde
von Apollo geliebt, aber von ihrer neidischen Nebenbuhlerin Clytias ihrem Vater verrathen,
der sie lebendig begräbt, worauf Apollo sie in eine Weibrauchstaude verwandelt (Ovid).
The cylinder of Ilgi resembles Urukh's signet, whose inscription Rawlinson translated: The
signet of Orchamus, the pious chief, king of Ur. highpriest of Niffer (s. Coxe). Nemrod,
le premier roi de Babel (El-djebbar ou le puissant) creusa dans l'Irak de nombreux canaux.
Auf seinen Nachfolger Belous folgte Fioumnous. Unter seinen Nachfolgern folgte auf
Alhalous (Nchflg. des Afiaous) Oumarnous, Vorgänger des Kelous. Unter seinen Nach-
folgern wurde Souça Adrinous von einem persischen Könige angegriffen. Ihm folgte
Masrous, Vorgänger des Tataious. Unter seinen Nachfolgern folgte auf Mantourous (Nach-
folger des Afrikis) Foulakasma und dann Hankeles, der mit dem Könige von Saba kämpfte.
Dann (auf Merdjeb) folgte Merdoub, Vorgänger des Sendjarib, der gegen Jerusalem
marschirte. Die Liste schliesst mit Darou-Elica, Nachfolger des Darious (s. Masudi).
König Urcham (dessen Name auf Ziegeln im Unter-Chaldaea gefunden wurde) aus der
Chaldäischen Dynastie baute dem Mondgott Sin einen Tempel in Chalauno (der Sonne in
Sippara und Larsam) und der Mylitta Taauth (Mutter der Götter) in Nipur. König Saga-
raktiyas baute einen Tempel auf dem Landungsplatz des Xisuthrus. König Chodormapouk
eroberte im Westen (nach d. Inschriften) Chalanne. König Ismidagan baute (1800 a. d.)
den Tempel des Gottes Oannes in Ellassar oder Kalah-Schergbat, der 1100 a. d. durch
Teglatphalasar I. wieder aufgebaut wurde. Nachdem Assyrien von dem chaldäischen Reich
abgefallen war, wurden die Staaten der Rotennu oder Assyrier von König Thotmes I.
(XVII. Jahrb. a. d.) angegriffen und König Thotmes III. (XVIII. Dynastie) eroberte ausser
Assyrien auch Babylon, so dass die chaldäische Dynastie (1559 a. d.) gestürzt wurde.
Nach Berosus folgte auf die chaldäische die arabische Dynastie (in den semitischen Statthalter der Egypter). Bei dem Abfall der empörten Asien von Egypten (XX. Dynastie)
wurde das assyrische Reich (1314 a. d) von Ninus gegründet, der (nach Ctesias) die Araber
aus Babylon vertrieb.
**) In Hindu-Legenden wird die Stadt des von Bali oder Vali (König von Sunitapur)
stammenden Bana Asura oder Vana Asura, Vater des Virat (Schwiegervater des Arjuna),
von den Yavana des mit Alexander M. identificirten Krishna zerstört.

Bastian.   1

Der Anschluss an die Achaer würde sich durch Creusa (Tochter des Erechtheus) vermitteln, die (neben dem von Apollo stammenden Jon) den (blonden) Xanthus oder Xuthus (Tschud oder Skuit) den Achaeus*) (und Dorus) gebar. Des Herkules Ruhm wurde begründet durch seinen (Theben vom Tribut befreienden) Sieg über Erginus, König der Minyer in Orchomenos (wo Etcocles den Dienst der Chariten**) eingeführt.

Die während der Herrschaft der arabischen Könige in Mesopotamien (1559—1314 a. d.) betretene Etappenstrasse der Chaldaeer von Mesopotamien bis Europa ist gekennzeichnet durch die in zwei Stationen zurückgebliebenen Namen, (die der Karduchoi und die der Chalyber), die man allerdings das Recht haben wird mit Chaldaeer und Chasdim in Beziehung zu setzen, ohne dass deshalb die weitere Folgerung einer Abstammung dieser von jenen nothwendig ist. Dass bei rohen Stämmen oftmals höheren Culturvölkern entnommene Namen haften bleiben ist in Indien mehrfach bemerkbar (bei Mahratten, Burmanen u. s. w.), und besonders in abgeschlossenen Berggegenden mögen geachtete Titel zum Namen religiöser Secten werden, die (wie bei den Sikhs) zugleich einen ethnischen Typus repräsentiren können, so bei den Maroniten, Goziden, Al-Illahi, Ansayrier, Drusen u. s. w. Hatten die Chaldaeer besonders zahlreiche Niederlassungen in den erzreicheren Gegenden des Pontos gegründet, so lässt sich das Zurückbleiben ihres Namen's bei den Chalybern leicht erklären, und dass sie die dortigen Gegenden (beim Vorfinden aramäischer Elemente oder durch Zuführung derselben) tief beeinflusste, zeigt sich in den auf arabische zurückführenden Gebräuchen der Moesyni. Den Karduchoi oder Karden wurde der Name der Chaldaeer vielleicht besonders deshalb gegönnt, weil aus ihren Bergen die Befreier

---

*) ἀγαία, Λάκωνις ἀγαθά (Hesych.) γαὸν λέγεται τὸ ἀγαθὸν παρὰ Λακεδαιμονίοις womit auch der Volksname Χάονες in Beziehung zu setzen (s. Gerhard). In Hakha oder Sakha liegt Freund (n. Rawlinson).

**) Wie die χάριτες und Feen spinnen und weben, thun es auch die wilden Weiber „mit wilder Wibu Hände geworht", πέπλος ὃν χάριτες Κάμον αἶται (s. Grimm). Eine allgemeine Benennung (für Waldfrauen oder Holzweibl) muss schon im Alterthum Menni, minni gewesen sein, zu man (homo) zugehörig und zu den altn. man (virgo), in Zusammensetzungen, wie merimanni (merimioni), durch Sirena oder Scytha übersetzt (merewip oder merfei). Aquisgrani dicitur Aya, et dicitur eo, quod karolus tenebat ibi quandam mulierem fatatam sive quandam fatam, que alio nomine nimpha vel dea vel adriades (dryas) appellatur (mit einem Goldkörnchen auf der Zunge). Im Heer des Nebukadnezzar bilden die Chaldaeer die Streiter. Χαλδαῖοι γένος Μάγων (Hesych). Chaldaei non ex artis, sed ex gentis vocabulo nominantur (Cicero). Der Tempel κύαιτις der Menschen heisst in der Göttersprache χαλκίς (b. Homer). Nach Scheuchzer sind die Khasdim die Kschatrijas von Babylon, die auch in den Σκοθης liegen, auch bei Herodot's Uebersetzung von „königlichen" Skoloten (als Scythen). Die Hirtenvölker (des Jeremias) oder Khasdim (b. Habakuk), die West-Asien (630 a. d.) verheerten, fallen mit den Skythen (b. Herodot) zusammen. Scheuchzer erkennt in Arpoxais (mit Arphachsad identificirt) oder Arbakes einen Elberich (der Alfen) oder Ribhukshin (Beherrscher der Ribbus oder Nähr-Genien). Mit γαλκεῖ wurde das Orakel des Apollo bezahlt. Die römischen Buhldirnen waren verliebt in Aeneas, als aneus (des ehernen Geldes). Durch die eingeschlagenen Nägel erhielt die Zeitrechnung den Namen der aera. Im Capitol wurden rohe Metallmassen vergraben (wie in Calabar vor dem Palaverhaus). Rom bedeutet (siamesisch) Ueberfülle von Genüssen, und Buri Rom eine mit Genüssen überfüllte Stadt. Nach der Besiegung des aufständischen Babylon verwüstete Sennacherib das Land der Aramaeer (am Euphrates), der Tumuna, Ruhua, Gambulu, Khindaru, Pukudu (Pekod), Nabatu (Nabathaeer), Hagarana oder Hagarener (702 a. d.). Romapada oder Dasaratha, Sohn des Dharmaratha, herrschte in Angga. Jerusalem heisst (b Jesaias) Ariel (die Stadt David's). Romarshana oder Lomasharna fügt das Jtihasa zum Veda. Die Chaldaeer oder Beth-Yakin entflohen der assyrischen Herrschaft (unter Sennacherib) und schifften sich nach dem persischen Golf ein, von dem elamitischen König (100 a. d.) aufgenommen. Die Stadt Beth-Yakin (Bit-Yakin) war von Yakin (Vater des Merodach-Baladan) gebaut. In der XXII. Dynastie Shishak's und Sheskonks (990 a. d.) erscheinen assyrische Namen in Egypten (in Folge von Heirathen) bis Sabaco I. (Besieger des Saiten Bocchoris) die aethiopische Dynastie gründet (730 a. d.). Als Nachkommen des Manu hiessen die Menschen Manôr apatya.

vom Joche medischer Magier ausgezogen waren, ähnlich wie die spätere Herrschaft der Medier durch persische Ilijat Stämme aus Luristan und Farsistan gestürzt wurde. Dass aber der Name Chaldaeer dem Ila oder El nicht ferne steht, zeigt die Form Alybi, die sie bei Homer führen, wie nach der andern Seite hin der Name Chale auch in Kalah übergeht. Der Name des bithynischen Berges Arganthonius, wo Hylas seinen Untergang fand, wiederholt sich im Titel des Königs Arganthonius*) von Tartessus, dem westlichen Endpunkt phocäischer und (vor ihnen) samischer Schifffahrt. Mela setzt die Argenomesci neben die Kantabrer (mit der Stadt Argenomescum). Die Eisenarbeiter Chalybiens, die den (den Sabäern verwandte) Mosynoi unterworfen waren, heissen Χαλδαῖοι (b. Strabo), Ptolem. setzt χαλδαία**) neben die arabische Wüste, in den arabischen Stamm der

---

*) τὸν χρησοῦν κιόνα τὸν ἐν τοῖς τοῦ Διὸς ἀνέθηκεν, sagt Menander von Hiram. An das Silber schliesst sich die lange Reihe der mit Chryse (γαλκία, ὡς χρύσεα ἔλεγον τῷ σχήματι, χαλκοσκευῆ nach Suidas) zusammengefassten Namen, (in Chryse - Chersonnes des Südosten und Chrysaor des fernen Westen's) die ostskythischen Beziehungen vermittelnd, indem χρυσος mit (zend) zairi oder zara aus gleicher Wurzel entstanden ist. Besonders in Karien centriren (im Tempel des chrysaonischen Zeus) und an der Insel Chalcitis (vom Propontis aus) mit ihren Kupferminen, der des Erzes in den die Zinn-Inseln besuchenden Chalcidier. Sein treffliches Schwert macht Fro (den Apollo χρυσάορος) zum Sahsnot. Der babylonische Gott Bar wird in seinem Namen mit dem Symbol des Eisen's verbunden, als U-Bar. Pott hält χρυσος für phönizisch (charuz im hebr.). Aus dem (wie Lucretius bemerkt) dem Eisen vorhergehendem Gebrauche des Erzes hiessen Schmiede χαλκεῖς und, wie später das Eisen in Griechenland gewöhnlich wurde, zeigte die Verwunderung des spartanischen Agathoërgen Lichas (b. Herodot), als er in Tegea Eisen schmieden sah. Sidero gewann eine Zeitlang das Uebergewicht bei Salmoneus, bis Pelens und Neleus ihre Mutter Tyro rächten. Bei den Naturvölkern bildet der Schmidt meistens eine mysteriöse Persönlichkeit, bald heilig, bald verachtet. Wie in der Völuudmythe der Gothen findet sich das Eisenschmelzen bei den Vorfahren der den Juenjuen unterworfenen Tukni im Altai. Die früher den Türken unterworfenen Khitan (tungusischen Stamme's) gründeten (872 p. d.) das Reich der Liao oder Stahl (unter Apaokhi), wurden aber bei der Empörung der Ju-tchin (Niudsche) oder Moho (unter Agutha) dem Reiche der Kin (Gold) unterworfen (1115 p. d.), das die Mongolen, die sich 1211 (unter Temudschin) empörten und (1234) ihr Reich begründeten, das Reich der Altun-Khane (goldenen Herrscher) genannt wurde. Olympia lag innerhalb des heiligen Haines (ἄλος Altis, durch Herakles ausgemessen (mit dem Tempel des Zeus Altins). Altes war König der Leleger, der Wind Altanus, Sohn des Tellus. Mit Chrysor, den Namen des (wie Jaga Baba in einen Mörser) in einen Becher (des Athenäus) schiffenden Vulcan (b. d. Phoeniziern), konnten (nach Movers) der des Demiurgen Chusores (der Ordner) und Chusanthis Harmonia verglichen werden, da Ptha's (Pthaa's) in solcher Eigenschaft berühmt ist. Thron und Kinder des Geryon (Mars-Orion), Sohn des Chrysor (Hesiod) waren auch in der lydischen Mythe (nach Pausan.) bekannt. χρυσοτύροι οἱ Σαβῖνοι (Dion.) Gallos cum auro pugnare solitos (Plin.) Goldenes Schild zeichnet Diomedes aus. Zu ὄλλομαι (hom. Ao. ἄλτο) springen (ἅλσις, das Springen) könnten, (von der W. sal. b. Bopp) wie die Salii, die Σελλοί und Ἑλλοί gehören (s. II. Curtius). Bei den Türken wurde die Königswahl durch höchstes Springen entschieden. Altus wird zu alesvene gestellt. Zu ἅλς gehört ἅλμη Salzwasser. Bei Eustath. heissen die Telchine (weil sie die Metalle erfunden) Chalkon, Argyron, Chryse. Wie Eisen nach Herakles nannten die Babylonier Blei oder Zinn nach Anu als Pluto oder the god κατ᾽ ἐξοχήν (Rawlinson). Anius war der Seherkönig von Delos.

**) Ἀλδήμιος, als Beiwort des Zeus geht auf den Stamm ἀλδ (ἀλδαίνω) zurück. Wurzel ἀλθ ist Correlat des Sanscrit rdh (ardh). Χαλκός (Eiz) entspricht hrikus (skt), als Zinn und zelezo (ksl), als Eisen, oder (lit.) gelezis (s. Curtius). Gebeleizis wird (lit) als gyvaleysis (Ruhegeber) erklärt (s. Bayer) und Zamolxis als Erdenherr. Zemlja (ksl.) oder Erde (zemyma oder Erdgöttin) führt auf die Pehlewanen Selm. Zu zao oder zeno (in zend) gehört χθων (χθαμαλος, χαμαι) Χάλκος in bronze, ὀρείχαλκος brass (Wilkinson). Wurz ἀλκ oder ἀρκ (ἀλκή) führt durch ἀρκέω (arx und arca) auf Orcus, Hercol und eine unübersehbare Verbindungskette, die sich mit etymologischen Hülfsmitteln in den verschiedensten Richtungen an die Chaldaeer anknüpfen liesse. Alx (Alcis der Nahanarvalen) soll (alhs und alah) das Heiligthum statt den Gott bedeuten (s. Grimm). Porphyr's thracische Erklärung für den von den (den Thraciern um Salmydessus benachbarten) Geten verehrten Zamolxis mit zalmus (Fell) könnten mit der Erde zusammenfallen (wie in hide). Nach Mnaseas entsprach Zamolxis dem Chronos (wie den cranischen Gottheiten die Bergspitzen, auf denen sich in Italien die Saturnbauten des Kronos fanden).

1*

Ὀγχήνοι an den persischen Golf, während die Gerrhäer für ausgewanderte Chaldaeer galten. Shalmanassar III. erbaute den Pallast der Stadt Chale oder Chalach (Nimrod). Die heiligen Fische des Flusses χαλας in Syrien schliessen sich an Fischgottheiten Mesopotamien's und Philistaea's (in den Gestalten Poseidon's und seines Gefolges bei Aeoliern und Pelasgern erscheinend). Die mit den Chaldaeern identificirten Vorzeiten des unter den Hectenern Böotien's herrschenden Ogyges *) führt Edrei (Ἀδραά) zurück im Königreiche Og von Bashan, vorsündfluthlich wie Edris (Idrisi) oder Henoch, der egyptische Taauth der Sabaeer, der als Hermes Trismegistus Künste und Wissenschaften nach Westen trug. Das in den Skamander mündende Flüsschen Andrius wird von Mannert in der Gegend der Flecken Ene oder Nea**) (ἡ Νεά κώμη) gesetzt, wo die Silberminen die (von Odius und Epistrophus geführten Alizonen aus Alybe homerischer Chalybier oder Chaldaeer).

Würden die Kasdim***) (Habakuk's) als Skythen†) zu erklären sein (und also zunächst den Khasaren entsprechen, unter welcher Bezeichnung sio schon in früherer Zeit bei den Orientalen auftreten), so wäre vorauszusetzen, dass der gleiche Name auch bei den vorangegangenen Wanderungen derselben Stämme sich gefunden, und das Ur-Chasdim Abraham's möchte zur Zeit der bei Berosus als Meder figurirenden Scythen seinen Ursprung erhalten haben. Dass der Name solcher Eroberer nachher in religiöse Bezeichnungen übergegangen sein sollte, würde keine vereinzelte Erscheinung sein, die Saka haben die Sakiamuni (anderswo Scythianus) geschaffen, und der in einer oder anderer Weise vermittelte Zusammenhang von Gothen und Kudai liegt nahe. In der mesopotamischen Stadt der Chaldäer lag Hermes begraben, und an Chalane (der Chaldim oder Chasdim) konnten Alanen lehnen, während in Halag(land) nach Ad. Brem. der Begriff des Heiligen††)

---

*) Von Athene (Siga oder Onka) oder Ogga war das Thor des kadmeischen Theben's mit einem Altar der ogkäischen Athene (b. Nonnus) benannt. Ὀγκαίην ἐπίνειμι πόλιν γλαυκώπιδι Μήνη. Die kappadokische Tanais heisst Athenais (b. Cicero). Athene wird (bei Tatius) mit dem Feuergott Hophästos (Chrysor) zusammengenannt. Die vom tyrischen Herakles erzeugte Onka heisst (b. Nonnus) Mene (oder Men, als Luna und Lunus). Der Men des Pharnakes heisst das von der Sonne ausgehende Mondlicht. Meni ist (b. Jes.) babylonische Schicksalsgöttin, τύχη τοῦ βασιλέως der pontischen Könige nach Movers, der Men oder Mene, als Name der Onka, in Minerva oder (etrusk.) Men-rfa findet. Auf palästinensischen Münzen von Laodicea oder Herbon erscheint Onka-Mene weibmännlich in phrygischer Mütze als Men (s. Eckhel), mannweiblich dagegen in kriegerischem Costum (mit einem abgehauenem Menschenkopf in der Hand) auf Münzen von Scythopolis oder Caesarea. Die Edda preis't Feuer und Sonne als das Beste. Solem et Vulcauum et Lunam nennt Caesar die Götter der Germanen. Des Tuiscon Sohn ist Mannus.

**) Au νέο-ς mit nava-s (Sanscr.) und novu-s (Lat.) würden sich die Nabataeer als junge Javanen schliessen, mit gleicher Unbestimmtheit der Bezeichnung, wie die Skythen, die das jüngste der Völker heissen. Die Nauplier (Ναυπλιεύς) waren Egypter (n. Pausanias) und Neapolis (Morthia oder Sichem) wurden später Nablus genannt. Im Gegensatz zu Tyrus oder Utica (Atika oder die Alte) war Karthagnena die Neue Stadt (Καινὴ πόλις) oder Kartha-Yena von jena (im Türkisch-Tatarischen) oder yeki (yengi oder neu). Das Greek Carchedo is derived from Caer (or Car) and hedo or new bemerkt Wilkinson, der die Aehnlichkeit zwischen der Citadelle Byrsa (aus den Häuten erklärt) mit Borsippa (Birs-Nimrud) und dem arabischen Bursa (b. Babylon) hervorhebt.

***) Die Kasluchim, von wo die Philister oder Plethi (wie die Krethi von Kaphither oder Kreta) auszogen, wohnten in Kassiotis (zwischen pelusischer Nilmündung und Palästina.

†) The Scythians or Chasdim were expelled from power in Assyria by the race of which Pul is the first monarch on record (Rawlinson). Die Empörer Phraortes nannten sich Xathrites von dem Stamm des Cyaxares, als König von Persien (nach der Inschrift des Darius).

††) Bei den von Phöniziern gegründeten Heiligthum, Karion, kreuzte sich die Strasse zum rothen Meer mit der phönizisch-ägyptischen Handelsstrasse. Halja von den Wenden Nija (Zeus). Plutonem cogminabant Niia, quem inferorum et animarum, dum corpora linqunt, servatorem et custodem opinabantur (Dlugoss).

liegt. In *Γαλάται* und Galli findet Zeuss den Stamm Gal, wie in Gael und Gail (die schottischen Hochländer). Die Gründung Scythopolis durch die Scythen wird von Plinius dem Bacchus zugeschrieben.

Wären die Chaldaeer in der Nachkommenschaft des Arphaxad auf Jarah zurückzuführen, so würden sich die Jaráchaei (des Landes Jarach) oder (bei Agatharchides) *Ἀλλαῖοι* erklären, populi ad mare rubrum, quorum reliquiae circa Meccham filii Helal memorantur (s. Bochart). Gleich den von Soldjuk (Sohn des Dekak) hergeleiteten Seldjukken (Selgiuki) oder Salagecah (Selagecah) möchten die Chaldaeer (Alyber oder Aldener) im Anschluss an *Σαλαμοι* und Solimane in Beziehung stehen mit den alten Propheten Salah oder Sala-el-Nabi, der für den Sohn des Arphaxad, sowie den Vater des Heber gilt, und mit den untergegangenen Stämmen Arabien's zu den allein in ihrer Rasse (b. Diodor) erhaltenen Themuditen, Nachkommen des Amer, Sohn des Aram (Bruder des Arphachsad) gesandt war, wie sich der Name Salah, als der eines Heiligen, in vielen Eigennamen (Salahaldin, Salaheddin) der Araber erhielt und in derselben Weise im Volke (oder Volksstämmen) seine Titel hinterlassen haben könnte, wie Heber in den Hebraeern, Ismael in den Ismaeliten, Joctan, Saba u. s. w. Am Flusse Soliman gründeten die später die Ufer des Tholo bewohnenden Hoei-hu ihr Reich, als sie (VI. Jhdt. p. d.) unter Sche-kien von den Türken abgefallen waren.

Der Gründung scythischer (sakischer) oder, unter Umständen, chaldaeischer Dynastien, ging oft die vorherige Herbeiziehung nomadischer Soldtruppen*) vorher, und oft durch solche Dynastien, die ursprünglich selbst schon aus gleichem Stamm sich ableiteten, wie später bei den Türken**) in der Herrschaft und gegenseitigem Sturze von Bujiden, Seldjukken, Ghazneviden, Osmanen u. s. w. Die *Καρδοῦχοι* (*Γορδυαῖοι* oder Korducni) oder (als Tapfere im Persischen) *Κάρδακες* (Karduchis oder Kurden) heissen (b. Strabo) *Κύρτιοι****), als Kureten oder Kourioi unter den von Car stammen-

---

*) Die kriegerischen Gebirgsvölker des mittleren Asiens, namentlich die in einem Theile Armeniens ansässigen Chaldaeer, und die Perser (bei Ezechiel) kommen schon früh in der asiatischen Geschichte als Soldtruppen vor (Movers).

**) In Spanien spielten die mit dem Namen der Sklaven (Sakálibah) bezeichneten Mamelukken, später die Berber eine ähnliche Rolle, wie die türkischen Lanzknechte im Osten und dasselbe Verfahren befolgten auch später die Almohadischen Sultane, die ihre Truppen mit Vorliebe aus dem berberischen Zanâtah Stamm und aus den arabischen Beduinen wählten (a. Kremer). Nachdem die assyrischen Könige Asshur-bel-mus und Buzur-Asshur Verträge mit Babylonien geschlossen, vermählte Asshur-vatila seine Tochter mit dem chaldaeischen Könige Purna-puriyas (1500 a. d.). Tiglathi-Nin war der erste Eroberer-könig Assyrien's (nach Rawlinson), Babylon unterwerfend (1270 a. d.) Tiglath - Pilesar bekämpft die Nairi (in Aram-Naharaim). The Assyrian Inscriptions designate two countries by the name of Musr or Muzr, one of them being Egypt and the other a portion of Upper-Kurdistan. Im Krieg mit Babylonien eroberte Tiglath - Pileser die Stadt Kurri-Galazu (Akker kuf), Sippara und Hapa (Opis), sowie Babylonia. Die von Tiglath-Pileser in den Kampf geführten Götterbilder wurden durch Merodach-iddin-akhi erbeutet (wie die Arka der Juden durch die Philister). Die Spartaner pflegten die Bilder der Tyndariden mit in den Kampf zu nehmen, und die Aegineten sandten den Hülfe suchenden Böotiern die Bilder der Aeaciden, die das griechische Heer vor der Schlacht von Salamis holen liess. Macrobius erwähnt eine Verbindung des egyptischen Königs Senemur oder Senepos und den assyrischen Deboras oder Deleboras in Heliopolis (Taibur oder Sippara). In der XX. Dyn. Egypt. finden sich assyrische Namen.

***) Die dem in Matsya residirenden Virat (Schwiegervater des Arjuna) unterworfenen Kiratas oder Kichak herrschten später in den Bergen Nepal's als Brahmas oder Varmahs (Burmahs oder Brachmani), Aus den Bergjägerstämmen der Kirata bildete sich die Vorstellung der Felsen bewachenden Zwerge. Bhawani wird im Vindhya - Gebirge als Kirati (die Jägerin) verehrt. Die ephesische Naturgöttin (gleich der phrygischen Cybele) galt als Artemis. The root kher or ker (in Khera, Kiria, Khair u. s. w.) appears in the name of the great ethnical group of the sub. Himalaya, the Kirantis or Kiratas, a warlike aboriginal tribe, classed by Manu and the Mahabharata, as outcast military peoples along with the Khasas, Chinas, Dravidas and other non-aryan races, on the eastern borders of the

den Karern. Der Araxes heisst Chala-Su*) oder Nabi-Su (Tatu-Su oder
Rakschi). Wie die Korybanten Phrygier, sollten die Kureten (nach Strabo)
Kreter sein, die zuerst in Euboea das Erz bearbeiteten, *διὸ καὶ Χαλκιδέας
αὐτοὺς κληθῆναι*. Die in Chalkis**) über das Lelantische Feld Krieg
führenden Kureten, schoren sich (weil sie am Stirnhaar niedergezogen wurden)
und nannten dann (nach Archimachus), nach Aetolien auswandernd, ihre
Nachbaren Ungeschorene (Akarnanen).

Die in Höhlen und Schluchten wohnenden Kureten sind Erfinder der
Waffentänze und der Helme (nach Diod.), wie die Karier***) (nach Herodot)
der Helmbüsche. Kureten fanden sich als Volk in Akarnanien und Aetolien
(b. Homer) wie auf Kreta (als Dämone), von Hekatäos stammend, Diener
der Hekate, mit den Korybanten (b. Strabo) identisch (oder den Kuroi-
Abanten). Phoroneus, dessen Tochter Dannis die Kureten gebiert, ordnet
die menschliche Gemeinschaft, als Feuerbringer. Bei Diod. stammen die
Kureten†) und Korybanten aus den idäischen Dactylen. Nach Ephorus
wurden die Kureten durch die mit den Epeern·verbundenen Aetolier vertrieben. Die Kureten sollten von dem Berge Karius über den Pleuron be-

---

Bharatavarsha (according to the Vishnu-Purana). The root chi, as in China, is only another
form for khi or ki (s. Hunter). Die troischen Kilikier (mit den Kilikiern *Ϝῳ τοῦ Ταύρου*
verwandt) wie Thebe Hypoplacie batten die Syrer vertrieben. Die thracischen Kikonen
waren älteste Bewohner zwischen Hebrus und Lissus.
*) Saturn hiess (bei den Phoeniziern) Chald oder die Zeit (Movers). Den Gott Cheld
auf der Stele des Amenmes (im unter-aegypt. Nomos) stellt Ebers zusammen mit *Αλδήμιος
ἢ Ἀλδος ὁ Ζεὺς ὃς ἐν Γάζῃ τῆς Συρίας τιμᾶται*. Khaldi ist (nach den Keilinschriften) der
Mond (in Armenien) und der Mond (als Men) ist der Messer (der Zeit). Der Fluss Magoras
(Makar oder Nahr-Beyruth) oder Chaldos wurde von Saturn (nach dem Verschlucken des
Baetyl) ausgetrunken. Nach Rawlinson war die Kaldoi (Chaldaeer oder Kasdim) der
bedeutendste Stamm der Akkad (hamitischen Rasse in Babylon). With this race originated
the art of writing, the building of cities, the institution of a religions system and the
cultivation of all science and of astronomy in particular (ähnlich den Heliaden auf Rhodos).
Ctesias vergleicht die Chaldaeer Babylon's mit den egyptischen Priestern. Die mit den
Hyksos oder Hakos (und ihr Ak) zusammenhängenden Akkad gaben ihren Herrschernamen
der geachtesten Kaste in Babylon.
**) Das Fest der *Χαλκιοίκια* wurde der Athene zu Sparta von bewaffneten Jünglingen
gefeiert (nach Polyb.).
***) In karischer Sprache hiess kar das Schaf (s. Hesychios) das Hirtenvolk be-
zeichnend, das dann erobernd auftritt. Nach Athen. hiess Karien auch Phönizien. Die
Karier wurden von den Kykladen durch Minos vertrieben.
†) *οἱ μὲν Κουρῆτες Δαναΐδος νύμφης Κράσσης καὶ Ἀπόλλωνος παῖδες*. Die Anakten
von Amphissa wurden für Kureten oder Kabiren (oder Dioskuren) gehalten (nach Paus.).
Adonis (*ὁ ὕψιστος* in Byblos) wird im orphischen Hymnus als *κούρη* und *κόρος* angerufen,
und soll als Weib dem Apollo, als Mann der Venus beigewohnt haben (s. Movers). Kronos
wird mit Bel (oder Abelios) identificirt und Kyrus oder der Sonne erklärt. *Ἐρδόμη* (der
Athen genannten Städte). *Ἀκαρνανίας, ὡς Δημήτριος, Ἀθηναίους ἐν τῇ χουρήτιδι κτίσαντες
πόλιν Ἀθήνας προσαγορεύσαι τὴν γὰρ νῦν Ἀκαρνανίαν κουρῆτιν ὠνόμαζον* (Steph. Byz.).
Die Daktylen bearbeiteten zuerst das Erz am Ida (s. Strabo). Die Daktylen heissen (bei
Cicero) Digiti (in Cultus vom Praeneste) Das Wort (die Dactylen) verhält sich zu *διδάσκειν*.
wie digitus zu discere" (Klausen). Beim Komiker Krobylos stehen idäische Daktylen für
unverbrennbare Finger. Gyges, Sohn des Daskylos, steigt in die Kluft des gigäischen See's
herab und entnimmt vom Riesenfinger den Fingering (*δακτύλιον*), der unsichtbar macht,
(durch Philostratus vom Kopf des indischen Drachen hergeleitet). Einer der idäischen
Daktylen (*γόητες καὶ φαρμακεῖς*) erfand (nach Clem.) *χαλκοῦ χρῆσιν*. Die Indigitamenta
werden durch Incantamenta erklärt. Corinth became noted for the peculiar composition
of its bronze which was regarded as better suited for works of art than any other and
which under the name of aes Corinthiacum was celebrated throughout the world (G. Ramlinson). Wiederbelebung des Attis verweigernd, bewilligt Zeus (der Agdistis), ne corpus
ejus putrescat, crescant ut comae semper, digitorum ut minimissimus vivat, perpetuo solus
agitetur et motu (Arnobius). Die Eisen bearbeitenden Chalybes gehorchten den Mosynoeki
(Xenoph.). Nach Ammian waren die Chalybes die Erfinder des Eisen's. Alyba war Geburtsstadt des Silber's (nach Homer). *Οἱ νῦν Χαλδαῖοι Χάλυβες τὸ παλαιὸν ὀνομάζοντο*
(Strabo). Argaeus (mons) parens volucrum equorum (Claudius). Die Römer bezogen
Luxuspferde aus Kappadokien.

nannt sein, die Korybanten heissen Betarmones (phäakische Meister) b. Homer. Ayas (Gewinn oder Erwerbung) oder Metall im Allgemeinen bedeutete nach einander (im Sanscrit) das Gold, das Erz*) und das Eisen (s. Pictet). Metallika (μέταλλον) bezeichnet das Ausgezeichnete.

Während sich der Name der Scythen in Sakasene in Armenien, und in Segestan in Persien (als Anweisungsplatz der im Nomadenleben verharrenden Verwandten des ansässig werdenden Herrscherhause's) erhielt, konnten auch karduchische Bergstämme und besonders wegen Minenreichthum ihres Landes durch Ansiedlungen bevorzugte Völker (wie pontische Chalyber**) den Namen der Chaldaeer annehmen, wie die Keratas in Nepaul den der Bramas oder Burmas und Karyang am Irawaddi den der Birmanen oder Bramanen. Lassen wir also die Thaten des (vielleicht in den Osontasen und Amenemhe - Dynastien gespiegelte) Oghuz (bei denen indess schon im Kiptschak***) durch den im hohlen Baum Geborenen die Grundlage für spätere Gothen und Geten gelegt wurde) in ihren vorzeitlichen Nebel verschwinden, so konnten diejenigen Ereignisse, durch welche chalkidisch-chaldäische Beziehungen bis Europa vorgetrieben wurden, in die Zeit desjenigen Erobererzuges fallen, den wir auf verschiedenen Stationen verfolgen können, als Meder (b. Berosus) oder Arier (Agatscheri oder Hujin-Erkan von Eri oder Männer) in Babylonien, (2400 a. d.) und (2200 a. d.) als Hyksos (kirgische Hirtenkönige oder Hakas) in Egypten. Nachdem in Babylon die mit den Eingeborenen verschmolzenen Einwanderer die chaldäische Dynastie auf den Thron gesetzt, und in Egypten die in Theben acclimatisirten Fürsten (XVIII. dyn.) ihre im Nomadenleben verharrenden Verwandten aus dem Delta vertrieben hatten, ergossen sich diese über die umliegenden Länder, am Orontes das (gethisch-gothische) Reich der Khetas stiftend und als Amalekiter das Land (Lydien) betretend. Von hier begannen dann, nachdem (wie später bei Franken und Sachsen) das Schiff der Wüste in dem des Meeres vertauscht war, die tyrrhenischen (türkischen) Erobererzüge, die in Verbindung mit den Pelasgern diejenigen Einflüsse nach Italien

---

*) Thüren, Schwellen und Angeln der Tempel fertigte man in Rom von Erz, aerea ideo, vel quod aes magis in usu veteres habebant, vel quod religioni magis apta est haec materies, denique flamen Dialis aereis cultris tondebatur, aut quia vocalius ceteris metallis, aut quia medici quaedam vulnera curant, aut dicit, quia veteres magis aere usi sunt, aut quia aerea secula significantur (Servius). Vor Numa bedienten sich die Priester γαλκαῖς ψαλίσιν ἀλλ'οὐ σιδηραῖς (Lydus). Prius itaque et Tuscos aenco vomere uti, cum conderentur urbes solitos in Tageticis eorum sacris invenio (Carmin.), et in Sabinis ex aere cultros, quibus sacerdotes tonderentur (A. v. Macrobius) In den Kufen, wo die heissen Quellen entspringen denkt man sich die Höllenfahrt des Abenea, an dem vom Sturm umlärmten Vorgebirge den Sitz des Abenator's Misenus, dessen Namensform auf oskischen Ursprung der Sage hinweis't. Nun aber kamen die Chalkidier und Kymäer, unter den letzten aus Troja stammenden Gergithier mit dem Namen der Sibylle und reichen äneadische Erinnerungen (s. Klausen). Homer erwähnt unter den Metallen das σίδηρος (nur zu Ackerbaugeräthen dienend) seltner, als das zu Waffen gebrauchte Χαλκος. Zur Zeit des ehernen Alter's war das schwarze Eisen noch nicht (nach Hesiod). Abenea ist (nach Klausen) thätig, wo die Ansiedlung durch Erzgeräth gegen die Geister der Wildniss geschützt werden. In Rom wird Romulus die Furcheziehung mit ehernem Pfluge beigelegt. Von den ehernen Nägeln, die jährlich in die Tempelwand eingeschlagen wurden, hiess die Zeitrechnung Aera. Rougemont macht aus Kasdir das Metall der Kasdim oder Chaldaeer (Kafschir oder Milchschaum im Persischen). Ulfilas übersetzt γαλκος (W. ghr, lucere im Sanscr) mit aiz (s. Pictet). Gesenius erklärt Tubal Cain als scoriarum faber.

**) Als Schmiedekundige Χαλκεις, waren die in vier Stämme getheilten Tegeaten des von Aleus gegründeten Tegea (in Arcadien), wo der die Knochen des Orestes suchende Lichas verwundert der Bearbeitung des Eisen's zusah. The name Canopus (Κάνωβας) said to signify χρύσιον ἔδαφος, has been derived from kahi-noub, golden land (Wilkinson).

***) From Kebt, Koft or Coptes the modern inhabitants are called Copts, its ancient name in hieroglyphics was Kebt-hor or according to Poole Kaphtor (of Jerem.), composed of Aia (land) und Γόπτος and to be traced in the Ai-Caphtor or the land (the coast) of Caphtor.

trugen, die später zur Nebeneinanderstellung etruskischer und lydischer
Sitten Anlass gaben. Der asische Stamm in Sardes verbreitete dann seine
Hegemonie über die umliegenden Gebiete Phrygien's und Mysien's, wo deshalb nicht nur der As-Namo hochgehalten, sondern auch die Verehrung der
traditionell fixirten Patriarchen Ai in seine genealogisch-mythologischen Beziehungen angenommen und in den aineiischen Bezeichnungen fortgepflanzt
wurde. Die bedeutungsvolle Entstehung des assyrischen Staate's, von der
die Griechen ihre Geschichte zu zählen beginnen, scheint von dem Reiche
der Khetas an den durch das Walten des Typhon oder Seth (dem Gott der
Hyksos) geweihte oder gefeierter Stätten, von dem durch Isidor bis auf
Nimrod zurückgeführten Edessa in Osrhoene (der spätern Stadt der Mannus
und Abgar), indem eine Warägerdynastie diesen Gothen oder Geten*)
(Djeten) dem Rutennu behülflich war, das Joch arabischer Satrapen abzuwerfen und dann mit dem Ruhm des Ninus die umliegenden Länder füllte,
ihre Herrschaft bis zum Pontus, wo schon die Argonauten Assyrer trafen,
und bis zu dem Leukosyrern ausbreitend und auch Troja unter die Vasallen-
städte zählend. Wie König Teutamas auf Niniveh's (des assyrischen Larissa)
Thron, finden wir einen König Teutamidas in Larissa (als Gastfreund des
Akrisius), König Teuthras im mysischen Teuthrania, griechische Teuthras
(b. Homer), trojanische (b. Virgil), Teuthredon**) aus Magnesia u. s. w.
Der gallische Kopf Teutates war (in assyrischer Weise) mit bärtigem Kopf
und Flügeln dargestellt, am Zusammenfluss des Danubius und Dravus lag
Teutoburgium, in Illyrien herrschte die das Mutterrecht der Eroberer be-
weisende Königin Teuta u. s. w. Dies teutonische Element war also schon
damals im Germanischen der Gothen involvirt, und es scheint eben den einheimischen Grundstock gebildet zu haben, aus der bei zutretender Mischung
der Nomadenstoffe sich die auch später in den zugehörigen Scythen abscheid-
bare Specifität des Getismus oder Gothismus hervorgebildet habe, denn der
dem Flussgott Scamander von der Idäa geborene Teucer***) repräsentirt den
eingeborenen Grundstamm, oder doch eine ältere aus Oghuz Tataren, Thatse
oder Thii, oder Tutuckeliut, dem der von Samothrake hinzukommende
Dardanus den danaischen (oder damalig griechischen) verwandte Züge auf-
pfropfte. Die Beziehungen zwischen Mysien und Moesien hatten schon
damals von dieser teutonischen Unterabtheilung, der im Allgemeinen zu den
Ost-Nomaden gehörigen Geten, nach Europa geführt, sie zeigen sich dort
am Teuthraflusse in Achaia, bei Teuthrone in Laconien, Teuthis in Arcadien, als griechisch redende Teutonen in Italien, sie werden aber nach dem
Falle Troja's nach Norden zurückgeworfen, veranlassen dort die auf Griechenland zurückführenden Traditionen der Tuatha de danan, sowie die trojanischen der Franken und Sachsen und kehren später, mit den ihnen nach-

*) Die specieller den Jueitschi verwandten Geten oder Gothen figuriren häufig genug,
als einer der Zweige unter der allgemeinen Bezeichnung der Nomaden, erhalten aber
(ebenso wie Kankli oder Kasakische Kankuen, Charluck oder Altai-Türken, Chaladsch oder
persische Lak in Aghadschen oder Arier) neben Ughuz's Uighuren ihre besondere Rubrik
und eine auf einen vorhandenen Stamm von Eingeborenen des Kiptschak zurückführende
Entstehungsweise.
**) Die Titanomachie (b. Arctinos) feiert (gleich dem Kampf der Brüder des Zervan)
den Sieg über das Teutonenthum, obwohl sich später noch an verschiedenen Punkten auf
der Insel Reste der Titanen antreffen. Neben Τεύκρος (W. τεκ) steht τεῖχος (W. τυχ),
τιταίνω nähert sich durch tanas (sanscrit) dem scythischen Tanaus. Die Tataren (Thatse
oder Thatha) wurden (von den Chinesen) Tii (Hunde) gescholten. Den Kaukonen gehörte
die Stadt Tieum (nach Strabo).
***) Wie der arcadische König verwundete Ornytis oder Teuthis die Athene, als sie
den in Folge der widrigen Winde, die bei Aulis aufhielten, zur Rückkehr Entschlossenen
abhalten wollten. Ajax, Sohn des Oileus, war der Athene verhasst, weil er Cassandra in
ihrem Tempel entehrte. Teucras war Bruder des Telamonier Ajax.

gezogenen Kimmeriern oder Kimbern zu südlichen Eroberungen zurück. Indem diese beiden Völkerzüge aus den Sitzen asiatischer Cultur nach Nord-Europa und zwar, wie es scheint, auf dem gewöhnlich eingeschlagenen Wege zunächst nach Scandinavien kamen, so ist es in keiner Weise überraschend oder widersinnig, wenn dänische Archaeologen Spuren einer höhern Cultur in ihrem Alterthum gefunden haben wollen, in Perioden, wo andere Theile des nicht unmittelbar am Mittelmeer gelegenen Europa's, noch auf den Stufen roher Uncultur, einer palaeolithischen Steincultur gestanden haben mögen. In jedem Falle würde indess eine solche Vorstufe auch in dem begünstigten Gebiete vorauszusetzen sein, obwohl sie, weil bei ihnen um mehrere Jahrhunderte weiter in die Vorzeit zurückfallend, deshalb weniger offenkundig zu Tage liegt. Wie Türken als Jyrken erschienen gothische Teutonen als Joten *) und stellen sich in dieser Namensform den später anlangenden Gothen gegenüber.

Guran bedeutet Chalckah, (was durch Quatremère mit Kreis oder Um-zäunung erklärt wird), denn wenn in alten Zeiten ein Volk irgendwo sich versammelte, traten sie, einem Chalckah gleich, zusammen, während dessen der Magnat, gleich einem Punkte, in der Mitte des Umkreises sich befand. Das nannte man Guran. Jetzt geschieht der Zusammentritt gegen den Feind in gleicher Weise (s. Raschideddin). Hammer findet in dem den Befehls-haber (als Gjurgjan oder Mittelpunkt) oder Kjurkjan (Ringherren) umgeben-den Gjuran oder Ring die Ringe der Avaren (b. Jornandes), während die Temudschin als Guran umgebende Heeresabtheilung (nach Erdmann) im Viereck aufgestellt war. Tacitus spricht von einer dem Guran ähnlichen Keilstellung der Germanen, wie sie sich auch bei Scythen und Hunnen fand. Der mesopotamische Gott Hea (durch eine Schlange symbolisirt) war der Schutzgott der Stadt Khalka (auf den Keilinschriften). Vishnu beendet das Khali-Alter, als Khalki.

Im Namen der Achaemeniden **) erklärt Rawlinson hakha (in Hakha-manish) (Freund) oder Sakha (oder von hakha und manas ***) und ak ist ein weitgehendes Beiwort von Titeln in Asien. Bei den Turkmannen Chiwa's geniessen die Ak-Sukal oder Weissbärte (Aga-Sukal oder Bartherrn) patri-archalisches Ansehen, bei den Afghanen werden unter dem Kandidar die Familien von ihrem ältesten Mitgliede (Zhera oder Weissbart) geleitet, die Horden der Iligat stehen unter dem Risch-e-Sefid oder Weissbärten. In Chiwa herrschten früher die Fürsten oder Inak unabhängig und noch jetzt führt der älteste Bruder oder Sohn des Chan den Titel Inak. In Bochara nimmt der Inak oder Oberbefehlshaber die nächste Stelle nach dem Kusch-Regi oder Hausmaier an, der dem Amir zur Seite steht. Hitzig will den (phrygischen) Annakos†) als den Jahresgott Henoch erklären. Nach der Fluth unter dem phrygischen Könige Annakos war Ikonium die erste Stadt, von dem auf Zeus Geheiss durch Athene und Prometheus geformte Bilde (εἰκονες) des Menschen genannt. In Argos herrscht Inachus, der Flussgott

*) Nuithones oder Niuthones (Teutones oder Teutoni) ist identisch mit Eucii oder Eutii (Theod.), Euthiones (b. Ven. Fort.), Juthae (Ad. Br.) Jutae (Beda) oder Vitae (Geata b. Alfr.) in Vitland, auch Vithuugi (Eumen.) oder Juthungi (s. Zeuss). Die Juthungi oder (Eid. Ap.) Vithungi sind Alamannen.
**) Darius giebt seinen Stammbaum von Achaemenes, aber auch Orchamus (der chal-däische König Ourcham zu Chalanne) heisst (b. Ovid) König der Achaemenier.
***) Durch die mathanam oder manthanam (von math oder manth) bewegen, genannte Operation wird (in Indien) der heilige Pflanzensaft ausgezogen (und das Feuer erzeugt). Le grec manthano se rapporte à la même donnée primitive signifiant apprendre (d'Eckstein). In Prometheus mit den Titel verbunden.
†) Sardanapal heisst (nach d. Inschrift b. Tarsum) Sohn des Anakyndaraxes (Anaku nadu sarru Assur oder ich, heiliger König von Assyrien) nach Clitarch.

(nach Pausanias), als ältester König, aber die hellenischen Fürsten der Anakes *) wurden anderswo zu feindlichen Riesen (Anakim). In Hinterindien wurde früher Ok oder Akku als Titel ertheilt. Oceanus als Nährmutter (in der Feuchte) hiess Okeame (nach Diodor). Bei den Kirgisen ist Hakba in die Stammesbezeichnung übergegangen und hat sich, wie bei den Führern, boim Volke bewahrt. Das griechische ἄναξ entspricht dem persischen Titel Naga (aus dem Egyptischen) auf der Behistun-Inschrift (nach Rawlinson). Μίδαι Ἀναχτει auf der Inschrift der Grabmäler zu Doganlu (der phrygischen Könige). Die Keilform Ak, durch das Gottesdeterminatif bevorwortet, bezeichnet auf hieratischen Inschriften Nebucadnezar's den Gott Nebo (s. Brandis). Der Titel des Hyksos-Königs schliesst mit Noub (des Gottes Num oder Nab). Agog ist Fürst der Amalekiter. Das Suffix **) mat (besitzend oder mit) liegt in Gomat (gaomat im zend) oder Gaumata (als Persisch), als Heerden besitzend (Gomates oder Gaumatus) oder Cometes (bei Justin), wie in Hakhamanish (nach Rawlinson).

Die Handelsstadt Sinope war von den Assyriern gegründet und Assyrer***) hatten die Landstrasse zwischen Pontus und kaspischen Meer inne, wie auch Kir am Flusse Kir. Das Reich des Ninus umfasste (nach Ktesias) alle pontischen Küstenländer mit Einschluss des Propontis und des Hellespontes. Die Deukmäler der assyrischen Eroberer Memnon's reichen über Troas und den Hellespont bis nach Thracien. Der Nachfolger des Ninus, der Kriegsgott Baal-Thuras, der Dionyseus-Thureus (b. Nennus) führt mit den Skythen am Kaukasus Krieg und lag (nach Suidas) in Thracien begraben, als Kambirus (Kabir, der älteste König Asien's), der (nach Bar-Hebr.) mit den Kelten Krieg führte. Asarhaddon († 608 a. d.) verfolgte den Mörder seines Vater's bis Byzanz. Nach Megasthenes stiftete Nabukodraser Colonien in Thracien. Die Assyrer verdrängten die Heneter aus ihren Sitzen in Paphlagonien (s. Arrian).

---

*) Anas, (Vater des Asterius) herrschte (als Sohn des Uranos und der Ge) in Anactoria (Milesia). Von Dioscouren, als Anacten, wurde die Anacea gefeiert. Die zuerst dem Naglfari vermählte Nöt (Nacht) gebar dem Anar die Erde (Jörd) und verband sich dann mit den Asen Dellingur. Nach Besiegung der Saken bauten die Perser den Gottheiten Anais, Omanus und Anandatus einen runden Tempel. Ananda ist der Unendliche. Anaitis wurde von den Cappadociern, Anabid von den Persern verehrt. Anaoukan war Hauptstadt der Rotennu diesseits des Euphrat.

**) Phraortes (Frawartish) contains in its first syllable the element fra, which is equivalent to the Greek προ, the Latin pro and the German ver. The other root being equivalent to wahren (garder or ward), the meaning is a protector (Rawlinson). In the Samaritan Pentateuch the name of Assur or Athur is altered to Astun, a degradation of phonetic powers precisely analogous to that, which in Pehlewi has converted Mithra or Mihir to Matun (s. Raw'inson). Athen hiess ἄστυ κατ' ἐξοχήν. Calah (in den Genesis) oder Athur (Assur) heisst Lachisa (in Samaritan. Pentateuch) und .Ααρισσα (b. Xenophon). Resen hiess Aspa bei den Samaritanern. Artaioi, alter Name der Perser (nach Herodot), bezeichnete (nach Steph.) die persischen Helden. Ανγας wird als μέγας και λαμπρός erklärt (b. Hesychius). Die Festung Archada (in Arrachosia) heisst (b. Ptol.) Ἀσιάκη Der Name Haemus ist mit dem saminitischen kiman (Himalaya oder Imaus) oder heman (χειμα oder χιμών) verwandt (nach Hansen).

***) Ἰνδῶν δ'οἱ περὶ Καύκασον χοὶ Κωφῆνα ποταμὸν ἐπηλύτην Ασσύριον αὐτόν φασιν ἐλθεῖν (Philostr.). Nach Besiegung der Griechen in Cilicien gründete Sennacherib die Stadt Tarsus, nach dem Muster Babylon's (nach Abydenus). Senacheribus templum Athenensium struxit. In Folge des Grabes des Sardanapalus (Asshur-bani-pal) wurde diesem die Gründung von Tarsus und Onchiale zugeschrieben. Ausser Chaldaeer, Aramaeer, Armenier und Cilicier verwandte Sennacherib die Quhu als Arbeiter in seinen Bauten. Die Colonisten in Palästina (unter Sargon) wurden durch Löwen bedroht (in Folge der Entvölkerung). Durch einen Traum unterrichtet sandte der lydische König Gyges Huldigung an Asshurbani-pal, sowie cimmerische Häuptlinge, die in sein Land eingefallen (667 a. d.). Der assyrische König Asshur-bani-pal verhandelte mit dem cimmerischen Häuptling Tusamilki. Nach Syncellus wurde Scythopolis in Palästina durch die Scythen (zur Zeit des Cyaxares) gegründet. Vergrösserungs-Linsen sind in Nimrud (durch Layard) gefunden (die kleinen Inschriften zu lesen).

11

Die Burbur*) oder scythischen Bewohner Babylonien's (at least as early
as 2000 a. d.) mit denen Rawlinson die Urardier (Armenien's) oder (b.
Herodot) Alarodier zusammenstellt, hiessen bei den Semiten Akkad und
werden für Acad der Genesis (im Reiche Nimrod's) herangezogen. Die
im Norden in die Boreaden übergehenden Burii (die nach dem, bis Cymry
oder Wales weitergehenden Zuzug der feindlichen Ymir**) oder Chimmerier
zu den spätern Asen***) in ein Abhängigkeitsverhältniss treten), finden ihren
Gleichklang in dem Buruten oder Dókokamennûje am Issikul, deren Stämme
von Manapen regiert werden. Nach Strabo wurde bei den Persern das
Bild des Gottes Omanus umhergetragen vom Gebirge Amanus, als Horn
oder Om. In dem von König Arimus beherrschten Katakekaumene, der
Grenzgegend zwischen Mysien und Mäonien, wurden (an der Stelle, wo
Typhon erschlagen war) die Blasenbälge des unterirdischen Feuer's gezeigt,
wie sich durch solche die Wolfssöhne aus ihrem Gefängniss herausschmolzen.
Erana war (zu Cicero's Zeit) die Hauptstadt des Amanus (mit den Eleuthero-
Cilicier). Der Orontes oder (nach Abulfeda) Aasi (von Typhon, dem
Drachen, erschlagen) hiess von dem Mann, der die erste Brücke gebaut.
Am Tell-Mokdam findet sich der Name Seth oder Gutekh. Bei der Ein-
nahme von Sardes war der Zug der Cimmerier (nach Callinus) gegen die
Esioneer (im jonischen Dialect) oder Asioneer gerichtet gewesen, indem
Mäonien Asien hiess (s. Strabo). Im Rücken der Marcomannen und Quaden
nennt Tacitus neben den Marsigni, Gothini, Osi die Buri oder (b. Ptolem.)
Λούγιοι Βούραι am askiburgischen Gebirge. Bei Dio Cassius sind die
Βούρροι Bundesgenossen der Dakən. Buri ist in der Edda der Erste, durch
die Kuh Audhumla aus dem Stein Geleckte, goth. Bura, das zum altn.
burr, gen. burar (filius), ags. byre zu gehören scheint (Zeus). Die *Βοραυοι*
bei den Gothen (s. Zosimus) entsprechen den *Βούλανες* (b. Ptol.). Als das
Blut des von Bor's Söhnen getödteten Ymer die Erde überschwemmte,
rettete sich nur Bergelmer aus dem Geschlecht der Hrymthyrsen (nach der
Edda). Unter den Druiden erhielten sich die Functionen der Barden.†)
Borsippa,††) Sitz chaldäischer Weisheit, hiess Bardsipa auf den Keilinschriften. Der assyrische Gott Bar, dessen Namen sich auch auf ägypti-

---

*) Burbur (the native name of the Akkad) seems to be a mere doubled letter, of
which the ordinary power is Bur, and Burbur, Barbar or Berber are well known ethnic
titles, which have extended from Persia to Marocco. In the Persae of Aeschylus, the
ghost of Darius is raised by incantations in the Barbar tongue (*Βαλήν, ἀρχατος Βαλήν*).
Alarud oder Ararud verbindet Ararat der Bibel mit den Urarda oder Urartha der Inschriften (nach Rawlinson). In den Keilinschriften Armenien's (Har-Mini oder Berge von
Minni) findet sich der weite Begriff Nairi. The name of Ararat was understood to indicate
the lofty chain, (which overhung the plain of Assyria to the northward of Niniveh), known
to the Greeks as the Gordyaean mountains, to the Syrians as Mount Kurdu and to the
Arabs as Jabal Judi. Erst nach der Christianisirung Armenien's wurde der Gipfel Agri-
dagh am Araxes mit dem Ararat identificirt. Die Könige der Urardier nannten sich Könige
von Nairi (von der medischen Grenze bis Cappadocien). Der in Assyrien als Sin, in
Armenien als Khaldi verehrte Mond hiess Hurki oder Hur bei den Babyloniern und daraus
könnte sich (nach Rawlinson) Urarda oder Ararat als Hur-aredh oder Mondland erklären),
synonym mit Chaldaea. Nach Bähr waren die Alarodier (b. Herodot) die Vorfahren der
Alanen, und würden sich an die Ruthener oder Rossen schliessen, wie die Burbur au die
Bor oder Burū, die Hur an die Chor u. s. w. Ur oder Warka gehörte den Chaldaeern.
Osia (Uria oder Hyria) war alte Hauptstadt Japygien's. Die Japygier, Salentiner und Messa-
pier wurden von Kreta bergeleitet. Die Illyrischen Japyden hiessen Japygen (b. Hecatäus).
.**) Als Hrimthursen mit türkischen Tyrrhenien oder Thuisen verbunden.
***) Die Joutchin oder Dzyo-sin, die unterhalb des Tchang-peh-chan (weissen Berges)
Bohnen, heissen Asivase in der japanischen Encyclopädie (Wa-kan-san-saï-dzou-ye).
†) Ninip (der assyrische Hercules) hiess (nach den Armeniern) Bar-shem oder der
war (Herr) Benamte (s. Rawlinson). Später nahm Bar die Bedeutung Sohn an.
††) Birs-i-Nimrud bildet die Ueberbleibsel des Borsippa-Tempel. Die Ruinen des
Belus-Tempel hiessen Babil (bei den Arabern) in Nimrud-Tepesse.

schen Monumenten zeigt, ist der Gott Mar oder Marna (von Gaza). Barzil bezeichnet den Steingott.

Der Chaldaeersitz Orchoe oder Erech liegt im Namen des Erechtheus, dessen Sohn Pandion auf Euboea Chalkis gründete und am Berg Chalkodinion (b. Apollonius) lag das alt thessalische Pherae, wo Admetus chthonische Todtenculte feiert. Euboeische Colonisten liessen sich im Vorgebirge Sithonia*) in Chalcidike nieder und chalkidische Ansiedlungen liessen stets auf Metallkunst schliessen, wie der Chalyber oder Alyber, während die Chaldaeer durch Karduchen (Kurden) oder (b. Strabo) *Κύρτιοι* zu Kar's, Karern und Macaren führten, sowie kretischen Kureten oder Kourioi.

Die Auffassung der Kasdim (Chaldaeer) oder (bei Haider Rezi) Kassae (kazzae im Kiptschak) als ein nord-asiatisches Reitervolk ist deutlich bei Habakuk gegeben, und führt durch Josephus Einschluss der Chaldaeer in die Genealogie des Arphaxad auf den scythischen Archegeten Arpoxais (b. Herodot), sowie (nach Scheuchzer) auf Kshatrya; zu denen die beste Brücke die von Arpaxais stammenden Katiani (Khattioi zur Zeit Alex. M.) und Traspier (Awâs indischer Legenden) bilden würde. Die mit dem Scythen-Einfalle (VII. Jhdt. a. d.) gleichzeitige Wiederkehr des Chasdim-Namen zeigt ihn eben gleichfalls jener bei den Nomaden geläufigen Wiederholungen derselben Bezeichnung ausgesetzt, wodurch er sich seit der Chaldaeer-Dynastie (b. Beros.) verschiedentlich erneuert haben mag. Im eroberten Mesopotamien erhielt sich (weil den Herren angehörig) sein ehrenvoller Name auch unter politischen Wechselfällen der bei einem günstigen Zeitpunkte erworbenen und fortan festgehaltenen Wissenschaft, eine Landschaft bewahrte in Babylonien ihren Namen und zerstreute Stämme in den Bergen. Der (nach Hesychius) fremdartige Kult Athene's, als *Φεραία**) (in Athen, Sikyon und Argos) stammte aus *Φηραί (deren Blüthe Jason mit der von Jolkos vergleicht und sie in gleicher Weise verfallen lässt) in Thessalien.

Nach Leo wurde Achill von Arrian-ein Scythe genannt, nicht nur der Kleidung, sondern auch der blauen Augen und rothen Haare wegen. Am Maeotis wegen seines Hochmuthes vertrieben zog er nach Thessalien. Auf einer Inschrift von Olbia (b. Köhler) heisst Achill Beherrscher des Pontus (*ποντάρχης*) und Alcäus lässt ihn über Scythien herrschen. Der wie Xisuthrus

---

*) Sidon heisst das erzreiche (*πολύχαλκος*) bei Homer. In Griechenland waren die Schwerter von Chalkis bei ühmt (*Χαλκιδικαί σπάϑαι*). Nach Kirchhoff ist das Etruskische, wie die übrigen Italischen Alphabete weder den korinthischen noch dem Attischen, sondern dem der Chalkidischen Colonien nachgebildet.

**) Admet, mit Periklymene (Tochter des Minyas) vermählt, heisst (bei Homer) *Φηρητιάδης*, als Sohn des *Φέρης* (Sohn des Kreteus und der Tiro). In *Φερῶν* der erblindete Nachfolger des Sesostris (b. Herodot) wird der Titel Pharao gesucht. Pharamund oder Faramund (der fränkische König) wird (b. Wachter) entweder als ein Mann der Heerfahrt (Fara) oder als ein Schirm der Geschlechter (fara oder genealogia) erklärt. Die Cantonstädte im türkischen Albanien zerfallen in Pharen (Mora in Sparta) oder Phara Stammesabtheilungen). Phraortes giebt im Sanscrit Priyavartus (Fravarta im Zend). Faradur ist der Stammeskönig der Städte. Pharnakes (Vater des Gallos) gilt für den Stammherrn der kappadokischen Könige. Auf Phthamen, Sohn Rames II., folgt Phthamen-se-Ptah, als Herrscher in Phthia (oder Pathah). Der Hermes Agoraos ertheilte in der achäischen Stadt *Φαραι* am Flusse Pierus gegen eine Landesmünze (*χαλκοῦς*) Orakel. Die thessalische Stadt Pherae (*Φέραι*), Sitz des Admet (Sohn des Pheres), der seine Gattin Akeste aus der Unterwelt zurückerhalten, lag am Fusse des Berges *Χαλκωδόνιον* (nach Apollon). Chthonia: Beinamen der Hekate und Demeter. Demeter brachte die ihrem Cultus geistige Chthonia, Tochter des Kolontes in Argos (der vernichtet wurde) nach Hermione (dem Eingang der Unterwelt). Chthonia oder (b. Hygin) Otionia, Gattin des Butes, wurde (beim Krieg um das Priesterthum des Poseidon und der Demeter) den Mächten der Tiefe geopfert. Chthonia, Tochter des Phoroneus, erbaute das Heiligthum der Demeter zu Hermione. Zeus, Dis (der Römer), Dionysos Zagneus, Hermes (als Nekropompos) hatten den Beinamen Chthonios. *Χίμαιρα: ἡ ἐν χειμῶνι τιχϑεῖσα, οἷον ἡ ἕνα χειμῶνα ἔχουσα.* Pluto wurde in Athen als Zeus Chthonius verehrt.

(bei Syncellus) in einem Schiff aus der Fluth gerettete Deucalion heisst (b. Lucian) ein Scyther. Xuthos, Vater des Achäus und des (von Apoll gezeugten) Jon heisst der Blonde*). Aeneam rufum, quadratum, facundum beschreibt Dares *Αἰνείας πύρραχης* (Malal).

Hypata, durch Hexen berüchtigt, war Hauptstadt der Aenianer am Oeta und durch das Wasser des Exampaeus (als Hexenpfade erklärt) wurde das süsse Wasser des Hypanis (Bagonola oder Gottflusse's) oder Bog**) (Bogu b. Const. Porph.) verbittert. Hypaepa (mit Feuercultus) lag am lydischen Tmolis und der Berg Hypatus (Samata oder Siamata) in Böotien, der Hypacyrus oder Carcinitis floss (nach Plinius) in Scythia Sendica, der Hyphasis (Hypanis oder Hypais) oder (b. Ptol.) Bibasis (Vipasa) in Panjab, Hypius zwischen Marianlyner und Bithyner (nach Scylax). Hypaea gehörte zu den Stoechades (*Στοιχάδες νῆσοι*) am Citharistes Promontorium (der Küste von Narbonensis). Der locrische Stamm der Hyaei (*Υαιοι*) wohnt bei Hyle (in Locris Ozolis) und die Hyanten in Böotien. Das phocische Hyampolis lag in der Nähe von Abae (mit dem Tempel des Apollo Abacus und seinen alten Statuen), von wo die Abanten nach Euboea oder Hellopia wanderten. Von den Namen der Stämme Sicyon's (der ältesten Stadt Hellas) wurde gesagt, dass sie der Tyrann Clisthenes aus Spott gegeben, Hyatae oder Schweinevolk, Oreatae oder Eselvolk und Choereatae oder Ferkelvolk und nachher für die fortdauernden der Hyllaeer, Pamphylier und Dymanaten aufgegeben, mit Zutritt der Aegialier. Das Hu in Brittannien heilige Schwein (sus oder *ύος*) heisst Hu im Zend und Sukera im Sanscrit. Nach Pindar waren die Böotier als Hyanten Schweine genannt, wie Irland früher Sus oder die Schweine-Insel. Mit Zerstörung von Orpheus***) Grab war der Untergang der Stadt Libethra durch ein Schwein geweissagt. Dionysos oder Hyes (von Jeno und Athamas als Mädchen erzogen) wurde in einen Ziegenbock (aus Vorsicht gegen Here) verwandelt, zu den Nysa bewohnenden Nymphen gebracht, den Hyaden, deren Bruder Hyas von einem wilden Eber zerrissen worden. Zu Ehren des phocischen Heros Hyampus hiess Hyampea die eine Spitze des Parnassus, da wo sich Apollo versöhnt durch Ueberlassung seiner (von einem Meergeschöpf oder Delphin geschwängerten) Tochter Celäno überliess, Mutter des Delphus, der Delphi†) erbaute. Dagegen vermochte

---

*) Troas erhielt aeolische Colonisten von Mityline auf Lesbos, welche Insel erst durch Pelasgier unter Xanthus (dem hellfarbigen), dann durch Jonier mit den Begleitern des Gesetzgeber's Macareus (1500 a. d.) besetzt war, bis dann Aeolier anlangten unter Lesbus oder Graus, der Methymna (Tochter des Macareus) heirathete. Den nördlichen Völkern (mit Scythen und Thraken) werden (s. Aristoteles) blaue Augen, röthliches Haar und weisse Haut beigelegt. Galenus schreibt Kelten, Germanen, Scythen und Thraken ein *δέρμα λευκόν* zu.

**) Nach der descriptio civitatum wohnten am Bug die Fresiti (Presiti oder Brzese), die von den freien Brigen oder Phrygiern zu den freien Friesen (neben Chamanen am Hamaland) führen, in den Wanderungen der Freya, Odr suchend. Hu Gadarn (Hu der Mächtige) führte das Kymren-Volk zuerst nach Ynis Bridain (nach den Triöedd) oder Insel der Brito. Nach der Nymphe Brettia waren (nach Steph. Byz.) die Abrettenen genannt in *Αβρεττήνη* (in Mysien).

***) Sithonii, Orphei vatis genitores (Plinius). *Σιδων* oder (Steph. Byz.) *Ολδων* war Vater der Pallene, von dem sich thracische Sithonier herleiteten. Wer von Fossegrim (stromkerl) im Geigen unterrichtet ist, kann spielen dass die Bäume tanzen und die Wasser stille stehen (in Norwegen).

†) Der weibliche Drache Delphyne wurde von Typhon zur Bewachung des Zeus, an die corycische Höhle gestellt. Heracles Magusanus, auf Walchern verehrt, wurde mit einem Delphin in der Hand und einem Altar mit Schilfblättern zu den Seiten dargestellt (s. Zeuss). Der Name des Hafen Phaia (*Φαία*) oder Phthia (*Φθία*) am Marmarica war (nach Olshausen) phoenizischen Ursprunge's. Die Egypter verabscheuten das Schwein, das dagegen auf Cypern, (wo man die Ochsen gelegentlich zum Kothfressen zwang) mit den sonst heiligen Feigen gefüttert und vom Kothfressen abgehalten wurde (Athen.).

der Phrygier Hyagnis nicht seinen im Wettkampf überwundenen Sohn
Marsyas (Lehrer des Olympus) gegen die Rache des Apollo zu schützen.
Das bei dem von Crommus (Solin des Poseidon) gegründete Crommyon
(noben Corinth) oder (b. Plinius) Crommyon verwüstende Schwein*) Phäa
wurde von Theseus erlegt und Orpheus war Ahura (Asura) oder Aura Phaios,
der chthonische Gott schwärzlicher Tiefe. Die Irländer verehrten das
goldene Bild des Cromcruah im Kreise von 12 Götzenbildern. Zu Herodot's
Zeit war Cremni, westlich von Palus Macotis, eine Factorei der freien
Scythen. Cremnisci lag am Euxinos (in der Nähe vom See Burmasaka oder
von Islama) beim Flusse Tyras. Das kromnische Meer des Norden's war
unbefahrbar. Cromlech wird als Krummstein erklärt.

Das dem Achelous im Kampf um Dejanira, (Tochter des Oeneus, der
in Calydon herrschte) abgebrochene Horn tauschte Heracles gegen das
Wunderhorn der Amalthea (Tochter des Hämonius) um. Nachdem Oeneus,
der durch Aetolus (Tödter des Apis, Sohn des Phoroneus) von Endymion
(Enkel der Protogeneia) stammte, den von Dionysos erhaltenen Weinstock
gepflanzt und in den Opfern die Artemis vergessen hatte, wurde zur Verwüstung Calydon's (von Calydon, Sohn des Aetolus gegründet) der bei der
Jagd von Atalante zuerst verwundete Eber gesandt. Wenn von Meleager
(der vor den Männern den Siegespreis der Atalante zuerkannte) geführt,
besiegten die Caledonier die Kureten**), bis jener mit Verbrennung des Holz-
scheites starb. Ταῖς γυναιξὶν ἐπικοίνοις χρώμενοι, bemerkt Dio Cassius von
den Caledoniern (Καληδόνιοι καὶ Μαιάται), die (nach Xiphilinus) auf Wagen
fochten. Die Gaelic genannte Sprache der Hochländer (Gael) gehört zu
den brittischen Mundarten. Rutilae Caledoniam***) habitantium comae magui
artus Germanicam originem asseverant (Tacitus). Owen erklärt Caledonia
als celydd, ein Schutzort (Caledon ist Wald). Beda bringt die Caledonier
(und Picten) mit den scythischen Geloni zusammen. Nach Solinus landete
Ulysses im Caledonicus angulus, einen mit griechischen Buchstaben beschriebenen Altar aufstellend, wie (nach Tacitus) zu Asciburgium am Rhein
(mit dem Namen des Laertes). Anticlea, die dem Laertes (Sohn der
Chalcomedusa) vermählte Mutter, sollte von dem mit Merope (Tochter des
Atlas) vermählten Sisyphus, Sohn des Aeolus, geschwängert sein, der durch
seine List aus der Unterwelt wieder entlassen zu werden hoffte. Gleich
dem umherschweifendem Yule (in Ulysses und Julos) wandert Freia durch
die Länder, ihren Gatten Odr suchend, und im Odysseus (der Wanderer
Ulysses) schliesst sich durch seine Hinabfahrt zum Hades an die Ωδῖνες
ᾅδου (b. Suidas) an dem (im nordischen Odin, als Herr der Gehängten
erhaltenen) Todtencult am schwarzen Meer, wo Athenae (nach Arrian) Odinios
hiess und Odessus (Ὀδησσός πόλις) von den Milesiern†) (nach Scymnus)
besiedelt wurde (zur Zeit des Astyages).

---

*) Wie der von den Schmieden verehrte Krukis schützt der Hausgott Kremara (bei
den Polen) die Hausthiere, besonders die Schweine.
**) Nach Besiegung der Cureten, die (mit Leleger und Hyanten) am Achelous wohnten
gründeten die von Aetolus (Vater des Calydon) geführten Epeer aus Elis die Stadt Calydon
in Aetolia (Vitland). Semnothei, als Name der Druiden, wird bei den Irländern durch
Colidei übersetzt (s. H. Müller). Die Abrettiner in Mysien wurden auch Hellespontier
genannt (nach Adramytteios).
***) Albanach (Albain) heisst das Gebirgsland der Schotten, Locgria (Lloegyr) das
Flachland im Osten von Cambria, auf Camber, Locrimis und Albanactus bezogen, Söhne
des Brutus, Sohn des Silvius (Sohn des Asianius). Am alten Sitz der Cercopen (b. Herkules Alter des Melampygus) fand sich das Dorf Alpinus am Pass der Termopylae. Gallorum lingua alpes montes alti vocantur (Isidor).
†) Cilicien war von Syrern bewohnt vor Ankunft der troischen Cilicier aus Mysien,
wo Ection (Vater der Andromache) in Thebe Hypoplacia herrschte. Die Κίλικες schliessen
sich als Ligurer an den vindilicischen Stamm der Licatii an (in den Alpen). Aus dem

Nach Eutychius baute (zur Zeit Abrahams) Chajebab (uxor Sini sacerdotis montis) dem Götzen Sin einen Tempel. Nach dem First al-ulum wurden dem Mond (Gotte Sin) Stiere geschlachtet. Sina (der Mond) ist Silber (Bar Bahlul). Nach Jacob's Scrug wurde in Harran besonders Sin verehrt, vielleicht doppelgeschlechtlich (nach Osiander), wie Ἰαριβωλος in Palmyra. Movers leitet Sin von σελήνη. Auf assyrischen Denkmälern steht Sin neben Schams (die Sonnengottheit). Nach Osiander könnten sich Spuren von Sin auch in dem Namen Sin, Sinai und Sini finden. Die Mandaeer verehren Sin. Der Haupttempel des assyrischen Sin fand sich in Hur (Ur) oder (nach Eupolemus) Kamarine. Mit Ila (Ida), Tochter des Indu (Chandra oder Widhu) zeugte Budhas den Pururawas oder Bodhas, als Ahnherrn des Chandrawanças. Cybele im Ida wurde als schwarzer Stein verehrt, wie Theusares der Nabataeer. Nach dem Tode Budha's änderte Ila (Ira) ihr Geschlecht und wurde der Mann Sudyumna oder Sudyumana, als erster König von Pratischthana, wo sonst Pururawa, als erster König herrscht, so dass Ila theilweise mit ihrem Sohn zusammenfällt, wie Semiramis, die nach des Ninus Tode männliche Kleider annahm, mit Ninyas*). Als Tochter von Sradhadewa, König von Ayuthia, gehörte Ila dem Sonnengeschlecht an. Pururawus im Mondgeschlecht erhielt den Titel Rajah (nach Buchanan) von Nabhi, König von Bharatkhanda.

Die Kämpfe der aegyptischen Könige mit dem Kheta, die sich als Djeta noch in der Inschrift des Timuriden bei Samarcand erhalten haben, spielen in den Sagen der Gothen als Siege des gothischen**) König's Tanausis (des Eroberer's Asien's) über den egyptischen König Vesovis.

Jargon der Griechen im cilicischen Soli entstanden die Soloecismen. Nestor unterscheidet unter den Slowenen die Lechen als die östlichen. Sarpedon aus Creta vertrieb die Termilae von der Küste, während sich die Solymae in das Innere von Milyas oder (nach Ankunft des Lycas, Sohn des Pandion) Lycien zurückzogen, wo die Herkunft nach den Müttern gerechnet wurde. Die wegen Zaubereien gefürchteten Marsi (in den Apenninen) wurden durch Marsyas von Lydien hergeleitet (mit der Stadt Millionia). Nach Strabo erbten bei den Iberern oft die Töchter statt der Söhne. Der Amanus (mit den Eleutherocilices) bildet die Zwischenstufe von Omana (oder Montes Asaborum) und Omana oder (b Ptol.) Commana in Karmanien, zu Comana der Leucosyrer in Cappadocien, sowie (im Anschluss an die Tabareni des Amanus in dem früher von Syri bewohnten Cilicien) zu den (nach Ephoros) der Fröhlichkeit ergebenen Tibareni oder Tubal neben den später den Iberern unterworfenen Moschi, die zu den die Nächte durch Tänze erheiternden Iberer in dem durch Tubal besiedelten Hispanien weiter führen, sowie zu den Omani, die (mit den Ligici) Manimi (b. Tacitus) heissen und sich an die Mannus-Reiche anschliessen. Die Gräber des Mopsus (Sohn des Apollo) und Amphilochus finden sich (in Cilicien) am Pyramus. Am Orakel des Apollo zu Clarus in Jonien wurde Calchas besiegt.
*) Singara (b. Ptol.) ist Sinjar oder Sennaar Mesopotamien's (s. Burckardt). Bar is explained in one of the Babylonian vocabularies by Zindu, the binder with chains or the binder to the yoke (Rawlinson), als Div-bend. Nergal (Νεριγλήσαρος) oder Nergal-shar-uzur (nir, als Mann oder Held), in Cutha verehrt, hiess Sidu oder der Vorangehende (Asia oder Löwe, als Schlachtengott). India, als Hoddu (im Hebr.) und Hendu (im Zend) geht auf die sanscrit. Bezeichnung des Flusse's Sindhu zurück (Σινδος im Perpulin). Indus incolis Sindus appellatus (Plinius). Hassan, erster Fürst der Turcomannen Baiandurier (oder Turkomannen die weissen Hammel) oder Asproprobatadae heisst (bei den Arabern) Al Thaouil und (bei den Türken) Uzun (der Lange oder Grosse). Die Mutter des Faramorz, Sohn des Rustem (persischen Herkules), war eine indische Prinzessin. Die zu der Rasse der Amalekiter gehörenden Riesen Giabbaran oder Giababerah unter Og (Enkel des Auak) in Falasthin oder Falesthin stammten von Ad. Alle Herrscher der Perser trugen den Titel Akasserah oder Cosroes, wie die egyptischen Pharao und die palästinischen Könige (nach Ahmed al Tassi) Gialout (Goliath). Die Gialdanier sind die Chaldaeer (Cashdanier). Der Riese Sacsagan hatte vier Köpfe. Die Giabbur (Giabbatours oder Giabbarin) oder (bei den Hebräern) Gbibbor (Ghibborim) hiessen Cai (Riesen) und Div bei den Persern. Die nach dem Berge Hermon zurückgezogenen Kinder Seth's mischten sich später wieder mit den Töchtern der ihnen verwandten Cananiter oder Riesen.
**) Bei Versetzung der scythisch-gothischen Feldzüge auf die spätere Zeit ihrer Wiederholung wird der mit dem Scythenkönige Madyes (Madys oder der Medier) oder

16

Nach Procop waren die von den Scythen als Flüchtlinge bezeichneten
Parther (Parser oder Perser) Reste des Asien durchziehenden Gothen-
heeres und Perseus, der den Namen der Kephener in Perser umänderte,
war Sohn der Danaë. Aus Tanais oder Abaris, der Stadt des Hyksos im
Delta, zog Danaus nach dem Peloponnes, und die Tuatha de Danan (oder
Fomorier), die in Achaja den Athenern gegen die Assyrer geholfen, nach
Irland.

Den aus Babylon nach Aegypten*) gebrachten Gefangenen schenkte
Sesooris (Sesotris oder Ramses I.) bei ihrer Empörung die Stadt Babylon
am Nil, die (ebenso wie das von Menelaus mit ilischen Gefangenen am
Nil gebaute Troja) von Semiramis (nach Ktesias) gegründet sein sollte
(s. Diodor).

In der biblischen Völkertafel stehen unter den Nachkommen Sem's die
Brüder Assur und Lud (mit Elam, Arpachsad und Aram) neben einander
und arabische Sagen bezeichnen die Amalekiter, die in der Vorzeit Egypten

Idanthyrsos (Tanausis) befreundete Mederkönig Sornus (b. Jornandes) mit Cyaxares identificirt, indem man statt der Feindseligkeit der Scythen (b. Herodot) in ihnen die Bactrier
sucht, die sich (Diodor) mit den Medern gegen Assyrien verbinden. In die (b. Syncellus)
über Palästina ausgedehnte Herrschaft der Skythen fällt die Gründung von Scythopolis
oder Bethschean (nach Plinius). *Βαβυλὼν, Περσικὴ πόλις, μητρόπολις, Σελεύκεια καλουμένη,
κτίσμα Βαβυλῶνος, ἀνδρὸς σοφωτάτου, παιδὸς (Μήδου) Βήλου, παλαίτατον, οἱ χ' ὡς 'Ηρόδοτος
ἀπὸ Σεμιράμιδος, ταύτης γὰρ ἦν ἀρχαιοτέρα χιλίοις δύο, ὡς 'Ερύννιος (s. Steph. Byz.). Primus
omnium Ninus, rex Assyriorum, veterem et quasi avitum. gentibus morem nova imperii
cupiditate mutavit (Ctesias). Hic primus bella intulit finitimis et rudes adhuc ad resistendum
populos terminos usque Libyae perdomuit. Fuere quidem temporibus antiquiores Sesostris
(Vexoris oder Suexosis) Aegypti et Scythiae rex Tanaus, quorum alter in Pontum, alter
usque Egyptum excessit, sed longinqua, non finitima bella gerebant, nec imperium sibi sed
populis suis gloriam quaerebant, contentique victoria imperio abstinebant, Ninus magni-
tudinem quaesitae dominationis continua possessione firmavit.
*) Als Prometheus, in der Statthalterschaft Aegypten's durch Osiris zurückgelassen,
die (s. Diod.), Ueberschwemmungen des Aetes (Adler) genannten Nilflusse's nicht zu
bemeistern vermochte, kam ihm Herakles zu Hülfe. Μετὰ δὲ τόν κατακλυσμὸν Πιραῖα
καὶ Προμηθιά γενέσθαι (Polyhistor), als die Götter (nach der Sibylle) den Pyrgos der
ἀνθρωποι umgeblasen. Nach Herodot fanden dann (durch Erbauung des See geregelte)
Ueberschwemmungen Aegypten's durch den Nil Statt unter König Moeris (1355 a. d.) oder
(nach Lepsius) Amenhotep III. Der Hyksos König heisst (b. Josephus) Timaios. (Amyn-
timaios). Timarete ist die in Taubengestalt aus Aegypten nach Dodona gekommene Wahr-
sagerin. Im Deuteronom heissen die Vorfahren der Juden „Syrer", die nach Aegypten
gezogen. Nach Josephus waren unter den Syrern nur die Juden beschnitten. Primus
Aegyptiorum deus (homo b. Mos. Ch.) Halianus (Phtha) fuit, qui etiam ignis repertor apud
eos celebratur. Ex eo Sol, postea Agathodaemon, deinde Saturnus, tum Osiris, exin Osiridis
frater Typhon, and extremum Orus, Osiridis et Isidis filius. Hi primi inter Aegyptios
rerum potiti sunt. Deinceps continuata successione delapsa est regia auctoritas ad Bytin
(Bydin). Post deos regnaverunt heroes, rursuque alii reges dominati sunt, tum alii reges
Memphitae, deinde alii Thinitae. Secuta est Manium heroumque dominatio (nach Manetho).
Post Manes atque Heroas primam dynastiam numerant veto regum, quorum primus fuit
Menes (s. Eusebius). The Menu (Manu) oder Munu (lawgiver in general) all lived in the
earliest ages of the Hindu colony, Swayambhuva and Manu being in the first race of
colonist. Purni in the second generation, and Bhrigu, Baibaswata (Sradbadewa), Savarni,
Rawata, Tamasa and Uttama in the fourth generation from the commercement of the colony
(Buchanan). Manu war Sohn des Brahma und Manu (Sohn des Chaksbusha) König von
Brahmawarta. Jede Kalpa schliesst 14 Manwantara (stets einen Manu zugehörig) ein.
Manu (mit Manaji oder Manawi vermählt) ist (als Stammvater der Manaschas oder Menschen)
der erste der sieben Manu in der Anfangshälfte des gegenwärtigen Kalpas. In Chaldaeorum
regione regnane primo dicunt Alorum. Sed de eo ipso haec tradita sunt, quod eum populi
pastorem providentissimus deus indicavit, qui regnavit saros decem. Post eum dominatus
est Alapaurus, post quem Alemelon ex urbe Pantilisblon, sub quo secundas Annidotus,
Oanni similis, er mari emersit, cujus Semidcosum Heroum more figura erat. Post eum
Ammenon, post quem Amegalarus, tum Daonus pastor, sub quo quattuor (menstra) duplicis
formae in terram e mari proruperunt. Jodochus, Eneugamus, Eneubulus et Anementus.
Ex sub Edorescho qui post eum regnavit, Anodaphus (apparuit). Post quem alii dominati
sunt, et Xisuthrus (Abydenus) die Schriften in Sippara (ἐν 'Ηλίόν πόλει) verbergend, fuhr

überfallen und beherrscht hatten, als Nachkommen des Amalek*), Bruder
des Lud**) oder Laud. Indem Manetho's Hyksos auf den Monumenten
als Mena bezeichnet werden, so würde sich darin ein Anschluss an die
Mäonier, das von den Lydiern***) beherrschte Volk, zeigen; die genealogische
Verwandtschaft der Juden durch Arphacksad mit Lud, erklärt dann auch
ihren Einfluss in Egypten zur Zeit des Joseph†), sowie die engen Beziehungen, in denen sie noch später mit den Hyksos bleiben. Die Sculpturen der Hyksos zeigen in den dichten Locken eine Annäherung an die
eigentlich assyrische Tracht späterer Monumente, aber als sie XVII. Jhdt.
a. d. Egypten verliessen, fürchteten sie die Macht der Assyrer (unter denen
ein Thronwechsel eingetreten sein mochte) und blieben (nach Manetho) in
dem Judaea genannten Lande, vielleicht die Küste Kleinasien's††) aufwärts
ziehend, und (unter Zurücklassung der Solymaeer in Lycien) bis Lydien.
Auf den lydischen Münzen zeigt sich der Löwe, wie auch die unter den
Hyksos Monumenten gefundene Sphinx eine Löwenmähne trägt. Fand
damals erst die Niederlassung der Lydier†††) in Maeonien Statt, so knüpfte
sich dann wahrscheinlich sogleich die Weiterwanderung der kriegerischen
Tyrrhenier an (oder der mit dem Hirten Philitis und den Philistäern identificirten Pelasger). Der Gygaea lacus lag nördlich vom Flusse Hermos
(Kodus oder Ghiediz Chai) bei Smyrna. Obwohl das in der Gründung
Ninive's wieder neu belebte Reich Assyrien's*†) in den Heraklessagen mit
der zweiten Dynastie der lydischen Herrscher verbunden wird, so mochte
doch schon das ältere Reich Assyrien's in die damaligen Geschicke Lydien's
verwoben sein. Die chaldäischen Uebersetzungen des alten Testamente's
sagen Atur statt Assur, auf den altpersischen Keilinschriften figurirt Assyrien

---

Xisuthrus (Χίσιϑϱος) in der Regenfluth des Kronos nach Armenien. In Babylon wurde der
Thurm gebaut (Euseb.). Hoc pacto Chaldaei suae regionis reges ab Aloro usque ad
Alexandrum recensent, die Nino et Semiramide nulla ipsis cura est. Nach die arabischen
Königen regierte Semiramis über die Assyrer. Post diluvium Chaldaeorum regionem Evexius
(Εύήχοος oder Νεμβρωὸ) tenebat. Post eum filius ejus Cosmosbelus (Χωμάσβηλος oder
Χοσμάσβολος) imperium suscepit. A Xisuthro vero et a diluvii tempore usque ad illud,
quo Medi Babylonem ceperunt, reges omnino 86 Polyhistor recenset (s. Eusebius), δεντεϱος
ίβασίλευσε Χοσμάσβολος (Syncellus). Cumaeus Apollo (mit dem ägyptischen Herakles-Chom
gleichnamig) wurde in Naucratis neben der Vesta, (Tanais oder Feuergöttin) verehrt (s.
Athenäus). Der Stammvater der Aethiopier Χοιμ (Chamuel) heisst Asbolus (Movers). Der
Magier Cham oder Zoroaster, der für einen Gott gehalten sein wollte, wusste den Sternen
Lichtfunken zu entlocken, bis er durch das von Orion oder Nimrod herabgefallene Feuer
verbrannt wurde (Clem.). Die ägyptischen Pyramiden des Philitis fanden sich am Nomos
Ko-chome (Χῶ κώμην oder Cho oppidum) oder Herakleopolis (terra Chomi). Die astrologische
Schule des Berosus (nach Vitruvius) patefecit in insula Co (s. Richter). Der epidaurische
Aesculap wurde auf Kos (Meropis oder Nymphaea) verehrt, Vavenephis erbaut (b. Manetho)
die Pyramiden prope Cho oppidum (πεϱι Κωχώμην).
   *) Die Amalekiter heissen (in der Genesis) Reschit Gojim oder Erstes der Völker.
Himç war durch Himç b. Mokif, den Amalekiter, gegründet.
   **) Mit dem Emporstreben der Kriegerkaste in Aegypten, befestigten die Ludim ihre
Obergewalt über die Pathrusim, Napththuim und Anamin.
   ***) Herodot vergleicht den Grabhügel des Alyattes mit der (grossen) Pyramide des
Cheops.
   †) Kames, der als Nachfolger Tiaaken's in Theben regierte, (während der Herrschaft
der Hyksos in Unteraegypten) heisst (auf den Monumenten) Tsaf-en-to (der Ernährer der
Welt), wie Joseph (in der Genesis) Tsaphnath. Es war der chinesische Gebrauch der
Reismagazine (n. Pinto), der von den Hyksos eingeführt, auch im übrigen Lande
adoptirt wurde.
   ††) Cilicien von Essarhaddon erobert, heisst das Land der Gimri oder Sacae. Sal-
moneus, Enkel des Aeolus, wandert aus Aeolis nach Elis in Salmonia, Jupiter's Blitze nach-
ahmend und deshalb vertilgt (wie Solimane).
   †††) Ascalus, General des syrischen König Aciamus, eroberte Syrien und gründete
Ascalon (nach Xanthus).
   *†) Schon die orphischen Gesänge vom Argonautenzuge kennen Assyrer am schwarzen
Meer, und wie Leukosyrer in Cappadocien, finden sich Syropaeonier in Macedonien.

Bastian.   2

als Athyra und Arrian nennt das Land Niniveh's (der Hauptstadt Assyrien's) Aturia. Wie Dio Cassius bemerkt, pflegten die Barbaren das „Sigma" in „Tau" zu verwandeln. So könnte auch Atys herbeigezogen werden, den Herodot als Vater des Lydias nennt. Die Orientalen führen auf die Amalekiten*) des Amlak**) (Sohn des Cham), die ursprünglichen Enaikim's oder Riesen Palästina's zurück, identificiren sie dann mit den Philistern und lassen die die Barbarei, längs der Küste des Mittelmeer's bewohnenden Völker, von ihnen abstammen. Wie Amlak***) an Omphaloh (Omma-Phaleg) erinnern die Enaikim oder Anaikim an Annacus oder Nannacus, den phrygischen Heros, dessen Titel sich in den altgriechischen Anakes (von Inachus oder Enak her) bewahrte und Nana†) (Tochter des Flussgotte's Sangarius) gebar den Atys. Lydus, der Führer der Eroberung, wurde dann mit den Traditionen der ursprünglichen Bevölkerungsschicht (die sich von Phrygien und Macedonien bis Syrien erstreckte) verknüpft.

Die über die aegyptischen Eroberer gemachten Mittheilungen werfen einiges Licht auf ihre Benennungen. Einmal heisst es, dass von ihnen das eigentliche Aegyptos im Nil-Delta seine Namen erhalten und dann werden sie als Hyksos unter der Erklärung von Hirtenkönigen bezeichnet. Aegyptos lös't sich in das Land (aïa) der Gupten (Kopten) oder Gothen auf und führt so zu einem jener nomadischen Sammelbegriffe, während für Hyksos wieder Manetho eine künstliche Etymologie giebt, die aus zwei Sprachweisen zusammengesetzt sein soll. Der neuerdings beliebt gewordenen Ansicht in den Hyksos nur Zusammenrottirungen der Beduinenstämme Arabien's zu sehen, steht entgegen, dass diese benachbarten und grösstentheils verachteten Horden nicht mit der Feierlichkeit eines aus unbekannten Fernen her erfolgenden Angriffs von Manethi eingeleitet sein würden. Nach Tacitus hatten sich die Egypten erobernden Schaaren in Assyrien††) zusammengefunden (als die Eroberer Medien's). Indess geschah der letzte Angriff von Arabien aus, als Aegyptus (Sohn des Belus) das Land der Melampoden (Aegypten) besetzte. Von Misr sind El Maçrin, die Stadtbewohner, im Gegensatz zu den Landleuten oder Fellah. Idanthyrsus, König der Skythen, der den Sesostris aus Asien nach Aegypten zurücktrieb, sollte (nach Megasthenes) Aegypten†††) erobert haben (bis das skythische Reich in Asien den Assyrern von Niniveh erlag).

---

*) Historici Arabes tradunt Amalecitas olim subegisse Aegyptum inferiorem, duce Walide, qui Aegypti rex creatus primus Pharao cognominatus est (Fruin).

**) Josephus rechnet die Amalequiter zu den Idumaeern. Im Talmud repräsentiren die Amalequiten die Heiden (als Römer).

***) Der amalekitische Cult des Aziz und Monim bestand (350 p. d.) in Edessa, sowie der des Ερμης (Ερσης der Nabatäer) oder der Sonne.

†) Ammas war Beiname der Rhea und Ceres (nach Hesych.). Juno wurde in Elis als Ammonia (von Libyen her) verehrt. Amida (in Armenien) heisst Ammäa (b. Ptolem.). Der in persischen Geographien als Prophet characterisirte Loth (auf den in andern Versionen manche der auf Lud bezüglichen Traditionen übertragen wurden) baute (als Abu der Ammoniten) den Stein Oman oder Ammon.

††) Die Assyrier zeigen auf den Monumenten (b. Layard) das Forttragen der Köpfe, das Herodot von den Scythen kennt, Livius von den Boii, Posidonius überhaupt von den Galliern und Strabo als allgemeinen Gebrauch der Völker des Norden's. Die Issedonen liessen die Schädel in Gold fassen, wie die Longobarden und Scordisci (b. Ammian). Das σκυθιστι χειρόμακτρον (b. Hesychius) war aus der Kopfhaut nach dem Scalpiren (ἀπο σκυθιζειν bei Athenäus) gemacht. Wie die Scythen (bei Lucian) verbündeten sich (nach Herodot) die Assyrer (s. Lydier), die Armenier (nach Tacitus), die Kasender (nach Livingstone), die Mongolen (nach Abn Dolef Misaris), die Araber, die Corsen, die Montenegriner u. s. w. Die Mosynoeci trugen die Köpfe der Feinde tanzend umher. Die Saraparen (Kopfabschneider) genannten Thracier wohnten hinter Armenien, bei den Guraniern und Medern, als „Gebirgsbewohner, wilde, unbändige Menschen, Schädelschinder und Kopfabschneider, denn das bedeutet Sarapanen."

†††) Zur Zeit des Inachus in Argos unter der ägyptischen Regierung des Amosios wurden die Juden von Moses fortgeführt (nach Apion). Nach Africanus fand die Exodus

Die in Chaldaea wohnenden Amalekiter (erzählt die arabische Tradition) wurden durch die Assyrer vertrieben und zogen über Bahrein und Oman nach dem Hedjaz, sowie weiter nach Phoenizien und Syrien (s. Ibn Said). Da sie zugleich mit den untergegangenen Stämmen der Aditen zusammengeworfen werden, so stehen sie in einem deutlichen Gegensatz zu den Semiten und können als die bis dahin in Mesopotamien verbliebenen Reste der nomadischen Eroberer angesehen werden, die, als sie sich nicht zum ansässigen Leben bequemen wollten, schliesslich doch ausgetrieben wurden, wie die Hyksos*) des Nildelta durch die von ihren eigenen Dynastien eingesetzten Fürsten von Theben. Diese Auswanderung der Amalekiter vom erythräischen Meere wird Statt gefunden haben, als nach den Kriegszügen Thutmes III. und Amenhotep II., der noch Huldigung von den Rutennu erhielt, Egypten durch die Kriege mit seinen südafrikanischen Nachbarn in Anspruch genommen und dann durch die Reformen Amenhotep IV. zerrüttet wurde, so dass die sich selbstständig fühlenden Satrapen aus Arabien oder (nach Ibn Wajihhah) die canaanitische Dynastie die mit der Familie ihrer egyptischen Oberherren verwandten Hirtenstämme zu vertreiben suchten. Diese setzten sich dann zunächst im Yemen fest und unternahmen von dem dort gestifteten Reiche aus die in der Belidonsage Agenor nach Phoenizien und Aegytos zum Nil führende Wiedereroberung des durch den Priestereinfluss unter Har-em-Hebi mit den Erinnerungen an eine den Erobererfürsten leistbare Dienstpflicht brechenden Aegypten**). Die Besetzung

der Juden zur Zeit des Phoroneus statt. Sub rege Aegyptiorum Diapolita (Diospolita), cui nomen erat Amasis, quo tempore Baleus Argivos Assyrios Apis regebat (1761 a. d.), fand (nach Orosius) Jacob's Einzug nach Aegypten Statt. Phoroneus, Vorgänger des Apis, regierte 1843—1793 a. d. Nach Orosius waren die Züge der von Idanthyrsus beherrschten Skythen in Verbindung mit den Amazonen (zur Zeit des Theseus), mit dem Argonautenzuge synchronistisch. Nach Trogus begann die Herrschaft der Skythen (unter Idanthyrsus) über Asien mit dem Rückzug des Vesores und endete nach 1500 Jahren durch Ninus. Sesurtasen oder Osortasen (XII. Dyn.) heisst (nach Lauth) Vesurtsen auf den egyptischen Denkmälern (oder Vesurkera). Das den Begriff König in den Urkunden von Niniveh und Babylon) ausdrückende Zeichen hat den Lautwerth sar (aus zwei Elementen s—r). Statt der Zeichen sar steht oft ein kürzeres, das in Niniveh ebenso häufig den Begriff König ausdrückt und man oder min lautet. Dass dieses Zeichen den (einem semitischen Wort für König wenig geeigneten) Laut man erhalten habe, könnte (nach Brandis) auf eine Verwechselung der Liquida (in Malek) beruhen; sonst würde man als eine alte Form (etwa praefectus) erklärt. Die eddische Bezeichnung des Mani (mit Sol oder Son von Mundilföris stammend) wiederholt sich in Sela (Fels) und Selene, wie Sonne oder son (Sohn) in putra und Buddha. The symbol of the (assyrian) sungod (Shamas) has also the phonetic powers af Nis und Man. Die Scandinavier unterscheiden das Reich der Götter (Godaheimr mit Asaheimr oder Asgard und Vanaheimr), das der Menschen (Mannaheimr), das der Riesen (Jötunheimr) und das der Elben (Afheimr), wozu noch die beiden Aussen-Regionen (Utgardhar), als Muspellsheimr (im Süden) und Niflheimr (im Norden) kommen. Der erste Mensch heisst Ask, bei den Germanen des Festlandes (nach Tacitus) Mann. Wie die Manu dialectisch Menes oder Minos heissen die Hyksos (bei Manetho) Mena, bilden aber nach den nordischen Zügen (unter den Zwergen lappischer Alfen) dort die früheren Bewohner Mannaheimr (neben alten Gothen oder den Riesen des Jotenreichs, von dem sie selbst ursprünglich als Eroberer Egypten's ausgezogen), ebe die von den Asen geführten Zweige der Gothen auf gleichen Wegen anlangten. Der babylonisch-assyrische Gott Martu (das Hintere) bezeichnet den Westen (Erib oder den Niedergang). Martu bezeichnet Phoenicien (in babylonischer Geschichte) und Ραϑύ (von Sanchuniathon mit Cassius Libanus verbunden) als der äusserste Punkt im Westen.

*) Vor der sechsten Dynastie zeigen die aegyptischen Schädel (nach Lenormant) den dolichocephalischen Typus, nach der elften (in Folge der Hycsos) den brachycephalischen.

**) Σέσωστρις, Aegypti rex, qui mores et instituta Aegyptiorum mutavit, ut fastum eorum deprimeret, ita ut virorum opera mulieribus, contra mulierum munia viris injunxit (Suidas). Πάρϑοι: Sic lingua Persica vocantur Scythae, quibus Sesostris Aegyptiorum rex novas sedes dedit, subactis Assyriis (Suidas). Sesostri autem eo insolentiae ajunt esse progressum, ut in curru, aureis clavis compacti et pretiosis lapillis ornato sedens reges ab se victos jugo submiserit (Suidas). Σῶστρις, rex Aegyptiorum, a Chamo genus ducens

2*

Lydien's (Maconien's) durch die aus Avaris vertriebenen und durch die zunehmende Macht der Assyrer (damals die chaldäischen Dyn. b. Berosus)
von ihrer Strasse abgelenkten Hyksos ist in der Verwandtschaft des Amalek
zum Lud allegorisirt (während Mitte des XVI. Jahrhdt. das Khetas-Reich
am Orontes gestiftet wurde).

Indem nun die Amalekiter, die Tacitus Assyrios convenas nennt, wie
den 2200 a. d. Egypten besitzenden Hyksos, so zugleich der vorhergehenden
Erscheinung derselben auf ihrem Durchzuge durch Babylon als zoroastrische
Meder (2400 a. d.) entsprechen, so erklärt sich, dass auch die Reste einer
früher in Canaan herrschenden Bevölkerung, die von den Nachkommen der
in Riesengestalten vergrösserten Enakim (die von der Zwischenstation des
vou Annakus beherrschten Iconium aus den Ehrentitel der Anakes den
Nachkommen des Prometheus vertraut machten) und Rephaim (mit Og im
Rashan, als Prototyp der Ogygen von Oghuz her) als den Amalekitern
Zugehörige betrachtet wurden, ebenso wie die den Emim, Susim oder Samsummim, sowie die den Kanaanitern (Deuter.) fremdsprachigen Amoriter,
die unbeschnittenen Heviter u. s. w. Die ältere Schichtung, die durch die
Rephaim (rhiphäischer Berge) bezeichnet wird, drückt sich auch darin aus,
dass Libya (im durchgängigen Lautwechsel), als Stammmutter*) aller bei
dem zweiten Zuge der Amalekiten spielenden Figuren der Belusgeschlechter
voransteht, und auch Agenor geht nur eine Generation dem egyptischen
Zwillingspaar vor, da Phönizien früher berührt wird, als das Nilthal. Die
Traditionen der Berber im libyschen Nordafrika gehen gleichfalls auf die
Amalekiter zurück (s. Golius).

Die in ihren verschiedenen Etappen als Meder (in Babylonien), Hyksos
(in Egypten), Amalekiter (in Arabien) auftretende Ostnomaden hatten auf
ihren beiden Durchzügen nach dem Nilthal Palästina**) zu berühren, und
Spuren ihrer Anwesenheit dort zurückgelassen. Bei ihrem ersten Erscheinen,
wo sie noch frisch von den Steppen hereinstürmten, mochte das fremdartig
Wilde ähnliche Sagen hervorgerufen haben, wie sie in späterer Zeit die
Hunnen in Hünen verwandelte, und von den damals in Palästina gebliebenen
Stämmen scheinen nur die Hethiter im Boden Hebrons (von wo sich der
Name der Hebräer oder Avarer auch auf die Abrahamiden verbreitete)
Wurzel geschlagen zu haben, während die übrigen in nebliger Vorzeit wieder

---

(ἐκ τῆς Φυλῆς τοῦ Χάμ'), qui subegit Assyrios et totam Asiam et Europam, et in Assyriorum
regione collocavit Scytharum myriades quinque, qui vocati sunt Parthi, quod est Persica
lingua, Scythae, et ad hanc usque diem et vestitum et linguam et leges Scytharum retinent.

*) Maut-m-shoi, the mother of Amunoph III. (son of Thuthmes IV.) was probably a
foreigner. Ilis features differ very much from those of other Pharaohs and the respect
paid to him by some of the Stranger kings, one of whom (Atin-re Bakhan) treats him as
a god in the temple founded by Amunophat Soleb in Ethiopia, seems to confirm this, and
to argue that she was partly of the same race as those kings who afterwards usurped the
throne. Their respect paid to his widow, queen Taia, is shown by some of their
queens adopting her name. Manetho spricht von einem zweiten Einfall der Hirtenkönige.
Das von dem der übrigen Gräber der Pharaonen entfernte Grab des Amenoph III. findet
sich (in Theben) neben einem der fremden Könige, Skhai (Eessa oder Oiae) oder Ai genannt
(und einer Taca genannten Gattin vermählt), als Vorgänger des Amun-Toonte. Die fremden
Könige (unter denen Amunoph IV. sich Atin-re-Bakhan nannte) führten den Cult der
Sonne ein.

**) φιλῆται, Aegyptiis dicti latrones (Suidas). Sic vocantur et fures et amatores
φιλίται, convivia quae labores cum voluptatibus conjunctos habebant, non enim stragula
vestis convivantibus substernebatur, sed sub cubitis erat excavata lapis vel lignum (Suidas).
φίλος: amicus est alterego. Φιλία, Nymphe aus Naxos, als Erzieherin des Dionysos.
Φίλιος, Beiname des Zeus (v. Apollo). Φίλιτις, pastor Aegyptius (b. Herod.). Φιλίτιον
(φειδίτιον) sodalitium quoddam apud Spartanos (Steph.). Oppositum huic nomini φιλία est
ἐχθρα (Steph.). Φηλήτης (φιλητής): amator. Φιλήτης: Κλέπτης, λησττής (Hesychius). Οἱ
Ἀττικοί τὸν κλέπτον φιλητήν λέγουσιν (Helladius). Latronum more, quos philetas Aegyptii
vocant (Seneca).

verschwinden. Die eigentliche Besiedlung des Landes durch die sogenannten Kanaaniter fand bei dem zweiten Zuge der amalekitischen Beliden (oder jonischer Epaphiten der Stammmutter Jo) Statt, und damals hatten die ursprünglich von den Grenzen China's stammenden Nomaden schon ein halbes Jahrtausend in den babylonischen Ländern verweilt, sie zeigten sich also zum Theil schon nationalisirt, und sie werden zugleich aus Aram-Naharaim*) sowohl, wie aus Arabien (und ihrer zeitweisen Niederlassung dort) vielerlei semitische Wanderstämme in ihrem Gefolge fortgeführt haben, neben denen sie eine Zeitlang zusammen im Hauran nomadisiren mochten (wie jetzt Beduinen und Turkomanen), während andere durch dauernde Sessigkeit in den Städten ihre Reiternatur verloren. Da zugleich im Gegensatz zu den in Syrien isolirten und durch die in ihrem Rücken entstehenden Reiche von ihren Verwandten abgeschlossenen Japetiden, die Semiten in ununterbrochener Verbindung mit ihrer Heimath blieben und sich beständig durch Nachwuchs von dort recrutirten, so ist es der natürliche Gang des Naturgesetzes, wenn wir einige Jahrhunderte später ganz Syrien semitisirt und die semitische Sprache dort als die herrschende erblicken. Aus diesem Nebeneinanderwohnen turanischer, oder arischer und hamitischer, Stämme auf einem geographisch zusammengehörigen Areal erklärt sich auch die schwankende Stellung so mancher Namen in den hamitischen oder semitischen Genealogien, die mitunter vorkommenden Andeutungen von noch nicht gleichartigen Sprachen oder die erst theilweis recepirte Sitte der Beschneidung.

In der Völkertafel nehmen die Hethiter (die auf die ersten Einwanderungen amalekitischer Nomaden zurückgehen) eine Separatstellung ein neben Sidon, dem Erstgeborenen Kanaan's, und mit den Nachkommen des letzteren pflegt man die eigentlichen Phoenizier zu identificiren, deren tyrische Tempelgründung in den bei Herodot gegebenen Zahlen selbst über die allererste Kunde von dem Hyksoszuge nach Westen hinausführt, also weit über das verhältnissmässig späte Erscheinen Agenor's, dem Gründer Sidon's (bei Curtius), während das (nach Arrian) mit seinen Heraklestempel über jede menschliche Erinnerung heraufreichende Tyrus (Palaio-Tyrus) vor Phoenix (bei Strabo) erbaut sein sollte, der bald zum Vater, bald zum Sohn des Agenor (Repräsentant der Adjem oder Fremden) gemacht wird.

Die in solcher Weise scheinbar verworrene Herkunft der Phoenizier und ihre ethnologische Stellung legt sich indess leicht auseinander, wenn wir die culturhistorische Configuration der in Frage stehenden Gegenden in's Auge fassen. Was die Griechen unter dem uns überlieferten Namen der Phoenizier verstanden, was ihnen Gelegenheit gegeben hatte, diese Nationalität von der allgemein syrischen (oder palästinensischen) im Speciellen zu unterscheiden, war die Bekanntschaft mit den Kaufleuten der Handelsstädte an der phönizischen Küste. Der geographischen Gestaltung Asien's und der Richtung der diesen Continent durchziehenden Handelsstrassen gemäss, werden seine Beziehungen mit Europa sich stets ihrer grossen oder (je nach den politischen Conjuncturen) ihren geringeren Theilen nach über Phoenizien vermitteln, und wir dürfen deshalb ein phönizisches Handelsvolk, d. h. ein die später Phoenizien genannten Gestade bewohnendes Handelsvolk in ein so hohes Alterthum hinauf versetzen, als uns das letzte Flackern geschichtlichen Lichte's überhaupt noch Unterscheidungen erlaubt.

---

*) Noum (Noub or Nef) or Kneph (Cnuphis or the ram headed god) was considered to answer to Jupiter, as his companion. Nach Diodor war πνεῦμα (pnum) der Name des egyptischen Jupiter. Mens agitat molem. Nouf (spiritus) im Coptischen is Nef (breath) im Semitischen.

Ursprünglich mag diese Kaufmannskaste betriebsamer Banyanen in Sidon (der Fabrikstadt oder dem Exporthafen sindonischer Gewänder) den übrigen Factoreien der Sendi und Sintier im pontischen oder ägäischen Meere anreihbar gewesen sein, und gleich ihnen der Name wahrscheinlich nicht direct von Indien, sondern von dem durch seinen Cultus des Mondgottes (Sin oder Indu) berühmte Sinnear entnommen haben, erst mittelst der im persischen Meere gepflanzten Emporien Tyrus und Aradus den Handel nach Indien weiterführend. In der nachgiebigen Weise handelsbeflissener Gilden werden diese an sidonischer oder phoenizischer Küste ansässigen Kaufleute stets die Färbung ihrer Umgebung angenommen haben, mit ihren amalekitischen Herren, denen sie bei ihrem Hereinzuge huldigten, einverstanden gewesen sein, den Auszug vom erythräischen Meere durch Erdbeben und Natur-Ereignisse auszuschmücken, und als ganz Syrien allmählig semitisch wurde mit ihren Kunden die diesen geläufige Sprache geredet haben. Als sich die dortigen Verhältnisse dauernd zu consolidiren begannen, zeichnete sich der durch die grossen Handelsstädte directer beeinflusste Theil des Küstenlandes als das phönizische Reich im Besonderen ab und empfing durch Einschluss semitischer Elemente einen Antheil von der diesen einwohnenden Zähigkeit und Hartnäckigkeit, mittelst der sie ihre Städte gegen Nebukadnezzar und Alexander fast ebenso verzweifelt vertheidigten, wie die Isaurier oder die in Xanthus und Jerusalem Belagerten.

Der vom erythräischen Meere mitgebrachte, und wie bei den auf die Insel Aradus (Arwad oder Ruwad) oder Ruad *) zurückführende Name der in der ursprünglich nordischen Herstammung als Rothe bezeichneten Phoenicier (Φοίνικες) stellt gleichsam (wie Gabelli zu Sabini oder Turk zu Tur) eine Verkleinerungsform dar den Poeni oder Puni gegenüber, so dass Gross-Phoenicien in Afrika gelegen haben würde, wie Magna-Graecia in Italien. Nach Josephus trat der Name des Φουτης (von Put, Sohn des Ham) vor dem des Libys (Sohn des Mizrajim) zurück, oder wurde (wenn nach dem westlichen Futa verdrängt) in dem Flusse ΦΘουϑ **) oder Fuh erhalten. In die Namensform Punt hat sich die Nasalis eingedrängt (s. Bunsen) und das Land Punt der Hieroglyphen entspricht als Tanetr der ἡ ἁγία γῆ oder ἡ ἱερὰ χώρα (bei Philo). Wollte man in Poeni***) und Puni fernere Vocal-Wechsel zulassen, so konnten die Ἀραβισκοι (b. Ptol.) auf die (durch Dio Cass.) von pannus erklärten und durch Tacitus sprachlich von den Galliern

---

*) Burrus entspricht πυῤῥός (s. Curtius), die Söhne des Bur also den πυῤῥοι oder Rothhaarigen (Rutheni oder Rutennu).

**) Pthah was the creative power (the maker of all material things) or the father of the gods, assimilated by the Greeks (through the Demiurgos or Opifex Mundi) to their Hephästus. Der Lockenknoten von Siwa hiess Pta oder Djata. The name of Re is remarkable for its resemblance to the ouro (light) of Coptic and the Aor of the Hebrew (Urim or lights), and to Horus or Aroeris (Hor-oeri or Horus, the chief), to har (heat), to ωρα (hora or hour), as well as to the name of the sun in several African dialects, as Airo, ayero, eer, uiro, ghurrah and others. It is the same as Phrah or Pharaoh, the Eyptian Pi-re, the sun, mephitice Phra (s. Wilkinson). Ap (Ape oder Tape) war der Localgottheit von Theben. Ranpo war Gott der Schlachten und Anata oder Anta die Göttin des Krieges. Die Israeliten verehren den Stern Remphan's mit Moloch und Chiun (b. Amos). Die Arimphaeer in den riphäischen Bergen waren ein heiliges Volk.

***) Zu φοίνιος, blutig (s. W. φιν, φα) stellt sich (ahd.) bano, die Mörder (s. Curtius). Mit φαινω werden auch φαιδρός und φοῖβος zum Urstamm φα gerechnet. „Weil φαν in Ableitungen (v. φαινω, φαινω) erscheint, muss ein Secundarstamm φαν (bhan skt.) angenommen werden." Zu ποῖος, ποῦ (Skt. kas) u. s. w. stellt Schmidt den St. παντ (St. πας). Wie (murus, moenia) ist mû, zu moi gesteigert, wie in ποινη, poena v. W. pû (purus). Pheleta (phileta): fallax, für (φηλητης) a φηλέω, decipio (Forcell.). Die Stadt Fûoun oder Fayoum (Heracleopolis superior) in der unteren Thebais wurde (von den Arabern) Joseph zugeschrieben, der dort die grossen Werke ausgeführt, wodurch sie gegen die Ueberschwemmungen geschützt sei. Die Werke, wodurch die aegyptischen Städte (besonders

Illysien's unterschiedenen Pannonier (mit den Jassi und Boioi) leiten, die
Appian den Paioniern gleichsetzt, denn die von den Teucri Mysien's hergeleiteten Paionier führen in Verschiebung der alliterativ einander entsprechenden Labialen auf die Maionier der den Mysiern verwandten Lydiern,
und somit durch Lud, den Bruder Amalek's auf Phoenix, in seiner Verwandtschaft zu Agenor dem Belus-Geschlecht amalekitischen Eroberer angehörig. Bannomanna (bei Timacus) oder (b. Pythcas) Mentonomon (Banto-
mannia) sind (nach Zeuss) Namen des frischen Haffs. Die in Aymona
(Haimonia) an Pannonien geknüpfte Argonautensage beweis't die Ausdehnung
alter Gradesbezeichnungen, in Ergänzung mit der über Phauetha (in Eridanus
oder Ohodanus) in Phaiax erhaltenen Tradition Phaethon wird (b. Annias)
mit Phut identificirt. Sein dauerndes Gepräge erhielt Syrien unter der
aramäischen Einwanderung zu den Zeiten des Saul und David, und auch
die späteren Volksversetzungen in den assyrisch-babylonischen Kriegen
änderte in der Hauptsache wenig, als meist aus verwandten Gegenden
kommend, ebenso wenig wie die arabische Eroberung, weil eine rein semitische.
Auf die erste Dynastie der lydischen Könige in Maeonien*), durch
Lydus**), Sohn des (von Manes stammenden) Atys (und Bruder des Tyrrhenus***)
gegründet, lässt Herodot die Herakliden (des von Herakles, Vater des
Alcäus, stammenden Agron) folgen, und wie in Indien (durch seine Tochter
Pandu) steht auch hier an der Spitze des Königsgeschlechtes Herakles.
Mit einer Sklavin des Jardanus habe Herakles den Alcäus gezeugt, den
Grossvater des Ninus (Sohn des Bel), dem Agron geboren wurde, der erste
heraklidische Fürst in Sardis. König Jardanus in Lydien ist Vater der
Omphale, welcher Herakles (auf des Orakel's Geheiss) durch Hermes als
Sklaven verkauft wurde und die ihn (zu weibischen Künsten angelernt) zu
ihren Liebhaber wählte. Für Omphale besiegte der griechische Herakles
Viele der asiatischen Völkerschaften und von dem lydischen Herakles, dem

Bubastis) aufgedämmt seien, schreibt Herodot dem Sesostris, und später dem Aethiopier
Sabako (vor dem der blinde Anysis aus Auysis nach den unteren Marschländern floh) zu.
Cavus fil dendan (Caous mit den Zähnen des Elephanten) gehörte zu den persischen Helden.
Elia und Ariha (Jerusalem und Jericho) waren die heiligen Städte in Falasthin. Fil oder
(im Persisch.) Pil bezeichnet im Arabischen den Elephanten, den sie zuerst durch Abrahah,
König von Habesch, in Yemen kennen lernten. Feridun zähmte zuerst die Elephanten.
Balandrah Vilaieti ist (b. den Türken) das Land der Filamengh oder Flanbeki (Flam-
länder). Durch Josua und dann durch David wurden die Falasthin (Philister oder Channa-
näer) aus Palästina nach Afrika getrieben. In Philae waren die Gräber des Osiris und
der Isis (wie die der Carthager in den Arae Philaenorum). Hostilius dedicavit Pallorem atque
Pavorem (Aug.). Die Sieben vor Theben schwuren bei dem blutgierigen Schrecken
(γηλίμπτον φοβόν), sowie bei Ares in Bellona (b. Aeschyl). Scipio opferte der Kühnheit
und Furcht (b. Appian). Die Etrusker zogen den Blitz herab auf das Ungeheuer Volta,
das Vulsinium bedrohte (nach Plinius). Die römischen Stämme der Rhamnes, Tities,
Luceres waren (nach Polonius) aus vocabula tusca (s. Varro). Die Syssitien in Creta
wurden später Philitien in Sparta genannt. Servius Tullius (Mastarna) führte die Verehrung der Nortia (Göttin des Sckicksal's) in Rom ein.
*) Anameon adoles centulus Maeones a se dictos condidit (Berosus). Der Milyer
war (nach Herodot) von den Termilae (Lydiern) verschieden.
**) Curetes dicti a Curie fratre Osiridis. Nam et Sabatius Sangui Curetes fiut, ut
patet arbore Curis. Unde a Curetibus bis et Lydibus Tusci trahunt originem, at Val. Mas.
insinuat. Die Stadt Cures im Sabinerlande sollte von Sabus (Sohn des Saturn) erbaut
sein. Sabinis Saga est origo (Sempronius). Kus oder Kust geht in Kur über. Lydus
priscus wird von Osiris oder (b. Moses) Misraim hergeleitet.
***) Festus leitet die Etrusker von Sardes in Lydien durch Tyrrhenus (nach Timaeus).
Der etruskische König Arimnus sandte, als Erster unter den Barbaren, Weihgaben an den
Tempel des Zeus zu Olympia. Auch das macedonische Reich in Paeonien wurde auf
Herakles zurückgeführt, ob nun durch die Temeniden aus Argos (von Bermius Mons, dem
früheren Sitz des Midas, aus) oder durch die älteren Karanus. In Makedon findet sich die
egyptische Anknüpfung an Osiris. Die Asiones (wie Kayster) verschmolzen mit dem Volk
der Mäonen zu den Lydiern.

Sandon (dem Omphale mit einem durch Sandyx roth gefärbten Gewand bekleidet) oder Sardan-apala wird erzählt, dass er die Amazonen unter-worfen und das Beil ihrer Königin den lydischen*) Fürsten als Insignie hinterlassen. In der Weise, wie Herakles von den Mermnaden zurückrechnet (1678 a. d.) fällt die Gründung der lydischen Dynastie in das Jahr 1221 a. d., und in dem 1314 a. d. von Ninus gestifteten Reiche Assyrien's bestieg 1200 a. d. Ninippallassar, Sohn oder Nachkomme des Ninip (des assyrischen Herakles) den Thron, von dem in den Inschriften gesagt wird, dass er zuerst das Land Assur in Ordnung brachte und, als der Erste, assyrische Heere aushob. Unter seinem Sohne Assurdapalil hörte der noch 1150 a. d. von Rhamses XII. eingeforderte Tribut an Egypten auf, als dort der Hohe-priester Her-Hor den Thron usurpirte. Herodot begrenzt Assyrien durch Halys, wogegen Ctesias die Herrschaft über Bactrien, Phoenicien, Egypten und Lydien ausdehnt. Nach Pollux war Agron, der auf den Thron Lydien's gesetzte Sohn des Ninus, im Lande (ἐν ἀγρῷ) geboren.

In der Gleichzeitigkeit der neuen Dynastien, die sich von Herakles ab-leiteten, in Ninive (der Stadt des Ninip) und Sardes (des Sardanapal oder Sandon), erklärt sich der asidische Stamm in der letztern Stadt, indem auch die assyrische Dynastie durch den Einbruch der noch lange am alten Er-innerungen am Tanais berühmten Eroberungsvölker**), begründet war, die unter den Namen der Asaci oder Asini auftreten und zugleich durch die im nordisch-germanischen Verhältnisse wiederkehrenden Bevorzugung des weiblichen Geschlecht's Anlass zu den Amazonensagen gab, deren Fürstin sich in den Versionen der mit ihnen verknüpften, oder früher feindlichen Dynastien, unter den Gestalten der Omphale und der ziemlich gleichzeitigen Semiramis darstellt, mit welcher Berosus von Babylon nach Assyrien über-springt, wie Eusebius bemerkt. Der nordische Herakles oder Thor erhielt später seine Mutter in Jörd, die sommerliche Erde, die sich mit Odin vermählte.

Wie nach Lycien in den Solymaeer und in den Syri nach Cilicien***) erstreckten sich die in Yemen durch Sabaei†) und Minaei††) (*Μιναῖοι*

---

*) Agron, Stifter des lydischen Reiches, war Sohn des Ninus. Manes (erst König nach Zeuss), den Freret für den Eponymus der Maeonier hielt, war Vater des Cotys, Vater des Asics und Alys (nach Dionysios).

**) Nach Procop stammten die Parther oder (scythisch) Flüchtlinge von den Asien als Eroberer durchziehenden Gothen. Nach Justin endete die Herrschaft der Scythen (deren Frauen die Amazonen bildeten), die die Königreiche Parthien und Bactrien be-gründeten, mit der Zeit des Ninus. Auf ihren zweiten Einfall besiegten sie den Sesostris (vielleicht als allgemeiner Name der Rhamses-Könige), wurden aber durch die Sümpfe vom Einfall in Persien abgehalten. Nach dem dritten Einfall in Asien hatten sie ihre Sklaven zu bekämpfen. Die von Darius jenseits der Donau angegriffenen Scythen erinnerten sich ihrer alten Herrschaft über die Perser (nach Herodot). Nach Diodor wurde das vom östlichen Ocean bis zum Nil ausgedehnte Reich der Scythen, die von der Nachbarschaft des Indus nach den Araxes und dann nach dem schwarzen Meer und Tanais gekommen, durch Ninus gebrochen. Nach Ammian stammte das Volk der Perser von den Scythen.

***) Die in Mysien (b. Troja) den Dardanern oder Danaern verwandten Cilicier oder Hypachaeer nehmen in Besiegung der Syri und Mischung mit ihnen mit Cilicien (mit den griechischen Colonien Holmi und Soli), phoenizische Bewaffnung und Traditionen an (wie auch die Griechen in Soli den Jargon). Cilix (Bruder des Phoenix) war Sohn und Sarpedon (durch Europa) Enkel des Agenor. Die Könige Cilicien's tragen stets den Namen Syennesis, als Titel. Zur Zeit des Tiglath Pilesar war Sieri König von Dayan (Grenz-staat von Cilicien) 1120.

†) Wie Sabus auf Sebo deutet (sebasmios und sebazius), so Samnites auf Saman oder semnitheoi und Strabo spricht von samnitischen Duidennien am Ausfluss des Ligeris (während die Druiden Semnotheoi heissen). In den Swewen (Sabi, Savi, Suavi, Suevi) findet H. Müller den Namen des Sabos (mit Dienst der Isis oder Demeter).

††) Die Minyer (*Μινύαι*) oder Argonauten (waren von Minyas, König von Orchomenus, benannt. Die durch die Dorier aus Laconien vertriebenen Minyae nahmen die Sitze der Paroneaten und Cauconen in Triphylia (in Elis) ein.

oder *Meiraîoi*) vertretenen Aramaeer auch nach der (von Orchoe oder Warka
in Babylonien) genannten Stadt Orchomenus der Minyaer und in den Sabinern
(von Sabus*), Sohn des Sanctus stammend) bis nach Italien, auch Athen**)
als *astv* (Astun oder Anysia) einschliessend. Carna (Almakarana) oder
Carna war Hauptstadt der Minaei (südlich von den Manitae), von denen
(nach Jomard) der Wady Mina bei Mecca den Namen führt. Die Bewohner
der sabinischen Stadt Cures heissen (b. Virgil) prisci Quirites. Die Cureten
Aetolien's waren von Euboea gekommen. Von den Sabinern stammten die
Samniten. Car, Sohn des Phoroneus, baute den Tempel der Demeter oder
Megara in. Megara, wo Sciron (Enkel des Lelex) die Tochter des Pandion
(Vater des Nisus) heirathete (aus Athen). Jon, der mit seinen Brüdern
(Epivius und Asterius) von Aegypten nach Cypern wanderte, war Vater des
Kettes, Repräsentanten der Kittim, unter den Söhnen des Javan (in den
Genesis) aufgeführt. Die Kitier, (ein canaanitisches Volk) galten für Ab-
kömmlinge von Sidon (Kiessling). Die Akropolis von Megara (St. Byz.)
hiess *Káqia*. Nach Lassen waren die Karier***) von Karien oder (b. Athen.)
Φοινίκη (mit den Cult des Chrysaor und Osogo oder Chusor und Ousow)
Semiten (als canaanitischer Stamm).
    Die mit den Moschi (*Móσχοι*) oder (auf den Keilinschriften) Muskai
verbundenen Tibareni, die (nach Ephorus) den Spielen und der Fröhlichkeit
ergeben waren, heissen (bei den Assyrern) Tuplai und (in den Genesis)
Tubal. *Τιβαρηνοὶ, ἔϑνος Σκυϑίας* (Schol.). *Móσχοι, ἔϑνος Κόλχων* (Hecat.).
Cotyura war (nach Strabo) Hauptstadt der Tibareni (zwischen Chalybes
und Mosynoeci). Die Tibarani am Berg Amanus (in Cilicien) wurden von
Cicero unterworfen. Von dem darin ertrunkenen König Tiberinus (pater
Tiberinus) oder Thybris (von Alba) erhielt der Fluss Albula den Namen
Tiber (mit den Nebenfluss Tinia). Die Moschi (Meschech) oder *Μéσχοι*
(*Móσχοι*) waren (nach Polybius) den Iberern unterworfen (später dem

---

*) Quem Aramaei et Etrusci Sagam dicunt, eundem Sabini vocant Sagni et Romani
sanctum, id est sacerdotem expiatorem et purum (Annius). Ergo initi regni et originis
suae, contra Graecum Saturnum, Sabius invictissima monumenta reliquit, a Bactriis quidem
Caspiis Casperulam oppidum et a Saga gente amnem Sagnynaiam juxta Agyllam et Sangny-
naiam regionem, juxta templum lacumque Vadimonis et paulo superius oppidum Sangninam
juxta Celenum. Arimaspen (Einäugig) aus arimäischen Reitern (Arima, als Erste oder
Eins führt durch Arii zu den Adhi).
    **) Die (später nach Irland zurückkehrenden) Tuatha de danann (Resto der durch
die Fomarier ausgetriebenen Nemedier, die nach der unter Partholan zur Zeit des Nimrod
nach Irland geführten Colonie in die durch Pest verödete Insel eingewandert waren) unterstützten (in Theben Böotien's wohnend) die Athener im Kriege mit den Assyrern durch
ihre magischen Künste (Warner). Breac, der nach Thracien zog, gab den Belgae oder
Firg-bolg (und Brigeu) ihren Ursprung. *Παρϑίνοι* und *Φρύγοι* werden (b. Strabo) unter
unter den Illyriern genannt. Die Könige der (unter den Söhnen Dela's nach Irland einwandernden) Belgae mussten sich für alle ihre Handlungen vor dem Volk verantworten.
Der König der Sabäer durfte (in Jemen) seinen Pallast nicht verlassen. Die in Cilicien
(Khilak) einfallenden Griechen wurden (nach Polyhistor) von den Assyrern (unter Sennacherib) besiegt (und dann Tarsus gebaut). Von den Ciliciern unterstützt erobert Sargon
(von Assyrien) Bit-Burutas, Hauptstadt des König's von Tubal (Ambris, Sohn Khuliya's),
im südlichen Taurus.
    ***) Nach Antoninus Liberalis zeugte Milet, Sohn des Apollo und der Akakallis
(Tochter des Minos) in Karien mit der Königstochter Eidothea, den Kaunos (Gründer der
karischen Stadt Kaunos) und die Byblis. Nach Herodot hatten die aus Creta stammenden
Kaunier karische Sprache angenommen. Diodor lässt Kureten von Kreta nach dem
karischen Chersones übersetzen. Korybanten und Kureten (Karer) werden auf Euboea in
nahe Beziehung gesetzt. Als Kekrops den Sochos (Hermes), Vater der in Marathon weilenden Kureten (Söhne der Kombe oder Chalcis) tödtete, zogen diese nach Euboea. Bei der
Viertheilung unter den Söhnen des Pandion befreite sich Attika von dem Einfluss der
Euboischen Karer oder Kureten (im Kampf der Kuru und Pandu) unter den Kämpfen mit
einem einfallenden Weibervolk. Die auf kuretische Bevölkerung zurückzubeziehenden
Amazonensagen waren besonders in Euboea oder Aithiopia local.

abaschischen Fürsten Lipanites). Moscha Portus (östlich von Omana) im Sachalites Sinus (Arabien*) war von den Ascitae bewohnt, die sich der Schläuche (ἀσκός) zum Schiffen bedienten. Der Hafen Omana in Karmanien heisst Commana (bei Ptolem.). Omananum emporium (von Omanitae bewohnt) war durch die Cattabani von den Montes Asaborum getrennt. Die Omani, Stamm der Lygii (zwischen Oder und Weichsel) heissen (b. Tacit.) Manimi. Tres enim Saturni, Tubal Hispanus, Samotes Gallus et Tuyscon Germanus regna sua legibus formant. Quartus vero Saturnus Cameses qui ab Aegypto colonias in Thusciam advexerat, econtra Thuscos jam legibus et literis a Comaro formatos corrumpere pergebat magica et vitiis (Annius). In Spanien treten Iberer und Ligurer gerade so zusammen auf, wie in ihrem Ursitze Tubal und Mesech (Gfroer). Hieronymus versteht Tubal von den Iberern in Spanien. Das unbewegte Wasser der Ostsee hiess kronisches Meer bei den Hyperboraeern (Pseudo-Orpheus). Im böotischen Cultus heisst Zeus Κάραιος**) (ἀπό τοῦ κάρα) im attischen ἐπάκριος.

Movers erklärt den mit Adonis combinirten Memnon oder Phaon Memnon, der (nach Jakobs) von allen vorderasiatischen Völkern als die aufgehende Morgensonne begrüsst wurde, als Baal-Adonis oder Morgensonne. Memnon (der Erbauer Susa's) hatte (nach Ampelius) die sonst dem Belus zugeschriebenen Mauern Babel's erbaut und Moses aus Heliopolis bestimmte die Zahl der Gebete nach der Anzahl der Ringmauern dieser Stadt. Memnon war der Eoische (von seiner Mutter Eos) und Ἀώ ὁ Ἄδονις ὠνομάζετο (Et. m.), der (b. Panyasias) Ἡοίης heisst. Memnon's Schwester Hemera hatte die Reste ihres Bruder's in dem phönizischen Memnonium bei Paltos am

---

*) The kings of Hatra (Hadhr), who fought with the Romans (both with Trajan and Severus) are always named by the Greek historians Βαρσήμιοι (Bar-Shem from Bar or lord), whilst in old Arabic history, in the accounts of the wars of the same kings with the first Sassanian monarchs of Persia, the names are employed of Dhizan and Satrun; Dhizan, which was known to the Arabs as the name of an ancient idol being apparently the same term as Desanaus (Διωδάν), which, according to Eusebius, was an eastern name for Heracles and Satrun (or Saturn), which although stated by the Arabs to signify „a king“ is not of any known Semitic etymology, being perhaps like Dis, of a primitive Scytho Arian nomenclature, which afterwards through the Etruscans penetrated to Rome (Rawlinson).

**) Halicarnassus (Ἀλικαρνασσός) am ceramischen Golf gehörte zu den dorischen Colonien in Carien neben den rhodischen Städten (mit den Burgen Salmäus und Arconnesus). Die Carni (Κάρνοι) oder julischen Alpen wurden von Norikern, Rhaetiern und Tauriern umgrenzt. Das brittische Volk der Carnonacae wohnt zwischen Creones und Careni (b. Ptol.). Die celtische Stadt Carnuntum (Καρνοῦς) war in Pannonien (an der Donau gegründet. Im Lande der Karnuten (Καρνοῦτοι) hielten die Druiden ihre Jahresversammlung ab. Die Crannonii oder (b. Pindar) Ephyraei (mit den Phlegyern kämpfend bei Homer) bewohnten Cranon (Κρανών) in Pelasgiotis (in Thessalien). Craneion war die aristocratische Vorstadt Corinth's (mit Acrocorinthus). Wie Carn dienen Cromlech als Denksteine. Nach Teleboeern (oder Taphiern) und Lelegern (mit Cureten) erhielt Acarnania den Namen von dem (auf Gebete vom Knaben zum Jüngling erwachsenen Acarnan (Sohn der Griphyle und des Alcmaeon), der sich am Achelous niederliess. Carna war Hauptstadt der Minaei in Arabia Felix. Bei Oechalia (Οἰχαλία) in Messenien wurde (nach Pausanias) im Cypressenhain (von Carnasium) Apollo Carneius (mit Hermes Criophorus und Persephone) verehrt. Der hercynische Wald heisst τά Ἀρκύνια ὄρη (bei Aristotl.). In der phoenizischen Stadt Arca wurde (nach Macrobius) Astarte (Aphrodite) verehrt. In Halicarnass verbindet sich der solymische Name Soli mit dem Semitischen und Celtischen verbindenden Karn oder carn, das als ars die italischen Städte der Aborigines kennzeichnet. Die Athener, als Pelasger, wurden (nach Herodot) Cranai genannt. Die arkadische Stadt Cromi oder Cromnus (Κρῶμαι) lag an der messenischen Grenze. Namque duos filios suos novissimos cum illorum posteritate Cranum et Cranam Janus cum Comaro miscrat coaluerunt,que in gentem atque posteritatem maximam, quam nostra aetate Janigenam vocant, cognominant autem Razenuam, id est. sacram propagatricem incubamque contra impietatem Camesenui (Pseudo-Berosus). Das keltische Carn oder corn (cornu im lateinischen und karn im Semitischen) bedeutet (nach Zeuss) Horn oder Spitze und Haufe. Die Carantani (in Kärnthen) hiessen Chorutane (bei Nestor). Die Krajnci (Creinarii) sind die Krainer. In Dacien fand sich die Stadt Arcidava (Argidava), Arci in Hisp. Baet., Arcobriga bei den Celtiberern.

Flusso Badas beigesetzt, und als Adonis oder Tammuz wurdo auch Memnon beweint, wio Phaëthon von seinen Schwestern und Mancros (gleich Linus oder Ailinos) in Aegypten. Absyrtus (der von Medea zorstückelte Bruder) war (nach Timonax) der kolchische Phaëthon. Adonis hiess Kyris oder Kiris auf Cypern, wo Ampelius einon Palast des Kyrus kennt, aus weissen und schwarzen Steineu erbaut, die mit Gold wneinandergefügt waren, mit verschiedenfarbigen Säulen, und dieser Palast des Kyrus*) (der Sonno oder Khoro) wird von Movers als mounonischer gedeutet. Eusebius bemerkt zu Manetho's Amenophis (Amenhotep IV.): hic est qui Memnon putabatur, petra loquens oder (b. Africanus) φθεγγόμενος λίθος. Dic Egyptologeu schreiben die Memnon-Colosse Amenhotep III. zu, der sich in den Inschriften gleichfalls Sohn der Sonno nennt (und mit Horus, dem starken Stier ver- glichen wird), und unter den grossen Kriegen, dic von ihm, sowie schon vor ihm von Thutmes III. in Asien geführt wurdon, mögen sich dio (gleich den Begründer der aegyptischen Dynastie) einem östlichen Sonnen-Cultus ergebenen Karier oder Kureten (gleichsam Vorläufer der Mithras verehreu- den Seeräuber zu Pompejus Zeit) über Griechenland ergossen haben und die schon unter König Ourcham nach Westen verbreitete Cultur der Chal- daeer**) neu gekräftigt haben durch die Auswanderungen, die aus Mesopo- tamien statt fanden, als dort die chaldäische Dynastie durch eine arabische gestürzt wurde. Die Alexandriner identifizirten in mystischer Theokrasie (s. Plutarch) Adonis mit Osiris, der in der Sage Aegypten mit Byblos ver- knüpft. Der Stadt Sardes, um welche der lydische König Meles den Löwen trug, war (nach Xanthos) der Sonne heilig.

Den den Fürstenstamm der Karier bildenden Kureten***) oder Kurioi, die (nach Diodor) von Kreta zum karischon Chersonnes überkreuzten, tritt Minos, der die Dynastie des alten Kres verdrängt, auf den Inseln feindlich entgegen. Dio mit Lelegern und (aus Böotien vertriebenen) Hyanten am Achelous wohnenden Kureten erlagen dem von Deucalion stammenden Aetolus, dessen Nachkomme Oeneus den calydonischen Eber†) jagen liess, wobei Meleager der Atalante noch eine ritterliche Höflichkeit erweis't, bei den übrigen Helden dagegen sich schon die entschiedene Opposition gegen ferneres Einmischen der Amazonen in Männergeschäften kund thut. Die Suprematie der Kureten dagegen ist mit der der Amazonen gleichzeitig, und jene wurden wegen ihrer Kleidung (als Jaonen im Schleppgewande) oder wegen weiblicher Frisur (s. Strabo) auch geradezu für diese erklärt, wie sie auch auf Euboea mit den durch den östlichen Zug der afrikanischen Königin herbeigeführten Korybanten (der Begleiterin der klagend am Ida umherschweifenden Cybele, wie früher der Bassleia im Westen), in Beziehung gesetzt werden. Bei der Vertheilung zwischen den Söhnen des Pandion befreite sich Attika von dem Einfluss der euböischen Karer oder Kureten

---

*) ὁ μὲν οὖν κῦρος ἀπὸ κύρου τοῦ παλαιοῦ τοὔνομα ἔσχεν, ἐκείνῳ δ᾽ἀπὸ τοῦ ἡλίου γενέσθαι φασί, κῦρον γὰρ καλεῖν Πέρσας τὸν ἥλιον (Ktesias).

**) Zu Cekrop's Zeit bekämpften die Chaldäer die Phönizier (b. Syncellus)

***) Movers sieht in Hermes, den Herodot aus dem samothrakischen Kabirendienste ableitet, nur die Masculinform von Harmonia, und Mar-Kuri bedeute den Mar der Chreten oder Carier, deren Gottheit Mar genannt wurde, als Knecht des Asterion oder kretischen Minotaur (b. Epiphon.). Καθμηλος oder (als samothrakischer Kabir) Κασμῖλος ist der etruskische Κάμιλλος (s. Bochart). Κάλμος λέγεται ὁ Ἑρμῆς παρὰ τοῖς Τυροινίοις. Der Kabir Esmun hiess Tat oder Athotis, als der aegyptische Arztkönig Athotis (b. Manetho) und Aesculap ist Serpentarius (s. Ideler). Tibull leitet die Laren von den troischen Penaten.

†) Frick oder Freyja, die Göttermutter (b. Tacitus), zu deren Ehren die Aestuer formas aprorum trugen, steht dem männlichen Kriegsgotte Fro oder Freyr gleich, wie auch der goldborstige Eber, der sonst dem Freyr gehört, von der Edda der Freyja gegeben wird (s. Pidarit). Mesitch, Gott der Wälder, reitet (bei den Tscherkessen) auf einen Eber mit Goldborsten.

(in einem Bruderstreit zwischen Pandu und Kuru, als Helfer der Metioniden) unter den Kämpfern mit einem einfallenden Weibervolk. Die durch Theseus (dem Stammhelden der Pandioniden) eingeführte Haartracht (ϑησηΐς genannt) war von den euböischen Abanten angenommen (ὄπιϑεν κομόωντες). Die Abantes kamen von der phocischen Stadt Abae, wo sie den Tempel des Apollo neben Hyampolis, der von Cadmus vertriebenen Hyanten gebaut hatten, und werden ursprünglich den Adonis (δεσπότης ἀπό Φοννίκων και Βόλου ὄνομα) oder dann von dem bei ihnen (und Egyptern) verhassten (in Cyprus dagegen, wie im Norden fortverehrten Schwein) getödteten Atys (Aten oder Helios) oder (Abobas) Kiris verehrt haben, dann aber bei Ankunft der Jo (Mutter des Eupaplum) der Name der Insel Abantis in Euboea änderte. Von Atthis, Tochter des Kranaus, wird der Name Attica hergeleitet, von wo die Kureten nach Euboea (Macris oder Hellopia) zogen, als Kekrops ihren mit Combabo oder Chalcis vermählten Vater Sochos (Hermes) in Marathon*) getödtet hatte. Die Acropolis von Megara behielt indess den Namen *Καρία*. Die Zeus Chrysaor verehrenden (Karier oder Kureten) vermittelten auch (von Karna der Minaeer aus) die chalkidischen**) Gründungen, mit denen indirect das an Chryse-Namen reiche Orchomenos in Beziehung stand. Die Kureten waren zugleich die Träger orphischer Trauerdienste, an den Cultus der Sonne oder Khoro geknüpft, worin (nach Plutarch) Adonis (Athis oder Aten) und Osiris durch die Mysterien identificirt wurden und die Herkunft des letzten aus Nyssa***) (die Stadt des von den Nomaden verehrten Dionysos) erklärt sich aus den südarabischen Beziehungen der XVIII. und XIX. Dynastie, sowie die spätere Verknüpfung mit Byblos aus dem Bruderpaar Agenor und Belus, die zugleich in ihrer gemeinsamen Abkunft von Libya†) den Weg der afrikanischen Amazonen

---

*) Der Eponymus war Sohn des Epopeus (König von Sicyon). Xuthus (mit der Tochter des Erechtheus vermählt) herrschte in Marathon, wo Theseus den Stier erschlng.

**) Unter den (dem Asopus geborenen) Kindern der Metope, Tochter des Ladon (Sohn des Oceanus und der Tethys) oder des Hesperischen Drachen, finden sich (neben Ismenus Pelasgus, die Töchter Aegina, Chalcis, Salamis, Thebe, Pinene u. A. m. Am Tempel des Apollo Ismenius am Flusse Ladon oder Ismenus, wurde jährlich der schonste und stärkste Knabe des Oberpriester mit dem Lorbeerkranz (Daphnephorus) geweiht. Laertes war dem Aerisius durch Chalcomedus geboren. Sinope, Tochter des Asopus, wurde von Apollo nach Sinope entführt, und Corcyra (Tochter des Asopus) von Poseidon nach Corcyra (Phaeax gebärend). Die Lara (Tochter des Flussgottes Almo) oder Mania (der Kinder geopfert wurden) gebar dem Mercur die Lares praestites (im Zwillingspaare). Acca Laurentia oder Acca Larentia vermählte sich im Tempel (auf Rath des Herakles) dem erst begegnenden Mann.

***) Sabos, als Name des Dionysos, stellt Movers mit den aus Saba kommenden Sakäenkönig (b. Ezech.) zusammen, die in Arabien verehrten Sabi, im arabischen Dionysos in Thrazien und Phrygien aus den Wanderungen der arabisch-palästinensischen Stämme nach Westen erklärend.

†) Als Mutter des Agenor und Belus entspricht Libyen (im durchgehenden Consonanten-Wechsel) den Riphäischen Bergen celtischer Gallier. Die megalithischen Monumente in Palästina finden sich besonders in dem früher von Rephaim bewohnten Lande der Ammoniten (s. Girard de Rialle), während sie in Nordafrika auf die Berber bezogen werden. Zu Abraham's Zeit sassen die Rephäer in und um Astaroth Karnaim (Wiener), wurden aber später in den südlichen Stämmen der Emim und Samsummim durch die Moabiter und Ammoniter verdrängt. Zu Josua's Zeit war nur der König Og von Basan übrig, die Rephäer westlich vom Jordan hiessen Enakiter. Das Thal der Rephaim zwischen den Stämmen Benjamin und Juda heisst Κοιλάς τῶν Τιτάνων (LXX.) oder Κοιλάς τῶν Γιγάντων (Joseph). Die Anaikim stammten von Arba. Mimnith, Stadt der Amoriter, hiess Μααριϑ (b. Euseb.) oder Mannith (b. Hieronym.). Der Fluss Arnon trennte armoritisches und moabitisches Gebiet. Die Moabiter (mit der Landesfestung Kir-Moab) verehrten Chamos und Baal-Peor, die Ammoniter den Moloch. Die auf zwei Bergspitzen liegende Stadt Astaroth (Beth-Astaroth) oder Rephaiten hiess Karnaim oder (Macrob.) Karnion von der dort stierköpfig verehrten Astaroth (mit der Mondsichel), als Tanath auf phönizischen Münzen (Φάναις oder persische Diana). Das Chronicon paschale leitet die Germanoi von den Amoritern her.

erleichtern. Wie Bal (Saturn) von Phoenizien*) aus die Welt erobernd durchzog, so stellen auch (bemerkt Movers) die Numidier den Makar (der Karier) oder Baal-Chon in den Anfang ihrer Geschichte und nennen Herakles oder Milichus (Melech oder Moloch) als den ersten ihrer Könige (Silius St.). Geryon wiederholt im äussersten Westen Karamanien des Osten's. Pindar kennt die Burg des Kronos**) (χϱόνον τύϱσις) auf den Makaren, wo sein Bruder Rhadamanthys***) Beisitzer ist und die am höchsten thronende Hera. Jao bewohnt eine Feuerburg im siebenten Himmel. Die hohen Bergfesten wurden in Italien dem Saturn zugeschrieben und die Chatu-Maha-Raja Indra's hätten den Gipfel des Berges Meru. Griechisch ἥλιος†) stimmt zum deutschen Hel, wie surya zu Sirius (der Stamm hvar findet sich auf die Sonne, wie auf Orion angewandt), und Pidarit rechnet dahin zend. hvare und Kuru (Sonne), Kyros, Ahuramasda, Kuru (Krischna, Karna), Kyris, Kiris (Adonis auf Cypern), Horus (äg.), Harhello, Arueri, Harpechrati, Κυϱίος, Κοίϱανος (χϱυσός), Koronos, Geryon, Charon, Chiron (Kronos, Karnos, Karneios), Kureten, Herakles, Orion, Ares, Quirinus (lat.), aurum, Guro (germ.), Walkyren (Grani).

Dass das sonst gewöhnlich verschonte Arabien††) im II. Jahrtausend à. d. gleichfalls eine Beute der Ostnomaden wurde, wird mit der Besetzung

---

*) Die Hyksos heissen Phoenizier (b. Manetho).

**) Post diluvium autem Titan et Prometheus exstiterunt, ubi quidem Titan adversus Cronum bellum movebat (Alex. Polyhistor).

***) Mintha war Geliebte des Hades und Smintheus Beiname des durch die unter-irdische Maus symbolisirten Apollo in Troas, wie Amenthes das ägyptische Todtenreich. Mantras oder (indoch.) Mantha sind die hinaufbeschwörenden Beschwörungsformeln der Tantras und Mantradschihwas (Gebetzunge) Name des Agnis. Mantus war der Hammer führende Gott der Unterwelt bei den Etruskern und die chthonische Mania wurde an Kreuzwegen gesühnt (wie Hekate, die dort emporsteigt). Das Symbol der arabischen Göttin Manal war ein Felsblock und in Theben wurde Menoekeus geopfert.

†) Heliopolis (in Aegypten) hiess Ei-n-re (der Sitz der Sonne) oder Aven (b. Ezechiel), als Beth-shemesh oder Ain-Shems. Der Nomos Thinites war nicht nur wegen seiner Fruchtbarkeit wichtig, sondern auch als Ausgangspunkt des Karavanenhandel's über die Oasis nach Abydus und dann nach Ptolemais Hermii (später Girgeh). Ebenso wenig wie Strabo, kennen Plinius und Ptolemäos eine Stadt This. Agatharchides nennt Thônis neben Bopos. This (Θις) ist eine Stadt Aegypten's, nahe bei Abydus, die Einwohner heissen Thinites (von Genetiv Θινὸς), bemerkt Steph. Byz. Bei Abydos, wo (nach Plutarch) Osiris begraben lag, kennt Ammian ein Orakel des Gotte's Besa. Strabo sah in Abydus (nach dem Muster des Labyrinth) die memnonische Residenz aus Stein (τὸ Μεμνόνιον Βασίλειον). Darius zerstörte Abydus (in Mysien) am Hellespont. Orakel des Apollo Abaeus bei Abae in Phocis. Abia in Messenien war von Abia, Amman des Hyllus (Sohn des Herakles), genannt. Zeus erschaute vom Ida die scythischen Abii (später mit Hyperoboräer identi-ficirt). Die Abii Scythae schickten Gesandte an Alexander in Maracanda (nach Arrian). Abus, Berg in Armenien. Die Abantes zogen (nach Aristoteles) von der thracischen Stadt Abae nach Euboea (wo Jo den Epaphus gebar) oder Macris. Abydus (Avido oder Aidos) Memnonis regia et Osiris templo inclytum (Plinius). Am Tage des Exodus „zogen alle Heerhaufen Jehovah's aus dem Lande Aegypten" nach der Wüste (um das Gebiet der Philister zu vermeiden) und als Jehovah nach Aegypten kam nahmen die Götter ihren Kopfschmuck hernieder, wie bei der Ankunft Typhon's. Jao war mystischer Name der Sonne (nach Macrobius). Liber zaret et Sol Iaὤ significatur. Adonis hiess Ἰαὤ (Ἰεύω). Ein mit (er macht leben) יהוה gleichklingendes und deshalb von Plutarch für den Namen des Hebräergottes gehaltenes Wort war ein ἀῤῥητον des Dionysos (Movers). Bei den Trieterien war der wiederholte Ruf Ia, und Hallelu-Jah lautete der Festruf der Leviten beim Tempelgesang unter Posaunenschall. Dionysios als Sabos wird (von Hesychius) mit Σαβάζιος identificirt. Βακχος ist Entstellung von Ιακχος (dem Freudenruf bei der Geburts-feier des Dionysos). Οἱ Χαλδαῖοι τὸν θεόν (Διόνυσον) Ἰαὤ λέγουσι, τῇ Φοινίκων γλώσσῃ. Für die Wiederbelebung des Attes (bei Julius Firmicus) galt ὓης Ἀττης.

††) Von Arabien erobert Aegyptos (b. Apoll.) das Land der Melampoden. On the ancient monuments Egypt is called Chemi, represented in hieroglyphics by the tail of a crocodile. Chemi (the black land), the land of Ham or of Khem (the Egyptian God Pan or the Generative principle of nature) is said by Plutarch to have been so called from the „blackness af the soil." Khem is like the Greek γαμαι. Ham (Kham), the Hebrew name

Egypten's (das die übrigen Angriffe meistens von seinen Grenzen abwies, aber als es die Osmanen zulassen mussten, diese auch Arabien Preis gab) zusammengehangen haben, während der Herrschaft der Hyksos*) im Delta und ihrer Collateraldynastie in Theben. Der in Arabien**) herrschende Zweig der Hyksos wird die verbrüderten Könige von Theben gegen ihre im Delta im Wanderleben verharrenden Verwandten unterstützt haben, und wurde deshalb nach Befestigung der XVIII. Dynastie durch die siegreichen Kriege Thutmes III. (1600 a. d.) mit der Satrapie Mesopotamien's, als arabische Dynastie (bei Berosus) belohnt (1559 a. d.). Die XVIII. Dynastie Aegypten's schliesst unter den religiösen Wirren, die durch den Fanatismus der Aten-Priester unter Amenhotep IV.***) angefacht wurden, und deren Sonnen-Cultus zunächst auf den Gestirndienst der (im Harran) Bal-Shamin als $"Ilιος$ (Assemann) verehrenden Sabäer führt, durch deren Namen so-viele Sonnstädte (neben dem syrischen in Baalbec) bezogen wurde. Als mit der einheimischen Reaction des Har-em-Hebi oder Horus, den aus heiliger Kuh geborenen Epaphus, diese gewaltsame Reform in Egypten beseitigt wurde, scheint sie sich in den gleichzeitig in Libyen (das bei nomadischer Eroberung Egypten's stets das Schicksal dieses Landes theilen muss) be-

---

of the patriarch, signifies also soot and is like the Arabie hem, hami (hot) and the Hebrew hôm (khôm), signifging brown (black) or burnt up (gen.). Herakles hiess $Xoμ$ in Egypten (s. Seyffarth). Aegyptos (Aetos oder Siris) ist (bei Homer) Name des Nil's, (Hapi der Hierogl. oder Jom) und Aegypten (Aetia) oder (bei Aristoteles) Thebes wurde (nach Manetho) von Aegyptus benannt. Beiname des König's Sethos (oder Sethi) Seti I., Nachfolger des von Ai stammenden Rhamses I. (Gründer der XIX. Dynastie), gehörte (nach Mariette) den zurückgebliebenen Hirten an, indem sein Sohn Rhamses II. den Cultus der Sutekh (National-gott der Hyksos) wieder herstellt und Set-aa-pehti Noubti (Gründer der Hyksos-Dynastie) als seinen Vorfahren bezeichnet. Les traits de son visage (de Seti I) et de celui de son fils Ramses, tous deux fort beaux et aux lignes d'une regularité classique ne sont aucune-ment ceux du sang de Mitsraim (s. Lenormant).

*) Mit diesen identificiren die Araber die Amalekiter von Amlak, dem Erstgeborenen der Völker, stammend. Schedad selbst heisst Ben-Ad-Ben Amlak und wenn der letztere wieder als Sohn des Ham gilt, so deutet das auf die secundäre Herkunft aus Egypten oder $Xημια$, dem Lande des Herakles $Xoμ$ oder Baal Chauman. Die aus Avaris, die Stadt der Avaren oder Barbaren, vertriebenen Hyksos wandten sich (da ihnen der Weg nach Assyrien verschlossen war) nach Lydien, (wahrscheinlich aber erst nach dem Zugang, der bei Begründung der XIX. Dyn. in Egypten Statt hatte) und Lud gilt deshalb als Bruder des Amlak in den orientalischen Genealogien. Im Geschlechtsregister des Cham (Camesis) wird Phaeton (Pheriton) oder (bei Moses) Phut aufgeführt (Vater des Ligur). Nach lydi-schen Sagen war (nach Damasc.) Askalon von Askalos erbaut und Mopsus besiegt zu Askalon die Atergatis und (bei Xanthus) ihren Sohn $'Iγϑύς$ (oder Dagon). Die lydi-schen Könige stammen (b. Homer) von Belus, Sohn des Alcäus (Sohn des Heracles) durch Agron (Sohn des Ninus). Vorher aber regierten die Nachkommen des Lydus, Sohn des Atys (Chon-en-Aten), die (nach der Besetzung Aegypten's durch Aegyptus, Sohn des Belus) auch in Lydien weichen mussten. Abulfeda lässt die ägyptischen Pharaone von den Amalekitern stammen, denen die von Josua vertilgten Canaaniter angehörten. Zur Zeit des argivischen König's Phoroneus sollte ein Theil des Heeres aus Aegypten ausge-zogen sein nach dem Palästina genannten Syrien. Die Philister wurden von den Kasluchim in Aegypten hergeleitet. Aus der Knechtschaft Japhet's befreit, kehren die Philister (bei Amos) nach Philistäa zurück. Nach Manetho waren die Hyksos Phönizier oder Araber. Zu Cyrus Zeit hatte sich Croesus mit dem befreundeten Aegypten unter Amasis durch eine Allianz verbunden und Dahlmann sieht darin die Ursache des persischen Feldzug's (mit Cambyses), den schon Cyrus beabsichtigte.

*) Durch die arabischen Beziehungen wurde seit Thutmosis I., der Stutereien in Unter-Aegypten anlegte, zuerst das Pferd in Egypten eingeführt und auf den Sculp-turen sichtbar.

***) Von kriegerischen Töchtern auf den Monumenten bekleidet, und auch Amymone, Tochter des Danaus, führt Bogen und Pfeil beim Wassersuchen (s. Apollod). Josephus lässt nach Horus seine Schwester Akenchenes herrschen und dann ihren Bruder Rathotis und die spätern Schicksale ihres Hauses, die auch in den Sesostris-Sagen eingeflochten wurden, mögen den Anlass zur Mythe von Isis und Osiris gegeben haben, die in der schweifenden Basileia den Schmerz Selene's um ihren Bruder wiederholt.

gründeten Eroberer-Dynastien erhalten und von dort in Handelsbeziehungen zu den auf die Telchinen*) folgenden Heliaden von Rhodus verbreitet zu haben. Indess war die Kraft der libyschen Fürsten, die bald gänzlich vor den Einfällen nordländischer Piraten erliegen sollte, damals schon gebrochen, und Epaphus spottet deshalb über die Anmassung des in das aethiopische Meroerreich (*Μερον*, insula in Occano bei Suidas, in diesem Falle) gehörigen Phaëthon Ansprüche auf die Vaterschaft des Sonnengottes**) zu erheben (s. Ovid), da er doch aus dem Westen stamme, denn das aegyptische Heliopolis, wohin der (deshalb zum Exodus gezwungene) Moses als Kibla seine Gebete richtet (b. Apion) lag im Osten (also für Palästina nicht mit der Filiale des ägyptischen On oder Beth-Schemesch identisch, sondern eher, wenn nicht mit Sippara, mit Larrak oder Lartsa, dessen Ruhm sich in pelasgischen Larissa erhielt und in dessen Namen Bit-Parra, wie Rawlinson meint, die Sonne als Phra oder Pi-ra gefunden werden könnte). In der priesterlichen Erhebung unter Har-em-Hebi war es zwar gelungen die nationalen Götter in ihre Tempel wieder einzusetzen, aber es ging nun in Egypten, wie seiner Zeit in Indien, wo die Brahmanen nach der Vernichtung der übermüthigen Kshtatrya sich neue Vertheidiger in den aus dem Feuer geborene Rajputen schaffen mussto. Auch am Nil fand man es nöthig einen neuen Herrscherzweig der kriegerischen Reitervölker mit Führung des Scepter's zu betrauen, und wie die eines Königs bedürftigen Slawen an die Waräger wandten sich die Aegypter an die im Jemen herrschenden Iremiden, (vielleicht in Karna oder Karana, Hauptstadt der Minaei residirend und mösynikische Hofceremonien bei den benachbarten Sabäern, die Tauth oder Teut als Hermes Trismegistus verehrten, in Brauch bringend). Diese mit ihren Begründer Rhamses I. wieder an den alten Patriarchen Ai (s. Lenormant) anknüpfende Dynastie ist die letzte, die in den Eroberungen des Rhamses II. Meriamoun den Glanz eines egyptischen Weltreiches in weiterer Entfernung ausstrahlt, und deshalb diejenigen, die in den griechischen Traditionen besonders, oder vielmehr allein hervorsteht. Die (wenn nicht über Suez) von Süd-Arabien nach Ober-Aegypten gelangten Reitervölker durchstreiften den Nordrand Africa's bis zur Enge Gibraltar's, über welche sie setzten, indem sie in dem ligurisch oder liburnisch übertünchten Europa wieder die später von den Galliern betretene Strasse nach Osten einschlugen und bei der Rückkehr auf's Neue auf asiatischen Boden in Galatien erschienen, um nun von den dortigen Hauptstädten aus, von der Feste des medisch-persischen Gorgonenhauptes in Iconium, ähnliche Eroberungszüge nach dem Herzen des Continente's zu unternehmen, wie sie in nachherigen Zeitläuften für den in Brusa aufgepflanzten Halbmond Huldigung erzwingen. Die geschichtlichen Bahnen sind geographisch genau vorgezeichnet, und ausser den oben vorgezeichneten, ihren grössten Cirkel (der wie von den Scythen auch von den Arabern durchlaufen sein würde, ausser Heraclius vor Konstantinopel und Carl Martell bei Poitiers), führt dann noch eine von den Gothen oder Herulern hin und her gewanderte Strasse von Mäotis nach Scandinavien, sowie sich neben dem Südwege durch die Kothsümpfe Ghilan's

---

*) In dem von Thelxion verübten Morde des Apis, wird der Widerstreit der Telchinen, als eherne Götzenbilder verfertigende Metallarbeiter, gegen den Thierdienst gesehen. Den Telchinen entsprechen die Dactylen in den Ida-Bergen, als sie in historischer Zeit zu Zwergen degradirt wurden.

**) Nebuchadnezzar erbaute den Tempel Bit-Ulmis neben dem der Sonne in Mosaib (Sippara) oder Agana (Akra de Agama oder Acracan). The female power of the sun is named Gula (Guda or great in Galla) or Anunit, but her primitive Babyloulan name seems to have been Ai (Rawlinson). Die Babylonier entstellten Shawas in Savas (Siwas) und Σαως (Hesych.), und so bietet sich (bei gleichzeitiger Verehrung des Mondes als Sin) die Brücke von den Saiern des samothrakischen Saon zu Sapäern und Sintiern (n. Strabo).

ein anderes Thor Europa's am Ural öffnet (den riphäischen Bergen der dialectischen Libier oder Libyer Bugnal nicht vibrirenden Libyen[*]), der oft solchen Horden Eintritt gewährte, die statt den Ebenen am Pontus zu folgen, ruchlos die eisernen Pässe des Caucasus durchbrechen und die blühenden Culturstaaten überschwemmten.

Die arabischen Könige Babylon's (bei Berosus) wurden häufig für egyptische Satrapen gehalten, die die Eroberer der XVIII. und XIX. Dyn. in Mesopotamien eingesetzt, indess können sie auch als der damals bis Südarabien vorgedrungene Zweig der östlichen Nomaden gehalten werden, die von dort gegründete Reiche (der Jremiden) aus wieder selbsständige Eroberungen nach Mesopotamien hin unternahmen. Die semitischen Nomaden, die eigentlichen Beduinen, sind erst sehr spät zu weltgeschichtlicher Bedeutung gelangt, in der Römerzeit werden die umherschweifenden Stämme der Scenitae und Sarakeni kaum beachtet von den bedeutungsvolleren Nabataern, Gerrhaeen, und von den Minyern, Sabaeern, Chatramotitae und anderer Völkerschaften des Süden's, denen auch Mohamed seine meisten Eroberungen zu danken hatte.

Für die Griechen ist der Beginn des assyrischen Weltreich's das Ende des Scythismus, der Beschluss jener Hegemonie, die (nach Justin) die Scythen, die Begründer der Königreiche Parthien und Bactrien für 1500 Jahr ausgeübt, und Diodor lässt die vom östlichen Meer bis zum Nil herrschenden Scythen von der Nachbarschaft des Indus nach dem Araxes und dem Tanais kommen. Justin's Angabe würde die ganze Zeitdauer scythischer[**]) Supremaie betreffen, seit ihrem ersten Erscheinen im Westen bis zum Sturz durch Ninus, Diodor hat dagegen nur die letzte Phase im Auge, wo sie in den sog. arabischen Kriege wieder vom Süden heraufzogen und dann in Asien die Herren spielten, bis, wie er sagt Ninus ihre Macht brach. Obwohl Ninus beim Ausverfolg seiner Genealogie in letzter Instanz wahrscheinlich gleichfalls einen Scythischen Stammbaum enthüllt haben würde, so gehörte er doch einem so lange im Westen (am Orontes oder Khetas) ansässigen Zweige an, dass die dortigen Völker gewohnt geworden waren, ihn als zu ihnen gehörig anzusehen und den unstäten Reitern gegenüber als Vertheidiger zu betrachten, ja dass er auch selbst die Erinnerung an scythische Herkunft schon vergessen sein mochte oder wenigstens nicht mehr betont wurde. Mochten sich auch in der westgothischen Dynastie Toledo's die Annalen ihres Hauses erhalten haben, so betrachtete sich doch in dem letzten Jahrhundert ihres Bestehen's als rein spanisch und obwohl das Beiwort Godo noch nicht ausgestorben war, so wurde es doch im andern Sinn verwandt, ohne weitere Rücksicht auf Nationalunterschiede.

Der mit den Leucosyrern durch Kleinasien verbreitete Dienst des Semitengottes[***]) El oder Allah (Ila in den Keilinschriften Assyrien's) oder Allah (ursprünglich als rhodischer Sonnengott Helios im Gegensatz zum nordischen Hel, und noch jetzt als Elias im Donner) hatte aus seinen durch

---

*) Die aus Libyen in Egypten einfallenden Völker weisen (abgesehen von dem Stammesnamen) durch die Tamahu auf nordische Nebelländer, und die in den megalithischen Gräbern des Atlas gefundenen Schädel zeigen (nach Faidherbe) die Verwandtschaft der Berber mit der alten Bevölkerung des westlichen Europa.

**) In der orientalischen Tradition dehnen die Tartaren unter Ogbuz-Khan (zur Zeit des Hoschang) ihr Reich bis zum nördlichen Indus aus.

***) Der directe Reflex des Semitengottes findet sich (ausser in dem Propheten Olen) in Olenus am Ida, der Sohn des Vulcan heisst, aber älter sein muss, weil die Nymphen Aege und Helice (die Erzieherinnen des Zeus) seine Töchter gewesen. Alz seine Gattin Lethaea sich im Stolz über die Götter erhob, wurde sie nebst Olenus versteinert, die gewöhnliche Strafe beseitigter Culturgestalten. Bei den Etruskern deutete der Seher Olenus Calenus das Menschenhaupt des capitolinischen Hügel's. Der chaldäische Gott Ilu hiess Assur in Niniveh.

Helenus versehenen Cultus in Troja einen Ableger nach Dodona gesandt, wo die Selli (Priester der Graeki) den Dienst besorgten und später Helenus (in Begleitung von Pyrrhus bei sich aufnahmen. Aus den Satrae an dem durch die Diobessi erklärten Orakel des Dionysos (durch den Ruf Eloleus verehrt) entstanden die Satyren. Die (dem aeolischen*) Dialect ähnliche) Aussprache Selli wich dann der jonischen in Hellenen, während die directeren Beziehungen mit den phoenizischen und palästinischen Küsten im Peloponnes die weitere Form Elis in dem dortigen Götterlande bewahrt hatte. Der Sturz dieses alten Cultus (der in frühester Zeit durch semitische Verbreitung über Nordafrika aus aeolischen Inseln zurückgekommen war) wird in dem (Zeus Blitze nachahmenden) Salmoneus allegorisirt, den Gründer von Salmone (Solyma oder Solymäer) in Elis, als Sohn des Aeolis**) (dessen Tochter Canace den Nereus gebar) und Bruder des mit Merope (Tochter des Atlas) vermählte Sisyphus. Wie mythologisch die Nereiden des Nereus (Sohn der Gäa und des Pontus) in ein an religiösen Ceremonien keinen weiteren Theil habendes Alterthum zurücktraten, so vernichtet halbgeschichtlich Heracles die Neleiden des Neleus (Enkel des Salmoneus) ausser Nestor (durch Weisheit seiner Freunde berühmt, wie Sisyphus den Gegnern durch Schlauheit). Taurus war ältester Sohn des Neleus und die Norici in Noricum führten früher den Namen Taurisci. Die Insel Nerigos, von der man (nach Plinius) bis Thule schiffte, wird mit Norwegen oder Norge im Dänischen (Norvinge im Schwedischen) identificirt. Auf der acarnanischen Insel Leucos hatten die Leleger und Teleböer oder Taphier ihre Festung Nericus (zur Zeit des Homer) gebaut und die Deificirung des Achilles (Vater des Pyrrhus) verknüpft sich mit der weissen Insel Leuke. Aus dem semitischen Kunstgriff die Schaafe durch Tränken zu färben hat sich ein Bruchstück erhalten in der Erzählung von dem schwarzfärbenden Flusse Neleus und dem weissfärbenden Kercus auf Euboea oder Hellopia. Die ceraunischen Donnerberge des Kaukasus, des grauweissen Schneegebirges, bewahren in den die Carn oder Gipfel bewohnenden Karni (der Alpen zwischen Venetia und Noricum) den Gegensatz zu ihren negrisch dunkleren Nachbarn darunter (νερθεν), auch Nerthus (nirtha oder die Erde) deutet auf das Untere und deshalb dunkle. Karnus (Kalamo) gehörte zu den Inseln der Taphii (Ταφίων und Τελεβόων νῆσοι) mit Taphiussa oder Taphias als Hauptinsel (zwischen Leucas und Acarnania). In den Teleboiden oder Teleboa liegt das letzte Thule oder Tile der Böotier, die schon vor Deucalion in Böotien gewohnt haben sollen, dem alten Lande Ogygia***) der Hektener. Der später von Böotus geführte Zug der aeolischen Arnäer (Carnäer) wiederholt in Griechenland den italischen der celtischen†) Boii, die mit den Lingones über die Sennischen Alpen zogen und sich in den früheren Sitzen der Umbrer festsetzten, wie sie 58 a. d. Sitze unter den Norikern fanden. Plinius kennt den Stamm der Ectini in den Alpen. Auch im Karpathischen Meer der Insel Karpathus (mit Nisyros) fand sich die Insel Telos bei Rhodos (der Rhos oder Ruthenen auf Rhodope). Minos eroberte Megara, als Scylla ihren Vater Nisus (Sohn des Pandion) sein goldenes Haar ausgezogen, und Comatho vollführte denselben Dienst für

---

*) Im macedonischen Dialect finden sich äolische Formen.
**) Die Aeolier, Nachkommen des Elisa (Sohn des Japhet) liessen sich (bei der dorischen Eroberung des Pelop) in Elis nieder.
***) Ogyges oder (bei Metasthenes) priscus Ogyges wohnte (vor der Fluth) bei Hebron, der Gräberstadt der vier Patriarchen, Adam, Abraham, Isaac und Jacob (nach Josephus).
†) Celtici, cognomine Neri (s. Plinius) in der Nähe der Pyrenäen. Die Νευροί (Navari) oder Ναυάροι (bei Ptolem.) galten (nach Herodot) für γοήτις. Das iranische Heldengeschlecht Neriman's herrschte (unter Sal und Rustem) über Segestan.

Amphitryon als er ihren Vater Pterelaus, König der Teleboeer, bekämpfte, indem die Mythe auf solche Weise den von den nordisch-asiatischen (wie amerikanischen) Stämmen getragenen Schopf symbolisirte, den Tacitus auch noch bei den Sueven beschreibt. Die Traditionen Actike's (von den Actäones des Ogyges) oder Attika's (Mopsopsia), die von der Befestigung der Burg Athen's durch die Kranai (oder Pelargi) genannten Pelasger sprechen, haben die einheimischen Stammessagen ihres aus der Erde gewachsenen Kekrops*) mit dem aus Sais (in der Fischdrachen-Gestalt der Oannes) eingewanderten Schwiegersohn des Aktäon verwirrt, im Jahre 1570 a. d. also zu dem Zeitpunkt, wo der 1600 angesetzte Thutmes III. Flotten auf dem Mittelmeere ausrüstete, Creta und Cypern erobernd. Herodot verknüpft das Orakel Dodona's mit dem ägyptischen Theben und libyschen Ammon. Die unter der Aegide der Neith oder Athene civilisirenden Einflüsse Aegypten's übten auf den politischen Zustand des Lande's keinen nachhaltigen Einfluss aus, indem der vornehme Athener, der auf den Thron folgte, durch seinen Namen Kranaus wieder auf pelasgische Beziehungen hinweis't. Die Vermählung des Kekrops mit Agraulos hat nur in ägyptischen Priestermysterien Bedeutung, in denen seine Töchter fungiren, um wieder auf Erichthonius oder Erechtheus**), den eigentlichen Stammherrn in Schlangengestalt zurückzuführen, aus welcher Verschiebung der Zeitverhältnisse die Erzeugung des zweiten Erechtheus, (Vater Cecrop's II.) nöthig wird, des Sohne's des Pandion, Sohne's des ersten Erechtheus, der Amphictyon, Schwiegersohn des vertriebenen Kranaus, vom Throno gestürzt. An Atthis, Tochter des Kranaus, wird der Name Attika geknüpft, gleichzeitig mit der Einführung des Sonnencultus in Aten oder Adonai durch Amenhoteph IV., während von den Heliaden wieder Actis nach Egypten gezogen sein soll, und dort das Wissen verbreitet habe, das die Egypter für das ihrige ausgaben. Während die tyrrhenischen Pelasger ihre festen Punkte in Attika mehr und mehr verloren und die Argonauten minyäischen Stammes in Lemnos verdrängten, ging Jon (Sohn des nach Attica geflüchteten Xuthus) zu den Aegialeis an der Nordküste des Peloponnes, um Helice zu gründen, wogegen sein Bruder Achäus nach Phthiotis zurückkehrte, um beim Tode seines Onkel's Aeolus das Reich seines Grossvater's Hellen zurück zu erwerben (1430 a. d.). In diesem achäischen Reiche fand (1314 a. d.) der aus Phrygien (bei dem zur Begründung des assyrischen Reiches durch Ninus führenden Aufstande Vorder-Asien's gegen die Egypter, die die arabischen Könige oder Statthalter in Babylon eingesetzt hatten, bei der Thronbesteigung der XX. Dynastie) vertriebene Pelops Aufnahme. Die Erneuerung (1314 a. d.) des mesopotamischen Reiche's unter Ninus, der an die Stelle der arabischen Dynastie diejenige setzt, mit der, aus dem Weltreich der Assyrer, die eigentliche Geschichtszeit der Hellenen beginnt, scheint von Westen ausgegangen zu sein, vielleicht von den Khetas am Orontes***), die in den egyptischen Kriegen neben den Rutennu stehen. Die Griechen finden den Anfangspunkt in ihrem überall

---

*) Attika hiess (nach Appollodor) Ceiropia von Cecrops (Kakyapa oder Kasyapa) als Land des (in Italien die Aboriginer bedrückenden) Kakus (Repräsentant der Kaukoner in Elis). Nachdem von Poseidon die thrianische Ebene überschwemmt war, hatte Attika aus dem Wasser wieder geboren sein müssen, als ein Kamphuxa wie Kasyapa's Kaschmir.

**) Erichthonius, Vater des Teos (Vater des Ilus II.) war Bruder des Ilus (Sohn des Dardanus mit Batea (Tochter des Teucros) vermählt.

***) Am nördlichen Fusse des Hermon lag Hamadh am Orontes, und da (bei Jesaias) Sinear nicht mit Assyrien, sondern mit Hamath genannt wird, so könnte von Sinir, als Namen des Hermon die ganze Ebene vom Orontes bis Tigris (mit Einschluss des Euphrat-Thales) Sinear (Sennaar LXX.) genannt sein, so dass Assur von Westen derselben kam, während Nimrud seine Städte im Südosten gebaut hatte. Der Name Sin (bei Ezech.) für

Dynastien stiftenden Herakles, der mit einer Sklavin des Jordanus*) in
Lydien den Alcäus zeugte, den Grossvater des Ninus (Sohn des Bel), der
durch seinen Sohn Agron den herakleidischen König in Sardis einsetzte.

In der biblischen Genealogie stehen unter den Nachkommen Sem's
Assur und Lud**) neben einander, und in den arabischen Sagen stammen
die Amalekiter, die in der Vorzeit Egypten überfallen und beherrscht hatten,
von Amalek, dem Bruder des Lud oder Laud. Dieselben Amalekiten würden
dann, nachdem sie aus ihrer Hyksos-Stadt Avaris oder Thanais vertrieben,
zuerst das Reich der Khetas (Copten oder Gothen) oder Geten am Orontes
gestiftet haben, und dann von diesem aus die Königssitze erst in Niniveh
und dann in Sardis, wo Asionen (am Kayster) mit den Mäoniern zu dem
Volk der Lydier verschmolzen und den Ruhm des asischen Geschlechtes in
Sardis, sowie in Hüter des trojanischen Palladium (ihres verwandten Nach-
barlandes) bewahrten.

Die persische Eroberung wird im Anschluss auf die nach Seistan zurückführenden Legenden der Cephener (Cophen's***)) von den Ilat Farsistan's
ausgegangen sein oder (da die achaemenidischen Perser kein l kannten) von
den Irat (Iran's). Nach Strabo hatten die Perser ihre Wohnsitze hauptsächlich am rothen Meer, südlich von den Babyloniern und Susiern, ehe
sie sich durch Besiegung der Medier an diese grenzende Gebiete erwarben.
„Aber so edel und der königlichen Würde gemäss, finden die Ueberwinder
die Sitten der Ueberwundenen, dass sie, die fast nackt und sehr leicht gekleidet gingen, Weiberkleidung und lange Gewänder sich gefallen liessen.“
In der Schlacht mit Croesus stellt Cyrus den lydischen Lanzenreitern
Kameele gegenüber. Der Gründer der achaemenidischen Königsfamilie war
(nach den Griechen) von einem Adler genährt und so wurde Zal, Sohn des
Sam, von Simurg erzogen, im Anschluss an den in Vishnu's Garuda wieder
erscheinenden Riesenvogel, der von Sibirien nach Amerika hinüberreicht.
Auf der himyaristischen Inschrift findet sich die Verehrung des Adler. Die
Perser, die (nach Hellanicus) Astaeas bewohnten, wurden früher (nach
Steph. Byz.) in derselben Weise Artaei (Afarti auf den scythischen Tafeln),
genannt, wie die Griechen die Alten als Heroen bezeichneten (von ἀρτα
oder gross). Die tartarischen Fürsten führen Altai (golden) als Titel. Als
Erster des Menschengeschlechtes wurde Gaya-maretan erschaffen, hell,
weissäugig, der in das Gestirn der Sonne blicken konnte, ohne geblendet
zu werden. Aus der Vermischung einer Jungfrau mit einem Daeva und eines
Jüngling mit einer Pairika entstand der Aethiope mit schwarzer Haut (nach

---

Pelusium kann durch Tineh (s. Champollion), einer Kothstadt der Nomaden im Delta, für
die thinitischen Eroberer Egypten's zu beachten sein. Die Siniler des Libanon wohnten
bei Σιννᾶ.

*) Mar. Apas. Catina macht Abraham zu einem Zeitgenossen des Ninyas oder Zamassis,
der seine Mutter Semiramis tödtet, die nach Besiegung des Ara (Sohn des Aram) sich von
dem Magier Zrataschid oder Zoroaster der Meder oder Mar (den sie als Statthalter von
Assyrien und Niniveh eingesetzt) sich nach Armenien zurückzog. Auf Japhetos, Merod,
Sirat, Taglat (oder Japhet), Gomer (Kamir), Thiras, Thorgom folgt (b. Apas Catina) Haig
(Vater des Armenag), der sich gegen den Titan Belus empört. Semiramis wurde in einen
Stern verwandelt.

**) Movers ist geneigt in den Lydiern Semiten zu sehen, wogegen Rawlinson in den
von Xanthus erhaltenen Worten Beweise für arischen Ursprung findet und besonders auf
den Latinismus im Namen Myrsilus aufmerksam macht. Von den die Griechen in Bactrien
besiegenden Parthi (b. Dionys. Per.) bemerkt Eustathius οἱ καὶ Ἰνδοσκύθαι συνθέτως λεγόμενοι.

***) Rawlinson stellt mit Κωφης, κωφην, κωφηνη etc. Kufa oder Hügel (in den pers.
Keilinschriften) zusammen, sowie Kup in Pehlewi, Kuh im Persischen u. s. w. Im Feldzuge des Xerxes opferten die Perser auf dem ersten Schiff, das sie nahmen (aus Troezene)
den schönsten Mann (Leo genannt) auf dem Bugspriet (nach Herodot). Nach Procop
opferten die Thuliten oder Scandinavier den ersten Kriegsgefangenen.

dem Bundehesch). Der Stammvater der Semiten ist Adam (Edom, der Rothe). Als Yimah (Yima's Schwester) sich mit einem Daeva vermählte, wurden die Affen erzeugt. Die Partheni oder Parthini führten Kriege mit den Illyrien, als Bar-Thini oder Sohn der Sinae in den Boreaden. Cyrus hiess früher Agradates (nach Strabo). Nach Plinius hatten die Perser stets ihren Sitz am rothen Meere, deshalb persisches genannt. Parthyaia lag am Fusse der Berge, aber die entfernteren Parther hiessen Nomaden. Nach Ktesias flüchtete sich der Perser Parsades, da er vom Könige der Meder (Artäus) in einen Rechtsstreit beleidigt wurde, in das Land der Kadusier und regte diese zum steten Kriege mit den Medern an, bis die Perser die Herrschaft erhielten. Faradun verband sich mit den vor Dahak (in Arabien vor Artäus) geflüchteten Kurden. In der assyrischen Königsliste (bei Ctesias) finden sich arische Namen Arius, Xerxes, Amramithres oder Armamithres, Mithracus) und griechische (Amyntas und Laosthenes), indem er die Vorfahren der persischen Könige aufzählte, die sich (wie Xerxes) durch die Assyrier von Perseus herleiteten. Steph. Byz. übersetzt Pasargadae als Lager (Gorod oder Gart) der Perser. Yama führt die Todesschlinge (der Sagartier), die an den Köpfen Rusten's erscheint. Arsaces, König der Dahae, eroberte Parthien (nach Strabo). Nach Nic. Damasc. war der Mädier Atradates (Vater des Cyrus) ein Räuber, der seinen Sohn unter die Hausdiener des Astyages gab (durch seine Mutter Argosta). The language of the (so-called) Median tablets is Scythic (for the benefit of the Scythic or Tatar tribes scattered over the Persian empire). The Median names of men and places admit almost universally of being referred by etymological analysis to Zend roots, while the original language of the Persians is closely akin to the Zend. Nach Nearchus waren Medisch und Persisch Dialecte derselben Sprache. Im ersten Fargard des Vendidad heisst die Heimath der Perser Airyanem vaego oder die Quelle der Perser (vagina gentium). Darius nennt sich einen Perser, Sohn eines Perser's, als Arier arischer Herkunft.

Von der kuschitischen*) Rasse, die sich einst von Abyssinien bis zum Indus erstreckte, wurden noch zur Sassaniden Zeit die Gegenden östlich von Kerman (Carmania) Kusan genannt und Rawlinson glaubt ihre Nachkommen in den Brahui (unter den Beluchen) zu sehen. Susiana ist Khuzistan und (nach Moses Chor.) hiess Aria (zwischen Hyrcanien und Indien) früher Chusti-Khorasan. Die indische Colonie Khotan hiess Kui-sa-ta-na oder Kustana und unter den indoscythischen Königen erlangte in Bactrien der Staat Kouci-chuang die Suprematie. Ehe sie von den Ariern auf die Küste beschränkt wurden, occupirten die Kuschiten die Gebiete östlich von Karmania, woher Rawlinson deren Namen Kusan erklärte. Die Cossaei hiessen Kushiya auf den Inschriften von Nakhs-i-Rustam. On recontrait (on Susiane) les Élamites de la race de Sem, les Susiens propement dits et les Apharsèens issus de la famille touranienne, les Uxiens, rameaux des Aryas, et les Cosséens descendus de Cham par la branche de Koush. Der Niflungen-Garten war in Susa (Soest) zu sehen, wie auch die Männer aus Bremen und Münster dem Herausgeber der Vilkinasage berichteten. Die gefangenen Eretrier, von Darius bei Arderica in Kissia (Khuzistan) angesiedelt, sprachen

---

*) Die mit Keilinschriften bezeichneten Ziegel in den Ruinen Balkh gehören dem scythischen Stamm der Kushan an (den alten Besitzern Balkh's), deren mit scythischen Legenden versehenen Ziegel auch in Susa und an den Küsten des persischen Golfe's gefunden werden (nach Rawlinson). Conolly fand die Stadt Kousan (Kousavee) durch die Turkmanen verwüstet. La race des Kauchikas tire son origine d'un premier Dieu, principe ou créateur, d'un Pradchâpatih, auquel elle donne le nom de Kouchah, chef des dieux, des rois, des patriarches, des hommes (s. d'Eckstein).

noch zu Herodot's Zeit ihre Sprache. $K\iota\sigma\sigma\varsigma$ (Epheu) heisst Bacchus $K\iota\sigma\sigma o$-$\varkappa\acute{o}\mu\eta\varsigma$, Hermes $K\iota\sigma\sigma\acute{\omega}\nu\iota o\varsigma$. Der assyrische König Asar-Addon sandte nach Palästina die Kuthäer (aus der babylonischen Stadt Koutha*), die sich Samariter nannten.

Nach den Persern kam die Eroberung Zohak's, die für sie mit der medischen zusammenfällt, aus Süd-Arabien, also aus den dortigen Stationen der östlichen Nomaden. Nachdem Feridun so von der Zweigherrschaft befreit und unter dessen Söhnen (von denen Tur den Ilkhan besiegt) eine Vertheilung der Länder Statt gefunden, tritt (nach Nodar, Sohn des Minougeher) eine neue Eroberung ein, unter Afrasiab, die mit der assyrischen zusammenfallen mag. Afrasiab wird in der Reihe der Pishdadier aufgeführt, und so konnte Xerxes entweder an ihn oder an seinen Gegner Zew oder Zab (Enkel des Minoschehr) anknüpfend, die assyrischen Könige in seinen Stammbaum einreihen. Bald nachher endet die pischdadische Dynastie und erhebt sich, unter der mit Perseus des Westen's correspondirenden Heldenzeit des Seistan, die der als Riesen, (von Tabari aus den Pehlwi als gute Könige) erklärten Kaianier, für die wandernden Hirten die Nachkommen des verfluchten Kain, die Städte der Dius bewohnend. Die arabische Tradition rechnet den Kaianiden Caicobad unter die Kachtaniden und lässt ihn auf einem Feldzuge nach Yemen dort die Reste der Aditen vertilgen und dadurch die Macht der (gleichfalls zu den Cachthaniden gehörigen) Sabaeer begründen.

Die Begründung des Kaianiden-Reiches geht (nach der persischen Darstellung) deutlich aus Scistan oder Segistan hervor, und Strabo verlegt die eigentlichen Wohnsitze dann an das rothe Meer, das deshalb (wie Plinius bemerkt) das persische hiess.

Als Minotshehr seinen Sohn Tahmasp vertrieb, wollte er die ihm vermählte Schwester Saderk zurückhalten, aber diese wurde heimlich mit entführt nach Turkestan, wo Zew (Zagh oder Zab) geboren wurde, worauf der König Alle zurückrief. Da Tahmasp vor dem Vater starb, fiel (nach dem Tode des Minotshehr) Afrasiab ein, wurde aber vertrieben als Zab (der Guerschasp zum Vizier ernannte) aufgewachsen war und dieser baute dann am Zab-Canal des Tigris eine Stadt (auf der Stelle des späteren Bagdad), die mit Gärten umgeben wurde. Nach Zew folgte Kai Qobad (Sohn des Zagh), der (in Balkh residirend) Turkestan und Roum bekämpfte. Kai bedeutet ein guter König im Pehlvi**) (s. Tabari). Khazquil (Ezechiel) oder Dsoul-Keß rief die in der Pest Gestorbenen in's Leben zurück.

---

*) Koutha findet sich unter den frühern Namen Mekkha's (s. Quatremère). In the Hebrew Scriptures the word Cush ordinarily means the Ethiopians. In Number however it seems to designate the Midianites in Southern Arabia, occupied by the Cushites. In Ezech. (where Cush is in connexion with Phut and Elam), Susiana most be intended (Rawlinson). Die später auf die Neger (als Feinde seit den aethiopischen Dynastien) übergehenden Kuschiten bezeichnen ursprünglich die den Wein (gleich Scythen des Pontus) hassenden (und deshalb von den Anhängern des Dionysos, der die gottlosen Indier vertilgen sollte, gehassten) Komanen-Völker, die sich geschlechtlicher Ausschweifungen freuten (oder durch das Extrem der Uebersättigung zur Entmannung geführt wurden), bis durch die Reform des Zoroaster (Sohn des Kam) in indischer Contemplation die körperlichen Aufregungen durch die geistigen der Meditation ersetzt war. Kham bezeichnete Egypten, wohin (in Chemmis) die erste Colonie des Cham (Sohn Noah's) geführt war und Kusch (Sohn des Cham) die Niederlassung in Susa oder Usa, von der egyptischen Herrschaft abhängig, die später selbstständig geworden, selbst als erobernd auftraten und auch das Mutterland angriffen. The geographical names of Cush and Phut, although of African origin, are applied to races bordering on Chaldaea, both in the Bible and in the inscriptions of Darius (Rawlinson).

**) Der Prophet Elie predigte gegen Baal (einen weiblichen Götzen mit schönem Gesicht). Nach dem Tode des Elisa, wurde Haq (König der Israeliten) von den Amalekitern

Von den an's rothe Meer gesetzten Persern, hiess dieses (wie Plinius
bemerkt) das persische Meer. Farsistan, das besonders die einheimischen
Iliyatstämme der Luren beherbergt, deutet schon durch seinen Namen auf
Zusammenhang mit Parsen und Parthern, während Segistan die Heimath
der Saken ausspricht, und Saken und Skythen, d. h. von Osten gekommene
Nomaden waren hier, wie überall, die Staatengründer, denn wenn das persische Reich in Segestan wurzelte, so war diese Wurzel eben der Saken-
stamm, der sich dort niedergelassen und acclimatisirt hatte. Aehnliche Verhältnisse wiederholen sich stets und sind überhaupt nur unter der einen
Gestalt geschichtlich möglich. Was man im Alterthum den Scythen zu-
schrieb, das ist in späterer Zeit auf Rechnung der Turken oder Tataren*)
zu setzen, und wie man einst von einem Skythismus sprach, so mag im
Mittelalter ein Tatarismus gelten, denn wir finden die Tataren, in den verschiedensten Wandlungen Asien füllend. Wie das nach Westen hin erobernde
Perserreich aus Sakestan, so liesse sich das indische der Ghazneviden auf
nächsten Ausgang aus Afghanistan herleiten, aber bei weiterem Umblick
würde sich hier die Fernsicht in das Türkenthum eröffnen, dort in den
Skythismus. Ein ethnologischer Ueberblick über die Jahrhunderte und Jahrtausende der Geschichtsbewegung würde überhaupt bald die Ueberzeugung
verschaffen, dass wir es im primus motor derselben, immer nur mit einem
und demselben Volke zu thun haben, oder mit 3—4 Variationen desselben,
aber mit demjenigen Volk, das als das Product des weitesten Areals in
Asien dem natürlichen Gesetze der Schwere nach, die Uebrigen überwiegen muss.

Wenn Herodot den rinder-reichen Geryon ausserhalb des Pontus auf der
von den Griechen Erytheia (Rudland oder Ruthenia) mit den Berg Abas
(bei Apollod.) genannten Insel bei Gades**) im Ocean jenseits der Säulen
wohnen lässt, so soll damit deutlich ein nordwestlich gelegenes Land be-

---

besiegt, und die Israeliten waren ohne Propheten, bis Gott das Königthum an Talout (Saul)
gab. Der tyrannische König Djalout wurde von David besiegt (zur Zeit des Propheten
Samuel).

*) Wie der βασι-λεύς oder (nach Curtius) Herzog bei den Griechen, führte der Tartan
das Heer der Assyrer. Unter Sargon zieht Tartan gegen Achdad (b. Jes.). Ihrer weissen
Filzhüte wegen wurden die von Ludwig IX. aus den Tartarus hergeleiteten Tataren von
den Runen als Nemeds (Filz) bezeichnet, ein Wort, das wie auf alle Ausländer besonders
auf die Deutschen überging, und in dem Sinne von Stummen erklärt wurde.

**) Pades wird von Kadesch (heilig) oder Kadir (mächtig) hergeleitet. Nach Avienus
war Gaddir ein phönizischer Name (Verzäunung nach Plinius), aber Scylax spricht von
zwei Gadeira genannten Inseln im Westen Europa's bei den Iberern (Avaren oder Barbaren) und da sich in Brittannien (nördlich von den Damnii) Gadeni (b. Ptol.) von den
Städten Curia und (bei den Ottadini) Bremenium (Brampton oder Rochester) so könnte
der Name mit den Gavidh (durch andere aus gynt von Zeus auf Vindili bezogen) oder
Gadh zusammenhängen, und die aleohische Form. Für Gothen (Geten, Gutten) oder (in
Spanien) Godos, wie die Insel Gades (Erytheia) auch den Namen Cotinusea (Aphrodisias)
führt. Bei Giraldus ist Gaidelus Enkel des Phaenius. In Gadilomtis (nordwestlich von
Pontus) findet sich die Stadt Gadilon oder Gazelon. Die bald auf das Land der Turduli
(am Baetis), bald auf ganz Spanien bezogene Insel Tartessos oder Tarschisch von einem
König Arganthonius (zur Zeit der den Samiern folgenden Phocaeern) beherrscht, führt
auf die nomadische Namensgeneralisation der Tartaren und zunächst auf die westlich am
Eingang des von Cerberus bewachten Tartarus gedachten Kimmerier Kerberion's. Der
venetische Fluss Tartarus floss in den Padus (b Athesis). Fossiones Philistinae, quod alii
Tartarum vocant (Plinius). Bochart erklärt Tarracon (in Hisp. lit.) oder (phoenizisch)
Tarchon, als Citadelle, so dass der Name auf Tarchon's Tyrrhenier führen würde, wie
auch sonst Türken und Tataren wechseln. Im assyrischen Feldherrntitel hat sich Tartan
erhalten und die Würde des Tarchan (Φυργάν) bei den Türken, findet sich als Τηρτάνος
(Const. Porph.) bei den Bulgaren. Targitaos ist Stammvater der Scythen (bei Herodot) und
Targitios (bei Theoph.) der Avaren (Dardanus der Danaeer). Tartarus, Sohn des Chaos,
zeugt mit Ge oder Giganten nebst Typhon (und Echidna, Mutter der Scythen) Karyaps,
Ahn der Diti und Aditi, heisst Tarkshya. Rawlinson erklärte Tarschich als jüngerer Bruder.

zeichnet werden, weil er sonst für die geographische Bestimmung von dem
Mittelmeere ausgegangen sein würde, und dass der Sitz nicht in Hispanien,
sondern in einem diesem und dem von den (gleichfalls ausserhalb der
Säulen gedachten) Kelten oder Galliern benachbarten*) Lande (in der Nähe
der Scythen Hylaea's in Ost-Europa, wohin des Herakles Weiterreise führt)
liegen sollte, geht aus der Mittheilung (b. Amm. Marc.) hervor, dass Herakles
den Kelten und Hispaniern zur Hülfe gezogen, um die Einfälle des Taurus
und des Geryon zurückzutreiben. Wie die Taurus auf taurische Kimmerier
könnten Geryon durch die Ger-Manen auf die über den Rhein vordringenden
Teutonen führen, in dem (b. Plinius) seiner Weiden wegen gerühmten
Germanien. Von den alten Teucrern (der Teuthamas) war die troische
Stadt Gergis am Scamander bewohnt, der dardanischen Prinzessin Mania
zugehörig und als der Geburtsort der (auch von Vandalen und Scandinavern
im Norden getroffenen Sibylle) berühmt. Cumae (mit der Grotta di Sibilla)
war alter Sitz der Kimmerier (nach Ephoros).
Die Carier, die zuerst Helmbüsche (und Schildwappen) wie die Cimbern
trugen, nannten ihren Ahn Car, Bruder des Lydus und Mysus, da sie mit
Lydiern und Mysiern zusammen im Tempel des carischen Zeus oder (nach
Xanthus) des Carius (Sohn des Zeus und den Torrhebia) anbeteten. Sie
repräsentirten den der Schifffahrt (nach Eroberung Aegyptens) zugewandte
Zweig des Nomadenstammes, der indess, als später durch Dorier und Joner
von den Inseln getrieben, auf dem Festland die in Lydien (als Amalekiter)
und Mysier angesiedelte Verwandte fand, und sich deshalb gleichfalls für
Eingeborene erklärten, obwohl schon die Kaunier vorgefunden waren, bei
denen die afrikanischen Fetischgebräuche der Teufelaustreibung im Gange
waren (als länger ansässig). Ihre frühere Ausbreitung auf dem Festlande,
mit der sich später die (nach Thucydides durch Gräber bezeugten) Insel-
bewohner (die unter Naxos auch das von Thraciern bewohnte Strongyle
besetzten, wieder vereinigten, hatten (in Griechenland) den Namen Leleger
angenommen und ihre Gräber und Festen fanden sich (nach Strabo) überall
in Karien und Milet zerstreut, indem auch die Karier (gleich den Nabatäern)
Erbauer von Städten oder Karth (in Karthago) waren, aber, als fremde
Herkunft, barbarisch redende (b. Homer). Der Vereinigungspunkt der
Karier war der Tempel des Zeus Chrysaoreus und sie führen von den
Ker des Geryon (Sohn des Chrysaor) zu Karni und Karnuti zu nördlicher
Ausbreitung. In dem Orakel Pytho's ging Crisa oder (Crissa) Cirrha (Chryso)
dem Delphi's vorher, das erst mit Deucalion zur Geltung kam (mit Gründung
von Lycoreia). Auf dem Pegasus (Bruder des Chrysaor) bekämpfte Bellerophon
die Chimäre**), von Proetus gesandt. In Lycien fand sich das Cap Chimeira
in Milyas (mit Solymer und Termiler).

---

*) Wenn Apollodor den Tartarus ebenso weit von der Erde entfernt sein lässt, wie
diese vom Himmel, so findet sich darin, der Breite nach gedacht, eine geographische Lage-
bestimmung, wie zwischen Godaheimr (Asaheimr), Mannaheimr und Jötunheimr oder Alf-
heimr. Tata sind die Tataren in China oder Ta-Tsin. Tadschik oder Sarten heissen Tat
(Unterworfene). Tatta war alter Hafen am Indus.
**) Kerman oder Sirdschan ist Hauptstadt Karmanien's. Gergovia war Stadt der
Averni (b. Caesar). Aus dem Tempel des Ares in der achäischen Stadt Geronthrae (der
Eleutheria in Laconien) waren Frauen ausgeschlossen. Die türkischen Gerait am Onon
waren von der schwarzen Farbe ihrer Ahnen genannt. Von Temudschin besiegt starb
Taiwang-Chang in Ai. Kratia Flaviopolis in Kleinasien heisst Geredeh oder Keredi. Am
Flusse Gerrhus lagen die scythischen Königsgräber. Kerak ist Nebenfluss des mit dem
Kerulun verbundenen Amur, Kercha des Tigris. Die Gerrhaei wohnten am persischen
Golf zwischen Aetaces und Themi. Höhlenbewohner bei Kereklü (in Pisidien oder Hamid).
Gerranium lag im Gebiet der Dassaretii an der Mysischen Grenze. Kerelu oder Görele
(Kovalla) liegt in Liwa Tarnbason. Kerdeba im Land der Nasairier. Die Stadt Gerunda
(oder Aosetani) war eine Civitas Latinorum. Kerend ist Nebenfluss des Kercha oder

Wenn Berosus nach dem auf die Fluth des Xisuthrus (Sisudros) folgenden Umsturz des Menschenthurms (Pyrgos oder Tyrsis) durch die Götter,
Prometheus (oder Kronos) und Titan (häufiger mit Japhet gesellt) auftreten
lässt, so zeigt sich darin die Einleitung des neuen Geschlechtes, das bald
nach der Zerstörung Pergamum's die Physiognomie Griechenland's veränderte, wo die von Prometheus in Aegypten bei der Fluth des Adler-
flusse's gespielte Rolle auf seinen Sohn Deucalion übertragen wurde (beim
feindlichen Gegensatz des Zeus zu dem mit jenem identificirten Kronos).
Die Götter knüpfen sich an das (b. Mos. Ch.) nach der Tyrannei strebende
Haupt der Trias, an Zervan oder den Magier Zoroaster (als Mederkönig),
der für einen Gott gehalten sein wollte (gleich dem übermüthigen Geschlechte
des Salmoneus, Haemus, der Niobe u. s. w.) bis (im Funkenentlocken der
Sterne) durch Orion oder Nimrod erschlugen. In dem zwischen Japhet und
Titan mit Zervan abgeschlossenen Vertrage, sollten die Kinder des Letztern
(gleich den von Kronos, und später wieder von Zeus verschlungen) getödtet werden, aber einige Reste wurden nach dem Versteckplatz des
Berges Olympos geflüchtet und dort gerettet, um dann wieder Verehrung
von den Menschen zu empfangen und sie durch ihre Zeugungen (wie die
vom Berge Hermon herabsteigenden Kinder Seth) zu veredeln.

Semiramis wird in verschiedener Weise mit Zoroaster in Verbindung
gebracht. Bald hilft sie Ninus zum Siege über den in Bactrien oder (bei
Mos. Chor.) Kuschan herrschenden König Zoroaster, bald hat sie (bei
Apas Catina) gegen die in Assyrien aufgestandenen Statthalter Zoroaster
zu Felde zu ziehen, und erliegt den Nachstellungen ihres Sohnes Ninyas.
In letzterer Auffassung wird sie mit der neben und scheinbar gleichzeitig
mit Nebukadnezzar herrschenden Königin Nitocris (b. Herodot) zusammen-
fallen (unter Verwechselung der Bauten beider), in ihrer älteren Form da-
gegen die Thalath oder Marcaja repräsentiren, die über Alles herrschende
Frau, die dann auch Anlass zu der babylonischen Gründung am Nil unter
Sesostris gab, mit Anknüpfung an die zu Horus Zeit Aegypten durchziehende
Amazonenkönigin Myrina oder die Einführung weiblicher Nachfolge in der
II. Dynastie.

Zoroaster, vielfach mit Abraham (aus Ur) zusammengebracht, tritt auch
gleich diesem im feindlichen Gegensatz zu Nimrod oder Orion (eines chaldäischen Orchöe) auf, und deutet dann auf seine Stellung als medischer
Eroberer im chaldaeischen*) Lande, die Semiramis bis nach der Dynastie

---

Choaspes (in Chujistan). Geranium (b. Livius) castellum inops Apuliae. Kereonda ist
Pharnakis Korasos in Kleinasien, Kerynia (Girnes) auf Cypern. Ptol. nennt unter den
Bewohnern Albania's (am Caucasus) die Gerrhi am Flusse Gerrhus neben den Gelae (bei
Strabo) und die Legae (Λῆγαι) in Leghistan. Kerganerud im Lande der Turkmanen oder
Shah Sewen in Ghilan. Plinius erklärt Erytheia bei Gades, weil die Vorfahren der Tyrer
vom erythäischen Meer gekommen. Kermine liegt zwischen Buchara und Samarkand.
Karthli oder Kerthnii. Cercine im Hämus war unbewohnt, Cerne lag westlich von Africa.
Der Fluss Cerynites in Achaja entsprang auf dem Berge Cerynela in Arcadien. Alcman
kennt den phrygischen Stamm der Κιρβ,σιοι (Cerberii) im Schwefeldunste. Die Κερεται
(b. Strabo) oder Cercetae wohnten in Tscherkessien. Confinia war Stadt der Marser (Jt.
Ant). Die Cerones wohnten neben den Creones in Brittannien, die Cerretani in Hisp.
Tarr. Die Stadt Cimmerium (am cimmerischen Bosporus) hiess früher Cerberion (nach
Plin.). Kershehr oder Kir-Shehr (Kur-Shehr) liegt am Klidschli-Su (Zufluss des Halys).
Nach Eustathius liefen die keraunischen Berge nördlich vom Caucasus, bildeten aber (nach
Ptol.) den östlichen Theil desselben. Die keraunischen Berge (im Epirus) heissen Acro
ceraunia. Kerbela oder Mesched Hossain enthält das Grab des Imam Hossain.

*) The Chaldaeans appear to have been a branch of the great Hamite race of Akkad,
which inhabited Babylonia from the earliest times. With this race originated the art of
writing, the building of cities, the institution of a religious system and the cultivation of
all science and of astronomy in particular. The language of these Akkad presents affinities
with the African dialects on the one side, and with the Turanian or those of High Asia

der arabischen Könige zurückschiebend, wogegen in derjenigen Darstellungs-
weise, bei der „de Nino et Semiramide nulla cura est", der Hyksos Zug unter
den antediluvianischen Königen durch Daonus Pastor (Nachfolger des Amegalarus) oder Tanais (Taunasis) angezeigt wird, wie Abydenus auch Alorus
schon populi pastorem nennt. Nach Alapaurus (Nachfolger des Alorus) folgt
Alemelos (Vorgänger des Ammenon) aus Pantibiblos, unter dem der zweite
Annidotus (dem Oannes ähnlich) aus dem Meere steigt.

Als Cham, Erfinder der Magie (s. Clem.), dem chaldäischen König
Cosmosbelos oder Chomabelos (Herakles-Chom in Aegypten) Sohn des
Evexius (Eucchios) oder Nembrod (der nach der Fluth herrscht) entsprechend,
allegorisirt Zoroaster die ammonitischen Hirtenstämme, die in der Priester-
sage von Osiris bei Theben angesiedelt werden, die dagegen im Gedächtniss
des Volkes als der Hirte Philitis fortlebte, der im Nomos Ko-chome
(Chokomen oder terra Chami) oder Herakleopolis (Chemia's) die verhasste
Pyramiden baute, Tribut auferlegend, wie Schedad in Asien und Afrika in
den Berberländern. Odin tritt bei den Geten-Gothen als Comosinus auf.

Wenn wir die griechischen Stammtafeln überblicken, so zeigt sich sogleich, dass der deucalionische einer der jüngsten ist, nur 5—6 Generationen
vom trojanischen Kriege (1260 a. d.) entfernt. Er ist deutlich nachträglich
gefertigt, und zwar durch dorischen Einfluss, denn das Geschlecht des
blonden Xuthus bricht mit Jon und Achaeus aus leicht begreiflichen Gründen
ab, der des Aeolus (an dessen Stelle eher sein Urenkel Aetolus stehen
sollte) als die Mischung der eingeborenen Stämme repräsentirend, unter
denen Deucalion erschien, musste sich nachträglich in das Geschlecht dieses
einzwängen lassen und die Rechte seiner Helle auf Hellen übertragen, führt
aber in Salmoneus, Sisyphus, Cretheus u. s. w. auf heterodoxe Persönlichkeiten und in Achill zwar auf einen glänzenden Namen, aber doch nur den
thessalischen Bundesgenossen der Griechen, über Myrmidonen autochthoni-
scher Bildung herrschend. Der Hellenismus ist in keinem der Söhne des
Hellon zu suchen, da er sich erst aus einer Durchdringung verschiedenster

on the other. It stands somewhat in the same relation as the Egyptian to the Semitic
languages, belonging as it would seem to the great parent stock from which the trunk-
stream of the Semitic tongues also sprung, before there was a ramification of Semitic
dialects, and before Semitism even had become subject to its peculiar organisation and
developments. In this primitive Akkadian (denominated Scythic from its near connexion
with the Scythic dialect of Persia) were preserved all the scientific treatises known to
the Babylonians long after the Semitic element had become predominant in the land,
il was the language of science in the East (as the Latin was in Europe in the middle
ages). When Semitic tribes established an empire in Assyria (XIII. centis) they adopted
the alphabet of the Akkad, and with certain modifications applied it to their own
language, but during the seven centuries, which followed the Semitic dominion at Niniveh
and Babylon, this Assyrian language was merely used for historical records and official
documents. The mythological, astronomical and other scientific tablets found at Niniveh
are exclusively in the Akkadian language and are thus shown to belong to as priest-
class, exactly answering to the Chaldaeans (of Daniel). Parties of these Chaldaean Akkad
were transplanted by the Assyrian kings from the plains of Babylonia to the Armenian
mountains (VIII.—VII. centur. a. d.) and in the inscription of Sargon the geographical name
of Accad is sometimes applied to the mountains, instead of the vernaculair title of Vararat
or Ararat. Both the Georgian and Armenian languages retain many traces of the Chaldaean speech, that was thus introduced (s. Rawlinson). The unstrung bow was the emblem
of Ethiopia, or at least of that part which corresponded to the modern Nubia, called Tosh
in hieroglyphics (Ethaush or Ethosh of the Coptic). Thôsh in Coptic signified a frontier
and its province, but it is differently wriken in hieroglyphics from Tosh (Ethiopia). Cush
(Kush or Kish) is the ancient and Ethaush the Coptic name of Ethiopia, and the modern
Kish or Gerf Hossayn in Nubia, being called in Coptic papyri Thôsh (Ethôsh) or Ethaush
(whence the Latin name Tutzis) shows a striking connexion between them. The name of
Cush had already been given to Ethiopia on the monuments before the invasion of the
Shepherds, at the beginning of the XII. Dynasty (s. Wilkinson).

Elemente hervorbildet, und dann mit der dorischen Hegemonie zur Geltung kam, freilich erst nach ihrer Amalgamirung mit den aus der Allianz zweier ruhmvollsten Häuser, des Danaus und des Kadmos, edelgeborenen Heracliden. Der directe Stammbaum des Dorus läuft nur in den verächtlichen Thersites aus, und wenn auch Diomedes aus ihm abgeleitet werden mag, so beweis't doch seine Herkunft von Oeneus, sowie das ihn trotz seiner Berühmtheit in die Fremde treibende Geschick, dass auch in seinen Adern kein genuines Hellenblut rollte, weshalb ihn die Sage später ausstiess. Am höchsten hinauf geht der grosse Stammbaum des Inachus, der argivische, der sich mit dem Zutritt der Danaer des Danaus in den der Achaeer oder Panachaeer verwandelte und dann durch jenen Eponymus Achaeus mit dem mythischen Ahn verknüpfte. Er hat auch den Pelasgus in sich assimilirt und zeigt schon in seinen frühesten Namen Apis, Piras u. s. w. aegyptische Beziehungen, die sich nach der Geburt des Epaphus durch Jo fasslicher gestalten und bald darauf die Erscheinung des Danaus hervorrufen, kurz nach der des Kadmus, Sohn des Agenor (Bruder des Belus), in böotischen Devanagara und fast gleichzeitig mit dem Auftreten des Minos, Sohn der Europa (Tochter des Agenor). Das ist dann die Zeit, wo schon vor der nordischen Einwanderung der Dorer (aber durch diese rasch zur Reife gebracht) sich der eigentliche Hellenismus zu bilden beginnt, gefördert durch die frühere Cultur, die durch die Namen Pherae, Chalcidier*), minyaeische Orchomenier u. s. w. getragen wurde, und gestützt auf zwei andere Stammbäume, die unverkennbar auf autochthonem Boden wurzeln. Der eine ist der des (nach Hesiod) eingeborene Pelasgus, der dann nach Arcadien versetzt wird, aber als Sohn der Niobe (nach Acusilaus) an die nephelischen Bildungen (aus nubes lat. und nib-ul ahd.) erinnert, wie sie in thessalischen Bergen und höher im Norden den Mythen geläufig sind. Unter den Söhnen des von ihm stammenden Lycaon finden ethnische Namen jeder Art ihren Vertreter, aber die Localsage fand es nöthig sie alle wegen ungehöriger Ruchlosigkeit vertilgen zu lassen, mit Ausnahme des Nyctimus, für den die Erde ihre Hände flehend emporstreckt. Dieser wird dann in die Zeiten der deucalonischen Fluth gesetzt und Zeus erweckt durch Callisto aus den Bären ein neues Geschlecht, um das untergegangene vom Totem des Wolfes zu ersetzen. Der zweite Stammbaum heimischen Gepräge's ist der Attica's, später durch athenische**) Handelsbeziehungen mit dem weit umfassenden und unbestimmt schweifenden Namen der Jonier in Verbindung gebracht, und so dieses Wandervolk berechtigend, auch älteste Ansässigkeit im griechischen Lande zu erheben. Er ist gleich dem inachischen voll von Wiederholungen, das Auskunftsmittel der Sage, sich über Verlegenheiten hinweg zu helfen, und wird den später auf die Pelasger angewandten Namen Cranaus, als Autochthon, angeschlossen.

---

*) Chalcis auf Euboea, auf den echinadischen Inseln und bei Lesbos, am Achelous, in Aetolien, Chalcidice, Triphylia, der Corinther, bei Teos (in Chalcitis), in Syrien (in Chalcidice am Orontes), in Scythien (Steph Byz.), in Syrien (am Belus).

**) Athen ist ἄστυ κατ'ἐξοχήν im assyrisch-atharischen Anschluss, das gr. ἄστυ (vastu von Hestia oder Vesta) wird zur W. vas (wohnen) gestellt, ἐκλήθη δὲ ἄστυ διὰ τὸ πρότερον νομάδας καὶ σποράδην ζῶντας τότε συνελθεῖν καὶ στῆναι ἐκ τῆς πλάνης εἰς τὰς κοινὰς οἰκήσεις ὅθεν οὐ μετανιστήκασιν. Ἀθηναῖοι δὲ πρῶτοι τῶν ἄλλων ἄστη καὶ πόλεις ᾤκησαν (nach Philochoros). Um die vor das Zelt des Häuptlings aufgestellte Hasta wurde, als Lak Myang die Stadt erbaut. Die Eisenpfeile des Anang Pal (Gründer der Tomara Dynastie) sollte auf den Kopf des Sakes-Nag hinabgetrieben werden, um Delhi zu festigen. Berühmt durch Sibyllen (noch zu Alexander's Zeit durch Athenäus) war die jonische Stadt des (nach der Gründung durch Erythros, Sohn Rhadhamanthus von Creta) durch Cnopus (Sohn des Codrus) colonisirte Erythrae oder Ritri, wo (neben Athene Polias) Heracles (Ipoctonos, als das den Weinstöcken schädliche Insect tödtend) der idäischen Dactylen verehrt wurde.

Statt der Verbindung von Pannoniern (deren lingua pannonica Tacitus von der lingua Gallica unterscheidet) oder illyrische (b. Appian) Paionier mit hellenischen Achaeern (mit den Pandu) wird die Bedeutung gesammter Allheit dem Worte entnommen, wie in Allemanen, obwohl auch dieso (bei den Alemanie oder Streifzügen der Kirgisen) einen andern Anschluss an Alanen finden könnte, nach Analogie der Turkomannen als den Türken Aehnliche.

Sein Vater Hellen, Sohn des in Phthiotis*) (zwischen Peneus und Asopus) herrschen Deucalion, folgend, vertreibt Aeolus, den Euripides direct zum Sohn des Zeus macht, seine Brüder, die aus den Gebirgsgegenden Macedonien's und Epirus oder (heimisch localisirter) aus Aetolien (mit benachbarten Locris und Phocis) wiedererscheinenden Dorus**) und den blonden Xuthus oder Xanthus, Vater des Achaeus und Jon. Wie andere Genealogien hat auch diese griechische (nach früherer oder späterer Deutung) eine zwiefache Geltung, indem sie sich einmal auf das heimische Vaterland mit nächster Umgebung beschränkt, bald (da nach der Fluth die Erde neu zu bevölkern war) im weiteren Umblick die mehr oder weniger deutlich bekannten Theile des Erdboden's umfasst. Die Dorer als Bergvolk schliessen sich an den weit verbreiteten Namen taurischer***) Bergvölker an, der später besonders in mythologischen Gestaltungen seinen Klang bewahrte, und ihr letzter Schritt zur Hellenisirung wird von Dryopis†) aus gethan,

---

*) Unter den griechischen Vulcanen erwähnt Cicero des egyptischen Phtha. Der aus Pthia nach dem Peloponnes gekommenen Archander, (Sohn des Achäus), nach dem die Stadt Archandropolis in Egypten genannt sein sollte, (s. Herodot) war Schwiegersohn des Danaus, dessen Tochter Scaea (nach Pausanias) ihm vermählt war.

**) Herodot stellt die Lacedaemonen aus dem Blute wandernder Dorer als Hellenen den Athenern jonischen Blutes als ansässigen Pelasgen gegenüber.

***) Taurisci heissen (b. Cato) die Taurini und (b. Polybius) die östlichen Alpenbewohner. Juxtaque Carnos, quondam Taurisci, nunc Norici (Plin.). Tauern heissen die norischen Gebirgsbewohner der Bergeshöhen (Zeus). Die Taurini am Po galten für antiqua Ligurum stirpe. In Oberpannonien nennt Plinius die Taurisci am Mons Claudius. Strabo bezeichnet Teurister und Taurisker als keltische Stämme, καὶ τοὺς Ταυρίσκους δὲ Αἰγυρίσκους καὶ Ταυρίστας φασί. Ptol. kennt Ἀμαξόβιοι und Ταυροσκύθαι und Tauroskythen παρὰ δὲ τὸν Ἀχιλλέως δρόμον Der mit Ninip (dem assyrischen Herakles) zusammengestellte Gott Bar (der Boreaden oder Barden Borsippa's) oder Bar-Sham (Bar-Shem) (nach Rawlinson) als Sohn des Sam (Schamas oder Scham) oder der Sonne erklärbar, und Ζάμης (Pasch. Chr.) heisst Vater des Θούρας (Thur), und der assyrische König Θουρας (b. Joh. Mal.) oder Ares gilt für der Erste, der eine Säule (στήλη oder Irmensul) im Cultus aufgerichtet. Thura (Thura-vahar) ist der dem Ninip heilige Monat. Beim Wechsel von r in n auf den Keilinschriften könnte Bar, auch Zindu genannt, zu Pandu werden, und Rawlinson deutet auf Beziehungen zu dem durch Raoul-Rochette mit Desanaus oder Diodan (b. Euseb.) identificirten Ξάνδης. Aus Inschriften hat Amm. gelesen, dass Herakles, Sohn des Amphitryon, nach Norden eilte, um die Zwingherren Gergon und Tauriscus zurückzuwerfen, die Hispanien und Gallien durch Einfälle beunruhigten. Der bei den Bergvölkern der Krimm erhaltene Name könnte sich anschliessen an Tor's Turannier, die mit Suunig's Tartaren verbündet, die Ilkhan bekämpften, denn, wie Mirkhond bemerkt, zerfiel das Reich des Souneg bald darauf, mag sich also in der Krimm erhalten haben, da noch später der Gherai-Khan sich von den Tartar-Kaniah ableitete. Erdmann findet den Turchan oder Stierfürst auch in Oghuz-Khan, den Japhetiden, der als Nachkomme Noah's (und Vorfahre der Ckiai) wieder in seinem Sohne mit Xuthus (anderswo als Xisuthrus auf die Fluth zurückdatirt) zusammenfiel.

†) Vor der dorischen Eroberung war Argos von den Achaeern bewohnt, die die Pelasger unterworfen hatten. In Argos, als dorischen Staat (der Argiver) finden sich 1) die Dorier (in drei Stämme getheilt) nebst dem nicht dorischen Stamm Hyrnathia, 2) die aus den achaeeischen Bewohnern gebildeten Perioiken, von der Stadt Orneae als Orneatae bezeichnet, 3) Leibeigene Sklaven oder Gymnesii (nackte Wilde). Die Buleanen (Βαλλιαρεῖς) wurden Gymnesiae genannt, weil (nach Dionys. Perieg.) schiffbrüchige Böotier nackend an die Ufer geworfen. Die Bewohner waren als Schleuderer berühmt (wie die Rhodier). Die rothe Erde (Sinope) diente den Malern (nach Vitruv). Die Tumuli unbehauener Steine waren (nach Diodor) als Grabhügel errichtet. Leichte Truppen (Gymneten). Stadt Cunici. Die Stadt Orneae (von Orneus, Sohn des Erechtheus, gegründet) bewahrte ihre alte Bewohnerschaft von Cynuriern, (als Argos von den Doriern erobert wurde), wurde aber später

dem Lande druidischer Drysen, die in den Bezeichnungen ihrer Städte die Namen des celtisch-germanischen Ahn Hermes*) und der Asi hochhielten. Im Namen des Xuthus (der als Enkel der Fluthgeretteten in einer andern Version der Mytho diese selbst unter dem Namen Xisuthros vertreten konnte), möchte eine skolotische Wandlung scythischer Skuiten (Scoten) oder Tschuden liegen, und es ist leicht verständlich, wie die anfänglich in ihrer Namensgeneralisation eine ähnliche Unbestimmtheit von Saken und Scythen zeigenden Javanen oder Jonen sich später, als das Bewusstsein des in ihnen aufgesprossten Hellenismus mächtiger wurde, sich aus ihrer halbbarbarischen Verwandtschaft loszulösen suchten und (den von Xuthus vielleicht adoptirten) Jon als den Sohn des Apollo feierten.

Die ihre Abkunft von Xuthus**) zuzuschreibenden Beziehungen der Achaeer zeigen sich in dem mit der scythischen Form Apia zusammengesetzten Namen in Peloponnes oder Apia, wo sie die Epeer vorgefunden haben mochten, ihre ethnologischen Wurzeln lagen aber wahrscheinlich bei dem einst mächtigen Volk der Chaonen***) in den acroceraunischen Bergen, die (nach Strabo) vormals ganz Epirus beherrschten und Ableger in den Chones auf italischen Boden pflanzten. Als die Achäer†) in Argos, (wo der Fluss Erasinus aus den Schlunden des Berges Chaon wieder zu Tage

---

von den Argivern besetzt, die die Einwohner nach Argos führten. Die Cynurier wurden durch die Argiver und im Laufe der Zeit dorisirt als Orneatae und Perioeci (nach Herodot). Herodot bezeichnet die eingeborenen Cynurer des Peloponnes als Pelasger. Der Baetis heisst Tartessus (bei Stesichorus). Samische Schiffer wurden Mitte des VII. Jahrhdts. a. d. nach Tartessus verschlagen und im VI. Jahrhdt. a. d. gingen die Phocäer einen Bund ein mit Arganthonius, König der Tartenier. Hamilcar eroberte Tartessus (mit phönizischen Tempeln) bei Gründung carthagischer Colonien.

*) Wie Hermes dem Deucalion und der Pyrrha, erweckt Gott (im N. T.) Abraham Menschen aus Steine.

**) Dionysius Hal. lässt Achaeus, Phthius und Pelasgus, von Poseidon und Larissa stammend, nach Thessalien wandern. Die Pelasger (des pelasgischen Argos in Thessalien) vertreten dabei die ihnen von Strabo angenäherten Aeolier, mit denen sie in der vagen Allgemeinheit ihres Namenbegriffe's übereinstimmen. Als später mit Entfaltung der von Aussen (besonders von Memphis, wo Phthah noch nicht von dem Cultus des Osiris-Dionysos in den Hintergrund gedräugt war) angeregten Civilisation den Wunsch nach nationaler Bezeichnung rege wurde, schieden sich die Phthioten als Aeolier in der unbestimmten Generalisation der Pelasger ab, indem sie diesen gegenüber fester zusammengeschlossen erschienen durch ihre Beziehungen mit den übrigen Hellenen, obwohl sie wieder bei den unter diesen allmählig minutieuser trennenden Scheidungen, ihnen gegenüber und nach solch' schärferem Masstab gemessen, selbst verschwommen erschienen. Die von Endymion nach Elis geführten Aeolier bewahrten zwar die Kunde religiöser Ceremonien, schüttelten aber die fremden Elemente, mit denen sie sich in Thessalien beladen hatten, mehr und mehr ab, weshalb Aetolus nicht nur den Apis (Sohn des Phoroneus) tödtete, sondern auch die Söhne der Phthia. Auch unter den Kindern der Niobe geht Phthia (mit ihrer Schwester Ogygia) zu Grunde und Phthius unter den Söhnen des Lycaon.

***) Die Stadt Chimaera (Χίμαιρα oder Khimara) lag im District Chaonia (in Epirus), das Vorgebirge Cheimerium in Thesprotia und der brennende Berg Chimaera in Lycien. Von der Nymphe Himantis stammte der Argonaute Mopsus (oder Lapithe, als Ampykides), und Mopsia war ältester Name Attika's. Chiron ist der unsterbliche Gott der Centauren, Chijun (b. Amos) Name des Saturn oder Keiwan. Bei den Manschuren gebiert Kio Konkioa den Shamoghiuprul als Xaka.

†) Die ethnische Grundlage achäischer Chaonen bildete eine tiefe Unterströmung, die unter den Lageveränderungen, die sich über sie hinschoben, immer wieder durchbrach. Abgesehen von den Leukosyren Kappadocien's beweisen die (nach Steph. Byz.) Solymi genannten Pisidier, sowie die Solymi Lycien's und ebenso die den Ciliciern verwandten Isaurier eine semitische Vorbevölkerung in Kleinasien, die die charakteristische Zähigkeit ihrer Nationalität, wie Tyrier, wie Hebraer in Jerusalem und Arevacken (aus den mit phönizischen Iberern gemischten Celten) in Numantia, durch das Selbstopfer bei der Belagerung von Xanthrus in Isaura darlegten, mit den festen Bauten, die ihre zu verwandten Karien und Lycien gehörigen Kaunier und Cyclopen noch in Hellas und (den Pelasgern folgend) in Italien gebaut, untergehend. Obwohl hohen Alters war diese semitische Bevölkerung indess nicht die älteste, denn ihr ging in Cilicien bereits die der

tritt) die erste Blüthe hellenischer Cultur entfalteten in einer durch fremde
Zuflüsse aus Aegypten (durch den mit Achäus als verwandt betrachteten
Danaus), Phoenizien, Phrygien (durch Pelops mit Phthioten) und andern
Ländern Vorder-Asien's genährten Pflanzung mochten sie ihre Namen mit
denen der Achaemeniden verknüpfen, von dem berühmten Ahn nicht nur
der persischen Königsgeschlechter allein, sondern auch der assyrischen oder
mesopotamischen auf die Xerxes (bei Herodot) seinen Stammbaum*) zurückführt, denn der einzige Name der sich aus den vor-ninivitischen Dynastien
im Westen erhalten hat, der mit dem auf den Keilinschriften gelesenen
König Ourcham der Chaldaeer-Dynastie (des Berosus) identificirte Orchamus (ὄρχαμος oder ἄρχων), tritt sogleich als Sohn des Achaemenes**) auf
(2017—1559 a. d.).

Als der Goldglanz, unter dem Perseus, der Gründer von Tiryus und
Mycenae, in Argos gezeugt war, sich bei den aeolischen Stammgenossen in
Thessalien reflectirte, vindicirte sich Phthiotis die Ehre die Heimath der
(bei Pausanias) zurückgewanderten Achäer zu sein und leitete sich bald in
Wechselbeziehungen ein mit den Culturcinflüssen, die auch nach der Küste
Thessalien's, nach Chalkis auf Euboea und Chalkidike***) von Chaldaeern
aus (oder von Pharaonen in Egypten nach.Pherao) gekommen waren und
denen Orchomenos mit seinen Minyern die frühe Blüthe verdankte. Geschichtlich traten die Aeolier auf, mit ihrer Besetzung Böotien's, als sie durch die
Thessalier aus Arne†) (Cicrium oder Picrium) verdrängt waren, und dieser

Hypachaei voraus, und wie die Solymi erst durch Lycus zu arischen Lyciern, die Urbewohner Lydiens erst durch Lydus in den geschichtlichen Character eingeführt wurden, so
waren die Hypachaei oder Cilicier noch keine Semiten, ehe nicht Cilix, Sohn des Agenor
(bei Apollod.), oder (b. Herodot) ἀνδρὸς Ποίνικος bei ihm anlangte.
  *) Nach Steph. Byz waren die Chaldaeer früher Kephener genannt, ἀπό Κηφέως,
τοῦ πατρὸς Ἀνδρομέδας, also wie die Perser oder Artaei (Afarti). Als Khaldi wurde der
Mond in Armenien verehrt. Der assyrische Bezirk Kalakine (b. Ptol.) war nach der Stadt
Kalah genannt. Lors de leur conquête les Chaldéens, d'Arphaxad (limite du Chaldéens)
ou du pays les tribus kurdes (Carducbi et Gorduaci), surent fonder leur denomination
politique et leur ascendant moral d'une manière assez forte, pour qu'il se maintint au travers
de toutes les révolutions. Ils eurent le talent de s'assimiler complètement avec la population au-dessus de laquelle ils s'étaient constitués et demeurérent, à l'état d'aristocratie
dominante Quand à dater du XX. siècle, l'éléments sémitique finit par l'emporter à
Babylone sur tous ses rivaux, ils adoptèrent sa langue et sa cultures amalgamée avec la
leur propre, et conservèrent leur situation de supériorité. Mais tout en adoptant l'idiom
sémitique commun à Babylone et à Ninive, ils ne cessèrent pas pour cela de se servir
entre leux l'idiom antique (casdo-scythique) propre à leur nation, et qui en révèle deci-
dément l'origine, idiome de la famille tartaro-finnoise, mais different à la fois de celui des
premiers inventeurs de l'écriture cunéiforme et de celui des Médes-Touraniens, et dont on
a trouvé quelques monuments écrits en caractères assyriens (Lenormant).
  **) In Achaemenes oder Hakhamanisch liegt (nach Rawlinson) der Begriff des
Freunde's, und Hesychius: ἀχαια, Λάκωνις ἀγαθά. So bei Theocrist, χνόν λίγεται τὸ
ἀγαθὸν παρὰ Λακεδαιμονίοις (Schol.). Achilleus dürfte sich eher zu einem Achaemeniden,
als zu einem Lippenlosen machen lassen. „Homer's Achaer sind eigentlich nur die aus
Phthiotis oder Ἀχαιίς (in Thessalien) stammenden Myrmidonen Achill's, vom Geschlecht
des Aeakos" (s. Gerhard). Accad, unter den von Nimrud gegründeten Städten im Lande
Shinear, hiess Ἀρχάδ LXX. Mit Eurynome, der Gemahlin des Orchamus (König der
Achaemenier), die zu Phigalia in Orcadien als Fischjungfrau verehrt (Mutter der Leucothea,
die Apollo allen seinen übrigen Geliebten vorzog) wurde, zeugte Zeus die Charitinnen.
  ***) Phrixus (Bruder der Helle) wurde von Actes (Sohn des Helios und der Perseis)
mit seiner Tochter Chalciope vermählt. Das Pygmäenbild im Tempel zu Hierapolis wird
beschrieben σμικρός· ἀνήρ χάλκιος, ἕχων αἰδοῖον μέγα. Weil aus Erz gefertigt wird Erz in
andern Sprachen zum Namen des Gottes selbst (Chald), wie Rub (Phra-Phuta-Rub) oder
Rupa. Die Χαλζο-φυλακις zu Aeonae waren (nach Seneca) Hagelwächter.
  †) Arno, die den Saturn täuschende Amme des Poseidon, führt auf Cerne im westlichen Lande der Atlantiden und auf Jerne (neben Albion) jenseits der Celten (b. Aristoteles).
Arno (Musarnus oder Hercol) gilt als Name des Herakles. Beim Orcus oder Herkos wurden
die heiligsten Eide geschworen.

in Yerne im Norden oder Cerne im Westen anklingender Name deutet auf
den Windgott Aolus auf aeolischen Inseln, begünstigte Schifffahrt, während
sich Arnissa mit pelasgischen Larissa (als Resen in Assyrien zu Xenophon's
Zeit) berührte. Aeolus, Sohn des in Aeolis herrschenden Mimas (Sohn des
Aeolus) hatte seine Tochter Arne, die dem Poseidon den Böotus gebar,
nach Metapontium gesandt, und von dort wurden (nach Diodor) die aeolischen Inseln im tyrrhenischen Meer besetzt. Nach Justin war Metapontium
von Epeius gegründet, der wie trojanische Holzpferde auch lappische Wind-
säcke zu verfertigen verstehen mochte. Nach Strabo ging dem Aeolus auf
der Insel Lipara der Sohn des Auson voran und Dionysius verknüpft mit
Hesperia und Saturnia den alten Namen Italien's (mit dem Fluss Arnus
und der umbrischen Stadt Arna) als Ausonia, was bei der Identificirung der
Ausones mit Opiker und Osier (s. Bunbury) zu den Ausci in Aquitanien,
den Ausetani in Hisp. Tarr. oder den Ausenses und Auschisae in Libyen
führt. Perienes verknüpft durch die ihm zugeschriebene Herkunft von
Cynortas das Geschlecht der Atlantiden mit den Nachkommen seines Vater's
Aeolus.

Im Namen der Aeolier ist nicht eine scharf markirte Stammeseigen-
thümlichkeit ausgesprochen, wie sie durchweg die Dorer (in früherer Zeit
auch die Achäer und in späterer selbst die Jonier) kennzeichnet, sondern
er begreift (in Uebereinstimmung mit der Bedeutung, als αἰόλοι, Bunte, oder
ἀολλεῖς, Zusammengedrängte, wie Gerhard meint) gewissermassen die noch
ungeklärten Vorlagen des Hellenenthums's, die sich von ihren (im ethnischen,
obwohl nicht überall culturhistorischen Sinne) barbarischen Nachbarn abzuscheiden begannen und deshalb mit Recht den aus ihnen emporwachsenden
Völkerschaften die Personification ihres älteren Bruder's darstellten. Strabo
bezeichnet die aeolische Mundart als eine gemischte.

Die aeolische*) Stadt Cyme (Κύμη) oder Amazoneion (Phriconitis) am
Hermus war durch die Amazone Kyme gegründet, und später von den

---

*) Die aeolische Stadt Cuthene lag in der Gorgonëischen Ebene (b. Aeschyl). Die
aeolische Stadt Myrina war von der Amazone Myrina gegründet. Die Amazone Smyrna
erbaute (nach der Eroberung von Ephesus) Smyrna, die von den aeolischen Städten zum
jonischen Bunde übertrat. Themiscyra am Thermodon war (am Pontus) von den Amazonen
gegründet (Diod.). Die Insel Ἀρητιάς (Ἄρεος νῆσος bei Scymnus) oder (bei Mela) Area (Aria),
wo die beiden Amazonenköniginnen Otrere und Antiope dem Ares einen Tempel bauten,
heisst Chalceritis (bei Plinius). Die jonische Stadt Erythrae (Knopupolis von Cnopus),
durch Erythrus (Sohn des Rhadamanthus) besiedelt, war Sitz der Sibylle (nach Strabo).
Als die Danther von den (durch Astibaras beherrschten) Medern abfielen und sich dem
Saciern übergaben, regierte über diese die Frau Zarina, im Kriegführen geschickt, wie
es unter diesem Volke viele tapfere Weiber giebt. Tiglath-Pilesar II (769 a. d.) empfing
Tribut von den Königen der Araber und Idumeer. Nach Eutrop waren die Sabaeer von
Königinnen beherrscht. Die Königin von Meroë führte den Titel Candace. Bei den Pandae
in Indien herrschte Weiberregiment. Balkis kam aus Süden. Die Königin von Arabien
besuchte Salomo. Orchomenos (im nördlichen Bootien) war von der thessalischen Stadt
Minya (Orchomenus Minyeus) oder (bei Steph. Byz.) Ἀλμωνία gegründet. Ariade, die Stadt
des Orchomenus (b Omer) in den Anchisien genannt mit den Hügeln von Mantinea. Chalcis
(Χαλκις) auf Euboea war durch Jonier unter Pandorus (Sohn des athenischen König's
Erechtheus) gegründet und andere Jonier führten Cothus herbei (Mutterstadt von Cumae
1050 a. d.) und Cromae. Chalcis war vom König mit Eretria auf Euboea, durch den
Triphylier Macistus aus Elis colonisirt. Die euboeischen Colonisten liessen sich zuerst
auf dem Vorgebirge Sithonia in Chalcidice (Χαλκιδικη) nieder. Das syrische Chalcis (bei
Ptol.) liegt in Chalcidice, als das von Salomo eroberte Hamath Zobah, wo David den
Hadadezer, König von Zobah, besiegte. Chalcis oder Belum (b Plinius) liegt am Libanon
(nach Josephus). In dem von Megara (nach Thucydides) colonisirten Χαλκηδών oder (auf
den Münzen) Χαλχηδων (neben dem Dorf Chrysopolis in Bithynien, fand sich ein Tempel
des Zeus Urius (am Pontus). Chalcetos (Χαλκητωρ) in Karien war von den Chalcetones
bewohnt. Chalcetorium von Creta (b. Steph. Byz.). Chalästra, Stadt in Macedonien.
Chalcitis, von den Chacideis (neben dem Feii Gerae's und Clazomenii) bewohnt, lag im
District Erythrae (nach Paus.). Chalia, Stadt in Böotien. Chalcis (b. Homer) oder (bei

Phriäern (aus Thermopylae) besetzt, die gegen die Pelasger in Larissa den Neon Teichos gebaut (neben *Aïgaí*).

Würden wir in den Aeoliern (die bunt zusammengewürfelten und Mischungen, aber dennoch ältesten Bestehen's) die nach Besiegung der (im Osten von den Asiaten als Javanen bezeichneten im Westen als Tyrrhenier oder Türken auftretenden) Pelasger in Thessalien sehen, so ständc nichts im Wege ihro Blüthe in Orchomenus der Minyer, in deren Namen sich der Chaldaeersitz Orchoe sowohl, wie der des Handelsvolkes der Minnaei Süd-arabiens wiederholt, als Nachwirkung der durch befreundete Verbindung in solchen Plätzen assimilirten Pelasger aufzufassen, die an die (b. Massudi) Städte bauenden Nabataeer Arabien's und (nach Erneuerung Napata's oder Nobi in den Herrscher-Dynastien) des aethiopischen Aegypten angeschlossen, auch in Italien den Namen der fernen Sabaeer (der Verehrer des Himmels in Asman oder Saman) in die durch Varro aus der Götterverehrung (σεβω) erklärten Sabiner forterhielten (sowie auf die heiligen Plätze der Samen den Geheim-Cultus), denn die durch die Philister und Philite zu der auch Hyksos genannten Modification des Nomadenstammes (der über Medien durch Arabien nach Aegypten zog) hinübergeführten Pelasger würden eine eng geschlossene Kette von Oman durch den Amanus nach dem nördlichen Mannheim darstellen, soweit diese Länder auch scheinbar aus einander lägen. Der später von den Musen aufgenommene (seit der Dorier-Zeit aber vor dem Apollo's zurücktretende) Cultus des Orpheus, in welchem das Schwein seine walische Heiligkeit bewahrt, war ursprünglich an die jenen feind-lichen Pieriden*) geknüpft, eine (wie bei Bjel in Bjelbog als albus oder belus) im nordischen Dialect veränderte Aussprache der Beliden oder (in Aegypten) Piren. Aus ihrer egyptischen Beziehung zu Heliopolis (die Stadt der Abelios) kannten die Musen (die Zeus mit Mnemosyne, Tochter des Uranos und der Gaia gzeugt haben sollte) das Räthsel, das sie der durch Einforderung aegyptischen Tributes schreckenden Sphinx in Böotien lehrten.

Artem) Chalcis (in Aetolien) hiess Hypochalkis (b. Strabo). Chalaeum, Stadt der Locri Ozolae. Das eprische Chalcis lag an der Quelle des Achelous. Auf der Insel Chalcitis am Propontis fanden sich Kupferminen. Die thessalische Stadt Pherae (Φέραι), Sitz des Admet, (Sohn des Pheres), der seine Gattin Alceste aus den Tartarus zurückholte, lag am Fuss des Berges Χαλκωδόνιον (nach Apollon.). Χαλα (bei Isid. Char) war Hauptstadt von Chalonitis in Assyrien. Orchoë in Borsippa war Hauptsitz der Chaldaeer (Χαλδαῖοι), arabischer Stamm der Ὀρχηνοί im pers. Golf (Ptol.). Chaldaeer oder Casdim. Die (nach Plinius) erst durch ein Erdbeben vom Festlande abgerissene Insel Euboea (Macris oder Hellopia) oder Ὀχη (Abantis) ist durch den euboeischen See (den Euripus) von der Süd-küste Thessalien's getrennt Jo gebar den Epaphus auf Abantis oder Euboea (Hesiod). Ἄλμων, πόλις Βοιωνίας καὶ Σάλμον αἴτήν φησι (Steph. Byz.). Die Eisen arbeitenden Χαλυβές oder (b. Homer) Alybe (die Mossynoeci unterwarfen) hiessen (nach Strabo) Χαλδαῖοι Χαλδαία in Babylon, zuerst in der arat.ischen Wüste (b Ptol.). Die Fische des Flusse's Χαλος in Syrien waren heilig. Das Makara des Waranu (Urius) oder Uranus führt auf die Macae oder Ichthyophagen. Chaleb oder Chabylon (in Syrien) wurden (b. Selenius) Beroea genannt. Das macedonische Beroea lug am Berg Bermius. Die mit den Chaldaeern identificirten Καρδοῦχοι (Γαρδυαῖοι oder Cordueni) oder (als Tapfere im Persischen) Κάρδακες (Carduchi oder Kurden) heissen (b. Strabo) Κύρτιοι als Cureten oder Kourioi unter den von Καρ stammenden Karern) Nach der Empörung des babylonischen Fürsten Mardochi-dinakh (1100 a d.) wurde der assyrische König Assurbelkala oder Beleus (Sohn des Teglathpalasar) durch den Usurpator Belkativassu oder Belitaras gestürzt, unter dessen Nachfolgern Salmanassar III den Pallast der Stadt Chale oder Chalseh (Nimrod) erbaute. Nachdem dieses durch die Meder Arbacus und die Chaldaeer (Babylonier) Phul (Balazu oder Belesys) mit Sardanapal gestürzte Reich (788 a. d.) durch Teglathpalassar II. her-gestellt war (769 a. d.) brachte Sennacherib († 680 a d) die von Mardochidinath fortge-führten Götterbilder nach Niniveh zurück. Die westliche Bewegung der Aramaeer bis Damascus begann zur Zeit David's († 1016 a. d.). Auf der Insel Chalcia im carpathischen Meer lag ein Tempel des Apollo.
*) Pierer und Kikonen rechnet Preller zu dem mythischen Volk der Thracier, die vor dem geschichtlichen verschwinden.

Die aus dem früheren Aufenthalt der Pelasger in Arkadien in Phigalia ihre halb Fisch halb Mensch bewahrende Bildsäule der (in den Sagen der den Zeus feindlichen Drachenjungfrau Delphine mit der Heiligkeit des Schweins verknüpften) Eurynome (Tochter des Oceanus), als Mutter der bei Homer dem Hephäston vermählten Charc's oder im minyäischen Orchomenos verehrten Charitinnen*), weis't auf Atargatis (die mythische Keto, die nach Plinius in Joppe verehrt wurde) oder Derketo (dem, wie delos, offenbar gewordenen Kytos oder Ungeheuer, während in Delphine die unverständlich gewordene Silbe del als Eigenname wieder mit·dem Erscheinen verknüpft ist) in dem philistäischen Sitz der Pelasger in Ascalon. Die Charitinnen (oder alt-graiischen Gottheiten der Grazien), die auch der durch egyptische Stierbilder (zu Marathon) athenischen Tribut verlangende Minos verehrte, erhielten in Paros (Demetrias oder Pactia) oder Minoa (Cabarnis oder Hylcëssa) Opfer ohne Blasinstrumente im demetrisch-cabirischen Trauercultus (der Kapu oder Kabubija).

Die Deutungen des laconischen Ursprungs bei den Sabinern (s. Ovid) beziehen sich auf das pelasgische Verweilen in Kreta, woher Lycurg seine seine Gesetze entnahm, als gemeinsamer Quelle, und während sie einerseits über die mit den peloponnesischen Apiern in Beziehung stehenden Opiker oder Osier herrschten, waren sie auf der anderen Seite in politische Verbindungen getreten mit den gallisch-celtischen Umbrern, die den Cultus des Sancus, Schutzgottes der Sabiner (nach eugubinischen Tafeln) angenommen hatten. Von Apis sollten die Apeninen genannt sein (nach Cato).

Die (bei Deucalions**) Besetzung von Phthia in Thessalien) nach Westen geflüchteten Pelasger, bereicherten sich theils von der spinctischen Mündung aus durch Seeraub, theils erhielten sie (nach Kriegen mit den Umbrern) von den Aboriginern, die sie gegen die Sicilier unterstützt hatten, den Sumpfdistrict Velia (Elia) eingeräumt. Den Umbrern wurde Kroton entrissen und in den von den Siciliern eroberten Städten erhielten sich noch zu Dionysos Zeit argolische Gebräuche, in Phalerium auch im Tempel der Here, der ein getreues Porträt dessen in Argos war. Nachdem die Pelasger Larissa erbaut hatten, sahen sich die bedrängten Sicilier oder (nach Philistus) Ligurer zum Fortzuge gezwungen und begaben sich zu den Sicanern in Sicilien, in Folge der Angriffe der Oenotrer und Opiker***), wie Antiochus Syr. sagt. Der anfangs blühende Staat der Pelasger wurde dann (erzählt Dionys. weiter) durch innere Zwistigkeiten zerrüttet und Seuchen mit andern Unglücksfällen rieben ihn schliesslich völlig auf (wie den der Tolteken in Mexico). Besonders trug dazu (nach Myrsilus) der Orakelspruch bei, der auch von den Menschen den Zehnten verlangte und dadurch in den regel-

---

*) In Böotien führte Eteocles den Dienst der Χαρίτες (Gratiae) ein und in Orchomenus wurde ihm (nach Böckh) das Fest der χαριτήσια oder χαρίσια gefeiert. Gemeinschaftlich mit den Charitinnen und dem Himeros (dem Gott liebender Sehnsucht) bewohnten die Musen den Olymp (nach Hesiod). Der Dienst der Musen in Thespiae war durch die Thrazier Pieros begründet (s. Pausanias). Nach Plato stammten Musaeos (Enkel des Orpheus durch Linos) von den Musen oder der Mondgöttin. Thamyris als thracischer Sänger dem Homer bekannt, wurde von den Musen überwunden. Im Namen (wie in dem der getischen Königin Tomyris) liegt das (auch in Indien als Pira) heilige Vira (frommer Tugend). Dem Thamuz wird (bei Ezechiel) ein Trauerdienst gefeiert (wie dem Linus). Als Thamimasadas verehrten die Scythen (nach Herodot) den Poseidon.

**) Im Hinblick auf die Dicalidones am Ὠκιανός Ἰοννκαληδόνιος (b. Ptol), die Ammian neben den Vecturiones unter den Picti kannte, würde Deucalion auf Deus führen, in dem Epithet δῖοι, das Homer den Pelasgern zu geben pflegt, und die (bei Cato) griechisch redenden Teutanen Pisa's wären dann die δῖοι-Anianen (Enianen) oder die Heneti (Eneti oder Veneti) des Teut.

***) Die Opiker schliessen sich an die Apaeer und Orion wurde getödtet, als er mit den von den Hyperboräern gesandten Mädchen der Opis nachstellte.

mässig alljährlichen Fortsenduugen, wie sie sich im Gebrauch des Ver sacrum in Italien (besonders bei den Sabinern und deren Nachkommen den Samniten, als Sabelli oder kleinen Sabiner) forterhielten, das Geschlecht der Pelasger über die Erde zerstreuten. In die von den Pelasgern verlassenen Städte traten nun die Tyrrhenier ein, aber ursprünglich waren (wie in der Bemerkung des Thucydides) Pelasger und Tyrrhener schon identisch, und indem die letztern von den Thürmen benannt wurden, die sie gleich den Mosynöken (und Burgundern) bewohnten, so führten sie im Kreisschluss auf die Arx in Argos (in der arcadischen Einwanderung der Evander bei den Aboriginern des Faunus erneuert) und die festen Cyclopenbauten der Pelasger, während sich durch Tursen und Turcen die Tyrrhener in die allgemeine Generalisation türkischer Nomaden schlossen, (wegen der Entfernung eine Zeitlang auch Latiner, Umbrer und Ausoner, selbst Rom als Tyrrhenier begreifend). Als Bruder des Lydus sollte Tyrrhenus durch Atys von Kotys stammen, Sohn des Manes, wogegen Xanthus zwischen Lydus und Torybus eine Theilung Mäonien's vornehmen lässt. Die Meerkönige der Pelasger, die sich bei ihren Piratereien vielfach an der Küste Kleinasien's (wie die von Pompejus bekämpften Secräuber) bewegten, brachten aus Lydien mancherlei der dortigen Gebräucho mit ihrem türkischen Namen nach Italien, wo sich der letztere in dem Hafen der Etrusker (der durch altegyptischen Einfluss modificirten Rasena) und dem Aufblühen der dortigen Seemacht erhält. Danaus*) und Achäus, die Herodot zusammen nennt, waren (nach Gerhard) verwandt.

Von den eingeborenen Kynuriern, die (b. Herodot) auch Jonen heissen, war der District Kynuria (ἡ Κυνουρία) an der Ostküste des Peloponnesus (zwischen Argeia und Laconia) benannt. Die früher besonders am Berg Tarnon wohnenden Cynurer waren später auf Thyrea in Thyreatis (mit den Fluss Tanaus oder Tanus) beschränkt. Bei der dorischen Eroberung wurden die Cynurer von den Argeiern unterworfen, aber später bestritten die Spartaner das Land. Auch in Arcadien fand sich ein District Cynuria und zu Cynus (Hafen der Locri Opuntii) wurde das Grabmal des Deucalion und der Pyrrha gezeigt. Das Vorgebirge Cynonema (Hunde Grab) im thracischen Chersonnes war nach Hecuba benannt, die dort, in einen Hund verwandelt, begraben lag, das Vorgebirge Cynosura (Hundeschwanz) fand sich in Attika, die Berge Cynoscephalae (Hundeköpfe) in Thessalien, der Herkulestempel beim Cynosarges (des weissen Hunde's) in Attika. In Cynopolis wurde der hundsköpfige Anubis verehrt (in Egypten). Die Cynemolgi im südlichen Aethiopien galten für Affen mit Hundeköpfen**). Am Cyneticum littus (in Gallia Narbonesis) floss der Fluss Telis (Boschinus oder Tetis). Die Kynaethier in Kynaetha waren wilder und verdorbener, als die übrigen Arcadier, weil sie die Musik vernachlässigt hatten (nach Polybius), und sie gehörten zu der alten Schichtung des Hundestammes, während sich der Wolfsstamm der Arcadier in der Bärenverwandlung regenerirt hatte.

---

*) Die Säulenthürme Irland's werden den Danai (Dänen) zugeschrieben oder den Danaan (Danaer oder Griechen), die von Thanaus geführt wurden. Δαπίϑη, πόλις Θεσσαλίας, οἱ οἰκήτωρες Δαπίϑαι, Δαπέρσα, ὅρος Λακωνικῆς, Δάπηϑος, πόλις Κύπρου ἐστι καὶ Δαπίϑαιον ὄνομα ὄρους τῆς Λακυνικῆς.
**) Die halb aus Thier, halb aus Mensch bestehenden Götzen der Gilyak oder Golde deuten auf die mit dem Tiger verknüpfte Seelenwanderung. Cicero unterscheidet Jamidae und Clytiadae in Elis. Die Clytiadae stammten von Clytia's (Sohn des Melampus). Nach Polemon wurde der Körper des Polemarchus Callimachus in der Schlacht bei Marathon so dicht mit Lanzen durchbohrt, dass er nicht fallen konnte. Das sanscritische gravan (in γραῦς mit γεραιός verglichen) se retrouve presque inalteré dans l'irlanduis grean et le cymrique graean, en armor. grouan, gravier.

Bastian.   4

Noch später wurden in Sicyon die Stämme nach Thieren benannt. Adrast, König von Argos, vermählte seine Töchter dem Polynices (mit dem Schildwappen des Löwenkopfes) und dem Tydeus (mit der Helmzier des Eber). Herodot setzt die *Κυνήσιοι* noch westlich von den Celten und (nach P. Smith) könnten sie identisch sein mit den Conii, die den Cuneus Lusitanien's bewohnten. Herodot's *Κύνητες, Κυνήσιοι* sind die Cynetes, die auch die Ora maritima in Iberien kennt und an den Anas setzt (s. Zeus).

Im Hunde der Kynurier und der erst vom Wolf, dann vom Bär abgeleiteten Arcadier zeigt sich die nationale Thierbenennung ursprünglicher Bevölkerung, während die Joner genannten Kynurier westlich zu den Japyden und Japygen weisen (in der allgemeinen Generalisation der Javanen), führen die Arcader in ihnen unter den Nachkommen des Lycaon erscheinenden Stamm der Cauconen (am Teuthas-Fluss in Achaia) zu den mit dem der Teucren verbundenen Stamm der Cauconen am Pontus (zur Zeit des assyrischen König's Teuthamas), und von ihren Siedlern in Elis werden die bei Pisae in Italien auftretenden Teutaner griechischer*) Sprache (b. Cato) ausgezogen sein. Sie schliessen sich weiter an das weit verbreitete Volk der Kikonen (im alten Thracien) und indem beiden der (später aus den Kuneus Lusitaniens erklärte) Name Konen zu Grunde liegt, so würden sie durch Kyneten und Kynesier zu ihren verwandten Kynurier zurückführen.

Unter den erschlagenen Söhnen des Lycaon**), steht Orchomenus, der (als Orchomenus Minyeus) für den Gründer der (von thessalischen Minyern aus Minya oder Halmonia bewohnten) Stadt Orchomenus gilt, wo Andreus (Sohn des Flussgotte's Peneius), als erster König herrschte. Ihm folgte in der (zum Theil an den Aetolier Athamas abgetretenen) Herrschaft sein Sohn Eteocles (der den Dienst der Chariten einführte), und diesem Halmus***) (Sohn des Sisyphus). Von seinen Töchtern gebar Chryse dem Ares den Phlegyas, Führer der von den Orchomeniern getrennten Phlegyern, die nach dem Angriff auf Delphi (bis auf die nach Phocis geflüchteten Reste) durch den Gott vernichtet wurden. Dagegen zeugte mit Chrysogeneia (Tochter des Halmus), Poseidon den Minyas, Vater des Orchomenus. Jason, Vater des Aeson, des durch seinen Bruder Peleus verdrängten König's von Jolcos (einer Colonie von Orchomenos) liess durch Argus die Argo bauen und die Argonauten hiessen Minyaeer.

In Sisyphus, König von Salmone, zeigt sich der Anschluss an die Solymaeer unter den Lyciern, deren Verwandten die Karier, die Zeus Chrysaoreus verehren. Die in einen Kreis um Delos liegenden Cycladen waren (nach Herodot) von den (später durch Minos vertriebenen) Kariern bewohnt, Städtebauer (von Karth) gleich den Cyclopen und, wie diese, mythisch in Kureten und Korybanten. Von Caer (Tempel) heisst (im Celtischen) London Caer Lludd (a Luddo rege). Der Dienst der Aphrodite in Paphus (von Amazonen gegründet) war (nach Pausan.) aus Assyrien eingeführt. Mosyni oder Mosynoeki gebrauchten Rohrschilde, ebenso wie Moschi und

---

*) Cambrorum linguam a Cam e Graeco dictam dicunt h. e. distorte Graeco, propter linguarum affinitatem quae ob diutinam in Graecia moram contracta est (Giraldus).

**) Die durch Lycus auf den Wolf führenden Phasen der griechischen Entwickelung verbinden sich mit den Wolfs-Ahn der Tartarisch-mongolischen Stämme der Türken im Anschluss an die Koloschen. In nordamerikanischer Mythe vermählt sich der Wolf Hogouaba (als Erster Mensch) mit einer Himmelsbewohnerin. Die Wölfe (Skoll und Hate), Söhne des Riesenweibes Gyge suchen Sonne und Mond zu verschlingen, wie der Riese Mannagarmar (s. Castrén).

***) Almopia in Macedonien war von den Almopes bewohnt. Holmgardha-riki er sumir meen kalla Gardhariki (Fornald).

Tibareni (und Maurones). Als Jo den Epaphus gebar wurde die Insel Abantis *)
(von den Abanten bewohnt) Euboea (Macris oder Hellopia) genannt. Die
Verbreitung des baukünstlerischen Volkes, das im Osten durch Nabataeer
(und Elamaer) repräsentirt ist, geschah nach Westen zu unter dem Schutze
(oder vielmehr im Gefolge) der erobernden Nomaden, und nehmen sie nach
der Station in Lycien mit den Solymi oder (b. Strabo) Cabalier (Cibyraten),
die die Colonie der Elymi nach dem von Cyclopen bewohnten Trinacrien
oder Sicilien sandten bald den Namen dieser an, und treten dann als Pelasger
auf, bald werden sie in das halbmythische Dunkel der Cyclopen zurückgedrängt, die den Göttern näher stehend gedacht werden (im Anschluss an
das pelasgische Epithet *διοι*), oder bewahren ihren Character bis zum Beginn
geschichtlicher Zeit in den Telchinen von Rhodos. Die Pelasger selbst
wurden bald durch später hinzutretende Einwanderer, als die Eingeborenen
betrachtet, wie in Arcadien, als Zeus das ruchlose Geschlecht des Lycaon **)
(dessen Name unter Solymern ***) und Termilern in Milyas schon eine zweite,
hier noch die älteste Schicht repräsentirt) vertilgt (und das nun durch Arcas,
einen Anschluss in Carer und Carni durch Acarnanier) hatte, bald scheiden
sie sich scharf, nicht nur in der Characteristik als herrschende Eroberer,
sondern auch in der eines besondern Zweiges derselben ab, wenn sie in
Böotien mit den ihnen sonst verwandten Lelegern (unter ihren Kureten oder
Cariern) kämpfen, die sich ihnen selbst auf anderen Gebiete wieder durch
die Namen assimiliren, wenn sie in Attika als Cranai auftreten. Ein dritter
Schiffszug der östlichen Asiaten, der nicht gleich den frühern aus Klein-

---

*) Die Abantes waren (nach Aristoteles) von der thracischen Stadt Abae nach Euboea
gekommen. Der südliche Theil Euboea war von den Dryopen bewohnt, die Styra und
Carystus gründeten. Carystos, Stadt der Dryoper in Euboea (war von Carystus, Sohn des
Cheiron, benannt. Die Bewohner von Styra in Euboea, obwohl Dryoper, wollten vom
Demus Steiria aus Attica stammen. Die thracischen Maedi, als den Bithyniern verwandt
hiessen Maedo-Bithyni. Bei Ciu (*Κίος*), Stadt in Bithynien, am Fuss des Berges Argan-
thonius, entleert sich der See Ascanius durch das Ascanium flumen (bei Plinius). Ciconen
(*Κίκονες*) am Hebrus. Die Phocaeer schlossen einen Bund mit Arganthonius, König von
Tartessus. Hylas, Sohn des Thiodama, wurde auf dem Argonautenzuge bei Chius (von
Chius, Gefährten des Herakles) geraubt (als Milesische Colonie). Tieium war Hauptstadt
der Cauconen an der Küste Bithynien's (*Καύκωνες*). Die Pacti lebten zwischen Absynthiern
und Ciconen, die Dersaeer am Nestis. Die Cauconitae oder Cauconiatae lebten (z. Strabo's
Zeit) am Fluss Parthenius. Melas erklärt die Caucasus (scythisch) als Graucasis (weiss
mit Schnee). Die Konici (*Κονιοι* oder *Κουνιοι*) lebten (als *Κυνησιοι*) am Cuneus Lusitanicus.
Imbros war Festung von Caunus (oder Caunii) in Karien, Gonnus, Stadt der Perrhaebi in
Thessalien (n. Senneus genannt (*Γούνος*). *Πάρραιβοι*, Festung Condylon oder Senno-Condylon
(oder Perrhaebi) in Tempe. Sellasia in Laconien lag am Fluss Gongylus oder Gorgylus.
Mogin, ex opio ut fama sonat, Mogonlia dicta est. Die von Paphlagon (Sohn des Phineus)
genannten Paphlagonier oder (v. Pylaemenes Führer der paphlagonischen Heneti) Pylaemenes
in *Παφλαγονία* (mit den Fluss Parthenius) zeichnete sich durch die Reiterei aus (an jenem
abergläubischer, als an der Küste), mit Leucosyri und Cappadociern zusammengestellt
die Macrones oder Sanni in den Moschischen Bergen (die geflochtene Helme trugen, wie
die Paphlagonier) beschnitten (nach Josephus). Phineus (Sohn des Belus) wurde durch
Perseus der Andromeda (Tochter seines Bruders Cepheus) beraubt. Die Moschi (Muskai)
oder Moscheni (Meschech) wurden später (nach Josephus) Cappodier genannt oder weisse
Syrer. *τὸ ἐθνικὸν ἀπὸ τῆς Τίου Τιανός, ὡς ἀπὸ τῆς Κίου Κιανός* (Steph. Byz.). *Τίος, πόλις*
Παφλαγονίας Τήιον (b. Strabo). *Τέος, πόλις Ιωνίας Γεβρηίδαι* war der Hafen von *Τεος*
(Colonie der Minyer).

**) Unter seinen erschlagenen Söhnen steht auch Orchomenos, der Gründer von
Orchomenos (der Minyaeer), wo sich also jenes im Peloponnes besagte Volk erhielt und so
seine exceptionelle Stellung in dem neu werdenden Hellas erklärt. Die Bewohner der von
Magnes (Sohn des Aeolus) colonisirten Insel Seriphus (unter den Cycladen) wurden durch
Perseus Gorgo in Stein verwandelt. Magnesia Thessalien's war die Schwesterstadt von
Orchomenus und Magnesia in Asien, wurde durch Magnes, Sohn des Argus, besiedelt.

***) Elymioten finden sich unter den Eingeborenen Macedoniern, die Stadt Elymia in
Arcadien.

4*

asien und Egypten, sondern von der Küste Phoenizien's gekommen war, gelangte eine Zeitlang zu bedeutsamer Suprematie in Böotien, konnte sich aber, von allen Seiten angegriffen, nur durch Anschluss an die Aeolier (die thessalische Modification der Pelasger in Arne) erhalten und stärkte sich dann durch den Anschluss an das auf den alten Chaldaeersitz Orchoe zurückführende Orchomenus, deren Minyaer den Namen der (südlich von den Manitae wohnenden) Minaei (mit der Hauptstadt Carna oder Carana) wiederholen, Nachbarn der (polyandrischen) Sabaeer. Auf das Hundegeschlecht der Kynesier folgt das des Wolfes (mit Lycaon) und dann (in Arctas) das des Bären. Kynäthus, Sohn des Lycaon, wurde in einen Wolf verwandelt, als Zeus seinen Bruder mit dem Blitze erschlug. Apollo hiess Kynios bei dem altathenischen Geschlecht der Kyniden. Kynosura (Nymphe des Berges Ida) wurde nach der Erziehung des Zeus (wie dessen arctische Amme auf Kreta) in den Himmel versetzt, als Polarstern (Kynosura oder Hundeschwanz) im kleinen Bär (indianischer Totem).

Von Almonia*) (Halmon) oder Minya (dem minyischen Orchomenus**) in Thessalien) ging die Gründung des auch mit den Magneten***) Magnesia's (die von Thessalien aus Magnesia in Jonien gründeten) in Beziehung gesetzte Orchomenos in Böotien aus, das auf Orchoe, den Sitz der Chaldaeer führt, wie Minyer auf die Minaeer oder Minni in Yemen, während die mit den Nabataeern verbundenen Salmanai im Westen an die Solymi anknüpfen, im Osten an den Fluss Solim und die Solien (Solimane) genannten Herrscher. Der Erzklang der mit den Eisen schmiedenden Chalybern (Alybern), von Ptolem. dagegen an die Grenzen Arabien's versetzten Chaldaeer ertönte auch (bei der Uebersetzung von χαλκος durch ahenum in den Aeneiden) im Berge Chalcodonium (b. Apollonius) des alt-thessalischen Pherae, wo Admetus chthonische Todtenculte Egyptens feierte. Chalkas bezeichnet, wie Gurdin die avarische Schlachtordnung der Ringe und χαλκον genus aciei. Vor der quadratischen war die Befestigungsart der Städte eine runde, gleich den von Cyclopen angelegten, die von Lycien nach dem Peloponnes kamen, wie metallkundige Chalkidier auf nördlicherem Wege nach Sithonia in Chalcidice. Nach der medischen Besetzung Mesopotamien's erhob sich dort die chaldäische Dynastie, und wie Chaldaeer galten später auch Städte bauende Nabathäer für Eingeborene Babylonien's†), obwohl ihre Wurzel in der kuschitischen Region liegt, die ihren geographischen Kreis von Aethiopien durch Süd-Arabien nach Indien zieht.

---

*) Poseidon zeugt mit Helle den Almops. Nach Eratosthenes ist Päon Sohn der Helle und Plinius rechnet die Almopier zu den Paeoniae gentes. Die Paeonier (in Macedonien) leiteten sich von den Teucri Troja's. Die Maeonier oder Lydier waren Bundesgenossen der Trojaner. In Attica fand sich der Demus Paionidae oder (b. Herod.) Paeonia. Nach Lycophron zog Aeneas von Almonien nach Italien.

**) Wie Φιρων mit Pharao in Beziehung gesetzt, und so Phthiotis mit Pthah (dem Eröffner). Thebas Phthias unum maritimum emporium fuisse quondam Thessalis quaestuosum et frugiferum (Livius). Von Aeneas in Orchomenos wohnend (Dion.) wurde Kaphyae (nach seinem Grossvater Kapys benannt), gegründet. Καφύαι, πόλις Ἀρκαδίας, ἀπὸ Κάπυος τοῦ πατρὸς Ἀγχίσου, ἢ ἀπὸ Κηφίως (Steph. Byz.). Die durch Aegeus aus Attika vertriebenen Kaphyenser wurden von Kepheus aufgenommen. Die arkadische Stadt Kaphyae, durch Kepheus aus Alea (Stadt der Maenalier in Arcadien) gegründet, beanspruchte athenischen Ursprung.

***) Broteas, Sohn des Tantalus, verfertigte das Bild der Göttermutter auf dem Felsen Coddinus im Lande der Magneten. Βούδεια, πόλις ἐν Μαγνησίᾳ, (τῇ κατὰ Εὐρώπην), ἀπὸ τοῦ οἰκίσαντος Βουδείου, οὕτω τιμᾶται Βούδεια, ἡ Ἀθηνᾶ ἐν Θετταλίᾳ. Ὅμηρος Βούδειον ἔφη. Ἔστι καὶ Βούδεια πόλις Φρυγίας, ἔστι καὶ Βούδειοι ἔθνος Μηδικόν (Steph. Byz.), Boudoron ein Vorgebirge bei Salanas.

†) The Chaldaeans appear to have been a branch of the great Hamite race of Akkad, which inhabited Babylonia from the earliest times (Rawlinson). Die laconische Stadt Oitylos heisst Beitolos oder Bitoulos. Raschideddin macht die Uighuren zum Stammheroen aller Türken.

Das solch früheste Cultur nach Hellas bringende Reitervolk ist später nur in den von Herakles ausgerotteten Centauren bekannt, erhält sich aber gefeiert in dem Namen des für Prometheus in seinen Tod gehenden (und diesen in der Titanomachie vertretenden) Chiron, der, von Kronos (b. Pherekydes) als Halbross gezeugt, zuerst das Menschengeschlecht zur Gerechtigkeit führt (b. Clemens) und die Figuren des Olympos (σχήματα 'Ολύμπου) lehrte, d. h. die von den Chaldaeern beobachteten Sternbilder.

Die früheste Erwähnung der Jonier findet sich auf den alt-assyrischen Inschriften, wo Cypern das Land der Jaonan (Javanen*) oder Jaonen**)) oder (in Egypten Uinim) genannt ist, (Juin im Armenischen oder Jaunojo im Aramäischen) und noch in der phönizischen Inschrift des Esarhaddon werden hellenische Königsnamen aufgezählt in Idalium oder Edial (Aegisthus oder Ekistuzi), Citium oder Kitthim (Pythagoras oder Pisuagura), Puphos oder Pappa (Ithodagon oder Itu-dagon), Soli oder Tsillu (Euryalus oder Erieli), von Aphrodisia oder Upridissa, Limenia, Amnio-Aosta, Tamissus oder Tamizi, Curium oder Kuri. Die griechischen Ansiedlungen auf Cypern werden nun durch die dortige Stadt Salamis, von Teucer (Bruder des Ajax) gegründet, mit der Insel Salamis verknüpft, die Specifität ihres ethnischen Character's würde also aus der Vorgeschichte von Salamis zu entziffern sein, und wenn sie durch die Erbauung von Soli auch auf Athen zurückgeht, so zeigte sich doch die damalige Bevölkerung Attika's***) mehr pelasgisch, als eigentlich jonisch (in späterer Auffassung), oder vielmehr in der zwischen beiden Namen auch nachher noch fortbestehenden Verwandtschaft, so dass die Bezeichnung Javanen bei den Asiaten urspünglich die Pelasger†) betroffen haben mochte und dann, als diese in der hellenischen Nationalität verschwinden, auch für die letztern fortbewahrt wurde. Wie für die Griechen selbst die Pelasger (d. h. der nicht assimilirte Rest derselben) in die fremde Masse der Barbaren††) übertrat, so bezeichnet Scylax zu seiner Zeit die Bewohner von Cypern (mit Ausnahme der feroerhin colonisirten Städte Salamis und Marium als Barbaren†††). In Achaja war Bura eine Tochter des Jon (Steph. Byz.). In Salamis und gleichfalls in Soli haben wir nun einen Anschluss an jenes vorzeitliche Völkergebilde, das (auf Salem und Islam, sowie das himyaritische Sola oder Fels) hin-

---

*) According to the Malay the word Djawi came from the Arabs, who derived it from Djawa. It is a disrespectful term, like adjam or barbarian's, (s. Marsden). Auch die Jonier suchten später ihren Namen los zu werden bis er allmählig sich eine Berühmtheit erwarb, dass man stolz war, ihn zu tragen. Er blieb zugleich an Jonien haften, wie Djavi an Djawa (Java). Den Nachkommen der Libya ist Agenor Vertreter der Adjem oder in Phoenizien umherstreifenden Fremden Belus oder die Culturvölker als herrschende. Jo verknüpft mit Inachus.

**) Die Aones (von Aon, Sohn des Poseidon), als älteste Bewohner Böotien's, zogen sich später nach Attika (als Nachkommen des Jon). Aos oder Aeas (Lakmon oder Anius) in Epirus entsprang am Berge Lacmon.

***) Die Athener, als αυτόχθονες und γηγενείς (gleich den Arcadiern und Cynuriern, nahmen Gelo gegenüber das Commando zur See in Anspruch, indem sie die älteste Nation der Griechen seien) obwohl den Lacedaemonern den Vorrang lassend.

†) Nach Herodot waren die Jonier vor Jon (Sohn des Xuthus) überhaupt Pelasger, in dem sie als aegialische Pelasger die Küste Achaja's bewohnten.

††) Die Kynurier, den Hauptstamm der peloponnesischen Ostküste nennt Herodot Jonier und (b. Homer) heisst der ganze Peloponnes 'Ιασον 'Αργος, ein gonisches Land (Curtius). Bei Ezechiel ist Javan ein Handelsstadt in Südarabien.

†††) Der wegen seiner Misshandlungen des Pandion (und Plexippus) durch die Harpyien bestrafte Finnenkönig Phineus, Sohn des Agenor (Bruder des Belus) zu Salmydessus (in Thracien) wurde von den Boreaden (der rhiphäischen Berge) von seinen Qualen befreit. Die Φιννοι (b. Tacitus) begreifen auch die Sciren oder Hirri. Ptolem. nennt neben den Finnen (und Gythonen) die Ombronen unter den Awaren. Die Milesier in Irland werden von Fenius geführt, dem Erfinder der Oghamschrift.

weisend, sich durch Solymäer und mit den Nabatäern verbundenen Salamiern des Frieden's oder Bura's Salmaner in Arabien (b. Plinius) mit mythischen Solimanen und Salomonen verknüpft oder durch die Wandlung (wie bei Zalmoxis und Zamolxis) von Sal in Sam (seinen Vater) durch das persische asman (Himmel) oder (phoenicisch) saman (s. Rawlinson) sich in Samos und Samothrace, sowie alle weiter von diesem hohen und höchsten abgeleiteten Mysterien verlieren würde.

Der mythische Heros des salaminischen Königsgeschlechte's auf Aegina (eine durch ihren Namen mit dem aus der Ferne gekommenen Athena-schilde*) verbundene Insel) trägt in seinem Titel die östliche Bezeichnung des Erdenherren, des Aeakos**), die in ihrem Wort-Elemente vielfach unter den scythisch-turanischen Nomaden wiederkehrt, und auch diejenige Erklärung die ihn aus Phthia in Thessalien herleitet (um in anderer Weise die Entstehung der myrmidonischen Eingeborenen zu erklären) würde durch den scythischen Stammbaum des (bei Aufnahme des, in Jolkos und Phthia zurückgewiesenen, Peleus bei den Centauren geborenen) Achilles denselben Zusammenhang bestätigen. Im Namen der Perseis verknüpft sich die thessalische Herkunft und die Verwandtschaft des Aeetes von Aea mit der persischen Adler-Herkunft des Ajax. Persisch ajdan oder (sanscr.) ahiban ist Schlangentödter (wie in Mexico).

Vor Ankunft der Aegina, Tochter des Flussgotte's Asopus, führte die Insel den Namen Oenone***) oder Oenopia und (wie die mehrfach bei scythischen Göttern und Heiligen aufstossende Vorsilbe Oito auf white oder αἴϑω) führt locrisches Oeneon (mit dem Tempel des Nemeischen Zeus), acarnanisches Oeniadae (ἡ παλαιὰ Οἰναία oder Αἰναία), pannonisches Oeneus, Oenotria (italischer Οἰνωτροί) und auch das (aus östlicher Verehrung des Dionysos) von Wein genannte Oenoe†) Icarien's auf Vinden und Venden, denn obwohl die spätere Schreibart die Wenden durch Οὐενέδαι oder (in Rhätien) Οὐένιοι wiedergab, so zeigt doch der etymologisch anerkannte Zusammenhang von οἶνος mit vinum, dass auch Οἰνόη (in einer nachmals beim amerikanischen Vinland wiederkehrenden Doppelbeziehung) zum Wendenland der Veneti††) oder Winili führen konnte, ohne dass freilich mit dieser unbestimmten Generalisation der Winidae oder Venedae irgend ein ethnischer Typus ausgedrückt sein würde (bis Specialuntersuchungen die einzelnen Fälle näher definiren). Pamphus besang den Linus als Οἰτόλινος (nach Pausanias), von Herakles erschlagen, mit den Klageruf αἴλινον (in Chalcis begraben).

Wie der mit dem trojanischen König Teucer (Sohn der Idäa) gleichnamige Teucer (Sohn des Telamon) auf den alten Zusammenhang der Danaer

---

*) Akrura bewahrte durch das Syamantaka-Kleinod Dwaraka vor jedem Missgeschick und sein Vater Gwaphalka wurde geholt, um Regen zu geben (nach dem Vishnu-Gurana).

**) Aëetes, König der Colchier, herrschte in Aea. Um den Mord des Absyrthus zu sühnen, musste Jason mit Medea zu Circe schiffen (auf der Insel Acaea), Schwester des Aëetes, (Sohn des Helios, mit Perseis, Tochter des Oceanus und der Tethys vermählt). Aeakos sühnte durch seine Frömmigkeit die Pest.

***) Swjatowit (mit den Ableitungssilben owih aus swjat oder Licht) wird von Helmold als Entstellung des Sanctus Vitus erklärt (vierhäuptig gebildet) und könnte auf Wit gedeutet werden, den slavischen Gott der Rache oder des Rechte's.

†) Die von Rhea in der Weissagekunst unterrichtete Oenone am Ida war die der Helena wegen verlassene Gattin des Paris oder Alexander. Der Stromgott Oiagros zeugte (mit der Nymphe Kalliope) den Orpheus, Lehrer des Linos, aus der thracischen Stadt Libethra bei Pieria.

††) Widland gilt für die Bernsteinküste. Veonodland and thaet Vitland (Wulfstan) der Vidivarier. Neben den Sclavinen werden (b. Geogr. Rav.) Vites et Chymavre aus Scythien hergeleitet. Die Juthungi oder (Sid. Ap.) Vithungi sind Alamannen. Die Juti (Jütland's) heissen Vitae (b. Beda) oder (b. Alfred) Geatas (Giotas). Filimer pervenit ad Scythiae terras, quae lingua eorum Ouln vocabantur (Jornandes).

und Dardaner führt, so verbindet sich Telamon mit den zum fernen Thule
gehörigen Telebocern*), aber schon vor ihm hatte Cychreus oder Cenchreus
(Sohn des Poseidon und der Salamis) die Insel dem ursprünglichen Schlangen-
besitz entrissen, und wie Cenchrias (Sohn der Pirene) von Artemis erschossen wurde, so erlitt Cenchris mit den übrigen Pieriden**), die sich
mit den Musen im Wettkampf***) gemessen, die Verwandlung in Elstern,
so dass in ihnen allen, wie in dem Zurücktreten des Cychreus von dem den
Uebergang zum Hellenismus vermittelnden Telamoniden das Ueberwinden
einer älteren Cultussecte durch die neuen Anschauungen allegorisirt ist.
Die Stadt Cenchreae (*Κεγχρεαί*) oder Troade war durch den Aufenthalt
Homer's berühmt und alte Bauwerke finden sich neben Cenchreae im Argiver-
lande. Der (nach Plinius) heilige Fluss Belus oder Pagida (in Palestina)
entsprang dem See Cendevia und auch die Cenomani in Mans oder cisalpinischen Gonomanoi (b. Polybius), sowie brittische Cenimagni und alle-
manische Kemonoi oder Cenni (Senones) mögen (bei cilicischen†) Cennati)
für gallische und galatische Beziehungen in Erklärung der assyrischen
Herakles San und Sandon zu beachten sein (neben stierstechenden Centauren
taurischer Mischung). Der directe Einfluss Assyrien's erstreckte sich bis
Athen, die eigentlich Asty oder (bei den Samaritanern) Astun (als Wiedergabe von Athenia und Assyria).

Einen ähnlichen Inselknoten, wie Creta, bildet Euboea††), indem auch
hier die von den umliegenden Küsten zuströmenden Einflüsse sich kreuzten
und nach Schöpfung neuer Einheiten auf das nahe liegende Festland von
Hellas, das erst durch ein Erdbeben abgetrennt sein sollte, überströmten.
Zwischen der vorgefundenen Grundlage von Abanten†††) und Dryopen auf
der Abantis (Hellopia) oder Oche, dann (nach der Geburt des für Egypten
bestimmten Epaphus durch Jo, als Repräsentant schweifender Scythen)
Euboea genannten Insel, erhoben sich durch fremde Colonisten die Städte
Chalcis*†) (*Χαλκις*), oder (Stymphalos) *Ἁλικαρνα* (nach Steph. Byz.) und

---

*) Auch die Teleboeer oder Taphier, durch Amphitryon besiegt, werden von der
spätern Geschichte ausgemerzt, und so hat Telamon mit Periböa (Enkelin des Pelops) keine
directe Nachkommenschaft, sondern steht auf dem Gebiete des Herakles (des Repräsentanten
der neuen Zeit im eigentlichen Hellenismus dorischer Heracliden) wird Ajax geboren, der
(b. Apollodor) durch die Erscheinung des Adler (Aetos) auf orientalische Mythen deutet,
wie sie in den Stammbaum der Achaemeniden und in Segestae bei dem durch den Simarg
erzogenen Sal (Sohn des Sam) spielen.

**) Salmoneus, Bruder des (der Gorgophone vermählten) Perieres (Sohn des Aeolus)
der sich (von Thessalien nach Elis gewandert) dem Zeus gleich stellen wollte, wurde von
diesem erschlagen.

***) Unter den durch Cilix von Agenor stammenden Ciliciern oder Hypachaei (die
sich frei in Amanus erhielten) wurde Soli von Rhodiern und Achaeern colonisirt.

†) Pierus, König der Pieres, herrschte in Emathia (in Pieria). Cicrium (Arne in
Thessalien) heisst Pierium. Mit dem Cultus des Orpheus wurden alle Berge und heiligen
Plätze Pierien's nach Böotien versetzt,

††) *Αἰδηψος, πόλις Εὐβοίας* (Steph. Byz.), *οἱ γὰρ Εὐβοεῖς σιδηρουργαὶ καὶ χαλκεῖς
ἄριστοι. Ἐπαφρόδιτος δέ μαρτυρεῖ ἐκεῖ γαλκὸν πρῶτον εὑρεθῆναι „καὶ πρῶτοι γαλκὸν ἐκεῖ
ἐπέλυσαντο οἱ Κούρητις οἱ μετὰ Διος ἐλθόντες, οὓς φύλακας τῆς νήσου καὶ τοῦ ἱεροῦ τῆς
Ῥίας κατέλιπεν, ἀφ' οὗ οἱ Χαλκιδεῖς ὠνομάσθησαν.“*

†††) Wurde der Name später in allgemeinen Generalisationen verwandt so liesse sich
der Uebergang zu den Alanen denken, wie der Fluss Abus in caucasischen Iberien sich
in Alazon oder Alason verändert, und könnten auch die Sklavenhändler der Abasci oder
Abasgi den in den friedlichen Abii geehrten Namen schänden. Den Ab-Asken (Abasgen)
könnten die Pel-asgen gegenüberstehen. Mit *γῆ Ἀπία* (apas oder Wasser und *ἄγα* oder
aqua) vergleicht Pott Morea von slaw. mone (mane) oder Wasserland (wie Kamphuxa).
Ἄσιοι ἐπι Σκυθαις εἴρη Ὀργαμὲ λαῶν: βασιλεὺς, ἄγων λαῶν Ὀργαμιος, βασιλεὺς ἡγεμών. Im
Russischen heisst Chuda schlecht (oder travestirte Kuda) und Xoroscha (im Anschluss an
Chor oder Sonne) gut. Der von Rudra geblendete Baga ist Bog.

*†) In dem amphichyonischen Vertrage zwischen Eretria und Euboea wurde bestimmt,
dass im Kampfe keine ferntreffenden Waffen gebraucht würden. Die Chalcidenses und

Eretria (*Εϱέτϱια*), zwischen denen noch bis späte Zeiten eine Rivalität fort-
bestand. Das attische Volksfest *τα Χαλκεῖα* (*Ἀϑηναια* oder Pandemon)
beschränkte sich später auf die Handwerker. Eretria soll durch den Triphylier
Macistus aus Elis colonisirt sein, mag sich aber zugleich an die überall
mit Erythrus*), Sohn des Rhadamanthus oder Dharmaraja in Beziehung
gesetzten Städte des auf das rothe Meer führenden Namen's Erytheia**)
angeschlossen, und so auf die Elymaei in Elam oder Susiana geführt haben,
deren versprengte Spuren sich im arcadischen Elymia und den Elymi Sicilien's
finden. Die Nähe Indien's erklärt an dortige anklingende Titel, die sich
auch in babylonischen Königen des XVII. und XVI. Jahrhdt. wiederholen,
z. B. in Purna-puriya, der (1600 a. d.) in Senkereh (Larsa oder Ellasar)
oder (nach Berosus) *Λαϱάχων* residirte, wie der assyrische König Teutamus
(nach Apollod.) im (pelasgischen) Larissa. Chalkis auf Euboea war durch
Pandorus (Sohn des Erechtheus, erbaut, dessen Namen auf Orchoë und
Erech (Edessa) führt mit den Ruinen von Warka oder von Mugheir identificirt, während spätere Ansiedler durch den Jonier Kothus herbeigeführt
wurden, und 1050 a. d.) die Gründung Cumae's oder Cromae's in Italien
von Chalkis in Euboea ihren Ausgang nahm. Euboeische Colonisten liessen
sich dann wieder am Vorgebirgo Sithonia (Solomon oder Kholomon) nieder,
und am Fuss des Berge's *Χαλκωδόνιον***) (b. Apollon.) erhob sich die
mächtige Pherae†) (*Φέϱαι*), wo im chthonischen Dienst egyptischer Todten-
bräuche für Admetus Herakles in die Unterwelt stieg, um Alceste zu er-
lösen. *Χαλα* ist (b. Isid. Char.) Hauptstadt von Chalconitis in Assyrien,

---

Eretrienses gebrauchten häufig ϱ statt σ (Suidas). *Ἀλκάϱνα* war der alte Name von Chalcis
oder Stymphalus (auf Euboea). Ismene, Schwester der Chalcis, Tochter der Metope (im
arcadischen Stymphale verehrt) gebar dem Argus den Jasus, Vater den Jo.

*) H. Müller findet Erytheia (Ruithina oder rothe Insel) in der Insel Thanet
(*Θάνατος νῆσος*). Auf der Insel des erythräischen Meeres stand das Grabmal des König's
Erythras. Durch rudhiram (sanguis) oder rahitas (Sanscr.) führt *ἐϱυϑϱός* (ruber und riodr)
auf Agni, als Rohitaswas (mit rothen Rossen). Rudras (Siwas) wird als Thränengott
(Thränenvertreiber) erklärt. Bei dem verwandtschaftlichen Verhältniss von rutilus zu
ἐϱυϑϱός (s. Curtius) erklären sich die (rothen) Phoinices des erythräischen-Meeres als die
Rutennu. Die Rudras sind durch Sarupa (Tochter des Dakscha Prajapati, Schwiegervater
des Dharma oder Yama) dem Bhuta geboren. Von Dharma (im Mondgeschlecht des Yadu)
stammte Haihaya, Dharmamitra oder Raibhya war Sohn des Raudra, König's von Antarbeda oder Pratischthana. Yamadagni, Vater des Paranirama, ist Enkel des Bhrigu (Sohn
des Brama). Von Sangkata oder Steinhauer (Enkel des Dharma) stammte Kikata, Göttin
der Festungen. Von den *Ἐϱυϑϱαῖοι* am *ϑάλασσα ἐϱυϑϱά* hatten Himjasiten und Edomiter
(sowie Phoenizier) ihren Namen von der rothen Hautfarbe, gleich den Hyksos mit ihrem
Gotte Typhon oder Seth. Im Gesetz des Rhadamanthys, das bei Beleidigungen Rache
erlaubte, fand Herakles seine Entschuldigung für den Mord des Linus (s. Apollodor).

**) In Indien zieht Dharmasoka umher, Städte gründend. Asoka ist der Trauerlose
mit dem Princip des trauervoll düsteren im materiellen Tama (oder Dhamna) verbunden.
In das Haus des Athamas, der mit Themisto (Tochter des Lapithenkönig's Hypsilus) den
Erythrius zeugt, beschwört Here (b. Ovid) die Furie Tisiphone aus der Unterwelt herauf.
Als der Drache Pytho Delphi bewachte, ertheilte Themis (Tochter des Chronos) Orakel.
Dä (*Δᾶ*) ist in dorischer Mundart Erde (*Δάματιϱ*, Mutter Erde) und wie Isis die Wägerin
(von *ἴσος*, so erklärt H. Müller Tama als Theilerin (v. *τέμνω*). Themis ist Tmei, die
egyptische Göttin der Gerechtigkeit (Thummin im Hebr.). Rhadamanthus in Dharmaraja
wiederholt den unterweltlichen Mantus (und Manto, Mutter des Mopsus) in Yama. Durch
Anschluss an *μεν*, *μαν* bringt Lottner *Μοῦσα* (aus *Μονσα*) mit *μόντις* (*μαντια*) in Verbindung.
G. Curtius stellt *μανϑάνω* zu derselben Wurzel während es von Kuhn mit Pramanthas oder
Προμηϑεύς (*μόϑος* und math.) zusammengebracht wird. *Μνου* steht (in W. *μυ*) neben
μνστήϱιον (s. Curtius). Homer kennt den thracischen Sänger Thamyris.

***) Wurzel *ἀλϑ* gilt als Correlat des sktr. rdh (ardh), und Christ stellt *ἀλϑίσϑαι* zu
salvus, sels (goth.), *αὐλὲ*, snell. Im Stamm *αλϑ*, (*ἀλϑαίνω*, fördern) heisst Zeus *Ἀλϑήμιος*.

†) Paphlagon, Sohn des Phineus, heisst ein Aegypter und die Paphlagonen werden
ein Volk aegyptischer Abkunft genannt (Const. Porphyr). Nach Euripides ist Phineus
Sohn des aegyptischen König's Belus.

und an Orchoe, (nebst Borsippa) der Hauptsitz der Chaldäer (*Χαλδαῖοι*) oder (auf den Inschriften von Khorsabad) Kaldi schloss sich der in Thessalien, Böotien und Arcadien gefeierte Name Orchomenos*), der berühmteste der Städte aus dem vorhellenischen Alterthum. Die Gründung des noch in halbgeschichtliche Zeiten hineinreichenden Orchomenus**) von Böotien schloss sich an das ältere Orchomenos***), Gründung des Orchomenos oder des Menes aus Ur (Orchoe) von Thessalien, früher Minyeia genannt, auch die Stadt Almon, nach Andern Salmon (Plinius) oder Orchomenus Minyeius, das *Μινύα*, *πόλις Θετταλίας*, *ἡ πρότερον Ἀλμωνά* bei Steph. Byz. Da *Μιννάς*†) auf *Μιλνάς* (non diversi sunt, nach Meineke, hinc *Αἔλεγες καὶ Μινύαι* conjunguntur apud Plut.) führt Salmoner (Almoner) zugleich auf Solymer††), so schliesst sich durch die Salmanoi der Nabataeer, als Chaldaeer oder Babylonier die Kette im rücklaufenden Kreisring. *Ἀλμων*, *πόλις Βοιωτίας καὶ Σόλμον αὐτήν φησιν.* Vor dem auf Eteocles, der mit dem Aetolier Athamas (Adoptivvater der Enkel des Sisyphus) das Reich theilte, folgendem Halmus oder Almus, Vater der Chryse†††) (Mutter des Phlegyas) und

---

*) Die *Μινύαι* (in Wurzel mit *μινύω* und minus vergleichbar), stehen als „Kleine" neben den Magneten, deren von Cretheus im thessalischen Magnesia gegründete Stadt *Ἰωλκός* (*Ἰαωλκός*) oder *Ἰαλκός* sie besiedelte. Die arabischen Minäer, *μέγα ἔθνος* (b. Ptolem.), sind (nach Fresnel) aus Yemen entstellt. Die assyrische Gottheit Asshur (Khaldi der Armenier) heisst (bei den Babyloniern) Il oder Ra, mit Sur oder König (in den Inschriften) verbunden.

**) Als die Pest in Aonien zu sühnen, die Jungfrauen Menippe und Metioche (Töchter des von Artemis getödteten Orion) sich dem Tode geweiht hatten, wurde ihnen (als Kometen) zu Orchomenos ein Heiligthum errichtet, wo sie Koroniden (Töchter des Orion oder Quirinus) hiessen (s. Pidarit).

***) Eteocles führte zuerst den Dienst der (später nackt dargestellten) Charitinnen (in der Wurzel *χαρ* mit gratiae und Herentatis, der oskischen Venus, zusammenhängend) ein, die im Gefolge des Apollo erscheinen, und Krishna, als Haris, entspricht dem Apollo flavus. Homer kennt nur eine Charis, dem Hephästos vermählt. L. Meyer findet in den Veden das sanscrit haritas, Benennung der Sonnenrosse in den Vedas. Der Sohn des die schwebende Luftstadt bewohnenden Haristchandras heisst Rohitaçwa, als Besitzer rother Pferde, der indische Heri entspricht als Krischna der Aphrodite und ihren Charitinnen. Haritschaidanam gehört zu den blühenden Paradiesbäumen im Himmel sinnlicher Seeligkeit, unter dem Apsarasas und Gandhawas ihre Tänze aufführen. Der indische König Satjawrata wurde aus der Fluth gerettet und Saturnus ist (in bochm. Glossen) mit Sitiwrat übersetzt. Mit Kadmos nach der Küste Libyen's verschlagen, wurde Harmonia als *Χάρις* dem libyschen Fürsten vermählt. Die Götter von Zakynthos sind grösstentheils Götter der Jugend, die die Kraft und Anmuth der Epheben erhalten und die zeneadische Gottgefälligkeit in der Charis des Sieg's hervortreten lassen, wie beim Jamiden Agesias (Klausen); *πρώτοις περὶ διωδέκατον δρόμον Ἑλιννόντεσσι ποτιστάζει Χάρις εὐκλέα μορφάν.* Der dem Gründer von Zakyuth verwandte Dardanide Acneas setzt das Opfer an Aphrodite und Wettspiele ein, als er durch widrige Winde verhindert ist.

†) Das Königreich der Minei (Meni) wird neben dem von Ararat (Armenien) und Askenaz oder (nach den Juden) Deutschen gegen Babylon aufgeboten.

††) Sisyphus (Grossvater des die Chimaera in Lycien nebst den Solymi bekämpfenden Bellerophon) gründete dort, wo nach Eumelus die Götter Poseidon und Helios gestritten, die Stadt Ephyra oder Corinth. König Aïdoneus herrschte in Cichyrus, Hauptstadt thesprotischer Ephyner. Die (mit den Gyrtenien verbundenen) Crannonii von Cranon oder Crannon in Pelasgiotis (in Thessalien) heissen Ephyri (bei Homer). Cranii in Cephellenia wurde von Corinth aus bekämpft. Salmoneus, Bruder des Sisyphus baute Salmone. *Σόλωμα*, *πόλις Ασσυρίων*, *μετα τὴν ἅλωσιν τοῦ ναοῦ τοῦ ἐν Ἱερυσολόμοις κτισθεῖσα* (Steph. Byz.). Während die Diobessi (oder Bessi) in Thracien das Orakel des Dionysos verwalten, findet sich als Vertreter Arabien's in aegyptischen Inschriften (b. Brugsch) eine dem Dusares vergleichbare Gottheit Bes. Dusares (Ab-and oder Vater der Zeit) oder Dhu-sair (dominus ignis oder Dionysos) wurde als viereckige Säule in der Edomiterstadt Sela verehrt (Zoega). Antoninus Martyr deutet lingua bessa von den sinaitischen Dialect (s. Tuch). Dhusares wurde von den Nabatäern als Dionysos verehrt (Levy). Dhuscu sind gallische Dämone, Dhussara das Fest des Ganges.

†††) Zeus Chrysaor wird bei den Kariern verehrt. Aus dem Mannweib Ulom wird (bei Mochus) der erste Eröffner Chusorus geboren. Von *Κισσάρη* (Verbindung) und *Ἀσσωρος* (das Geordnete) folgt Chusantis (Harmonia) und Chusoros (der Weltordner der Demiurg (b. Movers).

58

der Chrysogenia (deren Sohn Chryses den Minyas zeugte, Vater des
Orchomenus), war das böotische Orchomenos von dem (vom Flussgott Peneus
stammenden) Andreus (Vater des Eteocles) Andreis*) benannt und Andros,
die grösste der Delos umgebenden Kykladen**) (aus denen Minos die
Karier vertrieb) war von Andreus besiedelt (Feldherr des Rhadamanthus)***)
und dem Sohne Andrus. Andriaca (Andriaca civitas) war eine Stadt in
Lycien (Hafen Myra's) und aus Lycien (der Heimath der Solymäer oder
Milyer) sandte Jobates die Kyklopen die die Mauern Tiryns aufführten.
Nach Welcker sind Kyklopen sammt den Phäaken bei den Inseln†) der
Seeligen zu suchen. Die Insel Andros oder Edros lag an der Küste von
Wales und auf graue Vorzeiten des unter den Hectenern Böotien's herr-
schenden Ogyges führte Edrei ('Αδροά) zurück, im Königreiche des Og
von Bashan.

---

*) Athen ('Αθήναι) hiess auch Orchomenos (s. Steph. Byz.). Vor Ankunft der Athener
wurde das orchomenische Chaironeia (in Böotien) Άρνη τὸ ἀρχαῖον genannt.
**) Die Tiryns bauenden Cyclopen kamen aus Lycien und Cyclopenwerke bezeugen
die Lage von Caunus, der Hauptstadt der Caunier auf der Grenze von Karien und Lycien.
Das auch in Italien die (von Pelasgern erbauten) Bergfesten (die Aborigines) bewohnende
Volk zeigt überall die altе Ausdauer des Semitismus, in den Belagerungen von Isaura
(der den Pisidiern oder Solymi und Ciliciern verwandten Isaurier), von Xanthus der Lycier
oder Solymer (Milyer), von Tyrus der Phoenizier, Jerusalem der Hebräer, Numantia der
Pelendonen, mit den Arevaken (zu den Celtiberen gehörig, als in Iberern mit Celten
gemischt). In Indien sind die Burgbauer die Kikata aus Kikatdesa, die Burg-Göttin Kikata,
Tochter des Sangkata (Enkel Dharma's) verehrend. In Κικύλω ist (nach Curtius) ι durch
υ ersetzt, wie sonst υ durch ι. Die Cyclopen stammten dann aus dem Lande (Apia) der
Kikol Κίκλωσις, genus aciei. Als der böotische König Ὠγυγος oder (b. Euseb) Ὠγύγης
(Stammherr der Hectener) sich aus der Fluth gerettet, gründete er Eleusis in Attika.
Mit Kekrops begann (nach 89 p. d.) die Reihe der attischen Könige (nach Syncellus).
Aegypten hiess Ogygia (nach Eust.) bei Hellanikos und Ogyges 1020 Jahr vor den Anfang
der Olympiadenrechnung gesetzt (1796 a. d.). Die Lycier heissen (nach Steph Byz.) Ὠγύγιοι
(von König Ogygus). Όλμοι, Stadt in Phrygien, in Cilicien Holmones oder Halmones (am
Copais See) von Holmos (Sohn des Sisyphus) gegründet. Da der Orcus die Hand des
Meineidigen verlangte (wie in der bocca della verità zu Rom), so verlor Tyr die seinige
im Munde des Fenris (s. Grimm).
***) Kuhn erklärt 'Ραδάμανθυς (aeol Βραδάμανθυς) als Stabschüttler, Gertenschwinger
(aus skt. manth, schütteln). Durch Gleichsetzung von β in bh vermittelt sich die Wurzel
βριμ zum skt. bhram-Jamas als Todtenbeherrscher heisst Kritantas (oder Antakas) und
Kritja gilt als Beiname der in Zauberwerken angerufenen Bhawani, Kriti ist Sohn des
Nabbus, Kriti oder Kirta stammt im Seitenzweig der Kasi-Familie von Jaya, Karta oder
Kriti von Sunnwati oder Sannatiman, und Sangkriti (als Satkriti, Sohn des Jayasena) durch
Nara von Hitathu, König von Antarbeda. Satjakis (Daiukas oder Sainejas) ist Wagen-
lenker des Krishna (Hari) und die Chariten, deren Cultus Eteocles stiftete, führen (nach
L. Meyer) auf die Haritas genannten Sonnenrosse der Veden. Auf frühere Zeiten eines
Satja oder Kritajugam geben die Eteo-kreten zurück, aber während die Kreten Lügner
heissen, fällt Brahmaloka (in Krijajogasaras) mit Satjaloкas, der (Wahrheitswelt) zusammen.
Im skt. Particip sat (sant) tritt schon die Bedeutung wahr, echt hervor, satja-s ist davon
abgeleitet, gr. ἐτεό-ς (s. G. Curtius). Rhadamanthes ist Beherrscher (Raja des Amenthes,
egypt. Todtenreichs). Die Rhadamanen, die von Minos vertriebenen Thalassokraten Kreta's
lassen sich (nach Nonnus) am arabischen Busen nieder, um Dionysos Schiffe für seinen
indischen Feldzug zu bauen.
†) Die Cycladen waren früher von den Kariern besetzt, Kukshi, Sohn des Ishwaku,
herrschte in Ajuthia, Siva hiess Kokanajakas (Herr der Wölfe). Psammetichus nahm
Carier in Sold, mit Helmbüschen geschmückt, weil der aegypt. König Temanthes durch ein
Orakel vor Hähnen gewarnt war (s. Polyaenus), dem Wappen der Gallier. Unter den Sogdii
(im benachbarten Sogdiana), die früher in ihren Gebräuchen den Bactriern geglichen
hätten, zählt Ptolemäos auf die Pasicae (in den Montes Oxii), den Oxydrancae, Drybactaer,
und die von Wilson mit den Kiratas (Indien's), den Takurs, Gandhoras, Madras, Khwaresmi
identificirten Cirrodes, Thacori, Gandari, Mardyene, Chorasmii. Panda war (nach Plinius)
Hauptstadt der Sogdianer und Zariaspe oder Baktrum oder Baktrer (des Zoroaster). Die
Anariaker stehen (b. Plinius) unter den am caspischen Meer wohnenden Volksstämmen,
wogegen die Ariaker zu den Scythen (Saken oder Aramier) gerechnet werden. Sauromaten
stehen am Don (nach Diodor). Herodot setzt die Massageten, die für Scythen gehalten
wurden, jenseits des Araxes, (zur Zeit des Cyrus) von dem Könige Tomyris beherrscht.

Bald nach der egyptischen Einwanderung des Kekrops*) (oder doch den dadurch verbildlichten Beziehungen mit Egypten), scheint die Verfolgung des alten Gottesdienst's durch Amenhotep IV. Statt gehabt zu haben, die Anlass gab zur Flucht der Isis nach Buto, damit diese Göttin in ihrer beweglichen Stadt (die auch hinterindischen Legenden bekannt ist) Horus (Apollo) und Bubastis**) (Artemis) vor den Verfolgungen des Typhon sichere. Die chemmitische Insel bei Buto (mit dem Tempel des Horus) wurde schwimmend gedacht, wie Delos (das Latona aufnahm). Als unter den Unruhen nach dem Tode Amenhotep's IV. der alte Cultus wiederhergestellt wurde, erhob man das deshalb hochgefeierte Kind Horus oder Har-em-hebi (als letzten Sproß aus Amenhotep III. Stamm) auf den Thron. Hiermit gleichzeitig sind nun die in Athen ausbrechenden Wirren, unter denen Pandion nach Megara flieht und dort von seinem Sohn Nisus gefolgt wird, dessen (auch dem König der Taphier zukommende) Goldhaar ebenso isolirt ist, wie das einzeln auf Buddha's Haupte emporstehende. Geläutert von der Sinnenlust, worin ihn der Gesang der Sirenen verstrickte, gelangt der Argonaute Butes (Sohn des Pandion) nach Libybaeum, dem Libyen am nächsten (und deshalb auch am leichtesten von den aus Egypten verbreiteten Mysteriendienst erreichten) Vorgebirge Sicilien's. Nachdem er sich dann mit seines Bruder's Erechtheus Tochter Chthonia vermählt, (die in ihrem Namen Beziehungen zum chemmitischen oder chamitischen. Erdorakel andeutet), gründet er das erbliche Priestergeschlecht der (unter Schirmen einherziehenden) Buteaden, unter Verbindung des einheimischen Dienst der Athene mit dem aus Westen herbeigeführten des Poseidon. In Isis, als Weltenmutter (Muth oder Mauth), wird Βουτώ wiedergefunden und Artemis, als Pasht, heißt Βούβαστις. In Boutos fanden sich die Gräber des Osiris und der Isis und (nach Hesychius) nannten die Egypter Plätze, wo Todte begraben wurden, Βουτοί. Die anfängliche Feindlichkeit des thracischen Dionysoskult***) gegen den Dienst der egyptischen Gottheiten zeigt sich in der Bestrafung des Butes (Sohn des Boreas) auf Naxos, (wo später noch Theseus zur Sühne für die geraubten Frauen Ariadne zurücklassen musste); dann aber scheint eine Vereinbarung eingetreten zu sein, und die als Nisa nach des Osiris Geburtsort benannte Gründung des Nisus wurde damit auf die einheimische Gestalt des neugeborenen Gottes (im dionysischen Nisa des Meru) übertragen, wie auch von dem durch Megareus (Sohn des Poseidon) benannten Megara aus die dort erfundene Komödie der Dionysien durch Susarion nach Attika eingeführt wurde. Als Amasis die Minolithen des älteren Butos in den Tempeln von Sais nachgeahmt hatte, wurde die Herkunft des Kekrops an die jüngere Stadt geknüpft. Wie einerseits (nach Hecatäus) die Boreaden in Brittannien, als Priesterkaste des Phoibos fungirten, so mag auch die Kenntniss des syrischen Todesgottes Muth (Sohn der Astarte und des Kronos) durch Asien verbreitet sein, und sich in der Wiedergeburt der Mysterien in den immer neu aufstehenden Gestalten der Buddhen verwandelt haben. Die dialectische Wandlung von M in B ist auch bei den Indochinesen eine sehr geläufige. Die Gründung des assyrischen Reiches wird in das Jahr 1314 a. d. gesetzt und wenn dem Bericht des

---

*) Bubastis, die Löwenköpfige Göttin, (durch die Katze symbolisirt) wird von Löwen begleitet, wie Cybele (und Singha-muni, der nach der Herstammung Sakya-muni heisst).
**) Orpheum poetam docet Aristoteles nunquam fuisse et Orphicum carmen. Pythago rei ferunt eijusdem fuisse Cercopis (Cicero). Kern erklärt Cecrops als Kasyapa (Kakyapa) und Apia, als Land, führt auf die Entstehung aus dem Wasser zurück, wie Kamphusa (Ka-abu-ja, wenn rup für b steht, wie im Neugriechischen).
***) Dionysos, der Besieger der Indier, kommt mit Demeter nach Attika, als dort Pandion herrscht, Vater des Erechtheus und Butes. Der Thracier Eumolpus, Enkel des Boreas, führte die eleusinischen Mysterien in Attika ein.

Ctesias von der Semiramis Feldzuge gegen Stratobatis ein historischer Kern zu Grunde liegt, so ergeben sich indische Beziehungen, wie auch durch die Kabul bewohnenden Vasallen Assyrien's. Auf seinem Wege fand Pelops die Hülfe, um bei Olympia eine Herrschaft zu gründen und die Suprematie der Achaeer in Lacedämon und Argos zur Geltung zu bringen (von wo aus Agamemnon den Rachezug*) gegen Troja leitete). Als diese Städte bei dem Einfall der Dorier verloren gingen, warfen sich die vertriebenen Achäer unter Tisamenus, Sohn des Orestes, auf die Jonier der Küste, die zu ihren Verwandten in Attika hinübergedrängt wurden. Dort bildete sich dann aus Hass gegen die (vom Halbbruder Achäus stammenden) Achaeer die Sage von der göttlichen Herkunft des Jon, und bei dem damals gerade emporsteigenden Glanz der dieselben Feinde bekämpfenden Dorier und ihres Kultus, wurde Apollo in Delphi zum Vater gewählt (in einem gewissen Gegensatz zum Hyperion, Vater des Helios). Als nun Neleus und Androclus (1044 a. d.) die jonischen Colonien aus Attika nach dem neuen Jonien führte, verbreitete sich der durch die Mythen verherrlichte Name der Jonier, mit allen Reizen der Bildung und edlen Kunstsinn's geschmückt, rasch durch die Länder Asien's, um dort eine Stelle in den Genealogien zu gewinnen, als Repräsentant der westlichen Völker. Dem handeltreibenden Character der kleinasiatischen Jonier**) gemäss, trat er vorwiegend unter dem Bilde eines fremden und besonders umherschweifenden Volkes auf, wie es sich die Indier in ihren Javanen von den Arabern und anderen Seefahrern benachbarter Küsten oder Land-Nomaden entwerfen, während der Name ursprünglich in Europa mehr dem Eingeborenen anklebt, mit Japyden und Japygen in gleicher Linie stehend und auf Japetos, den Alten, zurückführend. In Kleinasien hatten sich die Jonier, nach Besiegung, der Mäonier und Carier, mit den eingeborenen Frauen vermählt, und sie traten so als Erben des Namen's und Ruhme's der auch dort ansässigen Pelasger auf, die (nach Menecrates) vor den Griechen die ganze Küste Jonien's bewohnt hatten.

Das Riesengebirge (τὸ Ἀσκιβούργιον ὄρος oder τὰ Οὐανδαλικὰ ὄρη) heisst (bei den Böhmen) Kerkonosze***) (Krkonosko hory). Herkules verliert seine Stuten auf dem Rückweg von Geryon, bis er mit Echidna den Scythes

---

*) Eine ähnliche Genugthuung suchten die Argonauten für die durch die (zum Geschlecht des Kadmus gehörige) Ino verfolgte Helle oder Hele, Tochter der (an nordische Wolkengestalten der Nebelungen in Niflheim anschliessenden) Nephele.

**) Im Twrch Trwyth (Arthur's Elephantenjagd) heisst der König von Frankreich ein Jona. Von Javan werden die Volkerschaften Eliso, Tharsis, Chittim und Dodanim abgeleitet.

***) Die Gallier verehrten Kernunos. Ker ist Tochter der Nacht (b. Hesiod). Kermian oder Germijan bildet jetzt das Liwa Kjuluhia in Kleinasien. Wegen der warmen Lage heisst das Gebiet der Stadt Mianeh (in Ghilan) Germrud (Warmfluss). Ceridwen war Göttin des Tode's und der Lebenserneuerung (bei den Britten), der Zeltplatz Gertope bildet den Markt für das westliche Tibet. Von Ceryx, Sohn der Aglaurus (Tochter des Cecrops) stammten die eleusinischen Priester. Uckan war zu Temudschin's Zeit Einer der Hezareh (aus dem tatarischen Dschelaur an der Grenze German's. Byzas, Tochter der Ceroëssa (Tochter der Jo) gründete Byzanz. Auf Corcyra Korfu) oder (b. Apollod.) Cercyra gebar Cercyra den Phaeax (oder Phaeaken). Ἐραί an der Küste Jonien's (zwischen Lebedos und Teos) hiess Γέραι. Gerasus oder Grimia floss in Dacien, Gerondrus ist Stadt auf Cypern, Geraeus Vorgebirge Euboea's (mit dem Tempel des Poseidon). Ger ist Fremdling im Hebr. (Dozy.). Γέρμαρα, Κελτικῆς ἔθνος, ὃ τὴν ἦ μίραν οὐ βλέπει, ὡς Ἀριστοτέλης, τοὺς δὲ Δωτοφάγους, καθεύδειν ἐξάμηνον (Steph. Byz.). Τοὺς μὲν νῦν ὑφ' Ἑλλήνων Γαλάτας καλουμένους, Γομάρεις δὲ λεγομένους Γομάρας ἔκτισε (Joseph). Γομάρος ist der Name Gomer (b. Mos.) und scheint (Orph. Arg.) zu Κιμμέριοι verglichen, die man sich einst im dunkeln Nordwest dachte (Zeuss). Die jüdische Tradition erklärt Gomer für Cimmerier (s. Knobel). Neben Jerma (Germa) im Sakarija (bei Hammam Aida) auf dem galatischen Hochland (Kleinasien's) liegt der Raum der römischen Festung Germesch-Kaleh. Der Kirmis-Tschai

(Agatbyrses und Gelones) zeugt. Theseus überwand den ringenden Räuber Cercyon (b. Eleusis), dessen Enkel Hippothous durch eine Stute ernährt wurde. Unter den Heliaden trat Ochimus seinem Bruder Cercaphus die Herrschaft über Rhodus ab. Die Cercuri genannten Bote waren (nach Suidas) von den Corcyraeern erfunden oder (nach Plinius) von den Cypriern, noch zu Antiochus Zeit (nach Livius) im Gebrauch. Das von den Nachkommen der alten Teucrer (nach Her.) bewohnte Γεργις am Scamander, das (zu Xenophon's Zeit) zu den Städten der dardanischen Fürsten in Mania gehörte, war Geburtsort der Sibylle. Plinius leitet Gerunda (Stadt der Ausetaner) oder Lenimia von Gerijon. Gerion vocabulo prisco a Gera derivatur, quod est advena, ut Hieronymus interpretatur, dictus est autem Gerias a vocabulo Aphro et proprie Hebraeo Gera id est advena, quod teste Beroso ex Mauritania Hispaniam invasit atque advenit. Fuit autem illi cognomentum Aramce Deabo, Graece Chrysco, Latine Aureo (Annius). Huic praecipuum studium fuit greges et armamenta atque jumenta inducere. Hujuscemodi studium Aramaei Thara coam vocant, id est pastorum congregationem, ut tam Hierony nus quam Talmudistae exponunt. Hinc Tubali Tharaconem murus indidit cognomentum, a quo non dubium est Thara coam dictam.

fliesst in den Sangarios oder Sakarya. Ghermaslii oder Kirmaslû (Kirmasti, Hiera Germa) liegt bei Brussa. Der Germeilu-Su oder Lykos fliesst in den Iris in der Themiscyra-Ebene. Germeri liegt am Lykos, Germerikosun, Chanzûr-Su, als Zufluss des Halys. Bei den Kämpfen in Charizin zog sich der ghoridische Statthalter Serachs (Melik Dinar) vor Sultan Shah nach German zurück 1186 p. d. Auf der Münze von Gergis findet sich die Sphynx Cercurus navis est, Asiana praegrandis (Nonn.). Beim Cap Crommyon auf Cypern lagen die Städte Κιφβαια und Soli, im Innern Aipeia, Limenia, (Carpasia, Cerynion u. s. w.) Die Stadt Gerasa oder Galasa in Coelesyrien wird (s. Joseph.) neben Pella und Scythopolis erwähnt. Gerar (n. Gen.) ist Stadt der Philister. Die Cercopen Lydien's bewohnten die pithecusischen Inseln. Berg Geraneia in Megarien. Cerberus war Sohn des Typhon und der Echidna. Der Kerasakat fliesst in den Euphrat, Keratha ist Dorf in Trachonitis in Syrien, Keraulis gehört zu Aegypten. Kirsheh oder Ker-Shehr (Kûr-Sher oder Feldstadt) liegt am Uebergangspunkt des Halys. Unter den von den (indogermanischen) Stamm der Hakas (Kionkuren) stammenden Kirgisen (türkischer Sprache) bezeichnen sich die Buraten als Kirgis. Bei Hermel oder Motawileh finden sich unerklärte Felsensculpturen. Germa (Jerma) liegt am Sakarija (b. Ancyra) neben Germesh-Kaleh. In dem mit γιρανος oder Kranich (ags. cran) zusammenhängenden Worten liegt der Inbegriff der Maschinerie (Curtius). Bopp verglich (mhd.) crane zu γέρων. Mit der schlangenleibigen Echidna (in Arima hausend) zeugt (b. Hesiod) Typhon den Orthros, Wachthund des Geryon, und den Kerberos, Ai's Hund (als Kimmerier dreiköpfig gleich slawischen Götzen, während Echidna dem Herakles den Scythes (Her.) gebärt. Nach Eustathius sind die Kimmerier (b. Homer) die nomadischen Skythen (οἱ Σκύθαι νομάδις) des westlichen Ocean, die in Hellas einbrechend, die delphischen Tempel zerstörten. Γιρμανίκτια, πόλις Κύφρατηοίας in Parthien (nach Quadratus). Gerrhaicus Linus (Golf von Bahrein) in der Regio Atiene. Nach Hippokrates wohnte das Skythengeschlecht unter dem Bärenkreise und dem Riphaecengebirge, woher der Boreas weht. Neben den Γιρρον am Flusse Gerrhus werden der Λγαι (in Leghistan) und die Γελαι in Albanien erwähnt. Scythische Königsgräber am Flusse Γέρρος (Dniepr.). Die Stadt Γέρα oder Γέρρα (der chaldäischen Verbannten) lag zwischen Aetaces und Themi. Die achäische Stadt Geronthrae (mit dem Tempel des Ares) gehörten später den EleutheroLacones. Nach Hammer wohnten der persische Stamm der Γιρμάνιοι am Oxus, als Erman in Khawarezm. Der Leuchtthurm des Caepionis turris (Cap Eon oder Sonnenfels) lag auf der Stelle der Gerontia oder Geryonis arx. Caesar versuchte die Eroberung Gergovias (Stadt der Arverni) im Kriege mit Vercingetorix. Kerkuk am Kisseh-Su in Kurdistan. Ephoros setzt Kimmerier (Kerberier) nach Parthenope (in Campania). Gerrunium, Stadt der Phaebaten im District der Dassaretii an Mysischer Grenze. Bei Kallimachus greifen keltische Titanen vom Westen her die Hellenen an. Γέρμη (Ἱερὰ Γέρμη) lag in Mysien (von Germenoi bewohnt). Γέρμη, πόλις Ἑλλησπovτία, ὁ πολίτης Γερμανικινός (Steph. Byz.). Die troische Stadt Germa heisst ἱερα Γέρμη (Ptol.). St. Goar, oppidum Germanorum, heisst Gera, Geranium, Stadt in Apulien, Gerunda; Stadt der Ausetani in Hisp. Tarr., Gerulata, Stadt in Pannonien. Die Samariter bauten mit Erlaubniss Alex. M. ihren Tempel auf Gerizim. Germihera oder (An.-Rav.) Germigera heisst Ζιρμίζιρα (Ptol.). Kermanschahah im Kercha ist Hauptstadt von Kurdistan. Nestor war in der messenischen Stadt Gerenia erzogen, als Gerenios. Germalum a Germanis Romulo et Remo, quod ad ficum ruminalem et hi inventi (Varro).

Den Buddhisten bildet der Zahn, durch dessen Hervorstehen das Buddhathum erkannt wird, die heiligste Reliquie, die Griechen dagegen fertigten ein thracisches Palladium aus dem (von den Buräten bei frischer Thierschlachtung zum Wahrsagen verwandten) Schulterblatte des Pelops (nach dem Cykliker Dionysos) und Pelops (dessen Name gleich dem des Kerkops u. A. m. zugleich die Herkunft umfassen konnte, wie Engländer, Holländer) schliesst sich an die Pelagier (Pelagonen) oder (b. Doederlein) Pelasger, (mit thessalischen Argos bei Homer), die O. Müller in πελ und αργος zertheilt. Πελος (plavu albus oder palvas) oder (nicht nur schwärzlich, sondern auch bleich) könnte (wie πετ neben pando steht) auf pandu (aus pallidus) führen und dann auf die mit diesen Namen verknüpften Mythenbeziehungen. Die pelasgischen Erbauer des τειχισμα Πελαργκον wurden nach den Inseln, wie die Pandu nach Megara getrieben und bei der Rückkehr der Panduiden hatte Aegeus wieder gegen seinen Bruder Pallas und die 50 Pallantiden zu kämpfen. Pallas erscheint in griechischer Mythologie gewöhnlich in übermenschlicher und feindlicher Gestalt, als Titane mit Styx vermählt, als Giganto im Götterkrieg, als riesiger Vater der Athene von dieser erlegt, und ebenso zeigen die Inder den begrabenen und versteinerten Riesenkönig Bali, da sein mit dem Buddhismus verwebter Cult durch einen andern ersetzt wurde. Die buddhistische Weihe der Stätten durch eingelegte Knochen findet sich noch bei den palantinischen Hügel, unter dem Pallas, Sohn des Herakles begraben lag, und dort wurde statt des vom Himmel gefallenen Palladium des Asios der salische Ancilen-Schild des Mars aufbewahrt. Schon vor Bel-Merodach verehrten die Babylonier Bilu-Nipru oder (nach Rawlinson) Bel-Nimrud, den Jagdherrn, der die Welt bewohnbar macht (wie Herakles)*). Der Riese Bela wird von Gott Freyr getödtet, aber in Baldr hat sich noch die gute Natur des weissen Belbog bewahrt, wie Abelios-oder Apollo im aquitanischen Belinus.

Die erst nach der Zeit Homer's Hellenen (wie Homer die Gefährten Achill's aus Phthiotis nennt) geheissenen Bewohner Griechenland's wurden vorher nach einem leitenden Stamme als Danaer, Argiver, Achaeer bezeichnet. Griechenland war (nach Strabo) von Barbaren bewohnt, indem Pelops Phrygier herbeiführte und Danaus Aegypter, Dryoper, Cauconen, Pelasger, Leleger Ansiedlungen am Isthmus errichtete, die Thracier des Eumolpus

---

*) Gades wird von Kadesh (heilig) oder Kadir (mächtig) hergeleitet. Nach Avienus war Gaddir ein phönizischer Name (Verzäunung nach Plinius), aber Scylax spricht von zwei Gadeira genannten Inseln im Westen Europa's bei den Iberern (Avaren oder Barbaren) und da sich in Brittannien (nördlich von den Damnii) Gadeni (b. Ptol.) mit den Städten Caria und (bei den Ottadini) Bremenium (Brampton oder Rochester), so könnte der Name mit den Gavidh (durch vind und gwyn von Zeus auf Vindili) bezogen oder Gadh zusammenhängen, und dialectische Form für Gothen (Geten, Gutten) oder (in Spanien) Gados, die Insel Gades (Erytheia) auch den Namen Cotinussa (Aphrodisias) führt. Bei Giraldus ist Gaidelus Enkel des Phoroneus. In Gadolinitis (nordwestlich vom Pontus) findet sich die Stadt Gadilon oder Gazalon, die bald auf das Land der Turduli (in Baetis), bald auf ganz Spanien bezogene Insel Tartessus oder Tarshish, die König Arganthonius (zur Zeit der den Samiern folgenden Phocaeer) beherrschte, führt auf die nomadischen Namensgeneralisationen der Tartaren, und zunächst auf die westlich am Eingang des von Cerberus bewachten Tartarus gedachten Kimmerien Kerberion's. Der venetische Fluss Tartarus floss in den Padus (oder Athesis). Fossiones Philistinae, quod alii Tartarum vocant (Plinius). Bochart erklärt Tarracon (in Hisp. Cit.) oder (phoenizisch) Tarchon, als Citadelle, so dass der Name auf Tarchon's Tyrrhenier führen würde, wie auch sonst Türken und Tataren wechseln. Im assyrischen Feldherrntitel hat sich Tartan erhalten und die Würde des Tarchan (Ταρχάν) bei den Türken findet sich als Ταρχάνος (Const. Porph.) bei den Bulgaren. Targitaos ist Stammvater der Scythen (b. Herodot) und Targitios (b. Theoph.) der Avaren (Dardanus der Danaer). Tartarus, Sohn des Chaos, zeugt mit Ge die Giganten nebst Typhon (und Echidna, Mutter der Scythen), Kasyapa, Ahn der Diti und Aditi, heisst Tarkshya. Rawlinson erklärte Tarshish als jüngerer Bruder.

sich in Attica niederliessen, die Böotier des Kadmus in Kadmeia, Tereus und Hyanten in Böotien*), während Griechenland von Illyriern, Epiroten, Thraciern umgeben war. Die ursprünglichen Cretenser (Eteo-Cretenser) wurden später mit Pelasgorn verbunden (Pelasgiotis in Thessalien). Der arcadische König Pelasgus (b. Pausanias) war aus schwarzer Erde (γαια μελαινα) geboren (nach Asius). Die Küste Jonien's und die Inseln des ägäischen Meeres waren von Lelegern bewohnt, mit Cariern gemischt. Die Jonier wurden durch die Achäer (ein Volk der Aeolier) aus dem Peloponnes vertrieben, wohin die Dorier (mit den Herakliden) einwanderten. Die in ihrem Berglande abgeschlossenen Arcadier**) und die Elier als geheiligtes Volk des olympischen Zeus, hielten ihren aeolischen Dialect von dorischer Beimischung frei.

Böotien, heisst es, war von Barbaren bewohnt, von Aonen und Temmikern (die sich von Sunium in Attica***) verbreitet hatten), sowie von Lelegern und Hyanten (Ectenen, dann Thracier, Gephyräer, Phlegyer), dann Pronasten (ein blosser Name, wie O. Müller meint). Die von Cadmus†) geführten Phoenicier erbauten nach der Burg Cadmea die Stadt Thebon, mussten zwar den Epigonen eine Zeitlang weichen, kehrten aber dann wieder dorthin zurück, bis sio (durch Thracier und Pelasger vertrieben) mit den Arnaeern in Thessalien die Herrschaft der Böotier gründeten, die (nachdem die Söhne des Orestes von Aulis aus den aeolischen Zug nach Asien veranstaltet hatten) ihre Heimath wieder besetzten und Orchomenus (der Minyer) mit Böotien vereinigten, die Pelasger nach Athen, die Thracier nach dem Parnass treibend, während die Hyanten in Phocis Hyampolis gründete.

Von den obigen Namen lassen sich die der Hyanten, der Temmiker, Ectiner und Aonen als älteste Schichtung ausscheiden und der letztere, von denen Böotien auch Aonia††) (die Musen Aoniden) hiess, schliesst sich

---

*) Ὠρωπύς, πόλις Μακεδονίας, καὶ ἄλλη Βοιωτίας. Ἀριστοτέλης γοῦν τὸν Ὠρωπὸν Γραῖαν φησὶ λέγεσθαι, „ἡ δὲ Γραῖα τόπος τῆς Ὠρωπίας πρὸς τῇ θαλάσσῃ κατ Ἐρέτριαν τῆς Εὐβοίας κειμένη.‟ Nach Xenophon hiess Oropos (b. Amphipolis) früher Telmessos, εἶσιν ἡν Ῥόδον (Thycyd.), παριόντες Ὠρωπὸν τὴν γῆν Γραϊκην καλουμένην, ἥν νέμονται Ὠρώπιοι Ἀθηναίων ὑπήκουι εἱλώσαν. Telephus bei den Oropiern (nach Theopompos).

**) Die Arcadier theilten sich in Azaner, Parrhasier und Trapezuntier, bei der dorischen Eroberung des Peloponnes wurden die Cynurier von den Argeiern unterworfen (als argivische Periocci). Cynuria, District von Arcadien. Cynus, Hafen der Locri Opuntis. Macedonien hiess Μακετία (b. Hesych.).

***) Vor der Ueberschwemmung waren die alten Städte Athenae und Eleusis am See Kopais von König Kekrops beherrscht, dessen Denkmal sich in Haliartes fand. Ἄρης πολαιᾶς γέννα heissen die Temmikes (bei Lycophron). Βοιωτῶν δέ τινές τό παλαιόν ἔθνος Προνόσται καλίονται (Steph. Byz.). Ἄσας δὲ τὰς γυναῖκας ἔλεγον οὐ διὰ τό μή δύνασθαι λέγειν Ἀθηναίας, ἀλλ᾽ ἐπειδή καὶ τούς ἄνδρας αἰτούς ἐκάλουν, πρῶτοι γάρ Ἀθηναῖοι τὰ ἄσιη καὶ τὰς πόλεις εὑρεῖν ἱστορούνται (St. Byz.).

†) Die Beni Kudm sind (b. Hiob) die Söhne des Ostens (der Araber, die den Norden Shemal nennen) oder Kadmus, Bruder der Europa (Al-Ghar oder Arab) der des Westen's (χώρα τῆς δύσεως, ἡ σκοτεινή, Εὔρωπόν, σκοτεινόν (Hesych.), als Hesperia. The Agyptians called Hades „Amenti‟, and the name for the West shows the same relationship as between Erebus and the West. Ghorab bezeichnet die Mischrasse der Wüsten-Araber (b. Jerem.). Unter den Semitic words in the provincial dialect of Boeotia erwähnt Wilkinson Ἐλιεύς für Ζεύς, dem höchsten Gott, βαννα, Frau oder Mädchen (Frau oder Tochter im Hebräischen), ἀχανη (im Talmud) als das auch von den Persern angenommene Maass der Phoenicier, σιλα (ein Granatapfel) u. s. w. Bochart erklärt Theben von Sumpf.

††) Ai, Sohn des Oghuz, führt auf die Hia.-Dyn., wo Aphrodite Aineia stand, die Aineadse und den Kuda stehen die Aina gegenüber. Besides the remarkable fact, that the features of Amunoph III. (der seiner Königin Taia, Tochter des Ainia und der Tuia, den Vorrang liess) differed so much from those of the Egyptians his tomb at Thebes was placed on a valley apart from those of the other Pharaohs and in company with that of another of the „Stranger-kings‟, who have been variously called Skhai, Oaiee and Ai, whose wife appears also to have been a Taia (s. Wilkinson). Τηθία war ehrende Anrede

durch den illyrischen Fluss Aous oder Aias (Anas oder Apsus) an die
folgenreiche Reihe der mit Aia*) (Gaia von dia ein Anschluss an Aiakos)
verbundenen Namen in den aenianischen Völkerschaften, die man oft mit
den Wanderungen des Aeneas hat verbinden wollen, statt sie (wie Uschold
bemerkt) von seiner Stammmutter Aphrodite als Ainaia abzuleiten, die indess
noch weiter zurückgeführt werden müsste, auf den als Ai**) in Aigyptos
verehrten Ahn (des ältesten Rhamses) in den ägyptischen Eroberer-Dynastien
und die hohe Göttin Ai auf den mesopotamischen Keilinschriften, wie es sich
des Weiteren bei Thessalien ergiebt.

Wie die Ectener (deren Name als künstlicher galt, wie der der Pronasten)
einen Gleichlaut an dem Alpenvolk der Ectini im Thal der Tinea (Val de
St. Etienne) finden, so für die vermeintliche Richtung der brittischen
Immigration, die Temmices in den, den Silures benachbarten, Demetae (Tamesa)
oder den Damnonioi Caledonien's, während die Hyanten sich für die heilige
Schweine-Insel Irland's eignen würde, für Hu und geweihte Eberbilder der
brittisch redenden Aestyer. Wichtig sind die von Cadmus gesäeten Sparti***)
die grösstentheils im Selbstkampf zu Grunde gingen.

Als Minos in Sicanien oder Sicilien (durch Cocalus) umgekommen war,
belagerten die Creter (ausser den Polichnilen und den Praesiern in Praesus,
Sitz der Eteokreten) Camicus (b. Agrigent) die von Dädalus für Cocalus,
König von Sicanien, gebaute Festung, ohne Erfolg und gründeten (durch den
Sturm nach Japygia getrieben) Hyria oder Uria, als Messapische Japygier,
während die verlassenen Theile Creta's durch Leute aus allen Nationen
besetzt wurden, besonders aber durch Griechen, die am trojanischen Kriege
Theil nahmen. Dann aber brach Hungersnoth und Pest herein, so dass
eine dritte Einwanderung des cretischen Volkes nöthig wurde, um die Insel
neu zu bevölkern (nach Herodot). Die später den Pelasgern zugeschriebene
Kunstfertigkeit der Architektur, derentwegen im Osten die Nabatäer berühmt
waren, hatten die chinesische Gesetzgebung des Minos auf seiner Insel zu
beschränken gesucht, weshalb die Flucht des Dädalus den Zug nach Sicanien
veranlasst, wobei die Cretenser in Japygia sich als Messapier oder Maha-
Apier (also mit der durch die Dryoper über die Peloponnes verbreiteten

---

alter Frauen wie ϑεία (Tante) oder (nach Suidas) τηϑίς (τήϑη oder Grossmutter), wie (im
sanscr.) dadi oder väterliche Grossmutter (tata oder Vater). Ai: proavus, fadir, afi, ai er
kinn tridi, pater, avus, proavus tertius est (Egilsson) Wie Modir dem Fadir, amma dem
afi, entspricht Edda dem Ai. Anna, als Mutter, bei Delawaren.
*) Athene wurde als Aiantis in Megara verehrt, das Fest der Αἰαντεία wurde zu
Ehren des Ajax (Αἴας) gefeiert. Ais oder Esau ist Ahn der Edomiten (die Rasse der Adumu).
Ai-Chan folgt auf Gunchan, Sohn des Oghuz (b. d. Uighuren). 'Ρῆσος Αἰντείων πάλμυς (b.
Hipporax). Αἴσων ist Vater des Jason.
**) Die von Rawlinson mit Guda (gross in der Gallasprache) verglichene Gida oder
Anniut hiess ursprünglich Ai (in Babylon). Rhamses I. (Stifter der XIX. Dynastie) ist
Sohn des Ai (s. Lenormant) und der in Ayuthia herrschende Dasaratha (Vater des Eroberer's
Rama) Sohn der Aja (s. Hamilton). Dasaratha, König von Magadha, gründete die Mauriya-
Dynastie. Aja ist ursprünglich Sohn des Ragha, erhält aber später den Prittarrawa zum
Vater, als Rama das (von der Dosada verehrte) Ungeheuer Rahu oder Raghu in seiner
Personification als Rawana bekämpft, wie Perseus den Κῆτος (Ketu, als Bruder des Rahu,
astronomischer Symbolisirung). Stephanus sagt: Aeneas ab αἰνέω quod est laudo, ut
αἶνος, laudans. Laus, der Ruhm, ist das slawische Slawa (Wolanski). Callimachos machte
die Insel Gaudos zur Insel der Calypso und Corcyra zu Scheria (s. Strabo).
***) Nach dem Soliasten waren die Sparter ein böotisches Volk. Um den Meth Kvasir's
zu erlangen, wirft Odin den Wetzstein (Hein oder Han) unter die Mäher, die sich im Streit
mit ihren Sicheln den Hals abschneiden (wie Cadmus Sparter sich gegenseitig erschlagen).
Freund Hain oder Hein könnten in Beziehung stehen (nach Grimm) zu den Heinchen oder
Heimchen, den elbischen Wesen, die mit Bertha umherziehen. Der Tatrmann (von Jung-
mann als Götze oder Puppe erklärt) oder Katermann genannte Kobold heisst auch Heinze
(Heine, oder Hinze (Verkleinerung von Heinrich) Thüringische Sagen sprechen von einem
Haingott (Rosenkranz), voigtländische (Jul. Schmidt) von einem Gotte Hain.

65

Schichtung zusammenhängend) niederliessen, während die jetzt ihrer Superiorität beraubte Insel durch Einwanderungen in das allgemeine Niveau der Griechen aufging. Die Kelten sollten von der Atlantide Asterope (und Herakles) oder Sterope stammen (Dionys. Hal.) als Skordiski (storr oder gross) oder (b. Strabo) οἱ Σκορδίσκοι καλούμενοι Γαλάται (ἀναμεμιγμένοι τοῖς τε Θρᾳξὶ καὶ τοῖς Ἰλλυριοῖς) mit den Istri zwischen illyrischen Völkern. Danubius in lingua Bessorum Hister vocatur (Jornandes). Danubius ist der keltische, Ister der thracische Name des Strom's (Zeus). Nach Plinius hiess die Donau bei den Illyriern Ister.

Wie Isurgis der Richtende, so auch der Ister (Istor, Ἴστωρ), der Richtende. Ἴσις ist ἴσος, ἴση, die ausgleichende, wägende Gottheit, mit dem Symbol in den Wagsteinen (s. H. Müller). Bei der Vermählung der männlich gedachten Isis, des Hauptarms der Themse, mit dem bei Dorkynia zuströmenden Arm, der Tama, besingt Britona die Losreissung Brittannien's *) von der übrigen Welt, als das Meer die Felswand durchbrach; der vereinigte Fluss Tamisis fliesst dann freudig zum Vater Okeanos hinab (Ταμέσα **) b. Dion. Cass.). Das indische Tama verliert sich im Dunkel. Zwischen Sidon und Beryt floss der Tamyras oder Damuras (Nahr-ed-damur). Die Tamarici wohnten am Fluss Tamaris in Gallaecia, der Tamarus floss in Samnium, Tamara war Stadt der Dumnonii in Brittannien, das Vorgebirge Tamyraca lag am Golf von Carcinitis mit dem Fluss Hypacnis oder Carcinitis in Scythia Sendica. Der Titanier Themios stammte von Uranos und Gea und von Themis (Tochter des Ilus), wo Anchises (Vater des Aeneas) dem dardanischen König Capys (Sohn des Assaracus und der Hieromnemo) geboren. Als Titane***), Sohn des Hyperion und der Thia, konnte Helios seiner Absetzung nicht entgehen, schon Herakles wagte es Pfeile auf ihn abzuschiessen, die Abtretung seines (nach egyptischer Weise) die Sonne zurückführenden Kahne's erzwingend, und mit seiner Gattin Rhode erlag er im Götterstreit auf Rhodus, wie aus seiner Verwandtschaft Meropius und Byssa auf Cos in Vögel verwandelt wurden und die Nymphe Ethemea, dem Merops (König der Meroper auf Cos) vermählt, vor den Pfeilen der Artemis (die Selene verdrängt hatte) fiel, aber von Persephone lebend in die Unterwelt aufgenommen wurde, als Verehrerin der Erde, wie Merope (Tochter des Eumelus), die ihre Verachtung der übrigen Götter durch Verwandlung in einen Vogel büssen musste. Wie unter den rhodischen Heliaden am Eridanus erscheint Merope (Gattin des Sisyphus) unter den Atlantiden, und Gattin des Aethiopenkönigs Merops war Klymene, die dem Helios den Phaethon gebar, dem Epaphus, Sohn der Jo, seine göttliche Herkunft (b. Ovid) bestreitet. Von dem Ahn Phaeax†) leiteten sich die schiffkundigen Phäaken, König Aeetes

*) Haec canit, ut toto diducta Britannia mundo, Cum victor rupes divulserit aequore Nereus, Et cur Neptuni lapidosa grandine natum, Albionem vicit nostras delatus in oras, Hercules, illimes libatus Thamisis undas, Quas huc adveniens aras sacravit Ulisses.
**) Im Mittelalter hiess ein Sieb tamisium, als sichtendes Bild der Gerechtigkeit von ιαμνω, Theile (s. H. Müller). Nach Grimm ist das Sieb altes Zaubergeräth (auch in Asien).
***) Im Streit mit Agamemnon verwundete der arkadische Heerführer Teuthis (s. Paus.) die Athene, die in Gestalt des Melas Frieden stiften wollte, und starb nach der Erscheinung der Göttin, die ihm ihren verwundeten Schenkel zeigte. Teuthis scheint derselbe Name zu sein wie Tydeus, der einen Eber im Schilde führt, bemerkt Pidarit, der ferner zusammenstellt Thoth oder Taate (Taautes), den Riesen Tityus, Titias, Dido, Dis (Tatius), Thedel (mit schwarzem Teufelsross). Tutosel (der Todesvogel).
†) Ἀλκίνοος καὶ Κρότων Φαίακος υἱοί, καὶ ὁ μὲν ἐβασίλευσε τῶν Κερκυραίων, ὁ δὲ ἐν Σικελίᾳ, ἔκτισε Κρότωνα (s. Duker). Nach dem irrthümlich getödteten Lokros (Neffe des Phäax) benannte Latinus die gegründete Stadt (nach Conon). Nach Dionysius colonisirte Myscellus aus Rhypae (in Achaja) Kroton (710 a. d.). Das (nach Eusebius) gleichzeitig mit Metapontium, (phocische Stiftung des Daulius, Tyrann von Crisa) bei Delphi (nach Ephorus), gegründete Pandosia, von Kroton colonisirt, war früher Hauptstadt der oeno-

Bastian. 5

in der Handelsstadt Kolchis war Sohn des Helius, der Medea Drachenwagen
sendet, die Flucht zu ermöglichen. Als der Sonnenstrahl die Blendung des
Orion heilte, schützte sich Oenopion (Vater der Merope) auf Chios in einer
unterirdischen Wohnung und Minos im labyrinthischen Creta herrschend,
vermählte sich mit Pasiphaë, Tochter des Helius.

Wenn die Sage der in Rhodos*) den Telchinen**) folgenden Helinden,
die als Erfinder der Schifffahrt und Sternkunde darin (nach Diodor) die
Lehrer der Egypter waren, mit einem Könige Aethiopien's in Verbindung
gebracht wird, so führt sie auf die Atlantier, als erstem König von Uranus
beherrscht, Vater der Basilea, die ihrem Bruder Hyperion, das Geschwister-
paar Helios und Selene gebar. Da diese durch die auf nordischem Handelswege zum Adriatic herabkommenden Zwillinge Apollo und Artemis ersetzt
wurden, so erklären sich die Bernsteinthränen am Eridanus um den durch
Phoibos gestürzten Phaethon, dessen Ansprüche auf das Sonnengeschlecht
wegen seiner westlichen (statt östlichen) Herkunft von Epaphus***), dem
Sohne der heiligen Kuh angezweifelt werden.

Nach dem Reich des Uranos theilte der durch Japetus von ihm
stammende Atlas†) mit dem (seinen Vater entmannenden) Kronos sich dem
Westen zu, während im Osten El (Bel oder Belitan) oder Kronos††)

---

trischen Könige. Pandosia im epirotischen Thesprotien, war von den Cassopaei bewohnt,
die (mit Cassope als Hauptstadt) in Dörfern (nach Scylax) lebten. Nach Strabo wohnten
die Cassopäer vom ceraunischen Gebirge bis zum ambracischen Busen (als Thesproter).
Die thessalischen Eroberer kamen aus Thesprotia, und wegen der Aufnahme des Theseus
(aus dem Geschlecht der Pandioniden) erhielten besonders die Thessalier Gastfreundschaft
in Athen.

*) Im Rufe hoher Weisheit stand bei den Galen das Rotbland oder Rund-iat, wohin
Lugad, König von Gaalag, auszog, um dort seinen Tod zu finden (1257 a. d.). Der hebräische
Name der Insel Aradus hat sich in Arwad (Ruwad oder Ruad) erhalten (s. Knobel). Die
Assyrer oder Rutennu huldigten (1280 a. d.) den rothen Egyptern unter Rhamses, die
Rugier am Baltic (b. Tac) hiessen Ῥουτίκλειοι (b. Ptol.), die Ruteni Ῥουτῆνοι oder Ῥουτανοι
wohnen in Gallia Aquitania, Turnus, König der Rutuli, herrschte in Ardea, und die Rhodier
gründeten Rhoda oder Rosas an der Küste der Indigetae (in Hisp. Tarr.), während die
Ῥῶς (Rus der Araber) oder Ruzzi (Ruthi) von Ruesar (Ras oder Lauf), als δρωμῖται (Reise-
läufer) in Byzanz erklärt werden.

**) Den Τελχινίς, Söhnen des Meere's (nach Clem.), wie den Igneten (nach Simmias),
zu denen Chalkon gehörte, wurden (nach Eustath.) Schwimmhäute statt der Füsse beigelegt. Θελξίνοια war Mutter des Ogyges (Phot.).

***) Haec est genesis series: Jupiter Epaphus, Belus priscus, Agenor, Phoenix, Belus
minor, qui et Methres (Servius). Apion hörte von den ägyptischen Priestern, dass Moses
das Gebet nach Osten richten liess, wohin Heliopolis lag, und statt der Obelisken Säulen
(ἀντὶ δὲ ὀβελῶν ἵστησι κίονας) aufstellte, unter denen sich das Bild von einem Kahn befand,
auf den der Schatten der Säulenspitze fiel, um anzudeuten, dass der, welcher in dem Aether
ist, die Sonne auf ihrer Bahn (τὸν δρόμον Ἡλίου) immer mitbegleitet. Der von seinen
Töchtern in der Schlacht begleitete Amenhotep IV. (Sohn der blonden Taïa) führte die
Verehrung des Sonnendiscus (Aten) ein, der Horus (Har-em-hebi) den alten Zustand wiederherstellt und dann mit Rhamses I. (Enkel des Ai) die XIX. Dynastie (1462 a. d.) beginnt,
in der Seti I. den Rutennu bekämpft, Flotten auf dem rothen Meer nach Punt und Yemen
sendend.

†) Von den drei Atlas (b. Servius), als Maurus, Italus und Arcadicus, residirte der
letztere zu Kyllene im Καυκάσιον ὄρος des spätern Arcadien, sowie zu Poloson bei Tanagra
in Böotien (den Himmel beobachtend). Vor der Tyrannei des Zeus flüchtete (nach Clericus)
Prometheus nach Kolchis, Atlas nach Afrika, aber die Atlantiden wurden (nach Kanngiesser) die Stammmütter der älteren berühmtesten und mächtigsten Familien im Peloponnes,
Böotien, Phokis, auf den Inseln von Kleinasien, durch Eurypelos auch in Afrika.

††) Ζεὺς καὶ Χρόνος εἰς ἀεὶ καὶ Χθὼν ἦν. Χθονίη δὲ ὄνομα ἐγένετο Γῇ ἐπειδὴ αὐτῇ
Ζεὺς γέρας διδοῖ (Pherecyd.) Τιτῆνας χθονίους (Eurip.). Ὡς δὲ τὸ πᾶν εἰπεῖν, Οὐρανός τε
καὶ Χθόνιος ὀνομάζεται ὁ Ζεύς (Aristotl.). Ζεὺς Χθόνιος dicitur ὁ Πλούτων sive Ἅδης. Der
(von den θεοί) χάλκις genannte Vogel heisst (bei den ἄνδρες) κύμινδις (nach dem Scholiast).
Lacerta quam hi Sepa alii Chalcidem vocant (Plin.). Τινὲς δὲ Χαλκιδεῖς φασι κληθῆναι
διά τε χαλκουργεία πρῶτον παρ' αὐτοῖς ὀφθῆναι (Steph. Byz.). χαλκιδεῖς Λακωνικῶς dicebantur

(Saturnus) verehrt wurde. Phoenizier und Carthager, bemerkt Clitarch,
verehren am Meisten den Saturn. Kronos musste später, nach Westen
fliohend, dem Atlas folgen, während eine neue Era mit dem Zeus Peloros
oder Pelasger begann und dann die unter die Söhne des Deucalion später
vorwiegenden Dorier zugleich ihre nordischen Sagen zur Geltung brachten,
die aus laconischer Verbindung mit Kreta, an den dortigen Zeus anknüpften
und auf ihn die Bekämpfung der Titanen übertrugen. So bedenklich es ist
eine unbekannte Grösse, für die sich keine deutliche Auffassung erlangen
lässt und die selbst schliesslich auf das von der Geologie noch nicht ge-
klärte Gebiet früher Erdveränderung sich verlieren müsste, einzuführen, so
deutet doch die von den Atlantiden in der ältesten Geschichte Griechenland's gespielte Rolle auf westliche Cultursitze, die eine Beziehung zu der
sechstausendjährigen Civilisation der Turdetaner, sowie zu den Sagen von
tritonischen Seegestaden haben würde, und sich weiter mit den atlantisch-
amerikanischen Sprachandeutungen der Basken verknüpfbar wäre. Das
Vorschieben der chaldäischen Cultur bis zu den chalkidischen Gründungen,
lockte die auf Rhodos ansässigen Telchinen der westlichen Seefahrer dorthin, welche später als Holinden selbst den Platz der Einheimischen annahmen, mit denen sie früher gehandelt.

Aeneas durch Anchises*) von Capys**) stammend herrschte in Dardanus,
wie Teucris der Teucrer unter Teucrus von Dardanus genannt war, Grossvater (durch Erichthonius) des die Gegend Troja nennenden Tros, Vater des
Ilus, der an dem durch eine buntscheckige Kuh bezeichneten Ate-Hügel (in
Phrygien) Ilium gründete, die von Herakles zerstörte Pergamum (Burg) oder in
Palladium, die Apollo und Poseidon für Laomedon befestigt hatten, Vater
des Podarces, der (als Gründer der neuen Stadt in Mysien) Priamus genannt
wurde. Zu Pergamom am Kaikos (in Teuthrania) wurde dem Telephos
(und ebenso seinem Gegner Achill) geopfert (s. Paus.), ein durch die Tele-
bäer nach Thule führender Name. Zeus (Peloros), dem zum Baalstempel
herabsteigenden Herrgott der Babylonier entsprechend, zeugt mit Danaē,
Enkelin des Abas, (der das die tributpflichtigen Völker an ihre Pflicht
erinnernde Schild***) seines Grossvater's Danaus trug) den Perseus und mit

---

αἱ θεράπαιναι, famulae, ut Eustath. refert Φοίνικες καὶ Σύροι τὸν Κρόνον Ἦλ καὶ Βῆλ καὶ
Βαλαθήν ἐπονομάζουσι (Photius). Rhadamanthys war Befsitzer in der Burg des Kronos
(Κρόνου τύρσις auf den Makaren), sowie die am höchsten thronende Rhea. Die auf Bergen
und Anhöhen gelegenen Schlösser waren dem Kronos heilig, dem Erbauer der ἱερὰ πόλις.
In den phoenizischen Kosmogonien wird Kronos (Chronos) als anfangslose Zeit gefasst
oder (bei den Orpbikern) Χρόνου πατήρ (s. Movers) Die Karthager pflegten aus heiliger
Scheu den Saturn nur als Greis (senex) zu bezeichnen (nach August.). Die Sidonier
stellten die Zeit (χρόνον) Allem voran. Aus Aether, als dem Ersten, und der Luft ging
Οὔλωμος oder Αἴων (b. Mochus) hervor (s. Damascius), und aus diesen Chusor der das
Weltei in Himmel und Erde theilt. Die zweite Trias bildet bei den Phoeniziern mit Illin
(dem Oberen) und Aos (oder dem Lichtwesen Jao) Anos (das Untere), wie Anu bei den
Babyloniern den Pluto darstellt.
   *) Nach Klausen entspricht Anchises dem Butas, der mit Aphrodite den Eryx zeugt.
Von Teucer's Sohn Ajax war der Tempel des Zeus im cilicischen Olbia gestiftet, wo die
Priester meistens Teucer oder Ajax heissen. Teucer ein Halbbruder des Ajax (Sohn des
Telamon).
   **) Capeete sind finnische Kobolde, die den Mond bei Finsternisse angreifen und
von Zauberern benutzt werden. Bali, König der Kapi oder Affen, hiess der Haarige,
Mond und Sonne werden von Hanuman geraubt, Agni heisst Kapilas (der Schwarzantlitzige)
und die Wunderkuh Kapila wurde Maha (Tödte nicht) genannt. Kabupya, der Name des
Kambyses auf den Keilschriften (Kavaus im Zend) hat aus sich Kabus und Kavus (Kaus)
entstehen lassen. The Georgians even to the present day, name the hero of romance
Kapu. Die zu Zauberer degradirten Priester des ceylonischen Alterthum's heissen Kapu.
Romus benennt Capua von seinem Urgrossvater Capys (Dion.), ἀπὸ Κάπυος τοῦ Τρωίκοῦ
(Hecat.).
   ***) Das römische Ancile. Sunt autem Salii Martis et Herculis, quoniam Chaldaei

der von Atlas stammenden Electra den Dardanus, im Lande des Teucros (Sohn der Idäa) Dardania gründend, (Bruder des Action und des von der Himera geborenen Jasion), wo sein durch Assaracus (Vater des Capys) fortgesetzte Geschlecht sich seit der Vermählung des Anchises mit Urania (Aphrodite) dem Dienst der idäischen Mutter ergab, während Zeus den Ganymed*) zu sich hinwegnahm. Ilus (der dritte Sohn des Tros) erhielt in dem (unter Leitung einer Kuh) auf phrygischen Boden gegründeten Ilium das Palladium der, durch Vermittlung der (auch in Attika weilenden und dort die Schlacht mit Theseus durch friedlichen Vertrag endenden) Amazonen (mit afrikanischer Aegis) vom Tritonsee nach dem Pontus gebrachten Pallas (Atheno), die auch bei den Heneti des benachbarten Paphlagonien's Verehrung empfangen mochte und desshalb ihre Priesterschaft in dem Hause des späteren Führer Antenor erhielt. Auf diese Stadt zog Laomedon den Zorn nicht nur des Apollo, eines rhodisch-rutenischen Abelios oder assyrischen Baal**)-Helios, (der eine Zeitlang nach Norden verdrängt, später von den dortigen Hyperboräern durch dorische Vermittlung zurückkam), sondern auch des Poseidon herab (des aus phönizischen Seefahrten auch in der phönizisch tingirten Vorzeit angesehenen Gotte's), und dieser sandte zur Rache das von Herakles erlegte Seethier. Ein neuer Frevel führt die Zerstörung der Stadt durch Herakles selbst herbei, und dann tritt Podarkes als Priamus auf, also wahrscheinlich als erster König einer neuen Gründung unter dem assyrischen Schutze des Teuthames. In dieses neue Troja oder Pergamum hatte man zwar das Palladium mit hinübergenommen, aber Priamus war mit den Amazonen (die indess später Penthesileia zu Hülfe geschickt haben sollen) in seinem Bündniss mit den Phrygiern zerfallen, und die jungfräuliche Göttin zürnte ausserdem der Einführung des argiastischen Dienstes von Ida durch die Verbindung mit Dardania. Zeus, der alte Stammherr, bewahrt den Troern seine, obwohl nicht ungetheilte Gunst, Apollo dagegen, der assyrische Sonnengott, schützt mit seiner vollen Macht, als völlig versöhnt, dagegen durchaus feindlich den Griechen, die erst nach der dorischen Wanderung mit ihm vertraut wurden. Poseidon steht damals noch in ungetheilter Achtung bei den Griechen (die ihn später an verschiedenen Orten gegen jüngere Götter zurücksetzen) und begünstigte noch Aeneas in Dardania aus alter Anhänglichkeit. „Venus zieht an den Anagogien von Eryx nach Libyen und kehrt an den Katagogien von dorther zurück, die Phoker in der Sage bei Thucydides kommen von Libyen zu den Elymern, die Siculer selbst sollen Clupea (unter dem Namen Aspis von Agathokles gegründet) und Veneria erbaut und den Dienst der erycinischen Venus dahin verpflanzt haben" (s. Klausen). „Auch mythisch wird die Nordküste von Libyen mit Achaern und Troern besetzt, Orte in Aegypten mit Helena, Menelaos und Kriegern des Peleus, in Cyrenaica mit Thessalern, an der Syrte mit Odysseus, den Diomedes lässt Juba in Libyen ein Liebesabenteuer bestehen. Ebenso wird an einem Zufluss des Nil der troische Name geheftet, Antenoriden mit troischer Rosszucht werden in Cyrenaica nachgewiesen, die Maxyer westlich vom Triton aus Troja (b. Herod.) hergeleitet."

Jacchus oder Janus entsprach dem Apollo, wie Jana oder Diana (s. Macrob.), als Phoebus und Phoebe. Diana hiess Tanath***) oder Alath

---

stellam Mautis Herculem dicunt, quos Varro sequitur (Servius). Salios Herculi assignat (Macrobius). Chaldaei quoque stellam Herculis vocant, quam reliqui omnes Martis appellant.

*) Henoch ('Ενωχ) oder Enos, den Rosenmüller mit Annacus identificirt, wurde lebend in den Himmel entrückt (dem Tod entronnen) und Zeus hiess Zen, als Urheber des Lebens (s. Diodor).

**) Βίλα, ἥλιος καὶ αὐγή auf Creta (Hesychius).

***) In Egypt Anaitis was worshipped as Anat or Anta, the Goddess of War, armed with a spear and shield, and raising a pole-axe in the act of striking (Wilkinson). Tanat

(Alittu) in Syrien. Beachtenswerth ist die Bemerkung Herodot's, dass die (illyrischen) Eneti*) (Heneti) oder (b. Livius) Veneti, die unter dem illyrischen König Oenetus (b. Servius), als Liburner (b. Virgil) bezeichnet und (nach dem Tode des Pylaemenes) von den Eneti Paphlagonien's (unter Antenor) hergeleitet werden, den babylonischen**) (und zu Nicol. Damas. Zeit in Damascus herrschenden) Gebrauch einer Schönheitsabschätzung beim öffentlichen Heirathsverkauf beobachtet hätten, denn diese in schwarzen Gewändern mit den Melanchlaeni übereinstimmenden Heneter***), die in ihren kühnen Schifffahrten auf (brigantinischen) Liburnen (libearn) den Καμάραι benutzenden Heniochen (oder Dioscuren) in Kolchis glichen und um Eridanus den nordischen Bernsteinhandel vermittelten, hatten sich in dem Lande der dann erst in die Berge zurückgedrängten Euganaei niedergelassen, so dass jene Sitte der Auction, von der in ihrer vermeintlichen Heimath Kleinasien's keine Meldung geschieht, von den vorgefundenen Eingeborenen angenommen sein mochte.

Antenor, dessen Gemahlin Theano, als Priesterin der Athene, den Griechen das Palladium überlieferte, war Sohn des Aesyetes. Das Palladium†) der den Hellenen geneigten Athene war von Asios für Tros gefertigt, dem

---

or Thanith was the name of a place in Cyprus, where Astarte was worshipped. In a persan incription the name is written Anahid or Anahata, in Babylonian Anakhitu, in Greek *Ταναις* der Slavet Venus (im Persischen) hiess Anahid. Idalium in Cypern. Aethiopes quondam ab Indo flumine consurgentes, juxta Aegyptum inter Nilum et oceanum, in meridie sub ipsa solis vicinitate insederunt, quorum tres sunt populi, Hesperii (occidentes), Garamantes (Tripolis), Indi orientis (Isidor). Die aegyptischen Belussagen führen auf das Nomadenreich in Süd-Arabien, wo der sabäische Cultus der Gestirne den des Helios verbreitete. In Asien lagen durchschnittlich die für Cultur geeigneten Länder südlicher als die Steppen, und zeigen deshalb meist dunklere Hautfärbung, als sie bei den Nomaden beobachtet wird, weshalb gewöhnlich die grössere Kunstfertigkeit die dunklern characterisirt, aber besonders die schon durch Mischung mit den Hellen Veredelten.

*) Nach Strabo sollten sie von den flache Schiffe mit starkem Steuer und Ledersegeln benutzenden Veneti belgischer (oder gallischer) Herkunft im (celtischen) Armorica stammen. Die sarmatischen (oder slavischen) Venedi oder Veneti um Baltic (b. Tacitus) fallen mit den Wenden zusammen. Der Stamm Ven erscheint (s. Zeuss) keltischen Völkernamen mit mehreren Ableitungen (Venicontes, Venicinii, Venostes u. s. w.). Nach Polybius war die Sprache der Veneter von der keltischen verschieden.

**) Die Illyrier werden (bei Scymnus in Chios) als fromm und gastfrei beschrieben, jedem Streit und Zank abgesagt, wie (nach Athenodorus) die Nabataeer oder (nach Massudi) die Chaldaeer, als Eingeborene Babylonien's.

***) Neben den Heneti werden Macronen in Paphlagonien erwähnt. Die von Apollonius zwischen Mariandyner und Paphlagonen gesetzten Chalyber (den Mosynöken unterworfen) fallen zum Theil in den geographischen Bezirk Paphlagonien's. In ihrer Sprache von umwohnenden Kelten und Thraciern verschieden sollen die nach Paphlagon, Sohn des (auf Φίνοι führenden) Phineus benannten Paphlagonier den Leukosyrern zugehörig, gleichen Stammes mit den Kappadociern gewesen sein, bei denen Rawlinson in den Muskai oder Moschi einen tschudischen oder finnischen Grundstamm vermuthet, zu dem die (arischen) Cappadocier eingewandert wären und so ein scytho-arisches Mischgeschlecht, (wie aus dem Namen der moschischen Könige beweisbar) gebildet hätten. Der beim Suchen nach Europa in Thracien zurückgebliebene Phineus (Neffe des Beleus) wurde durch Boreas (Getes und Kalais) von den Harpyien befreit, die ihn wegen der auf Anstiften der Stiefmutter Ida misshandelten Söhne Pandion (und Plexippus) quälten. Nach Apollodor waren es die Boreaden selbst die Rache nahmen. Der paphlagonische König Pylaemenes (Bundesgenosse des Priamus) war Vater des Harpalion. Theseus, der die Demen Attika's zu dem Gemeindewesen Athen's vereinigte, stammte durch Aegeus aus dem Geschlecht der Pandioniden, musste aber vor Menestheus, Enkel des Orneus (Sohn des Erechtheus) weichen.

†) Ebenso vor Theben der zu den durch den (von Zeus deshalb wieder mit Blitzschlag bestraften und durch Apollo mit Tödtung der Blitzfertigenden Cyclopen gerächten) Aesculap Aufgeweckten (b. Apollodor) gerechnete Capaneus, auf dessen Scheiterhaufen vor Theben sich seine Gattin Euadne verbrannte. Capys (Sohn des Assaracus) zeugte mit Themis (Tochter des Ilus) den Anchises (Vater des Aeneas). Dardanus, der auf dem mesopotamischem Schiff des Schlauche's (ἀσκος) nach der teukrischen Küste schwimmt, (bei der Ueberschwemmung des Pheneus, den Wasserstand noch Pausanias an den Bergen sah),

alten König der Teucrer in Troas, während Dardanus (dessen Bruder Jasion vom Blitz erschlagen wurde) korybantischen Kabirendienst der Cybele aus Samothrake unter den Dardanern Troja's einführte. Auch in Griechenland hatten die mit den Ableitungen der Aesir oder Asen verknüpften Traditionen sich eine Zeitlang einem mächtigeren Rivalen das Feld zu räumen gehabt, und der von Asia dem Japetos geborene Prometheus (Bruder des Epimetheus und des Atlas) musste die Strafe des Zeus dulden, bis er durch Herakles den Sohn seines Feinde's, befreit wurde. Dann trat eine Vermittlung der beiden Cultusrichtungen ein, und Zeus, der zur Zeit des trojanischen Krieges seine Gunst noch zwischen beiden Heeren theilt, wurde willig als der höchste Gott des neuen Hellenenthums anerkannt, und adoptirte zugleich Athene mit ihren in die Gespielin Pallas*) verwandelten Gegner Pallas (aus Zeus Belus) identificirt, als seine liebste Tochter. Die Auswanderung des Danaus**) fand nach dem Exodus der Juden statt, und die Orientalen zählen unter den vier der Seeligkeit theilhaft gewordenen Frauen auch Asiah, die wegen ihrer Begünstigung der Juden gemarterte Gattin Pharaoh's.

Unter den Nachkommen Hulagu's lös'te sich das persische Reich auf in die Dynastien der Serbedare von Chorassan (Sebzewar), die durch Dervische und Sufis gestiftet, in die der Tschobane von Aderbeijan und die Ilchane (Gelair) in Bagdad und Irak, die Indschu in Schiraz und Fars, die Kart in Herat, die Mazaffar in Stebankareh (im südlichen Chorassan), alle von unbestimmter Nationalität, entweder im Widerstreit mongolischer Eroberer und arischer Unterthanen, oder durch den Einfluss semitisch entsprungener Religionssecten begründet.

Vor Ankunft des Herkules***) wurde Afrika von den Getulern und Libyern im wilden Zustande bewohnt, die Getuler, die südlich von dem Sonnen-

---

heirathete Batea, Tochter des Teucros, oder (nach Kephalon) Arisbe, Tochter des Kreter's Teucros. Bath-kol (Tochter der Stimme) ist das Echo. Kallinos lässt die Teucrer von den Kretern stammen. Nach Servius war Pergamus auf Kreta von troischen Gefangenen erbaut. Zu Xenophon's Zeit herrschten die Fürsten Mania in Skepsis (in Mysia), deren Bewohner sich im Besondern als Dardaner bezeichneten. Dardanus war arkadischer Dämon. Nach Servius kam Dardanus aus Arkadien nach Phrygien. Dardanus a Tyrrhena Coriti patria sede profectus et his Arunti ortus in agris, Ideas ·Phrygiae penetravit ad urbes et Dardaniam condidit.

*) Die Paliken sind (b. Aeschyl.) Söhne des Zeus und der Thalia (Tochter des Hephästos). Palicos nauticos deos Varro appellat. Alii dicunt Jovem hunc Palicum propter Junonis iracundiam in aquilam commutasse (Servius).

**) Mit Electra, Tochter des auf dem Gebirge Kyllene wohnenden Atlas, zeugte Zeus den Dardanos (in Pheneos). Graeci et Varro Humarum Rerum Dardanum non ex Italia, sed de Arcadia urbe Pheneo oriundum dicunt (Servius). Τοὺς ἐκ Φενεοῦ Ἀρκάδας καὶ Τρῶας (Dion.). Ἐπηοί τε καὶ Φιντᾶται, οἷς καὶ Τρωικόν τι ἐπέμικτο. Auf dem Berge Kyllene war Hermes geboren (Virgil).

***) Ausserhalb der Säulen des Herkules handelten die Karchedonier in hingelegten Waaren für das Gold der Eingeborenen, die nach dem Landen durch Rauch herbeigerufen (Herodot). Die Libyer im Norden, die Aethioper im Süden sind Eingeborene, die Phoenicier und Hellenen Ankömmlinge in Lybien. Die verknechteten Barkäer wurden von den Persern in Barka (in Baktrien) angesiedelt. Die Römer schenkten die Bibliotheken Carthago's den numidischen Fürsten, und die Bücher des Mago über den Ackerbau (als nützlich) für Uebersetzung bewahrend (s. Plinius). Nach der Gründung von Byrsa (mit Hülfe der ältern Colonie Utica) tödtete sich Dido, als von den libyschen Fürsten Hiarbas zur Ehe begehrt. Carthago (Bozra oder Origo) wurde von tyrischen Colonisten (unter Ezorus, Azorus oder Zorus in Carchedon) gegründet. Die Tyrier weigerten sich Cambyses gegen Carthago zu stützen. Von Alexander belagert, dachten die Tyrier nach Carthagos zu flüchten. Die Colonien der Urbes Metagonitae in Mauretanien und Numidien waren phönizischen und carthagischen Ursprung's. Malchus (VI. Jahrhdt. a. d.) erobert in Sicilien, Hasdrubal in Sardinien. Die Juno verehrenden Falerii (in Etruskien) waren (nach Dionysius) eine argivische Colonie. Neben Janus Quadrifons (viergesichtig) wurden von den (von Haliscus, Sohn des Agamemnon, herbeigeführten) Falisci oder Falerii die bewaffnete Juno Curitis oder Quiritis (wie bei den Sabinern) verehrt. Nach Herodot fand sich bei den (zu den

sitze wohnten, bildeten nach Vermischung mit den Persern die Numidier (herumwandernden Leben's), während die dem Mittelmeere nähern Libyer nach Vermischung mit Mediern und Armeniern, den Namen der Meder in Mauren verwandelte. Ausgewanderte Numidier, die sich in der Nähe Carthago's (in Numidien) niederliessen, verbanden sich mit den Mauren, um die benachbarten Völker, besonders die Libyer (weniger kriegerisch, als die Getuler*)) zu unterwerfen. Nachdem die meisten Länder von den Numidiern unterjocht waren, gründeten die Phönizier ihre Colonien (Sallust). Von Ibn Said (XIII. Jahrbdt.) und Marmol (XVI. Jahrhdt.) wird das Land der Getuler (Goutzoula oder Gouézoula) oder Gozoulé in dem Süden der Provinz von Marocco gesetzt. Juba II., Sohn Juba I., der Sulla gegen Marius unterstützte, stellte die Residenz Jol wieder her. Als ein arabischer Häuptling aus dem Lande Sous in Krieg mit den Guèzoula gerieth, rief er den arabischen Stamm Beni-Mokhtar, der in Moloutu wohnt, zu Hülfe (XIII. Jahrhdt.) und dieser incorporirte die besiegten Guézoula (Ibn Khaldoun). Die Djoddala (Godala) an der Küste der Wüste sind ein Zweig der Guezoula. Die Djodalah waren als die zahlreichsten der Berberstämme genannt (Quatremère). Nach Bekri (1068 p. d.) setzten sich (unter den ersten Kalifen der Ommayaden) Araber (aus dem Maghreb) im Königreiche Ghana fest (am oberen Laufe des Sudanflusse's). C'est aussi par cette route de l'ouest que se fit la grande irruption musulmane (965 p. d.), qui acheva de répandre et de consolider la religion de Mahomet parmi les Noirs**) de l'Afrique centrale (Vivien de St. Martin). Ueber Linx hinaus,

<hr>

Satrae oder freien Thraciern gehörigen) *Ησσοι* (Bessi) ein Orakel des Dionysos. Uscudama war die Hauptstadt der Bessi (mit den Diobessi), die besondera unter den (als *λησταί* oder Räubern bekannten) Thraciern gefürchtet waren. Mesech ist (b. Mos. Chor.) Stammvater der Massageten und Scythen. Die Scythen zerfielen in Massageten oder Sueben (Ancheten), Caddusier (Catiarier) oder Chasen und Saken oder Sacenen (s. Heffter). Nachdem Odin (115 a. d.) die Sueven, Sachsen und Chatten in Deutschland angesiedelt, zog er (nach den Inglingassga) nach Norden, von wo die südlich wandernden Cimbern und Teutonen (durch diese scythischen Eindringlinge) verdrängt wurden. Der Aeacide Teucer gründete die Stadt Salamis auf Cyprus (mit Grab). Salamis (Sciras oder Pityussa) hiess Cydneia von dem Seher Cychreus, der von Dodona nach Athen kam (Sohn der Salamis, Tochter des Atsopus). Der Telamonier Ajax residirte in Salamis. Salaniana, Stadt in Gallaecia. Salapia, Stadt in Apulia, von den Rhodiern unter Elpias gegründet (oder von Diomedes). Salasia, Stadt der Oretani in Hisp. Tarr. Salaria, Stadt der Bastitum in Hisp. Tarr. Der gallische Stamm der Salassi in den Alpen grenzte an den ligurischen Stamm der Taurini. Salatarae (Stamm der Bactrier) am Oxus. Salassii in Mauretanien. Salatbus, Fluss in Africa. Salavris, Stadt in Ilisp. Salda, Stadt in Pannonien, Saldae in Maisritan. Saldapa in Mösien. Sale, Stadt in Thracien (als Colonie aus Samothrace). Salem oder Jerusalem. Saleni, Stamm in Cantabrien. Sulduba lag am Fluss Saldaba in Hisp. Baet (der Turduli). Die Salentini in Süd-Italien geborten zu den Japygiern und Messapiern. Von den Münzen der Sacae-Fürsten (barbarischer Herkunft) enthalten die des Hermaeus, Mayes, Azes, Palirisus u. s. w. lesbare Buchstaben des Griechischen, während die parthischen Könige Vonones, Undophernes u. s. w. später das Griechische ohne Verständniss verwandten (s. Vaux). Zu den Sacae-Fürsten kamen aus Kabul die Indoskythen, von denen (Ende I. Jhdts. p. d.) Kadphises und Kanerkes griechische Legenden auf den Münzen bewahrten (neben indischen Worten). Die Sassaniden dehnten ihre Herrschaft über Bactrien (bis zum Indus) aus und dann folgten die Mohamedaner. Bactra (*τὰ Βάκτρα* oder *Βάκτρα Βασίλειον*) hiess (bei den Orientalen) Omm'-ul-belad (Mutter der Städte). Huic (Malcho) Mago imperator successit, cujus industria et opes Carthaginicnsium, et imperii fines, et bellicae gloriae laudes creverunt (Justin). Als Göttin der Elemente wurde Tanith (Vesta) von den Carthagern verehrt, mit obscönen Ceremonien (besonders in Sicca Veneria). Arae Philaenorum auf der Grenze von Cyrene im Carthagischen Gebiet.

*) La tribu zouave des Beni-Guechtoula a transporté le nom et la race des Gétules au pied du Djurjura (Vivien de St. Martin). Toutes les branches de la famille berbère entre le Nil et l'Ocean atlantique, se rattachent à deux souches principales, l'une à l'ouest issue de Bernès, l'autre à l'est, issue de Madghis (Abter). Die Lewata waren die Vornehmsten der Botr (b. Hiempsal). Hiempsal, Sohn des Miapsa, wurde von Jugurtha getödtet.

**) Die Melanogetulen leben (nach Ptolomäos) zwischen dem Berg Sagapola und

ist die Küste von Nigriten *) und Pharusiern bewohnt, die noch zu Maurusien (Mauretanien) gehören und dann kommen die westlichen Ethiopen, die der mauritanische König Bogus bekriegte (Strabo). Neben den Sinten dehnen sich die Byzacier bis Carthago aus (Strabo). Die Sintan wohnen (nach Barth) im Wadi Sofedjin. In der berberischen Stammliste finden sich die Siut. Nach Mela war der Sinus Arabicus auf beiden Seiten von Arabern bewohnt. Accolae Nili a Syene non Aethiopum populi sed Arabum sunt usque Meroëm (nach dem jüngeren Juba). Von den Libyern **) fuhren be-

---

Usargala. Die Bewohner der algerischen und maroccanischen Sahara sind weit dunkler als die Berber der Gebirge, nicht nur in Folge des Klima, sondern auch wegen der Mischung mit schwarzen Sklavinnen. Les Arabes (dans les oasis d'Ouargla, de Temaçin et de Touggourt) ont la peau basanée comme les hommes de race blanche, qui ont séjourné longtemps dans les régions méridionales, tandisque les Rauâgha proprement dits, ou habitans autochthones ont la peau presque aussi noire que les nègres et quelque uns des traits de la race noire. Toutefois ils diffèrent encore essentiellement des peuples nigritiens et dans le pays, il n'arrive jamais, de les confondre. Ils ne caractérisent leur teint que par l'épithète de Khomri, qui signifie brun. La population autochthone de l'Ouad-Righ marque la transition de couleur et de traits entre la race blanche et la race noire (Carette).
    *) Oberhalb der Leucaethiopen setzt Plinius die ethiopischen Völker (die Nigritae, Gymnetes, Pharusii, Perorsi). Napata, Hauptstadt des von Petronius bekämpften Ethioper-König's, lag am Berge Barkal. Den Nubci gegenüber wohnen am Nil die Ptoembari und Ptoemphanae, die einen Hund zum Könige haben und die Befehle desselben aus seinen Bewegungen verstehen (nach Plinius). Nach den Bari hatte der Hunde genannte Stamm (der sich nicht die Vorderzähne ausreisst) Hundsköpfe (Werner). Die Zindj der Araber oder Azania der Griechen (Ζίγμον bei Kosmos) sind die El-Khazam der Somali (Zanguebar in Zanzebar). Julius Maternus wurde vom Könige der Garamanten in der Expedition gegen das äthiopische Land Agisymba unterstüzt (Marin). Septimius Flaccus marschirte südlich vom Land der Garamanten; d'Anville identificirt die Agisymba mit den Zimbas (am See Maravi) oder Kazembe. Das Land der Agisymba ist die Oasis Asben (nach Vivien de St. Martin). Cosmos sah in Axum (unter der Regierung des König's Elesbaas) zwei Inschriften (nach Salt), von denen sich die eine auf Ptolomäos Euergetes bezog, die Andere auf einen einheimischen Fürsten, der Eroberungen im Innern und an der arabischen Küste gemacht hatte. Nach Juba entspringt der Niger aus dem See Nilis (Plinius).
    **) Bei den Gindanern (in Libyen) trägt jedes Weib viele lederne Knöchelbänder (für jede Begattung zufügend). Der dem Triton gegebene Dreifuss des Jason (später bei den Euesperiden gezeigt) wurde von den Libyern verborgen, weil von ihm die spätere Ansiedlung griechischer Städte prophezeit war. Am Salzhügel der (der Sonne fluchenden) Ataranten steht der kreisrunde Berg Atlas (von Atlanten bewohnt), dessen Gipfel sich in die Wolken verliert, als Säule des Himmel's. Gleich den Aegyptern, enthalten sich die Libyer des Kuhfleisch, wie auch die Frauen der Cyrenäer (wegen der aegyptischen Isis). Die Weidevölker der Libyer (am Tritonsee) brennen die Schläfen der Kinder (mit Wolle). Das Festgeschrei in Heiligthümern ist von den Libyern zu den Griechen gekommen. Auf der Insel Cyraunis (bei den Gyzanten) wird aus einem See Goldstaub durch Vogelfedern, die mit Pech bestrichen sind, hervorgezogen, wie die Karchedonier (Karthager) sagen (Herodot). Das cyrenaische Barca war im Lande der Auschisae gegründet. Als unter dem (von Theros stammenden) König Grinus (der Theräer oder Santoriner) Battus (auf Geheiss der Pythia) eine Colonie nach Libyen führen wollte, wurde (der früher durch Sturm nach Libyen verschlagene) Korobius auf der Insel Platea zurückgelassen und dort mit Lebensmitteln versorgt durch ein samisches Schiff, das durch Sturm nach Tartessus verschlagen wurde. Phronime, Mutter des Battus (König in libyscher Sprache) war Tochter des Etearchus, König von Axus in Kreta. König Etearchus herrschte auf der ammonischen Oase. Die Egypter (unter Apries), die den Libyern (unter Adikras) zu Hülfe kamen, wurden von den Cyrenäern besiegt. Unter den Barkäi, die von Poseidon in der Kunst des Rossezähmen's und von Minerva in der des Wagenlenken's unterrichtet waren, gründete der Bruder des König's Arkesilaus III. (wie Cyrene) die Stadt Barke. Als der Mantineer Demonax die frühere Gewalt des König's (in Cyrene) zur gemeinsamen Volkssache machte, nahm er für den König Grundgüter und Priesterehren aus [Rex der Opfer, und Basileus]. Die an der Grenze ägyptische Gebräuche beobachtenden Libyer, (oder Adyrmachiden) stellen jede Jungfrau dem König vor, um von ihm (wenn gefallend) entjungfert zu werden. Die Frauen tragen eine eherne Spange am Beine. Die Suewen treten unter dem Namen der sie beherrschenden Quaden auf (Zeus). Nach den punischen Kriegen wurden die von Lateinischen Vätern und hispanischen Weibern entsprungenen Mischlinge in der spanischen Karteia (von den Römern) angesiedelt. Die phönizische Inschrift auf den Säulen des Heracles-Tempel in Gadeira (Cadiz) enthält ein Verzeichniss der beim Bau verwandten

sonders die Asbysten mit Viergespannen. In den westlichen Gegenden Libyen's und an den Grenzen der bewohnten Erde herrschten erst die Amazonen auf der Insel Hespera, weit nach Westen im See Tritonis (durch den aus Aethiopien kommenden Fluss Triton gebildet) und in der Nähe des Weltstrom's Okeanos liegend. An dem gegen den Okeanos geneigten Berg Atlas wohnte das gebildete Volk der Atlantii, bei denen die Götter am Okeanos ihren Ursprung gefunden. Von der Amazonenkönigin Myrina auf der Insel Kerne (Hanno's Colonie) angegriffen, erkannten sie deren Oberhoheit an und wurden gegen das Bergvolk der Gorgonen geschützt, das Perseus (unter der Regierung der Medusa) besiegte und Herakles (ebenso, wie die Amazonen) errichtete. Als Hyperion (Nachfolger des Uranos)*)

Unkosten. Die alte Stadt Tartessus (unter einheimischem Könige) lag an der Mündung des Flusse's Baetis (Tartessus). Die Lusitaner eroberten (nach Appian) Konistorgis, die Stadt der Kunier oder (nach Strabo) Keltiker (Kynesier bei Herodot). Lusus und Pan, Feldherrn des Bakcbus, zogen (nach Plinius) bis Lusitanien und Spanien. König Antäus residirte in Lixos (ausserhalb der Säulen). Am südlichen Lixus-Fluss oder (b. Ptolemaos) Phut wohnten die Lixitae, die Hanno Dolmetscher für Kerne lieferten. In Sicca Veneria (Keff) stand ein Tempel der Venus. Die schwarze Farbe bei den meisten Einwohnern der gätulischen Landschaft Wargala rührten (nach Leo Africanus) von den schwarzen Beischläferinnen her, die schwarze Kinder gebären. Zu den Gaetuli (südlich unter den beiden Mauritaniern) gehörten die Pharusii, Darae und anderen Völker des Karawancuhandel's. Zu den ausgebreitetsten Stämmen Libyen's gehörten (nach Ptolem.) die Melanogaetuli (Schwarzen Getuli). Südlich an die Gaetuli grenzten die Aethioper (nach Sallust). Persae paullatim per connubia Gaetulos secum miscere et quia saepe tentantes agros, alia deinde atque alia loca petiverant, semet ipsi Numidas appellavere (Sallust). Die Römer eroberten die Handelsstadt Garama im Lande der Garamanten (aus Libyern und Negern gemischt) in Fezzan. Mit dem König der Garamanten (in Bornu), der Kriegszüge gegen ungehorsame Völkerschaften unternahm, gelangte Septimius Flaccus zu den Aethiopern und Julius Maternus nach Agisymba (im Süden der Aethiopen). Morinus erhielt Nachrichten über Süd-Afrika in Septis Magna, den Ausgangspunkt der Karawane nach Garama (mit den wandernden Garamanten). Die (zu den Garamanten gehörigen) Atlantes führten keine eigenen Namen (nach Herodot), wie es Leo African. von Bornu erwähnt.

*) Ammon verbirgt Dionysos (Sohn des Amathea) in Nysa (auf der Insel des Tritonsee's) gegen Rhea. wird aber von Rhea und ihren Brüdern (den Titanen) verdrängt, bis Dionysos und die Tritonis (die erdgeborene Athene) ihn befreien und in der libyschen Wüste den Tempel des Ammon errichten. Nach Herodot hatten die Griechen einst ihre Wohnung bei den Libyern am Tritonsee (die die Athene umherführten) aufgeschlagen (πρὶν ἢ σφε Ἕλληνας παροικισθῆναι). Der Tritonsee wurde später nach der kleinen Syrte versetzt. Jason, nach den seichten Stellen des Tritonsee verschlagen (Meer von Saragossa) opferte dem Triton einen Dreifuss. Als die Libyer der weissen Rasse, mit den Zakkaru (der Inseln und Nordküsten des Mittelmeeres) verbunden, die Grenzen Egypten's angriffen, wurden sie von Rhamses III. zurückgetrieben. Im finsteren Tartaros (westlich von Italien) sind die Titanen mit Kronos durch ein eisernes Thor (wie die Tartaren der Gog) eingeschlossen (b. Homer). Gäa ermahnt die Tartaren, dem sie deckenden Uranus den Zeugungstheil abzuschneiden, aber nur Kronos hat den Muth (der Gott der Bäume in Neuseeland) und seitdem zeugen Himmel und Erde nichts mehr (als Ranga und Papa schreiend auseinandergerissen). Homer stellt die Tartarus an das westliche Ende der Wesen und Hesiod lässt ihn (von ewiger Nacht umlagert) unter der Erde fortlaufen. Als Perseus der Medusa (der Geliebten des Poseidon) den Kopf vom Halse trennte, sprang der grosse Chrysaor (der mit einer Tochter des Okeanos den dreiköpfigen Geryon zeugte) und Pegasus (das zu den unsterblichen Göttern emporfliegende Pferd) daraus hervor (b. Kali's Opfer und aus dem Uratier). Die Griechen suchten alle Wundergegenden in Libyen, westlich von der kleinen Syrte, und ausser den griechischen Sagen, die von Libyen reden, erwähnt Diodor der von der griechischen Mythe abweichenden Angaben der Libyer (s. Mannert). Perseus, der gegen die Gorgonen gezogen, wurde (nach Herodot) in Aegypten verehrt. Von den Numidiern lebten die Maxitani (b. Just.) in dem spätern Gebiete Carthago's. Die Gyzantes oder Zygantes, die sich roth färben, wohnten (nach Herodot) in Byzacium. Die Aspis und Kranos genannte Art von Schild und Helm war von den Aegyptern zu den Griechen gekommen (nach Herodot). An dem Aegide genannten Schild (der tritonischen Athene bei den Libyern) hingen dünne Riemen von Leder, die die Griechen in Schlangenhaare verwandelten. Die Psylloi, unwillig über den Notus (Südwind), der ihre Brunnen verschüttet, zogen gegen ihn zu Felde, wurden aber von ihm mit Sandbergen verschüttet (nach Herodot). Böse Zauberer im Innern der Caucones (als alte Bewohner von Elis im

verdrängt war von seinen Brüdern, theilte sich das Land der Atlanten unter
Atlas und Kronos (s. Diodor). Der nubische König Silco, der seinen Sieg
über die Blemyes in der Inschrift von Talmis (Kalabscheb) berichtet, war
Christ (nach Van der Haeghen). Auf dem africanischen Monument des
Mithras (bei Auzia) findet sich ein geflügeltes Auge (Creuly). Auf der
Stele am Berge Barkal erlaubt der siegreiche König Pianchi-Meriamoun den
Königen des Unteren Egypten nicht in seiner Gegenwart einzutreten, weil
sie Fische essen; nur Nimrod (König der Nome Hermopolis magna) mag
sich ihm nähern, weil er rein ist und kein Fischesser (770 a. d.). Den
aegyptischen Priestern war das Fischessen verboten (wie den Strengeren
unter den Brahmanen). Der Hyksos-König Apophis nennt sich Sohn der
Sonne. Sutekh (Nationalgott der Hycsos) fand sich in Tanis. Der Hyksos-
Ra-Smentch-ka heisst Mermenwiu. Nach dem Papyrus Sallier fielen Fremde
in Egypten ein und der König Ra-sequenen war der einzige Haq in Ober-
Egypten. Die Feinde hielten sich in der Festung der Sonne (Heliopolis)
unter ihrem Führer Ra-Apepi-as in Avaris (San oder Tanis), der den Gott
Sutech zum Shhützer wählte. Sutekh war Gott der von Rhamses bekämpften
Khetas. Ahmes kämpfte mit den Mena. Der Name Set oder Sutekh findet
sich auf dem Monolith von Tell-Mokdam. Die Gaetuler*) wurden zu den

Peloponnes) wurden durch die Minyer aus Triphylia vertrieben. Caucouer (mit Lelegern
und Pelasgiern die Trojaner unterstützend) wohnten an Küsten Bithynien's und Paphlagonien's. Als der von den Kadmeern stammende Theras aus Lacedaemon zu den Phöniziern auf Kallista oder Thera (Santorin) zog, liess er seinen Sohn Oeolykus, als Lamm
unter den Wölfen) zurück, und von ihm stammten die (später aussterbenden) Aegiden im
Sparta (die Erinnyen verehrend).
   *) Von O. Smith werden die Gaetuler mit den Amazyg (zu denen die Berber des
Atlas und die Tuarick der Oasen gehören) identificirt. Die Völker des östlichen Libyen's
(durch die Quelle des Bagradas und den Berg Usargala von den Gaetuliern geschieden)
wurde zu den Garamanten gerechnet, die Phazania (Fezzan) bewohnten. Nach Herodot
wohnten die Garamanten im Lande der wilden Thiere, östlich von den Macae (ein eingeborener Stamm der Regio Syrtica) und südlich von den Nasomones. Der arabische Stamm
der Macae wohnte am persischen Gulf (b. Ptolem.). Die Garamenten jagten (mit Wagen)
die (wie Fledermäuse kreischenden) Neger (τους Τρωγλοδότας Αἰθίοπας) in Höhlen wohnend.
The Rock Tibboos, so called from their dwelling on caves, in the Tibesti range of mountains, are hunted by the chieftains of Fezzan, though, by a kind of retribution, these
Tibbos are the successors of the ancient Libyans (die Aethiopen jagenden Garamanten),
who have fled from more powneful conquerors into the former haunts of their negro game
(s. Lyon). The people of Auselah compare (as to Hornemann) the language of these
degraded tribes to the whistling of birds (s. Smith). Neben den zu den Berbern und
Imoschach (die sich in Nordafrika vom rothen Meer bis zum Senegal erstrecken) gehörenden
Nubier lassen sich auf den egyptischen Monumenten die Schilluk (in den Ebenen des
weissen Nil's) und die verwandten Fungi der Berge unterscheiden, die (mit den in den
Galla am blauen Nil grenzenden Bertat zusammenhängend) von ihren Festen aus Sennaar
eroberten (XVI. Jahrhdt.), aber jetzt im eigenen Lande von den Denqua (am obern Flusse
des weissen Nil) belästigt werden durch Einfälle. Die libysche Wüste Nubien's ist von
Beduinen berberischen Stammes (mit einer dem Idiom von Siwah und dem Temaschiri der
Tuarek verwandten Sprache) bewohnt, die arabische Wüste von den Bedjah-Stämmen (der
Ababdeh und Bischarin), deren Physiognomien (als Nachkommen eines Theil's der alt-
meroitischen Aethiopen) an die die Sculpturen von Ben-Naga (Meroe) erinnern. Von den
Retu oder monumentalen Aegyptern (mit den durch die afrikanische Nordhälfte verbreiteten
Berber zusammenhängend) stammen die Fellah (Landbewohner), die El-Macrin (Stadt-
bewohner) und die Copten (mit theilweisen Mischuugen). Memphis hiess Ha-ka-ptah
(Haus der Verehrung des Ptah) oder Αιγυπτος (Copten). Südlich von Assuan wohnen
längs des nubischen Nils die Berber oder Berabra (Bera-berata auf den Monumenten von
Karnaq). Die Berabra (Nas-el-Beled oder Kinder des Todes) nahmen von den verwandten
Monumental-Egyptern (die schon Mischungen mit asiatischen Elemeuten eingegangen waren)
einen Theil der Kultur ein und gründeten später das (651 den Mohamiden tributpflichtig
und 1320 unterworfene) Dongola-Reich, dessen Moluk oder Häuptlinge (in Sennaar 1590
tributpflichtig) von dem Aethiopenvolk der Schekieh unterworfen wurde und diese (1815)
von den Mamlukken (bis auf die Türken). Zu den Berbern gehören die westlich von dem
aegyptischen und nubischen Nilthal lebenden Bewohner der libyschen Wüste (die Ammonier

libyschen Völkern gerechnet, (obwohl wegen ihres südlichen Wohnortes dunkler und wilder), aber die südlichen Gaetuler hatten sich mit den benachbarten Negern (Nigritia's) gemischt und bildeten (nach Agathem.) die Melanogaetuli oder schwarzen Gaetulier (Μελανογαιτούλοι). Den in Südpalästina umherschweifenden Sasu*) verdankt der Name Hyksos seinen Ursprung (s. Ebers).

In den Hieroglyphen findet sich Hak zur Bezeichnung für die Häuptlinge semitischer Stämme, während Schasu die Beduinen begreift und Manetho

---

und Nasamanen), als Temhu und Libyer (zum Berberstamm gehörig), die sich bis Cap Blanco erstrecken. Die Völker Nordost-Afrika's zerfallen in den hellfarbenen und dunkelfarbenen Typus. Garama (Germa) war (nach Ptolem.) die Hauptstadt der Garamanten. Cornelius Balbus Gaditanus besiegte (19 a. d.) die Garamanten. Das libysche Volk der Garamanten gehörte zu den Amazergh (mit der Hauptstadt Mourzouk). Das afrikanische Volk der Gamphasantes war (nach Mela) vertheidigungslos. Die Ausenses (Αυσεις), die (als libysches Volk) mit langem Stirnhaar nördlich vom tritonischen See lebten (wie die Machlyes mit langem Nackenhaar südlich) grenzten (als letzte der Nomaden) an die ackerbauenden Maxyes. Die Ausurier verwüsteten (VI. Jahrhdt. p. d) Cyrenaica nach Synesius. Beim Jahresfest ihrer heimathlichen Göttin, kämpften (nachdem eine mit corinthischem Helm und griechischer Waffenrüstung geschmückte Jungfrau in einem Wagen um den See gezogen) die in zwei Partheien getheilte Jungfrauen der Ausenses (mit Steinen und Keulen) und die an den Wunden Sterbenden galten für die Jungfrauschaft verlustig. Hiarbas, König der Maxytani, bewarb sich um die Hand Dido's (nach Justin). Der libysche Stamm der Maxyes (die unter den nomadischen Ausenses das Feld bebauten) trugen das Haar an der rechten Seite lang, an der linken geschoren (ähnlich die Tuaryk nach Hornemann). Das libysche Volk der Machlyes wurde durch den See Triton von den Lotophagi getrennt (s. Plin.). Ulysses kommt (b. Homer) zu den Lotophagi (zwischen den Syrten), deren Pflanze die Rückkehr vergessen liess (Gherser-Han).

*) Den Sasen (Sachsen, Sassen) entsprechen umgestellt die Assen. Ebers sieht in den Kaphtorim die phönizischen Colonisten an der mediterranäischen Deltaküste. Der griechische Priester bläst bei der Taufe dreimal in Augenbrauen, Lippen und Brust, damit jeder unreine Geist, der sich verborgen haben möge, ausfahre. Die Schriftsteller, die sich nach Ausscheidung der gröbsten Verstösse des allgemeinen Griechisch (ή Κοινή) bedienten, hiessen οί Κοινοί. Von den Nachfolgern des Thiniten Menes, der Memphis gründete, führte Kakaou oder (b. Manetho) Cechous den Thierdienst ein. Kekeou oder Cechous (II. Dyn.), der die Stufenpyramide von Sakkarah baute, führte den Dienst der heiligen Thiere ein, besonders des Stiere's Apis, als Manifestation der Gottheit Phtah. La première attaque de la race blanche (Tamahou des Egyptien) eut lieu sous le règne de Menophthah, fils de Ramses II. (Rougé.) Hauar (Avaris) ou Tanis (Tzaan) était la capitale du roi pasteur Apapi. La divinité de ces envahisseurs (Sutex) était la même que celle du peuple de Khet, dominateur de la Syrie et de la Palestine. Ptolomäos zwang (nach Macrobius) die ägyptischen Priester den Serapis für eine bis dahin verborgen gebliebene altägyptische Gottheit zu erklären und die Eumolpiden (die alte Priesterfamilie zu Eleusis) die von den Griechen als Bewahrerin der griechischen Göttergeschichte betrachtet wurde, bestätigte, dass Serapis zur griechischen Götterfamilie gehörte, so dass in seinem Tempel zu Alexandrien die Aegyptier und Griechen sich in Anbetung des gemeinsamen Gottes vereinigten. Sur les rives de l'Oronte et dans tout le vaste espace compris entre la rive gauche de l'Euphrate, le Taurus et la mer, le royaume des Khétas ou Héthéens de la race de Chanaan était devenu très puissant, avait saisi la prépondérance sur les nations voisines, groupé autour de lui quelques autres tribus chananéennes et même étendu son influence dans tout le midi de l'Asie-Mineure. Constitués en monarchie unique, possesseurs d'une nombreuse et redoutable armée, les Khétas, descendants des Pasteurs, aspiraient ouvertement à dominer toute la Syrie. In der XIX. Dynastie unternahm Ramses I. einen Feldzug zum Orontes (XV. Jahrhdt. a. d), Seti I. erobert Khadesh (Festung der Khetas) und Rhamses I. (Sesostris) verkündete seine Siege auf den Sculpturen von Adloun bei Tyrus, und bei dem Uebergang des Vahar-el-Kelb (b. Beyruth), Ammon, als Schutz anrufend. Unter seinem Sohn Merenphtah zogen (während des Einfalle's der Libyer) die Juden aus Aegypten aus. Die Hyksos, deren erster König Set-aa-pehti Noubti oder (b. Manetho) Saites in Memphis die Grenzstadt Avaris gegen die Assyrer befestigte, führte die Verehrung des Gotte's Set oder Sutekh (Nationalgott der Khetas) in die ägyptische Götterreihe ein. Im Kampfe mit dem Könige von Theben wurden die Hyksos in Avaris belagert, von wo sie sich auf dem Wüstenwege nach Syrien zurückziehen wollten, aber aus Furcht vor den Assyriern (nach Josephus) in Judaea blieben (XVII. Jahrhdt). Im Weiterzuge nach Lydien knüpften sich dann Beziehungen zu (getischen) Khetas und Rutennu (oder Rossi).

erklärt aus Hyk*) oder König (in der heiligen Sprache) und Sos oder Hirte im Volksdialekt den Namen**) der Hyksos. Der eigentlich ägyptische Name für die fremden (Mena-u) erinnert an das koptische Wort für pascere, und erklärt den griechischen Namen ποιμένες (s. Ebers). Die von dem chinesischen Kaiser Shun (2250 a. d.) in den Provinzen eingesetzten Gouverneure heissen (im Shu) Hirten oder Heerdenleute und Mencius spricht von Fürsten im Allgemeinen als Hirten der Menschen, pastor of men (s. Loomis), wie Homer von Poimenes laon. Gopa oder Kuhhirt (im Sanscrit) bedeutet zugleich Fürst oder König, auch von den Göttern gebraucht (und dann rückwirkend die menschlichen Herrscher als Gupta abgeschätzte bezeichnend). Der nächste Anschluss für die (auch Menu***) genannten) Hyksos (Hak-Schasu) findet sich in den Hakkas, ein besonders seit dem VII. Jahrhdt. am Kem, Nebenfluss des Jenisei, genanntes Volk, die die Hoeïhou unter dem Arslan-Chan der Uiguren unterwarfen, und mit der Cultur derselben verknüpft, im IX. Jahrhdt. für seine Fürsten Oyeh den Khakhan-Titel und den chinesischen Kalender erhielten. Als Nachkommen der Hakkas gelten die Kirghisen (unter den als Anse betitelten Fürsten), deren Namen sich aber schon in Menander's Kherkis, den Gefangenen des Khakhan der Thukiu findet, deren Macht durch Besiegung der Geugen begründet war. Muhan-Chan-Zyhin, Nachfolger des Ili-Chan-Tumyn, beendete (555 p. d.) die Herrschaft der Shushaner, von Tscheluchu (Sohn

---

*) The Persian word hakha (Friendly) corresponds to the Sanscrit sakha, un attributée equivalent to the Sanscrit mat, which forms the nominative in man (Rawlinson).
**) Die Asti machten als Piraten des Aemus-Gebirges die Küsten des Euxinus unsicher, bis durch Philipp von Macedonien verpflanzt. Nach Diodor bewies Athen's Bezeichnung als Asty (Stadt) ihren egyptischen Ursprung. Aga, als türkischer Titel. Ain-al-Schams (die Sonnenquelle) oder Heliopolis, die alte Hauptstadt der Faraonen in Aegypten, hiess On bei Hebräern und Tanis bei Griechen (Fusthath der Araber). Nördliches von südlichem Chaldaea wurde auf den assyrischen und babylonischen Documenten, als Sumir und Accad unterschieden, als den Mena (Men oder Meru) und Hakba entsprechend. Halathelah waren die Indoskythen in Bactrien (s. Herbelot). Um eine Pest zu lindern vertrieben die Egypter die Leute fremder Abstammung, die (ausser Danaus und Kadmus nach Hellas) von Moses (der keine Götzenbilder aufrichtete) nach Judaea geführt wurden (s. Hekataeuis). Im Gegensatz zu Ain-gyptos, dem Lande der Gothen im Delta, hiess Oberägypten Aethiopien oder Aia-Tope (das Land Theben's) noch später nach dem Vorgebirge Aias oder Aeas. Set-aa-pehti-Nouhti, erster König der Hyksos, heisst Saites (b. Manetho). Die aus Aegypten zurückkehrenden Hebräer und Israeliten erscheinen unter dem Namen der Juden, die sie aus ihrer Verwandtschaft mit den guptischen oder gothischen Eroberern ungenommen hatten. Die gutturale Aussprache der Semiten lag schon in den Ariern vorgebildet, (wie die kein l, sondern nur das r kennenden Inschriften der achaemenidischen Perser bewiesen), während die direct von China kommenden Nomaden mongolischer Physiogmie in den weichen L-Lauten redeten. Sargon nennt sich auf den Inscriften le veritable pasteur, à qui Assour, Mérodach ont confié la royauté des peuples (s. Oppert). Die Monumente zeigen die Hyksos (Hak-Schasou oder Fürsten der Beduinen) oder Mena (Hirten) aux traits anguleux sévères et oivement accentués (s. Lenormant). Nebo (der assyrische Mercur) heisst Ak (Paku) oder Nabiu. An element Kbak occurs in the name of Sinti-shil-Khak (Kudur-mapula's or Chedorlaomer's father), which is entirely unknown in the Babylonian nomenclature, but which appears in another royal name (Tirkhak) found on the bricks of Susa. This name is identical with that of the Ethiopian king Tirhakah (of the Bible). This title of Khak (common to the Susian ad Ethiopian kings) is not improbable the same term ôx or âx, which Josephus states (on the authority of Manetho) to signify a king in the sacred language of Egypt. The Χάγαν or Khakan of the Turkish nations appears to be derived from the same root (Rawlinson). Akbarra (hinten) bezeichnet den Westen (im Semitischen).
***) Für μήν (μήνη), mensis (lat.), mâs (Sanscr.), mena (Goth.), Mânôt (von der W. mâ oder messen) hat man eine gemeinsame Grundform in mans gesucht. Auf W. μι (μέτρον) führt sich mAnus (bonus) und Mânês (gute Geister) zurück. Inachos ist der eingeborene Fürst der später von Anakes beherrschten Hellenen. Tnaktzi war der naimanische Oberhaupt (zu Zeit des Temudschin). Die Fürsten der mit den Gemgemdschiub verbundenen Ckirkiz hiessen Inal.

des Monguljui) begründet. Ak (als Hirten- oder Bischofsstab) bezeichnet auf den Hieroglyphen den Ersten oder den Herrscher. Ughuz oder (nach der Besiegung des Afrasiab Baghi) Ughuz Acka sandte seinen Sohn Ai (mit dessen Bruder) gegen den Tegfur von Misr (nach Besetzung Bagdad's). Der Name Hakkas lässt sich bis in das erste Jahrhundert zurückverfolgen, tritt aber mehr und mehr vor den der Kian-kuen*) zurück, und verschwindet dann in der jetzigen Fassung der Quellen, vor dem der Usiun, dem ursprünglichen Stammesnamen dieser blauäugigen und blonden Völker. Die Geschicke der Usiun sind schon früh mit denen der Jueitschi und der Hiongnu verknüpft, rücken also mit diesen letztern, die als Chunjui 2700 a. d. durch Chuandi vertrieben werden, in die früheste Vorzeit chinesischer Geschichte zurück. Die Aegyptologen lassen den Einfall der Hyksos auf die XIV. Dyn. von Xois oder Sakha folgen (2300 a. d.), und Schos oder Schasu würde seine natürliche Anknüpfung an Susa (Shushan) und Usiun (wie noch heute Uzbeken) finden (Hykos, als Könige von Susa), zurückführend auf das Land Uz (in Khusistan oder Susistan), das schon in alter Zeit Durchdringung hamitischer und semitischer Elemente (in Kossaeern oder Kissiern und Elamäern) zeigt und auf Luristan's**) Bachthijari-Gebirge (von dem der Euläus oder Kuran in das Delta des Schat-el-Arab, der Dscherahi direct in den persischen Busen abfliesst) vielleicht einen Hort für die Cultur schon zu einer Zeit zeigte, wo der sumpfige Boden Babylonien's dafür noch nicht genügend gefestigt war. Die Einfälle der Hirtenvölker in Aegypten (wo ihre Hauptstadt Avar oder Tanais sprachlich auf die Alanen des Don deutet, unter deren Vermittlung die von den Thukiu verfolgten Avaren zu Justinian flohen) werden von den Orientalen mit den Amalek in Beziehung gesetzt, dem vor-kanaanitischen Stamm der Ennikim, und dann durch die Verwandtschaft zu Lud oder Laud (Vater des Amalek) mit Lud (Sohn des Sem), als Ahn der Lydier. Nach dem Shajral-ul-Atrak, ist Umlik oder Amalik, der sich in Yemen (Yumun) niederlässt, der Sohn Irem's (Sohn des Shem) und Lawud (Sohn des Shem) heisst der Vorfahre der ägyptischen Pharaonen, ein Titel, der besonders mit der Hyksos-Zeit durchgehend wird. Nach semitischer Weise ohne Vocalzeichen geschrieben könnte Amala mit Alaman identisch sein, die kirgisische Bezeichnung für kriegerische Gefolgschaften. Nach Lydien wurden die Hykos bei ihrem Abzuge von Egypten geführt, indem sie, durch die Assyrer von Syrien ausgeschlossen, sich nach Norden wandten, und von Sardes aus, wo sie den asischen Stamm zurückliessen, ihre Züge als pelasgische Tyrrhenier (Tursci oder Türken) fortsetzten. Unter den als Hirten Aegypten erobernden Nomadenstämmen Syrien's***)

*) Specifisch auf die Kiankuen angewandt tritt der Name Hakas mit der Unterverfung derselben durch die Hoei-hu (759 p d.) hervor, muss aber in so allgemeiner Bedeutung (Hia-ka-sju oder Rothhaarige) schon immer für die blonde Varietät Geltung gehabt haben. Später dient die Bezeichnung des achaemenidischen Herrscherstamm's, wenn durch die helle Färbung sich an die südlich siedelnden Nachkommen verlor, wie bei den Fulahs und den Nachkommen Djingiskhan's unter Mongolen.
**) Luristan is divided inter Pish-Kuh und Pushu-Kuh. The principal tribes in Piah-Kuh are the Silasile und Dilfun (Lek-tribes) and the Amalah and'Bala-Gheriveh or Lurtribes (Bode). Das Zagros-Gebirge war von den Lur, Lek und Kurden bewohnt. Bei den Maamaseni (unter den Luren) wohnen die Rustemi bei Fablian. Unter den Ilat (in Persien) finden sich (neben Turk-Ilat und Arab-Ilat) die Lek-Ilat oder Lack (als eingeborene Stämme Persien's) mit den Lur, Kurden, Bachthiari.
***) Die Assyrier heissen (s. Resen) Rotennou oder Retennou auf den egyptischen Monumenten. Amenophis IV. suchte den Sonnencultus (des Aten) einzuführen (VIII. Dyn.). Potiti enim Sembia Dani, necatis maribus feminas sibi nubere coëgerunt (Saxo) 10 Jahrhdt. p. d. Von den Vaeringjar in Constantinopel nennt Nestor das Volk der Warangen an der Ostsee. Reiske stellt Φάργανοι und Βάραγγοι mit den Franken zusammen. Νέμιτζοι, ἔθνος δὲ οἱ Νέμιτζοι Κελτικόν (Zonaras). Auf die Inseln Ααρομπω folgt das Σαβαιτικόν

und Arabien's (die Tanis oder Avaris als Hauptstadt gründeten) fanden sich
die Khetas (der pharaonischen Monumente) oder die Hethiter (Chanaan's)
bis zur XVII. Dyn. Unter König Maourmouiou fielen die Libyer (und
Maschouash) in Egypten ein, mit den pelasgischen Tyrrhenern Italien's,
sowie mit den Sardonen, Siculer, Achäer des Peloponnes und den Laconiern
verbunden, wurden aber bei Paari besiegt (XIV. Jahrhdt. a. d.). Die Stadt
'Ρῶσος in Cilicien*) lag am Vorgebirge Rhosos oder Amanus. Der aegyp-

---

στόμα (b. Strabo). Das alte Saba ist Massaua (s. Droysen) [Maha-Sawa]. Ausser oppidum
Aduliton, als maximum Troglodytarum emporium (b Juba), erwähnt Plinius Berenicem
alteram, quae Panchrysos cognominata est. Hinter dem Hain des Eumenes liegt bei der
Stadt Daraba eine Elephantenjagd (nach Strabo). König Zoskales ist (im Periplus)
γραμμάτων Ἑλληνικῶν ἔμπειρος. Die Einwohner der Insel Dioskorides (Socotra) waren
(nach dem Periplus) ἐπίξενοι καὶ ἐπίμικτοι Ἀράβων τε καὶ Ἰνδῶν καὶ ἔτι Ἑλλήνων τῶν πρὸς
ἐργασίην ἐκπλεόντων. An der Südküste Arabien's nennt der Periplus die Insel Sarapis.
Aegyptus, Sohn des Belus, (Sohn der Libya, die von Epaphus, Sohn der mit Telegonus in
Aegypten vermählten Jo, mit Memphis, Tochter des Nil, gezeugt war) nannte Aegypten
das von Arabien aus eroberte Land der Melampoden (während sein Bruder Danaus Libyen
erhielt). Taphus, Sohn der Hippothoë, nennt die Bewohner der echinadischen Inseln
Teleboer (Fernschreier), weil er fernweggezogen war, von seinem Vaterlande (Apollodor)
(Thule). Nachdem Medua, Sohn der Medea (und des Aegeus) viele fremde Völker unterjocht (in Medien) fiel er auf dem Zuge gegen Indien. De la traduction des inscriptions
(à Semneh) il résulte, que sous la XII. et XIII. Dynastie le Nil, qui sous la XVIII. Dyn.
avait deja le même niveau qu'aujord'hui, montait à Semneh, dans le temps de l'inordation,
à sept métres plus haut (Lenormant). Während sich gegen die XIII. Dynastie in Theben
die XIV. Dynastie im Delta erhob, fielen die Hyksos ein und herrschten in Unter-Egypten,
gleichzeitig mit der XV. und XVI. Dynastie in Theben, bis sie (Avaris zur Zeit der
XVII. Dynastie in der Thebaide bauend) durch Athmes (XVIII. Dynastie) vertrieben wurden.
dans les monuments des Dynasties primitive de l'Egypte, tout le pouvoir est concentré
dans les mains d'une caste militaire, d'une aristocratie qui, par certains côtés, a l'air composée de conquérants, et à laquelle le peuple est docilement soumis (les Ludim établissant
leur suprèmatie sur les Pathrusim, les Naphthuim et les Anamim). Bei dem arabischen
Stamm der Emeseni in Emesa (Hims und Hems) bei dem (durch den Orontes gebildeten)
See Kades wurde die Sonne aln Heliogabalos verehrt. Der Fluss Marsyas trennte Apamia
vom Gebiete der Nazarii. Die Könige von Kommagene (durch den Amanus von der kappadocischen Provinz Melitene und von Cilicien getrennt) residirten in Samosata. Germanicia
(am Amanus) hiess (nach Glykas) Adata (Caesaria oder Telesaura) oder (bei Abulfeda)
Chadatsch. Südlich von Doliche (zwischen Antiochia und Samosata) liegt Chaonia oder
Channunia. Der in Pieria entspringende Singas fällt in den Euphrat. Cingla Commagenem
finit, Merorum civitas incipit (Plinius). Seti I. (XIX. Dynastie) eroberte Khadesch, Festung
der Khetas, am Orontes (15. Dynast). Nachdem Ahmes (Gründer der XVIII. Dynastie)
die Hyksos ausgetrieben und Thoutmes III. seine Eroberungen durch Syrien und Libyen
ausgedehnt (16. Jahrhdt. a. d.) führte der (in Begleitung seiner Töchter kämpfende) Amenhotep IV. (Nachfolger des Amenhotep III, der auf den die Assur besiegenden Amenhotep II.
gefolgt), dessen fremde Mutter Taia auf den Monumenten mit blauen Augen und blonden
Haaren dargestellt wird, die Verehrung der Sonne (Aten oder Adonai) ein (als Chou-en-
Aten), aber unter seinem Nachfolger Har-em-hebi oder Horus (Sohn des Amenhotep III.)
wurden die Monumente der Sonne in der von Amenhotep IV. gebauten Hauptstadt Tell-el-
Amarna zerstört.
*) Erana war die Hauptstadt des Amanus (zu Cicero's Zeit). Die Stadt Pindonissus
war von Eleutherocilices bewohnt. Zu dem Salzsee beim Tempel des Zeus Dacius in
Catania (in Cappadocien) führten Stufen nieder. Cabasa war die Hauptstadt des caba-
sitischen Nomos in Egypten. Cabassus in Cappadocia (im Catonia) lag zwischen
Tarsus und Mazaca. Der von Sklaven bediente Tempel zu Ameria lag in dem Reiche
von Cabira (im Pontus), wo der Gott Men Pharnaces verehrt wurde. Typhon hiess (egyp-
tisch) Seth (Smy) oder Bebon. Die Sünden wurden (nach den Persern) nach dem aus
Baza bestimmten Gewicht abgewogen. Die armenischen Könige in Pieria (denen Heinrich VI.
die Königswürde ertheilte) erkannten sich als Vasallen des deutschen Kaiser's. Les flottes
du Pharaon (Thoutmès III.), après avoir conquis d'abord Cypre et la Créte, avaient aussi
soumis à son sceptre les îles méridionales de l'Archipel, une notable portion des côtes de
la Grèce et de l'Asie-Mineure, et peut-être même l'extremité de l'Italie (1600 a. d) dans
une autre direction les mêmes flottes avaient fait reconnaître la souveraineté du pharaon
sur tout le littoral de Lybie. On a trouvé des monuments du règne de Thoutmès III. à
Cherchell's, en Algérien (s. Lenormant). Mit der Kraft des Baal in den Khetas stürzend,
fühlt sich Ramses II. (der die Juden zu Arbeiten zwang) durch den Schutz seines Vater's

tische König Telegonus, Sohn des Epaphos (Bruder der Libya), vermählte
sich mit Jo*) (nach ihren Irrfahrten).

Nach Vertreibung der Cimmerier fielen die Skythen (7. Jahrhdt.) in
Asien ein, besiegten die Meder und drangen (nach Herodot) bis Aegypten
vor, wurden aber nach 28 Jahren wieder vertrieben. Ende des 7. Jahrhdt.

Ammon (der Sonne) inmitten der Feinde gestärkt. Während die Lebou (Libyer) und
Maschouash (Maxyee) genannten Barbaren (mit blauen Augen und blonden Haaren) sich
(XV. Jahr a. d.) einten und (wie die Sardoner, Siculer und Cretenser) eine Marine auf dem
Mittelmeer bildeten, zogen aus dem durch ihre Angriffe auf das Delta zerrüttete Aegypten
die Israeliten fort. Die Aussätzigen verhandeln sich mit den nach Asien gezogenen Hyksos.
Von Chanaan stammten die Sidoniter, Hethither, Jebusiter (in Jerusalem), die Amoriter
(als nördliche und südliche), die Guirgasiter (bei Gerasa in Peraea), die Hiviter (bei Sichem),
die Arkiter (am Nahar-el-Kebir), die Siniter (am Libanon), die Aradier (b. Aradus), die
Semariter (bei Simyra) und die Hamathaeer (am Orontes). Im Gegensatz zu den Städtebewohnern Chanaan's wurden die Bewohner des offenen Landes Pherezeer oder Phereziten
genannt. Verschieden von den südlichen Hethitern (b. Hebron) heissen die nördlichen
Hethiter (im Amanus und am untern Orontes) Khetas (auf den egyptischen Monumenten)
und Khatti (auf den assyrischen Inschriften). Ausser in den Republiken der Hevaeer
herrschten Könige in den Städten der Chanaaniter. Die Sidonier gründeten Cambe auf
dem Platze des späteren Carthago. Die vor Josua nach Sidon geflüchteten Chananäer
(besonders Gergesäer und Jebusiter) wurden als Colonisten in Afrika angesiedelt. Nach
Ewald entlehnten die Hyksos der hieratischen Schrift der Egypter alphabetische Charactere,
um die Töne ihrer Sprache auszudrücken und bildeten die Zeichen des phönizischen
Alphabets, die Grundlage der übrigen. Die auf die Medier in Babylon folgenden Turanier
oder Scythen (östlich von Aral) führten (nach Oppert) die Keilinschriften ein. Les caractéres
(qui composent l'écriture cunéiforme) representent ou des valeurs idéographiques ou
valeurs syllabiques le plus souvent même ils sont, suivant la place, au on s'en sert, susceptibles
des deux emplois. Ils offraient à l'origine le dessin grossier ou l'image symbolique, bien
a'terée, depuis, de l'objet concret ou de l'idée abstraite, exprimé ou rappelé par la syllable
qui constitue leur valeur phonétique, non dans la langue assyrienne, mais dans un idiome
de la famille tartaro-finnoise. Ainsi l'idée de „dieu" se rend en assyrien par le mot
„ilou", mais le caractère qui représente idéographiquement cette idée, et qui avait primitivement la forme d'une étoi!e, se prononce un, quand il est employé comme signe sylla-
bique, parceque dans la langue scythique „dieu" se disait „annap" (Lenormant).
    *) Der von Jo dem Jupiter in Aegypten geborene Sohn Epaphus wurde von den
Kureten in Syrien verborgen, aber von Jo gefunden und König von Aegypten, mit Memphis
(Tochter des Nilus) vermählt, und Memphis bauend. Padus oder (im Ligurischen) Bodencus
(Βόδεγκος) oder Bodincus (fundo carens) war keltisch von den Fichten (padi) genannt.
Bodinco-magum am Padus (nach Plinius). Scylax indificirt den Padus mit den Bernstein-
Fluss Eridanus. Libye oder Λιβύη, Tochter des Epaphos und der Memphis, gebar (dem
Poseidon) Agenor, Belos und Lelex. Libye, als Schwester der Asia (Tzetz-Lyc.). Libye
(Tochter des Palamedes) gebar Libys dem Hermes. Mela setzt die Libyes Aegyptii in den
Westen von Libya Interior. In ihrem ersten Theil berichtet die Marmorinschrift (griechi-
scher Sprache) des Monumentum Adulitanum (von Cosmas copirt), dass Ptolemäos Euer-
getes († 222 a d) von den troglodytischen Arabern und Aethiopen die bei Adule gejagten
Elephanten erhalten Im zweiten Theil werden die Eroberungen eines aethiopischen
Königs in Arabia und Aethiopia (bis zur egyptischen.Grenze) berichtet. Die Portugiesen
sahen (nach Tellez) eine griechische Inschrift in Axum (XVII. Jahrhdt.). Die bilinguale
Inschrift (auf dem Fussbrette des Thrones in der Krönungskirche von Axum) berichtet
(in äthiopischer und griechischer Sprache) die Herrschaft des (wie der adulitische) von Ares
stammenden König's von Axum über die Trogloditen, Sabaeer, Homeriten u. s. w. (als
König Aizanas, Bruder des Saizanas und Adephas). Als Athanasius durch die Arier von
Alexandrien vebunden wurde, schickte Kaiser Constantius Nicephorus den axumitischen
Königen (Aeizanas und Sazanas) Befehl, den axumitischen Bischof Frumentius nach Alexandrien zu schicken, damit er auf's Neue geweiht würde (356 p. d.). Nach Cosmas (VI. Jahrhdt.)
war der axumitische König Elesbaan Zeitgenosse des Kaiser Justinian († 565 p. d.).
Vopisais neunt Axomitae beim Triumphzug des Aurelian (in Palmyra gefangene Kaufleute).
Dans le monuments de l'époque des Pasteurs, le ciseau puissant des artistes memphites
fut mis au service d'une race aux traits énergiques, et d'un type bien différent des formes
allongées et amaigries qu'on rencontre habituellement vers la XIII. Rien de saisissant
comme l'aspect de ces figures au nez large et recourbé, aux pommettes saillantes, aux
lèvres déprimées vers les coins, physionomies hautaines et dé daigneuse, accoutrées avec
une véritable crinière et avec des oreilles de lion ou avec de longues boucles de cheveux
retombant sur les épaules. La diorite dans la quelle ces monuments sont tous taillés
ajoute à leur effet par le sentiment d'une impérissable dureté que revile de son grain

weissagte Ezechiel den Einfall*) Gog's aus dem Lande Magog (Manageten).
Tubal und Mesech erscheint als grosses Volk, dem weite Länder bestimmt
sind, in der japhetitischen Völkertafel. Im Altpersischen heisst Gog Berg
(Gfröer). Nach Herodot opferten die Perser dem Zeus auf Bergen. Von

serré, et par sa couleur sombre (Rougé). Nach Herodot liess Darius am Bosporos einen
Stein Ἀσσύρια γράμματα beschreiben und einen andern mit griechischer Inschrift. Les
textes fondamentaux (d'Egypte) montrent le dieu suprème se reproduisant perpétuellement
lui-même et se montrant successivement sous le caractères de pére et de fils sans cesser
toutefois d'affirmer son unié. C'est le un de un, dit un hymne du Musée de Leyde
(Jamblichus dira plus tard, le premier de premier). L'espace céleste jouant, le rôle du
sein maternel pour cette mystérieuse et éternelle génération devient la déesse mére, Neith
à Sais, Mauth à Thébes (Rougé). Tyr wurde (nach Nyerup) als Kobbortyr von den Cimbern verehrt, die auf einen chernen (kupfernen) Stier ihre Eide leisteten. Die Finnen
verehrten Turrisas als Gott des Kriege's. Osiris (der Vieläugige oder Sirius) war in der
Sonne Dionysos, als der aus der Nacht geborene Gott. Isis hiess (nach Diodor) die Alte
(als der Mond), weil ihre Entstehung sich immer wiederholt. Die Feuchte wurde Okeame
(Oceanus) oder Nährmutter genannt (nach Diodor), während die Aegypter den Nil darunter
verstanden [Ukki, als Urvater, Ukka ama oder älteste Mutter].
*) Nach Ktesias (b. Diod. Sic.) besiegte Semiramis (Semiramot oder hoher Name)
den indischen Herrscher Stabrobades (stavirapatis oder Herr des Festlandes), wurde aber
nach Ueberschreiten des Indus zurückgetrieben. Als die Kuschiten-Stämme von Osten
nach der Ebene Sinear kamen, erbauten sie einen himmelhohen Thurm, wurden aber in
der Verwirrung (Babel) zerstreut. Nach Manethos erbauten die arabischen Hirteukönige
in Aegypten (2190 a. d.) die Festung Avaris bei Pelusium gegen die Asien beherrschenden
Assyrier. Nach dem Odyssee zog der Aethiope Memnon mit seinen schwarzen Schaaren
den Trojanern gegen die Griechen zu Hülfe. Agron, der die Dynastie der lydischen
Herakliden stiftete (1218 a. d.) stammte (nach Herodot) von Ninus und Belus (durch
Herkules). Auf die arabischen Könige in Babylonien folgt (b. Berosus) die assyrische
Königin Semiramis. Der chaldäische König Phul (760 a. d.) in Assyrien herrschte über
Medien und Babylonien. Die Juden erbauten in Aegypten die Stadt Ramses (Abu Keschîb)
und Pithom (Patumos oder Stadt des Gottes Tum) b. Bubastis. Moses Frau (Zippora,
Tochter Jethro's) war eine Hirtin der Medianiter. Die babylonische Era (vom babylonischen
König Nabonassar eingeführt) beginnt (nach dem alexandrinischen Mathematiker Ptolomäos)
748 a. d. An der Spitze der medischen Könige, die Berosus Tyrannen nennt, stand
Zoroaster. Unter dem assyrischen Könige Samughes oder Saosduchin († 647) brechen die
Scythen ein. Unter dem assyrischen König Kiniladan wurde (625 a. d.) Ninive durch
Meder und Babylonier zerstört. Nach Ktesias befreiten sich die Meder (9. Jahrhdt.) von
den Assyriern. Nach Herodot folgte auf Dejoces, während der Gesetzlosigkeit (688) erwählt, Phraortes in Medien (zu Ecbatana) und dann Kyaxares, der die Scythen vertrieb
und dann Assyrien stürzte. Der assyrische König Sanherib setzte seinen Sohn Assarhaddon
(680 a. d), als Statthalter in Babylon ein. Nach Abydenus empörte sich Busalossor
(Nabupalossor) als Statthalter Babylonien's gegen Assyrien und verband sich mit den
Medern (als neubabylonisches Reich). Babylon befreite sich (1286 a. d.) von der Abhängigkeit Assyrien's. Die Meder (unter Zoroaster) eroberten Babylon und setzten dort Tyrannen
ein. Die Assyrier führten bei der Gründung ihres Staates Kriege mit Baktrien (nach
Diodor). In den Tempeln Thebä liegt Germanicus, dass König Ramses (Sesostris oder
Sethosis), Lybien, Aethiopien, Meder, Perser, Baktrier, Syrier, Armenier, Kappadozier,
Bithynier, Lycier, Scythen besiegt (nach Tacitus). Tatmes IV. vertrieb die Hyksos, die
später die nach Avaris verbannten Aussätzigen in der Verwüstung Aegypten's (im Bündniss)
unterstützte. Nach Berosus liess Artaxerxes Long. (404—424 a. d.) in allen Hauptstädten
menschenähnliche Bilder der Nationalgöttin Tanais aufstellen. Auf Befehl des Assyrer's
Tiglat Pilesar († 712 a. d.) stellte König Abas von Juda das eherne Meer (ein Wasser-
gefäss im Tempel) auf blossem Stein, statt auf Stiere (worauf es bisher geruht hatte), und
zertrümmerte die Rinder, Cherubim, Löwen, Palmen in den Schildern und anderes Tempel-
geräth. Sanherib (693—676) zerstörte (nach Jesaias) die Götzen der Syrer, Samariter und
Kananiter. Nach Herodot zerstörte Kambyses die Kabiren oder Zwerggötter der Aegypter.
Nach Pausanias führte Xerxes die griechischen Götter fort. Nach Herodot entfernte
Xerxes das goldene Bild des Bel in Babylon. Nach den Hebräern opferten die assyrischen
Priester auf Bergen oder Dächern (oder im obdachlosen Vorraum des Tempel's) dem Herrn
des Himmel's, Mond, Sonne und Gestirnen. König Manasse liess in den Vorhöfen des
Tempel's Altäre errichten. Auf Befehl des Grosskönig's von Assur, schaffte König Abas
die bedeckte Sabbathhalle fort. Nach Berosus herrschten in Babylon beim fünftägigen
Fest der Saklen die Sklaven (unter dem König Zoganes) über ihre Herren. Nach Dio
wurde ein verurtheilter Verbrecher auf den Thron gesetzt, mit Benutzung der königlichen
Kebsweiber. Nach Aelian war Semiramis eine Buhlerin, die als Sklavin des Harem den

den Assyrern und Arabern nahmen die Perser den Dienst der Venus Urania
(Mylitta oder Alitta) an. Die Babylonier verehrten ursprünglich nur Wasser
und Feuer, später aber kam bei ihnen die Verehrung von Götterbildern in
menschlicher Form auf (s. Berosus). Unter König Josias (622) wurde
(nach dem Einfall der Scythen, den Jeremias verkündet) das Gesetzbuch
durch den Hohenpriester Helkia im Tempel gefunden. Als einst ein arischer
König im Kriege mit den Barbaren begriffen war, füllte er sein Lager mit
Wein, Getränken und Weibern an, sich zurückziehend, die herbei eilenden
Saken geben sich in der Nacht wilden Ausschweifungen hin und wurden von
den Ariern (nach Dionysos) niedergemacht. Zum Andenken dieses Siege's
führten die Perser das alljährige Fest der Sakäen ein. Um das Jahr
1000 p. d. gingen die ersten Turkfürsten*) zum Islam über und 1300 p. d.
waren alle Horden die eifrigsten Zeloten für den Koran. Vom unteren

Grosskönig Assur's zu fünftägiger Abtretung der Herrschaft überredete, aber nach An-
legung des Purpur (Zoge) bei einem Festgelage den König ermorden liess. Nach den
Chaldäern nahm die Sonne mit jeder Stunde, jedem Tage und jedem Monat einen andern
Character an, je nach dem Einflusse der Planeten. Neben der Verehrung des himmlischen
Heeres hatten die Lydier den Moloch- und Mylittenkultus (in Cybele) von den Assyriern
angenommen (s. Gfröer). Das alte Testament erwähnt die Magier in Babylon. Nach den
Hebräern zogen viele Fremde mit ihnen von Aegypten aus. Nach der Landwirthschaft
der Nabatäer sind die Assyrier (die Kinder des ersten Shabrikan) nicht von der Race
Adam s' wie die Chaldäer, indem Chaldäer und Cananiter von zwei Kindern derselben
Frau Adam's abstammen. Kussistan (die Heimath von Kus) heisst bei Herodot τῇ κισσίῃ
(wo Susa lag) als Land der Kussäer (b. Plutarch) oder Kossäer. Wegen Einführung der
Jonier empörte sich unter Psammetich († 616) die Kriegerkaste (nach Diodor) und zog
nach Elephantine (die Aethiopier civilisirend) bei Meroe.
        *) Gegen Nordwest wandern die Reiter der Turk (mit Rossschweif) vom kaspischen
See zur Wolga-Mündung, am Kaukasus vorüber, über den Don, als Turk, Ulzen (Ghozz),
Ugr, Polowzen, Komanen, Chazaren, Jazygen (1050 die Krim, Moldau, Walachei u. s. w.
besetzend). Südwärts dringen sie durch die taurischen Bergketten nach Kleinasien, Reiche
der Seldschukiden, Atabeken, Osmanen (unter Osman † 1330 in Brussa) stiftend, die
(XIV. Jahrhdt) noch Balkanhalbinseln erobern. Araberkämpfe (IX. und X. Jahrhdt.) mit
buddhistischen Tibet (Tobbod). Vom Stamme der Turk stiftete Sultan Mahmud (1020—
1028) sein Reich auf Hochland Khorasan (in Ghazni am Südabhange des Hindukusch).
An den Quellen des Kokscha (Gihon) stiessen die Araber (700) auf zahlreiche Völkerstämme, die sie Turkur (Räuber) nannten. Plinius kennt Dyrcae (Turcae). Genesius und
Theophylaktes Simokatta kannte (zu Chosroe's Zeit) das kriegerische Gebirgs- und Steppen-
volk, hinterm kaspischen und arabischen See, (im Bunde mit den Hunnen) im Lande der
alten asiatischen Scythen am Imaus den Westhang Hochasien's, und von da als Nomaden
die Steppen zum Aral- und Kaspi-See bewohnend. Ueber sie ostwärts hinaus sassen die
Stämme der Hakas (Ostkirghisen). Ihr Land nannten die Araber Turkestan (Land der
Turk). Muhamedanisirte Turkenstämme zogen mit den Arabern gegen die heidnischen
Völker Sibiriens (bis zum Altai), die Reiche Kipschak und Sibir (unter Isker) stiftend
(1200). Unter Khalif Walid (704—715) zogen arabische Gesandte durch Kaschgar auf der
alten Senensstrasse nach China und kehrte mit Geschenken zurück. Unter Khalif Wathik
(846—847) waren die mohammedanischen Missonen (nach Edrisi) über das Gebirge Gog
und Magog hinaus, jenseits Kaschgar bis zu den Hakas (Ost-Kirghisen), jenseits Aksu bis
zum Altai vorgedrungen. Auf den Pelzmärkten von Astrakau und Ogur (Igurien) bei
Tobolhsk, lernten die Araber den im Winter auf Hundeschlitten besuchten Norden (terra
caliginis) kennen. Die heiligen Pilgerkarawanen nach Mekka dienten dem Handel. Die
Chinesen nannten den Compass Tschi-nan (Südweiser). Die Kreuzfahrer lernten den
Compass von den Arabern kennen und der französische Dichter Guiot de Provins besingt
ihn (1203—1208) als Wundernadel. Flavio de Gioja (in Amalfi) verbessert den Compass
als Schifferboussole (1302). Aus China kam der Maler Mani an den Hof Shapour's als
Prophet, wurde aber in der Mobed als Bilderverehrer widerlegt und geschunden. Als
Iran von China, die Türken, Indien, Mekran von Roum aus verwüstet wurden, lief man
(von den Arabern) Behram Gour, der (gegen Khosrau) durch die zwischen Löwen aufge-
hobene Krone bewies. Der mit einem Heer aus China und aus Khotan gegen Iran ziehende
Khakan von China, wurde durch Bahram Gour besiegt, und errichtete (nach den Siegen
über die Türken) eine Säule von Stein und Kalk zwischen Iran und Touran, wo der
Djiboun die Grenze zu bilden hat (nach Thisifoun zurückkehrend). Nach Agathemerus
trugen die Ceylonesen langes Haar (wie die Dravidier). Sagora liess die Yavana zur
Strafe kahlscheeren.

Bastian.   6

Gihon ergossen sich ihre Völker nach Westen durch Asien und Europa, als Milizen der Araber, und aus Prätorianern (Sklaven oder Mameluken) sich zu Rottenführern und Dynastiengründern erhebend. Nach Herodot brachten die goldjagenden Indier dem Darius Tribut. Die östlichen*) Nomaden der Padaior (rohes Fleisch essend) tödteten Kranke und Alte, um sie zu verzehren, wie die Kalatier.

In der chaldaeo-assyrischen**) Dynastie Babylon's baute Sagaraktiyas (Vater des Naram-Sin) den Tempel Sippara's auf der Stelle, wo Xisuthrus

---

*) Die Aethioper des Sonnenaufgang's, (die statt der krausen Haare der libyschen glatte Haare hatten) trugen (im Heere des Xerxes) Häute von Pferdeköpfen statt Helme. Die Darada besuchten auf den Handelsreisen Kampulios an der Grenze des issedonischen Lande's. Das Volk der Sudra am mittleren Indus bringt (im Mahabharata) in Gandhara (oder dem östlichen Kabulistan) erzeugte Pferde (als Geschenk). Zinn (in Mewar) heisst (im Malayischen) timah, im Sanscrit Kastira, woher Κασσιτερος bei Homer (von den Phöniciern). Die Erfindung der Thierfabel durch Aesop (Aithiops) wird nach Assyrien verlegt und kam über Phrygien und Lydien (in die kenntliche Heimath) nach Griechenland. Skylax von Karyanda (509 a d.) schiffte von Kaspatyras (Kaschmir) und Paktyske (mit Darius) den Indus bis an's Meer. Die Memnon's-Strassen (mit dem Siegesdenkmale des Sesostris) wurde der Semiramis zugeschrieben. Der Aethiope Memnon sandte den König Phalis (von Sidon) oder Polydamas (der ihm unterworfenen Phoenizier) gegen die Griechen vor Troja. Simonides von Amorgus besang das Grab des Memnon am Flusse Baudus (in der Nähe von Paltus). Die Assyrier begingen das Trauerfest des Memnon und bekränzten sein Grab. Homer erwähnt Aethiopen an dem palästinensischen Gestade, südlich von Phönizien. Das Reich des in Jope residirenden Aethiopenkönig's Kepheus erstreckte sich vom mittelländischen Meer bis an das erythräische (s. Conon). Die Provinz Osrhoëne war von dem Könige Edessa's (ἡ Ἔδεσσα) benannt. Edessa (am Scirtus-Fluss in Mesopotanien) war nach Isidor von Nembroth oder Nimrod gegründet, der (nach St. Ephraim) in Arach und Edessa herrschte. Nach Strabo hiess Edessa (Hierapolis) Bambyce oder (nach Plinius) Antiocheia-Callirrhoes. Nach Steph. war Edessa (in Mesopotamien) von Edessa, die Hauptstadt Macedonien's, benannt. Die Abgar genannten Könige in Edessa (Uriah oder Orfah) waren mit Commodus und Trajan gleichzeitig (in die Kolonia Makedonon). Isidor nennt Μανούορρα Orrha von Mannus) als König von Edessa. Die Mederianer der Schola Persica in Edessa wurden durch Bischof Martyrus vertrieben. Die Könige von Edessa trugen als Titel die Namen Abgarus und Mannus. Die vom Temeniden Perdiccas stammende Dynastie Macedonien's residirte in Edessa oder Aegae (Begräbniss des macedonischen König Poseidon wurde in Aegae und Achaya verehrt (b. Homer). Strabo erwähnt den Tempel des Poseidon zu Aegae (in Euboea), Aegae, Stadt an dem Berg von Issus, Stadt in Mysien. Das aegaeische Meer war von dem Seegott Aegaeon oder der Amazonenkönigin Aegaea (oder Aegeus, Vater des Theseus, genannt). Kassiopeia, Gattin des Kepheus (Sohn des Belus) war Mutter der (von Perseus befreiten) Andromeda, ist (b. Hesiod) Tochter des Arabus und Gattin des Phoenix (Stammvater's der Phoenicier). Aethiopien heisst Kephenia (bei Agatharchid). Nach Arrian hiessen die Perser (mit der Hauptstadt Babylon) früher Kephener. Nach Hellanikos hiessen die Chaldaeer in Babylon zuerst Kephener. Nach den Scholiasten war Syrus ein Sohn des Aethiops oder des Chaldae.us. Nach Pisander kam die Sphinx aus Aethiopien nach Böotien. Die Juden hiessen (b. Tacitus) Assyrii convenae. Die Bewohner Jope's waren (nach Plinius) aus Aethiopien eingewandert. Der assyrische Herakles Sandon (Sardanapal) war aus Aethiopien, oder aus Indien gekommen, als Dionysos. Ktesias spricht von Mond- und Sonnenverehrung der Jnder.

**) Als das chaldäische (assyro-chaldäische) Reich in Babylon zerfallen war, fand Thutmes I (nach seinen Eroberungen in Syrien) in Assyrien Bündnisse der unabhängigen Staaten oder der Rotennu oder Assyrier, zu denen (wie die Könige von Niniveh, von Assur oder Singar) auch die syrischen Könige und der König von Babel gehörten (XVII. Jahrhdt.). Im XVI. Jahrhdt. dehnte Thutmes III seine Eroberungen über Mesopotamien (von Niniveh bis Babylon) aus und setzte hier Statthalter ein, als die arabischen Könige, die (b. Berosus) auf die chaldäische Dynastie folgen (1559 a d.) und bis zur Zeit des Aufstandes regieren, wodurch (1314) die asiatischen Provinzen von Egypten abfielen (XX. Dynastie), obwohl Ramses III. Syrien zurückeroberte. Während der Herrschaft der Araber in Babylon machte sich (nach Ctesias) der assyrische Häuptling Ninus unabhängig und baute (nach seinen Siegen) Niniveh. La Médie n'etait pas, uniquement peuplée par la race indo-européenne, au contraire la majeure partie de ses habitants appartenait à la grande famille de Touran (von wo die zoroastische Dynastie gestürzt wurde). Les Tcouraniens descendaient même encore plus bas, ils formaient une portion notable de la population de la Susiane, sur la rive gauche du Tigne dans son cours inférieur et pendant longtemps leur langage y

dio Annalen (bei der Fluth) begraben. König Ourcham (bei Ovid) baute in Chalanneh den Pyramidentempel des Sin (Gott des Monde's), in Nipour den Tempel des Himmel's und der Göttermutter (Mylitta Taauth), in Larsam Capellen der Sonne. Der König Ismi-Dagon (Dagon hört ihn) eroberte (mit seinen Söhnen Goungounoum und Samsi-Ilou) Assyrien und baute zu Elassar oder Kalah-Scherghat (am oberen Tigris) einen Tempel des Oannes (1800 a. d.), während die Hyksos unter Set-aa-pehti-Noubi die Grenze Egypten durch Avaris gegen den Angriff vom Euphrat her befestigten (das Vordringen der Chaldaeer hatte die Nomaden nach Egypten geworfen).

Auf Kadschomurs, Begründer der Paischda-Dynastie, folgt sein Enkel Huschung (Sohn des von der Dihws erschlagenen Siamuck), dessen Sohn Pahamurs von der gefangenen Diws schreiben und lesen lernte (nach der Zihnut-el-Tuarikh), unter Einführung des Bilderdienstes (während einer Epidemie). Sein Nachfolger Dschemschid wurde durch den syrischen Fürsten Zohauk (aus dem Geschlecht Schedad) getödtet, und er dann von Feridun (aus dem Geschlecht Tahamurs) getödtet mit der Kuhköpfigen Keule oder Gurz [Parasu. Rama]. Gowesir (zum Andenken an die ihn säugende Kuh, die Zohak getödtet), nachdem sich der Grobschmied Kâwâh in Ispahan empört hatte, um nicht seine (Chaldäer von χαλκός) Söhne der Schlange

---

fut prédominant. Ce pays, placé à la limite commune de toutes les races diverses de l'Asie occidentale, les voyait, du reste, toutes confondues et enchevêtrées sur son sol. On y rencontrait en même temps les Elamites de la race de Sem, les Susiens (proprement dits) et les Apharséens issus de la famille touranienne, les Uxiens, rameau des Aryas, et les Cosséens, descendus de Cham par la branche de Koush, conservant tous leur nationalité distincte et superposés les uns aux autres, comme le sont aujourd'hui les population et origines diverses, qui peuplent la Hongrie (Lenormant). Justin's scythische Invasion Egypten's bis zu den Sümpfen des Delta, fiel mit den Kriegen Chodorlahomor's (König von Elam) zusammen und sein Vater Amraphel, König von Sennaar, Arioch, König von Ellassar und Targal (Tidal) oder (auf den casdö-scythischen Keilinschriften Tourgal, König der Nationen (oder Nomaden). Auf Evechous oder (in den Genesis) Nemrod (Sohn des Kusch), Gründer der kuschitischen Dynastie der Chaldäer in Babylon, folgte (nach Berosus) Chomasbelus. Assur wanderte aus Sennaar aus, um Niniveh zu bauen (nach den Genesis), [die Armenier wanderten vor Belus aus]. Die Chamiten der kuschitischen Dynastie in Babylon wurden (2400 a. d.) durch Aryer (japhetischen Stamme's gestürzt), die (unter Zoroaster) die medische Dynastie (nach Berosus) in Babylon gründeten, und dann folgten die Turanier oder Scythen (tartaro-finnischen Stammes des Magog), die (vom Osten des Aralsee's aus) die Keilinschriften in Mesopotamien (Ur-Kasdim) einführten. Die Chaldaeer (aus dem Stamme Arphaxad's unter den Carduchi oder Gorduaei) bildeten (unter der kuschitischen Dynastie in Babylon die gelehrte Kaste) und als (nach der turanischen Eroberung) das semitische Element allmählig wieder (2000 a. d.) alle übrigen absorbirte (obwohl sich neben der semitischen Volkssprache die chaldäische Version des Turanisch-Medischen in der casdo-scythischen Schrift der assyrischen Zeichen als Geheimsprache bewahrte), gelangte (2017 a. d.) die Dynastie der Chaldaeer (als chaldäisch-assyrische) zur Herrschaft in Arach, Chalanneh, Nipour, Sippara (mit Babylon als heiliger Stadt). Les édifices sacrés (de l'empire chaldéen) reproduisent tous le même type. C'est une pyramide à étages, composée d'une série de hautes terrasses carrées superposées, en retraite les unes sur les autres sur toutes leurs faces, de telle façon que celle d'en bas occupe une très-grande surface, tandisque celle du sommet est fort étroite. C'est ainsi que la tour de Babel était déja disposée et c'est le même type que reproduisent les plus antiques parmi les pyramides de l'Egypte, celle de Sakkara, par exemple. Cette donnée des constructions sacrées était en rapport avec la nature essentiellement astronomique du culte chaldéen. Sur la plate-forme supérieure, s'élévait une petite chapelle ou chambre carrée, richement ornamentée, dans la quelle était l'image de la divinité du temple [Theocalli von Mexico]. Le revêtement de chacune des terrasses superposées était en briques d'une dimension et d'une couleur différentes de celles des autres [Meru] (s. Lenormant). Die Chaldäer berechneten eine astronomische Periode von 43200 Jahre in der ganzen Periode der Präcession der Equinoctien. Die syrische Göttin Dercetis oder Atargatis wurde in Hierapolis oder (bei Plinius) Magog verehrt, in dessen Tempel sich eine von Löwen gezogene Juno und ein auf dem Stiere reitender Jupiter fand. Mit dem Verfall der Bewässerungsanstalten (unter Aurelian's Krieger) wurde die (zu Xenophon's Zeit) blühende Provinz Chalybon (Thapsakios) in eine von Araberhorden durchzogene Sandwüste verwandelt.

zum Opfer zu geben. Feridun's Enkel Minuschehor rächte seinen Vater Erii au dessen Brüder Selm und Tur und setzte zum Statthalter Seistan's, Kabul's und aller Länder nördlich von Indus seinen Minister Sam ein, Vater des (wegen seiner weissen Haare) auf dem Elburz ausgesetzten, aber von Siamurch dem Greifen ernährten Zal, der mit Rudabah, Tochter des Mehrab (König von Kabul) den aus dem Leibe geschnittenen Rustem zeugte. Nuzer (Mihnuscheber's Sohn) wurde (nachdem Kobad, Kawah's Sohn) gefallen, von Afrasiab*) getödtet, den später Zal aus Persien wieder vertrieb, zum Könige Zu oder Zuwah, (Artia) ernennend, dem Kerschasp (Arbianes oder Cardicias) folgte. Als mit dessen Absetzung die Paischda-Dynastie endete, wurde bei Auffindung des im Elburz verborgenen Kai Kobad (Grossenkel Mihnuscheher's) durch Rustem die Dynastie Kai begründet. Von Kai Kobad's Söhnen, folgte (neben Arisch, Rum und Armen) Kai Kaus, der beim Feldzuge gegen Mazenderan in Gefangenschaft fiel, aber von Rustem befreit wurde (ebenso aus der Gefangenschaft in Hamaveran oder Arabien). Mit Afrasiab's Nichte zeugte Kai Kaus den Siawusch, der von der Königin Sudaba (Prinzessin von Hamaveran) verläumdet wurde (weil er ihre Liebesanträge zurückgewiesen) und (obwohl durch die Feuerprobe gereinigt) zu Afrasiab ging, bei dem er auf Anstiften Gursivas ermordet wurde. Sein durch Pihran Wisa geretteter Sohn Kai Khosru folgte auf Kai Kaus und der von dem König China's (auf einen weissen Elephanten reitend) unterstützte Afrasiab wurde (obwohl er Gudurz, den Enkel Kawah's, besiegt hatte) von Rustem besiegt. Nach Eroberung Samarkand's und Bokhara's wurde Afrasiab getödtet, und Kai Khosru (in religiöse Einsamkeit zurückgezogen) wurde von den Edeln zu der auserwählten Quelle begleitet, wo er verschwand. Unter seinem Nachfolger Lohrasp (den Schwiegersohn von Kai Kaus) besetzte Ruham Gudurz oder (Nebukadnezzar) Bucht-al-Nasser (Statthalter von Irak) Jerusalem. Der (über die Bevorzugung der Kinder des Kai Kaus erzürnte) Sohn Lohrasp's, Guschtasp empörte sich und flüchtete nach Rom, wo er die Prinzessin heirathete und gegen Persien zog, aber von seinem versöhnten Vater (der sich in die Einsamkeit zurückzog) auf den Thron gesetzt wurde. Als Zoroaster den Feuerdienst in Aderbischan begründete, warnte Ardschasp (König der Tartarei oder China) gegen den Abfall vom väterlichen Glauben, und eroberte Balkh (wo Lohrasp getödtet wurde), bis Jefundihr (Guschtasp Sohn) ihn besiegte Rumdeh eroberod, wo ein Statthalter aus dem Geschlecht des Agraris eingesetzt wurde). Nach Zügen im Abendlande, in Indien und Arabien fiel Jefundihr im Kampfe mit Rustem (dessen aufrührerisches Geschlecht er unterwerfen wollte). Jefundihr's Sohn Bahman (Ardischihr Dirasdust oder Artaxerxes Longimanus) oder Rahman (Ahasverus nach Josephus) folgte auf Guschtasp und nahm (nach Rustem's Ermordung seines Bruder's) Zal (in Seistan) gefangen. Er setzte wegen seiner Bedrückungen den Sohn des Bucht-al-Naser in Babylon ab (nach Tarik Tubrih) und setzte den Koresch (der die Juden begünstigte) an seine Stelle. Auf Bahman's Tochter Homai folgte der mit dem Vater erzeugte Sohn. Auf Darab (der mit Philippus

---

*) Durch die verführerische Zauberin Sussene (die den eingeladenen Thus noch im Schlaftrunk binden lässt) wollte Afrasiab den Barsu (Enckel Rustem's) entführen. Parsondas, der durch die Frendenmädchen des Nanybros von Babylon entführt wurde, schlug Artäos von Medien, nachdem er zum König der Kadusier erwählt war (Nicolas Damascenus). Von Khosrev's Grossen führte Feriburs, Sohn des Kawus, eine Sonne im Wappen, Guderz einen Löwen, Gustuhem aus Parthien den Mond, Senkeh, Sohn des Schaveran, einen Paradiesvogel, Feramar das Wappen seines Vater's Rustem, mit sieben Drachenhäuptern. Nachdem Abgar von Edessa nach Persien gekommen, wurden die inneren Zwistigkeiten so beigelegt, dass Aidasches mit erblichem Titel herrsche, die Brüder und Nachkommen seiner Schwestern aber den Titel Pahlav (als den Arsaciden zukommend) führten.

von Rum Tochter Alexander zeugte) folgte Darius Codomanus. Nach dem
Dabistan zog sich (von Mahabad's Nachfolgern) Azer-abad von dem Thron
in die Wüste zurück, worauf (zur Ordnung der Unruhen) Dschei-affram
erwählt wurde und die Dschei-anian-Dynastie gründete, deren letzter König
Dschei-abad verschwand. Von den Nachfolgern seines Sohnes Schah Kadihr
(der den einbrechenden Unordnungen steuerte) wurde der Letzte, Mahabul
wegen seiner Gottlosigkeit vertrieben und sein Sohn Yessan eingesetzt,
dessen Dynastie mit Yessan-Adschum schloss. Gott liess das verdorbene
Menschengeschlecht durch gegenseitige Kämpfe umkommen, und berief dann
Gilschah oder Kadschomur auf den Thron. Im Vendidad (des Zend avesta)
war nach Viranghvat (Vater des Manu und Sima) Athwja der zweite
Sterbliche, der den Saft des Haoma presste und den Göttern opferte. Sein
Sohn Thraetona erschlug die Schlange Dahaka. Zum drittenmal opferte
Haoma-Saft Çamas, Vater des gerechten Urvakshaja und Kereçaçpa (mit
der Stierkeule die grüne Schlange erschlagend) an der sich ein Zauberweib
aus Vaekereta hing. Auf die berühmten Herrscher der Vorzeit*), Kava
Kavad, Kava Uç (Ochus), Kava Çyavarsna, folgt Kava Huçrava, der nach
dem Kampf mit der turanischen Schlange Fragharsha (Fraçjak oder Afrasiab),
zum Himmel erhoben wurde, dann Kava Aurvataçpa und Kava Vistaçpa
(den Zarathustra zum Gesetz Ahuramasda's bekehrte). Vor Kai Khosru
oder Cyrus war Bactra**) Hauptstadt der Perser. Nimrod, Sohn des Kousch,

---

*) Nachdem Angramainjus den Gojomarth erschlagen, folgte der die Daeva be-
siegende Huskjangho (Hoschang) und dann Tahmuraph (im Bundehesch). Nach Jima
Kshaeta's Tode wurde Dahaka durch die stierköpfige Keule des Thraetaona (Feridun) besiegt und an Demavend geschmiedet. Auf dem durch seine Brüder erschlagenen Iredsch
folgte dessen Enkel Manoschihir, worauf Fragharsha (Afrasiab) von Turan mächtig wurde.
bis sich (unter Kava Kavad und Kai Kobad) die Dynastie der Kavanier erhob und während
die Regierung von Kava-Uc, (Kai Kavus), Kava, Çyavarsna (Siavakush) und Kava Huçvava
(Kai Khosru) oder Turanier durch Rustem (aus dem Geschlecht des Schlangentödter's
Kereçaçpa) besiegt wurde. Als Vistaçpa oder Gustasp (Nachfolger des Aurvataçpa oder
Lohrasp) durch Zarathustra bekehrt war, verwüstete Aredschataçpa (Ardschasp) den Tempel
Balkh's, bis Isfendiar's Sieg. Sudas Divodasa's oder Paigrassa's Sohn), König der Tritsu
(unter dem Priestergeschlecht Vasistha, treibt den von Visvamitra geführten König der
10 Stämme zurück (zu denen die später in ihrem Lande angesiedelten Bharata gehören).
In dem Geschlecht des (das dreifache Opferfeuer einführenden) Pururavas, Sohn der Ila
(Tochter Manu's) und Budha's (Sohn des Mondes) zeugt Jajati den Puru, von dem König
Bharata stammt. Die Bharata (die 1600 a. d.) in Kurukshetra einwanderten) heissen Puru
(in den Vedas). Nach Verdrängung der Tritsu setzten sich die Bharata im Lande zwischen
Sarasvati und Jamuna fest. Dem von den Pantschala bedrängten Samvarana (König der
Bharata) wurde von der Tochter der Sonne der Sohn Kuru geboren, unter dessen Nachfolgern mit der Wittwe des kinderlosen Santanu von Vjasa Kinder erzeugt werden, in
dem blonden Dritarashsha (Vater des Durjodane) und dem Pandu, dessen Söhne Draupadi
(von der Koschala) gewinnen und (nach der grossen Schlacht) in Hastinapura einzogen
(1364 a. d.) Aus dem Geschlecht des Ikhvaku (Sohn des Manu) herrschten (7—23 Gene-
rationen vor dem grossen Kriege) in Ajodhja, König Dasaratha, dem die Söhne Rama,
Lakhshmana und Bharata (zu·n Nachfolger bestimmt) geboren werden, über das Volk der
Kosala an der Saraju. Megasthenes nennt Spatembas (Vater des Budyas) als ersten
König. Magadha (als Svayambku) aus den Wirini-Fluss setze Manu Waiwata die Fische
Brahma in den Ganges vor der Fluth. Die Nachkommen Abraham's (oder Uebergänger)
wurden Hebräer genannt, weil sie jenseits (ober) des Euphrat gewohnt.
**) Ninus bekämpfte (mit Semiramis) König Oxyartes (Ctesias) oder Zoroaster
(Cephalion) von Bactrien. Bournouf erklärt Bactria als apaktara (Norden). In den Hindu-
legenden heissen die Bactrier (IV. cents a. d.) Bah·ikas (s. Wilson). Bakhdi (des Zend-
avesta) ist Bakhtrisch (auf den achaemenischen Tafeln). Kyrus theilte Bactria (mit
Chorosmia, Parthia, Carmania) seinem zweiten Sohne (Tanyoxarces oder Smerdis) zu (nach
Ctesias). Sunt autem Bactriani inter illas gentes promptissimi, horridis ingeniis, multumque
a Persorum luxu abhorrentibus, siti haud procul Scytharum bellicosissima gente, et rapto
vivere assueta, semperque in armis errant (Curtius). Die Aegli oder (b. Steph. Byz)
Aegeli wohnten (als medisches Volk). Ghilan oder (nach Chron. Pasch.) ἐν Αἰγαίοις (am
Jaxartes) als Augali (b. Ptol.). Strabo vergleicht die Bactrier mit den Scythen. Herodot
stellt die Saken mit den Bactriern zusammen. Die Amyrgii genannten Sacae Persien's

gründete das kuschitische Reich in Babylon (mit Thurm von Babel), unter
den (zum Theil nach Norden gewanderten) Semiten Assurs, die später
(zwischen Chaboras und Tigris mit Ninive, Resen, Kaleb, Assur oder
Ellassar und Singar) die Oberhand behielten und dieselbe Sprache in
Chaldaea*) (mit Soumir und Accad, als Norden und Süden) und Assyrien

---

bewohnten (nach Hellanikus) die amyrgische Ebene (in Khiva). Saka Humavarga auf der
Naksch in Rustam-Inschriften der Caspii wohnten in Ghilan (am casp. Meer). Attasier
und Choramier gehörten zu den massagetischen und sakischen Völkern (nach Strabo).
Die Kissii in Susa (in Khuzistan) hiessen (nach Strabo) von Kissia, Mutter des Memnon
Κισσια (Herod) in Susiana, Κισσιοι (Ptol.). Die Conaei in den Bergen zwischen Susiana
in Media, unterstützten die Elymaei gegen Babylonia in Susa (nach Strabo), als Cusii bei
Plinius (Bakhtiari-Stämme). Ariana in Central-Asien begriff beinahe das ganze Alt-
Persien. Die Provinz Aria (nordöstlich von Persien) begrenzten die Sariphi (Hazaros)
Berge im N., (gegen Margiana und Hyrcania), die Bagous (Ghor-Berge) im O., die Wüste
Carmania im Süden (Kirman), Masdoranus und Parthia im W. Aria begriff Khorasan und
Afghanistan (nach Strabo und Ptolom.). Die Thamanaeer (b. Herodot) oder Taymounee
(s. Ferrier) erstreckten sich (nach Isid. Char.) von den Quellen des Khash-rud und Harrut-
rud zu den Ufern des Helmond (mit der Stadt Φρα oder Furrah). Die Stadt Caspatyrus
(in Cashmir) lag im Lande der Pactyer am Indus. Die Sattagydier erstreckten sich (in
den Inschriften) bis Margiana oder Mero. Die Arachosier wohnten im Candahar. Die
Gandarier wohnten in Kabul am oberen Indus (als Godara). Sindhu Gandhara bezeichnet
(im Sanscrit) das Land am oberen Indus (s. Wilson). Cabul heisst Gandhara (bei Edrisi).
Caspapyrus war (nach Hecataeus) Stadt der Gandarier (Εθνος Ινδων). Die Candari wohnten
in Khorassan (mit der Stadt Gadar). Gandaritis gehörte zu Indien (nach Strabo). Die
Gandarae (b. Ptol.) oder (b. Dionys. Peneg) Gangaridae (an der Mündung des Ganges) ge-
hörten zu den Indiern (Ghond, Khongka) durch die Yue-Chi ausgetrieben, wanderten die
Gandarier vom Sindhu-Gandhara nach Westen und brachten den heiligen Kopf des Fo
(V. Jahrhdt. p. d.) vom obern Indus nach Arghandab (s. Rawlinson). Die Sagartier oder
Asagarta (von Kashan und Isfahan bis zum Harut-rud oder Subzawur), die mit Lassoe
kämpften, wurden (als indische Aswas oder Vorfahren der Scandinavier) durch die Parther
westlich nach Mazenderan (b. Asterabad-Bay) getrieben (den Persern in Sprache und
Kleidung gleichend), von Nachkommen des medischen Fürsten Cyaxares beherrscht. Herodot
stellt die Arier in der Bewaffnung mit den Bactriern zusammen. Nach Plinius schloss
Ariana die Arier (mit andern Stämmen) ein. Das alte Ariana stellt Iran Din. Ariana
begriff Gedrosia, Drangiana, Arachoria, Paropemizusberge, Aria, Parthia und Carmania.
Aryawarta (bei Manu) liegt zwischen Himalaya und Vindhya. Nach Josephus schickte
Sancherib die Kuthaeer aus Persien und Medien nach Samaria. Zoroaster leitet (b. Syncellus) die medische Dynastie ein.
*) Arier (japhetischer Rasse) stürzten (unter dem bactrischen Fürsten Zoroaster)
das Reich der Kuschiten in Babylon (2400 a. d.), durch die medische Dynastie (b. Berosus),
bis zu ihrem Sturze (2200 a. d.) durch die Turanier oder Scythen, die (nach Oppert) die
Keilschriften nach Mesopotamien brachten, das semitische Element gewann (2017 a. d.)
die Oberhand mit den Eroberungen der Chaldaeer, die die semitische Sprache angenommen
hatten, und so bildete sich die Nation der Chaldaeo-Assyrier (bald als chaldäisches, bald
als assyrisches Reich). Das erste Reich der Chaldaeer (b. Berosus) gründete sich auf die
Städte Arach (Warkah), Chalanneh (Mougeir), Larsam (Senkereh), Nipour (Nittar) Sippara.
Nach Besiegung der Babylonier, Armenier (unter Arsanes) und Meder, zog Ninus (Erbauer
von der Stadt Niniveh gegen Bactrien (unterstützt durch Semiramis, Frau des Oannes, der
sie dem König überliess). Semiramis, die nach Ninus herrschte, baute Babylon wieder
auf, sowie Eibatana. Das Reich der Semiramis (unter der die Assyrier zuerst das Meer
gesehen) grenzte an den Hinaman (Indus) im Osten, im Süden an das Land des Weihrauch's (Arabia felix), im Norden an das Land der Saker und Sogdier (nach Polyaen.).
Teglath-Samdan, Sohn des Salmanassar I., betitelte sich (1300 a. d.) König von Assyrien
und Chaldaea. Rhamses XII. erhob (1150 a. d.) Tribut aus Mesopotamien, aber als bei
der Usurpation des Hohenpriester's Her-hor, Egypten's Eroberungen abfielen, herrschte,
(als der Ruhmvolle in der Nation Bel's) in Assyrien König Assurdayan, Sohn des Ninippallassar (der Assyrien Gesetze gegeben). Sein Enkel Teglathphalassar I. eroberte Kerkemish
und besiegte den Khetas, wurde aber durch Nardochidinakh von Babylon angegriffen
(1100 a. d.) und unter seinem Sohne Assurbetkala (Beleus) stiftete die aufrührerische
Belkatirassu die Dynastie der Belitaras (1080 a. d.). Le nom d'Arphaxad s'applique à la
contrée montagneuse de l'Arménie, appelée encore par les géographes classiques Arrapachitis. Ce nom, qui signifie „borne du Chaldéen" révèle que les Chaldéens en occupaient
d'abord le voisinage (Lenormant). Thané (descendu d'Arphaxad) habitait à Ur Kasdim
(le pays des deux eau ou des deux fleuves). Der Name Abram (Vater der Höhe) wurde
in Abraham (Vater der Menge) verändert und Saraï hiess Sara (Herrin). Nach der Zeit

verbreiteten. Archag herrschte im Lande der Kouchan (nach Mos. Ch.). Pahl (Balkh*)) war Hauptstadt der Kouchan, woher die Arsaciden die Pahlavanen hiessen (nach den Armeniern). Nach den Shanameh befestigte Kerra Nouchirwan die Stadt Iran**) (im Defilé von Derbend) gegen Türken

der Hor-Scheau (oder der Diener des Horus) vereinigte Menes aus Thinis die Völker Egypten's (unter Abschaffung der theocratischen Regierung) als König. Das älteste Monument Aegypten's ist das Pyramidengrab des König's Kekeu oder Cechous (in der zweiten Dynastie) bei Sakkarah. Die Pyramiden von Cheops (Khoufon), Cephren (Schafra) und Mycerinus (Menkera) gehören der IV. Dynastie an. Die Sacae (b. Eratosthenes) werden durch die Jaxartes von den Sogdiern getrennt. Die Scythen (oder Sakeu) wohnen nördlich von Jaxartes (b. Arrian). Die scythischen Eroberer des Graeco-bactrischen Reiches kamen (nach Strabo), ἀπὸ τῆς περαίας τοῦ Ἰαξίτου τῆς κατὰ Σάκα καὶ Σογδιανοὺς ἦν Κατείχον Σάκαι. Die Sacesinne (b. Arrian) oder Sacae grenzten (in Armenien) an die Meder und Cadusier (als Sacassani in Sacassene). That the Massa-Getae (Goths) were Ariaus is shown by the name of their prince Spargapises (Herod.), which may be compared with the Spargapeithes of the Agathyrsi and of the Europaean Scyths or Scoloti (of Indo-Europaean character). Sacia (b. Ptol.) liegt östlich von Sogdiana und nördlich von Imaus (Himalaya) in Cashgar und Jarkand. Nach Steph. setzte Herodot die parthische Stadt Κασπειρος nahe zum Indus (als Κασπάτυρος). Die Caspeiri bewohnten Cashmir. Ptolem. setzt die Caspii in's östliche Tibet an die Grenze China's, die Sarangier (Zarangi oder Zarangaei) oder Drangae wohnten als Zaraka (in den Inschriften des Darius) am See Zerrah, wohinein der Helmund, Fluss von Kash, Fluss von Farrah, Harrut-rud u. s. w. münden. Θαμαναῖοι, ἔθνος Πέρσαις ὑπήκοον, Damani oder Thamanacer b. Demawend. Κώμη Θπιανῶν in den kurdischen Bergen (b. Agathias).
*) Mos. Ch. nennt Khoush neben Khoued (Iran) unter den Völkern Scythien's. Der Periplus nennt die tapfere Nation der Bactrier am Indus. Scythien am Indus (Indoskythien b. Ptolem.). Die Könige von Hoa (Ho) eroberten (nach den Chinesen) in Persien, Indien, Khotan. Plinius setzt die Jates an den Jaxartes (Iataoi b. Ptolem.). Durch Slaven und Germanen bedrängt kehrte (V. Jahrbdt.) ein Theil der Hunnen nach den Aralsteppen (in das Land der Kirghizen) zurück. Die Yetha heissen Halthelaian (Haithal oder Ephthaliten) b. d. Orientalen. Houna als Rajputen-Stamm (auf indischen Inschriften). Nach Arrian waren die Parther durch Sesostris aus Aegypten nach Skythien gebracht. Nach Moses Chor stammten die Parther durch Keturah von Abraham. Die cuschitische oder ethiopische Rasse, die von Abyssinien bis Indien wohnte, fand sich an der Nordküste des persischen Golf's (wie die Thon-Inschriften bezeugen) in Susiana und Babylon (vor arischer und semitischer Eroberung) sowie in Süd-Arabien und existirt (nach Rawlinson) noch in Abyssinien, wo die Sprache der Gallas die Keilinschriften von Susiana und Elymais aufzuklären vermag. Von den persischen Stämmen wohnten die Dahi (Rustici) vom caspischen Meer bis zum persischen Gulf und Tigris. Die türkischen Batchenaken (Patzinaken) am Jaik hiessen früher Caucar (nach Const. Porph). Die Magyaren und Bulgaren an der Donau hiessen Gross-Baschgiurdien. Die Magyaren kamen von Jaik im Lande Pascatir. Nach Rubruquis war die Sprache der Hungarn dieselbe, wie die der Pascatir, aus deren Land sie gekommen. Nach Ptolem. wohnten die Burgionen an der Quelle der Vistula. Nach Cazvini glichen die Bordjan den Franken. Nach Schemuddin waren Alanen und Bordjanen verwandt. Nach Ibn Said war Borschan die Hauptstadt des Volkes Bordjan, das von den Deutschen besiegt und vertilgt wurde. Nicephorus fiel (811) gegen die Bulgaren. Nach den Katib Tcheleby fielen die Tacafour von Roum gegen die Bordjan. The Parthians, (though constantly joined on account of their locality with Arian races) must be considered a remnant of the early population (of Turanian race), conquered by the Arians. Armorum patrius ac Scythicus mos, sagt Justin von den Parthern. Nach Strabo enthielten die Gebräuche der Parther viel Barbarisches und Scythisches. Scythico sermone Parthi exules dicuntur (Justin), als Pardes (vom anderen Lande im sanscrit). Nach Justin war die Sprache der Parther eine Mischung aus Scythischen und Medischen. Nach Arrian gründeten die Parther ihr Königreich im Aufruhr. Nach Strabo eroberte Arsaces (König der Dahae) Parthien.
**) Mos. Chor. nennt den District Iran in der Provinz Artsakh (als Theil Albanien's). Nach Schemsuddin wurde das Erste der vier Armenien Iran genannt (mit der Stadt Derbend). Le nom d'Arran, maintenant resterint au pays enfermé par l'Aras et le Kour, vers leur confluent, s'étendait dans le VII. et VIII. siècles, à la région qui borde la mer Caspienne depuis l'Aras jusqu'au Derbend (d'Ohsson). Die Lezghen sprechen die von den Georgiern Maztalaro genannte Sprache. Nach Reineggs waren die Lezghen von Indien nach Schirvan ausgewandert und wurden von den Ghysr oder Khazaren (einer von den Persern aus dem Südwesten Asien's vertriebenen Nation) in die Berge gedrängt (Khiszr, Ghizr, Kasyap, Khasip). Die Batchenaken zerstörten beim Angriff auf Constantinopel die Stadt Valander. Baviera ist Hauptstadt der Franken (nach Massudi). Clovis, König von Frankreich, war

und Manen. Die Würde der Hohenpriester*) war erblich in der Familie der Vahnouni in Armenien. Nach den Armeniern herrschte Thorgomah

---

Heide (Madjouss oder Magier), als er zum Christenthum bekehrt wurde (nach Goumar). Tous les Baschcourdes portent sur eux la figure en bois du membre viril (nach Ibn Fozlan), das sie küssen und anbeten, als Schöpfer, der die Existenz gegeben (s. d'Ohsson). Nach Selam haben die Yodjoudjes lange Ohren, das eine aufstehend, das andere herabhängend. Manassekh (Sohn des Japhet) war Vater der Yadjoudje und Madjoudje). Die Türken Edkesche oder Terkesche verehren das Feuer. Cavcas, Sohn des Thargamos, liess sich (nach den Georgiern) westlich von Terek nieder. Bei den Armeniern heisst der Caucasus: Khabgokh (Cabokh oder Araber und Caf oder Perser). Nach Demetrius Cantemir war die Mauer von Derbend aus Muschelsteinen gefertigt, glatt zusammengefügt ohne Cement. Nach Procop wohnten die Alanen (später die Ghyssr oder Khazaren) nördlich von dem Thor der Alanen (El-Bab ve El Elwab oder Thor der Thore) oder Tzour (Saoul), [Afghanen von Saul oder Sour Asura]. Unter den Festungen neben Derbend nennen die Araber als Thore Iranschah, Seru u. s. w. Als die Araber Djorzan (mit Tiflis als Hauptstadt) eroberten, nannte sich der Fürst mit dem römischen Titel Patricier (Battrik) 650 p. d. Nach Abulfaradj eroberten die Gourdj (Khazaren) Tiflis (1120 p. d.) und gründeten das Königreich Gourdjistan oder Georgien (mit den König, als Berziban). Die Khorazmier Djebal-ud-din besetzten (1226) Tiflis, das aber dann von den Ghourdjen wieder eingenommen und nachher verbrannt wurde. Caituken in Daghestan (Land der Berge). Die Russen verehrten ein Holzbild ihres Gottes, das von kleineren (der Frauen und Töchter) umstellt war. Das Sklavenmädchen, das bei dem Grabe ihres Herrn zu opfern war, erhielt von den lebenden Russen Aufträge über ausgerichtete Geschäfte. Die Russen opferten das Todtenfest in Schweiss gejagter Pferde. Die Litthauer verbrannten mit den Verstorbenen in Schweiss gejagte Pferde (nach Duysburg). Die Gefährtin eines Reichen wurde (nach Procop) lebend mit ihm begraben, bei den Hunnen. Ephthaliten oder Haittalier, ein türkisches Volk, das an der Grenze Persien's südlich von Oxus lebte, nachdem es Transoxiana oder Haittal besetzt gehabt hatte. In einen Slaventempel fand sich ein Greis, der mit seinem Stabe Todtengebeine berührte. Der Tempel mit der Edelsteinfigur war (unter den Slaven) durch den Philosophen Hekim geباut (nach Masudi).

*) Valarsaces (Bruder des Parther Ariaces) bestätigte die oberste Priesterin Kermonthioun den Nachkommen Vahakn's bis Tigranes II. (89 p d.), den Vahnouni der priesterlichen Eigenschaft beraubte. Die Pontifen Vahnouni hatten Statuen des Apollo und der Artemis in Armavir aufgestellt, die des Herkules, der ihrem Vorfahren Vahakn identificirt wurde, im Dorfe Achdichad (nach Moses von Khorene). Der vor den Persern geflüchtete Tigranes besiegte im Ornate des griechischen Kaiser's den herausfordernden König der Gothen (nach Agathangelos). Pharnavas, König von Armenien, wurde von Nabuchodnezar von Babylon unterworfen. Arsaces, Sohn des König's der Thetaliten (zu Pahl-Schahasdan oder Pahl-Aravadine, regierend im Lande der Kouschan) empörte sich gegen die Macedonier. Als der armenische General Mousheg (unter König Bali) dem König Sapor die gefangenen Frauen unverletzt zurückschickte, pflegte dieser fortan bei Festlichkeiten ein Glas vor dem Mann auf dem weissen Pferde (Mousheg's) zu stellen, und im Arabischen Liede, wird der Held des Islam auf weissem Pferde angerufen, die von den Griechen gefangenen Frauen zu befreien. Mousheg bekämpfte das Land von Virk oder Iberien (Georgien). Mousheg gehörte zu den chinesischen Einwandern der Mamigonier und Orbelier (aus dem Lande Djen) in Armenien (unter den Arsaciden). Auf des Eunuchen Trasmadad Bitte, erwiederte Sapor, dass es nicht erlaubt sei (so lange das Reich Arik bestehe) des Schlosse's Amousk zu erwähnen (wo der armenische König Araschag gefangen saas). Die Chalkidenser erhielten beim Misswachs und Hungersnoth vom Orakel den Bescheid, dem Gott den zehnten Theil ihrer Leute zu weihen, die dann auf sein Geheiss nach Rhegium gesandt wurden. Ardavast IV., der seine Brüder vom Ararat vertrieb, und auf der Jagd in einen Abgrund stürzte, wurde in den Koghten-Liedern besungen (120 p d.). Nach den Sagen der Armenier war er in einer Höhle eingeschlossen, mit Eisenketten beladen. Zwei Hunde nagten beständig an seine Ketten, und er bemühte sich zu entkommen, damit er über die Welt Verwüstung bringe. Beim Geräusch der Hammerschläge sollen seine Ketten neue Stärke gewinnen, und desshalb pflegen die Schmiede am ersten Tage der Woche ihren Amboss drei oder vier Mal zu schlagen, um die Fesseln neu zu befestigen (Bardesanes). Caracalla entthronte Abgar X., Sohn des Mannou X. (Mannus), König von Edessa. Nach den Kubardinern ist ein Held angekettet auf dem Kaukasus, Zohak durch Tamaraf, den Div. Die Schmiede schlagen auf das Amboss seine Ketten (wie in Hessen den Landgrafen) hart zu machen. Nach Strabo war Susa von Tithonus, Vater des Memnon, gegründet. Neben den Susii oder Kissii wohnten in Susiana die Elymaei. In der Bibel werden unter Elam die Sitze der Perser im Allgemeinen begriffen. Die Perser nennen Toster (Schuster oder Susa) die älteste Stadt der Erde (nach Abulfedu). Die Syrer nennen Land der Uxii (in Uxia oder Uxiana) Huzia, die Einwohner Huzitae (nach Asseman.) Die zu den Mantieni gehörigen Kossae's bewohnten die Berge von Luristan.

(Neffe des Gomer) anfangs über die Sarmaten und erhielt später von seinem Vater (Thiras) die zuerst seinem Bruder Ascenez*) (Bruder des Riphath) zuertheilten Länder. Sein Sohn Haig kam aus Babylon, wo (nach dem Thurmbau der Riesen) Nieprauevth oder Nembroth (Pel) ein Reich gestiftet. Das Reich des von Afridun stammenden Minotscher (den Manoschrefu mit seiner Schwester Manosch-khorak gezeugt) erstreckte sich (wie über Syrien**),

---

*) Ke ou Kai a en pehlvi la signification de grand, de géant; en armenien skai se prend dans le même sens. Nach den Georgiern (b. Vakhthang) theilte Thargamos, Sohn des Tharchis (Enkel des Japhet) sein Reich mit dem ältesten Sohne Hhaos und sandte die andern sichen für Ansiedlungen aus (Karthlos, Bardos, Movakan, Lekos, Heros, Kavkas und Egros), als er (nach der Zerstreuung unter Nebrod in Babylon) nach den Bergen Ararat und Masiai gewandert war. Die Armenier hiessen Somekhi (die südlichen) in Georgien. Le nom Meshekh (fils de Gomer) subsiste sous la forme de Samtzke, comprenant la vallée supérieure du Kour et la plus grande partie du bassin du Tchorak, (assez exactement l'étendue de pays que Strabon donne aux Moskhi). Vivien findet Toubal (der Genesis) in Ouphlos, Enkel des Karthlos oder Utskhethos (nach der georgischen Chronik). Die von Orpheus erwähnten Tibarener (Toubal) werden von Herodot mit den Moskhi zusammen genannt. Tapoura (b. Ptol.), Tapiren in Taberistan (in Mazenderan). Aviren in Mazenderan (nach den Persern). Saspiren oder Sapiren (b. Herodot) südlich von Colchis, als Hisperites oder Sysperiten (b. Xenophon). Isjur am Tchorok. Tibarenische Völker (b. Strabo) im Land der Lazen. Les Sabines (dans les steppes de la Kouma et du Kouban) appartenaient à une nation hunnique (V. siècle p. d.) ou (selon Klaproth) à la famille ouralo-finnoise (s. Vivien). Das Udische (eine kaukasische Sprache) ist auf die Dörfer Wartaschen und Nidsh beschränkt (s. Schiefner). Udini des Plinius. Ovitios (b. Strabo) neben 'Αμαρδοι. Das Christenthum erhielten die Nartaschenschen Uden aus Georgien durch den Erzpriester Johann (Arker Iwan). Das Awarische gehört zu den lesghischen Sprachen Daghestan's. Chunsag ist der Mittelpunkt der awarischen Zunge (s. Schiefner). Unter Vagharsch († 198 p. d.), König von Armenien, fielen die von Vennaseb Sourhab geführten Völker des Norden's, die Khaziren und Pasilen durch das Thor von Djor (oder Aghouank oder Alanen) oder Zour (von Derbend) ein und passirten den Cyrus (Gour). Die Gottheiten Ouchgabarig werden im Armenischen als Hippocentauren erklärt (s. Langlois). Als gastlich nennt Delaurier den Gott Amanor (in Pakavan) Vanadour oder Vanadourtik (Asylgeber). Humorem putant sub terra calore densari, sagt Plinius von der Substanz, woraus die murrhinischen Vasen gefertigt waren. Die Chinesen betrachten den Yu-Stein wie fest gewordenes Wasser, das 100 Jahre im Schoss der Erde gelegen.

**) Die Könige der Türken, von denen Afrasiab den Minotsbehr ergriff, residirten bald in Balkh, bald in Meru. Die Grenze gegen die Türken liess Minotschehr durch den Pfeilschuss des Aresch von Demaved zum Djihoun bestimmen. Raisch oder Hareth (König von Yemen) eroberte Hindostan und liess (beim Feldzug gegen die Türken) seinen Namen auf einen Fels in Azerbeidjan. Sein Sohn Abraha (von Minotshehr abhängig) führte sein Heer mit Fackeln durch die Finsternisse des Magreb. Als der König von Egypten Sara berühren wollte, vertrocknete seine Hand, da die den von Gott erwählten Propheten angehörigen Frauen geschützt sind (nach Tabari). Von den practischen Uebungen, die Gott seinem Freunde Abraham lehrte, bezogen sich nur auf den Kopf (Mund ausspielen, Wasser einschnaufen u. s. w.) und dann auf Reinigungen des Körper's (Tabari). Alle Menschen folgen den Regeln Abraham's. Mouscha bedeutet (im Hebräischen) Wasser und Baum, weil Moses aus Bäumen im Wasser gezogen (s. Tabori). Der Pharao Raygan (Sohn Walid's) war von Joseph bekehrt worden, aber sein Nachfolger Qabous (Sohn des Masab) fiel in den Götzendienst zurück. Zu Minotshehr's Zeit regierte Norciu Walid (Sohn des Masab). Der Tag, an dem Pharao mit seinem Heer umkam (die Israeliten verfolgend), wurde Aschoura genannt (s. Iles.). Khidbr ist Herr der Meere, wie Elias der Wüsten (nach Tabari). Moses bekämpfte Og unter den von Ad stammenden Riesen, die die Städte Balqa, Ariha (Jericho) und Ilya (in Syrien) bewohnten. Als Balaam (der Verehrer Gotte's unter den Götzendienern in Balaq) sich hatte überreden lassen (trotz des Sprechen's des Esel's) zu Gott zu beten, sah Josua (Sohn des Maria) einen Theil seines Heeres fliehen und hörte von Gott, dass es in Folge des Gebetes eines Diener's sei, der grossen Einfluss bei ihm habe. Er bat ihn dann, den wahren Glauben von ihm zu verehren und die Religion flog in Gestalt einer Taube aus dem Munde Balaam's, dessen Segen sich nun in Fluch verwandelte. Erzürnt, dass Gott ihm untreu geworden, riss sich Balaam jetzt auch von Gott los, und rieth dem König, den Israeliten schöne Frauen zu senden, um sie zu verführen (nach Tabari). Abraham, Sohn des Azar (im Arabischen) oder Thare (in Pehlvi) wurde von seiner Mutter in einer Höhle verborgen, (wo er aus deren Fingern Milch sog), weil der durch die Wahrsager von der Geburt des Götzenzerstörer's benachrichtigte Nimrod die Kinder tödten liess. Von dem Feuer befreit wanderte Abraham mit Loth (Sohn seines

Hedjaz, Yemen) auch über das Maghreb, ohne indess das von amalecitischen
Königen (zur Zeit des Moses) beherrschte Egypten einzuschliessen (nach
Tabari). Marsiag, (eine Sklavin Abraham's) flüchtete von Damascus (aus
dem Hause Isaac's) und liess sich an den Bergen Arakadz und Kegh (Azad
oder Freie genannt) nieder (in der Ebene des Arai oder Araxes), wo sie
unter ihren Söhnen den Parokh*) (Eleazar) zeugte (nach Pseudo-Agathan-
gelos) [Somali's von Isaac]. Der Bruder des heiligen Gregorius**) (Sohn

Bruder's Aran) aus Babylon aus und zog sich (nach einem Aufenthalt mit Noubil oder
Abimelech von Haran) unter dem Schutz des König's von Egypten (wo sein Vater und
Mutter. gewohnt hatte) zurück, sich dann in Saba (Bersaa) niederlassend, wo er Brunnen
grub und die im Wüstensand gefundenen Gerstenkorner säend, so dass sich viel Menschen
dort an dem lieblichen Orte ansiedelten und er sich belustigte mit Sara und Agar (die ihm
aus den Hurem des König's von Egypten geschenkt war) nach Qat zog. Nach Mohamed
regierte Qantari und dann ging das Königthum auf die Aramäer über. Der König der
Amalekiter, der zu Joseph's Zeit in Egypten herrschte, hiess Ruyyan. Joseph erhielt den
Beinamen Zeddiq (der Gerechte). Der blinde Prophet Schoaib (Jethro) wohnte in Madian.
*) El Nerses, dessen Vorstellungen gegen die Hinrichtung Kael's nicht gehört waren,
sagte dem armenischen König Arschag seinen Untergang voraus, wie früher König Diran
in seiner Strafe die Vorsehung erkannte. Avunçulus ist gleichsam diminutiv von Avus
(Grossväterchen) und bei den Germanen wurde der Oheim (nach Tacitus) gleich dem Gross-
vater geehrt. Mohamed bestimmte das Caliphat oder die weltliche Macht sowohl, als das
Imamat oder die geistliche Gerichtsbarkeit in Islam für Ali, indem er zugleich Emir-il-
Mumenin (oder Fürst der wahren Gläubigen), wie Isnam-il-Muslemin (der Hohepriester der
Musulmam) sein sollte. David gilt als Prophet und König im Orient, wie sein Vater
Isnia (Ichaia). Die Youras (oder Araber) oder Youbras (oder Russen) wohnten am Ob
(mit Wogulen und Ostjäken). Die Magyaren oder Ungern hiessen (IX. Jahrhdt.) Ongren
(s. d'Ohsson). Die Erdsad (Ertsayen) bilden mit den Mokschad die Mordwa. Tabari führt
die Worte von der Allgemeinheit der Fluth gegen diejenigen an, die sie nur auf Babylon
beschränkt glaubten. Die Magier liessen eine Umwandlung der Erde durch dieselbe nicht
zu und identificirte Beyourasp, oder (zu Zeit Noah's) Djemschid tödtete, mit dem Tyrannen
Dhohak (Nachkomme des Cham), der (wegen des Mordes für die Schlangen) von den
ispahanischen Schmid Kaveh gestürzt und von den bis dahin verborgenen Afridun (Sohn
des Dschemsid) gefolgt wurde. Nachdem Tour und Salm, die ihren Bruder Iradsch (Sohn
des Afridun) getödtet, gestorben waren, ging das Königreich aus ihrer Familie auf Kouach
(Nachkomme des Cham aus dem Stamme des Dhohak) über, der die Götzen anbetete, wie
sein Nachfolger Chanaan. Dann folgte Nemrod, dessen Vezier Azar, (Vater Abraham's)
war. In dem Zeitraum von Noah bis Abraham wurde der Prophet Ifud zu den Aditen
geschickt. Scheddad erbaute das Paradies Iren (Aramaned). Houschenk war Sohn des
Kayomorth (Sohn des Malalcel), unter den irdischen Königen zwischen Edris und Noah.
Tahmurath schrieb zuerst persisch. Zur Zeit des Beyourasp, der Djemschid getödtet
hatte, rief Noah zur Busse (nach Tabari). Von seinen 4 Söhnen ging Chanaan mit den
Ungläubigen zu Grunde, (während Sem, Cham und Japheth glaubten), weil er sich als
Schäfer auf den Bergen zu retten gedachte. Da der Gestank der Excremente in der
Arche lästig war, strich Noah über den Rücken des Elephanten, aus dessen Anus das
Schwein hervorging, die Excremente verzehrend, und wegen der beschmutzenden Ratten,
die zunahmen, wurde die Katze aus der Nase des Löwen geschaffen, so dass diese beiden
Thiere aus der Arche hervorgingen, obwohl sie vor der Sündfluth nicht vorhanden ge-
wesen. Loqman, der (wie Morthed) gläubige Begleiter Qail' (für die Aditen in Mekkha
zu opfern) erhielt die Gunst eines Leben's von 7 Geiern (3500 Jahre).
**) Der Neffe Jacob's, der im Lande der Keth (Gothen) König wurde, war Hratche
oder Hertche (Sohn des Askedne oder Saktene (s. Ukthannes), der von Tiridates als Ge-
fangener zu Diocletian gebracht wurde. Die Mamigonier und Orbelier hatten sich aus
Djenastan zu den Arsaciden Armenien's geflüchtet. Ein Grabmal des Kyrus wird auf
Kypern gezeigt (s. Ampelius). Nach der Schlacht von Hemawen (wo Rusthem den Afrasiab
schlug) führte der daran theilnehmende Grosskhan von Tçin auf dem Rückzuge die Schong-
tartaren gegen China (776 a. d.) Kaiser Pingwang († 719 a. d.) trat alle Grenzlande an
der Tartarei dem Fürsten von Tsin ab und daher wurde China in Asien als das Reich
von Tchin bekannt. Das Chaos Mercaja ist (nach Beroses) mit Ungeheuern gefüllt. Die
Sagartier (Asagartiya) empörten sich unter Sitratachmes gegen Darius (nach der Inschrift
von Behistun), die Susier (Uwagiya) unter Martius oder Omanes. Der Aufstand von Parthia
(Parthwa) und Hyrkania (Warkana) wurde in der Schlacht bei Patigapana unterdrückt.
Nachdem der Aufstand des Magier Gomata unterdrückt war, gab sich Veisdates aus Tarba
(im persischen District Yutiya) für Bardius (Bruder des Kambyses) aus und floh (besiegt)
nach Pissiachada (bis beim Berge Parga geschlagen). Der König der Khazaren unter-

Anag's, der Chosroes getödtet) wurde bei seiner Tante aufgezogen (Gattin des Djevanshir, König's der Hephthaliten) und begab sich in's Land der Djen, nachdem Khosrovouhi (Mutter Jacob's) gestorben und Diran von Rokes, König der Lephni getödtet war (s. Zenob de Glag). Auf dem Wege nach Babil (Babylon), hörte Firdusi von dem Gouschbester (die sich der Ohren als Kissen bedienenden) Wilden über die aus Fischknochen gebaute Stadt mit den Bildern von Afrasiab's Kämpfen und dem Porträt Keikhosra's. Um einen Angriff auf Roum zu hindern, rieth der Weise Aristalis nach Iskander's*) Brief die Theilung der Kejaniden, als Moulouk oder Thewaif

stützte (durch Lebedias Weigerung) die Königswahl des Arpad bei den Magyaren (die früher an den Grenzen gewohnt hatten). Nach Ebn-el-Ethir waren die Khazaren desselben Stamme's, wie die Georgier, oder (nach Schemsuddin) Armenier. Auf den Brief des jüdischen Minister am Hofe des Omminden Abd-our-Rahman in Cordova (912—961) über das jüdische Königreich Cosri, antwortet Joseph, König der Thogarmier, dass Ibadias Enkel des König's Boulan, der Khazaren (der die Bewohner der Volga oder Juzzag nach der Donau oder Dona getrieben), das Judenthum annahm. Die Juden im Kaukasus hiessen Ghysr (Khazaren) bei den Lesghiern (nach Reineggs). Von den bulgarischen Königreichen an der Volga und an der Donau, heisst das·erste Schwarzbulgarien (b. Const. Porph.) und Grossbulgarien (b. Theophanes). Dem christlichen Gothen-Volk östlich vom cimmerischen Bosporus schickte Justinian einen Bischof (nach Procop). Johann von Parthenite, Bischof des dem Khacan oder Khazaren unterworfene Gothen-Volk (nördlich vom schwarzen Meer), flüchtete (790 p. d.) vor Verfolgungen. Theophanes nennt die Khazaren (als Unterschied von den Ungarn und Türken) orientalische Türken. Die Alanen gehörten (nach Schemsuddin) zu den Captschak genannten Türken. Nach Ebn-el-Ethir wurden die vom Judenthum bekehrten Khazaren von Khorassan besiegt. Um von den Khorasmiern Hülfe gegen die Türken zu erhalten, bekehrten sich die Khazaren (820 p. d.) zum Islam. In Folge innerer Kriege wanderte der Khazaren-Stamm der Cabaren (nach Const. Porph.) zu den Ungarn, die (IX. Jahrhhd.) die Ebene nördlich von der Crimm bewohnten. Die von den Khazaren angegriffenen Petschinaken vertrieben die Magyaren.
*) Als Iskander den schweigenden Propheten droht, sie nach der Enthauptung den Löwen vorzuwerfen, erklären sie die todtgeborne Missgeburt mit Löwenkopf, als Zeichen seines Todes, da er im Zeichen des Löwen geboren (nach Firdusi). Die als Orakel befragte Stimme des Berges in der Ebene Khurm befiehlt Iskander in den von ihm gegründeten Iskenderich zu begraben. Nachdem die Tochter Keid's geboren, empfiehlt Iskander seiner Mutter, sie nach Indien zurückzuschicken. Feridoun befreit Georgien von den Khazaren, deren König seinen Sohn Ouobos westlich von Terek zurückgelassen (nach Vakthang). Goushtabs am Hofe des Caissar von Roum besiegt Elias (Sohn des Mihrass) König der Khazaren (nach Firdusi). Die Khazaren besiegten (198 p. d.) Tigranes, König von Armenien (nach St. Martin). Nach den Byzantinern unterstützte der Kaiser Heraclius (626 p. d.) den Einfall in Persien unter ihren Khakhan Ziebil (s. d'Ohsson). Nach dem Tode des König; Crobat (Vater des Batbaia oder Baian) bemächtigten sich die Khazaren (aus Berzylien an den Grenzen Sarmatien's) des Landes der Bulgaren bis zum Pontus Euxinus (VII. Jahrhdt p. d.) Moses Chor setzt die Barselier am Ithil (Volga) unter die Völker Sarmatiens. Le roi du Nord ou le Khagan est le prince des Khazares, la reine ou la Khathoun, femme du Khagan, est de la nation des Barséliens (s. St. Martin)· Nach Nestor zahlten die slavische Völker den Khazaren Tribut (wie auch die Bulgaren). Ardeschir, König von Aran, besiegte die Kurden. In der Stadt Kudjoran am persischen Golf hatte die Tochter Heftwads den Wurm eines Apfels in ihrer Spindel (zum spinnen) verborgen und genährt, der aufwuchs und erst in eine Dose, dann in einem Bassin zu bewahren war, Glück bringend und das von Heftwad gebaute Schloss schützend, bis Ardechir (als Kaufmann eintretend) ihn mit geschmolzenem Blei (statt Reis) nährte und den Feuertempel baute, die Feste Mihrigan's und Ledeh's einführend. Nachdem Ardeschir in Bagdad den Thron bestiegen, erweiterte er sein Reich zwischen China und Rum, dem Lande der Türken und Indier. Shaipour, der sich verkleidet an den Hof des Kaisar gegeben, wurde (während dieser Iran verwüstete) in eine Eselshaut aufgenäht, bis durch eine mit ihm fliehende Jungfrau befreit und seinerseits den im Gefängniss sterbenden Kaiser fangend. Als Yezdedguerd durch das aus dem Wasser steigende Pferd getödtet, wurde Khosrou auf den Thron gesetzt. Unter den von Aresh stammenden Fürsten, die (nach Iskenderis Tode) als Moulouk el Thewaief (Stammkönig) herrschte, gab es (100 Jahre lang) keinen Gesammtkönig des Elfenbeinthrones (nach Firdusi). Ihr Erster war Aschk vom Geschlechte des Kai Kobad. Bahram der Aschkhanide (Ardewan der Grosse) besass Sshiras und Isfahan und gab die Regierung Istakhr's an Babek. Sasan, der Sohn Java's, hatte sich (nach der Ermordung seines Vater's) nach Indien geflüchtet, wo er und vier Generationen seiner (gleichfalls Sasan genannte) Söhne als Cameelhirten lebten, bis

(Stammkönige). The Median*) dynasty represents the sovereignly of a Magian race from the Eastward, who ruled in Babylonia before the Hamites. The Persian Firdus (*Παράλεισος*) was a mere modification of Parhus**) or Parus.

Im Gegensatz zum arischen System der Perser werden die Keilinschriften von Niniveh und Babylon als anarische bezeichnet, und man unterscheidet das Assyrische oder die semitische Sprache, die in Babylon und Niniveh geredet wurde, das indo-europäische Idiom des Armenischen (im (IX.—VII. Jahrhdt. n. d. in Armenien herrschend), der Inschriften von Van, das Susische (turanischer Familie) in Susa und dem Lande Elam, das Medo-Scythische (das turanische Idiom Medien's), das sich neben dem Persischen und Assyrischen in den Inschriften der persischen Achaemeniden findet, und das Casdo-Scythische, als die Nationalsprache der Chaldaeer vor ihrer

der sich bei den Hirten Babek's vermiethende Sasan durch einen Traum enthüllt wird, worauf Babeck diesen Nachkommen des Königs Ardeschir und Bahman mit seiner Tochter vermählt und Ardeschir Babekan geboren wurde) der Cahman und Bederan besiegte, so dass das Geschlecht Aresch endete.

*) The fixed date for the commencement of the Chaldaean empire (2274 a. d.) the first paramount power in Western Asia, is the same date, as that obtained by Callisthenes from the Chaldaeans as the commencement of theier stellar observations, coeval with the empire.

**) The Pehlevis (heaven born) or Balkha (Armenians) gave the name of Balkh (Balhara, Palhura, Valhalla). Morinus derives the title Negus (Najash) from nagesa (to rul or reign) in Ethiopic (im egypt. Titel Necho). Die assyrischen Inschriften waren mit kupfernen Werkzeugen eingegraben (nach Layard). Adam Durayavuch (Darius) beginnet die Inschrift von Dehestun. Darius, König von Persia (Khshayatiya Parsiya) rechnet Parsa und Parthwa zu den (unter Auramagda) beherrschten Provinzen. Der Magier Gaumata am Berge Aracadres in Pissiachada gab sich für Bordius (Kabujiyas oder Kambyses (Bruder) aus, bis ihn Darius (der Verehrer des Auramazda) am Fort Sictachotes (des medischen District's) Nisaia erschlug und unter Abschaffung der von dem Magier Gomates eingeführten Ceremonien die heiligen Gesänge wieder herstellte. Sekocha (in Seistan) war die Hauptstadt der Zarangae (bei Arrian) nebem den Agriaspae (Vorfahren der Beluches) oder Euergetes (weil sie Cyrus gegen die Scythen unterstützt hatten. Rustem residirte am See Zerenj (der Drangae oder Zarangi) oder Aria-palca (Deria-reza oder Mechila Seistan). Neben Mahomed verehren die Beluches als Nächsten zu Gott den Pir-Kisri, bei dem sie schwören. Die Pir (alt) oder Heilige suchen die Blutfehden der Beluches (in Nervius, Rind und Meksis getheilt(zu vermeiden. Shah Abbas verschönert die Umzäunung der drei Zoll langen Fussstapfen des Imaum Reza, der die Gueber verfolgt, in den Felsen (bei Kadum-gah). Das Pehlewi der Sassaiden nahm seine Fremdwörter aus dem Aramaischen auf, der Bundehesh aber hat neben diesen aramaischen, von Alters her ein Pehlewi sich findenden auf arabische Wörter entlehnt (Justi) in dem III. Jahrhdt. abgefasst. Der dreibeinige Esel (gross wie der Berg Alvund) steht mitten im Meere Vournkasha (mit 3 Füssen) 6 Augen, 9 Mäulern, 2 Ohren und 1 Horn. Yma, als die Majestät von ihm gewichen war, nahm als Fürst von den Daewas eine Daevi zur Ehe und seine Schwester Yimah wurde einem Daeva zur Ehe gegeben. Von ihnen sind die Affen und die geschwänzte Bären und die übrigen schadbringende Arten entstanden. Unter der Herrschaft des Azbi-Dahaka log eine Jungfrau bei einem Daeva, und ein junger Mann bei einer Paerika. Nach einem (verlockenden) Blick vollzogen sie die Vermählung und von dieser Vermischung stammen die Aethiopen mit schwarzer Haut ab (nach Bundebesh). Als Erste des Menschengeschlechts wurde Gayamoretan geschaffen, hell, weissaugig, der in das Gestirn der Sonne blickte, um von ihr geblendet zu werden. Von den 15 Arten der in Fravak (Sohn des Ciamak und der Nashak, die mit 6 Geschwistern aus dem Samen des Gayamareton entstanden war, nach dem ersten Paar) sind 9 Arten auf dem Rücken des Rindes Çarçoaka über das Meer Vournkasha in die 6 übrigen Karshvanes versetzt, während 6 Arten in Qaniratha blieben (nach dem Burdehesh). Nach den 1000 Jahren des Dohak regiert Thraebana 500 Jahre und dann folgt 178 Jahre bis Alexander M. Die (phönizische) Astarte wurde (nach den Basken) Bensosia genannt, obgleich der Sonntag und Dienstag noch jetzt Asteartia heisst. Die von Hiberniern bewohnte Insula sacra wurde von Himilco besucht (nach Avienus). Nach Plinius holte zuerst Midacritus Blei (Zinu) von den Cassiteriden. Die Dumnonier oder Dumnonier (Cornishmen) haben schwarzes Haar, graue Augen, ovales Gesicht, dunkelbraune Haut. Die portativen Vasen oder Dreifüsse (als Werk des Hephästos) kehrten (nach Homer) im Kreise der Götter umhergehend, von selbst an ihren Platz zurück (ähnlich den Bronze-Wagen).

Niederlassung in Babylon (die sich später als Geheimsprache in Gebrauch forterhielt). Der im XIX. Jahrhdt. a. d. gebildeten Keilinschrift (aus Strich-Combinationen) ging die hieratisch genannte Schreibweise (gleich der aegyptischen durch Abschwächung der Hieroglyphen in chinesischer Weise gebildet) vorher, die sich auf den ältesten Monumenten *) Babylonien's und Chaldaea's findet, sowie auf der Vase des König's Naramsin der chaldäischen Dynastie (2017—1559 a. d.). Persian is spoken as a native and vernacular language much beyond the limits of the Persian empire, in the settled parts of Turkistan and Afghanistan, far into the heart of the Chinese empire, by a population**) whose Persian origin and agricultural habits are variously indicated in there countries respectively by the names Tojik, Sart, Dihkan and Parsivan. Die Sprache der Lurs weicht von der der Kurden in Kirminschah nur wenig ab (nach Rawlinson) und diese Dialecte der Bergvölker des

---

*) Der Keilinschrift in ihrer archaistischen Form, die sich in allen Ländern der anarischen Keilinschriften findet, folgte der neueren Keilinschrift der assyrischen Inschriften, (mit palaeographischer Verschiedenheit in Ninive, Babylon oder Medien zeigend) uud dann wurde diese für den gewöhnlichen Gebrauch cursivisch abgekürzt. Les monuments du premier empire sémitique de la Chaldée n'offrent jamais que le type archaïque de l'écriture cunéiforme, qui paraît avoir été le seul connu, alors. Au contraire, du temps des rois assyriens (du X au VII siècle a. D.), le type cursif servait pour le textes écrit sur l'argile molle, qui étaient comme les manuscripts d'Assyrie et de la Chaldée, quant aux inscrptions monumentales, on y employait également. au choix du lapicide, le type archaïque ou le type moderne (s. Lenormant). Das anarische System der Keilinschriften, das in Assirien und Babylonien im XXII. Jahrhdt. a. D. bis zur Zeit der Seleuciden gebraucht wurde, war durch die (immer dem turanischen Dialect der Meder verwandte Sprache redenden) Scythen (turanischer oder tartaro-finnischer Sprache) in Mesopotanien eingeführt, wo sie auf die Arier folgten und den Semiten vorangingen. Bei ihnen finden sich der phonetische und ideographische Werth der Zeichen in Uebereinstimmung, als indess die Schreibweise nach den scythischen Erfindern auf andere Völker überging (Chaldaer-Assyrer, Armenier, Susier u. s. w.) hörte diese Uebereinstimmung auf, da die ideographische Werthe, die zugleich mit den phonetischen aufgenommen wurden, jetzt ganz anderen Lauten entsprachen. L'élement phonetique ou de pointure de sons, qui, en majorité dans touts le textes de l'époque assyrienne, en minorité dans ceux qui datent de l'age du premier empire sémitique de Chaldée (se joint et se mêle à l'élement idéographique, de même que dans le hiéroglyphe de l'Egypte), n'est pas alphabetique comme chez le Egyptions; il est syllubique. Les syllabes simples au formés d'un seule consoune et d'une seule voyelle, sont ceux qui constituent la base fondamentale de tout texte assyrien. Quant anx syllables complexes, qui présentent un son vocal entre deux consonnes, on le rendait quelquefois par des signes spéciaux, mais plus souvent par la juxtaposition de deux signes de syllable simples, l'un à voyelle désinente et l'autre à voyelle initiale. A bien peu d'exceptions pris, la valeur idéographique et le valeur phonetique de sigue de l'écriture sont exactament le même, que le texte soit conçu en assyrien, en arméniaque, en susien au en médo-scytiqie. Mais la plupart du temps le caractere, sont susceptible, suivant la place ou on le emploie, d'avoir une double valeur, idéographique et phonetique, et alors dans toute le langue, qu'écrit ce systeme graphique, sauf dans celle le méde touraniens, le son affecté au signe dans son rôle phonétique se troauae sans acuune espéce de rapport avec la prononciation qui dans l'idiôme parlé représentait sa signification ideographique (Lenormant). Le phénonème de la polyphonie (qui consiste dans l'existence de deux outrois valeurs différente pour un même signe dans le cas où il est pris comme phonétique) dérive de ce que le caractère idéographique, tout comme les mots de la langue partée, étaient susceptible de recevoir quelquefois plusieurs acceptions voisine, par exemple une acception concrète et une acception abstraite, on bien une acception de substantif et une acception de verbe. Or ces acceptions diverses correspondaien souvent dans la langue à de mots tout différents comme son, d'où avaient découlé plusieurs valeurs phonétiques.

**) Besides these, of pastoral and nomadic tribes of mountaineers dwelling in the ranges which traverse and inclose the plains of Eastern Persia and Western Afghanistan, of whom the Eimak and Hazara are the principal, a re known to speak Persian as their own language. Their native traditions point to a Turanian rather, than au Iranian origin and one of the four clans of the Eimak is actually called Moghul and speaks a corrupt dialect of Mongol, but the other Eimaks, the Hazara and the settled Tajiks of the plains, all speak the Persian language in an archaic form, which may the generally described, as being the Persian of Firdausi (Strangford).

Zagros werden für das alte Farsi (Farsi-Kadim) erklärt. Im Lande der
Elymäer entstand (zur Zeit Alexander M.) der aus altpersischen und semitischen Worten zusammengesetzte Dialect Pehlwi des Heldengeschlecht's
der Pehlevanen. In der Sage von Troja tritt der Aethiope Memnon, der
Erbauer der Burg von Susa (Schuster), als schwarzer Vasallenfürst des
assyrischen Herrscher's auf, in ähnlicher Rolle, wie sie in Firdusi's Gesänge
der Fürst von Kabul (am Cophenes-Flusse) am persischen Hofe spielt. Vor
Ankunft des Perseus war der Name*) der Perser (oder Parthi) Cophenes
und König Cepheus, der von Babylon nach Westen gezogen, hatte ein
Reich an der Küste des Mittelmeer's begründet. Nachdem die Geschlechter
der Schlammgeborenen**) Alorus durch die Fluth***) vertilgt waren, lässt
Berosus die Gefährten des Xisuthrus sich von dem auf Bergesspitze gestrandeten Schiff nach Babylonien zurückwenden, und mussten sie dann in
Luristan früher, als in dem sumpfigen Delta einen passenden Ansiedlungs-
platz finden, im Lande der Kossäer, aus denen der Kouschite Nimrod,
Sohn des Cush, (Sohn des Ilam) Babylon gründete. Das erste Königs-
geschlecht, ein einheimisches genannt (gleich dem des Kajomorth und dann
des Städte-Bauer Tahmurath in persischer Vorgeschichte) endet mit dem
Einfall des Zoroaster, der das medische†) begründete und seinen Ursprung
dem Osten entnahm, gleich dem unter Lohrasp auftretendem Reformer
Zoroaster, der nur durch die künstlichen Genealogien des Siawusch mit den
Persern verknüpft wurde. Die Gründer des assyrischen Reiches hatten
einen feindlichen Zoroaster im östlichen Bactrien zu bekämpfen und die den
Ruhm ihres Propheten Zamolxis durch Sakya-muni's oder dann des Scythianus
Namen vermehrenden Scythen oder Saken, die der Königin Zarina goldene
Bildsäulen aufrichtete, lebten als alte Herrscher im Munde des Volkes, das
sich bei den Sakäen seiner Befreiung freute. Nachdem die medischen
Tyrannen durch den Abzug nach Egypten, als Hyksos, geschwächt worden
waren, erhob sich das eingeborene Element der Chaldaeer oder Karduchi
(Kurden), und wagte es nun, vor Feinden sicher, aus den Bergen Kirmen-
shah's und Luristan's hervortretend, in der Ebene Sinear's die Stadt Babylon
(Berber auf egyptischen Monumenten) zu bauen, im Reich von Ur-Kasdim,
das dann bei dem neuen Aufschwung Egypten's durch die Eroberer der
XVIII. und XIX. Dynastie (besonders Thutmes III.) in Unterwürfigkeit gebracht und (1559 a. d.) von eingesetzten Statthaltern, als arabischen
Königen, beherrscht wurde. Eine weitere Reaction des Nationalgeistes
führte dann zur Begründung des assyrischen††) Reiches (1314 a. d.) am

---

*) Aria (zwischen Hyrcanien und Indien) hiess früher Chusti-Chorasan (nach Mos.
Chor) Cous-Eil-Dendan oder Chus, der Elephantenzähnige (wie indische Rakshasas) wird
von Sam Neriman, Feldherr des Feridun, bekämpft. Die in Feridun verschonte Nachkommen des Zohak, zogen sich, des Vorfahren des von Mackmud besiegten Mohammed-
ben-Sauri) in die Berge Ghor's zurück (als helle Kaffirn rumischer Abstammung und
späterer Auffassung durch: Verknüpfung mit Iskander). Von Nemrod (Nemurd oder
Mared) oder Nimrod, stammten die Nemaned (Rebellen) die durch Kerkes (oder Riesen-
vögel) in den Himmes stiegen (oder auf einen hohen Thurm, als Bergspitye der Tsche-
kesse) stammte der Nemared) Rebellen sogenannte Könige Babylonien's.
**) Ἄσις heisst der Schlamm, ἄσιος schlammig.
***) Der chaldäische König Sagaraktigas (von dessen Sohn Naram-Sie die älteste In-
schrift erhalten ist) baute ein Tempel auf der Stelle, wo Xisuthrus die heiligen Bücher
vergraben.
†) Noch zu Plinius Zeiten wohnten die Amardi (scythischen Stammes) an der
Grenze zwischen Medien und Elymais. Die Mardi gehörten zum Vorderstamme der Perser.
Neben der das Grab des Bel-Arodach einschliessenden Stufenpyramide Bit-Saggatu (der
sein Haupt erhebende Tempel in Babylon), baute Nebuchodonosor die Pyramide der
Göttin Zaspanit.
††) Unter Ninus, Fuit, inquit (Abydenus) Ninus Arbeli (filius), qui Chaali, qui
Arbeli, qui Arebi, qui Babii, qui Beli, regis Assyriórum (Eusebius).

oberen Laufe des Tigris. Die südlichen Länder fielen gleichzeitig in die
Hände einer indischen Dynastie afghanischer oder kabulischer Residenz,
deren von persischen Sagen zum Schmuck der Pehlewanen Segestan's ver-
wandter Glanz sich mit Elymais ausbreitete, dem Muttersitz des Pehlwi.
Unter den Eroberungen Assurrisili's, der (nach den Keilinschriften) „alle
Länder sich unterthänig machte," begrenzen die assyrischen Waffen
(XIII. Jahrhdt. a. d.) die Astakener in Kabul und zugleich die „Burg Susa",
(Ahuaz in Kurestan oder Khuzistan), von wo später Memnon auf den von
Niniveh gegebenen Befehl nach Troja zog. Im VII. Jahrhdt. a. d. eroberten
die Medier unter Arbaces (denen sich die Susier unter Sutruk-Nakunta an-
schlossen) im Bündniss mit Phul (Balazu) oder Beleses, dem Gouverneur
Babylon's, die Stadt Niniveh (unter Sardanapal), aber sobald sich die
Medier wieder zurückgezogen, stellten die Assyrier (unter Teglathpalassar II.)
ihre Unabhängigkeit von den Babyloniern wieder her (769 a. d.). Nachdem
sich dann Medien zu einem geordneten Staat zusammengeschlossen hatte,
wurde der assyrische König Assaracus von dem Medier Cyaxares (in Verbindung mit dem Chaldaeer Nabopolassar) besiegt (606 a. d.). Astyages,
Sohn des Cyaxares, erlag dann dem Cyrus (538 a. d.).

Bei ihrem ersten Auftreten erscheinen die das Reich des Zoroaster's
begründenden Meder*), als ein wanderndes Eroberungsvolk, dass nach der
Besetzung Egypten's in Maeonien oder Lydien einen neuen Ausgangspunkt
für den Westen fand, in Yemen unter Amalek, Irem's Sohn, sich ansiedelten
und in den persischen Bergen den Garten Iran oder (nach der weichen
Aussprache des Osten's) Elam's bauten, denn der frühere Name der Medier**)
war Arier gewesen, wie Herodot noch wusste. Die Aenderung des Namen's
wurde durch die Griechen auf Medus bezogen, Sohn der Medea, mit dem
phönizischen König, zu dem sie aus Athen geflüchtet, und in Iconium, dem
mythischen Centralpuncte Asien's wird von dem Aufrichten des Medusa-
Haupte's durch Perseus gesprochen. Perseus galt wieder für denjenigen,
der den Namen der Kophener in Perser verwandelt habe, gewissermassen
nach der entgegengesetzten***) Richtung hin, denn die Perser oder Parther
treten später als ein bewegliches Eroberervolk auf, während die unter
Arbaces noch unstäten Meder, die nach der Eroberung Niniveh's wieder
vom Schauplatz verschwinden, zur Zeit des Cyaxares schon genügend die
von Dejoces ungepflegte Stabilität eines Staates ausgeprägt hatte, um nach
indischer Weise ihr Reich als das Mittelland des ruhigen Beharren's zu
erklären. Das fliessende in der Bezeichnung als Meder oder Maedoi hat
sich dagegen in den Namen der Maeonier und Paeonier sowohl, wie in dem
Sammelbegriff der Maiotischen Völkerschaften†) erhalten. Ptolem. theilt

---

*) Sarmatae, ut Medorum, ut ferunt soboles (Plinius). Mela nennt die Sarmaten
gens habitu armisque Parthicae proxima. Nach Solinus stammten die Meder von den
Sarmaten. Nach Amm. waren die Sitten der Alanen (obwohl durch die Lebensweise ver-
ändert) medisch.
**) Le nom de „Médie" est un mot purement touranien, qui signifie pays, contrée
(Lenormant). Die Amalekiter hiessen Erstlinge der Völker.
***) Thracien (Ἡίρχη) oder (nach Gellius) Sithon hiess früher Ἀρία (nach Steph. Byz.).
Die noachische Völkertafel führt unter den Namen Mad oder der Meder die Vertreter des
Arja-Stammes auf die Meder, als ein offnes Land bewohnend, erlagen (unter Cyaxares) die
Scythen, während Assyrier und Babylonier sich durch ihre Burgen schützten. Auch be-
festigte Nitocris in Babylon das Land gegen die Meder, weil sie (wie Herodot bemerkt)
Einfälle dieses mächtig werdenden Volkes voraus sah (obwohl damals verbündet). Die
Votjaken oder Oudh-morte hiessen Oda (b. d. Tcheremissen) und Ari (b. d. Tataren).
†) Als nach Arbaces Tode († 760 a. d.), der assyrische König Sargin (720) Medien
erobert, wurde Dejoces (Sohn des Phraortes) in Ecbatana zum König von Medien (710 a. d.)
gewählt, als Vater des Phraortes (Vater des Cyaxares). Frerot berechnet nach den Saeculen
(b. Vellejus) die Niederlassung der Etrusker oder Hityes (s. Breitenbauch) auf 2691 a. d.

Babylonia, Auchanitis, Chaldaea und Amardocaea. Bar oder Ninip (Valus oder Vadana) entspricht (bei den Assyriern) den Saturn (Kivan). Giv was a famous warrior of old Persian romance*) (Rawlinson). Gleich dem über die olympischen Götter waltenden Schicksal, stand Allvater (oder später der Thridi) jenseit's Odin's und seinen Asen, wie Tinia, Herr der zusammen entstehenden und vergehenden dii consentes oder complices von den dii involuti seinen Rath entnahm und die über das irdische Sein erhabene Achtzahl der Götter Aegypten's nicht in die Körperwelt eingetreten war, wie die von Osiris und Isis beherrschten Götter, die von den Anfechtungen Typhon's zu leiden hatten. Wenn am Ende des Weltjahr's die astronomische Periode in Aegypten schloss, so verzehrte ein grosser Brand alles Vorhandene, um eine neue Schöpfung hervorgehen zu lassen, ähnliche Verjüngung die auf Vernichtung folgen, erwarteten die Etrusker, und wenn in Ragnarökr die alten Götter gefallen, so versammelten sich die jungen auf dem Idafeld. In den Kämpfen des persischen Dualismus schwärzt sich die Schöpfung im Feuer, wenn die Planeten mit vielen Daevas gegen das Firmament schlagen und die himmlischen Yazatas mit Angra Mainyu und seinen Daevas kämpfen. Während bei den Scandinavern Surtur (der Schwarze) aus Muspalheim seinen Feuerbrand in den Himmel wirft, lässt der Bundehesh den Schweifstern Muspar, von die Sonne an ihrer Bahn gefesselt werden, während die sieben Planeten als Heerführer gegen die sieben Heerführer der Fixsterne stehen, der Planet Tir (Mercur) gegen Tistrya, Vahram (Mars) gegen Haptoiringa, Anhoma (Jupiter) gegen Vanant, Anahit (Venus) gegen Çatavaeça und Keivan (Saturn) gegen die Grossen inmitten des Himmel's. Tyr verliert seine Hand in des Wolfe's Rachen, der Odin verschlingt (bis durch Vidar auseinandergerissen) und Yima duldet Schmerzen an seiner Hand, die er in den After des Angra mainyus gesteckt, um den verschlungenen Takhmo urupan herauszuholen (bis er reine Nahrung zu sich genommen). Ter oder Tir ist das altpersische Wort für den Planeten Mercur (nach Rawlinson). Auf dem nördlichen Feldzuge des Sosostris ausgestreute Culturbeziehungen, die sich (wie in der Colonie von Colchis) in

---

Die Herrschaft der Hyksos in Aegypten währte von 2300—1700 a. d. Die Meder stürzten die kuschitischen Könige (hamitischen Stammes) in Babylon (2400 a. d.) und regierten (nach Verdrängung des arischen Elementes durch ein turanisches) bis zur Errichtung der chaldäischen Dynastie (2017 a. d.). Der Bundehesch berechnet den Zeitraum zwischen Thraetaona (der 500 Jahr regierte) und Alexander M. auf circa 900 Jahr, so dass das Ende des von Dahaka beherrschten Millenium auf 1700 a. d. fallen würde. Bei Gründung der Altstadt wurde der Tempel des Herakles in Tyrus (nach Herodot) gebaut (2750 a. d.). Nach den Sagen der Gothen setzten sie sich unter König Philomer oder Ghilomer an den mootischen Sümpfen fest, nachdem sie die Scythen besiegt hatten (2637 nach Erschaffung der Welt). Nach Justin wurden die Königreiche Parthien und Bactrien (2800 a. d.) von den Scythen begründet.
*) Aus dem ursprünglichen Elemente, Wasser und Erde, wurde ein Drache geboren, der ausser einen Schlangenkopf zwei andere Köpfe zeigte, den eines Löwen und eines Stier's, zwischen welchen das Angesicht Gottes gestellt war, θεοῦ πρόσωπον, Ωνομάσθη δὲ Χρόνον ἀγήρατον καὶ Ἡρακλῆα τὸν αὐτόν (Damascius) oder (nach Athenagoras) ὄνομα Ἡρακλῆς καὶ Χρόνος. Ἡρακλῆς δὲ ὁ Χρόνος παρὰ τῷ Νικομάχῳ τίρηται (Lydus). Hercules hiess Χῶν bei den Egyptern. Heracles erhielt von Atlas den Κόσμου κίονας, die alle Geheimnisse der Natur enthielten. Gav or Gava (the blacksmith of Isfahan, who drove out Zohak or the Scythians) answers to the Zend Kava (royal). Gav for „a smith" has its correspondent in all the Celtic tongues, gof (Welsh), Gobha (Irish), Gobhan (Gobanos) or Gowan. The assyrian god Kivan is the god of iron and thus the smith par excellence (Rawlinson). Dem Mondgott Sin (in Babylonien) war der Monat Sivan heilig. Sebastea ist die türkische Stadt Siwas, nördlich von Halys. Βέλε, ἥλιος, καὶ αὐγή, ὑπὸ Σακαίων (Hesychius). Κικρωψ, rex Antheniensium, ex Aegypto oriundus (ὁ διφυής appellatus), Erechthei filius. Καὶ ἀπὸ τῶν ὀνομάτων δὲ ἐνίων τὸ βάρβαρον ἐμφαίνεται Κέκρωψ καὶ Κόδρος. Maurus quidam Κέκρωψ (apud Zosim.), Κεκρυμμέναι: oculte, Κεκρύπταται, abscinditae sunt, ionice, pro Κεκρυμμέναι εἰσι Κρυπτω: abscondo Κεκροπίδαι: Anthenienses.

dem Zurücklassen des Macedo in Thracien zeigen, liessen die Pierer (oder Beliden der Piromis) den von dem aegyptischen König Proteus begünstigten und durch Cybele in Phrygi·n geweihten Dionysos bei sich aufnehmen, und seinen Dienst unter den Bergvölkern (besonders den Satrae) zur Anerkennung bringen (sowie auf den Inseln bis nach Naxos), während die (durch ihre Geta) mit den nomadisch eingewanderten Geten in Beziehung stehenden Edoner sich eben so sehr dagegen sträubten, wie die Scythen gegen die bakchischen Verzückungen der Griechen am Pontus. Wie die Pelagonen als Pelasger umherzogen, verbreiteten die Pieriden ihren orphischen Musendienst nach Griechenland und sie hingen durch die Mysier mit den Troern (b. Teuthrania) zusammen, ebenso wie die Ciconen und die Cauconen (am Teuthas) in Elis. Diese wurden durch die Minyaei vertrieben, und der samothracische Dienst der eingewanderten Cadmeer erweckte eine Rivalität gegen die einheimischen Mysterien, ebenso wie die neu aus Aegypten zugeführten Culte, weshalb der thracische König Eumolpus den Eleusiniern gegen Erechtheus zu Hülfe zog. Als die hellenischen[*]) Stämme sich zu bilden begannen, grossentheils mit Elemente der persischen Thracier durchdrungen, traten aus Epirus die Dorier hinzu, die (ehe sie in den Peloponnes abzogen) als Macedni die Neugestaltung Macedonien's unter den (später die Verwandtschaft mit den Temeniden in Argos hervorhebenden) Heracliden einleiteten, und unter den folgenden Wirren bemächtigten sich die wilden Bergstämme der Odomantae, Odrysae, Derseletae u. s. w. der früheren Sitze der Pierer, während zugleich sich aus Geten der Zweig der Edonen bis nach Thracien vorschob. In dem halb-mythischen Volk der alten Thracier sind gewissermassen die embryonalen Vorlagen des noch nicht in die charactéristisch scharfen Formen der amphictyonischen Stämme gegossenen Hellenenthum's anzunehmen, und diesem enger oder weiter verwandte Nationalitäten scheinen sich über die Illyrier (und Dardaner) hinaus noch weiter in den Westen Europa's hinein ausgebreitet zu haben, bis zur Berührung mit afrikanischer Kreuzung in der hispanischen Halbinsel, wo briga (iria) Stadt hiess, wie bria (nach Strabo) in Thracien, und Uscudama, Stadt der Bessi am Haemus, Uscana, Stadt illyrischer Penestae, Uscenum, Stadt der Jazyges Metanastae sich in Osca, Stadt der Ilergetes in Hisp. Tarr, und Osca, Stadt der Turditan in Hisp. Baetica (sowie in Oscela, Stadt des Alpenvolk's der Lepontii) wiederholen. Die in Asien untergegangenen Bebryker sind in den Pyrenaen geblieben. Der Osten Europa's war dagegen von einem (in den spätern Finnen gespiegelten) Volke blonder Rasse bewohnt, wie es am deutlichsten (unter den von Osten her nomadisirenden Scythen) in den Budini hervortritt, und die durch Handelszwecke veranlasste Niederlassung griechischer Gelonen unter ihnen rief jene Modification des gaelischen Stammes hervor, die bei ihrer durch sarmatisches Vordringen veranlassten Auswanderung vor-hellenische Sagen mit sich nach dem Nordwesten Europa's[**]) trug, während die direct mit Kleinasien verknüpfte

---

[*]) Der Euphrat fliesst durch den τὰ Ἴλη τὰ κατὰ Χαλδαίους in's Meer (b. Strabo).

[**]) Der Uebergang vom persischen Thracien nach Hellenen vermittelte sich besonders durch den (nach Strabo) neben den Aeoliern und Tessaliern ausgebreitete Pelasgern, wie (nach Herodot) die Aeoler Asiens früher nach den Hellenen als Pelasger bezeichnet wurde. Wie die Hyperboräer in Bündel von Gerstenstroh gewickelte Gaben nach Delos schickten, so brachten auch den Thraker und Päoniern die Frauen beim Festage der Königin Artemis ihre Opfergaben nicht ohne Gerstenstroh dar. Thracien (τραχεῖ) oder (Steph. Byz.) Perke (des Perkunos(war (zur Zeit der Sänger Orpheus, Musaeus, Thamyris und Eumolpus) von Pierer (Πίερες) bewohnt, die durch die Macedonier ausgetrieben wurden (nach Strabo). Der thracische König Eumolpus kam den Elusiniern gegen Erechtheus zur Hülfe (nach Attika). Von den in Phocis angesiedelten Thraciern vermählte sich Tereus mit Procne, Tochter des Pandion von Athen (nach Thucydides). Bei der Rück-

Emigration der Asen, von Maeotis den Ausgangspunkt nehmend, sich nach

kehr der ausgetriebenen Cadmeer nach Böotien zogen die Tracier nach dem Parnassus, die Pelasger nach dem Hymettus. Das Grab des Orpheus war in Leibethra in Pieria. Nach Theras sind die Thracier von Θήρας benannt (Θήρα oder Jagd) als Jägervölker. Der Thracier Thamyres heisst ein Phocaier (bei Pausanias) oder Odrysier. Zeal for the propagation of Dionysiac rites is a characteristic of the Thracian sages (Mure). Der illyrische oder (bei Scymnus Chius) thracische Stamm der Istrier in Istria ('Ιστρία) sollte nach einem frühern Arm des Ister oder Hister (Matoas oder Danubius) der dort ins Meer floss, genannt sein. Die Perrhae von Histiaeotis in Thessalien gründeten Histiaea ('Ιστίαια) oder Oreus in Euboea. Die historischen Thracier (Edoner, Odrysier. Odomantier) wurden als Barbaren beschrieben (als Denseletae, Thyni, Satrae). Oesyme oder Aesyme in Pieria (bei der Mündung des Strymon) wo eine Colonie in der durch Phoenizier besiedelten Insel Tharos (Aeria oder Aethra) mit den Saiiern (Sapaiern oder Sinthiern) die mit den sogenannten Colonisten aus Paros kämpften, der thracische Stamm der Sinti wohnte in der Bergkette Cercine (und des Strymon) Sintier und Lemnos, der Stamm der Sinsii südlich von Dacien, die Könige der zwischen Cercetae und Maeotae wohnenden Sindi, die Fische auf das Grab legten, (am Pontus Euxinus) in Sindice residirten in Gorgippia (mit den Städten Hermonana und Aborace und dem Hafen Sinda. Stadt Sinda in Pisidien, Sindomanos am Indus, Sindoeandos in Taprobane, Sindus in Macedonien, Stadt Singa in Syrien, Fluss Singames in Colchis, Singames in Mesopotamien oder Siniar (Σενναάρ τῆς Βαβηλωνίας) in Babylonia, Sinope von den Argonauten gegründet, das Land der Sinae grenzte an Serica, Stadt Sidae in Beotien, Granatäpfel (σίδη), Sidons von fischen (Sidon). Sidnes und Almonoi (Atmonöi) mit Basternern. Side (Sido) Frau des Orion. Sin (Sivan or Ish) or Bel-Zuma (in Hur oder Ur) ist der assyrische Mondgott, als Omoroka oder Thalassa, getheilt von dem Mond bei Jainus und Muslem. Tchandras heisst Indus oder Somas. Neben Pelasger nennt Homer Ciconen (thracischen Stammes) die Cauconen (an der Küste Bithyniens und des Peloponnes) als Hülfstruppen Trojas (Kaunier in Karien). Strabo rechnet Mysi und Getae zu den Thraziern (sowie die Daei). Die Phrygier waren Colonisten der Thracier und ebenso der Saraparae (bis Armenien). Die Bithyni waren Thracier und ebenso die Bebrycae, die vor ihnen Mysien bewohnt, dann die den Bithyni gleichenden Mariandyni. Die Mysi waren aus Thracien gekommen. Justin stellt Thracier mit Illyriern und Dardani zusammen (also auch mit den Dardaniern, Troern und Mysia. Phocis (von Lelegern, Thraciern, Hyanten bewohnt) wurde von den Phlegyern erobert und nach Phocis (Enkel des Sisyphus) benannt. Die Macedonier (Macedni) oder Macetae (mit Elymiotae, Onestae, Lyncestae) glichen an Haar und Manteltracht den Illyriern (nach Strabo) waren aber in der Sprache (nach Polybius) verschieden. Die von den Macedoniern vertriebenen Battiaei zogen nach Chalcidice (mit den von Euboea nach dem sithonischen Vorgebirge kommenden Chalcidiern, verbunden) die Paeonier worden in's Innere getrieben. Die von Caranus stammende Königsdynastie der Heracleiden in Edessa (in Macedonien) leitete sich von den Temenidae in Argos her (als Temenus die Heracliden nach dem Peloponnus geführt). Der epirotische oder (nach Steph. Byz). molossische Stamm der Orestae grenzte an macedonische Parawaei (am Flusse Avous oder Viosa). Die Lyncestae wohnten zwischen Pelagones und Eordaei. Die Pelagones oder Πελαγόνις (mit der Stadt Pisaenm) wohnten an den (von den macedonischen Königen gegen die Dardani bewachten) fauces Pelagoniae (der Eingang von Illyrien nach Macedonien). Reste der von den Temeniden ausgetriebenen Eordaei blieben in Physca (die illyrischen Eordeti wohnten südlich von den Parthini). Die Odrysae wohnten an der Quelle des Hebrus (nach Plinius). Der päonische Stamm der Odomantae wohnte am Berge Orbelus. Der thracische Stamm der Saraparae (scalpirend und Köpfe schnellend) wohnte jenseits Armeniens zwischen Guranii und Medi (nach Strabo). Die Denseletae oder Dentheletae wohnten an der Quelle des Strymon. Die Maedi (mit den Bithynern verwandt, als Maedo-Bithyni) wohnten am Berge Scomius. Die Temeniden vertrieben von Strymon die Edones (vom Könige Geta beherrscht). Lycurgus (König der Edoner) vertrieb Dionysos und nahm die Satyren (Satrae) gefangen (wurde aber durch Wahnsinn bestraft). Die Chalcidier liessen sich im Lande der Hippobatae nieder. Die älteste Colonie nach Chalcis auf Euboea war durch Pandorus, Sohn des Erechtheus, hingeführt (jonischen Stammes) und dann kam eine jonische Colonie unter Cothus aus Athen. Von den vielen Colonien, die Chalcis aussendete, war Cumae in Campania (1050 p. d.) die älteste. Die herrschende Klasse in Chalcis war die (Ιππoβαται) Hippobotae (von den Ιππεῖς in anderen griechischen Staaten) als Besitzer der Ebene von Lelantum (zwischen Chalcis und Eretria), das Land Chalcitis (im District Erythrae) in Kleinasien war von den Teii (neben den Clazomenii) bewohnt. Die Insel Chalcitis lag Chalcedon gegenüber. Chalcis (bei Homer) und Hypochalia gehörte zu den aetolischen Städten. Chalcis am Berge Pindus in Epirus. Chalcis war Hauptstadt von Chalcidice in Syrien, Chalcis ad Belum lag südlich von Baalbek, Chalcitis in Indien. Die thessaische Stadt Pherae (Sitz des Admetus) lag am Fusse der Berges Chalcodonium. Die Insel Chalce lag zwischen Telus und Carpathus. Die Chalcetores bewohnten Chalcetor

Scandinavien wandten.   Assyrii*) Solem sub Jovis nomine celebrant in civitate q'iae Heliopolis nuncupatur, ejus dei simulacrum sumptum est de oppido
Aegypti, quod et ipsum Heliopolis appellatur, regnante apud Aegyptios
Senemure seu idem Senepos nomine fuit, perlatumque est primum in eam
per Oppiam legatum Delabois regis Assyriorum sacerdotesque Aegyptios,
quorum princeps fuit Parmetis (Macrobius). Unger identificirt Senemures
oder Senepos (b. Macrobius) mit König Snefru (der egyptischen Monumente).
Wie die Fürsten der Hiongnu, waren die Perserkönige Tengrisöhne und
Darius schoss (bei der jonischen Revolte) einen Pfeil zum Himmel (wie
Herakles gegen die ihn in Libyen brennende Sonne), dass Zeus ihm Rache
gewähren möge.   Bei der Reform Amenhotep IV. wurde der König zum
Schätzling der Sonne.   Ramses oder Ra-Mes ist Sohn der Sonne.   In dem
Worte, welches dem persischen asman (Himmel) entspricht, ist das Gottes-
zeichen am Anfange desselben als Determinatif zu erklären (s. Brandis).
Wie Mylitta dem Belus stand die mit einem Stierhaupt geschmückte Astarte,
(die im Stern nach Tyrus weis't) dem Moloch oder Adonis (Adonai oder
Herr) zur Seite.   Der Riese Asterius war Sohn des Arax in Anactoria,
und wie die Dioscuren hiessen in den samothracischen Mysterien die Söhne
(der Cybele) Anacten.   Die zuerst dem Naglfari vermählte und dann dem
Anar die Erde (Jörd) gebärende Nöt war Mutter des Dagur (Tag) von den
Asen Dellingur (Dämmerung).   Der Titan Asträa zeugte mit der Aurora
den Zephyrus, Boreas und Notus, mit der Hemera (Tagesgöttin) den Asträa.
Aus Gram um den Tod seiner Gattin Asterope wurde der wahrsagende
Aesacus, Sohn des Priamus und der Merops) in einen Taucher verwandelt.
Hecate war dem Titanen Crius von der Titanin Asteria geboren, oder (nach
Apollodor) von Perses und Asteria, und Asterion, Sohn des Tectamus (Sohn
des Dorus), der die Tochter des Kreteus (auf Kreta) geheirathet, nahm die
von Zeus entführte Europa auf, wie sich die in einen Stein verwandelte
Asteria als Insel Delos aus dem Meere erhob, weil die Erde oder Here
einen Eid geleistet, der Latona, Mutter des Apollo (oder Abelus) und der
Artemis, keinen Zufluchtsort zu gewähren.   Baldur dagegen erlag dem durch
Loke angereizten Hödur, obwohl die Pflanze der Erde der Frigga einen
Eid geleistet, ihren Sohn nicht zu schaden.   Aehnlich diesem feindlichen
Wechselspiel, das auf der einen Seite dem Belcultus günstig, auf der andern
für dieselbe verderblich ausfällt, hatte die Reform des Zoroaster (Goldstern)
mancherlei Kämpfe zu bestehen, ehe sie theilweise siegreich daraus hervorgehen konnte.   The homogeneous people of Cushite race (originally sprea-
ding along the entire coast from Abyssinia to the Indus) proceeded into
the continent, but at a later date was (by the Arians) confined to the
sea-board.   From them, however, the whole tract east of Kerman (Carmania)
was, even at the time of the Sassanian princes, called Kusan, and they
probably constitute in some measure the stock, from which the Brahui**)

in Karien, Chalceterium in Kreta (Steph. Byz.) Auf der Insel Chalceritis am Pontus Aretias
(῎Αριος νῆσος) baute die Amazonenkönigin (Otrere oder Antiope) dem Ares einen Tempel.
Die bithynische Stadt Chalcedon (Proceratis oder Caecorum oppidum) oder Colpusa in
Chalcedonien (mit dem Tempel des Zeus Urius) in der Colonie Megara.
      *) Die assyrische Gottheit Asshur (Khaldi der Armenier) heisst bei den Babyloniern
Il oder Ra, mit Sur oder König (in den Inschriften) verbunden (wie auf das indische
surya sich die susa der Helden beziehen).   Bab-il, as the cunei form name is written,
signifies the „gate of Il" and is the Semitic translation of a Hamite term (Ka-ra). The
name was probably given in allusion to the first establishment of seat of justice, as it
was in the „gate of the place" or the „gate of the temple," that in early times justice
was administered (Rawlinson).   Auch in Aegypten bezeichnet Pharao die hohe Pforte.
      **) The Brahui dialect is Scythic or Turanian, while that of the Beloochees is Arian
(Seymour).   The Brahoos have migrated from Arabia to Mekran.   Die Ichthyophagi bezeichneten die Küstenstämme zwischen Oritae und Carmania.   The Ethiopians of Asia

division of the Belooch nation is descended (Rawlinson). Nach der durch die Aufregung religiösen Fanatismus momentan gestürzten Hegemonie des Semitismus in der Verbreitung des Islam, gewann bald wieder das unbehülflichere, als massiv schwere Element der ostasiatischen Nomaden das Uebergewicht, zuerst auf's Neue festen Fuss fassend in den Stätten seiner alten Eroberer, am Süden des Caspischen Meeres im Ghilan, (die Heimath der persischen Caianiden) durch Stiftung der Dynastie der Dilemiten (927 p. d.) und durch Buiah, die sich von Babar am Gur oder (nach Ben Schohnah) von Ardeuschir Babegan herleiteten, der Bujiden, die sich 932 p. d. in Schiraz festsetzten und bald am Hofe der Abassiden die Rolle der Herren spielten. Sie erlag in der Person Maggeddulat's durch die von dem Türken Sebhegin den Samaniden in Transoxiane geleisteten Dienste begründete Dynastie der Ghazneviden, und der Sieger Mahmud trieb zugleich den Ilek-Chan, den Fürsten der orientalischen Türken, über den Gihon zurück. Aber auch dieses durch seine indischen Triumphe verherrlichte Reich der Eroberer (Ghazi), sah unter den Kämpfen mit den von Zohak stammenden Goriden ihren Glanz erbleichen, vor dem der von Seldjuk stammenden Löwenkönige, Arslan, Thogrul ben Arslan, Alp Arslan; und Seldjuk, der Sohn Dokak's (Tokmak oder der Hammer), ging nun für seinen

---

represent (according to Rennell) the inhabitants of the south-eastern angle of the empire (the tract intervening between Eastern Persia or Carmania and the mouths of the Indus. Die Stämme der Gedrosi, Oritae, Arbii u. s. w. gehörten zu den Ethiopiern. The ancient country of the Ethiopians may be regarded as nearly equivalent to the modern Beloochistan, which extends from the Indian Ocean to the Helmond and from Cape Iask to Kurrachee (s. Rawlinson). Kué: beugen (gehen, bereichern). Die Kuçikas stammen von Rishi Kuça (berauscht oder Ackerjoch). Kuça (poa cynosuroides) in Ceremonien gebraucht. Ujayani heisst Kuçastala im Tretajuga. Kuçastala oder Kanyakubya. Kuhara, Schlangenart. Kuhu, am neuen Mond. Kûrma, Schildkröte. Kûhâ, Uebel. Kula, Künstler, Stamm. Der Continent Kuru lag im Norden der indischen Halbinsel (zu den vier Mahadivipas gehörig). Duryo dhana, als König der Kurus, ist Kururaj. Kukkuta (Fasan) von Çûdra und einer Candâlâ geboren, Kukkuta Ârâma, Einsiedelei des Hahne's (bei den Buddhisten) bei Gaya. Kuja, Planet Mars. Χνᾶ, οὕτω πρότερον ἡ Φοινίκη ἐκαλεῖτο (Hecataeus). Tyriorum gens condita a Phoenicibus fuit, qui terrae motu vexati, relicto patriae solo, Assyrium stagnum primum, mox mari proximum littus incoluere (Justin). In primitive Babylonian tûr or tús has two significations, one „a chief" and the other „small" or „lesser." Thus the Cuneiform Tur used, as the determinative of rank is to be recognised in the Biblical Tartan, Tirsatha (Turtan or Tursatha) in the Chaldee Turgis (a general), and in the modern Sur Tûshmâl (Persian: Ketkhoda), „chief of the house," the ordinary title of the „white beards" of the mountain tribes, while Tur for „lesser," which in Cuneiforme is used as the standard monogram for a son and which is translated in Assyrian by Zikkir is still found in the tittle of Turkhan given to the „Heir-Apparent" or „Crown-Prince" by the Uzbegs of Khiva (Rawlinson). Attithis, Sohn des Kuças, der (mit seinem Bruder Lawas von ihrem Vater Rama als Nachfolger eingesetzt war) folgte auf dem Throne Ajodhyas. Kuça ist die vierte Insel unter den sieben Dwipa. Bhawani heisst Kudscha die Erdentochter. Die Ligyer (im nördlichen Kleinasien) standen neben Matieni, Mariandynier und Cappadocier im Heere des Xerxes. Kytaea oder Kutais hiess (bei Lycophron) eine ligurische Stadt (nach Eustathius). Ariototeles kennt Ligurier in Thracien. Die Dadicae (Daradrae oder Derdae) oder Dardae) sind Vorfahren des Tats oder Tajiks (mit Tatacene in Drangiana). Die Aparytae oder Paryetae wohnten als Bergbewohner Hindu-Kush's in Cohistan wie pouru (im Zend) oder paruh (im Sanscrit), als Berg. The same root appears in Paropanisus or Paropamisus and (perhaps) in Paricanii and Paraetaceni. The Hindu-kush near the source of the Cabul river is called Kohistan, the mountain country. The river Cophen (Cabool) and town have a similar derivation) kuf in old Persian being synonymous with parwat, which is the Persian form of the Sanscrit paruh, a mountain (Rawlinson). Paricane, Stadt der Paricanier (bei Hecataeus) heisst (nach dem Tab. Peut.) Parioca. Πούρα, Stadt der Gedrosier (bei Arr.) Rawlinson verbindet Gedrosi mit Cadusier oder Cadrusier. Mazaca war Hauptstadt der Moschi (Meshech) oder (nach den assyrischen Inschriften) Muskai (zwischen Kars und Erzeroum). Die Tibareni erstreckten sich zum Iasonischen Vorgebirge (im Gebiet der Chalybes), als Tuplai oder Tubal. Die Sanni oder Tzani (Macroues odes Macrocephali) hatten nach den Colchiern die Beschneidung angenommen (bei Trapezus) die Mosynoeci tüattowirten. Die Colchier nannte Pindar Κελαινῶπας.

Ursprung (nach dem Lebtarikh) wieder auf Afrasiab zurück, dem Herren Turans*), oder (nach dem Nigbiaristan) auf die alten Turkmanen, während ihn Mirkhond an die Rasse der Mongolen anschliesst, als Nachkommen des Bouskin Salegi, Sohn der in wunderbarer Empfängniss befruchteten Alankova.

Nach Matuanlin folgten im Westen der (an die chinesische**) Mauer stossenden) Hiongnu die Usiun oder Asiani (mit grünen Augen und rothen Haaren), die (nach Befreiung von den Hiongnu) die Saï (westlich von den gelbköpfigen Uiguren am Lop) unterworfen bis zu den Städten (in Boch-hara). Westlich***) von den Uiguren oder Hoei-Hu zeigten alle Bewohner eingefallene Augen und vorspringende Nasen, ausser einigen dem Chinesen gleichenden Schönheiten in Khotan. Als ihnen gleich nennen die Arier (in den Vedas) ihre Götter susipra (mit schöner Nase), wogegen die Dasas (Barbaren) an-asas (nasenlos oder glattnasig) genannt werden. Nördlich von Altai (am Yenisei) wohnten (nach Matuanlin) die Ting-ling (Kirgis-Kaizaken) mit blauen Augen und blonden Haaren. „Alle diejenigen unter den jetzigen Barbaren, die mit ihren grünen Augen und rothem Bart den Affen gleichen, sind aus dieser Rasse hervorgegangen." Bei den Kie-kia-Sae (im Königreich Khien-kouen) der Hakas (Ha-kia-Szu) zeigten Alle rothe Haare, weisses Gesicht und rothe Augen (nach den Chinesen). Ihr Og residirte an dem Flusse der Schwarzen Berge, östlich nebenher die Tukiu wohnten. mit Buchstaben der östlich angrenzenden Hoeihou oder Uiguren (s. Visdelou). Den Chagassen oder Hönhun (Hehu), den Besiegern der Uiguren, werden Adlernasen, rothes Haar und blaue Augen beigelegt. Nach ihrer Befreiung von der Herrschaft der Anse unterwarfen die Uiguren (Huiku) die Kirgisen oder Kasaken. Die Siaposch in Kafiristan (mit einer zum Sanscrit gehörigen Sprache) zeigen eirunden Kopf, braunes oder helles Haar, blaue Augen, gerade Nase und zusammengewachsene Augenbrauen, das Haar hängt in Ringeln herunter. Neben den eingewanderten Badaga wohnen (als Ureinwohner) auf den Nilgherry-Hügeln die Todas, mit Adlernase, grossen Augen, schwarzem Haar in langen Locken. Für die Semiten bewegen sich die turanischen Wanderstämme (oho die mit Torgamah verknüpften Genealogien der Türk und Mogolen zur Ausbildung gebracht

---

*) Die nach ihrem Zerfall (mit den durch die Khitan in China entstandenen Unruhen) in Scha-tscheu (Kaschghar) zu herrschen fortfahrenden Hoei-hu nannten sich Arslan-hoei-hu.

**) Thiaochi ist Egypten bei den Chinesen (s. Visdelou). Ngansii ist Hauptstadt des Königreichs Taçin oder Likien (nach der Geschichte der Vei). Ils ont commerce avec le Tumkim. Ils commercent aussi par voie de rivière (par la fleuve qui traverse Pegu) avec Yichu et Yumcham, villes chinoises de la Province Yunnan (Visdelou). Le royaume de Fu-lin est celui-la même que l'on nommoit anciennement Taçin. Il est situé au bord de la mer occidentale, c'est pourquie on l'appelait aussi Haesi (Occident de la mer). Il est à l'Occident du Royaume Xan. Il a vers aquilon le peuple Tukive (Turc), nommé Khossaa au Khhassaa, la mer le baingna à l'Occident. Il est limitrophe de la Pesu (Perse). Quelques dixaines de petitsRoyaumes lui sont soumis (nach der Geschichte der Thang). Ces peuples Taxe (Araber)etaient devenues puissants. Le Roi envoya le Generalissimo Moyi, porter la guerre au royaume de Taçin, le roi de Fulin fit la paix et se de'clara vassal des Arabes, envoyant (606 p. d.) des ambassades à la Chine (s. Visdelou).

***) Le rois de Taçin (à l'occident de la mer) on Likven (Vighien) ont toujours eu dessein de communiquer avec les Chinois par ambassadeurs, mais les Assyriens (Ngansii), qui faisaient le commerce de soie avec les Chinois, fermèrent soigneusement le chemin de la Chine aux gens de Thaçin, afin qu'ils ne pussent pénétrer. Enfin, la neuvième année de Huan-huanti (466 p. d.), le Roi de Taçin, nommée Nganthun envoya des Ambassadeurs, qui ayant traversé la mer au-delà du Royaume Jenan (Camboye) offrirent du tribut (nach der Geschichte der Han). Tous les Ambassadeurs envoyés par la dynatie Han n'allaient par au-delà du Royaume Ukho (Ukho-yi-Xau), d'ou ils retournojent à la Chine (s. Visdelou). Der König von Taçin ist wählbar und wird das Land von Dürre oder Regenfluthen betroffen, so setzt man ihn ab, um einen Andern an seine Stelle zu bringen.

wurden), in dem legendenhaften Gebiete*) der Gog und Magog umher, und
die Hainthcluh oder (nach Herbelot) Indoskythen (später als weisse Hunnen
oder Ephthaliten) schliessen sich am nächsten an die durch Haig (Vater des
Asmenag) nach Armenien geführten Auswanderer, um sich der Tyrannei
des assyrischen König's Belus zu entziehen. Die Ckiat Burdschuckin genannten Nachkommen des Jesugai Behader, Sohn des Bertam Behader (Grossvater des Temudschin durch Jesugai Behader) zeichneten sich durch blaue
Augen und blondes Haar aus. Nachdem der chinesische General (89 p. d.)
die Hiongnu besiegt**), unterwarf Pantchao den Rest der chinesischen
Tartarei und nahm seinen Sitz in Khicou-tec oder Kaschgar. Die Leao
leiteten sich von Chinnoum***), Kaiser China's (2819 a. d.). Später herrschte

*) Le nom de Kiptschak on Kaptschak, que l'on fait ordinairement précéder du
mot Descht (desert ou plaine) désigne cette vaste étendue du pays, dui regne le long des
rivages septcutrienoux de la mer caspienne et de la mer Noire (Quatremère). Soudak war
der Hafen Kaptschaks am khazarischen Meer (nach Ebn Khaldun).
**) Alors plus de cinquante Rois Tartares envoyèrent des ôtages et reduisirent
leurs états en Provinces de Chine. L'Egypte même, l'Assyrie et le reste des royaumes,
qui s'étendent dans un space de 4000 lieus jusqu' à la mer envoyèrent payer tribut à la
Chine, leurs envoyés l'expliquant par la bouche de plusieurs intreprètes de différentes
langues. L'an 97 Pam-tchao envoya Kam yin, chef de ses Secrétaires, à la decouverte de
l'Occident. Kanym pénétra jusqu' à la mer mediterranée et fit un rapport exact des pays
par ou il avait passé (Visdelou). Die 107 empörten Tartaren wurden 127 p. d. wieder ent-
waffnet durch Pan-yum (worauf die Königreiche Khieoua oder Kaschgur, Yutien, Sole und
Solche Tribut schickten) aber 145 p. d. fand ein neuer Aufstand Statt. Kaiser Hanvuti
schlug den Yuetchi ein Bündniss vor, um den Hiunghu Khorassan zu entreissen, und obwohl jene in Tahia blieben, vertrieb er 115 a. d. die Hunnen aus den den Yuetchi abgenommenen Nordländern und sandte dann den General Likouamli (101 a. d.) gegen
Ta-Yuen, wo die Chinesen nach Enthauptung des Königs einen neuen einsetzten und das
verlangte Pferd erhalten. Cette expedition (dit l'histoire chinoise) fit trembler tout
l'Occident, même l'Eempereur Romain. Die chinesische Tartarie wird unterworfen und die
Grenze China's bis Bactriana und Khorassan ausgedehnt (Visdelou). Kaiser Hansuente
setzte (59 a. d.) im Yolei einen Markgrafen der chinesischen Tartarei ein gegen die
Hiungnu. Die Dynastie Thang eroberte die (mit den Dynastien Wei und Tsin sich selbst
überlassene) Tartarei, bis zu den Kriegen mit den Tache oder Arabiern (705 p. d).
***) Die von den Tenchyu der Hioumnou besiegten Toumbou (Ost-Tartaren) theilten
sich in die Sienpi und Ou-huan. Das Volk des Mono, Sohn des Pou-hoci (Nachkomme
des vom chinesischen Kaisers Chinnum stammenden Kho-ou-tou) wurde in den Inchau-
Bergen (an der Nordgrenze Sheusi's) von den Sienpi (Unterthanen des Mou-youm) vernichtet (zur Zeit der Tsin-Dynastie) und zerstreuten sich als Yuven, Knoumouki und
Khitan. Die von den Sienpi besiegten Khitan zogen sich nach Soummo und wurden von
den Ouei beberrscht, als sie sich (684 p. d.) China unterwerfen, aber (628 p d.) empörten.
Das unter Kaiser Vouvam (1121 a. d.) Souchin, genannte Volk wurde später Vekii, dann
Maho genannt. Les Mobo de Soumo, dout le chef avait pour nom de famille Tha, (qui
signifit Grand, dans la langue chinoise), se soumirent aux Coréans. Après que la Corée
eut été subjugée par la Chine, ces Mobho de Soumo se retirèrent dans les monts de
Toum-meau, fondant le royaume de Pohhai. Als die Khitan das Königreich Pokhai
eroberten, wurden die nach dem Südufer des schwarzen Flusses zurückgezogenen Mobho
als Niutchi bezeichnet und die kaiserliche Familie derselben (als Ken) stammte von
Poukkan. Die Dynastie der Kin wurde durch Ayutha gestiftet, der die Khitan besiegte.
Horse sacrifices are said to prevail among the modern Parsees (Rawlinson). Nach Pisander
war Gorge die Mutter des Tydeus. Idyia zeugt mit Aectes die Medea. Saragads ist
Schöpfer der Lappen. Der Planet Saturn heisst 'Pαιφαν (LXX) Les Toumhou ou Tai-
tares Orientaux (parmi lesquels les Yuetchi étaient les plus rédoutables) reconnaissaient
pour premier père de leur nation Yen-Yue, fils de l'Empereur de Chine, nommé Kaosin
2432 a. d.), trouvant des momuments de l'empereur Tchouen-kin (en Petcheli). Les
Hionni-nou ou Tartares Occidentaux tiraient leur origine de Chun-vei, fils d'un l'empereur
de Chine, de la dynastie des Ilias, éteinte (1767 a. d.) Chun-vei s'étant enfui dans la
Tartarie y fonda un royaume (s. Visdelou). Die Yuetchi unter den Tumhu hatten
(300 a. d.) ein Reich gestiftet, das den westlichen Theil der Provinz Shensi inbegriff und
Teumann, König der Hium-nu, nach Nerden getrieben, von wo sein Sohn Mothe indess
zurückkehrt, die Yuetschi besiegend. Aus den nach Leaotum geflüchteten Resten der von
den Hiumnu besiegten Osttartaren (Yueitchu) erhielten sich die Ouhouan, die sich (700 a. d.)
gegen die Hiumnu empörten, und die Sianpi, die später die Chinesen gegen die ihnen an-

über sie Khi-cheou-khan, der von den Bergen Tau-ghan-chan nach dem Flusse Hoamho zog. Unter seinen Nachfolgern gab Yali Gesetze, Yiteou lehrte den Ackerbau, Salati erfand das Schmieden, Chulan baute Städte. Dann folgte Thaitsou oder Apaokhi (in den Staaten des verstorbenen Khan aus dem Geschlecht Yao-nien), Vater des Thaitsoum, der (nach dem Geschenk eines weissen Wolfe's) dem chinesischen Kaiser den Krieg erklärte (978 p. d.).

Bei den Eimak und Hazarah ist noch heutzutage diejenige Sitte im Schwunge, die bei den nomadischen Eroberern des Alterthum's häufig geherrscht zu haben scheint und von dem Beginn einen so nachhaltigen Eindruck auf die Griechen machte, um die weitversponnenen Amazonensagen hervorzurufen, die sich dann im Westen Libyen's mit dort ebenfalls noch heutzutage wohlbekannten Negergebräuchen verbanden. Die Frauen der Eimak, sagt Ferrier, setzen einen Stolz darin zu Rosse zu steigen, und ihr Gewehr oder Schwert mit derselben Kühnheit zu führen, wie ihre kriegerischen Brüder oder Gatten. Einem Mädchen ist sogar der Ehestand*) verschlossen, bis sie eine tapfere That geübt. Von den Hazzarah-Frauen wird gesagt, dass sie ebenso verwegen seien, wie die Männer und stets in den vordersten Reihen kämpften. Nach den Chinesen nahmen (zur Zeit der Thang-Dynastie) die Frauen von Khotan oder Kustana an die Gesellschaft der Männer Theil, und ritten, wie diese, auf Pferden oder Kameelen. Ausser den eigentlichen Afghanen in ihren vier Hauptstämmen, sind dann noch die Doggan im Thal des Kuner, die Kissil-Baschi, Hindki oder Djat, (die eine dem Pandjabi, und somit dem Sanscrit verwandte Sprache reden), die Usbeken, Wardak, Lesgier, Kurden, Kallimak u. s. w. aufzuführen. Die Djerschidi haben von dem Tschihar-Aimak das konisch runde Zelt der Turkmannen angenommen, an der Stelle des länglich afghanischen oder halbnomadischen Aimak. Aus der engen Localität, auf der die Eimak und Hazarah gegenwärtig beschränkt sind, und die sie in Plünderungen durchziehen, können sie nicht länger als Eroberer hervorgehen, indess sind sie für die hier vorliegende Betrachtung ihrer Sitten wegen herbeizuziehn, die sich in den Bergen, wohin sie versprengt wurden, unverfälschter erhielten, früher aber auf weiterem Areal gegolten haben mögen. Aus der babylonischen Erzählung lässt s'ch schliessen, dass die Eroberer durch die noch später von den Medicern besetzten Länder herabzogen, nach der Einnahme Babylon's ein durch Könige vom Namen Zoroaster beherrschtes Reich in Baktrien gründeten, aber in Mesopotamien einem andern Angriff aus der Fremde

fangs verbündete Ouhuan unterstützte. Der Fürst der Sianpi erhielt vom chinesischen Kaiser den Titel Van (54 p. d.) Als Kie, der letzte König der Dynastie Hia, durch Tschintan (Stifter der Dynastie Cham) entthront wurde, gründete sein geflüchteter Sohn Chun-vei oder Huen-yu das Reich der Hiunnu in der Tartarei als Tschen-yu. Le roi Jectan (Yao) on Yaotang (fondateur de l'empire de la Chine) parfit l'an 171 après le déluge, du camp de Sennaar. Der von ihm zum Nachfolger erwählte Minister Chun setzte als Nachfolger seinen (das Wasser ableitenden) Minister Yu ein, mit dem die Krone in der Dynastie Hia erblich wurde (2206 a. d.) Die Dodanim (in Dodona in Epirus) oder Rhadanim (Rhodier) wurden (in der Genesis) als Dardouia erklärt (Targ. Jonath.) Nach Eupolemus zog Abraham von der babylonischen Stadt Kamarine oder Urie nach Kanaan. Die Amalekiter wurden vom persischen Meerbusen durch die Assyrier vertrieben (s. Knobel). Bei Typhe's Ankunft in Aegypten thaten die aegyptischen Götter ihren Kopfschmuck ab, sich aus Furcht verbergend (Plutarch). Bei Jehovah's Ankunft in Aegypten, werden die aegyptischen Götter erbeben (Jesaias). Die Phoenicier hiessen früher Xna (Steph Byz.). Hieronymus erwähnt civitas Sini bei Arcae. Heimo war ein kerlingischer Held (Reinh.)
*) Bei den Sauromaten durfte (nach Herodot) kein Mädchen heirathen, bis sie einen Mann getödtet. Eine Repräsentantin der Amazonen behält die griechische Heldenzeit in Atalanta (des Schoeneus Tochter), die die Eberjagd sowohl, wie den Argonautenzug mitmachte.

erlagen, da sie sich durch die Absendungen derjenigen Heeresabtheilungen geschwächt hatten, die dann als Hyksos an den Grenzen Egypten's erschienen. Die durch die alten Geschichtsschreiber der Chinesen in den Nomadenvölkern angeführten Typen lassen sich in den jetzt dort vorhandenen nicht mehr genau erkennen, indem die mit dem XIII. Jahrhdt. angesetzten Weltstürme die Elemente so vielfach und wiederholt durcheinanderwarfen, dass sie weiterhin keine genügende Ruhe hatten, sich in reinen Schichtungen wieder abzuklären. Eine besondere Beachtung verdienen indess die auf dem nordwestlichen Hochlande (wahrscheinlich im Lande der von Curtius beschriebenen Paropamisadae) des Hindu-kush (längs der Gulku-Kette) nomadisirenden Stämme der Hazarah und Eimak, zum Theil (trotz des Persischen Jargon) afghanische Herkunft beanspruchend, zum Theil auf eine Ansiedlung. zur Zeit Djingiskan's zurückgehend, aber im Grunde (wie Ferrier bemerkt*)) die Sammelreste aller der früheren Eroberer des Paropamisus darstellen, die sich dort gemischt und in längerer Isolirung selbstständig durchgearbeitet haben. Die Scherai in der Ebene von Div-Hissar haben trotz der Annahme des Islam einen persischen Dualismus in Khoda und Sheitan bewahrt. In Zerni, der alten Hauptstadt der Ghoriden fand Ferrier einige Gueber-Familien. Von den unter Zelten lebenden Eimak unterscheiden sich die Stadtbewohner der Tadjik als Parsivon oder Parsi-zeban. Zeidnat oder Ser-kaneh**) (Haupt des Hauses) bildet den vornehmsten Stamm der Hazzarah und die östlich vom Berge Pascht-koh-Hazzarah (mit dem Stamm der Berber) oder Hazzarah Pas-koh (von jenseits des Berge's). Conolly traf die Stadt Kousan oder Kousavee in Folge der Einfälle der Turkmannen verlassen. Vom scythischen Stamm der Kushan werden (nach Rawlinson) Ziegel bei Balkh gefunden. Die Festung Boodhi schützt den Nordeingang des Parapomisus. Die Residenz Rustam's wird an den See Zerenj oder Drangi oder Zarangae (neben den Agriaspae) oder Euergetes***) versetzt. Neben Mohamed verehren die Beluches als Nächste zu Gott den Pir-Kieri, und die Pir†) oder Alten suchen ihr Ansehen dazu zu gebrauchen, die Blutfehden unter den Beluchen zu hindern. Khanikoff findet die Wiege des iranischen Volkes im östlichen Theil des heutigen Persien, besonders im südlichen Sistan oder Segistan und in dem nordöstlich sich erstreckenden Chorasan. In den südlichen Provinzen von Farsistan und Laristan (Luristan) haben sich seit alter Zeit semitische und iranische Elemente gemischt. Die (von den Arabern) Solimani genannten

---

*) Here is (amongst the Eimaks) such a conformity of manners and language, such a physical ressemblance, and also such a decided tendency to unite against the Uzbeks and Afghans, who endeavour to subdue them, that it is allowable to suppose they are one great nation, subdivided into small governments or republics, which are frequently obliged to unite and act together, by the force of circum stances and for their mutual interests.

**) Sar, Ser, Söret, Sir in lingua veteri Gothica regem, dominum designant (Rubek), und so die Serer. Die aenigmatische Schreibung des Namen's Osiris (Aser) (durch Ibis (hab oder ab) und zweierlei Gänse (ser-Gans und ro-Gans) ist der Name des Gottes in Buchstaben der Räthelschrift gegeben. Sehr häufig erscheint aber derselbe Name durch zwei syllabarische Zeichen ausgedrückt, entsprechend der gewöhnlichen Schreibung mit Auge und Sitz (s. Lauth).

***) Bei dem auf Phylacus (nach der Schlacht bei Salamis) übertragenen Titel „des Königs und Wohlthäters" oder (nach Rawlinson) „würdig erwähnt zu werden" giebt Herodot das Persiche Orosang, von Benfey erklärt als Hvarēzagho.

†) Von Romi (Mensch) bildete sich Piromi (mit dem Artikel). In den geheimen Versammlungen der Ali Allahis in Persien singt der Pir während des Schafopfers. The Achaemenian Persian possessed no l and every where therefore substituted an r, as on Babiru for Babylon, Bira for Bel etc. So würden sich die von Herodot gesehenen Piromis (zu Perser Zeit) erklären, in Anschluss an den altegyptischen König Belus der Legende (bei Apollodor).

Afghanen (Puchtaneh oder Patan) bedienen sich zur Schrift des persichen Alphabete's (gewöhnlich in der Naschk-Schreibart), unter Zufügung besonderer Zeichen für die Aussprache, wenn die Laute im Puchtu den persischen Schriftzeichen nicht entsprechen. Die in Chail (Familienverbände) zerfallenden Stämme (Durani, Berduraui, Ghildschi und Kaker) leiten sich von den Söhnen des Kaise ab.

Die Berdurani (in den Solimonketten) zerfallen in die Yussufzai (Söhne Joseph's) oder Eusafzye, die Turkölani oder Turkani (am Flusse Badschör), die Otman-Chail (am Swat), die Momand (zwischen Hindukush und Kabulfluss), nnter den Mulik in Dschierga (Versammlung der Oberhäupter unter Vorsitz des Chans), die Chaiberi (als Schainwani, Afridi und Urukzai), die Chattak (bis zum Indus), die Bangasch mit den schiitischen Turi und den ihnen verfeindeten Dschadschi (die zu den Damanstämmen in Pandschab gehören), die Mahomedzai, Gaggiani, Dawudzai (David's Söhne), Mehmend und Challiel (in der Ebene von Peschawar), die Schirani (am Tacht-i-Soliman) in Berghöhlen (unter dem Nika oder Grossvater, den die Tschelwasti in den Gemeinden anbeten) und Wazziri (mit Dschadran), die Zmarri, Harripal, Kappiep, Babur, Marhail (als Hirtenstamm), Damtani (in der Ebene Wanch), Fermuli (am Gebiet Urghun) und nomadisirende Nasser. Die Panjkorah oder fünf Häuser (mit der Hauptstadt Dir) sind von den fünf Stämmen der Malizi Unterabtheilung des Afghanen-Stammes der Yusufzai genannt. Die Haker (auf der Ebene Siuna-dag und dem Hochplateau Toba mit auslaufenden Thälern) mit Panni (auf der Ebene Siwi) und Spien Tori (am Dschapper), sowie Mussachail und Isut-Kaker (neben den Babur). Die 12 Gemeindewesen in der Ebene Bori (unter einem Verbande der Saran) zerfallen jedes wieder in mehrere Dörfer unter Muschir, die mit dem allgemeinen Oberhaupt nur in Kriegszeiten zusammentreten. Die Bewohner des Thalo's Kantschoghai (im engeren Verbande der Sünnatia) haben in dem Urga s ein vom König bevollmächtigtes Oberhaupt. Die Ghildschi (bei Kabul) zerfallen in die Familienverbände der Toran (Hotakki und Tochi) und Burhan (Tarakki, Andor, Charoti, Alichail, Solimanchail, Kaisarchail, Sammalzail, Ismaelzail, Stanizai, Sultanzai, Ahmedzai, Schierpah. Die Durani oder Abdallih (bei Kandahar) mit Popalzai, Barikzai, Atschikzai, Alizai, Allekkozai, Ischakzai (Isaak's Kinder), Nurzai, Maku, Chögani (und Taimnui bei Herat). Die vom Könige Lehen besitzenden Häuptlinge sind zum Heerbanne verpflichtet. Jedes Lager (der wandernden Viehzüchter) besteht aus Gliedern eines einzelnen Familienbandes mit einer Anzahl Hamsajah (Anwohner) und einigen Tadschik oder Eimak, als Schmieden, Zimmerleute, Baschgar (Pähter), und etwas Acker (besonders zum Winter Sammelplatz) zu bebauen. Für ihre Heerespflicht besitzen die Lehnsleute aus dem Stamme Durani ihr Grundstück, Tekul, steuerfrei. Der Chan oder Patriarch in jedem Uluss (bei den Afghanen) wird aus den ältesten Familien desselben gewählt (meist durch den König). Die Unterabtheilungen wählen ihr Oberhaupt selbst, aber in den letzten, die nur noch aus wenigen Familien bestehen, geniesst Eins der ältesten Glieder als Zhera (Weissbart) ein natürliches Oberanschen. Je 10—12 der Patriarchen stehen unter einem Kandidar, dem Oberhaupte eines Mehel oder Mohalla (eines grösseren Verbandes), der als Vertreter des gemeinsamen Stammvater's gilt. Eine Anzahl Kandidar steht dann wieder unter einem Mallik oder Muschier, dem Vertreter eines höheren gemeinsamen Stammvater's. Die Glieder nicht afghanischer Abkuft (oder Afghanen, die aus Armuth ihren eigenen Uluss verlassen haben) heissen (in jedem Uluss) Hamsajah (Nachbarn oder Anwohner) und können zwar an der Dschierga nicht Theil nehmen, werden aber durch die Patrone vertreten, denen sie sich angeschlossen haben. Die

allgemeinen Angelegenheiten des Uluss werden von Dschierga (Versammlungen der verschiedenen Oberhäupter unter Vorsitz des Chan) geordnet,
die gemeinsamen Angelegenheiten der Unterabtheilungen in Dschierga unter
Vorsitz des Oberhaupts der betreffenden Abtheilungen. Dem König steht
der Wesir Ahzim (für die Verwaltung) znr Seite. Die Rechtspflege wird
nach dem Gesetze des Koran, dem Schirra und dem herkömmlichen Volks-
rechte, dem Puschtunwalle, durch die Kassi, Mufti, Amini. Mehkemch und
Darogha-i-Adaulat gehandhabt. Die bei der Besitznahme des Gebietes
(durch die Berdurani) vorhandene Urbevölkerung der Swati ist ihrer Besitzungen beraubt und in die Stellung der Fakier gebracht, die keinen
Grundbesitz haben und nicht als Glieder des Gemeinwesen's gelten, indem
jeder (als Frohnbauer) dem Besitzer des Grundstück's auf welchem er lebt,
als seinen Chawand oder Herren, unterthan ist und Frohndienste zu leisten
hat nebst Steuerzahlung. Lässt der Herr ein Maierverhältniss eintreten,
so wird der Bauer Bazgar genannt, der für die Bebauung des Bodens den
ausbedungenen Theil des Ertrage's auszahlt (und sich der Tagelöhner oder
freien Arbeiter zur Hülfe bedient). Das erbliche Recht am Boden hat
theils seinen Grund in der ursprünglichen Vertheilung innerhalb der Familienverbände bei Besitzergreifung, theils in Ankauf, theils in Urbarmachung
bisher unangebauten Lande's, theils in Schenkungen seiten's der Krone.
Die Raaeyat oder Fakir, als Suwati oder Degan bildeten mit Shalmani und
anderen Stämmen (wie Hindki Awan, Pasanchah etc.) die Eingeborenen
Afghanistan's (nach Rawerty). Nach Trumpp bildet die Sprache der Kafir
den Rest einer unvermischten Prakrit-sprache (aus dem VIII.—IX.
Jahrh. p. d.). Chiwa ist ausser den Chiwaiten, Tadschik, Usbeken, Perser,
Karakalpaker, Jamschiden (die 1841 von Herat übersiedelten), Kirgisen
von den Turkmanen der Wüste bewohnt, als Salar, Saruk, Ersari, Tuka
oder Teke, Sakar, Jamud, Goklan, Ata, Tschödar. Die Ak-Sukal oder
Weissbärte (Aga-Sukal oder Barthercon) geniessen ein patriarchalisches
Ansehen in den Mubalch oder Lagern (Chirga oder Filzhütten. Auf den
Raubzügen (Tschupau) nach Persien wurden Sklaven erbeutet (und in
Chiwa oder Buchara verkauft). Der Chan von Chiwa (aus dem Usbeken-
Stamme Kurgrad) ward nach der Wahl gewaschen und in die Höhe geho-
ben (zur Krönung). Früher war das Land unter mehreren kleinen Fürsten
(Inak) vertheilt, und noch jetzt führt der älteste Sohn oder Bruder des
Fürsten den Titel Inak. Jeder Tir hat seine bestimmte Weideplätze.
Neben den Turk vom Stamme der Usbeken (Djagatai-Türkisch redend)
finden sich in Kokan die Sarten (Kaufleute) oder Tadschik (Tad oder
Unterworfen), als Nachkommen der alten Baktrier (mit persischer Sprache).
Die Fürsten von Darwaz (durch Tadzik bewohnt) leiten sich von
Alexander M. Die Hochebene Pamir (mit Lungtschi oder Drachensee) ist
von wandernden Kirgisen besetzt. Hissar war von einem Uzbeken-Fürsten
beherrscht. Chunduz (Tocharistan) wurde von einem Mir (Fürsten) des
Usbekenstammes Kuttaghun beherrscht. Bochara war von Tadschik,
Usbeken, Araber, Perser, Juden, Zigeuner (als Dschughi, Mezeng und
Liuli), Kirgis-Kaisaken, Karakalpaken bewohnt. Dem Amir (vom Zweige
Tuk des Stammes Manghit) steht der Kusch-Beghi, (Hausmann der Verwal-
tung) zur Seite und der Inak, als Oberbefehshaber. Cis Kaucasien oder
Kafflaski-Oblast wird bewohnt von den Kosaken (seit den Mongolen der
goldnen Horde von Kiptschack gestiftet), als Tochernomorzen (Nachkommen
der Saporoger-Kosaken) und Linien-Kosaken (theils aus dem Lande der
donischen Kosaken, theils aus der Wolga), Armenier, Grusier, kasansche
Tataren, die Nogaier (aus den Bewohnern des mogolisch-tatarischen Reichs
Astrachan und den kubanschen Tataren oder Kara-Nogaier gebildet) oder

Mantak mit türkischer Sprache, Kalmüken, Truchmenen *) oder Turkmanen (am untern Terek), Kumüken, Abassen, deutsche Zigeuner. Die Haupt-masse der Bevölkerung im Liwa Adana (oder Ezalet Adana) bilden die (von der Pforte unabhängigen) Turkmanen-Stämme im Hochgebirge des Anti-taurus (mit dem Stamm Awschar). Jeder Stamm hat seine Adligen, aus denen der Häuptling gewählt wird, und über alle hat sich die Familie Oghlu die Oberherrschaft erworben. Die armenische Bevölkerung (unter vier Aga) zahlt Zins. Die Türken begreifen die Osmanen, die Osttürken oder Uiguren (mit einer dem syrischen Estrangelo entlehnten Schrift) die Turkmanan oder Truchmenen (mit den Kizilbaschen oder Rothköpfen in Afghanistan), die Uzbeken, die Nogaier, die kasanischen und wolgaischen Türken, die Kirgisen (in Kirgis-Kaisaken), die Karakalpaken, die Kumüken, die transkaukasischen Tataren, die Kadjaren (unter den wandernden Iliyat-Stämmen Persien's), die Affscharen, die sibirischen Türken, die Tschuwaschen, die Telenten am Altai, Kargassen oder Toffa, die Jakuten, die Tschukinan, der Lena, (die Bassianer im nördlichen Kaukasus, die Metscheräger in Perm und Orenburg sind Finnen). Unter den (türkisch redenden) Kirgisen oder Kara-Kirgisen (Buruten oder Dikokamcunüje) und Kaisaken wohnen (neben den Tataren) die Tschalo-Kosaken (von einem Taschkender und einer Kirgisen stammend). Jeder Kreis (der Wolosten, die sich nach dem be-deutendsten Aul benennen) wird von einem Kreis-Prikas verwaltet mit dem ältesten Sultan als Vorsitzer und Beisitzer oder Bijer (in der mittleren Horde). Die Kirgisen theilten sich in die weissen Knochen (Nachkommen der alten Chane) und die schwarzen Knochen (ohne erbliche Würde), als Nachbarn der Kian-kuen oder Huka (die sich mit dem Türkenvolk oder Hoeibe mischten). Die Sungarei (im Gebiet Ili) ist bewohnt von Turkestanern (Ackerbau treibend), Mandschu-Colonisten (Ssolonen und Dauren), Kalmükken, Oelod (Oirad), Tschachanen (Sibe), Mongolen, Kirgisen, Buruten, Dsungaren mit Dürbet und Choit (deren Aimake in Familien unter einem Adligen oder Dsaissang zerfallen), Uriankai (oder Samojeden), Chinesen, Schalimar. Ost-Turkestan oder Kleine Bucharei (Siy-u oder Thianschan-Nan)lu ist bewohnt von Buchanen (Tadjik oder Sarten), Türken und Dsungaren oder Kalmüken, sowie Uiguren (vor denen die Nestorianer bis nach Schansi zogen). In der indischen Colonie Khotan's (Kiu-sa-ta-na oder Kustana) oder Iuthian fand Fuhian (IV. Jahrh. p. d.) buddhistische Klöster. In Yarkand (Yan-ki) bedienten sich die Bewohner (nach den Chinesen) nur der Schrift der Brahmaren oder Po-lo-men (VI. Jahrhdt. p. d.) und wurde Fo verehrt. In Kaschghar oder Su-le wurde (nach den Chinesen) eine der indischen ähn-liche Schrift gebraucht und herrschte die Buddhalehre. Die Mandschha als Mitte des Bari-Duab bildet die Heimath der (den Radjputen ähnliche) Dschat (die bis an die Dschamna vorgedrungen sind) in Pandschab (mit dem Sikhs). Kashkar ist von den Chitral bewohnt. Die Sprache der Siapohs in Kafferistan (mit Lughmani, Dardoh, Wokhaner) enthält viele Sanscrit-Worte. Nimchahs (halfbreeds) ore designated those people, who have sprung from the mixture of Afghans with the Kaborigines of the parts to the north of the Kabul river, viz the Kafirs, Lamghassis, Shaemanis,

---

*) Die nördlichen Ostturkhestaner (aus der Provinz Aksu, Usch-Turfan) sind von kleinerem, aber breiterem Wuchs, haben auffallend kirgisische Gesichtszüge, die sich be-sonders in den kleinen feurig blickenden Augen kundgeben, während die südlichen, be-sonders die Jarkander und Chotaner, obgleich den mongolischen Typus deutlich verrathend, dennoch in dem schlanken Wuchs, dem schwarzen Teint und den Haaren den südlich klimatischen oder vielleicht richtiger den kaschmirisch-mohamedanischen Einfluss, der dort zu jeder Zeit bestand, nicht verkennen lassen (Vambery). Die Töngens sind ihrem Ursprung, ihrer Sprache und Physiognomie nach Chinesen, in Religion aber Muhamedaner (die Pehe Schofei's). Sart (Tadjik) hiess (schon zur Zeit der Uiguren) Kaufmann.

Deggaun, Giyar, Suwatis etc (s. Raverty). Belutschistan, Mlestchha-Land)
ist bewohnt von den Belutschen, Brahui, Dehwar (Dörfler) oder Dehkan
(persich redend, als unterworfene Tajik bei Kelat), den Lamri oder Nammari,
die (den Radjputen uud Dschat ähnlich) eine dem Sindhi verwandte
Sprache reden, den Dschat oder Dschet, die (arischer Abkunft in Katsch-
Gandawa) das Dschetki reden, Hindu, Afghanen, die Belutschen (eine dem
Persischen verwandte Sprache redend) zerfallen in die Stämme der Nerwui,
Rind und Meksi oder Magghazzi. An der Spitze ins Chail steht ein Sirdar.
Die Toman oder Zeltlager (Bunghi oder Zelt) der Brahui, die eine dem
Pandschabi verwandte Sprache reden, sind nach dem Häuptling benannt.
Der Chan aus dem Brahui-Geschlecht residirt in Kelat. Die Kurden (Gord
oder Wolf) oder Gordyräer (Karduchen oder Kyrten) zerfallen in die Krieger-
kaste der Assireta und die Ackerbauer der Garanen. Im südlichen Kurdistan
heissen die Könige Sipah, die Bauern Rajah oder Koilü (Dörfler). Das
dem Neu-persischen verwandte Kurdische hat türkische, arabische, syro-
chäldäische, griechische, russische Worte aufgenommen. Die nördlichen
Assireta zerfallen in Chosnav, Bulbassi, Rewandiz und Dschaf (in Bahdinan,
Buhtan, Hakkari und Rewandiz). Die südlichen Kurden zerfallen in Angesiedelte (Schinkil, Ghellali, Sekkir, Nureddiri und Siwell) und Wanderhirten
(mit dem Dschaf-Stamm). Die sesshaften Abtheilungen werden von ihrem
Landstrich (Buluk) benannt, die wandernden nach dem Häuptling. Die von
Simbath (IX. Jahrhdt.) unter den armenischen Christen gestiftete Secte der
Thondrakier oder Polichäer nahm von dem gastlichen Oberhaupte Jezid
den Namen Jezido an, neben Allah oder Ased, (Schech Adi als Schöpfer)
Be-Isai-Nurani (Jesus das Licht) oder Isa-Peugambar (Jesus, den Prophet)
verehrend. Die Pir (Greise) nahmen den höchsten Rang nach dem Schech-
Chan ein und besitzen die Gabe, von Krankheit und Wahnsinn zu befreien.
Die Kawal halten die einzelnen Gemeinden zusammen, indem sie mit dem
Pfauenbilde des Melek Taut (Melek el Kuwwet oder Engel der Kraft)
zwischen den Gemeinden einherziehen. Die Fakir versehen die niedrigen
Dienste am Heiligthum. Die Araber in Irak-Arabi theilen sich in Bedews
oder Bedu, in Moedi (Viehzüchter), Gallah oder Ackerbauer und Hadbri
oder Städtebewohner. Neben dem Turkmanenstamm der Howadsche wohnen
in El-Dschesireh die Schammar-Araber, die Beni-Said, die Aneizeh und
Dscherboah. Persien wird von Eingeborenen (Tajik) und Ilat oder Ilijat
(mit den Kadscharen) bewohnt (neben Iuden und Christen). Die indo-
germanische Sprache der Perser war mit arabischen Schriftzeichen geschrieben. Ausser den Wanderstämmen giebt es unter den Ilat (als türkische, arabische und lekische Ilat unterschieden) auch Schähr-Nischin (Stadtbewohner) und Schra-Nischin (Feldbewohner oder wandernde Viehzüchter)
mit einem zum Sommer-Aufenthalt (Jelak) und Winterlager (Kischlah) ange-
wiesenen Gebiete. Der Aufbruch aus dem Kischlab findet im Monat nach
dem Nau-Ruz oder der Frühlings-Nachtgleiche Statt (zunächst nach dem
Serr-Hadd oder der Grenze zwischen warmem und kaltem Gebiet). Die
Horde steht unter Aeltesten (Risch-e-Sefid oder Weissbärte). Zu den Turk-
Ilat (mit Ost-türkischer Sprache) gehören die Hadzcharen (als Schähr-
Nishhin bei Asterabad und Teheran), sowie die Affschanen, die Schekagi,
die Schab-sewen und andere Turkmanenstämme in Azerbeidschan, Mazenderan, Gilan u. s. w. Die Arab-Ilat (unter den Chalifen aus Arabien ein-
gewandert) haben meist die türkische Sprache angenommen. Zu den Lek-
Ilat (altpersischen Ursprungs) gehören die Lak oder Lek (theils Schär-
Nischin, theils Sorah-Nischin), die Choda-bendeh, die Kurden (im westlichen
Kurdistan), die Lur oder Lor (mit Faili und Bachtbijari). The language
of the Lurs (or Luks) is in its grammar a dialect of the Kurdish. In its
names of objects, however, it is identical with the Scythic of ancient Baby-

lonia (Rawlinson). Zu den Lur-i-Kutschik (Lur oder Lor) in Klein-Luristan (als Dilfun, Silasila, Bala-Giriwa oder Amalah) gehören die Faïli (und andere Stämme), die im Pisch-Kuh (vor dem Berge) wohnenden leben republikanisch, obwohl jede Unterabtheilung einen Tuschmal oder Vorsteher hat, die Bewohner des Gebirgs dagegen erkennen einen Häuptling oder Wali als Inhaber einer erblichen Königsmacht an. Neben dem Islam ver-ehren die Luren (deren Sprache dem Kurdischen verwandt ist) die fort-gehende Einfleischung eines Heiligen (Baba-buzark oder Grossvater). Zu den Buchthijari in Gross-Luristan oder Luri-buzerk (in kurdischer Mundart redend) gehören die Heft-Leng, Tschehar-Leng, Dinaruni, sowie die abhän-gigen Stämme der Janniki Germasir und die (den Affsharen angehörigen) Gunduzlu. Jede Unterabtheilung hat ihr anerkanntes Oberhaupt. An der Spitze der Gesammtheit steht der Häuptling der Janniki. Der Patriarch der Nestorianer oder Suriani (in Azerbeidschan) führt den Titel Mar Schimon (am Urimah-See). Die Volkssprache in Ghilan unterscheidet sich von Persisch und von Türkisch. Chuzistan wurde ausser von Tajik durch Lur und Bachthijar bewohnt. Die Kasikumükken nennen sich selbst Lak. Mit den Mongolen, als Südmongolen (mit Tschacharen, Bargu und Tümed oder Chuchuchotan) und als Nordmongolon oder Kalchas wurden von Djirgiskhan die Buräten (unter den Chorin-Buriät) und Kalmüken oder Olöd (als Dsungaren, Targod, Choschot une Dürbet mit Dschachazin) vereinigt. Die russischen Kalmüken an der Wolga gehören zu den Stämmen Dürbet und Torgad. Die in Nord-Tubet und Tanggut (zwischen Tübet und den Städten der kleinen Bucharei) nomadisirenden Mongolen, die sich Siraigol oder Scharaigol nennen, heissen Chor oder Hor bei den Tubeten, die die übrigen Mongolen als Sok oder Sok-bo bezeichnen. Die Fürsten der inneren oder südlichen Mongolen sind in fünf Klassen getheilt, als Tshsin-wang, Kiun-wang, Beile, Beise und Kung. Bei den äussern oder nördlichen Mongolen stehen die Chan noch höher. Die regierenden oder gewöhnlichen Taidschi heissen Djasak, wenn sie ein Theilgebiet besitzen. Der Ober-Inspector (Tsiang-Kiün) residirt in Uliassutai, doch halten sie sich nur vom heiligen Djebdsum Damba abhängig und pilgern oft nach Musedehe (das ewige Heiligthum) oder Lhassa. Zwischen Peking und Kalgan nomadisiren die Charatchin und die Naiman, bei Jehol die Ongnighod (Uniot). Nördlich von den Tümed, die chinesisch reden, wohnen die Chalka-targar (östliche Chalchos), die West-Chalcha, die Mominggan und Urad oder Oeröd. Die Urdus oder Tchachoren haben sich (nach dem Sturz der Djingiskhaniden) am Hoangho niedergelassen. Die Nord-Mongolen oder Chalchas zerfallen in die nördlichen Aimak (am Tula-Fluss), die östlichen Aimak (am Cherulün), die westlichen Aimak (am Tschanggai-Gebirge) und die mittleren Aimak des Ssain-nejon an den Quellen der Selenga. Der Gnison-tamba oder Ghegben-Chutuchtu residirt bei Urga. Die Buräten (am Baikal) theilen sich in Stämme (Kolbonda oder Tabun), die in Ge-schlechter oder Aimak, und diese in Chotton oder Hausstände (unter dem Sassul oder Aeltesten) zerfallen. Die von der russischen Regierung über mehrere Chotton eingesetzten Schulenga bilden mit ihren Dörfern ein Kolbonda mit dem gemeinsamen Oberhaupte eines Saissan (Iecho Tologoi), wenn von Adel, oder Taischa, wenn fürstlichen Geblüt's. Zu den Tungusen (Donki oder Bije), die sich von ihrem Urahn Oewön oder Oewöenki nennen, gehören die Daurier (Dutscheri), Lamuten und Mandschu (mit Orontschonen, Schologen, Ninagai, sowie Tschapogiren). Zu den Mandschu, die seit 1640 China beherrschen, gehörten die Kin (1125—1235 p. d.) und deren Vor-gänger, die Khitan (907—1125 p. d.). Tibet oder Si-tsang (mit Tanggut oder Si-fan im Nordosten) heisst Bodjul (Bodland) bei den Tibetern oder Bod (tibetisch-bhutanischen Stammes), als Gangja-Pa oder Budhisten unter dem Dalai-Lama oder (während seiner Minderjährigkeit) dem Regenten (Nome-Chan oder Numiben). Neben den Mongolen nomadisiren Gakbe und Gungbar. Im östlichen Gebiet Gross Tübet finden sich die Swartika der Bon-Religion. In Bhoton herrscht der Dharma-Radja. In Chuchunorien oder Sifan wohnen neben den Bodleuten (Sifan) Mongolen. Die Balti bewohnen Klein Tibet, die Kunaver am Sutledj. Die tibetische Sprache, die ihre Schrift dem Dewanagari entlehnt hat, nähert sich der chinesischen Einsilbigkeit. Die bei allen Mongolen gleiche Sprache (mit einer dem syrischen Estrangelo entlehnte Shhrift) hat im Nordosten tungusische, im Westen türkische Worte aufgenommnen (und sanscritische oder tibetische neben chinesischen in der Literatur). Unter den syrischen Alphabeten gleicht das mongolische am Meisten dem von Palmyra. Die türkische Sprache, soweit sie nicht, wie bei den Osmanen, mit persischen und arabischen Wörtern versetzt ist, theilt den allgemeinen Character der tartarischen Sprachen. Auch die finnischen Sprachen zeigen Verwandschaft mit den tartarischen Sprachen (mongolischen und türkischen). Das Türkische der Uzbeken oder das Djagatai-Turki unterscheidet sich von dem Türkischen der Usbeken, das durch Aufnahme persischer und arabischer Worte den Bewohnern Mittelasien's ganz unverständlich geworden ist. Die dravidischen Sprachen (Malabarisch, Tamulish, Tulava, Kanova und Telinga) sind vielsilbig mit Agglutination. Während die Sprache der Türken den allgemeinen Character der tartarischen Sprache theilt und die östlichen Stämmn auch in der Physiognomie der mongolischen Rasse ähnlich sind, nähern sich die westlichen Türken (besonders die Osmanen, die zugleich viele persische und arabische Worte aufgenommen haben, der kaukasischen Gesichtsbildung (s. Wappäus). The Mongoliform physiognomy is the rule rather than the exception and the Tnrk of Turkey exhibits tho exceptional character ofhis family (Latham). Auf dem Hochlande des Paropamisus (als südwestlichen Ausläufer des Hindukush, wohnen die schiitischen Hazzareh (mongolischer Herkunft), türkisch redend, im Osten und im Westen die sunnitischen Eimak (als Zweig der Tadjik) persisch redend. Bei den Eimak (Aimak) verrichten die Frauen, die sich nur bedeckten Gesichte's zeigen, alle Arbeit, ziehen auch mit in den Kampf, indem ein Mädchen nicht eher verheirathet wird, bis es eine Waffenthat ausgeführt hat. Die Ruinen in ihrem Lande sind ohne Inschriften. Auch bei den Hazzareh (die sich unter Dschengis-Chan festsetzten und mit den Eimak verheirathen) wissen die Frauen die Waffen zu führen. Als ursprünglichen Stamm der Hazzareh gelten die Zeidnat, die sich auch Ser-Chanch (Haupt des Hause's) nennen. Die östlichen Hazzareh (zu denen die Jeku Olingi, Deh Zingi, Ser Dschingeli, Deb Kondi, Bolgor, Kaddelano gehören) heissen Hazzareh Pas Koh oder Pascht-Koh-Hazzareh. Der Fürst von Herat versetzte 1847 einen Theil der Plünderstämme in die Umgegend von Herat. Die zum Theil den Zeidnat unterworfenen Firuz-Kohi (persischen Stammes) zerfallen in Derzi, Kutscheh, Tschektschoran und Döllet-jar (am Heri-Rud). Neben den Usbeken findet sich der Stamm der schiitischen Berber (eine dem persischen verwandte Sprache redend). Ausserdem bewohnen Afghanisten, die Deggan im Thal des Kuner unter dem Saind (König) des Kuner (mit indo-germanischer Sprache), die schiitischen Kissil-Baschi türkischer Herkunft (unter persischer Oberhoheit), die Hindki oder Dschat (eine dem Pandschabi verwandte Sprache redend), die Tadschik oder Dehkan, Araber, Lesgier, Kurden (Muksi und Rika), Armenier, Kalmücken (Kallimak), Abessinier u. s. w. Die vier Hauptstämme der Afghanen sind die Durani (als Zirak und Pandschpa) oder Abdalli, Berdurani, Ghildschi (als Toran und Burhan) und Kaker. Wie den Familien der Spien Zhera (Weissbart) und den Unterabtheilungen das selbst gewählten Oberhaupt, steht dem Ulus, als Patriarch, der Chan vor, und ihre Verbände (Mehel oder Mohalla) stehen unter dem

Kandidor, wie eine Anzahl dieser unter dem Mallik oder Muschir (dem Vertreter eines gemeinsamen Stammvaters) weiter Ausdehnung). Die Hamsajah (Anwohner des Ulus oder Nachbarn) nehmen an den Dschierga (Versammlungen) nicht Theil.

Die das von Ninus*) gestürzte Reich im östlichen Ocean bis Nil begründenden Scythen**) waren (nach Diodor) von der Nachbarschaft des Indus gekommen und hatten sich über dem Araxes bis zum Tanais und schwarzen Meer mit dem Mäotis, den sie (nach Plinius) als Temerind (das indische Meer) bezeichneten, ausgedehnt. Am Arabisflusse***) oder Purali (der Hauptstadt oder Pura) in Gedrosien wohnten die Arabitae oder (nach Marcian) Arbiten. Die Saken nannten sich Aramos oder Wilde und Arier war früher Name der Meder, während die aus Assyrien nach Norden gezogenen Auswanderer sich Armenier nannten. In Süd-Arabien, dem spätern Reich der Homeriten (als Oriten in Gedrosien), war die Feste Irem gegründet und von Arjanem Vaejo führte der fromme Jima die zu einer Genossenschaft vereinigten Nomaden in die grasreichen Triften tieferer Ebenen. Aram (Sohn des Shem)†) gilt in Völkertafeln als gemeinsamer Ahn des Uz, Asshur, Arphaxad und Lud, während Strabo die Uxier mit Cossäer (des Kush, der Sohn des Ham) und Paraetacue in Elymais zusammenfasste. In Scandinavien finden sich als früheste Bewohner Helusii, dann Hillevionen, wie später Heruler oder Eluror, die Ablavius von den Sümpfen (griechisch) herleiten will (wie Eleer und Finnen). Diese durch indisch-arische Scythen vermittelte (und durch Cimmerische Wanderungen bis nach Norden fortgesetzte) Brücke erklärt die sindischen Reminiscenzen am Pontus und griechischen Archipelago, sowie brahmanische Anklänge in lappischer Mythologie, sowie bei den aus den meisten Inseln jenseits des Rhein (nach Amm.) hinabgezogenen Druiden. Die gothische Tradition lässt die Suprematie der (später von Suionen oder Sueven gefolgten) Gothen unter König Philomer oder Ghilomer eintreten, der die Scythen besiegend, sich am Maeotis festsetzte, der Stätte des alten Asburg (b. Strabo) und Myrmecione (Myrmecium, als milesische Colonie), oder Königssitze des Peleus, Vater des Achilles, der aus Scythien vertrieben (wie Arrian erzählt) nach Thessalien kam (Leo Dioc.), wo in dem durch die olympischen Götter gestürzten Cultus des Haemus die unterirdischen Aimo oder Lappen wiederkehren. Achilles bewies (nach Arrian) seinen scythischen Ursprung durch rothe Haare und blaue Augen, in der bei den Ostseevölkern (jetzt finnischer Sprache) gewöhnlichen Erscheinung, die sich mit den polaren Eingeborenen zu der lappischen Varietät verband. Die Kämpfe der ägyptischen Könige mit den Kheta, die sich als Djeta noch in der Inschrift des Timuriden bei

---

*) Mit Bel-lush beginnt auf den Inschriften die Reihe der ersten Könige Assyrien's, die in Asshur oder Kileh Shergat am Tigris (südlich von Niniveh) residirten.

**) The term Scyth or Sacan is not a real ethnic name, but merely a title given to all nomades, like the Jlyat of modern Persia.

***) Ἄραβες κοράκων ἀκούουσι, Τυῤῥηνοι ἀιτεῶν (Porph.).

†) Syrian is nothing but a variant of Tyrian. The Greeks when they first became acquainted with the county of Asia minor and Egypt found the people of Tyre or Tzur (rock) predominant there and from them called the country, on which they dwelt Syria (Tzyria). Afterwards, when they heard of the Assyrians, they supposed the name to be the same, though it had really a very different sound and origin. Hence the use of the term Συριηγενές by the Delphic oracle and of Σύριον by Aeschylus (as Assyrian). The roots of Syrian is in Hebrew Tzur (צור), the root of Assyrian is (אשּׁור) Asshur. In the Assyrian inscriptions Assyri a is called As-sur (happiness), while the Tyrians are the Tzur-ra-ya, the characters used being entirely different (s. Rawlinson). Xenophon gebraucht oft Syrier für Assyrier. Die Cappadocier hiessen Assyrier (nach Scylax). Mela gebraucht Syrer für Assyrier. Das bei den Griechen als Syrier bezeichnete Volk hiess Assyrier bei den Barbaren (nach Herodot).

Samarkand erhalten haben, spielen in den Sagen der Gothen als Siege des
gothischen König's Tanausis (der Eroberer Asien's) über den ägyptischen
König Vesosis. Nach Procop waren die von den Scythen als Flüchtlinge
bezeichneten Parther (Parser oder Perser) Reste des Asien durchziehenden
Gothenheeres und Perseus, der den Namen der Kophener in Perser veränderte, war Sohn der Danaë. Aus Tanais oder Abaris, die Stadt der
Hyksos im Delta, zog Danaus nach dem Peloponnes. Hebron, die Stadt
der Hethiter oder (LXX.) Χετταῖοι hiess früher Kirjath-Arba, die Stadt des
Arba (Häuptling's der Anakim). Die Amalek, früheren Beherrscher Aegypten's,
galten als Reste der Anakim. Die Etrusker, die sich in Umbrien festsetzten,
hiessen Hetyes. Die ältesten Züge der als Awaren bezeichneten Nomaden
(scythisch-gothischen Stamme's), die in Indien die Erinnerungen des Ophir,
in Thessalien den Fluss Hebrus zurückliessen und in der allgemeinen Bezeichnung der Barbaren von den Phöniziern in den Iberern des Osten's und
Westen's erhalten wurden, waren durch Abaris (bei den Griechen) mit den
Hyperboräern verknüpft. Im Gegensatz zu den Stadtbewohnern Chanaan's
wurden die Bewohner des offenen Lande's Phenezees oder Pheresites genannt, die Gesandten der Hyperboraeer heissen bei den Deliern) Περφερέες
(nach Herodot). Verschieden von den südlichen Hethitern (b. Hebron)
hiessen die nördlichen Hethiter (im Amanus und am unteren Orontes) Khetas
(auf den egyptischen Monumenten) und Khatti (auf den assyrischen Inschriften). Hauar (Avaris) or Tanis (Tzaan) était la capitale du roi pasteur
Apapi-La divinité de ces envahisseurs (Sutex) était la même que celle du
peuple de Khet, dominateur de la Syrie et de la Palestine. Jacut (VI. Jahrhundert p. d.) kennt bei Khorsabad (mit dem Pallast des König's Sargon)
eine Ruinenstadt Sargon. Nach Abydenus eroberte Assarhaddon auch
Aegypten. Axerdis (Assordanes oder Assarhaddon) autem Aegyptum par-
tesque Syriae inferioris in suam potestatem redegit, ex qua Sardanapallus
quoque exstitit. Post quem Saracus in Assyrios regnavit (Eusebius). Assar
heisst (auf den Inschriften) Bel-Rabu (der grosse Herr). Assyrien wurde
abgeleitet ἀπὸ Ἀσσύρου, τοῦ Σήμου (Et. mag.). Dem ursprünglichen Paar
Ἀσσωρός und Μισσαρή entsprang (nach Damaskus) die Triade Ἀνός, Ἴλλινος
und Ἀός. Artemita, die von Tiglath Pilesar II. (750 a. d.) wieder aufge-
baute Stadt Χαλάσαρ, nahm zur Parther-Zeit ihren alten Titel wieder an
(nach Isidor), als Feste des Asshur. Nach Damascius stammte Belus von
Ἀός und Δαύκη. Hesychius nennt die assyrische Here (Βήλθης oder
Aphrodite). Ἄδα, als Mabog (Mutter der Götter im Persischen) oder Mylitta
(Ammas oder Uma). Die Hirtensteine Abel's hielten die Städtebewohnen-
den Cainiten für verflucht, aber die Urjangekuti-Pischek (Wald-Urjang-
kuten) halten es wieder für die grösste Schande, die Schaafe zu hüten, und
glauben (mit ihren Wäldern zufrieden), dass nicht nur die in den Städten,
sondern auch die auf freiem Felde Lebenden einer ewigen Bestrafung unterworfen seien. Als der phrygische*) Pelops, Sohn des von Tmolus und des
lydischen König Timolus oder Pluto gezeugte Tantalus**), der Menschen-

---

*) Tantalus herrschte am Berg Sipylos auf der Grenze von Lydien und Phrygien
(bei Pausan.). Die lydische Stadt Thyateira hiess früher Polopeia (nach Steph. Byz.) Nach
Apollonius von Rhodos war Pelops, der in der Stadt Eneste residirte, Stammvater der
Paphlagonier. Nach Istros kam Pelops aus Paphlagonien. Ilos kämpfte mit Tantalus
oder Pelops. Die Kaukonen in Triphylien, Messenien und Arkadien waren Paphlagonier.
Nach Antesion war Pelops ein Achaer aus Olenos. Tantalos heisst argivischer König
(b. Serrius). Pan tanzte beim Κρεουρμά Πέλοπος (nach Aristioles).
**) Von den Reichthümern des Tantalus war (nach Anacreon) der Name Talent ent-
nommen. Talingis kümmerte sich wenig um Bewaffnete noch Starke, sondern nur um
Huren (s. Saidas). Im Monat Thoth hatte jeder Egypter einen gebratenen Fisch vor
seiner Wohnung zu essen, die Priester aber verbrannten die Ihrigen. Die Stelle des

opfer bringt in der von Erdbeben des See's Gale verschlungenen Stadt Tantalis oder Sipylus mit der Statue der Niobe aus dem Lande (Apia oder Ops) der das lydische Amazonenbeil tragenden Lande der Verehrer der Belus oder (bei askanischen oder sakischen Pelasgern und macedonischen Pelagonen) des Zeus*) am Pelion**) (als Pelorus) nach dem Peloponnes kam, hatten seine Nachkommen den arkadischen Fürsten Teuthis (wie bei Troja die Teuthamas unterworfenen Teucrer mit teuthranischen Bundesgenossen) zu bekämpfen. Wie der (aus Menschenschädeln Capellen bauende) Riese Antäus in Cyrene haus't bei den Orientalen Andalus oder Anthalus (Sohn des Japhet) im andalusischen Spanien, dem spätern Sitz der vor dem (mecklenburgischen Stierkopf und Greifen führenden) Anthyr (von scythischer Amazone geboren) beherrschten Vandalen. Antheiz ist hostia oder victima (s. Grimm). Die Balken oder (b. Ulfilas) ansa hiessen (altn.) âs, die Götter (im jugum terrae) als Tragebalken des Himmel's bezeichnend (wie der Atlas). Anti, (qui sunt fortissimi) oder (b. Procop) Ἄντ αι, mit den Sclaven zusammengenannt in der Winidarum natio (b. Jornandes) wurde später zum Namen der Riesen. Der Peloponnes hiess früher Pelasgia***) (nach Ephoros). Herodot zählt im Peloponnes sieben Stämme auf, von denen zwei eingeboren seien, die Arcadier und Cynurier, die Achaeer ebenfalls nur den Peloponnes verlassen hatten, obwohl sie den früher von ihnen bewohnten Theil desselben gezwungen worden seien, mit einem anderen zu vertauschen,

---

Sem genannten Oberpriester's (war in Leopardenfell gekleidet) wurde oft vom König ausgeübt. In Chusae (Nomes in Hermopolis) wurde Aphrodite als Urauia verehrt. Die Griechen schnitten die Beine (μηφορς) beim Opfern ab (b. Homer).

*) Tantalus, Sohn des Zeus Tallaios an dem Berge Tallaion auf Kreta, hatte (bei Pindar) einen Steinblock über sich aufgehängt. Tantalus büsst als Tragender (ταλάντατος von ταλάω), von Attas. Nach den Scholiasten bestand auch von Tantalus eine Sage, dass er den Himmel trage (s. Scheiffele). Nach Steph. Byz. findet sich der Berg Tantalus auf Lesbos. Broteas, Sohn des Tantalus, verfertigte das Bild der Göttermutter auf dem Felsen Coddinus im Lande der Magneten. Sipylus (alte Hauptstadt Macedonien's) lag am Gipfel Sipylus des Berges Tmolus. Die Tantali horti (Ταντάλου κήποι) galten (bei Isaios) als Gleichniss für nüchtige Vergnügungen. Tantalus, König von Thracien, hält Ganymed, Sohn des Tros (der ihn nach Erbauung von Troja oder Ilium nicht, wie die übrigen Könige, zum Fest geladen) im Tempel zurück, als dorthin gesandt zum Opfer (s. Suidas).

**) Die Plejaden heissen ὁρεῖαι (οὐραιαι), Πελιάδις (bei Pindar).

***) Alles später Hellas Genannte hiess früher Pelasgia (nach Herodot). Dionys Hal. theilt Thessalien in Phthiotis, Achäa in Pelasgiotis, Strabo in Phthiotis, Hestiäotis, Thessaliotis und Pelasgiotis. Akastus (Sohn des Pelias), der (als König der Minyer) in Jolkos herrschte, liess den schlafenden Peleus (Sohn des Aeakos auf Oenopia oder Aegina) in der Wildniss des Pelion (um sich für die erdichtete Verletzung seiner Gattin zu rächen) wurde aber von ihm (durch den Centauren Chiron aufgenommen) besiegt. In der Höhle des Chiron mit der in einen Tintenfisch (Sepia) verwandelten Thetis vermählt, zieht Peleus nach Phthia, über die Myrmidonen zu herrschen. Nach Pindar lebt Peleus in Seeligkeit auf Leuke. Nebucadnezzar heisst (bei Berosus) Abobassaros (s. Richter). Au die Helljäger reiht Piarit (ausser Hylas, Hyleus, Hyllus, Hyles), Kali (indische Todesgöttin), Gallen (phrygischer Priester der Kybele), Kalaos (Vater des Atys) Kyllenos (Heros der Milesier), Galinthias (in eine Katze oder Gale verwandelt), Chalis (als Dionysos), Chalinites oder Hellotis (in Korinth), Helara oder Elara (Mutter des Riesen Tityos), Jolaus oder Jole, Althaea, Amalthea, Eleatos (Sohn des Lykaon), Elatos (Kentaier und Lapithenfürst), Engalios, El, Allat, Alitta, Elisa, Ilos, Ilium, Ilia, Herkules, (Her-kal), Hercole (etrusc.) Harbello (ag.), Archal (phön.), Ariel, dann die Volksnamen der Galier, Galater, Kelten, Chaldaeer, Hellenen, Elis, Kyllene (der Hermesberg), schottische Kaledonier und griechisches Kalydon (Kelodon, als Kal-Adon). Da die Nebenformen Wales und Cornwallis (welsch) auf frühes Digamma wiesen, wurden hinzugezogen die gothischen Balten, die Berge Pelion, Palene, Pelorus, Palatinus und weiter; B aal, Bel, Bal, Balios als Dionysos, Belleros (Bellerophontes), Bellona, Palamedes, Palaemon, Pallas, Peleus, Pelias, Pelops, Pylades, Philottes, Philyra (Mutter des Chiron), Philoktet, Philonome, der Kentaur Pholos, der dänische Palnejäger, Phol, Baldar, auch Waldfrau, Walhalla, Walkyren und Salja (der den Wagen des Kamas in den Sumpf führt), Salier, Selloi, Silen, Silvanus, Silvia (Ilia), Sylea (Mutter des Sinis), Syleus, mit pala, bellum, calidus, altus, σέλας, ἥλιος, καλεῖν, σελήνη, Helena, Helle u. s. w. u. s. w.

Bastian.   8

während die Actolier in Elis, die Dryoper in Hermione und Asine, die Lemnier in den Städten der Paroreaten und die Dorier durch Einwanderungen hingeführt worden waren. Die Minyer (*Μινύαι*) oder Nachkommen der Argonauten*) waren durch die tyrrhenischen Pelasger aus Lemnos vertrieben worden und dann auch aus Laconien, worauf sie nach nach Elis zogen und unter Besiegung der, Paroreaten und Cauconen genannten, Eingeborenen die triphylischen Städte gründeten. Strabo nennt in Elis die Stämme der Epeer, Elier und Minyer, und Homer bezeichnet die Bewohner von Elis stets als Epeer, vom Bruder des Aetolus und mit ihm Sohn des Endymion**), von dessen Tochter Eurycyda (dem Poseidon vermählt) Eleius geboren wurde, der Eponymus der Eleer im eigentlichen Elis (die glücklichen Rivalen des älteren Pisa um Olympia). Die Maziken (*Μαζίκες* oder *Μάξυες*) oder Maxiani (Majax) war alter Name der Gätuler***) (s. Movers). Die Maziken galten für Söhne Kanaan's (s. Procop). Die Maurusier nahmen die ausgewanderten Tyrier als Stammverwandte auf und räumten ihnen die Stelle zur Gründung Karthago's ein, wurden aber später von den erstarkenden Karthagern vertrieben (als Mazyer oder Maxyer mit Heerden wandernde Cananiter). Nach Herodot waren die Maxyer Colonisten aus Troja. Skylax nennt die Libyer†) am Tritonsee (als Maziken) blondhaarig (*ξανθοί*). Zu den Völkern dunkelfarbiger Rasse in Nord-Afrika wurden Mauren, Garamanten und Aethiopen gerechnet. Die Aethiopen in der Sahara (die aus dem Sudan nach Norden vorgedrungen waren) hatten sich mit weissfarbige Libyerstämme††) gemischt (als weisse Aethiopen neben schwarzen Gätuler). Die Garamanten werden als dunkelfarbig (b. Arnob.) und perusti (Lucan's) beschrieben, von ihren südlichen Nachbarn (den Libyern in Marmarica) unterschieden. Procop bezeichnet die Nomadenstämme (b. Cyrenaika

---

*) Die Argonauten kamen (b. Orpheus) nach Hermioncia, die Stadt der Kimmerier, von wo die Bewohner unentgeltlich zu den nahen Thoren des Aïdes fahren (wie die Seelen von Armonica nach Brittannien übergesetzt wurden). Ebenso wie *Jarnol* wird *Κιμμέριοι* durch *νεκροί* wiedergegeben.

**) Nach Apollodor führte Endymion, Sohn des Aethlius, den Zeus mit der Protogoneia, Tochter des Deucalion (Sohn der Prometheus) zeugte, aeolische Ansiedler aus Thessalien nach Elis (als der in Unsterblichkeit auf dem Berge Satmus ewig Schlummernde). Aetolus (Sohn des Endymion) floh (nach Ermordung des Apis) nach Cures. Als Sohn der Chtonopatra stammte Aetolus von Amphictyon.

***) Gath (im späteren Philistergebiet) gehörte in frühester Zeit den „Geborenen im Lande" (Chron), von Riesengeschlechtern bewohnt (s. Knobel.

†) Die Libyer (bei Herod.) und die nördlichen Gaetuli (bei Plinius) finden sich in den Kabylen oder Berben, Mozab, Wareglan und Wed-Rhirer, berberischen Dialect wieder (s. Tristram). Die Tuareg sind die Melano Gaetuli. Numidisches Monument (Grab des Syphax) bei Batna in der Nähe des römischen Posten Lambessa (bei den Bergen des Aures). Der bei Wheeling (Ohio) gefundene Stein (Tomlinsou's) zeigt eine dem Numidischen Inschrift (s. Hodgson). Nach der Einrichtung des Anaja kann jeder Kabyle einer gefährdeten Person Sicherheit geben (Hirsch).

††) Livius erklärt die Libyphoenices als mixtum Punicum Afris genus. Das carthagische Gebiet in Nordafrica wurde (nach Diodor) von den Puniern, Lybyphoeniciern, Libyern und Numidiern bewohnt. Die Libyphoenicer hatten sich (nach Diodor) durch Heirathen mit den Carthagern verbunden und besassen viele Seestädte. Libyphoenices vocantur, qui Byzacium incolent (Plinius). Die Libyphoenicier in den carthagischen Ansiedelungen Sardiniens hatten sich mit den Sardiern gemischt (nach Cicero). Ariceuus erwähnt die wilden Libyphoenicier an der Küste Spaniens (Griqua am Capj Mamluken in Brasilien, Gauchos). In Folge der aër gravis war Sardinien schlechtbevölkert und die römischen Besatzungen starben (nach Tacitus) an Fiebern. Die sardinischen Fürsten Hampsicora und Hiostus waren von den Puniern der Küste abhängig. Die Noraces und Balari (auf Sardinien) waren iberisch, die Sardi montani dagegen aus Iberern und Lybyern gemischt (Niebuhr). An der Küste Sardiniens herrschte die punische Sprache (nach Cicero). Tyrrhenische Bevölkerung von Sardinien. Afer ant Sardus sanc si ita se isti maluut nominari. Auf das Orakel-Gebot der Colonie fragte Battus in Thera, wo Libyen sei (630 a. d.) Auch Spuren tyrrhenischer Colonien haben sich auf Sardinien erhalten.

in Barca), die Syrtenstämme, dann die Nomaden im südlichen Byzacium und im Innern von Numidien als Maurusier und schwarzfarbig, während er westlich im Gebirge Auras von Stämmen weisser Farbe und blonder Haare hörte (λευκοί τε λίαν τὰ σώματα καὶ τάς κόμας ξανθοί). Am Tritonsee wohnten blondhaarige Libyer, Gaetuler oder Maziken. Mauri ob colorem a Graeci vocantur. Graeci enim nigrum μαῦρον vocant (Isid.). Sicut Gallia a candore populi, ita Mauritania a nigro colore nomen sortita est. Corippus bezeichnet die Mauren von Marmorica bis in das Innere von Numidien als schwarz. Mauro obscurior Indus (Juvem.). Μαυρόνσια θέ οἱ Λευαθαί καλούμενοι (Polyb.) oder Λεβανθαί (Λευκαθαί) in den Sitzen der Lewatah (b. Ibn Khaldun), als Garaman oder Syrten. Mit asiatischen Colonisten gemischt waren Gätuler aus dem südlichen Mauritanien nach der Nordküste vorgedrungen und hatten in Mischung mit Libyern und Mauretaniern das Numidenvolk gebildet (nach Hiempsal). Die Berbersprache oder (bei den Alten) die libysche Sprache (Tamazight genannt) ist bei allen Stämmen dieselbe, obwohl (nach Ibn Said) in verschiedenen Dialecten, und wird auch auf den canarischen Inseln geredet, wo Glas gleichfalls mehrere Dialecte unterscheidet. Neben der libyschen Sprache erhielt sich die phönizische Sprache bei den Gebildeten und Hiempsal's Geschichte der Numidier war phönizisch geschrieben. Die Schrift der (bilingualen) Grabinschrift von Tugga (punisch und libysch) liegt derjenigen zu Grunde, der sich noch jetzt die Berber bedienen. Die Imosharh*) sind auf den egyptischen Sculpturen als die Tamhu genannte Menschenrasse (als Bewohner der Landschaft Temh) dargestellt, mit den Maschauash identisch (nach Barth). Wilkinson erklärt Nasamonen, als Nahsi-Amun**) (Negroes of Ammonitis). Ammon (Amn oder Amen) oder Aman (Amun) war Stammgott aller Garamanten (Gar-Aman) mit dem Centralheiligthum in Ammonium (s. Movers). Die (garamantischen) Nasamonen***) hiessen eigentlich Mesamonen oder Ammonskinder (mas oder

---

*) Die Blouse der schwarzen Tuareg (während die weissen Tuareg sich wie die Araber kleiden) heisst Tôb oder Saï. Der Stamm der Levatae (b. Procop) africanischen Ursprungs (nach Leo Africanus) hat (nach Rennell) den Anlass zum griechischen Namen Libyen gegeben (b. Leptis magna). In 4568 Worte des Ungarischen finden sich (nach Dankowski) nur 962 ächt ungarische Worte.

**) Hekatäus in Abdera erklärt das Wort Amun für einen Ausruf, den die Aegypter gebrauchen, wenn sie den höchsten Gott, als einen verborgenen und unsichtbaren anrufen, dass er zur Erscheinung komme und sich ihnen offenbare. Im sahidischen Dialect heisst Amoini venite (s. Parthey). In der Sprache vom Sivah, einem Dialecte der vom Atlas bis zum Nil reichenden Berbersprache bedeutet ammon Wasser (nach Minutoli). Chnubis führt auf den einheimischen Monumenten den Namen Neb, Nu, Num oder Nmu (s. Parthey). Nach Jamblichus erklärte der Prophet Bitys die in Sais gefundene Geheimlehre in Hieroglyphen dem Könige Ammon. Als mythologischer König steht Ammon bei Diod. als Ἄμμον ἡμιθέυς bei Syncellus. Die Urtheilssprüche des Bokchoris, der nach Anordnung des Orakels in Delphi die Fremden aus dem, Hungersnoth verheerenden Aegypten, vertrieb, waren unter den Griechen berühmt. Die Reste von Umm-Beidah auf Siwah gehören einem Ammonstempel an.

***) Die Nasamonier waren (nach Herodot) die mächtigsten der Nomadenstämme an der Nordküste Lybien's. Nach Plinius hiessen die Nasamonen (Νασαμῶντς) Mesamones (bei den Griechen) weil sie zwei Strecken im Flugsand (Syrten) bewohnten. Nach Strabo besetzten die Nasamonen das Land des Psylli. Diodor setzt die Nasamonen nach Augila. Die Philenischen Altäre trennten Carthago und die Regio Cyrenaica. Im Sommer liessen die Nasamonen ihre Heerden an der Küste und begaben sich nach Augila zur Dattelernte (Herodot). Die Bewohner der Küste von Derna sammelten die Datteln in Gegabib (bei Augila). Lucan beschreibt die Nasamonen als Gestrandete beraubend. Die Nasamonen, opferten an den Gräbern ihrer Ahnen und schwuren bei ihnen (Herodot), die Frauen waren gemeinsam. Als die gegen den Südwind ziehende Psylli im Sande begraben waren, besetzten die Nasamonen ihr Land. Die Psylli bezauberten Schlangen (wie die Hawee in Cairo), Cato nahm solche für Erforschung der wüsten Grenze der kleinen Sirte mit und Octavian gebrauchte sie, um Cleopatra zu retten. Die Gaetulier wurden durch östliche Hügel von den Garamanten und Libyer (oder Syrtica) getrennt. Nach Sallust waren Gaetulier die ursprünglichen Eingeborenen Africa's.

8*

Sohn); εὐσεβεῖς δὲ οἱ Γαράμαντες, καὶ ναοι ἐν αὐτοῖς ἴδρυνται (Schol.). Das widderköpfige Bild des Ammon fand Shaw auf dem Berge Zoghwan in Zeugitana. Im Gebiete von Karthago gründete der (maurische) Garamanten-fürst Jarbas (Sohn der Garamantis und des Jupiter Ammon) ammonische Heiligthümer. Plinius setzt den libyschen Stamm der Memnonenses zwischen Nil und Astapus. Nach Wilkinson war der Widdergott der Gott der Land-schaft Thebais (nicht von Theben), als Stammgott eines afrikanischen (aethiopischen) Hirtenvolkes, dem Osiris Wohnsitze in der Nähe von Theben anwies (vielleicht der von Misraim hergeleitete Stamm der Anamim). Ham-monem quendam ex Africa venisse et pecoris multitudinem adduxisse, pro beneficio ejus Liber existimatur agrum dedisse, qui est contra Thebas Aegyptias (Leo Pelläus). Μέμνονες, ἔθνος Αἰθιοπικον. Die Ammonitai oder Ammanitai (Ben-Ammi) im Lande der Zamzunim verehrten besonders den Moloch. Nach Herodot hatten die Phoenizier das Heiligthum von Ammonium (und von Dodona) gegründet. Der libysch-phönizische Herakles gründete (nach Servius) das Heiligthum Ammonium. Die Mauren Numidiens bilden Μαυρούσιοι Νομάδες (bei Appian). In den Massylier (Μασσύλιοι) und Massaesylier, die aus Handelsbeziehungen ihren Namen in Massylia der gegenüberliegenden Küste Gallien's liessen, liegt das indogermanische Prefix im Namen der Massageten*) (mazda oder maha), währeud Sylier auf Syrier (Assyrier) führen würde. Wie Libya**) mit Riphaea***) sind die Getulae†) mit den Geten in Beziehung gesetzt, im Anschluss an die blonden Völker der Tahennu oder Tamehu (von den Egyptern in Rebu oder Lebu und Mashuash oder Maxyes getheilt), die sich (zur Zeit Ramses II.) mit den Sakalas (Siculer), Sardina (Sardinier), Tursa (Tyrrhenier), Akainas (Achaeer) und Leka (Lycier) verbinden, um Egypten anzugreifen (Rougé). Die Jebusiter Jerusalem's (die Stadt des Melchisedek) und die von Wells zu den Hivitern gerechneten Girgesiter, die (zur cannaanitischen Verwandt-schaft der Hethiter und so den Khetas und Geten gehörig) in der Bezeichnung des Berges Girgisi in Afrika und des Flusses Ger sich an die Germanen

*) Herodot vergleicht die polygamischen Ehegebräuche der Nasamones in Nord-africa (neben den Macae) mit denen der Massageta. Die Nasamones (b. Herodot) sind (nach Wilkinson) die Nahsi-amones oder Neger des ammonischen District's. Germa (Garama) war die Hauptstadt der Garamanten (Gamphasomtes) in Fezzan. Die Troglodyten, deren Sprache wie das Zischen der Fledermäuse klang, wohnten in den Bergen Tibesti's als Tebboo-Irschad der Fels-Tebboo. Die Bewohner Augila's verglichen die Sprache der Tibboo dem Zirpen der Vögel (nach Hornemann). Die berberisch redenden Tuarik gelten für die alten Libyer. Sardiani decretum Etruride recitavere, et consaguinei (Tacit).
**) Der Libanon ist von der Weise (leb) oder lubn (Milch im Hebr.) genannt (als Monat Blans), und so Libyen von den blonden Völkern.
***) In den Kriegen gegen die Te-meh-Völker des Norden's werden die Riba (Riphat-Celten) aufgeführt (s. Brugsch).
†) Getuli Getae dicuntur fuisse, qui ingenti agmine locis suis navibus conscendentes, loca Syrtium in Lybia occupaverunt et quia ex Getis venerunt, derivato nomine Getuli nominati sunt. Unde et opinio est apud Gothos ab antiqua cognatione, Mauros cogsan-guinitate propinquos sibi vocare (Isidor). In den scandinavischen Sagen findet sich viel-fache Beziehung auf die Mauren, ursprünglich nicht immer im freundlichen Sinne. Von dem durch die Vandalen unter ihrem Fürsten Ambri oder Assi besetzten Lande Scoringa zogen die Winili oder Longobarden (nash Paulus Diaconus) nach dem Lande Mauringa, dem Wohnsitze der Assipitti durch hundsköpfige Menschen schreckend (wie Adam Br.) Cynocephali östlich von den Rhipäischen Bergen kennt. Zeuss erklärt Mauringa als Sumpfland (mor oder Moor). Die Morini (Armorici oder Meeresanwohner) waren Nach-barn der Menapier (b. Boulogne). Morawa (b. Nestor) ist das Land der Moravi oder Mähren (ἡ μεγάλη Μοραβία). Morana, als slavische Todesgöttin, schliesst sich an maurus oder schwarz (Mara u. s. w.) Morrius, König von Veji, führte (nach Servius) das in Numa angenommene Priesterthum der Salier ein, die Ancilien genannten Schilde als Palladio schwingend (aus Africa entlehnte Stadttheiligthümer der Danaer und Darnaner). Die Nur-bagen Sardinien's waren (nach Pseudo-Aristoteles) von Jolaus errichtet, als er mit den Thespiaden nach der Insel gezogen.

Karmanien's schliessen, flüchteten (nach Procop) vor Josua. Als Eingeborene
Africa's neunt Sallust die Gaetuler*) und Libyer und lässt aus ihrer
Mischung mit den Persern und Medern im Heere des Hercules die Numidier
hervorgehen. Der nordafrikanische Stamm**) der Lewâtah (zu den Al-Butar
gehörig) wird von Lewa dem Aelteren hergeleitet, Vater des Naphzaw
(Stammherr der Naphzawah oder Naphtachen) und des Lewa dem Jüngeren
(Stammherr der Lewatah mit den Stämmen Masaluh, Zabar, Kethuf, Masel,
Naithath). Nach Leo war die Wüste von Augila bis zum Nil ausser von
Lewatah nur von arabischen Stämmen bewohnt. Die Naphzawah (südlich
von Byzacium) oder (Chr. Pasch.) Νεβδηνοί (Nebdini oder Ναιιαβοῦιαι)
entsprechen den Naphtuchim oder (b. Joseph.) den Νεδεμοι mit dem Orts-
namen Nepto und Napata in berberischen Gegenden (s. Edrisi), und Aggar-
sel-Nepte (Tab. Peut.). Phut erscheint (b. Moses) als ein libysches Urvolk,
Lud dagegen als ein von den Aegyptern abgeleiteter Stamm (Movers). Die
Lawatah entsprechen den Ludim. Im Landstrich zwischen Syene und Meroe
wohnten (nach Juba) arabische (nicht äthiopische) Stämme. Accolas Nili
a Syene non Aethiopum populos, sed Arabum esse dicit usque Meroën.
Solis quoque oppidum quod non procul Memphi in Aegypti situ diximus,
Arabes conditores habere (Plinius). Die Berberstämme***) zerfallen in
die Beranis und Al-Butar von dem gemeinsamen Stammvater Ber. Nach
Ibn Khaldun war Ber (Vater der Berasus), Sohn des Mazigh oder Amazigh

*) Nach Barth sind die Foulbe die Pyrrhi (oder Pyrrhaci) Ethiopes (bei Ptolem) südlich
am Flusse Gir (aethiopum gens), während die Leuco-Ethiopier am Fusse des Berges Ryssadus
in Fouta-Djalon und nach Timbo zu wohnten. Am Flusse Gerrhus finden sich die Gräber
der scytischen Könige und Gerrha, Stadt der Gerrhaei in Arabia felix, lag am Gerrhaicus
sinus. Das carthagische Gebiet in Nordafrica wurde (nach Diodor) von den Numidiern,
Libyern, Libyphoeniciern und Puniern bewohnt. Lapathus (Aegyptiis imperaus) duos
habuit filios, Achacum et Laconem, moriturus itaque jussit, regnum suum regionemque
filios duos inter se dividere. Achacus igitur, patre demortuo, regionem totam in duas partes
distribuens, fratri suo Laconi alteram tradidit, qui (in Laconia) urbem Githilliam condidit.
Thestius, pater Ledae (mater Helenae) juxta ripam Eurotae, urbem Thestam condidit
(s. Malala). Sampsonis temporibus in Phrygia regnavit Dardanus (Ili filius), eodem tempore ad Graeciam regnavit Ἄβας quidam, cujus uxor Stheneboea (Antia) Bellerophontem
deperibat. Lynceus (Argivorum rex de Inacho) Danao bellum inferens ipsum et ista et
regno filiaque spoliavit (Archilochus), τῶν Σικυωνίων τῶν νυνὶ λεγομένων Ἑλλαδικῶν ἐβασίλευσε
πρῶτος ὁ Αἰγιαλεύς (s. J. Malala). Cecrops (Aegyptius) legem tulit, uti mulieres, quaecunque
virgines imperio suo subditae erant, singulae singulis nuberent viris. Nymphas (νύμφας)
autem, in sanctione sua, virgines hasce vocavit, eo quod, Fontium instar, per meatus corporis
occultos, a partu lac emittunt (Malalas). Deucalion (Heleni filius), Pici nepos. Der maure-
tanische Fluss Phthuth oder (bei Plinius) Fut heisst (b. Ptolem.) Φθούθ und (b. Josephus)
Φούτης (mit Wady Tensift identificirt). Phut wird in der Genesis unter den Söhnen Ham's
gerechnet. Nach Hesekiel dienten die Männer von Phut in den Heeren der Tyrier. Die
Septuaginta übersetzt Phut mit Libyen. Bei Jeremiah werden die Männer von Phuth zu
den Heeren Aegypten's gezählen. Im Gegensatz zu den freien Libyern (Phut) biessen die
an der Grenze Aegyptens) dienstbaren Lehabim, Bruder des Phut (Söhne des Mizraim).
Bei Nahum sind die Männer von Phut die Helfer Niniveh's. Phut, als Mauretanier (Phut
oder Poul, als vermittelnder Uebergang zu den noch unbekannten Negerstämmen).

**) Plusieurs familles (Kharouba) se trouvant réunies sur un même point, il fallut
concilier les lois (différant) et former un ensemble (Kanoun) un code, pour la reunion de
familles, autrement dit pour le villages (dachera); les villages se multipliant chacun d'eux
s'est trouvé butte aux attaques de voisins et il a du nécessairement chercher parmi eux
un certain nombre d'alliés de la une seconde fusion qui a formé la tribu (Arch). Puis,
plusieurs tribues, unies par des interêts communs, par des craintes se sont concertées
pour former des lignes offensives et surtont défensives (Kebila). La reunion des ligues
forme la nation (Devaux). Bei den Egyptern wurde am Ende des Gastmahls eine Leiche
in einen Sarg (als Mumie) umhergetragen, die Nichtigkeit des Irdischen zu zeigen (und
ähnliche Figuren aus Thon finden sich in den mexicanischen Alterthümern).

***) Unter ihrem Herrscher Jussef-ben-Taschefin unterwarfen sich die Kabylen (als
Almorabithen) ganz Africa von Aegypten bis an den Ocean und den grössten Theil der
iberischen Halbinsel, ebenso unter Abd-el-Mumen, Fürsten der Almohaden. Scharlachroth
hiess κόκκινος (oder πυρρός) bei den Griechen.

(Sohn des Kanaan), wogegen der Stammvater der Al-Butar ein Sohn des
Kais war. Ber, Sohn des Kais (Sohn des Ailan) und der Tamzight zeugte
mit der Alha den Olvan und den Madaghis oder Al-Abtar. Von Zadschik,
(Sohn des Madaghis Al-Abtar) stammen die Hauptstämme der Al-Butar.
Die Beranis hatten ihre Hauptsitze in Mauretanien und im Atlasgebirge
(mit nordöstlicher Ausdehnung), während die Al-Butar die über die Syrten
hinausgelegenen Gegenden besetzt hatten, durch das nordwestliche Afrika
reichend, wo sie in Fes und Marokko neben den Beranis (aber von ihnen
geschieden) wohnen (als Schelluchen in Fez, Marokko, Algier und Tunis).
Nach Hippolyt hiessen die Afri (in Africa propria) Barbares. Noba Barbarensis ist von Noba in Nordafrika. Im Heer des Diodorus, Sohn des
Herakles mit Tinge (Frau des Antäus) finden sich (b. Plutarch) Albianer
und Mykener (im heraklidischen Geschlecht des Königshauses des Masyles,
aus dem Juba stammt). Die Lehabim sind die Lubim. Die Beranis (in
Mauritanien) sind (nach Graberg von Hemso) weiss, athlethisch und oft
blondhaarig, die von den Berbern verschiedenen Schelluchen dagegen dunkler,
aber in Handwerken und Künsten geübter. Tamzight, Stammmutter der
Al-Butar (als Personification des altlibyschen oder gätulischen Stammes der
Mazigh oder Maziken) hat (im Berberischen*)) die Bedeutung Nation (Land)
oder Sprache. Wie Aethiops mit der Libye den Mauros oder Garamas
zeugte, so gebar die Tamzight die dunkelfarbigen Völker mit dem eingewanderten Kais, ein Name, der mit dem biblischen Kush oder Αἰθίοψ übereinkommt, von derselben Ableitung, wie das äthiopische Geez (Kes oder
Kesi im Aegypt.).

Schedad, Sohn des Ad (Erster König der Giganten bei den Himyariten
in den Wundergärten) baute in Mauritanien die Stadt Tingis (wo Mos. Chor.
die vor Josua geflüchteten Canaaniter ihr Denkmal errichten lässt), durch
seine Frohnvögte Tribut erhebend (nach Abulfeda), und deshalb verhasst
wie Zohak bei den bis dahin frei wandernden Stämmen Persien's. Unter
seinen Nachfolgern wird Dhulkarncim (aus dem minäischen Karna), den
Ibn al Vardi bis zu den kanarischen Inseln ziehen lässt, von Movers mit
Milichus (bei Silius) oder Dionysos (bei Diod.) indentificirt, der seines
Vaters Ammon Hörner trägt. Ein von Osiris bei Theben angesiedeltes
Hirtenvolk brachte den Dienst des Ammon nach Theben (s. Leo Pelläus).
Afrikis (Enkel des Dhulkarnein), der, nach Tengis ziehend (s. Al-Bekri)
von den Ackerbauern für ihren Schutz durch die himyaritischen Stämme
der Sanhadschah und Ketamah Pachtzins erheben liess, brachte ein Mischvolk (nach Thabari) von Amalekiten und Canaanitern (Modhariten,
Koreischiten, Copten) nach der Berberei (des Ber, Sohn des Kais-Ailan
bei Shehabeddin), wie Herakles von Mediern, Persern, Armeniern (bei Juba)
zu Numidiern und Mauritaniern (s. Sallust). Cest ainsi les Berbéres prirent en
partie les habitudes des Arabes, et M. Warnier les désigne sous le nom de
Berbéres arabisants, dans d'autres localités, au contraire, dans les Aurès
par exemplé, c'est l'élément arabe, qui domine, mais obligés de se fixer,
ces nomades ont pris les mœurs des Berbéres et sont devenus des Arabes
berbérisants (Sériziat).

Die Schifffahrten der Königin Misaphris zur Zeit Thutmes I. (Dümschen)
auf dem rothen Meere waren nach dem heiligen Lande (Taneti oder ἡ ἁγια
χωρα) Punt gerichtet, wo Pfahlbauten üblich waren, wie zwischen Bulᵹer

---

*) Berber was used by the Egyptians as early at least as the XVIII. dyn. (in
reduplication. Ber became Berber, as Mar Marmar in Marmerica (a district in Nord-
Africa), and the and in being transmutable letters, Marmarica and Barbaric would
apply equally well to the coast of Barbary (Wilkinson). Der egyptische Name für Pyramiden war br-br. Die Könige von Nabata (in Nubien) führen zu den Nabatäern.

und Mittun Kote im Industhal (nach Burnes). Die Marabctha (Marabuth) oder Al-Morabethcin (Al-Moraviden) waren ein arabischer Stamm der Homoriten, der sieh (unter dem Kalifen Aboubckir) in Syrien niederliess und dann durch Egypten nach der Sahara*) zog (seit Theilnahme der Frauen am Kriege zur Zeit des Abdallah Ben Bassiu die Secte der, wie später die Tuareg, durch den Letham verschleierten Molathemen oder Molthemin stiftend) und (nach Vereinigung ihrer Religionsvorstellungen unter einem strengen Musulmanismus) unter Ababeer Ben Omar al-Lamethuni ihre Eroberungen in Afrika (11056) beginnend, sowie nach dem Siege über Alphons bei Zalah (1086 p. d.) in Spanien. Die in der Umgegend von Paris (nach Mertens) gebildete Schule der gothischen Baukunst, für die der saracenische Spitzbogen (von den Normannen nnd Griechen adoptirt) bedeutsam ist, hatte bereits vor dem Bau der Abteikirche St. Denys bei Paris (1137 bis 1166) Boden gewonnen, und ist (nach Fergusson) mit der Architectur**) der Jainas zu vergleichen, die (ihren Traditionen nach) sich früher durch Arabien (bei den engen Handelsbeziehungen zwischen dem Sabäerlande und Indien) verbreitete und nach dem letzten Perimaul (IV. Jahrhdt. p. d.) einen Rückzug nach Mekka in Vorschlag brachten. In Spanien, wo Morales den Namen des gothischen Stylo's an asturische Bauwerke gothischer Könige anschliesst), erhielten sich die in Syrien gestürzten Ommyaden, die aber ausserdem auf dem Throne Yemini verblieben, indem ihre Dynastie dort fortdauerte, bis Amer Ben Abdaluahab (Sohn des Ali Al-Thaberi) durch den osmauischen Sultan Schin (Sohn des Soliman) gestürzt wurde (XVI. Jahrhdt. p. d.). Schedad (Sadid, Sohn des phönizischen Kronos), kam nach Mauritanien. Auf Chouçan, ersten König der Syrer und Nabatäer, folgte sein Bruder Berber (nach Masudi, dann folgte Semaçir, Sohn des Aoal, und weiter Ahrimoun, der Städte baute und von dem indischen König Zenbil in Segestan angegriffen und getödtet wurde. Die Indier wurden vertrieben durch die Araber unter Taster (Vorgänger des Ahrimon). Ihm folgte sein Sohn Houria, dann Moroub, dann Azour und Khalendjas, denen der von der Schlange befreite Vogel Trauben (des Wein's) brachte.

Afrikis, Sohn des himjaritischen König's Abraha Dhul Menar (Sohn des Dhul Karncin***)) zog durch Afrika bis Tingis (s. Al-Bekri), ein Mischvolk von Amalckitern und Canaanitern (als Vorfahren der Berber) aus Syrien nach Afrika verpflanzend (Thabari). Nach Abul Hassan beauftragte Afrikis die himjarischen Stämme der Sanhadschah und Ketamah von den Ackerbauern Pachtzins zu erheben und sie gegen die Einfälle der Berber zu schützen. Verschiedene Stämme (Himjariten, Modharisten, Kopten, Amalckiten,

---

*) Die Berber oder Kabylen bewohnen die Berge und Waldländer, die Araber die trockenen Ebenen, die Juden die Sumpfgegenden, die Arabo-Türken oder Couloglis (in Maghreb) die fetten Wiesen (s. Duprat). Pferdekrankheiten heilte man in Bayeux durch Anrufung des heiligen Johann von Nicodemus, ihn im Namen der heiligen Elisabeth bittend, dass das Thier nicht mehr leiden möge, als die heilige Jungfrau bei der Geburt des Herrn Jesus Christus. Die Carreau genannte Brustkrankheit des Rindes wurden in Bayeux durch die Glieder der Familie St. Martin geheilt, im Berühren (s. Pluquet). Si à certain jour de la lune on étouffe une taupe dans sa main, on pourra, avec l'attouchement de cette main, guérir certaines maladies des hommes et des animaux. C'est ce qu'on appelle la main taupée (Pluquet).

**) Valentia schliesst aus der den sächsischen Städten ähnliche Bauart von Ledda (bei Mekka) dass die sogenannte gothische Architectur in Arabien bestanden hatte, eher als in Europa, wo sie (nach Lenoir) mit den in Frankreich vordringenden Arabern eingeführt wurde. Elphinstone parle d'un batiment de la principale cour (à Kaboul), dont l'étage supérieure n'a ni portes ni feuètres, mais de fausses arcades en ogives avec des ornements arabesques.

***) Milichus indigenis late regnarat in oris, Cornigeram ad tolleus genitoris imagine frontem (Isid.).

Canaaniten, Korcischiten) wurden von Afrikis aus Syrien nach Afrika über-
gesiedelt (Malek ben Morahhel) in dem gemischten Zuge der blonden Völker,
die mit Herakles einfielen. Nach Thabari stammen die Berber*) von den
Amalekitern. Das Reich der von Zoroaster (dem getisch-scytischen Zamolxis
oder Zarades als Saturn der Geten bei Mnascas) geführten Medier oder
(wie sie vor Medus hiessen) Arioi (neben Artaioi der Perser, wie Asiani
neben Askunen) aus Aria oder (nach Mos. Chor.) Chusti-Chorsania wurden
(nach den Angaben des Berosus) 2400 a. d. begründet und um 2300 a. d.
setzen die Aegyptologen den Einfall der Hyksos oder Hak-Schasou (unter
der allgemeinen Bezeichnung eines Geten-Stammes mit näherem Anschluss
an kirgisische Hakkas) in das fortan Aegypten genannte Delta, während
das von Noah dem Japhet (wie Iran dem Shem) gegebene Land Kuttup
Samach hiess (nach Abulghasi). Die nationale Reaction vom Süden aus
trat unter den Namen der kuschitischen Könige, (zu denen Tacitus den
die Juden aus Aegypten vertreibenden Kepheus rechnet, als Merenptah oder
Amenophthis) auf und auch das von den Medern in Asien gestürzte Reich
wird schon ein kuschitisches (hamitisches Stamme's) genannt, indem die
ältesten Eroberer des Nilthal's ihre Züge von Sennaar am Zusammenfluss
des Bahr-el-Azrai und Bahr-el-Abiad (s. Reignier) bis zum Sennaar am
Euphrat und Tigris ausgedehnt hatten. Das nach der Fluth trocken gelegte
Abyssinien wird in der Chronik von Axum als Ourch-Midreh (das verwüstete Feld) oder (nach Jesuias) das durch die Fluth verdorbene Land

---

*) Nach Ibn Khaldun stammen die Berber von Kanaan, Sohn des Cham (mit dem
Stammvater Mazigh), den Akrikis (den von Josua vertriebenen Gergisitern verwandt. Die
vor Josua fliehenden Gergesäer und Jebusäer zogen über Egypten nach Libyen, wo sie
Städte bauten (nach Procop). Die Lewatah sollten von den Canaaniten stammen. Der
berberische Stamm der Zenatah stammte von den Amalekitern, die sich vor den Israeliten
geflüchtet (Ibn Khaldun). Nach Ibn Khaldun waren die Akrikis Abkömmlinge des Mazigh
und hatten vor der Einwanderung in Africa gemeinsam mit den Canaaniten und
Philistern gekämpft. Girgis, Stadt an der kleinen Syrte (b. Pracop). Die unter der
Amazigh wohnenden Juden nannten sich Philister (nach Graberg). Nach Abd-al-Ber
stammten die Berber von den Kopten (Stammvater der Aegypter). Kais-Ailan (Vater des
Ber) war ein egyptischer König, und in Folge von Streitigkeiten mit Vater und Brüdern
zog Ber aus Aegypten nach dem Maghreb (nach Schehabeddin). wobei der Trauerdienst
des in der Zeit der Belussagen fallenden Sonnenkultus sich im Namen des mit Ailan be-
klagten Linus (als Maneros in Aegypten) ausspricht (in Anschluss von Kasdim in Kasln-
chim). Die afrikanische Königin Afrikijah oder Himmelskönigin (die Afrika benannte) war
(nach Al-Bekri) Tochter des Monausch, Sohn des Monkausch oder Mafuausch, der Mem
(Memphis) gegründet. Libye war Tochter des Epaphus oder (nach Clem.) Muuantus und
der Memphis. Pharek (Stammvater der Berber) war Sohn des Misr (Aegyptos) oder des
Bisr (Busires). Nach Assuli-al-Bekri war Berber Sohn des Kasludschim, dessen Kinder
sich in Maghreb verbreiteten. Nach Ibn Khaldun stammten die Berber von Kasludschim
Sohn des Miraim. Nachdem Goliath (Dschalut) von David erlegt war, begaben sich die
Philister oder (nach Masudi) die Berber nach Afrika, nachdem sie aus Aegypten durch
die Kopten vertrieben waren. Auf die Meldungen des Josua, entflohen die (gläubigen
Geresiter (nach Afrika), die Bewohner von Gibeon schlossen Frieden, die 31 Könige aber
rüsteten sich zum Kriege (nach dem Talmud). Diese erste Einwanderung sabäisch-arabi-
scher Palästinenser (die vor den aus Aegypten zurückkehrenden Hyksos und den ihnen
folgenden Juden flohen) bildete die dunklere Schicht der frommen Garamanten, die das
ammonitische Heiligthum stifteten und sich auf Theben (durch Osiris) ansiedelten, wozu
später directer aus den Steppen hinzukommende Nomaden die hellen Berber (zugleich bei
dem Einfall der blonden Völker im Norden) neben sie setzten (unter verschiedenen
Mischungsgraden. Andere Auswanderung aus Phoenicien nach Norden gründeten Dodona
(mit Beziehung zu den beschneidenden Adamanten oder Idumäern). Die mit Memnon
folgenden Beziehungen Süd-Arabien's zu Aegypten und die Berbersage brachten den gebornten Dhulkarnain (der Himyariten) nach Nordafrika und Dionysos (mit Ammonshörnern,
nach Thracien (mit der Einwanderung des Danaus und Kadmus gleichzeitig). In Chron-Pasch
sind die balearischen Inseln von den vor Josua geflohenen Canaaniten bewohnt. Chanaan
a quo Afri et Phoenices et Chananaeorum decem gentes (Isid.). Die vor Jesua geflohenen
Canaaniter stellten (nach Mos. Chor) ein Denkmal im numidischen Tingis auf.

bezeichnet und in Misraim oder Merti (als Dual von Meru oder Mer, dem Berglande, in den beiden Augen des Osiris als Berge) finden sich dann die zwei Aegypten, das obere und untere, ausgedrückt oder (b. Brugsch) To-Mera (Kemi oder das Land der schwarzen Farbe) als Melambolos (b. Steph. Byz.) das obere und untere, (östliche und westliche) ausgedrückt. Wie in Kolchis liessen die aegyptischen Könige eine Colonie bei dem damals durch den noch selbstständig mündenden Kur (der Kuroi oder Abrahamiten der Ketura in Ur) oder Kuran (Eulalaos oder Pasitigris) leicht zugänglichen Gebiet von (bei späterer Ausdehnung assyrischer Herrschaft von den aegyptischen Titel Memnon bewahrenden Gouverneure regierten) Susa und daher stammte die Mischung chamitischer Elemente mittelst der Kissioi oder Cossaeer (der Uxier oder Kushiten, von denen Nimrod ausgezogen) in dem arisch-semitischen Elam oder Aram. Die Tumulus bei Babylon werden (im Türkischen) Tépé genannt (nach Fresnel), die tel (bei Akerkuf nach Ross), oder ischan im Arabischen. In die Zeit der Hyksos wird die Verbreitung der Buchstabenschrift verlegt, die Kadmus, der Erbauer Theben's, nach Böotien brachte. Der Hafen Djidda (Θῆβαι πόλις) heisst (b. Agatharchides) Deben, als eine Deva-Nagara. Den Anfang findet die nach Westen rückende Bewegung der Nomadenvölker in der Vertreibung der Chunjui (des gemeinsamen Sammelnamen's für Hiongnu und Juetschi oder Geten mit den blonden Usiun und Kian-kuen oder Hakkas) durch Chuandi (2700 a. d.), und nach der Sage der Gothen setzten sie sich 2400 a. d. unter König Philomer oder Ghilomer an den mäotischen Sümpfen fest, nach Besiegung der Scythen. Durch diese Scythen lässt Justin die Königreiche Parthien und Bactrien (2800 a. d.) begründet sein, während auch in Aegypten die die von den Hyksos besetigte Dynastie aus Xois oder Sakha (Saken oder Scythen) hergeleitet wird. Aus Tanais oder Abaris (die Stadt der Barbaren oder Avaren im Sinne der Einheimischen) zog Danaus nach dem Peloponnes, und die gothische Sage nennt König Tanausis, den Eroberer Asien's, als Besieger des aegyptischen König's Vesovis. Manetho erklärt Hyksos als Hirtenkönige und ähnlich den Laon Poimenes (b. Homer) oder den Anakes (der Anakim oder Enakim) heissen (in Chu) die Gouverneure des Kaiser's Shun (2250 a. d.) Hirten oder Heerdenleute (auch bei Mencius). Nach dem Tarikh Montekheb waren die Pharaone oder Faraënah von dem Stamme Ad. Die Reste der aus Aegypten vertriebenen Hirten setzten sich als (von Rhamses II. bekämpfte) Khetas (Djeta auf der Inschrift des Timuriden bei Samarkend) im Amanus-Gebirge und am Orontes fest, während andere von Lydus oder Lud (Sohn des zu den Enakim gerechneten Amalek in der arabischen Tradition) über Sardes (wo sie den Ehrentitel der asischen Phyle zurückliessen) weiter nach Westen zogen, und als die Aesar verehrenden Tyrrhenier (Tursen oder Tyrken) oder Hetyes (von den Χετταῖοι der LXX. oder Hethither bei Kirjath-Arba oder Hebron der Iberer oder Avarer) unter den Rasena aufzutreten, um wieder zur See von den liburnischen Küsten aus die Einfälle der blonden Völker, die mit den durch König Thutmes III. besiegten Maschouas oder Maxyes zu Einfällen in Libyen zu verbinden. Der Name der Meder war, wie der der Maurer (denen, nach Strabo, der übrige zu Grunde lag) eine weit verbreitete Gemeinbezeichnung geworden, bis der, König Cepheus mit seinem Hofstaat versteinernde, Perseus, der Besieger der Medusa oder der in Iconium (Sitz des scythischen Prometheus, wie Gorgo der hepththalistischen Könige) aufgepflanzten Gorgo, den Namen der Kopfener (Copten oder Aegypter nach damaliger Aussprache in Erinnerung einer früheren Fremdherrschaft) in Perser (Parser) oder Parther veränderte. Neben dem thracischen Volk der Maidoi nennt Strabo Parthini unter den Illyriern. Aus den von den Medern, oder Hyksos, besetzten Ländern, zog bei den späteren Unruhen mit der Erhebung der Chaldaeer-

Dynastie, Abraham nach Palästina, wo er als Ausländer (in d. Gen.) zwischen Cannaaniten lebte, d. h. zwischen den Hyksos in Egypten verwandten und in Syrien zurückgebliebenen Stämmen, die dagegen den Mesopotamiern (die ihre nomadischen Herrscher wieder vertriebeu) feindlich erscheinen mussten und deshalb von Kedorlaomer angegriffen wurden. Die hebräischen Hirtenstämme wanderten neben denen der canaanitischen Hyksos, wie jetzt arabische und turkomanische zusammen, zogen auch bei der eintretenden Hungersnoth mit ihnen zu dem aus ihrem Geschlecht in Aegypten herrschenden König. Als die Hebräer kurz nach der Vertreibung der Hyksos aus Aegypten gleichfalls von dort auszogen, wegen der Knechtschaft unter den (wie Zohak in Persien und Afrikis in Nordafrika) vom arabisch-aethiopischen Gebiete stammenden Könige der XVIII. Dyn., fanden sie die Völker Canaan's unter denen die geschlagenen Hyksos ihre in Egypten gelernten Befestigungskünste geltend gemacht hatten, in weit kriegerischer und geordneter Verfassung als zuvor, und ausserdem vermehrt durch die vom rothen Meer gekommenen Sidonier, die die Völkertafel, als dasselbe Terrain mit den Cannaaniten bewohnend, gleichfalls den Nachkommen des Ham unterordnet. Auch die Casluchim, die Reste der in Aegypten zurückgebliebenen Hyksos, wurden (obwohl eigentlich fremde Einwanderer) von Misraim als ihren Vater hergeleitet, weil zur Zeit der Völkertafel*) in politischer Beziehung zu Egypten stehend. Der Shah von Berberisthan bereitet Krieg gegen Cawus. Nachdem dieser beruhigt ist, kommt neue Unruhe von den Thasi's. Cawus setzt zu Schiff über das Meer von Nimruz nach Berberisthan begiebt sich in die Mitte von Sischehr (der drei Länder), Misr links, Berber rechts, dem Schah von Hamaveran entgegen. Rostham fängt die Shahs von Scham und Berberisthan, und sowie dann Afrasiab in Iran einfällt, unter dem Vorgeben, es von der Gewalt der Thasi zu befreien, zieht Cawus mit seinem Heere von Berber nach Surian (s. Rühl von Lilienstein).

In der durch Manetho von Hyksos gegebenen Erklärung, dass Hak in der heiligen Sprache König, Sos in der Sprache des Volkes Hirten bedeute, zeigt die Künstelei den Wunsch sich an die Schasou oder Beduinen anzulehnen. Bei den Kirgisen bezeichnen jetzt die Ak die Aeltesten oder Häuptlinge, also früher möglicherweise auch die Könige (nach den Gradationen der Rangtitel). Rawlinson leitet Achaemenes (Hakhamanisch) von Hakha (altpersisch) oder Sakha (im Sancrit). Der Stamm der Shushan (das Volk von Shuster oder Susa) tritt noch im V. Jahrhdt. p. d. erobernd am Onchon auf und dieser Name Tschusher nahm unter späteren Wechselfällen die Bedeutung von Knechten (wie Geto oder Davus den von Ohlwun) an, weshalb (nach Gao-syun) die Mandschu, die ihn gleichfalls führten, beim Wiederaufsteigen ihres politischen Sternes ihn änderten. Chou war für die Chinesen ein fernes Reich im Westen, aber doch trug ein Herrscher im achten Ki (Ynti) den Namen Chou-chan-chi. Im Michi (des Chou-King) wird von den Unruhen der Su-yeng genannnte Barbaren (in Kiangnan bei Sutchoou) gesprochen, in Verbindung mit den Honi (1063). Im Mouchi steht Chou (1056 a. d.) unter den zu den Barbaren oder Y gerechneten Ländern. Hätte vielleicht das Volk der Shushan schon im Osten in feind-

---

*) In der Völkerliste aus Edfu waren aufgeführt, die Ani (Hunu), die Mentiu, die Jonier des Satilandes (Sati oder Asien), die Su (Mau), die Tehennu, die Amu, dann die Anu (Nubien's), das Sati-Volk (im Süden), die Temhu (im Norden), die Libyer (im Westen), die Aamu (Arabien's und von Ta-nuter) im Osten, die Cheutes und Hurusa (auf dem Sande) oder die Beduinen. Die Menti des Satilandes wurden mit den Aseru indentificirt, von denen sich ein Theil in Unteraegypten angesiedelt hatten mit dem Hafen (Mer) als Hauptsitz (in der egyptischen Stadt (Mer Aser). Der Süden wurde durch Sati, der Norden durch Temhu, der Westen durch Manuu, der Osten durch Becha repräsentirt.

lichen Beziehungen oder in dienenden Verhältnissen gestanden, so konnten diese denselben Namen den unterworfenen Aegyptern beilegen, und hiessen sie dann mit Recht die Ak der Tschushen oder Hyksos. Mit den verächtlichen Epitheten der Tschuschen (Chuzen oder Kuschiten) wurde dann auch das bis an die Grenzen Nubien's zurückgedrängte Reich der einheimischen Könige bezeichnet, während das untere Nil als das Land der Gothen (Air-Gyptos) bekannt war. Indem durch die asiatischen Beziehungen dieser sich beide Namensformen verbreiteten, so wurden anfangs solche Reiche, in denen sich noch die Erinnerung eines früheren Gegensatzes erhielt, als kuschitische bezeichnet, also z. B. jenes altägyptische, das früher zur Gründung Babylonien's beigetragen hatte. Allmälig absorbirte der neue Neue Name Aegyptens den alten und blieb auch nach der nationalen Erhebung und Vertreibung der Fremden im Auslande der geläufige, indess unter verschiedenen Formen der Pronunciation, bald als Copten, bald Kephener (des Kepheus, auf Drachenschiffen Küstenpiraterei der Tyrier oder Tyrrhener treibend) oder als Kophener und wurde (besonders in den beiden letzten Formen) auch auf Völker angewendet, die eine Zeitlang unter egyptischer Herrschaft gestanden, also zum egyptischen Reiche gehört hatten, ohne deshalb afrikanischen Blutes zu sein. Usos weihte nach der Schifffahrt zwei Säulen in Phönizien, dem Feuer und Winde. Σιδόνες, gens getica (bei Strabo). Von der vormaligen Eroberung durch die Scythen (2800 a. d.), d. h. den kimmerischen Zweig der als Scythen zusammengefassten Nomaden, der Agathyrsen oder Hrymthursen, trug Aegypten den Namen Kemi oder Chemi (schwarzer Farbe erklärt), während sich die Kimmerier im Norden an Hima oder Schnee anschlossen. Weitere Beziehung leitet sich ein mit Hu und Jumala oder Hus, (Vaterland des Hiob) von Kush und den Huschang (s. Aus). Der Ruhm der Hakkas oder Hyksos bewahrte sich noch von den Namen des Soliman Hakki, des allgemeinen Weltmonarchen oder Chakravarti, von dessen Kämpfen mit Anthalous, dem Div und Riesen, (der Atlantiden, deren Bekämpfung die egyptischen Priester erinnerten), Cahermann Catel auf der bialbanischen Inschrift im Lande Shadukian las. Der letzte der Solimane, der in der Welt kurz vor der Gründung Adam's herrsche, trug den Namen Gian ben Gian als Fürst der Gin (Jin) oder der Peri und bei den Chinesen beginnt des Reich der menschlichen Herrscher (nach den auf Tienhoang oder himmlischen Herrscher folgende Ti-Hoang oder irdischen Herrscher) mit dem auf einen von Vögeln gezogenen Wolkenwagen aus der Thalschlucht hervorjagenden Gin-hoang (unter den drei Hoang) Der mächtige Monarch Gian (Gian ben Gian) beherrscht die Peri als Pharaonen (vom Stamme Peri oder tragen), als Erbauer der Pyramiden oder Al-Hermani (Herem oder Ahram), bis sein Volk, wegen des Abfalles von Gott, von den zur Strafe gesandten Eblis in ein fernes Verliess eingeschlossen wurde (wie Gog und Magog in ihre Mauern). Das mit Fellen bedeckte Schild des Gian ben Gian, das durch goetische (gothische oder getische) Zauberer alle magischen Künste überwindend, war Kayomorth, der es gefunden, (und später Tahmurath) ebenso nützlich, wie Perseus, (der gleichfalls an der Spitze der Perser steht) in Gorgo oder Jconium (Sitz des phrygischen Königs Annacus oder Nannacus) seine Aegide und wurde von den Saliern und Tunzun umhergetragen, während man es in Troja als Palladium bewahrte. Genus (Cain oder Djan) und Gerea waren (nach Philo) Kinder des Aeon, der sich zuerst von Baumfrüchten nährte. Nach Gil-Shah (Herr der Erde) oder dem mythischen Ahn der Perser (der den besiegten Asur dem Abriman übergab), folgte (bei dem frühen Tode seines Sohnes Siamek) eine längere Unterbrechung, bis dann als Gründer der Pishdadier Huschenk oder Hounschenck auftritt, der (gleich den drei Hoang in China) ein beglücktes Volk beherrscht, seine Unterthanen in Fellen

kleidet, (wie Tschin-fang-chi, ersten Kaiser der Ynti in achtem Ki) und
Kanäle baute, als Gründer von Toster oder Susa. Nachdem er das
Ungethüm Rahksche (den Rakshascha) (während die Rokh später als die
Helden der Pehlewane auftreten) bezwungen, sandte er seinen General
Khosrouschir gegen die Mahiser (Mahasur) genannte Ichtyophagen mit
Fischköpfen auf der Insel Ramak im Meer von Oman. Nach dem Lebtarikh
war Houschenk Zeitgenosse des Edris und schliesst unter den (bei Germanen
und Celten als Ahnherren figurirenden) Hermen, deren es (nach Abul
Mashur) viele gab, an Hermes Trismegistus oder (nach dem Shajrat ul
Atrak) an Uria. Die Midianiten des Propheten Schoaib (Raguel) oder
Jethro (Schwiegervater des Moses) blieben als Händler unter den Arabern
zurück, ohne zu ihrem Stamm zu gehören. Die neue Rasse Adam's ist
ursprünglich die der Rothen oder Blonden, die Beni Asfar oder Kinder des
(im Assyrischen) Adumu genannten Edom (Ais oder Esau), aus dessen Nachkommenschaft die Idumäer (als Vorfahren des Romulus) nach Italien zogen,
als die Semiten, die ihre Mythen angenommen hatten, in Jacob ihren eigenen
Patriarchen bevorzugten. Hingekhan war der letzte der Ilchane. Auch
Tumen, Fürst der östlichen Türken nahm 532 p. d. den Titel Ilchan an
und besiegte die 553 p. d. durch Iski-Chan vernichtete Jeujan, worauf
Mukanchan oder Dizabal mit Justin II. († 578 p. d.) Gesandtschaften aus-
tauscht. Wie bei den Hiungnu hiess der König (Tschen-yu) oder Tukiu
(Türken) Tsem-li-Khu-thu oder Sohn des Himmel's und bei den Massageten
wird der Titel Spargapithes, Sohn der Tomyris (b. Herodot), Swarga
(Himmel) und pita (Vater oder Sohn vom Vater). Nach Besiegung der
Yucitschi (201 a. d.) unterwerfen die Hiungnu (177 a. d.) die nördlich von
Sogdiana und im Westen der Usun wohnenden Hute oder Khu-te (zur
hellen Rasse gehörig), sowie die (gleichfalls blonden) Schule (Khiuscha
oder Kaschgar). Wurde nach patriarchalischer Sitte der Himmelssohn ver-
ehrt und von Völkern, die mit der chinesischen Sprache nicht vertraut
waren, nur das letztere Wort ausgesprochen, so ergab sich aus Khutu der
Khuda oder Gott und für das nach dem Gott genannte Volk (wie bei
Birmanen oder Brahmanen) der Name Gothe. Als Schützer der Keilschrift
erscheint Nebo oder Nabu (der Herr von Barsip oder Borsippa bis
IV. Jahrhdt. p. d. im Talmud) der bei Mendaeern und Sabaeern von Harran
dem Mittwoch (Nebuk) vorsteht, auf derselben als Dreieck unter dem Namen
Tir*), des Planeten Mercur, von der Schnelligkeit des Pfeile's (nach Hyde
benannt), in der von Nebukadnezzar gegründeten Stadt Τερjδων Διρίδωτις
angebetet, und wie die Sabaeer Trismegistus verehrten (den egyptischen Tet),
der mit Hermes zusammenfallend, den Stammbaum vertritt, so die Germanen
Tuiscon oder Tyr, der später nach Zuwanderung der Ascn vor den Thor
oder Er zurückdrängenden Odin seinen Wochentag abtritt. Wie Israeliten
und Ismaeliten, Turk, Tatar, Mogul, Uzbek mögen auch die Germanen in
ihrem Eponymus Er oder Tyr benannt sein, der in griechisch-römischer
Auffassung mit Mercur (Hermes) oder Hercol (Heracles) zusammenfiel nach
dem zweifach in ihm vereinigten Character.

*) Unter Tiridatis oder Gabe (dad) oder Dir (Dertad im armen.) zerstörte (nach
Agathanges) der heilige Gregor den (durch Dämone mit Waffen und zu Pferde vertheidigten)
Tempel des von Emin mit Hermes oder Mercur (dem assyrischen Tir, Sohn des Nebo)
identificirten Gottes Dir (in Armenien), der durch Träume in Orakeln begeisterte und der
Schreiber des Ormizd genannten Priesterschule der Weisheit die Künste lehrte. Moise
de Chorène place des Chaldeens en Arménie dans le Pont et le pays des Chalybes, et
Const. Porph. parle d'une province, appellée Χαλδία, dont Trebizonde était la capitale
(s. Langlois). Renan erklärte Χαλδαίοι durch Kard (Kardu) aus Kasdim. Χαμάδι (χαμεζ)
humi, in terram. Χαμαί, έπί τῆς γῆς. Χάμ σκηνώματα, Chami tentoria (Aegyptos). Χαμ'θις
in terra. Χαμώς uit Tyriorum et Amanitarum deus, item ut Astarte Didoniorum, quos
coluit Salomon. Χαναναῖοι, als Nachkomme von Χαναάν.

Der die chinesische Hia-Dynastie*), unter der die Wanderungen der Ostnomaden begannen, bewahrende Name Japet, als Patriarch der in die specifischen Hellenenstämme übergehenden Nomadenvölker, dem Japhet die Völkertafel sowohl, wie dem Japhet, Vater des Turc, in orientalischen Traditionen entsprechend, erhielt sich noch in den bis zu den Japygen vorgeschobenen Japoden, während er in Thessalien vor den Nachkommen seiner Söhne zurücktritt. Während Atlas nach Westen ziehend, verschwindet, Menötius zum Tartarus niedergeschmettert wird, zeugt Epimetheus mit Pandora die Pyrrha und Prometheus den Deucalion, als das erste Menschenpaar der aus der Fluth geretteten Erde. Der Name des Prometheus**) (dem zur Liebe die Griechen den Epimetheus schufen) ist in verschiedener Weise gedeutet worden, im Anschluss an irdische Feuerzeugung in solcher Weise, dass er seine mythologische Rolle (als Pra-mantha) gemäss im Norden die Aufgabe des peloponnesischen Pheroneus spielen würde, er dürfte sich aber wohl am Nächsten an den mit Phara verbundenen Titel anschliessen, der in so weiter Verbreitung die herrschenden Geschlechter einzuleiten pflegt, als Fravartisch, Faradun***) oder Feridun, Faramund u. s. w. und bei der in Sagen beliebten Rollenvertauschung ist es beachtenswerth, dass Feridun oder Afridun (als zweiter Div-Bend oder Bezwinger des Efrit), durch seinen Schmied Khao den gestürzten Schlangenfürst an den Kaukasus schmieden lässt, wie Zeus durch Hephästos den Prometheus, denn in dem Namen des Deucalion liegt zugleich die von Griechen und Inder auf Götter sowohl wie Heroen (bei Diobessi, διοι Πελασγοι auch auf Völker) angewandte Bezeichnung, die nun den Perser†) in den feindlichen Gegensatz der Div verwandelte. Der Name Aineias††) wird als Schmerzenssohn er-

---

*) Von den Söhnen des chinesischen Kaisers Hoamti, der (kraft des Erden-Elementes regierend) den Titel To-Po oder König (Po) der Erde (To) führte, gründete (2704 a. d.) Tcham-yi im Norden das Reich der Sianpi (unter den Wei-Tartaren). Von seinen Nachfolgern befreite Chi-kuin (am Hofe des Yao) China von einer Dürre (2357 a. d.) und seine Nachfolger nahmen keinen Theil an den Einfällen, die die Tartaren (Hieu-yu, Chan-yun, Thum-nu) in China machten. Nachdem Liu das Reich der Wei seinem Sohne Kie-fen überlassen, herrschte (220 p. d.) Chitsu. Nachdem Tschuti nach Signafu geflüchtet, zerfielen die Wei (534 p. d.) in östliche und westliche. Cette dynastie prit le titre de Ouei, parceque l'Empereur Taitçou descendoit par les femmes de la dynastie Chinoise de Oue's, sous laquelle ils entrèrent en Chine (261 p. d.), payant tribut en compagnie des Sianpi méridionaux (des petits monts Sianpi).
**) Der Ganymed entführende Adler oder Aetos (Nisroch in Assyrien) quält den Prometheus. Harpe (Adler) von Perseus als Waffe geführt, ist Uranos gegenüber das Symbol des Kronos, auf den es wieder von Ilus angewandt wurde.
***) Der König, unter dem Abraham nach Aegypten zog, heisst Pharaontes oder (b. Syncellus) Ramessemenus. Ajem sind (achäische) Fremde.
†) There is a curious connexion between Perseus and Pharas (faras), the horse, the Pegasus sprang forth from Medusa when Killed by Perseus, as represented on one of the metopes of Seblinus and Neptune, who introduced the horse into Greece, and Medusa are both Libyan. Farras signifies the „mane" and fares „the horseman" or the „Persian" in Arabic. In the story of Perseus and Andromeda, as of St. George and the Dragon the scene is placed in Syria, the former at Jaffa, the latter near Beiroot (s. Wilkinson). Die Massageten schlachteten dem Helios Pferde, um dem raschesten Gotte das rascheste Geschöpf zu opfern. Χρυσαωρ steht mit dem dorischen ρ statt χρυσαιος (nach Völcker). Perseus (aus des Zeus Regen stammend) ist ein phallischer Nährgott von φερω γ[...]βω (Persephone oder Proserpina). Pheres ist Sohn der Medea und des Jason (ein Eponymus der Medo-Perser. Die mäonische Hauptstadt Hyde erhielt den Namen Sardes. An den Philistern wurde in der Bibel besonders die Unbeschnittenheit hervorgehoben. Die Αλαϊται wohnten westlich von Chaldaea.
††) Aeneas, der Hirtenkönig am Ida (dem von Erdmann mit Ergench Kun verglichenen Idavöllr) den wegen seiner Frömmigkeit auch den feindliche Poseidon beschützt (b. Homer), führt auch bei Virgil den Beinamen pius, gleich den abischen und andern Nomadenvölkern oder den Pelasgern, als διοι. Der änesische Zeus des Führengebirges Aenus (mons Elatus) bei Zacynthus) wird (b. Hesiod) von den Boreaden angerufen. Wie Achilleus bei den

klärt, aber von Uschold von den Beinamen der Stammmutter (Urania*) als Aeneia) hergenommen, die sich (als Venus der Perser) durch Anaitis oder Tanata wieder an die Namensformen Tanais, Danaus, Tanaus, Don anschliesst, mit den Fluss als Stamm. Nach Strabo wurde Anaitis mit zwei persischen Dämonen (Omanus und Anadatus) zu Sacasene in Armenien verehrt, durch weibliche Priesterschaft, wie sie in Kumana bestand. Die von Hyde als persische Venus bezeichnete Anaitis**) wird auch mit Astarte (Ascheroth oder Mabog) oder Mitta zusammengestellt, der arabische Name (nach Herodot) für die assyrische Mylitta oder persische Mitra, als Gula (Guda in Galla) oder Grosse Göttin auf der babylonischen Inschrift. Josephus lässt die Japhetiden von den Gebirgen Taurus und Amanus bis zum Tanais (Don) wohnen. Die Japetiten, als Weissfarbige, galten für schön. Eine durch Wanderungen weit umhergetragene Namensform ist die mit Aia***) oder Land verbundene, vielfach begleitet von den Formen

---

Griechen, so ist Aeneas bei den Troern der einzige Göttersohn (Grotefend) und solche Tengrisöhne stammen meistens aus der Fremde. Von Poltys in Poltymbria aufgenommen gab Aeneas den Namen Aenos, Hauptstadt im District von Rhodope (s. Hieracles). Von einem Gründer Aeneus hiessen die Cyziker Aeniden, die thracische Stadt Aenus lag an der Mündung des Heber, aus Ἀλωπεκύννησος besiedelt, der macedonische Aenia am thermaischen Busen in Chalcidice (aneus: γαλκίος), Αἰνώνια in Liburnia. Παιανίτῖς καὶ Παιον, duo sunt pagi Pandiouiae tribus, quos Diodorus vocari ait Pacaniaeam inferiorem et Paeaniaeam superiorem (Suidas). Der oeneidische Flecken Perithoidai war von Perithous (dem Gastfreund des Theseus, genannt, dessentwillen die Alle in Athen bewiesene Gastfreundschaft, besonders die Thessalier bevorzugte. Am Berg Oeta, durch des Herakles Apotheose geweiht, wohnten die Αἰνιανες, mit Hypata als Hauptstadt, der (nach Lucian) durch ihre Hexen berüchtigten Stadt. Auf Leukas oder Leucadia (quondam Neritis) wurde der Tempel der Aphrodite Aeneias gebaut. Die Altaier fürchten die bösen Aina, die böse Sieben (weil sieben in Zahl), die durch den Kuda-Dienst in einen feindlichen Gegensatz verdrängt wurden, aber in den Einheriar noch eine ehrenvolle Stellung einnahmen, und auch bei den Vandalen als Hennil Verehrung erhielten, wenn seine Erwähnung bei Ditmar von Merseburg mit den slavisch-ungrischen Hainal oder Hajnal (nach Grimm) zusammenfällt. Aivá: ðεινά, κακα. Ais ist das Todtenreich des Hades und Aisa das unerbittlich waltende Schicksal. In den durch die Jaina aufgerichteten Cromlech bei Mana Madura enthielten die Töpfe die Körper der in hockender Stellung begrabenen Alten, die zu der nicht sterbenden Kaste gehörten (s. Scudder). Aja ist der Grossvater des Sri Rama (b. Valmike) und Ai der Ahn der Ramsese. Li-ki-tsien, Fürst der in Tibet nomadisirenden Tanghiang, gründete (X. Jahrhdt. p. d.) das Reich der Hia (Hya) oder Tangut (Kuschin im Westen des Hoangho, wie Schensi). Ἀξίοκτρον τὸν Ἅιδην erklärt der Scholiast bei samothracischen Kabiren, Axieros als Demeter und Axiokersa als Persephone. Οἱ Ἠλεῖς τὸν πάτριον θεόν Αἰνεῖαν. Aeniorum fines praeter Apollinis, Zerenthium quem vocant incolae, templum superant (Livius), mit dem Tempel τῆς Ἥρας καὶ Ἰνγίνου Ἀπόλλωνος (nach dem Scholiast). Ἔβρος ἵνα ζωαῖά τ᾽ ὄρη χιόνεσσα φάληρα, καὶ Ἱρύες Οἰαγρίδαο τόθι ξηρόνθιον ἄντρον (Nicand.) τῆς Αἰνου δὲ πλησίον ἐστίν ὁ ποταμός Ἔβρος (Schol.). Acnos ab Aenea profugo condita (Amm.) am Ebros. Kassander führte die Aeneaten nach Thessalonike. Nach Hellanikos zog Aeneas zum thracischen Volk der Krusäer auf die Halbinsel Pallene. The conspicuous part, which Aiar plays under his various developments in the Sabaean system, seems to have been the source, from which Thales drew his theory of the origin of all things from the watery element in nature (Rawlinson).
*) Wenn Benfey ἡνία zur W. jam stellt, so könnte sich durch thessalische Ainianen ein neuer Anschluss vermitteln.
**) Auf der phönizischen Inschrift von Athen wird Abd-Thenel mit Ἀρτεμίδωρος übersetzt. Die persische Artemis hiess Ἄναια. Der Tempel der Nanaia wurde von Antiochus Epiphanes zerstört. Die Göttin von Ecbatana (Aneitis) oder (b. Berosus) Tanais heisst (b. Polybius) Αἴνη (Artemis oder Aphrodite Aeneia). Θεός Αἴνης auf der Inschrift von Zara in Persa. Ἀφροδίτη Ταναίς heisst (b. Agathias) Anaitis Aphrodite. Die Massageten verehrten den Fluss Tanais (nach Max. Tyrius). Die assyrisch-persische Tanais war die Mondgöttin.
***) Mit der 21. Dynaste bestiegen wieder tanitische Könige den Thron Egypten's. Moses war im tanitischen Gau geboren. Haibaga (Vater des Dharmanetra) Nenu und Haya waren Söhne des Satajit, Sohn des Sahasrajit (Sohn des Yadu). Nach dem Brahma-Purana war Anenas das Haupt vom Zweig der Nachkommenschaft des Ayus. Von den Söhnen des Jayadhwaja's kamen die fünf Abtheilungen des Haihaga-Stammes, als Talajanghas,

Ida oder Tannis (Anaitis oder Don). Der an den Patriarchen Ai (Sohn des
Oghuz-Khan) geknüpfte Name der Nomadenvölker hat sich von Haig bis
zu den Haiathelah erhalten. In der raschen Aufeinanderfolge der medischen (oder arischen) und
scythisch-turanischen Dynastie in Mesopotamien (b. Berosus), zeigte sich
dieselbe Gleichzeitigkeit in dem Vordringen des blonden und mongolischen
Elemente's, wie sie bei Usiun und Hiongnu, bei Alanen und Hunnen berichtet wird, indem stets die hellen Völker (nach der Erzählungsweise des
Aristeas) von ihren hinteren Nachbarn, den mongolischen, geschoben werden,
und der geographischen Lagerung ihrer Wohnsitze gemäss, zuerst als
erobernde im Westen auftreten. Die nach kurzem Verweilen durch die
nachrückenden (aber auch ihrerseits rasch vor der einheimischen Erhebung
unter den Chaldaeern weichenden) Scythen aus Babylonien vertriebenen
Medier oder Hakha warfen sich als Hyksos auf Egypten und gewannen
dort im Mittelpunkte eines selbstständigen Reiches neue Kraft, die sie
später (nachdem der Thron im Nildelta schon verloren war) befähigte von
den Ufern des Orontes aus nochmals die Tigris-Länder in Besitz zu nehmen,
und nachdem Ninive durch Ninus gegründet war, auch die Babylonier von
der Herrschaft der Egypter (unter arabischen Satrapen) befreien konnte.
Sie fanden damals die Bevölkerung grösstentheils semitisch und an den
Gebrauch der meist durch die von den Grenzen China's gekommenen Eroberer
eingeführten Schrift gewöhnt, sie verwandten deshalb in ihrer Schrift gleichfalls die Sprache des Landes (vor der ihre eigene zurücktrat, wie die
fränkische im eroberten Gallien), bewahrten aber in manchen Bezeichnungen,
besonders in den Namen der Fürsten, alt einheimische Formen, die an das
Arische sich anschliessen, denn obwohl die heutigen Repräsentanten der
blonden Rasse in Asien, die Kirgisen und ihre Verwandten, in Folge
politischer Verhältnisse einen gegenwärtig, als türkisch, zu der tartarischen
oder turano-finnischen Sprachfamilie gerechneten Dialect angenommen haben,
so müssen doch an sich diese blonden Rassen als die eigentlichen Vertreter der Arier in der Geschichte angesehen werden, da sie eben die
Grundlagen der indo-europäischen Völker, in Indien sowohl, wie in Europa
bilden. Das im Medischen (denn das R fehlt) vorwaltende L (auf den Keilinschriften) tritt im Zend vollständig zurück, bis wieder durch semitischen
Einfluss eingeführt. The impossibility of articulating the L was peculiar
to the early Persian branches of the Arian family (Rawlinson). Aus dem
Namen des Evechous (Vorgänger des Chomasbelus), der die erste Dynastie
Babel's (nach Berosus) stiftete, wird auf die kuschitische Herkunft derselben
(von Nimrod, Sohn des Chus oder Khus) geschlossen. Dann folgte die von
Zoroaster *) (2400 a. d.) gegründete Dynastie, die als medische für eine
iranische oder arische gilt, und bald nachher (2200 — 2000 a. d.) die der
Scythen, die (nach Oppert) die Keilinschrift einführte. Die Chaldaeer, die
sich damals in Babylon niedergelassen hatten, erhoben dann (2017 — 1559 a. d.)
ihre Dynastie auf den Thron, nahmen aber, bei dem zunehmenden Uebergewicht des semitischen Elementes, allmählig die Sprache desselben für den
gewöhnlichen Gebrauch an, ihre eigene für esoterische Zwecke bewahrend.
Die chaldäischen Fürsten wurden (nach Berosus) durch arabische ersetzt

---

Vitihotras, Avantis, Tundikeras und Jata (nach d. Vaya). The capital of the Talajanghas
was Mahishmati (Sahara bahu ki basti, the village of the Thousand onned or Kartavirja)
or Chuli-Maheswar (s. Wilson).
*) Zoroaster (in Magie erfahren) heisst (b. Annius) Sohn des Kam, der seinen die
Welt durch die Erfindung des Weines beglückenden Vater verachtet und bei Aufdeckung
seiner Geschlechtstheile in der Trunkenheit ihn entmannt habe, selbst aber als unzüchtiger
und schändlicher (esen) habe flüchten müssen.

(während der Kriege der Egypter mit den Rotennu) und dann erhob sich mit Ninus das assyrische Reich (1314 a. d.). Der von dem chaldäischen König Ismidagan zu Ellassar erbaute Tempel des Gottes Oannes wurde (1100 a. d.) von Teghathphalasar I. hergestellt. Die Ruinen des von dem chaldäischen König Kourigalzan I. erbaute Hier-Kourigalzon (Schloss des Kourigalzan) finden sich bei Akerkuf (westlich von Bagdad). Die von Menos in Aegypten (nach Antikleides) erfundenen Buchstaben brachte Kadmos nach Griechenland. Das Schreiben sollte von den Syrern, nach Gellius durch Mercur in Aegypten, erfunden seien, wogegen es Plinius für ursprünglichen Besitz der Assyrer hielt. Nach Epigenes fanden sich bei den Babyloniern die Sternbeobachtungen von 720,000 Jahre auf Backsteinen aufgezeichnet. Ante Phoroneum septingentis viginti annis inventi sunt coctiles Laterculi. Der Kuschite Serach, mit Osorkon I. (XXII. Dyn.) identificirt, führt (Chronik.) ausser den Kuschim auch Lubim (Libyer) gegen Juda. Das Heer des Schischag (Chron.) oder Schesong I. (XXII. Dyn.) bestand aus Lubim, Kuschim und Put. Während Sem, Ham und Japhet zusammen die Repräsentanten des semitischen Völkerzweige's bilden, sind unter den Kuschim die Araber Afrika's zu verstehen, die allerdings vielfach mit den abessynischen und nubischen Schwarzen sich vermengt und Colonien (wie im Mittelalter) auf den gegenüberliegenden Küsten ausgehen liessen (s. Unger). Der durch Turc*) von Japhet stammende Ilingekhan oder Alingekhan, deutet auf die Länder am Ili als Stammsitz der erobernden Nomadenrasse. Unter seinen Söhnen trat die Trennung in die durch späten Ruhm schon in das Alterthum vorgeschobenen Mongolen und der Tataren ein, und in der von Tatarkhan (Bruder des Moghulkhan) gegründeten Dynastie der Letzteren, erbte sich die Namensform der As-Titel fort, indem auf Bilingehkhan, Sohn des Bouka-khan (Sohn des Tatar-khan) Issali-Khan folgte und dann Aksurkhan. Der mongolische Zweig, (d. h. der von Moghulkhan hergeleitete) trat zuerst erobernd auf unter dem als Bekenner des Islam (der Wege der Asen oder Aesir) oder Eslam gefeierten Oghuzkhan, der zu der Regierungszeit des Djemschid (in Persien) Asien erobert haben soll und also den durch feindliche Auffassung in den Tyrannen Zohak verkehrten Herrscher darstellen würde, den Repräsentanten der Hak oder Hyksos in Aegypten und den (noch unter Ninos als heterodox betrachteten) Reformator Zoroaster der Mesopotamien erobernden Medier. Auf eine kurze Herrschaft der Arier sollen in Mesopotamien die Turanier (oder ein Volk tataro-finnischer Rasse) gefolgt sein und die Entstehung des Namen's Touran wird zurückgeführt auf Tour, Sohn des Feridun (des Besieger's des Dahah oder Zohak). Um Jekhan (letzten König aus dem Stamm des Oghuz-khan) zu unterwerfen, verband sich Tur (wie die Orientalen erzählen) mit dem den Mongolen verwandten, aber mit ihnen verfeindeten Stamm der Tartaren unter Souneg, und dies stimmte völlig mit den babylonischen Traditionen überein, indem der Sieg der Turanier über die ihnen nahe stehenden Arier mit einer nationalen Erhebung verbunden war, die dann bald nachher die Dynastie der Chaldaeer auf den Thron setzte, unter völliger Verdrängung des fremden Elemente's, denn auch Mirkhond bestätigt, dass mit dem Tode des Souneg das Reich der Tartaren zerfallen und ein Ende erreicht habe. Ein Zweig erhielt sich indess in der Krimm, dem Lande der Tauri (deren Namen mit den Thor oder Taranis verehrenden Kimmerier und Cimbern dann weiter

---

*) Togarma oder (georgisch) Thargamos (Sohn des Tarshess) ist (als Sohn des Gomer) sein Bruder Askenaz und Riphath verwandt. Targitaus, Sohn der Bonysthenes, war Ahn der drei Scythen. Knobel schliesst Tarsis (Sohn des Japet) an den etruskischen Heros Tarko an (Ταρχαν). Der Generalissimus der assyrischen Heere führte den Titel Tartan. Thian-tsu (Sohn des Himmel's) ist Ταϊσσαν (Simoc.).

getragen wurde), wo noch bis in die neueste Zeit die Sultane als Kerai oder Gherai-khan, sich von den Tartar-Khaniah herleiteten (wie auch im Mittelalter dort Gothen gefunden wurden). Aus dem Lande Tauran war (nach dem Moschtarck) auch die Nation der Haiathelah hervorgegangen. Sennacherib besiegte die Tokhar: (im Lande Salbura) unter den Bergstämmen des Landes Nipur. Die orientalische Ueberlieferung berichtet weiter, wie aus der Niederlage des Ilkhan und seines Volkes durch Tur nur zwei Männer (Kian und Teguz) mit ihren Frauen entkommen und sich (bei Khondemir) in das unzugängliche Gebirge Erkene Koun retteten, wo sie in einem lieblichen und geschützten Thal den paradiesischen Aufenthalt der Iranier in Airja vaedjo finden. Der fromme Jima, der mit zunehmenden Winter die Auswanderung leitete, lässt sich mit der Rolle des Jemschid in der an Cayomorth geknüpften Tradition der Perser nicht vereinbaren und gehört vielmehr dem ursprünglich fremdartigen (und erst seit Lohrasp assimilirten) Sagenkreis des Zoroaster an, wird sich also während der vielfachen Berührungen zwischen den (am Himmelsdienst festhaltenden und dann seine Lehren mit den magischen vermischenden Zoroaster des Gushtasp als einen Abtrünnigen betrachtenden) Turanier und Iranier eingeschoben haben. Die orientalische Legende lässt bei zunehmender Urbevölkerung die Nachkommen des Kian und Tegouz, als die Kiat (Djeten oder Geten) und Derlighin (Daac und Lak) genannten Völker aus ihren engen Bergschluchten wieder hervorbrechen und das mogulische Reich ihrer Väter zurückerobern und zwar erkennen sie besonders die Kiat als die Beherrscher des nordischen Asien an, während derjenigen Perioden, die mit den scythischgethischen Wanderungen nach Westen zusammenfallen. Die bekannteren Stämme der neueren Zeit, die Kapschak, die Seldschukken und die Landsleute des von Bouzangir hergeleiteten Djingiskhan, finden dann ihre gemeinsame Stammmutter in der (nach Mirkhond) durch eine Lichtkugel Alankova, Tochter des über die Kiat herrschenden Gioubine), als Repräsentanten der zuerst geschichtlich hervortretenden Alanen. Direct von der Familie des Ogbuz-khan (Oguz Thaïfah oder Iticadlu Thaïfah) leiten sich die Osmanen, die in ihren physischen Habitus (wie ihre europäischen Vorgänger) einen näheren Anschluss an das blonde Element unter der allgemeinen Generalisation der Türkenstämme zeigen und in ihren später an Othman oder Osman angeschlossenen Namen Reste der As-Form bewahrt haben. Während der Herrschaft der Athvan (Nachkommen Djemschid's, von denen Feridun stammt), war Persien durch Zohak unterdrückt. Mit Oth bezeichnen die Türken die Kuh (Ghiav der Perser und Tschiou der Khataeer). Othman führt auf As. Der Eslam oder Islam (die völlige Entsagung vom Körperlichen) der Islam (von derselben Wurzel wie Salam und Soliman Ergebung bezeichnend) wurde zur Zeit der von Mahaleel gezeugten Jared (Vater des Enoch) für den Götzendienst erlassen, ausser durch die mit Noah in die Arche Geretteten (nach dem Tarikh Montekheb). Nach dem Tode Abraham's fanden sich nur zwei Bekenner des Islam, nämlich Isaak in Chanaan oder Palestina und Ismael in Mekkha oder Arabien. Obwohl von Cahtan oder Joctan (Sohn des Heber) stammend, betrachteten die Araber den Ismael als ihren Stammvater (der Mostaraber, die mit den Giorhamiden um den Tempel Mekkha's stritten). Zu den Kindern Ismael's, der sich (mit seiner Mutter Agar) nach Jathreb oder Medina zurückzog, gehörte Thor oder Theur, von dem der Sinai (bei den Arabern) Thour oder Thour Sinai genannt ist. Schoaib (Jethro oder Raguel), Sohn des Mikil oder Michael (nach den Tarikh Montekheb) wurde als Prophet (der Leik) zu den Madian oder Midianiten geschickt, (die wegen ihres Unglauben's ein Erdbeben zerstörte), als Khatib Alenbia (der Prediger der Propheten) oder der Prophet Anbia und Enbia (von Nebo). Die Dynastie der Ismaelier (Molhedoun) oder Bathenier wurde durch die Scheik-al-Gebal oder Hassan-Sabah (in Kohistan oder Erak Ajemi) auf dem Schlosse Rudbar gegründet. Midian war Sohn des Nabath (Sohn des Islam). Dem Araber der Wüste gegenüber gilt der Nabathaeer als Landbebauer. Der (bei Megasthenes)-Idanthyrsos oder (bei Justin) Tanaus (Tanausis bei Jornandes) genannte König der Scythen heisst (b. Herodot) Madyes oder (b. Strabo) Madys, als selbst ein Meder, die er unter Cyaxares zur Aufhebung der Belagerung Niniveh's zwang, wenn er nicht (nach Nie- buhr) den Führer der Bactrier repräsentirt, der sich mit den Medern gegen Assyrien verbunden, wie Jornandes den Gothenkönig Tanausis sich (nach Besiegung des Vesosis) mit den Mederkönig Sornus befreunden lässt. Wie der Alte vom Berge (Scheich-al-Gebal) durch sinnliche Freuden seine An- hänger (die Ismalier) an sich fesselte (auf Hassan Sabah's Schloss Rudbar in Kohistan oder Erak Ajemi), lud Zalmoxis oder Gebeleizis (nach Herodot) die Fürsten der Geten in Thracien zu Festgelagen in prächtigen Sälen ein (deren Bau er bei Pythagoras auf Samos gelernt), um ihnen von den Reizen des künftigen Leben's der Unsterblichkeit einen Vorgeschmack zu geben. Die Ismalier suchten durch ihre Namen eine Anknüpfung an den ursprünglichen Eslam (oder körperliche Entsagung des Iswara unter den Allah's heilige Namen als Raman verehrenden Lama) der durch den Götzen- dienst unter Jared gestört, und in Noah's Begleitern gerettet und (nach Abraham's Tode) durch Ishaak (in Canaan) und Ishmael (in Arabien) ver- breitet war, sowie durch Schoaib oder Jethro (Sohn des Mikil oder Michael), als Khatib Alenbia (oder Prophet alanischer Stämme), der zu dem wegen seines Unglauben's durch Erdbeben vernichteten Volk der Madian oder Midianiter gesandt war. Nach Mohamed's Erneuerung des Islam wurde Ismael (Vater des im Thour-Berge Sinai's benannten Thor) von den Arabern als Stammherr anerkannt (wie Israel von den Hebraeern des Eber*)), obwohl sie eigentlich von Joctan oder Cahtan (Sohn des Heber) stammten (und später die Unterscheidung der Mostaraber aufstellten). Einer der ältesten Bekenner des Islam war der von Carakhan, Sohn des (von Ilingekhan gezeugten) Mogukhan (Bruder des Tartarkban) gezeugte Oghuzkhan in Bokhara, der (nach Besiegung der von China unterstützten Ungläubigen) zur Zeit des Dschemschid (in Persien) Asien eroberte. Der den Himmel**) (wie die Hiongnu) verehrende König der Turanier bedroht die Perser (deren Himmelsverehrung Herodot kennt) wegen ihres späteren Götzendienstes. Fassen wir die vor-semitische Bevölkerung der Iremiden in Arabien als eine arische in's Auge, die sich (ausser durch den gothischen Cahtan, Vater Heber's oder der Avaren) durch die an Meder angeschlossenen Madianiter oder Medianiter bekundet, so würde sich (da das jetzt rein semitische Wort Gebel in einen früheren Zusammenhang mit Ber oder Berg gestanden haben mag) keine Schwierigkeit zeigen in Eizis das Is des Islam (Is-mael und Is-aak***)) wiederzufinden, d. h. eines vor der Reform des Gotama weit verbreiteten Buddhismus, der sich auch in den thracischen Lehren fort- lebender Wiedergeburten und in den Fusstapfen im Scythenlande erkennen lässt. Prichard vermeidet die Bezeichnung Semiten für die syro-arabischen Stämme, unter denen viele in der patriarchalischen Genealogie von Ham hergeleitet werden. In the Toldoth Beni-Noah the majority of the Shemite nations will be found to be of the Arian family (Rawlinson). Die später gewöhnlichen Saracenen (Plünderer) genannten Scenitae (Zeltbewohner)

---

*) Unter den von Ramses II. (Sohn des Seti Merenptah I.) zum Bau der Monumente verwandten Sklavenvölkern identificirt Chabas den Aperi als Hebraeer.
**) Die in 6 Terrassen gebauten Pyramiden der chaldäischen Könige in Mesopotamien knüpften sich an den Cultus des Himmel's.
***) „Gott hat es gehört" und der Lacher (Iishaak) nach hebräischer Etymologie.

waren die auch in der aegyptischen Wüste des rothen Meeres umherschweifenden Nomaden, die als die von den Ariern in Arabien gegründeten
Staaten zerfielen, den Boden für ihre Wanderungen in Anspruch nahmen,
obwohl noch eine Zeitlang die von den Culturstaaten als Vermittler (wie
die Chaldaeer in Gerrha als Verbannte) ausgesandten Nabataeer unter ihnen
Handel trieben, ähnlich den Banyanen (aber nicht auf friedlichem Wege,
sondern in kriegerischer Verfassung). Bei Diodor, der die zeltbewohnenden
Hirten in das Binnenland Arabien's setzt, bilden die wild umherschweifenden
Nabathaeer die Bewohner des östlichen Arabien und auch das Land Nabathaea, von den Nachkommen der 12 Söhne des Ismael bewohnt, ist (bei
Josephus) das der ismaelitischen Araber. Wie sich der Name der Kazaken
bei den Kirgisen und den Tscherkessen (den Cercetcn des Kaukasus) findet,
so der der Usiun in Ili bei den Ossi in Albanien (der Römer) oder Alania
(der Griechen), und mit den Alanen verbunden, als Alauorsi. Nachdem die
Usiun (die Asiani*) oder Asii) durch Zerstörung des indoskythischen Reich's
ihre Herrschaft (als Indo-skythen) bis Indien ausgedehnt hatten, folgten
ihnen die zersprengten Hiongnu, wie den Alanen die Hunnen, und die
Alanen mischten sich wieder auf die vielfachste Weise mit ihren (schon
seit dem Einbruch der Königsskythen) in Europa acclimatisirten Verwandten,
den Gothen, Vandalen, Suoven, Burgunder oder Allamannen, deren Namen
bei den Kirgisen wiederkehrt. Als die mongolische Dynastie der Kiat**)

*) Die türkische Familie Assena stammte (nach Visdelou) von Ascenaz (Sohn des
Gomer). Martini beschreibt die aus eisernen Nägeln gefertigten Kettenpanzer der Tur-
gusen, ähnlich den Kettenpanzern der Turkmanen und Kalmücken (bei Bergmann). Ebenso
waren Panzer bei Sarmaten, Alanen, Hunnen im Gebrauch. Als sie in der Schlacht gegen
Otho auf dem Eise fielen, konnten sie sich ebensowenig erheben, wie Leopold's Ritter.
Die Vornehmen hatten Eisen, die Gemeinen Panzer aus Horn, die in der Sage von Sieg-
fried sich erhalten haben. Oestlich von den Utii (bei Herodot) oder Uxii (bei Strabo)
bildet Yuthia (auf den Behistun-Inschriften) einen District von Porsia propria (mit
Arachosia verbunden). Feridun's Tod wird zwischen 1457 a. d. und 1255 a. d. gesetzt.
Τοῦρκοι ἀπὸ τῆς ἑωᾶς, οὓς Χαζάρας ὀνομάζουσι (Theophanes). Atrak, qui signifie les Turks,
est un nom commun non seulement aux Turc sothmandes, mais encore aux Tartares, aux
Igureens, Kathaians et Mogol (Visdelou) Die oberen Aorsi (οἱ ὄνω Ἄορσοι) am caspischen
Meer handelten in iudischen und babylonischen Waaren (die sie auf Cameelen aus Medien
und Armenien brachten). Sie unterstützten Pharnaces (Sohn des Mithridates M.) mit
Hülfstruppen, und ebenso die vor ihnen ausgewanderten Aorsi im azofschen Meer (unter
König Spandines), sowie die mit ihnen verbundenen Siraci (unter König Abeacus). Die
Siraceni oder (bei Mela) Siraces lebten an der Ostküste des Maeotis (nach Ptolus) als
Σιραχηνοί. Das trojanische Palladium der Minerva fand sich in Siris (in Italien). Sira-
cellae, Stadt in Thracien. Siris (Serrhae) Stadt in Macedonien. Siroe, Stadt in Parthyene
(bei Isidor). Ptolem. nennt den District Siracene unter den Astabeni (in Hyrcanania). Asta,
Stadt der Celtici in Gisp. Baet. Asaac, Stadt in Astabenene (zwischen Hyrcania und
Parthia). Ulia, Stadt in Hisp. Baet Uliarias insula im Aquitanicus Sinus (bei Plinius).
Volk der Uliezi am Dniestr (bei Nestor). Strabo rechnet die Siaones und Atmoni zu den
Bastarnae. Der sarmatische Stamm der Gythones (Γύθωνες) wohnte (in Preussen) west-
lich von den Venedi (bei Ptol.). Die Stadt Gynthium (Γύθιον) in Laconia war von Apollo
und Herkules gegründet (Paus.). Die von Pytheas am baltischen Meere gefundenen Gothi
(Guttones oder Gotones) oder Gothones (Gutae) werden von Tacitus nordöstlich von den
Lygiern gesetzt.
**) Als der Pishdadier Feridun das Volk des Khian, Sohn des Ilkhan (aus der mon-
golischen Rasse des Oghug) vernichtet, entkommen nur Kiat und Derlighin mit ihren
Kranen durch die Flucht nach dem unzugänglichen Berge Erkeneh-koun, von wo sie später
das väterliche Reich der Mongolen zurückeroberten. Nach dem Mircat sind die Kibth
oder Kibthi (Copten) der Egypter die von den Türken Tchengheuch genannten Ungläubigen (die Zingari oder Cingari Italien's). Sonst wird Kibthi als Abel Meer oder Mirr
(Egypter) erklärt (s. Herbelot) oder nach der Stadt Kift (Koptos) in der Thebaide. Die
von Oghuz Khan, Sohn des Carakhan (Sohn des Moghulchan), dem Bekenner des Musel-
manismus, vertriebenen Ungläubigen kehrten von China mit Hülfe des tartarischen Fürsten
zurück, wurden aber auf's Neue besiegt. Nachdem Oghuz-Khan seine Residenz in Bokhara
(am Gihon) genommen, theilte er die Atrak oder Türken in 24 Völker (Mogolen, Türken,
Iguren, Cangheli, Kipchak, Cazelac, Tomgagen u. s. w.) und erobert ganz Asien (zur Zeit

9*

in Nord-Asien herrschte, gebar die mit Doujoun vermählte Alankava oder Alancova, Tochter des König's Gioubine (Sohn des Bolduz) in Folge einer in ihren Mund eingetretenen Lichtkugel (nach Mirkhond) die Söhne Boukoun Caboki (Ahn der Cabakin oder Kapgiak genannten Tataren), Bouskin Selegin (der Seldschukken) und Bouzangir (Vorfahr des Djengiskhan und Tamerlan). Vavenephis erbaute die Pyramiden bei der Stadt Cho (Κωχωμην). In die zweite Dynastie führte Cechous*) (Nachfolger des Bocchus, unter dem ein Erdsturz grosse Verwüstungen anrichtete) den Cultus des Apis und Mnevis, sowie des mendesischen Bockes ein, Biophis die weibliche Thronfolge. Sesochris wird als Riese beschrieben. Die unter Necherochis (III. Dyn.) abgefallenen Libyer, kehrten (durch den ungeheuerlich wachsenden Mond geschreckt) in den Gehorsam zurück. Von Sesorthus (dem ägyptischen Aesculap**)) wird das Eingraben von Inschriften erwähnt. Quorum (Memphitarum regum) tertius Suphis (Σουφις) maximae pyramidis autor, quam quidem Herodotus a Cheope structam ait, qui in deos ipsos superbiebat, tum facti poenitens sacrum librum conscribebat, quem Aegypti instar magni thesauri habere se putabant (IV. Dyn.). Othius (Ὀθοης) gründete die V. Dynastie. Die Königin Nitocris baute die dritte Pyramide (VI. Dyn.). In der XII. Dyn.***), von Sesonchosis gestiftet (Sohn des Ammenenus, letzten König's der XI. Dynastie), erobert der Riese Sesostris (Vorgänger des Labyrinth-Erbauers Lampares) Asien und Europa (in Aegypten von Osiris verehrt). Pastorum, qui fratres erant Phoenices, exterique reges, qui Memphim quoque, occuparerunt, XVI. Dynastia. Ex his primus Saites imperitavit, a quo Saitarum quoque nomos nomen traxit. Jidem in Sethroite

des Dzemschid). Bei seinem Tode wurde das in Berangar (rechte Seite) und Giouangar (linke Seite) zerfallende Reich unter seine Söhne (Gun, Ai, Ildiz, Ghuik, Tak, Tenghia) getheilt. Die Omaniden leiten sich von der Familie des Oghuz-Khan (Oguz Thaifahl oder Iiicadin Thaifah). Mogulkhan (Bruder des Tatarkhan) war Sohn des Alingehkhan, der (als König von Turquestan) von Turc. Sohn des Japhet, stammte. Unter Ilkhan wurde das Reich durch Tour (Sohn des Feridun) vernichtet und Turan oder Turquestan genannt. Auf Bunka-Khan, Sohn Tatar oder Tatarkhan (Sohn des Ilingehkan, Vater des Mogulkhan) folgte Bilingehkhan, Vater des Issalikhan (Vater des Aksurkhan). Unter Sounig oder Sidigkhan zerfiel das Reich. Von den Tatar-Khan (Khaniah) stammte die Familie der Kerai oder Gherai-Khan (kleine Tartarei), als Sultane der Krimm mit Baba-Couschi, als Mufti von Cafa oder Feodosia. Carahkhan (Sohn des Mogulkhan) der in Karakorum residirte, wurde von seinem den Islam bekennenden Sohne Oguz-Khan, den er zum Götzendienst zwingen wollte, besiegt. Unter dem persischen Könige Nandhar eroberte Hara-Khan (General des Afrasiab von Turkestan) Persien. Ilkhan, Sohn des Menkeli oder Mengheli-Khan (aus dem Stamme des Oghuz-Khan) wurde durch Tour (Sohn des Feridun) besiegt, als s ch dieser mit Souneg, letztem König der (den Mongolen verwandten) Tartaren verbunden hatte. Nur Kian (Vorfahr des Khiat) und Teguuz (Vorfahr des Derlighin) entkamen mit ihren Frauen in das Gebirge Erkene-Koun, wo sie in einem abgelegenen Thale einen lieblichen Aufenthalt fanden. Nach dem Moschtarek war die Nation der Haiathelah, (der unter Cobad und Nurschirvan in Persien eintiel) aus Touran herauszogen. Dem Araber der Wüste gegenüber wird der Nabathaeer als Bauer betrachtet. Die Nabathaeer stellten die Bevölkerung der alten Kulturstaaten vor, die nur ausserhalb des Landes, d. h. mit dem specifischen Namen bezeichnet wurden. ähnlich wie die (gleichfalls dem Handel ergebenen) Tadzik ausserhalb Persiens, die (wie die edlen Keiian von den Dorfbewohnern Dikhan in Seistan) sich als unsässige Parswan von den wandernden Eimak abscheiden, aber doch (wie in Darwaz) selbstständige Staaten bilden mögen (ähnlich den vom König Aretas beherrschten Nabathaeern zur Zeit der Makkabaeer und dem Reich von Petra.

*) oder Kekeon). Die Chronologie der II. Dynastie in Egypten (4751 a. d.) fällt in die kuschitische Dynastie (die 2400 a. d. gestürzt wurde), durch Evechous oder Nimrid in Babylon gestiftet, dessen Dauer Berosus auf 33091 Jahre bis auf Xisuthrus berechnet (obwohl nur in 89 Kriegen) und von diesen bis auf Alorus 432,000 Jahre.

**) Imouth ist der ägyptische Gott der Heilkunde (nach der Geschichte). Die Arzneikunde wollen die Aegypter erfunden haben, nach Anderen soll es durch Arabns, Sohn der Babylon und des Apollo, geschehen sein.

***) Armachis oder die Sphinx bezeichnet den Gott des Horizontes.

nomo urbem condiderunt, unde incursione facta Aegyptios perdomuerunt. Damals scheine Joseph in Aegypten regiert zu haben. Amenophis est qui Memnon*) putabatur, petra loquens (XVIII. Dyn.). Unter Achencheres führte Moses die Hebraeer fort. Armais**), qui et Danaus, quibus peractis, Aegyptiorum regione pulsus Aegyptumque fratrem suum fugiens evasit in Graeciam, Argisque captis imperitavit Argivis. Aegyptus hiess auch Ramesses. Thuoris (Homero dictus Polybus) vir strenuus atque fortissimus, cujus aetate Ilium captum est (XIX. Dyn.). Osorthon, quem Aegyptii Herculem nuncupaverunt (XXIII. Dyn.). Bocchoris Saiites, sub quo agnus locutus est (XXIV. Dyn.). Sabacon, qui captum Bocchorim vivum combustit regnavitque (XXV. Dyn.).***) Ἐγένετο βασιλεύς Ἡμιντιμαος ὄνομα beginnt Manetho (b. Josephus), als Gründer der Hyksos. Eusebius lässt auf die durch Vulcanus eingeleiteten (Primus Aegyptiorum deus Vulcanus fuit) und dann durch Bytis, der auf Horus folgt, beschlossenen Götter, die Heroen folgen und weiter die Dynastie der Thiniten, deren erster König Menès war. Μετὰ νέκυας καί τοῦς ἡμιθέους πρώτη βασιλεία καταριθμεῖται βασιλέων ὀκτώ, ὧν πρῶτος Μηνης Θινίτης ἐβασίλευσεν (Africanus). 'Indem es von Menes††) heisst, dass er von einem Hippotamus fortgeführt sei, so mag darin die Andeutung eines feindlichen Einfalles liegen (vielleicht verbunden mit der Usurpation seines Sohnes Athotis), indem das Symbol des Gottes Seth, des besonders von den Hyksos verehrten Gottes des Krieges und der Ungewitter, von einem Hippopotamus oder einem Krokodil (auch durch einen Esel, das damalige Thier der Reitervölker vor Einführung des Pferdes) gebildet wird, ebenso wie das des oft mit ihm (und so in dem Namen des Hyksos-König's Seth-aa-pehti-Noubti) verbundenen Gottes Noub, als Gold (wie in Nubien) bezeichnend, durch Schmuckketten in den Hieroglyphen dargestellt. Die Trockenlegung des Lande's scheint mit dem Jahre 5004 u. d., mit welchem die Zeiten der Hor-Schesou oder Diener des Hor enden, so weit fortgeschritten gewesen sein, um eine Ansiedlung in dem Thinitischen Nomos zu erlauben, der sich sowohl durch seine fruchtbare Ausbuchtung nach den libyschen Bergen, sowie durch seine natürlichen Communications-Wege nach der Küste empfahl. Die naturgemässe Verknüpfung der ersten Niederlassung mit dem Abfluss des Wasser's kehrt nicht nur in Berggegenden (Thessalien, Nepal, Kaschmir, Bogota u. s. w.) sondern auch in den mesopotamischen Delta-Ländern†††) wieder, und die hinterindischen Chroniken ent-

---

*) Phamenophis (ὁ Ἀμενωφις) bei Pausanias.

**) Als Senuacharib bis Pelusium gekommen war, kehrte er um, weil Taracus oder Tharsices, der König von Aethiopien, zu Egypten's Hülfe heranzog (s. Josephus), während Sethos in Unter-Aegypten herrschte.

***) Die XII. Dynastie, in der die Eroberer Osortasen und Amemenbe auftreten, zeigt einen neuen Baustyl, der sich scharf von den älteren unterscheidet und im (chinesischen) Schematismus in den Sculpturen (nach dem priesterlichen Canon, der dann fortdauert). Die mit Se beginnenden Namen der Eroberer (wie schon des Riesen der II. Dyn.) führen auf den Sse oder Sacae, der während der dunkeln Zeit, womit nach der VI. Dyn. das alte Reich schliesst, in Egypten mächtig geworden und schon als einheimische betrachtet wurden, als ein ihnen verwandter Zweig der Nomaden (der Saii oder Sacae von Seistan oder Segestan (unter dem Hyksos) einfiel.

†) Dicäarch hält Sesonchosis (3719 u. d.) für den ersten Menschenkönig, Nachfolger des letzten Götterkönigs Horus. Das alte Reich Egypten's schliesst mit der X. Dynastie (s. Lenormant), das nach Manetho mit der XI. Dynastie, das jedoch schon unter Theben ist.

††) Men oder Menes heisst Mna oder Menai auf den egyptischen Monumenten (s. Wilkinson), als erster König.

†††) Herodot nannte Aegypten ein Geschenk des Meeres, weil der Nil (nach Strabo) beständig festes Land durch Schlamm ansetzt und zu Homer's Zeit lag die Insel Pharos noch auf hoher See 18000 Jahre Götter (bis auf Horus) und Menschen herrschen und zählt dann von den Ptolemäern 5000 Jahre zurück auf den ersten Menschenkönig Moeris

halten die ausführlichsten Nachrichten über die Städtegründungen der (den Oannes gleich) aus dem Meere auftauchenden Seefahrer im jetzigen Binnenlande, und über die mit dem Wachsen des Lande's allmählig an den gegenwärtigen Küstenrand vorgeschobenen Hafenplätzen. Von Menes hörte Herodot eine ähnliche Regulirung der Gewässer, wie sie die Chinesen von ihren deificirten Könige erzählen und Manche nehmen nach dem Vorangange anderer Autoritäten in der Aegyptologie eine transmarine Herkunft des Menes oder Manes an, der schon durch seinen Namen auf einen jenseits Egypten gelegenen Knoten hinweis't, in dem er sich ursprünglich mit phrygischen, indischen und anderen Patriarchengestalten im alt-persischen Minoshehr oder Himmelentstandener verknüpfte. Menes*) heisst ein Thinite, nicht nothwendig weil er, wie spätere wollen, in der (Strabo sowohl, wie Plinius und Ptolemäos unbekannten) Stadt This (die erst Steph. Byz. den Thiniten zum Wohnsitz giebt), geboren, sondern ebenso möglich, weil er aus einem solchem Lande einwanderte und nur den thinitischen Nomos nach seinem Lande der Thinae**) benannte (nach dem er die Priesterherrschaft aus den Zeiten der Hor-Schesou gestürzt). Der Name Thinae oder Sinae weis't nach Osten nach einem jener Vorländer China's, dessen Bezeichnung später, als schon die Serer zwischen geschoben waren, mit den Chinesen selbst identificirt wurden, während die ältesten Nachrichten über die eigentlichen Chinesen nur in dem Gewande hyperboräischer Mythen überliefert sind. Wenn mit der Auswanderung des Menes***) (Menas b. Diodor) oder (aegyptisch) Mna (s. Lepsius) aus dem Osten nach Aegypten†) als einer hypothetischen ein Anfang gemacht wird, so ist es ein Anfang nur in dem naturwissenschaftlichen Sinne, als ein durch relative Werthverhältnisse fixirbarer, als der erste, der sich im Kreislauf des Entstehen's und Vergehen's zum Anhalt erfassen lässt. Herodot rechnet 11340 Jahre von Sethon auf den ersten Menschenkönig zurück, und dass Menes schon eine auf einheimische oder aethiopisch-africanische Elemente begründete Cultur im Lande vorfand, folgt aus dem ihm gemachten Vorwurf die Einführung des Luxus, der als Uebertreibung die Cultur doch nothwendig voraussetzt. Die Hauptstadt des thinitischen††) Nomos, der Begräbnissplatz des Osiris, war Abydos mit dem bewunderten Memneion basileion, durch sein Orakel des Gotte's Besa

---

(nachher Menas genannt). Mit Einschluss der Götterzeit umfasst der erste Tomus (b. Manetho) 27225 Jahre.

*) Hindeutung auf das ausländische Mena (der Hyksos) liegt in Menas, Name des ersten Menschenkönig's, der anderswo Moeris heisst (b. Diodor) und bei dem von Rawlinson in den medischen Keilinschriften bemerkten Wechsel von r und n (der sich ebenso in der indochinesischen Sprache findet, die Meru zu Men nahm) würden beide Formen identisch sein. Später folgt ein anderer Moeris, der den See anlegte. Neben Pelusium oder (bei Ezech.) Sin liegt Tineh (die Kothstadt) gerade in derjenigen Localität, aus der von jeher die nomadischen Eroberer Egypten's gekommen. Sinim (b. Jes.) würde (in der Doppelung) als östlicher Gegensatz auf Sina (Arias Mont) führen. Shinear ist dialectisch beabsichtigte Unterscheidung. Saadiah übersetzt Ludim durch Tenisiten oder Bewohner von Tenisia (Bezirk im nordöstlichen Egypten). Ludim gilt als Sohn Mizraim's (Sohn des Cham), während Lud unter den Söhnen des Sem steht. Himyaritic inscriptions were found at Aden. Of the Araby the Jebelies (inhabitants of the country in Jemen) come to Aden. Die Akhdam (Khadim) oder Sklaven genannte Rasse in Aden (die mit den Arabern weder essen noch heirathen dürfen) gelten für Nachkommen der alten Himyariten (in Yemen). Perim (Mayom of the Arabs) is called the island of Diodorus (in the Periplus). Playfair discovered near Ras-Bab-el-Mandeb (1857) the remains of the ancient city of Okelis, the seaport of the Catabeni or Gebanitae (according to Strabo).

**) Als Tinia stand Jupiter bei den Etruskern an der Spitze der Dii Involuti.

***) Im Streit über das Alterthum zwischen Scythen und Egypter, siegten die ersteren (nach Justin), obwohl sie sich (nach Herodot) das jüngste der Völker nannten, denn in späterer Verjüngung trägt das jüngste am frischesten den alten Stamm.

†) Schon in den Gräbern der alten Dynastien unterscheidet sich deutlich der ethnische Typus der Fürsten und Priester, als ein edlerer, von dem des Volkes.

††) Tenos (Τηνος, νῆσος Κυκλάς) hiess auch Hydroessa oder Ophiussa.

ebenso berühmt, wie Abae in Phocis durch das des Abaeus zugenannten Apollo. Nach Aristoteles waren die (mit den Griechen gegen Troja ziehenden) Abantes, deren jonische Herkunft Herodot bestreitet, aus der thracischen Stadt Abae nach Maeris gewandert, welche Insel den Namen Euboea seit Jo's Geburt des Epaphus erhielt. Als König von Aegypten war Epaphus oder Apis (der Sohn der vom Himmel befruchteten Kuh) der Gründer von Memphis, indem er diese Stadt nach seiner Gemahlin Memphis, der Tochter des Nil benannte, und sich so als einen aus der Fremde gekommenen Fürsten edler Abstammung beweis't, der durch Vermählung mit einer einheimischen Prinzessin*) Horrscherrecht erwirbt, wie es sich bei so vielen griechischen und italischen Dynastien wiederholt, bei den Nachkommen Iskander's im Archipelago, in der cambodischen Vorgeschichte u. s. w. Den alten Dichtern galten die Abii für das Prototyp der edlen und gerechten Nomaden-Völker und die enge Beziehung, worin sie Homer zusammen mit dem Berg Ida nennt, verdient Beachtung für Abydos, dessen gleichnamige Stadt am Hellespont in der jetzigen Dialectwandlung Avido oder Abido (Aidos) heisst. Die Abii Scythae werden noch in Arrian erwähnt, indem sie Alexander M. bei seinem Aufenthalte in Maracanda (Samarcand) durch eine Gesandtschaft begrüssen und sich also gerade in denjenigen Localitäten bewegen, wo später Serer und Thinae gesucht wurden. Nehmen wir die von der Geologie behauptete Existenz des sibirischen Nordmeer's an, so würde die durch Menes nach Egypten geführte Immigration zu Schiffe**) gekommen sein und zwar aus Ländern, wo jene Heilighaltung des Rinde's in voller Kraft stand, wie wir sie bei den Indiern in ihren religiösen Vorstellungen und bei den Chinesen selbst in ihren politischen Institutionen finden. Von Libya, (Tochter des Epaphus) sollte (nach Apollodor) das Zwillingspaar Agenor's (der nach Phoenicien gewandert) und die Belus (Vater des Danaus und Aegyptus) geboren sein. Unter den Negerstämmen West-Afrika's und Yoruba's ist noch weit der Cultus des Hor oder Orus verbreitet (wie auch auf den polynesischen Inseln), ob aber die von Manes an den Ufern den Nil getroffenen Neger schon mit semitischen Nachbaren aus Asien gemischt gewesen, bleibt der späteren Untersuchung dessen, was eigentlich unter Semitismus zu ver-

---

*) Lacedämon, Sohn des Zeus und der Taygeta, vermählt sich mit Sparta, Tochter des eingeborenen Herrscher's Eurotas, und vererbt das Land auf seine Nachkommen Yuthus (Enkel des Deucalion) kam zu Erechtheus und vermählte sich mit seiner Tochter. Protos, Führer der Phocaeer (bei Gründung Massilia's) heirathete die Tochter des Nannus (Vater des Comanus), der über die Segobrigi herrscht. Dardanus von Samothrace-Land heirathet die Tochter des Teucros (Batea), den Ilus zeugend. Memphis (Manofr oder Men-nofr) bezeichnet den Ort (oder Hafen) des Guten. Der Osiris, als Meß (Menfi) oder Panouf (Manouf) im koptischen. Τιος, πόλις Παφλαγονίας (Steph. Byz.). Τὸ ἐθνικὸν ἀπὸ τῆς Τίου Τιανός. Neben der Stadt Gonnus findet sich bei den Perrhaebi die Festung Gonno-Condylon zum Schutz des Tempe-Passes. Sellasia in Laconien lag am Flusse Gongylus oder Gorgylus. Nach Epiphanius wohnte das Κίτιοι genannte Geschlecht der Cyprier und Rhodier auch in Macedonien. Die Kirgisen (Kilikitze), Sklaven der Türken, (VI. Jahrbdt p. d.) hiessen Ki-ku (s. Erdmann). ·Odysseus zerstörte Maronea oder Ismaros, Stadt der Kikonen. Die Moschi sind (b. Hellan.) Nachbaren der an die Heniochen grenzenden Kerketen.

**) Vor der Wasserfluth (hörte Solon) war Athen durch die trefflichsten Gesetze ausgezeichnet, zu denen sich noch Anklänge in Egypten erhalten haben. H Müller findet in Athen, um daraus die kymrischen afain (Höhen) zu erklären, θίς (θωός) θήν, als Haufe (Ufer) oder Dünen, womit sich die Mythe von der Besiedlung Sais aus Athen, statt umgekehrt, vereinigen würde. Wenn man auf Acte als alter Namen Attika's zurückgeht, so giebt sich ein Anschluss an die im benachbarten Böotien eingeborenen Ecteni, Zweig eines weit verbreiteten Stamme's, da Plinius unter den Alpenvölkern (neben den Cottianae civitates) den Ectini aufführt, die in das Thal der Tinea (Vale de St. Etienne) gesetzt werden, und Jornandes oder Tinicassi (Τονωροσσίς oder Tuncarsi) am Mäotis. Boritine (als Artemis Britine auf Lydischen Münzen) wird als borische Tine erklärt (Isis). Tinia als etruskischer Zeus. Nach Straton hatte Aegypten früher unter Wasser gestanden, bis zu den Sümpfen bei Pelusium, bis zum Berg Kasios und dem serbonischen See.

stehen sei, überlassen. ' In den Kriegen des Pepi-Merira aus der V. Dyn.
(3951 a. d.) fanden sich die Neger noch an den Grenzen Egypten's*), ehe
sich die ethiopischen Kuschiten zwischen geschoben hatten. Nachdem Ba-
neter-en (Binothris) den Frauen in Aegypten (II. Dyn.) die Thronfolge zugänglich gemacht, traten die Wirren unter Neferkera (Nephercheres) ein,
bis der Riese Sesochris den Thron bestieg. Um diese Zeiten musste, den
Aussprüchen der Paläontologie zufolge, der Norden Europa's noch grösstentheils unter Gletschern begraben und unbewohnbar sein. Vielleicht waren
die Carpathen (im carpathischen Meer der Insel Karpathus am Nisyrus verknüpft in phönizischen Städtegründungen) die nördlichsten Ausläufer der für
Menschenansiedlungen fähigen Gegenden. Die mit dem milder werdenden
Klima weiter nach Norden gewanderte Rasse, deren brachycephalische
Schädel auf Verwandtschaft mit den Lappen deuten, musste also ursprünglich weiter im Süden des östlichen Europa wohnen, während im Westen bei
den Iberern Aufnahme afrikanischen**) Blutes erkannt und durch die dolichocephalischen Schädel der Basken auch neuerdings wieder bezeugt ist.
Durch Identificirung der Chufu oder Souphis (den Rossellini als den Lang-
haarigen erklärt) mit Cheops (bei Herodot), Chafra mit Chephren (b. Her.)
und Menkera mit Mencheres (b. Manetho) oder Mykerinos (b. Her.) wurden
die Pyramiden***) in die IV. Dynastie Manetho's verlegt. Nach Herodot soll
mit den auf den (zum Hades gestiegenen) Rhampsinit, Nachfolger des Proteus,
der Helena aufgenommen, folgenden Pyramiden-Erbauer eine schwere Zeit
Zeit für das bis dahin glückliche Aegypten eingetreten sein, Cheops schloss
alle Tempel und auch sein Bruder Chephren bedrückte das Volk, so dass
die Aegypter aus Hass ihre Namen nicht aussprechen, und die Pyramiden
in die Zeiten des Hirten Philition oder Philitis versetzen. Unter dem gerechten Mycerinus, Sohn des Cheops, ist von der mit der späteren Buhlerin
verwechselten Rhodope die Rede, und nach Asychis, der eine Pyramide aus
Schlammziegeln errichtete, folgt dann Anysis, unter dem der Ethioper Sabako
bis zu den Marschländern Egypten eroberte. Nach seinem Rückzuge und
der Wiederkehr des Blinden (und Wirren vielerlei Art), sitzt dann der
Hephästospriester Sethos auf den Thron, der durch Feldmäuse von dem
Angriff des Sanherib befreit wurde. Abgesehen von der durch die wandel-
baren Proteus (Nachfolger des blinden Phero, Sohn des Sesostris), bis zum
trojanischen König herabgedrückten Chronologie geht so ziemlich hervor,

---

*) Their skull shows the Egyptians to have been of the Caucasian stock and
distinct from the African tribes westward of the Nile, and they are evidently related to
the oldest races of Central-Asia (Wilkinson). The Egyptian language might from its
grammar appear to claim a semitic origin, but it is not really one of that family, like the
Arabic, Hebrew and others, nor is it one of the languages of the Sanscritic family, though
it shows a primitive affinity to the Sanscrit in certain points, and this has been accounted
for by the Egyptians being an offset from the early „undivided Asiatic stock". Nach
M. Müller zeigt das Egyptische Verwandtschaft sowohl zu Sanscrit als zum Semitischen.
In dem nicht Sanscritischen gleicht das Celtische (nach Ch Meyer) dem Egyptischen.
**) Und afrikanischer Sitte, wie in hottentottischen Urinwaschungen der Celtiberer
(nach Diodor).
***) At the Pyramides there are no records of kings between the 2—20 Dynasties,
except ke name of Ramses II on the rock scarped to form the area half encircling the
second pyramid. The two Shufus, the builders of the pyramids, reigned to gether [1 und 2
Könige]. Der Namen Shofo oder Shufu (Suphis) wurde durch Vyse in der oberen Kammer
der Pyramide des Cheops gefunden (cursiv geschrieben). In der durch die Tochter des
Cheops gebauten Pyramide findet sich der Name Mencheres oder Mycerinus (der in der
dritten Pyramide seinen Sarcophag hatte) an die Decke der Kammer geschrieben. Ein
Stein in einem Grabe in der Nähe der Pyramide des Chephren trägt den Namen Noum-
Shufu. In der Pyramide des Mycerinus (b. Herodot) wurde Name und Sarg des Mencheres
gefunden, auch der Rhodopis oder (nach Sappho) Doricha zugeschrieben. Nach Africanus
baute Nitocris (VIII. Dyn) die dritte Pyramide.

dass in Herodot's Bericht die Erbauung der Pyramiden in die Zeit der
Hyksos (der Philitae oder Räuber) fällt. Rhampsinit (als Rhampses in der
XIX. Dynastie Manetho's) der letzte König des frommen Aegypten's (dessen
Leben die Annalen mit allerlei absurden Fabeln ausgespickt haben, wie
gewöhnlich, wenn es drangvolle Zeiten zu verwischen oder zu überbrücken
gilt) geht in das Dunkel des Hades ein, der monotheistische Eroberer der
Steppen lässt die bunten Götzentempel schliessen, errichtet aber dafür einen
rohen Steinhaufen, um die als Denkmale der Nomaden gewohnten Erdhügel
in massiverer Form zu wiederholen. Bei den Asiaten heissen die (nach
dem Nametallah) durch Gian-ben-Gian erbauten Pyramiden (Aegypten's)
Ehram oder Al-Hermani (im Anschluss an Hermes, als Stammvater thracisch-
getischer Könige). Die von Saba, Sohn des Cahtan (Sohn des Heber oder
Houd) stammenden Sabier, deren Gründung Saba oder Mareb die Hauptstadt Yemen's war (ehe die Tobba zu ihrer Residenz Sanaa wählten), verehrten in den Pyramiden das Grab des Sabi, Sohn des Enoch oder Edrisi
(Hermes-Trismegistus), der in der dritten (des gerechten Mycerinus, der das
chinesische Lampenfest einführte) beigesetzt sei (neben dem Doppelbau des
Al-Hermani auf demselben Hügel). Mycerinus zeigt in der ihm von Herodot
gegebenen Darstellung eine von dem Eroberer angebahnte Vermittelung mit
dem Egyptischen*) Herkommen, (sowie die weitere Verbreitung der nutzbar
gemachten Cultur) und also eine Durchdringung des fremden und einheimischen Elemente's, und ähnlich schwankt bei den Sabaeern die Genealogie
zwischen doppelte Herleitung hamitischen oder semitischen Stammes. Vor
Raamses (*'Ραμεσσῆ*), wo der Pharao (wie in Pithon) Schutzhäuser bauen
liess, bewerkstelligten die Juden ihren Auszug (von Avaris). Die von Herodot
dem Sesostris zugeschriebenen Eroberungen (gewöhnlich auf Rhamses bezogen) könnten dem siegreichen Pepi-Merira angehören (Vorgänger des
Säcular-Königs Pepi Neferkera) in der VI. Dynastie, und aus dem Dunkel,
das dann (bis zur XI. Dynastie) Egypten bedeckt, ist nur eine fremde Einwanderung kenntlich bei der Aenderung des ethnologischen Character's, wie
sie aus den Schädeln sich beweis't. Nachdem das Reich durch die Osortasen
oder Amenemhe betitelten Könige (der XII. Dyn.) neue Ausdehnung erlangt
hatte, trat dann (mit der XIII. Dyn.) die Eroberung der Hyksos ein und
(nach Manetho) folgte noch ein zweiter Einfall der Hirtenvölker. His features
differ very much from those of other Pharaoh's, bemerkt Wilkinson von
Amunoph III. (Ende der XVIII. Dyn.). Manetho behandelt die Eroberungen
des Sesostris in der XII. Dynastie. Die IV. Dynastie (wohin die Pyramiden-
Erbauer versetzt werden) wird von Eusebius und Africanus nur wenig be-
rücksichtigt. In Memphis bildete sich aus den Kariern das Mischgeschlecht
der *Καρομεμφῖται* (s. Steph. Byz.). Die von den Königen (zur Zeit des
Thutmes I.) nach den Pfahlbauten Punt's gesandten Schiffe Egypten's trugen
ein Auge. Burnes bemerkt, dass die Bewohner des Industhales (zwischen
Bukker und Mittun Kote) live during the swell in houses, elevated 8—9 feet
from the ground, to avoid the damp and the insects, which it occasions.
These bungalows are entered by a ladder. Von den Egyptern der Sümpfe
erzählt Herodot, dass sie zur Vermeidung der Mücken auf hohen Gerüsten
wohnten.

Diodor beginnt die Reihe der Menschenkönige in Egypten mit Menes

---

*) Eusebius lässt Ethioper nach Egypten kommen vom Indus (oder von Sheba in Süd-
Arabien) [Sonnenverehrung der Saba] Den Egyptern galt die Statue des Amunoph für
den Ethiopischen Memnon. That they were a foreign race is evident from their peculiar
features and strangely formed bodies. Horus (Sohn Amunoph III.), der die Monumente
des Atin-re-Bakhan zerstörte, stellte die alte Religion Egypten's wieder her, obwohl er
selbst durch seine Züge noch der fremden angehörte.

(Moeris I.) und lässt dann von Bubastis (dem Begründer einer neuen
Dynastie) Theben erbauen, die grosse Stadt des Zeus. Memphis wurde von
Uchoreus angelegt, und die von ihm errichteten Palläste kamen an Schönheit dem der früheren Könige Aegypten's nicht gleich, indem die das zeit-
liche Leben *) gering achtenden Bewohner, die nur auf das Fortleben nach
dem Tode Werth legten, die Wohnungen der Lebenden vorübergehende
Herbergen nannten, die Gräber der Verstorbenen dagegen ewige Häuser.
Diese den Nomadenvölkern adaequate Weltanschauung buddhistischer Lehren
steht dem afrikanischen Jntischismus, der am materiellen Leben klebt,
diametral gegenüber, und deutet deshalb auf ein neues Ueberwiegen der
unter Osymandyas **) siegreichen Fremden, während zur Zeit des Bubostis
zeitweis eine nationale Reaction die Oberhand erhalten hatte. Moeris, dem
Erbauer des See, werden schon Pyramiden zugeschrieben, jene rohen Stein-
massen, die gleich den indischen Topen nur die einheitliche Idee des
Nichtigen, dem auch das Mächtigste erliegt, repräsentiren sollen und als
stumme Negation neben den bunten Spielkram der Götzentempel aufgepflanzt
werden. Der Eroberer Sesoosis oder Sesostris war mit seinen Alters-
genossen erzogen worden und bildeten sich aus ihm seine Kampfgenossen,
wie er stets in den buddhistischen Legenden von der indischen Fürstenfamilie wiederkehrt. Da von seinen (ausser über Ethiopien) von Tanais
bis Ganges ausgedehnten Eroberungen zurückgebrachten Gefangenen sollten
die Städte Babylon und Troja am Nil angelegt haben, deren Stiftung von
Ctesias nicht auf diesen aegyptischen Eroberer (der in den Ländern rasch
unterworfener Völker die Zeichen der Yoni aufstellen liess), sondern auf
die aegyptische Eroberung durch Semiramis zurückgeführt wurde. Nach
dem blinden Könige (wodurch die Mythe Zeiten der Wirren verdeckt) trat unter
Amasis die aegyptische Eroberung des König Aktisanes ein, aber bald darauf
erwarben die Aegypter ihre Unabhängigkeit zurück unter Mendes oder
Marrhus, Erbauer des dem cretischen ähnlichen Labyrinth (wie sich solche
neben indischen Pagoden finden). Der (zur Zeit des trojanischen König's)
aus niederem Stande gewählte König Ketes ***) (der der Winde kundige
Proteus des Meeres), der sich (als Keteus oder Seeungeheuer) den (zu den
ausgetriebenen Erobern Aegypten's gehörigen) Cephenen feindlich zeigte,
erinnert an den Kres, den ersten König Kreta's, und unter den Nachkommen
des Nileus erbaute dann Chembes (von Memphis) die Erste der grossen
Pyramiden, den Aegyptern verhasst (gleich seinem Nachfolger Kephren oder
Chabrys), während Mycerinus, der schon Schmuck auf Errichtung der

---

*) Die Gräber wurden dagegen (nach Diodor) prächtig ausgeschmückt und so zeigen
sich die von Beni-Hassan der XII. Dynastie oder der mephitischen der IV. und V. Dyn.
Von dem Pyramidenerbauer Suphis oder Cheops (IV. Dyn.) erzählt Manetho, dass er um
Busse zu thun ein heiliges Buch geschrieben, dass bei den Aegyptern in hoher
Achtung stand.
**) Die als Osortasen oder Amenemhe bekannten Eroberer der Denkmäler gehören
der XII. Dynastie an, als der Sesostris (XII. Dynastie) bei Manetho, der mit dem Sesostris
bei Diodor fehlt, wie bei Herodot übereinstimmen würde, und bei beiden in eine Stadt
nach König Moeris gesetzt wird. Vielleicht ist auch Osymandyas und ein anderer Titel
für denselben, denn daraus, dass Diodor sein Grabmal früher beschreibt, geht nicht hervor, dass er damals regiert habe.
***) Ketes, der auf den Erbauer des Labyrinthes, Amenemhe III., (XII. Dyn.) folgt,
wie Cheops (bei Herodot) auf Rhampsinit (dem Erbauer von künstlichen Schatzkammern),
repräsentirt als niedriger Herkunft (und nach königloser Zeit auf den Thron erhoben)
die Philitai zur Zeit der Hirten (bei Diodor). Die Philitai zur der Pyramidenerbauung,
die (bei Diodor) mit Chembes von Memphis folgen, in der Erzählung des Herodot der versuchten Synchronismus mit dem trojanischen Kriege, hat bei beiden Classikern eine Verwirrung hervorgerufen, da sich die Namen Rhampses und Ammenemes in der XII. Dynastie
wiederholen, in der Manetho den Thuoris (Homer's) setzt In Joppe wird der mythische
Keto verehrt (nach Plinius).

Pyramiden verwandte (und sich so dem nationalen Sinn weniger abgeschlossen zeigte), als gerechter König gepriesen wurde. Nach Andern sollten
die Pyramiden (wie Diodor zufügt) von Armäus (oder El-Hermani) Amasis
und Jnaro (oder den Hetäre Rhodopis) errichtet sein. Mit Sabako wird
dann (nach Bocchoris) die aethiopische Herrschaft eingeleitet. Als Aegyptus *)
(von Arabien aus) das Land der Melampoden erobert hat eine neue Einwanderung
Statt, mit dem Character des oberen Aegypten, des schwarzen Chemi, (wo-
rüber die Nomadenvölker des Delta ihren Einfluss ausgebreitet hatten) ge-
prägt, weshalb Chemmis zum Stammsitz des Perseus gemacht wurde, da
von dort Danaus nach Argos gezogen. Die von Aegypten ausgewanderten
Fürsten (scythisch-gothischen, und deshalb später auch parthischen Geschlechts)
wurden dann wieder durch Perseus mit ihren in Syrien ansässigen Verwandten (den Kephenern des Kepheus oder Gopten) in Beziehung gesetzt,
und da aus diesem Lande der Khetas eine Dynastie (nach dem Sturze der
arabischen Herrscher) den assyrischen Thron bestieg, so konnte Perseus
auch als Assyrier gelten, während die unter den Heracliden nach dem
Peloponnes herabziehenden Dorier dort die Perseiden in ihren Traditionen
aufnahmen, da sie selbst durch den taurisch-cimmerischen Zweig mit den
nordischen Erobervölkern verwandt waren. Anaoukas (die Stadt des Annaeus
oder Nannacus) oder Iconium (wo Perseus das Haupt der Medusa auf-
pflanzte) war Hauptstadt der, (unter Maoutnur) auch über Kleinasien herrschenden Khetas oder Hethiter (zur Zeit Rhamses II.). Justin setzt den
scythischen König Tanaus **) in die Zeit des Sesostris (als der Titel des Anak
mit T als Artikel). Wie die stolze Cassiopeia am Hofe des Kepheus die
Hauptrolle spielt, so liess Menenptah II. Siptah, der nach den Siegen der
die Aussätzigen unter Osarsiph gegen Menenptah I. unterstützenden Khetas
im Delta als usurpirender König zurückgeblieben war, seiner Gattin
(Tochter des legitimen Menenptah I.) den Vortritt, und der sich zu seiner
Vertreibung in Oberägypten stärkende Gegner Seti II. figurirte als das Sec-
ungeheuer Ketes in der Verwandlungskunst des von Herodot als Schütze
der Helena genannten Proteus, während (b. Manetho) Taouser, der Rival
Seti's II., um die Zeit des trojanischen Kriege's gesetzt wird. Der Hirtenkönig ***) Apepi (der von Saitis oder Salatis †) begründeten Dynastie) über-
zieht Tiaaken, Vorgänger des Kames ††) (Vater des Ahmes) mit Krieg,
weil er die Verehrung seines Gotte's Soutekh verweigert, und dadurch seine
Vasallenpflicht aufgekündigt hatte. Tiaaken heisst aber (b. Manetho) der
Hak oder Fürst des oberen Egypten. Er war also der in Theben residirende

---

*) Turrhenus apud Janigenas, in Creta, Astorius, Faunus, Priscus apud Aborigines,
Pandion apud Athenienses, Belochus apud Assyrios, Amnus Faunigena apud Aborigines
gelten als Zeitgenossen des Aegyptus (bei Manetho).

**) Mylitta (Anaitis oder Tanath) oder (in Egypten) Anata (Anahata oder Anahkitu
in Tanath auf Cypern verehrt ist der Mond.

***) Die (bei Habakuk) als Chasdim erscheinenden Scythen heissen Hirtenvölker (bei
Jesaias). Die Abm (deren phonetische Zeichen das Weiden bedeutet) wurde durch einen
Hirtenstab, die Sat (als schiessende im phonetischen Werthe) durch einem Pfeil sym-
bolisirt.

†) Von den indischen Eroberern waren die aegyptischen als Bogenschützen gefürchtet, und Seth (Baal-Seth oder Typhon) wurde auf den Monumenten dargestellt, als
dem Pharaoh den Gebrauch des Bogen's und anderer Waffen lehrend.

††) Alle die folgenden Eroberungskönige, (wie wahrscheinlich auch die früheren)
hatten asiatisches Blut in ihre Adern und in der XIX. Dynastie schliesst Rhamses I.
(Sohn des Set's) der den Cult des Sontekt!s wiederherstellt, wie Set-aa-peht's Noubt's
(Gründer des Hykros), als seinen Ahn an. Les traits de son visage (de Seti's) et de celui
de son fils Rhamses, tous deux fort beaux et aux lignes d'une regularité classique, ne
sont aucunement ceux du sang de Mitsraim. Auch die Züge Amenhotep's (Sohn der
blonden Königin Tania) sind fremdartig.

Lehnsfürst der Hyksos-Herrscher*) (die ihre goldene Horde im Nildelta
etablirt hatten) und der zwischen Memphis (oder doch Avaris) und Theben
ausbrechende Krieg wiederholt gewissermassen die Verhältnisse zwischen
den in Nowgorod und Kiew herrschenden Fürsten aus Rurik-Stämme,
wobei Kiew, obwohl schliesslich die eroberte Stadt, doch auf's Neue die
Rolle der Hauptstadt bewahrt, wozu sie durch ihre geographische Lage
bestimmt war. In Aegypten unterlag der Gouverneur von Theben, im
Herzen des Landes gelegen, rascher den polytheistischen Einflüssen seiner
priesterlichen Umgebung, er apostasirte deshalb von dem roh-monotheisti-
schen Glauben seiner nomadischen Verwandten, und wurde von diesen als
Ketzer bekriegt, von den Einheimischen dagegen als der Vorkämpfer ihres
Nationalitätsprincipes betrachtet. Damals mag also die Verbindung des
widderköpfigen Amun mit Noum eingetreten sein, ein Name der nicht nur
das in Nomos herrschende Weltgesetz der Buddh'sten wiederholt, sondern
sich auch bei dem versprengten Polarstamm der Samojeden erhalten haben
mag, die das Aussprechen des heiligen Namen (Num) vermeiden und ihren
Gott nur als den „Hüter des Vieh" bezeichnen. Der zwischen den Norden
und Süden Aegypten's ausbrechende Kampf, endete mit dem Siege des
letzteren, die noch dem Hirtenleben ergebenen Hyksos wurden (mit Ausnahme einer sässig werdenden Colonie am See Menzaleh) durch Ahmes vertrieben und die in Theben inthronisirten Hyksos beherrschten nun ganz
Egypten, durch die Hülfsquelle des Landes (besonders nach Eroberung
Ethiopien's durch Thouthmosis oder Thutmes I.) hinlänglich gekräftigt, um
ihre nach Syrien getriebenen (und die mit dem unruhigen Wanderleben stets
verbundenen Räubereien fortsetzenden) Verwandte***) dort aufzusuchen und
(in den Kriegen Thoutmes III.) zu besiegen, ähnlich, wie bald nach Djingiskhan's Tode die in den Culturländern Persien's, China's, Kazan's herrschenden Mongoliden mit den Stämmen der Steppen in Kampf geriethen.
Der besonders an den fremden Typus erinnernde König Amenhotep IV.
suchte durch die Verehrung des Sonnendiskus (Aten oder Adonai) eine Annäherung an den Glauben seiner Väter (unter Zertrümmerung der Götzen)
zurückzuführen, und obwohl es der eingeborenen Priesterschaft mit Har-em-
hebi gelang zeitweise ihr altes Uebergewicht wieder zu erlangen, so fanden
sie es doch bald für ihren eigenen Schutz geeignet (ähnlich wie die Brahmanen nur Kshatrya schufen) einen nationalisirten Zweig der Hyksos auf
den Thron zu erheben, der unter Seti I. (Sohn Rhamses I.) in Rhamses II.
wieder weitere Eroberungen begann, nach den Kämpfen mit den blonden
Völkern Libyen's, in den verwandten Taniten einen Rivalen fand (mit
Schisonchid Sisac kämpfend) und schliesslich mit ihnen (als die sinnlos
gewordenen Fürsten von Tanais und Memphis einem fremden Herrn über-

---

*) Der Tanais hiess Silis (bei den Skythen und die Mäotis (nach Plinius) Temarinda
(oder Mutter des Meeres). Auch der Jaxartes hiess Silis bei den Scythen. Sihl findet
sieh als Fluss in der Schweiz (von Siel).
**) Ihre Spaltung zeigt sich auch in dem von Manetho in der XII. Dyn. gesetzten
Bruderstreit zwischen dem nach Griechenland fliehenden Danaus oder Armais und Aegyptus,
der (bei Apollodor) von Arabien aus das Land der Melampoden (das südliche Egypten
oder Chemi) erobert und nach sich nennt. Nach Eusebius heisst er Ramesses (als
Rhamses). Während fast für einen Ketzerkönig gehalten, erklärt Wilkinson die Dynastie,
worin er begriffen ist, als eine fremde und stellt sie mit Eusebius Nachricht in Verbindung, dass Cushiten von Indien (oder Sheba aus Südarabien) nach Egypten gezogen.
Horus (Hor-en-hebbi) bekämpft die Cushiten oder Ethiopier des Nil (auf dem Monument
von Silsins). Manetho spricht von einem zweiten Einfall der Hirtenvölker. Den Egyptern
galt der Bestum des Amunoph für den des ethiopischen Memnon.
***) The fact of the features of Horus being still unlike those of other Pharaohs will
be explained by his having inherited from his fathers some little of their foreign
physiognomy.

liefert wurden, wie Jesaias sagt) unter die aethiopische Herrschaft des Sabacon oder Schabaka (Sua) fiel (725 a. d.). Der durch die (mit den Sagen des Eridanus oder Isonzo im spätern Lande der Veneti und der Electrides Insulae, sowie Jason's Besuch verknüpfte) Seefahrten der Liburni auf ihren Liburnicae (auch der südlichen Küste Dalmatien's, wo Kadmus und Harmania bei den Encheleer geherrscht) genannten Schiffe (als Phaeaken in Scheria) vermittelte Einfall *) der blonden Völker (der Tamahu oder Tahenou) in Libyen (die nomadischen *Αύσεῖς* am tritonischen See nebst andern Völkern dort waren *ξανϑοί* (nach Scylax)), wo sie sich mit den Maschouash oder Maxyern verbinden, zeigt (14. Jahrhdt. a. d.) in ihren Verbindungen mit Tyrrhenern (Sardonen, Siculern) und Achäern (bei König Maourmiou's Angriff auf Egypten) den Uebergang (wie durch die Philister aus Creta nach Ascalon an palästinesischer Küste) nach Griechenland, wo sich die Herkunft ihrer alten Götter (des Poseidon und der tritonischen Pallas oder Athene) in den libysch-hellenischen Sagen mit fabelhafter Kunde von den Abenteuerfahrten phönicischer Seeleute nach den Hesperiden-Inseln, (um ihre Colonien an africanischer Westküste zu besuchen) durchschlagen. Bei dem hochgebildeten Volk der Atlantiden hatten die Götter, aus dem Okeanos geboren, Aufnahme gefunden und auf atlantischen Ursprung leiteten sich viele der Heldengeschlechter zurück, während andere die Erinnerung ihrer auch in Egypten bekannten Kämpfe gegen Atlanten und Amazonen bewahrten. Als (unter der in Afrika periodischen Hegemonie der Frauen) die (ihre Eroberungen später bis Aegypten, Kleinasien und Syrien, unter Befreiung der Eleuthero Cilices, ausdehnenden) Amazonenkönigin Myrines die Atlantier von Kerne (den Namen der von Hanno gestifteten Colonie) bedrohten, unterwarfen sich dieselben gegen die Bedingung des Schutzes gegen das Bergvolk der Gorgonen, und Häute der Gorgonen oder Gorilla's brachten Hanno's Carthager von der Insel des Südhorn's zurück. Schon von Perseus besiegt, wurden die Gorgonen von Herakles vertilgt, und das durch Perseus abgeschlagene Haupt der Medusa (aus deren Leib, neben Pegasus, Chrysaor, Vater des dreibeinigen Geryon hervorsprang) zeigte das entsetzliche Bild einer Aegis, als ein mit Lederriemen umhängtes Zauberschild der Neger, wie Hanno's Gefährten durch den grässlichen Lärm erschreckt waren, der längs der Küste des Westhorn ihnen aus den Fetischwäldern entgegenschallte. Die alte Cultur der Atlantier beruhte auf Colonien der Turduli und Turdetani Hispanien's **), die (wie der von den Phocäern besuchte König des später in den phönizischen Bereich gezogenen Tartessus) fernen Handel trieben, als zuerst der Samier Colaeus die Säulen des Herkules durchfuhr. Nach Hyperion's Verdrängung wurde das Land der Atlanten unter Atlas und Kronos vertheilt, und wie die Kämpfe der von Ammon in Nysa am Tritonsee verborgenen Dionysos gegen Rhea und ihre Brüder, erhebt sich der jüngere Zeus gegen Kronos, der (als Saturn) mit den Titanen in das westlich finstere Gefängniss des Tartarus (das Latium Italien's) eingeschlossen

---

*) Cercurus navis est Asiana praegrandis (Nonn.). Nach Faidherbe beweisen die Schädel der mega'ithischen Gräber die Verwandschaft der Berber (als Urbevölkerung Natkas) zu den Bewohnern des westlichen Europa. Lubäuer sind ein Seitenzweig der spanischen Iberer (nach Ptol.) und Lubiener finden sich auf der Grenze des armenischen Iberien (nach Plinius). Die Yueitsch heissen Tumhu (2500 a. d.) bei China (s. Viedelu). Die Cabalier bei Tauchira (Stadt der Barcaeer in Nordafrika) werden mit den Kabylen Algier's indentificirt. Die Cabalier (bei Termessus) galten (nach Strabo) für die von Bellerophon bekämpfte Solymer. Die Maschawascha aus Libyen bildeten die Leibwache der aegyptischen Fürsten (XXII. Dyn.) und ihre Generale beherrschten als Fürsten fast das ganze Unterland (bei Unger).

**) Sallust lässt Armenier (Ligurer und Iberer) aus Spanien nach Afrika kommen, um mit den Libyern das Volk der Mauren zu zeugen (s. Gfroer).

und durch eiserne Thore verwahrt wird (wie die Gog und Magog durch
die Derbend's). Mit Cerne am Lixus wurde am äussersten Punkt im Süden,
mit Jerne oder Hibernia das letzte Land im Norden bezeichnet. Arne, die
Hauptstadt der Aetolier, führte ihre Gründung auf vor-trojanische Zeiten
zurück, und hochgefeiert unter den Verehrern des Poseidon war seine Ammo
Arno, die das Kind vor den Nachstellungen Saturn's bewahrt. Herkules
Söhne mit den Thespiaden, die durch Megade von Arnäus stammten, führten
eine Colonie nach Sardinien. Tlepolemus, Sohn des Herkules und der
Astyoche, colonisirte Rhodus und auf Telamon führten sich die Helden
Salamis' zurück. Arne, Tochter des auf den liparischen Inseln (als Wind-
gott) herrschenden Aeolus, gebar· dem Poseidon den Böotus, dessen Nach-
kommen (die Böotier) das Land Arne bewohnten, in den Sitzen des von
Böotus stammenden Ogygus (als Nationalheros der Hectener). Der Einfall
der blonden Völkerschaften*) die zur See nach der Küste Nordafrika's**)
kamen, fällt chronologisch ziemlich mit der Zeit des Perseus zusammen, des
Repräsentanten der an die Stelle der Cophener (des Cabul oder Cabil)
tretenden Perser, die mit den Armeniern und Medern vom Ocean her nach
Afrika gekommen, als Herakles (auf dem die Führung übertragen wurde) in
Hispanien umgekommen, wie Hiempsal (b. Strabo) erzählte. Diese Eroberer
Nordafrika's***) unternahmen (im Bunde mit andern Völkern des Mittelmeer's) ihren (in der Schlacht von Paari) durch Merenphtah (XIX. Dyn.)
zurückgeworfenen Angriff auf Egypten, und unter demselben König verliessen
die Israeliten das Land Gosen, um aus Palästina die Jebusiter und Gergesiter
zu vertreiben, die auf ihren Säulen bei Tipasa (Tebessa in Numidien)
klagten (nach Procopius), dass sie von dem Räuber Josua, dem Sohn Nave's,
aus Palästina vertrieben seien. Die aegyptischen†) Könige waren stets darauf
bedacht in Cilicien, wegen seines Reichthum's an Cedern und Tannen, festen
Fuss zu gewinnen, die Ptolemäer kämpften mit den Seleuciden um den
Besitz des Landes und ·Cleopatra erhielt zur Beziehung des Schiffsbauholzes von Antonius einen Strich an der cilicischen Küste. Ausser Tarsus,
(der von den Argivern unter Triptolemus auf der Suchfahrt nach Jo colonisirten) Residenz (des Syennesis oder Fürsten zur Zeit des Xenophon) war
in Cilicien von den Assyrern die Stadt Anchiale gebaut, wo sich (nach
Aristobulos) eine assyrische Inschrift neben dem Grabmal des Sardanapalus
fand, das Amynta mit einer chaldäischen Inschrift nach einem Hügelauf-
wurf bei Ninus (Nineveh) versetzt. Nach Gfröer stammen die Libyer in
Nordafrika (die Vorfahren der Berber) von Phut oder Put (dem Sohne
Cham's). Die alten Seefahrten††) Aegypten's waren nach dem Lande der Punt
(Ta-netr oder das heilige Land) gerichtet.
 Nachdem Ahmes (XVIII. Dyn.) die Hyksos aus Avaris oder Tanais

*) Als König der blonden Völker Nordafrika's kämpfte Mauramad, Sohn des Batita
oder (nach Goodwin) Battus (1322 a. d.) mit Menephtah Ba-en-Ra.
**) Die Carthager führten mit Hamilcar ein Heer von Phoeniciern, Libyern, Iberern,
Ligurern, Sardiner und Corsiker gegen Gelo (s. Herodot).
***) Der Grabhügel Antenor's, der Teucrer und Heneti aus Paphlagonien nach Illyrien
oder (nach Livius) nach Liburnien führte, wurde in Cyrene gezeigt, da er nach der Küste
Libyen's verschlagen.
†) Der egyptische Herakles heisst Briareus (bei Diod.) und die Säulen des Briareus
oder Säulen des Aegäon waren die Säulen des Herkules (s. Movers).
††) Unter den von Herakles (als idäischer Dactyle in Goete (auf Creta zusammen-
zogenen Völkern fanden sich auch Perser. Nach Varro waren die Perser älteste Bewohner
Spanien's. Pharusii, quondam Persae, comites fuisse dicuntur Herculis ad Hesperidas
tendentis. Quadratus leitete die Maurusier und Mauren von den Parthern. Nach Strabo
führt Herakles die Mauritanier aus Indien nach Afrika. Nach Josephus waren arabische
Stämme dem Herakles nach Arabien gefolgt, die mauritanischen Mykener und Olbianer
waren von Herakles aus Libyen gebracht (Plut.).

vertrieben hatte, dehnte Thutmes III. seine Eroberungen (1600 a. d.) über Libyen und den Archipelago aus (als der altaegyptische König Thule, der bis zum atlantischen Meer geherrscht haben soll). Bald darauf geschah an der africanischen*) Küste die Landung blonder Völkerschaften oder (bei den Egyptern) Tamahou (Tahennu oder Völker der Nebeldünste), die, Lebou (auf den Hieroglyphen) oder (b. Herodot) Maxyes (Maschuash) genannt, mit den pelasgischen Stämmen des Mittelmeere's verbündet waren, so wie mit den Sardonen und Siculern, den Bewohnern Creta's und anderer Inseln. Amenhotep IV. (XVIII. Dyn.) führte die Verehrung der Sonnenscheibe (als Aten oder Adonai) ein (bis zur Herrschaft von Har-em-hebi). Unter Merenptah (Sohn Rhamses II.) machten (XIX. Dynastie), die Nordvölker Libyen's und des Archipelago, die sich schon in den Delta festgesetzt hatten, einen Einfall in Aegypten (XIV. Jahrhdt. a. d.). Maourmouioi, der König der Libyer, denen die Mashuash verbündet waren, führte auch die pelasgischen Tyrrhenier aus Italien herbei, und zugleich schlossen sich Hülfstruppen der Sardonen, der Siculer, der Achäer des Peloponneses, die Laconier und Kehak an. Die Tyrrhenier, die (gleich den nomadisirenden Türken) ihre Weiber und Kinder mit sich führten, bildeten die Vorhut und die Grenzen Egypten's wurden verwüstet. Nach Theben flüchtend, sammelte Merenptah in Theben ein Heer, das bei Paari einen Sieg über die eingefallenen Feinde erfocht und eine grosse Zahl von Bronze-Waffen erbeutete. Der Nachfolger des gefallenen Maourmouiou schloss Frieden mit dem Pharao, und die schon im Delta ansässigen Fremden mussten die Oberhoheit Egypten's anerkennen. Bald darauf fand der Exodus der Israeliten Statt. Nach Manetho (b. Josephus) empörten sich (unter Osarsiph, Priester in Heliopolis) die zu Arbeiten gezwungenen „Unreinen und Aussätzigen", die nach Jerusalem zurückgezogenen Hyksos zu Hülfe rufend. Vor den Verwüstungen derselben zog sich König Amenophthis (Merenpthah) nach Ober-Aegypten zurück und schickte den Erbprinzen Sethos (Seti) der Sicherheit wegen nach Aethiopien. Bei Merenptah's Tode wurde (nach den Monumenten) Amenmoses (ein Prinz der königlichen Familie) ein Chev der Aphroditopolis (in Fayum) gekrönt, und ihm folgte sein Sohn Menenphtah II. Siphtah, der die Prinzessin Taouser (Tochter Merenphtah's I.) heirathete. Prinz Seti in Ethiopien begnügte sich anfangs mit dem Titel eines Vicekönig's des Süden's, zog dann aber die Nil abwärts nach Theben und Memphis, sein Reich zurückerobernd und seine beiden Vorgänger als Usurpatoren ächtend, nach den Monumenten (während b. Manetho die Herrschaft des Amenmoses und Tauser als legitim gilt). Mit Seti II. endete die XIX. Dynastie und die XX. Dyn. wurde begründet durch Nokht-Set, Vater Rhamses III., der die mit den Libyern vereinigten Zakkaro der Inseln bekämpft, die von den Mashuash oder Maxyes begleiteten Philister Creta's**), die mit ihren Frauen und Kindern wanderten, gefangen nimmt (und nach Gaza, Azoth und Ascalon in Palästina verpflanzt) und den Bund der Libyer, Siculer, Tyrrhener und Danaer des

---

*) Die Liburner waren das schon mit den seekundigen Phäaken Korcyreis zusammenhängende Volk durch seine Schiffe noch spät berühmter Schiffer und Piraten, das sich (nach Skylax) weit zwischen Illyrier und Istrier verbreitete und das (nach Plinius) auch die gegenüberliegende Küste Italien's besetzt hatte. Südlich von Libyen wohnen die Pyrrhi oder Pyrrhaei Aethiopes und bei Mela finden sich Pyraei et Liburni et Istuia. Unter Sardus kamen die Libyer nach Ichnusa (Sardinien).

**) Die durch die africanischen Fomorier aus Irland vertriebenen Nemedier zogen unter Jobath nach Achaia (Böotien) und dann nach Theben (die Athener gegen die Assyrier unterstützend). Nach Irland als Tuatha de Danan oder Daonier zurückkehrend, riefen sie durch magische Künste einen Nebel hervor, unter dessen Schutze sie landeten und die Belgae besiegten, den Schicksalsstein (des Basileus) mit sich bringend. Die unter Niul in Egypten lebenden Milesier wurden durch Sru nach Creta geführt, ehe sie zu den Kriegen in Scythien auszogen, und dann über Spanien nach Irland wanderten, die Daonier besiegend.

Peloponneses in einer Seeschlacht besiegt. Nach Strabo führte der ägyptische Priester Moses, der den Götzendienst verachtete, Gleichgesinnte nach Jerusalem (indem der Monotheismus der erobernden Nomaden durch die einheimische Reaction des afrikanischen Cultus bedroht wurde. Zur Zeit als Thutmes III. (nach den Annalen Karnak's) Babylon eroberte (1559 a. d.), scheinen sich die Khetas*) (die Reste der aus Abaris und Tanais**) nach Palästina abgezogenen Hyksos) Assyrien's bemächtigt zu haben, und wegen ihrer Wohnsitze am Orontes werden ihre Könige (in den nabathaeischen Documenten) als cauaanitische bezeichnet, während die Dynastie (b. Berosus) als arabische bezeichnet wird (die an die Stelle der chaldaeischen getreten). Ehe die (in Folge längerer Berührung mit den Nilländern) mit entschiedenem Semitismus geprägten Wüstenstämme der Mostaraber oder Ismaeliten, aus Petraea und den Suez-Ländern herabziehend, in der Halbinsel das Uebergewicht erhielten, hängen die Arab-el-Arabi oder die Iremiden, als Nachkommen des Kahtan oder Joctan, näher mit der arisch bezeichenbaren Rasse zusammen, und sind eine Zeitlang mit den medischen***) Hyksos identisch, weshalb die Eroberung des Landes der Melampoden (oder Khemi) durch den (Agenor als Orakel verwandten) Aegyptos†) auch von Arabien aus Statt gefunden haben sollte. Die als sogenannte Araber eingeführte Dynastie Assyrien's, die mit den damals Canaan bewohnenden Khetas (die Nachkommen der Hyksos) zusammenhängt, ist nun dieselbe, die Anstoss gab zu der durch Ninus inaugurirten Geschichtsepoche Asien's, indem sie von Assyrien aus (mit Hülfe des arabischen König's Ariäus) Babylonien (zur Zeit des asiatischen Aufstandes gegen die XX. Dynastie) von der egyptischen Herrschaft befreiten und 1314 a. d. durch Verbindung beider Länder das sogenannte assyrische Reich (mit Einbegriff Syrien's) stifteten, während früher die Assyrier (im XVII. Jahrhdt.) den Namen Rotennu geführt hatten. Wir finden deshalb die meisten der den Hyksos werthen Traditionen in diesem assyrischen Königthum erneuert, das im trojanischen Kriege, als von Teutamas††) oder Moutakkil-Nabou (der dem Nebo oder dem Propheten Tauth Vertrauenden), beherrscht, mit den Griechen in Berührung kam und sie vielleicht schon unter den Eroberungen des Ninippallassar (Sohn des Ninip oder des assyrischen Herakles) bedroht hatten. Als Teglathpalasar mit den Khatti oder Kheta (die nördlichen Hethiter) in Amanus (Koumani) in Zwiespalt gerathen, vermochte er den Aufstand des Mardochidinakb in Babylon nicht niederzuhalten (1100 a. d.) und sein Sohn Assurbelkala erlag der Verschwörung des Belkatirasson oder Belitaras (1080 a. d.). Aus der zeitweis arischen Besetzung Arabien's durch Nomadenstämme, die aus Sogdiana gekommen waren, erklären sich die Sagen von der Eroberung Samarcand's durch Schamir Jurish (Nachfolger des Naschir Junim), sowie

---

*) Wie der thebische Prinz Raskenen-Taaken, bekämpfte (unter Pharao Ahmes) der Feldherr Ahmes die Sutech (den Gott des syrischen Volkes Chet) verehrenden Hyksos in Hauar (Avario oder Tanis). Ramses II. (Sesostris) vermählte sich (XIX. Dyn.) mit der Tochter des bekämpften König's der Chet (nach dem Friedensschluss). Wenn das Nepische ἱπαλία mit ἀνδρεία übereinkommt, liesse sich Agenor als Fürst (Ak) der Männer denken, oder als der Oghuz, der auch Gav heisst, ἄγη ist mit (lat.) gau (gavisus) ungleicher Wurzel. Im sabinischen entspricht ner (nerf) als princeps dem ἀνήρ.

**) Die Gothen verehrten den König Taunasis nach seinem Tode (Jornandes).

***) l'emploi du nom purement touranien d'Ur Kasdim pour désigner le Mésopotamie (d' Abraham) pour que le départ du patriarche pour la terre de Chanaan eut lieu du temps de la domination des Scythes en Babylone (2200–2000 a. d.).

†) Movers vergleicht mit den über Palästina, Aegypten, Cypern und Cilicien verbreiteten Kittiern die Κητείοι in Kleinasien (Hom.). Die Stadt Κύτσιον in Kreta und Κύτος, Sohn des Zeus, auf Rhodos.

††) Fürsten aus Teutamas-Stamm führen (b. Homer) die Pelasger Larissa's. Der assyrische König Teuteus war Zeitgenosse des Ascanius bei den Lateinern.

von den Kämpfen des ersten Tobba mit den Türken Aderboidjana's (nach Hamza). Ebenso führte des Ifrikis Zug durch Nordafrika dorthin blonde Stämme, wie sie auch dem Herakles folgten, auf Wegen, die erst später von den Semiten betreten wurden. Wie (trotz des Orakel's der Satrae in den Rhodope-Bergen des Hämus) Hämus und Rhodope (Tochter des Ocean's) mussten auch (b. Apollo's Aufgang) Helios (Sohn des Hyperion und der Titanin Thia) mit Rhode (Mutter der Heliaden auf Rhodes) vor einem neuen Göttergeschlechte zurücktreten, aber der Ruhm des assyrischen Reiches der Routennu*) erhielt sich noch lange bei ihren nach Norden gezogenen Verwandten, von denen Lugad, König der Galen in Gaalag (1257 a. d.), nach Rud-iat oder Rothland zieht, um dort Weisheit zu lernen. Die Rhodier (bei denen sich aus nordischer Sitte das Schwalbenfest der Chelidonia im Frühjahr erhalten) gründeten (unter ihren Colonien) Rhoda oder Rhosas an der Küste der Indigetae (in Hisp. "Tarr.) und Rhoda am Rhodanus oder der Rhone. Ardea war Hauptstadt der von Turnus beherrschten Rutuli, die Ῥουτίκλειοι (b. Ptol.) oder (nach Tacitus) Rugier (im Baltic) treten als Rutiler (Turcilingi oder Turikleioi) mit den Warnern auf. Die Ruteni (Ῥουτανοί) in Aquitanien (mit Segodunum als civitas Rutenorum), sowie Ruteni in Narbonnensis. Schweden heisst Ruotsi (die Schweden Ruotzolainen oder Rotslane) oder Rotsimaa bei den Finnen und neben der Herleitung von Pferd (hros oder horse) oder Ross wird der Name der Ῥως (Orus der Araber) oder Ruzzi (Rutheni oder Ruthi) von Racsar (Ras oder Lauf) erklärt, als δρομῖται (in Byzanz) oder Reissläufer. Die von den Chacanus (Hakon) der Ros an Kaiser Theophilos geschickten Gesandten wurden von Ludwig den Frommen (839 p. d.) als Sueonen erkannt. Die 805 p. d. Constantinopel plündernden Ros heissen ein skythisches Volk (b. Niketas), am nordischen Taurus wohnend (nach Const. Porph.) und wurde (unter den Patriarchen Photius) zum Christenthum bekehrt (nach Zonoras). Die Ros (οἱ καὶ Δρομῖται φερωνύμοι) sind (nach Symeon) aus dem Geschlecht der Franken (ἐκ γένους δὲ τῶν Φράγγων). Die Βαραγγοι oder Warangen, die (nach Anna Commena) aus der Insel Thule kamen, werden von Const. Porph. mit den Hülfsvölkern der Φραγγοι (Franken), Uzen, Bulgaren u. s. w. zusammengenannt. Die 70 a. d. in Moesien einfallenden Roxolani Sarmatae**) oder (b. Tacitus) Roxolani, Sarmatica gens, sind in der Tab. Peut. an die Flüsse im Westen des Tanais gestellt. Im Geschlechtsregister des Cham (Camesis) wird Phaeton (Pheriton) oder (b. Moses) Phut aufgeführt (Vater des Lygur). Im Lygurerlande wurde nach Theophrastes das Electrum ausgegraben und der Eridanus Iberien's oder Hispanien's (als Padus in Italien) hiess Rhodanus (nach Aeschylus). Berosus aut Eridano fuisse filium Ventum, nepotem Venetum, pronepotem Tylam. Ergo Tylavetus et Venetia regiones vique Istrum, vetustissime Phaëtontidum propagines sunt. Cato lässt viele Völker von den Ligurern des cisalpinischen Gallien abstammen. Bei der Krönung des Herhor (XX. Dyn.) im Chonsu-Tempel verleiht Seti (der Gott von Ombos) die rothe Krone von Unter-Aegypten und Horos die weisse des Oberlande's, indem die damals auf dem Throne Theben's nationalisirte Dynastie von den alten Scythen der früheren Einfälle stammte, die im Delta

---

*) Auf den ägyptischen Sculpturen sind unter den Rothbraunen (Roud oder Loud) die Aegypter, Assyrer, Chetiter u. s. w. begriffen, unter den Dunkelgelben (Asamou) die Semiten in Syrien, Palästina, am Euphrat, Tigris u. s. w., unter den hellgelben (Tamah) die Libyer in Nordafrika und unter den Schwarzbraunen (Nahas) die Neger (mit den Unana). Nach der Varna (Kaste) oder Farbe wird im Sanscrit der schwarze Sudras vom hellfarbigen Aryas unterschieden.
**) Besides the Magian themselves who formed a distinct Median tribe, the Budii may be recognized as Scyths. They are the Putiya of the Persians, and the Budu of the Babylonian inscriptions, and may be identified with the Phut (Rawlinson).

herrschte aus den späteren Nomaden, die mit den Rotennu und Solymer
verwandt, auch in Persien und Süd-Arabien herrschten. De la fin de la
VI. Dynastie*) au commencement de la XI., Manéthon compte 436 ans,
pendant lequels les monuments sont absolument muets. Dans la langue
sacrée hyk**) signifie roi, et sôs veut dire pasteurs dans le dialect commun

---

*) Osortasen II. (in der XII. Dynastie) eroberten Koush oder Ethiopien, Nach der
XII. Dynastie folgten die Einfälle der Hirten, während sich die XIV. Dynastie (im Delta)
gegen die XIII. Dynastie (Theben's) empört hatte. Der Egypter, der unter der XII. Dyn.
Palästina durchzog, fand dort nur Semiten, aber noch keine Cananäer, die sich kurz vor
Abraham dort niederliessen. Dans la Susiane on rencontrait les Elamites de la race de
Sem, les Susiens et les Apharséens (issus de la famille touranienne), les Uxiens, (rameau
des Aryas), et les Cosséens, descendus de Cham par la branche de Kousch. Evechous ist
Gründer der kuschitischen Dynastie in Chaldaea (b. Berosus). Nach Vertreibung der
Hirten (XVII. Jahrhdt. a. d.) folgt die XVIII. Dynastie. Ramses II. (Sesostris), dessen
Eroberungen zu Tacitus Zeit noch im Gedächtniss bewahrt wurden, vermählte sich (XIX.
Dyn.) mit der Tochter des bekämpften König der Chet (nach dem Friedensschluss). Unter
den von Ramses II. (Sohn des Seti-Merenptah I.) zum Bau der Monumente verwandte
Slavenvölker identificirt Obabas die Aperi als Hebräer. Der Einfall der von den Tirscha
(Etrusker oder Tyrsener) geleiteten Völkern Mauritanien's und Libyen's (XIV. Jahrhdt. a. d.)
wiederholte sich unter Ramses III. (XX. Dynast.). Die Etrusker vereinigten in den Bund
der mittelländischen Meervölker (nach Rougé) die Schardana (Sarden), Siculer (Schakalash),
Griechen (Akaiosch). Nachdem Ramses III. den feindlichen Einfall zurückgeschlagen,
rüstete er Flotten für seine Eroberungen aus. Nach der Familie der Ramses nahmen
die Hohenpriester Ammon's allmählig königlichen Titel an, worauf mit der tanitischen
Dynastie eine Scheidung im Reiche eintrat. Eine königliche Familie aus Theben liess
sich am Berge Barkal (in Nubien) nieder, und von dort drang Pianchi-Meriamon vor,
Memphis zu erobern und sich als Pharaoh krönen zu lassen. Unter Papi-meri-ra (VI. Dyn.)
herrschten die Egypter über Nubien. Mit der Königin Nitocris endet die VI. Dynastie.
Der Pharao Sanchkara unternahm eine Expedition gegen Arabien (XI. Dyn.). Amenemha
besiegte die Uaua (Nubier). Nach Mariette wurde die Kuh (als Mutter des Apis) göttlich
verehrt.

**) Les deux mots cités se sont retrouvés dans les inscriptions hiéroglyphiques, le
premier sous la forme hak (désignant les chefs de tribus sémitiques), le second sous la
forme Schasou, comme désignation des Bedouins. Cependant tous les monuments égyptiens
connus désignent les envahisseurs appelés Hyksos dans le fragment de Manéthon par le
nom de Ména (pasteurs). Pendant quatres siécles, les princes de la Thébaide, qui fermérent
alors les dynasties XV. et XVI., eurent pour voisins les barbares envahisseurs (s. Lenormant). Die Hirten (in Egypten) waren eine Ansammlung arabischer und syrischer Stämme,
an deren Spitze die (von Abraham in Chanaan getroffenen) Hethäer (Kheta) standen. Phra
ist p-ra (von der Sonne). Die Könige der XVIII. und XIX. Dynastie sprechen in ihrer
Wiederherstellung Theben's von der Vernichtung der Hyksos, die Ramses II. auf der
Tafel von Aydos ausfallen liess. Die XII. Dynastie unter Ammenemes (Amenemha I. der
Monumente) entspricht der zweiten thebischen Dynastie bei Manetho und steht gleichfalls
zwischen zwei thebischen der XIII. unter Sebek Hotep und der XI. unter Antef. Wie der
thebische Prinz Raskenen-Taaken bekämpfte (unter dem Pharao Ahmes) der Feldherr
Ahmes die Sutech (den Gott des syrischen Volkes der Chet) verehrenden Hyksos in Hanar
(Avaris oder Tanis). Auf den verstümmelten Monumenten der Hyksos, (die Mariette im
Tanis gefunden), unterscheiden sie sich durch ihre Rassenzüge und Kleidung von den
Aegyptern. Niniveh und Babel stehen (im Karnak) unter den Namen der von Toutmes III.
besiegten Fürsten (XVIII. Dyn.). Seit Amenophis III. (XVIII. Dynastie) wurde der Cultus
der Sonne (eine auf die Erde strahlende Scheibe) als einziger Gott eingeführt, aber unter
der Regierung des Horus wurde der Cultus des Ammon wiederhergestellt und der Tempel
der strahlenden Sonne (Aten-ra) in Karnak zerstört. Auf der von Marietta in Tanis gefundenen Inschrift nennt Seti I. (Sohn des Ramses I.), der den Cultus des Sautekh) Nationalgott der Hyksos) wiederherstellt, den Set-aa-pehti-Noubti (Gründer der Hirten-Dynastie)
seinen Vorfahr (XV. Jahrhdt. a. d.). Nachdem Seti I. die Schasou oder Beduinen von
Suez zurückgetrieben, unterwirft er die Khetas im nördlichen Syrien und bekämpft die
Assyrier (Rotennu). Nach Kriegen in Ethiopien wurde ein Einfall der (japhetitischen)
Libyer zurückgetrieben, die mit einer Flotte in Afrika ankamen und sich am See Triton
festsetzten. Seitdem bildete sich für Raubzüge eine libyo-pelasgische Vereinigung der
Pelasger des Archipel, der Griechen in Uaber, der Philistiner in Creta, der Siculer, der
Sardonen, der Libyer aus Maxyer in Afrika (unter dem Cultus der Athene Tritonis und
des libyschen Poseidon). Nachdem die Libyer und Maxyer sich (XIV. Jahrhdt. a. d.) gegen
Egypten ausgedehnt, verheerten sie (unter Merenphtah) das Untere Egypten (in Verbindung mit den Tyrrheniern und Achäern). Schabak oder Sabacon, der den egyptischen

(nach Manetho). Der Begründer Rhamses I.*) (XIX. Dyn.) schliesst an den alten Patriarchen Ai (s. Lenormant) an und seine Dynastie ist die letzte, die mit den Eroberungen des Rhamses II. Meriamoun**), den Glanz eines aegyptischen Weltreiches in weitere Entfernungen ausstrahlte, und deshalb diejenige, die in den griechischen Traditionen besonders, oder vielmehr allein, hervorsteht und so mit dem Namen des Eponymus Aigyptos eingeführt wird. Aigyptos, der als Sohn des Belus arabisch-mesopotamische Beziehungen symbolisirt, besetzt (b. Apollodor) von Arabien***) aus das Land der Melampoden, „das nach ihm Aegypten genannt wurde", eine besonders dem Delta zukommende Bezeichnung, als das Land (Aia) der Kibt (Kopten) oder Kopten (Kibt im Kiptschak) oder Gothen (indischer Gupten). Kurz vorher hatte der nomadische Fürstenstamm in Arabien unter Agenor seine Herrschaft über Syrophoenizien ausgebreitet und trat dann in weitere Beziehungen zu den Verwandten in Egypten. Die griechischen Mythen führen auf einen Zusammenhang zwischen Ägypten, Assyrien und Persien zurück, wie er eben nur während der Hegemonie eines Erobervolkes, das diese Länder gleichzeitig besetzt hielt, denkbar ist. Argos mit seiner pelasgischen Citadelle Larissa, als ἄστυ Φορωνικόν von dem (Argus zeugenden) Phoroneus, Sohn des Inachus, gestiftet und unter dem letzten König Gelanor durch Danaus (Toonh) in Besitz genommen, hatte noch zu Herodot's Zeit ihren alten Ruhm bewahrt, indem sie von Xerxes (und nach Artaxerxes) als Stammsitz seiner Rasse anerkannt wurde durch Perses, Sohn des Perseus und der Andromade, Tochter des Cepheus. Von mütterlicher Seite stammte Perseus, dem der irdische Vater (wie ihn sein Nachkomme Horakles in Amphitryon besass) fehlte durch Danaë von Acrisius, Enkel des Lynceus (des allein von Hypermnestra, Tochter des Danaus, verschonten Sohn des Aegyptus). Herodot rechnet die dorischen Fürsten (in Sparta bis auf Perseus)

König Bokenranef besiegte, gründete (als XXV. nach Manetho) die ethiopische Dynastie, deren Könige mit den assyrischen kämpften, in Syrien (bei der Expedition Tarhaka's) oder in Egypten (bei Assar-Haddon). Um als Pharao gekrönt zu werden, liess sich Kambyses (als Sohn der Sonne) in die Mysterien der Neith (der grossen Göttin von Saïs) einweihen. Le premier empire des Pharaons commence à Menes, dans l'histoire comme dans les souverains consignés sur les monuments (Rougé). Durch Identificirung der Namen Chufu (Souphis) mit Cheops (bei Herodot), Chafra mit Chephren (b. Herod.) und Menkara mit Mencheres (b. Manetho) oder Mykerinos (b. Herodot) wurden die Pyramiden in die IV. Dyn. Manetho's verlegt. Die Inschrift des König's Snefru (Vorgänger des Soufis oder Chufu) ist das älteste Monument aus der Geschichte der Pharaonen.

*) Bei Syncellus heisst der ägyptische König oder (b. Artapanus) Pharethones, der Abraham aufnahm, Ramessemenus (der erste Pharao oder Menes, Sohn des Ra) oder (bei Malala) Naracho (Necho bei Josephus).

**) In der Besiedlung von Tyrus entspricht Me-merumos (Μημροῦμος), der mit seinen Bruder Hypsuranios von Kasius stammt (s. Sanchoniathon), dem Usov (Ais oder Esau), die trotz ihres arabischen Localsitzes zugleich als Verwandte der blonden Roum betrachtet werden. Haec est generis series: Jupiter Epaphus, Belus priscus, Agenor, Belus minor qui et Methres. Helios (an Töchtern reich) ist Sohn des Hyperion (Hypsistos oder Hypsuranios) und der Titanin Thia, wie der von seinen Töchtern im Kampf begleitete Amenhotep IV., der Verehrer des Sonnendiskus, die blonde Thaïa seine Mutter nennt. Thyia, Tochter des Deucalion, war Mutter des Macedon, und der assyrische König Thias zeugt mit seiner Tochter Myrrha den Adonis. Die phönizische Göttin (Saosis oder Osika) ist Tochter des Sonnengottes, die aegyptische Neith (oder Sais) seine Mutter (bemerkt Movers), die Frucht, die sie geboren, ist Sonne geworden (s. Proclus). Aehnlich die doppelte Beziehung in Apollo Lykaios findet sich bei den Nomaden neben die Herkunft vom Wolfe die Fürstengeburt aus einer durch den Schlund (der Branchidae) eingetretenen Sonne, wo noch bei Agatha, Stifter der Kin, Astarte heisst (b. Plutarch) Saosis oder Athene, Tochter des Sol (b. Ampelius). Aus Schaosch (rein oder weiss) erklärt Movers dann Sosane (Nimrod's Tochter), als die „keusche" Susanna und die Stadt Susa (der Lilien).

***) Bei Diodor erobert Sesosis (Sesostris), der als König erobernd die Welt durchzieht (wie es von Belus erzählt wird), schon bei Lebzeiten seines Vater's Arabien und dann Libyen.

zurück und spricht dann von dem Königthum, das die Egypter unter die Dorier erwarben. Obwohl indessen die Hellenen die Dorischen Könige unter die Griechen rechneten, so behaupteten die Perser, dass der Assyrier*) Perseus erst zum Hellenen geworden sei, seiner Ahnen nach aber kein Hellene gewesen, indem des Acrisius Vorfahren, ohne Verwandtschaft zu Perseus, Egypter waren, wie auch die Griechen zugeben, Danaus selbst dagegen wird wieder durch Epaphus (Grossvater des Belus und des Agenor) von der Argiverin Jo (die nach Aegypten geflüchtet) hergeleitet, (b. Apollodor) und sie war eine Tochter des Jasus, Sohn des Argos, dieser dagegen Enkel des (Agenor zeugenden) Jasus, Sohn des von Zeus mit Niobe (Tochter des Phoroneus) gezeugten Argos, der (nachdem die Tyrannei seines Onkel Apis oder Serapis durch Thelxion und Telchin**) gestürzt war) in der Herrschaft des Peloponnes folgte (als Bruder des Pelasgus). Nach Acusilaus war Jo, Priesterin der Here, Tochter des Piren (während Piras, Bruder des Jasus, unter den Söhnen des Argus, der Phoroneus***) folgt, genannt wird). In Aegypten galt Chemmis als Heimath des Perseus (in seinem Schub verehrt). In diesen Genealogien findet sich ein doppelter Anschluss an die Fremde, der jedesmal durch Eintritt des Zeus unter die Zahl der Zeugenden vermittelt wird, indem einander nach dem Landesherrn Inachus (der sich indess durch seine Vermählung mit der heimischen Nymphe Melia, der Esche und folgender Geburt des urzeitlichen Stammahn Phoroneus selbst als Eingewanderten beweis't) die Nachkommenschaft schon in den Enkeln untergeht, da Aegialeus kinderlos stirbt und Apis durch seine Söhne Telchin (Vertreter der Telchinen†) von Rhodus††) und Thelxion getödtet wurde. Niobe, Mutter des Argus und Pelasgus (der beiden Eponymen des Landes) war eine Localgottheit der Phrygier und von ihnen dem Tantalus (durch die Atlanten den Telchinen verwandt) als Tochter verbunden. Nach Argus giebt nun die Sage (wie bei Erechtheus in Athen, die Pandionen und sonst häufig) eine Wiederholung derselben Namen, indem auf Jasus I., Sohn Argus I., ein neuer Argus II. (Sohn des Agenor) folgte, der Echidna (die den Typhon oder Sphynx gebar) tödtete und den Mord des Apis rächte, sowie weiter einen neuen Jasus II., Vater der Jo, während diese (von Caster) zur Tochter des Inachus gemacht wird. Libye, Tochter des Epaphus (Sohn der Jo oder Isis) gebar (dem Poseidon) Belus (Vater des Aegyptus†††)

*) In der delphischen Prophezeiung beim Feldzuge des Xerxes hiessen die Perser die auf Streitwagen heranziehenden Syrer.

**) Telkin Lydi dicunt Apollinem et Alysig Junonem et nymphas Telchinias. Et apud Camereos itidem Juno appellatur Telkinia.

***) Phoronei plures, sed in pretio habiti duo. Antiquissimus claruit primo anno Nini in parte Hellenica, quae post Graecia dicebatur. Junior secundus rex Argivorum filius Inachi, inter quem et Priscum fuere decem aetates et amplius. Mit Ninus begann die Zeitrechnung der Griechen. Nini plures fuere. Primus omnium Assyrius, quem ab ampliato oppido patris vocaverunt Ninum, id est Jovem lingua Assyrica. Hujus filius Zamei etiam Ninus appellatus fuit (Xenophon). Auch der Gesetzgeber Phoroneus, der die Zeitrechnung beginnt, gilt als Sohn des Inachus und so jeder übrige in den Wiederholungen. Im Namen liegt der aegyptische Titel (wie in den Phraonten oder Fravashi) Pharao.

†) Die Telchinen, gleich den Dactylen, gelten als Goetai, die orakelnden Teraphim heissen *Ala Miyios* in der chaldäischen Paraphrase.

††) Tyla war Enkel des Eridanus (oder Rhodanus); Enkel des Lygur (Sohn des Phaeton oder Phut) in der Geschlechtstafel des Cham oder Camesis. Den Hebräern waren diese nach dem nordischen Thule gezogenen Völker (rother oder heller Farbe) schon aus den Augen gekommen, weshalb Phut ohne Söhne dasteht. Bei ihrer Rückkehr als Tabennu werden sie in der LXX. als Libyer (Riphaea's) gedeutet.

†††) Wird Rhamses I. (XIX. Dyn.) mit Aegyptus identificirt, so folgt die griechische Einwanderung des Danaus oder Armais nur auf frühere, die unter Thutmes III. (XVIII. Dyn.) Statt gehabt, als der durch seine am Mittelmeer gebauten Flotten Cypern und Kreta eroberte. Acrisius, Vater des Perseus, war Sohn des Obas, der durch Synclos von Danaus stammte.

und Danaus) und Agenor. Dem Epaphus waren in Aegypten die Stiere
geheiligt, nach Herodot, der zugleich Epaphus als die griechische Bezeichnung für Apis giebt und die Zusammenstellung dieser beiden Namen erinnert an die Verehrung des Zeus (Himmel) oder Papaeus und seiner Gemahlin Apia oder Erde (und Kuh im Indischen) bei den Scythen, während
die lateinische Ops oder Opis*) der Rhea oder Tellus entspricht. Die
Landbezeichnung (wie in Mess-apia, Dryopia u. s. w.) lag auch in den
Völkernamen der Dolopes, Meropes, Cecropes u. s. w. Im argivischen
Apis**) (dem Apis der Serer oder Serapis) lag die Zweigherrschaft der
damals Egypten besitzenden (und die schreckende Sphinx nach Theben in
Böotien zur Tributenforderung bringenden) Scythen, die durch einen ihrer
nach Kleinasien gezogenen Stämme (mit Hülfe einer einheimischen Erhebung)
vertrieben wurden, (eine Folge der pelasgischen Einwanderung des Pelasgus),
aber unter Argos, Enkel des (in Asien***) gefeierten) Jasus die Obergewalt
wiedererhielten und deshalb als Bezwinger der Echidna, Gattin des Typhon
(der von den Chetas im Orontes verehrten Sutech) galten. Die Sieger
nahmen dann wieder den Stammbaum der Jo für sich in Anspruch, während
diese (s. Castor) auf Inachus und (durch Acusilaus) direct auf Piren (die
Belus der Piromis) zurückgeführt wurde. Der von Jo in Aegypten geborene
Epaphus wurde (bei ihrem Tochterverhältniss zu Inachus) in demselben
Gliede geboren, so wie Apis (Enkel des Inachus) in Argos. Der thebaische
Zeus mit Menschenkopf trug eine Kappe mit zwei langen Federn, wie (b.
Curtius) der Gott der Oase Ammon (umbriculo maxime similis). Den
Ethiopiern galt indess der widderköpfge†) Gott, Noum oder Nef, als Jupiter,
obwohl sie auch den Amun von Theben verehrten, und in den Tempeln der
Oasis sind beide Götter gefunden.

---

*) Die Ausonier (Aurunci) oder (nach Antiochus Syr.) Opiker zogen (nach Hellanicus)
nach Sicilien (unter ihnen König Siculus). Die Auseer oder (nach Synesius) Ausurier
verehrten am tritonischen See, (wo Scylax *Ἀθηνᾶς Τριτωνίδος ἱερόν* kennt) die Athene in
Waffenkleidung (neben den Machlyern). The Shairetana, a northern people, with whom
the Pharaohs were at one time in alliance, had a helmet with horns and a round shield,
like that of Greece (Wilkinson).

**) Apis erscheint (b. Aeschyl.) als apollinischer Reiniger des durch Blutbefleckung
von Ungeheuern wimmelnden Lande's.

***) Wie die erobernden Nomadenvölker und auch die späteren Repräsentanten des
Jasos oder Jason von den Argonauten nach Nordafrika geführt, und wegen Triton's
Prophezeiung einer späteren Besitznahme des Landes durch Nachkommen der Argonauten
oder Minyäer wurde der von ihm zurückgelassene Dreifuss von den Libyern versteckt
gehalten, wie die von den Taleïn aufgefundenen Zeichen der indischen Entdecker Pegu's.

†) Der widderköpfige Gott wird zwar zu Kasr-Zian (in der grossen Oasis) Amenebis
(Amun-Nef) genannt, aber dieser Tempel wurde erst unter Antoninus erbaut und der
benachbarte von Kasr-Ain-el-Goayta war von Ptolemäos Euergetes der Thebanischen
Triade (Amun, Maut und Khons) gewidmet. Die von den Ethiopiern angestiftete Verwirrung zwischen Amun und dem widderköpfigen Noum dauerte dann in Egypten fort bis
zum Zeitalter der Pharaonen, obwohl mitunter (selbst in der XIX. Dyn.) die widderköpfige
Gottheit (in Egypten) Amun genannt wird. Möglicherweise war Amun oder Amun-Re
mehr Titel, als Name eines Gotte's, ähnlich wie Atin-re dem Namen des Noum zugefügt
wurde, als Noum-Atin-Re. This Atin-re was taken up as a God by those „stranger kings"
(probably from the title resembling Adoni or Atin, the sun, and from Atin-re being the
solar-disk) and Amun was banished by them. Atin, Atys oder Attin war die Sonne
(Macrobius) oder Natur, zugleich männlich und weiblich. Atin-re war nicht ein neuer
Gott, sondern ein egyptischer Titel, der einem oder mehreren Göttern gegeben wurde
(being on monuments erected before and after the expulsion of those „heretics") in pharaonischen und ptolemäischen Zeiten. Atin-re was perhaps the visible god, the solar-disk,
as Amun-re was the concealed God, and the Stranger kings, who worshipped the sun
itself, may on this account have rejected Amun. Auf ihren Denkmalen wird Atin-re als
Sonne dargestellt, mit den Strahlen in Menschenhänden endend, aber ein Beispiel der
geflügelten Sonne Hor-Hat findet sich mit diesen Strahlen selbst (XIX. Dynast.) zur Zeit
von Sethi (s. Wilkinson).

Ist Aegyptus mit Rhamses II. (Ende des XV. Jahrhdt.) zusammenzu-
stellen, so correspondirt sein Vater Belus*) ziemlich mit dem assyrischen
König Bel (Vorgänger des Ninus), vor dessen Tyrannei Haig nach Armenien
fortzog (wie Armais' oder Danaus) vor Aegyptus flüchtete. Lässt man neben
dem seit Amenhotep IV. durch die nationale Reaction unter Har-em-hebi
geschwächten Nomadenreich (aus der in Theben nationalisirten Hyksos-
Dynastie, die ihre das Hirtenleben bewahrende Verwandten aus dem Nilthal wieder vertrieben hatte) ein anderes (neben dem der Khetas in Syrien
und Kleinasien) in Mesopotamien herrschen, das von den Küsten des
persischen Golfe's aus seine Herrschaft (vor Thutmes II. Zeit) über Yemen
(Pount) ausgebreitet hatte, so lässt sich das von Arabien ausgehende Land
der Melampoden (Chemi oder Oberägypten) leicht verstehen, indem Rhamses II.,
oder vielleicht schon der als Stifter der XIX. Dyn. geltende Ramses I.
(Sohn des Ai***) oder Ai-Gyptos) von dem ihm befreundeten Könige in
Babylon die nöthige Hülfe erhielt, um sein Stammland zurückzuerobern
(wie sie auch früher die thebanische Bruder-Dynastie durch Bedrohung der
Hyksos in Avaris unterstützt hatte). Mochte sich nun Belus†) (Baal oder
Herr) als allgemeiner Titel vererben, so ist die Vaterschaft desselben zu
Aegyptos entweder dadurch erklärlich, oder weil Belus jedenfalls als Stammvater an die Spitze der östlichen Geschlechter stand und Rhamses II. in
seinen Inschriften wieder auf den als Begründer der Hyksos gefeierten Ahn
Set-aa-pehti-Noubti††) (dessen Andenken sich ebenso unerlöschlich erhielt,
wie das des Djingiskhan in noch späteren Geschlechtern) zurückgeht, der
trotz dieser (an die Nabathäer Arabien's angeschlossenen) Localbezeichnung
zugleich den allgemeinen Herrentitel eines Baal oder Belus tragen mochte,
wenn nicht geradezu die schon vor der Geburt beginnende Herrscherwürde
des Rhamses II. und das Ignoriren seines irdischen Vater's Sethi I. (wie
in der Perseus-Mythe, des Perseus) auf die Vorstellung einer göttlichen
Zeugung (durch den Himmelsherrn Zeus) hindeutet. Halten wir Arabien
als den (bei Diodor den Euphrat mit Egypten durch den Colonienführer
Belus verknüpfenden) Berührungspunkt der damaligen Dynastien Egypten's
und Babylonien's (unter momentaner Hegemonie der letzteren) fest, so
zeigt sich die Bruderschaft des Agenor zu Belus (Vater des Aegyptus und
Danaus), als eine durchaus natürliche, indem der Gatte der Telephassa dann

---

*) In den aegyptischen Piramo enthalten. Als Herakles in dem Planeten Ares (der
Chaldaeer) vereinigt Baal den Character des Mars oder Πυρόεις in sich, als Baal-Chamman
(s. Movers).

**) Brugsch erklärt Aegypten als Ki-ptah, die Culturstätte der Ptah. Aus dem Begriff
des zu Tegea verehrten Hermes ἀπυτος hat sich der Heros Aepytos gebildet. Herakles
(nach Seyffarth) hiess (bei den Aegyptern) Xom (Apollo Chomaeus), als Baal-Chom (Baal-
Chamman) oder Babylonier. Unter den gefallenen Sternen findet sich (b. Henoch) Asbel
(Asbelos, der die Engel verführte, durch Unzucht ihren Leib zu verderben) oder (nach
dem Polyhistor) Xοῦμ (Vater der Aethiopier). Der mythische König Thamus von Aegypten
(b. Philostr.) wird mit Thammuz (Adonis) identificirt.

***) Die von Rawlinson mit Guda (gross in der Galla-Sprache) verglichenen Gula oder
Anunit (die weibliche Kraft der Sonne) hiess in der ursprünglichen Form ihres babylonischen Namen's Ai, the eight rayed orb being the emblem (and the quartered disk
symbolising Shamas). Gadlat and Tarata (Alargatis and Derketo) are given by St. James
of Serujas the tutelary goddesses of Harran (V. century p. d.). Den Namen Gaalos der
(nach den Phöniziern) von Gawwal bewohnten Insel (Fischinsel) Gozzo hält Movers für
gräcisirte Aussprache von Γαῦδος (Ghaudesh).

†) Secundus rex Babyloniae Juppiter Belus filius Saturni (Nymbroti), als Vater des
Ninus. Rawlinson unterscheidet von den babylonischen Belus späterer Zeit den Bil (Herr)
genannten Merodach (Bil-Merodoch) der in Nipur verehrt wurde, vielleicht in Nisa oder
Nisapur, indem der Name Meroe oder Meru zugleich auf Men (Menes), sowie auf den
mythischen Anfang in Dionysos oder Osiris führen würde. Bei Appollod ist Arabia eine
Gattin des Aegyptus.

††) Als Seth oder Typhon. Die Juden sollen (b. Plutarch) von Typhon stammen.

von den Küsten des erythräischen Meeres ausgewandert sein würde, von
wo die Phoenicier gekommen sein sollten und seine Niederlassung würde
durch die Siege Rhamses II. über die Khetas begünstigt, wie sie auch
unter den Auspicien des egyptischen Herrscher's verblieben zu sein scheint,
der seine Beamten die (im Papyrus des britt. Mus.) erzählte Rundreise
durch Byblus (die Stadt der Mysterien), Berytos, Sidon, Sarepta und
Tyr (damals noch ein Fischerdorf) machen liess. Wenn Apollodor dem
Zwillingspaar Belus*) und Agenor die Libya zur Mutter giebt, so ist das
eine Folge der damals engen Beziehungen zwischen Egypten und Nordafrika. Thutmes III., dessen Monumente sich bei Cherchell in Algerien gefunden, hatte die Berberländer mit seinen Kriegsschaaren durchzogen und
der dort zurückgebliebene Gouverneur hatte sich während der am Ende der
XVIII. Dynastie eintretenden Unruhen selbstständige Herrschersitze aufgerichtet, gleich den Aglabiten und Edressiten zur Khalifen-Zeit, und wie die
Fatemiden in rückgängiger Bewegung von Nordafrika aus wieder Egypten
besetzten, so fand ähnliches unter den Nachkommen Rhamses II. statt, aber
schon sein Vater Seti I. hatte Kämpfe mit den Tahennou (den Nebelmenschen der rhipäischen Berge) oder Tamahou (den Nordmännern) zu
bestehen gehabt. In Libyen selbst ist dieser Name ein importirter, und
wenn er in die Mythe von Belus und Agenor eingewoben ist, so leitet er
sich aus einer älteren Wurzel ab, die nur (was für diesen Fall zu beachten)
nach damaliger Sprechweise in der Namensform Libyen auftrat (und nachdem einmal alphabetisch fixirt, sich dann später auch gleichzeitig neben der
andern erhalten hat). Mit Epaphus**) (Vater der Libya) gewinnt die Sage
neue Complicationen. Seine Mutter Jo vermählt sich mit dem aegyptischen
König Telegonus (ein thulischer Teleboer***), wie Telephana) und verschwindet dann als Isis aus der Menschengeschichte ebenso, wie ihr Gemahl, während der (nach seiner Befreiung von den Kureten) in der Mysterien-
stadt Byblus erzogene Epaphus auf dem Throne Egypten's sitzt, als Gemahl
der Memphis (Tochter des Nilus), also einer den Einwanderer nationalisirenden
Landestochter. In Jo's†) Wanderungen in Kuhgestalt (durch weite Strecken,
die auch „Scythien und die cimmerischen Lande" begriffen) scheint das
unstät ängstliche Umherschweifen der Hirtenstämme allegorisirt; ehe sie
sich noch (wie jetzt wieder die meist gefürchteten Mongolen) zu gemeinsamen Handeln als ein Kriegervolk geeinigt haben. Hermes, als Tödter
der Argos, erscheint bereits in dem schützenden Character, den er als
königlicher Ahn bei thracischen und celtischen Königen bewahrt. Wie
später die Scythen des Pontus als Himmelsherrn Papaeus oder Papai verehrten, und so war der Epaphus (Apepi oder Apophis) bald fertig. Ihr
letzter Ausgangspunkt für Egypten war Phoenicien, Byblus oder Babel,
(der Geburtsplatz des Adonis oder Thammuz), nach griechischer Legende,

---

*) Pharis, womit (s. Knobel) Perseus bezeichnet wird, steht unter den Söhnen des
Lud (in der arabischen Tradition.
**) Bei Diodor führt Belus (Sohn des Poseidon und der Libya) Colonien von Aegypten
nach Babylon.
***) Apap oder Aphophis (das spätere Emblem des Bösen) wurde von den Egyptern,
als Schlange gedacht, wie eine Schlange an die Spitze der Genealogie des abyssinischen
Negos steht. Typhon (Seth) wurde Bebon (Σμο) oder (nach Hellanicus) Βαβον genannt
(s. Plutarch). Bei den Litthauern ist Smik der Gott der Ackerfurche. Ehe ist Kuh im
Aegyptischen, in Joh der Mond. Apis ist der aegyptische Gott, den die Griechen Epaphus
nennen, bemerkt Herodot.
†) Auf Capreae wie auf den Teleboer-Inseln wurden die Sirenen (Töchter des
Achelous) verehrt. Capra ist (nach Movers) libysch (Καρσια). Die geflüchteten Centauren
wurden von den Sirenen getödtet.
††) Die Jaonen oder Jonen (Javanen) repräsentirend. Janus oder Noah heisst
Oenotrius (b. Fabius Pictor).

aber auch Manetho nennt die *Ποιμένες**) fratres Phoenices und lässt sie
sich zuerst in Memphis festsetzen. Die Besetzung Egypten's durch die
Hyksos war eine allmählige und so unmerklich fortschreitende, dass sie die
Traditionen derselben nicht in dem Glanze herrlicher Waffenthaten aus-
malen konnte, sondern dass uns nur Epaphus, als fait accompli, auf dem
Throne sitzend gezeigt wird, mit einer Tochter des Landes vermählt.
Manetho klagt allerdings über die Gewaltthätigkeiten, die dieses Räuber-
volk mit den Waffen in der Hand ausgeübt habe und derenwegen noch zu
Herodot's Zeit der Name der Hirten Philitis (der Philister Palästina's oder
Pelasger) ein verhasster blieb. Aber obwohl diese Nomadenstämme, (wie
immer, wenn die Reize eines schwach vertheidigten und durch innere Unruhen zerrütteten Culturstaates vor ihren Augen und in ihren Händen
liegen), als Philitai oder Plünderer aufgetreten und vielfach den Ackerbauer**)
oder ihnen preisgegebene Stadtbewohner ihrer Rohheit haben fühlen lassen
werden, so wurden doch die kriegerischen Unternehmungen nicht nach
einem gemeinsamen Plane ausgeführt, sondern blieben vereinzelte Razzia's,
bis Saites oder Salatis zum König erhoben wurde und nun die zerstreuten
Horden zu einem Volke vereinigte. Nachdem die Dynastie eine einheimische
auf dem Boden geworden, also ihre Interessen mit denen der Landeskinder
associirt hatte, so liessen sie die Traditionen ihres alten Wanderleben's,
die auf Alorus oder die Solimane zurückführen mochten, in Vergessenheit
fallen, und begnügten sich mit Epaphus Thronbesetzung und seine Heim-
führung der Memphis, als Anfang der Reihe. Weiter aufwärts hat der
Stammbaum der Jo kein directes Interesse, da durch das Zwischentreten
des Zeus als Zeuger ein neuer Ansatz zum selbstständigen Abschluss gewonnen ist. Obwohl indess die übrigen Anknüpfungen zum Theil künstlichen Spielereien entnommen sind, lässt sich in einigen Parthien doch noch
ein Zusammenhang erkennen. In Inachus oder Inakos-Name liegt schon ein
Klang in den bei den Nomaden weit verbreiteten Titel der Anax, der für
spätere Zuwanderer zum Repräsentanten der Enakim oder Riesen wurde,
während er sich bei hellenischen Anacteen allmählig in das geheimnissvolle
Dunkel samothraischer Mysterien zurückzog. Als Zuwanderer aus der
Fremde, der durch seine Mutter Tethys mit thessalischen und haiatheatischen
Wanderstämmen verknüpft wird, heirathet Inachus die bodenentsprossene
Nymphe Melia oder die Esche und zeugt den Phoroneus. Dann ist von der
Tyrannin des Apis***) die Rede, die durch die Verschwörung des Telchin†)
und Thelxion gestürzt wird. Wenn Apis einen Wiederhall in Aegypten
findet, so würde er auf die zweite Dynastie zurückführen, auf Cecheous oder
Kekeou, der den Thierdienst des Apis, Mnevis und mendesischen Bockes
(nach Manetho) einführte und der, wenn mit Evechous, dem Stifter der
kuschitischen Dynastie in Babylon gleichzeitig, auf weitgehende Terrain-
veränderungen deutet, die damals in der politischen Welt Statt hatte. Der

---

*) Von Alorus wird berichtet (s. Abydenus), quod eum populi pastorem providentissimus
Deus indicavit.
**) Moses zog sich mit den Israeliten in die Wüste zurück, um ein Kalb zu opfern
(ohne bei den Egyptern anzustossen). Nach Porphyrius opferten Egypter und Phoenizier
Ochsen und assen sie, würden aber eher Menschenfleisch, als Kuhfleisch gegessen haben.
In Aegypto et Palaestina propter boum raritatem nemo Saccam comedit (Hieronymi), als
Tabir (wie der Himmel in Theben).
***) Oceanus ad Ninum Egypti consedit et multos ex sorore Tethyde edidit liberos.
Inde supervenit ille corruptor humani generis Chomesanus, ubi Thelchines magicam docens,
maxima opinione celebratur (Berosus).
†) Duravit Saturnia nomen totidem ferme annis quot antea aurea aetas usque ad
Apim deorum Italiae ultimum, ut Antiochus Syracusanus scribit, a quo Apenina quam
Taurinam inde interpretatur, etsi Greci de more quidam a bobus Herculis vel quos opimos
giguit Italia ut ait Hellanicus, aut a vitulo, ut Timaeus (s. Cato).

Zusammenhang war Erde und Kuh (wie im indischen Go) findet sich bei Apia (Ops oder Tellus) und Apis, obwohl bei letzteren das männliche Geschlecht bevorzugt wurde, der Stier (des Siwa) statt der Kuh der Isis, indem bis Biophis (Nachfolger des Cechous) die Frauen noch nicht die später von Herodot in Egypten beobachtete Rolle angenommen haben mögen. Als Repräsentation des Ptha auch in Argos oder (b. Homer) dem achaeischen Argos, könnte Apis auf den achäischen Stammsitz in Phtiotis Licht werfen. Die Rebellen Telchin*) und Thelxion führen auf das mit den kunstfertigen Telchinen von Rhodus zusammenhängende Geschlecht taphischer Teleboeer, deren Alterthum durch den roh viereckigen Stein des Zeus Teleos in Tegea bezeugt wird. Die von ihrem Tyrannen erlös'ten Eingeborenen sahen sich nach einem Schützer um und fanden ihn in dem durch Niobe (Tochter des Phoroneus) verwandten Zweig ihres Fürstengeschlechts in Phrygien, von wo Argus (der Eponymus von Argos) nach Phrygien kam, oder sein Bruder Pelasgus, der Pelasgier**). Da Argus in 3ter Auflage der Grossvater der Jo ist, so könnte man damit den Cyclus als abgeschlossen gelten lassen, doch haben auch die Einschiebungen einiges Beachtenswerthe. Der Name Jasus wiederholt sich zweimal, einmal als Bruder der Piras (oder Belus egyptischer Piromis in den heiligen Pir) und dann als Vater der Jo, und er kam, wie der spätere Argonaut***) Jason, mit den durch Eroberungen in Asien berühmten Asi oder As zusammen, zu denen auch der egyptische Osymandyas gehören mochte, der mit Sesochris (II. Dyn.) sich identificiren lässt, vorauf Necherochis, Gründer der III. Dyn. von Memphis (b. Manetho) mit Uchoreus sich decken würde, den Diodor den Gründer von Memphis nennt. Während beim Ausverfolgen der in den Nebel der Vorzeit zurücksteigenden Mythen rasch jede Deutlichkeit entschwindet, ist es wichtiger eine Entwirrung derjenigen zu suchen, die von dem mit Aegyptus und Rhamses II. gewonnenen Ausgangspunkt sich der geschichtlichen Zeit nähern. Für die hellenischen Beziehungen mit dem Osten bleibt am bedeutsamsten die Mythe von Perseus, des Sohnes der Danaë, eine weibliche Wandlung des Danaus und durch ihren Urgrossvater Lynceos, Gemahl der Jlypermnestra mit Danaus und Aegyptus verknüpft. In der glanzvollen Figur des mit Flügelschuhen die Luft durcheilenden Perseus, der als Kind aus dem Wasser Geretteten, als Jüngling mit göttlichen Zauberwaffen Kämpfenden, symbolisirt sich das Geschick des damals in Aegypten untergehenden, aber in Assyrien eine neue Zukunft gründende Zweig des Nomadenvolkes. Schon gegen das Regierungsende Rhamses II. machten sich die Libyer lästig, die unter Merenphtha (trotz anfänglichen Widerstand's) bald das Uebergewicht erlangten, besonders als die unter Osortasen aufgestandenen Aussätzigen die Khetas aus Palästina zu Hülfe gerufen. Die widerliche Vorstellung von krankhaft entstellten Feinden spiegelt sich in Perseus Zusammentreffen mit einzahnigen Phorciden, mit Graeen und scheusslichen Gorgonen, und die libyschen Wirren führen ihn nach dem fernen Westen, wo er aus afrikanischen Heiligthümern die Aegis raubt, deren Schrecken schon Herodot

---

*) Von Telcheios in Amphitos (Wagenlenker des Kastor und Pollux) stammte (als Gründer von Dioskurias) das Volk der Heniochen (Plinius).

**) Im Zusammenhang mit den in Assyrien herrschenden Eroberern, indem König Teutamas (Zeitgenosse des Memnon) in Larissa residirt (b. Apollod.).

***) Die Kriegszüge bei Unterdrückung der libyschen Revolte mochten den Anlass zur Herstellung des aegyptischen Einflusses in Argos geben, weshalb es heisst, dass Argus, Sohn des Agenor (Sohn des Jasus) den Mord des Apis gerächt habe. Eine Bändigung räuberischer Nomadenvölker liegt in der Tödtung der Echidna, die Geliebte des Typhon und Seth (dem Gott der Hyksos). Kadmus in Theben (der Flüchtling aus Egypten) wurde von Amphion und Zetus gestürzt, zur Zeit als Sethos oder Zetus in Aegypten herrschte.

aus den schlangenartig mit Lederriemen umwundenen Schildern erklärt, wie sie in den geheimnissvollen Fetischceremonien gebraucht wurden, nicht ohne Rückwirkung auf hellenische Mysterien, obwohl sich die Vollendung des Negergeheul's (nach Herodot's Kenner-Urtheil) nicht erreichen liess. Während Merenphtah durch die Einfälle nach Ober-Aegypten zurückgedrängt war, und auch sein Nachfolger Seti II. dort aufgeschlossen blieb, bildete sich im Delta ein unabhängiges Reich durch die Krönung des Amenmeses und dann seines Sohnes Merenphtah II. Siphtah (in Chev oder Aphroditopolis). Als später die Dynastie des oberen Egypten*) sich hinlänglich gestärkt fühlte, um Theben und Memphis zurück zu erobern, mögen sich die Könige des unteren nach Syrien gezogen haben, (XIV. Jahrhdt. a. d.), der seit Rhamses II. zu Egypten gehörigen Provinz, und dort als aus Egypten kommend, als das Reich der Cephener (Kophen oder Gupten) bekannt gewesen sein. Schon in Fayoum dem Dienst der Aphrodite ergeben, hatte sich Cassiopeia mit den Nereiden an Schönheit messen wollen, und Copheus hatte keinen Einfluss auf seine herrische Gemahlin, der er den Vorrang liess, wie Merenphtah II. der seinigen, der Prinzessin Taouser (Tochter Merenphtah I.). Obwohl Perseus noch durch 4—5 Generationen von den Helden des trojanischen Krieges getrennt ist, fangen doch schon Sagen aus diesem auf den ihm zugehörigen Boden an hinüberzuspielen und bringen die schöne Helena zu Proteus, der damals Egypten beherrschte, als der nach dem Delta zurückgekehrte Dynast des oberen Aegypten, der Feind der Kephener, der sie in seinen Thierverwandlungen als Ketos oder Seeungeheuer bedroht und ohne Perseus die zum Opfer bestimmte Andromeda geraubt hatte. Indessen scheint das Reich des Kepheus, im Norden und Osten von den Khetas, im Süden und Westen von den egyptischen Widersachern eingeengt, nicht lebensfähig gewesen zu sein, Perseus versteinerte den König mit seinem ganzen Hofstaat und begab sich zu den verwandten Khetas am Orontes**), die seit den hethitischen König Maoutnur auch über Kleinasien herrschten, bis zu den Mouschanet oder Mosynöken. Das Haupt der gorgonischen Medusa wurde in Anaoukas (Sitz des alten Annakos) oder Jconium aufgepflanzt, der Hauptstadt der Khetas und auch bei den Hephthaliten hiess die Herrscherresidenz Gorgo. Nach Palaephatus hiess Athene (bei den Kyrenäern) Gorgo. Bei dem zunehmenden Ruhm des Perseus erinnerten sich die Egypter ihrer alten Ansprüche auf Stammesverwandtschaft und zeigten in Chemmis***) seine Heimath, finden aber Rivalen des einträglichen Cultus in Tarsus. Als durch die Khetas die Herrschaft der vom egyptischen Joche (der arabischen Satrapen) befreiten Routennou in Niniveh befestigt war und mit Ninus ein neuer Eroberer seine Laufbahn begann, eignete man

---

*) König Proteus hiess (bei den Egyptern) Ketes (nach Diodor), um dessen Heiligthum zu Memphis (nach Herod.) Phoenicier lebten (mit einen Tempel der fremden Aphrodite) als Kassiopeia, Tochter des Arabos (Sohn des Hermes und der Thronie) mit Phoenix vermählt. Catobrigo oder (b. Geogr. Rav.) Cetobriga (Καιτόβριξ) lag am Callipus in Lusitanien. Die Χιτοῦαι fanden sich im Lande der Massäsyler (b. Ptol.). Βούδιοι (ἔθνος Μηδικόν), ὧν ἡ γραφὴ ὡς οἱ Ὁμηρικοὶ Κίλικιοι (Eusth.) oder Κήτιοι, Chitai (Kitai), Hitthiter, Chettäer, Get, Djet, Goten. Zur Zeit des Salmanassar (706 a. d.) wurden die hittitischen Colonisten vom tyrischen König Elulaus unterworfen.

**) Casiôtis bildete den Seerand von Orontes südlich bis zu den Grenzen Phoenizien's. In Mons Kasius erhielt sich die Verehrung, die von den stolzen Cassiopeia (prächtige Palläste der Khasr) der Ueberhebung wegen bestraft wurde. Auch Jack the Giantkiller ist mit Flügelschuhen und Nebelkappen ausgerüstet.

***) Die Stadt Chem-Myn wird aus Cam (conditor Aegyptiorum) erklärt oder Camesenuus (Cam infamis Pan). Khem (the generative principle and universal nature) was as the god of Captos or (Πὰν Θηρῶν) represented by a phallic figure (the Pan of Chemmis or Panopolis) of him was said in the hieroglyphic legend: Thy title is, „father of thine own father" (Wilkinson).

sich auch den populären Namen des Perseus*) an, der deshalb bei Herodot als Assyrier**) auftritt. Mit dem assyrischen beginnt nun aber die Reihe der auch von den Griechen (s. Strabo) gekannten Weltreiche, die sich durch babylonische und medische auf Perser herabziehen und nach der überall im Orient geläufigen Weise der Genealogienstoppelungen alle auf einander bezogen und von einander abgeleitet werden. So lag es Xerxes nahe in Perseus oder (nach Apollodor) in Perses (Sohn der Andromeda), der bei Cepheus zurückblieb, seinen Ahnherrn zu sehen, zumal der Perser oder Cophener noch in näherer Beziehung zu dem durch Cepheus***) repräsentirten Zweig der Reitervölker gestanden zu haben scheine.

In der frühen Vorzeit Europa's finden wir einen durch seine schwammige aufgedunsene Constitution an den plumpen Kirgisen erinnernden Stamm in den Scythenländern des schwarzen Meeres localisirt und durch die mehr der Modification der Turkmannen gleichenden Geten, sowohl im Osten (als Massageten) von ihrer Heimath abgeschnitten, als auch zum Theil bis Thracien hin durchzogen. Jenseits der Scythen und Geten treten dann noch weiter im Osten die durch ihre kahlen Köpfe und glatte Nasen an die Kalmükken erinnernden Argippaeer auf. Der den Kirgisen zukommende Name der Kasakken findet sich auch jetzt noch in den Wohnsitzen der einstigen Skythen oder Saken. Anderen Stämmen, die an der Grenze Europa's eintreten und später meistens als Sarmaten zusammengefasst werden, wird medische Abkunft zugeschrieben, wie in Asien's alte Geschichte schon frühzeitig medische Nomaden als Eroberer spielen. Aus Azerbeidjan und den übrigen Ländern des allmählig sesshaft werdenden Medien's herüber, sind die Sarmaten meistens von dem Kaukasus aus nach den nordeuropäischen Ebenen weitergezogen und haben manche Züge der ritterlichen Völker jener Berge bewahrt. Gleich den Mauren (Mohren) in Nordafrica, die (nach Sallust) aus den Medern†) gebildet werden, wurde auch der Name der

---

*) Am Hofe des Teutamius, König der Larissaeer im Pelasgischen Land, tödtete Perseus mit der Wurfscheibe den dahin geflüchteten Acrisius.

**) Assyrius fuit proprium nomen filii Beli Jovis, cognomen vero lingua Assyria Ninus, id est Juppiter, quia is qui fuit Babyloniis Heracles, idem et Juppiter Assyriis. Von Ninip, dem assyrischen Hercules, war Ninippallassar genannt (1200 a. d.). Die Assyrer heissen Asora bei den Armeniern und Maha-Assur ist der grosse Feind der mit den Aswaren kämpfenden Dewa oder Suren (in Indien).

***) Ceph steht als Name des Japetus oder Jopet (b. Annius Viterbensis). Kepheus heisst Sohn des Jasos (Arat.) und die Stadt Gaza wird Ἰώνη genannt. Die Ludim sind mit den Rut identisch. Bei Amos kommen die Philister Syrien's von Caphthor (Kebt Hor oder Coptos). Phoenizien heisst Keft auf den Inschriften, (Put oder Punt). Die von den Egyptern als Hor-m-Kho oder Re-m-sho bezeichnete Sphinx hiess Armais bei den Griechen (und El Hermani sind die Pyramiden bei den Sabäern). Die Hebräer hiessen Apriu (auf den Inschriften). Die Arier wurden Meder genannt von Medus, Sohn des Jason, die Artaei und Cephener erhielten von Perseus den Namen der Perser. Hekate, Tochter des taurischen König's Perses, unterrichtet ihre Nichten Medea und Kirke (Prinzessin von Kolchis) in giftiger Kräuterkunde (nach Dionysius Skytobrachion). Die Aegypter nannten ihr Land wegen des schwarzen Boden's Χημία (nach Plutarch). Nach Hieronymus hiess Aegypten Ham in aegyptischer Sprache Aegypten wurde μελάμβωλος (schwarzschollig) genannt. Der Fluss Aigyptos heisst auch Aetes (Adler). Nach Hellanicus hiessen die Chaldaeer von Kepheus, Sohn des Belus und Vater der Andromeda, vormals Kephener, wurden aber, als die Kephener von Babylon ausgezogen waren und Choche (in der Nähe von Seleucia) inne hatten, nicht mehr Cephener, sondern Chaldäer genannt (s. Hellanicus). In Kutha (bei Choche) liess Nimrod den Abraham in's Feuer werfen (Isztachri). Kuthäer in Palästina. Abydenus kennt in der antediluvianischen Dynastie Chaldaea's den Daonus pastor, unter dem vier Ungethüme an's Land stiegen. Nach Diodor war das Land Egypten in drei Theile, des König's, der Priester und der Kriegerkaste getheilt (als Eroberer, die später auszogen, wie sie in Indien vernichtet wurden). Archander aus Phthia, Sohn des Achäus und durch Scaea (s. Pausanias) Schwiegersohn des Danaus wurde mit Archandropolis in Aegypten verknüpft (s. Herod.).

†) Die schon früh von Troja, der assyrischen Seestadt ausgesandten Colonien (die in Ardea den Namen der Rutennu in Rutuli bewahrten) wurden später an die Flüchtlinge

letzteren als allgemeine Bezeichnung verwandt (gleich den Amazigh). Die
Unterschiede der verschiedenen Abtheilungen finden in dem von ihnen bewohnten Terrain ihre genügende Erklärung. Die Tungusen sind Wald-
nomaden, vereinzelt unter dem Baumdache umherschweifend und dem Wilde
folgend, durch ihr Aussehen, sowie die kleinliche Ausarbeitung ihrer Legenden
an die Indianer der gegenüberliegenden Küste Amerika's erinnernd. Im
Gegensatz zu den räuberischen Turkomannen auf wüsten Oeden, bewohnen
die Mongolen Steppen, die hinlängliche Nahrung für das Vieh bieten, um
ein wanderndes Hirtenleben zu erlauben. Die Kirgisen, mit denen die
turkomannischen Stämme (trotz der bei Manchen hervortretenden Mongolen-
Physiognomie) in näheren Zusammenhang gesetzt werden können, haben
viele sibirische Elemente, wie sie reiner in den Ostjäken und Samojeden
hervortreten, in sich absorbirt und zeigen gleichmässig die tölpelhaft unge-
heuerliche Phantasie der sogenannten tartarischen Heldensagen.

Was die Namen derjenigen Nomadenstämme Asien's betrifft, die besonders in geschichtlicher Zeit bemerkbar geworden sind, der Turken und
der Mongolen, so können wir nicht erwarten, sie weit in das Alterthum
zurückzuverfolgen, da ihr spätes Auftreten bekannt ist. Der Titel der
Mogul wird an Djingiskhan geknüpft, und auf dem Gebiete der damaligen
Mongolen bewegten sich früher die Hiongnu, Geugen, Shushan, Tobbo's,
Khitai u. s. w. Der Name der Türken wird durch die Herleitung von
Tukiu, dem Helmberge in Attas auf das V. Jahrhdt. p. d. bezogen, und
kommt in der Pali-Form Turukha für das Sanscrit Turushka (Tuhkhara)
vor, womit die Indier die Tataren jenseits der Schneeberge bezeichneten.
Wie Rawlinson bemerkt findet sich Takabara (Helmträger) in den Inschriften
des Darius auf die asiatischen Griechen angewandt, und würde dann, da
diese im Allgemeinen mit den hellenischen Griechen unter die zwei Javanu
(in Nakhs-i-Rustem) oder Jaonen zusammengefasst werden, eine besondere
Beziehung wahrscheinlich zu den kleinasiatischen Cariern haben, die (nach
Thucydides) besonders durch ihre schwere Bewaffnung gekennzeichnet waren
und (bei Alcäus) die Helmbüsche als eorische bezeichnen lasse. Ihr
Barbarischreden (b. Homer) erklärt Strabo (wie καρίζειν und σολοικίζειν)
für „schlecht hellenisch reden." Indem die Carier zum lydischen Reiche
unter Croesus gehörten, so würde sich der Name Takabara oder Türken*)

angeknüpft, die nach dem Falle Troja's sich zerstreuten. Tiglathphalasar von Niniveh
hatte die Khetas (1225 a. d) unterworfen, zu denen Perseus, Sohn des Picus und der
Danaë, (Mutter des Daunos) von Ardea zurückkehrte, in Iconium das Medusenhaupt aufstellend (das sein Sohn Merrhus verbrannte) und, nach der Erbauung der auf Sardanapal
bezogenen Stadt Tarsus, den Namen der Meder in Persier verändernd. Die Kraft des
Gorgo genannten Medusenhaupt's, durch dessen Mysterien die das vom Himmel gefallene
Feuer verehrenden Magier geweiht, waren kuschitisch-africanischen Ceremonien entnommen
und hatten deshalb keine Gewalt über König Cepheus, von dem man meint, dass er aus
Altersschwäche nicht habe sehen können. Auf Befehl des assyrischen König's Teutamus
zog Memnon, Sohn des Tithonius, von der memnonischen Burg Susa seinem Oheim Priamus
zu Hülfe. Der gotterleuchtete Mann Jima führte die Hirtenvölker der Zend, als das
Klima rauher wurde, aus ihrer Urheimath Arjanem-Vaejo in mildere Gegenden und besiedelte
diese (als Sohn des Wiwangwat).
*) Asiåmenn ok Tyrkjar (Hervararsaga). Yngri Tyrkja Konungr (n. dem Islandaboek).
Die als Suconen erkannten Ros (875) werden als Scythen bezeichnet (b. Zonaras) und ihr
König als Chacanus (Hakon.). Dionysos leitet die Tyrrhener von τύρσις. „Der Stamm
scheint τυρς (turs), daraus wird zuerst tursnus oder turnus und Turrhus oder Tyrrhus,
dann aber Tursenus oder Turrenus. Neben Tursenus, der eigentlich griechischen Form,
wird aus Turs die Form Turscus (tursce der eugubinischen Tafeln), die durch Transposition
in ε ρούσκοι übergeht, und (durch Ausstossung) in Tuscus" (Abeken). Adam Brem. nennt
Scuti und Turci neben Ruzzia! und Abo heisst finnisch Turku. Taksha in Pali became
takko, Thenic Ταζίλα war Takkasila (Turukka oder Τυυρκ). Das südliche Lydien hiess im
einheimischen Dialect (nach Steph. Byz.) Torrhebia (von Torrhebus, den Xanthus zum
Bruder des Lydus, Sohn des Atys, macht).

auf sie angewandt, der Bezeichnung der lydisch-pelasgischen Tyrrhener
(Tyrsa oder Tyrca) erklären, die von den auch von Cariern besetzten Inseln
nach Westen verbreiteten, und in Bezug auf die asische Phyle von Sardes,
den Asiern Mysien's und Phrygien's würde die noch späte Zusammenstellung
von Asiani und Turcae Beachtung verdienen, wie auch die bei Mela Turcae
genannten Yurcae Herodot's (neben den Thyssagetae) in der Nähe der
Asburgier wohnten. Wird indess auch ein möglicherweise höher hinauf-
reichendes Alterthum bei den Türken, als bei den anerkanntermaassen jungen
Mongolen zugegeben, so bietet sich doch für die Klassikern geläufigeren
Namen (abgesehen von den noch zu Timur's Zeit in der Bucharei bekannten
Djeta, die durch Kiptschak oder Kaptschak zu Gaptern, Gothen und Geten
führen) in den Kirgisen oder Kaisaken, deren kosakische Namensbrüder
noch jetzt die einstigen Gebiete der Scythen oder Saken bewohnen. Auch
der einheimische Name Skolotae der von dem mit Torgama identificirten
Targitaus stammenden Scythen (als königliche Scythen oder Paralatae) ist
auf gleiche Wurzel zurückgeführt, Sacae war der von den Persiern im
Speciellen gegebene Name, der unter den Stämmen der Indoskythen (bei
Strabo) wiederkehrt und die Tebeter bezeichnen noch immer die nördlichen
Wanderstämme (also jetzt die sonst Hor oder Chor genannten Mongolen)
al Sok oder Sok-bo. Vielleicht mochten diese nachher durchgehends als
Scythen oder Sacae bezeichneten Wanderstämme zu Homer's Zeit (wo sich
schon die cimmerische Nationalität abzuscheiden anfing) den mit andern
Hippomolgi zusammengestellte Namen Abii oder (nach Arrian) Abii*)
Scythae (b. Maracanda) führen, sie würde aber dennoch häufig unter der
Generalisation von Scythen oder Sacae erscheinen können, nachdem diese
einmal stehend geworden war, ähnlich wie sie auch, obwohl in ihrem eigentlichen Bestehen schon verschwunden, noch fortdauerte und auf Gothen,
Manen, Khazaren u. s. w. überschüssig angewandt wurde. Käme es nur
darauf an, sich ein Bild von diesen ältesten Scythen**) (den Abiern oder
wie sie sonst mit ihrem möglicherweise an Solimani oder Alamani geknüpften Nationalnamen der Selli heissen mochten) zu entwerfen, so kann
Herodot's Beschreibung der ihm gleichzeitigen Scythen wenige Hülfe gewähren, da sie über ein Jahrtausend später entworfen sein würde. Indess
besitze er in gar kurzen Andeutungen, die so schwach und schwankend sie
sind, doch in Ermangelung eines Besseren, zunächst für dasjenige angenommen werden müsse, was sie werth sind. Nach Leo wurde Achilles von
Arrian ein Scythe genannt und zwar nicht nur seiner Kleidung, sondern
auch der blauen Augen und rothen Haare***) wegen (subrufus, wie Anten
und Slaven bei Procop). Am Maeotis geboren, sei er seines Hochmuthes
wegen, von den Scythen vertrieben, und habe sich in Thessalien niedergelassen. Nach Alcäus herrschte Achill über Scythien. Dass die Rolle, die
Achilles†) und Ilias spielt, ihn in mehrfacher Beziehung von den übrigen
Fürsten der Panachaeer unterscheidet, die er mehr in dem Character eines
mächtigen Bundesgenossen begleitete, ist schon verschiedentlich hervor-

*) Abas Tuscus is fuit, teste Manethone, qui Tuscos Abantes populos fundavit circa
maritimam oram a Graviscis usque ad oppidum quod ad hanc aetatem Cap Abium verna-
cula lingua, Latina vero caput Abantum dicimus.
**) Principatus origines semper Scythis tribuitur, a quibus auctis colonias per orbem
missas ferunt (Cato). Wie mit Phrygern führten die Egypter mit den Scythen einen Streit
über das Alterthum, mussten sich aber (nach Justin) für besiegt erklären.
***) Pyrrhos (der Rothhaarige) aus der Adelsfamilie der Aleuaden (aus der neben den
Skopaden in dem von Herakles stammenden Geschlecht der Tagos vorzugsweise gewählt
wurde) ordnete die Bundesverfassung Thessalien's.
†) Auf einer Inschrift in Olbia (b. Köhler) heisst Achille der Beherrscher des Pontus
(πανταρχης), der, wie Xisuthrus (bei Syncellus) in ein Schiff aus der Fluth gerettete
Deucalion heisst (bei Lucian) ein Scythe.

gehoben worden, und die gezwungene Niederlassung in Thessalien liegt auch in der Mythe von seinem vertriebenen Vater Peleus und die Beziehung desselben zum Reitervolk der Centauren auf den Pelion. Die völlige Eroberung Thessalien's, die als Anlass der dorischen Wanderung unter ihre heraclidischen Könige galt, trat bald nach dem trojanischen Kriege ein, und die in den später von germanischen Völkern gegründeten Feudalstaaten erinnernde Verfassung Thessalien's zeigt, dass Besitznahme dieses Landes unter ähnliche Verhältnisse vor sich ging, nämlich durch ein aristocratisches Rittervolk*), das die Eingeborenen in die dienende Klasse der Penestae (oder durch Perioken) herabgedrückte, Heloten, wie anderswo die Leti oder die Smurdan (Aldionen), den Knees der Wenden gegenüber oder (im Afghanistan) die Fakir (wenn nicht mit den Pachtbegünstigungen der Baschgar verliehen oder als Hamsajah zugelassen). Der Name Thetalier**) (im Anschluss an Tethys***) als mythische Stammmutter†) wird von Mos. Chor. auf die nomadisirenden Parther oder (nach Justin) scythischen Flüchtlinge (Haiathelah) angewandt (im Lande der Kuschiten) und er gilt später bei den Armeniern als synonym mit den Ephtaliten oder weissen Hunnen. Aus dem Character der Thessalier††), als einem Asien (unter wechselnden Namen) erobernd durchziehendem Reitervolk, würden sich die mit dem Argonautenführer Jason†††), Sohn des Aeson (König's von Jolcus in Thessalien) verknüpften Siegesdenkmale (bis zur Zeit Alexander M.), sowie die Verbindung von Medus*†) (Sohn der Medea) mit der Namenveränderung der Medier oder Arier erklären, und Jason wiederholt sich noch später in den Namen der Tagus*††) von Thessalien. Strabo erklärt die Gleichheit armenischer Kleidung mit der thessalischen von Armenus, Gefährten des Jason. Wegen seiner Verwandtschaft zu Jason verschonte Achill (nach Demetrius von Skepsis) Lemnos. Das Fürstengeschlecht der thessalischen

---

*) Auf Euboea bildeten die Hippobatae die herrschende Kaste, wie die Ἱππεῖς in den griechischen Städten. In Creta hiessen die leibeigenen Eingeborenen Mnoae. Nach Kiepert entspricht Haik (mit adjectivischer Endung den indogermanischen Pati, um die Armenier als die Herren der schon im Lande angetroffenen Eingeborenen zu bezeichnen.

**) Illis omnibus mulierem quandam, cui nomen Marcaja imperitavisse, quae Chaldaice Thaladtha vocatur, Graece autem dicitur Thalatta (Euseb.).

***) Taïa, Mutter des Amenhotep IV., der im Kampfe von seinen Töchtern begleitet ist, wird auf den Monumenten mit blauen Augen und blonden Haaren dargestellt. Blaue Augen und rothe Haare werden (s. Herodot) den Budini (Butones oder Guttones) der Wenden (wenda oder Wasser) zugeschrieben. Von andern Jotinnen war die dem Niord vermählte Skade (Tochter Thiasse's) hellen Teint's. Der Name Taia wiederholt sich als ein verehrter bei den Königinnen derselben Dynastie.

†) Mutter des Achill, dem sein Ross Xanthus baldigen Tod weissagte, (in der Vorstellung des Tatos oder redende Pferde deutscher Mährchen).

††) Πενέσται (Penestae) apud Thessalos non natura servi, sed oriundi a Boeotis, qui Arnae ab Haemone victi fuerant, sed ibi permauserunt ad tertiam usque generationem, quod regione illa delectabantur, tum se tradiderunt, interpositio jurepurando, se opus facientes male tractarentur, neve ex illa regione excederent. Jam a Μενέσται, postea corrupta littera Πενέσται dicti sunt, quos Lacedaemonii vocant Helotas, hos Thessali Penestas dicunt (Suidas).

†††) Sein Geschlecht schliesst sich dialectisch an die Asier oder As an, wie die Jasen des Kaukasos an die Aasen oder Ossen.

*†) Aus allem schliesst man, dass die Armenier und Meder mit den Thessaliern, die von Jason und Medea stammen, gewissermassen verwandt seien (Strabo). Thessali male audiebant ut praestigiatores (Suidas). Thessalae vocantur veneficicae.

*††) Proclus identificirt den etruskischen Tages, den der mit weissen Haaren (s. Strabo) geborene Tarchon aus der Ackerfurche gehoben (s. Lydus), mit dem Hermes Chthonius. Homer's Achaeer sind eigentlich nur die thessalischen Mymidonen in Phthia (wie Gerhard bemerkt) und Achäus stammte (mit Jon) von Xanthus oder Xuthus (dem Blonden). Auch den Vorfahren der Djingiskhan werden grüne Augen und helles Haar zugeschrieben, ohne an seinen Nachkommen bemerklich zu sein, wie sich (nach Rohlfs) die herrschenden Fulah's in den Staaten der Eingeborenen am Niger mehr und mehr verändern und diesen assimiliren.

Könige bewahrte Spuren ihrer thethalischen oder arabisch-scythischen Herkunft in den Aleuaden, den Nachkommen des rothhaarigen Aleum (ἰ πορρός),
und es würde sich also unter den Nomadenstämmen an die helle Varietät
anschliessen, d. h. an diejenige, die zu andern Zeiten als Usiun, Alanen,
Kaisaken u. s. w. bezeichnet ist. Welche Namensform damals, als sie von
den Griechen mit der Bezeichnung Thessalier (Thetalier im armenisch-
phrygischen Dialect) belegt wurden, die ursprüngliche war, liesse sich beim
Mangel sicherer Andeutungen darüber nicht bestimmen, doch ist durch den
Analogienschluss erlaubt, dass sie dieselbe Strasse aus dem Osten gekommen sein werden, wie die übrigen Nomaden, die aus Asien in Europa
eintraten und obwohl sie den Weg von Thianshu nicht in einem Zuge durch-
messen haben werden, doch voraussichtlich die gleichen Zwischenstationen
einhielten, wie sie durch die geographische Configuration vorgeschrieben sind.
Wenn die Ethnologie auf die Wanderungen der Nomadenvölker grosses
Gewicht zu legen hat, so ist das nicht ihrer selbst wegen, da sie weder
der Bringer einer Cultur noch der Träger derselben zu sein pflegen, sondern
weil durch die weite Verbreitung einer gleichartigen Schichtung in ihren
Eroberungen die darin involvirten Culturen über einen so ausgedehnten
Flächenraum verbreitet werden, dass auch nach tausendjährigen Zerstörungen
und Umwälzungen noch immer überallhin versprengte Spuren bleiben mögen,
während eine auf beschränkte Localität**) isolirte, wenn auch an Energie
höher stehende, Cultur durch einen einzigen Zusammensturz auf immer und
gänzlich verschlungen werden mag, so dass jede Erinnerung fortgewischt
ist und wir aller Materialien zur Reconstruction ermangeln. Zwischen den
gelben Färbungen der asiatischen Ebenen spielt ein nordischer Stamm, der
gegenwärtig dem Kirgisischen am nächsten kommt, der aber unter günstigen
Verhältnissen die blonde Rasse noch deutlicher zeigte und sich in dem Usiun
neben den Hiongnu erkennen lässt, den Gothen neben den Hunnen, manchen
Phasen der Türken-Bezeichnung neben den Mongolen und im Alterthum als
Geten die ursprüngliche Scythen begleitet, während die den Griechen bekannten Scythen gar noch neben den Geten, Massageten, Thyrageten
wohnten, aber doch schon durch den kräftigen Einfluss dieser arianisirt
waren, wie später die den Hunnen (d. h. den östlichen Nomaden der
Mongolensteppe) verwandten Bulgaren und ähnliche Horden ganz oder doch
linguistisch im Slaventhum verschwinden. Wie es schon die geographische
Lage dieser beiden Abtheilungen nothwendig macht, finden wir bei westlich
eingeleitete Bewegung stets die blonde Rasse der gelben vorangehen, und

---

*) Der Skamander hiess Xanthos, weil die Haare blond färbend, wie der Krathis
(nach Euripides) und der Sybaris bei Sybasis (nach Ovid). Die griechische Stadt Asinia
liegt (b. Skylax) am Promontorium Jasonium. Nach Strabo drang Jason mit den Thessalier
Armenns von Colchis über den Caspi bis Medien vor in Eroberungen.
**) Die arabischen Eroberungen verbreiteten die unter dem Einfluss der absorbirten
Culturen specifisch hervorgebildete Cultur des Islam über bedeutsame Theile Asien's und
Afrika's, und in ähnlicher Weise begriffen im Alterthum die abischen, scythischen, gothischen,
türkischen Züge u. A. m. stets so verschiedene Landestheile gleichartig, dass von ihm
sich immer an dem einen oder andern Punkte Reste erhalten mussten, wenn sie auch an
mehreren anderen zu Grunde gegangen sein mochten. Die Reconstruction ethnologischer
Verhältnisse im Alterthum aus abgerissenen Fetzen, die hier und da erhalten sind, gleicht
gewissermassen einem Geduldspiel, aus dem eine auseinander gebrochene Landkarte
wieder zusammengesetzt werden soll. Man muss ohne Ermüdung immer auf's Neue versuchen die vorhandenen Stücke in die eine oder andere Form zusammenzuschieben, bis
sie sich schliesslich alle in ihrer natürlichen Lage zeigen. Verliert man die Ausdauer und
sucht man sie gewaltsam hineinzuzwingen, durch Abfeilen oder Verändern der gegebenen
Conturen, so hat man nicht nur ein künstliches Conglomerat vor sich, ohne irgend welche
Bedeutung, sondern man hat sich auch selbst jede Möglichkeiten abgeschnitten, je wieder
ein getreues Bild festzustellen zu können.

so betreten die Alanen als Vorläufer der Hunnen Europa zuerst, oder werden die Usiun von den Hiongnu nach Bactrien gedrängt, indem sich stets das von Aristäus beobachtete Schauspiel des Völkergeschiebe wiederholt, dessen primus motor in den Drachenbannern der Chinesen zu liegen pflegt, indem dieser Culturstaat seine Grenzen weiter vorschob und so den Raum der Weideplätze beengte, da Nomaden nicht unter einander wohnen können, wie Ackerbauer, sondern ihr Terrain behaupten, oder es verlassen müssen. Eine ähnliche Reihenfolge wird nun auch bei der ersten aus Osten kommenden Eroberung, von der geschichtliche Kunde erhalten ist, Statt gehabt haben, bei der der Meder unter Zoroaster (b. Berosus). Zuerst fielen die blonden Reitervölker in Mesopotamien ein, ein arisch prädisponirter und damals als getischer bezeichenbarer Stamm (2400 a. d.), ihm folgten auf dem Fusse die gelben Verfolger (2200 a. d.), die das arische Element in der medischen Eroberung momentan durch ein turanisches ersetzten, als Anwohner des chinesischen Culturstaate's, (wo Chuandi's kräftige Regierung durch Beschränkung der Räubereien den ersten Anstoss gegeben) brachten sie zugleich die Kenntniss der Buchstaben mit und wurden so (nach Oppert) die Erfinder der Keilschrift, indem sie sich (wie jetzt die Mandschu, und vor der nestorianischen Reform die Uiguren) eine Kenntniss der im Mittelreich aufgespeicherten Wissenschaften erworben haben mochten. Obwohl indess damals durch diese angelernte Bildung überlegen, waren doch die Turanier den Ariern für die Dauer nicht gewachsen, indem der unbestimmte flüssige und von seiner Quelle weiter entfernte Typus jener stets vor dem kräftiger ausgeprägten der Arier im Westen zu erliegen pflegt. So verschwinden die Hunnen nach kurzer Weltherrschaft aus der Geschichte, während die Gothen und Germanen die künftigen Reiche bauen, die Avaren oder Obern werden aus dem Gedächtniss der Menschen vertilgt, die goldene Horde der Mongolen wurde rasch wieder fortgefegt, aber die Türken, die in ihrem ossmanischen Zweig arische Affinitäten zeigen, haben viele Jahrhunderte hindurch ihre gebietende Stellung zu bewahren gewusst. Nach kurzer Dauer der turanischen Herrschaft in Mesopotamien wurde dieselbe durch die Arier, die sich ihr vorübergehend (wie die Gothen oder der Hunnen) hatte fügen müssen, gestürzt mit Hülfe einer nationalen Erhebung des Volkes, mit der sich die Arier schon zu amalgamiren begonnen. So erhob sich die Chaldäische Dynastie, die Könige waren arische, wie ihre Namen beweisen, die Wissenschaft der Priester war noch meistens den Schülern der Chinesen entnommen und bewahrte deshalb den scythischen Dialect, der sich aber schon mit vor-semitischen Idiomen der Eingeborenen mischte, und als (nach dem Vorübergange der arabischen Usurpation) ein neuer Dynastienwechsel eintrat, kam das Semitische zum vollen Durchbruch, und die Arier, obwohl sie herrschende Klasse, fingen an das Semitische des Volkes zu reden, wie die Franken die unter römischen Mischungen umgebildete Sprache der Celten. In solche Gegenden dagegen, wo die eroberenden Arier keinen günstigen Widerstand im Volke, wo sie schwache Bevölkerung finden oder diese austreiben, brachten sie ihre eigene Sprache zur Geltung, wie die Anglosachsen in Brittannien, und so unterschied sich die in Medien und Bactrien geltende Sprache von dem Semitischen Mesopotamien's obwohl eine Zeit lang eine Dynastie gleichen Stammes das Ganze beherrschte. Von den Ariern oder Asicrn (eine Namensform, die sich auch bei den übrigen Nomaden erhielt, besonders mit Hinblick auf die Fürsten) erhielten die Aramäer ihre Bezeichnung, obwohl dieselben ihre eigene Sprache bewahrten, von den Weitergezogenen die Jremiden an Yemen, die später zu den untergegangenen Stämmen gerechnet wurden und von den in Persien Ansässigen Jran. Mit Ahmes (XVIII. Dyn.) beginnt Egypten als Seemacht hervorzutreten und die Entwicklung ihrer maritimen Kräfte führte zur Aussendung von Colonien, wie sie unter Belus (Vater des Aegyptus) auch nach Babylon geführt sein sollten und dort zur characteristischen Constituirung des Chaldaeer-Reiches und seiner Civilisation beitrugen, indem sie in den Oannes-Mythen bewahrte Beziehungen mit dem alten Aegypten erneuerten. Der Dienst der Eingeborenen wird ein götzendienerischer Fetischismus gewesen sein, der eine Zeitlang durch die nur die Gottheit des Himmel's anbetenden Eroberer verboten sein mochte, der aber durch die wiederholte Einführung des aegyptischen Sonnen-Cultus und Aufnahme des Ra als Ilu eine Stütze und zugleich eine veredelnde Weihe erhielt, die allmählig die unbestimmt vagere Himmelsverehrung bei Seite schob. Die Verehrer oder doch die Priester des als Il aufgefassten oder im philosophischen Begriff des Brahm angeschauten Ra bildeten die Ab-Ra, die Abrahmanen oder Brahmanen und diese wurden zur Auswanderung gezwungen, als mit dem medischen Einfall des Zoroaster auch die Magier erschienen. Die von den folgenden Turaniern in Mesopotamien bedrückten Arier hatten dagegen in dem Berglande Elam's, zu Susa (Soest), das (nach Rawlinson) unter dem Schutze des Armanni stand, eine selbstständige Herrschaft in ihren dort begründeten Fürstenthümern bewahrt und die Bitumen-Brunnen von Kir-ab bei Susa gaben Anlass zum Feuercultus, zu dem die Magier Medien's durch die vulcanischen Erscheinungen Azerbeidschan's oder der Naphtha-Quellen bei Baku geleitet waren. Die arische Reaction gegen die turanische ging besonders von ihren festen Sitzen in Elam oder Khuzistan aus (als der Aramäer aus Aram oder Elam) und indem dann die mit ihnen kommenden Feuerpriester feindlich gegen die Ra-Verehrer auftraten, bildete sich später die Mythe, dass seiner Zeit auch schon Abraham zur Auswanderung veranlasst wäre, weil er sich geweigert das Feuer des Nimrud (des von Süden Gekommenen) zu verehren. Die sich aus den verschiedenen Mischungen zur orthodoxen Gültigkeit durcharbeitende Religion wurde dann durch die Chaldaeer vertreten, während diejenigen Brahmanen-Priester die den schon früher weiter gezogenen Theil der Nomaden begleitet hatten, mit ihnen in Indien eintraten und dort den eigenen Glauben erhielten, mit Erinnerungen an die Städte bewohnenden Asuren (die Div der Perser, als nach neuer Reform die Dewa böse geworden). In Armenien überwog die Verehrung des Mondes oder Khaldi, des ursprünglichen Gottes der Chaldaeer, in deren Heimath Kalwadha (nach Abulfarag) Hermes begraben sein sollte, in Mesopotamien dagegen stand der Cultus der Sonne hervor in Larrak (Lartsa) oder *Λαράγγαι* (früheste Hauptstadt der Chaldaeer) und in Sippara oder Sura, und wie der letztere Name (mit den Suryawansa) nach Indien getragen wurde, so ging der andere durch die assyrische Residenz von Larissa in pelasgische Larissa und weiter in die Laren und Larthen***) Etruskien's über, wo wieder Kreuzung mit aegyptischen Einflüssen eintrat. Als Kasdim schliessen sich die Chaldaeer an die Kassier (Kissier) und Kossäer an, die

*) Die an die königlichen Scythen grenzenden Ugrier waren meistens Nomaden. Weiterhin wohnten die in Atmonen, Sidoner und Peuciner getheilten Bastarnen (nach Strabo).

**) Die thracischen Sintii hiessen Saci oder Sapaei (n. Strabo) und Saparda ist das einzige Land (neben Katapatuka oder Kappodocien), das die Keilinschriften zwischen Jonien und Armenien kenne (ausser der Westküste Kleinasien's). Die Sapeiri in Moschia (im Kaukasus) werden mit den in (indischen) Kasten getheilten Iberern (Ophir's) identificirt.

***) Scythae Persiani sunm regum regem Arthem, Hetrusci consanguinei eorum Larthem (maximum) communi vocabulo nuncupabant (Annius). Rawlinson stellt *Σακα* (*Σακατα* oder *Σκυθαι*) und *Σακαλοι* (*Σακαλαται* und *Σκυλοται*) mit Opisci (Osci) und Apuli (Apulisci oder Volsci) zusammen. Auf dem Altar des Ulysses in Asciburgium war (nach Tacitus) der Name Laertes geschrieben (Sohn der Chalcomedusa). Artja sind heilige Alterthümer in Sunda.

Bastian. 11

sich in Kasyapen und Kossijopeen weiter verzweigen. Welche der für
Theben vorgeschlagenen Etymologien die richtige sein mag, immer bleibt
der Name der Dewa (deus, dios) an diese Götterstadt oder Dewanagara
(die ihre Filialen in Böotien und am Fuss des Ida bauten) geknüpft, indem
die an Cultur überlegenen Egypter aus Theben eben für Dewa erklärt
wurden, ähnlich wie noch jetzt die Europaeer im indischen Archipelago,
und dieser Name dann ganz in die Bezeichnung aus jenseitigen oder aus
überirdischen Regionen (wie bei den Birmanen aus den Abhassara-Himmeln
oder Tibet) Hergekommen verblieb und völlig mythologisch wurden. Diejenigen Nomaden dagegen, die ohne Egypten zu berühren, direct nach
Westen gezogen waren (und auch nicht in Länder, wo sie den aegyptischen
Cultureinflüssen ausgesetzt gewesen sein würden, verweilt hatten), brachten
die bei allen östlichen Nomaden China's für Fürsten und für heilige Wesen
verwandte Bezeichnung As, als Name der Götter mit, wie sie sich in Asen,
Aesar, Aesymneten (und vielleicht auch in Zeus oder Zios) erhalten hat.
Ihm paralell geht die directer an die Gothen oder Geten geknüpfte Bezeichnung der Gottheit durch Gode, Khuda und schon im alten Thracien
als Kottys. Sie wurde auch von denjenigen Stämmen, die schon von den
Ili-Ländern aus nach Bactrien abgelenkt hatten, südlich getragen, und kam
dann mit dor aus Egypten stammenden Namensreihe in Collision, als von
Mesopotamien nach Indien gerichtete Emigrationen ihren Pfad kreuzten.
Auf den Berührungspunkten bildeten sich dann die dunkelen Wandlungen
der Glanzgottheiten, wodurch auf der einen Seite die Devas in Div's, auf
der andern Jima, der sonnenleuchtende, in den unterweltlichen Jama verkehrt wurde. In älteren Stücken der Vedas findet sich Asura (Ahura in
Aura-Mazda) noch als Beiwort Brahma's verwandt, später aber geht es
in die entschieden feindliche Bedeutung über, und dann bildete man durch
Abwerfung des vermeintlich a privativum den Gegensatz der Suren oder
Götter. Die Çura oder Helden hängen etymologisch mit $Kv\varrho\iota o\varsigma$ (Herr)
zusammen, durch Uebergang des palatalen s in k, wodurch auch Asman
(Himmel im Persischen oder Stein im Sanscrit) aus Akman in Kaman und
weiter in Himmel übergeht.

Die $\varLambda o\acute{v}\gamma\iota o\iota$ $\varLambda o\~v\nu o\iota$ (b. Ptolem.) am askiburgischen Gebirge (neben den
$\varLambda o\acute{v}\gamma\iota o\iota$ $Bo\~v\varrho o\iota$) hiessen (zur Zeit des markomannischen Krieges) Vandali
oder (b. Tacitus) Vandilii (Vindili), neben Sueven (unter den Ligii mit den
Alcis, als Castor und Pollux, verehrenden Naharvali) genannt. Die Könige
der Vandalen (von denen Wisumar durch die Gothen besiegt wurde) stammten
aus dem Geschlecht der Asdingen. Die Vandalen (b. Paul Diac.) oder
(in Rothar's Gesetze) die Assipiti kämpfen mit den aus Scandinavia fortge-
zogenen Vinili, die durch die List Frea's (der Vanengöttin) von Guodan*)

***

*) Bournouf ayant montré que chuda, (choda) n'est qu'une altération du Zend quadata,
créé par lui-même an qua répond en sanscrit sva, il n'y a plus aucun moyen d'y rattacher
guths. Vodanus quem Mercurium vocant (Jonab von Bobbio) von den Allemannen. Die
Gothen verehrten Mars (nach Jornand). Thorolf Quldufsson, der (von König Harald
Harfagr) Lappland zum Leben erhalten, besiegte (mit Hülfe der Quenen unter König
Faravid) die Karelen (877 p. d.). Die Cvenen wurden vom Bischof Stephan (Stenphi)
oder Simon bekehrt. Die Karelen unterstützten die Nowgoroder, um die Jemen aus der
Gegend des Ladoga-See's zu vertreiben. Auf der Insel Björkö handelten Karelen, Ingern
und Russen mit deutschen und gothischen Kaufleuten. Die aus Nowgorod ausgewanderten
Colonisten (1174 p. d.) zogen von der Kama in das Land der Wotjäken, wo sie am Wjatka-
Flusse die Stadt Chlynow gründeten. Der norwegische Wiking Other (b. König Alfred)
war der erste Bjarmalandsfahrer (IX. Jahrht.). Ptolomäos setzt die Silinger (Schlesier)
neben die Semnonen. Das Land in West-Ungarn, von wo Godegisel auszog, hiess (VII.-
VIII. Jahrhdt.) Vandalia. Nach Prokop fanden sich (V. Jahrhdt.) Reste der Vandalen an
der Oder. Die Slaven (in Pannonien) heissen (an der Grenze Steiermark's) Vandalen oder
Wenden. In der Legende des heiligen Rupert (VIII. Jahrhdt.) wurden die Slaven mit den

(Gott) als Longobarden begrüsst werden (die Asen Hänir's durch List besiegend). Im askiburgischen Gebirge sprosste aus der Esche Ask, der erste
Mensch und von Bur (Stammvater der Asen) leiteten sich in Buri die
Bauern, die später (unter Ansibarii) in dienende Verhältnisse traten. „Den
Wodha haben die Slawen von gothischen Völkern bekommen, sowie hin-
wieder die Gothen von den Slawen die Frea entlohnt haben, die auch deswegen Wana-Dis, die wendische Göttin" genannt werde, in der Bedeutung
der slawischen Göttin Siewa. Die *Boρανοί* waren (wie Unigundi und Karpoi)
mit den Gothen verbunden bei dem Einfall unter Gallus und der Eroberung
von Trapezunt. Die erste Erwähnung von Franken*) findet sich bei

---

Namen Vandalen bezeichnet. Die slavischen Colonisten im bairischen Wald· wurden lateinisch Wandali genannt (nach Koch-Sternfeld). In Salomoglossar (IX. Jahrbdt.) wird
Vandalen durch Wint wiedergegeben. Der Thuner-See heisst (VII. Jahrhdt·) lacus vandalicus. Die Awaren werden mit den Wandalen identificirt. Die Herzöge von Mecklenburg
und Könige von Dänemark (als über Wenden herrschend) werden wandalische Könige genannt. Adam von Bremen identificirt Wendilen und Wenden. Marobud (König der Markomannen) beherrschte (8 a. d —10 p. d.) die Lupier, Zumer, Butonen, Mugilonen, Sibiner
als das grosse Sueven-Volk der Semnonen (nach Strabo). Plinius theilt den germanischen
Hauptstamm der Wandalen (im lygischen Lande) in Burgundionen, Wariner, Uariner und
Guttonen. Die Gothen sollten aus der Sklaverei in Brittannien entkommen sein, um den
Preis eines Pferdo's losgekauft. Nachdem Ptolem. die Gothen am Ostufer der Weichsel
erwähnt, wurden sie als Gotti oder Getae im Kampf mit Caracalla genannt (b. Spartian).
Die Gothen zogen unter Filimer (Sohn Godarich's) ad Scythiae terras, qua lingua eorum
Quin vocabantur, und dann nach dem Pontus. Die Vandalen werden vom Fluss Vindelicus
in Gallien abgeleitet. Die Astingi beunruhigen unter Marcus Antonins die Umgebungen
der Nordgrenze der römischen Dakien's, wurden aber durch ihre eigenen Landsleute, die
Lacringen gedehmüthigt, worauf sie Aufnahme bei den Römern fanden. *ὅτι ἦλθον καὶ*
Ἀστιγγοι καὶ Λακριγγοὶ εἰς βοήθειαν τοῦ Μάρκου (Petrus Patricius). Die Asdingi (Astingi)
zeigen sich (wie die Taiphalen) neben der Gothen als Hülfsvolk des König's Ostrogotha
gegen die Römer (Jornandes) Egressi Longobardi de Rugiland, habitaverunt in campis
patentibus qui sermone barbarico „feld" appellantur (Paul. Diac.). *Τελλιμερ αὐτόν σὺν*
τοῖς ἐνδόξοις τοῦ ἔθνους, οἷς ἐκάλουν Ἀστιγγους οἱ βάρβαροι (Lydus). Die Asdinger (Astringi)
oder Hasdinger bildete das Königsgeschlecht der Vandalen. Thai-fali ist (nach Zeuss) aus
verlorener Wurzel goth. theif.au abzuleiten, wie Wendali aus windan. Gentes omnes ab Illyrici limite usque in Galliam conspiraverant, ut Marcomanni, Narisci, Hermunduri, et Quadi,
Suevi, Sarmatae (im bellum Marcomannicum) Vocantur autem nsitato more Marcomanni
gentes undique collectae, quae Marcam incolunt. An der Spitze des Sweben-Reiche's,
das Marobod von Bojoheim aus gründete, heissen die Markomannen vorzugsweise auch
Suevi. Albis quae antiquitus dicebatur Maurungani (Geogr. Rav.). Die durch die Seherin
Gambara aus ihrer Heimath wegen den Schlangen fortgeführten Longobarden erkämpfen
sich Sitze bei Paderborn (nach d. Anonym.).

*) Deinde supra dorsum Cimbricae Chersonesi Saxones, ipsam autem Chersonesum
supra Saxones ab occasu Singulones. Omnium maxime septentrionales Cimbri. Post
Saxones vero a Chauuso fluvio usque ad Suevum fluvium tenent Pharodeni. Insulae Germaniae adjacent juxta Albis fluvii ostia tres, Saxonum appellatae (Ptolem) II. Jahrhdt.
p. d. Quod apud Bononem per tractum Belgicae et Armoricae pacandum mare accepisset,
quod Franci et Saxones infestabant (Eutropius). Franci et Saxones terra et mari
violabant (Amm. Marc.). Die Chaucen schlossen sich (VI. Jahrhdt. p. d.) dem Sachsenbunde
an. Der fränkische General Arbogast reizte Valentinian zum Kriege gegen die Franken.
Im Boractuarium pagus (südwärts von der Lippe) blieb der Name der (kleinen) Bructerer.
Die Sachsen belästigten die in Gallien sässigen Franken, wie früher diese die Römer. Die
Westküste Frankreichs bildete die littora Saxonum. Für die von den Chaucen vertriebenen Ansibarier (Ampsarer) sucht Bojocalus Land in den Pferdeweiden der Römer. Rec-
tores gentis Wisogaste, Salegaste et Widogaste, Arogaste Bodogaste et Virovade, (im salischen Gesetz). Die Marser heissen Maurusier bei Dio Cassius. Strabo unterscheidet die
beiden (durch Tiberius) gesonderte Theile des Volke's dadurch, dass er die in ihren Stamm-
sitzen wohnende Sigambrer: Gamabrinen, die verpflanzten dagegen Sugambrer nennt
(s. Ledebur). Die Macht der Bructerer wurde durch die Chamaden und Angrivarier (An-
garier bei Engern) gelähmt. Die Sigambrer, Cheruscer und Sueven bekämpfte Drusus bei
Arbalo (11 a. d.). Indomitosque Sygambros (Pedo Albinov.) Tungern oder Thüringer.
Circa Meothidas paludes consederunt, condita civitate, quam Sicambriam nominarunt, a
qua etiam ipsi Sicambri, nominati sunt, post Priamum filio ejus Marcomiro regnante.
Franci Sigambria egressi, in Thoringia Germanorum Provincia consederunt (du Chesne)
Autor Vitae St. Sigeberti. Pippinus successibus prosperis orientalium Francorum (quae

Flavius Vopiscus (s. Ledebur). Idem apud Maguntiacum tribunos legionis sextae Gallicanae, Francos irruentes, cum vagarentur per totam Galliam unter Gordian III. (238—244 p. d.). Chamavi qui et Franci (Peutingersche Tafel). Durch die Longobarden scheint der Name Carniola*) die Bezeichnung des alten Lande's der Carnen am Ostabhange der jolischen Alpen, soweit es die Slaven besetzt hatten, geworden zu sein. Denn nicht nur nennt der Geogr. Rav. diesen Namen (patria Carneola, quae et Alpes Juliana antiquitus dicebatur), sondern auch der longobardische Geschichtschreiber bezeichnet das Carniola als Grenzland von Friaul als ein Gebiet der Slaven zur Zeit des Herzog's Ratchis, und die karolingischen Autoren

---

illa propria lingua Osterliudos vocant, suscepit principatum (Ann. Mettens.). Eystland était synonyme (sur les pierres runiques) de l'Ostrogord des Normands et autres Scandinaves (Schnitzler). Die Sprache der Kreevingher im Lande der Kuren oder (nach Sax-Or.). Kureten ist ein esthnischer Dialect.

*) Paulus Diac. nennt Carniolam, Sclavorum patriam. Die slavischen Bewohner in Böhmen und Mähren werden auf den Stammvater Tschech zurückgeführt. Die Karantanen, die sich selbst nur Slowenzen nennen, werden von den im Lande (Kärnthen oder Corinthia) ansässigen Deutschen mit dem Namen der Winden bezeichnet. Die Noriker, deren Hauptgott Belen oder Apollo (die Eisenbergwerke und Eisenarbeiter schützend) war, errichteten auf den Bergen pyramidenförmige Steinhaufen zu Ehren des Donnergotte's Taran und verehrten den Kriegsgott Esus unter dem Sinnbild eines Schwerte's oder einer Lanze. Das Reich des Samo erstreckte sich von der mittlern Elbe südwärts bis zur Donau. In das Land der Bajaoren von dem Herzog Garibald II. aufgenommen, wurden die (bei einem Kronstreit aus Pannonien zum König Dagobert geflüchteten) Bulgaren auf Geheiss der Franken überfallen und niedergemacht ausser einer vom slavischen Fürsten Walluch oder Walduch in der marca Winidorum (bei Fredegar) oder Carniola geretteten Schaar (E. H. Müller) Columbanus oder Siegbert lehrte die wilden Rhätier. Der Herzog Bajoarien's verhinderte Emmeram zu den slavischen Völkern an der untern Donau zu ziehen, für deren Bekehrung er einen der slavischen Sprache kundigen Priester mitgenommen. Unum illic Romanorum omnium votum est, ne unquam eos necesse sit in jus transire Romanorum. Una et consentiens illic Romanae plebis oratio, ut liceat eis vitam quam agunt agere cum barbaris (Salvianus) in den von Westgothen besetzten Landstrichen Galliens. Die Verzeichnisse der Güter und Einkünfte des Kloster's in Fulda in den fränkisch-thüringischen Gebieten nennen überall Slaven unter ihren Dienstpflichtigen (nach Wolf). Zahlreicher finden sie sich in den oberen Main-Gegenden, an der Rednitz und der Aisch. Diese Striche heissen Slavenland (terra Sclavorum, juxta ripam fluminis Moin, in regione Slavorum), und ihre Bewohner wurden Main-Wenden (Moin-winidi) und Rednitz-Wenden (Radanzwinidi) genannt. Sie standen indess von Anfang an in Abhängigkeit von den austrasischen Königen. Auch die slavischen Stämme zwischen der Saale und Elbe fanden sich schon unter der Oberhoheit des König's Dagobert (als Sorben); die waldigen Berghöhen zu beiden Seiten der obern Saale bis zum Fichtelgebirge und die Main-Quellen führten selbst den Namen Slavenwald (in saltu Slavorum) wegen der dortigen Bevölkerung (s. F. H. Müller). Von den erobernd eindringenden Stämmen germanische Länder wurde früher unter anderen Nationalnamen bekannte Völker nach der Unterwerfung als Slaven oder Serven bezeichnet, wie auch die Schriftsteller des byzantinischen Reiches die früher den Römern unter andern Namen bekannten Völker gegebenen Bezeichnungen als Σκλαβηνοι und Σποροι (mit eigener Erklärung) auffassten. Jeder Stamm, jeder Unterstamm bildete für sich eine selbstständige Gemeinschaft, weil alle Mitglieder von demselben Stammvater abstammen, aber gleichzeitig bestehen innerhalb dieser Gesellschaft einzelne Gruppen, deren Mitglieder enger zusammenhalten (Ibn Chaldun). Ein Sklave, der freigelassen (atyk) geworden war, trat in das Verhältniss eines Clienten zum Patron (b. d. Arabern). Die von andern Stämmen ausgeschiedenen und dem Stamme aggregirten Individuen, die in dem Stammverband aufgenommen waren, hiessen Molsak (lazyk oder adrypti) oder halfi (Beeidete). Die Arier und Griechen liessen ursprünglich nur die agnatio (die Vormundschaft von väterlicher Seite), nicht die cognatio (die Verwendschaft von mütterlicher Seite) zu, die Araber halten beide in Ehren, wenn auch die ersten höher (Kremer) gehalten wurde. E Mauris vindicabunda dividuntur inter ricoshomines non modo, sed etiam inter milites ac infantiones. Peregrinus autem homo nihil inde capito (nach dem Forum Suprarbiense, als Gesetz des Königsreiches Sobrarbe). Die in Folge der fuero de poblacion in den wüsten Provinzen Spanien's angesiedelten Colonisten erhielten eine Art benutzbarem Eigenthum unter der potestad dominical und konnten ihr Land auch von Knechten bebauen lassen. Die Perioken (in Argos als Orneaten bezeichnet) bewahrten in Lakonika den allgemeinen Namen der Lacedaemonier, während die Dorer von der Stadt Spartiaten hiessen.

nennen die Carniolen als Anwohner des Flusse's Save und als Nachbarn der Longobarden in Friaul. Erst später in der nachkarolingischen Zeit tritt in diesem Carniola der Name Krain hervor, als Umformung des alten Namen's in der Sprache der Slawen auf der Grenzmark gegen Italien (F. H. Müller).

Suevorum non una ut Cattorum Tencterorumve gens (nach Tacitus) und die Chatti sowohl, wie die ihnen durch alte Stammfehden verfeindeten (obwohl in nationalen Angelegenheiten verbündeten) Cherusci, cum quis aeternum discordant (Tacit.) Chatti, bilden die einheimisch-keltische Bevölkerung Mattium's (aus dem nach keltischer Weise Mattiaci abgeleitet wurde) gegenüber dem erobernd eingedrungenen Reitervolk der Sueven, das deshalb auch seine Grenzen nach den Chatten zu (s. Caesar) wüst legte und in ihrem durch Marobod gestifteten Reich mit den Cherusken unter Arminus kämpft. Zu Drusus' Zeit hat das gemeinsame Interesse, als Bewohner Germanien's, Alle vereinigt, und als die Beute im Voraus vertheilt wurde, überliessen die hinlänglich berittenen Suevi die für ihre Märsche wenig brauchbaren Pferde der Römer den Cheruskern, für sich selbst das Gold und Silber (wie die Sicambrer die Gefangenen) beanspruchend. Auf dem westlichen Vorposten der Sueven hatten die an Zahl geringen, aber durch Tapferkeit gefürchteten Langobarden (Σουῆβοι Λαγγοβάρδοι) den chattischen Gebrauch langer Haare und Bärte (bei den mit Janitscharen-wuth kämpfenden Jünglingen, die sich erst die Erlaubniss des Scheeren's erfochten mussten) angenommen und schrecken durch denselben in der Sage ihre nördlichen Nachbaren, als sie wieder mit denselben zusammentreffen. Zwischen Chatten und Rhein sassen Sigambrer und Ubier, dann Marsen, Teucterer, Usipier (s. Zeuss). Die Usipier (Assapa's) und Teucteri waren (nach Caesar) von den Sueven über den Rhein gedrängt, und nach ihrer Besiegung durch die Römer flüchtete ein Theil der Reiterei zu den Sigambern. Der Name der Sigambrer wird mit der Tradition verwoben sein, nach welcher Odin oder Sigi beim Zuge durch Germanien seine Söhne dort als Fürsten eingesetzt, und so kam auch später in die Annalen der Franken ihre östliche Ableitung aus Pannonien. Ambrones fuerunt gens quaedam Gallica, qui subita inundatione maris cum amisissent sedes suas, rapinis et praedationibus se suosque alere cooperunt (Florus), und diese, ihrer späteren Sitze am Rhein wegen als gallische bezeichneten Ambronen, die Streitbarsten im teutonischen Heer (nach Plutarch), werden aus den heimathlichen Sitzen der Sachsen gekommen sein (den Aldsaxones, die noch in britischen Chroniken als Ambrones bezeichnet werden), als freibeutende Waräger, die sich selbst in dem den Barditus wiederhallenden Schlachtruf der Bardi als Barones oder Varones (Kämpfer oder Tapfere) bezeichneten (was freilich auch die Liguror im römischen Heere zu sein meinten). Nobilissima Batavorum insula et Cannenufatum et aliae Frisiorum, Chaucorum, Frisiabonum, Sturiorum, Marsaciorum, quae sternuntur inter Helium et Flevum, heisst es bei Plinius, und dieser ganze nord-germanische Küstenstrich ertheilte seinen Bewohnern den eigenthümlichen Character seiner

---

*) Baron, vir nobilis, sed alteri obnoxius, alias vasallus et cliens. Sic autem dicitur a bar, vir, quasi „homo Regis," quod Regi ob quaedam beneficia, quae et Feuda vocant, militaret. Quicunque enim alteri quodammodo obnoxius est, is homo ejus esse censetur, sive baro. Hinc ejusmodi nobiles in sequioris aevi chartis vocantur „mannen" absolute et per excellentiam quasi homines regii (Wachter). Hispan is quoque varon virum et magnatem denotat. In der Parallele des Curien-Verhältnisse's mit dem Familienverhältnisse stellte die keltische Verfassungsform die erste Curie mit dem Hausvater, die zweite mit dem Haussmutter, die dritte mit dem Haussohn in Vergleichung. Um sich in einem Dorfe nieder zu lassen, bedurfte es bei den Franken Einigkeit der Dorfbewohner, Heimdallr zeugt als Rigr) mit 3 Ehepaaren: Thrael (servus), Karl (ingenuus) und Jarl (nobitis), wobei der

geographischen Verhältnisse, wobei dann wieder die Friesen durch westliche Einflüsse, die Chauken von ihren cimbrischen Nachbarn (in deren Sachsen sie später ganz aufgehen) aus in besonderem Gepräge markirt wurden. Tacitus begreift sie (proximi Oceano) unter die Ingaevones, die eigentlichen Eingeborenen (im Gegensatz zu den, im fahrenden Irregane, irrend wandernden Hoermannen der Herminones, die auf der Iringesstrâza herbeigezogen waren, wie die Brüder der Szekler auf der Milchstrasse), neben den Istaevones, mit Astingi (Asdingi) zu einer Wurzel gehörig (s. Zeuss), als Astinga aus art, goth. azd. (genus, genus nobile). Bei Plinius stehen die Istaevones (quorum pars Cimbri mediterranei) am Rhein, die Ingaevones begreifen die Bewohner der cimbrischen Halbinsel bis zum Sevo mons neben den Chauci, die Herminones umfassen ausser den (durch das gemeinsame Nationalheiligthum im Lande der Semnonen verbündeten) Suevi, die diesen (in dem Zwischenraum seit dem strengeren Gegensatz zu Caesar's Zeit) mehr verähnlichten Hermunduren (die mit den Römern in freundschaftlichen Handelsverbindungen standen und dann durch die Ostschwaben in die Thuringi übergehen), Chatti, Cherusci, während Peuciner mit Bastarnern zweifelhafte Nationalität blieben, und die Vindili die noch unbestimmten Völker des Osten's (Burgundiones, Varini, Carini, Guttones) andeuteten. Gleichbedeutend mit Suovi im Osten (neben Winidae Jorn., Ούένέδαι Ptol., Veneti Tac.) war der Name Vindili oder (mit Ablaut) Vandilii (s. Zeuss) von vindan (windon), vandjan (wanden), wantalon (wandeln). Die alterum orbem terrarum auf Felsklippen (hollo altn.) oder (nach Jornandes) excisis rupibus (quasi castollis) wohnenden Hillevionen (b. Plin.) begreifen die Bewohner Scandinavien's, wo (nach Tacit.) Suionem civitates, ipso in Oceano, praeter viros armaque classibus valent. Den Suiones (die dem Namen Suovi auf dem Festlande entsprechende Gesammtbenennung, nach Zeuss), unter welchen Ptolem. die Χαιδεινοί (in Hoidhmörk), die Φανουαι (Finnaithae), Φιραῖσοι (Friesen), Γοῦται, Λανκίωνες (Dannionos in Schouen), Λευωναι unterscheidet, schlossen sich die (wie die Kvenas im Kvenland oder feminarum terra) von

---

Endrelm, der die Namen Jarl und Karl verbindet, auf Gleichstellung der beiden oberen Stände deutet. Nach der Glosse des Sachsenspiegel's hatten die Sachsen bei Asia in Cilicia (silex oder Cilix) gesessen. Unter Gonthahar (Gundicarius der Günther) am Rhein erscheinend (376 p. d.) zogen die Burgunder mit Vandalen, Sueven und Alanen nach dem römischen Gallien (407 p. d.). Varrones familia plebya apud Romanos. Ita dicti sunt a varo seu varro, quod notat hominum durum asperumque. Sed de hoc aliter ipse Terentius Varro (Serv.) his verbis: Est et alia hujus rei historia. Varro enim, cum de suo cognomine disputaret, ait, eum qui primus Varro sit apellatus, in Illyrico hostem Varronem nomine quod rapuerat et ad suos portaverat, ex insigni facto meruisse nomen (Forcellini). Baro, vox est contumeliae, et significat stultum bardum, fatuum, hebetem (legitur ap. Cicer.). Vet. Pers. Schol. docet, barones seu varones Gallorum lingua dici servos militum, qui utique stultissimi sunt, servi videlicet stultorum. Die Jungen, als, wie bei den Chatten, am wildesten kämpfend, gab den Anlass zum Namen der Könige als Varonen, wie er daselbst durch Varo bezwungen wird, aber weil Barbar den Römern als Prototyp der Stumpfheit galt. Ausser dem Thunginus waren an der Gerichtsstätte die Sacebaronen zugegen (s. Waitz). Sacebaro, als vir litis, causae forensis, (Sachmänner in den Mallobergen). Von der Versammlung unter freiem Himmel oder auf den Anhöhen heisst die Glosse Malb oder Malberg. Nach Constantin hiess von den Stromschnellen des Dnepr der fünfte (als Welnyi prag im Slavischen) Βουλνηρύχ oder (ῥωσιστί) Βαρουφόρος aus altnordischem Bara oder Woge (Wolna) und fors oder Stromschnelle (s. Zous). Nestor nennt die Rus (neben Urmani oder Nordmannen, Agljane oder Angeln, Gote oder Gothen, Sweje oder Schweden) als besonderes Volk unter den Warangen jenseits des Meere's (bis nach England und Walland im Westen). Die an der Stelle der Dänen genannten Russen wohnten nach Mukkaddessi auf der Insel Wabia oder (nach Zeus) Dania. Der allgemein zur Bezeichnung fremdsprachiger Stämme genannte Name der Russen wird specifisch verwandt, wie der der Wälschen in Walland, nachdem Waraeger aus dem die Wehrmänner bildenden Βαρyyε oder Φαγχνοι zur Generalisation geworden). Γερμανοι οἱ νοῦ Φράγγοι καλοῦνται (Proc.). Germanen wird (statt aus weri, als Virromanni) durch das Keltische erklärt.

einer Frau beherrschten Sitones an bis zum Sueviae finis (Tac.). Die Guttones (Gothen) bilden (b. Plinius) das Hauptvolk der Istaevones (s. Zeuss). Beda unterscheidet die Altsachsen (Eald Seaxan oder antiqui Saxones) von den Boruktuariern, indem er den Namen der Brukterer nur für diejenigen Bewohner des alten brukterischen Lande's gelten lässt, welche Franken blieben, zu denen früher das ganze Volk gehört hatte, während er für die übrigen Theile den alten besonderen Namen in den neuen allgemeinen Namen der Sachsen untergehen lässt. Die Boruktuarier sind aber vornehmlich die im weiteren Sinne zu den brukterischen Volke gehörenden Chattuarier in dem Hatterun-Gau auf dem östlichen Rhein-Ufer, welche immer ripuarische Franken geblieben sind, wogegen die nunmehr sächsischen Brukterer ihre Wohnsitze und ihro ursprünglichen Namen durch die zu Sachsen gehörige Gau Boroktra kund geben (F. H. Müller). Die lange Zeit theils unter den Namen der Franken theils unter den der Sachsen verschwundenen Friesen *) traten (VII. Jahrhdt.) an der Nordsee wieder an's Licht, wobei sich der Name der Friesen über alle Küstengebiete verbreitet vom rheinischen Deltaland bis zur jütischen Halbinsel (und der Name der Sachsen überall verschwindet). Von Theodorich's **) Aufgebot (der

*) Die Westfriesen (im rheinischen Delta lebend) bilden den Uebergang zu den fränkischen Völkern, die Ostfriesen sind den Sachsen verwandt, während das freie Friesland (Frisia libera) zwischen Flyo und Laubach den Kern bildet. Die fruchtbaren Marschniederungen von den Ufern der Nordsee und der Mündung der Eider und nordwärts bis Tondern hinauf, nebst dom vorliegenden Küsteninseln (Nordstrand, Föhr und Sylt) sollen (nach den Dänen) von den jenseitigen Friesen kolonisirt sein und wurden darum Klein-Friesland (Frisla minor) und Eider-Friesland (Frisia Eydernonsis) genannt (nach Wiarda). Die drei Stände der Edlen (Ethelingi), freigeborene (Friliugi) und der Hörigen oder Lassen (Lazzi oder Lidones) oder Serviles mit den freigelassenen (liberti) hatten alle in dem Gemeinwesen des sächsischen Bundesvereins ihre bestimmte politischen Rechte. Im Königreich Jerusalem wurden unterschieden les Barons dou reaume als Vasallen dos König's, les homes dou reaume (als Vasallen oder unmittelbare Vasallen) und deren Vasallen, les homes liges Der servus wurde erst lotus, um dann völlig frei zu werden (Waitz). Den Leten stehen die pueri regis gleich (treigelassene in einem persönlichen Anhängigkeits-verhältniss zum König) [Kba luang]. Denen, die im Gefolge des Königs sind (in truste dominica), sowie Jedem, so lange er sich im Heere befindet, wird ein dreifaches Wehrgeld zu Theil. Die Elephantenführer hiessen Indi, auch die afrikanischen Carthago's (bei Polyb). C'est ainsi, qu'en France tous les changeurs furent appelé's lombards, et qu'aujourd'hui encore on donne le nom de suisses aux portiers (s. Armandi).

**) Nulla fero injuria subditos affecit ipse, neque ulli, qui talia admisisset, indulsit, nisi quod partem agrorum, quos Odoacer (Ὀδόαχρος) factioni suae concesserat, inter se Gotthi diviserunt (Procop). Dem Patricier Liberius, als prätorianischen Praefecten, schreibt Ennodius: Quid quod illas innumeras Gothorum catervas, vix scientibus Romanis, larga praediorum collatione ditasti, et nulla senserunt damna superati. In einem Kaufbrief (im ostgothischen Reich) wird unter den Vorzügen des Grundstück'e erwähnt, dass es frei sei, a sorte barbari (barbarica). Nach Besiegung der Heruler zogen die Longobarden (VI. Jahrhdt.) über die Donau nach Pannonien und nach Vernichtung der Gepiden nach Italien (in Begleitung einer Schaar von Sachsen (568 p. d.). Die Slaven erbauten Krakau auf die Trümmern von Carodunum (Hauptstadt der germanischen Lygier). Krakau, das von dem bei Errichtung der Mauern Statt findenden Rabengeschrei (Krkánj) benannt wurde, war zu Ehren des alten Krakus gebaut, Vater des jüngeren Krakus, der (nach Vernichtung des Drachen) seinen Bruder tödtete und deshalb verbannt wurde. Talos findet Krivitchi in Herodot's Krobyzi (der Ister). Von Liberius sagt Theodorich (bei Cassiodor): Juvat nos referre quemamodum in Tertiarum deputatione Gothorum Romanorum que possessiones junxerit animos. Nam cum se homines soleant de vicinitate callidere, istie praediorum communio causam noscitur praestitisse concordiae. Sic enim contigit, ut utraque natio dum communiter vivit, ad unum velle convenit. En factum novum et omaino laudabile gratia dominorum de cespitis divisione conjuncta est, amicitiae populis per damna crevere et ex parte agri defensor aequisitus est, ut substantiae securitas integra servaretur. Una lex illos, et aequabilis disciplina complectitur. Necesse est enim, ut inter eos maius crescat affectus, qui servant jugiter terminos constitutos. Cum deo juvante selamus Gothos vobiscum habitare permixtos, ne qua inter consortes, ut assolet, indisciplinatio nasceretur, wird in einem Erlass an sämmtliche Einwohner der Provinz die Ernennung

Ostgothen in Pannonien) zum Feldzuge gegen Italien, sagt Ennodius: Tunc a te commonitis longe lateque viribus, innumeros diffusa per populos gens una contrahitur, migrante tecum ad Ausoniam mundo, nullus praeter parentem iter arripuit. Sumta sunt plaustra vice tectorum, et in domos instabiles confluxerunt omnia servitura necessitati. Die Gothen*) nannten sich Gut-thiuda, die Franken nannten sich thiöt Vrankono, die Schweden nannten sich Suithiod. Nemet (im keltischen) bedeutet Heiligthum. Deutschland heisst (b. d. Litthauern) Tauta (Volk) oder Teutonia (Wokietis oder Wikinger). Bei den Römern**) ging die Vertheilung von Gemeinland (ager

Comes Gothorum empfohlen. Vos autem Romani magno studio Gothos deligere debetis qui et in pace numerosas vobis populos faciunt et universam rempublicam per bella defendunt (s. Cassiodor). Antiqui barbari, qui Romanis mulieribus elegerint nuptiale foedere sou ari, quolibet titulo praedia quaesiverint, fiscum possessi cespitis persolvere, ac super indicticiis oneribus darere cogantur (in der ostgothischen Provinz Savien).
   *) Die Wenedeu waren (vor den Gothen) im Besitz der Bernsteinküste (auch der baltischen Küste). Samo herrschte über die Sclavi (oder Venetici bei Jona) oder Winidi (s. Fredegar), als Slaven, die Bonifacius Wenden nennt. Die Gothen waren in Süd-Skandinavien ein älteres Volk, als die Sueonen, die ursprünglich im mittleren und westlichen Theil der Halbinsel sassen. Nach der Edda war der Name Gotaland im Norden weit älter, als der Name Danaland und Swealand. Plinius nennt Scandinavien alter orbis terrarum. Adam von Bremen nennt Scandinavien alter mundus. Jornandes nennt Scandinavien officina gentium. Mela setzt die Weichsel, als die Grenze zwischen Germanien und Sarmatien. Tacitus rechnet Arier, Elusier u. s. w. unter die lugischen Völker (hinter den suevischen Bergen). Der Zug der Bojer nach Böhmen begann über die Karparthen (377 a. d.). Probus besiegte Semnon (König der Logionen) am Rhein. Zwischen Mons Asciburgius (Riesengebirge) und Weichsel wohnten die lygischen Völker. Die Russen heissen Gudas bei den Litthauern. Deutschland heisst Wahzsemme (bei den Letten) und der Deutsche heisst Wahzis oder Wachsemnecks. Die morastige und vom Meere durchgebrochene Küste der Ostsee wurde von den scandinavischen Völkern im Mittelalter Reidgotaland genannt (von Riet oder Ride, und Wasserlauf auf den Geesten). Die Nadrauer und Schalauer werden von den übrigen Preussen Gudden genannt (nach Schlözer). Die Preussen belegen die Litauer und Russen mit dem Namen Gudai. Die Polen und auch die Deutschen (11. und 13. Jahrhdt.) nannten die Preussen Gothen oder Geten (s. Thunmann). · Im Gegensatz zu den dem Seewesen abholden Letten, übten die Kuren die Schiffahrt. Sie lebten (als finnische Stamme's) mit den Liven und Esthen in vollkommenster Eintracht, wogegen die Letten von diesen Völkern feindselig behandelt wurden. Nach der Deine und nach Samland kommend, erhielten die Finnen den Namen Esthen. Godr bedeutet in dem alten Isländischen ein Mann und Hof-Godar hiessen bei den Schweden Hofmänner. Eo anno, in Avarorum, cognomenti Chunorum, regno in Pannonia surrexit vehemens intentio, eo quod do regno certarent, cui deberetur ad succedendum, unus ex Avaris et alius ex Bulgaris (Fredegarius). Dozy vergleicht den Aufstand der Karmaten (mit der aramäischen Landbevölkerung Irak's, die Hamdan-Karmat folgt) mit dem Bauernkriege in Deutschland und der Jacquerie in Frankreich.
   **) Wie sonst Burgunder (Barbarus) und Römer wurden (im Gesetzentwurf) auch Faramanni (Hausvater oder Familienhaupt) und Romani einander entgegengestellt. Si quis liber homo migrare voluerit aliquo potestatem habeat intra dominium regni nostri cum fara saa migrare, quo voluerit, sic tamen, si a rege ei data fuerit licentia (Ed. Rothar.) [Waragèr.] Die Landtheilungen, welche die Germanen mit den Römern vornahmen, betrafen nur die Freien (den Kern des Volkes), die durch Allode erwarben, während der aus den Gefolgschaften hervorgehende Adel durch die Freigebigkeit des Königs mit Lehen beschenkt wurde, obwol er auch zugleich im römischen Hospites (und besonders an vornehme Römer) vertheilt sein konnte (s. Gaupp). Wer mit Lehen beliehen war, sollte (nach dem Burgundischen Gesetz) dem römischen Wirthe von seinem Grundstücke nichts abfordern. Nach einer Eroberung folgte die hoopahera der papahora, als die Vertheilung der Ländereien unter die Ranakira oder Sieger, auf Hawaii, wo das Volk am Boden gefesselt war. Die sächsische Verfassung unterscheidet Principes oder Satrapae als Häuptling der einzelnen Gauen von den nobiles im Volk. Satrapae saxonum (bei Beda). Mortuis Ibor et Ayono ducibus, wählten sich die Longobarden (nach Paul Diac.) einen König, wie bei den Polen die Regierung den Lech und nachher den Leskus mit Woiwoden wechselt. Nach Kleqb hatten die Longoborden wieder Herzöge, dann ein König. Nach König Cenwath's Tode rissen (nach Beda) Subreguli oder (nach Aelfred) ealdermen (Gauvorsteher) die Herrschaft an sich, doch wurde sie bald wieder in die Hände eines Königs aus edlem Geschlecht niedergelegt. Sunt denique ibi, qui illorum lingua edlingi, sunt qui frilingi, sunt qui lassi dicuntur, quod in latina sonat lingua, nobiles, ingenuiles utque serviles (heisst

virïtanus) unter die Bürger, meistens nur auf die Hausväter über, nur einzeln wurden alle freien Köpfe der Familien in Anschlag gebracht (b. Livius). Mit dem Einfall der Avaren (611 p. d.) in Friaul fassten (in ihrem Gefolge) die Slaven*) festen Fuss in Norikum und Venetien. In Cilli sich

---

es im Leben des heiligen Lebuin von Hucwald) über sächsische Landgemeinden, Non enim habent regem iidem antiqui Saxones, sed satrapas plurimos suae genti praepositos, qui ingruente belli articulo mittunt aequaliter sortes et quemcunque eos ostenderit hunc tempore belli ducem omnes sequuntur et huic obtemperant (Beda). Der Name Faramund erinnert an den Lord Paramount (s. Gaupp).

*) Da die Sachsen (im Bunde mit den Franken) die ihnen im Osten zugefallenen Gegenden der besiegten Thüringer nicht besetzen konnten, räumten sie dieselben (534) neuen Colonisten gegen Tribut ein, den slavischen Soraben. Jornandes, der die Slaven an der Quelle der Weichsel setzt, erwähnt, dass damals (511) unter ihren verschiedenen Stämmen eine gewaltige Bewegung geherrscht, wobei sie beständig ihre Wohnsitze verändert haben. Als Winili sind die Longobarden die kleinen Wenden neben den Vandalen (als grossen) Nach Nestor wurden die Slaven in alten Zeiten Noriker genannt. Die Avaren leiteten sich vom Volke Ogor. Nach Constantin stammten die Chrowaten, die die Awaren in Dalmatien vertilgten, aus Belo-Chrowatien (Böhmen). In der Sprache der Bulgaren hiess Allah (nach dem Chalifen Moawiah) Tangry (Tengri). Der Name Mähren 822 p. d.) wird abgeleitet von dem Marchfluss (Maraha oder Marus). Während Pannonien oder Gross-Mähren dem slavonisch-illyrischen Stamme zufiel, waren in Mähren (wie im benachbarten Böhmen) die cechischen Elemente überwiegend. Ueber Mähren, sowie über die Slovaken in Ungarn, über Böhmen und über die angrenzenden Slavenstämme im Fichtelgebirge, am Main, an der Rednitz, an der Elbe und Saale, an Oder und Weichsel, in Karanthanien und Pannonien herrscht Samo (627—662). Karl M. bekämpfte die Avaren oder Obri (790 p. d.), die Pipin (803 p. d.) besiegte, so dass mit Pannonien die Provincia Avarorum oder Hunnorum in die Grenzen des fränkischen Reichs gezogen wurden, und die Markgrafen von Friaul und der Ostmark, ausgedehnte Reiche erhielten. Der Avarenfürst Zodan huldigte Karl M. in Regensburg (803). Die Nordostgrenzen des Karolingischen Reichs hiessen die limes Sorabicus an Saale und Elbe (der Sorben). Nach Naruszewicz sind die (nach Kofalovitch) littauisch sprechenden Heruler (deren Sprache Bohusz für littbauisch hält) Vorfahren der Littauer. Der natürliche Verkehrsweg (zwischen schwarzen und baltischen Meer) rief (als die politischen Verhältnisse das Knüpfen eines neuen Handelsknotens nöthig machten, noch spät im Mittelalter zwischen Memel und Düna die littbauische Nationalität in's Leben, deren (wegen höherer Culturbegabung) seit Palemon mit Italien verknüpfte Begründer (Julian Dorsprung) in Vilkomierz (bei Wilna) residirte, wie sein Neffe Kiern (1040 p. d) in Kiernob. Die Κάρπιοι oder (bei Ptol.) Άρπιοι (Καρπιανοί zwischen Bastarner und Peukiner) verlangten (III. Jahrhdt. p. d.) Jahrgelder, wie sie den Gothen gezahlt wurden (nach Petrus Patricius). Sie wurden unter Diocletian (s. Jornaud.) auf römisches Gebiet verpflanzt (nach Eutropius), seit Aurelian (bei Victor) als Καρποδακαι mit Hunnen und Scyren (s. Zeus). Libo, der Stammherr der livischen Sage, wird zum Römer gemacht, der vor des Nero Grausamkeit zu entfliehen hat, im Anschluss an den von diesen für den Bernstein nach der Ostsee entsandten Ritter. Die Heneti wanderten durch Thracien ans adriatische Meer, als (den Carni benachbarte) Veneti oder (nach Tacitus) Venidi (am baltischen Meer), und die Litthauer stellen Palemon an die Spitze ihrer Cultur. Von seinem römischen Gefolge stammt (nach Uvagninus) der Adel, das Bauernvolk von den Gothen. Die römischen Colonisten, die vor den Barbaren in die Berge von Moramor (Siebenbürgen) geflüchtet waren, kehrten nach Dacien oder der Moldau zurück, als ein von den Hunden des Dragosch (Sohn des Bogdann) verfolgter Büffel (Dzimbe) den Weg zeigt (s. Kantomir). Die Bewohner der Moldau heissen Ak-Wlach oder Ak-Iflak (weisse Wallachen) im Gegensatz zu den Kara-Iflak (oder schwarzen Walachen) der Walachei (bei den Türken). Bogdan (père de Dragos) franchit les montagnes et vient s'établir dans le haut pays de Cumanie (Moles Dava on Moldavie). Moldavia quae in antiqua Dacia dicta fuit, exulum romanorum quondam fuit receptaculum, quos in magna frequentia ibidem habitasse confirmat idioma incolarum a Latinis profectum (Piasecius). Ideo Moldavi et Latini dicti sunt a Thuroczio. Die unter König Aepulo die Römer angreifenden Istrier (163 a. d.) wurden von Claudius Pulcher unterworfen. Nachdem König Gentius von Illyrien besiegt war, durchzog Cassius von Aquileja aus durch Karnien, Japydien und Istrien. Zinzibites herrschte jenseits und diesseits der Alpen. Der transalpinische Fürst Balanos bot den Römern eine Hülfe gegen Macedonien an. Marcius unterwarf (117 a. d.) die Sarnier (Karnier), die sich eingeschlossen verbrannten (wie die Litthauer). Nach Ptolomäos waren die Sargatii und Cargones Nachbarn der nördlichen Alpen. Karamsin setzt die die Jassier in den Terek. Die Jassier werden 1226, 1277, 1280 in den russischen Jahrbüchern erwähnt. Bei Mela heissen die hinter karpathischen Länder (bis zur Weichsel und zum finnischen Meerbusen) Sarmatien (I. Jahrhdt). Amm.

niederlassend, waren sie (bis 738) den friaulischen Herzögen tributpflichtig
(s. Thunmann). La Vallaquie (Val des eaux ou Vallis aquae) d'aujourd'hui
n'est connue des indigènes que sous le nom de Terre romaine ou montueuse
(t'eara rumaneasca ou munteneasca) et les Vallaques *) ne sont pas appelés
autrement par leurs frères du nord et de l'est, que Munteni (montagnards).
Nach Dudik unterschied man zwei Mähren, das obere Mähren**) oder das

Marcell. setzt einen Theil der Alanen (mit den Surgatiern) nach Norden, den andern (mit
den Jaxamaten, Maeoten, Jazygen und Roxolanen) an die Küste des Mäotis und Pontus.
Nach Strabo wohnten die Asburgianer (*Aσπουργιανοι*) auf der pontischen Küste von der
Stadt Phanagoria bis nach Gorgippa, Die bosporanischen Könige nannten sich seit
Sauromates I. (Geb. Ch.) Aspurgianer (wegen der Abstammung). Der Hauptsitz der Asen,
aus dem das Geschlecht Odin's (bei den Gothen und Sueven göttlich verehrt) stammte, war
Asgards (Aseuburg oder Asenland) im Lande der Aspurgianer am schwarzen Meere (oder
Asow am Don). Die Jazygen opferten Pferde den Göttern. In der Urkunde, worin
Ottokar II, König von Böhmen, (1274) den Deutschen in Prag ihre Rechte bestätigt, werden
neben Theutonici, Boëmi und Judaei, als besondere nationale Abtheilungen der Einwohner-
schaft, auch Romani genannt (s. Saupp).
   *) Tout le territoire jusqu'au Gilu (Gilius au Gilles) a conservé le nom de Romanat'i,
c'est-à-dire Romă nati, Romains nés à Rome, de Rome même, purs Romains (Vaillant).
Nach dem ersten Feldzuge Carl M. gegen die Avaren, versagten Cazaren, Cumanen, Bulgaren und Slaven (die mit den Uzen, Bissenen, Moonguren, Picenaten u. s. w. Dacien bewohnten) Tribut und Pipin zwingt dann den Khagan der Avaren zur Taufe. Dann kamen
die römischen Colonisten von den Bergen herab und erkannten die fränkische Oberhoheit
an bis sie sich (wie Dalmatien und Serbien von Byzanz) unabhängig erklärten (826 p. d.).
Der wallachische Fürst Gelu bekämpfte (mit Picenati und Slaven verbunden) die Chazaren
und Cumanen. La langue Or (de la Dacie) est encore plus latine à l'heure qu'il est que
ne l'était déjà plus langue d'Oc au dixième siècle. Eutrop sagt, dass Trajan nach Dacien
ex toto orbe Romano infinitas copias hominum transtulerat ad agros et urbos colendos. In
der Wallachei wurde Caracalla gebaut, in der Moldau die Stadt Roman. Die Hauptstadt
Sarmisegethusa wurde (in Siebenbürgen) als Ulpia Trajana wieder aufgebaut. Les colons
Romains, protégés par les armes des Francs, descendus de leurs montagnes, s'étendent peu
à peu dans les Vallaquies. Dans la plaine de l'Auranie (de Banat), ce sont les
Ardialiens, pâtres de Gelu, qui sous le nom de Pastores romanorum errent en paix avec
quelques hordes de Cumans, dans la littorosa (Vallaquie) et Basse Moldavie, ce sont
les Munteni, qui disséminés parmi les Cumans, entretiennent des rapports avec leurs
frères d'au delà le Danube, à l'est et au nord, dans l'Atelcusu, ce sont le Moldaveni qui
s'insinuent parmi les Cazurs, et domptent par leur douceur et leur courage l'humeur
farouche des Picenati, que les Byzantins retaident pas ailleurs à exterminer. Die durch
die Vallachen (mit den Picenati verbündet) aus Atelsusu (der oberen Moldau (vertriebenen
Ungarn wandten sich (unter Almus) gegen Gallizien, dessen Fürst Geschenke brachte und
ihnen rieth, statt seines unfruchtbaren Landes das ihren Vorfahren gehörige Pannonien
(der Slaven, Bulgaren, Vallachen und römischen Hirten) zu besetzen. wo Salanus (Fürst
der Slaven und Bulgaren) seinem Grossvater Reanus gefolgt sei und Menumorus (Sohn des
Morus) über die Cazaren herrsche, wie Glad über die Cumanen. Die in Ungarn (1239)
eindringenden Mongolen wurden von Zadu Negri (der rumänische Fürst von Vacarus und
Omlas) nach Böhmen getrieben: wo Wenzelaus sie verjagte (1241 p. d.).
   **) Die slovenischen Mährer verbreiteten sich in den von den Avaren (unter Pipin's
Verwüstungen) verlassenen Gegenden vom Manharbsberge bis zum Einfluss der Gran in
die Donau. Das obere Mähren heisst (bei Const. Perph.) Gross-Mähren. Nach Einhard
wohnten die Mährer (als Nachbarn der Bulgaren) in Dacien (824 p. d.) Dani quos Juthas
appellant (Ad· Brem.). Als Pipin die Avaren hinter der Theiss zurückgedrängt hatte
(796), verbreiteten sich die Mährer in den verlassenen Wohnsitzen und besetzten (822) das
Ganze des fränkischen Pannoniens. Der von den mährischen Slaven bedrängte Grosschan
der Avaren erhielt (806 p d.) Sitze zwischen Carnuntum und Sabaria (von Carl M.), als
Capcanus, princeps Hunnorum (b. Einhard). Die im bulgarischen Reich lebenden
Tscheremissen wurden später von den Tatarischen Khanen in Kasan beherrscht. Bei der
Theilung gab Kaiser Ludwig seinem Sohn Hludwowicus (917) Baioriam et Carentanos et
Behemios et Avaros atque Sclavos, qui ab orientali parte Baicariae sunt, et insuper duos
ullas dominicales ad suum servitium in pago Nortgave (der Nordgau im Regen-Kreise).
Luttrauf et Ingo'dessat. Der avarische Chakan Abraham wurde in der Fischa (unterhalb
Wien) getauft (805 p. d.). Neben Herzog Moimir unter den mährischen Stämmen an
Mareh und Thaja herrschte Fürst Privina bei Neitra. Vor Moimir zu Radbod (Grenzgraf
der Ostmark) flüchtend, wurde Privina (830 p. d.) von König Ludwig getauft (als Volk des
Kozel). Ludwig gab dem Privina das zum Lehen erhaltene Land als Eigenthum (848 p. d.)

sogenannte Kronland mit seinen alten Antheilen in Ungarn und an der
Donau (vysnii Moravê in Dual, weil durch die Donau zweitheilig) und das
untere Mähren (niznjaja) Mähren oder das bulgarische. Constantin II. unterwarf (657 p. d.) Slavinien oder das Land der Slaven, die sich in Moesien
niedergelassen. Nachdem die Bulgaren*) an der Donau (Anfang des
VI. Jahrhdt. p. d.) erschienen, wurden sie von den Avaren unterworfen,
befreiten sich aber unter Kuvrat, worauf Asparuch's Stamm sich im südlichen

in Pannonien. Nach Besiegung der Mähren setzte Ludwig (846 p. d.) Rastiz (Neffe
Moimir's) ein, wurde aber auf dem Rückweg von den Böhmen angegriffen. Die 851 abge-
fallenen Sorben oder Serben wurden von den Franken besiegt, ober die unter Rastiz auf-
gestandenen Mährer (Marahenses) schlugen (mit den Bulgaren verbündet) den Angriff
Ludwig's zurück (855 p. d.). Die vor der Bekehrungsweise des Bischofs Stephan fliehende
Schaar von Persern und Syrjänen zog (nach den Wogulen) von Dvina-Jug nach jenseits
des Ural (XIV. Jahrhdt). Unter den Krainer giebt es Gottscher, Walachen, die man
Uskoken nennt, Wippacher, Karstner, Tschitchen, Poigker, Istrianer, Liburnier, Wasser-
Chroaten (s. Hoff). Als Walachen an den See heissen die Dalmatier Morlachen. Nach
Linhart waren die Euganer am adriatischen Meer eine tuskische Colonie.
    *) In dem an der Wolga von Kama gegründeten Reiche vermischten sich die Bul-
garen dergestalt mit den (ackerbauenden) Slaven, dass ihr Oberhaupt sich Malek-Al-
Saklab oder slavischer König nannte und noch leichter war die Annäberung in dem Reiche
jenseits den Donau (während die Horden der Avaren, Magyaren, Petscheugen, Polovzen,
Tataren, Türken und andere Steppen-Ankömmlinge ihre wilde Nationalität beibhielten).
In Mösien bestanden lange zwei Sprachen (bulgarisch und slavisch). Der ehemalige Titel
des bulgarischen Oberhaupte's, Chakan, verschwand zwar, aber sein Sohn führte noch
den Titel Ταρκανος (von Tugma, der Gesandte der Türken, Ταρχαν nach Menander) b. Konst.
Die Bulgaren schwuren im Durchhauen von Händen. Les Bulgares parleut la même langue
que les Khazares, cello des Boultasses est différent (d'Ohsson). Una est utrisque (Slavenis
et Antis). lingua (Procop). Als Arnulph (899) bis zur Donau herrschte, hatten weiter unten
Kroaten, Serben und Dalmaten Staaten gebildet. Zwischen Donau, Theiss und Wag
herrschte der slavische Fürst Salan über Slovaken und Bulgaren. Am linken Ufer der
Theiss residirte der chasarische Fürst Marot in Bythor. Zwischen dem Maroschfluss und
Orschoui herrschte der bulgarische Fürst Glad (der mit petschenegischen Soldaten aus
Widein gekommen war) über Rumunier (Walachen). In Siebenbürgen herrschte der bulgarische Fürst Gelou über Rumunier. Durch die Magyaren, die (893) gegen Swatopluk
Hülfe geleistet hatten, wurde die Herrschaft der Slaven in Ungarn gebrochen. Luzice
meint ein sumpfiges und niedriges Land, wie die Niederlausitz (so wo der Name erst
später auf die gebirgige Oberlausitz übertragen wurde. Die heutigen Deutsch-Kärtner
sind der Hauptmasse nach alte Carantanerslaven und ein mit Celten und späteren
Deutschen, besonders bairischer Abkunft, vermischter Volksstamm (Wagner). Die Reste
der (mit Roxolanen und Alanen) die (medischen) Sarmaten bildenden Jazygen wurden in
Podlachien von Polen und Russen (993—1289 p. d.) vernichtet. Die Sarmaten heissen
medisch, weil Nomadenstämme (nicht von mongolischem Gepräge's, wie die Hunnen, sondern)
kurdisch-iliatischen Gepräge's. Die Awaren forderten von den (696) besiegten Tschechen
und Mähren Tribut bis die von den Avaren mit den Frauen der Slaven gezeugten Söhne
zugleich mit ihren Stiefvätern ihre Tyrannen erschlugen (624) und sich befreiend den
tapferen Samo zum Könige wählten. Nachdem die Slaven (527) über die Donau gezogen,
räumte ihnen Kaiser Justinian (546) die Stadt Turris ein, um den Uebergang gegen die
Hunnen zu schützen. Die Wilzen, die auch Lützen und Welataben oder Wlotabenen
hiessen, waren eins der mächtigsten Hauptvölker der deutschen Slaven (s. Thunmann).
Die Wenden setzten sich (VI. Jahrhdt.) als Carantaner-Slaven (Goru oder Berg) in Norikum
fest und nahmen an dem Freiheitskampf der Slaven (gegen die Avaren) unter Samo Theil
(mit ihren mährischen Stammbrüdern. Als nach Samo's Tode die Avaren auf's Neue vordrangen rief die Carentaner-Herzog die Baiern zur Hülfe, die dann Carantanien mit dem
fränkischen Reich vereinigten. Zu den Tauriscern in Steyermark gesellten sich die Boyer
und einige gallische Völker, ferner Nordgauer und Pannonier, bis das von den Römern
eroberte Land theils zu Ober-Pannonien theils zum südlichen Norikum gerechnet wurde.
Nach den Verwüstungen der Gothen, Hunnen, Longobarden liessen sich die Slaven, als
Winden, im südlichen Steyermark nieder und (nach Unterwerfung der Hunnen und Slaven)
übergab Karl M. die östlichen Gegenden Deutschland's als Avaria den dazu bestellten
Mark- oder Grenzgrafen (confinii comites), von denen Wilhelm und Engelschalk gegen
die Mähren kämpften. Nachdem Otto (955) die Ungarn zurückgetrieben, wurde bei der
Theilung Kärnthen's Leopold (Markgraf von Styne) der erste Herzog (1127) von Steyermark (Kindermann). Die (keltischen) Bojer (Stammgenossen der Boji in Ober-Italien)
wurden (bei den Besetzung Böhmen's durch die Markomannen und dann durch die Czechen)
nach Baiern gedrängt.

Bessarabien niederliess und (nach der Besiegung des Kaiser's Constantin Pogonatus) von Varna aus die slavischen Stämme Bulgarien's unterwarf (671 p. d.) durch die Dobrudscha (Kleinskythien) eindringend (Verlängerung der Steppen am schwarzen Meer bis in die thracische Halbinsel). Die Uebersiedelung der Slaven*) über die Donau an die Balkan-Halbinsel zog sich (mit ihrer Ausbreitung) anderthalb hundert Jahre hin und aus der Walachei, Moldau und Bessarabien zogen in Schaaren slavische, mit den Slaven am Ilmensee und am Dniepr zunächst verwandte Stämme aus und überschritten die Donau, meist in der Dobrudscha und bei Silistria oder auch mehr westlich in der Richtung nach Nissa (Hilferding).

---

*) Zur Zeit Attila's erschienen die Slaven in Dalmatien. Als die Avaren Dalmatien eroberten (die Save überschreitend) und die römischen Colonisten verdrängten, rief Heraklius (641 p. d.) die Kroaten und Weisskroaten (aus West-Galizien jenseits der Carparthen) herbei, in der Familie von fünf Brüdern (Kluk, Lovel, Kosnctz, Muchol und Chorvat) und zwei Schwestern (Tuga und Vuga), die die Avaren aus Dalmatien vertrieb, die Reiche Süd- oder Küstenkroatien und Nord- oder Savekroatien gründend. Unter einem der beiden Brüder, die in Weiss-Serbien (östlich von Weiss-Kroatien am Ausflusse des Dniestr oder Pontus) herrschten, zogen die Serben über die Donau und erhielten von Heraklius (erst bei Thessalonich, dann) in Illyricum Wohnsitze. „Auffallenderweise haben die bosnischen Mohamedauer fast auch einen eigenen physischen Nationalcharacter. Es ist nicht blos der starke Bart, der sie von den fast unbärtigen Raja's unterscheidet, sondern meistens auch die regelmässige Gesichtsbildung, die sich oft dem reinen kaukasischen Typus nähert. Da die bosnischen Türken Slaven sind, so ist man genöthigt, jene Eigenthümlichkeit zum grössten Theil der durch die mohamedanische Religion bedingte Denk- und Lebensweise zuzuschreiben" (s. Sax). Verschieden von den früheren Uebersiedelungen der Slaven nach Mösien und Thracien (allmählig ausgebreitet) folgte der Uebergang der Kroaten und Serben in abgesonderten Trupp's (der Druzina oder Königsfolge) unter Fürsten. Unter den Nachkommen des Enkels desjenigen Fürsten, der die Serben in ihr Land geführt, nennt Constantin Porphyr. als herrschend Wyseslav, Radoslav, Prosigoj, Vlastimir. In den serbischen und kroatischen Reichen bildeten die Zupy oder Gaue (unter Zupa oder Verweser) eine Föderation (unter dem Gross-Zupan). Eine dergleichen Föderation, wo die Fürsten der verschiedenen Stämme vor der Gewalt des Bundesoberhauptes in den Hintergrund treten und die Stämme selbst ihre Absonderung aufgeben und sich zu einem Ganzen vereinigen, war eine in der slavischen Welt ungewöhnliche Erscheinung (unter der sich dagegen die durch Kriegerschaaren entstandenen Staaten des Mittelalter's in West-Europa herangebildet hatte.) Bei den Serben tritt in der Folge ein anderes Zubehör des Kriegsgefolgestandes scharf hervor, nämlich die Scheidung in den Kasten der Machthaber d. h. der Sebern oder der freien selbstständigen Individuen und der Leibeigenen, welche Neropchen oder Meropchen hiessen, eine Scheidung, wie sie bei den Deutschen des Mittelalter's gewöhnlich ist (s. Hilferding). Schafarik identificirt die einheimische Bevölkerung der Noropchen (s. Illyrien) mit den Noropsen im westlichen Macedonien. On donna aux chevaliers Teutoniques (οἱ Ἀλλαμάνοι im griechischen Text) quatre fiefs en propriété dans le pays de Dalmatia nach der Chronik von der französischen Vertheilung der Morea (s. Buchon). Die Scythen des Attila (dessen von glatten Balken gebaute Wohnung in einer Umzäunung stand) werden als Leute mit rundgeschorenem Kopf beschrieben. „Alles dies sind Merkmale, die in Russland ein slavisches Dorf von nicht slavischer Bevölkerung unterscheidet" (Hilferding). In Folge der Vermischung mit verschiedenen Völkern hatten Attila's Slaven die hunnische, gothische und italienische Sprache ausser ihren eigenen barbarischen Mundart erlernt (nach Priscus). Die unter Attilas Schutze am Nordufer der Donau herrschenden Slaven, eroberten (nach Konst. Porphgn.) Dalmatien (449). Kaiser Upravda oder Justinian (Sohn des Istock), dessen Aussprache den Barbaren erkennen liess, stammte aus dem Dorfe Vedrjana (in Dardanien), ebenso wie Belisar, dessen Reiterei (nach Procop) aus Hunnen, Slaven und Anten, (unweit der Donau) wohnten. Anten waren die nördlich vom schwarzen Meer bis zur Donau ausgebreiteten Slaven. Die Babylen oder Tepteren sind mit den Türken (deren Sprache die Meshteriaken reden) gemischte Votjäken. Belisar setzte den Anten Χιλβουδιος (Choilibud) als Oberbefehlshaber von Thracien ein, um die Donau vor den Barbaren zu schützen, da schon öfter (nach Procop) Hunnen, Anten und Slaven überzogen und verheert hatten. Als jener bei einem Streifzug auf dem linken Ufer gefallen, stand der Weg offen. Der Name der Slaven gab dem Deutschen ein neues Wort für den leibeigenen Knecht. Der Sklave (Schlave bei Moscherosch) ist der kriegsgefangene und verkaufte Slave (Bacmeister). In Mauringia liessen die Longobarden einen Theil der Knechte frei, die Zahl der Krieger zu vermehren (Disc.). Mit dem Namen Slav (seit V. Jahrhdt. p. d.) pflegte man als Collectiv-Namen alle die Stämme

Die zur Zeit der türkischen*) Eroberung zum Islam übergetretenen
Bulgaren (oder nach Const. Porph.) *Ovoyovrdovçoi* (Ounnoguri) sind von den
Türken nicht mehr zu unterscheiden. Die Pomäken (mohammedanischen
Bulgaren) haben türkische Formen angenommen, aber ihr Character und
Familiensprache ist slavisch geblieben. Durch langen Verkehr mit den
Saxen lernten die Sicambrer allmählig die theutonische Sprache, doch blieben
ihnen viele Worte quae magis Graecam**) originem videntur habere quam

---

zu bezeichnen, die im östlichen Europa vom baltischen bis adriatischen Meer längs der
Elbe und dann herunter längs des böhmischen, steiermärkischen und krainischen Gebirges
gewohnt (Dudik). Zu dem in Süd-Russland (513 p. d.) ansässigen Slavenstamm gehörten
Budiner und Nuraver. Neben den slavischen Veneter finden sich die Winden und Wenden,
dann (II. Jahrhdt. p. d.) Serben, Slovenen, Polanen, Weleten (Wilten), Chorwaten (Kroaten),
un andere slavische Stämme an Elbe und Donau (bei Ptol.). Die in östlichen oder
russische, südliche oder illirische und nordwestliche (Böhmen, Polen, Mährer, Slovaken,
Lausitzer) oder czechische getheilte Slaven sprechen als Dialecte die czecho-slovakischen,
den ober- und unterlausitzischen, den polnischen, den gross- und kleinrussischen, den
bulgarischen, den serbisch-chrovatischen und den krainisch-slovenischen (von der altslovenischen Kirchensprache stammend). Der deutsche Stamm der Nemeter, deren Namen
bei den Slaven auf alle Germanen überging, saass zu Tacitus Zeit schon im Elsass (als
Nemçi), unter der Schutzgöttin Nemetona. Die Sprache der Veneter wurde nach Polybius
von der gallischen unterschieden. In den Alpen wurde (nach Livius) tuskisch geredet.
Die Sprache der Khazaren glich (nach Ibn [Haukal) weder der persischen noch der
türkischen.
    *) Das Ueberwiegen der Türken in Ost-Bulgarien datirt (nach Sax) seit dem
XIII. Jahrhdt., als Nachkommen finnischer Ur-Bulgaren (nach Maurer). Die Slaven haben
ihre osmanisch-türkischen Eroberer slavisirt Pannoniorum et Avarum solitudines pererantes
waren (889) die Ungarn (nach Regino). Pannones (pannones) von ebanón (aequi). Die
unter Aristus besiegten Römer (499 p. d.) beschuldigten die (von den Armeniern jenseits
des Caucasus gekannten) Bulgaren der Zaubereien. *Mavęñ Borłyaęóa* (bei Const. Porph.).
Esdin heissen die Bulgaren der Donau Burdjan (Quatremere). Die heutige Bulgaren sind
nicht nur slavisirte Nachkommen der tatarischen Bulgaren, sondern richtiger die Nachkommen der ältesten slavischen Bewohner des untern Donau-Ufer's, welche von den
tatarischen Bulgaren unterworfen waren, von diesen den Namen erhielten, aber als das
zahlreichere und dauerhaftere Element ihre slavische Sprache beibehielten (v. Sax). Die
tatarisch-bulgarische Dynastie (die im VII. Jahrhdt. von der Wolga her zu den im spätern
Bulgarien seit VI. Jahrhdt. ansässigen Slaven kommenden Wolgaren oder tatarischen
Bulgaren) dauerte bis X. Jahrhdt. (mit tatarischen Namen), aber bereits seit dem IX.
Jahrhdt., in welchem die Bulgaren von den Slaven-Aposteln Kyrill und Method zum
Christenthum bekehrt wurden, hatte das slavische Element in Bulgarien das Uebergewicht
und das tatarische verlor sich fast ganz mit Ausnahme des Volksnamen's. Les Gomarceus
(Galates des Grecs) furent fondés par Romarus (d'apiós Flavien Joséph). Mades a été le
chef des Madéens (les Médes des Grecs). Thobelos a etabli Thobeles (les Iberiens). Les
Mossokhenes ont été fondés (Cappadociens) par Mossokh. Ensuite les Paphlagoniens sont
venus. Les Scythes y ont transportés des Syriens blancs ou Kappadociens (cf. Joséphe).
Thigrame a fondó les Thigraméeus (ou Phrygiens des Grecs). La guerre, que Dardanus
(prince thrace) faisait aux Slaves de Paphlagonie, fut chantee par le poëte Corinnus.
Attila donnait des villages à ses femmes et aux généraux pendant que les esclaves (lo
Slovaki de la Hongrie) cultivaient la Terre.
    **) Unter der Regierung des Priamus, Sohn des Anthenor, 380. a. d.) starb Herzog
Marcomir, qui reliquit filium nomine Theocalum quem Sicambri summum sacerdotem Jovis
constituerunt et erat eis antistes, vates et parens regum. Usque ad illud tempus Sicambri
non habuerunt templa Deorum, sed sub quercubus litabant et consultabant. Nach dem
Sieg über die Gallier opferten die Sicambrer Knaben dem Jupiter, Mädchen der Venus.
Nachdem der schwache König Helenus 283 a. d. abgesetzt war, wurde sein Bruder Basan
erhoben. Hunc Sicambri et regem et sacrorum Pontificem statuerunt, quem propter
sapientiam ejus et mirifice gesta magnum Basan, vulgariter die groten Basan, nuncaparunt
Sacerdotes qui nobilium filios erudiebant, in templis regem Dickeobasan, id est justum
Basan, nominaverunt. Basan oder Basangot verschwand aus der Rathsversammlung
240 a. d. Nicanor, König der Sicambrer, unterstützte die Saxen gegen Gothen und Slaven,
sowie die Brittanier gegen die Archaden (222 a. d.). Gegen die in Griechenland und
Macedonien einfallenden Slaven (von der nördlichen Donau her, wo sie Attila concentrirt
hatte) oder (nach Bielooski) Autariaten rief der Kaiser (581 p. d.) den Avarenfürst (Chan
Bajan) zu Hülfe, der (nach Besiegung der slavischen Stämme in Pannonien) eine Gesandschaft an Doorat (Laurentius oder Dauritas) oder (nach Menander) Daurentius, Fürst der

Germanicam (Trithem.). Hecatäns erwähnt der Boreaden als herrschende
Kaste in Brittannien *), Priester des Phoibos. Die bei Tolosa angesiedelten
Vettonen, Arebaci und Celtiberer verehrten **) Methon, Aherbelste, Xuban,

Slaven, Walachien und im östlichen Ungarn geschickt, um Tribut zu fordern, der von den
selbst zu herrschen Gewohnten verweigert wurde. Eo tempore Sicambri regem suum
Basanum (248 a. d.) usque adeo coeperunt timere, quod nullus inter eos magni aut parvi
quicquam mali contra legem vel dicere, vel agere, praesumebat. Unde sacerdotes deorum
regem Graeco vocabulo δικαιοβασαν, id est, justum Basan vocabant, Vulgus autem
Theobasan cum nuncupabat, quod lingua Germanica Basangoth (Θεύβασαν) significat
(Trithem.). Auxilia ferentibus Saxonibus, Doringis atque Germanis fielen die Sicambri
unter König Merodacus († 93 a d.) in Italien ein, wurden aber dann von den Römern
(die die Gothen und Sclavi gegen ihre Bundesgenossen schickten) angegriffen und obwohl
sie regem insulae Aquilonaris (quos Danos hodie nuncupamus) zu Hülfe riefen, durch
Marius geschlagen. Cassander, König der Franken († 72 a. d.), besiegte (mit dem
sächsischen König Arthari und dem thüringischen Hamer) die Gothen (unter König
Borbista) bei ihrem Einfall. Remigius redete Chlodwig bei seiner Taufe als Sicamber an.
Maelo oder Melo (König der Sigambrer) huldigte dem Augustus (nach der Inschrift bei
Ancyra). A (sanscr.) pa, tueri (pati, maitre) repond πασιοι (ποιμην) et (sanscr.) pala,
gardien (gopala, vacher), Pales (deesse des troupeaux), Palatium (pâturage), fal (irl.).
Pâna (sanscr.), protection, (shôithrapûna, protecteur du pays, ou Σατράπης en Zend) est
le persan pân, bân, gardien, d'où gôpân, gavhân, Kourdgován, gaván, pâtre, vacher. C'est
aussi le lith. ponas, maitre, seigneur, pona, maitresse, demoiselle, noble, comme en russe
panu et panna, en polonais pan et pani. L'illyrien bàn est le nom du chef ou du prince
(Pictet). Ηών (d'après Pott) avec le sens propre de pâtre et de protecteur (Gopa devenu
plus tard le chef de district et le roi) d'après Constantin Poryh. les tribus slaves étaient
gouvernées par des Ζουπανοι γέροντες, l'est l'ancien slave jupanu, le dakov jupane,
seigneur, l'anc. polon. zupan. chef de district le bohém zupau, préposé de commune,
l'illyrien zupan, intendant de maison etc.
    *) Das ächte Schlangenei (der Druiden) musste stromanfwärts schwimmen, auch
wenn in Gold gefasst. Auf dem Steinfeld (in der Nähe der Rhone) gegen Albion und
Bergion (Söhne Neptun's) kämpfend. wurde Herakles (dem die Pfeile ausgingen) durch
Jupiter mit einem Steinregen unterstützt. Credas pluisse, adeo multi passim et late jacent
(Mela). Galli se omnes ab dite patre prognatos praedicant idque ab druidibus proditum
docent (Casar). Aborigines primos in hic regionibus quosdam viros esse firmarunt. Alii
Dorienses, antiquiores secutos Heraclem, Oceani locos habitasse confines, drysidae memorant
re vera fuisse, populi partem indigenem, sed alios quoque ab insulis extimis confluxisse
(nach Timagenes). Nach Casar glaubten die Druiden, dass die Seele in andere Körper
übersiedelte, nach Lucan fand die Seele den auferstandenen Körper in einer andere Welt
wieder. Nach Diodor warf man Briefe an die Freunde des Jenseits auf den Scheiterhaufen und (nach Valerius Maximus) wurden Geldgeschäfte gemacht, mit der Bedingung
in der anderen Welt abzurechnen und die Schuld zu zahlen. Berühmte Personen nahmen
(in Schweden) den Namen längst Verstorbener an, um für Endarboren (oder auf's neue
geboren) gehalten zu werden (s. Dalin). Εἰσὶ δὲ παρ' αὐτοῖς καὶ ποιηταὶ μελῶν, οὖς Βάρδους
ὀνομάζουσιν, οὖτοι δὲ μετ' ὀργάνων ταῖς λύραις ὁμοίων ἄδοντες, οὖς μὲν ὑμνοῦσιν, οὖς δὲ
βλασφημοῦσι. Φιλόσοφοι τέ τινες εἰσὶ καὶ θεολόγοι περιττῶς τιμώμενοι, οὖς Σαρωνίδας
ὀνομάζουσιν (Diodor). Σαρωνις ist eine alte Eiche, deren Rinde schon Spalten bekommen.
Seronyddion hiessen in Alt-Brittanien die drei Haupt-Astronomen (Barth). Nach einem in
der Pariser Domkirche (1711) ausgegrabenen Denkmal sind die Druiden Senani genannt.
Im Wallisichen heisst Semnoa ein Erforschen der Zukunft (nach Davis). Strabo nennt die
Samnitae (heilige Frauen) und Seannachei ist im Gälischen ein Stammtafelgedicht
(s. Bragur). Samnad ist im Altschwedischen die Versammlung. Diogenes erwähnt die
Senmothei. Im Phoenicischen ist San heilig (Sunna oder Wissensuhaft im Arabischen).
Barde (von Bar) heisst Laut, Geschrei und sinnverwandt der Mensch, wie Laut und Leute.
Die Druiden lehrten in einer mystischen Sprache (nach Clemens Alex.). Bardus Gallice
cantor appellatur qui virorum fortium laudes canit, a gente Bardorum (Festus) Auf
einigen Abbildungen trägt der Druide das Bild des gehörnten Monde's, wie er im sechsten
Tage zu sehen ist, in der Hand. Die Druiden rechneten zu 30 Jahre den Zeitabschnitt
des Seculum. Die Sänger der czechischen Nationaldichter waren von tönendem Varito
(Wze warito zwučno) begleitet (s. Wocel) [Germanen des Tacitus]. Die Slaven waren den
einwandernden Deutschen an Cultur überlegen, bis die letzteren früher christianisirt und
gebildet wurden (s. Stollberg).
    **) Die Göttinnen Andli, Barsa, Sirona, Lahe wurden in Aquitanien verehrt.
Dann Eteivi, Edelat, Espercon, Avardus und Baicorrix, als Gott von Aste, Ilixoni an den
Quellen des Thal's von Luchod, Heliougmonni, als Sonne und Mond, Leberennus, als Ares,
dann Gar, Teotani, Acreda, Baesert, Abellion, Tutela (neben Ussulins) in Bordeaux. Die

Mumber, Alcas und andere Götter. · Nachdem die Ungarn*) die Valachen
(unter den Fürsten Gelu) besiegt haben, verlangt Aspad von Menu-Morus
(Fürst der Cazaren) die Cession der Erbschaft Attila's, die dieser aber als
von seinen Vorfahren überkommen zu besitzen behauptete (bis besiegt).
L'état roman de Clusium, dominé par les Cazars, passe à la couronne de
Hongrie (907 p. d.). Die in der Banat von Temeswar genannten, Ebene

Bewohner des Vicus Aquensis verehrten ein Monument der Gottheit des Angus
Augusto sacrum et Gerio civitatis. Les Maîtresses ou les Dames des Auscitains et les
Déesses Maires furent adorées dans la Novempopulanie et dans le Province Romaine
(Du Mège). Anger de Montfaucon evège (in den Pyrenäen) disait (1274) dans un statut:
Qu'aucune femme n'ose se vanter qu'elle va la nuit à cheval avec Diane, déesse de payens,
ou avec Hérodiade et Bensozia. Qu'aucune ne mette une troupe de femmes au rang des
divinités, car c'est une illusion du démon." Des cérémonies nocturnes vinrent les récits des
solennités du Sabbat et ces noms de Pandoués, de Hantaonus, de Sorguina, de Bourouch,
donnés à ceux que, dans nos Pyrénées, l'on croit être les serviteurs de l'Etre Infernal, et
les dénominations, de Brauchos, de l'andouèros, de Hantavumos, de Mahommos, que
l'on applique aux femmes qui, selon la voix publique, abjurant toute pudeur se font initier,
aux honteux mystères de Debrun (Satan des Basques), qu'on appelle aussi le Maître, ou
Nausia, par opposition au dieu puissant, au Vrai Dieu, à l'Yaincou des pieux Escualdnscaes
(du Mège). Roman, der (nach Dlugoss) der mächtigste Herr im ganzen Reussen war
(1205 p. d), wurde vom Papst vergeblich zum Uebertritt zur lateinischen Kirche beredet
(gegen die Polen fallend). Andreas von Ungarn nahm (1211) den Titel eines Königs von
Galizien und Lodomirien an. Rastislav, der von Bela zum Herzog von Halitsch eingesetzt
war, floh vor den Tataren unter Batu. Gedimin, der das Reich der Litthauer stiftete,
besiegte den lodomirisch-russischen Fürsten Wolodimir (XIV. Jahrhdt.) Le peuple
d'Escualdunac (hommes ayant la main adroite) est appelé par les nations modernes Basques
du mot Bssac-hoc (peuples sauvages et montagnard) ou Bascos (s. Garay). Eskualdun-
Erri sind die Länder der Eukarier. Aquitanien (bei Caesar) bildete später die Novempopulanie. Erro suchte die letras descouocidas (in Spanien) durch das Baskische zu erklären. Ganz Hispanien war (nach Varro) durch Iberer, Perser, Phoenizier, Celten und
Carthager besetzt worden. Nach Bory de Saint-Vincent stammen die Iberer von der
Atlantis (Plato's). Cantabrorum aliquot populi amnesque sunt sed quorum nomina nostro
ore concepi nequeant (Pomponius Mela). Provincia Novempopulana oder Norcempopuli. Die
Apiaten (bei Dio.) oder Aspiaten bewohnten das Thal von Aspa in den Pyrenäen Die
Aquitaner wollten von den Griechen abstammen, indem sich (nach Amm. Marcell) die
Dorier (unter dem alten Herkules) an der gallischen Küste (in Aquitanien) niedergelassen.
Iberos sequuntur Ligures et Iberi mixti usque ad Rhodanum (Scylax). Suivant Walkenaer
le nom des Bebryces a une forte analogie avec celui des Ibérea. Galli, qui Narbonensem
provinciam incolunt, quondam Celtae appellabantur (Strabo). Den Arvernoi waren die
Rutheni verbündet (nach Strabo). Die Tectosagen hiessen (nach Ausonius) Volcae (Volgae
oder Belgae) primaevo nomine. Nach Maccary drang Monssa in das Land der Frandje
ein und eroberte Carcassonne (Narbonne). El Hescham, König von Cordova, proclamirte
den heiligen Krieg (l'Algibal), um Narbonne zu erobern. Walkenaer erklärte die Civitas
Pyrene im Lande der Sardonen (b. Avienus) für Illiberia oder (im Baskischen) Neustadt.
Die Sardoen waren mit Iberern gemischte Liguren (bei Scylax). Paravey erklärte die
Civilisation von Bogota für baskisch. Nennt mich nicht Noemi (Glückliche), sondern
Mara (die mit Bitterkeit Erfüllte), sagte die Guttin des Elimelech den Frauen von
Bethlehem.
*) Le lois hongroises (des fiefs) distinguent les Servi des Servientes, les uns esclaves
ou serfs, les autres serviteurs de l'état (Slugitors des Romans). Als die Piccenaten sich
gegen die Ungarn erhoben, verwüsteten auch die Walachen unter Gyula (Enkel des
Tukatum) Ungarn (1002 p. d.), aber Vaiç (der ungarische König) besiegte durch den Verräther
Chanadin) den zu Morutena über Cumanen und römische Hirten herrschenden Octum oder
Octave (Abkömmling Glad's). Andreas (Bruder Belas) besiegte die Cazaren (die sich mit
Cumanen und Valachen verbunden) 1046 p. d. Ladislas flüchtet zu Kuten (Fürst der
Cumanen) 1085 p. d. Die Bosniaken sprechen (als älteste Sleven) von Verschwägerungen
mit den Gothen unter den Königen Ostrivoi und Sveolad (s. Robert). Die Petschenegen
redeten (nach Anna Comn.) dieselbe Sprache, wie die Kumanen. Das alteinheimische
Element des Rumunischen (neben dem Lateinischen) war (nach Miklosich) dem albanesischen
und altillyrischen verwandt. Von den Rumunen (des IV. Jahrhdt. p. d.) romanisirte Dacier
und Geten, die aus dem unter Aurelian in Mösien am rechten Donaunfer gegründeten
Dacien (dacia ripensis) bei der Eroberung des östlichen Hämuslandes durch die Slovenen
(im V, Jahrhdt.) gedrängt wurden. Die handeltreibenden Zingaren (Kutzo-Vlachen) nennen
sich selbst Rumuni (wie die Bewohner Romanien's). Hippocrates setzt den Ursprung des
Irresein's in das Gehirn. Die Serben erklären sich in ihrer Constitution Alle für edel.

einen unabhängigen Staat bildenden Cumanen (die nebst den Picenati die
Sprache der römischen Colonisten angenommen) wurden (unter ihrem Fürsten
Glad) von Almus besiegt. Ausser durch Armeng (im Pindusgebirge) bezeichnen
sich die Zinzaren (Kutzowlachen oder Macedowlachen *)) als Rum oder
Rumuni (wie die nördlichen Wlachen). Moscovien war Weiss in Russland,

---

Bei Ankunft der Ungarn wohnten die Chazaren oder Cozar im Grenzwalde Igfon gegen
Siebenbürgen (nach Bala), von den Ungarn als Sokler oder Szekely (Grenwächter) be-
zeichnet. Im Innern Kleinasien's trifft man noch türkische Bauerndörfer mit mongolischem
Typus, der sich auch bei den Finnen (besonders den südlichen) findet (Rückert). Les
Serbes, les Croates, puissant sous Porin († 825 p. d.) et les Bulgares forment les Yugo
Slaves ou Slaves du Sud. Die als Bassioni zusammengefasste Hirten der Römer wurden
Romanati genannt (s. Vaillant). Zu den (bei den Griechen als Kutzo-Vlachen be-
zeichneten) Zingaren (die sich selbst Rumuni oder Vlachen nennen) gehört in Bulgarien,
Macedonien, Thracien, Albanien die Elite des Kaufmannstandes (in den Vlachenvierteln
der Städte). Ackerbau und Viehzucht treibend finden sich die Zingaren gruppenweis im
Südosten der Türkei und (umschlossen von albanischen, griechischen und bulgarischen
Elementen) nördlicher (bei Castoria und am See von Ochrida), sowie im nordöstlichen
Theile von Griechenland. Ausser ihrer eigenen Sprache reden die Zingaren, wie sie zer-
streut unter Deutschen, Ungarn, Serben, Bulgaren, Albanesen und Türken leben) die
Sprache dieser Nationen und fast allgemein das Neugriechische, das von ihnen als Handels-
sprache adoptirt wurde. Die Zingaren sind die hauptsächlichsten Architecten der Türkei
und ihre Schule bildet eine traditionell vom Vater auf den Sohn übergehende Bautechnik.
Aus Hass gegen das Türkenthum zeigen die Zingari die grösste Sympathie für das junge
Griechenthum und lassen ihre Kinder (in Athen u. s. w.) in grosshellenischen Ideen erziehen.
(Kanitz). Der grösste Theil der in Süd- und Mittel-Albanien angesiedelten Zingaren lässt
die Dörfer im Sommer veröden, indem die Nomaden erst im Winter ans den höheren in
die wärmeren Küstenebenen zurückkommen (von den Albanen als Tchoban oder Hirten
bezeichnet). Der Zingare arbeitet (beim Bauen) mit ebenso primitiven Werkzeugen wie
der Zigeuner (s. Kanitz), Sina stiftete die erste philbellenische Gemeinde Wien's. Die
Lastthiertreiber (im Kriege der Byzantiner mit den Avaren) rief Torna, tona (retorna)
fratse (romänisch) 579 p. d. Die (IX. Jahrhdt. p. d.) das Flachland des Banat besiedelnden
Vlachen nomadisiren, bis sie sich (XVIII. Jahrhdt.) zu Dörfern zusammenschlossen (als
Fraduci). Unter Cantacuzenus wanderten (XVII. Jahrhdt.) Vlachen nach Ungarn in die
Bergorte (als Romani). Als die Bulgaren am linken Donaouufer (durch Magyaren,
Petschenzeger und Kumanen) gestürzt waren, kamen siebenbürgische Vlachen unter Niger
(XIII Jahrhdt.). Gallizische Fürsten beherrschten (XII. Jahrhdt). die Vlachen, Slaven
und Petschenegen in Bessarabien und Moldau. Als die Ungarn (unter Ludwig) die Mongolen
von der Donau verjagt (XIV. Jahrhdt.) kamen die Vlachen aus den Bergen Siebenbürgen's
in die Ebenen und setzten sich (unter Bogdan und Dragorsch) im Moldava und Pruth fest
(mit den slavischen Bewohnern vermischt). Die altslavische Verfassung behielt jedoch (in
Moldau und Wallachien) ihre Geltung und die slavische Sprache blieb (bis ins XVII. Jahrh.)
die Kirchen- und Rechtssprache, sowie die der Hofämter und Grosswürde (s. Kanitz).
Den Einfluss des Slavischen auf das Rumunische weis't Miklosich nach, sowohl durch die
Verwendung der slavischen Suffixe zur Wortbildung, wie auch durch die nicht unbedeutende Zahl von slavischen (besonders altslovenischen) Wörtern im rumunischen Wort-
schatz. Nach Grigorovic setzte Methodius die Cyrillica an die Stelle der Glagolica, die
(nach Pertz) von Aethicus (bei St. Hieronym.) erfunden und vor Cyrillus (857 p. d.) in
Russland kennen gelernt wurde. Die Hellenen oder (türkisch) Urum (Romeika) bewohnen
ausserhalb des Eyalet das Roumeli-Walmi südöstlich von Korça und Monastir.

*) Die Walachen verlassen im Sommer ihre Dörfer als Hirten. Unter dem Druck
der Albanesen wanderten die Walachen aus. Thessalien hiess XIII. Jahrhdt. μεγάλη Βλαχία
(μικρά Βλαχία in Aetolien und Akamanien). Andronikus wollte die Walachen von Europa
nach Asien übersiedeln, damit sie sich nicht mit den Mongolen verbinden. Die europäischen
Moeser, jetzt Bulgaren genannt, die im Alterthum die mächtige Hand Alexander's gezwungen hatte, von dem Berge Olymp bei Brussa zum nördlichen Ocean und zum todten
Meere zu ziehen, setzten lange nachher mit grosser Macht über die Donau und brachten
alle umliegenden Länder, als Pannonien, Dacien, Thracien, Illyrien und den grossen Theil
von Macedonien und Thracien in ihre Gewalt (heisst es in der Legende vom heiligen
Clemens). Als (nach Skanderberg's Tode) Amurath II. Albanien wieder unterworfen hatte,
erhoben sich die gedrückten Albanen unter dem Helden Clement und zogen in die Gebirge
zwischen Albanien und Serbien (1465), wo sie aber nach der Schlacht bei Mohacsz (1526)
Tribut zahlen mussten. Obwohl die Auswanderung nach Serbien (1737) den Türken
verrathen wurde, flüchteten doch einige Familien der Clementiner nach Syrmien. Les
troupeaux sont très nombreux en Valachie et les fermiers ont plus ne profit à laisser les
terres en jachères qu' à les cultiver. Les montaguard descendent dans la plaine et

weil Gross-Russland, aber die Polen nannten die von den Litthauern er-
oberten Provinzen (Smolensk und Polotsk, sowie Motislav, Rjef und Bielsk)
Weiss-Russland, während die von den Mongolen eroberten Provinzen (Nov-
gorodek, Grodno und Belostök) als Schwarz-Russland bezeichnet wurde.
Roth-Russland (Czerwena Rus*), der Polen) begreift die tchervanischen
Städte des östlichen Galizien, als Klein-Russland (mit Galitsch, Peremischl,
Loutsk, Tourof und Khelm), während die Russen die von ihnen von den
Polen wiedereroberten Provinzen um Kiew als Kleinrussland bezeichneten
(s. Schnitzler).

Die Veneden (Οὐενέδαι) oder (nach Jornandes) Winidarum natio popu-
losa (mit Peuciner und Fennen zwischen Sarmaten und Germanen stehende
Venedi des Tacitus) zu denen die (nach Procop) gemeinsam Σπόροι oder
(b. Ptolem.) Σερβοι (als an die Sarmatae des Tanais stossenden Serbi des
Plinius neben den thracischen Κροβυζοι Herodot's, als Khrobaten und
Krivitchen) genannten Anten (ἔϑνη τὰ Ἀντῶν ἄμέτρα nördlich von den
Uturguren oder frühere Kimmerier) oder Asen (Ansen der Gothen, als ver-
bündete Hansen) und Σκλαϑηνοι (thracische Sglawajin b. Mos. Chor.) oder

louent pour le pacage des pràiries entières. Les Transylvains, privés d'herbes, viennent
aussi demander aux steppes la nourriture de leurs vaches (Ghika). Radu Negru partagea
le sol (dela Valachie) en douze districts (1300) à l'exemple des douze tribus d'Israel
(Quérard).

*) Roxolani, Getae et Bastarnae antiquitus eam plagam incoluere, unde Russiae
nomen effluxisse credidèrim. Nam Lithuaniae partem Russiam appellant inferiorem, cum
ipsa Moschovia Russia Alba nuncupetur (Joivus) 1552. Ruthenia quae quasi est alter
orbis (Matthias). Gens Ruthenica multitudine innumerabili seu sideribus adaequata
(XII. Jahrhdt.). Die gegen Schweden empörten Kuren (860 p. d.) wurden wieder unterjocht. Der schwedische Fürst Roegnwald heisst Regnaldus Ruthenus. Nach Zeslav (heisst
es in der Chronik von Dioklea) blieb das Land ohne Herrscher und die Bane herrschten
ein Jeder in seiner Provinz, unterwarfen sich die Zupane und nahmen von ihnen die
Steuern, die früher dem Herrscher zuflossen (in Kroatien). Nach Graeber haben die Madjary
und Madajorz unter den czirkassischen Gebirgen an der Kuma gewohnt, wo sich noch die
Ruinen von Madshar finden. Die Begräbnisse der Karagassen (in der Taiga am Baikal)
sind von Balken gezimmerte Behältnisse über der Erde, mit Knochen, Fetzen von Kleidungs-
stücken und Bruchstücken vom Anspann des Rennthier's. Die Magyaren wurden von den
Russen: Ugri (Fremde) genannt. Nach Carpin Rubruquis ist das Land der Baschkiren
im Ural das alte Gross-Ungarn. Ugri nennt man Bergbewohner. Nach der Tradition der
Ostjäken sind die Ostjäker und Wogulen von Südwesten (aus dem Baschkirlande) in das
früher von einem gebildeten Städtevolk bewohnte Land eingezogen. Der Bärengesang
der Wogulen handelte von der Erschaffung der Welt, des Menschen, der Thiere und
endete mit der Geburt der Bären (s. Reguly). Die Wogulen und Ostjäken nennen sich
Mansi (Mangsi). Die Baschkiren heissen türkisch Ueschtäk (Fremde) oder Ostjäken
(Jögrogass oder Jugra). Die Targad (Weise) der Esthen zaubern. Die Jenisseer ober-
halb Turuchanchsk unterscheiden sich von den Ostjäken. Les Finlandais, les Lapons, les
Estheniens pour lesquels les habitants de la Russie actuelle étaient des Slaves au Vénédes
(Wenhe ou Wena-lainen [Wanen]) ont de tous temps appelé leurs voisins de Suède Rossa-
lainen; à ce pays même ils ont toujours donné le nom de Ruosti (de rad ou namer).
Rosalagen in Upland (s. Schnitzler). Varéghs (ou Variaghs) ou Waeringbar (βάραγγοι ou
Vargi) est derivé de vara au vacre (pactum ou foedus). La mer Baltique a longtemps été
appelée mer de Varech ou des Varéghes, et les Normands ont introduit dans la langue
des légistes français la dénomination do droit de de varech, qui désigne le droit maritime.
Un fucus de mer porte aussi le nom de Varech ou Varec (s. Schnitzler. Die normannische
Soldtruppen in Byzanz hiessen (als Waeringer oder Barangac) Foederati (Φοιδερατοι).
Seit Sigismund residirte der Häuptling der Kosaken der Ukraine oder Klein-Russland's
(statt in Tscherkassi) in Tchighirine, bis unter Stephan Batou († 1606) Terekhtemirof
Hauptstadt wurde. Als die in Dacien begründeten Colonien Roms vor dem Einbruch der
Barbaren (von denen die Avaren sich nach Pannonien zogen) gefallen, erhielt sich das
Romanische Volk in den Thälern der Karpathen und kehrten (X. und XI. Jahrhdt.) aus
den Zufluchtsorten zurück, indem sich auf den Abhängen der Gebirge kleine Capitanate
unter Woiwoden (Fürsten ihres Geschlechtes) bilden. Im XIII. und XIV. Jahrhundert
verbreiten sie sich auf der Ebene und gründen die zwei unabhängigen Staaten der
Walachei (1190) und der Moldau (1350).

Bastian. 12

Sakalib und Saklib der Orientalen, als Σκλαβοι des Const. Porph., (oder als Slovenen und, bei Ptolem., als Σουοβηνοι oder Sueven neben scythischen Alanen in Asien) gehörten, berühren sich (bei Ptolem.) mit den Gythonen oder Guttonen (Γύθωνος, εἶτα Φίννοι) und wurden (350 p. d.) von dem über die Heruler (aus dem Norden bis zum isländischen Thule, als Iraland Alfred's oder Herus in der Vita Walae) siegreichen Gothenkönig Hermanrich besiegt, worauf (370 p. d.), die Reiche der Greuthinger (im Lande der bei Litthauer, wie Polotschanen oder Rouss genannte Polianen des Nestor, als Kreews bezeichneten Russen neben den vom Kriwe*) beherrschten Borussi oder Preussen, in deren Land Amm. Marc. zwischen Chronius und Bissula die Massageten setzt neben die Arimphäer) oder Ostrogothen

---

*) Nach Const. Porph. wohnten die Κριβιτζοι (Krivitschen) und Κριβηταιηνοί nördlich von den Viatitchen (an der Oka), die östlichen Nachbarn der Radimitchen der von den Brüdern Radem und Viatko nach der Soja geführten Colonie der Polänen (als Polen der Ebene). Non ante saeculum VII. auditur nomen Pomeranum (Kadl.). Bei Appian heissen die Slaven (in Illyrien) Antitaner. Nachdem der heilige Andreas im Slavenlande gewandert hatte, thaten sich drei Brüder (Kij, Schtschek und Choriw) unter den Polanen hervor. Sie setzten sich auf den drei Hügeln am Dnieper fest und benannten die gegründete Stadt nach dem Aeltesten (Kji) Kiew. Κίμβρους ἐπονομάζουσι Γερμανοί τούς λῃστάς (Plutarch). Cimbri lingua gallica latrones dicuntur (Festus). Cimbri gens vaga, populabundi in Illyriam venerunt (Livius). Ποσειδώνιος οὐ κακῶς εἰκάζει, ὅτι λῃστρικαί ὄντες καί πλάνητες οἱ Κίμβροι, καί μέχρι τῶν περί τήν Μαιῶτιν ποιήσαιντο στρατείαν, ἀπ᾽ ἐκείνων δέ καί ὁ Κιμμέριος κληθείη βόσπορος, οἷον Κιμβρικός. Κιμμερίους τούς Κίμβρους ὀνομασάντων τῶν Ἑλλήνων (Strabo). Die in Italien einfallenden Kimbern waren die vor den Scythen geflüchteten Kimmerier, die sich nach Norden zum hercynischen Walde zurückgezogen hatten. (Plutarch). Cimbri, Teutones atque Tigurini ab extremis Galliae profugi (Florus). Nach Plutarch kamen die Cimbern aus dem Norden Germaniens. Die Cimbri, Chariides, Semnones und andere Germanen schickten an Augustus Gesandte (nach dem Monum. Ancyr.) Strabo leitet die Kimbern aus der nördlichen Halbinsel. Plinius rechnet die Kimbern zu den Ingaevonen. Im Lande der Kimbern am nördlichen Ocean Germaniens, finden sich die Spuren alter Macht. Κιμβρική χερσόνησος (Ptolem.). Alle slavischen Völker (τα Σκλαβηνῶν ἔθνη ἐσχίλης ἄπαντα) öffneten den Herulern einen Weg durch ihr Gebiet (s. Prokop). Ubi ergo Polonia finem facit, pervenitur ad amplissima Slavorum provincia, eorum, qui antiquitus Wandali, nunc autem Winithi sive Winuli appellantur (Helmoldus). As Scuite or Scoti was the name, by which the Roman missionars called the inhabitants of Ireland, it began thence forward to be used occasionally by the nations, but Gavidhil or Gael has been always the national name (Kelly). Die von Aestyern östlich wohnenden Suiones und Sitones (auf welche die schon halb sarmatischen Pecinuaner oder Bastarner folgen) sind (nach Redslob) nichts Anderes, als die Sueven und Sachsen nach der ächt niederdeutschen Aussprache ihrer Stammväter sueven (sweovan angels.) und sithen (to sit). Zu Ossiau's Zeit kamen die Stämme des Ost's nach Nordbrittanien. Die (165—169) in Pannonien von Dakien einbrechenden Völker kamen, durch nordische Barbaren (superiores barbari) vertrieben, in's Römer-Reich, um neue Sitze zu fordern (Julius Capitolinus). Nach Besiegung der Wandalen, stürzten die Lougobarden auch die Weneden bis zu den Bulgaren (über den Don hinaus) vordringend. Scoti propria lingua nomen habent a picto corpore (Isidorus). Svegdur, Fiolmer's Sohn, trank beim Braga-Becher das Gelübde, nach dem Beispiele der andern Gothen, seine Geschlechtsverwandte, Godhem, seiner Väter alte Heimath am Schwarzen Meere, zu besuchen und dort Oden, den Alten, aufzusuchen. Durch Holmgård und Chunugård nach dem grossen Schwedenreich als Tyrkland (am taurischen Gebirge) ziehend, vermählte er sich (270 p. d.) in Godhem oder Asahem mit einer wanischen Prinzessin (Mutter des Wanlander). Nach seiner Rückkehr nach Upsala, unternahm Svegdur einen zweiten Zug, auf dem er in einer Festung verrätherisch umkam, oder (nach den Skalden) von Zwergen in einen Stein gezogen wurde (s. Dalin). Nachdem Wanlander (Svegdur's Sohn) im Frühwige oder Rachekrieg mit Hermanrik oder Hernit (König der auswärtigen Gothen) gestritten, brachte er einen Winter bei Snö oder Nieu, dem Fürsten Finnland's zu und heirathete dessen Tochter Drifwa (Mutter des Wisbur), verliess sie aber bei der Rückkehr nach Upsala und wurde deshalb durch den Bann der Tempelvorsteherin Hulda (beim Orakel von Jumala) getödtet (315 p. d.). Wisbur, Sohn des Wanlander, verstiess seine Gemahlin (Tochter des finnischen Fürsten Athes oder Aude des Reichen) und wurde deshalb von den in Schweden einfallenden Finnen in seinem Hause verbrannt (350 p. d). Nach seinen Verrichtungen im grossen Schweden, ging Audäus (nach Epiphanius) weiter fort bis in das Innerste des gothischen Reich's. Finnland hiess früher Jätteland.

(Eysthland's der Aestyer oder der, nach Schnitzler, à l'état anonyme be-
findlichen Esti-ma eines Namen's plus littéraire, que commun) und der
Thervinger oder Visigothen (in Dacien der Daci, wie, nach Plinius, die
Getae den Römern hiessen, oder die Soboles Getarum bei Justin). Nach
Nestor gab es nur ein Volk slavonesischer Zunge, nämlich die Slovenen
(oder slavonisch redenden Noricier, (in Carniola, als Gebiet der Slaven bei
den Langobarden), die von Andreas in Novgorod (der Slovenen am Ilmensee)
besucht wurden, an der Donau von den seit dem Sturze der Hunnen die
Wolga*) überschreitenden Ugren (im Lande der Mähren und Czechen) und
Bulgaren bekriegt. Die von den Vlakhen gedrängten Slovenen gründeten
Ansiedlungen an der Weichsel (als Liakhen). Ariovistus hatte durch seinen
längeren Aufenthalt in Gallien die Kenntniss**) der gallischen Sprache er-

*) Die Rosch (nebeu den Moschi oder Meschech) sind (bei Hesekiel) dem Könige
der Magog unterworfen. Die (Rhoxolani, Sarmaticagens bei Tacitus) mit Bastarnes (ger-
manisch bei Plinius) zusammengenannten Roxolani wurden (zwischen Tanais und Borysthenes)
unter Tasius und Diophantus (Feldherr des Mithridates) besiegt (nach Strabo). Die 839
als Sucones erkannte Rhos (Rus der Araber) am Chasarenfluss oder (nach Liutprand)
Nordmanni, die Nestor am Meer der Waraugen, als Russen neben Schweden, Nordmannen,
Angeln, Goten ;nennt, wurden von den Tschuden (Czjud) oder (b. Ad. Brem.) Scuti
(Scythen), Slowenen, Kriwitschen und Wes (Vasina am weissen See) oder Wjes (neben
Merja, Mordwa, Czeremis) um Fürsten ersucht (in Rurik und seinen Bruder). Die unter
Attila's Schutze am Nordufer der Donau herrschenden Slaven eroberten (nach Konst.
Porph.) Dalmatien (669 p. d.). Die Nachkommen des Vandalus, Sohnes ;des Tuisco
(ältester Sohn Noah's), nahmen im Norden den Namen Vandalen, im Süden den Namen
Slowenen an (nach Kranz) 1517. Der Uebergang der Serben (bei denen auf den Führer
folgend Wyseslaw, Radoslaw, Prosigoj und Vlastimir herrschten) und Kroaten (aus den
Bastarnac alpes oder den Karparthenländern) erfolgte in abgesonderten Trupp's (Drajina oder
Kriegsgefolge unter ihren Fürsten). Von Heraklius aus Westgalizien gerufen, vertrieben
die Weisskroaten (mit fünf Brüdern und zwei Schwestern) die Avaren aus Dalmatien, und
die über die Donau ziehenden Serben erhielten von Heraklius in Illyrien Wohnsitze (im
obern Moesien oder Serbien) Snorro nennt Bolesalaus (von Pommern) König von Vinland.
Odin aus dem Geschlecht der Suithiod gab dem Suien-Reich den Namen (nach der Heimskringla). „Nach Wanaheim (dem Lande der Slawen) sandten die Normannen ihre berühmten
Männer, um Weissheit zu lernen." Unter der allgemeinen Bevölkerung, die weiter östlich
je nach dem Mittelpunkt eines früher herrschenden Volke's Tschuden (von den Scythen),
Sloweneu (von den Sueven), Kriwitzen (von den Greuthungern) genannt wurden, hatten sich
(wie später in Klew) in Krakau der Gründung des polnischen Königs Krakus (dessen
Sohn Krakus die Vanda zeugte, die dem Fluss Vandalis den Namen gab) ein Warägerstaat
gebildet, der Heraklius im Bekämpfen der Avaren unterstützte und den ersten Anstoss zu
der Ausprägung des späterren Slaventhums gab. Die Slaven heissen Geten (b. Theophylact),
Scythen (bei Johannes Kameniata). Veneti, qui et Sclavi (Jonas von Bobbo). Die Vandalen verwüsteten Gallien unter dem König Crocus (410 p. d.). Zu der windilischen Abtheilung der Sueven gehörten die Gothen, Burgunder, Heruler, Longobarden u. s. w.
Plinius theilte die Germanen in Sueven (Windiler, Wandalen und Hermionen), Ingaevonen
ilstaevoneu. Die Gepiden, Buren (Boranen), Burgunder und Vandalen verliessen (252 p. d.)
ihre hinter-karpathische Heimath, Ungarn durchstreifend. Die Angeln waren Sueven.

**) Gothinos gallica lingua coarguit non esse Germanos (Tacit.). Dem an Kleidung
den Sueven ähnlichen Aestyer war lingua Britannica proprior (Tacit.) und das Bretanische
war sermo haud multum diversus vom Gallischen (nach Tacit.). Caligula liess die Gallier,
die für germanische Gefangene ausgegeben werden sollten, nicht nur roth bemalen und
ihr Haar lang wachsen, sondern legte ihnen auch barbarische Namen bei, und sermonem
germanicum addiscere (s. Sueton.). Der unmündige Knabe bei den Franken trug das lang-
gelockte Haar, als puer crinitus. An den Waldgebirgen hinter den Marcomannen werden
Marsigni, Gothini (keltisch), Osi (pannonisch), Buri von Tacitus genannt. Pontanus sieht
darin nur Verschiedenheit der Dialecte. Nach Buchanan kann der Engländer schwer den
Dialect Aberdeen's von den übrigen Schottland's unterscheiden, obwohl er für einen
Schotten so eigenthümlich klingt. Die Sueven enthielten sich des von römischen Kaufleuten zugeführten Wein's, wie die Scythen ihren König tödteten, als er sich den Orgien
ergab. Britanniae pars interior ab iis incolitur quos natos in insula ipsa memoria proditum
dicunt, maritima pars ab iis qui praedae ac belli inferendi causa ex Belgis transierant,
qui omnes fere iis nominibus civitatum appellantur, quibus orti ex civitatibus eo perveue-
runt et bello illato ibi remanserunt atque agros colere coeperunt. Hominum est infinita
multitudo creberrimaque aedificia fere Gallicis consimilia, porcorum magnus numerus

12*

worben und Caesar sandte propter linguae Gallicae scientiam den Valerius Procillus zu ihn. Mit den Tectosagen wohnten die Teutobodiaci*) in Cappadocien (nach Plinius) neben den Trocmi. *Τόλασια* (*Τόλασδα*) *χώρα* (als Festort) im Gebiet der kleinasiatischen Tolistobojen (bei Ptol.). Der nordöstliche, belgische Theil Gallien's (der Gallia omnis) war (zu Caesar's Zeit) derjenige Bezirk, der von den eroberuden Kelten (oder Germanen, als die roheren Stämme im Gegensatz zu den Galliern) am frühesten occupirt und woraus die eingeborene Bevölkerung verdrängt wurde, während im mittleren Gallien**), im Süden und Westen der Marne und Seine bis zur Garonne und

---

(Caesar). Die Britten färbten sich mit Wnid, bewahrten Vielmännerei und trugen lange Haupthaare und Oberlippenbart. Im Innern wurde Viehzucht getrieben. Die brittischen Walchen wanderten nach Armorica. Spahe sint peigira, tole sint walha, sapienti sunt pajoari, stulti sunt romani (Casseler Glosse VIII. Jahrhdt. p. d.). „Drottin leitet sich ab von drott (Familie) oder Volk, ganz wie das gothische Thudans (*βασιλεὺς*) von Thiuda (*ἔθνος*). Der Ausdruck Konungr für die Oberkönige ersetzte erst später die Bezeichnund drottinn." Odin's zwölf Hofgodor hiessen Diar und Dröttnar.

*) Die Stadt *Τευτοβοργιον* lag in Pannonien, wie der Saltus Teutoburgensis in der Wesergegend. Sinistus (sinista goth.) war nach Amm.) der Hohepriester der Burgunder. Sinivåli, der letzte Tag vor dem Neumond, bezeichnet (im Sanscrit) einen buschigen Schwanz, (vadhol angels., senium lunae) Empanda, paganorum dea (Festus). Mit gath, gudja übersetzt Ulfila *ἱερεύς*, bei den heidnischen Isländern dagegen ist Godi zum Titel für die Vorsitzenden der Thingi geworden (s. Künssberg). Nach Hermesianax (bei Pausanias) berührten die Galater am Pessinus nichts vom Schwein, weil der phrygische Attes durch den Eber gefallen. Attis (Attius) ist auf römischen Inschriften als Atinis mit Adonis (den Schweine verbietenden Adonai) identisch. Nach Mos. Chor. siedelten sich die Vound oder Vanand (Wanen) genannte Colonisten der aus ihrer Heimath jenseits des Caucasus vertriebenen Bulgaren in der armenischen Provinz Pasen (Pasen anphaíd) an (nördlich vom Araxes) unter Arsaces († 116 a. d). Hunerich (477 p. d.) verbreitet omousianische Klöster in sortibus Vandalorum (*Κλῆροι Βανδίλων*, s. Proc.). Oretani qui et German cognominantur (Plinius). *Ὤρητον Γερμανῶν* (Ptolem.). in Spanien. Pyrenaeus Germanorum transitus non inhibuit (Seneca). Die Sachsen werden bei den Britten Utherpendradon als Ambrones bezeichnet (b. Sigebert von Gemblours). Paulinus Eboracensis Archiepiscopus tauft (b. Nennius) omne genus Ambronum, id est Aldsaxonum (aus cimbrischer Halbinsel, wie Teutones). Die Ligyer erwiederten den vor der Schlacht bei Aquae Sextiae wieder-holt das Wort Ambrones (mit taktmässigem Zusammenstossen der Schilde) rufenden Ambern, auch sie seien Ambrones (nach Plut.). Die Ambrones heissen die Tapfersten im Heere der Teutonen. Das Praedicat gall. ambos (gr. *ὅμοιος* oder franz. pair) gebührt (als die Gleichen, Ambarri oder aequiores) allen Staaten höherer Curie, und (in den Ambern und Ambiani) besonders denen der zweiten (s. Künssberg). Die Ambrones (von Livius) mit den Teutoni zusammengenannt waren (nach Plutarch) die Streitbarsten im Heere der Teuten. Ambrones fuerunt gens quaedam Gallica, qui subita inundatione maris cum amisissent sedes suas, rapinis et praedationibus se suosque alere coeperunt (Flores). In sinu Codano sunt Cimbri et Teutoni, ultra, ultimi Germaniae, Hermiones (Mela). Posidonius rechnet die Teutonen (*Τωυγινοι*) zu den Helvetiern. Paulinus Eboracensis eos baptizuvit et non cessavit baptizare omne genus Ambronum, id est Aldsaxonum (Nennius). Die Sachsen heissen verächtlich Ambronen (bei dem Brittenkönig Utherpendragon). Aus den Räubereien der Ambronen folgt, ut turpis vitae homines Ambrones dicerentur (Festus). Der Ruf der Ambronen (Imbrones) wurde von den Ligyern verstanden (nach Plutarch). Die Heruler kamen plündernd als Seeräuber an die Nordküste Gallien's.

**) Von den aufständischen Bagaudae (287 p. d.) bezeichnet Gauche im Mittelalter einen Solchen der auf krummen Wegen geht, hinterlistige Ränke treibt, (im Gegensatz zu Franc). Der Markomanne Ariovist führte die Sueven (Harudes, Marcomannen, Triboccen u. s. w.) nach Gallien Neben den Aequitanen unterscheidet Strabo nur die keltische Nation. Die Volcae, als Volcae Tectosages (um Toulouse und Narbonne) und Volcae Arecomici (um Nimes) waren in den höheren Ständen keltisch. Die ostrheinische Einwanderung der Belgier gelangte zuerst in das belgische Gallien und dann nach Brittanien. Fin is from the Gaelic Fionn, which means Fair, white, and also Fingal (Robertson). The word fura Scot is Scuit (a wanderer), as Scoti vagantes (s. Amm. Marc.) or hibernian robbers (according to Gildas). Disciplina (druidum) in Britannia reperta atque inde in Galliam translata esse existimatur (Caesar). Britanni im belgischen Gallien (bei Plinius). Nach Caesar wurden in den Druidenschulen Verse auswendig gelernt. Nach Diodor war Britannien von eingeborenen Stämmen (*αυτόχθονα γένη*) bewohnt. Die Picti der Hochlande (IV. Jahrhd. p. d.) stammten von erobernden Scoti aus Irland. Unter den Gesetzen für die angelsächsischen Staaten ermangeln nur die von Kent der Festsetzung eines Webrgelde's für Walchen und Kymren

zur Grenze der römischen Provinz (Gallia braccata), der Zustand der
Hörigkeit (in den gallischen plebes) bestand (s. Nürnberg). Von keltischen
Götternamen, die aus dem Alterthum überliefert sind, finden sich im Mittel-
alter nur noch zwei vor, Hluduna (Hlodyn) und Tanarus (Taranus), angls.
Thunor, nord. Thörr (mit dem Hammer oder Miölnir, wie Mulciber oder
Vulcanus, der Blitzgott oder Fulganus). Nach Caesar verehrten*) die
Germanen Sonne, Feuer (Vulcan) und Mond. Nach Tacitus den Mercur
mit menschlichen, Hercules und Mars mit thierischen Opfern, während ein
Theil der Sueven auch der Isis opferte. Die walchischen Idiome haben mit
der alten Keltensprache**) weder im Lautsystem noch in der Flexion noch
in den gangbarsten Ableitungsformen eine Gemeinschaft (s. Künssberg).

(weil dort durch frühzeitige Ansiedelung der Belgae die einheimische Bevölkerung verdrängt war), Die in Caledonien ansässigen Horesti (bei Tacitus) waren germanische
Colonisten (nach Künssberg) „Der Walchennamen hat nicht nur den Sinn von Barbarus,
sondern auch von servus (und peregrinus) in Britanien, Nach Künssberg haben Celten
von Britanien aus ihre Eroberungen in Irland fortgesetzt. The Maormors (Mair or Mayor)
were provincial Kings, who gave but a slight obedience to the Ardrigh or supreme King of
the ancient Gael of Scotland (s'. Robertson).
  *) Deum maxime Mercurium colunt (Galli), post hunc Apollinem et Martem et
Jovem et Minervam. Caecina zerstörte den Tempel der von den Marser (in Osnabrück)
verehrten Tafana (14 p. d.), Marsyus sex Semnonum et Ganna virgo ea post Veledam
(Βιληϑαν) in Celtica vates oracula reddebat, Domitianum adierunt (Dio Cassius). Ea Virgo
(Veleda) nationis Bructerae late imperitabat, vetere apud Germanos more, qui plerasque
feminarum fati. dicas et augescente superstitione arbitrentur deas (Tacitus). Die Dea
Nehalennia war Vorsteherin der weiblichen Schutzgeister. Auf Anvalôn (Anwählung) oder
Arvalon bezieht sich der Gott Arvalus (auf der Votiv-Inschrift von Brescia). Ein (keltischer)
Wohlpatron war der Anvalonnacos (Anvalonnax), auf dessen Hülfe oder Rath sich der
Urheber der Inschrift von Autun beruft, und nach dem Anwählen eines göttlichen Schutz-
patron's für ihren Staat war die Völkerschaft der Nahurvali benannt. Für die venezianische
Republik war der heilige Marcus anvalônnâcos, Die Valkyrjur (öskmeyar oder Wunsch-
jungfrauen) oder Valmeyar (Wahljungfrauen) suchten auf dem Schlachtfelde jeden ihrer
Schützlinge unter der Masse der Gefallenen heraus. Nach Dithmar verehrten die Stettiner
im Tempel goldene und silberne Schaalen aus denen die Adligen sowohl zu wahrsagen als
zu essen und trinken pflegten. Vads (vates) hat, wie fatuus (mit futua) nicht nur eine
passive, sondern active Bedeutung, als veitvods (uáïrvs) Einer, der ausspricht. Idolum,
quod semel in anno, collectis frugibus, consueverunt confingere et pro deo colere, cui
nomen Kurche imposuerunt, bemerkt Jacobs (bei Dreger) von den Preussen. Gott Korg,
als Gorchus (bei Henneberger). Das lettische Wort Jods bedeutet einen Wald- oder Feld-
teufel. Der böse Schwarzgott (Czernebog) hiess (nach Helmold) Diabol.
  **) Le gallois et le breton se suivent immédiatement, le gaël, irlandais et écossais
vient ensuite. Ces langues forment ainsi deux tribus, la première pourrait être appelée
langues bretonnes, puis qu'elle renferme le breton anglais et le breton français, la
seconde pourrait s'appeler langues gaéles, renfermant l'irlandais et l'écossais (Edwards).
Quicunque servum suum aurificem, argentarium, ferrarium, fabrum aerarium, sartorem
vel sutorem, in publico attributum artificium exercere permiserit, et id quod ad facienda
opera a quocunque susuunt fort sse everterit, dominus, ejus aut pro eodem satisfaciat,
aut servi ipsius si maluerit faciat cessionem (nach Burgundischem Gesetz). Ueber die
durch königliche Munificenz ertheilte Ländereien entwickelte sich ein jus palatii, als Reim
des spätern jus beneficiale. Alodius wird erklärt qui adhuc servit patrono (bei Papias),
Seit dem walchischen Aufstande der Scoti (die von Irland aus Raub- und Eroberungszüge
nach Britanien unternahmen, später mit den Picten zusammen) sind alle die von Ptolomäus
in Irland aufgezählten Völkerschaften verschwunden, von denen die Βριγαντες vollkommen,
die Οὐεννικνιοι annähernd gleichnamig waren, mit je einem britanischen, die Καυκοι in
den germanischen Chauci, die Μαναπιοι in den belgischen Manapii ihre Namensbrüder
erkennen konnten (Künssberg). Grafio (Graf) ist (nach Richthofen) aus dem griechischen
γραφέος erborgt. Im achäischen Bunde wurde mit γραμματεύς (Schreiber) eine hohe Würde
bezeichnet (nach Polybius). A une époque reculée, la partie occidentale de l'Europe,
depuis la côte gauloise de la Mediterranée jus qu'aux extrémités de la Grande-Bretagne,
était occupée par les Gaëls, (un peuple parlant une langue ou des idiomes semblables à
ceux que l'on parle actuellement dans l'extrémité septentrionale de cette région le gaël,
et portant le même nom). A' une ou à plusieurs époques postérieures, un peuple parlant
une langue affiliée, et portant le nom de Cymri (ou les peuples bretons) est venu se jeter
au milieu de cette région étendue (se plaçant en travers, occupant les deux portions

Die Teutonen (Niuthones oder Juthones) oder Euthiones, (wie Niutschi und Jiutschi in China), die Nachbarn der Guttonen (b. Pytheas) und Bundesgenossen der (vom Pontus nach der Halbinsel gewanderten) Kimbern, zogen sich später als Jutae (Vitae oder Giothi) oder Jotar nach Jütland, wo sie als Dani, quos Juthas appellant von Ad. Brem. gekannt waren. Ypper (Svethiae rex) in Upsala sandte seine Söhne (Nori, Oesten und Dan), um über Withesleth (Sialand, Mön, Falster und Laland) zu herrschen. Nach Erbauung von Lethra erobert Dan Jütland. Procop nennt das Volk der Γαυτοι oder (nach Jornandes) Gautigoth unter den Thuliten. Die Suiones (Sweans oder Suethidi*)), als Stammvolk der Ros (b. Eginhardt), grenzten

---

voisines de la mer, d'une part, le nord de la Gaule, d'autre part, le midi de la Grande-Bretagne) et s'est plus au moins repandu parmi les Gaëls des deux côtes du détroit, en s'y mêlant, en s'y confondant comme par une dégradation, et par des nuances insensibles Dans la partie extrême du midi, le long des Pyrenées et de la Mediterranée, un autre peuple, les Ibéres (dont les Basques sont les representants vivants) s'est mêlé aux Gaëls (s. Edwards). Die frühesten Eingeborenen Brittanien's, mit den Einwanderern unter Partholan in Beziehung gebracht, folgten den Colonisten des Nemedius, von africanischen Formeriern begleitet, die die Macht usurpirten, aber den Fir-Bolg (aus Belgien), erlagen (ein Stamm der vertriebenen Nemedier), wie diese den verwandten Tuatha-de-Danaan aus Böotien (von den aus Spanien heranschiffenden Milesiern unterworfen). Wenn die einheimischen Kelten Frankreich's den Gaelen Brittanien's entsprachen, so würden ihre aus den griechisch-thracischen Stammländern heranziehende Eroberer (die später wieder Kriegszüge nach dem Osten richteten, wie die Normannen Odin dort suchten) eine verwandte Modification des Namen's (Gallier statt Gaelen, wie später Franzosen statt Franken) angenommen haben und in Brittaunien durch Zutritt des cimbrischen Elemente's (das sich vom Palus Mäotis nach Scandinavien verbreitete und dann zu den Küsten England's, wie später das nordisch-gothische) in Cymren verwandelt sein, während zugleich ihre den griechisch redenden Teutonen ähnliche Sprache in der keltischen der Eingeborenen aufging (als gallische oder als bretonische) ohne Veränderungen derselben, wie später die germanische der Franken in die römisch-gallische.

*) Suethidi, Cogeni (cogniti), in hoc gente reliquis corpore eminentiores, quamvis et Dani ex ipsorum stirpe progressi, qui Heruler propriis sedibus expulerunt (s. Jornandes). Transcuntibus insulas Danorum alter mundus aperitur in Sueoniam et Nordmanniam, quae sunt duo latissima aquilonis regna (Ad. Brem.). Insularum clarissima Scandinavia est incompetae magnitudinis, portionem tantum ejus, quod sit natum Hillevinionum gente. D incolente pagis, quae alterum orbem terrarum eam appellat (Plinius). Auf die gens Suethans (in Scandza wohnend neben den Refennae), quae velut Thuringi equis utuntur eximiis folgt (bei Jornandes) diversarum turba nationum (Theustes, Vagoth, Bergio, Hallin, Liothida u. s. w.). An die Stelle der Hermunduren, die in Suevia eingerechnet wurden, treten (nach den markomannischen Kriegen) die Thuringi, der in den Grenzdistricten aus Berührung der Sueven mit den Eingeborenen hervorgegangene Mischstamm. Regio illa Suevorum (ab oriente Baiarios habet) a septentrione Thuringos (Jorn.). Pomeranos, Sclavos, Hermines et Samos, omnes papanis ritibus deditos, sibi fecit tributarios (Kanutus M.). Zu den Hermiones oder (bei Mela) Herminones werden (n. Plinius) Suevi, Hermunduri, Chatti, Cherusci gerechnet. Primus homo venit ad Europam Alanus (Manus) cum tribus filiis (nach Nennius), Hisicion, Armenion, Neugio. Die Heruler (Elurai), deren König Alarich von Ermanrich besiegt war, wohnten in locis stagnantibus (am Mäeotis), quos Graeci hele vocant (nach Jornandes). Von den Longobarden besiegt, zog ein Theil der Heruler (nach Procop) zu den Gautos in Thule zurück, und in Thule wurde (nach König Ochon's Erschlagung) ein Nachfolger gesucht. Die sogenannte Einwanderung des ältern Odin (in Deutschland die später durch nationale Reaction vertriebenen Ansibarii zurücklassend) hing mit den kimryschen zusammen, als die von den Scythen bedrängten Anwohner des Don zusammen mit assyrisch-trojanischen Titanen (Teutonen unter ihrem Herrgott Baal) oder Nuithonen (deren Hauptstamm nach verträglicher Uebereinkunft mit den Scythen als Geten in Thracien zurückblieb und die Lehren des Zamolxis in Druidischen bis Gallien verbreitete) nach Norden wanderten und die kimbrische Halbinsel besetzten, nachdem Odin die Provinzen Germanien's (die Völker des Mannus) unter seine Söhne vertheilt hatte. Beim Vordringen der östlichen Nomadenvölker (nach den Erschütterungen, die auf Alex. M. Eroberungen folgten) wurden neue Horden der Gothen (Gauthen) oder Geten nach Norden geschoben, und besetzten (von ihren älteren Brüdern als halbfeindliche Vanir aufgefasst), die jütische Halbinsel, aus der die mit den Teutonen verbundenen Cimbern zur Eroberung des Süden's vorbrachen, während der zurückgebliebene Rest derselben, der mehr und mehr von den auch über Schonen verbreiteten Gautigothen beengt wurde,

(nach Tacitus) an die Sitonen (in Suevia). Ptolemäus nennt (im südlichen Scandia *Γοῦται καί Δαυκίωνες*. Vor ihrer Mischung mit den Nordgermanen waren die Dänen*) ein gothisches Volk. Dan et Angul, a quibus danorum coepit origo, patre Humblo procreati (Saxo). Fingal**) (Vater Ossian's)

nach Norwegen oder Noregr (des König's Norr, der von den Jötnen stammte) zog (als die Mannus-Söhne des Norden's). Dort bildeten sich nun, als in den mithridatischen Kriegen Waräger (deren unbändiges Wesen sich auch in den spätern Herulern, kleine Eorl oder Jarl, kundthut) aus den kriegerischen Völkern Scandinavien's herabgerufen waren (und nach den Siegen des Pompejus ihre thulitische Heimath wieder aufsuchten), mit der nordischen Rückkehr der von den Longobarden besiegten Heruler oder (nach Zosimus) Scythen vom Maeotis (mit Asgard), die ihro Fürsten als Anses feiernden Gothen auf den pontischen Seezügen unter Gallienus und Claudius begleiteten, die specifische Asen-Mythe aus, die (den ursprünglich dem celtischen Cultus des Taranis verbundenen des Thor zurückdrängend) sich unter Harald Harfagr nach Island verbreitete und so in den Liedern der Edda erhielt. In den südlichen Theilen Scandinavien's, wo (wie in Deutschland (die suevischen Reiterschaaren eindrangen, stellte sich eine Vereinigung der Tempeldienste her, in Upsala bewahrte Thor den Ehrenplatz, in Lethra dagegen wurde (wie früher von den Aestyern) seine weibliche Wandlung Freyr verehrt, und von den Sieben-Völkern (Tacitus) Niörd (als weibische Hertha), beides Vanir-Götter. Unter der Regierung des schwedischen Königs (Suethiae rex) Ypper in Upsala (b. Petrus Olaus) wurden die umliegenden Länder zur Huldigung gezwungen, und bildeten sich dann auf den jütischen Inseln der regierende Stamm der Dänen, die zugleich die Begräbniss-Sitte (asiatischer Tumuli), einführten, statt der bei den Asen (noch bei Baldr's Tode) üblichen Verbrennung als sich der König Dan in vollem Pompe beisetzen liess. Otto M. hiess zuerst König der Deutschen (Rex Teutonicorum).

*) Gautland ist Urheimath der Dänen. Schonen war das älteste Dänemark. Die Eudoses sind Juten (nach Grimm) oder Nuithones (bei Tacitus). Exierant (Guti) quondam de nobili sanguine Anglorum, scilicet de Engra civitate et Anglici de illorum sanguine et semper efficiuntur populus unus et gens una (nach dem Gesetze Eduard des Bekenner's). Angulus (Angel oder Anghul) inter provincias Jutarum et Saxonum (Heda). Getae Romanis Daci sunt dicti (Plinius). Daci quoque soboles Getarum (Justin) unter dem König Oroles oder (nach Praetorius) Karcellis mit den Bastarnen kämpfend. Bei Athanarich's Gothen wurde (nach Sozomenos) eine ζόανον ἐφ' ἁομαμάξης ἴξως herumgeführt. Der Cultus des Freyr (Sohn des Nertbus) war bei dem Mischvolk der Dänen gothisch. Die Nordgermanen brachen von Norden her (nach Munch) in den gothischen Völkerkreis Südscandinavien's ein, gleichwie die Sachsen die gothischen Nerthus-Völker der kimbrischen Halbinsel zersprengten (s. Maack). Das Königsgeschlecht der Skjoldunger herrschte über das Mischvolk der Halfdanen (als Gothen und Danen). Dan, filius Humblae, de Suecia veniens. Als in der Bravallaschlacht das nordgermanische Element das gothische besiegte, gründete Sigurd Ring die Dynastie Danavaelde. Die (bei Eginhart) mit dem Zusatz Sueones genannten Dänen könnten (nach Brehmer) ihre Namen durch eine Abkürzung aus Codanus (Godanus) erhalten haben [als Gothen]. Eine Burg Scande fand sich (nach Procop) in Colchis. Der Einfall der Massageten zwang Shahpour die Belagerung von Nisibis aufzuheben. Hecatopolis ist Damghan.

**) Nach Buchanan war Feans (unter dem Anführer des Feans) der irische Name für Riesen, und (V. Jahrhdt.) zeichnete sich Finn Macoel, als ihr Führer, gegen die Dänen aus (als Sohn des Coel und der Cumhal). Die Finnianischen Lieder haben sich in Handschriften des XIII—XVI. Jahrhdt. erhalten. - Du Mége place les Fincs des Tolosates à Finhan (die römischen Fincs waren die äusseren Grenzposten, wo die dort mit besseren Waffen bekannten Eingeborenen ihre fernern Brüdern furchtbar wurden und den Namen bewahrten, wie die Boys. Gleich den handelnden Mohren in Indien fand man im Alterthum überall Vineti). Danubius ist (nach Forbiger) das scythische (celtische) Wort Don, Danc Wasser, Fluss κατ' ἐξοχήν das auch in Rhodanus, Eridanus und Tanais (sowie in Don und Düna) begegnet (Forbiger). Nach Pytheas findet sich der Bernstein in der Bucht Mentonomon (an der Vistula), nach Plinius auf den Inseln des nördlichen Ocean, besonders Glessaria oder Austravia (westlich vom Vorgebirge der Cimbern). Nach Tacitus wurde der Bernstein von den Aestyern gesammelt. Der von Hesiod erwähnte Eridanus wird von Scylax mit dem Padus indentificirt. Fingal fiel (282) in der Schlacht bei Rathbrea an den Ufern des Boyne und seine Thaten wurden von Ossian dem heiligen Patrick (V. Jahrhdt.) erzählt. Nach den Annalen von Innisfallen wurde Finn durch einen Fischer erschlagen. Unter Cormac wurde Argyleshive durch die Iren (als Scoten) colonisirt (und so kam Fingal's Sage nach Hochschottland). Cormac war Schwiegervater des Fingal. Irland hiess Schottland (VII. Jahrhdt.). Die Hochländer halten Finn für einen Iren (nach Shaw). Fin-Gal ist Fin der Fremde (s. Wachter). Finni mitissimi Scandzae cultoribus omnibus mitiores, nec non et pares eorum Vinoviloth (Jornandes). Die Tschud (im Gouvernement

wurde aus der irischen in die gälische oder hoch-schottische Sage hinübergenommen. Nach den Iren befehligt Fin die Finnier. Die Cimmerier*)
wohnen (b. Homer) jenseits des Oceanosstrom's in Dunkelheit, ohne des

Olonetz) oder (nach Bayer) Scyth sprachen finnisch (Eichwald). Die Thiere mit Menschen-
gesichtern rühren (bei den Sythen) von der Seelenwanderungslehre des Zamolxis, die Verehrung des Hasen von dem Siege über Darius. Irländisch suidh (Krieger) kömmt von
suidhim (sedeo), als Wagenkämpfer (s. Pictet). Lateinisch bellum gehort zu (cymrisch) bel
(belu, verwüsten) und (angels.) balo (malum). Theutates signifiait (en langue celtique)
Pére du peuple. Les Celto-Bretons se servent encore des mots Teut-tat-é, pour dire: „il
est le pére des homnes" (du Mége). Martin identificirt Theutatis mit dis Pater oder
Pluto. Der Fels von Thelolinga-Mexico, als Schaukelstein. Hesus (Haersus) ab horrore
sic dictus. Hacusus signifie (en breton) horrible, effroyable Tarann (Taranis) en gallois
répond au latin tonare (Latour d'Auvergue). Cromleach ou Lechcrom (pierre courbe ou
cercles des pierres) de cromm (crwmm ou courbe) et lech (pierre plate). A défaut de
l'if et du suc de jusquiame ou hannebanne, les Armoricains employaient (pour ses dards
et fléches empoisonnés) l'aconit, le napel, l'éllebore noire, qu,ils faisaient cuire et dissoudre
pour sécher au soleil (Manet). Armorica, terni composé des trois mots celtiques, rich ou
reich (royaume), ar (sur ou proche) môr ou moor (la mer) en Petit-Brétagne (s. Manet).
Teuthras, König der Mysier. Teuta, Königin der Illyrier; Teutonen; Teutamias, König
in Larissa. Teutamus, König von Assyrien (zur Zeit des trojanischen Krieges). Teutates
Gott der Gallier. Hermes oder Tautes (Mittelwesen zwischen Moloch und Astarte oder
Sonne und Mond mit den Cabiren von Phönizien nach Samothrace kommend). Taautus,
als phönizische Gesetzgebung bei Sanchuniathon (Thot der Aegypter). Hermes Trismegistus;
Hermes, als Edris oder Henoch (Uriai oder Duwanai).
    *) Nach Strabo hatten die Cimmerier (mit Trerern und andern Stämmen Thracien's)
Klein-Asien schon vor der Zeit des Ardys verwüstet, und selbst vor der Zeit des Homer.
Die (unter Madyes) Cyaxares (626 a. d.) besiegenden Scythen wurden (596 a. d.) vertrieben.
Callinus ruft Zeus an, Ephesus zu retten, als die Cimmerier mit ihren Wagen, nach der
Eroberung von Sardis (ausser der Citadelle) am Cayster lagerten. Cimmerische Stadt in
der Krimm. Herodot kennt die Gräber cimmerischer Könige am Tyras (Dniestr). Die
Cimmerier heissen (wie die Skythen) Stutenmelker (bei Callimachus). Die Cimber zogen
von den Skordiskern zu den Tauriskern in Norikum. Der Getenkönig Boerobistas unterwarf Celten, Bojen und Taurisker. Caesar baute Strassen in den gälischen Alpen. Die
bei Orpheus im Norden wohnenden Kimmerer (des Pontus Euximus) wurden von Homer
nach Westen gesetzt. Die celtischen Tumuli im Bosporus werden dem alten Volk der
Kimris zugeschrieben. In der Genesis stammen von Gomer die nördlichen Völker. Nach
den Armeniern zog Sem nördlich (zum Berge Sim). Kam oder Schamane. Khmr oder
Comr (Comorn oder Mondgebirge). Le mot Gômer sans voyelles se reduit aux trois
lettres G. M. R. qui peuvent également se prononcer Gaur ou Ghimr ou Ghimer (s. Vivien).
C'est absolument le Kimmer des Hellénes. Ezechiel nennt neben den Gomer die Togarmah
(ein Theil des Araxes). Kimbri (Cimbri) ou Kimris: hommes forts, guerriers. Gâmar:
l'extremité d'une chose (im Hebr.). Kamar ou Kimer: obscur, ténébreux (bei Hiob). Ku
ist tönen oder seufzen (im Sanscrit), Kug der Laut der Vögel Kwkuw. Kôkila: cuculus
niger vel indicus. Die Cimmerier, die auch Treres (Τρηρες) heissen, oder nur ihr Stamm,
überfiel oft die Südküste des Euxinus und Nachbarländer, wie Paphlagonien, und (zur
Zeit des Midas) Phrygien, worauf Lygdamis sein Heer nach Lydien und Jonien führt,
Sardes eroberud aber in Cilicia seinen Untergang findend. Die Cimmerii und Treres
machten oft solche Unternehmungen, doch wurden die Treres unter Cobus (ihren Führer)
zuletzt durch Madys, König der Scythen, aus Asien vertrieben (Strabo). Nach Callisthenes
wurde Sardes zuerst durch die Cimmerier, dann Treres und Lycier (b. Callinus), dann
von Croesus und Cyrus erobert. Die Magneten (am Maeander) wurden in alten Zeiten
durch den cimmerischen Stamm der Treres vernichtet (nach Strabo). Nach Sardes wurde
Magnesia erobert (Callinus). Sitalces (Sohn des Teres) herrscht über die Odrysae. Die
Cimbri (Κιμβροι) zogen aus dem Chersonesus Cimbrica (Jütland) zur Verwüstung Gallien's
und Spanien's, bis durch Marius besiegt (101 a. d.) Jütland hiess Promontorium Cimbrorum
(bei Plinius). Posidonius beschreibt die Cimbri als umherschweifende Piraten. Strabo
nennt Cimbri mit Bructeri und Chausi westlich von der Elbe. Die Cimbri des cimbrischen
Chersones schickten Gesandschaft an Augustus. Nach Sallust waren die Cimbri celtisch
und gallisch. Nach Strabo wurden die Cimmerier durch eine Ueberschwemmung ausgetrieben. The name of Cimbri (celtic Kymri) is said to signify robbers. Fabius Maximus
trug Bedenken den Wald des Berges Ciminus in Etrurien zu passiren. Monadi, Volk in
Daunia oder Apulia (von Diomedes vertrieben) mit den Dardi. Darades, Volk in Medien
(bei Herodot). Durch das Einschlagen der Jahresnägel (clavus annalis) im Tempel der
Nortia zu Volsinii bezeichneten die Etrusker das Walten der unerbittlichen Schicksals-
Göttin.

Helios Strahlen. Die Cimmerier (zwischen Borysthenes und Tanais) zogen (durch die Skythen vertrieben), nach Asien (Sardis erobernd), wurden aber durch Alyattes (Enkel des Ardys) vertrieben (Herodot). Die Scythen des Massagetenlandes nannten (nach Plinius) den Caucasus schneeweiss*) (Graucasus). Casia am Caucasus (b. Ptolom.). Teres (Vater des Sitalces**)),

*) Les montagnes neigeuses qui dominent le cours supérieur de l'Indus et s'étendent à l'ouest jusqu' aux provinces persanes, furent coupées dès les plus anciens temps par la nombreuse et puissante tribu des Khazas (Vivien). Ihre Nachkommen finden sich noch als Khasias oder Khossaïs. Die früheren Kchatria oder Khasas wurden degradirt. Dans quelques cantons de l'Himalaia, notamment dans le pays d'Almora, les Khasas ont conservé leur rang primitif dans la hiérarchie hindoue. Dans les lois de Manou, les Khasas sont mentionnés avec les Daradas (Dardaï), dont le pays (situé evers le nordouest du Kachmir) porte parmi les natifs le nom de dasrad. Kasa-Ghiri oder Berge der Khasa (Khas-Ghar oder Kachghar au Kabul grenzend), als Dardanier Troja's. το Κασιον in Egypten. Berg Casius in Cilicien. Die Kasi-Kumückische Herrschaft erstreckt sich bis an die Kette Turtscha-Dagh. Im Kumaon (mit Almora als Hauptort) liegt der Badeteich Badrinath am Vishnu-Ganga). Im Aufang war Ginnungagap, der gähnende Chaos, mit Niflheim im Norden und Muspell (Surt's) im Süden, worauf sich aus beiden Ymir bildete, bei dessen Schweiss im Schlaf unter dem linken Arm Mann und Weib hervorwuchs, während sein Fuss mit dem andern einen Sohn zeugte. Davon stammen die Hrimthursen. Otgar (Oheim Attila's und Bleda's) war bis an den Schwarzwald in der Nähe der Burgunder vorgedrungen. Die Ostgothen wurden (nach Hermanrich's Tode) durch die Hunnen unter Balamir besiegt. Balamber, Fürst der Hunnen, besiegte den aufständigen Gothenkönig Winither (385 p d.). Uldes, Fürst der Hunnen, verheerte Thracien (408). Unter Roas herrschten die Hunnen am asowschen Meere bis zur Donau. Die heiligen Fackelträger im spartanischen Heere hatten das Feuer am Altar des Zeus für die Opfer zu unterhalten. Scythen und Sarmaten (als die Letzten der in Europa eingewanderten Asier) gehörten zur Sippe der Iranier, während die Völker im Norden der pontischen Steppe (die Neuren, Androphagen und Melanchlaeuen) die Urslaven bildeten. Zauberer (Sawangi) wurden auf den Solor-Inseln als Sklaven verkauft (Friedmann). Nördlich von Magdaland ist (nach König Alfred) Sarmatenland (Germende). Slavonia, amplissima Germaniae provincia a Winulis incolitur, qui olim dicti sunt Wandali (Adam Brem.). Andronikos war Lehrer des slavischen Volks (in Mähren) nach Nestor. Die slavische Schrift, worin jüngst ein Buch übersetzt wurde, findet sich in Russland und in Bulgarien an der Donau. Lemberg hiess früher Lespol. Winidorum (ab ortu Vistulae fluminis per immensa spatia) nomina licet nunc per varias familias et loca mutentur principaliter tamen Sclavini et Antes nominantur (Jornandes). Als die Avaren nach Pannonien weiterzogen, kehrten die Daco-Romanen aus den Gebirgen (wohin sie geflüchtet) nach den Ebenen (als Walachen) zurück (VI. Jahrhdt.) p. d.). Nach Katantsich worden die Römer von den Illyriern als Bewohner Latium's oder Lassi (Vlassi) bezeichnet. Nach Kogalnitchan nennen sich die Valachen (der limba romanesca) Romanii. Als die Bulgaren die Donau passirten und die Hauptstadt Sophia bauten waren sie mit den Walachen verbündet (683 p. d.). Unter König Crumm bekämpften Walachen und Bulgaren die Griechen (812 p. d.)

*) Nach Seuthes I. (Sohn des Sitalces) wurde das Reich der Odrysae getheilt. Unter Cotys I. kriegten die Odrysae mit Athen um den thracischen Chers.nnes. Philipp von Macedonien unterwarf die Odrysier. Lucius Piso unterwarf die Bessi, die unter der Führung des Vologaeses (ein Priester des Bacchus) sich empört hatten. Xenophon beschreibt die Trinkgelage der Odrysae. Die Thyni (Θυνοι) im südöstlichen Thracien wanderten (unter den Bithyniern) nach Asien (nach Bithynien). Θυνιακη Θρακη (Memnon.). Die Grenzen Bithynien's waren (nach Strabo) schwer zu ziehen, da die Einwanderer (als kriegerische Barbaren) nicht an einen Ort blieben, sondern hin- und herzogen, vertreibend oder vertrieben. Nach Strabo gehörten die Bithynier zu den Mysiern. Nach Herodot wurden die Strymonier (am Strymon) von den Teucri und Mysi nach Asien getrieben, wo sie den Namen Bithynier annahmen. Das Land der Bithyni Thraces lag zwischen Heracleotis und Chalcedon (nach Thuydides). Xenophon nennt das Land zwischen Heracleia und Euxinusniederung Thracien und Asien. Neben dem Cultus der römischen Gottheit dauerte in Kärnthen der Cultus des celtischen Bellinus fort. Nach Appian begriffen die Römer neben den Paeonen, Rhätiern, Norikern und Mysiern ihre Nachbarn in den Namen

der das Reich der Odrysao bis zum Schwarzen Meer ausdehnte (nach Xenophon), wurden durch die Thyni besiegt. Anastasius schied die östlichen Winkel Thracien's (Rumelien's) durch eine Mauer (von Marmora bis schwarzen Meere*)) gegen die wilden Ankömmlinge ab (501 p. d.) in Slavinion (Thracien und Macedonien). Als die (zu den Alanen gehörigen) Satager

Illyrier. Als die Slaven, als Vorhut der Avaren, von Pannonien ausgezogen und durch Kärnthen bis an die Grenze Bulgarien's gezogen, gebot der austrasische König dem bojarischen Herzog Thassilo (545 p. d.) einen Einfall in das neue Slawenland, wohin die Avaren zu Hülfe gerufen wurden. Die auf die Alanen treffenden Avaren (auf der Flucht vor den Türken) ersuchten um deren Vermittlung bei den Römern (558 p. d.) und liessen sich in, Ungarn nieder. Nach Latham war Abaris der Eponymus der Avaren. Die Skoloten leiteten sich von Targitaus (nach Herodot). Targitius war (nach Theophanes) der ἀνήρ περίβλεπτος des Stammes der Avaren ('Ἀβάροι). Nach Boris Abdankung erhielt Wladimir die nördliche, Simeon die südliche Provinz Bulgarien's (888). Als die Bulgaren (unter Simeon) Kaiser Leo (mit den chazarischen Hülfstruppen) besiegt, wurde von diesen Arpad der Magyaren (von der Donau am schwarzen Meer) zu Hülfe gerufen.
  *) Die Slaven unternahmen auch Streifzüge zur See. Als Asparuch, vom Don kommend, die Slaven in Bulgarien bedrängte, wendeten sie sich nach dem Hellas und Poleponnes, slavisirend (nach Const. Porphyr). Im Gesetzbuch Duschan's ist Vlach synonym mit Hirt und Leibeigenen. Attika verwandelte sich unter den Vjeselicen in eine slavische Provinz und ihr Fürst Okomir liess sich in Athen nieder. Der griechische Feldherr Theoktestes unterwarf (840 p. d.) die Slaven in Thessalien und Hellas, sowie die peloponnesischen Stämme (nach Const. Porphyr). Erst als die Slaven von Patras zurückgetrieben (807) konnte wieder ein Romaier (Grieche oder Christ) ungefährdet den Peloponnes betreten (nach Nikolaus). Theophanes siedelte die aus Persien nach Kleinasien Uebergewanderten in Macedonien am Vardaiflusse an, als vardariotische Türken († 842 p. d.). Die Sakulaten empörten sich gegen Michael (860 p. d.) Hernac et Dengueric, fils d'Attila, fondèrent un royaume (374 p. d.) et Couprat, (prince des Antes), sontenu par les Grecs légua la Moldavie à son fils Ansprag (616 p. d.) Les Patzenegs le devastèrent (1049). Les Coumans obtinrent (1075) la superiorité sur la Moldavie (la petite Coumanie avec la résidence Coumanesti). Les hordes Mongoles forcèrent le reste des Coumans à repasser les Monts et furent elles-mêmes défaites par les efforts réunis des Hongrois et des Roumounis; dès lors la basse Moldavie, surtout vers les bords de la mer Noire commença à être colonisée par des Grecs et des Italiens. Dans plusieurs isles, telle que Czetate-Alba (Akermann), à l'embouchure du Dniester, Kilia, située au delta du Danube, et Galatze, les Gênois qui avaient des colonies à Caffa en Crimée, établirent des factoreries à Tighina (Bender) et à Hotin. La plus puissante de ces républiques (réunies entre elles par une ligue commerciale) était celle de Berlade (l'ancienne Zuzidava), s'emparant (1160 p. d.) d'Olechie (s. Asaky). Der deutsche Byning gründet (1200) das walachische Fürstenthum. Der über die Walachen in der Bulgarei herrschende Johann Assan besiegt (1206) Kaiser Balduin. Nach Frurila folgt der bei den Cumanen erzogene Assan I. (1207). Andreas II. von Ungarn erweitert die Privilegien der Sachsen durch die goldene Bulle (1224) indem zugleich den Valachen und Bissenen ihre Wasser und Wälder frei zugestanden werden. Innocenz IV. verlangte von Ungarn die Austreibung der in Frankreich als Albigenser verdammten Ketzer (Bulgaren, Manichäer, Paulicier). Gregorius IX. fordert von Bela die Austreibung der Schismatiker, der Ismaeliten (die auf der Donau handelnden Saracenen und Juden) und falschen Christen (1234). Nach Eroberung Thessalien's (Gross-Vallachien's) schliesst Johann Assan Frieden mit Johann Comnenos. Nach Michel Assan, der auf Caloman, Nachfolger des Johann Assan III. († 1241) folgt, (1258) folgt Carloman II., mit dem die Dynastie von Peter und Johann Assan endet, indem sich die Bulgaren wieder des Thron's bemächtigen. Rudolf von Vacaras gründet die walachische Stadt der Romanen in Dacien. Des chevaliers Allemands, de l'ordre de Malta, passant (1249) par la Hongrie, offrirent aux Roumounis leur appui contre les invasions des Païens. Les défaites successives que les Tatares éprouvèrent dans les gorges des montagnes Carpathes, la victoire remportée sur eux à Lublin en Pologne par le roi Casimir, et l'extermination de leur hordes par les efforts réunis des Hongrois et des Roumounis, assurèrent le calme aux provinces de l'ancienne Dacie. Pendant ces événemens, les Romounis Mounténis et ceux qui vivaient dans les plaines de Valachie et de Moldavie, étaient gouvernés par des princes indigènes résidant à Fagarach et Marmarosh. Ces lieux, protegés par les Carpathes, offraient au gouvernement un siège plus sûr. Ne pouvant s'étendre en Transylvanie, dont une grande partie, sous le règne de Geysa II. avait été colonisée (1145) par les Saxons, un nombre considérable de Roumounis repassèrent les montagnes et s'établirent, les uns sous la conduite du Prince Negro au midi et les autres avec le Prince Dragoses à l'Orient de la Transylvanie. La translation du siège princier dans le dacie Transalpine eut lieu l'an 1350 et le pays prit dès lors le nom de Moldavie.

in Ober-Pannonien*) von den Gothen bedrängt wurden, wurden sie durch die Hunnen befreit (459 p. d.). Bei Koibalen und Karagassen (am Altai) heisst die Taube Kudai-kus (Gottesvogel). Auf seiner Reise zu Attila**) (448 p. d.) erwähnt Priscus der hunnischen Getränke μέλος (aus Gerste

---

*) Als Mojmir, der (die slavischen Stämme in Mähren vereinigend) das grossmährische Reich gestiftet hatte, gestürzt war (846 p. d.) folgte Rastislav und dann dessen Neffe Svjatapolk, der ihn an Ludwig auslieferte (870), darauf aber selbst von den Deutschen gefangen wurde, bis entlassen, um den erwählten Slavomir zu bekämpfen (mit dem er sich vereinigte). Swjatopolk besiegt (872) Karlmann. Während Salan (Urenkel Krum's) zwischen Theiss und Donau herrschte, wohnten die Ueberbleibsel der Avaren zwischen Theiss und Marosch, wo Menumorut herrschte (IX. Jahrhdt.). Ueber die Kronten zwischen Dran und Save herrscht Braclav. Semovit, Sohn des Pjast, regierte in Gnesen. Durch Beschluss des Agramer Landtages (1867) wurden Serben und Kroaten des dreieinigen Königreich's für eine Nation proclamirt, indem im Volk nur solche Stämme sich einen können, die bei allen Verschiedenheiten der Mundarten doch nur eine allen gemeinsame Schriftsprache und Literatur besitzen. Les menées incessantes des cardinaux et des evêques d'Allemagne (dans la Bosnie) avaient fini par rendre la masse du peuple indifférente à la religion qu'il voyait si indignement exploitées par un ramas d'ambitieux. L'hérèsie des Bogumites (élus de dieu), gnostiques qui niaient la trinité, la hierarchie ecclésiastique et la divinité du Christ, avait déjà fortement ébranlé la foi orthodoxe en Bosnie et en Albanie. Ces bogumiles precurseurs des reformés appellés par les Grecs Kathareni on chretiens purs et par les latins, Patareni ne contribuèrent pas moins que le schisme grec a provoquer l'intolérance des evêques allemands et a faciliter les conquetes de l'islamis en Bosnie. Rome et le sanct germanique empire n' avaient attaché a leur cause toutes les grandes familles du pays qu'en leur accordant pour prix de leur conversion des droits feodaux sur les paysans schismatiques. Ces familles, instruites à voir dans la religion un moyen de domination temporelle passèrent du pape a Mahomet et conservèrent ainsi tous leurs droits seigneuriaux sur les paysans, qui ne voulurent pas les imiter (Robert). Als Rastiz in Rom und ebenso in Byzanz um Christen-Apostel ersuchte, schickte Kaiser Michael III. den Constantin mit seinen Bruder Method nach Mähren (863 p. d.). Rastiz von Mähren wurde durch seinen Neffen Syatoplak (der Karlmann huldigte) an König Ludwig verrathen (870 p. d.). Bald wurde auch Swatopluk von Karlmann wegen Treubruch verhaftet, aber von Ludwig mit einem bairischen Heere zurückgeschickt, um die unter Slavomir aufgestandenen Mähren zu bekämpfen (871), fiel aber über die Deutschen hin und verband sich mit seinen Landsleuten (die Angriffe der Franken zurückschlagend). Karl dem Dicken huldigend erhielt Swatoplok von Mähren Unterpannuonien zu Lehn (884). Nach dem Vertrage mit dem mährischen Könige Swatoplak schlug der 887 zum König der Deutschen ernannte Arnulf die Normannen an der Dyle (891). Mit Herzog Brazlav (zwischen Dran und Save) und den Ungarn verband sich Arnulf (892) gegen Swatopulk († 894) und schickte (893) Gesandte an die Bulgaren. Die Albanesen salzen den Kopf des erschlagenen Feindes, um ihn auf eine Stange im Dorfe aufzustecken. La poitrine énormément bombée wird bei der Beschreibung der Albanesen angegeben (s. Robert). Die Häuser der Albanesen sind oft auf Leitern zu ersteigen. Les Hongrois, qui venant d'Asie sétablirent sur le Volga (VII. siècle) elurent Almos comme chef suprême au dessus des sept ducs. Die slawenischen Wenden (Venet(r) wohnten (I. Jahrhdt. p. d.) am rechten Ufer der Weichsel (während die Bernsteinküste von der Mündung der Weichsel von den Esthen und Guthonen besetzt waren). Das anliegende Meer trug ihren Namen und ihre Länder erstreckten sich von der Weichsel bis zu den Peukinern und Finnen (Surowiscki). Nach der vorübergehenden Vereinigung mehrerer Stämme (der Slawen) unter Samo (VII. Jahrhdt.), entstanden (Mitte des IX. Jahrhdts.) zwei bedeutende Staaten, der mährische unter Swatopluck und der russische unter Rurik, auf welche später der polnische folgte. Die Awaren setzten über die Donau und Save (360 p. d.) um die über die Donau nach Pannonien eingedrungenen Slowenen zu bekämpfen. Nach dem Tode des Derzislav († 1000 p. d.), Gründer der kroatischen Königsdynastie der Derzislaviden, bestieg sein Bruder Kresimir III. den Thron. At a Chrobatis qui in Dalmatiam venerant pars quaedam secessit et Illyriam occupavit atque Pannoniam.

**) Placidus nennt das an Attila's Grabe gehaltene Leichenmal straba oder (nach Jordanes) strava. Strawa ist (im Polnischen) Kost oder Nahrung (s. Schott). Die Arme des Dnepr wurden von den Hunnen (nach Jornandes) Hunnivar genannt. Dengizik war Sohn Attila's (Dengiz oder Meer im Türkischen). Die Bulgaren hiessen Hunnen (bei dem Gothenkönig Athalarich). Koskinen erklärt die Hunnen für Uralfinnen. Die Amyrgischen Scythen oder (nach den Persern) Sacae, die (nach Hellanicus) in der Ebene Amyrgium wohnten, waren (ausser mit Bogen und Dolch) mit der Streitaxt (Sagaris) bewaffnet (nach Herodot) [saxa]. Ἀμύργιον πεδίον Σακῶν, Ἑλλανικος Σκύθαις (Steph. Byz.). Die Wagen der Inder wurden (nach Herodot) theils durch Pferde, theils durch wilde Esel gezogen. Jamais

bereitet) oder Met und *Κάμος* (Kumiz). Der aus Pannonien in Thüringen einfallende Avaren-Chan wurden durch Brunhild abgekauft (596 p. d.). Unter dem Franken Samo*) befreiten sich die Slawen von ihren avarischen

les Romans ne voulurent épouser des femmes d'une autre nation. Ils avaient ces mariages en horreur et cette aversion existe encore aujourd'aiu. Jamais un paysan moldave au valaque ne vaudrait se marier à une Hongroise „à une Polonaise ou à toute autre étrangère. Ils suivent scrupuleusement le proverbe, qui dit Lorsque vous prenez une femme sachez en l'origine et la souche" (Kogalnitchan). Beim Vordringen der Gothen versetzte Aurelian die römischen Colonisten aus Dacien nach Mösien (274 p. d.). Nachdem die Hunnen unter Ellah besiegt waren, setzten sich Gepiden in Dacien fest, wo sie von Longobarden (mit Avaren und weissen Hunnen verbündet) besiegt wurden, worauf die Bulgaren eintraten (499 p. d). Unter König Kubrat (693 p. d.) befreiten sich die Bulgaren von den Avaren. Nachdem die Hungarn die in Pannonien von dem König Salunus beherrschten Bulgaren unterworfen, besiegten sie Gelou, König der Romänen oder Walachen in Siebenbürgen (899 p. d.) und zwangen (nachdem Menomoront's Hauptstadt Bihor erobert) den Häuptling Glad (der ein Heer von Cumanen, Bulgaren und Walachen versammelt) sich als Vasall Ungarn's zu bekennen. Während die Ungarn sich in Pannonien festsetzten, waren Moldau und Walachei von den Cumanen (mit Rumanen verbunden) besetzt. Die als Patzinaken bezeichneten Romanen oder Walachen unterstützten (1042) die Kaiserin Zoë gegen die Bulgaren. Dragos gründete das Fürstenthum der Moldau (1354 p. d.) im schwarzen Cumanien. Als die in Dacien angesiedelten Römer vom Ackerbau zum Hirtenleben übergingen wurden sie Tschiobani (Hirten) genannt. Scythorum nomen usque aque transit in Sarmatas atque Germanos, nec aliis prisca duravit appellatio, quam qui extremi gentium harum ignoti prope ceteris mortalibus degunt (Plinius). Vandali Maeotidis paludis accolae, fame pressi, ad Germanos, quos hodie Francos nominant, et fluvium Rhenum se receperunt, tractis in societatem Alanis, natione Gothica (Procop). Plurimae quidem superioribus fuere temporibus hodieque sunt nationes Gothicae, sed inter illas Gothi, Vandali, Visigothi et Gepaedes, quum numero, tam dignitate praestent. Olim Sauromatae dicebantur ac Melanchlaeni quidem etiam Getarum nomen ipsis tribuerunt. Vocabulis quidem omnes nulla ne inter se differunt (Procop). Nach Procop und Konstantin hatten die Slowenen von Alters her gemeinsame Reichsgesetze (*νομος* oder *ζακανον*) oder Zakon.
    *) Nach Samo's Tode zerfiel das Slavenland. Die Karantaner machten Einfälle in Friaul. Nachdem Carl M. Tassilo besiegt, fiel (wie Bajoarien) das Land der Karantaner-Slaven unter die Franken. Arnulf rief die Ungarn zur Hülfe gegen den Mährerkönig Zwentibold: Die Ochsen Scythien's hatten (nach Herodot) keine Hörner wegen der Kälte. Das spanische Rind verlor die Hörner in Paraguay (wegen der Wärme). *παρθενίαν ωδἰν* (bei Pindar). Partheniae in Sparta (christl.). Wie Hyperoche und Zaodice kamen Arge und Opis (als *κύραι* und *παρθένοι*) von den Hyperboraern zu Delos, der Ilithyia für ihre leichte Geburt zu opfern und wurde durch die Hymnen des Lycier Obe verehrt. Die Dollar Spanien's hiessen Colonnatae von den Säulen. Europa ist (arabisch) ereb (der Westen) der Araber. Alii (ausser den im Lande Hadeln landenden Sachsen) navibus fluviam (Albim) ascendentes, tunc juxta montum Harth versus septentrionem dominium tuentes invaserunt, quod nomen Saxonum simpliciter obtinuerunt. Cumque hi Saxones et Thuringi mutuis se bellis, pro sedibus obtinendis frequenter impeterent, tandem Thuringi cedentes ultra montes Harth se recipientes Saxonibus loca dimittunt (Wernerus Rolevinck). Altera pars (der vom Rhein nach Brittannien ziehenden Sachsen, die die Römer vertrieben) Thuringiam oppugnans tenuit eam regionem. Defuncto Sumnone (Marchomirus) dedit illis hoc consilium, et elegerunt Faramundum filium ipsius Marchomiri et levaverunt eum super se regem crinitum (Gesta Francorum). Das Gebiet des neuen Königthum's ist das Land der Lex salica (s. Müller). Die von Alexander Severus den Veteranen übergebenen Ländereien, erhielten sich in Frankreich, als Benengüter, im Gegensatz zu den Buitengütern, deren Kauf Jedem offen stand (s. de Ring). Sarmate Sirbi tum dicte a serendo (Wacerad). Placel und Weleslawjna übersetzten die Namen Wandalon durch Srbi oder Slowane (Slawen). Die Franci, welche die Eburonen beherrschten, hiessen Franci-Eburones und (mit der häufigen Vorschiebung eines N) Nebnrones, dann (nach dem Uebergang von r in l) Franci Nebulones, wie in dem Liede von Waltharius, als Nibelunge (H. v. Müller). Nach Chlozo's Eroberung brach ein Thronstreit unter den Franken aus, wobei Attila von der einen, die Römer (unter Aetius) von der andern Seite zur Hülfe gerufen wurden. Chlodowech vertilgte das Geschlecht der Niblunge. Das Land der *Θυριγγοι* (Thoringi) war an Augustus gegeben (nach Procop). Ibn Fozlan beschreibt die hochgewachsenen Russen als fleischfarben und roth. Ros bedeutet (im Wendischen) die Rothen (Rosk oder das Rothkehlchen, Roza oder der Rothlauf) Die Wenden nennen sich selbst Serb oder die Rothen (von Cerweny oder roth im Serbischen). Wenden (Venedi) sind die Bewohner des Weideland's. Um die Verbindung mit Brittannien offen zu halten, musste Julian mit Nebigast, König der Chamaven, Frieden schliessen (Eunapius). Accepta in Germania clades sub legate Marco Lollio (Vellej. Paterc.) Die gothischen Stämme von Galatien

Herren (623 p. d.). Die Sprache der Khazaren*) gleicht weder den
Türkischen noch dem Persischen (nach Ibn Haukal). Die Khara-Khazaren
mit schwarzen Haaren sind dunkel wie fast die Indier, während der König
aus der helleren Art stammte (nach dem Titel Ilk oder Bak) und wurde
(wie der Regent oder Khacan-bouh) zum Judenthume bekehrt (zur Zeit des
Harunalraschid). Nach dem Tode des Bulgarenkönig's**) Samuel (der bei

nahmen mit Augustus den Namen Σεβαστηνοί an. Die Lygii (Λοίγιοι) im nordöstlichen
Germanien gehörten zum Reich des Marobodnus. Tacitus rechnet ausser den Naharvali
(die die Göttin Alci verehrten) die Arii, Helvecones, Manimi, Elysii oder Helisii zu den
Lygii L'Aquitaine ce n'etait par seulement la Gascogne, c'était alors tout le midi et
une grande partie de l'ouest de la Gaule. L'expression était synonyme de méridional,
rien de plus, dire qu'on était Aquitain, cela signifiait, qu'on était né au sud de la Loire,
voilà tout (Rabanis). Teutomal, König der slavischen Ligurer, flüchtete zu den Allobrogern.
   *) Beim Annähern des Khakan der Khazaren fällt Alles nieder, bis er vorüber ist.
Der König wird von Sklaven bedient. Vornehme Schuldige erhalten den Befehl sich zu
tödten, Das Grab der Könige wird auf einen Fluss in Nischen erbaut und man tödtet
die Diener, damit Niemand den Stein kenne, worunter der König liegt [Alarich]. Vom
Tode des Königs sagte man (nach Ebn Fozlan), dass er in's Paradies gegangen [Siam].
Bei der Thronbesteigung wird der Fürst fast erdrosselt, die Zahl der Jahre anzugeben,
die er regieren will, und wenn sie überschritten sind, tödtet man ihn, wie auch sonst das
Volk vom Regenten verlangen mag, es von dem Khakan zu befreien. Keiner darf über
40 Jahre regieren (Tolteken 50). Die Vissou und Youra warfen die Säbel der Bulgaren
in's Meer für die grossen Fische. Ases in Hyrcanien. Medier früher Ari. Les Ases de
l'Hyrcanie appartenaient à la grand race des peuples daciques, qui est la même race que
les Deutch ou Teutons (Vivien). Askhan (Arsaciden), als Herrscherfamilie (der Parther
oder Partei unter den hyrcanischen Dakhern), bei den Chinesen Asi genannt. Les Ossi du
Caucase sont un peuple à cheveux blonds, dont la langue est d'origine médique (Vivien).
Die alten Meder blondhaarig. Ousiun (im Innern Asien's) blondhaarig (nach Chinesen).
Die Dakhen, Asen, Parther blondhaarig (medische Dialecte). Pelasger blondhaarig.
Khasas oder Khassins zum Theil blondhaarig (mit sanscritischer Sprache) im Hendukush.
Meder in Thracien, Yasen und Asen in Illyrien und Pannonien. Thracien hiess früher
Aria (nach Steph. Byz.). Nach Valvasor kamen die Argonauten unter Jason nach Krain.
Krain gehörte erst zu Pannonien, dann zu Karnien (von Heruler, Ostgothen, Longobarden,
Wenden, Hunnen, Römer beherrscht) Die Wandalen und Winden wohnten 335 p. d. in
Krain. Aus Pannonien in ihr Vaterland zurückkehrende Gothen liessen sich 400 p. d. in
Krain nieder und vertrieben 761 die Scyrier und Suaven. Alboin erobert Krain 569 und
573 setzten die Longobarden den Gisulph zum Herzog von Krain und Friaul ein. Durch
den Kakan der Avarer im Zweikampf erlegt, besetzten die Avarer das Land, wurden aber
durch Gisulp's Söhne (Taso und Kako) 615 p d. vertrieben, dann den Römern unterworfen wurden 617, dann herrschte Grasulph (Vorgänger des Ago). Die Longobarden
vertreibend, verbanden sich die Krainer mit den Carautanern 736 und stellten sich unter
den Schutz der Franken 747. Nach Thassilo's Eroberung (772) fielen die Hunnen ein,
aber Karl M. annectirte 791 Krain und Friaul. Populi qui trans Rhodanum et Ararim
inter Ligerim et Sequanam sunt, ad septentrionem adjacent Allobrogibus et Lugdunensi
agro. Horum clarissimi sunt Arverni et Carnutes (Strabo). Die Taurisker waren Gallier
(nach Polyb.). Viele Bewohner der Alpen, die früher Taurisker hiessen, wurden später
Noriker genannt (nach Plinius). Die Japoden (des Karst) waren (nach Strabo) aus
Galliern und Illyriern gemischt. Die Priester des Belin (aus dem Geschlecht der Druiden)
hiessen Pateren. Auf der Stätte Laibach's wurde von Jaso's Gefährten Aemona gegründet
(nach Linhart). D'après Biélooski les anciens Slaves illyriens sont le plus généralement
désignés par les historiens grecs et latins sous les noms d'Autariates, de Tariotes, et
d'Adriotes. Parmi les tribus autariates, l'une d'elles portait le nom de Linkhites
(Linchitae ou Ljachs) our Lekhs, habitant la Lyncestis (Luchitiia de Nester), dans
laquelle se trouvait le lac de même nom (Lichnidus), que les Bulgare ont appelé lac
d'Okkri ou Okhrida (Viquesnel).
   **) Kaiser Basilius verband sich mit seinem Schwager Grossfürst Vladimir von Russ-
land (der die Chazaren mit einer Flotte im schwarzen Meere bekämpfte) gegen die
Bulgaren unter Vladislav (1016 p. d.), die die Petschenegen zur Hülfe riefen. Bei Setana
von den Griechen besiegt (1018 p. d.) fiel der Bulgarenkönig Vladislav vor Durazzo.
Nach Besetzung Ochrid's unterwarf Kaiser Basilius (der Bulgarentödter) ganz Bulgarien
1019. Auch der Gross-Zupan von Rosa (in Südbosnien) erkannte Byzanz an. Im
XI. Jahrhdt. wurden die Kroaten mit den Serben identificirt. Dragomir (Bruder des
Vladimir) wurde in Kataro erschlagen. Pour se débarasser des Scind-Rômes qui errent
en mediants dans ses états, Vlad l'Empaleur les invite à en festin (en Bucarest), les gorge
de mets et de boissons, et quand ils sont ivres, les fait jeter au feu († 1479 p. d.). Der

Belasica von Basilios besiegt war) folgte (1014 p. d.) sein Sohn Gabriel-Radomir, der auf Anstiften des Kaiser's Basilios getödtet wurde, um Vladislav einzusetzen. Während die Miloxi oder Milzer am Milkow (in Walachien*))

serbische Kral Duschan, der Kaiser Cantacuzenes auf den Thron Byzanz's wieder einsetzte, nahm den Kaisertitel an († 1358 p. d.). Le Concile de Dioclée (1199) avait declaré en principe la séparacion des pouvoirs spirituel et temporel. Cette proscription contrariait les idées d'indépendance qui caractérisent le génie servien et ramena les Slaves vers la communion grecque. Saint Sava, fils de Némania, poursuivit l'oeuvre de son père et fonda l'ordre religieux sur une base nationale (s. Chopin). Durch 'seine Gattin überredet sich nach Venedig zurückzuziehen, übergab (1520) Georg die (seitdem theocratische) Regierung von Montenegro dem Metropoliten von Cetinia (als Vladika). The name Galicia is derived from the Polish Halicz, as Lodomeria is from Wladimir, both being ancient principalities. In the west part the duchies of Oswieczin and Zabor were claimed as fiefs of the German empire, because anciently the Polish sovereigns occasionally did homage for these possessions. Between them and the San, a Polish race, the Mazurs inhabit the hilly country, whilst the mostly level land beyond that river is tenanted by a Russian race, differing from their Polish as well as from their Moldavian neighbours in the Bukowina. Während der Streitigkeit zwischen Rolus, Dagyx und Ziraxis (nach dem Tode des Berebistes) in Dacien macht Crassus Eroberungen. Nach dem erwählten Cotyson (der gegen Cn. Lentulus gefallen) folg: Gertiblin und dann Durus (Derleneas) oder (nach Dion) Duirpanev, der (die Donau passirend) die Armee Domitian's angreift und dann für Decebalus abdankt. A la voix de Charlesmagne (vainqueur des Avares et maître du grand Ring), habitants des montagnes (Munteni), des hauts coteaux (Ardialeni), des Mamelons daves (Moldaveni) descendent tous dans la plaine et s'y prennent le nom de Vallaques. La masse des Daces ou Daves (moles Dava) vint se retrancher dans les montagues de la Moldavie après la prise de Sarmiez-Gétusa. Swatopluk's († 894) Söhne geriethen in Krieg mit den Ungarn, die 900 Mähren besetzten und 906 bis Sachsen streiften. Als die Ungarn Mähren eroberten, flüchteten der Rest des mährischen Volks zu den Bulgaren, Ungarn (Tourkoi), Chrovaten und anderen Nationen (nach Const.). Die Ungarn besiegten die Baiern. In den bosnischen Gesängen trösten sich die Söhne des Haidukken Mladene, dass nach dem Verhungern ihre Manen das Herz der Feinde essen werden. Les deux annexes de Bosnie (en majorité musulmane), l'Hertsegovine et la Croatie, sont chrétiennes, l'une de rite grec l'autre de rite latin. Der Vezier von Bosnien muss in Travnik residiren und darf in der als Republik verwalteten Hauptstadt Seraievo nur drei Tage verweilen. Die bosnischen Spahis setzten in den Dörfern der Rajas an der Stelle der Kneze einen mohamedanischen Soubachi ein. Der gegen Constantinopel ziehende Vouscine unterzeichnete sich Zmaŕ oder Bosna (Drache von Bosnien). Savilar auf Saturn bezogen. Die in Peloponnes herrschenden Avaren erlaubten keinem Griechen, ihr Land zu betreten (nach Nicolaus). Während der Türkenherrschaft konnten die Türken nur in der Wallachei, wo sie frei waren, den walachischen Tanz (eine Art des alten dionysischen Tanze's) ausüben (s. Telfy).
*) Die (auf dem rechten Donau-Ufer ansässigen) Bulgaren wurden (unter König Samuel) vem Kaiser Basil (1016) am Sperchius geschlagen. Die Kumanen wurden (1089) in Siebenbürgen von den Ungarn besiegt, die Petscheneger 1086. Die Petschenegen redeten (nach Anna Comnera) dieselbe Sprache, wie die Cumanen. Die Romanen hatten sich in Siebenbürgen immer erhalten, während sie in der Moldau und Walachei mit Romanen gemischt waren. Centraldacien (Transilvana) wurde (von den sieben Burgen der Deutschen) 'Ἑπταπολιτάνα genannt [Hepthbalites]. Ptolemäus kennt (im asiatischen Sarmatien) Σερβοι oder Σερβοι zwischen den ceraunischen Bergen und dem Flusse Rha, Plinius stellt die Serbi zwischen Vali und Arrechi östlich von dem Maotis. Serbes, als Flus in Mauritanien (Ptol.). Im Kampfe mit den Aeduern mietheten die mit dem Arverni verbündeten Sequaner germanische Hülfstruppen. Die Ansibarii oder Ampsivarii (Emsfahrer) wurden durch die Chanci von der Amisi (Ems) vertrieben. Sirbitum als Stadt Aethiopien's (bei Plinius). Als das durch die Anführer slavischer Auswanderer aus Galizien (VII. Jahrhdt. p. d.) gegründete Serben-Reich in der ersten Hälfte des X. Jahrhunderts verfallen war, wurden die vier südserbischen Fürstenthümer von den Neffen und Enkeln des Grosszupan Predimir verwaltet (X. Jahrhdt.). Nach der Serbischen Stammtafel (Rodoslovje Serbskoje) herrscht Georg, Kaiser der Slaven, (1015 p. d.) in Niedermysien in Epirus (über die Bulgaren). Nach Kosmas hatten die Dualisten in Bulgarien einen Abscheu vor kleinen Kindern [alte Thracier und neue Sectirer in Russland. Nach Açoghig (bei Dulaurier) war der Kaiser Samuel ein Abkömmling der von Basilius (989 p. d.) nach Macedonien verpflanzten Armenier, die sich gegen die Griechen empörten und mit den Bulgarer verbanden. Zimischi siedelte 972 Paulikianer nach Macedonien über. Neben den christlichen Fürsten und Küstenbewohnern blieb das Volk der Berge im halbheidnischen Zustande, bis (XII—XIII. Jahrhdt.) der heilige Sava das serbische Land mit dem Christenthum erleuchtet. Literarische Thätigkeit begann bei den Serben unter

wohnten, wurde die Unabhängigkeit der Romunen durch Petschenegen und Cumanen beendet. Nachdem die Bulgaren*) (zwischen Don und Wolga) die Byzantiner besiegten (499 p. d.) wurden sie 558 p. d. von den Avaren unterworfen, bis (634 p. d.) unter Kubrat befreit. Asparich setzte sich in Siebenbürgen fest und 678 p. d. bemächtigten sich die Bulgaren Warna's (und Moesien's).

Nach Trajan's römischer Eroberung (mit südwestlichen Siebenbürgen als Mittelpunkt) an der untern Donau gedieh die dreifache Provinz Dacia, musste aber, als die Gothen (238 p. d.) am schwarzen Meer erschienen,

---

Nemanja (1144). Die dem Bulgarenkaiser Samuel gehorchenden Wojwode Bajan in Syrmien wurden (1005) durch die Magyaren unterworfen. Σιρ: urbis magna et hominum multitudine abundans, Illyrici caput (Suidas). Σιρα, Πάρθοι, μιγαλά (Hesychius). Die Bewohner des Vallis Pennina (längs der Rhone bis zum Genfersee) hiessen Vellenses. Jornandes erklärt die Serben aus srbiti oder mähen (Srp oder Sichel). Um der Ketzerei der Apollinaristen (nach denen die göttliche Seele Jesus nicht gleich menschlichen in die Hölle niedersteigen könne) willen fügte Athanasius dem nicäischen Glaubensbekenntniss die Phrase an: κατῆλθιν ἱν ᾿Αδη (wie im Evangelium das Nicodemus ausgeführt). Servia, quae Theodoro Hyrtaceno ut et aliis illa aetate scriptoribus Triballia dicitur (Boisson). Le Monténegrin se croit tout permis pourvu qu'il donne la dîme aux moines et qu'il partage avec les monastéres le butin des tchetas. Présent à tous les combats, les moines prennent part même (en Montenegro) aux faïdas entre familles. Les Grecs excellent à soigner les verges (Robert). La culture favorite des Greco-Slaves est celle de la vigne. Stieglitz wurde in seiner Reise in Montenegro durch ein junges Mädchen geführt, als sichersten Schutz gegen die ritterlichen Haidukken.
*) Der Bulgaren-König Krumus (802 p. d.) herrschte über das östliche Ungarn und Walachei Viele der auf dem rechten Donau-Ufer lebenden Romanen (Nachkommen der römischen Dacier) kehrten wieder auf das linke Donau-Ufer in ihre alte Heimath zurück, wo sie Severinopolis oder Severium zur Hauptstadt machten (als Serben) und unter einem Ban ein unabhängiges Reich stifteten. Methodius (861) taufte die Slaven in Bulgarien. Das Bulgaren-Reich wurde (915 p. d.) durch die Petschenegen auf das rechte Donau-Ufer beschränkt, wo das Reich der Kutzowalachen errichtet worden (bis 1028 dauernd). Von Phokas zur Hülfe gerufen, eroberten die Russen unter Swatoslaw die bulgarische Hauptstadt Marcianopolis oder Preslawa, von Salomon (Sohn des Schichmann) gegründet. Die Magyaren oder Ubry rotteten (899) die slavische Bevölkerung aus oder trieben sie in die Berge (Siebenbürgen oder West-Dacien wurde getrennt von Dacien). Der walachische Fürst Gelu (quidam Blacus), der (unter Arpad) Siebenbürgen regierte, wurde von den Ungarn unter Tuhatum geschlagen, und ebenso der walachische Fürst Menomorut. Der walachische Fürst Glad (im Banat von Temeswar) erlag gleichfalls (trotz eines Heeres von Kumanen, Bulgaren, Walachen) den Ungarn. Unter den Nachkommen Glad's wurde Ahtum (Ban zwischen Maros, Donau und Theiss) von Stephan M. geschlagen. In der Moldau hatte sich zu Berlad ein Freistaat gebildet und ein Theil der Moldau, der sich gleichfalls unabhängig erhalten, wurde Athelcusa genannt Die nomadischen Staaten von Moramos und Togaras unterwarfen sich den Magyaren. Die 1123 in Bulgarien eingefallenen Walachen schlossen 1166 mit Kaiser Emanuel einen Bund gegen die Ungarn. Die Walachen am linken Donau-Ufer standen unter den Kumanen, deren Fürst 1220 p. d. getauft wurde. Als die Tartaren in der Moldau einfielen, flüchtete Kuthen (König der Rumanen) zu Bela IV. von Ungarn (der selbst nach Oesterreich flüchtete). Die Romunen flüchteten zu ihren Stammgenossen, zu Fogeras und Maramas. Das von Dushan gestiftete Reich der Serben (X. Jahrhdt.) fiel gegen Murad bei Koschowa unter König Lazarus (1380 p. d.). Vladimir, der Nachkomme Predimir's und Herrscher der Tetrarchie von Dioklea, erscheint (bei Cedren) als Regent von Trivalia (dem südlichen Serbien) und der bei Dirrhachium zunächst liegenden Gegend (X—XI. Jahrhdt. p. d.) Als das von den Russen verwüstete Bulgarien in die Gewalt der Griechen gefallen, hielt sich Rajan (Statthalter des bulgarischen Zaren) nur in Modrusa und die Slaven der Provinz Ochrid (Mittel-Albanien) blieben unabhängig (911). In Dioklea und (mit Vereinigung der Montenegro benachbarten Gebiete) wurde Serbien durch Nemanja erneuert. Perseus' Harpe (die sich besonders bei den orientalischen Völkern auf griechischen Darstellungen findet) gleicht dem Tambaj der Aegypter (und der Waffe des Funj). Sororum filiis idem apud avunculum, qui apud patrem honor (bei den Germanen). Quidam sanctiorem archioremqne hunc nexum sanguinis arbitrantur (Tacitus). Bei den Bechuanen hat der Onkel grossen Einfluss (nach Casalis). Die Samovilos der Bulgaren (einzeln lebende Vilas der Serben) tanzen, wenn zusammentreffend, den Kolo (oro). Die Karten zu dem geographischen Werke des Ptolomais wurden (V. Jahrhdt.) durch Agathosdämon gezeichnet (s. Cellarius). Die von einem Dominicaner-Mönch 1265 in Colmar copirte Mappa-Mundi wurde 1507 durch Peutinger

unter Aurolian († 275 p. d.) geräumt werden, um das jenseitige Moesien (als Dacia Aureliana) zu bevölkern. Die zu den in Dacien (nördlich von der Donau eingetretenen Gothen kommenden Vandalen (von der Elbe) wurden am Marosflusse besiegt und von Constantin in Pannonien angesiedelt. Die Westgothen (in dem dann Scythia genannten Gothia) werden an der untern Donau von den Hunnen (372 p. d.) besiegt und (nach Attila's Tode) gründeten (453) die Gepiden ihr Reich Gepidia (in Dacien), bis von Longobarden und Avaren (576) besiegt. Die slavischen Einfälle ans Nordosten nach Illyrien begannen (mit Hunnen, Anten, Gepiden, Bulgaren unter den norddamitischen Völkerstämmen) 539 p. d. (in das oströmische Reich*)). Als die Walachen**) und Bulgaren nach dem linken Donau-Ufer unter den

---

(in Augsburg) angekauft. Schelm: cadaver ex coriatum a schelen (de glubere), sicut optime vidit Martinius et post cum Eccardus (Waechter). Der thracische Stamm in Moesien (Mvoia ἡ ἐν Εὐρώπῃ) war Vorfahr der asiatischen Mysier (nach Strabo). Nach dem Tode des Brennus liessen sich die in Mysien eingefallenen Gallier als Scordisci nieder. Crassus eroberte Mysien, das (nach Appian) unter Tiberius zur Provinz eingerichtet wurde.

*) Seit Mitte des VI. Jahrhdts. (und VII.—VIII. ahrhdt.) erhielt der Volkscharacter des oströmischen Reich's vom Donau-Ufer bis an den Bergwall des Taygetus slavisches Gepräge und vom Arkona an der Ostsee bis Malapan erstreckten sich Ansiedlungen slavischer Völkerschaften (in Sklavinien). Die Slaven Südungarn's wurden (590) den Avaren unterworfen. Aus Grossbulgarien zwischen Kuban (Kuphis) und Don (Tanais) wanderten die Bulgaren (finnischen Stammes) über den Don in die Pontus-Steppe bis zum Dniester, und, von den Avaren unterworfen, befreiten sie sich unter dem Fürsten Kubrat († 641 p. d.). Die 678—680 über die Donau dringenden Bulgaren unterwarfen die Slaven in Mösien (Kleinscythien) oder Bulgarien (s. Roessler). Als die Magyaren oder schwarzen Ugrer vom Ural her nach Westen zogen, bedienten sich ihrer die Franken gegen die mährischen Slaven (892 p. d.), und darauf setzte sie Kaiser Leo in griechischen Schiffen über die Donau († 912 p. d.), um den Byzanz bedrohenden Bulgarenkönig Symeon zu besiegen. Als die durch die Bulgaren aufgereizten Petschenegen (türkischen Stammes) am Don in die Wohnsitze der (Pannonien ausplündernden) Magyaren einbrachen, liessen sich die Magyaren im Tiefland nieder (895 p. d), die Macht der maharanischen Slaven im nördlichen Ungarn stürzend und auch die den Avaren durch die Franken abgenommenen Länder besetzend. Die Bulgaren verloren ihre (seit 670 im Flachlande der Theiss begründete) Herrschaft jenseits der Donau und die Petschenegen (in Siebenbürgen) wohnten von Silistria bis zum Dnepr (durch Wüsten von den Magyaren getrennt). Nachdem Basilius († 1019 p. d.) das Reich der Bulgaren gestürzt, traten die Walachen, als römische Bewohner Dacien's (südlich von der Donau) hervor. Den Jassygen war der Handel mit den Roxolanen erlaubt (nach Dio Cassius). Cum vastatum Illyricum ac Moesiam deper ditam videret (Aurelianus) provinciam trans Danubium Daciam a Trojano constitutam, sublato exercitu et provincialibus, reliquit, desperans eam posse retineri, abductosque ex ea populos in Moesia collocavit, appellavitque novam Daciam, quae nunc duas Moesias dividit. Dacia Gallieno imperatore amissa est et per Aurelianum translatis inde Romanis duae Daciae in regionibus Moesiae et Dardaniae factae sunt (Sextus Rufus). Provinciam Daciam intermisit vastati omni Illyria et Moesia desperans eam posse retineri abductosque Romanos ex urbibus et agris Daciae in media. Moesia collocavit appellavitque eam Daciam, quae nunc duas Moesias dividit et est in dextra Danubio in mare fluenti, cum antea fuerit in laeva (Flav. Vopiscus). Gegen Isaak Angelus (1185) empörten sich die Walachen (und Bulgaren: unter Petrus und Asan (mit den Kumanen verbündet), bis Simsan (1388) durch Murad besiegt wurde. Als die türkischen Kumanen (XIII. Jahrhdt.) durch die Mongolen besiegt wurden, wanderten die Walachen nach dem Norden der Donau; die Walachen des Marmaros besiedelten (1359) die Moldau. In Pisatis Cauconia und Pylos (von Scythischen Slaven bewohnt) waren die Bewohner bis auf den Namen ausgerottet (1000 p. d.). Καὶ νῦν δὲ πᾶσαν Ἤπειρον καὶ Ἑλλάδα σχεδόν καὶ Πελοπόννησον καὶ Μακεδονίαν Σκύθαι Σκλάβοι νέμονται. Le canton de St. Pierre était presque abandoné aux nomades, lorsque (1770 p. d.) les paysans chrétiens de l'Argolide, de la Tégéatide et de la Laconie vinrent chercher un asyle (Pouqueville). Die Bewohner des Castrum Maïna sind nicht vom Geschlecht der Taygetischen Slaven, sondern Nachkommen jener Romäer, die Hellenen genannt werden, und vor Alter's Heiden waren (Const. Porph.).

**) Nach Chalcondylas redeten die Walachen die italische Sprache. Der Walachen-König Johann Alex. nahm Kaiser Balduin gefangen. Galizische Fürsten herrschten (XII. Jahrhdt.) über einen Theil von Bessarabien und Moldau (von Walachen oder Romunen mit Slaven und einigen Peschenegen bewohnt). Nach dem Fall der galizischen Fürsten und des Reiches von Halitsch fiel die Moldau unter die Tataren. Das flache Land war

Brüdern Asan und Peter (romunischer Abstammung) von Kaiser Jsaac
(gegen den sie aufgestanden) geschlagen, zogen sie sich über die Donau
(1187 p. d.) nach Dacien zurück. Durch Stammgenossen verstärkt schlugen
sie (Romunen, Walachen und Scythen, als Kutzo-Walachen oder lahme
Walachen) die Griechen bei Adrianopolis (1193), bis Alexis Friede schloss
(1199). Innocenz III. schickte einen Legaten an den walachischen König
(der auf Peter und Aschan gefolgt), um sie (wegen der Feindseligkeiten
gegen die Griechen) der römischen Kirche zu vereinigen. Der Papst erkannte an, dass das Volk der Walachen von den Römern herstamme.
Nestor erklärt die Illyrier für Slaven *). Als die Wlachen sich unter den

1290 p. d. fast verödet, während die Romunen in den Schluchten Siebenbürgen's (wo die
Deutschen Burgen gebaut) eine Zuflucht fanden. Als die Ungarn (unter Ludwig) die
Tataren von der Donau verjagten (XIV. Jahrhdt.), kamen die Walachen (unter Bogdan
und Radul) aus Siebenbürgen nach Donau und Pruth, sich mit den dortigen Stammgenossen und Slaven mischend (und sie dann verdrängend), worauf die Reiche der Moldau
und Walachei gestiftet wurden. Die Türken (Magyaren) oder Savaren (in dem von ihrem
Herzog Lebedias benaunten Lande Lebeden) theilten sich (durch die von den Chazaren
besiegten Petchenegen angegriffen) in einen östlich nach Persien ziehenden Theil und einen
westlich nach Atelkuzu, wo Arpad zum Herzog erwählt wurde (nach Const. Porphyr).
Unter Justinian liess sich ein Theil der alten Stämme von Var (Οὐαρ) und Chun (Χουννί)
in Europa nieder, die sich Avaren nannten und sich rühmten ihren Häuptling Khagan
(Χαγάνος) zu nennen (Theophylat). Avares primum Huni, postea de regis proprii nomine
Avares appellati sunt (Diaconus). Im Norden der Donau fanden sich die Walachen zuerst
Ende des XIII. Jahrhdts. (s. Roessler). Die Walachen fanden sich sporadisch durch die
Hämusinsel an die hohen Uferrande der rechten Donau bis zum agäischen Meer. Im
Heer des Kaiser Basilius (1027) fanden sich Walachen. Benjamin von Tudela erwähnt
(XII. Jahrhdt.) der Walachen als Hirten- und Räuberstamm (b. Thessalonica). Radu-Negru-
Bessaraba, Häuptling von Fragorodch, zog über die Karpathen nach den Ebenen der
Walachei und (nach Gründung der Niederlassung an der Quelle der Dembovitza zu Kimpu-
lung) besetzte Tergowisch Bukarest und das Flachland mit Argisch als Hauptstadt (und
Adler mit Kreuz und Waffen), das Land in Leben unter die Krieger (Bojaren) vertheilend,
als Woiwode (Fürst alles romunischen Landes und Herzog von Amlosch und Fragorosch).
Nach Ausdehnung der Herrschaft, unterwarf sich auch sein Stammgenosse der Ban von
Kajova in der kleinen Walachei. Bogdan-Dragosch (der romunische Häuptling von Maimo-
rosch) überstieg die Karpathen (1329) und gründete in dem Kumanien genannten Lande
den Staat Bogdania, der später (nach dem Fluss Moldava) Moldau genannt wurde (mit dem
Ochsenkopf uls Wappen). Nach dem Aufstand der Moldau und Wallachei (um Peter M.
zu unterstützen), sandte die Türkei phanariotische Fürsten (als Hospodore) dorthin (zuerst
Nicolaus Maurokordato). Anfangs waren nur die Kriegsgefangenen Sklaven der Bojaren
(als Vicini), später aber alle Bauern. Nach Anna Comnena wurden die Bulgaren auch
Walachen gennant. Zur Zeit Constantin M. war Sirmium die Hauptstadt Dacien's. Hadrian
(117) liess Trajan's Brücke abtragen. Unter Antonin liessen sich 16 Völkerschaften der
Barbaren in Dacien nieder, doch wurden die dacischen Colonisten (212) als römische Bürger
noch anerkannt. Als unter den Avaren die Daco-Rumenen sich wieder mehr ausbreiteten,
scheinen die Eingeborenen durch die (von der Wolga heranziehenden) Slaven (678 p. d.)
den Namen Wlech oder Walach (Walachen) erhalten zu haben, indem sie unter eigenen
Häuptlingen standen, welche den Titel Ban führten. Die Hauptstadt dieses Staat's soll
erst Turnu Severinu, und dann Krajowa gewesen sein (Neigebaur). Als der Avaren-Chan
Bajan (letzte Hälfte des VI. Jahrhdts.) von den Völkern nordwärts von der Donau (in
Banat, Walaobei, Moldau), Tribut verlangte, wurde (auf Anlass des slavischen Heerführer's
Lauritas) die avarischen Gesandten von den Slaven erschlagen, doch wagten die Bewohner
der Moldau und Walachei keinen Widerstand (gegen die Avaren in Pannonien), sondern
zogen sich in die Wälder zurück. Als die Griechen (unter Priscus) über die Donau gingen
(592 p. d.) wurde der slavische Heerführer Radgoss gefangen [Radagost]. Ein ver-
rätherischer Gepide führte die Griechen bis zum Sitze des König's Muruck am Paszirius
(Bureo). Mit dem Hervortreten der Bulgaren verschwinden die Slaven auf dem nördlichen
Donau-Ufer.

*) Theoplykt bezeichnet die Slaven in der Walachei als Avaren (590 p. d.) im
Kriege mit Priscus (s. Schafarik). Nachdem die Wlachen (Kelten oder Gäten) lange die
Königreiche des Lande's beherrscht, wurden sie von den hinterkarpathischen Slaven zu
einem Vergleiche gezwungen (nach Kadlubek). Die Sarmatae limigantes (Juzyges
metanastae) theilten sich in Sarmatae libri und Sarmatae servi. Die unter Claudius
(50 p. d.) erliegenden Juzygen (als Reitvolk in den von dienenden Sarmaten bewohnten

Slaven an der Donau niederliessen, zogen diese (als Ljachen) nach der Weichsel (nach Nestor). Die Polen*) (erzählt Matthäus) drangen in die

Niederungen der Donau und Theiss) suchten (von ihrem Sklavenvolk besiegt) die Hülfe der Victofalen und Quaden (334 p. d.). Der Chan der Avaren erbat Ansiedelungen von Carl M., da er vor den Nachstellungen der Slaven nicht im Lande bleiben könne. Die Tcherermissen (Mari oder Menschen) oder Sremniscer (bei Jornandes) bezeichnen die Tchuwaschen als Kourk Mari (Menschen der Berge), weil am andern Ufer der Wolga. Samo in Sclavos cognomenti Winidos porrexit (Fredegar) 650 p. d. Veneticorum qui et Sclavi dicebantur (Jonas) VII. Jahrhdt. Bonifacius († 755) nennt die Slaven (zwischen Elbe und Saale Wenden (s. Schafarick). Zwischen Wolga-Mäotis und Don kennt Plinius die Serbi, Ptolomäus Σίρβοι. Ruthenia quae quasi est alter orbis (Matthäus) 1150 p. d. Antarum populi infiniti (Procop). Auch bei den Lechen (die unter einem Fürsten nach Böhmen zogen) findet sich eine Gauverfassung (wie bei Serben und Kroaten). Im IX. Jahrhdt. bildeten sich zwei mächtige Vereine slavischer Stämme unter Swatopluk in Mähren und Rurik in Russland. Küstenkroatien wurde 614 p. d. vom Grosszupan Tomislaw, als Consul oder König, beherrscht. Die freien Städte Dalmatien's wurden durch den venetianischen Dogen Urseolo gegen die Kroaten beschützt. Gregor VII. krönte 1076 p. d Zvenimir zum König von Kroatien. Der ungarische König Koloman eroberte 1097 p. d. Zara-Vecchia, die Hauptstadt von Croatien. Beim Tode Simeon's (927 p. d) flüchtete Zeslav aus der bulgarischen Gefangenschaft und stellte Serbien wieder her (nach Const. Porphyr.). Nach der Plünderung Olbia's durch die Geten und dem bald darauf erfolgten Falle der getischen Herrschaft erschienen die Sarmaten (60—55 a. d.) zwischen Dnepr und Donau, wo sie auch Ovid (1—11 p. d.) als Sarmaten und Jazygen erwähnt. Nach den Zügen der Jazygen nach Ungarn verblieb der grössere Theil der Sarmaten bis zur Ankunft der Gothen (180—215 p d.) in den Gegenden der Walachei und der pontischen Küste. Die nach Vernichtung des Brennus in Moesien angesiedelten Gallier (377 a. d.) vermischten sich mit den Thraciern. Die in Valens in Mösien ange-siedelten Ostgothen wurden Mösogothen genannt. Die (638 p.d.) aus Klein-Russland nach Mösien gezogenen Serben (slavischen Stamme's) gründeten (1222 d.) das Königreich Serbien, als Stephan Nomanja Prvovenschani von dem heiligen Saba (seinem Bruder) ge-krönt wurde. Stephan Duchon († 1355) herrschte vom adriatischen bis ägäischen Meere (als König von Serbien), aber sein Sohn Uzrosch verlor Rumelien an den Sultan und Czar Lazar wurde (1389) bei Cossowo besiegt. Nach Alexander's Tode wurden die Illyrier unter König Pleurat unabhängig. Auf den illyrischen König Agron, der (233 a. d.) Erobe-rungen im Epirus machte, folgte seine Wittwe Teuka (Stiefmutter des Pinnes). Von den Wenden am Südufer der Ostsee wohnten die Wagrier im östlichen Holstein, die Polaber bei Ratzeburg, die Obotriten in Mecklenburg, die Wilzen oder Lutizer zwischen Oder und Rekenitz (nördlich in Cirzirauer und Kizziner, südlich in Rbedarier und Tolenser ge-schieden), die Heveller und Uckrer im Süden, die Rugianer im Norden, die Pommern östlich von der Oder bis zur Weichsel (s. Fock). Die Hunnen trieben die Thervingen (mit den Thaifalen) und Grutunger genannte Gothen über die Donau. Ammianus unter-scheidet die hohen und blonden Alanen von entstellten Hunnen (Οὖννοι). Μεταξύ Βαστορνῶν καὶ 'Ρωξαλάνων Χοῦνοι (Ptolem.). Priscus wurde als Gesandter an Attila (Sohn des Mundzak), der zwischen Theiss und Donau Hof hielt, geschickt (448 p. d.). Onegesios ordnete die Angelegenheiten der von Attila unterworfenen Acatziri. Die Neuri (in den Sümpfen im Quelllande des Dniestr) waren den Hunnen unterworfen. Theophanes nennt Οὐνογούροι (Hunigari) und Κουτριγούροι (Kutzingir) mit den Hunnen.

*) Alexander M. wurde durch einen Listigen (der Rüstungen tauschte und dann macedonische Rüstungen zum Angriff gebrauchte) besiegt, der als Leschek (der Listige) König wurde, ebenso wie der spätere Leschek, der durch listiges Springen (beim Wettlauf um das Königthum) die Fussangeln vermied. Der Sohn des Leschek besiegte Julius Caesar (seine Tochter Julia heirathend, die der Stadt Julia oder Lublin den Namen gab) und half den Parthern den Crassus zu vernichten (der nur über Geter und Parther herrschte). Als sein Sohn Pompilius (Popiel), der seine Grossen vergiftet, durch Mäuse gefressen war, wurde Ziemowit (Sohn des Bauern Pasth) zum König gewählt und sein Urenkel Mieško führt das Christenthum ein (s. Kadlubek). Miecyslaw wurde (963) durch Gero besiegt. Meszko dux Poloniae baptisatur (966 p. d.). Die Mutter Leo IV. war Tochter des Khan der Khazaren († 780 p. d.). Unter den Hunnen wurden genannt die Amilzuri (Apulzuri) Itimari, Alcidzuri, Tonosures, Boisci, Sorosgi, Kuturguri, Uturguri, Ultizuri, Angisciri, Bitnruges, Satages, Sabiri, Urugi, Onoguri, Zali, Saraguri. Die Acatziri (Agathyrsi) in Siebenbürgen gehörten zum Hunnenreich. Die Cidaritae (Οὖννοι κίννοι) oder Nephthalitae (Ephthalitae) wohnten im südwestlichen Turkestan. Ausser den Albanen verband sich Grumbates, König der Chionitae, mit Sapor. Die Sarmaten kämpften schwer bewaffnet zu Pferde (nach Tacitus) mit einem aus Eisen (bei den Vornehmen) oder aus Horn (bei den Gemeinen) verfertigten Panzer, und als sie in der Schlacht gegen Otho auf dem Eise fielen, konnten sie sich ebensowenig erheben, wie die Ritter des Herzogs

Inseln der Daken ein und legten denselben Tribut, so wie weibliche Haartracht auf, den König Kanutos fesselnd (der seine Unterthanen zwang, den
Kopf an der Stelle der Füsse, zu schlafen). Nach Kämpfen mit den erobernd
vordringenden Galliern, besetzten die Polen die Länder zwischen Parthien,
Bulgarien und Karinthien, zum König Krakus wählend, dessen Sohn Krakus
die Stadt Krakus baute, wo Vanda (nach Besiegung des Fürsten der Lemanen)
dem Flusse Vandalus den Namen gab. Nach vielen Kriegen mit den Römern,
erwählten die Polanen (nach Kadlubek) den Krakus zu ihrem Fürsten,
dessen Söhne (bei der Rückkehr aus Kärthen) einen grimmigen Drachen
erschlugen, indem sie ihn durch Fressen eines ausgestopften Thiere's platzen
machten. Der jüngere Bruder Krakus (Sohn des Krakus) erschlug den
älteren Bruder und wurde deshalb verbannt. Zum Andenken an den alten
Krakus (den Vater) wurde die Stadt Krakau erbaut und nach dem Geschrei
der Raben (Krkänj) benannt. Nach dem Tode der Wanda (der jungfräu-
lichen Tochter des Krakus), die dem Flusse Wandalus und dem unterworfenen
Wandalen-Volke ihren Namen gab, wurde das Reich von Wojwoden niedriger
Geschlechter verwaltet, von denen Einer (ein Goldschmidt) den Alexander M.
durch List überwand (Zohak). Nach ihnen gewann Leschko*) die Herrschaft. Sein Sohn (Leschko III.) schlug den Crassus bei den Parthern und
goss ihm den Mund voll Gold, damit er sich satt trinken könnte.

Leopold. Der Hornpanzer lebte in der Tradition vom hörnernen Siegfried. Nach Hegesippus
hatten die Alanen dieselbe Bewaffnung und Tactik, wie die Sarmaten. Wie bei dem
Aufstande nach Attilas Tode Calcal bemerkt, bebauten die Gothen keine Ländereien und
würden, wenn solche von den Römern annehmend, auf denselben nur durch den sie in
Besitz nehmenden Hunnen unterdrückt werden (s. Priscus). Als die Slaven an der Donau
von den Wälschen oder Volochom (Italiener oder Longobarden) angegriffen wurden,
liessen sich die auswandernden Lechen an der Weichsel nieder (nach Miklosich). Bereits
448 p. d. überschwemmten die Slaven Alles verwüstend, das gesammte Illyricum bis Drac
oder Durazzo (Hilferding). Der Uebergang (des slavischen Stammes) von den nördlichen
Donauländern, wo ihn Attila concentrirt hatte, auf die Südseite dauerte vom V—VII. Jahrhundert. Dreizehn Jahre nach Chvilibud's Tode begannen die Einfälle der Slaven, die
sich dann bis über den Balkan ausdehnten. Die Slaven verwüsteten (548 p. d.) Illyricum
bis Durazzo. Die 551 p. d. in Thracien einfallende Slaven siegten bei Adrianopolis. Nach
dem die Bulgaren die Slaven nördlich von der Donau angegriffen, wurden sie von den
Ostgothen (in Pannonien) zurückgeschlagen (495 p. d.) und fielen dann (517 p. d.) in
Thracien ein (wo sie zurückgetrieben wurden nach dem Don). Als die Avaren die
slavischen Stämme in Pannonien unterworfen, schickte Chan Bajan Tributforderung an
Dovrat (Laurentius oder Dauritas) oder nach Menander) Daurentios, Fürsten der Slaven
in Walachien und östlichem Ungarn, (die sich weigerten, da sie selbst zu herrschen ge-
wohnt seien). Gegen die in Macedonien unn Griechenland einfallenden Slaven rief der
Kaiser (581 p d.) den Avarenfürst Bajan zu Hülfe. Nach dem Siege bei Adrianopolis
verfolgten die Griechen (593 p. d.) die Slaven bis Walachien (601 p. d.). C'est aux
Carpathes (Bastarnae Alpes) que les Romannis doivent leur conservation depuis la décadence
de l'Empire d'Occident. Les Daces étaient, suivant Trogue Pompée, une famille de
Gétes, desendants des Daces, qui occupaient les bords occidentaux de la Caspienne, et en
effet, ils venaient des bords du Jaik, appelé *Rux* par Const. Porphyr., *Jaÿ* par Ptolomée et
Jaÿ par Ménandre (s. Vaillant). Les Athéniens (suivant Strabon) appèlaient indifféremment
leurs esclaves Davi ou Getai. Sirim oder Sarmiz, Fürst der Triballer oder (nach Curtius) der
Dacer (in Thracien), floh vor Alexander M. nach der Insel Peuce und gründete dann
(mit den Geten verbunden) Sarmiz Getusa (330 a. d.). Dromichet besiegte (283 a. d. (den
Lysimachus, Die unter Rolus oder Oroles bis Illyrien vorgedrungenen Dacier wurden
(130 a. d.) durch Fulvius Flaccus zurückgetrieben. Von Marcus Didius (113), Livius
Drusus (112), Minucius Rufus (110) besiegt, wurden die Dacier (86) durch Strivonius Curius,
der über die Donau gegangen, angegriffen. Zur Zeit des Julius Caesar herrschte Sarrulis
oder Corylus über die Dacier. Zur Zeit des Augustus besiegte Varouistes oder (nach
Justin) Berbistes die Bastarner. Die Letten, so umb die Ymerah wohnten, wurden Letto
gals genannt, weil sich Lettland allda endigt.
*) Nach Dalimil kamen die Czechen (nach Böhmen) aus Chorwatien (im alten
Serbien) unter dem wegen eines Morde's geächteten Lech. Die Abtheilung der Czechen
(Bohemi) welche in der March sass, unterschied sich (822. p. d.) unter dem besonderen
Namen der Mährer (Moravani oder Marahani). Die karnischen Alpen und die mehrfachen

Die Guttonen werden bei Plinius zu den Vindili*) gerechnet, und sie
gehörten zu den gothischen Stämmen, die an der Grenze Thracien's als
Geten auftreten, an der Ostsee dagegen finnische oder esthnische Physiognomie
zeigen würden, wie auch heute noch der Sammelname Russen (aus seiner
politischen Bedeutung) ausser den Slawen Völker anderer Herkunft häufig
decken muss. Als die aus den Tauren den Thor-Cultus mitbringenden
Cimmerer oder Kimbern nach Norden zogen, erwarben sie sich die Herrschaft über manche der Gothen und besetzten mit ihrer Hülfe Scandinavien,
dessen bedrückte oder als tückische Zwerge, vertriebenen Eingeborenen
(lappischer Herkunft) die Joten in Riesen verwandelte. Bei den Cimbern
hatte sich aus ihren Beziehungen mit Troja und Sardes der Fürstentitel der
Asen (oder Acsar bei den mit ihnen durch die Kette der Rhätier oder
Rasener verbundenen Etrusker) erhalten, der auch in Asburgium am Maeotis
zurückblieb und in Folge der unter den Istaevonen am Rhein gefundenen
Cimbri mediterranei das dortige Asciburgium**) hervorrief. Asdingi oder
Astingi, das königliche Geschlecht der Vandalen, gehört (nach Zeuss)
mit Istaevonen zu gleicher Wurzel. Den Lappen dagegen klebte der Name
Ascovis an (den sie selbst als „schlauer Bursche" erklären im Gegensatz
zu den unbeholfenen Joten), als dienende Kaste, die von Ask und Embla
entsprang. Die Verehrung des (bei feindlichen Gegensatz in den Riesen

---

Tauern wurden von den keltischen Völkern der Karner und Taurisker bewohnt. Die
Kroaten (Chrobati oder Karpi) oder Gebirgsstämme und die Serben (Verbundene) wanderten
aus von Gross-Kroatien (und Gross-Serbien) im Norden der Sudeten und Karpathen in's
byzantinische Dalmatien und Pannonien (640 p. d.). Cyrill und Method verkündeten das
Christenthum im gross-mährischen Reich des Swatopluk (871—874 p. d.), dass nach seinem
Tode durch die Magyaren besetzt wurde. Die Waräger-Russen hiessen zuweilen Alanen.
Die Ruthenen (Russiner oder Oroszok), die sich den bei Kiew vorbeiziehenden Magyaren
anschlossen, kamen mit ihnen nach Ungarn. Konstantin Porphyrog. bezeichnet die ge-
birgigen Karpathen-Gegenden, als Belochorwaly. Die Chorwaten (Nachkommen der alten
Karper) bewohnten das östliche Gallizien. Nach Lelewel bezeichneten in altslavischen
Zeiten das Wort Kmethe die höchste Klasse und wurde erst später ausschliesslich auf
Landwirthe bezogen. Lecha (licha im Polnischen) bedeutet bei vielen slavischen Nationen
ein Stück Acker oder Boden. In manchen Gegenden Klein-Russland's heissen noch jetzt
die Herren oder Adligen Lachy (s. Weissenhorst) Der Adel oder Schlahta auf polnisch
leitet seinen Namen vom deutschen Worte Geschlecht her. In England findet sich die
Spur der freien unmittelbaren Ackerbautreibenden (die in Frankreich schon am Ende der
zweiten Dynastie im X. Jahrhundert verschwunden war) noch in den sogenannten Socagers
und in der Yeomanry genannten Miliz, in Italien in den sogenannten Arimani. Alles was
nicht adlig war wurde in Polen mit dem Adruck chlop (chlapy oder Haare im Böhmischen)
oder Bauer bezeichnet. Jornandes (552 p. d.) unterscheidet in der Winidarum natio
populosa die Slawinen am See Mussanus bis Dniestr und die Anten am schwarzen Meere.
Ermanarich († 350 p. d.) unterwarf (wie die Heruler) die Weneten (mit Anten und
Slaven). Nach Procop hiessen Slaven und Anten früher Σπόροι, weil sie σποράδην (in
Dörfern zerstreut) lebten. Unter Justinian (557 p. d.) machten Hunnen, Slaven und Anten.
die Nachbarn der Anten, jährlich (über die Ister setzend) Eiufälle in das römische Reich
(nach Procop). Jenseits der Uturguren oder Kimmerier am mäotischen Busen wohnten
(nach Procop) im Norden ἔθνη τὰ Ἀντῶν ἄμετρα. Als die Heruler (496 p. d.) von der
Mündung der March und der Donau zu den Warnern am Ostsee und dann zu den
Dänen zurückkehrte, öffnete ihnen der Durchzug τὰ Σκλαβηνῶν ἔθνη ἐφεξῆς ἅπαντα (nach
Procop). Agathias (590 p. d.) erwähnt neben den Slaven die Anten.
*) Slavinien, die grösste Provinz Germanien's, war (nach Adam Br.) von den
Winulern, früher den Vandalen, bewohnt (deren Vorgänger als Wanen sich mit den Asen
verbinden). Die Slaven, die ältesten und mächtigsten Völker Germanien's, hiessen (bei
Teutonen und Römern) Vender (nach Aventinus). Den Herulern öffneten alle sclavische
Völker den Durchzug (nach Procop). Nach den Einfällen der Slaven in Dänemark nannten
sich später die dänischen Könige (nazh Petr. Ol.) Könige der Slaven.
**) Die beiden Asgard, das alte und neue, im Osten und Westen, können auch an-
klingen an das mäotische Ἀσπουργιανοί zwischen Phanagoria und Gorgrippia, wie an das
abweichende Ἀσκιβουργμον im Riesengebirge und Asciburgium am Rhein, die sich hernach
von Iscio, der Iscaevonen Stammvater oder dem eddischen Asker deuten lassen
(Grimm).

Ymir zurücktretenden) Jamala bei den Lappen (in deren Göttin Baiwe sich
indische Anklänge finden) und Jumala*) bei den Finnen (mit Yima, dem
Führer des Zendvolkes und dem brahmanischen Jama zusammenhängend)
schliesst sich an den celtisch (und nordisch in Yule) verehrten Urgott Hu,
dessen Hervorziehen des Biber's ein Pendant in dem Angeln der Midgardschlange durch Thor findet, während seine Lehren des Ackerbaues ihn mit
dem Landmann Tarchon, dem Dolmetscher des (wie Tuisco, Vater des Mannus)
erdgeborenen Tages nebenstellen. Die Druiden wollten (nach Ammian)
aus den äussersten Inseln von jenseits des Rhein's gekommen sein, und sie
mischten dann die Bruchstücke (jetzt als indisch-persische zu bezeichnender)
Erinnerungen (aus einer Einwanderung im Norden Europa's zu medisch-
sarmatischer Zeit) mit dem aus der Verbreitung einer verwandten Bevölkerung
durch Mitteleuropa bis nach Gallien geführten Cultus des Taranis**). Die
durch ihre längeren Sitze***) unter den nach Scandinavien (nach Gothaland)
geführten Gothen lygisch modificirten Cimmerier kehrten darauf in dem sie
mit den (gleichfalls zu den Ingaevonen gerechneten) Teutonen verbindenden
Einfall aus dem durch die kimbrische†) Fluth überschwemmten Norden nach
Süden zurück um bei Verona (101 a. d.) ihre Niederlage zu finden. Sie
hatten schon vor diesem gewaltsamen Einbruch die umliegenden Küsten
allmählig beeinflusst, so dass sich unter den Chaucen der norddeutschen
Flussebenen verwandte Elemente finden, die auch sie zu den Ingaevonen
rechnen liessen. Weiter im Oberlande fanden sich die Hermionen, ein in
seinem Namen mit Heracles, dem Eröffner eines hermischen Handels-
weges, verwandtes und durch civilisatorische Einflüsse zur Verbindung mit
Rom geführtes Volk, so dass die zu ihnen gerechneten Hermunduren bis
weit nach Rhätien (zu Tacitus Zeit) zu handeln pflegten. Ammian nennt
unter den Gothen die Tervingi neben den östlichen Grutungi. Die (nach
Nilsson) durch phönizische Schiffe vermittelte Einführung der Bronze in
Scandinavien soll auch dorthin den semitischen Baal- oder Balder-Cultus
getragen haben, dessen partheiisch gefasster Gegensatz in dem an El anklingenden Namen der Hela oder Helle gesucht werden könnte bei den
Hillivonen oder Hellusii, die Klippen und Felsen bewohnten, wie es Jornandes
von den Scandinaviern beschreibt (wogegen Ablavius die Heruler oder Eluroi
von den Sümpfen bezeichnet nennt, wie Eleer und Finnen). Als mit dem
Vordringen der asiatischen Nomaden die Sueven in Germanien erschienen,
liess sich ein Theil unter den Hermunduren††) und Chatten nieder (den
Langbärtigen, wie die Sueboi Langobardoi b. Ptol.) und wurde deshalb mit

---

*) Die Göttin Jemao, Mutter des grossen Geistes Jokahuna (Stellvertreter des
Tonatik oder der Sonne auf Erden) wurde auf der Insel Quisqueja (Haiti) verehrt. Von
den Seelen der Karaiben heisst die des Kopfe's) die nach dem Tode in den Himmel steigt)
Yuanni.

**) Aus den Tarabosten oder Pileati wurden bei den Gothen die Könige und Priester
ordinirt (nach Jornandes). Die Pii genannten Gothen suchten Philipp von Macedonien
durch ihre Lieder bei Eroberung mösischer Städte zu versöhnen.

***) Die in der Zwölfzahl aus den Aeltesten durch Odin ausgewählten Priester und
Richter patria sermone Dyar hoc est Dii aut divini, atque etiam Drotter) id est Druidae
vocati fuerunt (Gnorro). Regnator omnium deus, cetera subjecta atque parentia, sagt
Tacitus von den Semnonen.

†) Ampsivarii (Kampsianoi) oder Ansibarii wurden von den Chaucen vertrieben.
Nach den siegreichen Kämpfen mit den Hermunduren (um die Salzquelle bei Halle)
stifteten die Sueven das thüringische Reich. Die mordwinischen Ersanier hiessen Arsani-Ja
(bei Edrisi) und Erthani (bei Ibn Haukal).

††) Hermun in Hermundau's ist das später in Zusammensetzungen häufig verstärkte
Irmin (ermin (Zeus). Denotat arborem justitiae et judicum Teutonum Irmen, Gallis Orme,
Germanis Ulmenbaum appellatum (Abel).

ihnen zu den Hermionen gerechnet. Unter ihren Jarlen als Heruler*) nach Norden ziehend traf dieser mit den Ingaevonen der germanischen Küste auf dem Durchzuge verbundenen Stamm in Scandinavien am Maelarsee Geschlechtsgenossen in den Schweden des Svea-Reiches oder den (beim Zerfall des mithridatischen Reiche's) durch die russischen Ebenen nach Norden gezogenen Sueven, die aus längerer Station am mäotischen See ein cimmerisch-kimbrisches Priestergeschlecht der Asen in Begleitung führte und sich um so mehr mit demselben identificirte, weil der politische Einfluss allmählig auf die Seite der vor den zahlreichen Ingaevonen zurückgetretenen Heruler, und ihrem deshalb mit Yngvi (Yngvi Tyrkja konungr nach den Islendabock) begonnenen Königsgeschlecht, fiel, obwohl für die Nation (besonders in dem politischen Gegensatz gegen die früheren Gothen) der Name Schweden oder Suionen herrschend blieb und besonders dann für das ganze Land hervortrat, als die anfangs mächtigen Gothen durch ihre östlichen Kriege abgezogen und immer mehr an der Donau localisirt wurden. Die nach dem Abzuge der Angelsachsen nach Brittannien die kimbrische Halbinsel allein beherrschende Heruler treten dann ganz in ihren bis Spanien ausgedehnten Piratenzügen in dem Character scandinavischer Wikinger auf und zeigen auch in ihrem unruhig wilden Gebahren nach der Erschlagung ihres König's Ochon alle die wilden Partheileidenschaften, wie sie oft bei warägischen Abentheurerschaaren zu Tage treten mochten. Als sie nach dem (von den Galliern auch im Pontus gefeierten) Thule des Norden's zurückkehren wollten, hatte sich in ihre früheren Sitze der Staat der Dani eingeschoben, seit die eingeborenen Stämme derselben den aus Schweden berufenen Dan (nach Petr. Ol.) zum König gewählt und unter ihnen eine neue Nationalität constituirte. Die Cithern tragenden Gesandten**) an den Chan der Awaren theilten dem Kaiser Mauritius mit, dass es in

---

*) Der Name Heruli oder Eruli Ἔλουροι oder Αἴλουροι könnte das Wort ags. eorl, altn. jarl (comes, nobilis) sein (Zeuss). ἀπὸ τῶν ἐκεῖσε ἑλῶν Ἔλουροι κέκληντοι (Dexippus).

**) Die Liven, ein Finnischer Stamm, hatten die ganze Seeküste, das Ufer der Dúna bis Kockenhausen, und einen grossen Theil des innern Lande's, im Besitz (Thumann). Die Russen waren den Anfällen der Litthauer ausgesetzt. Nach den Traditionen des lettischen Völker bildeten die Gegenden an der Weichsel ihre Stammsitze, wo ihr erster Regent, Widwut, die Nation aus ihrer Wildheit heransführte, ihre Sitten milderte, den Ackerbau lehrte und Gesetze gab. Von dort zogen sie in das jetzige Lithauen, Schamaiten. Curland und Lettland. Der Kriwi genannte Oberpriester hält sich immer in dem alten Witland, als dem Vaterlande der Nation auf, wo er von seinem Romowo auch alle lettischen Stämme in Unterthänigkeit erhielt. Die Namen Letten und Lithauer wollen dasselbe sagen. Die Widivarier sind die ältesten Lettischen Bewohner in Preussen. Die Halbinsel Samland wurde von den Samländern (Baltikkei) als Baltia bezeichnet. Issianus portus an der Mündung des Dniestr oder Tyras (bei Odessa). Auf den Inseln Viarce und Bridinno (Usedom und Wollin) bauten Zwerge (Nanos oder Nanu) Ilirae und Milium (nach Aethicus Istricus) 300 p. d.). Augustus liess Hauptereignisse seiner Regierung auf dem Monumentum Ancyranum beschreiben. Sulla führte das Verbrennen der Leichen in Rom ein. Graunus (Apollo Grannus) war keltischer Sonnen- und Heilgott nach dem irländischen oder gälischen Worte grian (Sonne). Die Runenschrift des gothischen Futhork (grösstentheils aus dem altgriechischen Alphabete hergeleitet) findet sich auf verschiedene Gegenstände der Taschberger- und Nydamer-Moorfunde. Nach dem Angriffe und der Zerstörung des Getenkönig's Byrebistas stand Olbia unter dem Schutze des scythischen König's. Odin verordnete in Schweden zwölf Oberpriester und Oberrichter (wie die Kriwe bei den Letten), die zugleich dem Opferdienst vorstehen und das Volk richten sollten (nach den Landtagen erwählt). Nachdem die Gothen die monarchische Staatsverfassung erhalten und die christliche Religion angenommen hatten, waren diese Richter noch immer in hohem Ansehen und wurden von den Königen selbst (nach Cassiodor) Sublimes viri betitelt. Die Gothen nannten diese Obrigkeit, sowohl als die Sachsen in Britannien und Deutschland, und die Scandinavier, Grewe (s. Thunmann). Nach Nestor breiteten sich die Slaven von der Donau und aus Dacien her, gegen Westen aus und nahmen dann die Länder der Tschechen, Morawer, Choruatner und Anderer in Besitz. Die Thüringer hiessen

in ihrem Lande kein Eisen [und Bronze] gäbe. Rurik*) verbot den Severiern den Khazaren Tribut zu zahlen (884 p. d.). Nach Unterwerfung ganz

---

Warner bei Procopius. Die Soraber-Slaven waren dem Fränkischen Reiche unterthänig, bis sie (während der Kriege Dagobert's mit dem tschechischen Fürsten Samo) unter Dervan abfielen. Nachdem die esthnischen Seeräuber den Erzbischof von Upsal erschlagen hatten, verbrannten sie die Stadt Sigtun (1187). Jumala Biarmensium erat deus et ipsa quoque vox ejusdem gentis ac Fennicae (Arctopolitanus). Nach Arnkiel ist der Götzenmeister Othin, sonst Avodan genannt, aus Asia erst zu den cimbrischen Sachsen, dann nach Dänemark und endlich nach Schweden und Norwegen gezogen. Nach Plutarch führten die Cimbri einen Ochsenkopf im Wappen. Nach Diodor opferten die Egypter dem Monde (dessen Bild Hörner trug) einen gehörnten Stier. Ridegast oder Radegast (in Mecklenburg) hatte einen Ochsenkopf auf der Brust abgebildet (nach Masius). Als der dänische König Hadding den scheusslichen Meergötzen beim Baden erschlagen, kündeten ihre Wahrsager der Götter Zorn und des Meeres Grimm, weil er einen Gott, der in fremder Gestalt erschienen, getödtet. Nach dem gemeinen Mann in Schleswig sollte der Hell der Todt selber sein, so bei Pestzeiten auf einem dreifüssigen Pferd umherreiten und die Menschenkinder erwürgen soll (Arnkiel), der Hell gehet umher. Der Mond wurde (von den cimbrischen Sachsen) in Weibsgestalt unter kurzem Rock und Kappen (mit langen Eselsohren) und das Bild des Mondes auf der Brust dargestellt (Arnkiel). Die Friesen verehrten besonders Phoseta (Phosta oder Fosta) oder Vesta (vi stando). Aus den gefundenen Grabkrügen säet man in Schleswig die Garten-Saamen, um sie fruchtbar zu machen (Arnkiel).

*) Sviatoslav erobert Belaïn-Wescha am Don, Hauptstadt der Khazaren 965 p. d. Nach Ebn Haucal flüchteten sich die Bewohner Nil's (Hauptstadt der Khazaren) vor den Russen (969) nach dem Thor der Thore (und andere auf die caspische Insel Siahcouyeh). Zum Bau der Festung Sackel oder Belaia-Wess (weisse Burg) gegen die Petchinaken hatte Kaiser Theophilus den Khazaren Architecten geschickt. Kaiser Basilius II. besiegte durch eine Flotte (1016) den khazarischen König Georg Tzula (mit Hülfe der Russen) durch Mongus (s. Cedrenus). Wolodimir gab das chazarische Fürstenthum Tmoutarakan oder Taman seinem Sohne Mitislav (988 p. d.) der die Casoguen (Casakken) tributpflichtig machte und mit Khazaren und Casoguen gegen Jaroslaw zog (1023). Nach Plan Carpin hiess das taurische Chersones Khazarien. Wulfistan giebt der Küste (Viudland der Isländer) von der Mündung der Weichsel nach Wagrien die Bezeichnung Weonodland oder Winodland (von den Wenden). Jornandes nennt die Anten und Slaven Völker windischen Stamme's (Vinidarum natio). Masudi nennt an der Dina (Donna oder Donau) die slavischen Völker Bamtschines (Namtchines oder Nenitsches) und Moraben, ebenso wie das slavische Volk der Sassinca (Sachsen) und das slavische Volk der Barandjaninen (Tourandjoninen oder Thuringier). Verschieden von den Chroaten Dalmatien's wohnten die heidnischen Belo-Chroaten (nach Const. Phoph.) jenseits der Türkei (Ungarn) an den Grenzen der Franken. Verschieden von den durch Heraclius (639 p d.) im südlichen Dalmatien angesiedelten Serben wohnten die weissen Serben oder (nach Massudi) die Serbinen in dem den Franken benachbarten Lande Boikhi (Schlesien, Böhmen und Lausitz). Die Rossen kamen von Roslagen, der von Stockholm nördlichen Provinz (s. d'Ohsson). Nach Bertinian findet Ludwig der Fromme, dass die von Chacan (Hacan als schwedischer Eigenname) den Russen von Theophilus geschickten Gesandten Schweden seien. Die reiche Stadt Vineta im Lande der Pommern wurde (nach der dänischen Zerstörung) vom Meere verschlungen. Dann wurde die Stadt Juliana erbaut, die verfiel, als die Gothen unter ihrem Könige Wisboa von dem Könige von Dänemark die Insel Gothland eingeräumt erhielten und dort die Stadt Wishy erbauten. Dann kam Wismar auf und blühte bis zur Entdeckung Lieffland's (Nyenstädt). Als die Bremer (1148) einem Fischerboot folgend, in die Düna eingelaufen waren, legten sie ihre Waaren auf Tonnen aus, die Eingeborenen herbeizuziehen, und begannen dann unter Zeichen einen Tauschhandel, bis auf der zweiten Fahrt der (an der Stelle eines Zurückgelassenen) mitgenommene und in Bremen getaufte Knabe zum tolcken (dollmetschen) diente (s. Nyenstact). Nach Melanchton sind die Liven eine Colonie der Levonarum, die Ptolomäus in Norwegen sucht. Nach Duglossi wurde Livonia (Libonia) von den Römern Libo genannt. Nach Stella heissen die Liven oder Liefländer (Livones) Litiali oder Lituones von Litalano oder Litvone, Sohn des Vedenuti, König von Preussen (536 p. d.). Esthland, Lettland, oder Liven-Land, Churland und Semgallen wurden gemeinsam Liefland genannt, weil die Deutschen zuerst mit den Liven in Berührung kamen (nach Brandis). Die Chorwaten und Serben wanderten aus dem östlichen Gallizien in Wladimir (Rothrusslaud) aus. Das Königreich Gallizien (Rothrusslaud) bestand aus Halicz, einem Theil Wladimir (Ladomenien) und einem Theil von Klein-Polen. Nomen etiam quondam Sclavenis et Antis unum erat, utraque enim appellant Sporos (Σποϱους) antiquitas, quia σπορηδην hoc est sparsim et rare positis tabernaculis regionem obtinent quo' fit ut magnum occupent spatium, et vero ulterioris ripae Istri partem maximum habent (Procop.). Gracci vocant Rusos, nos vero appositione

Russland's stellte Vladimir die Statue des Gottes*) Perun auf einem Berge auf (nach Nestor) und ausserdem wurden Khors, Dajebog, Stribog, Smargl und Mokosch verehrt (auch durch Kindesopfer). Rügen war 1000 p. d. von Wenden**) bewohnt. Die germanischen Rugier (b. Tacitus) fanden sich im

---

loci vocamus Nordmannos (sagt Liutprand). Misit etiam (Imperator Theophilus) cum eis quosdam qui se, id est gentium suum Rhos vocari dicebant (839 p. d.), quorum adventus causam Imperator diligentius investigans, comperit eos gentis esse Sueonum. Die unter Samo vereinigten Slaven befreiten sich von den Avaren. Die Ungarn wurden unter Stephan (Sohn des Herzog's Geysa) christianisirt (1000 p. d.).

*) Nach Procop verehrten die Slaven den einzigen Gott des Blitze's (τὸν τῆς ἀστραπῆς δημουργόν). Velos war Gott der Herden (bei den Russen). Lado wurde (nach Karamzin) als Gott der Freude, Kupalo der Ernten, Koleda der Feste verehrt. Unter den Griechen entsprechen die Lechie den Satyren, die Russalki den Nymphen, die Domoviedouchi den Laren. Svetovid und Tschernobog wurden am Baltic verehrt. Les Boijans (sur le Boug occidental), voisins des Dauliébes, paraissent avoir changé leur nom en celui de Volhyniaus ou Vélynians après la ville de Volyn (Lemberg). Sviatopolk I. liess die Liakhen oder Lakiten, die mit ihrem König Boleslav sich nach Kiew begeben, massacriren († 1019). Die Edeln der Polen nennen sich Szlachta (Freier). Die Dregovitchen wohnten an der Düna (als Δρουγοιβιται (bei Const Porphyr.). Slovensk (Staroie-Gorodischtche oder Alt-stadt) war Stadt der Slovenen (am Ilmen-See). Ruteni ('Ρουτηνοι und 'Ρουτανοι) in Gallia Aquitania und in Narbonensis. Ruteni Provinciales (bei Caesar) in der Provincia (Gallien's). Rutuba, Fluss in Ligurien (Nebenfluss des Tiber). Rutubis, Hafen in Mauretanien. Rutunium, Stadt der Cornarii in Britannien. Rutupiae, Stadt der Cantii (Kent) in Brittannien. Die Rugier am Baltic (bei Tacitus) hiessen 'Ρουτίκλιοι (bei Ptolem.). Ardea war Hauptstadt der Rutuli (in Latium), deren König Turnus (bei Virgil) von Latinus abhängig war (vor Ankunft des Aeneas). Turnus (der Tyrrhenier) herrschte in Ardea, durch einen Sohn des Ulysses und der Cerce gegründet (nach Xenagoras) oder (nach Sabinus) durch Danae (Mutter des Perseus). Mit den Zacynthiern verbunden gründeten die Ardeaten (nach Livius) die Stadt Saguntum in Spanien. Zacynthus, Sohn des Dardanus (von Psophis in Arcadien) besiedelte die Insel Zakynthos oder (bei Plinius) Hyrie (Zante). Die Indigetes oder Indigetae ('Ινδιγῆται oder Ενδιγεται) in Hisp. Tarr. erstreckten sich vom Golf Rhoda bis zu den Flüssen der Pyrenaeen. Unter den wilden Thieren der germanischen Wälder erschien das Elenn (alces) den Römern am schrecklichsten. Die Hunjo hiessen früher Shanjang (nach Ssematien). Rhosologia ('Ροσολογία) in der Nähe des Halys; im Lande der Tectosagen in Galatien). Rhoscopus in Pamphylien (nach dem Stadiasmus). Rhosus, Stadt am Golf von Issus. Rhudon (Eridanus oder Düna) oder Rhibon (Rhodanus), als Fluss in europäisch Sarmatien von Rha (Wolga) und Don (Wasser). Rhudiae oder Rudiae, Stadt der Salentiner (in Calabrien) cretischen Ursprung's (unter Idomeneus). Rhusinm, Stadt in Thracien ('Ρουσιον). Theagenes, der das Wasser ableitete, baute zu Rhus ('Ροῦς) bei Megara ein Altar dem Achelous (s. Pausanias). Rubi, Stadt in Apulien. Rubicon (Luso), Fluss in Italien. Rubrae, Stadt im Hisp. Baet. Rubricata, Stadt der Lacetani im Hisp. Tarr. Rubricatus, Fluss im Hisp. Tarr. Rubricata (Rhubijcatus) in Numidien. Strabo nennt die Lacaetani oder Lectani (Λακαιτανοι oder Ληιτανοι) mit Lartolacëtae und anderen Stämmen zwischen Ebro und Pyrenaeen. Rusadir Colonie in Mauretanien. Rusazus, Colonie in Mauretanien (unter Augustus). Rescino, Stadt der Volcae Tectosages in Gallia Narbonn. Astaboras oder Astapus (Tacazze), als Nebenfluss des Nil. Lugad, der König in Gaalag, zieht (1257 a. d.) nach Ruad-iat oder Rothland (das bei dem Galen im hohen Rufe der Weisheit stehende Land) und findet dort nebst seinen Begleitern den Tod. Der Mahardtsberg (Luna Sila oder Re-mioun), wo der Mond (Re) verehrt wurde, war Heimath der Hermunduren (Donop). Die brittannischen Cattienchlani seien als Cath-ch-eil-geine eine irisch benannte Catteu-Abtheilung; Hessus ist Stammvater des Hessen-Volk's. Das aus Indien nach dem Nil ziehende Hirtenvolk der Palis hätte das Paesachi-Alphabet erfunden. Je leichter wir die Ordnung wahrnehmen, die in dem betreffenden Objecte wohnt, desto einfacher und vollkommener werden wir sie finden und desto leichter und freudiger sie anerkennen. Eine Ordnung aber, deren Wahrnehmung uns Mühe macht, wird uns zwar auch gefallen, aber mit einem gewissen Gefühl der Mühe und Niedergeschlagenheit (s. Euler). Nach Fourier ist jede beliebig geschaffene periodisch veränderliche Grösse auszudrücken durch eine Summe einfachster periodischer Grössen.

*) Polen, Schlesier, Mährer, Sorben verehrten Perun und auch Preussen und Litthauer hatten ihn als Perkunos oder Perkunust aufgenommen. In Kiew war Perkun (vor dem ein ewiges Feuer brannte) höchster Gott, wie Radegast zu Rethra, Zvarasitsch zu Riedegast, Siwa und Podaga bei den Polabern, Prowe bei den Wagriern. Schon zur Zeit der Einwanderung der Serben war Genta (Diocilitia oder Montenegro) oder Zetta (Conagora) ein Bestandtheil des serbischen Reich's, welcher sich von der Hoheit des serbischen

Gefolge der Hunnen. Die Böhmen wählten*) ihre Könige beim Wischehrad am Ursprung des Flusse's Zezerka und setzten sie hernach auf Libussa's Sessel, nachdem sie sie (vor der Zierde mit dem königlichen Schmucke)

Königs frei machte und von eigenen Zupanen regiert wurde (s. Audr.). Von den 1140 p. d. in Serbien herrschenden Uros stammte Stephan Nemanja, dessen Sohn Wuk nach Zetta zeg. Die unter Aristus besiegten Römer (in Illyrien) beschuldigten (199 p. d.) die Bulgaren der Zaubereien (s. Vsetos). Nachdem der Burgunderkönig Gundabar (Günther) an die Erhebung des Kaiser Jovinius bei Mainz beigetragen (412 p. d.) trat er in römische Kriegsdienste (wie der Alane Goar). Danzig führte den Titel Admiral von Polen. Der Lemberger Magistrat legte (XIV. Jahrhdt.) den unverheiratheten Bürgern eine besondere Steuer auf, unter dem Namen der Stierstener. Nach Kromer war Krakau die einzige Stadt Polen's, die schon in den grauesten Zeiten der Nation den gesetzgebenden Berathungen als Sammelpunkt diente. Auf dem letzten litthauischen Reichstage vor der Vereinigung (1568) gewährte Sigismund August der Stadt Wilna auch das Recht Abgeordnete auf den Reichstag schicken zu dürfen. Leszek der Schwarze liess alle Bürger Krakau's zu den adligen l'rivilegien zu. Krakau, das durch einige Jahrhunderte deutsch geblieben, polonisirte sich (XVI. Jahrhdt.) so, dass Siegmund I. (1535) das Magdeburger Recht für dessen Gebrauch in's Polnische übersetzen lassen und die deutsche Sprache als unnütz und unverständlich aus den Magistratsverhandlungen verbannen musste. Quis hominum est (antwortete der Slavenhäuptling Lawritas auf die Tributforderung der awarischen Gesandten Bajan's), qui solis radiis tepescit, qui nostram potentiam possit sibi subigere et domare? Aliorum enim regionis dominatum acquirere solemus, non alii nostrae, qui nos certo manet. Donec ernnt bella et enses (565 p. d.) Der skandinavische Fürst Eymusid der Aeltere (König von Holmgord und Gardharik) stiftete (VIII. Jahrhdt.) ein Reich im Lande der Slaven, Livland, Estland, Jzera und Nowgorod erobrrnd. Der Name Ros, 'Ρως bei den Byzantinern, 'Ρωσοι bei Glykas, Rus bei den Arabern, Russi bei Lateinern, oder auch Rozzi Rutheni oder Ruthi) oder Russen, in ursprünglich altnordischer Form Raesar von ras, Lauf, rasa, laufen, (daher bei den Griechen auch δρομιται genannt) ist deutscher Abstammung, eine Benennung, die sich diejenigen von den Schweden beilegten, die ihr Glück im wotanischen Treiben ausserhalb des Vaterlande's im Ostlande suchten (s. Pfaler) [Russläufer]. The Russian ferrymen (on the Volga) have a very inconvenient habit of s'opping to cross themselves and mutter invocations to the saints, while in the most critical situation (Michie). The women in the Barabe steppe are mostly Kirghis, called by the Russians by the generic name of Tatars·

*) „Wir die wir soviel sind wie Du erwählen Dich zu unserm König und Herrn" heisst es in der Wahlformel der arragonischen Könige. Während des Zwischenreichs (beim Tode eines König's) gab es (in Polen) einen Interrex und auch Beamte. Demungeachtet suspendirte die Nation die wichtigsten Behörden von ihrer Thätigkeit, indem sie ihnen eine Trauer-Kapuze anlegen liess. Die Kapuzen-Beföderationen und die Kapuzen-Gerichte gaben dem ganzen Lande ein ernstes und düsteres Traueransehen, gleich einer Familie, die vaterlos. Die Republik sah sich selbst für todt an durch das Absterben ihres allerwichtigsten Mitgliedes (s. Weissenhorst). Der unter freiem Himmel von Bewaffneten gewählte König von Ungarn nahm Besitz von seinem Reich, indem er von einer Erhöhung herab, hoch zu Pferde, mit seinem Schwerte nach allen vier Weltgegenden hin schlug. Lech baute Gnesen am Nest des weissen Adler (IV. Jahrhdt. p. d.) Die Khemeten bebauten in Polen das Land für die Slachten Der illyrische Stamm der Slaven se distinguant des Serbes, Khrovates ou Khrobules et Slovaks ou Korutaniens. Die unter Asparuch von der Wolga ausgezogenen Bulgaren (VI. Jahrhdt. p. d.) verbreiteten sich in Moldavien, später (nach dem Passiren der Donau) Moesien :680) erobernd (von sieben Stämmen der Slaven besetzt) Die Bronzen aus nachchristlicher Zeit (seit 800 p. d.) unterscheiden sich von den celtischen (sowie den griechischen und römischen), dass sie (ausser Kupfer und Zinn) noch Blei enthalten (als germanische) oder Eisen (als slavische). Amimian nennt die gallischen Leti am linken Rhein-Ufer. Die Orientalen bezeichneten (seit dem X. Jahrhdt.) die Litthauer als Atlava (nach Fraehn) Nach Karamsin kannte Wolfstan die Letten (IX. Jahrhdt). Werowit und Rorwit wird in Wolgast (als Kriegsgott und Waldgott), Friglaw in Stettin, die heilige Lanze in Julin verehrt. Swantewit (der heilige Held) wurde in Arkona verehrt. Nach Dionys Hal. waren die Pelasger von den Hellenen eingeschlossen. El-Idrissy nennt Slaven, Brassen, Kraken und Ertsanen als saclabische Völker. Nach Schemsuddin waren die Saclaben von Saclab, Sohn Littra's (Sohn Younani's) oder von Saclab (Enkel Jafeth's, durch Madaf) abstammend. Nach Abou Obaid-al-Beeri waren die Saclaben in Constantinopel an der Kälte, aber nicht an Hitze gewöhnt. Cazwini setzt das Land der Saclaben neben den Khazaren. Nach Ebn-el-Kulli waren Roum, Saclab, Ermen und Frendj vier Söhne des Littra, Sohn des Keloukhim (Sohn des Yafeth). Unter Baschcarden versteht Massudi die Magyaren oder Ungarn (s. d'Ohsson). Die Namen der Wasserfälle im Dniepr (der Varäger-Russen) lassen sich (wie bei Const. Porph. gegeben)

mit einem Zwergsack und Bauersandalen bekleidet hatten. Das Land der
Sitonen*) (neben den Siuonen) hiess terrac fenunarium. Vom fränkischen
Markgrafen Chadalo oder Kadolach bedrückt, empörte sich Ludovit, der

schwedisch erklären) nach Lehrberg. Sunt Pollexiani (Poleschianier oder Jatwjeser)
Getharum (Sanmogeten) sive Prussorum genus (nach Kadlubek). Sexta ut hora noctis
Scytharum est patria, unde Sclavinorum exorta est prosapia (nach Guido von Ravenna).
Decima ut hora noctis grandis eremus et nimis spatiosa invenitur, cujus a fronte vel latere
gens Gazorum adscribitur, quae eremosa et antiqua dicitur Scythia (nach Guido von
Ravenna). Nach Procop wohnte die Völkerschaft der Anten nördlich von den den Uur-
guren (Kimmeriern) am mäotischen Meerbusen. Nach Ammianus Marcell waren die Alanen
Nachkommen der Massageten. Lohrasp vertrieb die feindlichen Gluren und Alanen (am
Paropomisus).

*) Hic Suevine finis, sagt Tacitus bei den Sitonen (Cwänen). Die Batavier werden
von Tacitus als gross, von Martial als hellhaarig beschrieben. Auricomus Batavus (Silius).
Die Mosynoeci lebten auf Bäume und in Thürmen, der König in einem besonderen Thurm
allein, wo er Unterhalt erhielt, aber, wenn Missfallen erregend, Hungers sterben musste.
Die Mosynoeci tättowirten und hieben den Feinden die Köpfe ab, die mit Gesang umhergetragen wurden. Die Kinder der Vornehmen wurden gemästet, weil Essen und Trinken
am Höchsten galt. Die Lazi wurden (520 p. d.) zum Christenthum bekehrt. Aus lappischen
Ortsnamen folgert Rask lappische Bevölkerung in Dänemark's früher Zeit. Auf die über
die Leichen gewaltsam Verstorbenen errichteten Erdhaufen wirft jeder Vorübergehende
einen Stein in Schweden (nach Nielsson). Bor heisst im slavischen ein Tannenwald. Kiev
hiess Korostenes (VIII. und IX. Jahrhdt.). Zeutam primum habuerunt eruditum, post etiam
Dicenenm, tertium Zamolxen sagt Jornandes von den Gothen. Tarabostes eos, deinde
vocilatos Pileatos hos, qui inter eos genere exstarent, ex quibus eis et reges et sacerdotes
ordinabantur. Als Unsterbliche werden Narei (Sohn des Vivanghao), Tuça (Sohn des
Naotera), Gew (Sohn des Godarza), Eberez, der Vollbringer der Schlachten, Ashvant,
Sohn des Ponru-Dhaksti dem Çaoshyan bei Bewirkung der Auferstehung Hülfe bringen.
Der von Thraetona an den Demavend gekettete Dahaka wird (wenn von Fesseln frei)
beim Erwachen des Çama (dessen Schlaf von den Fravashis der Frommen bewacht wird),
getödtet werden. Thule wird von dem wallisischen Worte Tywyll, Tywell, Dywylh erklärt,
mit der Bedeutung dunkel, weshalb Statius von „Vada caligantia, Thules" singen kann
(s. Wiberg). Die Bernstein Insel der germanischen Küste heisst Osericta bei Mithridates.
Nach Hecataeus war der nördliche Theil der vom Okeanos umflossenen Erdscheibe von
Amalchium-Maue (gefrorene Meer) bedeckt. Die Waräger benutzten den Andreas-Weg
auf ihrer Reise nach Russland und Myklagard (Constantinopel). Auf der Flucht vor (dem
Mörder seines Vater's Schwibdagern (König der Gothen, Schweden und Norweger), bekriegte Hading (Bruder des Guttkorm, Königs von Dänemark) in Verbindung mit dem
Seeräuber Liser den König der Curländer (Locker genannt) und wurde (zurückgeschlagen)
durch einen Zauberer von seinen Wunden geheilt. Nach längeren Kriegen in Thracien,
erschlug er Sckwibdagern auf Gothland und folgte beim Tode seines Bruders in Dänemark. Sein Sohn Frotho besiegte Dornon, König der Cubren (nach Saxo Grammaticus).
In den siegreichen Kriegen mit Herrwit, König der Reussen, liess König Philmer (auf
Rath des Helden Starkotter) die Gothen hölzerne Schuhe anziehen, um unbeschadet über
die in den Pässen gelegten Fussangeln zu schreiten. Das Mischvolk der Vividarier oder
Vidioarier wohnte an der Weichsel. Nach Micraclius kommen die Luticer (Leuticer oder
Loitzer) oder Wiltzer (670 p. d.) nach Pommern und Mecklenburg. Als Hakon-Ring
(König von Schweden) Harold (König von Dänemark) besiegt hatte, setzte er Hete zur
Regentin ein (326 p. d.). Die Litthauer wurden bei dem Vertrag des Mendog von dem
Bischof von Riga getauft (1255). Als der nördliche Theil Schweden's (der jetzt steigt)
noch vom Meer bedeckt war und der südliche (der jetzt sinkt) mit Dänemark und Deutsch-
land zusammenhing, verbreitete sich die postdiluvianische Flora von Süden (aus Deutsch-
land) nach Scania, pflanzenfressende und fleischfressende Thiere folgten (wie die Schweden
mit Dänemark und Deutschland verknüpfende Zoologie bewei's't) und schliesslich der
Mensch (brachycephalisch), dessen Stein- und Knochenwerkzeuge in Tumuli aus rohen
Steinen (mit südlicher Einigung) gefunden werden (ähnlich in Schädelform die Iberern oder
Basken, Lappen, Samojeden und den in Griechenland gefundenen Resten der Pelasger).
Den fischenden und jagenden Eingeborenen folgte die ackerbauende Rasse der Gothen
(dolichocephalisch). Dann brachten die Celten (mit längerem und breiterem, sowie an den
Seiten vorstehendem Schädel) die Bronze und als vierte Rasse liessen sich (VI. Jahrhdt.)
die Swea in Mälardall (nach Sturleson) nieder und verbreitete sich [dann als Varäger-
Dynastie nach Russland, als Stamm der Norraena nach Norwegen und (unter Harald
Harfagr) mit einem Zweig nach Island (s. Nilsson). Nach Berosus finden sich auf dem
Berge der Cordyraeer, nach Damascenus auf der Spitze des Baris Reste eines Schiffes,
dass zur Rettung aus der Fluth gedient. Ingruente tandem diluvio et confestim cessante

Gross-Zupan der nördlichen Kroaten*) an der Save gegen Ludwig den
Frommen (obwohl Borna oder Porinos, Grosszupan der dalmatischen
Kroaten), zu den Fremden hielt. Nach Constant. Porphyrogenitus waren
die illyrischen Serben in ihren alten Wohnsitzen (vor der Auswanderung**))

---

volucrum aliqua Xisuthrus emisit (Syncellus). Odin oder Sigi erbaute die Stadt Sigtuua
am Mälar-See (Verelius), Nach dem Tode Bericon's (der Schweden und Gothen König,
der die Bewohner Ullmerugen's nach Mecklenburg trieb) wählten die ausländischen Gothen
Gapt zum König, auf dessen Nachfolger Villmal (nach Strelow) Augis folgte und dann
Amalus, der sich mit dem einheimischen König der Schweden und Gothen (Gotilas genannt)
verbündete.
*) Die von Ludovit zum Abfall beredeten Slaven Kärnthen's und Krain's wurden
(820) von den Franken wieder unterworfen. Von den Franken besiegt (821) flüchtet
Ludovit zu den Serben. Der slavische Stamm der Bodritzen und Branicewtzen ging von
den Bulgaren zu den Franken über. Da die Franken die Regelung der Grenzen verweigerten, segelte (827 p. d.) ein bulgarisches Heer die Donau aufwärts bis zur Dran und
setzte über alle Slaven Befehlshaber ein (indem auch das nördliche Kroatien an Bulgarien
fiel) Als die Bulgaren unter Presjam die Serben angriffen, wurden sie durch Vlastimir
zurück geschlagen, und ebenso Boris (Sohn des Presjam) durch Muntimir (Sohn des Vlastimir).
Nachdem die Franken den avarischen Chakan besiegt (799) eroberten sie Kroatien (mit
Sirmy), und wie die römischen Städte Dalmatien's (806) unterwarfen sich die dalmatischen
Slaven (811 p. d.). Als die gefangenen Avaren die Laster als Untergangsursachen ihres
Volkes bezeichneten, erliess Krum seine Gesetze der Bulgaren. Nachdem Nicephorus den
bulgarischen Auls bei Schumla erobert, wurde er (811) von Krum besiegt. Nachdem
Kaiser Michael bei Andrianopolis besiegt war (813), belagerte Krum Constantinopel. Auf
Mortug (Nachfolger des Crum) folgte (b. d. Bulgaren) Presjam. Nachdem die Kroaten die
(über Ludovit siegreichen) Franken vertrieben, wurden sie (837 p. d) von Terpimir beherrscht (als dux unter dem fränkischen König Lothar von Italien). Terpimir bestätigt
der Kirche von Salona die (schon von seinem Vorfahren Mojslaw) geschenkten Ländereien
mit Sklaven und Sklavinnen (cum servis et ancillis) 837 p. d. Cyrill bekehrt den dalmatischen Fürsten Svatopolk (nach d. Presbyter v. Dioclea). Slavische Ruthenen bewohnten
die Berglandschaften an der Quelle der Theiss und Szamos. Die in Ungarn (1070) einbrechenden Kumanen wurden nach Siebenbürgen getrieben. Ladislaus erobert Siebenbürgen und Dacier (walachische Bewohner Bulgarien's oder norddanubische Walachen)
begleiteten (unter Salomo) den Angriff der Petschenegen (mit Tzelgu) auf Byzanz (1088).
Auch Manuel rief die Walachen am schwarzen Meer (Moldau mit Bessarabien) gegen die
Magyaren zu Hülfe (1164). Neben Colonisten Siebenbürgen's berief Geisa († 1161) Deutsche
als Flandrenses (Hospites Teutonici oder Ultrasilvani). En Turquie les provinces de la
race Serbe sont la Bosnie, l'Hertsegovine, une partie de la Macédoine, le nord-est de
l'Albanie, le Tsernogore et la principalité specialement nommée Serbie. Dans l'empire
d'Autriche, le Serbe habite la Dalmatie, la Croatie, la Slavonie, une partie d'Istrie, les
frontières militaires. le Banat la Syrmie et le littoral du Danube depuis la Batchka jusqu'
à Saint-André près d'Ofen (Robert). Die Skoupchtina (1827) beschloss für den Obor-Kneze
Miloch den Titel eines erblichen Fürsten vom Sultan zu verlangen. Reste des alten
Griechischen (in Marseilles) fanden sich in den Sprachen der Provence und Languedois
(nach Barthelemy). Die Kaukonesier in Galizien, sowie die Jazygen, Sarmater, Bastaruer
und Piengiten in den übrigen Provinzen von Rothrussland waren den Ostgothen (unter
Theodorich) unterworfen (Gebhardi). Nach Besiegung des Swatopolk eroberte der Grossfürst Jaroslaw ausser Polowsk in Galizien auch die übrigen tscherwenskischen Städte in
Rothreussen (1013). Als die lodomirischen Russen die Kumanen zum Angriff auf Ungarn
reizten, drang Ladislaw in Rothrussland und (in Polen) Krakau ein. Roman herrschte
(1202) über die Wolodimirer (in Galizien).
**) Die asiatischen Tataro-Bulgaren hatten ihre ältesten Wohnsitze in den Steppen
zwischen der Wolga und Kuban. Nach dem Aufstand gegen die Awaren wurde ein bulgarisches Reich in den meist von Slawen bewohnten Mösien gestiftet (679). Als die
Gesandten der Heruler vom Marchfelde aus zu den Warnern im Mecklenburgischen gingen,
fanden sie (nach Procop) lauter slavische Völker auf dem Wege. Als nach der awarischen
Eroberung Pipin (Sohn des Karl M.) das Land durch Emigranten neu bevölkerte, entstand
das spätere Königreich Slawonien durch kroatische Colonisten (798). Die zwei slavischen
Reiche (Gross-Kroatien und Gross-Serbien) im Norden der Karpaten (von wo die südlichen
Staaten gestiftet wurden) verschwanden (durch Franken, Gothen und Awaren unterjocht)
Anfang des VI. Jahrhdt Una est utrisque (Slawenis et Antis) lingua (s. Procop). Von
Thessalonich ging Constantin (später Kyrillus) zur Bekehrung der Chasaren aus, und
wurde, nachdem er während des Aufenthaltes unter den Bulgaren mit Methodius das
slavische Alphabet erfunden, durch die Gesandten des mährischen Fürsten Rastislaw vom
Kaiser Michael erbeten (861—863). Das serbische steht der altslawischen Kirchensprache

von zwei Brüdern beherrscht. Die Ouskoken oder verbannten Serben siedelten sich in Montenegro *) an.

---

am Nächsten. Die Slowaken, die Ueberreste der karpathischen und donauischen Urslaven, verloren sich in die Magyaren. Der Letzte, der noch wendisch reden könnte, starb in Pommern 1404 p. d. Unter Samo erhoben sich die Slawen gegen die Hunnen. Nach Mounnedjim-Buschi wollten die bulgarischen Pilger nach Mekkha von einer Mischrasse der Türken und Saclaben (Slaven) stammen. Die Ruinen der von Tchupkhe zerstörten Stadt Bulgar fanden sich bei Kasan. Einfall der Bulgaren (501 p. d.) in Mysien und Thracien. Die Bulgaren besiegten die Slaven in Mysien (678), bekehrt (667). Der Fürst der Bulgaren nahm den Titel Khacan (518 p. d.) an. Nach Rytschkow sprechen die Bulgaren einen slavischen Dialect. Nach Const. Porph. nannten die Bulgaren ihre Häuptlinge Voïladen (Voivaden). Etil bezeichnet Fluss im Türkischen, als Fluss der Bulgharen (Volga) oder Fluss der Khazaren. Die Vissons lebten an der Vischera (Nebenfluss der Kama). Justinian II. (der Viele der Slaven in Macedonien und Thracien über die Meerenge von Abydos nach Kleinasien führte) wurde von den Bulgaren (687 p. d.) geschlagen. Der Bulgarenfürst Tervel (b. Blagar) unterstützt (mit einem bulgarischen und slavischen Heere) den gestürzten Justinian (702 p. d.) und erhält den Titel Caesar. Die Bulgaren schlugen die Constantinopel angreifenden Araber (716 p. d.) zurück. Auf Tervel folgt (b. d. Bulgaren) Kermes. Nachdem die Hunnen-Bulgaren (nach Nicephorus) die ganze Familie ihrer Erb-Herrscher erschlagen, ernannten sie Teletz zum Fürsten, bei dessen Verheerungen Griechenland's sich viele Slaven zum Kaiser flüchteten und (nach Ueberschreitung des Euxinus) zu Artana (in Bithynien) niederliessen. Nachdem Telets bei Anchial besiegt, erhoben die Bulgaren Savin (762 p. d.). Von Kopronimos besiegt, zogen sich die Bulgaren nach der Mürdung der Donau zurück (774). Der vertriebene Bulgarenfürst Telerig flüchtete nach Byzanz, und wurde dort (als Patrizier) getauft, während Kardam (Vorgänger des Krum) den Thron bestieg. Krum's Herrschaft stiess an die fränkische. Der Chakan bat Carl M. um Wohnsitz zwischen Sabaria und Karnunt (nach Einhard). Der Herzog von Massau, durch die Preussen bedrängt, trat das culmische Land an den deutschen Orden ab (1226). Die Narenta-Serben im südlichen Dalmatien trieben Seeräuberei. Die mösischen Slaven, durch bulgarische Eroberer geführt, treten früher aus ihrer Ruhe hervor, als die Croaten (die erst IX. Jahrhdt. p d. durch zunehmenden Druck und Venedig's Hülfe aufgerüttelt wurden) und die Serben, die vor VII.—XII. Jahrhdt. in Unthätigkeit verharrten. Die (VII Jahrhdt.) getauften Kroaten und Serben standen unter den Erzbischof von Spalatro. Die Griechenland verwüstenden Slaven werden von Procop als wilde Blutmenschen geschildert (von Hunnen geführt). Wie in Russland das Herbeirufen der Waräger war jenseits der Donau die Ankunft der Bulgaren zu den slavischen Stämmen gleichsam der Anfang einer Heldenepoche (Hilferding) seit Asparuch sein Reich stiftete. Constantin Pogonatus musste (nach Theophanes) den Bulgaren Tribut zahlen. Der Bulgarenzar Samuel unterwarf Serbien, bis Basilius (1013) das Bulgaren-Reich vernichtete. Der Gross-Zupan von Dioclea befreite Serbien (1043) von den Griechen und sein Nachfolger Michail († 1080) wurde von Gregor VII. gekrönt. Milutin von Serbien († 1321) eroberte Macedonien. Stefan Dusan von Serbien (1336) verband sich mit Venedig.

*) In den Volksgesängen (piesmas) Montenegro's ist die alte Geschichte enthalten. Nach ihrer Niederlage bei Kossovo (durch Sultan Amurath) gründeten die Serben (als Haidukken oder Räuber) in Montenegro einen Freistaat (der Uskoken oder Hineingesprungenen). Comme l'esclave ou le sujet dans l'antique Etrurie fuyait vers Rome (in den Sümpfen), ainsi le Raïa poursuivi par ses tyrans fuit de roc en roc jusqu'au Tzernogore (s. Robert). Les piesmas et les traditions (des Monténégrins) indiquent qu'au XV. siècle le Tzernogore manquait encore d'une population permanente, et n'était visité par les pâtres serbes que durant la belle saison. Les braves échappés de Kossovo, et Strachimir Ivo, dit Tsernoï (le Noir) c'est à dire le proscrit, le rebelle, vinrent peupler ces roches déserts (wie die Helvetier). Ivo avait épousé en seconds noces Marie, fille do Jean Kastriote (père de Skanderbeg) et allié aux plus hautes familles albanaises, il combattit bientôt les Osmanlis de concert avec ses parents. Entre les Kapetani (aujourd'hui remplacés par des afans) et les différents conseils municipaux, qui gouvernent les villes (varochi), il y avait autrefois (en Bosnie) une classe intermédiaire, celle des Spahis, espèce de chevaliers possédant des spahiliks ou fiefs, à la condition de marcher en armes chaque fois que l'empire était menacé. Un grand nombre de begs serbes avaient déjà obtenu, sous Achmet I., de pareils fiefs (exigeant la dîme et les robotes). La Porte transforma les sphahiliks (des chefs Musulmans) en tchiftliks (des fermes, dont le seigneur devenait le propriétaire absolu). Les Raïas n'eurent plus d'autre propriété que celle de leur corps (s. Robert). Les femmes Namrètes, que Strabon appelle des prêtresses de Dionysos (dieu de l'inspiration) vivaient (comme les druidesse de Séna) dans une île à l'embouchure de la Loire où elles ne voyaient les hommes qu' à des époques déterminées (s. Bergmann). Die Romänen in Siebenbürgen (obwohl auf römische Vorzeiten in Dacien zurückgehend) waren unterdrückt durch die privilegirte Dreiheit der Magyaren, Sachsen (Deutsche) und

Die Albanesischen*) Söldlinge, mit denen Manuel den Aufstand in Morca unterdrückte, werden *Αχαρνάνες* genannt. Hunnen, Slaven und Anten wohnten nicht weit von der Donau (zur Zeit des Justinian (527 p. d.) nach Procop

---

Szekler (Cumanen). Die als Uskoken von Oestreich der Republik Venedig (XVI. Jahrhdt.) gegenübergestellten Piraten oder Serben suchten (von dem Dogen Johann Bembo besiegt) eine Zuflucht in Montenegro (in Nikchitja und Piperi). Ebenso erhielt Drobniak (1696) die durch die Türken Albanien's zurückgetriebenen Uskoken. Tous ces refugiés s'organisaient en villages ou confréries et en plèmes ou tribus, sous la présidence d'une plème supérieure, celle des Niégouchi, Serbes du mont Niégoch en Hertsegovine, qui ayant émigré en masse, n'avaient point cessé de former une grande famille gouvernée par des lois particuliers (s Robert). L'église (en Serbie) renferme toujours les trônes des deux représentants de l'église et de l'état, le vladika et le Kniaze. Le pays ou l'esprit de tribus se maintient le plus vivace est le Tsernogore, aussi la race serbe a-t-ello dans cette montagne un caractère particulier de force et d'audace [wie früher die Karpathen der Croaten]. Sur le danube, au contraire, l'énergie nationale est comme paralysée par l'influence prépondérante des idées allemandes, de là les luttes incessantes des Serbes danubiens contre leurs compatriotes des montagnes (s. Robert). Chaque Voïevade conserva l'autorité civile sur le district qu'il avait conquis (après la prise de Belgrad) et s'y fit obéir à l'aide de ses Momkes, gardes qui, nourris par lui, le défendaient envers et contre tous et le soutenaient comme les vassaux nobles, de la féodalité défendaient leur suzerains. Mais le peuple se coalisa contre les hospoda, et investit de la dictature le roi des Haïdouks le père des prolétaires, George le Noir ou le Proscrit (1805). Die jährliche Volksversammlung (Skoupchtina) unterhielt das Gleichgewicht zwischen dem Senat und dem soviet (der die Kmeten oder Dorfschulzen als Richter einsetzte) und den Dictator (in Serbien). Der Priester Matthias Nenadovitz suchte im Wiener-Congress (1815) die Fürsten um einen die Unabhängigkeit Serbien's (das von den Türken wieder erobert war) garantirenden Artikel nach. L'existence errante et toujours en dehors de la société des femmes centrale les Albanais plus qu' aucun autre peuple de l'Europe aux vices honteux que provoque ce genre de vie (s. Robert). Die Vlachen genannten Hirtenstämme Bosnien's und der Herzogowina wandern oft bis Albanien und den Peloponnes. Die Moldo-Valachen exportiren Pferde nach Deutschland und Russland.

*) Durch Leibesstärke und Heldenmuth ausgezeichnete Männer hiessen (in Iran und Turkistan) Alb-Arslan (Ferheuk Schuuri). Mit Ausnahme des Stamm's der Liapides waren die Albanier hoch und schön gebaut (s. Fallmerayer) im byzantinischen Reich. Nach dem Untergang der Pehlwi-Sprache wird das Alpland Albania Daghestan (Bergland) genannt. Die Alanen hiessen (nach Zenaras) früher Albanen. Die Albanier neunen sich selbst Schkypetar. Mit dem Zerfall des griechischen Reiches kam der Bergcanton Albanien unter die Despoten Michael und Theodor Angelus (1204). Kaiser Andronicus der Jüngere unterdrückte einen Aufstand der Albanier. Seit der Niederlage des Nicephorus Angelus bildeten die Albanesen ein selbstständiges Volk in Griechenland s. Fallmerayer). Guini de Spata eroberte Alt-Epirus und Balza setzte sich in Ober-Macedonien fest. Nach Scanderbeg's Tode (1467) wurden die von den Türken unterjochten Albanen zum Islam bekehrt. Kantacuzenus verpflanzte die Bevölkerung des vom Serbenkönig Stephan überlassenen Albanien zum Theil nach Morea (s. Spandugino). Im Tempel (Contine) des Sumpfes in Julin stand eine Säule, worin die Lanze des Julius Caesar (Erbauer's der Stadt) steckte (Andr.). Die Pommern trugen stets (auch im Frieden) einen Speer (Anon.). In Wolgast wurde Herovit oder Gerovit verehrt. Das schwarze Pferd des Triglav (in Stettin) diente zum Loosen. Vor Auszug der Vikinger wurde in Scandinavien das Sigrblot (Opfer um Sieg) im Frühjahr gefeiert. Siwa war Landesgöttin der Polaber, Prave wurde von den Wagriern (im Oldenburger Lande) verehrt, Radegast von den Obotriten, Svantovit in Arkona (bei den Ranen) und Porenuz (mit Porevit und Rugiavit) in Karenz. Porevit (und Parenuz) war fünfköpfig, Swantowit vierköpfig, Triglav dreiköpfig. Als der empörte Enkel des unterworfenen König's Kamitus (der danomalchischen Eilande) besiegt war, geboten die (lechischen) Polen den Dänen mit dem Kopf gegen das Fussende gekehrt zu schlafen und Weiberdienste zu verrichten (nach Kadluhek). Spanien war ebenso fanatisch im Islam, wie später im Catholicismus. Die auf die Berber gesetzten Almoraviden fielen vor die Almohaden. Centerione (Herr auf Chalandritza) suchte eine Confoederation gegen die Confoederation San Superano's und den Despoten Theodor von Mistra zu bilden. Gemistus Plethon schlägt dem Kaiser die Classeneintheilung des Volke's (in Griechenland) vor. Die verschiedenen Nationen (der Zakonen oder Lakedämonier, Italiener, Peloponnesier, Slavinen, Illyrier, Aegyptier und Juden) in Peloponnes hatten sich (nach Boissonade) in Sitte, Blut und Character unter einander derart gekreuzt und gemischt, dass sie eine so Schlechtigkeit ganz gleichartige Masse bildeten. Unter Constantin Pogonatus (VII. Jahrhundert p. d.) forderte die byzantinische Armee einen Kaiser in drei Personen, um der himmlischen Dreieinigkeit gleichsam eine irdische, von einem Willen beseelte Dreikaiser-

(552 p. d.). Die von keinem Oberhaupt regierten $\Sigma\varkappa\lambda\alpha\beta\eta\nu\omega\acute{i}$ $\tau\varepsilon$ $\varkappa\alpha\grave{i}$ $"A\nu\tau\alpha\iota$, lebten am jenseitigen Ufer des Ister (Donau*)), und man nannte sie früher (in gemeinsamer Bezeichnung) $\Sigma\pi\acute{o}\varrho o\nu\varsigma$, weil $\sigma\pi o\varrho\acute{a}\delta\eta\nu$ wohnend (nach Procop).

Trinität entgegen zu setzen. Der Peloponnes wurde 590 p. d. durch die Avaren (und Sclavinen) erobert (nach Nikolaus). Die Avaren (des Peloponnes) waren dem Reich der Römer nicht unterthan, so dass kein Grieche ihr Land betreten durfte (Leunclav). Das Binnenland vom Ister bis zu den Alpenthälern Arkadien's und Messenien's wird (von den Byzantinern) $\Sigma\varkappa\lambda\alpha\beta\iota\nu\acute{\iota}\alpha$ (Slavenland) genannt (VIII. Jahrhdt. p d.). Nach der verheerenden Seuche (747 p. d.) wurde der ganze Peloponnes slavinisirt $\varkappa\alpha\acute{\iota}$ $\gamma\acute{\iota}\gamma o\nu\varepsilon$ $\beta\acute{a}\varrho\beta\alpha\varrho o\varsigma$ (Const. Por.). Staurakius machte die slavinischen Völker zwischen Thessalien und Hellas zinsbar und drang auch in den Peloponnes ein, Gefangene fortzuführen (Theoph.) 783 p. d. Unter Basilius (den Macedonier) wurden die götzenanbetenden Slaven (vom Innern Griechenland's bis am Save und Ister) getauft (s. Fallmerayer). Morea (Peloponnes) ist (slavisches) Küstenland (More oder Meer). Morlachen sind die Vlachen am Meer. Die Mainoten stammen von den aus dem Libanon (durch Justinian) fortgeführten Mardaiten (Maroniten). Mati bedeutet Auge (und Quelle) im Bulgarischen (Arimaspen). Seit dem IX. Jahrhdt. wurde Morea wieder byzantinische Provinz.

*) In Eulysia ergiesst sich der Palus Maôtis in den Pontus Euxinus. An der Küste wohnen die Uturguren, früher Kimmerier genannt, und nördlich davon die unzähligen Völkerschaften der Anten ($\check{\varepsilon}\vartheta\nu\eta$ $\tau\alpha$ $'A\nu\tau\tilde{\omega}\nu$ $\check{\alpha}\mu\varepsilon\tau\varrho\alpha$). In der Krimm lebten die Tetraxiten genannten Gothen, christlichen Brauch bewahrend. Jenseits des Palus Maôtis und Tanais wohnten die knturgurischen Hunnen, sowie in der Taurica die Scythen und Tauren. Vom Chersones bis zur Ister und Donau ist Alles voll von Barbaren. An den Bergabhängen Dacien's jenseits der Donau breitet sich von den Quellen der Weichsel an die Nation der Veneder aus (Winidarum natio populosa), unter deren Stämmen besonders die (Slavini et Antes) der Slaven (von der Civitas Nova und den Sclavinum Rumuneuse mit dem Musianos benannten See bis zum Dniestr) und die (kriegerischen) Anten (gegen den Pontus und von Dniestr bis Donau). An der Mündung der Weichsel leben die Vidivarier und am Ocean die Itemesten (Jornandes). Die Mordvanen oder Mordvi, als Amardi (bei Mela). Die Amordi (bei Plinius), unterscheiden sich ($Mo\varrho\delta\iota\alpha$ bei Const. Porph. und Mordva bei Nestor) in die Stämme der Mokcha (Mokchyt im Plur) [Moskau] und Ersac (Ersad im Plur.) oder Arsaïa (Aorsi). Den Mordvinen wurden im Mittelalter Anthropophagie vorgeworfen. Das Finnische in der Sprache der Tchuvaschen ist mit Tartarisch oder Türkisch gemischt. Die Zauberer der Tchuvaschen heissen Jomse (nach Ahlquist) [Kam, Scham im Jomteland, wie Vod mit Vodan]. Nestor kennt die Ougra in Jougrien. Beim Untergang des Hunnen-Reiches kamen von jenseits der Volga (von den Baschkiren zurückgeblieben) die ugrischen Völker (als Ugry der Russen) nach Europa (als Uguren, Ouiguren und Ungarn). Nach Laférrière blieben die Gallier unter den Römern im Lande. Franks et Burgondes employaient d'ordinaire le terme de Romains pour désigner les habitants de la Gaule méridionale. La terre des Visigoths était appelée terre romaine (nach Thierry). En celtique penn signifie pic (s. Garan). Faran est l'expression dont les Bretons et les Gallois d'Angleterre se servent pour parler de la foudre et du tonnerre (Latour d'Auvergne). Nachdem Hermanrich (350 p. d.) die Slaven unterworfen, wurde das Reich der Gothen (370 p(d.) getheilt in die Ostrogothen oder Greuthugen am schwarzen Meer (vom Don bis Dniepr) und die Thervinger oder Visigothen in Dacien (von Dnepr bis Donau), bis (unter König Balamir) die Hunnen (mit Avaren und Akatziren oder Khazaren) in Europa (375 p. d.) einbrachen und Attila (nach Ermordung seines Bruder's Bleda) sein Reich (443 p. d.) in Pannonien gründete, auf den catalonischen Feldern (443 p. d.) besiegte Nach Schafarik finden sich slavische Worte in der Bibelübersetzung Ulfila's (350). Die glagolitische Schrift wurde auf den heiligen Hieronymus zurückgeführt. Columban bekehrte als erster Apostel die Slaven (613 p. d.) [Taube in Dodona]. Vers les pays des Ijores finnois habitaient, entourés, nord-est et à l'est par les Vessas et les Mêres, nord-ouest par les Tschoudes (de l'Esthonie) les Slovénes, qui appelaient chez eux les Varèghes Russes (s. Schnitzler). Der dacische König Sarmis (der mit Alexander von Macedonien kämpfte) baute die Hauptstadt Sarmisegethusa. Dromichontes, (Nachfolger des Sarmis) besiegte Lysimachus. Der dacische König Borebistes oder Berebistes (50 a. d.) kämpfte mit August. Von seinen Nachfolgern baute Cotysc die Stadt Coizyn. Decebalus (für den Duras abgedankt hatte) schloss Bündnisse mit Paroras, König der Parther (sowie mit Sarmaten und Catten). Les Silésiens, dont le nom signifie postérieurs, avaient devant eux, plus à l'ouest, les antérieurs, nommés Tchekhove (en Bohème) et au nord les Liekhs (Ly gii chez Tacitus) sur la Warta. Von den Brüdern Radim und Viatko wurde eine Colonie der Polänen nach der Soja geführt, als Radimitchen und die ihnen östlich benachbarten Viatitchen (an der Oka) wurde von Viatko benannt. Nördlich wohnten die Krivitchen, als $Ko\iota\beta\iota\zeta o\iota$ und $K\varrho\iota\beta\eta\tau\alpha\iota\gamma\nuo\acute{\iota}$ (bei Const. Porph.). Truvor (Bruder des Rurik) residirte in Izborsk (Smolensk) unter den Krivitchen. Lioubetch war Hauptstadt der Sulitchen unter den Severiern, die am linken

Die Slavonisch redenden Noricier oder Slovenen liessen sich an der Donau nieder (in den spätern Sitzen der Ugern und Bulgaren), und von ihnen verbreiteten sich die Mähren (mit den Tchekhen) an dem Fluss Morava, als die Weiss-Khrovaten, Serben und Khoroutanier genannten Slaven. Von den Vlakhen bedrängt, gründeten die Slovenen Ansiedelungen an der Weichsel, als Liakhen, von denen Einige Polianen, Andere Lutitchen, Andere Masovier und Pomeranen genannt wurden, die sich längs des Dnepr niederlassenden Slovenen wurden ebenfalls Polianen genannt, Andere Drevlier (weil in den Wäldern lebend), Andere (zwischen Pripett und Dvina) Dregovitchen, Andere (an der Dvina) Polotchanen (von dem Fluss Polota). Um den Ilmen-See wohnten die Slovenen, die die neue Stadt (Nov' Grad) erbauten. Andere, die sich an den Flüssen Denna, Sem und Sula ansiedelten, nahmen den Namen Severier an (s. Nestor*)). Bei Burgundern und West-

---

Ufer des Dnepr an die Polänen stiessen. Der Name der Slaven findet sich bei dem Grossfürst Jaroslaw, Sviatoslav, Beleslav, Rostislav u. s. w. Daniel, Bruder Adrens III. (1294 bis 1304), erklärte sich (1295) in Moskau unabhängig, als Grossfürst, und sein Enkel Simon († 1353) nahm den Titel eines Grossfürsten von ganz Russland an.

*) Nach Nestor gab es nur ein Volk slavischer Zunge, nämlich die Slovenen an der Donau, die durch die Ugern besiegt wurden, dann die Mähren, Tchekhen, Liakhen und Polianen, die sich später Russ nannten. Zuerst wurden die Mährer und Tchekhen von den Ugern bekriegt. Der Apostel Adreas kam zu den Mähren, der Apostel Paul zu den Illyriern. zuerst die Slaven besuchend, als Lehrer (nach Nestor). Nach Nestor († 1120 p. d.) kam Andras zu den Slovenen bei Novgorod. Tacitus ist zweifelhaft, ob die Peucinorum, Venedorumque et Fennorum nationes zu den Germanen oder zu den Sarmaten gehörten. Die Peuciner oder Bastarner redeten deutsch, glichen aber an Schmutz und Apathie den Sarmaten. Die räuberischen Veneder (in den Bergwäldern zwischen Peuciner und Finnen) glichen den Sarmaten, kämpften aber nicht zu Pferde oder auf Wagen, sondern wie die Germanen zu Fuss. Tacitus nennt die Vandalen neben Marser, Gambriner und Sueven. Σιρβοι oder Σιρβοι bei Ptolem. A Cimmerio accolunt Maeotici, Vali, Serbi, Arrechi, Zingi, Psesii; dein Tanain amnem colunt Sarmatae (Plinius). Ossolinski erklärt die Neuren und Budiner (bei Herodot) für Slaven. ἡ Νευρίδα γῆ (bei Herodot) als Nurska zemlya. Die Κροβύζοι in Thracien (bei Herodot) entsprechen den Khrobaten und Krivitchen. Die Karpaten von Khrebeth oder Höhe (nach Slaviha). Kaiser Martian siedelte einen slavischen Stamm in Mösien an. Reste der Hunnen blieben als Oinguren, Hunnoguren, Uturguren uno Kuturguren am asovischen Meer zurück. Nach Besiegung der Heruler wandte sich Hermanrich (332—340) (in Venetos) gegen die Veneder (Slaven und Anten), die, früher gefährlich, jetzt besiegt wurden (Joruandes). Nach Maritius († 602 p. d.) lebten die Slaven (Σκλαβοι) und Anten frei ohne Regierung (und gastfreundlich). Moses Chor kennt sieben Stämme der Slaven (Sglawajin oder Slawacuoi) im Lande Thracien (600 p. d.). Ptolemäos (II. Jahrbdt. p. d.) nennt in Asien die Slovenen (Σουοβηνοι) neben den scythischen Alanen. Ein Theil des baltischen Meeres hiess Sinus Venedicus. An der venedischen Bucht setzt Ptolemäos die Veneder (Οὐινίδαι) neben Gythonen und Finnen (Γύθωνις, είτα Φίννοι), Burgignones, Avaren u. s. w. Im Norden Dacien's wohnten die Peuciner und Bastarner, längs des Mäotis die Jazyghen und Roxolanen, im Innern die Hamaxobier und alaunischen Scythen. Im Süden der Veneder, östlich von den Karpathen (παρὰ τὸν Καρπάτην τὸ ὄρος) fanden sich die Galinder, Soudiner, Slaver oder Slaven (Σταυανοι) bis zu den Alaunen. In der Peutingerschen Tafel (423 p. d.) finden sich Venedi im Norden der Carpathen und Venadi Sarmatae längs der Donau am schwarzen Meer [Jägervölker]. Bis zur Weichsel waren die baltischen Küsten von Sarmaten, Veneder, Sciren und Hirren bewohnt (nach Plinius). Bei den zunehmenden Einfällen berieth der fränkische König Richimer († 1137p. d.) quemadmodum Gothis et Scanzianis populis reditum in fines Saxonum rive Germanorum deinceps possent interdicere mit Saxen, Doringer, Teutonen und Germanen, worauf durch Absendungen aller unter Herzog Sunno (Sohn des Richimer) die schützende Grenzansiedlung der Marcomerier oder Brandenburger gebildet wurde. Unter dem fränkischen König Odemarus, der (nach friedlicher Herrschaft) unter einer Pyramide in der von ihm gegründeten Stadt Odemarsheim begraben wurde, förderte der gelehrte Priester Vechtanus den Götzendienst (worin Mars als Kriegsgott verehrt wurde) † 127 p. d. Der göttlich verehrte Doracus, der im Priesterthum des Vechtanus nachfolgte, verkündete (unter Marcomerus, Sohn des Odemarus) die künftige Grösse der Franken. Unter König Hilderian (253 p. d.) civilisirte Hildegast die Franken. Nach v. Ledebur hatte die sigambrische Legion (in den Niederlanden ausgehoben) ihr Standquartier in Pannonien. Tradunt multa eosdem (Francos) de Pannonia fuisse digressos et primus quidem litora Rheni omnis incoluisse, debinc transacto Rheno Thuringiam transmeasse ibique juxta pagos vel civitates Reges

gothen gab es keine Liten und auch in den Alamanischen Gegenden*)
waren sie selten. Das Burgundische**) Gesetzbuch (wie andere germanische)
ist aus zwei Bestandtheilen zusammengesetzt, aus altem Volksrecht und

crinitos super se creavisse, de prima et ut ita dicam nobiliori suorum familia (s. Gregor Tur.).
Zu Finni steht goth. tani, ahd. fanni, fenni (Sumpf) in demselben Ablautsverhältniss, wie
ahd. Sazzon zu Sitones, Lazzi zu Leti, Liti, samanon zu Semnones (s. Zeuss).

*) In der Alammanischen Rechtssammlung war der Freie als liber bezeichnet (ingenui
der Franken). Aldiones vel aldiae ea lege vivunt in Italia et servituto dominorum suorum,
qua fiscalini vel liti vivunt in Francia (nach Carl M. longobardischen Gesetze). Aldionen
in Bairischer Urkunde (keine Liten). An die Burgunder wurde ein römischer Landstrich
mit der ausdrücklichen Bedingung abgetreten, dass die Ländereien mit den hier wohnenden
Römern getheilt werden sollten. Aehnlich im westgothischen Staat, gebildet während das
Westreich noch bestand (und bei dem ostgothischen und dem fränkischen). Durch das
Recht der Eroberung entstand der wandalische Staat in Africa und der longobardische in
Italien. Chrb bedeutet Rücken (bei den Slaven), Haec (Russia) etiam Chunigard dicitur,
eo quod ibi sedes Hunnorum (Slawen) primo fuerit (Helmold). Sexta ut hora noctis
Scytharum est patria, unde Sclaviorum exenta ut prosapia (Anonym. Ravenn). Rutheni
quae quasi est alter orbis, nach Matthäus (Bischof von Krakau) 1150. p. d. Ea tempestate,
cum Othinus quidam Europa tota falso divinitatis titulo censeretur, apud Upsalam tamen
crebiorem diversandi usum habebat eamque sive ab incolarum inertiam, sive locorum
amoenitatem, singulari quadam habitationis consuetudine dignabatur. Cujus numen
septemtrionis reges propensione cultu prosequi cupientes, effigiem ipsius aureo complexi
simulacro, statuam suae dignationis indicem maxima cum religionis simulatione Byzantium
transmiserunt, cujus etiam brachiorum lineamenta, confertissimo armillarum pondere
perstringebant (s. Sayo Grammaticus). Nach Snorre Sturleson hatte Odin grosse Besitzungen im Türkenlande, südwärts von dem Bergrücken, der Gross-Schweden begrenzt.
Die Alanen unter König Sangibans setzten sich bei Alençon fest (Jornandes). Pacatis
motibus Galliae Aëtius ad Italiam regreditur. Deserta Valentinae urbis rura Alanis,
quibus Sambida praecrat partienda traduntur (Prosper Tiro). Die Alanen unter Eochar
wurden von Aetius in Armoricum angesiedelt. Die zwischen Oder und Weichsel westlich
den Gothen benachbarten Burgunder wurden III. Jahrhdt. vom Kaiser Probus zum Schutz
des Limes in den oberen Meingegenden angesiedelt. Als die Alamannen in den Römer-
wall eintraten, sassen die Burgunder im Rücken (die Grenze mit Steinen bezeichnet),
bis sie auf das linke Rheinufer übergingen und dann Sabaudia erhielten. Die Insel
Bornholm heisst Borgundaholmr im Mittelalter (s. Gaupp). In tempore illo orientalem
Slaviam tenebat Adelbertus Marchio, cui cognomen Ursus, qui etiam propicio sibi Deo,
amplissime fortunatus est in funiculo sortis suae. Omnem enim terram Brixanorum,
Stoderanorum multarumque gentium habitantium juxta Havelam et Albiam, misit sub jugum
et infrenavit rebelles eorum. Ad ultimum deficientibus sensim Slavis, misit Trajectum et
ad loca Rheno contigua insuper ad eos, qui habitant juxta Oceanum et patiebantur vim
maris, videlicet Hollandos, Selandos, Flandros, et adduxit ex eis populum magnum nimus
et habitare eos fecit in urbibus et oppidis Slavorum. Et australe littus Albiae coeperunt
incolere Hollandenses advenae ab urbe Saleveldele, omnem terram palustrem atque cam-
pestrem terram, quae dicitur Balsemerlande et Marscinerlande, civitates et oppida multa
valde, uspe ad saltum Bojemicum possederunt Hollandi (Helmold). Nachdem Umur-Beg
(Morbassan) den Titel Herr von Morea (der anatolischen Türken) angenommen, suchten
die fränkischen Edelleute und Lehnsmänner bei dem Grossdomesticus Kantacuzenus Schutz
und wandten sich dann an König Jacob von Majorka, aber unter den inneren Fehden
wurde das Land gänzlich verwüstet, ἡ Σκυθῶν ἐρημοτέρα Πελοποννησος.

**) Eo anno Burgundiones, partem Galliae occupaverunt terrasque cum Gulliis (Galicis)
Senatoribus diviserunt (Marius) 456 p. d. Licet eodem tempore quo populus noster
mancipiorum tertiam et duas terrarum partes accepit, heisst es im Burgundischen Gesetzbuch. Similiter de curte et pomariis circa faramannos conditione servata, id est, ut
medietatem Romani aestiment praesumendam (nach dem burgundischen Gesetzbuch). Schon
seit frühen Zeiten hatten zwischen den Städten in den Römischen Provinzen und den
Legionen, welche daselbst in Standquartier lagen, ein jus hospitii bestanden (Gaupp).
Miserat civitas Lingonum, vetere instituto, dona legionibus, dextras, hospitii insigne
(Tacitus). Les Lètes étaient des populations germaniques établies d'une maniére fixe et
permanento sur le sol romain, qu'elles cultivaient, et obligées de payer des redevances
aux empereurs, comme aussi de leur fournir des recrues pour l'armée. Les lides étaient
des hommes d'une condition inférieure, assez engagés dans la servitude et placés sous
l'obeissance d'un maitre, qui leur ayant fait des concessions de terre avait droit d'exiger
d'eux des tributs et des services (Guérard). De même, que les lois des Saliens, des
Ripuaires, des Bourguignons, des Allemands et des Visigoths allaient insensiblement
disparaitre devant les lois ou les coutumes de même les colons, les lides et les esclaves

aus königlichen Gesetzen oder (im Sinn des neuern römischen Recht's) aus jus et leges (s. Gaupp). Sabaudia Burgundionum reliquiis datur cum indigenis dividenda (Prosper Tiro). Die von Childerich (V. Jahrhdt.) zurückgetriebenen Alanen*) erhielten wie die Westgothen den Pagus Alanensis (bei Aulnis),

cédaient la place à une seule classe personne, à celle des vilains ou mainmortables à tel point qu'au commencement du X. siécle le servage avait succedé en France à toutes les classes enfermées dans l'ancienne servitude (Guérard). Ptolemäos setzt die Buguntes zwischen Vistula und Viadus. Plinius rechnet die Burgundiones (mit Varini, Cadini, Guttones) zu den Vandalen. Nach Ammian stammten die Burgunder von den römischen Colonisten. Nach Orosius verschmolzen die von Drusus in verschiedenen Ansiedelungen Germaniens zerstreuten Burgunder mit den Römern und erhielten ihre Namen, weil sie in Städten (Burgi) lebten. Fastida, König der Gepiden (an den Carpathen) bedrängte die nördlichen Burgunder. Die (südwestlichen) Burgunder am Main (289 p. d.) wurden durch Valentinian gegen die Allemannen aufgereizt. Nach Philips ist die Gründung neuer Reiche (bei den Germanen) von Gefolgschaften ausgegangen. Die farae (generationes vel lineae) Longobardorum, die sich der Marpahis Gisulfus mit Zustimmung des Königs Alboin (der ihn über die civitas und regio Forojuliana gesetzt) ausgewählt, waren wahrscheinlich gemeinfreie Geschlechter (s. Gaupp.). Bei Wanderung der Ostgothen oder Longobarden nach Italien (sowie der begleitenden Sachsen), und bei den Alanen (nach Pelläus) wird die Mitnahme der Weiber erwähnt. In der Stiftungsurkunde des Kloster's Leubus (1175 p. d.) wird den Mönchen aus Pforte an der Saale auf ewig Freiheit von allen polnischen Rechten (durch Herzog Boleslaus I.) für die Deutschen zugesichert, welche des Stifte's Land bebauen oder auf demselben wohnen würden. Aus dem Vortheilhaften des Anbaues wüster Striche durch freie Kolonisten (denn andere waren nicht zu haben, da die Leibeigenen bereits Herren hatten) erklärt sich, dass mit Anfang des XIII. Jahrhdt. die Cistercienser in Leubus, so wie die Augustiner auf dem Sande in Breslau und die besonders durch die heilige Hedwig eingeführte Cistercienser Nonnen in Trebnitz rasch die Ausrodung der Wälder und die Urbarmachung des Landes bewirkten, und dass ihr Beispiel von Heinrich I. und dem Adel des Landes des Landes Nachahmung fand. Der Deutsche wirkte unter den slavischen Eingeborenen durch die höhere Bildung sowohl, wie durch die persönliche Freiheit und die Vortheile des deutschen Rechts (für die fremden Colonisten). Die Westgothen und Burgunder erhielten zwei Drittel des Landes und liessen den Römern nur das letzte Drittel als Eigenthum. Der Völkerhaufe unter Odoacer und die Ostgothen unter Theodorich nahmen nur ein Drittel. Die Römischen Kaisergesetze bestimmten die Quoten der Drittheilung zwischen dem Wirth und seinen militärischen Hespes. Geiserich theilte die alte Proconsularprovinz oder Zeugitana in Africa unter seine Vandalen mit dem funiculus hereditatis (462). Im Wergelds- und Bussen-System des burgundichen Reiches fand zwischen Germanen und Römern kein Unterschied Statt.

*) Die grossen Schädel und Knochen, die bei Maillezais (in der Vendée) gefunden wurden, gehörten (nach Arcere) den Alanen an. Die Boijer liessen sich im Pagus bogensis nieder (im Dep. de la Gironde). Als (IV. Jahrhdt.) die Belger (Bulg oder Volks) den Rhein nach Gallien kreuzten (bis zur Seine und Marne), zogen die Stämme der Arecomici und Tectosagen nach Süden. Die Arecomici liessen sich westlich von der Rhone nieder. (durch die Ardèche von den Helviern getrennt, im Norden und Westen an Ruteni und Umbranici grenzend). - Von den Tectosagen (bei Carcasso), wohnten die Tolosaten und Atacini bei Tolosa (Toulouse) und Atacinus Vicus (Annière) oder Narbo (Narbonne) im früheren Lande der Elezikes (lygurischen Stamme's) und der Bebriker. Die Sordon oder Sardonen (bei Ruscino oder Perpignan und Illiberis) wohnten an der Kette der östlichen Pyrenäen. Die Nachkommen des nach Germanien (an der Donau) gezogenen Volks Tectosagen verheerten Nord-Griechenland und (278 a. d.) Kleinasien als Tolistoboier (Tobisates-Boier) unter den drei Stämmen der Galater. Nach Perrot finden sich Nachkommen der Galater Tectosagen in den blonden Bewohnern Ancyra's oder Angora's (Hauptstadt der Galater). Nemausia (Nîmes) war von den Tyriern gegründet. Bei Ankunft Ataulf's in Gallien (412 p. d.) machten Franken und Burgunder dort Einfälle). Die Ende des IV. Jahrhdt. den Rhein passirenden Burgunder liessen sich bei Worms nieder (wo sie zum Christenthum bekehrt wurden). Von Aëtius besiegt, wurden die Burgundern nach Frieden mit den Römern neben den Eingeborenen in Sabaudia angesiedelt. In der Catalaunischen Schlacht (157 d. d.) waren die Burgunder mit den Römern verbunden. Eodem tempore Gundicarium Burgundionum regem intra Gallias habitantem Aëtius bello obtrivit pacemque ei supplicanti dedit, qua non din potitus est, si quidem illum Chunni cum populo suo ac stirpe deleverunt (Prosper). Ammian unterscheidet die Di-Calidones und Vecturiones Caledonii (bei Ptol.). Caledonia (bei Tacit.). Die Caledonii und Meatae (Stamm der der Britten) kämpften auf Streitwagen (nach Xiphilinus). Extremique hominum Morini (Virgil) unter den Belgae. Jenseits der Celten lagen die brittischen Inseln Albion und Jerne (nach Aristoteles). Die Aestui trugen Eberbilder zu Ehren der Göttermutter.

Bastian.   14

wohin auch die Theiphalen unter dem alanischen König Goar kamen. Ganz Gallien*) gehörte zu den kaiserlichen Provinzen (wo das Eigenthum am Provincialboden dem Kaiser gehörte). Die Abtretung an germanische Völker hatte gewissermassen ein abgeleitetes imperium und besonders auch das dominium am Provinzialboden zum Gegenstande, jedoch unter der Voraussetzung, dass dem Kaiser eine Art Oberherrschaft und Ober-Eigenthum verbleiben sollte (s. Gaupp). Caesar's römisches Lager vor Besançon

Uliezi am Dniestr (bei Nestor). Γύϑωνες εἶτα Φίννοι (Ptolem.). Ptolem. setzt die Ombrones (und Anarto-phracti) südlich von den Avareni in Gallicia. Chuni zwischen Bastarnae und Roxolani (bei Ptol.) Nördlich von den Perierbidi (nördlich vom Tanais) finden sich (bei Ptol.) die Asaci, Suardeni, Zacatae, Hippophagi, Sarmatae. Modocae, Königliche Sarmatae, Hyperboräische Sarmatae. Vor den Daciern aus Siebenbürgen auswandernd, wurde der Stamm der Jazygen als Metanastae bezeichnet. Zosimus fasst die pannonischen, norischen und rhätischen Legionen als keltische zusammen. Bei Weinzettel und bei Cilli in Steiermark finden sich Werkstätten für keltische Antiken (s. Pratobevera). Les premiers des Teutons, qui (suivant une lettre d'Innocent III.) se présentent en Ardialie sont les Flamands sortis des districts de Liège et de Mayence, gallo-belges, façonnés à la française, ceux-la peut être de Godefroy de Bouillon, revenus de la croisade, les anciens Nemétes, d'où les Romains qui les appellent Nemtsi, ont depuis donné ce nom à tous les Allemands. Après eux viennent les Saxons, qui (favorisés par les privilèges de la convention passée entre Geysa et leur duc), s'établissent au milieu des Romans, relévant contre eux Cronstadt (1143) et (1160) Hermanstadt. Die Pilger unter Ludwig VII. von Frankreich und Conrad III. von Deutschland wurden von den Valachen angegriffen. Als Geysa II. (mit der Tochter Philipp August's vermählt) Verfolgungen gegen die Schismatiker ernente, begaben sich die verfolgten Ardialier nach Walachien. Unter Assan empörten sich Valachen und Bulgaren) wegen zu hoben Tributes) gegen Isaac Angelus. Während Johann (Sohn des Johann Assan) als Flüchtling unter den Cumanen lebte, bekämpfte sein Onkel Johann Romaiocton (oder Romaioi-Tödter) die Romaioi (unter Kaiser Basil) und lässt sich unter Papst Innocenz III., der die Valachen a sanguine Romanorum anerkennt, zum Uebertritt zur lateinischen Kirche bewegen, fällt aber wieder ab. Quidam autem licentia vetustatis plures deo ortos, pluresque gentes appellationes, Marsos, Gambrivios, Suevos, Vandalos affirmant (Tacitus).

*) Als Justinian die Abtretung des ostgothischen Gallien an die Franken bestätigt hatte, schlugen die germanischen Könige (in Arles) goldene Münzen mit ihrem Bilde (nach Procop). Das gothische Land, das Theodorich (rex Wesegothorum) inne hatte, bildete (nach Jornandes) noch immer ein Glied des römischen Reiches. Die Codicilli de consulatu wurde vom Kaiser Anastasius dem Chlodewig übersandt, um die Rechtmässigkeit seines Besitzes anzuerkennen (mit Greg. v. Tours). Nach Procop hielten die Franken den Besitz von Gallien nur dann sicher, wenn derselbe vom Kaiser in Constantinopel bestätigt war. Im westgothischen Reich war längere Zeit die Ehe zwischen Römern und Gothen verboten. Nach Gothofredus sind die Fränkischen und Sächsischen Leti (die im Byzantinischen Reich und im IV. Jahrhdt. iu Gallien vorkommenden Leti (Laeti oder Läten in Gallien wie (nach Amm) ein auf der linken Rheinseite erzeugtes Barbarengeschlecht. Im Lande der Nervier und Treviner werden fränkische Läten genannt (IV. Jahrhdt.). Laetus (letus) stammte von λῆτος (λᾶῖτος, λῆτος) oder (nach Hesychius) δημόσιος (dem Lateinischen gentilis entsprechend). Neben Laeti Batavi finden sich Gentilis Suevi, neben Laeti Franci die Sarmatae Gentiles (in der Notitia dignitatum). μετοικήσας δὲ εἰς λέτους ἔϑνος γαλατικόν (Zosimus). Alamannen wurden (IV. Jahrhdt.) von den Römern in den Pogegenden angepflanzt, Taifalen bei Modena und Parma. Der Kaiser behielt das Obereigenthum in den terrae laeticae im Römischen Reich. Die unterworfenen Stammverwandten wurden von den Germanen als Metöken aufgenommen. Bei den Friesen konnte ein Lite wieder einen Liten haben. In den vom Bischof Avitus an Kaiser Anastasius geschriebenen Briefen des burgundischen König's Sigismund wird das Königsgeschlecht famula vestra prosapia mea genannt. Durch Vertrag mit Honorius verpflichteten sich die in Spanien eintretenden Alanen Vandalen und Sueven für die Römer die Waffen zu führen. Die Westgothen unter Wallia kämpften in Spanien gegen vandalische Silinger und Alanen zu Gunsten der Römer (418). Euricus († 483) ergo Wesegothorum rex crebram mutationem Romanorum Principum cernens, Gallias suo jure nisus est occupare (Jornandes). Reges amici atque socii (des Kaiser's Augustus) saepe regnis relictis non Romae modo, sed provincias peragranti, quotidiana officia togati ac sine regio insigni, more clientium, praestiterunt (Sueton). Als die Westgothen unter Ataulf (von ihrem Zuge nach Spanien) in Gallien verweilten, fand nur eine Einquartierung (wie früher die römischen Soldaten) bei den römischen Grundbesitzern Statt. Zur Landtheilung kam es erst, als die Gothen unter Wallia aus Spanien zurückkehrten. Libertini non multum supra servos suut, raro aliquod momentum in domo, nunquam in civitate exceptis duntaxat, iis gentibus, quae regnantur, ibi enim et

wurde durch das Gerücht gallischer Kaufleute von der ungeheueren Körperlänge*) der Germanen in Schrecken gesetzt. Nach Cassius Dio zogen sich die Sygambrer bei Caesar's Rhein-Uebergang in die festen Plätze (ἐρυμνή) zurück (nach Caesar in die Wälder**)). Marc. Aurel.

super ingenuos et super nobiles ascendunt, apud ceteros, impures libertini libertatis argumentum sunt, sagt Tacitus von den Germanen. Arimannus (Volk oder Heer) ist exercitalis homo (in den longobardischen Gesetzen). Bei der Trennung der Gothen wurde das Unterkönigthum der Balthen, das vorher unter den Amalern gestanden, unabhängig. Das Burgundische Gesetz unterscheidet: Optimates, Nobiles (tam Burgundiones quam Romani), Mediocres, Ingenui (tam Burgundiones quam Romani), Minores, inferiores personae, Servi (s. Gaupp). Als mit der Nivellirung des Kaiserreich's die alte Eintheilung der Freie in Cives, Latini und Peregrini verschwunden, blieb der Name Latini auf die Nachkommen der durch Manumission Freigelassenen beschränkt. Die Schöffen der Freien entsprechen den homines exercitales.

*) Nach Dubois de Montpéreux waren die riesigen Cyclopen (die Felsstücke auf Ulysses schleuderten) ein kimbrisches Nomadenvolk am Bosporus. Im Stifte Bergen finden sich alte Wohnsitze der Lappen. Die Waffe Thor's bestand in einem Hammer (malleus saxo) oder einer Keule (clava saxo), ähnlich dem patu-patu der Wilden, welcher einfach aus einem dick auslaufenden Ast besteht (s. Nilsson). Die Priester des Odincultus hiessen Aesir, Ossen, Asen u s w., und die älteste Culturstätte ist Asgard oder der Asenhof. Odin war oberster Gott aller indogermanischen Völker (Nilsson). Der odinische Cultus kam (VI. Jahrhdt. a. d.) aus dem südlichen Scandinavien (nach Nilsson). Der Riese, dem der Lappe seine Kleider gestohlen, klagt frierend dem Monde (als seinem Vater) seine Noth (s. Laestadius). Die Esthen (Aestyer) waren Joten (nach Finn Magnus). Das Wort Jotun (das anfangs ein Volk bezeichnete) wurde gleichbedeutend mit Feind und schliesslich ein Schimpfwort, wie Keltring (Abkömmling der Kelten), Vandale (Wende), Krabat (Kroat), Kurre (Kurländer) u. s. w. (Nilsson). L'ancien Celto-Breton avait Goé, Dieu, et ar Guella signifie le meilleur, Bon est en Grec ἀγαθός et on trouve dans Théocrite (suivant Ihre) ω γαθέ, ὁ bon et γάϊος signifiait bon chez les Lacédémoniens (Pileur). Ὄγιν καλοῦσιν Αἰγύπτιοι οὐράνιον, ὅ ἐστιν Ἑλληνιστὶ βασιλίσκον (Horapollo). Ἴλη σημαίνει τὴν ἄθροισιν, ἢ γοῦν τὸ πλῆθος, παρὰ τὸ ὁμοῦ εἱλεῖσθαι (Et. m.). Nach dem Tode des Zimischi (976 p. d) erhoben sich die Bulgaren und wählten vier Brüder zu Anführern, von denen der jüngste (Samuel) seinen Vater (den Bojaren Schishman oder Mokr, der zum Kaiser ausgerufen gewesen) blendete und selbst den Thron bestieg (als Stephan). Der Bulgarenkaiser Samuel dehnte seine Einfälle in das byzantinische Reich bis zum Peloponnes aus. Kaiser Basilius wurde 987 p. d. von den Bulgaren besiegt. Samuel residirte in Ochrid (Justiniania). Im Krieg mit Serbien zerstörten die Bulgaren (unter Samuel) Dioklea oder Dukla. Kaiser Samuel vermählte seine Tochter mit dem gefangenen Serbenkönig Wladimir. Caracalla verurtheilte den Quadenkönig Gaiovomarus (auf Anklagen). Kaiser Maximinus drang (nach Verheerungen im Reich der Quaden) bis nach Mähren (über die Thaja) vor (236 p. d.). Die nach Italien gedrungenen Markomanen und Quaden siegten (270 p. d.) bei Placentia. Nach Ermordung ihres König's Gabinius (durch die Römer) zerstörten die Quaden Carnuntum (374). Die bis Thüringen vorgedrungenen Avaren kämpften mit den Frankenkönige Sigibert. Die mit den Persern auf der asiatischen Seite lagernden Avaren lieferten die Slaven der Schiffe (626 p. d.). Das an den Grenzländern Quadien's ausgebreitete Christenthum ging unter den Einfällen der Hunnen und dann der Avaren zu Grunde. Cynan Meiriadawe, der (zur Zeit des Kaiser's Maximus) die Bretagne colonisirte, heisst der sonnengleiche Eroberer der Höllengeister. An die Stelle der nach Süden gezogenen Sueven treten (in Norddeutschland) Wariner, (in Brandenburg) Weriner, Pharodener, Barden (im Bardengau bei Lüneburg) und Varisker (Friesen) auf. Sur le Palus Maeotis, vers le Kophinès, est situé le pays qu'on nommait autrefois la Grande Bulgarie, ainsi que les Kotraghes, qui sont de la même race, et les tribus alliées avec eux (Nicephor). Μαύρη Βουλγαρία (b. Const. Porphyr). Nach Gregoras hatten die Bulgaren von dem durch ihr Land strömenden Fluss Boulga (Wolga) den Namen erhalten. Der Fluss Etil kam (nach Rubruquis) von Grossbulgarien (zum Unterschied von Kleinbulgarien an der Wolga). Nach Titaschtschef nannten sich die Bulgaren selbst Biliri. Bei Eldin heissen die Bulgaren der Donau Burdjan (s. Quatremère). Nach Carpin wohnten die Bileren in Grossbulgarien. Nestor stellt die Bulgaren mit Avaren, Ungarn und Khazaren zusammen (als Tschuden). Nach Paul Warnefried schlossen sich die Turcilingi oder Tungri (Thüringer) dem Zuge Attila's an.

**) Oppidum autem Britanni vocant, quum silvas impeditas vallo atque fossa munierunt quo incursionibus hostium vitandae causa convenire consuerunt (Caesar) [New Sealand, Birma] wie town (tun) oder Zaun. Der römische Statthalter am Niederrhein liess die friesische Ansiedlung (unter Nero) zerstören (trotz der Gesandtschaft nach Rom) [Cherokee]. Im Vertrage mit Commodus mussten sich die Buren verpflichten ihre Grenzen wüste zu halten. Et hae gentes, si vincantur hodie a populo Romano servire se dicunt. Ita est

verflanzto*) Markomannen nach Ravenna. Infinitos ex gentibus in Romano solo collocavit (Capitol). Die älteren Patricier waren die eigentlichen cives (ingenui),

---

profecto, multis fortuna parat in poenam, sagt Plinius von den Chauken im unwirthlichen Küstenstrich. Nach niederländischer Ueberlieferung landeten die Brüder Friso, Saxo, Bruno an der nördlichen Küste Holland's. Merkur trägt den Reisehut, die weit verbreiteten Sagen der Abstammung barbarischer Fürsten von Hermes beruhen auf ihre Bekanntschaft mit diesem Gott, den griechische Reisende als Schützer der Wagen und Kaufleute mit sich führten, seine Huttracht dem nordischen Odin überliefernd, der, als Buddha oder Vodan, wie Hermes von Maya geboren, da die Vorstellungen von den Wanderungen des Missionars und Propheten sich mit denen des handelnden Kaufmann's mischten. Deum maxime Mercurium colunt. Post hunc Apollinem et Mortem et Jovem et Minervam (Caesar). Ili Gothi an Saxones sint non possum dijudicare, sagt Busbeck von den Deutschen im taurischen Chersones (1605). Unter den Einwohnern Augsburg's glaubte schon der kursächsische Leibarzt Biancoui Protestanten und Katholiken am Gesicht und den Manieren unterscheiden zu können, und nach Nicolai hatten die ersteren mehr von der schwäbischen, die letzteren von der bayrischen Nationalphysiognomie. Der von der Abstammung der Angehörigen beider Confessionen herrührende Unterschied wurde dadurch bleibend erhalten, dass Eheschliessungen fast nur unter Glaubensgenossen Statt fanden. Die Feuerländer wiederholten (nachäffend) Alles, was man ihnen sagte, und summten der Mannschaft Lieder nach, obgleich das Pfeifen ihren Ohren ziemlich wehe zu thun schien (nach Mayne). Die Heidenschanzen der Oberlausitz wurden von den Semnonen (ein Zweig der Sueven) gebaut, Bronzegeräthe (mit Steinwerkzeugen gemischt) enthaltend, und kegelförmige Erdhügel mit Urnen (Schuster). Die griechische Volkssprache (κοινή oder die jetzige) wird (seit 323 a. d.) ῥωμαϊκή γλῶσσα genannt (in religiöser Hinsicht), weil Constantiu damals das Christenthum und die römische Staatsreligion annahm; weshalb auch ῥωμαϊος und χριστιανος gleichbedeutend sind (s. Telfy). Seit der Kirchenschisma wurden die Angehörigen der griechischen Kirche ῥωμαῖοι und die der römisch-katholischen Kirche λατῖνοι genannt. Gegen die Kirata von kleinem Wuchs im östlichen Himalaya kämpft Vishnu's Vogel. Abgeflachtes Hinterhaupt bei Schädeln von Honolulu (nach Davis). Auf dem Schlachtgemälde von Ramses III. hat Tuirscha eine feine, gradstehende Nase, langen Spitzbart und sein Helm gleicht dem etruskischen Casketen (s. Lauth).

*) Arcadius und Honorius bestimmte über das Einquartirungswesen (de metatis), dass der Eigenthümer eines Hauses seinem militärischen Hospes den dritten Theil desselben zur Benutzung überlasse. Nach Procop verlangten die fremden Soldtruppen von Orestes (Vater des Romulus Augustulus) den dritten Theil von den Ländereien Italien's und erhoben, auf Verweigerung, Odoacer zum König. Justinian's Sanctio pragmatica (nach Beendigung des ostgothischen Krieges in Italien) geht davon aus (554), dass in Betreff der in gothischen Händen gewesenen Güter der früher römische Besitzstand wieder hergestellt werde, den wahren Eigenthümern sollte der Verlust oder Untergang der Urkunden, welche früher über ihren Grundbesitz angefertigt worden waren, nicht zum Nachtheil gereichen. Wer unbewegliche Sachen besässe, die einem Andern eigenthümlich gehörten, sollte zur Herausgabe verpflichtet sein, den Senatoren Constantinopel's sollte es freistehen, pro reparandis possessionibus, (zum Zwecke der Wiedererlangung oder Verbesserung ihrer Grundstücke) nach Italien zu reisen und sich dort beliebige Zeit aufzuhalten. In Processen der Römer unter einander sollten bei den gesetzlichen Verjährungsfristen die Kriegszeiten nicht eingerechnet werden. Die mit den Hunnen nach Westen gezogenen Ostgothen wurden bei der Rückkehr von den Oströmern in Pannonien angesiedelt. Quia autem terra deserta erat misit (Adolfus) nuncios in omnes regiones, Flandriam et Hollandiam, Trajectum, Westphaliam, Fresiam, ut quicunque agrorum penuria arctarentur, venirent cum familiis suis, accepturi terram optimam, terram spatiosam, uberem fructibus redundantem pisce et carne et commoda pascuorum gratia. Surrexit innumera multitudo de variis nationibus assumptisque familiis cum facultatibus, venerunt in terram Wagirensium ad Comitem Adolfum, possessuri terram quam eis pollicitus fuerat. Et primi quidem Holzatenses acceperunt sedes in locis tutissimis ad occidentalem plagam Sigeberg, circa flumen Trabenam, campestria quoque Zwentineveld et quicquid a rivo Sualem usque Agrimeson et lacum Plunensem extenditur. Dargunensem pagum Westfali, Utinensem Hollandi, Susle Fresi incoluerunt. Porro Plunensis adhuc desertus erat pagus. Aldeuburg vero et Lutilenburg et caeteras terras mari contiguas dedit Slavis incolendas, factique sunt ei tributarii (unter Graf Adolf II. von Holstein). Auf den Inschriften (jonischen Alphabete's) auf dem Coloss zu Abu simbel berichten die griechischen (dorischen) Söldner (zum Theil aus Rhodus) von ihrer Entdeckungsreise auf den Nil (von Elephantine bis zur zweiten Kataracte) unter König Psammetichos. Burgunder, welche aus den früheren Wohnsitzen des Volkes (aus den Maingegenden oder der auf dem linken Rheinufer zuerst inne gehabten Germania prima) nachkamen, sollten (nach Gundobald's Gesetz) zwar auch noch Römischen Hospites zugewiesen werden, aber von diesen nur die Hälfte des Grundstück's ohne Sklaven erhalten (s. Gaupp). Selten zog ein ganzes Volk mit allen seinen Gliedern aus der bis-

oder der populus*), als es noch keine andern Bürger Rom's gab. Die andern Bewohner Rom's waren Clienten der Patricier oder unberechtigte Aerarier, welche aus den besiegten Ortschaften nach Rom übersiedeln mussten. Die Altbürger zerfielen in 3 Stämme (tribus), als Ramnenses, Titienses und

---

berigen Heimath. Nam principes Slavos servare solent tributis suis augmentandis (Helmold). Germanen und Römer (bei der Völkerwanderung) scheinen sich besser in einander gefunden zu haben (in denselben Ortschaften beisammen lebend), als es später zwischen Germanen und Slaven der Fall war, die sich aus den Städten in die Vorstädte zurückzogen, oder neben dem deutschen Dorf ein wendisches bildeten, wenn nicht überhaupt auswandernd (s. Gaupp), [mit Römer schon gemischt und deshalb leichter mischend]. Neben den Tres Cresennae oder Tre et Cresennae (die Finnen der Wälder und die der Heerden) in den Sümpfen, spricht Jornandes (der Finnen in der Insel Scanzia kennt) von den Suethen (der Pelze), sowie den Finnaithae und den Gautigothen. Die Σκριθιφινοι (bei Procop) hiessen Scritobini (Scriptobini) oder Scritofinni (b. Paul Warnefrid). Der Anonym. Rav. kennt zwischen Scythien und Dänemark die Skritfenni und Rhedefenni (Finnen der Schuhe und der Wagen). Fiunae in Biarmien (IX. Jahrhdt.). Eodem tempore Gundicarium Burgundionum regem intra Galliam habitantem Aëtius bello obtrivit pacemque ei supplicanti dedit, qua non diu potitus est, si quidem illum Chunni cum populo suo ac stirpe deleverunt (Prosper). Nach dem unglücklichen Kriege mit Aëtius wurden die Burgunder (unter König Günther) von den Hunnen vernichtet, worauf der Rest des Volkes Sitze in Sabaudia erhielt unter König Gundioch (Bruder des Chilperich), der (nach Gregor Tur.) aus dem Geschlecht des westgothischen König's Athanarich stammte. Von Gundioch's Söhnen residirte Gundabald in Lugdunum (Lyon), während sein Bruder Godegisel in Genf Hof hielt. Theodorich schickte den Bischof Epiphanius an die Burdunger mit Gundobald (in Lyon) um die Befreiung der in Sklaverei geführten Italiener zu bewirken (nach Ennodius) [räuberisches Bergvolk, das in den Alpen Schutz gefunden]. Sigismund, Sohn des Gundabald (König von Burgund), erhielt von Anastasius den Titel Comes und seit er König geworden, auch den eines Patricius. Das burgundische Reich wurde (534) von den Franken erobert.

*) In das Clientelverhältniss kamen anfangs nicht nur die besiegten Ureinwohner, sondern auch die Freigelassenen und die aus der Fremde nach Rom ziehenden, welche keine Patricier waren und sich (durch das jus applicationis) einen Schutzherrn (Patron) wählen mussten, dem sie auch auf Jurisdiction unterworfen waren. Später verschmolzen die meisten Clienten mit den freien Plebejern. Die in Rom zwar frei, aber unberechtigt lebenden Lateiner, die durch Ancus Martius sehr vermehrt worden waren, erhielten durch Servius Tullius die Civität und Antheil an dem Staate, so dass fortan die Patricier nicht mehr die alleinigen Ingenui waren, sondern die freien Plebejer waren es ebenso. Plebs es dicitur (pars civitatis) in qua gentes civium patriciae non insunt (Gellius). Die Patricier (obwohl sie manche Rechte cedirt hatten) standen dem Plebs noch immer als Erbadel gegenüber (als Nobilis), der sich durch die Geburt fortpflanzte, auch wenn die Censoren einen Patricier, wegen geringen Vermögen's, in eine untere Classe, wohin er gehörte, setzte. Doch konnte ein Patricier, eine Plebejerin heirathend, freiwillig aus dem Geschlechtsnexus hinaustreten, indem er die Curie verliess und die Sacra preis gab. Abgesehen von den regelmässigen Allectionen konnte ein Plebejer nicht Patricier werden, obwohl (reich oder vornehm) er Senator (ordine) sein konnte, war er doch kein Adliger (genere). Nach Gleichstellung zwischen Plebejer und Patricier (300 a. d.) wurden die letztern (die ihre Rechte nach einander cedirten) durch die neue Aristokratie der Nobiles und Reichen noch mehr verdunkelt, das immer mehr seine Bedeutung als erblicher Stand verlierende Patriciat wurde einer persönlichen Würde um so ähnlicher, wozu es Constantin schliesslich machte (s. Rein). Die plebejischen Neubürger wurden als Peregriner angesehen und ermangelten der religiösen Weihe, bis sie Servius Tullius in den Staat aufnahm und zu den allgemeinsten Heiligthümern (sacra publica) zuzog, während die sacra privata ihnen unzugänglich blieben. Die durch den Bürgerkrieg unter Abu-Bekr aus ihrem Nomadenleben aufgestörten und zum grossen Theil (als Chalid den Aufstand unterdrückt hatte) aller ihrer Habe beraubten Stämme Centralarabien's setzten sich gegen die reichen Grenzprovinzen des persischen Reiches in Bewegung und ebenso organisirte sich eine Unternehmung gegen Syrien. Arabien, wo der Islam eine Art Verbrüderung aller Volksstämme und somit das Aufhören der Stammesfehden und Raubzüge zur Folge gehabt hatte, ward zu eng für seine Bevölkerung und sie brach nach allen Seiten über die Grenzen hinaus. Nicht nur die streitbaren Männer kamen, sondern die einzelnen Stämme mit ihren Weibern und Kindern (s. Kremer). Die Stämme, welche Irak und Syrien eroberten, bildeten Militärlager (amsar), die in Syrien den Namen Gond, in Irak die Bezeichnung Askar erhielten. Omar wollte alle Moslimeu in ganz Arabien mit den (nach drei Klassen vertheilten) Jahrgehalte betheilen [Ausdehnung des römischen Bürgerrechts über Italien], aber die Einwohner der beiden heiligen Städte, sowie das Kriegsheer ver-

Lucerenses; von denen jeder 10 Curien oder Geschlechter voran hatte. Jede Curie enthielt 10 Gentes und stellte 10 Equites mit 100 pedites. So waren im Ganzen 300 gentes, aus denen 300 Männer (die Familienhäupter), als Ausschuss der Geschlechter den Senat bildete. Zu den 100 Geschlechtern (unter Romulus) aus Latium kamen 100 gentes der Sabiner (mit Tatius), als Romani und Quirites, zu denen dann später die Luceres (besonders aus Etruskern) kamen und durch Tarquinius Priscus eine Gleichstellung mit den älteren erhielten. Die Provenzalen (Oelfresser) nannten die nördlichen Nachbarn Franzosen mit der Dialect-Trennung (IX. Jahrhdt.) des (aus der lingua vulgaris gebildeten) Romanischen, besonders durch normandische Trouvères gepflegt. Die Bischöfe von Tournay predigten (VII. Jahrhdt.) deutsch und französisch und in Tours wurde (813) in beiden Sprachen unterrichtet. Ausser dem Kastilischen finden sich Dialecte des Alt-Provenzalischen in den Provinzen Spanien's*).

Die Gerrhi (*Γέῤῥοι*) gehörten mit den Legae (*Λῆγαι*) und Gelae (*Γῆλαι*) zu den Albaniern in Albania (ἡ *Ἀλβανία*) am östlichen Caucasus, die den Tempel des Mondes durch Hierodulen bedienen liessen. Die von Gott Ergriffenen wanderten für ein Jahr einsam durch die Wälder und wurden dann der Selene geopfert. Die Albanier**) (und benachbarten Iberer)

215

leiteten sich von den Gefährten des Jason ab, die Gerrhi von den Begleitern des Hercules, als er die Ochsen des Geryon wegtrieb. Die lateinische
Stadt Tusculum*) (Telegoni moenia oder Circaea moenia) war von Tele-

Thessalien (am See Boebeis). Cercopia, Stadt in Phrygien). Scytharum nomen usque
quaque transit in Sarmatas atque Germanos, nec aliis prisca illa duravit appellatio quam
qui extremi gentium horum ignoti prope ceteris mortalibus degunt (Plinius). Plinius kennt
Carni in Italien. Carnae, als Volk am Mäotis (bei Plinius). Die Carni hiessen früher
Taurisci. Nach Timaeus lag die Insel Mictis zwischen Brittannia und Thule. Sunt qui
et alias prodant, Scandiam, Dumnam, Bergos maxumamque omnium Nerigon ex qua in
Thulen navigetur (Plinius). Celtici, cognomine Neri in der Nähe der Pyrenäen (Plinius).
Celtici, cognomine l'raesamarci. Hercules füllte den Strymon mit Felsblöcken aus, als
Furth für die Heerde des (dreitheiligen) Geryon der Insel Erythia. Dassaretae, Volk in
Illyrien. Die jonische Stadt Erythrae wurde Κνωπούπολις genannt von Cnopus (Sohn des
Kodrus). Alexander eroberte den Fels Aornus in der Nähe der Stadt Embolima (am Zu-
sammenfluss des Cophen und Indus). Aornus, Stadt in Bactrien. Der Himalaya heisst
Άορνις bei Dionys. Periegetes. Der König Meles (unter dessen Nachfolgern Candraules von
Eusebius genannt wird) befestigte (nach Herodot) Sardes in Lydien. Sardemisus, Berg im
Taurus-Gebirge. Sardane, Berg in Illyrien. Ichnusa wurde von den Libyern (unter
Sardus) Sardinia (Sandaliotis) genannt) (von Ilienser, Griechen, Iberier, Balari oder kar-
thagische Hülfstruppen, Jolaenses oder Diaghesbier, Corsi bewohnt). Sardonnyx, Berg in
Hindostan (bei Ptolem.). Sardonicum mare oder sardinisches Meer. Sordones, Volk in
Gallien. Tomis, milesische Colonie am Euxinus. Tomisa, Stadt in Armenien. Tomirus,
Fluss in Gedrosien. Tomeus in Messenien. Tmolus, Berg bei Sardes (vom lydischen
Timolus) mit der Stadt Tmolus. Von dem Berg Tomarus oder Tmarus wurden die Priester
Dodona's (nach Strabo) Tomuri (Τομούροι) genannt. Als Dione's Verehrung mit dem
Orakel des Zeus in Dodona verbunden wurde, traten die Priesterinnen auf, während die
Böotier fortfuhren, sich der Priester zu bedienen. Die Oceanide Dione (Tochter des
Uranus und der Gaea) gebar dem Jupiter die Venus. Dione (Gemahlin des Tantalos)
gebar den Pelops. Von dem Fluss Asopus hiess die Ebene von Siconia (im Pelop.)
Asopius oder Asopia (Land der Asen). Asopus, Fluss in Phthiotis, in Böotien, in Paros.
Asopus, Stadt der Eleuthero-Lacones in Laconia. Laodicea ad Lycum (Rhoas oder
Diospolis) lag zwischen dem Flusse Asopus und Caprus. Nach der durischen Eroberung
fielen die Achaeer Aegina's unter die Herrschaft des Pheidon, Tyrannen von Argos (748 a. d.)
Zur Zeit des Amasis bauten äginetische Kaufleute einen Tempel des Zeus in Naucratis.
Poseidon wurde in Aega (Stadt in Achaya) verehrt. Die macedonischen Könige wurden
in Aega (in Emathia) begraben. Poseidon wurde in Aega, Stadt in Euboea, verehrt.
Aegae, Stadt in Cilicien. Aegae, äolische Stadt in Mysien. Aegacum mare vom Meergott
Aegaeon. Aegaea, Königin der Amazonen. Aegeus, Vater des Theseus. Aegaleos.
Berg in Attica. Aegades (Ziegeninseln) oder Aegates Insulae bei Sicilien. In Aegeira,
Stadt in Achaja, wurde Aphrodite Urania verehrt. Tempel des Poseidon in Aegiae (Stadt
in Laconien). Aegida, Stadt in Istrien. Aegila, Stadt in Laconien. Aegilia, Demus in
Attica. Aegileia, Insel bei Euboea. Aegimori Arae auf der africanischen Iusel Aegimurus.
Aegila, Iusel bei Creta. Achaja (im Peloponnes) hiess Aegialus oder Aegialeia (der
Küste). Aegilips (Aegineus), District in Ithaca. Aeginium, Stadt der Tymphaei in
Thessalien. Aegiroessa, Stadt in Aeolis (bei Herodot). Aegeirus, Stadt auf Lesbos.

*) Tuscania, Stadt in Etrurien oder Tuscia. Tusci, als Volk im asiatischen Sar-
matien (zwischen Caucasus und Montes Ceraunii) als Τούσκοι (bei Ptol.). Tusca, Fluss in
Africa. Tuscum Mare oder Tyrrhenum Mare. Isondae, Volk im Thal des Terek oder
Kuma. Suana (Σούανα), Stadt im südlichen Etrurien. Sanaus, Stadt in Phyrgien. In
Thyana (vom thracischen König Thoas gegründet) war der Quell Asmabaeon dem Zeus
heilig (in Cappadocien am Berg Taurus). Asmiraea, District in Serica. Asopus, Fluss in
Böotien, in Peloponnes, in Thessalien, in Paros. Asopus, Stadt der Eleuthero-Lacones
in Laconien. Aesapus (Amaus), Berg in Illyrien. Aesepus, Fluss in Mysien. Acsernia,
Stadt in Samnium. Aesis (Jesi), Stadt in Umbrien (Aesium). Aesis Fluss in Italien.
Aesica (Greatchester), römisches Fort. Aesitae des Landes Uz (Regio Aentorum Macina).
Aeson, Stadt in Thessalien. Aesula, Stadt in Latium. Der germanische Stamm der
Aestui führte Keulen. Die von Peirithous vom Berg Pelion vertriebenen Centauren
flüchteten zu den Aethices in Epirus. 'Aethaea, Stadt in Messenien. Aeas oder Aous,
Fluss in Illyrien. Aeantium, Vorgebirge in Thessalien. In der Capelle Acaceum in
Aegina wurde Alacus verehrt. Die Colchi (Reste des Heeres des Sesostris) wurden von
Aeetes in Aea oder Colchis beherrscht (mit Cyta oder Cutatisium, als Stadt). Die
Colchier waren dunkler Hautfarbe (nach Pindar). Die Colchier waren kraushaarig (nach
Herodot), Leinen (Sardonic) webend und beschneidend. Zu den Colchiern gehörten die
Apsidae, Abasci, Samigae, Coraxi, Machelones, Heniochi, Zydretae, Lazi, Coli (in Κωλική),
Melanchlaeni, Geloni, Suani, Moschi. Der Hafen Colchi Indiae lag am Κολπός κολχικός
an der malebarischen Küste. Die Dialecte der Kol (in Bhumij) sind mit denen der Khond

gonus (Sohn des Ulysses und der Circe) gegründet. Die Schiffe der gada-
rontischen Inseln hiessen*) (b. Ethicus) Byrrones, was Beauvois erklärt
von byr (vent) et roni (coursier). Das herulische**) Vaterunser des Lazius

---

(in Orissa) und denen der Goandi (in Central-Indien), sowie der Rajmahali (Sontal und
Mandala) verwandt. Colis, District an der Malabar-Küste (Ceylon gegenüber) am Cap
Comorin). Colicaria, Platz in Gallia Cisalpina. Colenda, Stadt im Hisp. Tarr. Colias
(Cap St. Kosmas) Vorgebirge in Attica. Ramoth (Ram und Ramah) bezeichnete eine Er-
höhung im Hebräischen (Stadt im Stamm Benjamin). Nemesis oder Rhamnusia war
Tochter des Erebus (Sohn des Chaos und der Caligo) und der Nacht. Das Vorgebirge
Aias (mit den Ichthyophagen) trennte Ober-Egypten von dem rothen Meer (südlich von
Kosseir). Cerne, Colonie der Phoenicer am Lixus. Jerne (Hybernia) neben Albion (nach
Aristoteles). Arne (von Arne, Tochter des Aeolus), Hauptstadt der Aetolier in Thessalien
(gegründet drei Generationen vor dem trojanischen Kriege) bei Paus. Die Aeolischen
Böotier, aus Arne durch die Thessalier vertrieben, liessen sich (nach Thucidides) in
Böotien nieder (Arne in Böotien gründend). Arneae, Stadt in Lycian, Arnissa, Stadt in
Macedonien. Arnae, Stadt im macedonischen Chalcidice. Arna, Stadt in Umbrien. Arnon,
Fluss in Palästina. Arnus (Arno) Fluss in Toscanien. Xanthus am Xanthus in Lycien
(Arna). Arno, die Amme des Neptun, verläugnete das Kind dem Saturn, der es erschlagen
wollte, Arne (Tochter des Aeolus, Sohn des Aeolus) Mutter des Böotus, gebar dem
Neptun den Aeolus. Hercules sandte einen Theil seiner mit den Thespiden, Töchter des
König's Themius von Thespiae (nachdem er den cithäronischen Löwen getödtet), als
Colonie nach Sardinien (Sardo). König Thespias zeugte mit Megamede (Tochter des
Arnaus) die 50 Thespiaden. Tlepolemus, Sohn des Hercules und der Astyoche, colonisirte
Rhodus. Atheno erschien dem Telamon, als Mentes, Führer der Taphier. Amphitryon
besiegte die Taphier und Teleboer. Taphis, Stadt am Nil. Taposiris, Stadt im libyschen
Nomos. Taprobane oder Ceylon. Tapuri, Stamm in Medien. Tapura, Stadt in Armenia-
Minor. Tapures, Stamm in Scythia intra Imaum. Tapanitae, Stamm in Marmarica. Toposi
Volk in Lusitanien. Tagae (Tape), Stadt in Parthien. Tagara, Emporium in Deccan.
Tagaste, Stadt in Numidien. Tagonius, Nebenfluss des Tagus in Hisp. Tarr. Tagri,
Stamm in europäisch Sarmatien. Teleboas, Fluss in Armenien. Telephrius Mons in
Euboea. Telamon, Stadt in Etruskien, von Telamon (b. Argonautenzug) gegründet. Tela
Stadt der Vaccaei im Hisp. Tarr. Telchines auf Rhodus. Telena, Stadt der Samniten.
Telenae, Stadt der Aborigines oder (nach Livius) Prisci Latini. Telennum in Gallien.
Temmices als alte Bewohner Böotien's.
*) Les noms des Taro et de Darrolach, que les Lapons de la Suède et de la
Norvège, donnent respectivement à la population scandinave de leur pays, sont de même
racine que Turja (nom finnois de la Norvège) ou Turkja (s. Beauvois). Nach dem Namen
Edda kam Odin von Phrygien. Die Haruder unter den Sueven hatten seit 14 Jahren
unter kein Dach geschlafen (s. Caesar) 58 a. d. Turcus trennt sich von seinem Bruder
Francio (Nachkommen des Priamus) in Thracien (St. Den.). Die bei Verdalen (bei
Thromdhjem) gefundenen Bronzesachen gehören (als gleichzeitig mit Silber und Glas-
perlen) dem Uebergangsalter zum Eisen an. Das alamannische Meer heisst Warenger-
Meer (nach Dschihan-Numa) bei den Türken. Die Insel Schytia (bei Geogr. Rav.)
wurde (s. Cosmographus) Scanza genannt. Goderik zug nach Sithia (Schythia) und
Schweden oberhalb Tweden und Kolmorden. Die Chazaren wohnen als Acatziri (bei
Jornandes) am Baltic. Die Adogit wohnen in Scandinavien (nach Jornandes). Die Edda
erklären die Gothen von dem König Gote nach Odin's Namen (Gaut) genannt. Auf der
Insel Ruhna und in einzelnen Familien im Rigischen findet man noch einige kleine Ueberbleibsel der Liven, die auch unter sich noch die Livische Sprache reden, im gemeinen
Leben und Umgang mit anderen aber, sowie in Kirchen und Schulen sich des Lettischen
bedienen. Die Wenden (früher in Wendischen Districten) sind ganz mit den Letten verschmolzen. Die Esthen reden eine von der lettischen verschiedene Sprache (s. Petri)
1802. Die Letten (XII Jahrhdt.) erkannten als höchsten Richter den Oberpriester, den
Krive, der zu Romovo in Preussen hause'te. Die esthnischen Völkerschaften versammelten
sich jährlich zur Berathschlagung an einen bestimmten Ort (s. Merkel). Die alten Runen
Harald Hildetands bei Bleckingen sind von der Rechten nach der Linken zu lesen. Im
Lappischen heisst Silber Silb und Kupfer air (aes). Die langstieligen Beile hiessen Lang-
bordar bei den Scandinaviern (Hakon Adalstan's Saga). Die Russen schwuren auf ihre
Pfeile, mit denen sie erschossen werden möchten. Nortmannos nos a qualitate corporis
Russos vocamus (Liutprand) von der gelbrothen Farbe des Bartes. Hände und Füsse des
Harald Hardrade waren kräftig (Heimskringla).
**) Lazius hält die Weruler im Mecklenburgischen für den Rest der von Theodorich
aus Italien vertriebenen Heruler oder der unter den römischen Legionen kämpfenden
Herulerschaaren. Anthyrius, matre amazonius (Herulus a gente) gab den Obotriten den
Büffelkopf Alexander's Bucephalus' zum Wappen (Marschall). Herula, Werlovium seu
Werle (Lindeberg). Per Vindlandiam intelligitur ea Holsatiae, quam incoluere Slavi

verdankt seine Existenz einem an Münster von lettischen (livischen) Vaterunser verübten Plagiat (s. Schirren). Acronmata (Gallorum) sunt qui
Bardi*) vocantur (Posidonius). Skirner muss durch die Wafurlogi oder

---

(s. Werlauff). Luna, urbs etrusca, jam antiquis temporibus portu et opulentia insignis
(Werlauff). Pribislaus (in der Inschrift zu Doberan) Wagirorum polaborum magnopoli et
cisinorum regulus, MCXV. (s. Lisch). Pribuslaus dei gratiam Herulorum, Wagirorum,
Cirsipenorum, Polabornm, Obetritarum, Kissinorum, Wandalorum Rex (Latomus) † 1179.
Wie in der Besprechungsformel Ziso zweimal hintereinander wiederholt wurde, so ver-
langte auch die Edda, dass beim Einritzen der Siegrunen auf das Schwert der Name Tyr's
zweimal genannt werde (s. v. Karajan) Theodorich's Reich heisst Aumlunga oder
Humblungaland (bei den Amalungen) Nach Thunemann sind die Letten eine Mischung
von Gothen, Slaven und Finnen. Si quos apud regiao memoriae auctores notros id est
Gibicam (Gebicam), Godomarem, Gislaharnim, Gandabarium patrem quoque nostrum et
patruum liberos li erasve fuisse constiterit, in eadem libertate permaneant (lex Burg.)
Gundebald, Sohn des Gundich, aus dem westgothischen Geschlecht der Balthen, zum
König der Burgunder berufen. gab (Anfang des VI. Jahrhdt.) das burgundische Gesetz.
Ausser der Burgunder (Burgendum) erwähnt das Lied vom Wanderer (bei Conybeare), den
Gothenkönig Ermanrich, als der Burgbewohner Fürst burgwarena) Die Burgunder hiessen
Franken (bei Eckhardt). Ort Burgunthart in der Gemarkung von Hephenheim bei Worms
(773). Burgundaere oder Rinfranken der (im Rosengarten) Rinische man. Die Heruler
durchwanderten (512 p d.) die Sitze der Slaven, die (550 p d.) in den Ländern der Elbe
und Weichsel einzogen (s. Jornandes). Natio quaedam Slavorum est in Germania, sedens
super littus Oceani, qui propria lingua Welatabi, francica autem Wilsi vocantur (Eginhart)
789 p. d. Die slavischen Lazikoven (Lazen oder Lechen) oder Polen wurden von Markgraf Gero wieder unterworfen (963 p d.). Septentrione proxima est „Tile (Thule) Island",
hac ad occidentem „Biarmae" et bis ad euronatum „Scithia frigida" (Werlauff). Gothalbi
od orientem sita est Gautlandia, hanc proxime excipit Svecia. Hanc Helsingia, hanc
Finlandia (ad Gardarikium). Ab altera parte Gautlandiae (conternina est Dania (s. Werlauff).
Thorfinn brachte aus Africa (bis wohin sich Vinland ausdehnt) Holzstücke. Sequitur
Minda (Mutantur jam lingua). Iter Paderborna (iter ad Mogunitiam). Inter has extant
pagi Horus et Kiliandr dictus, sunt quoque ibi tesqua Gniaheidr, in quibus Sigurdus
Fafnerem interfecit. Inter Mariae conventum Lunamque jacent urbs Stephani et urbs
Mariae. Tradunt qnidam in arenis Lunensibus fuisse speluncam serpentibus refertam, cui
Gunnarus includeba ur (in Italien). Ragnar Lodbrok's Söhne unterwerfen sich Luna in
Italien (s. Munch).
    *) Der Gallier Lucernius füllte einen See mit Trank neben Speischaufen zum Fest
(s. Posidonius). Capita hostium de collis equorum suspendunt et repertata spectaculi
gratia vestibulis aedium affigunt (Galli) Der Schatz der Tectosagen in Tulosa (aus der
Eroberung Delphi's) sollte (nach Strabo) in Sümpfen verborgen sein, (μάλιστα δ' αύτοΐς
εἰ λίμναι τὴν ἀσϵλίαν παρεϊχον). Γεωμαϝοι (uti narrat Posidonius) in prandio vescuntur
carne membrantim assata, bibuntque lac et vinum merum (Athenäus). Hilde, Tochter des
Artus von Be:tengaland, ist Hildburg, Tochter Ludwig's von Normandie (s. W. Grimm),
Vater des Hartmut von Ormanie. Illis partim vita, partim patria expulsa, regio in
potestate Hunnorum fuit, atque illic Cuturguri, accitis liberis et uxoribus, consederunt
ubi etiamnum habitant (Proc.). Uturguri cum suo Principe revertentes in patriam, ut
eam deinceps tenerent soli, cum ad paludem Maeotidem accessissent in Gothos Tetraxitae
inciderunt (colloquio habito Gothi amici Uturgurorum). Cuturguris trans paludem relictis,
Uturguri patrias retinuerunt. Revera vpud istos homines infra terram οὐχ ὁ Ἀδης, ἀλλ' ὁ
Πλούτων κατοικεῖ (dis quasi dives) bei Turditanern und Artabren (nach Posidonius) als
metallreich (s Müller). Cimbros homines fuisse praedones et vagos armisque ad Maeotim
usque lacum progressos, et fuisse ab iis Cimmerium Hosporum denominatum quasi
Cimbricum, quum Graeci Cimbros Cimmerioum nomine afficiant. Idem (Posidonius) perhibet,
Bojes quondam Hercyniam incoluisse silvam ne Cimbros quum ad ca loca se contulissent,
ab iis repulsos et Istrum et Scordiscos Gallos descendisse, inde ad Teuristos ac Tauriscos,
ipsos quoque Gallos, tum ad Helvetios, viros auri divites, attamen pacem tum colentes.
Hos quum viderent suis majores opes latrociniis Timbrorum partas, maxime Tigurinos
et Tugenos, animum ad praedas adjecissi ac Cimbris Italiam petentibus socios se
adjunxisse (s Strabo). Ultra Sagidas siti sunt varii Hunnorum populi. Regio sequitur
quam appellant Enlysiam. Hujus incolae Barbari (Palus in Ponti Euxini littus evolvitur
Qui illic habitant, Cimmerii dicti olim, jam vocantur Uturguri. Ulteriora ad Septentrionem
habent Antarium populi infiniti. Ubi se primum aperit alveus, (quo palus effunditur),
degunt Gothi, Tetraxitae cognomine (s. Procop.). Colebat olim multitudo ingens Hunnorum,
qui tunc Cimmerii vocabantur, unique omnes Regi parebant, Aliquando his quidam praefuit,
cui duo erant filii, Uturgur alter nomine, alter Cuturgur. Ut quis paludem ejus meatum
superarit in ipso statim littore antiquas intrat sedes Gothorum Tetraxitarum. Hinc Longius
siti erant Gotthi, Visigotthi, Vandali aliique omnes populi Gothici qui et Scythae quondam

Waberlohe*) (nach Jotunheim) reiten (Eddo). In der Sage Dietrich's von Bern wohnte der Zwerg**) Alfrig in einem Zelt. In der Saga von Eigil und

---

nominabantur, communi utique illarum gentium gentibus appellatione, in quibus erant, qui Sauromatarum, vel Melanchlaenorum aliove quopiam peculiari cognomento gauderent.

*) Aristoteles ait ex terrae motibus, quibus ob ejiciendi vim Braston nomen est, lapides in superficiem egestos, in cava loca confertim delapsos esse, auf dem *Aiϑώλις* genannten Feld (s. Strabo), wo (nach Aeschylus) Herkules kämpfte. Ostentabantur hastae et galeae aeneae, Merionis et Ulixae, id est Ulyssis, inscriptione, qui eas deabus dedicassent (im cretischen Tempel des sicilischen Engyium). Syra haec loca in montanis monstratur Odyssea (Ulyssea), et in ea fanum Minervae, ut Artemidorus, et Asclepiades, Myrleanus, qui in Turditania grammaticam docuit (bei Abdera), Phoenicum opus haec quoque). Simi arum maximam multitudinem Mauritania habet (nach Posidonius), Casere weold Creacum and Celic Finnum (im Traveller's Song) Fin folc Walding Fresna cynne (s. Conybeare) VII. Jahrhdt. p. d. Witta imperavit Suevis, Thyle Bondingis (Bondingis), Wod Thyringis (Dhyringum), Sceafa Longobardis, Henden Glommis, Hagena Holmiensibus. Becca Baningis. Der Mogihelm (Egihelm oder Agihelm) bezeichnet den Dämon als Egisgrimolt (egesgrime) von grima (altn. larve oder Helm) in Krimhilt, der Helmjungfrau (scenici crimûn von krima, lava, persona, galea). Grimming in Steiermark ist der Donnersberg (slav. germnik). Der Dämon Grimr oegir, der im Wasser und auf dem Lande gehen kann, trinkt das Blut aus Menschen und Thieren, Gift und Feuer speiend (fornald sögr). Junavings ueg (via secta), als Euringstrasse (bei Avent.) von Euring (Iringes uuec). Der Elbische Ivaldr (Vater der Idunn) ist Ivaldi (Héavold) Gifr (frech oder gierig) als Name von Riesinnen (s. Grimm). Silius Italicus spricht von der gallischen Sitte, vergoldete Menschenschädel als Pocula zu gebrauchen. Fingalsberg (als vitrified fort) bei Dingewall in Rosse. Böhmischer Schlackenwall bei Buckowetz (nach Zippe). Peusker schreibt die Verschlackung auf den Wällen den Löbauer Berges viel hundertjährigem Opferbrande zu (mit Bronze). Fort vetrifie zu Perán im Dep. côtes du Nord (Gerlin de Bourgogne). In der Schlacke des Wall von Courbe wurde ein eiserner Nagel eingeschmolzen gefunden.

**) Der Zwerg verwandelte seine weggeworfenen Werkzeuge, die von den verirrten Bauern (in Schonen) gefunden waren, in Stein (s. Nilsson). Auf den zum Andenken an Verstorbene errichteten Stenkummel (Cumuclus) werfen Vorübergehende einen Stein (in Schweden). In den Sagas werden Lifstener (Lebenssteine), Seger-stenar (Siegsteine) als Amulette getragen (wie von König Nidung, der dadurch die Schlacht gewinnt, und Sigurd im Zweikampf mit Ditlev). Die nach Finn Magnussen in den norwegischen Alpen verehrten Steine (XVIII. Jahrhdt. p. d.) wurde am Donnerstag neben dem Feuer mit Butter beschmiert. Halfred Wandradaskald wurde von Olaf angeklagt, im Geheimen (noch nach der Taufe) seinem Bilde Thor's aus Knochen zu opfern (s. Müller). Auf dem Felsen bei Bohuslan (aus der Vikinger-Zeit) lassen sich Stein- und Eisenwaffen erkennen, indem die Steinwaffe durch die Bronzezeit fortdauerte bis zur Eisenzeit (s. Nilsson). Nach der Runen-Inschrift war der im Tumulus Schonen's gefundene Stein einem Wi (Opferplatz) geweiht gewesen. Hela (filia Loki et Angrbodae) dea mortis; Hellir, antrum. Heljarmadr de hominibus proscriptis. Helmingr, copiae, milites, viri, homines. Helregin, gigas. Hermd, ira. Hermagr, permultus (herr, populus). Gefjon, dea Asis. Olgefjon, nympha crevisiae. Gefn, companion Freyae. Gefja, hasta. Gylfa röst, terra Gyloii. Nach Mone treffen sich die Napoleone in Verbindung mit den Gibellinen (der Nibelungen). Neapolion, caput Gibellinorum urbis Romae unter Friedrich II. (Nic de Jamsilla). Die Ligurier besetzten das etruskische Luna. Mabn erklärt Germanen (vom Kymr. ger, vicinus) als Nachbarn. Die Gräber der Karaiten gleichen verkleinerten Häusern (nach Dubois), und ebenso die der Tartaren in Kasan. Wie die Römer das Amentum gebrauchen die Eskimo und Australier für Wurfspiesse ein Brett, die Neu-Caledonier einen Sipp genannten Riemen. Vor dem Angriff auf die Esquimaux bemalten die Indianer ihre Schilder (nach Hearne [Arii] mit den Figuren derjenigen Geister (der Sonne, des Mondes, von Thieren u. s. w.) in welchen jeder am meisten Vertrauen besass. Nach Ermordung der Esquimo bemächtigten sich die Indianer aller Kupfer-Instrumente in ihren Hütten. Als zwei Indianerhäuptlinge starben, wurde ein Streifzug gegen die Eskimo, als Zauberer, unternommen. Die Finnen, bei denen Gonhild das Zaubern erlernte, konnten durch den Blick tödten, wie die Engländer des Fort's in Amerika (nach Mackenziu). Thorstein tödtet den Adler (Odin's) der dem Zwerg in Jemland sein Kind geraubt. In Schweden giebt es verschiedene Geschlechter und Sprachen (nach der Ynglinga), man findet dort Riesen und Zwerge. Die Erdhütten dienen den Lappen als Zuflucht gegen die Karelen (nach Hogström). Man hatte Priscus in Ungarn die Stelle gezeigt, ubi Vidigoia (Vidga, Sohn Veland's) Gothorum fortissimus Sarmatum dolo occubuit. Vidike fällt im Kampfe Hermaric's mit den Hunnen. Nach der Wilkinasage wurde Vidiker von Thidrik auf der Insel Fehmarn erschlagen. Unter den in Scanzia lebenden Stämmen nennt Jornandes auch Ostrogothae (als Zurückgebliebene oder Auswanderer). Aus den Pileati wurden Könige und Priester gewählt (bei den Gothen).

Asmund ruft eine Jotenfrau (als Tochter Thor's) Thor's*) Hülfe an für sein Volk (i lid sini). Peucer leitet die Thuringer von den Thyrageten**),

---

*) Nach der Saga war Fornjotr und Thorre (Thor) König von Jotland, Qvenland und Finland. Thor wurde mit rothem Bart dargestellt. Toruim oder Tor ist Gott der Ostjäken (Tharn der Tschuwaschen). Tara ist Gott des Donners bei den Finnen Esthland's (s. Geyer). Le mot de Jotun (Jotne) devient peu à peu un titre injurieux, du même genre que Keltring (criard, ganache, descendant des Celtes), Vandale (Wende), Krabat (mauvais drôle, Croate), Kurre (polisson, Courlandais). Les prêtres du culte d'Odin se nommaient Assir Osser, Aser etc. (s. Nilsson). Njord, Odin, Frey vermählten sich mit den Töchtern der Joten (wie Gerda). Die von Joten stammenden Jarle von Illade (von Norwegen) opferten Thor. Yrpa, Schwester des Thorgerd Haurgabrud, opferte Hakon Jarl seinen Sohn Erling (um über die Jomsvikingar zu siegen). Exstat hodie adhuc poema quoddam Germanicum de burnin Seyfried (Corneus Sifridus) inscriptum tumulus duobis e terra prominentibus saxis notabus, ter a me dimensus (Bruschins) Maximilianus aperiri et effodi jussit (1695) bei Worms oder (nach Freher) Friedrich III. Bei Maximilian's Anwesenheit in Worms 1495 wurden der Rosengarten und Artushof nachgeahmt. Bei der Krönung Gustav Adolf's turnirten die anwesenden Ritter zu Ehren der weltstürmenden Gothen. Die Sage des Eigil (Aegil angels.) oder (Wolundarkvida) Olrunar Egill, den König Nidad einen Apfel vom Kopfe seines Sohnes schiessen lässt (in der Dietrich's-Sage) wird in Dänemark dem Palnatoke, in Norwegen dem Heming und Eindride Ilbreid, in der Schweiz dem Wilhelm Tell und in England dem William Cloudesley beigelegt (s. Munch). Woland oder Wieland (des Volundarhus oder Labyrinth) flog aus König Nidad's Gefängniss mit Flügeln fort. Tyr ist (Sn) Vigagudh, deus praeliorum. Ungarn ist Τουρκία (bei Const. Porphyr). Lakschi, as Rembha, excels among the Apsaras. Orvar Odd stammte mütterlicher Seits von einer Lappinn und Kettil-Hing war Sohn Halbjörn's oder Halftroll's (Halb-Troll). Die Trol (thral oder Leibeigen) können Jothen (Reisen) sein, meist aber Zwerge. Thor verfolgt die Trol im Gewitter und die Bäuerinnen nahmen dann nicht ihre Röcke über dem Kopf, damit sich nicht ein Tröll darin verberge. In den lappischen Sagan wird der Riese (Stallo oder Jatton) von den „Menschen" (Lappen) überlistet, der sich nach einem von den schwedischen Colonisten entnommenen Wort (s. Laestadius) Ascovis nennt. Le tonnerre (med fiska) est nommé Thordön (fracas ou roulement de Thor) dans la Suède méridionale. Den Odin begleitenden Asen macht Thor (Gott der Gothen) zum Erstgeborenen Odin's, als Asa-Thor, der dann die Joten (Anka-Thor verehrend) verfolgte. Wie Thor stand neben Odin (in Upsala) der wendische Gott Fricco oder Freyr, Freya als Mondgöttin wurde von den Aesthen verehrt. Ein von den Lappen beraubter Riese nennt sich Sohn des Monde's (bei Laestadius). In dem Galleriengrab bei Bongon (in Frankreich) wurden Lebensmittel neben den Skeletten gefunden (1840). Les tombeaux des dos de la Scandinavie (dolmen ou cromlech) ou dyss du Danemark n'étaient destinés qu'à un seul corps (s. Nilsson). Die unter der Erde in Steinumsetzungen begrabenen Skelette, von denen eins ein Bronze-Kreuz trug, das andere im Schädel die Knochenspitze eines Wurfspiesse's, waren mit steinernen Pfeilspitzen durchstreut. Mit den magischen Steinpfeilen Jolf's erschiesst Odd, den durch die Pfeile des Lappenkönig's Guse unverwundbaren Zauberer Gyda (nach der Saga von Orvar Odd). In Wales dienten die den Alfen gehörige Steinpfeile als Amulette (nach Lluyd) als elfarrow gegen Elfenschüsse (in England) oder (in Schweden) gegen Lappskott (lappische jettatura). Der Uebel verursachende Gegenstand muss es heilen (nach der Edda), wie die Schlange den Schlangenbiss. Die in ihren Erdhöhlen verborgenen Lappen wurden (nach Laestadius) von ihren Feinden entdeckt, als diese hörten, wie eine Frau einer andern im nächsten Zimmer zurief, den Kochtopf zu bringen.

**) Τευτονοῦροι (oder Reudigni) neben Οὐΐρουνοι (Ptol.). Von den Sueben wohnten Ερμίονδοροι καὶ Λαγκύβαρδοι jenseits der Elbe (Strabo). Hermunduren neben den Marcomannen (Capitolinus). Die Elbe trennte Semnonen und Hermunduren (Vellejus). Hermunduren an der Donau. Nach Tacitus entsprang die Elbe bei den Hermunduren. Hermundari im Norden der Vandulen (Jornandes). Der grösste reindeutsche Staat (Baiern) enthält bajuwarische, schwäbische und fränkische Einwohner, unter den kleineren Staaten ist Nassau aus 23 historisch verschiedenen Gebieten zusammengesetzt, obwohl sich dennoch von einem Stamm der Nassauer sprechen lässt (s. Rüdiger). Als Severus an den Grenzen des römischen Reiches Militär-Colonien anlegte, erhielten die Bewohner der daselbst errichteten Wartthürme den Namen Bürger (Burgarii scl. milites). Sie besassen das umliegende Land nebst Sclaven zum Anbau als erbliches Eigenthum (s. Schreiber). Die bürgerlichen Häuser der Kelten waren rund (nach Strabo). Ob sich etwas in der Feindschaft begab, es wäre mit Nam oder mit Brandt und Todtschlag. so vill ich hiemit mit diesem offenen Brief eine Ere gegen dir vervirt haben. sagt der Knecht Wüsten-Jakob in seinem Fehdebrief an Klaus Gottfried (1480) b. Strassburg. Die Dörfer (in Westphalen) bestehen meist nur aus den Wohnungen der Geistlichen, Lehrer, Beamten und nöthigsten Handwerker, die eigentlichen Bauern wohnen zerstreut inmitten ihrer Ländereien. Eine

Cluverius von den Reudigni, Barthius von den Thervingi, Dankwert von den Cheruscern. Nach Schaffarik hängen die Limigantes mit den russinischen*) Lemker (Lemki russ.) zusammen. Rurik gilt als Sohn des zum Christenthum übergegangenen Halfdan, Enkel des Normannen-König's Heriold, Besitzer des Comitatus Rhiustri (Rustringen im Oldenburgischen),

---

gewisse Anzahl von Bauerhöfen bildet eine Bauerschaft, wovon der Besitzer des den ersten Rang behauptenden Hofe's Schulte oder Meier heisst, während die kleinern Bauern Küter (eines Kotten's) genannt werden (Gothen), und die auf dem Grunde eines grössern Bauern in seiner Pacht wohnenden besitzlosen Einlieger sind die Heuerlinge (von heuern, miethen) oder Heuerleute (s. Jüngst). Die Burgunder (Bornholmer) haben im Westen denselben Arm der See (Ostsee), wie die Suionen im Norden und die Sarmaten im Osten (s. Alfred). Die Suionen haben im Süden denselben Arm der See, und im Osten die Sarmaten, im Norden jenseits der Wüste Quänland, im Nordwesten die Skridfinnen und im Westen die Nordmänner. Kaiser Lothar belehnt König Harald (nach seinem Raubzuge) mit der Insel Walchern, die Küste zu schützen und Gudrod erhielt (853 p. d.) ein Lehn an der Schelde (wie die Normanen in Nord-Frankreich). Unter den im Kriege erbeuteten (haertagne) Sclaven nennen die Sagas die „ostländischen" Sclaven (von Austreweg), die deutschen Sclaven (IX. Jahrhdt). Die irischen Sclaven u. s. w. Die Wickinger überwinterten an einem Ort, wo man „Friedland" hatte, oder die Erlaubniss sich unangefochten aufzuhalten (gegen das Versprechen, nicht zu plündern). Im Siegesopfer (Sejrablot) wurde jährlich Glück für die Kriegszüge erfleht. Im jährlichen Leding (Kriegsgebot) wurde für Wikingerzüge geworben. Die Schwaben-Colonie der Gotscheer (Guduscani) an der Save sind (nach Zeuss) zurückgebliebene Vandalen. Die Allemannen der Sette-Communi leiten sich von den Kimmeriern. Fenon, ubi aeris metalla damnatorum supplicis effodiuntur (Hieronym.). „Der Laut ind (ynd) ist eigenthümlich Karisch (in Lindus, Cabynda u. s. w.), wie auch das verwandte and im karisch-lycischen Kleinasien (Labrando, Alabanda, Karyanda)". In Rhosos (am Issus) fand sich Kabyrencultus. Cilix aus Phoenizien liess sich in Cilicien nieder (Her.). Kadmon, der Alte) ist γέρων Ὀφίων (die alte Schlange). Samothrace wurde vom Berg Saokis genannt.

*) Die Slaven heissen (b. Ad. Br.) Wandalen oder (ursprünglich) Windilen. Der Thunersee als lacus vandalicus (VII. Jahrhdt.). Wacerad glossirt den Namen Wandali durch Slowene. Placel übersetzt Wandalen durch Sbri (Slowane). Die Herzöge von Mecklenburg oder Könige von Dänemark nennen sich (als Beherrscher der Wenden) wandalische (s. Schaffarik). Die ungarischen und slawonischen Serben nennen ihre Brüder in Bosnien meistens Poturice oder Poturcenáky (Türkisirte), die Slowaken und Czechen ihre entnationalisirten Stammgenossen Ponemcilce oder Germanisirte (s. Schaffarik). Aehnlichen Ursprung wie Suevi von suep (aër) vermuthet Zeuss unter den Wenden bei Srb. Das esthn. Sarema ist Inselland, lett. Sahmusemme und so Samland (von Flüssen umgeben), indem die Glosse Samo durch Insel (insula in medio mari) erklärt (s. Neuss). Dorf Hirro (birwe oder Hirsch im Esthn.) bei Rewal oder Hirrgym (in Bozug auf das von Waldemar gejagte Elen). Das finn. hirwi bezeichnet Elenn (pödder, esthn. von pöddur, krank). Das Elend (Elen) wird nach starkem Lauf von der fallenden Sucht (Elend) niedergeworfen. Der Petersburger Stadttheil Wassili Ostrow heisst (b. d. Finnen) Hirrinusaari oder Elensinsel. Reval heisst Kolywan vom Riesen Kallewepog. Κυλοι neben Melanchlainen (schwarzröckigen Finnen). Abo heisst Kaby (nach Lehrberg). Der Riese Olaus (Ollari) stürzt beim Nennen seines Namen's von dem Kirchthurm in Rewal. Kolfrosta, Mutter des König's Harek von Biarmaland (mit dem Tempel des Jomali) fuhr durch Zauber ostwärts nach Glaesiswellir (Eisgegenden oder Sibirien). Saxo theilt die Mathematici in Jötnar oder Riesen, Aesir oder Götter und Alfar oder Zwerge (Aelbe). Hrodhgeir, der Roskelde (Königsburg) baute, unterwarf Skalk, König der Slawen an der Ostsee. Der Slawe bietet im Heere des Hrödhrik Zweikampf an, damit seine Landsleute zinsfrei seien (s. Ettmüller). Gotar (König von Norwegen) kämpft mit den Dänen. Bui (Sohn der Brama) unter Howald's Helden. Ucco-Taran (Blitzgott der Finnen) stand (mit einem Feuerstahl in der Hand) auf einen Feuerstein. Die schwedischen Rödsen zogen (IX. Jahrhdt.) durch Slawen- und Finnenland nach dem schwarzen Meer. Die Ostjäken wanderten (1372) vor dem Christenthum aus Biarmien an den Obi (s. J B. Müller). Almats, oder Mensch (Almatjeh, Plur.); Alme, der Himmel (im Lappischen). Jupma, Laut (Ton), Jupmel, Gott (im Lapp.). Die Lappländer heissen Finnen bei Normannen und Isländern. Finnen und Lappen nennen sich Suame oder Same (von Morast). Raha (Fell) bezeichnet (im Lappischen und Finnischen) das Geld (als Werthvertreter) Der Schwede heisst (lappisch) Laddelats oder Taro (Tarolats oder Kaufmann). Die Finnen treiben den nomadischen Ackerbau des Schwenden's. Chlaena (der Melanchlaenen) bedeutet ein zottig wollenes Oberkleid, wie es die Esthen trugen. Lelewel setzt das Bernsteinland (des Pytheas) an die Elbe. Vaudoncourt erklärt die Tanais als Düna.

dann Rex Nortmannus, mit Hülfo Ludwig des Frommon und des dänischen*) König's. Kasim, Bruder des (seiu Reich in dem eroberten Khasan begründenden) Mahmutek (Sohn des vertriebenen Khan's der goldenen Horde) 1445, wurde 1452 p. d. vom Grossfürsten Wasily III. mit der Stadt**) Gorodcz (Mesclitscherskij oder Kasimof) belohnt, um in diesem mit Kasan verfeindeten Tataren eine Schutzwehr dagegen zu bilden (s. Weljaminof-

---

*) Die Esthen wurden (s. It. Alfred. M.) verbrannt und ihre Habe verlos't (im Pferde-Rennen). Eodem anno (839) Abdorrhaman Chalifa misit nuntium. Yagha Al-ghazal, qui jam a. 819 eam Nortmannis societam sposponderat, ut sociatem Imperator cum Mauris iniret (Al. Makkari). Die Schwerter der Russen waren (nach Ibn Fozlan) efrandschije (fränkischer Arbeit). Die Schwerter der Polanen waren (verschieden von den chasarischen) zweischneidig (nach Nestor). Die Schiffe Harald Harfagr's führen westliche (englische) Speere (nach der Heimskringla). Die von den Nortmännischen Königen an Carl M. geschickten Schwerter waren biegsam (Mon. Sangall.). Das runde sichelförmige Messer von Bronze (Knif tannskeptau) der curländischen Gräber, findet sich bei den alten Wahrsagerinnen Grönland's (s. Kruse). Steinerne Streitäxte (Thorshämmer) finden sich bei Pernau, Gross-Autz, Schleck, Absuppen, Abelhoff und Schloff (in Liefland). Quae patria (Dania), ut ait Marcomirus Gothorum philosophus, doctissimos quidam proferre homines et audaces, sed non sic veloces, ut sunt Dani, qui juxta Dina fluvium (Anonymns Ravenna). Juxta ipsos Serdefennos est patria, quae dicitur Dania, quae patria, ut ait supra scriptus Aithanaridus et Eldevaldus et Marcomirus, Gothorum Philosophi, super omnes nationes velocissimos profert homines. Skritobini (Skrideǎnnen) a saliendo juxta linguam barbaram (Paul Warnefried). Die Tib. Peutingeriana setzt die Aspurgiani an die Mündung des Tanais. Frotho gab Hestiam (Esthland) an Dago. Yngvar wurde in Eistland besiegt. Frotho besiegt den Tranno, Ritteuae geutis tyrannum und erobert Rotota (Röthel oder Riddela) in Esiland. Voden (quem nos Voden vocamus) erat rex Turcarum (Finnarum). Fugit a Romanis aquilonem versus (Landgefedgatal). Im Altd. ist huena (dän. hun) oder chuena das Weib. Unter Ai-ti (der Han) wurden durch Itsuu Keow buddhistische Bücher von der Nation der Geteu gebracht (s. Landresse). Harderyssel (Hord oder Harud) diente auf den Charudes (bei Ptol). Die schwedische Frau Katla, die in ihrer Heimath keine Arme fand, Geld zu vertheilen, zog nach Dorestadt. Die ersten Normänner kamen (767) nach England aus Heredbaland (Hördeland in Norwegen) oder Hardeyssel in Jutland (Harden aus dem Landanthcil).

**) The slavonic name of Venice is Mletci (city of shoals). Kaiser Lothar gestattete den Lazzen die Rückkehr zum Heidenthum unter der Bedingung, dass sie ihm in der Vertheidigung gegen die Normannen unterstützten. Bremenium war Stadt der Gadeni südlich von den Damnii (mit den Städteu Vanduaria, Colonia, Alauna u. s. w.) in Schottland (s. Ptolem). Die Ιαμνόνιοι mit Isca Dumnoniorum (Itin.) wohnten an der Südwestküste bis über den Exefluss (mit deu Ruinen bei Exeter). L'ouvrage, intitulé Tschehar-ê-Tjemen (les quatre prairies) dit, que le mot dyw désigne un être furieux et terrible, mais nullement un génie ou un géant, comme les ignorants le prétendent (Gobineau). Der durch Djeni's Bogenschützen von der umschlingenden Schlange befreite Riesenvogel brachte den Saamen des Weinstock's. Nach Capitolin verwüstete der Scythenkönig Arguntis (beim Tode des Misitheus) die Länder seiner Nachbarn. Ostrogotha (auf dem Zuge gegen Marcianopolis) Argaitum et Guntharicum nobilissimos suae gentis praefecit ductores (Jordan). Der Hunne Balamber greift die Ostgothen an (bei Jorn.) a quorum societate jam Vesegothae quadam inter se contentione sejuncti habebantur (s. Köpke). Ενϑαι (bei Hesiod). Die Narewjaner (Neriuani) sind (nach Schaffarik) Nachkommen der Neureu (Ναυαροι). Schirren erklärt Neuren von dem (littauischen) nerti oder tauchen (W. Nar). Osericta (bei Mithr.) in Germaniae littoribus (als Abalus). Wannemann (bei Balduin von Alna) Osua, Zeus erklärt Osericta, als Osenland (riks der Όσιοι). Austravia als Austrania. Fenni (südlich von den Γύϑωντς) an der Weichsel (bei Ptolem.). Gentes Aestyorum am mare Suevicum. Ούλμαι au der Ostsee. Αλαινον ὄρος in Sarmatien (Ptol.). Hic est Attila rex Hunorum et Emmerieus atque Theodoricus, reges Gothorum, quorum actus vel preconia veterum narrationibus tragicorumque decautationibus orbe toto declamantur (Dietrich von Deutz) 1158 p. d. Wittich kämpft mit Amelolt, dessen Sohn Alphunt erschlagen wird. Emelriens, rex Teutoniae (Annal. Pegav.). Dietrich von Bern wurde durch Sibich gegen seinen Herrn Esmanrich angereizt, der vor ihm flieht. Wittich auf der Flucht vor Dietrich wird von der meerminne Wachilt (seiner Ahnfrau) entführt. Die Bewohner von Velandsherrad in Schonen leiten den Namen ihres Ortes von Veland's Aufenthalt ab und führen seines Sohnes Wappen, Hammer und Zange, im Siegel. Grosse Steine bei Sisebäck bezeichnen sein Grab (s. W. Grimm). Als Vidga die Brücken über die Weser abgebrochen findet, springt er mit seinem Pferde hinüber. Wolfram erwähnt die ungeheuren Thaten des Helden Wittich, der in einem Tage achzehn tüsent erschlagen. Ermanrich wurde von dem treuen Eckardt erschlagen.

Zernof). Casimir M. schützte die Juden (Mitzkévitch) in Polen*). In den
Gesetzen des König von Wessex (688—726), Ina, ist nicht nur von
Wälischen**) Knechten und Unfreien, sondern auch von Grundbesitzern

---

*) Als Ghedlmin jüdische Colonien (als Kriegsgefangene) bei Wilna angesiedelt
hatte, wurde ihnen durch Vitoate verboten, Christenblut im Osterbrot (Matza) zu verwenden (s. Ratz). Die Juden wurden mit Einziehung der Abgaben betraut, als Staats-
pächter. Die Christen mussten den Juden (in Litthauen) für die Osterfeier bezahlen und
das in der Kirche zu weibende Brod war mit dem Stempel Chilem (bezahlt) zu versehen.
Die Juden regirten sich (in Litthauen) durch die religiöse Genossenschaft Kahal. Zum
Schutz des Götzenhain's bei Delitzsch legten die Sorben eine Burg (oder Budz) an.
Imperatori Caesari Vandalico, Finnico, Galindico, Vendico, Volusiano, Augusto (253 p. d.).
Ut Commodus dictus est Sarmaticus ob Sarmatas a M. Aurelio devictos, sic Volusianus
omnia Sarmatiae populorum a Gallo patre tanquam evictorum cognomina gestat (s. Vaillart).
Odin (mit der Geirspitze geritzt) zog nach Gudheim (dem alten Asgard). Njörd (Vorgänger des Frey) wurde beim Tode verbrannt (mit der Geirspitze geritzt). Tur war die
vierte Verkörperung des Radegast (mit einem Stierhaupt auf der Brust gebildet). Jüter-
gotz (Jutro oder Utro, als Morgen) heisst (zur Zeit Carl IV.) Gutergotz. Bei Freienwalde
wurden Münzen (Jaczo de Copnic) des Lausitzer Fürsten Jakzo gefunden, der 1157 p. d.
aus Brandenburg vertrieben wurde. Die 1807 zwischen Pichelswerder und Pichelsdorf
emporgehobene Insel war (nach Vohoff) mit Muscheln, Gewürm, Holz, Kohlen, Scherben
u. s. w. bedeckt. Dem slavischen Heerdengott Woloss wurden Säulen (Stolpo oder Stolb)
errichtet (s. Berghaus). Die Sitze der Glinjaner oder (808) Linones (im Gau Lenaga)
reichten bis Lüneburg (an der Läne oder Glina). Die Gründung Thun's (Dun oder Hügel
celt.) am Thunersee (Wendelsre oder lacus Vandalicus) wird dem burgundischen Stamm
der Nuithonen zugeschrieben (Rhenanus). Wenden-Gletscher am Sustenpass (in Bern).
Paludes silvasque pro civitatibus habent, sagt Jornandes von den Slaven. Oppidum vocant
quum silvas impeditas vallo atque fossa munieruunt (Caesar) die Britannier, als ὀγνώμασα
(bei Mauritios) oder munimente (ὀγνώτροι τόποι), loca munitiora (s. Schaffarik). Quidqaid
murocinctum, roboribus munitum aut alioqni septum est gorod appellant (Heberstein) die
Slaven. Im gr. ἴθνης findet sich die W. mit einem nasalen Suffix bekleidet, wie im
Sancrit ud-an, goth. vatin, lit. vanden (Curtius). Palus führt durch paciscor (pax) auf
πήγνυμι (s. Curtius). Mit πηλός (Lehm) hängt palus (stagnum) und (sanscrit) palvalas
zusammen. Redactum ad paludes suas Scotum (erwähnt Amm.). Valentinianus Saxones,
gentem in Oceani litoribus et paludibus inviis sitam (eruptionem meditantes) in ipsis
Francorum finibus oppressit (Orosius).

**) Beda erwähnt des fast allein von den Römern übrigen Ambrosius Aurelianus.
der den gesunkenen Muth der Briten wieder anzufachen suchte. Jedes Hundred des
Bezirkes (Scire oder Shire) unter den Angelsachsen begriff zehn Tunas oder Villen.
Folcland war reines Alode (bei den Anglosachsen), während das Bócland (buchland oder
terra codicillaris) auf Verbuchungsurkunde beruhte (gleich dem donationum textus im
burgundischen Volksrecht). Von den Römern wurden (im salischen Volksrecht) Romani
possessores und Romani tributarii unterschieden. Non numinaverim inter Germaniae
populos, quanquam trans Rhenum Danubiumque consederint eos qui decumates agros
exercent. Levissimus quisque Gallorum et inopia audax dubiae possessionis solum occu-
pavere, mox limite acto promotisquo praesidiis, sinus imperii et pars provinciae habentur
(Tacitus). Terrae laeticae waren Ländereien, die von den Römern auf römischem Gebiete
einzelnen Barbarenhaufen gegen Zins- und Kriegspflicht eingeräumt wurden (s. Gaupp).
Als Karl M. das Wehrgeld der Edeln (bei den Sachsen) erhöht hatte, empörte sich im
Kampf der Stellinga Freie und Liten gegen den einheimischen Adel. Indem bei den
homines in truste das Wehrgeld in hoste und in patria dasselbe blieb, so bildeten dieselben noch einen eigenthümlichen Stand, während die homines in hoste gewöhnlich freie
Liten oder auch Knechte waren, die dem königlichen Heribannus Folge leisteten (nach
fränkischem Recht). Bei den Baiern stehen über die Freien die fünf Geschlechter der
Huosi, Throzza, Fagana, Hahilingua, Aennion. Servi principis qui dicuntur Adelschale
(nach der decreta Tassilonis). Hie sol man hören dreyerlei freierleut, welche recht die
haben. Es heiszent eins semperfreien, das synd die freien herrn als fürsten, und die
andere freien zo man habent, das ander seint mittelfreien, das seint die die der hohen freien
man seind, das dritt seind gebauren die frei seind, die heyszent frei landsässen (nach
dem Schwabenspiegel). Zu den von dem Deutsch-Orden in das neugewonnene Preussen-
land zogenen Deutschen kamen auch Polen. Auf dem Culmischen Alode hafteten nicht
nur Dienste, sondern auch Zinsen für den Landesherrn oder Orden, wie auch die Käufer
das Gut immer erst wieder von dem Orden geliehen erhalten mussten. Die als
feudastra (feuda impropia oder anomala) bezeichneten Güter bildeten eine Mittelstufe
zwischen reinem Feuda und wahrem Allodia (s. Gaupp). Les hommes francs engagèrent
ensuite les douze électeurs à faire le partage de tous les pays de l'Asie et de toute la
Romanie, qui dépendaient de la capitale de l'empire. Le partage fut fait au sort, mais

dieses Stammes die Rede. Auch wechselseitige Heirathen wurden begünstigt (s. Gaupp). Ausser Palemon, Libon und Colomna führte Julian Dorsprung*) (Gründer von Vilkomierz) eine italische Colonie nach Litthauen.

---

par lots proportionnés au mérite et à la puissance de chacun et au nombre des troupes, qu'il avait amenées dans cette conquête, heisst es (nach Einnahme Constantinopels und Erwählung Balduin's) in der griech.-franz. Chronik (s. Buchon). Die von den Mauren gewonnenen Provinzen in Spanien wurden in Lehne zerschlagen, um an den hohen und niederen Kriegsadel (Ricos hombres und infanzones), die bei den Siegen thätig gewesen, ausgetheilt zu werden. Primus Rex Francorum Chloco (Reg. Merow. Gen.). Primus rex Francorum Faramundus. Faramundus regnat in Francia (Prosper Tiro). Praeterea est quaedam summa et maxima securitas per quam omnes statu firmissime sustinentur, videlicet ut unusquisque stabiliat se sub fide jussionis securitate, quam Angli vocent freoborges, soli tamen Eboracenses dicunt eandem tien manna tala quod sonat latine decem homines numerum (nach der Leges Edovardi Confessoris), als contubernium der Saalfranken (Wargilda der Sachsen). Barigildi (Bargildon oder Wargilda) ist gleichbedeutend mit Franci homines (im Edictum Pistense). Von den Unfreien gehören die Liten (liti, lidi, litones, lazzi, lati) noch zum Volk, im Gegensatz zu den Knechten (servi, ancillae, mancipia). Homo regius, id est fiscalinus et ecclesiasticus, vel lidus (Lex Ripuar.). Der Herr der liti in truste stand als unmittelbarer Antrustio des König's zwischen diesem und ihnen in der Mitte. Die Thüringer unterschieden adalingi, liberi und servi (liberti, als Freigelassene.

*) Kiern, Neffe Dorsprung's, herrschte in Kiernof (1040). Mit den Jatchvinghen verbündet, machten sich die Litthauer von den Russen unabhängig (1083) und plünderten (1180) Pskof, sowie (1200) Velikie-Louki. Roman Mstislavitch, Fürst von Galizien, bekämpfte die Litthauer, die in Rothrussland einfielen. Die Russen verbanden sich (1220) gegen die Einfälle der Litthauer, die über die Schwertbrüder siegten. Mingail eroberte Polotsk. Die Latichen und Litthauer besiegten die Mongolen (1225) bei Mozyr. Der Hof von Vilna nahm die russische Sprache an. Ringold oder Ringvold erklärt sich (1235) zum Grossfürsten von Litthauen (trotz des Widerspruchs von Kiev und Vladimir). Die Deutschritter, die Kurland, Livland, einen Theil Estland's und Preussen erobert, kämpften mit den Litthauern. Der Augustiner Meinhardt wurde von Bremen nach der Düna geschickt (1070). Mendog (Sohn Ringold's) wurde als König von Litthauen getauft (1251), fiel aber wieder ab. Ghedimin von Litthauen († 1328), der Kief eroberte, residirte in Vilna (1320). Le nom de slavos ou sclavus (esclave) ne fut employé, pour designer un serf, qu'après les guerres qu'Othon le Grand et ses successeurs firent aux peuples slaves (Guérard). Les serfs pouvaient eux-mêmes posséder d'autres serfs (arrière-serfs), comme les vavasseurs ou arrière-vaisseaux. Les Romains avaient également des esclaves d'esclaves. Ils les nommaient vicarii, pour les distinguer des esclaves ordinaires (ordinarii). Dans une formule ancienne (Formul. Lindenb.) un serf n'affranchit le serf, vernaculum, qui lui appartient, que du consentement de son evêque ou de son abbée, mais il lui confère ce qu'il n'avait pas lui-même la liberté et tous les droits des hommes libres (Guérard). Erzbischoff Friedrich von Bremen besiedelte (1106) einen Strich Sumpf- und Moorland durch Holländer zur Cultivation. Die Slaven brachten nur das leicht zu bearbeitende Land in Cultur mit schwachen Gespannen bewirthschaftend, während erst die Deutschen den grossen Pflug einführten und schwere oder steinige Böden in Angriff nahmen. In allen Theilen des verhältnissmässig wenig fruchtbaren Wendenlande's konnten deshalb die (deutschen) Ansiedler (in Pommern) grosse Strecken Wald und Oeden in Besitz nehmen (s. Meitzen). Beim Fortschreiten der deutschen Ansiedler in Pommern (XII. Jahrhdt.) räumten die wendischen Bewohner allmählig das Land, sich nach Pommerellen zurückziehend. Nur die Fürsten und der Adel (deren Besitzungen durch die Umwandlungen sehr an Werth gewannen, blieben zurück, mussten sich aber von den pommerschen Herzögen in Pommerellen vorwerfen lassen, dass sie Deutsche geworden und deutsche Rede angenommen. Nach Diodor waren die Gallier (bei Massilia) von den Celten im Norden, bis Scythien, zu unterscheiden. La condition des serf ecclesiastiques etait tellement supérieure à celle des serfs ordinaires, que d'après les lois génerales des Francs, ils ne pouvaient être réduits à cette condition et que tout serf qui sortait du domaine de l'eglise entrait dans la carrière de la liberté, abgesehen von der Erlaubniss, die Ludwig 852 dem Bischoff von Passau gab (s. Guérard). Le servage, auquel mettaient fin les affranchissemens (13 et 14 siècle), cessa generalement en France avant le fin du XV. siècle. Toutefois il se maintint encore en certains pays, surtout dans quelques terres d'églises ou de monastéres jusqu'à la loi de 1790. Bei den Germanen unterschied sich der Adel (nobiles, proceres), die Freien (ingenui) und Freigelassenen (liberti). Nach der Völkerwanderung zerfielen die Freien, von den Unfreien oder servi durch die Hörigen (homines pertinentes oder aldiones) oder Leti getrennt, in die nobiles oder optimates (adalingi oder ethelingi) und Freie (ingenui). Je nach der Verbesserung (durch Eintritt in den Kriegsdienst) oder der Verschlechterung (durch Commendatio) stufte sich die ingenuitas ab

Die Preussisch*)-Littauer unterscheiden die sich vom Ackerbau nährenden, auf dem Landrücken oder der Höhe wohnenden Bauern, die Semininker, von den sich vorzugsweise durch die Fischerei nährenden Anwohner des kurischen Haffe's, den Zwejininkern (Jüngst). Roepell nimmt eine Identität**)

---

zwischen den meliores oder majores natu (optimates oder principes), den mediocres oder mediani und den minores oder minoflides (als sordidi oder incomti dem Adel der pulchri oder comati entgegengesetzt).

*) Zunächst waren es sächsische und thüringische Ausiedler, die sich unter den Preussen niederliessen, dann folgten Würtemberger, Niederländer, Franzosen, Salzburger u. s. w. Samland (in Preussen) von zemas, niedrig (χαμαί). Semnonen (in Brandenburg) von saman (zusammen) Albrecht von Askanien nahm von Brennabor (Hauptsitz der Lutizier oder Wilzen) den Titel eines Markgrafen von Brandenburg an. Hermunduri (von dauern oder ansässig), als Irmin (Volk) in den Thüringern. Das von Wenden oder Soraben besetzte Thüringen wurde im Norden von den Sachsen, im Süden von den Franken überwältigt. Mit den Sachsen allmählig verschmolzen, verlor Nord-Thüringen seinen Namen, während Süd-Thüringen als Thüringen bezeichnet wird (s. Jüngst). Die Mark Meissen zwischen Elbe und Mulde, obwohl vorzugsweise von Thüringen aus mit deutscher Bevölkerung versehen, erhielt (im Gegensatz zum Herzogthum Sachsen oder Nieder-Sachsen) den Namen Obersachsen, und so verbreitete sich der Name Sachsen auf die ostthüringischen Landtheile, während er im Lande der eigentlichen Sachsen nur in niedersächsischen Kreisen fortlebte, und (nach Aufhebung der Kreiseintheilung) erlosch. A fortitudine Wilzi appellantur (Helmold). von Wolf (welk). Wie Germanen als Nachbarn (ger oder vicinus im Celtischen) erklärt Mahn die Cenomani im cisalpinischen Gallien, von ciau remotus. Die slavischen Götzenbilder (bei Pryllwitz gefunden) hatten zum Theil griechische Inschriften. Forysch (von Vorreiter) ist bei den Deutsch-Polen der den Kutscher unterstützende Knecht oder Stalljunge (s Kattner). Die slavische Jagdgöttin Dschidschielia bändigt die wilden Thiere, Elenn und Ur zum Schuss treibend. Lato, der Sommer (wiecie im Sommer) hat genaue Aehnlichkeit mit dem Verbo latac (leciec), als herumfliegen oder in der Luft schweben (im Polnischen). In dem Worte Lato vernimmt also das Ohr des Polen die beiden Begriffe Sommer und Herumfliegen (als fliegender Sommer). Der Volkswitz setzte dann zur Unterscheidung das beliebte babi davor und so wurde daraus babie lato oder Altweibersommer (s Buttmann). Nachdem die Gothen sich 180 p. d. im östlichen Dacien (Bessarabien) festgesetzt, drangen sie (250 p. d.) über die Donau vor und eroberten (274 p. d.) Dacien (unter Friediger Safrath und Aleth). Die in den Bulgarei wohnenden Walachen sollen Nachkommen der von Aurelian versetzten Dacier Rom's sein. Moldau und Walachei gehörten zum Hunnenreich, bis Ardarich (König der Gepiden) die Hunnen (unter Elbach) besiegte und sich frei machte. Die Dacier blieben unter der Herrschaft der Gepiden (und vorübergehend Justinian's), bis diese von dem avarischen König Bajar (im Bund mit den Longobarden unter Alboin) besiegt wurden. Als der Gepidenkönig Kunimund von Alboin (dem Longobardenkönig) besiegt war, herrschten die Avaren (oder weissen Hunnen) in Dacien. Die Avaren besiegten (574 p. d.) die Byzantiner (bis durch Heraclius besiegt). Methodius bekehrte den Bulgarenfürst Boris, und sein Bruder Konstantin (Cyrill) begab sich von den Chazaren nach Gross-Mähren (813). Boris unterdrückte den in Folge seiner Bekehrung entstandenen Aufstand der Grossen. Durch den Beschluss des Concil (870 p. d.) wurde Bulgarien unter der morgenländischen Kirche vereinigt. Die illyrischen Slaven in Serbien und Kroatien traten von der römischen Kirche zur Griechischen über. Als Ragusa (867) von den Arabern (aus Sicilien) belagert wurde, wandte man sich nach Byzanz um Hülfe. Als die Bewohner der römischen Städte, die sich vor den nach Illyricum übergesiedelten Slaven, auf die Inseln zurückgezogen, von den Narentaner-Heiden belästigt wurden, liessen sie sich vom Kaiser auf dem Festlande gegen die Slaven schützen (nach Basilius). Unter Sdeslav traten die Croaten zur morgenländischen Kirche über, aber sein Nachfolger Branimir kehrte (879 p. d.) zur abendländischen zurück. Die Serben unterwarfen sich (nach Porphyr) dem Kaiser und später liessen sich auch die Arctaner genannten Heiden (oder Pogane, (Paganoi) in den Gebirgen taufen. Die Freier (in den Odyssee) wollen die Fremden an die Sikeler verkaufen. Die Epiroten heissen auch Sikeler (s. Niebuhr). Die Conprovinciales werden gemeiniglich Luitici genannt (Masch).

**) Procop schildert die Slawen, als gross und kräftig, mit nicht sehr weisser Haut und Haarfarbe zwischen hellbraun und roth. Der Peloponnes heisst terra slavinica (in der Vita St. Wilibaldi). Die Winider und Slawen, die von den Avaren in ihren Kriegen voran gestellt wurden, machten (623 p. d.) unter dem Franken Samo frei. Unter Swatopluck machten sich (871 p. d.) die Mähren unabhängig In Alexander's Briefen an Aristoteles wurde Karantas die Hauptstadt der Lechiten genannt, bemerkt Johannes (in Kadlubek's Chronik). Nach Vanda beherrschten 12 Woiwoden das Reich (b. Dlugoss) Bei Begräbnissen jagten die Preussen im Pferdewettrennen nach einem Geldstück (b. Weissel). Piast, (Sohn des Choscisco oder des Wanderer) war Vater des Zernovith. Der

der Aisten mit den spätern Preussen, Littauern und Letten an, indem diese
Einzelnamen erst hervortreten und den alten deutschen Gesammtnamen verdrängten, nachdem die Kunde von diesen Gegenden überhaupt genauer geworden. Als der Fürst von Polotzko (bei Gercike) mit dem Bischof Albrecht über ein Bündniss gegen die Litthauer verhandelte (1211), suchte er ihn
von der Taufe der Heyden abzuhalten, denn die Reussen*) hatten den
Gebrauch, dass, wenn sie ein Volk bezwungen, sie sich damit vergnügen

Ziemowit (Landeroberer), dessen Enkel Mesko das Christenthum in Polen einführt. Tempores autem hujus Lestconis·(secundi) Christus de virgine natus est (Boguchwald). Im
Heer des Kaisers Eliunouss (Julian) fanden sich Römer, Khazaren und Araber (nach
Tabari). Der König der Bulgaren wurde zur Zeit des Caliphen El-Moctedib Illahi zum
Islam bekehrt. Les Boulgares parlent la même langue que les Khazares, celle des Bourtasses est différent (d'Ohsson). Der König der Bulgaren machte einen Einfall in das Land
von Birdjan, Frankreich, Gallicien und Andalusien, den Römern Tribut auflegend (nach
Ibn Haukal). In dem bei Bischof Albert's Rückkehr durch die Schwertbrüder vorgebrachten
Anliegen, sollte das Livenland, nicht aber das der Letten, getheilt werden (s. Hansen).
Albericus nennt die Schwertbrüder a Saxonia pro sceleribus banniti. Nachdem der Bischof
die Burg Fredeland gebaut, erschienen die Söhne Tahbald's, des lettischen Häuptling's
im Lande Tolowa. um ihren griechischen Glauben in den der abendländischen Kirche zu
verwandeln (1214). Livones et Letthi qui sont crudeliores aliis gentibus (Henricus de
Lettis). Die Letten waren williger zur Bekehrung, als die Liven. Als die belagernden
Esthen Heinrich den Letten auf der Burg Beverin singen und spielen hören, zogen sie
bald darauf ab. Heinrich der Lette schlägt im Haine des Gottes Tharapita (an den
Grenzen Wirland's) die Götzenbilder nieder. König Caupe (Cobbe) begleitete den in
Bremen zum Bischof geweihten Priester Meinhardus nach Rom (nach Brandis). Die Serben
feiern als Slava das Gedächtniss des Tage's, an welchem einst ihre Familie zum Christenthum übergetreten war (s. Denton). Et quoniam Jassiges erant ii, quos utilissimos sibi
experiebatur, multa de illis etiam, quae ipsis imperata fuerant, vel omnia potius remisit,
exceptis iis imperata fuerant, vel omnia potius remisit, exceptis iis quae ad conventus
eorum et commercia spectarent, utque navibus propriis non uterentur et ab insulis quae
in Istro sunt abstinerent. Concessit etiam ipsis ut per Daciam commerciorum causa
Roxolanos adirent, quoties id praefectus provinciae permitteret (Dion Cassius). Während
der von 250—795 (dem Fall der Avaren) Dacien verwüstenden Anarchie zogen sich die
Colonisten theils über die Donau, theils nach den Bergen zurück. Ils vont redescendre
dans les trois vallées de la Dacie, sous les noms d'Ardialiens (Cötiers), de Munteni
(Montagnards) et de Moldaves (Mameloniers), c'est-à-dire colons de la Dacie Alpique
(s. Vaillant). Von den Jassi, die wegen ihrer Dienste in Dacien angesiedelt wurden, ist
Jasi oder Jassi (municipium Jassiorum) bekannt. Le Divan, séduit par le promesses de
ses Drogmans Fanariotes (du quartier Fanar) les enrichit des dépouilles des princes
Moldaves et Valaques (Zallony), nach dem Falle Bassaraba Brankowano's, des letzten der
einheimischen Hospodare. Nach Heue wohnten die Agathyrsen (Herodot's) in Dacien.
Getae Romanis Daci sunt dicti (Plinius). Praetorius macht den Karcellis oder Corillos
zum ersten König von Dacien. Daci quoque soboles Getarum sunt, qui cum Orole rege
adversus Bastarnas male pugnassent, ad ultionem segnitici capturi somnum, capita loco
pedum ponere jussu Regis cogebantur, ministerioque uxoribus quae ipsis antea fieri solebant, facere (Justin). Nach Eubulus weihte Zoroaster zu Ehren des Mithras eine Blumenhöhle. Hadrian verbot die Menschenopfer des-Mithras. Nach Constantin Porphyr eroberten die Slaven (449 p. d.) Dalmatien.

*) Anno 1221 waren die Tataren in Parthien eingefallen und weil diese unterlagen,
hielten sie sich bei den Reussen im Beistand an, welche sich auch aus allen Oertern versammelten und den Partern zu Hülfe kamen, wurden aber von den Tataren in die Flucht
getrieben, die ihnen dazu in's Land fielen und erschlugen die Fürsten von Kyoff und
Nouvgorod, beide des Namen's Miceslaw, daher wurden die von Smolensko und Pleskou
bewogen, den Frieden mit den Rigischen zu erneuern (s. Hiärn). Massudi stellt die Kechek
(magischer Religion) zwischen Caucasus und schwarzes Meer (von Rum). Καπαχια lag (nach
Const. Porph.) zwischen schwarzem und caspischen Meer am Südabhange des Caucasus
(jenseits des Landes Papagia). Nach Nestor grenzten die den Khazaren verbündeten
Kassoguen (Kaçoghi) an das russische Fürstenthum Tmoutarakan, am Kuban Die Kazachi
waren (nach Lesur) in die 20te Eparchie begriffen. Karamzin identificirt die Kassoguen mit
den Tcherkessen (Kasaken). Die Tscherkessen hiessen Kasakh bei Osseten und Kaschak
bei den Mingneliern. Die Kirghisen hiessen Kaissaken bei den Russen. Priscis autem
saeculis, Alani habitarunt ad flumen Tanais, deinde juxta illos, ad meridiem, Roxolani.
llae autem gentes in toto deletae perierunt, campique latissime patentes spectantur deserti,
solis feris et Kosacis seu praedonibus pervii. Post hoc supersunt reliquiae Circassorum

liessen, dass sie dasselbe nur zinsbar machten, zwangen aber Keinen zum
Christenthum, die sich nicht gutwillig dazu verstehen wollten. Zudem
forderte er von den Lyven jährlichen Tribut, wie er es vor der Teutschen
Ankunft gehabt (s. Hiärn). Die Letten jenseits der Düna nennen ihr Land
Wid-Semme, zum Andenken des Namen's Witen oder Widivarier, der allen
Stämmen des Volkes gemein war. Eben dieses gilt von dem Namen der
Gothen (Gudai, Guddai), der zwar noch jetzt unter den Preussen jenseits
der Pregel, und bei den Litauern gewöhnlich ist, den aber diese Letten für
einen Schimpfnamen halten, und gerne von sich auf die Polen und Russen
bringen mögen (Büsching). Lettland's*) eigentlicher Name ist Lettgalle
oder Letgola.

versus meridiem, et sunt gentes ferocissima et bellicosissimae, genere et lingua Rutheni
(Matthias de Miechow) 1518. Als Askold und Dir den Dnieper hinabfuhren (zur Plünderung
Constantinopel's) befreiten sie Kiew vom Khosarischen Tribut und begannen es (nach der
Unterwerfung) als Russen zu beherrschen (865 p. d). Oleg, als Vormund Igor's (der
unmündige Sohn des Rurik) lockte seine Verwandten Askold und Dir in ein vermeintliches
Lager warägischer Kaufleute und liess (nach ihrer Ermordung) Igor als Herrscher in Kiew
anerkennen (882). Casimir M. vereinigte (1340) Gallizien (Ruthenien) mit Polen. Verbündet mit Torci (Turci oder Türken) oder den Stammgenossen der Turkomannen und
mit Petschenegen bekriegte Wladimir das kanische Bulgarien (985). Nach Konstantin
Porphyrogeneta hiess Kiew früher Σαμβατας. Kiew war (nach Helmold) die Hauptstadt
der Landschaft Chunigard. Das Thraker-Land lag (nach Moses Choren.) gegen Osten
von Dalmatien, neben Sarmatien, mit sieben Slavenstämmen, in deren Sitze Gothen (Kutk
oder Völker) eingedrungen sind. Die Slawen mit ihrer Flotte bei Sipont landend, besiegten (662 p. d.) den Ajo, Herzog von Friaul. Nach Gallus (1110—1135) tauften die
heiligen Wanderer, die von Popel (Fürst zu Gnesen) zurückgewiesen waren, den Sohn des
Bauern Piast (der sie bei sich empfangen) auf den Namen Semowit und verkündeten seine
spätere Besiegung des Popel. Nach der Einnahme Kiew's eroberte (1020) Boleslav von
Polen die tscherwenischen Burgen (Rothrussland). Der russische Wladimir vertrieb (981 p. d.)
die Lechen aus Gallizien, wo sie die Russinen unterworfen hatten. Nachdem bei Jaropluk's
Ermordung, Wladimir von Nowgorod die Hauptstadt eroberte, liess er eine neue Bildsäule
Perun's mit silbernen Haupt auf einen Hügel bei Kiew (und auch an der Wolchow in
Nowgorod) mit andern Götzen aufstellen. Die belgischen Veneder, die (zu Caesar's Zeit)
grosse Flotten in dem Handel mit den brittischen Inseln besassen, waren (nach Strabo)
Stammväter der adriatischen Veneder. Die Veneter sollten aus Paphlagonien, Medien oder
Gallien stammen. Bei Polybius heissen die Veneter gens vetustissima in Italia et alia a
Gallis utentes lingua.
 *) Litauer und Russen heissen Gudai bei den Preussen. Wie die Letten Kurland's
und Livland's bezeichneten die den Polotchanen benachbarten Litthauer die Russen als
Kreews (wie die Krivitchen bei Smolens) und ihr Land als Kreewu-Zemme (Greuthinger
oder Ostgothen). Die Saklab oder Sakalib der Orientalen sind die Σκλαβοι (bei Const.
Porphyr). Dans leur propre langue les Lithuaniens s'appellent Liétouvis, Liétonvninkas,
et ils désignent leur pays sous le nom de Liétouva. Leurs congénères, les Lettons, les
appellent Leitis (liti oder Leute) et leur pays Léctava, nom auquel les Finnois substituent
celui de Litalain. Le Letton se donne à lui-même le nom de Latvéetis et par contraction
Latvis, à son pays celui de Latviou-Zemme et aussi Wid-Zemme, ce que l'on traduit par
Terre au milieu, car les Lettons étaient au milieu entre les Koures et les Esthoniens. Le
Lithuanien donne au Letton le nom de Latvis et à son pays celui de Latviya. Die
Jatchviaghen gingen in den Kriegen zwischen Russen und Polen zu Grunde. Neben den
Litthauern (in den Ebenen des Düna, Niemen und Vitia) und den Letten (in Kurland und
Livland) gehören zum letto-litthauischen Stamm die Preussen. Nach Schloezer werden die
Preussen beim Tode des heiligen Albert (997) genannt. Die Chori (Kuren) werden im
Leben des heiligen Anschar genannt († 865). In der sächsischen Chronik von Quedlinburg
(1009) werden die Litva oder Lithua genannt (in confinio Russiae et Lithuae a paganis capite
plexus). Auch bei Ditmar. Adam von Bremen unterscheidet Preussen, Sambier (Samländer),
Kurländer und Esthen. Die Ruthenen (von denen die Kleinrussen an Russland abgetreten
wurden) haben sich in den Karpathen (mit den Stämmen Stojki und Huzulen) am reinsten
erhalten. Als die Pommern (das Land am Meere) bewohnende Wenden-Volk der Lutizen
(Welo-Lutizen oder Wilzen) die von den Warinern verlassene Havel-Gegend besetzte
(600 p. d.), herrschte es in den Gauen Moraciani (b. Rathenow), Ciervisti (bei Zerbst),
Ploni (am Planefluss), Zpriawani (an der Unter-Spree), Heveldun (an der Havel), Uweri
(Ukermark), Riaciani (am Rhinfluss), Zamzici (bei Zemlin) und Dassia (an der Dosse).
Unabhängig war der Gau Lusizi (in der Niederlausitz) und der mit Ploni benachbarte
Gau Nisici (der wendischen Sorben). Plagberd von Litthauen (dessen Bruder Kieystout

Wie andere Ströme richten sich die der Völkerwanderungen nach den Terrainverhältnissen des Boden's und wir sehen die auf der grossen Heerstrasse des Osten's herangewälzte Fluth sich beim Eintritt Europa's stets über die weiten Ebenen verbreiten, im Norden die Berge der scandinavischen*)

Samogitien eroberte) schloss Frieden mit Casimir III. († 1377). Jagellon, Sohn Olgherd's (Sohn des Ghedimin) heirathete (nach der Bekehrung) Hedwig von Polen (436). Der Reichstag von Lublin vereinigte (1569) Litthauen mit Polen. Zemne-galle war finis terrae (im Osten) der Letten oder Latichen (Latvis oder Latvetis). Ueber Gelen oder Auschgallen herrschte zugleich der dux Curoniae et Semigalliae. Die Samogitier (Jmudin) bilden den Kern der Letto-Litthauer. Die Daίnos sind die Volksgesänge der Litthauer (Singe der Letten). Jenseits der Skythen oder Skoloten fanden sich (nach Herodot) unter den Einöden die an Sprache verschiedenen *Ἀνδροφάγοι*, dann an den Seen die gleichfalls verschiedenen *Μελάγχλανοι* und an den Quellen des Tanais die *Θυσσαγέται* (die Schaffarik für Tschuden hält). Les esclaves agricoles (reduits à servitus ad haeredes transmissibilis et glebatica nach ·Perpetuus) ressemblent aux ilotes des Lacedaemoniens aux pénestes des Thessaliens, aux clarotes des Crétois (Guérard). Leo Philos. erklärte jeden Verkauf, den ein Freier von sich selbst macht, für ungültig. Constantius erlaubte den Eltern in Bedrängniss ihre Kinder zu verkaufen, aber mit das Recht des Rückkauf's. Die Athener setzten die Sklaven, die bei Marathon und Chάronea gefochten hatten in Freiheit. Les maitres eux-mêmes étaient quelquefois battus à la place de leurs serfs, c'était (nach dem Capitular Karlmann's) lorsque ceux-ci ne payaient pas la composition decernée contre eux, pour les rapines, qu'ils commettaient dans le royaume (Guérard). Drogon (im seigneur du dormais), étant tombé malade, s'etant mis un lien au cou dans l'eglise de St. Mansui à Toul, se consacra au service de ce saint, auquel il promit de payer tribut, et fut aussitôt gueri (Guérard). Nur derjenige galt seit dem XI. und XII. Jahrhdt. für ritterbürtig, von ritterlicher Art geboren (generis militaris), dessen Vater und Grossvater Ritter gewesen waren, folglich entweder von Beneficien oder von ihrem eigenem, d. h. ihrem alodialen Grundbesitz, den Reichsdienst verrichtet hatten (nach Gaupp).

*) Von der cimbrischen Halbinsel aus unternahmen die Heruler (nach dem Abzuge der Angelsachsen nach Brittanien) Seezüge nach den westlichen Europa (s. Zeuss). Nach Odatus verwüsteten die Schiffe der Heruler die Küste der Cantabrier und Vardulier (455 p. d.). Die Heruler verwüsteten als Piraten Bactica (Majorian) 450. Unter den westgothischen König Eurich kam die Flotte der Heruler aus der Ostsee (Sidon. Apoll.). Dani ex ipsorum (Scandzae cultorum) stirpe progressi Herulos propriis sedibus expulerunt (Jornandes). Der König der Heruler wurde vom Ostgothen Theodorich aufgefordert, dem Bunde gegen den Frankenkönig Chlodoveus beizutreten (nach Cassiod.). Die Heruler, die ihren König Rodulf zum Kampfe gegen die untergebenen Longobarden (die aus dem Rugilande an der Theiss gezogen) zwangen, wurden geschlagen und der Rest flüchtete (durch das Land der Gepiden) auf römisches Gebiet. Heruler unter Fara oder *Φάρας* (bei Procop). Gens Erulorum in terras atque civitates Romanorum jussu Anastasii Caesaris introducta (Marcell.) 512. Andere zogen (nach Procop) nach Scandinavien um neben den Gautoi Sitze zu suchen (in Thule). Nach Procop wohnten die Heruler über dem Ister. Nachdem sie den König Oschon erschlagen, schicken die Heruler für einen Fürsten nach Thule, während Andere sich an Justinian wenden. Die hinter der Einführung des odinischen Walhalla-Cultus (mit Asathor als Feind der Riesen) zurückliegenden Thormythen (des Oku-Thor, als Feind der Zwerge) Südschweden's sprechen (nicht von den Thorsagen der Edda) sondern) nur von den Kämpfen Thor's mit Unholden ;(Troll) und Wichten (pysslingar). Der Donner heisst Thordon im südlichen Schweden. Beim Rollen des Donner's pflegten alte Leute (nach Nilsson) zu sagen: „Nun fährt Thor durch die Wolken und schlägt mit den Blitze nach den Trollen“, oder wenn der Donner lang anhielt: „Nun hat Era (Er oder der Alte) eilig die Unholde zu verjagen.“ Im Sprichwort heisst es: „Wären die Gewitter nicht, so vergänge die Welt vor lauter Troll.“ Die Troll wohnten als kleine Wichtelmännchen in Bergen, hohlen Bäumen und Erdbölen. Wenn die Frauen im Felde vom Gewitterregen überrascht wurden, wagten sie es nicht den Rock schützend über den Kopf zu schlagen, aus Furcht, dass sich ein Troll darin verbergen könne. Geschah es und liess die Frau, durch „eine Stimme“ gewarnt, den Rock schnell nieder, so rollte der Troll wie ein Knäuel zur Erde und wurde sogleich vom Blitz erschlagen (s. Nilsson). Norwegische Könige, die (nach der Familientradition) väterlicher- oder mütterlicherseits von den Joten stammten, opferten dem Jotengott Thor. Troll oder Tröll (thräll oder Leibeigene) wurde auf unterjochte Völker angewandt, wie Slave (Slawone) oder Sclave (Diener). Der Schutzgöttin Yrpa opferte Hakon Yarl seinen Sohn Erling, um Sieg über die Jomsvikinger zu erhalten. In der Sage von Eigil in Asmund bittet ein Jotenweib, die Thör (bei Geburt ihrer Tochter) ausgewählt hat, unter ihrem Volke, um Hülfe und gelobt ihm einen Bock. Odin wird als der unterweltliche Gott der Finsterniss dargestellt. In der Sage von Fornjotr heisst Thorre (Oko-Thor) König von Jotland,

15*

Halbinsel, im Süden den Pontus Euxinus berührend, so dass der Gleichartigkeit soviele Namen aus dem früheren Zusammenhange folgt, den die
geschichtliche Bewegung oft schon längst wieder in der Mitte zerrissen hat.
Aus den Küsten des schwarzen Meeres bewegt sich dann der Zug weiter
nach Westen durch Pannonien bis Germanien und an den Rhein, während
die in Schweden und Norwegen*) angesiedelter Schaar, erst nach

---

Quänland und Finnland. Die Quänen (Kajanen) opferten Thor um Mittewinter, damit er
viel Schnee spende zu guter Schlittenfahrt. Das Geschlecht (Wald, Feuer, Schnee u. s. w.)
oder die Jahre des Thor (als finnischer Gottes) hatte sich von Finnland nach Norwegen
und Schweden verbreitet (Nilsson). Das grosse Bild Thor's (in der Sage vom heiligen
Olaf) in dem Tempel hatte einen rothen Bart. Rothbart oder Rothbärtig war ihnen
Freund und Feind. Fornjoter herrschte über Jotunland (Finnland oder Quänland). Von
den finnischen Stämmen im fernen Russland ist der im Hauptzweig der Bjarmen (Permen),
Siränen, obischen Ostjäken. Wotiaken und Tschuwasken den Finnen (Quännn und Esthen)
ähnlich. Obwohl eines Stammes sind die Ostjäken rothhaarig, die Wogulen dunkel. In
entlegenen Gebirgsgegenden Ostgothland's wurde (1866) der Donnerstag (Thorsbelg) gefeiert. Nach Sonnenuntergang wurde die Kammer gesäubert, der Tisch gedeckt, Licht
angezündet, das Spinnrad gewischt und in Ordnung gebracht. Alles tritt leise auf und
flüstert, und legt sich früh schlafen, um die hohen Gäste nicht zu stören (s. Nielsson).
Die Gäste sind Thor und Frigg; für Frigg wurde das Spinnrad gesäubert. Wie Riesen
und Zwerge, repräsentiren auch Vanen, Alfen u. s. w. verschiedene Bevölkerungen in
Schweden (nach Nielsson). Die Baals und der Baldurcultus in Schweden war semitisch
(nach Nielsson). Zur Zeit des Eisenalter's brachten die Suionen den odinischen Walhalla-
Cultus nach Schweden. Zur Zeit des Volkes der Ganggräber wurde von Semiten die
Bronze (mit phoenizischem Baalcult) eingeführt (im Norden). Der in Kupfer gegossene
kimbrische Ochse wurde (nach Nilsson) als Amulett getragen. Nach Ammian waren die
Vorfahren der Druiden von den äussersten Inseln jenseits des Rhein's herbeigekommen,
in Folge häufiger Angriffe ihrer Nachbarn und einer Ueberschwemmung. Die durch die
kimbrische Fluth zur Auswanderung veranlasste Bevölkerung Dänemark's und Schweden's
wurde (101 n. d.) von Marius (bei Verona) geschlagen. Erstag oder Dienstag (Donnerstag).
*) Die norwegischen Jarle von Illade, welche ihre Ahnen mütterlicherseits von
Skadi (Tochter des Joten Skiassi) herleitete, opferten am fleissigsten dem Thor. Neben
jotischen Göttern und Göttinnen (wie das zauberkundige Schwesterpaar Thorgerd Hörgabrud
und Yrpa) stand im Tempel das (dem jotischen Gottesdienst ergebenen) Hakon Jarl das
Bild Thor's auf einem Wagen, als Öku-Thor (fahrender Thor). Isländische Dichter nennen
Thor den Füller der fornjotischen Götterstühle. Der Joten Thiasse wird ein Bergwolf
genannt. Der Walhalladienst fand den grössten Anhang im Svearcich In anderen Landschaften Schweden's, in Norwegen und Dänemark wurde er hauptsächlich von vornehmen
und fürstlichen Geschlechtern begünstigt, die ihre Ahnen bis auf die hohen Götter zurück-
rechneten und sich diesen verwandt hielten. Das niedere Volk und die norwegischen
und gothischen Fürstenhöfe blieben dem Thordienst treu. Thor hiess Er oder der Alte
(in Südschweden). Weil der Donnerstag lange als heidnischer Festtag in Ehren gehalten
wurde, werden an diesem Wochentage keine kirchlichen Ceremonien (in dem christlichen
Kirchengebrauche) vorgenommen, indem es nicht als üblich gilt. Hylten-Cavallius beschreibt die Donnerstagsfeier und Thoropfer in Schweden. Nach den Sagen in Schonen
versammelten sich die Kimbern (von denen sich die Namen Cimbrishamm erhalten hat)
vor ihrem Abzuge auf der Ebene der Cimbernmark (einer zwischen der Ostsee und den
Dörfern Gislof und Aby gelegenen Haide). Die Namen Heruli oder Eruli (Κʹλουροι oder
Αἰλουροι) könnten das Wort ags. eorl, altn. jarl (comes, nobilis) sein (nach Zeuss). Die
Heruler (Suardones oder Φαρδϊινοι an der Ostsee) erschienen zuerst unter den gothischen
Völkern am Pontus auf ihren Seezügen unter Gallienus und Claudius, Die Scythen, die
Griechenland verheerten, hiessen Heruler der Maeotis (bei Syncellius). Gens Herulorum
(quibus pracerat Alaricus) juxta Maeotidas paludes habitans in locis stagnantibus, quas
Graeci hele vocant, Heruli nominate sunt (nach Ablavius). Ἀπὸ τῶν ἐκτὸς ἑλῶν Ἕλουροι
κέκληνται (Dexippus). Aeruli mit Bataver verbunden (Amm.). Heruler und Sachsen ver-
heerten (V. Jahrh.) Gallien (Hieronymus). Nach Procop brachten die Heruler Menschen-
opfer. Die Heruler machten (480 p. d.) einen Angriff in Salzburg (Vita S. Severina).
Die Ostjäken waren hochgewachsene und schöne Leute. Torum (als höchstes Wesen) oder
Gott (nach Ermann). Bei den Beresow-Ostjäken heisst die Schwalbe Torom-sischki oder
Vogel Gottes (nach Pallas), Toromooi oder Gottes Thier (am Irtish). Bei den esthnischen
Finnen heisst der Gewittergott Tara (nach Geijer), die Tschuwaschen nennen ihren Gott
Tora. Den Walhallacultus einführend nahmen die am Mälarsee angesiedelten Asen (die
mit dem odinischen Cultus eingewanderte Priesterkaste fürstlichen Geschlechts) unter den
Landesgöttern Thor als Erstgeborenen Odin's auf (mit dem Wohnsitz im odinischen
Tempel zu Upsala zwischen Odin und Fricco oder Freya). Njord, Odin, Frey und andere

grösserem Anwachsen der Bevölkerung, denen der umschriebene Raum zu
enge wird, auf Auswanderungen sinnt und dann mit ihren Flotten, die längs
der Scheerenküste ausgerüstet sind, die Meeresgestade Nord-Europa's be-
unruhigt. Die Sueven waren die Vorposten der später von Osten heranziehenden Gothen und auch in Scanzia fanden sich Sueven*) und Gothen

---

Asen nahmen Weiber vom Jotenstamme (blond und blauäugig), wie Gerda (Tochter des
Joten Gymir), Skadi (Tochter des Joten Thiassi). Als die Norden und Osten vordringenden Odinisten die Joten oder Finnen bekämpften, wurde Asathor ein Widersacher
der den Asen feindlichen Joten und wird von den Skalden der Todfeind der Joten genannt (Riesen fällend im Osten), als Vertilger der Bergriesen und Bergwölfe. Die dem
Thor dienende Joten waren Finnen (Quänen) oder Esthen. Die Troll (die im Lande gebliebenen Nachkommen der Joten) rühmten sich der Freundschaft des Hakon Jarl. In
Südschweden pflegten die Frauen am Donnerstage weder zu spinnen noch zu buttern.
Der „Alte mit dem Barte" warnt (in den Volkssagen) den Donnerstag nicht durch Arbeit
zu entweihen. Alle Hexenkünste und Sympathiekuren mussten am Donnerstag vollzogen
werden. Am Donnerstagabend ging man zu dem „Kundigen", um in einem Eimer Wasser
das Antlitz desjenigen zu schauen, von dem man bestohlen war. An einem Donnerstage
(am Himmelfahrtstage) fuhren alle Hexen nach dem Blocksberg (Blåkulla). Bei Zahn-
schmerzen ging man am Donnerstag schweigend in den Wald und schlug den Nagel, womit man die Zähne durchstochert, in einen Baum. Die Donnerstagskinder waren geister-
sichtig. Nach Finn Magnussen bewahrten die Bauern in den norwegischen Hochlanden
(XVIII. Jahrhdt.) Steine von runder Form, die jeden Donnerstagabend gewaschen, am
Feuer mit Butter und Fett gesalbt, getrocknet und auf reines Stroh am Hochsitz niedergelegt wurden. Zu gewisser Zeit wurden sie mit Buttermilch gebadet und um Weihnacht
mit Bier begossen. Halfred Vandrädaskald wurde von Kalf beim König Olaf Tryggvässon
verklagt, weil er (obschon Christ) doch im Geheimen opfere und ein knöchernes Thorbild
im Beutel trage. In der Voluspa und andern Eddaliedern wurden die Alfen, Vanen,
Zwerge u. s. w. als Naturkräfte dargestellt. Friggo als Saxen-Odin.
  *) Alarich im Peloponnes (395), Bund mit Arcadius 398 Alarich vor Rom (408),
erobert (410). Rhadagais (mit Vandalen, Sueven, Alanen) in Italien (406), besiegt Gallien,
verwüstet durch Vandalen (von Franken besiegt, die von Alanen besiegt wurden).
Alamannen eroberten Strassburg und Speier. Burgunder eroberten Mainz und Worms.
Bund des Honorius mit Ataulf, die Toulouse und Bordeaux eroberten (415). Westgothen
(unter Wallia) in Spanien. Nach Verfall der Hunnen, schliesst Leo Friede mit Theodosius
(dem Ostgothen) 460. Ostgothen besiegen Schwaben (unter Hunimund und Alarich) mit
Sarmaten, Saxen und Rugiern. Theodorich von Mösien nach Italien (488). Mösogothen
und Gothi minores (als Westgothen in Mösien). Gothi tetraxitae (als Ostgothen der
Krimm). Taifalen (in der Walachei) mit Westgothen verbunden. Gepiden (unter Fastida)
von Gothen (unter Ostrogotha) besiegt. Gepiden (unter Ardarich) begleiten die Hunnen.
Gepiden am Theiss erobernd (nach Verfall der Hunnen). Gepiden kämpfen mit den Ostgothen. Gepiden von Longobarden (unter Alboin) und Avaren besiegt. Unter Ajo und
Iber (Söhne des Scherin Gambara) zogen die Winili (Longobarden) aus Scandia (nach
Paulus Diaconus) und bekämpften die Vandalen (unter Ambri und Assi) in Scoringa (als
hundsköpfige Männer gegen die Assipitti in Mauringa ziehend). Longobarden an der
Theiss (den Herulern tributpflichtig, die sie besiegen). Justinian siedelt die Longobarden
in Pannonien an. Longobarden besiegen die Gepiden. Guthones (bei Pytheas) am
aestuarium Oceani Mentonomon (frische Haff). Gothones hinter den Lingern (Tacitus).
Γόϑωνες (südlich von den Wenden) am Ostufer der Weichsel (nach Ptolomäus) zweite
Hälfte des II. Jahrhdt. p. d. Gotti (bei Spartianus) am Pontus Euxinus (Anfang des
III. Jahrhdt.). Βούτονες (bei Strabo) dem Marbod unterworfen (Gothe Catualda). Der
Dniestr trennte die Trivingi (der Waldgegenden) von den Greutungi (den Steppen), als
Westgothen und Ostgothen. Plünderung der Gothen in Dacien (unter Philipp) 244—269 p d.
Decius treibt Kniwa, König der Gothen, aus Mösien. Gothen besiegen die Römer und
erobern Philippopel (261 p. d.). Gallus zahlt den Gothen Tribut. Gothen (zu Schiff)
plünderten Pityus (253) und Trapezunt (.58), dann Nikomedia und Prusa, dann Ephesus und
Sparta. Hote (am Dniestr) der Gothen (268), Thessalonich belagernd. Claudius besiegt die
Gothen bei Naissus (270). Aurelian überlässt den Gothen) Dacien (gegen Hülfstruppen).
Constantin schliesst Frieden mit Ariarich, König der Gothen (auf Rath des Licinius).
Valens (369) unterhandelt mit Athanarich (König der westlichen Gothen). Reich der Ost-
gothen unter Ermanarich (Athanarich, Richter der Westgothen) Einfall der Hunnen
(† Ermanarich). Athanarich baut Mauern am Pruth bis Donau (zieht sich mit Sieben-
bürgern zurück). Südliche Westgothen passiren die Donau unter Friediger und Alavir,
Ostgothen unter Safrach und Alatheus;. Sieg der Gothen bei Adrianopel. Bund des
Athanarich mit Theodosius ;Westgothen in Thracien). Die Enienes oder Aenianes am
Berge Oeta galten (nach Heliodor) für die ältesten und eigentlichsten Hellenen, unmittelbar

nebeneinander. Die durch das stets erneute Andringen gegen ihre Grenzen vielfach zerrütteten Völkerschaften der alten Germanen*) schlossen sich dann (nach längerer Ruhe unter dem Schutz der rheinischen Sumpfländer gestärkt), in ihren Resten gemeinsam zum Bunde der Franken (der alten Istaevonen**) oder Sicambri, mit denen sich von den auswandernden Hermiones

von Hellen (Sohn des Deukalion) entsprungen, während sie (nach Scymnus Chius) eine Mischung der Aemoner aus Thessalien, Lapithen und Myrmidonen darstellten. Ihre ursprünglichen Sitze waren (nach Strabo) die Hügelfläche Dation in der pelasgischen Ebene in der Nähe des Pelion und des See Boebeis. Achaeer in Thessalien (in Phtia in Hellas) und im östlichen Theil des Peloponnes. Nach Pausanias kehrte Achaeus aus dem Peloponnes nach Thessalien zurück, die Besitzungen seines Vater's Xuthus zurückzuerwerben, während seine Söhne (Archander und Architeles) wieder nach Argos kamen. Die Aeolier (mit den Böotiern) wurden durch die Thessalier (aus Epirus) von Thessalien vertrieben. Nach Plinius redeten die Geten und Thracier dieselbe Sprache. Die Geten waren ein Zweig der Thracier (nach Herodot). Mit Ausnahme der Geten und Trausen (mit Agathyrren identificirt) haben die Thracier gleiche Sitten (s. Herodot). Herodot sah in einem Tempel Thebae's Weihgeschenke mit alt-phönizischen Inschriften (aus der Zeit des Cadmus). Ἰλλυριῶν οἱ Σχορδίσκοι μάλιστα καὶ Μαῖδοι καὶ Δάρδανοι τήν Μακεδονίαν ἐπέδραμον ὁμοῦ καὶ τὴν Ἑλλάδα, καὶ πολλά τῶν ἱερῶν καὶ τό Δἰλγικόν ἐσύλησαν (Appian). Der abrettische Zeus wurde (nach Strabo) in Cappadocien verehrt. Ἑλλελεῦ: Est acclamatio bellica, qui enim pugnam inituri erant, id cum concinno quodam motu corporis pronunciabant (Suidas). Ἕλενος scripsit de divinatione, quae fit per inspectionem manuum, velut cum e manibus expansis et apertis per ipsarum rugas conjicimus, liberos procreabit, et simile quid (Suidas). Ἕλος, silva densa vel aqua palustris. Fertur enim in lucem editus digitum silentii indicem labiis compressisse, quemadmodum Aegyptii Orum et Solem natos esse fabulantur, quare cum digitus ille labiis firmiter adhaeresceret, sectione id opus fuit, et Heraiscus labium incisum semper retinuit (Suidas). οὕτω διέγνω (Πραῖσκος) τὸ ἀφρητον ἄγαλμα τοῦ Αἰῶνος ὑπὸ τοῦ θεοῦ κατεχόμενον ὁ Ἀλέξανδρεὶς ἐτίμησαν, Ὀσιριν ὄντα καὶ Ἀδωνιν ὁμοῦ, κατὰ μυτικήν θεοκρασίαν. Bulgari Abarum habitum, quod valide delectabantur, suo mutarunt, esque ad hoc usque tempus utuntur (Suedas).

*) Si conjecturis, ex sonu vocis saltem repetitis, nonnihil indulgendum fuerit, dixerit, hoc loco cultum fuisse Wedam, numen Frisionum Saxonumque princeps, Othini simulacrum, Wedeliae et Wydae sacrum olim praesidium. A Nennio, Britorum historico, Wodanus appellatur Geata, gigas, excellens Scandinaviae olim Princeps, magicarum figurarum h. e. Runarum literarum inventor, Saxonum Mars et Mercurius, qui ab Anglo-Saxonibus oder Wodenstag, dies Mercurii dicebantur. Torfan, Thori templum, Thorkyl, Thori malleus. Les Lapons adorent trois dieux, Thor ou Ajeka, Storjunkare ou Stourra-Passe et Beywe. Thor était adoré sous le même nom dans la Scandinave et dans l'Allemagne. Chez les Celtes il était sous celui de Taran ou Taranis (Picart). Paganos lucis etiam arisque et quercubus vindicasse effectus asylorum quae Cimris et Danis Deerfreder dicuntur (s. Terpager). Denotat arborem justitiae et judiciorum Teutonum Irmen, Gallis Orme, Germanis Ulmenbaum appellatam (Abel). Othini Deastri Comites triga deorum minorum 1) Mithir seu Mithotinus medius Othinus inter asiaticum et europaeum, rectius Meth Othinus, Comes Othini, cum Othino agens, 2) Froer a Fro, semine, appellatus, aude dicuntur Fruar mater, 3) Vagnoff, gigas, Deus militiae, rectius haruspex (s. Westphalen). Powischus sah die Fusstapfen der S. Ursule in Hillich-Land. Valander in somnio a daemone suffocatus interiit, quod daemoniorum genus Sveco nomine Maara dicitur (Olaus). Die Einwohner des Dorfes Arbeke haben den Subterranei (in der Höhle) müssen Ochsen zur Abfuhr leihen, welche früh Morgen's auf der Hoff-Stete in vollem Schweiss gestanden, für das Fuhrlohn haben sie noch heute diesen Tag dieses, dass ihr Vieh keine ansteckende Seuche bekömmt. Zu den Zeiten Frisonis haben sie (in der Insul Helgolandt) die Vestam angebetet, ihre Länder wider den Neptun zu beschützen. Slota Baba, dea vialis, lapidi incisa a Scythis Obdorianis Russis ad ostia Obdi fluvii, Jutbriscis, Vobuliscis et conterminis populis culta, nec Obotritis Megapolitanis, Bohemis et Slavis orientalibus incognita, dea obstetrix, aurea Vetula, a Bohemio. Zloto, auro et Baba, avia, appellata (Westphalen)- Die Oder hiess Suevus (Suevenfluss), wie sie auch als Swiene bei Swienemünde ausfliesst (s. Heffter). Wandalos post occupatam Vandalusiam trajecisse in Africam et militaria signa habuisse taurina (Rodericus-Toletana). In Scaldorum monumentis Tauro capitique taurino tribuitur ipsum nomen Thori et Thyuri. Hinc opinabile est, Taurum aeneam a Cimbris cultum et a Romanis occupatum non, ut Bircherodius conjicit, Thori figuram humanam, sed ejus imaginem symbolicam, taurum vel tauri caput, solis simulacrum, retulisse, Slavos etiam maris balthici littora occupantes. et Suevorum Vandalorumque idolatrium sectantes, Thorum, h. e. Tauri caput, cum Radegasto conjunxisse, quae est opinio Rudbeckii (s. Westphalen).

**) Istaevonen gehörten mit Astingi oder Asdingi (königliches Geschlecht der Westgothen) zu einer Wurzel. Ynglingar, das (Königsgeschlecht der Schweden) wird aus

besonders die Chatten verbanden) zusammen, der dann durch seine Eroberungen (von der insula Batavorum aus mit Batavi und Caninefates der
Chatten) unter den stammverwandten Galliern hervorragende Macht gewann
und seinerseits wieder die Eindringlinge meistens besiegte. Der Anschluss
der alten Germanen an die Kelten hat sich noch in dem fränkischen Recht,
(mit dem auch das thüringische trotz seiner suevischen Elemente, die hinzugekommen, Verwandtschaft bewahrt hat), erhalten, während die echt
deutschen Gesetze der neuen Germanen durch die Sprache der Gothen im
Süden, der Sachsen im Norden repräsentirt werden. Das deutsche Element
in der durch die Malberger Glosse als keltisch gezeigten Sprache der Franken
brachten die zu einen frühen Einbruch der Sueven gehörigen Chatten, (wie
später die Hessen in die Ostfranken neben Ripuarier und Salier eingeschlossen waren). Nach der Sage bei Gregor. Tur. wären die (beim Durchzuge durch Thüringen ihre reges crinitos erhebenden Franken aus Pannonien
gekommen, wo (nach Ledebur) die sicambrische Legion ihr Standquartier
hatte und Adam Brem. Sicambri kennt. Unter den von Norden herabdrängenden Völkern treten besonders (neben den schon früh von den
Römern als Grenzwächter sesshaft gemachten Burgunder) die Longobarden

---

Yngvi abgeleitet (nach der Ynglingasaga). Gott Freyr steht als Yngvi an der Spitze der
Inglinger (Ynglingr oder Jüngling). Yngvi Tyrkja Konungr (Islendingabok), Sevo mons
im Lande der Ingaevonen (bei Plinius). Hellevionen in Scandinavien (nach Plinius).
Primus homo venit ad Europam Manus (Mannus) cum tribus filiis suis, quorum nomina
Hisicion, Armenon, Neugio (Nennius). Mons Sevo, ipse ingens, nec Riphaeis minor collibus,
initium Germaniae facit. Hunc Ingaevones tenent, a quibus primis post Scythas nomen
Germanicum consurgit (Solinus). Hilleviones von hella oder petra (Fels oder Klippe)
bezeichnet die Bewohner des scandinavischen Felsboden's. Hi omnes excisis rupibus
quasi castellis inhabitant, ritu belluino (s. Jornandes). Hellusii im Norden (bei Tacitus).
Leif nennt das Steinland in Nordamerika Helluland. Hermun (in Hermunduri) ist das
später in Zusammensetzungen häufig verstärkende Irmin (ermin) oder (goth.) airmin
(Zeuss). Die Elbe floss an der Grenze der Semnonen und Hermunduren (Vellejus).
Hermunduronum civitas, fida Romanis (Tacitus) in Handelsbeziehungen bis Rhaetien.
Die Σουῆβοι Λαγγοβάρδοι (als westliche Sueven) reichen (nach Tacitus) vom Rhein bis zur
Elbe, an die Σουῆβοι Ἄγγειλοι, die Anwohner des Flusses in seinen Mittellauf, die Chatten
und Hermunduren umfassend, die unter den Namen Χάτται und Τυριοχαῖμοι noch besonders neben ihnen genannt werden (Zeuss). Tacitus schreibt den Chatten lange Bärte
zu. Nach Tacitus finden sich die Hermionen im Oberlande, die Ingaevon an der Küste.
Plinius setzt die Istaeven (mit den Cimbri mediterranei) an den Rhein. Sueven (Hermunduren und Chatten) gehörten zu Hermionen, Cimbern und Teutonen (in Chaucen) wie
die Ingaevonen, Guttonen zu den Vindili. Zur Zeit des dänischen Königs Hadding wurde
im ganzen Europa Othin fälschlich für ein Abgott gehalten, besonders zu Upsala in
Schweden, von wo sein (durch Frigga des Goldes entkleidetes) Bild (das bei menschlicher
Berührung eine Stimme von sich gab) nach Byzanz geschickt wurde. Als sein Sohn
Balder gegen König Hother von Dänemark gefallen, ging Othin zum König der Russen
und schwängert (als Arzt) die Prinzessin, weshalb er aus der Götter Zahl ausgestossen
und statt seiner der Zauberer Holler (unter den Namen Othin) vergöttert (aber nach
10 Jahren wieder abgesetzt) wurde. Nach Othin's Wiederaufnahme unter die Götter
wurde sein Name durch Zauberei berühmt. Der mit der russischen Prinzessin Rinda gezeugte Sohn Boo bekämpfte Hother in Dänemark und beide fielen (Saxo Gram.). Hertha
(die Isis der Egypter) trug in der Rechten einen Scepter und Schlüssel in der Linken
(Arnkiel). Der wendische Abgott Flins soll der Wandalische König Vitzlou gewesen
sein, der (90) die Schwaben aus Pommern und Brandenburg vertrieb und diese Länder einnahm
(Schedius). Mannbare Töchter (bei den wendischen Völkern) trugen kleine Glöcklein
oder Schellen an ihren Gürteln; das war ein Zeichen, dass sie heirathen wollten (Miletius).
Regnum Preto Jannis confine est regno Soldani Aegyptii ab una plaga, et ab alio regno
Melindae (Münster). Die Phrisii wurden von Einigen Chauchi genannt, von Andereu
Grunes, von dem frankischen Fürsten, der auch der Stadt Gröningen den Namen gab
(Münster). Nach Herodian ist den Weibern verknechtet, wer sich den Mond weiblich
denkt, herrscht aber über sie, wenn er den Mond männlich denkt. Thule Belgorum
litori opposita (Mela). Le rocher, nommé le Grand-Ydace, etait toujour environné de
Corbeaux, qui se nourrissaient des metz destinés à dieu auf der Insel Palmas). Die
Hermionen sind (nach Plinius) mediterranei (neben Kambri oder Sigambrer).

hervor, oder Bardi*), im Namen mit den Bauern (von Buren und Bör) zusammenhängend, die spätere Unterwerfung in eine tiefere Rangclasse setzt
(wie Liten oder Laten der Letten, Sassen, Angariae in Polen, Ligyer oder
homes liges u. s. w.), während ihre ursprüngliche Bezeichnung als Winili
(b. Paul Diac.) oder Vindili (zu denen Plinius Burgundiones und Guttones
rechnet) im Zusammenhang mit damaligen Fini oder Fenni· auf eine (wie
in Japan) bärtige Urbevölkerung deutet, die vor den (gleich den Agrippäern
und spätern Kalmükken) geschorenen Sachsen (aus Asia**) in Cilicia nach

---

*) Die Namniten, Priesterinnen des Dionysos, wohnten auf dem Ausfluss der Loire
(gelegentlich zum Besuch der Männer hinüberschiffend). Die heiligen Jungfrauen auf der
Insel Sena, die sich in alle Thieren verwandeln konnten [Proteus], waren nur denjenigen
Schiffern günstig, die kamen, ihren Rath zu hören (nach Mela). An der keltischen Küste
erschienen zwei Raben, denen streitende Partheien Opferkuchen vorlegten, damit sie durch
ihr erstes Essen für den Eigenthümer ein günstiges Urtheil fällten. Neben (Necken oder
Nikur) Feldgeister (wie Mair). Thessalas matres quarum cognomen diu attinuit in nostro
orbe alienae gentis (Plinius). Druidarum religionem apud Gallos dirae immanitatis, et
tantum civibus sub Augusto interdictam, penitus abolevit Claudius (s. Suetonius). Die
Dardanier erbaten (nach Polybius) römische Hülfe gegen die hochgewachsenen Bastarner,
die (nebst den Sarmaten) westlich vom Dniepr) durch Mithridates herbeigerufen waren. Die
Kollegien der Druiden verwandelten sich in christliche zu Bordeaux, Toulouse, Narbonne
u. s. w., die druidische Abstammung aber blieb den Geschlechtern ehrwürdig und die am
alten Kirchengebrauch erinnernde Namen, Minervina, Alcimus, Patera, Phoebicins, wurden
beibehalten (Barth). Die unter Tarquinius Priscus bei Massilia landenden Phocäer wurden
zu Cyrus Zeit durch Nachkömmlinge verstärkt. Nach Clem. Alex. war Pythagoras ein
Zuhörer der Brahmanen und Galäer gewesen. Nach Diog. Laert war Pythagoras ein
Tyrrhener, von denen, die auf Lemnos wohnten und zu den thrakischen Pelasgern gehörten. Nach Eusebius war Pythagoras ein Tusker. Die persischen Magier wurden (von
den Hebräern) Deralsim genannt (donrosa oder Verkünder bei den Chaldaeern). Subactis
Thuringis, Norsavorum (Norsuavorum oder Nordsuavorum) gentis nobis placata majestas colla
subdidit (schreibt der Frankenkönig Theodobert an Kaiser Justinian). Die in der Heimath
zurückgebliebenen Warnen treten an der Elbe in der Folge mit dem Namen Schwaben
auf, als Nordschwaben unterschieden von den Schwaben des Süden's (Zeuss), Warner im
Kriegsdienste des Narses in Italien (Agathias). Pippinus adunato exercitu per Turingiam
in Saxoniam veniens finis Saxonum, quos Nordosquavos vocant, cum valida manu intravit
(Annal. Mettem). Das Werk der Philosophie hat bei den Barbaren begonnen, denn es
entstanden bei den Persern die Magier, bei den Babyloniern oder Assyriern die Chaldäer,
bei den Indern die Gymnosophisten, bei den Celten und Galater die sogenannten Druiden.
und Semnotheoi (Diog. Laert). Φιλοσοφία πάλαι μὲν ἤρμασε παρὰ βάρβαρος (Clem. Al).
Miror autem qui Celsus Odrysas, Samothracas, Hyperboreas inter vestustissimas sapientissi-
masque gentes numerare, dignatus fuerit. Quin et Homeri Galactophagos, Gallorum
druydas Getasque, qui multa Judaicae doctrinae finitima profitentur, sapientissimas gentes
antiquasque appellat (Origines). Juvenal findet die Grundsätze der stoischen Philosophie
schon früh bei den Cantabrern. Quasi facere etiam sciant, quae sciant fieri, sagt Apulejus
von den Magiern. Wie die Kelten brachten die Thracier alle fünf Jahre ein Menschenopfer. Der Iudiculus sup. verbietet simulacra de consparsa farina (Götterbilder aus Mehl-
teich). Die germanischen Priester trugen die Zeichen (ferarum imagines) im Kriege voran.
Athanarich (4 382) liess das Bild des obersten Gottes auf einem Wagen vor die Häuser
der des Christenthums verdächtigen Gothen führen, damit sie vor demselben niederfallen,
wenn ihnen nicht das Haus angezündet werden sollte. Freyr und ihre Priester zogen zu
Wagen einher. Die Wagen des Nerthus wurden nachgezogen. Augustus verbot den
Galliern die Menschenopfern und erlaubte den Priestern nur, die Fanatiker, die sich
weihen wollten, zu ritzen. Gänzliche Abschaffung unter Claudius. Der hohe Priester
(Coibhi Druid), der (nach der Wahl) den Druiden vorstand, regierte lebenslänglich. Die
Massilier schlossen denen, die mit dem Vorwande der Religion (per aliquam religionis
simulationem) betteln gingen, die Thore (Val. Max.) μητραγύρται (als Bettelpriester der
Kybele) oder μηναγύρται, als Monds-Bettelpriester (ἀγύρται oder Bettelpriester der Artemis).
Praeter Ideaeae matris famulos, eosque justis diebus, ne quis stipem cogito (Cicero). Bei
den Kelten war es (nach Plutarch) Sitte, die Weiber zu Berathungen über Krieg und
Friede, sowie zur Beilegung von Streitigkeiten mit Verbündeten.

**) Cujus secessu Mithotyn quidam praestigiis celeber perinde ac coelesti beneficio
vegetatus, occasionem et ipse fingendae divinitatis arripuit, barbarasque mentes novis
erroris tenebris circumfusas praestigiarum fama ad cerimonias suo numini persolvend as
adduxit. Hic deorum iram, aut numinum violationem confusis permixtisque, sacrificiis
expiari negabat, ideoque eis vota communiter nuncupari prohibebat, discreta superum

der Glosse des Sachsenspiegol's) zurückwich, obschon dann (als auch die
Sachsen an der Elbe erschienen) das längere Zusammenleben freundliche
Beziehungen herstellte, so dass, wie die Burgunder sich römischen Ursprung
zuschrieben (als gemeinsamer sobolis) Alboin Hülfe bittet ab antiquis suis
vetulis Saxonibus. In den Spuren der besonders unter dem Ingaevones
(Cimbri, Teutones ac Chaucorum gentes) festgesetzten Sachsen (denen auf
gleichen Wegen die Friesen vorangegangen) mit ihren Satrapen (b. Beda)
folgten dann im dritten Nachschub die Normannen auch nach Bayeux, wo
die Saxones Bajocassini Land erhalten, während ihnen in Island die in
jütischer Nord- und taurischer Südspitze wiederholten Cimmerier oder Cimbern
vorauzogen. Die sächsische Sage der Herkunft aus dem Heere Alexander's
trägt ganz den Ursprung aus Asien zur Schau, wo sich solche Versionen
vielfach finden. Die fränkische in dem trojanischen Ursprung dagegen wird
sich in den von feindlichen Piraten des Norden's gegründeten Askiburg*)

---

cnique libamenta constituens. Qui cum Othino redeunte, relicta praestigiarum ope, latendi
gratia Pheoniam accessisset concursu incolarum occiditur (Saxo Gram.). Τας δὲ Αμαζόνας
Καλενουσι Σκυθαι Οιόρπατα [Narapatai], ανδροκτονοα (Herodot), vom sanskritischen Vira oder
Heros (s. Grimm). Jornandes stellt bei den gothischen Ansen obenan einen Gaut (Gapt).
Odinn, Thor und Loki heissen Ass, alle neuen Götter und Göttinnen Aesir und Asynjor.
Jornandes kennt die Asen im Osten als Anses. Das alte Asgard (Sn.) that Köllum ver
Troja. Snorri (in der Ynglingasaga) meint (13. Jahrhdt.), dass aus jenem Svithiot hin mikla
um Tanais, wie Asaland, Asaheimr und eine Burg Asgadhr gelegen habe, Odinn und seine
Diar mit grossem Heer westwärts nach Gardariki, und von da südwärts nach Sachsen, und
endlich nördlich über das Meer nach Fion (Fünen) gelangt seien, wo hierauf der Name
Odinsey entsprang. Als ihnen nun auch Schweden gehorchte, sei es Mannheim, das alte
grosse Schweden aber Godheim genannt, und zuletzt Odinn wieder dorthin selbst zurückgegangen (s. Grimm). Die beiden Asgard, das alte und neue, im Osten und Westen,
können auch anklingen an die macotischen Ασπουργιανοι zwischen Phanagoria und
Gorgippa (bei Strabo und auf Inschriften), wie an das abweichende Ασπιβουργιον am
Riesengebirge und Asciburgium am Rhein, die sich hernach von Iscio, der Iscaevonen
Stammvater oder dem eddischen Asker deuten lassen (s. Grimm). Das persische asp
(equus) könnte übergehen in ask (Schiff). Asaland verwandelte sich später in Asia.
Thessa samtida komu austan Aslamenn ok Tyrkjar, ok bygdhu Nordhrlöndin, Odinn het
formada Theirra (Hervarassaga). Odhinn, son Thors (Sögubrot). Wodan sane, quem abjecta
litera Gwodan dixerunt, ipse est, qui apud Romanos Mercurius dicitur, et ab universis
Germaniae gentibus ut deus adoratur, qui non circa haec tempora sed longe anterius,
nec in Germania sed in Graecia fuisse perhibetur (s. Paulus Diac.). Als die ungetreue
Frigga von der Bildsäule das Gold abgezogen, wich Othin vor Schaam aus dem Lande
und trat ein anderer Zauberer, Mit-Othin [Mixi oder Ketzer] an seinen Platz, bis zuletzt
Othin zurückkehrte und wiederhergestellt wurde (Saxo). Γούτος ὁ αρχων Σκυθων των
καλουμένων Γούτθων (etymol. magn.). In der Brávallaschlacht kämpften auf des siegenden
Hrings Seite ausser Schweden auch Vestgoter, auf Harald's Seite Dänen und Ostgoter.
In Vafth rúdhinsmál wird vorgestellt, wie Odin, der vielerfahrene Gott, es unternimmt, einen
weisen und mächtigen Riesen heimzusuchen und zu prüfen. Als wegemüder Pilger tritt
er unter dem Namen Gängrädhr in Vafthrúdnis Halle. In der Edda tauschen die Rollen,
indem kein Gott, der die Riesen, sondern ein Mensch, der die Götter, erforschen will, auftritt. Ein kluger, in Svithiod herrschender König macht sich nach Asgard und Valhöll
auf, um der Asen Herrlichkeit zu schauen und nennt sich Gangleri statt Gylfi (s. Grimm).
Wie Vafthrudnismál auf einem Besuche Othin's bei den Jötunn, Gylfaginuing auf einem
Besuche Gylfis bei den Göttern beruht, werden auch Bragaroedhur durch ein Gastmahl eingeleitet, wo nicht Oegir oder Gymir die Asen, sondern Oegir und Hlér von den Asen in
Asgard empfangen wird (s. Grimm). Der Name Odhinn oder Wuotan scheint auf die
alldurchdringende Luft bezüglich und eine Benennung seines sittlichen Wesen's, Oski oder
Wunsch, mit dem Begriffe Oskabyr oder Wunschwint verknüpft. Donar oder Thor gleicht
dem Riesen Thrymr (sonitus). Loki unterliegt dem alten Naturgott Logi.
   *) Als nach dem Zank der Königinnen Sigurd im Schlafe durch Guttorm (Bruder des
Gunnar und Hogne) getödtet war, verbrannte sich Brynhilde. Als Atle, dem Gudrun (nach
Sigurd's Tode) angetraut war, die Guikungen (um Sigurds' Schatz zu erhalten) einladen
liess, schickte Gudrun warnende Runen (die aber von dem Boten Vinge umgeschnitzt
wurden) und wappnete sich, um mit ihren (deshalb dennoch ankommenden) Brüdern (obwol
Kostberu, Hogne's Frau, durch Träume gewarnt war) zu kämpfen. Als nach blutigem
Kampf, die allein übrigen Hogne und Gunnar gefangen, verlangte er (um das Gold gefragt)
erst Hogne's Herz (das lachend ausgeschnitten wurde) zu sehen, und dann (nicht durch

gebildet habe, indem die Römer dem in Ulixes verwandelten Juul gegenüber dem Ruhm des eigenen Stammherrn hervorhoben und auch die damals befreundeten Franken damit durchdrangen, wie er sich auch unter Modi-

---

das Herz des feigen Knechte's getäuscht) erklärte er, dass der Rhein eher mit dem Golde schalten, als seine Feinde es in den Händen tragen sollten. In einen Schlangenthurm (mit gebundenen Händen) gesetzt, spielte Gunnar die von Gudrun gesandte Harfe, so dass alle in Schlaf fielen, ausser einer giftigen Natter, die ihm in's Herz biss. Nachdem Gudrun die Kinder Atle's getödtet, unterstützte sie Niflung (Hogne's Sohn) den König im Schlafe zu tödten und verbrannte dann den Pallast mit allen seinen Mannen. Die sich in's Meer stürzende Gudrun treibt zur Burg des König's Jonakur und sendet ihre Söhne Hamder und Görle (die ihren Bruder Erp tödten) um ihre vom König Jormunrek getödtete Halbschwester Svanhild (Tochter Sigurd's) zu rächen (durch Abhauen von Hände und Füsse), worauf sie gesteinigt werden (nach der Volsungasaga). Nach Saxo begegnet Jarmerik (König von Dänemark und Schweden) vier Brüdern (Hellespontiern von Geburt) auf einem Seezuge und heirathete (den Kampf beilegend) ihre Schwester Gravilde, die auf Bicco's Verläumdung hingerichtet wurde. Als die Hellespontier das Schloss angreifen (die Leute des König's mit Blindheit schlagend) erscheint Odin und räth den Dänen die Hellespontier (die sich durch Hexengesang gegen Schwerthiebe schützten) durch Steinwürfe zu tödten [Jonaka oder Griechen]. Die nach Sigurd's Tode fliehende Gudrun kommt zu Hialprek in Dänemark, wo Atle um sie werben lässt durch Grimhild (im Gefolge von Longobarden, Franken und Sachsen). Und hiervon, wie diese Dinge geschehen sind, mag man nun die alten Sagen deutscher Männer hören, und zwar solcher, die in Susa geboren sind, und diese Geschichten sich zugetragen haben, und manchen Tag die Stätte noch unzerstört gesehen haben, wo diese Dinge geschehen, wo Hagen fiel und Jrung erschlagen wurde, und den Schlangenthurm, darin König Günther den Tod litt, und der Garten wird noch Niflungen-Garten genannt und steht noch Alles auf dieselbe Weise, wie es damals war, als die Niflungen erschlagen wurden, das alte östliche Thor, wo sich zuerst der Streit erhob, und das westliche Thor, welches Hagen's Thor genannt wird, wo die Niflungen den Zaun niederbrachen. Auch die Männer haben uns hiervon gesagt, welche in Bremen und von der Burg (Stadt) Münster geboren sind, und Keiner von ihnen wusste um den andern, und doch erzählten Alle auf gleiche Weise, auch es meist dem gemäss, was alte Lieder in der deutschen Sprache erzählen (heisst es in der Vorrede zur Vilkinasage). Stadt Susudata (Scyda) im Land des Silingi am Fuss der Vandalici Montes (b. Ptolem.) in der Nähe von Jüterbogk. Die Nebensonnen heissen (in Westgothland) Sobulf oder Solvarg (Sonnenwolf). Die Usipeter passirten den Rhein mit den Teucterern (Mainz belagernd 70 p. d.). In England wird die Alliteration durch die Normannen verdrängt, die den Reim mitbrachten (Rühs). Ausser den Volskern in Latium fanden sich an der Küste Gallien's (Oυολκαι oder Volcae), in Lucanien (Volcentani oder Volscentes) und Etrurien (Volcentini oder Vulcientes) Völker ähnlichen Namen's (s. Zoega). Nach Sigmund's Tode wurde Hiordise durch Alf (König Hafrek's Sohn in Dänemark) auf Wikingerfahrt entführt und (obwohl sie mit ihrer Dienerin die Kleider gewechselt) erkannt (da sie nicht durch Methtrinken, sondern durch Erkalten des Goldringe's [nicht Bedürfniss, sondern Duft in Persien] das Ende der Nacht bemerke. Der mit Hialprek oder Halfrek erzeugte Sigurd wurde von Reigin erzogen und über Fofner's Gold belehrt, die Otur's Busse, die Odin, Loke und Häner dem Hreidmar (Vater des Fofner, Otur und Reigin) bezahlten (da sie den in eine Otter verwandelten Otur erschlagen) im Ottersfell, das Loke sich von dem Zwerg Andver (den er mit Rana's Netz in Hechtsgestalt aufgefischt) herausgeben liess und ihn auch seines letzten Ringes (Andvaranaut) beraubte, an den der Fluch des Todes für den Besitzer geknüpft wurde. Nachdem Sigurd (um seines Vater's Tod zu rächen) Hunding's Söhne besiegt, wird er durch einen bärtigen Greis über Fofner unterrichtet, der ihm (noch ehe er stirbt) über die Asen und Nornen auf seine Fragen belehrt. Als er das von Reigin gewünschte Herz Fofner's ausgestochen, versteht er durch das auf die Zunge gespritzte Herzblut den Gesang der Vögel, die ihn rathen, das Schlangenherz zu essen (um Weisheit zu erwerben) und den verrätherischen Reigin zu erschlagen (nach der Volsungasaga). Nachdem Sigurd in der Flammenburg (am Hindarberge) der Brynhilde (die er auf seine Thaten wirkend in Heimer's Hof sah) Treue geschworen, heirathete er (nachdem ein in die Härde fliegender Falke Kunde von dem Freier gegeben) die (Tochter des Giuke, Vater des Gunnar, Hogne und Guttorne) Gudrune, deren zauberkundige Mutter Grimhild durch einen Trunk das Andenken Brynhilde's (die später für Gunnar erworben wurde) ausgelöscht hatte (nach der Volsungasaga). Als Heimer (Brynhilde's Pflegevater) von Sigurd's Tode hörte, verbarg er die Aslauga (Tochter des Sigurd und der Brynhilde) in seine Harfe und zog nach Norden, wo er auf dem norwegischen Hofe Spangerheide durch Grima (Frau des Ake) erschlagen wurde (weil sie einen Goldring unter der Bettlerkleidung gesehen). Das in der Harfe gefundene Mädchen (deren Weinen früher sein Spiel nicht gehört war) wurde von dem Ehepaar (das sie für stumm hielt) für seine Tochter ausgegeben und unter Einschmieren mit Thran kahl geschoren (damit ihre Schönheit der eigenen Hässlichkeit gleich

ficationen zu den Britten verbreitet hatte, die in die Britii oder Brettii*)
(Bruttii) des südlichen Europa einen Widerhall fanden, gleich den Iberern
des Osten's in denen des Westen's. Die gallischen Eroberungszüge nach
Osten waren unter den Erschütterungen der von den Scythen gedrängten
Cimbern unter den Kelten angeregt, und dann folgten jene selbst. Die
Allamannen rotteten sich aus den Ueberbleibseln (besonders der Hermunduren)
vieler der durch die Sueven aufgelössten Staaten zusammen, mit einem über-

---

käme). So verrichtete Aslauga unter dem Namen von Kraka (die Krähe oder Schmutzige)
die niedrigsten Arbeiten (nach der Volsungasage, woran sich die Regnarssaga anschliesst).
Dem primsignirten (mit dem Zeichen des Kreuze's bezeichneten, aber nicht getauften) Gest
konnte die umgehende Elfe oder Geist nichts anhaben (nach Norna Gest's Saga). Der
Faröer Norna-Gest konnte nicht sterben, bis das seinen Eltern bei der Geburt geschenkte
Licht ausgebrannt hatte. Aldrian (Hogne's Sohn) überredet Attila ihm zu der Höhle des
Niflungenschatz zu folgen, und schloss ihn dort ein, so dass er dort [wie der Khalif] ver-
schmachtete (nach der Vilkinasaga) Sigurdur als Vorfechter oder König (urdr oder wordr)
des Sieg's (sig). Nach dem auf den Faröer-Inseln gesungenen Liede von Sigurd (Sjurn
Queaje) tödten die Jukekönige (Jukekonger, Giukongen) den Sigurd. Nach der hvenischen
Chronik bindet Hagen seine Schwester Gremilde für Sigfred (der sie nicht bezwingen konnte).
   *) Theithan war bei den Dritten der grosse Hu, der Menschen Herr, Gott des Ge-
heimnisses, der donnernde Beli, der Herrscher am Himmel, Aeddan der Todtenrichter,
Buddwas der Geber des Guten, Deon der Vertheiler des Weltall, der göttliche Geist
Gwydion, der Schlachtenleuker Cadwladr. Er war der Meere Herr, Beschützter der
Nacht, Lehrer des Ackerbau's, aller Menschen Stammvater (s. Mone). Als Tarwas (Stier)
Trigaranos (drei Kraniche) wurde (unter dem Bilde eines Ochsen mit drei Vögeln in einem
Gehölz) die Dreieinigkeit verehrt, als Teutates, Esus, Tavanis. Der von den Kelten (nach
Lucan) Ogmius genannte Herakles sollte (nach Cicero) die phrygischen Buchstaben nieder-
geschrieben haben. †Ogham heisst im Ersischen die Geheimschrift, die Runen. Beel
bedeutet heilig im Keltischen (nach Adelung). Bal ist hoch (pila oder Berg), beal die
Sonne im Irländischen. Apollo hiess von βέλος (Pfeil oder Strahl) ἀπὸ τοῦ πάλλειν τὰς
ἀκτῖνας. Belia ist thrakischer Name des Bachus. Bei Solothurm heisst ein Gehölz das
Attisholz (Adelung). Socrates scholasticus und Sozomenus nennt das Volk des Ulfilas nur
Γότϑοι, wie auch Auxentius im lateinischen Bericht von Ulfilas gens Gothorum sagt, aber
Orosius, Hieronymus, Augustinus verwenden die getische Benennung statt der gothischen
und die gothischen Geschichtsschreiber selbst (Cassiodor, Jornandes, Procop) legen beiden
Ausdrücken gleichen Sinn bei. ὅτι Οὐργίλαν φησὶ οὖτος τοὺς γράφονς ἐκ τῶν πέραν
Ἴστρου Σκυϑῶν, οὓς οἱ μὲν πάλαι Γέτας, οἱ δὲ νῦν Γότϑους καλοῦσι (s. Pilostorgius). Die
Γέται οἱ ἀϑανατίζοντες sind nach Herodot Θρηϊκῶν ἀνδρειότατοι καὶ δικαιότατοι. An
seines Leben's Ende, nachdem er drei Jahre lang in einem unterirdischen Haus verblieben war und von den Geten todt geglaubt wurde, erschien Zabmoxis oder Gebeleizis
nochmals unter ihnen. Im Ptolomeischen Scandia stehen neben einander Gutae und
Dauciones, während im angelsächsischen Beovulfliede Geatas und Deno verbrüdert auf-
tresen (s. Grimm). Zalmoxis stammt von Ζαλμός (im thrakischen) oder ζορα nach Porphyrius,
weil der Neugeborene in eines Bären Haut gehüllt worden war. Nach Toxaris (bei
Lucian) waren im skythischen Oresteion auf der Säule Bilder und Schriften. Sein Land
und Volk heisst der Finne Suome, der Lappe Sabme. Suomalainen bezeichnet den
Finnen Sabmelats, Sabmeladzh den Lappen. Schweden nennt der Finne Ruotsi, der Lappe
Ruotti, Deutschland der Finne Sakra, Russland Venaja (Wendenland). Slaven heisst der
Finne Tschud (s. Grimm). Der preussische Litthauer nennt den polnischen (d. h. den
Samogeten) Gudas oder Guddas. Im Mittelalter hiess er Sameite, woraus Schamaite ent-
sprang, auf Samogeta zurückführend (s. Grimm). Nach Dio Chrysostomus (bei Jornandes)
wurde Philipp (König von Macedonien) bei der Eroberung Mösien's, um Gnade für die
Stadt gebeten, durch die Gesänge der sacerdotes Gothorum aliqui, illi qui Pii vocabantur.
Nach Ebbo beteten die Juliner (zur Zeit des Otto von Bamberg) hastam Julii an. In
Julin wurde die Sonnensäule des Jul verehrt. Nach Cramer war Julin von Julius Cäser
gegründet. Nach Budenhagen pflanzte Domitius (zur Zeit des Augustus) eine nach Julius
Caesar genannte Säule auf der Insel Austravia (Wollin) auf, wo Wolgast oder Julgast ge-
baut wurde. Julin war Civitas Vinetorum (Jumeta oder Vineta) nach Crantz. Vineta war
Handelsstadt der Wenden. Sy wart geheisyin Julin, nu nennet man sy Wollyn, war erst
genannt Vynneta (sagt Ernst von Kirchberg) 1378. Nach Nikolaus von Klemptzen wurde
Vineta oder Julin angelegt von den Wenden (778 p. d), als Ratzlaff Fürst von Rügen
war. Erich Eyegod zerstörte (1097) Vineta oder Jomsburg. Der dänische Seeräubersitz
Jomsburg wurde im X. Jahrhdt. angelegt. Harald Blaatand (auf seinem Zuge gegen die
Wenden baute die Burg Jomsburg. Die Mutter Palnattokko's (aus dem Wendenlande
stammend) wurde von Harald Blaatand geschwängert.

wiegenden Bestandtheil der Eroberer, so dass sich das allemannische Recht am nächsten an den Schwabenspiegel anschliesst. Während ihres Sitzes unter den stammverwandten Geten hatten die Gothen von der durch Dicencus (zu Sulla's Zeit) verbreiteten Bildung Vortheil gezogen. Marbod's Versuch zur Gründung eines Sueven*)-Reich's unter dem Völkergemisch der Markomannen fand noch als allzu früh an dem Widerstande der eingeborenen Söhne des von Thuisco stammenden Mannus, als deren Vorkämpfer die Cherusker mit ihren Clienten ($\upsilon\pi\eta'\kappa o o\iota$) auftraten, seinen Untergang, aber bald konnte die Ueberschwemmung nicht mehr gehemmt werden und die ursprünglichen Germanen metamorphosirten sich rasch unter neuen Namen. Wer von den Hermionen nicht (gleich den Chatten) zum Frankenbunde der Istaevonen oder Sicambrer nach Westen floh, oder als Hermunduren in den Horden der Alamanen verschwand, bildete, um die Cherusker geschaart, die Grundlage der Thüringer, unter denen sich eine suevische Dynastie erhob, vielleicht aus den (mit Longobarden) zu Arminius übergegangenen (doch dann nicht mehr genannten) Semnonen, aber später durch die (schon mit den Bardi als Longobardi zusammengeschlossenen) Angli verstärkt und die (595 p. d.

---

*) Procopius refert Suevos sub Justiniani tempora in locis Regno Bohemiae addictis ad Albim consedisse. Post hos in Orientem solem Toringi barbari suut, qui Caesaris Augusti permissu sedes has tenuere et ab his Burgundiones ad procul ad Nothum Ventum vergentes, inhabitant Suevi, deinceps Alemanni gens valida, et jam diu huc incolunt loca. Facile autem id nominis deduci potest a voce Sarmati. Gothica Zeme (terra), cui ut Semnones quasi Zemnones dicti sunt. Poloni in eodem sensu dicunt hodie per sua dialecto Ziemiani id est terricolae, proprie ditionum suarum incolae. Sunt qui nomen hoc e graeca voce Semnis proveniisse autumant. Semnes erant Deae Erinnyes, quarum meminit Thucydides. Earum sacra celebrabant Hesichidae Athenis, ab Hesycho Heroe progeniti cui arietem iidem tanquam meritissimo Parenti ante aras et sacra immolabant. Alii ab alia voce similiter Graeca derivatum sentiunt, scl. a Semneum, quod et Secretum et dignum veneratione significat, dicuntur etiam inaccessa loca Semnia° (Praetorius). Nach Varnefridi finden die mit den Longobarden nach Italien gezogenen Sachsen ihr Land bei der Rückkehr von den Sueven besetzt. Ex hac igitur Scanziae insula, quasi officina gentium, aut certe velut vagina nationum, cum Rege suo, nominato Berig Gothi quondam memorantur egressi, qui ut primum navibus egredientes terras attigere illico nomen loco dederunt. Nam hodie illic, ut fertur Gotiscanzia vocatur. Unde mox promoventes ad sedes Ulmerugorum, qui tunc Oceani ripas insidebant, castra metati sunt, eosque commisto praelio, propriis sedibus pepulerunt, eorumque vicinos Vandalos jam tum subjugantes, sui applicuere victoriis. Ibi vero magna populi numerositate crescente, etiam paene quinto rege regnante post Berig, Filimer, Filiquod, Augis, Calii Arigis consilio sedit, ut exinde cum familiis Gothorum, promoveretur exercitus, qui optissimas sedes locaque dum quaereret congrua, pervenit ad Scythiae terras, quae lingua eorum Ovim vocabantur (s. Jornandes). Phavones, Ptolomaeo $\varphi\alpha\nu\tilde{\omega}\nu\epsilon\varsigma$ dicti, nomen accepisse videntur ab eo, a quo Wajones sire Wejoues Zalavoni et Samogethae, ubi eo nomine vocantur illi, qui ventos conflare id est excitare inflatu silue buc illuc inflectere excitatos uorunt, quorum non parvus adhuc exstat numerus, qui eam profitentur artem (Praetorius) Unde confestim (inquit Procopius de Gothicis populis) mittunt Bizantium, Imperatorem precatum, ducem, quem vellent sibi ut traderet. Tum ille Herulem quempiam Byzantii diu versatum, mox mittit Swartum nomine, quem Heruli tum primum benigne susceptum, volentes quidem. ut Regem salutant et venerantur, jubenti consueta obsequuntur et parent. Loccenius nomen Svonum a Sven deducit, quod in Suedica lingua Martis Tyronem sive juvenem militem olim denotasse dicit. Isidorus Gothorum regnum antiquissimum esse atque e Regno Scythorum exortum, asserit prove certa (s. Praetorius). Cunctis permixti gentibus, in Asi- Gallo Graeci putantur fuisse Galatae (Lazius). Gothiae Sarmaticae fundatorem Cluverius Riphacem nominat, cui Russiam tribuit. Pompejus Trogus Parthos a Gothia veuisse docet. Nicephorus Vesos, Gepidos, Vandalos ad Gothos refert. Gothica lingua Slavonica (Praetorius). Theodosii temporibus Germania omnisque Gothia (inquit descriptor Orbis) ab Oriente fluvio Huistia, ab Occidente Rheno claudebatur. Et quia in motione Castrorum miles ille (1657 p. d.) pro more suo et lingua: Lelo, Lelo! ingenti sublato clamore personabat, a Prussis Zalavonis in Memelensi, Ragnetensi et Tilsensi districtibus ex suno vocum illarum dictus est Lelokai. Quamqnidem dononiinationem Zalavoni Prussi hucusque retinent, adeo tenaciter ut ab ea expeditione, quam Lelokarum vacant, annos vitae suae rerumque gestarum computent. Unde dicunt: „Ante tempus Lelokarum (ante Expeditionem Samogetarum) hoc vel illud factum est" (Praetorius).

durch Childebert vertilgten und dann durch Slaven ersetzten) Warini*), die von der Warne in Mecklenburg die schönen Pferde brachten, welche Vegetius Renatus rühmt. Noch zu Canut's Zeit galten in den englischen Forstgesetzen Bestimmungen des Recht's der Weriner oder Thüringer, und das thüringische Gesetz ist überschrieben: Lex Angliorum et Werinorum, hoc est Thuringorum. Der Name des Volkes deutet in Tor-Ingi auf ein göttlicher Abstammung, gerühmtes Königsgeschlecht und führt auf denselben von Lappen bis Ostjäken verehrten Donnerherrn, an den auch der Cultus der Semnonen erinnern würde.

Bei allen gothisch-suevischen Völkern, als auf Feldzügen befindlich, musste das Königthum eine politisch schärfer ausgeprägte Gestalt erhalten, während bei den fest ansässigen Germanen**) nur der Krieg unter den

---

*) Varini als Anwohner des linken Elbufer (nach Plinius) (unter Vindili oder Istaeven) neben den Angli. Σαξόνων δὲ καὶ Σουήβων (μεταξύ κεῖται) Τευτονοάροι καὶ Οὐΐρουνοι. Φαραδεινῶν δὲ καὶ Σουήβων, Τεύτονες καὶ Αὔαρποι (Ptolem.). Die Suardones (Heruler) oder (b. Ptolem.) Φαροδεινοί (Φαραδηνοι) verehrten (mit Reudigni, Aviones, Anglii, Varini und Eudoses) die Nerthus oder Muttererde (nach Tacitus). Μουγίλωνες (b. Strabo) oder Burgundionen werden neben Βούτονες (Γούτονες) genannt. τοὺς Ἰουθούγγους Σκύθας (Dexippus). Juthungi, Alamannorum pars, Raetias vastabant (Amm.). Suabi, Ziuvari, Juthungi, Τευτονοάροι, Reudigni, ein und dasselbe Volk, sind die westlichen Toutones, die schon erste Hälfte des III. Jahrhdt. ihre nördliche Sitze verlassen und (230) in den Donaugegenden neben Quaden, Ritugi in die Tab. Peut. genannt, erscheinen (Zeus). Die Wessobrunner Handschrift erklärt (neben Dumnonii) die Cyuuari (Ziuvari) als Suapa (Suevi). Is (Achulf) siquidem erat Warnorum stirpe genitus, longe a Gothici saguinis nobilitate se junctus (Jornandes). Οὔαρνοι (Sachsen) δὲ καὶ Φράγγοι τουτί μόνον τοῦ Ῥήνου τὸ ὕδωρ μεταξύ ἔχουσιν (Procop). Die Rheinwarner (unter König Rudiger) wurden von der Königin der Angeln aus Brittannien angegriffen. Φρίσσονες in Brittannien (b. Procop). Incipit lex Angliorum et Werinorum, hoc est Thuringorum. Suevi transbodani aliis legibus quam Saxones utuntur (Witichind). L'arak (Salvadora persica) est un arbre, dont on prend les rameaux pour en faire des cure-dents. Ces cure-dents sont préférables à tout autre, leur usage donne de l'aisance à la parole, de la facilité au langage, parfume l'haleine, éveille l'appétit, éclaircit les idées. Le meilleur moyen d'employer ce cure-dent est de l'imbiber d'eau de rose. Le cure-dent d'Arak a dix qualités, il parfume la bouche, raffermit les gencives, dissout la pituite, dissipe le scorbut, ouvre l'appétit, est d'usage consacré par l'exemple du Prophète, attire les faveurs du Seigneur, excite aux oeuvres de bien, réjouit les anges gardiens. Lorsque le Prophète se levait pendant la nuit, il se nettoyait la bouche avec un cure-dent d'arak (s. Perron). Die Myrthe war der erste Baum, den Noah beim Verlassen des Kasten's pflanzte (nach den Arabern). On a prétendu que la femelle (du lièvre et du lapin) a des menstrues. Le Prophète renonça à manger de cette viande (nach Soleiman Dâvud). In den alten Taufformeln schwuren die Heiden ab mit: Ich entsage dem Teufel (deoful oder duival als gefallenem Tiu oder Teut) mit seinen Genossen dem Thor und Odin und allem ihren Anhange. Fryx (Phrygier) und Midas waren Sclavennamen bei den Griechen. τῶν Φουλιτῶν ἔθνος ἐν πολυάνθρωπον οἱ Γαυτοί εἰσιν (Procop). Γούται (b. Ptol.) im südlichen Skandien. Gautigoth (b Jornandes). Gautar (b. Snorro) in Gautland (neben der Insel Gotland). Seekundige Geatas (im Beowulf), als Saegeatas (Wedergeatas). Eygotaland (die Inseln) und Reidhgotaland (als Festland). Der Wettersee schied östliche und westliche Gothen. Proximi habitant Gothi qui Occidentales dicuntur, alii sunt Orientales (Ad. Br.). Gothelba fluvius a Nordmannis Gothiam separat. Vagoth (Gautigoth, Vinoviloth). Sweans (Suethidi oder Schweden) wohnten im östlichen Lande, die Gauten im Südwesten. Γύθωνες am Ostufer der Weichsel (b Ptol.). Guttones (Gothones) an der Bernsteinküste der Ostsee (nach Pytheas). Trans Lygios Gothones regnantur (Tacitus). Retro Marsigni, Gothini, Osi, Buri terga Marcomannorum Quadorumque claudunt (Tacitus). Θηνίκων δὲ ἔθνος μέγιστόν ἐστι μετά γε Ἰνδούς πάντων ἀνθρώπων (Herodot). μέγιστον μέν τὸ τῶν Σοήβων ἔθνος (Strabo). Der ältere Strabo sagt, von Sueven und Semnonen redend: πλὴν τὰ γε τῶν Σοήβων ἔθνη, τὰ μέν ἐντὸς ὦκει, τὰ δὲ ἐκτὸς τοῦ δρυμοῦ, ὅμορα τοῖς Γέταις (s. Grimm). Pytheas setzt Guttonen in die Ostsee. Tacitus nennt im Nordosten Deutschland's hinter den Lygiern auch Gothones und legt ihnen Königthum, nicht die freie Verfassung der übrigen Germanen bei (s. Grimm). Trajanus victa Dacia ex toto orbe romano infinitas eo copias hominum transtulerat ad agros et urbes colendas (s. Tacitus). Die gallischen Gothinen (b. Tacitus) sind (nach Grimm) getische Vordringlinge. Cassius Dio rechnet die Σουῆβοι zu den Κέλτοι, die Δακοι zu den Σκόθαι, als Gegensatz.

**) Suiones, als germanische Skandier (bei Tacitus). Schweden (bei Jornandes), als Liothida (Sweans oder Suethidi). Pelzhandel der Südländer mit den Schweden (Pferde

Gefolgeschaften militärische Gewalt ertheilte und sonst das Königthum in der Form einer monarchischen Theocratie verblieb, worin auch Caesar's Bemerkung, dass nur der Priester das Recht zum Strafen hätte, eine Erklärung findet. Noch in den gelockten Merowingen*) der Franken tritt

geröhmt). Sueones (b. Eginhard), als Stammvolk der Ros (Annal. Bert.). Sveon ein Küstenstrich nach Sconeg (bei Wulfstan). Sveoland südlich von den Kwenen (Other). Ab oriente Riphaeos montes attingit (Sveonia vel Swedia), ubi deserta ingentia, ubi nives altissimae, ubi monstruosi hominum greges ultra prohibent accessum, ibi sunt Amazones, ibi Cynocephali, ibi Cyclopes (Adam Brem.). Upp-Sviar (Oberland) war die edelste Abtheilung des Volkes der Schweden (Heimskr.) mit Uppsal in Tiundaland. Bei dem Volk der Wisu (jenseits der Bulgaren) hatte die Nacht nicht einmal eine Stunde Länge (nach Ibn Fozlan). Suionibus Sitonum gentes continuantur (differunt, quod femina dominatur). Hic Sueviae finis (Tacitus). Trans Suionas aliud mare, pigrum ac prope immotum, quo cingi cludique terram orbem, fides (Tacitus). Σκανδία (bei Ptolem.) mit Chaideinoi, Fauonai, Firaisoi (Φιραῖσοι), Goutai, Daukiones, Leuonai. Σίδωνίς (bei Ptolem.) neben den Λούγιοι Βοῦροι. Die Gothini (keltischen Ursprung's) und Osi (pannonischen Uisprung's) zahlten den Sarmaten und Quaden Tribut. Gothini, quo magis pudeat et ferrum effoduint (Tacitus). In alten Zeiten waren Galater vom Geschlecht der Kelten über die Rhipaeen gegangen und hatten sich zwischen Pyrenäen und Alpen angesiedelt (nach Plutarch). Im fränkischen und allemannischen Dialect heisst der Priester Ewart (Iuristo Ewart oder hohe Priester), als Wärter (Wart) des Gesetzes (E. oder Ew). Lange Gewohnheit wird für Recht gehalten (nach dem salischen Gesetzbuch). In einem Liede von Anthar (dem vandalischen Helden) soll Drude als Benennung der Priester vorkommen (s. Harth). Condrusos, Eburones, Caerasos, Paemanos, qui uno nomine Germani appellantur (Caesar), sich selbst Gallier nennend. Fuisse apud cos et Herculum memorant (Germani), primumque omnium virorum fortium ituri in proelium canunt (Tacitus) [Herakles, als Rakles oder Roland im Taillefer-Lied]. Ante quos etiam cantu majorum facta modulationibus citharisque canebant, Ethespamarac, Hanalae et aliorum, quorum in hac gente magna opinio est, quales vix heroas fuisse miranda jactat antiquitas (Jornandes). In thüringer Mundart wird ein Volkssänger Bardel genannt (Barth). Der Frankenkönig Chlodwig verschaffte sich mit grossen Kosten den Barden Archared vom Ostgothen Theodorich M. Nach thüringischem Recht wurde die Verwundung eines Harfner's in der Hand mit einem viertheil Huppegeld mehr gebüsst, als eines andern Mannes gleichen Stande's. Caesar nennt die Wahrsagerinnen (des Ariovist) Matres familias. Die Scherin Jetha wohnte auf dem Jethenberg bei Heidelberg. Nach der Dynastie der Guuginger folgte bei den Longobarden die der Lithinger, wie (nach Paulus Diaconus) Edle bezeichnet wurden. Aus Erde und Wasser (indem der Okeanos die Thetis heirathete) wurde die Schlange Herakles gezeugt, die ein Ei gebar, aus welchem Himmel und Erde entstanden (nach orphischer Kosmogonie). Die Averner (troischen Geschlechts) finden sich in den Cevennen. Die Bebryker, die vor Troja mitgekämpft (s. Plinius), finden sich in Oberitalien (Orosius) und an den Pyrenäen (Dion.). Die Priester in dem Tempel des Alkis waren weiberartig gekleidet, wie die Druiden auf der Insel Mona. Julian verglich die Töne der Bardenlieder mit Rabengekrächz, Fortunatus mit Gänsegeschrei. Die Kelten leiteten sich (nach Caesar) von Dis, die Germanen (nach Tacitus) von Tuist. Deum maxime Mercurium colunt sagt Caesar von den Galliern. Deorum maxime Mercurium colunt, sagt Tacitus von den Germanen. Priester von praestes (Praestites et doctores fidei christianae). Die Gothen nannten die Priester Gudja. Die Seheriunen hiessen Sibyllen von dem äolischen σιούς für θεους und βυλήν, der Rath. Eine solche, Namens Martha (aus Syrien), führte Marius im kimbrischen Kriege bei sich und auch die Hebräer hatten eine Hulda (s. Barth). Itaque Sibyllam dictam esse quasi θιοβούλην (Lactantius). Sed et olim Auriniam et complures alias venerati sunt, non adulatione, nec tamquam facerent Deas (Tacitus). Valand heisst altdeutsch ein Riese und im Mittelalter finden sich Folleti Daemones, als Hausgeister. Im Nibelungenlied heisst Valant der böse Geist, Valandine die vom Teufel Besessene. Valentia ist der Geheimname Rom's. Siwa bei den Polabern als Göttin (Dewa) verehrt (Sif, Gattin Thor's). Frau Holle (Hulda) neckt in Thüringen die Weiber die vor Weihnachten ihren Rocken nicht abspinnen (Hullen-Pöpel in Franken). Bischof Agarich von Verdun sucht (in Austrasien) die Frau zu exorciren, die bei Diebstahl den Aufbewahrungsplatz des Räuber's und den Ort des Diebes anzugeben wusste. Cognovit in ea esse immundum spiritum Phitonis (Gregoi Tur.). In den Gaucho unterscheidet Hutchinson die von Spanien, besonders Andalusien, stammenden Häuptlinge und Vichpächter von den wirklichen Gauchos, aus spanischem und indianischem Blut gemischt. Neben Ophionenses ('Οφιονεῖς oder 'Υφιεῖς) wohnten Kallienses und Bosmenses (Βωμιεῖς oder Βωμιαιοι) in Aetolien. Arkadier als Proseleni. Er (Thor) in Irminsul (Hermes').

*) Die Sprache der Franken hielt in der Mitte zwischen der hochdeutschen und sächsischen. Wie die Gothen dem griechischen Alterthum, müssen die Stämme, aus denen

eine Art Priesterkönig hervor, der ohne die Einführung des Christenthum's und den Papst in Rom vielleicht in den Schatten gestellt aus Mikado zurückgetreten sein würde. Gaupp gruppirt die deutschen Rechte (nach ihrer Verwandtschaft), als Westgothisches und burgundisches Recht, Alamannisches und bairisches Recht, Friesisches und sächsisches (angelsächsisches), sowie langobardisches Recht, Salfränkisches und ripuarisches mit thüringischem Recht. Die letzte Classe repräsentirt die ursprünglichen Germanen in ihrem Zusammenhang mit den Kelten *). Von der Localmodification des friesischen

---

der hochdeutsche Dialect herzuleiten ist (Alamannen und Baiern) dem, was die Grundlage des Latein bildet, ursprünglich näher gestanden haben (Grimm). Die mit chun zusammengesetzten Personen-Namen gehören zum Theil zum althochdeutschen Kuoni (audax), doch in den meisten Fällen zu chunni (genus). Das alte Wort für Volk ist gothisch thiuda, angelsächsisch theod, altnordisch thiod, althochdeutsch diot. Auf dem Gebiet der von Caesar vertilgten Eburonen, die (mit ihren Nachbarvölkern) Germanen genannt wurden, wurden die Tungri oder (früher) Germani (bei Tacitus) angesiedelt (von Agrippa) in den Ardennen (der Belgier). Coëgitique non tantum rutilare et submittere comam, sed et sermonem germaniam addiscere et nomina barbarica ferre (gallische Eingezogene) durch Caligula. Nach Belloquet hat sich der gothische Typus in den braunen Bewohnern Süd-Frankreich's verloren, die sich erst mit den Gälen, dann mit den Kymren mischten. Im Elsass werden die Franzosen des Innern als Welches bezeichnet, die Deutschen in Baden als Schwaben. Die von Procop an den Palus Maeotis gesetzten Vandali finden sich später am Baltic (zwischen Vistule und Viadrus), wo Plinius die Burgudiones als Stamm der Vindili nennt. Das Riesengebirge heisst Οὐανδαλικά ὄρη (bei Dio Cassius). Am Marcomannischen Kriege Theil nehmend, griffen die Vandalen und Marcomannen, mit den Quaden verbunden, Pannonien an. Constantin versetzte die Vandalen von Moravia nach Pannonia. Unter Probus finden sich die Vandalen in Dacien. Mit anderen Stämmen der Germanen verwüsteten die Vandalen (406 p. d.) Gallien und setzten sich (409 p. d.) unter Godigisclus in Spanien fest, unter Genserich (429 p. d.) nach Africa ziehend, aber von Belisar 534 p. d. besiegt. Supplicia corum qui in furto, aut in latrocinio aut aliqua moxa sint comprehensi, gratiora deis immortalibus esse arbitrantur, sed cum ejus generis copia deficit, etiam ad innocentium supplicia descendunt, sagt Julius Caesar von den Galliern. Multis in civitatibus harum rerum exstructos tumulos locis consecratis conspicari licet, sagt Julius Caesar in Gallien von der dem Mars im Kriege geweihten Beute. Gallorum rusticis eam consuetudinem fuisse, simulacra Daemonum, candido tecta velamine, misera peragros circumferre dementia (Sulpicius). Vergobret, der Häuptling der Aeduer, wurde jährlich erwählt. Der druidische Gerichtstag wurde jährlich zu Dreux im Lande der Carnuten abgehalten (als Mittelpunkt Keltien's). Die Germanen sind von den Celten wenig verschieden, nur dass sie wilder, grösser und blonder sind, in allen Uebrigen, Gestalt, Sitten und Lebensart sind sie wie die Celten (Strabo). Die von Rhenus bis Albis und darüber hinaus wohnenden Sueven, die keinen Ackerbau treiben, führten ihr Eigenthum auf Wagen mit sich (nach Strabo). Nach Caesar durften die Sueven über ein Jahr nicht an demselben Ort bleiben. Die Allemannen eroberten (283 p. d.) das von der Teufelsmauer (limes Romanorum) eingeschlossene Zehendland (agri decumates). Strabo schreibt den Sueven goldgelbes Haar und tiefliegende Augen zu. Nach der Bekehrung zum Christenthum besiegten die Burgundioner (beim Tode des Hunnenkönig's Optar) die sie bedrängenden Hunnen. Die Burgundioner waren (nach Socrates) meistens Zimmerleute (V. Jahrhdt. p. d.). Aus Frideburga, Tochter des Herzog's Gunzo, flog der Teufel, auf Gallus' Gebet, in Gestalt eines schwarzen Vogel's (Sauter).

   *) Κελτοὺς σιρομένους μάλιστα τῶν θεῶν τοὺς Διοσκούρους (Diodor) [wie im Walde der Nahavarli bei den Ligiern]. Im Sonnentempel zu Edessa wurde Moninos und Aezizos (Merkur und Mars) verehrt (s. Schedius). Auf der Inschrift bei Bourges heisst Mars auch Cososus (s. Voss). Thies (mit dem Artikel): the Hes (s. Barth). Ilies, Ilius, This (der nordische Tyr) soll aus Dhew verstümmelt sein (nach Ritter). Mars Camulus hatte einen Tempel bei den Römern (s. Schöpflin). Mars als Fonion (s. Hormayr). Tuscos Camillum appellare Mercurium, quo vocabulo si gnificant praeministrum Deorum (Macrobius). Accitani etiam Hispanica gens, simulacrum Martis radiis ornatum maxima religione celebrant, Neton vocantes (Macrobius). In Aegypten hiess ein der Sonne geweihter Stier Net (Macrobius). Neque ab transitu Poenorum ullo Veragri, incolae jugi ejus, norunt nomen inditum, sed ab eo, quem, in summo sacratum vertice, Peninum montani adpellant, sagt Livius von den peninischen Alpen des Mont Cenis (Pen, als Höchstes im Keltischen). Banas ist grosser Herr in Etrurischen (s. Barth). Der Jaufen bei Sterzingen heisst Mons Jovis (Mont Ju oder Bernhard). In der kimbrischen Sprache heisst Duar (Daear oder Tir) oder Dor die Erde (s. Arndt). Taranus wurde von Lucan mit der skythischen Diana verglichen. Minerva oder Onvana hiess (in Brittanien) Andante (Siegesgöttin),

abgesehen, würde sich das Sachsenrecht (eigentlich noch auf dem älteren longobardischen basirend) als die durch den Nordweg beeinflusste Phase des Suevischen zeigen, während sich die südliche Wandlung in dem Gothischen erhalten hätte. Aber die letztere wurde (abgesehen von dem Einfluss gotisch-scythischer Cultur) sovielfach durch ihren langen Contact mit dem römischen Reiche modificirt, das die volksthümlichen Elemente am meisten verwischt wurden. In dem alamannischen und dem damit verbundenen bairischen Recht hat allzu grosse Mengung Verschiedenartiges' den Typus des Nationalen verwischt.

Nachdem Car (Sohn des Phoroneus), die Festung Caria in Megara mit Tempeln der Artemis gebaut, kam Lelex (von Egypten), dessen Ur-Enkel Sciron die Tochter des athenischen König's Pandion*) heirathete. Acacus

oder Camma (Adraste oder höchste der Frauen) Quibus fontibus (Britanniae) praesul est Minervae numen, in cujus aede perpetui ignes numquam canescunt in fovillas, sed ubi ignes tabunt, vertit in globos Saxos (Solinus). Bei Carnutum wurde eine heilige Jungfrau angebetet, die einen Erlöser gebären werde (s. Picot). Macrobius giebt die Beschwörungs- formel, durch welche die Römer den Schutzgott einer feindlichen Stadt von ihr abzuwenden und für sich zu gewinnen glaubten. Wie jetzt St. Leonhardt, war früher Epona (bei Juvenal; Patronin der Pferde und Pferdeknechte. Medio quam Phoebus in axe est, aut coelum nox atra tenet, pavet ipse sacerdos accessus dominumque timet deprendere luci sagt Lucan vom heiligen Haiu der Kelten bei Massilia. Die Thracier beweinten bei der Geburt die eingekerkerte Seele. Nach den Votivsteinen gab es bei den Celten einen Gott Nemausus, Vogesus, Penninus, von Wäldern und Gebirgen benannt, Moritasgus bei den Aeduern und Lingonen, Bacurdus in Cöln, Sylcianus, Ollutius, Dusuis, Circius am Nieder-Rhein, Hercules Saxanus bei den Mediomatriken und in Cleve, Verjugodumnus bei den Ambianern (Amiens), Rhot zu Rotomagus (Rouen), Cuslau zu Verona, Nanius zu Namur, Borvon zu Bourbon, Visucius bei Weinheim, Cernunnus auf einem von Pariser Schiffern dem Kaiser Tiber gesetzten Denkmal; dann als Göttinnen Udisua, Ibamua, Sequna nach Inschriften in Verona, Arduinna von den Ardennen, Epona in Solothurm, Vecontia, Aventia, Bibracta, freie Leucotia (in Lutetia), Malvisac (s. Barth). Siluram quoque insulam ab ora, quam gens Brittanna Dumnonii tenent, turbidum fretum distinguit cujus homines etiamnum custodiunt morem vetustum, nummum refutant, dant res et accipiunt, mutationibus necessaria potius quam pretiis parant, Deos percolunt, scientiam futurorum pariter viri ac feminae ostentant (Salinus). Die keltischen Altäre (Lech oder Stein) waren Steinplatten, auf Pfeiler gelegt. Unter Nero fertigte Zenodurus den Avernern einen Merkur, der (4 Millionen Sestertien kostend) alle bekannten Statuen an Grösse übertraf (s. Plinius). Si et de nocturnis imaginibus opponitur saepe non frustrari mortuos vivos, nam et Nasommonas propria oracula apud parentum sepulcra mansitando captare et celtas apud virorum fortium busta eadem de causa abnoctare (Tertullian). Eum isti proprie Magum existimant qui communione loquendi cum Diis immortalibus ad omnia quae velit, incredibili quadam vi cantaminum nolleat, sagt Apulejus von den Druiden.
*) Pandion (aus Athen vertrieben) floh zu Pylas (Enkel des Lebex) in Megara und folgte seinem Schwiegervater. Als bei Vertreibnng der Metioniden aus Athen, die Länder Pandion's unter seine Söhne vertheilt wurden, erhielt Nisus die Stadt Megara oder Nisa (Νισα). Bei dem Angriff des Minos (den Scylla gegen ihren Vater unterstützte) kam Megareus (Sohn des Poseidon) von Onchestus in Böotien dem Nisus zur Hülfe und wurde in Megara begraben. Die in Megara erfundene Comoedie wurde durch Susarion (aus Trispodiscus in Megaris) in Attica eingeführt. Megaris war von Aeoliern und Joniern be- wohnt. Megaris, Insel an der Küste Campaniens. Megara Hyblaea, Stadt in Sicilien. Gleichzeitig mit den Chalciden in Naxos, liessen sich die Megarenser in Hybla nieder. Nach dem Tode des Lamis (aus Megara) in der Halbinsel Thapsus (bei Sicilien) liessen sich die Colonisten (auf Rath des sicilischen Häuptling's Hyblon) in dem sicilischen Megara nieder. Aus Calcis auf Euboea wurde Naxos in Sicilien gegründet (535 a. d.). Naxos, Stadt auf Creta. Unter den Cycladen wurde Naxos (Strongyle oder Dionysias) oder Dia durch den carischen Häuptling Naxon besiedelt (wie Theseus Ariadne dem Dionysos über- liess). Butes, Sohn des Boreas, bildete auf Naxos oder Strongyle einen Seeräuberstaat, der Frauen raubte, da es an ihnen fehlte. Der Argonaute Butes (Sohn des Pandion und der Leuxippe), der (für die Sirenen in's Meer springend) von Venus nach Lilybäum (dem Afrika nächsten Vorgebirge Sicilien's) versetzt wurde und dort den Ergo (König von Trinakria oder Sicilien) zeugte, vermählte sich mit Chthonia (Tochter seines Bruder's Erechtheus) und stiftete (als Priester der Athene und des Poseidon) das Priestergeschlecht der Eteobutaden. Eryx verlor im Faustkampf die Insel Sicilien an Herkules (der dadegen die Rinder des Geryon und seine Unsterblichkeit angesetzt). Die Stadt der (durch die

erkannte die Herrschaft dem Nisus (Sohn des Pandion) zu, und dann folgte
Megareus (Sohn des Poseidon), mit Iphinoë (Tochter des Nisus) vermählt.
Die vom Norden Palestina's bis jenseits des Tigris ausgebreitete Nation
der Syrer (bei den Griechen) bezeichnete sich als Orom oder Aram *) von

---

Spitzmaus symbolisirten) Göttin Buto (im Nildelta) konnte von einem Ort zum andern
gehen, um Bubastis und Horus (Kinder der Isis) gegen Typhon zu schützen. Der Orakel-
tempel der Buto oder Latona (mit dem Steinkubus) wurde (nach Herodot) in jährlichen
Festen besucht. Die Insel Chemmis mit dem. Tempel des Apollo oder Horus sollte
schwimmend sein. In Sais (wo am Jahresfest die Lichter für ganz Egypten angezündet
wurden) ahmte Amasis den Steinblock aus dem Heiligthum in Butos nach. Butos oder
Buto im Βουτικῇ λίμνῃ (mit dem Monolith) liegt (nach Herodot) im Chemmitischen Nomos.
Isis, als Mutter der Welt heisst Muth oder Maut. Neben Horus (Apollo) wurde Bubastis
(Artemis) in Buto (Βουτώ) verehrt (mit der Katze als heiliges Thier), sowie in den Festen
der Stadt Βούβαστις) als Pasht. Wie Solon in Egypten hörte, herrschten die Könige der
Atlantis (von dem Erdbeben) über Europa bis Tyrrhenia [durch die Zwischenstufe der
Basken mit Amerika verbunden] und Egypten [in gleichartigen Gebräuchen mit den für
Römer und Griechen fremdartigen Etrusker], bis die Athener [Jonier, als Javaner und
Saken] sich ihnen entgegenstellten, als das Volk der Athena und des Hephä-tos [in den
Mythen des Erichthonius verbunden gedacht], den Nachkommen des Poseidon [dessen
ältere Verehrung überall in Griechenland vor jungen Göttern zurücktritt] gegenüber
(s. Plato). Poseidon vermählte sich mit Cleito, Tochter des Evenor (der über die erdgeborenen Bewohner auf der Insel Atlantis herrschte) und zeugte fünf Zwillingssöhne, über
die er den Aeltesten (Atlas) zum Herrscher einsetzte (in friedlicher und frommer Regierung). Als im Laufe der Nachkommenschaft das Göttliche in der Natur der Atlantiden
durch die fordaurnde Mischung mit dem Menschlichen zu entarten begann, änderten sich
ihre Sitten in ehrgeizige und ruhmsüchtige, so dass Zeus ihre Vernichtung beschloss.
Nach den Scholiasten war der Kampf der Athener und Atlantiden auf einem der Pepli in
Panathenaea dargestellt. Nach Theopompus (bei Aelian) erzählte der Satyr Liten dem
Phrygier Midas von der Insel Atlantis. Nach Apollodor (bei Strabo) war die Insel Atlantis
(Meropis) von den Meropis bewohnt. Nach Marcellus (bei Proclus) lagen (im Aussenmeere)
neben den sieben Inseln der Persephone drei, die dem Pluto, Ammon und Poseidon heilig
waren, und auf der letzten bewahrte sich die Sage von der früheren Existenz einer grossen
Insel Atlantis, die früher über alle Inseln im atlantischen Meere geherrscht. Nach Diodor
waren die westlichen Inseln von phönizischen Seeleuten entdeckt, und auf ihre Berichte
von der Lieblichkeit derselben, dachten die Tyrrhener sie zu besiedeln, wurden aber von
den Carthagern daran gehindert [indem sich damals die Phönizier zwischen geschoben,
und den früheren Verkehr Egypten's und Etruskien's mit der Atlantis unterbrachen].
Nach Pausanias wurde der Carier Euphemus in der Aussensee zu wüsten Inseln, von geschwänzten Wilden bewohnt, die frühere Schiffer als Satyrn (nach den Σατυρίδες genannten
Inseln) bezeichneten [Silten, als Satyr, der Satren im Orakel des Dionys in Thracien,
wie Hanuman's Affen, an mexicanische Affenmenschen anknüpfend, die aus früherer Weltperiode stammten].

*) Dès le temps d'Abraham ou désignait par le nom de Faddan-Aram , Plaine,
d'Aram, ou Aram Naharaïm (Aram des deux fleuves) tout le pays compris entre le Tygre et
l'Euphrate, que les Grecs nommèrent ensuite Mésopotamie. Plus tard, nous trouvons,
dans la Bible, Aram-Dammesek, c'est-à-dire la partie du pays d'Aram, dont Damas était
la capitale, Aram-Tsaba, qui désignait (d'après Michaëlis) la contrée ou était située la
ville de Nisibe, et enfin Aram-Bet-Rehob, nom d'un royaume placé sur les bords de
l'Euphrate. L'adjectif Arami ou Arammi désignait un homme appartenant à quelque
branche que ce fut de la nation araméenne (Quatremère), weshalb Jaban so heisst und die
Bewohner jenseits des Euphrat. Die Syrer nannten sich Ἀράμιοι oder Ἀραμαῖοι (nach Strabo).
Die Arman sind die Nabataer Syrien's (nach Hamzah-Isfahani). Nach Tabari sind die
Arman die Vorfahren der Nabatäer Irak's. Reste der Arman (zu den Syriern gehörig)
finden sich (nach Masudi) auf dem Berge Alemalscheitan (bei dem Berg Tour-Abdin).
Nach Massudi sind die Arman die nabatäischen Armanis. Masudi rechnet unter die
Chaldaeer die Assyrier und die Arman. Die sich in Irak festsetzenden Sassaniden vernichteten die Macht der Nabataer und der Arman (nach Masudi). Die Hirah und Anbar
in Besitz nehmende Araber vertrieben die dort wohnenden Armin, en Rest der Nation
der Aram. Nach Ebn Khaldun kriegten die Israeliten mit den Völkern Palästina's, den
Chananäern, Armeniern, Idumäern, Ammonitern und Moabitern. Plinius kennt Berg-
Araber am Kaukasus. Strabo nennt Nabiaecr und Panxaner unter den Wanderhirten
zwischen Maeotis und caspischem Meer. Die Zunge von Arabata trennte das faule See
ab. Der Napetinus sinus (an der Küste Bruttium's) heisst (bei Aristoteles) der Iametini-
sche Golf. Nach Servius waren die arabischen Sabaeer Colonisten aus Aegypten (ex
effeminatis collecto. Kedesh war Hauptstadt des Stammet Naphthali, der sich (nach

Aram stammend (Bruder des Elam und Asshur), Sohn des Sem. Nach Herodot waren die Cyprier aus verschiedenen Rassen gemischt, aus Athen, Salamis, Arcadien, Cythnus, Phoenicien und Aethiopien. Cypern*) heisst

Josephus) bis nach Damaskus erstreckte. Napaei im taurischen Chersones. Joctaniden, als *Κατανῖοι* (als Catanii). Der Ethiope oder Kuschite Memnon war der Sohn der Himera (oder Eos) und Tithonus [himyaritischer und assyrischer Abstammung]. Nedj bedeutet Hochland, Nedjran Aushöhlung. Niffer (*Βίλβη*) oder Nipur (dem Gott Belus geweiht) war die erste nördliche Hauptstadt der Chaldaeer in Babylon (s. Rawlinson) [Nisapur]. Unter den aramäischen Stämmen am Tigris und Euphrat, die von Sennacherib besiegt wurden werden die Nabatu (Nabataeer) und die Hagaranu genannt. Nach Chaerilus sprachen die Solymer einen phönizischen Dialect. The term Shalamu was used by the Assyrians for the West, in allusion to the Sun's retiring 'to rest (s. Rawlinson). Der Name Syrer war von der Stadt Sauria (bei Aleppo) abgeleitet. Die Stadt Hemes soll früher Sauria geheissen haben. Die Assyrer oder Barbaren hiessen (bei den Griechen) Syrier (Herodot). Assyrii qui postea Syri dicti sunt (Justin) Das Syrisch heisst assyria lingua (bei Amm. Marc.). Die Syrer hiessen Asori bei den Armeniern. Mit dem Christenthum kam der Name Sourioio (Syrier) zur Geltung, indem armoio oder ormoio einen Götzendiener zu bezeichnen anfing. Quant à la dénomination Orom, Aram ou le pays des Araméens elle fut appliquée de préférence à la contrée que les Grecs et les Latins appelaient Assyrie. Assyrien hiess Adiabene (zur Zeit des Aram). Razin, König von Damaskus, eroberte (zur Zeit des Achaz) die Stadt Elath (und verband sie dem syrischen Reich), worauf die vor dem König von Juda geflüchteten Idumaeer zurückkehrten Neben Sceniten (und Characenen kennt Plinius (in Arabien) sabäische Sceniten. Nach Posidonius waren die Armenier (Remenen der aegyptischen Monumente) Grenznachbarn und Stammverwandte der Aramäer und Araber. Als die unter Amenophis von den Unreinen in Avaris zur Hülfe gerufenen Solymiten vertrieben wurden, zogen sie nach Syrien zurück, die Israeliten aber zunächst nach Arabien. Nach Hekataens wurden bei Austreibung der Fremden (wegen der Seuche in Aegypten) die Thatkräftigsten von Danaus und Kadmos nach Hellas geführt, während die Mehrzahl unter Moses nach Judaea zog. Shalmanassar, Sohn des Sardanapal, erhob Tribut von den phönizischen Städten Tyrus, Sidon und Byblus (900 a. d.). Das Königreich Hamath wurde von Benhadad (Vorgänger des Hazael), Damascus von Sabulema oder Irkhulene beherrscht. Die Confoederacion der Khatti oder Hittiten erstreckte sich von Damascus zum Euphrat (bei Bir oder Birehjik). Das Thal des Orontes war besetzt von den Patena (Stamm der Hittiten) in Patena oder Batanaea, den Assyriern unterworfen. Von Bir [bis Diabrekr wohnten die Naïri oder Nayari neben den Armeniern, mit denen am See Urmiah die Mannai (oder Minni) zusammengrenzten. An die Kharkhar (am See Van) stiessen die Hupuska und bis Susiana reichte das Land der Namri (in den kurdischen Bergen), westlich von den Medern und den Bartsu oder Partsu (Perser). Accad im nördlichen Babylonien bildet das Land der Chaldaeer und von beiden Seiten des Euphrat wohnten die Tsukhi, in Cappadocien die Tuplai oder Tibareni. Bosanquet identificirt den babylonischen König Ilulaeus oder Elulaeus (Vorgänger des Mardoc-empadus oder Merodach-Baladan) der (unter den Nachfolgern des Nabonassar) auf Porus folgte, mit dem tyrischen König Elulāus (bei Menander) oder Luliya von Sidon, der durch Sennacherib besiegt wurde. Ur der Chaldaeer bei Orchoe oder Warka. Plinius nennt Habylon Chaldaicarum gentium caput. Chaldaei non ex altis sed ex gentis vocabulo nominati (Cicero). Χαλδαῖοι γένος Μάγων (Hesych.). Chaldaeer, als Heer des Nebuchadnezzar. Der Fluss Eulāus oder (bei Daniel) Ulais strömte durch das Land Elam mit Susa als Hauptstadt. Elāus war das Vorgebirge im Chersones, von dem Miltiades nach Lemnos segelte, die Pelasger auszutreiben.
*) Die Chittim stehen unter den Kindern Javan's (in der Genesis). Sarpedon, der die Milyae oder Solymi unterwarf, nahm Lycus (Sohn des Pandion) in der Verbannung auf. Die Solymi sprechen (nach Chaerilus) einen phönizischen Dialect. Die Mibjaer begriffen die Stämme der Solymi und Cabalier (sowie die Pisidier). Nach Menander (in der Zeit Salomo's) von Syrien abhängig, wurde Cypern (nach Gründung der griechischen Städte) von Amasis und dann von Kambyses besetzt. Als die cretische Auswanderung Lycien besetzte, flüchteten die (bereits von Bellerophon bekämpften) Solymer in die Berge, während die Termilae (Tremilae) unterworfen wurden. Nachdem der syrische König Cinyras die Insel Cyprus (der Chittim) unterworfen, wurden die aufgestandenen Cyprier von Belus (Vater des Dido) besiegt, aber von Shalmanassar (und Sargon) im Aufstande gegen Elulaeus, König von Tyrus, unterstützt. Die Griechen kamen (unter Teucer) nach Cypern und die Athener colonisirten Soli. Sept professions ou métiers font partie de l'association des peintres (dans les statues ou Keuren) à Bruges. Bei den Persern hatte in der Folge der Perioden jeder Prophet sein Hazar oder tausendjähriges Reich (Chiliasmus). Um den dritten Blitz (der manubiae) zu senden, befragt Jupiter (bei den Etruskern) die Dii superiores oder involuti Romani veteres nescio quem Summanum, cui nocturna fulmina tribuebant, coluerunt magis quam Jovem ad quem diurna pertinent (August). Der Europa nächste Theil der Atlantis gehörte (nach Plato) dem Gadeirus (in Gades), als

das Land der Yavnan auf den assyrischen Inschriften. Nach dem Kitab-
álfehrest sprach Gott zu Adam in nabatäischer Sprache. Nach dem Ikhwan-
alsafa sprachen die Nachkommen Adam's syrisch oder nabatäisch*). Nach
Michel war die ursprüngliche Sprache Adam's das Chaldaeische, wie Abraham

---

Zwillingsbruder des Atlas, Hesiod setzte den Aufenthalt abgeschiedener Helden auf die
glücklichen Inseln des Westen's. Crantor, der erste Commentator Plato's, nahm den
Bericht von der Atlantis als Geschichte an, auf die Gefahr hin (wie Proclus bemerkt) von
seinen Zeitgenossen verlacht zu werden. Nach Strabo meint Posidonius, dass der Bericht
von der Atlantis möglicherweise wahr sein könne. Sertorius hörte (bei Cadiz und Gades)
die Schifferberichte von den Fortunatae Insulae (nach Plutarch) 82 a. d. (von den Eingeborenen selbst als die elysäischen Felder beschrieben, wegen ihrer Lieblichkeit). Die
sicilischen Piraten (auf der Flotte des Sertorius), die vorzogen die Küsten bekannter
Länder zu plündern, verhinderten die Auswanderung. Sebosius (bei Plinius) zählte fünf
der glücklichen Inseln auf, Juba sieben, Ptolomäos (neben Autolala) sechs (αἱ μακάρων
νῆσοι) deorum sex, quas aliqui Fortunatas appellavere (Plinius). Mela setzt sie in den
Continent auf der südlichen Hemisphäre. Ἡ Ἔξω στηλέων θάλασσα ἢ Ἀτλαντίς als Adject.
fem. von Atlas) καλιομένη nach Herodot), als ἡ Ἔξω θάλασσα (ἡ μεγάλη θάλασσα oder ἡ
ἑσπέριος Ὠκεανός). Illo mari, quod Atlanticum, quod Magnum, quem Oceanum appellati
in terris (s. Cicero). Erathostnenes meinte, dass nur die Weite des atlantischen Oceans ein
Hinderniss wäre, von der Strasse bis Indien zu schiffen, aber (nach Strabo) könnte es zwei
bewohnte Erden geben. Ptolemäos setzt den gaetulischen Stamm der Autoloies oder
Autolalai (Αὐτολάλαι) in Libya interior. Neben der Fortunatae insulae nennt Ptolemäos
im westlichen Ocean die Insel Autolala oder Junonis insula (Ἥρας ἢ καὶ Αὐτολάλα νῆσος).
Der eingeborene Name Cotes (αἱ Κώτεις oder Κώτης ἄκρον) oder Cotes promontorium
wurde von den Griechen als Ampelusia (in Mauretanien bei Tangier) übersetzt, als Ausläufer des Atlas (bei Strabo). Die Amazonen des tritonischen See's eroberten Cerne, die
Hauptstadt der Atlantiden (nach Diodor). Die Carthager (unter Hanno) colonisirten Cerne,
(Arguin). Die Aegiper und Satyrn tanzten Nachts bei Feuern auf dem Atlas (nach Plinius).
südlich vom Fluss Sala oder Fut. Catanii, als Kahtanys (bei Burkhardt).

*) Die syrische Schrift ist die der Nabatäer und Chaldaeer (nach Ibn Khaldun)
Vor Abraham's Auswanderung nach Canaan sprach seine Familie aramäisch. Laban be-
zeichnet die Zeugnisshaufen Jegar-Sahdouta (im syrischen und chaldaeischen), Jacob als
Galed (im hebräischen). Das aramäische wurde später in Assyrien gebraucht. Die
Sprache der Nabatäer und Syrier unterschied sich nur durch wenige Buchstaben von
von dem Syrischen (nach Massudi). Die Nabatäer waren die alten Bewohner Babyloniens
(Quatremère). Als Rabsaces, Gesandter des Senuacherib, eine drohende Botschaft nach
Jerusalem brachte, baten ihn die Beamten ihnen verständliche Aramäisch zn reden,
damit ihn die Soldaten nicht verstünden. Das Aramäische fand sich (zu Daniel's Zeit),
bei den Chaldaeern Babylon's. Die Stadthalter der Provinzen jenseits des Euphrat
richteten ihre Gesuche an Artaxerxes in Persien im Aramäischen Nach Theodor war das
Nabatäische (der gebildetste Dialect des Syrischen) die Sprache der Bewohner Babylon's.
Daniel's Gefährten erhielten chaldäische oder (nach Abulforadat) nabatäische Namen.
Am Hofe der Sassaniden bedienten sich Einige der altsyrischen Sprache, die die Babylonier
redeten, und lesen sie im Persischen auch die Nameh-Debirieh (Schreibart der Bücher)
genannte Schrift, wie sie von Leuten aller Art, ausser den Königen, gebraucht wurde
(Ebn Moukaffa). Das Syrische wird in drei Dialecten getheilt, das Aramäische (von Roha oder
Edessa), das Palästinische (von Damascus) und das chaldaeo-nabataeische (in den Bergen
Assyrien's und den Gefilden Irak's) getheilt (nach Bar Hebracus). Im Syrischen unterscheiden sich als zwei Dialecte das westliche (von Ourhoi oder Edessa) und das östliche
(der nestorianischen Christen). Das von den Nestorianern bei Diarbekir geredete Syrische
gleicht mehr dem Chaldäischen, als dem westlichen Syrisch, weshalb die in nestorianische
Characteren geschriebenen Werke (bei Assemani) chaldäische heissen. Die Sprache der
Nabatäer (oder der Urbewohner Babylon's) findet sich (nach Quatremère (noch im Chaldäischen (bei Daniel und Esra) sowie in der dem Onkelos zugeschriebenen Paraphrase des
Pentateuch. Aboulala bezeichnet die Sprache der Nabatäer von Diaf (in Mesopotamien)
als roh. Die Sprache der Nabataer ist verworren (nach Tebrizi). Hariri bezeichnet fremdartige Worte, als nabatäische. Un des caractères distinctifs que les écrivains orientaux
s'accordent à attribuer à la langue nabatéenne, consistait dans la tendance à adoucir
la pronunciation des lettres gutturales et à les confondre l'une avec l'autre (Quatremère).
Dans la langue des Samaritains, dans celui de plusieurs targums ou paraphrases de la
Bible, dans la langue de Talmud de Babylone, la confusion des lettres gutturales se
présentent partout, et même l'idiome des Mendeïtes ou Sabéens n'a que deux figures
pour exprimer les quatre lettres gutturales. Noah gilt bei den Nabataeern für den Verfasser eines durch den Mond inspirirten Werke's und Kuluscha (Gesandter der Sonne)
verfasste eine Abhandlung über Magie. Der Philosoph Douabi (der Nabataer) liess be-

Chaldaeer von Geburt war. Nach seinem Kriege mit Sebech oder Sabakon (XXV. Dyn.) in Egypten, berichtet der Assyrerkönig Sargon auf den Inschriften, dass er Tribute auferlegt habe, dem Pharao (Piraju), dem Könige von Aegypten, Samsie, der Königin von Arabien und It-Himjar, dem Sabaeer, bestehend in Gold, Gewürzen, Pferden und Kaameelen. Nach der Inschrift von Khorsabad besiegt Sargon*) den König von Gaza (Hanon) und Sebech

zeichnete Figuren im Tempel von Tyrus. Das nabatäische Werk über Magie wurde (nach Hadji-Khalfa) durch Ebn Waschijah übersetzt. Kouthal verfasst den Ackerbau der Nabatäer, woraus Maimonides die Nachrichten über die Sabäer entnahm. Nach Agatharchides schickten die Sabaeer Colonien aus. Unter den Büchern der Griechen wurde der nabatäische Ackerbau (dem Weisesten der Nabatäer zugeschrieben) übersetzt, mit Nachrichten über die Magie (s. Ebn Khaldun). Nach Masudi ist das Syrische die älteste Sprache, von Adam, Noah, Abraham geredet. Die Seth offenbarten Bücher waren im Syrischen verfasst (nach Schehab-eldin Fasi). Vor Houd, der zuerst Arabisch sprach, war das Syrische die einzige Sprache. Vor der Sprachverwirrung redeten die Menschen syrisch (nach Tabari). Die von den Syrern (chaldäischen Ursprung's) geredete Sprache ist die, welche Abraham von Heber seine Vorfahren mütterlicher Seits erhalten. Nach Theodoret war das Syrische die ursprüngliche Sprache. Nach dem Fall des assyrischen Reich's wurde das Syrische im Königreich Adiabene geredet. Semiramis liess im Berge Baghistan eine syrische Inschrift eingraben (nach Diod.). Die Denkschrift auf dem Grabe des Sardanapal war in assyrischen Characteren (nach Strabo). Sancherib liess seine Statuen in Cilicien mit chaldäischen Buchstaben beschreiben (nach Sennacherib). Die von Darius, Sohn des Hystaspes, am Bosporus errichteten Säulen, wurden (nach Herodot) griechisch und assyrisch beschrieben. Themistocles spricht von assyrisch beschriebenen Vasen. Das Mausoleum des Cyrus in Pasargada war mit persischen Characteren beschrieben (nach Strabo). Aristides fand assyrische Briefe bei dem persischen Gesandten für Lacedamon. Die Statthalter westlich vom Euphrat richteten an den Perserkönig (bei Esdras) eine Eingabe, aramäisch geschrieben und aramäisch übersetzt. Die Nabatäer schrieben syrisch an Antigonus (nach Diod.). Eumenes zeigte einen syrisch geschriebenen Brief, um den Muth seiner Soldaten aufzufrischen. Les Hebreux après leur exil à Babylone adoptèrent pour leur usage habituel un nouveau caractère d'écriture qu'ils avaient trouvé en usage dans cette capitale, qu'ils ont conservé jusqu' à présent Or, cette écriture est désignée chez les Juifs par le nom d'écriture assyrienne (Quatremère). Pendant leur exil (à Babylone) les Juifs avaient entendu parler un langage étranger. Les nations qui environnaient la Palestine se servaient d'un dialecte du même idiome. Les Hebreux oublièrent leur idiom maternel et adoptèrent un dialecte syro-chaldaïque, qui dans le Nouveau Testament est partout désigné sous le nom de langue hébraïque. Das Syrische verbreitete sich von Palästina bis zu der arabischen Grenze in Aegypten Als die Koraichiten Mekka's die Kaabah zerstörten, fanden sie unter dem Grundpfeiler eine Inschrift in syrischer Sprache, die von Juden erklärt wurde. In Edessa wurde 520 p. d. eine Inschrift mit chaldäischen Buchstaben ausgegraben. Nach Massudi gleicht die himjaritische Schreibart des Mousnad (in Arabia Felix) der syrischen Schrift. Der Einsiedler Macedon sprach die Gesandten des Theodosius im Syrischen und ein Dolmetsch erklärte griechisch. Der heilige Ephrem, der nur Syrisch sprach, bediente sich für die Griechen eines Dolmetscher. Nach Theodoret stand Theotecnos an der Spitze der griechisch redenden Mönche, Aphtonius an der der Syrisch Redenden. Die im Syrischen geschriebenen Inschriften von Palmyra zeigen dem Hebräischen ähnliche Charactere. Am Hofe der Sassaniden wurde das Syrische gesprochen und verstanden. Das Syrische ist das bei den Bewohnern von Sawad (Chaldaea) gebräuchliche Idiom (nach Ebn-Moukaffu).

*) Nachdem Sargon die Stadt Asdad erobert, empfing er huldigende Gesandte von dem König von Meroe (jenseits der Wüste), von wo lange keine Gesandtschaften gekommen, um Merodach's Macht anzuerkennen. Assarhaddon (Axordis) heisst (670 a. d.) auf der Inschrift: König von Assyrien, Statthalter (der Götter) von Babylon, König der Samire und Accade, König von Aegypten, Meroë und Kush. Josephus erklärt Bactrien als Per-Gether oder Land des Gether (Sohn des Aram). Arpachsad (Ἀρφαξαγίτις) galt für die Heimath der Chaldaeer. Abraham, der vom Lande Ur der Chaldaeer auszog, stammte von Arpachsad (Aramkerad oder Hochland der Chaldaeer). In Sippara (Sivra) oder Sura (Surya) wo die Sonne (Schamas) verehrt wurde, finden sich unter den chaldäischen Königen älterer Zeit Ziegeln des Purna-puriya's, dessen indischer Name an diesem Orte, wo Xisuthrus die Bücher vergrub, an Vishnu's Matsjawataram erinnert, mit den Asuren Hajagriwas kämpfend. Die Sabäer des Harran verehrten (V. Jahrhdt.) die Sonne als Bel-Schamin (Herr des Himmel's). Der Monat Sivan ist dem Mond Siu oder Hurki (von Ur oder Mugheir) heilig (bei den Assyriern), durch einen Ziegel dargestellt (Rawlinson). Bei Eumopolus heisst Hur (von Kamar oder Mond im Arabischen) Καμαρίνη. Sin heisst auch Iah oder

Sultan (Siltan oder Machthaber) von Aegypten bei Raphia oder Rapih († 702 a. d.) im zweiten assyrischen Reich. Das von Königinnen (unter dem Titel Candace) beherrschte Napata*) (bei Ibrim oder bei Ipsambul), Hauptstadt des aethiopischen Königreiches nördlich von Meroe (in Nubien), wurde 122 a. d. von Petronius erobert (Dio Cassius). Die Civilisation hatte sich (nach Ibn. Khaldun) beständig in Irak erhalten, weil diese Provinz ununterbrochen der Herrschaft der Nabat und der Perser angehörte, unter dem Könige der Chaldaeer, Ketonier und Cosroes. Zu den civilisirten Völkern des Alterthums rechnet Ibn Khaldun die Perser und Nabat oder Chaldaeer, vor ihnen die Syrer und gleichzeitig die Nabatäer (Copten oder Kobt) ergaben sich eifrig dem Studium der Magie, der Astronomie und dem Einflusse der Talismane (Ibn Khaldun). Die magischen Bücher waren (nach Ibn Khaldun) verloren, ausser den vor der Zeit des Moses abgefassten Büchern der Nabatäer**) und Chaldäer. „Diese Wissenschaften finden sich

---

Esh. Sennacherib heisst (bei Herodot) König der Araber und Assyrer und seine Armee eine Arabische). The only legend which bears such marks of individuality, as may distinguish it from the general Chaldaean series and favour its attribution to the Arabian dynasty, occurs upon a brick (found by Ker Porter) at Hymar, a suburb of the city of Babylon (Rawlinson). Rawlinson schliesst die Himyariten als in den (dem Aethiopischen verwandte) Ekkhili eine cuschitische Sprache redend, von den Semiten aus. As we observe with the Assyrians, that their founder Asshur not only furnished a name to their country, but was worshipped by them as the chief god of their pantheon, so we are led to expect that the deified hero, who was revered by the Babylonians under the names of Nergal and Nimrod, and was recognised both as the god of Hunting and the god of War, also have the same name as the country to which he belonged. The real Cushite name, then, of this deity, still applied by the Arabs to the planet Mars, with which the god of War has been always identified, is Mirikh, and this is the exact vernacular title in the inscriptions of the country of Ethiopia, corrupted by the Greeks into Μιϱόη (Rawlinson). Naram-Sin wird übersetzt als der Erheber des Mondgottes und wenn Naram ein das Königthum bezeichnender Titel wäre (wie in Rama und den Ramses), so wäre er in Nimrod mit der Herrschaft über die Rut der Rotenu verknüpft.

*) Noubi findet sich im Namen des ersten Hyksos-König's, als eines Nabathaeers, aber später vernichtete der mit den Philistern Pelusium's zusammenhängende Zweig der Nomaden (als Palaeer) die Napaeer im Norden (am Jaxartes), so dass die Nabathaeer sich nur im Süden (besonders in Arabien) erhielten. Amen-meri-Nut (XXVI. Dyn.) ist der letzte Aethiope, der Aegypten beherrschte, in der Vierzahl äthiopischer Dynastien (bei Diodor). Zwischen Sabakon (XXV. Dyn.) und Sebichos schiebt sich Herodot's Anysis, zwischen Sebichos und Tarkos dessen Sethos ein. Tarkos theilte sich mit den Saiten in in die unmittelbare, mit den Assyrern in die mittelbare Herrschaft Aegypten's (s. Unger). In Medinet Abu heisst Taharqa oder Τύϱχος (XXV. Dyn.), der später die Reteq, Aps, Meswa, Aichnek, Rebal, Akelker, Senbi, Arres, Absechen und den König Tamachi besiegte, den Ueberwinder von Kem (dem schwarzen), Tescher (dem rothen Land) und Tepep (der wüsten Nordländer). Tarkos (Taharqa) drang aus Aethiopien in Aegypten ein und tödtete den Sebichos (Sebikon). Eusebius hält Tirhaqa (der Bibel) für einen König Indien's, als Kuchiten. Taharqua's aethiopische Residenz (Hauptstadt des aethiopischen Reiche's) war Napata oder Nepat (XXV. Dyn.). Schon zur Zeit Sargon's existirte ein ein König von Meröe, der mit den Assyriern Verbindungen anknüpfte. Sanherib nennt den Taharqa, König von Meroë und Assarhaddon, Besieger des Taharqa, nahm die Bezeichnung König von Aegypten, Meroe und Kusch in seine Titulatur auf. Obwohl auf Kusch und Aegypten gestützt (mit Hülfsvölkern der Phut und Libyer) wird No, die Ammonstadt (No-Ammon) zerstört (bei Nahum) durch Sardanapal VI. (als Nū oder Neth in Mittelägypten). Amen-meri-Nut, der Memphis eroberte und die von Piker (Herr des unterägyptischen Gaues in Arabien) geführten Theilfürsten besiegte, war der letzte Aethiope, der über Aegypten herrschte (von der Dodekarchie). Seine Nachfolger (svit Ra ke Asran) blieben (nach Mariette; auf das Reich von Napata beschränkt. Die äthiopischen Inschriften (deren Alphabet noch unentziffert ist) finden sich neben den Hieroglyphen der kuschitischen Könige von Napata und Meroe. Die kuchitischen Könige führten in der Berbersprache erklärbare Thiernamen. Der über Nabopolassar (609 a. d.) siegreiche Neco (ein äthiopischer Negus in Aegypten) wurde (604 a. d.) von Nebukadnezzar besiegt. Beim Raub der Persephone, den Orpheus an die oceanischen Gestaden setzt, nennt der Scholiast auch Napae (Nánau) oder Nánη, Waldung (saltus), wie Irland Waldland (insula sylvatica) heisst (H. Müller).

**) Les Nabatéens descendent de Nabit, fils de Kanaan, fils de Koush, fils de Kham. Ils habitaient la province de Babylone, et eurent pour roi Nemrod le Grand. On comptait

noch bei den Syrern, die Babylon bewohnen, und bei den Copten in
Egypten." Von den vier Söhnen des Biser, Sohn des Kham (Sohn des
Noah), besetzte Madj das Land von Egypten bis Djezireh (Mesopotamien*)),
als Vater der Nabatäer in Syrien, während von Jadj, der die Djezireh
besass, die Nabatäer Irak's stammen, als Bruder des Misr und Farek (s.

---

parmi eux les Chaldéens, les Casdéens, les Djenbans, les Garméens, les Koutaris, les
Cananéens, qui étaient d'origine nabatéenne. Ce sont ceux 'qui, les premiers, se sont
appliqués à l'architecture, ont fixé les division territoriales, creusé des canaux, planté des
arbres, inventè les amulettes, les fumigations, les sortiléges et tous les procedés magiques.
Tous étaient Sabéens et adoraient les étales et les idoles, citirt Quatremère nach einem
anonymen Geographen der Araber. Im Ikhwan-alsafa wird das Land der Nabatäer neben
dem der Araber und dem der Armenier genannt. Neben Aquäducten und hängenden
Gürten liess Nebuchadnezzar, der (ausser der Errichtung von Pyramidentempeln) alle
Städte des obern Babylon's wiederherstellte, durch die Kriegsgefangenen die doppelten
Ringmauern der Hauptstadt bauen, deren äusserer Kreis (bei Xenophon) für die der
Nitocris zugeschriesenen Schutzwehr gehalten wurde, die gegen die Medier errichtet worden
sei. Nabonadiu's (Nabu-nahit oder Nabu-induk) wurde (als Vater des Bit-shar-uzur) von
Cyrus besiegt, der Babylon zerstörte und das Land in eine Einöde verwandelte (bei
Jeremias). Das Philisterland heisst hebräisch Peleschet und Gfröer leitet von den Peleschet
die Pelasger ab. Die Sawad und die Dörfer Irak's bewohnenden Nabatäer stammten (nach
Tabari) von den Aramäern, die sich bei der arabischen Eroberung zerstreuten und dem
Landbau ergaben. Lorsque les Arabes s'établrent sur l'emplacement des villes de Hirah
et d'Anbar, ils y trouvèrent une population composée d'un reste d'Arméens, et qu'ils
chassèrent de cette contrée. Suivant quelques-uns les Nabatéens, qui habitent le Sawad
de l'Irak et les villages de ce pays sont la porterité de ces Arméens, citirt Quatremère
nach einem anonymen Geographen der Perser. Die durch die Araber vom Euphrat vertriebenen Aramäer einigten sich den in Chaldaea und Mesopotamien ansässigen Nabatäer
(Chaldaeer oder Babylonier).' Die alten Bewohner Hirah's und Anbar's waren dieselben
als die des übrigen Babyloniens oder Aramäer (nach Tabari). Seit dem Islam legten
die Nabatäer ihren Namen ab, um als natürliche Unterthanen der persischen Könige zu
erscheinen (nach Masudi). Das Quartier Nabatun in Damaskus war von Nabatäern bewohnt ('nach Ibn. Schaker;). Das Kitab-alagani kennt Nabatäer bei Jathrib oder Medina.
Die Araber des Stammes Aschar vertrieben die Nabatäer aus Hodjr in Bahrein. Nach
Aioub-ben-Kiribbah sind die Bewohner der Provinz Oman in Nabatäer verwandelte Araber
und die Bewohner von Bahrein in Araber verwandelte Nabatäer (Djeuberi). Die Stadt
Tib (zwischen Babylon und Khoujistan) war (nach Masudi) von Nabatäern bewohnt, die
trotz der Annahme des Islam ihre eigene Sprache bewahrt hatten. Die Nabatäer schickten
(nach Diodor) einen in griechischer Sprache geschriebenen Brief an Antigonus. Die verbannten Chaldäer liessen sich (nach Strabo) in Gerrhao nieder. Le mot Nébo désignait
une divinité qui était en grande vénération chez les Chaldéens et dont le nom entre dans
ceux de plusieurs rois (Quatremère). Moses bestieg den Berg Nebo am todten Meer, um
das gelobte Land zu schauen. Noum (Noub or Nef) or Knepb (Cnuphis or the ram
headed god) was consideced to answer 'to Jupiter, as his companion. Nach Diodor war
πνεῦμα (pnum) der Name des aegyptischen Zeus. Die Stadt des Borsippa (in Babylon)
war dem Gott Nebo geweiht.

*) Unter den Kindern des von Aram, Sohn des Sem (Sohn des Noah) gezeugten
Masch finden sich die Nabit, von welchen die Nabatäer und ihre Könige stammen (nach
Masudi). Die Nachkommen des Nabit (Sohn des Masch), der sich in Babylon niederge-
lassen, besetzten Irak, als die Nabatäer, von denen die Könige Babylon's stammen. Diese
Fürsten bedeckten die Erde mit Städten und führten die Civilisation ein, mit einem bei-
spiellosem Ruhme herrschend, obwohl jetzt gefallen und zerstreut (Masudi). Nach der
Fluth liessen sich die Menschen in verschiedenen Gegenden nieder, so die Nabatäer, die
Babylon erbauten, und die sich in demselben Gebiet niederlassenden Nachkommen des
Kham, von Nimrod geführt, der durch Kanaan (Sohn des Senkharib), von dem ersten
Nimrod stammte, Sohn des Kusch (Sohn des von Noah gezeugten Kham). Von Dzahhak
oder Biourasp gesandt, bemächtigte sich Nimrod der Regierung Babylon's (Masudi). Die
Syrier sind dieselben wie die Nabatäer (Masudi). Arameus, Arphaxeus, Lugdus, Assyrius,
Helameus stehen in der posteritas Sami (Erstgeborenen Noah's) bei Berosus (mit den vor
der Fluth erzeugten Kindern). Der egyptische Sam oder Prophet ist auf den Monumenten
mit einem Leopardenfell bekleidet Die Nimrod waren die Könige der Syrier, die (bei
den Arabern) Nabatäer hiessen (Masudi). Die Nabatäer machen Ansprüche auf das Land
Iran (Persien) als ihr ursprünglicher Besitz. Ihre Könige waren die Nemrod, zu denen
Nemrod (der Zeitgenosse Abraham's) gehörte. Der Name Nemrod war ein allen ihren
Fürsten zukommender Titel (Masudi) Die Araber, die (1559 a. d.) die Chaldäer in
Babylon stürzten, waren (nach dem Landbau der Nabatäer) eine chaldäische Dynastie.

Makrizi). Das nach den Nabataeern genannte Iran hiess ursprünglich Arian-Schehr oder Stadt der Löwen, denn Arian (Plur von Aria) bezeichnet (in nabatäischer Sprache) einen Löwen (s. Masudi). Babylon hiess Babil (im Persischen und Nabatäischen*)) vom Planeten Jupiter oder Bil (Masudi). Die thracischen Stämme der Pieres (in Pieria**)) an der Küste und der

---

*) Masudi rechnet die Nabat und Irak unter die Chaldaeer. Die Chaldaeer sind dieselben wie die Syrer, auch Nabat genannt (Masudi). Syrer oder Chaldaeer, die syrisch redeten, hiessen Nabat bei den Arabern (Masudi). Masudi identificirt die Syrer mit den Nabat. Die Syrer stammten von dem Bruder des Loudmasch, Sohn des Nabit (Masudi). Die Bewohner Niniveh's gehörten zu den Nabit in Syrien Genannten, die dieselbe Sprache redeten, indem die Nabit nur durch eine kleine Zahl Buchstaben sich unterscheiden (Masudi). Die Ardevan betitelten Könige, die zu den Moulouk-tawaif gehörten, herrschten über die Nabataeer im Lande des Ephrat und Irak (s. Masudi), bis der in Sawad (Irak's oder Chaldaea's) regierende König Bad von Ardeschir Babekan besiegt wurde. Jakouti nennt Akfour-schah (Sohn des Balasch) als letzten König der Nabatäer. Nach Abou Ifaradj wurde das Reich der Nabataeischen Chaldaeer durch den Meder Darius gestürzt und den Persern übertragen. Nach der Landwirthschaft der Nabataeer (die zu den Nabatäern der Cananäer und Bewohner Syrien's zählt) bildeten die Nabataeer die Bewohner Babylon's vor der Herrschaft der Chaldaeer. Plinius nennt die arabischen Stämme der Salmaner und Masseer bei der Stadt Bura am Flusse Pallakontas. Sela heisst Stein in der Sprache der Himyariten. Ὁμηρίται, ἔθνος Αἰθίοπων (nach Marcian). Un peuple d'Arabie, nommé Salamiens, Σαλάμιοι, avait pris se nom du mot salama, qui signifie paix, parce qu'il etait allié des Nabatéens.

**) Die Thracier (Pierier) weihten den Helicon den Musen (nach Herodot). Die alten Musiker Orpheus, Musaeus, Thamyris, Eumolpus waren Thracier. Die Pierier waren Griechen (nach O. Müller). Nach Pausanias war der Sänger Thamyris ein Phocier. Der Grenzdistrict zwischen Böotien und Phocis hiess Thrace (Mure). Tereus, König der Thracier in Daulia (Phocis) heirathet Procne, Tochter des Pandion in Athen (nach Thucydides). Thracien als Land der Odrysae. Die (thracischen) Ciconer unterstützten Troja (b. Homer). Die Stadt Uscana war Hauptort der Landschaft Penestia im Gebirge zwischen Macedonien und Illyrien [Penestae, als unterworfene Eingeborene, in Thessalien]. Joh. Cantacuzenus schilderte die Albanier (Arnauten) als freie Bergbauern (XIV. Jahrhdt.). Ptolom. setzt Albanopolis (der Albanier) zwischen Dyrrhachium und Lissus. Vom Cirknitzer-See bis Fiume sassen die Japodes am westlichen Abhang des Gebirge's Albion oder Albia. Das illyrische Volk der Taulantier verfertigte Meth aus Honig (nach Aristoteles). Von Troja zurückkehrend gründeten die Abanten (aus Euboea) Amantia. Von Strymon bis thermaeischen Busen wohnten die Bisaltae und Edones. Die Bottiaei wohnten neben dem thracischen Volk der Pieres in Pieria. Poseidon (dem die Cyclopen den erderschütternden Dreizack schenkten) wurde auf ein Jahr zur Erde verbannt, weil er sich (mit Apollo) gegen Jupiter erhoben [herabgestiegene Götter, deren Nachkommen sinken in die Atlantide, wie Tonganeson und Birmanen]. Die Nereide oder Oceanide Amphitrite (Personnification des Mittelmeer's) floh vor Poseidon nach dem westlichen Afrika zu Atlas [Atlantis], bis sie durch den Delphin zur Ehe überredet wurde, den Triton gebärend [als Tritogeneia mit den Tritopatoren in Athene's Medusenschild verbunden]. Von den Massalioten gegen die ligurischen Stämme der Oxybii und Deceaten zu Hülfe gerufen, schickten die Römer den Consul Q. Opimius zur Eroberung von Aegitna (bei Antibes) und den Consul M. Fulvius. Flaccus besiegte (125 a. d.) den ligurischen Stamm der Salyer (unter König Teutomal, der zu den Allobrogern floh von Calvinus), worauf die Colonie Aquae Sextiae (Aix) gegründet wurde. Die Aeduer (zwischen Saone und obern Loire) riefen die Hülfe der Römer (122 a. d.) gegen die mit den Arverni (in der Auvergne) verbündeten Allobroger zwischen Rhone und Isère an. Die Allobroger unterstützten Hannibal 218 p. d. Die Allobroger erbaten Caesar's Hülfe gegen die Helvetier 58 a. d. Die Römer nannten die Aedui ihre Verwandten (b. Caesar). Der celtische Stamm der Scordisci (in Unter-Pannonien) mit Illyriern gemischt, wurde (ebenso wie die Boii) von den Daci besiegt (und von den Triballi). Herodot setzt den thracischen Stamm der Triballi an den Angrus (in den Ebenen von Kossovo in Serbien). Nach Strabo drangen viele Nomaden in das Land der Triballer ein. Die Triballer besiegten (424 a. d.) Sitalces (König der Odrysae). Dacia heisst (b. Strabo) ἡ τῶν Γετῶν γῆ. Die Geten (im Osten) und Dacier (im Westen) galten für identisch. Der pelasgische Volksstamm der Perrhaebi (Πιῤῥαιβοί) war aus Euboea nach dem Festlande versetzt, in Hestiäotis und Pelasgiotis wohnend (nach Strabo). Die Perrhaeber wohnten bei Dodona (nach Homer). Ausser den Bergbewohnern waren die Perrhaeber den Lapithen (nach Strabo), dann den Thessaliern unterworfen. Als Metanastae wohnten Perrhaebier auf der Westseite des Pindos und in Aetolien (n. Strabo). Der Stiere tödtende Stamm der Kentauren wurde von den Lapithen aus den Wäldern und Bergen verdrängt Centaurus, von der Wolkengestalt des Ixion geboren, paarte sich (als Ungethüm) auf dem Pelion mit magnesischen

westlich im Binnenlande sitzenden Bottiaei, waren umgeben von illyrischen Horden, die als Paeones das Flussgebiet des Axius (in Macedonien *)) inne

Stuten, die Hippocentauren zeugend Als auf Lemnos, das Rhadamanthos dem Thoas schenkte, die Frauen ihre Männer tödteten, wurde der König von seiner Tochter Hypsipyle (Tochter der Myrina) heimlich gerettet. Anaitis wurde in Akilisene verehrt. *Πελάται καὶ Θῆτις, ἐλευθέρων ἐστὶν ὀνόματα διὰ πενίαν ἐπ’ ἀργυρίῳ δουλευόντων* (Pollux). Pelethronius erfand Sattel und Zaum für das Pferd. Pelias sandte Jason von Jolkos nach Kolchis. Peligni, sabinischer Volksstamm. Tempel des Zeus Aktäos auf dem Gipfel des Pelion. Pelinacus Mons in Chios. Pella, Stadt in Macedonien. Pellene, Stadt in Achäa, war vom Giganten Pallas genannt. Pelops, Sohn des Tantalos. Pelodes, Hafen von Chaonia. Paeon war (nach Hygin) Sohn des Poseidon und der Helle. Die Päonier waren (nach Herodot) Nachkommen der troischen Teukrer. Nach Strabo stammten die Päonier von den Phrygiern. Päonen von Axius unterstützten die Troer (b. Homer). Die Eorder waren (nach Plinius) ein päonisches Volk. Emathia hiess früher Paeonia. Der Flussgott Asopus war Sohn des Oceanus und der Thetis.

*) Die Bottiaeaci von der Mündung des Halinemon durch die Macedonier vertrieben, zogen nach Chalcidice. Aegae oder Edessa war Hauptsitz der Macedonier. Das Königreich Lyncestis (oder Lyncestae) wurde von den Macedoniern erobert. Die Musen (nach Hesiod) aus Orpheus (nach Apoll) waren bei dem thracischen Stamm der *Πίερες* in Pieria (an der Mündung des Peneius) geboren. Die vertriebenen Pierier zogen (nach Herodot) jenseits des Strymon. Die Macedonier nannten das District von Seleucia (in Syrien) Pieria. Steph. Byz. identificirt die thessalische Stadt Cierium (Pierium) mit Arne (Sitz der böotischen Aeolier). Die Heracliden von Edessa (in Unter-Macedonien) leiteten sich von den Temeniden in Argos. Bei den alten Macedoniern musste Jeder, der keinen Feind getödtet, zum Zeichen der Schande einen Ring tragen (Polybius). Nach Hegesander durfte Niemand an der Tafel der Macedonier sich niederlegen, der nicht einen wilden Eber ohne Netz getödtet. Der Argiver Caranus (Sohn des Aristodemidas) führte eine Colonie von von Argos nach Macedonien. Car (Sohn des Phoroneus) herrschte in Megara. Die Könige Macedonien's leiteten sich von Perdiccas ab. Botiaeum lag am See Attaea in Phrygien. Nachdem die Heracliden den Peloponnes erobert, herrschte Temenus in Argos. Der Begräbnissplatz der macedonischen Könige war in Aegae in Emathia (in Macedonien). In Aegae (in Achaia) wurde Poseidon verehrt. In Aegae (in Euboea) fand sich ein Tempel des Poseidon. Aegae, als Stadt in Cilicien. Das ägäische Meer hiess von Aegeus, Vater des Theseus. Tempel des Poseidon in Aegiae in Laconien. Die Insel Oenone oder Oenopia wurde Aegina genannt, als Aegina (Tochter des Aesopus) dort Aeacus gebar. Aeginium, Stadt der Tymphaei in Thessalien. Edessa (Bodena oder Vodhena) hiess früher Aegae (als Hauptstadt Macedonien's). Nombroth (Nimrod) gründete (nach St. Isidor) die Stadt Edessa in Mesopotamien. Die Corinthier führten eine griechische Colonie nach der thesprotischen Stadt Ambracia, die Ambrax, Sohn des Thesprotus, gegründet. Homer kennt die Dorier auf Creta. Phidippus und Antiphus heissen (b. Homer) Söhne des Thessalus (Sohn des Herakles). In der Nähe von Solymi bewohnten Termessus fand sich Bellerophon's Schanze. Hufendruck von Bellerophon's Pegasus bei Tarsus. Die Osseten nennen ihr Gebirge Gog (s. Gfrörer). Bei den Thiulet heisst der Kaukasus Mugog. Septentrionalem oceanum Philemon morimam rusam a Cimbris vocari testatur (Plinius). Boruskoi an der Ostsee (b. Ptolem.). Bei Noah's Theilung kam auf Japhet das Land der Fleischfarbenen, auf Sem das der Braunen, auf Ham das der Schwarzen. Wie in Kleinasien finden sich Chalyber (b. Justin) in Spanien. Lubäner, als Seitenzweig der spanischen Iberer. Lubiener auf der Grenze des armenischen Iberien's. Nach Iliempsal (b. Sallust) kamen Armenier aus Spanien nach Afrika. Der Name der Germanen wurde zuerst dem deutschen Stamm der Tungern von den Galliern zuertheilt (nach Tacitus). Josephus deutet Mesech und Tubal (Tiberer oder Iberer) auf die Iberer Spanien's. Le mal fut personnifié (en Égypte) par le dieu Set au Soutekh, appelé aussi Baal, qui était le dieu suprême des populations asiatiques. Die Todten stiegen in die Unterwelt (Ker-neter) hinab. Nach Moses Chor. hatte Arabien zweierlei Bewohner, schwarze (als Aethiopen oder Kuschiten) und braune (Semiten). Nach Diodor behaupteten die Aethioper, dass das aegyptische Reich aus ihrem Lande gegründet sei. Die Septuaginta übersetzt Phut mit Libyen. Nach Tacitus wurden die Juden (Palästinenser) mit den Solymern von Posidien, Pamphylien und Lykien in Zusammenhang gebracht. Die Mysier werden asiatisch genannt, zum Unterschied von den Mesiern Europa's, von wo sie ausgewandert (b. Eust.). Nach Herodot waren die Mysier den Lydiern verwandt. Unter Theutras gründeten die Mysier das Königreich Teuthrania. Nach der Vertreibung des Antiochus wurden die Mysier (190 a. d.) dem Pergamus unterworfen. Mysia verfiel in Myna Minor, Myna Major (mit Pergamum), Troas, Aeolis und Teuthrania. Nach Strabo war die mysische Sprache aus Lydischen und Phrygischen gemischt. Ea quae fertilissima sunt, Germaniae loca, circa Hercyniam silvam, epiam Eratostheni et quibusdam Graecis fama notam esse video, quam illi Orcyniam appellant, Volcae Tectosages occupaverunt (Caesar). Die Pannonii (illyrischer Abkunft)

hatten, und thracische Zweige der Bryges oder Phryges*) und der Maedi einschlossen. Als die macedonischen Könige nach ihrer Einwanderung die Striche der Ebene am Axius besetzten, nannten sie denselben Emathia und nach Eroberung des Gebirgstheils erhielt Paeonia**) den Namen Pelagonia

---

sind der westliche Theil des Volkes, das die Macedonier als Paeonier auf dem Gebirge Macedonien's und Thracien's kannte. Nach Appian war Pannonii der römische, Paeones der römische, Paeones der griechische Name des Volk's. Keltische Scordisci in Slavonien. Die Autariatae (im südöstlichen Bosnien) wurden durch Frösche und Mäuse zur Auswanderung aus dem verwüsteten Lande veranlasst. Die nach Syrmien eingewanderten Clementiner sind Reste der alten Illyrier. Naronia oder Narbona, Stadt am Naron (Narenta) Fluss in Dalmatien Bei Skordina lag der Conventus Juridicus, an welchen die Japyden und die 14 Cantone der Liburni gebunden waren. Am Arion-Fluss fanden sich die Denksteine des Kadmus und der Harmonia nebst ihren Tempeln (nach Skylax). Batua (Buthoe oder Butua) oder Bulua, Stadt in Dalmatien. Ptolem. rechnet die Assesiates (b. Asisia oder Assesia) zu den tributfreien Völkern, deren Ober-Appellations-Gericht in Skardona war (in Dalmatien). Altar der brygischen Artemis auf den Apsyrtides-Insulae. Die Electrides Insulae lagen an der Mündung des Eridanus oder Isongo im Lande der Veneti (früher der Liburni).

*) Strabo nennt die Phrygier Colonisten der Thracier, zu denen auch die Saraparae (nördlich von Armenien) gehörten. Zu den früher Mysi genannten Bithynier waren die thracischen Bithyni und Thyni eingewandert (nach Strabo). Die Myseer sind Colonisten der Mysier genannten Thracier. Die Mariandyni gleichen den Bithyniern, die vor den Bithyniern und Mysiern in Mysia ansässigen Bebrycer waren Thracier. Justin stellt die Thracier mit Illyrier und Dardanen zusammen. Florus rechnet die Scordisci zu den Thraciern. Die chalcidische Halbinsul war Theil Thracien's (Mela). Der Säuger Thamyros war (nach Pausanias) ein Odrysier, bei denen Orpheus (nach Conon) als König herrscht. Agatharchides (im Periplus des Rothen Meeres) beschreibt den Luxus der Sabäer. Die Moral des Cleanthes hatte zum Grundsatz, mit der Natur in Uebereinstimmung zu leben. Die aus Argos ausgewanderten Söhne des Temenus (Sohn des Herkules) vermietheten sich als Viehhirten bei den Fürsten von Lebaca in Illyrien und setzten sich (als verfolgt) in dem von Gordischen Midas angelegten Garten am Gebirge Bermius fest, (als Gebieter Macedonien's, wo Perdiccas herrschte. Karanus, der Gründer des macedonischen Reiche's, bemächtigte sich der Residenz des Edessa's, im Nebel einer Ziegenheerde folgend. Als zum Himmel reichend galt der Olympus Mons in den Kambunii Montes in Macedonien für den Sitz der Götter. In Aenia oder Aenea (in Macedouien) wurde jährlich dem Aeneas geopfert. Gephyra lag bei der Brücke über den Ascius (beim Thessalonike). Pelagonia in Paeonia (in Macedonien) war von Pelegon, Sohn des Flusse's Axius, benannt. Istam urbem Carthadam Elissa dixit, quod Phoenicum ore exprimit Civitatem Novam (Solinus). Καρχηδονία (b. Strabo), als Gebiet der Carthager (Karchedonier) oder Punier. Die semitischen Lud beherrschten (als Hykos) Aegypten (nach Gfröer). Cyaxares heisst (b. Syncellus) Astyages (als allgemeiner Titel der medischen Könige). In dem Bit-Zida genannten Thurm zu Babylon waren die sieben Stufen mit der Farbe der Plancien. In der Inschrift von Birs-Nimroud wird gesagt, dass der von Menschen zur Zeit der Fluth bei Verwirrung ihrer Sprache verlassene Thurm (in Borsippa) von Nabuchadonasor erneuert sei. Als Titan (Bruder des Japetosth, sich eines Theils der Länder des Zervan bemächtigte, legte seine Schwester Asthk den Streit bei (Mos. Chor.). Bilitta oder Mylitta war Gemahlin des Bel-Merodach. Nana oder Zarpanit wurde in Cutha verehrt, als Succoth-Benoth (durch Ausschweifungen). Samas, der Sonnengott, wurde in Sippara, der Mondgott Siu in Chalanne verehrt Bel tödtete die Frau Omorca oder Thalath (Mond oder Meer), die über das Chaos (der Chaldaeer) präsidirte (nach Berosus). Ogyges (der König der Fluth bei den Griechen) von Augha (Wasser im Sanscrit) Der Thracier Eumolpus, Sohn des Neptun und der Chione (Tochter des Hiracischen Boreas) führte die eleusinischen Mysterien in Attika ein. Athen nahm die ichthyphallische Bildung des Hermes von den Pelasgern an (aus dem Hirtenleben). Als Bewohner des Hämusgebirge's (Αἶμος) nennt Herodot die Κρόρκζοι (Chrowaten) oder (b. Strabo) die Κόραλλοι, dann finden sich die Βίσσοι, Μαιλῶν τινὲς καὶ Δανθηλητῶν. Heber, (filius Salae) turris conditores non adjuvit, ideoque lingua ejus expers mutationis permansit Γόργια, apud Dorienses ita vocantur larvae histrionum, qui tragoedias in scenis agunt (Suidas). Horus war König der Troezenier (b. Pausau.). Horus heisst (b. Valentin) der Aeon, als abgrenzende Emanation Gotte's. Gora in Aethiopien. Die Theilnehmer am Gottesdienst der Κοτυς (Cotytto) hiessen βάπται. Der thracischen Mondgöttin Βενδίς, deren mit Artemis identificirter Dienst in Attika heimisch geworden, wurde (unter bacchischen Orgien) die Βενδίδεια gefeiert. Vologeses (Priester des Dionysos) führte die Bessi (11 a. d.) gegen die Romer. Hyes gehörte (nach Lobeck) unter die θεοὺς ξεινικούς. Im Menschen bildet sich ein λογος σπερματικος.

) Die Paeones in Macedonien wollten von den Teucrern Troja's stammen. Die Τρῶες bestanden aus den Teucri, die von Thracien zu den Phrygiern eingewandert waren (von Pelegon, Sohn des Flusses Axius). Nachdem die Macedonier sich Emathia's bemächtigt, Emathia quondam Paeonia (Livius), und die persischen Könige paeonische Völkerschaften nach Asien verpflanzt hatten, erhielten sich die Paeonier nur an den Quellen des Strymon als Leaei und Graaei*), die dem odrysischen Reich der Thracier unterworfen waren. Von den Paeoniern grenzten die Agriani (im Gebirge Skomius) an die Dardanier. Der See Prasias wurde von einer päonischen Völkerschaft auf Pfählen bewohnt. Zwischen Strymon und Axius fanden sich die thracischen Stämme der Bisaltae und Krestonaei. Als die Syropaeones (der Stadt Siris) von Megabyzus nach Asien versetzt waren, nahm der thracische) Stamm der

(Trojani). Nach Appian wurden die Pannonier von den Römern als zu den Illyriern gehörig angesehen. Nach Justin liessen sich Celten des Brennus in Pannonien nieder. Nach Tacitus war die Sprache Pannonien's in der der übrigen Germanen verschieden. Die Albanier stammen von den Illyriern. Ptol. erwähnt die Ἀλβανοί mit Albanopolis. Die Illyrier tättowirten sich. Nach Scylax hatten die Frauen grossen Einfluss unter den Illyriern. Unter Bardylis organisirten die Illyrier ein Königreich. Ἰλλυριοί, barbari Thraces, quos alii dicunt esse Persas (Suidas). In Mazenderan, Machin u. s. w. ist Ma die Bezeichnung als Provinz. Nach dem Tode des (Titanen) Hyperion (Sohn des Uranos und der Gäa) theilten die Söhne des Uranos das Reich, und von ihnen erhielt Atlas (der Bruder des Kronos) die Länder am Oceanus, wo (nach dem Verschwinden seines Sohnes Hesperus) seine Töchter (die sieben Atlantiden oder Plejaden) die Stammmütter vieler Heroen wurden (Diod.). Der ägyptische König Busiris schickt Seeräuber die Töchter des Atlas zu entführen (von Herkules gerettet). Poseidon zeugte die Atlantiden mit Cleaito (Tochter des Svenor). Clyte, Tochter des Merops, (König von Rhyndaeus in Kleinasien) war mit Cyzicus, König der Dolionen vermählt, bei Cyzicus (von denen König Cyzicus die aus Thessalien verbündeten Pelasger gegründet) mit den Tempeln der Dindymene oder Göttermutter. Die Phäacen (des Westen's) waren aus Hypercia (Oberland) nach Scheria (Drepane oder Corcyra) oder Küstenland gekommen. Merops, König von Cos (mit der Nymphe Ethemea vermählt, wurde in einen Adler verwandelt. Merope (Tochter des Atlas und der Pleione) gebar dem Sisyphus den Glaucus (Vater des Bellerophon). Meropis, Tochter des Eumelus auf Cos, wurde in einen Vogel verwandelt. Die Bewohner von Kos (Κῶς) oder Meropis (Nymphaia) kämpfen (b. Homer) mit den Kariern [in Mitbewerbung der Atlantiden und Phäaken um die Seeherrschaft]. Dass unter den Juden in Preussen verhältnissmässig viel Knaben geboren werden, erklärt Pappenheim aus dem Altersverhältniss der Eltern. Die Albanesen oder Arnauten zerfallen in den toskischen Stamm (Südalbanien's) und den gegischen (in Mittel- und Nordalbanien). Während das Blut der linken Adern der Gorgo zum Verderben dient, weckte Chiron durch das aus den rechten Todte auf, wie den Hippolytus, Capaneus, Lycurgus (nach Stesichorus), Tyndareus, Hymenäus, und (nach Mnesagoras) Glaucus (durch Polyidus' Kraut). Nachdem Herakles den Prometheus befreit, gab er Zeus als Ersatzmann den unsterblichen Chiron, der an seine Stelle sterben wollte. Als Polyidus sich von Glaukos in den Mund spucken liess, vergass dieser die gelernte Weissagekunst wieder (s. Apollodor). Arganthonius (König von Tartessus), der die Phocaer nicht zur Uebersiedlung bewegen konnte, gab ihnen Schutz, die Stadt gegen die Perser zu befestigen. Als zur Uebergabe gezwungen wandern sie erst nach Chios und und dann (nach Vertilgung der Perser und Phocaea) nach Corsica und weiter nach Italien (Massilia stiftend). Die Gegend um Thithonea und Delphi wurde zuerst Phocis genannt von Phocus (Enkel des Sisyphus) und durch Phocus, Sohn des Aeacus, breitete sich der Name über Phocis aus. Das delphische Orakel wurde den Phociern von den Doriern entrissen. Die Eingeborenen von Phocis (Leleger, Thracier und Hyanter) wurden von den Phlegyae aus Orchomenus besiegt. Die Lacedaemones gaben (450) das von den Phocäern besetzte Orakel den Delphiern zurück, aber die Athener wieder den Phocäern. Im Frieden von Nicias (421) wurde die Unabhängigkeit der Delphier von den Phocäern anerkannt. Die Phönicier nannten ihr Land Chanaan (Flachland) oder (nach Hecatäus) Chna. Alpenus, Flecken der Lokrer an den Thermopylae.

*) In den Alpen fanden sich Laevi oder Graiocelti als Lyger oder Ligier (Lougier), mit den Lydiern Mäonien's oder Päonien's (auch in weiblicher Suprematie) zusammenfallend.

**) Nach Herodot verehrten die Thracier die Götter Ares, Dionysos und Artemis, die Könige aber im Besonderen den Hermes, bei dem sie schwuren, als ihren Vorfahren. Die Perrhaebi in Thessalien (durch die Larissäer vertrieben) bildeten (mit Magnetan, Doloper, Achaer, Malter) die Eingeborenen Stämme neben den herrschenden Thessaliern und den dienenden Penestae, die bei der Einwanderung jener aus Thesprotia unterworfenen Perrhaebier und Magneten (nach Theopompus), ausser den in die Berge geflüchteten. Achilles (bei Homer) residirte in Achaea Phthiotis (der Sitz Hellen's). Nach Herodot hatten Teucrer und Mysier (vor dem trojanischen Krieg) Troja erobert. Der thracische Stamm

Odomanti ihr Land ein, sowie die von der Küste heraufziehenden Sinti.
Die Doberes wohnten bei Doberos (neben den Paeoplae). Die den Sinti
benachbarten Maedi (*Μαίδαι*) oder Medi hatten ausser ihre Hauptstadt
Jamphorina, die Festung Petra, und auch Heraklea Sintika am Strymon*)
wird als Hauptstadt genannt. Wie schon früher die Geten (in deren Sitze
am Hämus**) die Krobyzi eintraten) zogen später auch die durch keltische
Scordisci sowohl, wie durch Bastarnae (Bastarnae Getae) bedrängten
Triballer über die Donau, während durch Einwanderung sarmatischer Völker-

der Dolonci (*Δόλογχοι*) gehörte zu den Bithyniern (s. Plinius). Der Tempel des Dionysos
in Bryseae (in Lacedonien) durfte nur von Frauen betreten werden (nach Pausanias).
Brysae in Thracien (bei Plinius). Peisander erklärt die Namen der *Ἀγάθυρσοι* (in europäisch
Sarmatien) *ἀπὸ τῶν θύρσων τοῦ Διόνυσου*. Theopompus zählte die Völkerschaften in Epirus
(*ἡ Ἤπειρος*). Epeer (*Ἐπειοί*) in Elis. Epirus (Epichos), als Hafen in der kleinen Syrte.
Von Apis (Sohn des Phoroneus) wurde der Peloponnes mit dem Namen Apia (*Ἀπία*) bezeichnet. *Ξανθος* der *θεοι* hiess *Σκαμονδριος* bei den *ἀνδρις* (s. Homer). Das Grab
Myrinna der Athanatoi hiess Baticia bei den Menschen (nach Homer). Nach den assyri-
schen Annalen von Ashurakbbal hatte Ninev in der Sprache der Götter einen göttlichen
Namen (s. Talbot). The Greek worshippers of Dionysus sometimes gave to him the
mystical title of *Σηβοι* (s. Talbot). Dionysos als Dian-nisi oder Eayan-nisi (Judge of men
or nisi) in den assyrischen Inschriften (nach Talbot). *Διονυσος*, als *Διωνυσος* bei Homer.
Ζιυς, als *Σιος* der Lacedamonier (Deus der Lateiner). *Θεος* (*Διος*) als Deus (Teu in der
Bretagne) oder Dieu (Diw im Welschen). Die Stadt Paudosia der Cassopaei, (Thesprotia's
in Epirus) war die alte Colonie von Elis. Pandosia (in Bruttium) war Hauptstadt der
Könige von Oenotria (später griechische Colonie). Pandosia, Stadt in Lucanien. Stadt
Paridiou am Vorgebirge Pandion in Karien. Cassope war Hauptstadt der Cassopaei (in
Epirus), die Pandosia, Buchaetium und Elateia eroberte. Elateia (in Epirus) war Colonie
von Elis. Elateia (in Phocis) war von Arcadiern bewohnt (nach Pausanias). Elateia in
Pelasgiotis (in Thessalien). Der Peloponnes hiess Apia vom Tyrannen Apis (Sohn des
Phoroneus), der (durch die Verschwörung des Thelxion und Telchin gestürzt) als Serapis
vergöttert wurde. Europs, Vater des Telchin (Vater des Apis) war König von Sicyon.
Thelxion stürzte seinen Vater Apis, König von Sicyon. Der Flussgott Inachus kam von
Egypten nach Argos. Bacchia, Stadt in Hispanien (bei Orosius). Bacchis (*Βαχχις*) Stadt
am See Moeris (Ptolem.). Cassiopea (Tochter des Arabus) war mit Phoenix vermählt.
Cassiopea, Gattin des Cepheus. Die eigentlich römische Kunst des despotischen Cäsaren-
thum's trifft in der Tendenz wunderbar zusammen mit dem, was einst die altorientalische
Plastik in den Bildwerken Aegypten's und Assyrien's zur Verherrlichung ihrer Gewalt-
haber geleistet hat. Dieselbe Ausführlichkeit, dieselbe chronikartige Treue, dieselbe Umständlichkeit der Erzählung, nur dass über der römischen Plastik ein Hauch griechischer
Schönheit schwebt (Lübke). Der Thracier Eumolpus, den Chione (Tochter des Boreas)
dem Neptun gebar, führte die eleusinischen Mysterien in Attika ein. Pleraei in Epirus
(nach Stephani). Die Pyraei oder (nach Strabo) Pleraei wohnten am Naro (in Illyrien).
Der päonische Stamm der Odomanti wohnten am Berge Orbelus. Der Sänger Thamyris
forderte die Musen zum Wettstreit auf.

*) Südwestlich von den Elymi oder Elymiotae (Elimea's oder Elimiotis) mit der Stadt
Elyma lag die Landschaft Orestias oder Orestis, wo Orpheus ein Argos Orestikum gegründet. Die Aleuadae, die Herrscherfamilie von Larissa (in Thessalien) stammte (nach
Plutarch) von Aleuas, dem Rothhaarigen (*ὁ πυῤῥός*). Die Elymi Sicilien's galten für trojanischer Herkunft, die arcadische Stadt Elymia lag in der Nähe von Orchomenus. Die
Eordeae wurden durch die macedonischen Temniden aus Ober-Macedonien vertrieben und
zogen (n. Thucydides) nach Physca. Der illyrische Stamm der Eordeti (*Εὐρδετοι*) wohnten
südlich von den Parthini. Die Stämme der Elymioten, Orestae, Lyncestae (und Battiaer)
gingen allmählig in die Macedonier (Macedni) oder Macetae auf. Der thracische Stamm
der Orescii bearbeitete die Silberminen von Pangaeum. Der epirotische Stamm der Orestae
grenzte an die Paravaei (Macedonien's). Neben *Χάννες* nennt Steph. Byz. *Θισπρωτοι,
Τυμφαιοι, Παραναιοι, Ἀμύμονις, Ἀβαντις, Κασωποι*.

**) Am Haemus bewahrte man bei einem Orakel des Dionysos Tafeln des Orpheus
auf. Zur beständigen Strafe und Erinnerung an die Ermordung des Orpheus, tättowirten
die Thraker ihre Weiber (nach Phanokles). Das Haupt des Orpheus war zu Dion in
Makedonien (bei Pydna) beerdigt. Weil gegen die Nachstellung des Lykurg gewarnt,
beschenkte Dionysos den Thraker Charops am Pangäon mit der Königswürde seines vernichteten Feinde's und der Mittheilung der Mysterien, welche Götter beide forterbten auf
dessen Sohn Oagros und auf dessen Sohn Orpheus (Diog.). Orpheus erhält von Apollo die
von Hermes erfundene Laute. Orpheus stieg (nach Hermesianax) in den Hades, um sein
Weib Agriope (Eurydike) zurückzuerhalten. Weil Orpheus den Helios (als Apollo) für

schaften um Peuce Klein-Scythion gcbildct wurde. Von den Mysi, als
Moesici gentes (b. Plinius) oder Mysae*) Gentes (b. Ovid) entnahmen die
Römer den Namen zur Bezeichnung ihrer Provinz. An der Küste fand
Herodot die Skyrmiadae und Mypsaci, Xenophon die Melandeptae, Thranipsae
und Thyrsi, während sich später die Astae (in Astika) zeigen. Nach Abzug
der Perser wurde das Reich der Odrysae gestiftet. Die Trausi wohnten
an den Quellen des Transus am Rhodope-Gebirge. Die von den Odrysae
unabhängigen Bergvölker, die als Dii (*Tot*) zusammengefasst werden, erhielten wegen ihrer kurzen Säbel den Namen Machaeropheri (n. Thucydides).

___

den grössten der Götter hielt und die aufgehende Sonne begrüsste, liess hin der erzürnte
Dionysos durch die Bassariden zerreissen (nach A. schylus). Nach Conon zürnten die
Thrakierinnen dem Orpheus, weil er den Weibern die Mysterien nicht mittheilen wollte.
Als Orpheus mit thrakischen Männern in einem Gebäude die Mysterien feierte, wurde er
von den aufdauernden Weibern, die sich der Waffen bemächtigt, zerhackt. *Kότυς:* Vir
fuit cum specie ipsa, tum militari fortitudine insignis. Praeterea ingenio prorsus Thracum
dissimilis, quippe qui sobrietatem et clementiam et animi altitudinem ingenuo homine
dignam prae se ferret. *Kότος:* Hic in Thracia regnavit annos XXIV et initio quidem luxui
et voluptatibus indulsit, postea vero, felicitate ejus crescente, crudelis etiam et iracundus
evasit, adeo ut uxorem suam, ex qua liberos susceperat, mediam dissecaret, a pudendis
initio facto (Suidas). Orpheus habe die Weihen gezeigt und dass man sich des Mordes
enthalten solle. Die Lacedämonier leiteten die Dienste der Demeter Orthonia von Orpheus
her. Nach den Lacedämoniern war der Tempel der rettenden Kora entweder vom Thraker
Orpheus erbaut oder vom Hyperboräer Abaris (nach Pausan.), Die Aegineten leiteten die
Weihe der Hekate vom Thraker Orpheus her. Nach den Aegyptern waren Orpheus und
Amphion stark in der Magie. Linos (Sohn des Apollo und der Kalliope), war älterer
Bruder des Hymenäos, Jamelos und Orpheus (nach Asklepiades). Apoll mit Wehklagen
anzurufen galt für ein *δυσχημιίν*, indem er nur hilft, wo noch Hoffnung ist (s. Klausen).
Dionysos hiess Dryalos (Hesych) im krestonäischen Gebiet. Die Bakchen hiessen Klodonen
oder Mimallonen (Maketen oder Bassaren) bei den Makedoniern. Die Silene wurden
Sauaden genannt. Orpheum poetam docet Aristoteles nunquam fuisse et Orphicum carmen
Pythagorei ferunt cuyusdam fuisse Cercopis (Cicero). *Pέει γὰρ δὴ διὰ πάσης τῆς Εὐρώπης
ὁ Ἴστρος, ἀρξάμενος ἐκ Κιλτῶν, οἱ ἔσχατοι πρὸς ἡλίου δυσμέων μετὰ Κύνητας οἰκέουσι τῶν
ἐν τῇ Εὐρώπῃ* (Herodot). *Ἴστρος τε γὰρ ποταμὸς ἀρξάμενος ἐκ Κιλτῶν καὶ Πυρήνης πόλιος
ῥέει μέσην σχίζων τὴν Εὐρώπην. Οἱ δὲ Κιλτοι εἰσι ἔξω Ἡρακλέων στηλέων, ὁμουρέουσι δὲ
Κυνησίοισι, οἱ ἔσχατοι πρὸς δυσμέων οἰκέουσι τῶν ἐν τῇ Εὐρώπῃ κατοικημένων* (Herodot).
Nach Herodorus von Heraclea grenzten nördlich an die Kynesier die *Γλῆτις.* Kousch-
Pyldendan liess seine im Liebesrausch getödtete Maitresse vergöttern.
*) Nach Herodot gehörten die Mysier zu den Lydiern. Die Mysier verbreiteten
sich in Mysia minor im Hellespont. Mysien (in Kleinasien) wurde von Phrygiern, Trojanern,
Aeoliern und Mysiern bewohnt. Nach Strabo waren die Mysier aus Europa nach Asien
gewandert. Unter König Teuthras gründeten die Mysier das Königreich Teuthrania. Nach
Posidonius waren die europäischen Moesier ein frommes Hirtenvolk. Der mysische Stamm
der Mysimacedones wohnten am Flusse Mysius (b. Ptol.). Mysocaras, Stadt in Mauretanien. Von den Thraciern in Moesien stammten die Mysier Asiens (nach Strabo). Die
Gallier liessen sich als Scordisci in Moesien nieder (227 a. d.). Die Dardani in Moesien
war eine Colonie von Dardania in Asien. Plinius kennt in Moesien die Dardani, Celegeri,
Triballi (am Ciabrus), Timachi, Moesi, Thraces, Scythiae, Triconesii, Pincensii, Troglodytes,
Peucini. Die Triballi besiegt Sitalces, König der Odrysae (424 a. d.). Nach Isieigonus
fanden sich Blickzauberer unter den Triballen *Kότος:* daemon, qui apud Corinthios colitur,
foedae libidinis praeses. Unde Cliethenae et Timarchi et caeteri, quibus pudicitia argento
venalis est, aut nisi argento, alia tamen aliqua re, vel si nulla prorsus, at execrandae
saltem libidinis gratia, et ut uno verbo dicam effoeminati omnes comparant et ornant. A
Cotyis filio, Manis nepote, cui Asias nomen fuit (*ἐπ' Ἀσίεω τοῦ Κότυος τοῦ Μάνεω*), nominatam
Asiam fuisse, sagten (nach Herodot) die Lydier. Ab eodem etiam Sardibus tribum
Asiadem ducere nomen Bei Celaenae (an der Quelle des Maeander) in Phrygien fand die
Arche trockenen Boden nach der Fluth. Die Bebrycer (am Pontus) gehörten zu den
untergegangenen Völkern Asien's (nach Eratosthenes). Das iberische Volk der Bebrycer in
den Pyrenäen hütete Heerden (nach Avien.). Die Briges zogen von Macedonien nach
Phrygien. Cyzicus, Sohn des Aeneas, beherrscht (nach Apollonis Rhodus) die Dolionier
(bei Cygicus). Die aus Thracien nach Mysien gewanderten Mygdonier wurden durch die
Bithynier besiegt. Mygdon führte die Phrygier (bei Homer). Die Sprache der Mysier
war aus Phrygischem und Lydischem gemischt. Ninus eroberte Phrygien (nach Diodor).
Semiramis führte Bauwerke am Pontus auf (nach Strabo). Die Phrygier der Pelasger
wurden (nach Athenäus) durch die Eroberer zu Heloten degradirt (Semiten, als Syro-

Am Zusammenstoss des Hämus- und Rhodope-Gebirges*) wohnten die
räuberischen Bessi, die als Vorsteher des Dionysos-Orakel's der Satrae
galten, später aber mit den Odrysae darum zu kämpfen hatte. Die (mit
den Tilataei als Denselatae zusammengefassten) Treres gehörten (nach
Strabo) zu den thracischen Völkern, die nach dem Falle Ilium's die Gegend

---

phoenicier, in Phrygien). Phrygisch bedeutet frei in der Sprache der Lydier oder
Maeonier (nach Hesychius) Mygdon, König der (mit den Mysiern verbundenen) Bebryces
wurde von den Mariandyni getödtet. König Gordius war früher ein Ackersmann (in
Phrygien). Die Biga wurde (nach Plinius), von den Phrygiern erfunden. Von den
Berecynthen wurde die Magna mater verehrt Die thracischen Stämme der Thyni und
Bithyni liessen sich in Mysien nieder (Strabo) Unter Teuthras gründeten die Mysier das
Königreich Teuthrania. Nach den Aegyptern waren die Phrygier das älteste Volk (nach
Herodot). Die Treveri oder Treviri (Τρηόνιροι oder Τριβηροι), die (nach Hieronymus) die
Sprache der Galatae in Asien sprachen, war (nach Caesar) Galli, (nach Strabo) Germanen,
während sie (nach Tacitus) die Germanen nachahmten [Treres]. Timachos, Fluss in
Moesien. Troglodytae in Aethiopien, Mauretanien, Libyen. Peuceliotis am Cophen.
Peucetii (Poediculi) im südlichen Apulien. Peucini (als Stamm der Bastarner) auf der
Insel Peuce. Daradrae (Dardae) am oberen Indus. Sinda, Stadt in Pisidia. Sinda
Sarmatica, Stadt der Sindi. Die Könige der Sindi (in Sindice) residirten in Gorgippia.
Sittace, Stadt in Assyrien (Sitta). Eetion (Vater der Andromaehe) war König von Cilicien.
Die troischen Cilicier, die aus der Ebene von Theben vertrieben wurden, wanderten nach
Pamphylien (nach Callisthenes). Die Syri wurden von den troischen Ciliciern aus Cilicien
vertrieben. Die Hypachael wurden Cilicier genannt von dem Phoenicier Cilix, Sohn des
Agenor (nach Herodot).

*) Die Dryoper am Berg Aeta, von Heracles (mit den Maliern) ausgetrieben, machten
den Doriern Platz. Dryoper im Peloponnes (nach Strabo). Die Cauconer (von Ticium)
wohnten an der Küste Bithynien's und Paphlagonien's (nach Strabo). Caucones im Peloponnes (nach Strabo). Von den Cadmeiern ausgetrieben, gründeten die (in Böotia eingeborenen) Hyantes die Stadt Hyampolis in Phocis. Die von Aon (Sohn des Poseidon)
stammenden Aoner bewohnten (in der aonischen Ebene von Theben) Böotien oder Aonia
[Chaones]. Sisyphus, Bruder des Aetolier Athamas (den Andreus einen Theil des min-
gaeischen Reichs in Orchomenos überlassen. war Vater des Halmus und Almus, dessen
Tochter Chryse dem Ares die bei der Plünderung des Tempel'e von Delphi vertilgte Rasse
der Phlegyer (ausser den nach Phocis geflohenen) gebar. Die Triphyler leiteten sich von
dem Arcadier Triphylus. Durch Κερκο; (Schwanz oder gekrümmte Spitze) werden die
Kerkopen sowohl als Affendämone (Kekrops mit Schlangenschweif) als auch in Bezug
auf die weissagende Opferflamme bezeichnet (s. Gerhardt). Die von der Okeanide Theia
stammenden Kerkopen waren (als äffisches und räuberisches Gesindel) auf die spasshaften
Opfergeberden (oder Arbeit im Feuer) bezüglich. Paliken ἀπο του παλιν ἱκεσθαι (Steph.).
Κοβαλοι, δαιμονες τινες σκληροι περι τον Διονυσον (Harpocr). If a man perishes of disease
(in Australia) at a distance from his friends, his death is supposed to have been caused
by some sorcerer of another tribe, whose life most be taken for satisfaction. If on the
other hand, be dies among his kindred, the nearest relative is held responsible (Latham).
The Manx (with a celtic dialect) have a swarthy complexion, stout, with an air of melancholy pervading their countenances. Indolence and love of litigation are distinguishing
characteristics of the male part of the population. The women, however, are extremely
industrious (M. Culloch) 1846. Κερκιται (Κερκεισοι) in Sarmatia asiatica. Καρδουχοι
(Κυρτιοι) zwischen Hoch-Persien und Unter-Mesopotamien (als Kurden) [Karadesa] Lok:
finis, conclusio. Loki, filius Farboti gigantis as Lóvoa. Lokr: vir ignavus. Log: truncus
arboris. Nach Aristoteles war Dodona von den später Hellenen genannten Graeci bewohnt.
Die Griechen setzten die Heimath der Hellenen nach Thessalien [nach herrschender Ein-
wanderung]. Einige der Stämme im nördlichen Epirus bedienten sich zweier Sprachen
(nach Strabo). Nach Antiochus Syracus waren die Siculi, Μόργητες und Italioten oenotrischen Stammes und theilten sich unter dem König Morges. Bei Entfernung der Todten
von Delos durch die Athener, zeigte sich die Hälfte als gerüstete Carier (nach Thucydides).
Die alten Piraten der ägäischen Insel waren (nach Thucydides) Carier und Phönizier.
Minos vertrieb die Carier von den Cycladen (n. Thucydides). Ephesus war alter Sitz der
Carier und Leleger (nach Strabo). Die Caunii lebten bei Caunus an der Südküste Karien's
(aus Kreta gekommen), als Eingeborene (nach Herodot) und in Sprache den Cariern
gleichend. Die Jonischen Colonisten vertrieben die Carier von Mycale, die Dorier von
Halicarnassus. Die in Dörfern (Κώμαι) und Flecken (als Föderacion) lebenden Carier bewahrten (nach Philippos) ihre Sprache unter den Griechen (s. Strabo). Croesus unterwarf
die Carier (mit den Doriern). Jolcos wurde von Minyern aus Orchomenos besiedelt. Ectini
in den Alpen (b. Plinius). Ectener in Böotien. Die Paroraei wohnen (b. Plinius) an der
Grenze Macedonien's und Thracien's. Paroreaten in Elis.

von Troas besetzten (während ihre früheren Wohnplätze von den Merdi
und Serdi eingenommen wurden. . Die Dolonki im thracischen*) Chersones
wurden von den Apsindii verdrängt. Am Hebrus wohnten die Paeti und
längs der Südküste die Kikones, die (als trojanische Hülfstruppon) wegen
ihres Goldes und Weines, sowie wegen der (zugleich als Fussvolk dienenden)
Reiterei gerühmt wurde. Die Bistones wohnten am See Bistonis, die Cor-
pilli an den Korpilischen Pässen. Die Sapaei an den sapaeischen Pässen
waren ein Zweig der Sintics oder Sinti (Saii oder Sapaei), die Homer als
Bewohner von Lemnos kennt, und von Thucydides am oberen Strymon erwähnt werden. Die Sapaeischen Pässe hiessen früher die Mauern der
Picres oder Phagrae, und von den dort ansässigen Picres (am pierischen

---

*) Die Eingeborenen Samothrake's (Σαμοθράκη) waren die Saii (Sapaitii oder Sintii).
Bei der Ueberschwemmung, die dem Pontus Euxinus Zusammenhang mit dem aegaeischen
Meere verschaffte, flüchteten die Eingeborenen auf die Berge. Saon (Jupiter's Sohn) gab
der Insel Gesetze und von Jupiter mit des Atlas Tochter wurden dort Dardanus (der nach
Asien schiffte), Jasion (der die Mysterien ernenerte) und Harmonia (Gemahlin des Kadmus)
geboren. Nach dem Tode des Jasion wanderte seine Gemahlin Kybele mit ihrem Sohne
Konybas (Ahnherrn der Korybanten oder Kureten) und den Heiligthümern der Mutter
Erde zum Dardanus in Asien. Dass die Sprache der alten Bewohner Samothrake's von
der Griechischen verschieden war, bewiesen (nach Diodor) die Mysterien, in welchen noch
zu seiner Zeit viele fremde Wörte vorkamen (s. Mannert). Auf Lemnos (von den Sapaei
oder Sintics bewohnt) wurde Hephästos durch Zeus herabgeschleudert. Der längste Abend-
schatten des Berges Athos reichte zur Zeit der Sommersonnenwende bis auf den Markt
der Stadt Myrina in Lemnos. Der Berg Moschylos auf der Insel Lemnos lieferte die röthliche Arznei-Erde (terra sigillata für alte Wunden), von welcher die Priester jährlich eine
Portion feierlich abholten und die einzelnen mit Artemis' Bild bezeichneten Dosen als
Heilmittel überall hin verkauften (s. Galenus). Ein Orkan versenkte die Insel Chryse
(b. Lemnos oder Aethale). Uskudama (Hadrionopolis) lag am Hebrus [der Ebräer oder
Iberer]. Uskudama, als Hauptort der Bessi (b. Eutrop). Cabilae (Kabyle oder Kalybe),
als Stadt in Thracien. Samos bezeichnete (nach Strabo) im alten Griechischen eine hoch-
gelegene Gegend (Rama). Strabo rühmt den musikalischen Sinn der Dardanii in Dardania
(in Ober-Moesien). Dinogetia (b. Ptol) oder Diniguttia (Chin.-Art.) Stadt am Pruth. Aegyrus
(M. Ant.) oder (b. Ovid) Aegypsus, Stadt am Ister. Odessus oder Odyssos, Colonie der
Milesier. Phrygia oder Phileus (in Thracien) war von den Byzantinern gegründet. Am
Pontus Axinus (beim Fluss Salmydessus) hatten die Völkerschaften um Kriege zu ver-
meiden, ihre Grenzen durch Steine bezeichnet, innerhalb welcher sie die fremden Schiff-
brüchigen plündern durften (nach dem Strandrecht). Byzanz wurde mit Hülfe der thraci-
schen Besitzer auf der Stelle des einheimischen Flecken Lygos (b. Plinius) angelegt.
Aenos (von Aeneas gegründet) lag an der Mündung des Hebrus im Lande der Kikones.
Bei Stabulum Diomedis (bei Maximianopolis in Thracien) war die Residenz des thracischen
König's Diomedes, der die Fremdlinge seinen Menschenfleisch fressenden Pferden vorwarf.
Die Goldminen der Satrae (in Thracien) wurden von den Atheniensern besetzt. Unter
Thasus (Bruder des Kadmus) legten die Phoenicier auf der Insel Thasus (ή Θασος) oder
Thassus ihre Hauptniederlage, zur Bearbeitung der Gold-Bergwerke an (Tharsus oder
Tarshish) zwischen Aenynes und Konynes. Berg Saoces auf Samothrake (Σαμοθρηκη) oder
das thracische Samos) vor der Mündung des Hebrus (ante Hebrum). Die grosse Göttin
(Mutter Erde) hiess (bei den Thraciern) Lemnos (nach Hecataeus). Die Insel Imbros
(Imbro) war dem Mercur (mit den Kabiren und Korybanten) geheiligt. Samos (Parthenia
oder Antemus) oder (Melampylus oder Cyparissia). Dryusa (Susam Adassi) war von
Lelegern und Cariern bewohnt, bis zur Colonisirung durch die Jonier (s. Epidaurus), durch
Argiver vertrieben. Samos (Samus) bezeichnete (nach Const. Porphyr.) eine Höhe (be-
sonders in der Nähe der Küste. Same in Cephallenia. Samonium, Vorgebirge in Creta.
Der Corinther Amanocles baute Schiffe für die Samier, die zuerst Schiffe für den Transport von Pferden einrichteten. Der Samier Colaeus durchfuhr zuerst die Säulen des Hercules.
Unter Polycrates auf Samos begab sich Pythagoras auf Reisen. Hera oder Imbrasia war
am Flusse Imbrassus oder Parthenias (auf Samos) geboren. Samosata in Commagene (in
Syrien). Die Bewohner von Samothrake (Dardania oder Electris) oder Melite (Leucosia)
waren (nach Diod.) Autochthonen. Pelasgier führte (nach Herodot) die Mysterien in Samothrake ein. Sumulocenae, römische Colonie in den Agri Decumates. Samus, Fluss in Hisp.
Baet., Samydace, Stadt in Carmania. Sapaei oder Sapae (Sinti), thracisches Volk bei
Abdera [Suwarna]. Saparnus, Nebenfluss des Indus. Sinda, Stadt in Pisidien. Die Sindi
(im Pontus Euxinus), deren Könige in Gorgippia (Gorgonen) residirten, warfen so viele
Fische auf das Grab, als Feinde getödtet waren (Nic. Dam.). Sidon war (nach Justin) von
dem Reichthum an Fischen (Sidon im Phoenic.) benannt. Sindus, Stadt in Macedonien

Busen) hatten sich die Mysterien des Orpheus*) (auf den Dienst des Zagreus oder Dionysos basirt) zu den Griechen verbreitet. Mit den Satrae betrieben die Odomanti die Gold- und Silber:minen in dem Pangaeus mit den paeonischen Völkern der Doberes und Paeoples (b. Herodot) oder (b. Thucyd.) Panaei**), Droi und Dersaei. Die Athenienser gründeten die Colonie Amphipolis im Lande der Edoni. Die Maedi oder Medi westlich von Strymon

---

Sinda, Stadt der Sindi in Aurea Chersonescsus (zwischen Dorias und Daonas). Nach Diodor war Aegis ein aus der Erde geborenes Ungeheuer, das (Flammen speiend) Phrygien, Indien, Phönizien, Aegypten und Libyen verheerte, bis es in Epirus von Athene erlegt wurde. In Aegium (Stadt in Achaja) war Zeus von der Ziege (αἴξ) gesäugt. Aegimius (Gesetzgeber und König der Dorier) rief Herkules gegen die Lapithen zu Hülfe. Zu den Stämmen der Dymanen und Pamphylen von Dymas und Pamphilus (Söhne des Aegimius) kamen die Hyller von Hyllus (Adoptivsohn des Hercules). Der 100 armige und 50 köpfige Riese Aegäon (Briareus oder der Furchtbare) wurde mit seinen Brüdern Cottus und Gyges (Söhne des Uranus und der Gaea) von Zeus aus dem Höhlengefängnisse befreit, um ihn im Kampfe gegen die Titanen zu unterstützen Mesthles und Antiphus (Söhne der Nymphe Gygaea) führten die mäonischen Stämme am Fusse des Tmolus dem Priamus zu Hülfe. Hercules tödtete den König Phylas (Vater der Midea), als die Dryoper den Tempel zu Delphi plündern wollte. Midon, König von Mysien, unterstützt Priamus.
*) Ὀρφεύς: Sub Judaeorum Judicibus, sublato Atheniensium regno, Orpheus clarus erat, vir sapientissimus et multorum mysteriorum peritissimus. Hujus etiam feruntur libri de cognitione dei, in quibus praeter alia hos exposuit sententias: Aetherem principio a deo conditum fuisse, ab utraque aetheris parte chaos, noctem terribilem omnia tenuisse et occultasse quae sub aethere erant, significans noctem esse priorem (dixit summum Aetherem conprehendi non posse); de genere humano dixit, ipsum itidem ab omnium rerum opifice deo formatum fuisse, et animam accepisse ratione praeditam, secutus Mosis scripta; dixit etiam genus humanum esse miserum et multis, animi corporisque calamitatibus obnoxium et bonorum malorumque operum capax, et miserum vitam vivens (Suidas). Ὀρφεύς, ex Libethris Thraciae oriundus (Libethra autem est aibs Pieriae vicina) Oeagri et Calliopes filius. Oeager vero fuit quintus ab Atlante, ex Alcyone, una filiarum ejus. Vixit undecim aetatibus ante bellum Trojanum, ipsumque Lini discipulum fuisse dicunt, et novem aetates vixisse, quamquam alii undecim, scripsit Triagmos, qui tamen ab aliis Jonis tragici esse dicuntur (Suidas). Ὀρφεύς, rex Thracium, cujus temporibus Amazones Phryges sibi tributarios fecerunt. Γεφυρις Mulier peregrina et advena. Gephyraei enim Athenis habitantes erant peregrini et advenae, sic Herodotus (s. Suidas). Phaëthon hiess Eridanus. Ἡραξίδιη, dea, cujus caput solum consecrare solebant. Mnaseas ait Soteris et sororis Praxidices filium fuisse Ctesium. Dionysius exhibuit Ogygis filias Alalcomeniam, Thelxiniam, Aulidem, quae postea Praxidicae vocatae sint. Μοῦσα (Musa i. e. cognitio), sic dicta de verbo μῶ, quaero. Haec enim omnis eruditionis causa est. Μουσαῖος (Orphei discipulus) floruit tempore Cecropis secundi. Der aegyptische Arzt Ἰαχὶν unter dem König Senyes reinigte während der Pest die Luft durch Feuer. Attica olim dicta erat Mopsopia a Mopsopia, filia Oceani. Pamphylien hiess früher Mopsia nach dem griechischen Führer Mopsus (s. Plinius). Der Lapithe Mopsus (Sohn des Ampyx und der Chloris), der als Seher den Argonauten prophezeite, wurde in Libyen von den Schlangen getödtet. Κυνοσχοχνόλογος, graece Sardanapalus (von Arbaces besiegt). Sardanapalus, Anacyndaraxi filius, Tarsum et Anchialem condidit. In primitive Babylonian tur or tus has two significations, one a „chief" and the other „small or lesser" (Rawlinson). Cotys, Sohn der Callirhee (Tochter des Ocean) und des Manes, zeugte die Söhne Asies und Atys. Qui Manes et Scythianus vocabatur fuit genere Brachman, praeceptoremque habuit Buddam, Terebinthum antea vocatum, qui Graecorum literis institutus, Empedoclis sectam adamavit, duo principia inter se contraria statuentis, litem et amicitiam (Suidas). Ἄστα est vox qua junior seniorem compellat (Suidas). Apollonius Rhodius setzt die Sigynnae an den Euxinus. Nach Strabo lebten die Sigynnae (mit haarigen Ponies) in der Nähe des Caspi.
**) Thucydides unterscheidet drei Abtheilungen (μέρη) der Malier (Μαλιεῖς oder Μηλιεῖς), als Parali (Παράλιοι) Priester (Ἱερῆς) und Trachinii (Τραχίνιοι) bei Trachis. Nach Leake bewohnten die Priester oder Malier die heilige Stadt (ἱερὸν ἄστυ), wohin (nach Callimachus) die Hyperboräer von Dodona auf dem Wege nach Delos Geschenke schickten. Paralia ist der Seeküsten-District von Attica, Paralia begriff die Küstendistricte in Chalcidice. Im heroischen Zeitalter fanden sich die Achäer in Phthia und Hellas, sowie im östlichen Peloponnes (besonders Argos und Sparta). Homer bezeichnet die Griechen als Panachaeer. Pelops brachte phthiotischen Achäer mit sich nach Laconia (b. Strabo). Hellas (mit der Stadt Hellas) bezeichnete einen kleinen District in Phthiotis (in Thessalien). Mazaca lag am Fuss des Argaeus (in Cappadocien). Die Griechen hiessen (bei Homer) Danaer, Argaeer oder Achaeer. Neleus (Sohn des Poseidon), der vom Jolcos in Thessalien nach dem Peloponnes wanderte und das Reich Pylos stiftete, wurde durch Herakles ge-

waren die Stammväter der Bithyni, von denen sich die Maedobithyni in Macedonien niedergelassen. Der ursprüngliche Sitz der Bryges*), die nach Phrygien gewandert, war das Gebirge Bermius gewesen. Die Kaeui bildeten ein Königreich an der Mündung des Hebrus. An den Ausfluss des Ligeris verehrten Samnitische Druidinnen den Dionysos mit Opfer und bacchan-

---

tödtet. Die durch die Dorier aus Pylus vertriebenen Neleiden begaben sich nach Athen, wo sie die königliche Würde erhielten. Nestor heisst der messenische Greis (bei Pindar). Nach Isocrates war Nestor in Messenia geboren. Nach Strabo waren das tripbylische Elis die Stadt des Nestor. Magnesia am Mäandros •war in Lydien gegründet von den Aeoliern aus Magnesia, östlich von Thessalien (Pyrrha oder Aemonia) oder Aeolis. Phoroneus, Sohn des pelasgischen Häuptling's Inachus, gründete Argos, das (unter Gelanor) von Danaus aus Egypten erobert wurde. Unter den Nachkommen des Danaus gründete Perseus die Stadt Mycene (als Hauptstadt Argeia's), wo auf Eurystheus (Enkel des Perseus) Atreus (Sohn des Pelops) folgte. Die Paoner Macedonien's wollten von den Teucri (Troja's) stammen. Die Samier gründeten die Stadt Cydonia in Kreta (nach Herodot) Zu Homer's Zeit waren die Epeier (in Elis) und die Pylier die mächtigsten Völker an der Westküste des Peloponnes. Nach Gründung der aetolischen Colonie in Pisa entstanden aus Aetolier und Epeier die Eleer. Die in Laconien (wohin sie geflohen) durch die Dorier ausgetriebenen Minyer liessen sich in Triphylin nieder (Paroreaten und Cauconier vertreibend). Neben den von Euboea gekommenen Cureten (am Achelous) wohnten in Aetolien die Leleger und die (aus Böotien vertriebenen) Ilyanten, bis die Epeer (aus Elis) unter Aetolus (Sohn des Endymion) die Cureten unterwarfen und Calydon gründeten. Die von Pleuron vertriebenen Cureten flohen nach Acarnania. Die mit den Böotiern aus Thessalien vertriebenen Aeolier liessen sich in Aeolis und Aetolia nieder. Nach Ephorus vertrieben die Aeolier die Cureten aus Aetolia. Der ätolische Häuptling Oxylus führte die Dorier über den corinthischen Gulf. Pisa war durch Pisus (Enkel des Aeolus) gegründet. Die Perrhaebi in Hestiaeotis (nördlich vom Peneius) gehörten (als ächte Hellenen) zu dem Amphictionenbunde. Die Lapithen vertrieben die Perrhaebi südlich vom Peneius. Die Aethices wohnten an der Quelle des Pindus (b. Strabo). Die durch Peirithous vom Pelion vertriebenen Centauren flohen zu den Aethices. Larissa war die Hauptstadt der Pelasgioten in Pelasgiotis (südl. ch von Peueius. Thetidium war die Hauptstadt von Thessaliotis (am oberen Peneius), wo sich die Thessalier von Epirus zuerst niederliessen. Die achäischen Phthioten in Phthiotis gehörten zum Amphictyonenbunde. Phthia begriff (b. Homer) Hellas und Dolopia. Die Dolopier in Dolopia (zwischen Berg Tymphrestus und Berg Othrys) gehörten zum Amphictyonenbunde, ebenso die Magneten in Magnesia (östlich von Ossa und Pelion). Unter den Oetaeern in Oetaea (um Oeta) gehörten die Aenianer (Ἀἰνιᾶνες) oder Enienes (Ἐνιῆνες) zum Amphictyonenbunde. Trachis war Hauptstadt der Malier bei Malis, von Malus (Sohn des Amphictyon) gegründet. Praesentia solaris virtutis convenit gallo magis quam leoni (Proclus).
    *) Das thessalische Bergvolk der Lapithen oder Λαπίθαι (unter dem Fürsten Pirithous) stammte von Lapithes (Sohn des Apollo und der Stilbe), Bruder des Centaurus. Nachdem sie das Gebiet der besiegten Centauren am Pelion besetzt, verdrängten die Lapithen die Perrhaebier aus deren Land am Peneus und bildeten mit den zurückbleibenden die Pelasger. Μίμνων, Memno, qui expeditionem ad Ilium suscepit. Aethiopum dux fuit, quamvis ipse Aethiops non esset, Susis Persicis ad Choaspem fluvium sitis oriundus, et illius loci gentibus imperans (Suidas). Rhodope (Ῥοδόπη) Oceani filia (b. Homer). Aegaeou (Sohn der Gäa und des Pontus) ist ein Meergott (b. Ovid). Der von den Göttern Briareus genannte Aegaeon wurde von Thetis zu Hülfe gerufen, um Zeus gegen den Aufstand der Olympier zu schützen. Von den Deutschen unterjocht, kamen die Milzener (in der Ober-Lausitz) unter dem Meissener Sprengel zum Deutschen Reich (965 p. d.). In Ober- (und Nieder-) Schlesien sassen die Hrowaten, deren Hauptstadt Krakau war (s. Stenzler). Der Kaiser Askana dai Miosin wird in Japan göttlich verehrt. Die Tobaiten (in Yemen) herrschten in Sana. Zur Zeit des Abraham wohnten die Kadmoniten (Beni Kedem oder Kinder des Osten's) in Palästina. Orontes, Berg in Medien. Orontes, Volk in Assyrien (nach Plinius). Marsyas (Satyr oder Silen) war Sohn des Oager oder Olympus. Marsyas, Fluss in Syrien. Ba-neter-en (Binothris) erlaubte auch weibliche Thronfolge in Egypten (II. Dyn.). Die Kikones westlich vom Hebrus-Fluss (an der Küste Thracien's) fanden sich (bei Homer) unter den Hülfsvölkern Troja's. Die Uraniden (Gyges, Cottus und Aegaeon) waren von Uranus mit der Gaea erzeugt. Als Schiedsrichter sprach Aegaeon den Isthmus dem Poseidon, Akrokorinth dem Helios zu. Nach Buttmann ist Χυάς (Chanaan) der phönizische Name des Agenor (Sohn des Poseidon und der Libya). Die Amazonen schonten in ihren Kriegen (nach Diodor) die heilige Mondstadt (Μήνη). Die Amazonen stifteten (nach Pausanias) das (von Megabyzen und Castraten) bediente Bild (der Mondgöttin) in Ephesius. Βριαροί, graves, saevi, robusti, formidabiles Βριμάζων, Leonis instar rugiens. Βρύμος Sic appellatur Bacchus, quasi frugens ex terra producens, a βορά enim fit βόριμος, it per

tischen*) Gebräuchen (Strabo). Auf einer Insel bei Brittannien wurde (nach Artemidor) Demeter mit ihrer Tochter unter samothracischen Gebräuchen verehrt. Theben war (nach Sophocles) die einzige Stadt, wo sterbliche Frauen die Mütter von Göttern**) (Dionys und Hercules) wurden. Aus

litterarum transpositionem βρόμιας (Suidas). *Βρόμος*, proprie crepitus, quem ignis edit (Snidas). *Θρήῖκἑς λἑγουσι, μἑλισσαι τὰ πἑρην τοῦ Ἰστρου* (nach Herodot). Der litthauische Staat wurde nach dem Bienenkorb geordnet. *Σαβάζιος ὁ αὐτός ἐστι τῷ Διονύσῳ* (Suidas). Sabos etiam vocabant loca Baccho consecrata. Chrysaor, Sohn der Medusa und des Neptun, zengten mit Callirrhoe (Tochter des Oceanos) den Geryon (dreileibig). *Τεργανοι κἑλτοί λἑγονται, οἱ ἀμφὶ τὸν Φῖνον ποταμὸν εἶσι* (Suidas). Geryon wohnte auf der Insel Erytheia (oder röthlich), im Westen (von der untergehenden Sonne geröthet).

*) Die orphischen Weihen (*τελεταί*) wurde von Onomakritos angeordnet Zagreus war Sohn des Ilades, des unterirdischen Zeus (nach Aeschylos). Nach Orpheus entwickelt sich Alles aus dem Urgrund. Phanes vereinigt in sich alle Göttlichkeit, die Naturen des Bromios, Zeus, Metis, Eros, Erika(n)o's. Zeus tritt bei Rhea in Frohndienst (*θητεία*) zur Versöhnung. Athene rettet das schlagende (*παλλουσα*) Herz des Jagreus. Im IV. Jahrhdt. zwischen Yaik (Ural) und Volga (als Ougres oder Honogren) wohnend, im V. Jahrhdt. westlich von Don, wurden die Ungarn (IX. Jahrhdt.) durch die türkischen Stämme nach Walachei und Moldau getrieben, dann bis zum Fuss der Caparthen im Norden der Donau. Die Ungarn liessen Ougri czernii (schwarze Ogren) im Gegensatz zu den Ougri bjelii (weisse Ogren) oder Chazaren (bei den Russen). Apollo war Entdecker des Lorbeer und sein Bruder Osiris des Epheu, den man, weil immergrün, lieber zum heiligen Gebrauche wählt, als den Weinstock (Diodor) [Balder's Mistel]. Als die noch weiche Erde durch die Sonnenwärme in Gährung gerieth, erzeugte sich Eiter in den aufgeschwollenen Theilen, aus denen die Thiere entstanden (nach Diod.). Die Curiosoliten werden von Caesar unter den Seevölkern Gallien's aufgezählt. Die *Κουρίωνες* (b. Ptolem.) sind (mit andern keltischen Nachbarvölkern an der Donau) unter den Armalausi (der Tab. Peut.) einbegriffen. Die von Histiaeotis durch die Cadmeier nach Pindus getriebenen Dorier (aus Achaea Phthiotis) nannten sich Macedni und besetzten dann das Land der Dryoper, die Confederation der Vorstädte (Pindus, Roum, Citinium und Erineus) bildend. Von Pamphylus und Dymas, Söhne des dorischen Häuptling's, der die Heracliden aufnahm, sowie von dem adoptirten Hyllus der Herakliden wurden die drei Stämme der Dorier benannt. Zu Polybius Zeit kam es vor, dass drei oder vier Brüder in Sparta nur eine Frau hatten. Unter den 13 Confoederationen Attika's zerfiel Tetrapolis wieder in vier Theile. Die drei Brüder der Granbündler bilden einen Schweizer-Canton. Talabriga, Stadt in Lusitanien (Plinius). Talabroca, Stadt in Hyrcanien (Strabo). Talacory, Hafen auf Ceylon [Thulassa]. Taladusii (Stadt in Mauretania Caesariensis). Talamina, Stadt der Scurri in Gallaecien. Talares, mol-ssisches Volk in Moesien. Talaura, Festung (des Mithridates) am Pontus. Talia in Ober-Moesien. Talicus, Fluss in Scythien. Tallaeus, die Station, wo dem Talus (dem Bronze-Mann) in Creta Menschen geopfert werden. Talmen, Hafen von Gedrosien. In dem Tempel zu Talmis (am Westufer des Nil), der dem Mandulis oder Malulis (Sohn der Isis) geweiht war, sind Kämpfe mit den Garamanten (in Bornu) dargestellt. In der griechischen Inschrift (aus der Zeit des Diocletian) beschreibt Silco (König von Aethiopien und Nubien) Siege über die Blemmyer oder Blemmyes, unter Stammhäuptlingen (*φυλαρχοι*) erobert (V. Jahrhdt. p. d, Talmis). Taluctae (b. Plinius) Stamm in Brahmaputra Talubath, Stadt in Gaetulien. *Θείας αὐνάμων*, Thiae nepos, Sic Boreas (ὁ βορἑας) ventus dictus, nam ut ait Hesiodus, venti a Thia orti sunt. *Θείαος*: divi nosesse viros bonos, quod in se deum habeant. Den beiden Giuli (se forma Geola und se nestera Geola) oder Jiuleis genannten Monate (December und Januar) stehen die beiden Lida oder Liude (als der Seefahrt günstig) gegenüber (b. Beda) in Juni und Juli. Bei den Altsachsen (von denen die jetzigen Niedersachsen und Westphalen) bedeutete Hëvan mehr den sichtbaren, himil den übersinnlichen Himmel (s. Pfahler). Nach Jornandes waren die Gothen schon zu Diceneus Zeit (ausser den Planeten und Himmelszeichen) 344 Sterne bekannt, die von Aufgang nach Untergang gehen. Altbochdeutsche Glossen nennen den Orion (Friggjarok) pfluoc, in rheinischen Gegenden heisst er auch Rechen (rastrum). Angelsächsische Glossen übertragen Orion durch Eburdring oder Ebirdring (ein Eberhanfe). Das spätere Mittelalter nennt die drei Mäder (Orion) Jacobstab. Aus des Riesen Thiassi's Augen bildete Odin zwei Sterne. Thor warf den abgebrochenen Zahn Orvandil's an den Himmel, den Stern Orvandilstä zu bilden. Das Siebengestirn (sibunati ri) heisst weit verbreitet in Deutschland die Henne mit sieben Küchlein (Pfahler)

**) Cadmus, Berg in Phrygien. Amphion und Zethus (Söhne der Antiope) gründeten Theben (b. Homer). In Cadmeia, durch Cadmus gegründet, waren die fünf Sparti (als Rest der Drachenzeichen) die edelste Familie. Als Cadmus sich (nach dem Tod des Pentheus) zu den Illyriern begab, wurde sein Sohn Polydor König von Theben. Bei Theben's Eroberung durch die Epigonen zogen sich die Cadmeier (auf Rath des Teiresias)

den gemischten Einwanderern unter Amphilochus und Kalchas wurden die Pamphylier*) benannt. Von Aktäon, dessen Tochter sich mit Kekrops

zu den Illyriern zurück (unter Laodamas). Nach den Indiern waren die Thracier (zu den die Getae) gehörten, die grösste Nation (nach Herodot). Strabo rechnet die Getae (von gleicher Sprache mit den Daci) und Mysi zu den Thraciern. Die Illyrier waren (nach Strabo) den Thraciern verwandt. Cauci in Irland. Bria bezeichnet bei den Thraciern eine Stadt (nach Strabo). Briga in Spanien, als Stadt. Die Cantabrier stammten (nach Strabo) von lakonischen Ansiedlern. Das thracische Volk der Ciconen (Κίκονες) lebte zwischen Hebrus und Lissus. Ausser Μύσια ἡ μικρά oder Μύσια ἡ Ὀλυμπηνή (am Berg Olymp) und Μύσια ἡ μεγάλη oder Μύσια ἡ Περγαμηνή gehörten Troas (sowie Aeolis und Teuthrania) zu Mysia. Homer nennt Mysier am Hellespont (in Klein-Mysien). Herodot rechnet die Mysier zu den Lydiern [Tyrrhenier und Pergamns]. Nach Strabo waren die Mysier aus Europa nach Asien gewandert. Zur Zeit der Aeolischen Einwanderung gründeten die Mysier (unter Teuthras) das Königreich Teuthrania. Posidonius beschreibt die europäischen Mysier als frommes Hirtenvolk. Die Sprache der Mysier war (nach Strabo) aus Phrygischen und Lydischen gemischt. Die Thracier des (römischen) Moesia (Serbien und Bulgarien) oder Μυσία (der Griechen) wanderten (als Μυσοί) von Europa nach Asien (s. Strabo). Die Gallier liessen sich als Scordisci in Moesien nieder (277 a. d.). Nach Herodot hiessen die Athener früher Cranai, als Pelasger (dann Cecropidae, Erechtheidae, Jones). Cranae, als Insel am laconischen Gulf. Cranii (Stadt in Cephallenia) verband sich mit Athen (431 a. d.). Auf die Städte Seminethos und Cranos wurde Antiochia (nach Plinius) gebaut (auf Pythopolis nach Stephanus). Krania am Kelberini-Berg in Ambracien. Craneion als (aristocratische) Vorstadt Corinth's. Neben den Oenotri wohnten Chonen, Mergeten, Hali in Oenotria (Süd-Italien). Die älteste aller Colonien war diejenige, die Oenotrus (Enkel des Pelasgus) von Arcadien ausführte (Pausanias). Die Leibeigenen in Süd-Italien hiessen (bei den Griechen) Pelasgi (nach Steph. Byz.). Nach Aristotles finden sich bei den Oenotriern gemeinsame Mahle (συσσίτιαι), wie in Creta. Pandosia, Stadt in Bruttuim und Lucanien. Pandosia, als elische Colonie in Epirus. Acheron, Fluss in Thesprotia, in Elis, in Bruttium. Peuceta in Apulien. Der aus der Umarmung des Ixion (in der Unterwelt auf das Rad geflochtenen König Thessalien's) mit Nephele (der von Juno untergeschobenen Wolkengestalt) erzeugte Stammvater der Ross-Centauren, begattete sich (weil als Ungethüm von den Menschen gemieden) auf dem Pelion mit magnesischen Stuten [wie die Hunen von Alraunen]. Parabrama gilt als höchstes Brahma. Parwati ist Mutter des Kartikeja. Mercur hiess Parammon in Olympia, Jupiter Parnethius in Attika. Nach den Banian vermählte sich Parguti, die erste Frau, mit Purus. Parnassus, Sohn des Neptun, gründete Delphi. Round the staff and the bead's (the soul of the god) is wrapped a vast quantity of native cloth (on the Hervey islands).

*) Die von Strabo als paphlagonisch mitgetheilten Namen scheinen meist auf Worte zurückführbar, die sich im Slavischen erhalten haben, Bagos oder Bog, Ithatotes von Ratisch oder Heer (Rha oder Wolga), Gasys oder Gasyt (auslöschen) u. s. w. Bei Suidas hält Tantalus (König von Thracien) den zum Opfer im Tempel des europäischen Zeus (Dies) ausgesandten Ganymed, Sohn des Tros (der ihn nicht mit den übrigen Fürsten zum Stiftungsfest der gegründeten Städte geladen) dort zurück. Die Sakaeeen (Athenais) wurden zur Zeit des Orion-Aufzuges gefeiert, als Orienfest (s. Bötticher). Kappadokien heisst Katpatuka auf den Keilinschriften. Unter den Lydern enthalten Sadyattes, Myattes, Alyattes den Namen des Gotte's Attes [atta in Afrika]. Chaldäisch Geschriebenes wurde in der Bibel aramit genannt. Les yézidis adorent le diable et l'appelent Melek Thaous, ange plein de majeste (majestueux comme un paon), mais les yézides de la montagne de Sindjar donnent au diable le nom de Soultan (s. Jaba). Les Kourdes reconnaissent deux anges gardiens, le saint Hyzyr sur terre et Saint-Elie sur mer (Jaba). Chao (früh morgens) bedeutet (im Chinesischen) Palatium imperiale (aula) oder civitas regia (nach Callery). Im Siamesischen ist es der Titel des bewohnenden Fürsten. Die gute Wesen ausdrückenden Asuren (Asu oder Leben) in den Vedas wurden später in den Gegensatz der Suren verkehrt (sura). Çura oder Held hängt mit Κοῦρος zusammen. Indus (Sindus) von sind (fliessen). Perseus, Danaes et Pici filius (ὁ Ϳανάης καὶ Πήκου υἱὸς) omnes arcanas praestigias edoctus, cum peculiare regnum sibi constituere vellet, Medorum imperium contempsit, multasque regiones pervagatus vidit virginem puellam, squalidam et deformem. Quam conspicatus rogat, quaenam esset, quidque vocaretur, illa vero Medusam se appellari respondit. Caput igitur ejus amputatum magice consecravit, ut edoctus fuerat, itque secum gestans omnes intuentes perterre fecit et occidit. Quod caput Gorgonem (Γοργόνην) appellavit, ob celeritatis actionem. Illinc vero profectus in regionem, quae Cepheo rege parebat, puellam virginem, nomine Andromedam, in templo repperit, quam duxit uxorem et juxta vicum Amandram vocatum urbem condidit, erecta etiam columna, quae Gorgonem gestabat. Haec urbs postea vocata est Iconium, propter Gorgonis effigiem. Deinde bellum intulit Isauris et Cilicia, urbemque condidit, quam Torsum vocavit, quae prius Andrasus vocabatur. Nam oraculo jussus post victoriam in eo loco, in quem ex equo descendem,

(aus Sais) vermählte, hiess Mopsopia (oder Jonia) Aktike, bis Atthis, Tochter des Kranaus*) (Nachfolger des Kekrops) den Namen Attika gab. In Tanagra (bei Oropus oder Graea) siedelten sich (in Böotien) die mit Kadmus aus Phoenizien gekommenen Gephyräer**) an und wurden später

---

pedis plantam posuisset, illic condere urbem. Medis quoque victis nomen regionis mutavit, eamque Persidem appellavit. Edocuit etiam nefaria sacra Gorgonia Persas quosdam, quos vocavit Magos. Illis enim temporibus globus ignis de coelo delatus est. Perseus stellt das Feuer zur Verehrung auf. Als er mit Kepheus kriegte und demselben die Medusa vorhielt, konnte er aus Altersschwäche nichts sehen, Perseus glaubend, sie sei machtlos, sah sie selbst an, und versteinerte. Sein Sohn Merrhus verbrannte die Medusa. Kukusos oder Kukuson lag am Flusse über den Taurus nach dem östlichen Cilicien. Die Grade der Verwandtschaft zu zählen, gebrauchte man die Glieder des menschlichen Körper's, in 5 Staffeln des ripuarischen Gesetzes oder 6 des salischen (7 bei andern). Mann und Weib, die Eltern, bilden das Haupt, Geschwister stehen am Halse, Geschwisterkinder am Busen, als Baso und Basa (s Pfahler) [Abstammung von Brahman]. Die Magen theilen sich in Schwertmagen und Kunkel- oder Spillmagen (Manns- und Weibsstamm). Da mit dem Blute auch die Eigenschaft der Seele mitgetheilt wurde, so entstand (h. d. Germanen) die Verpflichtung zur Blutrache. Nach Tacitus wurde die Ehebrecherin bei den Germanen entkleidet und mit Schläge durch das Dorf getrieben. Bei den Sachsen wurde die gefallene Jungfrau von den Weibern mit Ruthen gepeitscht durch die Dörfer von einem Dorf zum andern (Bonifacius) [Jakuten, Minusinsk]. Nur Könige nahmen zuweilen bei den Germanen mehrere Frauen.

*) Die Kranai genannten Pelasger oder Pelasgi befestigten die Burg Athen's, die Kekrops erobert (als Kekropia). Plato erklärt Athene oder Athenienser (Verwandte der Saiter) als Neith. Als unter den Nachfolgern des Kekrops König Erechtheus herrschten kam Xuthus (von seinem Bruder Aeolus vertrieben) nach Attika und vermählte sich mit Kreusa (Tochter des Erechtheus), die (ausser Achäus) von Apollo (nach Euripides) Jon gebar. Theseus befreite Attika vom kretischen Tribut. Actäus war erster König von Attica. Attica hiess Mopsopia von Held Mopsopus oder Mopsops. Mopsium, Stadt in Pelasgiotis (in Thessalien). Mopsuestia in Cilicien war vom Seher Mopsus gegründet, Mopsucrene (Μόψου Κρήνη), Stadt in Cilicien. Durch die unter Mopsus (nach Troja's Eroberung) in Pamphylien angesiedelten Griechen wurde das Land Mopsopsia genannt. Nach Cecrops Tode ging das Reich auf den Athener Cranaus über, Vater der Cranae, Cranaechme und Atthis. Wie ὑμογλῶσσοι die ὁμοϊθνεῖς folgern lasse, so die ἀλλογλῶσσοι die ἀλλοεθνεῖς (nach Dionys.). Zu den alten Thraciern gehörten die Edones, Deneseletae, Thyni, Satrae. Die Bessi erklärten das Orakel der Satrae (zwischen Nestus und Strymon), dem einzigen Stamm der Thracer, der (nach Herodot) immer frei geblieben. Bessorum multa nomina (Plinius). Bessa (Βῆσσα), Stadt in Locris (b. Homer). Uscudama war Hauptstadt der Bessi (Βῆσσοι) am Berg Hämus, die zu den Satrae (in Thracien) gehörten (mit der Stadt Bessapara). Zu den vier Districten (Τεραχωρῖται) der Bessi gehörten (nach Plinius) die Diobessi [δίοι, als Pelasgi]. Von den Thyni (Θυνοί) an den Quellen des Agrianes (im südöstlichen Thracien) wanderte ein Theil nach Kleinasien (in Bithynien). Θυνιακή Θρίκη (Memnon). Θυνιάς (Scymn.). Θυνία (Steph.). Thynia (Amm.). Xenophon unterstützte Seuthes (Nachkommen des Teres) gegen die Thyni. Zu den Aonern, Ectenern, Temmikern, Hyanten (Thraciern, Gephyraeern, Phlegyern) als alten Bewohnern Böotien's kamen die Minyer in Orchomenos und die Cadmäer in Theben, bis später die von den Thessaliern (von Thesprotia) aus Phthiotis vertriebenen Böotier (äolischen Stammes) herabzogen. Andreus herrschte über die aus Thessalien gekommenen Minyer in Orchomenos. Sein Bruder Eteocles führte die Verehrung der Chariten ein. Auf Minyas, der das Schatzhaus baute, folgte König Orchomenus. Hercules befreite die Thebaner von dem an Erginus (König von Orchomenos) gezahlten Tribut. Die argonautischen Helden (meistens minyaelschen Stammes's), die sich (als Minyae) in Lemnos niedergelassen, flohen (von den tyrrhenischen Pelasgern vertrieben) nach Lacedämon und wanderten dann theils nach Thera, theils nach Triphylia in Elis, die triphylischen Städte bauend. Die Cauconer wohnten in den triphylischen Bergen (in Elis). Die unter Deucalion in Phthiotis lebenden Hellenen zogen unter Doros (Sohn des Hellen) nach Histiaeotis (am Ossa und Olymp), und dort von Cadmus vertrieben, liessen sie sich als Macedni an der Kette des Pindus nieder, von da nach Dryopus und weiter nach den Peloponnes ziehend. Nach Herodot hiess Hellas früher Pelasgia. Nach Aeschylus war Pelasgos König von Argos. Neben den Pelasgern fanden sich die Stämme der Leleger, Cureten, Cauconen, Dolopen, Dryopen, Boetier, Thracier u. s. w. Pelasger in Cyzicus, Tralles (in Caria), Buttmann erklärt Asci oder Asgi in Pelasger aus dem asiatischen Ursprung. Cyclopische Bauten der Pelasger (πελασγοι). Homer nennt die Pelasger Bundesgenossen der Troyer.

**) Heber (Stammvater der Hebraeer) oder Houd (Stammvater der Jahuden oder Juden), Sohn des Saleh (Enkel des Sem) wurde zu den Aditen, als Prophet, geschickt.

17*

durch die äolischen Böotier zum Theil hellenisirt. In Schottland bewohnten die Maioten*) oder Meaten (Maïatich oder Niederländer) die römischen Grenzprovinzen, die Caledonier (Kelydonach oder Waldbewohner) im Innern, die Albanier (Albanach oder Hochländer) die Gebirge. La race albanaise

---

Der Prophet Saleh, Sohn des Arphaxad (Sohn des Sem) predigte den Thamuditen. In Rom waren besonders die cappadocischen Pferde beliebt, die in Stutereien zwischen Caesarea und Tyana gezogen wurden. Die Provinz Asia (des Reiches Asia) bildete unter den Römern ἡ ἰδίως καλουμένη Ἀσία (Asia propria), auch in weiter Ausdehnung (b. Strabo), als Kleinasien oder Asia minor (b. Orosius) IV. Jahrhdt. p. d. in Asiana und Pontica (in der Notitia Imperii) zerlegt, mit Unterscheidung in Asia (Provincia) und Asiana (Diöcesis). Tericiae oder Tuiciae in Gallia narbonensis (b. Aureille). Die Crobyzen wohnten in Moesien (an der thracischen Grenze). Ζάλμοξις (Σάλμοξιν), Getarum deus, qui et Γεβλέϊς. Word for Word, Sigynua is Zigeuner (Gypsy). ἀπὸ σμικροῦ τέο τὴν ἀρχὴν ὁρμάωμανον αὔξεται ἐς πλῆθος τῶν ἐθνέων πολλὸν μάλιστα, προσκεχωρηκότων αἴτῷ καὶ ἄλλων ἐθνέων βαρβάρων συχνῶν, sagt Herodot von den Hellenen, die ein Zweig der Pelasger gewesen. Die Hellenische Sprache änderte sich nie und wurde später auch von den Athenern (jonischer Herkunft) angenommen, (die die barbarische Sprache der Pelasger geredet) in Attika (ἅμα τῇ μεταβολῇ ἐς Ἕλληνας. Die (oberhalb der Tyrrhenier) Creton bewohnenden Pelasger hatten früher in Thessaliotis neben den Doriern gelebt. Πιλον significat nigrum und οὔργον album (Suidas). Die koboldartigen Wesen der Cercopen (Κέρκωπες) spielen in der Heracles-Sage, den Helden bald belustigend, bald neckend (bei den Thermopylen). Der Orphiker Cercops besang die Ilinabfahrt des Orpheus in den Hades (ἡ εἰς Ἄδου κατάβασις). Theognetus aus Thessalien verfasste den orphischen ἱερος λόγος. Der Dichter Cercops aus Milet stritt mit Hesiod um den Preis. Κερκώπων ἀγορά als Winkelmarkt der untersten Volksklasse in Athen. Attika hiess Cecropia von Κέκροψ (halb Mensch, halb Drache). Die Ambra heisst Pyra-oçu-repoty (Unrath des grossen Fische's) bei den Nord-Tupis. König der Vandalen und Alanen war Titel der vandalischen Könige in Afrika. In Ravenna (Raben) residirend, verlegte Theodorich (Dietrich von Bern) seinen Hof nach Verona, so oft sich Kriegsrüstungen nöthig machten. Gleichen Stammes mit den Cariern waren Lydier und Mysier mit den Phrygiern verwandt. König Nannakus regierte vor der deucalionischen Fluth in Phrygien (nach Suidas). Nach Herodot wohnten die Phryger (von denen die Armenier eine Colonie gewesen) früher bei Macedonien (als Bryger). Nach Herodot wurde der thracische Stamm der Bithyner (am Strymon) durch Mysier und Teucrer aus Europa nach Asien getrieben. Posidonius setzt Jupiter's Berg Ida (b. Homer) in das Land der europäischen Mysier. Strabo nennt die Kappadocier (die den Gott Omanos verehrten) Leuco-Syri, während die Stämme südlich vom Taurus Σύροι Μέλανες hiessen.

*) Im caucasischen Isthmus wohnten die Maioten oder Maëten in den Ebenen des Nordwesten's, die Albanier in den Bergen. Alvan (in Daghestan) oder Aghovan im Armenischen (Afghan). Samogitie, dans sa forme indigène (Szamaïte) s'explique par pays bas. Nach Tacitus wollten die Iberer und Albanier von den Thessaliern Jason's in Colchis abstammen. Ases, als Jaz (Jason), wie Ir oder Iron. Aran zwischen Kour und Araxes. Heri (Provinz Georgien's) als Aeriano (nach St. Martin). Caucasus oder Kof-kaf (nach Klaproth). Khogh-Asi oder Berge der Ases. Koh (iranisch) oder hoch (Khogh oder Berg b. Ossi). Deja sous le Bas-Empire, au temps où les Bulgares formaient un royaume puissant, ceux de la Thrace s'étaient unis aux maitres du Bosphore et leur payaient tribut, ils portaient dans l'histoire le nom de Romei (Roméliotes), nom commun à tous les Grecs (s. Robert). Les Bulgares au nord du Balkan ont gardé beaucoup des moeurs tatares, les Bulgares au sud sont presque hellénisés. Mêlé dès l'origine aux Tatars du Volga, le Bulgare n'est lui-même qu'un Tatar converti au slavisme. Les colporteurs (Kiradchias) se distinguent par une droiture à toute épreuve (en Bulgarie). Partout où l'influence grecque agit plus directement, le Bulgare a un sentiment plus vif et plus précis de sa dignité (Robert). Das Land am Berg Pieria hiess Paeonia (b. See Crida oder Lychnis). Les Albanais sont menacés de disparaitre du rang des peuples, puisque, d'un côté, ceux du nord retournent d'eux-mêmes au slavisme pendant que ceux du sud tendent à se confondre avec la Grèce (Robert). Le sang toujours bouillant des Albanais semble perdre son action destructive dès qu'il entre dans une autre nationalité. Au lieu de l'anéantir, il la ranime, la féconde et agit sur elle comme une sève nouvelle sur un arbre desséché. Tels sont du moins paru les Djamides dans le Peloponnèse et l'Attique et dans les Iles d'Hydra et de Spezzia (Robert), dans leur esprit, le nom de Bulgare désigne toutes les nations chrétiennes, par opposition aux nations musulmans (Robert). Les Bulgares dobroudji (espèce de Kosagues) se sont mêlés avec les Tatars-Nogais de Moldavie, qui répondent dans ces contrées jusqu'au dix-huitième siecle. L'intelligence se procure le repos en remplaçant l'acte dune faculté intellectuelle par l'acte d'une autre. Bei den Albaniern oder Arnauten trocknete das weibliche Ungeheuer Loubie alle Quellen auf, bis durch den ausgesetzten Enkel des König's erschlagen (s. Hahn). Der Mensch Angabo tödtet (bei den Abyssiniern) die vor ihm regirende Schlange (nach Salt). Donop erklärt Escala dua

se désigne elle-même par deux noms généraux, le nom de Mirdite derivé du persan mardaïte (brave) s'applique a la partie plus noble. Le nom de Skipetars*) (habitans des rochers) désigne le peuple en général (s. Robert).

Scythen war die unbestimmt allgemeine Ausdehnung des Namen's (für östliche Völker), womit die Griechen aber speziell nur die ihnen bei Olbia bekannten Skoloten oder Scythen bezeichneten, während im Innern die wilden Reiterschaaren der Sarmaten umherschwärmten. Will man nun den Namen Scythen auch weiterhin geltend machen (etwa selbst im Anschluss an die Sacae des Osten's), so müssen die Sarmaten**) darin auf-

---

(phönizisch) als Arbeiter an den Schmelz-Feuern oder die am Feuer gerösteten Niedrigen (der Basken). Donop erklärt Assa bira (phönizisch) als das starke Schloss oder Schloss der Asen (Asciburgum). Nach Dionys. Mil. (b. Diod.) erfand (unter den Griechen) Linus zuerst die Musik und Verse, wie Cadmus die phönizischen Buchstaben eingeführt. Die über den griechischen Herakles wegen seiner Gewaltthat erzürnte Priesterin Delphi's, erkannte, dass er weder der Herkules von. Tyrinth noch der von Canope sei, indem (nach Pausanias) auch der ägyptische Hercules in Delphi gewesen. Pheresiter oder Pheresäer (unter Philistern) in Canaan. Ain-nea: bewohnbare Oberfläche (Aeneas), αινια: neues Land. Inti oder Sonne in Peru im Sanscrit indh (leuchten, brennen), wie Indhra.

*) On trouve sur plusieurs points de la Bulgarie, de la Macédoine et de la Bosnie, d'anciens villages où les Albanais sont mêlés aux Tsintsars (des tribus qui parlent à la fois grec et slave, et qui paraissent s'être formées par des mariages entre les familles des deux races). Tout habitant riche (de l'Albanie) a le droit de se faire boulouk-bachi ou capitaine, il engage des hommes moyennant une somme débattue avec eux, puis il emmène cette bande des aventuriers (boures ou braves), qui est devenue sa famille d'adoption, et avec laquelle il va piller au loin ou se mettre au service des princes et des pachas étrangers (s. Robert). Quand l'Albanais part pour un long voyage, sa femme lui coud dans ses habits quelques fragments de ses propres vêtements et reste elle-même environnée des objets les plus chers à son époux. Sans cesse elle consulte ces objets pour en tirer des présages (Robert) [Vandiemensland]. Au milieu des plus furieuses tchetas (faidas) ou razzias, en Albanie la femme reste sacrée et peut circuler librement d'un village à l'autre. Tout phis ou clan albanais à un village central (phar ou Djata) or foyer, occupant la Koula (tour fortifiée). Les tchetas se font souvent par mer chez les Albanais des côtes (p. e. chez eux du golfe de Volo). Durant les vendanges, les sémailles et autres travaux champêtres on ne peut attaquer dans les champs, ce nest qu'au village qu'on se fussille (en Albanie). La pipiniére principale des Kaloiatri (chirurgiens populaires) est (en Albanie) le district du Zagori dans la chaine du Pinde, là se sont conservées mille pratiques traditionnelles dont les effets, il faut l'avouer, sont quelquefois merveilleux (s. Robert). Les Albanais hellénisés de certaines villes (comme ceux de Janina) s'adonnent exclusivement aux metiers, ce sont les artistes de la Turquie d'Europe (Robert). Chaque famille nombreuse (en Albanie) a son écusson et chaque Tribus sa bannière, qu'elle confie à ses enfants lorsqu'ils partent en troupes pour des expéditions lointaines [Azbker]. Le prètre (des Albanais) maudit solennement les insectes des champs, conjure la grèle, éloigne les orages. On trouve souvent, le long des routes, les arbres garnis de pierres à l'intersection de leurs branches, ce sont des exvoto, que les gens du peuple, durant leurs voyages, suspendent ainsi dans l'espoir que le génies des forèts, touchés de cette offrande, délivreront leurs membres de la lassitude (Robert). An einer Nische neben den Quellen werden für den Kalodámon Steine, Zweige, Barthaare niedergelegt [Obi]. Deux Albanais de clans différents ne s'abordent guère qu'en se demandant: Koumphis? (de quel feu au de quelle race), et ils prononcent ces mots la main posée sur leurs pistolets, chacun pensant que peut-être la tribus de l'inconnu doit une tète à la sienne (Robert). Qui ne se venge pas ne se sanctifie pas (Blutrache der Griechen). Um zwischen zwei Phar (in Albanien) Frieden zu schliessen, versammeln sich die Alten (Pliak) auf einer Erhöhung im Kreise (Krveno kolo oder die Runde des Blutes), gewöhnlich 12 oder 24 an Zahl, und erörtern den Krvina (Blutpreis). Le clans sont ils dispersés par le Nizam impérial, les guerriers qui ne veulent pas cesser de vivre en Albanais ou en hommes blancs et libres, passent chez les noirs émancipés, dans le Monténégro. L'évèque catholique des Klementis (entre les phars malisors) réside à Saba ou Sarda (nachdem die lateinischen Missionäre Venedig's einen Sammelpunkt der Flüchtlinge gebildet). Skanderbeg wird als der Drache Albanien's besungen.

**) Die Sarmato-Yozygen (von Pannonien bis zu den Grenzen Germanien's) hatten die Dakier in die Berge und Wälder zurückgeworfen (nach Plinius). Die Saken, (die den Perser den Namen Chazaren geben) nannten sich selbst Aramos (Wilde). Neben den Saken, Massageten, Dahern, Essedonen, Ariacen, Histier fanden sich die früher Cacidaren, Asen und Oeten genannten Völker. Die Chinesen nennen die Saï, Ousun, Manna, Outhi,

gehen und sie können nicht mehr getrennt behandelt werden, ausser wenn die einzelnen Stämme der Scythen ihre separate Bezeichnung erhalten. Dio Chrysostomos sah (in Alexandrien) bactrische, scythische, persische und indische Kaufleute*) (zur Zeit des Vespasian). Die Khara-Kirghis oder (nach den Mongolen**)) Bourout (der Chinesen) hiessen Kirghis bei den

Yeta, Ta-Hia. Die Scythen hiessen (b. d. Persern) Sakae (Hunde). Menander rechnet zu den östlichen Scythen (b. Theophylact.) die Türken (unter Dizabul am See Zaizan) die Ephthaliten, Awaren, Choliaten und Uiguren, deren flüchtige Stämme (Var und Chun) von den Alanen für Awaren gehalten wurden. Die von den Türken vertriebenen Awaren lebten (nach Euagros) auf Wagen und tragen (bei Coripp.) lange Zöpfe (mit Bändern durchflochten) auf dem Rücken. In den Thälern des Altai und Yenissei sind Reste alter Minen (und tshudische Schädel) gefunden. Zur Zeit des Justin trieben die Türken einen Handel mit Metallen und für Metallgewinnung waren die orientalischen Türken (nach den Chinesen) von den Geougen unterworfen. Nach den Sagen der Türken schmolz ein Schmidt den Ausgang aus ihrem Berggefängniss. Nach den Scythae erwähnt Dionysius Periegetes am caspischen Meer der Unni (vor dem Vordringen der Chinesen zur Zeit des Trojan) Anfang des II. Jahrhdt. p. d. Die Nachbarländer der Kirgisen und Kem-Kemtchout grenzen an die Naimans (nach Raschid-eddin). Rawlinson lies't die Scythen als Namri. Nach Donaldson ist Scythe nur eine andere Form für Gothe, und Massageten, Thyssageten sind Massagothen, Thussagothen u. s. w. Beda leitet die Picten von den Skythen. Gavidhal mit skythischen Geloni identificirt. Fuit namque iste beatissimus Vodoalus (ut ferunt) ex sagittifera Gelonum ortus natione, qui originem generis de Scythiae populis ducere perhibentur. De quibus et Poëta ait, Pictosque Gelonos unde et nunc usque Picti vulgo vocantur (IX. Jahrhdt. p. d.). Im Colosser-Brief werden βάρβαρος und Σκύϑης sich entgegengesetzt, wobei unter den ersteren die nicht arische Bevölkerung verstanden scheint (Scheuchzer). Johann Malala (b. Cephalion) beschreibt (nach Herodot) die Sprache, Kleidung und Gesetze der Parther als scythisch.

   *) Nach Seneca segelte man mit gutem Winde in wenigen Tagen von der Küste Spaniens nach Indien. Der chinesische General Pantschao schickte Kanying an das westliche Meer, um Gross-Thsin anzugreifen, wovon ihm die Tadzik abriethen. Attambilus, der in Spasine-Kharax residirende König von Mesenche und Kharacene unterwarf sich dem Trajan. Als das von den Parthern unabhängige Königreich Mesenche und Kharacene von den Sassaniden unterworfen war, bildeten diese sich eine Flotte auf dem indischen Meer. Reges Bactrianorum legatos ad eum amicitiae petendae causa supplices miserunt, sagt Aurelius Victor von Antoninus. Bardesanes von Babylon begleitete die indische Gesandtschaft des Dandanus zu Marc. Aurel. (Porphyr). Der Chalife Muavia galt als Name Allah's (bei den Bulgaren) Tangry (s. Diez). Das Oberhaupt der Hjung-nu hiess (nach den Chinesen) Tangri-kutu oder Sohn des Himmel's. Partes Scythiae quas Danapri amnis fluenta praetermeant (Hunni), quae lingua sua Hunnivar appellant (Jornandes). Der Gothenkönig Athalarich bezeichnet die Bulgaren als Hunnen. Nach Koskines waren die Hunnen finnisch. Nach Klaproth sprechen die Hjong-nu türkisch. Müller lässt die altaische und dravidische Sprache in Zusammenhang. Die Finnischen Sagen redeten von einem Volk Hiisi (Hüte). Die Wogulen kennen das vormenschliche Riesenvolk Tun. Von den Flüssen Oechardes und Bautis durchflossen, wird Serica bewohnt im Norden von den Stämmen der Alitrophagen, Anniben, Sizygen und Charden, im Osten von den Rabannen, Asmiren und Essedonen, im Westen von Alhagoren und Aspacanen, auf den Bergen des Südens von den Beten (Ammian). Von den Sassaniden besiegt, flüchteten die Reste der Parther nach Indien an den persischen Grenzfluss und setzten sich im Industhal fest. Der im Industhal residirende König Kitolo (oder Yuetchi), zog sich (nachdem er seinen Sohn in Pourouchapoura oder Peshawur eingesetzt) vor den Parthern nach Bactriana zurück, und kreuzte von dort auf's Neue den Hindukush, um die Parther vom Indus zu vertreiben (s. Reinaud). Mit Ausdehnung des Königreiches Larika (Barygaza) beschränkte sich die Herrschaft der Indoskythen in Indien. Neben Gades mit dem Tempel des egyptischen Herkules bewohnte Geryon die Insel Erytheia (nach Mela). Aristous begleitete Apollo nach Metapontum, als Krähe (ἀκόλουϑος). Der Ruf des Raben war ominös, Oscinem corvorum (b. Horaz). Der königliche Stamm der Scythen betrachtete die Anderen als Sklaven. Turk is a contraction of Turukka, which again is the Pali form of Turushka, the Sanscrit name for the Tatar inhabitants of the snowy range and the plains beyond (Rawlinson) The term of Takabara-(helmet-bearers) is applied in the Inscriptions of Darius as an ethnic title to the Asiatic Greeks (Tukui or helmet). Die Agrippaeer (b. Herodot) mit flachen Nasen und langem Kinn hiessen Arimphaeer (b. Plinius). Die Calmücken pressen Prunus Padus mit Milch zur Speise (nach Heeren). Zoolmat (die Gegend des Dunkel's) im Norden wurde von Alexander besucht (nach den Orientalen). Die Scordiscer trinken aus den Köpfen der Feinde (nach Amm.).

   **) In der mongolischen Sprache ist der Name Saka oder Yaka zu Yakout geworden. Die Kirghisen stammen von den 40 Mädchen (Kirk Kize), die als Begleiterinnen der

südlichen Kirghisen, die sich selbst Khazak nennen (s. Radloff). Unter
Kaiser Wuti (140—87) wurden zum ersten Mal Gesandte nach Juthian*)
(Khotan) geschickt (s. Remusat). Von frühzeitigem Alter getroffen, erhält

---

Prinzessin, sich mit einem rothen Hunde gegatteten, als sie bei der Rückkehr von einer
Lustfahrt alle Männer durch den Feind getödtet fanden. Die (im V. Jahrhdt.) in den
Sayanischen Bergen an den Ufern des Jenissei wohnenden Kirghisen oder Kion-Konen
(Hakas) werden von den Chinesen als blauäugig und blondhaarig beschrieben (den Uiguren
tributpflichtig). Nach Besiegung der Uiguren (VII. Jahrhdt.) dehnten die Kirgbisen ihre
Macht bis Tangout (Thibet) aus und vernichteten jene (XI. Jahrhdt.), nachdem sie die-
selben (VIII. Jahrhdt.) in Freundschaft oder in Feindschaft mit den Chinesen bekämpft
hatten. Die Moho (Mocho) bewohnten (als ein Volk Tungusiens) nordwärts über dem
Amurstrom hinaus (VI. Jahrhdt. p. d.) nach den chinesischen Geschichtsschreibern, und
der furchtbarste Stamm dieses Volkes (die Ile-shui Moko) gab (in die Mongolei einwan-
dernd) später den Ursprung der Mongolen. Der auf übernatürliche Weise gezeugte
Budantsar, mit dem die Geschlechtslinie der mongolischen Herrscher beginnt, heisst (bei
Ssanang-Setsen) Mong Chan. Bei Ssanang Setsen werden die alten Mongolen, als Ge-
sammtheit Bida (wir) oder Bädä genannt, und der Name Monggol erscheint zum ersten
Male da, wo Tschinggis, als erwählter Chaghan alle Stämme seiner Nation Kogä-Mongol
betitelt (Schott). Tschinskhan's Vater wird (bei Ssanang Setsen) mit dem posthumen
Namen Chormusda aufgeführt und sendet seinem Sohne heiliges Wasser (arschijan) vom
Himmel. Einmal nimmt Tschinggis selber die Gestalt des Chormusda an und seiner Gemahlin Chulan wird das 'Epithet eines Chubalghan (der Einfleischung eines höheren
Wesen's) beigelegt. Man sagt mir (bemerkt Avida dem Bardesnes) fest zu glauben, um
fähig zu sein Alles zu begreifen, aber ich vermag nicht zu glauben, ehe ich überzeugt
bin (nach dem Spicilegium syriacum oder ὁ περὶ εἱμαρμένης διάλογος). Krüger erklärt
den bei Eusebios zwischen Medidos und Dejoces gesetzten König Kardikejas (Nachfolger
des Mithraios) als Kartikeya. Der Assyrier Panyas (bei Syncellos) entspricht dem Meder
Artykas (bei Kterias). Cyrus, Assyriae rex (bei Plinius). Die hängenden Gärten sollen
von dem alten Cyrus (unter den Nachfolgern der Semiramis) gebaut sein (bei Diodor).
König Thinäos in den Excerpten (s. Krüger). Die Kitan (Chitan) und die nordwestlichen
Schi-uei erkannten die Oberherrlichkeit der Tu-kni (die Türken vom Altai-Gebirge) an,
die von der Mitte des 6. bis zum Anfang des 8. Jahrhdts. in Hochasien walteten. Die
Fürsten der kisi (goldenen) Dynastie sind die Altyn-Chane der Mohamedaner oder die
Altan-Chane der Mongolen. Die Buräten fingen (1772) an, sich mit Ackerbau zu beschäf-
tigen. Die Kosaken bauten ein Ostroy (befestigtes Dorf) an dem Ufer des Joandisi (grossen
Flusses) der Tungusen. Die Buräten oder Bratski (die von Aeltesten oder Taischa re-
giert werden) zerfallen in 4 Stämme (Korinsk, Selenginsk, Kondarinsk und Bergusine).
Die Taischa werden vom Volke auf Lebenszeit gewählt und von der Regierung auf be-
liebige Zeit bestätigt. Die unteren Beamten (Choulengas und Zaisans) sind vom Jassak
(Tribut) befreit, indem das Volk für sie bezahlt. In der Nähe der Salzbergwerke von
Selenginsk findet sich (am Gousinoze oder Gänsesee) ein Granitblock mit einem männlichen
Gesicht in Basrelief und zwei ovalen Figuren als Verzierung von den Seiten. Es finden
sich auch Ueberreste von bronzenen Pfeilen und Aexten. Die Ueberreste der hanfartigen
Gegenstände aus Bitterstein wurden ebenfalls in der Nähe von Irkutzk in einer Kalkgrube
auf einem Berge (unter der Oberfläche) gefunden (Cottrell).
   *) Wangking, der König der Westländer, wurde (152 p. d.) durch den König von
Juthian getödtet. In dem Tempel Pima bei Khotan findet sich die Stelle, wo Laotzeu,
nachdem er die Barbaren zu seiner Lehre bekehrt, Buddha wurde. Als von denen aus
Kaschmir durch einen Kaufmann herbeigeführten Chamen (Arahan) Louchena (Piloutchen)
zum Klosterbau aufgefordert, der König von Juthian den Wunsch aussprach, Buddha
selbst zu sehen, sandte dieser (auf Glockenläuten) seinen Sohn (von der zweiten Frau
Yechu) Loheoulo, der seine Form annahm und in der Luft erschien. Der König bekehrte
sich dann. Von den Hiongnu angegriffen, opferte der König von Kiu-sa-tan-na den Wüsten-
ratten mit goldenem Fell, die darauf Sehnen der Bogen und Riemen der Panzer in der
feindlichen Armee zernagten. Die von dem Könige Kuisatanna's heimgeführte Prinzessin
des Ostens brachte Seidenwürmer in ihrem Kopfschmuck verborgen, um die Zollwächter
zu täuschen. Die Reliquien (Cheli) wurden in Khotan unter der von den Raban in die
Hand genommenen Quelle begraben. Kui-sa-tan-na (die Brust der Erde) oder Koustana
(Juthian oder Honan-na) hiess Jutun bei den Hiongnu, Hou-tan bei den andern Barbaren,
Khioutan bei den Hindus. In dem noch wüsten Lande wohnte der Gott Pichamen, als der
König Wou-yeou (ohne Traurigkeit) die Häuptlingsfamilie aus dem Königreiche Tan-tchha-
chi-lo (wo sein Sohn geblendet worden) dorthin verbannt wurde, die mit einer östlichen
Einwanderungscolonie zusammentraf, und von den Fürsten derselben besiegt wurde.
Dieser baute auf Anweisung eines Wasser verschüttenden Architecten eine Stadt und
betete (als er kinderlos zu sterben fürchtete) zum Gott Pichamen, dessen Statue sich dann
öffnete und einen Knaben hervorgehen liess, der durch keine Brust ernährt werden konnte,

Yajati*) durch seinen Sohn Puru neue Jugend. Hekatompylos, urbs condita
a Graecis**) (nach Curtius), war (nach Appian) von Seleukos I. gegründet.

---

bis sich eine aus der Erde erhob, an der er sog und später seinen Ahnen einen Tempel
baute. Unter den Soui und Thang hatte das Land Yuthian die Jounglou, Han-mi,
Khasigur und Pheïchan unterworfen. In den Bergen südlich von Kantcheou (dem Lagerplatz der Hoeï-hu) wohnte zur Zeit des Ilan das alte Volk der kleinen Yueïtchi. Verschieden davon ist das Volk der Chatho in den Hirschwäldern. Die in der Wüste von
Hou-liu lagernden Tchoung-yun (westlich von Cha-tchou) sind ein von den kleinen
Youeï-tchi hergeleiteter Stamm. Im Lande Oulin (der Wüste Houlin) wurden die Hiongnu
vom Kaiser Mingti besiegt. Nach Besiegung der Türken (VII. Jahrhdt.) eroberten die
Chinesen die Tartarei. Als die Verwirrungen der Ansse die Beziehung China's mit Khotan
abgebrochen, wurden sie unter dem Tsin wieder aufgenommen. Mani (Manes), der Haus-
meister Juthian's, brachte Kristallvasen und Seide nach China. Die Türken kreuzten die
Wüste beweglichen Sand's.

*) Naraka tödtend, schafft Vishnu die Welt auf's Neue. Als Mannlöwe vernichtet
Vishnu den Hiranya-Kasiapa, der durch seine heuchlerische Frömmigkeit von Brahma
Gunstbezeugungen erlangt hatte. Kapys a la même sens qu'Arac en lydien et en étrusque
(aigle ou épervier), wie in Assaracus (s. Rougement). Babius, als alter König Assyriens.
Unter König Alcimus genoss Phrygien ungestörten Frieden's [semitische Vorsilbe Al, wie
in Aloris]. Als das Orakel verkündete, Nannac (Annac oder Cannac) würde fortleben,
bis bei seinem Tode das Menschengeschlecht unterginge, überliessen sich die Phrygier
dem Wehklagen. Cambletes (der lydische König, der im Heisshunger seine eigene Frau
verzehrte) vient de Bala, manger avec avidité, dévorer. Gajomorts vernichtet den Asur
und überliefert seine Krieger dem Ahriman. Die Bedeutung des Königs Zohak Beverasp
und des bösen Afrasiab lag (nach dem Minokhired) darin, weil sonst die Herrschaft von
Ahriman dem Khasm übergeben wäre, und dann bei diesem Dämon bis zur Wiederauf-
stehung verblieben sein würde, da es unmöglich gewesen, sie ihnen abzunehmen. The
homogeneous race of the Mongols may be divided into the Kalkas, the Kalmuks and the
Bouriats (Michie). Die illyrische Königin Teuta versprach den römischen Gesandten,
öffentliche Beleidigungen zu vermeiden, doch könnte die Fürstin ihre Unterthanen nicht
von Privatbereicherung durch Raub abhalten (Polybius). Beim Aufsteigen der Sonne rollen
die Blätter des Lorbeer (Daphne) zusammen. In Xerxes Heer fand sich Reiterei auf Kameelen. Die alten Reliefbilder in Persepolis zeigen keine Reiter (wie auch Homer nur
Streitwagen erwähnt). Erst Cyrus flösste den Persern durch Vorschrift und Beispiel Neigung zu Reiterübungen ein (Ritter). Seit dieser Zeit fügten die Perser ihren Namen die
Silbe asp oder aspes (Pferd) an (Hydaspes), wie die Griechen Namen mit hippor zu-
sammensetzten. Für seine Gattin Amytis aus dem hügligen Medien baute Nebukadnezar
die Terrassenbauten Babylon's in Gärten (Xenophon). Die Cimmerier eroberten Sardis
(629 a. d.) unter Ardys, dessen Sohn Alyattes sie vertrieb. Die Scythen besiegen Cyaxares
(624 a. d.) unter Madyes. Nach dem Einfall der Aegypter werden die Scythen vertrieben
596 a. d. Die Donau kreuzend besiegte Alexander M. die Geten. Die Alexander in Gesandschaft besuchenden Galatae fürchteten nur den Einsturz des Himmel's (Κέλτοι περὶ τὸν
Ἀδρίαν). Protogenes erhält Dank auf der Inschrift von Olbia für Schutz gegen die Barbaren (Saudaratae, Thisametae, Scirii, Galatae und Thyerii). Titanos ab irata contra deos
terra ad ejus ultionem paratos (Servius), unde et Τιτᾶνις, dicti sunt ἀπὸ τῆς τίσεως, ab
ultione (τιταίνω, ulciscor) [bei den Betschuanes ist Bild des Reichthums der Regen als
Pluvia]. Ζάλευκος, Πυθαγόρειος φιλόσοφος καί, νομοθέτης, Λοκρὸς ἐκ Θουρίου (Suidas). Ζάμολξις,
Πυθαγόρης δοὔλώσας Σκύθης. Mnaseas vero dicit apud Getas coli Saturnum et vocari
Zamolxin. Nach Hellanicus unterrichtete der Grieche Zamolxis die Geten in Thracien
(s. Suidas). Τερίζοι καὶ Κρόβυζοι credunt animarum immortalitatem, et mortuos ad Zamolxin
ire tradunt, redituros tamen, idque semper verum esse putant, quamobrem sacrificant et
convivantur, quasi defunctus sit redituros (Suidas). Tahmuras, der die vier Könige der
Diw (Dew) oder Diw-i-nar (männliche Dämone im Gegensatz zu den weiblichen Paris) in
Höhlen ankettete, heisst davon Diw-band (der Dämonen-Bändiger). Eumque post ante-
gressos multiplices alios purpureis subteminibus texti circumdedere dracones, hastarum
aureis gemmisque summitatibus illigati, hiatu vasto perflabiles, et ideo velut ira perciti
sibilantes, caudarumque volumina relinquentes in ventum (Amm Marc.). Die Drachen-
banner kamen zu Trajan's Zeit bei den Römern in Gebrauch Claudian spricht von
schnaubenden Drachenfahnen, sowie Gregor Naz. und Chrysost. Nach den Juansze wurde
Khjan-ceu am Flusse Jenisei oder Kbjan (südöstlich von den Kirgisen) durch Mungku
(Mongolen) und Hui-ku (Uiguren), sowie deportirte Chinesen bewohnt. Nach dem Khitan-
Kuoci waren die (von dem Chitan als Berserker zur Vorhut verwandte) gelbköpfigen Cucen
(der Tungusen) durch gelbes Haar, grüne, gelbröthliche oder hellgraue Augen ausgezeichnet (s. Schott).

**) Das Antiochien in Skythien (b. Stephanus) lag am Jaxartes (nach Droysen).
Antiochia tharmata liegt (auf der Peutingerschen Tafel zwischen der Mündung des Ganges

Haroiu oder (nach Anquetil) Herat wird von den Parsen *) im syrischen Haleb oder Aram, (für Aram und Syrien oder Rom erklärt), gesucht (s. Kiepert).

---

und des Pateris). Nach Isidor gründete der indisch-griechische König Demetrios in Arachosien die Stadt Demetrios. Εὐθυμίθεια wird von Ptolomäos mit Sagala identificirt. Fuerunt et graeca oppida Arethusa, Larissa, Chalcis, deleta variis bellis, sagt Plinius über Arabien. Bei den Gerrhi (unter den Albanern am östlichen Caucasus) wanderten die von Gott Ergriffenen ein Jahr lang einsam durch die Wälder und wurden dann der Selene geopfert [Koloschen]. Nach Aristoteles pflegten die Agathyrsi feierlich ihre Gesetze zu recitiren, um sie nicht zu vergessen [Brustgesetze der Insel Manx]. Im Mi-chi des Chou-King wird von den Unruhen der Su-Jong genannten Barbaren (in Kiang-nan bei Su-tcheou) gesprochen, in Verbindung mit den Hoai (1063 a. d.). Im Mouchi (des Chou-king) werden die Länder Yong, Chou, Kiang, Meou, Ouei, Lou, Peng und Pou unter den Y oder Barbaren aufgerechnet (1054 a d.). Als Ismaeliten oder Saracenen wohnten in Ungarn bei Pesth (XIII. Jahrhdt.) mohammedanische Baschkiren und Bulgaren, um das Land gegen die eindringenden Deutschen zu vertheidigen. Das scythische Volk der Turcae (Τοῦρκοι) wohnte (im asiatischen Sarmatien) am Palus Maeotis. Die Turcilingi (im nördlichen Germanien) werden (V. Jahrhdt p. d.) mit den Rugii zusammengenannt. Abii (ἄβιοι) b. Homer, als gerechte Gabii (b. Aeschylos). Nach Siebenbürgischen Sagen hat der Teufel Mühle und Wagen erfunden, überliess sie aber zur Verbesserung an Gott, bis die Blätter all von den Bäumen abgefallen (s. F. Müller). Als man in einem Kloster der Walachen einen Heiligen brauchte und viel Geld darum bot, wurde der Einsiedler von Mühlbach durch die Dörfler erschlagen und verkauft (nach siebenbürgischen Sagen). Im Besitz der Familie Sandor befindet sich ein Gefäss aus Kokosnuss, womit noch Hunnensprösslinge an der Budvar (nordwestlich von Udvarhely) ihren Göttern geopfert haben sollen (F. Müller). Die Grenze des jenseits der Kokel gelegenen Propstdorfes wurde dem Siebenbürger Grenzschuss entstanden gemacht, als ein Keil vortretend. Abo Hauptstadt der Finnen) heisst (auf Finnisch) Turku. Turcilinger im Gefolge des Oduacer. Asen und Türken, (Thukiu). Targitaus (dem Zeus von der Tochter des Flusses Bosysthenes geboren) zeugte Leipoxais (Fürst der Auchaetae), Arpoxais (Fürst der Catiari und Traspies), Colaxais (Fürst der Paralatac), als Stammvater der Scythen oder Skoloten. Turk (Stammvater der Türken) war ältester Sohn des Japhet. Togarmon gehört zu den Kindern Gomer's (Sohn des Japhet). Manlius wurde Torquatus (Τορκουάτος) genannt von den Halsringen (torquis), als gallischen Schmuck (Κελτοῖς κόσμος). Die Hunnen durchfurchten den Knaben die Wangen mit eisernen Werkzeugen, um durch die Narben das Sprossen der Barthaare zu hindern. Ammian sah Grumbates, König der Chioniten (der Hunnen), mit durchfurchtem Gesicht (rugosis membris). Die vor den Menschen verschlingenden Greifen fliehenden Avaren, erschienen (4'5 p. d.) am caspischen Meer. Die Scythen wurden (nach Aristeas) von den Issedonen, diese von den Armaspen, diese von den Monophthalmen, diese von den Greifen getrieben (der chinesischen Drachenbannern).

*) Παρθάυνισα πόλις, Ἕλληνις δι Νίσαιαν λέγουσιν (Isidor v. Charax). Nach Conolly hat sich der Peri-Cultus in Pisin (im südafghanischen Hochland) erhalten. Vackereto (als von Dämonen bewohnt) ist Parika (der Feenanbeter). Kakra ist das Thalgebiet des Kuba-(Κωφήν) flusses und des Gandara-Volk's in Kabul. Skylas begann seine Fahrt in Kaspapyros (Kabul). Herodot nennt die Kaspier als Nachbarn der Saken in der nordöstlichen Gebirgsrenze Iran's. Kaçpura verkürzt aus Kaçyapapura (Κάβουρα bei Ptolom.). Arachosien ist das Land der weissen Indier. Ἀναρίσκαι, als wilde Bewohner des westlichen Gilan. In der von lieblichen Bergen umgebenen Ebene (von deren Bergen sich das wilde Volk der Marder bis Bactrien erstreckt) gründete Alexander (nach Plinius) die Stadt Alexandria, die Antiochus als Syria (Seleucia) oder Antiochia um Flusse Margus wieder herstellte (Syria bei Rangun). In Marghinan, wo sich (nach Mir Isset Ullah) das Grab Sekander · Dhulkarnein's fand) wurde (nach Nazarow) die rothe Fahne des Padischah Iskander gezeigt. Die Uiguren am Altai bedienten sich der (von den Chinesen) Hu genannten Schrift (in 14 Zeichen). Der König von Buchara heisst Alanny nach der Hauptstadt der Asi (bei den Chinesen). Die Citadelle des von Dhul Karnein gegründeten Meru (Schahidschan) war von Tahmurath erbaut. Alp Arschan war in Meru begraben. Die Tadschik in Purwana (bei Merat) wurde durch die Einfälle des Dschemschid (türkischer Abkunft) belästigt (nach Abbot) 1838. Der Landesname Airyaka, das arische (die Wurzel Irak's) scheint durch seine adjectivische Bildung gegenüber dem Subst. abstractum Airyana (Arierschaft), als Gesammtname um dies „arisch gewordene oder gemachte" Land zu bezeichnen, wie sich in Indien der Gegensatz findet zwischen Aryaka, dem arisch gewordenen Colonieland an der dekhanischen Westküste und Aryavarta, dem Arierkreise, als dem eigentlichen Arierlande des Norden's (s. Kiepert). Medien, das Land im Westen der grossen Salzwüste (der Westgrenze des ältesten Asiana) zeigt in sprachlichen Spuren unarischen Einfluss. Durch die im Vorkommen oder Mangel des uniranischen Buchstaben l gezogene Grenze wird der grösste Theil Medien's im Osten und Westen ebenso entschieden ausgeschlossen, wie Persis und das sprachverwandte Karmanien eingeschlossen.

Oberhalb der Osseten*) wohnen die Khevsur (ein Zweig der alten Georgier),
die aus dem Christenthum die Verehrung des Kreuzes bewahren. In den
tartarischen Heldensagen ist der Wille Kudai's, meist auf einen Bogen oder
in einem Buche verzeichnet (über die dem Helden**) bestimmte Geliebte),

---

Sämmtliche aus dem alten Persis von den Griechen überlieferten geographische Namen
zeigen in dem günzlichen Mangel des Buchstaben λ das streng iranische Lantegesetz
(s. Kiepert). In Πανθιαλαῖοι (Fahliyon) durfte Einfluss der semitischen Nachbarn der
Westgrenze vermuthet werden. Parysades IV. (Archon oder König von Bosporus) rief
Mithridates zu Hülfe gegen die Scythen. Die Sacae (bei Ptol.) grenzen westlich an die
Sogdier, nördlich an die Scythen, östlich an die Serer. Die Casia und Achasa in Scythia
extra Imaum (bei Ptol.) sind die Casii (bei Plinius). Scythini an der armenischen Grenze
(bei Xenophon). Sarmatae Graecis Sauromatae (Plinius). Strabo sagt in Asien Sauromatae
westlich Sarmatae. Bei Darius' Einfall in Scythia beschlossen die Sauromatae, Geloni
und Budini den Scythen Hülfe zu bringen, während die Agathyrsi, Neuri, Androphagi,
Melanchlaeni und Tauri sich dagegen erklärten. Die Scythen bei Olbiopolis konnten zwei
Λάξις der Sarmatae. Die Sauromaten sprachen einen scythischen Dialect. Kein Mädchen
durfte heirathen (bei den Sarmaten) ohne einen Feind erschlagen zu haben. Hippocrates
nennt die Sauromaten scythisch.
*) Die Osseten verehren den Prophet Elias. Auf dem Grabe der Voreltern eines
Beleidiger's eine Katze, Hund oder Esel schlachtend, meint der Ossete dadurch die Seele
jener in das Thier zu bannen, bis er gesühnt ist. Die Tchetschenzen und Lesghier unterscheiden sich von den Tcherkessen durch Verwerfung jeder aristocratischen Regierungs-
form. Alexander verengte (1642) die Reste der von den Tataren getrennten Georgier.
Nach Sjögren gehörte die Sprache der Osseten zu der indogermanischen. Die Tcherkessen in der Krim und westlichen Kaukasus. Zu der Zeit Georg Interiano's umschloss
das Land der Tscherkessen das östliche Ufer Palus Mäotis (von wo sie durch Moskowiten
und Tataren vertrieben wurden). Die Tscherkessen (Adigh) wohnten am Kuban bis zur
Festung Anapa. Die Abkhasen sind unter ihren Fürsten den Russen unterwürfig (südlich
von Tscherkessen). Suaneten, als gens Suanorum (bei Prokop) sprachen Zweige der
georgischen Sprache. Haxthausen fand die Einrichtung in den ossetischen Häusern, wie
in den westfälischen. Die Osseten nennen sich Taghiran. Die Alanen nennen sich Iron.
Nach Moses Choren, saassen die Alanen in der Nähe des Kaukasus. Die Alanen, als
Osseten, wurden von Procop zum germanischen Stamm gezählt. Die Kurden (Kurdmand-
schen oder Kurd) sprachen eine dem Persischen verwandte Sprache. Die Kurden theilen
sich in Assireta oder Sipak (Krieger) und Rajah oder Guran (Bauern). Kasi-Kamuk
(Kafir-Kamuk) ist ungläubiger Kamuk. Von den 26 Sprachen im Kaukasus (bei Strabo)
finden sich noch die Avarische, Kasi-Kumukisch, Akuscha und Sprache von Kura oder
Kyre. Von den georgischen Chroniken werden die Lesghier von Plutareh und Strabo
erwähnt und gelten für Mischvolk aus Awaren, Arabern und Semiten (s. v. Gerstenberg).
Die Buta oder Stämme der Lesghier stehen unter einem Dorga oder Aeltesten. Die
Schapsugen sind unabhängig, die Bscheduchen den Russen unterworfen, die Abadsechen
und Ubychen zum Theil. Katharina II. verpflanzte die unruhigen Zaporoger-Kosaken
nach dem Kaukasus und für ihre Dienste in den Türkenkriegen erhielten sie 1769 Land
am schwarzen Meer, wo sie noch Reste der Selbstregierung bewahren. Zu Anfang des
XVII. Jahrhdts. zogen die Nogaischen Tartaren vom asowischen nach der nordöstlichen
Seite des caspischen Meeres und dann (von den Kalmücken gedrängt) nach Astrachan
(unter russischer Herrschaft). Anfangs des XVIII. Jahrhdts. zogen sie über den Dnepr
auf türkischem Gediet, kehrten aber 1770 zu den Russen zurück. Die Nogaier theilen
sich in die transkubanischen (in der Luba) und den Kymykenhorden (zwischen Sulek und
Terek). Ausserdem finden sich Karatschai-Tartaren.
**) An der Vorderbug des Sattels trägt das Heldenross den Namen des tartarischen
Helden verzeichnet, dem es bestimmt ist. Der Gemahl der blutschlürfenden Schwanen-
frau (in der 17. Erdenschicht) ist Djilbegän (im Dienste des Irle Chan). Den 7 Kudai
stehen 7 Aina gegenüber. Wo Himmel und Erde zusammenwirken, findet sich ein hoher
Eisberg mit dem Sitz des Jedai-Chan. Die kupferne unter den 9 Trommeln des tartarischen
Zauberer Balamon ist die mächtigste. Strabo begreift die Bactrier in Ariana (als den
Persern ähnlich). Ormuzd führt (nach dem Vendidad) seine Verehrer aus dem ursprüng-
lichen Airyanem vaejo nach Sughdha (Sogdiana). Ἄριοι (Ἄρειοι), als Arier. Ἄριοι, als
Arier von Herat (bei Herodot). Im Vendidad steht das ursprüngliche Ariana (Airyanem
vaejo) als Airya, das spätern Aria als Haroyu. In den Inschriften des Darius ist Aria
(Hariva) eine Provinz von Ariya. Heriruad (Ariusamnis). Die östlichen Arier (Ἄρειοι)
glichen (nach Herodet) den Medern und Bactrern. The Greek myths of Andromeda and
Medea connect the Medes with the early (Scythic) Phoenicians and with the Colchians.
Nach Scheref-Chan giebt es vier Zweige der Kurden, per Kermandj, Lur, Kelhur und
Guran. Nach Abulfarad (bei Chwolsohn) ist El Geramiqah ein Volk in Mausil, das von
den Persern stammt. In Assyrien lebende Γαραμαῖοι sind dem Ptolomäos bekannt. Bei

mag aber auch in seinem Wohnsitz im Himmel erfahren werdon (Schott).
Unter Oghuz Khan überschwemmten die Tataren*) (zur Zeit des Hushang)
sowie Iran auch das nördliche Indien. Nachdem Tu-lün, Fürst der Tartaren-
Geugen, sich im Lande Kao-tsche (zwischen Onon und Selinga) festgesetzt,
eroberte er (402 p. d.) das Land der Baschkiren oder Yu-pan (Yuepo) und
führte als Schrift Holzeinschnitte ein statt Klumpen Ziegenkothe's. Kaiser
Taionti erhielt (434 p. d.) Tribut von Aksu, den Usiun, Kaptschak und den
Hunnen (im Land der Baschkiren). Die am Onon und Paikal in Höhlen
lebenden Juijui (Hunnen) gründeten (nach Besiegung der Tim-him zwischen
Obi und Irlish) die Stadt Mumotsching (508 p. d.). Tsühei, Sohn des Tohan,
(Chan der Geugen) wurde von der Zauberin Tivan aus dem Himmel zurück-
gebracht (520 p. d.). Nach Besiegung der Tiele empörten sich die in den
Bergwerken des Altai arbeitenden Türken (unter Tümüen) gegen Onahoei,
Chan der Geugen (551 p. d.) und im Bündniss mit Kaiser Ven-suien-ti ver-
nichtete Mokan (Gross-Chan der Türken) die Geugen (556 p. d.). Die
Muembas oder Moluas bilden die Hauptbevölkerung in dem Reiche des
Muata Yanve oder Muropue (s. Waitz). Bei den durch ihre Seidengewänder
indischen Handel bezeugenden Negern nördlich von Sofala wurde nach dos
Sanctos Molungo verehrt (wie noch jetzt). Nach Herodot hiessen die Meder
früher Arioi, auch die cölchischen Meder, die von Athen gekommen. Die
Arioi**) waren wie die Bactrier bewaffnet. Die Arcioi bezahlten Tribut

---

Semsat lebt der Kurdenstamm Kurmansi (s. Lerch). Von den Kurmandie kam (XIII. Jahrhundert p. d.) der Stamm Xaled (unter den Fürsten Zein-ed-din) nach Djesire wo der
Pehlewan Iskander herrschte (nach Ahmed Xani). Artaei stands for the Afarti of the
Scythic tablets, which is not an Arian name at all, thut the old Scythic title for the
ancient inhabitants of Susiana and (probably) of Persia Proper, which appears in later
times under the forms of Iberi, perhaps of Albanians and again of Avars or Abars, all
Turanian races (Rawlinson).

*) Als Afrasiab, nach Nuzar's Niederlage, Iran eroberte, wurde er durch Zazer,
den Goldhaar-Prinzen, der (als Vater Rostem's) Segestan verwaltete, vertrieben. Durch
Rostem liess Khosru einen neuen König Indien's au die Stelle des Entthronten einsetzen.
Auf Schengol, dem Könige Kanouj, der wegen seiner Tributsverweigerung vom iranischen
Könige besiegt ward, folgte (nach Ferishta) sein Sohn Rhoat. Als Djanacca von Kashmir
die Königin Hom in Persien bekämpfte, wurde er (nach Bedia-eddin) von Darab (Bahman's
Sohn) besiegt. Nander-Khan führte den Feuerdienst in Kashmir ein. Unter dem Namen
Jaradashti findet sich Zoroaster in Rigveda als Gegner erwähnt. In consequence of the
conversion of Ke-ye-shi, the whole of the fire-worshippers returned to right reason in a
mass. Als Kaye (Kasyapa) durch vorgeschützten Raummangel der Disputation ausweichen
wollte, begab sich Buddha in die Drachenhalle und hielt den Drachen durch den Glanz
seiner Samadhi von sich fern. Jaja, Sohn Naba's (Enkel Krischna's, von Jessalmir kämpfte
mit Rom und sein Sohn Subahu mit dem Schah von Khorassan. Nach Zeuobius flüchteten
die durch König Dinaskey aus Indien verbannten Prinzen Demetrius und Keisancy zum
König Valarsaces in Armenien und bauten in dem ihnen übergebenen Fürstenthum Taron
die Stadt Vishap oder Dragon (III. Jahrhdt.). Unter den Hiongnu benannten sich die
Thoukiu am Altai (552) von ihrem Führer Thou-men, der den Titel Il-Khan annahm.
Das (Beginn der christl. Zeitrechnung) in Khoten gesprochene Sanscrit oder Prakrit (nach
Remusat) gehörte (als arischer Dialect) den Sacae Casia's oder Kaschgar's und Byltra's
(Klein-Tibet) an. Nach Nikephoros floh ein Brahmane, dem Kaiser Justinian seine Kuh
wegnehmen wollte, zu den Khazaren. Il-Khan as a Syriac title Aloukeno (in greek letters)
from Alobo (deity) and Kahin (priest or diviner).

**) Les Scythes nomades, qui habitaient en Asie, accablés par les Massagètes,
passèrent l'Arax et vinrent en Cimmérie. Les Cimmèriens les voyant fondre sur leur
terre, deliberèrent. Le peuple était d'avis quit fallait se retirer. Les rois voulaient,
qu'on livrat bataille. Les deux partis, étant egaux, en vinrent aux mains. Tous ceux qui
perirent dans cette occasions, furent enterrès par le parti du peuple près du fleuve Tyres.
Après avoir rendu les deruiers devoirs aux morts (près des tombeaux) on sortit du pays et
les Scythes, le trouvant desért et abandonne, s'en emparérent Tout le pays jusqu'
à celui des Scythes est plat et les terres en sont excellentes et fortes, mais au delà
il est rude et pierreux. En traversant une grande partie on trouve des peuples qui habitent
au pied de hautes montagnes. Ils sont tous chauves de naissance, hommes et femmes,
il ont le nez aplati et le menton allongé. Ils ont une langue particulière, mais ils sont

mit den Parthern, Chorasmier und Sogdier. Arrian erwähnt der Arier in
dem Heer des Darius. Nach der Nirukta war der Dialect der Arier von
dem der Kambojas verschieden. Der Brahmana Gautama (durch die Kripa,
Gattin des Drona, geboren war) war Sohn Gotama's. Alexander gründete
über siebzig Städte unter den barbarischen Völkern und besäete Asien*)
mit hellenischen Städten (nach Plutarch). Von den Bewohnern des Hilmen-
delta's sagt Ferrier, dass sie vom Lande**) Pehlewans genannt werden

vêtus à la Scythique. Ils vivent du fruit d'une espèce d'abre appelé Pontique, qui (de la
grandeur d'un figuier) porte une fruit à noyau de la grosseur d'une fevé. Ils en expriment
un liqueur noir et épaisse (Aschy), le melant avec la lait du marc, ils font des masses,
qui leur servent de nourriture, car ils ont peu de bétail, faute de bons pâturages. Ils
demeurent toute l'année, chacun sous un arbre. L'hiver ils couvrent ces arbres d'une étoffe
de laine blanche, serrée et foulée, qu'ils ont soin d'ôter pendant l'été. Personne se les
insulte, on les regarde comme sacrés Ils n'ont en leur possession aucune arme offensive,
leurs voisins les prennent pour arbitres dans leur différends et quiconque se réfuge dans
leur pays, trouve un asile inviolable, où personne n'ose l'attaquer. On les appelle
Aprippéens (fainéans ou oisifs). Pour arriver á ces chauves on traverse une pays immense
avec des nations nombreuses. Les Scythes ont besoin de sept interprètes dans ce voyage.
Au dessus des chauves (Argippéens) des monts escarpés et elevés s'opposent à la communication (habités par des hommes capripèdes et au delà par des hommes, qui dorment
six mois). Le pays à l'est des chauves est habité par les Issedons, mais ce qui est au nord est
inconnu tout aux chauves qu'aux Issedons. Lors qu'un père de famille meurt (chez les
Issedons) tous ses proches amenént du bétail, quils immolent et coupent en petits
morceaux. Ils coupent aussi en petits morceaux le corps de leur père défunt, mèlent
toutes les chairs, en font un festin. Quant à la tête du défunt, ils la nettoyent, l'adorent
et s'en servent comme d'une image à la quelle ils offrent des sacrifices tous les ans.
Les pays au dessus des Issedons, est habité par des hommes, qui n'ont qu'un oeil
(Arimaspes) et des griffons qui gardent l'or. Quant aux Hyperboréens personne n'en
parle ni d'entre les Scythes, ni d'entre les autres nations qui habitent ces contrées, à
l'exception des Issedons. Les Scythes cherchent à se rendre propices principalement
Vesta (Tabiti), ensuite Jupiter (Papaeus) et la Terre (Apia), qu'ils croient femme de
Jupiter, et après Apollon (Oetosyrus), Venus Uranie (Artympasa), Hercule. Neptune est
appelé Thammimasadas. Ils élèvent des autels, des statues et des temples à Mars, et
n'en élevent qu'à lui seul. Sur une pile on entasse tous les ans 150 charretées de même
bois pour relever cette pile, qui, s'affaisse par les injures des saisons. Au haut de cette
pile chaque nation scythe plante, un vieux cimeterre de fer, qui leur tient lieu de simu-
lacre de Mars, le lavant avec les sang des victimes (V. Jahrhet. a. d.). Nach Wulfstan
lebte zwischen Wisla (Weichsel) und Elfinga (Pregel) ein Volk, dessen Könige und Häuptlinge Stutenmilch tranken.

*) In der Oase von Merv, wo Alexander das später Antiocheia genannte Alexandrien
gründete, nennt Edrisi zehn Städte und zur Zeit Ibn Hankal's waren noch Mauerreste und
Bauten des alten Merv sichtbar, das von Tahmuras oder Dul Kharnein gegründet worden
(Mero-rud oder oberes Mero). Die von Alexander gegründete Stadt Arius (Alexandria
Arios) bildet immer einen Hauptpunkt in der Bezeichnung der Strassen von den kaspischen
Pässen nach Indien (nach Droysen) der diese Stadt mit Herat identificirt. Nach Court ist
Candahar (Alexandropolis in Sakastene) auf alten Trümmern erbaut. Nach Droysen war
Alexandreia am Kaukasos (das Ritter in Bamiyan findet) das in Mahavanso erwähnte
Alassada, Hauptsstadt der Jona oder Yavanen. Nach Justin gründete Alexander in Baktrien
und Sogdiana zwölf Städte, die er mit seinen aufständischen Soldaten besiedelte, oder acht
(nach Strabo). Ausser der (nach Appian von Selenkos gegründeten) Alexandreia eschata
(in ultimis Sogdianorum finibus nach Plinius) oder Kojend nennt Ptolomäos auch Alexandreia
Oxiana im Sogdianerlande. Das zwischen Türken und Inder (neben dem Volke der Ogor
am Flusse Til und dem Volk der Mukri) liegende Taugast (dessen Fürst Taisan heisse),
sei (wie Chubdan) von Alexander gegründet (nach Theophylactes), nachdem er Sogdianer
und Baktrier unterworfen Nach dem Menasirul-ul-awalim des Aaschik war Taugast
(Yarkand) oder Taghasgbas (wohin die besiegten Abaren flohen) ein türkisches Reich und
Volk in Transoxiana.

**) Nach Ferrier reden die Aimak eine sehr alte Mundart des Persischen, in der
noch wenig Arabisch eingedrungen ist. Die Stämme von Bitlis und Revandrz sprechen
das reinste Kurdisch (nach Ker Porter). Nach Hörnle theilen sich die nördlichen Stämme
der Kurden in die Zweige des Hekari-, Mekri- und Schekakdialect, wozu noch der Dialect
der Jesiden kommt (s. Lerch). Die Baktiyari leiten sich (nach Morier) entweder von
Osten oder von Rum her. Nach Rich sind die Stämme Lauristan's (die Bakhtiyarib,
Zend, Lak u. s. w.) wirkliche Kurden und sprechen kurdisch. Rawlinson leitet die Sprache
der Bergbewohner von Zagros vom alten Farsi (Farsi-Kadim). Im Vendidad heisst der
erste Sitz der Perser Airyanem vaejo (die Quelle oder Heimath der Arier). Die Meder

und Pehlevi zu sprechen behaupten. Auf der Keilinschrift von Behistun sendet Darius ein Heer gegen den Empöror Frada in der Landschaft*) Marghusch, (Margiane oder Marw). Zur Zeit des Thahmurath begann der

heissen Arier (bei den Armeniern). Darius Hystaspes nennt sich ein Perser, eines Perser's Sohn und ein Arier von arischer Herkunft. Die medisch genannten Keilinschriften waren für die scytbischen oder tartarischen Stämme bestimmt. Nach Nearchus waren die Sprachen der Meder und Perser nur dialectisch verschieden. Die medische Dynastie des Berosus) in Babylon (2234 a. d.) war scythisch. Das Wort Meder (Mad) fehlt auf den assyrischen Inschriften vor der Zeit des schwarzen Obelisk (800 a. d.). Peisander erklärt den Namen Agathyrsi (Αγαϑύρσιοι) από των ϑύρσων τοῦ Λιύνσου. Die Agathyrsi (in Siebenbürgen) waren (nach Herodot) den Shythen verwandt, den delischen Apollo (nach Virgil) verehrend (die Haare blau färbend). Nach Aristoteles reeitirten die Agathyrsi feierlich ihre Gesetze, um sie nicht zu vergessen [Brustgesetze in Mank]. Agathyrsi ora artusque pingunt, ut quique majoribus praestant, ita magis, vel minus, ceterum iisdem omnes notis, et sic ut ablui nequeant (Mela). Agathyrna, Stadt in Sicilien, von Agathyrnus (Sohn des Aeolus) gegründet. Abia, Stadt in Messenien. Abianus, Fluss in Scythien. Abellinum, Stadt der Hirpini. Abia, Stadt in Coele-Syrien. Die jonischen Mileter gründeten (655 a. d) Olbia (Olbiopolis) unter den scythischen Stämmen der Calipidae und Alazones. Die Colonie der Thespiaden unter Jolaus gründeten Albia in Sardinien. Olbia, Stadt an der ligurischen Küste Gallien's. Olbia, Stadt in Bithynien, in Pamphylia, in Cilicia. Olbia oder Astnaeus am Sinus Astacenus. Olbia (Oliba), Stadt im Hisp. Tarr. Der scythische König Agaetes cedirte dem Sohn des Aeetes das Territorium, um Ponticapaeum zu gründen (milesische Colonie) unter Verehrung des Pan (Hauptstadt der Könige von Bosporus). Die Sciri (Scirri) bedrängten Olbia (mit anderen Stämmen). Quidam haec habitari ad Vistulam usque fluvium a Sarmatis, Venedis, Sciris, Hirris, tradunt (Plinius). Sciri et Satagarii et ceteri Alanorum (Jornandes). Die äussersten Spitzen der Welt wurden Hörner (qarn) genannt, und da Alexander von einem Theil der Welt zum andern ging, nannte man ihn Dsoul-Qarnein, als König der Jonier (im Lande Roum in Maghreb), in der griechischen Hauptstadt Macedonien residirend. Die Provinzial-Könige (Moulouk-i-tawaïf) herrschten (nach Alexander) im Königreich Persien diesseits des Tigris, von den Grenzen Irak's bis zum Oxus (bis von Ardeschir Babegan unterworfen). Gleichzeitig erhoben sich Gross-könige (denen indess die Provinzialkönige nicht unterworfen waren) am Tigris (in den Ländern Sawad, Irak, Medaïn, Rei, Ispahan) und der erste dieser Aschkhanier war Aschk (Sohn des älteren Dara), der (als das Reich von den Griechen zu den Römern überge-gangen war) den römischen König Antiochus besiegt. Als der römische König Constantin die Niederlage rächen wollte, rief Asbk die Provinzialkönige zu Hulfe, von denen der König von Hadhr (zwischen Sawad und Irak) nach erfochtenem Sieg die Stadt Rom zer-stört (so dass Constantinopel von Constantin gegründet wurde). Unter dem Ashkaniden Ardewan dem Jüngern erhob sich der Sassanide Ardeschir Babegan, der die Provinzial-könige unterwarf und von den Römern Syrien und Maghreb erobert (Tabari).

*) Als Delta-Gegend des Ueberflusses schaffte Ormuz die Landschaft Moore (Mouru oder Maru) wo Peetiare (Quelle des Uebel), als Ahriman, böse Reden hervorbrachte. Der Murghab heisst Vogelfluss, als durch Vögel Flug Wasser in der Wüste anzeigend. Murgh ist Vogel im Neupersischen (s. Ahrens). Das Land der Areioi (in dem Herat ge-gründet wurde) heisst 'Αρία (haroju oder wasserreich im Zend), als verschieden von den Arabischen Stamm, der im Zend Airja lautet (s. Ahrens). In Nisaia finden sich (nach Isidor) die Basilikai taphai (Parthuene's). Heriae et Samarcandae et Sinarum metropolitas creavit Saliba-Zocha (Ebed jesu). Herodot begreift die Γαρμανιοι (Carmanier) unter die persischen Stämme. Die Meder hiessen früher alle Völker Arier, bis die Colchierin Medea aus Athen zu ihnen kam (Herodot). Der Stamm der Arier (der nicht unter die Bactrier, Meder, Perser, Hyrcanier, Chorasmier, Sogdier, Sarangier alle umfassende Arier mitbegriffen wird) steht (in Haroyu des Zendavesta) neben Sogdier und Bactrier (bei Herodot) oder neben Margier (bei Isidor), sowie (in den Inschriften) neben Sarangier, Bactrier und Chorasmier (in den Heratis erhalten). Ptolemäos setzt die Kasii in Ost-Tibet). Le departement des Hoei-hoei est chargé de tout ce qui concerno les royaumes de Tau-tou-fan, de Tien-fang, de Sama-Eulh-han, de Tchau-cheng, de Ge-pen, de Tchen-la, de Koa-oua et de Maulakin (parce que ces peuples sont tous de même religion. Les Hoei-Hoei doivent leur origine à un nommé Mo-han (Mohammed), qui était du royaume de Mo-te-na (Medina). Le premier Mahometan qui soit venu à la Chine (nommé Sa-ha-pa-sa-ngan-ty-kom-sec-ke) prêcha sa religion et la fit connaitre au commencement de la dynastie des Soui (596 p. d.). Sous les Hans le royaume de Tschan-tscheng (Liny ou Siang-lin) au Yue-chang-ty était (selon Kang-hi) de la dépendance de Genaukun. Sur la fin de la dynastie des Han un nommé Ku-lien prit le titre de Roi de Liny, après en avoir massacré le legitime souverain et se rendit independant de la Chine (s. Amiot). Le roi de Tchan-tcheng se plaignit (1371) chez l'Empereur de la Chine des hostilités des Tonquinois (Ngan-nan), demandant des troupes et quelques musiciens Chinois pour se

Gottesdienst mit Verfertigung der Abbilder Verstorbener*), der als bei
einer Hungersnoth Fasten eingeführt wurde von den Anhängern des Judaspis,
welche Chaldaeer genannte Sectirer sich zu Mahomed's Zeit als Sabaeer
bezeichneten und die zwischen Badia und Bathicha lebenden Ketzer der
Christen ausmachten (s. Hamza). Nach Abu Jafar erhielten die Diws für
7000 Jahre die Regierung der Welt, die dann (für 2000 Jahre) zwischen
Paris und Diws getheilt wurde, unter ihren Fürsten Jan·bio·Jan, wegen
seiner Ungehorsamkeit durch den Lichtengel**) Haris (oder Beschützer) be-

---

protéger, (mais fut refusé). Kocheng, un des grands du royaume de Tchantcheng se
révolta et tuant (1391 p. d.). Nga·ta·nga·tche, se fit reconnaitre roi. Quand les Tonquinois
se revoltèrent contre la Chine (1406 p. d.) Tchan·pa·ty·lai, roi de Tchan·tcheng, se
joignit à eux. Herodot stellt die Caspii (Casii) mit den Sacae (und mit den Pausicae,
Pantimothi und Daritae) zusammen. Caspeiri in Cashmir. Nach Stephanus Byzanz
nannten die Perser in alten Zeiten die Menschen Artaei (in dem Eigennamen als gross),
wie die Griechen Heroen. Die sich selbst Artaei nennenden Perser wurden von den
Griechen Cephener genannt, bis Perseus (Sohn Jupiter und der Danae) den König Cepheus
(Sohn des Belus) besucht und seine Tochter Andromeda heirathete.

*) Nachdem der von den Persern als Prophet bezeichnete Cai-Chorru (König von
Balch) den Drachen des rothen Berges getödtet, errichtete er den Cushid genannten Feuertempel. Sapor, Sohn des Asche, rächte in den Kriegen mit Antiochus die Niederlage
Dara's durch Alexander nnd brachte Vieles aus der von den Griechen fortgeführten Beute
nach Persien zurück (quo rege Messias natus est). Podarz, Sohn des Ascher, bekriegte
die Juden, den Johannes (Sohn des Zacharias) getödtet. Cai Caus in urbe Balch residebat
atque, sicuti e Vitis perspexi, Babyloni novi aliquid extruxit, aedificium, in aërem
ascendens. Equidem id illud suspicor esse, quod nomine Acracuf, insignitum ultra
Bagdadum adhuc cernitur atque mundi mirabilibus accensetur; quidam vero auctores id
Sarch fuisse vocatum affirmant et revera huic sententiae veri aliquid inest, nam in lingua
Nabathaeorum Iracensium et Djeramicorum, gentis Syrae, duo arcis nomina reperiuntur,
Sarcha et Maadela, arabice efferuntur Sarch et Maadel (s. Hamza Isp.) 961 p. d. Bayl
temple: house, edifice, fabric (Beel). Bahmau: intelligent. Bum, country, Kingdom.
Als Gustasp, Sohn des Lohrasp (der den Bachtnasr gegen die Juden in Jerusalem schickte,
wie es früher Sennacherib in Niniveh befohlen war), die Religion des Zerdasht aus
Adjerbeidjan angenommen, verlangte er ihre Annahme von den Griechen, die indess
ein von Feridun erhaltenes Buch zeigten, welchem gemäss Jeder seinem Glauben zu folgen
Freiheit habe (Hamza). Sein Sohn Isfendiar baute die Mauer (bei Samarcand) gegen die
Türken. Iu Darabdjerd, Persidis provincia, urbem forma triquetra condidit (Gustasp).
eamque Ram Vashnascan appellavit, quae urbs Fessa est; deinde incola quidam, nomine
Azadmerd Camcar, invenibus subversis formam triquetram reddidit rotundam, qui vir
Hedschadscho filio Jussuf Persidis quaestor erat. Euthalitharum rex Jezdegerdi bellum
inferre studuit et à Machveiho in illo necando adjutus est; Mahveihi posteri ideo Chuda
Chushan (regis interfectores) appellantur. Jezdegerdes in molina interemtus est (Hamza).
Primus homo qui in terrarum orbe extitit a Persis Cajumrath Gilschah (dominus terrae)
appellatus est (dicit Cosroita), filium atque filiam nominibus Maschae et Maschianae
relinquens. Regnavit deinde Uschhendj, nepos Siamec, nepotis Cajumrathis (s. Hamza).
Auf Piveraspis (vor dem Djem floh) folgte Feridun. Uschendj Pischdades primus rex
Persarum fuit. Significatio vocabuli Pishdad est judex primus (Dejoces) quoniam primus
fuit, qui in regno judicavit. In urbe Istachrensi, quae Bumi Shah sive regis sedes
appellabatur, rex creatus est (s. Hamza). Thahmurath Zibavend condidit Babylonem
urbem et castrum Merveruse. Djem erhielt den Namen Djemschid, weil ein Licht (Schid) vor
ihm ausging.

**) In Jinnistan (am Berge Kaf) bewohnen die Peris die Reiche Shadukan (Ver-
gnügen), Jawharabas (Kleinodienstadt), Amberabad (Amberstadt), die Diws (unter ihrem
Fürsten Arzshaank) dagegen in Ahermanabad (die Stadt des Bösen), wo die gefangenen
und an Bäumen gehängten Peris von ihren Gefährtinnen mit Wohlgerüchen ernährt werden,
die die Diws nicht vertragen können (Asuren). Die von dem Diew Damrush entführte
Pari Marjan wird von dem auf Simurg herbeifliegenden Tahmurasp [Perseus] aus ihrem
Gefängniss befreit. Dora, filius Bahmani, primus rex erat, qui stationes cursus publici
instituit ibique veredos curtis caudis in promtu haberi jussit; hos Burid dunub nominavit,
cum vocabulum arabice conformaretur, ulteriore parte omissa, dictum est Berid (Pferd).
Die von den indischen Könige erhaltenen Musikanten siedelte Bahram Gur unter dem
Namen Zutthii. in Persien an (nach Hamza). Piruz, Sohn des Jezdegerd, gründete
in Indien die Städte Ram Piruz und Ruschi Piruz. Cobades (filius Piruz) urbem in Perside
condidit, nomine Beh ez Amid Covad sive Ardjan, cui provinciam addidit; significatio
nominis est: melior quam Amida. Inter maximas victorias a Kesra Anuschirvano repor-

siegt, der dann wegen seines Gott widerstrebenden Stolze's Iblis oder Ibn (der Widersetzliche) genannt wurde [Hari oder Vishnu]. Von Ali's drei Söhnen starb Mohsin (Bruder des Hasan und Hosein) jung. Auf Hosein folgte als Imam Ali und dann Mohammed, Vater des Djaafar, der nach dem Tode seines Sohnes Ismael (762 p. d.) den jüngeren Musa zum Nachfolger ernannte, während die Anhänger der Erblichkeit des Imamat's diese Aenderung bestritten und an Ismael's Kinder festhielten, von denen die Fatimiten*) in

istas sunt expugnationes urbium Serandib, Constantinopeleos et provinciarum Arabiae felicis (Hamza). Die Araber leiten sich (als Tadjier) von Tadj, (dem Enkel des Siamec und) dem Vorfahren das Piveraspes Deh, dessen Namen Hamza erklärt als zehnfacher Verbrecher, weil Deh ebensowohl zehn, als wie Verbrechen bedeute. Denominatio summum vituperium continet, in arabicum vero sermonem translata, summae laudis significationem nacta est, cum Dehac mutatum sit in Dbahac, sicuti in libris Arabicis scribitur (s. Gottwaldt). Gustaspe rege Zerdusht inclaruit (Hamza). Unter Minushehr (zu dessen Zeit Josua, der Nachfolger des Moses, die Israeliten aus der Wüste Tih nach Palästina führte), bemächtigte sich der Türke Afrasiab der Länder Iranshehr's (Hamza) bis von Zav (Sohn des Thamurasp) vertrieben. Afrasiab moenia urbis Meru inter arcem extruxit et anfractum qui est ad portam Nic. Von Kao-tchang weiter nach Westen haben die Eingeborenen alle eingesunkene Augen und vortretende Nasen. Nur die Bewohner Yuthian's zeigen eine gewöhnliche Bildung, ohne aufzufallen, und ähneln sehr den Chinesen. (nach dem Geschlecht Khotan's oder Juthian's). Als mit Einwanderung der Böotier zu den Kadmaern in Theben sich das Reich Orchomenus (wo später Aeolier und Achaeer sich als Minyer niederliessen) bildete, setzten sich die Thracier am Helikon fest, in Verehrung der Musen und des Orpheus pierische Abstammung beweisend. Um Theben von dem durch Bacchus gesandten teumessischen Fuchs zu befreien, holte Amphitryo den Hund des Cephalus. Als Comatha das goldene Haar ihres Vater's Pterelaus (König der Teleboeer) ausgezogen, erbeutete Amphitryon den goldenen Becher des Poseidon. Nisyrus (mit Casus und Cos) war Hauptstadt der Insel Carpathus ($K\acute{\alpha}\rho\pi\alpha\vartheta o\varsigma$) im carpathischen Meere (zwischen Creta und Rhodus). Die Athener hielten sich für ein eingebornes Volk, das mit der Sonne zugleich erschaffen. Die Arkadier nannten sich Proselini, um sich Älter darzustellen, als die Argiver, bei denen Jo (Tochter des Inachus) Selene (Mond) hiess. Fluss Aeson in der Ebene von Pydna (in Macedonien).

*) Durch den fatimidischen Kaliphen Hakem-biamr-ilah wurden die Drusen gestiftet. Die safarischen (Super) Herrscher von Persien erklären Musa für den siebenten Imam und ebenso ist derselbe anerkannt durch die Ansairih (als Imamch, zwölf Imamen anerkennend), die ihn Il Kazim (den Geduldigen) nennen. Auf Musa, der heimlich durch Harun-Al-Raschid ermordet wurde, folgte Ali, dann Mohamed und (nach Ali) Hassan, Vater des Mohammed, der (als 12. Imam) in einer Höhle verschwand (oder im Tigris ertränkt wurde). Der Häretiker Hakim-ibn-Hashem, der von den silbernen Schleier El Mokannaa (der Verschleierte) genannt wurde (in Khorassan), tödtete sich in zersetzender Flüssigkeit, um den Glauben zu verbreiten, dass er zum Himmel aufgestiegen (778 p. d.). Unter dem Chalifen Al-Mamun wurde der Heretiker Baber besiegt (810 p. d.). Als das Haus Maimun Kaddah dem Mohammed (Sohn des Ismail) nicht die von den Ismaeliten geforderte Ehre erwies, verbreitete Hamdan Karmat die Lehre der Karmatier und wurde sie (nach seinem Verschwinden) unter den Arabern Benu-Kelb in Syrien ausgebreitet, deren Revolution (901 p. d.) indess unterdrückt wurden, während die Karmatier in Bahrein (am persischen Gulf) unter Abu-Said (899 p. d.) Mecca eroberte und obwohl (unter den Kämpfen mit den Caliphen allmählig erliegend) sich nach 1034—38 in Bahrein und Multan (in Indien) fanden. Vor den Abassiden flüchtend, begab sich der islamitische Missionär Abdullah von Salamih nach dem Moghreb (unter den von Bagdad unabhängigen Aglabiten) und sandte für Obeidallah (Nachkommen des Imam Ismael) den Said, um ihn in Kairwan (Cyrene) einzusetzen, als Gründer der Fatimiden (910 p. d.), die sich unter Al-Muzz nach Egypten begaben (970) und Muzr-il-Kahirah (Cairo) gründete. Sein Enkel Maimun oder Hakem-biamr-ilah († 1021) wird von den Drusen verehrt (in Folge der Predigt des Id-Darazi). Hassan-ibn-Mohammed-is-Sabah (Sohn des Schüten Ali in Khorassan) gehörte zum Glauben an die 12 Imame, wurde aber in einer Krankheit zu derjenigen Secte der Ismaeliten bekehrt, wie sie von den Fatimiden in Egypten gestiftet war. In Egypten ehrenvoll aufgenommen, gerieth er über die Thronfolge in Zwist und wurde in Damietta eingekerkert, von wo er nach Syrien entkam und sich dann im nördlichen Persien der Burg Alamut (im District Rudbar) bemächtigte (1090 p. d.), als Hudbar oder Aufzeigung des unsichtbaren Imam, der Assassinen gründend (1090 p. d.), die (1100 p. d.) Redvan (Gouverneur von Aleppo) bekehrten. Hulaku liess den letzten Grossmeister Rokneddin hinrichten 1257. Tancred eroberte (1110 p. d.) die den Batenih (Geheimsecten) gehörige Burg Kefr-Lata. Mukuln war Familienname der Fürsten des Reiches Jenjen an dem Lop-See (s. Schott). Die mit

Egypten stammten, sowie die Secte der Ismaeliten oder Assassinen in Persien und Syrien, deren Einrichtungen durch Abdullah im Geheim geordnet wurden (863 p. d.). Ptolem. nennt die Ἀλαῦνοι Σκύθαι unter den Völkern des europäischen Sarmatien*) (Venedae, Peucini, Bastarnae, Jazyges, Roxolani, Hamoxobii). Alauni im Westen von Pannonien (b. Ptolem.). Abii, Galaetophagi, Hippemolgi (b. Homer). Scythae**) (b. Hesiod), als Hippemolgi.

---

den Sie-jen-to verbundenen Ogor oder Uiguren (Huiku) wurden (627) von den Chaghan besiegt (nach dem Hoan-ju-ki).

*) Nach Eusthathius waren die Alani vom Berg Alaunus in Sarmatien benannt. τῶν Ἀλανῶν Σαρμάτων ἔϑνος (Marcians Herakleia). Dionys. Periergetes setzt die Alanen nördlich vom Mäotis (mit Germanen, Sarmaten, Geten, Bastarner, Dacier). Das Land der Alanen erstreckt sich (nördlich von den Tauri) zu den Sitzen der Melanchlaeni, Geloni, Hippemolgi, Neuri, Agathyrsi, wo der Borystheues nicht mit dem Euxinus mischt. Ptolem. setzt die Ἀλανοὶ Σκύϑαι in's nördliche Scythien. Amm. Marc. setzt die Alani (mit Roxolani, Jazyges, Maeotae und Jaxamatae an die Küste des Palus Maeotis. Am Abfall des Montes Riphaei setzt Ammian neben den Arimphaei die Massagetae, Alani und Sargetae. Ammian setzt Costobocae und europäische Alanen mit scythischen Stämmen an den Tyras. Die Hunnen drangen bis zu den Alanen vor, die alten Massageten (nach Amm.). Die Alanen, östlich an die Amazonen grenzend, wanderten bis zum Ganges. Sarmatia Asiatica enthält nördlich von Tanais die Periecbidi (bei Saratov) mit den Asaei, Suardoni, Zacatae, Hippophagi Sarmatae, Modocae, Königliche Sarmatae (und das unbekannte Land nach Norden), südlich von Tanais die Jaxamatae in Astrachan, die Chaenides wohnten in Kazan und Simbirsk, die Phtheirophagi und Materi östlich von der Wolga, die Nηριῶτις γῶρα war südlich von der Wolga. In den nördlichen Ausläufern des Caucasus fanden sich die Siraceni, Psessii, Thymeotae, Turambae, Asturicani, Arichi, Zicchi, Conapoeni, Metelbi, Agoritae, Melanchlaeni, Sapothraeni, Scymnitae, Amazones, Sunani, Sacani, Orinaei, Vali, Servi, Tusci, Diduri, Vodae, Olondae, Isondae, Gerrbi. Im Caucasus begriffen waren die Achaei, Kerketi, Heniochi, Suanocolchi und Sanaraei. Obwohl in Sitten ähnlich, gehörte der Nomadenstamm der Melanchlaeni nicht zum scythisch-scolotischen Stamm (nach Herodot). Jassag ist Schütze im Magyarischen. Jazyk ist Sprache im Slavonischen. Die Sarmaten trafen bei Sirmium (dem Vereinigungspunkt der Provinzen Pannonia, Illyricum und Moesia zusammen. Am Aufstand in Pannonien und Dalmatien (6 p. d.) betheiligten sich die Sarmaten. Als mit den Vandalen (unter Visumar) verbunden, die Sarmaten ihre Einfälle in das Reich (337 p. d.) fortsetzten, übertrug Constantin ihre Bestrafung dem gothischen Könige Geberic, der sie so sehr in die Enge trieb, dass sie ihre Sklaven bewaffneten. Als diese (Limigantes genannt) sich empörten, wurde ein Theil der nicht unterworfenen Herren vertrieben, von dem Einige in den Dienst des gothischen König's traten, andere nach jenseits der Carpathen zurückzogen [später als Kroaten wiederkehrend], und der Rest von den Römern (in Pannonien, Thracien, Macedonien, Italien) angeworben wurde. Jastac, scythisches Volk, am Fluss Jastus (unter den Machaetegi). According to Latham the Servi (Sarmati liberi oder domini aed servi) of Ammianus are the Serviaus (Servi) of the March (Limes), now beginning to be called by the name by which they designated themselves rather than by the name, by which they were designated by their neighbours. Vom doppelten Tribut der Gothini sagt Tacitus: partem tributorum Sarmatae, partem Quadi, ut alienigenis imponunt. Die Sarmaten betheiligten sich am dacischen Krieg (100 p. d.). Die Sarmaten nahmen am Bunde der Markomannen gegen M. Antonius Theil. Carus besiegte die Sarmaten. Unter Constantin wurden die Sarmaten der Grenze (Limigantes) besiegt. Die Solitudines Sarmatarum bildetem eine sarmatische Mark oder Ukraine (s Latham). Herentatis (herukinai oder Eryciuae) ist oskische Venus, wie die etrurische Turan (turms oder Hermes). οἰνόμασται δὲ τι ἔϑνος ὑπὸ Λευκανῶν βρεττίους γάρ καλοῦσι τοὺς ἀποστάτας, sagt Strabo von den Brettii (Brittii oder Bruttii). Nach Varro führte die stehende Figur des Pappus (als Greis) in einigen Atellanen den Namen Casnar (Kasius]. Qui osce et volce fabulantur (bei Titinius). Sane lingua Osca, Lucetius est Jupiter, dictus a luce quam praestare dicitur hominibus. Ipse est nostra lingua diespiter id est diei pater (Servius). Jovis diespiter appellatus, id est diei et lucis pater, idcircoque simili nomine diiovis (diovis) dictus est et Lucetius, quod nos die et luce quasi vita ipsa afficeret et juvaret. Lucetium autem Jovem Naerius appellat (Gellius) Majus als Geschlechtsname in der äclanensischen Familie der Magii. Marsi lingua sua saxa hernas vocant (Scholiast). Quidam dux magnus Sabinos de suis locis secum elicuit et habitare secum fecit saxosis in montibus. Unde dicta suut Hernica loca et populi Hernici (Servius).

**) Scythen verbunden mit Mysi von Bulgarien, als Hamaxobii Prometheus an den Caucasus gefesselt, in der Wüste der Scythen (Aeschylus). Die Skoloti oder Scythen stammten von den Söhnen des Targitaus (Sohn des Zeus), als Leipoxais (Ahn der Auchaetae),

Die Colchi theilten sich in die Stämme*) der Machelones, Heniochi, Zydretae, Lazi, Apsidae, Abasci, Samigae, Coraxi, Coli, Melanchlaeni, Geloni, Suani,

Arpoxais (Ahn der Catiari und Traspies) und Colaxais (Ahn der Paralatai), mit Gold des Himmel's (s. Herodot). Von den Söhnen des Herakles und der Echidna (Agathyrsus, Gelonus und Scythes) blieb der Jüngste, der den Bogen spannte im Lande (der Scythen). Die Scythen wurden durch die Massageten auf die Cimmerier geworfen, deren Begräbnissplätze sich am Tyras fanden. Die Greife (südlich von den Hyperboraei) trieben die Monophthalmi, diese die Arimaspi, diese die Issedonen, diese die Scythen, diese die Cimmerier, die ihr Land verliessen (nach Aristeas). Emporium der Borysthencitae an der scythischen Küste. Nördlich von den Hellenes Scythae (Callipidae und Alazones) bei Kheraan wohnten die Scythae Aroteres, nördlich davon die Neuri und dann folgte die Wüste. Nördlich von den ackerbauenden Scythen folgte die Wüste, dann die Androphagi. Die waldige Hylaea am untern Dnieper wurde von den Scythae Georgi und Scythae Nomades zusammen bewohnt. Die Königlichen Scythen bewohnten die Palläste (τὰ Καλεύμενα βασιλήϊα), südlich bis zur Krimm, östlich bis zum Emporium Kremni erstreckt. Im Norden wohnten die Melanchlaeni. Jenseits des Tanais finden sich die μήϊις der Sauromaten. Oestlich von den Jurcae wohnten die von den Königlichen Scythen Abgefallenen. Dann die Agrippaei. Die an Bactrien grenzenden Sacae waren Scythae Amyrgii. Die Scythen verehrten Tabiti (Hestia), Papaeus (Zeus), Apia (die Erde), Oetosyrus (Apollo), Artimpasa (Aphrodite oder Aphrodite urania), Thamimasada (Poseidon). Die Skoloten opferten besonders dem Mars. Schweine wurden weder gegessen, noch gelitten. Ephorus contrastirt die milden Scythen und die cannibalischen Sarmaten. Die Scythen hiessen εύνομοι (b. Aeschylus). Die Scythen scalpirten und tranken aus den Schädeln der Feinde. Beim Jahresfest wurden Solche, die am Meisten getödtet, besonders geehrt. Die Enareer (ἀνδρόγυνοι) genannten Wahrsager waren mit der θήλεια νοῦσος belegt (von Aphrodite in Ascalon). Meineide beim Heerde des König's erzeugten Krankheiten (bei den Scythen). Schwörende tranken Wein, mit ihrem Blut gemischt (bei den Scythen). Wallachia und Moldavia waren (nach Herodot) von den Sigynnes bewohnt Nach Isidor begriff Scythia (dessen hinterer Theil in Asien läge) mit dem vorderen Theil (in Europa) alle zwischen dem Macotischen Sümpfen, der Donau und dem septentrionalischen oder mitternächtigen Meere gelegenen Lande. Von Ptolomäos werden sie den Sarmatis Europaeis zu gerechnet. Tenent Sarmatiam maxime gentes Venedae per totum Venedicum sinum (Ptolomäus). Die Liefländischen Völker werden von Ptolomäus insgemein Venedas genannt. Er kennt auch andere, Aphios geheissen, Bonifinius nennt sie Veltas, Osios, Carbones und Esthios. Melanchton nennt sie Rugios, Arios, Naharuallos, neben den Jazyges und (nach Bodinus) den Nervii. Saxa Lialandicus, Crantzius, Magnus nennen sie Esthones, Livones, Curetes oder Curones und Semigallos, Curäus kennt die Lemonii (Livonen) und Efflui (Liefländer). Die Osii sind Oeseler (s. Brandis). Liggo, König von Schweden, baute Sigtun gegen die Piratereien der Esthen (nach Gislo). Die Ulmeruger sind die Ingermanländer (nach Gruber). König Philimer liess die für die Hälfte seines Volkes in den mäotischen Sümpfen geschlagene Brücke nachher, wie zufällig, abbrechen (nach Magnus). Saxo Grammaticus nennt König Born aus Reussland (der den schwedischen König Hother in einer Schlacht tödtete) Boum, Othini filium, quem ex Rinda sustulerat (s. Paucker). Amunda, des König's Huno der Hunnen Tochter wurde von Frotho (König von Dänemark und Schweden) verstossen und dem Adligen Roller vermählt, dessen Bruder (Erich) die Angriffe des König's Huno zurückwarf. Ericus Svetiam, Wermiam, Helsingiam atque insulas Solis opera sua Frothonis adjectas imperio nunciabat. Quem mox Frotho devictarum ab eo gentium Regem constituit ac praeterea Helsingiam ei cum utraque Lappia, Finniam quoque et Estiam anno stipendiorum jure contribuit. Nemo ante ipsum Sveticorum Regum Erici nomine consebatur, ab ipso autem in caeteros vocabulum fluxit (Saxo Grammaticus). Huno rex Hunnorum erat, audito gnataе repudio, adjuncto sibi rege orientalium Olimaro, adversum Danos luennio belli apparatum contraxit (Saxo Gram.). Unter den Privilegien, die Bischof Albert (als Grundlage des rigaischen Stadtrechtes) den Kaufleuten gab, sicherte er ihnen zu, dass Niemand von ihnen zum Tragen des glühenden Eisen's oder zum Zweikampf zur Erprobung seiner Unschuld gezwungen werden sollte. Nach lausitzer Sagen halfen in Guben ein unsichtbares Geschlecht zwergartiger Kobolde, Schaukelmännchen genannt, den Fleissigen bei der Arbeit. Als Gott der Herr die Welt geschaffen schwang er sich (nach lausitzer Sagen) mit seinem Hammer auf das Pferd, dem er nach dem Rath des Gubener volle Hufe gegeben hatte (s. Haupt).

*) Der colchische Stamm der Heniochi (b. Hellanicus) leitete sich (nach Strabo) von dem Wagenlenker der Dioskuren. Die Coli wohnten in Colice (im Caucasus). Im Lande der Coraxi am Caucasus (Coraxica Regio) lag die Coraxicus Murus (nach Stephanes). Herodot stellt die Geloni mit die Budini zusammen. Die Stadt Sebastopolis lag im Lande der Apsilae oder Absilii in Colchis. Das scythische Volk der Abasci oder Abasgi (in Colchis) wohnte (am Fluss Abascus) an den Grenzen des asiatischen Sarmatien. Die Suarni wohnten an den Portae Caucasiae (im asiatischen Sarmatien). Suana, als Stadt

Moschi. Ueber die Maeotae*) (Sindi, Toraeti, Dandarii, Thetes u. s. w.) herrschte der Archon Parysades I. als König. Die Treres und

in Etrurien. Die Melanchlaeni wohnten neben den Anthropophagi. Anchialus, Fürst der Machelones (südlich von Phasis), unterwarf sich Trajan. Pharnaces und Mithridates plünderten den Tempel der Leucothea bei dem colchischen Stamm der Moschi oder (nach Ezechiel) Meschesch. Gobazes, König der Lazi (nördlich von Phasis) kämpfte mit Marcian (456 p. d.). Von den Scythen gedrängt, erobern die Cimmerier (629 a. d.) Sardis unter Ardys, dessen Sohn Alyattes sie vertreibt. Die nachfolgenden Scythen besiegen (624 a. d.) Cyaxares und werden (Ascalon erobernd) von König Madyes bis Egypten geführt, aber von Psammetich zum Rückzug bewogen. Nach ihrer Vertreibung (596 a. d.) nimmt Cyaxares eine von Lydien nach Medien geflüchtete Horde auf, die er (als sie zu Alyattes zurückfliehen) ausgeliefert wünscht, (585 a. d.) mit Croesus kämpfend. Beim Anzuge des Darius vereinigten sich die Geloni, Budini und Sauromat:n (unter den Königen Scopasis, Janthyrsus und Taxacis) mit den Scythen (während die Agathyrsi, Neuri, Androphagi, Melanchlaeni und Tauri sich nur in der Defensive hielten). Verschieden von den Dii und den Bergbewohnern von Rhodope waren die (den thracischen König Sitalces gegen Perdicas von Macedonien unterstützenden) Getae nach Art der benachbarten Scythen bewaffnet. Philippus zog gegen die Triballen, Alexander gegen die Geten (eine Gesandtschaft der Kelten von den Adria oder der Galater empfangend). Lysimachus kämpfte mit dem getischen Fürst Dromichaetes (312 a. d.). Die Inschrift von Olbia rühmt die Dienste des Protogenes gegen die Barbaren (Saudaratae, Thisametae, Sciri, Galatae, Scythae). Scythen sind (bei Theognis) Sklaven. Scythische Sklaven wurden von Bosporus nach Athen geführt. Als östliche Stämme im europäischen Sarmatien nennt Ptolemäos die Galindae, Sudeni, Stavani, Igylliones, Costoboci (in Podolia), Transmontani und dann die Veltae (Wilzen), die Osii oder Ossii (in der Insel Oesel), die Carbones (Curones), die Kareotae, die Sali, die Agathyrsi, Aorsi, Pagyritae, Savari, Borusci (in den Ripaeischen Bergen), Akibi, Naski, Vibiones, Idrae, Sturni, Karyones, Sargatis, Ophlones (im Tanais), Tanaitae, Osuli, Rhoxolani, Rhakalani, Exobugitae (am Bug), Hamaxobii oder Aorsi, Carpiani, Gevini, Budini, (Costoboci), Armadoci, Astingi, Carpi, Chuni, Bastarae, Amadoci, Navari, Torekkadae, Tauroskythae, Tagri, Tyrangetae. Hermanrich hatte die Golthes, Etta, Thividos, Inaxungis, Vasinas, Brovoneas, Merens, Mordens, Remniscans, Rogans, Tadgans, Athaul, Navego, Bubegenas, Coldas unterworfen, (dann die Heruler, Veneter, Antes, Sclavi, Haesti). Die von den Chinesen nach Westen getriebenen Hunnen theilten sich (von den Sienpi angegriffen) in drei Theile, mit den Sienpi verschmelzend, in Charismia (als weisse Hunnen) siedelnd, auf die Gothen drängend (von den Sienpi gedrängt). Nachdem die Sienpi (als Topa) China erobert, besetzten die unter Moko (Sklave Talun's) unabhängigen Geougen das Land von Korea bis Irtisch. Der slavische König Sviatoslav († 973 p. d.) eroberte Bulgarien. Die von Theodorich unterworfenen Bulgaren assen Pferdefleisch (nach Ennodius). Auf die Petschenegen folgten die Uzi und dann die Comani. Amadoci (in den Amodoci Montes) in Amadocium (im europ. Sarmatien). Grynaei, als scythisches Volk (bei Ptolem.). Die Soarni (oder Savani) bei den caucasischen Thoren (im asiatischen Sarmatien) besassen Goldminen (Gurwana]. Die Jaxamatae ('Ιαξαμάται) im asiat. Sarm. kämpften (unter ihrer Königin Tirgatao) mit dem bosporischen König Satyrus III. (nach Polyaen.). Nach Mela waren die Frauen ebenso im Kriege geübt, wie die Männer. Nach Schafarik gehörten die Sarmatier zum medischen Stamm (mat oder Volk im Medischen). Die Jaxartae lebten an der Nordseite, die Ariacae an der Mündung des Jaxartes Silis der Scythen (oder gelben Syr) Flusse's (Syr-Daria). In der Sprache der Alanen bezeichnete Tan (Tanais oder Don) einen Fluss Jazyges (Ιάζυγες) am Palus Maeotis. Nach Hamdallah (XIV. Jahrhdt) mündete der Oxus (ό Ώξος) in den See von Khowarezm (Aral), aber mit einem Zweig in den Caspi. Cyrus baute Cyreschata an den Ufern des Jaxartes ('Ιαξάρτης). Materi östlich von Rha (im Asiat. Sarm.). Die Phthirophagi (Läuse-Fresser) oder Salae wohnten jenseits des Rha (im Asiat. Sarm.). Der District Nesiotis (im Asiat. Sarm.) wurde von den Asaei, Materi und Phthirophagi bewohnt. Nesis, Fluss im Euxinus. Nesis, Insel bei Campania. Die Paessi (im asiat. Sarm.) wohnten am See Maotis. Die Könige der Siraceni (Siraces) oder Siraci (im Sarm. Asiat.) in Siracene kämpften (50 p. d.) mit den Römern.

*) Von den Scythen bedrängt rief Parysades IV. den Mithridat zu Hülfe. Scythen bei der Conföderation des Dacier Boerebistus und in den Kriegen gegen die Thracier Rhescuporis und die Roxolanen. Ptolem. setzt die Scythae Alauni in Sarmatia Europaea zu den (westlich von den Sogdiern, östlich von den Serern, nördlich von den Skythen begrenzten) Sacae gehörten (n. Ptolem). Die Caratae und Comari (am Jaxartes), die Comedae, die Massagetae (an der Kette des Ascatancas), die Grynaei Scythae, die Toomae, die Byltae. Die Byzantiner begriffen unter Scythen sowohl Hunnen, Avaren, Alanen, Sarmaten, wie Germanen, Gothen, Vandalen. Kumanier, Uzes, Pastinaken, Chazaren waren Türken. Hippocrates beschreibt die Scythen als aufgedunsen fleischig ungleichmässige Erscheinung. Die Scythini (nördlich von den Chalybes) wohnten an der Grenze Armenien's (n. Xenophon). Die Tauroscythae (im europ. Sarmatien) waren aus Scythen und Tauriern gemischt.

Tilataei*) wohnten (nach Thucydides) am Berg Scombrus. Die Bastarnae

Bethsan, wo (nach Ptolem.) Nysa (Amme des Dionysos) begraben war, wurde (596 a. d.) von den Scythen (als Scythopolis) besetzt (nach Plinius). Ritter bezieht den von Herodot gesehenen Topf in Exampaeus (Ἱεραὶ ὁδοί) auf den Buddhismus. Vom Ister bis Tanais wohnten die Sauromaten, dann östlich von Tanais in den scythischen Wüsten die Alani (ex motium appellatione cognominati), den Namen durch Eroberungen ausdehnend (Amm. Marc.) über Neuri, Budini, Geloni, Agathyrsi, Melanchlaeni, Anthropophagi (bis zu den Sinae). Die Alanen führten die Scalps ihrer Feinde am Sattel (ein Schwert verehrend). Von den Hunnen besiegt, verbinden sich die Alanen mit ihnen gegen die Gothen des Hermanrich 378 p. d. Hunnen und Alanen verbanden sich mit den Gothen in dem Kriege von Moesia, durch Theodosius besiegt (382 p. d.). Alanen, als Γοτθικὸν ἔθνος (n. Procop). Alanen verbunden mit den Vandalen in Pannonia, dann Gallien (400 p. d.) und Spanien (409 p. d.). Alanen (unter Burgundier, Alamannen und Franken) in Gallien (411 p. d.). Alanen und Vandalen (mit den Gilinger) zogen sich nach Lusitanien und Baetica zurück, als die Gothen in Spanien eindrangen (414 p. d.) Als die Gothen (unter Wallia) Spanien eroberten, verbanden sich die Alanen (nach dem Tode des König's Ataces) mit den Vandalen (418). Nach Gunderich's Tode wurde Spanien getheilt, indem die Suevi Gallaecia erhielten, die Alani Lusitanien und die Vandalen Baetica. Attila suchte Gangiban, König der von Aëtius in Gallien angesiedelten Alanen zum Abfall zu bewegen (451). Die Alanen folgten Genserich nach Afrika (429). Torismond bekämpfte die aufständischen Alanen (452). Die bis Liguria vordringenden Alanen wurden durch Majorian zurückgeworfen (461). Im Kriege zwischen Justinian II. und Chosroës waren die Alanen (unter König Saroes) mit den Armeniern verbunden (572). Die Osseten galten für Abkömmlinge der Alanen. Nach dem Periplus war die Stadt Theodosia im alanischen oder taurischen Dialect Ἀρδάβδα oder Ἀρδαύδα (Stadt der sieben Götter) genannt. Im Lande der Coraxi (Κύραξοι) in Kolchis war der Coraxicus Murus um Coraxica Regio (s. Steph.). Coraxi, als scythischer Stamm (b. Ptol.). Corax, Fluss in Sarmatien. Coraxici Montes im Caucasus. Berg Corax in Aetolia. Ἀσπασιακαι Νομάδες zwischen Oxus und Tanais (h. Polybius). Aspisis westlich von dem Aspisii Montes (Ptolem.). Valerius Flaccus nennt die Alani (im Caucasus) neben den Heniochi. Im Kriege mit Mithridates drang Pompejus im Caucasus vor bis nach Albania (der Römer) oder Alania (der Griechen). Pompejus drang durch die Albani und Massagetae, jetzt Alani genannt, bis zum Caspi (nach Julian). Das scythische Volk der Alani (am Tanais und See Mäotis) durchbrach den von Alexander mit Eisen geschlossenen Pass, Media und Armenia (mit Erlaubniss des König's von Hyrcanien) zu verwüsten (nach Josephus) zu Vespasian's Zeit. Seneca setzt die Alanen an die Ister. Die Alanen heissen Sarmaten bei Martial. Plinius nennt Alani und Roxolani unter den Bewohnern des europäischen Scythien oder Sarmatien. Medien und Armenien durchziehend, bedrohten die Alanen Cappadocien (nach Dio Cassius) zur Zeit der Antonine. Die Alanen (mit Roxolanen, Bastarnae und Peucini) bedrohten die Donau (zur Zeit Hadrian's). πολυίππων φῦλον Ἀλανῶν (Dionys. Perieg.). Arrian (Gouverneur von Cappadocien) schrieb über die Taktik gegen die Alanen (ἔκταξις κατ' Ἀλανῶν) zur Zeit Hadrian's.

*) Die Treres oder Thracier bemächtigten sich (nach Priamus) eines Theils der Troade (nach Strabo). Die Trerer lebten mit Dardani und Pieres an der Grenze Macedonien's (nach Plinius). Der kortonäische Held Nanas (mit Odysseus identificirt) war auf dem Berg Perge begraben (in Etrurien). Neben den Saecula der Nationen nahmen die Etrusker acht Weltalter an, die eine Art Weltwoche bildeten (b. Müller). Man glaubte im J. d. St. 664 an besonders auffallende Prodigien den Ablauf eines solchen Welttage's zu erkennen [Mexicaner] Der düstere Trompetenschall, der sich unter dem Consulate Sulla's hören liess, wurde von den Τυῤῥηνῶν μάντεις für den Untergang einer Epoche und dem Anbruch einer neuen gedeutet (s. Suidas). Νάνναχος war König von Deucalion (Suidas). Nanasia, Fluss in Spanien. Wie Scythen Issedonier (bei Herodot) bewahrten die gallischen Stämme der Boii die Schädel der Feinde auf (nach Livius). Among the Nairs of Malabar the institutions all incline to a gynocracy (Rawlinson). Die idomäischen Araber wurden von Königinnen beherrscht. Die Frauen der Issedonier waren (nach Herodot) den Männern an Ansehen gleich. Der Drache (auf scythische Grabverzierungen) war das Emblem von Panticapaeum. Der geflügelte Löwe der Assyrer war das Emblem des Gottes Nergal oder Mars, Die Sindi werden in den Inschriften mit Maeotae (Maetae), Toretae und Dandarii zusammengenannt. Heracles brachte die Olive (an der Quelle der Donau) von den Hyperboräern (nach Pindar). Damastes setzt die Hyperboräer nördlich von Scythien. Heraclides identificirt die Hyperboräer und Gallier. Hieracles identificirt die Hyperboräer und Etrusker (und Tarquinier). Die Gallier sammelten Köpfe nach der Schlacht bei Allia. Die Assyrer schlugen den Feinden die Köpfe ab auf den Sculpturen. The ethnic name of Gimiri (Cimmerii or Gomerim) first occurs in the Cuneiform records of the time of Darius Hystaspes, as the Semitic equivalent of the Arian name Saka (Σάκαι), in two divisions, as Humurga (Ἀμύργιοι) or eastern branch and Tigrakhuda (conterminous with the Assyrian) or archers (s. Rawlinson). Josephus identificirt die Gomer (der Genesis) mit den Galati (Cymry) Kleinasien's. Χάλυβος Σκυθῶν ἄποικος (Aeschylus).

(mit den Poucini auf Peuce) in Sarmatien*) wurde zu den Germanen ge-

Ezechiel (600 a. d.) stellt neben Gomer mit seinen Völkern das Haus Togarmah (im nördlichen Armenien). Nach Mos. Chor war Gamir der Ahn der Haichischen Könige in Armenien. *Κίμβρους ἐπονομάζουσι Γερμανοι τοὺς λῃστάς* (Plut.). Cimbri lingua Gallica latrones dicuntur (Festus). Die in Italien einfallende Gallier (besonders spanische Celten) waren ein Zweig der Cimbrer (nach Diodor). *Κελτοῖς τοῖς Κίμβροις λεγομένοις* (Appian). Die Cimbrer waren Germanen (nach Strabo). *ὁ Κιμμέριος Βόσπορος οἷον Κιμβρικός, Κιμμερίους τοὺς Κίμβρους ὀνομασάντων τῶν Ἑλλήνων* (Posidonius). *τῶν βαρβάρων Κιμμερίων μέν, ἐξ ἀρχῆς τότε δὲ Κίμβρων προσαγορευομένων. Σημεῖα Σκυθικα:* Signa quibus Scythae in bello utuntur, sunt vexilla variis coloribus picta, quae serpentem speciem plerumque referunt, et de modicis contis dependent, haec simulacra, currentibus, qui ea ferunt vel equum ad cursum incitantibus, vento sic inflantur, ut serpentibus simillima esse videantur, adde, quod sibilum quendam edunt, vento magna cum vi ea perflante (Suidas). *Ἰρδοι* (bei Suidas) horum equitibus in bello pro numero turmarum millenariarum erant vexilla, draco in pertica extensus, cujus caput erat argenteum dentibus exertis et rictu minitabundo, reliquum vero corpus, ex serico contextum, longitudine et lateribus et coloris varietate verum draconem referebat, hoc vexillum qui gestat eques, pertica in aerem sublata, impetu concitat equum, et ventus, ut parat, magna vi impulsus in draconem indicit, cujus in sinu cavo dum rotatur nec propter densitatem postest transitum invenire, in aere fluctuat, et variegatum vexillum in sublime elatum variis conversionibus agitat, ut in tractibus veri draconis usu venit.

*) Die (mit den Roxolani) am Palus Maeotis lebenden Jazygen (*Ἰαζυγες*) vertrieben (als Jayges Motanastae) die Dacier aus den ungarischen Ebenen (zwischen der untern Theiss und Siebenbürgern), auf Pferden mit Achsenwagen umherziehend, während die unterworfenen Sklaven (gegen deren Aufstand sie die Hülfe der germanischen Quaden und Victofalen nachsuchten) in Städten (Uscenum, Pessium oder Pesth, Partiscum u. s. w.) lebten. Der von Decebalus besetzte Theil ihres Landes fiel mit Trajan's Eroberung an diesen. Wegen ihrer Einfälle in Pannonien und Mösien wurden sie durch Morcburel (171 p. d.) über die Donau getrieben. Als Sarmatae Limigantes theilten sie sich in Sarmatae liberi oder (nach St. Hierom.) Arcagaranten und Sarmatae Servi (indem, ausser den Geten, die Bewohner der Theiss und am Fuss der Carpathen unterworfen wurden). Unter Benga und Babai wurden die Jazygen von Theodorich (oder Ostgothen) bei Singidunnm (Belgrad) besiegt. Als Inaunxes (bei Jornandes) wohnten die sarmatischen Jazygen in Podlachien. Die Quadi (*Κουάδοι*) oder (Strabo) *Κόλδοοι* gebrauchten sarmatische Panzer und Speere (nach Amm. Marc.), und Wechsel von drei Pferden. Nach Vertreibung des Marboduus (und seines Nachfolger's Catualda) setzten die Römer bei den Quaden (zwischen Marcomannen und Jazyghen) den König Vannius ein, nach dessen Vertreibung seine Neffen (Vangio und Sido) das Reich theilten. Im Marcomannenkrieg besiegten die Quaden die Römer. Unter den Sueven in Spanien fanden sich Quaden. Das scythische Volk der Alazones (*Ἀλάζωνες*) wohnte nördlich von den Callipidae und südlich von den ackerbauenden Scythen. Jenseits der Abzweigung des Gerrhus (im District Gerrhus) war der Lauf des Borysthenes (Dniepr mit der Beresina) unbekannt (nach Herodot). Die Stadt Tyras (Tyros) oder (nach Plinius) Ophiusa am Tyras oder Dniestr, war (nach Ammian) von Phoeniziern aus Tyrus gegründet. Die Tyrangitae oder (nach Plinius) Tyragetae lebten (nach Ptolem.) am Flusse Tyras. Cremni (*Κρήμνοι*), Stadt im europ. Sarmatien, war (nach Herodot) eine Factorei der freien Städte am Palus Mäotis. Cremnisci, Stadt am Euxinus, nach Artemidorus [Kreml]. Der galatische König Amyntas eroberte Cremna (in Pisidia). Toretae oder Toreatae, Stamm der Maeotae im asiatischen Sarmatien. Im Regnum Vannianum (des Vannius oder Ban) lieferten die Jazygen und Sarmaten die Reiterei. Im Kriege mit Parthien verband sich Pharasmanes mit den Albaniern der Küste am Kaspi und den Sarmatae Sceptuchi (35 p. d.). Coortae in nos Sarmatarum et Suevorum gentes, nobilitatus cladibus mutuis Dacus (Tacitus) 69 p. d. Aureliam familiam ex Sabinis oriundam a Sole dictam putant quod ei publice a populo Romano datus sit locus in quo sacra faceret Soli, qui ex hoc Auseli dicebantur (nach Valerius Papisius). Album quod nos dicimus a Graeco quod est *ἀλφόν* est appellatum Sabini tamen alpum dixerunt, unde credi potest nomen Alpium a candore nivium vocitatum (Paul). Aurum (ausum der Sabini), Aurora, Auselius, us-il, sol Curis (Quirinus) bedeutet Lanze bei den Sabinern. Cascum significat vetus, ejus origo Sabina quae usque radices in Oscam linguam egit. Cascum vetus esse significat Ennius, item ostendit, quod oppidum vocatur Casinum, hoc enim ab Sabinis orti Samnites tenuerunt. Et nostri etiam nunc casinum forum vetus [Kasyopa] appellat (Varro). *Μιξέλληνες* (in olbiupolitanischen Inschriften) als Mischvolk von Hellenen und Barbaren. Die Saken errichteten (nach Diodor) für ihre über Persien siegreiche Königin Zarina eine goldene Statue (aurea anns oder Slata baba). Die Peucini (*Πατζιναχιται*) oder Patzinacker (Pinienaten oder Pecinei) wohnten in Bessarabien. Der sarmatische Stamm der Hamaxobii (*Ἀμαξόβιοι*) wanderte mit seinen Wagen an der Wolga (bei Ptolem.), als *Ἄβιοι* (bei Steph.) Hesiod kennt die Hamaxoeci als Wagenwanderer im nordöstlichen Europa. Die Stadt Hamaxitus war (nach dem Orakel

rechnet. Das Jazyges*) (als Sarmatae Limigantes) theilte sich in Sarmatae liberi oder (nach Hieronym.) Arcagarantes und Sarmatae Servi (limigantes). Die aufständischen Slaven verbinden sich (334 p. d.) mit den Victofalen und Quaden.

Die Stärke der hispanischen Halbinsel lag in den Celtiberern, die durch Vereinigung gekräftigt, sich im Centrum der Halbinsel erhalten und dort schwer zu besiegen waren. Die Turduli (sowie die Turdetani) wurden von Polybius mit den Celtici Lusitanien's verknüpft, und also ihre alten Culturen, die durch das vorgallische Frankreich**) hindurch (weshalb auch Plinius

des Apollo) dort gegründet, wo die Feinde (die Schilder zernagende Mäuse, die verehrt wurden) aus der Erde kommen (s. Aelian) [Einfall der Assyrer und Aegypter]. Hamaxia, als Stadt in Cilicia aspera. Hassi (Bassi), als Volk in Belgica (bei Plinius). Abioi (bei Homer) als Volk im nördlichen Scythien (bei Ptolem.). Gesandte der Abii Scythae kamen in Maracanda (Sarmacand) zu Alexander (Gabili bei Aeschyl). Ptolem. kennt Aorsi Ἄορσοι in Europa (südlich von den Agathyrsi) und in Asien (zwischen den Asiotae an der Rha oder Wolga und den Jaxartae). Eichwald identificirt die Aorsi mit dem finnischen Stamme der Erse in der Provinz Volagda. Ptolem. begreift die europäischen Aorsi mit den Hamoxobii unter den Sarmaten. Strabo unterscheidet in den Aorsi (mit den Siraci) die Zeltbewohner und Ackerbauer (σκηνίται und γεωργοί) von den Nomaden Die Aorsi oder (nach Tacitus) Adorsi unterstützten Cotys, König von Bosporus und die Römer gegen den aufständigen Mithridates, der von den Siraci unterstützt wurde (50 p. d.).
*) Jassag meint Bogenschütze (im Ungarischen) Parasmanes schloss einen Bund mit den Albaniern am Caspischen Meer und den Sarmatae Sceptischi. Die Sarmaten nahmen am markomanischen Bunde Theil. Die Scythen verehrten Ilistia als Tabiti, Zeus als Papaeus, die Erde als Apia, Apollo als Oetosyros (Οἰτοσυρος), Aphrodite als Artimpasa, Poseidon als Thamimasada. Die Scoloti opferten besonders dem Mars (als Hercules), sowie der Aphrodite urania. Zu den bei den Griechen Scythae genannten Skoloten gehörten (n. Herodot) die Auchaetae, Catiari (und Traspies) und Paralatai, von Leipoxais, Arpoxais und Colaxais, Söhne des Targitaus (Sohn des Zeuss) stammend. Hercules zeugte mit Echidna die Söhne Agathyrsus, Gelonus und Scythes. Die Scythen wurden von den Massageten auf die Cimmerier (unter Gräberhügel am Tyras) geworfen. Targetaus oder Türk. De même que, anciennement, Perkunis selon la croyance des Scythes avait combattu les démons-géants nommés Thurses (Secs) et Itnes (Mangeurs), de même aussi le dieu de l'orage fécondant, sous le nom de Firgunis, continua également, d'après la tradition des Gétes, à lutter contre ces démons (Bergmann) Les' Inspire Bruni devint le Conseiller secret (norr. runi) du roi Haralld (Hilldar-tond) et du roi Sigurd Ring [Brownee]. Chez les Kimméro-Celtes, les prêtres du Soleil portaient une flèche [Cchichimecen]. Dans la langue gète, le mot skalmus (sanscr. tcharma vieux all. Schelm), (que les Grecs (s. Porphyr) prononçaient salmos ou zalmos, signifiait peau (s. Bergmann). Schelmen oder enthäuten im Patois von Baiern und Franken. Skalmoxis (Schelmischer) mit einem Fell bekleidet (Zamolxis). Mespila est le nom propre de la ville des Ninus (s. Xenophon), dont les Arabes ont formé plus tard le nom de Mossoul (Maoussil) [Muspetheim]. Nach Plinius verdränge der Stamm der Sarmaten allmählig den der Scythen. Der von Saken bewohnte Distrikt Sakasena in Armenien erstreckte sich bis an das Meer Kappadocien's (schwarzes Meer). Xenophon fand Saken bei Ilnos (in Carien). Kothila (Gothilas) heisst ein König der Geten (bei Steph. Byz.) oder der Thraken (bei Satyrus). Nach Dion. Cassius wohnten die Geten nördlich von Hämus, nach der Donau zu, obwohl auch die Daken von den Griechen als Geten bezeichnet wurden. L'homme libre, propriétaire d'un manoir et cultivateur de ses terres, prit des lors le nom de Manant (domicilié). Chez les Gètes et chez les Scandinaves les chars (des Scythes) furent remplacés par des maisons ou manoirs (s. Bergmann). Avoir la tête rasée était le signe extérieur de l'esclavage chez les Scythes. La montagne sacrée de la Phrygie était apelée Berckunthus, domaine de Berekun ou de Verkunus (Burgunder aus Berkunth). Die Tagrier und Jazygen (Jadzwinger) sprechen litthauisch (n. Wolanski). Walgina, als Schützerin des Rindvieh, auf litthauischen Medaillen. Primislao ex Libussa tres filii nati, duo immaturo rapti funere, tertius morienti seni haeres dictus, Nimislaus nomine, quod nihil excogitaus, interpretatur (Aeneas Sylvius) [Prometheus und Epinetheus]. Die (nach Posidonius) die Alpen umwohnenden Hyperboräer hiessen (nach Moascus) Delphi (Germani) an der Bernsteinküste (s. Radlof). Der babylonische König Lycerus (zur Zeit des Croesus) suchte mit Vögel in den Himmel zu steigen (nach Planud.). Labynetes (in Babylon) wurde von Cyrus besiegt. Kaous (Cambyses) in der Nähe der Ruinen von Amol aus seinem Vogelwagen gestürzt, wurde durch Rustem von seiner Narrheit geheilt und aus dem Wald auf den Thron zurückgeführt. Jeremias erwähnt eines Rab-Mag (Ober-Magier) im babylonischen Cultus (bei den Chaldaeern)
**) Die Aquitaner hatten eine Sage griechischer Herkunft (nach Ammian) von den unter dem alten Herkules an der gallischen Küste angesiedelten Doriern, deren Herkunft

die Gleichartigkeit der Sitten in den Celtici Lusitanien's und den Celtiberern
hervorhebt) sich mit den ursprünglichen Thracien's berührt haben möge.
Die Umbrier, die (nach Florus) für das älteste Volk Italien's galten, hängen
mit der alt-keltischen Bevölkerung zusammen (wie sie später gallischen
Stammes vermuthet wurde nach Solinus) in den Insubres oder Is-Ombri,
bei denen sich die Einwanderung des Bellovesus am Ticinus niederliess
und heimathliche Anklänge durch die Gründung Mediolanum's bezeugte.
Nachdem sich durch Iberischen Einfluss auf das Keltenthum (vor der gallischen Einwanderung aus Osten) die Aquitanische Rasse gebildet hatte, verbreitete auch diese von den Ausci, dem berühmtesten der aquitanischen
Völker (nach Mela) eine Emigration über Ausonia oder Italia, wo die
Sprache der Osci (mit hispanischen Wiederhall in Osca oder Huescar, das
Aynsa 1339 a. d. durch Osco Betulensis gegründet sein lässt) sich später
weit über die Halbinsel im Gebrauche fand und mit dem Lateinischen (nebst
sabellischen, im Umbrischen wurzelnd) nahe verwandt zeigte, da eine allgemeine Lingua generalis sämmtliche Länder verband, ausser den Etruskern *),

aus dem Lande der Hellenen oder Graikoi den Alpes Graekoi oder Graiai ihren Namen
gegeben habe würde (bei Durchzug des Herakles). Auf dem Zuge nach Gallaecia trennten
sich die Celtici (von Anas her) von den Turdulern, Plinius lässt die Celtici aus Lusitanien
nach Baetica wandern, und Ptolemäos spricht von Βαιτικοι Κελτικοι. Die eigentlich
iberische Bevölkerung Hispanien's war um Gades und den Fels Calpae (mit dem Sitze
des Bastelani) zusammengedrängt, ihrem afrikanischen Ursprung gemäss, und in den
Bastuli waren (nach Plinius) schon Iberer und Phoenizier gemischt. Appian spricht von
Βλαστοφοινικες. Die Celtoligyes (bei Aristoteles) waren aus der Berührung beider Völker
(Celten und Ligurer) entstanden, ehe sich die Iberer an der Küste zwischen geschoben
hatten. Iberos sequuntur Ligures et Iberi mixti usque ad Rhodanum (Scylax). Die
Ligurer, deren nördlichster Stamm die Taurini bildeten, berührten sich wieder in den
Alpen mit den Celten des Nordens und die späteren Gallier hatten (bei der Einwanderung nach Italien, durch ihre Sitze den Weg zu nehmen, als sie sich in Aquitanien niedergelassen. Aber Galli qui Narbonensem provinciam incolunt quondam Celtae appellabantur
(Strabo) und die Tectosagen hiessen (primaevo nomine) Volcae (nach Ausonius). The
tomb of Alyattes (at Sardis) with a stone basement and a mound above are very similar to
the constructed tombs of Etruria and to some in Grece, as that of Menecrates of Corfu
(s. Wilkinson). Vom Fluss Sicanus in Hispanien wanderte das iberische Volk der Sicani
nach Sicilien. Diomedes vernichtete die Völker der Darden und Monaden (bei Plinius) in
Italien oder (nach Lykophron) der Salangen und Angäsen.

*) Dieses Fremdartige war in sie durch die Eugaenei (die Vorposten der Rhaeti) ge-
kommen, als die äusserste Grenze im Westen, wohin sich der in Sesostris Feldzug nach
Thracien verbildlichte und auch in dodonäischen Sagen erhaltenen Einfluss der Egypter
bemerkbar macht. μηνύει δὲ και Ἔφορος, τὸ πρός τὸν Ἀπηλιώτιν Ἰνδούς ἔχειν, πρός Νοτον
δὲ, Αἰθίωπας, πρός δύσιν δὲ Κελτούς, πρός δὲ Βορράν ἀνέμον, Σκυθας (Strabo). Nach Diodor
zeugte Heracles mit der Tochter des Fürsten der Celten den Eroberer Galates. Veterum
Gallorum prolem Umbros esse, Antoninus assueverat (Solinus). Hos eosdem quia in clade
aquosa imbribus superstites fuerunt, Graece Umbros dictos, scilicet epitheto paterno retinere
Gallorum Janigenoros. Nach Cato waren die Gallier Vorfahren der Umbrer. In der Herleitung von Umbra entsprachen die Umbrier den Tuhennu oder Nebelmenschen der
Egypter (Libyen oder rhipäische Berge), den Thuatha de danan ähnlich. Comerus
(primogenitus Japeti) loca ubi Japetus avus ante colonias posuerat a se cognominavit.
Aus den Söhnen seines erstgeborenen Comerus sandte Japhet Colonien nach Africa. Unde
Hispani magnam partem ex populis Aphricae vocant Comeros. Unter den Aborigines
(Nachbarn der Umbrer) urbs vetustissima Camerena a Camese condita. Auf dem janicu-
lischen Hügel wohnte Cameses (mit seiner Schwester Camesa), Bruder des Janus in Latium.
Die Umbrer waren von dem Regen genannt, als allein aus der Fluth übrig. Jupiter
Labrandeus oder Pluvius befruchtet als Goldregen die Danae, den nach Italien zu Picus
(Sohn des Saturnus) kommt. Σήνωνες οἱ Κελτοί οἱ λεγόμενοι Γερμανοι, sagt Suidas von
den zu dem galatischen Stamm der Albaner gezogenen Celten. Die egyptische Prinzessin
Scota (Σκύθη) ist dem Gaithelus (Gelos) vermählt, dessen Vater Kekrops Athen gründete.
Von Almopia (in Macedonien) kommt Aeneas nach Tyrsenien (bei Lycophr.). Mohamet
schwört bei den heiligen Bergen Tina und Sina (im Koran). Die Lydier waren (zu
Croesus Zeit) eine Reiternation ohne Marine (Herodot). Telmessus in Caria est, qua in
urbe excellit haruspicum disciplina (Cicero), in Lycien (nach Suidas), wie Etrusker als
Gründer der Wahrsagung durch Haruspices gelten.

die sich (nach Dionysos) durch Sprache und Sitte von allen übrigen Völkern
unterschieden. Nach Cato waren die Aboriginer aus Achaia nach Italien*)
gekommen. Die Aborigines (Aberrigines) oder Casci**) (Sacrani), als

---

*) Nach Plinius brachten die Pelasgi die Schrift nach Latium. Die Pelasger liessen
sich auf dem saturnischen Hügel bei Rom nieder. Die Hernici stammten von den Pelas-
gern. Picenum war von den Pelasgern gegründet. Die Pelasger gründeten die Städte
Nuceria, Herculanum, Pompeji. Pelasgus durch πελαιος von priscus, Die Pelasger han-
deln gemeinsam mit den Thraciern (bei Strabo). Nach Strabo finden sich thracische
Namen im tiganischen Gebiet. Nach Müller sind die thracischen Namen in Pieria (bei
Strabo) griechisch. Neben den Pelasgern unterstützten die Cauconen (wie ebenso die
Ciconen) Troja. Homer nennt Cauconer mit Leleger und Pelasger, als Hülfstruppen
Troja's. Nach Strabo lebten die Cauconen an der Seeküste Bithynien's und Paphlagonien's·
Die Cauconen in Triphylia (bei Homer) oder (nach Herodot) die pylischen Cauconen
wurden durch die Minyer ausgetrieben. Nach Strabo waren die Cauconen (als ältests
Bewohner des Peloponnes) von Arcadien nach Elis gewandert. Caucon, als Nebenfluss
des Teutheas. Χάονες, ἔθνος Ἠπειρωτικόν (Suidas) Θράκης δι ἔθνος οἱ Χάονες. Ἰάνυξ, ventus
levis, vel nomen loci Τριτογενής, id est Minerva, sic dicta, quod ex ventre et matrice et
capite Jovis exierit. Τριτοπάτορες, demo in Atthide dicit. Tritopatores esse ventos.
Philochorus veri Tritopatores omnium fuisse primos. Tellurem enim et Solem (sive
Apollinem) illorum temporum parentes esse crediderunt, horum vero liberos tertios partres
appellaverunt. Phanodemus vero dicit, solos Athenienses ipsis sacrificare et vota facere
pro liberorum generatione, cum uxores sint ducturi, in Orphei vero Physico Tritopatores
vocari Amalcidem, Protoclem, Protocreontem, qui ventorum janitores et custodes sunt
(Cottus, Briareus, Gyges), als Telluris et Coeli filios. Ἀπίη: Peregrina regio. Apis
Aegyptius medicinam primus in Graeciam intulisse fertur (Suidas). Χετταῖοι, nomen gentis
Cananeae. Ταγός: ἡγεμών (dux), οἱ ταγοί (bei Homer). Τάξις et ducis notat dispositionm
et militum ordinem. Τακτικῶς: στρατιωτικῶς. Θεσπιῳδεῖ: Oracula reddit. Aristophanes
Pluto: „Qui oraculum reddit ex tripode aureo," notatio vocabuli ducta est a θεσπιῳδεῖν,
vel quod Thetis ibi oracula ederet, tragicorum autem tumorem dictione perstrinxit. Pythia
vero in tripode sedens oracula reddebat, eoque pars cui insidebat, ὅλμος vocabatur.
θεσπίσιος, divinus, admirandus, clemens θεσπίζουσα: Numine devino afflata, furens Maesyus,
Semnonum rex et Ganna virgo, quae post Veledam in Gallia vaticinia edebat, ad Domi-
tionum vererunt, et honoribus ab eo affecti, domum redierunt (Suidas). Die Stadt Olenus
(in Achaja) war benannt nach Olenos, Sohn des Zeus und der Danaide Anaxithea. Olenus
am Ida wurde mit seiner Gattin Lethaea in Stein verwandelt. Der Etruscer Olenus
Calenus deutete das Menschenhaupt des capitolischen Hügel's. Epopeus, Sohn des Poseidon
und der Canace, kam aus Thessalien nach Sicyon, wo er die Herrschaft erhielt. Canace,
Tochter des Aeolus und der Enarete, war Schwester des Macareus. Nach dem Sturz
des Candaules (in Lydien) folgten die Mermnaden mit Gyges. Tritogeneia (formidabilis)
hoc est, quod tria ex ea nascantur, quae res omnes humanes continent (democrites
Der Abderite περὶ τῶν ἐν ἁδου). Unterworfene Eingeborene als πινεσταί in Etrurien. Das
adriatische Meer war von Adria (tuscische Colonie) genannt. Die Latinischen Städte
hielten gemeinsame Versammlungen am Lucus Ferentinae. Die etrurischen Städte hielten
ihre gemeinsame Versammlung am Fanum Voltumnae.
**) Latinus heisst König der Aborigines (bei Callias). Nach Lycophron gründete
Aeneas Städte im Lande der Boreigonoi (Aborigenes). Die Aborigines wurden aus Reate
durch die Sabiner vertrieben und zogen sich nach Latium, wo sie (mit Hülfe eines pelasgischen Stammes, der die Städtebefestigung lehrte) die das Land bewohnenden Siculi
vertrieben oder zu Sklaven machten. Von den durch die Aborigines in Latium gegründeten Städte (Antemnae, Caenina, Ficulnea, Tellenae, Tibur) waren einige von den
Siculern erobert. Städte mit cyclopäischen Befestigungen (polygonalen Stil's) im Thal
des Salto (District Cicolano). Die Picentiner waren durch die Römer von Picenum nach
der tyrrhenischen See verpflanzt. Die Picentes bei Picenum (am Adriatic) waren als
sabinische Colonie durch ein Specht geleitet (dem Vogel des Mars). Nach Silius gründete
der italische Gott Picus die Stadt Asculum. Marsigni, germanischer Stamm an der obern
Elbe 'bei Tacitus. Marsyas, Fluss in Phrygien, Coelesyrien. Marsyabae, Stadt des
arabischen Stammes der Rhamanitae. Πέλαγος (Pelagus), Altum, Aequor. Pelagonier in
Macedonien. Πελαργικόν oder (bei Aristoteles) Πελασγικόν τείχισμα. Cyclopenbauten
der Pelasger. Ἄργος, Ebene (arse oder Burg). Phahl (paal oder palo) in Polgraben (als
Pfahlbauten). πολις des Belus, als Städtebauer. Die Burgunder in den Karpathen)
nahmen in Siebenbürgen den Namen Burgbewohner an (als Wurgundi oder Urugundi.
Die Aestyer, die (nach Tacitus) den Brittaniern in Sprache glichen, waren die Bewohner
fester Wohnstätten (irisch. asti, ἄστυ, ἰστία). Heber (filius Salae) turris conditores non
adjuvit, ideoque lingua ejus expers mutationis permansit (Suidas) [Iberer oder Barbaren, als
nomadisirende Hirtenstämme des Abel]. Die Tyrrhenier (der turris) als Pelasger. Umgekehrt war Tyrrhener von τύρσεις (bei Dionys.) ward das alte τύῤῥις (Tzetz.) von Tyrr-

Eingeborene Latium's, nannten sich später Latini. Mit den Söhnen des Lycaon (Japyx, Daunius und Peucetius) kamen*) (wie die Daunier und Peucetier) auch die Messapier (Calabrier) nach Italien. Ilus, ältester Sohn

henier abgeleitet (Abeken). Der Stamm scheint *τυρς* (turs), daraus wird zuerst tursenus oder turnus und Turrhus oder Tyrrhus, dann aber Tursenus oder turrenus. Neben Tursenus (der eigentlich griechischen Form) wird aus Turs die Form Tuscus (turscē der eugubinischen Tafeln), die durch Transpositis in *ἐτρούσκοι* übergeht oder (durch Ausstossung des r) in Tuscus (Abeken). Arcem ab Arcadibus esse appellatam quod in editis montium jugis habitaverint, Solinus dicit. Arx (*ἄκρος*) locus excelsus, summus. In Tageticis libris legitur Vejovis fulmine mix tangendos adeo hebetari ut nec tonitrum, nec majores aliquos possint audire fragores (Amm. Marc.). Im Gegensatz zu den Zigzag-Blitzen des Himmels kommen die gradlinigen der Erde von Saturn, wie die zündenden von Mars (s. Plinius). Vulcan hiess Sethlaus auf etrurischen Münzen. Hercules war (nach Dionys. Hlb.) in ganz Italien verehrt. Heracles war Vater des Tyrrhenus. Janus repräsentirte (bei den Etruskern) den Himmel (nach Varro). Nach Statius Tullianus wird Mercur (von den Etruskern) Camillus genannt (Macrobius). Auf den etruskischen Inschriften ist Mercur „Turms." Turris ab Hetruscis proferebatur Tursis, a quibus Tursena et Etursia, ut Myrsilus et Dionysius Halic. dicunt. Est autem Tursena et Etursia urbs turritis, aedibus constructa. Eas posteri mutata s in r protulerunt Turrenam, Eturiam, Romani Etrurism (Annius). *Μίσηγετς, Ἰθνος Ἰβηρίων*. Insubrer finden sich in Gallia Transalpina und in Gallia Cisalpina. Polybius rechnet die Insubrer zu den Galliern des cisalpinischen Italien. Die unter Bellovesus einwandernden Gallier (nachdem sie die Etruscer oder Tuscer besiegt, liessen sich am Ticinus unter dem dort ansässigen Stamm der Insubres (*Συμβροι*) oder Isombri (*Ἴσομβροι*) und bauten die Stadt Mediolanum oder Mailand (nach einem Dorf der Aeduer genannt). Insubrer von Mediolanum bei Lugdunum. Caturiges exsules Insubrum (Plinius).

*) Japyx (Sohn des Dädalus) führte eine cretische Colonie nach Italien (Strabo). Die bei der Rückkehr des Minos von Sicilien nach der Küste Italien's verschlagenen Creter gründeten (als Messapier) Hyria (nach Herodot). Die Salleutiner (mit Locrer und Illyrier verbunden) kamen unter Idomeneus nach Italien. Die Dialecte der Messapier oder Japygier waren (nach Mommsen) dem Griechischen näher verwandt als dem Oscischen und Ausonischen. Als die Griechen im Lande Calabri oder (bei Polybius) *Καλαβροί* die Colonie von Tarant stifteten, kamen sie in Krieg mit den Messapiern und Japygiern (und Peucetiern), die die Stadt Hyria und Brundusium besassen. Die Turentiner (mit den Peucetiern und Dauniern verbündet) riefen den epirischen König Alexander und den Spartaner Archidamus zur Hülfe gegen die Messapier, die sich mit den Lucaniern verbunden hatten (338 a. d.). Die Messapier und Lucanier verbanden sich mit den Tarentinern unter Pyrrhus gegen die Römer. Calachene (Calacene), als District in Assyrien. Calacte *ἡ Καλή ἀκτή* oder schöne Küste), als Stadt in Sicilien. Culngum, Stadt der Meldi (an der Marne). Calagurris, Stadt in Aequitanien. Calagurris, Stadt in Hispania Tarraconensis. Die Auswanderung der Samniten (*Σαυνίται* oder Safnitae) von den Sabinern wurde durch einen Stier geleitet. Die Samniten liessen sich im Lande der Oocer nieder. Die Hirpini gehörten zum samnitischen Volk. Die Frentani waren ein Zweig der Samniten. Die Samniten eroberten Camponia (440 a. d.) und dann Lucania. Die Samniten bestanden aus den vier Stämmen der Pentri, Hirpini, Caraceni und Caudini (sowie der Frentani). Boviauum war Hauptstadt der Pentri (samnitischen Stamme's). Anfidena war Stadt der Caraceni oder (nach Zonaras) Caricini (samnitischen Stamme's). Nachdem die Römer von den Samniten bei dem Flusse besiegt waren, schlossen sie (nach Vellejus Paterculus) ihren Vertrag mit den Caudini (samnitischen Stamme's). Die Volskier eroberten die lateinischen Städte Antium und Velitrae. Die Sabiner machten Erberungen im Latium Autiquum. Die Etruscer unter Caeles Vibenna liessen sich auf den cälischen Hügel nieder (in Rom). Unter den etruskischen Tarquiniern in Rom wurde die Cloaca maxima und das Capitol gebaut. Mit Hülfe von Cumae widerstanden die Römer dem Porsena, König von Clusium 506 a. d. Von den Sabuern (in La Sabina oder *ἡ Σαβίνη*) stammten die Picentes, Peligui, Samnites (Muttervolk der Lucanier, Apulier, Bruttier), Marsi, Marrucini, Vestini) als sabellische Stämme. Nach Dionys. waren die Samniten laconischen Ursprung's. Strabo nennt die Samniten Eingeborene. Ovid spricht von dem lacedämonischen Ursprung der Sabiner. Zenodotus nennt die Sabiner einen Zweig der Umbrier. Sancus (Schutzgott der Sabiner) wurde auch von den Umbriern verehrt (nach den eugubinischen Tafeln). Varro leitet den Namen der Sabiner von ihrer frommen Verehrung der Götter. *σίβω* (sevum in den Eugubinischen Tafeln) als sanctus. Cato leitet die Sabiner von Sabus (Sohn des Sancus). Stammsitz der Sabiner war Testrina bei Amiternum (nach Cato). Der Ver sacrum der Sabiner wurden meist dem Mamers (Mars) geweiht. Die nach Reate ziehenden Sabiner eroberten Lista, die Hauptstadt der Aboriginer (die nach Latium zogen). Sabiner auf dem Quirinal. Krieg der Sabiner unter Titus Tatius mit Romulus. Der

des Askanius oder Julus (ἴουλος, Milchhaar oder Ilus) trat an seinen Bruder*)
Silvius die Herrschaft über Latium ab. Nach Hellanicus zogen die Ausonier**)

sabinische König Numa ordnete die religiösen Ceremonien Rom's. Von der sabinischen Stadt Cures wurde die Quiriten genannt. Kriege Tarquin's mit den Sabinern. Die Römer dentificirten den sabinischen Sancus oder Semo. Sancus (als Gott der Eide) mit Dius Fidius (oder Herculus). Die Sabiner führten die Verehrung des Sol, Feronia, Minerva (etuscisch, wie Vejovis, Ops, Diana), Mamers oder Mars in Rom ein. Severissimi homines Sabini (Cicero). Disciplina tetrica ac tristis veterum Sabinorum (Livius). Der Augur Attus Naevius (unter Tarquin) war Sabiner. Sabis, Fluss in Carmania. Sabis, Fluss in Belgica. Nach Festus waren die Peligni illyrischen Ursprung's. Nach Ovid sind die Peligni sabinischen Ursprung's. Die Vestini waren mit den Marrucini, Peligni und Marsi verbündet. Die Marrucini waren den Marsi verwandt. Die Marsi (Μάρσοι) am See Fucinus führten sich auf Marsyas in Lydien zurück (s. Gellianus). Die Marsi stammten von einem Sohn der Circe (s. Solin). Marrubium war Hauptstadt der Marsi (Marruvii oder Marrubii). Die Frentani waren (nach Strabo) samnitischen Ursprung's. Von ihrer Göttin Angitia (Schwester der Circe) besassen die Marsi die Kunst giftige Schlangen zu bezaubern. Die Tapferkeit der Marsi war in dem römischen Sprachwort ausgedrückt, dass kein Triumph über die Marser und keiner ohne sie gewonnen sei (s. Appian).

*) Mit Batea (Tochter des Teucros) zeugte Dardanus den Ilas, dem sein Bruder Erichthonius, Vater des Teus (Vater des Ilus II.) folgte. Kalirrhoe, Tochter des Skamandrus, war Mutter des Ilus (Urenkel des Dardanus), Bruder des Assaracus. Diomedes gründete Adria. Der sarmatische Stamm der (germanischen) Bastarni zog (nach Kriegen mit den macedonischen Königen Philipp und Perseus) die Donau abwärts (auf Wagen) nach der Insel Peuce (durch Crassus über die Donau getrieben 30 a. d.). Die Sequani (bei Besançon) riefen (mit den Arverni verbündet) die Germanen (gegen die Aedui) über den Rhein, mussten aber Ariovist Land abtreten. Die Sequani (ein celtischer Stamm) wurde zu der römischen Abtheilung Belgica gerechnet. Der Aeduer Divitiacus suchten römische Hülfe gegen die Sequaner. Die Phönicier colonisirten (nach Thucydides) Sicilien und (nach Dioder) Sardinien. Die Etrusker und Carthager hatten (nach Aristoteles) unter sich viele Verträge geschlossen mit gegenseitigen Rechten [Tyrier und Tyrrhener]. Durch die Reisen der Phocäer lernten die Griechen zuerst Adria, Tyrrhenien, Iberien und Tartessus kennen (Herod.). Die Samier trieben durch Sturm nach Tatersus (Herod.). Auf der Strasse des Hercules, die von Italien zu den Celten, Celtoliguren und Iberern führte, waren die Reisenden beschützt. Die Frauen Adria's beweinten Phaeton (nach Aeschylus). Im heiligen Gehölz der Feronia (am Fusse des Soracte) wurde der Markt zwischen Ftrurien, Latinern und Sabinern abgehalten. Im Tempel der Göttin Voltumna (bei Volsinii) versammelten sich die Abgeordneten des etruskischen Bunde's. Ursprünglich den Etruskern tributpflichtig wurde Rom durch Herculcs befreit (nach Plutarch). Gens Vulscorum, quae etiam ipse Etruscorum potestate gerebatur (nach Cato). Die Lästrygonen wurden an die Küste der Volsker versetzt. Sophocles setzt die tyrrhenische Küste zwischen Ligurien und Oenotrien. Nach Cato wurde Capua und Nola durch die Etrusker gegründet (Vellejus Paterculus). Von der Ostküste Siciliens, wo Naxos und Megara gegründet waren, wurden die Griechen durch den Schrecken tyrrhenischer Piraten vertrieben. Carthago, Corinth und Capua waren früher (nach Cicero) die mächtigsten Städte. Die Etrusker eroberten 300 Städte der Umbricer. Die Etrusker besetzten durch Colonien das Land vom Po bis Alpen (ausser dem Gebiet der Venetier), aber die verwandten Rhätier der Alpen änderten ihre Sitten durch die Rauheit der Gebirge. Bene dives avis (Mantua) quia non ab Ocno tantum, sed ab aliis quoque condita sit. Primum namque a Thebanis, deinde a Tuscis, novissime a Gallis, vel, ut alii dicunt Sarsinatibus, qui Perusiae consederant (Servius). Die Boier und Lingoner (den Po auf Flössen kreuzend) vertrieben die Etruscer nicht nur, sondern auch die Umbrer (Livius). Umbrien heisst pars Thusciae (bei Isidor).

**) Die Ausonier gründeten Temesa (nach Strabo). Italien hiess früher Ausonia bei den Griechen (nach Dionys.). Das tyrrhenische Meer hiess früher Ausonium mare. Von den Volskern wohnten die Ausonier an den pontinischen Sümpfen, Ausonier bei Benevent (Festus). Italien hiess Hesperia und Saturnia. Calamae, Dorf in Messenien. Calama an der Küste Gedrosia's. Calaminae unter den schwimmenden Inseln in Lydia. Calamus, Stadt in Phoenicien. Calamyde, Stadt in Creta. Calasarna, Stadt in Lucanien. Calathana, Stadt in Thessalien. Calathius Mons in Messenien. Calarnae (Amae), Stadt in Macedonien. Tempel des Poseidon auf der Insel Calauria (für Delos von Apollo gegeben). Calatia (Καλατία), Stadt in Samnium. Calatia, Stadt in Campanien. Calatum oder Galatum. Galatini bei Galaria in Sicilien. Galaesas, Fluss in Calabrien. Ostra, Stadt in Umbrien. Der Gallibus ager war die Eroberung der Senones auf umbrischem Gebiet. Umbranici, als Volk in Gallia Narbonensis (bei Plinius). Das Land der Senonen hiess Gallia Togata. Die Etrusker eroberten die Städte der Umbrier (nach Plinius). Als die Tyrrhenier nach der italischen Küste kamen, finden sie das Land von den Umbriern bewohnt (nach Herodot),

unter ihrem König Siculus nach Sicilien. Die Oscer*) (Auruncaner) oder (bei den Griechen) Opicer der Ausonia (in Opicia oder Opica) waren die ältesten Bewohner Campanien's (Strabo). Hujus vocis (cascus) origo

Umbro, Fluss in Etrurien. Butriam (bei Ravenna) war (nach Plinius) von Umbriern gestiftet. Die Sabiner waren (nach Zenedotus), ein Zweig der Umbrer. Das Umbrische ist der älteste unter den verwandten Dialecten des Osckischen (der Sabellier) und des Lateinischen. Nach Bocchus (bei Solinus) waren die Umbrier gallischen Ursprung's. Zenodatus (bei Dionysos) betrachten die Umbrier als Eingeborene. Nach Plinius erklärten die Griechen den Namen Umbrier (Ombriker oder Ombrier), weil sie die Fluthen der Regengüsse (ὄμβροι) überlebt [umbracula]. Die Pelasgier vertrieben die Umbrier aus Reate, das später die Sabiner (Zweig der Umbrier) besetzten. Die senonischen Gallier vertrieben die Umbrier vom Adriatic. Die Boier besetzten Terrain der Umbrier. Die die Etruscer unterstützenden Umbrier wurden von den Römern (unter Fabius) besiegt. Plinius unterscheidet die Osquidates, Montani und Osquidates Campestres unter den Osquidates in Aquitanien. Ossa, Stadt der Bisaltae in Macedonien (Uranischen Stamme's). Der Berg Ossa wurde durch ein Erdbeben vom Olymp getrennt. Volk der Ossadie im Penjab. Ossarene, District in Armenien. Ossel, Stadt in Baetica. Ossigerda, Stadt der Edetani in Hispania Tarraconensis. Ossigi Laconicum, Stadt in Hispania Baetica. Ossonoba, Stadt der Turditani in Lusitanien. Osroes herrschte über die Districte Osrhoene in Mesopotamien. Osariates, als pannonischer Stamm. Osiana, Stadt in Cappadocien, Der germanische Stamm der Osi (Pannonisch redend) war (nach Tacitus) den Quadi und Sarmaten tributär. Celtisches Volk der Osismi (Timii) in der bretagnischen Halbinsel Osmida, District in Creta. Ancus Martius gründete Ostia an der Mündung der Tiber. Das gallische Küstenvolk der Ostiaei (bei Pytheas), hiess (bei Artemidorus) Cossini (nach Steph. Byz.). Gallisches Volk der Ostidamnii an der gallischen Westküste (bei Eratosthenes). Damnii in Schottland. Ostippo, Stadt in Hispania Baetica. Ostur, Stadt in Spanien, Ostudizus, Stadt in Thracien. Auson (Sohn des Ulysses und der Circe) gründete (nach Festus) Aurunca, Hauptstadt der Aurunci (bei Suessa und Teanum). Nach Dio Cassius gehörte der Name Ausonia eigentlich zu den Aurunci (Αὔρουγκοι) zwischen Volskern und Campaniern. Nach Servius waren die Aurunci eines der ältesten Völker Italien's. Die Ausoner wohnten westlich vom Liris. Die Auruncer wohnten am linken Ufer des Liris. Die Bewohner von Cales waren (nach Livius) ausonischen Stammes. Teanum war Hauptstadt der Sidicini (oscischen Stammes), die durch die Volsker aus Fregellae vertrieben wurden. Sideni (Sibini), des germanischen Stammes am Baltic. Sideus, Fluss in Pontus. Die Athener kämpften mit den Böotiern um den Besitz Sidae's. Side in Pamphylien war eine Colonie von Cumae, aber die Sideten vergassen das Griechische unter den Barbaren (Arrian). Athene (mit Granate in der Hand) wurde von Sidae verehrt. Side, Stadt in Laconien. Sidene, Stadt in Mysien, in Lycien. Sideni, Stamm in Arabia Felix. Aurinx (bei Munda), Stadt in Hispania Baetica. Aurasius Mons im mittlern Atlas.

*) Die Oscer wurden aus den Bergen Samnium's durch die Sabiner (als Samniten) ausgetrieben. Die samnitische oder sabellische Colonie der Hispanier liess sich unter den Oscern nieder. Die Volscer (und ihre verwandten Aequier) waren Oscer. Die Oscer zogen sich von Reate nach Latium. Die oscische Sprache war nahe mit der lateinischen verwandt. Die in Samnium und Campanien geredete Sprache war oscisch, indem die sarmatischen Eroberer (deren Sprache schon dem Oscischen verwandt war) die Sprache der unterworfenen Oscer adoptirten. Die Samniten verbreiteten die oscische Sprache mit ihren Eroberungen in Bruttium. Inschriften in sacello-oscischer Sprache. Die ausonische Stadt (Καὶς) Cales (bei Livius) wurde (nach Silius Italicus) von Calais (Sohn des Boreas) gegründet. Die Calensis Emanici bewohnten Calentum (in Hispania Baetica). Caleti (an der Seine) als belgischer Stamm (bei Caesar). Cales, Fluss in Bithynien. Caletra, Stadt Etrurien's. Calela, Stadt Apulien's. Nach Plinius waren die Caledonii von den Brittanni verschieden. Cale (bei Oporto) Stadt in Gallaecia. Cale-Acte, Stadt in Kreta. Die Ausci (Αὔνκιοι) bei Auch waren das berühmteste der aquitanischen Völker (nach Mela). Auschisae, als libysches Volk in Cyrenaica. Ausara, Stadt an der arabischen Südküste (in Arabica Felix). Die Ausenses (Αὐσεῖς), als libysches Volk am See Tritonis, trugen das Haar vor der Stirn, die Machlyes am Hinterkopf (nach Herodot). Nach Synesius verwüsteten die Ausurii (VI. Jahrhdt.) Cyrenaica. Die Ausenses am See Tritonis feiern (fechtend) ein Fest der Athene. Ausere, Fluss in Tripolis. Ausar, Fluss in Etrurien. Ausola, Fluss in Irland. Ausa, Stadt der Ausetani (Αὐσηταγοι) in Hispania Tarraconensis. Ausona (Stadt der Ausoner) in Latium. Die Opiker in Italien heissen auch Ausoner (nach Aristoteles). Campania war anfangs von den Opiker oder Ausoniern bewohnt (nach Antiochus Syracus). Nola in Campanien war Stadt der Ausoner (nach Hecataeus). Nach Polybius war Campania von Ausoniern und Opikern bewohnt. Die Römer eroberten (333 a. d.) Cales, die Hauptstadt der Ausonier an der Grenze Campania's und Latium's. Ogygia (die Insel der Calypso) und Dioscoron (die Insel der Dioscuri) liegen dem Lacinischen Vorgebirge (an der bruttischen Halbinsel) gegenüber (nach Plinius). Lacetani (Λακετανοί), Volk in

Sabina*) est, quae usque radices in Oscam linguam egit, ut Varro docet (Forcellini). Nach Solinus waren die Umbrier ein gallischer oder keltischer Stamm. Die Umbrischen oder Tabulae Eugubinae zeigten Verwandtschaft

---

Hispania Tarraconensis. Laciaca, Stadt in Noricum. Lacibi, Stadt in Hispania Baetica. Ptolem. erwähnt die germanische Stadt Laciburguim am Baltic (*Λακιβούργιον*). Lacmon (*Λακμων*) oder Lacmus war der höchste Gipfel des Berges Pindus. Der Demus Laciadae (*Λακιάδαι*) lag am heiligen Wege Attika's. Lacinisches Vorgebirge neben dem japygischen in Süd-Italien. Die Messapier heissen Japygier bei Herodot (*Ιήνυγες Μεσσάπιοι*). Der illyrische Stamm der Japodes ('*Ιάποδες*) oder Japydes ('*Ιάπυδες*) in Japydia (bei Plinius) tättowirte. Lacinia (Japydia). Lacippo, Stadt der Turduli in Hispania Baetica. Lacobriga in Lusitanien. Die Vaccaei (in Hispania Tarraconensis) vertheilten jährlich das ackerbau- fähige Land (nach Diodor). Vacca, Stadt in Numidien. Vacomagi, Stadt in Brittannia barbara am Loch Lomond. Calagurris Nassica (in Hispania Tarraconensis) wurde unter- schieden von Calagurris Fibularia, das mit Osca verbunden war. · Calaguritani, qui erant cum Oscensibus contributi (Caesar). Osca (Ileoscan) oder Huesca, Stadt der Ilergeten in Hispania Tarraconensis, liess aus seinen Silberminen das Argentum Oscense (signatum Oscense) prägen. Osca, Stadt der Turdetani in Hispania Baetica, lag (nach Ukert) westlich von Huescar. Oscela oder Oscella war die Hauptstadt des Alpen-Volkes der Lepontii (*Ληπόντιοι*) am Lago di Como und Lago Maggiore. Das Lateinische verband mit dem Oscischen Element ein noch mehr dem Griechischen oder Pelasgischen Verwandtes. Die Münzen der Samniten haben oscische Inschriften. Oscische Inschriften in Pompejus. Die Römer entnahmen das Possenpiel der fabulae Aetellanae von den Oscern (Opscus bei Ennius) oder Opici ('*Οπικοι*). Die Bruttier sprachen (nach Festus) Griechisch und Oscisch). Oscineum (auf dem jerusalemischen Itinerarium) zwischen Cossic, Stadt der Vasates oder Vocates (in Aquitanien) und Eluso, Stadt der (zwischen den Ausci und Sotiates wohnenden) Elusaten (in Aquitanien). Elusio, Stadt in Narbonensis.

*) Pra (fra) aus *παρα* und dann pris. Quam primum casci populi genuere Latini (Ennius). Cascantus, Stadt in Hispania Tarraconensis (Cascanto). Umia, dea Nemausi culta (Forcellini) Nemausus (limes) in Gallia Narbonensis. Illud erat insitum priscis illis, quos Cascos appellat Ennius (Cicero). Priscae Latinae coloniae (des Latinus Silvius) appellatae sunt, ut distinguerent a novis, quae postea a populo dabantur (Festus). Prisci Latini proprie appellati sunt ii, qui prius quam conderetur Roma, fuerunt (Paul.). Saturnia, Stadt in Etrurien. Die Saturnia porta hiess Pandana (Varro). Saturnios (filius Creti et Vestae) rex Cretensium. Satur erhielt von Janus in Italien das Land Latium (Saturnia), wo er der Bevölkerung Gesetze gab (nach Ovid). Venit (Saturnus) in eam regionem, in qua Janus, id est vel Noe, vel Japhet, vel Javan regnabat, a quo humanissime exceptus est. Diu apud Janum occultus vixit, et quasi latitavit. Hinc regio illa Latium est appellata. Saturn, unter dem das goldene Zeitalter geherrscht, verschwand. Heracles lehrte dem Saturn Früchte statt Menschen zu opfern. Statuae Argei appellabantur fortasse ab Argis patria. Romanorum aetate projiciebantur a virginibus Vestalibus. Ea quae Saturni stella dicitur, *Φαίνον* que a Graecis nominatur. Urnae dictae, quod urinant magna haurienda, ut urinator. Urinare est mergi in aquam, in urbum, fictum ab urbo, quod ita flexum ut redeat sursum vernis, ut in aratro quod est urbum [Egyptisches Symbol in Uräos]. Die etrurische Stadt Saturnia hiess früher Aurinia (nach Plinius). Saturn's Beiname *ἀγκυλομήτης* ist (nach Creuzer) eine bildliche Bezeichnung des in sich selbst zurückgezogenen, verborgenen Gotte's, des Deus in statu abscondito [urinator]. Cecrops errichtete in Attika dem Saturnus und der Ops (Rhea) einen Altar (Macrobius) Aus dem Gleichklang von Kronos und Chronos wurde Saturn mit dem Zeitgott identificirt. Dictus est (Janus) ab eundo, quasi Eanus, quia semper movetur (Macrobius). Janus herrscht auf den janiculinischen Hügeln. Janus (*Ιανος*): Apollo sive Sol. Nam etiam Luna primo Jana, deinde Diana appellata est (Forcellini). Nach Einigen sollte Janus in Etrurien, nach Andern in Umbrien regiert haben. Romanus et omnes Itali Janum Deum quondam esse credebant, totius mundi custodem, illum Coeli januis praesidere, [Petrus be- sonders verehrend) id est parti orientali. Saturnia: Italia, et mons, qui nunc est Capitolinus, Saturnius appellabatur quod in tutela Saturni esse existimatur. Saturnii quoque dicebantur, qui castrum in imo clivo incolebant, ubi ara dicata ei Deo (Festus). Uxorem duxit (Saturnus) sororem suam Opem [Apia], seu Cybelem, sive Rheam, sive Tellurem (Cicero). Ex ea sex filios suscepit, Chironem, Chronum, Picum, Jovem, Neptunum, Plutonem et quattuor filias, Cererem, Glaucam, Junonem, Vestam secundam. Plinius nennt das nörd- liche Eismeer mare cronium oder mar cronni (geronnenes Meer im Celtischen). Sed Chronus seu Cronus communiter existimatur idem, qui Saturnus (Cicero). Titan, älterer Bruder des Saturn, trat ihm das Reich ab, unter der Bedingung seinen Sohn zu erziehen. Als Titan von der Werbung des Jupiter hörte (dem Ops einen Stein substitirt) griff er mit den Titaniden Saturn an, der aber von Jupiter befreit wurde. Als in Folge eines Orakel's seinen Sohn fürchtend, Saturn dem Jupiter nachstellte, vertrieb ihn dieser aus Creta nach Italien.

mit dem Oskischen*) und Alt-Lateinischen. Neben den Edeln oder Lucumo (Lauchme oder Lucmo) fanden sich in Etrurien**) Leibeigene (πενεσταί) und Sklaven (sowie freie Bürger). Die Etrusker veränderten das griechische

---

*) Umbrier, Oscer und Lateiner, sowie Sabiner mit ihren Verwandten waren Zweige derselben Rasse. Nach Dionysos waren die Etrusker in Sprache und Sitten von allen übrigen Völkern verschieden. Die Etruscer oder Tuscer nannten sich Rasena. Nach Livius waren die Rhaetier gleichen Stamm's mit den Etruskern. Gallier in Gallia Cisalpina. Nach Strabo waren die Ligurer von den Galliern verschieden. Ligurier bei Massilia. Die Tauriner in den cottischen Alpen war der nördlichste Stamm der Ligurer. Die Sprache der Veneti war verschieden vom Gallischen (nach Ptol.) an der Adige. Nach Zeus waren die Veneti (mit verwandten Istriern) illyrisch. Der Bergstamm der Carni war celtisch. Die Euganei herrschten früher (nach Livius) von den Alpen bis zur See. Nach Livius waren noch andere Alpen-Stämme (ausser den Rhaetiern) den Etruscern verwandt. Die Euganei waren (nach Livius) von Veneti und Galliern verschieden (älter, als beide in Italien). Die Pelasger Italien's wurden durch die Oscer oder Ausonier und Sabella nach Süden gedrängt. Oenotrier als pelasgischen Stammes. Die Siculi (von dem ein Zweig sich in Latium fand) wanderten nach Sicilien (pelasgischen Stammes). Messapier und Salentiner in der japygischen Halbinsel (pelasgischen Stammes). Peucetier und Daunier in Apulien (pelasgischen Stammes). Der messapische Dialect war griechischem verwandt. Die mit den Oenotriern verbundenen Messapier und Japygier waren pelasgischer oder griechischer Herkunft. Pelasgisches Element in Etrurien (als Tyrrhenier). Pelasgisches Element in Latium. Die lateinische Sprache deutet auf Verbindung des Pelasgischen und Griechischen in Verwandtschaft mit den andern Sprachen Central-Italien (als die Umbrischen, Oscischen, Sabinischen). Die pelasgische oder tyrrhenische Bevölkerung an der Küste Campanien's war der, Bevölkerung von Lucania oder Oenotria verwandt. Spina am Adriatic, als pelasgische Stadt (Dionys.). Pelasgier an der Küste von Picenum. Macedonien hiess *Maxeria* (bei Hesychius). Antiochus verbindet die Süd-italischen Völkerschaften mit den Bottiäeern Macedonien's. Ostracina, Berg bei Mantinea. Ostracina in Egypten. Damnii in Schotland (b. Ptolem.), Dammonium in Süd-Brittanien. Sunt qui Opici interpretantur sordidi et spurci. Alii tamen putant Ὀφικοὺς dictos ἀπὸ τῶν ὄφεων, aliique opicos vel opscos quasi laboriosos, ab aps (operare) sive potius agricultores ab aps (terra). Fortasse oscus idem est quod tuscus (Οὐολοῦσκοι, h. e. Volsci) cum aspiratione (s. Fabretti). Osca (Ὄσκα) est oppidum Hispaniae, unde Oscenses (Plin.), Isca in Britannia (Ant. It.), Ὀσκίλα in Cottiis Alpibus Lepontiorum, (Ptol.), Uscana in Illyride Graeca, Uscusium in Italia infer., Βιτόνριγες Οἶσκοι (Strabo), Ausci, Aquitaniae populi (Mela), Ὀφικέλλαν, urbem conditam ab Ocela, Oscanidati, (Tab. Peut.), et Ὄσκιον, Thraciae flumen (Thuc.). Gens Oscorum interiit sermo eorum apud Romanos restabat (Livius). Antiochus (ait Strabo) ab Opicis habitatam fuisse Campaniam narrat, qui iidem et Ausones appellarentur. Die Sabiner (sabellischen Stammes mit den Samniten) bewohnten das Hochland bei Amiternum und zogen sich gegen die westliche Küste. Die Aboriginer (oscischen Stamme's) aus Reate verdrängend und sich in dem La Sabina genannten Lande niederlassend Die Sabeller begriffen die Sabiner und die Samniten. Die Samniten (Savini oder Sabini) oder Safinim waren sabellischen Stamme's. Die Picener oder Picentes (sabinischen Stammes) im Picenum verbreiteten sich von den Apenninen nach den Adriatic. Die Peligni waren (nach Ovid) sabinischen Stamm's. Die Vestini (sabinischen Stamm's) und Marrucini (Marsi) bildeten mit Peligner und Marsen einen Bund. Nach der Auswanderung der Samniten, trennten sich die Hirpini von den Sabellern. Die Lucanier waren ein samnitischer Zweig. Die Frentani waren samnitischen Stammes. Nachdem die Sabellier aus Lucanien die brittische Halbinsel erobert, empörten sich die Bruttier (aus Lucanier und Oenotrier gemischt). Sabellier bei Ancona. Die Samniten (sabellischen Stammes) sprachen oscisch (nach Livius). Zenodotus leitet die Sabiner vom umbrischen Stamm ab. Das Sabinische und Oscische war verwandt (nach Varro). Der sabinische Dialect vermittelte das Umbrische und Oscische. Das Sabinische war dem Umbrischen verwandt. Das Umbrische war dem Oscischen verwandt.

**) Nachdem die Etrurier das Königthum abgeschafft und die Aristocratie eingeführt, kehrt Veji zur Königswahl zurück. Aesar war die etruskische Benennung für Götter (Suet). Tinia oder Tina wurde als Jupiter, Cupra als Juno, Menerfa als Minerva von den Etruskern verehrt. Vertumnus wurde von Volsinii verehrt, und ebenso Nortia (die Glücksgöttin). Am Tempel der Voltumna wurde die Städteversammlung der Etrurier gehalten. Sethlans (Vulcan) wurde in Perusia, Mercur als Tursus, Venus als Turan, Mantus, als Unterweltsgott, Vedius oder Vejovis, als Höllengott, Summanus, als nächtlicher Donner, Horta am Fuss des Soracte, Ancharia in Faesulae verehrt. Nach Justin fanden sich Kimbern im Heer des Mithridates. Apollo (Aplu oder Apulu) und Hercules (Herecle oder Hercle) waren in Etrurien eingeführt. Usil (Sol) und Losna (luna) wurde von den Etruskern verehrt, ebenso Janus (in Falerii), Silvanus und Inuus in Caere, Saturnus in Saturnia oder Aurinia. Ueber die Dii Consentes (6 weibliche und 6 männliche) unter Tinia standen

Alphabet, das sie angenommen und zu Cicero's Zeit wurden ihre Bücher (nach Lucretius) rückwärts *) gelesen. Herodot's Beschreibung von dem Grabmal des Alyattes in Lydien, ähnelt der Beschreibung Varro's vom

die Dii Involuti bei den Etruskern. Die Dii Novensiles (neun an Zahl) werfen Donnerkeile. Wie jedem Individuum ein Genius, stand jedem Haus ein Lar (Lares) vor (bei den Etruskern), die Lara oder Lasa (begleitendes Glück) wurde als geflügeltes weibliches Wesen dargestellt. Neben Mantus und der weiblichen Mania fanden sich die Dii Manes (guten Götter). Leinth, Mean, Snenath, Nathum und Munthuch wurde in Etrurien verehrt. Aquitanorum clarissimi sunt Ausci, Celtarum Aedui, Belgarum Treveri (Mela). Caesar vicit Helvetios qui nunc Sequani appellantur (Eutropius). Die unter den Belgern wohnenden Aduatiker sollten Reste aus dem Heere der Cimbern und Teutonen sein. Plerosque Belgas esse ortos ab Germanis, Rhenumque antiquitus transductos, propter loci fertilitatem ibi consedisse Gallosque, qui ea loca incolerent, expulisse (Caesar). Treviri et Nervii circa affectionem Germanicae originis ultro ambitiosi sunt, tanquam per hanc gloriam sanguinis a similitudine et inertia Gallorum separentur (Tacitus). Die Volcae (an der Rhone) zerfielen in die Arecomici (Aremoria) und Tectosages. Ultra Rhodanum sunt stagna Volcarum (Mela). Die alten Sitze der Helvetier (in den Alpen) waren jenseits des Ober-Rhein und der Donau, zwischen Main und hercynischen Wald (nach Tacitus). Die Erztafeln, welche die Reste des umbrischen Idiom's enthalten und unter dem Namen der eugubinischen Tafeln bekannt sind, wurden im Jahre 1844 im heutigen Gubbio, dem alten Eugubium Umbrien's, in der Nähe des alten Theater's in einem unterirdischen Gewölbe, neun an Zahl, gefunden. O. Müller wies, die Verschiedenheit des etruskischen Idiom's von den übrigen Sprachen Italien's nach. In verwandtschaftlicher Beziehung zum Lateinischen und Oskischen stehend, gehörte das Umbrische dem indo-europäischen Sprachstamm an (Aufrecht u. Kirchhoff). Dem Augur gegenüber ist der Auspicirende, auf dessen Verlangen die Himmelsbeobachtung angestellt wird, der Arsfertur (nach den umbrischen Sprachdenkmälern). Die von Tages in Etruria mitgetheilten Disciplina Etrusca (der Harcuspices in den libri fulgurales und tonitruales) wurde in der Familie der Lucumonen bewahrt. Der etruscische Lucumo, der von Tarquinii nach Rom auswandert, wurde König als Tarquinius (Tarcnas). Nach Justin war Tarquinii von Thessaliern gegründet. Tarchon, Sohn des Tyrrhenus, gründete Tarquinii, wo Tages erschien.

*) Tyrrhena retro volventem carmina frustra). Nach der etruscischen Lehre von den Saecula oder Perioden verschiedener Länge, sollten zehn Weltalter der Dauer jeder Nation bestimmt sein (v. Censorinus) und sie bestimmte (nach Varro) ein Ende für die Welt und die Götter [wie die Scandinavier]. Die senonischen Gallier eroberten die umbrische Stadt Ariminum. Der Fluss Oscius (Oescus oder Eskius) oder Isker entspringt auf dem Rhodope-Berg in Thracien. Stadt Oenoe an der Mündung des Oenius. Die in der Urzeit jenseits der rhipäischen Berge wohnenden Kelten brachen (bei Vermehrung des Volkes) in verschiedenen Zügen, auf, indem sich die Finnen nach dem nördlichen Ocean wandten und die äussersten Grenzen Europa's besiedelten, die Andern im Westen sich zwischen Ocean und Pyrenäen niederliessen. Später fingen dann die nach Gallien gewanderten Kelten die Einfälle in Italien an (Plutarch). Ausser Iberer und Kelten im Westen mit Scythen im Osten, erkannte man später noch die Keltoscythen und Keltiberer. Wales (Cymru oder Cymry) hiess (im Mittelalter) Cumbria. Von den Sabinern (an den Quellen des Nar und Velinus in den Pyrenäen) stammten (ausser den Marsi, Marrucini und Vestini) die Picentes, Peligni und Samnites oder Sabelli. Nach Ovid stammten die Sabiner von den Lacedaemoniern. Nach Zenodotus (bei Dionysius) waren die Sabiner ein Zweig des umbrischen Stammes. Sancus, Schutzgott der Sabiner, wurde bei den Umbriern verehrt. The name of Sabus, son of Sancus (tutelary divinity of the Sabines) is connected with the Greek σίβω and with the word „sevum", found in the Eugubine tables in the sense of venerable or holy, just as Sancus is with the Latins sanctus, sancire (Donaldson). Die Sabiner eroberten Lista, Hauptstadt der Aborigines (bei Reate). Die Sabiner weihten das Ver Sacrum besonders dem Mamers oder Mars (die Colonien durch Vögel, Wölfe u. s. w. leitend). Die Samniten eroberten (420 p. d.) Campania. In Umbria war der Gallicus ager von dem gallischen Stamm der Senonen erobert. Die Etrusker eroberten die Städte der Umbrier. Nach Zenodotus (b. Dionys.) waren die Umbrier das älteste Volk Italien's als Eingeborene. Die Griechen erklärten den Namen Umbrer (Ombrices oder Ombrier), weil sie den Regen der Fluth (nach Plinius) überlebt (ὄμβρος). Die Etruscer verzierten ihre Gräber mit Darstellungen aus dem täglichen Leben [wie die Egypter] und führten den Gebrauch der Triumphzüge und ihre Tracht in Rom ein. The bronze statues (of the Etruscans) were characterised by a stiff, archaic style of art, resembling the early Greek or Aeginetan style. Die etruskischen Sarcophagen und Urnen zeigen meistens griechische Behandlung und Scenen aus griechischer Mythologie, aber ein mehr archäischer Character zeigt sich in einigen hohen Statuen, die in Chiusi gefunden wurden, neben certain cippi or stelae with figures in a very low, almost flat, relief, and a strong rigidity or style, resembling the Etruscan (Schmitz). Tyrrhena sigilla (in kleinen Bronzefiguren). Die

Grabmal des Porsenna*) bei Clusium. Die etruskische Stadt Luna wurde

bemalten Vasen, die (als etruscische Vasen) in Clusium, Tarquinii und Vulci gefunden werden, sind von Griechen gefertigt (als denen in Campania, Siciléus und Hellas gleichend) ihren Bildern nach. Die Römer nahmen die Landmesskunst von den Etruskern an. Die unterworfenen Eingeborenen fanden sich als Penestae in Etrurien. Die Pelasger eroberten die umbrische Stadt Crotona in Etrurien (nach Dionys.). Antium (in Etrurien) wurde durch einen Sohn des Ulysses und der Circe gegründet (nach Xenagoras). Das adriatische Meer war von Adria (eine tuscische Colonie) genannt. Die etruscische Stadt hielt ihre Versammlungen am Fanum Voltumnae (die latinischen am Lucus Ferentinae). Aus der etrurischen Stadt Coritus zog Dardanus, Sohn des Zeus und der Electra (Tochter des Atlas) nach Samothracien (wo sein Bruder Jasius blieb) und dann nach Phrygien, Dardania und Ilium gründend. Der Iberer Corythus (Erfinder des Helm's) war mit Herakles befreundet. Nach Dionys. hiess die etrurische Stadt Cortona oder (nach Polybius) Κυταυία (Κρηστων bei Herodot) früher Cothornia bei den Römern. Die Pelasger vertrieben die Umbrer aus Cortona. Cortona, Stadt der Jaccetaner in Hispania Tarrac.

*) Manche der in den etruskischen Felsengräbern von Vulci und Cerveteri enthaltenen Gegenstände erinnern an den ägyptischen Kunststyl (s. Gfrör). Tarchonium (oder Tarquinii), die Hauptstadt Etrurien's war vom Held Tarcho (Sohn des Tyrrhenus) gegründet. Provincia Tarraconensis in Spanien. Tarrako in Spanien. Tarko baute Tortona in Italien. Cortona in Spanien. Der samnitische Stamm der Hirpini (hirpus oder Wolf im Sabinischen) wurde zu seiner Ansiedlung durch seinen Ahn in Wolfsgestalt geführt) mit Beneventum als Hauptstadt. Die Hirrsi (bei den Venedae) gehörten zu den Herulern. Hirros, Fluss im asiatischen Sarmatien. Romechium in der bruttischen Halbinsel. Dacius eroberte Romulea (Ῥωμυλία) in Samnium (Stadt der Hirpini). Romula im obern Pannonien. Romula, Stadt in Dacien. Die Umbrier wurden aus Reate durch die Pelasger ausgetrieben. Nach Cato besetzten die Sabiner (aus Amiterum ausziehend) zuerst Reate (die Aboriginer vertreibend). Reate war (nach Silius Italicus) von Rhea (Mutter der Götter) genannt. Die Umbrier theilten sich in verschiedene (populi) Stämme (wie die Camertes, Sarsinates u. s. w.). Nach Polybius waren die Sarsinaten (bei Sarsia) von den Umbriern getrennt Umbrier und Sarsinaten). Die Römer schlossen (205 a. d.) einen Bund mit den Camertes oder Camerini (Camertes Umbros) bei Camertinum (Stadt in Umbrien). Cameria (als Colonie von Alba longa, durch Latinus Silvius gegründet) gehörte zu den Städten der Prisci Latini. Clusium (Stadt der Etrusker) hiess früher Camers oder Camars. Herodot nennt die Messapier in Messapia (Jazygia) oder Calabria einen Stamm der Japyger. Die Calabrier oder Messapier und die Salentiner bewohnten die Halbinsel Messapia (Calabria) oder Japygia (Salentina). Idomeneus führte eine cretische Colonie zu den Salentinern (am Salentinum promontorium). Die Salentiner verbanden sich mit den Samniten (306 a. d). Thuriae war Stadt der Salentini (nach Livius). Peucetier (Poediculi) im südlichen Apulien. Nach Niebuhr liess sich der erobernde Stamm der Rasena aus Rhätien unter den Etruskern (pelasgischen Stamme's) nieder. Nach Müller wurden die Τυρσηνοί Πελαγοί, die von Lydien kamen, von der Stadt Tyrrha als Tyrrhenier bezeichnet. Les peuples de la branche gète changèrent le mot Tamis (Ocean ou l'Effrayant) ou Thami en Samis (Samnu Océan) ou Tomis (désert). Le bourg principale des Gètes, qui était situé près de la mer, portait le nom de Tomeis (Maritime), que les Grecs changèrent en Tomis et plus tard en Tomol, pour pouvoir rattacher le mythe sur Médée (s. Bergmann). Les Koarkes (les Scythes) ou Nains (comme Gènies des défunts ou Ames des Pères) étaient dans l'origine seulement les Protecteurs des membres de leur famille et du foyer domestique (taviti). Mais déjà au septième siècle a. d. ces Koarkes passaient aussi pour être les Protecteurs du pays (Okta-masa-das ou génie de la contrée) et prendaient, en cette qualités, à tout ce qu'on considérait comme produisant le bien être de la contrée, les vents, le pluies, les rosées etu (Bergmann [Tii]. Le nom scythe de Koarkus produit dans les dialectes gètes les deux formes de Kraki et de dvairgs (dvergr). Von Skalmoskis unterrichtet opferten die Geten den Todten (nach Eustathius). Le chapeau, que portaient les Nobles chez les Scythes et lequel sous le nom de Porte-chapeaux ou Pilo-foroi (s. Lucian) ils se distinguaient des roturiers libres nommés Octopedes, devint chez les Gètes presque un attribut de la prêtrise et resta encore, dans la suite, le signe distinctif du dieu Odin, surnommé Sidhöttr (Chapeaurabattu). D'après Dion Cassius et Petrus Patricius, les Dâces et les Gètes se distinguaient en hommes libres laics nommés Chevelus (Kometai ou Hazdingos) et en Nobles sacerdotaux nommés d'abords Reverends (Tarbuistoi ou Tremendi), et appelés plus tard Porte chapeau (s. Jornandes). Chez les Gètes de la Thrace (s. Plin.) il y avait la famille sacerdotale des Diobeates [Freigelassene wurden mit dem Hut bedeckt, um das kahle Haupt nicht zu zeigen] (Bergmann). L'intérieur de la butte tumulaire à Jelling (en Jutland), où fut enterrée la reine Thyra (l'Amende des Danes ou dà-bôt) rapelle par son arrangement la chambre sepulcral des rois scythes (bei Herod.). Der Scythenkönig liebte Pferdegewieher mehr, als das Spiel des gefangenen Flötenbläser Ismenias (Plutarch). Die Boii und Lingoner kamen über den grossen St. Bernhard (Livius). Nach Coelius Antipater kam Hannibal über den kleinen St. Bernhard.

von den Ligurern besetzt.*) Die Etrurier wurden aus ihren nördlichen Besitzungen durch die Gallier vertrieben.**) Felsina (Bononia), Mantua in Adria war etruskisch. Ravenna war eine tuscische Stadt. Von Segovesus getrennt,

*) Von der etrusischen Stadt Vetulonia (mäonischen Ruhmes) kam die eherne Trompete nach Rom (nach Silius Italicus). Nach Anticlides vereinigten sich Einige der in Imbros und Lemnos colonisirenden Pelasger mit Tyrrhenus, Sohn des lydischen König's Atys, um sich in Italien niederzulassen (s. Strabo). König Atys (Sohn des Manes) sendet während einer Hungersnoth in Lydien seinen Sohn Tyrrhenus mit der Hälfte des Volkes aus (nach Herodot). Das südliche Lydien hiess im einheimischen Dialect (bei Steph. Byz.) Torrhebia (Τοῤῥηβος). Tyrra (Tyria) oder Torrha, Stadt in Lydien. Die Tyrrhenier versuchten für Argos das Bild der Juno aus Samos zu rauben (Menodotus). Nach Dionys. Hal waren die Tyrrhenier von den turris (Τύῤσεις) genannt. Als König Mezentius die in der Stadt Agylla angesiedelten Lydier bedrückte, wurde er zu Turnus (König der Rutuler) getrieben, und Euander stellt an die Spitze der in dem Aufstande von Tarchon geführten Etrusker den von Troja gekommenen Aeneas (nach Dionys.) [Asischer Stamm von Sardes und Asius in Troja]. Nach Livius bekämpfte Aeneas mit den Sabinern die Etrusker (unter Mezentius in Caere), die Turnus (König der Rutuler) zu Hülfe gerufen. In dem von Romulus geöffneten Asyl vereinigten sich die lateinischen und etruskischen Hirten, die zur See angelegte Einwanderung der Arcadier des Euander und der Phrygier des Aeneas (nach Florus). Fabius Pictor leitet die römischen Patricier durch Eneas von Troja ab. Caesar stammte von Iulus. Nach Homer stellte Aeneas Troja wieder her. Rituales nominantur Etruscorum libri in quibus praescriptum est quo ritu condantur urbes, arae, aedes sacrentur, qua sanctitate muri, quo jure portae, quomode tribus, curiae, centuriae distribuantur, exercitus constituantur, ordinentur, caeteraque ejus modi ad bellum ac pacem pertinentia (Festus). Nach Tertullian hatte die Toga der Toscaner ihren Ursprung in Lydien. Lucilius nennt die von den Römern gebrauchten Tuniken Etrurien's die Erzeugnisse Lydien's. Die tyrrhenische Beschuhung heisst (bei Ovid) der lydische Cothurn. Die tyrrhenischen Sandalen waren lydische Arbeit (nach Pollux). Curetum Lydorumque, a quibus Etrusci originem traxerunt (Val. Max). Etrusca gens orta est Sardibus ex Lydia (Festus). Lydos ex Asia transvenas in Etruria consedisse Timaeus refert, duce Tyrrheno, qui fratri suo cesserat regni contentione. Igitur in Etruria inter ceteros ritus superstitionum suarum, spectacula quoque religionis nomine instituunt. Inde Romani accersitos artifices mutantur, tempus, enunciationem, ut ludi a Lydis vocarentur (Tertullian) Nach Plautus herrschten in Etrurien die leichtfertigen Sitten Lydien's. Nachdem die (durch die Tiber von den Umbriern getrennten) Etruscer eine Armee gegen die Barbaren des Po gesandt und das Land erobert, verweichlichten sie und wurden ihrerseits vertrieben durch Völker, die dann von den Umbriern (die fortan mit den Etruskern in der Herrschaft wechselten) angegriffen wurden (nach Strabo). Ocnus, der Felsina gründete, war Sohn des Tiber und der Seherin Manto. Mantuo (von Tarchon gegründet) wurde nach Mantus (dem etruskischen Pluto) genannt. Mantua tres habuit populi tribus quae in quaternas curias dividebantur, et singulis singuli lucumones imperabant, quos in tota Tuscia duodecim fuisse manifestum est, ex quibus unus omnibus praeerat (Servius). Mantua war Hauptstadt des Etrusker.

**) Nach der Eroberung Campania's gründeten (nach Strabo) die Etrurier zwölf Städte (wie in Mittel-Etrurien), bis sie durch die Samniten vertrieben wurden. Vulturnum (Capua) von den Etruscern gegründet. Unter den Barbaren, die 525 p. d. Cumae angriffen, finden sich (nach Dionys.) Tyrrhenier als Leiter. Antium (tyrrhenischen und pelasgischen Ursprung's) war mit den Städten Süd-Etrurien's verbunden. Tyrrheno-Pelasger auf den Inseln der aegaeischen See. Als Phocaeer in Corsica (538) Alalia gründeten, vereinigten die Tyrrhenier und Carthager ihre Flotten gegen sie. Die Furcht vor tyrrhenischen Piraten hielt die Griechen (nach Ephorus) lange Zeit ab, Colonien in in Sicilien zu gründen. Bei Ankunft der Trojaner (unter Aeneas) nahmen die Aboriginer (unter König Latius) den Namen Latini an (Livius). Nach Varro hatten die von Reate kommenden Aboriginer die Siculi in Latium unterworfen. Nach Cato waren die Aborigines griechischer Herkunft. Verehrung der Penaten in Lavinium. Auf den eugubinischen Tafeln findet sich Turscus (Tursicus oder Τυρσηνος) als Mittelform zwischen Etruscus und Tuscus. Die Etrurier nannten sich 'Ρασεννα oder 'Ρασένα (Dionys.). Als Lydus seinen Vater Atys in Lydien folgte, wanderte sein Bruder Tyrrhus nach dem Lande der Umbrier aus, die Tyrrhener ansiedelnd (Herodot). Nach Xanthus waren von Lydus und Torrhebus (Söhne des König's Atys) die lydischen Stämme der Lyder und Torrhebier genannt. Nach Hellanicus gründeten die aus Thessalien nach Italien kommenden Pelasger die Stadt Spina und zogen dann nach Etrurien. Nach Micali hatten die Etrusker viele Künste und Einrichtungen aus Aegypten erhalten. Die Perugische Inschrift zeigt die etruskische Sprache als von allen übrigen Italien's verschieden. Nach Plinius wurden die Umbrier von den Pelasgern und diese von den Etruriern vertrieben. In dem später Tyrrhenia genannten Lande verbreiteten sich die Pelasger von Cortona oder Croton aus (nach Hellanicus).

wurde Bellovesus, der Fürst der Bituriger aus Gallia *) transalpina (zur Zeit des Tarquinius Priscus) in das Land der Etrusker hinabgeführt. Die Tradition von den Celten als westliche Bewohner Europa's hatte sich noch bei Herodot erhalten, später aber schoben sich von Afrika aus die Meerenge passirend die Iberer **) dazwischen, so dass die Celtici in Hispanien nur in zerstreuten Inseln zurückblieben, ausser ihrem Küstenstrich, der sich von Gallien bis zum Cap Finisterrae erstreckte. Der celtische Stamm der Boii wanderte vom transalpinischen Gallien (über den St. Bernard) nach

---

Tarchon von Tarquinii gründeten die zwölf Städte des Etrusker. Nach Livius waren die Alpen-Völker, besonders die Rhaetier, tuscischen Ursprung's. Als die Gallier in Nord-Italien einfielen, wurden die Rhaetier in die Berge getrieben (Justin). Jeder der beiden Staaten der Etrurier (nördlich und südlich von den Apenninen) enthielt 12 Städte. Die etrurischen Städte nördlich von den Apeninen galten als Colonien von Etruria-Proper (nach Livius) oder waren (nach Diodor) pelasgische Ansiedelungen, die sich von Spina (an der Mündung des Padus) verbreitet. Anaxilas (Herrscher von Rhegium) befestigt den Fels Scylla, um die tyrrhenischen Piraten an der Passage der Strasse von Messina zu zu hindern. Die Etrurier griffen die griechischen Colonisten in Liparo an. Hieron von Syracus (mit Cumae verbunden) besiegte die vereinigte Flotte der Tyrrhenier und Carthager 474 a. d. Nach Aristoteles hatten die Tyrrhenier und Carthager Handelsverträge über die gemeinsame Schifffahrt im Mittelmeere geschlossen. Die syracusanischen Commodore (Phayllus und Apelles) verwüsteten (die tyrrhenischen Piratereien zu bestrafen) 'die Küste Etrurien's und besetzten Corsica 453 a. d. Die Tyrrhenier schickten den Athenern Hülfe gegen Syracus (414 a. d.) Dionys von Syracus in Caere (in Etrurien) landend, plünderte den Tempel von Pyrgi 384 a. d. Die Römer eroberten (396 a. d.) Veji (in Etrurien. Vor Jolaus und den Söhnen der Herkules fanden sich (nach Strabo) die Etrusker in Sardinien.

*) Die gallische Eroberung des Keltenlandes fiel nach der Vertreibung der Cimmerier (die grösstentheils nach dem Norden zurückzogen) durch die Geten oder Saken (als Skythen), indem sich dann unter Stämmen der Cimmerier und Geten erobernde Völkerbünde bildeten, wie später zwischen hunnischen und alanischen Stämmen mit den Germanen und Gothen, die bei der Völkerwanderung Gallien besetzten. Die Belgae, die (nach den Remi) Zuzug nus Germanien erhalten, hatten (seit König Divitiacus über die Suessones herrschte) von Batavia über die südliche Küste Brittanien's (zu Caesar's Zeit) besetzt, und die Veneti (die paroceanitischen Belgae nach Strabo) und die Veneti an der französicshen Küste handelten mit Cornwall und Devonshire. Venetos Caemonanos trojana stirpe ortos (Plinius). Les Manceaux descendent des anciens Cenomans (Lepelletier de la Sarthe) und (nach Bellefort) wurde die Stadt Sarthe oder Le Mans durch Leman (Sohn des Paris) wieder aufgebaut. Die Heneti oder Veneti am adriatischen Meere, die als civilisirtes Handelsvolk mit den wilden Illyriern, Liburnern und Istriern constrastirt wurden, führten sich auf die nach Thracien herbeigezogenen Eneti oder Heneti aus Paphlagonica zurück, als dieselben nach Troja's Falle ihren Führer Pylaemenes verloren, während auf Antenor die Erbauung der Stadt Patavium zurückgeführt wird. Die von den Veneti vertriebenen Euganei zogen sich nach den Grenzbergen der Rhaeti zurück. Die Venedae am baltischen Meere, die zwischen Peucini und Fennae ihren Unterhalt suchten, will Tacitus eher zu den zu den Germanen rechnen, als zu den Sarmaten, weil sie nicht gleich den letzteren auf Wagen umherzogen. Wie die iberische durch die Meerenge, scheint eine andere Einwanderung aus Afrika über die von den Inselstufen Sardien und Corsika aus Afrika nach Europa gebildete Brücke gekommen zu sein, in den im Namen Massylia's einheimische Klänge fixirender Ligurer, die als Ligyes mit den Libyern zusammenfallen, wie die Liburner mit Ligurer weiter östlich.

**) Jenseits der Pyrenäen besetzten die Iberer das Land, wo sich die iberisch-celtische Modification der Aquitaner bildete, bis nach Italien erstreckt, als Aequi, die sich in den apennischen Hochlanden (am oberen Anio) niederliessen unter wilden Bergvölkern, die (weil zwischen ihnen wohnend) den Namen Aequicoli erhielt, wie auch die Osquidates Montani und Osquidates campestres in Aquitanien (nach Plinius) einen italienischen Wiederhall in den Osci finden, den Verwandten der Aequi (mit Volskern) und Umbrern. Der nördlichste Zweig dieser transpyrenäischen Iberer wird der gleichfalls durch celtische Mischung veränderte Stamm der Eburonen gewesen sein, der später in die Belgae aufging. Als bei dem mit dem Falle des assyrischen Reiches und den fast gleichzeitigen Untergange seines trojanischen Vasallenstaates, wie (nach in der Schlacht bei Sentinum 296 a. d. gebrauchten esseda führenden) Reitervölker über Europa und verschwanden (mit Ausnahme der durch ihre Berge geschützten Helvetier) die celtischen Stämme diesseits der Pyrenäen in den neu gebildeten Dynastien (ebenso, wie die der Germanen bei der Völkerwanderung). In den Sitzen der Celten bildeten sich jetzt die gallischen Reiche der Aedui, Sequaner,

Italien*) mit den Lingones (an der oberen Saone). Narbo, Hauptstadt der
Elysiker oder Bebriker, heisst (bei Hecatäus) eine celtische Stadt.**) Iria,

---

Cenomanen u. s. w., während diejenigen Celten, die die Unterwerfung verweigerten, nach
Westen zurückgezogen sich mit den Iberern verbanden (als Celtiberer) und an den Pyrenäen
die Eroberungsfluth stemmten. Trotz der Niederlassung der (später, wie die Odin suchenden Normannen, nach dem Aufgang in Galatien zurückschweifenden) Galli-Tectosagen in
ihrem Lande blieben die Aquitani von dem gallischen Einfluss ziemlich frei, ausser ihren
(wie die iberisch-celtischen Verwandten der Eburonen im Norden in der Belgae) in die
Volcae verwandelten Stämme, die nach Italien ziehend, sich an die ihnen nahe stehenden
Aequi (als gemeinsame Bundesgenossen gegen die Römer noch bis später) anschlossen,
während Gallier in ihrer Begleitung in dem Umbrern als Galli veteres auftraten, zum
Unterschiede von den späteru Einwandern.
　*) Nach Besiegung der Helvetier gab Caesar die Boii, die auf dem Marsch zu den
Santones sich mit den Helvetiern verbunden, Sitze im Lande der Aeduer. Die in das
cisalpinische Gallien eingewanderten Boii liessen sich auf der umbrischen Ebene nieder
und verbanden sich mit Insubern und Senonen zur Zerstörung von Melpium 396 a. d. Die
Gallier nach Latium begleitenden Boier wurden von den Römern besiegt 358 a. d.
Die Boii unterstützten Hannibal. Scipia Nasica uuterwirft die Boii (191 a. d.) Von den
Römern gezwungen über die Alpen zurückzukehren, liessen sich die Boii bei den Tauriscern nieder an der Grenze Pannonien's, wurden aber später von den Daciern vertilgt.
Die von Boiohemum (in Nord-Italien) auswandernden Boii (58 a. d.) liessen sich im nördlichen Noricum der Taurisci oder Norici nieder, wurden aber von den Geten vertilgt und
ihr Land eine Wüste. Ptolemäos kennt Sevakes, Alauni oder Halauni, Ambisontii, Norici,
Ambidravi, Ambilici in Norikum. Les tribus Ibériennes (qui ont du passer par l'Afrique
pour venir en Espagne) s'avancérent en deça des Pyrenées jusquaux Alpes d'un côté et
jusqu'au à delà de la Loire de l'autre et penetrérent par le sud-est de la Gaule en Italie
(s. Boudard), bis ihnen die Celten entgegenkamen. Nach Boudard sind iberische und
baskische Sprache identisch. Drysidae memorant revera fuisse populi partem indigenam
sedalios quoque ab insulis extimis confluxisse et tractibus Transrhenanis (Amm. Marc.).
Suivant Micali il y avait identité entre les lettres et problablement entre les langues des
des Ligures Italiotes et des peuples de l'ouest et du midi de la peninsule. Les Euscual-
danais étaient une fraction de la Nation Ibérienne. Die Abodriten zu schützen zog Carl M.
gegen die Wilten oder Lutici. Nach Vellejus Paterculus zog sich Marbod mit den Markomannen weiter in den Hercynischen Wald zurück (nach Böhmen), die umliegenden
Völker unterwerfend (G a. d.). Nachdem Marbod die Semnonen (mit dem gemeinsamen
Heiligthum der Sueven) unterworfen (in Lausitz und Mark Brandenburg), schickten die
Hermunduren um Hülfe nach Rom. Unter Batos und Pines empörte sich Pannonien
(6 p. d.). Nachdem Marbod bei der Verfolgung der zu Armin abgefallenen Sueven zum
Rückzuge gezwungen war, wurde seine Hauptstadt Marobudum durch den Gothenfürst
Katwald zerstört (19 p d.). Durch die Hermunduren (unter Vibilius) vertrieben (21 p. d.)
flüchtete Katwald zu den Römern, während sein Gefolge (unter Vaunius) einen Clientel-
staat bildete Nach dem Siege über die Quaden theilten (mit den Hermunduren unter
Vibillius verbündet) Vangio und Sido das Reich des Vannius, der die Jazygen (sarmatischen
Stammes) zu Hülfe gerufen (51 p. d.). Die Bewegungen des markomanischen Krieges (in
Völkerverbindungen) wurden eine Zeitlang von Markomir geleitet (nach Victor). La langue
des Kymris (sœur de la langue Gaélique), designée sous le nom de Cymreag ou de
Brezonek, possède en général deux mots pour chaque signification, et l'un deux ne fraternise
point avec l'autre. Quelques uns de ces mots sont d'origine germanique, d'autres ont une
origine inconnue (un grand nombre appartenant à la langue Ibérienne). Les Loegrys
(les Ligures) de la Grande-Bretagne, qui ont fait partie des populations primitives de cette
île, s'assimilerént aux Kymris, lorsque ceux-ci envahirent la contrée et dominérent dans
le sud. Les Baskes ou Vasci (Solinus) s'appellent Euscualdunai. On donne en Espagne
le nom de Desconocidas, et (selon Velasques) Celtibériennes, aux lettres qui se trouvent
sur les monnais attribuées aux anciens Espagnol, Boudard adopte la denomination Ibérienne,
parcequ'elles appartiennent aux Ibères. Nach Plinius liess sich Sergius Silus seine im
Kriege mit Hannibal verlorene Rechte durch eine eiserne ersetzen (als Tapferster).
　**) Dionys. Hal. betrachtet die Umbrer als Eingeborene Italien's. Nach Plinius hiess
Aquitanien früher Armorika. Turdetani (Cortes) von Thor, que significa buey, y duluth,
que significa exaltado ó estimado. Nach Strabo kamen die Bebrycer aus Thracien nach
Mysia (in Asien). Die Bebryces wohnten am Stagnum, Sardonum, der (bei Avienus)
Thyrius oder Durias heisst. Steph. Byz. nenut die Belitani in Lusitanien. Asturier von
Astur, als asta-ur (eau du rocher). La légende des Aimak-Amaci (Astures-Tarraconnaise)
se lit Aimak, l'arc qui est derriére la Tête indique une peuplade guerriére, en même
temps que la charrue prouve quelle était adonnée aux travaux des champs (Boudard).
Ptolemäos kennt die Amaci (mit der Stadt Asturica) in Hispanien. Osset (Julia Constantia),
Stadt in Baetica. Julia Joza (Ἰουλία Ἰόζα) oder Julia Traducta, (Stadt zwischen Gades und

(Uria) en todos los dialectos del Bascuence significa poblacion*) (villa,

Belon) römische Colonisten, die sich mit den Bewohnern von Zingis (an der libyschen Küste der Strasse) gemischt. Myrtilis (Julia), Stadt der Turdetani. Tarraco (Julia Victrix) oder Tarchon (Citadelle) war von den Phoeniciern gegründet. Julianopolis, Stadt in Lydien. Juliacum, Stadt in Gallia Belgica. Juliobona, Stadt der Caleti (in Gallia Belgica). Juliobriga, Stadt der Cantabrer (in Hisp. Tarr.). Juliomagus, Stadt der Andecavi (in Gallia Lugdunensis). Juliopolis Aegypt., Stadt in Unter-Aegypten. Julium Carnicum, Stadt der Carni am Fuss der julischen Alpen. Julia Libyca, Stadt der Cerretani in Hisp. Tarr. Hispalis (Julia Romula), Stadt in Hisp. Bactica, wurde zur Colonie (unter Jul. Caesar). Bethsaida (am See Tiberias) wurde von Julia (Tochter des Augustus) durch Philipp (Tetrarch) Julias genannt. Gordium oder (zur Zeit des Augustus) Juliapolis, Stadt in Bithynien. Nach dem ceischen Gesetze zu Julis (Ἰουλίς) auf der Insel Ceos musste sich jeder Sechzigjährige vergiften [Rom und Hyperboräer]. Ulia (Οὐλία), Stadt in Hisp. Baet. (Julia Fidentia). Nachdem Eurotas, Sohn des Myles (Sohn des Lelex) die Wasser des Eurotas durch Canäle aus dem Thale abgeleitet, vermählte er seine Tochter Sparta mit Lacedämon (Sohn des Zeus und der Taygeta), der die Stadt Sparta unter dem Volk der Lacedaemonier gründete. Unter den achäischen Fürsten residirte Menelaus in Sparta und unter Tisamenus, Sohn des Orestes (Sohn des Menelaus) eroberten die Dorier, die bei der Theilung Sparta den Zwillingssöhnen des Aristodemus (Eurystheues und Proclus) zusprachen. Von ihren Nachfolgern eroberte Alcamenes die Stadt Helos an der Mündung des Eurotas. Von der Bevölkerung wohnten die Spartaner in der Hauptstadt Sparta, die Perioeci in den Flecken Laconia's, während die Heloten als Leibeigene dienten [thessalische Verfassung, wie bei den civilisirteren Argos und Mersenia nicht durchzuführen]. Die Stadt Elorus oder Helorum (in Sicilien) war Colonie von Syracus. Helos, Stadt am Alpheius. Helos, Stadt bei Megalopolis. Als die Spartaner die Stadt Helos (τὸ "Κλος) eroberten, wurden die Einwohner zu Heloten (Εἱλωτες oder Gefaugenen) reducirt. Laconimurgis, Stadt im (spanischen) Celtica. Ibera, Stadt am Iberus (Ebro). Ephorus beschränkt Iberia auf das Land westlich von Gades. Eudoxus setzt Iberia südlich von Celtica. Bourre, als Mann im Albanesischen (Hahn). Als iberische Völker an der Küste der Strasse nennt Herodorus die Cynetes, Gletes, Tartessii, Elbysinii, Mastiaui, Calpiani. Die von Jornandes zu den Golthes gerechneten Γαλινδαι (des Ptolem.) oder Galindae werden von Zeus mit den Galinditae von Dusberg in den Bezirk Galindia (des alten Preussen's) identificirt. Die Κοσσοβῶκοι (b Ptol.) oder Κοστουβῶκοι (bei Dio Cassius) gehorten (bei Tschernigow) zum wendischen Stamm (in Dacien). Die Gevini (Γηουινοί) des europ. Sarmat. (b. Ptol.) wohnten in Buchowinia (Land der Buchen). Die Carpi oder Carpiani (Καρπιανοί oder Caspides) werden von Ptolem. nördlich von den Carpathen gesetzt. Carpis, Stadt in Zeugitana. Curpis, Fluss in Umbrien. Carteia (Carpe) oder (nach Timosthenes) Heracleia (Stadt der Bastuli Poeni (aus iberischer und phönizischer Mischung) bei Calpe (in Spanien). Cartefa, ut quidam putant, aliquando Tartessus. Toletum (Toledo) war Hauptstadt der Carpetani oder Carpesii celtischen Stammes (nach Steph.). Carteia, Tartesos a Graecis dicta (Plinius). Das Land bei Calpe hiess Tartessis (nach Strabo) Der Seehafen Carpessus (mit dem Tempel des phönizischen Herakles) war das alte Tartessus (nach Appian). Carpia war das alte Tartesos (nach Paus.). Tartessus (an der Mündung des Baetis) war Cartefa (nach Strabo). Carpentoracte, Stadt der Memini in Gallia Narb. Carpasia, Stadt in Cypern.

*) Huvo muchissimas ciudades, que se componian en sus nombrez de la voz briga (voz antiquissima de la lengua española). Componese esta voz de „uri" poblacion, y de la „ga", nota de multitud, junta, frequencia, y es significacion acomodadissima à las ciudades, siendo cada una junta de poblaciones y barrios y no solamente de Casas, y la voz Uriga no solo es Bascongada sino que tambien tiene en Bascuence y no en otra lengua la razon de su significado (Larramendi). Cantaber unde Stoicus (Juvenal) antiqui praesertim aetate Metelli. Gott heisst im Baskischen Jaincoa oder Jincoa, als Abkürzung von Jaungoicoa. Les Ibères se divisaient en plusieurs peuples. C'étaient, notamment, les Sicaues et les Li-gor (Ligures ou Ibères des montagnes). Une partie de ces populations s'était établie en deçà des Pyrénées, entre la Garonne et cette chaine. Ceux à portaient le nom d'Aquitains. La Garonne les séparait de la race gall qui habitait les forêts situées au nord de ce fleuve jusqu' à l'Auvergne, d'où le nom de Celtes (hommes des forêts). Refoulès par les Celtes, les Aquitains traversèrent les Pyrénées par la partie occidentale suivis par leurs ennemis, qui envahirent l'ouest de la péninsule. A la suite de cette invasion et de l'occupation étrangère, qui amena la dénomination de Celt-Ibères, une grande partie des populations ibériennes, les Ligures, les Sicanes, les serates et emigrèrent de leur patrie par les Pyrénées orientales, traversèrent le midi de la France et parvinrent à s'établir au nord-ouest de l'Italie, dans la contrée de Liguric. Pendant que les Ligures s'établissaient entre les Alpes maritimes et le golfe de Gènes, les Sicules, aborigènes historiques, occupaient le versant oriental des Apennins, qui fut plus tard l'Ombrie (Le Hon). Die Ueberlibelsel des Dialectes der Japygen zeigen sich indo-europäisch. Varieties may be called incipient Species (accd. to Darwin). De Charency compare le basque aux langues de l'Oural et aux idiomes américains (Vinson). Le Basque et les langues américaines (groupe algique) sont

ciudad). Im Kriege gegen Trojan barg König Decebalos seinen Ort*) unter dem Flussbett der Sargetia [Nanda]. Hercules besiegte Antaeus, König von Mauritanien**), der alle Ankömmlinge ermordete, einen Tempel mit Menschenschädeln zu bauen [Niger]. Nach Scylax war von den Illyriern (οἱ Ἰλλύριοι) in Illyria***) (Ἰλλυρίες), die Bulini die nördlichsten, die Amatini

parents et forment la souche vasco-américaine (Charencey). De Dumast stellt das Baskische zu den dravidischen Sprachen. Vinson vergleicht das Baskische mit den Tamul. Baudrimont unterscheidet in den Busken die indo-germanische Rasse und die semitische Rasse. Magni, Sohn Thors und der Jamsaxa, entfernte (drei Tage alt) den Fuss des Riesen Hrungnir vom Halse seines Vater's, was alle Söhne nicht gekonnt. Vali (Odin's Sohn) schlug ungewaschen und ungekämmt (einen Tag alt) Höd, um Baldur's Tod zu rächen. Die Iberier lebten (nach Strabo) im Lande Moschia (Meschech). Nach Strabo waren die Iberer in 4 Kasten getheilt. Die Saspirier wohnten am obern Kur (b. Herodot). Zu Alexander's Zeit (b. Arrian) fanden sich die Albanier im östlichen Georgien. Θεούς δὲ προσωνυμασόν (οἱ Πελασγοί) σφέας ἀπὸ τοῦ τοιούτου, ὅτι κόσμῳ θέντες τα πάντα πρήγματα καὶ πάσας νομὰς εἶχον. Plato leitet θεός von θέειν oder laufen (als Sonne, Mond und Sterne). Harpocration leitet die Heloten (εἱλωτοί oder Gefangenen) von der Stadt Ἕλος. Die Peuceter, Oenotrier und Japygier galten (nach Dionys) für Pelasger.
*) Es galt für unchristlich und heidnisch sich in eine Bärenhaut zu hüllen (s. Grimm). In altböhmischen Glossen heisst Siva Ceres und slavische Mythologen erklären sie Lebensgöttin (ziwa). Major flaminis, quam regis veneratio apud ipsos est; qua sors ostendit, exercitum dirigunt (Helmold). Οὕτω δὲ Σικελοι και Μοργητες ἐγένοντο και Ἰταλήτες, ἐοντες Οἴνωτροι (nach Antiochos). Sacrani appellati sunt Reate orti, qui ex septimontio Ligures Siculosque exegerunt, nam vere sacro orti erant (s. Festus), Die Oenotrier (die im Peuketien in Unter-Italien lebten) wurden als Zweig der urgriechischen Pelasger in Arkadien betrachtet (s. Müller). Die Libri Tagetis enthielten die von Tarchon herausgegebenen Schriften. Der Ackerbauer Tarchon hob (nach Lydus) das Kind Tages aus der Furche und stellte es in das Heiligthum, um es zu befragen. Un Souvenir (des Etrusques) plaça le berceau commun de la nation près de Tarquinies et de Caere, dans cette partie des Maremmes pontificales, qu'enserrent le Tibre et la Marta (Noël des Vegers). Un grand nombre de noms gaulois sont terminés par le mot Orix (signe de distinction), wie Dumnorix, Veringetorix u. s. w. Im Lande der Onobusäten fand sich ein Monument des Gottes Baicorix. Le Gaulois, Ontalian, éleva l'autel du dieu Dunsioni, decouvert dans le Faubourg du Plan, à Saint-Bernard. Bei Murct (im Canton Bas-Comminges) entdeckte man Altäre der Lahe genannten Gottheit geweiht und dem Gott Edelat. Keyssler identificirt den Gott Laherennus oder Leherennus bei St. Bernard (in den Pyrenäen) mit dem Gott Larbau in Thüringen [Lar] Das Dorf Labaus findet sich in der Nähe der der Göttin Lahe angehörigen Monumente. Bei den Nebusaten entsprach der Gott Leherenn dem römischen Mars. Merimée lies't Leherennus auf dem Bilde des Kriegsgottes (in Strassburg). Nach Xanthus theilten sich Lydus und Torrhebus, Söhne des Atys, das Reich ihres Vater's, indem Lydus, als König der Lydier, Torrhebus der Torrhebier herrscht. Tyrrhenus war Sohn des Herkules und der lydischen Königin Omphale (nach Dionys). Unter Nanas, Sohn des Teutamides, (der durch Amyntor von Phrastes stammte, Sohn des Pelasgus) zogen die von den Hellenen vertriebenen Pelasger zum Po und eroberten Cortona (n. Hellanicus). Nach Myrsiles wurden die Tyrrhenier, nachdem sie ihre Heimath verlassen, Pelasger genannt, als πελαργοί (oder Störche). Tuscos Asia sibi vindicat (Seneca). In den von Etruriern nach Rom gekommenen Pompen des Circus hiessen die Führer (wegen ihres lydischen Ursprung's) Ladiones (nach Dionys).
**) Leo vergleicht die Frauen des Atlas (wo die Männer alle Fremde ermordeten) an Hässlichkeit den Gespenstern, Horpyien oder Gorgonen. Medusa herrschte über die Länder des nördlichen Afrika. In Marocco werden Schlangen gezähmt (zum Ratten vertilgen) und Neger tragen sie spielend um den Hals. Den Psylliern diente ihr Speichel zu Heilmitteln gegen Schlangenbiss (nach Plinius), wie den Lebeten (n. Marmol) in der Oasis des Ammon. Les Pharusiens, autrefois riches, lors de l'expedition d'Hercule au jardin des Hespérides, sont maintenant devenus grossiers et ne possédent que des troupeaux (s. Pomponius Mela). Die Libyer Nordafrika's (die Vorfahren der Berber) stammten (nach Gfröer) von Phut (dem Sohne Cham's). Nach Arneth entstand in Asien die weisse und gelbe, in Afrika eine höhere rothe Kultur-Rasse von der später die ägyptische, semitische (und baskische) Sprache ausging, sowie die Neger- oder schwarze Rasse.
***) Die Königin Teuta (in Illyrien) billigte die Piratereien ihres Volkes (233 a. d.). Eliocroca oder Ilorci, Stadt der Bastetani. Oretani, Volk in Hisp. Tarr. (mit Ilucia). Iluratum, Stadt im taurischen Chersonnes. Iluro, Stadt in Gallia-Aquitania. Iluro, Stadt in Baetica (Alora). Iluza, Stadt in Phrygien. Nach Besiegung der Celtiberer besiedelt Sempronius Gracchus die Stadt (der Vasconen) Ilurcis oder Graccurris (zu seiner Ehre genannt). Iluro oder Eluro, Stadt der Laeaetani (Λητανῶν) oder Leëtani (mit den Larto-

die südlichsten. Carpates*) Mons (δ $K\alpha\varrho\pi\acute{\alpha}\tau\eta\varsigma$ $\check{o}\varrho o\varsigma$) heisst (in der Peutingerschen Tafel) Alpes Bastarnicae. Nachdem die Lucanier (ein sabellischer

lacëtae) zwischen Ebro und Pyrenäen. Der ligurische Stamm der Ilvates verband sich mit den gallischen Stämmen der Insubrer und Cenomani gegen die römischen Colonien Placentia und Cremona. Mela bezeichnet die Ausci ($A\acute{v}\sigma\varkappa\iota o\iota$), als die berühmteste der Aquitanier. Die von den Griechen zu den Galatern gerechneten Bastarner, die Perseus von Macedonien unterstützten (und bei Mithridates als Söldner dienten) wurden von Tacitus und Plinius zu den Germanen gerechnet. Priester in weiblicher Tracht besorgten den Gottesdienst im Hain der Nahvarli. Capitolinus nennt die Burii ($Bo\tilde{\iota}\varrho o\iota$) im Markomannen-Kriege. Der Name der Semnonen steht zum Verbum samnon, oder samanon (versammeln), wie Leti oder Liti zum späteren Lazzi (Pfahler). Als nach Durchstreifung Gallien's, die Franken in Spanien eingefallen und Tarragona eroberten (unter Gallienus), fuhren sie auf Schiffen nach Afrika. Die von Probus nach dem Pontus verpflanzten Franken, empörten sich, um auf Schiffen (unter Plünderung der Küsten) nach der Heimath zurückzufahren. Die Griots (bei Gorèe) werden in hohlen Baobab-Bäumen begraben, weil ihre verdächtigen Leichen die Erde und das Wasser vergiften könnten (Raffenel). Guiailtabe, der Häuptling bei den Foulah's, wird bezahlt für seinen Schutz gegen die Caimans. Unter den Foulah's von Fouta-Djallon schreibt man der Kaste der Diavandous einen Verkehr mit dem Geisterreich zu. Die Laobés, die Holz- und Töpferarbeit verfertigen, dienen als Führer von Karawanen. Die Bambaras (die von Kasson nach Kaarta wanderten) verehren das Canari, einen grossen Krug, der mit Grisgris angefüllt ist (Raffenel) [Canopus]. Nach Choris unterscheidet sich auf den Sandwich-Inseln der Adel durch seine dunklere Färbung vom gemeinen Volk. Ilerda ($\tilde{\jmath}\lambda\acute{e}\varrho\delta\alpha$ oder $E\acute{\iota}\lambda\acute{e}\varrho\delta\alpha$) war Hauptstadt der Ilergetes ($\tilde{\jmath}\lambda\acute{e}\varrho\gamma\eta\tau\epsilon\varsigma$ oder $\tilde{\jmath}\lambda o\upsilon\gamma\eta\acute{\iota}\epsilon\varsigma$) in Hispania Tarraconensis ($\tilde{\jmath}\lambda\alpha\varrho\alpha\upsilon\gamma\acute{\alpha}\tau\alpha\iota$ bei Hecatäus). Ilercaones ($\tilde{\jmath}\lambda\acute{e}\varrho\varkappa\acute{\alpha}o\nu\epsilon\varsigma$ oder Ilurgavonenses), Volk in Hisp. Tarraconens. Ilesuim ($\tilde{\iota}\lambda\acute{\iota}\epsilon\sigma\iota o\nu$), Stadt in Böotien. Ila, Fluss in Schotland (südlich von Firth of Dornoch). Toletum (Toledo) war Hauptstadt der Carpetani ($K\alpha\varrho\pi\eta\sigma\iota o\iota$ oder $K\alpha\varrho\pi\eta\tau\alpha\nu o\acute{\iota}$) oder Karpesii, mit Ilarcuris (von P. Smith in Verbindung gebracht mit dem Vorgebirge Calpe oder $K\alpha\lambda\pi\eta$, als der Fels von Gibraltar), ein celtischer Stamm (n. Steph.) [ausgetrieben aus dem Süden durch die Iberer]. Culpiani, Volk in der Nähe der Rhone. Carpi ($K\alpha\varrho\pi\iota\alpha\nu o\iota$) in Sarmatia Europaea (an den Carpathen). Carpentoracte, Stadt der Memini in (Gall. Narb.). Poseidium (b. Ptolem.), Stadt auf der Insel Carpathus (zwischen Creta und Rhodos). Carpasia, Hafen auf Cyprus. Carteia ($K\alpha\varrho\pi\eta\acute{\iota}\alpha$), Stadt in Hisp. Baetica (bei Calpe). Carpella, Vorgebirge in Carmania am persischen Golf. Ilargus (Iller), Fluss in Rhaetia. Ilattia (Elatus) Stadt in Creta. Osca oder (nach Strabo) Ileosca, Stadt der Ilergeten. Ilici, Stadt der Contestani (in Hisp. Tarr.). Ilios ($\tilde{\iota}\lambda\iota o\nu$) oder Troja. Jolaei oder Jolaenses in Sardinien. Den Ilienses ($\tilde{\jmath}\lambda\iota\epsilon\tilde{\iota}\varsigma$) in Sardinien, die (nach Mela) antiquissimi in ea populorum waren, schreibt Pausanias ilischen oder trojanischen Ursprung (von den Gefährten des Aeneas) zu (durch die Africaner später in die Berge vertrieben). Ilipia oder Ilia, Stadt der Turdetani, Ilipla, Stadt der Turdetani. Ilipula, Stadt der Turduli in Baetica, Ilipula minor, Stadt der Turdetani. Ilipula Mons, Gebirge in Baetica (Sierra Nevada). Ilistra, Stadt in Lycaonia. Ilissus, Stadt in Attica. Ilithyia, Stadt in Egypten. Illiturgis, Stadt in Hisp. Baet., Ilurco, Stadt in Hisp. Baet. Illiberis, Stadt der Turduli (Granada). Illiberis, Stadt der Sordones oder Sardones (Sordi) in Gallia Aquitania. Berri heisst Stadt im Baskischen. Carmaei, Stamm der Minaei in Süd-Arabien. Der Fluss Carmalas in Cappadocien durchbrach den Damm des König Ariarathes und beschädigte das Land bei Mallus in Cilicien. Am (heiligen) Carmelus Mons ($X\epsilon\varrho\mu\eta\lambda$ oder $K\acute{\alpha}\varrho\mu\eta\lambda o\varsigma$) schiffte sich (nach Jamblichus) Pythagoras auf einem egyptischen Schiffe ein (der Altar des Elvah diente zu Vespasian's Zeit als Orakel). Carmylesseus, Stadt in Lycia. Carmo, Stadt in Hisp. Baetica. Mit Erlaubniss der Römer erwählten die Cappadocier den König Ariobarzanes Philoromaeus (Vater den Ariobarzanes II.).

*) Die Insel Carpathus ($K\acute{\alpha}\varrho\pi\alpha\vartheta o\varsigma$ oder $K\varrho\acute{\alpha}\pi\alpha\vartheta o\varsigma$) enthält (zwischen Creta und Rhodos) die Städte Nisyrus und Poseidium. Basta, Stadt in Calabrien (der Basterbini). Die Bastarnae (im europ. Sarm.) zogen auf Wagen. Die westlich von den Bastetani (im Hisp. Baet.) lebenden Bastuli ($B\alpha\sigma\tau o\tilde{\upsilon}\lambda o\iota$ $o\acute{\iota}$ $\varkappa\alpha\lambda o\upsilon\mu\epsilon\nu o\acute{\iota}$ $\Pi o\iota\nu o\acute{\iota}$ bei Ptol.) heissen (aus iberischer und phönizischer Mischung) $B\lambda\alpha\sigma\tau o\varphi o\acute{\iota}\nu\iota\varkappa\epsilon\varsigma$ (bei Appian). Mentesa (Bastia), Stadt der Oretani (in Hisp. Tarr.). Der (von den Griechen) $\acute{A}\nu\acute{v}\beta\eta$ genannte Fels (in Europa) hiess Calpe bei den Barbaren und der (von den Barbaren) Abenna genannte Fels (in Libyen) hiess $K o\nu\eta\gamma\epsilon\tau\iota\varkappa\acute{\eta}$ bei den Griechen (nach Eustathius). Salmasius identificirt Calpe mit dem celtischen Alp. Herodot setzt $K\upsilon\nu\acute{\eta}\sigma\iota o\iota$ nach Spanien. Cynaetha, Stadt in Arcadien. Cyne ($K\acute{v}\nu\eta$), Stadt in Lydien. Cyneticum Littus in Gallia Narb. (Avienus). Cynus, Hafen der Locri Opuntii. Cynuria, District in Arcadien. See Cynia in Aetolien. Die bei der dorischen Eroberung durch die Argeier zu argivischen Perioeci herabgedrückten Cynurier (von Cynuria oder Thyreatis) am Berg Parnon waren (n. Herodot) Eingeborene des Peloponnes. Die Batavi ($B\acute{\alpha}\tau\alpha\upsilon o\acute{\iota}$) oder Vatavi (gross mit rothem Haar) waren von den Chatti nach der Rhein-Insel (Insula Batavorum) ausgewandert. Zu Constantius Zeit war die batavische Insel im Besitz der (fränkischen) Salii (nach Zosimus). Die batavische Insel (mit Leyden)

Stamm des samnitischen Volkes) die Oenotrier*) und Choner unterworfen
griffen sie die griechischen Küstenstädte (in Magna Graecia) an.

war im Westen von den Canninefaten [Chatten oder Katze], im Osten von den Batavi
bewohnt. Die von Caesar zu den Suevi gerechneten Chaiti oder Catti ($X\alpha\tau\tau o\iota$), gehörten
(nach Plinius) zu den Hermiones. Zu den Clienten oder abhängigen Gemeinden der Aedui
($A\iota\delta o\tilde{v}o\iota$) oder Hedui (in Bourgogne) gehörten die Segusiani, Ambivareti, Aulerci Brannovicis.
Die Diablinten (bei Caesar) sind in den Aulerci (b. Ptolem.) begriffen (wie die Eburovices
und Cenomani). Neodunum war Hauptstadt der Diablinten (zwischen Morini und Menapii).
Nachdem die Gallier (in Bithynien) Nicomedes eingesetzt, theilten sie Gallograecia unter
Tolistobogen, Trocmi und Tectosagen (Krieg mit Antiochus Soter). Attalus von Pergamum
verweigerte den Galliern Tribut. Ahmen die Besessenen die Stimme der Ziege nach, so
wird Cybele, die Mutter der Götter, angeschuldigt, laute Schreie, dem Wiehern der Pferde
ähnlich, bezeichne Poseidon, als Ursache, eine schwebend-zitternde Stimme, gleich der der
Vögel, künden dem Hirten Apollo an (nach Hippocrates). Nach Donop bezeichnet das
Münzzeichen der Triquetra auf den Regenbogenschüsseln nach phönizischen Sinn und
Darstellungs-Art das Gelingen oder vielmehr den Erfolg einer Expedition, welche dieser
Nation einer Ausbreitung der Herrschaft so über Europa, als über Asien und Afrika ver-
schaffte. Vier Osca im alten Spanien (Men-Osca, Il-Osca u. s. w.). Huescar, als Münz-
oder Feuerstadt (der Huescara redenden Celtiberer). Plato kennt Azza als atlantische
Herrscher im tinginischen Afrika. Das (als unbewohnt) jenseits der Hercules-Säulen gelegene
Land der Phönizier hiess $\ell\varrho\eta\mu\iota\nu$ (nach Aristoteles). Donop erklärt die am Flusse Dara
oder Gambia gelegene Stadt (persischer Pharusier) Magura (unter den west-afrikanischen
Heracleen) als Magus-habitatio, oppidum, receptaculum, (oppidum ad flumen). Heracleo,
als Magura (Cellar.). Von den Städten der $K\alpha\nu\tau\alpha\beta\varrho o\iota$ in $K\alpha\nu\tau\alpha\beta\varrho\iota\alpha$ (mit den Quellen des
Iberus) war (nach Plinius) Juliobriga die bedeutendste. Die Cantabrer wohnten östlich
von den Astures. Iberia indica (zwischen Larica und den Skythen) im Periplus. Strabo
leitet die Cantabrer von laconischen Ansiedlern (zur Zeit des trojanischen Krieges). Hum-
boldt erklärt Hispania aus dem baskischen Espaňa (Grenze). Die $Tov\varrho\delta\eta\tau\alpha\nu o\iota$ (in Hispania
baetica) hatten ein in Versen geschriebenes Gesetz. Ptolomäos nennt $K\alpha\sigma\pi\iota\varrho\iota\alpha$ unter den
$\alpha\iota \tau\tilde{\omega}\nu Ma\kappa\acute{\alpha}\varrho\omega\nu \nu\tilde{\eta}\sigma o\iota$ (fortunatae insulae). Die sabinische Stadt Casperia (Foruli) hatte
(nach Silius Italicus) ihre Namen von den Bactriern erhalten. Kureten (als Priester der
Rhea) mit Korybanten identisch.

*) Neben den oenotrischen Stämmen der Chones und Morgetes lebten in $O\iota\nu\omega\tau\varrho\iota\alpha$
noch die Itali. Antiochus von Syracus identificirt Oinotrier und Itali. Die phocäische
Colonie Velia wurde (nach Herodot) in Oenotria gegründet (in Süd-Italien). Nach Virgil
wurden die Oenotrier von dem Häuptling Italus mit dem Namen Italier bezeichnet. Die
sabellischen Stämme der Lucanier und Bruttier eroberten Oenotrien. Nach Perecydes
wanderten Oenotrus, Sohn des Lycaon (Sohn des Pelasgus) von Arcadien aus. Die in
Süd-Italien zu Leibeigenen (wie die Penestae in Thessalien und Heloten) gemachten Eingeborenen wurden von den Griechen als Pelasger bezeichnet. Die von den Oenotriern
aus Süd-Italien (mit den Morgeten) ausgetriebenen Siculi zogen nach Sicilien. Charibert
eroberte (628 p. d.) Vasconien. Suivant la Charte d'Alaon les fils de Lupulus-Centullus,
roi des Vascons (suivant Sigeber de Gemblouss) sont restés en France. Die Taurisker
und Noriker waren die Vorfahren der Bewohner Kärnthen's. Die Bituriger (600 a. d.),
als das mächtigste Volk Gallien's, stellte im Ambigat den gemeinsamen König. Als
Belloves Mailand gegründet, folgte Elitov mit den Senomanen. Die Thoner oder Taurisker
(Troi oder Taurini) waren Höhenbewohner. Die Gesandten der Celten am adriatischen
Meer erklärten Alexander, dass sie nichts, als den Einbruch des Himmel's fürchteten.
Nachdem (bei Alexander's Tode) die illyrischen Celten unter Cambaules bis Thracien
(Rumelien) gedrungen, zogen sie in drei Abtheilungen, unter Ceretrius nach Thracien,
unter Brennus und Acichorius nach Päonien, unter Belgius nach Macedonien. $Ko\mu\eta\tau\iota\kappa\acute{o}\nu$:
$^{\prime}I\beta\eta\varrho\iota\alpha\varsigma \tau\acute{o}\pi o\varsigma \pi\lambda\eta\sigma\iota o\nu \Omega\kappa\iota\alpha\nu o\tilde{v}$, Cuneus ager ap. Pomp. Mel. (s. Steph.). $T\eta\nu \pi\varrho o\sigma\iota\chi\tilde{\eta}$
$\tau\acute{e}\nu\tau\omega \chi\omega\varrho\alpha\nu \tau\tilde{\eta} A\alpha\tau\iota\nu\eta \varphi\omega\nu\tilde{\eta} \kappa\alpha\lambda o\tilde{v}\sigma\iota \kappa o\acute{v}\nu\tau o\nu$, $\sigma\varphi\tilde{\eta}\nu\alpha \sigma\eta\mu\alpha\acute{\iota}\nu\iota\nu \beta o\iota\lambda\acute{o}\mu\epsilon\nu o\iota$ $^{\prime}H\varrho o\delta\omega\varrho o\varsigma$
$\delta\iota\alpha\pi\iota\omega \tau\tilde{\omega}\nu \kappa\alpha o^{\prime} \Pi\varrho\alpha\kappa\lambda\alpha$. $O\iota o\iota\kappa o\tilde{v}\nu\tau\epsilon\varsigma K\acute{v}\nu\eta\tau\epsilon\varsigma \kappa\alpha\iota K\nu\nu\acute{\eta}\sigma\iota o\iota$ (Strabo), $K\nu\nu\eta\sigma\iota o\iota$ (Herod.).
Obwohl Bedwyr (unter Arthur's Kriegern) einhändig war, konnten doch drei Kämpfer nicht
mehr Blut auf das Schlachtfeld hinströmen lassen, als er allein (s. San Marte) [Tyr]. Der
Adler von Gwern Abwy wurde eine Zeitlang von dem Luchs von Llyn-Llyw, in dessen
Rücken er seine Krallen geschlagen, fortgezogen (im Twrch Trwyth). Der von Arthur
gejagte Eber Trwyth war früher ein König gewesen und von Gott wegen seiner Sünden
in ein Schwein verwandelt worden (in Irland). Mit Kühen wurden vormals alle Zahlungen gemacht, heisst es in den Gesetzen des Howell (in Wales). Nach Bocchus (b. Solinus) waren
die Umbrier gallischer Herkunft. Die Sabiner galten als Abkommen der Umbrier. Die
Umbrische Sprache war (von der etruskischen verschieden) der oskischen und lateinischen
verwandt. Auf Lelex, König der Beleger in Laconia, folgte Myles, Vater des Eurotas,
dessen Tochter Sparta sich mit Lacedaemon, Sohn des Zeus und der Taygeta, vermählte.
Nach dem achäischen Könige (von denen Menelaus in Sparta herrschte) folgte der Einfall

Als älteste Bevölkerung Kleinasien's zeigen sich die mit den Paphlagoniern und Leucosyri*) der Assyrier in Cappadocien**) (im Gegensatz die schwarzen Syrer jenseits des Amanus) zusammenhängenden Semiten der Solymae (und Termelae) in Milyas (nach Einwanderung der Creter unter

---

der Dorier (zur Zeit des Tisamenus). Die Ringwälle (auf dem Altkönig) bestehen ohne alle Erde nur aus Steinen (Cohausen). Nach Prevost sind die Glasburgen und Schlackenwälle unter künstlichem Glühen gebaut, während Cohausen sie durch Feuer zerstört werden lässt. Nach Solinus kamen die Liburner (bei Zerstörung Troja's) aus Asien. Die Autariaten wurden durch Alexander vertilgt. Die freie Handelsstadt Delminium gehörte zum Reich des Agron. Nach dem Fürst Porinus die Kroaten von den Franken befreit, wandte er sich an den Papst um Taufe.

*) Die von den Griechen Syri oder Syrii genannten Cappadocae (s. Herodot) waren erst den Medern und Lydiern, dann den Persern unterworfen. Nach Strabo wurden die Völker Cappadocien's Leucosyri genannt, während die schwarzen Syrier östlich vom Amanus wohnten. Die Alten (οἱ παλαιοί) unterschieden (nach Strabo) die Cataonier in Cataonia (ἡ Καταονία) von den übrigen Bewohnern Cappadocien's (Καππαδοκία). Die Könige Kappadocien's leiteten sich von einem der sieben Mörder des falschen Smerdis her. Der Fluss Cappadox trennte die Cappadocier (Leucosyrer) von den Galatiern (nach Plinius). Zur Zeit des Xenophon wurden die Leucosyri (zusammen mit den Paphlagoniern) von einem paphlagonischen Fürsten beherrscht. Leucosyrer am Fluss Iris in Cappadocien (b. Ptolem.). Die Leucosyrer waren Colonisten der Assyrier. Solyma, Berg bei Phaselis in Lycia. Armenier und Phrygier wurden durch das Vordringen der syrischen Cappadocier getrennt (nach Herodot). Ninus unterwarf die Phrygier (nach Diod.). Semiramis baute am Pontus (Strabo). Als letzte der syrophoenicischen Einwanderer kamen die Lydier (mit den Mysiern kämpfend). Mygdon, König der Bebryces (mit den Mysiern verbunden), fiel gegen die Mariandyni. Phrygische Suprematie zur See IX. Jahrhdt. a. d. (Syncellus). In der Sprache der Lydier bezeichnete Βρίγες Freie (nach Hesychius). Nach Plinius wurde die Biga von den Phrygiern erfunden. Gordius (in Phrygien) wurde vom Pflug zum Thron berufen [Piast]. Ausser Olympus, Hyagnis, Lityerses, Marsyas verehrten die Phrygier die Cybele (Rhea oder Agdistis) und Sabazius oder Dionysos. Nach Strabo waren die Mariandyni ein Zweig der Bithynier. Briges bei Beroea (in Macedonien). Brygi (in Illyrien) bei Cydriae (nach Strabo). Priamus unterstützte die Phrygier gegen die Amazonen. Hecuba war eine phrygische Prinzessin. Der Name Hector war phrygisch (nach Hesychius). Die Trojaner heissen Hellenen bei Dionys. Halic. Trojaner und Phrygier sprechen verschiedene Dialecte (Homer). Midas schickte (VIII. Jahrhdt. a. d.) Geschenke nach Delphi. Mygdon führte die Phrygier (b. Homer). Mygdonia war (nach Steph. Byz.) ein District in Phrygien und ein District in Macedonien. Die Sprache der Mysier (thracischen Stammes) war aus Phrygischem und Lydischem gemischt (nach Strabo). Emathia war Hauptstadt der Phrygier in Europa. Mardonius traf Brygier in Thracien. Phrygier in Chalcidice. Bryges am See Lychnidus. Breucae am Savus. Procop unterscheidet die Dardani von den Illyriern. Die Heneter Kleinasien's (bei Homer) werden (s Strabo) mit den illyrischen Henetern verbunden. Die Dalmatier heissen Armenier und Phrygier. Nach Xanthus wanderten die Phrygier nach Asien (vor dem troganischen Kriege). Sarpedon und Glaukus, Fürsten der Lycier, unterstützten Troja. Die Lycier liessen sich am Aesopus nieder. Die Lycier wiederstanden Troesus. Von Harpagus (unter Cyrus) angegriffen, verbrannten die Xanthier Weiber und Kinder und fielen im Kampf. Die Termilae (in Lycien) waren aus Creta gekommen. Eustathius leitet die Lycaonier (westlich von Cappadocien in Kleinasien) in Lycaonia von dem arcadischen Lycaon her. Lycastus, Stadt in Creta. Lycastis, Stadt am Pontus. Lycaon, Sohn des Pelasgus, gründete Lycosura in Arcadien, die älteste Stadt in Griechenland (nach Pausanias). Cabalia lag westlich von Milyas (nach Ptolem.). Strabo identificirt die Cabalier mit den Solymi. Nach Herodot wurden die maonischen Cabalier (Καβηλέες; οἱ Μηίονες) Lasonii genannt. Von der Zerstörung der Stadt Lus (Asine) in Laconien erhielten die Dioscuren den Namen der Lapersae. Lasaca, Stadt in Creta.

**) Saci quum in Cappadociam usque fecissent incursionem, cibo vinoque referti, alii inter saltandum et bacchandum nudi, alii somno obruti profundo, a Persis trucidati sunt. Hujus victoriae causa Persos petram quandam aggere complentes, muro cinxisse, clique deae Anaitidis et eadem ara gaudentium deorum Amani et Anandrati Persarum geniorum templum posuisse et sacnea, solemnem conventum, illi πανηγυριν, instituisse. Hunc conventum, celebrari ab iis, qui zela tenerent (s. Strabo). Cappadociae reges ad Cyrum Persarum dominatorem se genus referre dicunt (Diod. Sic.). Gesetze des Charondas bei den Mazaicni. Quam ducebat summos sacerdos (ἀρχιερεύς) uxorem, hacc praecrat (ἱέρεια) mulieribus ἑταίραις (in Cappadocien). Praeter agrum sanctum, possidebant sacerdotis templi servos, ἱεροδούλοις. Tantalus wurde (wegen des Raubes der Ganymed) von Ilos (Sohn des Tros) bei Pessinus besiegt (Paus.). In Thessalien verbanden sich die Phthioten mit Pelops zum Zuge nach dem Peloponnes und in Böotien wurde Niobe (Schwester des

Sarpedon durch Lycus, Sohn des attischen König's Pandion, als Lycien be-
zeichnet) und der von phönizischen Cilix hergeleiteten Cilicier. Die
Pamphylier galten für ein Mischvolk*) aus allerlei Stämmen, und ebenso
die (in Laconien eingeborenen) Leleger der Inseln (nach Strabo), die in
Carien herrschten und ihre Ruinenstädte zurückliessen, ehe dort die auf
Mino's Schiffen (wie später im Heere des Apries mit den Joniern) als Söldner
dienende Carier eintraten, ein (wie auch später durch Lem) gefürchtetes
Piratenvolk aus der Regio Carnorum (der Carni) bei Aquileja, das den
Griechen die celtische Sitte der Helmbüsche (mit Thierköpfen bei den
Cimbern nach Plutarch) und Schildzierden zeigte. Auf der nördlichen Küste

---

Pelops) dem Amphion vermählt. Unter den (vor Ankunft der Hellenen) den Peloponnes
bewohnenden Barbaren nennt Strabo (neben Aegypter, Dryoper, Kaukonen, Pelasger,
Leleger u. s. w.) die Phryger. Pisa (als zuerst von Pelops besetzt) heisst *Λύδου Πέλοπος
ἀποικίᾳ*. Oenomaus (Sohn des Alxion) wollte von den (bei der Werbung um seine Tochter
Hippodamia) erworbenen Schädeln (die er im Tempel des olympischen Zeus aufhing) einen
Tempel bauen (wie Antäus, Euenos, Phorbas u. s. w.). Pelops errichtete dem Hermes den
ersten Tempel in Peloponnes. Von der elfenbeinernen Schulter der Demeter blieb den
Nachkommen des Pelops ein blendend weisser Fleck auf der rechten Schulter, woran
Iphigenia den Orestes erkennt. Der schöne Pelops wird von Zeus nach dem Olymp ge-
führt, aber durch Poseidon später nach Pisa gebracht [als Tengrisohn] mit göttlichen
Rossen oder (nach Palâphatus) im Pferdeschiff. Nach Heraklides kam Pelops mit Lydiern
und Phrygiern nach dem Peloponnes. Die von Lakedämon zerstreuten Grabhügel bargen
die mit Pelops gekommenen Phrygier. Apia wird von Pelops als Peloponnes bezeichnet.
Nach der Besetzung von Pisa (Königreich des Onomaus) besiegte Pelops den elischen König
Alektor, der den Lapithen Phorbas aus Olenos zu Hülfe rief. Die Söhne des Pelops besetzten Argos. Xerxes gründete seine Ansprüche auf Griechenland darauf, weil Pelops,
Stifter des argivischen Staates, Sklave seiner Vorfahren gewesen. Sandan, aus Indien
kommend, hatte im Auftrage des indischen König's Deriades die Städte Cilicien's erobert,
Syrien bezwungen und ein indisches Reich gestiftet (nach Nonnus). Der aus Indien ge-
kommene Mohr vertauschte (in Lydien und Cilicien) seinen indischen Namen Morrheus
mit dem Sandan Herakles (nach Nonnus). Memnon aus Indien gründete (nach dem
Scholiast) Niniveh und zog nach Troja, als Rex Indorum. Der Riese Aryades oder Oryandes
kam aus Aethiopien (oder aus Indien) nach dem Orontes (s. Movers). Memnon (Stifter von
Paphos) wurde auf Cypern als Asos (Adonis) verehrt. Herodot erwähut Aethioper auf
Cypern. Paphos wurde von den durch die Assyrier erbauten Askalon (Sitz des Urania-
Cultus) gegründet.

*) Die Phrygier in Pisidia waren mit Ciliciern und Isauriern gemischt. Die Pisidier
hiessen früher Solymi (nach Steph. Byz.). Die den Pisidiern verwandten Isaurier nahmen
an den Piratereien der Cilicier Theil. Pontus war von Ninus erobert (nach Diodor).
Pontus wurde bewohnt von den Leucosyri, Tibareni, Chalybes, Mosynoeci, Heptacometae,
Drilae, Bechires, Byzeres, Colchi, Macrones, Mares, Taochi, Phasiani. Phasis, Fluss in
Colchis. Taochi (in Pontus) an der armenischen Grenze. Die Tibareni am Pontus galten
für scythischer Herkunft. Tibarani, Stamm in Cilicien. Die räuberischen Heptacometae
haus'ten auf Thürmen. Scylax setzt die Bechcires (am Pontus) neben die Macrocephalae.
Strabo rechnet die Tibareni, Cheldaei und Sanni oder Macrones zu den Byzeres. Die
Eisen verarbeitenden Chalybes (*Χάλυβες*) waren (am Pontus) den Mossynoeci unterworfen
(nach Xenophon). Pamphylia hiess (nach Plinius) früher Mopsopsia von den Griechen,
die (unter Mopsus) in Pamphylien, Cilicien und Syrien siedelten (nach dem trojanischen
Kriege). Die Mischrasse der Pamphyli bestand aus Eingeborenen und eingewanderten
Ciliciern mit Griechen, als Colonisten (*Παμφυλοι*). Die Fürsten von Paphlagonia oder
Pylaemenia stammten von Pylaemenes, Führer der paphlagonischen Heneter bei Troja.
Die Paphlagonier (semitischen Stammes, wie die Leucosyrer) waren in Sprache von Thraciern
und Celten verschieden. Die Heneti und Macrones gehörten zu den Paphlagoniern. Der
Stamm der Macrones oder Sanni wohnte in den moschischen Bergen (östlich von Pontus).
Nach dem Tode des Pylaemenes wanderten die Heneti nach dem adriatischen Meer (nach
Livius). Antenor (aus Troja) gründete Patavium in Venetia (Virgil). Patavium (*Πατικοίβον*)
war Hauptstadt der Veneti (b. Strabo). Patavium, Stadt in Bithynien. Patavissa, Stadt in
Dacien. Die Batavi (*Βαταυοί* oder *Βατάυοι*) wohnten auf der Insel Batavia. Die Be-
wohner Cilicien's hiessen Hypachaei und wurde dann nach Cilix (Sohn des Phoenicier
Agenor) benannt. Sandocus aus Syrien gründete Kelenderis in Cilicien. Kilikes, als
trojanische Hülfstruppen bei Homer. Nach Herodot stammten die Bewohner Cilicien's von
Syrern und Phoeniziern. Beim Vordringen der Griechen (unter den macedonischen Herrschaft) zogen sich die Bewohner Cilicien's, als Eleuthero-Cilices (freie Cilicier) in's Gebirge
zurück. Als die Amazonenkönigin Myrina vom Innern Africa's aus ihre Eroberungen über

waren zuerst über den Bosporus Thracius (die Strasse von Constantinopel) die Briges*) in Macedonien (durch das Land der bis zu den Pyrenäen erstreckten Bebrycer, die Eustathius zu den untergegangenen Völkern Asien's rechnet) nach Phrygien in Kleinasien gezogen bis zu den ihnen verwandten Armeniern. Auf gleichem Wege folgten die von Mysi und Teucri am Strymon (in Europa) vertriebenen Bithynier (die sich im Innern

---

Aegypten, Syrien und Kleinasien ausdehnte, erhielten die sich freiwillig unterwerfenden Cilicier Frieden, als Eleutherocilices (nach Diodor). Die Tibareni wohnten auf den nordöstlichen Bergen von Cilicien. Nachdem Theodat oder Tryphon als Kronprätendent gegen die Seleuciden aufgetreten war, bildeten sich in Cilicien die Flotten der Seeräuber, die von dem Slavenmarkte zu Delos aus die Villen der Römer versorgten, dann aber, wegen ihrer Piratereien, von Pompejus vertilgt wurden. Die Assyrer legten in Cilicien die Städte Tarsus und Anchiale an. Die Fürsten von Cilicien führten den Titel Syeunesis (Συέννεσις). Wegen des Reichthum's von Cedern und Tannen suchten die Könige Aegypten's Cilicien zu besetzen, und unternahmen die Ptolemäer (nach Diodor) Angriffe wegen des Schiffsbauholzes (gegen die Seleuciden). Antonius ertheilte (wegen des Holzes zum Schiffbau) der Kleopatra einen Küstenstrich Cilicien's. Turkondimotus oder Tarkodementos wurde als Fürst des Oberen Cilicie.. von den Römern eingesetzt. Naucratis (von den Milesiern im saitischen Nomos Aegypten's gegründet), wo (nach Athenäus) besonders Aphrodite verehrt wurde, war der einzige Hafen, der fremden Schiffen geöffnet war. Bruma (tempus solstitii hiemalis, cum dies brevissimi sunt) per syncopen a brevissima, unde brevima, breuma, bruma. Nach der Niederlage des Salämenes sandte Sardanapalos (Σαρδανάπαλος oder Σαρδανάπαλλος) oder Sardanapallus (Σαρδάναλλος) seine Kinder zu dem phrygischen König Kottas (vor dem chaldäischen Priester Belasys aus Babylon und dem Medier Arbaces). Nach Polyhistor wurde Sarak von den Chaldaeern und Medern zur Selbstverbrennung gezwungen. Post Sammugem Sardanapallus Chaldaeus regnavit. Sardes, als Stadt des Helios Movers identificirt Sardanapal mit dem asiatischen Feuergott Sandan (Sandes) oder Sandon, als Herkules. Sardanapal, als Perserkönig bei Hellanicus. Agathias nennt Sandes, als Gott der alten Perser. Melitene oder Melita war auf einer Schanze der Semiramis entstanden.

*) Vor ihrer Einwanderung in Asien wohnten die Phrygier (Φρύγες) als Briges in der Nähe der Macedonier (nach Herodot). Nach Strabo waren die Phrygier thracischen Ursprung's. Nach Conon wanderten die Phrygier unter Midas nach Asien. Nach Eudoxus war die armenische und phrygische Sprache verwandt. Nach Herodot stammten die Armenier von den Phrygiern. Nach Vitruv waren Armenier und Phrygier Höhlenbewohner. Bei dem Tode des König's Annacus oder Nannacus von Iconium (in Phrygien) brach (nach altem Orakel) die Fluth ein (s. Zosimus). Phrygien (bei der Stadt Caelene) erhob sich zuerst (nach der Fluth) aus den Wassern Der Phrygier Pelops wanderte nach Argolis. Löwe (wie in Mycenae) in phrygischen Ruinen (Ainsuorth). Phrygische Architectur im Stil der cyclopischen, als pelasgisch (s. Texier). Athenäus erwähnt phrygische Gräber im Peloponnes. Das nördliche Bithynien hiess früher Bebrycia. Tlos gehörte zu den sechs Städten Lycien's. Nach Steph. Byz. gehörten die Bysnaei zu den Bebryces (thracischen Stammes) am Pontus. Eratosthenes rechnet die Bebryces zu den untergegangenen Völkern Asien's. Die Bebryces waren iberische Eingeborene in den Pyrenäen (Avienus). Brige, Stadt in Brittannien. Brigiani, als Alpenvolk (bei Plinius). Die Breuci (in Unterpannonien) kämpften (unter Baton) mit die Römer (Dio Cass.). Die Berecynthier (in Phrygien) verehrten die Magna mater. Maeonia war der alte Name Lydien's. Strabo rechnet die Sindi, Dandarii, Toreatae, Agri, Assechi, Tarpetes, Obidiaceni, Sittaceni, Dosci u. s. w zu den Naeotae um Palus Maeotis. Die von Thracien nach Kleinasien gewanderten Mygdonier (am Odrysses) wurden von den Bithyniern unterworfen. Die Bewohner von Mygdonia (mit Nisibis) in Mesopotamien waren (nach Strabo) von Mygdonia (District in Macedonien) eingewandert Die Dolionier oder (nach Hecataeus) Doliones bewohnten Cyzicus (nach Steph). Der arabische Semitenstamm Lud herrschte (als Hyksos, über Aegypten und die bei der Vertreibung Zurückgebliebenen dienten (nach der Mischung) als Ludim (Arabaegyptii bei Ptolem.) im egyptischen Heere. Bei den Cauniern, die einst fremde Götter austrieben, mischten (nach Herodot) Männer, Frauen und Kinder bei den Festen (in Karien). Die Tremilae oder Termilae (Τοιμιλαι oder Τερμιλαι), die mit den Solymern (Σόλυμοι) Milyas (Μιλυά;) bewohnten, wurden von den Cretensern des Sarpedon (Bruder des Minos) besiegt, worauf Lycus (Sohn des Pandion), der durch seinen Bruder Aegeus aus Attica vertrieben war, dem Lande den Namen Lycien gab (s. Herodot). Nach Steph. Byz. änderte Bellerophon den Namen der Tremilae in Lycier. Die nach den nördlichen Bergen zurückgezogenen Eingeborenen Lycien's hiessen Milyae. Bellerophon kämpfte gegen die Solymi. Die Lycier aus Creta unterwarfen die Termilae, während die Solymi sich in die Berge zogen. Die Solymi waren phoenizischen oder semitischen Stammes. Das lycische Alphabet war eine Variation des graeco-phoenizischen. Die Lycier (als Städte-Confederation) ver-

ihres kleinasiatischen Landes, wie die Thyni an der Küste*) niederliessen). Ueber den Hellespont (der Dardanellen) dagegen wanderten die Mysier (aus Moesien) nach Asien ein, bei denen der aus Samothrace gekommene Dardanus in Dardania die Veranlassung der spätern Gründung Ilium's und dann Troja's abgab. Die Asiones oder Esiones, die am Kayster und der Küste wohnten, verschmolzen**) mit den Mäones zu dem Volk der Lydier,

---

ehrten Apollo (in Patani). Die auf den Inseln ansässigen Carier vertrieben die Leleger (von denen noch Ruinen übrig waren) und Pelasgi aus Caria (nach Strabo). Carier (am Maeander'. Nach Herodot waren die Caunier Eingeborene von Caria. Die Helmbüsche, Schildwappen- und Griffe kamen zu den Griechen von den Cariern (nach Herodot) [Cimbern, bei Plut. mit Helmbüschen]. Carier, als Soldtruppen des Apries (mit Joniern) und des Psammetich (mit Hellenen). Carier auf Flotten des Minos [ligurische Seeräuber]. Der Alpenstamm der Carni (*Κάρνοι*) lebte zwischen Rhätien und Istrien. Der District Aquileja's heisst Carnorum regio (b. Plinius). Aemilius Scaurus triumphirte (115 p. d.) de Galleis Karneis. Carmintum, celtische Stadt in Pannonien. Die gallischen Druiden versammelten sich jährlich im Lande der Carnutes (zwischen Seine und Loire), als ein Mittelpunkt Galliens (nach Caesar). Von den Carnuten folgten Bellovesus nach Gallien. Caesar setzte Tasgetius als König bei den Carnuten ein

*) Zur Zeit als (nach Strabo) die Pelasger aus Lesbos und andern Inseln auch über die kleinasiatische Küste herrschten, wohnten die (wie die Paeones in Macedonien den Teucri Troja's), den Trojanern verwandten Maeonier am Berge Tmolus und See Gygaea, wo später die (nach Dionysos völlig von den Pelasgern verschiedenen) Lydier ihr Reich stifteten, in den die dem assyrischen Königsstamm (nach Herodot) verwandte Heracliden-Dynastie herrscht. Die zu den Phrygiern gerechneten Mygdonen vertrieben die Edonen aus Macedonien. Der Dialect der Mysier war *μιξολύδιος καί μιξοφρύγιος* (nach Xanthus). Die armenischen Berge heissen (in den Inschriften Sargon's) Muzr (Misraim), auf die Beziehungen der Colchier zu den Egyptern deutend (Rawlinson). Nach Agathias waren die Lazi die Vertreter der alten Colchier. Sargon besiegte Ambris, König von Tubal (der Tibareni, und Tubal wiederholt sich als erster König in Hispanien wie der benachbarten Iberer). Khilak (Cilicien) empörte sich (gegen Sargon) mit Meschech (Moschi) und Ararat (Armenia). *Οἱ Πισίδοι πρότερον Σόλυμοι, ἀπό Σολύμου τοῦ Διός καί Χαλδήνης.* Der lydische König Myrsilus (b. Herodot) wird erklärt, als Sohn des Myrsus, a patronymic of a Latin (or an Italic) type. Rawlinson sieht darin den stärksten Beweis für den lydischen Ursprung der Etrusker. Sabir va Abir werden nach Sibirien gesetzt (in Mesalek-Alabsar). Die (nach Plutarch) den Saturn verehrenden Solymi (in Lycien), die (nach Chaerilus) einen phoenizischen Dialect sprachen, waren (n Herodot) den Milyern und (nach Strabo) den Cabaliern verwandt, sowie den Pisidiern (nach Plinius). Die Milyer (zu Herodot's Zeit) hiessen Solymer bei Ankunft des Sarpedon in Lycien. Sargon übertrug an Ambris, Sohn Kubya's (erblichen Fürsten von Tubal) die Herrschaft von Khilak (Cilicien), musste ihn aber später, wegen Verschwörung mit dem Könige von Musak (Meschech oder Moschi) und Vararat (Ararat oder Armenia) bekämpfen. In der Nähe von Caunus, Hauptstadt der Caunier (auf dem Grenzberge von Lycien und Karien), finden sich Cyclopische Mauerwerke. Die Athener fanden in den Leichen die frühere Besetzung der Cycladen durch Karier bewiesen. Unter den früher Hypachaei genannten Ciliciern baute Sardanapal die Stadt Anchiale (und Tarsus). Die Lycier in Lycia (*Λικία*) nannten sich Tramele (Termilae) Nach Fellows waren die Lycier getheilt in die Stämme der Tramelae, Troës und Tekkefae (oder Caunier). Herodot stellt die Kabalioi (neben den Maeoniern) oder Lasonii mit den Mysi, Lydi, Lasonii oder Hygenneis zusammen (mit den Städten Balbura, Bulion und Oenoanda) Nach Strabo stammten die Cibyratae in Cibyra (neben Sinda und Caballis) von den in Caballis wohnenden Lyciern. Die von den Lydiern in Caballis (und dann von den Pisidiern) stammenden Cibyratae in Cibyra vereinigten sich mit den Städten Balbura, Bubon und Oenoanda zur Tetrapolis. Die Cibyratae sprachen vier Sprachen, das Pisidische, Hellenische, Solymische und Lydische. Von Ikil-wasch oder Ziegenbock (ikerri oder Schafbock) im Berberischen (mit isch als Horn in Isammon, das nach Servius im Libyschen aries bedeute) könnte ikil in cilix liegen (s. Movers) und Cilicien. Die zu den Phrygiern gehörenden Bewohner Pisidien's, die (nach Steph. Byz.) früher Solymi hiessen, waren mit Ciliciern und Isauriern gemischt (jetzt Karamanier). Die den Ciliciern verwandten Isaurier verbrannten sich (als von Perdicca belagert) in ihrer Hauptstadt Isaura, wie die Lycier in Xanthus bei der Belagerung von Harpagus und Brutus. Ebenso die Arevaker oder (b. Plinius) Pelendones aus Numantia (zur Zeit des Scipio Afrikanus), mit Celtiberer; die Pelendones waren ein Stamm der Arevaci unter den Celtiberern.

**) Cilicier und Kappadocier gehörten zum Stamm der Syrer. Die an der Küste mit Griechen und Phoeniciern gemischten Pamphylier bildeten, in das Gebirge Taurus zurückgezogen, die Pisidier (oder Perser) Das Bergvolk der Isauri (Pisidier mit Celicier vermischt) wohnt südwestlich von Ikonium. Die Solymi und Milyae in Lycien wurden durch

bei denen sie (noch beim Einfalle der Cimmerier) einen Zweig (s. Strabo)
bildeten (nach Kallinos). Die Bewohner Syrien's (Aram's) heissen (b. Homer)
Arimi*) (Aramaei). Darius bezeichnet auch nach den Inschriften (in Behistun

Einwanderer aus Kreta in das Innere gedrängt. Herodot nennt Syrer am Flusse Parthenius
und am Thermodon. Syrer in Paphlagonien. Makrones, Chalybes lebten am Pontus. Karier,
Lydier (Maeonier) und Mysier waren verwandt (nach Herodot). Der Dialect der Mysier
war auf der einen Seite mit dem der Phrygier, auf der andern mit dem der Lydier verwandt (Strabo). Die Pelasger wurden aus dem Norden der Westküste durch die Aeolier
vertrieben (ausser den bei Cyzikus gebliebenen Resten). Die Leleger wurden aus Lydien
durch die Jonier verdrängt. Mit den Kariern vereinigten sich die Leleger zu einem Volk.
Die Leleger hatten sich von Sparta aus nach Kreta und über die Inseln bis Karien verbreitet. Nach Vertreibung der Cimmerier besetzten die Lydier auch Phrygien (ihr Reich
ausdehnend). Aetolien zerfiel in das alte ($\dot{\eta}$ $\dot{\alpha}\varrho\chi\alpha\acute{\iota}\alpha$ $A\check{\iota}\tau\omega\lambda\iota\alpha$) und das erworbene ($\dot{\eta}$ $\dot{\epsilon}\pi\acute{\iota}\varkappa\tau\eta\tau\sigma\varsigma$)
oder Actolia Epictetus. Sardus, Sohn des Maceris, führte als Herkules (bei Libyern und
Aegyptern) eine Colonie von Libyern nach der Insel Jchnusa oder Sardo (Sardinien).
Aimo (der am heiligen Berge gelegene Aufenthalt der Seelen bei den Lappen) zerfällt in
Mubben-Aimo (Heimath des Teufel's), Ghiab Aimo (der schwarze Aegion), Saimo-Aimo (die
Heimath der schlechten Jäger), Sarakko-Aimo (die Heimath falscher Fischer), Zabme-Aimo
(die Wohnung falscher Beschwörer). Die erblichenen Zauberer besuchen den Himmel der
Gottheit (Raien-Aimos) in täglicher Einkehr. Die Haemus (himan im Sanscrit oder $\chi\epsilon\iota\mu\omega\nu$)
erstreckten sich vom adriatischen Meer bis zum Pontus Euxinus. Im Gebiet des König's
Aidoneus (am Acheron in Thespratia) lag ein Orakel der Abgeschiedenen ($\nu\epsilon\varkappa\nu\sigma\mu\alpha\nu\tau\epsilon\check{\iota}\sigma\nu$).
Sarpedon, Sohn Jupiter's und der Europa, wanderte aus Creta (im Streit mit seinem
Bruder Minos) nach Lycien. Saraswati, als Gattin Brahma's. Sancus oder Semo Sancus
(Fidius) wurde als Hercules Sabinus verehrt. Wegen seiner Liebe zu Sanga wurde Sandanen
in einen Affen verwandelt Sandes, (Held der Perser) wird mit Djemschid identificirt. Der
Büsser Sankuman wurde als Rama wieder geboren. San Erdessi stellt (bei den Mongolen)
die Heiligkeit des weissen Elephanten da [Xanpluck]. Kukussus ($Kov\varkappa ov\sigma\sigma\sigma\varsigma$) oder Kukuson
(Kukusos oder Koison) lag an dem Passe, der über den Taurus nach dem östlichen Cilicien
führte. Orestes brachte die Heiligthümer der taurischen Artemis nach Komana (den
Tempel der Bellona oder $K\acute{\nu}\nu\sigma\check{\nu}\varsigma$) in Komana (mit $\dot{\eta}$ $\chi\sigma\nu\sigma\check{\eta}$ $K\acute{\sigma}\mu\alpha\nu\alpha$ zum Unterschied von
den nördlichen Komana) sein Haupthaar weihend [Kahle Buddhisten mit goldenen Epitheten].
$\Sigma\acute{\alpha}\nu\delta\alpha\varkappa\sigma\varsigma$, ubi ab $\Sigma\acute{\nu}\nu\delta\sigma\varkappa\sigma\varsigma$ dicitur autem ex Syria venisse, ut pleraque nomina et vocabula,
quae ab $\sigma\alpha\nu$ incipiunt, peregrinae sunt originis $\ddot{O}$ $\dot{\epsilon}\nu$ $B\eta\sigma\nu\iota\tilde{\omega}$ $\dot{A}\sigma\varkappa\lambda\eta\pi\iota\grave{o}\varsigma$ $\sigma\dot{\nu}\varkappa\check{\epsilon}\sigma\tau\iota\nu$ $\ddot{E}\lambda\lambda\eta\nu$
$\sigma\dot{\nu}\delta\dot{\epsilon}$ $A\dot{\iota}\gamma\acute{\nu}\pi\tau\iota\sigma\varsigma$, $\dot{\alpha}\lambda\lambda\dot{\alpha}$ $\tau\iota\varsigma$ $\dot{\epsilon}\pi\iota\chi\acute{\omega}\varrho\sigma\sigma\varsigma$ $\Phi\sigma\check{\iota}\nu\iota\xi$. $\Sigma\alpha\delta\acute{\nu}\varkappa\omega$ $\gamma\grave{\alpha}\varrho$ $\dot{\epsilon}\gamma\acute{\epsilon}\nu\sigma\nu\tau\sigma$ $\pi\alpha\check{\iota}\delta\epsilon\varsigma$, $\sigma\ddot{\nu}\varsigma$ $\varDelta\iota\sigma\sigma\varkappa\sigma\acute{\nu}\varrho\sigma\nu\varsigma$
$\dot{\epsilon}\varrho\mu\eta\nu\epsilon\acute{\nu}\sigma\nu\sigma\iota$ $\varkappa\alpha\grave{\iota}$ $K\alpha\beta\epsilon\acute{\iota}\varrho\sigma\nu\varsigma$ $\ddot{O}\gamma\delta\sigma\sigma\varsigma$ $\delta\grave{\epsilon}$ $\dot{\epsilon}\gamma\acute{\epsilon}\nu\epsilon\tau\sigma$ $\dot{\epsilon}\pi\grave{\iota}$ $\tau\sigma\acute{\nu}\tau\sigma\iota\varsigma$ $\dot{o}$ $\ddot{E}\sigma\mu\sigma\nu\nu\sigma\varsigma$. Oi $\delta\epsilon$ $\tau\grave{o}\nu$ $\ddot{E}\sigma\mu\sigma\nu\nu\sigma\nu$
$\ddot{o}\gamma\delta\sigma\nu\nu$ $\dot{\alpha}\xi\iota\sigma\tilde{\nu}\sigma\iota\nu$ $\dot{\epsilon}\varrho\mu\eta\nu\epsilon\acute{\nu}\epsilon\iota\nu$, $\ddot{o}\tau\iota$ $\ddot{o}\gamma\delta\sigma\sigma\varsigma$ $\dot{\eta}$ $\tau\tilde{\omega}$ $\Sigma\alpha\delta\acute{\nu}\varkappa\omega$ $\pi\alpha\check{\iota}\varsigma$ (Photius). Die Kurden streifen
in den Bergen nördlich und östlich von Tokal, die Turkomannen im Süden und Westen
(nach Tournefort). Die Befestigung von Zela ($\tau\alpha$ $Z\tilde{\eta}\lambda\alpha$) oder Ziela (mit dem Tempel der
persischen Götter oder der armenischen Anaitis) hiess der Wall der Semiramis (wie bei
Tyana in Gross-Kappadocien und bei Melitene) in Pontus (nach Strabo). Die Mosynoeki,
von den zuckerhutförmigen Thürmen (zur Zuflucht) genannt, womit der König am höchsten
eingeschlossen zur Ueberwachung, fanden das grösste Glück im Essen und Trinken und
mästeten die Kinder der Adligen mit Salzfischen und Kastanien [Afrika und Polynesien].
Als statt des Knaben's zu Potnia (in Böotien) eine Ziege geopfert wurde, nannte man
Dionysos (nach Pausan.) Aigobolos (Ziegenbaal). Nach Diodor hiess der Nil (bei den
Aegyptern) Oceanus (Ocham). Nach Herodot war Pan der älteste Gott der Egypter. Zu
Thebae (in Böotien) wurde Athene als Onka verehrt. Neith hiess Ank oder Anuke. Auf
den Berg Pontinus (in Argolis) stand ein Tempel der aegyptischen oder saitischen Athene
(Paus.). Der stierköpfige Dionysus Meilichius (Moloch) beherrschte Nordafrika (nach
Silius Italicus). Empedocles dichtete die Läuterungslieder ($K\alpha\vartheta\alpha\varrho\iota\sigma\mu\sigma\acute{\iota}$) zur Rückkehr zu
den Unsterblichen, von denen er für 30,000 Jahre verbannt worden, wie jeder der lang-
lebenden Götter, der in der Verwirrung des Sinne's durch Blutvergiessen seinen Leib
befleckt. Herakles war der Sonnengott Archol bei den Phoeniciern. An den Aufstand
des Sardanapal gegen Shalmanassar nahmen Theil Asshur (die alte Hauptstadt), Amida
(Diabekr), Telapni (bei Urfa) und Arbela.
　　*) Herodot identificirt die Syrer mit den Assyrern. Colchi Indiae, als Hafen an der
Malabarküste. Die Maeonier am Berg Tmolus und See Gygaea (später durch Lydus, Sohn
des Atys, den Namen Lydier erhaltend) unterstützten die Trojaner. Die von Thraciern,
Illyriern (und Macedoniern) verschiedenen Päones in Macedonia oder Paonia wollten von
den Teucri Troja's abstammen. Darius versetzte die Paeopleer und Siropaeoner aus Mace-
donien als Colonisten nach Asien. Neben Artemis und Bacchus wurde Cybele von den
Lydiern verehrt. Auf die Dynastie des Lydus (Sohn des Atys) folgten (in Lydien) die
Heracliden mit Agron, als erster König (1200 a. d.) und dann die Mermaden mit Gyges
(713 a. d.). Lydias oder Ludias, als Fluss in Macedonien. Rhea gebar Zeus in einer
Höhle am Berg Aegaeon bei der Stadt Lyctus oder Lyttus (auf Creta). Ormuzd heisst in

und Persepolis) seine griechischen Besitzungen als Juna*) oder (in der Babylonischen Umschrift) Javanu (als zwei in Nahk-i-Rustam). Die Griechen

den Inschriften Mathista Bágánam (das Haupt der Götter) oder Baga vazarka (der grosse Gott) neben den Aniyá bagáha (anderen Göttern). Die Vithiya-bagáha schützten das Haus des König's.. Die Fakier unter den Eusofyze (oder Berdurani) haben keinen Bodenbesitz und gelten nicht als Glieder des Gemeinwesen's, ihren Herrn oder Chawand (als Besitzer des bewohnten Grundstück's) unterthan. Bei Dschelalabad (Beharami oder Kajani) fanden sich Ruinen (im Gebiete der Durani). Ausser der Himmelsgottheit verehrten die Tataren den Filzgötzen Natigay mit Frau und Kinder (nach Marco Polo). Die Siaposch opfern dem Doghan. Der Patriarch in El-Kosch (der Geburtsort des Propheten Nahum), von Chaldaeern bewohnt, ist dem Patriarchen von Diarbekir untergeordnet. Die Agrippaeer (bei Herodot) hiessen Arimphaeer (bei Mela). Die Griechen feierten die Todtenopfer der Genesia am Todestage, die νικύαια am Jahrestage des Todes. Die Issedonen liessen die Schädel der Fremden in Gold fassen (nach Herod.), die Scythen bewahrten sie auf, wie (nach Livius) der gallische Stamm der Boii. Turk is a contraction of Turükka, which again is the Pali form of Turuschka, the Sanscrit name for the Tatar inhabitants of the snowy range and the plains beyond. In the native traditions of Central-Asia the name of Türk is supposed to be dirived from Tukui (a helmet) and the term of Takabara (helmet-bearers) is applied in the Inscriptions of Darius as an ethnic title to the Asiatic Greeks (Rawlinson) [Tyrrhenier in Lydien]. Die Jurcae Herodot's, die (neben den Thyssagetae)· mit Pferd und Hund jagten, heissen Turcae (bei Mela). Darius erobert in Indien (n. Herodot). Auf den Inschriften von Persepolis findet sich Indien als unterworfene Provinz. Die Inschrift von Nabks-i-Rustam erwähnt der Sacae jenseits des Meere's. Die Scythen prophezeiten aus Stäben, wie die Magi (nach Dio), die Germanen (nach Tacitus), die Alani (b. Amm.), die Slaven in Baltic (nach Saxo). Auch bei Hosea. Μάγοι δὲ καὶ Σκύθαι μνωσίνου μαντίνονται ξύλῳ (Scholiast). Gygis pastor, cum terrae motu humus discessisset, cadaver invenit anculum habens, quem ei detraxit, tali vi praeditum, ut pro conversione palae et cerneretur et non cerneretur. Hujus annuli beneficio regem qui tunc regnabat, interfecit, ejusque regnum occupavit (Γύγον δακτύλιος). Mit der Nymphe Himalia (aus Cyprus) zeugte Zeus den Cronius. Heimdal wohnt in Himinborg (Himmelsburg). Heminglåffa (die Himmel-ankläffende oder Drohende) gehörte zu den von Aegir und Rana erzeugten Wellenmädchen. Himant, Jahreszeit der Kälte bei den Indiern. Himeros (Gott der Sehnsucht) begleitet Venus. Ausser den Siropaeoniern (mit der Stadt Siris in der Ebene der Seres) und den Paeopliern rechnet Herodot zu den Paeoniern, die von den (mit den Mysiern nach Asien gewanderten) Teucrern nach Europa gekommen, die Pagaer, Doberer, Agrianier, Odomantier und die Bewohner am See Prasias (auf dem strymonischen See oder Takbino). Ἀσμένοι τὸ γένος ἐκ Φρυγίας καὶ τῇ φωνῇ πολλὰ φρυγίζουσιν (Eudoxus) ἔθνος Κιμμέριον, Κιμμέριοι οὕς καὶ Τρῆρωνες ὀνομάζουσιν (Strabo). Tiglath-Pilesar I. bekämpft die Nairi in Cappadocien.

*) Hellas wird (von Atossa) Ἰαόνων γῆ genannt (b. Aeschylus). Der Hellene oder Athenienser wird (v. Pseudartabas) Ἰαονοῦ genannt (h. Aristophanes). παντας τούς Ἕλληνας Ἰάονας οἱ βάρβαροι ἐκάλουν (nach dem Scholiast). Die Griechen auf Cyprus hiessen Yavnan oder Yunan (auf den assyrischen Inschriften). Wie der persepolitanische ist der Drache von Particapacum von dem geflügelten Löwen Assyrien's (als Emblem des Gottes Nergal oder Mars) hergenommen (s. Rawlinson) [Wanderstämme von China]. Die Inschrift der Leuconidae erwähnen die Sindi neben den Maeoten, Toreten und Dandarii. Die Gesandten der Hyperboräer heissen Περφέρες bei den Deliern (nach Herodot). Nach den Keil-inschriften wurde der Gott Armennu in Susa verehrt (s. Rawlinson). Die Psylli erzürnt über den Notus zogen nach Süden, bis durch Sandberge verschüttet. Κολχος τε, Καλδαῖός δὲ καὶ Σύρων ἔθνος (Sophocles). Nach Hekataeus wohnten die Armenier südlich unter den Chalybern. Die Skythini oder (b. Plinius) Sakasseni (zwischen Harpasu-Fluss und Apsarus-Fluss) wanderten aus der Tartarei ein. Die Göttin Anaitis wurde in Chymnias (Zela) verehrt. Die Saspines erstreckten sich (nach Herodot) von den Kolchi bis nach Medien. Die Sanni (Sanni Heniochi) oder Makrones (Suani) wohnten bei Erzerum (südlich von den Machelones) als Tzani oder Sani in Tzanika. Die Drilae oder Drillae gehörten zu den Kolchi (in deren Hütten Xenophon's Griechen giftig berauschenden Honig fanden). Die Mosynoeki bewohnten hölzerne Festungen in Thürmen, aus Stockwerken aufgebaut (Mosyni oder Mossyni). Die Eisen bearbeitenden Chalybes gehorchten den Mosynoeki. Nach Ammian waren die Chalybes die Erfinder des Eisen's. οἱ νῦν Χαλδαῖοι Χάλυβες τὸ παλαιόν ὀνομάζοντο (Strabo) Die Halizones als Alyba unterstützen Troja (b. Homer). Alyba war Geburtsstadt des Silber (nach Homer). Nach Ephorus verrichteten die Tibareni jedes Geschäft mit Lachen und funden darin ihre Glückseligkeit. Die Districte Phanaraea, Sidene und die Gegend von Themiskyra werden von Ptolem. als Phanagoria im Lande der Weissen Syrer zusammengefasst. Im Gefilde des Doeas (Δοίαντος πεδίον) lagen drei Städte der Amazonen. Polemonium (von König Polemo gegründet) hiess Side (Tolemonium). Die Stadt Oenoe lag an der Mündung des Oenius. Die bei Themiscyra-Thermodon von Herkules besiegten Amazonen stifteten, auf Schiffen fortgeführt (als sie die Mannschaft überkamen),

(Jaones) heissen Javanim (bei den Semiten). Nach einer Katastrophe, die in China durch den mit Gayomorts gleichzeitigen Jao beendet wird, ordneten sich die später Meder (oder Mittelländer) genannten Arier*) zu einem geordneten Staate zusammen, wie es spätere Sagen auf Dejokes

---

das Reich der Amazonen am Palus Maeotis. Nach Hekataeus war Chadisia früher eine Stadt der Weissen Syrer. Die Kappadocier hiessen Weisse Syrer bei den Persern, während die Griechen die Kappadocier des Innern von den Weissen Syrern der Nordküste unterscheiden. Obwohl die Kataonier ursprünglich von den Kappadociern ein verschiedenes Volk waren, so glichen doch die Bewohner von Melitene und Kataonien den Kappadociern in Sprache und Sitten (nach Strabo). Unter den Römern wurden Melitene und Kataonien zu Klein-Armenien gezogen, sowie Pontus Polemoniacus und Pontus Kappadocius zu Kappadocien gerechnet. Die Mosynoeki waren von den zuckerhutförmigen Thürmchen genannt, in denen sie bei Einfällen Sicherheit suchten (an der Nordküste von Kappadocien). Für Kavallerie und Luxusgespann bezogen die Römer die Pferde aus Kappadocien (die Districte zwischen Thyana und Caesarea) Argaeus (mons) parens volucrum equorum (Claudian). Die auf Bäumen und in Thürmen lebenden Mosynoeci, deren König sie von einem nicht zu verlassenden Thurme überwachte, fanden das grösste Glück im Essen und Trinken und mästeten die Kinder der Adligen mit Salzfischen und Kastanien (tättowirend). Kataonien stand zwar unter dem Könige Kappadocien's, aber das Eigenthum gehörte grösstentheils vielen erblichen Priestern, mit einem Hohenpriester an der Spitze, der wichtigste sass zu Komana und stand im Rang dem Könige zunächst, meistens als Prinz der königlichen Familie. Artemis Persia wurde in Kastabala (zwischen Kybistra und Tyana) verehrt. Vom Apsarus-Fluss bis Trapezus wohnten die Byzeres, Ekechiris, Bechiri, Makrokephali oder Makrones. Etwas Eigenes haben die Larissaeer, sowohl die Caystrischen, als auch die Phriconischen, und drittens die in Thessalien, erfahren, denn Alle bewohnen ein von Flüssen angeschwemmtes Land, das der erstern vom Cayster, das der zweiten vom Hermus, das der letztern vom Peneus. Im Phriconischen Larissa soll Piasus verehrt worden sein, der als Beherrscher der Pelasger seine eigene Tochter liebte (Strabo). Hippothoos und Pyláos, aus dem Stamme (des Teutamos) des pelasgischen Leuthos, führen (von Troja) die Pelasger von Larissa (b. Homer). Weil die Perrhaeber und Lapithen vermischt wohnten, so nennt Simonides alle Pelasgioten so, welche die östlichen Gegenden um Gyrton und die Mündungen des Peneus, den Ossa und Pelion, die Gegenden von Demetrias, die Oerter in der Ebene, Larissa, Crannon, Scotussa, Mopsium, Atrax und die Umgebung der Seen Nessonis und Boebeis besassen (Strabo) [Festungen und Pfahlbauten].

*) Sie finden sich in den Grenzen civilisirter Staaten und lernten Künste durch die gefangenen Diws, indem sich noch zur Zeit Rustem's (nach dem Schanahmeh) indische Ansiedlungen in die später von den Astakanern bewohnten Länder Kabul's erstreckten, unter dem von Nachfolgern Kapila's (der mythische Civilisator Kaschmir's) erhaltenen Namen der Kephener (als frühere Bezeichnung der Eingeborenen in den anstossenden Provinzen Persien's oder der Anwohner des Kophenes), der (wie bei Birmanen und Brahmanen) zugleich die Priester bezeichnete, die bei ihrem spätern Einfluss in Chalab (der neben Niniveh gegründeten Hauptstadt) den Namen der Chaldaya oder Chaldäer annehmen (und rückwirkend den Namen Kalah in Indien als Fremde geläufig machte), bei ihrer Verbindung mit ägyptischer Cultur). Als das alte Reich durch den Einfall der Tasi (Dasyus) oder Araber zerrüttet wurde, zogen sich vor der Herstellung der Freiheit durch das Bergvolk der (den chaldäischen Priester den Namen Chasdim zufügende) Kossaioi oder Kuschiten (in Chuzistan Susa's, Khuzistan oder Khotan und dem indischen Kosala mit Kasi als Hauptstadt wiederkehrend) unabhängig gebliebene Stämme jenseits des schützenden Wall des Himalaya nach dem Pendjab und bewahrten dort die Traditionen, wie ihre vergötterten Vorfahren (als Devas) neben die Städte der Asuren gewohnt, im Anschluss an das Aufblühen des assyrischen Reiches, während die Feinde sonst als Danawas erschienen und die am Meere hausenden noch in Mahabbarata als Daitya's, den auch in den Mythen der Griechen oder Danaer als gewaltige Gegner spielenden Titaniden, während die an ihr feindliches Brudervolk der Turanier stossenden Iranier (die die vernichteten Kerketen als Sklaven zeigten) das Selms-Reich Solyma's an der Küste lag, und in Dardanos, dem Gründer der Gottesburg Ilion, der Königstitel Dara hervortrat, während aus dem abgeschlossenen Armenien askanische Einflüsse den Norden durchdrangen. *Ἀσκανία, πόλις Τρωϊκή. Νικόλαος: „Σκαμάνδριος Ἕκτορος καὶ Ἀνδρομάχης ἐκ τῆς Ἴδης καὶ τοῦ δασκυλίου καὶ τῆς Ἀσκανίας καλουμένης ἣν Ἑκταῖιν ὁ Αἰνείου παῖς Ἀσκάνιος" οὐ μόνον δὲ λίμνη ἀλλὰ καὶ ἡ χώρα δισσή καὶ ὁμώνυμος. Φρυγίας μὲν „Φόρκος καὶ Φρύγες ἦ γε καὶ Ἀσκάνιος θεινιδὴς τηλ' ἐξ Ἀσκανίης "τῆς δὲ Μυσίας" οἳ ὁ ἐξ Ἀσκανίης ἐριβώλακος ἦλθον ἀμοιβοὶ" καὶ τῆς μὲν Φρύγιον τῆς δὲ Μύσιον* (Steph. Byz.). In dem früher Teucris genannten Dardania baute Dardanus die Stadt Dardanus (nach Mnaseas) oder Dardanium. Das alte Dardanus lag am Fusse des Ida, das neue (als aeolische Colonie) an der Küste (nach Strabo und wurde von den Römern zur freien Stadt erklärt (zu Ehren trojanischer Herkunft der Bewohner) 190 a. d. Die musikliebenden, aber wilden und schmutzigen Dardani (*Δάρδανοι*) wohnten

beziehen. Nach Bel's Opfer erwählten die von Oaunes belehrten Babylonier
den Alorus, worauf unter 6 Königen noch 6 Fischmenschen erschienen und
dann (nach 3 weitern Königen) der letzte der zehn Patriarchen (Xisuthrus)
die Schriften in Sippara (bei der Fluth vergrub) und (zum Himmel entrückt)
durch eine Stimme den Gefährten die Aufgrabung befahl. Auf das einheimische Königsgeschlecht*) folgte ein medisches, auf das nächste ein

---

in Misthöhlen (nach Strabo) in Dardania des Südwestlichen Moesien (südliches Serbien),
zur Praefectur des östlichen Illyrien (mit Constantin) gehörig. Acneas befehligt (s. Homer)
die Dardani von Dardania (im District von Mysien). Dardanus (Vorfahre des Priamus)
kam von Samothrace (nach Cephalon) zu Teucer, König der Teucri, und heirathet seine
Tochter. Der König von Troja oder Ilium herrschte über Troas (Τοίη oder Ἰλιάς γῆ) oder
Τρωάς. Die Fürsten der Dardaner waren dem Könige Ilium's verschwägert. Troas, als
Theil von Mysien. Die Troes (Τρῶες) oder Trojani (Teucri oder Phryges) waren pelasgischen Stammes (aus Thracien) mit phrygischen Eingeborenen gemischt.
   *) Babel, Erech, Akkad und Kalne im Lande Sinear war Anfang des Reiches
Nimrod's, der nach Assur auszog, Ninive, Rehobot, Kalah und Resen erobernd. Der
Aethiope Memnon half den Troern. Nach Herodot herrschten die Assyrer 520 Jahr über
das obere Asien, ehe sich (690 a. d.) die Meder losrissen. Nach Ktesias (b. Diodor)
herrschten die Assyrer (unter 33 Könige) 1360 Jahre. Euzebius zählt (in 1240 Jahren)
36 Könige von Ninus bis Sardanapal, unter dem Ninive (606 a. d.) zerstört wurde. Nach
Besiegung des König's von Babylon liess Ninus (der Armenien erobert hatte), den König
der Meder kreuzigen (nach Ktesias) und eroberte (nach Erbauung Niniveh's) Baktra.
Auf den Zug der Semiramis gegen Indien folgte Ninyas. Von dem Geschlecht der Derke-
taden (Nachkommen der Semiramis) wurde König Belochus von Beletaras (dem Aufseher
der Gärten) gestürzt. König Salman (b Hoseah) bekämpft Arbela und Calneh. Nach
Diodor wurde Sesosis (Sesostris) in Thrakien durch Mangel an Nahrungsmittel zum Rück-
zuge gezwungen. Auf den assyrischen König Phul, der in Israel einfiel, folgte (760 a. d.)
Tiglath-Pilesar, der auch Israeliten wegführte, deren Rest unter Salmanassar (712) folgte.
Auf Sargon, folgte Sanherib (693—676), von dem (nach dem Kriege mit Aegypten) die
Meder abfielen. Sein Sohn Assarhaddon, (der in die Stelle des rebellischen Belibus in
Babylon eingesetzt war) folgte (seines Vater's Mörder rächend). Obwol Phraortes (Sohn
des Dejokes) von den Assyriern besiegt war, belagerte Cyaxares Ninive (634) und (nach
Unterbrechung durch die Scythen) eroberte es (606) mit Hülfe des babylonischen Nabo-
polassar (Vater des Nebukadnezzar), der den Frieden mit Alyattes von Lydien (610) ver-
mittelt hatte. Auf Nebukadnezzar, der (nach Besiegung Necho's) Jerusalem erobert, folgte
Evil Merodach und später Nabonetus (555) in Babylon, das von Cyrus erobert wurde und
dann (mit Fravartisch) durch Darius. Auf Cyaxares folgte in Medien Astyages, dessen
Tochter Mandane dem Persier Kambyses (aus dem Geschlecht der Achaemeniden) den
Cyrus gebar. Nachdem Harpagos die Jonier besiegt, nahm Kyros den Amorges (König
der Saken) gefangen, fiel aber gegen Tomyris, (Königin der Massegeten) Nachdem
Kambyses den Oropastes zur Pallastaufsicht bestellt, zog er (525) gegen Aegypten, während
die Stelle seines Bruder's Bartja oder Smerdes (den Prexaspes getödtet) durch den ähnlichen
Gumata oder (nach Justin) Cometes (Bruder des Oropastes) eingenommen wurde oder (nach
Ktesias) durch den von Bartja (Tanyo-xarkes) bestraften Sphendadates. Die durch Otanes
berufenen Perserfürsten erhoben (nach Tödtung des Magier in Susa) den Darius, Sohn des
Hystaspes oder Vashtaspa (Stammhaupt der Pasargaden) aus dem Geschlecht des Achämenes.
Nach der Inschrift des Darius in Bisitun hat er mit Hülfe Ahuramasda's den Magier
Gumata (der sich bei Kabujia's Abwesenheit in Aegypten empörte) getödtet. Artaxerxes,
Sohn des Ochus, stellte (nach Berosus) Bilder der Anahita auf Nach Strabo wurde bei
den Persern das Bild des Gottes Omanos umhergetragen. Unter Bochoris von Sais eroberten
(740) die Aethiopier (unter dem Könige Sabako) Aegypten. Nach Herodot opferten die
Perser auf den Bergen, unter dem Gesang eines Magier's. Nach Xenophon verbrannten
die Perser dem Zeus (Ahuramasda) Stiere, dem Mithra Pferde. Mit den zwölf Königen
endete die äthiopische Herrschaft in Aegypten beim Tode (695 a. d) des Tirrhaka, unter
dem Sanherib durch eine Pest zurückgetrieben wurde. Nach Athenäus brachten die persischen Könige tägliche Thieropfer. Nach Pausanias entzündet der Magier, unter Ab-
lesung eines Buches, das Feuer im Heiligthum. Nach Herodot zernagten Feldmäuse die
Waffen der Assyrer, die bei Pelusium lagerten. Auf den Denkmalen des Darius finden
sich symbolische Götterbilder nach assyrischem Muster. Die von den Aethiopern abstammenden Juden veränderten (nach Tacitus) ihren Wohnsitz unter König Kepheus (Sohn
des Belus). Nach Manetho schickte Menephta (Menophis oder Menophris) die Aussätzigen
in die Steinbrüche, überliess ihnen aber dann die von den Hyksos verlassene Stadt Abaris,
worauf Osarsiph (ein abgefallener Priester von Heliopolis) zum Obersten eingesetzt wurde.;
In Folge einer Prophezeiung (dass Aegypten 13 Jahre lang von den Unreinen beherrscht
werden würde) liess Menephta die heiligen Thiere verbergen und zog nach Aethiopien,

chaldäisches, dann ein arabisches und dann das sechste und letzte. Nach dem arabischen Könige folgt bei Eusebius (die assyrische Königin Semiramis

kehrte aber dann zurück und trieb die Aegypten verwüstenden Unreinen und Hirten nach Syrien, wo der vom Gott Osiris genannte Priester Osarsiph sich Moses nannte. Nach Strabo führte der ägyptische Priester Moses (der den Götzendienst verachtete) einige verständige Männer nach Jerusalem, wo einer wegen seiner Verheissungen viel Anhang fand (später bemächtigten sich abergläubische und tyrannische Menschen des Tempel's). Nach Lysimachus wurden unter König Bochoris (750 a. d.) die Aussätzigen in's Meer geworfen, die Unreinen aber in die Wüste gejagt, wo sie zur Zerstörung der Tempel in menschlichen Ansiedlungen weiter zogen und dann in Judäa die Stadt Hierosyla (Tempelraub) oder Hierosolyma gründeten. Nach Tacitus bemächtigte sich ein aus Assyrien zusammengelaufener Haufen Aegypten's und zog dann nach Syrien und die hebräischen Länder. Die von Bochoris ausgetriebenen Unreinen wurden von Mosis durch die Wüste geführt und gründeten eine Tempelstadt im eroberten Lande (nach Tacitus). Als Amos, der (in Juda die Schafe weidend) von Jehovah erweckt war, die Götzendienste von Bethel angriff, wurde er von Jerobeam († 780) aus Israel nach Juda getrieben. Die Hyksos, die (2100 a. d.) Aegypten (nach Manetho) eroberten (ihren König in Memphis) einsetzend, wurden (1660) durch Amasis aus Ober-Aegypten vertrieben und zogen (1580) nach einem Vertrage mit Thutmosis III. von Pelusium nach Syrien ab. Herodot fasst die Eroberungen des Sethos und seines Sohnes Ramses (1445—1328) unter den Zügen des Sesostris zusammen. Um Ammon (Amon oder Amun) zu beschimpfen, opferten die Juden (nach Tacitus) einen Widder (der verborgene Name des libyschen Jupiter). Wie die Himjariten an der Südküste) wo die Königsreihen der Reiche Saba und Hadramaut bis 750 a. d. reichen) ihren Ursprung von Heber (den Urenkel Noah's) und dessen Sohne Joktan oder Cahtan, so leiteten die Stämme im Norden und an der Küste des rothen Meeres in Hedschas ihren Ursprung ab von Ibrahim (Abraham) und dessen Sohne Ismael von der Hagar und den Söhnen, die Ibrahim mit der Ketura gezeugt. Das Reich Israel wurde unter Jerobeam († 780) wieder mächtig, das Reich Juda unter Usia († 758). Als Haig aus Babylon nach Armenien auswanderte, folgte der assyrische König Belus, wurde aber besiegt. Auf Haig folgte Armenag, dessen fünften Nachfolger Aram König Ninus zum Vertrage zwang. Sein Sohn Ara fiel gegen die (von ihm verschmähte) Semiramis, die durch Zrataschd (Zoroaster) aus Armenien vertrieben und erschlagen wurde, worauf ihr Sohn Zames (Ninyas) in Assyrien folgte, während Armenien von Statthaltern regiert wurde. Wegen des Aussatzes enthielten sich die Juden (nach Tacitus) des Schwein's. Als arabische Stämme, die (nach Manethos) in Aegypten eingefallen und die Theilfürsten unterjocht hatten, den Salatis zum Könige (der Hyksos) erwählt, erbauten sie an der Ostgrenze Asien's gegen das damals mächtige Assyrien die Grenzfestung Avaris [Avaren und Iberer, als Massageten und Cothen], wurden aber (nach 511 Jahre) durch die aufgestandenen Könige von Thebae vertrieben und in der Festung Avaris belagert, bis sie (nach einem Vergleich) nach Palästina abzogen und die Festung Jerusalem erbauten. Dann (1682) erhob sich die 18 Dynastie, zu der Julius Afrikanus die Könige Ramses und Amenoph oder Menophta (der 19. Dynastie angehörig) rechnet. Nach Bezwingung der Scythen und Thracier gründete Sesostris (nach Herodot) die ägyptische Colonie in Colchis. Nach Hekatäus (zur Zeit des Ptolom. Lagi) vertrieben die Aegypter, um eine Pest zu lindern, die Leute fremder Abstammung, die (ausser Danaus und Kadmos nach Hellas) durch Moses (der keine Götterbilder aufrichtete) nach Judäa geführt werden. Die von den Aegyptern, als fluchbeladen, vertriebenen Aussätzigen, liessen sich (nach Diodor) bei Jerusalem nieder. Moses und Aaron verlangen von Pharao die Israeliten auf 3 Tage in die Wüste zu entlassen, damit Jehovah sie nicht mit Pest und Schwert schlage. Während die Egypter viele Bilder anbeten, verehren die Juden allein im Geist eine einzige Gottheit. Nach Plutarch zogen die Kelten von jenseits der riphäischen Berge nach Europa (Brittannien und Gallien). Die im Norden zahlreichen Cimmerier erobert (7. Jahrbdt.) Sardes in Lydien, bis sie Alyattes vertrieb (nach Herodot). Hesiod kennt die Skythen im Norden (1500 a. d. nach Herodot), wo Sesostris bekämpft. Nach Besiegung der Cymmerier fielen die Skythen (Ende des 7. Jahrhdts. a. d.) in Medien ein und drangen bis Aegypten vor. Homer nennt die Thrazier Rossemelker (Hesiod die Skythen rossemelkende Milchesser, die auf Wagen leben). Die Sauromaten stammten (nach Herodot) von Amazonen und Scythen. Homer setzt die Kymmerier an den Eingang in die Unterwelt nach Westen. Als die Scythen (mit König Madyas) einfielen, trennten sich (nach Herodot) die Kymmerier (nach Erschlagung ihrer Fürsten). Die Treren oder Kymmerier (die unter König Midas in die östliche Seite des Pontus einfielen) wurden (nach Strabo) von Kobos beherrscht, als die Scythen (unter Madys) sie vertrieben. Bei ihrer Rückkehr fanden die Skythen ihre Weiber den Sklaven verheirathet. Nach Diodor breiteten sich die Skythen in Araxes aus. Die Hyperboräer, am äussersten Meere (nach Aristeas) lebend, waren ein gerechtes, von Baumfrüchten lebendes Volk (nach Hellanikus) ohne Krankheit und Alter (nach Pindar). Von Ophir fahrenden Schiffe der Phönizier landeten an der Abhira-Küste (bei der Indus-Mündung) und brachten indische Producte (mit dem Sanscrit entlehnten Namen) zurück (1000 a. d.).

und nach 40 andere Könige (526 Jahre) der chaldäische König Phul. Nach Herodot kämpften die Sagartier mit Lassoes, nach Pausanias die Sarmatier, nach Suidas die Parther*), dann die Hunnen, Alanen und andere Barbaren (auf den assyrischen Sculpturen von Assur-bani-pal).

Neben den thracischen Göttern Ares, Dionysos und Artemis (Bendis oder Cottys) verehrten die Könige besonders den (am Berg Kyllene in Arcadien geborenen und Parammon in Olympia genannten) Hermes oder (nach Steph. Byz.) Imbramus, (den Regengott**)) den Imbro der Korybanten

---

*) Die nach Lycus (Sohn des Athener Pandion) genannten Lycier aus Creta hiessen früher Termilae. Cyprus heisst auf der assyrischen Inschrift das Land der Yavnan. Aepeia wurde von den Atheniern als Soli colonisirt. Die Cyprier stammten (nach Herodot) aus verschiedenen Stämmen (von Athen, Salamis, Arcadien, Phoenicien, Ethiopien). Die Cilicier, von Cilix (Sohn des Agenor) genannt, hiessen Hypachaeer (nach Herodot) [unter Achaeer]. Die Aeolier hiessen früher Pelasger (s. Herodot). Die nach Jon (Sohn des Xuthus) benannten Jonier, die Achaia im Peloponnes bewohnten (vor der Ankunft des Danaus und Xuthus), hiessen Aegialische Pelasger oder Pelasger der Küste (s. Herodot). Cercurus navis est Asiana praegrandis (Nonn.). Bei der Gelangung zum Thron schwur jeder König aus dem Acakidengeschlecht (der unter Pyrrhus nach Epirus gewanderten Molosser) nicht von den Landesgesetzen zu weichen, und dann erst leisteten ihm die Untergebenen den Eid der Treue in der alten Hauptstadt l'assaro. Die Pisidier (mit Isauriern) gehörte zu einerlei Stamm mit den Bewohnern des rauhen Cilicien. Bei Milyas (der Milyae oder Solymi) residirte die Kabalia genannte Dynastie pisidischer Fürsten in Kabalia. Die Pamphylier waren aus den Einwanderern unter Amphilochus und Kalchas gemischt. Nach Hecatäus war vor den Hellenen der Peloponnes von Barbaren bewohnt. Pelops brachte sein Volk mit, dem er den Namen gab und Danaus kam von Egypten, während Dryopes, Caucones, Pelasgi, Leleges innerhalb des Isthmus sassen, und ähnliche Stämme, indem die Thracier des Eumolpus sich in Attica fanden und Tereus in Daulis (in Phocis), die phönizischen Gefährten des Cadmus dagegen Cadmeia besetzt hielten, die Aeoner, Temmicer und Hyanter aber Böotien (Strabo). Sandan-Herakles ist mit den thracischen Kotys (König und Lüstling) identisch, wie Androcottus (Sardanapal) mit Sandrocottus (in den Kottytien). Kleiderverwechslung im Dienst des Baal (s. Movers). Sardus, Sohn des Herakles (Pausan.). Sardanapal sitzt unter seinen Weibern. ἀναβάδην (pedibus sublime porrectis). Kottas baute Tarsus und Anchiale. Σαρδαν-apal ist Sandau, ὁ μέγας. San, als Bezeichnung des Hellen und Glänzenden, so dass Sardanapal der Herr des Sonnenlichtes (s. Pauly). Mazaka (Eusebia, oder der Andächtige) war (nach Const. Porphyr) von Musach (Urvater der Kappadocier) genannt. Thoana (Tbyana) war von Thoas, König der Taurer (der Orestes und Cyclades soweit verfolgte) benannt (in Kappadocien). Kampac (Cambe) lag am Fuss des Gebirges Argaeus (in Kappadocien). Sandon (als lydischer Herakles) besiegt die Amazonen und lässt dem lydischen Könige das Beil ihrer Königin als Insigne (wie Omphale mit einem durch Sandyx roth gefärbten Gewand bekleidet. Sandan baute Tarsus in Cilicien (nach Amm.), als Sohn des Herakles (nach Valesius). Herakles gründete Tarsos (nach Dio Chrys.). Sandacos, Vater des Cinyras, war mit Thanake vermählt. Herakles heisst Δισανδᾶν (b. Sync.) in Kappadocien und Phoenicien (Aisandan). Dorsan, als indischer Herakles (b. Hesych.). Im Heraklescultus zu Tarus wurde ein πυρά (rogus) aufgerichtet. Die weibische Sardanapel ernannte sich zu der Revolution. Bei den Sakäen herrschte der Zoganes genannte Sklave im königlichen Schmuck (mit Kotte oder Schleier aus Byssus).

**) Zur Zeit der deucalionischen Fluth (s. Aristoteles) wäre die Umgebung Dodona's bewohnt gewesen von den Graecoi, die später Hellenen genannt wurden. Damals scheint das Land trocken gelegt zu sein von den Wassern, deren Rest der See von Joannina oder Pambotis bildete, wie das Thal des Peneios in Thessalien sich durch den Abfluss in die Schlucht von Tempe entleerte. Von den dem Eichen-Orakel dienenden Priestern, den Selli (bei Homer) oder Helli (bei Pindar) erhielt das Volk der Graecoi den Namen Helleuen, und die späteren Weissagerinnen, die Peleiaden (pelaiai oder graiai) wie die Graekoi erhielten ihre von Herodot gehörte Verknüpfung mit dem aegyptischen Theben und dem libyschen Zeus Ammon durch die von den Corinthern in Ambracia gestifteten Colonien. Achilles, der als Skythe mit rothem Haar und blauen Augen beschrieben wird (von den Carpodakai oder scythischen Carpi) residirte im achäischen Phthiotis, aber bei seinem auch mit dem Tode noch nicht beigelegten Zwist mit den übrigen Achaeern zog sich sein Sohn Neoptolemus oder Pyrrhus mit Helenus, Sohn des Priamus, nach Thesprotia in Epirus zurück und dort gründete sein Sohn Molossus die Fürstendynastie unter der darnach benannten Molossi. Ihrem Seher folgend, zogen viele der mit Troja verbundenen Reiterstämme nach Epirus, und von Thesprotia aus unternahmen dann die Thessalier ihren Angriff auf die äolischen Böotier am Passagetischen Gulf, wodurch zugleich die fruchtbare

oder (nach Eusth.) Imbros (der Karen oder Makaren) auf der den Kabiren heiligen Insel Imbros (Imbrasos), wie Homer am Aenus „den Thracier-Fürsten Imbrasus kennt," und „deum maxime Mercurium colunt", sagt Caesar von den (von Dite patre stammenden) Galliern, wie „Deorum maxime Mercurium colunt," Tacitus von den Germanen der Teut (des gallischen Teutanes oder egyptischen Tet) oder des erdgeborenen Tuyscos (Tyr oder des in Zir übergehende Tiu, der bei Einwanderung der Asen an den, Thor oder Er zurückdrängenden, Odin seinen Wochentag abtritt), Vater des Mannus im Anschluss an die keltisch-finnische Bezeichnung des Stein's oder des Saxum der Laoi, (im Saxnote oder Saka-Natha) der Laoi, während Maneros der Sohn des ersten König's in Egypten heisst, und Manes der Patriarch der Phrygier von Annacus oder Nannacus beherrscht. Auf etruskischen Münzen heisst Hermes Turms oder (nach Macrobius) Casmillus oder Camilus. Hercules Saxanus wurde (neben Hercules Magusanus) als Riese dargestellt (v. Zeuss). Wodan sane ipse est, qui apud Romanos Mercurius dicitur et ab universis Germaniae gentibus ut deus adoratur (Warnefried). Von den Sueven heisst es in der Lebensgeschichte des heiligen Columban: Deo suo Wodano, quem Mercurium vocant alii, litaverunt Odin. Nach Paul Diacon. entspricht Wodan (Gwodan) dem Mercur. Vuotant bei den Alamannen wird dem lateinischen Mars verglichen. Odin (in Grimmis mal) heisst Gauti. Nach Jornandes war Gaut erster König des Volke's. Armannu war Schutzgott von Susa (nach Rawlinson), Mantus der etruskische Unterweltsgott mit dem Hammer, und Manto Tochter des in einer Höhle orakelnden Teiresias. Der assyrische Nebo hiess als Planet Merkur wegen der Schnelligkeit (nach Hyde) Tir oder Pfeil (bei den Persern), deren Hercules und Mars brachten die Germanen Thieropfer (nach Tacitus). Als Schützer der Keilschriften erscheint Nebo oder Nabu, Herr von Barsip oder Borsippa (bis IV. Jahrhdt. im Talmud), der bei Mendäern und Sabäern von Harran dem Mittwoch (Nebuk) vorsteht, auf derselben als Dreieck unter dem Namen Tir, in der von Nebukadnezzar gegründeten Stadt Τεριjδων oder Διριδωτις verehrt. Tyr (einhendr. Asa) entspricht als Kriegsgott (n. Zeuss)

Ebene des pelasgiotischen Larissa erobert und, unter Herabdrängung der nicht in die Berge geflüchteten Eingeborenen, (besonders Perrhaebier und Magneten nach Theopompus) zu Penesten (als alte Schichtung in den italischen und hispanischen Osken in Uscana, Hauptstadt der Penestae in Penestia zwischen Macedonien und Illyrien), der thessalische Ritterstaat gegründet wurde. Das Ereigniss wird in das 60. Jahr nach dem trojanischen Kriege gesetzt und in das 80. der Auszug der Heracliden aus Doris zur Eroberung des Peloponnes. Wie Herodot sagt wohnten die Dorier zur Zeit der deucalischen Fluth in Pthiotis, und dieses achäische Phthiotis, der Sitz des Hellen, galt für die Heimath des hellenischen Volke's, das sich von dort aus über Griechenland verbreitete, d. h. also, den vorhomerischen Verhältnissen Rechnung getragen; der (im Caucasus wiedergefundenen) Achaeer (als Hypachaei in Cilicien vor Ankunft des Cilix), während der späteren Sagen, als der Stammbaum der Hellenen sich schon gebildet hatte, die Achäer durch Hellenen substituirten und Hellen gleich an die Spitze des Ganzen stellten. Als das väterliche Königreich in Thessalien dem ältesten Sohne Aeolus hinterlassen war, zog Dorus mit seinem Gefolge, das sich von den Panachäern getrennt hatte, nach Histiaeotis und wird dort mit den Graekoi oder Hellenen zusammengetroffen sein, als sie ihre östliche Bewegung begannen. Bald darauf begann sich das cadmeische Uebergewicht in Nord-Griechenland bemerkbar zu machen, die Böotier drangen erobernd in Thessalien vor, Arne zu ihrem Regierungssitz erhebend, und die Dorier werfen sich, als das macedonische Volk, (wie die Macedonier von Macednus, Sohn des Lycaon, stammen wollten) in die Bergkette des Pindus, die Epirus von Thessalien scheidet. Als dann der thesprotische Einfall die Böotier zurückgeworfen hatte, erlangten die Dorier die Hülfe der Malier, um sich unter Vertreibung der Dryoper in Doris festzusetzen, und dieses wichtige Ereigniss wurde mit Herakles verknüpft, als dessen Sohn (schon bei Hemer) Thessalus galt. Von gal. abhainn hiess der Schwarzwald (Abnoba oder Arnoba) Flusswald, weil vom Rhein (Ριγος) umströmt (Zeuss). Zum Stamm ερ (ος) gehört mit ἀρνις (Lämmer) auch ῥήν und ῥήνι (Schaffell). Arnepolis (Areopolis) civitas a Babyloniis Heraclem pro tempore colere dicitur (Servius).

dem celtischen Hesus (ahd. her, goth. haiz splendere). Sippara (Sivra oder Sura) war die Sonnenstadt, (Tsiparsba-Shamas oder Heliopolis des Xisuthrus indischer Matsjawataram) zur Fluthzeit, während Odin, Wili und We, Kinder des Bor (Sohn des Bure) die Welt im Blute des Ymir ersäuften. Den (auf Samothrace) Σάος oder Σῶκος genannten Hermes identificirt Welcker mit Himerus und Memnon war Sohn der Hemera*) (des Tages) oder der Eos (Aurora) und des Tithonus. Zeuss stellt zu Irmino (Ingo) Isdo, Asdo (ahd. Irto, Arto). Nach kretischer Sage lebten zur Zeit der Kureten die sogenannten Titanen bei Knossus, (wo der Grund gezeigt wurde, auf dem das Haus der Rhea gestanden, sowie ein von alterher geweihter Cypressenhain), 6 Männer (Kronos, Hyperion, Cöus, Japetus, Krius, Oceanus) und 5 Weiber (Rhea, Themis, Mnemosyne, Phoebe und Tethys), als Kinder des Uranos und der Ge oder von der Titäa Einen der Kureten geboren (s. Diod.). Nach Völcker könnte die Wurzel von Titäa (Titäa (Erde) in αἶα liegen, woraus γαῖα und δαῖα δήω, δη-μήτηρ, und mit dem harten Laut ταῖα. Die Reduplication mit ι findet sich mehrfach, so in Giganten (Γηγενεῖς). Tityos ist (b. Pindar) der Demeter Europa Vater, Tityas der erste Beisitzer der idäischen Erdmutter (Apollon.). Als erdgeboren werden die von Cybele geborenen Titanen mit Schlangenfüssen gebildet. Kolchis**) (Aia), wo

---

*) Nach Mone hiess Hermes (Κισσώνιος) Artaeus (Αρταῖος) in Gallien. Hermodbr, Odin's Bote, reitet als Todtenführer das achtfüssige Ross. Sardis lag am Hermus, auf Kreta und an marinariusischer Küste fand sich das Hermaeum Promontorium (Ῥωμαία ἄκρα) und Mercurii Prom. in Afrika propria, der Herminus Mons (Arminna oder Hermeno) in Lusitanien, die Stadt Hermisium am taurischen Chersonnes, Hermonactis vicus am Tyras (mit dem Thurm des Neoptolemos), Hermonacum im nördlichen Gallien, Hermonassa zwischen Sindica und Phanagoria, Hermonthis (Erment) in der Thebaide, Hermopolis (wo Typhon und Thoth verehrt wurde) oder Eschmun bei Beni Hassan, Hermopolis parva im Delta, Hermus an der heiligen Strasse nach Eleusis. Im Antilibanos wurde die Hermon-Kette von Shenir (Sunir) oder Sirion unterschieden. Auf dem Berg Hermon, von den syrischen Stämmen als Gott (Baal-Hermon) verehrt (s. Eusebius), verschworen sich die Engel gegen Gott (b. Henoch). Hermione wurde den Dryopern (neben Asine und Eion) am Hermionicus Sinus gegründet. Die Thuringi waren Nachkommen der Hermunduri (Teuriochaimai oder Chaimai) oder (bei Cincius) Hermunduli. Die Hermunduren setzten sich in den Ländern der Narcomannen fest. Die Hermiones stammten von Irmino (Hermino oder Irmin), Sohn des Mannus. Unter den Amantes in Pannonien nennt Plinius die Hercuniaten. Der Hercynia silva heisst τα Ἀρκύνια ὄρη (bei Arist.) oder ὁ Ὀρκύνιος δρυμός (b. Eralosth.). Island oder (b. Alfred) Iraland heisst Herus, ultima terrarum insula (IX. Jahrhdt.), mit Spuren der Besiedelung aus Irland. Die Heruli (Elouroi oder Ailouroi) von Thule werden als Diminutivform von heru (gladius) erklärt oder aus jarl (altn.) und eorl (ags). Wie Jerne (b. Aristoteles) im nördlichen, Cerne im südlichen Westen, finden sich die (nach Arno, der Saturn täuschenden Amme des Poseidon genannten) Städte den aeolischen Boiotiern Thessalien's. Theile der Boii grenzten mit dem keltischen Alpenvolk der Karni zusammen und Karna ist Hauptstadt der Minaeer. Minnith (Stadt der Ammoniter) oder (b. Joseph) Maniathe (Maanith) heisst (LXX.) Arnon und Arno (Musarnus oder Hercol) gilt als Name des Herakles. Arne (Ἀρνη) oder Cicrium war von Arne (Tochter des Aeolus) genannt. Arneai oder Orneai war eine Stadt Lykien's und die lykische Stadt Ἀρνα war benannt ἀπό Ἀρνου τοῦ καταπολεμήσαντος Πρωτόγονον. Orpheus deum verum et magnum Πρωτόγονον appellat, quod ante ipsum, nihil sit genitum, sed ab ipso cuncta generata (Lactantius). Das argeiische Orneai war von Orneus, Sohn des Erechtheus, benannt. Die umbrische Stadt Arna wird Aharna (in Etrurien) identificirt. Arnae lag in Chalcidice, Arnina in Macedonien. Der Arnon floss in Palästina und der Arnus in Tuscanien. Thessalien hiess früher Aemonien. Nach des König's Pylämon's Tode zogen die Heneter (aus Paphlagonien) unter Antenor nach Liburnien an der illyrischen Küste. Die aegyptischen Mannu (man oder sich erinnern) oder Grabdenkmäler wurden von den Griechen Memnonia genannt (Brugsch.). Der als Meru-Berg gestaltete Scheiterhaufe zur Leichenverbrennung heisst Men im Siamesischen.

**) Wie sich noch jetzt im Kaukasus die Namensklänge verschiedener Völker finden, die in den umliegenden Ländern eine geschichtliche Rolle spielten, so in den Bergen des alten Thraciens die (der Maedi oder Medi (Stammväter der Bithynier), der Sinti, der mit den Sintics in Lemnos (und Sindi unter den Maeotae) verwandten Sapaei oder Saii (bei Strabo), der Serdi (mit der Stadt Sardica), der Brygi oder Phryges, die Pieria im Amanus wiederholenden Pieres, (eine spätere Provinz des Trachea Cilicia zur Zeit des Vepasian),

Aἰήτης herrscht, heisst *Τιτηνὶς αἶα*. In Phrygien findet sich die Stadt Titane und Titias vor idäischer Dactyl. *Τιτανίδα γῆν οἱ μὲν τὴν πᾶσαν, οἱ δὲ τὴν ἀττικὴν* (Et. m.). Von den Titanen (*Τιτῆνες*), als ihren Vorfahren, stammen die Väter der Sterblichen (im orphischen Hymnus). An Japhet und Titan knüpft sich bei den (von Strabo mit den Phrygiern zusammengereihten) Armeniern der in den nach Hellas übertragenen Mythen darauf ausgekämpfte

---

dann die der Dii oder Dioi (als Bergbewohner des Rhodope), der Satrae oder Satyren, der Bessi u. s. w. Der Strymon, an dessen Quellen in Skomius (dem Knoten des Hämus und Rhodope) die päonischen Völkerschaften der Laaei und Graaei lebten, bildete im unteren Laufe den von Pfahlbauern bewohnten See Prasias (*Κερκινῖτις λίμνη*) und dort verwandelte Deucalion die Steine in Laoi bei seiner später nach dem Parnass (b. Delphi) versetzten Landung. Die in der Sage als Kekropen spielenden Kerketae Circassien's (im asiatischen Sarmatien), die in Attica durch Kekrops repräsentirt sind, verbildlichen die Eingeborenen und die neben ihnen im Kaukasus genannten Achaei zeigen auch in Griechenland die ältere Schichtung der später in den (früher Graekoi genannten) Hellenen vereinigten Rassen, von denen die Aeolier aus Westen, die Javanen aus Osten, die Dorer aus Norden zusammentrafen (und argivische Colonien von Lauth in Aegypten gefunden werden). Gleich den von Ormuzd geschaffenen Ort des Ueberflusses Eeriene Veedjo (von welchem in Armenien verlegten Iran oder Aran des Berges Albordj die Auswanderung nach Soghdo oder Suenae in Assyrien Statt hatte) baute Midas seinen Garten im Berge Bermius, als Residenz, wie Asgard, in Midgard, der von Ymir's Augenbrauen umschanzten Erde. Die Medier des Mittellandes hiessen früher Arier, während die Perser, von den Königen der Arianer beherrscht, sich als Cophener an Indien schliessen, wo Palibrotha im Lande der Prasii lag. Der Berg Bermius, jenseits welches die Rosengärten des Midas lagen, konnte (n. Herodot) wegen seiner Kälte nicht passirt werden und so wurde Eeriene Veedjo (nach den Vendidad) durch Abriman's Winter unbewohnbar. Die Mexicaner hatten ihre Pfahlstadt in einen See gebaut und vom See Tezcuco verbreitete sich die aztekische Civilisation, vom See Titicaca die peruanische, vom See Guatavito die der Muyscas, als the centres of legendary cycles (s. Brinton). Die Blutflüssige in dem Evangelium erhielten den Namen der *Βερνίκη*, Tochter der Chanaonitim Justa (in den Recognitionen des St. Petrus), als *Βερονίκη* (Vera-icon) mit Berenice (Nichte des Herodes) identificirt, wie Celsus die Blutflüssige (als Bild der Weisheit) bei den Valentinianern zur Jungfrau *Προύνικη* machte (nach Origenes). Sophia hiess *Προύνικος* bei den Barbeloniten. Nach Sim-Mag ist *Προυνικος* ein Name der Ennoia. Den Ophiten ist Prounice die vom Himmel gefallene Weisheit (in der Materie). Connus dans l'histoire byzantine sous le nom de Botrinaki (comme les Serbes du Danube sous le nom de Trivalles), les Bosniaques croient avoir précédé tous les autres Slaves dans l'empire d'Orient. Ils parlent même de nombreux mariages contractés entres leurs ancêtres et les familles princières des tribus gothiques, auxqu'elles ils donnèrent des rois, tels qu' Ostrivoi et Svevlad, lorsque du cinquième au septième siècle la nation des Goths parcourait l'Europe (Robert). Den Phoeniciern wurde die Bearbeitung der Goldbergwerke auf der Insel Thasus oder Thassus zugeschrieben, unter der Leitung des Thasus, dessen Bruder Kadmus sich mit der (von der Tochter des Atlas dem Zeus geborenen) Harmonia (Schwester des Dardanus und Jasion) vermählte auf der vor der Mündung des Hebrus gelegenen Insel Samothrake, wo die Pelasger (nach Herodot) Mysterien der grossen Göttin oder der Erdenmutter, die bei den Thraciern (nach Hecataeus) Lemnos hiess, eingeführt hatten. Wie auf Lemnos und Samothrake wohnten bei Abdera die Sinti, die in ihrem Namen Sapae (Saii) den Suparnus (Nebenfluss des Indus oder Sindus) zurückrufen (wie Suwarna oder Gold). Die Sindi, deren Könige (am Pontus Euxinus) in Gorgippia regierten, ehrten die Verstorbenen durch Fische (nach Nicolaus Damascenis) und Sidon hatte (nach Justinus) seinen Namen von dem Reichthum an Fischen (Sidon im Phoenicischen) erhalten. Auf der Insel Imbrus wurde Hermes verehrt und Hera oder Imbrasia im icarischen Meer auf Samos, ein (nach Const. Porph.) Höhe bezeichnender Name (als Rama). Der Samier Colaeus durchfuhr zuerst die Säulen des Hercules und zeigte den Phocaeern den Weg nach Tartessus (Tarshisch), sowie zum atlantischen Meer, während die Gründung des von den Argivern unter Triptolemus (auf die Wanderfahrt, um Jo zu suchen) colonisirten Tarsus in Cilicien dem Sardanapalus (dem Könige Assyrien's) zugeschrieben wurde. Während Dardanus nach Asien zieht, als Stammherr der (von assyrischen Hülfstruppen unterstützten) Trojaner, wurden die Mysterien in Samothrake von Jasion erneuert, der die ansässige Bevölkerung repräsentirt, wie Japet in Griechenland und Janus in Italien. Zur Einwanderung der kuschitischen Bevölkerung der Chananäer von Indien her in Palästina gehörten die Sidonier und nach Zerstörung ihrer Stadt durch die aus Creta an der Küste angesiedelten Philister, gründeten auf's Neue aus Tyrus und Aradus im persischen Meere Handel treibende Kaufleute den phönizischen Hafen von Tyrus. Von Ismene (Tochter des Asopus) wurde dem Jasus die Jo (spätere Gemahlin des aegyptischen König's Telegonus) geboren (auf ihre Irrfahrten gesucht).

Streit mit den Titanen oder den Don-Anwohnern des Tanausis oder Tanais
(Anaitis in weiblicher Wandlung) von Tieum, Hauptsitz der Kaukonen, wie
auch die Tucktaliut oder Tataren (Tha-tha oder Ta-se) von den Chinesen
Hunde (Thii) gescholten wurden. Die Götter schwören (bei Homer) bei
den Titanen im Tartarus. Zeus droht dem Ares mit einen Sturz tief unter
die Uranionen und bei den Römern war Summanus (früher der höchste)
der unterirdischen Jupiter. Die Olympier heissen häufig Uranionen, als
Himmelsbewohner (s. Völcker) im Gegensatz zu den Titanen, als ἐνέρτεροι
θεοί oder χϑόνιοι. Zuerst regierte (nach Pherecydes) Uranus, der (b. Hesiod)
die Centimanen und Cyclopen zeugt (mit Gäa). Aehnlich den Kariern der
Cycladen oder den mithraischen Piraten in bellum piraticum waren die
Philistäer oder (LXX.) Φυλιστιείμ (Παλαιστίνοι bei Joseph.), die mit den
Pelasgoi identificirt von Hitzig als die Weissen oder (Sanscr.) Valakscha
(im Gegensatz zu den rothen oder Phoeniziern) erklärt werden, eine besonders aus europäischen Elementen gebildete Vikinger-Genossenschaft, die
während der ägyptischen Wirren zur Hyksos-Zeit anfangs den diesen angehörigen Fürsten unter den Kasluchim (scythischen Kassioten der mit persisch-
parthischen Kepheus vermählten Kassiopeia, gleich den nach der Nationalisirung
in Babylon in Chaldaeer übergehenden Kasdim*) oder Kasaken) neben
eingewanderten Kariern (s. Baur) und Eteokreten (als Krethi und Plethi
gleich byzantinischen Vaeringjar) dienten, dann aber nach dem Falle von
Avaris das Land der (auch Sippara oder Sepharvaim in Babylon neben
Kutha bewohnenden) Avvim besetzten, und in Asdod (durch Flüchtlinge vom
erythräischen Meere gegründet), sowie in Askalon (der Stadt des amalekitischen Lydierkönig's Akiamus), von wo schon vor Gründung von Tyrus
die Phoenikier (nach Justin) bekriegt wurden, jene Verbindungen mit den
Askaniern oder Saken eingehend, die sich im lydisch-phrygischen Askanien
zu der bestimmten Nationalität der Pelasger abschlossen, als cyclopische
Städtebauer unter Tyrrhenern oder Saken. Das skt. puri (pari) oder (gr.)
πόλις geht auf die Wurzel par (πελ πλε) zurück und bezeichnet die Vorstellung der „Fülle, des Gewimmel's und Gedränge's, woraus sich später
der Begriff Stadt entwickelt" (s. Curtius). Als Unbeschnittene (im Gegensatz der von Herodot mit Aegypten in Beziehung gesetzten Völker) und,
besonders in Asdod, (s. Nehem.) Fremdredende**) galt ihre Heimath Kaphtor
oder (b. Jerem.) Ai-Kaphtor dem Semiten meistens für Kreta mit dem
Idaberge (woher Tacitus jüdische Bewohner Palästina's leitet), obwohl
Kaphtor oder (hierogl.) Kebt-hor (Koptenland), das Poole aus Ἀΐα und
Γύπτος zusammensetzt, auf die durch den das Land der Melampoden erobernden Aigyptos vollzogene Umwandlung des Namen's Chemi***) (schwarz)

---

*) Cassiotis ist Ardh-el-Tiah oder Tiah-Beni-Israël (Wüste der Israeliten), wo (nach
dem Mireat) das Volk des Moussa (Moses) eingeschlossen war. Nach Al-Edrisi liegt
der Thor oder Berg Sinai in der Cassiotidis am Bahr-al-Schami (syrisches Meer).

**) Wie Njemetz (die Stummen) den Wenden besondere Bezeichnung des westlichen
Nachbarstammes wurde, so Walah oder Wal ein Fremder oder undeutlich und unver-
ständlich Redender, wie (βαρβαρος) den Deutschen und durch sie den Wenden besondere
Benennung der Römer und ihrer Untergebenen. Die Wilini (Ad. Br.) oder (Witichind)
Vuloini stehen neben den Ilevelern, die Wilci (descr. civ.) unter den Liutici (Wilzi oder
Wilti). Als Wandernde werden die Philister von (aeth.) falasa (umherschweifen) abgeleitet, ein Wort, das (dem gothischen ähnlich) in den Deutungen den politischen Verhältnissen entsprechende Wandlungen unterging, um wieder die einheimischen Ackerbauer
zu bezeichnen (als Fellah).

***) Der Name der Philister (Phylisteim) könnte einfach die Stammgenossen der φυλή
von W. φυ (bhu und fu) bezeichnet haben, ohne desshalb auszuschliessen, dass sich nicht
allmählig ein ethnischer Character, wie bei den zu den Tadjik gerechneten, aber doch
zugleich in markirter Specialität davon verschiedenen Eimak oder Aimak (oder Paropamisos)
damit verbunden haben möchte. Das piratische Treiben dieser vor Minos Zeit thalasso-
kratischer und (unter Dardanos) nach troischer Küste schiffenden Ascomannen (aus

20*

oder des humitischen Gebiete's (des Khem oder Pan) führt. Als die Siculer*)
durch Leute, die zuvor in Argos wohnten (wie Dionys. Hal.) bemerkt, vertrieben wurden, und ihrerseits von die Sicaner (iberischen Stamme's) Ansiedlungen in Trinakria erzwangen, blühte als alte Gründung Sicyon oder
Mekone, die Opferstadt des Prometheus, wo König Telchin herrschte über
die auf Rhodus heimischen Telchinen, zauberkundig gleich den Tolteken
im Westen und den (aus Böotien ausgezogenen) Tuatha de Danan im Norden.
Wenn wir uns die deukalionische Fluth, als den Beginn der jetzigen Länder-

phalerischen oder peiraeischen Buchten) machte den Namen Philitai (s. Suidas) zum
Prototyp räuberischer Verheerer, und die Aegypter setzten (nach Herodot) die verhassten
Pyramiden-Erbauer in die Zeit des Hirten Philitis, die anfängliche Lebensweise der Hyksos
mit dem Namen ihrer Soldtruppen verbindend, indem jene, wie meist nomadische Eroberer
bei vollzogener Ansässigkeit, rasch in die Verweichlichung des Luxus versanken, und sich
durch angeworbene Praetorianer zu schützen suchten, wie egyptische Chalifen durch tcher-
kessische Sklaven, die Araber in Bagdad durch Türken, Timuriden in Delhi durch Mahratten oder Rohillas, Laos-Fürsten in Siam durch Macassaren u. s. w. Die kriegerischen
Gebirgsvölker des mittleren Asien, namentlich die in einem Theile Armenien's ansässigen
Chaldaeer und die Perser (bei Ezechiel) kommen schon früh in der asiatischen Geschichte
als Soldtruppen vor (s. Movers). Zu Abraham's Zeit fanden sich (neben den Kanaanitern)
die Phereziter im mittleren Westjordanlande (s. Knobel). Die Heviter von Sichem (obwohl
in der geographischen Völkertafel zu den Kanaanitern gerechnet, konnten (als ein Rest
der bei der Austreibung aus Aegypten versprengten Turanier) nicht die Beschneidung
(Gen.), die bei den Phoeniciern und palästinensischen Syrern von den Aegyptern und
Aethiopiern angenommen war.

*) Zu den unter den Ligurern in Tosnakria angesiedelten Sicani (aus dem Stamm
der Iberer) kamen (als kleine Sigier oder Saken) die Siculi, ein Barbarenvolk, das (nach
Dionys.) in frühester Zeit die Stätte des späteren Rom inne hatte. Sicyon (Telchinia) oder
Mekone (Maha-Eikon), der Opferplatz des Prometheus, galt für Wohnort der Seeligen und
der Eponymus von Aigialeia der Sicyonier oder (auf dem delphischen Fripod) Sekyonier
war der Athener Sicyon (Sohn des dem Pandioniden-Geschlechte feindlichen Metion, Grossvater der Metiadusa, Schwester des Doidalus, dessen Gegner Minos von Siculer Cocalus
getödtet wurde), während Prometheus, der feuererzeugende Pramathas oder (nach Diodor)
der (pharaonische) Gouverneur des Osiris am Nil (Okeame oder Okeanus) oder der ogygi-
schen Fluth in Iconium oder (b. Steph. Byz.) Eikonion, der früher von Annakos (je nach
der Auffassung im Anax und Naga oder Annakim) gefallene Söhne der Anakyndaraxas in
Tarsus oder des Midas in Doganla) oder (nach Hitzig) Henoch (Edris oder Taauth) beherrschten Stadt der Medusa zu Pereus Zeit, Menschenbilder formte. Die Σικυνιοι der
cottischen oder grapischen Alpen (b. Ptol.) heissen (b. Strabo) Iconii (s. Long). Nach
Nicagoras hat Prometheus zuerst Bildnisse (Statuen der Eidola gebildet, wie der indianische
Schöpfergott), aus Thon (nach Lucian), weshalb die Athener einen Arbeiter in Thon
Prometheus nannten. Aetolus (Sohn des Endymion) flüchtete sich aus Elis zu den Cureten
in Aetolien und baute Calydon (mit Tempel des laphräischen Apollo und Cult der laphräischen Diana). Callisto wurde von Diana (die ihre Schwangerschaft beim Baden entdeckte)
in eine Bärin verwandelt. Aetolus mit Epeern aus Elis trieb die Cureten westlich zu den
Lelegern. Die Quiriten waren von der sabinischen Stadt Cures genannt. Cureten waren
die Jupiterpriester in Creta. Der von Artemis zur Verwüstung gesandte Eber wurde in
den Feldern Calydon's (Καλυδων) durch Meleager und seinen Genossen gejagt. Caledonia
von celydd (ein geschützter Platz) im Wälischen. Der von Aleus (Vater des Cepheus) der
Minerva ('Αλεα) in Tegea gebaute Tempel (mit Darstellung der calydonischen Jagd) war
ein im ganzen Griechenland heiliges Asyl. 'Αρκας, (Stammvater der Arcadier), Jupiter mit
Callisto gezeugt, wurde von Maja erzogen und zeugte mit Leanira den Apidas (und Elatus).
Um den Gast Jupiter zu prüfen schlachtete Lycäon (Vater der Callisto) seinen Enkel Arcas,
der wieder belebt und später (seine in eine Bärin verwandelte Mutter bis in den Tempel
des lycäischen Jupiter verfolgend) mit ihr unter die Sterne versetzt wurde. Kallisto war
Tochter des Coteus. Der wegen Cassiopeia von Neptun geschickte Cetus (Κητος oder
Wallfisch) wurde (nach Eratosthenes) unter die Sterne versetzt. Die Bewohner von Cures
heissen (b. Virgil) prisci Quirites und (bei Columella) veteres illi Sabini Quirites. Verehrung des Gott Quirinus (bei Sabinern). Die Cureten in Aetolien waren (nach Strabo)
von Euboea gekommen. Der aetolische Häuptling Thoas eroberte Pleuron (Hauptstadt
der Cureten). Von dem Gebirge Κουριον (in Aetolien) waren die Cureten benannt. Nach
Ephorus vertrieben die Aetolier die Cureten aus Curetis (den District von Pleuron). Zu
dem 'Οφιεις (in Aetolien) gehörten die Stämme der Βωμοι. Als 'Ρεα (Tochter des Uranos
und der Gaia) dem Kronos den in Windeln gewickelten Stein (βαιτυλος) gereicht (statt
Zeus), lässt sie das Kind durch den Waffentanz der Cureten auf Creta bewachen.

gestaltung denken, so ist ein Ueberblick der damaligen Völkervertheilung besonders wünschenswerth. Die Adogit-Stämme zogen von Hämus nach Norden, durch die auftrocknenden Sümpfe, als Helusii. Aristoteles lässt zur Zeit der Fluth in der Umgebung von Dodona die Graekoi wohnen, die später Hellenen genannt seien, einen ursprünglichen Zweig der von den graiischen Alpen bis nach Kleinasien (b. Herodot) in Cappadocien (s. Plinius) und nach Eustathius bis zur Stadt Kytaea (Kutais) erstreckten Ligyer*). Die unter Dorus nach Histiaotis ziehenden (und dort mit den Graikoi oder Hellenen zusammentreffenden) Dorer wohnten, wie Herodot bemerkt, zur Zeit der Fluth in Phthiotis, dem mythischen Stammsitz der Hellenen oder (wenn den vor-homerischen Verhältnissen Rechnung getragen wird) der (auch im Caucasus wiedergefundenen Achaeer), die als Hyp-Achaei von Cilix (Sohn des Agenor) den Namen der Cilicier**) erhielten und (nach Sempronius) die Gründer der italischen Städte unter den Aborigtnern aus Achaja in Griechenland abgesandt. Wie in halb-historischer Zeit Bebrycer, Dryoper, Malier u. s. w. vor dem aufsteigenden Geschichtsvolk der Hellenen verschwinden, so sind ältere Kämpfe mit den Eingeborenen in den Mythen erhalten, unter der phantastischen Ungeheuerlichkeit der Hecatoncheiren, den localen Phorciden, Chimären, Sphinxen, den Titanen (die zu Knossus auf Creta geräuschlos wie das Volk der Unterirdischen im Norden vor der neu anbrechenden Welt verschwinden, sonst jedoch durch die Genealogien der Atlantiden an dem Glanz der aus dem Westen zurückkehrenden Nachkommen des Aeolus theilhaben), besonders aber mit den Giganten, ϑνητοὶ καὶ οὐ ϑεῖον γένος (Homer), den γηγενεῖς oder (als aus dem Boden gewachsen) serpentipedes (b. Ovid), die ehe die wolkige Nephele von Ixion die Centauren des Pelion geboren, durch die Eselreiter (Dionys, Hephästos und Satyrn) erschreckt und von Herakles auch in Italien bekämpft wurde, wie von Canaanitern im Rephaim Vallis (κοιλάς τῶν Τιτάνων oder κοιλάντων Γιγάντων). Den Giganten gleich an Riesengrösse kamen die Lästrygonen, und die Phäaken (von Hypereia nach Scheria gezogen) rühmten sich den Göttern ebenso nahe zu stehen, wie Cyclopen und Giganten. Nachdem Minos auf Kreta***), wo sich die Einflüsse aller umliegenden Inseln kreuzten, durch Ordnung der Gesetze ein selbstständiges Reich in's Leben gerufen hatte, und so mit dem Protophyllum der hellenischen Nationalität auch Zeus geboren war, treten im peloponnesischen Argos die Pelasger (unter dem ἄναξ Πελασγῶν, wie Aeschylus den König von Argos nennt) auf, indem Zeus mit Niobe, Tochter des Phoroncus, den Pelasgus zeugt, der Repräsentant einer in Aegypten als Hyksos erschienenen Nomadenrasse, die damals aus dem durch kräftige Hand geordneten Kreta nach dem Peloponnes zog, und in ihren zurückgebliebenen Resten später von dort unter den Namen der Philister sich den Küsten Palästina's zuwendet. Von Larissa und Poseidon's Söhne (Achaius, Phthius und Pelasgus geführt, besetzten die Pelasger dann das (durch den Abfluss des Peneus, dessen Tochter Menippe, nach Hellanikus, von Pelasgus geheirathet wurde) trocken gelegte Thal von Hämonien

---

*) Nachdem die Macedonier sich Emathia's, Emathia quondam Paeonia (Livius) bemächtigt, und die persischen Könige paeonische Völkerschaften nach Asien verpflanzt, erhielten sich die Paeonier nur an der Quelle des Strymon, als Leaei und Graaei. In den Alpen fanden sich Laeoi und Graioceli, als Lyger oder Ligier (Lougier). Der See Prasias wurde von einem paonischen Stamm auf Pfählen bewohnt.

**) Lygdamis, der die Cimmerier nach Lydien und Jonien führte, fand (nach der Eroberung von Sardes) in Cilien seinen Untergang. Nach Reinegg's ist All an der Plural von All oder Ell, was in der Leagischen Sprache Volk oder Stamm bezeichnet.

***) Das Vorkommen der von Xanthippe stammenden Dorer in vor-trojanischer Zeit im Peloponnes, erklärt die Dorer in Creta. Als Sohn des Aeolus in Thessalien wird Cretheus genannt.

oder Thessalien, die dortigen Barbaren vertreibend, musste aber selbst später den (Aetolern und Lokrern) Lelegern und Cureten weichen und andern am Parnassus wohnenden Völkern (nach Dionys.), die von Deucalion, Sohn des Prometheus, geführt wurden, unter der Regierung des Nanas, Sohn des Teutamides (ein die Pelasger, wie die Teuccer, mit den Assyrern des Teutamas auf der einen, mit den Teutonen auf der andern Seite verbindender Name). Die Leleger, ein über die griechischen Inseln bis Kleinasien verbreitetes Volk, das unter König Altes*) (Altai-Chan) die Stadt Redasus am Ida (b. Homer) bewohnt, deuten auf die Herkunft aus dem Osten und ihre Abstammung von dem (seit Lydien's Eroberung durch die Amalek) in Kleinasien schaltenden Nomadenstamm (der Lakh oder Lechen) konnte indirect auf Egypten bezogen werden bei dem früheren Aufenthalt jener in dem Lande. Ihre Sagen verknüpfen sich (b. Aristoteles) mit den nordischen Teleboeern oder Thuliten und auch der Name ihres Fürsten Deukalion (Sohn des in Iconium residirenden Prometheus oder Nannakos) weis't auf westliche Kalatier oder Gallier in der früheren Form des Namen's, wie sie sich im brittischen Kaledonien erhielt (dem Kalydon Aetolien's entsprechend). Die Cureten in ihrer Herkunft von Euboea, von dem noch spät durch die Namen des Apollo Abacus in Phocis berühmten Abanten, die auf fromme Hirtenpatriarchen scythischer Abac zurückführen, drücken in ihrem Namen (wie in Italien die Quiriten von Cures) die (später in mythischer Uebermenschlichkeit gedachten) Herren, die Herrscherklasse, aus, die über die den Parnassus bewohnenden Bergvölker herrschten und sie mit den Lelegern verbunden in den Krieg gegen die Pelasger führte. Nach Vertreibung dieser dauerte die Herrschaft der Cureten, bis unter Aetolus**) (Vater des Calydon) die Epeer aus Elis herüberkamen. Die Epcier waren ein aus alten***) Beziehungen mit Aegypten (schon vor der Hyksos-Zeit) hervorgewachsenes Volk, das nach der Ermordung des Apis in Argos auf Elis, wo es die Cauconen ausgerottet, beschränkt blieb, aber sich durch die Zwischenstufe der Opiker in Italien bis zu den Osken in Hispanien erstreckten, und auf den Peloponnes (von wo oder aus Creta die Messapier oder Gross-Apier Messapeae bei Theopompus nach Japygia zogen) den scythischen Namen Apia (Erde) liess. Die mit den Doriern nach dem Peloponnes zurückkehrenden Aetoler (also die durch curetisch-hyautische Mischung modificirten Epeer) bildeten mit dem zurückgebliebenen Stammgenossen nach der Wiedervereinigung den Stamm der Eleer in Elis. Die nach ihrer Besiegung flüchtenden Pelasger zerstreuten sich nach verschiedenen Gegenden, suchten aber den Hauptmassen in dem heiligen Asyl ihrer Stammverwandten zu Dodona ein Asyl (nach Dionys.) und schifften dann von dort nach Saturnia

---

*) Im Hain Altis (zu Olympia), dessen Grund von Heracles gemessen war, war ein Altar den Musen geweiht.

**) Als Aetolus (Sohn des Endymion) nach Ermordung des Apis (Sohn des Phoroneus) in die Gegend von Cures floh, traf er dort die Söhne der Phthia und des Apollo (Dorus, Laodocus und Polypötes), die er tödtete. Von Phthius (Sohn des Poseidon und der Larissa) von der Landschaft Phthia in Thessalien benannt. Der Name des egyptischen Phth wird semitisch als Eröffner erklärt. Thebae (Θῆβαι Φθιώτιδος) war ein bedeutender Seehafen Thessalien's vor Gründung von Demetrias. Im Thal von Tesme öffneten die Peneus durch Abfluss Thessalien.

***) Elis blieb stets das Land der Weissager und von den Epeiern aus Elis, die (mit den Hermes verehrenden Pheneaten aus der durch Verstopfung der Katavothra zerstörten Stadt Pheneus und Peloponnesern) Herakles nach Italien begleiteten, erhielt der kronische Hügel den Namen des ibyllinischen (im späteren Rom). In Elis floss neben den Peneus der Fluss Sellers oder Ladon und auch die den olympischen Spielen vorstehenden Hellanodicae deuten auf die Localversetzung heiliger Namen aus dem Norden, wo sich der Dienst der Musen von dem Olympus in Pieria (in Macedonien) in Böotien auf dem Helikon (des Parnassus) wiederholte.

oder Italien*). Bei Dodona**) oder (thessalisch) Bodona***), dessen Orakel (in Hellopia) die Selli oder (b. Pindar) Helli erklärte, lebten die Perrhaebi (aus Hestiäotis oder früher Doris) und die Aenianer (von den Oetaeern des Oeta). Als die deucalionische Fluth eintrat (bemerkt Aristoteles) war Dodona an dem vielfach seinen Lauf wechselnden Achelous durch die Selli und das Volk der damals Griechen genannten Hellenen bewohnt. Ἡ νοῦ Ελλας κολουμένη ist für Thucydides das alte Griechenland, ohne andere Gesammtbezeichnung, als die von Herodot in Argos verwandte. Aus den Lelegern und den von den Cureten geführten Parnassus-Völkern gingen nun, (wie durch Mischung mit den Epeern die Aetoler und Lokrer) in Thessalien die Aeolier hervor, indem Hellen, Sohn des Deucalion, seinen ältesten Sohn Aeolus in der Sage als Erben des heimathlichen Reiche's einsetzt. Die von Phthiotis†) durch ihren Einfluss umgewandelten Pelasger bildeten die Achaeer, während die dem Papäus (den Menschenvater oder Himmel) vermählte Apia (die Erdgöttin) war am schwarzen Meer von dem Flussgott Borysthenes gezeugt, im Anschluss an nördliche Boreaden und verband sich in Abelios mit den Helios als Apollo (Abaus), der von den Hyperboraern gekommen. Api-doma wird bei den Slaven als Beschützer des Hauses angerufen††) Die gleichzeitige Erwähnung der Fluth bei dem sonst als Eroberer austretenden Deucalion scheint (in Folge von Niveauänderungen) auf eine ähnliche Katastrophe hinzudeuten, wie sie bei dem Durchbruch in Yemen zur Auswanderung zwang, indem die (als Gephyräer) in Wasserbauten und wahrscheinlich auch (wie am See Prasias) in Pfahl-Construction erfahrenen Pelasger, dennoch durch die Naturereignisse überwältigt wurden und ihr verheertes Land verliessen, das beim Ablaufen der Wasser von den nachrückenden Laern Deucalion's besetzt wurde. Der Kern der Pelasger erhielt sich in Dodona und machte bei ihnen (vor völliger Austrocknung der Sümpfe) den Namen Helopia oder Hellopia†††) entstehen, während Helenus die Aeneas nach Dodona begleitet, einen Anschluss an Helios zeigt. Der ligurische Stamm der Graekoi oder Graioi erstreckte sich bis zu den graiischen Alpen, und aus andern Beziehungen mit ligurischen Völkerländern (die zu Deucalion's Zeit sich bis Phthiotis erstreckten und dort mit den später in Achaeer verwandelten Pelasgern gemischt lebten), mit den Tauriski, die später am Po mit den Salassi oder (b. Polybius) Ἄναυες sich berührten, oder den (nach Plinius) früher Norici genannten Taurisci, die an

---

*) Die Pelasger oder (nach Hitzig) Philister landeten an der spinetischen Mündung (bei Vatrenus Hafen) des Po (Padus) oder Eridanus, wo Plinius von philistinischen Ausgrabungen spricht.

**) Dodanni oder das Volk der Dan (Tauatha-Den), die Irland (Er) besetzten, werden als Dardanni erklärt (Möller). In Dodona liess sich Helenus (Selene oder Mond) nieder. London hiess Isia Danaum im Lande der Καυτιοι. Der Fluss Cantabras (b. Plinius) ist der Chandra bagha.

***) Der Padus hiess (bei den Liguren) Bodincus (bodenlos). Die Bodiontici wohnten bei Dinia (Digne), die Bodiocasses neben den Belgern, Βοδοῦνοι (b. Dio Cass.) in Brittannien als Dolioni (b. Ptol.). Metrodorus erklärt Padus (keltisch) von den Fichten. Vodan wird von vadan (vadere, transmeare) hergeleitet.

†) Histiaeotis oder Perrhaebi (die südlich vom Peneus durch die Lapithen vertrieben waren) hiess früher Doris (nach Strabo). Die Aethices wohnten an die Quelle des Peneus.

††) in Creston oder (b. Thucydedes) Grestonia, sowie die in Scylace und Placia ansässigen Pelasger ihre eigenen Dialecte bewahrten.

†††) Unter den Soldtruppen, die Hamilcar gegen Gelo führte, werden Helisycier genannt (b. Herodot) und Tacitus setzt die Helisii (mit Harii, Helveconae, Manissis und Naharnavali) unter die Ligii. Wie den Namen der Hellusii in Scandinavien führt Zeus den der germanischen Hillevionen auf hella (petra oder Klippe) zurück. Im Hel und (Goth) Halja liegt die Unterwelt. Die Skipetaren (Albanen oder Arnauten) sind Fels- und Gebirgsbewohner mit Ableitung aus Skipe oder Schkipe (Fels), also wie das keltische Carni, Cornavii (Zeus).

die Carni grenzten, bildete sich die Nationalität der dann zu Hellen in
Beziehung gesetzten Dorier, die von Epirus aus ihre Eroberungen begannen,
nachdem sie das heraclische Fürstengeschlecht bei sich aufgenommen. Lassen
wir in dem Zusammenhang afrikanischer und asiatischer Aethiopen ursprünglich auch Mittelasien von der in Indien noch hie und da als Eingeborene
durchblickenden Kraushaarigen bewohnt sein, so würden sich die Kolchier
am Phasis als ihre letzten Ausläufer zeigen, da an der Südküste des Pontus
der (nach den Egyptern) älteste Stamm der Phryger oder (vor der thracischen Einwanderung der Briges) ihre ethnologische Grundlage in den später
(von Eratosthenes zu den untergegangenen Völkern gerechneten) Bebrykes
begann. Unter ihnen bildete sich bei Auswanderung aus den Hochlanden
Susa's das chussitische Reich in Mesopotamien, das aus der frühesten Cultur
im Nildelta auf dem Seewege Vortheil zog. Die Bewegung von Osten her
wird halbgeschichtlich zuerst durch die von Zoroaster geführten Meder*)
(als eines kirgisischen Stammes der Hakka) eingeleitet und aus ihrer Mischung
mit den vorgefundenen Eingeborenen bildeten sich die kophenischen Völker,
die den Geten oder Gothen und (bei der ägyptischen Eroberung) den Kopten
ihren Ursprung gaben, während die auf asiatisch-europäischen Ebenen ohne
feste Sitze fortnomadisirenden Vorposten als Scythen (dann als Sarmaten)

---

*) Von den medischen Stämmen entsprechen die Busae den Busani (in der Emmeramer
Handschrift) oder Bosniern (an der Bosna), die Budier den Budini, die Arizantier lygischen
Arii, den Struchaten den Στούρνοι zwischen Vibionen und Alaunen, die Paratacener den
Parathani (Porahtani) oder Borthari (Bructerer), während in den Magiern sich Aimak, als
Aia-Magon Volks- und Priesttername identificirt hatte, wie in den Chaldaeorn und bei den
in Birmanen aufgegangenen Brahmanen. Appollodor lässt die Perserkönige von Perses
stammen, den bei Cepheus zurückgelassenen Sohn, den Perseus mit der Andromeda zeugte.
Nachdem bei Abschaffung der Königswürde Medon als Archon seinem Vater Codrus in
Athen gefolgt war, führten seine Brüder Neleus, Androclus, Andraemon oder Andropompus,
Damasichthon und Promethus Colonien nach Kleinasien. Vor der Herrschaft Medea's und
Jason's in Asien hatten sich bis Alexander M. Zeit die Jasonier erhalten. Karmania oder
Kirman (mit dem Hafen Bender-Abassi) heisst (bei Agatharchides) Germania, wogegen
Hammer die Germanioi (b. Herodot) mit dem nördlich vom Oxus lebenden Stamm der
Erman (Khawarezm) verknüpft. Chorasan (Sonnenland) oder Baktrien (mit Herat), das
westlich zum jetzigen Persien gehört, östlich zu Afghanistan, und dann in das eigentliche
Bactrien (mit Balch) in Turan's Turkestan übergeht, begreift auch das von Hazzareh und
Eimak nebst Usbeken (mit dem Stamm der Berber) bewohnte Hazzareh-Land, wo sich der
Tadschik-Häuptling des Stamme's Afschar (bei Andschu) unabhängig gehalten hat und die
(von Dschingis-Chan's Mongolen hergeleiteten) Seherai — die Eimak bewahren die Ser-Titel
der Serer — bei dem von weiten Ruinen umgebenen Dorfe Budhi, als guten und bösen Gott
Choda und Schaitan verehren in einem Fellgötzen zeigenden Tempel. Die Medi (von
Madai, Sohn Japhet's) oder (auf den Keilinschriften) Mada bewohnten ἡ Μηδία, das περὶ
μέσην τὴν Ἀσίαν lag (nach Polyb.), wie Madhyadesa im Centrum Indien's, bewohnten das
heutige Irak-Adschemi (mit Hamadan oder Ecbatana), als ansässiges Volk in der Stiftungs-
weise ihres Reiche's erscheinend, während die den alten Medern Zoroaster's zugeschriebenen
Eroberungen näher mit den nomadischen Mardi (später zugleich als persischer Stamm aufgeführt) zusammenhängen mögen, den Theilen der eroberten Länder den aus kolchischer
Fürstenfamilie hergeleiteten Namen gegeben haben mögen, während die abgeworfene Herrschaft — die Deh-Stämme der Hazzareh mochten in den Tadschik (Dehkan) und den Deggan —
der (nach dem caspischen Meer zurückgeworfenen, aber gleichfalls unter den persischen
Nomaden figurirenden) Daher in der Erinnerung an Dahak's Zwingherrschaft verblieb.
Die Durani zerfallen in die Pandschpa und Zirak. Im persischen Nomadenstamm der
Sagartier könnten sich die Saceu als allgemeine Generalisation mit den Artaei (den Persern
vor Perseus' Zeit) zusammengeknüpft haben und die Dropiker (etwa die von König Drupadus,
Vater der den Pandu vermählten Draupadi, beherrschten Panchala) aus Darapsa (Darapsica)
oder Drepsa (Andcrab) an der Grenze Sogdiana's (zwischen Oxus und Jaxartes) gekommen
sein. In den Derusiern lag der auch in den Derbiccae in Mergiana (die gleich den Wenden
von Jüterbogk ihre alten Verwandten speisten) erhaltene Name cimmerischer Trerer
(Tererer) und die Panthialaeer mochten die Dorfbewohner der Küste sein, während die
Germani Kerman inne hatten. Pasagardae entsprach als Gerod oder Hofstadt (königlicher
Sprache) dem Asgard, wie die persischen Namen den Titel As schon an der Endung
tragend, während die Häupter damals noch als Ak oder Aga bezeichnet wurden in
Achaemeniden oder (nach Rawlinson) Hakhkhamanish.

erscheinen und in Folge von Parteistreitigkeiten die Parther von sich aus-
stossen, die dann wieder die ihnen zur Zuflucht dienenden Länder der
Kophener in persische verwandeln. Vor der ersten Bildung der Kophener
war der das untere Nilthal, das eigentliche Aegypten, besetzende (und später
im Reiche des Kepheus) fortlebende Zweig ausgegangen, die um das caspische
Meer weitergewanderten Geten wurden durch nordische Einflüsse der abgezogenen Cimmerier in die die Erinnerung aegyptischer Beherrschung bewahrenden Gothen verwandelt, während, an die Südspitze des Caspi die
Dahae zurückblieben, die nach früheren Zügen in Arabien wieder in den
bactrischen Staat der Pishdadier eingebrochen waren und dort als turanische
Zweigherren verabscheut wurden. Aus Resten unvermischter zurückgebliebener
Arier oder Meder bildete sich ihr später geschichtlicher Staat in Ecbatana,
die Hauptmasse des Adel's war aber in die Pehlewane Bactrien's übergegangen, die Vorfahren der mit Perseus eingeleiteten Perser, die (bei den
Griechen Kophener heissend) sich selbst Artaxoi nannten und von ihrem
Stammsitz Iran aus Süd-Arabien seine Iremiden-Dynastie gegeben, sowie
Susa's Kissia den Namen Elam (nach medischer Aussprache im Osten)
gegeben. Nach Pan, auf dessen lascive Orgien Herodot einzugehen vermeidet, hatten die Aegypter (nach Diodor) die Stadt Chemmo genannt (also
von Cham, dem Sinnlichen). Nach Diodor sollten sich die Gräber der Osiris
und der Isis in Philae finden, also als Schutzwehr an den Grenzen begraben, wie die earthagischen Brüder unter die Arae Philaenorum. In
Osiris Zügen liegt das Heidenvolk der Philiten. Die Sigynnae*) reichten
(nach Herodot) bis zu den Eneti am Adriatic, einem durch seine maritime
Beziehungen modificirten Zweig der Ligurer, und waren den Ligurern von
Massilia (aus der Entfernung) als Händler bekannt, indem sie wahrscheinlich die Transportthiere für die Carawanen (wie die Aorsi auf der kaukasischen Handelsstrasse) lieferten, während die eigentlichen Kaufleute
(wenigstens zur Zeit des Themistokles) eben die Ligurer waren. Die
Sigynnae besetzten also den Osten des nördlichen Europa, (ihrer nomadisirenden Lebensweise nach besonders die Ebenen) und werden zum Theil

*) Wollte man in den Sigambri eine Verbindung der Ambronen (sonst Gambrivii)
oder (nach Nennius) Aldsaxones, die Plutarch's Mittheilung zu den Ligurern stellt, während
ihr späterer Name (nach Festus) zur allgemeinen Bezeichnung von Plünderer wurde, mit
den Sigynnae sehen, so würden sie den Celta-Skythen (Strabo's) entsprechen (nach Analogie
der Celtiberer, Roxolaner u. s. w) und die einheimischen Traditionen der Sigambri oder
bei (bei Strabo) Σουγαμβροι (neben den Κιμβροι, wie Ptolem. den germanischen Stamm
der Sigulones an den kimbrischen Chersonnes setzt), worauf die fränkischen Könige Chlodwig
(b. Greg. Tur.) und (b. Venant. Fort) Charibert, de gente Sigamber zurückgeführt werden,
betonen mehrfach ihre Herkunft aus den Donau-Ebenen, (wo Tritheim ihren König Authenor
durch die aus Scandia gekommenen Gothen getödtet sein lässt) und im Hinblick auf den
Hermes oder (b. Paulus Diaconus, Wodan's Namen Imbramus oder Imbrus, als gemeinsamer Stammvater thracischer (nach Herodot) und celto- (Caesar) germanischer (Tacitus)
Könige konnte sich eine Kette bilden von Ambronen oder Ombronen zu Cimmerier
(Chimmerier) und Kimbern (der Hiymthurssen Hrymer's oder der Nachkommen Ymer's).
Ptolemäos kennt auf der kimbrischen Halbinsel die Σιγουλωνες jenseits der Sachsen. Nach
der scandinavischen Ueberlieferung liess Odin seinen Sohn Sigmund bei den deutschen
Colonien zurück (an der Siga oder Sieg oder dem Sigman-Fluss in Gallien) und als Sigge
(Friedulf's Sohn) bildete er das Haupt des Opfer-Collegium's zu Fühnen, wie Gylfe dasjenige zu Sigtuna (von König Siggo erbaut). Die Sagibarones im salischen Gesetz haben
weltliche Gewalt. Festus erklärt Saga (Saka oder Sige) für einen Sühnepriester, Hieronymus
für einen Opferer und das Wort wird dann weiter mit Sancus und Sanctus in Beziehung
gebracht (ein Uebergang des nationalen Namen's zur Bezeichnung der aus derselben entnommenen Priesterkaste oder der Verschmelzung beider, wie es sich bei Chaldaeern, bei
Brahmanen und Birmanen (Barmas) oder (in Nepal) Burmas (Varmas) und sonst häufig
findet. Viele Völkerschaften führen noch den Beinamen Brahmanen, wie die Makkokalinger, bemerkt Plinius in Indien, als heilige (μαχανιοι, κατα δε Ρωμαιους βιατα) Fischesser (Μεναι am Ιχθυαφαγων Κολπος, während die Fürsten von Theben den Fischgeruch
des Delta verabscheuten. Die Siginnae am Kaukasus hiessen Makrocephalae

in die Bildung der germanischen Stämme übergegangen sein, die später an die damals allein (neben den Kynetiern) im Westen Europa's genannten Celten (von den Quellen des Ister an) grenzten. Die struppige Rasse der Zwergpferde *) existirt gegenwärtig noch in den Shetland's Inseln und gehört der mongolisch-scythischen (im Gegensatz zu der arabisch-persischen) Familie der Pferde an, die besonders bei den nördlichen Mongolen zwar stark und rasch, aber kleiner Figur sind, ebenso wie in China und auf den Bergen der Laos sich wieder ganz zu der Zwerggestalt des nördlichen Europa verkürzen, in einer durch die Erhebung erkälteten Temperatur, während sie in den heissen Ebenen des Jrawaddi und Menam sich wohl importiren, aber nicht fortzüchten lassen. Als nach Einführung der nisäischen Pferde aus Africa die Rasse für Luxus-Zwecke veredelt wurde, war es natürlich, dass die zu Herodot's Zeit noch in Mittel-Europa allgemeine Zwergrasse mehr und mehr von dort verschwand, und sich schliesslich nur auf abgelegenen Endpunkten erhielt.

Die Orientalen bewahren die Tradition von der alten Herrschaft des Soliman **) Tschaghi, zur Zeit als die Thiniten von China bis Egypten herrschten, und lassen dann Gian-ben-Gian folgen (den Erbauer der Pyramiden), zu dessen Zeit die Erde in den Händen der Div oder Ginn war, einem zwar ungläubigen, aber gelehrten Volk, so dass auch die Perser von den aus ihm erbeuteten Gefangenen die Schreibekunst lernten. Obwohl indess die Mehrzahl der Pyramiden in der schon den Uebergang zum nationalen Aufstand (und also ‘theilweis Widersacher) bildenden Dynastie des Cheops (Khufu), Schofra (Cephren) und Menkera (Mycerinus) gebaut waren (IV. Dyn.), so bewahrten doch die (zu der älteren Schicht der Bewohner Arabien's) zählenden Sabaeer eine Verehrung für den Begräbnissplatz des Saba ***), Enkel des Houd oder Heber (Vater des Edris oder Enoch), der in einer Pyramide begraben lag, vielleicht (durch mythologische Rückdatirung auf

---

*) Die vermeintliche Herkunft der Sigynnae von den Mediern (b. Herodot) würde auf diejenigen Medier zurückweisen, die die zweite Dynastie des babylonischen Reiches (b. Berosus) stiftet und sich durch die Entzifferung der Keilinschriften (nach Rawlinson) als turanische bewiesen hat, also ein Glied der als Scythen geläufigen (und die ethnischen Wandlungen derselben unter einem gleichartig fortdauernden Namen verdeckenden) Generalisation. Wie in mongolischer Sprachweise der Name Shakiamuni (in Bengalen) oder Sakiamuni in Sigemuni (Shigemuni) (Einsiedler oder Saka) übergeht, so könnte sich Sigynnae oder (gleich dem Uebergang von Sakastene in Segestan) Sige-guna, als Saken (Scythen) Entsprossene, erklären, und Strabo Siginnae am caspischen Meer (persischer Sitten) würde ein ähnliches Zwischenglied für die westlichen Sigynnae bilden, wie die dortigen Massageten für Thyrageten und die Geten Thracien's, als Σιγυνναι, ἔθνος Σκυθικον (Steph. Byz.) oder (b. Apollon. Rhod.) Sigynnae am Euxinus, ἔθνος Σκυθικον (der Scholiasten). Die in ihrer Nachbarschaft durch verschiedene Stammesnamen auf indische Beziehungen hindeutenden Sogdii in dem durch alte Gebräuche mit dem (durch den Oxus, wie Saken durch den Jaxartes getrennten) Bactria verbundenen Sogdiana wiederholen in ihrem Namen die tibetische Bezeichnung für Mongolen (oder dortige Vertreter der Scythen in späterer Zeit) als Sok oder Sok-bo. Die Gepidae heissen (b. Treb. Pollio) Sigipedes (Siggipedes) und (bei Capitolinus) Sicobotes. Von den jenseits der Sigynnae gelegenen Länder fabelten die Thracier von einer Alleinherrschaft der Bienen, ein Symbol des späteren Reiches der Litthauer, das nach dem Muster der Bienenstaates geordnet war (und vielleicht des altfränkischen, in deren Königsgräbern die goldenen Bienen gefunden wurden). Die unter dem Bär gelegenen Länder waren nach Herodot's Ansicht der Kälte wegen unbewohnbar und hatten sie jedenfalls erst allmählig ihre vom Süden heraufrückenden Bewohner empfangen.

**) Solien, ein Titel der östlichen Nomaden, unter dem die Hoei-hu am Solim-Flusse nomadisirten. Noch Onowei, Kaiser der Jeujan (516 p. d.) nahm den Titel So-lien-teu-pim-teu-fa-chan (unerschütterlicher Kaiser) an. Mit Gin-chan endet der Titel des Khulüflo (Khutulopiakiakuiehoeiginchan) der Hoeihu 744 p. d. Das Grab des Cyrus bei Pasargadae wird als Mutter des Salomo zugeschrieben. Fanun war die Hauptstadt der alten Solimane. In der egyptischen Provinz Fayoum wurde der See Moeris angelegt.

***) Gogus sabaeam Arabiam felicem cum Sabo suo pater puer tenuit et Triton Libyam et Japetus priscus atalos Aphricum, Cur Aethiopiam et Getulus Getuliam.

einem von verwandten Stämmen erhobenes Werk) in der durch ihren Stufen-
bau den babylonischen Architecturstil wiederholenden Pyramide von Sakkarah (der Sacae). Durch die Rebellionen der Div (unter Eblis) erzürnt,
schuf Gott (wie Kudai seinen ungehorsamen Statthalter versteinerte) das
neue*) Geschlecht des Adam, (Ego, als erstes Pronom, auf den Keilinschriften), dem die Welt gegeben wurde, und Seth herrschte als Prophetenkönig, der dem (indischen) König Surkhrag (Befehlshaber des Soliman
Tschaghi, dem Gian-Ben-Gian folgte) auf dem Berge Kaf, der sich seinem
Gesetz unterworfen, (während Eblis sich Gottes Befehlen widersetzte) seinen
weisen Bruder Rocail zum Ordnen des Reiches schickte, (nach dem Tahmurath-
Nameh), während der den antediluvianischen Seth in der späten Version
(wie Cainan der Cainiten den Cain oder Cabil) wiederholenden Edris als
Hermes Trismegistus oder Thaaut auftritt, um die den Hyksos zugeschriebene
Bildung des phönizischen Alphabet's (wie Kadmon, dem Reflex des alten
Adam, nach dem böotischen Theben gebracht) aus den egyptischen Hieroglyphen erklärt. Als Cajomarth die Verwirrungen der Kriege benutzte, um
den Grund zur persischen Monarchie zu legen, scheinen die Hyksos sich
schon nach Palästina (da ihnen der Weg durch die syrische Wüste von den
Assyrern verschlossen war) zurückgezogen zu haben, so dass es damals
hiess, dass Seth's**) das Haus in der Erdmitte bewohne, der Beit-Almocaddes
in Jerusalem. Am See Kadesh (durch den Orontes gebildet) wurde (b. Emesa)
die Sonne als Heliogabalus verehrt, wie der aus Syrien stammende Kaiser
in Rom führte nach den syrischen Eroberungen sein Vorgänger (in der
XVIII. Dynastie) Amenhotep IV. (als Chou-en-Aten) die Verehrung der
Sonne (Aten oder Adonai) in Egypten ein, bis Har-em-hebi (Horus) den
alten Götterdienst wieder herstellte. Die mythischen Zeiten der Hor-schesu
(Diener des Horus) enden mit dem Sturze der Theocratie Egypten's (Aëria's
oder Mestraia's) durch den Thiniten Menes (Menes-Mizraim), der an den
(die aristocratische Kaste der Krieger auf den Monumenten constituirenden)
Ludim (durch die Lydier oder Maeonier mit dem Maeotis der Cimmerier
verknüpft) sein eroberndes Heer von den Grenzen der Thinae (auf dem
asiatischen Steppenweg) heraufführte. In Unter-Aegypten wurde Memphis
als Hauptstadt gegründet und Kekeou oder Cechus (der II. Dyn.) erbaute
die Pyramide von Sakkarah. Mit der fünften Dynastie***) aus Elephantine
(in Ober-Aegypten) gewann das einheimische Element die Oberhand, der
Schwerpunkt des Reiches neigte nach Süden; wo Pepi (VI. Dyn.) die Oua-
oua (kwa-kwa des Süden's und Westen's in Afrika) bekämpfte. Dann aber
überschwemmte eine neue Fluth (mit Stiftung der medischen Dynastie in
Babylon durch die Arier oder Japhetiten gleichzeitig) aus Asien das Nilthal, wodurch die Monumente bis zur XI. Dyn. undeutlich werden, dann
aber erhob sich (mit Hülfe der von Süd-Arabien nach Aethiopien vorgeschobenen Cuschiten) das afrikanische Blut in der XI. Dynastie, die in
Theben ihren Sitz hatte gegen die Usurpatoren des Delta, und wandte sich

---

*) Nach der Landwirthschaft der Nabatäer sind die Assyrer (die Kinder des ersten
Shabrikan) nicht von der Rasse Adam's, wie die Chaldaeer, indem Chaldaeer und Canaaniter
von zwei Kindern derselben Frau Adam's stammen.

**) Typhon (Seth) zerstreut die Glieder des Osiris nach dem Scythischen Gebrauch die
Glieder des dem Ares Geopferten umherzuwerfen (b. Herodot), wie Durga die des Siwa,
während bei Buddha die Vertheilung der Reliquien friedlicher Statt fand. Set wurde
bei den Hyksos als Sutex verehrt. Die Alanen oder Yan-thsai (der Chinesen) hiessen
(475—480) Suth oder Suthle.

***) En comparant les squelettes tirés des tombeaux antérieurs à la VI. Dynastie et
les momies postérieures à la XI., on observe dans la forme des crânes des différences
assez sensibles pour donner à croire que la population a dû être dans l'intervalle profon-
dément modifiée par l'introduction d'un élement nouveau (Lenormant).

(hinlänglich durch Siege gestärkt) unter Osortasen III. (XII. Dynastie) gegen die kuschitischen Nachbarn im Süden, bis (nach der XIV. Dyn. aus Xois oder Sakha) der Einfall der Hyksos das thebaische Reich wieder auf enge Grenzen beschränkte. Das Datum fällt ziemlich mit der Eroberung Babylon's durch die Turanier oder Scythen (nach Berosus) zusammen, und als sich dort die einheimische Reaction in der (schon unter den Kuschiten) herrschenden Gelehrtenkaste (mit Hülfe der Krieger der als Soldtruppen den Königen Medien's und Indien's dienenden Chaldaei in den Grenzbergen Armenien's nach Xenophon) der Chaldaeer (als assyro-chaldäische Dynastie) geltend machte, also die verwandte und vorher befreundete Rotennu oder Assyrier mehr und mehr feindselig wurden, befestigten die Hyksos oder Menu ihre Grenze durch Avaris oder Tanis *) (Tanais oder Scythen) gegen die Assyrer. Als Ahmes (Nachfolger des Diospoliten Rasquenen) die Unabhängigkeit und die Eroberer der XVIII. Dynastie die Macht Egypten's wieder hergestellt hatte, fiel auch Babylon, wo die egyptischen Herrscher ihre Statthalter einsetzten, die als die Dynastie der arabischen Könige figuriren, bis Ninus in dem Hochlande Assyrien's die Stämme zur Befreiung vom fremden Joche um sich sammelte und (1314 a. d.) Niniveh gründete. Die von Rhamses II. am Orontes bekämpften Khetas (Geten oder Saken), als Reste der aus Egypten verdrängten Hyksos, bewahrten die Verehrung des in ihrem Fluss (über den erst Orontes den Muth der Gephyräer hatte, eine Brücke zu bauen) verschwundenen Drachen Typhon oder Seth (den Nationalgott der Hyksos) und in ihre alte Stadt Edessa, die Dynastie der Manu (und Abgar). Die Einwanderung des Danaus nach dem Peloponnes fällt chronologisch ziemlich mit der Hyksos-Zeit in Egypten zusammen. Thoutmes III. herrschte über die libysche Küste bis zum Westen Afrika's, wie der alte König Thule. Die Eroberungen Rhamses II., die Macedo in Macedonien zurückliess, sandte der Rasena nach Italien. Die später aus Westen und Norden, mit den Aeoliern und Joniern (dann den Dorern) zurückkehrenden Götter Poseidon **) und Apollo bauten vor der Zerstreuung des pelasgischen Stammes den Hort Troja, unter Beihülfe des (von Europa geborenen) Aeacus, der (als seine Nachkommen feindlich abfielen) in die Unterwelt als Richter zurücktrat, mit seinen Brüdern Minos und Rhadamanthys, während Sarpedon in lycische Sagen überging. Von den Töchtern des Flussgottes Asopus in Böotien und Peloponnes (Vater des Ismenus und Pelasgus) wurde Aegina durch Zeus, Sinope durch Apollo, Korkyra durch Poseidon entfernt, die eingeborenen Fürstinnen repräsentirend, die sich jedesmal mit den Ankömmlingen vermählten. Aegina's früherer Name Oenone oder Oenopia schliesst sich an die Eingeborenen Italien's oder Oenotria's (im Süden) an. Als Peleus, Bruder des Telamon (Sohn des Aiacus), nach dem Tode des Phocas flüchtend, weder bei Eurytion in Phthia, noch bei Acastus in Jolcus Ruhe fand, wurde er von Chiron bei den Centauren aufgenommen und dort sein mit Thetis gezeugter Sohn Achilles erzogen, um mit Hülfe dieses kriegerischen Bergvolke's über die nach Art der Aegineten als Myrmidonen bezeichneten Eingeborenen zu herrschen. Zu Aegaea auf Euboea wurde Poseidon (nach

---

*) Aus Titanis verkürzt (nach Paulus Comestor). Typhon hiess (in Aegypten) Seth (Smy) oder Behon, und die Luren verehren auch heute noch (trotz des Islam) die fortgehende Einfleischung eines Heiligen, als Baba-buzurk (oder Grossvater). So übertrug sich bei den Juden das Prophetenthum, bis später den Juden die Menschwerdung Gottes wieder in volle Kraft trat (eines Buddha statt eines Bodhisatwa). Les textes fondamentaux (d'Egypte) montrent le dieu suprême se reproduisant perpétuellement (Rougé)
**) Die nach Nordafrika gezogenen Nomaden vollendeten dort die Pferdezucht (wie noch jetzt), weshalb die Cyrenäer (nach Ephorus) für ihre Wagenkunst berühmt waren und Cyrene (b. Pindar) εὔιππος; und ἱππόβοτος heisst. Im Cultus des Poseidon gelangte dann das Pferd nach Hellas. Im Heere des Xerxes kämpfen die Libyer auf Streitwagen.

Strabo) als Aegaeus verehrt und der Meeresgott Aegaeon, von dem das
aegaeische Meer den Namen erhielt, schliesst sich an den nordischen Aegir
an, Gemahl der Riesin Ran. Die in dem 100 armigen und 50 köpfigen Riesen
Aegäon (Briareus oder der Furchtbare) allegorisirten Wilden waren durch
Zeus aus ihren Höhlen entfesselt worden, um im Kriege gegen die Titanen
zu helfen, ebenso wie die gleichfalls von Uranus und Gäa stammenden
Brüder Cottus (in der thracischen Göttin Cotys und den Königstiteln der
Odrysae erhalten) und Gyges, von dessen weiblicher Wandlung (der Nymphe
Gygaea) die Fürsten der mäonischen oder (in Europa) päonischen Stämme
am Fusse des Tmolus (Mesthles und Antiphus) stammten. Als Rhodope,
des Candaules Gemahlin, sich mit Gyges verband, folgten auf die Heracliden
(die nach der Dynastie des Lydus, Sohn des Atys, geherrscht), die Mermnaden. In Egypten baute Mycerinus für Rhodopis aus Naucratis (die durch
Aphrodite's Verehrung berühmte Colonie der Milesier, als allein den Fremden
geöffneter Hafen) die kostbarste der Pyramiden, und in Thracien wurde die
Quellnymphe Rhodope (Mutter des Hebrus) mit ihrem Gemahl Haemus in
Berge *) verwandelt, weil sie sich, den Göttern zum Trotz, Hera und Zeus
genannt. In der Darstellung des Herodot**) leben die Meder oder (früher)
Arii fleckenweis (Κωμοδην), wie die Serben oder Slaven (b. Procop) σποραδην
und die Entstehung des medischen Reiches aus dem an die Erzählungen

---

*) An den rhipäischen Bergen wohnten (nach Plinius) die Arimphaeer (die Sauromaten
im Lande der Laxeis oder Wege). Das scythische Exampaeus wird als Hexen-Pfade
(ιεροι οδοι) erklärt. Die von den Chauken aus ihre Sitze vertriebenen Ampsivarii
(Καμψιανοι) oder Ansibari gingen später in die Franken über. Zeus überwältigte die
Campe, um, mit Hülfe der in den Tartarus gefesselten Kinder der Gäa (die Cyclopen und
Hekatoncheiren) Cronus und die Titanen zu bekämpfen. Die libysche Campe wurde von
Bacchus bei Zabirna erschlagen. Ptolem. setzt die Anasten (b. Caesar) neben die Teuriskoi
in Dacien.

**) Die Perser erschienen als ein kriegerisches Nachbarvolk, mit deren erzwungener
Hülfe Phraortes seine Eroberungen machte, und zur Zeit des Astyages hatten sie zum
Theil in den besetzten Ländern festen Fuss gefasst, weshalb neben den Nomaden (Daher,
Mardier, Dropiker, Sagartier) die Feldbauer Panthialäer, Derusiaeer, Germanier) erscheinen
und an der Spitze die Pasargaden stehen, mit dem Königsgeschlecht der Achämeniden.
Die Ranggliederung in der Begrüssung spiegelt chinesische Hofetikette und Herodot lässt
die Perser der Berathung im Rausch eine nüchterne folgen, wie Tacitus bei Germanen.
Gleich den Hiongnu, die auf dem Berge Kilin den Thiang-chou oder Herrn des Himmel's
opferten, riefen die Perser auf Berggipfeln den Himmelskreis an, als Zeus und verehrten
zugleich Sonne und Mond, Erde, Feuer, Wasser und Wind, sowie die bei den Assyriern
Mylitta, bei den Arabern Alitta genannte Urania (Aphrodite) als Mitra. Im Indischen ist
Mitras Epithet des Surjas. Wie Herodot bemerkt enden alle edlen Namen in Persien auf
den bei den Joniern Sigma, bei den Doriern San genannten Buchstaben. Bei den Opfern
wurde das geschlachtete Thier von dem Perser auf Klee-Gras gelegt, wie von dem Brahmanen auf Kusa und ein Magier sang als Weihelied eine Götterschöpfung (ähnlich den
in den Vedas enthaltenen) Die Aegypter trugen Feldgras (die ursprüngliche Nahrung) in
der Hand, wenn sie den Göttern nahten (nach Diodor). Die Verunreinigung der Flüsse
durch Waschen oder Spucken enthielten sich die Perser, wie später die Tartaren und
gleich den im Mittelreiche residirenden Chinesen schätzten sie den Werth der Völker
nach der grösseren oder geringeren Entfernung von sich ab. In den den Kindern gegebenen Lehren, die Lüge als das Schändlichste zu betrachten (wie es Mungo Park bei den
Negern fand) klingen die Lehren des Confucius wieder und dann wurde als höchste
Schuld die Schulden betrachtet, da der Chinese Alles daransetzt vor Jahresschluss bezahlt
zu haben. Neben Reiten wurden die Knaben im Bogenschiessen geübt, die gefürchtete
Waffnung der Tartaren und (in Indien) der Xatrya. Beim Begräbniss vertrauten die Perser
die sorgsam mit Wachs überzogene Leiche der Erde an (wie die ihre Gräber hochhaltenden
Chinesen), obwohl sie später den Brauch, vorher einen Vogel oder Hund daran zerren
zu lassen, von den Magiern (die die Leichen den Vögeln auf Gerüsten hinstellten oder
den Hunden vorwarfen) angenommen hatten, und den Parsen galt es als Dogma, dass die
Leiche von einem Hunde angeblickt werde, der bei den Eskimos die Seele in's Jenseits
führt. Ausser Hund und Mensch, tödteten die Magier Alles Lebende, sowohl Schlangen
und Ameisen, als sonst, was kriecht und fliegt, und Herodot constatirt das mit dem Brauch
der Aegypter, die (gleich den Indern) kein Lebensdes tödten, ausser dem zum Opfern
Gebrauchten, Wie sich (im Anschluss an indianische Genealogien) bei Türken die Ab-

des indochinesischen Dhammathat erinnernden Richteramt des Dejoces
gleicht der litthaischen Staatenbildung, auf heimischem Boden erwachsen.
Die von Herodot in Thracien als Geten gekannten Einwanderer breiteten
ihre Züge bis zur Ostsee aus, wo Pytheos die Gythones antraf. Neben
dem von den Scythen durchschrittenen Eingangsthor auf der grossen Heerstrasse von Osten, öffnen sich nach Europa zu die nördlichen Pässe des
Ural, über welche (wie später die in der Nama erscheinenden Bulgaren,
so früher) die Sarmaten eintraten. Als von ihnen die mit den Roxolani[*])
am Palus Mäotis ansässigen Jazyghen sich als Jazyghes Metanastae nach
den ungarischen Ebenen versetzten, und als Herrscher an die Stelle der
Geten traten (bald mit diesen verschmelzend, bald sie vertreibend), wurden
die dominirenden Nomaden-Völker von den Römern unter dem Namen der
ihnen näheren Sarmaten zusammengefasst, indem man bei der zwischen
Geten und Sarmaten bestehenden Verwandtschaft die trennenden Unterschiede oftmals ebenso übersah, wie später zwischen Türken und Tataren.
Während im Gegensatz zu den Herren, den Sarmati liberi, die Sarmati
servi auch als Geten oder Sklaven (gleich den Daciern) bezeichnet wurden
(indem die unterworfenen Eingeborenen während der Dauer der getischen
Herrschaft den Namen Geten zuertheilt erhalten hatte, wie die Gallier
später den der Franken), bewahrten die Gytthones ihre eigentliche Bezeichnung, wurden aber nun gleichfalls unter der allgemeinen Rubrik sarmatischer Völker zusammengefasst. Der nach Scandinavien vorgedrungene
Zweig kehrte dann auf dem Wege des Hinzuges wieder nach der Donau
zurück, um den Namen der Gothen mit neuen Ehren zu bekleiden (während
die Gothini noch doppelten Tribut, den Quadi und den Sarmaten gezahlt
hatten). Der äusserste Vorposten der Sarmaten nach Westen, die Quaden,
hatten sich in den Grenzen der Markomannen durch ihre Umgebung germa-
nisirt, während die von Westen nach Osten vorgedrungenen Germanen der
Bastarnae und Peucini, zwischen sarmatische Stämme[**]) eingeschoben, von

stammung vom Wolfe, auf den Kurilen und vielfach anderswo die vom Hunde findet, so
sollte der später Kyros genannte Findling von einem (im Medischen) Spako oder Hündin
(Cyno) genannten Weibe gesäugt sein und führt als Knabe das birmanische Legenden,
ebenso wie die magische Prophezeiung und ihre Deutung, wohlbekannte Königsspiel auf.
Die Anlage der Perser sich rasch fremden Sitten zu accommodiren, weshalb sie auch
medische Kleidung (und ägyptischen Panzer) annehmen, hatte sie mit allen Nomadenstämmen gemein, so bald dieselben feste Sitze gewinnen. Die um den siebentheilig mit
Farben geschmückten Ringwall Ecabatana's (Agbatana) angesiedelten Meder, die ihrem
(nach Eroberung von Ninus oder Niniveh) mit (assyrischem) Ceremoniell umgebenen
Könige nur durch die Vermittlung der Beamten nahen konnten, zerfielen in die Stämme
der Busier, Paratacener, Struchaten, Arizantier, Budier, Magier. Der unter Madyas (Sohn
des Proto-Thyas) auf dem Umwege rechts vom Kaukasus in ihr Land eingebrochenen
Scythen (den Besiegern der Kimmerier) entledigten sich die Meder (wie die Baiern der
zu ihnen geflüchteten Bulgaren) durch eine sicilianische Vesper, die in der Feier des (in
Indien an Vicramaditya anknüpfenden) Sukäenfeste's fortlebten.
*) Zwischen Roxolanen und Bastarnae setzt Ptolem. die Chuni.
**) Nach Arrian war Achilles, Sohn des Peleus, ein in der mäotischen Stadt Myrme-
cionis geborener Scythe, der (wegen seiner Anmassung vertrieben) nach Thessalien kam
und durch seine rothen Haare und blauen Augen sowohl, wie durch seine Kleidung seinen
Ursprung bekundete (Leon. Diac.). Neben den Indern nennt Herodot die Thracier das
mächtigste Volk (Thucydides der Scythen) und zählt 18 (Hecataeus 13 und Strabo 22)
Stämme auf, unter denen er aber die Zetae, die Trausi (die Steph. Byz. mit den Agathyrsi
verbindet) und die Bewohner von Creston von den übrigen abtrennt. Die Getae, als zu
Zalmoxis oder Gebeleizes gehörend, glaubten an Unsterblichkeit, die Trausi weinten bei der
Geburt und freuten sich über den Tod, die Thracier bei Creston begraben die Lieblings-
frau mit dem Gemahl, bei den übrigen Thraciern galt Tättowiren als Zeichen edler Geburt.
Nach der Verbrennung wurde ein Hügel über die Leiche erhoben, wie (nach Tacitus) bei
den Germanen Bei den Thraciern bezeichnete βρια (Mesembria, Selembria u. s. w.) eine
Stadt (nach Steph. Byz.) wie borough (Edinbourgh, Glastonbury u. s. w.). Bryges (Brygi
oder Phrygi) bedeutete (nach Hesychius) Freie (wie Phrisen, als frea Frise). Jenseits der

diesen fremde Elemente aufgenommen hatten. Wje Riphath, Sohn des
Gomer (oder Kimmerier), die Celten (der rhiphäischen Berge), bezeichnet
sein Bruder Askenaz (Askungr oder Asengeschlecht) die Germanen. Nach
VI. Jahrhdt. a. d. nennt die Bibel ein Askenas neben Armenien (b. Jer.).
Von Askenaz ist (nach Knobel) auch Scandinavien (Scandia oder Scanza)
benannt. Die mit Askenas erklärten 'Ρήγινες (b. Josephus) sind die Rugii
(b. Tacit.) an der Ostsee, als ἔνϑνος Γοτϑικόν. Im Breschith Rabbah ist
Asia der Wohnsitz des Askenaz (Ascanius in Kleinasien). Die nordwestliche
Landschaft Kleinasien's war ἡ ἰδία Ἀσία. Der Pontos askenos (axenos*))
wurde später εὔξεινος genannt. Nach Benjamin von Tudela wurden die
niederrheinischen Gegenden der Franken Askenan genannt. Der Trojaner
Franke baute am Rhein Xanten (als aus Troja), Ulysses Askiburg. Die
Sachsen sind mit ihrem ersten König Aschan oder Aschanes aus dem Herz-
felsen hervorgewachsen (s. Mone).

Ister wohnten die Sigynnae (mit Wagen, von Ponies gezogen, fahrend), die von den Medern
stammend, bis zu den Eneti am Adriatic reichten. Bei den Liguriern (Massilia's) bedeutet
Sigynnae Händler, bei den Cypriern Speer, wie (nach Suidas) die Macedonier. Nördlich
vom Ister war das Land (nach den Thraciern) wegen der Bienen unzugänglich und (nach
Herodot) würden die unter den Bären liegenden Gegenden wegen der Kälte unbewohnbar
sein. Nach Apollonius Rhodius wohnten die Sigynnae am Euxinus, als ἔϑνος Σκυϑικόν
(nach den Scholiasten). Di: Siginnae am caspischen Meer bedienten sich (nach Strabo)
kleiner Pferde, aber unterhalb der caspischen Pforte lag Hippobotus (Rossweide) mit der
trefflichen Rasse der nishischen Pferde. Der Jaxartes trennt Saken und Sogdianer, der
Oxus die Sogdianer und Bactrier. Ptolemäos erwähnt den germanischen Stamm der
Sigulones am cimbrischen Chersonnes. Die alten Sogdianer glichen in ihren Gebräuchen
den Bactriern (als Stämme der Sogdii). Einige (unter den Gebirgsvölkern am Kaukasus)
haben den Gebrauch die Geborenen zu beweinen, die Todten zu preisen (nach Strabo).
Die Siginner (persischer Sitten) bedienen sich kleiner, struppiger Pferde, die einen Reiter
gar nicht tragen können, aber als Viergespann gebraucht, von Weibern regiert werden.
Die am besten leiten kann, heirathet, wen sie will

*) Geheimnissvoll wirksam, wie die Kabiren, war Axurus, Gott der Volsker. Mit
Periböa zeugte der Flussgott Axius den Pelegon (Pelagon oder Pelasger). Der thessalische
König Ixion zeugte mit Nephele die Centauren. Aus Jolcos vertrieben wird Peleus (der
mit Thetis den Achill zeugt) von den Centauren aufgenommen. 'Η δὲ Λιβυή, ἡ ϑυγάτηρ
τῆς Ἰώ καὶ τοῦ Πίκου τοῦ καὶ Διὸς, ἐγαμήϑη τινὶ ὑνόματι Ποσειδῶνι, ἐξ ὧν ἐτίχϑησαν δ
Ἀγήνωρ καὶ Βῆλος καὶ Ἐνυάλιος, ex quibus Agenor et Belus in Syriam profecti sunt (explo-
raturi, an in vivis adhuc esset Jo). Nemini autem invento redierunt, et quidem Belus in
Aegyptum profectus, in uxorem accepit sibi Sidam, ex qua Aegyptum et danaum), Agenor
vero Phoeniciam se recipiens, Tyro uxorem duxit (Malala). Rex Taurus urbem condidit
in Creta insulas cui nomen Gortynam dedit, a Matre sua, ex genere Picis Jovis oriunda.
Phoenicis (Agenoris filii) sub regno floruit Herculcs ille, Tyrius philosophus, qui purpuram
invenit (Malalas). Buttius sapientissimos Historiographus scriptum reliquit, Jovem Picum
(ex danae) filium habiusse Perseum. — Nec minus oppidi quoque nomen Thebae indicant
antiquiorem esse agrum, quod ab agri genere, non a conditore nomine ei est impositum.
Nam lingua prisca et in Graecia Aeoliae Boeotii sine afflatu vocant collis Tebas, et in
Sabinis, quo e Graecia venerunt Pelasgi, etiam nunc ita dicunt, cujus vestigium in agro
Sabino via Salaria uon longe ei Reate miliorius clivus appellatur Thebae (Varro). Als die
barbarischen Völker, deren Sitten sich die italinischen Griechen zum Theil angeeignet,
nennt Theopompus die Samniter und Messapier. Nach Mommsen waren die (eingeborenen)
Japyger (Apuler und Messapier) Ueberreste eines weit ausgedehnten Stamme's, dessen
Gebiet durch die Samniter und Lucaner beschräukt wird. Skylax unterscheidet fünf γλῶσσαι
ἤτοι στόματα der Samniter, die Laternier (Alfaterner), Opiker (b. Capua), Kramoner
(Caracener), Borcontiner (Frentaner) und Peuketier (der Sabina). Die Ligurer waren aus
dem südwestlichen Iberien (nach Avienus) von den erobernden Celten vertrieben und vertrieben die (bei Strabo iberischen) Sicaner (nach Thucydides), die sich (1400 a. d.) in
Sicilien festsetzten. Narbonne ist (bei Scylax) Hauptstadt der (ligurischen) Helesyker
(neben Bebriker und Sorder) 350 p. d. und (300 a. d.) besetzen die Volsker (Tectosagen)
oder (bei Ausonius) Bolgae (Belgae) Ibero-Ligurien. Nach Hieronymus redeten die in
Galatien angesiedelten Tectosagen die Sprache Trier's (Hauptstadt der Belger), Λιγυστινή,
πόλις Λιγύων bei Tartessus (Steph. Byz.). Die von den Umbrern vertriebenen Siculer
setzten sich (1364 a. d.) in Sicilien fest. In queste campagne etrusche durano tuttavia
alcuni nomi e alcune forme del linguaggio, apertamente derivanti da quello che si era
anticamente parlato (s. Visconti). Tarquiniu rinvenuta in sul luago denominato Turchina
Albula Tiberis fluvius dictus ab albo colore (Paul.) Alpes a candore nivium.

Das in seinen thrakischen Sitzen an die Skythen*) angeschlossene
Nomadenvolk der Geten breitete in alter Zeit seine Eroberungen weit im
Norden aus, und somit auch seinen Namen, den die Bewohner Jötland's
als Joten**) (oder Jotnar) bewahrten, im spätern Reiche Withesleth neben
Windila (ubi Jotland finem habet). Zeus bringt Vindelici mit Gavidhal (der
Irländer) und gekürzt als Gael (die schottischen Hochländer) zusammen.
Nach dem Zerfall des alten Geten-Reiches, verblieb der Name nur den
wegen ihrer Wichtigkeit besonders stark besetzten Punkten, und so fand
Pytheas Guttones eine Bernsteinküste (Γυθονες östlich von der Weichsel
bei Ptolem.), als Gothones bei Tacitus, der auch in den Eisenbergwerken
Gothini (neben den Osi) kennt, sämmtlich Zweige der Gautoi, des ἔθνος
πολυάνθρωπον der Thuliten (b. Procop). Im südlichen Skandien treten
(b. Ptolem.) Γοῦται auf, als Gautigott bei Jornandes oder Gautar (b. Snorri)
nach dem Festlande (Reidhgotaland), während (in Eygotoland die Inseln)
seekundige Geatas (Sacgeatas) im Beowulf genannt werden. Zu Tacitus
Zeit hatte der Nomadenstamm der auch Germanien durchziehenden Sueven
seine Eroberungen über Danemark aus (von wo die Sage Odin mit seinen
Asen kommen liess) bis Schweden ausgebreitet, und deshalb nennt er dort
nur die Suiones neben den Sithones (Sueviae finis), während die unterworfenen Eingeborenen (die nach Mischung mit den ursprünglichen Lappen
zu Eingeborenen secundärer Schichtung gewordenen Geten oder Goten)
zurücktreten. Diese Pelzhandel treibenden und durch ihre Pferde berühmten
Schweden breiteten sich dann über die ganzen Ebenen Russland's aus, als
Stammvolk der Ros (in den Annal. Berth.) bis zu den Riphaeischen Bergen
(b. Ad. Brem.) und der edelste Theil ihres Volkes wohnte in Upp-Sviar,
wo zu Upsala die Verehrung Odin's, Thor's und Freya's eingeführt war.
Von dort zogen dann im VI. Jahrhdt. die Dänen wieder nach Westen, in
das Land der Heruler, unter Dan, Sohn des König's Ypper, dessen Sohn
Nori den Norden und Oesten den Oesten besetzten. Die schon damals (wie
später mit Rurik) auszichenden Warägerfürsten der Schweden gründeten
dann unter den bis zum schwarzen Meer erstreckten Völkerschaften ein
Reich, das den dort einheimisch fortdauernden Namen der Geten oder
Goten***) annahm, wie die nationale Bezeichnung der nordischen Dynastie
unter den Slaven nachher in die der Russen aufging. In der Ausdehnung
der gothischen Eroberungen wurde dann auch Scandinavien auf's Neue von
ihnen berührt. Gleich den Finnen oder Suomoluiset entnehmen die Lappen
oder (bei Saxo) Lappir ihrem (den Samojeden verwandten) Namen Same
den Sümpfen, und als früheste Bewohner fanden sich die Helusii in Scandi-
vanien (Sumpfbewohner gleich den hellenischen Eleern und Heluren oder
(b. Ablavius) Heruler, den Elusaten in Aquitanien, den Helveconen an der
Oder, den Elymi in Sicilien u. s. w.), dann die Hillevionen (der Felsen),
während Procop die Scritbifinos zu den Thuliten rechnet und Jornandes die
Refennae (oder bei Ad. Br.) Renefenni zum Nordvolk der Adogit. Die

---

*) Isidorus Gothorum regnum antiquissimum esse atque e regno Scytharum exertam,
asserit pro re certa (Praetorius) Sagam Festus exponit sacerdotem expiatorem. Divus vero
Hieronymus sagam interpretatur immolatorem et sacri ficulum.

**) Fornjotr herrscht über Jotunland.

***) Die zuerst erscheinenden Gothen liessen sich im Westen und Süden nieder. Die
späteren Schweden siedelten sich zuerst um den Mälarsee (in der Mälarniederung) an, von
wo aus sie sich verbreiteten. Beide Stämme werden noch in ihrem Dialect und ihren
geistigen Anlagen unterschieden. Selbst im Gothenreiche finden sich verschiedene Dialecte
und Charactere, z. B. bei Cimbrishamm in Schönen, in einigen smaländischen Bezirken u. s. w.,
indem sich hier Völkerstämme (aus verschiedenen Himmelsgegenden eingewandert) niedergelassen haben (s. Nilsson).

indisch-brahmanischen*) Reminiscenzen von Zamolxis bis Torebinthos durch scythianische Propheten der Sakia-muni (Einsiedler der Saken) vermittelt, die sich in dem lappischen Cultus der Baivo erhalten haben, wurden mit den Lehren der Seelenwanderung, von den Druiden nach Mittel-Europa getragen, als sie (nach Amm.) aus den äussersten Inseln von jenseits des Rhein's herabzogen. Der westlich in Hu verwandelte Jumala der Finnen (im Norden in der Verehrung des Yule**) geblieben), Biarmensium deus (Arctopolit.) schliesst sich an den arisch-indischen Jama, und Jima, der fromme Führer des Zendvolkes, erhielt seine volle Ausbildung aber erst mit nordischer Wanderung der von Posidoneus mit den Cimbern identificirten Cimmerier***), der Ymir'ssöhne, die zugleich den Namen des Thor oder Toranis (Toruim der Ostjäken) ausdehnten, des Donnergotte's oder Er (der Alte in Südschweden), den es noch die Asen gerathen fanden, den Ehrenplatz in ihrem Göttersenate einzuräumen. Die filii Buri, die in der Weltmitte die Burg Asgartem (haec erat Troia) erbauten, wurden dagegen von den Aspurgiern degradirt, und Thiasso, der wie Boreas (Thiae nepos, nam, ut ait Hesiodus, venti a Thia orti sunt) aus seiner Höhle in den rhipäischen Bergen, Orithyia (und Chloris), Iduna entführte, erlag dem Thor. Schon im Namen der von Teucros beherrschten Teucri, zu denen Dardanus, Vater des Ilus (Julus oder Askanius) kam, findet sich jene auch in Thracien (wo Hermes als Stammvater der Fürsten, wie in Gallien und Germanien verehrt wurde) und Illyrien geläufige Form, die in Teut und Tuiscon wiederkehrt, in Tiu oder Tyr bald in Zio (Zeus oder etruskischer Tinia) übergeht, bald von den Sachsen als Er bewahrt wird, aus Teutonen in Jutae (Vitae) oder (bei Theodebert) Eutii überging. Wie die Sindi in Sindice, die Indier und die Tyrangiten oder Tyrä-Geten in Tyros am Tyras oder Dniestr der tyrischen Phönezier (nach Amm.) spiegeln die Gerrhi mit den Albanern am Caucasus (früher bis zum Gerrhus-Flusse unter den Scythen vorgeschoben) die Gerrhaer (deren weite Handelsfahrten in dem Zuge des Heracles gegen Geryon auf der das erythräische Meer mit dem Westen†) verbindenden Insel Erytheia symbolisch sind), als rohe Volksstämme, die (wie die king George, king Williams u. A. m. an der Küste Afrika's den Namen der Engländer) die Nationalbezeichnungen der reichen Kaufherrn, die meist

---

*) Die Sinti oder Saii erstreckten sich zu den sapaeischen Pässen, den Mauern der Pieren oder Phagrae, von wo sich die Mysterien des Orpheus verbreitet hatten, und die Traditionen der Phryger knüpften sich an den Stammsitz der Bryger (der macedonischen Dialecte) am Berg Bermius.

**) Ulysses gründete Asciburgium am Rhein, (an der Nordsee des spätern Julin der Ostsee). In quo recessu Ulyxem Caledoniae appulsum manifestat ara Graecis litteris scripta votum (Solinus).

***) Die Cimmerier liessen ihren Namen in der von den Tauri bewohnten Krimm. Wären die Budini (blauäugig und rothhaarig) ein Rest der Cimmerier, the Gel-oni (Gael and Galli) might be their true ethnic title (meint Rawliuson). Der Name der Budini oder (b. Ptol.) Bodini (Butones oder Guttones) wird als Wenden von Wenda (im Polnischen) oder Wasser und (im Slavischen) woda (βέδυ im Phryg.) erklärt.

†) Les Galls avaient précédé les Kymri sur le sol de l'île de Bretagne et probablement aussi sur celui de la Gaule (Thierry). Strabo verbindet mit den Belgern die parokeanitischen Belger (armorikanischen der Küsten). Schotland war in Caledonien (Celyddon oder Waldland der Celten), in Albanien (die Berge) und Maiatia (Mag-aite) der Ebenen getheilt. La haute Italie fut conquise par les Galls sous le nom militaire d'Ombres (All-Ombrie ou haute Ombrie, Is-Ombrie ou basse Ombrie et Vil-Ombrie ou Ombrie littorale). Die Μαιῶται (bei Hellanicus) am Palus Maeotis schlossen (nach Strabo) Sinder, Dardaner, Agrer u. s. w. ein (von Fischen lebend). Ὀλουβρία, Ὀλουβροι, Οὐιλουβρία (Ptol.), Oll, All, haut, Bil, Bhil, bord, rivage, Ισομβροι, Ιουμβροι, Ισομβοις, en latin Insubria, Insubres, is, ios, bas (s. Thierry). According to Gladstone the followers of Agamennon were called Danaans in their military capacity, while that of Achaians was confined to the ruling tribe. The names of Buri and (his son) Bor would answer to the active and passive meanings of the Greek φορος in compound words (Cox.).

Bastian.

21

in ihrer Nähe verkehrten, bewahrten (gleich den Abchasen die der genuesischen Familien aus Kaffa), während später (als die egyptischen Beziehungen der Colchier in Aea aufgehört hatten) die Handelsbeziehungen durch die Aorsi vermittelt wurden, die sich durch die Himalaya oder Aornis an den indischen Fels Aornos bei der Stadt Embolcma anknüpfte. Fand, von früheren Westbewegungen abgesehen, eine in geschichtliche Zeiten fallende während der Regierung der Hia-Dynastie in China statt, vielleicht die eines solchen Wanderstammes, der sich auf einen Kaisersohn dieses Geschlechtes zurückführte, so würde es leicht erklärlich sein, weshalb wir längs der von ihm eingeschlagenen Strasse überall die Namen Haia, Aia, Ai, Aineia u. A. m. bald zu eigener Bezeichnung, bald als göttliche*) Apotheose, bald in der Form eines verehrten Patriarchen finden, und ob darin ein organischer Zusammenhang liegen mag oder nicht, kann jedenfalls nicht a priori, sondern nur inductiv entschieden werden, indem es zunächst jedenfalls unsere Aufgabe sein muss, alle diese zerstreuten Reste, so scheinbar entfernt und abgelegen sie sich auch finden mögen, in möglichster Vollständigkeit zusammenzutragen und uns einen deutlichen Ueberblick zu verschaffen, um daraus die von selbst erwachsenden Folgerungen zu entnehmen. Die Ai-Reihe der Namen ist gewöhnlich von einem zweiten begleitet, in welche mit Ak verbundene Zusammensetzungen eingehen (und in troischer Mythe den Askanius zum Sohn des Aineias machen), und diese Ak-Namen correspondiren (in Askiburgium**) oder Asenburg, Aschan oder Asani) mit den weit verbreiteten As-Titeln, die sich im Westen und Norden verfolgen lassen, während sie in Ost Europa durch spätere Bildungen unterbrochen und in den Hintergrund gedrängt wurden (wenigstens zeitweis).

Zu den von Teucros beherrschten Teucri, die mit ihren Stammgenossen Europa's als Eingeborene Kleinasien's zusammenhängen, kam (wie Danaus nach dem Peloponnes Dardanus) und wurde (wegen des später von Skamandros geborenen Landesheros Ilus) als Vater des Ilus verehrt im Anschluss an den semitischen Gottesbegriff El oder Ilu im Assyrischen, wie auch Ascanius oder Julos (Vater des Julus) Ilus hiess und Asciburgium (das Julin am Rhein) von Ulixes gegründet sein sollte oder dem umherschweifenden***) Yule, dann wieder auf den Namen Caesar's bezogen, den von Julus

---

*) In einer beträchtlichen Anzahl von Götterdiensten in den thrakischen, griechischen und epirotischen Küsten, ja selbst im innern Griechenland fand sich der Name Aeneas als einheimisches Erzeugniss vor (s. Klausen). Seine Thätigkeit dehnte sich bis zu den fernsten Theilen der griechischen Welt einerseits bis Latium, andererseits bis Phoenicien aus (wobei die einzelnen Aeneadischen Ortschaften sich über ihr Anrecht durch Sagen ausglichen).

**) Das ask oder asc ist aus ash, asb, as verhärtet. Die Hebraeer sagten nicht as, sondern ash (s. Knobel).

***) Joulonka ist der schreckende Meergeist (der Karaiben), dessen Federgeschmückter Haupt zuweilen aus den Wogen sichtbar wird. Der in der Luft waltende Himmelsgott Vul oder Phul (Ben oder Eva) wüthet in Stürmen oder giebt Fruchtbarkeit (bei den Assyrern), durch Air oder Aur mit Uranus (und Orotal) verbunden. Aiar wurde bei den Sabaeern verehrt. Nach Movers ist der auf Sardinien als Vater verehrte Jolaos mit dem Sarduspater identisch, dem Jubal (Jarbas) oder Jol, der Bundesgott der aus Libyern und Libyphöniziern gemischten Bevölkerung Carthago's und Sardinien's. Salamis auf Cypern war von Teucer, Bruder des Ajax (Sohn des Telamon) gegründet, Soli von den Athenern. Der cilicische König Syennesis suchte (in Verbindung mit dem König von Babylon) Frieden zu stiften zwischen den Lydiern und Medern (810 a. d.). Soli wurde von Achaeern colonisirt. Amphilochus (Sohn des Amphiaraus) besiedelte Posideium an der Grenze der Cilicier und Syrer. Die Gräber des Amphilochus und Mopsus (Sohn Apollo's) fanden sich bei Magarsa. Sardanapal gründete Anchialis (und Tarsus) in Cilicien. Nach Aristobulus war Sardanapal in Anchiale begraben (mit assyrischer Inschrift). Von den Jargon der mit den Eingeborenen Cilicien's gemischten,Griechen von Soli (in Cilicien) kam das Wort σολοικισμος. Soli, Stadt in Cypern (von Solon genannt durch den Fürsten). Σόλιοι in Cypern. Σόλκη

stammenden Julier. Den unbeholfenen Joten (Stallo oder Riesen) gegenüber bezeichnen sich die Lappen als Askovis (listige Bursche). Der Riese
Askus, der den thracischen König Lycurg unterstützte, wurde von Bacchus
getödtet (als Weinschlauch verarbeitet). Die Ostjäken oder (n. Belaiefsky)
Kondikho nennen sich As-sakh oder As-Khoui (Leute des Obi). Stonehenge
heisst bei dem Barden Cuhelin der Bezirk des Jor (s. Mone). Ulius nennen
den Apollo die Milesier und Delier, als Heiland und Arzt, denn οὐλειν
heisst gesund sein, woher auch οὐλή (die Narbe) und das „Heil Dir" (οὐλε)
und grosse Freude (μέγα χαῖρε), bemerkt Strabo. Das Holi genannte
Frühlingsfest der Inder wird wegen des Schwingen's von Hwar abgeleitet
(Holaka). Ιουλώ ist Demeter (H. Müller). Wie der asische Stamm in Sardes
auf hohes Alterthum zurückging, und der Prophet Asius die trojanische
Geschichte einleitete, wie die lydischen Helden von Tmolus dem bedrängten
Troja Unterstützung zuführte und die Völker als verwandt galten, so lässt
die Sage (bei Dionysos) Aenäas durch Euander an die Spitze der von
Tarchon*) geführten Etrusker stellen, die gegen König Mezentius, der die
in der Stadt Agylla angesiedelten Lydier bedrückt hatte, aufgestanden waren
und ihn gezwungen hatten, bei Turnus, König der Rutuler, Schutz zu suchen.

Der mit dem nordischen Wolfskultus verknüpfte Apollon der Dorier
stand ursprünglich als der Abwehrende in einer Art Rivalität dem Sonnen-
gott gegenüber, mit dem er später verschmolzen wurde. Direct kam nach
Griechenland die Sonnenverehrung mit Helion, Sohn des (durch seinen
Namen auf das Jenseitige, wie die Hyperboräer, hinweisenden) Titanen
Hyperion und der Titanin Thia, auf dem Wege des (durch die ihren Bruder
Phaethon beweinenden Heliaden oder Electriden verbildlichten) Bernstein-
handel's, der am adriatischen Meere seinen Ausgang fand und dann zu
Schiff nach Rhodes**) führte. Mit Rhode zeugte Helios auf Rhodos als

---

in Cilicien. Die Stadt Arae Hesperi in Hispania Baetica wurde durch Caesar als Solia
wieder aufgebaut. Die Troes (Trojani oder Teucri) bewohnten Troas (in Mysien). Ilium
zerstört (1184 a. d.). Die Ilier zogen nach Illyrien.

*) Die schon von altersher das Meer durchschweifenden Tyrrhener oder Thursen
(Hrimthursen der Kimmerier oder Türken), die im alten Tyrus (2150 a. d) den Melcarth-
Tempel bauten und längs der Küste ihre Rundthürme (turris) errichtete, verbinden sich
mit Torrebos (Bruder des Lydus), als Führer der tyrrhenischen Pelasger, um in Italien
Sitze zu erkämpfen. Perser tranken der Elbe Wogen und des Rhein's (b. Seneca), wie
Inder gelidum potat Araxem. Tacitus nennt Tungri, als die Germani, am Rhein und Abt
Hariger (X. Jahrhdt.) kennt Tungrus, König der Perser. Der persische Stamm der Germani
(b. Herod.) war ein ackerbauender. Nach Plinius könnte die druidische Wissenschaft
ihren religiösen Gebräuchen nach, fast als den Persern entlehnt, gehalten werden.

**) Auf Rhodos hatte sich aus nördlicher Sitte das Frühlingsfest der Chelidonia er-
halten, indem Knaben singend umherzogen, im Namen der Schwalben um Gaben bittend.
Nach Cleve kommt Helias auf einem Schwanenschiff. Von Lykien kam an der Spitze
einer Priesterschaar Olen nach Delos (Theogonier mitbringend), als Hyperboräer (nach
den Sängern Boee. Die Heliaden, Erfinder der Schifffahrt und Sternkunde (nach Rhodos)
waren Lehrer der Egypter (nach Diodor) Lugad, König in Gaalag, zieht (1257 a. d.) nach
Ruad-iat oder Rotbland (bei den Galen im hohen Ruf der Weisheit stehend) und findet
dort mit seinen Begleitern den Tod, (die Assyrier oder Rotennu huldigten die rothen
Egypter unter Rhamses IV. 1280). Die Bewohner der Balearen oder Gymnesiae (als
schiffbrüchige Böotier neckend an's Ufer geworfen) waren als Schleuderer berühmt, wie
die Rhodier. Oppida Rhosos et a tergo Portae quae Syriae appellantur, intervallo
Rhosiorum montium et Tauri (Plinius). Pferd ist ahd. hros, ags. hors, altn. hros, nbd.
Ross. Das Orakel der Satrae lag in den Rhodope-Bergen des Hämus (mit Quelle des
Strymon). Die Rutheni in Flandern waren (nach Orodocus) eine brittische Colonie. Die
rothen Flandern erscheinen als Flandri Rossenses weissagend (H. Müller). Die von den
Avernern beherrschten Gabali (b. Caesar) und die Ruteni grenzten (nach Strabo) an die
Narbonäten. 'Ροδόπη, Oceani filia (b. Homer). In der (nach Solinus) von siculischen
Brüdern (Galatus und Bius) gegründeten Stadt Gabii (woher die Römer für Opfer den
Cinctus Gabinus entlehnten) wurden (nach Plutarch) Romulus und Remus erzogen. Schweden
heisst Ruotsi bei den Finnen. Gabiene bildet eine Eparchie in Elymais und der persische

seine Söhne (neben der Tochter Electryone) die Heliaden, von denen bei
ihrer Zerstreuung (nach dem Morde des Tenages) Actis nach Aegypten floh
und dort sein Wissen verbreitete, Macar nach Lesbos, Triopas nach Carien
und Candalus nach Cos (während Ochimus und Cercaphus in Rhodos zurückblieben). Als Hämus und Rhodope entthront waren, musste auch die Verehrung des Helios und seine Gemahlin Rhode zurückweichen, dagegen liefen
nun die Mythen von Latona's Kinder mit denen der Isis zusammen in
Egypten, wo mit dem durch schwimmende Inseln geretteten Horus (Schwester
der Bubastis) der alte Cultus rehabilitirt war und man ihm dann den Discus
seines Feindes als Ehrenzeichen beilegte. In Nysa durch die Mören überlistet machte Typhon seinen letzten Stand gegen die Götter auf dem Berge
Hämus, der durch das dort vergossene Blut den Namen Blutberg (Hämus)
erhielt (s. Apollodor). Hämon, Sohn des Creon, war das letzte Opfer des
Spinx. Von ihrem Vater Hämonius hatte Amulkea das von Herakles eingetauschte Wunderhorn erhalten. Thutmes I. traf (jenseits des Euphrat)
die Rotennu oder Assyrier, als verbündete Staaten, die von Babylon getrennt
dastanden (Ende des XVII. Jahrhdt.). König Haemon*) herrschte, als Sohn
des Pelasgus. Mit seinen Wikingern umherstreifend, war er von Pelorus
(wie Rurik und seine Brüder von den Slaven) eingeladen und von der
Trockenlegung des Tempe-Thal benachrichtigt. Aus Erkenntlichkeit gegen
die Eingeborenen, wurden diesen (nach Athenäus) die Ausgelassenheiten des
des Saturnalienfeste's nachgesehen, wie die Kärnthner bei der Einsetzung
des Fürsten ihr Recht der Ohrfeige wahrten und die fremden Fürsten in
Sumatra feierlich die Heilighaltung heimischer Adat zusagten. Aemona
(Laybach) in Pannonien war von den Argonauten gegründet. Die Shetland-
Inseln (mit Ocitis und Dumna) heissen Acmodae oder Haemodae (b. Mela).**)
Thessalus war Sohn des Hämus und der Pandora. Die Hebriden (b. Thyle)
oder Haemodae heissen (s. Solinus) Hebudae. Von den Bessi Uscadamas
im Haemus-Gebirge erklärten die Diobessi das weitberühmte Orakel der
Satrae und die von den Quellen des Agrianes nach Kleinasien wandernden
Thynier (Θυνοί) erscheinen dort als Bithynier, den (n. Strabo zu den (mit
Skordiski verbundenen) Illyrien (wie die Parthini des Mela) gerechneten
Maidoi oder Medi in Thracien verwandt (als Maido-Bithyni), den Sinti be-
nachbart. In Thracien hatte sich (nach Plinius) die Sage (Homer's) von

Königspallast Gabae lag (nach Strabo) in der Nähe von Parsagadae. Turnus aus Ariminum
gründete die Stadt der Turones bei den Rhodiern (Rutulern) im Umbrierlande. Segodunum
war Hauptstadt des gallischen Volke's der Ruteni in Aquitanien (civitas Rutenorum). Die
Rugier am Baltic (b Tacitus) heissen ʼPουτίκλιοι (bei Ptolem), als Rutiler mit Warner
oder Ruteni Provinciales (b. Caesar) in der Provincia (Gallien's). Ruteni ʼPουτῆναι oder
ʼPουτεναί) in Gallia Aquitania und in Narbonensis. Rutulia, Fluss in Ligurien (Nebenfluss
des Tiber). Rutupiae, Stadt der Cantii (Kent) in Britannien. Ardea, Hauptstadt der
Rutuli (unter Turnus) Die Indigetes oder Indigetae (in Hisp. Tarr.) erstreckten sich vom
Golf Rhoda bis zu den Pyrenäen. Rhosus, Stadt am Golf Issus. Rhoda, Stadt am Rhodanus
oder Rhone (b. Plinius), als Colonie der Rhodii. Die Rhodier gründeten Rhoda (Rosas)
an der Küste der Indigetae (in Hisp. Tarr). ʼPως (Rus der Araber) oder Ruzzi (Rutheni
oder Ru bi) von Raesar (Ras oder Lauf) als δρομῖται in Byzanz (Reissläufer).

*) Zu Nysa durch die Mösien überlistet macht Typhon seinen letzten Stand gegen
die Götter auf dem Berge Hämus oder Blutberg wegen des dort vergossenen Blute's
(Apollodor). Hämus, Sohn des Creon war das letzte Opfer der Sphinx. Von ihrem Vater
Hamonius hatte Amalthea das von Herakles eingetauschte Wunderhorn erhalten.

**) Unter den auf dem Hämus entspringenden Flüssen nennt Herodot den Atlas.
Den Hauptfluss Thracien's bildet der Hebrus (ό ʼΕβρος) in der Ebene Doriscus. Die
Himyariten leiteten sich durch Himiar von Heber ab (Vater des Cahtan oder Joktau) wie
Heber auch an der Spitze der Ibrahamiten oder Abrahamiden steht Die Mündung des
Hebrus war früher von den Kikonen bewohnt (nach Plinius). Der manichäische Fürst der
Türken, der die Samanäer in China bekämpfte, heisst (b. Masudi) Ebrchan (Fürst der
Avaren oder Barbaren).

einem durch Kraniche vertriebenen*) Volk der Pygmäen (Kattuzer**)) erhalten, in derem Lande später die aroterischen Skythen lebten. Die von
Aristoteles in Südafrika gesuchten Pygmäen wurden später jenseits Thule
in den Norden versetzt, als schwachleibige, kurzlebende Menschen, mit
dünnen nadelartigen Spiesschen bewaffnet (s. Schöll). die von Thor bekämpften Pysslinger oder Wichte. Den Lappen ist Aimo oder Aemo ihre
mythische Heimath, die dann in den Aufenthalt der Seele übergeht, als
Mubben-Aimo, Ghiab-Aimo, Saimo-Aimo, Sarakko-Aimo, Zabme-Aimo unterschieden. Im Norden tritt zu dem Götterkreis der eingewanderten Asen
der Meeresgott Aegir, Vater des Wellenmädchen Himingläffa, von der
Meergöttin Ran***), während die olympischen Götter den gewaltigen
Aegaeon fürchten oder Briareus, Bruder des Centimanener Cottus, oder die
weibliche Wandlung sich in der thracischen Cotytto erhalten und durch
weitere Wandlungen in Lydien und Phrygien im corinthischen Cotys
dämonische Erinnerung bewahrt oder in gothisch-egyptische Götternamen
übergeht. Der wie die Nebelkappe die Nebulones oder Nibelungen unsichtbar machende Helm des Aides (b. Homer) wird dem Perseus durch Hermes
gegeben, der am Rhodope wohnende Gelone entflieht (b. Virgil) in die
Nachbarstriche (blond und tättowirt). Abaris, der Hyperboräer, besang die
Hochzeit des Stromes Hebrus. Mit der Nymphe Himaliu†), eines schneeigen
Himalaya, zeugt Zeus den Cronius; auf Himinberg, der Himmelsburg
wohnt Heimdall, und die Beziehungen des winterlichen χειμων führen zu
Ymir und Chimmerier. Djabh (bâiller). la racine de Djambda ou Vritrah,
se retrouve dans le Gap des Scandinaves, les Chaos des Grecs (Chaos),
le Hiatus des Latins (d'Eckstein). Der mit den Leichen Gehängter Spuk treibende Orakelgott ist Odin††) und im Gebiet des König's Aidoneus oder Hades
(am Acheron in Thesprotia) lag ein Orakel der Abgeschiedenen (νεκουμαν-
τειον). Die Odines genannten Schmerze werden als qualvoll denen des Hades
verglichen (s. Suidas). Zur Zeit der Richter bei den Juden herrschte über
die Molosser der König Hades (nach Suidas). Hades, der den Pyliern zu
Hülfe kam, wurde von Herakles verwundet (nach Apollodor). In späteren
Fabeln spielt Rhodope als Freudenmädchen, aber in alter Mythologie herrscht
sie einst mit ihrem Gemahl Hämus†††), als Zeus und Here, bis durch ihre

---

*) So wurden aus dem durch die Dorer besetzten Lande die Dryopen ausgetrieben,
die Asine genannte Städte in Argela und Messenien gründeten. In Lesbos wird die Sage
des Orpheus in das Thal des Hebrus versetzt, da der Kopf und Leier des Sänger's zum
Meere fuhrte.

**) Von den Caturigern in den grajischen und cottischen Alpen leitet Plinius die
Vagienni (als Ligurer). Die Caiti oder Chatti waren langbärtig (nach Tacitus) Unter
den Sadserben heissen die Caziri (b. Cattaro) Κάτταροι (bei Neceias). Caturiges exules
Insubrum (Plinius). Ebrodunum, als Stadt der Καττριγις (b. Ptol.) war früher Sitz im Hebrus.

***) Südlich von den Ostrogothae (in Ostgothland), den Raumariciae (in Romerigi
Raumariki) und Ragmaricii wohnten längs der Küste die Ran iki (Ragnaricii). Xerxes
meint durch Aufdämmen des Peneus Thessalien wieder überschwemmen zu können

†) Der Himmel, (nach Grimm) von hima (tego, vestio) stammend, deckte die Erde
(wie bei Griechen und Neuseeländer). Bor bezeichnet im slavischen einen Tannenwald
und stbena Grenze, (zur Erklärung von Borystenes). Die Hyperboräer wohnten jenseits
der Boreaden und Buri (Burbur oder Akka). Padus oder (im ligurischen Bodencus
(Βόδιγκος) oder Bodincus (fundo curens) war keltisch von den Fichten (pad.) genannt.
Pityusa war die Fichteninsel (als Salamis).

††) Ωδίνις θανάτου και παγίδις (Ωδίνις άδου) Ωδίς: dolor partus (Suidas). Nach
Arrian heisst Athenae (im Pontus) Odinios. Die hyperboräische Jungfraugesandtschaft
hatte besonders die Ilithyia im Auge.

†††) Ueber die Thracier herrschend (nach Polybius) gründeten die Galater den
βασιλειον τὴν Τύλην, als Τύλις πόλις Θράκης του Αιμου πλησίον (b. Steph. Byz.). Auf Kreta
lag die Stadt Lappa (ἡ Λάππα). Snorri's Formal erklärt Trudheim für Thracien. Die
Volkslieder der Finnen heissen Runot (wie Runa im Sandesch.). Im Norden ist den

Rivalen gestürzt. Von Epirus, dem Festlande, oder Apei-rotan an, erhält sich der Name des Rhodanus in Ruthenen und Rhodus, bei Roxolanen der Ros oder Russen. Die Hafenstadt Athenae am Pontus (b. Arrian) heisst Odinios (Ὀδεινιὸς) bei Skylax. In der Sage von Eigil und Asmund gilt Odin den Joten (die den Gott Thor Böcke opferte) als unterweltlicher Gott der Finsterniss. Cecrops*) ist schon zu sehr mit saitischen Fäden durchwoben, um für die ihm zugedachte Eingebornenschaft geschickt zu sein; dass Cecrops II. (Sohn des Erechtheus) in jene patriarchalische Stellung hinaufgerückt wurde, war unzweifelhaft das Werk der (unter Theseus**) Herrschaft ihre metionidischen Rivalen ausstechenden) Pandioniden, die ihm dort auch einen Pandrosus zum Bruder gaben, und das ist auch die Periode, in welcher die Jonier in der Vorgeschichte Attica's eintreten, da Apollo's Geliebte, Creusa, Tochter des Erechtheus (Zwillingsbruder des Butes) war. Die dorische***) Bewegung, wie sie bei den Historikern überliefert ist, wird im Zusammenhange mit einer grösseren Völkerverschiebung zu denken sein, die sich nur in jenem schwachen Nachzittern auf der abgelegenen Halbinsel bemerklich macht und von dort allein Berichte hinterlassen hat. Es muss stets im Auge behalten werden, dass die Kenntniss so vieler Epochen alter Geschichte einseitig auf Mittheilungen griechischer Geschichtsschreiber basirt, die uns das sie Betreffende minutiös und ausführlich, das Entferntere oberflächlich und kurz, also das Ganze in verzerrten Proportionen beschrieben, und dass eine weltgeschichtliche Behandlungsweise erst das, was durch Localisirung fremder Sagen auf dem eigenen Territorium entstellt ist, in die richtige Perspective zurückführen muss. In ihrem europäischen Kriegszuge drangen Teucrer und Mysier (nach Herodot) bis zum ionischen (oder adriatischen) Meere vor und werden dort unter den Veneti (im Lande der Ligurer) die Sagen trojanischer Herkunft zurückgelassen haben. In Thracien galten die Paeonier für ihre Colonisten mit der Hauptstadt Siris oder Serres im Lande der Siro-Paeonier (syrischer Bezeichnung, wie die Cappadocier) und die Pfahlbewohner des Sec's Prasias. Im bekannten Lautwechsel entspricht der Name der Paeonier dem der Maeonier, die am Berge Tmolus wohnten; in welchem Wort die Consonantenverbindung auf Beziehungen zu den Atlanten (und Tolteken), sowie Teleboeer und Telamoner (Telephus und Tantalus†)) hinweis't. Lassen wir Lydien von

---

Griechen Alles dunkel, wie die Stadt Skotlussa-Pelasgiotis, oder neblig, wie die Eroberung Edessa durch Karanus, sowie die Erzeugung der Centauren von Nephele und anderen Wolkengestalten. Dionysius lässt die Pelasger aus den achäischen Argos nach Hämonien oder Thessalien wandern.

*) Die mit Herakles vielfach zu ihrem Nachtheil zusammentreffenden Kerkopes (Kerketen oder Tscherkessen) heissen Oechalier (b. Diotimos) und fallen so in das Land des Bogenschützen Eurytus (Vater der Jole). Die Einnahme von Oechalia, von Kios aus (wo Hylas jährlich gesucht wird) endete mit der Katastrophe auf Oeta (im epischen Cyklus). Mit Kerkopen werden Κινοι verbunden (s. Welcker). Die Keniter gehörten zu den Amalekitern.

**) Von Menestheus vertrieben, Sohn des Petes, der (aus Egypten stammend) ein Doppelriese war, (halb Thier halb Mensch), weil zwei Staaten angehörig (s. Diod.).

***) Nach Movers ist Ταῦροι, Ταυρική, Ταύρη ein nach dem griechischen ταῦρος assimilirter Name eines skythischen Volksstammes, das Tiraz (der Bibel) oder Thrazien in den Ländern am Pontus (Ταυρίσιον, Τουροῦντος, Τυρώκκα, Τυραγγίται, Τυρῖται, Τορῖται, Δέρις. Τηρης, Τίρισχος, Δόρισχος, Δουρόστολον, Τιρισρίας, Ἀγάθυρσοι Ἰνδάθυρσις, Ἰδάνθυρσος. Δρύς, Δρυανή. Δρι.λίναρος Ὀδρυσα, Τριαχίονα. Θρᾷς). Die karische Gründung Epidaurus oder (nach Aristotl.) Epicarus, aus der die Jonier durch Dorier vertrieben wurden, heisst Epitaurus (bei Strabo).

†) Von Αἰζήν Ταντάλου παῖς waren (nach Herodian) die Αἰζανοί genannt, Bewohner der phrygischen Stadt Ἀζανοί. Οὐκ ἀκουόντων δὲ τῶν θεῶν Εὐφόρβος τὴν οὐρανοῦν, ὃ ἐστιν ἀλώπηξ καὶ ἔξιν, ὃ ἐστιν ἐχῖνος, θύσαι τοῖς δαίμοσιν (Steph. Byz.). Nach Xanthus waren Tantalos und Askalos (Gründer der syrischen Stadt Askalon bei Judaea), Söhne des

einem Zweig der aus Aegypten abgezogenen Hyksos besetzt werden (durch die Amalekiter), Teucrien durch den in Mesopotamien herrschenden Stamm erobert sein, so würde das von den Khetas (in Verbindung mit den Rotennu) am Orontes gestiftete Reich diejenigen Colonisten fortgesandt haben, die von Rhodes aus am Rhodanus als Ligurier Phaethon's auftreten. Mysier, Lydier und Teucrer neben einander in Kleinasien zeigen mehrfache Verwandtschaft, indem Xanthus von Sprachmischung der Lydier und Mysier spricht und die Teucrer zu den letztern gehören. Sie beweisen sich zugleich ihren Culturverhältnissen nach als eine höhere Schichtung, die durch fremden Einfluss aus den Eingeborenen hervorgegangen ist, die Lydier und (durch Tyrrhenus, Bruder des Lydus) die Torrhebier (oder Tyrrhener) aus den Maeonen und die Mysier vielleicht aus dem asischen Stamm in Sardes, der damals (wie später Asiani und Turcae) mit den tyrrhenischen verbunden gewesen sein mag, während die Teucrer (seit Dardanus Einwanderung Dardanier genannt) auch später auf Verwandtschaft mit Assyrien deuten;

Hymenäus. *Ἦλις, πόλις πρὸς τῇ (Αἰγυπτίᾳ) Ὀλουμπιις, ἀπὸ Ἡλίου, τοῦ Ταντάλου παιδός, ἐστι καὶ ἄλλη Ἀρκαδίας, καὶ τρίτη Ἰσπανίας* (Steph. Byz.) *Ἀλεῖος ὁ Ζεύς.* Nach Tryphon *Ἥλιος* καὶ *Ἡλέϊος* (*Πλεῖος*), Epeioi (h. Homer), *λέγονται καὶ Πλίαδαι. Πόλιον, ἐν Λέσβῳ τόπος, ὅπου τὸ ἡρῷον Ταντάλου, λέγεται δὲ Ζεὺς Πολιεύς* (Steph. Byz.). *Πόλις, ὄνομα πόλεως Αἰγυπτίας.* Tantalus herrschte am Tmolus und Dodona lag am Berg Tmarus oder Tomarus. Die Verehrung der Themis wurde der egyptischen Tmei (Göttin der Gerechtigkeit) entnommen. Tmolus hinterliess das lydische Reich seiner Gattin Omphale (Tochter des Jardanes). Nach der Eroberung Italiens durch die Veteres Galli (oder Ombrer) folgte die zweite Eroberung unter dem Biturigen Bellovesus. Die Umbrer oder Ambronen (Ambra, signifiant vaillant) sollten der Sündfluth (des Ombros) entkommen sein. Umbri, Italiae gens, sed Gallorum veterum propago (Isid.). Durch etruskische Eroberer ausgetrieben setzten sich die Umbrer als Isombrer (Insubres, pagus Aeduorum) unter Helvetiern fest und (als Ambrer) unter den Ligurern oder Seealpen (Insubrium exsules). Von den Söhnen des Ambigat zog Sigovesus nach Illyrien (587 a. d.), Bellovesus nach Italien. Von den durch Manlius Torquatus am Anio bekämpften Galliern (Boiern, Senonen, Lingonen) verblieb das Scutum umbricum in Rom. Philemon Morimasusam a Cimbris vocari hoc est mortuum mare usque ad promortorium Rubeas, ultra deinde Cronium (Plinius) dans la langue Kymrique, mor signifie mer, marw mourir, marwais mort, et cronn coagulé, gelé (cronn en gallic), murchroino, la mer glaicale (Thierry). Die den Kimbri benachbarten Aestii sprachen (nach Tacitus) brittannisch. Die Niederländer des taurischen Chersonnes gruben (nach Ephorus) unterirdische Wohnungen (argel oder *ὀργίλλας*), mot de pyr kymrio, signifiant lieu couvert ou profond (Thierry). Tantalos (Sohn des Zeus Tallaios), der (bei Pindar) einem aufgehängten Felsblock untergestellt ist, büsst als Tragender (*ταλάντατος* von *ταλάω*), wie Atlas (s. Scheiffele), und (nach dem Scholiasten) bestand auch von Tantalus eine Sage, dass er den Himmel trage. Die Geschichte des Tantalus (Gründer des auf Amazonen zurückgeführten Smyrna oder Naulochos) ist in die kleinasiatische Vorzeit verwoben, die noch von den Amazonen (aus den Gebieten der durch sie unterstützten Atalanten her) durchzogen ist, und bei den Atalanten lag (nach Diod.) der Ursprung der phrygischen Göttermutter, die in orgiastischen Klageprocessionen umherschweift. Das Bild der klagenden Niobe war am Berge Sipylus zu sehen, wo oberhalb des Tempels der Cybele (Plastene) der Thron des Pelops stand, und Broteas, (Bruder des Pelops) weihte das Bild der Göttermutter auf dem Berge Coddinus im Lande der Magneten. Les Belges sétablirent sur la côte méridionale de l'île de Bretagne, au milieu des peuples bretons qui n' étaient point Galli, car la race gallique était alors refoulée à l'extrémité septentrionale, par de là le golfe du Forth (Thierry). *Κιμμερίους τοὺς Κιμβρους ὀνομασθέντων τῶν Ἑλλήνων* (nach Posidonius), *οὐκ ἀπὸ τρόπον* (Plut), *βραχὺ τοῦ χρόνου τὴν λέξιν φθειραντος* (Diod. Sic.). Die Kimber heissen Celten (bei Ephorus) von den Küsten der Cimbrica Thetis (h. Claud.). Wie in Jütland setzt Plinius Kimbri (mediterranei) an den Rhein. Caepion wurde von den Kimbern oder Galliern besiegt (Sallust). Die Kimbern schickten eine Gesandtschaft an Augustus (beim Vordringen der Römer). Die Bojer (Böhmen's) heissen Cimbern in Italien (s. Thierry). Appian nennt die in Griechenland einfallenden Gallier (Volsker-Tectosagen) Kimbern. Mithridates, intelligens quantum bellum suscitare, legatos ad Cimbros, alios ad Sarmatas, Bastarnasque auxilium petitum misit (Justin). S'il y avait communauté d'origine et de langage entre les Kimbri et l'une des races de la Gaule, c'était plutôt la race dont les Belges faisaient partie, que celle des Gaules (Thierry). Als Kimmerier hatten die Gallier ganz Asien verwüstet (Diod. Sic.). Die beim Ueberschreiten der Wolga durch die von Massageten gedrängten Scythen ihre Fürsten am Tyras erschlagenden Kimmerier zogen nach Norden (und Lygdamis nach Asien) VII. Jahrhdt. a. d.

wo noch zur Zeit des trojanischen Krieges Fürsten aus dem Teut-Stamm herrschten. Menecrates leitete den Namen der Mysier von den Buchen ab, indem die Gezehnteten (der ver sacrum) der Lydier sich auf dem buchenreichen Olympus niederliess, und dort, wo zu Strabo's Zeit der Räuber Cleon die Stadt Juliopolis gründete, fand sich ein (mit dem Tempel Comana's verbundenes Heiligthum des abrettanischen Zeus, das nicht durch Essen von Schweinefleisch entweiht*) werden durfte. In Teuthrania (in Mysien) hatte König Teuthras**) seinen Sitz (Adoptivvater der Auge), den Telephus (aus Arcadien) im Kriege gegen Idas (einen scythischen Idanthyrsus***)) unterstützte. Mit Pelasger und Leleger unternahmen die Cauconen vielfache Züge nach Europa, in Elis Sitze nehmend, und durch die Mythe des Cacus in Italien gefürchtet, wie im Caucasus einen mächtigen Gegner des egyptischen Prometheus repräsentirend. Die Phrygier (Freibeuter, wie die Frisii†) oder Φρίσσιοι), die aus Thracien nach Asien übersetzten und den Herrscher Troja's (b. Strabo) gefangen nahmen, hängen mit jenen westlichen Bewegungen zusammen, die in Cimmerer und Trerer, sowie später in Galater, sich vielfach den Asiaten fühlbar machten. In altbekanntester Zeit finden wir in Griechenland die Arcader als Eingeborene††) des Peloponnes und

---

*) Die die fremden Gottheiten austreibenden Caunii in Caunus, zwischen Lydien und Carien, waren (nach Herodot) von allen andern Völkern verschieden. Der Hermus war durch die Hügel Sardene vom Wasserbett des Caicus getrennt, durch den Tmolus von Cayster. Sardes (Sart) lag am Hermus (Kodus Chai). Sardes am Berg Tmolus, den Meles (Vorgänger des Candaules befestigt) wurde durch die Cimmerier erobert (und im Flussgott Hermus erhielt sich der nordische Stammvater). Der goldreiche Berg Tmolus wurde (nach Ovid) vom König Timolus genannt.

**) Θιαπιάδου κτίσμα τοῦ Τευθραντος τοῦ Πανδίονος (Steph. Byz).

***) Idanthyrsus (König der Scythen), der den Sesostris aus Asien nach Aegypten zurücktrieb, sollte (nach Megasthenes) Aegypten erobert haben (bis das skythische Reich in Asien den Assyrern von Niniveh erlag. Nach Trogus begann die Herrschaft der Skythen (mit Idanthyrsus) in Asien mit dem Rückzug des Vesosis und endete nach 1500 Jahre durch Ninus.

†) Frigonum patria (Geogr. Rav.), secunda ut hora noctis ex parte ipsa Germania vel Frixonum Dorostates est patria. Procop kennt Friesen in Britannien (Φρίσσονες). Fosetesland in confinio Fresorum atque Danorum (Alcuinus).

††) Als älteste Bevölkerung Europa's wird neuerdings vielfach eine tchudische angenommen, die man durch Vermittlung der Skoloten mit den Skythen zusammenfallen lasst, und da zu den ältesten nachweisbaren Volksstämmen die später nur in Italien (der Itali oder Siculi) übrigen Siculi (mit den Sicani) gehören, als älteste Stadt in Griechenland, Sicyon, der Opferplatz des im Skythenlande heimischen Prometheus, genannt wird, so liegt es nahe die so häufige Vocalumstellung auch hier zu vermuthen, und Scythen, Cheten, Sicen neben einander zu stellen. Der Westen Europa's war in den Händen der Kelten, in welchem Wort die eigenthümlich characteristische, aber Europa fremde Consonantenfolge auf Amerika hinweis't, wo sie heimisch ist, und durch Atl (Wasser) auf die Seeverbindung hinweisen, die Sprachverbindung bestätigen würde, wie sie noch zwischen Basken und den Stämmen der Atlantis bestehen soll. Die (wie die Tolteken) zauberkundigen Telchinen waren älteste Bewohner von Rhodus. Telchin, Sohn des Europs (König in Sicyon). Setzte man demnach, neben Egypten in Africa (mit seinen bis zum atlantischen Meere gebietenden Könige Thule) die Skythen als die Beherrscher Europa's im Osten bis zu ihrer Berührung mit den Kelten, so würde als erstes Ereigniss, von dem erst durch Solon's Belehrung Kunde erhalten ist, der Eroberungszug der Atlantiden anzusehen sein, durch den die Bewohner nördlich vom Mittelmeer unterjocht wurden. Ihnen trat in Attica, wo auch die Perserfluth später gebrochen wurde, das asiatische Volk der Jaonen (Jonen) oder Javanen (Japethen oder Japheten) entgegen und warf die Eindringlinge zurück, von denen später nur noch die alten Culturen der (von den Celtici abgezweigten) Turdetani oder Turduli in Hispanien zeugten. Das Ueberfliessen africanischer Elemente's nach Europa wandelt in Sicilien die Siculi in Sicani um (mit gleichlautenden Sequani in Gallien, während die aus Pannonien hergeführten Sicambri auf eine Verbindung mit Liguren oder Ambronen deuten) und in Spanien umkränzte sich die Küste von Kalpe durch die nach Gründung von Tartessus auch mit Mixophuinicoi gemischten Iberern, die, gleich denen des Osten's, von den Phoeniciern aus Beruth (nach ägyptischer Sitte) als Barbaren (Avaren oder Iveren) bezeichnet wurden. Nach Italien schob sich dann das keltische Elemeut der Umbrer (Is-Ombri) vor und ebenso aus Aquitanien das iberisch-celtisch-ligurische der Auscii oder

daneben die schon durch civilisatorische Küsteneinflüsse modificirten Achaier um Argos Achaiikon, während die das Meer beschiffenden und als Jonier um den Isthmus sesshaften Pelasger sich mit den Karern (und Lelegern) kreuzten, die von den Autochthonen Kleinasien's aus sich über den Archipel verbreitet hatten. Das Vorschieben des assyrischen Weltreich's bis zur Vasallenstadt Troja rief Bewegungen in dem Völkerstamm hervor, der, die Dardanellen herüber und hinüber, sich von Phrygien bis Thracien ausbreitete, und (neben Colonisirungen in Illyrien) auf Epirus (wo um Dodona die Graicoi wohnten) und die dortigen Völker bei Cestrine oder Ilium, die durch die Chaonen mit den Chonen Süd-Italien's zusammenhingen, während die den Molossi benachbarten Thesproti die Thessalier aussandten, um die pelasgischen Aeolier aus Arne nach Böotien zu treiben. Dann als das thessalische Reitervolk seine Rangverfassung ausbildete, organisirten sich im Lande der von Herakles bezwungenen Dryopen die (von Phtiotis durch Histiaeotis nach dem Berg Pindus gewanderten) Dorier, um von ihrer dortigen Tetrapolis nach dem durch egyptische und phönizische Cultur-Einflüsse durchdrungenen Hellas zu ziehen und die Achaeer aus Laconien und Argos nach der nördlichen Küste zu drängen, das die (nach Kleinasien Colonien sendenden) Jonier für Attica aufgaben. Herodot bezeichnet die Cynurier*) in Cynuria ($\dot{\eta}$ $Kvvov\varrho\acute{\iota}a$) im Peloponnes, als Autochthonen (obwohl Jonier).

Osca (von Huescar), zu welch' letztern Abentheuerer der nach dem Zerfall des Javanen-Reiche's aus den kriegerischen Fürstengeschlechtern gebildeten Pelasger kamen und sie (die Aborigines oder Eingeborenen) unterstützten, die Siculi aus Latium zu vertreiben und nach dem Süden der Halbinsel zu drängen, von wo sie dann bei Ankunft der Chonen (Chaonen) und Japygen (Japyden) aus Illyrien über die Meerenge nach Trinakria (dem Lande der Lästrygonen und Cyclopen) ziehen mussten. Ausser in den rasch isolirten Völkertrümmern der Japyden, Japygen, Jaonen u. s. w. bewahrte der Name der Javanen einen heiligen Klang des Alten und Ehrwürdigen und eignete sich später den Griechen zur Uebertragung auf ihren Stammvater Japet in einer auch dem Semiten gekannten Form, da die Semiten, wie, als Solymer in Kleinasien, ebenso den europäischen Bevölkerungen zwischen gewohnt hatten. Niebuhr führt Japygia wie Apulia auf Japicus (Apicus) Opcus ficus oder ix als Magistrat, wie in Gallien und dann rex) war scythisch Apia oder Land (weibliche Form von Ap oder Papaeus als Vater), während der Apis (auch als Sohn des Phoroneus oder Telchin), die Erde als Ochse beackert (als Repräsentant). Durch die Kämpfe zwischen Javanen und Atlantiden von der Herrschaft der Skythen befreit, konnten die Dörfer Thracien's und die epirischen Bergstämme eine Unabhängigkeit gewinnen, die sich nur noch dem priesterlichen Joche semitischen Religionseinflusses beugte, wie er z. B. von den Selli oder Helli in Dodona (dem Muttersitz der Graikoi oder Hellenen) ausgeübt wurde. Unter den spätern Völkergestaltungen ging dies primitive Element zu Grunde und erhielt sich ferner allein in den zerstreuten Benennungen der Elusaten, auch (in Aquitanien), Elysii und Helvecones zwischen Oder und Weichsel. Hillevionen in Scandinavien, die Elymi in Sicilien, dem griechischen Tempellande Elis und etwa in den elysäischen Gefilden der Mythe. Beim Zerfall des Javanenreiches drangen aus dem Norden die Cimmerier (wie später die Gothen) hinab und stifteten ein Reich am Pontus, bis durch den (als Geten unter den Thraciern zurückbleibenden) Nomadenstamm (der Saken) vertrieben, der unter die (deshalb mit Saken verbundenen Skythen) den geläufigen Namen des Landes annahm, während jene (wie später die Heruler) in die nordische Heimath zurückzogen. Das tchudische Volk der Scythen trug den passiven Character der sibirischen Stamme, wie er sich in den Ostjäken und (durch polarischen Einfluss modificirt) in den Samojeden zeigt und waren die ersten Colonisten am Pontus Euxinus als nachgiebig und sanft bekannt, bis er (nach Fortziehen der Cimmerier) durch das Zwischenliegen der wilden Sarmaten zum Theil an deren Natur participirte.

*) Durch die Argeier (nach der dorischen Eroberung unterworfen) wurden die Cynurier zu dem Stande der argivischen Perioicen herabgedrückt. Cynuria, District in Arcadien. Cynus, Hafen der Locri Opuntii. Als schon neben den Siculi (Latium's) die mit dem alten Keltenthum des vor-gallischen Frankreich zusammenhängenden Umbri in Italien wohnten, kamen nach den Küsten des Lande's die Tyrrheno-Pelasger, durch ihre Ansiedlungen unter den Umbriern das Volk der Etrusker (Tuscer oder Tyrsener) der (auf den eugebinischen Tafeln) Turscus (Tursicos oder Tyrrhenos) bildend. Dieses gleich den mit den Asiani (der Asen oder Aesar) verbundenen Turcae aus dem Osten herbeigezogene Nomadenvolk hatte

Böotien war von Barbaren bewohnt, von Aonen *) und Temmikern (die sich von Sunium in Attica aus verbreitet), sowie von Lelegern und Hyanten (Ectenen **), dann Thracier, Gephyraer, Phlegyer). Die von Cadmus geführten Phoenicier erbauten nach der Burg Cadmea die Stadt Theben, mussten zwar den Epigonen eine Zeitlang weichen, kehrten aber dann wieder dorthin zurück, bis sie (durch Thracier und Pelasger vertrieben), mit den Arnaeern in Thessalien die Herrschaft der Böotier gründete, die (nachdem die Söhne des Orestes von Aulis aus den aeolischen Zug nach Asien ***) veranstaltet hatten) ihre Heimath wieder besetzten und Orchomenus (der Minyer) mit Böotien vereinigten, die Pelasger nach Athen, die Thracier nach dem Parnass treibend, während die Hyanten in Phocis Hyampolis gründeten. Bei dem pelasgischen Einfluss auf das Orakel von Dodona verlangten sie neben den Weibern auch für Männer einen Sitz im Gericht und den Böotiern allein wird in Dodona von Männern geweissagt, wogegen die epizyphyrischen Locrer in Italien, Colonisten der Locri Ozylae oder (nach Ephesus) der Locri Opuntii (Nachkommen der Leleger bei Aristoteles) ihren Adel von weiblicher Seite herleiteten. Die Lycier oder (als Solymi und Termiles, Milyner) nahmen ihren Namen von den Müttern. Unter den Söhnen des Oedipus, Enkel des Labdacus (Enkel des Cadmus) brach der Bruderstreit zwischen Polynices und Eteocles aus. Polynices floh zu Adrast, Sohn des Talaus (der durch Cretheus von Aeolus stammte), der aus Argos durch den Aufstand des Amphiaraus vertrieben, von seinem Schwiegervater Polybus das Reich Sicyon ererbt und dann auch Argos zurückerworben hatte. Es

———————   . .

nach der Verwüstung der Binnenländer (und besonders des in der Erinnerung fortlebenden Lydien's und seiner reichen Hauptstadt) sich gleich den spätern Franken und Gothen in periodische Seepiraten verwandelt und seine Kreuzfahrten, besonders von den Inseln der ägäischen See unternommen (während die später sogenannten Pelasger, die die Aborigines in Vertreibung der Siculi unterstützten, nach schon längerer Sesshaftigkeit und dadurch erfolgten Umgestaltung direct vom Festlande Thessalien's und Epirus kamen). Als Daurier durchdrangen sie auch Apulien (von Daunus, Vater des Turnus oder Tyrrhenus geführt, wie als Danaer den Peloponnes, wohin sie direct von Egypten kamen). Das in Etrurien gestiftete Reich hing schon durch die alten Beziehungen der Umbrier mit den Bergen Rhätien's zusammen, und als nachher die Gallier in die Zwölfstadt nördlich von den Apenninen (Colonien der südlichen) einbrachen, flüchteten viele der Etrusker in die schützenden Berge, wo sie durch Ungunst klimatischer und geographischer Verhältnisse degenerirten, wie Livius bemerkte. So sollten die Hyllier bei Ragusa aus Griechen zu Barbaren geworden sein. Aus dem engen Verkehr zwischen den etruskischen Häfen und Carthago, der sich in den (nach Aristoteles) abgeschlossenen Handelsverträgen zeigt, sowie in ihrem gemeinsamen Handeln gegen die Phocäer auf Corsica (538 a. d.), sowie in dem bei Kriegen gen Hieron von Syracus geschlossenen Bund 474 a. d., strömte jenes fremdartige Element in die etruskische Cultur ein, dass mit den übrigen orientalischen und italienischen gemischt, die Etrusker zu einem in Sprache und Sitten, wie Diodor bemerkt, völlig von allen übrigen abweichendem Volke macht.

*) Die Aonen in Aonia oder Böotien (mit den Dienst der Musen der Aoniden) stammten durch Aon (Vater des Dymas) von Poseidon ab (als Ἄυρις). Der Aous (Ἀῶος oder Αἶας) oder Aeas (Anas oder Apsus) in Illyrien, entspringt auf dem Berge Lacmon. Ausser den zwischen Asioten und Jaxarten wohnenden Aorsen (am casp. Meer) nennt Ptolem. die Aorsi unter den Nordsarmaten.

**) Das Alpenvolk der Ectini (Egdinii) wohnte im Thal der Tinea (Val de St. Etienne).

***) Cyme (im anat'schen Aeolis) war die grösste Colonie der Aeolier, die von dem Gebirge Phricius (oberhalb Thermopylae) ausgehend, die pelasgische Stadt Larissa gegründet Neon Teichos bildete. Mysina, älteste Colonie der Aeolier, war ursprünglich von einer Amazone gestiftet, wie Smyrna, das später zum jonischen Bunde übertrat. Bei dem Einfall der Heracliden in Argos fiel Tisamenus, Sohn des Orestes. Nach dem Tode seiner Mutter in Thracien folgte Cadmus (in Delphi) der Kuh bis Böotien und säete die gepanzerten Sparti, die sich bis auf die fünf Stammherrn (Echion, Udäus, Pelor, Chthonius und Hyperenor) selbst tödteten. Spartolus in Chalcidice war Hauptstadt der Bottiaeer. Sparton (Sohn des Phoroneus) war Vater des Myceneus, der das Reich Mycene gründete. Lacedaemon heirathete Sparte, Tochter des Eurotas. Spartäus war Sohn der Himalia mit Zeus. Neu-Carthago hiess Spartoria.

war ein Versuch der aeolischen Argiver die punische Occupation niederzu-
werfen, was aber erst bei dem gleichfalls von Adrastes geführten Epigonen-
zuge gelang. Bei den Agathyrsen bestand eine Gemeinschaft*) der Weiber
(nach Herodot). Aetolien war neben den Lelegern (und Hyanten) von
Cureten bewohnt, und indem Herodot den Namen der Leleger als den
früheren der Carier bezeichnet, so zeigt sich in diesem die aristocratische
Kaste der Kurioi, der über das Festland verbreiteten Inselnomaden, die
nach der Besetzung Egypten's durch die Hyksos sich nach allen Seiten
verbreiteten. So kam Lelex in der zwölften Generation nach Car (b. Pausanias)
aus Aegypten nach Megara, während wieder später zuwandernde Völker
(wie die Dorier in Sparta) Lelex als den Ahn der Eingeborenen betrachten
konnten. Nach Aristoteles stammten die (nach Hesiod) aus den Steinen des
Deucalion hervorgegangenen Locri, in deren Gebiet der Fluss Boagrius oder
(b. Strabo) Manes floss, von den Lelegern, während Lelex in Leucadia der
Stammherr (tulitischer) Teleboeer auf den taphischen Inseln war. Durch
Aufnahme späterer Zuwanderer bildete sich dann die von Strabo unter den
Namen Leleger gekannte Mischrasse. Die Leleger**) am .Ida waren von

*) Uxores habent deni duodenique inter se communes et maxime fratres cum fratribus
parentesque cum liberis, sagt Caesar von den Brittanniern, ταῖς γυναιξὶν ἐπικοίνοις χρώμενοι,
sagt Dio Cassius von den Kaledoniern und Maiaten (Καληδόνιοι καὶ Μαιάται, als die zwei
Geschlechter der Brettanoi). Scythae vocant Maeotin Temerinda, quo significant matrem
maris (Plinius), ἡ Μαιῆτις τε καλέεται καὶ μήτηρ τοῦ Πόντου (Herodot). Die Volcae zerfielen in Arecomici und Tectosagae (Mela), Sittici an der Donau, Doxani in der Lausitz.
Die Völker am Palus Maeotis heissen (b. Hellanicus) Μαιῶται (Maeotae), als Sindi, Dandarii,
Toreatae, Agri, Arrechi, Tarpetes, Obidiaceni, Sittaceni, Dosci u. s. w. (b. Strabo). Die
Agathyrsen lernten die Gesetze auswendig vor dem Schreiben, wie es von den Druiden
gesagt wird (und die Brustgesetze der Insel Man). Die Thracier tättowirten (n. Picten)
und trugen bunte Waffenröcke (wie Schotten), und ebenso die picti Geloni (b. Virgil)
thracischer Herkunft (nach Vivius) Unter den Budinen (blauäugig und röthlich) wohnen
die Gelonen (Gael) als Griechen (mit skythischer Sprachmischung) in einer Holzstadt
(βαχγεύουσιν). Die Griechen nannten (nach Herodot) beide Völker Gelonen. Die Gegend
Hylaea heisst (b. Steph. Byz.) Abisch der Abier (b. Homer) und dann der Ἱππομολγοι.
Die Metropole Borysthenis an der Mündung des Hypasus an der Borysthenes hiess Mile-
topolis (von den Einwohnern, als Milsiern) oder Olbia (Olbia Savia). Die Brittannien benutzten Streitwagen, als Essedarii (Vecturioner bei den Picten). Die Agathyrsen hiessen
Hamaxobii. Zeus sieht in den Budinen die späteren Alanen. Von den Βυδηνοί (b. Ptol.)
waren die ὄρη Βυδηνά, Βουδηνά Vindoli, genannt (bei den Bastarnern). Oestlich von den
Siluren wohnen in Brittannien die Βοδούνοι (Dio Cass.). Bodiocasses (b: Plin.) neben den
Belgern, Bodiontici um Dinia (Digne) in den Alpen. Von den Uebrigbleibenden Sparten
in Theben war Chthonius Vorfahr des Oedipus (als Eingeborener). In Attica herrscht
Eri-Chthonius, der Herr des Ari-Lande's.

**) Nach Strabo waren die Carier meistens Leleger (auf den Inseln) und Pelasger.
Die von den Peloponnes nach Haemonia gewanderten Pelasger (in Achaea, Phthiotis und
Pelasgiotis) wurden durch Cureten und Leleger ausgetrieben in Verbindung mit den durch
Deucalion geführten Bergvölkern des Parnassus und flüchteten meist nach Dodona in Epirus,
während andere sich in Hestiaeotis niederliessen (sowie in Boeotia, Phocis in Euboea). Es
liegt darin die Rivalität der Orakel ausgedrückt, indem Deucalion, aus dessen Familie die
Ὄσιοι erwählt wurden, Lycoreia auf den Parnass gründete, woher die Bewohner Delphi's
kamen. Die Athener, als Pelasger, hiessen Cranai (nach Herodot), dann (Cecropidae,
Erechtheidae) Jonier. Nach Herodot hiessen die Aeolier früher Pelasger. Die Pelasger
in Larissa grenzten an die Cilicier. Die Pelasgier von Scylace und Placia (am Propontis)
redeten den Dialect der Crotoniaten oder Crestiniaten unter den Edonern in Thracien.
Die lemnischen Pelasger zogen mit Tyrrhenus (Sohn des Atys) nach Italien (nach Strabo).
Die durch die Lapithen aus Larissa in Thessalien vertriebenen Pelasger flüchteten nach
Italien (nach Hieronymus). Oenotrus, Sohn des Lycaon (Sohn des Pelasgus) führte die
erste Colonie nach Italien (nach Dionys). Die von Dodona nach Italien (b. Spines) ziehenden Pelasger verbinden sich mit den Aboriginern (die Siculi vertreiben). Schwegler
erklärt die Pelasger als Eingeborene aus Πελαῖος und Παλαίχθων (wo Priscus verwandt
wird. Die Mauer Tiryns wurde den Cyclopen zugeschrieben (b. Pindar), durch Prötus
(Urenkel des Danaus) mit Sthenoböa (Tochter des Jobates in Lycien) vermählt. Die
lycischen Bauten zeigen Spitzbogen. Nach Apollodor waren Acrinus und Prötus (Urenkel
des Danaus) Erfinder der runden Schilder, während Herodot die Erfindung der Griffe an

Altes (Schwiegervater des Priamus) beherrscht und (nach Athenäus) galten
sie als älteste Bewohner von Samos. Die Opuntischen Locrer wurden von
Ajax (Sohn des Oïleus) geführt. Unter den trojanischen Hülfstruppen
nennt Homer die Pelasger (*δῑοι*) neben Leleger, Cauconen und Lycier. In
Janus oder (bei Cicero) Eanus wiederholt sich die Generalisation der Javanen
oder Jaonen für griechische Pelasger, im Rückgange auf Japhet oder Japet
(Sohn des Noah oder Janus) durch Japyden und Japygen nach Oenotria
oder Italien (von Jolcos nach Sardinien) geführt, wo Janus auch Oenotrius
hiess, als erster Geber des Mehle's und Weines, wie auch des delischen
König's Anius Tochter (Oeno, Epermo und Elaïs) Oenotropae *) genannt
wurde, da sie nach späterer Mythe (statt von ihrem den chaldäischen Gott-
heitsbegriff An oder Ani repräsentirenden Vater) durch Bacchus die Gabe
des Ueberflusses, Alles in Wein, Getreide und Oel zu verwandeln erhalten
und so die Griechen neun Jahre vor Troja erhielt. In den (b. Amm.
Marc.) mit den Alpes Grajae verbundenen Alpes Penninae (wo auf der
celtischen Spitze oder Pen, nach Livius, Juppiter Penninus oder Deus
Peninus als Teutat oder Taran nach Zeus verehrt wurde) wohnte (am
St. Bernhard) der ligurische (später gallische) Stamm der Salassi oder
Ananes. Als frühere Bewohner der dotischen Ebene (in Pelasgiotis) südlich
von dem mit dem Enipeius oder dem (gleich den Eridanus des scythischen
Tannis oder Don einschliessenden) Apidanus zusammenfliessenden Peneus
(Salambria) fielen die Anianer oder Eniener den Oeta mit den (nach der
Unterwerfung in Abhängigkeit herabgedrückten **)) Penestae zusammen, die
sich in Illyrien und in ihre Stadt Uscana Beziehungen mit Uscudama am
Haemus sowohl, wie mit Osca der Illergeten (in Hisp. Tarr.) zeigten. An
Octa schliesst sich die bei Oitosyrus und sonst wiederkehrende Vorsilbe
Oito mit dem Inbegriff der Heiligkeit, wie später im Wit der Slaven, und
dem lateinischen Uebergang in Vitis, um Janus als Vitifer zu bezeichnen,
wodurch der Rückgang zu Ouin (das Wendenland) oder Oenoe vermittelt
wurde, mit dem Nebenbegriff des Weine's. Die vielen Aeneia genannten
Plätze, die später durch Gründungen des Aeneas erklärt wurden, führen
auf den alten Zusammenhang der Dardanier in Moesien mit den unter
Dardanus in Samothrace zu den Teucrern in Mysien gekommenen
(und in der Sage vom Bruderpaar Jasion und Dardanos den Joniern von
Buttmann als verwandt erkannte) Dardanern die von Aeneas und seinen Vorfahren beherrscht waren, zusammen mit den Ophryniern, den in den Pyrenäen
wiederkehrenden Bebrykern und anderen Stämmen der Eingeborenen,
während Ilium, die Gottes- oder Tempelstadt Pergamum's ***) die Residenz

---

den Schildern den Kariern zuschreibt. Die Tiryns bauenden Cyclopen hatte Jobates (Vater
der Antia oder Stheneböa) aus Lycien herbeigeführt, und damals mag sich der Name der
Karier (von Carth) unter dem Nomadenvolk gebildet haben, der dann in Griechenland die
Bedeutung der Herrn (Cureten) annahm. Homer setzt die Cyclopen auf Trinacria (Sicilien)
und die Elymi Sicilien's sollten von Troja gekommen sein. Sarpedon aus Kreta, der den
Termilae (und Solymi) besiegte, nahm Lycus (Sohn des Pandion) auf und der Telchine
Lycus aus Rhodus hatte den Tempel des lycischen Apollo in Xanthus gebaut. Die Cyclopen
galten für halbgöttlich (die Pelasger für *δῑοι*). Apoll tödtet die Cyclopen, wird aber dafür
gestraft und dient dem von ihm geliebten Admet als Hirte.

*) In Elis ('*Ἰαονίη*) wurde das Thyia genannte Fest gefeiert, bei dem (nach Paus.)
drei leere Krüge sich von selbst mit Wein füllten.

**) Gleich spartanischen Heloten und den syracusanischen Sklaven der Cyllyrier
(Callicyrier oder Cillicyrier), die Gelo wieder bezwang.

***) Die Stadt wurde von Pergamus (Sohn des Pyrrhus und der Andromache) benannt,
der den Arius, König von Teuthrania in Mysien im Zweikampf besiegt hatte. Von den
mit Telephus nach Asien gezogenen Arcadiern, die Pergamum gegründet, stammten die
Bithynier (nach Paus.). Nach Sigebertus Gemblacensis kam Brutus (Enkel des Ascanius,
Sohn des Aeneas) nach dem von Gigantes bewohnten Brittannien (als Vater des Locrinus).

des assyrischen Vasallenfürsten war, mit den arischen Titel (Baramos oder Prya in Priamus, als Primus). Die Wanderungen der durch Ainoia oder Aphrodite (Schutzgöttin des Aeneadengeschlecht's) au Ai*), den mythischen Stammvater des Aegyptos (und somit der damals Egypten beherrschenden Nomaden, als Verehrer des Ai und Kuda**), die später bei den Altai-Tartaren sich in feindlichen Gegensatz spalten) angeschlossenen Aenanen waren die der ursprünglichen Eingeborenen, während später das stolzere Herrschergeschlecht dieselben Züge auf ihren Julus oder Ilus (Sohn des Dardanus) und in anderer Version auf den Ulysses übertrug, wogegen Italien die ursprüngliche Sage ohne ihre hellenische Färbung für Aeneas bewahrte, aber doch in dessen Sohn Julus oder Ascanius eine Vermittluug versuchte. Die statt Eingeborenen (Protogonen oder Genarchen) oder (ähnlich den Paroreaten in Elis) Bergvolk (von ὄρος) als Aberriginer oder Irrvolk (wie die Pelasger als Pelargen) erklärten Aboriginer galten mit den Peucetiern (b. Pherecydes) als Nachkommen der Oenotrier, die unter dem durch Pelasgus von Phoroneus stammenden Oenotrus aus Arkadien nach Italien gekommen (s. Dionys.). Nach den Arkadiern des Evander, dem die Nike, Tochter des Palas (nach dem Pallantium) einen Tempel weihte. führte Herakles die griechischen Colonisten der Peloponneser, Pheneater und Epeer aus Elis herbei und besiedelte den saturnischen Hügel, und dann wird von Italus (b. Antioch. Syr.) oder Vitulus der Name Italien abgeleitet. Das goldene Zeitalter dort herrschte unter den von den Griechen auf die Zeit (Chronos) gedeuteten Kronos***), dem phönizischen Gott der Carn oder Cran (Arx oder Akra), und die Bezeichnung als Saturn, dem Gott des siebenten Tages, findet sein Analogon in dem neben den Subäern in Yemen auftretenden Sabbatha, als Mariaba oder Mareb die Hauptstadt der den Sabis (Dominus), als Handelsgott verehrenden Adramitae, während Sabazius Beiname nicht nur des Zeus, sondern auch des Dionysos war und Saon, Sohn des Hermes. Pisa (Πίσα) durch Pisus, Sohn des Perieres (Sohn des Aeolus) gegründet, stand an der Spitze der Städte-Confederation, zu der Salmone gehörte, von dem Götterfeind Salmoneus gebaut, und die Pisater repräsentiren einen durch die Eleer (wie die Pieriden durch die Musen) überwundenen Cultus, obwohl sie mehrfach ihr älteres Anrecht auf Olympia geltend machten und darin von den (eingeborenen Arcadiern 1361 a. d.), wie ihre Gegner von den dorischen Spartanern früher, unterstützt wurden. In Pisa herrschte Oenomaus, dessen (von der Plejade Asterope geborene Tochter) Hippodamia sich Pelops im Wettlauf erwarb (die wilden Gebräuche der Köpfe schnellenden Eingeborenen durch lydisch-phrygischer Gesittung mildernd),

---

*) Sargon spricht zuerst in den Keilinschriften von den Yaha-Stämmen des Landes Yavnan oder Yunan (Cypern), von dem man unter seinen Vorfahren nichts gewusst hatte und in Bezug auf Jo, woran Herodot die ersten Beziehungen anknüpft, bemerkt Rawlinson, dass Yah der egyptische Titel des Monde's ist, the primitive Chaldaean title being represented by a Cuneiform sign which is phonetically Ai, as is modern Turkish.

**) The female power of the Sun is named Gula (guda or great in the Galla-language) or Anunit (in the cuneiform inscriptions), but her primitive Babylonian name seems to have been Ai, and it is under that form that she is found in most Babylonian documents to be associated as an object of worship with the sun. Aditis, Stammmutter der Aditja, hiess A oder Ri (Rhea). Zweimal kommt Ai vor (unter den Zwergnamen des Norden's) und scheint (Saem.) avus zu bedeuten (Grimm).

***) Das carneiische Fest der Καρνεῖα zu Ehren des Apollo Karneius (in Amyclae) war so alten Ursprung's im Peloponnes, dass seine Bedeutung (nach Paus.) nicht länger erklärbar war. Nach Cecrops herrschte (zur Zeit der deucalionischen Fluth) der Eingeborene Kraneus in Attica, der mit Pedias (Tochter des Menys) die Töchter Cranaë, Cranaechme und Atthis zeugte, aber dann durch Amphictyon, Sohn des Deucalion (Sohn des Prometheus) vertrieben wurde. Auf der durch Pelasger unter Xanthus besiedelten Insel Lesbos führte Macareus (Leiter der Jonier) geschriebene Gesetze ein (n. Diodor.) und dann kamen die Aeolier unter Lesbos oder (b. Strabo) Graus, der mit Methymna (Tochter des Macareus) die Mytilene oder Mitylene zeugte.

und Pelops sollte (nach Plinius) die, von Dionysius auf Pelasger (in Verbindung mit den Aboriginern) bezogene Stadt Pisai (*Πῖσαι*) in Etrurien gegründet haben, während sie (nach Cato) von Tarchon gebaut wurde, an einer früher von den griechisch redenden Teutanen*) bewohnten Stelle.

---

*) *Τυρρηνοὶ γὰρ Ἰταλὸν τὸν ταῦρον ἐκάλουσαν* (Apollodor). Graecia antiqua tauros vocabat italos. A Teutonis graeca gente (Plinius). Teuthis in Arcadien gehörte zur Confoederation (*συντέλεια*) von Orchomenos, das bei dem Tode des Arcas an seinen Sohn Elatus gefallen. Von zwei Könige von Orchomenos heisst es, dass sie vom Volke gesteinigt wurden (wie bei Sabaeern und Mosynöken das Volk über Könige tyrannisirte et auch bei den Schweden). Des Perieres (der durch Cynortes von Lacedaemon stammte) Sohn war Aphareus, der mit Arene (Tochter des Oebalus) den Lynceus, Idas (Sohn des Poseidon) und Pisus zeugte. Nach dem Tode des Castor wurde Idas von Zeus mit dem Donner erschlagen, während Polydeuces unsterblich zum Himmel emporstieg.♦ *Τευθίς, πόλις Ἀρκαδίας* (Steph. Byz.). An die Stelle der bleichen und düstern Hölle (Niflheimr oder hellia), setzten die Christen einen mit Flammen und Pech erfüllten Pfuhl. Bei ahd. Schriftstellern wird geradezu beh (pix) für Hölle gesetzt. Die Neugriechen nennen die Hölle *πίσσα*. Im Altslav. bedeutet Peklo Pech und Hölle (Grimm). Tibareni (Stamm Cilicien's) am Berg Amanus Die Tibareni oder (nach der Keilinschrift) Tuplai wohnten zwischen Meschich und Colchischen Berge (Tubal). Die Albula wird (von dem latinischen König Tiberinus) Tiberis genannt. Tibulatii bei Tibula in Sardinien. Die siculische Stadt Tibur wurde von Tiburtus, Sohn des Catillus (Sohn des thebischen König's Amphiaraus) erobert. Tibures, Zweig der Astures in Hispanien (mit Nemetobriga). Insel Tipasenus an der Küste von Hermionis und Argolis. Die Tubantes waren früher mit Cherusser verbunden. Gog (im Lande Ma-Gog) beherrschte die Ros (b. Ezechiel). Tibar, als Wurzel der Tibarener ist Tubal (Gröer), und Iberer. Jesaias nennt Tubal neben Griechen und Italiener als Bewohner des Westen's. Sprache der Basken zum Finnischen gerechnet (wie zerstreute Inseln der Türken und Magyaren). The Moschi or Muskai were in all probability of the Tchud or Finnisch family (Rawlinson). Lelex (König von Luconia) war Vater des Myles. *Μύγεται κατὰ συγκοπὴν Λάκων* bemerkt Steph. Byz. von *Λακιδαίμων*. *Ἰκόνιον, πόλις Λυκαονίας πρὸς τοῖς ὅροις τοῦ Ταύρου*, des Annakos, wo Zeus den Prometheus und die Athene Menschenbilder machen liess. Tiassa, Fluss in Sacedaemon. Eusthathius verbindet die Lycaonier und (*Λυκπόνιοι*) mit Lycaon in Arcadien. *Λυκώνη, πολις Θράκης*. Lauburgium, Stadt am Baltic. Lacetani in Hisp. Tarr., Lacibi in Hisp. Baetica. Ogygia, Insel der Calypso, im lacinischen Vorgebirge von Bruttien (*τὰ Λακίνιον ἄκρον*) *Ὠγυγίη*, Grab des König's Erythras auf der Insel *Ὠγυρις* an der Küste Karmanien's. Von Ogygus (Heros der Hecteni) hiess Theben Ogygia. Laciadae, attischer Demus. Lacinia wird als Name Japydia's aufgeführt (W. Smith). Die Atlantide Taygetes (Gross-Gete) gebar dem Zeus den Lacedämon (mit Sinnbild des Drachen). Kamos hiess Makaraketis (der Rastlose oder Unkörperliche) von dem Makarus (Fabelfisch) oder Dachalarupas (Kantakas). Der Makaras ist das Reitthier des Varunas (als Delphin). Die Macae in Arabien bewohnten die *Ἰχθυοφάγων κόλποι* (als *Μάκαι*), als Jowaser Araber (nach Forster) am Naumachaeorum promontorium (b. Plinius). Die libischen Macae (*Μάκαι*) wohnten am Flusse Cinyps, der am Grazienhügel (*Χαρίτων λόφος*) entsprang (nach Herod.). In der bruttischen Stadt Macalla wurde das Grab des Philoctetes verehrt. Die Macanilae wohnten am kleinen Atlas (b. Ptol.). Macareae, Stadt in Arkadien (*Μακαρέαι, κατὰ δὲ Ῥωμαίους Βέατα*). Wie Cyprus, Lesbos und Rhodes wurde eine Insel im Gulf von Adule gesegnete Insel (*Macaria*) genannt. Die Macedonier (Macedni) heissen (b. Sil. H.) Macetae. Die Paroreatae und Caucoues wurden durch die Minyer von Makistus (*Μάκιστος* in Triphylien) ausgetrieben. *Μάκαι, ἔθνος μεταξὺ Καρμανίας καὶ Ἀραβίας* (Steph. Byz.). *Μάκη, κιλικὴ πόλις. εὕρηται καὶ Μαινάκη κιλικὴ πόλις* Die von dem joctanidischen Patriarchen Sherah oder Jerah stammenden Jorhamiten Mekka's oder Macoraba's, liessen den Cultus im Thal Mina durch die Minaei genannten Priester opfern (vor der Besetzung der Ishmaeliten von der Familie Kedar mit den Stamm Koreisch) in Beit-Ullah. Macra, Fluss in Ligurien. Macra-Come (b. Livius), Stadt der Aenianes. Die Insel Helena oder Makris hiess (b. Homer) Cranae (nach Strabo). Die Macrobii wohnten oberhalb Philae. Die Eiginni (am Caucasus) hiessen Macrocephali (von Verlängerung der Köpfe). Macropogones (Langbärte) im Caucasus. Macaria, Stadt in Cypern. Der Heliade Macar war Sohn des Helias und der Rhode. Santones (bei den Tolosaten) in Aquitanien. Santicum, Stadt in Noricum. *Κῆτος* war das von Perseus getödtete Seeungeheuer. Der Name Paphlagonien wird semitisch erklärt. Die Epimaranitae (Naritae) oder Rhamanitae (Kinder des Baamah, Sohn des Cush) wohnten (westlich durch die Macae begrenzt) am Vorgebirge der Asabi (Vorgebirge Maceta oder *τὸ Ἀσαβῶν ἄκρον*). Milyas (Lycien) mit District Cabalia. Das (b. Homer) von Cariern bewohnte *Μίλητος* (nach Ephorus) Stadt der Leleger, au den Sarpedon Creter brachte, und Neleus (Jonier), als Lelegeis oder Pityusa (Anactoria). Minya oder Halmonia, Stadt in Thracien, Minyae von Orchomenus. Minius, Fluss in Spanien. Minoa, Stadt in Creta. *Σάνη, πόλις Θρᾴκης*. *Σάνινα* am rothen Meer. *Σύννιγοι, ἔθνος Σκυθίας τοῖς Ἀβασγοῖς παρακείμενον*. *Σαντις, πόλις Κιλικική*.

Der ursprüngliche Sitz der Dryopes (*Δρυοπες*) war in Dryopis*) (dem
späteren Doris) am Berge Octa (bis zum Spercheius) und sie wurden von
den durch Herakles**) geführten Maliern***) (*Μαλιεῖς*) aus der durch
Malus (Sohn des Amphictyon†)) gegründeten Stadt Malieus (*Μαλιεύς*) in
Malis (*Μηλίς*) ausgetrieben. Die *Ἱερῆς* (unter den Maliern) bewohnten
(nach Grote) die heilige Stelle, wo die amphictyonischen††) Versammlungen
(im Tempel der Demeter) gehalten wurden. Die Dryoper am heiligen Berge
Oeta (Vit) zeigen in ihrem Namen druidische Beziehungen (der Drysidae
oder Drusidae bei Amm. Marc.) eines dodonaischen Eichenlandes und gründeten
auch im Peloponnes die nach den Fürsten (Asen) und deren Vorfahren
(Hermes, als erdgeboren Tuisco oder Teut) genannten Städte Asine†††)

---

*) Dryope, Tochter des Dryops, Sohn des Apollo und der Dia (Tochter des Fluss-
gottes Spercheius), gebar dem Hermes den Pan. Draupnir ist Baldr's Ring. Opis dicta
est conjunx Saturni (Macrob.).

**) Das früher bis Gadeira ausgebreitete Volk der Kelten war damals den Hellenen
(nach Ephoros) befreundet, Jünglinge bestrafend, die als zu beleibt das Maass des Gürtel's
überschritten. Herkules bestimmte, dass von den Söhnen der Echidna derjenige im Besitz
des Landes bleiben sollte, dem sein Gürtel Maass sei (b. Herod.). Der Vorzug der
Schlanken (*μακιδύος*) scheint auch macedonischer Grundsatz gewesen zu sein (H. Müller).
Die unter dem älteren Herakles nach Gallien ziehenden Dorer heissen Macedni. Die
Scythen auf den pontischen Vasen tragen Gürtel.

***) Thucydides unterscheidet bei den Maliern (mit der Hauptstadt Trachis) drei Ab-
theilungen (*μέρη*), als Paralii (*Παράλιοι*), Priester (*Ἱερῆς*) und Trachinii (*Τραχίνιοι*). Die
Priester bewohnten (nach Leake) die heilige Stadt (*ἱερὸν ἄστυ*) oder (b. Steph. Byz.) Oeta
(von Amphisus, Sohn des Apollo und der Dryope gegründet), wohin die Weihegaben
Dodona's auf dem Wege nach Delos (s. Callimachus) gesandt wurden. Herakles mit Ceyx
(König von Trachis) befreundet, verbrannte sich auf dem Oeta. Nach Diodor war Trachis,
die Mutterstadt Lacedaemon's und das arcadische Orchomenos lag am Hügel Trachu, wie
die Stadt Malea in Aegytis (in Arcadien). Mallus am Fluss Pyramus in Cilicien war von
Mopsus und Amphilochus gegründet. Der Maliacus sinus (*ὁ Μαλιακος κόλπος*) oder (b.
Livius) Aenianum Sinus heisst (b. Paus.) Lamiacus sinus (*ὁ Λαμιακός κόλπος*) Lamia,
Stadt der Maleer, lag in Phthiotis, der lemanis portus in Brittannien und der lemanus
lacus an der Rhone. Lami kennt Ad. Br. jenseits des Weiberlande's.

†) *Ἀμβιδραυοί καί Ἀμβιλικοί* unter den norischen Völkern (b. Ptol.), *Ἀλυννοι οἱ καὶ*
Ἀμβιαδόντιοι (Alane qui et Ambesentii dicuntur). Nach Ennius war ambactus (Einer aus
dem Gefolge) ein gallisches Wort. Ambi gehört dem Keltischen ebenso gut au, wie den
benachbarten verwandten Sprachen, lat. ambi amb (untrennbar), gr. *ἀμφι*, abd. umbi
(s. Zeus). Herakles, der das dorische Hellenenthum einleitete, war Sohn des Amphitryon,
der selbst schon tulitische Teleboeer bekämpft hatte, wie cadmeische Buchstaben auf dem
Dreifuss im Tempel des Apollo Ismenius bezeugten (nach Herodot). Amphias (Bruder des
Zethos) festigte das neue Theben. *Βέβρυκες καί Δρυοπες* (Strabo). Nach Besiegung des
Bebryker-König Byzes baute Ilos die Stadt Ilios. In Asien untergegangen erhalten sich
die Bebryker in den Pyrenäen.

††) Amphictyon, der auch als Eingeborener galt, war der eigentliche Sohn des
Deucalion, indem Hellen zu n Sohn des Zeus gemacht wurde. Die Gründung des amphictyonischen Bundes, der den Hellenismus einleitete, geschah im Anschluss an ein volks-
thümliches Institut einheimischen Bestande's, besonders durch die Stütze der Malier ermöglicht, die die Eroberer gegen die Dryoper unterstützten, und deshalb obwohl Eingeborene (zu den Thessaliern gehörig), Mitglieder des amphictyonischen Bundes blieben.
Attika, (dessen Athener sich noch Gelo gegenüber ihres höchsten Alterthum's in Griechenland rühmten) blieb eine Zeitlang von den damals eingeleiteten Umwandlungen, die mit
der dorischen Hegemonie endeten, unberührt, denn obwohl Amphictyon den Eingeborenen
Cranaus, der nach Cecrops über Attika herrschte, stürzte, so musste er doch selbst wieder
dem Erichthonius (das von Athene erzeugte Schlangenkind) weichen. Manche Zugeständnisse, die den Maliern anfangs gemacht waren, um ihre Freundschaft zu erhalten,
mochten später zurückgenommen werden und es bildete sich selbst die Mythe von der
Rivalität des Ceyx (Sohn des Heosphorus) und seiner Gattin Alcyone mit Zeus und Here.
Das Pan-hellenische Fest der olympischen Spiele in Elis hatte später ein grösseres Gewicht
für die Einigung, als das amphictyonische Gericht. Auch mit Amphitryo, der den alten
Stamm der Teleboeer vertilgte, leitete sich ein neuer Wendepunkt ein und ebenso mit
Amphion (Bruder des Zethos) in Theben. Der lydische König Amphi-anax oder Jobates
setzte Prötus in Tiryns wieder ein.

†††) Nach Pausanias legten die Dryoper ihren Namen ab, dessen sie sich schämten
ausser den Asineern.

(Corone) oder Las und Hermione (mit den Tempel der Demeter Chthonia) nebst Eion. Nach Timagenes hätten Dorer, vom älteren Herakles herbeigeführt, die Küstenstriche Gallien's bewohnt. Wie in Dryoper (und Doloper, die Homer neben Perrhaebi, Magnetes und Achäer in Thessalien nennt) liegt (wie in Asterope*) oder Sterope, Stammmutter der Kelten bei Dionys. Hal. am Ister) die Bezeichnung von Apia (das Land) auch in den Epeern, und die Epeer (b. Strabo) werden den Dryopern entsprechen bei Herodot, der die Elier als Aetoler bezeichnet, da ihn der Berg Olympius (Elymbo) des cambunischen**) Gebirges (zwischen Thessalien und Macedonien) ein Ausläufer der ceraunischen Berge, auf Olympia übertragene Cultus in die Eroberung der Dorier oder Macedni fällt, die den aetolischen Häuptling Oxylus für die zur Ueberfahrt gelieferten Schiffe mit Elis belohnten. Doriscus jenseits des See Stentoris (wo Plinius einen portus Stentoris neben der aeolischen Ansiedlung Aenos kennt), in der Marschebene des Flusses Hebrus, war von Darius befestigt worden und dort versammelte Xerxes sein Landheer, während die Flotte in der nahe gelegenen Bucht ankerte, bei den Städten Sale***) (eine samothracische Colonie) und Zone, durch das Wunder des Orpheus†) (b. Apollonius), der dort die Wälder in Bewegung setzte durch seine Musik, berühmt, wo früher (bis zum Vorgebirge Serrheum oder Cap Makri mit Σερρεῖον τεῖχος) der thracische Stamm der Ciconier (Κύκονες) wohnte (noch zu Homer's Zeit). Die Gegend, früher Gallaïca genannt, hiess zu Herodot's Zeit Briantica (wo Plinius die Priantae und Livius den campus Priaticus erwähnt), eigentlich aber Ciconia (bis nach Lissus). Wie die Cicones verschwanden die Cauconcs (s. Teum). Ptolomäos nennt Καῦκοι in Irland und auf der Südküste Brigantes. Os Hebri, portus Stentoris, Oppidum Aenos, Ciconum quondam regio (Plinius). Die Κυνησιοι (b. Herodot) oder Cynetes (am Anus in Iberien) heissen Κόνιοι (b. Polybius). Von den thracischen Stämmen wohnten die Paeti am Hebrus (zwischen Apsynthiern und Ciconier), die Sapaeer (b. Plinius) und Dersaeer (b. Thucydides) am Nestus, während die Satrae in den Bergen das Innere des von den Bessi (einem eatrischen Stamm) erklärte Orakel des Dionysos besassen, der in Thracien (b. Homer) Bassareus hiess. Jenseits begannen die pierischen Festen mit Phagret (die Hauptstadt) und Pergamus, dann aber wohnten päonische Stämme (Doberier und Paopler) bis zum Strymon. Die (bei Thucydides) aeolische Colonie Aenos (b. Homer) war (n. Virgil)

---

*) Die Druiden beschäftigten sich besonders mit der Lehre von den Sternen (b. Caesar).

**) Die Καμποι finden sich an der Donau (b. Ptolem.). Unzweifelhaft celtische Zusammensetzungen sind Παρμαικάμποι und Αδραβαικάμποι. Das zweite Wort liegt in Campodunum (Zeus). Die Cambri oder Cymry bewohnen das Cumberland. Bagistanus Monus (Götterberg oder ὄρος Βαγίστανον) oder Baghistan (Gartenberg oder Behistun) in Cambadene (b. Isidor) heisst (b. Plinius) Mons Cambalidus (Sambulos) in Kirmanshah (mit der Stadt Baptana) oder Batana der Semiramis, die auf dem Berg ein Paradies anlegte.

***) Im Gebiet der Callaici Bracaria (in Hisp. Tarraconensis) lag die Stadt Salacia (Salamonde) und Salacia (Urbi imperatoria) in Lusitania. Telamon (Sohn des Aeacus) colonisirte die Insel Salamis und Salamis auf Cypern war vom Aeaciden Teucer gebaut. Die Rhodier unter Elpias gründeten Salapia in Apulien oder (nach Lycophron) die Trojaner. Die Salentiner in Calabrien stammten aus Creta. Die Phocaeer gründeten Massilia im Lande der Salyer (Ligystice). Der ligurische Stamm der Salassi wohnte am St. Bernard in den Alpen. Jerusalem ist Salem.

†) Waïnomöinen (Sohn des Kaleva) bildet seine Harfe aus dem Kiefer des im Wasserfall gefangenen Fisches. Das Kalewala feiert die Wunderharfe des Waïnomöinen. Vor den Asen herrschte unter den Urgöttern des Norden's der Riese Kalewa, Vater des furchtbaren Jäger's Hiisi (in Finnland), in dessen schreckvollen Aufenthalt die Verdammten weilen (in Indien durch Kali geschreckt). Orpheus stieg in den Hades hinab. Cither spielende Gesandten kamen aus dem Norden an den byzantinischen Hof.

durch Aeneas gegründet, früher Poltyobria*) oder (nach Steph.) Apsynthus heissend. Aencia in Chalcidice (von Aeneas gegründet) wurde durch Corinthier colonisirt. Der in den Rhaetischen Alpen entspringende Aenus floss in die Donau (bei Passau). Griechen ans Chalcis oder Eretria liessen sich auf Aenaria oder Pithecusa (Ischia) nieder, von *Πίϑηκοι* oder Affen (der Cercopen**)) bewohnt. Die Insel wurde Inarime genannt, als Typhon (statt bei den Arimoi) dort begraben wurde. Das Vorgebirge Aias schied Ober-Egypten von dem Rothen Meer. Von den Bergstämmen der Oetaei***) (*Οἰταῖοι*) Oetaea's (am Oeta) in Thessalien (Pyrrha oder Aeolis) oder Aemonia wanderten die Aenianer oder Eniener (*Αἰνιάνες* oder *Ἐνιῆνες*) aus der Doti-schen Ebene in Pelasgiotis nach Epirus und liessen sich dann im Thal des Spercheius nieder, mit Hypata†), als Hauptstadt (neben Sperchiae und Macra-Come, sowie Sosthenis, Omilae, Cypaera und Palachthia). Der Fluss-gott Sperchcius zeugte mit der (dem Borus vermählten) Polydora, (Tochter des Peleus) den Menesthius. Die an die epiknemidischen Lokrer stossenden Aenianer wurden (nach Strabo) durch Aetolier und Athamanen vertilgt. In dem von der Amazone Cyme gegründeten Cyme (Amazoneion) oder Phriconitis (nördlich von Hermus) bauten die Bewohner von Phricium (im Lande der Pelasger) Neon Teichos. Die Aeolier von Cyme (der edelste Stamm der-selben) befragte das Orakel des Apollo (Ulius) zu Branchidae. Strabo nennt Larissa Phriconis bei Cyme. Die Athamanen (in den dotischen Ebenen) wurden von den Lapithen auf den Oeta vertrieben (nach Strabo), später unter König Amynander mächtig. Mopsium wurde von Mopsus (Sohn der Manto) oder von den Lapithen Mopsus (Begleiter der Argonauten) genannt. Manto gründen bei Colophon den Tempel des dorischen Apollo. Bei Trözen in Argolis lag das Asyl des Poseidon auf der Insel Calauria und in den heiligen Tempel des Poseidon opferten sieben Städte, Hermion, Epidaurus, Aegines, Athen, Prasiae, Nauplia und das Minyeische Orchomenos (nach Strabo). Anthes ans Troezen gründete Halikarnassus. Aenus war Haupt-stadt der Absinthii, die Apsilae in Colchis waren den Königen von Pontus unterworfen. Der Fluss Apsus in Illyrien entsprang auf den Berg Pindus. Auf den absyntischen Inseln war Absyntius von Medea (s. Jason) getödtet. Dodona lag am Berge Tmarus oder Tomarus (am Tmolus) und das Orakel wurde später durch drei Greisinnen, früher durch Propheten oder Hypo-pheten (nach Strabo) versehen (als ein Hypata, während Tomyris über Massageten herrscht und Tantalus am Tmolus). Die Cimbern wurden von altersgrauen Priesterinnen begleitet. Sie sollten durch Ueberschwemmung ausgetrieben sein, nachdem sie vergebens gegen die Fluth die Waffen er-griffen, und ihr kaum auf den Pferden (nach Klitarchus) entrinnen konnten,

---

*) Boldns (Zuentiboldns) oder Polk (Swajopolk). Heracles tödtete (nach Apollodor) den Sarpedon, Bruder des Poltys, König von Aenus (oder Poltyobria) mit dem Grabmal des Polydoros (nach Plinius).

**) Als die Cercopen auf den pithecusischen Inseln bei Cumae den im Titanenkriege dorthin geflüchteten Zeus betrogen, wurden sie in Affen verwandelt. Hercules band sie (im Dienste der Omphale). Ptolem. kennt die Stadt *Κερκωπία* in Phrygia Magna. Die Gründer von Cumae wurden (nach Vellejus Paterculus) nach's durch das Getön metallener Instrumente geleitet, am Tage durch Tauben (die Normannen durch Raben), vor den aeolischen und ionischen Einwanderungen. Die Cimmerier (Homer's) wurden an den See Avernus (den Eingang der Unterwelt gesetzt) bei Cumae (mit der Höhle der Sibylle) neben der Verehrung des Apollo. Im Gebiet der Milesier wurde Apollo Didymeus zu Branchidae verehrt. Die Sibylla kam von Erythrae bei Smyrna (nach Strabo).

***) Die (neben die Mekoi Mekran's) mit Sagartiern (Asagard's) und Thamanier (Damawend's) zusammengenannten Utier (*Οὔτιοι*) ergaben sich als Yutiya (nach Rawlinson).

†) Die Frauen Hypata's waren als Hexen berüchtigt (nach Lucan), nach das chal-däische Sippara (Tsiparsha Shamas oder Acracau) oder Akra de Agama (*Ἀκρακονον* und Agana führend.

Bastian.   22

obwohl Strabo meint, dass das Wasser nicht so rasch käme (wie es auf den Watten geschieht). Nach Andern sollten die Cimbern, um sich an Furchtlosigkeit zu gewöhnen, absichtlich als Häuser der Ueberschwemmung ausgesetzt und dann wieder aufgebaut haben, (als Andeutung von Pfahlbauten). Als die ausgewanderten Cimbrer von den Bojern des hercynischen Waldes nach der Ister gedrängt wurden, zogen sie zu den Tauristern und Tauriskern (gallischen Stammes) und dann zu den reichen und friedlichen Helvetiern, die sich (mit Tigurener und Taygener) ihrem Zuge anschlossen. Plinius nennt die Skotussaeer Freie. Von Skotussa kam das Orakel (nach Suidas). Der Aenus ist die Inn. Nächst den Möser, Geten, Aorsen, Gauder, Clarier wohnen die Sarmatischen Arrhaier oder Areaten und Skythen, an der Küste des Pontus dagegen die Morisener und Sithonier, die Vorfahren des Dichter's Orpheus (nach Plinius). Von Mopsus besiegt, starb Calchas zu Clarus in Jonien mit einem Orakel des Apollo (neben Ephesus oder Aiasaluck). Das Orakel Dodona's in Epirus kam (nach Strabo) von Scotussa in Pelasgiotis (in Thessalien). Scotorum (in Hibernia) natio uxores proprias non habet (Hieronym.) und dasselbe sagt Dio Cassius von den Caledoniern. Die Chamaven oder *Καμανοί* (in Hameland oder Chamavorum terra), die sich (nach Ptolem.) bis zum Melibocus erstreckten, werden (von Tacitus) südlich von den Friesen gesetzt. „Der Name gehört zur verlorenen Wurzel himan (tegere), wovon goth. hamon (vestire), himius, himil (Himmel), ahd. hemidi' (s. Zeuss). Nach Hansen ist Haemus mit dem sanscrit Himan (Himalaya) verwandt. Asman oder Himmel (im Zend) bedeutet Stein in Sanscrit (als Firmament) und geht aus Akman durch Kaman in Himmel über. Die lappischen Aimo sind die scandinavischen Heim (nach Castren). Die Voluspa zählt neun (nio man ek heima). Herakles hiess Oetäus, weil auf dem Berge Oeta verbrannt. Die Scythen verehrten Apollo als Oitosyrus[*] (nach Herodot). Linos (der Citherspieler) wurde (wie Pamphos) als Oito-Linos besungen (Schüler des Orpheus), von Herakles erschlagen. Das Grab des Orpheus (Sohn des Oiagros und der Nymphe Kalliope) fand sich bei Libethra und nach einer Prophezeiung sollte die Stadt durch ein Schwein zerstört werden, wenn die Sonne die Gebeine des Orpheus bescheine. In Wales waren Schweine heilig. Die Ai genannten Zwerge gehörten zu den zehn Abtheilungen, die von Swainis Haugi (Swain's Hügel) nach den Pfeilfeldern (Jornwall oder Oswanga) zogen. *Τουλισούργιον* (b. Ptol.) am Rhein (als *Τευτιβούγιον*). Die Cauconen erscheinen in der Nachkommenschaft des Lycaon, König's von Arcadien, und Strabo nennt sie einen arcadischen Wanderstamm, der sich in Elis niederliess, als pylische Cauconen (b. Homer) in Triphylia, wo sie durch die Minyae ausgetrieben wurden. Sie erstreckten sich bis Dyme in Achaja, wo der Caucon in den Theutheas floss. Auf der von Pisa in Elis ausgegangenen Gründung, von griechisch[**]) redenden Teutanes bewohnt, gründete Tarchon die etruskische Stadt Pisae und in Verbindung mit den Teucrern Troja's werden die Cauconen (nebst Leleger und Pelasger) als ihre Bundesgenossen (b. Homer) genannt. Neben den Marsandyni an der Seeküste Bithynien's und Paphlagonien's lebend, (mit der Hauptstadt Tieium) wurden sie bald für Scythen, bald für Pelasger (oder Macedonier)

---

[*]) Aus Surya (die Sonne) with another element, annected either with the Latin vita and Greek *αἶσα*, or perhaps with *αἶθος, αἶθων*, vitrum, weiss, white (s. Rawlinson) und heilig in Swantewit.

[**]) Tacitus hatte von Denkmalen und Grabhügeln mit griechischer Schrift auf der Grenze von Germanien und Rhaetien gelesen. Solinus spricht von griechischen Buchstaben auf dem Altar des Odysseus an der orkadischen Spitze. Von dem alten Herakles waren die Dorer (nach Amm.) nach Gallien geführt. Nach Caesar bedienten sich die Druiden griechischer Schriften. Zu Strabo's Zeit gewannen die Barbaren bei Massilia Geschmack am Griechischen.

gehalten. Die Chauci oder Cauchi, der berühmteste Stamm der Germanen, (nach Tacitus) wohnten östlich von den Friesen, die Cauci in Irland neben die Menapii (die am Rhein) mit die Gugerni zusammengrenzten. Nach Vertreibung der Sarmaten besetzten die Westgothen unter Athanarich (nach Amm.) den Caucalandensem locum (Hauhaland oder Hochland) in Siebenbürgen. Die Celten in Thracien bauten ein βασιλεῖον Τύλη (b. Polyb.). Nach Hecataeus waren die (citherspielenden) Hyperboräer den Hellenen nahe verwandt, besonders den Athenern und Deliern, eine besondere Mundart sprechend (s. Diodor). Abaris schiffte von den Boreaden (Nachkommen des Boreas) in der Stadt der Hyperboräer, zu den Hellenen, die alte Freundschaft und Verwandtschaft (εὔνοιαν καὶ συγγένειαν) mit den Deliern erneuernd und Pythagoras in Kroton sehend, erkannte er in ihm seinen Apollo. Neben den Streitbaren (der Stadt Machimos bei der Stadt Eusebe der Frommen), die nicht durch Eisen, sondern nur durch Steine und Keulen getödtet werden können, leben in grossen Städten die Meroper am Anostos oder Erdschlund (nach Aelian) aus dem Lande (Apia) Meroë's. Bei den Griechen, wie bei einigen auswärtigen Völkern, galten die meisten Heroen der Urzeit für Abkömmlinge der Atlantiden (s. Diod.). Die Kinder Japhet's*) (Sohn des Noah) besetzten die Länder von den Bergen Amanus und Taurus bis zum Tanais (in Asien) und (in Europa) bis nach Gadeira (nach Hieronymus), videbimus, omnes pene insulas et totius orbis littore terrasque mari vicinas Graecis accolis occupatas. In der Inschrift von Malta werden die Bewohner von Gaudomelite oder Gaulomelite (Gozzo) Volk von Gawwal genannt (s. de Luynes). Da der Wechsel von Γαῦδος oder Γαῦλος aus dem Phönizischen nicht erklärt werden kann, vermuthet Movers eine Vermittlung aus dem Libyschen (aus dem Galla, nach Rawlinson). Als Eingeborene des Peloponnes nennt Herodot die Arcadier und Cynurier, aber auch die (gleich den Aboriginern oder Autochthonen Italien's auch von ὄρος erklärbaren) Paroreaten (den Paroraei Macedonien's verwandt) und Cauconen werden von den Minyern (oder Lemniern) in Elis schon vorgefunden. Die nach den Söhnen (Azan, Apheidas und Elatus) des Arcas (Sohn des Zeus) in Azanes**), Parrhasii und Trapezuntii getheilten Arcadier, die sich selbst***) προσέληνοι nannten, galten bei den Griechen für αὐτοχθόνες oder (von Pelasgus beherrscht) als Pelasger (Ἀρκάδες†) Πελασγοι). Ihre (von den Dardani in Moesien) erwähnte Liebe zur Musik zeigt sich in der Erfindung der Leier durch den auf dem Berge Cyllene geborenen Hermes und ausser ihren Schutzgott Pan verehrten sie den Zeus als Lycaeus im Menschenopfer heischenden Wolfskult und die chthonische Despoina oder Herrin (Tochter des Poseidon und der Demeter). Indem sich die zu den Cranai in Attika gehörigen Arcader an

---

*) Deux peuples, parmi ceux qui sont énumérés (dans le tableau des peuples japhétides), s'y trouvent distingués des autres comme représentant chacun une race collective, ce sont ceux de Gòmer et de Jàvûn. Les autres noms indiquent des peuples particuliérs (s. Vivien). Yavanen (Yuen) und Kambodier (Kbmr). Cumri: les Gaëls de l'Angleterre (langue Kumraeg ou Kimrique). In Yucatan hiessen die Anhänger des Cuculcan oder (in Chiapas) Cocolcan (mit göttlichen Federn geschmückte Schlange) genannten Quetzalcoatl (gefiederte Schlange) Cocome (Plur. von Coatl.). Riphat (Sohn Gomer's). Riphaei Montes. Chrobat (montagnard) oder Chroaten. Chrebet, als Bergkette im Russischen (Ouralskoi-Chrebet) Karpathen. Ῥίβιοι (b. Ptolom.) am Oberen Oxus.

**) Ἀξαλοι fanden sich (b. Ptol.) in Ober-Pannonien, ebenso Ἰάσσιοι und (b. Strabo) Διασίωνίς (ὄτοι Asioneer).

***) Auch die Stadt Arcadia auf Creta reicht in hohes Alterthum zurück, da sie den Anspruch des Berges Ida, Geburtsort des Zeus zu sein, bestreiten konnte. Neben den cyclopischen Resten der volskischen Stadt Arpinum oder Arcanum (Arx oder Aix) fand sich das Grab des Saturn.

†) eine Herleitung von Arx (in Argos), wie die Tyrrheni und Pelasgi von den τύρσεις (turris).

22*

den weiten Stamm rhätisch-norischer Alpenvölker der Carni anschliessen,
so vermittelte (bei der im Celtischen und Phoenizischen übereinstimmenden
Bedeutung von Carn) der phönizische Stapelplatz oder Insel Cranae bei
Laconien den Uebergang von Carna oder (b. Plin.) Carnon, die Hauptstadt
der Minaci (in Yemen) zu dem Druidensitz der Carnutes. In den Namen
der zahlreichen Söhne des arkadischen König's Lycaon (Sohn des Pelasgus)
zeigen sich viele Eponymen (Caucon, Peucetius, Macareus, Macednus, Horus,
Mänalus, Teleboas, Phthius, Lycius, Phineus, Hämon, Titanus, Mantinus,
Orchomenos, Cynäthus u. s. w.), die die Stämme einer alten Schichtung
characterisiren, aber wegen ihrer Gottlosigkeit alle zu Grunde gingen, als
in der durch Zeus eingeleiteten Neuzeit Menschenopfer nicht länger statt-
haft blieben. Aus dem vorher in Ahn Lycaon verehrten Wolfsgott (wie
bei Tartaren und Koloschen) wurde dann ein Zeus Lycaeus, als Wolfs-
abwender nach bekannter Methode. Nur ihrem chthonischen Dienst hatten
die Eingeborenen die Erhaltung des Nyctimus zu danken, des jüngsten Sohn
des Lycaon, da Gäa selbst zu seinem Schutze ihre Hände emporstreckte,
aber auch er trat in das nächtliche Dunkel mythischer Nixen zurück, als
nach seiner Thronbesteigung die deucalionische Fluth einbrach. Die zweite
Dynastie trat nun mit dem Wappen des Bären auf, doch versuchte man
eine Anknüpfung an die vorangegangene, indem man in der Bärin, die den
Arcas gebar, eine Verwandlung der (Nymphe) Callisthо (in das Bärengestirn
oder Arctus versetzt), Tochter des Nyctimus*) erkannte.

Wie Arno**), die den Saturn täuschende Amme des Poseidon, den
äolischen Städten Arne ihren Namen gab (und sich auch in den auf weite
Reisen deutenden Plätzen Cerno im Süden und Yerne***) im Norden erhielt),
wie Nysa, Erzieherin des Dionysos, im Nisa des Meru, wie Bouto†), Pflege-
mutter des Horus und der Bubastis, in Butos gefeiert wurde, so die kretische
Prinzessin Ida (Schwester der Adrastea), als Hüterin des Zeus, in der
Höhle des Ida, der als Versteckplatz des jungen Kinde's galt. Diese dem
phönizischen Kronos gegenübertretende Verehrung des Zeus leitet, als
fremder Einführung, auf den phrygischen Ida zurück, dessen Nymphe Idäa
mit dem Scamander den Teucer gezeugt, später aber vor der Göttermutter
Cybele zurücktreten musste. Schon im Namen der Teucrer findet sich jene
auch in Thracien und Illyrien vielfach geläufige Form, die in Teut und
Tuiscon wiederkehrt, in Tiu oder Tyr bald in Zio übergeht, bald von den
Sachsen als Er (chor) bewahrt wird. Im Hundsrück findet sich ein Idar
oder sylva Ieder, an der Visurgis ein Idistavisus campus, und die den
heiligen Namen des Asios bewahrenden Asen, die auch in Sardes bekannt
waren, versammeln sich an der gewölbten Burg auf Idaplan oder Idavällur,
einem zweiten Pergamum. Idanthyrsus beherrschte die Scythen. In den
Trojanern hatten sich die einheimischen Teucrer mit den zugewanderten

---

*) Nycteus, Vater der Nycteis (mit Polydor von Theben vermählt) war Sohn des
(Sparten) Chthonius. Als Sohn der Nymphe Clonia und des Hyrieus war Nycteus Bruder
des Lycus.
**) Arno (Musarnus oder Heriol) gilt als Name des Herakles. Ziegen und Schaafe
waren schon in alter Zeit (nach Varro) von Nordafrika eingeführt. Nach Leo Pelläus
wurde ein Hirtenstamm aus Afrika von Osiris bei Theben angesiedelt, wohin er die Ver-
ehrung des Ammon (in Ammonium) der Saramanten brachte. Vom See Triton kamen die
Aigis nach Griechenland und Libyen galt als Heimath der Satyre.
***) Jenseits der Celten lagen die brittischen Inseln Albion und Jerne (n. Aristoteles).
Bei der Ausdehnung nach Herjedalen (Herdalir) fanden die Schweden an den Küstenstrichen
schon Thorir vor, der Helsing beigenannt ist.
†) Minnith (Stadt der Ammoniter) oder (b. Joseph) Maniathe (Maanith) heisst (LXX)
Arnon. Karna ist Hauptstadt der Minaeer. Die Arne genannten Städte gehören den aeoli-
schen Böotiern (Boiorn) Thessalien's an (wie Larissa den Pelasgern). Theile der Boii
grenzten mit dem keltischen Alpenvolk der Carni zusammen. Armenien, als Gross-Ermeland.

Dardanern*) (den herrschenden Danäern von Dara oder Fürst im Gegensatz
zu den Griechen oder Danäern) vermischt, hingen aber ursprünglich mit
dem phrygischen Stamm zusammen, der durch die Brücke der Bryges vom
Berg Bermius (von Bromia, Amme des Dionysos) in Macedonien nach dem
Norden Europa's führt. Die Babylonier machten das weibliche Urprinzip
Taauth (Tauthe), als Gattin des Apason (b. Eudemus) zur Mutter der Götter.
Hermes Trismegistus ist Thauth. Die phrygischen Sagen verlegen den Sitz
des Annacus oder Nannacus, des alten König's der Fluth, nach Iconium,
wo (an der von Perseus zur Aufrichtung des Medusenhaupte's gewählten
Stelle) Eusthathius den Prometheus seine Bildwerke schaffen lässt, und der
Name ihres Patriarchen Manes knüpft sich (wie Maneros, Sohn des ersten
König's Egypten's) an die keltisch-finnische Bezeichnung für Stein an, die
sich in Mannus (Sohn des erdgeborenen Tuisko) ebenso erhalten hat, wie
im etruskischen Unterweltsgott Mantus und in Manto, Tochter des in einer
Höhle orakelnden Teiresias. Der assyrische Nebo hiess als Planet Merkur
(wegen der Schnelligkeit) Tir oder Pfeil (bei den Persern). Hermes
(Κισσώνιος) hiess (nach Mone) Artaeus (Αρταῖος) in Gallien. Neben den
thracischen Göttern Ares, Dionysos und Artemis (Bendis oder Cottys**)),
verehrten die Könige besonders den (am Berg Cyllene in Arcadien geborenen und Parammon in Olympia genannten) Hermes (den Imbro der
Kabyren und Korybanten auf der Insel Imbrus oder den Imbrasos***) der
Karier) als ihren Vorfahren (nach Herodot), und „deum maximo Mercurium
colunt", sagt Caesar von den (von Dite patre stammenden) Galliern, wie
deorum maxime Mercurium colunt, Tacitus von den Germanen des Teut.
Auf etruskischen Münzen heisst Hermes Turms oder (nach Macrobius)
Casmillus oder Camillus. Nach Polybius mussten die alten Macedonier
zum Zeichen der Schande einen Ring tragen, so lange sie keinen Feind
getödtet, wie die Chatten nicht früher ihr Haar scheeren durften, und bei
den Odrysae galt als höchste Ehre (nach Xenophon) das Zutrinken, als
Tafelgenossen des König's, gleich dem Conviva regis oder antrustio. Das
Tättowiren der thracischen Edeln (nach Strabo) kehrt in Schottland wieder.
Als Mutter Erde hiess die grosse Göttin bei den Thraciern Lemnos (nach
Hecatäos). In primärer Schichtung verbreitete sich ein gleichartiger Stamm
von den Küsten des Pontus (die, nach Herodot, von Phrygiern stammenden
Armenier eingeschlossen, die Eudoxus für gleichsprachig erklärt) bis nach
Hispanien, wo er mit atlantischen (und im Süden mit afrikanischen) Ein-
flüssen zusammentraf. Durch die gallische Einwanderung (gleichzeitig mit

---

*) Die Dardi in Daunia oder Apulia (als Dardauner) wurden (mit den Monadi) von
Diomedes (aus alter Feindschaft) vertrieben. Dardi, populi Apuliae antiqui (Plinius).

**) Kalwadha (near Bagdhad) was traditionally the city of Hermes (Abul-Faraj) and
was supposed (s. Massoudi), to have originated the name of Chaldaean (Rawlinson) mit
dem Grab des Hermes. Sardes lag am Hermus. Memnon war Sohn der Hemera (des
Tages) oder der Eos (Aurora) und des Tithonus. Thutmes, der egyptische Eroberer, ist
Thot-Mes oder Sohn des Thot (Hermes oder Taauth). Die Idee Gott wird im Assyrischen
durch das Wort Ilu wiedergegeben, aber der diese Idee ideographisch repräsentirende
Character, der ursprünglich die Form eines Sterne's hatte, wird an ausgesprochen, wenn
als Sylbenzeichen verwandt, weil im Scythischen Gott Annap hiess (Lenormant) Armannu
war der Schutzgott von Susa (Rawlinson). Wodan sane ipse est qui apud Romanos
Mercurius dicitur et ab universis Germaniae gentibus ut Deus adoratur (Warnefried). Von
den Sueven heisst es (in der Lebensgeschichte des heiligen Columban): Deo suo Wodano,
quem Mercurium vocant alii, litaverunt. Odin (im Grimmismal) heisst Gauti. Nach Jornandes
war Gaut erster König des Volkes. Gula (Guda im Galla-Dialect) bezeichnet (im Baby-
lenischen) gross (als Mylitta oder Volis).

***) Imbramus war Beiname des Hermes (b. Steph. Byz.) und (nach Eustathius) wurde
Hermes von den Karen (Makaren) Imbros genannt, auf der den Kabiren heiligen Insel
Imbros. Den (auch Samothrace) Σάος oder Σῶκος genannten Hermes identificirt Welcker
mit Himerus. Homer kennt den Thracierfürsten Imbrasus am Aenus.

der thessalischen) erhielt die keltische Varietät ihren specifischen Ausdruck, wodurch sie sich von der thracischen abschied, während sich auf den für Nomadisiren geeigneten Ebenen, scythisch-sarmatische Völker zwischenschoben. In localisirten Isolirungen*) treffen wir nun die königliche oder göttliche Titelform As und zwar scheint sich dieselbe, als zunächst in Troja und seiner Umgebung wurzelnd (auch in Sardes bekannt, und von dort weiter nach Tyrrhenien getragen) an Assur oder Assyrien anzulehnen, aus welchem Reiche die von Memnon befehligten Hülfstruppen den Vasallenstaaten zu Hülfe gesandt wurden. Die Erinnerung an den Glanz der weitgebietenden Assyrier bewahrten unverändert die ihren früheren Gouverneuren (oder vielmehr dem deificirten Patriarchen und Ahnherrn des Reiche's) anhaftende Würdenbezeichnung, die auch in die heimischen Mythen von dem auf Samothrace geborenen Jasius (Vater des Plutus) verwebt wurde und in die des Jason, Sohn des Aeson. Die Gründung des assyrischen Reiches selbst mag zurückgeben auf jene am obern Tanais lebenden Asaioi, die (nach Plinius) einst zu den berühmtesten Völkern Scythien's gehörten, und wahrscheinlich auch in den Asiani aufgetreten waren. Die griechische Stadt Asinia lag (nach Skylax) am Promontorium Jasonium, in der Nähe der Hafenstadt Athenae (b. Arrian) oder (nach Skylax) Odinios, und Aspurgium am Palos Maeotis spielte in den nordischen Mythen, als Ausgangspunkt für die Wanderungen der Asen unter Odin's Führung. Die Asiotai wohnten östlich von der Mündung der Wolga. Die Dryoper (am Berg Parnassus) gründeten Asine (Stadt in der Argcia) und (von dort vertrieben) die Stadt Asine in Messenien. Die lacedaemonische Stadt Asine oder Las lag auf der Spitze des Berge's Asia.**) Asisium war eine umbrische, Asido eine Stadt in

---

*) Nach Herodot leitete sich die Heraclidische Dynastie in Maeonien (Lydien) auf Assyrien zurück, und mit den ihnen folgenden Mermnaden soll Maeonien durch die Lydier erobert sein (nach Niebuhr). Die Maeonier galten als Verwandte der Trojaner, und die Paeonier (in Macedonien) wollten von den Teucri abstammen. Pannonia war der römische Name der griechischen Paeonier (nach Appian). Herodot leitet den Namen Lydier vom Herakliden Lydus her, Sohn des Atys, Sohn der Nana (Tochter des Flussgotte's Sangarius). Die Pannonier, die zu den Illyriern gerechnet wurden, unterscheiden sich (nach Tacitus) in der Sprache von den Germanen. In Folge der celtischen Einwanderungen in Illyrien galten Celtus, Illyrius und Gala für Brüder (Söbne des Cyclopen Polyphem.). Die Liburner und Istrier werden getrennt gehalten von den Illyriern, von denen sich auch die Epiroten unterscheiden.

**) Parmenio vernichtete (nach Strabo) die Monumente der Argonauten, damit (statt Jason) Alexander im Osten gefeiert würde. Ptolem. setzt in die Gegend der Don-Mündung Osiler, auf das Ufer der Wolga die Asäer (Osiloi oder Asaioi), an das kaspische Meer die Asioten. In der jonischen Stadt Erythrae oder (von Cnopus, Sohn des Kodrus), Knopupolis lebte (nach Strabo) die weise Frau Sibylle (auch im Norden bekannt) und (zu Alexander's Zeit) Athenais. In der Falasha-Sprache heisst der König Ashana (Flad.). Die Asaci wohnten (nach Ptol.) nördlich von den Perierbudi (im Norden des Tanais). Die Yautchin oder Dzyo-sin, die unterhalb des weissen Berges (Tchang-peh-chan) wohnen, heissen (japanisch) Asivase (nach der Wa-kan-san-sai-dzou-ye). Die Sagartier, die (nach Herodot) in Sprache den Persern, in Kleidung den Persern und Pactyern in Armenien (oder Indien) gleichen, figuriren auf der Behistun-Inschrift als Asagartae. Die von Pannonien nach Germanien gewanderten Osi waren den Quadi und Sarmatae tributpflichtig. Die Asaei (Ασαιοι) am oberen Tanais in Sarmatia Asiatica (b. Ptolem.) gehörten (nach Plinius) einst zu den berühmtesten Völkern Asien's. Nach Christodoras (b. Steph.) war Ασιος, König der Lydier, Sohn des Κοτυς und der Muia. Siegen über die Lemanon (über Ninive oder Niniveh, Naharayn oder den Tokac) folgen solche über das Land Singar und die Asi oder Is, die Bitumen bringen, auf den Monumenten Thutmes III. Aus den Asen oder Wasen der Basiliden (unter Sarmaten) und den königlichen Scythen entnahmen die Hellenen die Bezeichnung des König's. Von Asch (Feuer) kommt Aisch, der Mann. Der scythische Stamm der Asiani oder Asii bekriegte die griechischen Könige von Bactrien. Ajax erlegte Phorcys aus Askania, (Führer der Phrygier), Sohn des Phaenops (Sohn des Asios). Bei Pactyce (wo die Pactyer in der Kleidung den Sagartiern glichen) wohnten (nach Herodot) die tapfersten Indier (im Gandarica). Der Takht-i-Soliman lag (auf dem Wege nach den Serern) im Gebirge Ascatangas. Ulysses sollte Asciburgium am Rhein gegründet haben

Hisp. Baet. Die Verehrung des Hermes empfingen die Griechen von den Pelasgern, die im Allgemeinen die ϑεοι als Anordner verehrten, indem die Athener zuerst von den aus Samothrake nach Attika kommenden Pelasgern die Statuen des Hermes*) zu verfertigen lernten. Sonst kamen die Religions-gebräuche aus Egypten (n. Herodot), und Diodor bemerkt: „Orpheus führte zuerst die mythischen Ceremonien aus Egypten ein, die Orgien, die die Wanderungen der Ceres feiern, und alle die Fabeln von den unterirdischen Schatten, denn die Osiris und Bacchus betreffenden Riten waren die gleichen, die Bestrafung der Bösen, die elysäischen Gefilde und alle andern Ein-bildungen der gewöhnlichen Vorstellung waren den egyptischen Leichen-begängnissen entnommen." Dasselbe gilt vom acherusischen See, von Charon, von Styx und sonstigen Erfindungen. Nach Lucian hatten die Egypter zuerst Kenntniss der Götter und heiliger Dinge, sowie der heiligen Namen (wie auch Herodot die den Pelasgern unbekannten Namen der Götter aus Egypten kommen lässt), und ebenso nach dem Orakel Apollo's (b. Eusebius). Nach Diodor lernten die Chaldaeer die Sternkunde von den egyptischen Priestern, wogegen sie (n. Josephus) von den Chaldaeern zu den Egyptern und dann zu den Griechen kam. Hermonopolis hiess Oschmounayn im Coptischen, da Toth über die acht Regionen herrschte. Eschmun ist in Phönizien der jüngste der acht Kabiren, die von Sydyk stammen. Ormenus war Gross-vater des göttlichen Sauhirt (auf Ithaka) Eumäus, Sohn des Ctesius, König

---

nach Tacitus). Die Aspurgiani (der asiatischen Maeoten) die (zur Zeit des Augustus) Polemon (König von Pontus und Bosporus) gefangen nahmen, wohnten zwischen Phanagoria und Gorgippia (als Asturicani). Gorgo war Hauptstadt der Ephthaliten. Von dem Asias-genannten Sohne des Cotys (Enkel des Manes) glaubten die Lydier Asien benannt (nach Herodot) und ebendaher stammte der asiatische Stamm in Sardes. Asshur (As in abbrevia-tions), the supreme god (in the inscriptions of the Assyrian kings) was replaced in Babylonia by the deity Il or Ra (Khaldi in Armenia). Asshur ist Astun bei den Samaritanern.

*) Der erste Hermes in Said oder Ober-Aegypten warnte vor der Fluth und erbaute zum Erhalten der Wissenschaften die Pyramiden (nach Abulfaradsch). Der zweite Hermes ein Babylonier von Kalwadsa) baute (nach Nimrod, Sohn des Kusch) die Stadt Babel. Der dritte Hermes Trismegistos (Schüler des Agathodaemon oder Seth) war (als Henoch der Idris) Lehrer des Tati (Tatianus) und wurde nach dem Todo durch den König Asklepiades in einem Bilde verehrt. Μέρμις: ἐκ τοῦ εἴρω ἑρμις, καὶ πλεονασμῷ τοῦ Μ ἑρμις (Et. Mg.). Ἑρμῆς, παρὰ τὸ ἐρῶ, τὸ λέγω Εἰρέος καὶ Ἑρμέης. Ἑρμῆς, ἀπὸ τοῦ εἴρω. η Etrusko speculo Mercurius dicitur Turmsaitas (Ἑρμῆς ἀΐδης), h. e. Hermes chthonius Mercurius inferus). Sabu fut grand chef de l'oeuvre d'Unas (dernier roi de la V. Dynastie), estimé du roi plus qu'aucun autre serviteur de même il fut grand chef de l'oeuvre du fils du soleil, Teta (premier roi de la IV. Dynastie) vivant éternellement (s. Mariette). In einem datahn ist Phtha-ases (Beamter aus Memphis) begraben (unter Mycerinus aus Aseskef). Der pelasgische Hermes, der von Attica nach Samothrace kam und dort Σάος oder Σῶκος hiess, war (nach Welcker) mit Himerus identisch Ἴμβρος νῆσος ἐστιν ἱερὰ Καβείρων καὶ Ἑρμοῦ, ὃν Ἴμβρον (Ἴμβραμον) λέγουσι (nach Steph Byz.) μάκαρις oder (nach Eustath) οἱ Κάρες. Imbramus, als Beinamen des Hermes bei Steph. Byz. Imaduchi, Stamm am Palus Maeotis (b. Plin.). Imbarus, Gebirge in Cilicia Trachea. Imbrasia, Beiname der Artemis. Imbrasia, Beiname der Here vom Flusse Imbrasus oder Samus (wo sie geboren). Der Thracierfürst Imbrasus herrscht in Aenus (b. Hom.). Die Nymphe Chesias in Samus war dem Imbrasus (b. Athenäus) vermählt. Imbrasos, Fluss auf Samos (beim Tempel der Here). Imbramus (Hermes) hiess Imbrasus (b. Eustath.). Imbrius, Sohn des Mentor aus Karien (b. Hom.). Imbros, Festung der Stadt Kaunos in Karien. Imbrimum in Samnium (b. Livius). Imbruss, Sohn des Aegyptus. Wie Hermes auch Theut heisst, so kann auch Ἑρμῆς von Er und μῆς, was ursprünglich für eine adjectivische Ableitung gilt, die der Vurzel nach dieselbe ist, mit dem teutschen Mann, kommen. Schwenck leitet Hermes von ἔρα (Erde) mit eingeschobenem μ (wie in ὁρμάω von ὄρω), als Erdgott (Schincke). Hermes (Thoyt) bezeichnet (nach Jablonski) die Säule oder (nach Hug) die Versammlung der Priester. Baur stellt sermo und vermis mit Hermes zusammen. Theut nennt den ältern Hermes seinen Grossvater. Hermes heisst (b. Homer) ἄγγελος ἀθανάτων ἐριούντος. Hermes ist Agamedes (Sohn des Erginos), der mit Trophonios im Bunde das orchomenische Schatzhaus baut (Schincke). Hermes ist νομιος, als Heerdengott (und Bockträger in Tanagra). Als Erfinder wohlgesetzter Reden leitet Diodor Hermes von hermeneiein (erklären).

der Insel Syria (jenseits von Delos oder Ortygia). Thor, der die Schlange Jormungard (Midgardschlange), von Loke mit der Riesin Angrboda gezeugt, erschlägt, heisst Ormscinbani. Odin heisst (in Hervararsaga) Angantyr (Ongenteov). Das (bis an heiliger Stätte niedergelegt) Verderben bringende Halsband ($\delta\varrho\mu o\varsigma$), das Kadmus (mit dem $\pi\epsilon\pi\lambda o\varsigma$) der Harmonia bei der Vermählung gegeben, war (nach Nonnus) ein Schlangenreif, und Cadmus und Harmonia werden (b. Apollodor) in Schlangen verwandelt, in's Elysium aufgenommen. Die Nadrovier (mit Romove) wohnten neben Ermland (Wärmeland) oder (altn.) Ormaland. Der von Loke dem Zwerg Andwari geraubte Ring brachte dem Besitzer Verderben, und in Folge desselben ging das Geschlecht der Niflunghar zu Grunde, als Gudrun's (Eigurd's Gatten) Söhne den Tod ihrer Schwester Swanhildur an König Jormunrekur rächen wollten. Der Schlangenartig gewundene Schmuck sollte durch die Scheu vor dem daran geknüpften Fluch den Tempeln erhalten bleiben. Die Könige leiteten sich (wie in Abyssinien) von der grossen Schlange Orm (Ermes) als Sohn (Mes) des in Schwert- oder Lanzengestalt verehrten Ares (Tyr oder Er). Im Anschluss an die Manenschlange (der Manes) wurde die Figur des Ahn dargestellt durch eine im Menschenkopf auslaufende Schlange oder eine durch Schlangenleib in der Erde wurzelnde Säule, die sich später zu der Hermes-Säule vereinfachte, und die stete Erneuerung des in den Nachkommen wieder auflebenden Vorfahr rief die Kindergestalten im Hermes-Cultus hervor, wechselnd in Wiedergeburten, wie der Mond ($\mu\eta\nu$ und ma). Das fliessende in Wurzel $\mu a\delta$ (manus und madnus) führt auf das Gleiten der Schlange. Kuhn vergleicht Saramejas (Sohn der Sarama) mit Hermeias aus Sturm ($\delta\varrho\mu\eta$ der Andrang und sarama). Der in der zum Sinnbild der Sonne dienenden Säule des Herkules oder Irminsul (pyramides oder avarun) verehrte Hirmin oder Hermes graece Mars dicitur (Widukind). Das Haupt des Hermes wurde auf Pfählen ($\check\epsilon\varrho\mu a$) oder Säulen errichtet. Die Sachsen verehrten in Hirmin einen kriegerisch dargestellten Wodan. Hirmin heisst effigies columnarum (b. Widukind). Armenon (Bruder des Hisicion und Negno) ist Sohn des Alanus (b. Nennius). In dem osnabrückischen Volksdialect hat sich (nach Strodtmann) Herm*) und (in Westfalen) Hermen in göttlicher Erinnerung erhalten. Die Milchstrasse hiess Vatlingestrete oder Iringesstraza. Gleich dem von Stier des Mars geführten Ver sacrum oder von den Sabinern ausgesandten Samniten war Cadmus (nach dem Tode seiner Mutter) der leitenden Kuh auf Geheiss des delphischen Orakel's bis

---

*) Die Eresburg hiess Ariospolis ab eo, qui Aris graeca designatione ac Mars ipse dictus est latino fumine, duobus siquidem idolis hec dedita fuit, id est Aris, qui urbis meniis insertus, quasi dominator dominantium, et Ermis, qui et Mercurius mercimoniis insistentibus colebatur in forensibus (1145 p. d.). Beim Regierungsantritt ritt der schwedische König den Erichsweg (Eriksgata) des Er (oder Mars) oder den Riksgata des Heimdallr. Nach Tacitus sangen die Germanen vor der Schlacht das Lied von Hercules, dem Säulen errichtet waren. Zeus setzte den Wagenlenker Erichthonius unter die Sterne, wie (in Holstein) Hans Dümken als Fuhrmannsknecht auf der Deichsel des Wagen's sitzt (s. Grimm). Zu Oslef's Zeit (860 p. d.) wurde der alte König Erik in die Gesellschaft der Götter aufgenommen. Im Dänischen heisst der Teufel gammel Erich. Frau Ere wurde personificirt, als Aisa (s. Grimm). Nach Gäa oder Riesin, entsteigt Erebus dem Chaos (b. Hesiod). Dienstag heisst Ertag (Irtag) oder Erchtag (Eritac) im Bairischen. Die $\Theta o v\varrho\iota o\iota$, zu denen die $\Gamma a v\varrho o\iota$ gehörten, verehrten den $\H A\varrho\eta\varsigma$ als höchsten Gott (nach Procop). Die Alanen verehrten (nach Amm. Marc.) den Mars als Schwert, und die Scythen (b. Herodot) den Ares. Mars (Mavors oder Mamers) galt den Römern (nach Varro) als Lanze (s. Arnobius). Die Städte der von den Simeoniten (und Juda) besiegten Kanaaniter wurden zu herem gemacht in Horma (im Buche der Richter). In der Chronik machen die Kinder Simeo-'s die Städte der Minäer zu herem. Die (nach dem Kampfe mit den Agag oder Fürsten der Amalekitern, wegen Schonung derselben) verbannten Simeoniten (Söhne Ismado's) liessen sich (zu Saul's Zeit) in Jathrib nieder (s. Dozy). Herem ist das einer Gottheit Geweihte, das ihr nie wieder entnommen werden darf, als hochheiliges (godes) Eigenthum. Die Stätte, die nur den nach Ausrottung der Feinde der Gottheit dieser geweiht ist, heisst Horma.

nach Böotien gefolgt, und dort entsprangen ihm die gepanzerten Männer, die bis auf Echion, Udäus, Pelor, Chthonius und Hyperenor gegenseitig durch eigene Schwerter fielen. Die Uebriggebliebenen aber traten an die Spitze der thebanischen Geschlechter, die sie fortan als ihre Stammherrn hochhielten. Der Sinn dieser Mythe ist nicht schwer zu entziffern. Unter den Sparti dürfen zunächst keine Eingeborenen verstanden werden. Urbewohner treffen die Einwanderer im Lande vor, von ihnen selbst gesäete würden sie nicht für solche halten und dann deutet die Panzerrüstung der Sparti nicht auf rohe Eingeborene, sondern auf waffengeübte Gefolgschaften, wie sie Karier und (cretisch) Kureten zu liefern pflegten. Die Einwanderung des Kadmus *) unterscheidet sich von denen hellenischer Eponymen dadurch, dass er, ein aus phönizischem Lande Verbannter, im fremden Lande keine natürlichen Genossenschaften fand, und sich mit Soldtruppen umgeben musste, unruhige Gesellen, deren er sich (bis auf wenige in sein Interesse gezogene Führer) gerne wieder entledigte, sobald sein Ansehen unter den böotischen Eingeborenen begründet war. Da Kadmus aus thracischem Norden kam, so mochte die Aushebung in Chalcidice (der chernen Halbinsel) geschehen sein, unter den Bottiäern, deren Hauptstadt Spartolus **) ihren Namen vielleicht von Spartäus trug, den die Nymphe Himalia dem Zeus geboren. In Sparta liegt zugleich der Anschluss an den cretischen ***) Schlangenritter Sarpedon, der Colonien nach Lycien und Thracien führt, und als das Symbol Sparta's bei der Theilung des Peloponneses erscheint der Drache. Die nach dem durch eine Löwin zerrissenen Olynthos (Sohn des Flussgotte's Strymon) benannte Stadt Olynthus am trionäischen Gulf zwischen den Halbinseln †) Pallene und Sithonia, war den Bottiäern von den Chalcidiern entrissen.

---

*) Nach Euhemerus war Kadmos ein Koch des König's in Sidon, der mit seiner Flötenspielerin Harmonia entflicht, und die Wichtigkeit des Koche's unter indischen Kastenverhältnissen zeigt sich auch in der Erzählung des nach Alexandrien gereis'ten Brahmanen, dem der seinige geraubt werden soll.

**) Neu-Carthago's Name Spartaria wurde von dem Riethgrase erklärt. Sparton, Sohn des Phoroneus, war Vater des Myceneus, der als Gründer des Reiches von Mycene gilt, wie sonst Mycene, Tochter des Inachus. Euripides, nennt Mycene, das Werk der Cyclopen, die Feste des Perseus (πόλισμα Περσέως). Nach Timagoras war das lakonische Sparta von den Sparten des Kadmos genannt. Χαλκεύς πᾶς τεχνίτης, καὶ ὁ ἀργυροκόπος καὶ ὁ χρυσοχόος (Hesychius). χαλκιδική: Σκυθική, τά μέταλλα τοῦ σιδήρου ἐπὶ πρῶτον εὐρεθέντα, Χάλυβοι: ἔθνος Σκυθίας, wo Eisen gefunden wird (Hesychius). Χαλυβική, τῆς Σκυθίας, ὅπου σιδήρου μέταλλα. Die Chaldaeer hiessen früher Arphaxdeer (nach Josephus). Cephca heisst Meroë (b. Propertz). Χάλδια regio Ponti, cujus incolae Chaldaei etiam. Plinius setzt die Saphener (Cephener) nach Arphachsad oder (b, Ptol) Arrapachitis. Hieronymus a Chased ducit Chasdim (Chaldaeos). Promiscue adhiberi coeptos Chalybes et Chaldaeos docet Plut. Die ältesten Babylonier heissen Chaldaeer b Diod.

***) Mar in Gaza wurde als Ζεὺς Κρηταγένης verehrt, als in Creta geboren (s. Spanheim).

†) Der Name Olenus, den der delische Orakelpriester Apollo's (Olen) wieder belebte, geht auf hohes Alterthum zurück, denn obwohl er der Sohn des Hephäston heisst, so gilt er doch zugleich für den Vater der Nymphen Aege und Helice, der Erzieherinnen des Zeus. Von Olenus, Gemahl der Lethaea, wird erzählt, dass er durch diese, die an Schönheit mit den Göttern wetteifern wollte, in Stein verwandelt sei, das Zeichen einer überwundenen Cultusstufe (wie sie in Hämus, Niobe u. s. w. auftritt) und auch Olympus musste seinen Sohn Marsyas, Lehrer des Olympus, von Apollo geschunden sehen, obwohl durch den von Dionysos (b Diodor) zum Lehrer des jungen Zeus ernannten Olympas der Name in Zeus Olymp'us zu Olympia (früher Pisa genannt oder Arpina) wieder zu Ehren kam und nun mit Einsetzung der olympischen Spiele auch ein von Euboea geborener Olympus unter den Söhnen des Herakles zugelassen wurde. Olympus der cambunischen Berge war Residenz des Zeus, auf Olympus in Cypern wohnte Aphrodite, in deren Tempel (n Strabo) keine Frauen zugelassen waren, der Vulcan Olympus in Lycien hiess Phoenicus, und weiter kannte man einen Berg Olympus in Mysien, Galatien, Laconien und Elis (mit den Olympieien). Ὀλυμπίειον, τόπος ἐν Λέσβῳ. Olbe oder Olbiasa (in Cilicien) war von Ajax, (Sohn des Teucer) gegründet, in Olbia wohnten (zwischen den scythischen Stämmen der

Die letzte Wendung aus der Mythenzeit zum geschichtlichen Tage wird in Griechenland überall durch das Auftreten des Zeus eingeleitet, und obwohl die Eroberungen, die er gemacht haben soll, sich nicht auf geographisch vorgezeichnete Feldzüge beschränken, so sind es doch die Eroberungen des Hellenenthum's über die vorangegangenen Nationalitäten, die sich mit seinen Namen besiegeln. In Sparta zeugt er Lacedaemon, vor dem der alte Lelex hinstirbt, in Arcadien verschwindet das mythische Geschlecht des pelasgischen Anax, verschwindet im Dunkel der Nacht auch der allein durch Gäa's Flehen gerettete Nycteus vor dem jüngeren Stamm des Arcas, in Theben verfliegt der nebelsgraue Ogyges in Dunst und Luft, wird aber auch der Glanz der Cadmeen, des Amphion und Zethus überstrahlt von dem Heldenruhm des Herakles, der für den himmlischen Vater auf Erden kämpft und diese von Tyrannen befreit. Um für die Sage von Zeus, ebe ihm Aeakos seinen aeginetischen Tempel als Panhellenios gestiftet, den richtigen Ansatzpunkt zu finden, kann sein Name *) wenig Nutzen gewähren, da in ihm nur der allgemeine Begriff der Gottheit, als Zio oder Dewa, ausgedrückt liegt, als $Z\dot{\eta}\varsigma$ oder $Z\dot{\alpha}\varsigma$, den ersten Zeugenden, wie ihn Pherekydes lehrte, neben $\chi\vartheta\dot{\omega}\nu$ oder $\chi\vartheta o\nu\iota\alpha$, als $\gamma\ddot{\eta}$. Zeus wird so als $\ddot{\upsilon}\pi\alpha\tau o\varsigma$ auf Höhen verehrt, ein Gegensatz zu $\chi\vartheta o\nu\iota o\varsigma$ (wie Preller bemerkt), dem $Z\varepsilon\upsilon\varsigma$ $\ddot{\upsilon}\pi\alpha\tau o\varsigma$ weihte Krekops einen Altar auf der attischen Burg und das älteste Erzbild des Zeus, das Pausanias antraf, war das des $Z\varepsilon\dot{\upsilon}\varsigma$ $\ddot{\upsilon}\pi\alpha\tau o\varsigma$ **) in

---

Kallipidae und Alazones) die Borystheniten ($Bo\varrho\eta\sigma\vartheta\varepsilon\nu\dot{\iota}\tau\alpha\iota$), unter den Liguren war Olbia von den Massalioten befestigt (an der Mündung des Argenteus), $\varkappa\alpha\dot{\iota}$ $O\lambda\beta\iota\alpha\nu o\dot{\iota}$, $\dot{\omega}\varsigma$ $'\Lambda\sigma\iota\nu o\dot{\iota}$ (Steph. Byz.), Olbia in Sardinien war Gründung der Thespiaden unter Jolans, Olbia in Bithynien hiess Astacus, Olbia (in Hisp. Tarr.), Oliba (der Berones), Olba oder Olbia (von Philo nach Pamphylien gesetzt) gehörte (nach Steph.) den Solymi und in Cilicien lag Olbia oder Olbasa (Olbe). Olenier war der alte Name für Aetolier (Stat.) und Homer kennt die Stadt Olenus in Aetolien. In Achaia war Olenus von den Dörfern $\Pi\varepsilon\iota\varrho\alpha\dot{\iota}$ und $E\ddot{\iota}\varrho v\tau\iota\alpha\iota$ umgeben, das galatische Olenus gehörte zum Gebiet der Tectosagen. Die Insel Oliarius unter den Cycladen war von Sidoniern colonisirt, in Olesus auf Creta fand sich ein Tempel der Athene, der paphlagonische Berg Olgassys heisst (b. Ptol.) Ligas (Gigas) oder Oligas, Olicana war Stadt der Briganten (in Brittannien), Oligyntus ein Berg zwischen Stymphalus und Caphyae, Olinas, ein Fluss der Veneti oder Unelli, an der Küste von Celtogalatia Lugdunensis, Olintingi ein Hafen in Hisp. Baet., Olizon eine Stadt Magnesia's in Thessalien, Olina, Stadt in Gallaecien. Wie Odysseia in Hisp. Baet. sollte Olisipo oder Ulyssippo von Ulysses gegründet sein und Lissabon wird als die Brücke (pons) des Ulysses erklärt. In Olus auf Creta hatte Daedalus (Stammherr der Daedaliden) die Statue der Britomartis in ihren Tempel aufgestellt. Das Dorf Olmones in Böotien (wo der Olmeius floss) war von Olmus, Sohn des Sisyphus, genannt. Am corinthischen Isthmus lag das Vorgebirge Olmiae. Am Berg Taurus fand sich in Phrygien die Stadt Holmi (wie in Cilicien). Almus war ein Berg in Pannonien, am Flusse Almo wuschen die Römer das Bild der Cybele und die Almopes bewohnten Almopia (in Macedonien), nach dem Riesen Almops benannt (Sohn der Helle). $'O\lambda\varkappa\dot{\alpha}\delta\varepsilon\varsigma$, $\dot{\omega}\varsigma$ $'\Lambda\varrho\varkappa\dot{\alpha}\delta\varepsilon\varsigma$, $\ddot{\varepsilon}\vartheta\nu o\varsigma$ $I\beta\dot{\eta}\varrho\omega\nu$. Minyas, Stammvater der Minyer in Minya (Almonia oder Almon) war Urenkel des Almus (n. Pausanias). Im Italischen Venus Almos zeigt sich Aphrodite als Mannweib (Hybristika der Argiver) durch Philochorus aus dem Wechsel des Mondes (Deus Lunus, deus Luna) erklärt. Almos (aleus) als Beiwort verschiedener Götter, hatte (nach Festus) auch die Bedeutung von Sanctus. Chryse, Tochter des orchomenischen König's Halmos, gebar dem Ares den Phlegyas, Gründer von Phlegyantis, das mit Andreis, durch den (von Peneus gekommenen) Thessalier Andreus, Sohn des Peneus (Sohn des Okeanos und der Tethys) gegründet und später zur Stadt Orchomenus unter König Orchomenos (Vater des Minyas) vereinigt.

*) Ormazd als hya mathistha Baganam (auf der Inschrift von Van) entspricht den $Z\dot{\iota}\upsilon\varsigma$ $\mu\dot{\varepsilon}\gamma\iota\sigma\tau o\varsigma$ (s. Rawlinson). $Z\tau\tilde{\upsilon}$ $\pi\alpha\tau\varrho\dot{\omega}\varsigma$, $'H\lambda\varepsilon\iota$ $\varkappa\alpha\dot{\iota}$ $\ddot{\alpha}\lambda\lambda o\iota$ $\vartheta\varepsilon o\iota$, betet Cyrus (b. Xenophon).

**) $\ddot{\upsilon}\pi\alpha\tau o\varsigma$ ($\ddot{\upsilon}\psi\iota\sigma\tau o\varsigma$) entspricht (lat.) summus (supmus) in ahd. oba (s. G. Curtius), auf Summanus, dem nächtlichen Blitzgott der Etrusker führend, dessen Dienst die abwendenden Ambarvalia feiernden fratres Arvales der Acca Laurentia besorgten. Wurde der höchste Gott als der dunkele verehrt, oder der dunkele als der höchste, so fiel er mit seinen Gegensatz zusammen, obwohl im Widerspruch mit seinem Namen. $'P\alpha\mu\dot{\alpha}\varsigma$ $\dot{o}$ $\ddot{\upsilon}\psi\iota\sigma\tau o\varsigma$ $\vartheta\varepsilon\dot{o}\varsigma$ (Hesych.) oder $Y\psi o\upsilon\varrho\dot{\alpha}\nu\iota o\varsigma$ (b. Sanch.) ist der libysche Baal-Ram, dem Kinder geopfert wurden (s. Movers). Hypsuranios und sein Bruder Memrum ($M\eta\mu\varrho o\tilde{\upsilon}\mu o\varsigma$) stammten (nach

Sparta. Der heiligste und erhabenste der mit Zeus verknüpften Namen war indess der des Ζεὺς Οὔριος, von den Römern Jupiter Imperator genannt, wie aus Cicero hervorgeht: Religiosissimun simulacrum Jovis Imperatoris, quem Graeci Οὔρων nominant, und sein Hauptsitz wurde nach Macedonien verlegt. Jovis templum veterrimae Macedonum religionis (Justin). Wie in Sicilien fand sich eine Statue des Zeus Ourios an der Mündung des Bosporus auf chalcidischem Gebiet, eine Statue mit Blitz und Scepter, gebietend den Fuss vorgesetzt, und vom hohen Vorgebirge dem Schiffer, als εὐανεμος günstigen Wind nachsendend, in der Weise wie später Poseidon *) gebildet wurde. Auch auf kleinasiatischer Küste begegnet dieser Zeus Ourios, der als Herrscher und Gebieter den ächten Zeus der Olympier repräsentirt, während das Windelkind **) Zeus auf Kreta eine trügerische Erfindung der verschlagenen Kretenser war, die in der dunkelen Höhle, τὸ Ἰδαῖον ἄντρον, den geehrten Namen des Zeus für den des Dionysos oder des Dionysos-Osiris unterschoben, dessen Grab sie auch zeigten und dessen Mysterien sie gratis mittheilten, um den Concurrenten den Rang abzulaufen. Zeus Urius identificirt sich in seinem Grossvater Uranus mit dem Himmel; mit dem Himmel, den die Perser (nach Herodot) als Vater Zeus verehrten, mit der himmlischen Hälfte, die sich auch in Aphrodite Urania spiegelt, im Gegensatz zu Ἀφροδίτη πάνδημος, der irdischen, aber freilich auf Erden hinlänglich wichtigen, damit ihr Solon (der als practischer Staatsmann im Sinne des Confucius mehr die Erde, als den Himmel ***) beachtete) ihr Tempel errichtete, nachdem Theseus den Dienst in Athen eingeführt hatte. Pan †), der Sohn des Hermes von der Tochter des Dryops,

---

Sanchuniathon) von Kasius oder dem Libanon. Mit Usov wurde Hypsuranios als Melkarth von den Phönikern verehrt. Als Esau oder Rauchhaar gehört Usov den blonden Edonitern. Rhamses II. ist Meriamoun (von Ammon geliebt). Suidas nennt das Land Μεομτρόης in der Nachbarstadt des Kaukaus. Μερόη: insula in Oceano. Hermeres ist Sohn der Medea.

*) Als sich der Schlund des Poseidon (Kelainos) bei Kelainai geschlossen, haute Midas im Tempel des Zeus das Ida. Der Zeus Laphystios, Stammgott der (durch die Magneten den Lapithen verbundenen) Aeolier zeigt Beziehungen zu Dionysos sowohl, wie zu Poseidon. Urotal wurde von den Arabern als Dionysos verehrt. In dem von Megara (nach Thucyd) colonisirten Χαλκηδων oder (auf den Münzen) Χαλχήδων (neben dem Dorf Chrysopolis) in Bithynien fand sich der Tempel des Zeus Urius (am Pontus)

**) Enoch oder Idris, als Thaut oder Hermes Trismegistus, heisst (bei den Sabäern) Ouriai (oder Douranai), was Herbelot aus dem Chaldäischen als Herr erklärt, und Zeus Urius würde dann zu dem Stammvater Hermes bringen, der den Scepter führt, als Wodan, obwohl er im Norden seinen Blitz an den älteren Thor abgetreten hat Οὐρανός steht neben Varunas, dessen Frauen die Gewässer bilden, οὖρον (woraus der Name Orion in der Mythe etymologisirt wird) neben (sanscrit) vâri (Wasser). L'idée primitive du dieu Varounas se trouve entièrement circonscrite dans l'idée grecque des mots Herkos ou Horkos, et le latin Orcus (d'Eckstein). Thor heisst in Süd-Schweden Er (nach Nilsson) und Tyr führt auf Dis und Tuiscon. L'Orcus s'appelait (de urgeo, presser) Uragus (vagran loup en scandinave) de son vieux nom Hurracan war Sturmgott der Karaiben.

***) Οὐρανία μὲν ἐπὶ ἔρωτι καθαρῷ καὶ ἀπηλλαγμένῳ πόθου σωμάτων Πάνδημος δὲ ἐπὶ τῆς μίξεων (Pausanias). Ἀκραγινής (Sohn der Akra oder Okro) und Ἀκρέα, ἡ Ἀθηνᾶ καὶ ἡ Ἀφροδίτη (Hesych.). Lassen erklärt Okro (Ἀδοχοο) auf den indoskythischen Münzen des Kanerki als Ugra (schrecklich im mannweiblichen Siwa). Im böotischen Cult hiess Zeus Καραιος (ἀπὸ τοῦ κάρα), im attischen ἐπάκριος. Der Stein bei Gythion wurde als Zeus καππώτης verehrt.

†) Unter der Regierung des Pandion, (Sohn des Erichthonius), der die Zwillingssöhne Erechtheus und Butes (Gemahl der Chthonia), zeugte, kamen Demeter (Πανδώτειρα) und Dionysos nach Attica. Bacchus und (die Tochter) Proserpina, die Kinder des vom Aether stammenden Zeus (b. Cicero). Πανδώρα, die Allbegabte, war von Hephästos gefertigt. Aegyptus zeugte Pandion mit Hephästine. Der Sturz des Phtha des aegyptischen Hephästos in Phthia der Hellenen versinnbildlicht sich in dem des von Zeus aus dem Himmel geworfenen Hephästus, der, wie alle gefallenen Götter, hinkt. Mit Praxithea, Tochter des Phrasimos und der Diogeneia, zeugt Pandion den Erechtheus. Pandorius, von Erechtheus und Praxithea stammend, führt eine attische Colonie nach Euboea. Von seiner Stiefmutter Idäa verläumdet, wurde Pandion (Sohn des Phineus) geblendet, aber

wird auf dem bocksfüssigen Gott der Mendesier zurückgeführt, der (nach Herodot) den Kopf einer Ziege und Beine (also den Priap) des Bockes zeigte. Der Zusammenhang des Urius oder Uranus zur Schifffahrt wiederholt sich in Varuna, dem auf dem Soethiore Makara reitenden Meeresgott und die Fischgötter der Oannen und Annedoten erscheinen wieder in den Anak (Nanna) oder Annaken des Okeanos und seines Gefolge's. Von den Pelasgern bemerkt Herodot, dass bei ihnen die Götter noch keine Namen gekannt, sondern diese erst später aus Aegypten oder (b. Eust.) Ogygia erhalten hätten. Sie mochten danach den Zeus anrufen, als den dodonai-Zeus (Homer's), d. h. als den Zeus, die Gottheit, deus oder dewa. Indessen hat uns Athenäus in dem Riesigen, der den in Πελασγικόν Ἄργος dem Zeus opfernden Pelasgern erschien und ihnen die Trockenlegung Haemonien's durch ein Erdbeben verkündete, den Namen des Ζεύς Πέλωρος*) aufbewahrt, und πέλωρος wird von Hesiod als Epithet verwandt, für die Sichel, die den sie tragenden Kronos oder Chronos kennzeichnet. Wollte man in den Pelasgern belische Saken sehen, so würde sich der weit reichende Einfluss des Zeus (als Peloros oder Belus) erklären, denn Belus, der Bruder des Agenor und Vater des aegyptischen Zwillingspaar's wäre der (auch das an Teucer überlassene Cypern besetzende) Stammherr aller der Colonien, die von Kadmus und Danaus nach Hellas gelangend, dort den Eintritt einer höhern Cultur-Epoche bezeichnen. Während sich indessen in den phönizischen und egyptischen Einwanderern die Erinnerung an ihre respective Heimath, oder wenigstens an den Kreuzungspunkt ihrer Strasse auf Kreta bewahrte, scheint ein anderer Strom direct aus Babylon, aus Χαλα (b. Isid. Char.) im assyrischen Chalonitis ('und Susiana oder Elymais**)), der Heimath des Belus, geflossen zu sein, und Chaldaeer (Karduchen oder Chasdim) oder Chalybäer (Alyber b. Homer) über Euboea nach Chalkidike (mit erster Colonie auf dem Vorgebirge Sithonia) gebracht und die Weisheit Orchoë's (und Borsippa's) nach Orchomenos geführt zu haben, um sich dann in weiterer Verbreitung mit den Karier und Kureten Kreta's zu berühren. Die Καρδοῦχοι oder Γορδυαῖοι, die bei den Persern als Tapfere Κάρδακες hiessen, werden von Strabo Κυρτιοι genannt, und der Name der (mit den von Kar stammenden Kariern oftmals identificirten) Kureten wird in Κούριοι als muthige Jünglinge erklärt. Die Edelsten der Achaeer heissen Κούρητες Ἀχαιῶν bei Homer. Die orientalische Sage leitet den Ursprung

---

später durch die Boreaden gerächt. Der Krieg der Pandu (unter Iudishthira) und Kura wiederholt sich in dem der bei der Theilung auf Aegeus die Herrschaft übertragenden Pandioniden (bei der Rückkehr aus ihrer Verbannung nach Megara) mit den Metioniden, die ihre Feindschaft dann auf den durch Procris in die Verwandtschaft hineingezogenen Minos (und die Kureten Kreta's) warfen. Der Held Arjuna tritt später in Theseus (Sohn des Aegeus) hinzu Die weibliche Bevorzugung (in der Polyandrie), die Plinius noch bei den Pandae in India intra Gangem kennt, fand in Attica durch Erechtheus Opfer seiner Töchter ein Ende, obwohl noch später die Siege des Theseus über die Amzonen nöthig waren.

*) Der von Pherae kommende Magnetenstamm (der mit Minyern die Argonautenfahrt vollführte) gehörte dem Pelion-Gebirge an. Wurzelhafter Zusammenhang mit πέρκο-ς, περκ-νο-ς, schwarzblau liegt nahe, bemerkt G. Curtius von πελό; (und könnte aus Perkun, Perkunos führen). In Indien führt der riesige Paraçu-Rama das Beil (πέλεκυς oder paraçus). Die Harpe des Kronos (zur Entmannung des Uranos) heisst πέλωρος b. Hesiod. Sanchuniathon identificirt Ἰλος (Il) mit Kronos. Thoth (Mercur) brachte Gesetze und Wissenschaften von Arkadien nach Egypten (s. Cicero) und der Astronomer Actinus (Sohn des Sol) gründete Heliopolis in Aegypten.

**) Nach Hunter fanden sich tribal names, based upon this root Ko (ho oder Mann) with the generic affix li (Ko-li) not only in every part of India (Kolaria), but at all periods of the Indian history. Die Aas essenden Bewohner der indischen Stadt Kulam erhalten sich beim Tode ihres König's einen Nachfolger aus China (nach Al Kazwini). Die Santals nannten sich früher Khar-oar oder Kher-oar (har oder Mann), und so die Khorwar (der Kol), die Karu, Kurnata, Karen u. s. w.

der (in Luristan mit den Iliytstämmen Persien's gemischten) Kurden von den Jünglingen her, die der Tyrannei des Zohak (der in den Titeln medischer Könige verborgenen Dahaka-Schlange) entflohen, und Ktesias erzählt, dass Parsander, um den Ungerechtigkeiten des Medierkönig's Artäus (aus Arabien*), wie Zohak's Oheim) zu entgehen, zu den Kadusiern geflüchtet sei und sie zu ewigem Kriege mit den Medern angespornt habe. Der zwischen diesen (unter der Regierung des Astibaras) mit den Saciern (der Königin Zarina), zu denen die Parther abgefallen waren, ausbrechende Krieg muss die Feldzüge des Tur (Sohn des Feridun) einschliessen, der sich mit den Tataren unter Sunig gegen den Ilkhan verband. Mit den aus Arrapachitis stammenden Chaldaeern Orchoë's in Xaldaea an der Grenze Arabischer Wüste (nach Ptolem.) hatte sich zu den Minyern Orchomenos' der Name der Minier (Nachbaren der ihre Könige, wie die über Chalyber herrschenden Mosynoeki tyrannisirenden Sabier) verbreitet, und Borsippa fand seine Weiterführung in den Boreaden. Ogygia (Insel der Kalypso, Tochter des Atlas) ist (wie Ogyges) gleichen Stammes mit Oceanus oder der älteren Form (ωγήν und ωγηνος). Auf einem Gewande bildet Zeus (nach Pherecydes) γῆν καὶ ωγήνον καὶ τά ωγήνου δώματα. Bei Hesiod ist Gyges Einer der von Kampe bewachten Riesen auf dem Grunde des Oceanus, aus denen Poseidon seinen Eidam erwählt. Verwandt sind die Wassernamen Aigaion (Gemahl der Kymopolia), Aegeus, Aegae, Aegaeus, Aegaea, Aegialeus, Aegialia u. s. w. (s. Völcker). Zeus nahm von der Ziege, die ihn ernährte, den Namen Aigiochos an, und die egyptische Erzählung der von einer Ziege gezeugten Kinder deutet im Hinblick auf den Widderköpfigen Ammon (Mammon) auf einen ziegenartigen Vorfahr (Pan). „Achaia, die Halbinsel, von Achelous, Achilles kommt von ἄχα (aqua) und der Name Aegialia bedeutet dasselbe" (Völcker). Als Sohn des Poseidon wird Ogyges**) mit Ogenus identificirt (ωγύγιον, als Wasser des Styx). Nach Panyasis gebiert die Wassernymphe Ogygia am Strome Sibrus die Söhne Tlous und Xanthus.

---

*) in den Kriegen des Ninus. Arbaces, der Gründer des medischen Reiches, bewog den Babylonier Belesys auch die Araber zum Sturze der Assyrer herbeizuziehen. Sardanapal würde dann dem Iemschid entsprechen, und der spätere König der Sacier mit den Medern auf Verwandtschaft jener zu den Assyrern deuten. Die Perser betrachten sich (b. Xerxes und sonst) als die directe Fortleitung der assyrischen Königsreihe. Zu David's Zeit, der mit Haddadezer, König von Zobah kämpfte, begann (1060 a. d.) die westliche Bewegung der Aramäer nach Damascus und Salomo eroberte Hamath Zobah oder Chalcidice (b. Ptol.) mit dem syrischen Chalcis, während Chalcis ad Belum (nach Joseph) am Libanon liegt. Nach der Empörung des babylonischen Fürsten Mardochidinakh (1100 a. d.) wurde der assyrische König Assurbelkala oder Beleus (Sohn des Tiglathpalasar) durch den Usurpator Belkaturassus oder Belitaras gestürzt, unter dessen Nachfolgern Salmanassar III. den Pallast der Stadt Kalah oder Chalach (Nimrod) erbaute. Von dort verbreiteten sich die Chaldaeer nach Westen, wo sie bei Aufrichtung des medischen Reiche's den Magiern weichen mussten. Die Reste des altassyrischen Reiches wurden dann als titanische Teutonen mehr und mehr in den Hintergrund gedrängt, aber zur Zeit des Teuthamas in Niniveh herrschten sie nicht nur im myaischen Teucrien, sondern bis nach Italien.

**) Durch Ogyges wurde ωγύγιος der Ausdruck für das Alte, und dazu stellt Völcker die Erklärung des Japetus durch ἀρχαῖος, Japeto antiquior, wie altersschwache Greise Japeten genannt wurden. Archander, Sohn des Achäus, verband (als Schwiegersohn des Danaus) das thessalische Phthiotis (des Phtha) mit Aschandropolis oder (b. Ptol.) Andropolis (bei Kanopus). Der Strom Okeanus hat Allem (πάντισσι oder Allen) Geburt verlichen (b. Homer). Der Arararat (eine Verdoppelung des aramaischen Ar oder Berg) heisst Masis (medz oder gross) im Armenischen (s. Vivien). Das heilige Feuer Goschasp (in den 10 Adar) wurde durch Khosru eingeführt. Koxkox blieb allein mit seiner Frau Xikequetzl aus der Sündfluth im Nachen über (nach den Mexicanern). Das Bild des litthauischen Gottes Kurko wurde jährlich neu gefertigt und erhielt die Opfer oder Erstlinge (als Nahrung spendend). Diana wurde zu Elis, im Hain Altis bei Olympia, als Coccoca (Göttin der Fichtenzapfen) verehrt. Coaxtitli war bei den Mexicanern Gott der Nahrung spendenden Erde. Der lamaische Höllengott Cobana Forsch sieht mit seinen drei Augen Gegenwart, Vergangenheit und Zukunft. Gosch ist das männliche Lebensprincip aus der linken

Von den in den einzelnen Provinzen Griechenland's nachweisbaren Eingeborenen abgesehen, lassen sich im Alterthum dieses Lande's drei Cultur-Epochen unterscheiden, mit dem durch den dorischen Zug sein festes Gepräge erhaltendem Hellenismus abschliessend, während die vorhergehende Periode, die argivische der Danaer, durch die Einwanderung des Danaus (früher schon der des Kadmus) eingeleitet wird und die älteste der Chalcidier (oder italischer Aenerii und Achenoaden) mit den Namen Orchomenos, des minyeischen Orchomenos, des böotischen Orchomenus der Minyer*) und Phlegyer, sowie allen voran mit dem von Pterae am Berge Chalcodonium (sowie den Goldnamen karischer Kureten) glänzt, als achäische bezeichenbar, weil an Ourcham oder Orchamus, dem chaldäischen König der Achaemenier in Orchoe anschliessend. Mit der ältesten Culturperiode Griechenland's finden wir uns also in der Bronze-Zeit, in der Epoche der Chalcidier (Chalcidenses oder Χαλκιδεῖς). Der Name selbst spricht es aus, so dass wir diesen Beweis vorläufig gelten lassen mögen. Dass aus der Fremde kommende Erzeugnisse, Naturproducte der Manufacturen, den Namen des Volke's bewahren, dass sie verarbeitet oder einführt, lässt sich durch Hunderte von Beispielen belegen, und so mag das Erzgeld**) Χαλκους (½ Obolos) dasjenige gewesen sein, was in dem damals, nach Berosus Angaben von der chaldäischen Dynastie, in Westasien blühendem Reiche circulirte. Ohne schon jetzt auf die Frage nach dem Zusammenhang der Chaldaeer mit dem Reitervolke der Casdim, mit den Kurden der Karduchischen Berge, den Bewohnern des arabischen Districte's Chaldaea u. s. w. einzugehen oder die Phasen, der

---

Seite des Ursticr's (Abudad) geboren, wie das weibliche Goschorun aus der rechten. Der von Ormuzd erschaffene Baum Gogard erfüllt alle Wünsche. Die griechische Stadt Asinia (Ἀσινεία ἀκρόπολις Ἑλληνίς) liegt (b. Skylax) am Promontorium Jasonium (Ἀκρωτήριον Ἰασόνιον). Die Hafenstadt Athenae (mit einen Tempel der Athenae) am Pontus (b. Arrian) heisst (b. Skylax) Odinios (Ὀδεινίος πόλις Ἑλληνίς), vom Grabe einer Fürstin (nach Procop) benannt. Aspisii (Ἀσπασίακαι Νομάδις) zwischen Oxus und Tanais. Aspledon, Stadt in Böotien. Aspona, Stadt in Galatien. Aspis, Vorgebirge in Afrika. Asphalitis locus oder Mare mortium Aspis, Stadt in Zeugitana. Als Polemon I. (König von Pontus in Bosporus) die mäotischen Stämme bekämpfte (zur Zeit des Augustus) fiel er in die Gefangenschaft der Aspurgiani (Stamm der asiatischen Maeoten) zwischen Phanagoria und Gorgippia (als Asturicani). Assaceni zwischen Indus und Cophen. Assa, Stadt in Macedonien (als Assera). Tempel der Athene zu Asserus (b. Milet). Assorus, Stadt in Sicilien. Assurae, Stadt in Africa. Assus, Stadt in Mysien. Assus, Fluss in Böotien. Die Assedones oder Issedones assen ihre Todten. Assyria oder Aturia. Arrechi oder Arichi, Stamm der Maeoten in Sarm. As. Agora, Stadt im Thracischen Chersonnes. Alonta, Fluss in Sarm. Asiat. Die Diduri (in Sarm. Asiat.) wohnten westlich von den Alondae. Gräber der scythischen Satrapen am Fluss Gerrhus. Gerrha, Stadt der Gerrhaei, in Arabia felix (im Gerrhaicus Sinus). Um den Cerberus aus der Unterwelt heraufzubringen, liess sich Herakles in die eleusinischen Geheimnisse einweihen. Die Dryoper (am Berg Parnassus) gründeten Asine (Ἀσίνη), Stadt in der Argeia, und (von dort vertrieben) die Stadt Asine in Messenien. Asido (Asindum), Stadt in Hisp Baet. Die lacedaemonische Stadt Asine oder Las lag auf der Spitze des Berges Asia. Asisium (Assisi), Stadt in Umbrien. Heracles trieb die Dryopes (Ἰρύοπις) aus Dryopis (am Berg Oeta) und gab das Land den Doriern. Drys, Stadt in Thracien. Dryaena, Stadt in Cilicien. Drymaea, Stadt in Phocis. Drymos in Attika, in Euboea. Drynaemetum, Stadt der Galli in Galatia. Insel Drymussae bei Clazomenae. Die von Driopis ausgetriebenen Dryopen liessen sich in Hermion-Asine (der argolischen Halbinsel) in Styrus und Corystus (auf Euboea) und der Insel Cythnus nieder. Oesime (Aesyme) thasische Colonie in Picris. Aethiopia oder Kush. Laodicea ad Lycum lag zwischen den Flüssen Asopus und Caprus. Aspa luca in Aquitanien. Aspacarae, Volk in Eerica. Aspabota, Stadt in Scythien. Asparagium, Stadt in Illyrien. Die Aspasii (Stamm der Parapamisadae) wurden von Alexander unterworfen. Asparia, Festung in Spanien Aspendus, Stadt in Pamphylien.

*) Minyos, Stammvater der Minyäer, war Urenkel des Almus (nach Pausan.). Minya oder (b. Steph. Byz.) Almonia (in Thessalien) hiess Almon (b. Plin.). Im armenischen District Μινύας (b. Joseph) lag das Königreich Minni (b. Jerem.), als Königreiche Ararat, Meni und Ascenas.

**) Münzen kamen besonders von Lydien in Umlauf.

die zwischen Volks- und Kastennamen schwankende Bedeutung durchlaufen hat, weiter zu erörtern, so ergiebt sich doch aus der Verbindung der Chaldaeer mit den Chalybern am Pontus, einmal ihre Beziehung zur Erzgewinnung, und dann ihre durch Zwischenstationen vermittelte Nähe zu griechischen Ansiedelungen. Die Schmiede, die noch spät χαλκεῖς hiessen, spielen überall eine bedeutungsvolle Rolle in der Vorgeschichte der Völker, und die Insel Chalcitis am Propontis lieferte aus ihren Minen das Kupfer, dass mit der Einfuhr aus den Zinn-Inseln verarbeitet wurde. Chalcis, die Tochter des Aesopus*) oder (nach Welcker) des Aethiopier fährt zu den Kariern mit ihrem Zeus Chrysaor (χαλκία ὡς χρυσέα) oder (nach Movers) Chusarthis, der aus seinen ophitischen Beziehungen in Phoenizien durch die Schlangen des babylonischen Belustempel (b. Diod.) zu allen jenen Drachenungeheuern führt, die das hellenische Alterthum durchringeln, bis sie von geläuterteren Götterfiguren verscheucht wurden. Vor Allem war es der aus einem Wolfs- in einen Lichtgott verklärte Apollo, der seine dem Baal im Süden und Baldr im Norden nicht fremde Natur mit der des versöhnten Gegner's Helios vereinte, und nun seinen schimmernden Tempel dorten pflanzte, wo früher Pythone und Delphino gehaus't, oder der hesperische Drache sich unter dem Namen Ladon (Schwiegervater des Aesopus) am Flusse Ismenus versteckt. Gewaltsamer ging Herakles zu Werke, die Erde zu reinigen, und auch Perseus köpfte die Medusa, musste aber aus ihrem Blute den im Goldschwert blitzenden Chrysaor**) entstehen sehen, den Vater des dreileibigen Geryon. Von Chalkomedusa stammte der auf Italien und caledonische Altäre hinweisende Laertos, Vater des Ulixes, den die griechische Mythe trotz alles dem Odysseus anhaftende Ruhm, nicht völlig für sich zu verarbeiten vermochte, so dass er zugleich als schweifendes Yule die Nordländer durchzieht. Unter jenen von Erze, wie die Kin vom Golde***) und die Leao von Stahl, den Namen führendem Volke, blühte das thessalische Orchomenos, gleichsam ein Reflex des Chaldaeer-Sitzes Orchoë, wo (nach den im mesopotamischen Delta gefundenen Ziegeln) König Ourcham herrscht, dem Westen als Orchamus bekannt, dem König der Achaemenier, ein im achäischen Stammbaum des Perseus die Verknüpfung persischer Achaemeniden zu Xerxes-Zeit mit den assyrischen Königen (n. Herodot) erklärender

---

*) Mit Metope (Tochter des Ladon) vermählt, die wie der Erasinus-Fluss in der am Στυμφη λίμνη gelegenen Gründung (Στυμφαλος) des (von Pelops getödteten) Stymphalus (Enkel des Arcas) verehrt wurde (mit früherem Tempel der Here, als Jungfrau, Gattin und Wittwe), der Mutter Arcadien's (bei Pindar). Chalcis (Alikarna) auf Euboea hiess früher Stymphale (b. Steph. Byz.), und die Einführung der Bronze symbolisirt sich durch die ehernen Klappen des Hephästion, wodurch Herakles (mit Athene's Hülfe) die vor den Wölfen des Lycaon (Vater des Stymphalus) geflohenen Stymphaliden verjagte, jene in den späteren Schwanenmädchen fortlebenden Vogelfrauen Indien's, die in den Formen der Khetschara (Luftgeber) oder Nabhastschara (Widjadhara oder Kamarupin), sowie als Bhalakhitja oder Kharwa (den Vögeln an Raschheit gleich, die Luft durchfliegend), als Musikgeister der Gandbara oder als Prijamwadas auftreten, unter den Indochinesen aber besonders als die in Vorder-Indien mit dem Aswamukha (Pferdegesichter) identificirten Kinnara (Kimpuruscha), oder Kinari (Nymphae sylvestres corpore humano pedibus volucris).

**) Chrysor (der phönizische Vulcan), der mit Onka (Men) in Tyrus verehrt wurde, erfand mit seinem Bruder (nach Sanchuniathon) das Eisen.

***) Das von dem Thessalier Andreus, Sohn des Peneus (am Peneus) gegründete Andreis und das von dem durch Chryse (Tochter des orchomenischen König's Halmos) geborenen Phlegyas (Sohn des Ares) am Peneus gegründete Phlegyantis wurde unter dem (von Zeus stammenden) König Orchomenos (Vater des Minyas) in der Stadt Orchomenus vereinigt (mit dem unterirdischen Schatzhaus). Das minyeische Orchomenus oder (nach Eust.) Χαρμίνας lag an der Grenze von Macedonien und Thessalien. Das arkadische Orchomenos war Hauptstadt des Districtes Orchomenos (mit den Ortschaften Amilus und Elymia). Der von den Thessaliern verehrte Flussgott Peneus war Sohn des Okeanos und der Tethys. Hyrkone: Exilés, Loups. Bergmann erklärt Tyrrhebae, als Tura-apia (Pays sec.).

Name. Die chaldäische Dynastie hatte sich 2017 a. d. erhoben nach dem Einfall der in den Akkad den Ak-Titel bringenden Meder oder Arioi (der als Hyksos oder Hakkos nach Aegypten weiter ziehenden Nomaden), und ihr auf die Eroberungen des Thutmosis III. folgendes Ende lässt sich auch als das der ersten Culturepoche Griechenland's annehmen, da die zweite begründende Einwanderungen des Kadmos und Danaus mit der Stiftung der XIX. Dynastie in Egypten (1462 a. d.) ziemlich gleichzeitig sind. Nach Julius Pollux gilt (wie sonst Osiris, γεωργίας εὑρετής, Μουσῶν μαθητής) Maneros*) den aegyptischen Bauern als Erfinder des Ackerbau's (als Sohn

---

*) Nach Plutarch war Maneros ein Gruss, glücklichen Ausgang wünschend. Herodot vergleicht den egyptischen Sang von Maneros (dem Königssohn, dessen Tod betrauert wurde) mit dem des Linus in Phönizien oder Cypern und (nach Pausanias) wurden Linus und Adonis durch Sappho gesungen. Ai-Linos war die Klage um Linos, aber nach Euripides dienten Linus und Ailinos auch, um Freude auszudrücken. The Egyptians now use „ya laylee, ya layli", as a chorus for lively songs, meaning: „O my joy! O night, ya alluding to the wedding-night", „ya laylee, doos, ya laylee", „O my joy, step, o my joy!" alluding to the dance, hebr. Hallel, „singing, praising", whence Hallelu-iah (s. Wilkinson). Μοῦσα (Μῶσα dor. oder Μοῖσα aeol.) aus Μονσα entstanden, schliesst sich (nach Lottner) an μάντις (μαντια) an. Der beim Ackerbau aus der Erde erzeugte Tages führt (wie takma oder Kind Ved.) auf W. τεκ, (wozu Curtius auch Teukros stellt), als (schlangenartig) entstehend. Tages war Sohn des Genius (Jin oder Jain) und Enkel des Jupiter (Tinia) oder (in chthonischer Wandlung) des Mantus. Ebenso war Tuyscon (Dis oder Tyr) oder Teutates Sohn der Erde (man) und zeugte wieder den Sohn Mannus, in abwechselnder Wiederholung wie sie zwischen Teucros und Aias (der Aia oder Gaia) bei der Priesterschaft Statt hatte. Heuzeu sah eine Figur des phrygischen Gotte's Men oder Lunus (wie puer phosphorus dargestellt) zu Bayeux (mit dem Halbmond, wie Cernunnos in Gallien) und ein nämlicher Sonnengott wurde (nach Guigniaut) unter den phönizischen Idolen auf Sardinien gefunden. Hesychius identificirt Bendis (die Mondgöttin der Thracier) mit Mendis. Tertullian erwähnt moechum Anubim, masculam Lunam et Dianam flagellatam. In Carien und Pamphylien führt der Mondgott einen Fichteuzapfen. Hermes, dem Herodot, als Ahn thracischer Könige gilt, ist der chthonische Erichthonius (von Zeus unter die Sterne versetzt) oder der zu Olef's Zeit unter die Götter aufgenommene Erik (gammel Erich im teuflischen Gegensatz) der Eriksgata, der Turms oder Merkur der Etrusker, als das weise Kind Tages aus der Erde gewachsen, aber zu dem Helden Ercol oder Herakles erstarkend, und durch Mantus mit Mannus verbunden, Sohn des Tuyscon oder Teut, der auf Taaut, und als Tyr auf Tir oder Nebo in Borsippa führt. Herakles, (durch Here berühmter), ist beim zurücktretenden Cultus dieser eine neue Wandlung des Ares, Sohnes der Here, und Woden wird bald mit Mars, bald mit Mercur zusammengestellt. Hermadhr ist Todtenführer, und Heimdallr (Odin's Jungfrauensohn) durchwandert als Rigr (Isine oder Erich) die Welt. In dem von Maja geborenen Kinde Hermes und seinen lustigen Spässen liegen die Anschauungen eines buddhistischen Krishna-Cultus. Wie Hermopolis war Ibeum (b. Acoris) der Ma-n-hip (n-hip oder Stadt des Ibis) ein Begräbnissplatz des dem Hermes oder Thoth heiligen Ibis. Mercur hiess Aipytus und hatte als solcher bei dem Tempel der Alea und in dessen Kreis auch den seinigen zu Tegea (Völcker). Jaw (Jan) als Dionysos ist Jon (Eponymus der wandernden Javanen oder Jonen). Varro leitet turris a torvis, quod eae projiciunt ante alios. An der Mauer eng zusammenschliessende sind turres aequae. Die (nach dem System der griechischen Thesauren ausgebauten und den cäretanischen Gräbern verwandten) Nurhagen Sardinien's waren (nach Pseudo-Aristoteles) von Jolaos (Sohn des Iphikles) errichtet, als er mit den Thespiaden die Insel zu bewohnen kam. Antiquos Romanos plus annos centumet septuaginta deos sine simulacro coluisse (Varro). Der von Italern (und Hellenen) benutzte Weg des Herakles führte von Padus nach Keltika bis zu den Kelto-Ligyern und Iberern (nach Aristoteles). Tuscorum ante Romanum imperium late terra marique opes patuere (Livius). Als Abnherr der Könige ist Hermes das Sinnbild der heiligen Autorität, Friedensverhandlungen oder Verträge einleitend und den Heroldsstab führend, der Sicherheit bei Feinden verschafft, sowie den friedlichen Verkehr des Handel's und Wandel's schützend (s. Diod.). Maja, die älteste unter den sieben Töchtern des Atlas, (die als Plejaden oder Uraiai Peleini in den Himmel versetzt wurden) gebar dem Zeus den Hermes, dem die Menschen viele Erfindungen verdanken. Ebenso wurden die Söhne der andern Atlantiden entweder als Stammväter von Völkern oder als Erbauer von Städten berühmt und deshalb galten auch bei den Griechen, wie bei einigen auswärtigen Völkern, die meisten Heroen der Urzeit für Abkömmlinge der Atlantiden (s. Diod,). Tradit autem (Zuribarinus nach Elmacin) Aphridum primum fuisse ex Magnatibus Persiae multam occupatum in Astronomia, celebrasse etiam Mercurii sacra (Hottinger). Oppert identificirt Cutha mit den Ruinen von Hymar (Homeira) oder Obeimir (in Babylon).

des ersten König's, den Horus bezeichnend oder. Man-Hor, während Men-Re auf den Hieroglyphen als Hymnen-Verfertiger genannt wird). Ourcham (Urcham oder Sonnenlicht) oder Orchamus, König der Achaemenier (b. Ovid) in der chaldäischen Dynastie (2017—1559 a. d.) baute (neben des Pyramide des Mondgotte's Sin) der Mylitta Taauth in Nipur einen Tempel. Thoth (Mercur*)) brachte Gesetze und Wissenschaften von Arkadien nach Aegypten (s. Cicero). Die in Europa auf den Inseln, durch die Nachkommen des Deucalion im Norden vertilgten Karer und ihre kuretischen Herren repräsentiren die während der Hyksos-Kämpfe in Egypten auf Kleinasien geworfenen Soldtruppen, die von den dortigen Küsten (wie zu Pompejus Zeit die mithraischen Seeräuber) die Inseln bedrohten und die noch später von der Sage bewahrte Wechselbezeichnungen zwischen Palästina und Kreta herstellten. Zur Zeit des egyptischen Reformer Memnon (Amenhotep IV.) dem Vorgänger des Epaphus, schieben sich als Rivalen ihrer Seeherrschaft die, auf Rhodos chalcidische Telchinen ersetzenden, Heliaden, die durch die Mythe von Phaëthon einen durch Ligurien geführten Nordhandel bezeugen, zwischen, verschwanden aber vor der zunehmenden Sonne der Deucalioniden, die die ihrige in sich absorbirt. Nach der andern Seite verschlingen sich die Züge der Kurenten mit den Amazonen, denen sie (nach Strabo) auch ihre weibliche Kleidung nahe brachte, und dem Sagenkreis**) über dieselben,

---

*) Hermes (Trismegistus) heisst (b. Plato) Theut (Taaut), als der teutonische Stammherr Tuyscon oder Mercur, der Abn thracischer sowohl, wie celtisch-germanischer Fürstenhäuser. Taaut, als der von den Sabacern verehrte Edris (Sohn des Sabi) oder Idrisi, der in den Pyramiden begraben liegt, leitet zurück (nach Movers) auf die phönizische Abkunft des Kronos-Saturnos, dessen Bruder Atlas bei der Theilung der Welt den Westen erhält, wohin ihn jener altasiatische Zeitgott selber folgen musste, als später der erstarkende Zeus des neuen Hellas die Titanen an den auch von Ludwig IX. für tatarische Unruhstifter bestimmten Tartarus niederwarf. Unter Zufügung von Ful sprechen die Chinesen den Namen der Tataren (Thatse) als Tatul aus. Kalwadha (near Bagdad) was traditionally the city of Hermes (Abul Faraj) and was supposed (s. Masudi) to have originated the name of Chaldaean (s. Rawlinson) mit dem Grab des Hermes. Der egyptische Eroberer Thotmes ist Thot-Mes oder Sohn des Thot. Die Babylonier machten das weibliche Urprinzip Taauth (Tauthe), als Gattin des Apason (b. Eudemus) zur Mutter der Götter. Les Triades (traitant les Gwyddelad ou Galls, qui habitent l'Alben, de peuple étranger et ennemi) font sortir la race du Kymri (les Belges-Armorikes) de cette partie du pays de Haf (le pays de l'été ou du midi), qui se nomme Defirobani (où est à present Constantinopel) sous Hu le Puissant (Heus ou Hesus). Die Fir-Bolg oder Bolg (une colonie des Belges-Kymri) kamen von der Gegend des Rhein's, Irland zu erobern. Drysidae memorant revera fuisse populi partem indigenam, sed alios quoque ab insulis extimis confluxisse et tractibus transrhenanis, crebitate bellorum et alluvione fervidi maris sedibus suis expulsos (Amm. Marc.). Edwards a constaté dans les populations issues du sang gaulois deux types physiques différens d'un de l'autre. Albion insula sic dicta ab albis rupibus quas mare alluit (Plinius), alb signifiant à la fois élevé et blanc. Er-in (ile de l'ouest) de cir au jar (occident) et innis (ile). Die Römer erneuten den alten Herkules-Weg (massiolotischer Stationen) in den Strassen Aurelia und Domitia.

**) Die beiden ältesten Geschichtsvölker, die uns chronologische Daten hinterlassen haben, die Aegypter und Assyro-Babylonier, müssen besonders dann lehrreich für die Betrachtung werden, wenn sie über ihre Händel mit den nächsten Nachbaren hinaus, zu fremden Nationen in Beziehung treten, und abgesehen von der vermeintlich ersten Staatengründung selbst, (die bei Menes sowohl, wie bei Nimrod oder Belus auf Einwanderung von Aussen zurückgeführt werden könnte), tritt für beide ein entscheidender Wendepunkt beinahe gleichzeitig ein, und zwar etwa in der Mitte des III. Jahrtausend a. d., bei dem östlichen Mesopotamien etwas früher, als bei den Bewohnern des Nil-Delta. Diese Facta zusammengehalten, liesse sich a priori vermuthen, dass beide Begebenheiten in dem Eroberungszug eines und desselben Volkes zusammenfallen möchten, das von Osten vorrückend 2400 a. d. die medische Dynastie in Babylon an die Stelle der kuschitischen setzte und 2300 a. d. die Herrschaft der Hyksos (San) in Aegypten inaugurirte, das Haus Xois oder Sakha stürzend. Die Scythen, die 1500 Jahr über Asien herrschten, drangen (nach Justin) bis an die egyptische Grenze vor, (wo sie durch die Sümpfe aufgehalten wurden). Weder der Name der Meder, noch der den Medern schon bald auf dem Throne Babylon's folgenden Scythen oder Turanier kann viel zur Aufklärung der ethnischen Verhältnisse beitragen, da es bald

der sich theils aus der noch heute bei Hazarah, Eimak und andern Stämmen Asien's fortdauernden Theilnahme der Frauen au den Kriegen herausgebildet hat, theils in dem Auftreten der Myrina (b. Diodor) und des wieder mit ihr sowohl, wie mit den Kureten zusammenhängenden Korybanten eines lärmenden Fetischdienstes, deutlich ein afrikanisches Element in sich trugen, wo die von einem Weiberstaate über Knechtung der Männer berichteten Verhältnisse allein (aus ethnologischen Gründen) bestehen können, und allein factisch bestanden haben. Gleichfalls zwischen erste und ·zweite Periode fällt das Auftreten der in der Gründung des ältesten Thule in Thracien verknüpften Teleboeer, die auf den taphischen Inseln Nachbaren der den Heliaden verwandten Phaeaken waren und selbst bei ihren Untergange durch. die Perseiden und (heraclidischen Vorfahr) Amphitryon in der Erzählung von Comatho Verwandtschaft zu den Pandioniden in Attika zeigen, gleich diesen deshalb. auch mit Dionysos verehrenden Oenotriern, die in Italien bis zum Beginn der historischen Zeit fortbestehen, in Griechenland dagegen ihre Namensformen schon früh durch deucalionische Heroon vertilgt sehen. Die in Attika *) anfangs gleichfalls erliegenden Pandioniden kamen dort später durch den ihnen seitlich angehörenden Nationalheros Theseus wieder zur Geltung, und der Mythencyclus Attica's, der nirgend's activ in die Verhältnisse des übrigen Griechenland's eingreift, seinerseits dagegen auch durch dieselbe wenig berührt wird. ist gerade bedeutungsvoll durch das Erhalten vieler archaistischen Reste, von hohem Gewichte, so dass der Name Amphictyon **), Sohn des Kranaus, selbst in dem Stifter des amphictyonischen Bunde's wieder aufleben könnte, dem politisch das neue Hellas einigendem Bande. Ihr letzter Vertreter Telephos bedurfte noch eines Achill zu seiner Bekämpfung, und die künstlich vermittelte Geburt desselben zu Pergamus am Kaikos in Teuthrania ruft assyrische Könige von Larissa mit teucrischen Vasallenfürsten, griechisch redende Teutonen in Italien neben Gründung des elischen Pisa, die Anwohner am Teutheas-Flusse, die cauconischen Gründer von Teuthea oder Dyme und andere Sprossen des Hermes (Trismegistus) oder (b. Plato) Theut (Taaut oder Tuyscon) in Mercur,

---

mehr bald weniger weite Sammelbegriffe sind, die auch späten Zeiten geläufig sind, um den einen oder andern Inhalt zu denken. Für die Orientalen ist die damals eingeleitete Umwälzung der Beginn der neuen Menschengeschichte, die der Nachkommen Adam's, indem sich die Weltherrschaft der Solimane mit Gian-ben-Gian beendet, und jetzt Seth, der Prophetenkönig (und Nationalgott der Hyksos) Huldigung erhält. Indem es jedenfalls feststeht, dass es sich um einen von dem nordöstlichen Asien ausgehenden Eroberungszug handelt, muss vor Allen der Blick auf die geographischen Verhältnisse des Continentes geworfen werden, um die Localitäten kennen zu lernen, die den Heerd solcher Expeditionen zu bilden pflegen.

*) Mit Procris (Tochter des Erechtheus) vermählt, besiegte Kephalus, der den temessischen Fuchs jagte, (zusammen mit Amphitryon, der in Delphi als Sieger der Teleboeer verewigt wurde), die Teleboeer. Der Kentaur Teleboas war Sohn des Lycaon. Ausser von Aura wurde Kephalus von Aurora, Geliebte des Tithonus (Vater des Phaëthon) geliebt, die dem Astraus die Söhne Zephyrus, Boreas und Notus gebar, sowie Hesperus und die Gestirne. Die proseoischen Dämone (b. Diod.), von Halia (Schwester der Telchinen) dem Poseidon geboren (als Zeus nach Besiegung der Titanen mit der Nymphe Himalia die Söhne Spartäus, Kronius, Kytos gezeugt), wurden (weil sie die Aphrodite beleidigt) in die Erde vergraben (s. Zeno), während die Giganten östlich von Rhodus lebten. Füchse (zu den Symbolen des Hundssterns gehörig und dem rothen Typhon geopfert) wurden in Rom (beim Fest der Tellus) mit Fackeln an den Schwänzen durch die Felder gejagt. Im Mährchen werden dem Fuchs neue Schwänze beigelegt (s. Grimm). Telephe ist Gattin des Phoenix.

**) Die neben der Amphictyonie (Umwohnung) von Argos, der von Kalaurea, Onchestos, Euboea, Delos bestehenden Amphictyonie von Delphi (mit dem Tempel des Amphictyon, König von Locris) war (nach Strabo) von Acrisius (aus Larissa) geordnet (Demeter und Apollos verehrend bei den in Delphi und Anthela wechselnden Versammlungen). Der amphictyonische Eid bestimmt (b. Aeschines), dass keine der amphictyonischen Städte von Grund aus zerstört werden dürfe.

dem Ahn*) thracischer und celtisch-germanischer Fürstengeschlechter auf
die Bühne. Taaut oder Idris, der in seine Verehrung durch die Sabäer die

---

*) Die macedonische Stadt Aeneia in Chalcidice (von Aeneas gegründet) lag neben
Gigonus und Campsa. In Aegae (bei Chalcis auf Euboea) wurde Poseidon verehrt. Zu
Aegae in Emathia (in Macedonien) wurden die macedonischen Könige begraben. Antigonea
in Chalcidice hiess Psaphara (b. Ptol.). In der (chalcidischen) Stadt Aphytis in Pallene
wurde Ammon verehrt. Der aphthitische Nomos im aegyptischen Delta war Hauptsitz des
Phthah. Phthiotis (mit Thebae und Enetria) war Sitz der Ἀχαιοί Φθιῶται. Phthia (Φθίη)
begriff (b. Homer) nicht nur Hellas und Dolopia, sondern auch die thessalische Ebene
(mit Pharsalus). Pharsalus, in Thessalien (Pyrrha oder Aeolis) oder Aemonia, war Hauptstadt von Phthiotis (mit cyclopischen Mauren). Die achäische Stadt Pharae oder Phara
(Pherae) lag am Fluss Pierus oder Peirus (mit der Stadt Olenus). Pharae in Messenien
war durch Pharis, Sohn des Hermes, gegründet. In der laconischen Stadt Phare (b.
Amyclae) war Menelaus begraben (nach Mure). Colonisten aus Paros auf der Insel Pharos
an illyrischer Küste. Die Varini (b. Plinius) oder (b. Ptol.) Pharodini (Φαροδεῖνοι) waren
ein Stamm der Vindili oder Vandali. Die aegyptische Insel Pharos war nach dem Steuer-
mann des Menelaos genannt. Die Pharusii (in Africa) heissen (b. Hesek) Leute von Pheres
(neben Lud und Phut). Tarphe oder Pharygae (Stadt der Locri Epicnemidii) war von
Argos colonisirt. Pharbaethus, Stadt bei Pelusium. Pharcadon, Stadt in Hestiaeotis. Die
Pharrasii (b. Curtius) oder (b. Diod.) Praesii (Prasii) wohnten in Prasiaia am Ganges.
Demos Phrasiaae mit Grab des Erysichthon in Attica. Der Chrysoroas floss bei Damascus
(mit den Flüssen Abana und Pharphar). Die macedonische Stadt Assa (Assera oder
Cassera) lag in Assyrytis (b. Aristoteles) in Chalcidice. Die Siculi von Assoras (in Sicilien)
verehrten den Flussgott Chrysus (nach Cicero). Stadt Asserus (mit Tempel der Athene)
bei Milet. Assus (mit Lapis Assius) in Mysien war von den Methymnaei (nach Myrsilus)
gegründet in Lesbos (wo Bilder des Bacchus aufgefischt wurden). Assus, Fluss in Böotien.
Römische Stadt Assurae in Afrika. Thessalische Stadt Asterium (b. Homer) mit Schnee-
gipfel des Titanus. Asta, Stadt der Celtici in Hisp. Baet. (b. Gades), als Versammlungs-
platz. Assyria oder Athuria (Asthun), Athen als ἄστυ, Issedones oder Assedones, Astaceni
unter Assacenus bei Cabul. Apollonia oder Apolloniatis in Assyrien (zwischen Babylon und
Susa). Die Insel Apollonia an der Küste Bithynien's hiess Thynias (nach Plin.), mit Tempel
des Apollo. Apollonia, Stadt in Mysien, Pisidien (als Mordiaeon), Lycien, Palaestina (als
Araf, in Illyrien, Sicilien, Creta, Thracien, in Chalcidice, in Aetolien, in Cyrene). Angela,
Stadt in Chalcidice, Angelo (in Attica) im Demos Pandionis. Ὅλμεις in Cilicien, Ctimene,
Stadt der Doloper in Dolopia war von Peleus dem Phoenix (b. Steph. Byz.) gegeben, als
Erzieher des Achilles. Phoenix verführt Phthia oder Clytia, Kebsweib seines Vater Amyntor,
Sohn des Ormenus von Eleon, Sohn des Heliaden Cercaphus). Phoenix, Sohn des Agenor,
zeugte Pirus. Eumäus (der Sauhirt von Ithaca) war Enkel des Ormenus. Ormsembani ist
Thor, als Tödter der Midgardschlange (Ormuzd). Pharao, als p-ra (Sonne) oder p-ru (Herr),
erklärt als hohe Pforte. Merodach, mit den Titel Bel (Bel-Merodach) ist (in Babylon) der
Zir-banit (Zarat oder höchste) vermählt, als die Königin Babylon's, in Ishtar (Astarte) oder
Nana. Ser ist Häuptling (Serer in Thinae). Rawlinson erklärt Merodach (Amanit), als
den Alten unter den Gutiern. (Meroper oder Menschen). Die macedonische Stadt Gigonus
lag am Gigonis Promontorium. Crusis oder Crossaea, als Theil von Mygdonia (mit der
Stadt Lipasus, Gigonus, Campsa). In Potidaea oder Cassaudreia wurde Ammon verehrt
(wie in Aphytis). Mende (neben Saxe) in Chalcidice war von Euetria auf Euboea besiedelt
(mit Münzen des Eselreiters Silen). Die chalcidische Stadt Therambos (neben Scione) lag
in Pallene (die Insel Thera war durch einen von den Argo gefallenen Erdklumpen gebildet). Mecyberna (in Chalcidice) war Hafen von Olynthus (neben Sermyle in Galopsus
oder Physcella). Die chalcidische Stadt Torone war durch Torone (Tochter des Proeteus
und der Phoenice) gegründet. Die chalcidische Stadt Gingus lag in Tithonia in Macedonien
(neben Sarte und Pilorus). Olynthus, Stadt der Bottiaei, wurde von den chalcidischen
Griechen besetzt. Spartolus (neben Scolus) in Chalcidice war Hauptstadt der Bottiaei.
Miacorus oder Milcorus lag im Innern von Chalcidice. Sane (Colonie von Andros) in
Chalcidice. Caprus war Hafen von Etageira in Chalcidice. Acanthus (Colonie von Andros)
in Chalcidice (Acanthum mit Tempel des Osiris am Nil). Argilus (Colonie von Andros)
in Chalcidice. Andros, Hauptstadt von Andros (nördlichste der Cycladen) war von Andreus
(Feldherr des Rhadamanthus) und dem Secher Andrus genannt. Edros (Andros) an der
brittannischen Küste. Die Eretrier von Ἐρέτρια auf Euboea (Colonisten des attischen
Eretria) gründeten Cromae (im Krieg mit Chalcis). Cumae (Κύμη oder Κοῦμαι) oder Cuma
war von der Insel Aenaria oder Ischia aus (a. Livius) durch Colonisten aus dem aeolischen
Cyme in Asien und von Eretria in Euboea gegründet, mit der Höhle der in der (von der
dardanischen Prinzessin Mania beherrschten) Stadt Gergis oder Gergithes (die von Nachkommen der alten Teucrier bewohnt war) geborenen Sibylle. Die aeolische Stadt Cyme
am Hermus war durch die Amazone Cyme gegründet. Der athenische Marktplatz (Agora
mit dem Hermes Agoraeus) hiess früher Eretria (nach Strabo). Eretrieus von Macistus in

in der XIX. Dyn. deutliche Verwandtschaft arabischer und egyptischer Fürstenhäuser, aus einem gemeinsamen Patriarchen der Nomaden stammend, kennzeichnet, leitet zurück auf die phönizische Abkunft des Kronos-Saturnos, dessen Bruder Atlas bei der Theilung der Welt den Westen erhielt, wohin ihm jener altasiatische Zeitgott selbst folgen musste, als später der erstarkende Zeus das neue Hellas der Titanen in den für tatarische und andere Unruhstifter bestimmten Tartarus niederwarf. Auf Kreta in der Kindesform der Mysteriencuite erscheinend, erwirbt sich der altpelasgische Zeus (nachdem sein Zorn gegen Prometheus durch Herakles Zwischenkunft beigelegt ist) seine eigentlichen Vorkämpfer in den Nachkommen des Deucalion*), und Japetus, obwohl selbst ein Titane, wurde als Ahnherr gefeiert (im Anschluss an Japyden und Japygen), wie eben dieser Japetos in der armenischen Sage seinen Bruder **) Titan feindlich gegenübertritt

---

Triphylia colonisirte Eretria in Euboea. Eretum war Stadt der Sabiner, Eridanus oder Po, Eridanus, Fluss in Attica. Erythiae ('Ερυθραί), Stadt in Böotien (b. Homer) südlich von Asopus. Stadt Erythini in Paphlagonien (b. Homer). Erytheia Insula bei Gades. Die jonische Stadt Erythrae hiess (nach Hecataeus) Κνωπούπολις (von Cnopus), durch Erythrus, Sohn des Rhadamanth gegründet, als Sitz der Sibylle (mit Tempel des von den Tyriern verehrten Hercules der Idaei Dactyli. Die Stadt Erae (Gerae) in Jonia gehörte zu Teos (nach Strabo). Erythraeum, Vorgebirge in Creta. Rubrum mare oder ἡ ἐρυθρά θάλασσα. Im aegyptischen Mendes wurde Tan oder Mendes verehrt. Unter den Maeotae wohnten die Aspurgiani oder (b. Plinius) Asturicani in Sindice. Aspiaten bei Aspa-Luca in Aquitanien. Die Aspasia (b. Arrian) am Choaspes hiessen Hippasii (b. Strabo). Die Wurzel asp im Sanscrit. und Pers. entspricht (im Griech.) ἵππ (s. Schmieder) Ἀσπασίαει Νομάδις (b. Polyb.) von den Aspisii montes. Die Astures (mit den Asturco genannten Pferden) stammten (nach Sil. Ital.) von Astur, Sohn des Memnon. Bei den Jenthraendir (des Inneren von Drontheim) werden genannt die Sparbyggjafylki (b. Snorro). Von den Brüdern des Minos (Sohn des Zeus und der Europa) ging Sarpedon nach Lycien und und Rhadamanthus nach Ocalea in Böotien (mit Alcimene, Wittwe des Amphitryon, vermählt), von wo sein Sohn Erythrus die Erythraeer aus Creta nach Jonien führt, Erythrae gründend. Raeti (Rhaeti oder Raiti) oder Rheti (Reti) neben Vindelici. Zeus Abrettenus wurde in Comana (im Pontus) verehrt. Orestes brachte den Cult der taurischen Artemis oder Ma nach Comana in Cappadocien. Der Mondgott hiess Men bei den Cariern. Hur oder Ur, die babylonische Stadt des Mondgottes (Sin oder Esch) heisst (b. Eupolemus) Καμαρίνη (Kamar oder Mond im Arabischen). Nachdem die von den Celten aus Iberien vertriebenen Ligurer (den Sicanern folgend) nach Italien gezogen waren (1600 a. d.), besiegten die (gallischen) Ombrer die eingeborenen Siculer (1400 a. d.), fielen aber selbst vor den Rhasena oder Etruscern. Im Besitz der phönizischen Colonien gründeten die Rhodier (an der libyschen Mündung der Rhone) Rhoda oder Rhodanusia und (600 a. d.) landete der Phocäer Euxenes im Gebiet der Segobriger (unter König Nann), nach der Vermählung mit Aristoxena (Gyptis oder Petta) die Stadt Massilia gründend, wo dann neue Colonien der Phocäer (auf Schiffen mit dem Bild eines Delphin) anlangten, das heilige Feuer der Mutterstadt und ein Bild der ephesischen Diana bringend. Von den Liguriern, die sich mit dem (beim Angriff getödteten) Coman (Sohn des Nann) verbunden, bedrängt, riefen die Massilioten die Bituriger unter Bellovesus (die beim Vordringen der Kimbern nach Italien zogen, wohin sie der etruskische Lucumon Aruns eingeladen) zu Hülfe (587 a. d.): Die Kimbern (Boier, Anamaner und Lingoner) vertrieben die Etrusker vom rechten Ufer des Po (auf Flössen den bodenlosen Fluss passirend) und dann folgten (521 a. d.) die Senones. Von den Celten der narbonnensischen Provinz dehnten die (griechischen) Massilioten den Namen der Celten auf ganz Gallien aus (Strabo). Diod. Sic. kennt Celten zwischen Alpen und Pyrenäen oder (b. Plinius) Celtorier der Berge (Tor). Polybius setzt die Celten bei Narbonne. Die Gallier (nach Caesar) nannten sich Celten (Ceillach oder Waldbewohner). Die Celten fielen in Iberien (mit Gallaecia), die Gallier in Italien ein. Der Fluss Limis trennt die Vettonen Asturia's und die Galläker Lusitania's (Plinius). Neben den von den Galliern in Sprache und Sitte verschiedenen Belgern kennt Caesar die cis-rhenanischen Germanen (Condruser, Paemaner, Caeraeser). Die 631 a. d. von den Scythen vertriebenen Kimmerier fielen 581 a. d. als Kimbrier (aus Gallien) in Italien ein.

*) Bei Lucian wird Δευκαλίων Σκύθης allein aus der syrischen Fluth errettet.

**) Dem nach der Tyrannei strebenden Zervan (dem Zoroaster der Magier, König der Bactrier, qui fuit Medorum principium ac Deorum pater) traten Titan und Japhet entgegen, vereinbarten sich aber auf Vermittlung ihrer Schwester Astlicia dahin, dem Zervan die Herrschaft zu lassen, seine Kinder dagegen zu tödten, obwohl einige derselben mit Einverständniss der Titanen durch die Frauen des Zervan nach dem Berg gebracht

und in der orientalischen Sage (in Japhet, Grossvater des Alinghekan) zwar
als gemeinsamer Patriarch der Mongolen und Tartaren dasteht, aber nach
der zwischen diesen eingebrochenen Spaltung, mehr nach der Seite der das
Nomadenleben fortsetzenden Unterthanen des Ilichan (letzten Spross des
Oghuz-Khan) neigt, während die mit ihren Tartan schon assyrische Könige
unterstützenden Tutuckcliut der Tataren dann eine enge Liga mit Tur, dem
Turanier, schliessen, und so als Apostaten des Hirtenstandes mit den verhassten Städtebewohnern aus Kain's Geschlecht fraternisiren. Anfangs
waren die nomadischen Gründer des Perser-Reiches selbst darauf bedacht
gewesen, die Städte bauenden Div, als böse Feinde, auszurotten, (wie auch
die China erobernden Mongolen zuerst das Reich unter Schleifung der
Städte in Weideland verwandeln wollten), bald aber von den Reizen des
civilisirten Leben's gefesselt, ergaben sie sich jenem masslosen Luxus, der
wieder zu ihrem Untergange führen musste, und so findet sich in allen
Perioden die Geschichte der progressiven Stufen der zu dauernder Sässig-
keit aufsteigenden Naturvölker und dann der durch innere Erschlaffung herab-
sinkenden Landbauer in wechselnden Phasen, so dass die Verwendung generali-
sirender Völkernamen möglichst zur Bezeichnung ethnologischer Typen zu
vermeiden ist, da mit ihnen, die unter Umständen die geradesten Gegensätze
bezeichnen mögen, in sich gar nichts oder nur Verwirrendes gesagt ist.
Setzen wir die Auswanderung des Pelops in Folge seiner Kriege mit
Ilos von Tros in einen Causalnexus mit der Erhebung des Assyrerreiches
in seiner feindlichen*) Stellung zu Babylon des Belus priscus, so vermittelte
sich das damalige Auftreten der Πελα-**) Formen (s. Grotefend) in Griechenland. Vater des Peleus, war Aeakos, der Zeitgenosse des Pelops, ein gott-
entsprossener Zeussohn, der ohne weitere Anknüpfungspuncte in den griechischen Geschlechtsregistern auf Aegina (Oenopia) auftritt und aus den Ameisen
ein Volk geschaffen erhält, das sein nach Thessalien gezogener Sohn
Peleus***) dort als Myrmidonen beherrscht, wie auch die aus den Byamma-
Himmeln herabgekommenen Barmanen die Eingeborenen aus Thieren, Steinen
oder Pflanzen hervorgeschossen wähnten. Durch seine Vermählung mit
Endeïs greift Aeacus in den von Athen nach Megara (wo besessene Schweine-
heerden vom Felsen gestürzt wurden) übertragenen Sagencyklus der Pandu
ein, und der von ihm adoptirte Telamon, der Cencbreus oder Cychreus, dem

---

wurden, quem deorum conjectum appellarunt, qui nunc Olympus vocatur (Mosis Chor.).
Mit dem Magier Zrataschd oder Zoroaster (der zum Statthalter von Assyrien und Niniveh
eingesetzt war) kämpfend, wird Semiramis von ihrem Sohne Ninyas (Zeitgenosse des
Abraham) getödtet (s. Mar. Apas Catina).

*) in schwarze Wandlung verkehrt, wie Zeus Pelorus in den Drachenfüssigen
Giganten Pelorus, während sich in Belbog oder Bjelbog die weisse Seite erhielt. Pelwitte
war der preussische Gott des Reichthum's. In der Erklärung Pelusium's als Philister-
Stadt (s. Lepsius), wurde der mit Askanier (wechselnd mit Asganier in den parthischen
Dynastien) in Pelasger verbundene Völkername (in ähnlicher Combination, wie bei Roxolanen, Moeso-Gothen, Keltiberer, Libyphönizier u. s. w.) zu den philistäischen oder
palästinischen Formen gehörig. „The Greek, like the modern, name of Pelusium is thought
to have been derived from the mud that surrounds it, πηλος in Greek and Teen in Arabic,
signifying mud" (s. Wilkinson), im Anschluss an die Elos-Sümpfe der Elier (oder Hellenen).
mit Fenni, Suomi u. s. w. übereinstimmend.

**) Pelagonia in Päonien (in Macedonien) war nach Pelegon (Sohn des Axius und der
Periboia) genannt. Plinius rechnet die Pelagoner zu den päonischen Völkern am Axius.
Bei dem Lycier Pelagon (b. Homer) bemerkt der Scholiast: Πτολεμαιος δια του αγραφει
Πελασγων. Nach Grotefend könnten die Πελασγοι vom makedonischen Πελα benannt sein.
Eissner begreift Αιθιου, Φρυξ und Πελασγος als einen schwarzen Völkerstamm.

***) Nach Völcker ist die erste Hälfte des Wortes Pelasger mit dem Stamm in Ellen,
Hellen, Sellen identisch. Wenn die Landschaft um Dodona (b Hes.) Hellopia genannt
wird, so ist sie nicht verschieden davon, dass der älteste Pelasgersitz Pelopia heisst, wie nicht
selten Pelasgia. Dahin gehört auch der Heros Pelops (Hellops oder Ellos) oder Hellops
(Sellops oder Hellos), wie μωλωψ statt μωλος, αιθοψ statt αιθος u. s. w.

Vertilger der salamanischen Schlange (der von Nachkommen des Iskander-Shah erlegte Sactyamuni in Menangkabouw), in der Herrschaft folgte, vermag eben so wenig, wie Aeakos selbst, sein Geschlecht zu erhalten und verschwindet mit seinen Namen, wie die von Amphitryon ausgerotteten Teleboer (die „Fernschreier" vom weit entlegenen Tylo oder Thule) der taphischen Gräber. Aegina, die Mutter des Aeakos*), (der in Hellas die Rolle des Melchisedek von Salem in der ἁγία γῆ oder ἱερὰ χώρα spielt) steht unter den Töchtern des Aisopus, ein (nach Welcker) als Aithiopier erklärbarer Name, der auch andere seiner Töchter durch Götter entführt sehen musste, die Kerkyra, um den Stammherrn halbgöttlicher Phaeaken zu gebären, und Sinope nach dem Sitze jenes alten Götterdienste's, des später nach Aegypten (von welchem oder welches Nebenländern ursprünglich die Zerstreuung dieser Tempelculte ausgegangen war) zurückkehrenden Serapis. Der bei Ephyra oder Korinth durch das alte Sicyonia fliessende Aisopus missglückte in dem versuchten Kampf mit den Olympiern, ebenso wie Salmoneus, Bruder des dem Aesopus freundlich gesinnten Sisyphus, der Gründer von Ephyra, der (nur künstlich mit dem Geschlecht des deucalionischen Aeolus verknüpft) dem Stammbaum der Atlantiden (und vielleicht des westlichen Windgotte's Aeolus), angehört und auf thesprotische Ephyri führt, wo Aidoneus in seinem Höllenreich Theseus und Peirithoos gefangen hält. Mit dem, Aiakos und so vielen andern Namensformen zu Grunde liegendem, Aia (Gaia und Dia) öffnet sich eine weite Perspective, die von der Hia-Dynastie China's durch den westlich ziehenden Ai, Sohn des Eroberer Oghuz-Khan (dem Prototyp der Og und Ogygen), Ai, dem Patriarchen der ältesten Ramses zu den weit verbreiteten Gründungen der von Aphrodite Aineia stammenden Aineaden führt, und schliesslich am Altai in die dunkle Hälfte der Aina, den Kuda gegenüber, verwiesen ist.

Auf der Stelle des von Sklaven bedienten Tempel's in Amoria**) (neben Cabira mit dem Cultus des Men Pharnaces) wurde Neocaesarea erbaut,

---

*) Aeakos, obwohl ein Sterblicher, wurde gewürdigt, an den Mauern Pergamum's, neben Poseidon und Apollo, mit bauen zu dürfen. Ὁ δὲ τόπος ἐν ᾧ τὸν πύργον ᾠκοδόμησαν, νῦν Βαβυλὼν καλεῖται διὰ τὴν σύγχυσιν τοῦ περὶ τὴν πρώτην διάλεκτον ἐναργοῦς, Ἑβραῖοι γὰρ τὴν σύγχυσιν Βαβὲλ καλοῦσι (Eusebius). Die Winde der Θεοὶ stürzten den Thurm.

**) Ameria in Umbrien wurde (nach Cato) 1135 a. d. gegründet. Adria (Hatria), von Diomedes gegründet (nach Steph. Byz.) erhielt griechische Colonien von Epidamnus und Syracus (nach Diod.). Als die in Italien (an der Po-Mündung) landende Pelasger (b. Dionys. Hal.) die Umbrier (und Siculer) vertrieben, wurde (1376 a. d.) Hadria (mit etruskischen Inschriften) gegründet. Die oligarchische Regierung von Opus stand unter dem Cosmopolis. Von den (nach Ephoros) aus Arkadien stammenden Pelasgern, ein umberziehendes Kriegervolk (dem sich andere Nationen vereinigten) erhielten viele Helden den Namen (und auch die Epirotier). Die Sumpfstadt Ravenna (Colonie der Thessalier) wurde (beim Vordringen der Tyrrhenier) den Ombrikern überlassen (nach Strabo). Die Heneter waren durch Pferdezucht berühmt, wie die Paphlagonier. Ariminum war umbrische Colonie (nach Strabo). Siculer und Liburner wurden von Umbrern vertrieben, diese von den Etruriern, diese von den Galliern (Plin.). Umbri antiquissimus Italiae populus (Florus). Die Siculer wurden von den Liguren vertrieben, Ligures a Sacranis, Sacrani ab Aboriginibus (Servius). Bocchus absolvit Gallorum veterum propaginem Umbros esse (Solin.). Die Tyrrhener vereinigten sich mit den besiegten Pelasgern. Die Sacrani (als ver sacrum) aus Reate vertrieben die Siculer vom Septimontium Rom's (nach Festus). Mit Hülfe der Pelasger vertrieben die Casci (Aborigines ab ὄρεσι oder Aberrigines) oder (nach Lycophron) Boreigonoi die Siculer aus Latium, von Latinus (König der Aboriginer) beherrscht (bei Callias). Von den ingaunischen oder intemelischen Ligurern hiess die Ansiedlung am Meer Albium (Alpium) Intemelium oder Albingaunum (Strabo). Zu den Taurinern (ein ligurisches Volk) gehörte das Reich des Iconnus und (nach Caesar's Tode) Kottius (s. Strabo). Der Lacus Lemanus heisst der See Pelamena (b Strabo). Nach dem Tode des Pylaemenes (König von Paphlagonien) zogen die Eneter an die Adria. Taoriner und Orobier wurden von den Tyrrhenern in die Berge getrieben. Fulvius siedelte die Apuani unter den Taurasini (auf den Bergen Samnium's) an. Hannibal belagerte Taurasia, Hauptstadt der Taurisci (in den Alpen). Le mot Bodensee est la corruption de Wodansee

dessen Bewohner (nach Steph. Byz.) Adrianopolitae hiessen (bei Niksar am Lycus). Aelteste Bewohner*) der Stätte des spätern Rom's waren die Σικελοί (Siculi), deren Land die früher wild in den Bergen lebenden Ἀβοριγῖνες

(concacré à Odin), dans les flots du quel aux jours solemnels, les Lentien's (peuple suévique) lançaient les chevaux indomptés, offerts en sacrifice (s. de Ring). Nachdem die Gallier unter Bellovesus das Gebiet (teucrischer) Tauriner bei Turin durchzogen, besiegten sie die Etrusker und gründeten Mediolanum. Pharnace, Tochter des Megessares, war mit Sandacus (Enkel des Phaethon) vermählt, Cinyras (Oberpriester der Aphrodite in Cypern) gebärend. Die (Hammer tragenden) Kabiren waren Söhne des Camilus, den Hephästos mit Cabira (nach Acusilaus) zeugt, wie Apollo mit Rhytia (nach Pherecydes) die Korybanten. Die zwerghaften Cabiri in Memphis stammten von Phthah (Vulcan). Die Cabiren (Kabir oder gross im Semitischen) wurden auf Lemnos und Imbros verehrt (in Böotien in Beziehung zu Demeter und Proserpina). Esmoun war der jüngste von den Cabiren oder grossen Göttern der Phönizier (Söhne des Sydyk oder Gerechten), als Aesculap. Σπάύκω ἐγένοντο παῖδές οὕς Διοσκούρους ἑρμηνεύουσι καὶ Καβείρους (Damascus). Oshmounayn (zwei acht), als coptischer Name für Hermopolis wurde auf Thoth oder Hermes bezogen (s. Rawlinson). Die Niederlassung der Pelasger bei den unter Hellenen aufgenommenen Athenern war (nach Herodot) mit den Mysterien der Cabiren verknüpft. Luna war von Etruscern gebaut (nach Livius). Die tyrrhenischen Piraten (der Odyssee) wohnten auf Lemnos (s. Ovid) und Imbros. Nach den Vidivariern ripam Oceani Itemesti (item Esti) tenent pacatum hominum genus (Jorn.). Sigarlami (Odin's Sohn) stiftete das Königreich Holmgard oder Novgorod (nach den Hervarar Saga). Der schwedische König Swegdir, der (Godheim suchend) durch Tyrkland (Finnland) und Gross-Schweden zog, zeugte mit Wana und Wanaheim den Sohn Wanlandi (nach der Ynglinga-Sage). Im Ost-Schweden (anstan verdri Swithiod) wurde Sweydir (at Steini) vom Zwerg in den Stein gelockt. Nach der Konunga-Saga wurde König Yngwar bei Kiwidepå (at Steini) in Esthland begraben (s. Kruse). Der in Thracien geborene Kaiser Maximinus war von seinem gothischen Vater mit einer alanischen Mutter gezeugt (235 p. d.). Die Gothen (auf Schiffen) zerstörten den Tempel der Diana in Ephesus (unter Gallienus). Die Geloni (mit Pferdedecken aus Menschenhaut) wohnen zwischen Vindini (Budini) und (tättowirenden) Agathyrsen (b. Amm.). Die Waräger wurden von Novgorod besoldet, um (wie durch Igor) günstige Handelsverträge abzuschliessen.

*) Τοὺς δὲ Ἀβοριγῖνας, ἀφ᾽ ὧν ἄρχει Ῥωμαίων τὸ γένος, οἱ μὲν αὐτόχθονας Ἰταλίας, γένος αὐτὸ καθ᾽ ἑαυτὸ γενόμενον, ἀποφαίνουσιν (Dion. Halic.) καὶ τὴν ὀνομασίαν αὐτοῖς τὴν πρώτην φασὶ τεθῆναι, διὰ τὸ γενέσεως τοῖς μετ᾽ αὐτοὺς ἄρξαι, ὥσπερ ἄν ἡμεῖς εἴποιμεν γενάρχας ἤ πρωτογόνους. Les mines d'obsidienne du cerro de las Navajas (montagne des couteaux) semblent avoir fourni à presque tous les besoins de l'Anahuac (zwischen Organos de Actopan und Tulacingo). Die Indianer von San Francisco in Californien gebrauchten die aus scharfen Kieseln zusammengesetzten Waffen (Micuahitl) der Mexicaner. Civilisation auf der Mesa d'Anahuac. Die Sueven (Caesar's) heissen (b. Tacitus) Chatti (s, Grimm). Die bei den Sueven allgemeine Haartracht, war bei den Chatten auf die streitbare Mannschaft beschränkt (Ritter). Die Votivsteine des Hercules Saxanus im Brohlthal sind von den römischen Soldaten (in Friedenszeiten zu öffentlichen Arbeiten verwandt) in den Steinbrüchen aufgerichtet. Facile Bastarnis Scordiscos iter daturos, neque enim aut lingua aut moribus aequales abhorrere (Livius). Peucini, quos quidam Bastarnos vocant, sermone, cultu, sede ac domicilis ut Germani agunt (Tacitus). οἱ Σκορδίσκοι καλούμενοι Γαλάται τοῖς Ἰλλυρικοῖς ἔθνεσι καὶ τοῖς Θρακίοις ᾤκησαν ἀναμίξ (Strabo). Manes, Eponymus der Maeonier (nach Frénet) war, als erdengeborener Sohn des Zeus, mit Callirrhoë (Tochter des Ocean's) vermählt, Vater des Cotys, dem Halic (Tochter des Tyllus) die Söhne Asia (der Asien erbielt) und den Thronfolger Atys (Vater des Tyrsenus und Lydus durch Kallithea, Tochter des Choraeus) gebar. Der alte König Meles (Vorgänger des Moscus) trug den ihm geborenen Löwen um Sardis, die Stadt uneinnehmbar zu machen. Thorrhebus, Bruder des Lydus (Bruder des Car), verblieb in Torybia. Nach den Atyaden erhielten die (von Hercules und der Sklavin Jardanus stammenden) Heracliden das lydische Reich mit Agron, Sohn des Ninus (Sohn des Belus, den Alcaeus, Sohn des Hercules, zeugte) und auf den letzten König Candaules (Sohn des Myrsus) folgten die Mermnaden (716 a. d.) mit Gyges. Mit Halia, Schwester der Telchinen, zeugte Neptun (ausser seinen wilden Söhnen) die Tochter Rhodos. Silius Italicus leitet den Namen des Flusses Aesis oder (b. Ptol.) Ἄσιος (am Adriatic) von dem dort herrschenden Häuptling der Pelasger. Die Timii oder (b. Strabo) Sismii (westlich von den Venetern) am Calbium promontorium (b. Pytheas) oder Cap Raz (der Bretagne) hiessen (b. Erastosthenes) Ostidamnii oder (h. Caesar) Osismii. Die Ostiones oder (nach Pytheas) Ostiaei hiessen (nach Artemidor) Cossini (Steph. Byz.). Nach dem Osismii, nördlich von den Nannetes (b. Plinius) nennt Mela ultimos Gallicarum gentium Morinos. Baxter erklärt Ostidamnii, als Vasallen der Dumnonii (Ueis tu Duonion). Im südlichen Brittannien herrschten die Dumnonii (in Cornwall) und Belgae. Uxisama (Insel

(zur Zeit des trojanischen Krieges Λατινοι genannt vom König Latinus), während die Pelasger (und andere Griechen) in den Sitzen der vertriebenen Siculi ihre Städte befestigten. Der sallentinische König*) Malennius (Dasummi filius) gründete Lupiae (Lecce) in Oria residirend. Die Athener schlossen ein Bündniss mit Artos oder Artas, Dynasten der Messapier. Die in dem Lande der vertriebenen Umbrer wohnenden Aborigines kämpften mit τοῖς τε ἄλλοις βαρβάροις καὶ πάντων μάλιστα Σικελοῖς**) und sandten

Usbant) an die Küste der Osismii. Uxia, Hauptstadt der Uxii (in Persis). Bergine, als Stadt der Nearchi, an der Mündung der Rhone (Avienus) in der Ebene von Crau (als Bergine civitas), wo Heracles (nach Mela) mit Bergion kämpft. Peut-être le nom de Volcae, donné à plusieurs peuples, est il celui de Volk des Allemands, qui signifie peuple (Walckenaar).
*) Opis. König der Japyger, fiel (die Peuketier unterstützend) gegen die Tarentiner. Menzana war Beiname des Jupiter (b. Sallentinern). Salentini dicti, quod in salo amicitiam fecerint (Prob.). Die Canusier dicebantur bilingues, quia utebantur Graeco et Latino sermone (Schol.) mit dem Gebrauch verbis Latinis Graeca miscendi (b. Horaz). All, (alle oder eile), fremd (irisch) [Ellervolk]. Nomine Ver-nemetis voluit vocitare vetustas, Quod quasi fanum ingens gallica lingua refert (Ven. Fort.). Nach Lassen entspricht ausnahmsweise das Umbrische v dem lateinischen f. Wenn arsir (euguvinische Tafeln) altl. as-ir (Blut) ist, so würde es auf skt. usrij (mit Umstellung des r in s) zurückführen, welches Wort ein Neutrum ist (Aufrecht u. Kirchhoff) Aso aus Asa (für aram) oder Altar (im Umbrischen) als tragbarer Altar. Bei Lustrirung des populus wurden die das Iguviner Gebiet heimsuchenden Plagen den Nachbarvölkern angewünscht, indem man im Gebet den Cerfus, die Prestota und die Tursa anrief. Die Samniten opferten nach den Vorschriften eines alten Leinen-Buche's (s. Livius). ἐν δὲ τούτῳ τῷ ἔθνει γλῶσσαι ἦσαι στάματα τάδε Λατίρνιι. Ὀπικοὶ, Κραμόνις, Βορεοντίνοι, Πευκετιεῖς, sagt Skylax in Bezug auf die Samniter. Lingua Samnitium, qui sunt a Sabinis orti (Gellius). Hermes soll (nach Jablonski) die Säule, (nach Hug) eine Versammlung (der Weisen und Gelehrten) bezeichnen. Tat ist Sohn des Theut (der den ältern Hermes Grossvater nennt), als Trismegistus, da er (als dreimal Grösster gepriesen) in drei Wiedergeburten unsträflich gelebt (mit der Schildkröte heilig). Die von Thoyt erfundenen Schaltjahre waren auf Säulen (Σηριαδικῇ ἐν γῇ) aufgeschrieben. Hermes ist Seelenführer aus und in das Leben. (ψυγοπομπος, νεκροπομπος). Plato kennt fünf Hermes. Bruno, als zürnende Mutter (gegen den gewaltthätigen Hermes). Hermes heisst ἄγγελος ἀθανατων ἐριουνιος (b. Hom.), als χθόνιος (von ἐρι). ἔοικε περι λογον εἶναι ὁ Ἑρμης (Plato). Quintus (Mercurius) quem colunt Pheneatae qui et Argum dicitur interemisse, ob eamque causam Aegyptum profugisse, atque Aegyptiis leges et literas tradidisse (Cicero). Nach den Böotiern war Hermes von Maja auf dem Berge Κερυκιος geboren. Vermis aus Grundform Vairmis (s. Hartung). Die Lächen (Lag. als Genossenschaft oder Bund im Skandinavischen) waren (nach Szajnocha) Normänner, die (die Oder und Weichsel herauffahrend) sich an der Warta und Weichsel niederliessen, Herrschaften über die Sklaven begründend unter überwiegender Macht des Adels (Szlachta) oder Slahta (s. von Smitt). Der Piast Ziemovit stiftete das durch Boleslav († 1025 p. d.) erweiterte Polen-Reich. Nachdem die Völker um Novogorod und am Ilmensee Rurik berufen, gründete Wladimir († 1015) den russischen Staat. Nach dem Aussterben des Geschlechts der Mstislawe bemächtigten sich die Polen und Litthauer Galizien's. Jagillo trat mit der polnischen Vermählung (in Litthauen) über. Johann der Schreckliche eroberte Litthauen. Im Gigantenkampf, wo Herakles (der zu Hülfe gezogene Sterbliche) neben Here (gegen Porphyrion kämpfte, tödtete Hermes (mit dem Helm des Ais bewaffnet) den Hippolytus.
**) Die nach Süden fliehenden Siculer (τέκνα καὶ γυναῖκας mitnehmend) schifften auf Flössen nach Sicilien, wo sie die vor den Ligurern geflüchteten Σικανοί, γένος Ἰβηρικόν, trafen. Die Pelasger in Italien gingen zu Grunde, als sie durch Natur-Ereignisse bedrängt, von dem befragten Orakel mit Menschenopfern belegt wurden, und sich in Folge der daraus entstehenden Unordnung zerstreuten, besonders Griechenland durchziehend (zwei Generationen vor dem trojanischen) Kriege und (mit den Tyrrhenern) Seeraub übend. Eotenas and Ylfe (Elves) and Orcneas (Orcs) in-Beowulf, Eotens or Titans (s. Kemble). Alfrick (Elfreich or Fairyland) is called Alfredes-vic (1695). Brêmesgraf (Bromsgrave) from the Anglo-Saxon brôme, a plant, and grâf, a grave. Getarum fera gens gilt für myaisch (h. Servius) von Lucull besiegt (als Besser). Ἀσος und Γέτης in Menandrischer Comoedie. Cotiso, König der Daken, heisst rex Getarum (Suet.). Verschieden von den Daken wohnten die Geten oberhalb des Hämus neben dem Ister (Dio Cass.) Ex Pelasgo (rege) et ex Menippe Penei filia natus est Phrastor, ex hoc Amyntor, ex Amyntore Τευταμίδης, ex Teutamide Νάνας. Hoc regnante Pelasgi a Graecis ex suis sedibus pulsi fuerunt et naribus ad Spinetem fluvium Jonico sinu relictis, urbem Gotonem ceperunt, atque hoc belli sede usi, eam quae nunc Tyrrhenia vocatur condiderunt (Hellanicus). At Myrsilus ait, Tyrrhenos post patriam relictam in ipsis suae profectionibus erroribus, mutato nomine Pelasgos

besonders in den Grenzen der letzteren ein ver sacrum zu Städtegründungen, in Verbindung mit den (wegen des Orakel's freundlich empfangenen) Pelasgern Thessalien's, die aus ihrem im Lande der Umbrer (ἔϑνος ἐν τοῖς Πάνυ μέγα τε καὶ ἀρχαῖον) erkämpften Sitzen durch die Vereinigung derselben vertrieben waren. In den pelasgischen*) Städten der alten Siculer auf römischen Gebiet (mit Tempeln der argivischen Here und ihren γυναῖκες ἱεραί) multa prisca instituta, οἷς τὸ Ἑλληνικόν ποτ' ἐχρήσατο, diutissime permanserunt, ut bellicorum armorum ornatus, clypei Argolici et hastae, et quoties bellum alii illaturi, aut illatum propulsaturi copias ultra agri sui fines emittebant feciales, qui erant viri quidam sacri (ἱεροί τινες ἄνδρες), sine armis alios praecedentes (Dion. Hal.). Von den Söhnen des Abas, Sohn des Lynceus (als Sohn des Aegyptus mit Hypermnestra, Tochter des Danaus, in Argos vermählt) vertrieb Arisius den Prötus (der bei der Rückkehr durch Cyclopen

appellatos. ἐκ Διος καὶ Γῆς, Μανήν γενέσθαι πρῶτον ἐκ τῇ γῇ ταύτῃ βασιλέα, τούτου δέ, καὶ Καλλιρόης τῆς Ὠκεανοῦ θυγατρός γενηθῆναι Κότον, Cotyi vero, qui uxorem duxerat filiam Tulli terrigenae (Τύλλου τοῦ γηγενοῦς). Ἀλήν, δυο γενέσθαι παῖδας Ἀδίην καὶ Ἄτυν (Dion. Hal.). Der auch Thales genannte Zamolxis (fremder Mann), als Schüler des Pythagoras, wurde von den Barbaren als Herakles verehrt (nach Porphyr.). Die Hühnenbarge (kegelförmigen Erdhügel) liegen gruppen- oder reihenweis (bei Stade). Von den Ileidekirchhöfen (Urnenfelder) liegt das bedeutendste bei Perleberg (s. Krause). Der Boden, in welchem die Urnen von Perleberg stehen, ist gelber, trockner, etwas grober Sand, mit Steinen vermischt. Dass Gras darauf wächs't ist (nach Krause) Folge der ausgestreuten Urnenasche von Menschengebein. Die von Lunecke gefundene Münze erwies sich (nach Grotefend) als Gratianus (375 p. d.). Das Steingrab zu Wersabe enthielt neben rohgeformter Urne und Steinkeile auch Eisenreste (s. Krause). Aus einem Hünengrabe von Fickmühlen (bei Bederkesa) wurde (1835) eine Urne ausgegraben mit Münzen des Vespasian, Titus, Antonius Pius, Marc. Aurel und Faustina.

*) Περὶ δὲ τοῦ Πελασγικοῦ γένους οὐδὲ ὁ λόγος (b. Thucydides), ἔνι δὲ τι καὶ Χαλκιδικόν, τὸ δὲ πλεῖστον Πελασγικὸν τῶν καὶ Ληνωνό ποτε καὶ Ἀθήνας οἰκησάντων Τυῤῥηνῶν. Den Τυῤῥηνῶν war der Name von den tecta (τύσεις) gegeben, ὥσπερ καὶ τοῖς ἐν Ἀσίᾳ Μοανυοίκοις. Anton leitet die russische Sprache (bei ihrer Verwandtschaft zur Samseredamischen) ex Media antiqua. Celtica lingua et hodie Cambrica erch dicitur horrendus. Forte quas herich ab her, terribilis. Erich, legibus potens. Pagus Borahtra (Parathanorum) unter den Brukteren (Boructuariern). Die Chauken hiessen (b. Zosim.) Κούαδοι. Inter Nordmanniam et Sveoniam Warmelani et Finwedi degunt (Ad. Br.). Nach Diodor wurden die Bewohner (der germanischen Länder) bis Skythien hin von den Römern als Galater bezeichnet. Die Lechen heissen (bei Witekind von Corvey) Lizikiviker Slaven (Lechus, Czechus, Russus, Prussus). Siculi, ipsorum autem vocabulo Zekel (s. Thwrocz) als Szekler. Der Gallier Gnipho erklärte die (von einwandernden Etruskern besiegten) Umbrer (b. Bocchus) für Kelten. Reginum (Regensburg), Antonacense castrum (Andernach). Cana (Canstadt). Primum circa Achaicum Argos wohnten die Pelasger sextaque post (Pelasgum, ἐκ Διὸς καὶ τῆς Νιόβης τοῦ Φυρωνέως) aetate Peloponneso relicta zogen sie nach Thessalien oder Haemonia (unter Achaeus, Phthius und Pelasgus Ἀμφίσσαι καὶ Ποσειδῶνος νἱοὶ, als Coloniae ducas), die barbarischen Eingeborenen vertreibend. Quum autem quinque aetates ibi mansissent wurden sie im sechsten ausgetrieben durch Curetes et Leleges, qui nunc Aetoli et Locri vocantur, aliique multi Parnassae accolae ductu Deucalionis, filii Promethei et Klymenes, Oceani filiac. Dadurch zerstreut flohen die Pelasger nach Creta, nach den Cycladen, nach Ilestiotis (am Olymp und Ossa), nach Böotien, Phocis, Euboea, den Küsten des Hellespont's, nach Lesbos (mit den durch Macar herbeigeführten Griechen gemischt) oder suchten Zuflucht im heiligen Bezirk der verwandten Dodonaeer, wo sie das Orakel verwies εἰς Ἰταλίαν, ἣ τότε Σατυρικά ἐλέγετο (Dionys. Hal.). ἱεροὶ δὲ Τηλέφου παῖδα τὸν Τυῤῥηνὸν ἀποφαίνουσι, ἐλθεῖν δὲ μετὰ Τροίας ἅλωσιν εἰς Ἰταλίαν (D. H.). Die Etrusker oder Tyrrhener (Θυοσκόοι oder Thusci) nannten sich a quodam duce Rasena. In Tiora (Matiera) antiquissimum Martis oraculum fuisse fertur (non absimile illi quod Dodonae quondam fuisse proditur) et apud Aborigines avis divinitus missa, quam ipsi picum, Graeci δρυοκολάπτην vocant, supra columnam ligneam apparens idem 'quod columba in quercu Dodonae) faciebat (Dion. Hal.). Ligures (Ἄγγυες, Ὀμβρικοῖς finitimi) multas Italiae partes habitant, Galliae etiam quasdam incolunt (Dion. Hal.). Οἱ δὲ λογιώτατοι τῶν Ῥωμαίων συγγραφέων (inter quos Porcius Cato et C. Sempronius et multi alii) ajunt eos esse ex iis Graecis qui quondam in Achaja habitarant, et multis ante bellum Trojanum aetatibus inde migrarant. Sprachliche Sippen sind etwas (im Laufe der Zeit erst Entstandenes), sie verdanken ihren Ursprung einem sich im Leben der Sprachen kund gebendem Entwicklungsgesetz (Schleicher). Tarchon und (ang.) Karchan, als türkischer Titel.

die Stadt Tiryns befestigte), wurde aber von seinem Sohn*) Perseus getödtet, der (nach seinen Zügen) Mycene (und Midea) in die Mauer Tiryn's einschloss. In Oraea (von ägyptischen Orus) oder Althepia (von Althepus, Sohn des Poseidon und der von Orus gezeugten Leis) gründete**) nach der

---

*) Sthenelus, Sohn des Perseus, vertrieb seines Bruder's Electryon (der beim Kampfe mit den Taphiern von ihm getödtet war) Schwiegersohn Amphitryon (Gemahl der Alcmene) aus Mycene (nach Theben) und übergab die Stadt Midea den herbeigerufenen Pelopiden (Atreus und Thyestes), während in Mycene sein Sohn Eurystheus (der durch List der Here den Herakles um Zeus' Verheissung gebracht hatte) folgte. Herakles befreite Theben von den an die Minyer (in Orchomenus) bezahlten Tribut. Orchomenos wurde 60 Jahr nach dem trojanischen Krieg durch Böotier und Thessalier erobert (Aeolier aus Arne in Phthiotis, wo Aeolus, ältester Sohn des Hellen, herrschte). Böotus, der von Poseidon geborene Sohn der Arne (Tochter der Aeolus) vertrieb seinen Bruder Aeolus aus Arne auf die Inseln. Amphictyon, Vater des Itonus (Vater des Böotus) wurde (als Autochthon oder Erdensohn) zum Sohn des Deucalion und Pyrrha gemacht. Der Böotier Leitus war Sohn des Alectryon (Alector) und brachte die im Heroon verehrten Gebeine des Arcesilaus (Sohn der Theobule und des Lycus) in die Heimath zurück. Von Arellycus gebar Theobule den Prothoënor. Der Böotier Closius war Sohn des Alcgenor (böotischen König's). Dionysos, von Semele (Tochter des Cadmus, der von Theben nach Illyrien weiter gezogen) vernichtete bei der Rückkehr von seinen Zügen den Pentheus, Sohn seiner Tante Agave (die ihn nur das Kind eines Sterblichen hielt in Folge der List ihrer Schwester). In Theben herrschte Polydorus (Sohn des Cadmus), vermählt mit Nycteis, Tochter des Nycteus (Sohn des Sparten Chthonius). Sein Enkel Lajus (Sohn des Labdacus) wurde von dem (von den Phlegyern flüchtigen) Lycus (Bruder des Nycteus) entsetzt und ihn tödteten seine (Zeus geborenen) Enkel Zethus und Amphion (der Antiope, Tochter des Nycteus), die durch die Töne der Leier die Mauern Theben's zusammenfügten. Als Amphion (mit Niobe, Tochter des Tantalus, vermählt) durch die Pfeile Apollo's und Diana's gefallen, folgte in Theben der (zu Pelops im Peloponnes geflüchtete Lajus) Vater des Oedipus, der das Sphinx-Räthsel lösend, in Theben herrschte mit Jocaste vermählt. Als Eteocles und Polynices im Kampfe um Theben gefallen, übernahm Creon, Bruder der Jocaste oder Ppicaste, (der schon nach dem Tode des Lajus bis auf Oedipus Ankunft regiert) die Herrschaft. Beim Siege der Epigonen zerstörten die Argiver die Stadt Theben, deren Bewohner auf Rath des Tiresias (Vater der Mante) nach Hestiäa geflüchtet und sich in Illyrien niederliessen (4 Jahre vor dem Trojanischen Krieg). Der aeolische Stamm der Böotier vertrieb die Thebaner 60 Jahr nach dem trojanischen Krieg, während welches Theben von Thraciern und Pelasgern überfallen wurde. Der Corinthier Philolaus (mit Diocles vermählt) gab den Thebanern Gesetze (728 a. d.). Die Plataeer riefen die Athener gegen die Thebaner zu Hülfe. Auf die Könige biege remarkable for the archaic type of the writing and the intermixture of early Babylonian forms with others which are purely Assyrian) aus dem Anfang des assyrischen Reiche's (1273—1200 a. d.) folgte im erblichen Reiche (1200—1050) (mit Tiglath-Pilesar I. als fünfter König) mit Nin-pala-kura (Vater des Asshur-dopal-idi) beginnend, the king, who first organised the country of Assyria (s. Rawlinson). Tyrrhenus (Sohn des Atys in Lydien) liess durch Tarko (mit grauen Haaren geboren) Tarquinia gründen, wo der Corinthier herbeiführende Demaratus mit einer Eingeborenen den Lucumo zeugte (Strabo). Dem Diomedes wurde bei den Heneter ein weisses Pferd geopfert (und waren die mit Wolfszeichen gebrandheten Pferde heilig). Das Wort ep (equus) erscheint häufig in abgeleiteten und zusammengesetzten keltischen Namen, z. B. in den gallischen Namen Epona (die Pferdegöttin), Eporedia u. s. w. (Glück). Eporedias Galli bonos equorum domitores vocant (Plinius). Die Bottiäer am thermalischen Busen (in Macedonien) stammten von den aus Messapien wieder auswandernden Kretern (nach Antiochus). Diomedes (mit der Tochter des König's Daunios vermählt) gründete Arpi oder 'Αργυρίπη ("Αργος 'Ιππιον). Die Daunier (b. Festus) und Messapier (bei Varro) waren Illyrier. Die Frauen der Daunier färbten sich die Gesichter roth (nach Timäus). Die Griechen gründeten Städte im Lande der Japygier (nach Skylax). Die vorgriechische Bevölkerung in Apulien und Messapien wurde als Japyger bezeichnet (s. Mommsen). Nur die frühere Graecisirung unterscheidet die Daunier und Pödiculer von den Sallentinern und Calabrern. Kroton war (nach Ephorus) eine japygische Stadt. Die (von den Sclaven der Lucaner stammenden Brettier sprachen oskisch und griechisch. Zu Aristoteles Zeit bestanden auf der bruttischen Halbinsel noch kretische Syssiten aus den Institutionen des König's Italus.

*) Die dorischen Colonisten von Troezen (durch die Achaeer aus Sybaris vertrieben) gründeten Paestum. Troezen (im Thal der Trebbia) lag beim italischen Massalia (Marsaglia). Die Lentienses (am Bodensee) waren die südlichsten vorgeschobenen Alemannen. Athenopolis (Saint-Tropes) war Colonie der Massilier. Scymnus von Chio theilt die Völker der Erde in Scythen (des Norden's), Indier (des Osten's), Aethiopier (des Süden's), Celten (des Westen's). Marcellus triumphirte über Insubrer und Germanen (221 a. d.). Die

Herrschaft des Aetius (Sohn des Hypares, der mit Anthas nach Saron regierte) Troezen (Bruder des Pitthais, Sohn des Pelops) die Stadt Troozen (später Argos unterworfen), auf deren Gebiet Poseidon und Athene ihren Streit beigelegt. Die (nach Aristoteles) von den Lelegern stammenden Lokrer, in deren Stadt Opus *) (bei Pindar) Deucalion lebt, gebrauchten

---

Pennischen Alpen wurden (was Livius wiederlegt) von den Poeni hergeleitet. Hercules durchzog die graiischen Alpen (Diod.). Die cottischen Alpen (von König Cottius zur Zeit des Augustus) wurden julische genannt. Canut bekriegte die Sembonen (Samland), Curonen und Esthonen (Saxo Gramm.). Semnones von samanon, sam_on (versammeln), als Versammlungsvolk der Sueven (s. Zeuss) als Senones (b. Vellej). Die von Marobodues unterworfenen Suevae gentes, Semnones ac Longobardi, fielen zu Arminius ab (s. Tacitus). Senones zwischen Arverner und Aeduer. *Μάσανος δὲ ὁ Σεμνόνων βασιλεύς καὶ Γάννα παρϑένος (ἣν δὲ μετὰ τὴν Βελήδαν ἐν Κελτικῇ ϑειάζουσα) ἦλϑον πρὸς τὸν Δομιτιανόν* (Dio Cassius). [Belagines des Dicaneus bei Gothen, der Sibyllen, oder Wilen als Vili] Honig (madhu im Sanscrit) heisst (finnisch) mesi (Gen. meden). Mstislav eroberte (1113) die Stadt Odenpäh (på der Kopf im Esthnischen) oder Bärenhaupt [Odin, als Zamolxis]. Bjorn's Königsgeschlecht stammt vom Bär, mit dem seine Mutter vermählt war (Asbjörnsen). Die Einführung des Christenthum's in Dänemark durch die Siege Otto's I über Howald II., sowie durch den Erzbischof Unno in Bremen (930) in Schweden und durch König Hakou in Norwegen († 980 p.) bewirkte auch das Wiederaufleben der Seeräuberei durch die sich von den Königen trennen Wikinger (in den Wiek lauernd) oder Askomänner. die, Sachsen und Friesland verwüstend (994), den Grafen Heinrich von Stade schlugen, aber von Bernhard (Herzog von Sachsen) und den Bewohnern des Brehmischen besiegt wurden (s. Kruse). Suevi, id est Alamanni (Gregor von Tours). Die Turkmenen am Etrek unternahmen Alaman (Raubzüge) gegen die Perser Masendaran's. Galli quos Cimbres vocant (Appian) unter Brennus (bei Delphi). Nach Plutarch sprechen Gallier und Cimbrer dieselbe Sprache. Wer nicht einen wilden Eber ohne Netz erschlagen, durfte in Macedonien nicht an der Tafel ruhen (Hegesander). Früher mussten Solche, die noch keinen Feind erschlagen, in Macedonien ein entehrendes Zeichen tragen (s. Aristotl.). Die Bottiaeer (zwischen Haliacmon und Axius) wurden von den Macedoniern ausgetrieben und zogen nach Chalcidike Die vier Districte Thessalien's waren unter dem Oberfürsten Tagus vereinigt. Lydus theilt Gallien in Celtica, Germanica, Gallica, wie Caesar in Gallien, Belgien und Aquitanien. Die Sardones bewohnten den südlichen Theil der Pyrenäen. Sous Alexandre Sévère, beaucoup des vétérans reçurent des terres à bail héréditaire. Cétait une espèce de fief militaire qui leur fut donnée pour récompenser leurs services, à la condition cependant que leurs fils seraient soldats. Ces colons militaires s'unirent parfois à des femmes germaines et gauloises, résidant dans le pays, et leurs descendants en cette qualité prirent à la fois le titre de citoyens romains et de citoyens de la tribu, dont leur mère était issue - (comme dans les inscriptions du Taunus). Lorsque les Romains évacuèrent la Vindélicie, l'ordre fut donné à tout citoyen romain de quitter le pays (s. Eugippius). Mais cet ordre ne regarda pas le fond de la population, ni l'artisan, ni l'agriculteur, qui changèrent de maitres, mais qui n'abandonnérent point leurs cabanes (de Ring). Saint Gal (sur le lac de Constance) trouve (dans l'intérieur des murs démantelés des anciennes forteresses) les descendants des habitants primitifs et des Romains, associés aux Allemanes, leurs vainqueurs.

*) Auf Euboea fanden sich (nach Strabo) Reste der von Herakles zerstörten Stadt Oechalia (oder Eurytus) in Thessalien. Die Euboeer kämpfen (b. Homer) im Handgemenge mit Lanzen (s Strabo). Podarkus, durch Hesione's Kopfputz losgekauft, erhielt den Namen Priamus, der Befreite (s. Apollodor) bei Herakles Eroberung Troja's. Poseidon zeugte mit Medusa (Schwester der Gorgonen) den Heros Chrysaor (Vater des dreileibigen Geryon) neben den Pegasus. Gorgippia war Hauptstadt der Sindi (mit den Städten Aborace und Hermonassa). Hecatäus nennt die Ostsee 'Ινδικὸν κόλπον (Οὐινδικὸν κόλπον) Die (thracischen) Sintier bewohnten das Lemnos. Die Sabiner oder Sabeller nahmen die Sprache der unterworfenen Oscer (Ὀπικοι) an (zu den Volsker und Aequier gehörten). Die (von Zenodotus) zu den Umbriern gerechneten Sabiner (und ihre samnitischen Zweige) galten für luconischer Herkunft. The name of Sabus (of the Sabini) is connected with the Greek σίβω, and with the ward sevum (of the Eugubine tables) in the sense of venerable or just, es Sancus is with the Latin sanctus, sancire (s. Donaldson). Lemonum oder (peut. Taf.) Lemonum von lem, ir. leamb (ulmus). Briga (in Eburo-briga und Brigo-banne) ist ir. brigh oder bri (collis) und breg oder (kymr) bre « bry, altus). Breenbin oder brenin (rex) aus Brigantin (Brigantes, als monticolae). Brig oder (kymr.) bri (auctoritas, potestas). Osismii oder Osismi (audaces) von osi (kymr.) und osiaw (conari, audere) in (gall.) Osius (s. Glück). Segomo (gall.), wie seg oder (ir) segh (arus) auf sankr. sahos (robur, vis) führend Lycus, Sohn des Pandion, der die Mysterien der Demeter und Proserpina rituell ordnete, gab (von Aegeus vertrieben) Lycien den Namen. Cadmus, die Encheleer (nördlich von Epidamnus

(nach Homer) den Bogen (unter Ajax, Sohn des Oileus). Die von den Boreaden*) (Nachkommen des Boreas) beherrschten Hyperboräer (auf der Insel dem Celtenlande gegenüber mit dem von Citherspielern bedienten

und den Taulantiern) unterstützend, wurde König der Illyrier. Die von den Argivern ausgetriebenen Thebaner flüchteten zu den Encheleern (*Εγχέλεις*). Die Corcyräer gründeten (627 a. d.) Epidamnos (Dyrrhachium) an der Küste der Taulantier. Die Taulantier waren von der Mysischen Königin Teuta abhängig. Aeschylus bezeichnet den Eridanus oder Rhodanus als iberischen Fluss, wogegen (nach Scylax) das Emporium an der Rhone (Colonie Massilia's) die Iberer und Ligurer trennte. Die Phocäer, die Segobrigier als Herrscher des Lande's antreffend (s. Justin), bauten Massilia (nach Scymnus) im Lande der Ligurer (Ligustina). Salyes (b. Plin.) Ligurum celeberrimi ultra Alpes. Bebrycium mare bei Narbonne (Zonaras), Hauptstadt der Helisycier (b. Festus Avienus), ein ligurischer Stamm (bei Hecatäus, der Narbonne als celtischen Hafen bezeichnet). Tacitus rechnet die Helisii zu den Ligii jenseits des suevischen Gebirges. Der Po trennte am adriatischen Meere die Tyrrhenier (vom Aesis fluvius oder Fiumesino bis Spina) von den nördlichen Galliern. Die Gallier bekämpften die Salyer oder Saluvier, die die phocäische Colonie hindern wollten (s. Livius). Die Cenomani (Aulerci bei Mans) gründeten Briscia in Italia (auf Bellovesus folgend) und dann liessen sich die Salluvier bei den Laevi Ligures nieder. Die an die Taurini grenzenden Orobii (zwischen Larius lacus und Sebinus lacus) gründeten Bergomum und Comum. Die Volcae Tectosages wurden (mit den Boii, die dann bis Böhmen vordrangen) von Sigovesus nach dem hercynischen Wald geführt (s. Walckenaar). Magnae ferrariae (des Eisenbaue's) fanden sich (nach Caesar) im Lande der (zur Zeit des Tarquinius Priscus) von Ambigatus beherrschten Bituriger (mit der Hauptstadt Avaricum). Nach Pindar stand (wie Athen) Rhodos unter dem besonderen Schutz Athene's. In einen Sturm zerstreut, gründeten die auf gallische Küsten geworfenen Phocäer die Stadt Tauroïs oder Tauroentium, weil ihr Schiff das Zeichen eines Stiere's führte (s. Steph. Byz.). Die Utii (*Ούτιοι*) unter den Persern waren, wie Pactyer, bewaffnet. Der Fluss Utis oder Vitis mündele in der Nähe Ravenna's. Utica (Carthago vorhergehend) war von Tyriern gegründet. Auswärts vom Scaldisfluss kennt Plinius Britanner (Ambianer, Bellovaker, Hassen) und (im Innern des Lande's Frisiabonen). Die Celtorii oder Sculteri (östlich von der Rhone) bildeten einen Theil der Ligurer (Walckenaar). Libui considunt, post hos Sallovii prope antiquam gentem Laevos-Ligures, incolentes circa Ticinum amnem (Livius). Gottolengi in agro Brixiano. Celtische Stadt Bergine (b. Fest. Avienus).

*) Unter den Nachkommen der Scythen, dehnten die Brüder Palus und Napes die Herrschaft der Scythen aus (Diod.). Bormanum (Gormanum), als Stadt der Jazygen (b. Ptol.). Comus a Philostrato *δαίμων* dicitur (Steph.). Comus Bachicus, Satyri barbati persona indutus, in vasculos pictis repraesentatus est. *Κωμασία*, pompa sacra apud Aegyption (Clem. Al.). Dii ipsi quorum imagines circumferebantur, dicuntur *Κωμάζειν* (Diod.). Sacerdotes, qui simulacra, deorum circumferebant, vocabantur *Κωμασταί*, quia per plateas, et vicos circumiverunt (*πασ τοφόροι*, quatenus illas, *παστούς*, operculis occlusas, et in iis simulacra deorum, circumtulerunt. Apud Hesiodum *κωμάζον* (*ἐκώμαζον*) quidam interpr. (*κωμάζω*, commessor) simpliciter tripudiabant (Steph.). *χώρα*, οἱ *λεγόμενοι Νεμίχοι*, sagt Const. Porph. von Baiern. Die deutschen Waräger hiessen *Νεμίχζοι* (s. Cassel). Unter den von Cosar (Sohn des Tograma) mit den Nachkommen des Jefet) abstammenden Chazaren wurde der Oberfürst, wie auch König Bulan (Balk oder Bak) durch einen Traum zum Judenthum hekehrt (nach Josef's Brief an Rabbi Chisdai 960 p. d.). Der Bulgarenkönig wurde (nach Ibn Haukal) durch einen Traum zum Islam bekehrt. Den Saraguri (weissen Uguren) stehen Onuguri oder Unuguri (schwarze Uguren) gegenüber. Kuïr (in Utriguri oder Kutroguri) zu erklären (als schwarz) dient entweder das cuttara (wie z gesprochen im Dialect der Kubetscha bei den Lesghen (Klaproth) oder Kuatscha der Abasken (s. Cassel). Von den Ghouz in Atelcusu hiess das caspische Meer Bahri-Ghouz. Fürsten der Avaren heissen Jugurri (Ann. Laur.). Die Ousni (Osseten) leiteten sich von Ubuss, Sohn des Chazarenkönig's, der den Caucasus eroberte. Nemeter, die (zu Caesar's Zeit) noch auf dem rechten Rheinufer wohnten, fanden sich später mit ihrer Hauptstadt Speier (Noviomagus) zwischen Triboccer und Vangionen. Die Karakaten (Nebenzweig der Vangionen) wohnten an der Nahe (nach Heep). Die vier Legionen am Niederrhein hatten ein gemeinsames Sommerlager (s. Klein). *Ούννοι δε ούτοι και κόμανοι εκαλούντο ήσαν δε οι και Σκύθας αυτούς Κατανομάζον* (Niceph. Gregoras). *Ούννους ούς Σαβειροι επικαλούσιν*. Nach Ibn Haukal sprechen Bulgaren und Khazaren dieselbe Sprache. Unter Venaseb Sourhab kamen Khazeren und Bassilen aus dem Norden (s. Mos. Chor.). *Καν* war hoher Titel, als *Βόλιας* (bei den Chazaren) und beide hiessen *Τορχάνος*. Arwernon (Malb.) aper (verres silvestris) dicitur. Theodosius (ea tempestate Magister equitum) siedelte die aus Furcht vor den Burgundern in Rhätien zerstreuten Alemannen bei Padua an (Amm.) Stilichi gab den Chauken Gesetze et flavis Suevis (Claud.). Thesin, Laetos fuisse singularem quendam populus Valesius adstruere audet per pagum leticum ad flumen Laetiam (Lesch) situm Magnentius (barbarischen Ursprung's) lernte bei den gallischen Laeti lateinische Bildung (nach. Zosimus).

Apollo-Tempel) leben mit den Griechen ganz vertraut, besonders mit den Athenern und Deliern (s. Diodor). Den Schweden erkennt auch das West-gothengesetz die Vorrechte bei der Königswahl zu, welche das Uplands *)-gesetz den Bewohnern der drei Folklande oder Upland's (im engeren Sinn) beilegt (Geijer). Das Land **) der Hermunduren (am marcomannischen Kriege Theil nehmend) wird (auf die Itin) unter Suevia begriffen, und (seit

---

Laetos fuisse· Alemannos et juvenes quidem istos qui in comitatu erant, quique nomen suum, a servitio militari ducibus suis particularibus praestando nomen sortiti erant (Ram-bach). Ce fut à la suite de la XIV. légion, à laquelle Mayence dut l'origine de ses forti-fications, et qui, plus tard, envoyée en Bretagne, y acquit par sa valeur le surnom de Martia et de Victrix, que les Bretons (du Vicus Brittannorum à Sicila) furent amenés, lorsque cette légion fut de nouveau rappelée sur le Rhin par Vespasien (s. de Ring).

*) Die Upsala-Könige waren höchste in Schweden, zur Zeit als viele Gaukönige waren (nach der Ynglingasage). Unter den in Italien eingewanderten Kelten waren die 'Ιssομβροɩɕ (neben den Lebekioi) der bedeutendste Stamm (nach Polybius). Als Alemannen und Langobarden (im Süden) gegen Samo siegten (während die Franken im Norden unter-lagen) wurden viele der besiegten Slaven fortgeführt, und Taso und Caco (Söhne des Gisulf, langobardischen Herzog's von Friaul) besetzten das obere Gailthal bis Möderndorf in Oberkärnthen (s. Ankershofen). Nach Lexer gehörte die deutsche Bevölkerung Kärnten's im grossen Ganzen dem bairischen Volksstamm an. Nec minus valent retro Marsigni, Gothini, Osi, Burii, terga Marcomannorum Quadorumque claudunt, e quibus Marsigni et Burii sermone cultuque Suevos referunt, Gothinos Gallica, Osos Pannonica lingua coarguit, non esse Germanos, et quod tributa patiuntur, partem tributorum Sarmatae, partem Quadi ut alienigenis imponunt (Tacitus). Trans Lygios Gotones regnantur paulo jam adductius quam ceterae Germanorum gentes nondum tamen supra libertatem, protinus deinde ab Oceano Rugii et Lemonii. Catualda (inter Gotones nobilis juvenis) fines Marcomannerum ingreditur (profugus olim in Marobodui). Suionum hinc civitates, ipso in Oceano, praeter viros ormaque Cassibus valent (Tacitus). Marcomanis Quadisque usque ad nostram memo-riam reges mauserunt ex gente ipsorum, nobile Marobodui et Tudri (Trudi) genus (Tacitus). Utrum Aravisci in Pannoniam ab Osis Germanorum natione, an Osi ab Araviscis in Ger-maniam commigraverint, incertum est, quia pari olim inopia ac libertate eadem utriusque ripae bona malaque erant (Tacitus). Majorem Germaniae partem obtinent, propriis adhuc nationibus nominibusque discreti, quanquam in commune Suevi (quorum non una, ut Cattorum Tencterorumve, gens) vocentur, insigne gentis obliquare crinem nodoque substringere, sic Suevia ceteris Germanis, sic Suevorum ingenui a servis separantur, in aliis gentibus, seu cognatione aliqua Suevorum seu, quod saepe accidit, imitatione rarum et intra juventae spatium, apud Suevos usque ad canitiem horrentem capillum retro sequuntur, ac saepe in solo vertice religant (Tacitus). A Cimbris et Teutonibus et Tigurinis et Ambronibus, quae erant Germanorum et Gallorum gentes, victi sunt (Eutrop.). Die Branchidae am Tempel des Apollo Didymos in Milet bauten (als griechische Verräther, die ihre Schätze dem Xerxes übergaben) die Stadt Branchidae in Sogdiana, wo (zu Alex. M Zeit) die Bewohner die Sprache der Eingeborenen gelernt hatten, aber doch ihre heimathliche ziemlich rein (nach Curtius) bewahrten. Die (von den Remi abhängigen) Carnuti oder Carnutes) in deren Lande die Druiden auf heiligem Platz sich versammelten) ermordeten den von Caesar ein-gesetzten Tasgetius (aus dem Geschlecht der vertriebenen Könige). Die Carui waren östlich durch die Japoden und Tauriscer, nördlich durch die Noriker, westlich durch die Rhaetier begrenzt. Carnorum regio bei Aquileja. Aemilius Scaurus triumphirte (115 a. d.) de Galleis Karneis. Durocortum war Hauptstadt der Remi ('Ρημοί) unter den Foederati populi in Belgica. Um die Arverni gegen die Aedui zu unterstützen beriefen die (celtischen) Sequani (Σηκουανί) an belgischer Grenze Germanen (unter Ariovistus). Die Arverner wollten (nach Lucan) von den Troern stammen. Sermo non multum diversus (von den Gallischen), sagt Tacitus von den Britten.

**) Regio illa Suavorum ab oriento Baivarios habet, ab occidente Francos, a meridie Burgundiones, a septentrione Thuringos (Jorn.). Turingia, quae antiquitus Germania nuncu-patur (Geogr. Rav.). Die Θόριγγοι erhielten (v. August) ihre Sitze im Osten der· Franken (Procop). Vegetius rühmt die Pferde der Toringi (neben der der Hunnen, Burgunder, Frigiscer) V. Jhrhdt. p. d. Die Thüringer (und Alemannen) plünderten die Donauländer (Eugippius). Theoderich schreibt an die Könige der Heruler, Warner und Thüringer. Die Nordschwaben wurden von den fränkischen Königen Chlothar und Sigibert in den von Sachsen verlassenen Gegenden zwischen Unterharz und Saale verpflanzt. Die Saale trennte Thuringos et Sorabos (Eginh.). Nordthuringlant (b. Magdeburg). Die herum-ziehenden Herculer kamen zu den Warnen. Die brittische Königin kä001bmpft mit Warner (unter Radiger) am Rhein (Procop). Gau Suevon der Norsavi (Nordmavi) oder Warner. Lex Angliorum et Werinorum, id est Thuringorum. Suevi transbodani aliis legibus quam Saxones utuntur (Witich). Die (mit den Römern in Handelsverbindungen stehenden) Her-

V. Jahrh.) von den Thüringern eingenommen. Auf das Pelzhandel*) treibende gens Suethans (quae velut Thuringi equis utantur eximiis) folgen

---

munduren oder (b. Ptol.) Σουῆβοι Ἄγγειλοι (als östliche oder swebischen Lakkobarden) stürzten (unter Vibilius) das Reich des schwebischen Usurpators Catualda. Die von Plinius zu den Vindili gerechneten Varini (Warni) stossen (b. Tacitus) an die Anglii (auf dem linken Elbufer). Angr (Biörn) sinus vel lingula tam terrae quam maris, locus scilicet angustus. Die die Gallier jenseits des Rhein vertreibenden Belgier stammten (nach Caesar) meist von den Germauen oder (nach Tacitus) Tungern. Aduatuca (Tongern) lag im Lande Eburonen, die mit Condruser, Caeraeser, Paemaner (und Seguer) Germani appellantur (Caesar). Ἀτούακοντον, als Aduaia Tungrorum (b. Limburg). Die Thervinger (unter den Gothen) zogen sich vor den Hunnen hinter den Fluss Gerasis (Koros) zurück, eine Schutzmauer bauend. Die Aduatici stammten von Kimbern und Teutonen (nach Caesar), unter den Belgiern (als Nachbaren der Eburonen). Von Thervingern vertrieben verwüsteten (406 p. d.) Vandalen (mit Warner) und Sueven (Quaden) Gallien. Die von Plinius zu den Vindili gerechneten Burgundiner erstrecken sich (b. Ptol.) von den Semnonen bis zur Weichsel. Fastida, König der Gepiden (in den Karpaten) besiegten die Burgunder (s. Jornand.). Die von den Gothen vertriebenen Burgunder besetzen die Länder der Alamannen (Mamertin). Burgundiorum quoque novorum hostium novum nomen (Onosius) am Rhein. Vom burgundischen König Guntiar und den Alanen Goar wurde Jevinus (in Mainz) zum römischen Kaiser erwählt. Burgunder die am Westufer des Rhein's (413), von Aetius (435) und Hunnen (437) besiegt, erhalten Sabaudia (Savoyen). Nach Marius theilten die Burgunder das Land mit den gallischen Senatoren oder Vornehmen, als grundsteuerzahlende Freie oder possessores (im Gegensatz zu kopfsteuerpflichtigen Plebejern). Bei Ansiedlung der Burgunder waren die einzelnen Grundstücke Gegenstand der Verloosung (Binding). Der scythische Krieg, der unter Maximus und Balbinus begann, wurde zur Zeit des Gordianus (victor Gothorum) durch Arguntis (rex Scytharum) geleitet, als Argaitios, der (mit Guntherich) von Ostrogotha (König der Gothen) gegen Marcianopel gesandte Feldherr. Gaete (Gothen) an der Donaumündung (Tab. Peut.). Den Gothen werden unter Severus Jahresgelder gezahlt (Petr. Patric.). Scythicum bellum (Capitol.) Wie die Skioldungar von Skiöldr rühren die Guikungar her von Giuki, als Gibika oder Kipicho (δωΐωρα ίαων, wie Hermes), mit dem sich der burgundische Stamm eröffnet. Wenn nicht Gott selbst ist er göttlicher, nahe auf Wuotan zurückführender Held, dem noch die Gibichensteine bezeugen (s. Grimm).

*) Primum inter alias gentes vicinas arcus intendere nervis, war die Kunstfertigkeit der Gothen (Jorn.). Dehinc mixti Evagerae Othingis (neben den Gautigoth in Scandzia), dann (nach Ostrogothae, Raumariciae, Ragnaricii, Finni mitissimi) Vinoviloth, Suetidi, cogniti in hac gente reliquis corpore eminentiores, quamvis et Dani, ex ipsorum stirpe progressi, Herulos propriis sedibus expulerunt, qui inter omnes Sandzae nationes nomen sibi ob nimiam proceritatem affectant praecipitum (Jorn.). Nachdem der gothische König Tanausis die einfallenden Aegypter unter Vesosis zurückgeschlagen, schloss er (Asien erobernd) einen Bund mit dem medischen König Sornus (Jorn.). Die von den Gothen stammenden Parther oder (scythischen) Flüchtlinge inter omnes paene Asiae nationes soli sagittarii sunt (Jorn.). Während Lampetus im Lande der Gothen zurückblieb, eroberte Marpesia (mit dem Frauenheer) bis zum Caucasus (Jorn.). Nemo est qui nesciat ani madverti, usu pleraque nomina gentes amplecti, ut Romani Macedonum, Graeci Romanorum, Sarmatae Germanorum, Gothi plerumque mutuantur Hunnorum (Jornand.). Gepidarum rex (Fastida) Burgundiones paene usque ad interneciouem delevit, aliasque nonnullas gentes perdomuit (Jorn.). Sacerdotes Gothorum illi, qui Pii vocabantur, subito patefactis portis, cum citharis et vestibus candidis obviam sunt egressi, patriis diis, ut sibi propitii Macedonas repellerent, voce supplici modulantes (Jorn.). Von Amal, Nachkomme des Gapt (Vater des Hulmul) stammt Vinithorius, Vater des Vandalarius unter den Vorfahren des Theoderich (Jorn.). Athal, Sohn des Hunvil (Sohn des Ostrogotha) genuit Achiulf (genuit Ansilam et Ediulf, Vultuulf et Hermenerig) und Oduulf, Vultuulf genuit Valavarans (Vater des Viritharius). In der Gerhos genannten Gegend am Don fand sich die Necropole der königlichen Scythen oder Σκύϑαι Νομάδες, die über die Σκύϑαι γεωργοί und Σκύϑαι ἀροτῆρες herrschten. Olbia wurde zur Zeit der medischen Herrschaft von den Milesiern gegründet. Die scythischen Könige siedelten von den aus unterworfenen Ländern fortgeführten Colonien die Assyrier zwischen Paphlagonien und Pontus an, die Meder (als Sauromaten) am Tanais. Die Thyssageten wohnten am Flusse Tschussowaja (s. K. de Schlözer). Die Obodriten heissen in slawischer Sprache Bodrici (s. Palacky). Hunc ergo Tanausim, regem Gothorum, mortuum inter numina sui populi coluerunt (Jornandes). Die Stammväter Francion und Turcus waren Vetter des Priamus (Gregor. Tur.). Diablintes (b. Mans.) der (b. Ptol.) Aulerci mit Veneti verbindet. Aulerci Brannovii, als Clienten der Aeduer. Aulerci Eburones (Eburovices). Aulerci Cenomani. Vindinum oder (nach Valesius) Suindinum war Hauptstadt der Cenomani (in Gallien). Die italienischen Cenomani vertrieben die Etrusker. Der alemannische Stamm der Cenni (Κίννοι) oder (nach Florus) Sceni (Senones oder Senni) kämpfte mit den Römern unter Caracalla (s. Dio Cass.). Die Cenimagi (in

(in Scandzia) die Theutes (Jorn.). König Thidrek*) von Bern kam zu Attila in Susat, als er aus seinem Reiche floh vor Erminrek, seinen Vaters-bruder (nach dem Thidrekssaga). Die Art des Burgundischen (das bald hier dem Marcomanischen**) und Alamannischen, bald wieder dort dem Chattischen, Cheruskischen, Fränkischen und durch Vermittlung dieser selbst dem Sächsischen näher steht) ist eine Mischung aus ober- und mittel- ja niederdeutschen Eigenthümlichkeiten und zugleich der überleitende Fortgang von Früheren zum Späteren, von der germanischen Sprechweise zu der

---

Brittannien) baten Caesar's Schutz gegen Cassivelaunus. Mediolanum war Hauptstadt der Αὐλίρχοι Ἐβουραΐχοί. Aulerci qui cognominantur Eburovices et qui Cenomani (Plinius). Die von Bituius (Sohn des Luer) beherrschten Arverni, die sich als troisch (nach Lucan) den Römern verwandt hielten, unterstützten (mit den Ruteni) die Allobroger gegen die Aeduer (und Römer) 121 a. d.
*) Attila unterstützt Dietrich (Theoderich) auf Erpa's Bitte, und die von Vidga (der Theter erschlägt) geführten Amlungen König Hermanrich's (in Romaburg) werden in der Schlacht bei Gronsport besiegt (s Raszmann). Die Stadt Velun oder Wielun (Wielyn) lag auf der Netzinsel. Die Welynjaner wohnten in Welin oder Wineta. Die Weliner auf der Insel Wolin gehörten zum Stamm der Weleten (Wilzen) oder Lutizer (an der Oder). Ptolem nennt Οὐέλται neben Osioi (Osericta's) und Karbones (in Curland). Jomsburg wurde (970) gegründet neben Wolin, das (dänisch) Julin und (deutsch) Winetha hiess. Olla Vulcani (graecus ignis) und Neptunus triplicis naturae in Julin (b. Ad. Br.), quam incolunt Slavi cum aliis gentibus Graecis et Barbaris (advenae Saxones). Nobilissima civitas Julinum (an den scythischen Sümpfen) celeberrimam barbaris ac Graecis praestat stationem (Ad. Br.\. Waldemar zerstörte Winetha (1177 p. d.). Yama (with two countenances, one benign, the other terrific), as Eradah-deva (god of sacrifices`, monarch of Patala, the infernal regions (with his consort Bhavani or Pataladevi) appeared (as Serapis) to Ptolem. (in gruthful appearance, as Helios Dionysos or Crishna), his temple being ascended on steps. (like that of Siva at Tanjore). Nach Vopiscus sind die Serapis-Verehrer zugleich Christen (s. Ring). Nach Abzug der Gothen an's schwarze Meer (200 p. d.) wohnte das Mischvolk der Vidi-varier oder Witen an der Weichselmündung. Ermanrich unterwirft Weneder und Aestier (350 p. d.). Die Halbinsel Samland hiess Withland (nach Voigt). Unter den Preussen stammen die Galindae von Galindo, Sohn des Wudawut. Die Galinden kämpfen mit Wandalen, Veneder und Finnen gegen die Römer unter Volusian Egressi Langobardi de Mauringia applicuerunt in Golanda (Paul. Diac.) In Galindien und Sudawien, wo Polen bis hinter den See Nebolia (Mauer) wohnen, vermischten sich Lechen mit Litthauern. Wislaner im Weichselland. Im Lande der Nadowitae (zwischen Pregel und Memel) lag Romowe. Die Kaschuben heissen (b. David) Welida. Herakles wurde von Hermes an Omphale verkauft. Hermes brachte den neugeborenen Dionysos zu Ino und Athamas. Phaëthon war Sohn des Tithonus (Sohn des Hermes und der Herse`. Une fouille, pratiquée dans une des chambres du labyrinthe (par M Müller) a mis à découvert une masse lenticulaire de fer météorique, enveloppée dans des étoffes semblables à celles qui ensevelissent les cadavres anciens (dans les Casas Grandes de Chihuahua). La tortue et le lézard ont été trouvés dans les tombeaux (des morts accroupis). Autour de Mazatlan (terre des cerfs) à une petite profondeur sous l'allu:ion et au bord des lagunes des armes de pierre, telles que haches et flèches, des mortiers, des débris de cornes de cerf et de pirogues. Ino (Leukothea), die sich von der Molurischen Klappe (mit Melikertes oder Palaemon in's Meer gestürzt) wird von Delphinen an's Land getragen. Crassus (der den Dionysos verehrenden Odrysen das heilge Land der Bessern gegeben und im Kriege mit Daken und Bastarnen die Sege-tike erobert) unterstützte Roles, den König der Geten, gegen seinen Rivalen Dapyx und erobert Genuela, Stadt des Zyraxes (Dio). Die Mysier opferten (vor der Schlacht mit Crassus) ein Pferd (Florus) Rhotemalces wurde (46 p. d.) ermordet. Vespasian zog das Land der Geten zu Mösien. Der Scythenkönig Ateas (an der Donaumündung sein Reich begründend) traf mit den Triballern zusammen und fiel (339 a. d.) gegen Philipp. Als Philipp die Stadt Odessus belagert, bewogen ihn die „Frommen" genannten Priester der Geten zum Abzug. Die Krobyzen waren das namhafteste Gauvolk der Geten (Müllenhoff).
**) Die alemannischen und bairischen (s. Weinhold) Mundarten (im Oberdeutschen) sondern sich erst seit dem XI. und XII. Jahrhdt. Was jetzt als alemannisch und schwäbisch getrennt wird, bildete früher einen einzigen Dialect, wogegen das elsässische (obschon im Ganzen alemannisch) Besonderheiten zeigt, die eine fremde Beimischung vor-aussetzen, weniger aus der burgundischen Besetzung (nach der Schlacht 496 p. d.), als aus der fränkischen Einwanderung zu erklären (Weinhold). Die Grenzorte (des Oberpfälzischen und Czechischen) haben viel Gemeinsames aus beiden Mundarten (Weinhold). Ζαλμοξις, als mit dem Bärenfell bekleidet (nach Porphrus). Ζαλμος, pellis, lingua Thracum. Veleda (virgo fatidica apud Bructeros). Gothica lingua significare potest Sibyllam matrem. Nam

mittelalterlichen (Wackernagel). Mit dem alemannischen bildete die bairische Sprache (im Oberdeutschen) einen Hauptdialect und zerfällt in das bairische und (an der westlichen Grenze mit schwäbischen und fränkischen*) Elementen gemischt) oberpfälzische. Vergleicht man die sittlichen Zustände in dem überwiegend christlichen Volk der Franken (Beginn des VII. Jahrh.) ein Jahrhundert nach der Bekehrung, mit den Zuständen zur Zeit oder unmittelbar vor der Bekehrung, so ergiebt sich, dass statt der Fortschritte überall

---

vola (Verel.) exponitur Sibylla (vates pythia), unde Volu-spa (vaticinium Sibyllae), et (in codice Argenteo) mater dicit aithei, Finnis hodie aeiti (s. Wachter). Vala, saga, fatidica. Ma bedeutet im Kymrischen (wie im Umbrischen und Aegyptischen) Land, Erde [finnisch und esthnisch]. Die Göttin Nit (Neith) heisst (kymrisch) Buddigne (Schlachtgeschrei). Qui (Alani) lingua eorum Wilzi dicuntur, crudelissimi ambrones, quos poeta Gelanos vocat (Scholiast). Die Lutizer sind die wildeste Völkerschaft im Norden (b. Glaber Rudolf). Die Kyschaner, Tschrespjenjauer, Dolenzer und Ratarer wurden (wegen ihrer Tapferkeit) Wilzen oder Lutizer genannt (Helmold). Woloti bedeutet (nach Tschulkow) Riese oder Gigante (b. Slawen). Saxones et Sclavi qui dicuntur Weletabi (Amm. S. Gall.). Natio quaedam Sclavenorum est in Germania, sedens super litus Oceani, quae propria lingua Welatabi, francica autem Wiltzi vocatur (Einhard). Die Weleti (an der Odermündung) hiessen bei den Deutschen Jutici (Wlci) oder Wickowe (s. Schaffarik). Ad Sclavos qui dicuntur Volsi (Chr. Moiss.). Contra Wulzis in Wenedonia (Ann. S. Amand.). Wasco (zwischen Geta und Danus) von Chilperich bekämpft (s. Venant. Fort.). Οὐέλται am wenedischen Busen (b. Ptol). Von Woloten (Wolchen) gedrängt, zogen die Slaven (Illyrer) von der Donau nach der Weichsel (Nestor). Nach Normannischen Sagen erschien König Arthur (1200 p. d.) in den Einöden des Aetna oder (b. Tilbury) Mongibel. Ausser kleinen Stämmen setzt Ptolemäos, als ἔθνη μέγιστα, die Weneden an den wenedischen Busen, die Peuciner und Bastarner hinter Thracien, die Jazygen an die Küste des Mäotis und in das Innere (hinter diesen) die Hamaxobier und alaunischen Scythen. Aus den (nach der Schlacht am Thermodon) aus griechischer Gefangenschaft entflohenen Amazonen oder (scythisch) Oiorpata bildeten sich eine Mischung unter den Scythen die Sauromaten. Bei dem scythischen Volk der Sauromaten kämpften die Frauen (nach Hippocr.). φωνῇ δὲ οἱ Σαυρομάται νομίζουσι Σκυθικῇ (Herod.). Die Βουδῖνοι bedienten sich scythischer Sprache, aber hellenischer Sitten (Herod.). Neben Alaunen und Hamaxobier nennt Ptolem. die Καρίωντς und Σαργάτιοι. Die von Herodot zu Persern gerechneten Sagartier stehen auf der Behistun-Inschrift (bei der Empörung unter Darius) in Medien. Jazyges Sarmatae auf den Ebenen an der Grenze Germaniens (Plinius). Rhoxolani sarmatica gens (Tacit.). Estbland heisst Wiron-maa im Finnischen (Carelischen) Suani (Σύηθοι b. Ptol) und Sasones hinter dem Aral (Tab. Peut.). Strabo rechnet Ἐσιῶντς und Βριγάντιοι zu den Vindiliciern (b. Bregenz und Kampten). Wironia (Wierland) in Estbland.
   *) Nach Zerstörung des hunnischen Staate's waren die Markomannen von dem thüringischen Reiche aufgenommen und erschienen selbst als Thüringer. Nachdem der Frankenkönig die thüringische Macht gebrochen, gerathen auch die ehemaligen Marcomannen in fränkische Abhängigkeit und der Name Franci wird von den Geographen auch von ihnen gebraucht. Dann nennen sie sich Baiern und ziehen in die Lande zwischen Lech und Enn, zwischen Böhmerwald und Alpenzahn (s. Weinhold). Der vorher verbannte Gothe Calvalda, der die mit suevischer Beute gefüllte Burg des zu Tiberius fliehenden Maraboduus erobert, wurde durch die von Vibilius geführten Hermunduren vertrieben, und die Römer setzten den angesiedelten Barbaren Vannius zum König. Chamavi (in Verbindung mit Cheruscern bei Ptol.), qui et Franci, (Tab. Peut.) im Lande der Sigamber. Franken bei Mainz (Vopiscus), III. Jahrhdt. p. d. Die Sigambrer (zu Caesar's Zeit mit Suevi verbunden) grenzten (im Süden) an die Treviren (und Ubier) bei Bonn. Tiberius siedelte Sigambrer in Gallien an. Suevia (der Chatten) wird zu Francia, durch Barcturi von den Niederfranken getrennt. Die Sicambrer bewohnten (nach Sidon) die Sümpfe (am Rhein), wie (nach Procop) οἱ Φράγγοι (früher Γερμανοί). Ein Theil der Franken, die (bei Carrousius Abfall Batavia besetzt hatten) wurden von Constantius (nach der Besiegung) in Gallien angesiedelt. A castro Thoringiorum Dysporo zog Chlojo oder Chlodio (Vater des Meroveus) über den Rhein, sein Reich bis zur Somme ausdehnend. Die Batavi, auf der Insel Vahalis (zu Caesar's Zeit) kämpften mit den Belgiern (unter Civilis) gegen die Römer. Die Hermunduren grenzten südlich an (marcomannische) Norisci (Οὐαρισιοι). Wie früher Sigambrer und Chamaven, wurden später auch die Chatten (als Suevi) als Franken begriffen. Joh frono joh friero Franchono erbi (fränkische Main-Anwohner bei Würzburg) 779. Francorum pagus, qui dicitur Hassi (Preta Saxo) der Chatten. Austrasier (im Gegensatz zu Neustri) in Francia Rhinense. Sarmatae Medoium, ut ferunt, soboles (Plinius). Die Sarmaten sind gens habitu armisque Parthicae proxima (nach Mela). Sarmatae quas graeci reginas vocant, exorti sunt ab Ascanio, filio Gomer (Cod. Mus. Bohem.). Nebigast, König der Chamavi (in Hameland) kommt zum römischen Kaiser, als Gesandter (Ennapius).

Rückschritte gemacht sind, und dass die Verwilderung*), die damals als das Symptom des zerfallenden Heidenthum's und der Auflösung der heimischen Sitte angesehen werden musste, jetzt unter den Einflüssen der christlichen Kirche und des Christenthum's sich zu den ärgsten Excessen der Brutalität gesteigert hat (Rückert). Auch die in den Provinzen gegründeten Colonien bildeten (wie die römischen und latinischen) ein Gemeinwesen (in den italischen Formen), besassen ihren eigenen Census und erhielten das assignirte Land zum quiritarischen Eigenthum**), frei von Grundsteuer,

Arbogast verwüstet das Land der Chamavi (IV. Jahrhdt. p. d.). Arat mihi Chamavus et et Frisius. Pagus Horahtsa (der Bructerer). Alani, quos Greuthungis confines Tunaitas consuetudo nominavit (Amm. Marc.). Francos ers videliret, quos consuetudo Salios appellavit (Amm. Marc.) an der Issel Ascarich und Merogais, als Franken-Könige. Julian besiegt Francorum, quos Ansivarios vocant (Asuarii oder Ampsivarii), Die Franken erobern Trier (412 p. d.) und Mainz. Die Riparier oder Ripuarier (Hripwaren oder Ampsiwaren) behielten ihr eigenes lex Ripuariorum, als ihr König Sigibert. Vater des Chloderich (in Köln residirend), durch den sabischen König Chlodoveus besiegt wurde. Nach Abzug der Borgunder, die die Sitze der Alemannen eingenommen, kam das Mainland an die Franken. Die Mönche in Demetien im südlichen Wales reinigten (als mit der Tonsur des Magier Simon, die ihnen von Columban hinterlassen) alle Gefässe, die von den römischen Mönchen gebraucht waren, um sich nicht zu verunreinigen (nach St. Aldhelm). In dem (von Patrick gestörten) Nationalfest in der Provinz Teamrach durften die ausgelöschten Feuer erst dann im Lande wieder angesteckt werden, wenn man das Licht des von den Druiden vor der Stadt angezündeten Scheiterhaufen sah. Prometheus bildete Menschen ἐκ πηλοῦ (nach Callimach.). Winileodes scribere vel mittere war dem (789 p. d) dem Volke verboten. Die in Frankreich einfallenden Normannen (Dänen) brachten Menschenopfer Deo suo Thur (Dudo). Die Hauptversammlung der [Briten fand im Frühling Statt (nach Hincmar).

*) Constat ex antiquissimis memoriis quod genus illud hominum quod Alforum nomen gerebat (populus nimirum qui provinciam Bahusensem Norvegiae incolit) venustate formae supervenit omnes gentes septentrionis (Thorf). Wie Scamandrius (von den Berecynthiern und aus Ascania) kamen die Phrygier nach Europa (Xanthus) In Verbindung mit dem Silber der Halizonen wurde der Reichthum des Tantalus aus den Bergwerken in Phrygien und am Sipylus, der des Priamus aus der Goldgrube von Astyra abgeleitet (s. Strabo). Die aus Vermischung der Scythen mit den (von den Griechen am Thermodon besiegten) Amazonen gebildeten Sauromaten oder (nach Rawlinson) Sauro-Meder (nördliche Meder) sprechen ein verdorberes Scythisch (nach Herodot). Nachdem die Scythen eine Zeitlang ohne Oberhaupt gewesen, bestiegen Frauen den Thron, bis zur Zeit des Cyrus (s. Diodor). Die bei Abwesenheit der Männer von Feinden angegriffenen Frauen der Gothen durchzogen (nach dem Siege) erobernd Asien. Die bei Verfolgung der Cimmerier von den anfangs unterworfenen Medern besiegten Scythen fanden bei der Rückkehr ihre Frauen mit den Sklaven verheirathet, die sie verjagen mussten. Die Parther (Flüchtlinge) stammten von den in Asien zurückgebliebenen Gothen (nach Jornandes'. Nach Mäandrius waren die Eneter von den Leucosyrern ausgezogen (um sich am adriatischen Meere festzusetzen) mit den Zurückbleibenden, als Cappadocier. Die Chaldaeer und Chalyber (b. Pharnacia) lebten theils von Fischfang, theils von Bergbau. Cappadocien hat an paphlagonischer Grenze viele paphlagonische Namen, wie Bagas, Manes, Aeniates u. s. w. (s. Strabo). Die Scythen siedelten die assyrische Colonie zwischen Paphlagonien und Pontus an (Diod.). Die Chaldaeer und Tibarener gehorchten den Fürsten von Kleinarmenien. Als Polemon gegen den barbarischen Stamm der Aspargianer bei Sindice gefallen, herrschte seine Gattin Pythodoris über Chaldaeer und Tibarener. Die Sibylla stammte aus Erythrae (neben den Chalcideern). Durch Alyber verknüpft Strabo die Chalyber mit Alizonen (Halazonen) oder Amazonen. Die Sigynne am Ister, die an die Meder grenzten, nannten sich eine Colonie der Meder (nach Horodot). Die Sciren betheiligten sich mit den Galatern an der Belagerung Olbia's (s. Böckh). Les Caucons qui s'étaient joints aux Cimmériens, s'établirent à l'ouest de la Nordalbingie, ce sont les Cauches ou Chauces (Beauvais). Ihre Schwester Göe (Tochter des Thor) suchend, kam Nor (mit seinen Bruder Gor) nach Norwegen zum König, nomine Hrolfus de Bergis, filius Svadii gigantur (Thorf.).

**) Von Veteranen der bei Vetera stationirten Legio XXX. Ulpia Victrix wurden Grabsteine auch in Lyon und sonst in Südfrankreich gefunden (Grotefend). Der Dolichenusdienst (des syrischen Jupiter von Doliche) kam im Occident unter den Antoninen auf (Seidl), als Abzweigung des Mithracultus unter den Legionen verbreitet. Ζεύς Ταρσϊός hält (auf tarsischer Münze) ein Doppelbeil (wie Sardanapal auf der Hadrian's). Die Legio VIII. Augusta, (wie die Legio V. Macedonica) lieferte nach der Schlacht bei Actium ihre Veteranen an die Colonien zu Berytus und Heliopolis ab. Ontre les Joviani et les

während die ungetheilten, zur Weide bestimmten Plätze, gleich den Grund-
stücken der übrigen Einwohner, abgabepflichtig blieben (Schmidt). Julian
lässt die Chauken*) durch räuberisch organisirte Schaaren des Charietto
bekämpfen (bei ihren Einfällen). Die (den Semnonen verbundenen) Sueven,
die den Vandalen nach Spanien folgten, gehören nicht zum oberdeutschen

Herculiani, qui comprirent dans la suite plusieurs légions, Dioclétien et Maximien créèrent
d'autrés légions, qui furent surnommées Dioclétiénnes et Maximiennes (Robert). Constantin
rendit plus facile le mariage des soldats et lorsqu'il les prit non chez les barbares, mais
dans les vieilles provinces, qui avait reçu le droit de cité sous Caracalla, il se contenta de
plus souvent des hommes des dernières classes, achetés et fournis par les cives et les
vicani qui fugaient le metier des armes. La plupart de troupes permanentes des frontières
sont complétement distinctes des légions des auxilia, des vexillationes etc., formant les
armées mobiles à la disposition du magister peditum. Les légions se divisaient sous
Constantin, en légions palatinae, en légious comitatienses (quasi in comitatu principes) et
en légions pseudocomitatienses (il y avait aussi auxilia). Suivant Zosime la réorganisation
militaire et la dissemination des troupes, ordonnées par Constantin, en mêlant le soldat
aux habitants des villes, énervèrent chez lui la discipline militaire et l'associèrent aux
passions des provinciaux (s. Robert). On augmenta (sous les régnes suivantes) sur certains
points le nombre des corps réguliers qui en défendaient les passages ou en occupaient les
forteresses sous le nom de limitanei, on multiplia ailleurs les colonies létiques, formées de
Germains, de Bataves et surtout de Franks et on se fia aux gentiles venus de la Sarmatie
ou de l'Orient. Le pays, que Rome renferma par un rempart entre les deux fleuves du
Rhin et du Danube et qu'elle colonisa, en y appellant d'abord des vétérans, et en cédant
à tous les étrangers qui étaient venus y chercher un séjour, après le départ des Marco-
mans, la possession des terres qu'ils s'étaient défrichées, reçut dès lors le nom de décumate
d'après cette même opération (de Ring). Als Caracalla auf dem Zuge nach dem Orient
die Gothen in ungeordneten Treffen besiegte, wurde er (wegen der Ermordung seines
Bruder's Geta) Geticus Maximus genannt (Spart.) 215 p. d., da die Gothen damals Getæn
genannt wurden. Maximin (von gothischem Vaser und alanischen Mutter) trieb (von Geten
geliebt) mit Alanen Handel (Capitolin) † 238 p. d. Nach Herodian stammte Maximin
(173 p. d.) aus dem Geschlecht der innersten Thracier und der Mischbarbaren. Gordian III.
(victor Gothorum) kämpfte (im bellum scythicum) mit Alanen (242 p. d.). Ἀνδρα ποδώδη
τρίχα vocatur proprie coma servilis, quam servae servique Athenis manumissi mutabant
(Suidas).
  *) Der Bructerin Veleda wurde den von den Römern erbeuteten Dreiruderern durch
die Germanen auf der Lippe zugeführt. Die Völsungar sind das Geschlecht der Herrlichkeit im Gegensatz zu Niflungar oder (Nibuluuga) Nebelkinder (s. Lachmann). Der Handels-
mann, aufgeklärter Bürger und Dikasterist nahm die teutsche Sprache an. Der Gelehrte
schreibt in der lateinischen oder deutschen Sprache, die böhmische bleibt gänzlich ausser
Acht (s. Schimek) 1785. Unguinus kämpft mit einem mirae granditatis malleo. Ein hundert-
jähriger Greis hatte (wie Becker erfuhr) von verstorbenen Leuten gehört, dass der Dniestr
früher bei Palanka vorübergeflossen. Reperitur nomen viri Fidr qui alioquin appellatur
Finnr, Lapponesque Norvegici sive Finni tam Fidar (Thorfaeus). Die Era Nabonassar's
in Babylon (747 a. d.), coincidirt durch den von den Medern angeregten Aufstand gegen
Assyrien. Auf (Hoseah unterwerfenden) Shalmanassar, Sohn des Tiglath-Pilesar II., der
(740 a. d.) Damascus eroberte, folgte der Usurpator Sargon (721 a. d.) erhob Tribut von
Sabaco I. in Egypten und siedelt israelitische Gefangene unter den unterworfenen Medern.
Auf seinen ermordeten Nachfolger Senracherib, der von den Egyptern zurückgeschlagen
wurde (698), folgte Esarhaddon, Vorgänger des Asshurbanipal, unter dessen Nachfolger
Asshuremitili (oder Saracus) Ninive zerstört wurde (625 a. d.) nach Austreibung der
Scythen. Auf Dejoces, den die befreiten Meder zum König wählten, folgte Phraortes, der
(nach Besiegung der Perser) durch die Assyrer besiegt wurde, und dann Cyaxares, der
Ninive zerstört und (612 a. d.) die Lydier bekämpft. Unter Tiglath Pilesar II., Nachfolger des Pul, änderte die assyrische Dynastie. Die medo-armenische Prinzessin Semiramis,
Schwester Ardista's (am Van-See herrschende), begründete (mit Phul vermählt), ein Reich
in Babylon (wo ihr Sohn Nabonassar folgte), als mit Tiglath-Pilesar II. eine neue Dynastie
in Assyrien den Thron bestieg. Sargon besiegte Babylon und (nach der Empörung) Sennacherib. Nebucadnezzar, Sohn des assyrischen General's Nabopolassar in Babylon, vermählte sich mit der Tochter des Cyaxares, und besiegt (604 a. d.) Neco. Visimar, König
der Vandalen (aus dem Geschlecht der Asdinger) wurden (Dexippo referente, qui eos ab
Oceano ad nostrum limitem vix in anni spatio pervenisse testatur, prae nimia terram
immensitate) von Geberich, König der Gothen, besiegt, von den Römern auf ihr Bitten in
Pannonien angesiedelt, wo sie ut incolae famularunt, bis durch Stilichus Sitze in Gallien
erhaltend (Jorn.). Unter den Veneter wohnten die Sclaveni bis zum Dniestr, die Antes
zwischen Dniestr und Dniepr, am Ocean die gemischten Vidivarier (bei der Vistnia) und

Zweige, wogegen die quadischen Sueven sich als oberdeutsches Volk*)
zeigen, und seit Anfang des V. Jahrhdt. sich der Name der Sueven für die
Juthungen, als Nachbaren der Alamannen, feststellt (s. Zeuss). Der heilige
Bruno predigte in Rusua und Litua**) (Ann. Quedl.) 1009 p. d. Der

---

neben ihnen die friedlichen Aestyer, mit den wilden Acatziren im Osten, sowie Bulgaren,
Hunnen (Freie). Watson identificirt Jatwjeser mit Jazygen. Ptolem. setzt Ὅσιλοι an die
Donau-Mündung, Ἀσαῖοι an die Wolga und Asioten an das kaspische Meer. Plerosque
Belgas esse ortos ab Germanis, hörte Caesar von den Remi (und dass sie die Cimbern
und Teutonen zurückgeworfen). Treviri et Nervii circa affectationem Germanicae origines
ultro ambitiosi sunt (Tacitus). Thierry pense trouver des Cimbres (Kimbri, Kimmerii) ou
Kimris dans les Belges, 350 - 280 a. d., date de l'arrivée des Volkes (Bolg ou Belg) sur
les bords du Rhin. Die aus Scandania ausgewanderten Burgunder müssen (zu Tiberius
Zeit) burgos (am Rhein) custodire. Unter König Gudomar empfingen die Brandobrigi die
Redemtio. Arinnefia se in subterraneum mundum ad Sveciae (Acherontis aut Elisiorum
camporum) Regem profectam memorat (Thorfaeus). ἄνθρωπος, διὰ τὸ ἄνω θρεῖν τὸν ὦπα,
ἤγουν ὄψιν πάντων γὰρ τῶν κτηνῶν κάτω βλεπόντων, μόνος ἄνθρωπος ἄνω βλέπει. E. M.
E Syll.

   *) Die in der Heimath zurückgebliebenen Warnen (die unter Narses in Italien dienen)
treten später mit den Namen der Schwaben (Nordschwaben) im Gau Suevon auf an der
Elbe (s. Zeuss). Warnorum stirpe genitus, longe a Gothici sanguinis nobilitate sejunctus,
wurde Achiulf den Sueven in Spanien von den Westgothen als Fürst gesetzt (Jorn.). Nach
Unterwerfung der Thüringer (Weriner und Angler) bekämpft Pippin (mit Hülfe der Sclavi)
die Saxones, quos Nordosquavos vocant (718 p. d.). Suevia (der Chatten) wird Francia.
Nach Verschwinden des Namen's der Juthungen, heisst das den Alamanen benachbarte
Volk Suevi oder Suavi (Zeuss). Von den Sprachen der Gothen ist die der oberdeutschen
(herminischen) Völker als verschiedener Dialect zu bezeichnen (Zeuss) Quadorum natio,
parum nunc formidanda, sed immensum. quantum antehac bellatrix (Amm.). Unter Schutz
der Römer gründete der Quade Vannius ein schwebisches Reich. Quadi, Suevi, Sarmatae
(im Marcomannenkrieg). Der Langobardenkönig Wacho besiegt die Sueven an der Theiss
(P. Diac.). Aurelianus contra Suevos et Sarmatos (Vopisc.) Hunimund, Sohn des Hermanrich, bekämpft die Sueven Jutbungi, Alamannorum pars (Amm.). Aurelian besiegt
τοὺς Ἰουθούγγους Σκύθας, Vithungi, Quadi, Carpi (Enmen.) Aëtius bekämpft die Juthungen
(430 p. d.). Σουηβοι Λαγγοβαρδοι (b. Ptol.), als westliche Sueven (langhaarig, wie die
Chatten bei Tacitus), die Σουῆβοι Ἀγγειλοι (an der Elbe) einbegreifend. Zu Caesar's Zeit
kämpften Cherusken und Sueven. Drusus zieht vom Chattenlande μέχρι τῆς Σουηβίας. Τά γε
τῶν Σουήβων ἔθνη (μέγιστον μὲν τὸ τῶν Σουήβων ἔθνος) ὅμορα τοῖς Γέταις (Strabo). Suevorum
non una, ut Chattorum Tencterorumve gens, majorem enim Germaniae partem obtinent
(Tacit.). Sigmund war Sohn des Volsungus, der (das Hunnen-Reich erweiternde) Vorfahr
der Volsungorum, alias Ylfingorum. Juxta Hermanduros Narisci ac deinde Marcomanni et
Quadi agunt (Tacit.). Κό.δοι (b. Strabo) in Βουἰαιμον. Κούαδοι zwischen hercynischen
und dunischen Wald (Ptol.) Pannonia a Sarmatis Quadisque populata (Eutrop.). Σαυρο-
μαται καὶ Κουάδοι (Zosim.). Tributa patiuntur, partem tributorum Sarmatae, partem Quadi,
ut alienigenis imponunt, sagt Tacit. von den Buri und Eisengrabenden. Gothini. Quadorum
principes in servitutem redacti sunt (Jorn.) von den Gothen (zur Zeit des Kaiser's Philipp).
Die von den Servi besiegten Jazygen (Sarmatas limigantes) suchten Hülfe bei Victofalen
und Quaden (334). Strabo bezeichnet die Quaden (Κόλδοναι) neben den hercynischen
Wäldern als Suevenstamm). Quadi vom celtischen Wort col (Wald) oder coad (s Schmitz).
Hieronymus nennt Quadi unter den Suevi (in Hispanien). Habet in parte occidua idem
Oceanus aliquantas insulas et paene cunctas ab frequentiam euntium et redeuntium notas.
Et sunt juxta fretum Gaditanum haud procul una Beata et alia, praedicitur Fortunata (Jorn.).
Quae urbs (Ravenna) inter paludes et pelagus interque Padi fluenta uni tantum patet
accessui, cujus dudum, ut tradunt majores, possessores Ἀἰνετοί, id est laudabiles, dicebantur
(Jorn.). Sciri vero et Sadagarii, et ceteri Alanorum cum duce Candac Scythiam minorem
inferioremque Moesiam accepere. Ulfilas lehrte die Schrift unter dem Hirtenvolk der Gothi
minores, am Haemus, während die Ostrogothen von den Römern Sitze in Pannonien erhielten. Telephus (König der Gothen oder Geten) kämpfte (an der Donau) mit den
Danaern (nach Dio). Les Comans s'appellent Capehat et selon les Allemans Valans et
leur pais Valanie (Rubrop) oder (b. Arnold von Lübeck) Valve (Falawa).

   **) Die Letten besetzten die Länder der (aus Esthland) fortgeführten Tschuden, um
im Süden Russland's gegen die Petschenegen angesiedelt zu werden (s. Nestor) Als die
Nachkommen Theilvar's sich auf Gothland (das bis XIV. Jahrhdt. von Schweden unab-
hängig blieb) zu sehr vermehrten, loos'ten sie über den Auszug des Drittheil (nach den
Guta Lagh). Auf Runo dürfen Heirathen nur bei Vacanz eintreten. Das Stadtrecht von
Wisby (niedersächsisch) enthält ausser dem Wisby-Siö-Rätt (Seerecht von Wisby) auch
Gothlandz Läg (Landrecht der Insel Gothland). Als die Gothen (Gotenses) von der Insel

polnische*) Adel ist in der Regel dunkel von Haar und Augen, der Bauer dagegen blond oder röthlich und von blauen oder grauen Augen (Haxthausen). Die von Tacitus beschriebene Hofsverfassung wird von Möser als sassischer Anbau, die Dorfsverfassung (b. Caesar) als suevischer bezeichnet. Im Gedicht Snjemy (IX. Jahrh.) ist Kmet durch Bojar, starosta (senior, Landes-

---

Wisby aus dem Handel der Deutschen (Teutones) an der Ostsee störten, legte Heinrich der Löwe den Streit bei. Meinhard liess Künstler aller Art und Steinhauer aus Gothland kommen (um die gothischen Gebäude in Livland zu erbauen). Esthnische Carelen und Ruthenen raubten die Kirchenpforten aus Sigtuna, die nach Nowgorod kamen (s Messenius) 1187. On trouve à Augsbourg un négociant trafiquant avec la pourpre, un autre à Cassel, faisant la banque et facilitant par les échanges les transactions commerciales, à Morbach était l'entrepôt d'un collège de marchands étrangers (à Sumlocène une fabrique de marteaux de guerre, dont une inscription est venue confirmer l'existence). Avec eux apparurent aussi les Nautae (la compagnie des Schiffer), corporation, dont la ville de Bade et celle d'Ettlingen ont aussi conservé deux inscriptions (romaines), qui prouvent tout le développement, que ces transactions mercantiles avaient pris au Nord par le Rhin (de Ring). On trouve sous l'empire des Francs les Beunengüter en (domaines fermés) en opposition des Buitengüter au domaines ouverts, à la possession desquels chacun pouvait prétendre par achat. Nach Saxo Grammat. kämpften schon früh die scandinavischen und dänischen Normannen an der pommerschen Küste (in Vinland oder Windland) mit dem slavischen Könige, wie Rex Slaviae Sialcus, Strunicus Slavorum rex. Zur Zeit Adalbert des Heiligen fand sich Danzig (Gidania) in Gewalt des polnischen Herzog's Boleslav's (997 p. d.). Land Welida (b. Lucas David) in Kambien. Die Söldner (oskischer und campanischer Herkunft), die (nach dem Tode des Agathocles) von den Syracusanern (mit Hülfe der Carthager) nach Italien zurückgesandt werden sollten, bemächtigten sich beim Abzuge der Stadt Messana, als Mamertini (von Mamers oder Mars. Die Söldner des Minos wurden bei der Rückkehr von Italien nach Japygia getrieben und gründeten als Messapier [Maha-Cpier aus dem Peloponnes in Gross-Griechenland] die Stadt Ilyria. Vienna an der Rhone war von Biennus auf Creta gegründet. Nemausus, Nachkommen des Heraclus, gründete Nemosus, Hauptstadt der (troischen) Arverni. Die Ambarri (Ambronen) oder Ambivariten werden von Durandi mit italienischen Umbrer identificirt. Avaricum war Hauptstadt der Bituriger, deren König über Gallien herrschte (Livius). Die Bituriges (Bituriges Josci) lebten (gallischer Herkunft) als fremdes Volk unter den Aquitanen (Strabo). Der erste Theil des Wortes in Ἀχιλεύς oder (nach Curtius) Ἐχί-λαος bedeutet (nach Scaliger) Wasser, dem lateinischen aqua (skt. ap) vergleichbar. Die Aquitani waren (nach Strabo) den Iberern verwandt. It has been conjectured, that the name Aquitani is derived from the numerous springs (aquae), which exist on the northern slope of the Pyrenees, which supposition implies, that Aqis a native name for water (Latham). Von den zwischen Pyrenäen und Garonne siedelnden Basken oder Vascones (der Gascogne) erhielt Aquitanien den Namen Guienne. Die Soldurii bildeten die zu gegenseitiger Vertheidigung verpflichtete Leibwache des aquitanischen König's Adcantuannus. In Aquitanien wohnten die Bituriges (Vivisci und Cubi), Pictones, Osquidates, Ausci, Ruteni, Averni u. s. w. Plinius unterscheidet das aquitanische Gallien (Armorica) von belgischen und celtischen (in Gallia comata). Aquileja war Hauptstadt Venetia's (von den Römern gegen einwandernde Gallier gegründet). Die Stadt Aquilonia (in Samnium) heisst (oskisch) Akudunnia. Neben Minerva findet sich ein Hahn auf den Münzen der volskischen Stadt Aquinum (Ἀκούϊνον). Saltus Galliani qui cognominantur Aquinates (Plinius). Die Apulier gehörten zu den Opikern (Opscus) oder Oscern (Ausoniern).

*) Die Gesetze des Ackerbaue's und der drei Felder-Wirthschaft erfordern besonders in Berggegenden und Sumpfgegenden eine bestimmte Lage, eine Eintheilung der ganzen Feldmark in drei Abtheilungen für Winterfrucht, Sommerfrucht und Brache, so dass jeder der Genossen an jedem dieser Felder einen gleichmässigen Antheil habe (s. Haxtbausen). Dani et Suecones ceterique frans Daniam populi ab historicis Francorum omnes Nordmanni vocantur, cum tamen Romani scriptores ejusmodi vocent Hyperboreos, quos Marcianus Capella multis laudibus extulit (Ad Br.). Habebat si quidem quos domuerat Gothos, Scythas, Thuidos (Thiudos) in Aunxis (Maningos), Vasina (Vasinabroncas), Merens, Mordensimnis, Caris, Rocas, Tadzans, Athual, Navego, Bubegentas, Coldas (Hermanaricus). Post Herulorum caedem in Venetos arma commovit, qui quamvis armis despecti, sed numerositate pollentes, primo resistere conabantur. Sed nihil valet multitudo imbellium, praesertim ubi et deus permittit, et multitudo armata advenit. Nam hi (ab una stirpe exorti) tria nunc nomina edidere, Veneti, Antes, Sclaveni, qui quamvis nunc ita facientibus peccatis nostrum ubique desaeviunt, tamen tunc omnes Hirmanrici imperiis servire. Aestorum quoque similiter nationem, qui longissimam ripam Oceani Germanici insident, idem ipse prudentia ac virtute subegit, omnibus Scythis et Germaniae nationibus si propriis laboribus imperavit (Jorn.). Die von den Avaren, die den fränkischen König Sigibert (567 p. d.) besiegt, unterworfenen Slaven befreiten sich (623 p. d.) unter Samo und besiegten den

ältester [sthavira]), Lech*) durch Zeman, Pan (magnifice nobiles, optimos), Wladyka durch freier Hausherr oder Familienhaupt (minus nobilis, liber) zu erklären. Nach Kriegen mit den Römern erwählten die (ihre Sitze mit den früher feindlichen Galliern theilend) Krakus (in Krakau von Rabengeschrei) zum König (dessen Söhne ein Drachen erschlagen), worauf seine

---

fränkischen König Dagobert   Prope glacialis oceani oras habitant silvestres homines Ugari sive Ugri, 'cum proxima gente mercimonia permutant, aut cum Zavolocensibus (Nestor). Caganus et Jugurrus, principes Hunorum (Annal. Eginh.). Legati unius ex primoribus Hunorum, qui apud suos Tudun vocatur (Eginh.) oder Tutundus (als Titel neben Chaganus) Tudunum (*Τουδοῦνον*), principem Chersonis (s. Theophanes). *Τουδουνοι οἱ τοποτηρηταὶ παρα Τουρκοις* (in Etym. m.), als vicem tenentes (Statthalter). *Ἀγαθας δε ὀνομα τῳ παλαιτέρῳ μοναρχῳ Τουρκων* (b. Menander).   Azes († 60 a. d), Mitregent des Azilises, zeigt sich durch die weite Verbreitung seiner Münzen als der mächtigste unter den Königen der Saka, die damals Indoskythen genannt wurden (s. Lassen).   Kunmo ist der Königstitel der Usiun.   Reges Thocharorum Asiani (Trog. Pomp.).   Die (Ungri) Ungarn oder (b. Leo Gr.) Οὐγγροι heissen (bei den Slawen) Ugri (Wengri), als Magyaren.   Nestor unterscheidet die Ugri czernii (Ungarn) von den Ugri Czelii (Chasauen)   Siva (mit dem Nandi) heisst (auf den Münzen des Kadphises) Okro (ugra oder heftig im Sanscrit) mit Trommel [der Schamanen].   Ucri (an der Ucker) neben den Liubuzzi (mit der Stadt Liubusua). Unter den Polanen oder Poljanen setzten sich drei Brüder Kij (Gründer von Kiew), Schtschek und Choriw am Dnepr fest   Nach Nestor stammten Radimitscher und Wjatitscher von den Lechen (der Polanen an der Weichsel).   Die von den Drewanen unterdrückten Polanen wurden durch Askold und Dir (in Kiew herrschend) von den Chorsaren befreit.   Aus dem Lechenlande nach Norden wandernd liessen sich (von den Brüdern) Radim an der Soza, Wjatko an der Oka nieder, als Stammherrn der Radimitscher und Wjatitscher, im guten Einvernehmen mit den Slawen (am Ilmensee).   Von den Slowjeny oder Slawen (den Anwohnern des Ilmensee's oder den Novgoroden) nennt Nestor alle slawischen Stämme (in Europa) Slawen (s. Schaffarik).   Sexta ut hora noctis Scytharum est patria, unde Sclavinorum exorta est prosapia (Guido von Ravenna), als der nordwestliche Theil Sarmatien's (b. Ptol.) zwischen Ostsee, Karpathen, untern Dnepr, obern Wolga und Finland.   Die Slawen am Ilmensee (mit Nowgorod, als Hauptstadt) stammen von den Slavani oder Suoveni (b. Ptol.).   Der Apostel Andreas kam zu den Slawen des spätern Novgorod (nach Nestor). Rurik residirte in Novgorod.   Nestor setzt die Lechen (Ljachen) oder (b. Kadlubek) Lechitae (Poljaner, Lutizer, Masowier, Pomorianer) an's warägische Meer (als Slawen). Die Satager (et Sciri et ceteri Alanorum cum duce suo nomine Candax), von den Gothen bedrängt (in Ungarn), werden von Hunnen befreit (s. Jornandes), als slawische Sotaker s. Jornand.).

*) Schaffarik bemerkt die Beziehung des altpolnischen Slachta (von Lech) mit altd. Slahta (genus), friesisch Slachta (Leth slachta oder genus litorum), als Geschlecht, Statt Geschlecht war goth. Kunni, altd. chunni, skandin. kyn im Gebrauch, altd. ahta, skand. sett. longob. fara u. s. w.   Ljech (Edelmann) erklärt sich aus dem kyrillischen Wort Ljecha (ariola, *ρρασια* [Raja], wie Zemanin in zeme (terra, fundus) und (deutsch) Adaling (Edeling) von ald. nodal, angels. ôdhel (praedium avitum, terra haereditaria).   Die Polen n den ackerbautreibenden El enen hiessen Lechen im Gegensatz zu den Goralen (ohne Ackerbau) in den Gebirgen (s. Kucharski).   Die Polanen hiessen von pole (Feld), die Poleschaner von les (Wald), die Drewaner von drewo (Holz), die Lusaner (Luzicane) von uh (Sumpf), die Lutschaner von luk (Lauch). Lechmann im östlichen Galizien. Lasi (Lach) bei Pribur (Freiberg in Mähren). In Galindien und Sudawien, wo Polen bis hinter en See Nebolia (Mauer) wohnen, vermischten sich Lechen mit Litthauer (s. Schaffarik). Ptolem. setzt neben die Burgunder die lugischen Omaner und die lugischen Diduner bis um Mons Asciburgius und dann neben die Korkonter, deren Namen sich in die Krkonose Riesengebirge) erhalten, die lugischen Burier bis zur Weichsel. Der Markomannen (unter Marbod) beherrschen die Lugier.   Probus besiegt Semnon, König der Logionen (b. Zosimos). ygiia Suevis quibusdam in Mysia bello vexati (Dio Cass.).   Das Land der polnischen lawen hiess s. Schaffarik) Lugi (der Ligiorum gentes)   Die lugischen Burier waren mit azygen verbündet (175 p. d.)   Victovalis et Marcomannis cuncta turbantibus, aliis etiam entibus, quae pulsae a superioribus Barbaris fugerant, nisi reciperentur, bellum inferenibus (Julius Capitolinus) 165 p. d.   Die von Tacitus zu den Sueven gerechneten Burii eben (mit Lugii Omani, Lugii Diduni, Lugii Buri) mit den lygischen Stämmen (b. Ptol.), ls Arii, Helvekoni, Manimi, Elyssii, Naharwali (b. Tacit).   Lugiones Sarmatae (Tab. Peut.). nneti Sclavenorum populi per fines suos transmisere, inde vastam solitudinem permeasi d Varnos veniunt (Procop) die Heruler.   Cither spielende Slawen kamen vom westlichen cean als Gesandte zum Chan der Awaren vor Byzanz (590 p d.).   Der masowische Fürst etschislaw kämpft (VI. Jahrhdt.) mit den Preussen.   Homines coerulei facie rubea et riniti, praeterea in accessi paludibus, nullum inter se dominum volunt (Ad. Br.) Sembi

Tochter Wanda (am Wandalus oder der Weichsel) die Vandalen unterwirft.
Nach Besiegung Alexander M. wird Leschko (astutus) zum König gewählt,
und (nach den Sohn des Pompilius) Semovit (Sohn des Piast und der Repiza),
Vorgänger des Leschko*) (s. Kadlubek). Die mit ihren Heerden nomadisirenden Anthsai**) waren von den Sogdiern abhängig. Die Pallastmauer

vel Prutzci (homines humanissimi). Die Slawen zogen an die Weichsel, als Poljanen
(Nestor). Die Slawen, die an den Dnepr kamen, nannten sich Poljanen (Nestor). Nestor
unterscheidet Poljane Ljachowe (an der Weichsel) und Poljane Rusowe (am Dnepr). Nach
den Phinneu (neben den Gythonen unter den Wenden an der Weichsel) nennt Ptolemäus
die Bulanen (*Βοΐλανις* oder *Σοΐλανις*) oder Polanen. Pulinaland (in der Wilkinasaga'
heisst (b. Ademar) Poljana oder (in altd. Glossen) Bolana (s. Schaffarik). Inter Alpes
Hunine et oceanum est Polonia, sic dicta in eorum idiomate quasi Campania (Gervasius'.
Die ljechischen Fürsten hatten ihren Sitz im Polenlande (in der Stadt Gnesen). Für den
letzten Popel wurde Semowit (Sohn des Landmanns Piast) gewählt (als König von Polen)
in Gnesen. Piast war Sohn des Choszisco. (ex eo, quia paucos pilos oblongos in capite
habebat) oder Besenkopf (s. Boguchwal). Semovit ist Grossvater des Meschko († 992 p. d.).
Ragnar (mit Kraaka oder Aslaug vermählt) durchbohrt in einen Pechanzug (als Lodbrok)
den Lindwurm des Herröd (Jarl in Gautland;, seine Tochter Thora erwerbend. *Γαλίνδαι
καὶ Σουδινοί καὶ Σταυάνοι μέχρι τῶν Ἀλαυνῶν* (Ptol.) Galinditae (Dush.) in Galand oder
Golenz (unter Prussi). Samogitia (der Samogitae neben Samgali oder Semigalli) wird
durch den Swintha-Fluss von Lithuania getrennt. Der Walslöngnwald (in der Blomstur-
vallasaga) bei-st Latiwald (s. Grimm). Välse (der Völsung) heisst (Wilkinasage) Walsi
(s. Schaffarik). Welinta (Wielaut oder Völundr) von den Weletern. Porta Slavorum in
Lemgo. Meginhard (IX. Jahrhdt) erwähnt die Obotriten, als östliche Nachbarn der
Sachsen (VI. Jahrhdt). Die Anten in Mösien (der sieben Geschlechter) slavisirten ihre
hunnischen Herren und verschmölzen mit ihnen zum Volk der Bulgaren (Haxthausen).
Die von Justinian gerufenen Avaren vertrieben die Anten (558 p. d.). Die böhmischen
Slaven (unter Samo) befreiten sich von den Avaren (623). Die Obri (Avaren) sind in
Russland untergegangen (nach Nestor). Nach dem Geogr Rav. floss die Weichsel durch
das Land der Roxolanen und Sauromaten. A terrae, quam incolebant, usitato nomine
Sida, quod Latine ora vel latus dicitur, appellatos fuisse (Sithones) constet (Torfaeus).
Lycophron Sithoniorum gigantum, mentionem facit, eosdemque refert suis incursionibus
Italiam attrivisse, Pisam urbem cepisse, totamque terram prope Umbros sitam subegisse
(Sheringbamus).
   *) Nach Boguchwal liess sich Lech (aus dem Chrowatenlande) bei dem Adlernest
der Stadt Gnesen (Gnezdno) nieder. Die Fürstin rief den Ratibor vom Riesengebirge, gehe
Trut, vernichte den wilden Drachen (Snemj.) in Böhmen. Boguchwal erklärt Krak durch
Kruk (Rabengekrächz). Krok (Krak), als czechischer Fürst. Chrocus bei Greg. Tur. In
der Dynastie der scandinavischen Ynglinger ist der sechszehnte Ottar Wendil Kraks.
Pash (Pasth oder Piast) quia fuit statura brevis, sed robustus corpore et decorus aspectu
(Boguph). Kark, a's Zwerg. Leschko, als Diminutiv von Lech (s. Schaffarik) Freya
lässt in der Höhle des Jötun-Weibe's Hyndla (Hyndluljod) ihren Verehrer Ottar seine
Herkunft von Halfdan verkünden. Castus (ritus, caeremonia, sacrum). Proprie significat
sacrum illud, in quo a artis quibusdam rebus abstinentia praecipitur et praesertim cum
ministros ejus sacri a rebus venereis castos esse oportet (Forcell.). Caeremonia a carendo.
Rudepaj oder Gedärmfüsse (Knäuelfüssige) biessen die am Ufer des Oxus sitzenden
Nymphen, die die durch den Gesang herbeigerufenen Opfer mit ihren wurzelnden Füssen
in den Abgrund ziehen (s Vámbery). The Dithwan (in celebration of Vishnu's return from
his slumber of four months, during which he is represented to have been with Raja Bal
in Patal or the infernal regions) is the signal for the recommencement of marriages
(s. Elliot). Quod nos venenum appellamus Graeci *φάρμακον* dicunt (Cajus). Gut heisst
Vieh (Rindvieh) bei den Gottscheer (s. Elze). Um die Schlangen zu vertreiben, steigt der
Gotscher (dessen Familie versorgt werden soll auf einen Baum, und zündet ein Feuer an,
in dem sie (aber auch er selbst) umkommen (Elze) [Arjuna]. Der erste Herodes heisst
(b. Josephus) der Grosse (*μέγας*) zum Unterschied von seinem Sohn, der ebenfalls Herodes
hiess (Bodek). Die Einführung des Christenthum's in Britannien wird Joseph von Arimathia
beigelegt. *Ὡς ἐν ζῷον τὸν κόσμον, μίαν οὐσίαν καὶ ψυχὴν μίαν, ἐπέχον* (Marc. Aur.). Mundi
termino adpropinquante, ruinis crebrescentibus, jam certa signa manifestantur (les actes
du Cartulaire de l'Abbaye de Saint-Sauveur de Redon) 834 p. d. The sand-doctor by giving
his fingers certain motions in a small pile of sand is supposed to read the events of the
future (s. Anderson) among the Mandingoes. Einige enthielten sich der Krausemünze,
Andere der Pfeffermünze oder des Eppich (nach Sext. Emp.). Die Initiirten des Jupiter
Casius in Pelusium durften keine Zwiebeln, die Priester der lybischen Venus keinen
Knoblauch essen.
   **) Au temps de la deuxième Dynastie des Hans, ils changèrent leur nom en celui
d'Alanna (Alains) du temps des seconds Wei, ils s'appelèrent The-sou, et aussi Wen-nacha

des König's von Ho zeigte im Norden den Kaiser von China*), im Westen die von Fulin, im Osten die der Türken und Brahmanen. Die Felsen im Lande Sse oder Lai-wei-koue werden mit Metallthoren geschlossen. Der König von Koueï-choung, (eines der Fürstenthümer, worin der grosse Yueitchi das Land der unterworfenen Dahae getheilt) unterwarf seine Nebenfürsten,

(nach Matuanlin). Ihr Land wurde von den Hiongnu erobert, die ihren König tödteten (s. Remusat). Bei den kahlköpfigen Ye-tha, die mit ihren Heerden wandern, heirathen die Brüder gemeinsam eine Frau, die dem entsprechend Hörner auf der Haube trägt. Les Ye-tha sont de la race des grands Youei-chi, d'autres les disent descendus d'un tribu Kaotche (appartenant à la race turque). Die Sitten gleichen denen der Türken. Nach Unterweifung von Khang-kiu (Sogdiana), Khotan, Chale, der Asi u. A. m. bildeten die Yetha ein mächtiges Reich und verschwägerten sich mit den Jouan-Jouan. Unter den zweiten Wei schickten sie Tribut. Sie wurden von den Türken unterworfen. Mingti schickte Samanäer nach Westen, um sich über die Bücher des Fo zu unterrichten. Die Sitten der Yita glichen denen von Turkestan. On pretend, que le nom de Ye-tha était primitivement celui de la famille royale du pays de Hoa, dont les habitants furent connus avant 144 a. d. et avaient assujéti tous les royaumes voisines, la Perse, Hieïpan, la Cophéue, Kouëit-tseu, Soule, Koume, Khotau etc. Le nom de Ye-tha, serait ensuite devenu celui du pays et par altération Yitha. Nach Matuanlin gab man den Yita eine Herstammung von den Ouiguren oder Kaotche. Weitsi rappelle les guerres, que les Chinois firent dans le Sogdiane sous les Han et dit que les Yittian (Yita) recueillirent les débris des peuples qu'ils mirent en fuite. Sie könnten sogdischen Ursprung's sein (s. Remusat). Vili, voluntas (voluptas, animus). Vili (Vilir), Vilius (frater Odinis). Ve, locus, ubi quis se continet (domicilium, regio), locus sacrosanctus. Ve, deus, numen (gen: ves, vess), vear (plur.) dii. Heilagt ve (sanctus deus) Odin. Ve, signo, vexilla. Lok, finis, conclusio (Guka). In libro Land saepius obvium est nomen viri modo Eli modo Ili scriptum, nomenque item cambricum, Beli, armorice Bili (Zeuss) Zwahr bemerkt die Möglichkeit einer Ausbildung der niederwendischen Sprache, die „nicht nur für die materiellen, sondern auch für die geistigen Begriffe passende Benennungen hat und bildet" Gergovia (ville des Boii) est différente de la Gergovia des Arverni (Walckenaer). Dani quos Juthas appellant usque ad Sliam lacum habitant (Ad. Br.). Unter den Slaven (am Ostufer den Dänen gegenüber) Welatabi, qui et Wilzi. Ueber die Sucones (bei Birca mit Gothen zusammenstossend) Wilzi, Mirri, Lami, [Yami], Saiti et Turci [Turja oder Lappen, wie Yacuten im Norden]. Les Kins, communement designés en chinois par deux charactère, que Visdelou et Gaubil avaient lus Niutchi, doivent être prononcès Jou-tchi, pour représenter plus exactement le nom original (s. Rémusat). Das Alphabet der Uiguren, die türkisch redeten (wie die Uguren des Ural finnisch) war syrischen Missionären entnommen (s. Klaproth). Nach Medallah Beidhawi verbreitete sich der Buddhismus in Indien, Kaschmir, Tibet, Khatai, Tangut und Ouigour. Nach Schmidt waren die Uiguren (als Tibeter) Tanguten. A la mort d'un homme, si la famille est riche, on entasse des pierres pour recouvrir son corps, si elle est pauvre, on se borne a creuser une fosse pour l'enterrer; avec le corps on dépose toutes sortes d'objets dans la tombe (Matuanlin) bei den Ye-tha (s. Remusat).

*) Die Chinesen (unter Kuo-sian-tchi) eroberten (747 p. d.) das Land der grossen Pholiu (Poürouts), westlich an Nord-Indien grenzend. Der König von Khouto oder Khotolo (in Sse-tsou-kian resid.rend) schickte (729 p. d.) Gesandte nach China. Die vom Kaiser Tçao-tçao auf Ländereien (216 p. d.) angesiedelten Hioum-nou (die sich bei inneren Streitigkeiten nach China geflüchtet) erhoben (804 p. d.) ihren Häuptling zum Kaiser, Honanfu erobernd (während der chinesische Kaiser nach Namking flüchtete) und unter den einfallenden Tataren begründeten dann die Wei (im nördlichen China bis zum caspischen Meere) ihr Reich, das (581 p. d.) durch die Sui gestürzt wurde. La Dynastie des Ouei Tatares (Heou-Ouei ou Yuen-ouei) prit le titre de Ouei, parceque l'Empereur Taitçou descendait que les femmes de la Dynastie chinoise des Ouei, sous laquelle ils entrèrent en Chine (386 p. d.), als Ta-Sien-pi der grosse Sienpi (zum Unterschied von den Sienpi von Leaotoun). Der fürstliche Ahn wurde von Kiefen mit einer auf einen Pferdewagen vom Himmel gestiegenen Nymphe gezeugt, die ihn nach einem Jahre brachte. Der fürstliche Ahn der Geugen-Tartaren oder Jouan-Jouan (die in der nomadischen Tartarei auf die Herrschaft der Hiongnu folgten) stammte von einem Sklavenkinde eines Edeln der Ouei ab (310 p. d.), der entlaufen war und Abentheurer sammelte. Ut easdem homilias quisque apete transferre studeat in rusticam romanam linguam aut theoticam, quo facilius cuncti possint intelligere (813 p. d.). Unter dem ugrischen Stamm (der finnisch-ugrisch-türkischen Sprachfamilie) kommen die Wogulen den Magyaren am nächsten (s. Klein). Von dem Flusse Man (Nebenfluss der Szoszwa) oder (bei den Syrjänen) Jögra bezeichnen sich die Wogulen als Man-si (Anwohner des Man). Iwan eroberte (1499) Jughra (Jughorskaja Zemlja) oder (bei Jornandes) Hunugar (der byzantinischen Unugur oder Ogor). Nach Auswanderung der Magyaren oder Ungarn aus Jugrien (zwischen Wolga, Kama, Irtisch

sowie die Yetha*) (Geten) und Kipin (Cophen), dann auch Indien (100 Jahr nach der Gesandtschaft Wuti's). Likouangli (unter den Han) von Gross-Wan (Fargana) bei seinen Angriff (weil chinesische Gesandte 126 a. d. ge-

und Jaik) wanderten die türkischen Bashkire ein. Kezai identificirt die Ungarn mit den Hunnen. Die Chazaren unterstützten Heraklius gegen die Perser (628 p. d.). Bei den Angriffen der mit den Uzen verbündeten Petscheuegen auf die Chazaren wanderten die diesen unterworfenen Magyaren aus Deutmmogorien (am Tangat oder Irtisch) nach Westen. Danubius, qui lingua Bessorum Hister vocatur (Jornandes). Die Bessi (mit der Hauptstadt Uscudama) waren das Hauptvolk Thracien's (P. Smith). Depuis le temps des Han la succession des princes de Khang-kiu (Samarcand) ou Sogdiane n'avait pas été interrompue (pendant plus de 600 ans). Ses ancètres avaient autrefois demeuré au milieu des Monts Kbi-lian, dans la ville de Chao-wou (Shaweh-schah). Mais depuis la conquète que les Hiongnu avaient faite des contrées occidentales (la Petite-Boukharie) jusqu'aux montagnes Bleues, ils étaient venus dans ce pays (Sogdiane) et se l'étaient partagé, de sorte que chaque contrée avait son roi. Voilà pourquoi le pays des Khang et les états voisins à droite et à gauche, le royaume de Mi (Meimarg), celui de Sse, ceux de Thsao (Osrushnah), de Ho, de An (des Asi), du Petit An, de Nasepho (Nakhscheb), de Ou na o et de Mou appartenaient à la même race et obéissaient à des Princes du nom de Chao-wou. La capitale du Khangkui était la ville de A-lou-ti sur la riviére Sapao. Ce royaume peut-être appelé puissant, dans les régions occidentales beaucoup d'états saust soumis à celui-là, les habitaus ont tous les yeux enfoncès, et le nez proéminent et une barbe touffue.

*) Von den Jouan-jouan bedrängt, zogen die grossen Yueitchi (zur Zeit der zweiten Han) westlich und wohnten in Polo (Balkh). Von dort machte später der König Kilolo einen Einfall in Nord-Indien und eroberte Alles nördlich von Candahar. Zur Zeit der zweiten Wei kamen Kaufleute der grossen Youeitchi nach China. Der König der kleinen Youeitchi (in Fou-leou-cha) war Sohn des Kitolo. Le roi de Mou (Merou) est de la famille de Chao-wou, issu comme les autre de la famille des princes de la Sogdiane, et revetu du titre de Alanmi. Der König der östlichen Tsao und der Asi buten China (752) um Hülfe gegen die schwarzgekleideten Tachi (Abbassidische Araber) Unter den Wei (IV. Jahrhdt. p d.) schickte der König von Persien Gesandte nach China. La capitale est la ville de Sicou-li. C'est la patrie des Tiaot-chi, branche particuliére de la race des grands Youeitchi. Le roi Po-sse-ni est le peère de cette nation. Le nom de la famille royale est Po-sse Le roi a le titre de Yi-tbro, la reine celui de Tchi-sou, et les fils du roi celui de Cha-ye. Die westlichen Türken wurden (617) von den König von Po-sse (Persien) zurückgeschlagen, aber dann musste er bei einem Aufstand seiner Vasallen vor den Ta-chi flüchten und bat vergeblich die Thang um Hülfe, worauf er an den Hof flüchtet (670). Der altaische Volksstamm der Varchuniten, den Oguren oder Avareu am Jaik dienstbar, machte sich (bei der Besiegung ihrer Herren durch die Türken unabhängig und floh nach der Wolga, als Avaren, mit deren Khan Bajan (557 p. d.) Justinian einen Bund schloss, um Katruguren und Utruguren (der Hunnen), sowie Anten und (von den Chazaren nach der Donau-Mündung getriebene) Bulgaren (die sich 635 p. d unter Kuvrat losrisset) mit Zaber und sabirischen Chazaren zu unterwerfen. Die Bewohner von Thou-holo oder Tokharestan (mélés avec les Yi-ta) verehren Fo. Comme il a chez eux beaucoup plus d'hommes que de femmes, les frères épousent en commun une seule femme (nach Matuanlin). Sie brachten (650 p. d.) als Tribut nach China den Kameelvogel, der Eisen frass. Leur prince fut enregistré (parmi les vassaux de l'empire) avec le titre de Kou-tou-lou-thun-tha-tou, roi du Tokharestan el des Ye-yi-ta (713–755) s. Remusat. Das Land der Zwerge (Yang-par-thesu oder Lappen) liegt nordwestlich von Sogdiana, mit kurzen Haaren (s. Matuanlin). Zum Reiche der Toum-bou (mit dem herrschenden Stamme der Yue-tchi) gehörte der Westtheil der Provinz Chensi (ehe sie von den Hioum-nou ausgetrieben wurden). Als die Yuetchi das Bündniss gegen die Hiongnu (und ihre Rückkehr) verweigert, vermählte der Kaiser (einen chinesischen Gouverneur im Königreich Eyghour einsetzend) eine Prinzessin mit dem Kouen-mo oder König der Ou sun, der (72 a. d.) die Hülfe eines chinesischen Heere's gegen die Hiungnu erhielt Pollexiani G-thorum seu Prussorum genus (Kadlubek). Jatwesien (neben Galindien) heisst Polexia (s. Voigt). Pollexiani (bei Pollachien) ist (nach Zeuss) slawische Benennung der Jazwingi. Jazwingi (Inaxugis oder Jacintiones) oder Jatwjazi (Jentuisiones oder Getuinzitae) in Getuesia (zwischen Galaudia oder Letowia) oder (1253) Getwezia (Getwesia, 1268). Nach Dlugoss glich die Sprache der Jacwingi der der Pruthenen und Lithuanen und die Religion ausserdem auch der der Samogiten. Diversa prorsus a Slavis et Lithuanis lingua utentes (Mart Cr.) die Jaczwingen. Swatoslaw besiegte die Jassier und Kassobier (Os-etinger oder Alanen und Tscherkessen. Die Ostiones (Esthen) heissen Κοσσινοι (b Artemidor). Antes, qui sont fortissimi (Jornandes). Enten, als Riesen (angels.). Anses (Ascu), als Halbgötter (b. Gothen). Asi oder Alanen (als Osseten). Όσιοι zwischen Ουϊλται und Κάρβωνις (Ptol.). Welatabi (francica lingua) Wiltzi (Einhard). Pilwit (Pjiwnjk) oder Bilwitz (als Dämone). Athleta, quem nostris Wasce

tödtet) zurückgeschlagen (104 a. d.), erzwang dann Tribut*) und blut-
schwitzende Pferde, von dem himmlischen Pferde des Berge's gezeugt), als
die Wittwe des König's getödtet. Hüme bezeichnet die von den Tavastern
bewohnte Gegend**) oder Provinz (s. Renvall). Daraus ist Hämäläinen

---

(Walce), Teutones vero Wilze nominant (Saxo). Leutici, alio nomine Wilzi (Ad. Br.) oder
Vuilzi. Wilzi sive Lutici (Helm.). Rethra im Lande der Lutizier (bis zur Oder).

*) Quoiqu' à l'occident du pays des Wans il y ait jusqu' à celui des Asi des langues
différentes elles offrent de l'analogie, et ceux qui les parlent s'entendent entre eux   Les
habitans ont tous les yeux enfoncés et beaucoup de barbe (nach Matuanlin), ils ont beaucoup de respect pour les femmes (s. Rémusat)   Au commencement des années Tsching-
kouan de la Dynastie des Thang (627) le roi (de Fahan ou Kbiu-seou, qu'on nommait
Pahaoua ou Pholona du temps de la Dynastie des premiers (Wei) Khipi fut tué par le
Turcs occidentaux, et son fils Opotchi s'établit dans la ville de Kho-se.   Il y a dans le
pays de Sief-iu au Tsao-kiu-tchha (qui touche ou pays de Fanyan au Bamian au nord-est)
trois races qui vivent mêlées, des Turcs, des gens de Ki-pin et des natifs du Tokharestan.
Sous les seconds Han, au règne de Ho-ti, dans les années Young-yonan (89—104 p. d.)
Phan-tchao envoya Kui-kan-ying en ambassade dans la Grande Thsin (l'empire Romain).
Il traversa le pays des Tiaotchi (Tadjiks), et vint sur les bords de la grande mer. Il
voulait la traverser, mais les marins de la partie occidentale du pays des Asi lui dirent
que la mer était bien large.   Au sud est du pays des Tahia est le royaume de Yin-tou,
qui est pareillement soumis aux grands Youechi. Les peuples des grand Youcichi formaient
d'abord une nation errante, à la suite de ses troupaux, et qui changeait de demeure à
l'exemple des Hioungnou. Anciennement les Hioungnu ayant défait les grands Youei-chi,
ceux-ci se portèrent à l'ouest pour habiter chez les Ta-hia (Dahae), et les rois des Saï
(Saques) vint au midi demeurer dans le Ki-pin (Cophène). Les tribus de Saï se devisèrent
et se dispersèrent de manière à former çà et là différens rayaumes, depuis Sou-le (Kaschgar)
au nord-ouest, toutes les dépendances de Hicou-siun et de Siun-tou (Sind) sont habitées
par d'anciennes tribus de Saï Pendant les années de Hian-Khing (656—660 p. d.) la ville
des Alan fut erigée en chef-lieu de l'arrondissement des Asi et le roi Chao-wou-che eut
le titre de juge (s. Rémusat). Les Khangkui payèrent tribut (713). Der Sohn des König's
versuchte vergebens die Tachi (Araber) zu bekämpfen und hat um chinesische Hülfe ohne
Erfolg. Le pays des Asi (dont le roi habite dans la ville de l'hau-teou) est vaste et très
considérable. Tous ces pays sont appuyés sur la rivière Wei ou Ou-hiu (Oxus), dans tous
les pays voisins on se sert de cuir, sur lequel on écrit en lignes transversales, pour former
des livres et de chroniques. Maintenant tous les livres des Barbares d'occident sont écrits
en lignes transversales et non verticalement. Der König der Asi liess die Gesandten des
Kaiser's Wouti in Moulou (Stadt der kleinen Asi) empfangen. Unter den zweiten Han
residirte der König der Asi (88 p. d.) in Hote unter den zweiten Tscheou (567 p. d.) in
Wei-seou. Sous les Soui, le royaume des Asi envoya (609 p. d.) payer le tribut. Le nom
de famille du roi était Chao-wen, il était de la même race que le roi de la Sogdiane.
Sa cour était sur la rivière Nami (s Matuanlin). En allant du pays des Asi vers le
couchant, l'espace de 3400 li on arrive au royaume d'Aman, en allant à l'ouest (3600 li)
au royaume de Ssepin, allant au sud on traverse une rivière et a l'ouest on vient au
royaume de Yu-lo. A 960 li est la limite occidentale du pays des Asi, de ce point on
s'embarque sur la mer, on pénètre dans la Grande Thsin (s. Remusat) ou l'empire romain.

**) Die russischen Slawen heissen Kreewy bei Litthauern. Die von Const. Porphyr.
zu den Slawen gerechneten Kriwitscher (b. Smolensk) oder Κριβητσιηνοί (Karwonen b. Ptol.),
die Nestor von den Polotschanen ableitet, begriffen auch die Lutschaner. Kreewinger
(litthauisch-finnisch) bei Samogitien. Forsteren liudi oder Waldleute (b. Baier. Geogr.) als
Drewljaner. Das nördliche Meer Waseng (b. Albufeda) heisst von dem dort lebenden
Volke das Meer der Warang (s. Biruni). Scytharum diversi populi Peucini, Trutungi,
Austogothi, Virtinguri (Pollion Claud.). Der Grabstein von Aaroniteu in Prag zeigt zwei
Hände mit ausgebreiteten Fingern (s. Foges). Cum multi sint Winulorum populi fortitudine
celebres, soli quatuor sunt, qui ab illis Wi'zi, a nobis vero Leuticii dicuntur, inter quos
de nobilitate potentiaque contenditur. Ili sunt scilicet Chizzini et Circipani, qui habitant
citra Panim fluvium, Tholosantes et Rheteri, qui ultra Panim degunt (Ad. Br.), Potentes
omnium sunt Rhetorii, civitas eorum Rethre. Primi ab occidente confines Transalbianis
sunt Waigri, civitas eorum Aldenburg maritima (Ad. Br.). Die Wolsunger herrschten im
spätern Frankenlande (Snorro). Widga oder (gothisch) Vidigoja ist Sohn des Walund oder
Vielant. Walund's Schmiede (Wagland smith) in Berkshire. Weltai zwischen Osioi und
Karbones (b. Ptol.). Voseses, als König von Egypten (b. Jornand.). Die Wälsinge (Wälsing)
Sigmund heisst Walses eafora (Sohn des Welse). Swiatoslaw schwört :971) bei Wolos oder
Welos (Gott des Vieh's) und Perun. Vir quidam. nomine Forniotus, trium filiorum pater
memoratur, quorum primus Hler, secundus Logius, tertius Karius, ventorum hic, ignis ille,
iste maris imperator fuit (Cod. Flat.). Thorius, Sohn des Suner (Enkel des Jokul, Sohn

(Plur. Hämäläiset) im Tavaster der Tavastländer (Tavastisch oder Tavast-
ländisch) gebildet (s. Sjögren). Die (tschudische)*) Stadt Odenpäch oder
Bärenkopf war benannt von Otte (Bär) und Pä (Kopf). Auch hatte Odin
bei den Scandinaviern, als Kriegsgott, den Namen des Bären oder des
Brummer's (Polfadr), wie im Gedicht auf Hakin der Gute (s. Kruse). Obwohl es auch in den Gouvernements Olonetz und Novgorod (auf der Grenze
zwischen Ingarmanland und Esthland) ein finnisches Volk giebt, das noch
jetzt (1861) bei den Russen den Namen Tschuden führt und obwohl diese
einmal im Gouvernement Olonetz Nachbarn der Lappen (die zuerst von
diese Tschuden und dann von den Karelen aus Finnland verdrängt wurde),
so ist doch (im Weiteren) der Name der Tschuden bei den Lappen in dem-

---

des Karius) imperabat Gothiae, Queniae sive Quenlandiae et Finlandiae. Ei Queni sacri-
ficabant pro impetranda nive xylosoleis proficiscentibus vehendis idonea. Die Kuren
(Kyrier) oder (nach Torfaeus) Karben (Kyrialen) und Quenen kämpften mit Sigurd Ring.
Thorolf (praefectus Halogiae) unterstützte den König. Quenen gegen die Kirialer (Karelen).
Als Stände scheidender Rigus (Danpi pater), der zuerst den Königstitel (a voce kyn, quae
genus seu nobilitatem significat) annahm, zeugt Heimdall, Sklaven, Bauer und Fürst.
Die Scandinavier unterschieden neun Welten: Liosalfaheim, Muspelheim (im Süden), Asgard
(in der Mitte) oder Asaheim, über der Erde; Vanaheim (im Westen), Alanheim (in der
Mitte), Jötunheim (im Osten), auf der Erde; Dokulfaheim oder Svartalfaheim, Helheim,
Nißheim (im Norden', unter der Erde. In der Nachbarschaft der Alanen auf den alanischen
Bergen, wo der Borysthenes und der Rhudon oder Düna entspringt, wohnten neben den
Alanen die Agathyrser (b. Markian) oder (nach Ptolem) Suoveni (Slawen) am Wolchonski
im Walde. Vor Batuchan flüchteten die Alanen (XIII. Jahrhdt.) an den Kaukasus. Die
Jazygen verhandelten Sklaven (nach Dion.). Kronos hiess Zamolxis bei den Geten
(Mnaseas).
    *) Les colonies (der von Vitort in Litthauen angesiedelten Mongolen) professent
(1869) listamisme (Ratz). Nach Schaynokha stammt der lechische Adel Polen's von den
Normannen. Als die Dynastie ausstarb (wurde IX Jahrhdt.) am See Gopol der Bienen-
züchter Piast zum König gewählt. Homines qui vocantur Winile (in Actu Murensia). Erst
enim plebs hujus episcopii utpote ex maxima parte slavonica (in Bamberg) 1058 p. d.
In terra Sclavorum, qui sedent inter Moinum et Radantiam fluvios, qui vocantur Mainwindi
et Ratanzwinidi (846 p. d). Έπιτα οἱ Τυριγέται, μεθ' οὓς οἱ Ἰάζυγες Σαρμάται καὶ οἱ
Βασίλιοι λεγόμενοι, καὶ Οὔλογοι. τὸ μὲν πλέον νομάδες, ὀλίγοι δὲ καὶ γεωργίας ἐπιμελούμενοι
(Strabo). 'Ρωξολανοὶ δ'ἀρκτικώτατοι [Basilioi, als Wassen oder Wessen]. Ermanrich unter-
warf die Jacuinxes (Inaunxes) oder Jaevingi |Jassi oder Asen]. Unter den Warägern
tributpflichtige Stämme (859 p. d.) zwischen Meren und Kriwitschen die Wessen (Wä
Kriwici) in Austrriki. Sineus herrschte über Bjelosero im Lande der finnischen Wessen
(als Bruder Rurik's) [grosse Wessen oder Wisigothen im Gegensatz die düstern Austro-
gothen oder Ostgothen im schwarzen Osten der Ferne in Utgard der Uturguren]. Die
Ἰάσσιοι oder (b. Plinius) Jasi stehen (b. Ptol.) zwischen Koletianoi und Oseriates. Turoni
am Liger. Die die Eingeborenen Italien's besiegenden Pelasger wurden (1044 a. d.) von
den Tyrrhenern besiegt (nach Müller) Eine Gesandtschaft aus Sardis erwähnte (zur Zeit
des Tiberius) der Verwandtschaft der Lydier mit den Etruskern (Tacitus). Von den (zur
Aufrechthaltung der Heidenopfer) aufständischen Schweden vertrieben, floh Inge (aus
Russland berufen) nach Westgothland, kam aber dann (über Ostgothland) zurück und
erlangte wieder das Königthum in Schweden (das Christenthum aufrecht erhaltend). Nach
Kriegen mit Magnus Barfot (in Norwegen) wurde (in Gegenwart des dänischen König's
Erich Ezegod) der Friede von Konghall (1101) geschlossen. Ihm folgte sein Bruder
Halfdan und nach dem Tode seiner Söhne (Philipp und Inge) erwählten die Westgothen
den Magnus zum König, den König den die über diese Anmassung des Wahlreiches er-
zürnten Schweden aufstellten, erschlagend (1129). Karl Swerkersson (1161 p d.) ist der
Erste, den man als König der Schweden und Gothen erwähnt findet (Geijer). Slavania
igitur amplissima Germaniae provincia, a Winulis incolitur, qui olim dicti sunt Wandali
(Ad. Br.) † 1076. Die Nurvanalaiset (die unter Narva Wohnenden) werden von ihren
finnischen Nachbarn schimpfweise Lapplakot genannt (s. Sjögren). Der Jumulatempel
Biarmaland's lag bei Cholmogory. Wezzais babrahs, der Alte schilt, sagen die Letten
beim Donnern. Des Kriwitz und alle Kriwitzen oder (bei Stricker) Bäs (Wessen). Johdi,
als böse Luftgeister in Litthauen (s Watson). Die Kriwitchen wohnten um Smolensk
und Polozk bis nach Toropez (s. Lehrberg). Omnes Aesthii et Livoni Finnis synecdochice.
Wiroi (Wiro) vocantur et Livonia (Wironmaa) Wiroima (Gyllenstolpe). Virlandia provincia
Livoniae Finnis proxima, inde Estonia sive Estlandia (Renvall). Wironia (b. Heinr. Lett)
bildete den nordöstlichen, an der Küste gelegenen Theil Esthland's (s. Sjögren). Tuathan,
als Toutanus (s. Orelli).

selben Sinne aufzufassen, den er bei den Russen in älteren Zeiten hatte, als darunter der finnische*) Volksstamm im Allgemeinen verstanden wurde. Den Abzug der heidnischen Tschuden (bei Ankunft der Nowgoroder) von der Dwina und Wytschegda bezieht Soskin auf die Permäken**); die (zu Stefan des heiligen Zeit) jenseits des Ural's flohen, mit den Wogulen verschmelzend. Nach Ermordung des König's Ingvar zu Aldeigraborg (Ladoga)

---

*) Gleich den Tavastländern verfolgten wahrscheinlich auch bereits die Kvenen (in ihren älteren Wohnsitzen in Schweden) die Lappen, und dennoch werden sie nie unter ihrem eigenen Namen bei den Lappen genannt, sondern unter dem allgemeinen Namen der Tjudeh einbegriffen (s. Sjögren). Da sich die russischen Karelen zwischen Tschuden und Lappen (als Feinde der letzteren) eindrängten, wurde nur dieser finnische Volksstamm (in den Traditionen der Lappen) Karjdeh genannt, neben dem älteren appellativen Namen Tjudeh (obwohl auch damit verwechselt) Nach Sjögren bezeichnet Tschud (der russischen Chronisten) das von den Lappen als Tjudeh bezeichnete Volk. Häme (Jamen oder Tavastländer) kommt vom lappischen heibma (Hana) oder (finnisch) heimo (nach Ganander). Quadorum gens Strenua (hvatr) dicta est (Thorfaeus). Die bis zum bottnischen Meerbusen (durch den lappischen Stamm hindurch) vorgedrungenen Karelen, standen in feindlichen und freundlichen Verkehr (seit IX. Jahrhdt. p. d.) mit den südlich benachbarten Kvenen, die (nach der Eigils-Sage) im schwedischen Norrland zwischen Lappland (Finland) und Schweden wohnten. Später wurden bei Ausbreitung der schwedischen und norwegischen Colonisten die Kvenen und Karelen nach Oesterbottn (mit Kvenen, als Kainulaiset und Kainuman) gedrängt, und die Karelen dann von den Kvenen noch weiter südöstlich nach Finnland (nach Karelien), während der am Meerbusen zurückbleibende Theil der Karelen mit den Kvenen zu den Oesterbottningern verschmolz (Sjögren). Die auf der Ostseite des bottnischen Meerbusen's sich immer mehr vom Süden ausbreitenden Tavaster (Jemen oder Hämeb) stiessen auf einen andern finnischen Stamm, die Karelier (mit Savolaxer), die sich von der entgegengesetzten Seite (besonders aber von Nordost und Ost) ausbreiteten und die früheren Wohnsitze der Lappen in Besitz nahmen. Als theilweise Nachkommen der alten Birkarler werden die die lappischen Jahrmärkte besuchenden Bürger der Seestädte (von den Lappen) Borgel oder Berkar genannt (s. Sjögren). [Karelen aus der Handelsstadt Birka bei Sigtuna]. Die Bewohner von Kauto-keino, die früher (zu Schweden gehörig) schwedische Lappen genannt wurden, heissen (seit sie an Schweden gefallen) norwegische Finnen, wogegen in der Gegend von Tromsö und im nördlichen Theil des norwegischen Finnland's die (dort eingewanderten) Finnen als Kvenen bezeichnet werden (s. von Buch). Nach Deutsch stammen die Bauern in Tornea von Einwanderern von den Küsten des weissen Meere's. Epifanij nennt, ausser Samojeden und Pineshanen (Anwohner der Pinega) auch Karelen und Lappen als Nachbaru der Permier. Die Zersprengung des lappischen Stamme's im nördlichen Finland war (nach Sjögren) in Folge des Weiterrücken's der Karelier überhaupt von der entgegengesetzten Seite, entweder durch die Verbreitung der slavischen Völker aus Süden oder vielmehr auch durch das vielleicht schon durch die Völkerwanderungen bedingte Vorrücken der Permier am Ural nach Westen und Nordwesten bis an's Weisse Meer. Vom schwedischen König Magnus Ladulas erhielten die Birkarlen ein Privilegium die Lappen (in den Waldgegenden des mittleren Finland's) steuerpflichtig zu unterwerfen. Die Ingrikot (Ischoren) und Watialaiset oder Waddjalaiset nennen, sind eigentliche Eingeborene von Ingermanland (s. Sjögren). Die Iugrikot (Ischoren) werden von den Woten oder Watialaiset (den südlichen Finnen der Tavastländer näher stehend) Kurjalaiset genannt (als den nördlichen Finnen der Karelier näher). Die Ischoren sind (nach Sjögren) später, als die Woten eingewandert Die Wotjäken im Wätkischen wurden früher auch Otjäken, später Woten und Wotjaken genannt (s. Sjögren). Die Woten (in Walland) hiessen (1294) Oten. Die einwandernden Syrjänen trafen ausser den Tschuden (Karelier) auch Gam (Jemen oder Jam). Est sane maxima omnium, quos Europa claudit, civitatum, quam incolunt Slavi cum aliis gentibus Graecis ac Barbaris (civitas Julinum vel Jumne). Ibi est olla Vulcani, quod incolae graecum vocant ignem, de que etiam meminit Solinus Ibi cernitur Neptunus triplicis naturae. The race (of the Yourook or herdsmen) occupy the black goats-hair tents scattered over the plains of Lydia.

**) Die Syrjänen und Permier (ähnlicher Sprache) tragen den gemeinsamen Nationalnamen Komi (Komi-murt oder Komi-jas). Nach Soskin sind die Syrjänen verdrängte Ausgewanderte aus Perm. Die Vorfahren der Ostjäken waren Syrjänen, die aus dem Wytschegdaschen über die Petschora und den Ural gingen, in ehemaliger Heimath für die Götzen eine Freistatt findend Nach Klaproth verschmolzen die Syrjänen mit den Wogulen. Nahe am Tobol und Narym ist die Sprache der obischen Ostjaken (wegen Verkehr's mit Tartaren) gemischt, wogegen sie am Meer grosse Aehnlichkeit mit den Permischen zeigen (J. B. Müller). Die Mysier, die sich alles belebte enthielten, heissen Θεοσεβεις und Καπνοβαται (nach Posidon.). Die ohne Weiber lebenden Thraier (als Heilige verehrt) heissen Κτισται. Die Krobyzen, südlich vom Ister (b. Hecat), und Terizen hielten sich (nach

wurde seine Tochter Ingigerd*) mit dem Reich von Sturlaug an Framar übergeben (nach der Sturlaug Starfsames Saga). Der schwedische König Ingvar (Eisthen's Sohn) wurde bei Stein in Esthland unter einen Hügel begraben (VI. Jahrhdt. p. d.). Das Land Engra und die Ingrionen an der

---

Snidas) für unsterblich, wie (nach Herod.) die Geten. Saxones cum Slavis profecti sunt in Britanniam (Math.). Slavi in Frisia seu Hollandia donavit autem ei (Willebrod) Pippinus locum cathedrae episcopalis in castello suo illustri, quod antiquo gentium illarum vocabulo Wiltoburg, id est oppidum Wiltorum, lingua autem gallica Trajectum (Trechtum) vocatur (Beda). Die slawischen Bauern (rustici slavi, manumissimi seu liberti) heissen (in den Marken und der Lausitz) Wulschken (Wuczschken im Sachsenspiegel). Turpis vitae homines (wegen der Plünderungen) Ambrones genannt (Festus). Die Sachsen wurden durch den Fluss Chalusus (die Trave) von den Chaucen getrennt (b. Ptol.). Σαξόνων νῆσοι τρεῖς an der Elbmündung (Ptol.). Paulinus Eboracensis taufte die Ambrones (Aldsaxones). Die Sachsen (in Britannien hiessen Ambrones (Sigeb Gem.). Ambrones fuerunt gens quaedam gallica, die (durch Fluthen ausgetrieben) plünderten (Festus). Orosius nennt die Ambrones neben (gallischen) Tigurinern (unter Cimbern und Teutonen). Posidonius stellt die Teutonen (Τωυγέτοι) zu Helvetiern (neben Tigurinern). Pagus Tigurinus unter Helvetiern (Caesar). Teutoni in Scandinavia (Mela). Μεταξὺ Σαξόνων δὲ καὶ τῶν Σουήβων, Τευτονόαρα καὶ Οὐίρουνοι (Ptol.). Die Helvii (mit Alba Helviorum) waren den Arverni unterworfen. Cimbri et Teutoni (in sinu Codano), ultra, ultimi Germaniae, Hermiones. Teutoni mit Ingaeven (b. Plinius). Helvii oder (b. Plin.) Helvi neben Volcae Arecomici (Caesar). Die Helvetier waren aus dem Lande zwischen Main und hercynischem Walde (b. Tacitus) ausgewandert, aus den wüsten Sitzen jenseits der Alpen zwischen Donau und Rhein (Ptol.) von den Bojern her. Den Cimbern, die sich durch das Land der Bojer durchgekämpft, schlossen sich (helvetische) Tiguriner (mit castrum Turecum bei Zürich) an. Franci et Saxones verwüsten Belgien und Armorica (Eutrop.), und kämpfen mit den Römern (zur Zeit des Julian). Prae ceteris hostibus Saxones timentur ut ripentini (s. Amm. Marc.). Die mit Langobarden nach Italien gezogenen Sachsen fanden ihr Land bei der Rückkehr von Schwaben besetzt. Cum Saxonibus Euciis besiegt Theodebert die Thüringer. Bei den Angelsachsen gelten die Sachsen des Festlandes als Eald-Seaxe. Sachsen siedeln unter Vertigernus in Brittannien. Nach Artemidor wurden bei den Thracern die Kinder der Freien, bei den Geten der Sklaven stigmatisirt. Hominum genus, quod laribus carebat quodque ex mixta variarum gentium colluvie constabat, et quod nullas certas sedes ut patriam habebat (Dion. H.) die Leleger als Ἀβῤῥύγικης. Κληθῆναι δὲ Ἀβοριγῖνας ἀπὸ τῆς ἐν τοῖς ὀρεσίν, ὡς ὑπεραρείους τινὰς καὶ παραλίους Ἀθηνησιν (Dion. Hal.). Lista, als Hauptstadt der Aboriginer. εὔξατο τῷ Δὶὶ καὶ τῷ Ἀπόλλωνι καὶ τοῖς Καβείροις καταθύσειν δικάτας (Dion. Hal.) die Pelasger. Ausser den von Aboriginern bewohnten gingen die pelasgischen Städte (in Italia oder Tyrrhenia) zu Grunde (ausgenommen das umbrische Croton). Die thracischen Aerzte des Zamolxis heilten Krankheiten durch die die Seele behandelnden Lieder und Sagen (b. Plato).

*) Nach Tatischtschew war Ingrien von Ingor (Rurik's Sohn) benannt. Die Syrjänen wurden um Mössku durch die russische List mit der Kuhhaut betrogen. Die Wessen im Südosten und Süden des Olonetzschen und im Nordosten und Osten des Nowgorodischen Gouvernements hiessen (bei den Russen) Tschuden (s. Sjögren). Perm ist Name des Landes (von Syrjänen bewohnt) und einwandernde Russen bildeten den Namen der Permier. Assyka (Fürst der Wogulen) besiegte (1455 p. d.) Ustwym in Permien. Zu Stephan des Heiligen Zeit zogen sich die Ostjäken aus Grossperm zurück (s. B. Müller). Die Nowgoroder wurden (1445) von den Ingriern besiegt (Karamsin). Obwohl den Tschuden feindlich, waren ihnen die Syrjänen doch verwandt. Den Russen, wie den Schweden war Ischora (Ingern und Ingermanland) als Volk und Gebiet der östlichere (nordöstlichen Theil von Ingermanland, im Gebiet von Wotskaja Pätina, dessen, von den Woten ausgehender) Name (wegen der ursprünglichen Verbreitung) auch auf Gegenden ausgedehnt wurde, wo sich später keine Woten mehr fanden (s. Sjögren). Dass die Woten (Ingarmanland's) schon seit ältesten Zeiten in häufigen Verkehr mit slavischen Völkern gestanden, zeigt ihre von den andern der übrigen ingermanländischen Finnen abweichende Sprache (Sjögren). Obwohl Finnen haben die Woten (Watialaiset) in ihre Sprache fremde (besonders lappische und esthnische) Elemente aufgenommen (als Gemisch von Stämmen). Die Sprache der Ischoren nähert sich in Nachbarschaft mit den Woten so sehr dem Wotischen, dass Beide (von Ayramoiset und Savakot in Ingermanland) als Lappalaiset bezeichnet werden (s. Sjögren). Finland ist (nach Bilmark) Vindland (der Veneter). Vexionius leitet die Finnen (Wänen) von den Wanen (mit Vandalen, Wender, Wenden und Quänen). Der Häuptling der Joten in Jotland (Finnmark oder Queland) hiess Finnehöfdingen (Finnenhaupt). Die Gothen nannten ihre Eroberungen am bothnischen Busen Jotland (s. Hallenberg). Ceux des Kareliens qui s'établirent près du golfe de Bothnie sont connus sous le nom de Quênes (Léouzon le Duc). Esthen und Letten werden von den Finnen als Wiro-Lainen begriffen. Die Isorier bewohnen Ingrien. Nach Ganner stammen die Lappen (Same) von den Samo-

Nordsee sowohl, wie an der burgundischen Ostsee in Ingermanland finden ihr Haupt in dem Stammvater*) Ing und schon im südlichen Ingävonenland zeigte sich die Form Ἐγχελεῖς (in Illyrien). Strabo nennt die Encheler auch Seraraser (s. Lindenschmit). Die Syrjänen haben sich in ihre gegenwärtigen Wohnsitze zunächst aus den oberen Gegenden der Kama verbreitet, der nördliche Theil des Permschen**) Gouvernement's aber, und besonders das

---

jeden. Beim Bärenfest (Kouwon Pääliset) in Finnland wurde der Bärenkopf aufgehangen. Der Bär (Otho) wurde in den Armen des grossen Otawa (Sternbild des Bären) geboren (aus der auf Erden gefallenen Wollflocke). Otawa ist das Sternbild des grossen Bären, Wenajan. Otawa des kleinen Bären (bei den Finnen) Die Sonne oder (bei den Lappen) Beiwe heisst Joulou (bei den Finnen). Vala (Prophetin der Asen) war von den (am Beginne der Welt geborenen) Joten belehrt. Von den scandinavischen Zwergen bewohnten Ai und Hlaevangr das Wasser, Loni die Sümpfe. Neben dem finnischen Seidr (der Verwandlungen) unterschied die nordische Zauberkunst die Beschwörung (meingaldr), um Andern Böses zuzufügen, und die geringar (Hexerei), wie die Verwirrung der Feinde durch Nebel oder das Unsichtbarwerden in einer umgebenden Wolke (Hulinschialmr). C'était le nimbus dont les divinités grecques ou romaines s'entouraient pour ne pas être aperçues des mortels. Die finnischen Zauberer hiessen Noijat (s. Marmier). Chez les Scandinaves les prophétesses (rivales des Nornes mythologiques) portaient le nom de Spákonur (femmes de vision) ou de Spadisir (intelligentes de vision). Les Spakounar s'appelaient aussi Völur (Le Duc.). Σποῦ τὸν ὀφθαλμόν (Herod.) die Scythen. Hercules Deusoriensis auf Münzen des Kaiser's Posthumius' (262 p. d.).

*) Celticos a Celtiberis ex Lusitania advenisse manifestum est (Plinius). Mit den Sueven können sich nur die unsterblichen Götter vergleichen" hörte Caesar von den Taipeteru [als Asen]. Illiberis maguae quondam urbis tenue vestigium (s. Plinius). In Scordiceni cespitis confinio quondam Pyrene civitas ditis arvis stetisse fertur (Avienus). Gens Elesycum prius loca haec tenebat, atque Narbo civitas erat ferocis maximum caput regni. Eiricum illum Peregrinatorem seu multivagum immortalium agrum seu Paradysum stolido voto inquirendum sibi injunxisse fabulantur (die Norweger). Zeutam prius habuerunt eruditam, post etiam Diceneum, tertium Zamolxem (Gothi). Dio dixit primum Tarabostes eos, deinde vocitatus Pileatos hos, qui inter eos genere exstarent, ex quibus eis et reges et sacerdotes ordinabantur. Adeo fuerunt laudati Getae, ut dudum Martem quem poetorum fallacia deum belli pronunciat, apud eos fuisse deum dicant exortum (Jornand.). Regnante Gothis Burvista Diceneus venit in Gothiam (quo tempore Romanorum Sylla potitus est principatu), cujus consilio Gothi Germanorum terros-quas nunc Franci obtinent, depopulati sunt (ohne dass Caesar sie besiegen konnte [als Sueven]). Propriis legibus vivere fecit, quas usque nunc conscriptas Belagines nuncupant (Jornandes). Reliquam gentem Capillatos dicere jussit (als Ekrenname, ausser den Pileati oder sacerdotes Decedente). Diceneo paene pari veneratione habuere Comosicum (et rex et pontifex habebatur). Wäinämoinen oder Wanha Ukko, Sohn der Kawe und des Riesen Kalewa, wurde (nach 30 Jahren) von seiner Mutter geboren. Nachdem der Lappe sein geschmiedetes Ross erschossen, wandelt er über die unter seinen Schatten entstehenden Flächen und Meeren, während sich der Himmel über dem Haupte wölbte, und wo er den Kopf aus den Wassern hob entstand eine Insel, wo er die Hand bewegte ein Vorgebirge. Als der aus Turja oder Lappland herbeifliegende Adler auf seine Knie genistet, fertigte er Himmel und Erde aus den Hälften das Eis [Con, Wolf der Indianer austretend]. In das Grab des todten Helden Wipunen (Kalewa) hinabsteigend, zwang ihn Wianomöinen die gesuchten Zauberworte mitzutheilen [Schamanisch]. Ausser auf dem höchsten Gott, wenden die Finnen das Wort Jumala auf alle Götter höheren Ranges an. Tout en désignant un dieu spécial, Kawe (bei den Finnen) s'applique encore à tous les dieux manifestés sous une forme humaine (s. Le Duc). Chaque individu, chaque maison, chaque fôret, chaque lac, chaque montagne a son Haltia, ou esprit consulteur (in Finland) [Ti]. Occurrit regi (Letwinorum) Lethovie quidam Livo de senioribus dicens se a neophitis et communi populo regem constitutum (s. Hermannus de Wartberge) 1345 p. d. Njörd, (Sohn des Frey), als Sveaking, ist (nach Are Frode) Sohn des Yngve, König der Türken) Borre oder Bure (König im Türkenland) ist (nach Fundinn Noregr) Vater des Bör, dessen Sohn, der Asakönig Odin, Vater des Frey ist und dieser Vater des Njörd (Vater des Frey). Yngve ist Sohn des Odin (in der Edda). Seming, Sohn des Yngvefrey (in der Edda), ist Sohn des Odin (in der Ynglingasage). Die Könige von Sigtuna (mit den Odinstempel und der Handelsstadt Birka) kämpften oft mit den Königen Uppsala's mit den Tempel des Frey (s. Münch). Die Gothen stossen bei Birca an die Sueonen, die sich bis zum terra feminarum erstrecken (b. Ad. Br.). Jenseits wohnen Turci (mit Wilzi, Mirri, Lami, Scuti). Sitonum gentes (mit Frauenherrschaft) neben Suiones (Tacitus). And be nordhan him (s. Sveum) ofer tha vestennu is Cvenland (Alfred).

**) Der Permische Stamm verbreitete sich aus dem Gebiet an den Kama und Ural

Uralische Scheidegebirge ist in geographischer Rücksicht das eigentliche Vaterland des Stamme's gewesen, von dem er sich theils nach Osten, besonders aber nach Westen und Nordwesten verbreitet (Sjögren). Die Syrjänen oder Permier erstreckten früh ihre Wohnsitze bis zum Eismeer (westlich in friedlichen oder feindlichen Verkehr mit Finnen*) oder auch Lappen), wurden aber später theils durch zwischengedrungene Russen, theils und eben mittelst derselben durch Finnen von Westen und Norden nach Osten gedrängt (s. Sjögren).

---

bis an das Archangelsche Gouvernement (s. Lepechin). Nach Georgi hat die Sprache der Ostjäken (dem Wogulischen verwandt) eine Beimischung des Samojedischen. Die Beormas sprechen (nach Other) eine dem finnischen (lappischen) ähnliche Sprache. Die (I. Jahrhdt. p. d.) von den Sogdianern unterworfenen Yan-thsai oder Alannu (der Chinesen) befreiten sich III. Jahrhdt. p. d. (s. Klaproth). Lhorasp bekämpft die Alanen (jenseits des Dzihun) und die Ghur. In Verbindung mit den Grusiern werden (87 p. d.) die Ossen oder (bei den Armeniern) die Alanen von den Persen besiegt. Swatoslaw besiegt die Yasi oder Osi und Kosoger (Tcherkessen) 965 p. d. L'empereur permit (720) qu'on enregistrât comme roi (parmi les vassaux de l'empire) le prince Ko-tha-lo-tchi-héeï-li-fa-chi. Khiou-eul (résidant à Hou-si-nah ou Gaznah) du pays de Sieï-iu (au sud-ouest de Tau-ho-lo ou Turkestan) ou Kothalotchi (Tsao-kui-tcha), où vivent mêlées trois races, les Turks, des gens de Ki-pin (Cophère) et des natifs du Tokharestan. Le roi de Fan-yan (Wang-yan) ou Fan-yan-na (touchant au sud-ouest à Kothalochi) reside à Le-lan. Outre l'espagnol proprement dit, et sans compter le biscayen, d'autres dialectes se parlent dans la Péninsule, le catalan, qui s'étend avec de légères modifications, à Saragosse, à Valence, à Majorque, et dans toutes les provinces de la couronne d'Aragon, est précisement l'ancienne langue d'oc (la lengua lemosina), qu'on parlait sur l'autre revers des Pyrénées (Viardot). Maintenant encore, un paysan languedocien ou limousin comprendra et sera compris sur tout le littoral espagnol depuis Port-Vendres jusqu'au royaume de Murcie. The grammar of Magyar, of Osmauli and of the Turko-Tartar languages seem identical (accord to Patterson). Oppert identificirt den Fürst Jelintashe (der Khitai oder Kara-Khitai mit dem Priester Johann. Dans le peuplades des Bouriates (du pays de Tounka) il faut distinguer deux classes, le Bouriate nomade, qui s'occupe à élever le bétail, et le Bouriate à domicile fixe qui habite la vallée de Tounka (Poliakow). Theodosia hiess (in alanischer Sprache) *Aoδaiδu* oder *Aρδáβλa*, die Stadt der sieben Götter (nach Periplus). Toutiorix (Beiname des Apollo) ist aus toutio (von tout, kymr. tôt, jetzt tûd, als tôt, irisch tuath oder tôt, populos, regio, als tout, urspr. taut aus der W. tut, wie lett. tauta, populus, genus, goth. thiuda, statt thiutha aus W. tbut, ahd. diota, diot, populos) und rix (rigs, gen. rigis, kymr. ri, jetzt rbi oder rig, irisch rig, jetzt righ, riogh, rex, princeps, dominus, lat. rex, goth. reiks, ahd. rich) zusammengesetzt (s. Glück). Kaum aufgeblüht verfiel das pannonische Schriftwesen zugleich mit dem grossmorawischen Reich (896) und suchte an der bulgarischen Mutterbrust fernere Lebensdauer, später in Serbien und Russland, zuletzt im Gebiet der Wlachen, Moldauer und Russinen, so dass das heutige Mähren somit Böhmen, Schlesien. Polen und Litthauen davon unberührt blieben (s. Glückselig) Bilingues Bruttales Ennius dixit, quod Bruttii et Osce et Graece loqui soliti sint (Paul).

*) Die Sawolotsche oder Sawalotsche Tschuden (Finnen und besonders Kareller) wurden (bei der nördlichen Ausbreitung der Russen) von Süden nach Norden getrieben und da bei Vermehrung der Tschudischen Masse (trotz des so starken Drängen's, dass ein Theil der Karelier selbst von Osten in's Pinegasche und Mesenische verschlagen wurde) im Norden kein Ausgang geöffnet werden konnte, so mussten dadurch die Permier gleichfalls noch mehr nach Ost und Südost zurückgedrängt, also auch vom Meere abgeschnitten werden (s. Sjögren). Stefan taufte 1380 in Permien. Kar, Stadt (im Syrjänischen). Die Sprache der Syrjänen und Permier ist nur dialectweise verschieden. Syrjänen (von syrjä, Rand), als an der Seite gelegen. Die mohamedanischen Besermäner (unter den Wotjäken) kennen (ausser wotjäkisch) auch die tartarische Sprache. Jen (Gott im Syrjänischen) oder (bei Tscheremissen) Juma (Jumala finnisch) heisst (bei Wotjäken) Jumor (Ilmarinen). Keremet der Wotjäken und Tscheremissen. Ex montium appellatione cognominati (Amm.). Alani [Albani, als Osseten]. Die Tiberis hiess früher Albula (nach Plinius). Ariminum war ursprünglich eine umbrische Stadt (nach Strabo). Aegida, als Stadt Histria's. Comagenos civitatem in monte Cumeoberg (Annl. Einh.). Mons Comagenus oder Wienerwald. Comeus Apollo in Seleucia (b. Amm.) [Comosinus, als Othis]. Kunsag (Kumanien) an der Theiss aus den mit Salomo (1070 p. d) in Ungarn eingefallenen Kumanen. Kumae (von aeolischen Cyme in Asien) wurde durch Chalcis auf Euboea gegründet. Cui (Cn. Domitio) fines Salyorum transeunti occurrit legatus Bituiti, Allobrogum regis, pretioso. apparatis instructus, quem satellites similiter ornati, et in his canes etiam sequebantur. nam et canibus pro satellibus utuntur ejus regionis barbari. Sequebatur etiam Poeta

Die Jonier hängen durch Javan mit Japetus zusammen, Vater des Prometheus (dessen Sohn Deucalion den Hellen zeugte), als Repräsentant der Urbevölkerung, die in den Japygen Illyrien, in den Japyden Calabrien bewohnten, und unter der Herrschaft des Janus (Javan oder Japhet) den von Creta geflüchteten Saturnus oder Sardanus bei sich aufnahm, um in Latium Gesetze und Ackerbau zu lehren. Die von Epirus nach Thessalien wandernden Dorier trafen in Aeolis die äolischen Böotier, die nach Böotien getrieben wurden (während im Peloponnes später die Achäer zur Veränderung ihrer Wohnsitze gezwungen wurden). In Beziehung auf Aeolus und die Aeoliden herrscht (nach O. Müller) das grösste Gewirr in den Genealogien (unter Vervielfältigung *) des Namens Aeolus) und wie Heigelin bemerkt, hat sich der Name Aeolus auf alle Stämme der Hellenen, die theils vor, theils neben den Dorern und Joniern da waren, ausgebreitet. König Aeolus auf den liparischen oder aeolischen Inseln führt (bei Diodor) den Gebrauch der Segel ein und wurde wegen seiner Kenntniss von den Witterungswechseln zum Gott der Winde erhoben. In den Aeoliern zeigte sich der von Westen zur See angelangte Theil griechischer Bevölkerung, der von dem temporären Aufenthalt in Nordafrika (seit dem dortigen Einfall der blonden Völker der Thamou) den libyschen Sagenkreis mitbrachte. Deucalion landete nach der Fluth auf dem Parnass, und als sein Sohn Hellen das Land besiedelt, vertrieb dessen Sohn Aeolus seinen Bruder Xuthus (Vater des Jon und Achaeus). Als eigentliche Hellenen, direct von Hellen entsprungen, galten (bei Heliodor) die Aenianes oder Enienes, die Scymnus Chius als eine Mischung von Lapithen und Myrmidonen (den aus Steinen

---

Μουσικὸς τε ἀνὴρ εἴπετο), qui barbaro cantu (βαρβάρῳ μουσικῆ) primum regis Bituiti, tum universae Allobrogum gentis deus ipsius legati laudes canebat (Appian). Le roi scythe Ariapithus avait épousé une femme grecque de la ville d'Istrus, il en eut un fils nommé Skyles. Sa seconde femme était la fille du roi de Thrace, Térée, il en eut un fils appelé Octomazadés enfin sa troisième femme, Opola était d'origine scythique, et donna le jour à un fils qui reçut le nom d'Oricus. Als Skyles sich in Olbia in die Mysterien des Dionysos hatte einweihen lassen, wurde er von den Scythen getödtet (V. Jahrhdt. a. d.). Die Geten unter Byrebistes zerstörten Olbia. Die auf Einladung der Scythen die Stadt wieder aufbauenden Griechen nahmen die Tracht der Melanchlänen an (nach Dio). Protogenes befestigte (beim Aufstande der Mixhellenen) Olbia gegen die Galater. Die Häuptlinge der Kara-Kirgbisen (Kirgis oder Buruten) oder Diko-Kamennyze-Kirgisy (wilde Bergkirgisen) heissen Manape. Hasret (Majestät) ist Titel des Chan von Chiwa. Dem Sultan der Kirgis-Kaisaken (Kasaken) stehen Prikas (Räthe) zur Seite.

*) En Sanscrit Arya signifie, comme adjectif, fidèle, dévoue, aimé, excellent, comme substantif, maitre, seigneur. La forme plus simple, ari, a aussi dans les Védas le sens de dévoué, zélé, plein d'ardeur. Le dérivé secondaire ârya, venerable, excellent, de bonne race, maitre, ami, s'emploie plus spécialement comme ethnique pour désigner les hommes de la race pure, de la nation privilégiée, par opposition à ceux des castes inférieures (Pictet). En Zend on le retrouve sous la forme de airya, respectable, vénérable, et il s'applique de même à la nation et au pays. Une autre forme dérivée parait se trouver dans l'Elam de la Genèse. La racine verbale du mot arya, airya, a été également conservée par les deux langues soeurs, c'est le Sanscrit ꞧ (ar) et le zend ĕrĕ, dont le sens primitif est celui de mouvement en général, mais surtout de mouvement en haut. Mit dem Sanscritisch. ṛta, eine Art Synonyme von arya, oder (im Zend) arĕta, ĕrĕta, verehrt und gefeiert, verbindet Bournouf Agraïoi den alten Namen der Perser (b. Herodot). Die Osseten des Caucasus nennen sich Iron von ihrem Lande Ir. Der Name der Arii, einer der kriegerischsten Stämme der Germanen (nach Tacitus) hängt mit ari oder ario in den Namen, wie Ariovist, Ariobindus, Ariaricus, Aribald, Aribist, Aribint, Ariman zusammen. In Heribald, Herilint, Heriberaht, Heriman liegt heri (altdeutsch) oder hari, gothisch, harji (miles, agmen, exeratus;. Bopp erklärt Arii aus era (Ehre, Ruhm) oder (Angelsächsisch) âr und (scandinavisch) aer. Von Ari (tapfer) im Armenischen kommt der Plural Arikh, als Name der Perser. In Erinn oder Eirinn (jarin oder jar-innis, die Insel des Westen's) liegt Er, das als Adjectiv edel, gut, gross, als Substantif einen Krieger oder Helden bezeichnet. Vom Sanscritischen Arya leiten sich ab Aryaman (ami, compagnon), âryaka (homme vénérable, grand père), âriatâ, âriatva (conduite honorable), sowie auch Aryavarta. Thracien (Peuke) hiess früher Aria (nach Steph. Byz.).

und Ameisen entstandenen Urbewohnern) mit Aemonern (Thessalien's) erklärt.
Die Gegend von Dodona war von den Selli oder (bei Pindar) Helli und
den zur deucalionischen Fluthzeit Graeci genannten Hellenen (n. Aristoteles)
bewohnt. Zur Fluthzeit kreuzten die Häuptlinge der Pelasger, als Wikinger-
könige, auf dem Pelagos oder Meere umher, Land (gleich Pelagonien in
Macedonien) zur Ansiedlung suchend, wie sie es bei des Peloros Bericht
von dem Erdbeben in Tempe (nach Athenäus) erhielten. In Arkadien tritt
Pelasgus, Sohn des Niobe mit Zeus, als Landheros auf. Achäus war der
vom menschlichen Vater (Xuthus) geborene Sohn der Creusa, die mit Apollo
seinen Halbbruder Jon zeugte (indem die mit den zugewanderten Javanen
vermischten Eingeborenen als Achäer erscheinen). Spätere Sagen versetzten
die Landung des Deucalion nach dem Parnass (b. Delphi), aber am Skomius
(dem Knoten des Haemus und Rhodope) finden sich die von den Laaei und
Graui bewohnten Quellen des Strymon, der an seinem unteren Laufe den
See Prasias oder Cercinitis (mit Pfahlbauten) bildet. Die Kimbern oder (bei
den Griechen) Kimmerier (nach Strabo) waren die umherschweifenden und
(gleich der Kimmung) streifenden, als Nomaden auch am Pontus (ehe die
asiatischen Scythen sich einschoben) und ihrer Verheerungen wegen Räuber
gescholten (nach Festus) wie später die Wikinger. Die von den Ligyern
(den mit den Lygii Schlesien's verwandten Ligurern[*])) verstandenen Ambronen
waren die Anrenner, vor der Schlacht den entsprechenden Ruf (Au, au oder
drauf, drauf) erhebend, und der brittannische König Uterpendragon spricht
(b. Siegeb.) auch von seinen Feinden, den nach den Messern (sahs) genannten Sachsen, verächtlich als Ambronen (gleichsam Kopfflechter). Nach
Herodot waren die Jonier ursprünglich Pelasger und die Athener änderten
ihre Sprache, indem sie Hellenen wurden. Die in Böotien[**]) niedergelassenen

---

[*]) Mit dem Seezuge des Jasion begannen die griechischen Cultureinflüsse, die noch
in Odin's Residenz Asgard am Maeotis nachwirkten (zur Zeit des Mithridates), zuerst die
Gestade des schwarzen Meeres zu durchziehen, wo Skylax am Promontorium Jasonium
die griechische Stadt Asinia (Ἀσινία ἀκρόπολις Ἑλληνίς) kennt und in der Nähe des
Apsarus-Flusse's (wo Aetes den von Medea zerstückten Körper seines Sohne's Apsyrtus
gesammelt) die nach dem Tempel der Athenae genannte Hafenstadt Athenae (nach Arrian)
oder (b. Skylax) Odinios (Ὀδίνιός πόλις Ἑλληνίς) lag. Das Volk der Odones (Ἴδονες, ἔθνος
Θράκης τοῖς Μαίδοισι ὅμοιον) wohnte in Thracien (nach Steph. Byz.) und von den Geburts-
schmerzen waren die Odines benannten Qualen hergenommen. Ὠδῖνες θανάτου καὶ παγίδις:
dolores et laquei mortis, id est lethalia pericula dolores Orci (Ὠδῖνες ᾅδου). Im Gebiet
des König's Aidoneus oder Hades (am Acheron in Thesprotia) lag das Orakel der Abgeschiedenen (νεκρομαντεῖον). Der thracische König Hämus wurde mit seiner Gemahlin
Rodope für den Frevel bestraft, sich dem Zeus und der Hera gleichzustellen, als noch das
Hämus-Gebirge verehrt wurde, und das Aimo genannte Land der Abgeschiedenen liegt,
seinen verschiedenen Abtheilungen nach, in heiligen Bergen (bei den Lappen). Die fünf
ὅσιοι hatten die heiligen Jungfrauen aus dem Hyperboräerlande (bei den Osii am Baltic)
auf der heiligen Strasse an das adriatische Meer geleitet, und weiter nach Dodona, Delphi
(wo die Osioi orakelten) Tempe und Dodona, um des Phöbos Weihgeschenke zu über-
bringen. Wäinämöinen's Geige, Kandele, bezauberte die Waldthiere, wie Orpheus Leier,
die Vögel und Fische, und Citherspielende Gesandten gelangten noch spät von der Ostsee
bis Byzanz. Himinborg war Heimdall's Himmelsburg, Himinglâffa (die Himmelanklaffende)
gehörte zu den von Rana dem Aegir geborenen Himmelstöchtern und mit der Nymphe
Himalia (aus Cyprus) zeugte Zeus den Cronius. Der nördliche Mare Cronium war unbe-
schiffbar. Die (unter Commatorius) am Haemos zurückgebliebenen Gallier oder Prausi (die
Brennus II. gegen Delphi geführt) erbauten (zwischen Byzanz und der Donau-Mündung)
Thyle (als ihr Thule).

[*]) In der Iliade kämpfen die Ἴονες ἑλκιχίτωνες an der Seite der Böotier neben den
Schiffen. Die barbarische Sitte der langen Gewänder findet sich auch in der homerischen
Hymne an Apollo. Schlegel giebt dem Namen der Jonier einen lydischen Ursprung. Nach
Plutarch gab es vor der Zeit Solon's ein Orakel der Pythia den Namen Ἴονια in Samos.
In den persischen Keilinschriften bezeichnen Juna die Griechen Kleinasien's und auf den
Inseln. Javan wird unter den Söhnen Japhet's genannt, von denen die die Inseln der
Völker unter sich theilenden Stämme herkamen. In den Inschriften zur Zeit Asoka's
steht Yona statt Yavana. Pictet leitet den Namen der Yavana oder Jonier von yu (arcere,

Jonier nahmen zuerst von Cadmus das phönizische Alphabet an (n. Herodot).
Die sich auf Sam ben Noub (oder Sem), dem Aboul Arab zurückleitenden
Araber lassen Alles Feindliche der tatarisch-scythischen Reitervölker*) von
Jafeth stammen (während die Cham's Neger wegen ihrer Ungefährlichkeit
eher bemitleidet werde, da dem Fluche ihrer Dienstbarkeit zugleich das
Gebot gute Behandlung zugefügt wurde), und der Zwiespalt der Titanen-
kämpfe bei den Armeniern wiederholt sich in der Griechischen Mythologie,
wo Jupiter den ihm verwandten Titanen Japetos in den Abgrund schleudert
und von dessen Söhnen Menötius mit dem Donnerkeile tödtet und Prometheus
(Bruder des Epimetheus) verfolgt, während Atlas im Westen verschwindet.

---

avertere), als die Grenze vertheidigend. A la forme causative de la racine yu, au présent
yâvayâmi, repond de tout point le verbe *ιαομαι* von *ιαωμαι*. Varro leitet juvenis von juvando
(qui ad eam aetatem pervenit ut juvare possit). Nach Pictet *Ιερια* oder Hibernia (Irland)
ist zusammengesetzt aus ibh (pays) und Erna, forme-sécondaire de Er-Arya. Dans le
principe on a appelé Ibèrie la portion seulement de l'Espagne, comprise entre l'Iber et
les Pyrenées. Dionys. Halic. erwähnt der Brüderschaft von *Ιβηρ* und *Κιλος*. Im Caucasus
findet man ein Albanien an ein Iberien grenzend, wie das brittannische Albanien an
Hibernien. l'irlandais ibh, pays, tribu correspond au sanscrit ibha, famille, état de maison,
serviteurs, d'où par une extension naturelle, dérive le sens de clan, de tribu et de pays.
de ibha vient l'adjectif ibhya, riche, opulent, c'est-à-dire possesseur d'un grand état de
maison. Cet adjectif se retrouve dans le grec *ιφιος*, avec l'acception peut-être secondaire
de fort, d'un substantif *ιφις*, conservé seulement dans l'adverbe *ιφι*, avec force. En irlandais
et en crse, alp, alb, signifie une hauteur, une grande masse, une montagne, en cymrique
alp, un rocher abrupté et sourcilleux.

*) Der Name der thracischen Japyden in Illyrien hat sich in dem Chaonien be-
wohnenden Stamm der Albaneer, als Eingeborene, erhalten (neben den Parthini). Bartho-
lomäus ist der Apostel der Indier. Rabbi Akiba gab den Bar Cokba (Sohn des Steru's)
für den Messias aus. Yava (yavaka) s'applique ordinairement à l'Hordeum hexastichon,
mais aussi (dans les Védas) au triticum ou frumentum, gaw (am Belutschi), jawai (im
litthauischen), als *Ζία* (*Ζεία*). *Από τοῦ ζα καὶ τοῦ ἄω, τὸ πνέω, γίνεται ζαιής, καὶ ἐν συν-
αλοιφῇ ζαής. Ἤ ὡς παρὰ τὸ πέτω γίνεται πέτην, οὕτως καὶ παρὰ τὸ ἄω, ἄην, καὶ ζάην, μετὰ
τοῦ ζα. Τὸ γὰρ τέλειον ζάηνα, ὡς πέτηνα, εἰ μὴ κατ' ἐκθλίψιν γέγονε* (Etym. m.). Ζαής: ὁ
σφοδρὸς ἄνεμος. Πετεινος (πτηνός): volucrum. Symmachus posuit *Ἰα* pro Hebr. Jah. *Ἰα*
(vox aut vis) interdum significat sola, item Una seu Una eademque à masc. *Ιος*, Hesych.
exp. non solum *ἄνθη τὰ πορφυροειδῆ* sed etiam *βέλη*, jacula, quae potius *ιol*. Namque
significat Violae a *Ιον* (s. Steph.). *Ιάπτω*: mitto. Die Pandura genannte Zither (der
Aegypter) fand sich in der Ukraine. Das unregelmässige Fussvolk der Panduren war nach
dem Dorfe Pandur (in der solter Gespanschaft Niederungarn's) genannt, wo sie unter
ihrem Harun Pascha genannten Hauptmann lebten. Nachdem Trenk (1741) ein Freicorps
der Panduren errichtet, wurden sie unter den regelmässigen Truppen aufgenommen. Die
Jasen im Kaukasus zeichnen sich durch blaue Augen und röthliche Haare aus. Nicht
umsonst wird Hermes (nach Nonnos) als Kadmilos besungen, indem er nach Ablegung der
himmlischen Gestalt Kadmos heisst. Harmonien (sagt Ephoros) sucht man noch jetzt in
den Samothrakischen Geheimnissen. Die (nach Dion. Hal.) unter Achäus, Phthius und
Pelasgus eingewanderten Pelasger wurden (nach Strabo) aus Thessalien nach Italien vertrieben durch die Lapithen, die (wie die Histiäer und Perrhäber) von Doriern vertrieben
wurden. Erst nach dem troischen Kriege erfolgte die Einwanderung der hellenistischen
Thessalier (*Θεσσαλοι, Θετταλοι*), eines thesprotischen Stammes (nach Herodot) aus Ephyra
in Epirus, unter Herakliden, als Fürsten. Nach Verdrängung der vorgefundenen Aeolier,
unterwarfen sie die benachbarten Magneten, Perrhäber, Phthioten u. s w. Die *Ἰάπυδες*
(thrazischen Stamme's) wohnten in Japydia (Theil von Kroatien und Illyrien). Der Titanide
Japetus (Vater des Atlas, Prometheus, Epimetheus und Menötius) vermählte sich mit Asia
(Tochter des Oceanus). Die Japygier wanderten aus Creta in Unter-Italien ein. Menötius
hütete die Kinder des Hades. Jason, Sohn des Aeson (in Thessalien) zog nach Colchis.
Jas: Jonica, quae ex Jonia est. Jasi: populi Pannoniae vel Daciae Jasius (*Ιασιος*) rex
Argivorum, Atalantae pater (Hyg.). Item filius Jovis et Electrae, frater Dardani, Samo-
thraciae rex. Alii filium Corythi faciunt Javis filii, Etruriae regis. Jasius wurde von Ceres
geliebt, als im Ackerbau eifrig. Dardanos (Sohn des Corythos) gründete die etrurische
Stadt Korythos (*Κόρυς* oder Helm) oder Cortona (nach Besiegung der Aborigines). *Ιαπετός*:
Nomen proprium, item: nugae, stultus, priscus, unus ex Titanibus (Suidas). *Ιάπυξ*: Ventus
levis. *Ἰα*: μία, ἡ φωνή, ἡ βία, *Ιαπετός*, filius Coeli et Terrae (b. Hom.), *ἐπὶ διασυρμῷ* autem
ita dicitur ὁ ἀρχαῖος καὶ μωρος (s. Steph.). *Ιαπετός*, ἀντὶ τοῦ γέρων, de senibus et jam
delirantibus per contumeliam ponitur.

Bastian.

Nach dem Malavikagnimitra kämpfte Pushpamitra*) (178 a. d.) mit den
Javana, die das Opferpferd auf dem rechten Ufer des Sindhu entführt hatten.
In Pataliputra residirend, verfolgte er von Cakala (oder Madra) aus, das
er nach dem Tode des bis zur Vipaça herrschenden Eukratides besetzt
hatte, die Arhat (als Munihata), auf deren Kopf ein Preis von 100 Gold-
münzen (Dinâra) gesetzt war (nach dem Asoka Avadana). Virat (König der
Kirata oder Pali), der die Pandu unterstützte, residirte in Pandua (bei Gaur),
als sein Vater Bana**) (Bana Asura), der (als Sohn Bali's) von Hiranya,
(Sohn des Kasyapa) stammte, in seiner Hauptstadt Sunitapur durch Sri
Krishna besiegt war. In den Schädeln der Japygen (in Süd-Italien) erkannte
Nicolucci Aehnlichkeit mit dem griechischen Typus. Mommsen fand indo-
europäische***) Aehnlichkeiten in den Sprachresten der Japygen. Ὀδυσσεύς

*) Auf Pushpamitra, der als Heerführer des letzten Maurja-König's Brihadratha sich
empörte, folgte (in der Çunga-Dynastie) Vasumitra (nach dem Purana). Deiabhuti, der
letzte König der Çunga, wurde von seinem Minister Vasudeva (Stifter der Kanva-Dynastie)
ermordet (66 a. d.). Auf die Kanwa (345 Jahr regierend) folgte die Dynastie der Andhra-
jatikas (der Andhra oder Telinga) jainistischer Religion und unter ihrem letzten König
Salamadhi (nach einer Herrschaft von 456 Jahre) wurden die Purana abgefasst durch
Vayasa, Lehrer des Sankar Acharya (s. Hamilton). Sri Krishna Chandra, Sohn Basudewa's,
brachte die Javana nach Indien. Sein Sohn Samba brachte eine Colonie Brahmanen aus
Sakadwipa nach Magadha, von wo sie nach Kanyakubyka kamen und dann, als Stammvater aller Brahmanen, sich über Indien verbreiteten. Κέρας (Horn), cornu (St. Κέρα-ς)
entspricht (sanscr.) Karna-m (s. Curtius), und ε wird vertreten durch ι in Κίρνημι (Κιράω),
[so dass auf den gebornten Iskander Christus sowohl, wie Krisna führt und im malayischen
Archipelago der Kris, wie auf frühere Carnaer die Cretenser und Kres]. Krsna, blau-
schwarz (Vishnu), Krsti, ein Gelehrter (oder Ackerbau). Krs (Karsami), ziehen, quälen,
siegen, erwerben.

**) Madri, Tochter des Madra (Raja von Sailya oder Bhotan) war mit Pandu ver-
mählt. Madri oder Lakshamana, als Gattin Krishna's. Kurudesa begriff die Provinz von
Delhi. Uttara, Tochter des Virat, der (als König von Matsya oder Dhinajpur) über die
Pali oder Varmas (unter den Kiratas) herrschte, war mit Abhimanyu, Sohn des Arjuna,
vermählt. Ein Theil der Juetchei setzte sich fest in Fuh-low-sha, südwestlich von Polo
(Balkh), als Puloosha (Belootschestan) nach Huentsang (s. Remusat). Auf die einheimische
Dynastie der Andhrabhritja-Könige (23 a. d.) lassen die Brahmanen fremde Könige folgen,
erst die Saka und dann die Javana. Arjuna bezwang durch seine Pfeile den Javana-König
Dattumitra (Sumitra) oder (nach Tad) Demetrius. Beim Zerfall von Asoka's Reich folgten
Könige nach den Statthaltern Kunala in Taxila, herrschte Sujaças in Magadha aus Jaloka
(Sophagasenos, der das Bündniss mit Antiochus M. erneuerte) in Kaschmir. Pushpamitra,
Stifter der Sunga-Dynastie, stürzte die Maurja (178 a. d.). Alle Erscheinungen sind inhalts-
leer und ohne Substanz (çunja und anâtmaka). Die Lehre Buddha's sollte untergehn,
wenn die von ihm im Kloster von Peshawer gepflanzte Pippala verdorren würde. Bibi
Nani wird am Eingange zum Bolan-Passe verehrt (nach Masson). Ajatasatru, König von
Kasi (zu dem die Menschen laufen, schreiend: Janaka, Janaka) belehrt den von ihm widerlegten Vedakenner Gargya Balaki, der unter den Usinaras, Matsyas, Kurus, Panchalas,
Karis und Videhas umherzog (nach der Kaushitaki Brahmana Upanishad). Benares (Kasi)
ist Kschetra (Pilgerplatz). Ajatsatru (König von Magadha oder Bharatkhanda) ist Sohn
des Bidbisara (Sohn des Kshetragya, Sohn des Kshemadharma in der von Sisunag ge-
stifteten Dynastie. Saunaka, Sohn des Sunaka (Sohn des Gritsamada) schied die vier
Kasten. Der Brahmane Gautama (Vater des Svetaketu Aruneya) wird von dem Rajanya
Pravahana Jaivali oder Panchalas belehrt (nach der Chhandogya Upanishad). König
Asvapati oder Kaikeya belehrt die Brahmanen (in der Satapatha Brahmana). Ahalya,
Tochter des Mudgala (König's von Pangchala oder Panjaub) heirathet Gautama. Anuba
(Sohn Nipu's) heirathete Kritivi, Enkelin des Vayasa Muni. Brishadarbha, Suvira, Bhadra,
Kaikeya sind Söhne des Sibi, der von Ana (Sohn des Jajati) stammt. Dhristi Ketu
(Schwiegervater Krisna's) herrschte im Königreich Kaikeya.

***) On ne doute point, qu' Javan ou Jounan (fils de Japhet) n'ait donné son nom,
qui se peut prononcer Jon, aux Grecs appellés Jones au Jounan (s. Herbelot). Les Liapes
(Japides ou Lapes) semblent descendre des anciens Chaones, sauvages qui (suivant les
poétes grecs) se nourrissaient des glands (Robert). Le gland doux que mangent encore
les habitants de la Liapourie, en le délayant dans du lait, n'est guère inférieur au fruit
du châtaignier, avec lequel plusieurs tribus albanaises, aussi bien que les Corses, font leur
pain. La conféderacion des Djames ou Djamides (en Albanie) semble le résultat d'emigra-

oder (wie ὀδύσσομαι) der Zürnende hiess (bei den Tyrrheniern) Nanos (νᾶνος) oder Nannos (νάννος) als Zwerg und Wanderer (Tzetz.). Die lat. Form Ulyxes oder Ulixes (Ulysses) ist dem dorisch-sicilianischen Dialect (Οὐλίξης) entnommen, nach seinem Vater Λαερτιάδης (διογενής Λαερτιάδης) genannt. Japhet (Ἰάφεδ in der LXX.) bedeutet die Ausbreitung, mit Japetos *) (durch Buttmann) identificirt (als oberster Gott des Himmel's in Phrygien). Nach den Griechen hatten fünf ὅσιοι das heilige Jungfrauenpaar aus dem Hyper-

---

tions successives des Skipetars parmi les Hellénes (Robert). On distingue dans se groupe les phars des Massarakiens et des Aïdonites, riverains de l'Achéron et habitants de l'Aïdonie, ancien royaume de Pluton. Il y a une grande différence entre les populations illyriennes et les Iliriens, nom que se donnent les Serbes catholiques (Robert). Von den fremden Colonisten der Bulgaren, Serben, Vlachen in Albanien lernen nur die Männer die Sprache der Skipetaren, aber nicht die Frauen. Des quatre groupes primitifs (mentionnés dans Arrien, Pline et Strabon comme autant de peuplades scythiques venues du Caucase sous le nom de Gogs ou Mardaïtes, de Lesghisdans ou Toxides, de Japyges et de Chamis) sont sortis les Toskes, les Japes, les Djaines et les Djègues (chrétiens et mahométans). Les Djègues occupent toute l'Albanie rouge (s. Robert). Les Djèges musulmans sont honorés par les Turcs mêmes du noble titre d'Osmanlis (sunnitischer Secte). Les Tosques, qui furent longtemps les seuls Albanes au blancs, occupent le territoire des Partheni (Albanais primitifs) schiitisch (wenn mohamedaner) oder (wenn christlich) griechisch-katholisch (mit schräg gestellten Augen. Une ramification des Toskes musulmans se trouve rejetée vers le nord et porte plus particulierément que le reste des Albanais le nom d'Arnaoutes (Albanais bâtards, recrutés par des ouskoks de Bulgarie).

*) Nach den Arabern schenkte Noah seinem Sohn Japheth den Wunderstein, um Regen herabzuziehen (s. Stickel). Als tättowirt wurden die Japodes (von Strabo) χαταστιχτοί genannt. Japydia bildet eine Provinz in Illyria Barbara oder Romana (s. Schirlitz). Horax bezeichnet den West-Nord-West Wind (Japyx) der meist bei klarem Himmel weht, als albus (s. Kanngiesser). Servius leitet Japyx (Arzt Aenea's) von ίασθαι ab. Jarl (Sohn von Fadir und Modir) stammte (als Ahn der Könige) von Heimdall, der mit Erna (Tochter Hersir's) den Sohn Konr (König) zeugte. Nach dem Rigsmal macht Heimdall zu Stammeltern der Sklaven (Thrael und Thyr), Ai (Urgrossvater) und Edda (Urgrossmutter) zu Eltern des Bauern (Karl) Ai (Grossvater) und Amma (Grossmutter) und zu Eltern des Jarl (Vater des Konr) Fadir und Modir. Prometheus oder Ἰαπετιονίδης (als Sohn des Titanen Japetos und der Asia) überlistete den Zeus zu Mecone (Sicyon). Skylax setzt den Stamm der Japygen den Lukanern und Samniten gegenüber. Nach Ephorus war Kroton eine japygische Stadt. Ἰάπυξ, ventus levis, vel nomen loci (Suidas). Mit den Söhnen des Lycaon (Japyx, Daunius und Peucetius) kamen (wie die Daunier und Peucetier) auch die Messapier (Calabrier) nach Italien. Herodot nennt die Messapier in Messapia (Japygia) oder Calabria einen Stamm der Japyger. Die Calabrier oder Messapier und die Salentiner bewohnten die Halbinsel Messapia (Calabria) oder Japygia (Salentina). Japydia hiess auch Lacinia. Ovid nennt Janus die Mittler zwischen Götter und Menschen. Bei allen Gelegenheiten opferten die Römer zuerst dem Janus. Der Marktplatz wurde nach der Gottheit getheilt in Janus summus, imus, medius Augustinus quadrifrontem Janum memorat (quadrigeminum). Uinen ist der koptische Name für Jonier. Die Japydes in Japydia (the military frontier of Croatia) followed the custom of the wild Thracian tribes in tattooing themselves and were armed in the Keltic fashion, living in their poor country (like the Morlachi of the present day) chiefly on Zea and millet (Smith). Nach den Kriegen mit den Consul Tuditanus (129 a. d.) wurden die Japydier durch Octavius (34 a. d.) besiegt. Μετούλον war Hauptstadt der Ἰάποδες (Strabo) oder Ἰάπυδες (Ptol.). Japygia hiess Calabria oder Messapia (nach Strabo). Herodot nennt die Messapier einen Stamm der Japygier. Polybius bezeichnet Apulia als Japygia. Die Japygier stammten von Japyx, Sohn des Lycaon. The most important of the predatory tribes on M. Oeta (Οἰταῖοι in Οἰταία) were the Aenianes (Αἰνιᾶνες) called Enienes (Ἐνιῆνες) by Homer and Herodotus an ancient Hellenic Amphictyonic race. They are said to have first occupied the dorian plain in Pelasgiotis, afterwards to have wandered to the borders of the Epeirus and finally to have settled in the upper-valley of the Epercheius, where Hypata was their chief town. Ἴδρυνται οἱ Ἰανόδες ἐπὶ τῷ Ἀλβίῳ ὄρει τελευταίῳ τῶν Ἄλπεων ὄντι, ὑψηλῷ σφόδρα, τῇ μὲν ἐπὶ τοὺς Παννονίους καὶ τὸν Ἴστρον καθήκοντες, τῇ δ'ἐπὶ τὸν Ἀδρίαν (Strabo). Flumen Tedanium, ubi finitur Japydia (Plinius). Ἰανόδων δὲ τῶν ἐντὸς Ἄλπεων, Μοεντῖνοι μὲν καὶ Αὐλδιᾶται προσέθεντο αὐτῷ (τῷ Σεβαστῷ) προσιόντι. Αὐρονπῖνοι δ' οἱ πλεῖστοι καὶ μαχιμώτατοι τῶνδί τῶν Ἰανόδων εἰσὶν (Appian). Ἡ δ' Ὄκρα ταπεινό τατον μέρος τῶν Ἄλπεων ἐστὶ τῶν διατεινουσῶν ἀπὸ τῆς Ῥαιτικῆς μέχρι Ἰανόδων, ἐντεῦθεν δ' ἐξαίρεται τὰ ὄρη πάλιν ἐν τοῖς Ἰάποσι καὶ καλεῖται Ἄλβια (Strabo). Οἱ Ἰάποδες δὲ τοῦτο ἤδη ἐπίμικτον Ἰλλυριοῖς καὶ Κελτοῖς ἔθνος (Strabo).

borüerlande auf der heiligen Strasse an das adriatische Meer geleitet, nach Dodona, Delphi, Tempe, Delos, um dem Phöbos Weihgeschenke zu bringen. Die Osii wohnten (b. Ptolem.) im Lande der Preussen (mit den Sami des Samland's, Galindi, Masuren, Cassuben), als Ossii. Auf dem östlichen Handelswege hörte Mithridates (von Pontus) von der Insel Osericta*) (Oesel oder Asilia), wo der Bernstein als flüssiges Harz aus den Bäumen schwitze. Vischnu**) nimmt Kapila's Gestalt an, um alle Wesen durch

---

*) Die schlesischen Osi schmolzen Eisen. Die (unter Commotorius) am Hämos zurückgebliebenen Gallier oder Prausi (die Brennus II. gegen Delphi geführt) erbauten (zwischen Byzanz und die Donau-Mündung) Tyle. Die Aestyer (den Brittanniern der Sprache nach gleichend) waren die Bewohner fester Wohnstätten (irisch: asti, ássu, ístía). Kurland ist das Nebelland (kurjawa oder Dunst im Wendisch.). Livland ist das Strandland (liwa oder Rand). An den Karpathen und dem davon fortgesetzten Riesengebirge wohnten (nach Tacitus) die Marsinger, Burier, Gothiner (in Oberschlesien Eisen grabend) und Oser. Die Ebene war von den Lygiern besetzt, zu denen der Stamm der Elysier (Schlesier) gehörte. Die Nahavalen (neben den Quaden) verehrten auf dem Zobtenberge die Zwillingsgottheit Alcis mit Feueropfer. Die Semnonen wohnten bei Brandenburg, die Mariner bei Breslau, die Hermunduren im Gebirge. Auf Katualda, der sich unter den Gothonen gegen Marbod empörte, folgte Vannius, dessen Neffe Sido (Bruder des Vangio) als König über Quaden und Lygier herrschte. Als die Slaven (unter Lech und Zech) vom schwarzen Meer her Alles unterjochten (550 p. d.), thaten ihnen erst die Thüringer Einhalt und machten sie zum Theil zu Knechten, weshalb Slawe einen Sklaven bedeutet (s. Hensel). Die Mistel heisst in einigen Gegenden (Schlesien's) Guthyl oder Gutheil (s. Sammter). Bei Ikonium, (wo Perseus das Bildniss der Medusa aufgerichtet) hatte Prometheus nach der Sündfluth eine Menge kleiner Bilder aufgestellt und durch den Wind belebt (Eusthathus). Die Γραικοί (Alten) oder Griechen standen (als die Hellenen) den Ἰάονες (Jones oder Junan) oder Jawana (Jawan im Sanscrit oder juvenis) gegenüber. Wie Kayomorth der Erste König von Fars, so war Turk (in Jaeelgan residirend) der erste König oder Kaan des Osten's (nach dem Shajrat-ul-Atrak). Turk nannte sich Japhet Uglan. Unter den von Seth oder Sethosis (XIX. Dyn.) unterworfenen Völkern werden (auf den Inschriften) die Javanen oder Hellenen aufgeführt (Brugsch). Sesostris eroberte (nach Herodot) Thracien und Scythien. Aus Aegypten vertrieben, zog Armais (Bruder des ägyptischen König's) nach Griechenland und herrschte in Argos (nach Eusebius) XVIII. Dyn. Armais empörte sich (nach Manetho) gegen seinen Bruder Sethosis, König von Aegypten, wurde aber bei Rückkehr dieses unterworfen. Nach Josephus erhielt Sethosis den Namen Aegyptus und Armais den Namen Danaus (XIX. Dyn.). Il y a quelques Arabes qui veulent que Jounan, père des anciens Grecs ou Joniens, fut originaire de la ville Athiniah (Athènes), cependant ce Jounan n'est autre qu' Javan, fils de Japhet, dont les Juifs font descendre les Grecs ou Javanim (s. Herbelot). Der Prophet Jonas (Sohn des Amitkai) oder Jounous Ben Mathai heisst Saheb alhout oder Dhoualnoun, als Gefährte des Fische's (wie die Oannes). Japheth wird in seinem Dialect verschieden Sohn Javan wiederholt, und trägt die Endung des Landes (wie die Ossethi). Die Lehre über das Ende (λόγος τέλειος) beschreibt den Weltuntergang (Apokatastase) oder (bei den Indern) Mahapralaya (die grosse Auflösung). Die Japoden waren (nach Strabo) aus Illyrier und Kelten gemischt. Die Nachkommen des Ἰαπετός heissen Japetiden (bei Hesiod). Nach Silius Italicus liegt die Insel Inarime auf Japetus. Als Vater des Prometheus steht Japetus an die Spitze der hellenischen Stammtafel (s. Pauly). Der japygische Stamm der Messapii wohnte in Messapia (in Calabrien). Bei Skordona lag der Conventus Juridicus, an welchen die Japyden und die 14 Cantone der Liburni gebunden waren.

**) Vischnu theilt die Veda (als Feind Madhu's) in die Gestalt von Krischna Dvaipayana Vyasa (nach den Mahabh.). Von seinen Schülern unternahm Paila das Lehren des Rik, Vaisampayana der Yajush, Jaimini der Saman, Sumantu der Atharvaveda, wogegen für die Itihasa und Purana der Muni Suta, Romahashana genannt, bestellt wurde (Vishn. Pur.). Wie Manu im früheren Alter, theilte im jetzigen (wegen der Entartung) Dvaipayana (Sohn des Parasara) die Veda in Vedas mit seinen Schülern Jaimini, Sumantu, Vaisampayana und Paita, sowie Lomarshana als fünfter (Voyu. Pur.). Die am Ende des Yugas verlorenen Vedas, werden wieder durch die sieben Richis, die zur Erde herabkommen, verbreitet. Deus a voce Graeca (θεός) eo modo, quo per do a πέρθω, vel ab Aeolico δεύς pro Ζεύς, diana (diviana), quasi Diva Jana (Dejana) divus (θεός) dius (deus), Διοννύσιος (Διονύς), Bacchulus (dim.), διοννύσιους vocari Osseas eminentias, quae propre tempora nascuntur, alio nom. dictas Κέρατα, cornua, detorta a cornigeris animalibus appellatione (Steph. Byz.). δίος (δέος) jovialis (ab Jove oriundus) δίος παῖς, Hercules (Jovis filius). Herodian erwähnt Nominat. Ἴις. Bala-Rama (Krishna's Bruder) heisst Musali, als Keulenträger, und hat Bhima und Durjodhana die Kunst des Keulenkampfe's gelehrt, wodurch die grosse Schlacht

Weisheit zu beglücken, in Krita-Alter, die Form eines Weltherrscher's in Trita, die Vyasa, die Veda's theilend, in Dwapara (Vishn. Pur.). Die Bharata, zu denen Visvamitra und die Kausika gehören, stammen von Ayus und Purus (Vishn. Pur.). Jahnu stammt von Bharata, Sohn des Dhusyanta (Mahabt.). Visvamitra stammt (als Ahn der Kusikas) von Ajamidha (Vater des Jahnu, im Geschlecht des Bharata*)). Als Vasishtha's Sohn durch einen Nachkommen des König's Sudas erschlagen war, erbot er sich Nachkommen der Saudasas zu bezwingen. Vasishtha's Form wurde von einem Rakshasas angenommen. Vasishtha**) allein unter den Rishi's sah Indra von Angesicht

---

geschlagen wurde. Both in Kumaon and in Nepaul there seems to be a sort of tradition or popular belief of the existence in some remote forests of a Ban-manush or wild man of the woods (Campbell). Der Zeitgenosse des König's von Kaschmir Pratâpâditja (167—135 a. d.) gilt als Cakâri (Feind der Saka). Nach dem Rajatarangini war der König, der Maitrigupta (118—123 p. d.) in Kaschmir auf den Thron setzte, der Ueberwinder der Saka (Cakari). Vikramaditja begründete seine Epoche (57 a. d.) durch Besiegung der Saka. Pratapaditja herrschte 40 a. d. (als Asoka in Kaschmir herrschte). Die Helden hiessen sûra (ἥρως) weil sie im Sterben den Himmel (svarga oder svar) zum Wohnsitz erhielten. Sura (Grossvater des Krishna) ist Sohn des Devamidhusha. Surasena ist das Land um Mathura (die Stadt des Krishna).

*) Sayana erklärt Bharata (Opferträger) als Priester. Prajapati heisst der Träger (Bharatah) des All (in d. Brahm.). Viwamitra nennt die Männer von dem Stamm der Bharata sein Volk. Viwamitra heisst (im Harivamsa) Paurava und Kausika. Die Söhne Bharata's vermeiden die Vasishtha's. Ira (Ida) was the wife of the creators. Akuti kneaded the oblation (Taitt. Br.). Der Rischi Parasara belehrte König Janaka, der die Herkunft verschiedener Kasten aus einem Ursprung in Brahma bezweifelt, dass er durch Büssungen zu hoher Stellung erhoben (nach dem Santiparvan). König Janaka empfängt von Vasishtha (Sohn Mitra's und Varuna's) die von Hiranyagarbha (Brahma) erlangte Lehre (im Mahabharata). Der in eine Schlange verwandelte König Nahusha disputirt (um Bhimasena frei zu geben) mit Yudhishthira über die durch Tugend erworbene Unterscheidungen zwischen Brahmanen und Sudras (Vana-parva). Von Mudgala (unter den Söhnen des Visvamitra) entsprangen (nach der Vishnu-Purana) die Maudgalya vom Kschatrya-Geschlecht. Im Nirukta werden Agni, Vaya (oder Indra) und Surya als Trinität gefeiert (des höchsten Geistes). All the enjoyment, whether of gods or men, has its roots, its centre, and its end in tapas (s. Manu). Knowledge is a Brahman's tapas, protection that of a Kshattrya, traffic that of a Vaisya, service that of a Sudra (s. Muir). Nach Mallinatha waren die Mantras des Atharvan durch Vasishtha gesammelt. Brahman als Rishis oder Kavi. King Devapi of the race of Puru (Kuru) and Maru of the family Ikshvaku, filled with the power of intense contemplation (mahayoga) are abiding in the village of Kalapa, continuing to exist as seeds in the family of Manu, they shall come thither in the (next) Krita-age and re-establish the Kshattrya race (nach der Vishnu-Purana). Indra schützt Trasadasyu (Sohn des Purukutsa) und Puru (Rig). Indra und Agni, wenn unter den Yadus, Turvasas, Druhyas, Anus, Purus weilend, werden zu Soma-Opfern gerufen (in Rigveda). Ila war zugleich Mutter und Vater des Pururavas. Pururavas befrägt Matarisvan (Vayu oder den Windgott) über die Kasten (Santiparvan). Von Pururavas kam die dreifache Vedas im Beginn des Treta (Bhag. Pur.). Nahusha war Sohn des Ayus (Sohn des Pururavas). Pururavas unterstützt die Götter gegen die Dasyus (Rigveda). Purusha (von dem Viraj sprang und von ihm Purusha) wurde von den Göttern geopfert (Rigveda). Die Söhne Börr's, Sohn des Buri (Baura oder Poro) verfertigten die Welt aus Ymir's Körper. The Kasyapas found champions in the Asitamrigas who conquered for them from the Bhuta-vira the soma-draught at the sacrifice which Janamejaya the son of Parikshit, was performing without their (the Kasyapas) aid (s. Muir). Nach Rama Margaveya (Vorkämpfer der Syaparna-Brahmanen gegenüber König Visvantara), verloren die Kshatrya den ihnen gehörigen Soma-Trunk, als Indra von den Göttern verworfen worden (nach der Aitareya-Brahmana). Gautama flüchte Indra, der in seiner Einsiedlerhütte die ihm von Brahma übergebene Jungfrau Ahalya verführte. Aus der Familie der Mudgala wurde Satananda durch Ahalya dem Gautama oder (nach der Vishnu-Purana) Saradvat geboren (Bhag. Pur.).

**) Vasishtha erhielt Hülfe von den Asvin. Sakti (Vasishtha's Sohn) wurde von den Saudasas in das Feuer geworden. Indra zerstört die Städte für Purukutsa, schützt Sudra und bereichert Puru (nach dem Rishi Nodhas aus der Familie Gautamas). Indra schützt Sudas, Trasadasyu (Sohn des Purukutsa) und Puru (Rigveda). Vritra schlagend, befreit Indra den König Sudas. Indra und die Maruts schützen den Wagen des Sudas. Aryaman befreit den durch Aditi, Mitra, Varuna beschützten Sudas von seinen Feinden (Rigveda). Indra zog Vasishtha's Opfer demjenigen vor, das Pasadyamna (Sohn Vayata's) anbot, erschlug Bheda und gab den Tritsu (unter Sudas) Sieg über die Bharata. Vasishtha war

zu Angesicht (in der Kathaka-Brahmana). Puru*), Sohn des König's Jajadu und der Brahmanentochter Dewajani, zeichnete sich im Kampfe mit den Dämonen und Riesen durch Führung seines Schlachtbeil's (Teber) aus. Der Brahmawarta-König Barbishata oder Prachinbarhi (Sohn des Habirdhana,

---

durch die Aparas von Mitra oder Varuna im Kruge (wie Agasthyas) geboren (mit Mana). Der nach Besiegung der Dasyus die Welten beherrschende Nahusha Sohn Aju's (Sohn des Pururavas), der (als Indra wegen des Brahmanen-Morde's an Demon Vrittra geflohen war, aber dem Vishnu opferte) den Himmelssitz einnahm und jeden durch den Blick zur Unterwerfung zwang, fiel als Schlange (bis durch Indishthira erlös't) von seinen Luft durchschwebendem Wagen, als durch den in Agasthya's Kopfknoten verborgenen Bhrigu verflucht (weil den Kopf der tragenden Bishis mit dem Fuss berührend), weil den Text der Veda bezweifelnd. Nimrud, dem die Nemared-Könige in Babylon folgten, wollte sich von den Kerkes genannten Vögeln in den Himmel tragen lassen. Der Wagen Nimi oder Nemi's (der seinen Familienpriester Vasishtha gegen Gautama zurücksetzte) erschien als der Mond am Himmel (Sohn des Ikshvaku). Als König Vena, der (durch Angga von Manu Swayambhuva stammend) nur sich selbst opfern lassen wollte, von den Rishi mit Kusa-Gras erschlagen und aus seinen Schenkel der niedersitzende Nischadas oder Vindhya geschaffen war, wurde sein Sohn Prithu (um die Räuber im königlosen Lande zu bezähmen) aus der Hand gerieben, als Puttra, seinen Vater von der Hölle Put befreiend und den ursprünglichen Bogen (Ajagava), der mit Pfeilen und Rüstung vom Himmel fiel, erlangend (nach der Vishnu-Purana). Im Rigveda wird Vena wegen seiner Freigebigkeit gepriesen. Sunahotra (vom Stamm der Angiras) wurde Sunaka (vom Stamm der Bhrigus). Die Hymne der Könige Trvaruna (Sohn des Trivrishna), als Trasadasyu, Sohn des Purukutsa und Asvamedha, Sohn des Bharata (in Rigveda) wurde von Sayana dem Rishi Atri zugeschrieben. Den Königen Vitahavya (Bharadiaja), Sindhudvipa (Sohn des Ambarisha) oder Trisiras (Sohn des Tvashtri), Sindukshit (Sohn des Priyamedha), Sudas (Sohn des Pijavana), Mandhatri, Sohn des Yuvanasva, Sibi (Sohn des Usinara), Pratardana (Sohn der Divodasa in Kasi), Vasumanas (Sohn des Rohidasva) werden Hymnen (in Rigveda) beigelegt, sowie Prithi (Sohn des Vena). Wegen seines Aussatzes von seinem jüngern Bruder Santanu (der durch Handanfiegen heilt) von der Herrschaft (im Geschlecht der Kuru) verdrängt, giebt der den Büssungen ergebene Dewapi durch seine Hymne (im Veda) den versagten Regen (als gebeten). Auf Vashistha's Gebet wurde Sudas, Sohn des Pijavana's (von Dvodasa stammend) von Indra im Kampfe befreit (im Rigveda). Bheda (unter den Dasa's und Arya's Feinden erschlagend) befreien Indra und Varuna die Tritsus (unter König Sudas mit seinem Parohita). Vasishtha (im Rig-Veda). Vasishtha was the family priest of Nimi, son of Ikshvaku (son of Manu Vaivasvata) and the purohita of all the kings of the solar race (and of Rama). In the first dwapara the Vedas were divided by Brahma-Svayambhuva, in the eigth Vasishtha was the Vyasa or divider. Anggira zeugt mit Sati (Tochter Dakscha's) Beda (Bruder des Pitar). Chayawana oder Pangchawana, Vater des Sudasa (König von Pangchala) ist Sohn des Mitrayu, der durch Dewadasa von Mudgala stammte. Devodasa oder Dewadasa (König von Kasi) ist Sohn des Bhimaratha. Vasishtha ist der Rishi des siebenten Mandala (im Rigveda) und der dritte Mandala wird (von Sayana) dem Visvamitra zugeschrieben (dem Seher der Mandala). Devasravas und Devavata (vom Geschlecht Bharata's) zeugen Agni durch Reibung. Viswamitra ist der Sohn Kusika's. Indra heisst Kausika (Sohn Kusika's) bei Madhuchhandas.

*) Puru, Sohn des Buddha (Sohn des Monde's) begründete die Mond-Dynastie am oberen Ganges (aus der Kuru und Pandu stammten). Far (taurus) lässt sich zu der W. πορ (pars) stellen, die auch in paric, peperi (biru, ϑρϱω) steckt (s. Curtius). Im Isländingabok folgen (in der Stammtafel der Ynglingen) auf Yngvi, Tyrkya konungr, göttliche Wesen, Niördr, Frayr, Fiölnir (Odin), Svegdir u. s. w. (s. Grimm). Odinn heisst Tyrkja Konungr von seinem Aufenthalt in Byzanz. Von Freyr (als Yngvi) stammen die Ynglingar (in der Ynglinga-saga). Hartung ist König der Reussen (im Heldenbuch). Hading (s. Grimm) orientalium robore debellato Suetiam reversus. Les hommes sont appelés Manôr apatya, la descendance de Manu (le père ou Manushpitar). L'art de tailler les silex a surveci dans les Gaules aux Celtes et aux Galois, et la coupe en prisme à quatre faces, des pierres avec lesquelles on dessinait en mosaïque grossière ces quarrès, ces losanges, ces rosaces qu'on remarque sur les murs de nos monumens religieux était fort usitée aux 13', 14' 15 siècles (Roucher). Nach Ravin wird die Kunst noch jetzt (1847) geübt (bei Bauten im Depart. der Seine-Inférieure). In Tuff sind die Knochen zerfallener (durch Anziehung der Gelatine), als im Torf. Boucher fand (entre la Somme et la porte Marcadé) dans la tourbe, avec des couteaux en silex (à environ deux mètres au-dessous du niveau de la Somme) un ciseau de fer (tombé accidentellement sur la couche tourbeuse, il a pu la traverser et arriver au gisement celtique). Von Winsch (schief, verdreht) bildet sich (im westerwäldischen Dialect) aus Winsch (die linke Hand), Winscher (scl. Mensch), zu dem alten Wan (winstra Otfr.) gehörig (s. L. Schmidt). Watz (mit dem Begriff der Nässe im Wasser) gehört (als

der durch Prithu und Bena Adharmarata von Uttamapada*), Enkel des Svayambhuva durch Vira, stammte) vermählt sich mit Setadruti, Tochter des Prajapati (Sohn des Brahma). Die Welt Prajapati's**) ist der künftige Aufenthalt der Brahmanen, die Indra's oder Kshatrya's, die der Maruts oder Vaisyas, die der Gandharva oder Sudra (sagt Maitreya in der Vishnu-Purana).

---

viehisch wilder Mensch) zu Bätz oder Bär (im Westerwäldischen Dialect). Ambern (wester-ländisch) kommt wie Ambern und offenbaren (openbaren) von bar (bloss) her. Am (gegen) lautet bei den ältesten Schriftstellern auch emp und imp (s. Schmidt). Faats (Jaxsemäger) von fatuus. Societas, eine Magenschaft, Mascopey dicitur (Hellfeld). Mākes (mit Esel umherziehende Töpferkrämer) im Westerwäldischen Dialect (von makar oder verkaufen im Hebr.), Makes (Schläge) von (Mackah oder Schlag im Hebr.), Marn (morgen) von machar. Die ags. und altn. Stammtafeln lassen von Finn (oder Burr) im Frealaf (Fridleifr) und von diesen Voden gezeugt werden, oder sie führen auf Finn, Friduwulf, Frealaf, Friduvald, Vôden (s. Grimm). Der vom heiligen Olaf überlistete Troll (in norländischer Sage) heisst Vind och Veder (Wind und Wetter). Der Riese Finn in Schonen, der die Kirche zu Land erbaute, wird von dem heiligen Laurentius in Stein verwandelt. Von Burr stammt Odin (Fornald. sög.). Börr, Sohn des Buri, zeugt (mit Bestla) Odin, Vili, Ve. Buri, der von der Kuh aus den Steinen geleckte Erstenmensch, ist der Eristporo (ahd. Poro, goth. Baura). Zu oberst steht (Fornald. sög.) Burri, wie der König von Tyrkland, und auf ihn folgen Burr, Odinn, Freyr, Niördr, Freyr, Fiölnir (auf Burri und Bors). Börr, als Paru oder Barus.

*) Utarakhuttara schliesst sich an Udgharloka. Die glanzvoll (wie Richis) geborenen Zehnsöhne des Prachetas, durch deren aus dem Munde fahrendes Feuer Pflanzen und Bäume früher verbrannt waren, zeugte Daksha Prachetasa, den Ahnherrn der Welt (in Mahabbarata). Die Ohabramana sind erörternde Priester (nach den Nirukta). Die hundert Lehren des dem Nachdenken über künftige Dinge ergebenen König's Janaka wurden durch den Rishi Panchasikha (Sohn des Asuri) wiederlegt. Nimi (Sohn Ikshavaku's), der (weil er durch die Brahman-Rishi Gautama hatte opfern lassen, von Vasishtha verflucht war, flüchte wieder seinem Lehrer Vashistha, der durch Mitra und Varuna wieder geboren wird. Janaka (König von Videha), der (im Gespräch mit Brahmanen) Yajnavalkyu wiederlegte (aber doch Belehrung von ihm annehmen wollte) wurde ein Brahman (nach der Satapatha Brahmana). In Janakapur, von Janaka oder Videha (König von Mithila) gegründet, lebte Sita. Im Lande Mithila's verlor Janaka nichts von seinen Gütern (nach dem Santi-parvan). Krischna erklärt (nach dem Bhagavad-gita) die Yoga-Lehre zu Vivasvat (Vater des Manu), den Madhusana als Aditya oder die Sonne (die Quelle des Kshatrya-Geschlecht's) erklärt. Buddha, der (wie einige Andere) die Vorschriften Sakya's verfasste, wollte alle Uebel aus den Sünden des Kali-Alter's auf sich nehmen, und brach seine Pflicht als Kshatrya (nach Kumarila), indem er (den Vedas entgegen) als Lehrer auftrat, gleich einem Brahmanen. Satyayana macht nur Gelehrsamkeit zur Pflicht des Priester's, wogegen im Anfang der Sutra verlangt wurde, dass eine Abstammung in der Reihe von neun Rishi bewiesen werden musste. Der (buddhistische) Titel Arhat findet sich in der Satapatha-Brahmana und Taittiriya Aranyaka. Die Rishis tödteten mit spitzem Kusa-Gras König Pururavas, Sohn des Budha (Sohn des Monde's), aber belebten ihn dann wieder. Im Monat Asbadha weilt Vasishtha (mit Varuna, Rambha, Sahajanya, Huhu, Budha und Ratbachitra) im Sonnen-wagen, sein Rival Visvamitra (mit Vishnu, Asvatara, Rambha, Suryavarchca, Satyapjita und den Rakschasa Yajnapeta) im Monat Phalguna (nach der Vishnu-Purana). Soma zeugte mit Fara (Gattin des Götterlehrer's Brihaspati) den Sohn Budha. Saying bhuh Prajapati generated himself, saying bhuvah, he generated offspring, saying svah he generated animals (s. Muir) nach der Puruska Sukta. Yaska erklärt das Land der Kikata oder (nach dem Trikandasesha) Magadha, wo (nach dem Rigveda) die Milch der Kühe nicht für Indra's Opfer gebraucht werden, als bei Nicht-Angyas (Naischasakhas oder Entarteten) oder (nach Sayana) Atheisten bewohntes Land. Mit dem Beginn des Kali-Alter's wird Buddha, Sohn Arjuna's, unter den Kikatas (in Gaya) geboren werden, die Feinde der Götter (Asuras) zu verwirren (nach dem Bhagavata Purana). Anya, Tochter des Daksha Prajapati, war dem Bhuta, Sohn Brahma's, vermählt. Der böse Geist Bhuta heirathete Jrimbha (Gattin seines Bruder's Pisacha). Jrumbu ist Eisen (im Tamulischen). Sarupa (conformis) ist Schwester der Anya (mit Bhuta vermählt). Die heiligen Dialecte der Bauddha's und Jainas sind Prakrit (nach Wilson) Die Rishis (in der Athavaveda) heissen (nach Muir) formers of existing things (bhuta-Kritah).

**) Als die von den Visvedevas geschaffenen Wesen vergingen, zeugte Prajapati im Kummer Nachkommen, die die Maruts tödteten, worauf er ein Ei gebar. Indra, von den Marut begleitet, schlug die Dasyu. Indra (mit Asvins, Maruts und Agni) trinkt Soma. Die Marut (Winde) vertreiben die Wolken. The title Prajapati (lord of slaves or labourers), who superintended the labourers or slaves of the earlier kings of Brahmawarta, is given

Nachdem Kieutsieukio, König der grossen Yueitchi, die anderen vier Fürstenthümer sich unterworfen, nahm er den Namen Kueishuang (nach Matuanlin) an, von dem Stamme Kueishuang (unter den fünf Stämmen) oder (nach Mos. Chor.) Kushan. Kadphises oder Kadaphes (der Münzen) gehörte dem Stamme Hima (Hieumi) an. Die fünfte Horde der Yueitchi hiess Kaofu oder Kabul. Nachdem die Jueitchi die Indischen Könige getödtet setzten sie ihre Generale zur Verwaltung ein (bis 263 p. d. herrschend). Kieutsieukio (Kadphises) eroberte (nach Matuanlin) Pota (Afghanistan der Patanen), Kipin (Archosien) und Thientchou oder Indien († 24 a. d.). Siva mit Dreizack und Nandi (auch als Ardhanari oder Halbfrau), sowie Halbmond, auf den Münzen des Kadphises (in Kabulistan und Penzab) mit Inschrift in griechischer ($Καδφισης$) und arischer (Maharajasa- u. s. w.) Schrift. Jenkaotchin folgte seinem Vater Kadphises. Die Münzen des $Σωτηρ$ $μεγας$ $βασιλευς$ $βασιλεων$ zeigen einen Feueraltar (unter den freien Völkern der Pentapotamie zum Führer gewählt gegen die Indoskythen) bei Beghram (Alexandria des indischen Kaukasus). Gleichzeitig herrschte Amoghabhûti, dessen Münzen (Kabulistan und Perjab) ein (buddhistisches) Stupa zeigen. Den höchsten Gipfel erreichte die Macht der Jueitchi in Indien unter der Dynastie der Turushka oder Turanier (mit Kanishka). Nach Kalhana (Pandita) schützten die Turushka-Könige Hushka, Gushka und Kanishka die Lehre Bauddha's in Kashmir. Vor Hushka regierte Kad. Die Fürsten im Westen des Hoangho schickten dem Eroberer Kanishka ihre Söhne als Geissel (nach Hiuenthsang). Auf den Münzen*) des Kanishka oder Kanerki

to kings (after being assumed by the last king of Brahmawarta), is high title (t. Hamilton). Purni Manu ist der Sohn von Marichi Muni. In Anstrengung schuf Prajapati den Asuras (Asu oder Athem), im Spiel die Devas. Men (descended from Manusch) sprung from Nahush (praise) Agni (Rigveda). Die fünf Stämme der Nahush (Agni verehrend) werden von den Nachkommen des Manush unterschieden. Loka (world) becomes ulagu in Tamul. Si quis piorum manibus locus (Tacitus). Loch ist Gefängniss (schwäbisch-augtburgisch). Das Lokaloka-Gebirge ist von Finsterniss umgeben (nach der Vishnu-Purana). Ikshvaku und Nabhaga sind Nackkommen Ida's (in Vayu-Purana). Manu Vaivasvata, Ida, König Pururavas gelten als berühmte Hymnen-Verkünder unter den Kshatrya (nach der Matsya Purana). Pururavas, Sohn des Ida (Sohn des Manu) war Urheber des dreifachen Feuer's. Manu zeugte mit seiner aus dem Opfer geborenen Tochter Ida Nachkommen (das Manu genannte Menschengeschlecht). In Folge eines Ceremonienfehler's wurde Manu aus dem Opfer eine Tochter Ila (statt eines Sohnes) geboren (oder in Sudyumna gewandelt), mit der Budha den Pururavas zeugte (nach der Vishnu-Purana). Ila war zugleich Vater und Mutter des Pururavas (nach dem Adiparvan), der (die Brahmanen beraubend) zu Grunde ging, worauf Virat (von Urvasi begleitet) aus dem Himmel der Gandharvas das dreifache Feuer brachte. Magupal, als Mobed, nach der Pehlewi-Inschrift von Naksch-i-Radschab unter Behram II. († 291 p. d.). Der Titel Kisar-i-Rum (römischer Imperator) findet sich im Kâr-nâmeh des Ardeschir Bâbegân. Auf die Inschrift Sapor I., als König's von Airan und Aniran (dem Ormuzdverehrer), von Papek stammend, schreibt eine unsichtbare Hand, dass Niemand die Höhle betreten solle, wo der Pfeil verschwunden († 269 p. d.). Pahlavâ steht (nach Haug) für altes Parthavi. Pahlava findet sich (h. Manu) als Perser. Pahlav bedeutet im Armenischen ein Parther (nach Quatremére). Die Pehlewi-Inschriften in der Höhle von Kaneri (X—XI. Jahrhdt. p. d.) enthalten Datum und Namen der Besucher. Als man anfing für die semitischen Worte die iranische Aussprache (des Pazend) durchgängig zu schreiben, verwandelte sich das Pehlewi (das Vulgür-Assyrische) in Neupersisch. Die in Nachdenken versunkenen Weisen vernehmen den Laut, aus Brahma's Herzen, als Omkara (Bhag. Pur.). Der Schöpfer, als Sohn Parasara's und Satyavati incarnirt, theilte die Veda, die erste Sanhita (der Bahvrichas) seinem Schüler Paila erklärend, die Nigada genannte Versammlung des Yajush dem Vaisampayana, die Chhandoja-Sammlung der Sama-Verse dem Jaimini und den Atharvangirasi dem Sumantu (Bhag. Pur.). Nach dem Scholiast wurde die Veda am Ende des Dvapara getheilt, und war Vyasa Zeitgenosse des Santanu. Nach dem Bhag. Pur. wurde die Veda im Anfang des Treta von König Pururavas getheilt, der (Urvasi suchend) von den Gandharva Feuer erhielt (bei der Verehrung Hari's, als Adhoxaja. Die Vasishta, wie die Ahnen, wie die Rischis, sprechen aus, verehrten die Götter (Rigveda).

*) Eine Münze des indoskythischen König's Mayes (zwischen Menandros und Hermaios), als $βασιλιως$ $βασιλεων$ $μεγαλου$ oder Rajatirajasa Mahatasa) (mit untergeschlagenen Beinen

fanden sich altiranische Götter (wie Mitra, als Helios), brahmanische (Okra oder Ugra) und Buddha, dann der Mond (Manao bagho), Nanaia, Pharo u. s. w. Gleichzeitig mit der Ermordung des Eucratides führten (n. Justin) Parther*) und Meder Krieg. Nachdem Mithridat den Bacaeis zum Statthalter eingesetzt, zog er nach Hyrkanien, den König der Elymäer anzu-

---

sitzend) stellt den Flussgott Indus als überwunden da (im Penjab gefunden). Mayes erobert von Drangiana und Kipin aus erst Arachosien und dann das Land am Indus (mit Minnagara als Hauptstadt) 120 a. d., Straton besiegend, *η μητροπολις; της Σκυθιης Μινναγωρ, βασιλευεται δ'υπο Πάρθων* (im Periplus). Vom südlichen Minnagara war Barygaza das Emporium. Nach seinen glücklichen Kämpfen mit den Skythen (b. Justin) setzte der Partherkönig Mithridates II. einen Verwandten als Beherrscher des östlichen Theil's des Skythen-Reiche's ein. Die Legenden auf den Münzen des Kozoulo Kadphises sind weder Griechisch noch Indisch, sondern in einer eigenthümlichen Sprache und in beiden Alphabeten wiederholt Kadphises II. nennt sich König der Hima (Hieumi), Stamm der Jueitchi. Kozoulo bezeichnet (als Kugula) den Stamm der Jucitchi, dem der König angehört (Kasasa oder Kaphisasa). Das (scythische) Wort Kushana entspricht (nach den Kadphises-Münzen) dem Griechischen Korso (Kors), als Korano (auf der Münze des Kaniahka). Συ oder Σο bezeichnet das Volk. In einem chinesischen Gedicht unter Kaiser Wenti († 454 p. d.) wird ein Volk Sutchi oder Suti erwähnt. Unter Kadphises oder Kadaphes eroberten die Jueitchi im Hindukush und verdrängten den letzten griechischen König. Auf Kadphises folgte Kadaphes. Auf Azes folgte Spalirisos, als letzter der indoskythischen Könige, deren Münzen griechische Typen zeigen. Als Mithridates II. den Mages und einen Theil der Saka aus ihren eroberten Sitzen in andere drängte, wurde eine Neben-Dynastie der Parther errichtet, mit Vononos (oder Spalahara) als erster König (in Kipin). Ihm folgte der Bruder des Spalygis (Sohn des Spalahára). Indopherres oder Gondephares (in Arachosien) stellte die parthische Herrschaft wieder her (die Herrschaft der Skythen brechend), 90 a. d., indem er (als nach dem Tode des Mithridates II. im Reiche der Arsaciden durch Einfälle der Skythen Unruhen ausbrachen), ein unabhängiges Reich stiftete. Nach den Chinesen herrschte (88 a. d.) Utolao oder Utheulao (Yndophrres) in Kipin. Auf Yndophrres (der die Herrschaft der Nachfolger, des Kadaphos in Kabulistan stürzte) folgte (50 a. d.) sein Sohn, der (30 a. d.) ermordet wurde (als sein Neffe Abdagases, der Usurpator). Unter seinem Nachfolger Jimmofu brachen die Chinesen den Verkehr ab.

*) Mithridates besetzte unter Antiochus V. (Nachfolger des Antiochos Epiphanes) die östlichen Länder der Seleukiden (164 a. d.). Unter Alexander Balas durchstreift Mithridates die Elymaia. Demetrius Nikator, der den Partherkönig Mithridates anfangs besiegte, wurde dann durch List von ihm gefangen (140 a. d.). Die Parther (unter Mithridates) zerstörten (140 a. d) das griechisch-bactrische Reich (unter Archebios). Nach Strabo zerstörten die Scythen das griechisch-bactrische Reich. Der Einfall der Turanischen Völker wird von den Chinesen 130 a. d. gesetzt (s. Lassen). Nach Justin wurden die Baktrier von den Parthern unterdrückt. Apollodotos beherrschte (140 a. d.) die indischen Gebiete südlich von Hindukush. Nach Orosius eroberte Mithridates bis Indien. Nach Diodor besetzte Mithridates die Länder des Poros in Indien († 136 a. d.). Nachdem Phraates II. gegen die Scythen gefallen (126 a. d.), eroberte Straton (Sohn des Menandros) Arachosien (122 a. d.). Jenem folgte Hippostratos, dann Dionysios, Diomedes, Nikias, bis auf Hermaios, der (als Letzter der indisch-griechischen Könige) in Kabulistan (während das Pendjab von Azes beherrscht wurde) von den Scythen oder Jueitchi (unter Kozoulo Kadphyses) gestürzt wurde. In Badakschan wurde eine silberne Patera gefunden (mit dem Festzug des Dionysos) Die auf den Münzen der griechischen Könige in Bactrien dargestellten Götter sind griechisch, ausser der persischen Artemis auf den Agathocles-Münzen und des Sonnengotte's und der Mondgöttin auf der des Telephos (s. Lassen). Die Fürsten der Tajik in Wakhan, Durvan und den benachbarten Theilen Badakshan's leiten sich vom Alexander, durch die Tochter des Darius (nach Marco Polo) abstammend. Als einer der vier Wallfische starb wurde die durch sie getragene Erde überschwemmt (nach den Russen). Apollodotos stiftete das griechisch-indische Reich, indem er die indischen Provinzen seines Vater's seinem Bruder (Heliokles) abgewann und bis in's untere Indusland (sowie Minnagara) eroberte. Ihm folgte Zoilus, und dann Menandros, der seine Herrschaft bis zur Jamuna ausdehnte und Surashtra eroberte (über das Fünfstromland herrschend). Die Münzen des Menandros (*βασιλεως σωτηρος Μενανδρου* oder Maharajasa tadarasa Menadasa), der besonders Athene Promachos (mit Medusenschild oder mit Aegis und Donnerkeil) verehrt, sind in Begbram, Kabul, im Lande der Hazara, bei Mathura gefunden. Der Löwe (neben Elephant, Delphin, Panther u. s. w.) bezeichnet das Land der Rajputen mit der Hauptstadt Sinhapura. Menander vermählte seinen Sohn mit der Tochter eines Nachkommen des Pantaleon (um die Familie des Agathokles zu gewinnen). Während Demetrios (Sohn des Euthydemos) in Indien eroberte, erhob sich (in Bactrien) Eukratides, der (in Verbindung mit Mithridates) den Demetrius

greifen. Bei den Thronstreitigkeiten (nach dem Tode des Mithridates II.*)) mit Mnaskires entfloh Sinatroukes, wurde aber (nach dem Tode seines Rivalen) von den Sakaraulern (75 a. d.) zurückgeführt († 69 a. d.). Syrien wurde (64 a. d.) römische Provinz. Von den Königen der Indoskythen gründete Hushka oder Hoerki (gleichzeitig mit König Kadphises**)) die Stadt Shekroh in Kaschmir (neben der iranischen Religion, auch der brahmanischen und buddhistischen huldigend) und sein Nachfolger Gushka (der Vihara erbaute) die Stadt Dahimpur. Dann folgte Kanerki oder Kanishka, der die Macht der Turushka-Könige durch Eroberungen ausdehnte. Die

---

besiegte und seine Eroberungen in Indien bis zum Hypbasis ausdehnt († 100 a. d.). Die Münzen tragen griechische (βασιλεως μεγαλου Ευκρατιδου) und arische (Maharajasa Eukratidasa) Legenden. Während der Kriege zwischen Demetrius und Eukratides gründete Antimachos (mit arischen und griechischen Legenden auf den Münzen) eine unabhängige Herrschaft in Sogdiana, wurde aber von seinen als Mitregent angenommenen Sohn Heliokles (der in Indien eroberte) ermordet (160 a. d.). Gleichzeitig herrschte Philoxenos in Sogdiana. Lysias, der Nachfolger des Demetrius, in Arachosien, und Drangiana konnte von Eukratides nicht besiegt werden (bis Antialkides, Nachfolger des Heliokles, sein Reich eroberte). Nach Amyntas (Nachfolger des Antialkides) herrschte (gleichzeitig mit Menander) der letzte griechisch-bactrische König Arihebios. Von Philoxenos finden sich viereckige Münzen.

*) Prahates IV. (von seinen Unterthanen vertrieben) flüchtete zu den Skythen, die ihn wieder einsetzten, worauf (37 a. d.) der Usurpator Tiridates (mit den Sohn des Phrahates) zu Augustus (in Syrien) floh. Die Bewegung des Indoskythen begann (nach den Chinesen) 165 a. d. Die Skythen besetzten (145) die nördlichsten Provinzen Sogdiana's. Als die von den Usiun gedrängten Jueitchi die See nach Süden schoben, besetzten die Sakarauler und Tocharer Bactrien, so dass Bactrien (130) von den Saka erobert wurden und (127) Drangiana, worauf die Jueitchi einwanderten. Nach den Chinesen eroberten die Jueitchi (124) das Land der Tahia. On the (indian) Frontier, tho term Mogul is applied to Persian-speakers, as distinguished from Pushtoo-speaking Pathans. In Cabul, the Mahomedan population is divided into Pathans and Moguls (or non-Pathans), the latter being chiefly composed of Persian Kazzilbashes and the like (s. Campbell). There are scattered through most villages in Hindustan many industrious Kachees and Koenees and Morows (tobacco cultivator) and Kumbohs and some, who have no other caste-name, than that of Kisan or cultivator (s. Campbell). Ulupi, daughter of the devil, that is of the infidel chief af Manipura and wife of Arjuna, the son of Pandu by whom she had Babhrubahan (ancestor of the Rajas of Manipur). Ugra (of the chief Rudras) is son of Bhuta by Sarupa (s. Hamilton). Von Antiochos Sidetes bedrängt rief der Partherkönig Phrahates (Sohn von Mithridates M.) die Skythen zu Hülfe und wurde, als er diese (wegen in der Zwischenzeit erlangten Sieges, in Folge welches der aus der Gefangenschaft entlassene Demetrius Nicator sich des Throne's bemächtigte) zurückweisen wollte, von seinen griechischen Soldtruppen (die während der durch die Weigerung jener entstandenen Wirren abfielen) ermordet (128 a. d.). Nach den Chinesen besiegten die Jueitchi (nach Unterwerfung der Tahia), die Anszu (Parther), die ohne König waren. Nach Ermordung des Phrahates kehrten die Scythen (nach der Verwüstung) in ihr Land zurück (nach Drangiana, da Bactrien von den Jueitchi besetzt war) als Sakarauler. Artabanes II. (Nachfolger des Phrahates) fiel (125 a. d.) gegen die Tocharer oder (nach Justin) Thogarii. Mithridates II. (Sohn des Phrahates) kämpfte in seinen glücklichen Feldzügen mehrfach mit den Scythen (188 a. d.). Auf Mayes folgte (unter die Saka-Könige) Azilises, der Azes zum Mitregenten annahm. An den Münzen des Azes tritt Neptun auf den Flussgott Indus. Die südlichen Skythen ('Ινδόν πάρ ποταμόν νότιοι Σκύθαι ἐνναίουσιν) sind (b. Dionys. Perieg.) die Indoskythen (nach Eustathius). Ταύτης τὰ μὲν μεσόγεια τῆς Σκυθίας Ἀβηρία (Ἰβηρία) καλεῖται, τὰ δὲ παρα θαλάσσα Σρατηγήρη (Peripl.). Nach Rochelte wurde Siwa von Azes († 60 a. d.) verehrt. Aspapatis, Sohn des Indrapatis, heisst (auf den Münzen) der siegreiche Heerführer des Azes. Zeitgenosse des Azes war Kadphises Kozoulo (Verehrer des Siwa), der auf den letzten der griechisch-indischen Könige Hermaios folgt (85 a. d.).

**) Kanishka (aus der Vernichtung durch Zopyrus-List gerettet, indem er durch den Speer Wasser hervorstiess) unterwarf den König von Kanjakubga, der die Zunge mit seinem Fusse stampfte. Der Berg Gridhrakuta (in Magadha) gehörte den Jueitchi. Zur Zeit des Periplus trennte Arjake das eigentliche Indien. In der Inschrift Artaxerxes III. wird Mithra neben Auramazda angerufen. Ausser dem Mond, als Mao und als Oami, findet sich auf den Münzen der Turushka-Könige eine lunarische Gottheit Manaobagho. Die Göttin (Nana) Nanaia (im Buch der Makkabäer) oder (armenisch) Anahit (Anaitis oder Tanais) findet sich auf den Münzen Oerki's und Kanerki's (Athro, als Feuergott). Der iranische Gott Oado (Vado) oder (zendisch) Vato (bad oder Vaju) findet sich als Waidgott auf den Münzen des Kanerki, sowie (auf denen des Oerki), Pharo (Vara oder Baran) als

Nachfolger der Pâla*) (denen in Magadha und dem nördlichen Gebiete mit Kanjakubja die Aditja-Dynastie vorherging) waren im östlichen Indien die aus der Vaidja-Kaste stammenden Fürsten, im inneren Indien dagegen die Râshtrakuta (von den Mohamedanern gestürzt). Nach dem letzten Ballabhi Drhuvasena IV. bemächtigte sich in Malava die Prâmâra der Herrschaft (698 p. d.). Auf Harshavardhana oder Sriharsha, Sohn des in Kanjakubja regierenden Prabhakaravardhana (der die Gupta gestürzt hatte), folgte (aus der Kaste der Vaiçja) sein Sohn Karajavardhana (Harshavadana) 607 p. d., der (dem Buddhismus folgend) von dem Brahma gläubigen König Sasanka von Karnamvarna (mit Purnavarman von Magadha verbunden) getödtet wurde. Dann wurde sein Bruder Siladitja (unter dem Schutze des Budhisattva Avalokiteswara) auf den Thron gehoben (s. Albiruni in Kanjakubja, wo es ausser den buddhistischen Klöstern im Mahajana und Hinajana brahmanische Devalaja gab (s. Hiouenthsang). Ausser Sangharama oder Klöster baute Siladitja an den Wegen Punjaçala oder Hallen für Reisende. Alle fünf Jahre wurde die Moxamahaparishad (Versammlung der Befreiung)

Regengott. Mithra (Mihiro) findet sich auf Münzen des Kanerki (als Helios). Çiva findet sich als Okro (Ugra) auf den Münzen des Kadphises II. Nach Huienthsang fand sich in Gandhara ein Tempel der Bhima oder Parvati (der fruchtbaren Gattin Siva's). Ardakro bildet die halbweibliche Form Okros, wie Ardekro von Athro (als Ordagno). Als Kriegsgötter finden sich auf den Münzen der Turushka-Königo Komaro (Kumara oder Jüngling) und Ikando oder Skando (Skanda oder Kartikeya). Siwa wird vier- oder zwei-armig, dreiköpfig, mit Dreizack, vor dem Nandi auf der Turushka-Münze dargestellt. Adi-Buddha (Odi-Bod) ist auf den Münzen der Turushka in ein langes Gewand gekleidet (langohrig). Die mit gekreuzten Beinen sitzende Figur auf der Münze des Kanerki ist O Boda Σαμ (Om Buddha Sramana) umschrieben.

*) Die von Gopâla oder Bhupâla (810 p. d.) gegründete Pâla-Dynastie (der Xatriya), die vom östlichen Indien (Dinajpur, Kamarupa u. s. w.) aus ihre Macht verbreitete (nach Jajanta in Gauda oder Bengalen) endete (1040 p. d.) mit Jagapala. Von dem Eroberer Devapala (in Mudgagiri residirend) der das Brahmanengeschlecht Sandilja begünstigt, hiess es, dass er seinem Vater (Dharmapala) nachfolgte, wie in Bodhisathva dem Sugata oder Buddha (mit Kamboja kämpfend). Sein Nachfolger Bhupapala (Rajapala) war Vater des Surapala (925 p. d). Von dem jüngeren Zweig der Pâla herrschte Ragjapala (1017) in Kanjakubja (von Mahmud besiegt). Nach Edrisi war der König von Nehrwala (in Guserat) ein Verehrer Buddha's (wie Hemachandra Kumara Pala zum Jaimnus bekehrt). Auf der Coromandel-Küste folgten die Jainisten den Buddhisten unter Amoghaversha, König von Tonda Mandalam. Inschrift des Chamunda Raya beim Tempel von Gomatiswara (zu Belligola). Die Nachfolger der Lehre knüpften sich an Sudherma, Schüler Mahavira's. Die übrigen Parten alle, ausser Gotama. The 40 Jineswari (1024 p. d.) founded the Khertara family (Wilson). Disciples of the pontiff of the Khatra Gachcha through India (nach Tod). Die Kanas des Dorfe's Supar-Punji (in den Pandua-Hügeln bei Silhet) sitzen bei festlichen Gelegenheiten auf ihren Stühlen an den Steinmonumenten der Gräber (s. Walters), sowie bei Cherri-Punji (Punji oder Dorf). The uprights and stone doors (at Masmac) are monuments to the memory of departed Rajah and Chiefs (of the Casya), some resembling Stone henge (s. Walters). The circular and square stones supported by stones placed on end (as monuments af the Casias at Nauklow) are similar to the Cromlechs in Cornwall and Wales (Walters). The language of the Cusias is different from that of the Garos Munipuris in Sylhet. Doppeladler auf ceylonischen Bildern (der Cinnamonsammler). Thureis kämpft westlich vom Hydaspes mit Bacchus. Bacchus besiegte den indischen Feldherrn Astrais am See Astakis und erbaut dann die nach der astakischen Nymphe benannte Stadt Nykaea. Die Astakeni lebten (nach Arrian) zwischen Kopheues und Indus. Bacchus wird in Indien aufgenommen durch Bronchus, dem Hirtenhäuptling der Berge. Alybes am Fluss Gendis. Die kraushaarigen Blemys (in Indien) unterwarfen sich Bacchus (Nonnus). Die Puranas oder Jain begreifen die Geschichte der Tirthakaras oder deificirten Lehren. Rishabha ist der Erste, Mahavira der letzte Rishi (als das Menschenalter sich verkürzte) als der 24 (während die Buddhas in der letzten Periode nur ihre sieben zählen, aber welche sie gleichfalls weit auf die früheren Alten zurückgehen können). Mahavira (Wiedergeburt des Nandana, früher Nayasara) lehrte (unter den Königen Satanika und Srenika) in Behar und Allabbad (besonders in Kausambi und Rajagriha). Sein Tod fällt 250 Jahr nach dem vorhergehenden Jina Parswanath und 1669 Jahre später wurde Kumara Pala (1174 p. d.) von Hemachandra bekehrt. Wilson erklärt die Pramnae (Pramanikas) on Pramana (Beweis). Die Kalpa-sutra wurde 980 Jahre nach Mahavira geschrieben.

zusammenberufen und jedes Jahr die Sramana, alle fünf Tage gespeis't.
Siladitja eroberte Magadha (wo auf den jungen Gupta der König Purna-
varman gefolgt war) und besiegte (620) Salita Indra Kesari, der seit 617 p. d.
in Orissa herrschte, mit Durlabhavardhana von Kaschmir (um Buddha's
Zahn zu erlangen kämpfend, den der vor den Vritja geflohene Bhixu bei
der Rückkehr unter den Buddha freundlichen Tukkhara von den Elephanten
erlangt. In Matipura (mit der Hauptstadt Majura) herrschte ein Sudra-
König, Dhruvapatu in Malava und Guzerat, Kumara in Kumarupa. In
Magadha*) galt (zu Hiouenthsang's Zeit) das Mahajana, in Orissa das
Hiuajana.

Den Einwanderungen tangutischer Völker nach Sogdiana (wie wir sie
aus der Zeit der Yueitchi kennen) werden ähnliche früher vorangegangen
sein, und die als Sok in Tibet wandernden Mongolen mögen schon zu den
(im Westen in Skythen übergehenden) Sakas dieselben Beziehungen gehabt
haben, wie zu den Usbeken, die zugleich (aus Westen) Elemente des (von
Osten dahingeworfenen) Türkischen in sich vereinen. Arrian's Sahala (als
Sangala) zeigt in Indien die gleiche Wiederholung, wie (nach dem Einzuge
der von den Yueitschi gedrängten) Saka (im eudydemischen Sakala aus
bactrischen Beziehungen), wie bei dem sogdischen Panda (neben persischen
Kuru und medischen Madra) und dem indischen. Sangala ist Stadt der
Khattioi (Khatti oder Xatrya), während die Pandava (b. Megasthenes) bereits
in Süd-Indien (also nach dem Untergange ihres von Himalaya aus in Indra-
prashta gegründeten Reiche's) localisirt werden und auch die (im Mahawanso
hervortretende) Verbindung zwischen Pandu und Saka am Ganges verschwunden scheint. Die Pandu verstossen bei der Brautwahl gegen die
Gebräuche der Xatriya (Kschatraya oder Satrapa), d. h. (in diesem Falle)
der aus (persischen) Sakistan als Kuru nach Indien gezogenen Saka, werden
aber durch Krischna, dem Gründer der Götterstadt (Ptol.) Mathura (wo die
ihn umgebenden Sura als asischer Senatus thronten) in den Verband aufgenommen und erneuern bei der zweiten Wanderung der Saka ihren Namen
gleichfalls im Norden Indien's, am Hydaspes (b. Ptol.) und als gynaicratu-
menische (bei Plinius). Es wäre also wahrscheinlich in den Pandu ein
Volk zu suchen, dass auch in Sogdiana den amazonischen Sagen zur Unter-
lage gedient hätte, und dieselben von einem Heerzug aus dem Osten (auf
den später von Usiun und Yueitchi betretenen Wegen) gebracht haben

---

*) Auf der von Siladitja in Kanjakubja (643 p. d.) berufenen Versammlung sollten
die Irrlehren der Lokajata, Kapalika, Kingkia, Sankja, Bhuta, Vaiçeshika, Pashanda,
Nirgrantha u. s. w. (beim Streit der Mahajanasutra und Hinajanasutra) widerlegt werden
(bei der Zusammenkunft von Sramana oder Buddhisten, Brahmanen, Pashanda und andere
Ketzer). Der Brahmane, der in seiner Vertheidigung der Lokajata-Secte von Hiouenthsang
widerlegt ward, pries dem König Kamarupa's die Weisheit des chinesischen Pilger's. Bei
der Versammlung in Kanjakubja wurde die goldene Statue Buddha's von Ciladitja als
Indra (mit Fliegenwedel) und Kumara, als Brahma (mit Schirm), geleitet. Ciladitja bedrohte
die Hiouenthsang verletzenden Gegner mit der Todesstrafe und die ihn schmähenden mit
Ausschneiden der Zunge. Die von Hiouenthsang (Mahajanadeva) widerlegten Hinajanisten
priesen ihn als Moxadeva (Gott der Befreiung). Bei der Geschenksvertheilung am Prajaga
der Jamuna und Ganga wurde eine Statue des Aditja (Sonnengotte's) und dann des Isvara
aufgestellt. Die Almosen wurden an die Buddhistische Geistlichkeit, an Brahmanen und
Haeretiker vertheilt. Nach der Inschrift in den Gandaki (bei Aufstellung eines Bildes
Sugata's oder Buddha's) regiert der Nachfolger (des Siladitja) Dharmaditja (einem Bodhisatt
verglichen) in Viyajapura (Siva und Vishnu anrufend). Lalitaditja von Kashmir († 732 p. d.)
besiegt Jaçovarman in Kanjakubja. Der Brahmanentempel in Kapiça (wo der Buddhismus
überwog) wurde (zur Zeit des Hiouenthsang) von Nirgrantha (nackt), Pancupata (mit Asche
beschmiert) und Kapaladharin (Schädelträger) besucht. Die Menschenopfernden Kapalika
verehrten (nach dem Malatimadhava) Devi als Kamunda. Die Aghori trugen mit Knochen
besetzte Stäbe. Der Brahmanengott Tseuna verlegte seinen Sitz vom Berg Aruna in
Kapiça nach dem Berg Hiragiri in Tsaukuta. Der König (türkischer Abkunft) in Vrigisthana
schützte das Trivatna. Gandhara (südlich von Udjâna) war von Kapiça abhängig.

könnte, seine Bezeichnung (aus dem chinesischen Wan oder Wang) bei den verschiedensten Stämmen im Westen geläufig machend und bei der nach-folgenden Völkerbewegung (II. Jahrhdt. a. d.) zum Theil nach Armenien geworfen. Als die Pandu sich auf den Pilgerplätzen des Himalaya ganz den Brahmanen hingegeben hatten (obwohl unter Bewahrung bhotanischer Heirathsgebräuche) breiteten sie bis nach ihren südlichen Sitzen (und weiter bis Lanka) den Siva-Cultus, der im Norden (als der des Herakles in den Keulen der Σιβοι erkannt) dort bei der Verehrung Vishnu's (als Gadadhara) vor dem Dienst des Krishna und seines keulentragenden Bruder's (Bala Rama, als Musali) zurücktrat, seit der (wenigstens im Epos) hergestellten Verbindung der Jadava oder Jat*) mit den Königsstädten am Jamuna und Ganges. Nach dem Mujmel-attavârikh unterwarfen sich die einander feindlichen Stämme der Zath und Meid im Indusgebiet dem Durjodhana in Hastinapur. Rassel, Enkel des Kefend, der (fremder Abkunft) sich Indien's zur Zeit Alexander M.**) bemächtigte, wurde durch einen Aufstand nach Süd-Indien

---

*) Den Yueitchi gingen die Yetha vorher. Von Harjasva unter den Nachfolgern des Agamidha (Sohn des Subatra) stammten die fünf Geschlechter der Panchala (als Mudgala-Söhne). Divadasa, Enkel des von den Haihaja aus Vatsja (in Vatsabhumi östlich von der Kasi) besiegten Harjasva, baute Varanasi und erlangte durch seinen (im Opfer gezeugten) Sohn Pratardava den Sieg. Der Einsiedler Vasu, Sohn des Kusa, herrschte mit Indra's Fahnenstange über das Land Chedi (in Magadha) und zeugte mit der Bergtochter Girika den König der Matsja. Sisupala, König der Chedi, war dem Erobererkönig von Magadha (Garasandha), der die Pundra und Kirata im Osten beherrschte, unterworfen. Die Salva (mit beweglicher Königsstadt) sind den Madra verwandt. Durch Gunst des Herrn der Uma (Siva) besiegte Garasandha die Könige der Erde (auch die Yadava). The Hazarehs (of the hill country near Ghuznee and Candahar) seem to be in many ways like the Brahuis, possessing at one time the country on the Khelat side of Candahar (s. Campbell). The Saraswatee Brahmins are called Kashastalee. The (military) Brahmins of Benares (Kashee) descended from Kasya-princes (s. Elliot). Im Brihad Aranjaka versammeln sich bei einem Opfer des König's Janaka in Mithila die Brahmanen der Kura und Panchala. Die Kuru (deren Nachfolger oder Pandava) sind westlicher, als die Panchala. Dem Puruiden Samvarana (König der Bharata), der vor den Panchala nach dem Sindhu flüchtete, wurde (nach Aufnahme des Rishi Vasishtha) von der Sonnentochter Tapati (Sauri oder Schwester des Manu) oder (die Leuchtende) der Sohn Kuru geboren (in Wiedererlangung der Herr-schaft). Durmukha, König der Panchala, die den Bharata (zwischen Jamuna und Ganges) stammverwandt waren, lernte die Königsweihe vom Rishi Brihaduktha. Kuru in Kuruxetra (mit Hastinapura an der Ganges, als Hauptstadt der Kuru) wurden von den Unterthanen zum König erwählt, weil rechtskundig. Kulluka Bhatta identificirt Kanjakubja mit Panchala. Vasishtha verschaffte durch seine Lieder (als Feind der Bharata) dem unter König Sudas an der Jamuna wohnenden Tritsu den Sieg. Das Ailavansa (Mondgeschlecht) wird durch Ila auf Manu zurückgeführt (im Gegensatz zu Aixvakava). Pandu machte die abgefallenen Könige (der Daçama und von Magadha) dem Kuru wieder unterwürfig. Bahlika, Bruder der Devapi und der Santanu (Dhritarashtra's und Pandu's), der sich beim Rückzug seiner Familie von denselben trennte, gewann ein mächtiges Reich (in dem Santana folgte). Als Purohita des König's Sudas (Sohn des Pijavana) machte Visvamitra die Flüsse Vipas und Sutudri (Sutlej) durch seine Hymne (im Rig) passirbar.

**) The Yavanas are said (in the Mahabharata) to be descended from Turvasu, the Vaibhojas from Druhyu, the Mlechba tribes from Anu (s. Muir). Bali stammt von Anu, Sohn des Ayu (Vishnu Puran.). Shamas-Iva (XIX. Jahrhdt. a. d.) baute in Assyrien einen Tempel für Anu, der (als Gott der Unterwelt) Vater der Götter heisst (in der Triade mit Illinus und Aiis). Iva (Phul or Vul) or Eva (Air or Aur), indicating a chief or a lord, interchanges with the (babylonian) terms Bel, Mut, Nin, Sar, Rub etc. (Rawlinson). In der armenischen Inschrift zu Van wird die Triade Khaldi, Sonne und Iva (Vato oder Wind) angerufen. Iva, der Gott in der Atmosphere (und der Wirbelwinde) wird, von Nebukad-nezzar als Regen gebender Gott angerufen von Sargon als die Bewässerung durch Canäle schützender. Ptolemäus stellt den Ἡρακλέους βωμὸν in die Nähe von Apamea. Im Periplus (Marcian's) finden sich die Ἡρακλέους στῆλαι an der Nordwest-Grenze Susiana's. In Sar-danapal's Inschrift (in Nimrud) ist der Sonnengott Samas (Shamas oder San) oder Sansi der höchste Herrscher aller Dinge (the destroyer of the kings enemies). Sargon speaks of him (in Khorsabad), as „he who has acquired dominion for me." It is remarkable, that the initial element of the name, which is also the monogramm for „the Sun" should have

verdrängt, wo ihm sein Sohn Rawal (Bruder des Barkamaris) folgte. Nach Zaman, der (Nachfolger der Bahbal, der auf Brahman folgte) mit Chinesen und Persern kämpfte, folgte (zu Zeit Alexander M.) Fur oder Poros (s. Masudi). Krishna's Nachfolger, der (als Maharaja) das Volk in vier Kasten theilte, kämpfte mit dem iranischen König Feridun (nach Ferishta). Juna, Neffe des Por oder Poros (zur Zeit des Alexander M.) verdrängte (zur Zeit des Ardeschir Babegan) den Usurpator Sunsarchand oder Sinsarchand (der dem persischen König Godruz Tribut zahlte). Vasudeva (Nachfolger des Bhoga) wurde (in Kanjakubga) von dem Sassaniden Bahramgur (Varahran) besucht (nach Ferishta). Das Reich der aus dem Pendjab in Surasthra eingewanderten Gujara, von deren König Pracantaraja (Enkel des Samandatta) eine Inschrift (323 p. d.) zu Kaira (zu Guzerat) gefunden wurde, wurde von den Ballabhi (deren Aera 319 p. d. datirt) gestürzt mit den Inschriften des König's Sridharasana I. bei Danduka in Guzerat*) bis 595 p. d. (oder

---

the double phonetic power of „San" ad „Par" as if both these terms had been proper names of the Sun, when the cuneiform writing was invented (Rawlinson). Die Haupttempel des Sonnengotte's (one of the earliest objects of Babylonian worship) finden sich (mit dem seiner Gattin Anunit oder Gula) in Larancha (Bit-Parra) und Sippara (Mosaib). Engesippos erklärt Bisan (Scythopolis) als das Haus der Sonne. Der riesige Barsham (später von Aram besiegt) wurde wegen seiner Grossthaten von den Assyriern vergöttert (s. Mos. Chor.). Nonnos nennt in Indien die Städte Pattalene (Pattala), Gorzos, Aithre, Anthene, Melaina, Kyra, Rodoc, Baidion, Nesaia, Karmina, die Berge Propamisos, Graikoi, die Flüsse Hydaspes, Ganges, Ombelos, die Völker Vatokitai, Xuthoi, Asienoi, Zuoroi, Joroi, Arbies, Dusaioi, Kirrai, Dersaioi, Derdai, Prasioi, Sibai, Bolingoi, Kaspeiroi, Zabloi, Salangoi, Sabeiroi, die Bewohner von Hydrake, Eukella, Goryandri. Der indische Phringos führt (bei Nonnos) auf Bhrigu und Daryklos auf die Danava (oder Danu). Ausserdem werden als Anführer genannt Agraios (der Wilde), Phlogios (der Flammende), Hippuros (Pferdeschweif), Lykos (Wolf), Glaukos (bläulich Glänzend). Orontes (Sohn des Didrosios) ist Vater des Morreus (s. Lassen). Nach Diony3, als Ὀρσιγυναξ waren die Orsaei genannten Indier (schwarz und Affen jagend) genannt, deren Stiere erwähnt werden. Nach Nonnos verehrten die Inder die Erde und das heilige Wasser (und den Helios), nicht aber den Sonnengott. Der Fluss Hydaspes war als Gott angesehen. Herakles wurde besonders von den Çurasena (mit Mathura) verehrt (nach Megasthenes). In der Ebene (besonders bei den Çurasena) wurde Krishna verehrt, in den Bergen Siva (als Dionysos). αἴϑονται τὸν ὄμβρον Διὸν οἱ Ἰνδοὶ καὶ τὸν Γάγγην ποταμόν, καὶ τοὺς ἐγχειρίους δαίμονας (Strabo). Der Regengott ist Indra. Nach Chares verehrten die Indier den Weingott Σοϱοάδειος [Somadivus] oder Suradesch.

*) Bhatarka, Stifter der Ballabhi, weilte (nach der Inschrift des Dhruvasena IV. (in der Skandhavara (dem Lager des Siege's), als Verehrer des Maheçvara oder Siva, und machte sich von seinem Oberherrn (aus dem Gupta-Reich unabhängig (als senapati) 319 p. d. Sein Enkel Dronasinha nahm den Titel Maharaja an, die Gesetze Manu's befolgend (als Dharmaraja). Auf seinen Nachfolger Dhruvasena I., der Bhagavat oder Vishnu verehrte, folgte Dharabhatta, Verehrer des Aditja oder Sonnengotte's. Der Eroberer Guhasena (Vater des Sridharasena I.) eroberte (Maheswara verehrend) Malwa (530), wo sein Enkel Siladitja oder Dharmadhitja (Verehrer des Maheswara) herrschten († 595 p. d.), der (nach Hiouenthsang) die Ratnatraja (im Mahajana) schätzte (Pferde und Elephanten mit filtrirtem Wasser tränkend) und mit dem von Xatrya Könige beherrschten Maharastra oder Mahratten (in deren Lande es neben Ninajana und Mahajana Sutra brahmanischer Devalaja gab) kämpfte. Auf Siladitja (der seinem ältern Bruder Isvaragraha entrissen hatte) folgte sein Sohn Sridharasena II. (dem Sivaismus ergeben), Bruder des nachfolgenden (und nach den Inschriften Maheswara verehrenden) Dhruvasena II. oder Dhruvapatu (640 p. d), als König von Vallabhi (nach Hiuenthsaug) aus dem Geschlecht der Xatriya (Schwiegersohn des Siladitja von Kanjakubja). Die Klöster gehörten meistens der Sammatinikaja Schule (im Hinajana) oder der von Upali gestifteten Secte Arja-Sammatya an. Auf Dhruvasena II. (der Malava, Anandapura, Vallabhi mit Atali und Khita beherrscht, den Hafen Barygaza oder Baroach, besitzend) folgte (650 p. d.) Sridharasena III. (als Chakravartin) und dann (nach Thronstreitigkeiten) Dhruvasena IV. (der mit Hülfe des König's von Anga seine Feinde besiegte) Mahesvara verehrend und die Brahmanen (wie sein Bruder Isvaragraha die Devabrahman aus Kalinga) beschenkend. Sein Neffe Sridharasena IV. zeigt (684 p. d.) viva's Stier Nandi auf seiner Inschrift mit einer Schenkung von den aus einem Basserschlecht stammenden Brahmacharin Nadhulla (der vier Vedas kundig). In den Ruinen Son Ballibhapura (an der Ostküste Guzerat's) oder Mannekir (Minnagra) findet sich ein granitner Lingam (nach Albiruni von den Arabern aus Sindh) zerstört. Auf den Ballabhi

Siladitja in Malwa), der Inschrift des Sridharasena IV. (Sohn des Siladitja)
aus dem Aera-Jahr 365 (664 p. d.) bei Kaira und bei Bhaunagora (664 p. d.).
Die Gupta (von den Vaiçja stammend) herrschten (nach der Vischnu-Purana)
in Allahabad und Saketa (in Kanjakubja residirend). Auf Gupta, der (als
Maharaja) die Dynastie der Gupta gründete, folgte (160 p. d.) sein Sohn
Ghatot-Kakha,*) der (den Sonnenschirm über alle Könige tragend) sich von
Ghatot-Kakha (Sohn des Pandava Bhima mit der Riesin Hidimba) ableitete

oder (die fortdauernden) Balhara (von dem ein Zweig ein Reich im Narmada Thal unter
Pravarasena, Rudrasena u. s. w. gründete) folgten die Râshtrakûta, durch Govinda (VII.
Jahrhdt.) begründet (nach der Inschrift Guzerat's), dessen Nachfolger Karkaraja (Vishnu
verehrend) sich von den Ballabhi unabhängig machte, dann folgten (980 p. d.) die Solanki,
unter dem Fürst Jamunda (oder Srimadhu) Somanatha durch Mahmud (1025 p. d.) zerstört
wurde. Chitor wurde gegründet durch Nagaditja, von Siladitja, dem letzten König von
Ballabhipura, durch Parther oder Hunnen (524) zerstört, stammend (728). Ballabhipura
wurde (unter Siladitja) von nordischen Barbaren (525 p. d) zerstört. Die Jutin oder
frommen Männer der Jaina in Bali und Sandari in Marwar stammten von den (224 p. d.)
aus Ballabhipura verjagten, als die Fürsten Mewar's aus Ballabhipura bei der getischen
Eroberung vertrieben wurden [durch die Gupta]. Siddharaja vertrieb den letzten König
des Surjavanço aus Ballabhipura (nach den Rajputen-Stamm der Gohila). Ballabhipura
ging durch den Fluch aus Brahmacen zu Grunde (s. Nicholson). Unter den Nachfolgern
des Sumitra (letzter Nachfolger Rama's, dessen Sohn Lava die Stadt Lahore im Penjab
gründete) wanderte Kanakasena nach Surashtra, die Stadt Birnagara gründend (146 p. d.)
und sein Grossenkel Vijajasena oder Ajajasena gründete (318 p. d.) die Stadt Ballabhipura,
die (unter Siladitja, als letzten König) zerstört wurde. Die Herrschaft der Solanki auf der
Halbinsel wurde 1052 p. d., auf dem Festlande (nach dem Tode Bhima's) 1079 p. d. durch
das Fürstenhaus der Chalukja ersetzt, in welchem Kumarapala (in Pattana oder Anavalata
residirend) zur Lehre der Jaina übertrat (Hermachandra begünstigend) 1173 p. d. Der
Brahmane Chak verdrängte (639 p. d.) die Dynastie Raî in Sindh, als Saharsha, Sohn des
Dhvaga, von den Persern unter Nimruz (629 p. d.) besiegt war (unter Sabaçri II.). Die
Bhixu in dem von einem Sudra-König beherrschten Sindh waren (nach Hiuenthsang) mit
den Mahajanasutra unbekannt Dahir (Kaka's Sohn) wurde von Kasim besiegt, der Dipal
(mit dem Tempel des Budd) eroberte und die Hauptstadt Alor (712 p. d.) erstürmte. Unter
den Abassiden machten sich die Amire in Mansura und Multan unabhängig bis zu Mahmud's siegreichen Feldzügen gegen Sindh (1004 p. d.).

*) Sein Nachfolger Chandragupta I. (168 p. d.) eroberte (171 p. d.) Malwa und setzte
eine Inschrift zu Sanchi in Bidhiça (das Reich des Sudraka, an dessen Hofe das Drama
Mrikkhakatika verfasst war), mit Schenkung an die Bhixu (deren Aufhebung mit der Strafe
eines Brahmanen-Mondes zu belegen). In einer der Stupen sind Reliquien von Sariputra
und Maudgaljâjama entdeckt. Auf den Münzen Chandragupta I. findet sich Vishnu's Vogel
Garuda (Garutman). Die Inschrift des Samudragupta (195 p. d.), dem Artaxerxes I., als
Shaban Shahi (mit Garamutmatauka-Münzen) huldigte (226 p. d.), begreift als unterworfen
Arjavarta (mit den Königen Rudradeva Janapati, Nâgadutta, Nâga, Nâgasena, Balavarman
u. s. w.), Kamarupa, Nepala, Samata und Tâdavraka (Silhet und Tripura), Kartripura, dann
(im Westen) die Arjunajana, die Jaudbeja (am Indus), die Mâdraka (zwischen Jravati und
Vipâça), die Abbira u. s. w. Daxinâpatha (südlich von Vindhya) mit Mahendra von Kauça-
laka, Viaghrarâja (in Gondavana), Nila von Kanki u. s. w. (mit Saka im westlichen Kabul
oder Indoskythen, mit Murunda in Lamghan und Sainhadrika kämpfend). Laxmi (mit
Füllhorn), Garuda, Halbmond auf den Münzen des Samudragupta, der Narada-Tumburu
(Indra's Lehrer) in der Tonkunst übertraf. Chandragupta II. (der vorzüglichste Bhagavat)
setzt (als Vikramaditja) in Kaschmir (nach Vertreibung der Tukbara) Mâtrigupta ein
(235 p. d.) mit Rama und Sita auf den Münzen (sowie Laxmi, Garuda und Fahnenstangen
u. s. w.). Sein Sohn Pratapaditja und Siladitja wurde (von seinem Bruder aus Ujajjini
vertrieben) durch Pravarasena aus Kashmir zurückgeführt, der dann auf seinen Eroberungen
bis zum Zusammenflusse des Ganges und der Jamuna drang und Pratapaditja, der sich
unabhängig machen wollte, absetzte, worauf die Eroberungen des Pravarasena beschränkt
worden durch Kumaragupta oder Skandagupta (Bruder des Siladitja), der auf Chandragupta II. folgte. Skandagupta eroberte (nach der Inschrift in Girinagara) die Halbinsel
Guzerat (wo bis Ende des II. Jahrhdt. p. d. die Indoskythen herrschten) und vereinigte
auf seinen Münzen den Typus der Sinha-Könige mit denen des Kanerki (als Raonano oder
nano, roanano rao). Auf den Münzen (als Kramâditja oder Vikramâditja) erscheint der
Kriegsgott mit dem Pfau, Siva's Nandi, Garuda u. s. w. Sein Nachfolger Mahendragupta
(270 p. d.) zeigt den bogentragenden König auf den Münzen. Unter den Nachfolgern des
Nârâjanagupta (auf dessen Münzen der König einen Löwen mit Pfeilen erschiesst) folgte
(319 p. d.) die Ballabhi-Dynastie, nachdem das Gupta-Reich im Norden des Vindhja-Gebirges

(mit den Nachfolgern des Vicramaditya in Saravasti kämpfend). — Yayati führt (als Beherrscher der sieben Dwipas) auf einen generellen kosmopolitischen Stammherrn zurück (nach Art eines Japhet oder Japet), und der bevorzugte Sohn Puru, (dessen Brüder Turvasu im Südosten, Druhyu im Westen, Anu im Norden und Yadu im Nordosten belehnt werden) erhält (wie der des Feridun) Madhyadesa (mit dem Thron der Mond-Dynastie), während in Kosala die Söhne des (eingeborenen) Ikchvaku zahlreich sprossen, wie die Kerne des Kürbiss (Ikchvaku) in ihren Staatenbildungen. Mit dem Zutritt der Bharata erweitert sich Brahmavarta (an der Sarasvati) zu Bharatavarcha (oder Aryavarta) zwischen Himalaya und Vindhya, aber die Fürsten der unreinen Stämme, zu Kschatrya erhoben (auf die verfluchten Söhne des Visvamitra bezogen, als Andhra, Poundra, Savara, Pulinda, Mutinda), müssen (mit dem Siege des Vasishtha) die göttliche Autorität der Brahmanen anerkennen. Das (in den Vedas) Aryas (der Vaisya oder Arya) genannte Volk, das durch den Chyber-Pass (also aus Ariana) in Indien eingetreten war, kam dort unter den (δασεις) Dasyus (ausser mit plattnasigen oder σιμοι Simyus, als Eingeborene, mit Bhodja oder Bhedja, als Bhotya und mit Kikata aus Magadha mit hinterindischem Anflug) mit Yadva*) oder Yadou (der Yadava-Rasse, mit der sich die Kschatrya-Fürsten vermählten) zusammen, d. h. mit einem verwandten Volke der (über Belluchistan in arischer Variation) herabgekommenen Jat, die (gleich ihren Gegnern und späteren Verbündeten) von Bharata (Rischi) oder Bhat (wie die Bhil in Rajputana und dessen Fürsten) begleitet war, aus denen sich (mit der Kastentrennung) die Brahmanen (aus dem Amt des Brâhmana) entwickelten, mit den Bhrigu oder Bhargava (dem Hüter des arischen Feuer's) als Verkündiger der Gesetze Manu's (und Ahnen des Parasu-Rama). — Visvamitra**), der (im Rigveda) durch seine Hymne den Lauf der Flüsse Vipas und Sutudri (Sutlej) für die von Indra in den Krieg getriebenen Bharatas besänftigt, heisst (b. Sayana) ein Purohita des König's Sudas (Sohn des Pijavana). Die Flüsse bitten, dass sie nicht von den Menschen erniedrigt werden, ergaben sich aber dem Schmeicheln.

durch einen Fürsten aus dem Pandava Geschlecht gestürzt war, der (nach dem Dathadhatuvansa mit Elu) in Patatiputra regierte (als Oberkönig von Jambudwipa). Die Typen der Münzen der Gupta sind den indoskythischen (unter Kanerki) nachgebildet, allmählig den Typus der indischen annehmend. Die Çaka-Era 93 datirte Inschrift (Chandragupta I.) auf der Kolonade, die den Stupa von Sanchi (bei Bhilsa) umgiebt, bezeugt eine Schenkung an das dortige Kloster. Die Inschriften des Harisena, Rathgeber des Samudragupta findet sich (die Sassaniden erwähnend) unter der Inschrift Asoka's auf der Säule von Allahabad. Die Inschrift von Bhitari bei Ghazipur berichtet die Siege des Skandagupta, der auch eine Inschrift auf den Felsen von Girinagora (Nordseite) hat einhauen lassen, wo sich (Ostseite) eine des Asoka und (Westseite) eine des Rudradaman findet. Die Gupta-Könige (wie vor ihnen die Sinha-Könige) bediente sich der heiligen Sprache der Brahmanen. Asvamedhaparâkrama (Kraft des Pferdeopfer's) und Sevâ (Verehrung) auf den Münzen des Gupta (mit Glücksgöttern, Fliegenwedel tragend, Schweif des tibetischen Ochsen). Durch die Brahmanen (Nighanta oder Tirtja) angeregt, sandte der aus dem Pandava-Geschlecht in Pataliputra herrschende Oberkönig Jambudwipa's (den von allen Deva's verehrten Vishnu anbetend) den Vasallenfürst Chitrajana gegen den einen Knochen (Buddha's, im Zahn) verehrenden Gubasiva von Kalinga, der indess Chitrajena und (da der Zahn nicht zermalmt werden konnte) den Pandu-König bekehrend, den von König Xiradhara verlangten Zahn durch Dantakumara nach Ceylon rettete (311 p. d.).

*) Den Kuru, für welche die Pandu die Yavana bekämpft hatten, war die Einwanderung der Panchala (mit den Madra) vorhergegangen, und durch Kaufleute oder (magische) Sänger wurde im Lande der Chedi das von Vasu beherrschte Reich Magadha begründet, während der (den Brahmanen Gautama bei sich aufnehmende) König Bali (am unteren Ganges) die Kasten-Eintheilung einführte.

**) Die Virupa sind die verschiedenen Priester vom Geschlecht der Angiras, Medhatithi u. s. w. bei den Kschattrijas, als Söhne Suda's (nach Sayana). When Visvamitra conducted Sudas, Indrawas propitiated through the Kusikas (im Rig.). Vasishtha, der sich gegen Sudas, den königlichen Schüler Visvamitra's zornig bewiesen, wurde von diesem

Als Baman (Vamana) überkommt Vishnu den König Bali, Sohn des
Virachana (Sohn des Hiranya Kasyapa), als Krishna besiegt er in Sunitapur
durch die Yavanas den König Bana Asura, Vater des Virat (der in Pandua
residirende König von Matsya), dessen Kivatas oder Kichak genannten Unter-

verflucht (nach Sayana). The Vasisthas do not listen to the verses (of the Rig) mit den
Flüchen (s. Muir). Wer sie anhört, dessen Kopf zerspringt in hundert Stücke (nach dem
Brihaddevata). Durga (der Commentator oder Nirukta) enthält sich der Erklärung weil er,
als Kapishthala zur Familie des Vasishtha gehört. Die bejahrten Jamadagnis brachten
der beschwänzten Göttin (the daughter of the sun who causes the light and dark periods
of the moon). Growing up among the Pahlavas, who dwelt in the woods, the glorious king
Kunka obtained, austere fervour, with the view of obtaining a son equal to Indra (nach
dem Harivamsa) Indra (Sata or Maghavat) introdued a portion of himself and caused it to
take the form of a son (s. Muir). Visvamitra (der durch Amavasu von Pururavas stammt)
führt durch Jahnu auf Puru (Enkel des Ajus) Bharata (Vorfahr des Visvamitra) stammt
von Ayus und Puru. Visvamitra durch Vasishtha in einen Vaka-Vogel verwünscht, verwünscht ihn in einen Asi-Vogel und sie kämpfen bis durch Brahma getrennt. Unter
Visvamitra, als Hotri-Priester, Jamadagni als Adhvaryu, Vasishtha als Brahman und Ayaspa
als Udgatri sollte der von Rohita (Sohn des Bharata-König's Harischandra) für ihn dann
Varuna in Folge des Gelübde's geopfert werden (nach der Aitareyya Brahmana). Jahnu
(mit seinen Brüdern), durch Bharata von Puru stammend, war Vorfahr der Kausikas. Most
of the Dasyus (Andhras, Pundras, Sabaras, Pulindas, Mutibas) are sprung from Visvamitra
(in Ait. Brahm) von den 50 ältesten Söhnen (s. Muir). König Trisanku (von Ikshvaku
stammend) wurde (von Vasishtha oder Mahodaya zurückgewiesen) von Visvamitra (mit den
Kopf abwärts) in den südlichen Himmel (mit neun Sternbildern) erhoben. Unter Samra-
vana, Sohn Riksha's (Bruder des Jahnu) flohen die von den Panchalya besiegten Bharata
in die Gebüsche des Sindhu (Indus), bis (nach 1000 Jahren) Vasishtha sie zum Siege führt
(Mahabbarata). Hunde fasten am 14. Tage des Monat's und Sperber am 8. (n. Katyayana).
If ony one (of the four classes) should vomit the soma, let there be an atonement (nach
der Ait. Brahm.). Nach Arrian waren die verschiedenen Klassen der Indier nach Gewerbe
und Heirathen getrennt, aber die der Sophisten stand jedem offen. Niemand opferte (in
Indien) ohne einen Sophisten (nach Arrian). Die von einen König ohne Purohita ange-
botene Speise verschmähen die Götter (Ait. Brahm.). Visvamitra und Vasishtha verdrängten
sich gegenseitig bei Sudas. Trisanku oder Satyavrata befreit den Sohn von Visvamitra's
Frau, die ihn in der Hungersnoth (zur Erhaltung des andern) verkaufen will. Puru sprang
aus dem Geschlecht der Bharata (nach der Bhagav. Pur.). Als die Söhne des Vitahavya,
die die Familie des Divodasa (König von Kasi) getödtet hatten, durch den von dem Weisen
Bharadvaja erhaltenen Sohn Pratardana besiegt werden, nahmen sie Zuflucht zu dem
Weisen Bhrigu (in Mahabbarata), der sie durch sein Wort zu Brahmanen (ihrer Kschattrya-
Kaste verlustig) machte, worauf Gritsamada (Sohn des Vitahavya) von den Daityas für
Sakra (Indra) erklärt wurde. Von Mitrayu (Sohn des König's Divodasa) sprangen die
Maitreyas. Agni wird von Divodasa angerufen (im Rigveda). Vitatha zeugte Suhotra,
Suhotri, Gaya, Garga und den grossen Kapila (nach dem Harivamsa). Urukshaja (Sohn
des Mahaviryya) zeugte Trayyaruna, Pushkarin und Kapi, die Brahmanen wurden. Arjuna,
zu der Stadt der Uttarakurus gelangend, hört von den Wächtern, dass kein Sterblicher
sie erobern könne [Alexander]. In Jalada (of Sakadwipa) dwell Magas, Magadhas, Manasas
und Mandagas (Brahmani, Kshattryas, Vasyas and Sudras) worshipping Vishnu in the form
of the sun (nach der Vishnu-Purana). Gadhi (Vater des Visvamitra) stammte (durch
Kusamba und Kusa) von Pururavas. König Harischandra (Sohn des Trisanku) giebt sein
Reich, seine Gattin, seinen Sohn und sich selbst für Visvamitra Forderungen hin (nach
dem Purana). Die verfluchten Visvedevas (des Mitlcid's) incarnirten zum Theil in den
5 Pandus. From Phena sprang Sutapas, and the son of Sutapas was Bali. He was born
of a human mother, this prince with the golden quiver, but king Bali was of old a great
yogin. He begot five sons, who were the heads of races upon the earth, Anga was first
born, their Vanga, Subma, Pandra and Kalinga. Such are the names of the Kshattriyas
decended from Bali (Baleyah). These were also Baleya Brahmans, founders of his race
upon the earth (nach dem Harivamsa). Nach dem Matsya-Purana erlangten Bali von Brahma
die Kasten-Einrichtung (s. Muir). Von Nabhaga stammt (im Vishnu purana) Rathitara,
Vorfahr der Rathitaras, twice-born men (Brahmans) of the Kshattrya-race (als Angiras).
Bahvasva (Sohn des Mudgala, von Ajamidha stammend) zeugte die Zwillinge Divodasa und
Ahalya (s. Muir). Besalapuri (in Vesala) wurde (XV. Jahrhdt.) durch König Besala, Enkel
(durch Trinabindhu oder Bandhuka (des Budha) Sohn des Begawan (Hamilton). Die Asvini
verrichte die Dasyus für die Arya. Indra, the slayer of Vrittra, the destroyer of cities,
has scattered the Dasyu (hosts) sprung from a black womb (Muir) in den Hymnen. In
der Matsya ist Bali der Sohn Virochana (bei den Vamana-Avatara). Bilatha (Sohn des
Brihaspati) oder Bharadvaja Muni wurde von Bharata (Sohn des Dusyanta) als Nachfolger
im Königreich Antarbeda adoptirt.

thanen die Bezeichnung Varmas (Brahmas) oder Burmas (Brachmani) erhielten (s. Hamilton). Vischnu's Gemahlin war Lakshmi, die Schwester des (sonst mit Aryaman associirten) Dhatri und Vidhatri (in Mahabharata), und neben Vishnu (den weitschrittigen) und Pushan der Mitte (die Sudra-Klasse im Satapatha Brahmana) werden (im Rigveda) Mitra, Varuna, Aryaman, Indra, Brihaspati angerufen. Als Trivikrama begreift Vishnu das All, in den Formen Agni's, Vayu's und Surya's (in der Vajasaneyi Sanhita), mit Aditya (nach Durgacharyya) identificirt. Pasupati, als Kinderherr (im Mahabharata) ist höchstes Wesen und auf Basu, Sohn Dharma's (s. Hamilton) gehen die truppweis (Brih. Up.) erschaffenen Vasus, deren Führer Vasudeva, wie sich aus Manu's Ausruf ergiebt, höchster Gegenstand der Verehrung war (bei dem Rindervolk), und (in Paitt. Br.) Vasus, Rudras und Adityas als erste Götter genannt werden. Basudewa oder Vasudewa (Krishna's Vater) geht auf Sura (der den Asuren gegenüberstehenden Asuren) und Marusa (oder Marut) zurück, wogegen im Hause seiner Gattin Dewaka eine feindliche Spaltung der Brüder Statt hat, und Dewaka vor Ugrasena (aus den Rudras mit Ugra, Sohn des Bhuta) zurücktritt, wie im Geschlecht des Kuru vor Santanu der aussätzige Devapi, dessen Heiligkeit aber die ihn als ketzerisch verstossenden Brahmanen (wie in Kambodia) zum Ausgleich zwingt (durch Erhebung der Deva's). Dowapi (aus dem Geschlecht des Puru, und Maru*) (aus der Familie Ikshvaku's), bewahren (nach der Vishn. Pur.) den Samen der Kshattriya in Kalapa für das nächste Krita-Alter.

---

*) Merodach (mit dem Titel Banu) oder Bel-Merodach (als der Planet Belus oder Jupiter) wird auch durch die Charactere Amarut (Marut) ausgedrückt (s. Rawlinson) aus Meroe. Ugrasena (König von Mathura) stammt durch Punarbasu von Tittira, Sohn des Kapatarama. The Maruts strong in themselves increased in greatness. They ascended to heaven, and have made for themselves a spacious abode. When Vishnu assisted the hero who humbles pride, they sat down like birds on the sacrificial grass, which they love (Rigveda). Ugra (Sohn des Bhuta) gehört zu den 11 Rudras. Basudewa (Vasudewa) oder Anakadundubhi, Sohn Sura's und Marusa's (Marisa's oder Bhaja's) ist (Vater des Sri Krishna) mit Sahadewa (Tochter des Dewaka) vermählt. Ahuka, Vater des Dawaka und Ugrasena, herrschte (in Mathura) über Ilawarta (s. Hamilton). Die 6 Töchter Ugrasena's (König von Mathura) waren mit den 6 Söhnen Basudewa's vermählt. Sura stammt durch Biduratha von Bhajamana. Manu glaubt in dem Riesenfisch Vasudeva zu sehen (Matsya Pur.). Nachdem Brahma (in der Form Agni's) zuerst die Kshattrya, als Götter des Macht (Indra, Varuna, Soma, Rudra, Parjanya, Yama, Mrityu, Isana) oder Kshtattraui und dann die Brahmanen geschaffen, schuf er die Götter, die truppweise bezeichnet werden (Vis), als die Vasus, Rudras, Adityas, Visvedevas, Maruts (Brihadaranyaka Up.). Aus Agni erschien Brahma unter den Göttern, der Brahmane unter den Menschen, durch den (göttlichen) Kshattriya ein (menschlicher) Kshattriya, durch den (göttlichen) Vaisya ein (menschlicher) Vaisya, durch den (göttlichen) Sudra ein (menschlicher) Sudra (aus Pushan oder Erde). Von dem Bruder des Priyabrata, Gatte der Barhismati, Enkelin des Basu, Sohn des Dharma (Sohn des Brahma) stammt Uttampada Basu. Als die (nach den Visvedevas) aus dem Jahr erschaffenen Speiseherren von den Maruts erschlagen waren, brachte Prajapati ein Ei hervor (Taitt. Br.). Als der aussätzige Devapi (Sohn des von Kuru stammenden Pratipa) auf Rath der Brahmanen (nach der Vishnu Purana) durch seinen Bruder Santanu verbannt war, hielt Parjanya den Regen zurück (s. Mahabharata). König Dewapi aus dem Stamm Puru's, und Maru aus der Familie Ikshvaku's, weilen (in der Mahayoga versenkt) im Dorfe Kalapa, um den Samen aus Manu's Geschlecht zu bewahren und im nächsten Krita-Alter die Kshattriya-Rasse zu erneuern. Die Devakas leben in Krauncha-Dvipa (Bhag. Pur.), die Vasundharas in Salmala-Dwipa. Wie Himmel und Erde theilt sich als Herrscher Vasus, Rudras, Adityas (Vajasaneya Sanh.). In der von Prajapati in Ebergestalt emporgehobenen Erde schuf er (als durch Wischen ausbreitender) Visvakarma die Göttin Vasus, Rudras und Adityas (Taitt. Sanh.). Aditi (Schwester Diti's und Danu's) gebar 33 Götter (Adityas, Vasus, Rudras, Asvins) im Ram. Die 8 Vasus stammen von Daksha (Mahabh.). Bei dem Opfer Pasupati's (der als Brahma, Siva, Rudra, Varuna, Agni, Prajapati bekannten Wesensherren), des grossen Varuna fiel (Angesichts der versammelten Göttinnen) Svayambhuva's (Brahma's) Saamen zur Erde, der von Pushan mit dem Opferlöffel in's Feuer geworfen zeugte, in drei Männern, als Bhrigu, Angiras und Kavi (in Anusasana-parvan des Mahabharata). Prajapati ist Pasupati, als Schützer der Heerden (Ait. Br.). Aus Brahma's Stirn entsprungen, theilt sich Rudra (Vishnu Pur.). Rudra, dem

Wie Prajapati's Himmel für die Brahmanen, ist der Indra's für die Kshattriya bestimmt, der der Maruts für die Vaisyas und der der Gandharvas für die Sudras (in der Vayu. Pur.). Die Sudra's knüpfen sich an Pushan (Erde), wie die Vaisyas an Vis (Visvedas). Die Devas (die δίοι Pelasger, deren Weisen die Θεοί waren, unter Ζαν) folgten dem Dionysos oder Deva-Nyssa auf dem Triumphzuge durch Indien, wo Deriades (Dhara, Sohn des Dharma und der Basa), Orontes und Danyklos (der Danavas) gegenüberstehen, und ihre Götter von Maru oder Meru besetzten den Himmel, wo sie Dhiti's (die Feinde der Adhiti) und Danava vertrieben, mit ihren früheren Gegnern (den Rudras) einen Ausgleich herstellend und dann (nach Versöhnung der in Vishnu's Avataren als Hiranyas verfolgten Brahmanen) die (den Suras entgegengesetzten) Asuras (Bana Asura's) das von Vishnu (als Vahmana oder Bahman) bezwungenen Bali's, wie später (den Brahmanen) Ravana. In Kusa-Dwipa leben (nach der Vishnu-Purana*)) Daityas, Danavas, Devas, Gandharvas, Yakshas, Kimpurushas in den vier Kasten der Damiens, Sushmins, Snehas und Mandehas, durch Janardana's Verehrung in Brahma's Form ihre Verdienste aufhebend. Nach dem Mahabharata giebt es weder Dasyus noch Mlechhas in Kusa-dwipa, wo (nach der Bhag. Pur.) Kusalas, Kovidas, Abhiyuktas und Kulakas wohnen. Durch einen in Pataliputra herrschenden Fürst aus dem Pandu-Geschlecht wurden die älteren Gupta (bis Mahendra-gupta) von den jüngeren Gupta getrennt, die sich (319 p. d.) in Bhopal und Bundelakand festsetzten. Devagupta (aus den jüngeren Gupta) ver-

---

das aus Opfern Ueberbleibende gehört, nahm die dem Brahmacharin Nabbanedishtha von den Angiras geschenkten Kinder in Anspruch (Taitt. Sanh.). Rudra, Schüler des Angiras, schützt Brihaspati, wie Usanas den Sohn Soma, Sohn Attri's (Vishn. Pur.). Rajas ist Licht (in Nirukta). Die Maruts streifen glänzend über die Welt. Der Rajanya wurde im Mutterleibe gefesselt und so geboren, weil er sonst Alles zerstört hätte.

*) Zu Parasurama's Zeit waren die Videha's (Mahadev's) feindlich gegenüber den orthodoxen Bhrigus, aber bei der Reaction der Kshattrya's gegen die Brahmanen unter Ramachandra (in Kosala) vermählt sich diese mit Sita (Janaki) aus Mithila (der Videha) und Krishna kämpft gegen die Nachkommen des von den Bhrigu wiederbelebten Bali. Dem von den Bhrigus beschützten Soma tritt Rudra (Schüler der Angiras) auf Brihaspati's Seite entgegen. Vishnu's Name als Sipivishtha (kahlköpfig) hat (nach Yaska) schlechte Bedeutung, aber in den Zwergavatara wird Vishnu für seine Täuschungen als beschirmter Bettler geboren. Die Götter gaben Visvamitra den Sohn Sunassepa (aus dem Geschlecht der Bhrigus), als Devarata (Gott gegeben) adoptirt (Vishnu Purana) im Suhnahsepha Devarata (aus der Brahmanenfamilie der Angirasas) Ahn der (in der Matsya-Purana) zu den Kasyapas gerechneten Dewaratas unter den Kausikas von dem unter den Pahlawas lebenden Kusika (Grossvater des Visvamitra), Sohn des Kusa (nach der Harivamsa). Durch Vishnu's Bogen (der durch den von Bhrigu stammenden Richika auf Jamadagni, Parasurama's Vater, kam) überwunden, giebt Mahadeva oder Sitikantha (Rudra oder Siva) seinen Bogen (nach dem Ramayana) dem unter den (zu den ausgestossenen Kshatriyas gerechneten) Videhas lebendem Rishi Devarata. Mathava, der Videgha (Videha), der Agni im Munde trug, folgte ihm (durch die Opfer seines Purohita, des Rishi Gotama Rahugana, hervorgelockt) von der Sarasvati fortbrennend bis zur Sadanira (auch als Karatoya) oder Gandak (dem Grenzfluss der von Mathava stammenden Kosala und Videhas), wo er im Osten (früher nicht von Brahmanen betreten, weil nicht durch Agni Vaisvanara geheiligt) seinen Wohnsitz erhielt (Sat. Br.). Der Kaiser (samrat) Janaka, der Vaideha befrägt Yajnavalkya über das Agnihotra (in Mithila herrschend). Nimi (Bedeha oder Janaka), König von Mithila, ist Sohn des Ikshwaki. Mahakosala (der Sonnenfamilie) ist Oude. Als Samvarana, Sohn des Riksha in Hastinapur (Sohn des Jahnu, Sohn des Kuru) durch die Panchalya besiegt war, flohen (nach der Mahabharata Adip.) die Bharata in die Schilfe des Sindhu, wie (nach der Udyogaparvan des Mahabharata) Indra nach Erschlagung des Brahmanen Vrithra, bis sie Vasishtha als Brahmanen aufnahmen. Im Rigveda zerstören Vishnu und Indra die Festungen Sambara's. Sambara, Sohn des Dava (Sohn des Kasyapa) wurde getödtet durch Pradumna, Sohn des Chakshusha (König's von Brahmavarta). Drupadi, Tochter des Drupada, König's von Pangchala oder Punjanb (des Nila, Sohn des Ajamirha, König's von Hastinapur, erhielt) heirathete Yudishthira, König von Hastinapur (s. Hamilton). Pravahana Jaivali, König der Panchala's, theilte Svetaketu Aruneya die den Brahmanen unbekannten Lehren der Kschattriya mit (Satap. Brahm.).

26*

mählte (nach der im obern Narmada-Thal gefundenen Inschrift) seine Tochter Mutter des Pravarasena II., der dem aus dem Geschlecht des Maudgalja und in den Lehren der Taittirja oder schwarzen Jajurveda wohlbewanderten Brahmanen Devaçarnam das Dorf Brahmapuraka schenkte) mit Budrasena II. aus dem Geschlecht der von Vishnurudro stammenden Fürsten, Mahesvara oder Siva als Bhairava verehrend (aus Zwerge der Ballabhi-Dynastie) 400 p. d. Unter den Nachfolgern des Devagupta*), sandte der in Kapilawastu residirende Chandraprija (auch über Kosala mit Ayodhya, Sitz der Chalukja-Rajputen herrschend) eine Gesandtschaft an Kaiser Wuti aus den Song. Ila, Tochter des Manu, (Sohn des Stammvater**) Brahma) zeugte mit

---

*) Als Vasallen der jüngeren Gupta herrschten Vishnugupta, Krishnagupta und Bhumigupta in Nepal. An Kaiser Wuti (aus der Dynastie der Liang schickte ein Gupta-Fürst, der am Sindhu in Sindh (während das Penjab von den kleinen Jueitchi besetzt war) herrschte, eine Gesandtschaft. Auf Sakraditja, der (Nachfolger des Chandraprija unter den jüngern Gupta) das Triratna (Buddha, Dharma und Saugha) verehrte, folgte (484 p. d.) Buddhagupta, der die Tugenden der Lokapala besass, nach der (unter Tarapani in Bhopal oder östlichen Magadha) von Dhanjavishnu (Gründer des dem Varajana als Varaha oder Eber geweihten Tempels) gesetzte Inschrift, als Vaidalavishnu dem Vishnu oder Janârdana (Menschenbedränger) eine Fahnenstange aufstellte. Nach Hiuenthsang war Buddhagupta der von Sakjamuni gestifteten Religion ergeben. Buddhagupta verehrte Vishnu, wie die Fürsten aus dem Rajputen-Geschlecht die Maitrâjana. Unter seinen Nachfolgern trat Baladitja (Sohn des Tathâgagupta, Vater des Vagra) in den geistlichen Stand (nach Aufforderung eines frommen Buddhisten aus China). Als Mihirakula, der (nach dem Tode des Gollas) die kleinen Jueitchi oder weissen Hunnen besiegte, im Lande Tsekia mit der Hauptstadt Sakala (Amritasaras oder Krk) oder Sangala (wo Himmelsgeister und brahmanische Götter verehrt wurden neben einigen Anhängern Buddha's) vom Gesetz Buddha's (weil die Mönche seine Fragen nicht beantworten konnten) abfiel und verfolgte, versagte ihm Baladitja den Tribut und nahm ihn im Kriege gefangen (530 p. d.). Nachdem sich Nepal von den Gupta losgerissen, eroberte der Ballabhi-König Siladitja (548 p. d.) Malava, so dass das Gupta-Reich auf Baudelahhand, Magadha, Kosala und das Gebiet von Kapilawastu beschränkt blieb. Unter den Schülern des Vaicampayana, Lehrer der (dem Yaska, Lehrer des Tittiri mitgetheilten) Yajur-Veda, wurde Yagnavalkya (weil er nicht seine Sünden auf sich nehmen wollte) ausgestossen und erhielt die (von den bunten Rebhühnern ausgebrochene Veda) von der Sonne (in Gestalt eines Rosse's) als weisser Yajush offenbart (mit den Schüler des Kanva, Madhyandma u. s. w.). Janardana in der Gestalt eines Fisches wird von Manu für Vasudeva gehalten (im Matsya Purana). Im Harivamsa wird dem Janamejaya das Kshattriya-Alter erklärt von Vaisampayana, indem (als nach dem Brahmanen-Alter der Daumesgrossen Muni, als vollendete Brahmanen von den Sonnenstrahlen verzehrt waren bei Auflösung der Welt) Vishnu (von Brahma entsprungen) sich als Prajapati Daksha manifestirte, Brahmanen, Kshattriya, Vaisya und Sudra schaffend. Purushottama (Hari Narayana) ist der höchste, lehrt Vaisampayana (im Harivamsa). In Mahabbarata erzählt Vaisampayana die Geburt der Rishi (der Söhne Brahma's), von denen Kasyapa entsprang. Die Asitamrigas erkämpften den Somatrunk von den Bhutaviras für die Kasyapas, ohne deren Hülfe Janamejaya (Sohn des Parikchit) opferte. Janaka von Videha erklärt das Agnihotra den Brahmanen mit Yajnavalkya (in der Satap. Br.). Die Yajnavalkyas gehören zu den Kausikas (Visvamitras). Purusha theilt sich nach Yajnavalkya (Brihadaranyaka Upanishad). Hinsichtlich der Zulassung von Liebhabern durch die Gastlein weicht Yajnavalkya von andern Lehren ab (Sah. Br.). Satanika (König von Indrapasths) war Sohn des Janmijaya. Mahavira lehrt unter den Königen Satanika und Srenika. Satanand war Parohit oder Janakas (nachdem Vasishtha's Nachkomme verdrängt war), als Sohn des Gautama mit der Jungfrau Ahalya. Sri Krishna zeugte mit Nagnajit (oder Satya) Vira oder Virchandra. Mahaviryya, Vater des Urukshaya (von dessen drei Söhnen Trayyaruna, Pushkarin und Kapi der Letzte ein Brahmane wurde) war Bruder des Parga, Vorfahres des Sini, von dem die Gargyas und Sainyas, (Brahmanen des Kshattriya-Stammes), entsprangen (Vishnu-Purana) unter den Nachkommen des Tansu (Bruder des Apratiratha). Tangni (König von Ayodhya) war Sohn des Aghamitra (Sohn des Visvakarma). Da Janamejaya (die Brahmanen des Vajasaneyi-Zweiges die Yajurveda schützend) die Trisarvi durch Brahmanen von Anga feststellen liess, wurde er durch Vaisampayana verflucht.

**) Wie ihre Stammgenossen in Analavata leiteten sich die Kalukja (Rajputen) in Kosala (Ajodhya des Sonnengeschlecht's) vom Mondgeschlecht ab. Von Brahma stammten Manu, Atri, Mandavi (Mandvaja), Harita und Panchacikha, bei dessen Feueropfern Chalukja aus dem Schaum des ausgesprengten Wasser's entstand. Von dem mit feurigen Haarbüschel begabten Harita, der (Sohn des Parûravas) das Mondgeschlecht berühmt machte, stammten (unter andern königlichen Geschlechtern) die Chalukja, von denen

Budha den Pururavas. Als das von dem Weisen Chyana, der (aus dem Bhrigu-Geschlecht) die Asvin's in die Göttergesellschaft (beim Soma-Trinken) einführen wollte, geschaffene Ungeheuer Mada die Götter erfasste, nahmen Dhanavas *) Besitz von der Erde und die Kapas, ihre (kappadokischen und ceylonischen) Priester vom Himmel, bis sie von den Brahmanen (trotz der von ihnen wegen gleicher Gelehrsamkeit angebotenen Uebereinkunft) vertrieben wurden.

Die Elementar-Verehrung (von Sonne, Mond, Erde, Feuer, Wasser, Winde) der zum Zeus als Himmelswölbung betenden Perser (b. Herodot) fehlt (nach Rawlinson) in den Inschriften, wo Darius (in Behistan) Ormazd erwähnt (mit Hindeutung auf den bösen Lügengott) und Artaxerxes Mnemon

---

Jajasinha (vor den Gupta) aus Hindostan nach dem Dekkhan wanderte (435 p. d.), die Dynastien der Kartta und Ratta (und Andhrabbhritja) verdrängend.
*) Die von den Danavas (und Asuras) vertriebenen Götter wurden (nach Süden fliehend) von Agastya (der durch Bhrigu auf Nahusha niedergeschmettert) wieder eingesetzt. Die von den Khalin genannten Danavas (Daityas) angegriffenen Adityas wurden von Vasishtha gerettet (nach dem Mahabbharata). Mit den Danavas kämpfend erhielten die Götter (Devas) Hülfe von dem Weisen Atri. Hayagriva, Fürst der Danus (Schützer) oder Danas, wurde von Vishnu (als Fisch) getödtet. Die Danas stammten von Dana, Sohn des Kasyapa. Sarmishtha, Tochter des Dhana-König's, war mit Jajati, König von Pratishthana, vermählt. Der vom alten Stamm der Dosada (Wächter) verehrte Rahu (der Finsternisse), Bruder des Ketu, war Sohn des Dana-König's Biprachiti, Sohn des Dana (Sohn des Kasyapa) Als Saïabha stammt Biprachiti (König der Danas) von Kasyapa, als Tarkshya, mit Yamin, seiner nach Binata und Kadru (und Pattinggi) geheiratheten Gattin (s. Hamilton). Die Drachenform medischer (oder vanischer) Fürsten (in Ash-Dahak) verknüpft sich so mit den Schlangengeburten der ihm (windischen oder venetischen) Schwester Vineta oder Binata (Tochter des Daksha) feindlichen Kadru, Mutter des Kapila, der (die Söhne des König's Sagara, Sohn des Asita, in Ajodhya vernichtend) die Menschenopfer (wie Zohak) verlangende Secte des Muni Sri Kapel stiftete. Am Opfer des Janamejaya, Sohn des Parikshit, (Sohn des Kuru in Hastinapur) erkämpften die Asitamrigas den Soma-Trank für die Kasyapas von den Bhuta-viras (nach der Aitareya-Brahmana). Bhutanampati herrschte (nach der Vajasaneya Sanhita), ehe die Rischis geschaffen wurden. Asita (Sohn des Bharata) herrschte (XVIII. Jahrbdt. a. d.) in Ayodhya. Kabi, Sohn des Priyabrata (König von Antarbeda) ergab sich dem geistlichen Leben. Kappi ist Athleta furiosus in nordischer Dichtersprache (Egilsson). Priyabrata, Sohn des Vira (Sohn des König's Swayambhuwa in Brahmawarta), begründete das Reich des Zwischenflusslande's Antarbeda, später von der Fürsten des Mondgeschlechte's (in Pratisthana) besetzt, die dann ihre Residenz nach Indraprashtha (in Kurudesa) verlegten. Eine Betschwester heisst (nach Mone) Kapeltrete oder Tempeltrete. Danyklos (b. Nonnus) wird auf die Danava (der Danu) bezogen (s. Lassen). Mit Priyabrata oder Bira (Vira) zusammenfallend, begründete Dionysos (Δεύνυσος) bei seinem Einfall bis Antarbeda (zwischen Ganges oder Bhagirathi und Jumna oder Yamuna) das Reich der (damals den Devas überlegenen) Danavas, Δεύνον δὲ τὸν βασιλέα Ἰγουσιν οἱ Ἰνδοὶ (ὡς Ἰόβης) unter Dani (Δανκιωνις) oder Daci (Jani). Während in Indien (ausser in entfernten Colonien) die Kavi-Gelehrten (die der Norden in Kawe's Söhne als Erfinder der Künste feierte) vor den Brahmanen zurücktrat, erhielt sich der Ruhm des (in Graucasus oder Gaokasus mit Kasyapa verbundenen) Namen's im persischen Königshause, das in dem von Sam (Sam Neriman), Vater des Sal, stammenden Fürstengeschlecht seine Stütze fand. Die Beziehungen Nord-Europa's mit Centralasien, ehe Jumala die Stelle der Gottheit bei den Finnen bewahrt, werden sich vor der Eroberung Persien's durch die Drachenkönige mit Jemshid eingeleitet haben, während dann später wieder die Faradune auftreten. Svar verkehrt sich im Norden zu Svarl, dem (schwarzen) Riesen, wie Svatr (gigas), als custos Muspelli, und Samr gigas Der assyrische Gott Bar (Barshem oder Bar mit Namen) oder Ninip (Valua oder Vadana), als der Kämpfer und Zerstörer der Feinde (der Sonne vergleichbar) angerufen, führt (nach Rawlinson) auf Kivan (Kava, royal) oder (als Oannes oder Kiwr im Herakles der Säulen). Saturn (bei den Mendäern) im Thura-Monat (des ταῦρος) verehrt, (in Niffer Ninip's oder Noffer Ninpi). In one of the Babylonian vocabularies Bar is explained by Zindu, the binder with chains (Σάνδης). The Armenian Bar-sam may be the „son of Shem", alluding to the descent of Nin or Hercules from Bel-Nimrud or Juppiter, and the Paschal Chronicle gives the name of Ζάμης to the father of Θούβελος, a name, which may stand for Sam or Shem (s. Rawlinson). Harma, von dessen Sohn Aram sich die Armenier (Askanaz) benannten, verbleibt als Ahn nordischer Königsgeschlechter in Hermes, dessen Namen zugleich (als Imbramus) in Birmir (Brimir und Brahma) im Gelehrtenstande auftritt, wenn Abneigung gegen die teutonische Form (in Teuth) vorwaltete.

(in Susa), Mitra (neben Tanat oder Anaitis), die (von Herodot bemerkt) in späteren Zeiten durch die Perser (als Urania) entlehnt wurden von der Mylitta der Araber und Alitta*) oder Alilat (God with the feminine suffix) der Araber. Nach Strabo war Mithra der Sonnengott. Die Buddhisten verfeinerten die sinnliche Lust zu ihrer Wesensliebe (Maitri) im Mitleid gegen den Nächsten. Mylitta (Molis oder Volis) oder Gula entspricht (Rabbat assyrisch) der syrischen Gadlat oder (persisch) Maha Bag (Mabog). Βήλθης war entweder Here oder Aphrodite nach Hesychius, der die baby-lonischen Here Ἀδα nennt.

Die Mythen des Dionysos, Hermes und Apollo haben sich vielfach durcheinander geschoben und lassen sich ihren ursprünglichen Fäden nach, die aus den jüngeren Mythenschöpfungen überall hervorblicken, nur in den·

---

*) Als Gattin des Bel Nimrud Mulita (Bilta Nipruta oder Enuta) oder Mylitta (Mabog oder Ishtar), who (as the lady of Nipur), also appears as the wife of Nin or Hercules (s. Rawlinson), ihren Tempel zu Bowarieh bei Warka (Bit Ana oder Haus der Anu), als Ri oder Rea (s. Rawlinson). Von Anu (Sohn des Ayu) stammte (Vishn. Pur.) Bali im Geschlecht der Anenas (Bhag. Pur.). Die Aeneaden schützten das Palladium. Anu (Sohn Yayati's in Pratishthana) gründete (nach der Haribangsa) ein neues Fürsten-geschlecht. In Taitt. Br. gebiert Aditi zuerst Dhatri, der (Vajasaneya Sanhita) Führer der Rishis heisst, und Asyaman, der (Bhag. Pur.) die Charshanis zeugt (mit seiner Gattin Matrika), dann Mitra und Varuni, dann Amsa und Bhaga, dann Indra und Viväswat (die Umschaffung des verworfenen Maritanda). Mit Manu verbleiben (nach der Mahabb.) Lakshmi's Brüder Dhatri und Vidhatri (die Söhne Manu's). Brahma (Brihadaranyaka Upanishad) schafft zuerst durch seine Gewalt den Kshattriya, nämlich die Machtvollen unter den Göttern, als Indra (Sakra), Varuna, Soma, Rudra, Parjanya, Yama, Mritya, Isana, und deshalb ist nichts erhabener als der Kschattra, der höhere Sitz als der Brahmane. Unter den ältesten Hymnen des Zendavesta finden sich die an Homa und Mithra gerichteten. Aryaman, Dhatta, Bhaga, Angsa, Baruna (König des Westen's), Mitra (Vater des Vasishtha Muni, Sohn des Varuna oder Baruna) u. s. w. sind Kinder der Aditi und des Kasyapa (s. Hamilton). Surya oder Bibaswana (Sohn Kasyapa's und Aditi's) war Vater des Sradhadeva oder Vaibaswata (Vater des Ikshvaku). Varuna (varana au οὐρανός), comme div, et svar (var, tegere). s'étendait du ciel supérieur, lumineux, stellaire, par opposition au ciel atmosphérique (Pictet). Mit der von allem Fehl gereinigten Frau Satarupa oder (nach der Matsya-Pur.) Ananta zeugt Manis Svayambhuva (nach der Vishn. Pur.) die Söhne Priyavrata und Uttanapada (und die Töchter Prasuti und Akuti). Durch ein Opfer an Mitra und Varuna, die von der Sonnengöttin Aditi (durch Brahmanenspeise) geboren waren (Taitt. Br.), erlangte Manu seine Tochter Ila (nach der Vishnu-Purana), als Alytta (Mylitta) oder Alilat (arabisch). Die Wurzel des Wort's Varunas (in seiner ältesten Gestalt dem gr. Οὐρανός gleich, später Gott der Gewässer) ist var (s. Curtius). Mitra ist Frau (und als Centrum des Himmel's, die Sonne). Ἀφρός gehört zu Abbram (ὄμβρος oder imber) oder Ambhas (Wasser oder Ambu). Hermes heisst (bei den Kariern) Imbranus (im Buche Embre über die Arzneikunst handelnd). Aphrodite Urania (Venus, dicta a veniendo, oder Vanadis in den Reisen der Freija oder nympha Vanorum) wird (als Mylitta oder Beltis) mit persischen Mithra (Ishtar oder Nana) oder (scythisch) Artimpasa identificirt (s. Herodot). Den Aegyptern galten Ephestos (die weibliche Wandlung der ihm vermählten Aphrodite) als erster Mensch und Erfinder des Feuer's (nach Mos. Chor.), während der Astarte Tempel (in Memphis) als der einer fremden Gottheit (nach Herodot) betrachtet wurde. The tutelar god of Susa was called Armannu (Rawlinson). Der wie Saturn (Sohn des Uranus) auf die westlichen Wasser gedrängte Varuna wird seiner Bedeutung als Himmel nach in den Himmelgott einem höchsten Mar oder Bar (in Mara oder trügerischer Maya) zusammen-gefasst, anknüpfend an den (im Ramayana) aus Brahma geborenen Marichi, Vater des Kasyapa, der neben den Göttern (oder Suras) die älteren Asuren in's Leben rief. Statt des künstlich (im Gegensatz zu Asuren oder Assyrer und der diesem unterworfenen Assakani) gebildeten Namen's Suren führen die Götter (die Aditi gegenüber den Ditis oder Daityas) den Namen der Deva, die (wie die griechischen θεοι des Olympus oder Tytsenkets den teutonischen Titanen) in Indien den aus Kasyapa's Wandlung als Tarkshya (im Drachen-lande Takkhasinla's, wo von den Nagas Weisheit erlernt wurde) geborenen Schlangenbrut Kadru's (Tochter des Daksha oder Taksha) entgegen, wogegen die Perser aus ihrer früheren den Medern des Cyaxares (wie sie selbst ihren bald darauf besiegten Verwandten) feindlichen Scythen, (deren König Ashdahak im zeitweis eroberten Medien herrschte) an-fänglich die Feinde der Schlangen als eigene Feinde (oder schädliche Diws) betrachtete und erst nach der mit Begründung der Herrschaft eintretenden Bekehrung ihre gefeierten Helden die Drachen bezwingen liessen.

jenigen Richtungen entwirren, wie die Völkermischungen Statt gefunden haben. Dionysos, als Zagreus (aus dessen Herzen der hellenische Zeus die Kraft zur Zeugung des thebäischen Dionysos sog) ist der von einem Schlangenvater mit unterweltlicher Proserpina gezeugte Orakelgott zu Rhodope im Lande der Satrae (Satyren), wo die priesterlichen Functionen den Bessi (Diobessi) zustanden. Er gehört den ursprünglich als Cauconen auch bis Griechenland erstreckten Eingeborenen Thracien's an, wurde bei Einwanderung der Cadmäer durch Semele in die Fürstenfamilie eingeführt und musste später bei dem dorischen Uebergewicht das Orakel Delphi (dessen Gebräuche Herodot mit denen Rhodope's übereinstimmend fand) an Apollo cediren. Mit dem Einfluss der ägyptisch-phönizischen Cultur, die Danaus nach dem Peloponnes führte (und auch deren Stammheros Inachus in die ägyptische Herkunft hineinzog), in Böotien dagegen durch die (bis Illyrien weitergeführten) Phönizier Cadmus ihren Mittelpunkt im böotischen Theben fand, wurden auch (im Anschluss an die Eroberung Thracien's durch Sesostris bei Diodor) die nördlichen Stämme erreicht, die in Thracien zu ihren Dienst · der (Artemis auf Delos ähnlichen) Cotytto oder Bendis und dem sich an das Scythische Schwert anschliessenden Ares die Verehrung des Hermes (des Edris oder Uriai der Orientalen) oder (nach Sanchuniathon) des Taautus (des ägyptischen Thoth) hinzufügten, der später zwar in der hellenistischen Version samothracischer Mysterien in die dienende Gestalt des Tautes (dem begleitenden Mittelwesen der Cabiren, während die archaistischen Hermen auf eine andere Gestalt des olympischen Götterhimmel's übertragen wurden) zurückgedrängt wurde, bei den Königen Thracien's aber als ihr Ahn gefeiert war, und ebenso bei den Germanen, so dass die teutonische Form sich in vielen Königsnamen erhielt, wie Teutamias, König von Larissa im thessalischen Pelasgiotis, Teuthras, König der Mysier, Teuta, Königin der Illyrier u. s. w., wie bei den Assyriern als König Teutamus gefunden, bei den Galliern als der Gott Teutates*), bei den Teucrern u. s. w. Cato spricht von griechisch redenden Teutanes in Etrurien, wo Tarchon die Stadt Pisa gegründet.

Noah oder Nuch, als Anu ($A\nu\nu\eta\delta\omega\tau o\varsigma$), der Alte, der von Sardanapal mit Dagon (dem Fischgott) zusammengenannt wird, überlieferte seinem Sohne den Wein, und als die Nachkommen des frommen Sem (den indischen Gymnosophisten entsprechenden Samanaioi oder Semnoi Bactrien's) denselben abschworen, erhielt der im chamistischen Egypten oder in Nyssa geborene Dionysos**) (durch die Titanen verfolgt) von seinem Vater Auf-

---

*) Der Scythe Teutan unterrichtete Herakles im Bogenschiessen. Nach Nonnos schickte Zeus die Iris zu dem Dionysos mit dem Auftrage, die unglücklichen Inder zu nöthigen, Wein zu trinken, Orgien nach griechischer Weise bei Nacht zu begehen und sie aus Indien zu verjagen. Mit einem Heer von Satyre (in Pan) besiegte Dionysos den Inder Astraeis (am See Astakis) und verwandelte dessen Wasser in Wein, wovon die Inder berauscht wurden Der Fluss Typhon wurde später nach dem riesigen Inder Orontes (der Laufende), der dort gefallen war, benannt, als das Orakel zu Klaros den befragenden Syrern Bestätigung gab. Nach Dionysios war Deriades Oberkönig von Indien. Bei Nonnos ist Aithre (die Luft-Stadt) die Stadt des Sonnengotte's. Der König Sâgara liess die Javana (denen er auf die Bitte Vasishtha's das Leben schenkte) zur Strafe die Köpfe scheeren. Nach Nonnios bestrafte Deriades den Fürsten Habrathos durch Abschneiden seines ganzen Haarwuchses. Nach Kallisthenes wurde in Prasiake dem Alexander M. sein Schicksal vorausgesagt.

**) Nach Dionysius kämpfte Dionysos mit den $\Gamma\alpha\nu\delta\rho o\iota$ ($\Gamma\alpha\nu\delta\alpha\rho o\iota$), $^{\prime}Ba\rho\epsilon\varsigma$, $M\dot{\alpha}\lambda\lambda o\iota$, $\Pi\dot{\alpha}\nu\delta\alpha\iota$, $^{\prime}Y\delta\dot{\alpha}\rho\chi\alpha\iota$ ($^{\prime}Y\delta\rho\dot{\alpha}\chi\alpha\iota$) unter den indischen Völkern (mit $K\dot{\alpha}\sigma\pi\epsilon\iota\rho o\varsigma$, und der Stadt $\Delta\alpha\rho\sigma\alpha\nu\dot{\iota}\alpha$). Die von den Giganten Indos (den Zeus im Kampfe mit Kronos zur Erde gestürzt) stammenden Indier wurden (beim Einfall des Dionysos) von $A\rho\iota\dot{\alpha}\delta\eta\varsigma$ beherrscht, der von dem Flussgott Hydaspes und der Nymphe Astris (Tochter des Sonnengotte's und der Najade Keta) stammte (nach Nonnus). Der syrische Fluss Orontes (Typhon) war von einem indischen Krieger genannt, der dort fiel, riesiger Gestelt (s. Pausanias). Mit der

trag sie zum Weintrinken zu zwingen, und obwohl indische Brahmanen seine
Angriffe zurückwiesen, liessen palästinische Abrahamiten die Rebe in ihren
Tempel zu, wie auch die hellenischen Nachkommen des Titanen Japetos
überall sich (nach einigen Widerstand) den Orgien fügten. Noah strich in
der Arche*) aus dem Rücken des Elephanten das Schwein (den Schmutz
zu verzehren) und aus dem des Löwen die Katze, die Mäuse zu fressen
(nach Tabari). Zoroaster, als Sohn des Hormasdes (nach Agathias) oder

---

durch den Araber Radamanes gebauten Flotte besiegt Dionysos den Deriades auf dem
Hydaspes (s. Nonnus). Der (am See Astakis) von Dionysos (von einem Heer Satyre und
Pan begleitet) geschlagene Astraeis flüchtete zu Orontes, der, mit Deriades verschwägerte
Sohn des Flussgotte's Hydaspes. Von dem assyrischen König Staphylos (Vater des Bostris)
unterstützt, besiegt Dionysos den Deriades am Hydaspes. Nach Tzetzes hatte Dionysos in
Indien Siegessäulen zurückgelassen. Auf Fürbitten Vasishtha's schenkte König Sagara den
Javana das Leben, bestrafte sie aber durch Kahlscheeren. Deriades bestrafte seinen
Vasallenfürst Habrathos (oder Dersaioi) durch Haarabschneiden (b. Nonnus). Die Dersaioi
hatten gleiche Könige mit den Arachoten (Giglon, Thuraeus und Hippalmos). Nach
Nonnos verbrannten die Indier thränenlos ihre Todten, weil die von den Fesseln befreiten
Seelen zum Ursprung zurückkehrten (V. Jahrhdt. p. d.). Nach Nonnos waren die Inder
im Seekriege ausgezeichnet. Ἄποντα μέντοι τὰ περὶ φύσεως εἰρημένα παρὰ τοῖς ἀρχαίοις
λέγεται καὶ παρὰ τοῖς ἔξω τῆς Ἑλλάδος φιλοσοφοῦσι, τὰ μὲν παρ' Ἰνδοῖς ὑπὸ τῶν Βραχμάνων
τὰ δὲ ἐν τῇ Σηρίᾳ ὑπὸ τῶν καλουμένων Ἰουδαίων (Μεγασθένης γράφει). Ater est ab aἴw
vel ἄιϑω, uro, torreo oder (nach Döderl.) ab ardeo (Forcellini). Von W. ἀιϑ (ἄιϑω) kommt
indh (accendo), iddhas (clarus) und (lat.) aestus (s. Curtius). Von diota oder Volk (thiuda,
goth. und tauta litt.) leiten sich die daiti (in den Teutonen), wie dialectisch (durch διυ,
pelasg.), die ϑιυ (von Tui und Zeus in Tyr). Kapp (fervor animi). Kappi, vir fortitudine
praestans, beros athleta furiosus (berserkr ok holm gaungumard) in der nordischen
Dichtersprache (nach Eigilsson). Jònakars Burir, filii Jonakeri, Sörlius et Hamder (gesteinigt). Ymir, Ymer, princeps gigantum Ymr, sonus, strepitus (Odin). Svartr (niger)
gigas. Surtr (Surtius, custos Muspelli) gigas. Samr (ater) gigas. Brimir de gigante
Ymere usurpatur (Tsp), brimis blod, sanguis Ymeris, mare, brimis hold, caro Ymeris, terra
Brim, aestus maris. Brimi, ignis (ima, frost med brima). Imr (lupus) gigas. Muspell,
mundus lucidus. Muspellz megir, incolae Muspelli dicuntur.

*) Als Noah auf dem Djoudi (mit der Stadt Souk-al-themanin) durch den Wind
entblösst wurde, und Japbet gleichgültig vorbeiging, Cham lachte, und nur Sem ihn zu-
deckte, wurde Japhet und Cham (dessen Nachkommen schwarz wurden, wie die schwarze
Traube) verflucht (nach Tabari). Azar (en arabe) ou Tharè (en pehlvi), vizir du Nemrod
(en Babylon), était père d'Abraham (nach Tabari), der (nachdem er unbeschädigt aus dem
Feuer hervorgegangen) mit Loth (Sohn seines Bruder's Aron) auswandert, nach Syrien und
dann nach Egypten, von wo er (Loth in Palästina bleibend) nach Bersaba zurückkehrt,
und dann nach Qnat (s. Zotenberg). Après Nimrond la royauté passa aux Araméens, qui
la possederènt pendant trois cents ans. La royauté sortit ensuite de cette nation et passa
aux Perses. Abraham's weisser Bart war Zeichen der Weisheit und Güte (Hadsa waqar).
Als Abraham indess den zitternden Greis sah, dessen Gestalt der Todesengel angenommen,
wünschte er selbst nicht länger zu leben, und so konnte seine Seele fortgenommen werden
(nach Tabari). Gabriel beauftragte Mahomed die Rouh betreffende Fragen nicht zu beantworten, da sie nur Gott angingen (nach Tabari). Djemschid (djem ou éclat) suivit la
religion du prophèt Edris (nach Tabari) et força les Devs (plongeant pour des pierres
precieuses) à lui construire des thermes. Les devs firent pour Djemschid tout ce qu'il
était convenable de faire. Djemschid partagea toutes les créatures du monde en quatre
classes. Als Eblis Djemschid (der aus dem Himmel herabgestiegen) zu seiner Anbetung
überredete, wurde er von Beyourasp besiegt und durchsägt (zur Zeit des Noah). Dhohak
(aus der Rasse des Cham, Sohn des Noah), dem (als König) Schlangen aus den Schultern
wuchsen, wurde (im Demavend) von dem Schmidt Kaveh (aus Ispahan) besiegt, der Afridun
auf den Thron setzte. Le nom du fils de Noë, qui refusa l'offre de son père, quand il
lui dit: „O mon fils, embarque-toi avec nous", est Yam (s. Masudi). Koyomert wird mit
Omaim, Sohn des Loud, identificirt (nach Masudi). Chalch, Sohn des Arfakchad (Sohn des
Sem) war Vater des Abir (Vater des Phaleg). Abraham, Sohn des Tarikh (Terah) oder
Azer, wurde in einer Höhle geboren. Rafaca (Rebecca) gebar den Isaac (Sohn des Abraham),
Esau (Elis) und Jacob (Yaconb). Um einen gesetzlichen Zustand herzustellen wählten die
Indier als König Brabman, den Grossen, der seine astronomischen Schriften in Multan
niederlegte, wo sich sieben Weisen (die Stifter der indischen Secte) versammelten (Masudi).
Auf Bahman folgte sein Sohn El Bahboud, dann Zaman, dann Por, der mit Alexander M.
kämpfte. Nach Korech (Nachfolger des Balhit), der (Zeitgenosse des Sinbad) Aenderung
der Religion einführte, wurde Indien getheilt. Il en est parmi les Indiens qui vont trouver

Oromazdes (nach Plato) drang (nach Amm.) zu den Einsiedeleien der Brachmanen in Indien vor, wo Buddha von Maya geboren war, Mutter des Hermes oder (in chaldäischer Geheimlehre) Thot (des Horus in Egypten). Nach Plinius stammte*) der (bactrische) Zoroaster (als Vorgänger des Osthanes) von der pontischen Insel Proconnesus, Geburtsort des Aristeas, der die Arimaspen (im fernen Osten) besang (durch seinen Marmor für Tempel und Monumente berühmt). Der Brahmane Basu-dewa (Dasudewa**)) gründete die Kanwa-Dynastie in Magadha oder Baratkhanda. Die bei Behat (zwischen Jamuna und Ganga) gefundenen Münzen (neben Buddha-bildern) zeigen Stupa und Gazelle, wie die des Amogabhut's, der (vor den Turusbka-Königen) zwischen dem Fünfstromland und der Jamuna herrscht. Vasudhana herrschte in Behar (erste Hälfte des I. Jahrhdt. p. d.), und

---

le roi à son audience et lui demandent la permission de se brûler (Masudi). Die Belandjeriyeh (aufrichtige Freunde) verbrennen sich mit dem Könige (in Indien). Taous-el Yemami, compagnon d'Abdallah (fils d'el-Abbas) ne touchait pas à la chair d'un animal tué par un Zendji, parce que disait-il le Zendji est un être hideux. Masudi entendis dire qu' Aboul-Abbas er Radi billah, fils d'el-Moktadir, n'acceptait rien de la main d'un noir, parceque c'était un esclave hideux (Barbier de Meynard et Pavet de Courteille). Par le mot Befaçireh (befcer en singulier) on entend ceux qui sont nés dans l'Inde de parents musulmam et qui sont tous compris sous cette dénomination génerale (Masudi).

*) Die Parusnath verehrende Jaina-Secte der Bhabra (von Rajputana nach dem Punjab gewandert) hüten sich (bei der Individualität des einen Geistes) auf das sorgsamste vor Lebensverletzung und lassen Alles aus der Natur entstehen (wie das Netz aus der Spinne). Die Jainas lesen in ihren Versammlungen das heilige Buch Kulpu Sutra. The person, who by practising the duties of the Jain religion, renders himself worthy of the worship of Indra, who delivers himself from the chains of the world, obtaining complete emancipation from matter, becomes a proper object of worship to all saints (Watson). There are twelve great heavens above the earth and beyond this all is darkness and void. Below the heaven of eternal happiness are five other heavens (inhabited by souls in different degrees of purity) and there are twelve other heavens below there (and by Jains). The Jainas follow the Pantanjulic-system of Hindo philosophy. Surongies (of the Bunya or shop-keeping tribe, who are Jains, worshipping Parusnath) are found in the northern part of the Gangetic doab and the reighbourhood of Delhi. Bathing among Brabmins is essential to purification, but the Jain priests (Jetti) never bathe (Watson). Die Jainas beobachten die vier Kasten, weisen aber die Ansprüche der Brahmanen auf heiligen Character zurück. The Buddhist kings (with Asoka 250 a. d.) had ruled over the greater part of India, but the Jain-Dynasties were mere local and had attained their greatest power VI. cent. p. d. At that period the Vullhubhi Dynasty existed in Guzerat, the Chalukya at Kullian in the Decean, and there were others in Western India and Mysore. Some of the Rajpoot Dynasties for a period became Jains and again relapsed into the Brahminical faith. Wherever the Jains held power they left memorials of it in their architecture, rivalling the Greeks is many respects (s. Watson). The Jain power hat declined before the Brahminical, previous to the Mahomedan invasion of the Dekhan.

**) Basu (Vasu) ist Sohn des Dharma (Sohn des Brahma) (s. Hamilton). Mit Himmel und Erde trennt sich Vasus, Budras und Adityas (in der Vajasaneya Sanhita). Basudewa (Vasudewa) oder Anakadundubbi (Sohn Sura's und Marusa's) war Vater Krishna's. Basudana ist Sohn des Hiranya Retasa (König von Kusadwipa), Sohn des Priyabrata (König von Antarbeda). Reteyu herrscht, als Sohn des Rudra oder Raudra, in Antarbeda. Medhatithi, Vater des Dushyanta, stammt von Raudra in Antarbeda. Von Medhatithi, Sohn des Kanwa (Enkel des Riteyu) stammen die Kanvayana-Brahmanen (nach der Vishnu Purana) oder (nach der Bhagavata Purana) die Praskanvas-Brahmanen und andere. Die Kanwa-Dynastie folgt auf die Sungga, die die Maurya stürzten. Die Jaina verehren neun schwarze Vasudevas. Vasubandhu, jüngerer Bruder des Arjasangha, lehrte (von Kashmir zurückkehrend) die Sravaka-Geistlichkeit in Magadha, später zum Mahajana bekehrt (nach Taranatha). Vasudewa (Krishna) begiebt sich mit Arjuna nach dem Berge, wo Mahadewa (Bhava oder der Brahma der Meditation) mit Paravati und den Bhutas weilt, um die (in Schlangenform verborgene) Pasupata-Waffe zu erlangen, mit der schon früher die Daitya vernichtet waren (nach der Drona-parva). Rudra, aus Narayana's Zorn geboren, als schreckliche Wandlung, zerstört Daxa's Opfer, wo ihm kein Antheil vorgesehen war. Der Hofstaat Mahadeva's (mit Uma, Tochter des Himalaya) verschwindet (nach den Reden zu den Rischis) in Gewitterwolken (nach Narada) und knüpft an die indischen Nachrichten über den Dalai Lama und seine Künste an.

gleichzeitig herrschte Vipradeva (dessen Münzen*) einen Feigenbaum, Halbmond und Hasen zeigen) in Kanjakubja. Der die Kometen beherrschende
Dämon (der Ecclysen) Rahu (Bruder des Ketu), dessen Tochter mit Ayu,
(König von Pratishthana) vermählt war, wird (Sohn des Biprachiti, König
der Danas) von der die Lehren der Brahmanen und Sakya Dwipa ver-
werfenden Kaste der Dosada oder Wächter verehrt. Lahut**) (Lahat oder
Allah) ist die arabische Gottheit. Die Rishis, als Visvasrijas oder Schöpfer

---

*) Die Münzen der Deva-Könige in Jamunapura oder Jamunpur (in der Gomati)
zeigen Elephant, Feigenbaum und Buckelochse. Dann folgt die Familie (der Könige
Ramadatta, Purushadatta oder Puruschottoma, Bhagavata, Vasavadatta, Raghuraga), deren
Münzen Dreizack und Sthupa zeigen, und dann die Dynastie der Münzen mit Stupa
zeigenden Könige Satjamitra und Vijajamitra (Anfang des II. Jahrhdt. p. d.). Kanishka
herrschte in Indien († 44 p. d.). Meghavana (von Kashmir) erobert in Indien (113 p. d.).
Vikramaditja (König von Sravasti) unterwarf das innere Indien (144 p. d.) und dann folgten
(am Zusammenfluss des Jamuna und Ganga) die Gupta-Könige. Auf den Münzen der
Sinha-Könige findet sich der Name des griechischen Königs Dionysios († 100 a. d.), bei
Rudra Sinha I. Von den Satrapen-Königen Surashtra's besiegte Rudradaman (nach der
Inschrift) Satakarni, den Herrscher Daxiuapatha's (aus der Andhrabbritia-Dynastie, die
der Dynastie der Kanwa folgte). Das Reich Chandragupta's grenzte (zur Zeit des Megasthenes)
an die Städte der Andorae oder Andhra (Gangaridarum Calingarum). Nach Ptolem. be-
herrschten die Indoskythen die Halbinsel Surashtra. Nach Ptol. herrschten Siripolemaios
(Sri-Pulimat oder Ari-Puliman) in Pratisthana am Godaveri (in der Andhrabbritjia-Dynastie).
Pulimat stürzte die Dynastie des Salivahana (s. Lassen) 130 p. d. Salvahana, der Vikra-
midja besiegt, wurde von den Fürsten von Kola (im Bunde mit den Fürsten von Kera und
Pandja) erschlagen (nach der Kola-purva-Patayam). Pulakeçi (480 p. d.) war Enkel des
Jajasinha (aus dem Rajaputra-Geschlecht der Kalukja in Ajodhya), der die im Dekhan
herrschende Familie der Kartta und Ratta besiegte. Die zu den Jádava gehörige Familie
der Haibaja herrschte (nach der Inschrift des Nizam) am oberen Narmada, bis zu den
Eroberungen der Gonda-Häuptlinge (144 p. d.), die bis 358 p. d. herrschten. König Kalma-
schapada, Sohn des Sudasa oder Mitrasaha. König Kalmashapada (aus dem Ikschvaku-
Geschlecht), von Saktri (des Visvamitra vorgezogenen Priester's Vasishtha's Sohn) in einen
Menschenfresser (weil nicht aus den Weg gehend) verflucht und durch den schadenfrohen
Visvamitra von einem cannibalischen Rakshasa besessen, wurde durch Vashishtha erlös't,
worauf diese ihn nach dem Pallast begleitete, um einen Sohn zu zeugen (nach der Mahabharata). All the tribes, which by loss of sacred sites and so forth, have become outcasts
from the pale of the four castes, whether they speak the language of the Mlechhas or of
the Asyas ore called Dasyus (s. Kulluka) bei Manu (s. Muir). Slaughtered by the Danavas,
together with the Balis, the gods invoked the Brahman Atri, employed in austerities (nach
dem Mahabharata). Parasurama gab die von den Dasyus befreite Welt dem Kasyapa. Um
die von Hayagriva (dem Fürst der Danavas) geraubten Vedas zu retten, nahm Vishnu die
Form des Saphari-Fische's. Agastya unterstützt die besiegten Götter gegen Asuras oder
Danavas (im Mahabharata), Vasishtha gegen die Khalin genannten Danavas. Durch die
Brahmanen-Speise gebärt Aditi (Taitt. Br.) Dhatri und Aryaman, dann Mitra und Varuna,
Amsa und Bhaga, Indra und Vivasvat. Von Aryaman (mit Matrika vermählt) stammen die
Charshanis (nach dem Bhagavata Purana). Lakshmi war Schwester Dhatri's und Vidhatri's
(Söhne Brahma's). Dhatri ist der Führer der Rishi (im Vajasaneya Sanhita).

**) Tarkhya (Sohn des Kasyapa) zeugte Aruna, Garura und Bamki mit Vinata und
Kadru, dann Basu mit Patinggi und Salabha oder Biprachiti mit Yamini. Die Verfasser
der Hymnen heissen (nicht Brahmanen, sondern) Rischi, oder Vipra (wise), medhavin
(intelligent), vedhas (learned), dirgha-srut (man who has heard much), muni (devotee).
vipaschit et (Muir). Kalidasa feiert das Geschlecht der Raghu. Die Abfassung der Hymnen
durch die Rishis wird (in den Vedas) durch Kri (machen), tax (verfertigen) oder jan (zeugen)
bezeichnet (s. Muir). In vain hast thou been rendered proud by Gautama and others,
know me to be Durvasas, whose nature and whose entire substance is irascibility. Thou
hast become proud through the loud praises of Vasishtha and other inept saints (Vishnu
Purana) in Indra (s. Muir). Visvamitra, Sohn des (der Mahayogi ergebenen) Visvamitra,
Gadhi's (König's von Kanyakubja oder Kanouj) beraubt die Einsiedelei Vasishtha's, giebt
aber (durch die Krieger der Kuh besiegt) sein Königreich für Büssungen auf. Mit den
himmlischen Waffen, die Visvamitra durch Büssungen im Himalaya von Mahadeva erhält,
zerstört er die Einsiedelei Vasishtha's, der aber seine Feuerwaffen erlöscht (nach der
Ramayana). Die Rischi unterscheiden sich als Maharschi, Paramarschi, Srutarschi und
Kandarschi (nach Roth) oder (im Vischnu-Purana) als Brahmarshis, Devarshis und Rajarshi.
Um das durch Indra fortgeführte Opfer zu sühnen, kämpft Ambarisch, König von Ayodhya
(nach der Ramayana) zum Opfer Sunassepa (Sohn des Brahman-richi Richika von den
Bhrigus), wird aber, an den Pfosten gebunden, von seinem Onkel Visvamitra erlös't.

des All (bei Manu), heissen (im Atharvaveda) Bhuta-Kritah, Gestalten der bestehenden Dinge (s. Muir). Von Agni wird die Weisheit erboten, die die Rishi, als Bhuta-Kritah*) besitzen (in Atharvaveda). Siva, die Verkörperung des büssenden Eremiten, der seine Strafen und Zorn in den Schreckgestalten weiblicher Energien hervortreten lässt (wie sie unter Geschlechtswandlungen auch in buddhistischer Mythologie als Waffen gegen die Sünder recipirt wurden) ist der eigentliche Gott**) der Brahmanen, denen im Vishnu-Dienst

---

Visvamitra advancing is sanctity all the regions of the universe are confounded, no light anywhere shines, all the oceans are tossed and the mountains crumble, the earth quakes and the wind blows confusedly (nach dem Ramayana). King Mitrasaha having bestowed his dear Damayanti on Vasishtha, ascended to heaven along with her (nach dem Mahabharata).

*) Als Prajapati sich seiner Tochter Ushas (in Rehgestalt) näherte, sammelten die erzürnten Götter ihre schrecklichen Eigenschaften in der Schöpfung Rudra's als Bhutapati (Ait. Br.). Nach den Schlangen schafft Brahma die Bhutas und dann die Gandharvas (Vishnu Pur.). Im Mahabharata ist Mahadeva von Bhutas umgeben und Parvati von den Bhuta-stri-gana (als striges oder zischende Vampyren von στριγξ). Bumann ist (nach Grimm) die verkürzte Form von Buttemann (Butze). Bhu (die Welt) wurde geboren, und von ihrem geöffneten Mutterleib (Uttanapad) die Räume, von Aditi wurde Daxa (Geisteskraft) geboren, und von Daxa wieder Aditi (in der Nirukta). Bhuta, Sohn Brahma's, heirathete Jrimba, Gattin seines Bruder's Pisacha. Die Rudras stammen von Bhuta und Sarupa, Tochter des Daksha Prajapati. Die Kasyapas fanden ihre Helfer in den Asitamrigas, die für sie den Somatrank erkämpften von den Bhutaviras, bei dem von Janamejaya (Sohn des Parikschit) dargebrachten Opfer (Ait. Br.). Bhutananda ist der künftig erscheinende König in der Bahlika-Dynastie (Hamilton). Bhuta, mit Sarupa und Anya (Töchter des Daksha Prajapati) vermählt, herrscht in Brahmavartu. Zu Hiouenthsang's Zeit beschmierten sich die Bhuta genannten Irrlehrer mit Asche. Janamejaya, Sohn des (Sudhanu oder Nischadaswa) Parikschit (Sohn des Kuru), herrscht in Hastinapur. Das Existirende entsprang vom Nicht-existirenden (asanahsad ajayata) im Rigveda. Unter den Söhnen der Aditi (und Kasyapa's) stehen Baga, dem Rudra die Augen ausstösst, und Ansa zusammen. Pushpamitra (von einem Jaxa als Schutzgott begleitet) vernichtete (in der Sungga-Dynastie) das (buddhistische) Gesetz Bhagavat's (auf Anstiften der Brahmanen). Der Dienst der heroischen Götter der Kraft, die auf Kasyapa zurückführen, wurde von dem sich der (wie jeder Dämonenkultus mehr oder weniger furchtbar tingirten) Bhuta-Verehrung der Eingeborenen zuneigenden Herrscher der Kuru (als in Hastinapur acclimatisirt) vernachlässigt, und in Folge dessen begünstigten die Familienpriester den Pandus, die indess später den schrecklichen Wandlungen Rudra (wie als Mahadeva im Mahabharata erscheinend) Zugeständnisse machen musste, während wieder höhere Gesittung die Menschenopfer verlangenden Bhutas zu den Todten scheuenden Buddhas milderte. Die von Sankara bekämpfte Lehre der Pancharatra (zu der die Secte der Bhâgavata gehörte) war von Nârajana oder Vâsudeva überliefert (mit dem Sankja-System übereinstimmend) mit den von den Brahmanen Sandilja verfassten Büchern des Glauben's der Bhakti, wie ihn (nach dem Mahabh.) Brahma's Söhne (Eka, Dvita und Trita) in Svetadvipa lernten. Sveta ist (im Bhag. Pur.) die mittlere Bergreihe, nördlich von Himalaya. Chandragupta II. (aus der Dynastie der älteren Gupta), der die Herrschaft der Tukhara in Kaschmir stürzte und Matrigupta einsetzte, heisst (in der Inschrift von Bhitâri) der vorzügliche Verehrer Bhagavat's († 240 p. d.). Mit Devalbhuti (Sohn des Bhagavata) schliesst die Sungga-Dynastie, der (66 a. d.) die von Vasudeva gestiftete Dynastie der Kanwa folgt.

**) Angiras being sollicited for progeny, begot sons possessing brahminical glory on the wife of Rattitara as Angiras (nach dem Bhagavata). The Haritas were on the side of Angiras, twice-born men (Brahmans) of Kshattrya lineage (nach der Linga-Purana). Gegen Soma (durch Usana unterstützt, half Rudra (Schüler des Angira) den Brihaspati. Der als Brahmacharin enterbte Nabhanedishtha (Sohn Manu's) der (als der den Angirases die zum Himmel führende Hymne lehrte) seinen Lohn erhielt, gab Rudra seinen Antheil an den Opfern, damit die Rinder nicht beschädigt würden (nach der Taittiriya Sanhita). Agni, produced by Atharvan, knows all wisdom (Rigveda). The Bhrigus have placed Agni among men (Rigveda). Atri, Sohn Brahma's, war Vater des Soma. Atri heisst ein Rischi der Fünfstämme. Applying the stones for pressing Soma, the brahman Atri placed the sun in the sky and swept away the magical arts of Svarbhanu (im Veda). Prajapati Vena war Sohn des Prajapati Angga (aus dem Geschlecht Atri's). Als die von König Kritaviryya beschenkten Bhrigu von seinen Nachkommen (unter den Kschatrya) beraubt und ermordet wurden (bis auf die Kinder im Mutterleib) flüchtete eine der Wittwen nach dem Himalaya, ihr neugeborenes Kind in der Hüfte verbergend, aus der es, als Aurva, hervorsprang, die Verfolger blendend, aber auf Ermahnung der Pitris wirft er den Rachezorn in die See

die Helden Rama und Krischna, als Götter der Rajputen gegenüberstehen. Indrajit*) (der Sohn Ravana's) hiess früher Meghamada, wurde aber (als er Indra besiegt hatte) von Brahma als Indrajit (Besieger Indra's) benannt.

(als Hayasiras). Parasurama, Sohn des Weisen Jamadagni, tödtet den 1000armigen König Arjuna von Haihayas. Als die Kshattriyas vernichtet waren, wohnten die Brahmanen den Wittwen bei, Kshattriyas zu zeugen. Den Rest der Kshattrya zu retten, verwies Kasyapa den Muni Parasurama aus sein Gebiet an das südliche Meer, wo an äusserster Grenze Sagara Land für ihn schuf. Arjuna (Sohn des Kritavirya), der Ravana gefangen (aber wieder erlös't) hatte, wurde von Rama getödtet, der (nachdem er über Achyuta oder Vishnu meditirt) eine Schädelpyramide in der Stadt Mahishmati errichtete. The Srinjayas, descendants of Vitabavya, waxed exceedingly, they almost touched the sky, but after they had injured Bhrigu, they were overwhelmed. When men pierced Brihatsaman, a Brahman, descended from Angiras, a ram with two rows of teeth swallowed their children (nach der Atharva-veda). Nach der Sonne entstand Bhrigu aus Prajapati's Opfer. Bhrigu sprang first from bhrik (the blazing of the fire), Angiras from the cinders, kavi from a heap of cinders (im Mahabharata). Varuna erbittet Bhrigu, Agni erhielt Angiras und Pitamaha nahm Kavi (s. Muir). Von den Bhargavas (Söhne Bhrigu's) oder den Varunas stammte Parasurama. Bhrigu wurde aus Brahma's Herz geboren (nach der Vayu-Purana). Sunahsepha, der adoptirte Sohn Visvamitra's, war ein Bhrigu. Der von Sagara (von Bhrigu Aurva aufgezogen) verfolgte Saka flüchtete zu Vasishtha. Die Bhrigu's brachten das Feuer (Rigveda). Auf Parasurama's Frage nach der besten Art von Reinigung (von vergossenem Blut) empfehlen die Weisen (Vasishtha, Agastya und Kasyapa) vor allem Geschenke an Gold, dem reinsten der Dinge (im Mahabharata). Als die Erde, erzürnt, dass König Angga sie den Brahmanen geben wollte, sich zu den Göttern begab, sank Kasyapa (in Meditation) in sie nieder, so dass Alles auf ihr fortprosste, bis sie zurückkehrend sich als seine Tochter anerkennt. Als Parasurama die Erde beim Todtenopfer unter die Priester vertheilte, erhielt Kasyapa das Centrum. Angiras verschlang die Wasser und überschwemmte dann die Erde. In Richika (Aurva's Sohn) ging (wie Chyavana dem König Kusika mittheilt) die Bogenkunst (Dhanur-veda) ein, um in Parasu-Rama zur Zerstörung der Kshattreya zu dienen. Bhrigu und Anggira, als progenitor of Brahma.

*) Durch Indrapt's Schlangen (in Pfeile verkehrt) liegen Rama und Lakshman betäubt auf ein Bett von Pfeilen (im Ramayana), die durch Garuda (vor dem die Schlangen fliehen) oder Vinateya gestärkt [Simurg mit Feder]. Ravana, dessen Wagen von Siva's Zwerg Nandisvara aufgehalten wird, erhebt den Berg, bis ihn Siva's Fuss niederdrückt (Uttara Kanda). Kumbhakarna (Ravana's Bruder), der sechs Monate schläft (einen Tag erwachend), trinkt 2000 Krüge mit Branntwein, als gegen Rama zu Hülfe gerufen. Vaisravana (Kuvera) nahm Besitz von der durch Visvakarma für die Raxasas (die sie aus Furcht vor Vishnu verlassen hatten) gebauten Stadt Lanka. Mit der Erschaffung der Wasser schuf Brahma zu ihrem Schutze verschiedene Wesen, zu denen die Raxasas gehörten (mit Heti und Praheti, als die Ersten). Die Söhne des mit einer Gandharvi vermählten Sukesa (der von Heti stammte), belästigten die Götter und erhielten durch Visukarman den südlichen Ocean der Stadt Lanka auf dem Berge Trikista, bis Vishnu (da Siva den Göttern nicht helfen kann) die Raxasas (unter Mali) besiegt und nach Patala treibt (nach Agastya). Nach Ravana's, Enkel des Sumali's (der aus Patala zurückkehrt) Bussungen giebt ihnen Kuvera die Stadt Lanka zurück, die er leer gefunden hatte. Als die Götter früher gesetzmässig (Dharmatah) Siva vom Opfer ausschlossen, entstand aus einem Schweisstropfen desselben das Fieber (Ivara), das die Götter in die Flucht trieb (Santi-parva des Mahabh.). Daxa kennt kein Mahesvara (da 11 Rudra's mit ihren Dreizacken gegenwärtig seien) und bringt Vishnu das Opfer (Mahabh.). At my sacrifice worshippers praise me, in the Rathantara they sing, the sama song, they adore me in the sacrifice of devotion without Brahmans, and the adhvaryyu priests divide for me a portion (Vayn. Pur.). Worshippers praise me at the sacrifice, singers of the sama chant the rathantara, Brahmans, versed in the veda (brahma) adore me, and adhvasyu (Yajurvedic) priests divide for me a portion (s. Muir), sagt Mahadeva zu Devi. Dhaxa, Sohn des Aja oder des Ungeborenen (Sohn des Brahma oder Daja) ist Schwiegervater des Siva und erhält einen Ziegenkopf (für die abgeschlagenen) und Bhrigu einen Ziegenbart, während Bhaga mit Mitra's Augen sieht. Als Siva's Begleiter den Siva verfluchenden Daxa, als einen auf vedische Ceremonien Beschränkten verspotten, schleudert Bhrigu die brahmanische Waffe des Fluches gegen die Verächter der Veda, in der Janardana (Vishnu) Autorität ist (Bhagavata Purana). Pushan, dem Siva die Zähne ausgeschlagen, isst mit den Zähnen seiner Verehrer. Brahma stellt Daxa an die Spitze der Prajapati. Die durch Bhrigu beim Opfer geschaffenen Ribhu vertreiben die Begleiter Siva's, aus dessen Haarlocke sich dann ein Riese erhebt (Bhag. Pur). Rudra (der Arzt) ist Schutzgeist der medicinischen Pflanzen (Rigveda). Die Brahmanen, die bei der Leichenfeierlichkeit Ravana's die Ceremonien erfüllten, waren Raxasa-Brahmanen oder Raxasadvijah (im Ramayana). Jedrajit, Ravana's

Yajnavalkya, der über die Schwäche der Brahmanen spottet, (wegen höhere Andacht) wird von Vaisampayana (als Yajur) verflucht, erhält aber (die Athem-Unterdrückung übend) dann den weissen Yajush-text*) von der Sonne (als Pferd), im Gegensatz zu den Charakas (Schüler des Vaisampayana), die (nach der Vajasaneyi Sanhita) bei Purushamedha geopfert werden mögen (s. Muir). Janamejaya (nach den Vajasaveyi Nituul opfernd) wird von Vaisampayana verflucht. Nach der Vernichtung des Dämon Mahisha wird Devi von den Göttern unter Indra verehrt (Mark. Pur.). Durga heisst Mahamaya (in der Markandeya Purana). Durga (Arya) heisst die älteste Schwester Yama (Harivamsa). Mit Mena (Tochter des Meru) zeugt Himavat die Töchter Ganges und Uma (Ramayana). Mena (Gedankentochter**) der

---

Sohn, führt ein Schlangenbanner. Sisnadevah oder (nach Roth) Schwanzgötter are those who sport with the sisma (membrum virile) or unchaste men (Sayana), who are always dallying carually with prostitutes, forsaking Vedic observances (Muir). Die von den Ribhus gekannte Weisheit wird im Atharva-Veda angerufen. Atharvan war der Erste, der durch Opfer den Pfad eröffnete (Rigveda). Die Raxasas sind Nachkommen des Pulastya (Sohn Brama) von drei Raxasinnen geboren.

*) Die Darbringung der Charakas (mit zwei Athmungen) wird verworfen (Satap. Br.). Kasa (Vater des Kasiraja) war Bruder des (Lesa und) Gritsamada, Vater des Saunaka, der die vier Kasten bildet (Vishnu Pur.). Von Gritsamada (Bruder des Kasya und Kusa), Sohn des Suhotra (Sohn des Kschattravriddha) sprang Sunaka, Vater des Saunaka (Bhag. Pur.). Von Gritsamadi (Bruder des Kasaka, Enkel des Vitatha) sprangen die vier Kasten (Harivamsa). Von den Asuren geraubt wurde Gritsamada durch Indra befreit (nach Sayana). Gritsamada, who having been an Angirasa, and son of Sunchotra, became a Bhargava and son of Sunaka (Anukramanika) Gritsamada, son of Sunaka, who is declared to have been naturally an Angirasa and the son of Sunahotra, became a Bhrigu (s. Muir). Saunaka wird mit den Bhrigus, als Verfertiger der Hymnen genannt (Matsya Pur.). Der Minister Sunaka tödtete König Ripunjara (König von Magadha) und setzte seinen Sohn auf den Thron in die Dynastie der Sunaka oder Pradyota, die durch Sisunag gestürzt wurde, wie die Dynastie der Sisunga oder Sisunag durch die Maurya (s. Hamilton). Gritsamada war Sohn des Suhatra (Mainyu), König von Kasi (Sohn des Kshetrabriddha oder Briddhakshetra, Sohn des Ayu). Die Theologen des Rig heissen Bahvrichas, die der Samau Chhandogas, die des Yajush Adhavaryu (nach Weber). Ein Bahvricha (Rig-veda-Priester) zerstört Königreiche, ein Adhvasyu (Yajur-veda-Priester) zerstört Nachkommen, ein Chhandoga (Sama-veda-Priester, zerstört Eigenthum. Der richtige Geistliche ist der Atharvana-Priester (nach der Atharva-Parishisthas). Wer einen Jalada oder Mauda zum Priester hat, verliert sein Reich nach einem oder zehn Monaten (nach der Atharva-veda). Der Verfasser der Parisishta (Atharva-Parisishta) verwirft einige Sakhas der Atharva-veda (als die der Jaladas und Mauda), indem er nur den Bhargava, Paippalada und Saunaka als angemessenen Lehrer zulässt (s. Weber). Während in der Brahmana der Rigveda die Vertreter Samaveda mit Verachtung genannt werden, werden in der Brahmana der Sama-veda die Paingin und Kaushitakin nicht besser behandelt (s. Weber). Von Saunakas, Sohn des Gritsamada, entsprangen die Saunakas, Brahmanen, Kschattryas, Vaiscyas, Sudras (Harivamsa). In der Familie des Saunaka, Sohn des Sunaku (Sohn des Gritsamada) wurden Brahmanen, Kshattrya, Vaisya und Sudra geboren (Vayn. Purana). Der Atharva-Priester erzeugt Schrecken, und er beruhigt ebenso erschreckende Vorfälle, er beschützt das Opfer, dem Angiras vorsteht. Der in der Brahma-veda (Atharva) Geübte kann üble Vorbedeutungen aus Himmel, Luft und Erde beseitigen, weshalb der Bhrigu rechts zu stellen ist. Der Brahmane sühnt, nicht der Adhavaryu, Chhandoga oder Bahvricha, der Brahmane wehrt den Raxasas, der Brahmane ist deshalb der Kenner der Atharva (s. Weber).

**) Vedavati, the vocal daughter of Vrihaspati's son, the rishi Kusadhvaja, betritt, von Ravana während ihrer Büssungen im Himalaya (wohin er auf seinem Siegeszuge gelangt) beleidigt (weil Vishnu als Gemahl verlangend), das Feuer, um für seine Zerstörung wiedergeboren zu werden (im Sita). Als Kumbhakarna (Ravana's Bruder), der Rishi gefressen, um seine Gunst von Brahma bitten sollte, sprach Sarasvati (täuschend) aus seinen Munde und verlangte Schlaf. The priest appointed to guard against or expiate the mistakes, when committed by the other priests (the hotri, adhvaryu and udyatri) was called the Brahman (masc.), who was a functionary pre-eminently supplied with Brahma (neuter) or sacred knowledge. Atharvan erhält von Varuna eine Wunderkuh (Atharvaveda). Die Mantras des Atharvan wurden durch Vasishtha gewählt (nach Mallinatha) Im Zendavesta werden die Anhänger des Ahura Mazda in Atharvas, Rathaesthas und Vastrya fshuyans getheilt (s. Haug), in welcher Klasse die Atharvas (oder Priester) eine Kaste bildeten. Das von Indra abgeschlagene Haupt des Namuchi folgt ihnen scheltend, bis Brahma Reinigung

Pitri) gebiert den Himavat die kasteiende Jungfrau Aparna (Uma), Ekaparna, (von einem Blatt lebend), Ekapatala (Hariv.). Zeit wird in Bettlergestalt von Brahma an Rama geschickt, ihn an seine Rückkehr als Vishnu zu erinnern. Die Ἄρειοι (mit Parthiern, Chorasmiern und Sogdiern zusammengenannt) trugen (in bactrischer Kleidung) medische Bogen. Die Meder hiessen früher Arioi (nach Herodot). Bei Ptol. begreift ἡ Ἄρια (Ἀρείων γῆ oder Ἀρεία) Khorasan und Afghanistan. Ariana Regio (ἡ Ἀριανή) entspricht Iran (s. Plin.), von den Arii (Parapomisadae, Drangae, Arachoti und Gedrosii) bewohnt (s. Strabo). Arya-warta (Aryanem Vaejo oder Arya desa) begreift (b. Manu) das Land zwischen Himalaya und Vindhya. Ausser Ἀρεία*) (Aria civitas) oder Herat findet sich (b. Strabo) Alexandreia Ariana (Ἀλεξάνδρεια ἡ ἐν Ἀρίοις). Ariaca (Ἀριαχὴ Σαλινῶν) lag nördlich von Bombay. Die Ariaspae bewohnten Drangiana.

---

durch die Wasser der Aruna anräth. Der fromme Brahmanen-Rishi Pulastya (Sohn Brahma's im Krita-yuga), der durch Damenbesuche belästigt wurde, sprach die Verwünschung aus, dass Jede seine Einsiedelei nahe Kommende schwanger werden würde, und so geschah es mit der Tochter Trinavindu's (Uttara Kanda des Ramayana). In the Gujarat-list Salivahana is introduced in the solar line, in the room of Gautama (Nri-Sinha) or Sugata († 544 a. d.). The Bhats (between Dilli and the Panjab) descended from the king Salivahana (father of Bhat, Maya and Thamaz). When Amir-Timur invaded India, he found at Toglocpoor (northwest of Dilli) a tribe called Solun or Sulwan, who were Chanovis or Manichaeans and ordered their massacre (s. Wilford). The Coles and Collers, descendants of Cola, son of Turvasu (father of Cerala, Chola and Pandya) conceive themselvs to be the aboriginals of India, to which they give the name of Coller or Colara. According to Plutarch the Ganges was called formerly the Calaurian river. The Kitai live in Derbend mostly as husband men, and in Kuldja as artisans (Oppert). Les mot „Khshaëta" devenu „abäb" dans le persan modern, était le titre des grands feudataires tout aussi bien que du roi suprême lui-même (sous les princes achèmenides, Arsaces et les fils de Sassan), faisant frapper du tambourin devant eux (Gobineau) [Kshatrya] et habitant des ayvans (palais ouverts). Paiti-Khshaëta (padhishah), ou maitre roi. Au dessous des Khaëthas venaient les seigneurs nommés Ratou ou Rad (les possesseurs d'arrières fiefs), les fils ou les alliés des Kshaëthas [Radjuten). Die vielfachen Varietäten (von schlichten zu krausem Haar) unter den Aethiopiern entstehen (nach Pearce) durch Vermischung. Die Kocch (in Bihar) verwandelten sich mit Annahme des Hindiusmus in Rajbansi.

*) Von dem alten Volk der Arii her, das bei Stiftung der medischen Monarchie seinen Namen für die und des herrschenden Mittelreichs vertauscht hatte, führten die Sassaniden den Titel der Könige der Arier und der Anarier, soweit diese unterworfen waren, und der schon früh in der persischen Monarchie hervortretende Dualismus, im Gegensatz der ansässigen Iran's zu den Nomaden Turan's, liess auch während der unter parthischer Herrschaft unbestimmten Grenzen den Namen Ariana für das alte Gebiet des sesshaften Culturvolkes (in nächster Verbindung zu den Bactriern) fortbestehen, wie sich in Indien der Name des im Norden durch fremde Einfälle bedrohten Aryawastu nach dem südlichen Ariaca zog. Die Σέμνοι genannten Heiligen der (Herakles und Pan verehrenden) Inder (mit den frommen Samanaioi und dem nichts Beseeltes essenden Brahmanen) gingen nackt (nach Polyb.) 60 a. d. Wie Kalanos (zur Zeit Alex.) verbannte sich (bei der Gesandtschaft des Poros im August.) Zarmanochegas [der Sarmanaer]. Die Πράχμαι trugen (n. Herakles) aus Steinfasern gewebte Kleider. Die Samanäer wurden (nach Bardesanes) in Klöstern unterhalten (180 p. d.). Die Samanäer pflegten die Philosophie bei den Bactrern, die Gymnosophisten bei den Indern (Clem. Al.). Die Euseboi fanden sich viel Brachmanen bei Inder und Bactrer. Nach Hieronymus wurde Budda unter den Gymnosophisten oder (nach Batramnus) den Bragmani aus der Seite seiner Mutter geboren. Abraham ist Abu-Raman (Vater der Aramäer). Die Armenier führen sich auf Aram zurück. Der indische Herakles heisst Δορσάνης (n. Hesych.). Δοσάρην τὸν Διόνυσον Ναβαταῖοι ὡς φασίν Ἰσίδωρος (Hesych.). Lassen erklärt Dosares aus dhu (Herr) und saïr (Feuer). Nach Plutarch verehrten die Inder den Herakles. Von den an Antonius als Gesandte geschickten Brahmanen erzählte Sandanes dem Bardesanes von einer grossen Götterstatue, die in einer Felshöhle die Ordnung der Welt in sich trug (nach Stobäos) [Fusstapfen Buddha's]. Mahmud von Ghazni erbeutete das Bild des Somanatha. Die Indier stellten Bildsäulen griechischer Gottheit auf, nach griechischem Ritus verehrt (nach Apollonius-Thyan.) das von der Sonne herabgezogene Feuer mit Hymnen preisend (Phlostratos 210 p. d.). Nach Apollonius von Thyana herrschten Könige aus dem Geschlecht des Taxiles und des Poros in der Pentapotamie (Mitte des I. Jahrbt. p. d.). Dandamis, der nackt mit Brahmanen lebt, tadelt (b. Kallisthenes) die Kalanos, der Alexander folgt (seine Büssungen aufgebend). Die den in den

Aus dem Zusammenhang mit Hinterindien hat sich schon früh eine dravidisch erscheinende Bevölkerungsschicht über die vorderindische Halbinsel verbreitet, wo.sie im Dekkhan die eingeborenen Stämme absorbirte, in Bengalen durch tibetischen Zutritt über Bhutan oder die Zwischenstufen Nepaul's modificirt wurde. Arisches (medo-persisches) Element floss von Beludschistan herüber, wie es sich noch in dem Habitus der Sindhier, sowie der Rajputen in ihren Bergfesten an der Aravali-Kette zeigt, während die durch das Thor des Chaiber-Passe's (bei Attok) Eingezogenen (kabulischer oder, weiterher, sogdianischer Herkunft) sich aus dem Pendschab am Nordrande der marwarischen Wüste nach Osten wandten, um (nach Aufnahme kaschmirischer Einströmungen zwischen Julalpur und Jelum beim Dorfe Darapur) Hindostan, das Mesopotamien zwischen Jumna und Ganges zu besiedeln. Bei dem vielfachen Wechsel der Herrschaften (in diesem durch schneeigen Bergwall geschützten Asyl der bei den Asien bewegenden Geschichtsrevolutionen versprengten Völker), bei dem Untergang der alten Reiche und Entstehung neuer, mussten sich immer wieder die Hügelländer mit Flüchtigen füllen, die ihren nach dem jedesmaligen Ausgangspunkt (unter der in den Zeitläuften vorwaltenden Hegemonie) specifisch mitgebrachten Typus nach der Umgebung der erwählten oder gezwungenen Heimath wieder neu specifisch ausprägten, und so gegenwärtig unter den verwandten und doch verschiedenen Formen der Ghonds, Koles, Ramusi, (rajmahalischen) Paharrie, Pulindas, Curumbars u. s. w. auftreten, indem zugleich wie bei einigen Bhilstämmen (s. Sealy) noch der ursprünglich negerartige Typus erkennbar bleiben mag, der sich unter dem Samang (auf der malayischen Halbinsel) und auf den Andamanischen Inseln unberührt bewahrt hat (im Anschluss an philippinische Negritos). Eine Hinneigung zeigen die platten Nasen der Garos, sowie das gekräuselte (s. Scot) Haar der in der reinen Luft ihrer Höhen gebleichten Tudas, bei denen auch die sindhische Römer-Nase der Rajputen beobachtet wird. Nur in den fernsten Thälern der äussersten Nordgrenze konnten sich ausserdem Spuren dieses bei dem ununterbrochenen Wechsel der Bevölkerungsmischung Indien's nothwendig längst unter den übrigen Schichtungen verwischten Typus erhalten, nur unter dem Dom Kumaon's oder den ihnen verwandten Rawat (s. Traill), also in dem mittleren Abschnitt der Himalayischen Hügelländer (zwischen Sutledj und Gogra), d. h. dem entlegensten und unzugänglichsten, denn während der westliche Abschnitt zwischen Sutledj und Indus Kaschmir mit dortigen Nebenländern umfängt, während der östliche Abschnitt zwischen Gogra und Brahmaputra, in Nepal tibetische Communicationen herstellt, sowie in Bhutan, würde der centrale Raum kaum eine Anziehungskraft ausgeübt haben, ausser durch die Heiligkeit der Gangesquelle und ihrer Pilgerplätze.

Bei den Tamulen wird die Hut des im Lingam personnificirten Gottes Manar den Bhuta anvertraut, die die Thüren bewachen. Als der neue Cultus unter Jägervölkern verbreitet wurde, vereinigte man die Verehrung der Herrin des Waldes mit der Monds- oder Geburtsgöttin, erbaute der Diana (Taurica) einen Tempel auf dem Vorgebirge Parthenium oder betete zu ihr im kappadocischen Castabala. In Indien ist Bharat oder Bharaden,

---

Gebirgen lebenden Brahmanen (die durch Gebete Regen und Dürre herbeiführten) dienenden Brahmanen, die Severus in Alexandrien (470 p. d.) besuchten, enthielten sich von allem Fremden fern (s. Damaskios). From Mahaviryya sprang Duritakshya. From him were descended Trayyaruni, Kavi and Puskararuni, who attained to the destination of Brahmans (nach der Bhagavata). These three classes af great Rishis (the Gargas, Sankritis and Kavyas, Brahmans of Kshattriya race) are declared to be the most eminent of the Kavyas or descendants of Kavi (Matsya Pur.). Garga war Bruder des Mahaviryya, Vater des Kavi oder Kapi (s. Muir). Kapila (mit seinen Brüdern Suhotra, Suhotri, Gaya und Garga) war Sohn des Vitatha.

der Sohn des Duschmanta und der Sakontala, der Vorfahr des Mondgeschlecht's. Der fromme Baraden dagegen erscheint mit Hirschgeweihen,
und auch andere Büsser Bharata's erscheinen in Açtäon's Kopfschmuck.
Als die Götter (ausser den beiden Asvin's) in Kuruxetra opferten, wollten
sie den zuerst durch Kasteiungen und Busse den Ausgang des Opfer's
begreifenden, als Herren anerkennen, und so Vishnu, der auf einen Bogen
(mit drei Pfeilen) gelehnt, sie erwartete, bis die desshalb (mit Wasserfinden
in der Wüste belohnten) Ameisen den Strang zerbissen, so dass Vishnu's
Kopf abflog und zum Aditya wurde, während Indra durch Umarmung des
Körper's (als der Maha-Vira oder grosse Held gefallen) die Folge des
Opfer's (Makha) erlangte, als übersinnliche Makhavan oder Maghavan (Sat.
Br.). Die von den Göttern als Aerzte angerufenen Asvin's fügten den Kopf
Vishnu's, der aus seiner rechten Hand Bogen und Pfeile (wie aus der linken
einen Knaben) zeugend, nicht von den Göttern, obwohl Viele gegen Einen,
überkommen werden konnte, dem Körper wieder an, bei dem Opfer der
Götter, zu denen der Ruhm von Vishnu (Makha Vaishnava) gekommen, auf
Kuruxetra als Altar (Taittiriya Aranyaka). Als nach Ruhm begierig die
Götter Agni, Indra, Vayu und Makha (Opfer*)) dem Opfer beiwohnten,
erlangte Makha den Ruhm, verlor aber sein Haupt durch den empor-
schnellenden Bogen (Panchavinsa Brahmana).

Gleich den Khattioi waren die Brachmannoi (zu Alexander M. Zeit) ein
kriegerisches Volk, und die Mahratta-Brahmanen standen als Peischwa wieder
an der Spitze der Heere, während die Kshatreo (seit sie ihre Herrschaft in
der Ebene verloren und als Gaddee in die Hügel ziehen mussten) die Dörfer
des Punjab als Rechnungsführer (statt als Kshattrya) regieren, und als der
Kaufmannsklasse (nallischer) Multanesen zugehörig, ihre Handelsverbindungen
(in gewagteren Zügen, als sie die Banyanen unternehmen) über Central-
Asien und nach Arabien ausdehnen, den Hindu-Gebräuchen folgend (obwohl
aus ihrer Mitte die Bildung der Sikh-Genossenschaft ausging). Die Saras-
watee-Bramanen (an der heiligen Saravati) nennen sich Kasbatalee (kash-
mirischen Ursprung's im Anschluss an die Khas-Stämme neugebildeter
Xatriya) und als Parasu-Ram die Namberce-Brahmanen von Calpeo (bei
Cawnpore an der Jumna) nach Malabar führte, feierten ihre Lieder den
Sturz der rivalisirenden Xatrya, die in fremden Invasionen die bisherige
Herrschaft verloren und sich friedlichen Beschäftigungen zuwenden mussten,
während dann ihre Feuergeborenen Ersatzmänner aus den Jat als Rajputen
geschaffen wurden. Die kriegerischen Pandava (nach der Flucht, als Wieder-
geborene, aus dem Lak-Hause in Varanavata, wo die Nishada-Frau mit
ihren fünf Söhnen verbrannte) ziehen umher, als Vedakundige Brahmanen
(wo sie sich in Arjuna's Kampfe mit dem Gandharba-Könige Chitraratha
zeigen) und ihr im Norden**) verschwindendes Reich (das nach der Verbindung mit den Jadava gegründet war) erscheint (jetzt auf polyandrische
Nair beschränkt im Westen von Pandja) im Süden, wo Bhuma mit der
Schwester des Raxasa Hidimba den starken Ghatotkaka erzeugt hatte (als
Nachkommen eines indischen Herakles). Nachdem die Pandava das Xatre-

---

*) Visvamitra zeigt (im Ramayana) Rama die Einsiedelei des grossen Büsser's, des
Zwerge's Vishnu, der in der Form eines durch Schirm überschatteten Bettler (mit Haarlocke und Wasserbecher) von Aditi (Gattin des durch Büssungen von seinen Sünden gereinigten Kasyapa, Sohn Marichi's) geboren war und (auf Bitten Sakra's oder Indra's) den
Asura-König Bali (Sohn Virochana's, der die Götter (Indra) besiegt, stürzte (nach Patala
hinab).

**) In hills the Kukkas on the east bank of the Ihelum are said to have been
originally Khatrees and the shepherds, called Gaddees (mostly Khatree with some Brahmins) are said to be the remnant of the former rulers of the plains af the Punjab, driven
to the hills by conquering invaders. The agricultural class of Kshatrees (Chatrees) or

Geschlecht ausgerottet und die Dusyodhana erschlagen hatten, erlangten sie
wieder ihr eigenes Reich" heisst es im Mahabharata. Im mittleren Ganges-
thal bilden die Rajputen oder (Edle) Thakur, (deren Fürsten von dort durch
die Mahomedaner vertrieben in den gebirgigen Rajputana ihre Feudalstaaten
stifteten) einen grossen Theil der ackerbauenden Bevölkerung, sich mit den
(von Kashmir ausgedehnten) Brahmanen berührend, und mit ihnen in Oude
als Ryot zusammengeworfen, wie (nach Campbell) physische Unterscheidungen
zwischen ihnen kaum bestehen, da beide zum hocharischen Typus gehören.
Die Rajputen bilden gewissermaassen die im Osten durch Aufnahme brahmanischer Kastenvorschriften veränderten Ausläufer der (republikanischen)
Jat (zu denen sie in Rajputana zurückkehrten), als Kuru gegenüber den
Jadava. Unter den verfeinerten Klassen der Brahmanen und Rajputen erstreckte sich das zu den Mallie (während die Jat als Mul auf die Malli
Multan's führen) gehörige Element der landbauenden Koonbee*) oder
Koormee in Hindostan (bis Guzerat und Mahratta). The Abeers seem to
be the pastoral element of the Rajpoots and Bramin countries, as the
Goojars are of the Jat countries (s. Campbell).

Nach Arrian bezog sich die Abgeschlossenheit der Indier nicht auf die
jedem offene Kaste der Sophisten, doch konnte kein Opfer ohne einen
Sophisten gebracht werden und (nach der Aitareya Brahmana), verschmähen
die Götter die Speise eines König's, dem kein Purohita zur Seite steht.
Die gleichmüthigen Weisen, wie sie die Griechen beschreiben, finden ihr
Prototyp im vedischen Vasishtha, oder auch (wie der heissblüthige Durvasas
Indra entgegenhält) im sanften Gautama, und Gautama (des Königssohne's)
buddhistische Reform (als Rajarshi) bestand zunächst nur in der Aufgabe
jener nutzlosen Peinigungen, wie sie noch zu Alexander's Zeit geübt werden.
Die stolzen Eroberer-Fürsten der Kschatrya, die aus höher civilisirteren
Völkern stammend, durch ihre Bildung (wie Janaka, König von Mithila,
Ajatasatru, König von Kasi, Prarahana Jaivali, König der Panchalas) den
Brahmanen überlegen waren, schieden sich aristocratisch gegen die unterworfenen Eingeborenen ab, auch als sie später durch äussere Feinde gedrängt die Ueberlegenheit der Brahma-Bala über die Kschattriya-bala erkannten (indem der durch Missionen erobernde Priester aus dem Schwanze
seiner Kuh die Kriegerschaaren der Pahlava, Sakar, Yavana schuf vor denen
die Heere der Elephantenkönige erlagen) und den, für Janaka (der gleich
dem Griechischen Philosophen Alles mit sich trug) im Brande Mithila's,
für Gautama in der Zerstörung Kapilawastu's verlorenen, Erdengütern ent-
sagend, als Büsser in den Stand der Brahmanen (der Würde des Brahmarshi

---

Khatrees (distinct) from the Rajpoots (in Behar affect a military character, sometimes
serving as soldiers (as Darwans). The term Mooltanees seems to be applied to several
trading sects in different parts of Central-India, some wandering Panthan traders, and
some Khatree. The Sohanos (a Mooltanee caste of Banians) trade with Central-Asia and
also with the Arabian coast (as servants in Scinde). Palgrave mentions among the Indian
traders of the Arabian coast (as distinguished from the Banians) people, called Loothians
or Loodianah men. Loodianah is a large and thriving town of mercantile Khatrees, with
a numerous colony of Kashmeree shawl-weavers (s. Campbell). The Khatrees claim to be
the descendants of the old Kshatryas.

.*) Although the Koonbee element was the foundation of the Mahratta power, the
Mahratta military element came almost exclusively from a small district near Sattara, where
the Koonbees are mixed with aboriginal and semi-aboriginal tribes of Mhars and Koolies.
The Mahrattas are known to the people of the South as Aryas (s. Campbell). In some
places there is a partial and local practice of polyandry among the Kanaits (in the Simla-
hills). The Dhoonds and Tanolees descend from the Caliph Abbas, the Kurrals from
Alexander the Great, the Awans from Roostam, the Gukkurs from Persian heroes (north
of the Salt range). The peaks of the Sufed-koh between Jalalabad and Cabul bear the
Hindu-names of Seeta Ram and such like (Campbell).

entgegenstrebend) übertraten, so dass sie ihre Standesehre jetzt auch dort
gelten machten, und die Brahmanenwürde nur um so weiter von den übrigen
Ständen (und besonders von den glücklichen Rivalen, die sie auf den Thronen
der Kshattriya ersetzt hatten) abschieden. Dadurch erschienen dann unter
den Rishis wilde Charactere, wie Visvamitra, dem die Unterdrückung des
Zorn's (um Brahma's höchsten Titel zu empfangen) die schwierigste Aufgabe
seiner Kasteiungen war, und die Verachtung der dienenden Klassen unter
den Eingeborenen nahm zu, als mit dem Vordringen des Islam der Brahmanismus (zu Sankara Acharya's Zeit) in das Dekkhan hinabgedrängt wurde,
wo noch jetzt eine lange Reihe von Abstufungen bis unter die Paryas
hinunterführt. Nach der Theorie der Vervollkommnung in der Seelenwanderung erscheint dann der Brahmanenstand als der höchste, für dessen
Erreichung (wie Bhishma im Mahabharata bemerkt) erst unzählige Geburten
vorhergegangen sein müssen, so dass wenn diese darin allmählig angehäuften
Verdienste fehlen nur schwierig in der kurzen Spanne des irdischen Lebens
(wenn er es nicht, wie Visvamitra über Tausende von Jahren auszudehnen
vermag) die Brahmanenwürde und die damit verknüpften Vortheile erreichen
wird. Dass Matango, obwohl angeblich der Sohn eines Brahmanen, ein
Chandala, der, wie Indra erklärt, erst in tausend Geburten zum Sudra werden
kann, sei (in Folge des Fehltritte's seiner Mutter), erkannte die Eselin an
dem Prickeln ihres Füllen, da ein Brahmane schon mit milder Natur geboren
wurde. Da die ursprüngliche Schöpfung, von Brahma ausgehend, nur brah-
manisch war, so sanken, wie Bhrigu (im Sautiparvan) erklärt, die Brahmanen
erst später durch ihre Neigung zu Gewaltthätigkeit, zu Erwerb oder zu
Falschheit in den Rang der Kschattriya*), Vaisya (Arya) oder Sudra zurück.

Herodot beschreibt unter den Persern einen Elementar-Cultus, wie er
stets unter den östlichen Nomaden-Völkern (auch nach ihrer buddhistischen
Bekehrung, z. B. bei den Leichenfeierlichkeiten) fortgedauert hat, und in
welchem, neben der besonders hervortretenden Verehrung des Feuer's (als
dem wichtigsten und am sichersten controllirbaren Elementargott) die An-
betung des Himmel's hervortritt (svar oder $o\nu\varrho\alpha\nu o\varsigma$) oder des Svayambhuva,
als dessen (mit der reinen Jungfrau, wie überall bei Mongolen und Tartaren)
gezeugter Tengrisohn Priyavrata (in der Vishnu Purana) die sieben Dwipa's
theilt. Die bei der Eroberung Indien's den ursprünglichen Anschauungen
der Steppen schon fremder gewordenen Reiterstämme liessen Varuna (Baruna)

---

*) Die Kshatrya folgten dann dem Erwerb der Kaufleute. All the enjoyment whether
of gods or men has its root, its centre and its end in Tapas (bei Manu). Die Scythen
verehrten vor Allem Hestia als Tabiti oder Tapas. The earliest title of Nergal was Vagur
or Va-tur (s. Rawlinson). Vayu (mit Ribhuxan zusammengenannt) heisst Vayu im Rigveda.
Die Ger-gither waren (nach Herodot) der Rest der (mit Mysern nach Europa gezogenen)
Teucrern, gleich den Teuthonen und Titanen von ihrem (ägyptischen) Propheten Θωϑ oder
(nach Plato) Θιϑϑ (als vergötterter Hermes oder Mercur) benannt. Der assyrische Ares
oder Nergal hiess (nach Rawlinson) Vato (Wodan). According to Masudi the assyrian
kings took the name of Arian or the Lions, which was the same as Nimrud (Rudra). Indra
schützt die Aryya und giebt ihnen Sieg über die Dasyus (nach dem Rigveda). Die Göttin
Varamit steht (wie Ishtar) neben Nebo (in Assyrien). Prajapati bringt als Eber (in der
Varuha-avatara) die Erde aus dem Wasser (Taitt. Br.). That the title Tir (an arrow)
has been applied to (the planet) Mercury (Nebo) as early as the time of Nebuchadnezzar
is proved by the city Τιρηϑων or Διρϑωτις) (given to Mercury). In the Mendaean books
also Nebo (the planet Mercury) is called the scribe, and the same character applied
(to a certain extent) to the Egyptian Tet, the Greek Hermes and the Latin Mercur.
Dionysos bekämpfte den indischen König Deriades (den den Wein verschmähenden Buddha,
als Planet Mercur). Grimm zeigt die Uebereinstimmung (aus der Wurzel div) des Sansk.
djaus (coelum) zu den griech. und deutschen Götternamen Ζευς, Tius (Tyr, Ziu). In
Vishnu (und Krishna) findet sich männliche Wandlung der Ishtar (mit Nana oder Anu),
das Suffix-na (Nom. nu) ist weiblich (in fusnu osk) und nur dadurch vom lat. fanum verschieden (s. Curtius).

in die dunkeln Gewässer des Westen's zurücktreten, und brachten sich auch die unbestimmte Einheit ihres Ersten, als Adhi oder Odin (in der weiblichen Wandlung Aditi's, als Vertretung der Sonne) näher in der concreteren Anschauung Surya's (ursprünglich selbst ein Sohn Aditi's und Kasyapa's) in Sradadhewa oder Vaiwaswata (Vater des Ikshwaku), der zum Ahn des Sonnengeschlechte's erhoben wurde. Mit dem zunehmenden Uebergewicht der Brahmanen treten (wie überhaupt die primitive Elementarverehrung, die Feuer, Wasser, der Erde, den Winden und Gestirnen in den Vedas gezollt wurde) die Götter kriegerischer Gewalt (meistens Adityas), um derentwillen die Brihadaranyaka Upanishad die Kshattriya noch über den Brahmanen setzt, zurück vor den Conceptionen des Gedanken's und seinen mythologischen Gebilden. Auch in Persien hatte sich nach der Eroberung Egypten's und durch den Einfluss des dortigen Oro-Dienste's (in Horus) eine unter der Form einer geoffenbarten auftretende Religion ausgebildet, die besonders durch Zoroaster am Hofe des Darius (Nachfolger des Cambyses) Anhänger fand, so dass der Name Ormazd (der höchste Orus) auf den Inschriften Bisutun's erscheint. Mit zunehmender Corruption verbreitete sich von Babylon aus der sinnliche Dienst der (als Alilat oder Alytta, der weiblichen Energie des Gottesbegriffe's) bereits in den Arabern adoptirten Mylitta (Mabog oder Ishtar) oder (Bilta Nipruta) Enuta (als Gattin des Herakles oder Nin bereits mit Schamiram's Ausschweifungen verwoben) auch nach Persien (zur Zeit des Artaxerxes Memnon) und fand durch Anregung geschlechtlicher Triebe bald hinlängliche Ausbreitung in der Masse des Volkes, um einheimisch acclimatisirt zu werden. Die Beziehung, in welche Herodot diese von ihm als persische Mithra bezeichnete Gottheit zur Urania setzt, wiederholen die Vedas in der Verbindung von Mitra und Varuna, und sie gelten zugleich als Opferväter der Ida (Tochter des Manu), die (bei Hesychius) als Ἴδα wiedererscheint, die babylonische Here oder Beltis (Mylitta oder Aphrodite, als Aphrodite Urania). In alter Zeit, wie Mos. Chor. mittheilt, hatten die Assyrier besonders den (von den Armeniern bekämpften) Barsham verehrt, als Schamas oder Sonnengott (with the double phonetic power of San and Par), dessen Tempel in Larancha und Sippara (s. Rawlinson) standen, und so war der spätere Uebergang Mitra's in den Sonnengott (b. Strabo) leicht vermittelt, während er in Indien (wo diese Stelle durch Surya occupirt war) mehr und mehr verschwand (ebenso wie Varuna). In ihrer älteren Form Nana (Nanna, als Balder's Gattin) oder Enuta (Anu und Ino oder Juno) erhält sich die schöpferische Göttin, die als Ananta (Tanais oder Satarupa) bereits dem Svayambhuva seinen Sohn (Priyabrata) gebärt, besonders im Westen (im Anschluss an den phrygischen König Nannakos) und tritt wieder in ihrer aproditischen Gestalt am Berge Ida auf (unter den der teuthamischen Dynastie Assyrien's gehorchenden und durch Memnon gestützten Teucrern) als Stammmutter das Acneaden-Geschlecht, das (Bel's) Palladium schützt und durch Aeneas (Vater des Ascanius) rettet. Auch in den indischen Genealogien (s. Hamilton) gilt Anu, Sohn des Yayati (Sohn des Ayus) als Stammherr des König's Bali, der über die drei Welten herrschend, durch Vishnu's Vamana-Avatara in die Unterwelt hinabgedrückt wird, und auf den Keilinschriften führt Anu, der alte (oder verbannte) Göttervater den Titel King of the lower world (s. Rawlinson). In der Reform der Zoroasterlehre unter den Sassaniden wurde das von Darius nur als Lügengeist angedeutete Prinzip des Bösen (der die Falschheit wählenden Asuras, wie die Devas die Wahrheit in der Satapatha-Brahmana) fasslich im Dualismus personnificirt als Ahriman oder Angramainjus, und (wie die Buddhisten Mara und Kama, den Gott des siebenten Himmel's in Kamadhatu zum Vorbild des Teufel's machten) wurden die Materialien dafür von den im Rigveda (neben Mitra, Varuna, Indra, Brihaspati und Vishnu) angerufenen Aryaman (Airyama in der Avesta), der mit dem (als Pluto oder Plutos) Reichthum gebenden Dhatri oder Dhatta (dem damaligen Führer der Risbis) an der Spitze der Adityas (im Taitt. Br.) steht. Von den Stämmen Palästina's sind die den Hebraeern mehr oder weniger nahe verwandt, als die jüngere Schichtung zu betrachten, da sie, wie jene, an eine Einwanderung anknüpfen müssen. Zu ihnen gehören die Ammoniter, von Lot mit seiner jüngeren, und die Moabiter, von Lot mit seiner älteren Tochter gezeugt, und wie jene die (gleich den Enak) riesigen Zamzummin, diese die riesigen Emim vertilgten, so wird auch Og im nördlichen Königreiche der Amoriter zu Basan eine Gigantengestalt zugeschrieben. Die Amoriter gehören zu den (mit den Perizziten zusammengenannten) Canaanitern (dessen ältester Sohn Sidon die eigentlichen Canaaniter am Meeresufer repräsentirt, die Factoristen der am persischen Meer den indischen Handel vermittelnden Phoenizier, wie später bei den Propheten der Caananite einen Händler bezeichnete, als Hethiter (bei Hebron), Jebusiter (in Jerusalem), Hiviten mit Girgasiten, Arkiten, Siniten, Zemariten und (im Norden) Arvaditen und Harmathiten. Die Verwandtschaft der Hebräer zu den Amalekiten, die Nachkommen Esau's, deutet auf ihre bei Josephus hervorgehobene Verwandtschaft mit den Hyksos. Die von Mizraim stammenden Philister an der südlichen Küste halten ihre Beziehungen zu dem (in Minos Gesetzen Lycurg sein Vorbild lieferndem) Creta-Fürst (in dem sich egyptische Einflüsse mit vor- und nachhellenischen kreuzten) und hatten (bei Vermischung mit den aus der Gefangenschaft Zurückkehrenden) in ihren Sagen (zur Maccabäer Zeit) Sparta und Judaea umsponnen. Die Hebräer selbst stellen sich, als Söhne Sem's, neben die Assyrier und die (durch kleinasiatische Eroberungen verbundenen) Lydier, wie auch die armenischen Traditionen einen solchen Zusammenhang erklären und von einem (der Zeit des Ninus voraufgehenden) Reiche des Bel reden, wie die Genesis Assur aus dem von Nimrod (Sohn des Chus) gestifteten Reich Babylon ausgehen lässt. In der Periode dieser Chussiten würden also die Eingeborenen Palästina's gehören, sowie die Solymi (und Termilae), die der Cretenser Sarpedon (mit Spartanern und böotischen Sparti später auf ein verschwundenes Nagageschlecht zurückgeführt) in Milyas oder Lycien fand, während die Eingeborenen Phrygien's (vor Einwanderung der Briges aus Thracien) in die Armenier überliefen und Cappadocien durch alte Seefahrten egyptische Färbung erhalten hatte. In der aramäischen Einwanderung, die (als das assyrische Reich unter Tiglath-Pilessar zu wanken begann) nach Damascus zog (zu Saul und David's Zeit), kamen verwandte (aber vielleicht gerade deshalb desto feindlichere Stämme) mit den (durch ihren Aufenthalt im Lande Gosen religiös reformirten) Israeliten in Berührung. Die Egypter auf ihren colchischen Seefahrten hatten (nach der von Herodot erwähnten Sitte) die Eingeborenen des Innern als Barbaren bezeichnet oder als Iberer, wie die Phönizier von den Eingeborenen Palästina's sagten, und so auch diejenigen Eingeborenen bezeichnete, die sie später in Spanien trafen (obwohl dann indischer Scharfsinn diesen Namen in der Erklärung eines Uebergängers deutete, wie die Slaven dem ihrigen einen ähnlichen Sinn unterschieben). Da Haik mit den Haig oder Armeniern als Auswanderer dargestellt wird, der sich der Tyrannei des Bel zu entziehen sucht, so muss die diesem gehörige Rasse als eine später auf dem von jenen bewohnten Boden gelten. — Die aus den fernen Küsten des Ocean's von den Greifen gekommenen Avaren*) (464 p. d.) trieben die

---

*) Die (als Nachkommen der Reste der von den Chinesen 93 p. d. vertilgten Hiongnu) aus dem Berge ausgeschmolzenen Türken (549 p. d.) unterwarfen die sie beherrschenden Geugen (555 p. d) und besiegten die Sogoren, die (als falsche Avaren oder Obern) eine, Gesandtschaft nach Constantinopel schickten (559 p. d.) und Europa (502 p. d.) betraten

Völker caspischen Meer nach Westen (s. Priscus). Die Slaven am Elbe und Weichsel (von den Avaren bedrängt) beriefen von ihren Stammverwandten in Illyrien und Dalmatien die tapferen Brüder Czech (der Prag und Welekrad gründete) und Lech*) (Gründer von Gnesen auf dem gora lech

---

die Slaven Dacien's, (die nach der Weichsel auswanderten) besiegend und (als die Slawen unter Samo sich in Kärnthen 623 p. d. unabhängig gemacht hatten) in Pannonien Ringe bauend. Le pays des Moraves fut partagé (828 p. d.) par le roi Mejomir en deux principalités, en Moravies orientale (avec la capitale Mosburg) et occidentale avec la capitale Teben (Dewen) ou Dievina, à l'embouchure de la March (non loin de Presbourg). In Erdelen bauten die sieben Stammesfursten Arpad's die Sieben Burgen (Siebenbürgen's). Als Sventopolk das weisse Pferd Curid's angenommen, verlangten die Ungarn eine Provinz, als Preis desselben. The wanderings of Maelduin's ship in the Atlantic for three years and seven month in the eight century are contained in the Leabhar nah Uidhre (and in the yellow book of Legain). Die Khas oder Kus (in Nepaul herrschend) heissen Parbattieh (Hochländer). La partie de la Silésie, limitrophe de la Pologne, était appelée Séverie par les Moraves, parce qu'elle était au Nord (séver en slavon) par rapport à eux (Siestrencewicz). Les Sévériens, anciens habitants des borde de la riviére de Diesna (selon Nestor) étaient les mêmes Slaves, qui des bords du Danube, se rendirent sur ceux de la Vistule (568 p. d.). Letha (Latium) oder Italy (was also used in reference to Letavia or Armorica (Brittanny in France) by the Gaedhil. Omnia monumenta Scotorum usque Cimbaoth incertă sunt (zur Zeit Alex. M.) in Emania (als Sohn Tintain's) herrschend (bei Armagh), als König von Ulster (bis die Collas den von der Königin Macha gegründeten Pallast zerstörten 331 p. d.). The chief gaedhlic families (in the provinces of Leinster, Ulster and Connacht) trace their descent from Ugainè Mòr (500 a. d.) in the Eremonian line. Die (männlichen) Farr-shee und (weiblichen) Ban-shee hatten sich, als in Sidh verwandelte Tuatha de Danann magische Palläste gebaut (bei Ankunft der Milesier), von denen sie unsichtbar das Treiben der Menschen beobachteten und eingriffen (auf Hügeln, an Seen u. s. w.). Seth's Nachkommen erscheinen als Geister (zwischen Götter und Menschen). The Partholanians (Miuntir Phartolain or Partholan's people) landed at Inver Sceine (Bay of Kenmare). Brigaecium war Hauptstadt der Βριγαικινοί unter den Astures (in Hisp. Tarrac.), von Astur (Sohn Memnon's) stammend. Die Stammtafeln der Genesis nennen einen kuschitischen, joktanischen und abrahamischen Scheba, einen kuschitischen und joktanischen Chavila, einen kuschitischen und abrahamischen Dedan, einen aramäischen, horitischen und nahoritischen Uz und einen semitischen und aegyptischen Lud, als Mischvölker (s. Knobel). Die Aramäer kamen aus Kir nach Syrien, wie Israel aus Aegypten und Philister aus Kaphtor. The official gown of the arch poet (in Ulster) was ornamented with the feathers of beautiful birds (s. O'Curry).

*) In dem rechtlosen Zustande nach Lech's Tode wurde Crac (aus Karinthien) zum Fürsten erwählt (als Gründer von Cracau), dem seine Tochter Vanda folgte. Unter der Regierung der Woiwaden wurde der durch List siegreiche Przemysl, als Lesko II. (Lech) zum König erwählt, dessen Sohn Lesko III. seine übrigen Söhne dem legitimen Popiel Treue schwören liess. Als sein Stamm mit Popiel II. (901 p d.) erloschen war, folgte Piast. Καρτίς, als έσχατοι Κέλτων (b. Paus.). Like almost all the Jat-tribes, the Sidhus are of Rajput origin and trace their ancestry to Jesal or Jesalji, a Bhatti Rajput, and founder of the State and city of Jesulmir, who was driven from his kingdom by a successful rebellion (1180 p. d.), wandering northwards (Griffn). Arverni Vargorum nomine indigenas latrunculos nuncupant (Sidon.). Robbers were anciantly called (in Brittish) Veriad (Camden). Das esthnische tiefeldama (zaubern) und tuuslas (Zauberer) leitet Kreutzwald von dem finnischen Bezirksnamen Tuuslav her (s. Neus). Die beim Eintritt der Avaren in Europa (563 p. d.) in Asien Gebliebenen wandten sich nach dem Kaukasus und bemächtigten sich Kura's (den Islam annehmend). Scaphae tamen majoribus liburnis exploratoriae sociantur, quae vicenos prope remiges in singulis partibus habelant, quas Britanni pyctas vocant (Veget.) [Ascomannen]. Magum lingua Gallica domificatorem dici. Liguea sola quae vulgo Soccos monasteria vocitant Gallicana (480 p. d.). Κάρνον τήν σάλπιγγα Γαλάται (Hesych.) Godun, libertin. Gabalum crucem dici veteres volunt, Giebel (s. Dieffenbach). Grannus (Apollo) von grian (gadhl.), Sonne. Wodas, Bach (s. Schnitzer). Munghu, carissimus amicus (mochohe). Ken (caput), albanice, tiern, dominus (latine) interpretatur. Britannico sermone Gual (Severus' Mauerwall). The warrior Balor (of the Fomorian's), who (having one eye on its forehead and another opposite) obtained of Mc. Kincely (brother of the smith Gavida) the invaluable cow Glas Gavlin, shut up his daughter in a tower (not to become pregnant). Βαβυλωνίων δ'έστιν ό Καυναχης (s. Pollux). Gaunacum wird Gausapa (b. Isid.) erklärt (s. Dieffenbach), Kupala (Gabel). Tascodrugi haeretici Galatiam incolunt et dicuntur ita Galatorum lingua, apud quos est taxus paxillus et drugus nasus. Haec autem eorum est consuetudo, in precibus suis digitum manus dextrae naso fulciunt atque ita orant (Timoth.). Toles lingua Gallica dicuntur, quas vulgo per diminutionem taxillas vocant, quae in faucibus intumescere solent (Isid.). Formaçi Afrorum ex terra parietes

der Adler) als Fürsten (San Marte). Ugaine Mor, der von Britannien*) über
Europa bis zum Mittelmeer herrschte (nach Italien ziehend) liess die Irländer
bei allen sichtbaren und unsichtbaren Dingen schwören, seiner Nachkommenschaft die Regierung nicht zu bestreiten (633 a. d.). Die Gesänge von
Fingal**) und Temora, an den Barden Ossian (III. Jahrhdt. p. d.) geknüpft,

---

dicuntur Plinio [Fomorier]. Mannus vero equus brevior est, quem vulgo buricum vocant
(Isid.), buricas (Burg). Galliae quoque suum genus farris dedere, quod illic Bracem vocant,
apud nos sandalam, nitidissimi grani (Plin.). Bier aus brace. Die von den germanischen
Herminonen stammenden Baiern wurden (als die vertriebenen Gefolgschaften des Marobodo
und Katwalda) bei den suevischen Grenznachbarn die beiden Bände (bai-unaras) genannt
(s. Quitzmann).
    *) Der irländische König Dathi unternahm einen Feldzug nach den Alpen (428 a. d.).
Biorlin or Borlin (ship) signifies the still or deep water log or a rude float (in Gaelic).
Dubblinn (the Black Pool) or Baile Ath a Cliath (the town of the ford of hurddles) ist von
der für Aithirne's Schaafe gebauten Brücke genannt (in den Forbasa). Every profession
(of the Irish) hath his particular decorum, their virtue is, they will do nothing, but what
their fathers have done before them (Riche). Pythagoras, Schüler der Celten (b. Clem.
Al.), lehrte (nach Jamblichus) die Mysterien der Celten und Iberier. Lugb Mac Ceithlenn
(one of Adam's race, who have come back from death) led Conu to the princess, who
showed him a bare rib of an ox (measuring 24 feet in lenght) and a bare ribe of a boar (forming
an arch eight feet high). Lilli burlero (Irish songs or ballads). Die Tochamladh genannten
Bücher begreifen die Einwanderungen in Irland. Als die Söhne Ua Corra's zur Sühne
ihrer Unthaten sich auf einem Currach (Boot) den Strömungen des Atlantic überliessen,
kamen sie zu vielen Inseln, auf denen die zur Hölle Verdammten ihre Strafen litten
(540 p. d.) (Mictlan). The letters (of the Ogum) were called Feadha or woods (O'Flaherty).
Als König Mesgedhra (von Leinster) erschlagen war, begrub Conall das abgeschlagene
Haupt, nachdem er das Gehirn herausgezogen (in den Forbais). Mixed with lime (and
dried) the brain was placed among the trophies of Ullster. Cet, der dies von den Ball
spielenden Hofleuten erhalten, trieb es mit der Schleuder in Conor's Kopf, wo es durch
die Aerzte nicht entfernt werden konnte und einwuchs. Die Cruithnean oder Picten (von
Pictiers oder Poitiers) unterstützten (durch Gegengift) die Milesier gegen die vergifteten
Pfeile der Tuatha Fiodha aus Britannien. John de Courcy is said to have carried about
with him the Irish book of prophecies, as a mirror of his exploits (according to Giraldus
Cambrensis). The four prophets of the Irish (Moling, Braccan, Patrick and Colum Kylle)
award to the English people a decisive victory (just on the eve of the day of judgment).
Die Nachkommen der Milesier sind weiss an Haut, braunhaarig, grossmüthig, die der
Tuatha de Danann blond und räuberisch, die der Firbolg schwarzhaarig und geschwätzig,
aber die Mehrzahl (Mac Firbis). Die Milesier kamen von der Burg Brigantia in Spanien
nach Irland. Die Ban-shee (woman of the fairy mansions) stammen von den Tuatha de
Danann, die (von den Milesiern besiegt) sich in Hügel, Quellen und Seen zurückzogen
(als Elfen). Der auf Baile's Grab sprossende Baum trug die Form seines Haupte's, und
ebenso der auf dem seiner geliebten Aillinn (in Leinster) die des ihrigen. Königin Eiré
führte die Tuatha de Danann in der Schlacht am Sliabh Mis, (während auf Seite der
Milesier die Frauen Scota und Fas fielen).
    **) Finn, Sohn des von Nuada Necht (der aus dem heremonischen Stamm 110 a. d.
über Eirinn herrschte) hergeleitete Cumhall, fiel (283 p. d.) unter der Regierung Cairbre
Lifeachair's. Oscar, Sohn Ossian's (Sohn Finn's) kämpfte (mit Cairbré) in der Schlacht
von Gabhra (nach der Chronik von Leinster) 284 p. d. (begraben unter einen Stein mit
Oghum-Inschrift). Die gälischen Barden durften dem Könige nichts verweigern (ausser
den Lieblingshund, ein Pferd, einen Falken), und Aithirne verlangte (in Irland) von (dem
einäugigen) Eochaid selbst sein Auge, das er (nach dem Forbasa) erhielt. Tighernach
(XI. Jahrhdt. p. d.) benutzte in seiner irländischen Chronik die Synchronismen Flann's
(† 1056 p. d.), Lehrer's im Kloster von St. Buithé, über die Synchronismen der irischen
Könige mit Ninus, Julius Caesar und (zu Ferghal's Zeit) mit Leo III. Omnia monumenta
Scotorum usque Cimbaoth, (filius Fintain, qui regnavit in Eamain) incerta sunt (300 a. d.).
Die irischen Oberkönige residirten in Tara. The Ulster sovereignty was overthrown (in
the battle of Achaidh Leithderg) by the three Collas (331 p. d.). The three kings (Aedh
Ruadh, Dithorba und Cimbaoth) made a compact, that each of them should reign seven
years in turn (O'Curry). Als Cormac's Druiden durch ihre Beschwörungen das Wasser im
Lager des Münster-König's aufgetrocknet, schoss der von Dairbré berufene Druide einen
Pfeil in die Luft, bei dessen Niederfallen Wasser hervorströmte (220 p. d.). In the battle
of Bealach Mughna (908 p. d.) Cormac, the king (of Munster) and bishop (Archbishop of
Cashel after having repudiated the princess Gormlaith) was killed (s. O'Curry). St. Patrick
struck down Crom Cruach or Ceann Cruach (the great idol of Milesian pagan worship) in
the plain of Adoration or Magh-Slecht. Auf der Ebene von Magh-Cru (Blutfläche) in

beziehen sich auf die Erzählungen von Fiana Eireann (nach O'Conor), XIII. und XIV. Jahrhdt. zusammengetragen. Als Cuchulainn*) die Tochter des König's Rechrainn, die als Tribut für die Fomorier an den Strand gesetzt war, befreit hatte, wurde er (unter den die Heldenthat Beanspruchenden) beim Waschen (vor dem Fest) erkannt, durch das Kleid, das die Prinzessin um seine Arm-Wunde gebunden. Auf Menucher (Enkel des Aferidun) folgte Selm, Sohn des Aban (Urenkel des Menuchehr) und dann der im Lande der Türken**) geborene Firasiab oder Afrasiab (Nachkomme des Touh, Sohn des

---

Connacht wurden die Provinzialkönige von den Aitheach Tuatha (rent paying tribes or people) oder (Attacotti) Pächtern (der Milesier) getödtet (I. Jahrh. p. d.) [Cimmerier, Limiganten, Bagauden]. If I was present, it is thus, I would cut down the enemies of the innocent man, rief (Bäume niederhauend) Conor (König von Ulster) als er von der Kreuzigung hört (s. O'Curry) [Franken]. Die den von dem spanischen König Breogain (Grossvater des Milesius) benannten Briganten verwandten Milesier kamen von Gallizien. Reochaid Mac Fatheman (im Lager der Ulster-Armee) wird roth an Haar, blau an Augen, weiss an Haut beschrieben (im Tain Bo Chuailgne), der (dunkle) Fergna mit schwarzem Haar (Cuchulann kämpft auf seinen Streitwagen). König Cormac (in Tara) wird als blondhaarig beschrieben (im Uachongbhail). Die Tochter König Aedh's (IV. Jahrh. a. d.) hiess Macha die Rothhaarige (Mongruadh) in Irland (nach dem Leinster-Buch). Finisterre, (encore ton pays) Aré ta Bro.

*) Auf Rath der verkleideten Scandinavier zog Cuchulainn von Irland nach Schottland, um von der Amazone Scathach das Waffenhandwerk zu lernen. The Fomorians (famous builders of stone) were employed by Nemedius to have erected fortresses (Connellan). Conang (having erected the fortress, called Conang's Tower) defeated the Nemedian's. In Hispania ex terra parietes, quos appellant formaceos, quoniam in forma, circumdatis utrinque duabus tabulis, inferciuntur verius, quam instruuntur, aevis durant, incorrupti imbribus (Plinius). Le domaine des Varagues ou Varhague (-var ou guerre et hag ou garçon) était la mer Baltique (ou les chevaliers des Scanzes, Normands, Anglais, Goths, Russes étendaient leur domination). Une tradition non interrompue a conservé la mémoire de ces redoutables usurpateurs (1812). Rasvumowski, dass die Bewohner von Finnen, Esthen und Venden besetzten Güter sich von den Warägern herleiteten (s. Bohusz). When a party in Orkney agreed to marry, they went to the (semi-circular) temple of the Moon, and there the woman fell on her knees and invoked Woden (according to Henry), in the beginnig of the XIX. century. The Firbolgs were chiefly located in Leinster and Connaught, some of the Firbolg race becoming kings of Leinster. Die auf dem Anfstand der (den Nemediern oder Nemeter verwandten) Firbolg oder Menapier gegen die Milesier, erwählten die Attacotten ihre eigenen Fürsten. Le roi Kourigalzou I. construisit la forteresse Hisr-Kourigalzou (chateau de Kourigalzou) dans la localité d'Akarkouf (s. Cavaniol). Le chef de la religion (chez les Samogitiens) s'appelait Kirie. Tous les peuples voisins reconnurent sa suprématie et prirent le nom de Crivitches (de Crive ou Kiric). Les Prussiens et les Littuaniens adoptèrent aussi ce culte. Woda (guide), duc ou conducteur de la guerres chez les Slaves (sous des Woiewoda). Biel-Bog (dieu blanc) était representé avec le visage couvert de mouches et plein de sang, pour indiquer sa patience et la longanimité (Bohuz). Kors (gros chez les Anglo-Saxons), le Bacchus des Slaves (sur le Baltic). The fire (kept in a cell near the curch of Kildare, till extinguished by Loundres. Archbishop of Dublin (1220 p. d.), was attended by virgins, called Inghean an Dagha (daughters of fire) and Breochuidh or fire-keepers (confounded with the nuns of St. Brigid).

**) Der Stamm Nizar's, Sohn des Madd, leitete sich von Isaac her (und setzte sich so im Alter den Kahtaniden gleich). Les Makil vinrent en Maghreb avec les tribus descendues de Hilal (les Beni-Hilal). Auf Einladung El-Monstancer's drangen (1050 p. d.) die Araber (der Hilal-Stämme) über den Nil nach dem Maghreb vor (s. Ibn-Kaldun). La population mélangée, qui a reçu le nom des Djochem et qui existe encore dans le Maghreb, se compose des fractions de plusieurs tribus telles que les Corra, les Acem, les Macaddem, les Atbbedj, les Kholt et les Djochem (Ibn-Khaldun). Après la conquête de l'Ifrikia par les Almohades toutes les tribus arabes firent leur soumission (s. Slane). Samaritanorum gens sumpsit exordium ab Assyriis (Isid.). Syri ab Assurim (Isid.). Saraceni, quasi Syrigènae. Armenius ex Thessalia unus de numero ducum Jasonis (Isid.). Jason, Thessalia pulsus cum Medea uxore, cujus fuit privignus Medus, rex Atheniensium, qui Orienti plagam perdomuit ibique Mediam urbem condidit (Isid.), Dardanus et Jasius fratres a Graecia profecti. Les Hintata, la plus nombreuse et la plus puissante des tribus masmoudiennes (dans le Deren) furent les premiers à embrasser la cause du Mehdi, et ce fut par leurs efforts que s'établit l'autorité de cet imam (des Almohades). Hintat, l'aieul des Hintata, s'appelait Inti en langue masmoudienne (Ibn-Khaldun) [Asshanti]. Falegh (Peleg) oder Hodun war Sohn des Eber (Abir) oder Hud (s. Wrede). Die ersten Araber setzten sich in dem (von

Aferidun), der durch Zou (Nachkommen des Menuchehr, Enkel des Aferidun durch Iran) gestürzt wurde, dann verlegte Keykaous die Residenz von Irak nach Balkh (s. Masudi). Neben der Targata (von der die altassyrischen Könige stammten) wurde der Gott Tamura (Damuras oder Demarus) oder Tamyras (König von Maussil oder Niniveh) in Harran*) verehrt. Die

---

nomadischen und ansässigen Berbern bewohnten) Nordafrika in die Städte (als Herrscher), und erst später kamen die nomadisirenden Araber hinzu (Ibn-Khaldun). Selon les géographes arabes, la population de l'Afrique septentrionale (au premier siècle de l'hégire) se composait de Roum, (d'Afarec, indigènes romanisès) et de Berber, ou les peuplades, que les Roum appelaient Barbari (s. Slane). Pour exprimer l'idée de tribu, de peuplade nomade, les Arabes emploient le mot Cubila (Cabeïl). Pendant les IV. siècles qui suivirent la conquête de l'Afrique septentrionale par les musulmans, tous les nomades appartenaient à la race berbère, aussi dans les ouvrages historiques, qui traitent de cette époque, le mot cabila vent dire tribu berbére. Les Arabes nomades, arrivès en Afrique, étaient aussi organisés en tribu (cabaïl), mais voyant employer ce terme pour désigner une race qu'ils méprésaient, ils appliquérent à leurs propres tribus le nom d'arch, qui signifie maison (pavillon) ou tente (Slane). Incolae Adirim vocant (Mart. Cap.) den Atlas. In Tibet liegt (im Mahabharata) Striragja (das Reich der Frauen). Nach El Hanbali führte der Kadi Aden's (XV. Jahrb. p. d.) aus Abyssinien den Kaffee ein, statt des Kat-Aufgusse's (aus Catha Edulis). In honour of Ahmed ibn Moosa (the saint, buried in Beit el Fukeeh) a yearly pilgrimage (Zeearah) is held (Playfair). On one of the mosques of Mooshej (between Mokha and Zebeed) the Kalif Ali descends (as his favourite resort). The most important tribes of the province Lahej are the (wandering) Soobaiha (between the straits and Aden), the Alalali (formerly the possessors of Aden), the Foudtheli and Housbehi (with the capital Lahej). The Akrabi-clan (of the Abdali-tribe) have the harbour Jebel Hassan (west of Aden). The district El-Abien (of the Foudheli) is called from Abien (descendant of Himijar). Before the conquest of Aden (1839) the Sultan resided at Lahej. Die Cisternen Aden's dutiren (nach Playfair) aus der Perser-Zeit (600 p. d.).

*) Der phönizische Gott Pontus besiegt den assyrischen Gott Demarus (Tamura) im Kampf (b. Sanchuniathon). Von den Harraniern um Ruckkehr gebeten, begab sich das Götzenbild des Wasser's, das nach Indien geflohen war, nach den Tempel Kada (nach En-Nedim). Deus Lunus wurde in Harran verehrt (nach Eutychius). Die Harranier opferten dem Sin oder Monde in dem Tempel Kadi (nach Abu Said Wahb ben Ibrahim). Aus Vorsorge für die Todten (die die verbrannten Speisen verzehrten und den Wein tranken) erhielt (bei den Todtenopfern der Ssabier) auch der Hund der Unterwelt den verbrannten Knochen eines Kameel's, damit er die Todten nicht durch sein Anbellen erschrecke (s. Chwolson). A Belo, primo rege Assyriorum, usque ad Belum, patrem Didonis, qui et ipse Assyrius fuit, (quamvis alio nomine pater Didonis fuisse dicatur). Hoc regis nomen ratione non caret, nam omnes in illis partibus Solem colunt, qui ipsorum lingua Hel dicitur (Servius). ὀνομάζουσι δὲ τόν κατά τὴν ἡλικίαν ταύτην, πέμπτον, ὡς οἱ ταῖς ἐτυμολογίας χαίροντές φασι, παρά τὸ ἐκπέμπεσθαι τὴν εἰς ἄδου δὴ λοιπόν πομπήν (Galen). On nomme celui qui est dans les années de cette troisième époque de la vieillesse „haram", et ceux qui aiment à rechercher les étymologies disent, que ce nom qu'on leur donne, est derivé de celui des pyramides (ahram), dans lesquels ils doivent bientôt aller prendre place (s. de Sacy) in arabischer Uebersetzung Pasar-Gad c'est-à-dire les fils de Gad (dans le dialect arameo-iranien de la Perside) bezieht Gobineau auf peser (en perse moderne) oder pathra (en zend) und Gobad (Cometes) oder Kowad. Lohrasp (Balkhy oder der Bactrier) residirte in Balkh oder (nach dem Habyb-Oussiyer) Akhsha. Die an der Grenze von Abu Ausch und Hejzaz lebenden Küsten-Araber sind (nach Niebuhr) Beni-Helal (oder Mondanbeter). Der armenische König Vaghurshag baute zu Armavir den ersten Tempel mit Statuen der Sonne und des Monde's. Neben Anahid, als höchste Gottheit, verehrten (nach Injiji) die Sonnensöhne (in Mesopotamien) die Astighik (stellula), als Tochter Noah's, oder (nach Agathangelôs) die Aphrodite. Harran in Padam-Aram (die Ebene von Aram) wurde (nach Barhebräus) von Arpakschad (Enkel Noah's) gegründet. Von den Oromojo oder Syrern (in Harran) wurden die Heiden als Armojo bezeichnet. Die heidnischen Harranier oder Zendiquiten (Ketzer) gebrauchten den Kopf aus dem Mercur geopferten Menschen als Orakel (Abu-Jusuf). Pouroushaspa (père de Zoroastre) est la forme iranienne du nom de l'rexaspes (chef des messagers royaux sous Cambyses), der Ermordung seines Sohnes) mit Tödtung des Smerdis beauftragt, den Magier später zu stützen suchte, aber dann (die Perser zur Wiedererlangung der Herrschaft auffordernd) sich vom Thurme stürzte. Djerir place au-dessus des Benou-Kahtan les Perses et les Grecs comme descendants d'Isaac (nach Masudi). Die Perser werden von Lot oder von Yasur (Sohn des Sem) hergeleitet. Nach Yakub war Yunan Bruder des Kahtan. Die Maziken (bei Sueton) entsprechen den Amazigh, die Getuli den Guezoula (b. Ibn Khaldun), die Zaueken (b. Herodot) den Zouaghа (der kleinen Syrte), die Bakuatai (b. Ptol.) oder Baquates (der Inschrift) den

Provinz Fars*), die im Alterthum Karmania einschloss (nach Rawlinson), zerfällt in Ghemsir (den warmen District) und Serdsir (die kalte Gegend). Als die von Keyan abgeleiteten Stämme der Kyaat und die von Nukooz abgeleiteten Stämme der Darulgihn (als letzte Reste des von Tur und Subhukh-Khan vernichteten Mongolenadel's) sich in ihren Bergen beengt fühlten, schmolzen sie sich einen Ausgang (aus dem Arkuni Kun), um nach ihrer alten Heimath in Moghulistan zu ziehen, wo sie die Tataren vertrieben

---

Berghouata, die Makanitai (b. Ptol.) oder Maceniten (der Itim) den Miçnaca, die Autololai den Aït Oulill, die Massesyli den Isliten (Mas-Isliten), die Serangai den Zanaga, die Druitai (b. Ptol.) den Dariça, die Isaflenses (b. Amm. Marc.) den Its-Iflicen, die Lebatas (b. Ptol.) oder Languaten (b. Coripp.) den Louata. Les Uxiens (Bakhtyarys) rappellent la plus saisissante les types créés par les artistes de l'antequité (Gobineau). Den Phöniziern galt die Nymphe Anobret für Stammmutter der Juden (Euseb.).

*) Adjoining the Parthians (in the Atak or Skirt) upon the East were the Haroyu (Hariva) or Arians ('Άριοι or 'Άρειοι), an Iranic race of great antiquity, who held the country along the southern skirts of the mountains from the neighbourhood of Khaff to the point where the Heri-Rud (Arius) issues from the Paropamisan mountains (Rawlinson). Pressed upon by the Yue-chi (a Tatar race) the Gandarians (of Herodotus) migrated (V—VI. cents p. d.) to the south-west, occupying the valley of the Urghand-ab (Arachotus) and impressing on the tract the name of Kandahar. Sinde (the Indus valley below the Punjaub) includes the tract of Cutchi Gandava (below of which the Delta of the Indus with Tatta expands). Hindu (Sinde, India) occurs in one of the most ancient portions of the Zendavesta (Hapta Hindu). Die Ethiopier (Herodot) oder Jchthyophagen (b. Alex. Polyb.) wohnten vom persischen Gulf bis Cap Monze bei Kurrachee. Dans le Khorasan, les Yéménites portaient le nom d'Azdites et les Maaddites celui de Temimites, parceque les tribus d'Azd et de Temim y étaient les plus considérables. En Syrie il y avait d'un côté les Kellutes et de l'autres les Caisites (Dozy). Nerus (.Μῆρος), Stadt in Phrygien (südöstlich von Cotyaeum). Meroz, Stadt in Palästina. Merula, Fluss in Ligurien. Merva, Stadt der Luanci in Gallaecia. Die Quelle des Jordan war in Paneus (nach Josephus). Die Stadt Nysa lag am Berge Merom (ὁ Μηρόν). Der Lacus Samochonites war der hebräische See Merom (Bahr el Huly). Die südlichsten der Ruinen von Meroe (Μερόη) liegen bei Naga-gebel-ardan. Nach Artemidorus herrschten die Sembritae (Einwanderer) oder (nach Herodot) Automoli in Meroe (unter einer Königin). Unter Psammetich wanderte die ägyptische Kriegerkaste nach Aethiopien († 614 a. d.). Die Bayanos-Indianer hatten lange Haare und bartlose weibische Gesichter (nach Wagner). Die Veraguas-Indianer bemalen die Gesichter mit rothen Farben. Nachdem die Stämme Ad, Thamud, Tarm und Gadis erloschen waren (durch innere Kriege), folgten die yemenischen Stämme (seit dem VI. Jahrhdt. a. d.) und dann (seit dem 11. Jahrhdt. a. d.) die ismailitischen, sich als Hirtenvölker über die Halbinsel ausbreitend. Nach Philostorgius hatte die syrische Bevölkerung auf Socotra ihre eigene Sprache bewahrt. Die Christen in Meliapur bedienten sich der syrischen Sprache. Der Kaiser Constantinopel's sandte dem Khalifen in syrischer Sprache geschriebene Bücher (mit arabischer Uebersetzung). Rubruiquis liess die Briefe Ludwigs an den Fürst von Kambalik arabisch und syrisch übersetzen. Chez les Tamime, qui (pratiquant la religion dite Madjoucya) se prosternaient devant les arbres et le feu, vivait Aaly, fils de Zéraraben-douss, qui épousa sa propre fille. Une sorte de polythéisme, (Zerdaka) avait fait invasion chez les Koraiche. Au nombre des tribus idolàtres, se trouvaient les Beni-Khelifa, qui avaient pris ce culte des Aamelek (Ben-Yahya la leur avait apportée de la Syrie, où ils voyageaient). Les premiers adorateurs des pierres furent les Beni-Smail. La réligion juive fut suivi á Houmayr, la chrétienne par les Rabèaa, Ghossan et Koddan (Daumas). Medien theilte sich (nach Herodot) in die Kasten der Magier (Magha oder Grossen). Arizanten (Ariyazantus oder die von der Rasse der Aryas), Buses (bouja oder Eingeborenen), Struchates (çatrauvat oder unter Zelten Wohnende), Budier und Paretacenier. Babylon war (unter Nitocris) in zwei ummauerte Quartiere getheilt. Von dem libyschen Könige Japon, dem die Libyphönizier (des sidonischen Cambe und tyrischen Utica) tributpflichtig waren, kaufte Elissa den Gruud, um Kiryath-hadeschath (Neustadt oder Karthago) zu bauen. Zwischen Cap Cantiu (Solois) und Lixus gründete Hanno die Colonien von Agouz (Mauer der Karier), Mogador (Gytte), Acra (Agadir) oder (bei Polybius) Russ-addir, Melite (Wady Messa) und Arambys (Araouas). Auf der Insel (Cherboro) des Südhorn's wurden von den Carthagern (unter Hanno) die Gorgonen oder Gorgaden (Gorillen) gefangen [Bergvolk der Gorgonen von Amazonen gehindert der Atlanten anzugreifen, und dann von Perseus besiegt]. Die sieben Töchter des Atlas (Nymphen und Göttinnen) heissen Atlantiden, verschieden von seinen Untergebenen, den Atlantic. Mit einer Flotte der Kolcher, Erraver, Charandäer und Solymer verfolgt Aeetes die Argonauten bis zu den Phäaken (b. Orpheus).

und sich mit dem früher nach Khatai*) geflüchteten Moghulen verbanden (nach dem Shajrat ut Atrak). Nach Philostrat waren die Bewohner des Grenzgebiets zwischen Aegypten**) und Aethiopien minder, als die Aethiopen,

---

*) Der Buzunjur Khan zeugende Geist besuchte Alunko (die Tochter des Mogholen Chan's) in Wolfsgestalt. Die Knochen des Nacken's (bei diesem Wiederhersteller der mongolischen Königsfamilie) waren so fest, dass er den Kopf nicht umdrehen konnte (als ohne Gelenk). Die armenischen Schriftsteller nennen östliche Völker Kuschani, Kusi (Niebuhr). Das arabische Volk der Maker besetzte auch Makran an der gegenüberliegenden Küste Persien's. Khushiya (pers.), Kusch (bab.), Kusiya (lat.) in der Inschrift von Naksh i Rustam. Kissia wird die Gegend um Susa (bei Aeschylos und Ptolomäos) genannt. Herodot nennt das ganze Land (bis Kabandene) Kissien. Nach Strabo wohnten Kossäer auch im Osten Medien's. Die Armenier nannten (noch im V. Jahrhdt.) nicht nur Elam, sondern auch Medien, Persien, in weitester Ausdehnung, selbst Arien (Hariwa) Chus. Niebuhr betrachtet die Elamäer als semitisirte Tartaren. Nach Niebuhr sind die Paretaken Reste eines grossen Volkes, das vom Indus nach Tigris wohnt. Unter Amalek werden im Allgemeinen bei den Arabern untergegangene Völker verstanden. Die Aditen werden unter die Aramäer gerechnet, die sich von Mesopotamien aus durch Arabien erstreckten und unter König Haddad-ezzer bei der Eroberung Damaskus durch die Feldherrn Resom den Stamm der Uzziten im Lande Uz an den Grenzen der Inder ansiedelten, zur Zeit Salomo's, (der das von David eroberte Damaskus dadurch verlor). Die von den Samaritanern und Aramäern bedrängten Juden riefen die Hülfe Niniveh's an. Unter Haddad-ezzer baute der Aramäer Gerom einen Baalstempel in Damaskus. Nach der Verwüstung Palästina's durch Titus wanderten aus dem Yemen die Lachmiten und Kutaiten ein, die durch ihre Botschafter das Land menschenloer wanderten, und sich dann ansiedelten, die Lachmiten in Mesopotamien (später nach den Grenzen Persien's wandernd) und die Kutaiten (die schon eine Dynastie in Edessa oder Orrhoene gestiftet hatten) im Hauran, wo sie dann von den nachziehenden Ghassiden unterworfen wurden (aber in Palmyra bis zur römischen Eroberung die Herrschaft führten). Zu Chr. Geb. herrschte in Edessa (Orfa) Manu Uchomo (Abgar), früher Manu Aloho (Immanuel). Die durch das Buch des Dieners Marib zum Auswandern veranlassten Araber (des Teiches Ghassan) liessen sich in der Ebene von Busra (Bostra) nieder (200 p. d.), anfangs den unter römischer Obeshoheit stehenden Stämmen unterworfen, dann aber (nach Erschlagen des Tributsammler's durch Dschidah), die Oberherrschaft erwerbend (in Phylarchat) über die syrischen Araber (mit den Emir Thaalaba). Nach der Niederlage im Jarmuk (634) trat Dschabala ibn Aiham zum Islam über, aber in Constantinopel zum Christenthum zurück. Amru-b-adi (König der Lachmiten) verlegte die († 302 p. d.) Residenz von Anbar nach Hira (Alexandria Babylonis). Das Christenthum wurde durch Sapor unterdrückt. Unter dem Khalifat Abubekr's wurde Hira erobert (633 p. d.). Die Ueberschwemmung von El-Arem (den Wall) im Durchbruch von Mariaba (oder Saba) bildet ein historisches Fragment.

**) Nach Leo hatten die Landbauten Aegypten's fuscum, die Stadtbauten caudidum colorem. Die Arabaegyptii wohnten zwischen Nil und arabischen Busen (Ptol.). Die Libyägypter wohnten westlich von Ober-Aegypten (Plinius). Die Libyphoeniker wohnten im Gebiet von Karthago (Polyb.). Auf einer aegyptischen Tafel erscheinen die Punt von hellerer Gesichtsfarbe, als die Egypter, bartlos und mit kurzem Gewande (s. Bunsen). In Folge von Erdbeben wanderten die Phoeniker von Assyrium stagnum (See Merom) aus. Die Girgasiter wanderten zur Zeit des Josua nach Armenien (Sepher Juchasin). Die Erbauer von Niniveh werden als Rex Indorum bezeichnet (bei den Scholiasten). Der Zorn der Athene verfolgt die Nosten wegen Missbrauch des Sieges aus Uebermuth. Pluto hiess Jupiter niger, als schwarzer Gott (Silius It.). Assyrias convenas, indigum agrorum populum, parte Aegypti potitos, mox proprias urbes Hebraeasque terras et propiora Syriae coluisse (Tacitus). Typhon zeugte (nach Plutarch) den Judäus und Hierosolymus, unter deren Führung sich aus Aegypten eine Volksmenge proximas in terras entlud (nach Tacitus). Judaeos Creta insula profugos novissima Libyae insedisse (Tacitus). Die Philister kamen wie die ägyptischen Kasluchen nach Palästina (als Falascha oder Philiton), ihr kretischer Bestandtheil dagegen (die Kaphtorim) direct aus Kaphtor, die Auvim vertilgend (als Karer oder Kari, die Minos von den Inseln vertrieb). Die Juden wurden meist als ein Aethiopum proles, quos rege Cepheo metus atque odium mutare sedes perpulerit angesehen. Libyen (Phut) heisst in koptischen Schriften phaiat oder phaiad (s. Parthey), sowie Punt. Haju, die Sonne der Karaiben, wohnt der himmlischen Erde (für die Abgeschiedenen) näher. Der (nach Gotte's Schöpfung) von dem Guten (dem er alle seine Werke vereitelte) zum Wettlauf aufgeforderte und (durch List zum Fall gebracht) mit einem Büffelhorn erschlagene Böse zog sich nach dem Todtenland im Nordwesten zurück, wo Alle ihm folgenden festgehalten werden würden (nach den Wyandot). Als der Erste Mensch über die Tödtung seines Bruder's durch den Grossen Geist zürnte, erhielt er zur Versöhnung die Zaubermedicin des Metai (bei den Lenni-Lenape). Bei den Apachen steigt Nahinekgane, von seinem

und mehr als die Aegypter, schwarz, nach Ammian waren sie subfusculi et atrati und konnten erröthen. Die Fahnen des Centrum's in den babylonischen Heeren zeigte einen Elephant oder (kolossale), Tennir, die der Flügel wilde Thiere (nach Masudi*)), die der leichten Truppen Schlangen und Scorpionen.

Bruder Tuballischine (Sohn des Blitze's) angegriffen, mit seiner Mutter (der Urfrau Istana-letsche) zum Himmel hinauf. Als der Riese Xolotl (von Omeciteuctli und Omecihuatl stammend) seine Brüder getödtet, wurden die darüber klagenden Menschen von Tezcatlipoca mit der beim Opfer gebrauchten Musik getröstet. Als (auf Tonga) Tubo seinen erfindungs-reichen Bruder Waca-acowuli getödtet, wurde dessen Familie von Tongaloa mit günstigem Winde nach dem östlichen Lande der Papalangi geschickt (während Tuko's verdammte Nachkommen schwarz wurden). Bei der Fluth blieben nur die auf dem Wasser schwimmen-den Tenten (Berge mit drei Spitzen) unbedeckt (bei den Araucanern), die den Tellerhut Tragenden (um nicht an die Sonne zu stossen) zur Zuflucht dienen (Vidaure). Als Ndengei (wegen Tödtung seines Lieblingsvogel's Turukawa) die Erde (auf Fiji) überschwemmte, rettete sich sein Enkel auf einem aus der Frucht der Pompel-Nuss gefertigten Floss. Jack of Hilton (in Staffordshire) is a hollow image, filled with water, which (when set to a strong fire) evaporates after the same manner as an Acolipile (Plot) 1686. Between Badenach and Strathspey is Slia-grannus, the heath of grannus (griantachd), which was been a magh-aoraidh, or field, where Druidical worship was performed (Logan) [Apollo Grannus].

*) Les rois de Babel descendaient soit des Nabateèns, soit d'autres races étrangères. Il y en eut parmi eux, qui subjugèrent les rois de Persans, dont Balkh était la résidence (Masudi). Omaim, fils de Lawed (fils d'Aram, grandfils de Noe) fiut le premier parmi les enfants de Noé, qui s'établit en Perse, contrée où residait Keyomert (nach Masudi). Les peuples qui vécurent entre Adam et Noé parlaient le syriaque. Kayomert (Sohn des Adam) wurde als der grösste und edelste unter den Menschen zum König gewählt, damit Ordnung bestehe [Maharasmati]. Die Perser legen einen mysteriösen Sinn in das Tragen der Krone (nach Masudi) [Kschattryi]. Die Magier lassen Kayomart (als Vater der Menschen) mit seiner Frau pflanzlich hervorsprossen, als Chabeh und Menchabeh (s. Masudi). Ouchèng, Nachfolger des Kayomart (zu Istakhr in Fars) residirte in Indien, als Sohn des Ferwal (Sohn des Siamek, Enkel des Kayomart). Unter Tahmouret oder Tahomers, Sohn des Noubedjchan (Sohn des Arfakhchad, Sohn des Ouchendj oder Iloucheng) erschien Boudasf, Gründer der Sabäischen Religion (dem Harranier und Kimarier folgen, obwohl verschiedener Secten). Après Bessous ou Bassous, fils de Balous (roi de Niniveh, combattant contre son adversaire, Sabik, fils de Malik, roi de Moçoul, originaire du Yemen) le gouvernement de Niniveh passa à Semiram, mère du roi Arsis, dont les successeurs payaient tribut aux rois d'Arménie (nach Masudi). La population de Niniveh était originairement composée de Nabatéens et Syriens, lesquelles ne formaient reellement qu'une seule race (Barbier). Les plus anciens rois de Babel les premiers au monde qui firent prosperer l'agriculture. Neben das Urvolk der Horäer oder Horiten (als Höhlenbewohner in den später von Naba-täern bewohnten Petra) neben den Rephaim oder Recken (bei Hebron) und den (von David unterworfenen) Jeschurim und Arrim lagerte sich die Volksschicht der Cananäer oder Phönizier, von denen südlich sich bis Gazah hin die (von Kaftor eingewanderten Filischim oder Philistäer fanden. Skadi wählt den verdeckten Bräutigam (Niördr), von dem nur die Füsse sichtbar waren, worauf W. Müller bezieht, eligendi mariti libertas curiosiore corporum attrectatione (b. Saxo). In französischen Provinzen wird die Braut nach den Beinen zwischen den Brautjungfern ausgewählt. Ha-Ouar, (nom de la principale place fortes des Hycsos), est d'étymologie zend. Ihre Pharaonen genannten Könige residirten in Memphis [Faradun]. Unter den Nachfolgern des Thoutmes III. oder Meris, der die Phoenicier und Assyrer unterwarf, reglerte Amenoph III. (Memnon bei den Griechen). Sesostris (b. Herodot) ist (b. Manetho) Ramses (Ramesesu oder Rasesesu) oder Rameses (ra oder Sonne) [Rasena oder Etrusker]. Unter der Herrschaft des Merenpthah (Sohn des Ramses) fielen Libyer, Tyrrhenier, Achäer u. s. w. ein [Aufstand wodurch Rasena abgeschnitten]. Manibhittis (Juwelen-mauer) ist der Pallast der mit dem Stirnreif Manidwipas geschmückten Schlange Çeschas (Anantas oder der Unendliche) oder Wasukis, die (Wishnu tragend) als Symbol der Ewigkeit auf dem Wassern schwebt [Arda-shir oder Ra-sheshu]. Babaman oder Ardschir (Ardschir Dirazdest oder Artaxerxes Lingimanus), der Rostem besiegte, setzte (nach Vertreibung des Balthasar, Sohn des Nebukadnezzar) als Gouverneur (in Babylon) Kiresch oder Koresh (Cyrus) ein, der (jüdischen Stammes) die Juden aus der Gefangenschaft entliess. Les Musulmans appellent Feravun, celui que les Hébreux nomment Peró (Pharaon). Le Tarikh Montekhab veut que les Pharaons appelés (par les Arabes) Faraërah soient de la race d'Ad, père de la Tribu des Adites et que Valid ou Velid, qui fut submergé dans la mer rouge, véquût du temps de Manougeher, Roi de Perse (s. Herbelot). Bei den orientalischen Christen heisst der im Rothen Meer ertrunkene Pharao (nach Ebn Batrik) Amius oder Senan Ben Uluan. Nachdem Necho (Nahou oder Feravun Nahou) den König von Mossul (Niniveh) besiegt, führte er Josias, König von Juda, als Gefangenen nach Egypten [und unternahm mit beherzten Phoeniziern Seefahrten].

Auf den Denkmälern der egyptischen Eroberer (Sethosis und seines Sohnes Rameses *)) sind Menschen abgebildet, deren weisse Haut, blonder oder rother Bart, hoher und schlanker Wuchs europäische Heimath verräth. Als Bekleidung trugen sie ungegerbte Ochsenhäute und die nackten Stellen des Körper's sind tättowirt (Gfröer). Die Maxyes (in Libyen) waren (nach Herodot) Abkömmlinge **) der von Troja kommenden Männer. Berosus

---

*) In den Kriegen gegen die Te-meh-Völker des Norden's werden die Ribu (Riphat-Celten) aufgeführt (s. Brugsch). Sesostris, (der bei der höheren Ueberschwemmung nach Anlegung der Kanäle die Dörfer auf Hügel verfetzte) ordnete das Grundeigenthum im Lande um, einen Theil den Priestern, einen zweiten dem Kriegerstande zuweisend und das Meiste für die Krone behaltend. Er zwang den Stand der Landbauern gegen geringen Lohn den besitzenden Klassen Frohndienste zu leisten (nach Diod.). Die Krieger Aegypten's theilten sich in Kalasirier und Hermotybier. Vor den Bedrückungen der Voloten oder falschen Avaren zogen sich die Viatitschen und Radimitschen aus Polen nach Russland (s. Tatistschew) unter Viatko und Radun (nach Occa und Soje). Les Sémites appelaient l'Assyrie le pays de la gauche (de la racine hébraïque yashar, arab yasara, expliquée par Golius: ad sinistram concessit), l'Yemen, était pour eux le pays de la droite. La Phénicie est nommée dans la langue de Ninive la terre de derrière (Abharri), el Neged (Nedjd) celle, qui est devant, c'est l'orient (Benloew). Pritchard nennt die Semiten als Syro-Arabier, indem viele der dazu gehörigen Völker von den patriarchalischen Genealogien von Ham hergeleitet werden. In the Toldoth Beni-Noah, the majority of the Shemite nations will be found to be of the Arian family (s. Rawlinson). Rawlinson findet Accad oder Accar (der Genesis) in Akarknf bei Baghdad. Als das Königreich von den Nachkommen des Himiar (Sohn des Saba) auf Hareth Al-Raisch (den ersten Tobba überging) wurden die bisher zwischen Saba und Hadbramaut getrennten Reiche vereinigt. Er drang auf seinen Eroberungen bis Indien vor und dann gegen die Türken in Aderbeidjana, wo die Männer getödtet, Frauen und Kinder gefangen wurden (Hamza). Nach Abraha Dzul-Menar folgte Ifrikis, der in den westlichen Ländern (Afrika's) Städte gründete. Nach Heddad folgte die Belkis, die Salomo heirathete. Himiaritae habent reginam ante Tobbarum principatum in terra Sabaea aggerem, nomine Arim, aquis retinendis erexisse perhibent, contra reliqui Jemanenses eum a Locman posteriore, fißo Ad, constructum esse affirment, aber von Bilkis restaurit (s. Gottwaldt). Nach Naschir Junim (Junim oder Wohlthäter) folgte Schamir Jurisch (dhul Carneim), der Schamirkand (Samarcand) eroberte. Die Nabataeer von Nabajot (Nachkommen des Ismael) finden sich (mit arabische Namen der Könige) auf der Keilinschrift Sanherib's (700 a. d), und Sardanapal's (660 a. d.). Zur Zeit der Diadochen zogen Athenäus und Demetrius (309 a. d.) gegen die Nabathaeer. Zur Makha-bäerzeit herrscht König Aretas über die Nabathaeer, Pompejus besiegte die Nabathaeer. Dem König der Nabathaeer, der die Sonne (Dusare) verehrt, war ein Mitregent als Bruder gegeben. Die Dörfer neben den Sümpfen der Nabataeer wurden von den Kurden besiedelt. Die Araber, die Anhänger der Magier in Luristan unterwerfen, wurden (1106 p. d.) von den Kurden vertrieben.

**) Osiris übergiebt die Regierung seiner Gemahlin Isis, unter dem Beistand des Herkules, als Obergeneral, und des Antäus (von Herkules erwürgt) als Vorsteher Libyen's. Sesostris eroberte Libyen und griff Aethiopien mit einer Flotte an. Die von Herkules erbaute Stadt Hekatompylon (westlich von der kleinen Syrte in der Wüste gelegen) oder Kapsa [100thorig, wie Theben] wurde von den Karthagern unter Hanno (nach Polybius) erobert (Ruinen von Gafsa). Der Βασιλεύς ist der auf den Stein Erhobene, wie Priamus' Rathgeber auf glatten Steinen sitzen. Lia-fail ist der irländische Krönungsstein und die schwedischen Könige wurden auf Steine von Upsala gekrönt. In Samarcand setzte sich der Khan bei der Krönung auf den blauen Marmorstein (Kouk-tach). Beim Austritt des Llynn-llion (See der Fluthen) in Wales rettete sich nur Dwyfan und Dwyfach, um die Insel Brittannien wieder zu bevölkern. Die Gründung des kuschitischen Reich's in Babylon durch Nimrod fällt mit der Eroberung Persien's durch Zohak zusammen. Das von den Turaniern verehrte Schlange (Zoroaster's Ahriman) war Afrasiab oder Farroursarrabba. Die vier Hauptpriester (Όσιοι) in Delphi wurden durch das Loos aus den Nachkommen des Deucalion gewählt (nach Pausanias). Die Höhle von Corycium (b. Delphi) war Pan und den Nymphen heilig. In Hamaxitus (Corybantium) in Troas wurden Mäuse verehrt. Procrustes (von Theseus getödtet) wohnte in Corydallus. Aeneas residirte in Scepis (wo zu Xenophon's Zeit die dardanische Prinzessin Mania herrschte) neben dem District Cory-bissa. Corythische Ebene bei der arcadischen Stadt Tegea, durch deren König (Echemus) Hyllus getödtet wurde. Vorgebirge Coryphasium bei Pylus in Messenia. Crobiates in Paphlagonien. Crobyzi, Volk in Moesien. Zeus Croceates wurde zu Croceae in Laconia verehrt. Crociatonum in Gallien. Crococolanum in Brittannien. Crocodeilon, Fluss in Syrien. In Crocodilopolis (Arsinoe) wurden in Egypten Crocodile gezähmt. Corcyleia in Ithaca.

studirte die Archive*) Ninivch's. Die im Kopfe einer Katze gebildete Lade (Sakina) der Israeliten (aus der im Kriege ein Katzenstamm hervorging, die Feinde zu schrecken) enthielt als Reliquien die Stäbe des Moses und

---

Corcyleium, Stadt in Aetolien. Crodunum in Gallia Provincia. Cromi, Stadt in Arcadien. Crommyon auf Cyprus. Theseus tödtet den wilden Eber bei Crommyon (von Crommus, Sohn des Poseidon). Cromna, in Paphlaginia. Crossa, Stadt am Pontus. Die Achaeer unter Myscellus gründeten Croton in Italien (710 a. d.). Crusis (Crossaea) in Mygdonia. Cropia, Demos in Attiça. Thracier und Illyrier übten das Tättowiren. Die Umbri vertrieben die Liburni aus Nordost-Italien (bis Ancona) und wurden selbst von den Etruriern (wie diese von den Galliern) vertrieben. Die Japydes (bei Dio Cassius) oder Japodes (bei Appian), die, wie die Illyrier, tättowirten, glichen in der Bewaffnung den Kelten. Die Liburni wurden von den Japoden nach der Küste verdrängt. Die Japoden wohnten vom westlichen Abhang des Albia- oder Albion-Gebirges (am Cirknitzer-See) bis nach Kroatien. Von den Dalmalae oder Delmatae wohnten die Hyllini oder Hylli (Nachkommen von Herkules' Sohn Hyllus) vom Fluss Kerka bis Busen von Salonae, die Manii am Narenta-Fluss (Μάνιος Κόλπος). Das Gebirge Adrion (Montce-Negro) bildete die Fortsetzung der Belii-Montes. Die Ardiaei (in Dalmatien) lebten in Streit mit den Antariatae wegen der auf der Grenze gelegenen Salzquelle. Kadmus begründete seine illyrische Herrschaft bei den Enchelees (Ἐγχελεῖς) neben den Sikulotae. Die Sardiatae (b. Plinius) oder (b. Straho) Sardiaei sassen (als Sardiolae) in Montenegro (nach Ptolem.). Lissus (mit sicilischen Colonisten) wurde von Dionysius dem Aelteren gegründet (Diod.). Den Illyriern, (bei denen die Enchelees bei Ragusa durch Kadmus Könige erhielten) wurden (zur Zeit des Amyntas von Macedonien der Räuberhauptmann Bardylis zum König gewählt. Die Parthini und Atintanes unterstützten die Römer gegen die Könige Teuta. An der Küste der Isis-Insel gegenüber, wohnten (nach Agatharchides) die Banizomeneis (b. Diodor). ιεϱον δαγιώτατον Ίδρυται, τιμώμενον ὑπὸ πάντων Ἀράβων περιττότεϱον, wie Medinah (Ίάϑϱιπήα bei Steph.) der Timagenes-Insel gegenüber landeinwärts liegt (s. Droysen) [Banyarerd]. Der Hafen Djidda war den Alten ein Θῆβαι πόλις (b. Ptol.), den Deben des Agatharchides, bekannt (s. Droysen) [Devanagara]. Der Hügel südlich von Aqr-quf (bei Bagdad) enthält den Begräbnissplatz der Kananäischen (nabathäischen) Könige, die vor den Sassaniden herrschten (nach Jaqut).

*) Du volume chaldéen (traduit du chaldéen en grec par l'order d'Alexandre), qui renferme l'histoire véritable des anciens (commençant à Zrouan, Didan et Habedosth), Maribas de Catina a extrait ce qui a rapport à notre histoire (dit Moïse de Khoren) et il rapporta son ouvrage écrit en grec et en syriaque. Il l'apporta à Nisibis et le remit au roi Valarsace, qui ordonna, qu'il fut gardé avec soin dans son palais et il en fit graver une partie sur une colonne. Ils étaient grands ces premiers d'entre les dieux, à qui nous devons tous les biens, le commencement du monde et la multiplication des hommes. Separée de ceux-ci s'est trouvée la race des Hskaē ou Géants. Ceux-ci étaient robustes et d'une haute stature et facheux par leur arrogance. Ils conçurent le dessein impie de construire une tour, et ils en étaient occupés lorsqu'on vent terrible excité par le courroux des dieux, renversa cette masse immense, et répandit parmi les hommes des paroles inconnues, ce qui occasionna le tumulte et la confusion. Un de ceux-là était Haik, enfant de Japhet, chef vaillant et célèbre. Tandis que le genre humain se répandait sur toute la surface de la terre, Belus se tenait au milieu des géants, les plus puissants, qui agités de la fureur du commandment s'acharnaient les uns contre les autres. Mais Belus fut plus heureux que les autres et régna par la force sur presque toute la terre. Haik seul ne voulait pas lui obéir. Après avoir eu à Babylon un fils (appelé Armenak) il alla vers le septentrion dans la terre d'Ararad, s'établissant au pied d'une haute montagne dans une plaine ou habitaient quelques hommes de ceux qui s'étaient dispersés auparavant. Haik (avec sa famille) en fit ses sujets et batit un domicile, le donnant à Cadmus, fils d'Armenak. Ensuite Haik s'avança entre l'occident et le septentrion et s'établit dans une plaine elevée (s. Hark), ou habitait la race de Thorgamus, batissant le bourg, appelé Haëkachen. Le peu d'hommes qui y habitaient obéirent volontiers à la race des dieux. Belus le Titanide envoya vers le septentrion, exhortant Haik, à sortir des glaces et des frimas et se rechauffer dans un lieu, ou il vivrait tranquillent sous sa domination. Haik refusant, les Géants combattirent Haik tua Belus sur la colline Kerezmans (ou les sepulcres) et fonda le bourg Haëk dans la vallée des Haïcaniens ou Haëots-Fhzor. Haik fit oindre de braume le corps de Belus et le fit porter à Haïkhia au il le fit enterrer dans un lieu eleré à la vue des femmes et des enfans. Haik donné beaucoup de biens à Cadmus, mais il designa Armenak pour son successeur. Armenac laissa dans la Haïkhie ses frères Khor et Manauaz, mais son fils Baz alla dans les parties qui regardent le nord et le septentrion sur le bord d'un lac salé. Armenak s'avançant avec tous le siens, entre l'orient et le septentrion, arriva dans une vallée profonde, et mont au midi elevant son sommet couvert de neige. Armenak fit bâtir quelques maisons au nord de la montagne, appelant le lieu le Pied d'Arakadz (Adr-Arakadzou), parcequ'il avait donné à la montagne le nom de son cher Arakadz. Il fut succedè, pas son fils Armaeïs. Ayant repoussés tous les ennemis, Aram sortit de l'Arménie

Aaron, die Priestermütze, etwas Manna und Stücke der von Moses zerbrochenen Tafeln. Sie ging von Moses durch die Hände der Propheten auf Ebsa über und wurde dann durch den König der Amalekiter erobert und nach dem Maghreb gesandt, worauf die Israeliten ohne Propheten[*])

et ayant vaincu Nykar (surnommé Mathes) qui commandait la jeunesse des Médes, il le conduit à Armavir et le fit clouer au sommet d'un tour par un clou enfoncé dans le front. Ninus permit à Aram de regner. Ayant fini la guerre avec les peuples de l'orient, Aram entra en Assyrie pour chercher Barcham (de la race des géans), qu'il vainquit. Dans la guerre avec les Titanides de l'occident, Aram vint en Cappadoce, ayant confié l'orient aux descendans de Sisagh et l'Assyrie à ceux de Cadmus. Pendait qu' Aram séjournait dans l'occident, il fut attaqué par Paeapus, le Khalide de la famille de Titanus, qui reguit entre l'ocean et la mer du pont, l'ayant vaincu, Aram (ayant quelques troupes sous Mchalch ou Majaka et enseignant là langue Haikane) retourna en Arménie. Die Hethiter (Χιτταῖοι der Sept.) wohnten, in Hebron. Die Etrusker hiessen früher Hetyes (s. Breitenbauch).

[*]) Attica war (nach Hegesias) voll von Göttern, die es zum Aufenthalt gewählt hatten. Das Rothe Meer heisst Ofir-Meer bei dem Mahra-Volk, als Stamm des Ofir (rothen) Lande's (s. Wrede) in Hadramaut. Der magyarisch redende Volksstamm der Jazygen (zwischen Theiss und Donau) heisst (1681) Philistaeer (Balistarii) oder Jassoner (Jass im plur.: Jaazok). Ilaq war erster König der Israeliten, dann Chusan (Nachkomme Lot's), von dessen Tyrannei Caleb befreite, dann folgte Khafawend, bis zur Eroberung des Nasir (König der Cananäer), von dessen Tyrannei Diwan (Deborah) befreite, dann herrscht Sarir aus dem Stamme Lot (im Hedjas), dann Abmak, dann Taris (Safr), dann fielen die Philistäer (mit den Beni-Ammon) ein; darauf herrscht Jepheh (Jephta) in den Akroun (Abdos). Unter dem Propheten Ali (Eli) ging die Lade verloren. Gott berief Samuel zum Propheten. Die Israeliten wurden von Djalout, den König der Amalekiten unterdrückt, Samuel setzte Talout zum König ein (der die Lade zurückerwarb). Djalout war aus dem Riesenstamm der Aditen und Themuditen. Die von Amm. Marc. zu den Massageten gerechneten Alanen waren (nach Procop) den Gothen verwandt. Die Sinti in Thracien werden (von Strabo) für identisch mit (Homer's) Σιντιες (auf Samothrake und Lemnos) gehalten (sowie mit den Σαΐοι). Heraclea Sintica war die Hauptstadt von dem von den Σιντοι (in Macedonien) bewohnten Gau ἡ Σιντικῇ (östlich von Chrestonia). Σιντοιον war ein Kastell Armenien's (nach Steph. Byz.). Die (nach Herodot) für Meder erklärten Ἰλλυριῶν Ἐνετοί, die (nach Polybius) verschieden von den Celten sprachen, wurden (nach Strabo) von den gallischen Venetern, (nach Livius) von den paphlagonischen Henetern (durch Antenor) hergeleitet. Die Heneti (Bundesgenossen des Priamus) waren aus dem Innern Cappadocien's nach Amisus (am schwarzen Meer) gezogen. Die Μαυρούσιοι (Μαῦροι) heissen Νομάδες (bei Plutarch). Nach Strabo waren die Mauritanier aus Indien eingewandert. Die die Libyer im Osten, die Getuler (südlich als Melanogetuler) im Westen antreffenden Einwanderer theilten sich in Numider und Mauren (später in die Gebirge gedrängt als Cabylen). Libya interior ist (b. Ptol.) Inner-Afrika (ein Gegensatz zur Nord- und Ostküste) mit Agisymba als unbekanntem Südland. Nordwestlich wohnten die Gaetuler (als Autololes, Pharusii, Darae, Melanogätuli), östlich die (mit Carthago handelnden) Garamanten (nebst den Hammanientes), südlich die Nigritae oder Nigretes (mit der Hauptstadt Nigira), dann die Daradae, Perorsi, Odrangitae, Pyrrhäi, Nubae, Derbiccae, Aethiopes. Die (an die Makkäer grenzenden) Numidier hiessen (nach Gesenius) Massyli. Der numidische Häuptling Naravas unterstützte den Hamilcar Barcas im carthagischen Söldnerkrieg. In der westnumidischen Dynastie folgte auf Syphax sein Sohn Vermina, die ostnumidische verlief von Gala bis Ptolomäos. Masinissa (Sohn des Gala oder Mezet-baal) vertrieb (als König der Massylier oder östlichen Numidier) den mit den Römern verbündeten Syphax (König der Massaylier oder westlichen Numidier) nach dem Westen der maurusischen Numidier (mit Sophonisbe, Tochter des Hasdrubal, verlobt). Cinyras, der durch Phaethon von Cecrops stammt, verfolgt (als cyprischer Oberpriester der Aphrodite) seine Tochter Myrrha nach Arabien, wo sie in einen Baum verwandelt wurde, während der König sich selbst entleibt. An die persische Provinz Susis grenzend, war Elymais (Elam oder Ἐλυμαια) ein Theil Assyrien's (nach Steph.). Die Bibel nennt Elam und Medien zusammen [Arier und Armier in Aras]. Strabo begreift die Cossaei, Paraetacae und Uxii in Elymais (mit dem District von Sittacene und Apolloniatis). Müller identificirt Elam mit dem Pehlvi Airjama. Chedorlaomer herrschte in Elam (zur Zeit Abraham's) und Arioch zur Zeit Nebukadnezzar's. Polybius setzt den Stamm der Elymaei in die Berge nördlich von Medien. Elymia (Levidhi) Stadt in Arcadien. Die von Troja stammenden Elymi in Sicilien waren durch die Oenotrier aus Italien vertrieben. Uxia (östlich von Schuster) war Hauptstadt des persischen Stamm der Uxii. Bei den Abfluss des Wasser's beim Bruche des Deiches (s. Ascha) wurde das glückliche Gartenland Saba's und Joktan's in eine Wüste verwandelt. Im Gegensatz zum Neguca nagast zaitjopja (dem aethiopischen König der Könige) proreges titulo Negus (regis) vel Nagusi

bleiben bis Gott das Königthum an Talout gab (nach 'Tabari). Von Sem *)
(*Σῆμας*) stammen neben den Hebräern (zu denen die joktanidischen Araber
gehören) die Aramäer, Assyrer, Elamiter (Perser) und Lydier, nicht aber
die gleichsprachigen Canaaniter. Als Stämme in Chanaan **) zählt die

---

(rectoris) honorantur (s. Ludolf). Der Tarikh Negushti oder die Chronik der Könige von
Habesh beginnt mit einer Liste der Kaiser von Arwe (die Schlange) bis auf Menilek
(s. Salt).

*) Bohlen vergleicht Seth (Sohn Adam's) mit Satja (Stammvater der frommen Menschen),
der mit sieben Weisen aus der Fluth gerettet wird. Kain flüchtete in das Land Nod
(östlich von Eden). Die von Cambyses gegen die Ammonier ausgesandten Perser gingen
jenseits der von Samiern (aus dem Stamme Aeschrionia) bewohnten Stadt Oasis (die gesegnete Insel) durch Sandstürme zu Grunde. Der Apis wurde (nach Aelian) an 29 Zeichen
erkannt. Pthah-Sokari (mit einem Scarabäus auf dem Kopfe) wurde in Procession umher-
geführt. From *πταικός* has come the french word fétiche (Wilkinson). Die Samier waren
in drei Stämme getheilt, als Astypalaea und Schesia (Et. m.), sowie Aeschrionia (b. Her.).
Der Khalif Mautawakkel liess die Kinder der Juden und Christen im Hebräischen und
Syrischen unterrichten, untersagte ihnen aber den Gebrauch des Arabischen. Die syrischen
Jacobiten vereinigten die Armenier mit ihren Kirchen. Die Nestorianer drangen bis China
vor (in Siganfu). Mit der nestorianischen Bekehrung der Tartaren verbreitete sich das
Syrische, bis das Arabische mit dem Islam entgegentrat. In der Abhandlung in der Tzendal-
sprache (des Don Ramon Ordoñez y Aguiar) sagte Votan, dass er eine Schlange sei, weil
er ein Chivim wäre (s. Cabrera). Die von Heth (Sohn des Canaan) stammenden Hiviten
oder Chiviten (Hivim oder Chivim), die von ihren Festungen (Accaron, Azotus, Ascalon und
Gaza) aus, die Nebenländer plünderten, wurden durch die Kaphtorim vertrieben (mit Ausnahme der Sichemiten und Gabeoniten, die mit Josua ein Bündniss schlossen), während die
übrigen Chivim, zu den Kadmus und Hermonia gehörten, am Fuss des Berges Hermon
(jenseits des Jordan) sassen. Chivim oder Givim bezeichnet im Phön. eine Schlange. Die
Chiviten wurden von den Hebräern so genannt, weil sie, gleich Schlangen, in der Erde
lebten. As the semitic sibilant is replaced by the Arian guttural in several initial articu-
lations, and as a Semitic colony was established in Susiana in the very earliest ages, it is
quite possible that the Heb. שׁוּשׁ (Kισαία) originally have been the corruption שׁוּשׁ (*Σοῦσα*),
but neither of these names can be compared to the Cuneiform Uvaj (Uvaja or Susiana) for
the guttural in Khuzistan is a modern development of the aspirate and in the inscriptions
the Kushiya (*Κοσσαῖοι*) are distinguished from the inhabitants of Uvaj (Rawlinson). The
name of Uvaj (lurking in the Greek Οὔξιοι and subsequently degraded to Khuz) may have
been imposed upon the country by the Arian colonists who supplanted a Semitic race
under the earliest of the Achaemenian kings. Im Gegensatz zu Arabi der Nomaden hat
Nabathäer die Bedeutung von Kaufmann oder Händler, wie es später das Wort Kupesi
bei den Arabern (die dieselben als Schreiber benutzen) erhielt, aus der von syrischen
Christen bewohnten Stadt Kupesi am Euphrat. Yemen oder Teman wurde von den Griechen
in Dämon und mit dem Artikel eudämon verwandelt, als Arabia felix. Die Auswanderung
der Cutaenen oder Cuthäer, die (nach Calmet) den Gott Nergal, als Hahn verehrten, ging
(nach Pezronio) von Persien aus, durch Asarrhadon (König von Assyrien und Babylonien)
geführt. Die Juden dachten sich die Erde (nach Art des Eratosthenes) wie einen ausgebreiteten Mantel viereckiger Form, weshalb von vier Säumen oder vier Zipfeln der Erde
gesprochen wurde.

**) Die Phoenicier und Canaaniter (zur semitischen oder aramäischen Rasse gehörig)
werden in der Genesis unter die Nachkommen Ham's gerechnet. Sidon's Tyrus blüht in
Canaan zu Josua's Zeit. Nach H. Augustin glich die punische Sprache dem Hebräischen.
Nach Herodot lebten die Phoenicier ursprünglich an der Erythräischen See. Die Tempel
auf Tyrus und Aradus (Inseln im persischen Gulf) glichen den phönizischen (nach Strabo).
In Folge eines Erdbebens wanderten die Phoenicier zum assyrischen See und dann nach
dem Mittelmeer (nach Justin). Plinius erwähnt die Insel Tylus oder Tyrus. Arca, Stadt
in Phoenicien. Arcadia, Stadt auf Creta. Die Arcadier nannten sich *προσέληνοι* (älter als
der Mond). Pelasgus war erster König der Arcadier. Ausser Hermes, am Berg Cyllene
geboren, wurde Pan und Despoena (Tochter des Poseidon und der Demeter) in Arcadien
verehrt. Aethiopes ab Indo flumine consurgentes, juxta Aegyptum consederunt. *Σοφώτατοι
μὲν ἀνθρώπων Ἰνδοι, ἄποικοι δὲ Ἰνδῶν Αἰθίοπες* (Philostrat). Nach Light verehrten die
Bipahis in den Tempeln zu Denderah *Λόγοι ὀργίων ἐπ' αὐτοῖς ἴσοι, πολλὰ γὰρ τῶν Ἰνδοῦ
καὶ Νείλῳ δὴ ἐπιτελεῖται* (Philostrat). Nach Herodot wickelten die Aegypter ihre Todten
in Sindones Byssinae. Nach dem Periplus wurden die Madarate genannten Schiffe (deren
Planken und Rippen mit Kokosfasern zusammengefügt waren) aus dem persischen Seehafen Amana nach Arabien zum Verkauf gebracht. *Οὗτοι δὲ οἱ Φοίνικες τοπαλαιον οἰκέον,
ὡς αὐτοί λέγουσι, ἐπὶ τῇ Ἐρυθῇ θαλάσσῃ. ἐντεῦθεν δὲ ὑπερβάντες τῆς Συρίης οἰκέουσι τὰ
παρὰ θάλασσαν* (Herodot). Erythia dicta est, quoniam Tyrii Aborigines eorum orti ab

Genesis auch die Arvadites, Sinites, Arkites uud Zemarites (bei Aradus, Sinna, Arca und Simyra). Sidon war der Erstgeborene Canaan's. Cainan*) Ben Anosch (Sohn des Enos), Vater des Mahaleel, herrschte als allgemeiner

Erythraeo mari ferebantur (Plinius). Edom sowohl als φοινιξ heisst roth. Plinius nennt die Bewohner des Portus Daneon (an der Mündung des Nilcanal's in den Sinus Heroopolites) ein tyrisches Volk. Dan (Arsinoë) in Idumäa (b. Ezechiel). Die grosse Göttin (Mutter Erde) hiess (bei den Thraciern) Lemnos (nach Hecatäos). Die Insel Imbrus (Imbro) war dem Mercur (mit Kabiren und Korybanten) heilig. Sebasteia (am Halys) heisst Siwas (b. Abulfeda). Die druidischen Andachtsorte, als vielfach getheilt, heissen Deva (Ort der Theilung). Judaeos Creta insula profugos novissima Libyae insedisse. Καταρίται (bei Ptolem.) als Joktaniden. Das Gebirgeland nordwestlich von Assur heisst Ἀρφαχαγίτις von Arpachsad oder Aramkesad (Hochland der Chaldaeer), Sohn des Sem In dem von Fluss Uais (b. Daniel) oder Euläus durchströmten Lande (auf der Grenze von Medien und Babylon) Elam (mit der Hauptstadt Susa) oder Elymais (der Elymaeer) entstand (aus Altpersischen und Semitischen) das Pehlwi (in Susiana oder Khusistan). Nach Bildung einer Seeherrschaft vertrieb der Kretenser Minos die Karer und Phoenicier. Nach dem Deuteron. wanderten (XIV. Jahrhdt. a. d.) Semiten aus Kaphtor (Kreta) nach dem südlichen Palästina in Perar. Die von Ben-ammi (Sohn Lots mit seiner Tochter) stammenden Ammonitae (mit der Hauptstadt Rabbath), die die Zamzummim vertrieben hatten (von Belka), kämpften (mit andern Beduinen) gegen die Israeliten. Zur Zeit des Exodus hatten die Amoriter (mit der Hauptstadt Hazezon-Tamar oder Engedi) zwei Reiche (in Peraea) gegründet, wo im südlichen Heshbon, im nördlichen Basan (mit König Og) Hauptstadt war. Die von Moab (Sohn Lot's mit seiner älteren Tochter) stammenden Moabiter, die die Emim (hoch wie Anaks) vertilgt hatten (in Ar), wurden durch die Amoriter (unter König Sihon) nach Süden gedrängt. Die eingeborenen Emim (Ὀμμίν oder Ὑμμαίων) wurden (gigantischer Gestalt) von den Kindern Lot's (Moabitern) vertilgt (nachdem sie durch den Angriff Chedorlaomer's und seinen Bundesgenossen im Thale Kiriathaim geschwächt waren). Anactorium, Stadt in Acarnania. Aram (Sohn des Shem), von den Uz, Asshur, Arphaxad und Lud stammten, war auch Ahn der Hebräer. Scheba, Sohn Raema's, Seba, Sohn des Kus. Seba ist in der Septuaginta übersetzt als Soëne (Syene). Das Hebräische gebraucht für die freien Libyer das Wort Phut, wogegen die auf Aegypten's Grenzen wohnenden und den Pharaonen dienstbaren Lub (Leabim oder Lubim) heissen, in der Mischung als Libyägypter (b. Ptolem.).

*) Cainan, Sohn des Arphacsad, (Vater des Saleh) baute Harran. Wegen Verachtung des Propheten Saleh wurden die Themuditen durch ein Erdbeben vernichtet. Die Kinder Seth kämpften (nach dem Huschenk-Nameh) mit den Caum Cabil (Volk des Cabil oder Cain) oder Cainiten. Cabil (Cain) war Bruder des Habil (Abel). Von den vier Söhnen des Misraim stammten (in Egypten) die Ludim (rout oder lout) der Egypter (Rasse der Menschen), die Pathrusim (oder P-to-res) Bewohner des Süden's oder der Thebaide, die Naphthuim (Na-Phtah oder Gebiet des Phtah) in Memphis und die Anamim oder Anou (Wanderstämme im Thal des Nil). Die egyptische Vorzeit heisst (b. Manetho) die Zeit des Hor-schesou (Diener des Horus). König Sekernefeerke (Necherophes) unterwarf (nach Manetho) einen Theil Libyen's (III. Dynastie). König Pepi (VI. Dynastie) besiegte die Oua-oua (Neger), die Egypten im Süden angriffen. Neth-aker (Nitocris) rächte den Mord ihres Bruder's Mentemsaf (VI. Dynastie) in Egypten. Nabuchodonasar (in Babylon) war Sohn des Nabopolassar und der Nitocris (Neth-aker oder siegreiche Neith in Egypten). Syrian is nothing but a variant of Tyrian (s. Rawlinson). The root of Syrian is in Hebrew צור (Tzur or rock), the root of Assyrian is אשר (Asshur or happiness אשר). In the inscriptions Assyria is called As-sur, while the Tyrians are the Tsur-ra-ya, the characters used being entirely different. Nach Herodot hatten die Griechen den Namen des Herakles von den Egyptern genommen, während diese die Götter Poseidon von Dioskuren nicht kannten, obwohl sie früher Schifffahrt geübt hätten. Die Aethioper, denen Chus (Ham's Sohn) vorstand, werden von den Asiaten (nach Josephus) Chusaei (Χουσαῖοι) genannt. Nach Hieronymus hiess Chus (bei den Hebräern) Aethiopien. Die Chusaei wohnten von Aegypten am rothen Meer bis Arabia petraea und felix, als Sieniten und Saracenen (nach Bochart). Die Cappadocier hiessen Assyrier (bei Skylax). Europa (Erebus oder Dunkelheit) oder Westen (Ereb oder Gharb) χώρα τῆς δυσέως, ἡ σκοτεινή (Hesychius) Ευρωπόν, σκοτεινόν. Kadm (Kadmus) signifies East. Les Réphaim se divisaient en plusieurs peuples 1) Les Réphaïm proprement dits, qui habitaient le pays de Basan (avec Asthorath-Karnaïm pour capitale), du temps de Moïse les Amorrhéens occupaient leur territoire. 2) Les Emim (ou formidables) dans le pays qu' occupèrent plus tard les Moabites et aussi dans la plaine de Kiryathaïm; 3) les Zomzommim, que supplantèrent les Ammonites, 4) les Zouzim qui habitaient à Hom; 5) les Enacim, dont les Nephilim étaient un rameau, du temps Josué il en subsistait encore des restes considérables dans tout le pays qu'elle avait jadis possédé, surtout dans les montagnes, qui formèrent plus tard le royaume de Juda et où les

Monarch. Von den Chananäern, an deren Spitze die an der Küste angesiedelten Sidonier blieben, hatten sich die südlichen Hethaer (nach Vertreibung der Enakim) bei Hebron niedergelassen, die nördlichen Hethäer
(als die Khetas der egyptischen und die Khatti der assyrischen Monumente)
in den Bergen des Amanus und dem untern Thal des Orontes (als kriegerisches
Volk), die Jebusiter bei Jerusalem, die Amorrhäer theils am todten Meer,
theils am oberen Orontes*), die Gergesäer in Peraea (und zum Theil in
Galilaea), die Heväer theils bei Sichem, theils am Anti-Libanon, die Arcäer
am Nahar-el-Kebir, die Sinäer im Libanon, die Aradier an der Insel Aradus,
die Semaräer bei Simyra, die Hamathäer bei Hamath oder Epiphania (wo
sie zur Zeit David's durch die Aramäer ausgetrieben wurden). Die Phereyäer
bezeichneten im Allgemeinen (nach Lenormant) die Landbewohner zum Unterschied von den Städtern. Die Chananäer an der Küste wurden (von den
Griechen) Phoenizier genannt. Die Kananäer**) hatten (nach Qutami) ein

Héthéens étaient déjà établis lorsqu' Abraham vint de la Mésopotame. La ville principale
des Enacim était Kiryath Arbé ou Hebron. Der von Amenemhes I. geschickte Beamte
(XII. Dynastie) fand nur Sati in Palästina, aber zu Abraham's Zeit fanden sich dort schon
Chananäer. Zur Zeit der XII. Dynastie wurde Egypten nach Syrien zu nur von Völkern
des Stammes Aamou oder Semiten (aam oder Volk) begrenzt.
    *) Amenhotep I. conquit la Syrie meridionale (XVIII. Dynastie) et Thouthmes I.
poussa ses armes jusqu'au dela de l'Euphrate. Die Machlyer und Ausäer wohnten am
Tritonsee. Macha set out to discover the banished sons of Dithorba (in the forest) in the
shape of a leprous woman. Jarub, Sohn des Cachtan, der sich mit seinen Nachkommen
nach dem glücklichen Arabien begab, war der Erste, der das Arabische sprach. Geminorum
Arabum tribus historiae suae initium ab Irem fecisse easque fuisse decem, lehrte (nach
Hamza) Heitham aus Ibn Abbas (s. Gottwaldt). Has tribus omnes aera illa iremica usos
esse, tandem vero aliam post aliam interiisse exceptis paucis, qui illam aeram usque
retinentes, Ireman (Iremidae vel Aramaei) nominat. Nach Issa lebte Abraham zur Zeit des
Feridun und Moses zur Zeit des Minoshehr (s. Hamza). Die Reste der Iremiden (Aramaeer)
im glücklichen Arabien wurden (gegen Ende der Arsaciden) von Ardaban (König der
Nabathaeer) bekämpft. Die Arab-el-Arabi sind die Arabisch sprechenden der Wüste
(Arabat), und die Araber überhaupt die Nomaden im Gegensatz zu den Städtebewohnern.
Die in den grossen Wüste (Bedu oder das Offene) nomadisirenden Araber (zwischen Syrien
und Mesopotamien) hiessen Bedawi oder Beduinen, also besonders die Aneizi. Die Trachonen
waren von den räuberischen Ituraeern (wie ishmaelitischen Propheten Jetur) und Araber
bewohnt. Die mächtigsten Stämme der Numider (Mauri) oder Maurusii Nomidae waren
die Massyli (vom Fluss Ampsaga bis Vorgebirge Tretum), Massaesyli (bis zum Fluss
Mulucha nach Westen). Mauretanien (durch den Fluss Ampsaga im Osten von Numidien
getrennt) wurde durch die Maurusii oder Mauri (Μαυροί oder Schwarze im Alexandrinischen
Dialect) bewohnt, als ἡ Μαυρουσίων γῆ bei Strabo Die von den Numidiern nicht verschiedenen Mauri (Mohren) galten (bei Sallust) als Ueberbleibsel des Heeres des Herkules
und bei Procop als die vor dem Räuber (λῃστής) Josua Geflüchteten (in Folge einer phöni-
zischen Inschrift auf Säulen, die auch von Suidas und (schon vor Procop) von Moses Chor.
erwähnt wird. Nach den Orientalen flüchteten die durch David ausgetriebenen Bewohner
Palästina's nach Nord-Afrika unter der Führung des Djalut oder Goliath. Die (an dem
Aufstande des Firmus gegen Theodosius 373 p. d. theilnehmenden) Mazices oder (nach
Herodot) Maxyes (Maxyes) wohnten in Mauretania Caesariensis (s. Amm. Marcell.), als
Amazigh der Berber.
    **) Niebuhr leitet den Namen Κηφεύς von den Chiwwitern (zu Gibeon) her. Die
Kephener oder Babylonier (und Perser) wurden (nach Kepheus) Chaldaeer genannt. Babylon
heisst Περσική πόλις. Armisa (Hermes) heisst ein einheimischer Weiser (bei Tenkelusha).
Die assyrischen Grossen redeten die von dem Planeten Mercur gelehrte Sprache Chabuthai
(Ibn Washijah). Nicht durch natürliche Mittel, sondern nur durch gute Handlungen und
religiöse Uebungen kann der Mensch seinen Körper nach dem Tode vor Verwesung und
Auflösung bewahren (nach Dhagrit), wie die der frommen Heiligen des alten Babyloniens.
Die Götter hatten durch ihre Gnade die Körper jener Männer vor Verwesung geschützt,
damit die Nachwelt beim Anblicke derselben zur Frömmigkeit und zur Nachahmung jener
frommen Lebensweise ermahnt werde (Chwolsohn). Die Babylonier begruben in Honig
(nach Herodot). Ζωνάριον, cingulum quo Monachi Christiani et Magi corpus cingunt (nach
dem Qâmûs). Die Christen im Orient tragen Gürtel (s. Freytag). Ἀμμοῦν γὰρ οἱ Αἰγύπτιοι
καλοῦσι τόν Δία (Herod.). Die Ssabier opferten (nach En-Nedim) dem obersten Gott
Haman (dem Vater der Götter), als Hom oder Homanes (bei Iranier und Hindus). Auf
den ninivitischen Inschriften ist dem Hem (Vater der Götter) das Land Syrien geheiligt

Mittel erfunden, die Leichen zu conserviren (s. Chwolsohn). Nach Hamza Isfahand wurden (890 p. d.) im südlichen Chaldaea conservirte Leichen gefunden. Ausser am Casius-Berge wohnen die Ansairih*) (An-Nusairiyah) in Dörfern bei Banias (Caesarea Philippi), wo sie sich in Shumsih und Kumrih

(s. Chwolson), als assyrischer Feuergott Amynas oder Apollo Kimäus (in Seleucia). Wie die Ammonier in Libyen verehrten die Ophytäer den Ammon, der in Sparta einen Tempel hatten (nach Pausanias). Die Ganban bewohnten (wie die Nabathäer) das südliche Mesopotamien, vor der Einwanderung der Chaldaeer-Babylonier. Mars wurde (in Edessa) als *Ἄζιζος* verehrt (Jambl.). Venus (*Ἀρσια*) hiess (bei den Ssabiern) Uz (nach dem Moaggem-el-Boldan). Es war Sitte ein Bett für den Hausgeist aufzustellen (nach Rabbi Nisim), wie das Bett des Gad (im Talmud). Es war Sitte, ein Bett und einen Tisch in der Stube aufzustellen, die nicht benutzt wurden und für den Hausgeist dastanden (Raschi). Est autem in cunctis urbibus, et maxime in Aegypto et Alexandria, idolatriae vetus consuetudo, ut ultimo die anni et mensis eorum qui extremus est, ponant mensam refertam varii generis epulis, et poculum musto mixtum, vel praeteriti anni vel futuri fertilitatem auspicantes (Hieronym.). Die Ssabier nennen (nach En-Nedim) das für Baethi (Venus oder Bargaja) aufgeschlagene Zelt El-Chidr (das Frauengemach). In den Eleusinien wurde der Proserpina das Brautbett aufgestellt. Bar-Bahlul erklärt Sin durch luna (sina, als Mond oder Silber). Bei den Mendaiten heisst der Mond Sin (s. Chwolson). Die Nabathäer (kasdäischer oder babylonischer Sprache) sind die Eingeborenen Mesopotamien's (Chwolson). Auf der Stelle des alten Niniveh wurde Claudiopolis (Colonia Niniva) vom Kaiser Claudius erbaut. Die Vorfahren Ibrahim's gehörten zu den Kananäischen Priestern, die Nemrod nach Babylonien übersiedelte, als dort die (von den Chaldäern nach Syrien vertriebenen) Kananäer herrschten (nach Qutami). Der (chaldäische) Zauberer (des Cinata-System's) führte die Kühe aus der Heerde des kananäischen König's fort. Anuha verbot die Bohnen. Schon vor Janbuschad brachte man geschnitzte Thierfiguren dar, statt Opfer zu verbrennen. Unter den kananäischen Königen verlegte Susqya die Residenz von Babylon nach Kuta-Rijja. Antemenidas (Bruder des Dichter's Alkäos) diente im Heere des Nebukadnezar (605 p. d.). Abou Zakaria Yahya (sous les Almohades) fonda (1228 p. d.) la Dynastie Hafsite en Tunis (s. Rousseau).

*) Nach Lyde finden sich die Shemsih im nördlichen Theil der Ansairih-Berge, die Kumrih im südlichen. Das Grab des Nebbi Yunis (Jonah) ist der höchste Gegenstand der Verehrung (bei Il Kushbih). Laodicea wurde von Seleucus Nikator nach seiner Mutter genannt, als er (290 p. d.) das alte Ramantha wieder aufbaute (in Phönizien). In der Festung Safitah (südlich von den Ansairih-Bergen) hielten die Templer die Assassinen oder Ismaeliten tributpflichtig, bis zu den Eroberungen des Sultan Beybars von Egypten (1271). Die von Bagdad herüberwandernden Denatchih-Araber werden oft von der Regierung verwandt, die Ansairih anzugreifen, wenn sie für Raubzüge aus ihren Bergen in die Ebenen kommen. Nachdem die Burg Merkab der Johanniter durch Kelaun (den mamlukischen Sultan von Egypten) erobert wurde, haben sich dort die Muselmänner unter den Ansairih erhalten. Nach Vitriaco hielten die Frauen der Assassinen die Religion ihrer Verwandten, ohne sie zu kennen. Nur erwachsenen Kindern durfte sie enthüllt werden. Korea hiess früher Cao-sion (Helle des Morgen's) im Chinesischen. Nach Manetho (b. Eusebius) wanderten die Ethiopier von Indus nach Egypten (am Ende der XVIII. Dynastie). Susiana (Elam oder Kissia) war von den Kossaeern (Cushiten) bewohnt. In Arabien folgten sich die Cushiten, die Joktaniden und die Ishmaeliten (nach Rawlinson). Der Name Kaldai als herrschender Stamm am untern Euphrates, findet sich zuerst auf den assyrischen Inschriften (vom IX. Jahrhdt.). The Kaldai (Casdim) appear to have been the leading tribe of the Akkad. Cush ist der Sohn Ham's und Bruder Misraim's. Nach Diodor sandte der assyrische König Teutamus den Memnon, Sohn des Tithonus (Bruder des Priamus) mit Ethiopiern und Susanern. Herodot nennt Susa eine Stadt Memnon's. The supposed tomb of Memnon at Thebes was of Remeses V., who had also the title of Mi-amun (Rawlinson). Nach Hesiod war Memnon König der Ethiopier. Nach Strabo war die Mutter des Memnon (in Susa) eine Kissierinn. Susa war die Hauptstadt von Elam. Strabo setzt die Elymaeer in die Zagros-Berge bei Medien. Ptolemäus setzt die Elymaeer an die Küste (unterhalb Kissia. Hamdan, initiated (in Sawad of Cufa) by Hossein, missionary or Dai of Ahmed (son of Abdullah, who had founded the sect of Ismaeel, son of the Imam Djaafar), was called Karmat from the name of his ox (according to Nowairi). Others say, that the word means a man with short legs, who makes short steps. Others that it comes from the Nabataean language, in which it is Karamita and hence Karmat (s. Lyde). Nach Bibars Mansuri (bei de Sacy) wurde der nach Nahrein in Cufa kommende Busser von Hamdan Karamita (den er einweihte) gastlich aufgenommen und aus dem Gefängnisse befreit, worauf er seinen Schülern erschien, als ob durch Engel befreit, und sich nach Syrien begab. Nach Benjamin Tudela glaubten die Assassinen (südlich von Ladikeah), die Mohamed verwarfen, an Jemand, den sie dem Propheten Karmath gleich setzten.

(nach Ford) theilen (s. Lyde). Von den aramäisch (syrisch) redenden Christen*) (zwischen muslimischer Bevölkerung türkischer, kurdischer und arabischer Zunge) lebt ein grosser Theil unzweifelhaft auf alt-aramäischen Boden (s. Nöldeke). Die griechischen *Κύβοι* (tesserae**)) hatten sechs

---

*) Die nestorianischen Syrer (in den Gebirgsgauen am mittleren Lauf des grossen Zab und weiterhin) sprechen meistens auch kurdisch, obwohl durch ihren Glauben von den moslimischen Kurden getrennt. Bei Urmia (meist von Muslimin türkischen Stammes bewohnt) wird (1111 p. d.) ein Bischof der Syrer (nestorianischen Christen), die in das dortige Bergland einwanderten (durchgängig türkisch verstehend), erwähnt. Die mit der römischen Kirche Unirten (Chaldaeer) gehören (in sprachlicher und nationaler Hinsicht) zu den im Altsyrischen schreibenden Nestorianer, deren Vulgärsprache in verschiedene Dialecte zerfällt. Die Sprache der Jacobiten von Bartilla (bei Mosul) ist (nach Perkins) dem Dialect von Urmia ähnlich. Die frühesten Versuche eines schriftlichen Gebrauches der Muttersprache gingen von einem eingeborenen römischen Priester in Chosrawa aus (s. Nöldeke). The sovereign of Yemen during the invasion of Aelius Gallus (24 a. d.) was Dthool Adhar the son of Abraha, the son of Afrikoos. Auf den Nachfolger (Hodhad) seines Sohnes (Shoorahbeel) folgte († 90 p. d.) Balkees (aus dem Hause Himyar's), die den Deich von Mareb wieder herstellte, von Lokmann erbaut, der über den bekehrten Rest der Aditen herrschte (750 a. d.). Auf Balki's Nachfolger Yasir, der den Maghreb überzog (bis zu den Säulen mit der Inschrift Laisa warayi madthhab oder Kein Weg jenseits) folgte Shammir, der Samarcand eroberte und eine Colonie in Tibet liess. Auf seinen Sohn (Aboo Malik) folgte Tobba-el-Akran († 140 p. d.). Der Tobba Abu-Karib († 236) suchte (nach Eroberung Chaldaea's und des Hedjaz) das Judenthum in Yemen einzuführen. Unter Abd-Kelal († 297 p. d.) wurde das Christenthum in Yemen eingeführt. Beim Deichbruch von Mareb (120 p. d.) wanderte Asur aus. Babr-esh-Sham (from Anatolia) carried of Nejema (daughter of the king of Bithynia) and sought refuge in the mountains of Yemen, where his sons Hashid and Bekeel became the ancestors of the tribes of Haschid-wa-Bakeel. Ibn Omer, Fürst von Lahej, besiegte den 1038 p. d. in Aden eingesetzten Gouverneur Solahie. Foudthel (Häuptling des Abdali-Stammes) machte sich vom Imam von Sanaa unabhängig (1728 p. d.) und eroberte Aden. The Kirrindis (of the Ali Ilahi sect) or itinerant gipsies (leading a nomade life in Persian Kurdistan) are termed Susimani and speak a Dialect very Similar to the vernacular Hindustani (s. Jones). The Dialect of the Gergers (a tribe of the Iliyat's) or goldsmiths (as gipsies) shows (s. Rich) an affinity to Hindustani. The Zengani families (of Kurdistan) or Zinkani (Kauli or Kaboli) wander sometimes near Baghdad and profess Mahomedanism (though formerly similar to the Susimani). The Guran Kurds are termed Ali Ilahi.

**) Horaz erwähnt das Steckenpferdreiten (arundine longa), Homer das Ballspiel. Pollux spricht von Münzen, die in ein Loch geworfen werden (τρόπα). Das italische mora heisst micare digitis (bei Cicero). Der aus den Minen von Gaulbagashen (im Künlün) gewonnene Nephrit ist anfangs so weich, um sich schneiden zu lassen, härtet aber in der Luft (s. Schlagintweit). Palästina heisst ἡ ἁγιά γῆ (b. Macc.) und ἡ ἱερά χώρα (b. Philo). Der ägyptische König, unter dem Abraham einwanderte, heisst (b. Syncellus) Ramessemenus (der erste Pharao) oder (b. Astapanus) Pharethones. Eusebius setzt die Geburt Abraham's 2016 a. d. Amraphel (König von Sinear) wird (von Lengerke) erklärt, als Amrapala (Beschützer der Götter). Der canaanitische Stamm der Arkiter wohnte in der Stadt Arka. Hyde erklärt Anammelech von dem Gestirn Cepheus, welches die Orientalen die Hirten und das Vieh nennen. In der welschen Sage wird König Artus als Bär dargestellt. Die einen Bestandtheil der (chohistischen) Grundschrift des Pentatauch bildende Völkertafel muss (nach Knobel) vor 1000 a. d. entstanden sein. Die Pandus begeben sich nach dem heiligen Berg Hermantschel. Mordwa ist das Land der Mordwinen (oder Mard). Cyberniscus represents the chief ruler of Lycia, as Syennesis does of Cilicia and Girgus of great part of Cyprus. Xanthus (in Lycien) hiess Arna (Urina). An dem goldenen Sand der Ninos hing die Erhaltung des Staate's (Cramer). Hesione war Mutter des Orchomenos. Die leidenschaftlich für ihren Schwestersohn Turnus sorgende Amata wird Amita (matertera) genannt. Die Kinder des Zerovanes Medorum principium ac deorum pater (b. Berosus) werden von den Titanen getödtet, während Astarte (Astlicia) und die Weiber des Zerovanes sie zu schützen suchen und zum Götterberge bringen. Le systéme de notation chronologique offrait la plus grande analogie avec celui de nos indictions (Longpérier). Nach Polybius waren die Schwerter der Celten von σίδηρος. Nearchos erwähnt serischer Zeuge Dvipa Sukhatara oder Socotra (Dioskorida) mit indischen Kaufleuten (Sukhatara oder sehr glücklich). *Νάγαρα μητρόπολις* im Land der Sabäer (b. Ptolem.). Nach Strabo war Süd-Arabien in fünf Kasten getheilt. Arabia war 'Αραβιάς ἐμπόριον (b. Ptolm) war der Platz wo (nach dem Periplus) die indischen Waaren für die Aegypter gelandet wurden, ehe man sie von Indien nach Aegypten führte. Die Kuthaiten (ein Zweig der Sabaeer, wie Selier, Ghazneviden, Himyariten) verbreiteten sich (200 p. d.) von Süd-Arabien (aus dem Sitz der

Zahlen (wie die Würfel). Nach Wilhelm's Tyrus mussten die Maroniten (1182 p. d.) vor Haymeric, dem Patriarchen von Antiochien, die Ketzerei*) des Monotheismus abschwören. Der auf dem heiligen Berge Dindymene entspringende Hermus fliesst durch Katakekaumene**), wo (nach Xanthus)

Cahtaniden im Nedjran) über Arabien, (Städte bauend und Reiche stiftend), während die von Adnan (Nachkommen des Ismael) stammenden Ismaeliten auf die Wüste beschränkt blieben. Mit der christlichen Literatur in Edessa kam das Aramäische in Syrien (und das Chaldäische) zur Geltung. Der Makkrami, das Oberhaupt der Beni-Jam, residirt in Beddr (im Nedschran).

*) Die Maroniten bedienten sich der chaldäischen Buchstaben, aber die sarrazenische Sprache war ihre gewöhnliche Sprache (de Vitri) Die Syrer bedienen sich des Arabischen, das sarrazenisch genannt wird (neben der heiligen Schrift der Geistlichen). Die jüdische Schrift, die theilweis von den Esseern (Samaritanern) bewahrt war, zeigte eine Mischung hebräischer und chaldäischer Buchstaben (nach de Vitri) XIII. Jahrhdt. Nach Roger (XVII. Jahrhdt.) war das Syrische die Vulgärsprache der Nestorianer. Die Bewohner des Libanon begehen die Messe im Chaldäischen, ihrer mütterlichen Sprache, die aber durch die Beziehung zu ihren Nachbarn verdorben, fast ganz maurisch geworden ist (n. Stochove). Einige Dörfer der Maroniten haben das Syrische beibehalten, aber stark mit arabisch gemischt (de Chasteuil). In Carmelis wurde (ausser Türkisch und Arabisch) chaldäisch gesprochen (Ives). Ehe der von Thomas gesandte Jünger Thaddäus oder Ate die Bewohner Edessa's zum Christenthum bekehrte, verehrten sie die Götzen Napou, Pel (Belus), Pathnicagh oder Patnikal (eine von den Bewohnern Kharran's angebetete Gottheit), Tartha (Gottheit der Apontier) und (wie die Araber) Sonne, Mond und Adler (s. Lerouhna). Die Hebräer verstanden unter den Cushiten die Ethiopier. Die Cushiten bezeichnen die Medianiten (Numeri). Die Cushiten streckten sich von Egypten durch Arabien nach dem indischen Ocean. Ezechiel stellt Cush und Phut zusammen. Die Stadt der Sabäer (mit den Königspallast Mareb) lag zwischen zwei Paradiesesgärten (aus denen Amru beim drohenden Bruch des Deiche's oder Arem fortzog). Wie die Nachkommen des Saba zogen El-Azd, El-Aschar, Homair, Kendah, Madzhag und Ammar nach Süden, Lachm Giodzam, Gassan und Amelah nach Norden (s. Nuwair). Reiske findet in Aretas (arabisch) Herodes oder Orodes. Die Mamoridae (in Nordafrika) wohnten zwischen Apis und den Gärten der Hesperiden (nach Scylax). Γεά, πόλις πλησίον Πετρῶν ἐν Ἀραβίᾳ, ὡς Γλαύκος. Nach Posidonius waren Armenier, Araber und Erember (Sidonier) Stammesbezeichnungen verwandter Völker, die sich nach drei Klimaten getrennt hatten. Die Arimer waren Syrier, die sich Aramäer nannten (s. Strabo). Die Sidonier und Erember (Troglodyten) wohnten bei den Aethiopiern. Die Araber hiessen früher Erember. Scythas populos, Persae unviversos Sagas appellavere a proxima Saga gente, antiqui vero Aramaeos (Plinius). Ausser seinen drei Söhnen nahm Noah seine Frau (Tytea magna, Pandora, Noela und Noegla) in die Arche. Die Scythae nannten Noam omnium deorum majorum et minorium patrem et humanae gentis authorem et chaos et semen mundi. Tyteam vero Aretiam id est, terram in quam semen chaos posuit, et ex qua tanquam ex terra cuncti prodierunt (Annius Viterbensis). Scribunt illis temporibus circa Libanum fuisse Enos urbem maximam gigantum, qui universo orbi dominabantur, ab occasu solis ad ortum (durch die Sünde der Fluth herbeiziehend).

**) Typhon wurde durch Zeus bei den Arimern erschlagen (nach Pindar) oder bei Hyle. Die Arimer, bei denen Typhon erschlagen sei, sollten auf den Pithecusen (Affeninseln) gewohnt haben, weil bei den Tyrrhenern die Affen Arimer hiessen (s. Strabo). Die von Troja nach Syrien gewanderten Cilicier trennten das spätere Cilicien ab (s. Strabo). Callisthenes setzt die Arimer nahe an die Calycadnus und das Vorgebirge Sarpedon bei der corycischen Höhle. Von ihm wurden die benachbarten Gebirge Arima genannt. Nach Menander feierte zuerst König Hirom I. das Fest der Erweckung (ἔγερσις) des Herakles. Zu Demosthenes Zeit wurde Athen von der Küste des Azovschen Meeres und der Krimm (durch die Scythen) mit Getreide versehen. Die Stadt Thumata gehörte (nach Plinius) dem König der Characeni. Die Cossaei heissen Kushiya (nach der Inschrift von Nakhs-i-Rustam). The Tabaris (of Oriental history) are supposed to have derived their title from tabar (an arc). Taksha in Pali became takka, Hence Τυᾶλα or Takkasila (Turukka oder Τουρχ). Adam: Ego (Keilinschrift). Bei der über Aegypten verhängten Strafe wurde Duma (früher Fürst von Aegypten) als Beherrscher über die Todten in die Unterwelt eingesetzt. Duma, Sohn des Ismael, von dessen Söhne Nebajoth und Kedar die Nabathäer und Kedrer stammen, wird (s. Hieron.) nach Idumaea versetzt. Die Phönicier unter Thasus (Bruder des Kadmus) gruben Gold auf Thasus. Die Athener besetzten die Goldminen von Satrae (in Thracien). See Askuris am Olympus. Wuotan ist einäugig, sein Auge die Sonne (Cyclopen und Arimaspen), den Maori-Fürsten ein Sternauge. Thor's Hammer (Miölnir) hat die Eigenschaft, dass er von selbst in die Gotteshand zurückkehrt [Bumerang]. Saxnot (Schwertgenosse) ist Beiname des Tyr. Die Ligyer (b. Tacitus) sind die polnischen Lechen.

der König Arimus herrschte, in's Sardische und dann in's Meer. Der König von Hadhr wurde von den Provinzialkönigen*) sowohl, wie von den Arabern gefürchtet (nach Tabari). Die Hauptstadt der Himyariten, an deren Küste (nach Ptolem.) Aden (Arabiae emporium**)) lag (mit den Buchstaben Al

Tyr (atn.) oder (in der Edda) Tûr (Zio ahd.) heisst Er bei den Sachsen. Die Verehrung der Isis bei einem Theil der Sueven deutete durch das Schiff auf fremde Herkunft (nach Tacitus) Göttermutter auf Wagen gefahren. Neben die Chasuarii erwähnt Ptolemäos die Nertereanes und Dandutoi. Als die Götter Sonne und Mond ihre Sitze angewiesen, den Sternen ihren Lauf bestimmt, der Nacht und dem Neumond Namen gegeben und die Zeiten geordnet hatten, versammelten sie sich zu heiterem Spiel auf dem Idafeld (ein gewölbtes Heiligthum bauend), bis drei Thursentöchter aus Jotunheim die goldenen Runentafeln raubten und Gemeinschaft mit den Riesen aus Ymir's Geschlecht, sowie Gier nach Gold das goldene Zeitalter der Unschuld endete. Altn. Lok operculum, lok, finis, lykja, solvere, lykt, conclusio, lykill clavis, loc (ags.) clausura (Grimm). Nomadas inde inferutatoresque Chaldaeorum Scenitae, ut diximus cludunt, et ipsi vagi, sed a tabernaculis cognominati, quae ciliciis metantur, ubi libuit deinde Nabataei (Plinius). Scenitae Sabaei Ubi Scenitas Eratosthenes, ibi Saracenos ponunt Procopius et Marcianus (Bochart). Das Land der Saraceni entspricht (b. Hieronymus) dem Midian (des Exodus). Mons et desertum Saracenorum quod vocatur Pharan. Ptolem. setzt die Saraceni südlich von den Scenitae. Saraka bedeutet plündern (im Arabischen). Die von Aretas (im Heere des Belisar) befehligten Araber heissen Saracenen (bei Procop). Im Periplus wohnen die Saraceni von Arabia Felix bis Petraea und Arabia eserta. Die höchste Kuppe der kurdischen Berge heisst (bei den Türken) Parmak Daghi (der Berg des Finger's) [Dactylen].

*) Als Zacharias, (dem die Juden die Entehrung der Maria vorwarfen) floh, öffnete Gott einen hohlen Baum, damit er eintreten konnte, da Eblis indess einen Theil des Gewandes ergriff und dieses heraushängen blieb, fanden ihn die Juden und sägten ihn mit den Baum durch (wie Jesaias). Hat der Kröpfer (der den Tauben) seine Lust zur Begattung, so bläs't er in den Schnabel des Weibchen's (wie Gabriel in den Aermel Maria's). Mesdraim est Medzraim, qui signifie Égypte. Beaucoup de chronographes en disant que Nemrod, c'est à dire Bélus, était Éthiopien, ont prouvé que le fait est certain, car l'Éthiopie confine à l'Égypte (Moses Chor.). Chacune des trois lignées se compose de onze personnes jusqu' à Abraham, Ninus et à notre Aram (s. Langlois). Abydenes (b. Eusebius) nennt den ersten König Alorus (der 6 Saren oder 36000 Jahre gelebt), als ersten Menschen, wie Moses Chor. bemerkt. Asdghig en armenien a la significacion de constallée, cest un mot formé de asdgh (astre, étoile) en grec ἀστήρ et du diminutif ig. Cette divinité était assimilée par les Armeniens et par les Grecs à Aphrodite. Les temples d'Asdghig étaient à Aschdischad dans la province de Daron et à Bakhat, dans lo Vasbouragan, ou se trouvait aussi un temple d'Aramazd (s. Langlois). Abu Maleco Alucran, Tobba secundus, successit, qui tempore Babmani, filii Asfendiaris, (filii Gustaspis) rerum potitus (s. Gottwaldt). Ihm folgte Dsu-Dschischan (zur Zeit des Darius) und dessen Nachfolger regierte zur Zeit Alexander's oder zur Zeit Nadhr's (Kenana's Sohn). Dann folgte Tobba, Sohn des Alacran (des Sohnes des Schamar-Jurisch, des ersten Tobba) und (nach seinem Sohne Colai-Carb) Assad Abu Carb, der mittlere Tobba, worauf Hassan (Tobba's Sohn) gegen den jemitischen Stamm der Dschadi zog (nach Hamza Ispahanensis). Dio „Tüfel" trieben sich mit der Seele des Pilatus umher, bis sie unter den Berg Caratominus geworfen wurde (nach Sagen der Fünforte). Pompée fait prisonnier Mihrdate, grâce au père de Ponce-Pilate, c'est ce que confirme Joséphe (Mos. Chor.). Die dem Scheikh von Musa (bei Mokha in Arabien) unterworfenen Rhapsii Aethiopes (I. Jahrhdt. a. d.) wurden von arabischen Schiffen besucht. Rhapta (an der Küste von Mozambique) die entfernteste Station des arabischen Handel's mit Aegypti, Aethiopien und den Häfen des Rothen Meeres. Plinius setzt die mit den Nabataei verbundenen Saraceni (Σαρακηνοί) südlich von den Sceniten. Ammias identificirt die Saracenen mit den Sceniten. Der Periplus setzt die Saracenen in Arabia felix. Procop nennt Odonathes König der dortigen Saracenen. Aretas, König der Saracenen, fuhrte den Belisar Hülfstruppen zu. Kaiser Decius setzte von Afrika gebrachte Löwen und Löwinnen beim Circesium Castrum in Freiheit, damit sie sich bei den Saracenen vermehren möchten. Die Nabataei (Ναβαταῖοι oder Ἀναταῖοι) oder Nabathae (von Nebaioth, dem ältesten der 12 Söhne Ismael's) erstreckten sich (nach Josephus) von Euphrat bis zum rothen Meer. Antigonus sandte seinen General Athenaeos gegen die Nabathaeer (312 a. d.). Die Nabathaeer unterstützten die Maccabaeer. Die Nabathaeer durften (nach Diodor) keinen Wein trinken (wie die Rechabiten). Die Nabathaeer transportirten die Waare aus Arabia felix über Petra nach Rhinocorura am Mittelmeer.

**) Die Himyariten, von Hemyar (Grossenkel Kahtan's, Joktan's) stammend, gehören zu den Kahtaniden, während die Koreischiten von Ishmael stammen. Nach Nicolaus Dam. herrschte in Damascus Abram, als ein Fremder, der mit einem Heer aus dem Lande

Mosnad) hiess Difar bei Sana (nach Marcel). Das den Weltberg Kof um-
fliessende *) Meer nennen die Araber Oceanos. Von Joktan (Sohn des Abir

Babylon oder dem Land der Chaldaeer kam und nach einiger Zeit weiter zog in das Land
Canaan (s. Joseph.) Die nepalesischen Könige aus dem Geschlecht der Rajaputra aus
Surjavança, die auf die Herrschaft der Kirata (wie diese auf die Dynastie des Njama Muni)
folgten, wurde (als Ahir oder ursprüngliche Herrscher) von den jüngeren Gupta (319 p. d.)
im Bhopal gestürzt. Durch den Hafen Barbarikon verkehrt (zur Zeit des Periplus) die
Hauptstadt Minnagara mit dem Meere. Sola India nigrum fert alienum (nach Virgil), doch
auch aus Aethiopien. Nach Ezechiel brachte das arabische Volk der Daden Elfenbein
und Ebenholz aus Babylonien. Sandebholz von Malabar (Sunda-Inseln und Timur). Die
feinen Zeuge hiessen σινδών (Sindhu) bei Herodot. Die nicht nur am Indus, sondern auch
an den südlichen Sarasvati wohnenden Abhira werden (in der Inschrift des Samudragupta)
in der Nähe Pankanadas (neben den Madra) erwähnt. Abiria liegt im Norden Pattalenes
(im Periplus). Die auf der Säule des Asoka eingehauene Inschrift (im Allahabad) des
Samudragupta († 230 p. d.) nennt (unter den unterworfenen Völkern) die Abhira (am
unteren und mittleren Indus). Der Indus (Pishon) umfloss das Land Chavila (an Gold,
Edelsteinen und Bdellion reich). Die Darada und Kamboja heissen (in Mahabharata)
Daaju (als nicht dem brahmanischen Gesetz folgend) Oshir oder Tarshish (im Buch der
Könige). The Kahtanic Arabs (of Jektan) are nearer related to the Negro, than are the
Ismaelitic tribes (s. Palgrave). Salah sind die 5 gesetzlichen Tagesgebete der Mohamedaner.
Unde nomine composito a Turcis et Comanis appellantur Turcomani (Jacobus de Vitriaco).
Quidam autem ex eis se verum et summum Deum ignorare confitentes, putantes tamen
Deum ignotum aliquio placare sacrificio et obsequio venerari, carnes vel panem seu aliam
hujusmodi oblationem in altum projiciunt, in honore illius, qui deus est et habitat in
excelsis, sagt Jacobus, de Vitriaco von den nicht mahomedanischen Götzendienern. Bei
den Schlachten der Beduinen (wie der der Ajman-Beduinen gegen den siegreichen Abd-
Allah) zieht eine Hadeeyah, ein muthiges Mädchen edler Abkunft) auf einem Kameel voran
(die aber fiel). Aboo-Eysa brachte auf Kameelen Steine in die Mitte der Dahna (rothen
Wüste), um dort zur Landmarke eine Pyramide oder Rejm aufzuthürmen (s. Palgrave).
*) In dem albanischen Gebirge vereinigte sich der Begriff des Weissen und Hohen
(wie im chinesischen und sicanischen Khao) und ebenso im Graucasus als Kaukasus. Kephi
als Affen bei den Hebraeern aus dem Sanscrit (eine einheimisches Wort) ein archaistisches
Volk der Cepheni (in Beziehung mit Copten). Κανυω, hauche aus, vapor Dunst der auf-
gebauten Berge, in Beziehung mit Menschenbildung, wie bei Meru, als Men oder Man).
Κοπις, Messer (Κοπτω, haue). Die babylonischen Schriftsteller haben (nach Masudi) gelehrte Untersuchungen über die Natur der Farben angestellt, dass das Rothe, bei dessen
Anblick sich die Pupille erweitere, dem Auge sympathisch, das Schwarze, das die Pupille
verengere, demselben feindlich sei [Farbe an den Mauern Ecbatana's]. Indignés de la
conduite des Djorhom, les enfants de Bacs, fils d'Abd-monat, fils de Kinana, issus de
Modhar, se réunirent pour les combattre avec les Khozaa, et les descendants d'Jyad, frère
de Modhar (206 a. d.). Nach Besiegung der Djorhom ging die Hut der Kaaba auf die
Khozaa über, die bei Auflösung der azditischen Colonie von Batn-Marr eingewandert waren.
Weil aus der reinen Rasse Ismael's glaubte sich Kossay zur Ueberwachung der Kaaba
berechtigt und verdrängte (nach dem er den Soufa das Privilegium der Pilgerführung
entrissen) die Khozaa (440 a. d.). Der Nedjachi (abyssinische König) Adhmakha (Sohn des
Ghari) verweigerte den Koreischiten die Auslieferung der geflüchteten Anhänger Mohamed's
und nahm heimlich ihren Glauben an, dass Jesus ein Mensch und nicht der Sohn Gottes
sei. Als Bokht-Nassar (im Feldzug nach Hidjaz) Adnan (Nachkommen Ismael's) angriff,
wurde dessen Sohn Maad (auf Gottes Befehl) von dem Propheten Eremia (Jeremia und
Abakhia) (Baruck) in Harran verborgen. Die Araber verehrten (nach Herodot) Dionysos
als Urotal und Urania als Alilat. Nach El-Azraki wurden die Figuren Jesus und der
Jungfrau Maria auf einer Säule der Kaaba sculptirt, von den Arabern verehrt (zur Zeit
des Abdulmacih oder Diener des Messias). Unter Leitung einer Sibylle (Cahina) besetzten
die Azditen oder Ghassaniden) in dem Verweilen am Brunnen Ghassan zwischen Zabayd
und Zama) das Land der Djorhamiten in Mekka. Sabiria an der Indusmündung (b. Ptol.)
oder (im Peripl.) Iberia. Die Abbiras am Indus werden (im Mahabharata) zu den Mletschas
gerechnet. Uppara oder (b. Ptol.) Supara bei Surate. Directer Seeverkehr zwischen
Indien und Egypten zur Zeit Ptolemäos VII. in Folge eines verschlagenen Indier's (nach
Posidonius). Ophir, als Hippuri auf Ceylon (nach Bochart). Σώφαφα in der Septuag.
(alexandr. Codex) suwarna oder Gold, als Sophir. Sandalholz von den Ghats der
malabarischen Küste, als Valgu im Sanscrit (Valgum) oder (hebr.) Algummim. Pfau frei im
Hain am Fluss Hydraotes (zur Zeit Alexander's) als Togei in Malabar (Sikhi im Sanskrit)
oder (hebr.) tukkijim. Affe, als Kapi (im Sarmt.) oder (hebr.) Koph. Sheikh Sokoeja von
Mozambique (von Quiloa unabhängig) bezog Silber, Leinwand, Gewürznelken, Pfeffer,
Ingwer, Perlen und Rubinen und Roben aus Indien für das Gold des Landes Sofala (hinter
ihm) zu Gama's Zeit.

oder Heber) stammend, unterwarf Jarub*), Grossvater des Abdschams oder
Sabä (von dem die Sabäer stammen) den zweiten Aditen, seinen Brüdern
Oman und Hadhramout die übrigen Provinzen, sowie Hidschaz seinen Ver-
wandten Dschorhom überlassend (wo Modhadh sich im Thal von Mekka
und unter den Amalekitern in Tihama festsetzte). Die Themuditen (in den
Höhlen von Themud) wurden von Codhar-el-Ahmar vertilgt.**) Mohamed

---

*) Abdschams oder Saba, Gründer von Marib (Marjaba) oder Saba, war Vater des
Himjar oder Kahlan, von denen die ansässigen Himjariten und umherschweifenden Kah-
laniten stammten. Die von Himjar stammende Dynastie der Himjariten oder (bei Strabo)
der Homeriten endete (525 p. d.) mit Dunowas, durch die Habessinier (Aethiopier) gestürzt.
Das von den Kahlaniten bedrängte Reich der Himjariten wurde hergestellt unter dem
Stifter der Tobba-Dynastie, der (100 a. d.) die Stämme der Halbinsel unterwarf und seine
Eroberungen bis Indien ausdehnte. Als die Hauptstadt der Himjariten nach Zafar oder
Sana verlegt war, machte sich in Marib (oder Saba) der Azdite Muzeikija (Bruder Omar's)
unabhängig und wanderte (vom Tobba Al-Akran † 140 p. d. bedrängt) nach dem unteren
Yemen (unter Akk, Sohn des Adnan), worauf der Seil-al-arim (oder Deichbruch) weitere
Auswanderungen veranlasste. Als Thalaba, Sohn des Muzeikija, sich im Thal von Mekka
festsetzte (während weiter gewanderte Azditen bei den unterworfenen Salihiten das Königreich Gassan gründeten und Malik, Sohn des Fahm, das Königreich Hira unter Dschadima),
mussten die Dschorhomiten den azditischen Chuzaiten die Hut der Kaaba abtreten, die
(440 p. d.) den Koreischiten erlagen unter Kosai, Gründer der Stadt Mekka (als Sammler
Al-Mudschammi der Koreischitischen Stämme). Nach den Kämpfen Dschadima's (König's
von Hira) mit Zabba oder Zenobia, erlangte Amr, Sohn des lachmitischen Fürsten Adi
(der nach verunglückter Usurpation des himjaritischen Throne's ausgewandert war) eine
Herrschaft über Hira (der Lachmiten oder Nasriten). On n'est pas encore parvenu á
remarquer une ressemblance de famille entre les dialectes des Azdadja, des Masmouda,
des Aurélia, des Adjica, des Ketama et des Sanhadjâ, on ne peut non plus indiquer les
traits qui caracterisent ces dialectes et qui les distinguent de ceux des Addaça, des Nofouça,
des Darîça et des Louata, tribus que l'on fait descendre de Madghis El-Abter, bemerkt
Slane, der ein Vocabularium aufstellt, demzufolge das Tuaregh mit den Berber identisch
sein würde, ein anderes, das bei beiden ganz verschieden ist. Die Barbaren unter den
Carthaginensern und Römern in Nordafrica sollen gemeinsam die numidische Sprache geredet
haben (la langue des Gétules, des Libyens, et des Numides, celle de Firmus et d'Igmazen,
de Tacfarinas, de Bocchus et de Jugurtha). Lachetha est le seul dialect de la langue
berbère, qui possède une litterature écrite (Slane) in dessen Alphabet die meisten Buchstaben mit den arabischen identisch sind. Als Bajediten oder Untergegangene (denen die
Muteacchira oder Späterlebende gegenübergesetzt werden) unterscheiden die Araber die
Stämme Themûd, Ad, Dschorhom, Tasm, Dschadis, Amlak u. A. m. Als (zur Zeit Hud's)
die Aditen auf den Sandbänken Ahkafar-raml vertilgt wurden, gründeten die Geretteten
(unter Lokmann) eine Herrschaft im (yemenischen) Saba (mit dem Damm Mareb), bis durch
Jarub (Nachkommen Kahtan's) in die Gebirge Hadramaut's gedrängt (800 a. d.). Als (zur
Zeit Salih's) die Themuditen vertilgt wurden, erhielten sich (unter dem bekehrten König
Dschorda ben Amr) die Geretteten, als Themuditen (b. Diod). Die Araber sind von Araba
(in Tahama) genannt. Nach dem Verschwinden der Ariba (echten Araber) setzten sich
die Joktaniten oder Kahtaniten (als Mutcariba) fest (als Hadheri oder Städtebewohner),
während umherschweifend die Mostariba (Gemischte oder Eingepfropfte) hinzutreten, als
Nachkommen Abraham's durch die Ketura oder Ismael's. Unter den Abkömmlingen
Ismael's wurde Adnan Stammvater der Koreischiten (Flügel). Von den Joktaniten wurden
die himjaritischen und dschorhomitischen Königreiche gegründet. Auf dem Feldzuge nach
Tibet gründete der Tobba Akran die Stadt Al-Bit an der Grenze China's. Der arabische
Fürst Ariäus (zur Zeit des Ninus) wird mit dem himjaritischen König Harith identificirt.
Petraea der (zu Antigonus Zeit) das Asphalt des todten Meeres sammelnden Nabatäer
wurde unter Trajan eine römische Provinz. Le prophète Saleh-Ibn-Tarif (744 p. d.),
commença ses prédications chez les Berghouata, leur enseignant un nouveau genre d'islamisme
et composant un Coran en langue berbère (Yacos, als Allah anrufend). Le prophète
Hamim (925 p. d.) commença ses predications dans le Rif marocain. Ibn Toumert se
donna pour le Mehdi (s. Slane), die Almohaden gründend. Nach Besiegung der Carmaten
begaben sich die mit ihnen verbündeten Beni Soleim (bei Medina wandernd) mit den Hilal
und Djochem nach Ober-Aegypten, wo man ihnen erlaubte den Nil zu passiren, um in die
Länder der von der Familie Ziri (seit den Fatimiden) beherrschten Berber einzufallen.
Les tribus arabes et berbères en Afrique sont très portees à se fractionner et à changer
de nom (s. Slane).

**) Chodorlahomer besiegte die Horraeer oder Troglodyten, die nach dem Berge Seir
flüchtend, von den Nachkommen Esau's vertrieben wurden (bei den Hethitern Höhlen bewohnend). Die Nephilim waren ein Zweig der Enakim (mit Kiryath-Arbe oder Hebron als

440

schloss seinen Cultus*) an den früheren an. Nach Besiegung der Edomiten (unter Hazael) drang Essarhaddon durch die arabische Wüste**) vor gegen

Hauptstadt). Die Zouzim wohnten bei Ham. Die Amoriter wohnten in Basan, dem Lande der Rephaim (mit Astaroth-Karnaim als Hauptstadt). Die Moabiter wohnten im Lande der Emim und der Ebene Kiryathaim. Neben Keniziten und Kadmoniten wohnten die Avvim bis Gaza und die Keniten bei Arabia Petraea. Die Semitischen Bewohner Palästina's (unter welchen sich die den Kouschiten verwandten Kananäer mit den Phöniziern niederliessen) werden in der XII. Dynastie Aegypten's als Sati bezeichnet (als Aamou oder Volk). Die Ammoniter stammten von Lot's und seiner jüngsten Tochter (als Ben-Ammi), die Moabiter von der ältesten. Der caanitische Stamm der Amoriter eroberte Hesbbon (im Lande der Ammoniter und Moabiter). Bei Abraham's Ankunft waren die Canaaniter schon im Laude. Adam fiel aus dem Paradies auf Serendip (Ceylon), Eva bei Jidda, der Pfau in Hindostan, die Schlange bei Isfahan und Iblis bei Sumnan oder Sumnath (Stadt in Khorasan). Weil Adam's Reue von Gott angenommen wird, feiert man das Fest Ashura, auf das auch andere denkwürdige Ereignisse fallen (nach dem Shajrat ul Atrak). The word Seth is Syriac and signifies Godgiven heisst es im Shajrat ul Atrak (s. Miles). Er bekriegte die Kinder Kain's, die das Feuer verehrten. Noah (der zweite Adam) hiess Sukil (Sakil) oder Musakil (nach dem Shajrat ul Atrak). Nach Abul Mashur (von Balkh) gab es viele Persönlichkeiten des Namen's Hermes, aber das Shajrat ul Atrak unterscheidet besonders den Propheten Idris (Hermes oder Planet Mercur) oder Uria, den zweiten Hermes oder Uria von Babylonien (Lehrer des Pythagoras) und den dritten Hermes oder Isfilonus, der besonders in Medicin und Chemie bewandert war. Uria bedeutet Herr im Syrischen. Tatar und Moghul waren die Zwillingssöhne des Alum-chi-Khan (der Türken). Rabbath (Hauptstadt der Ammoniter) oder (b. Ptolem.) Rabathamana (Amana) wurde von Ptolomäus (Philedelph.) Philadelphia genannt. Die Stadt Kabul wurde von Salomo an den König von Tyrus abgetreten. Die als Kananäi bezeichneten Einwanderer (Kanaaniter, Amoriter oder Emaräi, Chittäi, Jebusäi, Pherester oder Perizzaei, Heviter oder Chivaei) vertrieben die Eingeborenen (Horiter, Refäer, Enaker, Gaviter u. s. w.). In dem (von den Nachkommen Edom's oder Esau bewohnten) Idumaea (das Land der Horim des Patriarchen Seir) oder das Seir-Gebirge richtete Salomo den Hafen Eziongeber ein. Die Rephaim (Stamm der Amalekiter) liessen sich in Astaroth Karnaim nieder. Rephaim Vallis (bei Jerusalem) wird übersetzt als Κοιλάς τῶν Τιτάνων oder κοιλάς τῶν Γιγάντων ('Εμεκ 'Ραφαΐν). Die Israeliten besiegten die Amalekiter in dem Rephidim genannten Lagerplatz (am Berg Horeb). Die Oritae (am Fluss Arabis) bewohnten die Seeküste Gedrosien's (zu Alexander's Zeit). Die Homeritae (in Yemen) oder (bei den Orientalen) Himyari wurden (nach Procop) von den Aethiopern angegriffen.

*) Les trois charges (Idjaza d'Arafat, à donner le signal du départ du mont Arafat et à faire passer les pèlerins dans un certain ordre; Ifadha de Mozdélifa, à les conduire en sortant de Mouzdélifa, le matin du jour des sacrifices, au lieu de la cérémonie dans la vallée de Mina; Djame ila Mina, à tenir les pèlerins réunis dans la vallée de Mina, jusqu'au jour Yaum-Ennafr, qui est celui de la rentrée à la Mekke) avaient été (au temps même des Djorhom) l'apanage de famille de Soufa, dont l'auteur Ghauth, fils de Mourr (fils d'Odd, grandfils d'Elyas), surnommé Soufa (flocon de laine) appartenait par son père à la tige de Modhar, et par sa mère à la tribus de Djorhom. Cette famille de Soufa jouit de ses privilèges pendant tout la durée de la puissance des Khozaa (Caussin de Perceval).

**) Als Asshur-bani-pal das empörte Susa wieder unterwarf, floh Umma-aldas zum Gebirge. Asshur-bani-pal eroberte Petra. Asshur-bani-pal gründete die Bibliothek von Thontafeln und Niniveh († 647 a. d.). Die Gründung des von Sennacherib erbauten Tarsus wurde dem Sardanapalus (Asshur-bani-pal) zugeschrieben (mit seinem Grab in der Nähe). Ihm folgte Saracus oder Cinnelodanus. In armenischer Form heisst der Name Sharezer (assyrisch) San-asar oder der vom Mond (Sin) Beschützte. Asshur-idanni-pal bekämpfte die Numi und Elami (Bergbewohner) in Kurdistan und Armenien, sowie die Kirkhi oder Kurkh. Auf seinem zweiten Feldzuge besiegte Asshur-idanni-pal die Rebellen von Assura, Stadt der Laki in Central-Mesopotamien. Nach Besiegung der Rebellen von Tola baute Asshur-idanni-pal einen Thurm aus den Schädeln der Greise. Der Fluss Diyalch oder (b. Ptolem.) Γόργος (gurg oder Wolf im Persischen) heisst auf den Keilinschriften Edisa (edus oder Wolf im Arabischen). Im fünften Feldzug eroberte Asshur-idanni-pal die Stadt Matiyat (Mediyat) und Kapranisa am Mons Masius. Hazilu, König der Laki, der die Shuhiten gegen Assur-idanni-pal unterstützt hatte, flüchtete zum Volke von Beth-Adiua (Eden). Nach Unterwerfung der phonizischen Städte erobert Asshur-idanni-pal Amidi (Amida oder Diarbekr). Der assyrische König Beletaras (Tiglath-Pileser II. oder Pal-tsira) war (nach Bion) ein Rebenschneider in den königlichen Gärten. Nachdem Tiglath-Pileser II. die Stadt Kur-Galazu (Akkerkuf) und Sippara erobert, unterwarf sich Merodach-Baladan. Gorgon führt die Israeliten aus Samaria fort und schickt armenische Gefangene nach Hamath und Damascus. Ein Theil der Tibarener wurden als Gefangene nach Assyrien geführt und Assyrier in das Land der Tibarener. Babylonier, Cuthaeer, Sepharviten und Arabier wurden

Laile, König von Bazu (in Hira jenseits Nedjif). Die Beduinen-*)Stämme in der Belqa verehren das Grab des Houd in dem früheren Gebiete der

---

in Samaria angesiedelt (die Israeliten in Gozan, Mydonia und Medien). An die Stelle der nach Susiana aus dem Norden geführten Comukha wurden Chaldaeer gesetzt († 704 a. d.). [Die in Palästina angesiedelten Armenier versetzten später den Ursprung der jüdischen Traditionen, die aus egyptischer Herkunft fest geschlossen waren, nach ihrer Heimath, wo sie zur Geltung kamen und die Assyrier in Kleinasien machten dort die Namen der Syrier in den nördlichen Provinzen bekannt]. Der elamitische König Kudur-Nakhunta flüchtete vor Sennacherib zur Stadt Khidalu am Fusse des Gebirges [und jenseits des Himalaya gelangte er nach Indien, wo der Name Asahur ein feindlicher (Bal dagegen lange der Titel eines mächtigen König's) war, während die aus Beth-Yakim (wo Merodach-Baladan residirte) auf Schiffen ausgewanderten Chaldaeer, durch den persischen Meerbusen nach der indischen Küste, (wie später die Guebres), kamen, die die nördlichen Einwandern der Vedas weniger geläufige Brahma-Traditionen aus der egyptischen Beziehung mit Ra und Ramses mit sich führten]. The god, the country, the town Asshur and an Assyrian all are represented by the same term, which is written both A-shur and As-shur, the determinative (prefixed) telling, which meaning is intended (s. G. Rawlinson). In the inscriptions, the Assyrians are constantly described as the „servants of Asshur“ and their enemies, as „the enemies of Asshur“. The Assyrian religion is „the worship of Asshur.“ The emblem of the sacred tree (is Assyria) combines the horns of the ram with the image of a fruit or flower producing tree. Wie sonst die Babylonier heissen (unter Tiglath-pileser I.) die Assyrier das Volk von Bilu-nipru. Asshur-idanni-pal mentions the (Babylonian) god Hea or Hoa, as having allotted to the 4000 deities of heaven and earth the senses of hearing, seeing and understanding, and then stating, that the 4000 deities had transferred all these senses to himself, proceeds to take Hoas titles (s. Rawlinson). The crescent (the emblem of Sin or the Moongod) is found, wherever divine symbols are inscribed over their effigies by the Assyrian kings (Rawlinson). When they wished to mark a very remote period, they used the expression, from the origin of the god Sin [Indu in der Chandrawansa, während Asshur, und bei Indochinesen, Belu feindlich]. The winged bull was the symbol of Nin (Pal-kura or son of Kura). Nergal was symbolised by the winged lion with a human head. Telita or (according to Berosus) Thalassa as the goddess of the great marshes near Babylon.

*) Viele der Phylarchen führen den Namen Chanaan (der Niederwerfende). Imlic, als Araberfürst, in Syrien wurde später in seinen Nachkommen mit den Amalekitern der Hebräer zusammengestellt. Tell bedeutet einen einzeln stehenden Hügel (aramäischen Ursprung's) in der semitischen Sprache. Vor-israelitisches Amoriter-Reich (König von Astarot). Thore, als Steinplatte von Dolerit (Halase der Drusen). Nördliches Amoriter-Reich (Basan) im Hauran. Tetrarchie Ituraea im höchsten Thal oder östlichen Abhang des Drusengebirges. Jenseits des Niger setzt Ptolomäos den Berg Kaphas (in Afrika). Ar bedeutet Stadt im Arabischen (ari oder Löwe im Hebräischen). Hienses (in Sardinien) antiquissimi in ea populorum (Mela), von Troja (durch Aeneas) hergeleitet (b. Pausanias). Die Philister oder Caphthorim (aus Cappadocien) vertrieben die zwischen Azza und Gaza wohnenden Heviter (Hivim oder Schlange). Ji qui secundum solem tempora notant, Graeci sunt Syri Aegypti, Romani et Persae, qui ex lunae motu id faciunt, Indi, Arabes, Judaei, Christiani et Muhammedani. Qui omnes populi antiquissimis temporibus antequam religiones divinitus patefactae essent, gens una erant, duobus appellata nominibus, Sumaniorum et Chaldaeorum. Sumanii in Orientis finibus habitabant eorumque posteri in regionibus Indorum. Serum et Chorassanensium adhuc degunt, vocantur hodie pluraliter Schamnan, singulariter Schaman. Chaldaei occidentis tractum occupabant eorumque nepotes in urbibus Carrarum atque Edessae hodieque reperiuntur. Eo nomine abjecti tempore Mamuni Sabaeorum nomine assumpsere permoti. Eorum mentio fit in Lege Mosaico nomen qui Syriaco dialecto sonat Caldai a singular Caldaia (Hamsa). Quartam terrae partem, quae per diversas ejus regiones habitari potest, inter septem populos permagnos scito dividi: Seres, Indos, Nigros, Barbaros, Romanos et Arianos. Ariani, qui lidem sunt atqua Persae, medii in his regnis, a reliquis sex populis cinguntur (Humza) 961 p. d. (s. Gottwaldt). Nach Polycrates übertraf Ardasches, der Parthier, weit Alexander M., weil er in seinem eigenem Lande bleibend, über Theben und Babylonien herrschte, und ohne den Fluss Halys zu überschreiten, das lydische Heer vernichtete und Crösus gefangen nahm. Vor seiner Ankunft in Asien war sein Name im Schlosse Attiqua's (Eddigeh's) bekannt. Aber er ging in einer Niedeslage zu Grunde (nach Mos. Chor). Nach Phlégon zahlte ganz Hellas aus Furcht Tribut an Ardasches dem Parther, der von seinen eigenen Soldaten später ermordet wurde. Nach Euagoras beklagte Ardasches das Vergängliche seiner grossen Macht. Nach Camadrus begnadigte Ardasches, der Parther, den Solon anrufenden Cresus. Ardasches, der Parther, war (nach Phlégon) unglücklicher als Cyrus bei den Massageten, Darius bei den Scythen, Cambyes bei den Ethiopiern und Xerxes bei den Griechen.

Sassaniden erbaut. In der Genesis stammen die Sabaeer*) von Cush (Sohn Ham's). One tribe descended from Seba, the son of Cush, another from Jokshan, Abraham's son by Keturah, a third from Sheba, the son of Raamah. Nach der Agricultur der Nabatäer**) verliessen (in Folge von Streitigkeiten mit den babylonischen Kuschiten der Dynastie Nimrod's) die Phoenicier das von Plinius bei El-Katif gekannte Kanaan (mit den Inseln Tyr und Aradus bei Strabo), um (nach Herodot in Folge von Erdbeben) nach dem mittel-

---

*) Agatharchides beschreibt bei den Sabäern τὰ σώματα ἀξιολογωτέρα. Ptolemäos Philadelphus legte (274 a. d.) den Hafen Myos in Hormus oder Asinoe an und unter seinen Nachfolgern wurde Berenice mit Coptos verbunden. Wurde der König der Sabaeer ausser seinem Hause gefunden, so konnte er gesteinigt werden (nach Dio Cassius). Eine Zahl edler Familien hatte das Thronrecht und das erst (nach einem Regierungswechsel) geborene Kind war Kronerbe. Die Könige von Sheba oder Saba (der äthiopischen Sabäer) kamen von Meroë (nach Josephus). Σαβοί war Hauptstadt der arabischen Sabäer. Mariaba oder (nach Abulfeda) Saba war Hauptstadt der Sabäer in Yemen (s. Strabo). Die Ueberschwemmung des El-Arem (Deiches) fand zur Zeit Alexander M. Statt (bei Mareb oder Mariaba). Aelius Gallus zerstörte Mariaba, Hauptstadt der Callingii. Aelius Gallus hatte die Belagerung von Marsyabae (Hauptstadt der Rhamanitae) aufzuheben. Carna war Hauptstadt der Minaei. Die Moabiter (aus Lot's Incest mit seinen Töchtern) vertilgten die Emim (riesig wie die Anakim). Die Moabiter wurden aus ihren nördlichen Eroberungen durch die Amoriter zurückgetrieben. Das Land der Moab südlich von Kerek enthält viel Ruinen. Beim Einfall der Israeliten fanden sich die Canaaniter, Hittiter, Amoriter, Perizziter, Hiviter, Jebusiter (und Piryashiter). Die Amalekiter wohnten im Süden, die Hittiter, Jebusiter und Amoriter in den Bergen, die Canaaniter an der Küste. Napata oder das Land des Neph ist derjenige Theil von Ethiopien, der an Egypten grenzt (s. Clayton). Die Sirian genannten Sabäer (Chaldaeer oder Syrier) der Patriarchen Scheith und Edris (Seth und Enoch) verehren (ausser Mecca) die Pyramiden (da in der dritten Sabi, Sohn des Edris, begraben sei) und (wegen Sabi-Ben-Mari) Carrae (Harran) in Mesopotamien (nach Ben Schohnah). Nach Ebn Khaldun bezeichnet Sabi einen von der Religion Abgefallenen. In der mesopotamischen Stadt Carrhae oder Haran, wo Anaitis in einen Tempel des Lunus oder der Luna verehrt wurde, gründeten die Macedonier eine Colonie. Saba war (nach Diodor) die Hauptstadt der Sabaeer. Die Beni Elohim oder Bani Algiaan (Kinder des Scheith oder Seth) kämpften mit den von Cain stammenden Caianiten (Kindern des Cabil). Die Beni-algiau oder Kinder des Giann (Ginn oder Peri) schwören (als Nachkommen des Scheith oder Seth) bei dem Gesetz des Propheten Seth. Cajomorth hörte, dass Seth in dem Hause der Erdenmitte (Beit almocaddes in Jerusalem) wohne. Seth baute in Yemen die Stadt des Seth (Medinat al Scheith). Der Div oder Riese Doudasch unterstützte Seth am Kriege gegen die Caïniten (Cabil's). Scheithan (im Arab.) oder Schatban (im Hebr.) bezeichnet Schlange oder Teufel (Eblis oder Lucifer), als Scheïthan abragim (der gesteinigte Dämon). Die Rhamanitae oder (nach Ptolem.) Anariti (Epimaranitae) wohnten (nach Plinius) am persischen Golf. Die Rhamanitae (Rhabanitae) wohnten am Climax-Berg. Tamna war Hauptstadt des Catabanes. Die Atramitae waren (n. Plinius) ein Zweig der Sabaei. Nach Plinius leiteten sich die Minaei vom cretischen König Minos her, und von dessen Bruder Rhadamanthus die benachbarten Rhadamaei. The site of their capital within a few miles of Wady Mina suggests the not improbable derivation of their name from that famous seat of the idolatry of ancient Arabia, sagt Förster von den Minaei (Μειναίοι). Strabo setzt das arabische Volk der Catabanae östlich von der Strasse von Bab-el-Mandeb. Uscana war die Hauptstadt des illyrischen Volk's der Penestae, die sich bis Macedonien erstreckten. Penestae, als unterworfene Klasse in Macedonien [homo liges der Ligyer, Slaven der Sclavi-Liten]. Uscenum (Οὐσκενον), Stadt der Jazyges Metanastae. Uscudama, Stadt der Bessi am Haemus. Osca, Stadt der Ilergeten in Hisp. Tars. (Stadt der Turdetani in Hisp. Baet.). Oscineum zwischen Vasatae (Bag) und Elusa (Eause). Oscela oder Oscella war Hauptstadt des Alpenvolk's der Lepontii. Osci in Italien.

**) Die arabischen Historiker unterscheiden die Kananäer, als erste Amalikas (von Cham stammend) von den späteren Amalikas (Amalekiten), als Nachkommen des Sem (s. Lenormant). Nachdem sie die Horräer oder Thamuditen auf dem Wege zurückgelassen, zeigten sich die kanainitischen Einwanderer in Palästina (nach Justin) zuerst am Assyrium (Syrium) Stagnum oder See von Genezareth und bekämpften die von den Egyptern (XII. Dynastie) als Sati bezeichneten Eingeborenen (semitischen Stamme's), die ausser den Rephaim (Riesen oder Geister) noch die Avvim bei Gaza, die Keniten in Arabia petraea und die Keniziten mit den Kadmoniten begriffen. Die von Amalek (Enkel Esau's) stammenden Amalekiter streckten sich südlich bis zur Halbinsel Sinai. Von den 11 Nachkommen Canaan's (Sidon, Heth, Jebusit, Amorit, Girgasit, Hivit, Arkit, Sinit, Arvadit, Zemarit, Hamathit) finden sich die Sidoniten im Norden, die Hethithen bei Hebron, die Jebusiten

ländischen Meer zu ziehen (2400 a. d.). Das Land der Nabatäer*) (vom Euphrat bis zum rothen Meer) wurde von den Nachkommen der zwölf Söhne

im (späteren) Jerusalem, die Amoriten (westlich vom todten Meer), die Hittiten westlich davon und die Girgashiten, als Zweig der Hiviten in Shechem. Neben den Canaanitern fanden sich die Perizziten in Palästina. Apulien producirte gemalte Vasen, die die Lucaner und Campaner aus griechischen Städten bezogen. Die *Ἀμμανῖται*, Söhne Lot's aus dem Incest mit seinen Töchtern, setzten sich in dem Lande der ausgerotteten Zamzummim fest zwischen Arnon und Jabbok (mit Rabbat als Hauptstadt). Origen speaks of the name of the Ammonitae as being merged in the common appellation of Arabs, under which the Idumaeans and the Moabites were comprehended together with the Ishmaelites and Joctanites (s. Williams). Nach den Amoriter (zwischen todten Meer und Thal von Siddim) als mächtigsten der sieben Stämme der Canaaniter wurden oft die Canaaniten sämmtlich benannt. Les Chananéens, après avoir envahi le pays, adoptèrent la langue des habitants primitifs de la Palestine (de race sémitique) et Abraham, qui vint s'établir parmi les Chananéens, adopta également cette langue, qui se conserva dans la famille de Jacob et devint la langue hébraïque (Lenormant). Wie die Kriegsflotte der Pharaonen auf dem Mittelmeer von Sidoniern bemannt war, so erhielten die Sidonier auf dem rothen Meer das südliche Arabien oder Pour in Unterwürfigkeit. Nach dem Einfall der Israeliten führten die Sidonier nach Theben in Böotien und nach Afrika (Hippon und Cambe). Die Philister, die durch Rhamses III. aus Creta vertrieben waren, wurden von diesem bei ihre Einfälle in Palästina gefangen und an der Küste (von Gaza, Azoth, Ascalon, Gath und Accaron) angesiedelt. Nachdem sich die Philister von Egypten (XX. Dynastie) unabhängig gemacht, zerstörten sie mit ihrer Flotte Sidon (1209 a. d.), worauf sich Tyrus in Phoenizien erhob.

*) Die Rechabiten enthielten sich des Weintrinken's und Hausbauen's, in Zelten lebend (b. Jesaias), wie die Nabataer (b. Diodor). Nach Strabo verehrten die Nabathaeer das Feuer und opferten der Sonne (neben den Sabaci von Arabia Felix). Nach Plinius stiessen die Nabathaeer mit den scenitischen Arabern zusammen. Judas Maccabaeus (im Bund mit den Nabataeern) bekämpfte die Idumaeer. Die (von Aretas beherrschten) Idumaeer heissen Nabathaeer. Die vom asphaltischen See vertriebenen Nabathaeer oder Idumaeer zogen sich zu den Juden und nahmen deren Sitte an. Die Nabataeer, als Aramaeer, waren Chaldaeer (Quatremère). Paludes Nabathaeorum zwischen Wasith und Basra (Golius), wo (nach Masudi) Reste der Chaldaeer und Babylonier lebten. Die Nabataeer in Petra vermittelten den Handel von Arabia Felix zum Mittelmeer. Die vertriebenen Chaldaeer liessen sich in Gerrha nieder. Le Khouzistan est la Province que nous appellons la Susiane, dont la Ville de Schouschter ou Touschter est la Capitale. Ahuaz (ville de la province Khurestan ou Khuzistan) est l'ancienne Susiane (comprenant les Villes de Toster, Carcoub, Daourac, Asker Mocrem, Ram hormoz et Thib). Khan Schelun, Enkel des Mongoljui, gründete das Reich der Shushan (402 p. d.), als Doudai-Chan (der Geougen oder Juanjuan). Die Usiun wohnten jenseits der Iliongnu. Const. Porph. setzt die westlichen Türken (Ungarn) zwischen Mazari (Madgiaren) und Uzen, vor ihrem Auszuge aus Lebedia. Aria (zwischen Hyrcanien und Indien) hiess früher Chusti-Chorasan (nach Mos. Chor.). Die Vilkinasaga versetzt die Ereignisse des Sigfriedlandes nach Susa. Durch Uz und Khazaren wurden die Patzinaciten über den Tanais getrieben. Uz oder Usbeken. Os, als Alanen (Yassen oder Ossen). Die indische Weltperiode Giugh ist jedesmal in Lek getheilt. Schaibek Khan, Sohn des (im Descht Kapschak oder Länder der Usbeken herrschenden) Boudak Sultan, stammte von Giougi oder Tuschi (ältesten Sohn des Ginghiz-Khan) der (Vater des Batu) vor seinem Vater starb. Gioughi oder Gioghi (Jogi) sind indische Dervische oder Fakire, die nackt gehen und Büssungen üben. *μετʼ ἄστυ Σουσίδος* (b. Aeschyl.), als *Μεμνονίων ἄστυ* (b. Herod.). Susa vom persischen Susan oder Lilien (s. Steph. Byz.). Daniel baute eine Stadt bei Susa (nach Hieronym.). Memnon baute einen Tempel für Cyrus in Susa (nach Cassiodor). Die Susii oder Cissii (Cossaei) bewohnten die Ebenen Susiana's (Elam), während unter den Räuberstämmen der Berge die Uxii bis an die Grenzen Medien's streiften. Chus zwischen Nablus und Jerusalem. Nimrod, Sohn des Kus, gründete Babel. Die arabischen Buchten trennt (b. Homer) das doppelte Aethiopien (nach Strabo) des Osten's und Westen's. Auf das Hülfsgesuch des König's von Yemen gegen die Abyssinier liess Keara Anuschirvan aus den Insassen der Gefängnisse ein Heer bilden unter den Befehlen des Herzog's Vahraz, der nach der Landung die Schiffe verbrannte, damit nur Tod oder Sieg übrig bleibe (nach Hamza Ispahanensis). In den *Κίσσιοι* (Herodot's) oder Cuthaeer (als *Κοσσαῖοι* Kouzistan's) findet Renan die Cushiten (Nimrod's) am Tigris und mit Euphrat (identisch mit den Cephenen, die das chaldäische Reich stifteten). Nach Diodor führte Belus (Sohn des Neptun und der Libya) Colonisten nach Babylon am Euphrat (nach egyptischer Priesterart lebend). La langue des conscriptions babyloniennes est un dialect sémitique analogue au dialect du pays de Mahrak, situé au nord-est d'Hadramaut. Or le dialect du pays de Mahrak semble représenter un reste de l'ancienne langue de Coush. Fresnel conclut de là que c'est en Arabie qu'il faut aller chercher de départ des Couchites de Nemrod (s. Renan).

des Ismael bewohnt (nach Josephus). Das *Alaμηνη* genannte Land, sowie Aianitis gehörte zum Gebiet der Nabataeer*) oder Dacharenier (nach Steph. Byz.). Bei den Ssabiern**) in Harron fand sich (nach Massudi) der Tempel

---

*) Nach Josephus waren die Nabathaeer wenig kriegerisch. Zu Caesar's Zeit herrschte Malichus über die Nabathaeer. Von den Arabern grenzten die Nabataeer an Syrien (nach Plinius). Die troglodytischen Nabataeer wohnten an der Küste Afrika's. Nach Besiegung der Idumaeer eroberte Amasias die Stadt Sela (Petra) oder Jecteel, die nach dem madianitischen König Arecemus (Rekem) Arcen oder Areceme (*Αρικέμη*) genannt war (s. Josephus). In der Nähe von Petra fand sich das Grab des Aaron. Die Gerrhaeer und Minnier handelten mit Petra (nach Agatharchides). A Petra incoluere Omani ad Characem usque, oppidis quondam claris à Semiramide conditis, Abesamide et Soractia (Plinius). Thumata (von Petra entfernt) lag (vom König der Characeni abhängig) mit Barbatia am Tigris. Carna oder Carana war Hauptstadt der Minaei (neben den Sabaei) in Yemen. Petra lag am Wadi-Mousa (Bach des Moses). Die Thimanei stammten von Thaman, Sohn des Ismael. Thumata oder Dumata (b. Plinius) ist Doumel-aldjendel (der Araber). Bedr (bei Petra) liegt in Bedriiab (bei Nowairi). In der gemischten Bevölkerung in Kakba sind ausser den Rajput mehrere Stämme aus Sind eingewandert. Andere (wie die Ahir oder Abhira) waren ursprünglich Hirten, jetzt Landbauer und gehören der ältesten Bevölkerung an, die sich in einzelnen Stämmen auflös't. Die von Sind eingewanderten Stämme sprechen Sindi, die Ahir und übrigen Urbewohner Guzerati. Abiria bei Ptolm. Sabiria und Iberia (Periplus). Ophir als Sophir (in der Septuaginta). Sophir, koptisch für Indien. Ptolemäos setzt die Darada (in dem goldreichen Lande nördlich von Kashmir) an die Quelle des Indus. Minagara war Hauptstadt der Provinz Abiria (neben Patalene und Syrastrene) im indoskythischen Reich. Der weitstrahlende Bergkönig Mandaro schliesst die meerumgränzte Erde ein, die gesetzeskundigen Rischi, Siddha und Sadhja verehren dort die von ihm ausgehende Sonne (nach dem Mahabharata). Nachdem er den Meru unverdrossen überschritten, kehrt der heilige Soma (Mond), alle Wesen belebend, zum Mandara zurück. Der Mandara wurde gebraucht als Quirlstoss bei der Quirlung des Ocean's. Das *Malavδρος*-Gebirge (Mandara oder Inder) ist das Bura-Ail und Muin-Mura Gebirge. Der Mäandros-Fluss (in Kleinasien) ist von seinen Windungen genannt. Die Mandalai wohnten in Narangar. Saur (Stamm der Kole) als Sabarai (östlich von Gangpur) (b. Ptolem.). Die von Kranken besuchte Schwefelquelle (bei Ghoweyr) wurde (unter Zerstörung der Bäder) aufgestopft durch Feysul, den wachabitischen Fürsten von Riad, damit nicht the people should learn to put their trust in the waters rather, than in God, which would be idolatry (s. Palgrave). In Carmathian with esoteric doctrines naturalism and materialism were mixed up and confused with Shiyaee transmigrations and incarnations, with treviving relics of old Sabecism and the common Fetichism (s. Palgrave). Aboo-Saeed-el-djenabee (El-Karmoot or the Carmathian) gründete (nach Besiegung der Abassiden) den Pallast in Kateef. Aus seine Djacouat-el-Kataree's und Aboo Tahir Soleyman's Kriegsliedern führt Palgrave Zeilen an, die Todesverachtung empfehlen, da Niemand dem bestimmten Geschick entrinnen kann. In Nabtee verses scansion goes by accent, not by quantity. The Nabathaean versification differs from the Arabic in scansion, metre and rhyme (s. Palgrave). Nach Eyoob-ebn-el-Kirceyah the Bewohner Bahrein's sind Nabathaeans turned Arabs und die Bewohner Oman's Arabs turned Nabathaeans (s. Palgrave). Atque non solum in Bactrianam inde (ex Serica) riam esse per Lapideam turrim, sed in Indiam per Palimbrotha (Ptolomäos). Virginem nullus in uxorem accipiebat, nisi clam prius ab alio vitiatam, bemerkt Martini von Yunnan.

**) Zur Zeit des Tahmurasp reformirte Budasp aus Indien (die Enthaltsamkeit lehrend) den Götzendienst der Ssabier (nach Massudi). El-Kelbi nennt die Ssabier Leute (zwischen Juden und Christen), die die Mitte des Kopfes rasirten und sich castrirten. Die Religion der Ssabier war (nach Said ben Batrik) von Junan ben Jeraqlius (Herakles) oder Ben Merqulius (Mercur) gestiftet. Nach Suidas verehrten die Griechen den (von Japhet stammenden) Giganten Hellen, der am Thurm Babel's mitgebaut. Abraham predigte die wahre Religion den Ssabiern (nach El-Qorthobi). Die Tataren zerstörten den letzten Tempel der Ssabier in Harran (Dimeschqi). Nach Dawud wallfahrteten die Ssabier zu den Pyramiden und befragten (bei grossen Feuern) die Sphinx. Nach Inder und Harranier wurde der erste Hermes durch ein von Gott gesandtes Feuer zum Himmel erhoben und Viele lebendig verbrannt (Osseibiah). Die Sabiner verehrten in ihrem Stammvater Sabus den ersten Winzer (s. Mommsen). Im Indischen heisst der Himmel Djaus, und die Perser nannten ihn und ihren höchsten Gott mit demselben Namen, als *Alav* (nach Herodian). Dium antiqui ex graeco appellabant ut a deo ortum et duirnum sub caelo lumen, *από του Διος* (s. Varro). Der Oberpriester der Ssabier hiess (nach Massudi) Ras-Komar. Harran nahm schon zu Alexander's Zeit griechische Colonisten auf (Chwolson). Die Ssabier (in Harran) waren (nach Massudi) Griechen oder ägyptische Ssabier. Nach Dimeschqi hatten die Ssabier einen Tempel der ersten Ursache (sowie der Weltordnung). Nach Ibn Fadhl-Allah enthielten sich die Ssabier der Bohnen. Die Ssabier lasen die Psalme (nach El-

Azar's (Farah's), Vater Abraham's. Die Religion des Hermes ist der Ssabismus*) (El-Teifaschi). Harran, wo die altsyrischen Heiden (unter dem

Beihaqi). Nach Ibn Said leiteten die Ssabier ihre Religion von Seth und Idris (Agathodämon und Hermes) her Asclepius stellte ein Bild des Hermes (Nachfolger des Agathodämon) auf (nach El-Qifthi). Nach Ibrahim ben Wassif-Shah wurde der Ssabismus von einem heidnischen König (unter den Nachfolgern Kain's vor der Sündfluth) gestiftet. Legibus Aeduorum war es dem Vergohret verboten, die Stadt zu verlassen (Caesar). Nach Hamzah Isfahani nahmen die Chaldaeer von Harran (und Roha) den Namen Ssabier an (zur Zeit El-Mamun's). Als Sultan Mustafa († 1773) keinen Unterthanen, die nicht göttliche Bücher (wie Mahomedaner, Christen und Juden) hätten, in seinem Reiche dulden wollte, unterwarfen sich die Schemsijeh in Mardin dem Patriarchen der Jacobiten (nach Niebuhr). Syria gehört (nach den Persern) zu Souristan (der Sourier oder Chaldaeer). Bar-Bahlul erklärt Chanfuta (syrisch) als heidnischen Götzendienst. Nach Besiegung der Chaldaeer schickte Cyrus aus ihnen eine Gesandtschaft an den seine Vermittlung mit den Assyrern anbietenden König der Inder, bei dem sie um Sold zu dienen pflegten (s. Xenophon). The babylonian cylinders (rudely executed in anarchaic type) show the Babylonians as of much slighter and sparer frames, than their northern neighbours, of a physique approaching to meagreness. From the Assyrian sculptures however it would seem that the frames of the Babylonians vere as brawing and massive as those of the Assyrians. The eye is larger and not so decided by almond shaped, the nose is shorter and its depression is still more marked. In Susiana, where the cushite blood was maintained in tolerable purity (Elymaeans and Kissians existing side by side) there was (according to the Assyrian remains) a very decided prevalency of a negro type of countenance (s. Rawlinson). Diversorium opacum et amoenum, gentiles picturas per omnes aedium partes ostendens, Regis bestias multiplici venatione trucidautis (zur Zeit des Julian). Nec enim apud eos pingitur vel fingitur aliud praeter varias caedes et bella (Amm. Marc.) in Babylonien (in Assyrien) mit *παρατάξεις και κυνηγια* (Diod.). Die siebente Terrasse des Tempel von Nebo in Borsippa trug die Kapelle. Die babylonischen Häuser stiegen in 3—4 Etagen auf (n. Herodot), wie carthagische und mexicanische. Die babylonischen Ziegel waren gestempelt.

*) Die Propheten der Ssabier sind vom Schmutze der Welt gereinigte Seelen, die (mit höheren Substanzen vereinigt) die Kenntniss von den Geheimnissen der Welt besitzen (Ibn Chordadbeh). Den das Licht verehrenden Brahmanen, zu denen Adam und Abraham als Propheten Gottes geschickt waren, bildete das Feuer die Qiblah (s. Dimenschqi). Der Mondtempel der Ssabier war der des Aziz oder Terah (Vater des Abraham). Mneves (erster König Aegypten's) hatte seine Gesetze von Hermes erhalten (s. Diod.) Die Nabathäer bewohnten Babylonien (nach Maqrizi) vor den Kasdäern (Chaldäern). Nach Callisthenes bevorzugten die Gymnosophiten die linke Seite, weil dort die Sonne aufgehe. Nach Chwolson machten die Rabbinen die höchste syrische Gottheit Schemal zum bösen Geist (Samael), analog dem *Βιιλζεβουλ* (als *ἄρχων τῶν δαιμονίων*) und dem *Βήλ*, der (b. Hieron.) durch *διάβολος* und *δαίμιν* glossirt wird [Deva Bala]. Die linken Blitze waren (nach Plinius) günstig, weil auf der linken Soite der Welt Osten (ortus) ist. Die Amalekiten waren (nach Ibn Said) durch die Nimrud aus Chaldaea vertrieben und zogen nach Arabien (von einem egyptischen König zu Hülfe gerufen). Ismael traf die Amalekiten in Tihama. Die amalekitischen Könige bei Tayma führten den Titel Arcam. Die riesigen Djebabera, die unter (dem philistäischen) Goliath (Djalut) gegen die Israeliten kämpften, waren Amalekiten (nach Abolfelda). Die vor Josua fliehenden Amalekiter bildeten die Berber in Afrika. Amalek war Enkel des Esau. Die Catura (Nachkommen der Cetura) waren getheilt in Arcam und Samayda. Kodar-el-Ahmar (der Rothhaarige) tödtete das Kameel des Salib (bei den Thamuditen). Amluk, König der Tasm, knechtete die Djadis (bis zum Aufstand des Shamus). Bokht-Nassar vernichtete die arabischen Stämme, die die Propheten getödtet. Auf die Cuschiten (Cham's) folgten (in Arabien) die Canaaniter, dann die Yoctaniden (durch Heber von Sem stammend), die Nachkommen Ismael's, Kethura's und Esau's. Les races éteintes, Baïda, sont particulicrément les races primitives (en Arabie). Les races subsistantes (Moutéakkhara) sont toutes secondaires ou tertiaires (descendant de Sem par Abir ou Heber). Elles se partagent en deux familles, la tige de la première est Cahtan (Yoctan), la souche de la seconde est Adnân (descendant d'Heber par Ismaël). Die Joctaniden bildeten die himyaritische Sprache. Le nom d'Arabes, Ariba, désigne les premiers, les plus antiques habitants de l'Arabie (le peuple d'Amlik, ou les Amobica, le peuple d'Adou les Adites, les peuples de Thamoud, de Tasm, de Djadis, tous issus d'Aram et de Lud, fils de Sem). Les Arabes secondaires Moutéarriba, sont les Yoctanides ou Cahtanides (en Yaman). Les Arabes tertiaires, Moustariba, sont les descendants d'Ismaël (le Hedjaz). Quelques auteurs rangent au nombre do enfants de Cham les Amalica et les Adites (s. Caussin de Perceval). Die neueren Araber (das barbarische El-Adjam-Idiom redend) heissen Moustadsema (bei Ibn Khaldun). Unter den Nachkommen des Ad (Sohn des Amlik) in Südarabien eroberte Sheddad I. Irak und Indien, Scheddad II. das Maghreb und Egypten, wo er sich in der Stadt Awar oder Aouar festsetzte (s. Ibn Khaldun). Scheddad baute den

Khalifen El-Mamun) den Namen der Ssabier*) annahmen, wird Ἑλληνόπολις oder Ἑλλήνων πόλις (paganorum urbs) genannt (s. Chwolson). Die (mit den Sabaei zusammengestellten) Nabataei**) verehrten das Feuer (nach Strabo).

Pallastgarten Iram. Als die von Houd gedrohte Dürre eintrat, sandten die Aditen nach dem Thal Mekka's, wo die ihnen verwandten Amalekiter wohnten. Ueber die dem Zorne Gottes entgangenen Reste der Aditen herrschte Locman (langlebig gleich sieben Geier) oder Dhou-nnousour (der Geiermann) im Lande Saba und baute den Damm von Mareb (El-Arim oder Sedd-Mareb). Als die Familie Locman's durch Yarob, Sohn Kahtan's, gestürzt wurde, flüchteten Ueberbleibsel der Aditen in die Berge Hadramaut's. Unter den Nachkommen des Kahtan (Joctan) war Yarob Vater des Yachdjob, Vater des Abdchams, mit dem Beinamen Saba (der Sabaiyya).

*) Unter den sieben Secten der Samaritaner fanden sich die Σεβουαῖοι (IV. Jhdt. p. d.). Die Σαππαῖοι wohnten südlich von Meroë, die Σάπιοι an den sapäischen Pässen (Thracien's), die Σάβαι in Karmanien, die Σαβαῖοι βωμοί am caspischen Meer. Die dem Cult der Kybele oder Cybele Gewidmeten hiessen (nach Eusth.) Σάβοι in Phrygien. Die babylonischen und harranischen Ssabier beweinten den Tammuz (nach Wabschijah). Mohamed unterscheidet die Ssabier (Mendaiten) von den Heiden der Moschikrun (Chwolson). Nach En-Nedim stimmten die Mendaiten früher mit den Manichäern in Betreff der zwei Prinzipien. Die Ssabier oder (nach Masudi) El-Kimariun führen (nach Wellsted) den Gürtel (Kamara) der Parsi. Die von Elxai reformirten Ossenen (mit Ebioniten und Nasaräer) hiessen (in Nabathaea und Peraea) Σαμψαῖοι (nach Epiphanius). Manes oder (nach Chwolson) Scythianus lehrte zur Zeit des Kaiser's Nerva. Bei der Lossagung von Mani's Irrlehre mussten zugleich Zarades (Zoroaster), Budda und Scythianus abgeschworen werden. Nach En-Nedim war schon vor Mani der Buddhismus in Transoxiana eingedrungen. Masudi erwähnt der Reisen des Budasp (Buddha) nach Segestan, Zabulistan und Kerman (s. Chwolson). Nach Cedrenus war Scythianus (Saracenus) seiner Herkunft nach Brachmane. Bei Belagerung der getischen Stadt flohen Philipp's Macedonier vor den mit Harfen entgegenkommenden Priestern. En Algérie les Berbéres occupent les montagnes et les Arabes les plaines, en Tunisie et en Maroi le même fait a lieu, excepté dans le provinces méridionales de ce dernier royaume, où les Cheloub habitent le pays plat. (Slane). Obwohl auf einen gemeinsamen Stamm zurückführend, zeigen die Dialecte der Berber sehr verschiedene Verzweigungen (osoul ouahida) und bedürfen der Dollmetscher (Abi-Ibn-Said) Dissonas cultu et sermonum varietate nationes plurimas (Uns. Marc.). Plusieurs tribus berbéres ont fini par oublier leur idiome, et les autres, à l'exception des Touaregb, se sont formés des dialectes hybrides, dans les quels l'élément arabe tend graduellement à prédominer. Die die geistigen Wesen verehrenden Hanefiten (Ssabier oder Harranier) leiteten sich von Abraham her (nach Ibn Sina). Fedor Iwanowitsch zerstörte die hellenischen (heidnischen) Götzentempel bei den finnischen Kareliern (XVI. Jahrhdt.). Die Puharri bei Rajmahal (an malayischen Gesichtszügen den Garrow und Komjah ähnlich) verwenden giftige Pfeile gegen die Raubthiere, Budo Gosain (nach Graham) verehrend. Aus dem östlich in das verwünschte Dojakh (der Sumpfwälder Bengalen's) Verbannten, entstanden die Haut (Märkte). Zu Vicramaditya's Zeit galten die Aussprüche der weisen Khana (in Bengalen), als Orakel (s. Ram Cosmul Sem). Adisura befreite Bengalen von Magadha. Wer, dem Tode nahe, auf den Ausruf Oriboli den Mund mit heiligem Gangesschlamm gefüllt hat, ohne daran zu sterben, (als Verworfener ausgestossen) in das Dorf der Auferstandenen (bei Guptipara). Die älteren Brahmanen (Saptasati) halten sich von den fünf Kasten der von Adisura aus Kanyakubja eingeführten (in Bengalen) getrennt. Die degradirten Kasten (der Bagdi, Dubya, Chandala, Poda, Muchi, Cawera, Hari) in Bengalen sind Nachkömmlinge der Eingeborenen (s. Ram Coor. Sem), wie auch die unteren Klassen der Mohamedaner, die Mletschas heissen. The Bhutias (west of the Aka, Miji, Dafla, Abor) drove the Dimasa, Boro and Lalong to the plains of Assam. The Hindu-deity (Hori-deo) is placed over his gods (Fuxu or god of jongle and water, Firan and Siman, gods of was, and Satu, god of house and field) by the Aka or Hrusso (from the valleys south of the Patkoi range joissing the Shan and Munipuri countries) among the hill tribes on the northern frontier of Assam. Sultan Ali (of Lahej) took umbrage at a friendly visit paid to the political resident by his brother Abdulla and his people at Sheikh Othman plundered a party of pilgrims who had been wrecked on the eastern side of the isthmus (in the beginning of 1857 p. d.). Die Aneiza sind aus dem El-Arith-Gebirge nach dem Hedjaz gewandert, und dann nach Syrien (XVII. Jahrhdt).

**) Ohodas, König der Nabathäer, liess Aelius Gallus durch seinen Beamten Syllaeus täuschen. Petra (der Nabathäer) war der Stapelplatz des arabischen Handel's für die Minaci im Süden und die Gerrhaei im Westen. Judas Macabaeus, der mit den Nabathaeern in Freundschaft stand, kämpfte gegen die Edomiter. Hyrcanus war mit den Nabathaeer genannten Idumaeern im Bunde. Die Idumaeer am asphaltischen See waren Nabathaeer, die in einem Aufstand ausgetrieben, sich mit den Juden verbunden und ihre Sitte ange-

Von Nebaioth*), dem Aeltesten der 12 Söhne Ishmael's, wurde das Land zwischen Eufrat und Rothen Meer Nabataia (*Ναβαταία*) genannt (nach Josephus). In Jesaia werden die Widder Nebaioth's (neben die Hunde Kedar's) erwähnt. Von den zur Zeit des hebräischen Richter's Abdon nach

nommen (nach Strabo). Der Sumpfdistrict Nabat war (n. Gollius) ein Theil der palustria Chaldaeae zwischen Wasith und Basra (paludes Nabathaeorum), wo sich zu Masudi's Zeit ein Rest der alten Babylonier und Chaldaeer fand. Die verbannten Chaldaeer liessen sich (nach Strabo) in Gerrha (an der Küste Arabien's) nieder. Quatremère identificirt die Nabathaeer als Aramaeer mit den Chaldaeern (in dem eigentlichen Babylonien). Der thracische Stamm der Bessi gehörte (nach Herodot) zu den Satrae (mit dem Orakel des Dionysos). Nach Erastosthenes stammten die oberhalb Meroë lebenden Sambritae (Einwanderer) von der unter Psammetich (658 a. d.) emigrirten Kriegerkaste. Sembobis war Hauptstadt der Sembritae (nach Plinius). Nach Artemidor herrschten die Sembritae in Meroë. Plinius nennt den Nil als Grenze zwischen Lybien und Arabien und rechnet die Stadt Sai in Arabien unter die Städte der Sembritae (wie auch Esar oder Sape in Daron). Die Kinder tödtende Königin Lamia wohnte (nach Diod.) in einer Höhle neben der cyrenaischen Grenzfestung Automala. Die Automoloi (*'Ασμάχ*) waren egyptische Flüchtlinge am obern Nil (b. Herodot). Rechius, Fluss in Macedonien. Nach Eroberung Aegypten's sandte der äthiopische König Actisanes alle Diebe (mit abgeschnittenen Nasen) zur Ansiedlung in Rhinocorura (nach Diod.) als (Sträflings-Colonie). Wie die Arabitae am Fluss Arabis waren die Oreitae (Orae oder Ori) oder Horitae indischer Herkunft. Horesti in Nord-Brittannien. Arbis, Stadt der Arabitae (Arbii oder Arabies) oder Aribes (Arbiti oder Arbies) am Flusse Arabis (Purali). Idumaea (das Land Edom) war von den Horim bewohnt (vom Patriarchen Seir benannt). Die Horitae (Ichthyophagi Oritae oder Indi maritimi) vergifteten ihre am Feuer gehärteten Speere (in Gedrosien). Alexandreia Ultima (Khojend) in Sogdiana. Sogdi, Stamm im unteren Panjab. Von Canaan stammen Sidon, Heth (in Hebron), der Jebusite, der Amorite (im Süden mit den Amalekiter), der Hivite (in Sechem) mit den abgezweigten Girgasiten, der Arkite, der Sinite, der Zemarite und die (später nördlich gewanderten) Arvaditen und Hamathiten. Die südlichen Küsten waren durch die von Mizraim stammenden Philistiner besetzt. Neben den Canaanitern wohnten die Perizziten in Palästina. Zur Zeit von Josua's Eisodus fanden sich Caananiter, Hittiter, Amoriter, Perizziter, Heviter, Jebusiter (und Girgashiter). Im Bunde der Amoniter waren die Häuptlinge (von Jerusalem, Hebron, Jarmuth, Lachish und Eglon) Amoriter. Die Amalekiter wohnten im Süden, Hittiter, Jebusiter und Amoriter (mit den Perizzitern) in den Bergen, die Canaaniter an der Küste. Die Hügel nördlich und westlich von Jerusalem waren durch die Hiviter besetzt. Die von Amalek (Enkel Esau's) stammenden Amalekiter (edomitische Araber), die die Ishmaelitischen Beduinen vertrieben hatten, wurden durch Saul und David (und dann durch die Simeoniten) vertilgt. Die Syrer nannten sich Arimäer oder Aramäer (nach Strabo). Arimer (Erember) oder Solymer in Lydien und Cilicien. The Idumaeans with whom Hyrcanus was in alliance, over whom Aretas reigned and from whom Herod was sprung, are said to be Nabathacans, whose alliance was refused by Pompey on account of their inaptitude for war (s. Williams). Strabo stellt die Nabathaeer mit den Sabaei in Arabia felix zusammen. Die Idumaeer am todten Meer waren (nach Strabo) Nabathaeer, die (durch einen Aufstand ausgetrieben) zu den Juden gewandert waren und deren Gebräuche angenommen. Die den Scenitischen Arabern benachbarten Nabathaei waren (nach Plinius) früher mit den Thimanaei (Taveni, Suelleni, Arraceni u. s. w.) zusammengestellt. Die Nabathaeer (mit Chaldaeern identisch) waren Aramäer (nach Quatremère). Palustria Chaldaeae (zwischen Wasith und Basra) als paludes Nabathaeorum (mit Nabat), wo sich (nach Masudi) Reste der alten Babylonier und Chaldaeer fanden. Die verbannten Chaldaeer liessen sich (nach Strabo) in Gerrha (an der arabischen Küste) nieder. Nabathäer bei Jathrib (Medina). Nabathaeer bei Bahrein. Die Amalekiter heissen Reschit Gojim (Erstling der Völker).

*) Die Nabatacer unterstützten die Maccabäer gegen die Ammoniter. Nach Besiegung des Ptolemäos liess Antigonus durch seinen General Athenäus die in Zelten wohnenden Nabataei, die (wie die Rechabiten) keinen Wein tranken, noch das Feld bebauen (s. Diod.). Ausser den Heerden (Kameelen und Schafen) lagen die Nabathäer dem Gewürzhandel ob, aus Arabia felix bis Rhinocorura oder El-Arish (am Mittelmeer auf der Grenze zwischen Aegypten und Palästina). Athenäus (General des Antigonus) plünderte Petra, Hauptstadt der Nabathaeer. wurde aber auf dem Rückzuge überfallen. Der Angriff des General Demetrius auf diesen Markt wurde abgeschlagen. Nachdem der Aelanitische Golf (im rothen Meer) von den Ptolemäern schiffbar gemacht wär, beraubten die Nabathäer Schiffbrüchige. Nach Strabo war Petra der Mittelpunkt des Handel's für die Gerrhaei im Westen und Minaei im Süden. Nach Strabo verehrten die Nabathaeer das Feuer und opferten täglich der Sonne auf den Dächern. Obadas, König der Nabatäer. suchte Aelius Gallus durch Syllaeus zu verrathen. Jenseits der Attali latrones, Arabum gens setzt Plinius die Scenitae. Nomadas

Italien*) (unter Latinus) ziehenden Idumaeern stammten Comulas, Gründer Rom's.

Indien heisst Hidu (im Buche Esther) oder Hoddu, wo Abasverus oder Artaxerxes (Xerxes) von Indien bis Kusch herrscht und auf altpersischen Keilinschriften findet sich Hidus, im Zend Hendu. Aus Indien wurden die Elephanten im syrischen Heere bezogen, zur Zeit der Maccabaeer, und

inde infestatoresque Chaldaeorum Scenitae ut diximus, cludunt, et ipsi vagi, sed a tabernaculis cognominati, quae cilicis metantur, ubi libuit, deinde Nabataei (Plinius). Scenitae Sabaei (b. Plinius). Ptolem. setzt die Scenitae nördlich von den Thaditae (Oaditae) und Saraceni. Ubi Scenitas Erastosthenes, ibi Saracenos ponunt Procopius et Marcianus (Bochart). Scenitische Araber als Saracenen (b. Ammian). Das Land der Saracenen entspricht Midian. Der Landhandel wurde durch die Gerrhaeer vermittelt, den Eufrat aufwärts (nach Aristobolus). Gerrha war (nach Strabo) durch Chaldaeer (aus Babylon vertrieben) gebaut (El-Katif). Minaei in Ind. Ascl. Sabaei von Chus. Aesculap wurde in Cos verehrt. Griechen aus Epidaurus besiedelten Cos. Astypalaea war Hauptstadt von Cos. Epidaurus (Epicaurus oder Epitaurus) war (nach Aristoteles) eine carische Ansiedlung, bis durch Jonier colonisirt (und dann durch Dorier). Elisari (b. Ptol.) Stamm in Arabia felix (El-Asyr). Die Rephaim war ein Stamm der Amalekiter (in Ascroth Karnaim angesiedelt). Das Rephaim Vallis (bei Jerusalem) wird übersetzt als Thal der Riesen, κοιλὰς Γιγάντων (b. Joseph.) oder (in der Septuaginta) Κοιλὰς τῶν Γιτάνων (γῆ Ῥαφαὶν oder Ἐμικ Ῥαφαὶν). Am israelitischen Halteplatz Rephidim (Ῥαφιθεὶν) kämpften die Israeliten mit den Amalekitern. Die vom Patriarchen Seir [Sirius] stammenden Horim oder Horiten bewohnten Idumaea vor den Nachkommen des Edom oder Esau David eroberte Idumaea. Als die Edomiter sich während der jüdischen Gefangenschaft bis Hebron ausgebreitet, drangen die vom ishmaelitischen Patriarchen Nebaoth stammenden Nabathaeer ein. Omnis australis regio Idumaeorum de Eleutheropoli usque ad Petram et Ailam (haec est possessio Esau) in specubus habitatiumculas habet, et propter nimios coloris solis, quia meridiana provincia est, subterraneis tuguriis utitur (H. Hieronym.). Nebaioth omnis regio ab Euphrate usque ad Mare Rubrum Nabathena usque hodie dicitur, quae pars Arabiae est (H. Hieronym.). Chez les Héthéens septéntrionaux (les Khétas) l'être divin recevait le nom de Sedon Set, le tout puissant (Soutakh), chez les Araméens (de Damas et de Bambyce) Hadad (l'unique), chez les Ammonites: Moloch (le roi), chez les Moabites. Chamo (le dominateur), chez ler Phéniciens et les populations chanéens de la Palastine. El (l'Ilou babylonien) et Jaob (l'être absolu). Le nom habituce était Bal (le seigneur). Les dieu des Phéniciens se subdivisait en une foule d'hypostases, appelées les Baalim, divinités secondaires émanées de la substance de la divinité primordiale (s. Lenormant). Quand le Baal avait un caractère solaire la Baaleth avait une naturo lunaire. Die Riesen (Enakim) gehörten zu den Philistern und waren phönizischer Abkunft. Josua schlug sie wiederholt und vertilgte sie in dem Gebirge Hebron, Debir und Anab. Nur in den Thälern von Gaza, Gath und Asdod erhielten sie sich (nach der Tradition).

*) Während Abdon (von Pharathon in Ephraim) das nördliche Judaea verwaltete, war das südliche den Philistern unterworfen (gegen die Simson seine Thaten übte). Die Philister treten zuerst, als Feinde der Israeliten zur Zeit Samgar's auf. Rhamses III. räumte den besiegten Philistern Küstenstriche (Palästina's) ein. Die Philister zerstörten (1209 a. d.) Sidon (worauf sich Tyrus erhob. Die bei ihrem Einfall in Peraea von Jephtha besiegte Ammoniter waren mit den Philistern verbündet. Beim Tode des Richter Abdon wurde der Priester Eli zum Richter erwählt und stellte das nationale Heiligthum von Siloh wieder her. Samuel (aus Ramah) errichtete Propheten-Collegien und salbte (von den Aeltesten aufgefordert) Saul, der die Philister besiegt. Der canaanitische Stamm der Hamathäer in Hämath (am Orontes) wurde durch die Aramäer (zur Zeit David's) vertrieben. Im Königsspiel mit Pallas (Tochter des Triton) tödtete Athene ihre Gefährtin. Die Giganten (b. Homer) sind ἀγητοί καὶ οὐ θεῖου γένος. Eurymedon (unter den Vorfahren des Alcinous) beherrschte τὸν ὑπέρθυμον καὶ ἃ τάσθολον λαόν und vertilgte es. Die Phäaken rühmten sich den Göttern so nahe zu stehen, wie Cyclopen und Giganten. Die Lästrygonen sind den Giganten gleich an menschlicher Grösse. Gäa gebar (nach Hesiod) die Giganten (γηγενεῖς), um sich an den Titanen zu rächen. Die Giganten heissen serpentipedes (bei Ovid). Die Esel des Dionys., Hephäston und der Satyre erschreckten die Giganten. Nach Diodor kämpften die Giganten, als Herakles die Rinder des Geryon durch Italien trieb. Der thracische König Gigos hiess von Gigon, König des Aethiopier. Dionys hiess Gigon in Macedonien. Gigon (Γιγῶν oder Γιγνῶν) ist der Name des ägyptischen Herakles (Chus oder Chon). Die von den Cyclopen in Hypereia (Oberland) beunruhigten Phäaken zogen unter Nausithous nach Scheria (Küstenland) oder Drepane. El nombre propio y privativo de los Bascingados es el de Guipuzcoac, que es el plural de Guipuzcoa (singular), que se da al territorio central, donde estos viven (Sorreguieta). Astelena, principis de Samana. Asteartca, medio de Samana. Asteazquena, fin de Samana. Nachdem Kagaaguuk (Schwieger-

Eumenes von Pergamus erhielt von den Römern (neben andern Provinzen des Antiochus M.) χώραν τὴν Ἰνδικήν (auf die Ἐνετοί zwischen Parthenius und Halys) bezogen. Die von Xenophon neben Paphlagonier*) und Karier gestellten Ἰνδοι gelten für die Anwohner des Flusses Indus in Karien. In der Völkertafel wird Sini (Sohn des Canaan) mit Arki zusammengereiht. Nach Hieronymus lag die civitas Sini bei Arcae. Der Mond (in Hur verehrt) hiess bei den Assyriern (wie bei den Mendaeern) Sin (s. Rawlinson) und Tchandras (der indische Mondgott) Indus. Gleichzeitig mit Menophis, der auf Aegyptus (Bruder des Danaus) folgte, herrschte Erichthonius (Nachfolger des Dardanus) in Troja, Tarchon Priscus (Nachfolger des Tyrrhenos) bei den Razenuir Janigenae (Turrheni oder Tusci), Paris bei den Celten, Testa-Libyus Triton bei den Celtiberern, Belopares (Nachfolger des jüngeren Belochus) bei den Assyrern, Minos (Nachfolger des Asterius) auf Creta, Erichtheus (Nachfolger des Pandion) in Athen, Abas Argus (Vater des Jasius) in Argos (Pseudo-B.). Abas Tuscos is fuit (teste Manethone) qui Tuscus Abantes populos fundavit circa maritimam oram a Graviscis usque ad oppidum quod Cap Abium (Caput Abantum) dictum (Annius). Die Sicaner verehrten Aphrodite vom Berge Eryx. Die Sikeler waren (unter König Sikelos) vor

---

sohn des Kagsuk) ausgezogen war, sich mit Ususarmiarsunguak (Sohn des Ususarmersuak) zu messen, blieb er fortan zu Hause (nach den Grönländern). Be nordhan Horiti is Maegdhaland and be nordhan Maegdhaland is Sermende odh tha beorgas Riffin (Orosius). Usqe hodie in intimis Germaniae finibus gentes harum existere feminarum, hat Diaconus gehört. Ueber den Οὐέλται (Wilzen) nennt Ptolem. die Ὄσιοι (auf der Insel Oesel), dann die Κάρβωνες oder Kuren. Hori war Sohn Lothan's (Sohn Seir's). Bela (Sohn Beor's) regierte in Dinhaba (als König der Edomiter). Als von Esau oder Ais stammend, heissen die Idumaeer (oder Edomiter) Beni Asfar, Söhne des Rothen (Edom oder Esau bei den Hebräern) bei den Arabern. Von Roum, Sohn des Esau oder Ais, stammen die griechischen und römischen Kaiser (nach Khondemir). Die Griechen und Römer heissen Afrange alaschkar (rothe Franken). Nach dem Tarikh Montekhab stammte Aiub (Hiob) von Esau (Ais).

*) Ἀλάβανδα (πόλις Καρίας) ἐστι κατὰ τὴν Καρῶν φωνὴν ἱππόνικος, ἅλα γὰρ τὸν ἵππον, βάνδα δὲ τὴν νίκην καλοῦσιν, ἔνθεν·καὶ παρά Ῥωμαίοις, βάνδον τὴν νίκην φασίν (Steph. Byz.). Dieselbe Silbe findet sich in den karischen Städten Labranda (mit Zeus Lubrandeus, als Beilträger), Karyanda u. s. w. Liege Ala (aswa) in den Alanen, so erklärt sich die Zusammenstellung mit den Ossen. Colchis was famous for its linen. It was taken to Sardis and being thence imported received the name of Sardinian (σαρδονιχόν oder σαρδιανόν). Nach J. Pollux kam das beste Leinen für Jägernetze von Egypten, Colchis, Carthago und Sardis. It is possible that the linen of Colchis may have had the Egyptian name Sindon or shent and that this may have been converted into Sardon (s. Wilkinson). Sindon was also used sometimes to signify Indian (Plin.). Sindon was the general term of every fine stuff, so that it was ever applied to woollen fabrics. Josephus speaks of sindon made of hair Byssus in its real sense was cotton. Herodotus speaks of the (linen) mummy-cloths as byssine sindon (s. Wilkinson). Saon (Heros der Saier vom samothraischen Berge Saon) wurde zum Begleiter des Aeneas gemacht, weil man ihren Waffentanz mit geschwenktem Schilde in dem der Sabier (s. Klausen) wiederfand, ähnlich dem Umzuge mit Diomedes Schild (in Argos), wie man das Schild des Danaus den unterworfenen Völkern zeigte. Σαως ist Abkürzung von Shamas (s. Herodot). Critolaus Saonem ex Samothrace cum Acnea deos Penates qui Lavinium transtulerit. Saliare genus saltandi instituisse a quo appellatos Salios, quibus per omnes dios ubicunque manent quia amplae ponuntur coenae, si quae aline magnae sunt, Saliares appellantur (Festus). Et Samothraces horum Penatium antistites Saios vocabant, qui postea a Romanis Salii appellati sunt, hi enim sacra Penatium curabant (Servius). Polemon ait, Arcada quendam fuisse nomine Salium, quem Aeneas, a Matinca in Italiam deduxerit (Festus). Τινὲς δέ Σάμον καλεῖσθαι φασιν ἀπό Σαίων τῶν οἰκούντων Θρακῶν πρότερον, οἳ καὶ τὴν ἤπειρον ἔσχον τὴν προσεχῆ εἴτε οἱ αἰτοί τοῖς Σαπαίοις ὄντες ἢ τοῖς Σιντοῖς, οὓς Σίντιας καλεῖ ὁ ποιητής, die Saier prunkten mit dem Schilde des Archilochus. Die Sintier waren Waffenschmiede und Seeräuber (s Welcker), seit Hephäst zu ihnen gekommen. Die thracischen Sintii oder Saei wohnten an den sapaischen Mauern. Sidon ist die Stadt der sindonischen Gewänder. Saparda liegt auf den Keilschriften zwischen Jonien und Armenien. Unter den Bastarnern fanden sich Sidonen (nach Strabo). Christ stellt ἄλθεσθαι zu salvus (οὔλε oder salve), Lobeck σπλος (salus) zu σεἰω. Ulios ist jonischer Beiname des Apollo.

den Japygiern fliehende Ausoner (nach Hellanikos) XIII. Jahrhdt. a. d. Nach Antiochos wurden die Sikeler von Oenotrier (Morgeten des König's Morges) und Opiker aus Italien vertrieben. Die Siculer (von Opikern vertrieben) besiegten (nach Thucydides) die Sikaner (1030 a. d.). Nach Philistos wurden die von Sikelos geführten Ligurer (Sikeler) von Umbrern und Pelasgern vertrieben. Die (nach Timäos) auf Sicilien einheimischen Sikaner waren (nach Thucydides) Iberer (durch Ligurer vertrieben). Die Paliken (Söhne des Zeus mit der Nymphe Thalia) wurden von den Sikulern verehrt. Die sicilischen Griechen nannten (nach Varro) einen Hasen leporis (leporem) und eine Schüssel katinon (catinum), indem die diese Ausdrücke aus der (dem Oskisch-Lateinischen verwandten) Sprache der Sikuler entlehnt hatten (s. Holm). König Italus (der Sikuler) führte ein Hirtenleben zum Landbau.

Mit Horus oder Har-em-hobi (Sohn Ahmenotheph's III.*)) schliesst die XVIII. Dyn., während sie bei Manetho noch fortgesetzt wird, den Bruderstreit des Danaus (Armois) und Aegyptus (Ramenes) einschliessend (bei Eusebius) oder (b. Africanus) den König Armesses und seinen Nachfolger Ῥαμεσσης, die von Rhamses II. auf den Inschriften gebrauchten Ausdrücke, dass er schon vor seiner Geburt König gewesen und dass sein Vater Seti I. gleichsam nur als sein Vertreter geherrscht habe, deuten auf das Bemühen hin, sein legitimes Anrecht auf den Thron zu begründen, das ihm durch den

*) Indem sich das Reich der Khetas (der aus Egypten zurückgezogenen Hyksos) damals über Kleinasien und Syrien erstreckte (mit Ansoukas oder Iconium als Hauptstadt des Nannakus), wo dann Perseus erscheint. Rout, als Name der Aegypter, bezeichnet im Allgemeinen Menschen (wie in viele Völkerbezeichnungen). Die mit Chemesis beginnenden Dynastien herrschten von der 7—12 jede sieben Jahre in ihren Städten. Die XV. fällt in die Zeit des Ninus, die XVI. Dyn. beginnt mit Osiris, dann folgt die Dynastie der Hirten (XVII. Dyn.). Ab haec emersit XVIII. Dynastia diapolitanorum. Hinc in diversis locis Aegypti lustravit (sub diversis Larthibus). Dyn. XX. dicta sine Larthibus. Αἰγυπτίων ἐβασίλευσε πρῶτος βασιλεὺς τῆς φυλῆς τοῦ Χὰμ ὁλοῦ Νῶε Φαραώ ὁ καὶ Ναραχώ (Malal) μετὰ Σώστριν Φαραώ ὁ καὶ Καφαρώ, ἀφ᾽ οὗ οἱ τῶν Αἰγυπτιῶν δυνάστια τὴν ἐπονομίαν ἔλαβον Φαραώ (Joannes Ant.). Pharao (Per-aa) ist das grosse Haus oder die hohe Pforte. Temporibus Abrahae in Aegyptios regnavit Arouth (Barb). Das Labyrinth wurde von Λαχαρης (Ναχάρης) oder (nach Lepsius) von dem Nachfolger Vesurtesen's III. erbaut. Hieronymus setzt die Thalassokratie der Aegypter, als die Herrschaft über die griechischen Inseln zwischen Europa und Asien, 784 a. d., und den Eintritt der milesischen 749. Aus den sieben Thalossokratien, die vorhergehen, berechnet Unger den Anfang der ersten (zur Zeit des Petubastis, als dessen Gegenkönig in Bubastos seine Macht verlor) auf 1230 a. d. Ligur, der die Ligurer nach Italien führte, wäre (nach Sempronius) ein Sohn des Phaëthon oder Phut (s. Annius), und Phaeton, war durch Clymene, Tochter des äthiopischen König's Merops, den Sonnengott bezweifelnd. Da der ägyptische König Epaphus (Sohn der Jo und des Zeus) seine göttliche Herkunft bezweifelte (s. Ovid), erbat er sich vom Vater die Leitung seines Wagen's, wobei die Sonne in schiefer Richtung (wie sie die nach Norden wandernden Völker überraschen musste) aus ihrer Bahn kam, das (zurückgelassene) Libyen zur Wüste austrocknete und die Bewohner Aethiopien's (wo den Auswanderern eine Emigration von Negern folgte) schwarz verbrannte. Der Lenker blieb in dem von Ligurern umwohnten Eridanus begraben, wie die Führer der Westgothen am Consenzo-Fluss. Indem Epaphus (Aphophis) in der griechischen Mythe die Hyksos-Herrschaft in Egypten begreift, würde die Einwanderung der Ligurer nach dem Westen Europa's etwa 2000 κ. d. fallen und durch Rhode, Gattin des (Heerden weidenden) Helius wurden sie in ihren Sitzen am Rhodanus mit der Insel Rhodus und den Rotennu Syrien's verknüpft. Eine ägyptische Inschrift spricht von „Rutenu und allen Ländern des Norden's hinter dem Mittelmeer" (s. Unger). Seti I. beherrschte die vier Rassen der rothbräunen Rut (Aegypter), der gelben Aamou (Semiten), der blonden Tamhu (Libyer) und der schwarzen Nehesu. Βουθύη, πόλις Ἰλλυρίδος, ἀς Φίλων, δια τε Κάδμον ἐπὶ ζεύγους βοῶν ὀχούμενον ταχέως ἀνύσαι τὴν ἐς Ἰλλυριοὺς ὁδὸν, οἱ δὲ τὸν Κάδμον ἀπὸ τῆς Αἰγυπτίας Βουτοῦς ὀνομάσαι αὐτὴν, καὶ παραφθαρεῖσαν καλεῖσθαι Βουθόην (Steph. Byz.). Βουθία, πόλις Ἰανίας. Βοῦς (gaus oder gav) oder (lat.) bos, als γαῖος (b. Hesych.) wird von der W. gu hergeleitet in der Bedeutung „brüllen". Lausonius lacus (b. Anton) oder Losannensis Lacus (Genfersee). Der brittische Hafen Lemanis portus (Καιτός λμψήν) wird nach Kent gesetzt. Sethi (XIX. Dyn.) besiegt das Volk der holzreichen Berggegend Lemanon oder Remanon (neben den Routennou).

als Danaus*) figurirenden Bruder streitig gemacht werden mochte. Der Name Aigyptos führt zurück auf Ai, Vater des Ramses I. (der die XIX. Dynastie begründet), als Stammherrn**) der Familie, und er mochte sich besonders (nach seinen ethiopischen Eroberungen) auf das unter Hatasu (Schwester des Thutmes III.) erworbene Land Pount in Yemen stützen, als der von den Khetas oder Hethiter geleitete Aufstand im grossen Völkerbund der Kadesh oder nördlichen Amorrhäer, der Gergesäer (Pernea's), der Phönicier (von Aradus), der Aramäer (von Helbon oder Aleppo, Karkemish, Katti, Aloun, Gadara, Anaoukas, Gazonatan), der Mesopotamier oder Naharain, der Kleinasier unter dem hethischen König***) Maoutnur (Mysier, Lycier, Pisidier, Dardanier Troja's, Mouschanet oder Mosynöken†)) eine neue Besitzergreifung des Nordens durch Waffengewalt nöthig machte, so dass dann gesagt wurde, Aegyptus††) habe von Arabien aus das Land der Melampoden†††) erobert. Melampus lernte (nach Herodot) die egyptische Priapus-Verehrung vom Tyrier Kadmus und den nach Böotien gekommenen Phoeniciern. Rhamses II. hatte 59 (Aegyptus 50) Söhne unter seinen 170 Kindern und nachdem er seine Tochter (Bent-Anat) geheirathet, berichtet der Papyrus Turin's von einer Verschwörung im Harem, die den König veranlasste die schuldigen Frauen enthaupten zu lassen, so dass sich die Mythe von Danaus*†) flüchtigen Töchtern und der Ermordung ihrer Gatten leicht combinirt. Durch die von Thuthmes III. auf dem Mittelmeer gebaute Flotte**†), die Cypern und Creta unterworfen, war die Communication mit Griechenland eine häufige. Gegen Ende der Regierung Rhamses II. wiederholten sich die unter Thutmes III. zurückgewiesenen Einfälle der Libyer (Lehou) und Maschouash (Maxyes), als Tamahou (Nordmänner) oder Tahennu (Nebelmenschen) mit ihren Verbündeten (Pelasger, Sarder, Siculer, Cretenser), und Merenphtah (Sohn Rhamses II.) wurde von ihnen nach Ober-Aegypten zurückgedrängt, als zugleich (unter Osarsiph, Priester von Heliopolis) der Aufstand der Aussätzigen ausbrach, durch die Khetas von Kadytis (Kadesch) oder Jerusalem (b. Josephus) unterstützt. — Auf Amenhotep (Nachfolger des

---

*) Armais war Bruder des Sethos.

**) Dagegen wird Set-aa-pehti Noubti (der Gründer der Hyksos-Dynastie) als Ahn bezeichnet durch Rhamses II. (Sohn des Seti), der zugleich (neben seiner Verehrung des Ammon) den Cult des Soutekh wieder herstellt. Von einigen Königen der XVIII. Dynastie (wie Thutmes III.), wurde Osirtasen III. (IV. Dyn.) als Gott verehrt (als deificirter Ahn).

***) Sein von den Gräbern der übrigen Pharaonen entferntes Grab findet sich unter den Gräbern der fremden Könige neben dem des König's Skhai (Eesa oder Oiac) oder Ai (Gemahl der Taia).

†) Die Mosynöken gehörten dem in Süd-Arabien als Sabäer erscheinenden Stamm an, bei denen es dem König gleichfalls verboten war, seinen Pallast zu verlassen.

††) Amenophis, Nachfolger des Ramesses oder Aegyptus beschliesst die XVIII. Dyn. und Sethos (Vorgänger des Rhampses) beginnt die XIX. Dyn. (n. Amenophis IV.). Post Menophim coepta est Dynastia Larthum, ut in Italia. Horum Larthum in Egypto primus fuit Zetus, Zeitgenosse des Tros in Dardania, Veibenus in Tuscia und Lemannus bei den Celten. Secundus Larthes Aegyptius fuit Ramses, Zeitgenosse des Pannias bei den Assyrern, des Aegeus in Athen, des Olbius bei den Celten, des Oscus bei den Tyrrhenen. Tertius Larthes Egyptius Amenophis, Zeitgenosse des Laomedon in Troja, des Sosarmus in Assyrien. Quartus Aegyptiis imperavit Ammenephus, Zeitgenosse des Tautanes bei den Assyrern, des Mezentius bei den Tuscern. Secutus est ultimus Larthes, post quem secuta est Dynastia sine Larthe (Ps. Beros.).

†††) Der durch Schlangen geweihte Melampus, Ahn der Wahrsagerfamilie der Clytiaden, stammte von Cretheus.

*†) Als die Könige, die die religiösen Ceremonien in Egypten abgeschafft, vertrieben worden, gelangten Auswanderer (unter Danaus und Cadmus) nach Griechenland.

**†) Zu Schiff kam zuerst nach Griechenland Danaus aus Aegypten, vorher schiffte man auf Flössen, die zwischen den Inseln auf dem rothen Meere von König Erythras erfunden worden sind (Plinius). Hieronymus setzt die Thalassokratie der Aegypter (als Herrschaft über die griechischen Inseln, 784 a. d., die der Milesier 749. Von der frühern begann die erste 1230 (nach Unger).

Ahmes, der die Hyksos vertrieb) folgte (XVIII. Dynastie) Thutmes I., als Thuthmosis bei Manetho. Auf seinen Sohn Thutmes II. folgt dessen Bruder Thutmes III. nach der Usurpation seiner Schwester Hatasu, unter welcher das durch den indischen Handel bereicherte Land Poun im Yemen erobert wurde. Die (nach Manetho) den Hirten verbrüderten Phoenicier waren (nach Strabo) vom rothen Meere gekommen, aus einer von den östlichen Nomaden in Süd-Arabien gemachten Station, und von dort aus befestigte Thutmes III. (Aegyptus) oder Ramesses (der dann den auch in persischer und indischer Kriegsgeschichte berühmten Titel Yema oder Rama getragen) seine Herrschaft im Land der Melampoden (dem darauf Aegypten genannten Chemi) im Familienstreit mit den Vertretern der weiblichen Suprematie, die Herodot in Egypten kennt und die sich unter den heterodoxen Amenhotep IV. (im Kriege von seinen Töchtern begleitet) wieder vorübergehende Anerkennung verschaffte. Damals aber mussten die Töchter des Danaus mit ihrem Vater nach Argos flüchten, und dorthin folgten die Söhne des Aegyptus, da Thutmes III. durch seine auf dem Mittelmeer gebauten Flotten dieses beherrschte, Cypern und Creta erobernd. In Manetho's Liste scheinen die verschiedenen Thutmes in einem Namen begriffen, doch liesse sich voraussetzen, dass der besonders durch seine Eroberungen berühmte Thutmes III. als der Amenophis anzusehen sei, der den Namen Memnon weit durch Asien getragen, obwohl der Colossus durch Amenhotep III. aufgerichtet sein soll. Indess mag auch hier, wie bei den andern Formen, einem durchgehenden Titel verschiedene Persönlichkeiten zukommen. In der Anordnung des Manetho folgt dann Orus oder Har-em-hebi, Sohn Amenhotep's III., der unter den auf dem Tode Amenhotep IV.*) folgenden Wirren auf den Thron gehoben wurde, und dann begründet Rhamses I. die XIX. Dynastie. Unter Merenpthah (Sohn Rhamses II.) fand (nach dem Einfall der Libyer) der Auszug der Hebraeer statt, den Manetho unter Achencheres (Nachfolger des Orus) setzt in der XVIII. Dynastie, wogegen die beiden Kronprätendenten Amenmeses (Ammenenses) und Taouser (Thuoris, in die Zeit des trojanischen Krieges versetzt), und der auf den seiner Frau den Vorrang lassenden (und von Herodot) zum Schützer der Helena gemachten Merenpthah II. Siptah folgte, in den Listen des Manetho figuriren, und dagegen in diesen Sethi II. (der den Kephenern feindliche Ketes), der zu ihrer Vertreibung aus Oberegypten heranzog, nicht genannt ist. Die Tumulus in Warka (Mond oder Kamar) oder (nach Eupolemus) Camariner (Οὐρίη) in Süd-Babylonien (neben den von Muqueyer oder Ur der Chaldaeer) zeigen die Lage der Stadt (Ὀρχόη) Orchoe (b. Ptol.) oder (LXX.) Ὀρεχ (Hur oder Hurik). Die (nach Ptol.) in Arabien (beim Persischen Gulf) lebenden Orcheni (Ὀρχηνοί) waren (nach Strabo) eine astronomische Secte der Chaldaeer oder (n. Plinius) ein ackerbauendes Volk des eingedeichten**) Euphrat (den sie in die Tigris ableiteten), wo (nach Berosus) chaldaeische Könige herrschten. Der chaldäische König Urcham oder Orchamus, dessen Tochter Leucothoe (n. Ovid) von Apollo geliebt wurde, baut den von seinem Sohn Ilgi vollendeten Tempel des Sin oder Monde's zu Chalannah. Die Mesopotamien bewässernden Canäle wurden (nach Ménant) durch den chaldäischen König Hammourabi gegraben. Nach Abtrennung der Phlegyer wurde die Stadt Orchomenos (Ὀρχομενός oder Ἐρχομένος) von Orchomenos (Sohn des Minyas) in dem von Andreus (Sohn des thessalischen Flussgotte's Peneius) gestifteten Reiche

---

*) Der Cultus der von Amenhotep IV. verfolgten Götter wurde von Aiu, der als ·Ra-cheper-chepru-ar-maa-Neter-atef-aiu-haq-neter-wabu den Thron bestieg, wieder hergestellt.

**) Neben Aones, Ectenes, Temmices und Hyantes werden Gephyräer (Thracier und Phlegyer) als alte Bewohner Böotien's genannt.

Andreis erbaut (als Sitz der Chariten-Verehrung) mit Schatzhäusern (für die von Homer den egyptischen im Reichthum*) verglichenen Schätzen) und hielt (vor der Zeit des Heracles) Theben tributpflichtig bis durch die böotischen**) Einwanderer zerstört. Die Asopos-Tochter Sinope gebärt dem Apollo den Syros, während (Et-magn.) Zeus die Sinope von Assyrien nach dem Pontos entführt. Die Assyrer hatten für ihre Handelsverbindungen auf dem Pontus in Sinope eine Colonie angelegt (Kiessling). Zu den in Asien untergegangenen Völkern rechnet Isidoros die Arimer und die Kapreter***), (bei Apameia oder Dameia), Erastosthenes die Solymer, Leleger, Bebryker, Kolykantier, Tripseder. Die Insel Kapreae war früher von Teleboern bewohnt, unter König Telon (nach Virgil). In Assyrien fand sich (b. Niniveh) der Fluss Kaprus (Kleine Zab) und in Phrygien†). Die Himyariten††) leiteten sich durch Himiar von Heber ab (Vater des Cahtan oder Joctan), wie Heber auch an der Spitze der Ibrahamiten oder Abrahamiden steht. Die Mündung des Hebrus war früher von den Kikonen bewohnt (nach Plinius). Der manichäische Fürst der Türken, der die Samanäer in China bekämpfte, heisst (b. Massudi) Ebrchan (Fürst der Avaren oder Barbaren).

Die schon früher nach Yathrib gezogenen Simeoniten schlugen zu Hiskia's Zeit die Minäer. Von den vier Völkern im südlichen Arabien†††) werden die Minäer (mit der Hauptstadt Karna oder Karnana) von Strabo

---

*) Chryses, Sohn der Chrysogeneia und des Poseidon, folgte (als Vater des Minyas) auf Phlegyas. Aus dem Blut der Gorgone Medusa durch Poseidon (mit dem Flügelross Pegasus) erweckt, herrschte Chrysaor als reicher König in Hispanien.

**) Die nach Polybius an die Ananes (Anamanes) grenzenden Boji (Βοιοι) fielen (nach den Salluvii) in die Länder der Etrusker und Umbrer (mit den Lingonen) ein (nach Livius). Tacitus setzt die Boii jenseits der Helvetier (von Aedui beherrscht). Der Dakenkönig Boerebistes vertilgte die (nach Strabo) aus Italien eingewanderten Boiier an der Donau (die Caesar nach Norikum ziehen lässt) in der dadurch gebildeten deserta Bojorum.

***) In Diomeia des Diomus (Sohn des Collytus oder Kolytus) feierten die Meliter das Fest Metageitnia (in Athen). Die Kantae in Brittannien wohnten neben die Logi. Die Kantabraeer Hispanien's wurden (nach Strabo) von laconischen Ansiedlern (zur Zeit des trojanischen Krieges) hergeleitet. Unter den Triballi fanden sich Blickzauberer (n. Plinius).

†) Nach Paulus Diaconus redeten die Baiowaren (Bavocarii) oder (n. Orosius) Boji (Baicarii) dieselbe Sprache mit den Laugobarden. Die von den Thessaliern (Thesprotia's) aus Arne in Phthiotis vertriebenen Böotier zogen nach Cadmeis oder Böotia (Βοιωτία). Von der Stadt Arna in Umbrien fand sich der Fluss Arnus (Arno) in Tuscanien. Die mit den von Bhrigu (Grossvater des Parasu-Rama) stammenden Bhriguiden identificirten Phleger waren nach dem (von Apollo erschossenen) Brandstifter Phlegyas genannt. Bei der chalcidischen oder euboeischen Colonie Cumae fanden sich die Campi Phlegraei in Campania oder Ὀπικία. Strabo nennt die Gegend von Katekaumene verbrannt und Pindar setzte die Sagen von Cumae und Sicilien nach Cilicien, während sonst Typhon (am Orontes erschlagen) unter dem Aetna begraben sein sollte. Die Helden der Argonauten werden als Minyäer bezeichnet. Das Land Minni wird in den Keilinschriften mit Armenien (Hurasda) zusammengenannt.

††) Ἀρη, Königsstadt der Himjariten (b. Ptol.) wird von Blau mit dem Schloss Hirran, der Burg von Dimar, identificirt. El Bakoui redet von einer Mosnad- oder Himyar-Inschrift, die auf einer der Pyramiden eingegraben gewesen, und bei Beschreibung des Lande's El-Qalyb (unweit des Landes Sym im sechsten Klima) fügt er hinzu, dass die Bewohner desselben Götzendiener seien, altarabisch sprächen und sich des Himyariten-Alphabete's bedienten (Rühl von Lilienstern). Der unter den Vorgängern der Balkis berühmte König Haret-Arraies (in Arabien) wird von Volney mit Ariaos oder Aralos von Arabien identificirt, der Ninus bei der Eroberung Mediens's unterstützte. Im Streite mit dem Himyariten Akran wanderte der Cahtanite Amru Mozaikia in das Land Acc, von wo sein Sohn Thaleba (210 p. d.) in das Thal von Mekka zog, die Dschorhamiten durch die Chozaiten verdrängend, während die nach Westen und Nordwesten weiter Wandernden das Reich der Gassaniten in Syrien und der Lachmiten in Hira gründeten.

†††) Arabien (Jezirah al Arab) oder Araba (im District in der Provinz Tehâma) wurde von Yarab, den Sohn Kohtan's (Joktan der mosaischen Genealogie) benannt. Auf die ausgestorbenen Stämme (Ad, Thamud, Tasm, Jadis, die ersten Jorham und Amalek) folgten die Kahtaniden (oder Arab-el-Araba) und dann die Nachkommen. Adnan Yarab und der

am nördlichsten gesetzt. Plinius nennt Carrei (oppidum Cariati) als Nachbarn der Achoali (oppidum Fath oder Fadak) neben den Minaei. Die Stadt
Karna liegt bei Ptol. nächst zu Yathrippa oder Mediua. Die Rhammaei,
das Brudervolk der Minäer (b. Plinius), sind (nach Dozy) der sabäische
Stamm Rama ($Ραμμα$ LXX.) chamitischer oder sabäischer Rasse. König
Uzzia († 758 a. d.) kämpft gegen die Mouniten ($ἐπί τούς Μιναίους$), Elath
befestigend. Das mekkanische Gebiet (durch Steine als Grenzsäulen be-
zeichnet) heisst herom oder haram in Arabien, heilige Gebiete an anderen
Orten dagegen (neben einen Tempel) hima. Mohamed lässt das mekkanische
Heiligthum 40 Jahr vor dem Tempel Salomo's erbauen (s. Azraqi). Makka
(Al-Quadis) oder (b. Ptol.) Makoraba war (nach Dozy) genannt von dem
Makka-rabba (grossen Schlachten), das die Simeoniten anstellten, um das
Gebiet zu herem zu erklären (aus ihrer canaanitischen Stadt Kor-aisan
kommend). Nach Bekri wurde Mekka Al-Qadisija genannt von den Ein-
wandercrn aus Quadis (im Lande Chorasan). Der der Entlehnung des
Fürsten Amr-ibn-Lohei (III. Jahrhdt. p. d.) von den Amalekiten (s. Ibn-Hisam)
zugeschriebene Gott Hobal oder (nach Pococke) Ha-Baal wurde (n. Dozy)
durch die Simeoniten nach Mekka gebracht, über einen Brunnen (Ber) stehend,
Zur Stiftshütte in Silo (im Gebiete des Stamme's Ephraim) fanden die Wallfahrten der Israeliten Statt und Mekka wurde (von den Simeoniten) Selah
(Sil oder Silo) oder Selahi genannt (s. Dozy). Die Araber von Gur-Baal
heissen (in LXX.) $ἐπί τῆς πέτρας$ wohnend (als ein Heiligthum von Mekka).
In Hagar, von arab. hagara oder fliehen (wie Higra) erklärt, findet Dozy
ha-gar (der Ausländer). Die Simeoniten oder Ismaeliten heissen die ersten
Gorhum (bei den Arabern) im Gegensatz zu den zweiten Gorhum oder den
Juden, die sich in der babylonischen Periode in Arabien ansiedelten (als
Gerim oder $Γεῤῥαῖοι$). Die Midianiter, obwohl von Ketura (Weihrauch) und
Abraham stammend, werden auch Ismaeliter genannt (s. Winer). Später
wurden die Türken Ismaeliten genannt (wie die Ungarn Hagarener). Zam-
zam wird so genannt, weil König Sapor auf seinen Pilgerzug nach Mekka
bei dem Brunnen stillestand und zamzama (mit leiser oder sausender Stimme
betete), denn zamzama wird gesagt von den Magiern, wenn sie ihre Gebete
hersagen, was sie auch beim Essen thun (Qazwini). Nach Masudi hielten
bis auf Artaxerxes (Ardesir), Sohn des Babek, die Perser (Nachkommen des
Ibrahim, des Freundes Gotte's) Umgänge um mekkanischen Heiligthum, zu
Ehren ihres Stammvater's. Ger (in Gerim oder Gorhum) bedeutet Fremdlinge. Nach dem Khalifen Ali waren die Qoreisiten (s. Bekri) Nabatbäer
aus Kutha. Ibrahim wurde zu Kutha (seinen Geburtsort) in's Feuer geworfen. Jehovah führte Abraham aus Ur (Feuer) der Chaldäer. Die

---

zweite Jorham gründeten die Reiche der Kahtaniden in Yemen und Hedjaz. Die Himyariten
und Araber in Yemen (in Saba und Hadhramaut zerfallend) wurden von den Fürsten aus
dem Hause Himyar (als Tobba oder Nachfolger) regiert. Andere Fürsten in Yemen erkannten die Obergewalt des Tobba vom Stamm Himyar an und später die seines Bruder's
aus dem Stamm Kahtan. Himyar und Kahtan sind die Hauptpatriarchen der Araber aus
den Kahtaniden. Die Koreischiten stammten von Adnan, indem Ischmael mit einer Tochter
Modad's (aus dem Kahtaniden-Hause Jorham) Adnan zeugte. Difär (b. Sana) war Hauptstadt der von Himyar (Enkel Kahtan's, des Vater's von Saba) stammenden Himyariten oder
(nach Ptolomäos) $'Ομηρῖται$, die (nach Marcel) erst Heiden, dann Juden, dann Christen,
dann Moslem werden. Das Reich Yemen wurde (70 Jahr vor Mohamed) vom Negusch von
Aethiopien (um die Christen gegen den Juden-König dha Nowas zu schützen) erobert, und
dann vom Khosru Anuschirvan. Die Bewohner von Mahrah und Hadhramaut sprachen das
Ehbkili oder Mahri (Sprache der Himyariten). Die Schriftzeichen auf den Inschriften in
Süd-Arabien gleichen dem aethiopischen oder das Ghyz. Das aethiopische Alphabet soll
von Frumentius erfunden sein. Ehbkili bedeutet (nach Fresnel) Freie im Gegensatz zu
den Tschhäri oder Sklaven Bauern. Die Al-Mosnad genannte Schrift der Himyariten wird
von Rechts nach Links geschrieben (wie früher das Ghyz).

Araber verehrten (nach Herodot) Dionysos als Oratal (und Urania als Alilat). Nebukadnezzar siedelte die Kriegsgefangenen (aus Arabien) in Kutha (in der Provinz Babel) an. Unter den Colonisten, die Esarhaddon zur Besiedlung Samaria's aussandte, fanden sich Familien aus Kutha. Die von Djorhom, Sohn des Kahtan, stammenden Djorhomiten (bei Mekka) mischten sich mit den Ismaeliten (Ismael's). Dieu multiplia ensuite les enfants d'Ismael à la Mecque, l'intendance de la Caaba et le gouverment de la Mecque était entre les mains des djorhamites, leurs parens du côté de ·leur mère nach dem Sirat-al-reme (Sacy).

In Chuzistan oder Susiana liegt (am Zab) Hindian oder Endian und in den Ruinon der Stadt Susan das Grabmal des Danijali Akbar oder grossen Daniel, während das des kleinen Daniel (Danijali Asghar) unter den Trümmern von Schusch oder Susa liegt, zwischen der Stadt Schuschter (neben den Rosten der Stadt Jondi Schapur bei Schababad) und der von ciner Anzahl Sabier (die Adam als ersten Propheten ansahen und als den letzten Sab, den Sohn Enoch's) bewohnten Stadt Dizful. Thus ist eine Burg iu Khorassan, dem alten Parthien. Zu den Bachthijari in Luristan gehören die Dinaruni. Die Landschaft Dinarsun ist das alto Elymais. Kuça, Nachkomme des Soma, ist Vorfahre der Kuçika's und Rama's Söhne heissen Kuça und Lava. Der Name Kanyakubja's (der Rosidonz Krischna's) ist Kuçasthala. Kuça ist Opfergras (Kuç oder glänzen). Benares oder Kaçi (die Glänzende) ist Hauptstadt im südlichen Koçala (Jetavana im nördlichen). Kusinari oder Kosinaraya (Kosi oder Indra) ist Buddha's Todesort, Kuson (Kusala) das Verdienst (im Siamesischen). Auf Rama's Söhne (Kuçalavo) folgte Atithis, Sohn des Kuça. Feridun, der mit seiner Keule (Gam-peyker) den Zohak (Besieger des von Kajomorts stammenden Djemsid, den Nachkommen des Thamurs oder Temuret) erschlug, residirte in Temischeh oder Sary. Sheher (Istakhar oder Persepolis) und sein Enkel Minotscher (Minotsch oder Ninus) oder (nach dem Zendavesta) Manoschihir (aus dem Geist geboren) stellte das Weltreich wieder her. Das Land Djen ist China (b. Moses von Chorene), wo sich Djemsid verbarg, und Kaiser Jao wird, wie Kajomorts mit Noah verglichen. Die Themuditen, die den Propheten Saleh verachteten, wurden durch Gabriel vernichtet und (nach Hussain Vaez) suchten die Juden Schutz gegen ihn bei Michael, und würde Mahomet gefolgt sein, wenn er Michael (Mikail) statt Gabriel (Gebrail) gedient habe. Die Themuditen hiessen Caoun Salah oder das Volk der Heiligen. Die Stadt Semirah (Sermenraa) wurde von der Königin Homai (als Semiramis) gebaut. Die Hia-Dynastie endete, als der durch seine Concubine Meihi verderbte Likue oder Kie (das Prototyp der Ungeheuer bei Konfutse) dem Tschingtang (Stifter der Schang) erlag (1765 a. d.). Kao ist der Alte im Siamesischen. Nach Plato hatte Ilion zum assyrischen Reich gehört. Dardanos gründete die Burg und (nach Layard) bedeutet Tartan auf den Inschriften einen Befehlshaber. Darius gründet τά Σουσα. Οἱ Κοσσαῖοι waren Bergvölker an der Grenze von Medien. Der Name Nimrus findet sich auf den assyrischen Monumenten als Namri (nach Ramlinson). Wie das Tiefland im Umkreis des Zarahsee's heisst Chalah (bei Niniveh) Nimrus. Peschenk (Vater des Afrasiab) herrschte (als König Turan's) in Genk-Behesht (des Paradieses). Afrasiab floh (776 a. d.) nach China vor Khosreb. Pelops, Sohn des Tantalus, der am Sipylus in Soloe herrschte, wurde in Elis verehrt und Xerxes verlangte Huldigung von den Spartanern, da sie durch den Knecht seiner Väter, den Phrygier Pelops, unterworfen (wogegen Pan-Achaia gegen Troja zog). Der Held Karen eroberte für Minotscher die Wolkenburg Selm's, sein Bundesgenosse Kakwi, der in Gangi-Dischhocht (Jerusalem oder Solyma) regierende König der Tasi die Araber besiegend, und die Karier gehörten zum Reich des Pelops, (nach Krüger, der in den von Othniel besiegten Kuschan

Rischatbaim, König von Aram-Naharajim, den Namen Rusthm findet). Nach
Abu-dchaffer führte Rubam (Sohn des Guderz') ein Hoer gegen Jerusalem.
Khan ist König im Türkischen und zugleich Name für Residenz (auch in
in malayischen Sagen), wie Bali. Saadi nennt Gott Dara, als Herrscher
der Menschen (ein Königstitel, wie in Dara) und Dana, als mit Weisheit
regierend. Nach dem Tarikh Montekheb wurde der zur Zeit des Lohrasp
lebende Danial oder Daniel von Cyrus zum Gouverneur Syriens gemacht.
In Tanais liegt Wasser, wie in Douna oder Don, und des Danaus Töchter
schöpfen Wasser. Von Danus oder Ditis stammen die Danawas oder Asuras.
Der sidonische König Phalis zog Troja zu Hülfe. Khotan (Stadt in Mon-
golish) oder Hothian (Yuthian) ist Kustana nach Remusat, (Tebet oue Khotan).
Nach Abulfeda ist Khotan der nördliche Theil Khatai's oder China (Tchin
und Khotan). Nach Rawlinson enthält der Königsname Aschur-da-pal-il den
Namen des Gotte's Jl. Das Krijajogasaras zählt als Inseln der sieben
Meere neben Dschambudwipas auf Plakschas, Salmalas, Kuças, Krauntschas,
Sakas, Puschkaras (blumiges China). Der Berg Krauntscha wurde von
Parasurama, der Dämon von Kartikeya überkommen. Herodot giebt dem
Ninos und Bel, als Vorfahren Alkäos und Herakles und Krüger identificirt
den in Troas Diodas oder Diodan genannten Herakles mit Teutäos oder
Feridun (Thractaono im Zend), als Tridi oder Trita, den Vorfahren des
Ninos oder Chala. Der Abendländer Kala (Kala-Yavana), der im Maha-
bharata von Krischna nach Westen getrieben wird, wird von Görres auf
Feridun bezogen. Nach Xanthos (b. Steph. Byz.) waren Tantalos und Ascalos
Söhne des Hymenaios. Das phrygische Ascanios ist (n. Krüger) As-cunna
(gottentstammt), wie in der Edda der Rhein heisst (und der Ganges aus
des Iswara Locken fliesst). Die Sachsen nannten ihren Stammvater Ascanez
und Asgard findet sich als Asagarta oder Asgarta in des Darius Inschrift
zu Behistun. Unter den etruskischen Worten findet sich aracos für Adler
und as für Gott (Nisroch oder Gottadler). Kapys war Sohn des Assaracos,
Bruder des Ganymedes (ἀετός Διός). Nach Chamich nennen sich die Armenier
Askanier und bei Homer führt der Held Askanios die Phryger fern aus
Askania, wie des Tithonos Sohn Memnon (als Menon, Feldherr des Ninos)
die Susianer und Aethiopen zu Hülfe gegen die Danaer. Neben der Insel
Siah Coueh (mit der Stadt Assaf oder Assof) lag (nach Al-Bergendi) das
Land Azak (der Kosakken), und Asgard wird an's azowsche Meer gesetzt,
wie Asciburg an den Rhein. Im Siamesischen ist Thara Wasser, Thara-
Than ein Fluss, und Thorani die Erde. Thao (Thava) hat sich als alter
Königstitel erhalten (thao ist alt). Kobad oder (in Zend) Kavad führte
(nach d'Ohsson) den Namen Mihr-peresth oder Sonnenanbeter. Nach Herodot
hiessen die Perser früher Kephener, wie (nach Steph. Byz.) die Chaldäer
in Babylon. — Nach den medischen Königen (Zoroaster's), die auf die erste
Dynastie (des Erechius, Vater' des Chomasbelus) folgte, gründete (2234 a. d.)
Nimrod (Belu-Nipru) oder Bel-Nimrod das chaldäische Reich (in Ur oder
Hur), in dem Urukh (Urukham) oder (b. Ovid) Orchamus (König von Ur
und Kingi-Accad) die Bowariyeh Tempel von Warka (des Beltis) baute (und
den des Mondgotte's Sin oder Hurki in Mugheir), Vater des Ilgi. Nach
den elamitischen *) Königen mit Kurdur-mabuk (Chedorlaomer) oder Kudur-

---

*) About the year 2234 a. d. the Cushite inhabitants of Southern Babylonia, who
were of a cognate race with the primitive colofiists both of Arabia and the African Ethiopia,
may be supposed to have first risen into importance Delivered from the yoke of the
Zoroastrian Medes, who were af a strictly Turanian or at ony rate of a mixed Scithic.
Arian race, they raised a native Dynasty to the throne, instituting au empire of which the
capitals were at Mugheir, at Warka, at Senkereh and at Niffer, and introducing the worship
of the heavenly bodies, in contradistinction of the Magian Medes. When the Asamacans

mapula (Vater des Arad-Sin), herrschte (1850 a. d.) Ismidagon und dann (nach Gurguna) Naramsin (1750), sowie (1700) Sin-shada. Several monarchs of the Sin-series (monarchs into whose names the word Sin, the name af the Moon-god, enters as an element) now present themselves (s. G. Rawlinson). The principal buildings of Zur-sin (at Abu-Shahrein) exhibit certain improvements on the architecture of the earlier times, and appear to have been very richly ornamented, at least in parts [indische Ornamentik]. Next in order to the kings of the Sin-series (1700—1625 a. d.) folgen Purna-puriyas (in Senkereh) und in Tel-Nimrud oder Nimruh Tepasseh zu Akkerkuf und Mosaib oder Sippara) Durri-galazu oder (nach Ktesias) Dercylus (in Zergul), als Sohn (1625—1578 a. d.). Nach Khammurabi und Samshu-iluna endete (1518 a. d.) die chaldaische Dynastie. Der arabischen Dynastie wird zugeschrieben a brick (found by Porter) at Hymar. — Beduinen in Jebur und Araber finden sich oben zwischen Tigris und den Khabur-Flüssen, Zobeid- und Affej-Araber zwischen Babylon und Niffer, Montefik bei Warka und Senkereh,

---

are first mentioned in the cuneiform inscriptions (1120 a. d.) they are found to be settled along the banks of the Euphrates, from Babylon to Carchemish. Arabien hat drei Einwanderungen, die cushitische, dann die der Joctaniden und dann (gleichzeitig mit den Juden in Palästina) die der Ishmaeliten. The name Kaldai (Chaldaean) for the ruling tribes on the lower Euphrates, is first met with in the Assyrian inscriptions, which date from the early part of the IX. cents a. d. Ali, den Omar (bei der syrischen Reise zur Capitulation Jerusalem's) als Gouverneur von Medina zurückgelassen, fand in den Ansairiern seine Stütze, während seine in Mekka versammelten Feinde Muawija ibre Hülfe gaben, um die Herrschaft bei den Koreischiten (gegen die Spaltung in den Hadschimiten) zu bewahren. Der Ansairier Keis-ben-Sad bewirkte (nach Ali's Ermordung), dass Husan Huldigung geleistet wurde, der seinen gewaltsamen Massregeln indessen abgeneigt war. Bei dem Khalifate in Syrien, wurde die Parthei der Aliden in Kufa begünstigt (während Aegypten sich durch äthiopische Beziehung Yemen nähert). Die Parthei der vom Chalifen Hischam (Nachfolger seines Bruder's Jazid II., der die Keisiten begünstigt hatte) nach anfänglicher Begünstigung bedrückten Yemeniden erhoben Jazid III. (Sohn des freigeistigen Walid I.). Die Letzten der von den Abbassiden (die zum Stamme Haschim gehörten) verfolgten Omejjaden flüchteten nach Spanien (wo die Jemeniten vorgeherrscht hatten, während Haddsadh, der Statthalter der beiden Irak unter Walid I. die Keisiten begünstigte). Das auf medische Dynastie (magischen Stammes) folgende Reich der Hamiten (in der ersten Dynastie der Chaldaeer) begann 2234 a. d., mit Urukh (Hur oder Kinzi Akkad) oder (bei Ovid) Orchamus und sein Nachfolger Ilgi Shamas-Iva, Sohn des Ismidagon (1861 a. d.), baute Tempel in Assbur oder Kileh Shergat. Naram-Sin (Sin oder Mond) herrschte in Kiprat oder Kiprat-arbat (über die vier Russen). From the archaic form of the character employed, a king of the name Sinshada, whose bricks are found in the ruins of Bowarich or Warka ('Ορχόη or Erech) must be placed high in the list of kings (Rawlinson). The bricks of Purnapuriyas are found in the ruins of the temple of the Sun at Senkereh (dedicated to the sun) or (Narsa) Larsa (Ellasar or Λαράχων). The original Hamite tribes, who wrested Babylonia from the Median Scyths in the 23 cents a. d. were in their turn superseded in power after 258 years dominion by immigrants from Susiana of a kindred race who founded the great chaldaean empire of Berosus (inder Chedor-Caomer or Kudur-mapula). In that age Semitism as a distinct Ethnic element seems to have been first developed, the germ however in its crude state having existed long previously as an integral portion of Hamitism. The charactes employed (in the Hamite empire on the lower Euphrates) is almost the same (in the inscriptions) as the Hieratic Chaldaean of the early bricks, but the language sems to resemble the Scythic of the Achaemenian trilingual tablets rather than the Babylonian primitive Chaldee. The early Babylonian language in its affinity with the Susianian, the second column of the cuneiform trilingual inscriptions, the Armenian cuneiform and the Mantschoo Tartar on the one hand, with the Galla, the Gheez and the ancient Egyptian as the other may be cited as a proof of the original unity between the languages of Africa and Europe (s. Rawlinson). The Kaldai (Chaldaeans) appear to have been the leading tribe of the Akkad, (who developed the type of language, known as Semitism). Nachdem die Assyrer die Scythen am Zagros besiegt hatten (880 a. d.) zogen sie gegen die Meder (Mad), die südlich vom Caspischen Meere zwischen den Namri oder Scythen in den kurdischen Bergen und Khorassan (Bikni oder Bikrat) oder (im Vendidad) Vaekeret wohnten. Sargon nennt Medien unter den eroberten Provinzen. Die Samri oder Nammari, die eine dem Sind verwandte Sprache reden, gleichen den Djat und Rajputen in Belutschistan.

Beni-Lam-An in Khuzistan, zwischen Tigris und Bergen. Unter den aramäischen Stämmen, die am Tigris und Euphrat von Sennacherib besiegt wurden, stehen die Nabatu (Nabataeer) und Hagaraou. Strabo nennt Nabianer und Panxaner unter den Wanderhirten zwischen Maeotis und caspischen Meere und am taurischen Chersonnes finden sich Napaei. Allmählig treten die Nabataeer*) ganz mit den Character syrischer Aramaeer auf, da die zu den Stämmen jenseits des Jaxartes gehörigen Napäer im Kampfe mit den Palaeern (wie Plinius bemerkt) untergegangen und also von ihrer alten Heimath abgeschnitten waren. Makrizi lässt von den vier Söhnen des Biser, Sohn des Kham (Sohn des Noah) den Madj das Land von Egypten bis zum Djezirch (Mesopotamien's) besetzen, als Vater der Nabataeer in Syrien, während von Jadj, der die Djezirch inne hielt, die Nabatäer**) Irak's stammen, mit Misr und Farek verwandt. Dagegen stellt Masudi unter die Kinder des von Aram, Sohn des Sem (Sohn des Noah) gezeugten Masch die Nabit, von welchem die Nabatäer und ihre Könige stammen. Die Nabataeer treten unter so proteusartigen***) Wandlungen auf, dass man von vornherein verzichten muss, sie unter einer Nationalität zu vereinigen, denn ihr Name hat deutlich genug nicht zur Deckung ethnischer, sondern social-politischer Verhältnisse gedient. Wir haben etwas Aehnliches in Afrika vor uns, wo man in späteren Zeiten unsere Literatur durchblätternde Alterthumsforscher von Fellah, als einer Kaste von Ackerbauern, von Fellah als ein Hirtenvolk†), von Fellah als einer abgeschlossenen Religionssecte reden hören würde. Es mag richtiger und jedenfalls empfehlenswerth sein, die Hirten und Fellatah oder Peul, die Sectirer Falasha zu schreiben, aber es finden sich ungenaue Bücher genug, in denen diese Unterschiede nicht beachtet sind, und wir haben bei den uns erhaltenen Schriften keine Garantie, dass es immer die besten, oder immer die sorgfältigsten Abschriften waren. Movers erklärt die Philistiner in Palästina††) als ein Wandervolk von (aethiop.) falasa (wandern). Während Diodor die Nabataeer als wild umherstreifende Räuber schildert, Strabo als verschlagene Handelsleute in ihrer Höhlenstadt, während sie (n. Massudi†††)) die Erde mit wunderbaren Bauten

*) Die Chaldaeer sind dieselben wie die Syrer, auch Nabat genannt (Massudi). Nach Abul faradj wurde das Reich der nabataeischen Chaldaeer durch den Meder Darius gestürzt und auf die Perser übertragen. In der Landwirthschaft der Nabathaeer bilden die Nabataeer die Bewohner Babylon's vor der Herrschaft der Chaldaeer.

**) Blau hielt die Sprache der (nabatäischen) Denkmäler am Sinai, Petra und bis in den Hauran, für einen arabischen Dialect, wogegen Levy aramäisches Sprachgut in ihm findet. Jarab war (nach den Orientals) der Erste der arabisch sprach.

***) Nach Aioub-ben-Kiribbah sind die Bewohner der Provinz Oman in Nabatäer verwandelte Araber und die Bewohner von Bahrein in Araber verwandelte Nabatäer. Seit dem Islam legten die Nabatäer ihre Namen ab, um als natürliche Unterthanen der persischen Könige zu erscheinen (Massudi).

†) Die Jat bildeten (zur Zeit Baber's) den grössten Theil der ackerbauenden Bevölkerung des westlichen Indien bis zur Mündung des Indus (nach Erskine), während Dachet (Dschat oder Scut) oder Sjete (Scythe) die allgemeine Bezeichnung der Wandervölker bildet.

††) Falacha est la forme amharique du mot gueez fallasi (plur. fallasyan), émigré (Halévy). Les Falachas parlent en famille un dialecte de l'idiome agaou (le falachina ou Kaïlina).

†††) „Diese Fürsten bedeckten die Erde mit Städten und führten die Civilisation ein, mit einem beispiellosem Ruhme herrschend, obwohl jetzt gefallen und zerstreut" wie Babylon (b. Jeremias), das Nebukadnezzar (mit der durch seinen speciellen Schutzgott Nebo oder Nabu, dem er Diridotis baute) mit Aquäducten, Gärten, Städten und den kolossalen Kreiswällen der Nitocris gefüllt hatte. Les Nabatéens sont ceux qui, les premiers, se sont appliqués à l'architecture, ont fixé les divisions territoriales, creusé les canaux, planté des arbres, inventé des amulettes, les fumigations, les sortiléges et tous les procédés magiques. Tous étaient Sabéens (s. Quatremere). In Griechenland treten die Cyclopenbauten besonders mit Perseus auf, den Erbauer Mycenae's, πόλισμα Περσέως, Κυκλωπίων πόνον χειρῶν

bedeckt haben, bei Ebn Khaldun den Besitz tiefster Wissenschaft*) nur mit
den (von Memphis oder Nob her verwandten) Kopten theilen, treten sie in
der Maccabäer-Zeit als friedliche Hirtenvölker auf, auch als fromme Rechabiten oder Essener**) (mit den Sitten indisch-arabischer Bacyanen) und bei
Ibn Wajyjah bilden sie wieder die ursprüngliche Bewohnerschaft des Landes,
betriebsam dem Ackerbau ergeben unter allen politischen Wechseln. Die
Sawad und die Dörfer Irak's bewohnenden Nabatäer stammten***) (nach

---

(Euripid.), und die Künstler (die später die Pelasger auf ihren Zügen begleiteten) mögen
über Phoenizien herbeigeführt sein, wo Cepheus (Schwiegervater des Perseus) residirte
und Kassiopeia, Tochter des Arabos (Sohn des Hermes und der Thronie), mit Phoenix
vermählt. Nach Apollodor befestigte Prötus die Stadt Tiryns mit den durch seinen
Schwiegervater Jobates aus Lycien (dem Land der Σολυμοι) oder Milyas geschickten
Cyclopen. Das arabische Volk der Σαλάμοι war mit den Nabatäern verbunden (s. Quatremere).
Nach Blau hat der Name Nabat (Anbat) ursprünglich keine ethnographische Bedeutung,
sondern eine appellative Bezeichnung, von den Wasserbaukünsten entlehnt. Chaldaei non
ex artis, sed ex gentis vocabulo nominatur (Cicero). Χαλδαῖοι γένος Μάγων (Hesychius).
Zu Alexander's Zeit wohnten die Brachmani (Brachmani Magi) als Volksstamm am Solen
oder am Fusse des Berges Bettigo (b. Diodor), und sie verbrannten sich in ihren Städten
mit derselben Hartnäckigkeit, wie die gleichfalls semitisch (mit Abraham) verwandten Isaurier
und Lycier (Solymer).

*) Die magischen Bücher waren verloren gegangen ausser den vor der Zeit des
Moses abgefassten Büchern der Nabatäer und Chaldäer. „Diese Wissenschaften finden sich
noch bei den Syrern, die Babylon bewohnen, und bei den Copten in Babylon". Die
Chaldaeer, vor ihnen die Syrer und gleichzeitig die Nabatäer (Kopten oder Kobt) ergaben
sich eifrig dem Studium der Magie, der Astronomie und den Einfluss der Talismane. Zu
den civilisirten Völkern des Alterthum's rechnet Ibn Khaldun die Perser und Nabat. Die
Civilisation hatte sich beständig in Irak erhalten, weil diese Provinz ununterbrochen der
Herrschaft der Nabat und der Perser angehörte unter den Königen der Chaldaeer, Keianier
und Cosroes. Verschieden von den hellen Berbern (die Nachkommen des Ber) zeichnen
sich die dunkelfarbigen Al-Butar oder Schelluchen, die von den eingewanderten Kais (Kush
oder Gheez) mit der Tamzigh (Amazig) gezeugt wurden, durch ihre Fertigkeit in Künsten
und Handwerken aus (nach Graberg von Hemso). Unter König Amenophis kamen dunkel-
farbige Stämme aus Indien nach Aegypten und breiteten sich vom Nil bis zum Ocean aus
(Isid.). Die Wanderzüge der Araber nach Nord-Afrika (bei Juba) müssen von dem Süd-
ende der arabischen Halbinsel ausgegangen sein (s. Movers). Die (indische) Sitte, Ringe
in der Nase zu tragen, war (wie im alten Palästina) bei den Mauren üblich.

**) Nach Epiphanius kamen die Essener aus dem Lande der Nabathaeer oder Peraea
an das Gebiet der Moabiter grenzend. Wesseling verbindet die Nabataeer, die weder das
Land bauen noch Wein trinken durften, mit den Rechabiten (der Keniter oder Cenäer).
Die Gelübde der Rechabiten (b. Jerem.) waren von Jonadab (Vater des Rechab) gegeben.
Die Römer verschmähten die Hülfstruppen der unkriegerischen Nabatäer. Nach Athenodorus
lebten die Einwohner Petra's, die Stadt der Nabathaeer, stets in Frieden, ohne mit Fremden
Prozesse zu führen. Wer sein Vermögen verminderte wurde bestraft (bei den Nabathäern),
wer es vermehrte, belohnt. Un peuple d'Arabie, nommé Salamiéns, Σαλάμοι, avait pris ce
nom du mot salama, qui signifie paix parcequ'il était allié des Nabatéens. Le nom de
Saraca désignait une contrée d'Arabie qui touchait à cette des Nabatéens. Une plaine,
appellée Syrmyaeon, separait ceux-ci des Nomades, une ville, nommée Gea, au voisinage
de Petra (Quatremère). Steph. Byz. nennt in Arabien die Stadt Quara (Leuco-come), dont
le nom, en Arab, comme en syriaque, signifie blanc.

***) Im Gegensatz zu den Nomaden im taurischen Chersones wurden die Bewohner
bei Sintice Georgen oder Ackerbauer genannt (nach Strabo). Die Gorgeten oder Jorjiten
(Georgier) heissen bei den Türken Kurdi (Kurji) und die Jessen werden Affs (As) genannt
(Schiltberger). Γοργώ (b. Polybius) oder (nach den Arabern) Jurjaniah war Hauptstadt
von Kharizm oder Chorasmia (Uvarazmia) an der Mündung des Oxus. Bournouf findet
zem (zamim im Pers.) oder Erde in Kharizao oder Kharizm. Zur Zeit des Perses trugen
die wandernden Pars (Leoparden) den gleichen Hass gegen ackerbauende Gorgonen zu
Tage, wie die Semitischen Hirten gegen die Nachbaren des Kain, obwohl nach fester Begründung eines ansässigen Reiches die Kainiden selbst den Thron Persien's bestiegen
(und nun nicht länger für „Riesen", sondern für „gute Könige" erklärt wurden) um ihrerseits wieder von den unstäten Turaniern bekämpft zu werden. Raschbiduddin rechnet die
Dschurdsheh (Tungusen der Nation Su-tchin) oder Mandschu (nebst den Khitan) zu den
Mongolen. Unter den sabäischen Stämmen wurden den Pharaniten die Schmiedekunst
zugeschrieben, den Benu-l-Kain, die Baukunst von el-Kain, faber, wie haggar: lapidarius,
Amila: opifex (Blau).

Tabari) von den Aramäern, die sich bei der arabischen Eroberung zerstreuten und dem Landbau ergaben.

In dem Geschlecht des Sem stehen Elam, Assur und Lud ohne Nachkommen. Elam ist die aus medischem Dialect zugekommene Form von Aram und mit diesem im Grunde identisch, Assur ist die Bezeichnung des Erobervolkes, dass unter den Aramäern in Niniveh ein Reich gründete und nach der Nationalisirung mit den Eingeborenen als verwandt zusammengestellt wurde, Lud tritt aus den Beziehungen Lydien's zu Assyrien, als zeitweisen Vasallenstaate's desselben, hinzu. Die Bedeutung der semitischen Genealogie liegt also in Arphachsad und Aram, den Chaldaeern und den Syrern in späterer Auffassung. Aram scheint der allgemeine Begriff der Länderbezeichnung gewesen sein mit Ur der Chaldaeer (Orchoe oder Warka), Ur-Kasdim (das Land der beiden Flüsse), als Sitz einer bevorzugten Kaste, und von dort wanderte (nachdem mit Peleg die Trennung zwischen Joctaniden und Hebräern eingetreten war) Abraham nach Westen (um bei dem Eindringen eines neuen Religionscultus' den der Väter zu bewahren). Die Joctaniden verbreiteten sich über die arabische Halbinsel bis zum östlichen Gebirge und begriffen unter sich Ophir und Seba, obwohl sich schon unter den Kindern des Chus (Sohn des Ham) Seba (und Sabtha) finden. In der Genealogie des Aram (Uz, Hul, Gether und Mas) glaubt Josephus die Gether in Bactrien zu finden (in Folge der dorthin ausgedehnten Herrschaft der Aramäer in Babylon), die Hul*) hingen vielleicht mit dem thracischen Zweig der Hellenen zusammen (durch die phrygische Brücke von Armenien**) aus vermittelt) und die Mas***) mit den Liburnern oder blonden Libyern der Maschouah. In den Uzen sieht man die Uziten im Lande Hiob und manche der auf Kuschiten bezogenen Andeutungen können die Uzier in Susiana oder Chuzistan treffen, die dort in der eigentlichen Heimath des Aram oder Elam lebten. Mit dem Abfall Reson's (Sohn des El Jadas) von Hadad-Esar, König von Zoba, setzte sich der uzitische Zweig (zu Salomo's Zeit) in Damascus fest, wo schon David mit Aramäern gekämpft hatte. Die Beamten des Hiskias ersuchten die assyrischen Gesandten aramäisch zu sprechen, um nicht vom Volk, sondern nur von, ihnen verstanden zu werden. In der Genealogie des Ham bilden die Nachkommen des Chus die älteste Schicht der arabischen Völker, aus denen Nimrod†) hervorging, der Königsstifter im Lande Sinear. Ihnen zunächst stehen die Kinder Mizraim, als Egypter und dann (neben Phut) die Kinder Canaan. Japhet's Söhne sind Gomer††), Magog, Madai, Jacan, Thubal und Thiras, alles unstäte Wanderstämme. Das Vorwiegen der Aramaeer oder (b. Strabo) Arimäer†††) führt sich auf jene Einwanderung zurück, die (b. Berosus) den

---

*) Wie in Arcadien findet sich in Sicilien das Volk der Elymi.

**) Armenien, (von dem Könige Aram genannt) oder Hurarda heisst Hurasda (Hurassad) in Babylonien. Das Bergvolk der Chaldaeer verbreitete sich später über die Ebene. Rawlinson erklärt Hur, als Stadt des Mondes.

***) Nach Masudi ist Nabit Sohn des Mash. Dagegen lässt Ibn Khaldun die Nabatäer durch Nabit von Canaan, Sohn des Kusch (Sohn des Ham) abstammen. Die Syrer leiteten sich von Loudonash (Sohn des Nabit) her (in den assyrischen Beziehungen der lydischen Dynastie durch Ninus). Die von Strabo identificirten Carduchi und Gordiaei (Cardaces und Cyrtii) bewohnten das Masiusgebirge in dem (von Nairi und Lokka besetzten) Norden vor Aram Naharaim. The Assyrian term Karadi is used throughout the inscriptions for the warlike youth of a nation (Rawlinson). According to Strabo Carda meant τὸ ἀνδρῶδίς καὶ πολεμικόν. Firdusi lässt die Kurden von den vor Zohak geflüchteten Jünglingen stammen.

†) Rawlinson findet Νεβρωδ in Bilu-Nepru, der in Nepur oder (nach dem Talmud) Nopher und in Niffer verehrt wurde (von napar, jagen).

††) Das persische Saka wird im Babylonischen durch Gamiri wiedergegeben.

†††) Nach Massudi nehmen die assyrischen Könige den Namen Arier oder Löwen (als Nimrud) an.

Mediern oder Ariern zugeschrieben wird (2400 a. d.) unter der Leitung des Zoroaster. Die Herrschaft derselben wird (2200 a. d.) von einer andern gestürzt, die man turanische oder scythische zu nennen pflegt, die aber (nach den orientalischen Sagen) mit der kuschitischen des Nimrod zusammenfallen würden, da unter ihr die Auswanderung Abraham's, um seinen väterlichen Glauben zu wahren, Statt gehabt haben muss. Auch hatte derselbe, schon in Syrien ansässig, noch mit seinen alten Feindén zu kämpfen, als Chodorlahomor, König von Elam (wie im östlichen Dialecte das dortige Aram hiess), Amraphel, König von Sennaar, Arioch, König von Ellassar und der heidnische König Targal ihren bis an die Grenzen Egypten's ausgedehnten Einfall machten. Damals wurden alle die aus Mesopotamien vertriebenen Wanderstämme (mit Ausnahme der nach drei Generationen länger in Syrien verbleibenden Nachkommen des Eber und der in Arabien gesicherten Joctaniden) nach Egypten gedrängt, wo sie nach längerem Umherziehen im Delta sich einen König erhoben und die Dynastie der Hyksos begründeten. Die in Syrien ansässig gewordenen Völker bildeten die Canaaniter, zu denen noch vom rothen Meer die Phoenizier kamen. In Mesopotamien aber gelang es der Priesterkaste der ersten Einwanderung (Zoroaster's) durch ihre geistige Ueberlegenheit die (turanischen) Sieger der zweiten wieder zu besiegen und (2000 a. d.) die chaldäische Dynastie aufzurichten. Später erweiterte sich der Name der Klasse*) zu dem eines Volkes (ähnlich wie bei den von Brahmanen hergeleiteten Birmanen) in den Chaldaeern, des Nebukadnezzar oder (Nabuchodonosor) oder (b. Theophilus) Ἀβοβάσσαρος, dessen Vater Nabopalassar in Verbindung mit den Medern des Cyaxares die ʹHerrschaft Niniveh's gebrochen hatte († 604 a. d.). Das doppelte Reich der Assyrier (abgesehen von der späteren Theilung in ein älteres und jüngeres vor und nach Sardanapal) ist von der Critik verworfen, aber wenn man den Synchronismus Abraham's mit Ninus (b. Syncellus), also (nach den Orientalen) mit Nimrod festhält und Ninus nach des Ctesias Berechnung in das XX. Jahrhdt. a. d. zurückversetzt, so kommt man auf diejenige Zeitperiode, in der auch Manetho von dem Erstarken eines assyrischen Reiches spricht, und könnte sich immerhin veranlasst sehen in der medisch-scythischen Dynastie das Zurücktreten des arischen Elementes, das sich nur im Norden erhalten, vor dem turanischen, mit der Abzweigung Assur's aus Babylon (wo die befreundeten Verwandten der Hyksos herrschen blieben) oder Babel (Biru oder Meru) in Verbindung zu bringen. Der arische oder später asische (und assyrische) Zweig stand hierbei in einem ähnlichen Wechselverhältniss der Hegemonie zum turanischen (oder türkisch-mongolischen), wie bei der Völkerwanderung der germanische der Gothen (und früher Alanen oder Usiun) zu den Hunnen (oder Hiongnu). — Die Sabaeer**) (τὰ σώματα ἀξιολογώτερα bei Agatharchides), deren Könige

---

*) Die γέροντες im lacedämonischen Gerichtshof sind zu Athen im Namen der γλέοντες, als erster Kaste, geblieben. Die Chaldaeer werden auf Khaldi oder Moud zurückgeführt, die Messer bei den Semiten oder den Alten bei den Indern. Ἄλδος, der in Gaza verehrte Zeus, hiess (nach Hieronym.) Marnas (Herr der Menschen). The early Syrian fathers seem to have applied the name Chaldaean to the Yezidi haeretics (associating them with the Marcionites and Manichaeans), and the same people are called Kasdim by the Mesopotamian Jews. Now Kaldani is adopted by the whole Nestorian race as their proper national title, while the Church restricts the name to Nestorian converts to Catholicism (s. Rawlinson). Diodor setzt die Heimath der Skythen an den Araxes in Armenien. In babylonischen Dialecten heisst der Mond Shisbaki (Sheshech).

**) Die mit Goldketten und Spangen geschmückten Sabiner und Sabeller wurden vom Perser Sabos hergeleitet (b. Hygin). Nach Syncellus waren Sauniten (Sabniten) und Samniten (in Arabien) Araber. Jesaias nennt Tarsis (der Turdetaner), Pul (Apulien) und Lud (der lydischen Tyrrhenier oder Etrusker) zusammen mit Tubal und Javan. Nach Juba waren die Anwohner des Nil's von Meroe bis Syene nicht (schwarze) Ethiopier, sondern Araber.

ähnliche Beschränkungen erlitten, wie die Perimaul, deuten durch viele Beziehungen auf Indien hin, während die Jainas wieder von ihren alten Sitzen bei Mekka (nach dem Thal von Mina) reden. Die Akk in Mekka wurden von den sabäischen Codhaa vertrieben. Seit der Name der Sabäer*) die Bezeichnung einer religiösen Secte wurde, sind in ihren Traditionen die verschiedenen Sagen ihrer Mischelemente zusammengeworfen, die joctanidischen der Katabani, die medischen der Minier und andere dem cuschitischen Grundstamm aufgepflanzte. Enoch oder Akhnokh, der lebend zum Himmel aufgenommene Vater des Methusalech, Vater des Lamech, unter dem die ersten Anzeichen der Fluth bemerkbar wurden, ist der antediluvianische Annacus**) oder Nannacus (in Nanna's weiblicher Wandlung mit dem nordischen Baldr associirt) Vorder-Asien's, und in Indien tritt nach dem König Anaka***) (Anaranya) oder Anenas (s. Buchanan) unter Prithu Verwirrung in die Genealogien ein (XIX. Jahrhdt. a. d.) und die durch ihre Städtebauten berühmte Dynastie Sabasta oder Subasti verschwindet gänzlich. Bohlen vergleicht mit Seth, der (n. Epiphanius) seine Schwester Azura heirathete, mit dem frommen Satja, der in Indien mit 7 Weisen aus der Fluth gerettet wird. Als Prediger des heiligen Krieges gegen die ackerbauenden Kainsöhne erscheint Enoch, der (nach Ben Schonah) unter Egypten's Pyramiden begraben liegt, als der Führer östlicher Nomaden, und joctanidische Erinnerungen bewahren sich in Ebn Khalokan's Zurückführung der Sabäer. Genealogien fanden sich etwa anfangs an Kemuel (Enkel des Naher) angeschlossen und war nun das von Arii eroberte Land nach ihrem Aryavarta†) oder Arya-maha-desa (Arima oder Arama) genannt, so mochte

*) Plinius kennt neben den Sceniten (und Characenern) auch sabäische Sceniten. Nach Artemidorus schickten die Sabäer Colonien aus. Servius erklärt die arabischen Sabaeer für Aegyptische Colonisten, ex effeminatis collectos. Nach Sophronius sandte Semiramis von Damascus aus Colonien nach τὴν Ἀραβίαν τὴν λεγομένην εὐδαίμονα. Assadaron (Sohn des Sanherib) unternahm Feldzüge gegen Indien und Saba (Methodius). Die Ναβάθραι und Ἐνλιχκεῖς Αἰθίοπες wohnten am Berg Arualtes in Libyen (b. Ptol.). Quatremere identificirt den Namen des Berges Nebo (b. Jericho) mit der chaldäischen Gottheit (bei Jesaias). In Nabrissa in Hisp. Baet. wurde (nach Silius) Dionysos verehrt. Die von Napata gekommenen Ethioper begründeten in Egypten die XXV. Dyn. (714 a. d.). Niffer (Nepru) oder (im Talmud) Nopher war (in arab. Trad.) das ursprüngliche Babylon, von dem Nimrud in den Himmel zu steigen suchte auf einen Adlerwagen (der von Pyramiden von Memphis oder Noph.). The name n-ape-t seems to signify „of Ape-t" or „Tape" as if it were derived from an offset „of Thebes" (Harris), and it was not unusual to give the names of Egyptian cities to those of Ethiopia (s. Wilkinson).

**) Nach Ewald ist Iconium (des Annakus) die von Kain für seinen Sohn Henoch erbaute Stadt, der Sethite Henoch heisst Edris (der Gelehrte).

***) Sein Vorgänger war Puranjaya (Nachfolger des Kukshi) oder Kakustha (Indrabahu oder Bana). In Sippara (Sivra) oder Sura (Surya) wo die Sonne (schamas) verehrt wurde, finden sich unter den chaldäischen Königen alter Zeit Ziegeln des Purna-puriya, und die dort von (Xuthus) Xisuthrus vergrabenen Bücher werden von Vishnu (in der Matsjawataram) dem Asuren Hajagriwas abgekämpft. Die Sabäer des Harran verehrten (V. Jahrhdt. p. d.) die Sonne als Bel-Schamin (Herr des Himmel's). Les cavaliers de l'Inde chevaleresque, appelés Hayas ou Hachayas, les Hyi des geographes de l'antiquité, portent le même nom (Hai-kh ou Haors) en Arménie (d'Eckstein). Besides many of the usual Egyptian deities are some of uncommon form peculiar to the Ethiopia and at Wady Owatayb is one with three lion's heads and four arms, more like an Indian, than an Egyptian god, though he wears a headdress common to Gods and kings, especially, Ptolemaic and Roman times (Wilkinson).

†) Arya-varta bei Manu wird im Norden von Himalaya, im Süden vom Vindhya begrenzt (der Aryer oder Hindu), als Aryanem-Vaejo der Perser in Hochasien (Airyana oder Airya-dagya und Arya-desa oder Arya-bhumi). Die wie die Bactrier bewaffneten Arier in Aria (im nordöstlichen Persien) bildeten eine Satrapie mit Parther, Chorasmier und Sogdier. Ariana begriff (nach Strabo) die Perser, Bactrier, Puropomisadae, Arii, Drangae, Arachoti und Gedrosii. Dionys. Perieg. setzt die Ariani an die erythräischen See. Bei Faustus Byzant. heissen die Perser Ari. Ari bezeichnet in Iran die medische Provinz Arran im

es immer, nach wie vor, durch semitische Nomadenstämme bewohnt sein, die dann ebenso gut als Bewohner Aram's oder auch als Aramäer bezeichnet werden mochten, wie die heutigen Beduinen Arabien's, als Bewohner Syrien's oder Irak's. Abraham fertigte seinen Diener an einen der ihm verwandten Stämme ab, und auch die zwischen Laban und Jacob ausgetauschten Worte müssen einen gleichartigen Character des Semitismus tragen, unbekümmert darum, ob die damaligen Herrscher im Lande türkisch oder medisch geredet haben. Während nun Abraham die Elamiten und die ihm verbündeten Könige mit offener Feindschaft gegenüber tritt, findet sich aus seiner Heimath Ur-Chasdim im Anschluss an die Chaldaeer, also an die ursprünglich semitische Bewohnerschaft im Lande, die sich auch 2017 a. d. durch Errichtung der chaldäischen*) Dynastie von dem fremdem Joche befreiten. In der Genesis ist unter Sem's Söhnen nur die Genealogie des Arphaxad, den Josephus zum Stammvater der Chaldaeer macht, weiter ausgeführt und sie führt bei Heber's Söhnen, Peleg (Vater des Regu) und Jaketan auf eine Vielzahl arabischer Stämme, mit denen die Hebraeer in naher Verwandtschaft erkannt haben müssen, und die durch Ophir auch auf ethiopisch-indische Beziehungen führen, unter denen aber die Namen Ad im Lande Wabar, Thamud**) und anderer verlorener Stämme (des Hadramaut mit den Tobba***)-Dynastien) fehlen, die nach der orientalischen Tradition gleichfalls zu den Arab-el-Arabi, (Ariba gegenüber der Mustaribah), der Nachkommenschaft Kohtan's oder Joctan's gehören. Die durch die der Einfügung in die semitische Sprachfamilie widerstrebende Sprache der Himyariten gebotene Schwierigkeit, lös't sich am einfachsten, wenn man bei der Besetzung Aram's oder Mesopotamien's durch die Arii oder Meder einige ihrer Stämme, bis nach Arabien vordringen und sich unter die Joctaniden ausbreiten lässt, den mit den Abrahamiten und Nahoriden verwandten Bewohnern des Landes. Die Meder werden auch dort als Eroberer aufgetreten sein, sie bauten auch dort den Garten Irem, aber sie konnten die Katastrophe des Deichbruche's nicht hindern, in dem ihr Name zu Grunde ging, d. h. sie verähnlichten sich allmählig den Eingeborenen und wurden dann gleich den übrigen zu den Joctaniden gerechnet, oder sie blieben halsstarrig an ihren eigenen Gebräuchen haften und wurden dann durch den Zorn des strafenden Gottes von der Erde vertilgt.†) Als die

Norden. Als Könige von Ari und Anari herrschen die Sassaniden über Meder und Perser. L'arménien Ari (Medes) ou brave ressemble beaucoup au mot grec areios, belliqueux, et au mot ariah (en hebreu ou chaldaique) au lion (Quatremère).

*) Ur-Kaschdim wird erklärt als der heisse (Ur oder feurig) Süden, das feindliche Feuerland Muspellheim (oder Nimruz), während (b. Henoch) Gott im Feuerpallast wohnt. Xenophon durchzog neben Larissa (Nimrud oder Ninus) die Ruinen von Mespila (Kudjunjik oder Resen). Die Riesen (mnd. und schwd Rese) oder Giganten sind (b. Caedm.) aus Kain's Geschlecht (s. Grimm). wie (Beow.) Grendel (aus Caines cynne). Nach Abulfeda hatte Nimrod ben Cush von Zohak die Praefektur von Sewad-al-Irak erhalten (s. Rühl von Lilienstern). Der Mefalih alolaun identificirt Nembrod mit dem persischen König Caicaus.

**) Diodor kennt die arabische Völkerschaft der Thamudener auf den Küsten des rothen Meeres. Der gemeinsame Name der Ereber oder Erember (Mischlinge) ging später in Araber (Wüstenbewohner) über (Movers). Τοὺς Ἄραβας Σύρους ἐκάλουν τινές, διὰ τὴν ἐκ τοῦ ὁμορεῖν ἐπιμιξίαν αὐτῶν (Eust.). Ptol. unterscheidet die Thamuditen der Küste von den Thamudenoi des Binnenlande's.

***) In der allgemeinen Bezeichnung westlicher oder nördlicher Barbaren durch Tataren oder Tha-tha (Tha-tse) werden die Russen Tupi-thase (Tataren mit der grossen Nase) von den Chinesen genannt, die die hervorstehende Nase als ethnologisches Kennzeichen der Völker jenseits der Uigburen und Hoei-hu (nach Matuanlin) aufführen. Im Gebirgslande Hakkari (der Kurden von Djulamerk und der Bergnestorianer von Tigari) findet sich der Gau Thobi. Zu dem türkisch-mongolischen Urnaut gehörte der Stamm der Chunegeketan (Ckunckmar oder Grossnasig).

†) Dann mochte der Rachezug Dahak's nach Norden eintreten, d. h. in Erhebung des nationalen Elemente's in Mesopotamien gegen die herrschenden Ostvölker und Herbei-

Nationalität der Hebräer selbst durch den längeren Aufenthalt in Syrien neues Gepräge gewonnen hatte, trieb sie dann von ihren Genealogien den ishmaelitischen Zweig hervor, der zu den syrischen Abrahamiten in gleich verwandtschaftlicher Beziehung stand, wie die Joctaniden zu den Nahoriten Mesopotamien's und (vor der Trennung) den dortigen Abrahamiten. Solche Stämme der Meder oder Arier, die einen zweifelhaften Character bewahrten, wie die Midianiter*), wurden mit Ketura (Rauchwerk) abgefunden, dem Kebsweib Abraham's. Auch Seba und Dedan (die auf Kameelen kämpfenden Deben b. Strabo) werden durch Jaksan auf sie zurückgeführt, während die näher mit den Joctaniden verschmolzenen Sabäer ihren Ahnherrn in Sem's Genealogie erhielten, dagegen die Hauptmasse der Sabäer, die Nachkommen der Patriarchen Seba, Sabtha, Sabtecha und die Kinder Raema's (Scheba und Dedan) im Geschlecht des Chus aufgeführt werden, also als Cushiten**). Sie müssen demnach der eingeborene Stamm gewesen sein, den die von der Ebene Mesopotamien's aus über arabische Wüsten nomadisirenden Joctaniden in Süd-Arabien antrafen, und ihre ethnologischen Wurzeln liegen auf indischer und aethiopischer Küste, innerhalb einer geographischen Provinz, deren Peripherie auch Yemen schneidet. Aus dem Yemen kam die in Aethiopien Maqueda (Mutter des Manilek) genannte Balkis, die Königin von Scheba***), die Josephus nach Seba ($\Sigma a\beta\acute{a}$ oder $Me\varrho\acute{o}\eta$) versetzt. Mariaba war (nach Plinius) die Hauptstadt oder $\Sigma a\beta a\~io\iota$, die (b. Strabo) zwischen $Mi\nu a\~io\iota$ und $Ka\tau a\beta\epsilon\iota\nu\epsilon\iota\varsigma$ (Catabani) mit der Hauptstadt Tamma oder (nach Forster) Beni-Cahtan stehen. Die hinzugetretenen Arier oder Medier könnten dann in den von Fresnel mit den Patriarchen Ayman (in der Genealogie Saba's) in Beziehung gesetzten Minaei ($Me\iota\nu a\~io\iota$) in Carman regia (mit der Hauptstadt Carna oder Carana) gesucht werden und ihre Zusammenstellung mit den Gerrhaei†) (b. Diodor) würde auf Kir, die gemeinsame Heimath der Aramäer leiten und in weiterer Linie von Kerketen oder Hakkas, Girgithen und Cercopen über den Gerrhusfluss††)

---

ziehung ihrer arabischen Stammgenossen, die sich ihrerseits wieder durch einen Bund mit den cuschitischen Einwohnern Südarabien's stärkten und vielleicht mit deren Verwandte in Aethiopien, die auch bei Abraham's Feldzuge die Meerenge kreuzten. Die Nachkommen des Kham, die sich in dem von Nabatäern erbauten Babylon die Herrschaft bemächtigten, wurden (nach Massudi) von Nimrod geführt, der durch Kanaan (Sohn des Senkharib) von dem ersten Nimrod stammte, Sohn des Kusch (Sohn des von Noah gezeugten Kham). Nach der Acclimatation werden dann die Nemrod wieder die Könige der Nabatäer genannt.

*) Wie auf assyrischen Denkmalen (s. Layard) tragen (nach Nicol. Dam.) die Könige von Babylon und (nach Suidas) die Könige von Syrien Ohrringe und ausserdem findet sich die Sitte als Mauerschmuck im höheren Alterthum (nach der Bibel) und bei den mit den Syrern verkehrenden Midianitern (s. Movers).

**) Kuschan begreift (b. Mos. Chor.) Bactrien und Parthien. Der armenische König Aram besiegt den (nach Art der Kuschan) die Tyrannei ausübenden Medier Nioukar oder Mates, mit Assyrier (den Titanen) kämpfend, zur Zeit des Ninus, aus dem Stamm des Belus (Apas Catina).

***) Während die Araber die Sabäer unter die vier Söhne des nach Hadramaut gewanderten Cahtan stellen, wollen die Sabäer selbst von Enoch (Edris oder Khangiauge) oder Idris (Akhnokh oder Tirsemin) stammen, der als Hermes Trismegistus (Hermes-al Heramessah) Ouriai oder Douvanai genannt wird und zuerst den Beni-Adam den heiligen Krieg gegen die Beni-Kabil predigten. Ouriai ou Ouraia (l'Orus des Egyptiens) signifie Maitre et Docteur en langue Chaldaïque et Syriaque (Herbelot). Sabi-ben-Mari war in Carrae (der Geburtsplatz Abraham's) geboren, wohin die Sabäer wallfahrten. Nach Ben Schobnah erhielt die Sirian genannte Secte der Sabi oder Sabäer ihre Religion von den Patriarchen Scheith (Seth) und Edris (in den Pyramiden Egypten's begraben) oder Enoch. Nach Ibn Kalecan hatten sich die Sabäer in der Religion Abraham's von den Feuer-Anbetern (Zoroaster's) oder den Magiern getrennt.

†) Dozy erklärt die Gorhomiten oder (b. Steph. Byz.) Goramenoi (jüdischen Ursprung's) von Gerim, als $\Gamma\epsilon\varrho\varrho\tilde{\eta}\nu o\iota$.

††) Der Merus oder Sumerus heisst Karnikâtschalas (Lotusberg) oder Dewaparwatas (Götterberg). Karni gehört zu den sieben Bergzügen, die die Welt umgeben. Der Daitja

zu Germanen und ihren Verwandten, während die directen Beziehungen über Minnith*) (Stadt der Festen bauenden Ammoniter) mit den Minyern Griechenland's durch Plinius Herleitung der arabischen Minaei von Minos (König von Creta) vermittelt wird, während ihre Nachbaren, die Rhadamaei, von seinen Bruder Rhadamanthus stammten. Mit Rhadamanthus (oder Dharmaraja) Sohn Erythrus verbreiteten sich die auf das rothe Meer bezüglichen Namen durch Hellas.

Da Babylon (nach Ktesias) die erste Eroberung der Assyrer war, so scheint die Ebene Shinear, von wo die Genesis die Gründung des Reiche's ausgehen lässt, nicht in Mesopotamien gelegen zu haben, und wenn der Name Nimrud südlich nach Segestan oder Nimruz (den Mittag) führt, so könnten die indisch**) anklingenden Namen assyrischer Könige (im Kanon) ihren Zusammenhang mit den (zum assyrischen Reich gerechneten) Assaceni oder Astaceni wahrscheinlich machen, die, als am Kophen lebend, zugleich die Perser als Kephener (wie bei Steph. Byz. die Chaldaeer hiessen) erklären würden und die von Xerxes ausgesprochene Herstammung der Könige dieser von den Assyrern Sinim (b. Jes.) oder (b. Michaelis) Syene, das (nach Hieronym.) südlich oder östlich (*Πέρσαι*, LXX.) liegen sollte, wird von Arias Mont. als Sina (China) ausgelegt. Die von Josephus als *Σκύθαι* übersetzte Völkerschaft der Magog, die Suidas als Perser erklärt, erstreckte sich (nach Hieronym.) vom Mäotis und Caucasus (wo Reineggs die Thiulet ihre Berge Ghogh oder Ghef, die Hauptspitzen des Norden's oder Mughogh nennen lässt) bis Indien. Wie die Araber Gog und Magog verbinden die Perser für China Jinva Ma-Jin. Shinear ist die Ebene des Osten's, wo die von Ararat ausziehenden Noachiden einen Thurm zu bauen gedachten, aber in den Babel (Balabel oder Balal) genannten Städten durch Sprachverwirrung zum Auszuge gezwungen wurden. In dem durch Nimrod, dem Enkel des Ham gegründeten Reich werden dann die Städte Babel, Erech oder (nach Ephrem) Edessa, Accad, Chalne (*Χαλάνη*) oder (seit Pacorus) Ktesiphon in Shinear genannt, sowie hinzugefügt, dass von solchem Lande Assur ausgezogen sei. Eichhorn erklärt Babel (Babylon) als Pforte oder Hof des Belus (nach der Schreibart im Koran). Wie die Hebräer gewohnt die ihnen durch fremde Eroberung unverständliche Sprache Babylon's als einen barbarischen Jargon zu bezeichnen, so lag die etymologische Mythe für die Erbauer des östlichen Thurmes (den man dann wieder näher localisirte) nahe, während umgekehrt das ferne Land Sinim (ein Gegensatz der Doppelung zum westlichen Sin oder Pelusium) nach der bei Wanderungen gewöhnlichen Wiederholung dialectisch zu Shinear verändert wurde. Die aus den Be-

---

Kansas (Bruder des Dewaki) war Sohn des Ugrasenas und der Karno. Der in Champa regierende König Karnas oder Angarat (Halbbruder der Pandus) fiel in der Schlacht auf dem Felde von Kurukukschetram (bei Delhi).

*) Lycien bildete das Halbwegehaus zwischen arabischen und thessalischen Minyern. *Μιλύαι*, oder *πρότερον Σόλυμοι, ὡς Τιμαγένης πρώτῳ βασιλέων, καὶ ἡ χώρα Μιλυάς, ὡς Μινύας, λέγονται καὶ Μίλυες, ἀπὸ Μιλύης τῆς γυναικὸς Σολύμου καὶ ἀδελφῆς, ὕστερον δὲ Κράγου γυναικός* (Steph. Byz.). Die Termilas heissen Termera. Unter den tributpflichtigen Völkern Shalmanassar's (900 a. d.) werden neben den Nafri oder Nayari (den Nachbaren Armenien's) oder Hurazda oder Minni (am See Urmiah) oder Minnai genannt. Bei den vielfachen Stammversetzungen, wie sie z. B. Josephus von Nebukadnezzar erwähnt, konnten die Namen ebenso zerstreut werden, wie später bei den mohamedanischen Eroberungen, unter den von Yemen bis Maghreb schweifenden Stämmen. Nach Abulfeda wurden arabische Stämme (auch durch Mithridates und Pompejus translocirt) an den Euphrat versetzt. Ezechiel nennt neben Vedan (Aden) und Uzal (Sanaa) noch Javan in Süd-Arabien. Nach Dicäarch wurde Babylon durch chaldaeische Emigranten aus *Χωγη* gebaut (zwischen Tigrio und Kerkba.

**) Scheuchezer findet die Vorfahren der Assyrer in den Oxydrakern (*Σύδρακαι*) der Babika in Pendjab.

Bastian. 30

setzungen der Militärgrenze (b. Herodot) bis zur Inschrift von Kerkis (bei Abusimbel) durch Griechen und Karier verfolgten Deserter (des Psammetichus) oder Automoli (Ασμαχ oder Linksgestellte in Axum) heissen (zu Tenesis, im Binnenlande des Hafen Saba lebend) Sembrites (bei Strabo) oder (nach Wilkinson) Saba (Sebritae oder Fremdlinge). The name Saba may point ont some connexion with the country, where the lion god was worshipped (saba meaning lion). Nach Josephus war Saba der Name Meroë's. The royal son of Kush (Ethiopia) is often mentioned (in the sculptures of Egypt), sometimes holding the office of flabellum-bearer on the right of a Pharaoh.*) Dans le groupe hamitique (de la Genése) les Bichariéh ont été nettement distingués sous l'appellation de Kouschites (Vivien de St. Martin). — Cossay maintint une prérogative, dont jouissaient les enfants d'Abd-Focaym, qualifiés de Focami, a cause du nom de leur pére. Elle consistait à faire le Naci, et ceux qui la possédaient étaient appelés Naçaa (Nâci sing.) ou Calamis (Calammas) de parceque leur arriére-grand pére Amir, issu de Kinana, portait le sobriquet de Calammas (grosse mer ou mer de science). Vier der arabischen Monate (in Bezug auf die Pilgerfahrt zu Caaba**)) wurden als heilig gehalten (ein Gottes-Frieden gewährend, trève de Dieu).

Wie ormoio oder armoio (der alten Aramäer) seit dem Christenthum die Bezeichnung Götzenland annahm und deshalb für den Namen Syrer aufgegeben wurde, so lag in den Nabatäern (ein Anschluss an ihre Kenntniss des Ackerbau's) die Bezeichnung der Pagani, (weil sie sich nicht zum magischen Dualismus bekehrten), und die berühmten Nationen, die sich durch ihre Baufertigkeit auszeichneten und (nach Masudi) die Erde mit Städte***) füllten, konnten sich unter diese Generalisation ebenso verbergen, wie zu Constantin M. Zeit die Christen die Kulturvölker des classischen Alterthum's nach mosleminischer Art als Kaffer behandelten. Als andere Nationen zur Herrschaft gelangton, traten die Nabatäer (wie die den alten Persern angehörigen Tadzik) in friedlichen Handelsstand gleich indischen Banyanen ein, und erwiesen sich als solche den Römern kriegsuntüchtig, während in ihre frommen Gebräuche die Secte der Rechabiten und dann die Essener ihren Ursprung finden konnten. In Erinnerung an das goldene Zeitalter des Frieden's als die Solimane auf Erden herrschten (und den seit Noah's Zeit fortwachsenden Baum des Islam pflanzten) nannte sich noch in später Zeit (nach Steph. Byz.) ein Araberstamm Salamier durch seine Verbindung

---

*) The Kirats or Kichaks (subjects of Virat, king of Matsya) governed (in after times) the mountains of Nepal adjacent on the north to Matsya (with the capital Sunitapur or Dinajpur) under the name of Varmas (Brahmas or Brachmani) or Burmahs, but the most ancient people now found in the latter country, are the Pali, like the Varmas, probably a branch of the once powerful Kiratas, to whom in feature they still bear a strong ressemblance, although they now speak dialect of the language of Bangga, adjacent to them towards the south-east, and this language now extends also over Kamrupa and Tripura to the East, Upaliangga to the South and Angga to the Southwesh. The portion of the Kirata nation, that still retains the name and occupies the mountains north from Matsya, speaks a language totally different. Wie ihr von Hiranya (Sohn des Kasyapa) stammender König Bana (Vater des Virat) waren sie in Indien untergegangen. Ptolemäos erwähnt die Cirrhadai in Indien.

**) Le soin de régler l'intercalation et de proclamer le mois intercalaire, Naci, était confié aux Naçaa. Ausserdem erhielten die Naçaa le droit de transporter quelquefois le privilège de Mouharram au mois suivant, Safar, c'est à dire, de déclarer Mouharram profane et Safar sacré (Caussin de Perceval). Als der durch Kamele ersetzte Abdallah aus der Kaaba zurückkehrt, erkennt die Tochter Naufal's an dem Glanz seines Gesicht's die Prophezeiung ihres Bruder's Waraka (dass bald ein Prophet unter den Arabern geboren werden würde) als richtig an, und erbot sich ihn als Mutter zu empfangen, wies aber die Anträge Abdallah's am nächsten Tage zurück, da er sich mit Amina (Tochter Wahb's) vermählt und in Folge dessen der Glanz von seinem Antlitz verschwunden war.

***) Spuren des Spitzberges finden sich, wie in den pelasgischen, in den Bauten der chaldäischen Könige zu Chalanne (in Mesopotamien).

mit den Nabathäern*), die die Omani des Amanus mit Oman's Südarabier
(Sitz der Banyanen in Folge des indischen**) Handel's) vermittelten. In
Arian-Sbehr zeigen die später im Lande der Midianiter (des Madz, Sohn des
Biser) wiedergefundenen Nabatäer ihren Zusammenhang zu den Ariern oder
Mediern, sowie (nach der Verbindung mit den Nemrodon oder Kuschiten)
zu den Chaldaeern, und im Westen erscheinen sie als Städtebauende
Pelasger, wie sich auch die Minier (mit ihrer Hauptstadt Carna Südarabien's)
in der thessalischen Colonie Minya wiederholen. Die Idumäer (die ältesten
Repräsentanten der mit Adam eingeleiteten Zeit) waren das Mittelglied***),
das von den Nabataeern zu der rein-semitischen Rasse der Ismaeliten
hinüberführte. Jesaias nennt das Reich der Minni (Mend) neben dem von
Ararat und Askenaz. Jenseits des Jaxartes oder Silis (Tanais) wohnen
scythische Völkerschaften. Die Perser nannten dieselben im Allgemeinen
Saker von dem ihnen nächsten Stamme, die Alten nannten sie Aramier.
Die Scythen ihrerseits nennen die Perser: Chorsaner, und die Kaukasus:
Graukasis, d. h. schneeweiss, die Menge der Völkerschaften ist zahllos und
ihre Lebensweise die der Parther. Die namhaftesten Stämme sind die
Saker, Massageten, Daher, Essedonen, Ariaker, Rhymmiker, Päsiker, Amarder,
Hister, Edonen, Kamer, Kamaker, Euchater, Kotierer, Anthusianer, Psaker,
Arimasper, Antakater, Chroasaer, Oitcer. Die Napäer hier sollen durch
[Nabatäer durch Philister oder Pelasger] die Paläer untergegangen sein
(s. Plinius). Napiter und Essedonen, mit den Kolchiern verbunden, wohnten
am Mäotis. Minaei grenzte an die Charmaei (mit der Hauptstadt Cornon),
und der in den Genealogien Seba's hervortretende Wirrwarr der Stamm-
mischung zeigt sich auch in Plinius Bericht von den Atramitae, die er zu
einer Abtheilung der Sabaei macht, während Strabo dem Stamm der
Chatramotitae †) die Hauptstadt Cabatanum zertheilt. In Indien blühte zur
indoskythischen Zeit der Hafen Minnagara. Harit (mit den Titel Tobba),
der das seit Homeir Saba getrennte Hadramaut vereinigte, eroberte bis
Hend (Indus) und Aderbidjan (der Türken) und wurde wegen der reichen
Beute Arraies benannt. Ninus verband sich mit dem arabischen König
Ariaeus gegen Babylon (Diod.). Plinius nennt neben den Cedreern (und
Canchleern) oder (b. Arrian) Cadraitae (Cerdanitae oder Darrae) das Hirten-
volk der Nabathaeer††) (mit Petra als Hauptstadt) und Keder ist (in der

---

*) Saitis oder Salatis, der Erbauer von Tanais (b. Manetho) heisst Seth-aa-pehti-
Noubti und galt (als Gründer der Hyksos) für den Ahn der Königsfamilie noch in der
XIX. Dynastie, wo Rhamses II. (als Aegyptus) sich besonders (bei dem Aufstande der
Kheta) auf das unter Halasu (Schwester Thutmes III.) erworbene Land Punt (Arabien)
stützt, für die Wiedereroberung Aegypten (Khemi oder das Land der Melampoden).

**) Gogus, Sohn des Saba (in der Nachkommenschaft des Cham oder Camesis) heisst
pater Gangis et Indi.

***) Karna, Halbbruder der Pandu, wurde von seiner Mutter Pritha (vor ihrer Ver-
heirathung) der Sonne geboren (ohne Verlust der Jungfrauenschaft).

†) Die Rhamaniten, das Volk der Stadt Marsyabae (unter Ilasarus) wurden von
Gallus (nach der Schlacht bei Negrana) belagert. Ptolemäos nennt Ἀρη, als Hauptstadt
der Omeritae oder Himjariten. Sacamum (zwischen Negra und Cornan) ist Hauptstadt der
Minäer. Μανῖται (Benie Man) stammen von Keis (s. Wüstenfeld). Uranius lässt die
Μανιῶται im arabischen Mesopotamien (Μάντιως) wohnen. Jam autem Abrahamus aramice
locutus est. In Ur Chaldaeorum (nam Aramaea erat lingua Chaldaeorum; et Hebraicoi
fuit ipsi lingua peculiaris, scil. lingua sancta, aramica vero prophana seu communis (Cosri
Orat.). Nach Abulfeda ist Locman, der Weise, ein Nubier.

††) Nach Djeuheri bezeichnet Nabal oder Nabil (Ambat im Plur.) ein die Sümpfe
zwischen die beiden Irak bewohnendes Volk. E. Meier erklärt Nabajoth als Hochland.
Strabo rechnet die Idumaeer zu den Nabatäern. Unter den den Lewatah (in Nordafrika)
verwandten Naphzawah oder (Chron. Barb.) Nebdeni (Naphtuchim) sind (b. Edrisi) die Ortsnamen Nepte und Napata in berberischen Gegenden häufig. Bei den in Nordafrika häufigen
Namen Noba wird ein Noba von Numidien zum Unterschiede Noba Barbarensis genannt.

Genesis) der Bruder Naboth's, der Erstgeborene Ishmael's, während Abulfeda den Ahn der Nabataeer zum Sohn des Masch (Sohn des Sem*)) macht
und Ptolem. in Süd-Arabien *Ναπαταῖοι* kennt, im Anschluss an das ägyptisch-
aethiopische Königreich Napata und Nob (mit Memphis von Ebers auf
Napata bezogen) als Namen Memphis oder Noubi**) im Titel der Hyksos-
Könige. Nach Steph. residirten die assyrischen Könige (vor Niniveh) in
Telane (Tel-Ani oder Tel-Anu) oder Niffer, wo Noah verehrt wurde (s.
Layard). Nach der Sri-Bhagawata ist Nabhi (Schwiegervater des Yayati)
der erste König von Bharatkanda. Nabha oder Anabha, Sohn des Nala
(Sohn des Nishada) steht unter die Könige der Sonnenfamilie (XIV. Jahrhdt.
a. d.). Nabhaga besetzte (nach der Bangsalata) das Königreich Besala,
nördlich von Ganges (XIX. Jahrhdt. a. d.). Nabhigupta, Sohn des Hiranya
Retasa, herrschte in Kusa-Dwipa (s. Hamilton). Nabi war ältester Sohn
des Akrydrawen (Raja von Schamban), dem Brahma eine himmlische Gattin
sandte. Die aus der früheren Weltrevolution in einer Felshöhle übrigge-
bliebenen Zwerge, Jugalya's genannt, erzeugten (nach den Jainas) die gleichfalls diminutiven Nabhi-Raja (und Mora-Dewa), deren Nachkommen indess
mit jeder Generation zu wachsen anfingen, bis sie die Riesengestalt des
Rishabha erlangen. Kikata, König von Kikatdesa, ist Sohn des in Baratkhanda herrschenden Rishabha, Sohn des Nabhi. Die kunstfertigen Zwerge
der Nebelkappen, als Nebelungen oder Nibelungen, sinken allmählig in die
Vergessenheit des Niflheim oder Helheim, wie der von Nixen geraubte
Hylas. Oberhalb Hylaea's (neben der Rennbahn des Achilles) wohnten
scythische Olbiopoliten oder Borysthcniten (des in den Gerrhus verzweigten
Borysthenes). Der Zwergkönig Nibling hinterlässt den Hort seinen Söhnen.
    Der letzte Odin (Stammvater der Skioldunger) heisst (zum Unterschiede
von dem asiatischen, der ihm vorhergegangen) der Europäische. Als der
Däne Sigge (Friedulf's Sohn), war er Mitglied des Ober-Opfer-Vorsteher-
Collegii in Fühnen, während Gylfe das Haupt des Ober-Opfer-Vorsteher-
Collegium zu Sigtuna (in Schweden) war und über ganz Scandinavien
herrschte. Geofina (Tochter des Gylfe), die in Skiold (Sohn des Sigge)
verliebt war, überredete ihren Vater nach Fühnen zu reisen, wo Sigge ihn
von der Nothwendigkeit überzeugte, die Abstammung des Senatus Deorum
von den Göttern feierlich zu erneuern. Sigge hatte ihm zu Ehren die Forn-
jotersche Stammtafel erdichtet***) und producirte dann seine eigene Stamm-

---

Die Juden in Sana (in Yemen) stammen von denjenigen, die bei Nebukadnezzar's Eroberung
nach Arabien geflüchtet. Die (von Ardewan zugelassenen) Azditen wanderten kurz vor
dem Untergang der Aschganier (durch Artaxerxes gestürzt) in die Gegend von Hira ein.
Der Djordshan in Hyrkanien stammten von Lud (s. Rühl von Lilienstern). Djorham, der
Aeltere, dessen Nachkommen zur Zeit der Aditen umkamen, fand sich in der Arche Noah's,
die sich (nach Hottinger) auf dem Berge Al Djudi niederliess.

    *) Prichard verwendet die Bezeichnung Semiten für die syro-arabischen Stämme,
unter denen viele in den patriarchalischen Genealogien von Ham hergeleitet werden. In
the Toldoth Beni-Noah the majority of the Shemite nations with be found to be of the
Arian family (Rawlinson). Nach Lepsius ist die Sprache der Redja, die älteste der
Ethiopischen, zur kaukasischen Familie gehörig. The name of the Nobatae has been taken
from the ram headed deity Noub (Nu) or Noum, the Great God of Ethiopia (Wilkinson).

    **) Au centre de la création attendue se trouve le nombril du feu, le Nabhi de
l'existence (d'Eckstein). Sophocles nennt das Orakel zu Abae (in Phocis) neben dem
Nabel der Erde. Die Nibelungen sind Geister des Todtenreiche's (Lachmann), als abgeschiedene neu zeugend. Siegfried's Nibelunge (Niflheim's) stehen die Amelunge (Imelunge)
gegenüber.

    ***) Alle Mitglieder des Senatus deorum sowohl in Fühnen, als zu Sigtuna bestätigten
diesen Trug, da Odin sie bestochen hatte, und später (nach Sigtuna kommend) den Gylfe
auf die Seite schaffte, nachdem die Opferstelle in Seeland (zum Nachtheil der Oberopfer-
stelle in Sigtuna) mit der von Fühnen verbunden war. Indem die Rune des Gottes Tyr
bald Ziu heisst bald Eor (Er), so wird Dienstag zuweilen Ziestag (dies Martis) genannt

tafel, nach welcher er von den Asiatischen Odin und so wie jene von den Trojanischen Königen und Göttern abstammten, worauf, um beide göttliche Geschlechter zu vereinigen, die Vermählung der Tochter Gylfe's mit dem Sohne des nunmehr in Odin verwandelten Sigge beschlossen wurde. Domalder (Sohn des Wisbur) wurde wegen seiner glücklichen Kriege Sota-Dolge oder Verfolger der Jotnar (Jättar oder Finnen) genannt. Als Audäus (Auden oder Oden) oder Audius (ein christlicher Lehrer aus Syrien) aus dem grossen Schwedenland durch Befehl des Kaiser's Constantius (wegen Ketzerei) verwiesen wurde, begab er sich (342 p. d.) nach Scandien, wo er aber (wegen gleichzeitigen Misswachs) als Betrüger (Mit-Oden oder Mat-Oden) vertrieben und in Fühnen erschlagen wurde. Da der Misswachs weder durch Opfer an Vieh, noch (im nächsten Herbst) durch Opfer an Menschen zu beseitigen war, glaubten sich die Bauern berechtigt den Drotten selbst zu opfern (als Ursache). Nach Befragung der Priester wurde Domalder erschlagen, um mit seinem Blut die Altäre der Götter zu bestreichen (365 p. d.). Bei fortdauernder Hungersnoth zogen die Felsenbewohner (Viniler oder Vendler) oder Bergfinnen nach Westgothen, Elfwegrimmer und Halländer, sich in Schonen festsetzend, bei Unzugänglichkeit des Landes zogen die schonischen Gothunger oder Gödinger unter Ajo oder Ako (und seinen Bruder Ibbe oder Habor) nach Smaland oder Möre und schifften sich in Calmar ein (370 p. d.). Nach einer Landung in Gothland kamen sie in Bardengau (mit der Hauptstadt Bardewik) zu den Longabarden (ein Ueberrest der alten Severn oder Sueven) an der Elbe, die mit ihnen gegen die Römer zogen. Agilmond (Ako's Sohn) zum König der Longobarden *)

---

oder (in Baiern) erchtag (erichtag). Danir, in Dani, incolae trium regnorum borealium, Norvegiae, Sveciae, Daniae (eȝdanir, nordrdanir), flodrifs Danir, natio montana, gigantes. Danskr, danicus. Dana tjold, danir, natio danorum. Fen, palus, locus palustrus. Fenrir, gigas. Ὠδίν, ὠδίνος. Et Ὠδίς, dolor partus (ἡ ἐκ τοῦ ροκτοῦ ὀδύνη). Ὠδῖνις θανάτου καὶ παγίδις: dolores et laquei mortis, id est letalia pericula dolores Orci (Ὠδῖνις ἄδου). Athenae im Pontus (b. Arrian) heisst Odinios (Ὠδινιος πόλις Ἑλληνίς) b. Skylax (Tempel der Athene). Ὠδῖνις vocantur dolores mulieris parientis, quore per metaphoram hanc dolores inferni dicuntur mala, quae ad mortem adducunt (Suidas). Ὠδίνω, a partu doleo. Ὠδίς: dolor parturientis. Ὠδονίς, ἔθνος Θράκης τοῖς Μαίδοις ὅμοιον (Steph. Byz.). Κούρητες: Juvenes. Κουρῆτις, Nomen gentis. Et, Curetum os. Curetes enim extimabantur esse vates. Alii vero explicant, os fatidicum. Κουριής: Cui capillus tonsus est. Κοῦρα;: Adolescens. Κουρόσυνον: Sacrificium pro tonsa coma praestitum. Κόρη: Virgo, ab verbo κορῶ, id est purgo. Mit Odin, zur Zeit als (nach Jornandes) das gothische Reich von Amala gestiftet wurde (Ende 2. Jahrhdts n. d.), wurde der cimbrische Name in Scandinavien durch den gothischen unterdrückt. Odin nahm seinen Sitz in Schweden, aber sein Sohn Skiold erbaute Lethara auf der Insel Seeland, als künftige Residenz aller nachfolgenden Monarchen. Der Ahnherr des Odin heisst (nach Langebeck) Geat oder Jat und Jornandes nennt des Amala Ahnherrn Gapt. Die Edda erwähnt der trojanischen Abstammung des Odin's. Ex Auge sorore Priami Amala genitus (Jornandes). Frode I. erwarb sich durch Erschlagung des Drachen grosse Reichthümer (nach Saxo), mit denen er seine Eroberung ausführte. Die Thaten die Saxo dem Friedleif I., wie dem Frode I. und Frode II. zuschreibt, stammen genau mit den Thaten überein, die Jornandes von Ostra-Gotha, Cniva und Hermanrik erzählt. Hermanrik (b. Jornandes) oder Frodo II. (nach Saxo) fallen zusammen mit den Könige Hernit oder Harvit (von dem die schwedischen Nachrichten berichten). Als Pompejus das gallisch-cimbrische Reich zerstörte kam der zweite Odin nach Scandinavien, der dritte kam von Fühnen, um dem Senatus deorum die Regierung zu entreissen.

*) Die Langobarden beteten Odin von Frigga an. Flavius (Familienname Constantin des Grossen) wurde dem Ottar oder Autharis, als Ehrentitel beigelegt und später von allen seinen Nachfolgern behalten. Nach Anna Comnena kamen die Baranger (im griechischen Kaiserdienste) aus Thule. Domar (Domalder's Sohn) heirathete die dänische Prinzessin Drotta (Don Mikillates oder des Stolzen Schwester) † 400. Dygue oder Digner (Sohn des Domar) war der erste Drotte vom Ynglinger-Stamm in Schweden, der sich König nannte (obwohl die upsalischen Ober-Drotten stets nach Erlangung der Krongüter eine königliche Gewalt, wenn auch ohne Annahme des Titel's' besassen, und zwar eine höhere, als die Fylkis-, Hårad's- und Seekönige, die sich schon Könige nennen liessen). Da er ohne Blut-

eingesetzt, wurde in Bulgarien erschlagen, aber König Audoin oder Oden
setzte sich (527 p. d.) in Pannonien fest. Alboin (Oden's Sohn) wurde
durch Narses (569) nach Italien gerufen. „Siggo, König von Schweden,
baute Sigtun am Mälarsee gegen die Piratereien der Esthen, da diese aber
dennoch fortdauerten schlug König Berico oder Werreich (um Ruhe zu
schaffen) den Schweden und Gothen vor, das Land ihrer Feinde zu besetzen
und führte die Krieger (sammt Weib und Kind) erst nach der Insel Seth-
land und dann (zu Schiff) nach der Küste der Ulmerugen, die nach Pommern
und Mecklenburg getrieben wurden (1431 a. d.). Auf seinen Nachfolger
Gaptus (der innere Unruhen zu bekämpfen hatte) folgte Augis oder Hang
(von den aufständischen Churen erschlagen) und dann Amalus oder Amalung,
der mit Hülfe des Gotilla (des einheimischen König's der Schweden und
Gothen) den Aufstand der Curen, Liven und Esthen dämpfte, worauf diese
beiden Könige dienstthänig blieben. Auf Amalu's Nachfolger Balthus oder
Galthus folgte Godarich, unter dem die von den stammverwandten Gothen
durch innere Kriege aus Ulmerugen nach der Wallachei getriebenen Gepiden
sich mit den scythischen Völkern, sowie den Vandalen oder Wenden, zur
Unterstützung der aufständischen Liefländer*) gegen die Gothen verbanden

vergiessen starb († 430 p. d.), so sagte man, dass Loke's Tochter Hel von den Göttern
Erlaubniss erhalten hatte, sich unter den Königen ihn zum Wohnsitz [Chibulgbn oder
Echimnns] zu wählen (s. Dalin). Dag (Dygue's Sohn) wurde (da er den Gesang der Vögel
verstand) Dag-Spaka (oder der Weise) genannt. Um im Rachezug gegen Reid-Gothland
Glück zu haben (wo sein See-Hauptmann erschlagen war) opferte er seinen Sohn den
Göttern. Unter Dygue's friedfertiger Regierung werfen sich in Reidgothland (Esthland,
Liefland, Curland, Preussen) oder den an der Rhede der Ostsee gelegenen Ländern selbstständige Fürsten (aus den Wikingern) auf. Dag sandte seinen kundigen Sperling nach
Wörwa. Gotar: Gotlandi, incolae insulae Gotlandiae (Ot). Goti, Gotius, rex, a quo Gotlandia
nomen traxit (Se). Gotar: viri. God: deus. Atgeiers god, dii hastigeri, Asae (Hitd.). God
sverda, numen ensium, praeliator. Gods Jadarr, princeps deorum, Odin (Sonart.). God-
brudr, sponsa deorum (Skadea). Godheimr: regio deorum. Godi, sacerdos, pontifex simulque
praetor (Egilsson). Godkonungr, rex, diis ortus. Gudkunnogir nosir: duodecim dii Asarum.
Godmenni: viri fortes. Godr, bonus. Gud, deus, sol, skinanda gud, sol, deus fulgens (Grm.).
Gud, deus, optimus maximus (Soll.). Gudr, bellona, pugna. Gautar, Gothi, incolae Gothiae
in Svecia (Ot.), populus Gothicus. Gauta tyr, auxiliator, numen auxiliare Gothorum, Odin.
Gautr, nomen Odinis (Grm.). Gauta, sermocinari, nugari (apud incolas toparchiae Mulensis).
Guds arr, minister dei (arr, famulus, legatus). Reidar Tyr, deus (Tyr) rhedae, Thor. Tyr,
deus Asa. Asa bragr: princeps Asarum (bragr, vir primarius), Thor. Die Vindolici (mit
Brigantii, Leuni, Estiones u. s. w.) waren den Raeti verwandt. Die (zu den Belgiern gerechneten) Veneti (an der Westküste von Gallia Lngd.) waren (nach Strabo) Stammväter
der Veneti am adriatischen Meer. Tacitus zweifelt, ob die Venedi (am Chronus) zu Ger-
manen oder Sarmaten zu rechnen. Die (von den Henetern Antenor's stammenden) Veneti
(am adriatischen Meer), von Cato als Trojaner bezeichnet, hielten sich (nach Herod.) für
Meder. Die (adriatischen) Veneti verkauften ihre Mädchen an die Meistbietenden, als
Bräute (nach Herod.). Ουίνξλα, Stadt der Tectosagen in Galatien (Ptol.). Vindobona
(Vindomajus in Gallien, Vindobala, Vindogladia, Vindolana, Vindomis, Vindomora in
Brittannien, Vindonissa in Helvetien).

*) Hadingus, Sohn des dänischen König's Gram (den Suibdager, König der Schweden,
Gothen und Norweger erschlagen) unterlag (in Verbindung mit Lyser) gegen die Churländer, erwarb aber (nach seines Bruder's Guthormus Tode) den dänischen Thron (2890 Jahr
nach Erschaffung der Welt). Sein Sohn Frotho (der einen grossen Schatz erworben) besiegte Dorno (König der Churländer), unterlag aber gegen den schwedischen König Regner,
dessen Sohn Hothbrodus die Liefländer unterwarf. Als König Hother von König Born
(aus Reussland) erschlagen war, bekriegte sein Sohn Roderich die Reussen und unterdrückte den Aufstand der Liefländer, die sich aber (bei der Empörung des Horwendillus
in Dänemark) neu erhoben, von König Attilius jedoch (nebst den orientischen Völkern)
bezwungen wurde. Als dieser indess durch den dänischen Usurpator Wermund umgekommen war, fielen auch die orientischen und liefländischen Völker vom schwedischen
Könige Botuil ab und König Grimmer (Nachfolger seines Enkel Carl's) wurde von den in
Schweden einfallenden Liven und Esthen gehängt. Sein Sohn Tordo trieb die Räuber
aus Schweden hinaus und dann überfielen die Sachsen und Obotriten (unter Gelder) die
Liefländer (3496). Als König Erich über die Reiche Schweden, Gothen und Dänemark

worauf aber diese mit den tapferen Vandalen einen besonderen Frieden schlossen, und dann die übrigen Scythen zurücktrieben. Als sich aber die Angriffe der Scythen beständig erneuten, beschloss König Philomer oder Ghilomer (der seinen Vater Godarich gefolgt war) ihr eigenes Land zu besetzen und zog (die Scythen besiegend) mit dem Heere (nebst Weib und Kind) an die Macotischen Sümpfe, wo sich sein Volk (nachdem für die Hälfte eine Brücke geschlagen) in alle Scythischen Länder, die sie hinter sich bis an das Sarmatische oder Esthonische Meer (die Ostsee) gelassen hatten, als ihre Sitze theilten (2637 Jahre nach Erschaffung der Welt). Nach dem Tode des König's Erich erliess sein Sohn Getrich, der über die Gothen (wie sein Bruder Haldanus über die Schweden) regierte, einen Aufruf an die Kriegslustigen (um den Ruhm des gothischen Namen's zu verbreiten) und segelte nach Pommern. Nach der Eroberung theilte sich das Heer in drei Haufen, deren einer Vorfahren der Schweitzer wurde, der zweite sich in Schottland niederliess, der dritte (unter König Getrich) die abgefallenen Liefländer wieder unterjochte und dann (nachdem Getrich's Sohn Philimerus zum Herrscher eingesetzt war) in das Vaterland zurückkehrte (66 P. D.). Philimerus nach Besiegung der Reussen (unter König Hervitus) eroberte die Länder bis zum Tanais oder Don und bestieg (nach seines Vater's Tode) den Thron in Gothien, seinen Sohn Nordianus als

---

herrschte, unterwarf er die Liefländer (3745), die sich (im Bund mit den Reussen) gegen seinen Sohn Lindorn empörten, aber besiegt wurden. König Frotho von Dänemark (der den esthnischen König Dagon besiegt) setzte seinen Rath Erich (der den König Huno zurückgeschlagen) zum König von Schweden ein, und dessen Bruder Roller zum König von Norwegen, der sich die Curen und Liven zinsbar machte (zur Zeit von Christi Geburt, als Octavianus Augustus den Janus-Tempel in Rom schliessen liess und allgemeiner Friede herrschte). Die Skridefinnen (Kletterfinnen) oder Terfinnen bestiegen auf Kletterschuhen (skidh) die Eisfelsen der Nordalpen (Zeus). τῶν δὲ Ἰδρυμίνων ἐν Θούλη βαρβάρων ἓν μόνον ἔθνος, οἱ Σκριθίφινοι ἐπικαλοῦνται (Procop). Harum (Suetiae Norvaegiaeque) ortivas partes Skricfinni incolunt (Orosius). Scritobini a saliendo, juxta linguam barbaram, etymologiam ducunt (Paulus Diaconus). In confinio Sveonum vel Nordmannorum contra boream habitant Scritefinni, quos ajunt cursu feras praeire (Adam Brem.). Von Starkotter Aludräng, Storwärk's Sohn, der auf Alö bei Alu-Potta in Medelpadien von Rimthusser oder Riesengeschlecht geboren war, hiess es, dass er acht Hände hätte [Indien], um seine Schlagfertigkeit auszudrücken. Nach der Entführung Ogn Alfafoster (Braut des Hergrim Halftrall) raubte er Alfhild (Tochter des König's Alf in Alfhem), als sie das Götzenbild bestrich, und wurde deshalb von Gott Thor erschlagen [Ravana]. Mit Alfhild zeugte er (ausser Bögred, die Grim, Sohn des Arngrim, heirathete) den Sceräuber Storwerk, dessen Sohn Stark-Otter schon im 12. Jahre bärtig, einem norwegischen König Wikar auf seinen Seezügen folgte, denselben aber erhängte, als das Orakel verkündete, dass er zum Besten des Volkes sterben müsse, die Götter Thor und Odin sollen sich damals Starkotter's wegen gestritten haben, der Erstere erklärte sich wieder ihn, der andere [Brahma] vertheidigte ihn, aber er musste nach Schweden fliehen und folgte dort Alrik und Erik (Agneskef's Söhnen) in den Krieg (als Jätte-byting oder Riesenbengel). In (Scandzae) parte arctoa gens Adogit consistit. Aliae vero ibi sunt gentes Refennae. Alia vero gens ibi moratur Svetans, quae velut Thuringi, copis utuntur eximiis. Hi quoque sunt, qui in usus Romanorum Saphirinas pelles commercio interveniente per alias innumeras gentes transmittant, famosi pelliam decora nigredine. Hi quum inopes vivunt, ditissime vestiuntur. Sequitur deinde diversarum turba nationum, Theustes, Vagoth, Bergio, Hallin, Liothida, quorum omnium sedes sub humo plana ac fertili, et propterea inibi aliarum gentium incursionibus infestantur. Post hos Helmil, Finnaithae, Fervir, Gautigoth, acre hominum genus et ad bella promptissimum. Dehinc mixti Evagrae Otiugis. Ili omnes excisis rupibus quasi castellis inhabitant, ritu belluino. Sunt et his exteriores Ostrogothae, Raumariciae, Ragnaricii, Finni mitissimi, Scandzae cultoribus omnibus mitiores, nec non et pares eorum Vinoviloth. Suethidi, Cogeni, in hou gente reliquis corpore emenentiores, quamvis et Dani ex ipsorum stirpe progressi, Herulos propriis sedibus expulerunt. Qui inter omnes Scandzae nationes nomen ibi ob nimiam proceritatem affectant praecipuum. Sunt quamquam et illorum positura Grannii, Agandzae, Unixae, Ethelrugi, Arochiranni, quibus non ante multos annos Rodulf rex fuit, qui contempto proprio regno ad Theoderici Gothorum regis gremium convalavit et, ut desiderabat, invenit. Haec itaque gentes Romanis corpore et animo grandiores, infestae saevitia pugnae (Jornandes).

Statthalter zurücklassend. Da Hervitus (König der Reussen) sich mit den Scythen verbündet hatte, wurden (bei allgemeinen Abfall der unterworfenen Völker) die Gothen (unter Nordianus) aus allen Ländern vertrieben (da wegen innerer Kriege zwischen Gothen und Schweden keine Hülfe von Haus zu erwarten war) und zogen durch Litthauen und Polen nach Thracien bis zu den an den mäotischen Sümpfen ansässigen Gothen (98 P. D.). Die (unter den Curländern Amund und Todho) unabhängigen Eingeborenen wurden (190 P. d.) durch den schwedischen König Haldanus an Seeräubereien gehindert und (284 P. d.) auf Befehl des dänischen König's Frotho wurden die Liefländer durch den Helden Starchater (mit Winer, den Wandalen- oder Wenden-Fürsten) wieder unterworfen. Nachdem Armanarich (König der ausländischen Gothen) Scythien unterworfen (312 P. d.) wandte er sich nach Norden und bezwang die Esthen und Liefländer, so dass sein Reich von der Donau bis an das Sarmatische Meer (Ostsee) sich erstreckte, aber von den Hunnen zerstört wurde, worauf die Liefländer ihre Unabhängigkeit zurück erhielten. Als unter König Germund*) (oder Gothan) von Schweden eine grosse Theurung herrschte (387 p. d.) wurde das Volk der Schweden und Gothen in drei Theile getheilt, von denen der ausgelos'te (unter der Führung von Iborn und Hacken) aus Schweden und Gothen nach Schonland zog. — Yngue (Sohn des Niord) wurde mit dem Götternamen Frey oder Frode belegt, der klaren Himmel, gute Witterung und reichen Jahreswuchs anzeigt. Von dem Frieden und Wohlstand, der unter ihm in Schweden herrschte, wurde seine Zeit später der Frodo-Frieden genannt. Er verlegte die oberste Opferstelle von Alt-Sigtuna nach Alt-Upsala, wo er einen prächtigen Tempel erbaute und daneben den Disar-Saal errichtete, in dem die Tempelgöttinnen oder Vorsteherinnen, sowie die Götzenpriester sich in ihrem Schmucke zeigten. Er verlegte auch dorthin seinen Hauptsitz, seine Hofhaltung und seinen Fyris-Saal oder höchsten Gerichtsstuhl, für den man in ganz Scandinavien Ehrerbietung hegte. Gewisse Güter wurden (durch allgemeine Beistimmung) im gothischen oder schwedischen Reich dem Ober-Drotten-Amt in Upsala zum gesetzmässigen Unterhalt beigelegt, als Upsala-Oede (die Grundlage zu den schwedischen Krongütern). Die freien hausväterlichen Regierungen der Fylkis oder Härad's-Könige waren zwar in Ansehung ihrer einzelnen Länder völlige Herren, erkannten aber doch (als Glieder des Reichskörper) den Upsalischen Drotten als Yfirbodi oder Oberherrn [Mikado über Daimio's] an, weil der Upsalische**) Drotte von den Göttern (besonders von Odin)

---

*) Nach dem Tode dieser Heerführer wurde Agelmundus zum König erwählt, der mit seinen Langobarden genannten Unterthanen die Liefländer plünderte und dann die Länder bis in die Bulgarei an der Donau durchzog, schliesslich ein Königreich in Italien gründend. Der schwedische König Haquin Ringo (Sohn des ermordeten Germund) besiegte (387 p. d.) den dänischen König Harald (den Liefländer, Slaven, Schotten unterstützten). Gegen den dänischen König Jarmerich empörten sich (durch Bicco) die Liefländer mit Hülfe des schwedischen König's Adel (435 p. d.). Unter den Bürgerkriegen der Brüder Holstan und Biörn (Söhne des schwedischen König's Ingermarus) fielen Reussen und Liefländer ab (462 p. d.). Die gegen den dänischen König Harald kreuzenden Liefländer wurden von den schwedischen König Erich (931 p. d.) besiegt. Der dänische König Canutus stiftete (1080) das esthnische Herzogthum. Nach König Erich das Benedictiner Kloster des spätern Reval gegründet (1099) zog er nach Jerusalem. Als deutsche Kaufleute (1158) nach der Dünamündung verschlagen waren, wurden sie (wie es der Pilote aus der Küste erkannt hatte) von den freien Heyden angegriffen, traten aber (nachdem sie dieselben zurückgeschlagen) in Tauschhandel (s Brandis).
**) In Upsala wurde auch das vornehmste Götzenopfer und besonders das Alshärsar-Ting (alle neun Jahre) gehalten (s. Dalin). König (king oder konung) oder Kunugr kommt vom alt-scythischen Wort Chun oder Chuen (Macht oder Vermögen), wovon Chunugard benannt ist und ist gleichen Ursprung's mit dem alt-gothischen (b. Ulfilas) Kind (Kenner) oder Kindin (Anführer oder Richter), sowie mit kunna (können), kynnig (munter), kunnog (kundig) u. s. w. Von dem Wort Chan bei Tartarn, Turcomannen, Ostjaken u. s. w. war

stammte. Unter den durch ihre Stammessagen sich als erdgeboren beweisen-
den Bewohnern an der Nordküste des Pontus Euxinus nomadisirten in den
Gebieten der vertriebenen Cimmerier die auf dem asiatischen Steppenweg
herbeigezogenen Königsskythen, die ihre Namensbezeichnung als Scythen
(oder Skoloten) indess auch über die mehr oder weniger tributpflichtigen
Völker der dortigen Länder ausdehnten und ihre äussersten Vorposten in
die Agathyrsen bis Siebenbürgen vorgeschoben hatten, während unter dem
Schutz der Gelonen (und diese zum Theil hellenisirend) die Griechen der
Handelskolonien sich bis zu den Budini verbreiteten und die Stadt Gelonus
bauen halfen. Friedliche Hirtenstämme (die Ephorus wegen ihrer milden
Sitten den cannibalischen Sarmaten entgegensetzt) kennt schon Homer als
Abii und Galactophagi oder Hesiod als Hippemolgi, später aber treten
unter dem Völkergedränge der von den Greifen getriebenen Monophthalmi,
Arimaspen, Issedonen die von Targitaus (dem auch den Armeniern bekannten

---

eine Hauptstadt Chue, Chuotse u. s. w. genannt. Der Hunnen oder Chuner Hun, Han meint
mächtig oder herrschend, womit die Wörter Han und Hon, (Er und Sie, Mann und Frau),
als die Bezeichnung des natürlichen Vermögen's in Verwandtschaft zu stehen scheinen
(s. Dalin). Nachdem Agne (Dag's Sohu) den Froste (Heerführer der Finnen) erschlagen,
führte er dessen Sohn Loge und dessen Tochter Skialfa mit sich nach Schweden, wurde
aber von der letztern (in die er sich verliebt hatte) mit seiner goldenen Kette erdrosselt
(† 465). Nach seinem Tode kam Schweden unter die Regierung verschiedener Brüder
(Alrik und Erik, Söhne des Agne), die aber dem Volke gegenüber nur als einzige Oberkönige betrachtet wurden und das Opfer in Upsala aufrecht erhalten mussten, (das als der
hauptsächlichste Grund guter Zeiten und eines glücklichen Jahrwuchse's angesehen wurde).
Ausser dem Starkotter hielten sie zwölf auserlesene Fechter. Nach ihrem beiderseitigen
Tode folgten Alrik's Söhne, Alf oder Elfsi und Yngue, als gemeinsame Könige in Upsala
(490). Die streitbare Thorborg (Tochter des Erik) wurde zuletzt gezwungen Rolf Götrikson
zu heirathen. Nachdem Alf und Yngue sich gegenseitig erschlagen, wurde Hugleik (Alf's
Sohn) mit der Vormundschaft über Yngue's Kindern betraut, aber durch Hake (der sein
Heer durch Laub-Zweige verdeckte und Harkotter den Alten bei sich führte) erschlagen.
Hake trieb Erik und Jorund (die Söhne Yngue's), die Seekönige geworden, zurück, ver-
brannte sich aber (tödtlich verwundet) auf seinem Schiff (525), worauf Jorund König wurde,
den die Jüten (bei einem Einfall) erhängten. Sein Sohn Ane oder Auu opferte (550) zu
Odin's Ehren seinen eigenen Sohn, um Theurung abzuwenden. Nachdem der dänische
Prinz Ale (Fardleifs Sohn), der ihn vertrieben hatte, von Stark-Odder getödtet war, kehrt
er nach Upsala (nach dem Abzuge des ostanglischen König Uffa) zurück, wo er (wegen
Krankheiten, Misswachs und Erdbeben) verschiedene seiner Kinder opfert († 610 p. d.).
Um die östlichen Länder seiner Vorfahren zu besuchen, segelte Ynguar (König von Schweden)
nach Esthland und durchzog die holmgardischen Länder, die er unter seine Gewalt brachte
und zuerst die regelmässige Zinsbarkeit den Zuidi oder Esthnischen, Salaonischen, Krivi-
zischen, Meriunischen und Finnischen Scythen auflegte. Er fiel in einer Schlacht bei
Adal-sysla in der Nähe von Olbia (720). Verschiedene seiner Krieger waren bereits
Christen. Der aus Schweden vertriebene König Egil († 620) wurde durch den dänischen
König Frode wieder zurückgeführt. Bei Yngue-Frey's Tode liess seine Schwester Gydia
(Göttin oder Opfervorsteherin in Upsala), die mit Odder (Stark-Odder) oder dem Reichen
vermählt war und, wie die Liebesgöttin, Freya genannt wurde, die Leiche ihres Bruder's
(statt sie zu verbrennen) in einen Erdhügel (mit einer Thür und drei Fenstern) setzen,
vorgebend, dass er noch lebe, damit sie sich während drei Jahre die Landsteuern bezahlen
lasse (die Schätze in den Hügel bringend, damit Frey durch den vermehrten Reichthum
den Göttern um so angenehmer würde). Da der Frieden und gute Jahreswuchs (während
dieser drei Jahre) dieser Ursache zugeschrieben wurden, wollte man (nach Entdeckung
des Tode's) die Leiche nicht (nach Odin's Gesetz verbrennen), damit Frey noch immer auf
diese Art unter den Schweden lebe und ihnen Segen schaffe. Man lockte ihn noch lange
nachher als Gott der Welt an und die Freya nach ihrem Tode als Göttin. Dies Begräbniss
des Frey in einen grossen Hügel, war der erste Grund zu dem Hügel-Alter, das hernach
auf das Brenn-Alter folgte. Gerder (des Gymis Tochter), mit der Frey († 230 p. d.) den
Fiolmer zeugte, stammte aus einem alten einheimischen Hause, als vom Rimthussa-Geschlecht
oder dem Stamm, der im Lande wohnte, ehe Oden und seine Drotter dahinkamen. Fiolmer
(Filmer oder Waldemar), Sohn des Yngue-Frey (233 p. d.) schloss einen Vertrag mit dem
dänischen Könige Frode, kam aber bei einem Besuche um (indem er betrunken in ein
Meth-Fass fiel), Frode wurde darauf von einem Mysing oder Seekönig überfallen und erschlagen. Der dänische Frode-Frieden ging so zu Ende.

Ahnherrn der Türken in der Genesis) stammenden Scythen dazwischen, die zwar in dem Scalpiren der Feinde und den aus Schädeln verfertigten Trink-becher eine wilde Tapferkeit bekundeten, aber doch in den Namen ihrer alten Gesetzgeber an eine alte Cultur (wie die ihnen verwandten Geten) anknüpfen, die aus früheren Beziehungen*) zu China und Indien sich mit thracischen Bildungselementen durchdrang. Die Sauromaten waren als An-wohner und Plünderer auf dem *Λαξεις* oder Handelswege der Griechen (zu Herodot's Zeit) bekannt und hingen mit den Bergvölkern des Caucasus zusammen, die von Ptolemäos auch grösstentheils in sie eingerechnet wurden, und sich (wie später Kazaken oder Tscherkessen und Kerketen) zeitweise erobernd durch die deshalb unter Sarmatien verstandenen Länder ergossen, die Ukraine ihre Grenzen in weiter Entfernung nach Westen hin, als die Kosaken, markirend. Als allgemeine Bezeichnung blieb häufig der Name der Scythen in Verwendung, aber, wie Plinius es ausdrückt, waren die Scythen in Sarmaten und Germanen übergegangen. Die Krimm der Taurier blieb ein Zeugniss der Kimmerier. Der Zippelpelz (so eingehüllt, dass man sein Gesicht nicht sehen kann) in den Weihnachtsspielen oder (im slova-kischen Weihnachtsbrauch). Crispus (Cubo oder Jakob) ist aus den heidni-schen Raubnachtumzügen übrig geblieben (nach Schröer), als der (durch unterirdische Wohnung die Unsterblichkeit lehrende) Zamolxis (in *Ζαλμός*

---

*) Der assyrische Monat des zodicalischen Zeichen's Taurus entsprach dem Thura-vahar (*ταῦρος* oder Thura) genannten Monat der Perser (s. Rawlinson). Der assyrische König Θούρας (oder Ares) errichtete (nach Malala) zuerst eine Säule für Anbetung. The deity, who is named Bar (or Barsam) in the one tradition (about Ninus) is named Θούρας in the other, nach Rawlinson, der Bar und Nin mit der Constellation Taurus identificirt (Gav oder Stier). Nach der Chron. Pasch. ist *Ζάμης* (Sem) der Vater des Θούρρας. Ninip (Kivan) oder Ninpi ist der assyrische Hercules. Desanaus war (nach Eusebius) eine Name des östlichen Heracles (oder Diodan). Dhizan wurde von den Arabern als Götzenbild ver-ehrt. Satrun (Saturn) oder König (bei den Arabern) findet sich in den Namen der *Βαρσήμιοι* genannten Könige von Hatra (zur Zeit Trojan's) oder Hadhr (Chetra). Der sogenannte *Σκυθισμος* wurde in Asien und Europa begründet durch die Züge der östlichen Nomadenvölker, die von Südarabien (den spätern Sitz der Sabaeer und anfangs auch der Nabataeer), oder von den himalayischen Tafelländern Meghanistan's (die vor dem Durch-bruch des persischen Golfe's vielleicht in Zusammenhang mit jenen standen) Expeditionen, die mehr den Character von Handelsreisen als Kriege trugen, unternehmen, nachdem sie vorher Egypten besetzt hatten, so dass der allegorisirte Führer bald unter dem Bilde des Osiris erscheint (der dann eine der Sagen vom Zwiste mit seinem Bruder in den spätern Eroberer Sesostris zusammenschloss), bald als Dionysos (der Gott den Nedjran), weshalb Plinius Scythopolis von Dionysos gegründet sein lässt. Die Scythen waren in ihren (germanischen und scandinavischen ähnlichen) Gelagen dem reichlichen Genuss des Weins ergeben, weshalb die Spartaner den ungemischten Wein nach „scythischer Mode" tranken, sie waren indess, als der durch Zamolxis repräsentirten Religion ergeben, jener fremden nicht nur, sondern auch jeder Sectenzersplitterung feind, und tödteten sowohl den Anacharis, der die Riten der Göttermutter übte, als auch den Scylas, der den Dionysos nach griechi-scher Sitte in den Mysterien feiern wollte, indem sie in ihrer puritanischen Auffassungs-weise den orgiastischen Schwärmereien eben so entschieden gegenüber standen, wie jetzt innerhalb des Islam die Sunniten den Schüten und deren Geheimdiensten, die sich nach der Bekehrung in den persischen Städten ausgebildet haben, wie die dionysischen in den griechischen am Pontus (in Vermischung mit einheimischen Ceremonien). In Scythia Saga renatum mortale genus (Annius Viterbensis). It is impossible to avoid remarking, in regard to Greek and Roman mythology, that in addition to the Arian element what forms the basis of both systems, there is a prevailing Semitic character in the one and a Scythic character in the other. Thus in Greek mythology, the name Κρόνος, Ἔριφος, Κυβήλη, Κάβειροι, Κάδμος et are of undoubted Semitic origin, whilst in Latin the names of Saturn. Dis, Vulcan may be suspected to be scythic (Rawlinson). Quare non a spurcis Graecis, qui aurea non erant aetate, sed a tempore aureo, et splendidissimus principatus et diis regibus et pontificibus splendissima est origino Italiae (Annius). Principatus originis semper Scythis tribuntur (Cato dicens). Et ex his venisse Janum cum Dyrim et Gallis progeni-toribus Umbrorum rateque cum colonis per Tyberim vectum, ad laevum Tyberis Etrurias tenuisse locum.

oder *doqá*)*). Ueber das Aaland-Meer sctzend kamen die Svearn (Suiones im Norden b. Tacit.) nach dem Mälarsee zu den gothischen Bewohnern Schonen's. Nerthus wurde von den Anwohnern an der Ostspitze der Ostsee**) verehrt (b. Tacitus). Bei Langobarden, Reudigern, Avionen, Angeln, Varinen,

---

*) Der Tanz, welcher dem phrygischen Dionysos Sabazios zu Ehren von Satyr- und Silensmasken nach dem Schalle des Tympanon oder Tamburu in raschen Bewegungen ausgeführt wurde, hiess Sikinnis. Die Materie ist ein räumlich begrenztes Individuum mit entgegengesetzten Wärmethätigkeiten oder mit drei stets thätigen Polaritäten ihrer Oberfläche gegen ihre Mitte (Recht). Nach Strabo glichen die Aquitana (*Ἀκυιτανοί*) mehr den Iberi als den (durch die Garonne getrennten) Celtae. Adcantuannus, Häuptling der Aquitani, war (im Kampf mit Crassus) von Soldurii umgeben, oder einer geweihten Schaar Solcher, die einander im Kampfe nicht überleben durften. Messalla unterwarf (28 a. d.) die Aquitani. Nach Plinius hiess Aquitanica früher Armorica. Die Aquitaner begriffen die Tarbelli, Cocosaten, Bigerrioner, Sibuzaten, Preciani, Convenae, Auscae, Garites, Garumni, Datii, Sotiates, Orquidates, Campestres, Sucasses, Tarusates. Vocates, Vasates, Elusates, Atures, Biturigea Vivisci, Meduli (Petrocorii, Nitiobriges, Cadurci, Ruteni, Gabali, Vellavi, Arverni, Lemovices, Santones, Pictones, Biturigea Cubi). Plinius unterscheidet Osquidates Mentani und Osquidates Campestres in Aquitanien. Marcomiro autem rege Francorum a Valentiniano Caesare (393 p. d.) acciso, Doringo et Saxones cum Germanias et Theutonibus a societate Francorum recesserunt, rebus non satis provide sub ducibus actis (Tritheus). Eninvero (testante Hunibaldo) cum post exciduim Trojanum varias nationes vagarentur (Franci vel Sicambri) inter Scythas Scythae, inter Armenos dicebantur Armeni. Als von dem fränkischen (sicambrischen) König Francus in der siegreichen Schlacht der verbündeten Sachsen mit den Gothen das Schlachtgeschrei „hie Franck" beliebt geworden, dicti sunt Franci, qui prius ab aliis Sicambri, ab aliis dicebantur, foederis ratione, Germani. Et mirum quidem in modum gloriabantur novitate hujus vocabuli, quippe qui multis deinceps temporibus, quoties mutuo sibi occurrissent, ita salutabant: Ein guten Tag Fryer Franck (s. Trithem). König Franck besiegte die der Sachsen siegreichen Römer unter M. Lolius. Der fränkische König Clogio († 20 p. d.), der mit Tiber kämpfte, setzte seinen Sohn Phrisus als Herzog an der Meeresküste ein. Es ist nicht möglich im Gebiete der Raumempfindungen irgendwo eine Grenze zu ziehen, um einen Theil, der der uumittelbaren Empfindung angehöre, von einem andern Theil zu trennen, der erst durch Erfahrung gewonnen sei (s. Helmholtz). Die Empfindungen beim Sehen machen den subjectiven Raum und der subjective Raum macht die Anschauung (A. Müller). Die Zusammenfassung durch die reine Schwere, und die mit ihr gegebene Herrschaft von Licht und Wärme, muss das Ursprüngliche sein, aus welchem alle individuellen Körper und Stoffe erst hervorgehen konnten (Planck).

**) Nach der Bernsteinküste beginnen die Germanen (nach Plinius) mit den Ingaevonen, proximi Oceano (Tacitus). Königsgeschlecht der Yngvi in Scandinavien. Plinius rechnet Cimbern, Teutonen und Chauken zu Ingaevonen, Sueven zu Hermionen (Sigamber zu Istaevonen). Die Aestuer (die Allmutter verehrend) sind die Easterlinge im Verhältniss zu den Germanen (also nach Osten) oder die Eastas (b. Alfred), als Aestorum natio von Ermanrich unterworfen (Jornandes), und Ostiaioi (b. Pytheas), brittisch redend, oder sonst (zu Tacitus Zeit) zu den (erobernden) Sueven (den östlichen Völkern Germanien's) gehörig (als die über die russische Ebene eingedrungende Reiterschnar). Wenn Caesar auch westlich von der Elbe Chatten und Hermunduren als Sueven begreift, so sind doch die Cherusker und Teucterer ihre Gegner, und ebenso die mit den Friesen zusammengenaunten Chauken (nördlich von den Longobarden b. Ptol. oder die Suevi Langobardi) von ihnen abgetrennt, so dass die Aestyer als suevisches Volk nicht an der germanischen Küste der Nordsee wohnen konnten (wie später von den Germanen Brittannus genannte Easterlingi). Niörd gehörte zu den Vanir (Vanengöttin) von Yörd oder Erde. Oesel oder (b. Heinrich die Letten) Oesilia ist Basilia oder Ababerg in Battic. Formae apiorum bei Aestyer im Cult der Mater deum oder Freyya (weiblicher Fro oder Freyr mit Eber Gullin borsti). Als Amulette der Göttermutter trugen die Aestyer Eberbilder (auf celtischen Münzen). Das Schwein war Symbol der celtischen Göttin Ceridwen (Ceres). Nach dem herbstlichen Fischfest feiert der Litthauer ein Schweinfest (um den Blitzgott Perkuna zu sühnen). Die Finnen nennen sich Kainuliaiset oder Niederländer (Kainu oder Niederung). Nach Tacitus gehen bei den Finnen die Frauen mit den Männern auf die Jagd. In course of time, Britain received, besides the Britons and Picts, a third nation, the Scots, who settled in the territory of the Picts (according to Beda). Britain was (444) inhabited exclusively by Britons, until at lenght the Picts and Scots occupied the northern part, which had been deserted (according to Genebrardus). Boethius styles Fergus the first king of the Albanian Scots. Ireland was called Scotia (according to Baronius). Die Waliser (Kymry) nennen jeden Nicht-Waliser Gâl (wälsch) oder fremd (s. Schulz). Otto III. gab Boleslaus Chrobri (Sohn des Miesko) den Königstitel (von Polen) in Gnesen (1000 p. d.). Boleslav IV. übergab seine Neffen (Söhne des vom Thron gestossenen Wladislaus II.) Boleslaus, Mieslaus und Konrad

Eudosen, Suardonen und Vuithonen (als suevische Völker, von Scandinavien hinüberreichend). Die Gepidae heissen (bei Treb. Pollio) Sigipedes (Siggipedes) und (b. Capitolinus) Sicobotes und mit die Bewohner*) der cottischen oder grapischen Alpen nennt Ptolem. die Σικύνιοι (Ίκόνιοι). Strabo stellt die Σούγαμβροι neben den Κίμβροι am Ocean, Caesar (als Sigambri) am Rhein. Nach Venant. Fort. stammte der fränkische König Charibert de gente Sygamber. Die Sagibarones (im salischen Gesetz) haben weltliche Gewalt. Zu den in Sicilien oder Trinakria (mit den Ligurern) angesiedelten Sicanern aus dem Stamm der Iberer (Avaren oder Babaren) kamen die verwandten Siculi oder kleinen Sigier (Saker), die Dionysos als Barbaren in frühester Zeit die Stätte des späteren Rom inne haben lässt. Sicyon **) (Telchinia) oder Mekone, wo Prometheus die Opfer einrichtet, galt für den Wohnort der Seeligen, und der Eponymus von Aegialcia (der Sicyonier oder, auf dem delphischen Tripod, Sekyonier) war der Athener Sicyon (Sohn des Metion), während Prometheus, der heilige Mihiras oder Mithras, den cauconischen Eingeborenen erlag und am Caucasus duldete. Durch seinen Hammerschlag hatte er (nach Apollodor) die verschlungene Metis in der Person der Triton Athene befreit. Unter Siwa's Dienern findet sich Pramathas und des Prometheus indische Beziehung zur Feuerzeugung hat Kuhn nachgewiesen. Bei Diodor ist Prometheus, als Diener des Osiris, der Gouverneur im Nilthal (ein Pharao oder ein vom Pharao Eingesetzter) und wird einer Ueberschwemmung des Flusses (Okeame oder Oceanus), die ihn fast zum

---

als Herzöge Schlesien zum Theilen (1163). Mit der deutschen Einwanderung in Schlesien nahmen die Städte mit landesherrlicher Bewilligung magdeburgisches Recht an. Die Hevellen mit den Ukränen liessen sich in der Ükermark (Brandenburg's) nieder. Die Liekh an der Warta (in Polen) sind die (b. Tacitus) mit den Sarmaten verbündeten Lygier. Kii, un slave derevlien, allait chercher du service à Constantinople. Etablit sur le Danube, il batit le fort Kievets ou Kievin, mais inquété par les barbares, il retourna au Dnepr et batit Kiev établissant un passage. d'après la mort de la reine Zarine (sous laquelle les Sakes etaient victorieux sur les Massa-Gètes) les Scythes-Skolotes furent obligés emigrer. Les Sintiens, issus d'esclaves Cimmériens et de mères Scythes, s'établissent sur le Bosphorc. Les Scythes Sakes, defaits per Philippe de Macedoine, se retirent vers le nord. Les Roxolans furent gouvernés par des Varégues suédois et les Finnois donnèrent à ce mélange le nom de Rouozolein, qu'ils ont conservé aux Suedois. La souverainté de Kiev fut connue aux Grecs sous le nom de Rhos. Börtu Tschino war ein Nachkomme des Kajan, der sich mit seinen Bruder Nagos und den Weibern auf das Gebirge des Landes Irgana Ken rettete, wo ihre Nachkommen durch einen Hufschmied einen Ausweg erhielten. Von einer ausgerotteten Hunnen-Nation blieb der Herr über Wind und Regen über, mit der Tochter des Sonnengeistes und der Tochter des Wintergeistes, Nachkommen zeugend. Von den Asena rettete sich der Rest nach der Niederlage durch den Tawuti (Kaiser der Tataren Goei). Der zerstümmelte Knabe, von einer Wölfin gesäugt, wurde Stammvater der Türken. Burtá Tschiind fand am See Baighal (Baikal) das Volk der Bäda. De differents princes de l'Asie envoyèrent les 127 colonnes, qui décoraient le temple de Diane à Ephère. Constantin nennt die Serben unter den in Russland den Warägern unterworfenen Slawen. Sarabaitae propie currentes vel sibi viventes Zirbi. Chrbet oder Chrebet werden in Russland hohe Berge genannt. Die anwohnenden Russen nennen die Tatren (Tatry der Slaven oder Karpathen), Horby. Bei den Chrowaten und Winden bedeutet das Wort Chrib oder Chrb Berghöhe oder Berg. Les Lettons au delà de la dana appellent leur pays Vid-Zemme et le nom de Vites est employé dans les chroniques scandinaves comme un équivalent de Goths. Nach Jornandes wurde die Insel Gepidaios (der Gepiden) durch die Vidivarier bewohnt, eine Mischung aus verschiedenen Völkern (ex diversis nationibus), die sich in eine Freistätte geflüchtet. Im Streit über das höhere Alter ihres Volke's wiesen die Skython die ein tiefes Sumpfland bewohnenden Aegypter auf ihr Hochland hin, dass entweder zuerst abgekühlt, oder zuerst trocken geworden, je nachdem die Erde aus Feuer oder aus Wasser gebildet sei (b. Justin). Eingeborene der Tiefländer als λιμνογενείς. Dreifach ist des Raume's Maass.

*) Viele Völkerschaften führen noch den Beinamen Brachmanen, wie die Makkokalinger, bemerkt Plinius in Indien.

**) Pseudoberosus lässt unter der Regierung des Sicorus (Vater des Sicanus) in Hispanien den Deucalion (Sohn des Prometheus) geboren werden.

Selbstmord geführt hätte, nur mit Hülfe des Herakles*) Herr. In Asien (von Asia, dem Prometheus vermählt) bildete Prometheus zu Iconium oder (nach Steph. Byz.) Eikonion (worauf Mekone oder Maha-Eikon zurückführt) Bilder der Menschen, und Iconium (die Stadt der Medusa zu Perseus Zeit) würde Siconium sein, nach Analogie des Alpenvolkes der Iconii (b. Strabo), die auch Siconii hiessen (s. Long), ein Anschlag an Akad, die alte Stadt der Scythen oder Meder. Homer macht die Cimmerier zu einem hochnördlichen Volk, und wenn später von Cimmeriern am Pontus gesprochen wird, so deutet das auf politische Beziehungen hin, wie sie auch z. B. zu Hermanrich's Zeit bestanden. Die Cimmerier, die Herodot beim Anzuge der Scythen in Lydien einfallen lässt, waren indess von Strabo specificirt die auch später in Thracien, als Grenznachbaren oder Odrysae (unter Sitalces, Sohn des Teres), neben den Tiliotae (Italioten) ansässige Trerer, die auch in Dardania oder Trojade austreten, und an die von Diomedes vertilgten Dardi und Monadi erinnern (in Italien, von wo Dardanus zur Gründung Iluim's auszog), wo sich andere Dardani (Musik liebend und Misthöhlen bewohnend) in Moesien (Mysien) finden. Verschiedene Einfälle der eigentlichen Cimmerier**) (unter Lygdamis, zu Midas Zeit, und sonst) in Kleinasien werden indess aus früherer Zeit (selbst vor Homer, n. Strabo) erwähnt, und dass dabei auch Sardes erobert wurde, bemerkt Callisthenes. Diese nomadisirenden Eroberer, die an der Küste als Piraten auftraten, erschienen dann als tyrrhenische Pelasger, und trugen nach ihrer Landbesetzung in Italien, wie das Etruskerthum die auch von den (durch Posidonius mit die Kimmerier identificirten) Cimbri des Norden's***) verehrten Aesar, der Hesus der Kelten und verwandten Kymri. Der Iberer Korytus, des Herakles Freund, gilt als Erfinder des Helm's, und von der durch Korytus erbauten Stadt Cortona (oder Korytus) zog Dardanus aus, der Enkel des Atlas, und gründete durch seinen Bruder Jasius in Samothracien (auf dem Wege nach Phrygien) die Mysterien, die der carthagische Reisende so weit unter den Völkern der Atlantis verbreitet fand, und wie dort die Mexicaner mit Bangen dem Ende ihrer Cyclen entgegensehen, so die Etrusker dem Wechsel der Weltepoche zur Zeit des Sulla (s. Suidas). Der mit den Atlantiden verwandte Dardanus aus Kortona, der von Samothrace nach Ilium gekommen, brachte das Palladium mit, eines der Baalsbilder, wie es auch auf ionischen Boden als Schützer der Stadt Athen verehrt wird, und nach Hinzutritt der kriegerischen Götter vom tritonischen See in Africa, wo stets die Geschlechter um den Vorrang kämpften, die Sage vom Giganten Pallas ausbildeten. Nach Caesar stammte der belgische Stamm der Aduatuci von den zurückgebliebenen Cimbern und Teutonen†). Die südlich an die

---

*) Los Cartaginenses, dueños ya de las Pitiusas, intentan en vano conquistar los demas islas (663). Hamilco y Hanno abordaron a Mallorca. Die Elimiotae (Elymi) oder Elymiotae wohnten in Elimea oder Elimiotis (in Macedonien). Dryopis der Dryopes oder Ossaei hiess später Doris. Ptolemäos setzt Gutae in Scandia. Der etruskische Tyrann Mezentius führt zu Turnus in Ardea (aus Caere vertrieben).

**) In the Babylonian transcripts of the Achaemenian incriptions the term, which replaces the Saka of the Persian and Scythic columns is Gimiri or tribes (s. Rawlinson).

***) Wie die Hellenen die Μακροπάγωνες (Langbärte) im Norden kennen, so finden die Argonauten neben den Kimmeriern die Μακρόβιοι, 12000 hundertjährige Monde lebend (während die buddhistischen Jama-Bewohner 44000000 Jahre leben), die H Müller von βιός (statt von βίος) als (scythische) Langbogen erklärt.

†) Die Trerer und Tilataei wohnten (nach Thucydides) am Berg Scombrus. Nach der Zeit des Priamus bemächtigten sich die Treres oder Thracier eines Theil's der Troade (nach Strabo). Zwischen Laodicea und Carura stand der hochverehrte Tempel des karischen Men (nach Strabo). Amid-aba ist Blumengöttin der Kalmükken. Λεμοννόνιος mit den Völkern Caledonien's (b. Ptol.), wobei Zeus an lacus Lemannus erinnert. Die Heimath des Achill wird bald Phthia, bald Hellopia genannt. Nach der delphischen Dichterin

Oenotrier (pelasgischen Stamm's) grenzenden Osci (Ὀπιχοι) wurden von den Sabinern oder Sabellern (der Apenninen) unterworfen, die (mit Campaniern und Samniten) die verwandte Sprache*) der Oscier (im Lateinischen mit Griechischen oder Pelasgischen gemischt) annahmen. Das skythische Volk

---

Boia lernten die Delier von dem Lykier Olenus die an die Hyperboräer gerichteten Hymnen. Nach Mnaseas hiessen die Delphier auch Hyperboräer. Rawlinson lies't die Namen der Sacae auf der Bebistun-Inschrift als Gimiri oder (armenisch) Gamar (Κιμμέριοι). Der Hermus bei Sardis entspringt auf den didymenischen Bergen (der Cybele oder didymenischen Mutter). Nach Josephus soll Meroë früher Saba geheissen haben und später nach der Schwester des Cambyses Meroë genannt sein. Manetho (b. Syncellus) will seine Geschichte ursprünglich von Säulen haben, die von Thot, dem ersten Hermes, vor der Sündfluth im seriadischen Lande aufgerichtet seien. Nach Diodor stammte Osiris, der Cultur-Vater und erste Mensch der Aegyptier aus Nysa in Arabien. Dido hiess Elisa. Von Javan werden die Völkerschaften Elisa, Tharsis, Chittim und Dodanim abgeleitet. Forster erklärt die Epimaranitae (b. Plinius). Nach Pausanias war der thracische Sänger Thamyris ein Odrysier. Orpheus herrschte als König über die Odrysier (s. Conon). Sitalces griff mit den (in die Ebene des Hebrus gezogenen) Reitern der Odrysae Macedonien (unter Perdiceas) an. G. Rawlinson erklärt Shinar als die zwei Flüsse (hebr.). Duraba oder Akkerkuf liegt am Saklawiyeh-Canal aus der Parther-Zeit (nach H. Rawlinson).

*) Venetia, als Land der keltischen Veneti (Οὐένετοι) bildete eine der Küsten (oder armorischen) Staaten am Atlantic (in Armorica). Die Veneti (b. Dariorigum oder Vannes) handelten mit den Britten von Devonshire und Cornwallis (in Eichenschiffen mit Leder-Segeln). Die Cenomani (mit Verona) grenzten an die Veneti in (Οὐενετία) Venetia am adriatischen Meer. Die Cenomani (des cisalpinischen Gallien) nehmen die Sitze der vertriebenen Etrusker ein. Die Carni lebten im Osten, die Veneti im Westen Venetia's. Nach Tacitus wohnte der sarmatische Stamm der Venedi oder Veneti am baltischen Meer. Heneti oder Eneti in Paphlagonien (zur Zeit Homer's). Nach dem Tod des Führers Pylaemenes wanderte der Stamm der Heneti durch Thracien nach dem adriatischen Meer. Antenor gründete Patavium. De même que les anciens Chinois et Hindus se figuraient que les montagnes avaient été dans l'origine, mobiles, avant d'avoir été rendus immobiles (sansc. na-ga, non marchant ou montagne), de même les peuples primitifs simaginaient, que les iles et les terres avaient nagé dans l'au, avant de s'être arrêtées à la place ou elles se trouvaient (Dèlos, les Sumplégads, les Kuklades). Pour exprimer l'idee de issu de l'eau, on s'est servi (pour la terre) le forme de ápia, perrari, allach (adjectif derivé de áp, l'eau). Les Hindous ont trouvé la terre nourrière sous la forme et sous le nom de la vache dans les langues jafétiques la notion de taureau ou de vache était impliquée des celle de mugissement (bo ou ke). At cedens ipse (St. Volquinus) ad locum, in nomine, inquit, Christi Jesu, vobis mandando precipio, ne sonum ullum ulterius emittatis. Ad mandatum viri dei adeo in ranas illas invasit metus, ut ab eo tempore nulla ibi audita feratur. Usque ad hec secula nostra buccis tumentibus et inflatis coaxare sine effectu molitur semen fedum rana (1250 p. d.) in Sittichenbach. Zu Blooming Cove in Orange County (Staat New-York) geboren, gilt Davis, als der Seher von Poughkeepsie, wo er besonders mit den Geistern communicirte, als Gründer des Spiritismus (Sohn eines Schuhflicker's). Die Offenbarungen mit dem Fortschritt der clairvoyance zur clairscience begannen 1846 p. d. Jacobson führte in Cassel und 1815 in Berlin, einen Privatgottesdienst mit Predigt, statt der geistlosen Synagogensingerei ein [Reform des Brahmanenthums] und auch in Hamburg drang die Reform trotz des Widerstandes der Dajomin durch. La femme nue, donnant le jour à un serpent (sur le bloc de granit, près du lieu d'Oo) stellt (nach du Mèges) Pyrene vor, Tochter des Bebrix, die (dem Alciden) eine Schlange gebar (nach Sil. Italic.). Passer (paxaro) est le Sanscrit paksha (oiseau). Die Scythen opferten Pferde (nach Herodot), wie die Issedonen (im indischen Asvamedha). Die abgeschnitteten Arme und Beine der dem Mars Geopferten wurde von den Scythen in die Luft geworfen, um an die Stelle des Falles liegen zu bleiben (wie die von Durga zerstreuten Glieder des Siwa und des Osiris in Egypten). Die Scythen verehrten ein Schwert (n. Herodot), zu Attila's Zeit wurde (nach Priscus) ein Schwert zur Verehrung gefunden und Djingiskhan liess gleichfalls ein verehrtes Schwert suchen. Nach Hicesius verehrten die Sauromaten ein Schwert und (nach Amm.) die Alanen. Durch Blättrinken verbündeten sich die Scythen (nach Lucian), die Lydier und Assyrier (nach Herodot), Mongolen, Araber, Kasendi. Die Scythen pflanzten gepfählte Pferde am Grabe auf (nach Herodot), die Mongolen (nach Ibn Batuta), die Patagonier (nach Fitzroy). ῥύμβῳ καὶ τυπάνῳ Ῥείην Φρύγες ἱλάσκονται (Apoll. Rhod.). Die lycische Stadt Arne lag am Xanthus (Steph. Byz.). Erinnys heisst Gorgo. Demetrius unterscheidet das syrische oder (nach Plinius) die Stadt in Carmel Agbatana (Ecbatana) und das medische. Ewig fliessen dieselben Ströme in's Meer (nach dem Kobeleth).

der Sindi am Palus Maeotis pflegte mit dem Körper eines Krieger's *) ebenso viele Fische einzuscharren, als er Feinde im Kampfe erlegt hatte. Der sagartische Häuptling, der sich gegen Darius Hystaspus empörte, wollte von Cyaxares, der Niniveh **) (632 a. d.) angriff, stammen (auf der Behistun-

---

*) Die Iberer steckten um das Grabmal eines Krieger's soviel Speere, als er Feinde getödtet hatte. Als nach dem Tode des König's (265 P. d.) nur eine Tochter übrig war, baten die Georgier den persischen König seinen Sohn mit ihr zu vermählen und ihn zum König einzusetzen. Bei den Osseten heissen die Sternschnuppen Stahlch-Atachti (fliegende Sterne) oder Dsuar-Atachti (fliegende Kreuze oder Heilige). Dem neuen Monde schlagen die Osseten, als heilig, ein Kreuz mit dem Dolche. Auf altspanischen Münzen findet sich nie der Vollmond, sondern nur der halbe Mond abgebildet. Die Keltiberer bereiteten den Trank Celia (Zythus) aus Gerste. Nach Moses von Chorene war das Vaterland der Gerste am Araxes oder Kur in Georgien. Nach Voss haben die Kimmerier ihren phönizischen Namen von Kamar oder Kimmer (dunkel). Nach Strabo wanderten die abendländischen Iberer meist in Asien ein. Herodot erwähnt die Liebe der Völker am Kaukasus zu buntgemalten Kleidern. Posidonius berichtet die Liebe der West-Iberer zu bunt bemalten Kleidern. Blondes Haar und weisse Haut unterschied die spanische Raçe von den benachbarten Völkern (s. Hoffmann). Der Fusstapfe des Herakles in Japygia bei Pandosia wurde für so heilig gehalten, dass es nicht erlaubt war darauf herumzutreten (n. Aristoteles). Die Verehrung des Gotte's Heracles war auf der Insel Sardo so heimisch, dass sie die Insel der Fusstapfen genannt wurde. Ein verehrter Fusstapfe des Heracles fand bei den Skythen am Tyrasflusse (Ἴχνος Ἡρακλιος). Herakles zog mit mehreren Völkern über die Alpen, die nicht Griechen waren, sondern ihren Ursprung in Asien hatten (unter Führung des Hercules Grajus). Der nordische Name Os bedeutet Mündung (s. Grimm). Die Erfindung der Butter wird dem Herakles zugeschrieben. Die Osseten bereiten vorzügliches Bier (Bagani). Die Lusitanier weissagten aus den Bewegungen der Eingeweide geopferter Menschen (nach Strabo). Die Albaner beobachteten Weissagungen aus dem Niederfallen [Druiden] geopferter Menschen (nach Strabo). Ἔστι δὲ ἡ Θρᾴκη χώρα, ἡ Πέρκη ἐκαλεῖτο καὶ Ἀρία (Steph. Byz.). Die Namen der getischen Gottheiten Giveleisis und Zamolxis finden sich als Güveleisis und Ziamolux in der altpreussisch-litthauischen Sprache (s. Hoffmann). Pharnawas, König von Georgien, theilte das Volk in 6 Klassen, als Erissthawi (Volkshäupter), Fürsten, Edelleute, Kaufleute, Diener (des König's, der Fürsten und Edelleute) und Bauern. Ueber den Frauenputz unter den westlichen Iberern erzählt Artemidorus, dass Einige ein Stöckchen auf den Kopf stellten und das Haar darum wickelten [Japan], es dann mit einem schwarzen Schleier behängend. Nach Gellius wickelten die Spartaner beschriebene Pergamentstücke, um ausgetauschte Stöcke, wenn geheime Briefe geschickt wurden. Die Herakles-Strasse führte durch die grajischen Alpen, Ligurien, an der Küste hin bis Iberien. Unter dem Schutze des Heracles stand die alte Strasse nicht nur, sondern auch die Wanderer auf derselben, so dass für jeden, mochte er heimisch oder fremd sein, die Anwohnenden verantwortlich waren (nach Aristoteles). Tacitus hält die Silures wegen des krausen Kopfhaar's und der dunklen Gesichtsfarbe für Iberer oder ein aus Iberien herübergekommenes Volk. Das Volk der Ost-Iberer war (nach Strabo) in vier Klassen getheilt. Die erste ist jene, aus welcher sie die Könige bestellen, nach nächster Verwandtschaft, und nach Lebensjahren den ältesten, der zunächst folgende verwaltet das Recht und führt den Heerzug. Die zweite ist die der Priester, die auch die Rechtshändel mit den Nachbaren besorgen, die dritte ist die der Krieger und Landbauer, die vierte ist die der gemeinen Leute, die königliche Sklaven sind und alle zum Leben erforderlichen Dienstgeschäfte verrichten. Aboulfeda nennt den Kaukasus das Gebirge der Sprachen.

**) Nach Aeschylus gründete Cyaxares das medische Reich. In the Zendavesta Turiya (Turanien) is the appellative of the Scythic races. In assyrischen und babylonischen Inschriften werden die Saka (der achaemenischen Inschriften) durch Gimiri oder Kimiri (Cimmerier) wiedergegeben (als Σκύθαι). Die „turmae vulgi collecticiae, quae a mari adversus Saracum (in Kalah) adventabant", (s. Abyden.) bezeichnete (nach Rawlinson), die Sussanier und Chaldaeer, die sich mit Cyaxares verbündet hatten. Shushan (der Pallast in Elam (b. Daniel). Gyges, König von Lydien, hiess ὁ πολύχρυσος (Archiloch). Die von Alyattes aus Kleinasien vertriebenen Kimmerier bewohnten (nach Herodot) eine Ansiedlung in Sinope und erhielten sich (nach Aristoteles) in Antandros zu Troas (ein Jahrhundert lang). Der Friede zwischen Medien und Lydien wurde vermittelt durch Syennesis (König von Cilicien) und Labynetus von Babylon (durch Bluttrinken) 585 a. d. (610 a. d.). Ὀφθαλμὸς βασιλέος, als medische Hofcharge (b. Herodot). Post hos, qui successione inconcussa regnum obtinuerunt, derepente Medos collectis copiis Babylonem cepisse ait, ibique de suis tyrannos constituisse. Hinc nomina quoque tyrannorum Medorum edisserit octo, annosque eorum viginti quatuor supra ducentos (nach Berosus). Die Kiprat-arbat oder vier Stämme sind auf den Keilinschriften oft Arba-lisun oder vier Zungen genannt. Shalmaneser II. unterwarf die Meder in Ardelan und empfing Tribut von den Persern (ebenso von Shamas-Iva).

Inschrift). Durch ihre Verbindung mit den Sarmaten (nach dem Abfalle vom griechischen Kaiser) besetzten die (durch die Römer angesiedelten) Walachen (oder Blachen) Litthauen, Livland und Preussen mit neuen Colonien*), wie es durch die Spuren ihrer viele lateinische Worte enthaltenden Sprache bewiesen wird (nach Philippus Melanchton). Rubruquis fand deutsch

---

Sargon verlangte von den Medern eine Lieferung von Pferden (nach den Keilinschriften) 710 a d. Nach Herodot gründete Dejoces (708 a. d.) das medische Reich. Durch Sargon (710 a. d.) wurde Medien mit Assyrien annectirt. Sennacherib erhielt Huldigung aus den fernsten Theilen Medien's, von denen seine Vorväter nie gehört hatten (701 a. d.). Die von Esar-haddon (670 a. d.) besiegten Häuptlinge der Meder führen arian names, as Sitri-parna, (Sitra-phernes), Eparna (Ophernes), Zanasana, (Zanasanes) und Ramatiya or Ramates (s. Rawlinson). Die medischen Könige Arbaces, Maudaces (Mandaces), Sosarmus, Artycas, Arbianes und Cardiceas, Artaeus Dejoces regierte von 875—655. Boturini wurde 1776 als Staatsgefangener nach Madrid geschickt. Im Tempel des Götzen Goderac zu Kissin (bei Rostock an der Warnow) liess Berno den St. Godehard verehren. The bridge of dread, not broader than a thread (für die Seelen). Frei ist ein Mensch nur, wenn er durchweg nach Maximen handelt, d. h. wenn in keinem Falle ein Motiv im Stande ist, ihn zu einem anderen Entschlusse zu bewegen, als ihn seine Maxime verlangt (Liebmann). Der Tod ist nicht der Sieg der Seele über den Körper, sondern der Bankrott des geistigen Leben's und der Triumph des Verbrechen's (1870). Die Gnade erhebt zur Gotteskindschaft. Ausser am Fegefeuer müssen die Seelen oft auch an dem Orte leiden, wo sie gesündigt haben, was man wandeln nennt (Ackermann) Der Beichtvater spricht zunächst von den nicht reservirten Sünden los, sein Beichtkind wird dadurch aber auch von dem Reservate los-gesprochen (1869). Der (1640) vom Pfarrer Wisniewski (in Claussen) aus einem besessenen Weibe ausgetriebene Teufel liess den Eindruck seines Fusse's auf einen Stein (s. Toeppen) in Masuren. Zamolxis war in das Fell (ζαλμον im thrac.) eines Bären (lokis im Litth.) oder Olkis gehüllt.

*) Aus den heiligen Hainen (Hio) der Esthen darf (wie aus dem der Finnen) kein Blatt abgenommen werden. Ucko der Alt-Vater der Carelen (Kou bei den Esthen) oder Turisas bei den Tawasten (von den alten Schweden Auku Thor genannt) wurde (nach Scheffer) auch von den Lappen angebetet. Alt-Vater donnert, als Ucko jürisep (bei Finnen) oder Kou mürisep (bei Esthen). Im Streit mit den Christen riefen die Oeseler (n. Arndt) ihren Götzen an, als Thoraphita (Thorawita oder Thor hilf). Esthen und Finnen speisen die Hausschlangen, die dem Vieh und der Milch Glück bringen. Nach Weissel erbaute der Scandianer Fürst Bruteno bei seiner Niederlassung den Tempel der Preussen. Dani quos Jutbas appellant (Adamus Bremensis). Sclavi qui vocantur Moinvinidi et Ratanz-vinidi (ein Mann und an der Rednitz) in der Urkunde König Ludwig's (846). Ei cogitatio in mentem ruit, ut Veneticorum, qui et Sclavi dicebantur, terminos adiret, caecasque mentes evangeliae luce illustraret, sagt Jonas (Abt von Bobbio) vom heiligen Kolumban (VII. Jahrhdt.). An der Weichsel unter den Wenedern sind die Gothen (nach Ptolomäos). Nach Einigen sind die Gegenden (zwischen Ostsee und den Karpathen) bis zur Weichsel von Sarmaten, Wenedern, Sciren und Hirren bewohnt (s. Plinius). Die peutingerschen Tafeln setzen die Venedi (Venadi) zwischen Lygier (Lupionen), Sarmaten und Geten. Die Liefen hiessen (bei den Letten) Wedda. Kaiser Konstantin erwähnt das Volk der weissen (grossen und freien) Serben im Gegensatz der schwarzen (der in der Steppe isolirt lebenden und unterjochten) Serben hinter Ungarn (den Türken) im Lande Boiki neben Weiss-chorwatien (Belochorwatien). Nach Bischof Salomon (920) waren die Bewohner des alten Sarmatien Serben. Durch die Eroberungen der Magyaren vom linken Ufer der Donau vertrieben wandten sich die Bulgaren (in ihrem von Albanien bis schwarzes Meer er-streckten Reich) gegen Byzanz (907 p. d.) und belagerten Constantinopel 913 p. d. Die Griechen liessen die Petschenegen aus den Steppen gegen die Bulgaren zu Hülfe, von denen sie 917 p. d. besiegt wurden. Nachdem Simeon von dem Papst den Kaisertitel erhalten, unterhandelte er bei der Belagerung Constantinopel's (923 p. d.) mit den Chalifen von Faltum um eine arabische Flotte. Der Bulgare Simeon setzte Peter in Serbien ein. Unter Alogo-Botur (den Feldherrn Simeon's) wurden die in Kroatien einfallenden Bulgaren ge-schlagen. Als Svjatoslav (im Einverständniss mit Kaiser Nicephoros Phocas) das von Peter (Sohn des Simeon) beherrschte Bulgarien verwüstete, erhielt er Nachricht, dass Kiew von den Petschenegen bedroht sei und kehrte zum Schutze der Hauptstadt zurück. Vandalii (Βανδῆλοι oder Oύάνδαλοι) zu Ligiern gehörig (als Winili). Wandalen am asciburgischen (vandalischen) Gebirge im Markomannenkrieg. Einfall der Vandalen in Pannonien (unter Aurelian). Vandalen in Dacien (mit Gothen und Gepiden). Vandalen in Gallien (406). Vandalen in Spanien (ziehen sich nach Gallicien vor den Westgothen). Geiserich nach Afrika. Langobarden im Markomannenkrieg (Petrus Patricius). Longobarden besiegen die Heruler an der Donau. Heruler (Ερουλοι oder Ελουροι) unter Alarich werden von den Ostgothen (mit Hermanrich) besiegt. Heruler neben den Batavern. Heruler (zu Schiff)

sprechende Gothen (1153) in der nogaischen Steppe (zwischen Cherson und der Mündung des Don). Barbaro kennt Gothen auf Caffa*), südlich von Alania (1436). Ihre Sprache (in den Städten Scivaris und Maneup) war (nach Busbequis) schon sehr mit Türkischen gemischt (1595). Die Alanen unter König Goar überschritten den Rhein (410). Die Alanen unter König Beorgor liessen sich in Tyrol und Krain nieder. Die Peuciner gleichen in Sprache und Sitten den Germanen, sind aber durch Heirathen dem Sarmaten befreundet, die Wagen und Pferde gebrauchen, wogegen die Wenden (den Peucinern**) oder Bastarnern ähnlich) als Fussgänger Schilde tragen und

Küste Gallicien's verheerend (480 p. d.). Oestliche Heruler mit Attila verbunden. Heruler greifen Salzburg an (480). Heruler mit Theoderich (der Ostgothen) verbunden. Heruler von Langobarden (die tributpflichtig) besiegt (ein Theil wandert nach Scandinavien). Nach Erschlagung des König's Ochon bitten die Heruler von den Stammgenossen in Thule einen König (und von Kaiser Justinian). Heruler verbinden sich mit Gepiden. Rugier (unter Flaccitheus) kämpfen mit Ostgothen (nach Eugippius) 470. Auszug der Rugier unter Odoacer (mit Skiren). Rugier mit Ostgothen verbunden. Turcilinger (zwischen Weichsel und Rugier) an der Ostsee (begleiten Odoacer).

*) Die Vandalen gründeten am schwarzen Meer Eynada oder Iniada (Einod oder Einzelgut). Die Burgunder (der Karpathen) nehmen in Siebenbürgen die Namen der Burgbewohner (Wurgundi oder Urugundi) an. Chreneeruda (reines Kraut) symbolisirte die Uebertragung eines Gute's durch Ausschneiden eines Erdschollen Nach Tacitus waren die Suionen durch ihre Flotten mächtig. Latham begreift Kol, Larka-Kol, Sontal, Soar, Bhumig, Mandala, Rajmahal, Goandi als Pulinda. Die Bulanes (Polyaner oder Polen) oder (bei Zorimus) Borani werden (von Ptolem.) nördlich von den Phrugundiones gesetzt. Gallus wurde von den Gothen, Carpi, Borani und Urugundi (Burgundi) angegriffen. Südlich von den Avareni (in Gallizien) setzt Ptolem. die Anartophracti (südlich von den Ombrones). Auf die Burgiones folgen die Arsiaetae, dann die Saboki (am Sau), die Pieugitae (an der Piena) und die Bessi (längs der Carpathen). Bessa, Stadt in Locris. Anglii mit Varini und Suardones (Heruler) gehörten (nach Tacitus) zu den Nerthus, als Erdmutter verehrenden Völkern. Die Ampsivarii, von den Chauci ausgetrieben, gingen (Wohnsitze suchend) zu Grunde. Auf römischen Inschriften heissen die Batavi: fratres et amici. Die Hermunduren (durinc oder Thüringer) stürzten unter Vibilius das Reich des Catualda (des Usurpator schwebischer Herrschaft). Die Hermunduren standen (nach Tacitus) mit den Römern in Handelsverbindungen (bis nach Rhaetien). Retro Marsigni, Gothini, Osi, Buri terga Marcomanorum Quadorumque claudunt (Tacitus). Apud Nahanarvalos (der Lygii) antiquae religionis lucus ostenditur (Tacitus). Bastarner am Pontus (b. Scymnus) Die Semnones (an der Spree) sind die ältesten und edelsten der Sueven (nach Tacitus). Γέμαρα, κέλτικος ἔθνος bei Aristoteles (Steph. Byz.). Σκαθηνοι bei Procop Die Gothen (von der Ostsee nach dem schwarzen Meer ziehend) liessen sich (182—215) zwischen Dniestr und Dniepr (inmitten der Roxolanen und Jazygen) nieder. Caracalla besiegte (265) die Gothen. Unter Alex Seucer fielen die Gothen in Dakien ein (222—235). Unter Philipp eroberten die Gothen Dakien und kehrten dann nach dem Pontus zurück (244-249). Nach Vernichtung der Gepiden, besiegten die Gothen den Kaiser Decius (251) bei Abritos (Warna). Nach der Eroberung der Krimm, setzten die Gothen auf einer Flotte nach Kleinasien über und verheerten die Gegend bis nach Ephesus (253—260). Gothen und Heruler (mit anderen Germanen) plünderten die griechischen Seestädte und durchzogen Makedonien und Thracien, bis (220) sie durch Claudian besiegt wurden. Das Zaubergeschlecht der Tuath de Dannan in Asien besiegte die Syrier durch die Magie ihres Zauberkessel's, indem die Gefallenen wieder belebt wurden. Picti (Orcadum) lingua a Scotis et Anglis diversa utuntur, et quae a Gothica non multum discrepet (Buchananus). Herraudus, Orcadum Comes, qui circa Claudiani tempora vixisse videtur Gothicum nomen gerit. Illum Belius, Sogniae (in Norvegia) rex, et (Vikingi filius) Thorsteinus (Fridthiofi pater) imperio et vita spoliarunt. Flosius, quum ex pacto patria excederet, in Orcades tempestate delatus, naufragium passus est. Le codex des Allemanes laissa la population (conquise) stationnaire partout ou il la trouva, et une preuve évidente, que la population gauloise ne suivit point en masse l'aigle (des Romains) dans sa retraite, c'est que l'Allemane lui-même, avec lequel elle finit par se mêler, nomma du nom celtique, quelle leur avait donné, les monts et tous les rivières, au sein des vallées que quelles elle s'était répandue et où il se répandit a son tour sur ses traces (de Ring).

**) Nach Strabo sind die Bastarner von der Insel Peuce (am Ausfluss der Donau) Peuciner genannt. Nach Grotius haben die Ehsten (Aisten oder Oesten) ihren Namen von den Schweden (wegen der östlichen Lage). Nach Cromerus heissen die Lyven von dem römischen Fürsten Libo, der (vor der Ungnade des Kaiser's fliehend) durch Unwetter dahin verschlagen wurde. Der Name Lette wird als die Letzten erklärt, wie die Ehsten die

Häuser bauen, wie die Germanen. Die wilden Finnen (mit Knochenpfeilen) leben in Zweighütten. Die Slavonier*) oder Sklabenen (mit Anten oder Wenden) rückten von der untern Donau in die von den Gothen verlassenen

---

ersten Ankömmlinge seien (s. Einhorn). Cranzius erklärt Semgallen als Senno gallos oder Gallograecos. Einhorn unterscheidet Semgallen (Landes-Ende) von Widu Semme oder Mittelland. Jaczvingi bellis assiduis interierunt (Gvagninus). Nach Lasicius stammen die Samoiten (Zamogitis) von den römischen Verbannten der Insel Giaros (zur Zeit des Nero). Halfdanus agnitus ad Einarem defertur. Is gladio dorsi scapulis adacto, omnes, a spino usque ad lumbos, costas separavit, exemtosque pulmones Odino, pro victoriae perennitate, dedicavit (Torffaeus). Comes Rognvaldus templum divo Magno vovet in oppido Kyrkiuvogo (Cracovia). Christianis sacris, quibus infans initiatus est, per totam vitam adhaesit (Helgius), valde tamen in religionis articulis expertus Thorem ad ardua negotia, intineraque, maritima feliciter expedienda, invocandum, caetera Christum dictatavit, tanquam cum Thore divisum imperium habentem (Torffaeus). Das gantze Land (Lyfland) ist durch und durch eben, zum Theil sumpfig und der dicken, finstern Wälder allenthalben voll, so dass auch etliche vermeinen, es erstrecke sich hieher ein Theil des Hartz- oder Schwartz-Waldes (Hiärn). Nec minor est opinione Fenningia, quidam haec habitare ad Vistulam usque a Sarmatis, Venedis, Scyrris et Hirris traditur (Plinius). Die von Lupus II. aufgerufenen Gascogner überfielen die Franken in der Schlucht von Ibañeta (ihre Niederlage bei Roncevai). Als Carl M. für seinen Sohn Ludwig (781) das Königreich Aquitanien errichtete, besetzte er die Grafschaften mit Männern rein germanischen Stamme's (nach den Chroniken). Sclaomir, rex Abodritarum, et Lupus, rex Wasconum, damnati capitis, ab imperatore Ludovico exilio punitus (819 p. d.). Brennus zog mit den Prausi (Preussen) gegen Delphi. Die Terivingi (der Gothen) folgten Attila als Toringi (Thüringer oder Hermunduren). Die von Justinian bekehrten Gothen im Lande der Abchasen (zwischen Anapa und Sudschum-kale) wurden Gothi Tetraxitae genannt (mit den Bischofssitz in Gothia der westlichen Krimm oder Caffa). Die gothische Festung Doros (an der Meerenge von Jeninkale) fiel vor den Chasaren. Inter Alpes Huniac (Karpathen) et Oceanum (Ostsee) est Polonia, sic dicta in eorum idiomate quasi Campania (Gervas). Theodorich kämpft in Moesien mit den Bulgaren, den Schrecken des Erdkreise's (nach Ennodius). Nach Asinius Quadratus (bei Agathias) waren die Alemanni (ali oder allerlei und manni oder Männer) ein Gemisch von Stämmen vertriebener Gallier. Der Lacus lemanus war Mittelpunkt der allemannischen Sitze. Viele Erzählungen bei Gottfried sind nur weitere Ausarbeitungen deren des Nennius und diese letztern wieder nur Ausführungen der alten Sagen des Gildas. Bei dem Weih-nachtsfest verlieh Cadwgan ab Bleddyn (Fürst von Südwales) den Barden Meisterstühle (cadeir) bei dem Wettstreit (Caradoc). Einige der Triaden stammen aus der Druidenzeit. Die eine Klasse der Mabinogion feiert hauptsächlich die Helden des Arthurkreises, während während die andere sich auf Personen und Begebenheiten einer früheren Periode bezieht. Ausser den eigentlichen Mabinogion (Jugenderzählungen) findet sich (in Wales) Bread-dwydion (Träume), Ystoriau (Geschichten). Nach Alanus ab Insulis (Ende des XII. Jahrhdt.) war das bretagnische Volk fest überzeugt, dass Arthur noch lebe. Nach dem wälischen Mährchen herrscht Pryll (Fürst von Dyved) mit der Gestalt des Arown (König von Annwyn) in dessen Land (um seinen Feind Havgan zu erlegen), wie jener in dem seinigen. Taliesin entkam den irischen Piraten, mit seinem Schilde fortrudernd (nach Powel).

*) Die Slowenci (Sklavonier oder Sklabinen) oder Winden, zogen zwischen Save und Drave nach den Quellen in den Tyroler Alpen und in dem meist von Celten bewohnten Gebirge (mit den Hauptort Carantana, als Opferstätte der Noriker) entstand der Name Carantana oder Carinthia (Kärnthen). Bei den Carnutes (Chartres) in Gallien opferten die Druiden auf grosse Steinhaufen (carn). Krain oder Carnia (Carmola oder Klein-Carnia) wurde von den Slaven (Krajnci) als Grenzland (Kraj oder Naud) bezeichnet. Dobrowski erklärt Kroaten von dem kroatisch-illyrischen chrew (Stamm) oder Stammland. An der Grenze gegen die Deutschen wohnend dienten die Dalmaten für die Slawen als Dollmetscher, wie Dragoman bei den Türken von den Dragowiten heissen. Erst seit Yima begann das Fleischessen (nach Firdun), bei den Semiten nach der Fluth (in der Genesis). Incipiendum ab hominis partibus, nam quemadmodum nummos exploramus, unumquemque cum eo con-ferendo, qui nobis notissimus est, ita hoc in aliis quoque agendum (Aristol.). In der Avesta findet sich thwereç oder frathwereç, vom Schaffen des guten Princips, kerent vom Schaffen des bösen Prinzip's gebraucht (s. Spiegel). Von den schaffenden Göttern der Vedas wohnen 11 im Himmel, 11 in der Luft, 11 im Wasser, und Indra (oder Agni) festigt die Berge, die Gewässer ableitend, und bereitet das Licht. Das geoffenbarte Gesetz Zarathustra's bannte die Dämone in Körper von Menschen und Thieren, so dass sie nicht mehr durch Anhäufung aussergewöhnlicher Kräfte auf Erden entgegen streben konnten. Hätte Adam in Eden statt vom Baum die Guten und Bösen, vom Baume des Leben's gegessen, so würden die Menschen unsterblich geworden sein. Lama est Vorago, Λαμός enim est ingluvies a λαμός (λαμεών) gula. Λάμια, Θηρίον (animal facie muliebri). Die Ssynys ge-

Sitze bis zur Save vor. Die Slowaken zerstreuten sich von den West-Karpathen aus in Ungarn. Die (wie die Gothen aus den scanzischen Inseln ausgezogenen) Wandalen verwüsteten unter König Carocus (410 p. d.) Gallien und erwählten (nachdem jener durch die Römer gefangen) Godgisith, der von den Franken zu den Alanen in Hispanien getrieben wurde. Die fränkischen*) Herzöge erwählten dann einstimmig Faramundus (Herzog der Ostfranken) zu ihrem König (419 p. d.). Von den vier Weisen, dem Jupiter-priester Salagast (von der am Main gelegenen Stadt Salagastat), Wyndegast

nannten Zauberer in Litthauen bezauberten den dessen Kleidungsstück sie erhalten, oder Fusstapfen ausgeschnitten (s. Frischbier). Die im Semitischen fehlende Etymologie der Kerub (Cherubim) schliesst sich an γρύψ. In den littauischen Bibeln und Katechismen musste das sechste Gebot (du sollst nicht Ehe brechen) durch Umschreibungen übersetzt werden, da die Sprache für das Laster des Ehebruch's kein eigenthümliches Wort hat (Mielcke). Auf das erste Menschengeschlecht von Aion und Protogone (mit Licht, Feuer und Lohe, als Kinder) lässt Sanchuniathon das zweite von Genos und Genea (das betend die Hände emporstreckt) folgen. Der Urmensch Adam wiederholt sich in Enos (in der Genesis). In der Genesis schwebt der Gottesgeist über die Wasser, brütend wie der Vogel über seine Jungen (über dem Weltenei der Mot b. Sanchuniathon). Perkunis (der Donner-gott) heisst Debbes (Himmel) Bungotajs (bunga, Pauke oder Trommel) oder Himmelspauker (s. Bender).

*) Clodius (Pharamundi filius) cunctis per edictum Franci mandavit, longas nutrire comas, quatinus a Gallis, quos vel expugnaturi essent, vel jam prius secum habitare per-miscere devictos, Franci primo secernerentur contuitis. Quapropter deinceps et ipse rex Clodius crinitus seu capillorus est dictus, qui comam et barbam nutrivit prolixam. Gallos autem a se devictos, in signum servitutis, comam detondere mandavit (s. Trithem). Nach-dem der fränkische König Clodius Gallien erobert hatte († 446 p. d.) folgte ihm sein Sohn Meroveus. Nachdem er auf Troja's Ruinen die Gräber des Achill und Patroclus besucht, kämpfte Caracalla mit den Gothen. Caracalla nannte die Germanen (seine Leibwache) Löwen. Auf Weihnachten 1471 kamen zwei Bischöfe, als des Papste's Verordnete nach Lübek, um das Geld zu holen, das seit zwei Jahren im Dom zur Ausrottung der böhmischen Ketzer gesammelt war. Als sie aber zu dem grossen Kasten kommen, findet sich, dass Mäuse dabei gewesen, welche das heilige Geld hinweggetragen. Die Diebe, die es mit Leimruthen herausgenommen, wurden gehängt (Deecken). Nach Asinius Quadratus waren die Alemannen zusammengelaufene und gemischte Menschen, wie auch ihr Name bedeutet (Agathias). Die Franken (oder Freien) hatten sich von ihrer bisherigen Volksangehörig-keit und Verpflichtung frei gemacht (Wietersheim). Die Alemannen kämpften ausgezeichnet zu Ross (nach Aurel. Victor). Die Sueven bildeten später als Juthungen einen besonderen Haupttheil der Alemannen. Die Hermunduren und Chatten kämpften um die Salzquellen an der fränkischen Saale. Nach Jornandes lockte Tamyris, Königin der Geten, den Cyrus über den Jaxartes. Sed iterato Marte Getae cum sua regina Parthos devictos superant atque prosternunt, opimamque praedam de eis auferunt, ibique primum Gothorum gens serica vident tentoria. Nach den Zügen des Darius und Xerxes gegen die Gothen spricht Jornandes von der gothischen Prinzessin, die Philipp von Macedonien heirathete. Der Gothenkönig Dorpaneus (Decebalus) besiegte Domitian. Tomyris gründete (nach Cassiodor) die Stadt Tomi in Mösien. Die Gothen hiessen Geten (b. Claudian). οἱ μὲν πάλαι Γέτας, οἱ δὲ νῦν Γοτθους καλοῦσι (Philostorgius). Reimarus erklärt Decebalus als Herr (Baal) der Dacier. Nach Herodian schleuderten die Araber des belagerten Atra Thongefässe mit giftigen Fliegen auf die Römer (unter Septimius Severus) herab. Florus erwähnt als Alpen-völker (15–13 a. d.) die Breunor, Senones atque Vindelicios. Caracalla kämpfte mit dem keltischen Volke der Cenni (nach Xiphilin). Um den Andrang des Blute's gegen die Lunge zu mindern, muss der Kranke einem geringeren Luftdruck ausgesetzt werden (Fuchs). Die Croaten bewohnten die Spitze der Carpathen oder (krepost oder Macht) oder Chrabrii (Tapfer). Die Türken konnten Thessalien nie völlig unterjochen, indem die Bewohner von Ambelakia und die Dörfer Ossa's im XVIII. Jahrbdt. federale Republiken bildeten und die fruchtbaren Flächen des Olymp ihre Freiheit bewahrten. Die Verbindung des Olymp mit die die Umgebung beherrschenden Athos bildete den Stammsitz Philipp's und Alexander's von Macedonien. Die Klephtachoria oder Räuberstaaten (der Greco-Slaven in Epirus) bewahrten im Pindus ihre Freiheit. Für die Bulgaren bildeten die Berge Rilo und Vysoka (oder alte Scardus) ihnen Schutz, für Serbien der Roudnik, für die Christen Bosnien's und der Herzegowina der Montenegro. Die in der Moldau beginnende Steppe der Walachei verbindet sich durch die Eisenthore mit Eptapolis oder Transsylvania aus den Nahias (Districten) der Serben und Bulgaren. Serben und Bulgaren sind mit den Moldavo-Valachen verbündet und Slaven sowie die in zwei Staaten getheilten Rumenen bilden die neuen Be-wohner gegenüber den alten Hellenen und Albanier oder Illyrier.

(der orientalischen Franken), Wosogast und Basogast wurden dann die Saligae genannten Gesetze abgefasst. Nach Besiegung der Quaden-Sueven zogen die Longobarden*) nach Nord-Dacien, mit den Gepiden kämpfend, deren Prinz Thurismund (Sohn des Thurisind) von Alboin (Sohn des Audoin) erschlagen wurde (unter Auslieferung der Rüstung). Die Burgunder**) versprachen die von Valentinian aus gewünschte Hülfe, um so lieber, weil sie

---

*) Nach ihrem Bündniss mit den Avaren (die von Wolga bis Elbe herrschten) besiegten die Longobarden die Gepiden und Alboin (nach dem Tode Chlodosinde's, Tochter des fränkischen König Chlotar) heirathete Rosamunde, Tochter des gefallenen König's Kunimund, Sohn des Thurismund, (mit den Schädel zum Trinkbecher). Nanes, von Kaiser Justin abberufen (568 p. d), lud die Longobarden nach Italien ein (568 p. d.). Nachdem Chlodwig (in Tournay) die übrigen Stammeskönige unterworfen und die Salier vereinigt, beendete er die Römerherrschaft durch die Schlacht bei Soissons (486 p. d.) getauft 496 p. d. Die Suevi des Tacitus erstreckten sich vom baltischen Meer bis Donau. The name Suevi appears to have been known to the Romans as early as 123 a. d (Sisenna). Ptolemäos begreift Lemnones, Longobardi und Angli als Sueven. Der Fluss Suebus (b. Ptol.) ist die Warne. Die Sueven lebten (zu Amm Marc. Zeit) in Schwaben und waren von Caesar östlich vom Rhein bekannt. Der baltische See oder (b. Tacitus) Suevicum Mare heisst Σαρματικός Ὠκιανός bei Ptolem. Ptolemäos beaufragt (nach St. Epiphanes) Demetrius Phalereus in allen Ländern Bücher für die Bibliothek (s. Matter) (Alexandrien) zu sammeln und schrieb darüber an die Könige der Vorsteher des μουσιον (in Alexandrien) heisst (bei Strabo) ἱερεύς. Nach Vitruv weihte Ptolemäos Spiele dem Apollo und den Musen. Paulus Diaconus zählt zu den Hülfsvölkern des Aetius gegen Attila die Franci und Riparioli und unterscheidet so die Salischen von den Ripuarischen Franken (s. v. Ledebur). Saxonum omnium eas regiones incolentium barbarorum et animis et corporum viribus et lalorum in praeliis tolerantia fortissimi habiti (Zosimus). Die von den Sachsen auf die batavische Insel getriebenen Salier wurden von dem sächsischen Volke der Quaden angegriffen. The colony from Greece (under Partholan) being cut off by a plague, Ireland was waste till the arrival of the Nemethian from Scythia through the Euxine Sea. Then (according to the bards) followed the Firbolgs. The Lia-fail, introduced in Ireland by the Tuatha de Danann, was transferred to Scone and thence to Westminster. And to Petrie it still remains on Tara-hill. Erin is full of the race of Ir (according to Maelmura of Othain). Eireamon took the north of Ireland, but granted Ulster to his brother. Nachdem Constantius durch den Tod seines Bruder's Constanz 350 und den Fall des Prätendenten Magnentius 353 Alleinherr geworden, erzwang er auf den Concilien zu Arles 354 und Mailand 355 den Sieg des Arianismus im ganzen Reich (gegen Athanasius) und auch Felix, der Bischof von Rom musste sich den Eusebianern fügen. Theodosius stellte 380 durch Gesetze gegen die Ketzer die ausschliessliche Giltigkeit des Nicänischen Symbol wieder her. Von den Gothen, die durch Ulfilas bekehrt waren, erhielten die Burgunder 450 den Arianismus (bis 534). Pasirae oder Parsidae (Parsirae) an den Parsici Montes (in Gedrosia). Bola in Latium war von dem Könige von Alba gegründet. Samarobriva war Hauptstadt der Ambiani in Belgien. Die Ambarri kreuzten mit den Aedui der Alpen (zur Zeit des Tarquinus Pr.). Ambibari, Volk in Armorica. Ambisontes oder Bisontes, Stamm in Noricum. Caesar bezeichnet die Ambivareti als Clienten der Aeduer. Mit den Nanneten, Morini u. s. w. nennt Caesar die Ambiliati. Die Comae rutilae, flavae, rufae wurden von den Germanen (mit weisser Haut und blauen Augen (durch eine Art Seife erhöht). Von den Sachsen kamen Abgeordnete aus allen Gauen zur grossen Landesversammlung zu Marklo einmal jährlich zusammen (Hucbaldi vita). Zu Herodot's Zeit bewohnten die Triballer (am Angrus) die Ebene von Kossovo. Die von Osten (unter König Sitalces) einfallenden Odrysae wurden von den Triballern besiegt (424 a. d.). Die (376 a. d) von Thracien einfallenden Triballer wurden durch Chabrias von Abdera zurückgetrieben. Nach Besiegung der Getae kämpften Philipp von Macedonien mit den Triballi (339 a. d.). Syrmus, Fürst der Triballer, flüchtete vor Alexander nach der Insel Peuce (335 a. d.). Der Mysische Stamm der Antariaten besiegte die Triballer. In Verbindung mit den Geten wurden die Triballer (295 a. d.) von den Galliern besiegt. Zur römischen Eroberung wohnten die Triballer bei der Stadt Oescus. Die Gothen verwüstenden Allemannen wurden von den Römern besiegt beim See Beracus. Unter König Chlodimir zogen die östlichen Franken (326 p. d.) nach den von den (mit den Sueven verfeindeten) Thüringern abgetretenen Sitzen. Als Faramundus, Herzog der Ostfranken (b. Würzburg) durch allgemeine Wahl zum König erhoben war (403 p. d.) wurde er von Franken und Galliern berufen.

**) Attila, primo impetu, Gundicarium, Burgundionum regem sibi occurrentem, protrivit (Paul. Diac.). Die burgundische Prinzessin Clotilde bewog Chlodwig (nach der Heirath) sich aus dem Heidenthum zum Catholicismus zu bekehren. Die Ermordung der von Friedrich II. in Neapel angesiedelten Saracenen schreibt Raschideddin dem Kaiser Tofloss

schon von Altersher römischen Stamme's gewesen (s. Amm. Marc.). Paul Diac. apelle le pays (des Burgundii) Wrgondaib et Pontus Heutberus leur Nation Burgovonder, id est vicatim habitans (s. Dunod). Die Lygier in Schlesien theilten sich in Elyscer (östlich von der Oder), die südlichen Burier und die Diduner am Riesengebirge (s. Morgenbesser). Nach Einwanderung slavischer*) Stämme entstand das mährische Reich (800 p. d.)

(Adolph von Nassau) zu. Die Türken Gouzen oder Agouzen eroberten (mit Seldschuk) Persien und Kleinasien (XI. Jahrhdt). Die Himalaya von Hinduksch (b. Curtius) wird durch Arrian und Strabo als Caucasus verstanden. Acrisius, König von Argos, (Grossvater des durch goldene Ringe geborenen Perseus) war Enkel des Lynceus (des verschonten Sohn's des Aegyptus) und der Hypermnestra (Tochter des Danaus). Apud hos (Burgundiones) generali nomine Rex appellatur Hendinus et ritu veteri postestate deposita removetur, si sub eo fortuna belli titutaberit vel segetum copiam negaverit, quo modo solent Aegyptii casus ejumiodi adsignare Rectoribus (Amm. Marc.). Les Scarites (b. Fredegar) étaient des Soldats, qui servaient auprés du Prince (des Bourguignons), comme ceux que les Germains apellaient Comites qui ne quittaient point le Chef dans les combats (s. Dunod). Les Prélats et les Seigneur (déterminés à se separer de la Monarchie Française) élurent (à Mantale) Boson (roi de Bourgogne) 879 p. d., der aber (nach dem Kriege) Carl den Dicken (882) huldigte († 887). Zwischen Alpen und Jura wurde (888) Graf Rudolph (von .Stratlingen) zum König erwählt. Parantur officia vaticiniis apta, sacrificia offeruntur infernalibus evocandis arte composita, stat in medio furens ante Jovis aram sacerdos, caput distorquet carmina sub mumure profert, dentibus arcte stridet, curvatis praeter ordinem digitis brachibus cum manibus tortuat, vibrat ac volitans instar recurvat, sano videnti stulto et insano similior videndus quam homini (als die später Sicambri und dann Franki genannten Scythae von der Donau auszogen beim Einfall der Gothen). Eadem nocte Marcomirus rex incantatione patria numen vocavit, praecinendo mumure, quam vaticinantem a sagacitate nominaverunt Alirunam, comparuit monstrum (Trithem). Die nach Germanien kommenden Francen (Scythen) wurden von den Sachsen das später von den westlichen Friesen bewohnte Land eingeräumt. Von Cambra (Tochter des brittannischen König's Belinus), die mit Antenor (Sohn des Marcomirus) vermählt, die Frauen im Nähen und Weben unterrichtete, kam der Name Sicambri (Sue Camber) 412 a. d. Sicambricus populus sermonis patrii paulatum coepit oblivisci et Saxonum uti lingua, in quorum confinibus morabatur (Trithemius). Ptolemäos nennt Omanni, Duni und Buri als Stämme der Lygii [homae lige, Manen, Bauern]. Die Omanni wohnten zwischen Oder und Weichsel. Die (den Quadi feindlichen) Burii waren den Römern verbündet (unter Trajan). Carna, Hauptstadt der Minaei in Arabia felix. Aesernia, Stadt in Samnuim. Acsika am Flusse Esk. Aesis, Fluss in Italien. Aesium, Stadt in Umbrien. Der Nomadenstamm der Aesitae oder Ausitae (im Lande Uz) liess sich an der Grenze Chaldaea's nieder. Aeson, Stadt von Magnesia in Italien. Die (mit Vandalen, Franken und Burgunder) über den Rhein gezogenen Lygier (275) wurden in Gallien (unter ihrem König Sumid) von Kaiser Probus besiegt (277). Bei Lenbus (an der Oder) war der Götze Hies oder Hecs (Kriegsgott der Sueven), dem Sklaven geopfert wurden, aufgestellt (nach Cuvier). Nach dem Opole (vicinia) war in Polen eine Nachbarschaft oder District solidarisch verpflichtet.

*) Der Landmann Piast wurde (842 p. d.) von den Polen zum König gewählt. Von den Nachfolgern Piast's wurde Miesko I., den Gerold (Markgraf der Ostmark) zum Tribut an den deutschen Kaiser zwang, durch seine Gemahlin Dombrovka (Tochter des böhmischen Herzog's Boleslaus) zum Uebertritt zum Christenthum bewogen. Durch Bolko II. Abtretung fiel Schlesien bei Herzog Heinrich's VI. von Breslau Tode, an Böhmen mit König Johann 1335. Nach dem Tode Ludwig's (König's von Ungarn und Böhmen) bei Mobacz (1526) wählten die Böhmen den Erzherzog Ferdinand (Bruder Karl V.) zum König, den auch die Schlesier als Oberherren anerkannte, In Folge eines Aufruhr's verwandelt Ferdinand 1547 Böhmen in ein Erbreich. Ihm folgt sein Sohn Maximilian II. (1564—76). Die Westgothen baten Kaiser Valens durch Gesandte um Missionaire. Dum ipse (Osguid) regnabat, venit mortalitas hominum, Caigualart regnante apud Britones, post patrem suum et in ea periit (Nennius). Kadwaladr floh nach Bretagne, um der Pest aus dem Wege zu gehen, und wandte sich, nachdem sie abgenommen, an Alan, den König von Bretagne, dass er ihm Hülfe leiste, um den Sachsen das während seiner Abwesenheit in Besitz genommene Königreich wieder ab zu gewinnen (Gottfried von Monmouth). In der Prophezeiung Merddin's wird Kadwaladr den Konan rufen und Albanien in's Bündniss ziehen gegen die Ausländer. Da werden die Quellen Armorika's hervorbrechen, gekrönt mit dem Diadem des Brutus, Kambrien wird Freude erfüllen und die Eichen von Kornwall werden ergrünen. Die Insel wird nach Brutus Namen genannt werden und der Name, den ihr die Fremden gegeben haben, wird vertilgt werden. Von Konan wird der kriegerische Eber ausgehen, der die Schärfe seiner Zähne die gallischen Wälder wird fühlen lassen. Das Schwein hatte bei

nach dessen Zerfalle (908) sich die Reiche Böhmen und Polen bildeten. Die von den mit den Longobarden oder Winiler nach Italien gezogenen Sachsen verlassenen Ländereien wurden von dem fränkischen König Sigebert den Suevon gegeben (568 p. d.), die aber von den rückkehrenden Sachsen[*])

---

den Kymry den Ruf der Weisheit (nach Stephens). Die Könige von Schweden und Dänemark zerstörten (VIII. Jahrhdt.) die Handelsstadt Vineta an der Odermündung, worauf die Bewohner nach Julin zogen, von König Waldemar von Dänemark (1170) zerstört. Zu den Serben (b. Plinius) Serbi oder Sirbis (b. Ptolem.) oder (bei Nestorius) Serb (Sorabi bei Eginhart) gehörten die Bosniaken. Der Tempel der Götterstadt Rhetra auf dem Tollensee (der Wenden) war durch eine Brücke mit dem Lande verbunden (zwischen Alten-Behse und Pryllwitz). Razi (Rother) aus Zirnitra (Schwarzkünstler), als Gott der Wenden. Das wendische Volk der Obotriten erhielt von Karl M. die Sitze der verpflanzten Sachsen. Die Kärnthner huldigten (1287) dem Herzog Meinhard. Vor den Türken fliehend bitten die Avaren (durch die Alanen) Justinian um Land (558 p. d) und wenden sich (abgewiesen) nördlich gegen die Franken nach der Elbe (in Thüringen einfallend). Nach Abfindung des Frankenkönig's Sigibert unterstützen die Avaren die Longobarden gegen die Gepiden und erhalten Pannonien zum Sitz. Nach Verwüstung der Länder der Sklavonen, Chrowaten und Serben, bedrohen die Avaren (624) Constantinopel, dann die Franken (von Brunhild abgekauft). Von Samo geschlagen, kämpfen die Avaren mit den Baiern, bis Karl M. (796) die Königsburg (Hring) erobert an neun Kreisen (an der Donau). Manet adhuc Boihemi nomen, significatque loci veterem memoriam, quamvis (iterum) mutalis cultoribus (Tacitus). Die Rugier heissen ein gothisches Volk (b. Procop). Juxta Hermunduros Narisci, ac deinde Marcomanni et Quadi agunt. In Ungarn und Polen ist Schwabe allgemeine Bezeichnung der Deutschen. Vindili, quorum pars Burgundiones, Varini, Carini, Guttones (Plinius). Friesen und Sachsen theilen das Volk in Nobiles, Liberi, Liti, Servi. Suevi vero Transalbani illam quam incolunt regiorem eo tempore invaserunt, quo Saxones cum Langobardis Italiam adiere (Witichind). Der Schwabenspiegel ist mit der lex Alamannorum verwandt. Die Gothen werden von Tacitus unter die Suevischen Völker gerechnet. Die Alamannen gingen aus den Hermunduren hervor, mit denen Tacitus das Verzeichniss der suevischen Donauvölker beginnt (s. Gaupp). Den Kern der Thüringer, sofern sie aus nicht-suevischen Bestandtheilen hervorgegangen, bildeten die alten Cherusker (Gaupp). Die Friesen befreiten sich (28 p. d.) von den durch Drusus auferlegten Tribut. Die Angarii (unter den Sachsen) qui media regione morantur (bei den Poeta Saxo) [wie Liten oder Sassen in der angariae, als Namen erhalten, bei später deutschen Siedlungen unter den Slaven].

[*]) Ex eo tempore Saxones memorati, de Longobardia in Germaniam revertentes, dicuntur Westfualen (Westgalen) id est occidentate Galli (s. Trithem) 582 p. d. Allemanni qui et Suevi (Trithem). Post Odoacari a Rugiis discessum, Longabardi Rugium invadent (mit König Gudeoch). Die Römer erhielten das Jus fetiale von dem Aequi Falisci. Die Falisci von Faberii (zu den 12 Städten Etrurien's gehörig) waren (nach Strabo) ein von den Etruriern verschiedenes Volk. Aequi Falisci, als Faliscer der Ebene (b. Sil. Ital). Post Trojam eversam Ascanius Latinis imperat, anno vero sequente Teuteus Assyriis et post Francus Celtis ex Hectoris filiis (Viterbiensis). Die Remi (unter den Belgae) grenzten an die Celtae (mit der Hauptstadt Durocortorum oder Rheims). Tomis (Tomiswar) oder (weil von Milesiern gegründet) Miletis heisst (auf der Peutingerschen Karte) die Metropolis von Scythien. The Callipedae and Halisones, the Scythian husbandmen etc. (of Herod t) were Slavonians (Krasinsky). Plinius, Tacitus and Ptolemy mention the Slavonians under the name of Vinidi, Serbi, Stavani etc. According to Verstegan the idol of the Friday (Friga or Frea) represented both sexes, as well man, as woman. Constantin ordnete Sonntag (den ersten der Woche) als Ruhetag an (321 p. d.). Being made for a woman, she hath a short coat like a man, but more strange it is to see her hood with two long ears, sagte Vertegan (vom Idoll of the Monday). Juul-tide (Noël) wurde zu Ehren Thor's gefeiert (s. Brady). Herodot nennt unter den Thrakern ausser den Geten die Trausen, Krestoner und Andere. Die Gothen nannten sich selbst Gutthiuda (nach Mai). Peucinorum Venedorumque et Fennorum nationes Germanis an Sarmatis ascribam dubito. Peucini, quos quidam Bastarnos vocant, sermone, cultu, sede ac domiciliis ut Germani agunt (Tacitus). Der Oberpriester (der Burgunder) Sinistus war unabsetzbar (nach Amm. Marcell.). Strabo führt die Macht des Boirebistes (König's der Geten), auf den Einfluss des Priester's Dikeneus zurück, der selbst die Ausrottung des Anbau's und Genusse's von Wein im Volke durchsetzte (zu Caesar's Zeit). Herodot berichtet von den Trausen Wehklage bei der Geburt und Freude bei Todesfällen. Die Sarmaten schenkten zur Morgengabe ihre Frauen Waffen und Pferde. Mars wurde von den Geten verehrt. Als die Gothen Rom belagerten, hoffte man Befreiung von dem Orakel der Sibylle, dass nichts Getisches in Rom bleiben werde. Nach Procop wurden die gothischen Völker (Gothen, Vingothen, Vandalen, Gepiden) auch getische genannt. Σκύθαι οἱ λεγόμενοι Γότθοι (Syncellus). Οἱ Γέρθοι Γέται (Joannes Lydus). Waräger (von Wäre, als Bund oder Gewähr) ist die gothische Uebersetzung des

vertrieben wurden. Merodach, Sohn des Chlodomer (121 a. d.) fiel mit den Sicambrern*) in Italien ein, wurde aber nebst seinen cimbrischen Bundesgenossen von Marius (mit den gallischen Herzog Theodomenus) besiegt († 93 a. d.). Sein Sohn Cassander unterstützte die Sachsen gegen den gothischen König Borbista. Nach dem Siege Chlodowig's bei Tolbiac

---

lateinischen Wortes foederati oder (bei den Byzantinern) φοιδερατοι (Kruse). Der Anonymus Ravennus unterscheidet das Dania juxta Dina fluvium (Düna) von dem an die Sachsen grenzenden Dania. Die Normannen wurden von den Byzantern wegen ihrer rothen Haare Russen ('Ρωἱς) genannt. Es gab auch jenseits der Elbe eine besondere Rosengau (Rosogabi) an der Grenze Sachsen's [Rosengarten oder Russengard], aus welchem Carl M. (804 P. d.) die Einwohner nach dem Innern des fränkischen Reich's (in's Boemische) verpflanzte, wo die spätern Rosengauer am Flusse Oste wohnten (s. Kruse). Rurik stammte aus dem Südjütischen Königsgeschlecht. Nach finnischen Sagen hatte König Kalew zwölf Söhne (Kalewan-pojat). Bei Karis Lojo (zwischen Helsingfors und Abo) finden sich die Fusstritte des Bösen (Pahon askelen makj) in einen Felsen. Von Jätte-fiat findet sich bei Gulbezeem (am rigaischen Meerbusen) in einem Felsblock der Eindruck eines Menschenfusse's. Als Mir oder Jumla die Hauptstadt der Ahom (Shergong) eingenommen, versprach er Aurengzeb nächstes Jahr (1662) auf Peking zu marschiren.

*) Statuit (König Franck) eos jam deinceps non Sicambros vocari debere, sed Francos id est, nobiles, liberos vel bellicosos et caeters nationibus metuendos. Wegen der Verwüstungen Gallien's schickten die Römer Heere gegen seinen Sohn Clogio (9 a. d.). Kaiser Claudius bekämpfte die Franken unter König Marcomer († 50 p. d.). Nachdem die Franken (mit Sachsen und Thüringer) die Gothen besiegt, gründeten sie Frankfurt an der Oder (101 p. d.). Nachdem die Franken den Gesandten des Kaiser's Valentinian den Tribut versagt, wurde beim Tode des Marcomir, Herzog's der östlichen Franken (während Genebald, als Herzog über die westlichen Franken herrschte) sein Sohn Faramundus zum König aller Franken erwählt (403 p. d.). Unter Clodius Crinitus (Sohn des Faramund) claruit Salagastas sapiens et Philosophus, qui Francorum leges (Saligas) conscripsit. In der von ihm gegründeten Stadt Salagast (Selgenstat b. Frankfurt) starben combustus urnae imponitur. Nach Hellen folgte Aeolus (der älteste Sohn) in Thessalien (mit Arne in Mataranga als Hauptstadt). Die äolischen Böotier wurden von den Thessaliern aus Thessalien nach Böotien getrieben. Achaeus, Phtius und Pelasgus (Söhne des Poseidon und der Larissa) wanderten von Peloponnes nach Thessalien (nach Dionys. Hal.). Die Achaeer in Thessalien (bei Pthia und Hellas) gründeten das Pelasgische Argos zum Unterschiede von Argos im Peloponnes ('Αργος 'Αχαιἱκον bei Homer). Von den Doriern aus Argos und Laconia vertrieben, zogen die Achaeer nach der Nordküste des Peloponnes und trieben die Jonier nach Attica. Die zur Zeit des König's Deucalion den District Phtiotis bewohnenden Dorier, bewohnten unter Dorus (Sohn des Hellen) die Gegend Histiaeotis am Fuss des Ossa und Olymp und dann (von Cadmus vertrieben) am Berg Pindus (als macednisches Volk), worauf sie über Dryopis nach dem Peloponnes zogen und der dorische Stamm genannt wurden (nach Herodot). Nachdem Heracles (mit den Maliern) die Dryoper aus Doris vertrieben, bauten die Dorier die Tetrapolis (Erineus, Boium, Cytinium und Pindus). Die Dorier liessen sich unter den Dryopern am Oeta nieder. Clodius, Sohn des Faramund, eroberte Gallien von den Römern und unter seinem Sohne Meroweus († 461 p. d.) besiegten die Franken die Hunnen auf den catalaunischen Feldern. Sein Sohn Hilderich (Vater des Chodwig) kämpfte mit dem von der Grenze der Sachsen nach Italien durchziehenden Odaacar genere Rugus (Turcilingorum, Scyrorum et Herulorum turbis fretus). Germanicus zerstörte Mattium, die Hauptstadt der Chatten. Die Malienses (Μαλιεἱς) wohnten an der Küste Thessalien's, Euboea gegenüber. Pelops wurde in dem von Herakles in der Altis zu Olympia geweihten Heiligthum verehrt. Durch Eideshelfer überschworen mussten sich die Angeklagten (bei den Saliern) durch die Feuerprobe (per aeneum) reinigen, oder hatten (bei Erlaubniss des Kläger's zur Reinigung durch Eid) eine Busse (pro redimenda manu) zu zahlen. Der Eid ist (bei den Friesen) eine messbare Grösse und mit den Eiden der verschiedenen Stände wird wie mit grösseren oder kleineren Münzsorten gerechnet, so dass sogar Eide vorkommen, welche sich gewissermassen nur in Brüchen ableisten lassen (s. Gaupp). Esus was the founder of the druidic system in Gaul, whence the Cruithne came to Ireland. The Feine or Tuatha Feine are supposed to have been Phoenician, by Irish legends. The Femorians of Irish legends are Finns. The Luighne of Tara killed Lugbaid Sriabhenderg, king of Ireland (79 P. d.). Bearla Fein is the dialect, in which the Brehon laws are written. None, but women of the tribe Nannetes (Namnitae), which occupied the country north of the mouth of the Loire, were admissible in to the sacred island in the mouth of that river. Tara ceased to be a royal residence in the year 565. The Ogham inscription was found on the tomb of Fothad Argteach. Convenitur itaque in campos Catalaunicos, qui et Maurici nominantur (Greg. Tour.). Von den Burgundern, die Agathias ein gothisches Volk (γενος Γοτθικον) nennt, war die Insel Bornholm oder (nach Ulfsten) Burgendaland genannt. Auf

flüchteten*) die Alemannen Schwaben's unter den Schutz des ostgothischen König's Theodorich (bis sio von König Vitiges den Franken übergeben wurden). Den übrigen Theil des Alemannischen Lande's von der Badenschen Grenze bis zur Lahn und vom Rhein bis an's äusserste Endo der Wetterau, machte sich Chlodwig dienstbar und so entstand unter dem Namen des rheinischen Franzien eine neue Provinz, die in den fränkischen Theilungen später zu Austrasien gerechnet wurden (Weuck). Die beim Streit über die Thronfolge vor den Avaren zu den Baiern flüchtenden Bulgaren wurden dort auf Dagobert's, König der Frauken († 637 p. d.) Veranlassung**), er-

dem wasserlosen Höhenzuge, der die Wasserscheide zwischen Elbe und Havel bildet, hatten die Vorbewohner nicht zu wohnen vermocht, aber die Fläminger, welche tiefere Brunnen zu graben verstanden, wussten denselben anzubauen (s. Heffter). Unter Ludwig dem Deutschen erscheinen Duces limitum in Thüringen (Tachulfus, Ratolfus, Poppo) im Kampf mit den Slawen.
*) Die Bhangis sind eine Art Zigeunerstamm und führen an den Ufern der Pendschab-Flüsse ein Nomadenleben. The Orcades (vom Cap Orcas oder Dunnethead genannt) sind the islands of Whales. Thule seems to have been Fula, one of the nearest and highest of the Shetland islands (s. Barry). Von den fünf genera Germanorum (Vindili, Ingaevones, Istaevones oder Sicambri, Peucini, Bastarnae) sind unter dei Hermiones (mediterranei) Suevi, Hermunduri, Chatti, Chersones begriffen (b. Plinius). Cimbri, Teutoni ac Chaucorum gentes gehören zu den Ingaevones (nach Plinius), Burgundiones, Varini, Carini, Guttones zu den Vindili. Die Söhne des Mannus (Sohn des eingeborenen Tuisco) waren Stammväter der Ingaevones, Hermiones und Istaevones. Quidam antem licentia velustatis plures Deo ortos pluresque gentis appellationes, Marsos, Gambrivios, Suevos, Vandalos affirmant, eaque vera et antiqua nomina (Tacitus). Thüringer abgeleitet von den Tyrigetae oder von den Hermunduren (dem Gothenstamm der Thervingi, den Turciliugi, den den Helvetiern benachbarten Tulingi, die Reudigni) Τούρωνοι und Τετριογαίρμα (b. Ptol.). Ita qui olim boni aequique Cherusci, nunc inertes ac stulti vocantur. Quod si casu inauspicato hujusmodi canes rabidi fiant, et ubique vagantur, negligentia dominorum redduntur illiciti et emendetur regi pro illicitis. Quod si intra septa forestae reperiantur, talis exquiratur herus, et emendet secundum pretium hominis mediocris, quod secundum legem Werinorum, i. e. Thuringorum est ducentorum solidorum (nach dem Forstgesetze Canut's für die Angelsachsen). Das thüringische Gesetz ist überschrieben: Lex Angliorum et Werinorum, hoc est Thuringorum. Nach Müller können die Istaevones al- Franken, die Ingaevones (Ing oder Angeln) als Sachsen gefasst werden, wobei die Sachsen viele Istaevones sich unterworfen hatten. Der Begriff von Pfleger (Schützer) oder Vater (patronus patrans) in gudja (gadi oder Priester), sowie in ghodvader (Pathe) und gott (Pathe oder Taufling) ist auch der Begriff von gut (guotlich oder mildthätig), was hilft oder schützt (nach Ziemann). Wuotan (guotan) ist ebenfalls nur der Gütige (dasselbo wie der Vätige). Aus Wotan (tyrannus) oder Herr (pater, patronus) entstand (wie aus τυραννος) der Wütherich. Stark liegt im (baierischen) Wüthelen (vegetare). Der Schöpfer jeglichen Gutes hiess Wunsch (von Weinen). Die gottbegeisterte Stimmung (Wuth) bildet den vates. An watan (wuot oder schreiten) anklingend, wird Wuotan der Reisende. Wegen der Verwandtschaft von guot und huot trägt er den Hut (H. Müller). Pytheas bereis'te die Oceanküsten Europa's von Gades bis zum Tanais. Die von Artemidor als Kossiner bezeichneten Ostiones heissen (b. Pytheas) Ostiaioi (nach Steph. Byz.) Osismier auf der Insel Uxisame. Sevo monis als Sevegebirge in Scandinavia (b. Plinius). Sunt qui et alias prodant (insulas) Scandiam, Dumnam, Bergos maximamque omnium Nerigon, ex qua in Thulen navigetur (Plinius). Nach Pytheas war Thule die nördlichste der Brittischen Inseln. Redslob identificirt Thule mit Tylö (Tyl-Insel) an der Nordspitze des Halmstädter Meerbusen's. Der Meeresarm zwischen Tylö und der Küste wird (von Löwenörn) flachgehenden Fahrzeugen als einstweiliger Zufluchtsort und Ankerplatz anempfohlen. Sotakus identificirt Brittannien mit dem Bernsteinlande. Die scandinavische Insel Thule (incompertae magnitudinis) berührt den alteram orbem der Hillevionen (nach Plinius).
**) In Folge der Ermordung fränkischer Kaufleute in dem von Samo gestifteten Reiche der (von der Herrschaft der Avaren befreiten) Wenden oder Winidi (mit Böhmen als Mittelpunkt) griff Dagobert (630 p. d.) die Slaven an, wurde aber bei Veitsburg geschlagen. Uraias wurde durch den (auf seine Veranlassung erwählten) König Ildibald (der Ostgothen) ermordet (in Folge eines Streites zwischen ihre Frauen) † 541 p. d. Bischof Eucherius fand das geöffnete Grab Carl Martell's geschwärzt (mit einem Drachen daraus hervorsteigend), wie Erzbischof Hincmar seinem Urenkel Ludwig berichtete. Nachdem Childerich III., letzter König der Merowinger, im Kloster Sithiu bei St. Omer geschoren (751 p. d.) und sein Sohn Theoderich (letzter Spross der Merowinger) im Kloster Fontanelle geschoren (752 p. d.) wird Pippin (754) von Papst Stephan II. gesalbt. Auf der Reichs-

mordet. Walemir, der sich mit seinen Brüdern (Theodemir und Widimir*)) in Pannonien getheilt, wurde von den Söhnen Attila's angegriffen. Der Name Dit-marsen (Thvetmaresca) ist (nach Redslab) noch der Träger der

---

versammlung zu Compiegne liess Pippin den bairischen Herzog Thassilo (ausser der Huldigung) den Vasalleneid schwören (zuerst in Beziehung des Herzog's zum Staatsoberhaupt). Rubruquis fand (1254) an der Mündung des Don Gothen mit deutscher Sprache. Der deutsche Diener des Venetianischen Gesandten in der Krimm konnte sich mit den Einwohnern unterreden (1450 p. d.). Primus Lietvanorum (cum Prussis) princeps fut Weidewuitus, cujus derivationem vel a Weida Prusso-Gothico (id. est scientia) et wolis (id est praefectus) quasi fuerit Praefectus scientiarum, Praetorius putat, vel a weida, quod lites significat. Weidewuiti oratione permoti, omnes Russorum Prussorumque proceres, ipsum ducem suum renunciant, quem Bojetarum (opum regem) appellant. Renunciatus mox plebem per tribus recensuit, quae certis agrorum limitibus circumscripsit, leges de religione tulit, deque aliis statum ac regimen politicum concernentibus. Summum se sacrorum pontificem, antequam Principatum abdicasset, creavit. Qui hoc Magistratu deinceps fungeretur, illum Krywe Kryweito dici voluit. Sedem Antistiti et sacris peragendis locum ad Rombove seu Romove, id est lucum quercinum diis suis sacrum destinavit (der einstimmig Erwählte ordnete durch die Weisheit der Veden die Felder der Xatrya und zog sich im Alter als Yathay zurück). Samo war der Aelteste unter den 12 Söhnen des Weidewut. Palcimon pure est Lietvanicum et significat hodiedum hominem Fortunatum felicem (Prätorius). Quidam Prussorum nomen derivare volunt a Prussia, rege Bythiniae (s. Dlugossy). Slavi audierunt Spori, qued quidem Russos, id est dispersos juxta Procopium exponunt Bei Appian heissen die Slaven (in Illyrien) Antitaner. Graeciam, Pontum et Ariam nomine Gothorum et Sarmatarum Slavi depopulati sunt (261 P. d.) Slavi cum Bulgaris Thraciam invadunt (680 P. d.). Gentem hanc Slavonicam esse ex natione Japhet, at que olim consedisse ad Danubium, ubi nunc Hungaria est et Bulgaria, et tum Norci appellatum (s. Herberstein). Ex hac provincia (Jugra seu Juhra) Hungaros ob sterilitatem emigrasse et ad Maeotidis Paludes consedisse, inde Pannonias ingressos, a suo nomine Juhariam dexisse, quidem volunt (Prätorius) Primus Liethvanorum, qui se Russis obduxit, celebratus Vitenes Ex lingua Gotho-Prussica, Coserus denotat Exactorem sive qui exigit tributa. Vareji dicti sunt illi, in quorum manibus executorialis potestas fuit, sive qui ad solvenda tributa, debitores executive adigebant (Prätorius). Annales Russorum, teste Hebersteinio, referunt, Coseros a Russis, tributi nomine, aspreolorum pelliculas de singulis aedibus exegisse. Post Coseros fuisse Waieros. Mazuros qui vocant hujus gentis populum, videntur illus derivare a vocibus Maz et Zurin, quod fere denotat hominem, qui ex parvis oculis prospicit Lechus, primus Gentis Polonae conditor perhibetur, qui cum fratre Czecho, ex Illyrica veniens fertur Polonos condidisse. Post hujus familiae excessum duodecim Palatini (Woiwode). Iis wojewodis sublatis, condidit secundam familiam (700 P. d.). Cracus, conditor Cracoviae, quo sedem regnic Gnesna transtulit. Popielus a muribus consumptus est. Post cujus exitum tertiam familiam condidit (830 P. d.). Piastus, quem Rusticum vocat Hornius (s. Praetorius). Terras Captizatas et benedictas esse ab Andrea, quem ex Graecia ad Ostia Borystenis venisse, hinc adverso flumini ad montes, ubi nunc Kyovia est, navigasse atque ibi omnem regionem benedixisse [Buddha], baptizasse, Crucemque suam collocasse et tandem praedixisse, multas Christianorum exclesias ibi futuras (s. Herberstein). Quos Pomponius Latus Hunnos, Alanos, Nomades vocat, hos Paulus Diaconus vocat Gothos. Ad fluvium Albe Principes olim Prussorum Weidewuitum et Prutenum, quos Erasmus Alanos vocat, resedisse atque ex illo aquam, pro cerevisia coquenda, hausisse, probabile multis videtur (s. Praetorius).

) Amandus war Herzog im Baskenlande. Durch die zwischen Loire und Pyrenäen herrschende Familie von Eudes, Hunald und Waifer (719 — 769) wurden die Merovinger mit dem Könige von Navarra und Arragon verknüpft. Ueber die durch den Grafen Wandregisil (der von Haribert, Bruder des Dagobert abstammte) dem Kloster von Alaon (unter Ludwig) gemachten Schenkungen (812) entschied Karl der Kahle (843). Dagobert enterbte die Söhne des aquitanischen Herzog's Sadregisil, die den Tod ihres Vater's nicht rächten (nach dem Gesta Dagoberti). Au moment de la mort de Clothaire II. (628), c'était ou leude, d'origine saxonne, nommé Aighinanus on Aighinanus, qui gouvernait la l'asconie (s. Rabanis). Der aquitanische Herzog Hunald (Vater des Waifer) unterwarf sich Pepin und Carlman. Die Versetzung der Merowinger von dem aquitanischen Herzogthum nach dem baskischen wurde durch Lupus I. vermittelt. Der Bacchus der Ogygier hiess Phanaces bei den Mysiern, Osiris bei den Egyptern, Dionysos bei den Indiern, Liber bei den Römern, Adonis bei den Arabern, Pantheos bei den Lucaniern (nach Ausonius). Nachdem sie Griechenland durchzogen, kamen die Tektosagen nach ihrer alten Heimath Tolosa zurück (nach Justin). Die Tectosagen zu Ancyra in Galatia verehrten Aesculap. Nach Appollodor gebar Juno den Mars ohne Zuthun des männlichen Prinzip's. Nach Macrobius waren Mars (Marspiter oder Ares) und Mercur Erscheinungen der Sonne. Die Hermaiolaovi der alten Teutonen. Der auf der Insel Abalus) gefundene Bernstein wurde (nach Pytheas) den Teutonen verkauft [heilige Insel des Balder oder Baal, weil reich, wie Baal-Fluss in Grönland]. Auf Lech in Gnesen folgte (nach 12 Woiwaden) Lechus II. (Bruder der Wanda) in Krakau. Unter seinen Nachfolgern folgte auf Leskus III., Enkel des Leskus I. (800 p. d.), Popiel I., Vater des Popiel II., der von Mäusen gefressen wurde. Dann wurde Piast von den in Krusswicz versammelten Ständen zum König erwählt (842).

Griechen wurden Margemah, Merkoles oder Merkolim als wegweisende Steinhaufen genannt. L'inscription de Montsérie joint le nom d'Andossus à celui du Dieu Erge (Erge Andosso Deo). Nachdem Minerva den Riesen Pallantes erschlagen, wurde sie (nach Servius) Pallas genannt. Die Genien der Frauen heissen Junonen. Oertliche Schutzgötter hiessen Tutelen. Die von (den bei Delphi vernichteten) Brennus und Acichorius getrennten Gallier zogen nach Galatien, während sich die Taurisker unter Thraciern und Skordisker niederliessen. Von den nach dem adriatischen Meer hinabgezogenen Colonien wurden die im nördlichen Hochlande zurückgebliebenen Taurisker als Noriker (Nordreicher) bezeichnet (Ankerahofen). Die wegen Menschenfälle und Armuth nach Venetien gezogenen Celten (186 a. d.) ergaben sich den Römern, die Aquileja bauten. Der celtische König Cincibilis (sowie Carner, Istrier und Japoden) klagten über die Verheerungen des Consul C. Cassius bei den Senat. Der Celtenkönig Balanus bot Hülfe gegen Macedonien (169). Durch die Römer aufgefordert, verliessen die Cimbern das Gebiet derselben, als ihrer Gastfreunde. Die von dem dacischen König Börebistes vertriebenen Bojer (unter König Critasir) belagerten Noreja in Norikum (60 a. d.). Der norische Fürst Vocio vermählte seine Tochter dem Ariovistus. Die illyrische Königin Teuta (Vormünderin ihres Sohnes Pineus) wurde von den Römern zum Tribut gezwungen (218 a. d.). Nachdem die Chatten (aus Hessen) in Rhätien eingefallen (162 p. d.), vereinigten sich die Völker von der östlichsten Grenze Illyrikum's bis Gallien an der Donau-Grenze (zum markomannischen Krieg). Gothonen an der Weichsel-Mündung bei Pytheas (320 a. d.), nicht mehr an der Ostsee (b. Tacitus), durch Veneder von Ostsee getrennt (b. Ptolom.). Auf den Zug durch Illyrien (gegen die Parther) kämpfte Caracalla (215 p. d.) an der Donau mit den Gothen. Die Gothen (zu Land und Wasser) plünderten die Küsten-städte am schwarzen Meer (268 p. d). Die Gothen drangen über das asowsche Meer bis Cilicien (276 p. d.). Die Terwinger suchten Schutz jenseits der Donau (376 p. d.), da sie von der Ankunft des fremden Volkes der Hunnen gehört (die das Lager am Dniestr umgangen)

*) Die Insel Basilia war (nach Pytheas) immensae magnitudinis, wie Baltia (bei Xenophon Lampsacenus). Nach Steph. Byz. verstand Pytheas unter den Ostiäern die Ostionen und Kossiner. Belt heisst (dän.) Gürtel (Bält). Redslob identificirt Basileia mit den Flecken Wesslingburen (an der linken Mündung der Eider) oder Kaufbeuren (von Wessling als Wechseln oder Tauschhandel) und Abalus mit Aebeloë (Apfel-Insel). Die kleine Insel Ebeltofftia ist (nach Pontanus) ein bequemer Schifffahrtspunkt für die, qui e sinu Baltico Norvegiam petunt. Die Ostidamnier wohnten (nach Pytheas) am Vorgebirge Kalbion. Die von Honorius (413 p. d.) bei Worms angesiedelten Burgunder, zogen (436 p. d.) nach Helvetien. Nach Idacius fiel König Gonthabar (der Burgunder) mit seinem tapfersten Gefolge gegen die Hunnen. Als auch Günther's Sohn im Felde gegen Attila (450 p. d.) erschlagen worden, erlosch der alte Königsstamm der Burgundionen, die darauf aus dem westgothischen Königshause der Balden als Heerführer Gundioch (Gundiacus oder Gundeuchus) wählten. Unter König Gondebald, der Römer und Burgunder zu verschmelzen suchte, wurde (502 p. d.) die Lex Gundobada oder lex Gundebalda veröffentlicht. Die Mongolen sind grosse Verehrer des Dhyani Bodhisattwa Padmapâni (der auch in Nepal als Schöpfer der Welt gilt) und beten mit der Formel Om Manipadmi hum (Heil Manipadma oh). Unter Vespasian drangen die Alanen durch die Kaspischen Pforten in Medien ein. Unter Hadrian plünderten die Alanen die römischen Länder in Asien. Suetonius kennt die Alanen als Bewohner des ostwärts vom Kaukasus gelegenen Gebiet's. Der in seinen asiatischen Sitzen verbliebene Hauptstamm der Alanen begann (bei Ankunft der Hunnen) seine Einfälle über den Kaukasus nach Armenien und Medien. Nach Eutropius besiegte M. Aurelius die Markomannen, Sarmaten, Wandalen, Quaden u. s. w. Nach Dion. Kassius entsprang die Elbe auf den wandalischen Bergen. Nach Flavius Vopiscus siedelte Probus (280 P. d) Wandalen, Gepiden und Gauturen im römischen Reich (in Pannonien) an. Bei den Quellen von Suchon wurde Ilixoni verehrt, bei Garin der Gott Iscitt. Johanneau erklärt den Gott Teotani (bei Lugdunum Convenarum) als Zeuge des Feuer's. Im Thal von Suchon werden dem Gott Alardossus Gelübde geweiht. Der Römische Ritter besuchte über Carnuntum das Bernsteinland an der litus Germaniae percognitum nuper. Insel Osericta des Mithri-dates. Die Bernsteininsel Basilia lag (nach Diod. Sic.) dem Festland des Landhandel's gegenüber. Pytheas setzt die Insel Abalus dem Metonomon genannten Ocean Aestwarium gegenüber (von Guttonen bewohnt). Die Guttonen (die Redslob als Jöten in Jütland setzt)

Wladimir (IX. Jahrhdt.) zog gegen die Jemen (Hämäläinen) in Finnland.*)
Nach Pitkiewicz ist die litthauische**) Sprache eigenthümlich und hat (nach
Jaroszewicz) unter den fremden Worten besonders slavische aufgenommen.

---

gehören (nach Plinius) zu den Vindilern (mit Burgundionen, Variner und Cariner) östlich
von den Ingaevosen. Raunonia als Scythien (b. Timäus). Gregorius, Apostel der Armenier,
war am Araxes geboren und in Kappadokien Christ geworden. Flavio Gioja von Amalfi
erfand den Compass. König Gajus der Orcaden wurde vom römischen Kaiser gefangen.
König Gunnas der Orcaden musste sich dem König Arthur unterwerfen.

*) Der Zug des Uleb (aus Noowgorod) gegen die eisernen Pforten (in Iugrien) miss-
lang (1032 P. d.) Nach der Geschichte Taberistan's (s. Chondemir) übergab Kobad ben
Firus die Regierung von Ray, Derbend (in Schirwan) und Armenien dem Dschamasp. Nach
Abulfeda war Bolghar (die Stadt der Bulgaren) oder Bolgharu (b. Nasau) die nördlichste
Stadt (Bolgaru b. Simbirsh). Tacitus erwähnt Burii bei Markomannen und Quaden. Nach
Plinius waren die Burgundiones ein Stamm der Vandalen. Ptolomäos setzt die Βουγουντοι
südlich von den Rugiern. Dionysius Periegetes (II. Jahrhdt.) setzt die Alanen (als Reitervolk) zwischen Don und Dniepr. Ein anderer Stamm nomadisirte in Dakien an der untern
Donau (Einfälle in das römische Reich machend). Plinius erwähnt der Alanen (in Verbindung mit den Roxolanen) am Pontus. In pace nullus est communis magistratus (indem
die principes jeder seine Pagus richten), aber im Krieg wird der Oberbefehl übertragen
(nach Caesar) bei den Germanen. Jeder der Principes war von hundert Gewählten umgeben (nach Tacitus). Latrocinia nullam habent infamiam, quae extra fines cujus que
civitatis fiunt, und wer sich aus dem Principes als Dux erhebt, dem schliessen sich die
Kriegslustigen an (nach Caesar) bei den Germanen. In Friedenszeiten pflegen die jungen
Adligen an den Kriegen anderer Staaten Theil zu nehmen (nach Tacitus) bei den Germanen.
Charlemagne ordained that every freeman, who possessed five mansi, should march in
person against the enemy (Robertson). Nach Strabo erhandelten die Aorsen am caspischen
Meer von den Armeniern und Medern indische und babylonische Waaren (mit ihren
Kameelen). Neben den Aorsen (mit den Agathyrsen) nennt Ptol. die Φρουνγουντιωνες
(Bourougundi). Aorsen oder Ersen. Die Chazaren unterstützten Heraclius gegen Chosröes
(828 p. d.). Die alten Kuren oder (nach Saxo Gr.) Kureten werden (von Richter) mit den
Liven (Lib in Lib-ma) identificirt. Die Sprache der Kreevingher in Curland ist ein
esthnischer Dialect. Die den Sueven gleichenden Aestyer sprechen (nach Tacitus) Bretonisch
(Aestyorum gentes). Ermanrich unterwarf die Aestyer (nach Jornandes). Esthonie signifie
pays oriental (suivant Wulfstan) et Snorri nomme cette région Eystland des Eystur (ou
Orientaux). Eystland était synonyme (sur les pierres runiques) de l'Ostrogard des Nor-
mands et autres Scandinaves (s. Schnitzler). Nach Besiegung der Tschuden gründete
Jaroslaf (1030) die Stadt Jourif (Dorpat). Perkun der Slaven oder Perkunas (der Litthauer)
ist Fairguns (bei den Gothen). Der skandinavische Tyr (Mars) war Tur (der Slawen). Die
Stadt Στρημνον lag am Tschernaflusse. Die Σαυαροι (des Ptolomäos) sind die Sjeweren
(b. Nestor). Nach Rühs hiess die pommersche Küste (1000 P. d.) Wendland (bei den
Skandinaviern). Der Bischofssitz Rhodez (neben Tours) heisst Civitas Ruthenorum. Die
Schkipetaren heissen Arnauten oder Albaniter (Arnabiten). Die Neustrier siegten (715)
in dem cotischen Walde (silva Cotia, la forêt de Cuise) Der Obotritenfürst Nielot wurde
(1160 p. d.) von Heinrich dem Löwen besiegt. Falah oder Fale (in Westfalen und Ostfalen)
wird als flache Ebene erklärt. Les Kvénes (ou Kaianes) ou Quaines touchent (en Kañana)
au Finmark, où était anciennement Jotunheim, le royaume des Jotoun ou Jotes. Die
Kyriaten bewohnten Ingrien, die Karelen Alt-Finnland. Die Lappen (bei Saxo Gram.)
heissen Lop bei den Russen (1252). Die Lappen (Loparen) nennen sich Sabme oder Same
(Same-ladz im Plur.) in Samced-nän. Buffon stellt die Lappen mit den Samoyeden zusammen. Die Jazygen (in Podlachien) glaubten an die Seelenwanderung. Masha, marha
war der Kriegsruf der Sarmaten an der Theiss (359 P. d.). Die Stadt Theodosia hiess
(alanisch) Ardauda, was επταθεος (sieben Götter gehörig) bedeutet. Nach Aeschylus waren
die Perser dafür bestimmt, beständige Kriege zu führen mit ihren Reiterschaaren [als
scytische Wandervölker].

**) Nach Rask ist die Grammatik des Litthauischen dem Deutschen, das Lexicon
dem Slavischen ähnliche. Die aus Hinterpommern nach dem von den Wilzen verlassenen
Lande zwischen Tollenseefluss und Peene gezogenen Rhedarier erbauten (bei Prillwitz)
den Tempel Radegast's in Rhetra (als Hauptgott der Wenden). Kaiser Heinrich erobert
927 Brandenburg, Hauptstadt der Wilzen. Der Wendenherzog Gero stiftete das Bisthum
Brandenburg für das Wilzenland (949 p. d.). Die den Kaiser (1017) nach dem polnischen
Feldzuge unterstützenden Lutizen verloren beim Rückzuge ihr vorangetragenes Götzenbild.
Die Ostsachsen (1107) verwüstenden Heiden opferten die Köpfe der Feinde ihrem Gott
Pripegala beim Mahle. „Pripegala aber ist ihr Priapus, ihr schamloser Baalpeor.“ Bei
Theilung der Eroberungen zwischen Albrecht dem Bär und Wichmann, Erzbischof von
Magdeburg, fiel Jüterbogk dem Letzteren zu. Von den Wenden oder Smurden (Mistfinken)

Bei Heinrich dem Letten werden die Letten als Letthi*) bezeichnet, die Litthauer als Lettonen oder Letthonen. Die Thracier bedienten sich ab-

wurden die Cimbern als Aldionen (Alte) durch die eingewanderten Deutschen unterschieden. Das Cisterzinkloster Pforte gründet (1040) das Dorf Flemmingen durch Holländer. Die Heruler wurden überall als leichte Truppen im Solddienst gesucht. Die Heruler hatten Menschenopfer (s. Procop). Nach Zeus finden sich Reste der Alanen in den Osseten, die sich selbst Arier nennen. Nach Amm. Marcell. waren die Alanen (hohen Wuchse's und blonden Haare's) den Hunnen (scheusslicher Missgestalt) fast gleich [Usiun]. Die Alanen zogen die durch häufige Siege geschwächten Nachbarvölker nach und nach in die Geschlechts-verwandtschaft ihres Namens, wie die Perser (s. Amm Marcell.). Die Alanen im Steppen-lande wurden zu Sarmaten gerechnet. Die Alanen (Roxolanen) verheiratheten sich mit den Gothen. Fränkische Völker, nach der Verheerung Gallien's gingen in Spanien zu Schiff nach Africa (s. Aurel. Victor.). Die Gepiden (Gebites und Gebeti) und Gothen sind auf der († 1547 P. d.) Peutingerschen Karte, die (273—274 P. d.) nach der von Agrippa begonnenen und unter Augustus vollendeten Strassenvermessung angefertigt wurde, als Piti und Getae bezeichnet. Im Itinerar Antonini (unter Caracalla verfasst) findet sich kein Dacien. Unter den Sigambrern erwähnt Ptolomäos die Longobarden, Sueven. Die Gelonen (griechischer Abkunft) wohnten unter den Budinern (in Scythien). Odin (aus dem Geschlecht der Suithiod) gab den Suien-Reich den Namen (nach der Heimskriegla). Tacitus kennt Suionen auf der Insel jenseits des Meeres. Maximinus (235 P. d. zum Kaiser gewählt) war in einem thrakischen Dorfe, von einem gothischen Vater und einer alanischen Mutter geboren. König Ostrogotha (über die Donau gehend) belagerte mit Gothen und Peucinen (Thaifalen, Astingen und Carpen) Marcianopel. Trotz seines Widerstreben's begann Ostrogotha (König der Ost- und Westgothen) den Stammeskrieg mit Fastida (König der Gepiden). Zosimus nennt die Boranen, Gothen, Carpen und Urugunden nicht Völker (ἔθνη), sondern Geschlechter (γένη) oder Stämme (s. Weberling). So lange im Bosporus (der Krimm) Könige herrschten, beharrten sie in der Abwehr der nach Asien übersetzen wollenden Scythen. Als aber (nach dem Untergange der königlichen Geschlechts) einige Unwürdige und Verächtliche die Regierung führten, gestatteten diese, aus Furcht für sich, den Skythen den Durchzug nach Asien und führten sie selbst auf ihren eigenen Schiffen dahin (s. Zosimus). Die in ihrer Heimathssprache auch Gothen genannten Skythen zer-störten (nach den Einfällen in Bithynien) auch (261. P. d.) Troja (s. Syncellus) Die Heruler Αἰρουλοι zu Schiff aus der Mäotis über den Pontus kommend (266 P. d.) eroberten Byzanz (s. Syncellus). Gallienus schlug die Heruler vom skythischem und gothischem Stamm (Zonaras). Nach dem Kriege Agamemnons zerstörten die Gothen Troja und Ilium (Jornandes). Nach Hunibald kamen die Franken aus Troja (Trithemius). Zu den Belgae (Bellovaci, Atrebates, Ambiani) gehörten die Suessiones, Menapii, Caleti, Velocasses, Vero-mandui, Aduatuci (Teutonen und Cimbern) Meldi, Batavi, Mediomatrici mit Leuci (Condrusi, Eburonen, Caesari, Paemani als Germanen), Morini. Im Elsass gehörten die Tribocci (da Strabo den Rhein nach Gallien kreuzen lässt), Vangionen, Nemeter zum Heer des Ariovist. Die Parisii an der Seine waren Celten. Nach dem Remi waren die Meisten der Belgae (die über den Rhein gekommen und die Gallier vertrieben) Germanen (nach Caesar). Die Trevini und Nervii machten (nach Tacitus) Anspruch auf germanische Herkunft. Die Belgae hatten die Küste Brittannien's besetzt (nach Caesar). Nach Strabo gehörten die Veneti zu den Paroceanitischen Belgae. Divitiacus, König der (den Remi verwandten) Suessiones (in Gallia Belgica) bei Soissons (in der Aisne), herrschten (von Gallien aus) über Brittannien.

*) Letthi qui proprie dicuntur Letgalli (1184—1226) [Galli als Aeusserste in Gallizien]. Neben die Finnen (mit den Ugren) nennt Nestor die Litva, Zimgola, Kors, Lettgala, Lib (Liven), Liakh und Prouss, sowie die Tschuden am baltischen Meer. Unter den an Russland Tribut zahlenden Völkern finden sich die Jamen, Litva, Zimgola, Kors, Norva und Lib (b. Nestor). Die lettischen Fischerbauern am Kurischen Haff haben die Namen der Kors (Kuren) bewahrt (nach Schloezer). Sylvester nennt die Litva (1131 p. d.). Chalcondylos erwähnt die Λιταυανος (XIV. Jahrhdt.). Codinus nennt ὁ Λιτβων (Litthauer) und τα Λιτβαδα (Litthauen). Sunt et alii Slavorum populi qui inter Albiam et Odoram degunt longoque sinu ad Austrum protenduntur, sicuti Ileruli vel Heveldi, qui sunt juxta. Labolam fluvium et Doxam (Helmold) 1184 p. d. Nach Koeppen liegt das Slavische der Litthauischen Sprache zu Grunde. Pott rechnet die Litthauer zu den Slaven. According to Kopitar the true home of the old Slavic church language is to be found among the Pannonian and Carinthian Slavi, and it was for them that the Old Slavonic Bible was translated (Robinson). Die 873 noch als christlich fränkische Unterthanen erwähnten Awaren verschwinden dann unter den Ungarn. Aus den Sitzen zwischen Dniepr und Donaudelta fielen die Ungarn (862) in Deutschland ein, besetzten (durch Petschenegen aus Bulgaren gedrängt) das Flach-land an der Mitteldonau (889), erobern (894) das Slawenland bis Mähren, durchstreifen Italien (899) und bedrohen (970) Constantinopel. Die Ens (900) überschreitend, kämpften die Ungarn mit den Baiern und drangen (932) bis Frankreich vor, wurden aber (934) bei

gerichteter Raubvögel*) zur Vogeljagd in Sumpfgegenden (nach Aristoteles).

Merseburg und (955) auf dem Lechfeld geschlagen. Die Hunnen durchfurchten den Knaben mit eisernen Werkzeugen die Wangen, um durch die Narben das Sprossen der Bartbaare zu hindern. Grumbates, König der Chioniten (Hunnen) wird von Ammian mit durchfurchtem Gesicht (rugosis membris) gesehen. Temporibus Berengarii et Ludovici, multos tot malorum sensu et taedio, ad deserendae Patriae consilia et peregrinationem instituendam compulsos fuisse, probabile videtur, eorumque principes fuisse Palemonem, cui pro Gentiliciis armis, Columna et Julianum Darsprungum, cui centurus est pro insigni gentilitio, cum 500 equitibus. Hos Hunnis 924 P. d. Italiam populantibus, Venedico Mari, per exigui freti augustias, Curonensem sinum, invectos, Zamogethiam ac Lietvaniam ingressos, Prussiam penetrasse, ibique Romowe condidisse, in memoriam, quod Roma venerint seu conditores (Koj.). Quibusdam placuit dicere P. Libonem, Pompejonarum partium navalem legatum, victorem Caesarem tanto intervallo huc declinasse (in Somagethiam et Lietvaniam penetrasse). Libonem autem hunc esse Palemonem (Palaimonem seu Paleimonem). Aliis visum est dicere, quod Neronis crudelitatem, aliis quod Attilae clades, quidam vitaturi, vitam et capita huc extulerint. Linguagium Lithuanicum est quadripartitum. Primum linguagium est Jaczvingorum ut horum, qui circa castrum Dorchin inhabitarunt et pauci supersunt, alterum est Lithuanorum et Samogitarum, tertium Prutentcum, quartum in Lotbua seu Lotibola, id est (Livonia) circa fluvium Dzvina et Rigam civitatem (Michou). Von den aus italischem Blute entsprossenen Lithuaniern wurde besonders Aesculapius verehrt, in derselben Gestalt (serpentis specie), in der er aus Epidaurus nach Rom gekommen (s. Mich. Lituanus). Nach Gvagninus stammt der Litthauische Adel von dem römischen Gefolge des Palemon, das Bauernvolk von den Gothen. Nach Michovius floh der von den Römern vertriebene Prussus (König von Bithynien) nach Ulmirugia (Prusia oder Preussen). Nach Erasmus Stella wurde Preussen (Borussia oder Brussia) von den Riphäischen Gebirgen her bevölkert. Nach Strabo lebten die Jazyges beibenannten Sarmaten hinter der Einöde der Tyrregethen. Nach Latius stammten die Werler (in Mecklenburg) von den Herulern. Puschkaytus, der Gott der Erde, wohnte (nach den Preussen) unter dem Hollunder.

*) Nach Plinius wurden in Kleinasien gezähmte Raben zur Jagd gebraucht. Die Jagd mit Falken verbreitete sich von den Barbaren der Völkerwanderung im Mittelalter (Hehn). Die Jncubi wurden besonders durch Frauen mit schönem Haar angezogen, weshalb Paulus Kopfbedeckung empfahl [Maroniten, Grönländer]. Der parthische König Phrahates I. († 173 a. d.) versetzte die besiegten Mardi (Höhlenbewohner an der Grenze Armenieu's und Medien's) nach Charax an der Mündung des Tigris (nach Isid.). La Setta de Gensci pruova, che ogni cosa originata dal caos (Bartoli) in Japan. Aut ex re nomen, aut ex vocabulo fabula (Pomponius Mela). John Couny (to whom the Prussians left the fort at Axim) had a large Dutchman's scull tipped with silver, which he used as a punchbowl (W. Smith), driven in the Fantyn country by the dutch (1724). The natives (in Whydah) are clothed, but that of the women is so very loose, that the wind often discloses their natural beauties, which the men say was a fashion invented by the women for a certain convenience they found in it (W. Smith) [Birma]. Nach den Eraniern werden im Regen die Pflanzensamen des Baume's Leidlos auf die Erde herabgesandt (s. Spiegel). Vor dem Regen sprosste kein Gewächs (in der Genesis). Der Stern Tistrya regnet dreifach Saamen im Körper eines Manne's, Pferdes und Stier's (im Bundehesh). Die Turkatun genannten Wachen sind Türken (nach Abulghasi). Den Puttung oder Chung genannten Drachen lässt man in Indien oft Nachts fliegen, mit einer daran befestigten Laterne. Quidam Hesiodi temporis tractu ajunt a Tuscis Capuam Nolamque conditam (Nellej). Die Meetway (der Kakhen) rufen die Nat an mit Raserei (s. Sladen). Kotlogh Temir oder (bei den Polen) Kadlubeg war Statthalter Uabeg's in der Krimm (1333). The Mermaid is often represented holding a looking-glass in one hand and a comb in the other (Leslie). On Hallowe'n the mirror and comb may be found employed as instruments of divination, by which the unmarried endeavour to discover the likeness of those, who are to be their future partners for life. Auf den schwarzen Tod folgte die Tanzwuth, worin die Herrschaft des Teufel's proclamirt wurde (XIV. Jahrhdt.), und die Gemälde der Todtentänze beginnen mit dem XIV. Jahrhdt. (nach Peignot) (Tolteken). The high priest in the village (of the Makobas) is generally found sitting under the shade of a tree (s. Chapman). Some of the Makobas on finding a boa constrictor, will make a Kraal round it (worshipping it). Oppoccu, König der Assianten, that einen Eid, dass er, so lange König Frempung (der ihn einen jungen zahmen Elephanten geschenkt) lebe, die Akemisten nicht angreifen wolle (Roemer). Jenseits Cerne, bis wohin Hanno carthagische Colonisten führte, war das Meer wegen geringer Tiefe und der Menge des Seegras unschiffbar (nach Scylax). Atrae, Hauptstadt der Atreni, wurde gegen Severus vertheidigt durch Herabwerfen von Töpfen, filled with winged and poisonous insects. Die Amokosa grüssten verehrungsvoll beim Vorübergehen den gestrandeten Anker, da der Häuptling, der ein Stück abgebrochen, bald darauf gestorben war (Lichtenstein).

Tonkin*) erhielt von dem König von Bao (im Westen) am Sangkoi Tribut (1658). Der Hirt Bo-liah (in Tonkin) vertrieb den chinesischen Statthalter (Reydelet). Unkulunkulu (Erster Mensch der Zelu) erhob sich aus einem Schilfbett**) oder Umklangla (nach Callaway). Manche finden sich in Pegu

---

*) Ein dreijähriges Kind, ein eisernes Pferd besteigend, vertrieb die Chinesen aus Tonkin (nach Tissanier). Abulghasi führt die Khane der Krimm (durch Urus Chan) auf Dschudschi (in Tschengis Geschlecht) zurück, und leitet dann die Fürsten der Deutschen von den Abkömmlingen Scheibani's (Sohnes des Dschudschi) ab (les Chans des Nemets sont issus de cette branche de descendants de Scheybani Chan). Der Unternehmungsgeist der Mongolen schwingt sich empor, wie der Glücksgeier (Humai). Als Goterzes seinen Rivalen um die parthische Krone (Meherdates) besiegt, schnitt er ihm die Ohren ab [Smerdis]. Die Jumanas (in Caycara) begraben mit zusammengebundenen Extremitäten (Mehl aus angebauten Mandioca bereitend). Kampsa liess einen Esel im Haus (der Devrebi) dem er befahl, er sollte ein Geschrei machen, sobald ein Kind geboren würde (Roger), um Krischna zu tödten, der aber bei den Hirten ausgetauscht wurde. Nach der Predigt des Hirten Hans Böhm in Niklashausen (1476) war im Tauberthal mehr Gnade, als in Rom oder irgendwo, wer da sterbe, fahre von Stund an gen Himmel (Barock). Die von dem jüdischen Gouverneur Babylon's (unter Artabanus III.) geheirathete Wittwe des parthischen General's brachte ihre goldenen Hausgötzen mit sich (s. Josephus). Bei Sankisa (zwischen Kanoj und Piloshana) stieg Buddha auf kostbaren Leitern (mit Brahma und Indra) vom Himmel herab. The boy, carried by the Campos (in Peru) contains a bamboo box filled with anatto-paste, to besmear their faces; they continually paint the skin with stripes and various patterns of red (Raimondy). Die von den Arabern in Sus (südlich vom Atlas) Aracatscha oder Atschu (trockene Wurzel) genannte Pflanze (nach Jackson), wächs't als Arncatscha oder (nach Lambert) heracleum tuberosum Molinae in Neu-Granada Süd-Amerika's. Das Nachbild eines dunklen Kopfe's, der lange aufmerksam angesehen ist, erscheint bei unbedeutendem Wegwenden der Augen gegen den matt erleuchteten Hintergrund als ein lichter Schein neben dem Kopfe, in dem (von den Malern als Goldreif oder goldener Vollmond dargestellten) Heiligenschein. Diw (Diwan) ist die Rathsversammlung (die alten Perser lernten von den Dews). Bei dem (parthischen) Tempel des Herkules auf Berg Sambulos standen zur Jagd aufgezäumte Pferde, auf denen die Priester (nach Erscheinung des Gotte's) die Wälder durchjagten, und dann (auf ermatteten Pferden zurückkehrend) in einer neuen Vision verkündeten, was sie gesehen (nach Tacitus) Madame Louise (Tochter Louis XV.) hatte eines Tages ein schon geöffnetes Ei in eine grosse Schüssel fallen lassen, die dazu bestimmt war, das Spühlwasser und allen Abfall aufzunehmen, aber da es ein Fehler gegen die Armuth (der Karmeliterinnen) gewesen wäre, ein Ei verkommen zu lassen, fischt sie es wieder heraus und verzehrt es (s. Proyart) By way of coaxing the boy (circumcised), they direct him to slap the operator for having put him to so much pain (Quanoon el-Islam).

**) Manitu (auf dem Wasser schwimmend) schuf (nachdem die Erde aus Sand gemacht war) Mann und Frau aus einem Baum. On the point of land (called Ru-na-h-Anait) stands (near the Well of Anncuit or Tobar-na-h-Anait) the temple of Annait (Teampull-na-h-Annait in the island af Calligray (s. Leslie). Various places in the Hebrides and on the opposite continent are called Annaid and supposed to have been dedicated to the goddess Anua. Der deutsche Tyroler steht dem Marschbauer weit näher, als dem italienischen Tyroler der unmittelbar neben ihm wohnt (Schouw). Die Dschelair bewohnten Ringe (Kur ode Kewr). Jem lehrte die Menschen, das Fleisch in Stücken zu essen (nach dem Jaçna) Dschudschi Keser (der Löwenheld im Heere Dschingiskhan's) zerbrach den Rückgrat seine Feinde (wie der melanensische Häuptling). Die Kol (in Central-India) verehren die Sonn (nach Dalton). In Mysore wird beim Fest des neuen Mond's für die Abgeschiedenen ge fastet (s. Buchanan). Aus Blutrache für den verwandten (aber als feindlich bekämpften Stamm der Taidschat führte Djingis Krieg mit den Kin. Der Name des (mongolischen Stammes Kungtan heisst die Gross-Nasichten (stolz und anmassend), wie die englische Botschafter in osmanischer Reichsgeschichte (Hammer). Aus der Messe von Mailand nac Tours (zum Grabdienst des St. Martin) berufen, liess Ambrosius seine Form auf dem Alta zurück, um später den Segen zu ertheilen. Lorsque le peuple d'Éphèse eut appris qu les Pères du Concile avaient décidé qu'on pouvait appeler la Vierge mère de dieu, il fu transporté de joie (s. Montesquieu). Ushnisha (an excrescence on the skull) means turban (the curly hair, with which Buddha was born or the hair on the head tied in Knot). Neben dem Kamen wurden (an Djingis' Hofe) die Buddhapriester und Christe (Arghaun), sowie die Nestorianer geduldet. Vestinus, der (unter Hadrian) einen Aussu aus den Werken des Pamphilus machte, war Zeitgenosse der Diogenianos, dessen Wer von Hesychius bearbeitet ist. Der heidnische Duumvir von Gaza besiegte durch magisch Ceremonien den Christen Italicus, bis dieser seine Pferde mit dem heiligen Wasser de St. Hilarion bespritzte. Sprenger reccommends the tortures to be continued, till th

so abergläubig, dass sie ihm selbst Blut*) mit einem Messer ablassen, solches dem Abgott aufzuopfern (s. Arnold). Asura hat die Stadt Ninus gebaut und sein Volk Assyrer**) genannt (nach Josephus). Das Hügelland

---

prisoner was decenter quaestionatus. In den Sagen der Städte galten die Amazonen nicht so sehr als Gründernamen, wie als Eponymen (Klügmann). Bei dem Coiß, Oberpriester der Northumbrer (bei Beda) erinnert Belloguet an den samothrakischen Kabirenpriester *Koῆς* (Koίης).

*) They wound themselves with sharks' teeth knives under the influence of grief, pain, disappointment or vexation (on Peru-island) 1871. Nachdem die Palpas (in Pegu) die Jungfrau (beim Corcovita-Fest) geopfert (nach Le Blanc) „bringen sie das Herz heraus, welches sie dem Teufel in's Angesicht werfen" (Arnold). Die Frauen der Miranhas verfertigen Hängematten (Kyçaba) aus den Fasern von Palmblättchen (am Yupura). Beatissima corpora non multum postmodum capita sua de flumine. Ararim acceperunt, levantes quantos dextros centum versos via publica que egressa de Salodoro castro constructo partibus orientis deportaverunt (Passio St. Ursi et Victoris) The Chukkur (resembling a quoit in size and shape), used principally by the Sikhs, consists of an iron ring with a sharp edge, which they throw with great dexterity and usually carry several of them on the head, fastened to the hair (Herklots). Nach Absetzung des König's Abgarus (von Osrhoene) wurde Edessa (von Caligula) zur römischen Colonie (Marcia Antoniniana) erklärt. Rochau erklärt die Sachsen als Sensen-Männer (Saiss oder Senser). Those, that dare not bluntly say there is no God, content themselves (for a fair step and introduction) to deny there are spirits or witches (Glanvil). Bodin beweis't die Wirklichkeit des Hexenwesen's, weil durch die Gesetze aller Nationen anerkannt Nach Michael Psellus (XI. Jahrhdt.) suchen die durch das höllische Feuer empfindsam gemachten Körper der Dämone feuchte und laue Wärme im Menschen, und wenn Aerzte Krankheiten aus natürlichen Ursachen erklären wollen, so ist das Folge ihrer materialistischen Auffassung. Nach Luther waren Wahnsinnige, Krüppel, Taubstumme vom Satan besessen, und nur die Unwissenheit der Aerzte konnte solche Krankheiten natürlichen Ursachen zuschreiben. Die ursprüngliche Ueberzeugung, dass der sinnlichen Empfindung etwas Gegenständliches entspreche, ist (nach Reid) eine der Grundthatsachen des Gemeinsinn's (common sense), die zu der Constitution menschlicher Natur gehören, zu den Grundbedingungen alles Sein's und Bewusstsein's. Das Prinzip des Wohlwollen's muss durch das der Gerechtigkeit und der Wahrhaftigkeit ergänzt werden (nach Stewart). Der Mann hat normal in seinem Uterus masculinus einen rudimentären weiblichen Geschlechtskanal, und das Weib im Nebeneierstock ein Analogon des Nebenhoden's, und gewisse Thiere besitzen in den Gartnerschen Gängen auch Repräsentanten der Saamenleiter (Kölliker). Die Insel Cypern war (nach Nider) mit den Nachkommen der Jncubi bevölkert.

**) Die Chaldäer stammen von Arphaxad. Die französische Sprache legte fast stets (mit Ausnahme von anderen Gründen der Betonung) den Ton auf die letzte Silbe, weil alle Silben, die auf die betonte Silbe folgen, abgeworfen sind. Butu heisst „dunkel oder verborgen" in Mandschu. Die Einwohner der Insel Balus sind Anthropophiagen (Ibn Chord.). Die Terrasse des Volkes Schaddad wurde gebaut, um durch Anzünden von Feuern gegen die Ameisen sicher zu sein (Ibn Mogawir). Die Banu Schoba sagen, dass (auf rauhen Bergen lebend) Gott die Karavane der Pilger (die sonst bei den Kaaba beraubt werden würden) zu ihrem Erwerb angewiesen hat (Ibn Mogawir). Der Stamm Bahymyga (östlich von Haly) lässt die Frau bei dem fremden Gast schlafen. Nach Asvalayana's Hausregeln wird beim Herumführen um das Feuer gesprochen: Er bin ich, sie du, sie bist du, er ich, Himmel ich, Erde du, Säman ich, Riç du, Komm wir wollen heirathen (Stenzler). Indra heisst sthâtar, als auf seinen Wagen (der Sonne) stehend und hängt so mit Jupiter Stator zusammen, den die Römer aus einem Ereignis in der Regierung des Romulus erklärten (s. Bréal). Die Remi (in Gallien) waren den Suessiones verwandt. An Noah oder Noach (Noé) schliesst Rougemont Vaisseau: naw (sanscrit), naw (persan), naus (grec), navis (latin), nachen (allemand) und eau: nâo ou couler (grec), nêchô (nager), nare ou nager (latin), nass ou humide (allemand), nahar ou fleuve (sémitique), nak (cochinchinois), nah (namois), naum ou nan (eau), noka ou sours (chez les Béotjouanas), noa (boire). Quae tamen artis humanae peritia, siquando tractandis sacris eloquiis adhibetur, non debet jus magisterii sibimet arroganter arripere, sed velut ancilla dominae quodam famulatus absequio subservire, ne, si praecedit, oberret (Petrus Damiani) † 1072 p. d. Wenn der Vogel Çinamrû (Simurgh) sich auf dem Baume Gatbés niedersetzt, bricht er tausend Aeste ab, die ihren Saamen herabstreuen (Minokh). König Takhmo-urupis (Tahmuraf) brachte die sieben Arten der Schreibekunst, die (der von ihm als Pferd gerittene) Ahriman verborgen hielt, wieder an das Licht. Nach der Parsi sind Missgestalten Werke der Daeva. Das Buch Henoch identificirt die auf die Erde herabstürzenden Engel mit herabgefallenen Sternen. Der dreibeinige Riesen-Esel (Khara genannt) ist (nach dem Bundehesch) mit einem (mit goldenen Oeffnungen besetzten) Horne versehen, zur Tödtung der Geschöpfe

am oberen Laufe des Sind oder Indus war (nach Baber*)) früher von dem Stamm der Kâs bewohnt, nach denen Kashmir genannt sei (und Kashgar), als Kasia Regio und Kasii Montes (bei Ptol.), the country of Kâshkâr (s. Erskine). Oldschaitu**) († 1316 p. d.), in seiner Kindheit als Christ getauft, bedauerte (den Streit zwischen den Secten Hanefi und Schafii hörend) deren Bekehrung vom Buddhismus zum Islam, und trat dann von den Sunniten

---

Ahriman's. Setebos ist Hauptgott der Patagonier. Nach Sarmiento wurde der Inka auf seinen Reisen mit solchem Jubel empfanden, dass die Vorgebirge herabstürzten. Bhagavat, Name Buddha's und Ehrentitel der Kischi, wie Vishnu's und Krischna's, vertritt in der verstümmelten Form Bhavat geradezu das Pronom der zweiten Person. Als der römische Herold die griechische Freiheit proclamirte fielen die Kråhen vom Himmel in die Rennbahn hinab (nach Plutarch). Die Höhle von Bize enthält neben den Knochen von Rennthieren und anderen Höhlenthieren die von Menschen mit knöchernen Werkzeugen und Feuersteinmesser. Nach Liebreich ist Protagon der Hauptbestandtheil der Nervenmasse, als ursprünglich in der Gehirnsubstanz. Der (in Abyssinien und Süd-Arabien lebende) Pavian hält auf den egyptischen Bildwerken die Wage des Gericht's. Die Erde, als Mutter, bildet den Körper und animam aether adjugat (Pacuvius). Sophokles setzt ἄγλωσσος (zungenlos) in den Gegensatz von Griechischen. Die Deutschen heissen Njemez (stumm) bei den Russen.

*) The (persian) name of Bakhterzemin (eastern country) is given to Balkh (Bactria) in the institutes of Timur (s. Erskine). According to the Tuiseer-e-Kubeer genii are of four kinds, the Fulkeeu (inhabiting the Firmament) the Quotbeeu (residing about the North Pole), the Wuhmeeu (haunting the human imagination) and the Firdooseeu (dwelling in Paradise). Mulik Gutshan (king of all the Genii) inhabits Mount Qaf (Jaffur Shurreef). Satan has four Khuleefay (caliphs or deputies), as Muleeqa (son of Aleeqa), Hamoos (son of Janoos, Mubloot (son of Bullabnt), Yoosuf (son of Yasif). Die Geister Neuseeland's nehmen von den dargebrachten Kosthai keiten nur den Schatten (s. Grey). Als Lang die körperlose Existenz nach dem Tode zu beschreiben suchte, the more serious the teacher was the more ludicrous the whole affair appeared to the black (in Australia). Caesar opferte zwei Soldaten am Altar des Campus Martius (nach Dio), Augustus (s. Malalas) Gregoria und Trajan (beim Bau Antiochia's) Calliope, deren Statue in dem Tempel gestellt wurde. Als Oldfield den Australiern das Bild eines Eingeborenen zeigte, hielt es der Eine für ein Schiff, der andere für ein Känguruh. Der psychische Werth eines Kopfe's ist nach dem besonderen Fache zu berechnen, in welchem er ausschliesslich oder doch vorzugsweise durch Leistungen sich ausgezeichnet hat (s. Sausse). Neben Percun, Picoll und Protrimp verehrten die Preussen noch Curcho, Nurskeito und Ischwombrato. Beim Erntefest (Ozinck) dankten die Preussen dem Gott Ziemiennik. Der Preussische Priester wahrsagte aus der Bierschaale (mit hineingeworfenen Pfennig), die er austrank, bis sich die gewünschten Blasen zeigten. Turdetania (abounding in cattle) is (pure Gaedhelic) Tir-de-Tane or the land (Tir) of herds (tana), Turduli is Tir-duile or pleasant country (s. Brash). Die Indianer (Nord-Amerika's) ziehen eine Angel vor, mit der schon etwas gefangen ist (nach Hearne). Der Buschmann verwirft einen Pfeil, der nicht getroffen, hält dagegen solche hoch, die schon getroffen haben (nach Chapman). The Californian did not dispute the immortality of the whites, who buried their dead, but could not believe the same of his own people, because they were in the habit of burning them (according to Gibbs). The New-Zealanders believed that a man who was eaten was destroyed both body and soul (Lubbock). The Todas worshipped a buffalo bell (s. Lubbock), the Negroes of Irawo (in Yoruba) an iron bar (according to Burton). Die Kaizaken messen Entfernungen durch den Tchakrym (le cri d'un homme). Oreja humana (s. Cerda) als Symbol auf den Münzen von Auringis oder Oringis (Jaen).

**) Bei der Verwirrung in der alexandrinischen Aera durch den Unterschied der Mond- und Sonnenjahre führte der Chalife Mothedhad die mothedhadische Aera ein und die neuen Unordnungen wurden (1302 p. d), durch die Aera Ghasan's ausgeglichen. Am Yukon-Fluss wird das abgeschnittene Haar, um nicht fortgeworfen zu werden, auf Bäumen gehängt und die Nägel in einem Packet dabin gelegt (s. Whymper). Die schon im Shanahmeh erwähnte Trauerfarbe (blau) wurde bei Oldschaitu's Tode angelegt (1316), und in Napoleon's Trauerordnung für den Kaiser und Prinzen von Geblüt festgesetzt (Hammer). Tai, the descendant of Odad, begat El-Ghauth, who begat Amr, who begat Aswadan, whose name was Nebhan (s. Badger). Prior to the sway of the Benu-Nebhân the Imams were chosen from different families of the El-Azd-stock (in Omam). The tribe Tai (leaving Yemen) settled in the north of Nejd (250 p. d). Himyar and El-Azd were brothers. Nur aus der hebräischen Sprache ist die Aufhellung der Menschenmachungskunst (Bara-Gabra) oder Hominum factio (der Freimaurerei) zu entnehmen (Borchardt) 1869. Nach Akkerkuf werden die Gräber sassanidischer Könige verlegt. The space (of ancient Babylon) contains three

zu den Schüten über. Die Mongolen*) fürchteten das Gewitter, ausser den Uriangkut, die es beschworen (nach Reschideddin). Der Dedschal (Anti-

---

great masses of building, the high pile of unbaked brickwork called Mujellibe (by Rich) or Babel (of the Arabs, the building denominated the Kasr or palace and the lofty mound with the tomb of Amran-ibn-Ali (s. Loftus). Das dem Gottesnamen Nebo auf viele In-schriften in den Namen Nabopolassar und Nebucadnezzar sich anschliessende Zeichen, wurde nicht ausgesprochen, indem man in jenen Namen durch Zeichen die dem Gotte schuldige Verehrung darbrachte, die der Mund nicht verkörperte (s. Brandis). Die Schatz-kammer des von Basilianer-Mönchen bewohnten Kloster's Déćan (Dietsban) in Roumelien verdankt den Schutz (ihrer Goldgefässe) vor Plünderung nur dem durch einige Facta sanctionirten Vorurtheil, dass das Betreten der Klosterschwelle jedem Türken sicheren Tod bringe (Müller). Lage und Bauart des früher von der k. span. Regierung dotirten Kloster's Petra ad Sanctum Nicolaum (b. Durazzo) war den zahlreichen Schleichhändlern (zur Fortschaffung türkischer Monopolgegenstände, wie Reis, Tabak, Blutigel u. s. w.) sehr günstig gelegen. Berge wurden (nach Strabo) von den Geten, (nach Tyr. Max.) von den Kappadociern, (nach Statius) von den Daciern verehrt. Die Bilder (νίνια), gegen die sich die Wuth der Ikonoklasten richtete, waren aus εἰκο νίνια (oder κονίνια) verkürzt. Rixas et dissensiones seu seditiones, quas vulgus werras nominat (Cap. Caroli). Die daceromanische Literatur beginnt mit dem Jahre 1580 Seit 1677 fing man an zu versuchen, das lateinische Alphabet, auf diese romanische Zunge anzuwenden. Asmodi (als Satan) wird zuerst im Buche Tobias erwähnt. An Festtagen, an denen das Licht als sichtbares Abbild Ahura's verehrt wurde, duldeten die Maubads kein Feuer auf dem Heerde und kein Licht im Zimmer, da das durch den täglichen Gebrauch verwendete und eben dadurch entwürdigte Feuer nur durch das Zusammentragen desselben an einen allgemeinen Ort (Feuerplatz) wieder vereinigt (gereinigt) werden kann. Auch der Genuss des Fleisches (weil oft zu Opfern verwandt) und der Gebrauch der Bäder (wegen Heiligkeit des Wasser's) wurde den Juden untersagt (Kohut). Σαβαώθ τοῦ δημιουργοῦ, οὕτω γὰρ παρὰ Φοινίκων ὁ δημιουργικὸς ἀριθμὸς ὀνομάζεται, Lydus. Sabaod als über die sieben Himmel schaltend. Das Urlicht, das einst der Welt geleuchtet, wird im Paradiese als reines Licht für die Frommen im zukünftigen Leben von Gott bewahrt (nach dem Agadah), als ϕῶς νοητὸς ἰππός (in sabata) als sabaod (mit 'Ιαώ). βάρβαρος, als balbulus von balbus (im Stammeln). Mit dem Rauch geht der verbrannte Todte zur Himmelswelt (nach Asvalayana). In einen männlichen Krug ohne Zierrathe werden die Gebeine eines Mannes, in einen weiblichen Krug ohne Zier-rathe die Gebeine einer Frau gelegt. Eine Secte von den Hawary, die zu des Albajzaj' Zeit entstand, warf die ganze zwölfte Sutra aus dem Koran heraus, da dieselbe nicht göttlich, sondern eine blosse Liebesgeschichte sei.

*) Die Mongolen wuschen sich nicht, weil durch Feuer gereinigt (nach Dschibanguscha). If the shadow of a fairy belonging to Rajah Iudra's Akhara falls upon the purree-walees or fairy woman (sitting crosslegged and whirling her head), she ties ghoon grass to her ankles and begins dancing, if that of Gend Badshah · or Seekunder Badshah or others, she puts on a suit of men's clothes, taking a dagger in her hand (Quanoon-el-Islam). Most of the Namaqua were anxious to smoke, but could not, the king, instead of drawing in his breath, blew from him, they soon however all learnt (1661), diese Handelsartikel gebrauchen. Die Pulastya (Ravana und Kuvera) waren Söhne Visrawa's. Vor dem Aus-bruch der Seapoys-Meuterei chupatties (unleavened cakes) were passed among the initiated. In Demavend wird jährlich das Fest der Kurden gefeiert, um an die Befreiung von der Tyrannei Sohak's zu erinnern. The cup (kasund ka kutora), being touched by the boys (of the chief-catcher) moved to the water closet where they found the girl hid, and then proceeded to the spot where the (stolen) nuth was concealed (Jaffur Shurreef). Der Diebes-auffinder hängt einen Mahlstein, mit Assafoetida beschmiert, über den andern, und lässt die Hausgenossen nach einander die Hand darauf legen, indem die des Diebe's zerquetscht werden würde. Indem derselbe aus Furcht die Berührung unterlässt, riecht seine Hand dann nicht (nach dem Quanoon-el-Islam). Nördlich von den Chactas wohnte am Bighorn (Confluenten der Platte) ein Indianerstamm mit Plattköpfen oder Tschopunish (nach Pattie). Malik Baya wird als Dorfgott in Bahar verehrt (nach Hamilton). Near the lying-in-woman (among the Moosulmans of India) a Kuthar (dirk) or any other weapon is deposited, to ward off the influence of mis fortune and apparitions (Jaffur Shurreef). Wie in der Stadt Madschar am Kuma hat sich im Schlosse der Matscharen (Mathra) im arabischen Irak der Name der Ungarn erhalten, von denen nach der Auswanderung aus Lebedien ein Theil südlich gegen Persien zog (Hammer). Im Nationalwohlstand liegt die wesentliche Vor-bedingung zu jeder geistigen Kräftigung und Entwicklung (Kolb). Haug erklärt Brahma als Baresman, als die zum Izechne-Opfer von Barsom gebrauchten Holzstücke. Beim Opfer führen die Brahmanen Kusabüschel (Weda genannt). Vor der Jagd kriecht Einer der Amakosa mit Gras im Mund, von den Andern umgeben (Lichtenstein). Dem getödteten Elephant werden Entschuldigungen gebracht. Die Mandingo lassen scheinbar die Tödter

christ) wird aus dem östlichen Lande Chorasan ausgehen*), mit einem Volk, deren Gesichter breit gehämmerten Schilden gleichen (nach dem Feraidul-fewaid fi bejanil akaid) 1805. *Κροκοδίκη* war (mit Medea und Agamede) kräuterkundige Zauberin, wie Thrake, die Perke den Namen Thracien**) gab (Eusth.) [Medien von Medea benannt]. Die Massageten

---

des Löwen dieses Verbrechen vergelten (nach Gray). Tiger heissen Satwa (das wilde Thier) oder Nenek (Vorfahren) auf Sumatra (Marsden). Die isländischen Sagen unterscheiden von Swiawerld, (als Herrschaft des Schwedenkönig's) das eigentliche Svithiod.

*) Die Abiponer, die sich von den Plejaden herleiteten, begrüssten die Rückkehr ihres wieder aufsteigenden Vorfahr mit Festen (nach Dobrizhoffer). Die untergegangenen Schöpfungen der Molasseperiode zeigen in ihren fossilen Resten die vermittelnden Glieder zwischen den Pachydermen und den Ruminantiern in solcher Menge und Mannigfaltigkeit der Abstufungen, dass sich nur willkührliche Grenzen zwischen beiden Ordnungen ziehen lassen würden (Bronn). Les Khirgiz-Kazakis tirent sur les chevaux sauvages pour ser-servir comme aliment (Levchine). Die Buräten sind leichter, als die Europäer, so dass ihre Pferde, durch einen russischen Reiter ermüdet, sich beim Aufsteigen des Buräten wieder erholten (Pallas). The moment the demoniac falls down the exorcist instantly plucks out one or two of hairs from among those which he holds in his hand, and reading some established spell over them, puts them into a bottle and corks it up, whereupon the patient's devil is supposed to be imprisoned therein (Quanoon-et Islam). Der Malaye trägt seinen zum Zaubern behülflichen Schutzgeist in der Flasche verkorkt. Die Zauberer in Maskat ziehen durch ihren Blick die Eingeweide des Menschen aus, oder auch den Saft einer Melone, wie sich beim Aufschneiden zeigt und Ausbrechen (de Faira). The Gnostics regarded God (the Unknown Father) as directly inaccessible to human knowledge, but as revealed in part by certain Eons or emanations, of whom the two principal were Christ and a female spirit, termed the divine Sophia (Ennoea) or Pronnice (lasciviousness), as confounded with Beronice, the woman, who had been healed of an issue of blood. Wenn der Herr *βλινόντων αντων* in die Höhe fuhr, um seine Jünger sinnenfällig davon zu über-zeugen, dass er zum Vater gehe, und dass sie keinen irdischen Verkehr weiter mit ihm zu erwarten hatten, so muss seine Elevation unbedingt ein motio localis, successiva et physica gewesen sein (Steinmeyer). Nicht die natura des corpus spirituale sondern die Voluntas der Person hat die (räumliche) Erhebung des (materiellen) Leibe's bedingt (1871). It has been often remarked, that almost every great step which has been made by the English intellect in connection with theology, has been made in spite of the earnest and persistent opposition of the University of Oxford (Lecky). Neben dem Ursh (neunten Himmel) oder Empyreum und dem Koorsee (achten Himmel) oder Krystallhimmel (Gotte's Sitz) unterscheiden die Mohammedaner als Bihisht (sieben Himmel) Daar-ool-jullal (Woh-nung des Ruhm) aus Perlen, Daar-oos-sulam (Wohnung der Ruhe) aus Rubinen, Junnut-ool-mawa (Garten der Spiegel) aus gelbem Thon, Junnut-ool-Khoold (Garten der Ewigkeit) aus gelben Korallen, Junnut-oon-Nuem (Garten der Freude) aus weissem Diamant, Junnut-ool-Firdoos (Garten oder Paradies) aus rothem Gold, Daar-ool-qurar (ewige Wohnung) von Moschus, Junnut-ool-udun (Eden) aus rothen Perlen. In der Hölle werden unterschieden: Juhunnum (tiefer Abgrund) für schuldige Gläubige, Luzza (sprühende Flammen) für Christen, Huttuma (heisser Brand) für Juden, Sueer (brennendes Feuer) für Sabäer, Suqur (sengende Hitze) für Magier und Guebr., Juheem (weites Feuermeer) für Heiden, Haweea (Dunkel des bodenlosen Abgrund's) für Heuchler (s. Herklots). Als dem ermatteten Hussein der Feenkönig Tyar (im Pferd mit Menschenkopf) zur Vernichtung seiner Feinde erschien, lehnte jener diese Hülfe ab, da alle seine Gefährten und Freunde gefallen und er aus der Vergänglichkeit der Welt sich nur nach dem Märtyrerthum sehne (s. Abil Hoonnooq).

**) Utus (Wid) als Nebenfluss des Ister. Polen und Russen heissen Guddas bei den Litauern. *βαλην* als König im Phrygischen. Helenus (Sohn des Priamos) gründete Buthrotum (am Xanthos) und Epirus. Der Xanthus in Lycien hiess früher Sirbes (röthlich gelb). Winida von win (vinga oder Weide). *ζοππον* und *ζωππαν* (Zupan) auf griechischer Inschrift bei Tsierna (s. Contzen). Leto blieb bei den Hyperboräern, die deshalb besonders Apollo verehren (Plinius). Der Perimulische Busen (b. Ptolem.) ist der von Siam (s Contzen). Menandros hiess Minadho auf indoskythischen Münzen. *Βαγαιος*, als phrygischer Zeus (*βάλην* oder König). Die Monumente in Sogdiana, als Grenzen der Züge des Herakles, Dionysos, der Semiramis, des Kyros und Alexander liegen noch auf der linken Seite des Flusses Jaxartes (nach Plinius). In der Inschrift des Protogenes werden die Skiren er-wähnt. Skhudra neben Saken auf der Inschrift in Nakshi Rustem. Skordona (Skradia) im Gau Bribir. Die Abarea benutzen eine dreispitzige Lanze oder Harpune (als Trident) zum Fischstechen (Barth). *Κιμμερίς θεά, ἡ μήτηρ των θεων* (Hesychius). Trerer neben Kimmerier (b. Strabo) als Trieres (b. Arrian). Die Thraker, die die Kimmerier aus Bithynien vertrieben, wanderten (mit Phrygern und Mysern) aus Europa nach Asien (Eusth.). Die Vorfahren der Bithynier kamen vom Strymon (b. Her.). Die Bithyner waren früher Mysier

(bei denen die Frauen gemeinsam sind) beweinen die an Krankheit Gestorbenen, weil sie nicht geopfert*) werden konnten (Her.) [Odin], der Sonne Pferde opfernd.

Neben dem grossen Steppengebiet im nördlichen Central-Asien, das unter Zuziehung der europäischen Ebenen mit Recht als die eigentliche Vagina gentium betrachtet werden kann, findet sich (von der localen Rückwanderung der durch den Atlantic an weite Ausbreitung gebinderten Weststämmen abgesehen) im alten Continente nur noch eine gleichsam neue Stämme schaffende und hervortreibende Werkstatt, nämlich im östlichen Central-Afrika, aus dessen unerforschten Gebieten wir beständig nach allen Richtungen hin frische Volksbildungen unter dem Namen der Zimbas, Jagas oder Chagga und ihnen (nach Pickering) verwandte M'Kuafi, Zulus, Kaffern, Gallas oder Ilmorma (mit Danakil oder Afer), auftauchen sehen, seit so lange uns solche Gegenden überhaupt bekannt sind. Auch hier sind es diese, zum Theil (wie in Congo) von kriegerischen Frauen geführten Wanderstämme, die überall die herrschenden Dynastien einsetzten; sie begründeten die mächtigen Reiche des Monomotapa und Monoemezi, im Westen die von Cassange und Pungo Adongo im Mittelalter, im Osten in neuer Zeit die Hauptstädte des (von Speke besuchten) Zwischenseenlande's. Oftmals haben die Gallas ihre Eroberungen über die Haupttheile Abyssinien's ausgedehnt, kürzlich wieder hat (nach Brenner) Fürst Fumo Latti (der Insel Patti) einen die Entstehungsweise Rom's aus einer Freistätte wiederholenden Staat zwischen den Flüssen Ozy und Mogogoni (unter den südlichen Gallas) ge-

---

(nach Strabo). Die Stadt Kromna liegt am Parthenios im Eneterlande (b. Homer). Die Heimath der Skythen lag am Araxes (nach Diod.). Valerius Flaccus (I. Jahrhdt. p. d.) kennt die Skythen als grosses Volk. Der kabylische Name für Gott ist Rabbi oder (arabisch) mein Herr, wogegen sich im Tema-shirht neben Amanai auch Messina (Messias) oder Messinak (Messi oder Mess) findet, das (nach Barth) aus dem Christenthum eingeführt ist (s. Newman). Am Cap Lytarmis wohnten (nach Plinius) die Arimphäer, östlich von ihnen die Skythen, Cimmerier und Amazonen bis zum caspischen und hyrkanischen Meere. Scythae degeneres et a servis orti oder Troglodytae (b. Plinius) zwischen Sauromaten und Alanen.

*) Nach Xenophon opferten Armenier und (b. Ovid) Perser Pferde der Sonne. Le devineur (en Fez) mettant de l'eau dans un basin de verre, avec une goute d'huile, voyait passer des escadrons de diables. Quelquefois ils mettent le vase entre les mains d'un enfant auquel il demandent s'il a point apercu tel ou tel demon et le petit enfant, autant simple que jeune, lui repond que oui, sans que toutes fois ils le laissent répondre, qu'ils ne l'ayent premièrement embouché. Et vais amire, qu'il s'en trouve quelqu'um solt fols et bebetez, qu'ils croyent à tout, qui est cause de leur y faire dépendre un grand argent (Leo Afr.). Secte de Elbari Ibim Esed de Bagdad (permis seulement aux doctes) disent, que le saint esprit donne (sans avoir besoin de l'intelligence), a ceux, qui sont sans tache, entière connaissance de la toute verité. Echauffés par les plassirs ils font cris, gemissements, sanglots. Les disciples marient leurs maitres, quand il tombe à terre (épuisés par les danses) dans le banquet des Hermites (en Fez). Les saints, qui adorent un entre eux comme Elchrot (participant de dieu), ayant monté cinquant degrès de discipline (règle de Esseb de Schravard), ne pechent plus, usant publique (en l'aire) de femmes, qui sont touchées alors comme chose religieuse, le mari donnant des festins (Leo Afric.). Les femmes (en Fez), qui ont grande familiarcté avec les blancs demons, se parfument avec des odeurs pour diviner, la voix changée. Elles usent charnellement les unes avec d'autres (Sabacat ou fricatrices) et souvant des femmes feignent d'être malades, pour appeller une de ces divineresses, qui font croire au mari, qu'un esprit est entré dans le corps de sa femme et il faut, qu'il lui donne congé de se pouvoir mettre au rang de devineresses et converser secretement en leur compagnie, à la quelle le mari perpare un sompteux festin (Leon Afric.). Dimmon: besessen von Spukgeistern, Jumkum: besessen vom Fieber, Hunake: besessen von Schlangen (als Krankheiten), kurirt durch Jme (mittelst Besspritzungen) in Tumale. Die Chaldaeer haiten für Bock (barcha) und Blitz (barka) nur ein Wort. Der in Ungarn geborene Pole Baron Berjowsky, der, nach Sibirien verbannt, in Kamtshatka zu Schiffe entfloh, wurde von den Stämmen bei Antongil Bay (1774) als König anerkannt, da eine alte Sklavin in Mauritius das Gericht verbreitete, dass er von einem einst von dort entführten Herrscher abstamme.

bildet, und so oft wir uns die Gallus als Herren des auch jetzt in seinen wichtigsten Provinzen von ihnen besetzten Abyssinien's denken dürfen, steht nicht viel im Wege, Gallas weiter nach Asien zu führen, in derartigen Expeditionen, wie sie der die Elephantenherrn (Dhou-Afîl) oder Abraha in Sanaa einsetzende Negaschi unternahm. Rawlinson meint Gala (die babylonische Göttin Anunit oder Ai) mit guda (in der Galla-Sprache) oder gross und den aus Gallus hergenommenen Zusammensetzungen in orientalischen Namen vergleichen zu müssen, für Nimrod hat man die passendste Erklärung in aethiopischen Dialecten zu finden geglaubt, das semitisch (nach Genesius) nicht erklärbare Shinear lös't nubisch in deutliche Bestandtheile auf und an Nubien schliesst sich so direct Napata am obern Nil, dass der in Asien nur künstlich zu deutende Name der Nabataeer weit eher eine Entlehnung scheinen möchte, als selbst die arabische Quelle für jenes. Die in halbgeschichtlicher Vorzeit erkennbaren Völkerbewegungen nehmen so häufig ihren Ursprung aus dem Centrum einer geographisch den Westen Indien's, den Osten Asien und Süd-Arabien als vereinigende Mitte umfassenden (und deshalb zur Aushülfe kuschitisch genannte) Provinz (wie in dem Eroberungszuge Zohak's, der Tobba, des eher auf Danukil oder Afer, als auf Himyariten führenden Afrikin, Sohn des Kis, u. s. w.), dass es misslich ist, bei ihnen jedesmal eine vorhergegangene Staatenstiftung durch jene asiatischen Ost-Nomaden, als secundären Ausgangspunkt, anzunehmen, zumal die aus solcher Richtung kommenden Wanderungen gewöhnlich mit einem fremdartigen Gepräge überzogen sind. Die Strasse, auf der die nördlichen Steppenvölker bis in das Herz des sogenannten Kuschitismus hätten vordringen können (um nach selbstständiger Constituirung dort sich von diesem neuen Mittelpuncte aus wieder über die Nebenländer zu verbreiten) ist allerdings von der Natur geöffnet und seine verschiedenen Stationen nach bekannt. Wir können die Indoskythen, als das griechisch-bactrische Reich zerfiel, bis Afghanistan und tief nach Indien hinein verfolgen, schon Darius beherrschte nicht nur die Sattagyden, Gandarier, Daduer und Aparyten an den Quellen des Indus, sondern auch eine Satrapie am rechten Ufer dieses Flusse's, ja Seistan oder Segestan, dessen Name genugsam spricht, bildete in seinem Heldengeschlecht den eigentlichen Kern der persisch-parthischen Monarchie, und dass der persische Meerbusen ebenso leicht für die Perser passirbar war, wie das rothe Meer für die Aethiopier, zeigt die auf die Expedition der letztern folgende der von Nuschirwan gesandten Perser, die den Christen wieder die Bekennung zum Feuerdienst aufzwangen. Ebenso leitete sich seit dem XVI. Jahrhdt. auf geschichtlich klar verständlichen Wegen die osmanische (also turko-tartarische) Herrschaft über Arabien ein, bis nach Mekka, Aden (und indischen Beziehungen bis Diu) verlängerte sie sich durch die (wenn auch nur nominelle) Vasallenschaft Egypten's bis an die Grenzen Aethiopien's und verpflanzte Bosnier, die man früher Pannonier genannt haben würde, unter africanischem Himmel. Für Vereinfachung der Rechnung würde es nun allerdings sehr rathsam sein, nur das Nomaden-Element Asien's, das in diesem Continente alle übrigen Verhältnisse und ihre Gestaltung genügend erklärt, in den Combinationen als bewegenden Factor zuzulassen und es verlangt behutsame Vorsicht, ehe man eine zweite unbekannte Grösse eintreten lässt, und dadurch alle Operationen doppelt complicirt. Demnach wird die wahrscheinlich früher oder später nöthig werdende Hypothesirung einer solchen nicht von vornherein abzuweisen sein. So oft die asiatischen Geschichtsvorgänge sich auf dem oben als kuschitisch begriffenem Areal bewegen, so oft sie, als aus diesem Geschichtsboden erzeugt, die ihnen characteristischen Eigenthümlichkeiten weiter tragen, machen sich so bedeutsame Störungen in den Rechnungen bemerkbar, dass es zweifelhaft bleibt, ob alle die in der erwartenden Auflösung hervortretenden und nur durch künstliche Conjuncturen in Uebereinstimmung zu bringenden Unrichtigkeiten einzig und allein auf die Unvollkommenheiten der Detail-Kenntniss zu schieben seien, oder ob nicht eine ausserhalb liegende Ablenkungsursache supponirt werden muss, und wenn so, würde dieselbe nach der im weitesten Sinne als Ober-Ethiopien bezeichenbaren Region Afrika's fallen. Obwohl also eine solche Möglichkeit nicht ausser Acht gelassen werden darf, so zeigt es sich doch rathsam, zunächst nur die aus der Kenntniss der asiatischen Nomaden gelieferten Hülfsmittel zu verwenden, denn so lange gerade der hier in Frage kommende Theil Afrika's noch unaufgeschlossen bleibt, würden wir uns dort auf eine terra incognita verirren, wo Alles der Gnade will-kührlicher Vermuthungen Preis gegeben wäre. So wenig ein auf sich isolirtes Volk über einen bestimmten Stufengrad hinaus seine Cultur weiter fördern, sondern stagniren wird, bis neue Einflüsse im friedlichen oder feind-lichen Verkehr erweckend zuströmen, ebenso wenig würde ein in bestimmten Wohnsitzen ansässiges Volk daran denken, sie zu verlassen, um neue auf-zusuchen, wenn nicht die Noth dazu drängt, sei es in Folge von Natur-Ereignissen, sei es wegen äusserer Angriffe oder auch wegen allzu lockender Anziehung, dem Zuge eines entleerten Raume's folgend. Das sind stets die physikalischen Triebfedern, die auch bei den Thaten der reinen Geschichts-völker, die selbstständig aus freier Ueberlegung des Willen's handeln, schliesslich zu Grunde liegen, obwohl sie indess bei ihnen nicht zum Be-wusstsein kommen und deshalb auch nicht als Factoren mitzählen dürfen. — Von den Edomitern*) leiten die Orientalen die Rum oder Franken (als rothblond). Ὀδομ Ἔϑνος Θρᾳκικον, φασὶ δέ αὐτούς Ἰουδαίους εἶναι (Schol.). Nach Buddeus sollte Sparta von den Edonen oder Odomanten (Ὀδόμαντοι) aus Thracien bevölkert sein. Die Thracier wurden auch nach dem thraci-schen Stamm der Ἠδωνες benannt. Unter König Geta besassen die Edoni die Neun Wege und Drabescus. Die einen Satyrn zeigenden Münzen der Orescii gehörten zur Nachbarschaft von Edonis. Antandrus (Edonis, als von dem thracischen Stamm der Edoni bewohnt) oder Pelasgis (Cimmeris, als von den Cimmeriern bewohnt) heisst (b. Alcäus) eine Stadt der Leleger an der Küste von Troas. Das macedonische Edessa hiess früher Aegae. In Mesopotamien war Edessa von Nembrod gebaut. Lycurgus, König der Edoni, vertrieb Dionysos (mit seinen Satyrn), wurde aber von seinen Unter-thanen gesteinigt, als Unfruchtbarkeit folgte (Apollod.). Die Verehrung des Dionysos hat sich von Nyssa in Arabien verbreitet. Nach Jolaus war Sparton Stammvater der Juden (Ἰουδαῖος Σπάρτων), als der aus den Sparten übrige Udaeus. Jornandes nennt die Satages oder Satagarii neben den übrigen Alanen-Völkern. Die Satyrorum Insulae (mit geschwänzten Menschen) finden sich am Chers. Aur., das Satyrorum Promontorium an der Küste der Sinae, das Satyri Monumentum am cimmerischen Bosporus. Die etruskische

---

*) In iis, quae Heitham, auctore Ibn Abbas, refert, legi haec, sagt (b. Gottwaldt) Hamza: Gemiinorum Arabum tribus historiae suae notandae initium ab Irem fecisse easque fuisse decem: Ad, Thamud, Thasm, Djadis, Amalic, Abil, Amim, Vabar, Dschassim, Cachtan. Has igitur tribus omnes aera illa Iremica usos esse, tandem vero aliam post aliam interciisse, exceptis paucis, qui illam aeram usque retinentes, pro aliquantum temporis Ireman (Iremidae vel Aramaei) nominati fuerint. His reliquis sub finem imperii Aschghanidarum ab Ardaban, Nabathaeorum rege, bellum illatum esse, atque hunc verum statum permansisse, donec Ardeschir, filius Babei, rex Persarum, utramque tribum (Iremicam et Nabathaeam) oppressirerit et deleverit. In iis, quae tradidit Josa, legi, Hud ad Aditas et Sulich ad Thamuditas fuisse legatos tempore Djem, Abraham gleichzeitig mit Feridun, Moses mit Minushehr, der den König Schamir (Sohn des Omluc) im glücklichen Arabien unterworfen. Er gründete die Stadt Zhafar und vertrieb alle Amalekiter aus dem glücklichen Arabien. Zur Zeit des Cachtaniden Caicobad regierte (im Yemen) Abdschems (Enkel des Jarub) der die Reste der Aditen verfolgte und deshalb Saba (der Greifer) genannt wurde. Jarub (Sohn des Cachtan), der mit seinen Kindern nach dem glücklichen Arabien zog, war der Erste, der Arabisch sprach.

Stadt Satornia hiess früher Aurinia (nach Plinius). Das thracische Volk der Batrae gehörte zu den Bessi. Der den Arcadiern ihre Heerden weg- treibende Satyr tödtete Argus Panoptes und der Amymone (Tochter des Danaus) verfolgende Satyr wurde von Poseidon verfolgt. Der päonische Stamm der Odomentoi*) wohnte zwischen Satrae und Pieres. Die Judaei heissen Idumaei (b. Celsus), gleich der Ableitung von Ida (b. Tacitus). Nach Vertreibung der Horiter (Troglodyten) setzten sich die Edomiter im Gebirgs- lande Soir fest. Als Eines der ältesten Völker des Peloponnes sind die von Herodot neben den Arcadiern als Eingeborene genannten Kynurier an- zusehen, die durch die Gegenwart der Kynesii oder Kunei im äussersten Keil Europa's ihre geographische Begrenzung im Westen finden, ehe sie durch eine lange Reihe zwischen geschobener Völker von ihnen getrennt wurden. Im Peloponnes bezeichnen sie das frühe Stadium eines, vielleicht mit der Herrschaft des Apis (aus Phoroneus' Geschlecht) gleichzeitigen Thierdienst, in dem die verschiedenen Stämme (wie in Polynices und Tydeus am Hofe des Adrastus ihre Wappen) ihre Totem trugen, wobei der älteste Stamm, wie Aleuten und manche Indianer vom Hunde**) sich herleiten mochten, dann aber die bei den Ostnomaden weit verbreiteten Mythen von einem wölfischen oder welfischen Ahnherrn die Oberhand gewannen, und später wieder das ruchlose Wolfsgeschlecht des Lycaon in Arcadien ver- nichtet wurde, um in Arktns dem des Bären Platz zu machen, im Anschluss an die von Bären-Constellationen verwandelten Ammen des kretischen Zeus, unter denen sich jedoch noch immer Kynosura fand. — Die später von einge- wanderten Böotiern bewohnten Länder, waren ursprünglich Sitz der Hyanten, weshalb „Schweine man nannte einst das böotische Volk", in Pindar's Gesängen, wie das heilige Irland in denen seiner Barden die Schweine- Insel hiess. Die religiöse Scheu vor dem Schwein, ob (wie Tacitus bemerkt) als gehasstes Thier (in den Trauer-Culten im Adonis), ob als geheiligtes (in den Feigenfütterungen auf Cypern) war weit verbreitet, und erhielt sich im goldborstigen Eber des tcherkessischen Mesichtha sowohl, wie in dem des Freyr, der männlichen Seite der Vanadis oder Freya, zu deren Ehren die Astyer Eberbilder trugen. — Aehnlich wie die, nach rechabitischen***) Sitten friedlicher und für Pompejus allzu unkriegerischen Nabataeer werden die Abii (ἄβιοι oder kärglich im Lebensbedarf) beschrieben, die gerechten Milchesser (bei Homer), die den Amazonen (nach Eustath) ihre Theilnahme am Feldzuge gegen Asien versagen. Von den Abii Scythae empfing Alexander eine Gesandtschaft zu Maracanda (Samarcand), aber später verschwinden sie ebenso im Norden, wie das (nach Plinius) in den Ländern jenseits des Jaxartes oder Silis untergegangene Volk der Napaei, während einst die Napai oder (b. Orpheus) Napatai einen Hauptstamm der Scythen bildeten, wie Diodor bemerkt. Von dem berühmten Orakel der Abäer zu Abae in Phocis, das von Croesus sowohl, wie von Mardonius befragt wurde, sollten (nach Aristoteles) die Abantes nach Euboea (Abantis oder, nach Steph. Byz.,

---

*) Die Kinder Edom's (von Esau oder Ais) heissen Benu Asfar oder Kinder des Rothen (als Römer und Griechen), die Egypter und Ethiopier dagegen Benu Al-Kasch Khasch oder Les enfants du pavot noir (s. Herbelot). Ἰδουμαῖοι, ἔθνος Ἑβραίων, ἀπὸ ὀδούμου (ὀδωμα γὰρ οἱ Ἑβραῖοι τὸ ἐρυθρὸν καλοῦσιν), ὅτι ξανθὸν βρῶμα δοὺς αὐτῷ ὁ ἀδελφὸς τὰ πρωτεῖα εἰλήφει (Steph. Byz) Nach Alex. Polyh. war Ἰουδαία hergeleitet ἀπὸ τῶν παίδων Σεμιράμιδος Ἰούδα καὶ Ἰδουμαία, ὡς δὲ Κλαύδιος Ἰούλιος ἀπὸ Οὐδαίου Σπάρτων ἑνὸς ἐν Θήβης μετὰ Διονύσου ἐστρατεύκοτος. Γομόλιται, ἔθνος τῆς Ἰδουμαίας, ἢ ἀπὸ Ἀμαλίκων Ἀμαληκῖτις ἐκλήθη (Steph. Byz.). Γεβαληνή καὶ Ἀμαληκῖτις ἢ τῶν Ἰδουμαίων χώρα μετωνομάσθη.

**) Als Herzog Bernhard von Sachsen eine Nichte dem obotritischen Fürsten Mistevoi vermählen wollte, bemerkte ihm der nordsächsische Markgraf Dieterich, dass es sich nicht gezieme, seine Anverwandte einem Hunde zur Frau zu geben (s. Helmold).

***) Die Rechabiten (Benu Arbab) hiessen Ῥααβηνοι bei Ptol. (s. Blau).

auch Amantia) gewandert sein und aus Chalcis auf Eboea entnehmen die Niederlassungen am Vorgebirge Sithonia (in Chalcidice) ihren Ursprung, die sich mit den Gründungen der thessalischen Minya und dann mit den Minyern des böotischen Orchomenus, als Pflanzstadt des minyeischen Orchomenos in Thessalien verknüpften, im gemeinsamen Rückgang auf chaldäisches Orchoë in Chaldaea, wo die Nabataeer (bei Ibn Wajijjah) als Eingeborene des Lande's galten. Hades, der Unsichtbare, der Gott in der νεφέλη oder dem Todesdunkel (s. H. Müller), trägt den Helm im Tartaros (den Schleier der Tuarik, der durch den Harram der Tessil-gemish verhüllten Imo-sharh), wie Albrich in monte*) Nebulonis die Helkappe oder Tarnkappe. Der thessalische Lapithenkönig Ixion zeugte (auf dem Pelion) mit der Wolkengestalt Nephele die Centauren (wie die Hunnen aus den Alraunen der Gothen hervorgegangen) und Nephele (Gemahlin des Athamas) gebar (mit Phrixe) die auf dem Widder oder der Ziege (χιμαιρα) reitende Helle, die selbst in's Todtenreich der Hel sank, aber ersten Anlass zu hellenischer Einigung gab.

In den steten Streitigkeiten, die die babylonischen Könige Karatadas (Karandhama, als König von Vesala), Karhardas, Purnapuriyas und andere mit indisch**) tingirten Namen gegen die den Titel „Herren Assyrien's und Chaldaea's" usurpirenden Könige Niniveh's (Assur-Belnisisu, Busur-Assur, Assurubulat u. s. w.) führten (bis zur schliesslichen Revolte Mardochidinakh's gegen Teglathphalasar I. 1100 a. d.), zeigt sich der feindliche Gegensatz gegen die Ban-Assur, der sich in den Hindu-Legenden erhalten hat. Die ursprüngliche Stiftung des assyrischen Reiches als erobernden ist auf die östlichen Nomaden-Völker, der eine einheimische (chamitische) Dynastie stürzenden Meder zurückzuführen. Das nationale Element reagirte unter der chaldaeischen Dynastie, die wieder einen semitischen Herrscherzweig auf den Thron Niniveh's einsetzte, aber in den Deltaländern Mesopotamien's erhielt sich ebenso (wie in dem des Nil) ein mehr oder weniger unabhängiges Königthum der Reitervölker, die mit verschiedenem Glück gegen die Binnenländer (wie im unteren gegen das obere Egypten) zu kämpfen fortfuhren, obwohl sie den eingeborenen Priesterstand der Chaldaeer auch bei sich zuliessen und eine Zeitlang selbst über ihren ihrigen setzten, durch den überwältigen Einfluss des unbekannt Fremden, wie überall, bewältigt. — In seinem Bunde mit dem Meder Arbaces, der auch die Perser herbeigezogen hatte, stürzte der mit Soutruk-Nakunta (Fürst von Susa) verbündete Phul oder Balazu das assyrische Reich unter Sardanapal (788 a. d.), die Unabhängigkeit des babylonischen begründend, und Diodor erzählt, dass er nach Arabien gereis't sei, um den ihm befreundeten Statthalter Arius in sein Intresse zu ziehen. Dies ist demnach die Zeit, wo das arabisch-chaldäische Element der Nabatäer (eine joctanidische Mischung aus indisch verwandten Yemeniten und Ishmaeliten des Norden's) zu den schon vor der assyrischen Eroberung (unter Ninus) in Babylon herrschenden Chaldaeern***)

---

*) Nebulo dictus est, qui non pluris est quam nebula, aut qui non facile perspici possit, qualis sit, nequam, nugator (Festus). Gleichsam unsichtbar gemacht (wie durch die Nebelkappe) werden die durch ihre Mutter Nephele geretteten Kinder vom Opfer fortgeführt. Haug stellt Nebo mit der zendischen Form Nabâo oder nabbas (Wolken oder Himmel) zusammen, so dass auch die Nabataeer sich in den Nebel nebulonischer Nepheliten und Niflingr auflösen könnte. In der Genesis fallen die Nephilim mit den wegen Ruchlosigkeit vertilgten Gewaltigen zusammen, die also (nach jainistischer Weltansicht vom Kreislauf) in zwergbafter Gestalt wieder auferständen.

**) Den assyrischen König Porus (des Kanon) findet Scheuchzer in der hebräischen Schreibart Phul's wieder, obwohl (als Nabonassar) nicht mit dem Mitregenten Chinzir's (Sinha) identificirbar.

***) Krüger erklärt die Casdim (b. Habakuk) als die Chasestataren (Chasim), die (nach d'Obsson) vom Kaukasus her in Lydien einfielen (630 a. d.), während sie (nach Niebuhr)

hinzukam, und wie Rawlinson bemerkt, tritt mit der Herrschaft Phul's der bisher untergeordnete Gott Nebo oder Nabiu (der Eponymus der Nabatäer) in den Vordergrund, wie auch nach der Wiederherstellung des (709 a. d. durch Sargin eroberten) Babylonien's, als selbstständigen Königthum's durch die Empörung des Nabopolassar oder Busalossorus, den der assyrische König Sandaracus (nach Abydenus) gegen anlandende Barbaren geschickt, und seiner Besiegung (in Verbindung mit Cyaxares von Medien) des Assaracus von Medien, adoptirte Nabuchodonosor*), Sohn des Nabopalasar, als sein Schutzgott Nebo oder Nabu, dem er die Stadt Teredon weihte, neben seinen anderen (in südarabischer Predilection für die weiblichen Linien) der Nitocris **) zugeschriebenen Bauten, womit ihn die classischen Schriftsteller Babylonien bedecken lassen, unter Verwendung ähnlicher Ausdrücke, wie sie die Orientalen für die Nabataeer und ihre architectonischen Werke gebrauchen. Da von Nabonassar (Nachfolger des Phul) gesagt wird, dass er alle Documente der ninivitischen Könige in Babylon verbrannt habe, so folgt von selbst die mit der neu gestifteten Era (747 a. d.) eintretende Praeponderanz der nabatäisch-chaldäischen Schriften, die fortan den Orientalen als die älteste Quelle der Urweisheit gelten mussten. — Die entweder von Aram (Vater des Uz) oder von Aram (Enkel des Nahor) abgeleiteten Aramäer, bei Strabo (der sie zugleich mit den Armeniern, dann unter Herbeiziehung der Sidonier mit Erember und Araber zusammenbringt), auch Arimi genannt (im Hinblick auf Homer's Arimoi am Orontes), würden sich durch den Namen an die lange Reihe der Arii anschliessen, mit dem Reiterelement***) in den Arimaspen, die (bei Herodot) durch die Issedonen von den (bei Mela) Arimphaei (Arymphaei) genannten Argippaei (Ὀργιεμπαῖοι oder Ὁρμέμπεοι) getrennt werden. Zur Zeit Abraham's bezeichnete man mit den Namen Padan-Aram (Aram†) der Ebene) oder Aram Naharaïm (Aram der Zwischenflusslande's) das griechische Mesopotamien. Dass die aramäische Sprache von der hebräischen verschieden war, geht aus der Bemerkung der hebräischen Aeltesten auf die Botschaft des assyrischen König's hervor und die persische Regierung erlässt (b. Esr.) ihre Edicte an die vorderasiatischen Provinzen in aramäischer Sprache. Als sein Bruder Abraham nach Canaan auswanderte, blieb Nahor (dessen Familie gleichfalls in zwölf Stämme zerfiel) im aramäischen Stammlande (Haran) zurück, und die Abrahamiten unterhielten mit diesen nomadisirenden Nahoriten die Familienverbindung durch Heirathen (s. Wiener). Unter den Söhnen Nahor's zeugte Kemuel (von dem die Syrer kommen) den Aram, aber in der Genealogie

---

auch ein aramäischer Wüstenstamm (statt Skythen oder Sakdim) sein könnten. Rösch macht Nabopolassar zum Skythenkönig.

*) Im Buche Judith besiegt der in Niniveh herrschende Nebukadnezzar den medischen König Arphaxad, der Ecbatana gebaut hat, und wie die Scythen mehrfach in bestimmten Phasen ihrer Wandlungen als Meder auftraten, so hat sich hier auch die Sage von Dejoces zwiefach gespiegelt.

**) Im Buche Tobias ist (statt seines Vater's) Nebukadnezzar der Bundesgenosse des Cyaxares, und wie dieser vor den Skythen, hatte sich jener vielleicht vorübergehend gegen die in Babylon eingefallenen (und mit jene verbündeten) Barbaren (b. Abydenus) zurückzuziehen gehabt, während welches Interregnum die fremden Könige den Grund zu den später von ihm bei seiner Rückkehr ausgeführten Bauten legte.

***) der von Alexander (b. Curtius) unterworfenen Aspasii (Ἀσπάσιοι) oder (b. Strabo) Hippasii (mit den Hauptstädten Gorydala und Arigaeum). Bei Hesekiel bringen die Kinder des Thorgamos oder (nach d'Eckstein) Touran-gamah (de Touran ou Tonran-gah) Pferde aus Armenien nach Tyrus zum Verkauf. Der scythische Targitaus (b. Her.) soll von Togarmah (Sohn des Gomer) zu den Türken führen.

†) Mit den Königen von Zobah (Aram Zobah) kämpft Saul (1075 a. d) und ebenso David mit Hadad-Eser (Sohn Rehabs) und den Syrern von Zobah. Gleichzeitig wird (LXX.) Συρία Δαμασκοῦ (das damascenische Aram) erwähnt und Aram-Beth Rehob (Ῥοωβ), auch Aram-Maacah.

Noah's steht Aram unter den Söhnen des Sem*) neben Elam, Assur, Arphachsad und Lod. Das ursprüngliche Stammland der Aramäer, das (bei Amos) Kir**) heisst, (Cyrene im LXX.) wird entweder unter *Κουρήνα* oder *Κουρνα* (des Ptol.) gesucht oder an den Cyrusfluss (Koro oder Kur***)) versetzt. *Κούριοι, ἔθνος Σαβίνων, πολεμῆσαν Ῥωμαίοις* und davon hiessen die Römer *Κούριτες* (Steph. Byz.), als Quiriten. *Φασιν ἀπό τοῦ Κουρῆς Κουρήτην καὶ Κρήτην κατά συγκοπήν* (Steph.) auf Kreta (Aeria oder Chthonia) oder Idaia. Aus der biblischen Darstellung geht nicht weiter hervor, dass Abraham ein Aramaeer gewesen. Er lebte in einem Lande das Padan-Aram oder Aram-Naharaim hiess, aber gegen das Volk der Aramäer tritt vielmehr eine Art feindlichen Gegensatzes hervor, und die Heimath Abraham's war in Ur-Chasdim, von wo er nach Haran gewandert war. Die orientalische Tradition, die Abraham wegen religiöser Verfolgungen aus Nimrud (allge-meine Repräsention eines Tyrannen) auswandern lässt, deutet auf gewalt-same Besetzung des Lande's, und wenn wir also in den Eroberern Aram's die Meder (bei Berosus) oder die Arii (Herodot's) sehen, die von dem durch die Sage in vielfache Beziehung zu Abraham gebrachten Zoroaster geführt werden, so würde sich der Name Aramäer oder Arimioi mit Arii zusammenfinden. In der noachischen Genealogie steht Aram†) auch in der Reihe der herrschenden Völker, die Ahnen des assyrischen und lydischen

---

*) Ephraemus Syrus erklärt Shinear (*Σιννιάρ* oder *γῆ Βαβυλῶνος*) aus Stein (im Hebr.), aber (nach Gesenius) Origo nominis latet. Sennaar im Nubischen ist die Insel (arith) Sem.

**) Im Anschluss an Kerketen (oder Hakkas) und über die Gerrhos in Germanen und weiter. Steph. Byz. erwähnt *ὁ Κόλπος Κιῤῥαῖος* bei den (epirotischen) *Χάονες*, die Alexander Eph. auch in Libyen und Asien kennt.

***) Touran (des Perses) porte le nom du Kourou ou de l'Outtara-Kourou, la région hyperboréenne des Seigneurs (dans la géographie mythique du Véda), car le sanscrit Kourou est le grec Kyrios, dont le mot Kyros (autorité) est derivé, et qui correspond, peut-être, au persan Khourous ou Khoulous. Ctesias leitet *Κῦρος (Κοῦρος)* von der Sonne (*ἀπό τοῦ ἡλίου*), aber etymologisch wird Kurush (Chosru) oder Husravanh (Susravas unter die Prajapatis) als ruhmvoll erklärt Curtius stellt *Κῦρος* (Macht) mit sûra oder Held (sanscrit) und (nach Lange) mit Quirites (Quirinus) zusammen. In der Nachkommenschaft des Dasa-ratha, König's von Ayuthia, folgt Kurubasu auf Madhu. Unter den Nachkommen des von Hasti (Gründer von Hastinapura in Kurudesa oder Kuruchhatra) stammenden Kuru (Vater der Brüder Arimizaya, Brikshetra, Jahanu oder Janu, Nishadaswa, Parikchita, Sudhana oder Sudhana und Sudhanwa) brach der Krieg zwischen den Kuru (Söhnen des Dhritarashtra) und den fünf Söhnen des blinden Pandu aus, wie in Athen (*ἄστυ*) zwischen den Pandioniden und Metioniden. Von Sicyon, Sohn des Metion, stammten die Bewohner Sicyon's oder Telchinia's, von den rhodischen Telchinen (Söhne der Talassa) genannt, und Telchin tödtete den Apis. Dagegen floh Dädalus, Sohn des Eumolpus (Bruder des Sicyon) nach Creta (dem Sitz der Cureten) als Kres (Vater des Talus), und fertigte dort für Pasiphaë das Bildniss der Kuh, während Minos, der seinen Stier nach Marathon brachte, den Pandioniden Nisus in Megara besiegt. Parasu-Rama vernichtet die Kshatrya, die die heilige Kuh Kamadhu getödtet. Unter den Nachkommen des Kuru (der sein Reich theilte), ist Nishadhaswa (Sudhana oder Sudhanwa) der erste König von Magadha (in den Mond-Dynastien). Megara war (nach Pausanias) von Demeter's Beinamen Megara genannt (als Mondgöttin). Pandion zeugte mit Zeuxippe den Stierhirt Butes und Nisus (Sohn des Pandion) als Budho, vom Schirm beschattet wie Eteobuteaden. Der zum Stamm Pandionis gehörige Demus Kydathenoeum schliesst sich an die Kydonier, als Eingeborene (n. Strabo) des später von den Eteokreten beherrschten Kreta.

†) Die Assyrer, die Kinder des ersten Schabrikon, gehören nicht zu der Rasse Adam's (nach Ibn Vahaschiah), wie die Chaldaeer, indem Chaldaeer und Cananniter von zwei Kindern derselben Frau Adam's stammen. Adam, der Rothe (als Ego im ersten Pronomen auf den Keilinschriften) geht auf die Edomiter oder Idumaeer, die Vorfahren der Römer (nach Orientalischer Sage) oder der Rutheni (Rutennu und Rhodier), den Persern wurde Gaya-maretan als Erster des Menschengeschlechte's erschaffen, hell und weissäugig, fähig in das Gestirn der Sonne zu blicken, ohne Blendung. Die Nomaden dagegen gehen auf die Solimane zurück, auf Soliman Tchaghi und seinen Nachfolger Gian-ben-Gian, dem Erbauer der Pyramiden, dessen Glanz vor dem des Prophetenkönig's Seth erbleichte. Während die Ostvölker in dem indisch-buddhistischen Kreislauf der Kalpen, wie er sich

Reiche's, und ist etwa anzusehen, als eine dialectische Wiederholung von Elam oder Susiana, die ihre Entstehung späterer Bildung verdankt, als die arischen Medier nach tausendjährigem Aufenthalt im Lande ihren fremden Character verloren und sich semitisirt hatten, also sie selbst wieder einem Wechsel verschiedener Herrschaften unterlegen waren, und man nun die allmählig gebildete Nationalität semitisch redender Aramäer in der Religion auf die des Abraham oder Zerdasht zurückführte. Nach Strabo bildete das Gewürzland eine Abtheilung der nach Kasten geordneten Arabia felix, wo die dem Aeltesten gehorchenden Brüder gemeinsam nur eine Frau haben (gleich den Panduiden). Wenn bei den Sabäern das von den bei der Ernennung des König's geschwängerten Frauen zuerst geborene Kind auf den Thron folgte, so wird bei diesen auf ihren Pallast beschränkten Priesterfürsten eine ähnliche Auswahl Statt gefunden haben, wie bei der Erhebung des Dalai-Lama. Eine buddhistische Verachtung der Leichname, verächtlicher als Mist (nach Heraclitus) wird von den Nabathaeern erwähnt. Nach Tabari sind die Arman die Vorfahren der Nabatäer*) Irak's und Hamzah Isfahani erklärt die Arman für die Nabatäer Syrien's. Massudi rechnet unter Chaldaeer die Assyrer und Arman, die in solcher Fassung eher die Armenier als die Aramaeer, oder vielmehr beide zusammen bezeichnen würden. Ebn Khaldun zählt unter den Völkern Palästina's, mit denen die Israeliten kämpften, die Armenier auf, neben Chananäer, Idumäer, Ammoniter und Moabiter. Die aus Hira und Anbar vertriebenen Aram hiessen Armin. Posidonius lässt die Armenier**) (Remenen der aegyptischen Monumente) mit ihren Verwandten, den Aramäern und Arabern, zusammengrenzen. Im Ikhwan-alsafa wird das Land der Nabatäer neben dem der Araber und dann der Armenier genannt. Mit dem Christenthum kam der Name Sourioio (Syrier) zur Geltung, indem armoio oder ormoio . einen Götzendiener zu bezeichnen anfing (Quatremèr). Ebenso wurde der (als Fellah) den Acker-

in der Wiederholung der Solimane (gleich den Chakrewattr) wiederholt, den absoluten Anfang einer Schöpfung nicht kennen konnten, entnahmen ihnen die Semiten, die eines solchen bedurften, ihren Gott Seth oder Typhon als eigenen Patriarch und machten ihn zum Sohn des Adam, dessen Entstehung die auf der Uebergangsstufe zum Semitismus stehenden Edomeer vermittelte. Ebenso nahmen die hervorragendsten Völkerschaften der Semiten von ihren Beherrschern den Namen der Solymi an, und diese sind es deshalb, die sich besonders als Repräsentanten der Semiten zerstreut finden, obwohl ihr allmählig im Semitismus mit den Schein hoher Heiligkeit umgebener Name, ursprünglich diesen fremd war und gerade der Fremdartigkeit wegen desto tieferen Eindruck machte; der Name findet einen deckenden Anschluss im Alaman-Gebirge und den Alemani der Kirgisen. Turkmanenstämme durchziehen noch jetzt Syrien, und es würde von der Höhe der Fluthzeit abhängen, ob sich die Wellen sakischer Eroberungen nur bis an die Grenze Arabien's wälzten, oder bis weiter in das Innere hinein. Isolirte Stamminseln mussten dann rasch die Sprache ihrer Umgebung annehmen, wie selbst die in ihrer Heimath ansässig gebliebenen Syrer trotz ihrer durch Literatur gesicherten Schriftsprache jetzt arabisch reden. Die auf der Ebene Ard-el-Hula (an den Quellen des Jordan) wandernde Beduinengeschlecht der Ghawarineh (aus ihren Sitzen südlich vom Asphaltsee) verdrängt, zeigen afrikanische Gesichtsbildung, wogegen die Araber in Dongola und Mauritanien noch asiatische Herkunft bezeugen. Die Tuarik (zu denen die Siwaner Ammonium's gehören), zeigen im Mons Aurasius eine blonde Varietät, während sie Hodgson zu Wadreag schwarz und krausbaarig (gleich den Negern) fand. Minnith war Stadt der Ammonier.

*) Das nach den Nabatäern genannte Iran hiess ursprünglich Arian-Schehr oder Stadt der Löwen, denn Arian (Plur. von Aria) bezeichnet (in nabatäischer Sprache) einen Löwen (Masudi). Von den egyptischen Königen liess sich (nach Diod.) der Eroberer Osymandyas von einem Löwen begleiten. Der Löwe findet sich als Symbol auf lydischen Münzen. Nach Massudi führten die assyrischen Könige den Namen Arian oder Löwe (als Nimrud). Der dritte Wochentag (dies Martis) heisst Ares bei den Sabäern von Harran (nach dem Nedim).

**) Arima (ἐν καλέουσι Σκύθαι) oder fharima fällt mit den lateinischen, gothischen, litthauischen Ordinalen zusammen (primus, fruma, pirma) mit dem Sanscrit prathama und Zend frathema verknüpft (πρῶτος im Griechischen).

bau (Falahat) treibende Nabatäer*) (den Diodor als räuberisch unzähmbaren Wüstenbewohner schildert) der Typus eines tölpenhaften Dorfbewohner's und seine (im Kitab-alfebrest) von Gott zu Adam geredete Sprache, ein unverständlich verworrener Dialect (s. Tebrizi). Hariri bezeichnet fremdartige Worte als nabatäische.

Aehnlich den Seltenet-e-moulouk-é-tewayf (in Damgham oder Hecatompylos) herrschte bei den Franken die Selbstständigkeit der Proceres oder Optimates, wie (nach den Gragas) in der isländischen Republik, bis im salischen Gesetz das Mitbringen bewaffneten Gefolges in das Gericht (ausser den nöthigen Eidoshelfern) verboten wurde. Die von Tacitus dem Priester (bei den Germanen) zugeschriebene Richtergewalt (der Grafen) führt auf die esthnischen Könige, in denen (wie bei den Goden) geistliche und weltliche Macht vereinigt war. Bei der durch fortdauernde Kriege erforderten Dictator floss die Stellung des König's (mit dem von den Römern für Grenzvertheidigungen verliehenen Titel Rex identificirt) mit der des Herzog's zusammen, als eine höhere Stufe desselben. Bei den Marcomannen und Quaden kannte Tacitus schon länger Könige bestehend, aus den edeln Geschlechtern des Marobad und Tuder (wie Amaler und Balther bei den Gothen), indem diese schon länger in eroberten Sitzen ansässigen Stämme damals bereits eine Erbfolge consolidirt hatten, wie sie später sich auch bei den Franken in dem Haus der Merowinger (in dem der Agilolfinger bei den Baiern) fixirte, als die vollendete Unterwerfung Gallien's zur Ordnung der Staatsverhältnisse führte. Gleichzeitig kamen bei den Westgothen Körperstrafen vor, indem die Einbussen der Freiheit (die Tacitus bereits bei den Gothonen kennt) unter ihnen damals schon Zeichen der Knechtschaft hervorgerufen hatte, wie sie bei den Franken erst im späteren Mittelalter auftreten. Vor der Einrichtung der als Richter reisenden Grafen übte in jedem Dorf und Gau der König, als Aeltester oder Patriarch, die Gerichtsbarkeit, also in every town Esthonia's (nach Wulfstan) neben den Reichen (Richamburgii oder Reich im Burg) oder ricos hombres und (ähnlich den Fylkis-Königen in Norwegen, deren Abzeichen noch jetzt von den Bauern mancher Thäler bewahrt wurden), multi fuerunt reges in Dania (Anonym. Rosk.) oder (bei Wormius) Voru thessi laund ad fornu magra Konga ryki (in Dänemark). Aus einem Viçampoti oder (gothischen) Richter übertrug sich dieser Titel dann später auf den Oberherrscher oder Monarchen, wie der des Molek**) mit Shah gleichbedeutend wird, und Mirkhond aus den Moulouk-é-tewayf die Padishah-é-afag macht.

Mit Syrien oder (s. Casaubon) Sur wurde eine alte Bevölkerungsschicht aller Länder von Phönizien bis Babylon (b. Hesychius) begriffen, die sich an die bajeditischen Nationen Yemen's anschloss, und bei der späteren

---

*) Der assyrische Gott Nebo oder Paku (der Verständige), der die semitische Lesung als Nabiu (Ak) oder Nabu wiedergiebt, tritt erst nach Phul's Niederlassung in Babylon, aus seiner bisher untergeordneten Stellung hervor. Die Νάναι (Napitae b. Plinius) oder Νανάται (b. Orph.) bildeten einen Hauptstamm der Scythen (nach Diodor). Die Napaei gehörten zu dem im asiatischen Sarmatien untergegangenen Volke (nach Plinius). Der nomadische Stamm der Ναβιανοί wohnte (nach Strabo) südlich von den Siraces (am Kaukasus). Als scythische Stadt wird Νανατης oder Νανίτης erwähnt. Νάβρισσα ist Stadt der Turdetaner, Nabaeus ein Fluss Brittannien's. Der Nerbudda hiess Nabandes oder Namades. Ναnn: Locus montanus et silvosus. Νάπις, κώμη Σκυθίας (Steph. Byz.). Der Anapus (in den Achelous mündend; war der Hauptfluss Acarnania's mit den Berg Crania (wie bei Ambracia). Cranon war Hauptstadt der arabischen Minnei.

**) Melek (le titre donné aux petits Dynastes arabes, qui, avec des pouvoirs très-limités, gouvernaient ou plutôt jugeaient à Médine ou sur différents autres points de la peninsule des sujets fort indenpendants) est encore aujourd'hui chez les Afghans la dénomination appliquée aux chefs des fractions des tribus (s. Gobineau), ne signifiant guère autre chose que magistrat.

Wiedererhebung dieser Untergegangenen (zur himjaritischen Zeit) als Sabaeer, auch solchen Namen in mesopotamischer Nachbarschaft bewahrten. Der im Ekhili (das seinem semitischen Antheil nach dem syrisch-hebräischen näher steht, als dem arabischen) hervortretende Grundzug des Aethiopischen, würde durch die Verwandtschaft des Koptischen auch eine directe Verbindung über den Isthmus mit Aegypten erklären, ehe dies Land durch die Eroberung des Hycsos denjenigen Nationalcharacter erlangt hatte, welcher dann in der historischen Zeit für dasselbe characteristisch galt. Im Norden hatte sich der syrische Zweig bald (besonders seit der medischen Eroberung) in den dort nahegelegenen Typus der Leucosyrer verwandelt, während in Kolchis wegen der reger unterhaltenen Handelsbeziehungen mit den Nilmündungen noch von Herodot afrikanische Mischung erkannt wurde. Als der aramäische Stamm aus den armenischen Ländern des Ararat unter den Syrern (und küstenbewohnenden Phoeniziern) Canaan's erschien, wurden die feindlichen Eingeborenen in die verfluchte Rasse des Ham verstossen (besonders seit der gehässigen Erinnerung an die Knechtschaft im aegyptischen Chemi), aber die geringe Menge der Einwanderer wurde bald so völlig acclimatisirt, dass der Name ihres gefeierten Ahn zur Bezeichnung der semitischen Sprachfamilie dienen konnte, und aus ihrer Mitte wieder die Joctaniden oder Kahtaniden bei den arabischen Verwandten der über sie (dialectisch) siegreichen Besiegten mit dem entschiedenen Gepräge dieser auftreten konnten. Die Dynastiengründungen des Ninus in Aturien (s. Strabo) oder Assyrien (und Babylon) werden in der grossen Masse der Unterthanen jedesmal absorbirt sein, und erst seit den medischen und dann persisch-parthischen Eroberungen floss das iranische Element in genügender Masse zu, um theilweise auch die Oberfläche zu tingiren.

Die Bajediten oder Untergegangenen (Stämme Arabien's) knüpfen sich durch Ad an dessen Grossvater Aram an und auch unter den Muteachira oder Späterlebenden verbanden sich die Kahtaniden oder Muteariba durch Joktan mit Sem (Vater des Aram), als jener aramäischen Einwanderung zugehörig, die die Hebräer (des aditischen Hud) aus Armenien nach Canaan führte. Nach Assimilation mit den (schon von den Aditen unterworfenen) Eingeborenen (verwandten Stammes mit der gegenüberliegenden Küste Aethiopien's) kam in dem von Yarub (Sohn des Joktan) gegründeten Königreich der Himyariten durch seinen Enkel Abd-Schams der Name der (deshalb je nach der Berücksichtigung der Herren oder der Unterthanen semitisch oder cushitisch gefärbten) Sabäer zur Geltung und nach den Eroberungen der Tobba in Indien (100 a. d.) erhalten die in Tehama zurückgebliebenen Dschorhomiten (des Dschorhom, Bruder des Yarub) von den aus Marib oder Saba (unter Muzeikiya) zurückgewanderten Azditen diejenige religiöse Färbung, die nach der Besitzergreifung durch die von Adnan stammenden (und sich bei den damals in Arabien ausgebreiteten Traditionen der Juden an Ismael anschliessenden) Koreishiten (die bei fortgehender Durchmengung als Mostariba aufgefasst wurden, gleich den Nachkommen der Ketura) zur Reform des Islam führten, als Kosai (der Sammler Al-Mudschammi) die schweifenden Horden in der Stadt Mekka's (um den Kaaba) vereinigt hatte. Der geographischen Eigenthümlichkeit (den Gegensatz zwischen Wüste und ackerbaufähigen Lande gemäss) wird sich in den meisten Districten Arabien's der Gegensatz zwischen Städtebewohner (Hadheri) und Nomaden (wie die wandernden Kahtaniten in den ansässigen Himyariten gegenüber), und da auf den Flächen des Norden's dieses Leben der Scenitae vorwalten musste, wurden auch die Nabatäer mit hineingezogen, bewahrten aber aus ihren aramäischen Beziehungen den Character commercieller Vermittler. Als der ethnologische Ausdruck der weiten Flachländer Arabien's sind die (semitischen) Beduinen (durch künstliche Genealogien an Abraham durch Ketura geknüpft) aufzufassen, und da ein solches Wandervolk schwer (in den Städten zusammengedrängte Bewohner, die noch einen Verkehrs-Dialect suchen, dagegen leicht) ihre Sprache verlieren, ist ihr Idiom als die Wurzel der Arabischen zu betrachten, das sich dann in den verschiedenen Culturländern der Umgebung in den semitischen zur Geltung brachte, während sonst die dort von Sem hergeleiteten Stämme eine fremde Einwanderung repräsentiren würden (mit Ausnahme der durch Verkehrsverbindungen einflussreichen Phoenizier des rothen Ofir-Landes, die aus ihrer Heimath am persischen Busen bereits arabische Verwandtschaft mitbringen mochten). Seinem semitischen Antheil nach steht das Ekhili dem syrischen und hebräischen näher, als dem arabischen.

Wie die Nabataeer die Eingeborenen Babylon's bilden sollen, so hiessen (bei Hamzah Isfabani) die Arman (*Ἀραμοι* oder Orimoi) die Nabataeer Syrien's und wird damit also ein sich gleichmässig über Mesopotamien und den Westen, über Assyrien und Syrien, erstreckender Volksstamm bezeichnet, zu dem noch die Armenier kommen könnten, indem unter Chaldaeer die Assyrer und Arman zusammenfasst. Nach Tabari sind die Arman die Vorfahren*) der Nabataeer Irak's. Während das Kitab alfehrest das Nabatäische (das Ikhwan alsafa auch das Syrische) die Sprache Adam's sein

*) Die Völkertafel (der Genesis) bezeichnete Schaba und Charila als Söhne des Chamiten Kus, führte aber diese beiden Namen auch unter den Kindern des Semiten Joktan auf. Das Hebräische Wort Kus wird durch den Targumish (chaldäischen Uebersetzer des Pentateuch) Jonathan durch Arabien wiedergegeben. Die Seba wohnen (b. Jerem.) zwischen Meroë und der aegyptischen Grenze, in der LXX. als Soëne (Syene) übersetzt, bei den Hafen Sabae (b. Ptolem.). Die Chavila oder (b. Herodot) lang lebenden Aethiopier heissen *Εὐϊλά* in der LXX. oder *Ἀυάλιται*. Die Sabbata im südlichen Arabien (b. Strabo) stammen von Sabta (Sohn des Kus). Die Regma (an der ostarabischen Küste des persischen Golf's) stammen von Raema (Vater des Scheba und Dedan), Sohn des Kus. Die Sabae am Sabisfluss (in Caramanien) stammen von Sabteka (Sohn des Kus). Die Nachkommen des Joktan (oder Kahtan) oder *Κατανῖται* (b. Ptol.) trafen (von Saba, Sohn des Joktan stammend) hamitische Völkerschaften in Südarabien. Der König der (handeltreibenden) Sabäer (mit Saba als Hauptstadt) wurde getödtet, wenn er seinen Pallast verliess. Die Araber theilen sich in die reinen oder Nachkommen des Joctan (Kuhtan), den Sohn des Heber, von denen einige Stämme (wie die Ad, Thamud und die zu Irem gehörigen Tasm und Giadis) zu Grunde gegangen sind, und in die gemischten (Mestaraber) oder Nachkommen des Ismael. Auf den zuerst arabisch redenden Jarab, Sohn des nach Yemen gewanderten Joctan oder Kahtan (Sohn des Heber) folgte Jaschab, der wegen seiner Eroberungen Saba genannt wurde (über die Sabaeer herrschend). Ihm folgte Hemiar (der Hymjariten) und unter den Nachfolgern desselben baute Schedad, Sohn des Ad, viele Städte. Bei seiner Ankunft in Yemen vereinigte Haret (der erste Tobba) die seit der Zeit Homeir's getrennten Reiche Hadramaut und Saba (Türken und Indier besiegend) nach Hamza. Der arabische König Ariaeus unterstützt Ninus (b. Diod.). Die Tobba-Könige residirten in Sanaa. Saba oder (b. Edrisi) Mareb war Hauptstadt der Sabäer. Die Sabier leiten sich von Saba, Enkel des Enoch ab. Nach Ibn Khaleçan behaupten die Sabier (Abtrünnige) sowohl, wie die Magier (Zoroaster) ihre Religion von Ibrahim (Zerdascht) erhalten zu haben. Zur Zeit des Manaugeher (nach dem Lebtarikh) wurde Schaib (Raguel) oder Jethro zu den von Madian (Sohn des Abraham) stammenden Madianiten oder Midioniten in Arabien geschickt. Der zur Zeit des Propheten Heber oder Houd in Hadramaut herrschende Ad wird entweder durch seinen Vater Amlac oder Amala von Ham hergeleitet oder durch seinen Vater Aous (Hus) von Aram, Sohn des Sem. Enoch oder Idris (Akhnokh oder Khanguige) Sohn des Patriarchen Jaret, war der erste, der (nach dem Tarikh Montekheb) den Krieg gegen die Ungläubigen (die Nachkommen Kabil's oder Cain's) begann (als Gehad und Gaza). Nach Enoch (Idris) oder Hermes (Stammvater der Könige), der als Priesterleiter die Wissenschaft des chinesischen Osten's mit dem Schwert verband (gleich Mandjusri Buch und Schwert führend), die Nomaden zum Gehad aufgeregt gegen die Nachkommen Kain's oder Kabil's in Kamboja (Kabubija), oder Kabul, wurde Mesopotamien besetzt und die Hebersöhne (Avaren oder Barbaren) zogen dann (als Joctaniden) weiter nach Süd-Arabien, die durch den ersten Tobba später vereinigten Reiche bildend. Durch Mischung mit den Eingeborenen entstand dort unter Yarab die arabische Sprache, und als dann unter Nimrod (Vasallenfürst des Schedad) die Rückwanderung der Eroberer (unter der neuen Nationalität der Cushiten) nach Mesopotamien Statt fand, so machte sie auch dort die semitische Sprache zur geltenden (unter den Aramäern und bis nach Syrien).

lässt, nimmt Michel dieses Ursprüngliche für das Chaldaeische in Anspruch und auch Abraham sei ein Chaldaeer gewesen, dessen in Aram zurückgebliebene Verwandte bei ihrem Vertrage mit Jacob aramäisch redeten. Nachdem sich schon die aus Egypten zurückkehrenden Israeliten unter den Canannitern in Palästina festgesetzt hatten, dort ein Königreich gegründet hatten, begannen, zur Zeit Saul's, die Aramaeer nach Damascus vorzudringen und dort ihre Sitze nehmen. Unter den aramäischen Stämmen am Tigris und Euphrat, die von Sennacherib besiegt wurden, werden die Nabatu (Nabataeer) und Hagaranu genannt. Das Arabische kam seit dem Propheten Hou, dem Ersten, der es redete, in Gebrauch und bei Zerstörung der Kaaba durch die Koreischiten fand man unter den Grundpfeiler eine syrische Inschrift, die von Juden erklärt wurde. Die himyaritische Schreibart des Mousnad (im Yemen) glich (nach Massudi) der syrischen Schrift. Die Nabataeer sollten durch Nabit, Enkel des Kusch, von Ham stammen, und unter ihre Könige in Babylon wurde Nimrod der Grosse genannt. Auch Makrizi giebt ih..en Ham zum Vorfahr, als Vater des Biser, von dessen Söhnen Madj die Djesirch (Mesopotamien's) besetzt und die Nabataeer angesiedelt habe, Jadj dagegen die Länder der Nabataeer Irak's, während Misr und Farek die ihrigen in Besitz nahmen. Madj würde auf Mad oder die Meder führen, und also die zoroastrische Eroberung Mesopotamien's (bei Berosus) durch Nachkommen des Japhet, und Massudi lässt auch in der That die von Nimrud (Vasallenfürst des Dzahhak oder Biournsp) geführten Nachkommen des Kham erst später nach Babylonien kommen und sich dort neben den Nabataeern niederlassen, die durch Masch von Aram, Sohn des Sem, stammten. Aus der Mischung bildete sich eine einheitliche Nationalität heraus, und dann wird gesagt, dass „die Nimrode die Könige der Nabataeer waren, die bei den Arabern als Nabataeer bezeichnet würden." Die Araber, die die Chaldaeer (b. Berosus) in Babylon stürzten, waren (nach Ibn Hamzah) eine chaldaeische Dynastie. Der Zusammenhang der Nabataeer mit den

---

Die die Kuschiten (oder modificirten Iremiden) wieder nach Norden führende Auswanderung war veranlasst worden durch den Zuzug der aus Egypten vertriebenen Hycsos, als Ad (Sohn des Amalek), in Hadramaut anlangte, und ihm dort sein Sohn Schedad auf dem Throne folgte (zur Zeit des durch Zohak bekämpften Djemjid in Persien). Die von den Arabern auch in der Genealogie des Ad angenommene Version der Völkertafel (in der Genesis), nach welcher Schaba zum Stammbaum des Ham (statt des Sem) gehört, deutet auf die äthiopische Völkerschaft, die die Medier oder Arier schon antrafen. Diese würden als Nomaden zu den Japhetiden gehören, werden aber als ansässige Beherrscher Babylon's zu den Semiten gerechnet. Die Sabier bewahrten die ursprüngliche Religion des Zerdascht (Ibrahim) oder Zoroaster (den Priesterfürst der Medier, als Henoch), die in Mesopotamien durch die aus Elam oder Susiana eintretenden Feueranbeter bedroht wurde und Abraham, um seinen Glauben zu wehren, zur Auswanderung zwang. Die einfache Himmelsverehrung der östlichen Nomaden hatte sich durch Einfluss des egyptischen Cultus des Ra zu dem Gestirndienst der Chaldaeer (wie auch von den Sabiern bewahrt) gestaltet, oder wenn die Sonne hauptsächlichster Gegenstand der Verehrung blieb, zu dem Brahmanismus, der sich dann vor dem mächtig werdenden Magismus nach Indien zurückzog. Die Chavila oder Αὐαλιται, als Εὐίλά wie die langlebenden Aethiopier (Herodot's) in der LXX. heissen (b. Gfröer), mögen die durch Chou-Aten eingeführte Verehrung des Sonnendiscus repräsentiren, neben dem Sonnen-Cultus der Ramseses. Die Milyai in Lycien waren die durch Sarpedon in das Innere getriebenen Solymi. Die von Sabus, Sohn des Sancus, stammenden Sabiner (in Italien) wurden (nach Varro) von der frommen Gottesverehrung (σέβω) genannt. Strabo kennt (in Yemen) neben den Minaei (mit Carna oder Caruna, als Hauptstadt), die Sabaei (mit Mariaba), die Catabanes (mit Tamna) und die Chatramotitae (mit Cabatanum). Orchoe (Ὀρχόη oder Ur) oder Warka (Camarina oder Hur) war von Chaldaeern bewohnt (in Babylon). Orchomenus, Sohn des Minyas, baute die Hauptstadt Orchomenus der von Thessalien gekommenen Minyae. Chryse, Tochter des Almus, war Mutter des Phlegyas. Heracles befreite Teben in Böotien von dem Tribut an die (reichen) Minyaeer. Meroë ist (b. Herodot) Hauptstadt der Blemmyes (Beja), aethiopischen Stammes (nach Ptolem.). Athbasch war der Geheimname Babylon's (b. Jesaias).

Medern (oder Ariern) zeigt sich auch darin, dass Arian-Shehr als der Name des von den Nabataeern genannten Iran gegeben wird. In Arabien unterstützt König Ariaeus den Angriff des Ninus auf Babylon (b. Diodor) und Haret (der erste Tobba) oder Arraies (b. Hamza) besiegt die Inder am Send und die Türken in Adjerbeidjan. Die nach Arabien vorgeschobenen Meder treten dort als Midianiter auf, bis später durch die ismaelitischen Araber der Name Nabataeer zur Geltung kam, der schliesslich die verächtliche Bedeutung von paganus gewann, als unter einem Wechsel fremder Herrschaften (nachdem, wie Aboulfaradsch sagt), das Reich der nabatäischen Chaldaeer durch den Meder Darius gestürzt und auf die Perser übertragen war) und bekehrungssüchtiger Religionen die Nabataeer ihre Nationalität unverändert bewahrten und durch Intelligenz über ihre Herren zu herrschen fortfuhren, wie die Tadjik unter den Uzbeken. Als Meder gehörten die Nabataeer zu den in allgemeiner Fassung als Sakae bezeichneten Nomaden (von denen Plinius bemerkt, dass bei ihnen die Napäer durch die Puläer untergegangen seien), und indem sie ihren arischen Namen mitbrachten wurde derselbe über Armenien, Aram und Iran verbreitet. Die kuschitisch-aethiopische Zuwanderung unter Nimrod, die vom Yemen und den Vorgängern der später in Meroe am oberen Nil und (XXV. Dyn.) in Napata residirenden Fürsten ausging, brachten (ausser den Anklängen an das Galla-Idiom) diejenigen Elemente mit, durch welche sich in der neu constituirten Nationalität der Chaldaeer die semitische Sprache ausbildete, die dann auch von den Aramaeern (den ansässig gewordenen Medern) eingenommen und durch die von ihnen, den Hütern der Civilisation nach Ibn Chaldun, aus den Grenzgebieten China's mitgebrachten Schrift geschrieben wurde. Aus ihren egyptischen Beziehungen trugen die Süd-Arabier künstlerische Fertigkeiten nach Mesopotamien und vor Allen die (später durch Nebukadnezzar wieder belebte) Baukunst, so dass Massudi die Nabataeer als diejenigen nennt, die die Erde mit Städten und Bauten bedeckt hatten, in denselben Character, der im Westen die Pelasger kennzeichnet. Memphis heisst Nob (b. Jesaias) als Napata. Durch die aus Petra mit den Omani, die Aioub-ben-Kiribbah in Nabataeer verwandelten Araber nennt (wie die Bewohner von Bahrein in Araber verwandelte Nabatäer seien), und weiter mit Indien angeknüpfte Handelsverbindungen nahmen die (wegen ihrer Gestirnverehrung Sabaeer genannten) Nabataeer jene jainistische Färbung kaufmännischer Banyanen an, wodurch sie (in ihrer Verbindung mit den friedlichen Σαλάμοι) befähigt wurden (nach Epiphanius) die Essener aus sich hervorgehen zu lassen. Die magigischen Wissenschaften hatten sich bei den Syrern Babylon's (Chaldaeer und Nabataeer), sowie bei den Copten Aegypten's erhalten (nach Ibn Khaldun).

Oestlich von den Daern (mit Apaernern in Hyrkanien, Xanthier und Pisurer) treten (bei Strabo) die Massageten und Saken (bis zu den Skythen fortgesetzt) auf, und unter diesen Wandervölkern werden dann im Besondern die Asier, Pasianer, Tocharer und Sacaraulen hervorgehoben, sowie die aus der Gegend jenseits des Jaxartes, bei Saken und Sogdianern, Ausgezogenen. Die den Bogen (neben Schwert und Panzer) sowie die Streitaxt (Parasurama's) führenden Massageten (mit naïrischen Ehegebräuchen), die die Todten (wie die Kalantier) verspeisen, führen auf das Aswamedha der (Indien mit der Kraft ihrer Bogen erobernden) Khastrya (des Suryawansa) durch die der Sonne dargebrachten Pferdeopfer, und ihre meist aus Baumbast gefertigten Kleidungen lebten in indochinesischen Sagen von Uttarakora oder Ottorocorro fort. Utgun beginnt jenseits der chinesischen Mauer und unter den neben Naiman gestellten Völkern finden sich (bei Raschiduddin) die Kuri. Nach dem mit der Tochter des Sonnengottes vermählten Jamvarana begründete Kuru eine neue Dynastie im Chandrawansa. Als Nachfolger der alten Massageten, die die an Krankheit Sterbenden (nach Strabo) für Uebelthäter halten, gelten (b. Amm.) die den Tod auf dem Schlachtfeld als Seeligsten erklärenden Alanen (Albanien's, als Ossen oder Assen), die durch Asien bis zu den Ganges verbreitet waren. Früher vermittelten die, mit den Geten (nach Plinius) zusammenstossenden Aorsi, die Ptolemäos (an der Nordostseite des Caspi) zwischen Asiotas und Jaxartes setzt, den indisch babylonischen Handel mit Medien und Armenien und hatten sich, als die Geten während der bosporanischen Herrschaft des (vergötterten) Parisades sich am Pontus ausbreiteten, zwischen Don und Wolga (nebst den Siraken) festgesetzt, aus ihren oberen Stammesgenossen mächtige Truppenmassen heranziehend, als Pharnaces, Sohn des Mithridates, ihrer Hülfe bedurfte. Im Anschluss an sie, hätten die zwischen venedischen Gulf und rhipäischen Gebirge fallenden Aorsi Europa's (b. Ptolem.) einen Halbbogen um die Roxolanen herumgeschlossen, bis an jenes an Scythia magna grenzende Scandinavien, wo neben den Alfen die Asen Odin's aus Asgard (der Aspurgiani) erscheinen. — Strabo dehnt die germanischen Völker bis zu den Tyrigeten*) am Borysthenes aus und lässt dann die zwischen Borysthenes und Tanais wohnenden Roxolanen sich über den Norden erstrecken. Aus Kleinscythien (wo die zwischen den Tauriern lebenden Scythen die von den Georgen Tribut erhebenden Nomaden darstellen würden, wie im Caucasus neben den Ackerbautreibenden Iberern, als Georgiern, die Bergbewohner nach Art der Scythen und Sarmaten leben), hatten Auswanderer (vor denen sich die Thracier zurückzogen) den Tyras und Ister überschritten, aber als Hauptvolk an der Mündung des Ister werden die Bastarner genannt, mit

---

*) Verasseikhun (das jenseits des Syr oder Seikhun gelegene Land) tritt bei den Arabern (und zum Theil bei den Persern) auch unter dem Namen von Tscheta oder Djede (Turan oder Kiptschak) auf, und bei den unbestimmten Grenzen zwischen Turkestan (Turan) und Kiptschak wird der östliche Theil der Kirgisen-Steppe bald zu dem einen, bald zu dem andern Lande gerechnet (s. Levchine). Abulfeda lässt Maverannahar oder Transoxiana (zwischen Amu und Syr) im Westen durch Chowaresm (das Khanat von Chiwa), im Süden durch Djeikhun begrenzt sein. Verasseikhun begreift das Gebiet der Mongolen, Tscheta und Katai (nach Arabchakh). Kiatib Tschelebi, der Mavarennahar zwischen (Djeikhun und Seikhun) setzt, unterscheidet die Tatar-Kazaken (nördlich von Caspi) von den Kazaken des Dnepr und Don. Strabo unterscheidet bei den bis zum Caucasus erstreckten Aorsi und Siraci σκηνῖται καὶ γεωργοί. Die Pharnaces (Sohn des Mithridates) Truppen zuführenden Aorsi (unter Spadines) und Siraci (unter Abeacus) waren Flüchtlinge τῶν ἀνωτέρω (οἱ ἄνω Ἄορσοι), die gleichfalls Hülfe sandten (nach Strabo). Die Aorsi oder Caspi brachten indische und babylonische Waaren auf ihren Kameelen von Medien und Armenien (Strabo). Eichwald identificirt die Aorsi mit finnische Erse in Vologda. Polemon, König von Pontus und Bosporus, fiel gegen die Aspurgiani (unter den mäotischen Stämmen). Tanain amnem Sarmatae (Medorum soboles) colunt (Plinius). Unter den Wanderhirten zwischen Mäotis und kaspischen Meer waren (neben Nabianer und Pauxaner) die Stämme der Siraker und Aorsen Flüchtlinge derjenigen, wie weiter hinauf nördlich wohnen (nach Strabo). Die Aorsen finden sich am Tanais und die Siraker am Achardeus, der vom Kaukasus herströmend, in die Mäotis fällt. Ptolemäos stellt die Aorsi (Europa's) zwischen venedischen Gulf und rhipäische Berge, sowie die Asien's an die Nordostseite des Caspi zwischen Asiotae (östlich von der Wolga-Mündung) und die Jaxartae. Nach Plinius berührten sich die Aorsi (Hamaxobii) mit den Geten. Die auf Wagen (mit ihren Heerden) wandernden Sueven wohnten (zu Strabo's Zeit) zwischen Rhein und Elbe, (in den südlichen Theil) und über den letzteren Fluss hinaus in den zu ihnen gehörigen Hermodoren und Lankosargen. Plinius identificirt die Hamaxobii mit den Aorsi. Die Rhoxolanen (unter Tasius) wurden durch Diophantes (Feldherr des Mithridates) besiegt. Alopecia (b. Tanais) war eine Gründung von zusammengelaufenem Volk (nach Strabo). Die Sarmaten drangen als Saier bis zum Dniepr vor. Bei den Kolduern lag Buiämum, Königssitz der Marcomannen unter Maroboduus (Strabo). Unter den Tyrannen von Pantikapäum (eine Anlage der Milesier), Hauptstadt des bosporanischen Reiches, wurde Pärisades vergöttert, und der letzte dieses Namen's musste (unfähig den Barbaren zu widerstehen) seine Herrschaft an Mithridates Eupator übergeben, von dem sie an die Römer kam (Strabo) [Odin]. Strabo unterscheidet die Sarmatischen Ebenen in Asien von den Bergen des Caucasus. Bei Tacitus finden sich die Sarmaten zwischen Donau und Theiss.

denen sich (verwandte) Germanen und Tyrigeten berührten. Die Bastarner sollten nun, nebst den (auch hinter thessalischem Armenien als Saraparen bei Gurien und Medien auftretenden) Thaciern (und einigen Celten) eine Vermischung mit jenen auf Wagen wohnenden Völkern (der Scythen und Sarmaten) eingegangen sein, die (im Gegensatz zu den später als blutgierige Scythen) früher unter der Gestalt gerechter Abier spielten, als Hippomolgon*) (b. Homer) oder Galaktophagen (b. Hesiod). Die durch Mysier und Moesier in vielfache Beziehung zu Thraciern gesetzten Geten, bei denen das dem Könige beigegebene Propheten**)-Amt (wie bei den Kaffern) sich von Zamolxis bis Dicaneus fortgereiht hatte, berührten sich mit den Sueven, die südlich von den kleinen Völkern Germanien's (mit Cherusker und Sygambrer als vornehmsten) zwischen Rhein und Elbe (in Hermodonen und Lankosargen auch jenseits des letzteren Flusse's) auf Wagen (mit ihren Heerden) umher-

---

*) Die von Homer mit den Geten (die mit den Mysiern zu Thracien gerechnet wurden) zusammengestellten Hippomologen, Galaktophagen und Abier waren die auf Wagen wohnenden Scythen und Sarmaten, und (zu Strabo's Zeit) waren diese Völker (sammt den Bastarnern) mit den Thraciern vermischt, sowie die celtischen Völker der Bojer, Scordisker und Taurisker. Die Milchesser (zu denen Phineus floh) errichteten sich auf Wagen Häuser (nach Hesiod). Seit Zamolxis' Zeit fand sich neben den Königen der Geten stets ein Prophet, den Willen der Götter zu erklären, und zu Boribistes Zeit nahm Decäneus diese Stelle ein (Strabo). Von den aus Kleinscythien (durch Scythen zwischen Tauriern bewohnt) über Tyras und Ister Auswandernden zogen sich die Thracier aus den Sumpfgegenden zurück (s. Strabo). Die Nomaden im Chersonesus erheben Tribut von den Georgen. Der sauromatische König von Amala unterstützt die Bosporaner gegen den Scythenkönig. Zur Zeit des bosporanischen König's Parisades (811 a. d.) breiteten die Geten ihre Herrschaft am Pontus aus. Im Norden vom Ister wohnen die Völker jenseits des Rhein's und Gallien's, nämlich einige celtische Völkerschaften und die Germanischen bis zu den Bastarnern und Tyrigeten und zum Borysthenes, und dann zwischen diesen und dem Tanais und der Mündung des Mäotischen See, sowohl landeinwärts bis zum Ocean, als auch an den Küsten des Pontischen Meere's (Strabo). Die jenseits der Daer (am linken Ufer des Caspi) lebenden Saker (mit den Massageten), die Bactrien (und Sakusene in Armenien) besetzten, streiften bis zu den Cappodociern am Pontus (nach Strabo). Die von Imal genannten Padischah beherrschten Kirkiz (mit den Gemgewdschiuh verbunden) saassen zum Theil in Mogolistan bis zur Selenga (mit den Taidschuit), zum Theil am Flusse Angkarah. Muran (an der Grenze des Lande's Abir Sebir) und zum Theil an den Bergen der Naiman, sowie der zu den Mongolen gehörigen Völker Kuri, Berghu, Kaumat und Builug in Burkudschin Tugum (Raschideddin). In Scythia extra Imaum wohnten (nach Ptol.) die Abii Scythae, die Hippophagi Scythae, die Chatae Scythae, die Charaunai Scythae. Die Sacae (mit den Massageten am Ascataugas-Gebirge) lagen südöstlich von Scythia intra Imaum (mit Abani Scythae, Suabeni u. s. w.), das westlich von Sarmatia Asiatica (am Caspi) begrenzt wurde (Ptol). Die Scythae Alauni wurden (v. Ptol.) zum europäischen Sarmatien gerechnet. Sauromatae cingunt fera gens Bessi Getaeque (Ovid) Proxima Bastarnae Sauromataeque tenent.

**) The Gilgit Azru (in Takht-i-Bahi) established a new religion, for he abolished the human sacrifice, which had been offered to the demon Shiribadatt and substituted the annual sacrifice of a sheep (Leitner). The Dards are divided in three separate tribes, those, who use the Arniya dialect occupy the north western districts of Yasan and Chitral, those who speak the Khajunah dialect occupy the north-easth-districts of Hanza and Nager, and those who speak the Shina dialect occupy the valleys of Gilgit, Chilas, Darel (or Thalilo, the ancient capital of Udyâna), Kokli and Pâlas, along the banks of the Indus. The wooden statue of Maitreya was erected (according to Hwen-Thsang) by Madhyantika (s. Cunningham). Mungkieli or Mangala was the capital of Uchangna or Udyana, comprising the districts of Panjkora, Bijawar, Swat (on the river Suvastu or Swat) and Bunir (at the time of Hwen-thsang). Loewenthal identificirt die Festung des Rajab Hodi (Attak gegenüber) oder Hodi-da-garhi mit Aornos. Abbot identificirt Nababan mit Aornos. The old hill fort and city of Takht-i-Bahai (between Bazar and Hashtnagar) is said to have been the residence of Raja Vara (als Fels in der Ebene von Yusufzai). Nach Arrian flohen die Bewohner Bazaria's nach Aornos (b Alexander's Vorrücken). Cunningham identificirt Bazaria, Aornos und Embolima mit Bazar, Ranigat und Ohind. Bazar (neben dem Mound Rustam) liegt am Kalpan-Fluss (zwischen Indus und Swat). The old hill fort and city of Takht-i-Bahai (nord-east of Hashtnagar) is said to have been the residence of Raja Vara (Cunningham). Loewenthal erklärt Aornos als Varânasi (Banâras). Hastinagara (am Swatfluss) war Residenz des Astes (Fürsten von Peukelaotis), als Pushkalavati, Hauptstadt von Gandara, durch Pushkara (Neffe Rama's) gegründet.

zogen, (nach Art der Peulh zwischen den Stämmen Senegambien's), während Maroboduus im Berglande der Coldaer aus seinen eingetretenen Stammesgenossen und dem herangezogenen Gefolge ein Reich gestiftet (ähnlich den in Bondou oder in Timbo neue Nationalitäten zur Geltung bringenden). Nach dem Beispiele der Fulbe unter Danfodio, der Mogolen unter Temudschin mögen solche Hirtenvölker zu Eroberungszügen vereinigt werden und dem unter civilisirten Stadtumgebungen erzogenen Fremdling, der vielleicht früher aus der Ferne für ihre Naturkindheit zu schwärmen geneigt war, bei näherer Bekanntschaft mit ihrer rauhen Hand als grausame Barbaren erscheinen, durchschnittlich dagegen ist ihre friedliche Beschäftigung eher (wie es Alexander von Syrmus, Lysimachus von Dromichätes vorgehalten wurde) den Kriegen abgeneigt, indem einige in zerstreuten Horden im Innern der Culturstaaten (wie die Iliyat in Persien) selbst in die gedrückte Stellung der Laobê Senegambien's übergehen. Im bosporanischen Reich (durch griechische Bastarde in Scythien gekräftigt, wie die Griqua unter den Hottentotten) liegt in der Vergötterung des Pärisades (unter dem die Ausbreitung getischer Herrschaft am Pontus begann 311 a. d.) ein Anhalt für die (beim Uebergang der Herrschaft an Mithridates unter dem Letzten des obigen Namen's) auf den Wegen russischer Waräger den Norden (in milesischen Sagen Panticapaeum's) mit den Maeotis verknüpfenden Zügen Odin's, und das in ihm als buddhistisch aufgefasste Element leitet auf jene sakische oder sakhysche Religionsanschauung der Turanier, die Firdusi dem iranischen Götzendienst gegenüber und Strabo bei thracischen Ktisten oder unverheiratheten Geten (als ahnlosen Abier) kennt. Nach Ephorus war die Abinsa auf die Sarmaten beschränkt, während die Scythen vor Tödtung des Lebenden sowenig zurückscheuten, wie jetzt die an lamaistische Buräten grenzenden Bergvölker Sibirien's. In Scythia extra Imaum stehen (b. Ptol.) die Hippophagi Scythae neben den Abii Scythae, und nach Raschiduddin bildet der Fluss Angkharah Muran (Angara) die Grenze des Lande's Abir Sebir (in Sibirien) gegen die mit den Gemgemdschiut verbundenen Kirkiz. Die Sarmaten wurden durch Versetzung der Jazygen von der Mäotis nach dem metanastischen Lande zwischen Donau und Theiss der Geschichte Germanien nahe gerückt (wie später die Ungarn), und erhoben (mit den befreundeten Quaden) sarmatischen Tribut von den Gothini, während sie (am Pontus, zu Ovid's Zeit, mit den Geten zusammenhandelnd) in die Schicksale der Dacier und ihres Reiche's bald helfend, bald feindlich eingriffen, nach dem Falle desselben jedoch, und nachdem (270 p. d.) Dacien den Barbaren überlassen war, später nach dem Sklavenaufstand*) (337 p. d.) zurücktraten (wie gegenwärtig die Mako-

---

*) La haute noblesse fut représentée par les joupans (chefs des joupas ou cantons), une partie de cette noblesse occupait les places à la cour et au conseil impérial, elle était connue sous le nom des Bolfars ou des Velmojies (les grands dignitaires). La bourgeoisie serbe avait été représentée par les villes libres (dans l'empire de Douchan). A côté des familles serbes, ces villes renfermaient des familles d'origine romaine, des familles grecques et autres. Les paysans se divisaient en libres, nommés sèbres et en ceux qui n'étaient pas libres et qui s'appelaient lioudini, rabi, otroczki (colons, serfs, esclaves). Il y avait encore des mercenaires (toutchaks). Les paysans non libres n'étaient autres que ceux qui existaient déjà en Illyrie, à côté de la bourgeoisie libre romaine et que les Serbes y ont trouvé lorsqu'ils vinrent s'établir dans ce pays. La terre appartenait, comme propriété héréditaire aux libres citoyens, et s'appelait bachtina (patrimonium de bachta ou père). La terre seigneuriale fut appelée la pronia (alleu) ou meropchina ou néropchina (le patrimoine), lorsqu'elle appartenait au grand seigneur ou à un noble, et la méthohie, si elle était une propriété religieuse (Yovanovics). Les anciens Serbes vivaient en une confédération républicaine, formée par des Joupas (cantons) indépendantes. Les affaires générales de la nation étaient réglées dans une assemblée représentant la nation tout entière et qui était appelée vecsa ou sbore (skoupchtina). Le président (veliki-joupan ou le grand joupan) était investi des affaires en temps de paix. En cas de guerre chaque joupa se désignait son commandant (le ban) et l'assemblée générale nommait le Voïvode (dont la dictature

lolo durch ihre Sklaven vernichtet sind), um sich nur in nördlichere Reminiscenzen (und den District Janag) zu erhalten. Ptolemäos trennt nach den Erdtheilen europäisches und asiatisches Sarmatien durch den Tanais, und lässt, wo seine Nachrichten jenseits des Caspi undeutlich werden, Scythien folgen, obwohl die Alanen und Scythia infra Imaum bereits als scythische Alauni unter den grossen Völkern des europäischen Sarmatien (bis zur Weichsel im Westen) auftreten, in derem Reiche besonders die Veneder (längs der Küste, südlich an die $Tv\vartheta\omega\nu\varepsilon\varsigma$ grenzend) vorwalten. Die Jaxamatae bilden den Uebergang zu den Völkerschaften des asiatischen Sarmatien, zu denen auch die kaukasischen (mit Achaei, Kerketi u. s. w.) gerechnet werden. Die Vereinigung friedlicher Veneder und kriegerischer Jazygen, Bergbewohner und Ebenendurchwanderer, Ackerbauer und Hirten zeigt kein ethnologisches Prinzip der Eintheilung, sondern nur ein geographisches. Die Roxolanen (Alarodier), deren röthliche Färbung auf die im Norden weisshaarig geborenen Alanen deutet, herrschen auf einem im spätern Namen der Eingeborenen wiederholten Stamm, der sich in den Venedern weitererstreckt, aber dann durch das maritime Milieu neue Modificationen angenommen hat. Auf dieser indifferent lettischen Grundlage bildeten Einwanderungen aus illyrischen Slawonen die slawische Partikularität der Wenden, während in Folge der scandinavischen Beutezüge durch baltische Küsten, sich unter den zerstreut schweifenden Fenni selbstständige Massen consolidirten, die bald als Kuronen, bald als Karelen auch erobernd auftraten, und ihrer Nationalität eigenes Terrain erwarben.

Ein Herumschweifer heisst Blakacz oder Wloczega (auf Polnisch) oder Wolokita (russisch). Wlach*) bezeichnet in der dalmatisch-slavischen Sprache einen Hirten der Berge (Tschoban), während Flach (bei Niederbretagnern),

---

cessait avec la guerre). Unter den Nachfolgern des Stevan Nemania, dessen Sohn den Titel Kral (König) annahm, begründete Douchan (Sohn des Stevan Detchanski) das serbische Kaiserreich (in der Dynastie der Nomanias). Devenu archevèque, Saint-Sava (le plus jeune fils du grand joupan Nemania) fonda une hiérarchie nationale ayant douze évèchés en Serbie (Yovanovics). Durch die heimlichen Unterhandlungen des Adel's (unter Vouk Brankowicz) zersplittert, wurden die Serben von den Türken bei Kossovo (1389 p. d.) besiegt, und obwohl (nach dem Untergang des Adel's) Miloch Obilics (ein Mann aus dem Volke) Amurat ermordete, fiel Serbien (1459 p. d.) unter die Herrschaft der Türken, bis Kara-Georg (1804 p. d.) unter einer Abtheilung der Haiducken zum Voivoden ernannt worden.

*) Nachdem sich die Walachen bei Thurei-Severin niedergelassen wurde Banowetz Bassarab zum Many-Ban (Gross-Ban) gewählt (unter den Bojary many). Klein erklärt den Ochsenkopf im moldauischen Wappen aus dem alten Schloss Caput bovis (im transalpinischen Dacien. Das Sonne und Mond führende Wappen des severiner Banat erhielt von Johann Hunyad den (Korvinischen) Raben (nach Schwanz). Die 589—807 p. d. den Peloponnes beherrschenden Awaren werden als Slawinen bezeichnet. Abou-Noqtah (officier de Saoud) reunit le premier en un corps d'État les tribus acyres (1804). σουσιας Syri equos appellant (im Namen Susa's). Daice est divise en trois familles d'Ardialiens (Transylvains), Monteni (Vallaques) et Moldaves, cést à dire Montaguards (s. Vaillant). The Pannonian population who struck the celtic types, were offshoots of the ancient Gaeclish race (Poste). Agrippa (unter Augustus) empfahl nur eine Münzsorte (29 a. d.). Aus Cernesium colonia, a divo Trajano deducta (s. Ulpian) folgt Sulzer die schon damalige Anwesenheit der Slawen an der Donau (Zernenses von Tscherna oder schwarz). Kilia oder Kili (Lykostomon oder Achillea) wird (von Sarnicius) mit Tomos identificirt (in Bessarabien). Kiligundas, als lettische Gaue. Le pays des Tseng-szu de Kuen-lun est dans la mer de sud-ouest. On y trauve l'oiseau pheng (selon le San thsai thou hoei). Le corps des habitants est comme couvert d'un vernis noir. Ils font des esclaves entre eux et les vendent aux marchands étrangers, d'apres le Wa kan san sai trou ye on vait arriver sur les batimens hollandais des gens dont le corps est comme enduit d'un vernis noir (Kouro-bo ou Kon-ron). Tseng n'est autre chose que le mot persan Zenghi (nègre) et szu signifie domestique ou esclave (Klaproth). Kuenlun (Kuen-tun) est le non-chinois de l'île de Paulo Condor. Il est dit (dans l'histoire de la Dynastie de Saung) que les fêtes musicales du rayaume de San-foe-thsu (sur Sumatra) consistaient en chansons et danses executées par des esclaves de Kuen-lun (Kuen-lun-nou) 960 p. d. (Klaproth).

33*

Flacka (Flaka) oder Wraka (bei Schweden und Isländer) herumschweifen
bedeutet (s. Thunmann). Unter den Litthauern, deren Einfälle in Ruthenien
seit 1183 p. d. begonnen hatten, begründéte Ringold seine Herrschaft*)
in Kernov und eroberte (1235) Polotsk) als Vorgänger des König Mendog,
der mit den Deutschrittern in Preussen kämpfte. — Procop kennt die Sitze
der (nach Jornandes) von den Sümpfen genannten Heruler oder Elourer**),
und sie waren ein (noch nach dänischer Besitznahme) das Andenken an

---

*) Kiew wurde 1169 p. d. zerstört. Niklot (Fürst der Lutizer oder Weleten) fiel
in Pommern gegen Heinrich den Löwen (1160 p. d.). Albrecht der Bär eroberte Brandenburg (1151 p. d). Die (zu Ptolem. Zeit) an der Weichsel sesshaften Weleten (Lutizer)
zogen an die Oder. Meinhard wird zum Bischof Riga's in Livland ernannt (1170 p. d.).
Pommern wird den Polen unterworfen (1120 p. d). Die Sabiner sind die Hauptvertreter
des opisch-lateinischen Volksstamme's (Knötel), als Umbrier aus Umbrien kommend. Nach
Plutarch gründete der lateinische Tyran Romus Rom im Gebiete der Tyrrhener. Unter
Notre-Dame wurde (1710 p. d.) eine Weihe-Inschrift entdeckt mit Senani (Druiden), Veilo,
Volcanus, Jovis, Esus, Tauros Trigavanos, Castor, Cernunnos, Sevrios. The Sakyas or
Scythians in Kapila or (in Singhalese) Kimbul (Kambalik or city of the Khan) were famous
archers (s. Beal). As symbol of their authority, the tombs of the Chakravonthius were
surrounded by a circular range of stones, to signify os much, that thei were kings of the
Earth (and this Buddha's mound's, burmed according to the old system of the wheel king:.
Verschieden von den metanastischen Jazygern kamen die chasarischen Jazyger oder Jassier
mit Kumanen und Usen nach Ungarn (Pray). Die dacischen Jassier (auf römischer Inschrift) wohnten (an der Moldau) bei Jassy (Sulzer). Auf der Insel el ûr (der Blödsichtige)
kämpfen gegen die Kraniche die Zwerge (Jakub ben Ishak). Die (nach Kriegen mit den
Deutschrittern) von den Polen vernichteten (1264 p. d.) Yadzwinger begruben die Todten
die von den Letten verbrannt wurden. Die Litthauer (und Preussen) verehrten den Krieg-
gott Kavas (Kava oder Kampf). Quand Charlemagne eut sulymgued les Saxons, une partie
de ce peuple, fuyant la domination du conquérant, arriva (777 p. d.) sur les rivages de
l'Estie, où, après s'être établie, elle forma la nation prussienne ou du moins est quelque
part à sa formation (Lelewel).

**) Leges et instituta Herulorum paria illis, quae de Majoribus Litvanorum varii
prodiderunt (s. Kojalowicz) Populi Litvanis loco finitimi origene ac lingua socii, a Sclavinis
Duce Lecho Sarmatiam ingressis, sedibus suis moti atque ab iisdem sclavonico vocabulo
Vandali dicti. Vaidewutas (tribu Alanus) primus Prussorum atque Alanorum (qui postea
Litvani dicti sunt) princeps (Boioteras, nimirum, apum rex) est renunciatus (Kojalowicz).
Litvos (Waidewuti filius) universam Alanorum gentem, Prussiae finibus eduxit, atque ad
antiquas sedes regressus, illas occupavit, quae ducta ex Principis hujus appellatione Litvania
(Lotvia seu Lotavia) vocantur. Is fluvius Brzesnia Lithuaniam a terris Russiae dividit
(Dlugoss). Von Dorsprung (Thiersprung) wird der Centaur im Wappen Litthauer's abge-
leitet. Nach Zerstörung von Ticinus (in Berengar's Kriege) flüchtete (924 p. d.) Palaemon
seu Libo (gente Columna), Julianus Dorsprungus (cui pro gentilitiis ceris Centaurus),
Prisper Caesarinus (Columna), Ursinus et Hector (rosae seu rosirii) nach Preussen (Romowe)
gründend, und dann nach Litthauen, wo nach Polemon die Fürsten Kiernus (der den von
Dorsprung stammenden Zivibundus zum Nachfolger einsetzte) und Gimbutus herrschten
(Kojalowicz). Relicta Dziewaltovia (1200 p. d.) Zivibundus sedem principatus Kiernorism
transtulit. Unter den in Folge der Niederlage der Russen (mit dem galizischen und volo-
dimirischen Herzog Romanus) gegen die Polen (1205 p. d.) ausbrechenden Thronstreitigkeiten in Kiew erkämpfte Zivibundus (mit dem samogitischen Herzog Montwilo verbündet)
die Unabhängigkeit der Litthauer (1206 p. d.). Theile des von den Mongolen eroberten
Russland wurden mit Litthauen vereinigt, und Erdivilus (Montwilonis filius), primus e
Litvanis dux Novogrodensis, imperio suo complexa est ea omnia quae Viliam inter et
Perepecium fluvios, a Litvania Mozyrum usque extenduntur, worauf Kriege mit den Kreuz-
rittern (1218 p. d.) geführt wurden. Das auf Marius zurückgeführte Geschlecht der Colonna
wurde im Flecken Colonna oder Labicum von Peter Colonna (im Kriege mit Papst
Paschal II.) begründet (1100 p. d.). Das Geschlecht Colonna von Fels (in Böhmen und
Schlesien) leitete sich (nach von Brandis) von einem von der Tiber nach dem Etschlande
gezogenen Colonna (s. von Stramberg). Weidewut (Bruder des Bruten) befreite die Ulmi-
guerres oder Preussen von dem Joche der Masovier unter Anton oder Andislav. Le premier
chateau fort (bâti par les Romains en Samogitie) se nomme Plotelé (Lelewel). The Fuegians
are admirable mimics and were fond of the company of our people, singing and dancing
with them and entering into every kind of fun (Ross), attempting to repeat the words and
tunes of the songs Die Neger (mit Giftpfeilen an der Goldküste) schiessen nicht grad auf
ihren Feind, sondern in die Höhe, und wenn sich der Pfeil wider nid sich wendet, fallet
er stracks herab auff den Feind (Brun) 1624. The inhabitants of Samakanda (between

Thule bewahrendes Volk, in den später litthauischen Ländern herrschend, deren Kriegsleute (auch für piratische Seefahrten) liefernde Bevölkerung und den seit Odoacer's Heruler und Rugier, sowie seit den Longobarden eingeleiteten Beziehungen mit Italien herrührenden (und durch sogenannte Römergräber des Norden's gestützten) Einwanderungssagen in dem grammatischen Character der Sprache bewährend, während die den Dialect trajanischer Colonisten redenden Rumänen bei ihrem Hervortritt aus den carpathischen Bergen im Häuptling Radu oder Rudolph den Namen des König's erneuten, mit dem die Heruler in den Theissgegenden den Longobarden erliegend, aus der Geschichte verschwunden waren. — An Stelle (hellenischer) Gelonen (am Südabhange des Wolchonski-Waldes) kennt Ptolemäos (bereits litthauisirte) Igyllionen, und der Name des mit den Anthrophagen oder (b. Herodot) Androphagen kämpfenden Stammheros Gelon oder Gelu erhielt sich noch in dem (aus der Verbannung bei den Dregowitschen seit Glapimin zurückgekehrten Fürstenhause Gedimin's). Wie sich in dem Namen der Heruler auch die (golonische) Entstellung der Hellenen (*Ελουροι*) und (b. Jorn.) die Etymologie von *Ele* bewahrte, so zeigt die litthauische Sprache den Einfluss des Hellenismus in jenen Formen, die man theoretisch in systematisirenden Einwanderungen auf nähere Verwandtschaft mit dem Sanscrit hat zurückführen wollen. Die (von Mamertinos) aus Sitzen östlich von Weichsel hergeleiteten Heruler glichen slavisirten Stämmen der Lithauer in ihren Gebräuchen des Altenmordes und Wittwenopfer's. An der Theiss kamen die Heruler in Berührung mit der (nach Bolliac) auf dem Grundstamm der Davi oder Danavi (Danaer) beruhenden Nation, die (zu Strabo's Zeit) in Daken und Geten getheilt, durch die lateinischen Münzen der ersten (seit der Colonisirung Trajan's) und den griechischen der letztern ein Zusammentreffen zweier Culturen zeigen, deren Nachhall sich in nordischen Spuren findet. Die unter den Dacen auf Zamolxis zurückgeführte (und seit gallischen Zügen von den Druiden nach Westen getragene) Unsterblichkeitslehre der Seelenwanderung erhielt sich lange in den baltischen Ländern (der Geten) und die (dacische) Verehrung der Dioscuren (in Zorila und Murgila) wird (von Tacitus) in Alcis bei den (lygischen) Stamm der Naharwalen (an der Weichsel) gesucht. Der Urus oder heilige Stier Dacien's (in Caput bovis verehrt) hat sich im Ochsenkopf der Wranen (mit Werle der Heruler) oder Varinen (Mecklenburg's) erhalten, wie der Bär Samogitien's Anlass zu römischer Abstammungssage von den Ursinen gab. In Timaios Bannoma wiederholt sich der Name des südlichen Pannonien (mit vermittelnden Wanen). Lelewel findet die Hirren (als entnationalisirte Heruler) im esthländischen Harria (Hirrynu oder Reval). Die frühe Verbindung des baltischen und pontischen Meeres zeigt das Erscheinen der (mit Hirren oder Heruler, Turcilingen, Rugier*) unter Odoacer's Völkern zusammengenannten)

Ghanah and Takah) were the most expert archers among the Blacks (Cooley). Dard kennt den Fulahstamm der Teukirerer (als Tucorones). Der König Ghanah [Khan] in Audaghest unterstützte den König von Mazin [Ma-tchin] oder Massina gegen den König von Augham. Bonifacius nennt Schwaben, Franken und Baiern unverständige, sinnliche Leute, die Alles nachäffen, was sie sehen (gleich den Negern).

*) Jornandes unterscheidet die Ulme-Rugier an der Weichselmündung von den Ethelrugiern Scandinavien's (s. Schafarik). Auf dem Westufer des Meerbusen's von Christiania lag Sciringesheal (b. Other) oder Skiringssal (b. Snorro). Vanaquisl (quisl oder Quell) ist der Tanais (Tanaquial). Die Slaven hiessen Venelaiset (laiset oder Volk) bei den Finnen. Le nom d'Askhenaz (de l'Armenie) fut ensuite remplacé par le nom de Thorgama ou Togarmah (Vivien de St. Martin). Ephoros nennt (am Istrus) die Karpiden als ersten Stamm der Skythen (bei Skymnos). Les Dakhes ou Dahes (le fond dominant de la nation parthe) ne font qu'un seul et même peuple avec les Dakes du bas Danube et les Deutch ou Teutons de la Germanie centrale (Vivien de St. Martin). Galindier (Goljaden) als Golthae (oder Gothen). Nach dem Aufruhr (1344) bildete sich (in dem Schwarzenhäupter

Soiren (γαλατικὸν ἔθνος bei Steph. Byz.) als Bundesgenossen der Galater auf der Tafel des Protogenes (201 a. d.). Die weite Verbreitung des griechischen Einflusse's (wie des holländischen in der Cap-Colonie, des französischen in Canada) zeigt sich im Namen der Ἕλληνες Σκύθαι (b. Herod.), als Mixhellenen (Olbia's).

Während die Vindiler nach slavischen Osten, die Peuciner (und Bastarner) nach (sarmatischen) Dacien, die Ingaevonen nach scandinavischen Norden und die Istaevonen nach der Kelten-Grenze am Rhein weisen, bilden die Hermionen (mit Sueven, Hermunduren, Chatten, Cherusci) den eigentlichen Kernstamm Germanien's (bei Plinius), d. h. die durch das erobernde Reitervolk gebildeten Staaten, von denen (zu Tacitus Zeit) die (von Caesar noch zu den Sueven gerechneten) Chatten (die auch im II. Jahrhdt. p. d. noch auf Einfällen in Rhaetien und Pannonien erscheinen) und besonders die Cheruscen sich so sehr in ihren erworbenen Besitzungen localisirt hatten, um sie auch von den damals noch (wie ebenfalls später die durch ihre Reiterei berühmten Hermunduren oder Thüringer) schweifenden Sueven zu unterscheiden. Von den Eingeborenen (keltischen Stamm's im Westen) waren die (an Quaden und Sarmaten Tribut zahlenden) Gothini als (keltische) Sprachinsel isolirt und sie berührten sich mit den panonisch redenden Osi*), den Ausläufern der von Nestor als Iljurik längs der Donau**) (im ungarischen und bulgarischen Lande) gekannten Slaven, die bei dem Eindringen der (sarmatischen) Jazygen. die (mit den Sarmaten) die Reiterei im vannianischen Reich stellten (zum Theil ausser den Zurückgebliebenen, die bis in ihrem Aufstande als Servi dienten, wie zu Priscus' Zeit den Hunnen) in die Karpathen (bei den auch in den polnischen Sagen Kadlubek's erhaltenen Kämpfen mit den Vlachen) geworfen wurden, den spätern Ausgangspunct ihrer Wanderungen, und dann im Anschluss an die an Ostseeküste und

---

Corps Reval's) eine militärische Verbindung der jungen Kaufleute zur Vertheidigung und Beschützung der Stadt gegen auswärtige und einheimische Feinde (Willigerod). Die Sciren an der Ostsee (b. Plinius) finden sich (auf der Tafel des Protogenes) als Verbündete der Galater (201 a. d.). Die Gallier unter Komontorius gründeten (278 a. d.) in Thracien ein Reich mit der Hauptstadt Thyle am Fuss des Hämus (nach Polyb.). Die Allobroger (zwischen Rhone und Isara) stammten von den durch die Pelasger vertriebenen Thraciern (s. Chopin). Die südlich von der Donau angesiedelten Scordisker (zu den Celten gehörig) hiessen (b. Florus) Thracier. Seit Brennus siedelten Celten in Thracien. Die früher Moesier genannten Bewohner des Haemus (Ἰαεμi montis) hiessen Blachen (Nicetas) oder Bλίχοι. Die Pelasgioten wurden (seit Danaus) Danaer genannt (nach Euripides). Die dritte Kaste zeugt mit einer Kriegersfrau den Magadha, mit einer Brahmanenfrau den Videha und so wurden die beiden Völker des Ostlande's (Prācija oder Πράσιοι) als unreine Halbkasten betrachtet. Schafarik identificirt den Tschudenstamm der Turci (Ad. Br.) mit den Turci oder Ludeweranen (Abo's), als Turkulain (Turciling als Patronym. des schwedischen Namen's Thorkil). The modern Persian-name Trez-u-Bareek (Τισηβαρική der Troglodyten) means low and flat (Donne), und so bezeichnen die Thisamaten (auf Olbia's Inschrift) die Stämme des Flachlande's, oder in Thyssageten, als Mittelglied der Sai (Sacae) der Massageten und der Geten. Attalus von Pergamum († 196 p. d.) besiegte die Galater, die (218 p. d.) nach Kleinasien gezogen. Si un homme épouse deux femmes, à la fois, on le conduira par les rues, nu et monté sur un âne et on le frappera de coups de quenouilles, de même la femme. qui épousera deux maris sera conduite par les rues, nue et montée sur un âne et on le frappera de coups de bonnets (nach Basil's Gesetze in Moldau) 1646. Die Akanisten (der Goldküste) sahen ihre Kaufleute (auf der Grenze im Innern) nicht, so jhnen das Gold für die Wahren geben (Brun) 1624. Caput (des Missionair Johannes Scotus) pagani conto praefigentes in titulum victoriae, deo suo Redigast immolarunt (Ad. Br.).

*) Die Ossier (bei Ptol.) galten für Bewohner Esthland's, oder der Insel Oesel.

**) Die Παννόνιοι oder Παίονες (in thracischer Verwandtschaft) Pannonien's (mit der Hauptstadt Vindabona) werden (b. Appian) zu den Illyriern gerechnet, mit celtischen Ansiedlungen (nach Justin). Nach den celtischen Eroberungen (der Boier, Scordisker, Tauriaker) gründete Bardylis ein illyrisches Königreich und (233 a. d.) herrschte die Königin Teuta an der Küste. Δανούβιον δὲ τόν νιφιλοφύρον ἐκεῖνοι καλοῦσι πατρίως (Lydus). Dazavies de nive nomen accepit (Jornandes).

adriatischen Meer (sowie am Canal) handelnden **Veneder** oder **Veneter** den
Namen **Wenden** fortführend, während die auf die Rialte umgebenden Inseln
geflüchteten Gründer Venedig's unter den sprachlichen Einfluss Italien's
fielen, wie die Roumänen im moldau-valachischen Dacien *). Für die Aehnlichkeiten der persischen mit der deutschen und slawischen Sprache erinnert
Schafarik an den medischen Ursprung der Sigynnae (b. Herodot), die (nach
Mannert) als umherziehende Bewohner an den Donau-Ufern Ungarn's zu
betrachten sind.

Die von ihren Vorsitzen verbreiteten Slawen folgten (nach Nestor) den
Flüssen, längs der (sie gegen die Litauer abscheidenden) Weichsel die
Grundlage des polnischen Staates legend, als Mähren an der Morava, als
Dragowitschen am Prypet siedelnd, und auch weiter aufwärts an der Düna
und am Ilmensee, so dass von allen diesen Puncten die indifferente Masse
des weiten, aber nachgiebigen Stammes der von dem Handelsplatze aus
benannten **Winider** oder **Sporen** (litthauischer Verwandtschaft) von den
Formationslinien der neu sich bildenden Slavicität**) durchstrichen wurde.

---

*) Die Dacier, deren Häuptling Cotyson gegen Lentulus gefallen [Cotys in Thracien],
vertrieben mit Hülfe der Sarmaten die Römer über die Donau, und (nach Cato's Niederlage)
erlangte Decebalus die Herrschaft (in Alliance mit den Sarmaten und Chatten), mit den
(den Jazygen verbundenen) Römern kriegend. Das getische war (nach Ovid) eine mit
griechischen Worten gemischte Sprache Grajaque quod getico mixta loquela sono est
Mixta ist haec quamvis inter Grajos Getasque. — In paucis extant grajae vestigiae linguae
hoc quoque jam getico barbara facta sono Von den Geten (50 a. d.) zerstört, wurde
Olbia wieder hergestellt (nach Dio Chrys.) bis (200 p. d.) von den Gothen zerstört.
Karl M. beendete das longobardische Herzogthum in Friaul (Forum Juhl in Noricum), das (von den Avaren verwüstet) mit den einfallenden Slawen zu kämpfen gehabt,
Konrad II. schenkte Friaul als Reichslehen dem Patriarchen und Poppo von Aquileja
(1028 p. d.) und (1415 p. d.) kam es an Venedig. L'île de Riallte (le porte à la ville de
Padoue) commença à se peupler d'avantage lors de l'invasion des Goths (le centre de la
ville de Venise). Marc. Aurel. trieb die in Italien einfallenden Chatten nach Panonien.
Nach Ephoros (zur Zeit Alex. M.) wohnt das gottesfürchtige Volk der Limnäer, das kein
Thier verletzt (nur von Stutenmilch lebend mit gemeinsamer Habe), jenseits des Pantikapes-
fluss (an der Μαιῆτις ἁμνῃ), als Maioten (Abier b. Homer). Homer nennt unter den
Verbündeten der Trojaner die Päoniter vom Axiosstrom. Die strymonistischen Päonier
bezeichnen sich Darius als Nachkommen der Teukrer in Troja (nach Herodot). Astiban
(Hauptstadt Päonien's) lag am Astykos. Minyas (Stammheros der Minyer) zeugte mit
Phanosyra (Päon's Tochter) den thessalischen Orchomenos oder Athamas. Les Triganes
ou Roumna-chal (hommes errants ou Roumi), existant déjà en Valaquie (selon Bataillard)
au milieu du XIV. siècle (à l'état des esclaves), se divisent en trois classes 1) les Lajaches
ou nomades (Lingourari ou fabricants de cuillers et d'ustensiles de bois, oursari ou con-
ducteurs d'ours, forgerons etc.), 2) les Vatraches ou sédentaires (vatra ou foyer) 3) Nototsi
ou païens (vivant de rapines ou servant de manoeuvres dans les bâtisses). Vaillant croit
reconnaître dans les Juifs (venus de la Russie et de la Pologne autrichienne) les Avars,
qui (IX. sièle) embrassèrent le judaïsme (les rabbins portant le titre de chagan ou Khagan)
en Moldavie (parlant en général un allemand corrompu, et en partie la russe et le polonais).
Les Juifs, venus de Turquie, se reconnaissent (en Valachie) à leur idiome espagnol (Ubicini).
La physionomie des Juifs (en Moldavie) a quelque chose de tatare. Depuins que les Romains
ont été connus aux Illyriens ils ont toujours été nommés Vlassi (habitants du Latium) ou
Lassi (d'après Kontantsich), als Mauro-Vlachi oder Nigri-Latini (nach Diocleas). Die
Rumänen Valachien's werden als Munteni (Bergbewohner) bezeichnet (s. Kogalniceano).
Moldau hiess Schwarz-Kumanien (seit den Einfällen der Kumanen). Bei der Brautbewerbung
lässt der Rumäne eine Hündin suchen, die er auf der Jagd gesehen. Wie in Tscherkessien
wird in Ossien Alles nach Ochsen geschätzt (Koch).

**) Die Slawen wohnten (als Illyrier oder Iljurik) an der Donau (am Fusse der Car-
pathen) im ungarischen und bulgarischen Lande (nach Nestor). Das Reitervolk der Jazygen
(Sarmatae liberae) unterwarf (50 p d.) die Slaven (Sarmatae servi) in Pannonien. Die
(von Appian) zu den Illyriern gerechneten Wenetzr waren (nach Polybius) sprachlich verschieden von den Galliern. An der Stelle des Hauses Mendog wurde Vitenes (Vater des
Gedimin) zum König erhoben, dessen Vater Lutavor (Wiederhersteller Eiragole's) Enkel
Sutink's war, Grossenkel Glapimin's, der nach Litthauen zurückkehrt von den Dregovitchen,
zu denen sein Grossvater Imin (Nachkomme des die Anthropophagen vernichtenden Gellon)
geflohen war (s. Lelewel). Ptolemäos setzt Igyllionen nach Lithauen. Herodot unterscheidet

Der an Kiew vorüberströmende Dniepr begränzte die (pannonischen) Slaven nach Osten hin (vor den Ansiedlungen an der Oka), und wenn die Mordwinen und Tscheremissen Reste ursprünglicher Bewohner darstellen, ist mit Abscheidung der finnischen Zuthaten, die über den mittleren Ural (und dann bis zum Baltic) eindrangen, der Stamm in den Arintzen und den ihnen verwandten Horden Sibirien's zu suchen. In Verbindung mit den Slaven (zwischen Dniestr und Weichsel) treten zwischen Dniestr und Dnepr die Anten hervor, die sich in den wilden Zeiten jener steten Revolutionen durch Genossenschaften gekräftigt hatten, und der vom schwarzen Meer an der Mündung des Dnepr bis zum baltischen an der der Düna mit Weneder gefüllte Raum schloss im Norden die modulirungsfähige Volksunterlage ein, aus deren Elementen später die Litthauer Selbstständigkeit gewannen. Die in alter Zeit wiederholt als medisch erklärte Färbung, die die Sauromaten sowohl, wie an (pannonischer) Donau wandernden Sigynnen durchzog, hatte sich aus den in Armenien *) (dem Nachbarlande Azerbeidschan's) erzweigbaren Pässen nach dem Norden des Kaukasus gezogen und von dort auf den spätern Wegen der (Alanen folgenden) Kaisaken und Tscherkessen nach Don und Dnepr (der Heerstrasse in das Herz Europa's) verbreitet, während von den Beziehungen zu Khorassan losgerissene Stämme, die das Bild exilirter Parther anticipirten, am (kirgisischen) Nordufer des Caspi in den Massageten mit den von Osten herangeströmten Schaaren der Scythen (Vorläufer der Hunnen, Avaren, Mongolen) sich berührten, um theils in hergestellter Mischung, theils auch ferner getrennt von einander zu operiren.

In den Feldzügen der Tibeter, die 764 p. d. bis zur chinesischen Hauptstadt vorgedrungen waren, dienten als Vorkämpfer die Krieger des tapferen Stamme's Schaitu, der indess (eines Einverständnisses mit den Choichonen verdächtigt) nach China flüchtete (791 p. d.) und nun bei den dortigen Thron-

---

die Androphagen (im Norden) von den Skythen. Die Gelonen wohnten im alaunischen Gebirge (des Wolchonski-Waldes). Die Albanesen haben das (Braga genannte) Bier in Walachien eingeführt. Vom Waldai bis zur Ostsee zerfielen die Urfinnen in zwei Theile, als Binnen-Tschuden (mit Kareliern, Wessen u. s. w.) und Meertschuden oder Liven und Esthen, sowie Meeren (Kienitz). Die Könige (in Livland) werden meist Landälteste genannt (Kienitz). Die Prusker (östlich von der Weichsel) waren ein lygisches Volk (wie die Letten). Die Werlen (in Mecklenburg) sind Nachkommen der Heruler (Kienitz). Die Litthauer sind (nach Kienitz) aus einer Vermischung der Sudauer und Letten hervorgegangen. Die Rumunen (romanisirte Dacier und Geten) wurden (bei Eroberung der Hämusländer durch die Slovenen) aus Dacia ripensis verdrängt (s. Miklosich). Bastarner als Blastarni (auf der Tab. Peut.', Βλαχοι Die Bezeichnung Zinzaren erhielten die thracischen Vlachen von den Slaven wegen ihrer Aussprache zinz (fünf) statt tschintsch der dacischen Vlachen (Kanitz). Ce qu'on appelle la Boyarie (noblesse) ne fut reëllement instituée dans les principautés (la Moldo-Valachie) que vers le fin du XV. siècle. Tout maître de char armé en guerre (selon Vaillant) s'appelait Boïer (bovis herus), comme tout maitre de cheval équipé s'appelait cavalier (cavali herus). Rodu (Rodolphe IV.) conçut (à la fin du XIV. siècle) l'idée de fabriquer une noblesse (sur le modèle de la noblesse byzantine) en convertissant en titres les affices de cour (s. Ubicini). Quelques-unes (des monnaies des daces) portent sur le revers la tête de l'Urus ou boeuf sacré des Daces et sur la face l'effigie de Jules César, le conquérant des Gaules (s. Ubicini). Jean Asan II. (roi des Valaques et des Bulgares) prit le titre de Romaioctone (destructeur des Romaioi), comme Basile s'était appelé Bulgaroctones (und liess sich aus dem Schädel Kaiser Balduin's eine Trinkschaale verfertigen). Radu Negru (Rodolphe le noir), reconnu duc de la terre romaine (tera românesca) batit à Longchamps un chateau et une église (1241 p. d.). Die Herzöge von Süddacien hiessen meist Hilari oder Bucuri (Radu der Slaven) im Volksdialect, die Herzöge von Ostdacien Jovian (Theodor oder Bogdan) oder Johann, die Herzöge von Mitteldacien Julius oder Gellius (Lauriani). Das Romanische wird von allen Nationalitäten des Banat so allgemein gesprochen, dass Deutsche und Serben sich in dieser Sprache miteinander verständigen (Kanitz). Wo ein Vlachin eintritt, wird das ganze Haus vlachisch (nach serbischem Sprichwort).

*) Ausser Deutschen (als Bischöfen) wurde Island von Crmscir (af Armenia) besucht (nach Ari).

streitigkeiten vielbegehrte Streitkräfte lieferte. Einer ihrer Bandenführer sah sich indess (880 p. d.) genöthigt bei den wandernden (und VIII. Jahrhht. p. d. durch den mandschurischen König Bochai unterworfenen) Stämmen der Tatan*) Schutz zu suchen, und sammelte hier ein neues Corps wilder Abentheurer, das bei dem Einbruch in China (813 p. d.) allgemeinen Schrecken unter den Empörern verbreitete und dem Kaiser die Rückkehr nach seiner Hauptstadt ermöglichte, so dass Li-kchö-Jun mit der Königswürde ausgezeichnet wurde. Er trat schon früh in Verbindung mit Amba-Han, dem künftigen Begründer der Leao-Dynastie in China, und ihr Fall durch die Niutschi wurde an diesen wieder durch die Mongolen gerächt. Auch der Monarch der westlichen Leao wurde, als er in die Hände des Naiman-Fürsten gefallen, von diesem mit dem Titel des höchsten Kaiser's (Tchai-Schan-Chuan) beehrt (1201 p. d.). Die Waffenthaten der nach Berserker-Art kämpfenden Schatu reflectirten ihren Ruhmesglanz auf das befreundete Volk der Tatan, die nur in ärmlichen Stämmen des Amur ihre Wurzel hatten, aber jetzt als ein wegen seines Ruhmes beneidetes Volk galten, obwohl (wie Raschiduddin zufügt) dieser Ruhm auch auf ihre Fertigkeit im Erdolchen (von den Schaitu erlernt) begründet war. Mit den Mongolen, ihren Stammesgenossen und früheren Verbündeten, war damals eine blutige Fehde ausgebrochen, als das Geschlecht der wunderbar von Alangkova geborenen Nirun unter Tschingiskhan seinen Lichtglanz ausstrahlte. Die grosse Masse der Mongolen bildeten die Darlegin, die mit dem Auszuge aus Ergene-Kan in Beziehung gesetzt wurden, doch war ihnen (den Pete-Stämmen des Baikal) solche Sage erst durch die Kunkurat**) (die die Küblung der Glut nicht abgewartet, wie die ältern Söhne des Skythes) zugekommen, die allgemein als die ächten Kiat (Kian's) anerkannt wurden, obwohl dann neben ihnen der Name der Neguz freigebiger verwandt werden mochte, wie auch für die Taidschiut oder Tadschin. Die Kunkurat wohnten am Utguh oder (nach Abulghasi) Ungu, an der chinesischen Mauer Ottoracora's***) (mit Nachbarschaft der Betae bei Ptolem.), und wie in Indien dorthin die Kuru†) zurückweisen, so gehörten zu ihnen die Korulas oder Kunlas, die Nachkommen des Tusbudawa unter den Söhnen des Bestui-zerrin. Der Name dieses gemeinsamen Stammvater's der Kunkurat führt auf einen unter den Topa üblichen Gebrauch, das Herrscherbild für orakelnde Zwecke in Gold zu giessen, wie auch bei den Topa früher der Titel Dai (im Namen Dai

---

*) Gmelin erklärt Tatan von tatanoi, sich zusammenziehen oder versammeln (für Räubereien).

**) Ihre Sage wiederholt sich in dem Tuat Afrika's.

***) Selam (Gesandter des Chalifen El Kathek) fand die Mauer Zoul-Carneim's in dem Lande des Khakan der Edkeschen bei einer von arabisch und persisch redenden Musulman bewohnten Stadt. Dans l'un des châteaux (flanquant la porte de fer) on conserve les instruments, qui ont servi à la construction du mûr (on y voit des pioches, des soufflets, des sceaux en fer, des chaudières etc.). Les Yadjoudjes ont des griffes au lieu d'ongles et les dents incisives semblables à celles des animaux carnassiers (d'Ohsson). Zoul-Carneim (descendant de Younan. fils de Noé) fut contemporain d'Abraham, auquel il fit une visite à la Mecque. Die Yadjoudz und Madjoudz untergraben täglich die Mauer, finden sie aber am nächsten Morgen hergestellt, bis sie am letzten Tage einbrechen wird. Lorsque les Yadjoudjes auront détruits les autres habitants de la terre, ils voudront combattre les habitans des cieux. Un de ces monstres, brandissant son javelot, le lancera contre le ciel, le trait en retombera teint de sang (s. d'Ohsson). Gott schickt dann Würmer (Nagaf oder Nasenwurm) Alle zu zerstören. Les Yadjoudjes (descendant de Manassekh, fils de Japheth), mangent leur morts (couverts de poils). Ihr bis zum nördlichen Ocean erstrecktes Land wird von dem steilen Gebirge Cournau genommen. Die Nowgorod-r Kaufleute hörten am Durchbruch der Mauer arbeiten. Olaf (Schwiegersohn Burioleif's) räth Otto II. die Dänenschanze durch Feuertöpfe zu zerstören (Odd's Olafraga) [olla Vulcani]

†) Urtag war im Sommer der Aufenthalt Oghus-Khan's, im Winter Kurtag, die curia eines Staatenbegründer's, wie Kuru (Cyrus der Inschriften).

Nujan's, Schwiegervater des Tschingis aus den Kunkurat) üblich war, bis
ihn Toba-Hui*) durch Wöi (386 p. d.) ersetzte. Die Toba hatten das letzte
Fürstenthum der Hiongnu unter Lju-Wöitscho in sich absorbirt und auf die
Hiongnu führten sich durch den Stamm Aschina (sächsischer Aschanes)
die Tulya oder Tiukiu zurück, die eigentlichen Urheber der Schmiedesage
(während ihrer Knechtung**) durch die Shushan), die (nach dem Zerfall ihres
mächtigen Reiche's) in die Choichoren aufgegangen waren (741 p. d.), den
Arslan-Chanen ·in Kharachotscho, die, obwohl der chinesische Zweig durch
die Tanguten gebrochen war (1035 p. d.) ihre Selbstständigkeit bewahrten
und bei der mongolischen Städtegründung die Hülfe wissenschaftlicher
Bildung gewährten. Da Alangkova den Kurulas entsprossen war, so erklärt
sich die direckte Ueberführung des Eisenhammerfeste's***) in die Familie
des Djingiskhan, und wenn Raschiduddin die Kurulas wieder im Stamm der
Darlegin nennt, so liegt darin eine unbestimmte Generalisation (mit Einschluss der Kunkurat), wie später bei Mongolen gebräuchlich. Die Anknüpfung an Tibet wurde durch die Schatu (Leiter im Mongolischen) vermittelt und später durch die buddhistische Mission in der tibetischen Königs-
genealogie durch Anschluss an die Sakja gekräftigt, während der (vom
indischen Tengri†)-Sohne stammende) Burteschino, der vor der ersten

---

*) Das bei Befreiung von den Geugen oder Awaren durch Taunwen (Vater des
Kolaun oder Ysieichan) gestiftete Reich der Türken (551 p. d.) wurde (von Topochas)
in östliches und westliches getheilt (572 p. d.) am Irtish, worauf die (unter Apochan besiegten) Westtürken (586 p. d.) in zwei Reiche (634 p. d.) zerfielen, dessen westliches sich
(676 p. d.) bis zum Don erstreckte. Nach dem Siege der Araber (unter Catiba) bei Bochara
durch die hoeibischen Hunnen über die Wolga getrieben (742), waren die Ungarn (889 p. d.)
den Chasaren unterworfen, bis von den (839) p. d. besiegten) Petschenegen oder Kangli
(894 p. d.) verdrängt. Le Khangkui (sous les Hans) est le pays (dans la direction du nord)
du Touan ou Ferghanah (les steppes du nord du Jaxartes jusqu'au pied de l'Altai). Ce
n'est que plus tard le nom de Khangkiu se trouve appliqué aux pays compris entre le
Jaxartes et Oxus, par suite de l'extension de ce côté de la domination du roi des Khangkiu
du nord (Vivien).
**) Während sie für diese (wie die Gothini für Sarmaten und Quaden) Eisen graben,
wurden sie von ihnen als ihre Sklaven, wie sich solcher die Parther (nach Justin) in ihren
Kriegen bedienten, gegen die Haobiui (551 p. d.) bewaffnet, erkämpften sie aber dann
nach erfochtenem Siege nicht nur die Unabhängigkeit, sondern auch die Oberhoheit über
ihre bisherigen Herren, wie die Mexicaner, als Sklaven Cocoxtli's, nachdem sie von ihm
gegen Xochimilco bewaffnet waren, durch den erkämpften Sieg die Grundlage ihres Reiche's
in Tenochtitlan auf den Trümmern des bisher sie beherrschenden legten. Die Chatten
kämpften an der Werra mit den Hermunduren (Tacit.). Catti in Germaniam ac Rhaetiam
irruperunt (Capit.). II. Jahrhdt. p. d. Caracalla kämpfte gegen Chatten (und Alemannen)
oder Κέννοι (der Celten). Die (von Caesar) zu den Sueven gerechneten Chatten waren
(nach Plinius) Stamm der Hermionen (mit Hermunduren, Sueven und Cheruscer).
***) Bei den Khamti ist das Eisenschmieden ein Vorrecht der Fürsten und im Kaukasus
mit priesterlichen Ceremonien verknüpft, wie auch in der Gelwingk-Bay der durch die
Malayen belehrte Schmidt das mohamedische Verbot (des Schweinefleischessen's) beobachten
muss. Die unaufhaltsam längs des Gabun und zwischen Gabun und Munda fast bis zur
Küste vordringenden Fan sind geschickt in der Eisenarbeit, durch welche sie sich eine
Ausrüstung mit den verschiedensten Waffengattungen verschaffen, und ebenso sind die
ihren Nachbarn (nach du Chaillu) als geschickte Eisenarbeiter überlegenen Apono von den
Apingi und Ishogo gefürchtet wegen ihres kriegerischen Muthe's, den sie aus dem Bewusstsein besserer Bewaffnung schöpfen, wie Tooi Hula Fatai's Tonganer als sie mit den
starken Bogen der Viti zurückkehrten, und die Zulus, als sie von Chaka mit Schilden versehen wurden, während die invadirten Eingeborenen jetzt muthlos (nach Livingstone) entfliehen, weil sie die vergifteten Pfeile machtlos abprallen und brechen sehen. Chinsamba
hatte dagegen wieder durch die Flinten der Abisa über die Mazitu die Vortheile erfochten,
die die Namaquas über die Hereró gewinnen. Die Dorfhäuptlinge unter den Manganja
sind meistens Schmiede (s. Livingstone).
†) Die Thukiu verehrten den Genius der Erde oder Po-Tengri (nach Abel-Remusat),
am Ektag (b. Menander) und die Seldschukken (s. Hammer) Kök-Tengri oder den (blauen)
Himmelsgott. Βαγαῖος (Bog), als phrygischer Zeus (Bhagavat). Nach Masudi verehrten
die Slawen die Sonne. Bis zur Zeit des Chalkokondylas wurde in Prag zur Sonne und
zum Feuer gebetet.

Manifestation buddhistischer Lehre unter Hlatotori (367 p. d.) aus Tibet ausgewandert war, dem buddhistischen Vegetarianismus als Fleischfresser (s.
J. Schmidt) noch fremd war. In der westlichen Auffassung des Verhältnisse's
zwischen Mongolen und Türken bildet die semitische Mythe von Japhet
oder Abuldscheh-Chan die Brücke nach Osten, und derselbe wird dann gern
zum Vater des Turk gemacht, während die unpartheiischere Scheidung
(zwischen Napäer und Paler) mit Alinge-Khan oder Ilinghe-Khan statt
findet, worin sich indess auch bereits ein uighurischer Il Ilteber (Mengubai
aus abischen Abistegug) spüren lässt (als Vorgänger des Idikut oder
Nachfolger eines Idantbyrsos). Die mit Ughuz-Khan (Enkel des Mogul-Chan)
Verbundenen führen den allgemeinen Namen der Uighuren *) (euergetischer
Helfer oder Aurol) und unter seinem Sohne Buzuk trat die Zehntheilung
der Unkun (Un-Uighur in den 10 Flüssen Karakorum's mit den Utigan als
Kümez Atiguz und Nirun) ein (in den Ὀνόγουροι und Οὐτίγουροι wiederholt),
wie die westlichen Tulga sich in zwei Hälften (der Dolu und Naschubi) zu
je 5 Stämmen nach 10 Pfeilen **) schieden. Mit den persischen Siegen unter
Firdusi werden jene Uighuren verscheucht, die in altscythischer Zeit bis
Europa bestehende Verbindung mit dem äussersten Osten ist unterbrochen
und jene Scheidewand aufgerichtet, die die beiden Hälften Asien's scheidet
(bis wieder durch die Hunnen und in späterer Epoche durch die Mongolen
niedergeworfen), während jetzt in Turan jener türkische Typus der Wandervölker hervortritt, in dem das mongolische Blut durch persische Einträufelung
zu caucasischer Verwandtschaftsnähe veredelt ist. In den nach dem Fall der
Tulga aus den Haohiui als Choichoren hervortretenden Uighuren macht
sich in der Modification der Städtebewohner der persische Einfluss sowohl,
wie der der Tadzik ***) bemerklich.

Die die einförmige Steppen durchstreifenden Nomaden werden bei der
Gleichartigkeit der physischen und psychischen Umgebung einen unveränderten
Typus bewahren, wogegen sie bei länger dauernden Beziehungen mit den
Culturstaaten†), durch diesen geleisteten Dienste oder über sie ausgeübte
Herrschaft sowohl, wie beim Eintritt in ein mannigfaltiger gestaltetes Weideland bald mancherlei changirende Nüancirungen eines Uebergangsstadium's
zeigen müssen. „Von der Zeit des Oghuz-Chan bis auf Dschengiskhan sass
an den drei Flüssen kein anderes Volk als das der Kiptschaken" meint Abulghasi, und Raschiduddin: „Als die Völker des Ughuz aus ihren Ländern
nach Mawarennahr und Iran übergingen und dort Kinder zeugten, wurde
deren Gestalt, wegen des Wasser's und der Luft, der der Tadschik ähnlich,
und weil diese nicht überall frei wohnen, nannte man sie Turkmanen."
Besonders musste sich solcher Einfluss an dem Uebergangsthore von Asien
nach Europa fühlbar machen und hat man den Kaukasus mit Recht zu einem

---

*) Igur (Turfan's). als die ihm unter den Verfolgungen seines Vater's Karachan,
Sohn des (mit Kui verbrüderten) Dip (Sohn des Abuldscheh-Chan oder Japhet), beistehen-
den Vettern, während (nach Müller) alle fremde Völker von den Mongolen als Juguren oder
Uigur bezeichnet werden (s. Hüllmann). Solche Wandlungen, die für den Zusammenhang
zwischen Ughuren des Ural und Uiguren im Osten im Auge zu behalten sind, kehren be-
ständig wieder, und könnten auch den Titel Dai bei den Topo (helfende Dai der Assassinen)
mit den Daern in Beziehung setzen.
**) Oghuz-Khan theilte sein Reich unter die drei Utschok oder Pfeile im Osten und
die drei Bosuk oder Zerbrecher (des Bogen's) im Westen. Unter Dschudschi (Sohn des
Djengis) führte Orda den Flügel linker Hand, Batu den rechter Hand.
***) Die Juden im Kaukasus reden unter sich den Tat-Dialect.
†) Indem Ilhyats vielfach ihr Wanderleben aufgeben, um unter den Städtebewohnern
(Tat oder Tachtah Kapa) sesshaft zu werden, so zerfallen die Stämme (Persien's) in Schehr
nischin (Bewohner der Städte) und Sahra-nishin (Bewohner des Blachfeld's). In der
Barbarei hat sich der urbane Typus der Mauren aus Kabylen und mit sonstigen Compo-
nenten städtischer Zuthaten abgeformt.

ethnologischen Factor gemacht. Er diente von jeher als Zufluchtsort unter den Geschichtsdramen, die sich an seinem Fusse abspielten, er schliesst noch jetzt in den durch ihn geschützten Resten eine bunte Völkertafel, in den Legshiern hunnische (in den Tscherkessen polarzische) Worte und Chunsag als Hauptstadt der Awaren ein, er hat so vielfach Tscherkessen als Kosaken aus sich hervorgehen und Kaisaken in sich zu tscherkessischen Kosaken veredelt gesehen. „Die ackerbauenden Stämme in den Ebenen Iberien's gleichen den Medern und Persern, die streitbaren Völker des Gebirgslande's dagegen den Skythen und Sarmaten" bemerkt Strabo, und so haben sich aus den Albanen der Höhen die Alanen*) über die Ebenen ergossen, das unruhige Ferment der Bergnatur in die schwerfälligere Constitution der Niederungen tragend, und als Roxolanen, als Vandali et Alani, als *Ἀλαῦνοι Σκύθαι* u. s. w. die caucasigneas Alanos weiterrollend. Plinius bezeichnet die Epageriten als einen auf dem Kaukasus sitzenden Stamm der Sarmaten.

Priamus der Franken wird als Primus an die Spitze gestellt, wie Adi der Javanen oder der (brahmanische) Pirman (als Birun in Central-Africa). Sie ziehen nach Macedonien (von wo die Sachsen stammen, mit denen später wieder ein Zusammentreffen statt findet) und dann weiter als Frygii, durch Ulyxes (der am Rhein und in Caledonien spielt) getäuscht, besonders seit durch Pompejus (der auch Odhin's Zug über Deutschland nach Scandinavien veranlasste) gedrängt. Verwandt sind ihnen (wie den Scandinaviern) die Turcae und die Kämpfe mit den Alanen**) (Albanien's) veranlassen den Aufbruch von Sicambria.

----

*) In Uchan hat sich die Bedeutung der Familie oder Il (Aul oder Aula) auf das Land übertragen (s. Hammer). Der Uluss steht unter ein Noion (b. Pallas). Ell (plur. Alan) oder All (Ill) heisst (im Lesgischen) Stamm oder Volk (nach Reineggs).

**) Der Zusammenhang zwischen der Sprache der Albanen und Alanen (Osseten) gründet sich (nach Xylander) auf ihre beiderseitige Verwandtschaft im Indogermanischen. Die Albanesen leiten ihren Ursprung von den Resten der Heere der lateinischen Kaiser von Constantinopel und des König Roger von Apulien. Griechenland bezeichnet in der Sage gewöhnlich das Südslawenland (s. Krahmer). Der Slawe Hornbogi war hell von Gesicht, von schwarz gekräuseltem Haar, von mittlerer Statur, körperlich gewandt, rasch, feurig, schweigsam und schwermüthig, auf dem Thinge beredt, weise und rasch im Urtheil, beherzt, kühn, tapfer, ein guter Bogenschütze und Speerwerfer, sowie guter Reiter (nach der Thidrekssage). Olaf Haraldsson war (nach d. Saga) untersetzt, lockigen Haares (von brauner und lichter Farbe), rothbärtig und roth im Antlitz, breiter Stirn. In Proper Tiro's Chronicon imperiale, zur Zeit der Vandalenherrschaft in Africa geschrieben (Carthago a Vandalis possidetur), heisst es (382 p. d.): Priamus quidam regnat in Francia und (418 p. d.) Faramundus regnat in Francia (s. Zarncke). On lit dans une charte de Dagobert: Ex nobilissimo et antiquo Trojanorum reliquiorum sanguine nati, et dans une de Charles le Chauve: Ex praeclaro et antiquo Trojanorum sanguine orti (du Méril). Hagano de germine Trojae (b. Gerold). Die Albaneser sind in (griechische) Phratrien getheilt, wie die Langobarden in Fara. Ferengmanga (Fereng oder Farma) oder (b. Leo) Pargama, als Titel im Melli-Reich. Iron, Sohn des König Artus von Bertangenland, wird von Atli zum Jarl von Brandinaburg gemacht (in der Thidrekssage). Durch Eroberung des Sachsenreich's kam Atli, Sohn des friesischen König's Osid, in Krieg mit dem (mit der Tochter des König's Milias vermählten) Osangtrix, König's der (den Ruzen in Thüringen stammverwandten) Wilcinen an der Schwalm in Kurhessen (s. Krahmer). Die Gudbergen haben den ihren Abhänge und Thäler bewohnenden Volksstämmen den Namen gegeben, südwestlich wohnen die Guden, nordöstlich die Gudeschauren und südöstlich die Gudomakaren. Sie selbst und das Thal der Aragua rein südlich nehmen die Attiulethen (Bergbewohner) ein, während nördlich (am Terek) die Chewen (Thalbewohner) wohnen (s. Koch). Nach Socrates besiegte das friedlich jenseits des Rhein's angesiedelte Barbarenvolk der Burgunder die ihr Land durch Einfälle beunruhigenden Hunnen unter dem Fürsten Uptar oder Octar (430 p. d.). Die Burgunder (unter Gunthar) wurden von den Hunnen besiegt (437 p. d.). Die Reste der Burgunder (unter Chilperich) wurden im Gebirgslande der Sabaudia (Savoyen) auf den Gütern der Provinzialen nach Art der römischen Milizen einquartirt (443 p. d.). Die im Winter zwischen den Christen des Duruberan einquartirten Kurden zahlen Wohnungs-Miethe oder Kischlak (Koch). Der Riese Waxce hiess bei den

Mit den Sauromaten (am Tanais) verknüpfen sich (b. Herodot) scythische Amazonensagen, und bei den Tscherkessen (die sich von Dniepr und Don unter die Abassiner des Gebirge's zurückgezogen), macht Pallas auf die (amazonisch-sauromatischen) Gebräuche aufmerksam, mit ihren Frauen fremd zu thun und die Kinder Pflege-Eltern in Erziehung zu geben. Diodor lässt die (von Curtius) zu den Scythen gerechneten Sarmaten als medische Colonie (der Scythen) von dem Tanais verpflanzt werden, und dann mit Aufsteigen der Weibermacht ihre Eroberungen beginnen, unter kriegerischen Königinnen, wie sie auch die Kriege der Exomaten (Jaxomatae) gegen das bosporanische Königreich leiteten (Polyaen.). Als (zu Plinius Zeit) die Herrschaft der Scythen auf Sarmaten (und Germanen) übergegangen war, verbreitete sich der Name der Sarmaten (des Volke's oder der Genossenschaft der Srb oder Srm) nach Westen, und gab Anlass zu dem die Zahl der unterworfenen Stämme deckendem Name der Sporoi (b. Procop), der sich zugleich aus der Zahl der dort in römischen Feldzügen gemachten Kriegsgefangenen in dem der Servi (wie früher aus denselben Gegenden bei Geten und Daken) verwandelte, aber in den Bergsitzen der Karpathen auch unter den unabhängig bleibenden Adelsstamm der Serbier erhielt, der dann auf's Neue bei seinem Auszuge ein eigenes Reich (selbstständiger Bezeichnung) unter den eingeborenen Illyriern gründete. Als sich dann unter den fortgehenden Zerrüttungen

---

Deutschen Wilzce (nach Saxo). Wasce ist diminitivum von Wladimir oder Woldemar (Krahmer). Titan, der Rinder-Räuber, kreuzte auf einem kräftigen Stiere den von der Maotis auslaufenden Bosphorus (b. Orpheus). Die Argonautica setzen die Kerketen zwischen Arkuer und Sinti (am Kaukasus). Periander fasste zuerst die Idee, den Isthmus von Korinth zu durchstechen. Scymnus setzt die Κερκέται zwischen Σιντοί und Ἀχαιοί. Die Achäer am Pontus galten für Nachkommen derjenigen Orchomenier, die mit Zalmenus nach Troja's Fall dorthin auswanderten (nach Strabo). Actor (Vater des Zalmenus) stammte durch Clymenes von Phrixus. Ausonia ist (nach Froehner) die messapische Benennung des Stadtgebiete's von Uzentum. Auson hiess Sohn des Italus und der Leutaria (b. Tzetzes). Oenotria dicta est ab Oenotro, rege Sabinorum (Varro). Japygia pars est Apuliae (Servius). Dicta est Ausonia ab eodem duce a quo condita fuisse Auruncam urbem etiam ferunt (Festus). Die barbarischen Auronissen wurden von hellenischen Einwanderern aus Campanien getrieben (Dionys. Hal.). ᾤκουν δὲ τὸ μὲν πρὸς τὴν Τυῤῥηνίαν Ὀπικοί, καὶ πρότερον καὶ νῦν καλούμενοι τὴν ἐπωνυμίαν Αὔσονες (Antioch. Syr.). τὸ Αὐσόνιον μὲν πάλαι, νῦν δὲ καλούμενοι Σικελικόν. Qui primi Italiam tenuerunt, Ausonas dicti sunt (Servius). Αὔσονες (οἱ Ἰταλοί) werden (im Et. m.) οἱ ἄξωνες erklärt. Theseunti (b. Cato) Tauriani vocantur de fluvio qui propter fluit, id oppidum Aurunci primo possederunt, inde Achaei Troja domum redeuntes (Val. Probus). Aruncorum aut Sicanorum aut Pelasgorum qui primi coluisse Italiam dicuntur (Gellius). Roumia (Hauptstadt der Franken) wurde, von Saturnus (Nemrod) gegründet, von Romulus ausgebaut (nach Abou-Souleiman Daoud). Die Dacier (oder Geten) kamen vom Ural oder Jaik, der (b. Ptol.) Δαϊξ, (b. Menand.) Δαϊχ und (b. Const Porph.) Γηχ hiess. Nach Hesychius nannten die Epiroten das Meer Daxa. Keua oder Keva hiess (im Alt-Illyrischen) Kuh 's. Xylander). Sirim oder Sarmiz, singt der Triballer (oder der Thracier), flüchtete (vor Alex. M.) zu den Geten auf Peuke und führte die Dacier auf dem linken Donau-Ufer nach Westen (Sarmiz Getusa gründend) 330 a. d. Varonistes oder Berbistes dehnte das dacische Reich bis Noricum aus. Priamum regem primo habuerunt, postea habuerunt regem Frigam (der Frisii oder Phrygii), postea partiti sunt in duabus partibus, una pars perrexit in Macedoniam (Macedones fortissimi unter Alexander M.). Clara et Macilia pars quae de Frigia progressa est ab Olixo per fraudem decepti (inter Rhenum vel Danuvium et marc). Mortuo Francione Duces ex se constituerunt, usque ad tempore Pompejii Consulis (Franci cum Saxonibus amicitias inientes adversus Pompegium). Tertiam ex eadem origine gentem Torcorum fuisse fama confirmat (inter Oceanum et Thraciam). Electum a se utique regem, nomen Torquoto (b. Canisius) nach Fredegar Scholasticus. Fugit Aeneas et reclusit se in civitate Ilium (fugit in Italia locare gentes). Priamus et Antenor (cum reliquo exercitu Trojanorum) venerunt usque ripas Tanais fluminis. Navigantes pervenerunt intra terminos Pannoniarum juxta Maeotidas paludes et coeperunt aedificare civitatem (Sicambriam). Eo itidem tempore gens Alanorum rebellaverunt contra Valentisuanum (appellavit Francos, hoc est feros). Erimus nos jugiter liberi (cecidit Priamus eorum fortissimus). Venerunt in extremis partibus Hreni fluminis cum principibus Marchomine (filium Priamo et Sunnone filium Antenor). Chlodionem filium (des Faramund, Sohn des Marchomiris) crinitum in regnum patris sui elevaverunt (nach den Gesta Francorum).

durch die Umwälzungen der Völkerwanderung die Bagaudae-Banden der Slaven und abentheuernder Anten (mit den Adighe oder Antiche, bei Schora-Bekmursin-Nogmow, verwandt) zusammenschlossen, führten die nach Westen gedrängten Slawen ihren Namen dorthin mit sich, der sich bei Ausbreitung der awarischen Herrschaft über entlegene Strecken ausdehnte, und als von Unterworfenen ausgegangen, für die Nachbarvölker die Nebenbezeichnung der Sklaverei erhielt (was auch immer die einheimische gewesen sein mochte). Die geographische Gleichartigkeit der osteuropäischen Ebenen hatte, wie anthropologisch ähnlichen Typus so auch den Zusammenhang verwandter Sprachfamilien und ausserdem religiöse Missionen begünstigt, die von turanischen Mediern (des Tur*) oder Ur, als Surya aus Kyros in turanisch-iranischer Dynastie) ausgehend, die dualistischen Formen (b. Helmold) eines Zoroaster- oder Zamolxis-Cultus nach den Ufern der Weichsel trugen, sowie indische Mythen-Anklänge (s. Hanusch), mit kaukasischen Verknüpfungen asiatischer Sonnenzüge Jason's oder (polnisch) Jessen. An den Küsten der Ostsee hatten sich von den Awaren bedrängt (zum Theil mit Aufnahme kriegerischer Elemente aus diesen), frei bleibende Stämme zusammengeschaart, die zugleich (bei der unter bulgarischer Aegide begünstigten Einwanderungen der Ugrier und daraus folgender Kräftigung finnischer Nationalität) manche der Sitze alter Veneten aufgegeben, aber den Namen der Wenden (Veneder), bewahrt hatten, bis in der allgemeinen Generalisation der Slaven verschwimmend. In Polen traten sie als Vandalen, non Lechitae, sed Vandalitae (b. Boguchwal) auf, obwohl sich später nach Consolidirung des specifisch deutschen Character's aus germanisch-celtischen Durchkreuzungen und seiner Rückkehr aus Westen, ein Gegensatz constituirte, der gleichfalls das zweifelhafte Zwischengebiet (alanischer) Vandalen (mit Fürstenfamilie der Assipitii auf lygischer Grundlage) für sich in Anspruch nahm.

In Ghanata oder Biru, an dem zwischen Niger und Senegal sich gegen die Länder am rechten Ufer des letztern Flusse's zurückbiegenden Bergzug

*) Bei den alten Slawen war Tur das Symbol ungewöhnlicher Stärke und Radegast (Gott der Gastfreundschaft) wurde mit einem Stierhaupt auf der Brust abgebildet (Bielowskiego). Nach Kollar bedeutete Tur (Sur) ursprünglich bei den Slawen Feuer und in Igor's Gesang erscheinen die Ausdrücke Jar und Tur als Beiwörter, feurig, stark, kriegerisch bezeichnend. Tur wurde in Kiew als Priapus verehrt (Hanka). In der Königshofer Handschrift bedeutet Tur ein starkes, feuriges Thier (taurus). Tur (Ur) bedeutet in allen slawischen Sprachen einen Buckelochsen, als Symbol der Sonne (Hanusch). „Wo der Ur hinsprang, da liegen der heidnischen Polowcer Häupter." Marte que in loro linguaggio Scitico o Slawo Ariamasi Turo Turizza o Turissa, como in confronto delle altre è un Gigante (Appendiri). I Sarmati transalbiani adoravana pure Marte come il massimo degli Dei sotto il nomen pero di Serovito o Svanto-Vito (deo suo Servito, qui lingua latina Mars dicitur). I vicini Russi è Polachi conoscevano Marte col nome di Turo. Die Wenden, von den Dänen (mit Polen und Sachsen) angegriffen (Anfang des XII. Jahrhdt. p. d.) verwüsteten (in Seeräuberei) die dänischen Inseln (Naruszewicz). Die Sonne wurde in Böhmen als Jason oder Chason verehrt (Pauli). Appellabant autem Poloni Jovem Jessen lingua sua (Hanka). Budte ist Göttin der Weisheit (bei den Litthauern), Budintoja Göttin der Wachsamkeit (s. Hanusch). Wéda bedeutet im Slavischen die Wissenschaft (Wéd ein Seher, Wédec ein Wisser). Sytiwrat, qui primus ab Olympo venit, cerauna Jovis fugiens (Wacerad) bei den Slawen. Der Affe, der auf dem Kopfe der Sieba sitzt, findet sich auch auf den Opfergeräthen (Masch). Der Tempel des Swatowit war auf das sorgfältigste (diligentissime) zu reinigen und innerhalb desselben durfte der Priester nicht einmal athmen (Saxo), wie der parsische Priester den Mundschleier der den Athem für verunreinigend haltenden Tuareg benutzte. Rerebistes rex usus est oraculis Dianae (Dewana), quae ex antro edi ajebat, at ita sibi dicto audientes subito redderet (Sarnicki). Diw (der Böse) schreit im Wipfel des Baumes (im Igor-Liede). Sub nomine deorum, boni scilicet et mali, omnem prosperam fortunam a bono deo, adversam a malo dirigi profitentur (Helmold) Slavi (Vandali). Kollar leitet Piorun (Perun oder Lichtgott) oder Prom (Prome oder Parom) vom (slavischen) Pramen (promien) oder Strahl (Quelle oder Ursprung). In Munzerabad werden die unter Mara aus den Ebenen Mysore mitgebrachten Teufel und die einheimischen verehrt, während die als gut gedachten Götter nur selten Opfer erhalten (R. H. Elliot).

im El-Hodh oder Bassin (im Gebiet der maurischen Wüstenstämme oder der schwarzen Aser, Iswaninki und Asswanek) herrschten (nach Ahmed Baber) weisse Sultane (im III. Jahrhdt. p. d.), von Wakayamagba stammend, und nach Kanem (nördlich und nordöstlich von Tsad-See) kam Ssaef (Sohn des Dhu-Yasan und einer mekkanischen Frau), ein Verwandter des himyaritischen Königsgeschlecht's, in Ndjimie (nach Imam Ahmed) herrschend, als Vater des Ibrahim (Abraham) oder Biram, dessen Sohn Duku für Stifter der (durch Leo Africanus aus dem berberischen Stamm der Berdoa abgeleiteten) Dynastie (aus der Dugua-Familie) gilt (IX. Jahrhdt. p. d.), während in Kuaara (VII. Jahrhdt.) die (nach Leo Africanus) unter Sa Alayamin aus Libyen kommende Dynastie Sa (aus Yemen), als der Marabut den heiligen Fisch getödtet, in Kuku oder Cotschia das Sonrhay-Reich stiftete, wo (X. Jahrhdt.) der Handelsplatz Gagho (am linken Ufer des Niger) blühte. Zu den heidnischen Staaten am oberen Kuara (dem südöstlich gerichteten Lauf des Niger's), wo Sonrhay und Mandingoes (des Wakore Stamme's der Wangara) oder Dhiuli die Herrschaft erlangten, gehören Gurma im Osten, Tombo im Westen und zwischen ihnen Mosse oder More.

Tilutan, Häuptling von Limtuna, bekehrte die Negerstämme (837 p. d.) zum Islam, den er angenommen, und als Temim, Nachfolger seines Sohne's Jlettan, von den Senagha oder Ssenhadja erschlagen war, trat (918 p. d.) eine Trennung zwischen denjenigen Berberstämmen ein, die ihren Sitz an der Grenze der Wüste und des Negerlandes hatten. Abba Manko begründete (XII. Jahrhdt.) mit Eroberung Bambuk's die Dynastie des Siratik. Tin-Yerutan, der Berber-Häuptling von Audagost, stand (zu Ibn Haukal's Zeit) im freundlichen Verkehr mit Kuku, Hauptstadt des Königreiches Sonrhay, (961) und (1009) wurde der Islam in Sonrhay eingeführt (unter Sa-Kassi). Das an der Flussinsel (des Niger) Massina (1143 p. d.) gegründete Djenni wurde durch seine Goldausfuhr der Mittelpunct des Sudanhandel's, und Timbuctu wurde (XII. Jahrhdt. p. d.) von dem Tuarick Maghsam (Imorshach), besonders von den Stämmen der Idenan und Imedidderen, gegründet. Die Eroberung Ghanata's durch die Ssenhadja (1076 p. d.) verbreitete dort den Islam und in Kanem wurde die heidnische Dynastie der Dugua durch Hume, den ersten König im Islam, beendet (1086 p. d.). Auf Biri, Sohn seines Nachfolger's Dunama, der auf der Pilgerfahrt nach Mekka umkam (1151 p. d.), folgte (aus dem Stamm der Teda) Abd-Allah oder Dala, und dann bestieg zuerst (mit Sselmaa oder Abd-el-Djelil) ein Schwarzer (1194 p. d.) den bisher von hellen Königen eingenommenen Thron von Kanem. Gleichzeitig fällt der Aufstand der Madingo oder Wangara (Wakore), die sich Tirki's und Kuku's bemächtigen, während Gogo, wo bei den Vornehmen (nach Edrisi) die Sitte der Verschleierung (1153 p. d.) herrschte, unabhängig blieb. Die Susu eroberten Ghanata (1201 p. d.) mit der Hauptstadt Biru oder Walata*) (wo die Serrakolet von der Berber-Dynastie beherrscht wurden),

*) Walata war (zu Ibn Batula's Zeit) die Grenzprovinz Melle's (mit den Massufa als Vornehmen). The name of Beni (Benin) and Guinea (Genie) were often coupled together (s. Cooley). Marmol places a people named Benais on the coast near the Senegal. The king of Bena (Benay) near Cape Verde (1615) was a Mandingo or Suso, boasting (according to Jarric) of being superior to all other Farims. In the language of Timbuctu gnewa or (according to Rennell) genewa signifies black (s. Cooley) of Guinea. Von Idrisi werden Silla (am Niger) und Tekrur in Maghrawah begriffen. Mansa Musa (König von Mali) heisst König von Tekrur (b. Makrizi). Die Mandingoe in Bambara heissen Jaulas (Jolas) oder Diaulas (nach Callie). Juli sind Händler (nach Park). Ibn Batuta beschreibt die Frauen des Berberstammes der Berdamah als weiss und fett. Die (von Ibn Batuta) Farba genannten Beamten in Mali entsprechen den Farma oder Farim der Mandingoe an der Küste. Von den Zenagah verbinden sich die Lumtunah von Wad Nun und Darah, die Benu Goddalah der südlichen Sahara und die Benu Masufah im Innern als Al Morabitun. Caillié setzt das Land Zimbala oder Jimbala südlich von Timbuctu. Nachdem zur Zeit

wurden (nach Ende des Ssenhadja-Reich's) aber (1235 p. d.) durch Mari-Djatah aus der durch Baramindana (1213 p. d.) unter den Maudingo in Melle, wohin (990 p. d.) Marabuten gekommen (als die Araber an Ali's Seite 943 p. d. den Niger nach Süden überschritten), gestifteten Dynastie, unter-worfen.

Im XIII. Jahrhdt. wurde von Komayo in Katsena die politische Einheit in den von Biram*) (Enkel des Buuu) hergeleiteten Haoussa-Staaten bewerk-stelligt, in Verbindung der Hausso-boken oder sieben Haussa (Biram, Daura, Kano, Rano, Katsena, Segseg und den in Feldzügen befehlenden Gober oder Kopten, die XIV. Jahrhdt. von Air gekommen) mit den Bansa-Boken oder nichtigen Sieben (Sanfara, Keppi, Nupe, Yauri, Yoruba, Guari und Kororofa). Auf Ibrahim Madji, der erste König in Islam (1513 p. d.) folgte die Habe-Dynastie, die 1807 durch die Fulbo vertrieben wurde.

König Dunama**), der den Munni (Talizman von Bornu) zerriss (und dadurch den Grund zu späteren Zerfall in inneren Zwistigkeiten legte), dehnte (nach Kriegen mit den Teda) das Reich Kanem über Fezzan und Wadai aus († 1259 p. d.). Biri, der Nachfolger seines Sohnes Kade, wurde von zwei Religionshäuptern der Fulbo oder Fellata aus Melle besucht († 1306 p. d.). In Melle bestieg Manssa Mussa († 1331 p. d.) den Thron und dehnte (in Freundschaft mit Sultan Abul Hassan von El Maghreb oder Marocco) seine Herrschaft über die vier Theile des westlichen Negerlandes

des König's Tin Yeratan, Sohn Wasenbu's (von den Zenaga), die Berber in Audaghost (961 p. d.) von dem Negerkönig Ghanah unterworfen waren, wurde Andaghost von den Morabiten (1054 p. d.) zerstört, worauf Aukar (der Mohamedaner neben der Negerstadt Ghabah) Hauptstadt von Ghanah wurde. Gualata que otros llaman Ganata (Marmol). Melli (der Mandingoe von Südwesten) lag oberhalb Sego am Joliba. Die Susus (am Scarcies) sprechen einen Dialect der Mande. Die Mandingoe am Gambia naunten sich Sosés (nach Anderson). Zozoes, casta de Mandingoes (Sandoval). Die bei Eroberung durch die Molaththemun bekehrten Ghanah wurde von den Susu unterworfen. Nach dem Fall der Morabiten kehrten die Molaththemun-Stämme in die Wüste zurück (nach Ibn Khaldun).

*) Biram gründete Biram-ta-ghabbes und wurde durch seinen Enkel Baua (Sklave), Sohn Karbagari's, der Vorfahr der sechs andern Haussa-Staaten, mit einer Mutter aus dem (Berber-) Stamm der Deggara die Söhne Daura und Gober, Katsena und Segseg, Kano und Rano zeugend, als Haussa boken (neben Bansa boken, als Sanfara, Kebbi, Nupe oder Nyffi, Guari, Yuari, Yoruba mit Kororofa). Mit dem Sturz des Sonrhay-Reich's, erhob sich Katsena. Komayo gründete Katsena und unter seinen Nachfolgern wurde Ibrahim Madji durch Abd-el-Kerim zum Islam bekehrt, in dem von den Sonrhay König Askia (1513 p d.) eroberten Katsena (1543 p. d.), wo (1600 p. d.) eine neue Dynastie begründet wurde (bis zur Eroberung durch die Fulbe 1807 p. d.). Die Kanaua (Kano's) wurden von Bornu (unter Edris Alaoma) unterworfen. Die Fellani (Ba-Fellantschi) bewohnen besonders die südlichen Quartiere von Kano. Die von Bornu ausgewanderten Ejeoser (südlich von Haussa) liessen sich unter dem Cumbrie nieder. Bei den Eroberungen der Fulbe zog sich Magadjin Haddedu, König von Katsena, nach Dankana zurück (bis auch dort vertrieben). Die Kelowi unterstützen die unabhängigen Haussa-Stämme Gober und Maradai gegen die Fellani (in Katsena). Die Fellata vom Obore-Stamm (bis Gudzeba ziehend) hatten durch Mischung die nationalen Zeichen der Fulfulde-Rasse verloren (Barth). Nach Leo Africanus redeten Soria, Katsena und Kano die Haussa-Sprache. Die Gober waren der edelste Stamm des Haussa-Elemente's, vom Norden eingewandert (b. Bello). Nach Leo wurde in Melle die Sonrhay-Sprache geredet. Im Gegensatz zu Gurma oder das Land an der Südseite (des Flusse's) ist Aussa nördlich (Barth). Die zum Theil aus Bornu-Elementen bestehende Bevölkerung von Kano hat die Haussa-Sprache angenommen. According to Clapperton the Bauwa (slave-people) and the country of Jacoba, (between Kano and Ada-mawa) are styled Yemyem (Demdem or Nyumu yumn). El Bekri setzt die Menschen-fressenden Remrem (Lemlem) westlich von Kaukau (Karkar). In the language of Timbuctu lemlem signifies to eat (Cooley). Abdur Rakman Aga setzt die Yemyem nach Adamawa, Wargee (1822) die Namnam südlich von Kano. In the country of the Remrem or Demdem was a castle, whereon the statue of a woman was adored (Cooley). In the traditions of Houssa the history of Zegzeg begins with the conquests of a female.

**) Seine Mutter stammte von den Teda oder (bei den Tuareg) Berauni. Nach Leo Afric. wurden die Könige Bornu's von den Berdoa (Wüsten-Berber) abgeleitet. Die Chronik Bornu's nennt als Ahn (der Dynastie) Ssaef, Sohn des (letzten Himyaritenkönig's) Dhu Yasan.

aus, über Baghena (aus den Ueberbleibseln des Königreich's Ghanata gebildet mit Taganet und Aderer), über Sagha (oder das westliche Tekrur*)
mit Ssilla), über Sonrhay (mit der Hauptstadt Gogo) und über Timbuktu,
das 1329 p. d. vom heidnischen König von Mossi erstürmt und geplündert,

---

**) The Zenaghah early established themselves on the Great River, aboue Lake
Debú, where the continued tract of desert conducted them to its banks and there founded
the city of Zaghah from which they afterwards took their name. They embraced Mohammedism,
nearly half a century before the blacks in their neighboorhood, and thereby obtained a
reputation of sanctity, which was nowise diminished by their activity as slave-hunters. The
general conversion of Western Negroland compelling them to go to a distance for their
prey, they proceeded eastward to Marra or Western Houssa, where the hilly region has
been always, on an eminent degree, the country of slaves. They thus broke the path, in
which they were afterwards followed by the people of Mali and more recently still by the
Fellatah. The empire of Tekrur being extinguished in the west of Mali, rose more conspi-
cuously in the east; though the people retained their old habitations, the political denomination completely shifted its place, and Tekrur stood between Mali and Bornu. In the
meantime the religious title Tekruri being widely usurped, the original and proper appli-
cation of the name fell into neglect and oblivion (Cooley). Manza-Muza, König von Tekrur
(b. Makrizi), ist (b. Ibn Chaldun) Kunkar von Musa, König von Melle (Ralfs). Von der
Handelsstadt Takrur der Mohamedaner wird der Sudan benannt. Warjani, the chief of
Tekrur (between Sillah and Singhanah), who first adopted the Mohammedan faith, induced
his subjects to follow his example (1040 p. d.), so that the conversion of his principality
preceded (by 35 years at least) that of Ghauah and Western Negroland in general (Cooley).
A prince of Tekrur accompanied the Lumtuuah in their first religious wars. According
to Ibn Khaldun the people of Ghanah employed the name Tekrur to designate the Zaghai
(in Zaghah) and give the name Mali to Atakarthah (Kaarta). According to Makrizi all
the nations comprised between Abyssinia on the south, Nubia on the east, Barkah on the
north and Tekrur on the west, are called Zaghai (the blacks are in general styled Tekrur,
but anciently the name Tekrur was applied only to the inhabitants of the country called
Atasama). Marmol includes Gelofe (the country of the Wolofs) also within the range of
the Zungay or Sungai language (s. Cooley), the people of Gualata or Ganata being com-
monly called Benais and speaking the Zungay language. The inhabitants of Sanghee or
Zaghi (east of Mali) are remnants of the Sonhaja (Zenaghah), wandering Arabs and
Felateen (according to Sultan Bello). Die grössten Reisen im Innern machen die Tekayrne
(Plur. von Takruri), denn diese Pilger von allen mohammedanischen Völkern des Innern
schwarzer Farbe ziehen von den Küsten des rothen Meere's querdurch bis Tombuctu,
Haussa und bis an die Länder des unteren Niger (Russegger). In der Republik Galabat
(an Ost-Sennaar grenzend) wohnen die Takruris oder Nachkommen westsudanischer Neger,
die sich dort auf der Rückkehr von Mekka niedergelassen. Makrizi makes Tekrur the
western boundary of the empire of Kanem or Bornu (s. Cooley). According to Niebuhr,
Tekrur was the residence of a sultan, the vassal of Afnu (Houssa), who possessed Mara
(Marra) and Adana (Ader). Besides the king of Tekrur, Mansa Musa, king of Mali, is
styled king of Tekrur (by Makrizi). The western Fellatah apply the epithet Tekruri
(Toucolor or Tucorones) to the religious classes of their own nation. In Egypt it is given
generally to Mahommedan devotees, natives of Negroland (s. Cooley). Oestlich von den
Ghanah (deren König bis zum Ocean herrschte) wohnten (nach Ibn Khaldun) die Susu,
dann die Mali, dann die Kaukau (Kagho) und dann die Tekrur. Die Ghanah erobernden
Susus wurden von den Mali (über die Baramindanah als erster König herrscht) unterworfen
(unter Mari Jatah). Auf Mari Jatah folgte (in Mali) Mansa Ali, dann Wali, dann Khalifah,
dann Abu Bekr, dann Sakurah, dann Mansa Musa, dann Mansa Magha (Sultan Mohammed),
dann Mansa Suleiman, dann Mansa Ibn Suleiman, dann Mari Jatah (und Mansa Magha),
dann Musa, dann Mansa Magha, dann Samadaki, dann Mahmud (1390 p. d.). According
to Leo the Sungai (Zaghai) or (according to Ibn Batutah) Zaghah (Zaghigah) language was
used in Walet, Tombuktu, Jenni, Mali and Kagho (s. Cooley). Moore calls the Wolofe
language the Zanguay. The Fellatah possess the valleys (of Hajri), but the mountains
are inhabited by the people called Benoo-Hami of the tribe of Sokai (Zaghai). In the
middle of the country is a great and lofty mountain, on which the town Oombori (in the
Dominion of the Sultan of Masin), whose king Nooho-Ghaloo-Farma (of the tribe of Sokai)
is renowned for his generosity and munificence (according to Bello). The title Tekrur is
given to the Zaghai, the devotees of the desert direct their steps to the country of the
Zachah at that part of the river, there also is found a country called Sanghee, a tribe
Sokai and the Sungai language (Cooley). According to Mohammed Masini, the Benu Hami,
who are also Zaghai or of the tribe of Sokai, dwell not only in the mountains near the
western course of the Great River above Timbuktu, but also in the desert, mingled with
the Tawarik, on the left bank of the same river below Kagho and between that river and

aber von Manssa Sliman, der auf Manssa Magha, Sohn des Manssa Mussa folgte, für Melle zurückerobert wurde (1337 p. d.). Der Sonrhay-Fürst Ali Killos, der an, den Hof Melle's geflüchtet (1335), erwarb sich, (bei Rückkehr nach, Gogo) eine Unabhängigkeit durch Stiftung der Ssonni, (s. Barth).

Im Reiche Kanem begannen die Kriege mit (als Eingeborene die Landschaften zwischen Komadugu Wau und Schari bewohnenden) Sao oder Sseu, gegen welche (1349 p. d.) König Sselmaa fiel und ebenso seine drei Nachfolger. Nach Edriss († 1376 p. d.) folgte Melfula, der mit den Bulalu (durch ihren Vorfahren Djil Schikomomi von einer Zweiglinie der Königsfamilie von Kanem abstammend) verwickelt und durch den Bulala-König Abd-elDjelil aus seiner Hauptstadt Ndjimie vertrieben († 1386 p. d.) wurde. Unter seinen beiden Nachfolgern dauerten diese Kämpfe fort, bis Abu-Bakr-Liyatu (1394p.d.) Kanem ganz den Bulala überliess und seine Residenz nach Kagha verlegte. Seine Nachfolger hatten auch dort den Angriffen der Bulala zu widerstehen und unter Othman Kalnama († 1432 p. d.) kamen Bürgerkriege, mit raschen Thronwechseln, hinzu, bis Mai-Ali-Ghadjideni (1472 p. d.) die Ordnung wiederherstellte und Ghasr-Eggomo (Birni) zur Hauptstadt erhob, Kriege mit Kanta führend.

Bei der Zerrüttung des Melle-Reiche's durch innere Partheiungen, gewannen die verwüstend umherstreifenden Imo-sharh (als Massufu) an Macht und dehnten diese (1433 p. d.) auch über Timbuktu aus, im Einverständniss mit den Tuareg in die Hände des Ssonni-Ali von Sourhay fallend (1468 p. d.), der (das Melle-Reich stürzend) Bughena (den Mittelpunct des alten Reiche's Ghanata oder Walata), sowie Djinni eroberte, mit den Fullan Kriege führend.

Auf Ali folgte in Bornu (1504 p. d.) sein Sohn Edriss Katakarmabi, der die Bulala (unter Dunama) besiegte und Ndjimie zurückeroberte. Sein Nachfolger Mohammed schickte eine Gesandtschaft nach Tripolis († 1545 p. d.) und auf dessen Bruder Ali folgte Dunama Rhamarami, der neue Kämpfe mit dem Könige von Kanem zu bestehen hatte und Ghasr Eggomo befestigte († 1563 p. d.). Unter seinen Nachfolger Abd-Allah fanden die ersten Niederlassungen der Fulbe oder Fellata (Kubilet-el-Felatich) in Bornu statt († 1570 p. d.).

Sein Nachfolger Edriss Alaoma unterwarf die Sso durch Eroberung ihrer Festungen und trieb sie nach Kanem, zerstörte die Festungen in Kano, zog gegen die Tuareg oder Berber, die er bei Air besiegte, kämpfte mit den Berber oder Tuareg bis nach Air, mit Marghi, Mandara, den Binaua, sowie den Tetala auf den Inseln des Tsad-See's und den Bulala-Fürsten in Kanem, mit denen ein Vertrag abgeschlossen wurde († 1603 p. d.). Unter seinen Nachfolgern führte Ali († 1684) Krieg mit Air, Dunama († 1793 p. d.) mit Wandala oder Mandara.

Unter dessen Nachfolger, Ahmed-ben-Ali, begannen die Einfälle der Fulbe von dem eroberten Haoussa aus (1808) und nach Eroberung von Ghasr-Eggomo wurde die Hauptstadt nach Kurnaua verlegt (1809). Ihre Fortschritte wurden erst aufgehalten durch die Kanembu-Lanzenträger, die der Faki Mohamed el Amin el Kanemi aus Fesan um sich versammelt hatte, und diese unterstützten den ihn um Hülfe bittenden Sultan, sowie seinen Sohn Dunama (1810 p. d.), den er zwang ihm (als Scheich) die Hälfte der Einkünfte aus den eroberten Provinzen (mit besonderer Hofhaltung) in dem von ihm erbauten Kuka (während der Sultan in Neu-Birni residirte) zuzuerkennen, so dass eine neue Herrschaft (1814 p. d.) begründet wurde.

Sokkatu. Die Tokruri, ein auf der Grenze zwischen Habesch und Kataref sitzen gebliebenes Pilgervolk aus dem inneren Afrika, geben sowohl an die Dabaina, wie auch an die Türken Tulba (Werne). The early history of Tekrur seems in a great measure appropiated by the Mandingoes (Cooley).

Als der Titular-Sultan, der eine Zeitlang abgesetzt war, starb (1817) setzte Scheich Mohamed in dessen Bruder Ibrahim einen neuen ein, aber Scheich Omar, der seinem Vater Mohammedi el Kanem (1835 p. d.) folgte, beendete die Ssaefua-Dynastie (1846), und obwohl der siegreiche König von Wadai nach Eroberung Kuka's in Ali (Sohn Ibrahim's) den letzten Spross der Ssaefua auf den Thron erhob, unterlag derselbe jedoch, nachdem der Scheich mit Wadai einen Vertrag abgeschlossen. Auf der Stelle des zerstörten Kuka wurde dann als neue Hauptstadt Kukaua erbaut. Die Tuareg begannen ihre Raubzüge auszudehnen, während der Aufstand Abd-er-Rahman's (Bruder des Scheich Omar) unterdrückt wurde (1854).

Abu Bakr Dau, Sohn des Ssonni Ali, warde (1492 p. d.) durch den Usurpator Mohamed ben Abu Bakr oder Askia (Sikkia) gestürzt, der (als Emir-el-Moslemim und Chalifa-el-Mosslemim) an die Stelle der ausländischen eine afrikanische Dynastie in Sonrhay auf den Thron führte. Nach einem Angriff auf den (nach Bemoy) Ogena (Priester Johannes) betitelten Fürsten von Mossi (wo nach Befragung der Ahnenseelen ein Wechsel der Religion in Annahme des Islam indess abgelehnt wurde), besiegte er den Pullo (Fellani-) Häuptling Damba-dumbi (1500 p. d.) und unternahm dann eine Expedition gegen Bargu oder Barbu (zwischen Gurma und Yoruba). Als von ihm die Dhelia oder Dhelianka (in Saru) unter Allain besiegt waren, floh dessen Sohn Koli (Vater des Yurima) nach Futa, wo er nach Ermordung des Oberherrn, des König's der Djolof eine Neger-Dynastie gründete (1512), so dass das Reich Djolof nun getheilt wurde zwischen Kolli Ssalti und Dumala (dem Damil oder Temala der Djolof). In Folge dieser durch die Eroberungen des Sonrhay-König's veranlassten Umwälzungen, würden die Portugiesen an der Küste auf den Incendio di Guerra aufmerksam, der alle Länder von Osten nach Westen verheere. Nach Eroberung von Katsena zog Askia gegen den König von Agades und ersetzte die vertriebenen Berber-Stämme durch seine Unterthanen, doch erwarb sich Konta (der abgefallene Statthalter von Leka in der Provinz Kebbi) ein unabhängiges Königreich in Kebbi (1516), zuerst (von Birni-n-Duggul in Katsena aus) zu Gungu, dann zu Ssurame und schliesslich in Leka residirend. Mohammed Askia's Sohn, der bestimmte Thronfolger (Ferengmangha Hadj Mussa) zwang (1529 p. d.) seinen Vater zur Abdankung und bestieg selbst den Thron, als Askia Musa.

Unter der Regierungszeit Askia Musa's (in Gar-ho) sandten die Portugiesen von Mina aus eine Gesandtschaft an seine Statthalter in Sonrhay (1534), sowie nach Mello (1533 p. d.), wo damals Krieg geführt wurde mit dem Temala oder .Damil (rey dos Fullos). Sein Nachfolger Mohammed Bankoro (1535 p. d.) wurde abgesetzt, und auf Askia Ismael (1536) folgte Isshak (1539), der durch ein Heer von Tuareg den (die Salzminen von Teghaza verlangenden) Herrscher von Marokko bekämpfte. Auf seinen Bruder Daud (1553) folgte (1582) El Hadj Mohammed, gegen den Mulai Hamed (Kaiser von Marokko) ein Heer aussandte. Nach seiner Entthronung in inneren Kriegen (1587) gelangte Mohammed Bana zur Herrschaft und dann (1588) Isshak, von den Marokkanern besiegt unter dem Eunuchen Djodar, dessen Nachfolger in der Befehlshaberschaft (Bascha Mahmud) Sonrhay zu einer Provinz Marokko's reducirt (1592) und die Dynastie (nachdem Isshak zu den Heiden geflohen und der an seine Stelle getretene Prätendent getödtet) ausrottet.

Unter den Thronveränderungen Marokko's floh Ssidi-Ali, Statthalter von Suss, nach Sonrhay (1667 p. d.). Mulai Ismael bildete in Marocco (1672) eine Armee aus Neger, besonders aus Sonrhay, und mit ihnen unternahm Mulai Ahmed (1680) einen Feldzug nach dem Sudan (wo Timbuktu von den Mandingoe erobert wurde), sowie sein Nachfolger Mulai Ahmed el Dehelis (1727).

Gogo unter der Herrschaft der Ruma (der mit Negerfrauen vermählten Maroccaner) wurde vom Tuareg Stamm der Auelimmiden *) erobert (1770) und in Futa ruft Abd-el-Kader eine religiöse Revolution hervor, im Aufstand der Wolof oder der Torode (mit Fulbe vermischten Wolof) gegen ihre Eroberer (aus den Malinke und Pullo).

Die aus dem Innern gekommenen Dahomeer haben die Völker der Küste völlig überwältigt, und selbst die Seehäfen besetzt, an der Goldküste (wo die Aquamboer nach Eroberung Akra's ihrerseits wieder von den Akim besiegt wurden), haben die Ashantie über alle ihre Vorgänger triumphirt, und auch über die Fantih, obwohl sich diese in den Meeressitzen eine theilweise Unabhängigkeit bewahrt haben. Am Gabun blieben die zur Küste vorschiebenden Shekiani durch die auf Bewahrung ihres Handelsmonopol's **) bedachten Mpongwe südlich vom Gabun, durch die Orungu am Cap Lopez von dem Meere abgeschnitten und wandern nun in beweglichen Dörfern über den ihnen (bei Abschneiden des Rückwege's), gelassenen Raum, auf dem sie schon durch die unstäten Bakalai bedrängt werden, die indess ihrerseits (ehe sie sich in geschlossener Verbindung zu entscheidender That haben erheben können) durch die unaufhaltsam von den Bergen herabdrängenden Fan anfangen zersprengt zu werden. Die Küstenstämme halten die mit den Ishogo gleichsprachigen Apingi (längs der Ufer des Ngouyai) für gefährliche Zauberer, und diese selbst fürchten die kriegerischen Aponos, die sich durch ihren Dialect dem Stamm der Ashira einreihen und in der Kunst des Eisenschmieden's (wodurch sich auch die Fan auszeichnen) wieder von den Ashangui ***) übertroffen werden.

Während in den ansässigen Culturstaaten mit fortgehend neuer Mischung verschiedenartiger Elemente der Typus auf das Vielfachste wechselt, erhält er sich bei der gleichmässigen Einförmigkeit der Nomaden†) constant, und einen solchen zeigen deshalb auch die Poul, so lange sie nicht bereits nach festem Siedeln sich in ihre Mischrassen verlieren, sondern noch frei wandern, sei es als Eroberer, wie in Sokoto, sei es als unbehelligte Hirten, wie unter

*) Unter Kaua errichten die Auelimmiden (1780) ein Reich am Nordufer des Niger (Aussa). Mansong, König von Bambara, erobert Timbuktu (1803 p. d.). In Verbindung des Scheich El Muchtar el Kebir (von dem die Ielad Bille unterworfen waren) mit Othman dan Fodie, bricht der Krieg mit Baua (König von Gober) aus (1804). Ahmed Lebbo (von Gando) erlangt die Oberherrschaft in Massina (1816) und besiegt Galaidjo, Häuptling aus Konari (1820). Scheich Othman dan Fodie theilt sein Reich zwischen seinen Bruder Abd-Allahi im Westen (mit Gando als Hauptstadt) und Sultan Bello (in Sokoto residirend) im Osten (1817) Die Fulbe (von Massina) Timbuktu (1826) erobernd, wurden von den Tuareg besiegt (1844), und seit 1855 begannen um Timbuktu fortdauernde Rivalitätsbestrebungen zwischen den Fulbe und Tuareg.

**) Slave trade, war and their absorption into other tribes have nearly obliterated every thing that distinguished the Deys as a tribe (Anderson). On the line of obstruction (in the rear of Montserrado) the Boporu Mandingoes (and others) are determined to be the „go-betweens" to the inland trade (in Musardu) and the Liberians. Jenseits Boporu beginnt das Land der Pessy, durch den Barkomah (Nebenfluss des St. Paul) getrennt von den Deh (den Kru an der Küste ähnlich), Nachbaren der Bousie (im Krieg mit den Barline). Die Stadt Bekkasah ist halb von Boozie, halb von Mandingoe bewohnt. Die Vnkkah oder Fomah genannte Hügelkette trennt das Gebiet der Boozie von dem der Mandingoe. Der Mandingo-Häuptling Blamer Sissa oder Ibrahima von Madinah plünderte die Mandingo von Musardu, denen er Hülfe gegen die Kaffer gebracht hatte.

***) The common burial (of the Obongo) is to place the corpse in the interior of a hollow tree, filling up the hole with branches and leaves mixed with earth, but sometimes they make a hole in the bed of a running stream, diverting the current and then turning it back (s. du Chaillu, im Land der Ishogo und Ashango in Wäldern sich verbergend (mit wilden Augen und kurzem Büschelhaar, sowie niedriger Stirn) [Vandiemansland]. Vor dem Zulu versteckten sich die Fingo, im Busch (s. Holder).

†) Ut invitavere pabula, ut cedens et sequens hostis exigit, ita res opesque secum trahentes, semper castra habitant (Mela).

den Mandingoe in Woolli, sei es in gedrückter (oder als Laobe selbst ver-
achteter) Lage, wenn durch ihre zu Torodos entartete oder erhobene
Verwandte in Futah-Toro mit Bastarden-Stolz zurückgestossen, sei es in
Berührung mit den (nicht Stamm- und Sprach-, indess Sympathie-verwandten)
Schua oder Siwa als Badjaudi. Daneben ist in Senegambien ein constanter
Typus zu erkennen in den Jolof*), ein durch glückliche Mischung maurischer
und fulbischer Elemente mit den einheimischen zu veredelter Durchbildung
gelangtes Volk, das deshalb alles ferner fremd einfallende nach der bereits
fixirten Norm assimilirt, und ausserdem zeigt sich gleichartiges Beharren
(weil bereits auf das Minimum der Existenzfähigkeit reducirt) in den auf
einen letzten Zufluchtsort hingedrängten Eingeborenen, denen von Tenda,
den Tiapys von Koli, den Resten der Djallonke in den Bergen, oder allen
jenen erst durch die Sümpfe des Meeresufer geretteten Stämmen. Die Gesammtmasse der übrigen Bevölkerung, bei der neben den sprachlich herrschenden
Mandingoe, die Soninki im Gegensatz zu Marabuten sich abzeichnen, die
Bakiris von den Simpera her und Snybobes verbindenden (aber in Guidiagas
und Guidimaka zertheilten) Serracolet, als Serawulli auf Serer mit Ver-
wandten am Casamanza und mandingisches Wulli oder jolofisches Uli, die
Tipatos zu Mauren, führen, die Diavora ihr Land verloren, die Bambara**),
trotz ihrer Macht, keines besitzen, die Dhiulas (Djolibas) handeln, die
Jallinki und Griot des gefeierten und doch verachteten Bardengeschlecht's nach
Kasson verwiesen werden, Völker sich in Kasten gliedern, und Kasten das
Volksrecht beanspruchen — alle diese kaleidoscopischen bunt gerückten
Farbenmischungen***) fluthen im Strome der Entwicklung, der bald hier bald
dort aus den Wachsthumsphasen ein halbfertiges Product, und erst in längeren
Intervallen eine für einige Dauer berechnetes Erzeugniss aufwirft, dem nur
die Minorität den bezeichnenden Stempel aufdrückt, vielleicht unter Relief
durch die aus Kriegsgefangenen recrutirte Garde der Sofas, während die
Hauptzahl der Bevölkerung in den Rundos (Rumbdes) oder Sklavendörfern
versteckt bleibt, und in den gefährdeten Marken angesiedelte Grenzwachten,

---

*) In einer engen, und aristocratisch tingirten Klasse hat sich ein wohlgestalteter
Typus fixirt, der, wie Reid hörte, durch Ausverkauf schlechtgebildeter Subjecte rein erhalten wurde, und ähnlich zeigt sich (s. Elliot) die scharfe Abscheidung der Bauernkaste
in Mysore den negerartigen Pariah gegenüber.

**) Unter den Bambara lässt sich nur der (von den Malinkie verschiedene) Typus
der Kourbaris fixiren. Die übrige Bevölkerung Kaarta's (aus Sklaven oder Freien der
Foulh, Soninki, Yoloff, schwarzen Pouth u. s. w. zusammengesetzt) zeigt alle Farben-
nüancirungen von Schwarz bis Gelb. On y voit toutes les formes de crane, depuis la
forme prognate (de la race éthiopique) jusqu'à la forme pyramidale (des tribus de la mer
Glaciale), le profil européen, le nez aquilin, les lèvres minces, le visage ovale, les yeux
chinois (s. Raffenel). Le rapprochement des langues ne suffit pas pour rétablir des
rapports, car ces langues ont subi et subissent tous les jours des altérations considérables
(Raffenel) in Afrika. Die (mit den Ssussu und den Mandingo oder Mellinke) zu den Wakore
oder Wangaraua (östliche Mandingo) gehörigen Ssissilbe oder Sayllebaua haben in Haussa
(in die Fulbe übergegangen) die Fufulde-Sprache (und auch das Haussa-Idiom) angenommen, während ihre Stammesgenossen in der Provinz Saberma ihre eigene Sprache
fortreden (Barth). Nördlich von den Bergen von Fouta-Dialon findet sich neben den Bambara und dem Soninkie, die einen gleichen Typus zeigen (s. Faidherbe) nur die Sprache
der zugewanderten Poul. In den (mit den Joloff verwandten) Dialecten der Serer (None
und Keguem) wird Verwandtschaft mit der Sprache der Diola oder Felup vermuthet. Die
Oumboum im Gebirge Quintou befragen ein Orakel (König). Bis Nofeh wurde (nach
Bonifaz) Haoussa gesprochen (Andrada). Die Javarra-Fürsten in Kaarta sind Waffen-
gefährten der Sounsa-Fürsten in Bambarra (s. Partarieu) 1827. Vers les limites nord du
Dar de l'Abadyma, les Marrah s'interrompent et laissent une grande plaine habitée par
des Foullan, qui s'étendent à l'ouest jusque assez près des Macalyt (El-Tounsy) in Darfur.

***) Dans tout le Soudan on raconte, que les Foullan ou Fellata (du Dar-Mella) des-
cendent au première origine d'une caméléon, et par consequent qu'ils n'ont pas de père
humain (El-Tounsy).

(wie die Timbo's gegen Malinki Bambouk's, oder in Kolibentan gegen die Soninki in Brassou) Keime enthalten zu neuer Staatenzeugung, wie sio der prätorianische Rath der Diavandous in Fulbadu pflanzte. Das die Länder des Mittel-Niger's füllende Reich der Sonrhay (oder Soninki), und das aus seinen Wurzeln in den kriegerischen Stämmen der Kong-Berge nach dem nördlichen Melle aufwachsende der Malinki oder Mandingo hatten in ihrem Jahrhunderte dauerndem Bestehen charactcristische Nationalitäten zur Ausprägung daoracht, als aber beide in Trümmer zerfallen, schossen aus deren Schutt die wechselnd und wandernd im Bilde der unstäten Nomadenrasse, durch religiösen Fanatismus hie und da auf geographisch gebotenen Localitäten geeinigten Staaten der Fulbe empor, in denen das weltpriesterlicho Oberhaupt des Almamy, an die Stelle der Siratik oder Burg-Herren (surk oder Festung) trat. Sobald die Fulah's einen festen Stützpunct in politischer Macht ihrer eigenen Stämme gefunden hatten, wie es besonders durch Futa-Djallon's Besetzung von Fuladu aus geboten war, musste ihr bewegliches Nomadenleben selbst den gewonnenen Einfluss weiter und weiter verbreiten, indem sie in den Ländern, wo sio früher als geduldete Viehzüchter oder Berrorodji umherzogen, jetzt gebührender Achtung, und der Stütze mahomedanischer Herrscher (die in den Stationen der Handelsstrassen nach einander und aus einander entstanden waren) gegen die Heiden sicher, bald auch *Lasa* heischten, um sich nach friedlicher Einigung oder kriegerischer Eroberung bis Fumbina in Adamana, hin, in den Negerdörfern niederzulassen.

Druck von G. Bernstein in Berlin.

www.ingramcontent.com/pod-product-compliance
Lightning Source LLC
Chambersburg PA
CBHW022124020426
42334CB00015B/745